Walter Kleindel

Österreich

Daten zur Geschichte und Kultur

Herausgegeben, bearbeitet und ergänzt von
Isabella Ackerl und Günter K. Kodek

Ueberreuter

Die Deutsche Bibliothek – CIP-Einheitsaufnahme
Kleindel, Walter:
Österreich : Daten zur Geschichte und Kultur / Walter Kleindel.
Hrsg., bearb. und erg. von Isabella Ackerl und Günter K. Kodek. –
Wien : Ueberreuter, 1995
ISBN 3-8000-3577-4
NE: Ackerl, Isabella [Bearb.]

AU 269/1

Printed: Tiskarna Ljudske pravice, Ljubljana, Slovenia
1 3 5 4 2

Vorwort zur 1. Auflage

Diese erste österreichische Kultur- und Geschichtschronologie verdankt ihr Entstehen der Tatsache, daß die Ereignisse in Österreich von der deutschsprachigen Buchproduktion bisher vernachlässigt wurden. Mit Ausnahme der im Jahr 1948 erschienenen »Österreichischen Chronik« von Dr. Alfred Kasamas wurde kein Versuch unternommen, die Daten der österreichischen Geschichte zusammenzustellen. Die Berücksichtigung der wichtigsten Daten der Kulturgeschichte sowie die Anreicherung durch solche aus dem Wirtschaftsleben und dem Alltag ist meiner Kenntnis nach noch nie erfolgt.
Gestützt auf eine rund 1 000 Bände umfassende Austriacabibliothek, begann ich vor 24 Jahren die systematische Erfassung der Daten; vier Jahre dauerte die Erstellung des Manuskriptes. Der Quellen- und Literaturnachweis konnte nicht veröffentlicht werden, da die Übersichtlichkeit verlorengegangen wäre. Ich darf daher den näher Interessierten auf die umfangreichen Literaturverzeichnisse in der »Geschichte Österreichs« von Univ.-Prof. Dr. Erich Zöllner (5., vermehrte Auflage, Wien 1974) und im dritten Band des Werkes »Geschichte und Kulturleben Österreichs« von Mayer – Kaindl – Pirchegger (5., verbesserte und ergänzte Auflage, Wien 1965) verweisen, die zum Großteil auch meine Quellen enthalten. Für den Bereich der Kunstdenkmäler waren mir die Bestände der »Österreichischen Kunsttopographie« und die »Dehio-Handbücher, Kunstdenkmäler Österreichs« maßgebend. Die meisten eingestreuten Originaltexte entnahm ich dem »Quellenbuch zur österreichischen Geschichte« von Dr. Otto Frass (vier Bände, Wien 1956 bis 1967). Für die Ereignisse der unmittelbaren Vergangenheit waren mir die amtlichen Publikationen, wie der »Österreichische Amtskalender«, das »Österreichische Jahrbuch« und die »Wiener Zeitung«, maßgebend.
Ohne die Mithilfe zahlreicher Persönlichkeiten, die sich mit der Geschichte und Kultur Österreichs beschäftigen und mir bereitwillig manche Frage klärten, wären diese Seiten nur recht lückenhaft zustande gekommen – ich möchte ihnen hier nochmals herzlich danken. Besonderen Dank schulde ich meinem langjährigen Freund, dem vor einem Jahr unerwartet verstorbenen Univ.-Prof. Dr. Ludwig Jedlicka, dem »Vater der österreichischen Zeitgeschichte«. Ihm und den Herren seines Institutes bin ich für manchen Hinweis und für die Benützung mehrerer Quellen ganz besonders verpflichtet. Selbstverständlich gilt mein Dank auch den Mitarbeitern des Verlages Carl Ueberreuter, die mit viel Sorgfalt mein Manuskript zu einem ansehnlichen Buch werden ließen. Am Ende meiner »Dankadresse« muß meine Gattin stehen, die in den vergangenen Jahren nicht nur Verständnis für meine reichlich ausgedehnte Freizeitbeschäftigung aufbrachte, sondern auch mithalf und an der umfangreichen Arbeit der Registererstellung wesentlich beteiligt war – ohne meine Gattin, ihr Verständnis und ihre Mitarbeit würde es dieses Buch wohl nicht geben.

Zur Benützung

sei vor allem auf das ausführliche Gesamtregister am Schluß des Buches hingewiesen. Erstmals verweist es nicht nur auf eine Seitenzahl, sondern auf das betreffende Datum.
Eng zusammenhängende Ereignisse oder Auswirkungen von Begebenheiten wurden mit einem Hinweispfeil und dem entsprechenden Datum versehen, wobei das Jahr zuerst genannt wird – innerhalb eines Jahres fällt die Angabe der Jahreszahl weg.

Besonders wichtige Ereignisse, zum Beispiel Verträge oder Kriege, wurden in eigenen »Rahmenartikeln« ausführlicher dargestellt. Besonders interessant befundene Texte wurden, zum Großteil auszugsweise, eingestreut.
Bei den Bau- und Kunstwerken wurden gut erhaltene mehr berücksichtigt als Ruinen und allzu stark veränderte. Trotz umsichtiger Auswahl wird sich hier – ich bitte um Nachsicht – doch manch subjektiver Standpunkt behauptet haben.
Personen wurden grundsätzlich mit dem Datum ihres Sterbetages aufgenommen und kurz mit ihren Leistungen beschrieben.
Die immer umfangreicher werdenden Sportereignisse mußten auf die besonderen Leistungen eingeschränkt werden. Von wenigen Ausnahmen abgesehen, sind bei Olympischen Spielen die Plätze eins bis drei und bei Weltmeisterschaften der erste Platz berücksichtigt.
Nicht genau festlegbare Daten stehen jeweils am Beginn eines Jahres oder Jahrhunderts oder einer Jahrhunderthälfte und ähnlichem.
Im umfangreichen Anhang findet der Benützer Stammtafeln, Regierungs- und Bischofslisten, statistisches Material sowie den Textteil sprengende, einen größeren Zeitabschnitt betreffende zusammenfassende Abhandlungen und zuletzt ein Verzeichnis der Rahmenartikel und Textauszüge.

Wien, im Herbst 1978 *Walter Kleindel*

Vorwort zur 4. Auflage

Bereits kurze Zeit nach seinem ersten Erscheinen im Jahr 1978 war »der Kleindel« bei Historikern und interessierten Laien als unentbehrliches Nachschlagewerk zu einem Begriff geworden – innerhalb kürzester Zeit wurden zwei unveränderte Neuauflagen gedruckt.
Mitte der achtziger Jahre, nach jahrzehntelanger Tätigkeit als Buchhändler – und in der Zwischenzeit auch als Autor mehrerer anderer historischer Nachschlagewerke – hatte sich Prof. Walter Kleindel gemeinsam mit seiner Gattin Maria in die Steiermark zurückgezogen. Statt jedoch seinen wohlverdienten Ruhestand zu genießen, widmete er sich weiterhin verschiedenen Buchprojekten, wurde aber völlig unerwartet am 10. Juni 1989 mitten aus seiner bekannt engagierten Arbeit gerissen.
Nichts lag näher, als anläßlich der für das Geschick Österreichs so bedeutsamen Jahre 1995 und 1996 die detailreiche Arbeit unseres langjährigen und geschätzten Freundes weiterzuführen und auf den neuesten Stand zu bringen; dazu bedanken wir uns auch bei Herrn Dr. Franz Hawla für zahlreiche Hinweise und fachkundliche Ergänzungen.

Isabella Ackerl Wien, im Mai 1995 *Günter K. Kodek*

Vor- und Frühgeschichte bis 976 n. Chr.

►**2 000 000–400 000 v. Chr.** Altsteinzeit (Paläolithikum) ist benannt nach der Verwendung von Steinwerkzeugen und wird in drei Perioden gegliedert; sie fällt in Europa zur Gänze in das Eiszeitalter. Aus der Altsteinzeit sind in Österreich keine Funde nachweisbar.

►**400 000–40 000 v. Chr.** Mittelpaläolithikum
Erste Spuren menschlichen Lebens in Österreich. Sammler- und Jägertätigkeit, Verwendung des Feuers, einfaches Steingerät wie Handspitzen, die ähnlich einer Steinaxt verwendet wurden, zahlreiche Funde von Schabern. Ausschließlich Höhlenfunde von sogenannten Jagdstationen und Zufluchtstätten.

— Älteste Funde Repolusthöhle und Badlhöhle bei Peggau (Steiermark).

— Flachlandfundstellen in Niederösterreich: Gudenushöhle bei Hartenstein im Tal der Kleinen Krems im Waldviertel, Teufelslucken bei Roggendorf.

— Höhenstationen: Ramesch-Knochenhöhle im Toten Gebirge (Oberösterreich) auf einer Höhe von 1950 m, Drachenhöhle bei Mixnitz, Lieglhöhle bei Tauplitz, Salzofenhöhle bei Bad Aussee, Bleiweißgrube bei Kapellen, Ofenberger Höhle bei St. Lorenzen, Bärenhöhle bei Hieflau (alle Steiermark), Tischoferhöhle bei Kufstein (Tirol), Schlenkendurchgangshöhle bei Hallein (Salzburg).

►**40 000–10 000 v. Chr.** Jungpaläolithikum
Siedlungsgebiete auch außerhalb des Alpenbereichs, vor allem im Donauraum. Entwicklung von spezialisierten Jagd- und Lebensgewohnheiten; vielfältige Steingerätetypen; aus Knochen gefertigte Werkzeuge wie Nähnadeln und Ahlen. Werkzeuge mit Ornamenten versehen, bei den naturalistischen Darstellungen überwiegen Jagdmotive. Skizzenhafte Darstellungen von Menschen. Tierische Trophäen wie Zähne oder Krallen als Schmuck oder Amulette.

Bedeutendste Funde: »Tanzende Venus« am Galgenberg bei Krems (Niederösterreich), 7,2 cm große Frauengestalt aus einer Schieferplatte plastisch herausgearbeitet, etwa 30 000 Jahre alt, 1988 bei Grabungen gefunden. Es ist bisher die älteste, eindeutig als weiblich zu identifizierende Figur.

— Venus von Willendorf, 1908 gefunden, etwa 11 cm hohes Kalksteinidol (Fruchtbarkeitssymbol), etwa 25 000 Jahre alt. Eine zweite, sehr schematisch aus einem Mammutzahn geschnitzte Frauenfigur, stammt ebenfalls aus Willendorf (Niederösterreich).

Fundstellen von Jagdaufenthalten und Tranchierplätzen der eiszeitlichen Lößsteppe in der Nähe von Flußläufen: Hundssteig bei Krems, Willendorf, Spitz an der Donau (alle Niederösterreich).

►**10 000–8 000 v. Chr.** Endpaläolithikum
Klimaverbesserungen bringen ein Ende der Eiszeit. Grundlegende Veränderungen von Fauna und Flora. Ausbreiten von Wäldern. Spezialisierung von Jagd- und Sammelgewohnheiten. Küstenbewohner verwenden Einbäume mit einem Holzruder. Hund wird domestiziert. Die Verwendung von Pfeil und Bogen ist wahrscheinlich. Fundstätten: Unken an der Saalach (Salzburg), Galgenberg bei Horn (Niederösterreich), Zigeunerhöhle bei Gratkorn (Steiermark), Tropfsteinhöhle bei Griffen (Kärnten).

►**8 000–5 500/5 000 v. Chr.** Mesolithikum
Sommerlagerplätze an Flußläufen, Winterlagerplätze in Halbhöhlen unter Felsdächern, wie Koblach (Vorarlberg). Bevorratungswirtschaft für den Winter. Hoch gelegene Sommerjagdplätze wie Looser Sattel oder Tuxer Joch (Tirol). Steingerätefunde, oft nur wenige Millimeter groß. Fundstätten: Kindergrab bei Elsbethen, Maxglan (Salzburg); Kamegg, Limberg und Bisamberg (Niederösterreich).

►**5 500/5 000–3 900 v. Chr.** Neolithikum (Jungsteinzeit)
Entstehung bäuerlicher Siedlungen. Ackerbau breitet sich ausgehend vom Vorderen Orient aus. Schafe und Ziegen als Haustiere. Später Schweine und Rinder. Starkes Anwachsen der Bevölkerung durch Seßhaftwerden. Errichtung von Holzhäusern zu Wohnzwecken und als Getreidespeicher. Verfeinerte Werkzeuge zur Holzbearbeitung und für die Kleiderherstellung. Herstellung von Keramik. Totenbestattung in Hockerlage mit Werkzeugen und Schmuck als Grabbeigaben. Hauptsächliche Fundgegenstände Keramiken. Nach der bevorzugten Verzierungsart wird diese Phase Linearbandkeramische Kultur genannt.

Bekanntester Fund: Venus von Draßburg, weibliche Figur auf einem Gefäßfragment.

Eine jüngere Phase wird Bemaltkeramische Kultur oder nach einem ungarischen Fundort Lengyelkultur genannt. Es entstehen größere Dorfanlagen, meist auf leichten Anhöhen, durch einen Spitzgraben befestigt. Kreisgrabenanlagen wie in Kamegg (Niederösterreich) wurden durch Luftaufnahmen entdeckt. Möglicherweise dienten sie kultischen Zwecken. Siedlungen bestehen aus zweiräumigen Pfostenhäusern mit Flechtwerkwänden. Obsidianfunde für Klingen und Schmuckgegenstände deuten auf Handelsbeziehungen mit Mittelmeerraum hin.

▶3 900–2 300/2 200 v. Chr. Spätneolithikum(Kupferzeit)
Bedeutende gesellschaftliche Veränderungen durch Herausbildung sozialer Gruppen, wie Handwerker und Krieger. Differenzierung bei Grabbeigaben. Der Abbau und die Verarbeitung von Erzen erfordert spezialisiertes Handwerk. Ausdehnung der Handelsbeziehungen. Das im Zweistromland erfundene Rad wird auch in Mitteleuropa bekannt; Wagen werden gebaut. Zwei typische Siedlungsformen: Höhensiedlungen und Pfahlbauten. Herausbildung der indoeuropäischen Sprachfamilie wahrscheinlich. Älteste Kupferfunde in einem Kindergrab bei Bisamberg (Niederösterreich). Typische Gefäßformen sind kleine Tassen mit Furchenstichverzierung, Funde in Retz (Niederösterreich). Verschiedenartige Bestattungsformen, sowohl Brandbestattungen als auch Körperbestattungen. Nach dem bedeutendsten Fundort, der Königshöhle oberhalb von Baden bei Wien, auch Badener Kultur genannt. Weitere Fundorte in Niederösterreich auf Bergkuppen: Buchberg bei Alland, Eichkogel bei Guntramsdorf, Hirschkogel bei Mödling, Gemeindeberg in Wien-Hietzing.
In späteren Kupferzeit kommt als neue Waffenart steinerne oder kupferne Streitaxt auf.
Der bisher aufsehenerregendste Fund aus dieser Zeit ist der sogenannte »Mann vom Hauslabjoch« (»homo tirolensis«), dessen mumifizierter, gut erhaltener Leichnam auf einem Gletscher an der österreichisch-italienischen Grenze gefunden wird *(→ 21. September 1991)*.
Pfahlbausiedlungen mit Fundstellen an Mondsee, Attersee, Keutschacher See und Bodensee; auch Mondseekultur genannt. (1864 wurden an Mondsee und Attersee die ersten Pfahlbauten entdeckt.) Jagd und Fischfang spielt eine große Rolle. Ende der Kupferzeit wurden Ufersiedlungen aufgegeben; wegen Klimaverschlechterung stieg der Seewasserspiegel. Im nordalpinen Raum Auftreten spezieller Becherform mit Schnurabdrücken: Schnurkeramik.
Ende der Kupferzeit durch das Auftauchen der Glokkenbecher gekennzeichnet. Zahlreiche Funde der Glokkenbecherkultur bei Laa an der Thaya (Niederösterreich).

▶2 300/2 200–1 200 v. Chr. Frühe und mittlere Bronzezeit
Gesellschaftliche Schichtengliederung verfeinert sich. Am Ende der Entwicklung stehen spezialisierte Gruppen, wie Handwerker, Bauern oder Krieger, wobei vor allem Krieger und Händler eine Oberschicht mit Führungsaufgaben bilden. Für die Herstellung von Bronze ist der Aufbau weiter Handelswege notwendig. Damit weiterer Kulturgüteraustausch. In Ostösterreich zwei Kulturen archäologisch nachweisbar, Wieselburger und Aunjetitzer Kultur, jeweils nach typischen Fundorten benannt. In Westösterreich Straubinger Kultur verbreitet. Siedlungen werden mit Wall und Graben geschützt. Differenzierung zwischen Wohnhäusern und Werkstätten. Wichtige Fundstellen: Böheimkirchen, Franzhausen, Gemeinlebarn (alle Niederösterreich). Bestattungsformen: Zunächst Hockergräber, später Hügelgräber. Reiche Schmuckbeigaben, lassen auch Rückschlüsse auf Kleidung zu. Größtes Hügelgräberfeld bei Pitten (Niederösterreich). Ältester nachgewiesener Kupfererzbergbau am Mitterberg in Salzburg um 1500 v. Chr.

▶1 200–700 v. Chr. Späte Bronzezeit (Urnenfelderzeit)
Steht mit der im nördlichen Mitteleuropa verbreiteten Lausitzer Kultur in Verbindung. Es kommt zu großen Wanderzügen einzelner Stämme, auch zu Kriegs- und Raubzügen. Bevölkerungsanstieg und Verdichtung des Siedlungsgebietes. Gräber enthalten Urnen mit Leichenbrand, weitere Behälter mit Speise und Trank, sowie Werkzeuge, Waffen und Schmuck. Wichtige Fundstellen: Franzhausen, Pitten (Niederösterreich), Siegendorf (Burgenland). Wallburgen in Stillfried, Leiser Berg, Gars am Kamp und Thunau am Kamp (alle Niederösterreich).

▶700 v. Chr–Chr. Geb. Eisenzeit
Kenntnis der Eisenverarbeitung wird durch Mittelmeervölker verbreitet – in Kleinasien bereits Ende des 2. Jahrtausends v. Chr. bekannt. Abbau von Eisen entwickelt sich rasch, daneben Salzbergbau. Bevölkerung erhält stärkere soziale Schichtung. Eisen wird für Waffen und Werkzeuge verwendet, Bronze für Schmuck- und Prunkgegenstände. Eisen und Salz begehrte Tausch- und Handelsobjekte.

▶770–400 v. Chr. Ältere Eisenzeit
Hallstattkultur von Ostfrankreich (Kelten) bis zum Balkan verbreitet. Vom Norden kommende Illyrer vermischen sich mit der nicht näher bekannten Urbevölkerung Österreichs. Mit Ornamenten und Figuren verzierte Gebrauchsgegenstände, Schmuck und Waffen haben Elfenbein- und Goldauflagen.
Name vom großen Gräberfeld (etwa 2 000 Gräber) im Salzbergtal, 400 m über dem Hallstätter See.
Hallstatt (Oberösterreich) durch den Salzbergbau(60 Fundstellen im heutigen Bergwerk) eine Dauersiedlung mit 200 bis 300 Einwohnern, Blockhäuser in der Art der Almhütten – auch Häuserzeilen (Typus Huglfing-Schärding, Oberösterreich). Bekleidung bereits gut entwickelt, Bestattungsformen und -kult ausgeprägt. Salzabbau bergmännisch entwickelt – verzimmerte Stollen bis 390 m Länge, verbesserte Werkzeuge wie Pickeln, Schaufeln und Messer, aber auch Körbe und Fackeln. Salzabbau auch am Dürrnberg bei Hallein (Salzburg) – bedeutendes Gräberfeld mit vermutlich 3 000 Bestattungen.
Situlenkunst (von situla, lateinisch = Eimer) gibt Einblick in Feste und Riten. Eine in Treibtechnik gearbeitete figürliche Verzierung von Bronzeeimern und Gürtelblechen. Beweis für hochstehende handwerkliche Fertigkeit der Bronzeschmiede. Außerdem Bernstein und Glanzperlen als Schmuck.
Bleiglanzlagerstätten in Kärnten – Blei wird zum Handelsartikel.
Neben den beiden großen Gräberfeldern sind die wichtigsten Funde der Hallstattkultur: Grabhügel von Großmugl (bei Stockerau, Niederösterreich) mit 16 m Höhe der höchste der Hallstattkultur; Kultwagen von Strettweg (bei Judenburg, Steiermark) vermutlich um 600 v. Chr. entstanden, aus dem Grab eines Adeligen vermutlich illyrischer Herkunft; der Wagen ist aus Bronze, 47 cm lang, 32 cm hoch (zahlreiche Deutungsversuche).
Weitere bedeutende Fundorte:
Niederösterreich: Au am Leithagebirge, Malleitenberg bei Bad Fischau, Bernhardsthal, Ernstbrunn, Gemeinlebarn, Großweikersdorf, Langenlebarn, Maissau, Mödling (Kalenderberg), Pillichsdorf, Statzendorf, Vösendorf;
Oberösterreich: Eck bei Pichelwang, Köstendorf, Linz, Mattighofen, Schärding, Thalling, Timelkam, Traunkirchen;

Die Hallstattzeit wird »geboren«

Johann Georg Ramsauer (1795–1874), ein gebürtiger Hallstätter, war von 1832 bis 1864 Bergmeister in Hallstatt. Sein im k. k. Amtsstil abgefaßter Bericht über seine Grabungsergebnisse im Salzbergtal ist das erste Protokoll einer prähistorischen Grabung in Mitteleuropa:
»Der Verfasser kam auf dieselbe Weise, nämlich durch Öffnung einer Schottergrube im November 1846, womit er ein zerstörtes Skelett gefunden, zur Entdeckung des noch unbekannten Leichenfeldes, und zwar damit, daß er hierauf in seinem Beisein und mit aller Sorgfalt einen Flächenraum von vier Quadratklafter aufgraben ließ, womit er so glücklich war, sieben Skelette mit einigen Schmucksachen zu treffen und sich zugleich durch die Lage der Skelette, alle in ziemlich gleicher Richtung, das Gesicht gegen Sonnenaufgang gewendet, gestreckter Lage des Körpers, die Hände an den Leib oder an die Brust gelegt, einen ordentlichen Begräbnisplatz erkennen ließ . . .«
Obwohl er nicht wußte, daß er einen Abschnitt aus der Geschichte der Menschheit sozusagen »entdeckt« hatte, führte er ein erstaunlich exaktes Tagebuch. Datum, Ort der Ausgrabung, Bestattungsart, Lage der Skelette und alle Fundgegenstände vermerkte er, jedem Grab gab er eine Nummer. 1863 schließt sein Tagebuch, dessen Original verschollen ist. Lediglich die »Fundprotokolle« blieben erhalten.
»Damit wurden nach einer siebzehnjährigen Forschung von dem Gefertigten die Nachgrabungen beschlossen, das durchgrabene Terrain aufgenommen und die Karte mit der Bezeichnung der von Jahr zu Jahr geöffneten Gräber nebst den gemachten Funden bezeichnet und ersichtlich gemacht.«
Am 19. Oktober 1856 besuchte das österreichische Kaiserpaar Franz Joseph und Elisabeth Hallstatt, Ramsauer öffnete im Beisein des Kaisers das 342. Grab.
Der Dichter und Schauspieler Ignaz Franz Castelli schreibt in seinen 1861 erschienenen »Memoiren meines Lebens«:
». . . Ramsauer führte mich noch ein paar hundert Schritte aufwärts an den Platz der Ausgrabungen selbst. Es liegt dieser am Saume eines Waldes und ist ein mit Steingerölle beschütteter Abhang. Er zeigte mir das vor wenigen Tagen in Gegenwart des Kaisers von ihm geöffnete 342ste Grab und das Gerippe, welches darin noch mit allem seinem Schmuck behangen lag. Den Gerippen nach zu urteilen müssen das Riesenmenschen gewesen sein. Dann ließ er mir zu Ehren drei Schritte von diesem die Erde aufgraben und sagte mir, als ich Zweifel äußerte, ob hier etwas zu finden sein werde, daß überall Gräber seien, und wirklich waren kaum die Steine und die obere Erddecke weggeräumt, und das 343ste Altertumsgrab war geöffnet. Eine Spitze von einer eisernen Lanze und zwei Fibulä, welche wir dabei fanden, schenkte er mir zum Andenken.«
Im Oktoberheft von »Westermanns Illustrierten Monatsheften« des Jahres 1864 veröffentlicht der Dichter Wilhelm Raabe seine humoristische Novelle »Keltische Knochen«, eine Erinnerung an seinen Aufenthalt in Hallstatt im Jahre 1859, den sogenannten »Salzinspektor« und den damaligen Gelehrtenstreit um das Gräberfeld.

Salzburg: Elixhausen, Hallwang, Kuchl, Nußdorf, Salzburg;
Tirol: Innsbruck (Bergisel), Matrei am Brenner, Steinach am Brenner, Wörgl;
Vorarlberg: Bludenz, Dornbirn, Koblach;
Steiermark: Graz, Kleinklein, Leibnitz, Radkersburg, Wies, Wildon;
Kärnten: Feistritz an der Drau, Frög, Hermagor, Mallestig, St. Margareten bei Wolfsberg, Treffen, Villach;
Osttirol: Wetzelach;
Burgenland: Donnerskirchen, Hornstein, Rust.

▶**6. Jh. v. Chr.** Kleinstfiguren aus Blei aus den Hügelgräbern (etwa 300) bei Frög (Kärnten), darunter vierrädriger Wagen mit 12 Zugtieren. Sie zählen zu den ältesten bekannten Bleifiguren. Man bezeichnet sie als Vorläufer der Zinnfiguren.

▶**400 v. Chr.–Chr. Geb.** Jüngere Eisenzeit – La-Tène-Kultur
Nach dem Fundort La Tène bei Neuchâtel in der Westschweiz. Durch die Wanderungen der Kelten über weite Teile Europas verbreitet. (Drei Perioden der La-Tène-Kultur: frühe La-Tène-Zeit 400–300, mittlere 300–100, späte 100–Chr. Geb.)

▶**400–300 v. Chr.** Frühe La-Tène-Zeit. Ab 400 dringen Kelten, eine indogermanische Völkergruppe, deren Kerngebiet an der Marne liegt, aus Frankreich und Süddeutschland kommend in den österreichischen Raum ein. Einzelne keltische Völkerschaften werden in den leichter zugänglichen Gebieten Österreichs als Oberschicht der illyrisch durchmischten Urbevölkerung seßhaft. Illyrer weiterhin in den Alpenregionen. Kelten legten befestigte Höhensiedlungen, die ersten Städte, an. Keltisch-illyrische Siedlung auf dem Leopoldsberg und im Wiener Raum (keltisch »Vedunis« bedeutet vermutlich Waldbach, woraus »Vindobona« für das spätere römische Kastell und »Wedunia« für die römische Zivilstadt wird). Erster Weinbau *(→ 276/82)*.
Burg der keltischen Brigantier auf dem Hügel der Oberstadt von Bregenz.
Im Grab Nr. 520 von Pottenbrunn-Ratzendorf (Niederösterreich) fand man bei einem bestatteten Mann neben Waffen und Schmuck auch offensichtlich kultische Geräte als Grabbeigaben.
Keltische Siedlungen: Freinberg in Linz, Braunsberg bei Hainburg (Niederösterreich), Magdalensberg (Kärnten), Leiser Berg (Niederösterreich), Umlaufberg bei Altenburg am Kamp (Niederösterreich).

▶**300–100 v. Chr.** Mittlere La-Tène-Zeit. Vermischung von Kelten und Illyrern – Kelten dringen auch in den Alpenbereich vor.

▶**Nach 200 v. Chr.** Kelten und Illyrer eine völkische Einheit, werden von den Römern, nach dem bedeutendsten Stamm, »taurisci« bezeichnet.

Goldbergbau der Taurisker

Der griechische Geograph Strabon (geb. um 60 v. Chr., gest. 24 n. Chr.) berichtet über den Goldbergbau der Taurisker in seinem 17bändigen Werk »Geographica«. Er beruft sich dabei auf den anerkannten griechischen Geschichtsschreiber, Staatsmann und Feldherrn Polybios, der von 204 bis 122 v. Chr. lebte.
»Polybios erzählt, zu seiner Zeit habe man bei Aquileja, besonders aber im Lande der norischen Taurisker, so reichlich Gold gefunden, daß man nur zwei Schuh tief zu graben brauchte, um auf Gold zu stoßen. Das in der Größe einer Bohne gefundene Gold sei teils so rein gewesen, daß beim Einschmelzen nur ein Achtel verlorenging, teils habe es zwar eines kräftigeren Läuterungsprozesses bedurft, sei aber immer noch gehaltreich gewesen. Als einst Italiker den Barbaren durch zwei Monate beim Goldgraben halfen, sei sogleich der Goldpreis in Italien um ein Drittel gesunken. Als die Taurisker dies merkten, schlossen sie diese Mitarbeit aus und behielten den Handel für sich. Jetzt gehören alle Goldgruben den Römern.«

Verbesserung von Landwirtschaft, Handel und Verkehr. Töpferscheibe und Drehmühle in Verwendung. Vielseitiges Kriegsgerät, zweischneidige Waffen, Schilde. Starkes Ansteigen der Bevölkerung *(→ 186 v. Chr.)*. Stämme werden von Gaufürsten regiert, die nach griechischen Vorbildern Münzen prägen lassen, dadurch Namen der Münzherren bekannt. Gaufürsten werden von den Römern »reguli« genannt.
Funde: nordetruskisch-altvenetische Schriftzeichen auf Bronzetäfelchen (Weiheinschriften) aus Gurina bei Dellach (Kärnten), Felsinschriften in Würmlach bei Mauthen (Kärnten).

▶**186 v. Chr.** Rund 12 000 Taurisker *(→ Nach 200 v. Chr.)* verlassen wegen Überbevölkerung und Landmangels ihre Siedlungsgebiete und dringen gegen die Adria vor. Römer verhindern Stadtgründung in Friaul – Rückzug der Taurisker.

▶**181 v. Chr.** Gründung der Stadt Aquileia durch die Römer. Ursprünglich eine Militärkolonie, später Ausgangspunkt des römischen Handels in die Alpen- und Donauländer.

▶**Um 176 v. Chr.** Enge wirtschaftliche und freundschaftliche Beziehungen zwischen Römern und Tauriskern *(→ Nach 200 v. Chr.)*, sie werden als »Hospites Romani« = Gastfreunde Roms bezeichnet. Ursache ist das Interesse Roms an einem Zugang zu den Gold- und Eisenlagern im Ostalpenraum.

▶**Vor 113 v. Chr.** Zusammenschluß keltischer Stämme unter der Führung der Noriker zum Königreich Noricum, von den Römern (unter dessen Einfluß es entstand) »Regnum Noricum« genannt. Von den 13 keltischen Stämmen sind acht mit Namen bekannt: Noriker (in Mittelkärnten und der Obersteiermark), Ambidraven (in Oberkärnten, Dravus, lateinisch = Drau), Saevaten (im Pustertal), Laianken (in Osttirol), Ambisonten (im Pinzgau), Helveter (in Vorarlberg), Ambilinen und Uperaken (Wohnsitze unbekannt). Dieses älteste Staatsgebilde auf österreichischem Boden umfaßte das Gebiet von den Quellen der Drau und Salzach bis zur Donau und Save, also Kärnten, Osttirol, Salzburg, die Steiermark, Ober- und Niederösterreich bis zur Donau (teilweise darüber hinaus), das Burgenland und Westungarn bis zur Raab. Hauptstadt des Königreiches ist Noreia *(→ Um 15 v. Chr.)* – Standort nicht eindeutig lokalisiert, möglicherweise bei Neumarkt (Steiermark) oder in der Gegend um St. Veit an der Glan (Kärnten), nicht jedoch die römische Poststation Noreia, die bei Wildbad Einöd (Steiermark) belegt ist, und auch nicht der 1932 in Noreia umbenannte Ort St. Margarethen am Silberberg (Steiermark). Vermutlich wurde der Name Noreia für mehrere Orte im Gebiet der Obersteiermark und Kärntens verwendet.

▶**113 v. Chr.** Niederlage der Römer unter Konsul Papirius Carbo bei einer Auseinandersetzung mit Kimbern und Teutonen in der Nähe von Noreia. Die nordgermanischen Stämme waren auf dem Zug nach Süden durch Noricum gekommen, worauf die Taurisker die Römer zu Hilfe gerufen hatten.

▶**100 v. Chr.–Chr. Geb.** Späte La-Tène-Zeit. Neuer Höhepunkt von Bergbau und Metallverarbeitung – Erzberg *(→ 712, 1150)* (Steiermark) und Hüttenberg (Kärnten). Durch ein Blasverfahren wird Eisen gehärtet und ist als »norisches Eisen« (Stahl) ein beliebter und gefragter Handelsartikel im gesamten Römischen Reich. Neue Technik der Salzgewinnung in Hallstatt (Oberösterreich), es wird nicht mehr aus dem Berg gebrochen, sondern geschwemmt und durch Verdampfen der Sole freigesetzt. Pferdezucht der Noriker entwickelt sich. – Höhensiedlungen *(→ ab 400 v. Chr.)* werden ausgebaut zu Fluchtburgen (von den Römern »oppida« genannt) oder als Fürstensitze mit städtischem Charakter, gleichzeitig werden sie Handelszentren. Sie sind oft stark befestigt – Mauern bis zu 4 m Höhe und 4 m Dicke:
Noreia *(→ Vor 113 v. Chr.)*, Leopoldsberg bei Wien;
Niederösterreich: Braunsberg bei Hainburg, Leiser Berg, Umlaufberg bei Altenburg am Kamp;
Kärnten: Magdalensberg, Teurnia (= St. Peter im Holz);
Salzburg: Saalfelden, Rainberg im Stadtgebiet von Salzburg.

▶**1. Jh. v. Chr.** In der 1. Hälfte des Jh.s werden römischen Kaufleuten eigene Wohnplätze am Rand norischer Siedlungen gestattet.
— Bronzestatue »Jüngling vom Magdalensberg«, auch »Jüngling vom Helenenberg« genannt. 1502 am Magdalensberg (Kärnten) gefunden, der großartigste Römerfund außerhalb Italiens, 183 cm hoch. Das römische Original stammte aus dem 1. Jh. v. Chr. und orientierte sich an griechischen Vorbildern. Anläßlich einer Spezialuntersuchung zu Guß- und Formtechniken antiker Statuen stellte sich heraus, daß es sich um eine Kopie des 16. Jh. handelte. Das Original war 1512 durch Matthäus Lang von Wellenburg, zunächst Bischof von Gurk und später Fürsterzbischof von Salzburg, nach Salzburg gelangt. 1551 wurde es Kaiser Ferdinand I. übergeben. Wahrscheinlich wurde damals die noch heute im Kunsthistorischen Museum befindliche Kopie angefertigt, das Wissen um die Umstände ging aber verloren. Spuren des Originals führen möglicherweise nach Spanien. Die Replik kam 1806 in die Antikensammlung.
— Kleinsiedlung bei Birgitz (Tirol). Drei bis vier Ge-

höfte und zwölf Gebäude, teilweise zweigeschossig, Küchen in eigenen Gebäuden – Mauertechnik: Steinmauern in Holzrahmen.

▶**Um 60 v. Chr.** Die keltischen Boier verlassen (vermutlich unter dem Druck benachbarter germanischer Stämme) Böhmen (Boiohaemum). Ein Teil wird in Noricum seßhaft, ein anderer vom Dakerkönig Burebista westl. des Plattensees vernichtend geschlagen.

▶**Mitte 1. Jh v. Chr.** Ausweitung des Handels zwischen Rom und Noricum – römisches Händlerforum in der norischen Bergstadt auf dem Magdalensberg (Kärnten), Name nicht bekannt *(→ Um 15 v. Chr.)*. Ausmaß der Stadt etwa 3 km^2. Umschlagplatz für Eisen und Stahl, Versammlungsstätte der Vertreter der norischen Stämme *(→ Vor 113 v. Chr.)*.
Ausgrabungen 1948 systematisch begonnen: Häuserviertel, Heißluft-Fußbodenheizung, Werk- und Schmelzstätten sowie ein Tempel auf einer Plattform im Ausmaß von 27 mal 13 m aus der Zeit des Kaisers Tiberius (14–37).

▶**49 v. Chr.** König Voccio von Noricum stellt Cäsar ein Reiterkontingent zur Verfügung, es kommt im römischen Bürgerkrieg bei Corfinium (Mittelitalien) zum Einsatz.

▶**Um 15. v. Chr.** Rom besetzt zur Sicherung seiner Nordgrenze vermutlich kampflos das Königreich Noricum *(→ Vor 113 v. Chr.)*. Die Donau wird Grenze des Römischen Reiches. Zentrum der römischen Verwaltung in Noricum wird die Stadt auf dem Magdalensberg (Kärnten) *(→ Um 45)*.

▶**15 v. Chr.** Tiberius und Drusus (Stiefsöhne von Kaiser Augustus) unterwerfen in schweren Kämpfen die Räter der Ostschweiz, Vorarlbergs und Tirols. Die Burg der keltischen Brigantier wird erobert, ein römisches Kastell darauf errichtet, aus dem später die Handelsstadt Brigantium (Bregenz) wird *(→ 68/69)*.

— Römischer Donauhafen an der Mündung der Erlauf bei Harlanden (Niederösterreich) errichtet.

— Infanterielager und Zivilstadt im Gebiet von Pöchlarn, später Arelape genannt, (Niederösterreich) errichtet.

▶**12–9 v. Chr.** Tiberius *(→ 15 v. Chr.)* erweitert die römische Provinz Illyricum (östl. Adriaküste und Hinterland) durch Gebietserweiterungen bis zur Donau.

▶**Nach 9 v. Chr.** Markomannen (westgermanisch-suebischer Volksstamm) unter König Marbod besetzen das von den Boiern *(→ Um 60 v. Chr.)* verlassene Böhmen. Gleichzeitig wird Mähren von den Quaden (germanisch-suebischer Volksstamm) besetzt.

Römerzeit in Österreich

Das Alltagsleben unterschied sich vor allem in den Städten kaum von dem im übrigen Römischen Reich. Die bereits vollzogene Umwandlung der Natur- in eine Kulturlandschaft wurde durch die Förderung von Vieh- und Ackerwirtschaft, des Bergbaus und der typisch römischen Bautätigkeit von Städten und Straßen vervollkommnet. Ziegelbrennereien wurden in großer Zahl errichtet. Die Römer entdeckten auch die meisten Heilquellen unseres Landes, wie etwa Deutsch-Altenburg, Baden und Gastein.
Der Kanal-, Bäder- und Heizungsbau, der keineswegs der modernen Technik nachsteht, war auch bei uns verbreitet. Die Kanalisationsbauten waren meist bis zu 1 m breit, hatten eine Tiefe bis zu 1,5 m und waren mit einem Gewölbe aus Ziegeln überdeckt. Die Fußböden der Räume waren 20 cm dick, oft mit Mosaiken belegt, und ruhten auf unzähligen Ziegelpfeilerchen von 70 cm Höhe. In diesen Hohlraum wurde die heiße Luft geleitet – die Heizkammern waren an den Außenwänden. Hohlziegel unter dem Wandverputz ließen die heiße Luft nach aufwärts strömen. Bei einer Außentemperatur von etwa 0 Grad war eine Innentemperatur von 22 Grad und mehr möglich.
Öffentliche Bäder, die Thermen, waren so selbstverständlich, daß man ein solches sogar in dem Dorf Immurium (Moosham, Salzburg) fand. Es stammt aus der 1. Hälfte des 1. Jh.s, als der Bau der Tauernstraße nach Juvavum erfolgte und hier auch zwei Rasthäuser (mansio) errichtet wurden. Das schönste Beispiel einer erhaltenen Therme auf österreichischem Boden ist die von Brigantium.
Virunum besaß das einzige Theater auf österreichischem Boden, denn Carnuntum und Flavia Solva hatten nur Amphitheater für Gladiatorenkämpfe und Tierhetzen. Lag also das kulturelle Zentrum mehr im Süden unseres Landes? Ausgrabungen am Magdalensberg beweisen, daß hier ein gewaltiges Handelszentrum bestand.
Luxus gab es jedoch nicht nur in den Städten. 1958 grub man am Westrand des Dorfes Löffelbach bei Hartberg (Steiermark) einen palastartigen Landsitz aus, der ein Ausmaß von 50 mal 50 m hatte. Der aus dem 2. Jh. stammende Kern wurde im 3. Jh. erweitert. Die Räume hatten Fußbodenheizung, ein eigenes Badehaus war vorhanden. Öllampen aus Ton ersetzten die übliche Kienspanbeleuchtung.
Neben ihren Göttern brachten vorwiegend kaiserliche Offiziere und Beamte im letzten Viertel des 1. Jh. n. Chr. den Kult des persischen Sonnen- und Lichtgottes Mithras zu uns, der bereits seit etwa 1400 v. Chr. in Persien bekannt ist. Die Mysterien dieses Kultes wurden in höhlenartigen Heiligtümern, die ein Abbild des Kosmos waren, gefeiert. Das häufigste Kultbild, nämlich die Darstellung der Tötung des Stieres, steht neben anderen Bildern des Mithras in direktem Zusammenhang mit den Tierkreiszeichen. Im geozentrischen System der Antike bildeten der Himmelsäquator mit seinen Sternbildern und die Ekliptik, die scheinbare Sonnenbahn, eine Grundstruktur des Kosmos. Mit den Äquinoktialpunkten, das sind jene Punkte, wo sich im Frühjahr und Herbst Himmelsäquator und Ekliptik schneiden, wird die Allegorie der Stiertötung in einen engen Zusammenhang gebracht. Spuren dieses Kultes wurden nicht nur in Carnuntum, wo neben zahlreichen kleineren Altären drei bedeutsame Kultstätten ausgegraben wurden, sondern auch in Virunum und Lentia, ja sogar im burgenländischen Illmitz, gefunden. Die einheimischen keltischen Götter wurden teils weiter verehrt. Der patriotische Kaiserkult und die Anbetung schützender Stadtgötter waren verbreitet.

Stämme und Völker, die den Boden des heutigen Österreich besiedelt oder betreten haben

Die Urbevölkerung ist nicht näher bestimmbar.

9. Jh. v. Chr.	Illyrer	indoeuropäisches Volk	ganz Österreich
ab 400 v. Chr.	Kelten	indoeuropäisches Volk	ganz Österreich
um 200 v. Chr.	Taurisker		Ostalpenraum
nach 200 v. Chr.	Noriker	keltische Stämme,	Mittelkärnten, Obersteiermark
	Ambidraven	die sich vor	Oberkärnten
	Saevaten	113 v. Chr.	Pustertal
	Laianken	unter der	Osttirol
	Ambisonten	Führung der	Pinzgau
	Ambilinen	Noriker	?
	Uperaken	zusammenschließen	?
	Helveter		Vorarlberg
113 v. Chr.	Kimbern	nordgermanischer Stamm	Ostösterreich
113 v. Chr.	Teutonen	nordgermanischer Stamm	Ostösterreich
60 v. Chr.	Boier	keltischer Stamm	Oberösterreich, westl. Niederösterreich
Mitte 1. Jh. v. Chr.	Römer		Ost- und Südösterreich
15 v. Chr.	Raeter	vorindogermanische Völkergruppe	Vorarlberg, Tirol
nach 9 v. Chr.	Markomannen	westgermanisch-suebischer Volksstamm	Niederösterreich
	Quaden	germanischer Volksstamm	Niederösterreich
um 50 n. Chr.	Hermunduren	germanisch-suebischer Volksstamm	Niederösterreich
166 n. Chr.	Langobarden	germanischer Volksstamm	Niederösterreich
260 n. Chr.	Alemannen	Bund westgermanischer Völker	Vorarlberg
330 n. Chr.	Vandalen	ostgermanischer Volksstamm	Niederösterreich, Burgenland
um 370 n. Chr.	Jazygen	slawischer (sarmatischer) Volksstamm	Niederösterreich
376 n. Chr.	West- und Ostgoten	Hauptvolk der Ostgermanen	Niederösterreich, Burgenland
376 n. Chr.	Alanen	iranisches Reitervolk	Niederösterreich, Burgenland
376 n. Chr.	Hunnen	asiatisches Reitervolk	Niederösterreich, Burgenland
um 385 n. Chr.	Heruler	germanischer Stamm	Niederösterreich
405/406 n. Chr.	Skythen	kaukasisches Reitervolk	Niederösterreich, Burgenland
Mitte 5. Jh. n. Chr.	Sueben	westgermanischer Stamm	Niederösterreich
Mitte 5. Jh. n. Chr.	Skiren	germanischer Stamm	Niederösterreich
455 n. Chr.	Rugier	ostgermanischer Stamm	Niederösterreich
455 n. Chr.	Gepiden	ostgermanischer Stamm	Niederösterreich
455 n. Chr.	Franken	westgermanischer Stamm	Vorarlberg
550 n. Chr.	Bayern	germanischer Stamm	Oberösterreich, Niederösterreich
um 560 n. Chr.	Awaren	mongolisches Reitervolk	Niederösterreich
592 n. Chr.	Slawen	indoeuropäisches Volk	Kärnten, Osttirol
881 n. Chr.	Magyaren	finnisch-ugrisches Reitervolk	Niederösterreich

►**1./2. Jh. n. Chr.** Friedensperiode, »Pax Romana« genannt, die nur von wenigen kriegerischen Auseinandersetzungen unterbrochen wird *(bis → 166)*.
Politik und Verwaltung der österreichischen römischen Provinzen werden denen im übrigen Reich angepaßt, Sprache, Religion, Sitte und Brauchtum jedoch nicht angetastet. Reger Handel mit Rom; Ausfuhrartikel vor allem Bergbauprodukte wie Eisen, Kupfer, Blei, Salz, Gold und Silber, aber auch Loden, Schafwolle, Pferde und Rinder; eingeführt werden vorwiegend Hausrat und Schmuck. Außerdem Durchzugshandel über die Römerstraßen nach Italien – besonders Bernstein, Felle, Häute, Honig, Wachs und Wild.

►**1. Jh. n. Chr.** Bronzestatue »Herkules mit Löwen-

Römische Provinzen auf österreichischem Boden

Im Imperium Romanum gab es neben den kaiserlichen Provinzen auch die aus der Zeit der Republik stammenden senatorischen Provinzen. Eine in Entwicklung befindliche kaiserliche Provinz erhielt zunächst einen Prokurator – einen Verwalter der kaiserlichen Einkünfte –, weshalb man von einer prokuratorischen Provinz sprach. Die drei Provinzen auf österreichischem Gebiet waren kaiserliche Provinzen.
Pannonia, die »Donauprovinz«, wurde in den Jahren 12–9 v. Chr. unterworfen, sie umfaßte das im Norden und Osten durch die Donau begrenzte Gebiet bis zum Alpenostrand im Westen und der Save im Süden. Zu Beginn des 2. Jh.s wurde sie in Oberpannonien (Pannonia superior, später prima) und Unterpannonien (Pannonia inferior, später secunda) geteilt. Oberpannonien war praktisch das Gebiet des östl. und südöstl. Österreich. Sitz des Statthalters war Carnuntum.
Noricum, im wesentlichen das auf friedlichem Weg 16 v. Chr. eingegliederte keltische Königreich Noricum, wird zwischen 40 und 45 n. Chr. kaiserliche Provinz. Es umfaßte Niederösterreich und Oberösterreich südl. der Donau und westl. des Wienerwaldes, Salzburg, das östl. Tirol, die westl. Steiermark und Kärnten. Unter Kaiser Diokletian erfolgte die Teilung in Ufernoricum (Noricum ripense) und Binnennoricum (Noricum mediterraneum), Grenze war der Tauernhauptkamm. Sitz des Statthalters Virunum auf dem Zollfeld (Kärnten), nachdem Noreia seine Bedeutung verloren hatte.
Raetia, die nach schweren Kämpfen 15 v. Chr. eroberte »Alpenprovinz«, umfaßte Vorarlberg, das westl. und nördl. Tirol, Südbayern und die Ostschweiz. Es wurde unter Kaiser Diokletian ebenfalls geteilt in Raetia prima (den Westen mit Vorarlberg) und Raetia secunda (den Osten mit Tirol). Sitz des Statthalters war Augusta Vindelicorum (Augsburg).

fell«, gefunden beim Bau der Großglockner-Hochalpenstraße beim Hochtor (Salzburg) am 14. September 1933.

— Lentia (Linz) als Erd-Holz-Kastell errichtet.

▶**1. Hälfte 1. Jh. n. Chr.** Rätien *(→ 15 v. Chr.)* römische Provinz.

▶**6** Tiberius leitet von Carnuntum (erste Erwähnung) aus einen Kriegszug gegen die Markomannen. Ein Aufstand pannonisch-dalmatinischer Stämme in der Provinz Illyricum *(→ 12–9 v. Chr.)* zwingt Tiberius zur Umkehr. Der Versuch Roms, die Nordgrenze über die Donau hinweg auszudehnen, scheitert.

▶**8** Friedensschluß und Freundschaftsvertrag zwischen den Römern und dem Markomannenkönig Marbod *(→ nach 9 v. Chr., → 6).*
Marbods Reich umfaßt nach Unterwerfung der Nachbarstämme das Gebiet von der Donau über Böhmen, Mähren und Schlesien bis zu der Oder und unteren Elbe.

— Aufstand der pannonisch-dalmatinischen Stämme *(→ 6 n. Chr.)* niedergeworfen. Bildung der römischen Provinz Pannonien durch die Loslösung von Gebietsteilen Illyricums *(→ 12–9 v. Chr.)* und deren Vereinigung mit dem östl. Teil Noricums. Umfaßt Westungarn, das Burgenland, das Wiener Becken, Gebiete zwischen Drau und Save – teilweise darüber hinaus. Ganz Österreich südl. der Donau Teil des »Imperium Romanum«.

▶**9** Niederlage der Römer unter Varus gegen die vereinigten Germanenstämme unter Arminius im Teutoburger Wald – Besetzung Germaniens wird aufgegeben. Mit dem Bau des Limes als Grenzbefestigung wird begonnen.

▶**Um 10** Erste geschlossene Germanensiedlungen (vielleicht Quaden) entstehen nördlich der Donau, besonders im Weinviertel (Niederösterreich).

▶**Um 15** XV. Legion (Legio XV Apollinaris) mit 6 000 Mann und 120 Reitern wird von Emona (Laibach) nach Carnuntum verlegt *(→ 71).* Ein Lager aus Stein im Ausmaß von 400 mal 500 m wird an der wichtigen Kreuzung der Nord-Süd- und der Ost-West-Verbindung, der Bernsteinstraße und der Donau (zwischen Petronell und Deutsch-Altenburg, Niederösterreich) errichtet. Carnuntum wird zur stärksten römischen Festung auf österreichischem Boden: Wallgraben, Mauern *(→ 53/54),* Verwaltungsgebäude, Soldatenquartiere, Waffenkammer, Spital, Legionsbad und ein Amphitheater neben dem Militärlager.

— Drusus setzt den Quaden Vannius als König über das Gebiet zwischen March und Waag sowie Teile des Marchfeldes (Niederösterreich) ein *(→ Um 50).*

▶**19** Aufstände zwingen den Markomannenkönig Marbod *(→ 8)* zur Flucht nach Noricum.

▶**Um 45** Noricum *(→ Um 15 v. Chr.)* ist römische Provinz unter einem Statthalter. Hauptstadt, Sitz des Statthalters und der Provinzverwaltung sowie der Finanzverwaltung und der Post ist Virunum auf dem Zollfeld (Kärnten). Entwickelt sich zu einer blühenden Stadt *(→ Ende 6. Jh.)* mit Forum, Kapitol, Bädern und dem ersten römischen Theater auf österreichischem Boden. (Ausgrabungen im 19. und 20. Jh., wieder zugeschüttet.)

▶**Mitte 1. Jh.** Vindobona *(→ ab 400 v. Chr.)* wird Hilfstruppenlager der XV. Legion (Garnison Carnuntum, → *Um 15*). Lager umfaßt wahrscheinlich das Gebiet unmittelbar um den Hohen Markt.

— Aguntum (Lienz), Brigantium (Bregenz), Iuvavum (Salzburg) und Teurnia (St. Peter im Holz, Kärnten) von Kaiser Claudius (41–54) zur Stadt (municipium) erhoben.

— Danubius, keltischer Name der oberen Donau bis etwa Wien, wird für den ganzen Flußlauf üblich. Vorher nannte man die untere Donau Ister oder Istros. Der Raum Wien war wahrscheinlich die Grenze zwischen dem keltischen und dem thrakischen Sprachraum.

▶**Um 50** Quadenkönig Vannius *(→ Um 15)* wird von den thüringischen Hermunduren vertrieben. Die Römer nehmen ihn auf und siedeln seine Anhänger zwischen Leithagebirge und Wr. Neustadt an, erste Germanensiedlungen in Pannonien. Das Klientelverhältnis der Quaden zu Rom bleibt mit geringen Unterbrechungen

Römische Namen österreichischer Orte

Adiuvense	Ybbs an der Donau, Niederösterreich
Aelium Cetium	Sankt Pölten, Niederösterreich
Aguntum	Lienz, Osttirol (4 km östl.)
Ala Nova	Schwechat, Niederösterreich
Aquae	Baden bei Wien, Niederösterreich
Ar(e)lape	Pöchlarn, Niederösterreich
Arrianis	Klosterneuburg, Niederösterreich
Augustiana(e)	Traismauer (?), Niederösterreich
Brigantium	Bregenz, Vorarlberg
Carnuntum	Petronell, Niederösterreich
Clunia	Feldkirch, Vorarlberg
Comagena	Tulln, Niederösterreich
Cuculla(e)	Kuchl bei Salzburg
Faviana(e)	Mautern, Niederösterreich
Flavia Solva	Wagna bei Leibnitz, Steiermark
Iuvavum	Salzburg
Lauriacum	Lorch bei Enns, Oberösterreich
Lentia	Linz, Oberösterreich
Matreium	Matrei, Tirol
Noreia	Neumarkt (?), Steiermark
Ovilava	Wels, Oberösterreich
Sabiona	Säben, Südtirol
Teriola	Zierl bei Innsbruck, Tirol
Teurnia	St. Peter im Holz bei Spittal an der Drau, Kärnten
Veldidena	Wilten bei Innsbruck, Tirol
Vindobona	Wien
Vinomnia	Rankweil, Vorarlberg
Virunum	Zollfeld, nördl. von Maria Saal, Kärnten

Verzeichnet sind nur die wichtigsten Ortsnamen auf österreichischem Boden. In Klammern sind Abweichungen der lateinischen Schreibweise angegeben.

bis zur Mitte des 3. Jh.s aufrecht. Klientelvölker sind dem Römischen Reich benachbarte, zur militärischen Hilfeleistung verpflichtete Stämme. Das Klientelsystem sollte antirömische Bündnisse an den Grenzen des Reiches verhindern.

— Markomannensiedlungen zwischen Böhmen und der niederösterreichischen Donau – Quadensiedlungen im Flußgebiet von March und Thaya (Niederösterreich). In beiden Stämmen *(→ Nach 9 v. Chr.)* starke keltische Elemente. Häufigste Siedlungsformen sind das Dorf und der Weiler; Ackerbau und Viehzucht sind vorherrschend.

— Römisches Erdkastell in Lauriacum (Lorch, Oberösterreich) errichetet *(→ 212)*.

►**53/54** Carnuntum *(→ Um 15)* erhält einen Mauergürtel.

►**68/69** Brigantium (Bregenz) *(→ 15 v. Chr.)* durch Brand zerstört. Großzügig wiedererrichtet mit 9 m breiter Hauptstraße, Tempeln, Thermen und öffentlichen Gebäuden, eine blühende Handelsstadt bis *→ 260.*

►**70** Flavia Solva, Römerstadt im Gebiet von Wagna bei Leibnitz (Steiermark) gegründet. Zentrum des Gebietes der Mittel- und Südsteiermark *(→ 169/71)*. Wurde ab 1873 in mehreren Grabungsperioden ausgegraben.

►**71** Die im Jahr 62 in den Orient verlegte Legio XV Apollinaris *(→ Um 15)* kehrt nach Carnuntum zurück *(→ Um 114)*; sie bringt den Mithraskult nach Österreich (persischer Lichtgott, *→ 3. Jh.*).

►**Um 100** Kaiser Trajan läßt systematisch den Donaulimes ausbauen.

— Vindobona *(→ Mitte 1. Jh.)* wird befestigtes Legionslager innerhalb des heutigen Gebietes Tiefer Graben, Naglergasse, Graben, Kramergasse, Rotgasse und eines Donauarmes, etwa Donaukanal. Umsiedlung der Kelten in das Gebiet Rennweg–Simmering.

— Römischer Gutshof westl. von Parndorf (Burgenland) mit 30 ebenerdigen Räumen, Mittelpunkt ein 40,5 mal 45 m großes Herrenhaus.

►**2. Jh.** Römisches Kastell im Ausmaß von 70 mal 100 m bei Schlögen (Oberösterreich), Name nicht bekannt.

— Römisches Grabsteinrelief aus der Pfarrkirche von Neumarkt (Burgenland).

— Mithrasaltar von Illmitz (Burgenland) belegt die Verbreitung dieses Religionskultes (persischer Lichtgott, *→ 71*).

►**103/06** Teilung Pannoniens *(→ 8)* in eine größere westl. Provinz: »Pannonia superior« (Oberpannonien) und eine kleine östl.: »Pannonia inferior« (Unterpannonien).
Carnuntum Hauptstadt von »Pannonia superior« mit dem Sitz des Statthalters, Zentrum der militärischen und zivilen Gewalt. Gebiet umfaßt: Wiener Becken, südl. Niederösterreich, das Burgenland und die Oststeiermark.

►**110/17** In Zwentendorf (Niederösterreich) das erste römische Steinkastell auf österreichischem Boden errichtet – Name nicht bekannt.

►**Um 114** »Legio XIV Gemina« löst in Carnuntum die Legio XV Apollinaris *(→ 71)* ab.

►**Um 120** Carnuntum erhält von Kaiser Hadrian das Stadtrecht (municipium). Die Stadt zählt rund 50 000 Einwohner, hat gepflasterte Straßen, ein überdecktes Kanalsystem, Häuserblocks mit einem Ausmaß von 85 mal 70 m – teilweise im Fachwerkbau. Das »Laubenhaus« mit wertvollem Mosaikfußboden, das Amphitheater für 13 000 Menschen, das Heidentor *(→ 1. Viertel 4. Jh.)* und die »Palastruine« im Ausmaß von 143 mal 104 m, zählen zu den bemerkenswertesten Bauwerken.

►**166/80** Kriege Kaiser Mark Aurels gegen die Markomannen *(→ 8)*. Bevölkerungsüberschuß, das Nachdrängen der Goten vom Norden her und Nachrichten über die Schwäche der römischen Truppen (Partherkriege in Vorderasien und die Pest) veranlassen die Markomannen, die Donau zu überschreiten. Ihnen schließen sich Quaden, sarmatische Jazygen und andere Stämme an.

►**166** Rund 6 000 Langobarden, verstärkt durch einige grenznahe Stämme, fallen in Oberpannonien *(→ 103/06)* ein, werden aber von den Römern zurückgeschlagen.

►**169/71** Markomannen verwüsten Vindobona und

Carnuntum, überrennen Festungen in Pannonien und ziehen über das Wiener Becken, das Burgenland, die Steiermark (Zerstörungen in Flavia Solva) und Krain bis nach Italien, wo sie Aquileia belagern und Verona bedrohen.

▶**Um 170** Beginn der Gegenoffensive Kaiser Mark Aurels, Säuberung der Provinzen Rätien und Noricum von Eindringlingen. Die Quaden werden zum Frieden gezwungen.

▶**172** Carnuntum Hauptquartier Kaiser Mark Aurels für die Kriegszüge gegen die Markomannen.

— Errichtung römischer Stützpunkte nördl. der Donau, wie Leiser Berg und Stillfried. Möglicherweise handelt es sich bei diesen römischen Bauten um gleichsam nachempfundene Siedlungen einheimischer Fürsten, die in einem Klientelverhältnis zu Rom standen. Die geplante Gründung der Provinz »Marcomannia« ist nicht realisierbar.

▶**172, 11. Juni** Entscheidungsschlacht Kaiser Mark Aurels gegen die Quaden, in der sich das sogenannte Regenwunder ereignet haben soll. Christliche Soldaten der XII. Legion sollen durch Gebet den erlösenden Regen (sie waren am Verschmachten) herbeigefleht haben. Das Unwetter war schlachtentscheidend. Die Schlacht dürfte im Marchfeld stattgefunden haben. Dieses Regenwunder ist auch auf der Mark-Aurel-Säule in Rom dargestellt. Historiker sehen darin den ersten Beweis für das Christentum auf österreichischem Boden. Die Tatsache, daß das Heiligtum auf dem Pfaffenberg oberhalb von Deutsch-Altenburg dem Wettergott Jupiter geweiht war, kann als weiteres Indiz für ein besonderes Naturphänomen gelten.

▶**173/74** Siege Kaiser Mark Aurels über die Markomannen unter König Ballomar.

▶**175** Friedensschluß mit den Markomannen *(→ Um 170)*, Germanen werden verpflichtet, die Gefangenen auszuliefern und Hilfstruppen zu stellen; Ansiedlungsverbot innerhalb eines bis zu 15 km breiten Streifens am linken Donauufer.

— Landzuweisungen an Germanen im römischen Reichsgebiet. Durch Einstellung germanischer Rekruten beginnt die »Barbarisierung« des Römischen Reiches.

▶**Um 176** Legio II Italica errichtet in Albing an der Donau ein Legionslager im Ausmaß von 568 mal 412 m. Kleine Gräben, Umfassungsmauer 1,80–3,15 m stark, Tore mit mehreren Durchgängen, jede Langseite mit acht, jede Breitseite mit sechs quadratischen Türmen ausgestattet. Name nicht bekannt. Wahrscheinlich wegen Unterwaschungen durch die Donau 190 aufgelassen, die Legion wird nach Lauriacum (Lorch) verlegt. (Aus Valentinischer Zeit ist allerdings wieder eine Bautätigkeit belegt.)

▶**Ab 177** Markomanneneinfälle in Pannonien, trotz des Friedensschlusses von 175 *(→ 175)*.

▶**180, 17. März** Kaiser Mark Aurel in Bononia an der Save (Wien), vermutlich an der Pest, gestorben. Sein berühmtestes Werk »Selbstbetrachtungen« verfaßte er zum Großteil in Carnuntum und Vindobona.

▶**Um 188** Kaiser Commodus, Mark Aurels Sohn (regierte bis 192), stellt die Kriegszüge gegen die Markomannen ein *(→ Ab 177)*. Friedensschluß zu den Bedingungen von → *175*, jedoch Aufgabe der Stützpunkte nördl. der Donau *(→ 172)*.

▶**193, 9. April** Legio XIV Gemina *(→ Um 114)* ruft in Carnuntum den Statthalter und Oberkommandierenden von »Pannonia superior«, den Afrikaner Septimius Severus, zum Kaiser aus.

▶**194** Kaiser Septimius Severus erhebt Carnuntum zur Colonna, dem höchstmöglichen Rang einer römischen Provinzstadt.

▶**Um 200** Lentia (Linz) wird Legionslager. Umbau des Erd-Holz-Kastells *(→ 1. Jh.)* in ein Steinkastell (auf dem Gelände des Landestheaters).

▶**3. Jh.** Frühchristliche Felsgrotten im Friedhof von St. Peter (Salzburg-Stadt).

— Bedeutende römische Villenanlage im Bereich des Flughafens Graz-Thalerhof; zahlreiche heizbare Räume und Gänge, Mosaikböden, Baderäume, Marmorplattenbelag (Ausgrabungen bei Erweiterung des Flughafens wieder zugeschüttet).

— Zahlreiche römische Grabsteine und Reliefs erhalten. Besonders bedeutend das Relief eines römischen Reisewagens an der Südwand der Wallfahrtskirche von Maria Saal (Kärnten) (eingemauert). Ebenfalls dort und an der Pfarrkirche von St. Donat (Kärnten) eingemauerte Römersteine.

— Neben dem Mithraskult *(→ 71)* verbreitet sich durch Soldaten und Kaufleute das Christentum auf österreichischem Boden. Mithraskult unter Kaiser Aurelian (270–75) als Staatsreligion anerkannt – das Chri-

Beispiel einer kaiserlichen Verfügung

Reskript des Kaisers Septimius Severus vom 14. Oktober 205 über die Centonarii von Flavia Solva (Wagna bei Leibnitz, Steiermark). Reskript (lateinisch = Antwort) nennt man seit dem 2. Jh. einen schriftlichen Bescheid oder eine schriftliche Verfügung des Kaisers des Römischen Reiches. Centonarii war die Bezeichnung für Feuerwehr. Der Name kommt von »centones« (= Filzdecken), die beim Löschen verwendet wurden. Dieses »Römische Gesetz auf Stein« ist für den Bereich außerhalb der Mittelmeerländer eine Seltenheit.

»Die Beneficia (Vorrechte), welche auf Geheiß des Senats oder eines Kaisers den Collegia Centonarii zugestanden worden sind, ohne Bedacht umzureißen ist kein Anlaß. Es soll entweder, was durch deren Weisheit geheiligt ist, unverändert erhalten werden, und diejenigen, welche ihre Reichtümer ohne Steuerabgabe genießen, werden hart angelassen, sich der Gemeindesteuern zu unterziehen; es üben nicht alle Hinzugewählten unterschiedslos das Vorrecht der Mitglieder des Kollegiums aus; oder es soll für diejenigen, welche ein größeres Vermögen nach der angegebenen Weise besitzen, gemäß diesen Worten das Mittel der Steuerabgabe angewendet werden. Die Zahl soll aber um dieser willen nicht vermindert werden; dagegen sollen die Minderbemittelten im vollen Genuß der Befreiung bleiben, welche nach den Benefizien der Kollegiumsmitglieder nicht abgeschafft werden darf.«

Unter den weiters genannten 93 Mitgliedern des Kollegiums finden sich nur 16 keltische Namen, ein Beweis für die bereits weit fortgeschrittene Romanisierung auf österreichischem Boden.

Der Donaulimes

Die Römer bezeichneten ursprünglich mit »Limes« einen Weg zwischen zwei Grundstücken. Erst Tacitus bezeichnet die gesicherte Grenze des Römischen Reiches als Limes. Er war nach dem Tod des Augustus Ausdruck des veränderten außenpolitischen Konzepts, wonach Schutz und Erhaltung des Erreichten vor Expansion und Unterwerfung gestellt wurden.
Der Donaulimes war, bedingt durch die vielfach verästelten und versumpften Ufer, anders angelegt als der auf deutschem Boden. Hier wurden Legionslager, Kastelle und Wachtürme (in der Spätzeit des Römischen Reiches erhielten diese den militärischen Fachausdruck »burgus«, eigentlich ein germanisches Wort, aus dem sich später das Wort Burg entwickelte) sowie Signalanlagen und Flottenstützpunkte errichtet. Von der Mitte des 1. Jh.s n. Chr. an wurde das südliche Donauufer militärisch gesichert. Vorerst Kastelle mit mächtigen Erdwällen und breiten Gräben, der Innenausbau aus Holz. Vor allem unter Kaiser Trajan (98–117) erfolgte der Ausbau dieser Erdlager zu festungsartigen Bauten mit steinernen Umfassungsmauern und Gräben. Kaiser Mark Aurel (161–180) mußte erkennen, daß die Donau kein wirksames Hindernis war (Markomannen), und errichtete nördlich der Donau Brückenköpfe und Vorpostenfestungen, wie etwa auf dem Oberleiser Berg und in Stillfried. Sein Sohn und Nachfolger räumte diese Stützpunkte allerdings und errichtete dafür eine 7 km breite tote Zone. Für die nächste Zeit ist das Quellenmaterial recht spärlich. Erst Kaiser Valentinian I. (364–375) nahm sich der offensichtlich vernachlässigten, sicher zum Teil auch verfallenen Befestigungsanlagen an. Er renovierte sie nicht nur, sondern paßte sie durch Verbesserungen den neuen Kampfmethoden an: Verstärkung der Mauern, mächtige Eck- und Zwischentürme wurden an die Kastellmauern angebaut, die Wehrgräben erneuert. Das Bruchstück einer Bauinschrift vom Westtor Carnuntums bezeugt, daß er es renovieren ließ. Das Steinkastell von Zwentendorf (Name nicht bekannt, um 60 n. Chr. Erd-, 110–117 Steinkastell) erhielt durch ihn die Verstärkung der Mauern von 1,10 m auf 1,80 m und fächerförmige Türme. Die Kastelle Favianis und in Schlögen (Oberösterreich) (Name nicht bekannt, stammt aus dem 3. Jh.) wurden ebenfalls verstärkt. Bei Oberranna (Niederösterreich) ergab ein Fund im Jahre 1960 die Existenz eines Wachtturmes aus dieser Zeit. Ein Beweis, daß wahrscheinlich die Zahl der Wachttürme erhöht wurde. Dies war allerdings der letzte Versuch, die Grenze zu sichern, denn rund 100 Jahre später – 488 – wurde das Gebiet geräumt und der Donaulimes war nur mehr eine theoretische Grenze.
Die östlichste, auch älteste Befestigung auf österreichischem Boden war Carnuntum, ein Legionslager, dem sich anschlossen: Vindobona, Albing und Enns. Dazwischen befanden sich die Auxiliarkastelle von Schwechat, Fischamend, Klosterneuburg, Zeiselmauer, Tulln, Zwentendorf, Traismauer, Mautern, Pöchlarn, Mauer an der Url, Wallsee, Linz und Schlögen. Die Entfernung betrug jeweils rund 14 km.
Die Kerntruppe des Römischen Reiches war die Legion, sie hatte rund 6 000 Mann und 120 Reiter. Die Legion bestand grundsätzlich aus Kohorten zu je 600 Mann, eine Kohorte hatte drei Manipel mit je 200 Mann, ein Manipel zwei Zenturien mit je 100 Mann.
Die Legionäre mußten das römische Bürgerrecht haben, erst unter Marius (um 107 v. Chr.) wurde aus dem Bürgerheer ein Söldnerheer. Nach 20jähriger ununterbrochener Dienstzeit erhielten sie in den sogenannten Militärkolonien Landbesitz.
Die Auxiliares, Hilfstruppen (auxilium = Beistand, Hilfe), waren meist kleinere Einheiten zwischen 500 und 1 000 Mann Fußvolk und Reiterei. Sie stammten aus allen Teilen des Römischen Reiches und besaßen nicht das römische Bügerrecht. Sie wurden zum Flankenschutz der Legionslager eingesetzt.
Der Verlauf der »Limesstraße« darf zum Großteil in dem der heutigen Bundesstraße 1 gesehen werden. In sie mündeten zahlreiche Verkehrswege aus dem Süden, und von ihr führten die Straßen zu den Kastellen und Stützpunkten.

stentum, vor allem seit Kaiser Nero, zunehmend verfolgt *(→ 303)*.

►**212** Lauriacum (Lorch) zur Stadt (municipium) erhoben, wichtige Festung und Donauhafen der pannonischen Kriegsflotte.

— Vindobona erhält von Kaiser Caracalla Stadtrecht (municipium); es hat rund 15 000 Einwohner.

►**Um 230** Hochwasserkatastrophe an der Thaya vernichtet die seit etwa 100 bestehende Quadensiedlung bei Bernhardsthal (Niederösterreich) (Ergebnis der Frühjahrsgrabungskampagne 1975 des Bundesdenkmalamtes).

►**2. Drittel 3. Jh.** Spätrömischer Mosaikfußboden in Virunum (auf dem Zollfeld, Kärnten).

►**Um 250** Bau der Via Decia, einer Militärstraße, zum besseren Schutz der Limesgrenze, von Veldidena (Wilten, Innsbruck) bis Brigantium (Bregenz). Meilensteine bei Wilten und Zirl (Tirol) erhalten.

►**Um 260** Regalianus, Statthalter von Oberpannonien (kurze Zeit auch Gegenkaiser zu Kaiser Gallienus), errichtet in Carnuntum ein Münzamt und läßt Münzen prägen.

►**260** Alemannen zerstören bei ihren Vorstößen über den Limes Brigantium (Bregenz) *(→ 68/69)*.

►**276/82** Kaiser Probus (pannonischer Abkunft) schlägt in Rätien und Oberitalien eingedrungene Alemannen zurück.

— Probus läßt den Donaulimes befestigen, im Wiener Raum Weingärten anlegen und die bestehenden Weinsorten veredeln *(→ ab 400 v. Chr.)*, weshalb er »Vater des Weinbaues« genannt wird. Er fördert damit die Selbstversorgung der Soldaten, denen neben Brot, Fleisch und Speck auch Weinrationen zustehen.

— Allmähliche Umwandlung der Grenzlegionen in eine Art bäuerliche Miliz durch die Überlassung von Grund und Boden an die Soldaten.

»Römerstraßen«

Der Straßenbau war bei den Römern hoch entwickelt, das Straßennetz war eine wesentliche Voraussetzung für die militärischen wie für die wirtschaftlichen Erfordernisse des Reiches. Die Trassenführung war verschiedentlich so klug, daß sie beim Bau moderner Straßen beibehalten wurde. Entlang der Straßen wurden Meilensteine gesetzt, die die Entfernung vom Ausgangspunkt der Straße angaben (eine römische Meile entspricht etwa 1 500 m). Entlang der Tauernpaßstraße sind besonders gut erhaltene Meilensteine zu sehen. Ein eindrucksvolles Straßenstück ist beim Warmbad Villach erhalten. Der Pranger vor dem Rathaus in Gumpoldskirchen (Niederösterreich) war ursprünglich ein römischer Meilenstein.
Vorbild für diese Nervenstränge des Römischen Reiches war die 300 v. Chr. gebaute Via Appia. Eine nach Capua führende Aufmarschstraße, die ihren Namen von ihrem Erbauer – einem konsularischen Befehlshaber – erhielt. Sie war 8 m breit und hatte einen grundwasser- und frostsicheren Unterbau.
Für unseren Raum waren bedeutend: Via Claudia (46/47 angelegt) über Feltre und Reschenscheideck ins Inntal, Via Flavia (78/79 angelegt) von Aquileia zur Küste von Istrien und weiter nach Illyrien. Keinen eigenen Namen hatten die anderen Straßen: von Verona über den Brenner- und Scharnitzpaß nach Augsburg, von Aquileia über Gemona–Plöckenpaß–St. Peter im Holz (Teurnia)–Katschberg–Radstädter Tauern nach Salzburg, ebenfalls von Aquileia über den Birnbaumer Wald–Laibach–Cilli–Pettau–Steinamanger–Ödenburg nach Carnuntum, von Gemona über den Saifnitzpaß–Villach–Virunum–Noreia–Hohentauern, Pyhrnpaß nach Wels, von Bregenz über Wilten (Innsbruck)–Salzburg–Wels–Lorch–Wien–Carnuntum nach Aquincum (Alt-Ofen, Teil von Budapest).
Grundlage für die Straßen waren die Itinerarien – ein Verzeichnis der Stationen – und etwas schematisch gezeichnete Karten. Ein kostbarer Schatz ist die aus dem 11. oder 12. Jh. stammende Kopie einer römischen Straßenkarte, die mit Sicherheit in der 2. Hälfte des 4. Jh.s gezeichnet wurde. Diese Karte wird »Tabula Peutingeriana« (auch Peutingersche Tafel) genannt und befindet sich in der Österreichischen Nationalbibliothek. Sie ist eine 6,82 m lange und 34 cm breite Pergamentrolle, die von Britannien bis Indien Hunderte Orte enthält, ihre genauen Entfernungen mitteilt, aber auch, ob es sich um eine größere Stadt oder nur eine kleine Raststation handelt. Den Namen erhielt die Karte durch Konrad Peutinger, einen Augsburger Ratsschreiber, dem der Wiener Humanist Konrad Celtis 1507 die Karte zur Veröffentlichung übergeben hatte. Nach wechselvollem Schicksal wurde sie von Prinz Eugen im Jahre 1715 (sie war in der »Leipziger Postzeitung« zum Verkauf angeboten) um 100 Dukaten erworben. Nach Prinz Eugens Tod 1737 wurde seine ganze Bibliothek von der Wiener Hofbibliothek erworben. Die »Tabula Peutingeriana« ist die einzige erhaltene Kopie einer römischen Straßenkarte.
Als Beispiel für die Exaktheit der Angaben auf den Römerstraßen sei erwähnt: Bei Nitzing an der Straße Tulln–Königstetten (Niederösterreich) steht ein römischer Meilenstein aus 217/18 mit der Aufschrift »XXVI mp a Cetio« (= 26 Meilen von Cetium). Diese 26 römischen Meilen entsprechen 39 km, man konnte dadurch Cetium als St. Pölten eindeutig lokalisieren.

►**293** Kaier Diokletian erläßt eine neue Verfassung für das Römische Reich. Absolute Monarchie mit gottgleicher Stellung des Kaisers, Trennung von militärischer und ziviler Gewalt, Aufstockung der Truppen auf ein Feldheer in der Stärke von 500 000 Mann, 60 Legionen. Straff organisierte Verwaltung und Schaffung einer »Tetrarchie« = Viererherrschaft: zwei Augusti (Diokletian und Maximianus) und zwei von ihnen adoptierte Cäsaren (Galerius und Konstantin) verwalten das in vier Präfekturen unterteilte Römische Reich. Gallien, Illyricum, Italien, Orient.

— Auf Grund dieser Verwaltungsreform gehören Noricum und beide Teile Pannoniens (103/06) zur Präfektur Illyricum mit der Hauptstadt Sirmium an der Save (Mitrowitz), sie werden von Galerius regiert. Rätien kommt zur Präfektur Italien. Jede Präfektur besteht aus drei »Diözesen«, die sogenannten »Vicarii« unterstehen, diese sind weiter in Provinzen unterteilt.

(Dieser Diokletianischen Verwaltungsgliederung paßt sich später die Organisation der christlichen Kirche an, wobei die Provinz einem Metropoliten, die Diözese einem Erzbischof untersteht. Einzelne Städte mit Hinterland unterstehen einem Bischof und werden Bischofssitz: → *Mitte 4. Jh.*)

►**1. Viertel 4. Jh.** Heidentor von Carnuntum, der einzige über der Erde erhalten gebliebene antike Bau auf österreichischem Boden. Heute 12 m hoch, ursprünglich wesentlich höher. Bedeutung nicht geklärt, Ehrenbogen oder Grabmal.

►**Nach 300** Sarkophagrelief mit der Darstellung Christi als guter Hirte, das älteste Denkmal frühchristlicher Kunst in Österreich. Es stammt vermutlich aus Virunum (Landesmuseum, Klagenfurt).

►**303** Christenverfolgungsedikte Kaiser Diokletians führen durch die Herrschaft Galerius' *(→ 293)* zu heftigen Verfolgungen auf österreichischem Boden. Die Christen verlieren ihre Kirchen, liturgischen Geräte und die bürgerlichen Rechte.

►**304** Viertes Christenverfolgungsedikt Kaiser Diokletians verfügt für Verweigerung von Opfern an römische Götter Zwangsarbeit und Tod.

4. Mai Märtyrertod des hl. Florianus, des einzigen christlichen Märtyrers Österreichs. Florianus war Kanzleivorstand des Statthalters von Noricum ripense (Ufernoricum) und lebte bei (oder in) Cetium (St. Pölten, Niederösterreich) im Ruhestand. Als er von Verhören seiner früheren Kameraden hört, begibt er sich nach Lauriacum (Lorch) und bekennt sich vor dem Statthalter als Christ. Er wird daraufhin in der Enns ertränkt. Sein Grab ist vermutlich an der Stelle, wo 805 das Augustiner-Chorherrenstift St. Florian (Oberösterreich) gegründet wird.

▶308 Kaiserkonferenz in Carnuntum. Kaiser Diokletian, der 305 wegen Krankheit abgedankt hatte, greift nochmals in die Politik ein und versucht durch die von ihm einberufene Konferenz, die Thronstreitigkeiten unter seinen Nachfolgern zu beseitigen. Licinius wird Augustus im Westen, Galerius im Osten, Konstantin wird Cäsar im Westen, Maximianus im Osten. Eine Regelung von kurzer Dauer, denn Konstantin beseitigt in der Folge *(→ 324)* seine Mitkaiser.

▶311 Toleranzedikt des Galerius führt zu einer positiveren Einstellung Roms zum Christentum.

▶313 Mailänder Edikt Kaiser Konstantins *(→ 308)* erneuert das Toleranzedikt von 311, das Christentum wird eine erlaubte Religion.

▶324 Kaiser Konstantin, der Große, Alleinherrscher.

▶325 Konzil von Nicaea, von Kaiser Konstantin einberufen, verwirft die Lehre des Arius (nach der Christus nur ein Geschöpf Gottes, aber nicht wesensgleich ist) zugunsten der (katholischen) Lehre des Athanasius. Spaltung des Christentums. Großteil der germanischen Völker Anhänger des Arius. Unter der römischen und der romanisierten Bevölkerung ist die Lehre des Athanasius verbreitet. Auf österreichischem Boden bleibt die Lehre des Arius auf die nördl. der Donau ansässigen Germanen beschränkt.

▶330 Kaiser Konstantin siedelt in Pannonien Vandalen an.

▶343 Konzil in Serdica (Sofia), an dem auch norische Bischöfe teilnehmen.

▶Mitte 4. Jh. Vier Bischofssitze auf österreichischem Boden bezeugt: Lauriacum (Lorch, Oberösterreich), Virunum (auf dem Zollfeld, Kärnten), Teurnia (St. Peter

Die Christianisierung Österreichs

Das Christentum kam wahrscheinlich durch Soldaten im 2. Jh. in unser Land. Als Beleg dafür gilt die Geschichte vom Regenwunder im Krieg Mark Aurels gegen die Quaden (172/174). Wenn es auch über das plötzliche starke Gewitter (eine große Hitze hatte den römischen Soldaten arg zugesetzt) eine heidnische und eine christliche Version gibt, so bleibt doch die Tatsache, daß auch Christen unter den Soldaten waren. Umstritten ist auch der Ort des Geschehens, das Marchfeld oder das nördl. Niederösterreich.

Die Überlieferungen um den hl. Florian sind der nächste Beleg. Er war ein im Ruhestand befindlicher Kanzleivorstand des Statthalters von Ufernoricum in Cetium und wurde um 304, dem »Martyrologium Hieronymianum« nach am 4. Mai 304, als Bekenner des christlichen Glaubens in Lauriacum zum Tode verurteilt. Mit einem um den Hals gebundenen Stein wurde er von der Ennsbrücke in den Fluß gestoßen. Als Begräbnisstätte gilt der Ort, an dem das Stift St. Florian errichtet wurde. Er war eines der zahlreichen Opfer der sogenannten Diokletianischen Christenverfolgung.

Das älteste Denkmal christlicher Kunst stammt vermutlich aus Virunum und ist nach 300 entstanden. Es ist dies das Relief der vorderen Langseite vom Sarkophag der Herodiana mit der Darstellung Christi als guter Hirte (Landesmuseum, Klagenfurt).

Ebenfalls aus dem 4. Jh. stammt eine Grabplatte, die in Ovilava (Wels) gefunden wurde. Der Soldat Flavius Januarius, besagt die zwölfzeilige Inschrift, setzte ihn für seine Frau Ursa, die eine »crestiana fidelis«, eine gläubige Christin, war.

Aus dem Ende des 4. Jh.s ist die Lebensbeschreibung des Kirchenlehrers und Bischofs von Mailand, Ambrosius, überliefert. Sein Sekretär, der Diakon Paulinus, hat sie verfaßt. In ihr ist die Bekehrung der Fritigil, einer Markomannenkönigin, zum Christentum erwähnt. Von dieser Königin ist sonst nichts bekannt.

Die erste kirchliche Organisation stammt ebenfalls aus dem 4. Jh. Zwei Metropolitensprengel: Ufernoricum mit dem Sitz in Lauriacum und Binnennoricum mit Virunum. Bischofssitze waren in Teurnia, Aguntum und Sabiona, vermutlich aber auch in Brigantium, Ovilava und Juvavum.

Das Leben und Wirken des hl. Severin (seit etwa 460 bis zu seinem Tod am 8. Jänner 482 in Favianis) ist durch die Beschreibung des Abtes Eugippius vom Kloster Lucullanum bei Neapel – er war ein ehemaliger Schüler des Heiligen – aus dem Jahre 511 bekannt. Die umfangreiche geistliche Tätigkeit ließ den Heiligen weit in unserem Land herumkommen. Um 470 fand er in Cucullae noch heidnische Bräuche. Trotz der sicher bereits umfangreichen Christianisierung hatte sich das Heidentum besonders in den weniger zugänglichen Gebirgsgegenden erhalten.

Mit dem Zusammenbruch des Römischen Reiches und dem Abzug der römischen Bevölkerung im Jahre 488 endet die erste Periode der Christianisierung im österreichischen Raum.

Die zweite Periode beginnt mit der Tätigkeit des hl. Columban, eines aus Irland stammenden Missionars, die kurz nach 600 im Raum von Bregenz belegt ist. Sie erreicht mit dem fränkischen Bischof Rupert in Salzburg zu Beginn des 8. Jh.s ihren Höhepunkt und findet mit der Missionstätigkeit des hl. Modestus (vom Salzburger Bischof Virgil 767 entsandt) im Kärntner Raum ihre Fortführung.

Die dritte Periode nimmt mit dem Sieg über die Awaren zu Beginn des 9. Jh.s ihren Anfang.

811 erfolgte eine neue kirchliche Aufteilung. Diözesangrenze wurde bis zur Zeit Kaiser Joseph II. die Drau: Salzburg nördl. und Aquileia südl.

Um 980 versuchte Bischof Pilgrim von Passau (Bischof von 971 bis 991), durch eine gefälschte Papsturkunde das Bistum Lorch wiederaufleben zu lassen. Urheber war ein Notar des Kanzlers Kaiser Ottos II. In der sogenannten »Lorcher Fälschung« wurde behauptet, daß das Bistum Passau die rechtmäßige Fortführung von Lorch wäre und damit die Loslösung vom Salzburger Metropolitenverband begründet sei. Das Hoheitsgebiet reichte bis Ungarn, jahrhundertelang stehen nun Niederösterreich und Wien unter der kirchlichen Oberhoheit Passaus. »Passauer Höfe« (in Wien auch Passauer Platz) zeugen heute noch von diesem Einfluß.

im Holz, Kärnten) und Aguntum (bei Lienz, Osttirol). Marmorplatte der Herodiana, die in der 1. Hälfte des 4. Jh.s in Virunum lebte, von ihrem Gatten Titius gestiftet. Ältestes Denkmal christlicher Bestattung in Österreich (Landesmuseum, Klagenfurt).

▶**364/75** Ausgedehnte Befestigungstätigkeit am Donaulimes unter der Regierung Kaiser Valentinians I., besonders der Lager und Kastelle von Carnuntum, Lentia, Lauriacum sowie des Steinkastells von Zwentendorf bei Tulln, dessen Mauern auf eine Dicke von 1,80 m gebracht werden. Wiedererrichtung der unter Commodus *(→ Um 188)* aufgegebenen Stützpunkte nördl. der Donau (Stillfried, Ernstbrunn, Leiser Berg und andere) führt zu Protesten und Großeinfällen der Quaden und Jazygen in Pannonien.

▶**Um 375** Einfall der Hunnen, eines nomadischen Reitervolkes aus Asien, in Osteuropa bringt mehrere andere Völker in Bewegung – Beginn der Völkerwanderung.

— Der Geschichtsschreiber Ammianus Marcellinus beschreibt Carnuntum als »ein verfallenes, schmutziges Nest« (»desertum quidem nunc et squalens«).

▶**375** Kaiser Valentinian I. schlägt in Carnuntum sein Hauptquartier für einen Feldzug gegen die Quaden auf. Vorstöße der Römer über die Donau, Rückzug der Quaden.

17. November Kaiser Valentinian I. stirbt im Legionslager von Brigetio (Komorn, Ungarn) während der Friedensverhandlungen mit den Quaden.

▶**4. Viertel 4. Jh.** »Grab der lahmen Fürstin« in Untersiebenbrunn (Niederösterreich) mit zahlreichem, wertvollem Schmuck gotischen Ursprungs *(→ 380)*.

▶**380** Kaiser Gratian schließt mit den Ostgoten und Alanen einen Vertrag und überträgt ihnen Land in Pannonien.

Beweise für gotische Siedlungen sind Tongefäße und Schmuckgegenstände gotischen Charakters in den Limesbefestigungen Carnuntum, Vindobona und Arrianis.

▶**Um 385** Heruler, ein vor den Hunnen geflohener Germanenstamm, siedeln im Marchgebiet.

▶**392, 8. November** Edikt des Kaisers Theodosius I. Christentum in der Lehre des Athanasius *(→ 325)* wird Staatsreligion des Römischen Reiches, damit auch vorherrschende Religion auf österreichischem Boden. Verbot aller heidnischen Kulte, Christen zerstören die heidnischen Kultstätten.

— Christliches Taufhaus mit Taufbecken in Carnuntum.

▶**395** Markomannen fallen von Böhmen aus in Noricum und Pannonien ein, Vindobona und Carnuntum werden zerstört.

Kommando der römischen Donauflotille wird von Comagena (Tulln) nach Arelape (Pöchlarn) verlegt.

17. Januar Kaiser Theodosius I. stirbt in Mailand. – Zerfall des Römischen Reiches in Westrom mit der Hauptstadt Rom und Ostrom mit der Hauptstadt Byzanz. Der Raum des heutigen Österreich gehört zu Westrom.

▶**396** Flavius Stilicho, ein römischer Feldherr vandalischer Abstammung und Regent des Weströmischen Reiches, überläßt den eingebrochenen Markomannen den Raum Wien und Klosterneuburg als Siedlungsgebiet. Vertrag durch die Vermittlung des Bischofs Ambrosius von Mailand abgeschlossen. Fritigil, Königin der Markomannen, ist bereits Christin.

▶**Ende 4. Jh.** Zunehmender Machtverfall der Römer in den Gebieten südl. der Donau von Pannonien bis zur Donaumündung. Limes als Reichsgrenze verliert zunehmend an Bedeutung. Der Boden von Österreich diesseits und jenseits der Donau ist zum Teil Siedlungsgebiet germanischer »foederati«, zum Teil Durchzugsgebiet der durch die Völkerwanderung in Bewegung geratenen Stämme und Völker. (Föderaten sind Bundesgenossen, die Hilfstruppen stellen und die Garnisonen für Kastelle sind, sie haben eigene Fürsten, Stammesrecht und eine außerordentliche Selbständigkeit innerhalb des römischen Territoriums.)

— Die Bedeutung germanischer Söldner im römischen Heer *(→ 175)* nimmt zu, zahlreiche Führungspositionen sind von Germanen besetzt *(→ 396, 476)*.

▶**400/02** Quaden, die im Raum March-Waag (Niederösterreich) ansässig waren, ziehen aus diesem Siedlungsgebiet ab und schließen sich den nach Westen (bis Spanien) vorstoßenden Vandalen und Alanen an – wahrscheinlich wegen des Zuzugs der Heruler *(→ Um 385)*.

▶**5. Jh.** Mauerreste einer steinernen Priesterbank in der Pfarrkirche von Pfaffenhofen bei Telfs (Tirol).

▶**1. Hälfte 5. Jh.** Rugier siedeln an der Donau und geraten in ein Abhängigkeitsverhältnis zu den Hunnen *(→ Nach 454)*.

— Einschiffige Friedhofskirche von Teurnia (St. Peter im Holz, Kärnten), an der später zwei Seitenkapellen und zwei Vorräume angebaut werden *(→ Um 500)*.

— Römerzeitliche Kirche an der Stelle der Laurentiuskapelle am Bergl bei Imst (Tirol) durch farbige Ornamentreste des Wandverputzes (1960 entdeckt) nachgewiesen.

▶**1. Viertel 5. Jh.** Hunnen beherrschen große Gebiete von der Ukraine bis zum Rhein – auf österreichischem Gebiet vorwiegend nördl. der Donau.

▶**405** Germanen, vorwiegend Ostgoten unter König Radagais, zerstören auf ihrem Zug nach Italien Flavia Solva (Wagna, Steiermark).

▶**Um 406** Abzug römischer Legionen von Donau und Rhein. Auf österreichischem Boden zunehmende Auflösungserscheinungen der römischen Militär- und Zivilverwaltung. Bauern verlassen das zum Teil durch Kriegszüge verwüstete Land und schließen sich durchziehenden Stämmen an.

▶**Um 410** Spuren von Bautätigkeit in Carnuntum, Vindobona, Lauriacum und Arrianis. Wahrscheinlich Umgestaltung ehemaliger römischer Befestigungen durch Germanen und schutzsuchende Einheimische.

▶**433** Aëtius, oberster Heermeister des Weströmischen Reiches, tritt Pannonien an den Hunnenfürsten Rua, auch Rugila, ab. In Pannonien siedeln Markomannen unter hunnischer Herrschaft.

▶**Mitte 5. Jh.** Größte Machtausdehnung des Hunnenreiches unter König Attila (434–453). Zentrum liegt zwischen Theiß und Donau, zahlreiche Germanenstämme unter hunnischer Herrschaft.

▶**451** König Attila zieht mit den Hunnen und unterworfenen germanischen Stämmen (Gepiden, Ostgoten, Markomannen, Rugiern) durch Österreich nach Gallien. Niederlage Attilas in der Schlacht auf den Katalaunischen Feldern (bei Troyes, Frankreich) durch Aëtius *(→ 433)*.

▶**Um 453** (nach anderen Auffassungen nach 460) Der Eremit Severin wirkt in Arrianis (Klosterneuburg, Niederösterreich). Der über seherische Fähigkeiten verfügende (spätere) Heilige entstammt vermutlich einer vornehmen römischen Familie und ist karitativ und missionarisch tätig, gründet Klöster und organisiert als erster Kirchenpolitiker in seinem Einflußbereich die Ablieferung des Zehnten, der ersten Kirchensteuer. Außer im niederösterreichischen Raum ist er in Salzburg, Kuchl (Salzburg), Passau und bis Künzing in Bayern tätig *(→ 8. Januar 482)*.

▶**454 (455)** Niederlage der Hunnen in der Schlacht am Fluß Nedao (auch Ledao – gemeint ist jedenfalls die Leitha) durch die vereinigten Ostgoten, Gepiden und Rugier.

▶**Nach 454** Zerfall des hunnischen Reiches, Rückzug der Hunnen an das Schwarze Meer.

— Rugierreich nördl. der Donau mit dem Zentrum Krems (Rugierburg auf dem Frauenberg in Stein, Niederösterreich).

— Heruler und Skiren in Ostösterreich nördl. der Donau und in Ungarn.

— Ostgoten (Bundesgenossen Roms) erhalten von Kaiser Marcianus Wohnsitze in Pannonien – ein Siedlungszentrum davon im Raum des Neusiedler Sees.

— Alemannen siedeln in großen Gebieten am Bodensee, auch in Bregenz.

▶**Um 468** Ostgoten siedeln in Gebieten der Steiermark und Ostkärntens.

▶**469** Der Skire Odoaker (auch Odowaker, Odoakar) zieht mit herulischen Kriegern durch Noricum nach Rom. Angeblich hat ihm der hl. Severin *(→ Um 453)* die Zukunft *(→ 476)* vorhergesagt.

— Kämpfe der Rugier, Skiren und Sueben gegen die Ostgoten in Pannonien *(→ Nach 454)* enden mit dem Sieg der Ostgoten an der Bolia (Pannonien).

▶**471/72** Abzug ostgotischer Stämme aus Pannonien nach Noricum und Italien. Besetzung dieses aufgegebenen Gebietes durch Skiren, Heruler und Sueben. Rugier kontrollieren das Land zwischen Enns und Wien. Alemannen, Thüringer und Heruler dringen in Ufernoricum (Oberösterreich und westl. Niederösterreich) ein.

▶**473** Ostgoten belagern auf dem Zug nach Italien Teurnia (St. Peter im Holz, Kärnten), die Stadt kauft sich frei.

▶**476, 23. August** Odoaker *(→ 469)*, ein Angehöriger der kaiserlichen Palastwache in Rom, wird von germanischen Söldnern zum König ausgerufen; sein Titel lautet »Patricius Romanus« (= Schutzherr von Rom), nicht Kaiser. Er setzt den letzten weströmischen Kaiser Romulus Augustulus ab und erlangt vom oströmischen Kaiser Zeno die Anerkennung als Herr über Italien (die Steiermark, Kärnten, Osttirol eingeschlossen). Ende des Weströmischen Reiches.

▶**482** Vorstöße der Rugier nach Noricum *(→ 487)*.

— Der Frankenkönig Chlodwig I. beseitigt die Reste der römischen Herrschaft in Gallien. Beginn des es. Rasche Ausdehnung nach Osten *(→ 536, Nach 550)*.

8. Jänner (Hl.) Severin stirbt in seiner Klause bei Favianis (Mautern, Niederösterreich). *(→ Um 453, 488)*.

▶**487** Odoaker schlägt die Rugier an der niederösterreichischen Donau. Der Rugierkönig Fewa (auch Feletheus) und seine Frau Giso werden als Gefangene nach Italien gebracht.

▶**488** Hunwulf, ein Bruder Odoakers, schlägt den rugischen Königssohn Friedrich. Zerfall des Rugierreiches *(→ Nach 454)*.

— Ein Teil der Rugier schließt sich den Ostgoten *(→ 473)* unter Theoderich dem Großen an, der vom oströmischen Kaiser Zeno als Gegenspieler Odoakers *(→ 476, 493)* unterstützt wird.

— Odoaker läßt Ufernoricum räumen und führt die Romanen nach Italien zurück. Angeblich nehmen sie auch den Leichnam des (hl.) Severin mit *(→ Um 453, 482, 8. Januar)*.

— Binnennoricum, Kärnten und Osttirol bleiben noch im Verband des Weströmischen Reiches, statt Virunum *(→ Um 45)* wird Teurnia (St. Peter im Holz, Kärnten) Sitz des römischen Statthalters.

▶**490/500** Langobarden, aus dem Elbegebiet kommend, besetzen Südmähren, das nördl. Niederösterreich (Rugierland) und das Gebiet donauaufwärts bis Enns. Sie geraten in ein Abhängigkeitsverhältnis zu den Herulern, deren Reich seine größte Ausdehnung erreicht *(→ Nach 454, 471/72)*.

▶**493** Theoderich der Große *(→ 488)* ermordet in Ravenna Odoaker *(→ 476)* und beherrscht als Patricius und König der Ostgoten ganz Italien, Teile von Pannonien, Binnennoricum und Rätien (Ravenna wird Sitz der ostgotischen Könige).

▶**Ende 5. Jh.** Reste der Bischofskirche von Laubendorf (800 m über dem Millstätter See nördl. von Millstatt, Kärnten). Wahrscheinlich eine Fluchtkirche für die Gemeinde von Teurnia.

▶**Um 500** Fußbodenmosaik in der rechten Seitenkapelle der Friedhofskirche von Teurnia (St. Peter im Holz, Kärnten). Etwa 25 m^2 mit zwölf symbolhaften Bildern, die von Zierleisten umrahmt sind. Gestiftet vom ostgotischen Statthalter Ursus.

▶**1. Hälfte 6. Jh.** Bayern (auch Bajuwaren und Baiovarii genannt, eine germanische Völkergruppe) dringen, vermutlich von Böhmen und der Slowakei (oder auch Westungarn) aus, in das Alpenvorland und das westl. Ostalpengebiet ein. (Die noch heidnischen Bayern werden von Stammesherzögen regiert, die vermutlich burgundischer oder herulischer Abstammung sind.) Sie geraten rasch in fränkische Abhängigkeit *(→ Nach 550)*. Die Bayern übernehmen teilweise alte römische Siedlungsplätze, z. B. Lorch und Wels (Oberösterreich). Ihre vorwiegende Siedlungsart sind Einzelhöfe, Weiler und Haufendörfer.

▶**Um 508** Niederlage der Heruler unter König Rodulf durch die Langobarden unter König Tato, wahrscheinlich in einer Schlacht auf dem Marchfeld, in der angeblich König Rodulf gefallen ist, damit Ende des Herulerreiches *(→ 490/500)*. Beginn eines Langobardenreiches, das auch teilweise österreichisches Gebiet umfaßt *(→ Um 530, 568)*. Aufschwung durch wirtschaftliche Tüchtigkeit und schlagkräftige militärische Organisation.

▶**511** Eugippius, Schüler des hl. Severin und Abt des Severinklosters in Lucullanum bei Neapel, verfaßt die »Vita Sancti Severini«, wohl die bedeutendste Quelle zur spätrömischen Zeit in Österreich.

▶**526, 30. August** Theoderich der Große *(→ 493)*, König der Ostgoten, stirbt. Das Ostgotenreich *(→ 536)* beginnt zu zerfallen.

▶**Um 530** Höhepunkt der langobardischen Macht *(→ Um 508)* unter König Wacho in Niederösterreich und im Burgenland.

▶**530** König Wacho verlobt seine Tochter Wisigarda mit dem fränkischen Königssohn Theudebert I.

▶**536** Ostgotenkönig Witigis muß das Alemannengebiet am Bodensee Frankenkönig Theudebert I. abtreten.

▶Mitte 6. Jh. Slawische Stämme werden in Mittel- und Osteuropa seßhaft. Auf österreichischem Boden sind es die von germanischen Stämmen geräumten Teile Niederösterreichs, Südkärntens (Slowenen), Oberkärntens (Karantanen) und Osttirols.

— Langobardenfriedhof bei Hauskirchen im nördl. Weinviertel (Niederösterreich) mit Fürstinnengrab, zahlreichen Schmuckgegenständen und einem vollständigen Pferdegeschirr.

▶3. Viertel 6. Jh. Wiener Genesis, Fragment einer byzantinischen Prachthandschrift (Österreichische Nationalbibliothek, Wien), älteste erhaltene Bibelillustration aus frühchristlicher Zeit, frühes Denkmal der Buchmalerei, in Konstantinopel oder Antiochia entstanden. Sie besteht aus 24 Blättern mit 48 Miniaturen, Gold- und Silberschrift auf Purpurgrund. (Nicht zu verwechseln mit der mittelalterlichen Sammelhandschrift gleichen Namens, → *Mitte 12. Jh.)*

▶Nach 550 Bayern bereits beiderseits der Enns ansässig. Erwähnung eines ersten Bayernherzogs mit Namen Garibald aus dem Geschlecht der Agilolfinger als fränkischer Gefolgsmann.

▶Nach 560 Awaren dringen von Byzanz her in den österreichischen Raum vor und schließen mit den Langobarden ein Bündnis. Hauptsiedlungsgebiete: Niederösterreich und Ungarn. Sie unterwerfen die umwohnenden slawischen Stämme und gründen ein Awarenreich *(bis 803, → 791/97).* Unterdrückung der Slawen führt zu Aufständen *(→ Um 623)* und zur Flucht in schwerer zugängliche Gebiete in den Alpentälern – Alpenslawen *(→ Ende 6. Jh.).*

▶565 Venantius Fortunatus, ein römischer Dichter, erwähnt erstmals in einer Dichtung die Bayern.

▶567 Awaren und Langobarden vernichten in Ungarn die germanischen Gepiden.

▶568 Der Langobardenkönig Alboin tritt sein Siedlungsgebiet in Pannonien den Awaren ab und zieht nach Italien. Errichtung eines Langobardenreiches südl. des Alpenhauptkammes *(bis → 773/74).*

Ende der germanischen Völkerwanderung, die sogenannte slawische Völkerwanderung dauert bis Beginn des 9. Jh.

▶582 Awaren erobern Sirmium (Mitrowitz an der Save).

▶591 Erste Erwähnung des Bistums Säben (Südtirol) – eine christliche Kirche seit dem 4. Jh.

▶592 Slawen, die nach dem Westen vordrangen, werden von den ihr Siedlungsgebiet nach Südtirol ausdehnenden Bayern unter Herzog Tassilo I. im Quellgebiet der Drau aufgehalten.

▶Ende 6. Jh. Zusammenstoß zwischen Franken und Langobarden in Salurnis (Salurner Klause, Südtirol).

— Alpenslawen *(→ Nach 560)* in Kärnten, in der Steiermark, in Osttirol, besonders in den Tälern der Mur, Drau und Enns, und im Lungau, Salzburg.

— Aus der Bezeichnung »Caranti« für die Bewohner entwickelt sich Karantanien als Name für das Land (lateinisch Carinthia), aus dem später Kärnten wird *(→ 976).*

— Bei der Einwanderung der Slawen gehen Teurnia (St. Peter im Holz, Kärnten, → *488*) und Virunum (auf dem Zollfeld, Kärnten, → *Um 45*) unter.

▶610 Abt Columban, irisch-schottischer Herkunft, gründet in Bregenz ein Kloster.

▶Um 623 Ein Aufstand böhmisch-mährischer Slawen unter Samo gegen die Awaren wird von den Franken gefördert. Samo war ein fränkischer Kaufmannssohn, wahrscheinlich ein Karantaner, er errichtet ein unabhängiges Slawenreich, das von Thüringen und Böhmen über das östl. Niederösterreich bis nach Kärnten und Osttirol reicht *(→ Um 660).*

▶Um 630 Erste Versuche einer christlichen Missionierung durch den irisch-schottischen Mönch Columban *(→ 610)* und seinen Schüler Gallus im Gebiet um den Bodensee und durch den Wanderbischof Amandus bei den Slawen im Donaugebiet.

▶Um 660 Slawenkönig Samo stirbt, Zerfall seines Reiches *(→ Um 623).*

— Wachsender Einfluß der Bayern in Ostösterreich bis in das Gebiet des Wienerwaldes.

▶Um 690 Bischof Rupert (auch Hruodpert und Ruodpert), von Herzog Theoto von Bayern berufen und gefördert, erhält von diesem das Gebiet der Stadt Salzburg zum Geschenk und gründet ein Benediktinerkloster, die Erzabtei St. Peter (ältestes bestehendes Kloster Österreichs), und für seine Nichte Ehrentrudis das Benediktinerinnenkloster auf dem Nonnberg (ältestes und einziges ohne Unterbrechung bestehendes Frauenkloster nördl. der Alpen). Der hl. Rupert gilt als erster Bischof von Salzburg, ob er tatsächlich vorher Bischof von Worms war, ist umstritten, er stammt allerdings aus einem um Worms begüterten fränkischen Adelsgeschlecht, das mit den Merowingern und Karolingern verwandt war *(gest. nach 716, wahrscheinlich am 24. März).*

▶Um 700 Beginn der christlichen Missionierung des Alpenraumes, von Salzburg ausgehend.

— Rupertuskreuz von Bischofshofen (Salzburg), ein 158 cm hohes Kreuz aus Bergahorn, mit getriebenem vergoldetem Kupferblech überzogen.

▶8. Jh. Awarisches Gräberfeld in Wien-Simmering. 700 Gräber mit reichen Beigaben (Grabungsergebnisse der Jahre 1973 und 1974).

▶712 Wiederaufnahme des Bergbaues am steirischen Erzberg (allerdings einer Sage nach, doch nimmt auch die Wissenschaft diese Jahreszahl als gegeben an).

— Genauso verhält es sich mit dem Goldbergbau »in der« Gastein (Salzburg) im Jahre 717.

▶739 Gründung des Bistums Salzburg durch den Angelsachsen Winfried (Bonifatius), der im Auftrag des Papstes nach Bayern gekommen war und von Herzog Odilo von Bayern unterstützt wurde.

▶740 Awareneinfall in Kärnten – die karantanischen Slawen unter Boruth rufen Herzog Odilo von Bayern zu Hilfe. Nach Abwehr der Awarengefahr müssen sie den Bayern Heerfolge leisten.

▶745 Virgil, ein irischer Mönch, wird Bischof von Salzburg. Er missioniert in Kärnten planmäßig und wird dabei besonders von dem Karantanerherzog Cheitimar, einem Neffen Boruths, unterstützt.

▶Vor 748 Gründung des Klosters Mondsee (Oberösterreich) durch Herzog Odilo von Bayern.

▶748, 18. Jänner Herzog Odilo von Bayern *(→ 740)* stirbt, sein Sohn Tassilo III. wird als Gefolgsmann des Frankenkönigs Pippin zum Herzog von Bayern erhoben *(bis → 788).* Er konzentriert sich besonders auf die bayrische Kolonisierung und Missionierung des österreichischen Raumes *(→ 769, 777).*

►**755** Erste urkundliche Erwähnung des Namens Salzburg.

►**Um 760** Gründung des dem hl. Hippolyt geweihten Benediktinerklosters auf den Ruinen der Römerstadt Cetium (St. Pölten, Niederösterreich) durch zwei fränkische Adelige. Es wurde von Tegernsee (Bayern) aus besiedelt. St. Pölten hieß damals Treisma.

►**763** Bayernherzog Tassilo III. verweigert dem Frankenkönig Pippin die Heerfolge gegen Aquitanien (Südwestfrankreich).

►**767** Weihe der Marienkirche Maria Saal (Kärnten) durch den Salzburger Chorbischof Modestus. Er war von Bischof Virgil von Salzburg mit vier Priestern zur Missionierung nach Kärnten entsandt worden. Maria Saal und St. Peter im Holz werden Zentren der Karantanermissionierung.

►**768** Karl der Große gemeinsam mit seinem Bruder Karlmann König der Franken und nach dessen Tod, 771, Alleinherrscher. Er nimmt starken Einfluß auf das Geschehen im Osten des Fränkischen Reiches *(→ 788, 791, 803, 814, 28. Januar).*

►**769** Bayernherzog Tassilo III. übergibt Abt Atto von Scharnitz (Tirol) das Gebiet von Innichen im Pustertal (Südtirol) zur Errichtung eines Klosters für die Slawenmission.

►**Um 772** Aufstand der karantanischen Slawen als Reaktion auf die Missionstätigkeit wird durch Bayernherzog Tassilo III. niedergeschlagen.

►**773/74** Langobardenreich *(→ 568)* durch die Franken (Karl der Große eroberte die Hauptstadt Pavia, setzte König Desiderius ab und machte sich selbst zum König) praktisch beseitigt. Südtirol unter fränkisch-karolingischer Herrschaft.

►**774** Gründung der »Salzburger Schreibstube« und Errichtung einer Bibliothek.

24. September Weihe des unter Bischof Virgil erbauten ersten Salzburger Domes.

►**Vor 777** Tassilokelch des Stiftes Kremsmünster (Oberösterreich), Kupferkelch, innen und außen vergoldet, mit bildertragenden Silbermedaillons. Inschrift am Kelchfuß: Tassilo dux fortis + Liutpirc regalis = Tassilo tapferer Herzog und Liutpirc königlicher Sproß; ursprünglich also der Kelch für die Hochzeit des Bayernherzogs Tassilo III. mit der langobardischen Königstochter Liutpirc. Unter den vier Bildern am Fuß des Kelches auch die Gottesmutter, mit großer Wahrscheinlichkeit das älteste erhaltene Marienbild nördlich der Alpen. Da der Kelch im Perlenring zwischen Schale und Knauf drehbar ist, war er wohl ursprünglich ein Spendenkelch bei der Kommunion. Seit der Abtwahl 1964 steht er wieder in liturgischem Gebrauch: bei der Abtwahl als Stimmurne, am Stiftertag (11. Dezember) und bei der gemeinsamen Messe der Mönche am Gründonnerstag als Meßkelch. Er ist der älteste erhaltene Abendmahlskelch im bayrisch-österreichischen Raum.

►**777** Bayernherzog Tassilo III. gründet das Benediktinerstift Kremsmünster (Oberösterreich).
Urkundliche Nennung einer Saline im Gebiet des Sulzbaches westl. von Bad Hall (Oberösterreich).

►**787** König Karl der Große zwingt den Bayernherzog Tassilo III. unter Androhung von Waffengewalt zur Ablegung des Lehenseides *(→ 763).*

►**788** Absetzung Herzog Tassilos III. von Bayern und Verurteilung zum Tod. König Karl der Große begnadigt ihn zu lebenslanger Klosterhaft, die er im Kloster Lorsch (in der Rheinebene bei Bensheim) verbringt.

— Herzogtum Bayern einschließlich der österreichischen Gebiete wird Bestandteil des Fränkischen Reiches und wird vom schwäbischen Grafen Gerold, einem Schwager Karls des Großen, als Präfekt verwaltet *(→ Um 800).*

— Istrien, Kroatien (kurz darauf) und Slowenien kommen ebenfalls unter fränkische Herrschaft.

— Erste Nennung von Saalfelden (Salzburg) als Salafelda.

►**Um 790** Martinskirche in Linz, ein frühkarolingischer Bau, älteste Kirche Österreichs. Sie entstand auf römischen Fundamenten durch den Umbau einer offenen Arkadenhalle aus dem frühen 8. Jh. 799 geweiht. (Archäologische Grabungen lassen im September 1977 Zweifel aufkommen, ob der erhaltene Bau mit der 799 geweihten Kirche identisch ist.)

— Tassiloleuchter (2 Stück) des Stiftes Kremsmünster (Oberösterreich), aus Rotkupfer gegossen, gehämmert, teilweise vergoldet, mit gravierter Silberplattierung. Wahrscheinlich aus dem Zepter Herzog Tassilos III. von Bayern gefertigt. Heute noch bei besonderen Feierlichkeiten in Gebrauch. (Datierung schwankt und reicht, je nach Auffassung, bis um das Jahr 1000.)

►**790** Besitzverzeichnis der Salzburger Kirche, »Breves notitiae« (kurze Nachrichten) genannt – die älteste Geschichtsquelle Österreichs.

— Erste urkundliche Erwähnung von Kufstein (Tirol) als Caofstein.

►**791/97** Einfälle der Awaren in Bayern und Friaul führen zu fränkischen Feldzügen unter der Führung Pippins (des Sohnes Karls des Großen) und des Markgrafen Erich von Friaul – besonders im niederösterreichischen Donauraum. Diese Feldzüge dauern bis etwa 803 an und führen zur Vernichtung des Awarenreiches.

►**Um 795** Eroberung der Awarenringe (der kreisförmig angelegten Erdbefestigungen) am Kamp und im Wienerwald (Niederösterreich). Eroberung des Hauptringes zwischen Donau und Theiß durch die Franken unter Herzog Ernst von Friaul, wahrscheinlich Ende 795, da er angeblich über die zugefrorene Donau zog. Der legendäre Awarenschatz soll dabei erbeutet worden sein. Erweiterung der Grenze des Fränkischen Reiches bis an die Raab. Ansiedlung von Awaren im Gebiet um den Neusiedler See.

►**798, 20. April** Bistum Salzburg zum Erzbistum erhoben, Bischof Arno (seit 785) Salzburgs erster Erzbischof. Die Bistümer Regensburg, Passau, Freising und Säben (Südtirol) werden Salzburg unterstellt.

►**799** Bischof Waldarich von Passau gibt Linz dem Grafen Gerold *(→ 788)* zu Afterlehen. Erste Erwähnung von »Linze« sowie der Burg und der Martinskirche *(→ Um 790)* in der Lehensurkunde.

►**Ende 8. Jh.** Pfarrkirche von Karnburg (Kärnten), fast gänzlich in der ursprünglichen Gestalt erhalten. Ein Teil wahrscheinlich aus der Mitte des 8. Jh.s, älteste Kirche von Kärnten, urkundlich 927 erwähnt. Vermutlich die Kapelle der karolingischen Königspfalz (Aufenthaltsort und Sitz der auf Reisen befindlichen Mitglieder des Königshauses), von der nichts mehr erhalten

Die Marken Karls des Großen und Ottos I.

Nach dem Zusammenbruch des Imperium Romanum gelang es erst wieder Karl dem Großen, die meisten der im Okzident vorhandenen Herrschaftsbildungen zu einem Reich zu vereinigen. In den 46 Jahren seiner Regierung war er stets um Ordnung und Beständigkeit bemüht. Die Grafschaft wurde durch ihn die Grundlage der allgemeinen Ordnung und die Vereinheitlichung der Territorialverwaltung. Das durch Grafen verwaltete Königsgut wurde zum festen Rückgrat der inneren Reichsorganisation. Nach Beseitigung der Stammesherzogtümer Sachsen und Bayern (788) war dies vollzogen. Das von ihm geschaffene System der Grenzsicherung durch Marken war besonders für den Osten von großer Bedeutung. Nicht nur die Verteidigung des Reiches war Aufgabe der Marken, auch die Gewinnung neuen Landes sollte so besser erreicht werden. Mark, das alte deutsche Wort für Grenze (Markstein), wird nun für Grenzland gebräuchlich. Der in einem Grenzbezirk mit der Handhabung der Regierungsgewalt beauftragte »Markgraf«, auch Präfekt genannt, hatte auch die Befehlsgewalt über die ihm unterstellten Grafen, auch Grenzgrafen genannt. Außer der Verwaltung und Rechtspflege war ihm der Grenzschutz und die Aufbietung des Heerbanns übertragen.
Nach seinen Siegen über die Awaren errichtete Karl der Große um 800 auf österreichischem Boden zwei Marken:
Die Awarische Mark, auch Mark an der Donau und später »marchia orientalis« genannt, umfaßte das Gebiet von der Enns bis zum Wienerwald;
die Karantanische Mark, auch Mark Friaul genannt, umfaßte das Gebiet Kärntens südl. der Drau bis zur Adria mit Istrien und dem östl. Norditalien.
Die Awarische Mark gehörte zum pannonischen Markgebiet, das östl. des Wienerwaldes bis zur Raab Oberpannonien und zwischen Raab und Drau Unterpannonien hieß.
Durch die Tatsache, daß das Markgebiet von Bayern losgelöst war, beginnt praktisch jetzt schon das staatliche Eigenleben Österreichs, der kirchliche Einfluß durch die bayrischen Bistümer bleibt bestehen.
Im ausgehenden 9. Jh. ist die Mark an der Donau immer mehr gefährdet, die Ungarn dringen bis an die Enns vor und beenden 907 die Existenz dieser Mark. Durch das Verbleiben eines Großteils der Bevölkerung bleibt die Siedlungskontinuität gewahrt.
Von 907 bis zur Schlacht auf dem Lechfeld am 10. August 955 kommt das Gebiet zwischen der Enns und der Leitha an Ungarn. Kaiser Otto I. sicherte nach seinem Sieg über die Ungarn durch die Errichtung von Marken besonders die Reichsgrenze nach dem Osten. In etwas bescheidenerem Umfang werden zwischen 960 und 970 die Marken aus der Karolingerzeit wieder geschaffen, die weltlichen und geistlichen Besitzrechte erneuert.
Erobertes Land war Reichsgut, der König belehnte weltliche Herren oder beschenkte Bistümer und Klöster mit diesem Land. Der eingesetzte Markgraf, als Grundherr weniger bedeutend, wurde in seiner Sonderstellung durch hohe Gerichtsbarkeit, Bann- und Polizeigewalt sowie militärischen Oberbefehl gegenüber der Karolingerzeit angehoben. In ihren Gebieten hatten sie eine den Herzögen fast gleichkommende Macht. Das Markgrafenamt war nicht erblich.

- Die Mark an der Donau, Ottonische Mark genannt, umfaßte das Gebiet vom Traungau (Enns) bis zur Traisen. Um 970 wird Markgraf Burkhard, der Burggraf von Regensburg, mit seiner Residenz in Pöchlarn erwähnt (gest. 974). Mit dieser Mark beginnt die eigentliche Staatsgeschichte Österreichs.
- Die Kärntner Mark, auch Karantanische genannt, umfaßt das Gebiet an der mittleren Mur (wird schon 976 Herzogtum, das erste unter den österreichischen Herzogtümern).
- Die Mark Krain, 973 erwähnt, schließt im Süden an Kärnten an.
- Die Mark an der Sann, um 980, mit Cilli schließt im Osten an.
- Die Mark Pettau, 980, am linken Drauufer nach Norden anschließend.

  Dieser Gürtel von Marken war wesentlich kleiner als der der Karolingerzeit.
  Die Ottonische Mark war bayrisches Lehen. Herzog Heinrich (der Zänker) von Bayern erhob sich gegen seinen Vater, Kaiser Otto II., wurde aber niedergeworfen. Kaiser Otto II. belehnte darauf vor dem 21. Juli 976 den Grafen Leopold von Babenberg mit der Mark.

ist. Sie lag am Fuß des Mons Carantanus (heute Ulrichsberg). Charanta, spätillyrisch = Ort der Freunde, von dem der Name des Landes abgeleitet wird.
— »Codex Millenarius« des Stiftes Kremsmünster (Oberösterreich), eine Evangelienhandschrift mit acht ganzseitigen Miniaturen in kostbarem Einband aus dem Ende des 16. Jh.s. Verschiedentlich auch um 800 datiert.
— Evangeliar des angelsächsischen Mönches Cutpercht, in Salzburg geschrieben, mit wertvoller Buchmalerei (Österreichische Nationalbibliothek, Wien).

►**Um 800** König Karl der Große führt auch im bayrisch-österreichischen Raum die fränkische Grafschaftsverwaltung ein. Grafen sind königliche Beamte. Zum Schutz der Reichsgrenzen werden die sogenannten Marken errichtet *(→ 803)*, die unter der Führung eines Markgrafen (Präfekten) stehen, dem mehrere Grenzgrafen unterstellt sind.
— Deutliche Trennung des bayrischen vom österreichischen Gebiet.

►**800, 25. Dezember** Kaiserkrönung König Karls des Großen in der Peterskirche zu Rom durch Papst Leo III. Die erste Kaiserkrönung durch den Papst, die

Ostmark

Ostmark ist ein Name, der erst ab dem 19. Jh. für die Karolingische Mark (Awarische Mark), die Ottonische Mark und die Mark der Babenberger verwendet wird. Zeitgenössische Quellen nennen diesen Namen nie. Gebräuchlich war: das lateinische »oriens« = Ostland, für die Awarenmark »terra (oder provincia) avarorum«, etwas später: »regio (auch marchia) orientalis«, statt »regio« findet sich auch »pagus« (Gau). 985 berichtet in bewegten Worten der Bischof von Passau über Verwüstungen durch Barbaren in seinen Besitzungen »in orientali pago«, das man mit östl. Landstrich übersetzen kann, nicht aber mit Ostmark. Im Privilegium minus heißt es »marchiam orientalem«. Otto von Freising schreibt »marchiam Austrie«.
Der Nationalsozialismus hat grundsätzlich den Namen Ostmark verwendet, 1938 wurde dieser Name für das verpönte Österreich auch amtlich vorgeschrieben. Durch »Führererlaß« wurde 1942 der Name verboten und durch »Alpen- und Donaugaue« ersetzt, da durch die Bezeichnung Ostmark die Einheitlichkeit (Österreichs) zu stark zum Ausdruck kam.

letzte erfolgte 1530 in Bologna (Kaiser Karl V.) Karl der Große herrscht über Frankreich, Belgien, die Niederlande, West- und Süddeutschland, die Schweiz, Österreich, Böhmen, Westungarn, Westkroatien, Dalmatien sowie über Ober- und Mittelitalien.

▶**9. Jh.** Charakterisiert durch die deutsche Kolonisation in der Wachau und den Gebieten östl. des Wienerwaldes und im Burgenland – gefördert durch Landschenkungen der karolingischen Könige an geistliche und weltliche Grundherren – und durch die christliche Missionierung, die besonders durch die bayrischen Klöster Niederaltaich und Tegernsee sowie Kremsmünster, Mattsee und Mondsee betrieben wurde.

— Karolingische Flechtwerksteine an der romanischen Kirche in St. Peter am Bichl (Kärnten).

— Spätkarolingische Fresken in der Winterkirche von Maria Wörth (Kärnten).

— Bleikreuz von Thunau bei Gars am Kamp (Niederösterreich). 1968 bei Ausgrabungen der Wallburg von Thunau (einer mittelalterlichen Befestigungsanlage) gefunden – Beweis für die frühe umfangreiche Christianisierung Österreichs (Niederösterreichisches Landesmuseum, Wien).

— Reste des ursprünglichen Baues in der Pfarrkirche von Traismauer (Niederösterreich) erhalten.

▶**Anfang 9. Jh.** »Johannes Chrysostomus, Homilien« (Bibeltextkommentare), eine bedeutende Salzburger Handschrift mit Buchmalereien (Österreichische Nationalbibliothek, Wien).

▶**803** Errichtung der Karolingischen Mark *(bis → 4. Juli 907)*, auch awarische oder pannonische Mark genannt, nicht Ostmark. Insgesamt umfaßte sie das Gebiet zwischen Enns, Waag, Raab und Drau. Dazu gehörten: Mark an der Donau (zwischen Enns und Wienerwald), Oberpannonien (zwischen Wienerwald und Raab), Unterpannonien (zwischen Raab und Drau) und Karantanische Mark (südl. der Drau und die Mark Friaul), die auch Mark Friaul hieß. Das Gebiet westl. der Enns bleibt bei Bayern.

▶**804** Urkundliche Nennung von Schärding (Oberösterreich) als Scardinga, ein Wirtschaftshof des Hochstiftes Passau.

▶**805** Gründung des Klosters St. Florian (Oberösterreich) *(→ 4. Mai 304)*, das 1071 in ein Augustiner-Chorherrenstift umgewandelt wird.

▶**811, 14. Juni** Kaiser Karl der Große beendet die Grenzstreitigkeiten zwischen den Bistümern Salzburg und Aquileia durch die Festlegung der Drau als Grenze für die kirchliche Einteilung. Diözesangrenze: südl. der Drau Patriarchat Aquileia, nördl. der Drau und bis in das Gebiet von Aspang und Pitten (Niederösterreich) sowie bis zur Piesting und der Einmündung der Fischa in die Leitha (Niederösterreich) Erzbistum Salzburg. Das Gebiet entlang der Donau bis westl. der Raab wurde dem Bistum Passau zugeteilt. (Im Zuge der sogenannten zweiten Missionierung des Raumes Osttirol war es zwischen dem Erzbischof von Salzburg und dem Patriarchen von Aquileia zu Auseinandersetzungen gekommen.)

▶**814, 28. Januar** Tod Kaiser Karls des Großen in Aachen, König der Franken seit 768, römischer Kaiser seit 25. Dezember 800. Nachfolger wird sein Sohn Ludwig I., der Fromme, seit 813 selbstgekrönter Mitkaiser, 816 vom Papst nochmals gekrönt *(bis → 20. Juni 840)*. Dadurch wird das Kaisertum eine vom Papst verliehene Würde.

▶**816, 5. Februar** Kaiser Ludwig I. bekräftigt in Aachen die bereits von Kaiser Karl dem Großen erlassene Besitzbestätigung der erblichen Kirche in Salzburg, Zusicherung der »Immunität mit Königsschutz«. Damit wird die Stellung des Erzbistums gefestigt.

▶**Um 818** Eine chronologische und astronomische Sammelhandschrift mit wertvollen Buchmalereien entsteht in Salzburg (Österreichische Nationalbibliothek, Wien).

▶**822** Urkundliche Nennung der Pfarrkirche von Röthis (Vorarlberg). Eine überraschend große Anlage ist durch die erhaltenen Fundamente belegt, der untere Teil des Turmes ist erhalten.

▶**828** Auflösung der Mark Friaul durch eingedrungene Bulgaren.

▶**829** Ludwig II., der Deutsche, der Sohn Kaiser Ludwigs I., schenkt dem Kloster Mondsee (Oberösterreich) das später »St.-Wolfgangs-Land« genannte Gebiet um den Mond- und Wolfgangsee.

▶**Um 830** Fürst Moimir gründet ein mährisches Reich (später Großmährisches Reich genannt) unter fränkischer Tributhoheit *(→ 846)*. Es umfaßt auch Teile des Marchfeldes sowie des Wein- und Waldviertels (Niederösterreich).

▶**830, 6. Oktober** Wachau erstmals urkundlich genannt, allerdings als Ort (locus Uuahouua = Wahowa) am linken Donauufer zwischen Mißlingbach bei Spitz an der Donau und dem Edlingbach bei Aggsbach. – Eine oft zitierte Urkunde vom 28. Juni 823 ist als unecht erkannt worden. Die Herkunft des Namens ist nicht geklärt. Vielleicht von den »wacta« (Wachen, Wachtposten), die an der Donau gegen feindliche Einfälle po-

Immunität mit Königsschutz

Die Immunität ist aus dem alten Römerreich bekannt und findet sich seit dem 6. Jh. auch im Fränkischen Reich als Befreiung von öffentlichen Abgaben und Leistungen sowie als gerichtliche Sonderstellung der auf dem Gebiet einer mit Immunität ausgestatteten Grundherrschaft ansässigen Leute. Zur Zeit Ludwigs I., des Frommen, waren die meisten Kirchen für den Bereich ihres Grundbesitzes mit diesem Recht ausgestattet. Die gerichtliche Sonderstellung bestand darin, daß die Gerichtsbarkeit dem öffentlichen Beamten entzogen war und der Immunitätsinhaber sie ausübte. War dies ein Geistlicher, ließ er sie durch seinen Vogt (vom lateinischen »advocatus« = herbeigerufen) ausüben, da der Kirche durch einen kaiserlichen Erlaß aus dem Jahre 401 »advocati« vorgeschrieben waren. Man bezog sich damals auf den 2. Brief des Apostels Paulus an Timotheus (2. Kapitel, Vers 4), wonach sich die Kirche aller weltlichen Geschäfte enthalten soll.
Im Lauf des 9. Jh.s befreite die Immunität auch von der Rechtsprechung in schweren Delikten. Dadurch wird die kirchliche Immunität bzw. die Vogtei und der damit betraute Beamte des Immunitätsherrn dem öffentlichen Gerichtsbezirk, also der Grafschaft, und der rechtlichen Stellung des Grafen ebenbürtig. So stellt die Immunität im Laufe der Zeit einen wesentlichen Faktor bei der Entstehung der Landeshoheit dar.
Aus der geistlichen Immunität konnte eine geistliche Landeshoheit erwachsen, wenn es dem geistlichen Immunitätsherrn gelang, sich von der Gewalt des Vogtes zu befreien. So entstand die Landesherrschaft der Salzburger Erzbischöfe, die sich aus der Grundherrschaft mit Immunität, zurückerworbenen Vogteien, aus Grafschaften und Regalien (= verliehene königliche Hoheitsrechte) entwickelt hat.
Allerdings konnte auch aus der Vogtei über einen geistlichen Immunitätsbereich durch den Vogt eine weltliche Landesherrschaft begründet werden, wenn die Beseitigung des Vogtes nicht möglich war. Die Landesherrschaft der Grafen von Tirol entstand vornehmlich aus den erworbenen Vogteien über die Kirchen von Brixen, Trient und Aquileia.
Der Königsschutz war ursprünglich stark eingeengt und stand nur den Klöstern und Stiften zu, die im Besitz des Königs waren. Seit Ludwig I., dem Frommen, ist der Begriff auf alle Kirchen ausgedehnt, die das Vorrecht der Immunität besitzen.
Die Verbindung von Immunität und Königsschutz bürgerte sich rasch ein, wobei die Immunität das Übergewicht erhielt.

stiert waren; vielleicht vom althochdeutschen »vahen« (= fangen), auf den Fischfang bezogen; vach = ein geflochtener Reusenkorb; oder vag, vah = Woge oder Welle.

▶**831** Das Kloster Mondsee (Oberösterreich, → vor 748) wird dem Hochstift Regensburg unterstellt und verliert seine Selbständigkeit.

5. Januar Erste urkundliche Nennung von Melk (Niederösterreich) als medilica.

▶**837** Erste urkundliche Nennung von Ambras (bei Innsbruck) als Omarus.

▶**840, 20. Juni** Kaiser Ludwig I., der Fromme, König des Frankenreiches seit 814, stirbt in Ingelheim. Seine drei Söhne streiten um das väterliche Erbe.

▶**843, 10. August** Vertrag von Verdun. Aufteilung des Frankenreiches auf die Söhne Ludwigs I. Lothar erhält die Kaiserwürde (ohne Oberhoheit über seine Brüder) und den mittleren Teil des Reiches, von Friesland bis Oberitalien.
Karl (der Kahle) behält seine Erbländer in Frankreich, erhält flandrische und bretonische Gebiete und wird König des Westfränkischen Reiches.
Ludwig II., der Deutsche erhält die Gebiete östl. des Rheins einschließlich Bayerns sowie Vorarlberg, Tirol, Salzburg, Steiermark, Kärnten, das westl. Burgenland, Teile von Oberösterreich und Niederösterreich sowie die bischöflichen Gebiete von Mainz, Worms und Speyer auf dem linken Rheinufer und wird König des Ostfränkischen Reiches *(→ 28. August 876)*.
Lothars Reich wird nach seinem Tod im Jahre 869 im Vertrag von Mersen *(→ 870)* aufgeteilt.
Aus Ludwigs fast ausschließlich deutschsprachigem Gebiet entwickelt sich das erste deutsche Reich – aus Karls romanischen Gebieten Frankreich.

▶**846** Fürst Moimir *(→ Um 830)* gerät in Konflikt mit dem Ostfränkischen Reich und wird von König Ludwig II. dem Deutschen abgesetzt. Durch seinen Neffen und Nachfolger Rastislaw, der eine geschickte Politik betreibt *(→ 864)*, gelingt die Loslösung des Mährischen Reiches aus fränkischer Abhängigkeit *(→ 874)*.

▶**Mitte 9. Jh.** Linz als »locus publicus« und bedeutender Handelsplatz genannt.
— Ältestes Zeugnis südostdeutscher Notenhandschrift sind vier Blätter aus einer Handschrift der Burg Falkenstein im Unterinntal (Österreichische Nationalbibliothek, Wien).
— Kern der Pfarrkirche St. Maximilian in Bischofshofen (Salzburg).

▶**Um 850** Urkundliche Nennung von Rankweil (Vorarlberg) als Rangwila, als zweiter Name wird das römische Vinomna erwähnt.

▶**851** Urkundliche Nennung von Göfis (Vorarlberg).

▶**856** König Ludwig II. der Deutsche setzt seinen Sohn Karlmann als Verwalter der östl. Marken ein, da diese durch die wachsende Macht der Mährer bedrängt werden.
— Fränkische Hufenverfassung durch Karlmann im Donauraum eingeführt. Erst der Besitz von vier Hufen (eine Hufe oder Hube hat etwa 30 bis 40 Joch Land) berechtigt zum Wehrdienst, womit eine höhere soziale Rangordnung verbunden ist.

▶**857** Urkundliche Nennung von Meran (Südtirol) als Mairania.

▶**860** Urkundliche Nennung von Bruck an der Mur (Steiermark) als Prucca.
— Urkundliche Nennung von Pinkafeld (Burgenland) als Peinicahu im Zusammenhang mit Schenkungen König Ludwigs des Deutschen an das Erzbistum Salzburg.

— Urkundliche Nennung von Hochosterwitz (Kärnten).

▶**863** Rastislaw von Mähren ruft die byzantinischen Mönche Konstantin (der sich später Cyrillus nennt) und Methodius ins Mährische Reich *(→ 846)* – Gegengewicht zur fränkisch-christlichen Missionierung, die vor allem von Passau aus betrieben wurde. Die »Apostel der Slawen« schaffen eine slawische Nationalkirche. Verwendung slawischer Sprachen beim Gottesdienst, Bibelübersetzung in »cyrillischer« Schrift.

— König Ludwig II. der Deutsche trifft in Tulln (Niederösterreich) mit dem Bulgarenkhan Boris zusammen, um ein Bündnis gegen Mähren zu schließen.

▶**869** In Baden bei Wien – »ad Padun« – ist eine Königspfalz bezeugt.

▶**870, 9. August** Der Vertrag von Mersen regelt die Aufteilung des durch den Tod Kaiser Lothars (869) herrscherlos gewordenen Mittelreichs *(→ 843).*

— Swatopluk, Nachfolger Rastislaws *(→ 846)*, Fürst des Mährischen Reiches bis 894. Mähren weiterhin *(bis → 874)* unter fränkischer Oberhoheit. Die fränkischen Interessen werden von den Grenzgrafen des Gebietes zwischen Enns und Wienerwald wahrgenommen.

▶**871** Swatopluk erhebt sich gegen die Franken und besiegt die Grenzgrafen Wilhelm und Engelschalk, die im Kampf fallen.

▶**874** Swatopluk von Mähren erhält von König Ludwig II.,Ludwig II. der Deutsche dem Deutschen, die Unabhängigkeit zugestanden. In der Folge dehnt Swatopluk sein Herrschaftsgebiet systematisch über Polen, Böhmen, Mähren, Teile der Slowakei, das nördl. Niederösterreich, den Wiener Raum, das Burgenland und Westungarn aus. Das so entstehende »Großmährische Reich« mit den Wirtschafts- und Kulturzentren im Marchtal wird zur führenden Macht *(bis → 894)* an der fränkischen Ostgrenze.

▶**876, 28. August** Ludwig II., der Deutsche, König des Ostfränkischen Reiches, stirbt in Frankfurt am Main *(→ 843).*

Gemeinsame Nachfolger seine Söhne: König Karl der Dicke (bis 887), Ludwig und Karlmann *(→ 856).*

Karlmann erhält unter anderem Bayern, Böhmen, Mähren, Karantanien und Pannonien zugewiesen – Neuordnung des Gebietes der Karolingischen Mark *(→ 803)*: Karlmann überträgt seinem Sohn Arnulf (von Kärnten, *→ 887)* Karantanien, dazu gehören auch Teile von der Steiermark, von Osttirol, Niederösterreich und Burgenland.

— Markgraf der »Mark an der Donau« wird Aribo.

▶**878** In einer Urkunde König Karlmanns wird »pons Uillah« (= Brücke Villach, Kärnten) genannt.

▶**881** Salzburger Annalen berichten von einem ersten Zusammenstoß zwischen Magyaren und Bayern *(→ Um 890)* bei Wien: »primum bellum cum ungaris ad Weniam« – erste Nennung Wiens nach der Völkerwanderung.

▶**882** Konflikt zwischen Markgraf Aribo *(→ 876)* und den Söhnen und Erben der 871 gefallenen Grenzgrafen Wilhelm und Engelschalk um das Gebiet zwischen Enns und Wienerwald. Parteinahme und Eingreifen Fürst Swatopluks von Mähren auf der Seite Aribos und Arnulfs von Kärnten *(→ 876)* auf der Seite der Grenzgrafensöhne.

▶**884** Die Franken verlieren durch diese Kämpfe Pannonien und das Land östl. des Wienerwaldes an Fürst Swatopluk von Mähren.

▶**885** Methodius, der Erzbischof von Pannonien und Mähren *(→ 864)*, stirbt. Fürst Swatopluk vertreibt seine Anhänger, damit Ende der slawisch-christlichen Missionierung im Donauraum.

— Urkundliche Nennung von Attersee (Oberösterreich) als Atarnhova, Mittelpunkt eines Königsgutbezirkes.

▶**887, 24. Juli** Lustenau (Vorarlberg) als »curtis regia Lustenowa« (Königshof) in einigen Urkunden König Karls III., des Dicken, genannt.

11. November König Karl III., der Dicke, wird zur Abdankung gezwungen – Arnulf von Kärnten *(→ 876)*, Sohn Karlmanns, König des Ostfränkischen Reiches *(bis → 899).*

▶**888** Die Moosburg (Kärnten) wird erstmals urkundlich erwähnt. (Die heutige Ruine mit ihrem romanischen Turm stammt vom Nachfolgeausbau aus 1190).

▶**Um 890** Magyaren unter Fürst Árpád (Dynastie der Arpaden bis 1301) setzen sich, von der Balkanhalbinsel kommend, in der Tiefebene zwischen Donau und Theiß fest. Sie gehören der finnisch-ugrischen Völkergruppe an, daher Ugrier und später Ungarn, und waren um die Mitte des 9. Jh.s über Rußland immer weiter nach Westen gekommen.

▶**893** König Arnulf (von Kärnten) besiegt Fürst Swatopluk.

▶**894** Fürst Swatopluk von Mähren stirbt – rascher Niedergang des Großmährischen Reiches *(→ 904/06).*

▶**895** Urkundliche Nennung von Dornbirn (Vorarlberg) als Torrinpuirren – später Thurnbiura und Dorenbieren genannt.

▶**899, 8. Dezember** In Regensburg stirbt Arnulf von Kärnten, König des Ostfränkischen Reiches seit 887, Kaiser seit 896.

▶**Um 900** Friesach (Kärnten) Sitz des Salzburger Statthalters (Vizedom) und wichtigster Stützpunkt des Erzbistums in Kärnten.

Fürstenstein von Karnburg (Landesmuseum, Klagenfurt) und Herzogstuhl auf dem Zollfeld (Kärnten). Der Fürstenstein ist der Überrest eines römischen Säulenkapitells, der Herzogsstuhl ist ein mächtiger Doppelthron aus römischen Steinen, die vermutlich aus Virunum stammen *(→ Rahmenartikel: »Herzogseinsetzung in Kärnten« bei 1286, 1. September).*

▶**10. Jh.** »Wiener Hundesegen« und das »Klosterneuburger Gebet« sind die ältesten Zeugen (althoch-)deutscher Prosa auf österreichischem Gebiet.

▶**1. Viertel 10. Jh.** Raubzüge der Magyaren bis weit nach dem Westen, teilweise bis Norddeutschland, Frankreich, Italien und Spanien. Wirtschaftlicher Niedergang in den ostfränkischen Gebieten; Kirchen und Klöster werden geplündert, zahllose Kunstschätze verschleppt oder vernichtet.

▶**903/06** Raffelstettner Zollordnung *(→ Rahmenartikel »Die Raffelstettner Zollordnung«, S. 27).*

▶**904/06** Magyaren vernichten das Großmährische Reich *(→ 874)*, unmittelbare Bedrohung des österreichischen Raumes *(→ 4. Juli 907).*

▶**907** Kloster Mattsee (Salzburg) kommt an das Bistum Passau.

4. Juli Markgraf Luitpold von Bayern führt einen Heerbann gegen die Magyaren und erleidet bei Preß-

Die Raffelstettner Zollordnung

Zwischen 903 und 906 verfaßte eine königliche Kommission im Auftrag des Königs der Franken unter dem Vorsitz des Markgrafen Aribo diese Bestimmungen über den Donauhandel. Die Raffelstettner Zollordnung ist das älteste erhaltene Wirtschaftsdokument Österreichs; sie ist ein eindrucksvolles Zeugnis exakter Festlegung bisher üblicher Rechte im Donauhandel. Außerdem beweist sie einen recht intensiven, aber auch geregelten Handelsverkehr.
Raffelstetten gehört heute zur Gemeinde Asten und liegt an der Donau zwischen Linz und Enns.
Die Zollordnung nennt als Zollstätten: Mautern, Linz, Eparesburg (wahrscheinlich Ybbsburg) und den heute nicht mehr vorhandenen Ort Rosdorf. Die wichtigsten Handelswaren waren Salz, Vieh, Honig, Wachs und Sklaven.
Als Angehörige der Kommission werden die Richter der »Drei Grafschaften« genannt, ein Begriff, der bis heute nicht geklärt und auch nicht zufriedenstellend lokalisiert werden konnte. Wahrscheinlich handelt es sich um ein Gebiet im niederösterreichisch-oberösterreichischen Grenzraum. Bei dem Historiker Otto von Freising (einem Babenberger) liest man diesen Begriff wieder, als er von der Erhebung Österreichs zum Herzogtum berichtet: ». . . mit den von altersher zu ihr gehörigen Grafschaften, die man die drei nennt.«
Einige Beispiele aus dem Text der Raffelstettner Zollordnung:

»6. Die von Westen her kommenden Schiffe geben, sobald sie den Passauer Wald hinter sich haben, zu Rosdorf oder wo sie sich mit dem Kram niederlassen und Handel treiben wollen, zu Zoll 1/2 Drachme.
7. Wollen aber diese Hausierer weiter gegen Linz hinabfahren, so zahlen sie von je einem Schiff 3 halbe Scheffel Salz, von Sklaven und anderen Waren aber nichts. Sie genießen dann das Recht, mit dem Kram sich niederzulassen und Handel zu treiben bis zum Böhmischen Wald.
8. Führt ein Bayer Salz nur für seinen Hausbedarf und bezeugt solches der Fuhrmann mit seinem Eide, dann zahlen sie nichts, sondern gehen frei durch.
9. Wenn aber ein freier Mann über den gesetzlich bestimmten Marktplatz hinausfährt, ohne etwas dort zu zahlen oder zu reden, und dabei fällig wird, so möge ihm Schiff und Ware genommen werden.
10. Tut dies ein Sklave, möge er dort gebunden werden, bis sein Herr kommt und den Schaden gutmacht, und erst dann soll es ihm erlaubt sein, wegzugehen.
14. Salzwagen, welche die Enns auf der gesetzlichen Straße überschreiten, leisten an der Url (ein Nebenfluß der Ybbs) bloß einen vollen Scheffel und haben weiter nichts zu zahlen. Die Schiffe aber, die aus dem Traungau kommen, zahlen hier an der Ennsbrücke nichts, sondern gehen ohne Zins durch.
19. Nach der Durchfahrt durch den passauischen Wald dürfen sie nicht früher landen und Handel treiben, bevor sie Eparesburg erreicht haben.«

burg (erste Nennung als Brezalauspurc) eine vernichtende Niederlage. Außer dem Markgrafen fallen zahlreiche Adelige und geistliche Herren, darunter Erzbischof Dietmar von Salzburg und die Bischöfe von Säben (Südtirol) und Freising (Bayern).
Ende der Karolingischen Mark *(→ 803)*. Die Gebiete bis zur Enns kommen unter magyarische Herrschaft *(bis → 10. August 955)*. Die Siedlungskontinuität der deutschen und slawischen Bevölkerung im Gebiet östl. der Enns bleibt im wesentlichen erhalten. Keine Hinweise auf größere magyarische Ansiedlungen im Gebiet westl. von March und Leitha. Magyaren übernehmen häufig die fränkischen Verwaltungseinrichtungen.

►**911, 24. September** Ludwig IV., das Kind, Sohn Arnulfs von Kärnten, König des Ostfränkischen Reiches seit 899, stirbt, damit Aussterben der Karolinger.
Herzog Konrad I. von Franken erster deutscher Wahlkönig, bis 918.

►**913** Herzog Arnulf von Bayern (Sohn Luitpolds von Bayern, *→ 4. Juli 907)* fügt den Magyaren bei Passau eine erste schwere Niederlage zu. Abkommen Herzog Arnulfs von Bayern mit den Magyaren, die gegen Tributzahlungen in Zukunft Bayern bei ihren Raubzügen verschonen.

►**919** Heinrich I. (von Sachsen) deutscher König bis 936, Nachfolger König Konrads I. Unter seiner Herrschaft Sicherung und Erweiterung des Ostfränkischen Reiches im Westen (Lothringen und Rheinland) und im Osten (Brandenburg, Lausitz und Böhmen). Ostfränkisches Reich wird erstmals als »Regnum Teutonicorum« = Reich der Deutschen bezeichnet (Heinrich gilt auch als »Gründer« des Deutschen Reiches).
— Böhmen unter Herzog Wenzel I. (tschechischer Nationalheiliger), das Land steht unter deutscher Lehenshoheit.

►**Um 920** Magyaren setzen für das Gebiet zwischen Enns und Traisen einen deutschen Lehensgrafen ein, Sitz im regensburgischen Markt- und Burgort Bechelaren (Pöchlarn, Niederösterreich) – wahrscheinlich der Rüdiger von Bechelaren des Nibelungenliedes.

►**924** Waffenstillstand König Heinrichs I. mit den Magyaren *(bis → 15. März 933)*.

►**Vor 925** Michaelskirche in St. Michael (Steiermark), Missionszentrum im größtenteils von Slawen bewohnten Gebiet des Leobentales.

►**930** Urkundliche Nennung von Schwaz (Tirol) als Suates und von Wattens (Tirol) als Vuattanes.

►**931** Urkundliche Nennung von Kaprun (Salzburg) als Chataprunnin.

►**933, 15. März** König Heinrich I. besiegt die Magyaren in der Schlacht an der Unstrut (an der sächsisch-thüringischen Grenze bei Riade, Rietheburg, oder bei Merseburg). In der Folge verschonen die Magyaren Sachsen, fallen aber weiter in süddeutsche Gebiete ein.

Der »Römische Kaiser« und das »Heilige Römische Reich Deutscher Nation«

Kaiser, vom römischen Personennamen und späteren Titel »Caesar« abgeleitet, war die Bezeichnung für den höchsten weltlichen Herrscher, den Herrscher des römischen Weltreiches. Das weströmische Kaisertum bestand bis 476, das oströmische bis 1453.
Die Geburtsstunde des »abendländischen Kaisertums« ist die Krönung des Frankenkönigs Karls des Großen in Rom am 25. Dezember 800 durch Papst Leo III. Das dadurch entstandene Zweikaiserproblem wurde 812 durch einen Friedensschluß Karls des Großen mit Ostrom vorerst gelöst. Karl der Große nannte sich nach der Krönung »imperator et augustus« (= Befehlshaber und Erhabener). Der römische Ehrenname Augustus ging mit dem Zusatz »semper« (= immer) auf die römischen Kaiser »deutscher Nation« über und wurde unter Ableitung von »augere« (= vermehren) mit »allzeit Mehrer des Reiches« erweitert.
Das karolingische Kaisertum war eine Vor- und Oberherrschaft über andere Könige, als Idee von größter Bedeutung, spielte es »staatsrechtlich« keine Rolle. Karl der Große konnte das deutsche Kaisertum von Rom und dem Papsttum nicht unabhängig machen. So beanspruchte Ende des 9. Jh.s der Papst die Kaiserkrönung als kirchliches Vorrecht. Das Kaisertum brachte dem König einen Vorrang an Würde und Hoheit, keine Erhöhung seiner Macht. Wenn er auch theoretisch die Oberhoheit über das Abendland beanspruchte, hatte er niemals die Universalherrschaft inne. Der Kaiser war »vicarius Christi« und »advocatus ecclesiae« und zum Schutz der Christenheit (Kreuzzüge) verpflichtet. Der im Kaisertum liegende Anspruch führte oft zu schweren Konflikten mit dem Papsttum. Die Zeit der Luxemburger- und der frühen Habsburgerkaiser machte deutlich, daß ein Kaisertum ohne ein starkes deutsches Königtum nicht möglich war.
Der Kaiser wurde, wie bei der Königswahl (→ Rahmenartikel: »Deutsche Königswahl«, S. 29), von den Kurfürsten gewählt. Der Erzbischof von Mainz als Erzkanzler des Reiches hatte innerhalb eines Monats nach dem Ableben des bisherigen Kaisers die Wahl nach Frankfurt am Main auszuschreiben.
Die letzte Kaiserkrönung in Rom fand am 19. März 1452 statt – Friedrich III.; die letzte Kaiserkrönung durch den Papst erfolgte in Bologna am 24. Februar 1530 – Karl V. Seit Maximilian I. (1508) führte der deutsche König den Titel »Erwählter Römischer Kaiser«. In der Regel erfolgte schon zu Lebzeiten des Kaisers die Wahl seines Nachfolgers zum »Römischen König«, der regierende Kaiser entschied über seine Rechte. Seit Albrecht II. (1438) trugen, abgesehen von dem Wittelsbacher Karl VII. (1742–1745), nur noch Habsburger (ab 1745 Habsburg-Lothringer) die Kaiserkrone.
Am 11. August 1804 nahm Kaiser Franz II. als Franz I. den Titel eines Kaisers von Österreich an und legte am 6. August 1806 unter dem Druck Napoleons die »deutsche« Kaiserwürde nieder. (Napoleon, der an ein europäisches Kaiserreich dachte, schuf das französische Kaiserreich – Proklamation am 8. Mai, Kaiserkrönung am 2. Dezember 1804.) Das proklamierte Kaiserreich Österreich wurde 1867 zur österreichisch-ungarischen Monarchie umgeformt.
Am 18. Januar 1871 schuf Fürst Otto von Bismarck mit der Kaiserproklamation in Versailles die Würde eines deutschen Kaisers. Erblich mit der Krone Preußens verbunden, war die staatsrechtliche Stellung des deutschen Kaisers die des Trägers des Bundespräsidiums mit geringen formalen Rechten, wie etwa die des militärischen Oberbefehlshabers.
Im Jahre 1918 gingen das österreichische und das deutsche Kaisertum unter.

Der volle Titel (damals »Großer Titel« genannt) des Kaisers von Österreich lautete ab 1867:

> Kaiser von Österreich, apostolischer König von Ungarn, König von Böhmen, von Dalmatien, Kroatien, Slawonien, Galizien, Lodomerien und Illyrien, König von Jerusalem usw., Erzherzog von Österreich, Großherzog von Toskana und Krakau, Herzog von Lothringen, von Salzburg, Steier, Kärnten, Krain und der Bukowina, Großfürst von Siebenbürgen, Markgraf von Mähren, Herzog von Ober- und Niederschlesien, von Modena, Parma, Piacenza und Guastalla, von Auschwitz und Zator, von Teschen, Friaul, Ragusa und Zara, gefürsteter Graf von Habsburg und Tirol, von Kyburg, Görz und Gradisca, Fürst von Trient und Brixen, Markgraf von Ober- und Nieder-Lausitz und in Istrien, Graf von Hohenembs, Feldkirch, Bregenz, Sonnenberg usw., Herr von Triest, von Cattaro und auf der Windischen Mark, Großwojwod der Wojwodschaft Serbien usw.

Die Bezeichnung »Römisch-deutscher Kaiser« war niemals eine amtliche, genausowenig wie das »Heilige Römische Reich Deutscher Nation«.
Seit 1157 wird »heilig« als Adjektiv in der offiziellen Bezeichnung des Deutschen Reiches geführt, um den sakralen Charakter des Reiches zu betonen. »Sacrum Imperium« ist seit 1254 nachweisbar, zusammen mit »Romanum Imperium« (einer seit 1034 nachweisbaren Formulierung) entstand die Bezeichnung »Sacrum Imperium Romanum«, also »Heiliges Römisches Reich«. Erst ab 1512 wird für die deutschsprachigen Teile des Reiches auch die Beifügung »Deutscher Nation« gelegentlich gebräuchlich. Das im Zeitalter des Humanismus aufkommende Nationalgefühl bürgerte schließlich diesen Begriff ein. Es ist interessant, daß sich fast zum gleichen Zeitpunkt in den österreichischen Kanzleien und im Volksmund die Begriffe »Erblande« (auch »-länder«) und »Reich« (auch »Alt-«) als Unterscheidungsmerkmale durchsetzten.

Deutsche Königswahl

Die Wahl war ein Vorrecht der sieben Kurfürsten, die in bestimmter Reihenfolge ihre Stimme abgaben. Der Pfalzgraf bei Rhein war der bedeutendste weltliche Kurfürst; er war Reichsverweser und hatte die Rechtsgewalt über den König.
Der Erzbischof von Mainz war der bedeutendste geistliche Kurfürst; er hatte die Wahl einzuberufen und gab als letzter die Stimme ab, bei Stimmengleichheit entschied er den Ausgang der Wahl.
Mit der Kurwürde war auch ein Erzamt verbunden, das eigentlich aus dem germanischen Hausamt des bevorzugten Gefolgsmannes entstand.
In der Wahlbekanntmachung vom 13. Januar 1257 sind die Kurfürsten erstmals urkundlich genannt:

Erzbischof von Trier	Erzkanzler für Burgund
Erzbischof von Köln	Erzkanzler für Italien
König von Böhmen	Erzmundschenk
Pfalzgraf bei Rhein	Erztruchseß
Herzog von Sachsen-Wittenberg	Erzmarschall
Markgraf von Brandenburg	Erzkämmerer
Erzbischof von Mainz	Erzkanzler des Reiches

Ab 1338 entscheidet die Mehrheit, nachdem bisher Einstimmigkeit gefordert wurde. Der deutsche König hatte zugleich den Titel und die Rechte eines römischen Kaisers – damit wird der Einfluß des Papstes stark eingeschränkt.

►**935** Herzog Arnulf von Bayern *(→ 913)* wird als »Bagoariorum et Carantanorum dux« (Herzog der Bayern und Karantaner) bezeichnet.

28. September Herzog Wenzel I. *(→ 919)* von Böhmen wird von seinem Bruder Boleslaw I. ermordet.

►**936, 2. Juli** Heinrich I. in Memleben an der Unstrut gestorben – deutscher König seit 919.
Otto I., der Große, Sohn Heinrichs I., deutscher König bis 973.

►**940, 8. Juni** König Otto I. bestätigt dem Erzbistum Salzburg alle Rechte »in auro et sale« (= auf Gold und Salz) auf seinen Besitzungen. Goldgewinnung erfolgte damals vorwiegend durch das Auswaschen von Flußsand.

►**943, August** Herzog Berthold von Bayern (ein Bruder Arnulfs, *→ 935)* schlägt die Magyaren im Traungau in der Nähe von Wels (Oberösterreich).

►**Mitte 10. Jh.** Grafenfamilie der Udalrichinger, rings um den Bodensee reich begütert, wählt Bregenz als Residenz.

►**Um 950** Guntram der Reiche, der Ahnherr der Habsburger, nachweisbar. Stammsitz zwischen Aare und Reuß westl. von Zürich.

►**950** Herzog Boleslaw I. von Böhmen (Nachfolger Herzog Wenzels I., *→ 919; 28. September 935)* anerkennt die deutsche Oberhoheit.

►**951** König Otto I. überschreitet auf seiner Italienfahrt als erster deutscher König den Brennerpaß.

►**955, 10. August** Schlacht auf dem Lechfeld (bei Augsburg). König Otto I. fügt einem magyarischen Heer eine vernichtende Niederlage zu. Magyaren werden aus Deutschland verdrängt und setzen sich endgültig in der Ungarischen Tiefebene fest.
— Das Gebiet westl. des Wienerwaldes wieder unter bayrischer Herrschaft *(→ 4. Juli 907)*. Grenzwächter-(Gyepű-)Siedlungen, ungarische Restsiedlungen, im nördl. und nordöstl. Niederösterreich nachweisbar.

►**Nach 955** Errichtung von Marken zum Schutz des Reiches durch König Otto I. *(→ Rahmenartikel: »Die Marken Karls des Großen und Ottos I.«, S. 23).*
Die Ottonische Mark auf österreichischem Boden umfaßt das Gebiet zwischen Enns und Traisen – genaue Quellen über die Markgrafen fehlen. Im südöstl. Markengürtel: Mark an der Drau und Mark an der mittleren Mur, meist »marchia Carentana« oder Kärntnermark genannt, sie umfaßt die Gebiete der mittleren und oberen Steiermark bis Pitten und Aspang (Niederösterreich) und gilt als Kernland der Steiermark *(→ Um 1050; 30. Mai 1180).*
Errichtung eines Kastells im Gebiet der Stadt Graz, vermutlich auch der Namensursprung »gradec« = kleine Burg.

►**958** Erzbischof Herold von Salzburg wird geblendet und abgesetzt. Als Verwandter des Bayernherzogs Ar-

Österreich 976

Das heutige Staatsgebiet gehörte damals verschiedenen Herrschaftsgebieten an:

Mark an der Donau
- Teile des oberösterreichischen Alpenvorlandes, Niederösterreich von der Enns bis zur Traisen

Markgrafschaft Mähren
- Niederösterreich nördl. der Donau und das östl. Mühlviertel

Fürstentum Ungarn
- Niederösterreich östl. des Wienerwaldes und das Burgenland

Herzogtum Kärnten
- Südl. Niederösterreich, die Steiermark, Kärnten, Osttirol

Erzbistum Salzburg
- Gebiet um die Stadt Salzburg

Herzogtum Bayern
- Südl. und westl. Salzburg, westl. und südl. Oberösterreich, der östl. und südl. Teil Tirols

Herzogtum Schwaben
- Nordwestl. Teil Tirols und Vorarlberg

nulf ließ er sich aus familiären Gründen in eine Verschwörung gegen den König hineinziehen.

▶**962, 2. Februar** Kaiserkrönung König Ottos I. in Rom. *(→ Rahmenartikel: »Der ›Römische Kaiser‹ und das ›Heilige Römische Reich Deutscher Nation.«, S. 28)*

▶**Vor 970** Markwart von Eppenstein, Markgraf der Kärntnermark *(→ Nach 955)*, vermutlicher Stammsitz Judenburg (Steiermark).

▶**Nach 970** (971?) Urkundliche Erwähnung Burkhards, eines Burggrafen von Regensburg, als Markgraf der Ottonischen Mark. Sein Einflußgebiet umfaßt auch die Wachau – vermutlich war Pöchlarn (Niederösterreich) seine Residenz.

▶**972** Großfürst Géza (auch Geisa), ein Urenkel des Großfürsten Árpád *(→ Um 890)*, Herzog von Ungarn bis 997. Er unterhält gute Beziehungen zu Bayern und dem Christentum.

▶**973** Gründung des Bistums Prag durch Böhmenherzog Boleslaw II.

7. Mai Kaiser Otto I., der Große, in Memleben an der Unstrut gestorben – deutscher König seit 936.

Otto II., Sohn Ottos I., deutscher König, seit 967 römischer Kaiser (Imperator Romanorum Augustus) bis 983.

▶**975** Aufstand des Bayernherzogs Heinrich II., des Zänkers, gegen seinen Vetter, Kaiser Otto II.

Markgraf Burkhard schließt sich Heinrich an und wird seines Amtes als Markgraf der Ottonischen Mark *(→ 970)* enthoben.

— Kaiser Otto II. verleiht dem Ort Lieding (Kärnten) das Markt-, Münz- und Zollrecht.

▶**976** Kaiser Otto II. errichtet das Herzogtum Kärnten, das erste Herzogtum auf österreichischem Boden, und überträgt es dem Liutpoldinger Heinrich von Bayern, einem Sohn Herzog Bertholds von Bayern *(→ 943)*, als erstem Herzog *(→ 5. Oktober 989)*. Das Herzogtum entstand durch die Abtrennung der bayrischen Ost- und Südostgebiete (Karantanien, die Marken Friaul, Verona, Istrien und Krain) und ihre Vereinigung mit der Kärntnermark, der Mark an der Drau (mit Marburg und Pettau), den Grafschaften an der Sann (mit Cilli), Judenburg, Leoben, den Grafschaften im Enns- und Mürztal und den Gebieten von Steyr (Oberösterreich) und Pitten (Niederösterreich). Der Kaiser hatte damit die Macht des Herzogs Heinrich II. von Bayern *(→ 975)* empfindlich geschmälert.

Österreich unter den Babenbergern 976 bis 1246 und 1246 bis 1276

▶976 Leopold I., der Erlauchte, erster babenbergischer Markgraf, Beginn der 270 Jahre dauernden Herrschaft der Babenberger *(→ Rahmenartikel: »Die Babenberger«, S. 32)*. Er gehört dem bayrischen Hochadel an, war 962 Gefolgsmann Kaiser Ottos I. bei der Kaiserkrönung in Rom und Graf im unteren Donaugau (Raum Straubing, Bayern), regiert bis 994 *(→ 10. Juli 1994)*.
Die Markgrafschaft liegt vorerst zwischen Enns und Traisen, wird aber bis an den Wienerwald erweitert (etwa 985), östlichste Grafschaft ist Greifenstein. Residenz aller Wahrscheinlichkeit nach Pöchlarn (Niederösterreich).
21. Juli Eine Urkunde Kaiser Ottos II. nennt einen »Marchio Liutpold« – der erste Beleg, daß ein Markgraf dieses Namens mit dem Gebiet, das später Ostarrîchi *(→ 1. November 996)* genannt wird, belehnt war. Das Datum der Belehnung ist nicht bekannt, doch ist mit Sicherheit anzunehmen, daß diese schon einige Monate vorher erfolgt war.
— Bischof Wolfgang von Regensburg (Hl.) gründet in St. Wolfgang (Oberösterreich) eine Pfarrkirche. Er weilt um diese Zeit in dem zum Bistum Regensburg gehörenden Kloster Mondsee. Urkundliche Belege fehlen, die ältesten Teile der heutigen Kirche stammen wahrscheinlich aus dieser Zeit.
22. Juli Kaiser Otto II. bestätigt in Regensburg mit einer Urkunde Bischof Pilgrim von Passau Eigentum und Immunität der Klöster St. Florian (Oberösterreich), Kremsmünster (Oberösterreich) und St. Pölten (Niederösterreich).

▶Um 979 Ottonischer Oktogonalbau mit Fresken des Chores der heutigen Pfarrkirche von Wieselburg an der Erlauf (Niederösterreich).

▶Um 980 Graf Ottokar III., ein Traungauer, erbaut an der Mündung der Steyr in die Enns die Stiraburg (Oberösterreich), von der der Name Steiermark, auch Steier oder Steierland, abgeleitet wird.

▶983 7. Dezember Kaiser Otto II. stirbt in Rom. Geb. 955, am 26. Mai 961 in Aachen zum deutschen König und am 25. Dezember 967 in Rom zum Kaiser gekrönt, Regierungsübernahme 973.
Nachfolger sein Sohn Otto III., der bereits im Mai 983 in Verona zum deutschen König gewählt wurde (geb. im Juni 980) *(→ 23./24. Januar 1002)*.

▶984 Markgraf Leopold I. besiegt ungarische Streitscharen.
— Wahrscheinlich ist ab diesem Zeitpunkt Melk (Niederösterreich) Residenz der Babenberger.

▶989, 5. Oktober Heinrich von Bayern, Herzog von Kärnten, stirbt *(→ 976)*. Herzogtum Kärnten vom Bayernherzog Heinrich II., dem Zänker, mit Bayern vereinigt *(bis → 28. August 995)*. Er hatte es trotz der kaiserlichen Entscheidung *(→ 976)* bis zu dieser Zeit immer wieder vergeblich versucht.
— Nahe der Ortschaft Bierbaum (Bezirk Fürstenfeld, Steiermark) wird urkundlich eine Eiche erwähnt. Diese älteste Eiche Europas ist 1987 30 m hoch, hat einen Stammumfang von 8 m und eine Kronenweite von 30 m.

▶991 Schwerer Einfall der Ungarn in die Babenbergische Mark. Bayernherzog Heinrich II. dringt gemeinsam mit einem Aufgebot Markgraf Leopolds I. in das Wiener Becken vor und erobert das Gebiet zwischen Schwechat und Triesting. Die Grenzen der Mark werden dadurch nach Osten verschoben.
20./21. Mai Bischof Pilgrim von Passau stirbt. (Tag nicht gesichert.) Er stammte aus bayrischem Adel, sein Geburtsjahr ist nicht bekannt; Bischof seit 971. Versuchte zwischen 972 und 977 vergeblich (auch durch die sogenannten Lorcher Fälschungen), aus dem Bistum Passau eine von Salzburg unabhängige Kirchenprovinz für den Raum Österreich, Mähren und Ungarn zu schaffen. Zwischen 983 und 991 regelte er auf den Synoden von Lorch, Mautern und Mistelbach die kirchlichen Probleme im östl. Raum seines Gebietes. Nicht belegt ist sein Zusammenhang mit dem Nibelungenlied. Der Überlieferung nach soll sein Schreiber Konrad das Epos in lateinischer Sprache aufgezeichnet haben, diese Aufzeichnung ist nicht mehr vorhanden. Pilgrim soll danach Kriemhildens Onkel gewesen sein. Seine umfangreiche Missionstätigkeit ist durch die zahlreichen Kirchen in Niederösterreich und Oberösterreich belegt, die dem hl. Stephan, dem Dompatron von Passau, geweiht sind.

▶994, 10. Juli Markgraf Leopold I., der Erlauchte, stirbt. Er war am 8. Juli bei einem Turnier in Würzburg durch einen Pfeilschuß tödlich getroffen worden als Opfer eines Mordanschlags, der nicht ihm galt. Seine Söhne hatten bereits hohe Würden erlangt: Ernst, Herzog von Schwaben, und Poppo, Erzbischof von Trier, und Heinrich I., der Starke, zweiter (babenbergischer) Markgraf von Österreich, bereits unter seinem Vater Mitregent. Die Mark reicht schon bis zum Ostrand des Wienerwaldes *(→ 23. Juni 1018)*.
31. Oktober Bischof Wolfgang von Regensburg stirbt in Pupping bei Eferding (Oberösterreich); geb. um 924,

Die Babenberger

Herkunft und Abstammung dieser ersten österreichischen Herrscherfamilie (von 976 bis 1246) sind nicht geklärt. Sehr umstritten ist der Zusammenhang mit dem Geschlecht der Bamberger.
Bischof Otto von Freising (geb. um 1112, gest. 22. September 1158, Bischof ab 1138, Sohn des Markgrafen Leopold III.), der bedeutende Geschichtsschreiber des Mittelalters, leitete das Geschlecht von Adalbert von Bamberg ab und gab damit dem Geschlecht diesen Namen. Dieser Geschlechtsname tritt jedoch erst gegen Ende des 15. Jh.s in der Literatur auf.
Die Beinamen der Babenberger scheinen erst 1491 bei Ladislaus Sunthaym in den sogenannten »Tabulae Claustroneoburgenses« auf, einer Art »Stammbaum der Babenberger«, den er im Zusammenhang mit der Heiligsprechung Leopolds III. (1485) aufstellte.

Die regierenden Babenberger:

Leopold I., der Erlauchte	976– 994
Heinrich I., der Starke	994–1018
Adalbert der Siegreiche	1018–1055
Ernst der Tapfere	1055–1075
Leopold II., der Schöne	1075–1095
Leopold III., der Heilige	1095–1136
Leopold IV., der Freigebige	1136–1141
Heinrich II., Jasomirgott	1141–1177
Leopold V., der Tugendhafte	1177–1194
Friedrich I., der Katholische	1194–1198
Leopold VI., der Glorreiche	1198–1230
Friedrich II., der Streitbare	1230–1246

In den Urkunden ist der Name Leopold nicht zu finden, die häufigste Bezeichnung ist Liutpold und Luitpold – in späterer Zeit auch Leupolt.
Erste Residenz der Babenberger wahrscheinlich Pöchlarn, 984 Melk, um 1050 Gars, später Tulln, 1106 neu errichtete Pfalz im heutigen Klosterneuburg (die Burg auf dem heutigen Leopoldsberg – früher Kahlenberg – war eher ein Lustschloß oder auch nur ein befestigter Beobachtungsposten – belegt ist sie erst gegen Ende des 13. Jh.s), 1156 Wien.
Diese Verlegung der Residenzen zeigt deutlich die Erweiterung des Einfluß- und Herrschaftsgebietes nach Osten. Durch die geschickte Politik der Babenberger wurden die Besitzungen meist auf friedlichem Weg erworben. Sie galten bald neben den Königen von Böhmen als die reichsten Herren des Reiches und wurden durch die Verbindung Leopolds III. mit dem salisch-staufischen Kaiserhaus zu einem der ersten Geschlechter des Reiches.

wahrscheinlich in Pfullingen, Ende 972 (auf Veranlassung Bischof Pilgrims von Passau) zum Bischof gewählt, 1052 heiliggesprochen.

▶**995, 28. August** Bayernherzog Heinrich II., der Zänker, stirbt in Grandersheim (Bayern); geb. 951. Herzogtum Kärnten dadurch endgültig aus dem Verband mit Bayern gelöst *(→ 5. Oktober 989).*
Otto, ein Enkel Kaiser Ottos I., wird Herzog von Kärnten.

▶**996, 1. November** Erste urkundliche Erwähnung des Namens »Ostarrîchi« in einer Schenkungsurkunde Kaiser Ottos III. an die bischöfliche Kirche zu Freising ». . . regione vulgari vocabulo ostarrîchi«, also in einem Gebiet, das im Volksmund (Vulgärnamen) Österreich genannt wird *(→ Rahmenartikel: »Ostarrîchi«, S. 33).*

▶**997** Stephan I., der Heilige, König von Ungarn. Verheiratet mit Gisela von Bayern, einer Schwester König Heinrichs II. Er gestaltet sein Reich nach deutschem Vorbild, regiert bis 1038.
Krönungsmantel König Stephans I. von Ungarn mit reicher Goldstickerei ist die älteste erhaltene Stickerei des Mittelalters.

▶**999** Boleslav III., Herzog von Böhmen bis 1003.

▶**Um 1000** Alte Pfarrkirche von Anras (Osttirol), heute in das 1755–1757 errichtete Pflegehaus einbezogen. Der rechteckige Bau gleicht der Taufkapelle des Brixner Domes, Besitzungen der Brixner Bischöfe in Anras.
Frühromanische Krypta des Benediktinerinnenstiftes Göß (Steiermark), Gründung von Pfalzgraf Aribo und seiner Gemahlin Adula um diese Zeit.
Frühromanische Teile der gotischen Propsteikirche von St. Gerold (Vorarlberg), auf dem Boden der einstigen Einsiedelei des hl. Gerold (gest. um 978).

▶**1000** Adalbero von Eppenstein, Markgraf der Kärntnermark *(→ Vor 970)* bis 1035, ab 1012 auch Herzog von Kärnten *(→ 1035, 9. November 1039).*
— Glocke der Wallfahrtskirche Maria Schmerzen am Freudenberg (Pfarre Tigring bei Moosburg, Kärnten), älteste erhaltene Glocke Österreichs *(→ 1200).*

▶**11./12. Jh.** Romanische St.-Leonhard-Kapelle in Nauders (Tirol).

▶**11. Jh.** Ostturm der Kirche von Völkermarkt (Kärnten).

▶**1. Hälfte 11. Jh.** Kern der ehemaligen Benediktinerabteikirche von Ossiach (Kärnten).
— Bedeutende Evangeliare von den Stiften Nonnberg, Michaelbeuern und St. Peter (Salzburg) erhalten.

▶**1002** Mauterndorf (Salzburg) als Zollstelle urkundlich erwähnt.

Ostarrîchi

Der Tag der Namensgebung Österreichs ist der 1. November 996.
Die älteste erhaltene Urkunde, in der der Name Ostarrîchi aufscheint, ist eine Schenkungsurkunde in Form eines Blanketts (eine Art »Blankoscheck«, nur mit dem Schlußteil, zur Ausfüllung durch den Empfänger), mit der Kaiser Otto III. der bischöflichen Kirche zu Freising 30 Königshufen nebst Zubehör in Niuuanhova (Neuhofen an der Ybbs) schenkte. Datiert ist sie mit Bruchsal 1. November 996. Sie wurde allerdings erst in den Jahren 1002 bis 1014 mit dem Siegel Heinrichs II., wahrscheinlich vor dem Tod des Bischofs Kotatscalhus (= Gottschalk, 1006) versehen.

Der Originaltext:

In nomine sanctae et individuae trinitatis. Otto divina preordinante clementia imperator augustus. Noverint omnium industriae fidelium nostrorum tam praesentium quam et futurorum, qualiter nos dignis petitionibus dilectissimi nepotis nostri Baioariorum ducis Heinrici annuentes quasdam nostri iuris res in regione vulgari vocabulo ostarrichi in marcha et in comitatu Heinrici comitis filii Liutpaldi marchionis in loco Niuuanhova dicto, id est cum eadem curte et in proximo confinio adiacentes triginta regales hobas cum terris cultis et incultis pratis pascuis silvis aedificiis aquis aquarumve decursibus venationibus zidalweidun piscationibus molendinis mobilibus et inmobilibus viis et inviis exitibus et reditibus quesitis et inquirendis omnibusque iure legaliterque ad easdem hobas pertinentibus super gremium Frigisingensis aecclesiae ad servicium sanctae Mariae sanctique Christi confessoris atque pontificis Corbiniani cui nunc fidelis noster Kotascalhus venerabilis presidet episcopus, in proprium atque perpetuum usum concessimus firmiterque tradidimus nostra imperiali potentia, eo modo eoque tenore ut eadem praefata Frigisingensis aecclesia idemque praelibatus antistes Kotascalhus atque omnes sui succesores libero deinceps perfruantur arbitrio haec omnia tenendi commutandi et quidquid voluerint inde faciendi. Et ut nostrae largitionis auctoritas firmior stabiliorque cunctis sanctae Dei aecclesiae filiis perpetim credatur, hanc cartam inscribi iussimus anuloque nostro signatam manu propria subtus eam firmavimus.
Signum domni Ottonis invictissimi imperatoris augusti.
Hildibaldus episcopus et cancellarius vice Uuilligisi aechiepiscopi recognovi.
Data kal. nov. anno dominicae incarnationis DCCCCXCVI, indictione X, anno autem tertii Ottonis regnantis XIII, imperii vero I, Actum (Bruochs) elle, Feliciter.

Übersetzung:

Im Namen der heiligen und unteilbaren Dreifaltigkeit. Otto, durch göttliche vorausbestimmende Gnade Kaiser (und) Augustus (der Erhabene). Alle unsere eifrigen, Getreuen, die gegenwärtigen und auch die künftigen, mögen wissen, daß wir, die würdigen Bitten unseres geliebtesten Vetters Heinrich, des Herzogs der Baiern, erfüllend, gewisse Besitzungen unseres Rechts in der Gegend, die in der Volkssprache Ostarrîchi heißt, in der Mark und Grafschaft des Grafen Heinrich, des Sohnes des Markgrafen Liutpald, in dem Ort, der Niuuanhova genannt wird, das heißt mit eben diesem Hofe und dreißig in seiner unmittelbaren Umgebung liegende Königshufen mit bebautem und unbebautem Land, mit Wiesen, Weiden, Wäldern, Gebäude, mit Quellen und Wasserläufen, mit Jagden, Bienenweiden, Fischwässern, Mühlen, mit beweglichem und unbeweglichem Gut, mit Wegen und unwegsamem Land, mit Ausgängen und Eingängen, mit erzielten und noch zu erzielenden Erträgen und allem, was nach Recht und Gesetz zu diesen Hufen gehört, dem Schoße der Freisinger Kirche, der jetzt unser getreuer Gottschalk, der ehrwürdige Bischof, vorsteht, zum Dienste der heiligen Maria und des heiligen Bekenners Christi und Bischofs Corbinian zu eigenem und ewigem Gebrauch überlassen und durch unsere kaiserliche Macht fest übergeben haben, und zwar so und auf solche Weise, daß die genannte Freisinger Kirche, ihr genannter Vorsteher Gottschalk und alle seine Nachfolger alles dieses in Hinkunft nach freiem Ermessen besitzen, eintauschen oder was immer sie wollen damit tun können. Und damit der Kraft unserer Schenkung von allen Söhnen der heiligen Kirchen Gottes stets fester und unerschütterlicher Glaube geschenkt werde, haben wir diese Urkunde zu schreiben befohlen und sie, nach der Besiegelung mit unserem Siegel, unten mit eigener Hand unterschrieben (bekräftigt).
Handmal des Herrn Otto, des unbesiegbaren Kaisers (und) Augustus (des Erhabenen).
(Ich) Hildibald, Bischof und Kanzler, habe anstelle des Erzbischofs Willigis rekognosziert (überprüft).
Gegeben am 1. November im Jahre der Fleischwerdung des Herrn 996, in der 10. Indiktion, im dreizehnten Regierungsjahr des Königs Otto III. und im ersten seines Kaisertums. Geschehen zu Bruchsal. Mit Glück.

Die Bezeichnung »Vulgärnamen« oder, besser, »im Volksmund« beweist eindeutig, daß das Wort Ostarrîchi schon lange gebräuchlich war. In dieser mittelhochdeutschen Form ist der Name auch in der höfischen Poesie und im Minnesang anzutreffen. In der Volksdichtung findet sich jedoch öfter der Name »Ôsterlant«. Ottokar von Steiermark (um 1256/1320) nannte es Osterrich, was rasch gebräuchlich wurde. In Byzanz hieß das Land »Ostrikion«, in Italien »Ostrigo«, Dante nannte es »Osterico«.
Ab nun findet sich der Name »Ostarrîchi« immer häufiger in den Urkunden, oft schon »Osterrichi«, wie in der nächsten Kaiserurkunde vom 29. April 998, in der es im Zusammenhang mit dem Ort Nöchling (Niederösterreich) »in Pago quoque Osterrichi« heißt.
Die Originalurkunde befindet sich im Bayerischen Hauptstaatsarchiv in München.

▶**1002, 23./24. Jänner** Kaiser Otto III., stirbt in Paterno; geb. Juni 980 bei Kleve, im Mai 983 zum König gewählt, bis 984 vom Bayernherzog Heinrich II., dem Zänker, in Gewahrsam gehalten, am 21. Mai 996 in Rom zum Kaiser gekrönt. – Heinrich II., Sohn Herzog Heinrichs II. von Bayern (der »Zänker«), deutscher König, am 7. Juni 1002 gekrönt *(→ 13. Juli 1024).*

1. November König Heinrich II. schenkt Markgraf Heinrich I. Güter zwischen Dürrer Liesing, Triesting, Kamp und March (Niederösterreich), die erste nachweisliche »Königsschenkung« an die Babenberger.

▶**1003** Böhmenkönig Boleslav III. verliert sein Gebiet an Polenherzog Boleslav Chrobry, der ein großpolnisches Reich plant.

▶**1004** König Heinrich II. befreit Böhmen und setzt Jaromir als Herzog ein.

▶**1011, 12. Dezember** Herzog Konrad I. von Kärnten, der Sohn Herzog Ottos von Kärnten, ein Salier, der sich in seinem Land nicht durchsetzen konnte, stirbt.

▶**1012** König Heinrich II. verleiht das Herzogtum Kärnten dem Markgrafen der Kärntnermark, Adalbero von Eppenstein *(→ 1000, 1035, 9. November 1039).*

17. Juli Koloman (Sohn eines keltischen Fürsten oder ein schottischer Königssohn), als Pilger unterwegs nach Jerusalem, wird in der Nähe von Stockerau (Niederösterreich) für einen mährischen Spion gehalten und getötet. Da sich an seinem Grab mehrere Wunder ereigneten, wurde sein Leichnam 1014 *(→ 13. Oktober 1014)* nach Melk (Niederösterreich) überführt. Er wurde als Landespatron (bis 1663, dann der hl. Leopold) verehrt, sein Festtag ist der 13. Oktober, der bei Urkunden und Rückzahlungsterminen als Ausstellungstag – »an sant Colomans tag« – oft (und jahrhundertelang) zu finden ist.

▶**1014** Bischof Berenger von Passau beginnt mit der Pfarrorganisation der babenbergischen Mark und errichtet auf passauischem Besitz fünf Mutterpfarren: Herzogenburg, Tulln, Sigwarswerde (Kirchberg am Wagram) und Stockerau (alle in Niederösterreich).

13. Oktober Feierliche Beisetzung des Leichnams des Pilgers Koloman in der Peterskirche in Melk (Niederösterreich).

▶**1015** Markgraf Heinrich I. sichert durch zwei Kriegszüge gegen Herzog Boleslav Chrobry von Polen die Nordgrenze seiner Mark und dehnt sie bis zur Thaya aus.

▶**1018, 23. Juni** Markgraf Heinrich I. stirbt, er wird im Stift Melk (Niederösterreich) beigesetzt. Melk war auch sicher seine Residenz, mehr ist von ihm nicht überliefert *(→ 10. Juli 994).*

— Adalbert der Siegreiche, sein Bruder, dritter (babenbergischer) Markgraf von Österreich.

▶**1020** Diplom Kaiser Heinrichs II. für das Benediktinerinnenstift Göß (Steiermark); es trägt die älteste erhaltene Goldbulle eines deutschen Herrschers.

▶**1024, 13. Juli** Kaiser Heinrich II. stirbt in der Pfalz Grona bei Göttingen, geb. 6. Mai 973, Sohn Herzogs Heinrichs II., des Zänkers, von Bayern, ab 995 Herzog von Bayern, ab 1002 deutscher König, 14. Februar 1014 Kaiserkrönung *(→ 1002).*

4. September Konrad II. zum deutschen König gewählt, Krönung am 8. September in Mainz *(→ 4. Juni 1039).*

▶**1026** Papst Johann XIX. verleiht Erzbischof Dietmar II. von Salzburg das Recht, sich ein Kreuz vorantragen zu lassen und auf einem Zelter mit roter Decke reiten zu dürfen, sowie in Ausnahmefällen die Vollmacht, als päpstlicher Legat (also mit päpstlicher Autorität) entscheiden zu dürfen.
Vortragskreuz, Zelter und Purpur gelten als päpstliche Insignien, der Kardinalspurpur wird erst später unter Papst Bonifaz VIII. (1294–1308) eingeführt *(→ 1184).*

▶**1027, 31. Mai** Kaiser Konrad II. verleiht die Grafschaften im Inn- und Eisacktal dem Bischof von Brixen, den Vintschgau (Südtirol) und die Grafschaften Bozen und Tirol dem Bischof von Trient und erhebt die Bischöfe gleichzeitig in den Reichsfürstenstand. Grund war die Sicherung des Weges nach Italien und die Bestrafung des in diesem Gebiet reichbegüterten Grafen Welf, der sich während des Romzuges des Kaisers im Februar/März desselben Jahres aufständisch betätigt hatte.

— Es entsteht eine Entfremdung zwischen den Babenbergern und dem Kaiser. Markgraf Adalbert stand auf der Seite seines Vetters, Herzog Ernsts von Schwaben, als dieser wegen Erbansprüchen Differenzen mit seinem Stiefvater, Kaiser Konrad II., hatte.

— Klausen an der Brennerstraße (Südtirol) als Zollstelle urkundlich erwähnt.

▶**1028** Bischof Werner von Straßburg (ein Habsburger) errichtet im Aargau (Schweiz) die Habsburg, auch Habichtsburg genannt.

▶**1030** Kaiser Konrad II. unternimmt einen erfolglosen Kriegszug gegen Ungarn. Das Reichsheer wird »zu Vienni« (zweite Erwähnung »Wiens« – in den Altaicher Annalen) besiegt, Wien wird von den Ungarn besetzt. Markgraf Adalbert beteiligt sich *(wegen → 1027)* nicht an diesem Feldzug.

▶**1031** Friede zwischen Kaiser Konrad II. und König Stephan I. von Ungarn. Das Gebiet zwischen Fischa, Donau und Leitha wird an Ungarn abgetreten *(→ 1043).*

▶**1035** Kaiser Konrad II. trennt die Kärntnermark vom Herzogtum Kärnten ab und verleiht sie dem Grafen Arnold von Lambach-Wels (im Traungau begütert).

— Das Herzogtum Kärnten verleiht er seinem Vetter Konrad dem Jüngeren. Herzog Adalbero von Eppenstein *(→ 1012)* war in einem Hochverratsprozeß (Anklage wegen hochverräterischer Verbindungen zu Ungarn) verurteilt und von Konrad II. seiner Stellung enthoben worden.

▶**1039, 4. Juni** Kaiser Konrad II. stirbt in Utrecht, geb. um 990, seit 1024 deutscher König, Kaiserkrönung in Rom am 26. März 1027.
Heinrich III., 1026 zum Thronfolger gewählt und am 14. April 1028 in Aachen zum König gekrönt, Nachfolger *(→ 5. Oktober 1056).*

9. November Adalbero von Eppenstein stirbt, geb. um 980, seit 1000 Markgraf der Kärntnermark, 1012 Herzog von Kärnten; er lebte seit seiner Verurteilung und Amtsenthebung 1035 mit seinen Söhnen in der Verbannung.

▶**Um 1040** Markgraf Adalbert der Siegreiche stiftet dem Stift Melk (Niederösterreich) ein Kreuzpartikel, das sogenannte »Melker Kreuz. Herzog Rudolf IV. der Stifter läßt es 1362 *(→ dort)* kostbar fassen.

▶**1040** Erste urkundliche Erwähnung der Mark Krain.

▶**1041, Oktober** Herzog Břetislaw I. von Böhmen

(1034 bis 1055) wird von König Heinrich III. zur Lehenshuldigung gezwungen. Břetislaw wollte ein Slawenreich mit Böhmen als Mittelpunkt bilden.

►**1042/44** Kriegszüge König Heinrichs III. gegen Ungarn *(→ 5. Juli 1044)*. König Peter I. (1038–1046) von Ungarn, ein Neffe König Stephans I., war vertrieben worden und hatte bei König Heinrich Schutz gesucht. Markgraf Adalbert, Markgraf von Österreich und sein Sohn Markgraf Leopold *(→ 9. Dezember 1043)* waren an den Feldzügen maßgeblich beteiligt.

►**1043** Ungarn muß die *(→ 1031)* gewonnenen Gebiete wieder zurückgeben.

— König Heinrich III. errichtet die »Neumark«, auch »Ungarische Mark« genannt, sie reicht von östl. der Leiser Berge bis zur March und im Süden bis zur Fischa und Leitha (Niederösterreich).

— Die wahrscheinlich schon 1039 errichtete »Böhmische Mark« (genannt 1055) umfaßte das Gebiet zwischen dem Buchberg und der Thaya (Niederösterreich).

— Gräfin Hemma von Friesach-Zeltschach *(→ 1140)* gründet der Überlieferung nach in Gurk (Kärnten) ein Benediktinerinnenkloster, urkundlich erst 1066 genannt. Schon 975 stellte Kaiser Otto II. ein Privileg für ein bestehendes Nonnenkloster in Gurk aus.

9. Dezember Markgraf Leopold, Sohn Markgraf Adalberts von Österreich, stirbt. Er war wegen seiner Verdienste *(→ 1042/44)* wenige Tage vorher auf dem Fürstentag von Ingelheim zum Markgrafen der Neumark *(→ 1043)* ernannt worden.
Markgraf Adalbert von Österreich ist wahrscheinlich aus gesundheitlichen Gründen nicht mit Funktionen in den beiden neuen Marken *(→ 1140)* betraut worden.

►**1044, 5. Juli** Schlacht bei Menfö an der Raab. König Heinrich III. besiegt mit einer deutschen Heerschar den Ungarnkönig Aba (seit 1041), der König Peter I. vertrieben hatte *(→ 1042/44)*. – Aba wird gefangengenommen und hingerichtet.

►**1045** Lehenshuldigung König Peters I. von Ungarn in Stuhlweißenburg als Dank für die Hilfe König Heinrichs III. *(→ 1042/44)*.

— Nennung eines Markgrafen Siegfried in der Neumark *(→ 9. Dezember 1043)*. Seine Herkunft unbekannt, vermutlich vor 1048 gestorben.

12. Juli König Heinrich III. weilt auf seinem dritten Kriegszug gegen den Osten auf der Burg Persenbeug (Niederösterreich). Durch Überbelastungen gab eine Holzstütze vom Boden des Rittersaales nach, und er stürzte in die darunter gelegene Badestube. Der König wurde nur leicht verletzt, doch unter den zahlreichen Toten befand sich der Abt von Ebersberg, und Bischof Bruno von Würzburg starb kurz danach an den Folgen der erlittenen Verletzungen.

►**1046** Andreas I. König von Ungarn. Er verdrängt König Peter I. *(→ 1045)* und weist deutsche Angriffe erfolgreich zurück *(→ 20. September 1058)*, er regiert bis 1060.

►**1047, 7. Juni** Welf III. Herzog von Kärnten *(→ 13. September 1055)*. Das Herzogtum Kärnten war seit dem Tod Herzog Konrads II. *(→ 1035)* am 20. Juli 1039 unbesetzt geblieben.

►**Vor 1050** Kern der Burg Gars am Kamp (Niederösterreich); sie war wahrscheinlich die Residenz Markgraf Leopolds III. und auch sein Geburtsort.

►**Mitte 11. Jh.** Tragaltärchen der Markgräfin Swanhilde (Gattin Markgraf Ernsts) im Stift Melk (Niederösterreich). Vermutlich eine niederrheinische Arbeit; Elfenbein auf Holz mit Serpentin- und Goldauflagen.

►**Um 1050** Otakar (auch Ottokar) von Traungau, Markgraf der Kärntnermark, regiert bis um 1065. Die Traungauer nennen sich »marchiones de stire« = »Markgrafen von Steier« *(→ Um 980)*. Zum ursprünglichen Markgebiet in der mittleren und der Oststeiermark kommen die Grafschaften Traungau, Ennstal, Mürztal, Leoben, Judenburg und Pitten hinzu.

►**1050** Reichsfeste Heimenburg (in Deutsch-Altenburg, Niederösterreich) wird als starke Grenzfeste gegen Ungarn errichtet. Sie wird um 1060 nach Hainburg (Niederösterreich) verlegt.

►**1055** »Böhmische Mark mit einem Markgrafen Adalbero, dessen Herkunft unbekannt ist, urkundlich erwähnt (1045).

26. Mai Markgraf Adalbert stirbt, geb. um 990/92, Sohn Markgraf Leopolds I. und seiner Gattin Richwara. Im Stift Melk (Niederösterreich) beigesetzt. Unter ihm Ausdehnung der Mark gegen Osten bis zu March und Leitha (Niederösterreich) *(→ 23. Juni 1018)*.

— Ernst der Tapfere vierter (babenbergischer) Markgraf von Österreich. Er ist ein Sohn Markgraf Adalberts und dessen zweiter Frau Froiza, einer Schwester König Peters von Ungarn. – In einer Schenkungsurkunde Kaiser Heinrichs III. heißt es ». . . Grafschaft des Ernst, die man Österreich nennt.«

13. September Herzog Welf III. von Kärnten stirbt. Das Herzogtum Kärnten bleibt abermals *(→ 7. Juni 1047)* bis 25. Dezember 1056 unbesetzt *(→ dort)*.

►**1056** Graf Adalbero von Wels-Lambach (Bischof von Würzburg, der letzte des Geschlechtes, gest. 6. 10. 1090) gründet auf dem Stammschloß seiner Ahnen die Benediktinerabtei Lambach (Oberösterreich).
Im Westteil der Stiftskirche Architekturblöcke eines römischen Grabbaues *(→ Um 1080)*.

— Azzo von Kuenring in einer Urkunde als Ministeriale genannt. Der Ahnherr des bedeutenden niederösterreichischen Rittergeschlechts entstammt einem hochfreien bayrischen Adelsgeschlecht (»Edelfreie«). Zu Raubrittern wurden die Kuenringer durch eine falsche Deutung, da sie an der Spitze des Adels in der Auseinandersetzung mit dem Landesfürstentum standen *(→ 1230)*.

5. Oktober Kaiser Heinrich III. stirbt in Bodfeld (Harz), geb. am 28. Oktober 1017, 1026 zum Thronfolger gewählt, am 14. April 1028 in Aachen zum König gekrönt; er übernahm nach dem Tod seines Vaters am 4. Juni 1039 *(→ dort)* die Regentschaft; Kaiser seit 1047. Heinrich IV., sein Sohn, im November 1053 zum König gewählt und am 17. Juli 1054 in Aachen gekrönt, Nachfolger *(→ 7. August 1106)*, Regentschaft erst nach Beendigung der Vormundschaft (geb. 1050) 1065.

25. Dezember Konrad (auch Kuno) III., ein Lothringer, Herzog von Kärnten bis 1061.

►**1058, 20. September** Zusammentreffen der Kaiserinwitwe Agnes (Reichsverweserin, da König Heinrich IV. noch minderjährig) mit Ungarnkönig Andreas I. auf dem Marchfeld (Niederösterreich). Agnes gibt die Oberhoheit *(→ 1046)* über Ungarn auf. Papst Benedikt X. unterstützte die deutschfeindliche Partei in Ungarn.

►**1061** Berthold von Zähringen Herzog von Kärnten bis 1077.

►**1063** Markgraf Ernst von Österreich vereinigt die

Bistum Gurk

König Heinrich IV. genehmigt die Gründung des Bistums Gurk am 4. Februar 1072 in Regensburg.

»Im Namen der heiligen und untrennbaren Dreieinigkeit. Heinrich, durch das Walten göttlicher Milde König.
So oft von uns erstrebt wird, was der Religion zukommt, müssen wir mit rascher Bewilligung beistimmen und die Zustimmung unserer Huld gnädig gewähren.
Da also unser treuer Gebhard, Erzbischof von Salzburg, sich dauernd beklagt über die Gefahren, die den ihm anvertrauten Seelen drohen, weil er sein Bistum, das im Gebirge gelegen ist, wegen der ungeheuren Menge der Pfarren und der schwierigen Wegverhältnisse nicht regieren könne, verfügen wir auf den Rat unserer Getreuen zum Nutzen der Kirche und stimmen zu, daß er innerhalb eines Sprengels einen Bischof als Helfer seines Werkes bestimme und einen bischöflichen Sitz aufrichte. Daher gefiel es uns, daß er an dem Orte, der Gurca genannt wird, bei der Kirche der hl. Maria, wo früher eine Kongregation der Nonnen war, den bischöflichen Sitz errichte und diesem neuerrichteten Bischofsitz einen Teil seines Sprengels und von den Grundstücken und Zehenten, wieviel ihm gebührend erscheint, zuteile und an diesem Bischofsitz einen Bischof nach seinem Gutdünken einsetze, so daß jenes Bistum der Salzburger Kirche und dem obgenannten Erzbischof und seinen Nachfolgern niemals genommen und dort kein Bischof, wann immer, sei es durch Investitur oder sonst durch irgendeinen Vertrag eingesetzt werde, außer dem, welchen der genannte Erzbischof und seine Nachfolger auswählten, einsetzten und weihten.
Und damit diese unsere königliche Verfügung fest und unverletzlich allezeit bestehe, haben wir diese hierauf abgefaßte Urkunde mit eigener Hand bekräftigt und durch Aufdrücken unseres Siegels zu signieren befohlen.
Siegel des Herrn Königs Heinrich IV.

Adalbero, der Kanzler, an Stelle des Erzkanzlers Sigfrid, hat sie geprüft. Gegeben am zweiten Tag vor den Nonen des Februar, im Jahre 1072 der Geburt des Herrn, im 18. Jahr der Einsetzung des Herrn Königs Heinrich IV., dem 16. seiner Herrschaft, in der 10. Indiktion. Geschehen zu Regensburg, im Namen des Herrn. Glücklicherweise. Amen.«

»Böhmische Mark« und die »Neumark« *(→ 1043)* mit seiner Mark, dieser Raum erhielt damit seine endgültigen Grenzen.

▶**1070, 21. März** Papst Alexander II. gestattet dem Erzbischof Gebhard von Salzburg die Errichtung des Bistums Gurk (Kärnten). Der Name ist seit 831 bezeugt für den Fluß, seit 864 für einen Hof.

▶**1072, 4. Februar** König Heinrich IV. genehmigt mit einer Urkunde die Gründung des Bistums Gurk (ein typisches Beispiel für die zeitliche Ausdehnung von Bistumsgründungen).

▶**1074** Erzbischof Gebhard von Salzburg stiftet das Benediktinerstift Admont (Steiermark).

— Judenburg (Steiermark) in einer Admonter Urkunde erstmals genannt.

▶**1075, 9. Juni** Schlacht bei Homburg an der Unstrut. König Heinrich IV. schlägt die Sachsen vernichtend. Markgraf Ernst von Österreich, Gefolgsmann König Heinrichs IV., wird schwer verwundet.

10. Juni Markgraf Ernst von Österreich erliegt den schweren Verletzungen, geb. zwischen 1025 und 1028, vielleicht 1027 *(→ 26. Mai 1055)*. – Bei der Öffnung der Babenbergergruft des Stiftes Melk (Niederösterreich) im Jahre 1968 konnten am Skelett des Markgrafen die außerordentlich schweren Verletzungen festgestellt werden.

— Leopold II., der Schöne, fünfter (babenbergischer) Markgraf von Österreich, Sohn Markgraf Ernsts *(→ 12. Oktober 1095)* wird sein Nachfolger.

8. Dezember Papst Gregor VII. rügt in einem Brief die eigenmächtige Einsetzung (Investitur) des Erzbischofs von Mailand Tedald durch Kaiser Heinrich IV. und verlangt den unbedingten Gehorsam und die Unterordnung der weltlichen unter die geistliche Macht. Beginn des Investiturstreits zwischen Kaiser und Papst, der bis 1122 dauert *(→ 23. September 1122)*.

Im Februar 1075 hatte die Fastensynode in Rom die Laieninvestitur (Einsetzung in ein kirchliches Amt durch die weltliche Macht) und die Simonie (Kauf eines geistlichen Amtes) untersagt und die Einführung des Zölibats gefordert. Zunächst stehen die Babenberger auf der Seite des Kaisers, ab 1078 wechselt Markgraf Leopold II. jedoch auf die Seite des Papstes, was ihm Vorteile in der Form von Vogteirechten durch Bischof Altmann von Passau bringt.

▶**1077** Liutpold von Eppenstein Herzog von Kärnten. Schon Markwart IV. von Eppenstein (gest. 1076) hatte gegen Berthold von Zähringen *(→ 1061)* Kärnten beansprucht. Stammsitz der Eppensteiner bei Judenburg (Steiermark).

— König Heinrich IV. verleiht die Mark Krain dem Patriarchen Sieghard von Aquileia *(→ 1209)*.

— Erzbischof Gebhard von Salzburg läßt die Feste Hohensalzburg errichten, sicher an der Stelle einer vorhandenen kleineren befestigten Anlage. Gleichzeitig läßt er die Burgen Hohenwerfen (Salzburg) und Friesach (Kärnten), die ebenfalls in seinem Herrschaftsbereich liegen, erbauen. Er wollte damit König Heinrich IV. die Rückkehr nach Deutschland erschweren – im Streit zwischen Kaiser und Papst stand der Erzbischof Gebhard auf der Seite des Papstes.

▶**1078** Markgraf Leopold II. von Österreich unterstützt (jetzt auf seiten des Papstes) Rudolf von Rheinfelden, den Gegenkönig zu Heinrich IV.

▶**1079** König Heinrich IV. zwingt durch einen Kriegszug Markgraf Leopold II. wieder auf seine Seite.

▶**Um 1080** Westbau und Freskenzyklus der Stiftskirche Lambach (Oberösterreich) *(→ 1056)*. Die frühromanische Kirche wird 1089 geweiht. Die Fresken sind von europäischer Bedeutung.

▶**1081, Juli** Markgraf Leopold II. von Österreich beruft seine Ministerialen nach Tulln (Niederösterreich) zu einer Versammlung, in der er sich öffentlich von König Heinrich IV. lossagt. (Der Markgraf stand unter dem Einfluß Bischof Altmanns von Passau, der ein Führer der Papstpartei war.) König Heinrich IV. setzt Markgraf Leopold II. ab und verleiht die Mark Herzog Wratislaw II. von Böhmen (1061–1092).

▶**1082, 12. Mai** Schlacht bei Mailberg (Niederösterreich). Niederlage Markgraf Leopolds II. gegen Herzog Wratislaw II. von Böhmen. – Markgraf Leopold II. hatte die Mark aber noch immer *(→ Juli 1081; 31. März 1084)* fest in der Hand.

▶**1083** Bischof Altmann von Passau errichtet das Augustiner-Chorherrenstift Göttweig (Niederösterreich), das 1094 den reformierten Benediktinern übergeben wird. (Die Gründungsurkunde vom 9. September 1083 ist allerdings eine Fälschung aus der Zeit nach 1164.)

▶**1084** Markgraf Leopold II. von Österreich unterwirft sich Heinrich IV. *(→ 1078; Juli 1081; 12. Mai 1082)* und darf sein Amt behalten.

31. März König Heinrich IV. wird in Rom zum Kaiser gekrönt.

▶**1085** Herzog Wratislaw II. von Böhmen wird von Kaiser Heinrich IV. durch die Verleihung der Königswürde (ad personam!) belohnt *(→ 12. Mai 1082)*.

▶**1089** Die Kanonie Melk wird in ein Benediktinerkloster umgewandelt. Durch die Übergabe an die Benediktiner hört Melk auf, landesfürstlicher Sitz zu sein. Ob Markgraf Leopold II. seine Residenz nach Gars am Kamp oder nach Tulln (beide Niederösterreich) verlegte, ist nicht erwiesen.

▶**1091** Kaiser Heinrich IV. verleiht die Grafschaft Pustertal (Südtirol) dem Bischof von Brixen.

— Graf Engelbert von Spanheim gründet das Benediktinerkloster St. Paul im Lavanttal (Kärnten).

— König Ladislaus I. von Ungarn gewinnt die Herrschaft über Kroatien und gründet das Bistum Agram.

8. August Bischof Altmann von Passau stirbt in Zeiselmauer (Niederösterreich). Durch den Investiturstreit *(→ 8. Dezember 1075)* war er aus seiner Diözesanstadt vertrieben worden.

▶**1095, 12. Oktober** Markgraf Leopold II. stirbt, er wird in Gars am Kamp (Niederösterreich) begraben. Geburtsjahr nicht bekannt *(→ 10. Juni 1075)*.

— Markgraf Leopold III., der Heilige, sechster (babenbergischer) Markgraf von Österreich *(→ 15. November 1136)*, Sohn Markgraf Leopolds II. Er nimmt vorerst eine abwartende Haltung gegenüber dem Kaiser ein.

▶**1096** Benediktinerkloster St. Lambrecht (Steiermark) von den Eppensteinern (Herzöge von Kärnten) gegründet, eigentlich erst mit der Dotationsurkunde vom 7. Januar 1103 abgeschlossen.

▶**1096 bis 1099** Der erste Kreuzzug führt durch Österreich. Deutsche Fürsten sind daran nicht beteiligt.

▶**1097, 27. Oktober** Grundsteinlegung der Kirche des Zisterzienserstiftes Mehrerau (Vorarlberg), vom Grafen Ulrich von Bregenz gegründet. Von der Kreuzbasilika ist nur mehr die Unterkirche erhalten, da der Rest wegen eines Barockbaues um 1740 abgebrochen wurde.

▶**Ende 11. Jh.** Benediktinerklosterkirche (ehemals) von Millstatt (Kärnten) mit romanischen Bauplastiken am West- (um 1170) und am Südportal (Mitte 12. Jh.). Romanischer Kreuzgang mit reich skulptierter Doppelsäule.

▶**Um 1100** Muttergottes aus Lindenholz (Gnadenbild) in der Pfarrkirche von Serfaus (Tirol), eine wahrscheinlich bis ins 10. Jh. zurückreichende Wallfahrtsstätte.

▶**12. Jh.** Zahlreiche Marktrechte in Österreich enthalten die bezeichnende Formulierung eines Verbotes für die Händler, »in Sonne und Regen, Sommer und Winter den Kopf zu bedecken, damit sie sich rascher wegsehnen und so ihre Ware billiger verkaufen«.

— Bergfried der Burg (später Schloß) Ottenstein bei Zwettl (Niederösterreich), ebenso der von Schloß Althofen (Kärnten).

— Burg Himmelberg (Kärnten), die Ruine wurde 1963 (!) gesprengt, daher leider nichts mehr erhalten.

— Romanische Eisentür des Westportales und der Kern der Pfarrkirche von Grafendorf bei Friesach (Kärnten).

— Zweigeschossige romanische Burgkapelle (Michaelskapelle) in Ybbs an der Donau (Niederösterreich).

— Burg Katsch (Steiermark), wichtige Straßensicherung im oberen Murtal.

— Sogenanntes Schreibzeug Markgraf Leopolds III., ein aus Ägypten stammendes wertvolles Elfenbeinkästchen. Vermutlich kam es mit dem Kreuzzug von 1147 nach Österreich und kann daher kaum auf Markgraf Leopold III. zurückgehen.

— Mal-, Bildhauer- und Schreibschule im Stift Millstatt (Kärnten).

— Romanische Fresken in der Winter- oder Rosenkranzkirche von Maria Wörth (Kärnten).

— Salinenbetrieb in Unken (Salzburg) nachweisbar.

— In den österreichischen Bergwerken wird der Blasbalg eingeführt.

— Hopfenanbau in großen Teilen Österreichs nachweisbar.

▶**1. Hälfte 12. Jh.** Karner von Petronell (Niederösterreich), wertvoller romanischer Rundbau, heute Abensberg-Traunsche Gruft.

— Bergfried und Palas der Schattenburg in Feldkirch (Vorarlberg), die ältesten Teile der zu den bedeutendsten Burgen Mitteleuropas zählenden Anlage entstehen. Siebenarmiger Leuchter des Stiftes Klosterneuburg (Niederösterreich), aus Bronze, vergoldet, 443,5 cm hoch. Größtes Bronzegußwerk der Romanik in Österreich.

▶**Anfang 12. Jh.** Taufstein vom romanischen Dom von Salzburg.

— Melker Marienlied, das älteste erhaltene musikalische Denkmal Österreichs. Die 14 Strophen wurden auf die erste Seite einer Melker Handschrift (aus dieser Zeit) geschrieben, die an den Rand geschriebenen Noten gehören nicht dazu.

— Krypten des ehemaligen Stiftes Göß (Steiermark) der Pfarrkirche St. Pantaleon (Niederösterreich) und der Burgkapelle von Oberranna (Niederösterreich) – die ältesten Österreichs.

▶**1105, Herbst** Markgraf Leopold III. von Österreich stellt sich auf die Seite Heinrichs (V.), der sich gegen seinen Vater, Kaiser Heinrich IV., aufgelehnt hatte *(→ 7. August 1106)*.

▶**1106, 7. August** Kaiser Heinrich IV. stirbt in Lüttich,

geb. am 11. November 1050, im November 1053 zum König gewählt und am 17. Juli 1054 in Aachen gekrönt; er trat die Regentschaft 1065 (nach Beendigung der Vormundschaft) an, Kaiserkrönung am 31. Mai 1084. Von seinem Sohn Heinrich Ende 1105 zur Abdankung gezwungen, doch gab es bis zu seinem Tod militärische Auseinandersetzungen *(→ 5. Oktober 1056).*
Heinrich V., sein Nachfolger, im Mai 1098 zum Thronfolger ernannt, am 6. Januar 1099 in Aachen zum König gekrönt, zwang seinen Vater zur Abdankung und ließ sich am 5. Januar 1106 in Mainz als König bestätigen.

August (?) Vermählung Markgraf Leopolds III. mit Agnes, der Tochter Kaiser Heinrichs IV. und Witwe Herzog Friedrichs von Hohenstaufen. (Sie hatten acht Söhne, unter ihnen Leopold IV., Heinrich II. Jasomirgott und Bischof Otto von Freising, und zehn Töchter.)

►**1108** König Heinrich V. in Österreich anwesend, um einen Feldzug gegen Ungarn vorzubereiten. Bei dieser Gelegenheit dürfte der König alle Reichsrechte und Reichsgüter Markgraf Leopold III. übergeben haben.

►**1112, 11. Mai** Udalschalk von Stille gründet das Benediktinerstift Seitenstetten (Niederösterreich).

►**Um 1113** Markgraf Leopold III. verlegt seine Residenz von Gars am Kamp oder Tulln (beide Niederösterreich) – nicht gesichert – in die neuerrichtete Pfalz im heutigen Klosterneuburg (Niederösterreich).

►**1114, 12. Juni** Markgraf Leopold III. von Österreich legt den Grundstein zur Stiftskirche von Klosterneuburg (Niederösterreich). Bereits vor 1108 gründete ein nicht bekanntes Adelsgeschlecht hier ein Kloster. Das Stift wird vom Markgrafen großzügig ausgestattet und 1133 dem Orden der regulierten Augustiner-Chorherren übergeben. Außenmauern der Stiftskirche noch erhalten.

►**1118** Markgraf Leopold III. führt nach einem Einfall König Stephans II. von Ungarn einen Vergeltungsfeldzug durch. Besonders das Gebiet um Eisenstadt wird dabei zerstört.

►**1119, 25. Dezember** Versammlung im Stift Melk (Niederösterreich) regelt die kirchlichen Besitzrechte der niederösterreichischen Klöster und Pfarren. Außer Markgraf Leopold III. und zahlreichen Adeligen sind auch die Bischöfe von Passau und Freising anwesend.

►**Um 1120** Nahe Spital am Pyhrn (Oberösterreich), an der alten Römerstraße, entsteht ein Hospiz (daher der Name Spital), das während des dritten Kreuzzuges 1190 näher an den Paß verlegt wird.

►**Nach 1120** Markgraf Leopold I., der Starke, von Steier errichtet in Hartberg (Steiermark) die erste Traungauerpfalz in der Steiermark. Er leitet damit auch das größte Rodungswerk des Landes ein.

— Markgraf Leopold III. sichert sich vermehrten Einfluß im Wiener Raum, vor allem im Westen und Nordwesten der Stadt, wo seine Gefolgsleute, wie die Kuenringer, systematisch feste Stützpunkte an sich bringen.

►**1122** Erzbischof Konrad I. von Salzburg gibt im Rahmen seiner Reformen dem Salzburger Domkapitel eine neue Organisation – eine Art klösterliche Verfassung, die bis 1514 bestehenbleibt. Das Erzbistum Salzburg war zu dieser Zeit das größte geistliche Fürstentum des Reiches – die Erzbischöfe waren auch die weltlichen Herren in diesem Gebiet.

— Herzog Heinrich III. von Kärnten stirbt kinderlos, er hatte jedoch seinen Neffen Heinrich von Spanheim (auch Sponheim) adoptiert. Dieser wird als Heinrich IV. Herzog von Kärnten, die Herzogswürde bleibt bis 1269 bei den Spanheimern.

23. September Das Wormser Konkordat, Versammlung seit 8. September, beendet den Investiturstreit *(→ 8. Dezember 1075).* Eine Kompromißlösung: Die weltliche Regierungsgewalt eines geistlichen Fürsten überträgt der Kaiser und König (Belehnung mit Zepter), die Einsetzung in das geistliche Amt vollzieht der Papst (Belehnung mit Ring und Stab). Markgraf Leopold III. von Österreich war am Zustandekommen des Wormser Konkordates als Vermittler beteiligt.

►**1123** Die Melker Annalen, eine wichtige Geschichtsquelle, werden begonnen und über 400 Jahre weitergeführt. Annalen werden auch in anderen Stiften geführt: Heiligenkreuz, Kremsmünster und Zwettl, in Göttweig schon ab 1115.

23. Mai Kaiser Heinrich V. stirbt in Lüttich, geb. 1081 oder 1086, im Mai 1098 zum Thronfolger ernannt, am 6. Januar 1099 in Aachen zum König gekrönt; er setzte 1105 seinen Vater Heinrich IV. ab und ließ sich am 5. Januar 1106 als König bestätigen, Kaiserkrönung am 13. April 1111 *(→ 7. August 1106).* – Salisches Königshaus ausgestorben.

30. August Markgraf Leopold III. von Österreich lehnt bei der Königswahl in Mainz die ihm angebotene Kandidatur ab und unterstützt die Wahl des Sachsenherzogs Lothar. Er wies auf sein Alter hin und auf die Tatsache, daß er acht Söhne habe. Lothar III. zum König gewählt, wird am 13. September 1125 in Aachen gekrönt *(→ 3. oder 4. Dezember 1137).*

►**1127, 7. Februar** Frau Ava, eine Klausnerin in Melk (Niederösterreich), stirbt. Die erste namentlich bekannte deutschsprachige Dichterin schrieb Werke religiösen Inhalts: »Leben Jesu«, »Vom jüngsten Gericht«, »Vom Antichrist«, »Von den Gaben des Hl. Geistes«.

►**1128/29** Graz erstmals urkundlich genannt *(→ 1156).*

►**1129** Markgraf Leopold I. der Starke von Steier und seine Gemahlin Sophie gründen das Zisterzienserstift Rein (Steiermark), das älteste noch bestehende Zisterzienserstift.

— Graf Otakar III. von Steier, Markgraf der Steiermark *(→ 31. Dezember 1164).*

►**Um 1130** Münzstätte in der sogenannten Gozzoburg in Krems (Niederösterreich) – erste Prägetätigkeit der Babenberger. Nach 1200 stillgelegt.

— Bergfried mit Fresken der Burg Petersburg in Friesach (Kärnten).

►**1130/35** (genauer nicht belegbar) Markgrafschaft Österreich erstmals »Austria« genannt *(→ 25. Februar 1147).*

►**1130** Mit dem Bau der romanischen Stiftskirche St. Peter in Salzburg – sie war 1127 einem Brand zum Opfer gefallen – wird begonnen; Fertigstellung 1143.

►**1133, 11. September** Markgraf Leopold III. von Österreich gründet Stift Heiligenkreuz (Niederösterreich) – das erste Zisterzienserstift in der Markgrafschaft *(→ 1129).* (Der Name wird von einem Kreuzpartikel abgeleitet, das allerdings erst von Herzog Leopold V. von einer Pilgerfahrt nach Jerusalem 1182 mitgebracht und am 31. Mai 1188 übergeben wurde.)

►**1135** Mit dem Bau des Langhauses der Stiftskirche Heiligenkreuz (Niederösterreich) – sie hat das älteste erhaltene Kreuzrippengewölbe im deutschen Sprachraum – wird begonnen; vollendet 1160.

Peterskirche in Wien

Wien wird zum erstenmal als Stadt (»civitas«) bezeichnet. Urkunde aus dem Jahre 1137, mit der Markgraf Leopold IV. dem Hochstift Passau die Peterskirche in Wien übergibt.

»Bekannt sei allen Christgläubigen, den zukünftigen wie gegenwärtigen, wie Markgraf Liupold durch die Hand seines Bruders Adalbert, des Vogtes, über dem Altar des hl. Erzmärtyrers Stephan die Kirche des hl. Petrus, im Orte Wien gelegen, übergeben habe, indem er von dem verehrungswürdigen Passauer Bischof Reginmar als rechtmäßiges Tauschgut einen Weingarten, zu Wartberg gelegen, und den halben Teil des Gutes, zunächst der Stadt gelegen, empfing, mit Ausnahme der Hofgründe, wo die Ställe errichtet sind; unter ausdrücklicher Erwähnung, daß die obgenannte Kirche und die übrigen in derselben Pfarre geweihten Bethäuser künftig der Leitung des Wiener Pfarrers unterstehen. Damit diese Verfügungen unumstößlich blieben, hat sie der genannte Markgraf durch Aufdrückung seines Siegels geheiligt und der Bischof sie unter dem Bann seiner Autorität beurkundet.
Dieser Rechtshandlung Zeugen sind: Ernst, der Bruder des Markgrafen, Graf Theoderich, Graf Leutold, Otto, Vogt Adalram, Chadod, Walkchun von Greizpach, Chadold, Diepald von Chagere. Die Ministerialen Hadmar, Markward, sein Sohn, Uodalrich, Adalbero, Chunrad, Heinrich von Gunzinsdorf; die Ministerialen des Bischofs: Theodor, Ebo, Pertold; anwesend waren auch die Bischöfe Bertold, Propst vom Titel des hl. Hypolit, Adalbert, Propst vom Titel des hl. Nikolaus, Ludger, Propst vom Titel des hl. Georius, Lanzo, Erzpriester, Gottfried. Geschehen ist dies zu Mautern im Jahre von der Menschwerdung 1137.«

►**1136** Markgraf Leopold III. gründet das Benediktinerkloster Kleinmariazell (Niederösterreich), besteht bis 1782.

15. November Tod Markgraf Leopolds III., des Heiligen, wahrscheinlich durch einen Jagdunfall, geb. um 1075, durch seine zweite Frau Agnes *(→ August 1106)* mit dem Kaiserhaus verschwägert. 1125 Anwärter auf den deutschen Königsthron *(→ 30. August 1125)*. Er erreichte hohes Ansehen und große Macht, förderte die wirtschaftliche Entwicklung und festigte durch eine geschickte Familienpolitik die Stellung der Babenberger. Er wird am 6. Januar 1485 heiliggesprochen und ist seit 1663 Landespatron von Niederösterreich.

— Markgraf Leopold IV., der Freigebige, siebenter (babenbergischer) Markgraf von Österreich. Seine älteren Brüder Adalbert (vielleicht aus der ersten Ehe Markgraf Leopolds III.) und Heinrich werden übergangen *(→ 18. Oktober 1141)*.

►**1137** Wien zum erstenmal »civitas« (Stadt, Bürgergemeinde) genannt. – Markgraf Leopold IV. und Bischof Reginbert von Passau vereinbaren eine neue Pfarrordnung für Wien. Vermutlich wurde an Stelle von St. Peter St. Stephan zur Pfarrkirche erhoben.

8. Januar Papst Innozenz II. beklagt in einem Brief an die Witwe des Markgrafen den Tod Markgraf Leopolds III.

Frühjahr Fürstenzusammenkunft unter dem Vorsitz der Witwe Leopolds III., Agnes *(→ 15. November 1136)*. Sie bestimmt den jüngeren Sohn Markgraf Leopold IV. zum Nachfolger, der ältere Sohn Heinrich II. Jasomirgott war nicht anwesend.

3. oder 4. Dezember Kaiser Lothar III. stirbt in einer Almhütte (heute Breitenwang bei Reutte, Tirol) auf der Heimkehr von einem Italienzug; geb. um 1075, am 30. August 1125 in Mainz zum König gewählt und am 13. September 1125 in Aachen gekrönt, Kaiserkrönung am 4. Juni 1133. – Die Reichsinsignien und das Herzogtum Sachsen übergab er kurz vor seinem Tod Herzog Heinrich dem Stolzen, seinem Schwiegersohn, der nicht sein Nachfolger wurde *(→ 30. August 1125, 7. März 1138)*.

31. Dezember Hadmar I. von Kuenring (gest. 27. Mai 1138) gründet das Zisterzienserstift Zwettl (Niederösterreich). – Die Gründungsurkunde wird erst im Oktober 1139 ausgestellt, das Stift von Heiligenkreuz (Niederösterreich) aus besiedelt.

►**1138, 7. März** Konrad III. in Koblenz zum König gewählt (eine Minderheit, vom Papst gestützt, überging die Ansprüche des übermächtigen Herzogs Heinrich des Stolzen, *3. oder 4. Dezember 1137)* und am 13. März in Aachen gekrönt. Konrad III. ist ein Halbbruder Markgraf Leopolds IV. *(→ 15. Februar 1152)*.

Juli König Konrad III. ächtet Herzog Heinrich den Stolzen von Bayern, da dieser die Huldigung verweigert hatte. Kampf zwischen Welfen und dem staufischen Königshaus.

►**1139** Dietmar von Aist, einer der ersten namentlich bekannten deutschsprachigen Minnesänger, urkundlich erwähnt *(→ Um 1170)*.

— Markgraf Leopold IV. heiratet Anfang des Jahres Maria, die Tochter Herzog Sobieslaws I. von Böhmen.

Mai Markgraf Leopold IV. von König Konrad III. mit dem Herzogtum Bayern belehnt *(→ 8. September 1156)*. Herzog Heinrich der Stolze seit Juli 1138 *(→ dort)* geächtet.

Oktober Urkunde König Konrads III. für Stift Zwettl (Niederösterreich) *(→ 31. Dezember 1137)* bestätigt die Schenkungen Hadmars I. von Kuenring und gewährt Vogteifreiheit und Königsschutz. Erste Urkunde eines deutschen Königs für ein österreichisches Zisterzienserkloster.

20. Oktober Heinrich der Stolze, Herzog von Bayern, stirbt *(→ 3. oder 4. Dezember 1137, Juli 1138)*. In der Folge zieht Markgraf Leopold IV. von Österreich mit militärischer Unterstützung in Bayern *(→ Mai 1139)* ein. Die bayrischen Stände huldigen Leopold in Regensburg; Widerstand, besonders des Adels und der Stifte und Klöster, unter der Führung Welfs, des Bruders Heinrichs des Stolzen. Die welfische Partei anerkennt den zehnjährigen Heinrich (den Löwen, Sohn Heinrichs des Stolzen) unter der Vormundschaft Welfs als Landesherrn.

►**Um 1140** Ulrich von Gaaden (Niederösterreich) als erster Forstmeister des babenbergischen Wienerwaldgebietes bekannt.

— Bau der Burg Reifenstein bei Judenburg (Steiermark).

— Nennung einer steirischen Münzstätte in Neunkirchen (Niederösterreich).

— Linz (passauischer Besitz) wird »civitas« (Stadt) genannt.

►**1140** Unruhen in Bayern gegen die Herrschaft Markgraf Leopolds IV. *(→ 20. Oktober 1139).* Die bayrischen Grafen von Scheiern, Dachau und Wittelsbach besiegen Truppen des österreichischen Markgrafen. König Konrad III. rückt in Bayern ein, schlägt die Welfen und unterdrückt die Erhebung gegen Leopold IV.

— Beginn der ersten Bauperiode des Stiftes Zwettl (Niederösterreich) *(→ 31. Dezember 1137)*, bis 1180. Zum Großteil erhaltene Klosteranlage, das älteste erhaltene Zisterzienserkapitelhaus, das Dormitorium mit unversehrt erhaltener romanischer Latrinenanlage (dem einzig erhaltenen Bau dieser Art im deutschsprachigen Raum) und das Südportal der Kirche.

— Beginn der Errichtung des Domes von Gurk (Kärnten), bis um 1180. Bedeutendstes romanisches Bauwerk Österreichs (Standort des Vorgängerbaues der ehemaligen Klosterkirche ungewiß). Südportal mit Bauplastik, Fresken und die 100säulige Krypta, 1174 geweiht mit dem Grab der hl. Hemma (gest. 1045, 1287 selig-, 1938 (!) heiliggesprochen), einem romanischen Steinsarg.

10. Januar Adalram von Waldegg gründet das Augustiner-Chorherrenstift in Feistritz (heute St. Marein, Steiermark), das 1142 wegen größerer Ruhe und Abgeschiedenheit nach Seckau verlegt wird (Benediktinerabtei erst ab 1883).

26. Februar Privilegien Papst Innozenz' II. für die Stifte Heiligenkreuz und Zwettl (beide Niederösterreich) mit Besitzbestätigung und Gewährung von Zehentfreiheit.

Ende April König Konrad III. belehnt auf dem Reichstag von Frankfurt am Main Heinrich (Jasomirgott, Bruder Markgraf Leopolds IV.) mit der Pfalzgrafschaft am Rhein.

►**1141** Verschwörung Ottos von Wittelsbach gegen Markgraf Leopold IV., der in Regensburg einen Gerichtstag abhalten wollte. Leopold IV. läßt Teile von Regensburg in Brand stecken und entkommt. Regensburg wird eine schwere Geldbuße auferlegt, Burgen der Welfenführer im Lechgebiet werden zerstört.

— Bau der Klosteranlage vom Stift Heiligenkreuz (Niederösterreich) *(→ 11. September 1133)*, bis 1177. Kreuzgang mit romanischem Pförtchen und Fenster erhalten. Otto von Machland gründet das Kloster Baumgartenberg (Oberösterreich) und übergibt es den Zisterziensern aus Heiligenkreuz.

18. Oktober Markgraf Leopold IV. der Freigebige, stirbt auf der Rückkehr aus Bayern im Kloster Niederaltaich (Bayern); Sohn Markgraf Leopolds III., von Österreich seit 15. November 1136, Herzog von Bayern seit Mai 1139, im Kapitelsaal des Stiftes Heiligenkreuz beigesetzt. Trotz der ihre Ansprüche verteidigenden Welfen behauptete er sich in Bayern.

Heinrich II. Jasomirgott, achter (babenbergischer) Markgraf von Österreich, älterer Bruder Leopolds IV., der 1136 *(→ 15. November 1136)* übergangen worden war *(→ 13. Januar 1177)*, wird Nachfolger. Er muß die Pfalzgrafschaft am Rhein *(→ Ende April 1140)* an Graf Hermann von Stahleck und die salischen Hausgüter seiner Mutter Agnes *(→ 24. September 1143)* an die Staufer abtreten. Das Herzogtum Bayern übernimmt König Konrad III. in Reichsverwahrung, Gertrud, die Mutter Heinrichs des Löwen *(→ 20. Oktober 1139)*, protestiert dagegen.

►**1142** Herzog Wladislaw II. von Böhmen (Schwager Markgraf Heinrichs II.) wird durch Graf Konrad von Znaim aus Prag vertrieben. Markgraf Heinrich II. Jasomirgott und König Konrad III. (auch mit Wladislaw verschwägert) entsenden Truppen nach Prag und vertreiben Graf Konrad von Znaim.

— Berthold von Garsten, der erste Abt des Benediktinerstiftes Garsten (Oberösterreich), ein Verfechter strenger Klosterzucht und ein Förderer der Kultivierung des Ennstales, stirbt.

— Graf Bernhard von Spanheim gründet das Zisterzienserkloster Viktring (Kärnten). Die Besiedlung erfolgt durch Mönche des lothringischen Klosters Weiler-Bettnach.

— Bischof Hartmann von Brixen gründet zur Betreuung von Rompilgern das Augustiner-Chorherrenstift Neustift (Südtirol). Besiedlung durch Chorherren aus Klosterneuburg (Niederösterreich).

— Baubeginn der romanischen Basilika des Stiftes Seckau (Steiermark), bis 1164. Besonders bemerkenswert das vierfach gestufte romanische Westportal.

Mai Friede von Frankfurt durch Vermittlung König Konrads III. Markgraf Heinrich II. Jasomirgott heiratet Gertrud, die Tochter Kaiser Lothars I. und Witwe Heinrichs des Stolzen *(→ 3. oder 4. Dezember 1137, 20. Oktober 1139, 18. April 1143)*. Gertruds Sohn Heinrich der Löwe wird mit dem Herzogtum Sachsen belehnt.

Dezember Urkunde König Konrads III. für das Stift St. Florian (Oberösterreich), Gewährung von Königsschutz und Besitzbestätigung von Gütern im Mühlviertel (Oberösterreich).

►**1143/46** Bischof Otto von Freising *(→ 22. September 1158)* verfaßt die »Chronica sive historia de duabus civitatibus«, eine Art Weltgeschichte in sieben Büchern.

►**1143** Nach sechsjähriger Bauzeit ist der Bau des sog. Almkanals, einer Wasserleitung durch den Mönchsberg in Salzburg, fertig. Der Stollen durch den Berg ist 370 m lang und heute noch in Betrieb.

Mitte Januar Markgraf Heinrich II. Jasomirgott wird nach dem Verzicht Heinrichs des Löwen *(→ 20. Oktober 1139)* in Goslar von König Konrad III. mit dem Herzogtum Bayern belehnt.

12. März Papst Innozenz II. bestätigt die Gründung des Stiftes Seckau *(Steiermark, → 10. Januar 1140)* und gewährt Zehentfreiheit.

18. April Gertrud, die Gattin Heinrichs II. Jasomirgotts stirbt bei der Geburt ihrer Tochter Richardis *(→ Mai 1142)*; in Klosterneuburg (Niederösterreich) beigesetzt und im 13. Jh. nach Stift Heiligenkreuz (Niederösterreich) überführt. In der Folge fordert die bayrische Welfenpartei von König Konrad III. den Rücktritt Heinrichs II. Jasomirgotts als Herzog von Bayern und die Zuerkennung des Herzogtums an Gertruds Sohn Heinrich den Löwen. Es folgen erfolglose Kämpfe der Welfen gegen Truppen Herzog Heinrichs und König Konrads III.

24. September Agnes, Tochter Kaiser Heinrichs IV. *(→ 7. August 1106)* und Witwe Markgraf Leopolds III., Mutter (unter anderem) Markgraf Leopolds IV. und Markgraf Heinrichs II. Jasomirgotts, stirbt, sie wird in Klosterneuburg (Niederösterreich) beigesetzt.

►**1144/67** Propst Gerhoh von Reichersberg *(→ 1169)* verfaßt einen mehrbändigen Psalmenkommentar.

►**1144, 25. Juli** Bischof Reginbert von Passau bestätigt die Gründung des Benediktinerklosters Altenburg (Niederösterreich), die bereits vorher durch die Gräfin Hildburg von Poigen erfolgt war. Die »Gründungsurkunde« garantiert der Gründerfamilie das Vogteirecht und den aus St. Lambrecht (Steiermark) kommenden Mönchen das Recht freier Abtwahl. Die echte Gründungsurkunde ist vermutlich während der Einfälle der Hussiten verlorengegangen.

►**Um 1145** Fresken in der Nonnbergkirche in Salzburg.

►**1145** Fehde Herzog Heinrichs II. Jasomirgotts mit Heinrich III. von Regensburg, dem Gatten seiner Schwester Bertha – Verwüstungen im Gebiet von Regensburg und bewaffnete Einfälle des mit dem Regensburger verbündeten Markgrafen Otakar III. von Steier in Österreich.

►**1146, 11. September** König Geisa II. von Ungarn fügt Markgraf Heinrich II. Jasomirgott an der Fischa (Niederösterreich) eine schwere Niederlage zu (König Geisa war in Österreich eingefallen). Mit rund 70 000 Mann zieht der Ungarnkönig bis vor Wien, geht jedoch unerwartet zurück und begnügt sich mit Plünderungen im Osten Österreichs.

►**Um 1147** Erzbischof Eberhard I. von Salzburg weiht die Marienkapelle in Thernberg (Niederösterreich), eine der am besten erhaltenen romanischen Dorfkirchen mit dem vermutlich ältesten Bandrippengewölbe Österreichs.

— Pfarrkirche von Scheiblingkirchen (Niederösterreich) erwähnt. Romanischer Rundbau in Quadern aus den Jahren unmittelbar danach.

►**1147** Bischof Reginbert von Passau weiht die Kirche St. Stephan in Wien. Erhaltene Fundamente der Westfassade (Riesentor, *→ Um 1240)* entstanden 1137—1147, die hochromanische Kirche hatte bereits eine Länge von 83 m, wie die Ausgrabungen von 1945/47 ergaben.

— Graf Otto von Machland gründet das Augustiner-Chorherrenstift Waldhausen (Oberösterreich) – 1785 aufgehoben.

— Pfarrkirche von St. Michael im Lungau (Salzburg) urkundlich genannt.

— Herzog Heinrich II. Jasomirgott und König Konrad III. versammeln Anfang des Jahres ihre Heere in Regensburg, dem Ausgangspunkt des von Papst Eugen III. und Abt Bernhard von Clairvaux initiierten zweiten Kreuzzugs (die von den Sarazenen eroberte Stadt Edessa soll zurückgewonnen werden). Teilnehmer sind unter anderem Markgraf Otakar III. von Steier, Graf Bernhard von Marburg, Graf Konrad von Peilstein, Graf Friedrich von Poigen, Graf Rudolf von Machland und die Bischöfe von Freising, Regensburg und Passau.

Im Frühjahr ziehen Kreuzfahrer, angeblich 70 000, entlang der Donau (von Bayern kommend) durch Österreich, sie lagern in und um Wien. König Ludwig VII. von Frankreich zieht ebenfalls mit einem Kreuzfahrerheer durch Österreich, sein Hofkaplan Odo von Denil bezeichnet Österreich als unwirtliche Gegend.

Februar König Konrad III. bestätigt über Bitten Herzog Heinrichs II. Jasomirgott dem Stift Zwettl (Niederösterreich) den Besitz eines an das Kloster angrenzenden Waldstückes.

25. Februar König Konrad III. stellt dem Augustiner-Chorherrenstift Klosterneuburg (Niederösterreich) eine Urkunde mit Besitzbestätigung und Königsschutz aus – darin erste urkundliche Nennung des Namens »Austria« *(→ 1130/35)*.

19. März Hoftag zu Frankfurt am Main, Heinrich der Löwe macht seine Ansprüche auf Bayern geltend *(→ Mai 1142)*.

Mai König Konrad III. (auf Kreuzfahrt) geht in Ardagger (Niederösterreich) an Land, um die nötigen Vorbereitungen für die Weiterfahrt durch den Donaustrudel treffen zu lassen. Er verbringt das Pfingstfest im Stift Ardagger.

Mai (?) Graf Bernhard von Marburg *(→ 1147)* stirbt in Fünfkirchen (Südungarn). Seine Herrschaften Marburg, Radkersburg (Steiermark) und Tüffer (Slowenien) fallen an seinen Neffen Markgraf Otakar III. von Steier.

Juni Markgraf Otakar III. von Steier überträgt mehrere Güter dem Zisterzienserstift Rein (Steiermark), älteste echte Urkunde eines steirischen Markgrafen.

►**1148** Erwähnung der Marienkirche in Salzburg.

— Markgraf Heinrich II. Jasomirgott heiratet im Sommer, vermutlich in Byzanz, Theodora, die 15jährige Nichte des Kaisers Flavius Manuel I. Komnenos. Dadurch kommt es zu einer Verbesserung der gesellschaftlichen und politischen Stellung der Babenberger und zu strategischen Vorteilen gegenüber Ungarn (jetzt auch vom Südosten bedroht).

►**1149** Konrad, der Bruder Markgraf Heinrichs II. Jasomirgott, wird als Nachfolger Reginberts Bischof von Passau.

►**Mitte 12. Jh.** Erschließung des Mühlviertels (Oberösterreich) und des Waldviertels (Niederösterreich) abgeschlossen.

— Große Ortsdichte in Niederösterreich erreicht, im nördl. Wiener Becken und im Tullnerfeld größere Ortsdichte als im 20. Jh.

— In der Landwirtschaft dominiert der Haferanbau, da für Nahrung, Viehfutter und zur Malzbereitung nötig. Daneben Roggen, Hülsenfrüchte, Gemüse, Flachs, Hanf und Hopfen.

— Ritterkapelle (ursprünglich Marienkapelle) des Stiftes Seitenstetten (Niederösterreich) der älteste Teil des Stiftes, 1254 bis 1261 spätromanisch wiederhergestellt.

— Bronzener Türgriff (Löwenkopf mit Ring) von der südl. Seitentür der Pfarrkirche von Andelsbuch (Vorarlberg, Landesmuseum, Bregenz).

— Karner von St. Lambrecht (Steiermark) mit gotischem Portal, urkundlich 1148.

— Innenraum der Zisterzienserkirche von Viktring (Kärnten).

— Westportal der Pfarrkirche von Wolfsberg (Kärnten).

— Älteste Teile, Kern, des Schlosses Straßburg (Kärnten), des Sitzes der Bischöfe von Gurk.

— Burg Dürnstein an der Donau (Niederösterreich) von den Kuenringern errichtet.

— Wiener Genesis, eine Sammelhandschrift in mittelhochdeutscher Sprache und bedeutendes Denkmal der österreichischen Literatur. Enthält: Genesis, Exodus (vermutlich um 1120 abgefaßt) und Physiologus (Volksbuch mit Beschreibungen von Naturmerkwürdigkeiten, nach einem griechischen Original). Entstand wahrscheinlich in einem Kloster in der Steiermark oder in Kärnten und ist auch wegen der Buchmalerei bedeutend (Österreichische Nationalbibliothek, Wien).

— Etwa ab diesem Zeitpunkt schreibt der »Kürenberger« Lieder, die zwischen Volkslied und Minnesang liegen. Seine Burg stand nördl. von Linz, das Geschlecht ist von 1100 bis 1217 nachweisbar.

— Heinrich von Melk, ein Laienbruder, vorher Ritter Heinrich von Piela, schreibt satirische Gedichte; »Pfaffenleben«, »Erinnerung an den Tod«; er ist der erste deutschsprachige Satiriker.

— Vorauer Sündenklage (Stift Vorau, Steiermark), eine dichterische Selbstanklage, vermutlich von einer Frau verfaßt.

— Admonter Riesenbibel, eine großformatige zweibändige Bibelhandschrift. – Ein Hauptwerk der Salzburger Buchmalerei, vielleicht schon um 1140 entstanden, mit 41 Initialen in Gold auf Farbgrund und 40 Miniaturen (seit 1937 Österreichische Nationalbibliothek, Wien).

— Romanische Wandmalereien des sogenannten »Paradieses« (= ursprüngliche Westanlage) der Stiftskirche Nonnberg (Salzburg). Letzte erhaltene Reste hochmittelalterlicher Monumentalmalerei in Salzburg.

►**Um 1150** Fehde zwischen den Grafen von Eppan (westl. der Etsch, Südtirol, Besitz und Einfluß habend) und den Grafen von Tirol (Vögte der Bischöfe von Trient). Die Eppaner nehmen den Bischof von Trient und zwei durchreisende Kardinäle gefangen und lassen sie erst nach einer Intervention Heinrich des Löwen *(→ 20. Oktober 1139)* frei. Sie unterliegen in der Fehde mit den Grafen von Tirol, die ihre Herrschaft in der Grafschaft Bozen erweitern.

— Stift Heiligenkreuz (Niederösterreich) hat rund 300 Mönche und Konversen (Männer, die ohne Mönch zu sein, der klösterlichen Gemeinschaft angehören), ihm gehören zahlreiche Tochterklöster an (auch in Böhmen und Ungarn). Landwirtschaftliche Betriebe, Wirtschaftshöfe, die »Grangien« genannt werden, in Niederösterreich, z. B. Trumau, Grub, Sulz, Thallern, im Burgenland z. B. Mönchhof und Königshof und 21 Weingärten sind im Besitz des Stiftes.

— Stift Klosterneuburg besitzt 53 Weingärten.

— Schreib- und Malschule im Stift Admont (Steiermark) nachweisbar.

►**1150/60** Antiphonar (Buch mit den Gesängen des Tagesoffiziums = Wechselgesänge und Stundengebete) von St. Peter in Salzburg mit bedeutenden Buchmalereien (Österreichische Nationalbibliothek, Wien).

►**1150** Heinrich der Löwe erhebt abermals Anspruch auf das Herzogtum Bayern *(→ 1139, 20. Oktober 1143, Mitte Januar, 19. März 1147)*

— Erzberg in der Steiermark erstmals urkundlich erwähnt. Fast völlig phosphor- und schwefelfreier Spateisenstein mit 31 bis 34% Eisen- und 1,5 bis 2% Mangangehalt. Abbau bis 1640 händisch, erst dann Verwendung von Sprengmitteln.

►**2. Hälfte 12. Jh.** Romanische Fresken in der Filialkirche St. Helena am Wieserberg (Kärnten), kleiner romanischer Bau inmitten einer frühchristlichen Wallburg.

— Romanische Pfeilerbasilika der Pfarrkirche von Tulln (Niederösterreich).

— Romanische Wandmalerei in der Pfarrkirche von Steirisch-Laßnitz (Steiermark).

— Bedeutendes romanisches Kruzifix aus Lindenholz in der Pfarrkirche von Aflenz (Steiermark).

— Romanische Fresken in der St.-Leonhard-Kapelle in Nauders (Tirol).

— Das Wort »deutsch« wird gebräuchlich; schon um 1100 »diutisch« für Sprache, Land und Volk angewandt. Erstmals wurde 786 »tehodisce« im Sinn von Volkssprache (Gegensatz zum Lateinischen) erwähnt.

►**3. Viertel 12. Jh.** Triumphkreuzgruppe über der Altarmensa der Stiftskirche Seckau (Steiermark), Hauptwerk der romanischen Holzplastik in Europa.

— Im Kloster Mondsee (Salzburg) arbeitet der Malermönch Liuthold. Von ihm und seinen Gehilfen sind das vielleicht schon um die Mitte des 12. Jh.s entstandene »Liuthold Heiligenleben« und das vielleicht schon aus dem 2. Viertel des 12. Jh.s stammende »Liuthold Evangeliar«, zwei besonders wertvolle Hauptwerke mittelalterlicher Buchmalerei (Österreichische Nationalbibliothek, Wien).

— Hölzernes Kreuzigungsrelief aus Ried (Oberösterreich, Landesmuseum, Linz).

►**1151** Gertrud, Schwester Markgraf Heinrichs II. Jasomirgott und Gattin Herzog Wladislaws II. von Böhmen (→ 1178), stirbt.

►**Vor 1152** Graf Rudolf von Bregenz stirbt, mit ihm sterben die Grafen von Bregenz aus. Erbstreit zwischen seinem Schwiegersohn Hugo von Tübingen – er erhält die Grafschaft Churrätien – und Rudolfs Neffen Rudolf von Pfullendorf, der die Grafschaft Bregenz erhält *(→ 1166, Ab 1182, Vor 1200)*.

►**1152** Ein Großbrand vernichtet Kloster und Münster von Admont (Steiermark).

15. Februar König Konrad III. stirbt in Bamberg; geb. 1093 oder 1094, am 7. März 1138 zum König gewählt und am 13. März in Aachen gekrönt. Kaiserkrönung für September 1152 vorgesehen, im Herbst 1149 bot ihm das römische Volk die Kaiserkrone an, doch er lehnte ab. Sohn von Agnes *(→ 24. September 1143)* und ein Halbbruder Markgraf Heinrichs II. Jasomirgott von Österreich.

4. März Friedrich von Schwaben, ein Neffe König Konrads III. und von ihm testamentarisch empfohlen, in Frankfurt zum König gewählt als Friedrich I. Barbarossa *(→ 10. Juni 1190)* und am 9. März in Aachen gekrönt.

Juni Reichstag von Regensburg; König Friedrich I. Barbarossa versucht, Herzog Heinrich II. Jasomirgott zum freiwilligen Verzicht auf das Herzogtum Bayern zu bewegen, jedoch vergeblich. – König Friedrich I. überträgt auf diesem Reichstag dem Markgrafen Otakar III. von Steier die Vogtei über das Stift Vorau (Steiermark).

Nicht genau überliefert ist, wann König Friedrich I. Barbarossa Herzog Heinrich II. Jasomirgott die Reichsabtei Niederaltaich (Bayern), ein Reichslehen des bayrischen Herzogs, entzieht. Dadurch entsteht ein Gegen-

Das »Privilegium minus« (Erhebung Österreichs zum Herzogtum) vom 17. September 1156

»Im Namen der heiligen und ungeteilten Dreieinigkeit. Friedrich von Gottes Gnaden Kaiser der Römer, Augustus. Obwohl ein Gütertausch kraft der körperlichen Einsetzung selbst festen Bestand haben und das, was auf gesetzmäßige Weise ausgeführt wird, durch kein Widerstreben untergraben werden kann, soll doch unsere kaiserliche Autorität eingreifen, damit kein Zweifel an dem, was sich ereignet hat, bestehen kann. Daher möge die gegenwärtige Generation und die künftige Nachwelt aller Getreuen Christi und unseres Reiches wissen, daß wir unter Mitwirkung der Gnade dessen, von dem der Friede vom Himmel auf die Erde gesandt wurde, als wir auf dem allgemeinen Hoftag zu Regensburg das Fest der Geburt der heiligen Maria feierlich begingen, in Gegenwart vieler gottesfürchtiger und rechtgläubiger Fürsten den Rechtsstreit um das Herzogtum Bayern, der zwischen unserem liebsten Oheim, dem Herzog Heinrich von Österreich, und unserem teuersten Vetter, dem Herzog Heinrich von Sachsen, lange Zeit hindurch hin und her wogte, in der Weise beendet haben, daß der Herzog von Österreich uns das Herzogtum Bayern aufgelassen hat, das wir sofort dem Herzog von Sachsen zu Lehen gegeben haben, der Herzog von Bayern aber uns die Mark Österreich aufgelassen hat mit allem ihrem Recht und mit allen Lehen, die einst Markgraf Leopold vom Herzogtum Bayern innehatte. Damit aber dadurch die Ehre und der Ruhm unseres geliebtesten Oheims in keiner Weise gemindert erscheinen, haben wir nach dem Rat und dem Spruch der Fürsten, wobei der erlauchte Herzog Wladislav von Böhmen das Urteil verkündete, und mit Billigung aller Fürsten die Mark Österreich in ein Herzogtum umgewandelt und dieses Herzogtum mit allem Recht unserem genannten Oheim Heinrich und seiner allerdurchlauchtigsten Gattin Theodora zu Lehen gegeben, indem wir durch immerdar gültiges Gesetz verordneten, daß sie und nach ihnen ihre Kinder, Söhne oder Töchter ohne Unterschied, das Herzogtum Österreich zu erblichem Recht vom Reich innehaben und besitzen mögen. Wenn aber der genannte Herzog von Österreich, unser Oheim, und seine Gattin kinderlos sterben sollten, dann sollen sie die Freiheit haben, das Herzogtum zuzuwenden, wem immer sie wollen. Wir setzen auch fest, daß sich niemand, er sei hohen oder niederen Standes, im Amtsbereich des Herzogtums ohne Zustimmung oder Erlaubnis des Herzogs die Ausübung irgendwelcher Gerichtsbarkeit anmaßen dürfe. Der Herzog von Österreich aber soll dem Reich von seinem Herzogtum keinen anderen Dienst schulden als den Besuch der Hoftage, die der Kaiser in Bayern ansetzt, wenn er geladen ist. Er soll auch keine Heeresfolge schuldig sein außer diejenige, die der Kaiser etwa gegen die Österreich benachbarten Königreiche und Länder anordnet. Im übrigen haben wir, damit diese unsere kaiserliche Verordnung zu allen Zeiten gültig und unverbrüchlich bestehen bleibe, befohlen, darüber die vorliegende Urkunde zu verfassen und sie mit dem Aufdruck unseres Siegels zu bezeichnen, unter Beiziehung geeigneter Zeugen, deren Namen die folgenden sind: Pilgrim, Patriarch von Aquileja, Eberhard, Erzbischof von Salzburg, Otto, Bischof von Freising, Konrad, Bischof von Passau, die Bischöfe Eberhard von Bamberg, Hartmann von Brixen, Hartwig von Regensburg und der von Trient, Herr Herzog Welf, Konrad, der Bruder des Kaisers, Friedrich, der Sohn König Konrads, Heinrich, Herzog von Kärnten, Markgraf Engelbert von Istrien, Markgraf Albert von Stade, Markgraf Diepold, Hermann, Pfalzgraf bei Rhein, Pfalzgraf Otto und sein Bruder Friedrich, Gebhard, Graf von Sulzbach, Rudolf, Graf von Schweinshut, Engelbert, Graf von Hall, Gebhard, Graf von Burghausen, der Graf von Pitten, der Graf von Peilstein und viele andere.

Das Zeichen des Herrn Friedrich, des unbesiegten Kaisers der Römer. Ich, der Kanzler Rainald, habe in Vertretung des Erzbischofs Arnold von Mainz, des Erzkanzlers, rekognosziert.

Gegeben zu Regensburg am 17. September, in der 4. Indiktion, im Jahre der Menschwerdung 1156, unter der Regierung des Herrn Friedrich, des Kaisers der Römer, Augustus; in Christus glückbringend, amen; im 5. Jahre seines Königtums, im 2. seines Kaisertums.«

satz zwischen König und Herzog, da Herzog Heinrich II. über die ausgedehnten Besitzungen Niederaltaichs in Österreich Vogteirechte beansprucht.

Oktober Reichstag von Würzburg, auf dem König Friedrich I. Barbarossa Herzog Heinrich II. Jasomirgott abermals zum Verzicht auf Bayern bewegen will. Heinrich II. erscheint nicht.

►**Um 1153** Markgraf Heinrich II. Jasomirgott beruft den französischen Scholastiker Magister Petrus nach Wien und überträgt ihm vermutlich die Leitung der Pfarrschule zu St. Stephan, ein frühes Zeugnis für die scholastische Wissenschaft in Wien.

— Graf Ulrich II. von Pernegg gründet das Prämonstratenserstift Geras (Niederösterreich).

►**1153** Idrisi, ein am Hofe König Rogers II. von Sizilien lebender arabischer Gelehrter, nennt in seinem geographischen Werk über das »Romäerreich« als Städte auch »Ghermesia« (Krems, Niederösterreich) und »Biena« (Wien).

Pfingsten Reichstag von Worms, hier will König Friedrich I. Barbarossa die Herzogsfrage von Bayern zugunsten Heinrichs des Löwen *(→ 19. März 1147)* regeln. Herzog Heinrich II. Jasomirgott erscheint nicht und erklärt, daß er nicht gesetzmäßig geladen sei, er bestreitet gleichzeitig auch die Rechtmäßigkeit seiner Ladung für den Hoftag zu Speyer im Dezember.

►**1154, Februar** Besprechung König Friedrichs I. Barbarossa mit Herzog Heinrich II. Jasomirgott über die Rückgabe der Würde des Herzogs von Bayern; Heinrich II. lehnt abermals ab *(→ Mitte Januar 1143, 19. März 1147, Pfingsten 1153)*.

Juni Reichstag in Goslar, auf dem die bayrischen Für-

Die österreichischen Freiheitsbriefe					
Bezeichnung	Kontrahenten	Anlaß	Inhalt	Rechte	Folgen
»Privilegium minus«, 17. September 1156, auf dem Reichstag in Regensburg. Echt, jedoch nur in Abschriften überliefert.	Herzog Heinrich II. Jasomirgott (Babenberger). Kaiser Friedrich I. Barbarossa (Hohenstaufer). Am Zustandekommen war Bischof Otto von Freising (Bruder Heinrichs II.) beteiligt.	Österreich verzichtet auf Bayern.	Erhebung Österreichs zum selbständigen Herzogtum.	* Herzogtum Österreich auch in der weiblichen Linie vererbbar. * Herzogspaar darf bei Kinderlosigkeit Nachfolger bestimmen. * Ausschließliche Gerichtsbarkeit. * Teilnahme an Reichstagen nur in Bayern, an Reichskriegen nur in Österreich angrenzenden Ländern.	Damit erhielt Österreich im Vergleich zu den anderen Landesherren im Reich die größte Selbständigkeit. Nur der Reichsgewalt unmittelbar unterstellt, war damit der Grundstein für das Herauswachsen Österreichs aus dem Reichsverband gelegt.
»Privilegium maius«, 1359 Dieser geschickten Fälschung versagte Kaiser Karl IV. insgesamt die Bestätigung. Zu Teilzugeständnissen wäre er bereit gewesen. Erst Friedrich III. erkannte es 1442 als König und am 6. Januar 1453 als Kaiser an. (Beim zweiten Mal erfolgte auch die Anerkennung durch die Kurfürsten.)	Herzog Rudolf IV., der Stifter. Kaiser Karl IV. (Luxemburger).	Österreich wurde in der »Goldenen Bulle« (Bezeichnung von dem an der Urkunde befindlichen goldenen Hängesiegel) vom 10. Januar 1356 in Nürnberg übergangen, es erhielt keinen Kurfürstensitz, kein Wahlrecht bei der Wahl des deutschen Königs.	Beanspruchung von Sonderrechten, auf die Österreich zweifellos Anspruch erheben konnte!	* Erblichkeit des Lehens. * Steuerfreiheit. * Titel Pfalzerzherzog. * Lehensempfang zu Pferd. * Königskrone. * Keine Dienstleistung gegenüber dem Reich. * Oberste Lehenshoheit und Gerichtsbarkeit in den österreichischen Ländern. * Unteilbarkeit der Länder. * Kinderloser Herrscher kann beliebig verfügen.	Bis 1361 Differenzen mit dem Kaiser. Der übliche Titel Erzherzog wird erst durch die Anerkennung durch Friedrich III. förmlich eingeführt.

sten über Initiative König Friedrichs I. Barbarossas Herzog Heinrich II. Jasomirgott die Herzogswürde entziehen *(→ Mitte Januar 1143)* und Heinrich den Löwen *(→ 19. März 1147)* als Herzog von Bayern anerkennen. Die Belehnung Heinrichs des Löwen durch König Friedrich I. unterbleibt. Herzog Heinrich II. Jasomirgott bleibt vor allem im Osten Bayerns als Herzog anerkannt und führt den Herzogstitel in Urkunden weiter.

►**1155** Markgraf Heinrich II. Jasomirgott beruft aus dem Kloster St. Jakob in Regensburg, seiner Residenz als Herzog von Bayern, Mönche nach Wien *(→ 22. April 1161)*. Diese Mönche aus Irland (= »Scotia maior«) wurden wegen dieses Namens »Schotten« genannt. Dafür Bau einer dreischiffigen romanischen Pfeilerbasilika mit Querschiff auf dem sogenannten »Steinfeld« unmittelbar vor der Stadt (nordwestl.).

— Markgraf Otakar III. von Steier begleitet König Friedrich I. Barbarossa auf einem Zug zur Kaiserkrönung (am 18. Juni) nach Rom.

Mitte Oktober Hoftag zu Regensburg. König Friedrich I. Barbarossa läßt die bayrischen Adeligen auf Heinrich den Löwen *(→ Juni 1154)* den Lehens- und Treueid ablegen, nachdem Herzog Heinrich II. Jasomirgott wiederholt die Herausgabe Bayerns verweigert hatte. Bürger Regensburgs, offenbar auf seiten des Babenbergers, werden durch Geiseln zur Treue gegenüber Heinrich dem Löwen gezwungen.

►**1156** Herzog Heinrich II. Jasomirgott verlegt seinen Wohnsitz von Klosterneuburg (Niederösterreich) nach Wien in die knapp vor der Stadtmauer gelegene Burg »Am Hof« (vielleicht schon vor der Erhebung Österreichs zum Herzogtum).

— Graf Udalrich von Graz tritt in das Stift Seckau (Steiermark) ein, das Gebiet von Graz kommt an Markgraf Otakar III. von Steier *(→ 1128/29)*. Graz wird statt Hartberg (Steiermark) *(→ Nach 1120)* neues Zentrum der Mark.

5. Juni Geheime Unterredung in der Nähe von Regensburg zwischen Kaiser Friedrich I. Barbarossa und Herzog Heinrich II. Jasomirgott über die Lösung des »Bayernproblems«.

8. September Reichstag von Regensburg bringt die endgültige Lösung des bayrischen Problems *(→ Mitte Januar 1143, Mitte Oktober 1155)*. Heinrich II. Jasomirgott verzichtet endgültig auf das Herzogtum Bayern, mit dem Heinrich der Löwe belehnt wird. Abtrennung der Mark Österreich und Umwandlung in ein selbständiges Herzogtum. Gemeinsame Belehnung Heinrichs II. und seiner Gemahlin Theodora *(→ Sommer 1148)*, Erbfolge der Babenberger in männlicher und weiblicher Linie, im Falle der Kinderlosigkeit kann das Herzogspaar selbst einen Nachfolger bestimmen; ohne Zustimmung des Herzogs kann in Österreich von niemandem Gerichtsbarkeit ausgeübt werden, Heerfahrtspflicht des Herzogs wird auf die benachbarten Länder Österreichs beschränkt, die Verpflichtung des Besuches von Hoftagen ist auf die Hoftage in Bayern beschränkt. Die feierliche Übergabezeremonie erfolgte auf einer Wiese östl. von Regensburg. Herzog Heinrich II. Jasomirgott hatte seine bayrische Residenzstadt nicht betreten und lagerte hier mit seinem Gefolge. Kaiser Friedrich I. Barbarossa kam mit den versammelten Fürsten in das Lager des Babenbergers zur Besiegelung des ausgehandelten Vertrages, des »Privilegium minus«.

17. September Ausstellungsdatum der kaiserlichen Urkunde, des sogenannten »Privilegium minus«, auch »Österreichischer Freiheitsbrief« genannt. Erste schriftlich abgefaßte Belehnung durch einen deutschen König *(→ oben Rahmenartikel: Die österreichischen Freiheitsbriefe)*.

►**Um 1156** Einköpfiger Adler als Wappen der Babenberger nachweisbar *(→ Rahmenartikel: Der Bindenschild, S. 55)*.

►**Um 1157** Gründung, nach der Legende, von Mariazell (Steiermark) durch das Benediktinerkloster St. Lambrecht (Steiermark).

►**1157** Krems (Niederösterreich) als Münzstätte Herzog Heinrichs II. Jasomirgott nachweisbar.

— Bischof Otto von Freising verfaßt über Ersuchen Kaiser Friedrichs I. Barbarossa das Geschichtswerk »Gesta Frederici I. Imperatoris«, 1. Buch: Übersicht über die Weltgeschichte seit Ausbruch des Kampfes zwischen Kaiser und Papst *(Investiturstreit, → 8. Dezember 1075)*, 2. Buch: Lebensbeschreibung Kaiser Friedrichs I. Barbarossas bis zum Reichstag von Regensburg im September 1156 – dieser Teil war im Spätsommer 1158 fertig, das 3. und 4. Buch verfaßte nach dem Tod Ottos *(→ 22. September 1158)* sein Schreiber, der Freisinger Domherr Rahewin.

13. Februar Privileg Papst Hadrians IV. *(abermals, 26. Februar 1140)* für das Stift Zwettl (Niederösterreich) mit päpstlichem Schutz, Bestätigung der Regel, teilweiser Einschränkung der Zehentfreiheit und neuen Besitzbestätigungen (Groß-Haslau, Unter-Rabenthan, Bösenneunzen und Zwettl, alle Niederösterreich).

►**1158, Juni** Kaiser Friedrich I. Barbarossa seit Mitte des Monats auf einem Feldzug gegen die lombardischen Städte. Trotz der Befreiung durch das »Privilegium minus« nimmt Herzog Heinrich II. Jasomirgott daran teil. Mailand leistet größeren Widerstand und kapituliert erst nach wochenlanger Belagerung am 7. September. Graf Ekbert III. von Formbach-Pitten hatte ebenfalls an diesem Feldzug teilgenommen, er stirbt in Mailand; seine im Wechselgebiet und bei Gloggnitz (Niederösterreich) gelegenen Güter kommen an Markgraf Otakar III. von Steier, seinen Vetter.

22. September Bischof Otto von Freising stirbt im Zisterzienserkloster Morimond (Burgund), er war auf der Reise zum Generalkapitel in Citeaux. Geb. um 1112 als Sohn Markgraf Leopolds III., Bruder (unter anderem) von Herzog Heinrich II. Jasomirgott, um 1126 Propst von Klosterneuburg (Niederösterreich), um 1132 Abt des Zisterzienserklosters Morimond, seit 9. Oktober 1138 Bischof von Freising. Bedeutendster Geschichtsschreiber und -philosoph des Mittelalters. Hauptwerke: »Chronica sive historia de duabus civitatibus« *(→ 1143/46)*, nach seinem Tod von Abt Otto von St. Blasien bis 1209 fortgesetzt, und »Gesta Frederici I. Imperatoris« *(→ 1157)*, von seinem Schreiber Rahewin fertiggestellt. Ottos Nachfolger, Bischof Adalbert von Freising, erreicht gegen Zahlung einer jährlichen Abgabe für den Freisinger Besitz in Österreich die Befreiung von der herzoglichen Gerichtsbarkeit auf Lebenszeit.

►**1159, 3. Mai** Bischof Konrad von Passau (von 1149 bis 1164, dann bis 1168 als Konrad II. Erzbischof von Salzburg), ein Bruder Herzog Heinrichs II., verleiht als Stadtherr von St. Pölten (Niederösterreich) Privilegien und Freiheiten, die als ältestes Stadtrecht Österreichs angesehen werden. Dadurch Konflikt zwischen den Brüdern, da Herzog Heinrich II. eine Beeinträchtigung seiner Gerichts- und Vogteirechte sieht.

►**Ab 1159** Schwere Unruhen im Erzbistum Salzburg durch das Schisma (Spaltung) der Päpste Alexander III. und Viktor IV. (kaiserlicher Gegenpapst seit 7. September 1159). Erzbischof Eberhard I. von Salzburg steht, ebenso wie anfangs Herzog Heinrich II. Jasomirgott, auf seiten Papst Alexanders III. Die Führung der päpstlichen Partei übernimmt in Österreich Propst Gerhoh von Reichersberg *(→ 1169)*. Weltliche Adelige Salzburgs, ein Teil des österreichischen Klerus und die Klöster St. Florian (Oberösterreich) und St. Pölten stehen ab 1164 unter der Führung Bischof Ruperts von Passau und unterstützen den Gegenpapst Viktor IV.

►**Um 1160** Kaiser Friedrich I. Barbarossa verleiht Markgraf Otakar III. von Steier für sein gesamtes Hoheitsgebiet das Bergregal (Bergrecht), wahrscheinlich die erste Verleihung dieser Art an einen Fürsten des Reiches.

— Steirisches Landeswappen, ein aufsteigender, rechtsgekehrter Panther, nachweisbar.

— Markgraf Otakar III. von Steier gründet ein Hospital im »Cerewald« (Spital am Semmering, Steiermark) zur Sicherung des immer bedeutender werdenden Reiseweges über den Semmering von Wien nach Venedig. Unterkunft für Reisende und Pilger.

►**1160/70** Geschnitztes Kruzifix aus Gaal (Steiermark). Das 236 cm hohe Holzkreuz wurde wahrscheinlich von einem schwäbischen Künstler für die Stiftskirche Seckau geschaffen. Es stammt aus einer Kreuzigungsgruppe (der ältesten bekannten im deutschen Sprachraum), von der in der Seckauer Kirche noch Maria und Johannes erhalten sind. Die Trennung erfolgte vermutlich im 17. Jh. (Tiroler Landesmuseum, Innsbruck).

— Johanneskapelle in Pürgg (Steiermark), romanischer Bau mit erhaltenen romanischen Fresken, darunter eine Darstellung des »Katzen-Mäuse-Krieges«.

— Handschrift »Anegene«, wahrscheinlich von einem Geistlichen in Österreich verfaßte Geschichte über Fall und Erlösung des Menschen (Österreichische Nationalbibliothek, Wien).

►**1160** Leoben (Steiermark) als »forum liuben« erstmals genannt.

— Befestigung am Paß Lueg (Salzburg) als »clusa iuxta Weruen« (Werfen) nachweisbar.

Februar Synode von Pavia (Lombardei), zahlreiche deutsche Bischöfe bekennen sich zum kaiserlichen Gegenpapst Viktor IV. *(→ Ab 1159)*. Erzbischof Eberhard I. von Salzburg hält weiter zu Papst Alexander III.

24. März Papst Alexander III. bannt Kaiser Friedrich I. Barbarossa.

►**1161, 22. April** Gründungsurkunde des Schottenstifts in Wien *(→ 1155)* von Herzog Heinrich II. Jasomirgott. Der Herzog verzichtet auf die Eigenkirchenrechte des Gründers und gewährt freie Abtwahl, er behält sich nur das Recht der Vogtei vor.

— Pfarrkirche zum hl. Michael in Pulkau (Niederösterreich) vom Herzog als Dotierung dem Schottenstift gewidmet (eine der bedeutendsten romanisch-gotischen Kirchen Österreichs).

►**1162** Herzog Heinrich II. Jasomirgott nimmt im Frühjahr trotz der Befreiung durch das »Privilegium minus« am Feldzug Kaiser Friedrichs I. Barbarossa gegen Mailand teil, das nach einjähriger Belagerung am 26. März kapituliert.

18. September Papst Alexander III. bittet in einem Brief Erzbischof Eberhard I. von Salzburg, er möge nicht aufhören, den Kaiser für sich zu gewinnen, er sei bereit, den Kaiser »als den mächtigsten Fürsten« zu ehren.

►**1163** Markgraf Otakar III. von Steier gründet das Chorherrenstift Vorau (Steiermark).

28. Februar Erzbischof Eberhard I. von Salzburg (im Schisma, → *Ab 1159*, führender Vertreter der päpstlichen Partei) wird von Papst Alexander III. zum Legaten für Deutschland ernannt.

April Reichstag von Mainz, am 7. von Kaiser Friedrich I. Barbarossa eröffnet. Erzbischof Eberhard I. von Salzburg bemüht sich vergeblich, eine Aussöhnung zwischen Kaiser und Papst *(→ 18. September 1162)* herbeizuführen.

►**1164** Graz als Markt erstmals genannt *(→ 1156)*.

März Kaiser Friedrich I. Barbarossa bestimmt Erzbischof Eberhard I. von Salzburg und die Bischöfe von Brixen und Gurk zu Vermittlern in den Streitigkeiten zwischen Herzog Heinrich II. Jasomirgott und seinem Bruder Bischof Konrad von Passau *(→ 3. Mai 1159)*.

22. Juni Erzbischof Eberhard I. (von Hippoltstein und Biburg) von Salzburg stirbt im Stift Rein (Steiermark); geb. um 1085, seit 11. April 1147 Erzbischof von Salzburg, um eine Aussöhnung zwischen Kaiser und Papst sehr bemüht, stand auf seiten Papst Alexanders III. *(→ Ab 1159, 18. September 1162, 28. Februar und April 1163)*.

29. Juni Bischof Konrad von Passau (seit 1149), ein Bruder Herzog Heinrichs II. Jasomirgott, wird als Konrad II. Erzbischof von Salzburg. Kaiser Friedrich I. Barbarossa verweigert wegen der Papsttreue die Belehnung. Das Salzburger Domkapitel fordert unbedingte Treue zu Papst Alexander III.

31. Dezember Markgraf Otakar III. von Steier, Markgraf seit → *1129*, stirbt. Ihm gelang wesentliche Machtausdehnung der Traungauer *(→ Um 1050)* durch die Ausübung königlicher Regalien (oberste Gerichtsbarkeit, Münz- und Bergregal, → *Um 1160)* und die Übernahme zahlreicher Gebiete *(→ Mai 1147 (?), Juni 1156, 1158)*, er schuf die Voraussetzungen für die Bildung des Herzogtums Steiermark *(→ 30. April 1180)*. Nachfolger sein zweijähriger Sohn Otakar IV. von Steier, bis → *8. Mai 1192*, für den seine Mutter die Vormundschaft übernimmt.

►**1165** Das Grafengeschlecht von Andechs, aus Bayern stammend, erhält die Grafschaftsgewalt im Unterinntal (Tirol) zwischen dem Ziller und der Melach und im Pustertal (Südtirol) zwischen Mühlbacher und Lienzer Klause als Lehen vom Hochstift Brixen. Außerdem erhalten sie Vogteien über Immunitätsherrschaften der Hochstifte Brixen und Freising.

— Kitzbühel (Tirol) als Chizbuhel urkundlich erwähnt.

Ende Mai Reichstag von Würzburg, auf dem zahlreiche weltliche und geistliche Fürsten erscheinen. Kaiser Friedrich I. Barbarossa verpflichtet die Anwesenden, niemals für Papst Alexander III. Partei zu ergreifen *(→ Ab 1159)*, »Würzburger Eid« genannt.

Juli Kaiser Friedrich I. Barbarossa weilt zwei Wochen in Wien, er läßt Herzog Heinrich II. Jasomirgott den Eid auf den Gegenpapst Paschalis III. (seit 1164 Nachfolger Viktors IV., → *Ab 1159*) ablegen.

►**1166** Markterhebung von Hartberg (Steiermark) *(→ Nach 1120, 1156)*.

— Münzstätte der steirischen Markgrafen in Fischau (Niederösterreich) nachweisbar.

— Schlacht bei Bregenz, Pfalzgraf Hugo von Tübingen wollte mit seinen Bundesgenossen den Erbstreit *(→ Vor 1152)* für sich entscheiden, er wird aber besiegt und gerät in Gefangenschaft *(→ Ab 1182)*.

— Falkensteiner Codex, bis 1196 weitergeführt. Darin älteste Abbildung einer niederösterreichischen Burg, der Burg Hernstein im Nordwesten von Wr. Neustadt, die dem oberbayrischen Grafengeschlecht Neuburg-Falkenstein gehörte.

29. März Hoftag zu Laufen (Bayern), Kaiser Friedrich I. Barbarossa verhängt über Erzbischof Konrad II. von Salzburg die Reichsacht wegen seiner Treue zu Papst Alexander III. *(→ 29. Juni 1164)*. Seine Güter werden konfisziert und an Laien weitergegeben. Der Kaiser verlangt von Herzog Heinrich II. Jasomirgott, gegen seinen papsttreuen Bruder vorzugehen *(→ Juli 1165)*.

►**Um 1167** Karner von Hartberg (Steiermark), bedeutender romanischer Bau mit Fresken.

►**1167, 5. April** Stadt Salzburg durch einen Brand zerstört. Im Zusammenhang mit den Unruhen gegen Erzbischof Konrad II. von Salzburg *(→ 29. Juni 1164)* wurde der Brand in der Nacht vom 4. auf den 5. angeblich vom Grafen von Plain im Auftrag Kaiser Friedrichs I. Barbarossas, gelegt. Erzbischof Konrad II. von Salzburg flieht nach Admont (Steiermark) *(→ 28. September 1168)*.

►**1168** Stift Admont (Steiermark) kommt nach dem Aussterben der bisherigen Vögte, der Grafen von Burghausen, an Herzog Heinrich II. Jasomirgott, das einzige Kloster, das nicht unter der Vogtei der steirischen Markgrafen steht.

28. September Erzbischof Konrad II. von Salzburg stirbt in Admont (Steiermark); geb. um 1115, Bruder von Herzog Heinrich II. Jasomirgott, Bischof von Passau seit 1149, Erzbischof von Salzburg seit 29. Juni 1164.

1. November Adalbert II. zum Erzbischof von Salzburg gewählt, Sohn König Wladislaws II. von Böhmen und der Babenbergerin Gertrud *(→ 1151)*. Er ist Anhänger Papst Alexanders III., läßt sich gegen die Bestimmungen des Wormser Konkordates *(→ 23. September 1122)* durch Ulrich von Aquileia weihen und übt ohne Zustimmung Kaiser Friedrichs I. Barbarossa seine lehensherrlichen Rechte aus.

►**1169, 17. Juni** Propst Gerhoh von Reichersberg vom Augustiner-Chorherrenstift Reichersberg (seit 1132) stirbt. Er war ein Gegner Kaiser Friedrichs I. Barbarossa im Schisma seit 1159 und führte das Stift zu geistiger und wirtschaftlicher Blüte. Als Vorkämpfer eines strengen kirchlichen Lebens setzte er sich in zahlreichen Schriften mit den Mißständen in der Kirche auseinander und war ein Gegner der aufkommenden Scholastik. Bedeutend sind sein vielbändiger Psalmenkommentar *(→ 1144/67)* und seine Regalienlehre.

August Erzbischof Adalbert II. von Salzburg wird, da er nicht beim Kaiser um Belehnung angesucht hat, zum Verzicht auf die Ausübung seiner weltlichen Hoheitsrechte gezwungen *(→ 1. November 1168)*.

►**Um 1170** Der Minnesänger Dietmar von Aist stirbt. Er war einer der ersten namentlich *(urkundlich → 1139)* bekannten österreichischen Dichter, seine Stammburg war in der Riedmark zwischen Ried und Wartberg (Oberösterreich). Seine Lieder waren noch nicht vom französischen Minnesang beeinflußt; er schrieb das erste »Taglied« (Stimmungsgedicht über Liebende, die sich am Morgen trennen).

— Romanische Pfeilerbasilika der Pfarrkirche von Tulln (Niederösterreich).

— Glasfenster mit Darstellung der hl. Magdalena aus der Filialkirche St. Magdalena von Weitensfeld (Kärnten). Eine Salzburger Arbeit, die älteste erhaltene Glasmalerei Österreichs (Diözesanmuseum, Klagenfurt).

— Romanische Fresken in der Burgkapelle von Ottenstein (Niederösterreich).

— Burg am Gleichenberger Kogel (Steiermark), durch die Herren von Riegersburg-Wildon errichtet.

— Burg Seebenstein (Niederösterreich) urkundlich genannt. Sie war ein Besitz der Grafen von Formbach-Neuburg, Teile noch erhalten, Kern vielleicht ins 11. Jh. zurückreichend.

►**1170/80** Kruzifix aus Holz von der Ruprechtskirche in Wien, eine der ältesten Holzschnitzarbeiten Wiens. Wurde um 1830, als der Ruprechtskirche der Abbruch drohte, in die Kapelle des Melker Hofes (Wien, Schottengasse) gebracht.

— Flabellum (Scheibenkreuz mit Fuß) aus getriebenem, teilweise vergoldetem Kupfer des Stiftes Kremsmünster (Oberösterreich).

►**1170** St. Veit an der Glan (Kärnten), Besitz der Spanheimer, wird »Hauptstadt« des Herzogtums Kärnten *(→ 1199)*.

— Markt und Burg Steyr (Oberösterreich) wird »civitas« (Stadt) genannt.

März Kaiser Friedrich I. Barbarossa hält sich anläßlich der Verfolgung Erzbischofs Adalberts II. von Salzburg *(→ 1. November 1168)* in Friesach (Kärnten) und Leibnitz (Steiermark) auf.

3. März Marktprivileg für Köflach (Steiermark).

►**1171** Papst Alexander III. befiehlt Herzog Heinrich II. Jasomirgott, dem Erzbischof Adalbert II. von Salzburg Schutz vor Verfolgung zu gewähren *(→ Juli 1165)*.

— Herzog Heinrich II. Jasomirgott bestätigt mit einer Urkunde Schenkungen für Stift Zwettl (Niederösterreich), besonders von Adalbero von Kuenring.

►**1172** Wladislaw II. dankt als König von Böhmen ab *(→ 18. Jänner 1174)*.

Januar Herzog Heinrich der Löwe von Bayern besucht anläßlich einer Pilgerfahrt ins Hl. Land das Grab seiner Mutter Gertrud *(→ 18. April 1143)* in Klosterneuburg (Niederösterreich). Der mit dem Herzog reisende Benediktinerabt und Chronist Arnold von Lübeck bezeichnet Wien bereits als »metropolitana«.

Februar Herzog Heinrich II. Jasomirgott begleitet Herzog Heinrich den Löwen auf seiner Weiterreise bis nach Ungarn, wo ihn die Nachricht vom Tod seines Schwiegersohnes, König Stephans III. von Ungarn, erreicht. Mit seiner nunmehr verwitweten Tochter Agnes kehrt der Herzog nach Wien zurück. (Sie heiratet später den Spanheimer Hermann II. von Kärnten.)

►**1173** Kaiser Friedrich I. Barbarossa belehnt Graf Berthold III. von Andechs *(→ 1165)* mit Istrien und Krain.

— Da Kaiser Friedrich I. Barbarossa einen allzu großen Machtzuwachs der Babenberger fürchtet, wird statt Friedrich (dem Sohn Wladislaws mit der Babenbergerin Gertrud, *→ 1151*) Sobieslaw II., der Führer der nationalen Partei, König von Böhmen. Sobieslaw wird auch von Markgraf Otakar IV. von Steier unterstützt.

►**1174, 18. Jänner** Wladislaw II., ein Schwager Herzog Heinrichs II. Jasomirgott, stirbt; er hatte 1172 *(→ dort)* als König von Böhmen *(→ 1178)* abgedankt.

— Kirche St. Ägydius (Domkirche) von Graz urkundlich erwähnt.

12. Mai Leopold V., der älteste Sohn Herzog Heinrichs II. Jasomirgott, heiratet Helene (Ilona), die Schwester König Bélas III. von Ungarn. Im ungarischen Thronstreit zwischen König Béla III. und seinem Bruder Geisa steht Herzog Heinrich II. allerdings auf seiten Geisas.

Juni Reichstag von Regensburg, Kaiser Friedrich I. Barbarossa setzt Erzbischof Adalbert II. von Salzburg ab. Unter kaiserlichem Einfluß wird Propst Heinrich von Berchtesgaden zum Erzbischof von Salzburg ernannt. Salzburg hat bis 1177 einen »päpstlichen« und einen »kaiserlichen« Erzbischof *(→ 1. November 1168, 22. Juli 1177, 1183)*.

— Papst Alexander III. hält weiterhin zu Adalbert II. und hat deshalb mehrere österreichische Klöster und Stifte (z. B. Heiligenkreuz, Zwettl, Göttweig, Klosterneuburg, alle Niederösterreich, und Garsten, Oberösterreich) auf seiner Seite.

►**Um 1175** Burg Friedberg (Steiermark) zum Schutz der Wechselstraße errichtet; Reste der Umfassungsmauern sind noch erhalten.

►**1175** Adelsfehden zwischen Markgraf Otakar IV. von Steier und den benachbarten Babenbergern und Spanheimern erschüttern die Steiermark. Die Familie Markgraf Otakars, auf seiten Papst Alexanders III. stehend, ist wohl der Grund. Truppen Herzog Heinrichs II. Jasomirgott brennen die im Grenzgebiet liegenden Orte Fischau (Niederösterreich) und Enns (Oberösterreich) nieder. Bei einem Einfall steirischer Ministeriale ins südl. Niederösterreich sterben in St. Veit an der Gölsen rund 300 Menschen in der brennenden Kirche.

►**4. Viertel 12 Jh.** Romanischer Karner von Mödling (Niederösterreich) mit Apsiskuppelfresko *(→ Mitte 13. Jh.)*.

►**1175/76** Einfall Herzog Sobieslaws II. von Böhmen in Österreich, weite Teile des Waldviertels werden verwüstet. Ursache des Einfalls sollen die unter Herzog Heinrich II. Jasomirgott vorgenommenen Rodungen im Waldviertel und im angrenzenden Nordwald gewesen sein.

►**1176** Eggenburg (Niederösterreich) wird »civitas« (Stadt) genannt.

14. März Herzog Heinrich der Löwe von Bayern schlichtet in Enns (Oberösterreich) einen schon Jahre andauernden Rechtsstreit zwischen Heinrich von Stein und dem Stift Reichersberg. (Ein Beweis, daß der Traungau zum Herzogtum Bayern gehörte, *→ April 1180)*. Hernach begibt sich der Bayernherzog auf das rechte (zu Österreich gehörende) Ennsufer, um mit Herzog Heinrich II. Jasomirgott zusammenzutreffen.

August Herzog Sobieslaw II. von Böhmen fällt abermals mit einem starken Heer – man spricht von 60 000 Mann, unter ihnen Polen, Russen, Sachsen, Ungarn und Steirer – in Österreich ein *(→ 1175/76)*. Das Gebiet nördl. der Donau und westl. der March wird stark verwüstet, Kirchen und Dörfer werden niedergebrannt.

Herbst Herzog Heinrich II. Jasomirgott unternimmt einen Gegenstoß, unter seinen Verbündeten befindet sich Herzog Hermann von Kärnten. In Prinzendorf an der Thaya und bei Staatz (beide Niederösterreich) errichtet er Standlager und unternimmt von dort Plünderungszüge bis Znaim.

29. November Herzog Heinrich II. Jasomirgott bricht sich bei einer seiner Unternehmungen gegen Böhmen auf einer morschen Brücke ein Bein, schwer verletzt zieht er sich über die Donau zurück *(→ 13. Januar 1177)*.

►**Um 1177** Hadmar II. von Kuenring erhält für seine Unterstützung im Kampf gegen Herzog Sobieslaw II. von Böhmen das Gebiet von Weitra (Niederösterreich), wo er die Burg Weitra erbauen läßt. Bereits 1182/90 wird Weitra als Zollstätte genannt.

►**Ab 1177** Münzstätte in Villach (Kärnten) nachweisbar.

►**1177/78** »Breve chronicon Austriacum Mellicense«, eine in Melk (Niederösterreich) entstandene österreichische Fürsten- und Landesgeschichte.

►**1177** Romanische Ruprechtskirche in Völkermarkt (Kärnten) erwähnt, Turm in ursprünglicher Form erhalten.

13. Januar Heinrich II. Jasomirgott, Herzog von Österreich, stirbt in Wien an den Folgen des Sturzes vom 29. November 1176 *(→ dort)*; geb. 2. April 1114 als Sohn Markgraf Leopolds III., ab 8. Oktober 1141 Markgraf von Österreich, ab Mitte Januar 1143 Herzog von Bayern (als Heinrich XI.) bis 1156, ab 8. September 1156 Herzog von Österreich. Unter ihm erfolgte die Erhebung Österreichs zum Herzogtum. Sein Beiname »Jasomirgott« ist erst im 14. Jh. als »Jochsamergott« nachweisbar und hat mit seinem angeblichen Ausspruch »Ja so mir Gott helfe« nichts zu tun; es ist vermutlich eine verstümmelte arabische Bezeichnung, die mit seiner Teilnahme am Kreuzzug von 1147 zusammenhängt.

— Leopold V., der Tugendhafte, ein Sohn Herzog Heinrichs II. Jasomirgotts wird neunter (babenbergischer) Herzog von Österreich *(→ 31. Dezember 1194)*.

2. Hälfte Januar Herzog Leopold V. und sein Bruder Heinrich von Mödling fallen in Mähren ein und verwüsten die Provinzen Olmütz und Brünn.

24. Februar Herzog Leopold V. (gemeinsam mit seinem Schwager Herzog Hermann II. von Kärnten und 160 Rittern im Lager Kaiser Friedrichs I. Barbarossa zu Candelara bei Pesaro) wird vom Kaiser formell mit dem Herzogtum Österreich belehnt. Der Kaiser hatte dies bereits im Sommer 1174 auf Wunsch Herzog Heinrichs II. Jasomirgott getan.

22. Juli Kaiser Friedrich I. Barbarossa anerkennt während der Friedenskonferenz von Venedig (sie hatte im April in Ferrara begonnen) Papst Alexander III. Der Friede wird am 24. Juli feierlich beschlossen und am 1. August beeidigt. Herzog Leopold V. ist Zeuge bei diesem Friedensschluß, womit auch der Streit um das Erzbistum Salzburg *(ab → 1159)* beendet ist. Papst Alexander III. unterstützt Erzbischof Adalbert II. von Salzburg *(→ 1. November 1168)* nicht mehr, dieser und Heinrich von Berchtesgaden *(→ Juni 1174)* müssen auf das Erzbistum Salzburg verzichten. Kardinal Konrad von Mainz (ein Wittelsbacher), der Mainz hatte verlassen müssen, wird als Konrad III. von Salzburg Erzbischof *(→ 1183)*.

►**1178** Friedrich, ein Sohn der Babenbergerin Gertrud mit König Wladislaw II. von Böhmen, nach Absetzung Herzog Sobieslaws II. durch Kaiser Friedrich I. Barbarossa als Herzog von Böhmen eingesetzt.

— Wolfsberg (Kärnten), eine bambergische Burg (Stadt erst 1295) erstmals urkundlich genannt.

►**1179, 1. Juli** Reichstag von Eger, auf dem Kaiser Friedrich I. Barbarossa die Grenzstreitigkeiten zwischen Österreich und Böhmen regelt und einen Vergleich zwischen Herzog Leopold V. und Herzog Friedrich von Böhmen *(→ 1178)* vermittelt. Die Grenze Österreichs wird in mährische Gebiete vorgeschoben (auf die Linie Hochberg–Gmünd–Quelle des Gestizbaches, fast die heutige Staatsgrenze). Anläßlich dieses Friedensschlusses Hochzeit zwischen Herzog Heinrich von Mödling, dem jüngeren Bruder Herzog Leopolds V., und Richeza (Richza), der Tochter König Wladislaws II. von Böhmen. (Heinrich nannte sich »Herzog von Mödling«, da er auf der Burg Mödling [Niederösterreich] residierte und hier auch begütert war. Diese Nebenlinie der Babenberger erlosch allerdings schon mit seinem Sohn Heinrich, der 1236 starb.)

▶**Um 1180** Herzog Heinrich von Mödling *(→ 1. Juli 1179)* als Vogt des bayrischen Klosters St. Emmeram (Regensburg) nachweisbar.

— Schreibstube im Kloster Garsten (Oberösterreich) bringt bedeutende Werke hervor, z. B. »Garstner Annalen«, »Traditionskodex«, »Vita Bertholdi«.

▶**1180** Graf Berthold III. von Andechs erwirbt vom Stift Wilten das Gebiet der Innsbrucker Altstadt. Zur Erinnerung an diesen Vertrag übergeben die Andechser dem Stift einen kostbaren Kelch, den sogenannten »Wiltener Kelch«, eine bedeutende Augsburger Goldschmiedearbeit (Kunsthistorisches Museum, Wien).

— Eggenburg (Niederösterreich) erhält das Marktrecht; es wird »Forensa placida« (Burgflecken) genannt.

— Schladming (Steiermark) erstmals erwähnt *(→ 1322)*.

Januar Fürstentag zu Würzburg, auf dem dem geächteten Welfenherzog Heinrich dem Löwen durch Fürstenspruch seine Reichslehen, die Herzogtümer Bayern und Sachsen, entzogen werden.

April Reichstag von Gelnhausen beginnt über die beiden Reichslehen *(→ Januar 1180)* neu zu verfügen. Sachsen kommt an Graf Bernhard von Anhalt, Bayern kommt im September an den Pfalzgrafen Otto von Wittelsbach, den Begründer der Wittelsbacher Dynastie in Bayern. Die bisher verwaltungsrechtlich Bayern angegliederte Steiermark wird selbständiges Herzogtum und dem Markgrafen Otakar IV. von Steier als erstem Herzog verliehen. Der Traungau *(→ 14. März 1176)* ab nun beim Herzogtum Steiermark.

— Kaiser Friedrich I. Barbarossa verleiht seinem Parteigänger Graf Berthold IV. (Bruder Bertholds III., → 1173) als Markgraf von Istrien und Krain den Titel »Herzog von Kroatien, Dalmatien und Meranien« – dies ist kein Herzogtum im räumlichen Sinn. (Meranien bezieht sich nicht auf die Stadt Meran [Südtirol], sondern auf den Anteil der Andechser am Küstenstrich um den Quarnero – ab 1195 nennt sich das Geschlecht Andechs-Meranien.)

▶**Ab 1181** Neubau des Salzburger Domes, der größte Kirchenbau dieser Zeit in Mitteleuropa. Erhalten sind nur die Bronzelöwen (am Taufbecken) und das monumentale Marientympanon (Dommuseum, Salzburg). (Nach einem Brand im Jahre 1598 wurde der Dom ab 1600 vollständig niedergerissen.)

▶**1181** Verduner Altar in der Leopoldskapelle des Stiftes Klosterneuburg (Niederösterreich), geschaffen von Nikolaus von Verdun (Werden), eines der wichtigsten mittelalterlichen Emailkunstwerke des Abendlandes. Aus Grubenschmelz auf vergoldetem Kupfer, der Mittelteil mit 27, die 2 Seitenflügel mit je 12 Bildnissen. Dürfte ursprünglich die Verkleidung des Ambo (Lesepult) am Lettner der romanischen Stiftskirche gewesen sein.

▶**Ab 1182** Gemeinsame Regierung der Söhne des Pfalzgrafen Hugo, der Pfalzgrafen Rudolf und Hugo I. von Bregenz *(→ Vor 1200)*.

▶**1182** Kaiser Friedrich I. Barbarossa erhebt Mähren zur reichsunmittelbaren Markgrafschaft und verleiht sie Konrad Otto von Znaim, einem Przemysliden. Die Reichsunmittelbarkeit bleibt nur bis 1197 bestehen.

— Pfalzgraf Hugo von Tübingen, Graf von Bregenz und Rätien seit etwa 1170, obwohl er in dieser Stellung in keiner Urkunde aufscheint *(→ Vor 1152, 1166)*, stirbt.

▶**1183** Erzbischof Adalbert III. von Salzburg erhält die Belehnung durch Kaiser Friedrich I. Barbarossa, da Kardinal Konrad nach Mainz zurückkehren konnte *(→ 1. November 1168; Juni 1174; 22. Juli 1177)*.

▶**1184** Die Erzbischöfe von Salzburg führen ab diesem Jahr den Titel »Legat des hl. Apostolischen Stuhles« – eine Verankerung der von Papst Johann XIX. 1026 *(→ dort)* dem Erzbischof Dietmar von Salzburg zugestandenen Rechte.

▶**1185, 24. März** Bergordnung des Bistums Trient, betrifft den Silberbergbau, die älteste bekannte Bergordnung des alpenländischen Raumes.

▶**1186, 17. August** Vertrag zu Georgenberg, Burg am linken Ennsufer bei Enns (Oberösterreich), zwischen Herzog Leopold V. von Österreich und Herzog Otakar IV. von Steier. Der kinderlose, an Aussatz unheilbar erkrankte steirische Herzog setzt den Babenberger und sein Haus als Erben des Herzogtums Steiermark ein *(→ 8. Mai 1192)*. Die den Traungauern näher verwandten Welfen werden durch diese Erbfolgeentscheidung übergangen. In einem Teil des Vertrages, der sogenannten »Georgenberger Handfeste«, werden den steirischen Ministerialen und Klöstern Sonderrechte eingeräumt. Dieser Vertrag ist die älteste und zugleich wichtigste verfassungs- und verwaltungsrechtliche Urkunde Österreichs.

▶**1187** Innsbruck (Inspruke) als Markt erstmals erwähnt *(→ 9. Juni 1239)*.

Januar Kaiser Friedrich I. Barbarossa bestätigt auf dem Reichstag von Regensburg den Georgenberger Vertrag.

November Papst Gregor VIII. ruft zum dritten Kreuzzug auf *(→ 1189, Daten ab April bis 1192)*, den zuerst Kaiser Friedrich I. Barbarossa und nach seinem Tod am 10. Juni 1190 König Philipp II. August von Frankreich und König Richard I. Löwenherz von England führen.

▶**1188** Grenzstreitigkeiten zwischen Herzog Leopold V. und König Béla von Ungarn wegen der bevorstehenden Erwerbung *(→ 17. August 1186)* der Steiermark.

▶**1189, 23. April** Das Kreuzfahrerheer bricht vom Sammelplatz Regensburg auf, Kaiser Friedrich I. Barbarossa mit den Großen des Reiches per Schiff auf der Donau, das Heer auf den Straßen beiderseits des Stromes. Angeblich waren es 600 000 Mann, doch gibt es keinen gültigen Beleg dafür.

11. Mai Die Flotte des Kreuzfahrerheeres landet in Wien. Herzog Leopold V. begrüßt Kaiser Friedrich I. Barbarossa an der Stadtgrenze; er geleitet ihn zur Kirche Maria am Gestade, wo ein feierliches Hochamt abgehalten wird. Der Zug der weltlichen und geistlichen Würdenträger des Reiches wird von einer stattlichen Anzahl Österreicher und Steirer angeführt. Hinter den Herolden und Bannerträgern folgen 50 Armbrustschützen, 300 Lanzenträger zu Fuß, 50 Edelleute und 100 Ritter.

Der Großteil des bereits eingetroffenen Kreuzfahrerheeres lagert in einem großen Zeltlager außerhalb der Stadtmauern von Wien. Hier hält der Kaiser nach dem

feierlichen Hochamt strenge Musterung. Über 500 Männer, die sich in das Heer eingeschlichen hatten, werden schimpflich abgewiesen.
(Nicht ganz gesichert ist, daß Kaiser Friedrich I. Barbarossa bei seinem Durchzug den Ort Mauthausen (Oberösterreich), niederbrennen oder zerstören ließ, nur weil der Ort vom Kreuzfahrerheer Maut verlangte.)

18. Mai Kaiser Friedrich I. Barbarossa stellt in Wien dem Bischof von Freising eine Urkunde aus, die Marktrechte und Landgerichte der freisingischen Güter in Österreich betreffend.

▶1190 Gründung der Stadt Feldkirch (Vorarlberg).

10. Juni Kaiser Friedrich I. Barbarossa ertrinkt im Saleph (Fluß in Kleinasien), nachdem er bei Iconium einen glänzenden Sieg erfochten hatte. Geb. um 1122, 1152 Thronfolger, am 5. März 1152 in Frankfurt einstimmig zum König gewählt und am 9. März in Aachen gekrönt, Kaiserkrönung am 18. Juni 1155. – Nachfolger sein Sohn Heinrich VI., der im Juli 1169 zum König gewählt und am 15. August in Aachen gekrönt wurde und in Friedrichs Auftrag das Reich regierte, nachdem dieser zum Kreuzzug aufgebrochen war.

August Herzog Leopold V. von Österreich bricht mit seinem Bruder Herzog Heinrich von Mödling und einem Großteil seiner Ministerialen zum dritten Kreuzzug auf. Eine auserlesene Schar von Rittern aus Österreich und der Steiermark befindet sich in seinem Gefolge. – Laufende Grenzstreitigkeiten mit König Béla von Ungarn *(schon → 1188)* wegen des bevorstehenden steirischen Erbes *(→ 17. August 1186)* hinderten den Babenberger bisher an der Einlösung seines Kreuzzugsversprechens.

September Herzog Leopold V. von Österreich zieht mit seinem Heer durch Italien; eine bedeutende Streitmacht aus Köln hatte sich dem Herzog angeschlossen.

▶1191 Die Grafen von Ortenburg gründen am linken Ufer der Lieser ein Hospital, das später der Siedlung Spittal an der Drau (Kärnten) den Namen gibt.

12. Juli Eroberung der Stadt und Seefestung Akkon (nördl. von Jerusalem), die seit drei Jahren hart umkämpft und belagert war. Herzog Leopold V. von Österreich zeichnete sich durch Tapferkeit besonders aus. Seine auf dem von ihm erstürmten Turm aufgepflanzte Fahne (fünf goldene Adler auf blauem Grund) läßt König Richard I. Löwenherz von England herunterreißen und in den Schmutz werfen. König Richard I. sah vielleicht eine Verletzung seiner Vormachtstellung als Führer des Kreuzfahrerheeres, oder er dachte an die Verwandtschaft seines Hauses mit den Welfen, die wegen der steirischen Erbschaft *(→ 17. August 1186)* mit den Babenbergern verfeindet waren. (Der Zusammenhang mit den Landesfarben Rot-Weiß-Rot und dem blutgetränkten Waffenrock des Herzogs gehört in das Reich der Legende.) Herzog Leopold V. verläßt nach dieser »Demütigung« das Heer und kehrt heim.

▶1192, 8. Mai Herzog Otakar IV. von Steier stirbt; geb. 1163, seit April 1180 Herzog der Steiermark, mit ihm sterben die Traungauer aus. – Der Vertrag zu Georgenberg *(→ 17. August 1186)* wird wirksam – die Steiermark mit Österreich vereinigt.

24. Mai Kaiser Heinrich VI. belehnt in Worms Herzog Leopold V. von Österreich mit dem Herzogtum Steiermark. Die Herzöge von Österreich regieren nun unter dem Namen Herzog von Österreich und Steier.

9. Juli Herzog Leopold V. stellt den Regensburger Kaufleuten ein »großes« Privileg aus, eine Art Gerichts- und Marktordnung. Außer den Städten an der Donau: Mauthausen, Melk, Tulln und Wien wird auch St. Pölten genannt.

9. Oktober König Richard I. Löwenherz von England zieht aus dem Hl. Land ab – Ende des dritten Kreuzzuges *(→ 23. April 1189)*.

21. Dezember König Richard I. Löwenherz wird in Erdberg bei Wien erkannt und gefangengenommen (erste Nennung des Ortes Erdberg). Der König war auf seiner Heimfahrt bei Aquileia schiffbrüchig geworden und reiste, als Pilger verkleidet, auf dem Landweg weiter. Im Jahre 1191 war bei einer Zusammenkunft von Kaiser Heinrich VI. und König Philipp II. August von Frankreich in Mailand die Gefangennahme König Richards beschlossen worden. Bei der Belagerung von Akkon war es zu Gegensätzlichkeiten zwischen König Philipp II. August und König Richard I. gekommen. Herzog Leopold V. kannte diese Vereinbarung und war außerdem wegen der Kränkung durch König Richard I. *(→ 12. Juli 1191)* mit diesem verfeindet. Er übergibt den gefangenen König an Hadmar II. von Kuenring zur Verwahrung. Dieser bringt den englischen König auf seine Burg Dürnstein (Niederösterreich). (Die Begebenheiten mit dem Sänger Blondel gehören ins Reich der Sage.) Wegen der »Verhaftung eines Kreuzfahrers« wird Herzog Leopold V. in der Folge von Papst Coelestin III. gebannt *(→ 1194)*.

▶1193/94 (nicht genau belegbar) Münzstätte in Wien eingerichtet. Aufsicht über die Münze hatte der oberste Kämmerer, der Münzmeister, er war für »Schrot und Korn« (Gewicht und Feinheit) verantwortlich. Kontrollorgan war ein Münzanwalt *(→ 1204)*. Bald nach Einrichtung der Münzstätte wird die Körperschaft der »Hausgenossen« geschaffen, eine Vereinigung von kapitalkräftigen und angesehenen Bürgern, die für den ungestörten Betrieb (Metallbeschaffung und Prägebetrieb) zu sorgen hatte und dafür am Ertrag beteiligt war. Dadurch bewahrt sich der Herzog einen gewissen Einfluß und eine Kontrolle, bedient sich außerdem der Mittel seiner Bürger. Das erste Wiener Hausgenossenprivileg ist nicht erhalten, jedoch eine Bestätigung der Rechte durch Rudolf I. aus dem Jahre 1277. Erst Kaiser Ferdinand I. forderte anläßlich der Unruhen nach dem Tod Kaiser Maximilians I. im Jahre 1522 den Freiheitsbrief zurück und hob diese Körperschaft auf.

▶1193, 2. Januar Herzog Leopold V. von Österreich führt mit großem Gefolge König Richard I. Löwenherz von Dürnstein nach Regensburg, um ihn an Kaiser Heinrich VI. auszuliefern.

10. Januar König Richard I. Löwenherz von England wird von einem Gefolge unter Hadmar II. von Kuenring nach Dürnstein zurückgebracht, da sich Kaiser und Herzog über die Übergabebedingungen nicht einigen konnten.

28. März König Richard I. Löwenherz von England in Speyer an Kaiser Heinrich VI. ausgeliefert, Herzog Leopold V. soll die Hälfte des auszuhandelnden Lösegeldes erhalten. Nach langen Verhandlungen (König Richard I. wird erst am 4. Februar 1194 freigelassen) wird das Lösegeld mit 100 000 Mark Silber nach Kölner Gewicht und zusätzlichen Abgaben vereinbart. Das genannte Lösegeld entspricht einem Gewicht von etwa 25 000 kg Silber, andere Angaben sprechen von 11 690 kg. Immerhin eine beträchtliche Summe. Herzog

Leopold V. verwendet das Lösegeld zum Ausprägen von Münzen und zur Gründung von befestigten Orten *(→ 1194).*

►1194/98 Markt Klagenfurt urkundlich erwähnt, genau jedoch nicht festlegbar *(→ 1252).*

►1194 Papst Coelestin III. verhängt als Bestrafung für die Gefangennahme eines Kreuzfahrers (König Richards I. Löwenherz von England, *→ 21. Dezember 1192)* über Herzog Leopold V. die Exkommunikation und spricht über sein Land das Interdikt, das Verbot aller kirchlichen Handlungen aus. Es ist nicht nachweisbar, ob dies in Österreich bekannt wurde.

— Im Spätsommer (oder Herbst) erfolgt die Gründung von Wr. Neustadt (Niederösterreich) auf dem zum Herzogtum Steiermark gehörenden Steinfeld zur Sicherung des immer bedeutender werdenden Handels- und Verkehrsweges über den Semmering zur Adria *(→ Um 1160)* und als Bollwerk gegen den Osten. Die Befestigungsanlagen von Hainburg (Niederösterreich), Enns (Oberösterreich) und Hartberg (Steiermark) – vielleicht auch Wien – werden im Verlauf des Jahres ausgebaut. Diese Aktivitäten Herzog Leopolds V. waren durch das Lösegeld für König Richard I. Löwenherz von England möglich.

26. Dezember Herzog Leopold V. stürzt zu Beginn eines Turniers in Graz vom Pferd und verletzt sich schwer.

31. Dezember Herzog Leopold V. von Österreich stirbt in Graz an den Folgen seines Sturzes; geb. 1157, Sohn Herzog Heinrichs II. Jasomirgott, Herzog von Österreich seit 13. Januar 1177, seit 24. Mai 1192 Herzog von Steiermark, nahm am Kreuzzug teil und zeichnete sich bei der Belagerung der Festung Akkon *(→ 12. Juli 1191)* aus. Bestattet im Stift Heiligenkreuz (Niederösterreich). Kurz vor seinem Tod löste der Salzburger Erzbischof den über ihn verhängten Kirchenbann *(→ 1194).*

Friedrich I. der Katholische, ein Sohn Herzog Leopolds V. wird zehnter (babenbergischer) Herzog von Österreich, bis 16. April 1198. – Herzog von Steiermark wird – entgegen den Bestimmungen des Georgenberger Vertrages *(→ 17. August 1186)* – sein jüngerer Bruder Leopold (später der VI.). Diese Entscheidung wurde wahrscheinlich von Herzog Leopold V. noch vor seinem Tod getroffen, um einen eventuellen Bruderzwist durch den energischeren Leopold zu vermeiden.

►1195 Kaiser Heinrich VI. und der steirische Adel geben Anfang des Jahres ihre Zustimmung zur Regierung Leopolds in der Steiermark.

— Herzog Friedrich I. bestellt Schlom, den ersten in Wien namentlich bekannten Juden, zum Münzmeister.

►1197 Herzog Friedrich I. von Österreich schließt sich im Frühjahr dem Kreuzzug Kaiser Heinrichs VI. an. Dieser hatte den Kreuzzug bereits am 31. März 1195 gelobt, doch immer wieder aufschieben müssen, nun abermals durch einen Aufstand in Sizilien.

28. September Kaiser Heinrich VI. stirbt in Messina an der Malaria; geb. 1165, im Juli 1169 zum König gewählt und am 15. August in Aachen gekrönt, regierte seit Mai 1189 durch väterlichen Auftrag im Reich und seit 10. Juni 1190 als Alleinherrscher, Kaiserkrönung am 15. April 1191. Nachfolger sein Sohn Friedrich II. (geb. 26. Dezember 1194), im Dezember 1196 in Frankfurt zum König gewählt, Vormund seine Mutter Kaiserin Konstanze, die am 28. November 1198 stirbt, sie bestellt Papst Innozenz III. zum Vormund, seit 1198 *(→ 9. Juni 1198)* deutscher Thronstreit.

►1198 Wien erhält sein erstes Stadtrecht, das jedoch nicht erhalten ist *(→ 18. Oktober 1221).*

— König Philipp von Schwaben verleiht Přemysl Ottokar I. von Böhmen die erbliche Königswürde und das Recht der Bischofsinvestitur.

16. April Herzog Friedrich I. von Österreich stirbt im Hl. Land, vermutlich in Akkon, an der Malaria; geb. um 1175 als Sohn Herzog Leopolds V., Herzog von (nur) Österreich seit 31. Dezember 1194. – Nach dem Tod Kaiser Heinrichs VI. *(→ 28. September 1197)* waren die meisten deutschen Fürsten heimgekehrt. Herzog Friedrich I. und Bischof Wolfger von Passau zählten zu den wenigen, die geblieben waren. Bischof Wolfger von Passau bringt seine Gebeine in die Heimat, sie werden im Stift Heiligenkreuz (Niederösterreich) beigesetzt. (Man kochte damals die Leiche aus und transportierte nur die Knochen.)

Leopold VI., der Glorreiche, ein Sohn Herzog Leopolds V. wird elfter (babenbergischer) Herzog von Österreich und *(seit → 31. Dezember 1194)* Steiermark.

9. Juni Otto IV. (Welfe) von Erzbischof Adolf I. von Köln und seinem Anhang zum König gewählt und am 12. Juni in Aachen gekrönt. Beginn des deutschen Thronstreits, bis 1208 bzw. 1215, da im März im ostdeutschen Raum bereits der Staufer Philipp von Schwaben zum König gewählt worden war, der seinem unmündigen Neffen Friedrich II. *(→ 28. September 1197)* die deutsche Königskrone erhalten wollte. Herzog Leopold VI. steht traditionsgemäß auf seiten der Staufer.

►1199 St. Veit an der Glan (Kärnten) als Markt erwähnt, seit 1170 *(→ dort)* »Hauptstadt« von Kärnten.

►Ende 12. Jh. Romanisches Wohngebäude der Burg Hainburg (Niederösterreich), Reste noch erhalten.

— Apsis der Johanneskapelle im Münichhof (jetzt Bezirksgericht) in Eggenburg (Niederösterreich).

— Romanische Osttürme der Pfarrkirche von Eggenburg (Niederösterreich).

— Burg Thalberg bei Hartberg (Steiermark), noch gut erhaltene Anlage.

— Romanischer Bergfried der Burg Matzen (Brixlegg, Tirol).

— Langhaus und Querschiff der Pfarrkirche von Baumgartenberg (Oberösterreich); Bauzeit bis in die Mitte des 13. Jh.s.

— Bergfried der Burgen Rauhenstein und Rauheneck (bei Baden bei Wien, Niederösterreich).

— Kern und Bergfried der Burg Groppenstein (Kärnten). Burg Hardegg bei St. Veit an der Glan (Kärnten), teilweise erhaltene Anlage.

— Beginn des großen Neubaues der Stiftskirche St. Paul im Lavanttal (Kärnten).

— Vorauer Sammelhandschrift (Stift Vorau, Steiermark), enthält 23 Texte: Kaiserchronik, Bischof von Freisings Geschichte Friedrich Barbarossas *(→ 1157)* und 21 frühmittelhochdeutsche Gedichte, darunter von Frau Ava *(→ 7. Februar 1127)*, sowie die Vorauer Sündenklage *(→ Mitte 12. Jh.)* und das Ezzolied. Eine Sammlung der frühesten und zugleich bedeutendsten Denkmäler deutschsprachiger Dichtung.

— Der Hof Herzog Leopolds VI. zu Wien wird kultureller Mittelpunkt, er wird von fast allen bedeutenden

Minnesängern des deutschsprachigen Raums besucht, wie etwa von Reinmar dem Alten, Neidhart von Reuenthal und Walther von der Vogelweide.
— Spätromanischer Bau der Filialkirche Maria Magdalena in Rems (Niederösterreich) mit wertvollem Südportal und einem Wehraufgang innerhalb der Mauern.
▶Vor 1200 Alleinregierung Hugos I., der sich »Graf von Bregenz und Montfort« (Montisfortis) nennt *(→ Ab 1182)*.
— Messe in Enns (Oberösterreich), sie kann als internationaler Fernmarkt bezeichnet werden, dauerte 14 Tage und endete mit Pfingsten. Händler von Maastricht (Holland) bis Rußland waren anwesend. Die Leitung hatten der Hansgraf (Vorsteher der Kaufmannschaft einer Stadt) von Regensburg und örtliche Behörden.
▶Um 1200 Romanische Pfarrkirche von Petronell (Niederösterreich) mit Rundbogenfries, Würfelkapitälen und romanischem Triumphbogen (Pfarre schon vor 1072, Kirche 1125 urkundlich genannt).
— Romanische Fresken des Turmes der Pfarrkirche von Muthmannsdorf (Niederösterreich).
— Filialkirche St. Georg von Kals am Großglockner (Osttirol) mit noch romanischem Fußboden.
— Vorwerk der Burg Falkenstein, auch Unterfalkenstein genannt (heute Schloß Falkenstein in Pfaffenberg, Kärnten, nach Brand 1969 wiederaufgebaut).
— Handschrift des Markusevangeliums mit Kommentar vom Kloster Mehrerau (Vorarlberg) mit Buchmalereien, heute in Überlingen (BRD).
— Walther von der Vogelweide weilt am Wiener Hof Herzog Leopolds VI., er lernt hier von Reinmar dem Alten *(→ 1207)* »singen und sagen« und nennt Wien als »wünnecliche (wonnereiche) hof zu Wiene« *(→ 1230)*.
— Neidhart von Reuenthal, ein Minnesänger aus Bayern, lebt ebenfalls am Wiener Hof *(→ Nach 1237)*.
▶1200 Zisterzienserinnenkloster St. Niklas vor dem Stubentor in Wien urkundlich erwähnt – das erste Nonnenkloster in Wien.
▶13. Jh. Frühgotischer, sechseckiger Karner von Althofen (Kärnten). Romanisch-gotischer Kern der Pfarrkirche von Grafendorf (Kärnten).
— Befestigungsmauern der Altstadt von Bregenz.
— Romanische Chorturmkirche von Lendorf (Kärnten).
— Burg Liebenfels (Kärnten), auch Hochliebenfels mit zwei romanischen Bergfrieden, vielleicht schon aus dem 12. Jh.
— Romanische Bergfriede der mächtigen Wasserburg Heidenreichstein (Niederösterreich) und der Burg Laudegg bei Ladis (Tirol).
— Romanisch-gotischer Kern von Schloß Friedberg bei Volders (Tirol).
— »Magna Mater Austriae«, auch Alma mater Austriae, das Gnadenbild in der Wallfahrtskirche Mariazell (Steiermark), eine 47 cm hohe spätromanische Muttergottes aus Lindenholz.
▶1. Hälfte 13. Jh. Romanischer Teil der Stadtpfarrkirche von Wr. Neustadt (Niederösterreich), das frühgotische Kreuzrippengewölbe ist eines der frühesten in Österreich.
— Romanischer Rundbau des Karners von Hainburg (Niederösterreich).
— Romanische Pfeilerbasilika der Pfarrkirche von Deutsch-Altenburg (Niederösterreich).
— Romanischer Karner in St. Marein bei Neumarkt (Steiermark) mit Fresken in der Krypta.
— Kern der Frauenburg bei Unzmarkt (Steiermark), dem Stammsitz des Minnesängers Ulrich von Liechtenstein, urkundlich 1248 erwähnt. Besonders der Palas, als Typ der romanischen Hausburg, gut kenntlich erhalten, durch Wehranlagen gegen Ende des Jh.s erweitert, bis zum 15. Jh. so weit, daß die Pfarrkirche zum hl. Jakob einbezogen war. Kirche auch aus der Zeit vor 1250 mit noch erhaltenem romanischem Bauteil der Unterkirche mit Freskenresten. Außerdem in der Kirche einer der frühesten Grabsteine (aus einem Römerstein) mit deutscher Inschrift für einen gleichnamigen Enkel des Minnesängers, vielleicht um 1280 zu datieren.
— Bemerkenswerte Doppelkonsole mit Spuren alter Bemalung auf der Burgruine Hohenwang bei Langenwang im Mürztal (Steiermark).
— Romanischer Kern der Pfarrkirche St. Michael im Lungau (Salzburg) mit romanischen Fresken an der Chorwand.
— Wertvoller Silber-Gold-Buchdeckel, mit großer Wahrscheinlichkeit eine österreichische Arbeit, im Stift St. Paul im Lavanttal (Kärnten).
— »Der Stricker«, ein Bürgerlicher, der vermutlich aus Rheinfranken stammt, lebt in Österreich, und ist der erste höfische Epiker des Donautals. Er schrieb das Epos »Karl der Große«, den Versroman »Daniel vom blühenden Tal« (um König Artus), die Schwanksammlung »Pfaffe Amis«. Ob er mit dem 1190 in einer Urkunde des Stiftes Reichersberg genannten Heinricus Strichaere identisch ist, scheint nicht sicher.
— Heinrich von dem Türlein (Türlin), ein in Kärnten ansässiger Vertreter der höfischen Epik, schreibt seine Werke (vielleicht auch schon zu Beginn des Jh.s).
— Leuthold von Säben, im Eisacktal 1220/30 nachweisbar, schreibt Minnelieder und Sprüche in der Art Walthers von der Vogelweide, nur drei Lieder und einige Sprüche sind erhalten. Sein »politischer Gegner« war der in gleicher Art dichtende Reimar der Videlaere.
▶1. Drittel 13. Jh. Romanisches Reliquienkreuz, das sogenannte »Zwettler Kreuz« im Stift Zwettl (Niederösterreich). 55,5 cm hoch und 43,5 cm breit, aus stark vergoldetem Silberblech, graviert und getrieben, auf Lindenholzkern montiert, mit reichem Halbedelstein- und Filigranschmuck.
▶1. Viertel 13. Jh. Kudrunlied von einem unbekannten steirischen Dichter neu gestaltet. Man nimmt an, daß dadurch das alte Kudrunlied erhalten blieb (ähnlich wie beim Nibelungenlied).
— Romanischer Chorturm mit spätgotischen Fresken in der Filialkirche St. Nikolaus in Matrei (Osttirol).
▶Anfang 13. Jh. Klosterneuburger Osterspiel (Niederösterreich) entstanden, eines der ältesten überlieferten geistlichen Mysterienspiele.
— Reuner Musterbuch eines Malers. Wertvolles Dokument der Buchmalerei aus dem Stift Rein (Steiermark) (Österreichische Nationalbibliothek, Wien).
— Weltchronik, wahrscheinlich aus dem Stift Heiligenkreuz (Niederösterreich), mit wertvollen und bedeutenden Buchmalereien (Österreichische Nationalbibliothek, Wien).
— Romanisches Glasfenster aus der Pfarrkirche von Göfis (Vorarlberg) (Landesmuseum Bregenz).
▶1202 Herzog Leopold VI. gründet das Zisterzienserstift Lilienfeld (Niederösterreich). Gründungsurkunden

vom 7. und 13. April 1209 (da die vom 7. April besitzrechtliche Unklarheiten enthielt).

►**Um 1203** Das Nibelungenlied entsteht, Verfasser ist wahrscheinlich ein österreichischer Spielmann. Es ist nicht sicher, ob dieses bedeutendste mittelalterliche Heldenepos den Passauer Kaplan Konrad von Rußbach (Niederösterreich), Kanzleischreiber am Wiener Hof, zum Verfasser hat.

►**1203, Oktober** Herzog Leopold VI. heiratet die byzantinische Prinzessin Theodora. Bischof Wolfger von Passau war nach Wien gekommen, um das Paar zu trauen.

12. November Walther von der Vogelweide in einer Urkunde (einzige!) bezeugt. Nach einer Reiserechnung hat er von Bischof Wolfger von Passau fünf Solidi zur Beschaffung eines Pelzmantels erhalten.

Bayern und Österreich wichen von der üblichen Einteilung der Währung etwas ab: 1 karolingisches Zählpfund = 240 Silberdenare, bestehend aus 20 Solidi zu 12 Denarii waren hier 8 Solidi zu 30 Denarii. Der Normalschilling wurde zur Unterscheidung als »kurzer Schilling« (solidi breves), der bayrisch-österreichische als »langer Schilling« (solidi longi) bezeichnet.

►**Vor 1204** Die Kommende des Deutschen Ritterordens, von Herzog Leopold VI. gegründet, entsteht in Wien, schon 1210 wird der Hof des Ordens in der Singerstraße erwähnt. Es ist eine der ältesten Niederlassungen des 1198 in Akkon gegründeten Ordens.

►**1204** »Wiener Pfennig« belegt; aus 1230 erhalten *(→ 1193/94)*. Bis 1400 sind vom »Wiener Pfennig« 150 Variationen bekannt, da er ab der Mitte des 13. Jh.s jährlich eingezogen und neu geprägt wurde. Er war wegen seines ständig guten Silbergehalts eine angesehene Handels- und Tauschmünze bis Bayern und Florenz.

— Herzog Leopold VI. gewährt der Witwe König Bélas III. von Ungarn, Konstanze von Aragon (ab August 1209 Gemahlin König Friedrichs II.), Schutz in seiner Residenz (Bruderzwist in Ungarn).

— Eine Synagoge und eine jüdische Schule in Wien nachweisbar.

►**1207** Herzog Leopold VI. plant die Errichtung eines eigenen Landesbistums in Wien und entsendet eine Gesandtschaft zu Papst Innozenz III. nach Rom. Er läßt auf die Weitläufigkeit des Passauer Bistums hinweisen und nennt Wien nach Köln als bedeutendste Stadt des Deutschen Reiches.

Papst Innozenz III. verlangt von Erzbischof Eberhard II. von Salzburg und Bischof Manegold von Passau ein Gutachten, worauf der Passauer Bischof nach Rom reist und eine negative Entscheidung des Papstes erreicht.

— Reinmar der Alte (von Hagenau) stirbt in Wien; geb. um 1160 vermutlich im Elsaß, lebte seit dem Ende des 12. Jh. in Wien, vielleicht sogar am Hof Herzog Leopolds VI. Die Vermutung, er entstamme einem österreichischen Adelsgeschlecht, ist kaum haltbar. Er schrieb mit vollendeter Formgewandtheit Lieder der »hohen Minne« meist elegischen Inhalts und war der Lehrer Walthers von der Vogelweide. Gottfried von Straßburg widmete ihm in seinem Tristan einen begeisterten Nachruf.

►**1208** Herzog Leopold VI. stellt den »Flandrensern«, den Tuchmachern aus Flandern, ein Privileg aus und entzieht sie damit auch der Gerichtsbarkeit des Stadtrichters von Wien.

21. Juni Hochzeit Herzog Ottos III. von Andechs-Meranien *(→ April 1180)* mit Beatrix von Burgund in Bamberg, damit kommt die Grafschaft Burgund zum Haus Andechs-Meranien. Beatrix ist eine Nichte des Königs Philipp von Schwaben (Gegenkönig, *→ 9. Juni 1198)*, der bei den Feierlichkeiten anwesend ist und dabei vom Pfalzgrafen Otto von Wittelsbach mit dem Schwert getötet wird. Der Wittelsbacher war der Verlobte einer Tochter Philipps, die aber im Rahmen von Friedensverhandlungen im Jahre 1207 König Otto IV. (Gegenkönig zu Philipp) versprochen worden war. Dies sichert die Stellung König Ottos IV., der am 11. November 1208 in Frankfurt erneut, nun von allen Fürsten, zum König gewählt wird *(→ 19. Mai 1218)*.

►**1209** Istrien kommt aus dem Besitz des Herzogs Otto IV. von Andechs-Meranien an den Patriarchen von Aquileia.

►**Um 1210** Apsidenplastik der Pfarrkirche von Schöngrabern (Niederösterreich), auch »steinerne Bibel« genannt, eines der wichtigsten Denkmäler romanischer Plastik in Österreich.

►**1211** Gründung des Heiligen-Geist-Spitals in Wien durch den Kaplan Herzog Leopolds VI., Gerhard, der Pfarrer zu Felling an der Piesting (Niederösterreich) und ein geschickter Arzt war. (Nach anderen Quellen soll die Gründung schon 1208 erfolgt sein.) Spital und Kirche befanden sich im heutigen Raum Karlskirche – Paniglgasse. Der »Orden des Heiligen Geistes« wurde Ende des 12. Jh.s in Rom gegründet und widmete sich vorwiegend der Betreuung von Armen, Kranken und Waisen.

September Papst Innozenz III. läßt in Nürnberg Friedrich II. mit französischer Hilfe zum König wählen, alle süddeutschen Fürsten gehen zu Friedrich II. über *(→ 27. Juli 1214, November 1215)*.

16. Dezember Bischof Manegold von Passau weiht die von dem reichen Wiener Bürger Dietrich erbaute Kirche St. Ulrich auf seiner Besitzung im Ort Zeismannsbrunn. Nach ihr wird später der Vorort St. Ulrich (7. Bezirk) benannt.

►**1212/13** Herzog Leopold VI. nimmt an einer Kreuzfahrt gegen die Mauren in Spanien teil, kommt jedoch zu dieser Auseinandersetzung zu spät und kämpft gegen die Albigenser in Südfrankreich.

►**1212, 22. April** Herzog Leopold VI. verleiht Enns (Oberösterreich) das Stadtrecht, das älteste vollständig erhaltene Stadtrecht von Österreich.

►**1214, 27. Juli** Niederlage Kaiser Ottos IV. in der Schlacht bei Bouvines (bei Lille, Frankreich); sie führt praktisch zu seiner Entmachtung.

►**1215, 10. Juni** Bischof Manegold von Passau stirbt in Wien; Ulrich, Domherr von Passau und Sekretär Herzog Leopolds VI., wird als Ulrich II. Bischof von Passau.

November Viertes Laterankonzil bestätigt Friedrich II. als König *(→ September 1211)*.

►**1217, Januar** Herzog Leopold VI. sammelt ein Kreuzfahrerheer, um sich König Andreas II. von Ungarn anzuschließen (fünfter Kreuzzug). Eine große Anzahl österreichischer und steirischer Adeliger schließt sich an (Kuenringer, Stubenberger, Auersperger und Liechtensteiner, Abt Admar von Melk und viele andere).

August Vereinigung der Streitkräfte Herzog Leopolds VI. mit denen von König Andreas II. von Ungarn in Spalato (Dalmatien).

Anfang September Herzog Leopold VI. kann in Spalato ein Schiff anheuern und erreicht nach 16 Tagen mit seiner Schar Akkon, König Andreas II. von Ungarn folgt etwa zwei Wochen später.

3. November Aufbruch des Kreuzfahrerheeres von Akkon ins Heilige Land. Die Kreuzritter müssen am Berg Tabor eine Niederlage hinnehmen.

►**1218** Erzbischof Eberhard II. von Salzburg errichtet das (Suffragan-)Bistum Seckau (Steiermark). (Suffraganbistum ist ein unterstelltes Bistum.)

— Graf Hugo I. von Bregenz und Montfort gründet die Johanniterkommende in Feldkirch (Vorarlberg) und deren Niederlassung in Klösterle (Vorarlberg).

— Reichsvogtei Uri (Schweiz) wird den Grafen von Habsburg verliehen (am 1. Mai wird Graf Rudolf I. (IV.) von Habsburg geboren, → *1. Oktober 1273*).

— Chronik von Colmar, die bis 1303 weitergeführt wird. In ihr gibt es eine Zusammenstellung der jährlichen Einkünfte einiger deutscher Fürsten, unter denen der Herzog von Österreich den zweiten Platz mit 60 000 Mark einnimmt. Vor ihm der König von Böhmen mit 100 000 Mark, nach ihm Brandenburg, Köln, Bayern und Salzburg. Selbst wenn es sich um eine subjektive Einschätzung handelt, bleibt die zeitgenössische Wertung bestehen.

Ende Januar König Andreas II. von Ungarn zieht mit seiner Schar von Akkon über Tripolis und Antiochia ab. Als Grund gab er einen Aufruhr in Ungarn an.

— Herzog Leopold VI. von Österreich blieb trotz Geldmangels und half bei der Wiederbefestigung von Caesarea (am Mittelmeer südl. von Haifa).

19. Mai Kaiser Otto IV. stirbt zurückgezogen (*→ 27. Juli 1214*) in Harzburg bei Goslar; geb. um 1170/80, am 9. Juni 1198 zum König gewählt (Gegenkönig zum Staufer Philipp von Schwaben, → dort) und am 12. Juni in Aachen gekrönt, Kaiserkrönung am 4. Oktober 1209.

24. Mai Das Kreuzfahrerheer unter Johann von Brienne, dem König von Jerusalem, segelt von Akkon zum Nildelta. Damiette mit seinem starken Befestigungsturm im östl. Nilarm war der Schlüssel zu Ägypten und soll erobert werden.

Ende Juni Fehlschlag des ersten Angriffs auf den Turm von Damiette.

25. August Eroberung des Turms von Damiette nach fast 24stündigem Kampf, Herzog Leopold VI. ist an der Spitze der deutschen Ritter maßgeblich beteiligt. Im nächsten Jahr wird Damiette erobert. Nach einem erfolglosen Kriegszug gegen Ägypten muß Damiette 1225 aber wieder aufgegeben werden.

►**1219** Herzog Leopold VI. übergibt dem Stift Lilienfeld (Niederösterreich) eine vom Kreuzzug mitgebrachte Kreuzreliquie (sie wird heute noch jährlich am Sonntag nach Kreuzerhöhung, 14. September, feierlich verehrt).

— Erweiterung und Ausbau Wiens und Errichtung der Wiener Burg (nach anderen Auffassungen erst 1220) durch Herzog Leopold VI. (an der Stelle der heutigen Stallburg und des Schweizertraktes der Hofburg, ein viereckiger Bau mit starken Türmen an jeder Ecke). Dürfte bis etwa 1230 anzusetzen sein (*→ 14. Februar 1279*).

Mai Herzog Leopold VI. verläßt mit seiner Schar in allen Ehren das Kreuzfahrerheer, er war 18 Monate im Hl. Land und stand fast immer an der Spitze der deutschen Ritter, der Johanniter und der Templer und hatte sich mehrmals durch Tapferkeit ausgezeichnet.

►**Um 1220** Errichtung der Stiftskirche von Lilienfeld (Niederösterreich), der früheste kirchliche Hallenbau von Österreich; 1230 geweiht.

— Fresken im Chor der Pfarrkirche von Mariapfarr (Salzburg).

►**1220** Im Stift Heiligenkreuz (Niederösterreich) beginnt man, einen Kreuzgang in reicher frühgotischer Gestaltung zu bauen. 1250 vollendet.

►**1221, Pfingsten** Herzog Leopold VI. stiftet neben der Wiener Burg (*→ 1219*) eine Kirche »zu Ehren Unserer Frau Maria und des hl. Erzengels Michael« samt einem Pfarrhof mit den pfarrherrlichen Rechten über »alle Dienstleute, die in der neuen Burg wohnen, und über alle Bürger und das Hofgesinde, die umher gebaut haben oder ferner bauen«. Burg und Kirche liegen außerhalb der Ringmauer der Stadt. Romanischer Außenbau der Michaelerkirche mit Rundbogenfries erhalten.

18. Oktober Herzog Leopold VI. verleiht Wien ein Stadtrecht (*→ 1198*), das älteste erhaltene Stadtrecht Wiens. Mit diesem Stadtrecht verbunden ist ein Stapelrecht, das Wien ein Zwischenhandelsmonopol sichert, den Gästen den Geschäftsverkehr untereinander verbietet und den fremden Kaufleuten den Handel über Wien hinaus untersagt. Es begründet den Reichtum der Wiener Kaufleute und den Aufschwung zum Umschlagplatz nach Südosten.

Ein Stadtrat von 24 Bürgern und die Einrichtung der »100 Genannten« als Zeugen bei gerichtlichen und außergerichtlichen Geschäften wird vom Herzog geschaffen. Wien, seit 1219 in einem ständigen Wachstum begriffen, erreicht bald das Ausmaß des heutigen 1. Bezirkes, es hat etwa 1 000 Häuser und rund 20 000 Einwohner.

►**1224** Gründung der Provinz des Ordens der minderen Brüder in Wien, dem 1225 die Gründung des »Minoritenklosters« folgte.

6. Mai Das »Friesacher Turnier« leitet den von Herzog Leopold VI. einberufenen Fürstentag vom 7. und 8. Mai ein, etwa 600 weltliche und geistliche Fürsten sind anwesend. Eigentlicher Anlaß zu Turnier und Fürstentag war der seit Jahren schwelende Streit zwischen Herzog Bernhard von Kärnten und Markgraf Heinrich von Istrien. Herzog Leopold VI. wollte einen drohenden Krieg vermeiden. Das Turnier brachte am darauffolgenden Fürstentag tatsächlich eine Versöhnung zwischen dem Herzog und dem Markgrafen zustande.

►**1225** Erzbischof Eberhard II. von Salzburg errichtet in St. Andrä im Lavanttal ein Augustiner-Chorherrenstift, das 1228 zum Sitz des Bistums Lavant wird.

22. November Margarete von Österreich, eine Tochter Herzog Leopolds VI., heiratet den 1220 zum deutschen König gewählten Heinrich VII. (Sohn Kaiser Friedrichs II. von Hohenstaufen). Festigung der Beziehungen der Babenberger zum staufischen Herrscherhaus. König Přemysl Ottokar I. von Böhmen fühlt sich jedoch zurückgesetzt, da er um die Hand Margarethes geworben hatte (*→ Mai–Juli 1226*).

►**2. Viertel 13. Jh.** Gösser Ornat, nachweislich von den Benediktinerinnen im Stift Göß (Steiermark) gestickt – eines der bedeutendsten Werke des romanischen Kunsthandwerks, noch in bemerkenswertem Zustand (Museum für angewandte Kunst, Wien).

Der Bindenschild

Der Bindenschild wird nachweisbar von Herzog Friedrich II., dem Streitbaren, von Österreich am 30. November 1230 als Hauswappen auf seinem Amtssiegel verwendet. Da das Siegel aus ungefärbtem Wachs ist, sind die Wappenfarben Rot-Weiß-Rot erst durch das »Fürstenbuch« des Jan Enikel aus den Jahren 1280/85 belegt. Er schildert sie anläßlich des Ereignisses vom 2. Februar 1232, als Herzog Friedrich II. mit 200 anderen Edlen im Wiener Schottenkloster zum Ritter geschlagen wurde.
Die Babenberger hatten wie alle Reichsfürsten stets den alten Reichsadler als »Amtswappen« verwendet. Als ältestes Wappen der babenbergischen Landesfürsten tritt um 1156 ein einköpfiger Adler auf, er scheint ab 1192 auch auf der Fahne auf.
Die Herkunft des Bindenschildes kann nicht schlüssig belegt werden. Eindeutig in das Reich der Legende gehört der Zusammenhang mit dem heldenmütigen Kampf Herzog Leopolds V. in Akkon, sehr umstritten ist die Ansicht, er stamme aus dem mainfränkischen Stammsitz der Babenberger. – Der Babenbergerforscher Karl Lechner vertrat die Ansicht, er gehe auf Friedrichs II. Vorgänger, Herzog Leopold VI., zurück. Dieser hatte Hoheitsgebiete an sich gezogen, die durch den Tod ihrer Besitzer verwaist waren. So auch die Gebiete der im Waldviertel reichbegüterten Grafen Poigen–Hohenburg–Wildberg, und von denen könnte er auch den Bindenschild übernommen haben. Im Schloß Wildberg (nordwestl. von Horn) ist heute noch das auf einen Türstock aus Stein gemalte Wappen erhalten. Historiker erblicken in der Eigenständigkeit des Wappens den Wunsch Friedrichs, nicht mehr vom deutschen Königtum abhängig zu sein. Der Bindenschild blieb das Mittelstück des österreichischen Wappens über das Kaiserreich Österreich hinaus bis heute.
Die österreichische Fahne geht ebenfalls auf diese Zeit zurück, sie ist damit das älteste staatliche Symbol dieser Art in Europa. Belegt ist sie durch ein Reitersiegel Herzog Friedrichs II., ebenfalls im Fürstenbuch des Jan Enikel erwähnt, auf dem Siegel ist Graf Otto von Plain und Hardeck als Bannerträger zu sehen. Diese erste bildliche Darstellung stammt aus dem Jahre 1254. Als Heerfahne ist sie mehrmals im 14., 15. und 16. Jh. belegt.

— Gewölbemalereien im Chorturmjoch der Pfarrkirche von Muthmannsdorf (Niederösterreich) *(→ Um 1200).*

►1226 Der Orden der Dominikaner läßt sich in Wien nieder.

— Heinrich, der zweitgeborene Sohn Herzog Leopolds VI., mit dem Beinamen »der Grausame«, unternimmt im Frühjahr einen Aufstand gegen seinen abwesenden Vater und bemächtigt sich dabei der Stadt Hainburg (Niederösterreich); er vertreibt von dort seine Mutter Theodora. Herzog Leopold VI., der als Vermittler zwischen Kaiser und Papst in Italien weilt, kehrt eilig zurück und unterdrückt den Aufstand. Heinrich der Grausame, der wahrscheinlich 1227 starb, verübte vermutlich noch weitere Anschläge auf seinen Vater.

Mai–Juli König Přemysl Ottokar I. von Böhmen greift Österreich an *(→ 22. November 1225).* Unter der Führung des Kuenringerritters Heinrich werden die Angriffe des Böhmenkönigs abgewehrt.

►1227 Mürzzuschlag (Steiermark) als Murzuslage gegründet, obwohl hier bereits um 1100 der »Knappenhof« bezeugt ist.

►Um 1230 Befestigung der Stadt Zwettl (Niederösterreich), die im Laufe der Zeit zehn Mauertürme erhält. Acht Mauertürme sind noch erhalten, der Anton- und der Schulturm stammen sicher aus der Mitte des 13. Jh.s.

Graf Hugo I. von Bregenz und Montfort *(→ Ab 1182, Vor 1200)* stirbt. Graf Hugo II. von Montfort und Graf Rudolf I. von Montfort-Werdenberg regieren bis um 1243 gemeinsam.

►1230 Walther von der Vogelweide stirbt bei Würzburg; geb. um 1170 vermutlich auf dem Vogelweidhof im Lajener Ried bei Bozen, doch sind zahlreiche Vogelweidhöfe (in Niederösterreich allein 14!) nachweisbar. Um 1220 erhielt er von Kaiser Friedrich II. ein Lehen bei Würzburg. Er war der bedeutendste mittelhochdeutsche Lyriker und Minnesänger, 188 Lieder und Sprüche sind überliefert.

23. Juli Friedensschluß von San Germano (Apulien) zwischen Papst Gregor IX. und Kaiser Friedrich II. von Hohenstaufen. Am Zustandekommen war Herzog Leopold VI. wesentlich beteiligt *(→ 1226).*

28. Juli Herzog Leopold VI., der Glorreiche, Herzog von Österreich und Steiermark, stirbt in San Germano (Apulien); geb. 1176 als Sohn Herzog Leopolds V., seit 31. Dezember 1194 Herzog von Steiermark, seit 16. April 1198 Herzog von Österreich. Er vergrößerte seinen Einfluß durch die Erweiterung landesfürstlicher Vogteirechte und die Verbindung mit dem deutschen Königshaus. Sein Hof in Wien wurde zu einem Zentrum des mittelalterlichen Kulturlebens. Seine Eingeweide werden im Kloster Monte Cassino beigesetzt, seine Gebeine nach Stift Lilienfeld (Niederösterreich) überführt.

Friedrich II., der Streitbare, zwölfter und letzter Babenberger, jüngster Sohn Herzog Leopolds VI., wird Herzog von Österreich und Steiermark. (Seine erste Ehe mit der byzantinischen Prinzessin Sophie, einer Stieftochter Kaiser Theodors I. Laskaris von Nikaia, wurde wegen Kinderlosigkeit bereits 1229 geschieden, seine zweite Ehe mit Agnes von Andechs-Meranien, kurz vor dem Tod des Vaters in Wien geschlossen, endete 1243 aus demselben Grund durch Scheidung.)

Herbst Der österreichische Landadel erhebt sich unter der Führung der Brüder Heinrich (Landmarschall von Österreich) und Hadmar III. von Kuenring gegen Herzog Friedrich II. von Österreich, der die Städte bevorzugte, weshalb der Adel unzufrieden ist. Weitra (Niederösterreich), der Sitz Heinrichs, ist ein stark befestigtes Zentrum im Waldviertel. Dürnstein und Aggstein, die als unbezwinglich geltenden Stützpunkte Hadmars, sperren und kontrollieren den Donauraum. Insgesamt besaßen die Kuenringer zehn der gewaltigsten Burgen im Land, die sie die zehn Finger ihrer Hände genannt haben sollen.

30. November Herzog Friedrich II. verwendet nachweislich auf seinem Amtssiegel als Hauswappen den Bindenschild, allerdings ohne Farben, da die Siegel aus ungefärbtem Wachs sind *(→ 2. Februar 1232, und Rahmenartikel: Der Bindenschild).*

▶1231/40 Glasfensterfolge, die Legende der hl. Margarete darstellend, der ehemaligen Stiftskirche (heute Pfarrkirche) von Ardagger (Niederösterreich), ein Hauptwerk der österreichischen Glasmalerei.

▶1231 Herzog Friedrich II. kämpft den Aufstand nieder, er belagert und erobert die Kuenringerburgen Weitra, Dürnstein und Aggstein.

▶1232 Saline von Hallein (Salzburg) urkundlich erwähnt.

2. Februar Herzog Friedrich II. von Österreich und Steiermark empfängt in der Wiener Schottenkirche durch Bischof Gebhard von Passau die Schwertleite, gemeinsam mit 200 jungen Edlen des Landes erhält er die Ritterwürde. Nach Jans Enikels Chronik (1280/85) werden dabei das erste Mal die Farben Rot-Weiß-Rot getragen. Nach der feierlichen Handlung zieht die Schar der jungen Ritter auf ein freies Feld im Westen der Stadt zum Turnier.

▶1233, 29. April Herzog Friedrich II. schließt in Wien einen Vertrag mit dem Hochstift zu Freising, wodurch er ganz Krain erwirbt; nun auch »Herr von Krain«. (Schon Herzog Leopold VI. hatte durch eine Übereinkunft mit Freising Güter in Krain erworben.)

Juli Herzog Friedrich II. erobert die für uneinnehmbar geltende Burg Vöttau bei Znaim. Er war mit einem bedeutenden Aufgebot von angeblich 40 000 Mann über die Thaya gegangen. Der eingefallene König Wenzel I. von Böhmen muß sich zurückziehen. Durch eine plötzliche Erkrankung des Herzogs verstreicht der große Erfolg ungenützt.

▶2. Drittel 13. Jh. Stadtplatz von Steyr (Oberösterreich), zum Großteil erhalten, ein bedeutendes Beispiel des mittelalterlichen Platztypus in Österreich.

— Minoritenkirche in Stein (Niederösterreich), 1264 geweiht, eine spätromanische Pfeilerbasilika, ist einer der frühesten Gewölbebauten des Bettelordens.

— Rudolf von Stadeck (auch »der von Stadecke«) von 1243 bis 1261 urkundlich nachweisbar. Der steirische Minnesänger, von dem nur drei Lieder erhalten sind, entstammt einem Geschlecht, das seinen Sitz auf Burg Stattegg (oberhalb Andritz nördl. von Graz) hatte.

▶1234, 1. Mai Hochzeit der Schwester Herzog Friedrichs II., Konstanze, mit Markgraf Heinrich von Meißen in Stadlau bei Wien, die Könige von Böhmen und Ungarn, die Herzöge von Sachsen und Kärnten, Landgraf von Thüringen und die Bischöfe von Salzburg, Passau, Freising, Bamberg und Seckau sind anwesend. (Wien war dem Herzog wegen seiner Strenge nicht gut gesinnt, deshalb wurde das Fest außerhalb der Stadt abgehalten, übrigens zeigten sich mehrfach Unzufriedenheiten über Friedrichs Strenge und Willkürherrschaft unter dem österreichischen und steirischen Landadel, den Kirchenfürsten und den Städten.)

Herbst Das Verhältnis Herzog Friedrichs II. zu Kaiser Friedrich II. verschlechtert sich zunehmend, da er auf seiten seines Schwagers, König Heinrichs VII., steht *(→ 22. November 1225)*, der sich gegen seinen Vater, Kaiser Friedrich II., im September erhoben hatte.

▶1235, Mai Kaiser Friedrich II. trifft in Neumarkt (Steiermark) mit Herzog Friedrich II. zusammen, die Gegensätze zwischen Kaiser und Herzog vertiefen sich. Der Kaiser kam ohne Heer nach Deutschland, um der Empörung seines Sohnes Heinrich entgegenzutreten.

Juli Kaiser Friedrich II. hält in Worms mit den deutschen Fürsten Gericht über seinen Sohn Heinrich, der entthront und nach Apulien gebracht wird, wo er als Gefangener im Februar 1242 stirbt.

Herbst Herzog Friedrich II. fällt mit einem Heer in Ungarn ein, da ihn eine Anhängerschaft nach dem Tod König Andreas' II. zum König machen wollte. König Béla IV. von Ungarn, der rechtmäßige Thronerbe, schlägt Herzog Friedrich II. (er wurde von einem Großteil seiner Edlen verlassen, da diese nun glaubten, Friedrichs strenge Herrschaft abschütteln zu können) in die Flucht und verfolgt ihn bis vor die Tore Wiens. Das Land wird stark verwüstet.

Ende Friede mit König Béla IV. von Ungarn kommt durch die Entrichtung einer Geldbuße zustande. Die bereits bestehenden hohen Abgaben werden von Herzog Friedrich II. durch eine außerordentliche Steuer für Österreich und Steiermark erhöht und werden zur drückenden Last. Klöstern, die die Abgaben verweigern, nimmt er gewaltsam Gold und Silber. Klagen des Landadels, der Städte und der geistlichen Herren von Österreich und der Steiermark bei Kaiser Friedrich II.

▶1236, Ende Juni Kaiser Friedrich II. verhängt über Herzog Friedrich II. die Reichsacht und entsetzt ihn seiner Reichslehen, da er einer dreimaligen Ladung nicht gefolgt war.

Sommer Herzog Friedrichs II. fürstliche Gegner fallen in Österreich und der Steiermark ein, um das kaiserliche Urteil zu vollstrecken (der Kaiser plante, die Herzogtümer nicht wieder als Lehen zu vergeben, sondern unter Reichsverwaltung zu stellen). Obwohl den Gegnern des Babenbergers die Unzufriedenheit im Lande entgegenkam, behauptet sich Herzog Friedrich II., zieht sich aber nach Wr. Neustadt (Niederösterreich) zurück.

Ende Kaiser Friedrich II. dringt in Österreich ein und besetzt große Teile des Landes.

▶1237 Vermählung der Töchter Graf Alberts III. von Tirol: Adelheid mit Graf Meinhard III. von Görz und Elisabeth mit Graf Otto III. von Andechs-Meranien, Vorbereitung der Vereinigung Tirols.

Anfang Januar Kaiser Friedrich II. zieht in Wien ein und wird feierlich empfangen, er bleibt bis April. Im stattlichen Gefolge des Kaisers befinden sich unter anderem König Wenzel I. von Böhmen, die Herzöge Otto von Bayern und Bernhard von Kärnten, Markgraf Heinrich von Thüringen, die Erzbischöfe von Mainz, Salzburg und Trier sowie der Patriarch von Aquileia.

Februar Kaiser Friedrich II. läßt in Wien seinen neunjährigen Sohn Konrad IV. zum deutschen König wählen (seit 1233 anstelle seines Bruders Heinrich auf dem Reichstag von Mainz dafür bestimmt).

März Kaiser Friedrich II. bestätigt dem Schottenstift in Wien die Privilegien Herzog Heinrichs II. Jasomirgott und Herzog Leopolds VI.

April Kaiser Friedrich II. stellt Wien einen Freiheitsbrief aus, in dem er die Stadt zur unmittelbaren freien Reichsstadt erhebt. Jährlich soll ein Stadtrichter bestellt werden. Abgabenleistung der Bürger freiwillig, Juden sind von allen Stadtämtern ausgeschlossen. Diese »Goldene Bulle« ist nicht erhalten, nur eine Abschrift im sogenannten »Eisenbuch«, der 1320 begonnenen Handfeste der Stadt Wien *(→ 1320).*

— Wahrscheinlich läßt Kaiser Friedrich II. das »Österreichische Landrecht« – die Stellung des Adels – in deutscher Sprache aufzeichnen.

— Kaiser Friedrich II. bestellt Bischof Eckbert von Bamberg zum Reichsverweser in Österreich und der Steiermark und stellt ihm den Burggrafen von Nürnberg und den Grafen von Eberstein zur Seite. Der Kaiser hatte gehofft, daß sich Herzog Friedrich II. freiwillig unterwirft.

— Kaiser Friedrich II. bestätigt in Enns (Oberösterreich) den steirischen Ministerialen erweiterte Rechte, verspricht auch die Trennung der Steiermark von Österreich, dazu kommt es allerdings nicht.

Juni Der Burggraf von Nürnberg zieht nach dem Tod (am 5. Juni) des bestellten Reichsverwesers Bischof Eckbert von Bamberg eine Streitmacht auf dem Steinfeld bei Wr. Neustadt (Niederösterreich) zusammen, um gegen Herzog Friedrich II. vorzugehen. Herzog Friedrich II. greift die noch nicht vereinigte Streitmacht an und vernichtet sie. Weitere Siege Friedrichs II. über kaiserliche Statthalter in Pitten und Tulln (beide Niederösterreich) folgen.

Ende Wien leistet Herzog Friedrich II. Widerstand, wird ab Juni 1238 vom Herzog belagert.

▶**Nach 1237** Neidhart von Reuenthal stirbt; geb. um 1180 in Bayern, er lebte lange am Wiener Hof Herzog Leopolds VI. und erhielt von Herzog Friedrich II. ein Gut bei Melk (Niederösterreich), Minnesänger. Mit seinen Tanzweisen, Sommer- und Winterliedern machte er die niedere Minne »literaturfähig«, Begründer der Dorfpoesie, durch seinen derben Realismus spiegelt er die Zustände seiner Zeit wider. Als Bauernfeind und Hofnarr lebt er in der spätmittelalterlichen Schwanksammlung »Neidhart Fuchs« weiter. Ende des 14. Jh. wurde das Haus Tuchlauben 19 in Wien mit einem Freskenzyklus, basierend auf seinen Liedern, ausgeschmückt; dieser wurde erst → *1979* entdeckt.

▶**1238, Juni** Herzog Friedrich II. wendet sich gegen Wien und belagert es *(→ Weihnachten 1239).* Er schlägt ein kaiserliches Entsatzheer und zwingt es zur Flucht.

▶**1239, 9. Juni** Herzog Otto III. von Andechs-Meranien verleiht Innsbruck ein Stadtrecht.

Weihnachten Wien ergibt sich Herzog Friedrich II. nach langer *(→ Juni 1238)* Belagerung, die Stadt hatte praktisch keine Verpflegung mehr. Die kaiserlichen Privilegien der »Reichsstadt« *(→ April 1237)* gehen verloren, doch hält der Herzog kein Strafgericht.

— Kaiser Friedrich II. (zum drittenmal am 20. März von Papst Gregor IX. gebannt) söhnt sich Ende 1239 mit Herzog Friedrich II. aus und hebt die Reichsacht *(→ Ende Juni 1236)* auf. Der Kaiser wollte den Babenberger in seiner Auseinandersetzung mit dem Papsttum nicht zum Gegner haben. Wegen ihrer Vermittlertätigkeit werden auch der Erzbischof von Salzburg und der Bischof von Passau vom Papst gebannt.

▶**Um 1240** Riesentor des Stephansdoms von Wien mit spätromanischem Trichterportal.

▶**1240–1300** Seifried Helbling, ein niederösterreichischer Adeliger im Dienste der Kuenringer (wahrscheinlich aus der Gegend um Zwettl) nachweisbar. Er verfaßte einen Zyklus von 15 Versdichtungen, die nach dem Titel des ersten Gedichtes »Lucidarius« genannt werden. Sie sind in einem Codex des 16. Jh. erhalten. In satirischer Form wird die Stimmung zur Zeit Albrechts I. festgehalten, die Gedichte richten sich gegen den schwäbischen Anhang des Landesfürsten, gegen die sog. »Osteraffen«. Er polemisiert gegen den Verfall des Rittertums, die rittersüchtigen Bauern und gegen Emporkömmlinge.

▶**1240** Herzog Friedrich II. wird im Frühjahr ebenfalls *(→ 1239)* von Papst Gregor IX. gebannt.

Juni Differenzen zwischen Kaiser Friedrich II. und Herzog Friedrich II. restlos beseitigt, der Kaiser erweitert die babenbergischen Hausprivilegien durch Befreiung von jedem auswärtigen Gerichtszwang und gestattet den Babenbergern, das Kreuz der Kaiserkrone auf dem Herzogshut zu tragen.

▶**1241, 9. April** Schlacht bei Liegnitz (Schlesien); eingefallene Mongolen besiegen ein deutsches Ritterheer unter Herzog Heinrich dem Frommen von Niederschlesien. Die Angriffe der Mongolen auf Böhmen und Mähren können abgewehrt werden.

Mai König Béla IV. von Ungarn, der im April eine Niederlage gegen die Mongolen in der Mohipuszta am Sajofluß (Ungarn) erlitten hatte, flüchtet zu Herzog Friedrich II. und übergibt ihm gegen das Versprechen der Waffenhilfe die westungarischen Komitate Ödenburg, Wieselburg und Eisenburg; erstmals sind (nur bis 1246) Gebiete des heutigen Burgenlandes bei Österreich.

13. Juni Herzog Friedrich II. berichtet in einem Brief an König Konrad IV. über die gefährliche Situation im Osten und bittet um Waffenhilfe, denn mongolische Streifscharen waren bereits bis vor Wr. Neustadt und Korneuburg (Niederösterreich) vorgedrungen.

Sommer Herzog Friedrich II. besetzt die ungarischen Grenzfestungen, wodurch er die Mongolen zum Stehen bringt.

▶**1242** Spittal an der Drau (Kärnten) zum Markt erhoben *(→ 1191).*

April Mongolen ziehen über Ungarn und Serbien (endgültig) ostwärts, nachdem ihnen Herzog Friedrich II. mit einer großen Streitmacht entgegengetreten war. Der plötzliche Tod ihres Oberkhans Dschagatai war wahrscheinlich der Grund, daß es nicht zur Schlacht kam. In Herzog Friedrichs II. Streitmacht waren: Wladislaw von Böhmen, Herzog Bernhard von Kärnten, Patriarch Berthold von Aquileia und der Markgraf von Baden.

▶**1243** Herzog Friedrichs II. Ehe (die zweite) mit Agnes von Andechs-Meranien wird wegen Kinderlosigkeit geschieden, dadurch Feindschaft mit dem Haus Andechs-Meranien.

▶**Um 1244** Kreuzkapelle des Stiftes Heiligenkreuz (Niederösterreich) errichtet.

▶**1244** Herzog Friedrich II. erläßt für Hainburg (Niederösterreich) ein Stadtrecht, in dem es heißt: »Wier wellen auch, daz jeglichen purger sein Haus sein veste sei.«

— Das Chorherrenstift St. Georgen, 1112 an der Mündung der Traisen in die Donau gegründet, wird wegen Überschwemmungen nach Herzogenburg (Niederösterreich) verlegt.

28. Mai Herzog Friedrich II. erläßt als Dank für die erwiesene Treue für Wr. Neustadt (Niederösterreich) eine neue Maut-, Zoll- und Marktordnung.

1. Juli Herzog Friedrich II. erläßt für Wien ein neues Stadtrecht. Grundsätzlich ist es eine Erneuerung des

Stadtrechtes von 1221, wirtschaftliche und rechtliche Stellung des Bürgers zum Teil noch günstiger. Außerdem erhalten die Juden einen Schutzbrief, in dem sie auch das Recht zur Geldverleihung erhalten – dieses »Judenschutzgesetz« wird Vorbild für Ungarn (1251), Böhmen und mehrere andere deutsche Länder.

▶**1245, April** Verhandlungen zwischen Kaiser Friedrich II. und Herzog Friedrich II. zur Erhebung der Herzogtümer Österreich und Steiermark zum Königreich Österreich, mit Krain als lehenspflichtigem Herzogtum. Die Urkunde soll angeblich bereits ausgestellt gewesen sein, der Babenberger soll auch bereits den Königsring erhalten haben. Gertrud von Babenberg, eine Tochter Herzog Heinrichs des Grausamen und daher Nichte Herzog Friedrichs II., sollte mit dem Kaiser vermählt werden. Dieser erhoffte sich dadurch den Anspruch auf die babenbergischen Besitzungen (der Herzog war kinderlos).

29. Juni Tag der vereinbarten Hochzeit in Verona *(→ April)*, doch Gertrud von Babenberg erschien nicht, da sie den gebannten Kaiser nicht heiraten wollte, außerdem war sie mit dem Sohn des Königs von Böhmen, Markgraf Wladislaw von Mähren, verlobt. Damit scheiterte die Erhebung des Herzogtums Österreich zum Königreich *(→ April)*.

▶**1246, 26. Januar** Schlacht bei Staatz (Niederösterreich), in der Herzog Friedrich II. die in Österreich eingefallenen Böhmen besiegt. Der Böhmenkönig wollte die Heirat seines Sohnes mit der Babenbergerin Gertrud *(→ 29. Juni 1245)* erzwingen, um sich das babenbergische Erbe zu sichern.

Frühjahr Gebietsstreitigkeiten zwischen König Béla IV. von Ungarn und Herzog Friedrich II. König Béla IV. fordert die wegen der Mongolengefahr *(→ Mai 1241)* verpfändeten westungarischen Komitate zurück.

15. Juni Schlacht an der Leitha bei Wr. Neustadt (Niederösterreich), nach neueren Forschungen wahrscheinlich bei Ebenfurth (Niederösterreich). König Béla IV. von Ungarn war eingefallen, er wollte durch eine Schlachtentscheidung seine Gebiete *(→ Frühjahr)* zurückerhalten. Das Pferd Herzog Friedrichs II. wird bei der Verfolgung der fliehenden Ungarn tödlich getroffen und begräbt unter sich den Herzog, er wird von einer Anzahl von Feinden umringt und erschlagen. Heinrich von Liechtenstein, der Oberfeldherr, führt die Österreicher anschließend zum Sieg. Der Herzog soll noch während der Schlacht von seinem Schreiber Heinrich gefunden worden sein, nur mehr mit einem Leinenuntergewand bekleidet, doch noch immer mit dem Schwert in der Hand. Herzog Friedrich II., der Streitbare, wird im Kapitelsaal des Stiftes Heiligenkreuz (Niederösterreich) bestattet. Geboren am 15. Juni 1211 in Wr. Neustadt als der jüngste Sohn Herzog Leopolds VI., seit 28. Juli 1230 Herzog von Österreich und Steiermark. Er hinterläßt keine Nachkommen und keine Bestimmungen über seine Nachfolge. Damit Ende der babenbergischen Herrschaft in Österreich und Steiermark.

Der herzoglosen folgt vier Jahre später die kaiserlose Zeit, das Interregnum, bis 1276. Die frei werdenden Herzogtümer Österreich und Steiermark fallen an das Reich zurück. Kaiser Friedrich II. kann wegen seines Kampfes gegen den Papst und die oberitalienischen Städte keine endgültige Regelung treffen.

Ende Kaiser Friedrich II. ernennt Graf Otto von Eberstein für Österreich und Graf Meinhard III. von Görz für die Steiermark zu Statthaltern.

▶**1247** Die babenbergischen Prinzessinnen, gestützt auf das Privilegium minus *(→ Rahmenartikel, S. 43)*, legen Anfang des Jahres bezüglich ihrer Erbansprüche Berufung ein:

Gertrud von Babenberg (Nichte Herzog Friedrichs II. und mit Markgraf Wladislaw von Mähren [der allerdings am 19. Januar 1247 stirbt] verheiratet), Margarete (eine Schwester des Herzogs und Witwe nach König Heinrich, dem Sohn Kaiser Friedrichs II. Sie lebte bei den Dominikanerinnen in Trier) und Konstanze von Babenberg (mit Markgraf Heinrich von Meißen verheiratete zweite Schwester Herzog Friedrichs II.). Im Laufe des Jahres erklärt Papst Innozenz IV., als Schiedsrichter angerufen, Gertrud für erbberechtigt.

— Einfälle der Böhmen am linken Donauufer und durch die Ungarn in der Steiermark.

— Das Salzburger Domkapitel wählt gegen die Entscheidung des Papstes Innozenz IV. Philipp von Spanheim zum Erzbischof. Er war ein Sohn Herzog Bernhards von Kärnten und nannte sich nur »der Erwählte«, weil er nicht dem geistlichen Stand angehörte, er lehnte die Priester- und auch die Bischofsweihe ab und wurde deshalb 1256 abgesetzt.

April Wien abermals *(→ April 1237)* zur unmittelbaren Reichsstadt erhoben.

▶**1248, 19. Juni** Herzog Otto III. von Andechs-Meranien stirbt, mit ihm erlischt das Haus *(→ April 1188)* Andechs-Meranien. Ein Teil des Erbes fällt an Graf Albert III. von Tirol und nach dessen Tod 1253 an die Grafen von Görz *(→ 4. März 1271)*.

Sommer Statthalter (oder Reichsverweser) Graf Otto von Eberstein tritt von seiner Funktion zurück. Er hatte sich bei Kaiser Friedrich II. vergeblich um einen neuen Herrn bemüht – erledigte Reichslehen mußten »über Jahresfrist« wieder vergeben sein. Herzog Otto von Bayern wird mit der Nachfolge betraut.

— Gertrud von Babenberg heiratet Markgraf Hermann von Baden und läßt sich mit ihrem Gatten in Mödling (Niederösterreich) nieder. Markgraf Hermann war ein Parteigänger der Kirche und von seinem Onkel Herzog Otto von Bayern stark begünstigt. Obwohl sich ihm einige Edle des Landes anschlossen, kann er sich in Österreich nicht durchsetzen.

▶**Mitte 13. Jh.** Typisch spätromanischer Rundbau des Karners von Deutsch-Altenburg (Niederösterreich).

— Zwei spätromanische Portale der aus dem 12. Jh. stammenden dreischiffigen romanischen Pfeilerbasilika des Benediktinerstiftes Kleinmariazell (Niederösterreich), 1136 gegründet.

— »Der Litschauer«, wahrscheinlich aus dem Waldviertel (Niederösterreich) stammend, schreibt das »Lob der sächsischen Freigebigkeit«.

▶**Um 1250** Fresken im romanischen Karner von Mödling (Niederösterreich) *(→ 4. Viertel 12. Jh.)*

— Romanischer Karner, heute Johanneskapelle, von Margarethen am Moos (Niederösterreich).

— Kreuzgang mit frühgotischen Spitzbogen des Stiftes Lilienfeld (Niederösterreich), auch das Tor aus der Erbauungszeit erhalten.

— Palas der Burg Lockenhaus (Burgenland) mit ver-

mutlich römischem Kultraum und Burgkapelle mit Freskenresten. Die Burg war als Sperre des Günstales errichtet worden.
— Romanischer Westturm der Pfarrkirche von Schladming (Steiermark).
— »Wiener Meerfahrt« entsteht, die erste Phäakendichtung und Heurigengeschichte.
— Epos »Biterolf und Dietleib«, ein Stoff aus dem Dietrich-Sagenkreis, entsteht, verfaßt von einem unbekannten steirischen Dichter.
— Wernher der Gärtner (Wernher de Gartenaere) verfaßt den »Meier Helmbrecht«, eine Versnovelle mit 1 922 Versen, die erste realistische Dorfgeschichte in deutscher Sprache. Die Satire auf einen haltlosen Bauernsohn behandelt eindringlich die Auflösung der mittelalterlichen Ständeordnung. Wernher der Gärtner stammt aus dem Innviertel (Oberösterreich), mehr jedoch kaum nachweisbar.

►**1250, 1. Hj.** Zustände in Österreich und Steiermark verschlechtern sich zunehmend, Markgraf Hermann von Baden nennt sich zwar Herzog, doch kann er sich kaum mehr behaupten.
— Ungarn brechen im Herbst über die Leitha, brandschatzen und plündern bis Kleinmariazell (Niederösterreich).

4. Oktober Markgraf Hermann von Baden stirbt, er wird im Stift Klosterneuburg (Niederösterreich) bestattet. Seine Gattin Gertrud von Babenberg flieht zu ihrer Tante, der Markgräfin Konstanze von Babenberg von Meißen. (Friedrich, der Sohn Hermanns von Baden und Gertruds, ist später ein enger Freund König Konradins von Hohenstaufen und erleidet mit diesem am 29. Oktober 1268 in Neapel den Tod durch Enthauptung.)

13. Dezember Kaiser Friedrich II. von Hohenstaufen stirbt in Fiorento bei Lucera (Apulien); geb. am 26. Dezember 1194 in Jesi bei Ancona, Sohn Kaiser Heinrichs VI., am 26. Dezember 1208 für mündig erklärt, im September 1211 in Nürnberg zum deutschen König gewählt, im November 1215 anerkannt, Kaiserkrönung am 22. November 1220, Papst Innozenz IV. erklärte ihn auf dem Konzil von Lyon am 17. Juli 1245 für abgesetzt. Gegenkönig war 1246–1247 Heinrich Raspe und 1247–1256 Wilhelm von Holland. Die zentrale Reichsgewalt war schon unter Friedrich II. (er war allzuwenig und zu kurz im Reich) ins Wanken geraten, nun beginnt ihre Auflösung.

►**2. Hälfte 13. Jh.** Befestigung der Stadt Hainburg (Niederösterreich) ist aus dieser Zeit in seltener Vollständigkeit erhalten. Das Ungartor, um 1260, und das Wiener Tor, um 1270, zählen zu den künstlerisch wertvollsten mittelalterlichen Stadttoren des deutschen Kulturbereichs – zugleich als Musterbeispiel einer einheitlichen mittelalterlichen Stadtbefestigung.
— Ältester Grabstein im Wiener Stephansdom (bei Grabungen im Hauptchor gefunden), vermutlich für Pfarrer Gebhart von St. Stephan, einen Gefolgsmann König Přemysl Ottokars II.
— Gotischer Hallenchor der Stiftskirche Heiligenkreuz (Niederösterreich), geweiht 1295.
— Spätromanisch-frühgotischer Karner von Pulkau (Niederösterreich).
— Romanische Wandmalereien in der Michaelerkirche in Wien.
— Kern der Burg Mosham (Salzburg).
— Herrand II. von Wildon (Steiermark) (urkundlich 1248–1278 belegt) dichtet Mären, die beim Adel besonders beliebt sind.
— Albrecht von Scharffenberg dichtet in Kärnten »Seifrid von Ardemont«, das nur in späteren Überarbeitungen erhalten ist.
— Konrad von Lienz (Osttirol), ein Minnesänger, ist von 1251–1269 als Burggraf von Lienz nachweisbar.
— Ulrich von dem Türlein (Türlin) dichtet höfische Epen im Stil Wolframs von Eschenbach (in Niederösterreich).

►**3. Viertel 13. Jh.** Spätromanischer Karner (Dreikönigskapelle) von Tulln (Niederösterreich), außen elfseitig, innen rund, reiche Bauornamentik, auch die Holztür mit Beschlägen erhalten.

►**1251** Baubeginn an der gotischen Dominikanerkirche, einer Pfeilerbasilika, in Friesach (Kärnten). Älteste Niederlassung des Ordens auf deutschem Boden, 1217 gegründet, doch keine Quellen erhalten. Die Kirche wird 1258 fertiggestellt.

Frühjahr Der Landtag der österreichischen Stände in Trübensee am nördl. Donauufer gegenüber von Tulln (Niederösterreich) tagt; sie beschließen, einen Sohn der Markgräfin Konstanze von Babenberg von Meißen (einer Schwester Herzog Friedrichs II.) zum Landesherrn zu erbitten. Heinrich von Liechtenstein (der Ahnherr der österreichischen Linie des Geschlechtes) führt die Gesandtschaft nach Meißen an, an der sich der Wiener Schottenabt Philipp, Abt Dietmar von Klosterneuburg und Friedrich der Schenk (von Hausbach) beteiligen. In Prag angekommen, schlägt ihnen König Wenzel I. von Böhmen seinen Sohn Přemysl Ottokar (als König von Böhmen der II.) als Landesherrn vor, den er, ohne eine Entscheidung abzuwarten, mit einem ansehnlichen Heer, aber auch mit viel Geld und kostbaren Geschenken nach Österreich schickt.

November Přemysl Ottokar II. rückt von Böhmen über Linz und Enns (beide Oberösterreich) nach Wien vor, verteilt Geschenke und findet, wohl auch wegen seiner Streitmacht, nirgends Widerstand.

12. Dezember Přemysl Ottokar II. zieht in Wien ein, er wird freundlich empfangen.

►**1252** Klagenfurt erhält ein Stadtrecht, nachdem wenige Jahre vorher Herzog Bernhard von Kärnten hier eine befestigte Siedlung mit Burg gegründet hatte.

Frühjahr Přemysl Ottokar II. von Böhmen hat ganz Österreich in der Hand.

7. April Hochzeit Přemysl Ottokars II. von Böhmen (22 Jahre alt) mit Margarete von Österreich (47 Jahre alt, Schwester Herzog Friedrichs II.) in der Burgkapelle von Hainburg (Niederösterreich) *(→ 25. Oktober 1261)*. Die Ehe, für die der Papst wegen des Verwandtschaftsverhältnisses eine Dispens erteilen mußte, sicherte ihm seine Herrschaft in Österreich, er nennt sich nun Herzog von Österreich und Steiermark.

Sommer König Béla IV. von Ungarn dringt vorübergehend in Österreich ein – wegen des Anspruchs Přemysl Ottokars II. auf die Steiermark.

Herbst Přemysl Ottokar II. besetzt die Steiermark und verdrängt König Béla IV. von Ungarn, der gibt aber nicht auf.

27. Dezember Friede von Lieserhofen (Kärnten) zwischen Graf Meinhard III. von Görz und Graf Albert III. von Tirol (dessen Schwiegervater) einerseits und dem »Erwählten« des Erzbistums Salzburg, Philipp von Spanheim (Sohn Herzog Bernhards von Kärnten,

→ *1247*). Ohne besondere Vereinbarungen wurde damit dem Streben der Grafen von Görz, nach dem Herzogtum Kärnten zu greifen, Einhalt geboten. Graf Meinhard und Graf Albert waren am 8. September in einer Schlacht bei Greifenburg (Kärnten), das sie überraschend belagert hatten, von Philipp von Spanheim entscheidend geschlagen worden, Graf Albert wurde dabei sogar gefangengenommen.

Ende Die steirischen Stände wählen Stephan, den Sohn König Bélas IV. von Ungarn (als Stephan V. 1270–1271 König von Ungarn), einstimmig zum Herzog von Steiermark.

— König Béla IV.von Ungarn überredet Gertrud von Babenberg von Österreich (Nichte Herzog Friedrichs II.), seinen Neffen, den Fürsten Roman von Halics (Fürstentum am Rande der Karpaten), zu heiraten, sie wird aber kurz nach der Eheschließung verstoßen.

►**Nach 1252** Reinmar von Zweter stirbt; geb. um 1200 in Rheinfranken, ritterlicher Abkunft, wuchs in Österreich auf und war Minnesänger und Spruchdichter, er lebte lange Zeit am Hof Herzog Leopolds VI. und Herzog Friedrichs II., ein Nachahmer Walthers von der Vogelweide.

►**1253, 22. September** König Wenzel I. von Böhmen stirbt, sein Sohn Přemysl Ottokar tritt als der II. die Nachfolge an.

►**Um 1254** Rudolf von Ems stirbt in Bruck an der Mur (Steiermark) (?) Er wird in der dortigen Minoritenkirche bestattet; geb. um 1200 in Hohenems (Vorarlberg), ein Ministeriale der Herren von Montfort, er war ein Nachahmer der höfischen Epik. Seine »Weltchronik« in 36 000 Versen reicht nur bis König Salomo, sie wurde verschiedentlich weitergeführt.

►**1254, 3. April** Friede von Ofen (Buda) zwischen König Béla IV. von Ungarn und König Přemysl Ottokar II. von Böhmen. Teilung der babenbergischen Länder auf Wunsch Papst Innozenz' IV. Přemysl Ottokar behält Österreich und erhält dazu den Traungau, das Salzkammergut und das Gebiet um Pitten (Niederösterreich). König Béla erhält die übrigen Gebiete der Steiermark.

►**Vor 1255** »Der von Sunneck« (auch Sounek, Sonneck) stirbt; er stammt aus der Steiermark und ist ein adeliger Minnesänger. Vielleicht ist es Konrad von Sunneck, der urkundlich 1220–1237 belegt ist und den auch Ulrich von Liechtenstein erwähnt.

►**1256** Streit um den Salzburger Bischofssitz. König Přemysl Ottokar II. von Böhmen unterstützt den »Erwählten« Philipp von Spanheim *(→ 1247)*, König Béla IV. von Ungarn Bischof Ulrich von Seckau, der ab 1257 Erzbischof von Salzburg wird.

— Steirische Adelige lehnen sich gegen die drückende ungarische Herrschaft auf und vertreiben im Lauf des Jahres die ungarische Besatzung mit Hilfe österreichischer und Kärntner Adeliger. Sie ersuchen auch König Přemysl Ottokar II. um Unterstützung.

28. Januar Graf Wilhelm von Holland stirbt, deutscher Gegenkönig seit 1247, Beginn des tatsächlichen Interregnums, »die kaiserlose, die schreckliche Zeit«, wie sie Friedrich von Schiller in seiner Ballade »Der Graf von Habsburg« nennt.

►**1257, 16. April** Gründung des »Bürgerspitals« in Wien durch einige Wiener Bürger, außerhalb des Kärntnertores am linken Ufer des Wienflusses. Die sogenannte »Bürgerspitalsbruderschaft« sorgt für die nötigen Mittel. Vorerst mehr ein Asyl für unbemittelte Kranke, erst später »Bürgerspital«.

►**1258, 7. August** Stephanskirche in Wien fällt einem Brand zum Opfer (abermals am 30. April 1276). Wiederaufbau von König Přemysl Ottokar II. unterstützt, Erhöhung und Verlängerung des Langhauses, romanische Westempore.

►**1259** Steirische Adelige, wohl der Großteil, bieten König Přemysl Ottokar II. von Böhmen die Landesherrschaft an, die Unzufriedenheit mit der ungarischen Herrschaft *(→ 1256)* war beträchtlich gestiegen.

►**1260** Mit der Errichtung der Gozzoburg in Krems (Niederösterreich), einer der wenigen erhaltenen Stadtburgen, wird begonnen, der Kremser Stadtrichter Gozzo stellt sie 1280 fertig.

Frühjahr König Béla IV. von Ungarn fällt in Österreich ein.

12. Juli Schlacht von Kroissenbrunn bei Marchegg (Niederösterreich), vollständiger Sieg König Přemysl Ottokars II. von Böhmen über König Béla IV. von Ungarn, angeblich sollen allein 14 000 Ungarn in der March ertrunken sein.

►**1261/65** Radkersburg (Steiermark) auf Veranlassung König Přemysl Ottokars II. angelegt, bereits 1299 als Stadt erwähnt.

►**1261, 31. März** Erster Friede von Wien *(→ 14. Juli 1271)*, König Béla IV. von Ungarn verzichtet zugunsten Přemysl Ottokars II. auf die Steiermark. Errichtung des Landes »ob der Enns« (Oberösterreich) durch die Vereinigung des Traungaues *(→ 3. April 1254)* mit den übrigen oberennsischen Gebieten. Linz entwickelt sich langsam zur Landeshauptstadt.

25. Oktober König Přemysl Ottokar II. von Böhmen löst mit Zustimmung Papst Urbans IV. seine Ehe mit Margarete von Österreich *(→ 7. April 1252)* und heiratet kurz darauf Kunigunde von Machow, eine Enkelin König Bélas IV. von Ungarn. Margarete von Österreich zieht sich nach Krumau (Niederösterreich) zurück, wo sie am 29. Oktober 1266 stirbt; bestattet in Stift Lilienfeld.

►**1262, 6. August** Přemysl Ottokar II. läßt sich vom deutschen Schattenkönig (er hatte seine Wahl unterstützt) Richard von Cornvallis (England) ohne Zustimmung der Kurfürsten mit Böhmen, Österreich und der Steiermark schriftlich (entsprach nicht dem Rechtsbrauch) belehnen. Am 23. Dezember läßt er sich in Prag feierlich krönen.

►**1263** König Přemysl Ottokar II. stärkt seine Macht und fordert Güter und Rechte zurück, die sich der heimische Adel seit 1246 angeeignet hatte, er verlangt die Schleifung der neuerrichteten Burgen. Die Bestimmungen des babenbergischen Landrechtes werden erneuert. Die wichtigsten Ämter in Österreich und in der Steiermark werden königstreuen böhmischen und mährischen Adeligen übergeben.

►**Um 1263** Fresken der Westempore (Bischofskapelle) im Dom zu Gurk (Kärnten), Hauptwerke der österreichischen Freskenmalerei. Die Bischofskapelle wird 1264 geweiht.

►**1264** Grafschaft Kyburg fällt an Graf Rudolf von Habsburg, da der letzte Kyburger (sein Onkel) gestorben war. Als Erben der Zähringer zählten die Kyburger zu den mächtigsten Dynastien der Schweiz, ihr Gebiet reichte von der Glatt bis an den Rhein.

►**1265** Silberbergwerk in Oberzeiring (Steiermark)

erstmals erwähnt, es muß jedoch schon vor 1000 bestanden haben.

►**1267** Gründung des Siechenhauses zum Klagbaum auf der Wieden in Wien durch Pfarrer Gerhard von St. Stephan zur Versorgung der an Aussatz Erkrankten.

— Kurz darauf stiftet er auch das PrämonstratensernonnenKloster zur Himmelpforte in der (damaligen) Traibothenstraße. Ursprünglich bestand hier ein Kloster des Frauenkonvents der Inclusae (eingeschlossene Frauen), das während des Interregnums verfiel.

— Abt Heinrich von Heiligenkreuz gründet das Zisterzienserkloster St. Niklas in der Wiener Singerstraße.

10.–12. Mai »Provinzial-Synode« in der Wiener Stephanskirche beschäftigt sich mit der Verbesserung von Zucht und Ordnung der Kirche und der Bekämpfung der Irrlehren, besonders der Geißler (auch Flagellanten), die durch ihr Unwesen wahrscheinlich den Anstoß zu dieser Kirchenversammlung gaben. Außer zahlreichen Äbten und Prälaten waren der päpstliche Legat Kardinal Guido (ein Zisterzienser), die Bischöfe Johann von Prag, Peter von Passau, Bruno von Brixen, Konrad von Freising, Leo von Regensburg und Almarich von Lavant anwesend. Die Verordnungen dieser Kirchenversammlung waren für die Sittengeschichte des 13. Jh.s und darüber hinaus von großer Bedeutung. Neben besonderen Vorschriften für die Geistlichkeit (Mäßigung, Religiosität und Keuschheit) enthielten sie auch sehr strenge Verhaltensmaßregeln für die Juden in der Öffentlichkeit und den Christen gegenüber, so sollten sie unter anderem einen gehörnten Hut, den sogenannten Cornutum pileum, tragen, damit man sie besser erkenne.

►**1268** König Přemysl Ottokar II. von Böhmen gründet aus militärischen Überlegungen Marchegg (Niederösterreich), südl. davon der alte Marchübergang, als östlichste Stadt (bis heute) von Österreich. Es ist der Typ einer angelegten Stadt, eine von Mauern umgebenen Rechteckanlage von 900 mal 750 m. Sie hätte 10 000 Menschen Platz bieten können, doch zählt sie heute erst rund 3 300 Einwohner. Marchegg ist nie ausgebaut gewesen, hat zwei Rechteckplätze und eine Stadtburg (heute stark verändertes Schloß). Mauerring, das Wiener und Ungartor teilweise erhalten. Großräumige frühgotische Pfarrkirche, vor 1300 fertiggestellt.

Frühjahr/Sommer Aufstand des empörten Adels über die unerbittliche Herrschaft König Přemysl Ottokars II. von Böhmen. Mit Unterstützung der Kirche, der Städte und Märkte stellt Ottokar die innere Ordnung in Österreich und Steiermark wieder her.

4. Dezember Herzog Ulrich III. von Kärnten setzt durch Vertrag seinen Vetter Přemysl Ottokar II. von Böhmen als Erben der spanheimischen Länder und Güter ein.

►**1269** Das Langhaus der Pfarrkirche von Imbach (Niederösterreich), ein frühgotischer Bau, die erste zweischiffige Hallenkirche in Österreich wird zu bauen begonnen. Ab ihrer Fertigstellung 1285 ist sie Kirche des Dominikanerinnenklosters (1782 aufgehoben).

27. Oktober Herzog Ulrich III. von Kärnten stirbt. – Kärnten und Krain fallen an König Přemysl Ottokar II. von Böhmen *(→ 4. Dezember 1268)*. Der Herrschaftsbereich Ottokars reicht nun vom Riesengebirge bis zur Adria.

►**Um 1270** Die Grafen Albert II. und Meinhard II. von Görz-Tirol lassen in Meran (Südtirol) nach Trientiner Vorbild einen Adlergroschen prägen. Auf 1 Groschen gingen 20 Veroneser Pfennig, daher wurden sie auch »Zwanziger« genannt.

1271 zeigt die Münze auf einer Seite ein Doppelkreuz, dadurch kommt die Bezeichnung »Kreuzer« auf.

— Der »Tanhauser« (auch Tanhuser) stirbt; geb. um 1200, vermutlich im Lungau (Salzburg). Er lehnte sich in seinen Liedern an die Art Neidharts von Reuenthal an, sie schwanken zwischen Minnesang und Volksweise.

►**1270, Herbst** König Stephan V. von Ungarn fällt in Österreich ein. Er hatte mit dem letzten Spanheimer, Philipp (dem abgesetzten »Erwählten« von Salzburg, *→ 1247; 1256; 21. Juli 1279*), der im Vertrag vom 4. Dezember 1268 *(→ dort)* übergangen worden war, ein Bündnis geschlossen.

►**1271/83** Frühgotische Bischofskapelle des ehemaligen Benediktinerinnenstiftes Göß (Steiermark) mit beachtlichen Wandmalereien, der älteste gotische Bau der Steiermark.

►**1271, 4. März** Erbteilung auf Schloß Tirol (Südtirol) der Brüder Meinhard II. und Albert II. von Görz-Tirol *(→ 19. Juni 1248)*; Meinhard erhält den Tiroler, Albert den Görzer Besitz (Görz, Istrien, Pustertal). Graf Meinhard II. waren durch seine Ehe mit Elisabeth, der Witwe König Konrads IV., die staufischen Güter in Nordtirol zugefallen. Er vollendet das von seinem Haus begründete Landesfürstentum: die Grafschaft Tirol, das Land an der Etsch, im Gebirge und im Inntal.

April König Přemysl Ottokar II. von Böhmen erobert während seiner Kämpfe mit den Ungarn *(→ Herbst 1270)* einen Teil des nordwestl. Ungarn.

14. Juli Zweiter Friede von Wien *(→ 31. März 1261)* zwischen König Přemysl Ottokar II. von Böhmen und König Stephan V. von Ungarn. Philipp von Spanheim verzichtet auf seine Ansprüche *(→ Herbst 1270)*, König Stephan V. von Ungarn erkennt die Herrschaft Ottokars über Kärnten und Krain an.

►**1272** Graf Meinhard II. von Görz-Tirol gründet die Zisterzienserabtei Stams (Tirol), Stiftsbrief erst aus dem Jahre 1275.

►**1273, 1. Oktober** Graf Rudolf I. von Habsburg in Frankfurt einstimmig von den deutschen Kurfürsten zum deutschen König gewählt. König Přemysl Ottokar II. von Böhmen (der einzige Gegner Rudolfs), dessen Stimmrecht bei der Königswahl umstritten war, erhob bei Papst Gregor X. Einspruch gegen die Wahl und versprach sogar einen Kreuzzug – seine Bemühungen blieben ohne Erfolg. Die Habsburger *(→ 1028)* hatten Besitzungen in Südwestdeutschland und der Schweiz, waren Landgrafen des Zürich- und Aargaues und übten Vogteirechte am Vierwaldstätter See, in Schwyz, Uri und Unterwalden aus. König Rudolf I. von Habsburg, vom Papst anerkannt, verspricht die Abkehr von der staufischen Hausmachtpolitik, damit Ende des Interregnums.

24. Oktober König Rudolf I. von Habsburg wird in Aachen feierlich zum König gekrönt.

Dezember König Rudolf I. verkündet den allgemeinen Landfrieden für das Reich und fordert das seit 1245 (Jahr der Bannung Kaiser Friedrichs II.) widerrechtlich erworbene Reichsgut zurück (richtet sich hauptsächlich gegen König Přemysl Ottokar II. von Böhmen).

►**1274/77** Ulrich von Liechtenstein stirbt auf der

Bericht über die Politik Rudolfs I. von Habsburg

Der gelehrte Johannes von Viktring, von 1314 bis 1348 Abt des Zisterzienserklosters Viktring bei Klagenfurt, bemühte sich in seiner in lateinischer Sprache geschriebenen Chronik um eine objektive Schau der Ereignisse. Ottokars »Steirische Reimchronik« war seine Grundlage. Im 2. Buch, Kapitel 3, berichtet er über das Jahr 1276:

»Endlich betrat Rudolf, an Passau vorüberziehend, Österreich, nahm die feindlichen Festungen teils zu Gnaden an, teils legte er sie, wenn sie Widerstand leisteten, gänzlich nieder. Er belagerte Wien, verwüstete ringsum die Weinberge, Felder und Gärten und setzte die Belagerung sechs Monate lang fort. Zugleich erschien auf Befehl des Königs Graf Meinhard von Tyrol in Kärnten und Steier; die Edlen fielen ihm zu und rasch beugte er Städte und Einwohner dem Willen des Königs. Allein die Bürger von Wien, ermutigt durch die Einflüsterungen eines gewissen Baltram, eines Parteigängers Ottokars, setzten sich über die Beschwerden der Belagerung leichten Herzens hinweg; schließlich, indes sie die Umstrickung allzusehr bedrängte, unterwarfen sie sich der Gnade des Königs, verlangten aber, daß er die Freiheiten und Rechte ihrer Stadt durch königliche Urkunden verbürge. Der König ging gern darauf ein und gewann so die Stadt. Und da er vernahm, daß auch Kärnten und Steier sich unterworfen hätten, erfüllte gewaltige Freude sein Herz. Ottokar dagegen bat in seiner Bedrängnis durch die Vermittlung des Bischofs Bruno eine Beredung mit dem König. So begab sich denn dieser mit einem glänzenden Gefolge von Österreichern und Steirern zu Otakar und hielt freundliche Zwiegespräche mit ihm, worauf Otakar aus der Hand des Königs durch Zepter und Schwert Böhmen und Mähren erhielt, alle seine übrigen Länder aber herausgab, die ihm vergeiselten Edlen in Freiheit setzte und eine doppelte Familienverbindung mit Rudolf vereinbarte, so zwar, daß sein Sohn eine Tochter Rudolfs, seine Tochter aber einen Sohn Rudolfs heiraten sollte. So schieden sie, nachdem Otakar noch dem Reiche Treue geschworen hatte, in Frieden und bester Eintracht voneinander, indem sie die Zeit für die Begehung der Hochzeiten festsetzten. Der König freute sich, daß die Angelegenheit einen befriedigenden Ausgang ohne Blutvergießen genommen hatte, weil die Liebe mehr ausrichtet als der Waffen Geklirr.«

Frauenburg bei Unzmarkt (Steiermark); geb. um 1200, Minnesänger und Führer des steirischen Adels, nahm an mehreren Schlachten, auch an der Leitha am 15. Juni 1246, teil, 1241 Truchseß, 1245 Landrichter und Landeshauptmann der Steiermark, 1227 Minne- und Turnierfahrt, als »Frau Venus« verkleidet, von Venedig aus durch Friaul, Kärnten, Steiermark, Österreich und Böhmen. 57 Lieder und zwei Taglieder erhalten, autobiographische Epen »Frauendienst« (1255) und »Frauenlob« (1257) mit wertvollen kulturgeschichtlichen Einblicken in das Leben seiner Zeit.

▶**1274, November** Reichstag von Nürnberg. König Rudolf I. wird ermächtigt, alle seit 1245 erledigten oder neu vergebenen Reichslehen einzuziehen *(→ Dezember 1273)*. Jeder Fürst sollte »binnen Jahr und Tag« um Neubelehnung ansuchen, tut er es nicht, geht er seiner Länder verlustig. (Ein Beschluß, der sich abermals hauptsächlich gegen König Přemysl Ottokar II. von Böhmen richtet.)

20. November Albrecht von Habsburg, der älteste Sohn König Rudolfs, heiratet Elisabeth, die Tochter Graf Meinhards II. von Görz-Tirol *(→ 4. März 1271; Sommer 1276; 21. Juli 1279)*.

▶**Nach 1274** Friedrich von Sunberg (auch Sonnenburg) stirbt; geb. um 1220, wahrscheinlich in Sonnenburg im Pustertal (Südtirol), Minnesänger und politischer Spruchdichter, bevorzugte religiös-lehrhaften Ton.

▶**1275, 25. Januar** König Přemysl Ottokar II. von Böhmen wird zur Verantwortung nach Würzburg geladen – er hatte die Belehnung noch nicht eingeholt *(→ November 1274)*, er erscheint abermals nicht.

Frühjahr Auflehnung in Österreich und Steiermark gegen König Přemysl Ottokars II. immer strenger werdende Herrschaft (auch Gewaltmaßnahmen), besonders seit 1274 (nur die Städte vereinzelt stark ottokartreu). Kirchenfürsten von Salzburg, Passau und Regensburg erheben sich gegen Přemysl Ottokar II. König Rudolf I. zwingt sie nachzugeben.

24. Juni König Přemysl Ottokar II. von Böhmen werden die babenbergischen und die spanheimischen Länder und Besitzungen abgesprochen, die Reichsacht wird über ihn verhängt *(→ 24. Juni 1276)*.

▶**1275** In Graz beginnt der Neubau der Leechkirche (nach der Zerstörung durch die Ungarn 1250), wertvolles frühgotisches Bauwerk, besonders das Westportal mit Steinrelief (thronende Madonna mit Kind) im Tympanon. Fertigstellung 1293.

▶**1276, März und April** Feuersbrünste in Wien am 28. März, 16. und 30. April – knapp zwei Drittel der Stadt werden vernichtet. Das Feuer vom 30. April bricht vor dem Schottentor aus und greift, durch einen Wind begünstigt, auf die Stadt über, viele Kirchen und Klöster und die herzogliche Burg sind in Mitleidenschaft gezogen, Dach und Glockengestühl der Stephanskirche vernichtet. König Přemysl Ottokar II. von Böhmen hilft den Bürgern der Stadt beim Wiederaufbau.

Sommer Graf Meinhard II. von Görz-Tirol *(→ 20. November 1274)* besetzt fast kampflos Kärnten, Krain und die Steiermark.

— König Rudolf I. zieht mit dem Reichsheer von Nürnberg aus gegen König Přemysl Ottokar II., anfänglich direkt nach Böhmen, wo der Böhmenkönig bei Teplitz ein Heer zusammengezogen hatte, doch dann durch Österreich in Richtung Wien.

24. Juni Aberacht (neuerliche Reichsacht) wird gegen König Přemysl Ottokar II. ausgesprochen und der Reichskrieg gegen ihn beschlossen.

Juli Erzbischof Friedrich II. von Salzburg enthebt alle Untertanen des Reiches des Eides, den sie König Přemysl Ottokar II. von Böhmen geleistet haben.

19. September Adelige der Steiermark und von Kärn-

ten anerkennen im Stift Reun (Rein bei Graz) König Rudolf I. als König und Landesherrn.
26. September König Rudolf I. in Passau.
10. Oktober König Rudolf I. vor Linz.
15. Oktober König Rudolf I. vor Enns.
18. Oktober König Rudolf I. vor Wien, das unter der Führung des Wiener Patriziers Paltram vor dem Freithof heftigen Widerstand leistet. (Wien und seine Bürger hatten dem Böhmenkönig viel zu danken, er hatte oft geholfen.) König Přemysl Ottokars II. Heer lagert im Marchfeld; er wird von einem größeren Teil seines Heeres verlassen und zur kampflosen Unterwerfung gezwungen; durch Bischof Bruno von Olmütz bittet er um Frieden.
21. November Friedensschluß vor den Toren Wiens. König Přemysl Ottokar II. von Böhmen verzichtet auf Österreich, Steiermark, Kärnten, Krain, die Windische Mark und das Egerland und wird von König Rudolf I. mit Böhmen und Mähren belehnt. Vier gewählte Schiedsrichter bekräftigen den Beschluß: Bischof Berthold von Würzburg, Pfalzgraf Ludwig am Rhein, Bischof Bruno von Olmütz und Markgraf Otto von Brandenburg.
25. November König Přemysl Ottokar II. von Böhmen erhält im königlichen Lager auf der Donauheide aus der Hand Königs Rudolfs I. die Belehnung mit Böhmen und Mähren, worauf er über Znaim nach Brünn zurückkehrt.
30. November König Rudolf I. zieht nach der Kapitulation Wiens in die Stadt ein.
3. Dezember König Rudolf I. verkündet in Wien einen fünfjährigen Landfrieden. Für den Fall seines Ablebens ernennt der König den Bayernherzog Ludwig den Strengen zum Reichsvikar.

Österreich unter den Habsburgern 1277 bis 1804

►1277, 18. Januar König Rudolf I. hält in der Wiener Minoritenkirche eine Versammlung wegen der geistlichen Lehen ab. Es wird beschlossen, daß kein Kirchenfürst ohne Wissen und Willen seines Domkapitels Kirchengüter verleihen oder veräußern darf.

4. März König Rudolf I. bestätigt den Juden das Recht, daß kein Stadtrichter sie mehr richten darf, sondern nur der König.

24. März König Rudolf I. bestätigt dem Wiener Schottenstift die verbrieften Rechte.

Juni Gertrud, die Gemahlin König Rudolfs I. – sie wird seit der Königskrönung Anna genannt –, trifft in Wien ein und wird mit großem Jubel empfangen.

Sommer König Rudolf I. verfügt eine empfindliche Grundsteuer für Österreich, um die Kosten für den vergangenen Feldzug zu decken. Bischöfe und Kirchenstifter boten eine beträchtliche Summe auf, doch entstanden vielfach Unzufriedenheiten, ja Fehden zwischen den Parteigängern Rudolfs und Ottokars II.

12. Juli König Rudolf I. schließt mit König Ladislaus IV. von Ungarn ein Bündnis.

13. August König Rudolf I. verleiht den Bürgern der Stadt Eggenburg (Niederösterreich) die gleichen Rechte, Freiheiten und Gnaden wie denen von Wien.

►1278 König Rudolf I. erläßt für Wien eine »Feuerordnung«, mit der er die Hausbesitzer zu Feuerschutzmaßnahmen verpflichtet und vor allem die Maurer als Kontrollore bestimmt.

Frühjahr König Přemysl Ottokar II. von Böhmen fördert die Unzufriedenheiten und Fehden, er stellt eine Streitmacht auf.

April Heinrich von Kuenring schlägt zu früh los, dadurch wird die Verschwörung gegen König Rudolf I. aufgedeckt. Der Wiener Stadtrichter Paltram, einer der Verschwörer (er war der Führer der Wiener beim Widerstand 1276 [→ *18. Oktober 1276*]), flieht nach Bayern, um der Todesstrafe zu entgehen.

20./24. Juni König Rudolf I. bestätigt Wien die alten Stadtrechte und erhebt Wien abermals (zum drittenmal) zur freien Reichsstadt, einige Freiheiten werden erweitert.

27. Juni König Přemysl Ottokar II. von Böhmen zieht mit einem ansehnlichen Heer von Prag gegen Österreich.

12. August König Rudolf I. bricht mit seiner Schar von Wien auf und geht bei Hainburg (Niederösterreich) über die Donau, er lagert bei Marchegg (Niederösterreich), wo König Ladislaus IV. von Ungarn mit seinem Heer zu ihm stößt.

26. August Schlacht bei Dürnkrut und Jedenspeigen auf dem Marchfeld (Niederösterreich). (Wahrscheinlich die größte Ritterschlacht der Geschichte, da jedes Heer an die 30 000 Mann gehabt haben soll.) Auf Rudolfs Seite kämpfen in vier Heerhaufen: Österreicher, Steirer, Kärntner, Salzburger, Schwaben, Schweizer und Ungarn. Auf Ottokars Seite kämpfen in sechs Heerhaufen: Böhmen, Mähren, Thüringer, Meißner, Bayern, Schlesier, Sachsen und Polen. Die Schlacht beginnt um neun Uhr früh. Nach wechselndem Glück, König Rudolf I. wird sogar das Pferd unter ihm erstochen, siegt König Rudolf. König Ottokars II. Heer wird vernichtend geschlagen, er selbst tot, mit zahlreichen Wunden. (Vielleicht wurde er von seinen persönlichen Feinden Seifried von Mährenberg und Rudolf von Emmerberg erschlagen.)

König Rudolf I. bleibt, einem alten Brauch folgend, noch drei Tage auf dem Schlachtfeld. Der Überlieferung nach sollen die alpenländischen Ritter vor der Schlacht »Es sungen drei Engel einen süßen Sang« gesungen haben; Beweis, daß das Volkslied neben dem rein geistlichen Lied Allgemeingut war.

17. Oktober Der Friede von Sedletz (ein Kloster bei Kuttenberg in Böhmen) sichert König Wenzel II. die Herrschaft über Böhmen und Mähren. Zwei Eheschließungen zwischen den Kindern Rudolfs I. und Ottokars II. (schon im Frieden von Wien [→ *21. November 1276*] vereinbart) sollen dauernden Frieden garantieren. Die Doppelhochzeit findet Mitte November in Iglau statt. König Wenzel II. von Böhmen mit Gitta (auch Jutta) und Rudolf II. (der jüngste Sohn Rudolfs) mit Agnes, der Schwester Wenzels. Damit ist die angestrebte Vormachtstellung der Přemysliden für immer gebrochen und der Grundstein für die habsburgische Macht gelegt.

►1279, 14. Februar Die Wiener Burg wird erstmals urkundlich erwähnt. Das im »Castro Wiennensi« ausgestellte Dokument Rudolfs I. von Habsburg bestätigt dem Bevollmächtigten des Papstes Nikolaus III. die Abtretung der Romagna an die römische Kurie *(→ 1219)*.

27. März Einweihung der Pfarrkirche von Wr. Neustadt (Niederösterreich) durch Johannes von Ennstal (seit 15. März Bischof von Gurk, vorher Bischof von Chiemsee) im Auftrag des Erzbischofs von Salzburg.

21. Juli Philipp von Spanheim, der letzte seines Geschlechts *(→ 1247; 1256; 4. Dezember 1268; Herbst 1270)*, stirbt. Kärnten fällt als freies Lehen an das Reich. Graf Meinhard II. von Görz-Tirol, Statthalter in Kärn-

Herzogseinsetzung auf dem Herzogstuhl in Kärnten

Die Einsetzung des Herzogs von Kärnten war eine seit langem geübte, doch erst seit dem 1. September 1286 urkundlich belegte, recht spezielle Feierlichkeit, ihr Ablauf war genau festgelegt. Die offizielle Einsetzung des Kärntner Landesfürsten beginnt in der Karnburg auf dem Fürstenstein. Dort sitzt der »Herzogbauer« (aus der Mitte der freien Bauern gewählt), der den in bäuerlicher Kleidung erschienenen Landesherrn befragt, wie er die Führung der Regierung plane. Nach zufriedenstellender Antwort überläßt der Herzogbauer dem Herzog den Sitz auf dem Fürstenstein. Danach zieht man nach Maria Saal, wo ein feierliches Hochamt abgehalten wird. Nach dem darauffolgenden festlichen Mahl begibt sich der Zug zum Herzogsstuhl auf dem Zollfeld. Auf diesem steinernen Doppelthron nimmt der Herzog auf dem nach Osten gerichteten Sitz Platz, auf dem nach Westen gerichteten der Pfalzgraf. In feierlicher Form gelobt nun der Herzog, die Rechte und Freiheiten des Landes zu halten und zu schützen, dann nimmt er die Huldigungen entgegen und vergibt die Lehen.

Der Fürstenstein von Karnburg (heute im Kärntner Landesmuseum in Klagenfurt) ist der Überrest eines römischen Säulenkapitells.

Der Herzogsstuhl auf dem Zollfeld ist ein mächtiger Doppelthron aus römischen Steinen, die vermutlich aus Virunum hierher gebracht wurden. Beide Steine wurden um die Wende vom 9. zum 10. Jh. errichtet.

ten seit 1276, wird die Verwaltung übertragen und Krain und die Windische Mark verpfändet *(→ 4. März 1271; 1. Februar 1286).*

▶**Um 1280/90** Wandmalereien des sogenannten knittrigen Stils am Chorbogen und in der Apsis der spätromanischen Pfarrkirche von Michelstetten (Niederösterreich), einer damals sehr bedeutenden Wehrkirche mit Ostturm, der Turmeinstieg befindet sich im Obergeschoß.

▶**Um 1280** Jans Enikel, auch Enenkel und Enichel (des Jans – Johans – Enkel), ein Wiener Bürger, verfaßt eine eher biedere »Weltchronik« und ein »Fürstenbuch«. Es sind dies eher Geschichten als Geschichte, doch sie bilden einen wesentlichen Beitrag zur Babenbergerzeit und zur Geschichte Wiens. Durch ihn sind die Farben Rot-Weiß-Rot belegt *(→ 2. Februar 1232).*

▶**1280, 31. August** König Rudolf I. legt den Grundstein für das von ihm gestiftete Dominikanerinnenkloster in Tulln (Niederösterreich), das die Gruft der Habsburger beherbergen soll. (Die Gruft ist nicht mehr vorhanden, Überreste von Habsburgern befinden sich in der Dreikönigskapelle, dem Karner von Tulln).

▶**1281, 16. Februar** Anna (bis zur Königskrönung Gertrud), die Gemahlin König Rudolfs I., stirbt in Wien *(→ Juni 1277)* – ihr Leichnam wird nach Basel überführt.

Mai Gegen Monatsende setzt Rudolf I. seinen ältesten Sohn Albrecht als Reichsverweser in Österreich und der Steiermark ein und begibt sich ins Reich.

24. Juli Albrecht erneuert das Niederlagsprivileg »für des Reiches Hauptstadt Wien«.

▶**1282** König Rudolf I. erhält nach längeren Verhandlungen im Sommer die Zustimmung der Kurfürsten, seine Söhne mit den freien Herzogtümern der Babenberger belehnen zu dürfen.

22. August Konrad Poll (Pollo), ein Wiener Bürger, wird in einer Urkunde des Wiener Rats als »Magister civium« bezeichnet, erste urkundliche Nennung eines Wiener Bürgermeisters.

17.–21. Dezember Reichstag von Augsburg. König Rudolf I. belehnt seine Söhne Albrecht und Rudolf mit den Herzogtümern Österreich und Steiermark zur »gemeinsamen Hand« (gemeinsame Führung der Regierung). Krain und die Windische Mark, mit denen die Brüder ebenfalls belehnt wurden, bleiben an Graf Meinhard II. von Görz-Tirol verpfändet. Die Beurkundung erfolgt am 27. Dezember. Damit erfolgt die Gründung der habsburgischen Hausmacht.

▶**1283** »Herrenhaus« in Großreifling (Steiermark) erhalten. Der stattliche Ansitz eines »Hammermeisters«, eines Besitzers mehrerer kleinerer (Eisen-)Hämmer, von denen es hier etwa 95 gab. Die Stelle war für einen Hammermeister wichtig, da im Knie der Enns einer der wichtigsten Holzrechen eingebaut war, der das geflößte Holz für die Köhler aufzufangen hatte.

Frühjahr Adelige aus Österreich und der Steiermark richten ein Ersuchen an König Rudolf I., die »Doppelregierung« aufzuheben.

1. Juni Der Vertrag von Rheinfelden(Schweiz) – die Rheinfelder Hausordnung, auch Habsburgische Hausordnung – wird geschlossen. Er bestimmt Herzog Albrecht I. zum alleinigen Regenten in Österreich, der Steiermark, Krain und der Windischen Mark mit allen Rechten, wie sie den Babenbergern zustanden *(→ 17. Dezember 1156).* Herzog Rudolf, der Bruder Albrechts I., soll binnen vier Jahren mit Land oder Geld abgefunden werden, er stirbt 1290, ohne abgefunden worden zu sein *(→ 1. Mai 1308).* Österreichische Ministeriale bestätigen in einer Urkunde die Rheinfelder Hausordnung. Damit beginnt die eigentliche Landesherrschaft der Habsburger in Österreich.

▶**1284** Errichtung der Pfeilerbasilika von Murau (Steiermark), jetzt Stadtpfarrkirche, einer der frühesten gotischen Bauten der Steiermark, 1311 vollendet.

▶**1286, 1. Februar** König Rudolf I. belehnt Graf Meinhard II. von Görz-Tirol mit dem Herzogtum Kärnten für seine Hilfe gegen König Přemysl Ottokar II. von Böhmen *(→ 21. Juli 1279),* Krain und die Windische Mark bleiben ihm weiterhin verpfändet.

Sommer König Rudolf I. führt einen Krieg gegen die verbündeten schwäbischen Grafen und Graf Ulrich von Montfort-Bregenz, der sich mit Unterbrechungen auch noch über die Jahre 1287 und 1288 erstreckt *(→ Sommer 1289).*

1. September Feierliche Einsetzung Graf Meinhards II. von Görz-Tirol auf dem Kärntner Herzogsstuhl. Es ist dies die erste urkundlich belegte Herzogseinsetzung, die letzte erfolgt am 18. März 1414 (Herzog Ernst). *(→ Rahmenartikel: Herzogseinsetzung auf dem Herzogsstuhl in Kärnten, S. 64).*

▶**1287** Beginn der Auflehnung der Wiener Bürger, zuerst der Patrizier, gegen Herzog Albrecht I. Er hatte die

Reichsunmittelbarkeit *(→ 20./24. Juni 1278)* nicht bestätigt und »Schwaben« in verschiedenen Ämtern eingesetzt. Im Laufe der Auseinandersetzungen zieht sich der Herzog auf den Kahlenberg (heute Leopoldsberg) zurück und schneidet den Wienern zum Teil die Lebensmittelzufuhr ab.

▶**1288** Die St.-Nicolai-Bruderschaft ist in Wien nachweisbar, sie ist die älteste »Musikerzunft« im deutschsprachigen Raum. Die Bruderschaft der Steinmetzen wird als Zunft erstmals genannt.

18. Februar Richter und Bürgermeister, Ratsherren und die Bürgergemeinde von Wien müssen sich in Klosterneuburg verpflichten, Herzog Albrecht I. als Herrn anzuerkennen. Von einigen prominenten Patriziern läßt sich Herzog Albrecht I. einen Treuebrief ausstellen.

28. Februar Feierlicher Verzicht der Wiener auf die Rudolfinischen Privilegien *(→ 20./24. Juni 1278)*, Wien wird wieder landesfürstliche Stadt.

▶**1289, Sommer** Friede zwischen König Rudolf I. und den Grafen Rudolf und Hugo von Montfort beendet die seit Sommer 1286 dauernden Kriegszüge. Harte Bedingungen zwingen die Montforter zu Zwangsverkäufen an Habsburg.

▶**Um 1290** Brunnenhaus im Kreuzgang des Stiftes Heiligenkreuz (Niederösterreich) mit bedeutenden Glasgemälden – darunter Darstellungen der Kirchen von Heiligenkreuz und Klosterneuburg (Niederösterreich), jedoch mit vertauschten Bezeichnungen.

— Wettinger Stifterkelch im Kloster Mehrerau (Vorarlberg), er ist aus vergoldetem Silber mit Medaillons aus durchscheinendem Email, eine Arbeit aus Konstanz am Bodensee.

▶**1290/1300** Bedeutende, gut erhaltene Glasfenster in der Stadtpfarrkirche von Friesach (Kärnten).

▶**1290, 31. August** König Rudolf I. belehnt Herzog Albrecht I. von Österreich mit Ungarn – König Ladislaus IV., ein Enkel König Bélas IV., war ermordet worden, und Rudolf machte Lehensansprüche des Reiches geltend. Nach dem Einspruch des Papstes Nikolaus IV. wählt der ungarische Adel Andreas III., einen Neffen König Bélas IV., zum König. Andreas III. richtet sich im Spätherbst gegen Herzog Albrecht I. *(→ Frühjahr 1291)*.

▶**1291** Musiker sind in Wien als Hofspielleute Herzog Albrechts I. nachweisbar, es werden zwei »Hovegumpelman« und der Pfeifer Gemperlein genannt.

Frühjahr Ein Bündnis zwischen König Andreas III. von Ungarn, der bis Wien vorgedrungen war, und Herzog Albrecht I. beendet die Auseinandersetzung der beiden.

2. Hj. Erhebung des steirischen Adels gegen Herzog Albrecht I., Teile des Kärntner Adels schließen sich an. Mit großer Strenge fordert der Herzog die Rückgabe der während des Interregnums erworbenen Güter. Außerdem wenden sich die Steirer gegen den strengen, dem Herzog sehr ergebenden Landeshauptmann, den Abt Heinrich II. von Admont *(→ 1292)*.

15. Juli König Rudolf I. von Habsburg stirbt auf dem Weg nach Speyer; geb. am 1. Mai 1218 auf Schloß Limburg im Breisgau, am 1. Oktober 1273 in Frankfurt am Main einstimmig zum deutschen König gewählt und am 24. Oktober in Aachen gekrönt, 1276 und 1287 wurde ihm die Kaiserkrönung versprochen, sie kam aber nicht zur Ausführung. Er wird im Speyer bestattet. Die Wahl seines Sohnes, Herzog Albrecht I. von Österreich und Steiermark, zum König konnte er nicht mehr sichern *(→ 5. Mai 1292)*.

▶**1292** Der Vergleich von Friesach (Kärnten) beendet die Auseinandersetzung Herzog Albrechts I. mit dem steirischen Adel. Abt Heinrich II. von Admont wird abgesetzt, der Adel erhält Zugeständnisse.

5. Mai Adolf von Nassau in Frankfurteinstimmig zum deutschen König gewählt *(→ 15. Juli 1291)*. Die deutschen Fürsten fürchteten ein zu starkes Anwachsen der habsburgischen Macht.

▶**1295, 10. November** Die Verbreitung eines Gerüchts vom Tod Herzog Albrechts I. führt zur Erhebung des österreichischen Adels, der mit der Landespolitik des Herzogs nicht einverstanden war: Bevorzugung Adeliger aus den habsburgischen Stammländern, der niedere Adel wird gegen den Hochadel ausgespielt.

▶**1296** Neubau des während der Adelsfehde von 1292 zerstörten befestigten Zehentturmes von Baierdorf (bei Schöder, Steiermark), der Kern des Grundbaues stammt aus der Zeit um 1070; eine Salzburger Sicherung des Sölkpasses und ein Flucht- und Aufbewahrungsort des Zehents. Der Turm ist gut erhalten, er war stark befestigt, hatte eine Ringmauer und den Eingang 4,50 m über dem Boden.

— Stadtbefestigung von Bludenz (Vorarlberg); das obere Tor, das Mühletor und der Pulverturm sowie Teile der Stadtmauer sind erhalten.

— Das Schulpatronat von St. Stephan in Wien wird von Herzog Albrecht I. dem Stadtrat übertragen, die Stephansschule wird zur Bürgerschule von Wien.

12. Februar Herzog Albrecht I. verleiht Wien ein neues Stadtrecht, das im wesentlichen die alten Rechte bestätigt. Es ist das älteste Wiener Stadtrechtsprivileg, das in deutscher Sprache abgefaßt ist. Die Ausstellung der Urkunde erfolgt auch als Belohnung für die treue Haltung Wiens, das sich nicht der Adelserhebung angeschlossen hat.

Frühjahr Adolf von Nassau, der deutsche König, anerkennt die Forderungen des Adels, er wird von König Wenzel II. von Böhmen und Erzbischof Konrad IV. von Salzburg unterstützt.

▶**1297, Frühjahr** Die Aussöhnung Herzog Albrechts I. mit Böhmen, Bayern und Salzburg führt zur Niederwerfung des Adelsaufruhrs *(→ 10. November 1295)*.

Juli Krönung König Wenzels II.von Böhmen in Prag. Herzog Albrecht I. nimmt daran teil und wird von den anwesenden deutschen Fürsten zum Kampf gegen Adolf von Nassau aufgefordert. Die Kurfürsten waren gegen die nicht ganz korrekt erfolgende Machtausweitung Adolfs von Nassau *(→ 2. Juli 1298)*.

14. August Das Kloster und die romanische Klosterkirche von Melk (Niederösterreich) werden durch einen verheerenden Brand zerstört. Die besonders wertvollen Bestände der Bibliothek werden fast alle vernichtet.

24. September Ausgleich Herzog Albrechts I. mit dem Erzbistum Salzburg durch gegenseitige Zugeständnisse, das Erzbistum unterstützt ab diesem Zeitpunkt die Politik der Habsburger.

▶**1298, Februar** Eine Fürstenversammlung in Wien beschließt die Absetzung Adolfs von Nassau als deutscher König und die Wahl Herzog Albrechts I.

23. Juni Absetzung König Adolfs von Nassau.

2. Juli Die Schlacht bei Göllheim (am Hasenbühl in der Nähe von Worms) wird zur Entscheidungsschlacht zwischen den Ritterheeren Adolfs von Nassau und Herzog Albrechts I. Herzog Albrecht I. stellt sein Heer taktisch besser auf und besiegt Adolf von Nassau, der in der Schlacht auch fällt. Auf der Seite Adolfs kämpfen auch die Grafen Rudolf und Wilhelm von Montfort, die wegen Besitzstreitigkeiten seit Jahrzehnten gegen die Habsburger *(→ Sommer 1289)* sind.

27. Juli Herzog Albrecht I. wird von den Kurfürsten in Frankfurt zum deutschen König gewählt. Papst Bonifaz VIII. ist gegen die Wahl Albrechts, doch festigt dieser rasch seine Macht durch Bündnisse mit Böhmen, Brandenburg und Frankreich.

21. November König Albrecht I. belehnt seine Söhne Rudolf III., Friedrich I. der Schöne und Leopold I., der Glorwürdige zu gemeinsamer Hand mit den Herzogtümern Österreich und Steiermark, die Regierung übernimmt der älteste Sohn Albrechts, Rudolf III., Herzog von Österreich und Steiermark.

Dezember »Christkindlmarkt« in Wien urkundlich nachweisbar.

►**Um 1300** Die »Steirische Reimchronik« von Ottokar oûz der Geul *(→ 27. September 1320)* entsteht, sie ist das umfangreichste Geschichtswerk des Mittelalters in deutscher Sprache. 98 595 Verse behandeln die österreichische und steirische Geschichte von 1246 bis 1309 und die des Reiches ab 1250.

— Madonnenstatue im Hochaltar der Pfarrkirche von Imbach (Niederösterreich), der ehemaligen Klosterkirche der Dominikanerinnen.

— Minoritenkirche von Wels (Oberösterreich), heute Feuerwehrdepot, eine der frühesten gotischen Kirchen von Österreich.

— Gotische Figuren und Fresken in der romanisch-gotischen Pfarrkirche von Pürgg (Steiermark), vielleicht schon 1130 geweiht.

— Frühgotische Pfarrkirche (Wehrkirche) in Metnitz (Kärnten).

— Gabelkruzifix in der Dominikanerkirche von Friesach (Kärnten).

— Innsbruck hat rund 1 500 Einwohner.

►**1300** Herzog Rudolf III. vermählt sich mit Blanche von Valois, der Halbschwester Philipps IV. von Frankreich. Im Ehekontrakt wechselseitiges Erbfolgerecht beider Herrscherhäuser.

►**Ende 13. Jh.** Burg Rogendorf in Pöggstall (Niederösterreich), vor allem der Bergfried mit gänzlich erhaltener, eingerichteter (nicht später zusammengestellter) Folterkammer (sie war abgemauert).

— Wesentlicher Teil des Kreuzganges vom Stift Heiligenkreuz (Niederösterreich).

— Romanischer Kern mit Freskenresten im Chor der Pfarrkirche von St. Nikola an der Donau (Niederösterreich).

— Spätromanische Pfeilerbasilika der Pfarrkirche von St. Lorenzen im Mürztal (Steiermark) mit gotischem Chor um 1343 – älteste Pfarre des Mürztales, urkundlich 925.

— Bedeutende Glasmalereien im Chor der frühgotischen Filialkirche St. Walpurgis bei St. Michael (Steiermark).

— Im Stift Klosterneuburg (Niederösterreich) wird die erste Fassung des Osterliedes »Christ ist erstanden« aufgezeichnet.

►**14. Jh.** Ansitz Grünholz in Bregenz, der gotische Bau der ehemaligen Montfortischen Vogtei.

— Codex Nummer 532 der Stiftsbibliothek Admont, in dem ein Rezept gegen den Bücherwurm verzeichnet ist. Das »Remedium contra vermes librorum« besteht aus Harz, Wermut und Myrrhe und wurde vom »Librarius in Gemnyk« (Kartause Gaming, Niederösterreich) seinen steirischen Kollegen »ex caritate« (= aus Freundlichkeit) übermittelt.

— Gotischer Chor der Pfarrkirche von Eggenburg (Niederösterreich).

— Hochgrab Gunthers, des Sohnes Herzog Tassilos III. von Bayern, im südl. Läuthaus der Stiftskirche von Kremsmünster (Oberösterreich).

— Fresken in der gotischen Katharinenkapelle von Schloß Herberstein (Steiermark).

— Hochburg, Wehrturm und Vorburg der Burg Strechau bei Rottenmann (Steiermark).

— Oberer Turm in Prutz (Tirol), Typ einer gotischen Dorfburg.

►**1. Hälfte 14. Jh.** Quaderbau und Turm der ehemaligen Herzogsburg in Perchtoldsdorf (Niederösterreich) und die dortige Wehrkirche (Pfarrkirche).

— Basilikenbau der Pfarrkirche von Gmunden (Oberösterreich).

— Gotische Pfarrkirche in Imst (Tirol).

— Abt Johann von Viktring (Kärnten), 1314–1348, ein bedeutender Chronist des Mittelalters, entwickelte aus seinem »Liber certarum historiarum« eine Geschichte von Kärnten (1211–1343). Die wahrscheinlich in vier Fassungen aufgezeichnete Chronik und ein erhaltenes kurzes Fragment römischer Geschichte lassen vermuten, daß Johannes von Viktring eine Universalchronik schreiben wollte. Der »Anonymus Leobiensis«, vermutlich ein Dominikanermönch, führte dieses Werk bis 1348 weiter.

— Bemerkenswerte Glasgemälde in der Stadtpfarrkirche von Steyr (Oberösterreich), die möglicherweise aus der Franzensburg bei Laxenburg stammen.

►**1. Drittel 14. Jh.** Gotischer Chor der Pfarrkirche St. Maximilian von Bischofshofen (Salzburg).

— Kelch mit Reliefdarstellungen der Stadtpfarrkirche St. Gallus von Bregenz.

►**1. Viertel 14. Jh.** Marienkapelle von Wilhelmsburg (Niederösterreich), eine bemerkenswerte gotische Doppelkapelle, 1320 geweiht.

— Gotische Fresken im Frauenturm von Enns (Oberösterreich).

— Befestigungsmauern und Tore der Stadt Oberwölz (Steiermark), zum Großteil in gutem Zustand erhalten.

— Kern des Stadtturmes von Innsbruck.

►**Anfang 14. Jh.** Frühgotische Kapelle im Göttweigerhof in Stein (Niederösterreich).

— Kanzel der Wolfgangkirche von Kirchberg am Wechsel (Niederösterreich), ursprünglich in der »Capella speciosa« des Stiftes Klosterneuburg (Niederösterreich).

— Holzfigur des hl. Florian im Stift St. Florian (Oberösterreich).

— Frühgotisches Kruzifix, vermutlich aus dem alten Salzburger Dom, im Stift Nonnberg in Salzburg.

— Verkündigungsgruppe im Chor der Katharinenkapelle in Aufenstein (Tirol).

— Frühgotischer Turm der Liebfraukirche von Kitzbühel (Tirol).

— Martinsturm, Stadtturm von Bregenz mit Fresken von 1362.

— Romanisch-gotische Burg Neumontfort bei Götzis (Vorarlberg).
— Filialkirche St. Cäcilia bei St. Lorenzen ob Murau (Steiermark) mit gotischer Innenausstattung, beachtliche Holzdecke um 1500.
— Befestigungen der Stadt Murau (Steiermark) mit Friesacher Tor, Salztor und Turm der Burg Grünfels.
— »Törlein« von Thörl bei Aflenz (Steiermark), eine mittelalterliche Straßensperre.
— Madonna aus Sandstein in der Dominikanerkirche von Friesach (Kärnten).
— Heinrich von Neustadt, vielleicht Wr. Neustadt, ein Arzt in Wien, 1312 am Graben nachweisbar, verfaßt allegorisch-mystische Gedichte (z. B. »Von Gottes Zuflucht«) und den Versroman »Apollonius von Tyrland«, mit dem er den byzantinischen Roman über König Apollonius von Tyrus dem deutschen Kulturraum zugänglich macht.
— Der Minnesang wird immer weniger gepflegt. Aus geistlichen Spielen, vorwiegend Osterspielen, die zunehmend mit weltlichen Szenen angereichert werden, entwickelt sich die dramatische Dichtkunst.

►1301, 14. Januar König Andreas III. von Ungarn stirbt, mit ihm erlischt der Mannesstamm der Arpaden.

27. August Wenzel III. von Böhmen, der Sohn König Wenzels II. von Böhmen, wird als Ladislaus V. zum König von Ungarn gewählt, er kann sich aber nicht durchsetzen *(→ 18. August 1305)*.

►1303 Vereinzelte Ausschreitungen gegen Juden in Wien.

►1304 Baubeginn für den gotischen Albertinischen Chor der Stephanskirche in Wien – vollendet 1340.

►1305, 18. August Der Friede von Nürnberg beendet den von König Wenzel III. von Böhmen und Ungarn (hier Ladislaus V.) weitergeführten Krieg seines Vaters mit König Albrecht I. Wenzel verzichtet auf Ungarn *(→ 27. August 1301)*, die Mark Meißen und das Egerland *(→ 4. August 1306)*.

6. Dezember Herzog Otto III. von Niederbayern (ein Wittelsbacher) wird in Stuhlweißenburg zum König von Ungarn gekrönt. Auch er kann sich nicht durchsetzen *(→ Herbst 1309)*.

►1306, 4. August König Wenzel III. von Böhmen wird in Olmütz ermordet, mit ihm erlischt der Mannesstamm der Přemysliden. König Albrecht I. zieht das ledige Reichslehen Böhmen und Mähren ein und verleiht es seinem ältesten Sohn Herzog Rudolf III. von Österreich und Steiermark, der seine Herzogtümer seinen Brüdern Friedrich (I.) und Leopold (I.) überläßt *(→ 16. Oktober)*. Friedrich I., der Schöne, wird Herzog von Österreich und Steiermark, sein Bruder Leopold I. Mitregent.

16. Oktober Krönung Rudolfs III. zum König von Böhmen in Prag, nachdem er Elisabeth von Polen, die Witwe König Wenzels II. geheiratet hatte. Er beginnt sofort mit der Neuordnung der Verwaltung, besonders der Finanzverwaltung.

►1307, Frühjahr Auseinandersetzung König Rudolfs III. von Böhmen mit dem oppositionellen böhmischen Adel.

4. Juli König Rudolf III. von Böhmen stirbt in Horaždovice während einer Aktion gegen den Adel vermutlich an der Ruhr; geb. 1281 als ältester Sohn König Albrechts I., vom 21. November 1298 bis 4. August 1306 Herzog von Österreich und Steiermark, seit 16. Oktober 1306 König von Böhmen.

15. August Herzog Heinrich (VI.) von Kärnten (Sohn Graf Meinhards II. von Görz-Tirol) wird von den böhmischen Ständen zum König von Böhmen gewählt, er war seit 1306 mit Anna, der älteren Schwester König Wenzels III., vermählt *(→ Dezember 1310)*. Den Ständen erschien die Kombination Böhmen – Österreich in der Hand der Habsburger zu gefährlich.

►1308, 1. Mai König Albrecht I. von Habsburg wird von seinem Neffen Johann bei Brugg (Schweiz, in der Nähe der Habsburg) ermordet; geb. 1255 (vor dem 3. Juli), von 1282 *(→ 17.–21. Dezember 1282)* Herzog von Österreich und Steiermark, seit 27. Juli 1298 deutscher König. Johann, fortan Johann Parricida (Vatermörder) genannt, haßte König Albrecht I., da die ihn betreffende Abmachung der Rheinfelder Hausordnung vom 1. Juni 1283 nicht erfüllt wurde. Die Abfindung mit einer Frist von vier Jahren war sogar noch zu Lebzeiten seines Vaters abgelaufen (Herzog Rudolf II. starb am 10. Mai 1290). Albrecht I. war sein Onkel und Vormund und ließ Johann auch in den Stammländern der Habsburger soviel wie »mitregieren«, doch erhob Johann immer wieder seine Ansprüche. Der noch 1290 oder 1291 geborene Johann soll nach 1312 in Pisa gestorben sein.

15. August Der Friede von Znaim, in dem die Habsburger erst jetzt Herzog Heinrich (IV.) von Kärnten als König von Böhmen anerkennen, wird geschlossen.

27. November Wahl Heinrichs VII. (Luxemburger) zum deutschen König in Frankfurt am Main.

►1309, Sommer Die Söhne König Albrechts I. begeben sich nach Speyer zu Heinrich VII., dem neuen deutschen König.

17. September Vergleich von Speyer zwischen König Heinrich VII. und den Habsburgern. (Um seine Italienpolitik und auch die Kaiserkrönung verfolgen zu können, suchte er nach Sicherungen im Reich.) Die Söhne König Albrechts I., Herzog Friedrich I., der Schöne, und sein Bruder Leopold I., werden mit Österreich und der Steiermark belehnt. Herzog Leopold I.bleibt (seit 1308) Verwalter der habsburgischen Vorlande *(→ Rahmenartikel: Die Vorlande oder Vorderösterreich, S. 68)*.

Herbst Auflehnung des österreichischen Landadels in Abwesenheit der Herzöge Friedrich I. und Leopold I., die noch mit der Verfolgung der Mörder (Johann Parricida und die vier Adeligen Rudolf von Wart, Rudolf von Balm, Walter von Eschenbach und Konrad von Tegerfeld) ihres Vaters beschäftigt waren. Der österreichische Landadel wird von Otto III. von Niederbayern *(→ 6. Dezember 1305)* aufgehetzt, einige Wiener Bürger schließen sich an. Der Großteil der Wiener ist herzogstreu und bereinigt selbst die Umtriebe, worauf der Landadel die Weinberge um Wien verwüstet. Die ebenfalls herzogtreuen Steirer unter ihrem Landeshauptmann Ulrich von Walsee und Abt Ulrich von Melk greifen ein und stellen Ruhe und Ordnung wieder her.

►1310 entsteht im Schottenstift in Wien eine Lateinschule.
— Bau des ersten Zunfthauses der Schuhmacher in Wien.
— Lollarden tauchen in Wien auf, eine religiöse Genossenschaft (»soziale Sekte«) zum Zweck der Krankenpflege und Durchführung der Beerdigung wenig Be-

Die Vorlande oder Vorderösterreich

Vorlande oder Vorderösterreich sind Bezeichnungen für die habsburgischen Besitzungen in der Schweiz (Aargau, Thurgau, Zürichgau), in Schwaben und im Elsaß (Sundgau).
Die Stadt Freiburg im Breisgau unterstellte sich 1368 den Habsburgern und wurde zum politischen und kulturellen Mittelpunkt Vorderösterreichs.
Mit den Vorlanden mehr oder weniger eng verbunden waren die Landvogteien im Unterelsaß und der Ortenau und ab 1572 die schwäbischen Herrschaften Burgau, Hohenberg, Nellenburg, Tettnang und die oberschwäbische Landvogtei. Vorarlberg gehörte von 1752 bis 1782 zu Vorderösterreich.
Die Schweizer Besitzungen gingen nach den Niederlagen von Morgarten (1315), Sempach (1386) und Näfels (1388) verloren, der Aargau 1415 durch die Ächtung Herzog Friedrichs IV., Rapperswil 1458, der Thurgau 1460, Winterthur 1467.
Durch den Westfälischen Frieden (1648) kamen die Besitzungen im Elsaß an Frankreich, durch den Frieden von Preßburg (1805) die noch übrigen Gebiete Vorderösterreichs an Baden, Württemberg und Bayern. Dies wurde auf dem Wiener Kongreß (1815) bestätigt, obwohl darüber verhandelt wurde, den Breisgau bei Österreich zu lassen, das dafür auf Salzburg verzichtet hätte. Dies hätte den Wünschen der Breisgauer Bevölkerung entsprochen.
Der Begründer Vorderösterreichs war Herzog Leopold III. Mit dem Neuberger Teilungsvertrag (1379) und seinen nachfolgenden Erwerbungen strebte er eine territoriale Verbindung der vorderösterreichischen Länder an.
Sitz der vorderösterreichischen Regierung war zuerst Enisheim im Elsaß. Kaiser Maximilian I. unterstellte sie 1490 der von ihm geschaffenen Zentralverwaltung für Tirol und die Vorlande mit dem Sitz in Innsbruck. Ab 1651 war der Sitz der vorderösterreichischen Regierung Freiburg im Breisgau.

güterter. In den Niederlanden gegründet, lollen (niederdeutsch) = leise singen.

Februar Herzog Friedrich I. hält in Wien ein strenges Strafgericht gegen die aufständischen Adeligen und Wiener Erbbürger. Die Anführer werden hingerichtet, ihre Güter konfisziert.

— Herzog Leopold I. hält in den habsburgischen Vorlanden ein Strafgericht gegen die Mörder *(→ 1. Mai 1308)* seines Vaters.

Dezember Herzog Heinrich IV. von Kärnten wird aus Böhmen vertrieben, er konnte sich als König von Böhmen *(→ 15. August 1307)* nicht durchsetzen. Er zieht nach Kärnten und widmet sich fortan der Regierung seiner Erbländer. Johann von Luxemburg, der einzige Sohn König Heinrichs VII., wird König von Böhmen, nachdem er bereits am 31. August Elisabeth, eine Tochter König Wenzels II. von Böhmen, geheiratet hatte. Böhmen wird Grundlage der luxemburgischen Hausmacht.

▶**1311** Bronzenes Becken des romanischen Taufsteins im Salzburger Dom.

7. Februar König Johann von Böhmen wird in Prag feierlich gekrönt.

Juli Vergleich zwischen den Habsburgern und Herzog Heinrich IV. von Kärnten, der das Sanntal und Windisch-Feistritz an das Herzogtum Steiermark abtritt.

▶**1313** Herzog Friedrich I. und seine Brüder stiften das Kartäuserkloster in Mauerbach (Niederösterreich). Der Stiftsbrief Friedrichs I. ist erst mit 1316 datiert. Nur die gotischen Grundmauern blieben erhalten, in der 1. Hälfte des 17. Jh. erfolgte ein Neubau. Eine besonders rege Schreibtätigkeit muß allerdings sofort eingesetzt haben, da die Kartause bei Prag 1342 mit zahlreichen Handschriften aus Mauerbach ausgestattet wurde.

— Gotischer Neubau der Pfarrkirche von Stams (Tirol) – vollendet 1318.

29. Mai Die Belehnung von Walsern im Gebiet von Damüls (Vorarlberg) durch die Grafen Rudolf und Berchtold von Montfort bildet den ersten Beleg für die Ansiedlung der Walser, eines alemannischen Volksstammes aus dem Oberwallis in der Schweiz, die wahrscheinlich im 13. Jh. (Laternser Tal?) begann. Als Viehzüchter und Grasbauern kultivierten sie unzugängliche Täler des Landes. Die erhaltene Volkstracht der Walserinnen gehört zu den ältesten des deutschsprachigen Raumes.

24. August Kaiser Heinrich VII. (von Luxemburg) stirbt in Buonconvento bei Siena (Italien) an der Malaria; geb. 1274/75, deutscher Kaiser seit 27. November 1308, Kaiserkrönung 29. Juni 1312 – nach 62 Jahren die erste. Im Anschluß daran kommt es zu Differenzen zwischen den Häusern Habsburg und Wittelsbach.

Herbst Der Streit zwischen Herzog Ludwig IV. von Oberbayern und Herzog Friedrich I. und Leopold I. um die Vormundschaft der minderjährigen Söhne Herzog Ottos III. von Niederbayern (er war am 9. September 1312 gestorben) treibt einem Höhepunkt zu. Herzog Friedrich I. fällt in Bayern ein und bezieht bei Gammelsdorf Stellung.

9. November Schlacht bei Gammelsdorf (bei Landshut, Bayern), Niederlage Herzog Friedrichs I. Das österreichisch-steirische Aufgebot stand unter der Führung Dietrichs von Pilichsdorf, er gerät in bayrische Gefangenschaft. Herzog Friedrich I. muß die vormundschaftlichen Rechte den oberbayrischen Wittelsbachern abtreten. (Vorspiel zum deutschen Thronkrieg zwischen Friedrich und Ludwig vom 19./20. Oktober 1314–28. Februar 1326).

▶**1314, Januar** Überfall der Schwyzer auf das unter habsburgischem Schutz stehende Kloster Einsiedeln, offener Ausbruch des Konflikts der seit 1291 verbündeten Schweizer Waldstätten mit den Habsburgern *(→ 15. November 1315)*.

30. Januar Herzog Friedrich I. vermählt sich mit Elisabeth, der Tochter König Jakobs II. von Aragon.

16. August Die Grafen Albrecht und Hugo von Werdenberg überlassen in Wien Herzog Rudolf III. und

Leopold I. die Feste Gutenberg (bei Balzers, Liechtenstein) mit den dazugehörenden Gütern – erster bedeutender Stützpunkt der Habsburger im Land vor dem Arlberg.

9. September Frastanz (Vorarlberg) als »in banno Vrastes« erwähnt, das erste Gemeindegebiet von Vorarlberg, das unter der Bezeichnung »Bann« genannt wird.

19. Oktober Herzog Friedrich I. wird in Sachsenhausen bei Frankfurt am Main von der habsburgischen Partei (Köln, Pfalz und Sachsen-Wittenberg) zum deutschen König gewählt.

20. Oktober Herzog Ludwig IV. von Oberbayern wird in Frankfurt am Main von der luxemburgischen Partei (Mainz, Trier, Böhmen, Brandenburg und Sachsen-Lauenburg) zum deutschen Kaiser gewählt. Damit Beginn des deutschen Thronstreits *(→ 9. November 1313)*, der bis zum 28. Februar 1326 dauert.

▶1315, 15. November Schlacht am Paß Morgarten (südl. des Ägerisees, Schweiz) zwischen Herzog Leopold I. von Österreich und den Schweizer Waldstätten. Herzog Leopold I. hatte Schwyz und Unterwalden angegriffen, um die von seinem Bruder König Friedrich I. verhängte Reichsacht *(→ Januar 1314)* zu vollziehen und die habsburgischen Rechte wiederherzustellen. Außerdem standen die Schweizer Waldstätten im deutschen Thronstreit auf Seiten Herzog Ludwigs IV. von Oberbayern. Leopolds 2 000 bis 3 000 Mann starkes Ritterheer wird von etwa 1 000 Eidgenossen unter geschickter Ausnutzung des Geländes vernichtend geschlagen, das zwischen dem See, einem Sumpf und dem Gebirge eingeschlossene Heer wird fast vollständig vernichtet.

9. Dezember Erneuerung des Bundes der Schweizer Waldstätten vom 1. August 1291 als Folge des Sieges vom Morgarten *(→ 29. März 1316)*.

▶1316 (König) Herzog Friedrich I. verlangt von den Bürgern – schon vorher von der Geistlichkeit – seiner Länder eine eidesstattliche Erklärung über ihr Vermögen, wovon sie den zehnten Teil als außerordentliche Steuer zu entrichten hatten, denn die Auseinandersetzung im Thronstreit verschlang viel Geld.

— Waidhofen an der Ybbs (Niederösterreich) hat bereits so viele Eisenwerke, daß die Zunft der Messerer in drei selbständige Handwerkszweige unterteilt werden muß: Klingenschmiede, Schleifer und Messerer.

— Gotischer Chor der Pfarrkirche von Hall (Tirol) – vollendet 1318.

29. März König Ludwig IV. bestätigt den Schweizer Waldstätten ihre Privilegien und Rechte und zieht die in ihrem Gebiet liegenden habsburgischen Besitzungen zugunsten des Reiches ein.

12. Mai Herzog Friedrich I. schenkt den Bürgern der Stadt Wien das konfiszierte Haus des Otto Haymo, der sich am Aufstand beteiligt hatte. Das Gebäude in der Wipplingerstraße bleibt bis 1883 Wiener Rathaus.

▶1318, 19. Juli Herzog Leopold I. von Österreich schließt mit den Schweizer Waldstätten einen Waffenstillstand, er benötigt in der Auseinandersetzung des deutschen Thronstreites Rückenfreiheit.

▶1319 Marienkapelle des Stiftes St. Peter in Salzburg, der erste gotische Bau in Salzburg, die dortige Madonnenstatue stammt aus diesem Jahr.

▶Um 1320 Fresken in der Kapelle des Göttweiger Hofes in Stein (Niederösterreich), sie gehören zu den bedeutendsten gotischen Wandmalereien in Österreich.

— Gotische Fresken in der Filialkirche von Bludesch (Vorarlberg).

— Glasmalereien in der Leechkirche in Graz.

▶1320, 21. Jänner Herzog Friedrich I., der Schöne, genehmigt der Stadt Wien, ein »rechtpuch« anzulegen. Dieses sogenannte »Eisenbuch«, das bald danach begonnen wurde, ist der größte Schatz der Wiener Rechtsüberlieferung.

27. September Ottokar oûz der Geul, früher fälschlich Ottokar von Horneck genannt, stirbt; geb. um 1265, er stammte aus dem Geschlecht der Herren von Strettweg, seit 1304 urkundlich in der Steiermark seßhaft, und war Dichter und Geschichtsschreiber. Seine »Kaiserchronik« ist verlorengegangen, seine »Steirische Reimchronik« entstand um 1300.

▶1321 Im ersten Hj. kommt es zu Feindseligkeiten zwischen denen von Montfort-Werdenberg und den Habsburgern.

13. Dezember Schlichtung des Streitfalles, Graf Hugo von Altmontfort beschwört Schadenersatzleistung.

▶1322 Schladming (Steiermark) wird zur Stadt erhoben. Wegen eines Knappenaufstandes wird es 1525 niedergebrannt und erhält erst 1529 das Marktrecht zurück, das Stadtrecht erst wieder 1927.

Sommer Es erfolgt der wohl schon länger vorbereitete Abfall Graf Wilhelms von Montfort-Tettnang von den Habsburgern.

15. September Graf Wilhelm von Montfort-Tettnang versammelt in Langenargen am Bodensee seine Montforter und Werdenberger Verwandten (meist in Vorarlberg begütert) zu einer Familientagung, um seine Haltung zu begründen. Kurz darauf begibt er sich zum Heer Ludwigs IV. von Oberbayern. Herzog Leopold I. von Österreich, durch den Abfall des Montforters verletzt – und geschwächt –, zieht gegen Tettnang (Baden-Württemberg) und belagert es, dadurch kommt er zu der Auseinandersetzung bei Mühldorf (Bayern) zu spät.

28. September Die Schlacht von Mühldorf am Inn (Bayern) bildet den Höhepunkt und die Entscheidung im deutschen Thronkrieg. König Ludwig IV., der Bayer, besiegt den Gegenkönig Herzog Friedrich I. von Österreich, der, ohne die Hilfe seines herannahenden Bruders Herzog Leopold I. abzuwarten, die Schlacht angenommen hatte. König Johann von Böhmen stand auf der Seite Ludwigs. Es war dies die letzte große Ritterschlacht auf deutschem Boden. Herzog Friedrich I. wird gefangengenommen und auf der Burg Trausnitz an der Nab (Bayern) interniert *(→ 13. März 1325)*, sein Bruder Heinrich gerät in die Gefangenschaft König Johanns von Böhmen. Als Dank für die Waffenhilfe in der Schlacht gibt König Ludwig IV. Stadt und Land Eger König Johann von Böhmen als Pfand. Eger bleibt dauernd bei Böhmen, da die Pfandschaft nie gelöst wird. Der Ausgang der Schlacht bewirkt, daß das Haus Habsburg über 100 Jahre von der Regierung im Deutschen Reich ausgeschlossen bleibt.

▶1324 Herzog Leopold I. erreicht nach langen Verhandlungen die Unterstützung Frankreichs und die des Papstes Johannes XXII. Er führt gegen Bayern Krieg.

— , ein Bruder Herzog Friedrichs I., erwirbt als Gemahl der Erbgräfin Johanna von Pfirt die gleichnamige Grafschaft im Oberelsaß.

►**1325, 13. März** Herzog Leopold I. besiegt bei Burgau in Bayern (seit 1301 habsburgisch, es widerstand einer Belagerung im Winter 1324/25 durch König Ludwig IV.) König Ludwig IV. Die beiden deutschen Könige schließen den Vertrag von Trausnitz *(→ 28. September 1322).* Friedrich erhält gegen den Thronverzicht die Freiheit und kehrt nach Wien zurück. König Ludwig hatte andere Sorgen, er lag mit dem Papst im Streit und hatte wegen Brandenburg ein Zerwürfnis mit Johann von Böhmen.

Sommer Herzog Leopold I., Papst Johannes XXII. und eine Anzahl deutscher Fürsten sind gegen die Annahme des Trausnitzer Vertrages und gegen den Thronverzicht. Herzog Friedrich I. fühlt sich zur Einhaltung seines eingegangenen Vertrages verpflichtet und kehrt daher freiwillig in sein Gefängnis nach Trausnitz zurück.

5. September König Ludwig IV. und Friedrich I. schließen den Vertrag von München. Ludwig war von der Rückkehr des Habsburgers so beeindruckt, daß er mit diesem Vertrag die gemeinsame Regierung beider gewählten Könige vereinbart. Der Papst und die deutschen Kurfürsten sind gegen diesen Vertrag, sie versagen ihm die nötige Anerkennung. Herzog Friedrich I. von Österreich zieht sich auf die Burg Gutenstein (Niederösterreich) zurück.

►**2. Viertel 14. Jh.** Wallseer Kapelle der Pfarrkirche von Enns (Oberösterreich).

— Ehemalige Zisterzienserabteikirche und Kreuzgang in Neuberg an der Mürz (Steiermark); die Kirche hat den größten Holzdachstuhl von Österreich.

— Fresken in der 1331 geweihten Kapelle der Burg Aufenstein bei Navis (Tirol).

— Blasiuskirche in Salzburg, als Bürgerspitalkirche nach 1327 begonnen und 1350 geweiht.

►**1326, 7. Januar** König Ludwig IV. und Herzog Friedrich I. schließen den Ulmer Geheimvertrag. König Ludwig erklärt sich bereit, die Herrschaft im Deutschen Reich abzutreten, besteht jedoch auf dem Erwerb der Kaiserkrone.

28. Februar Herzog Leopold I. von Österreich stirbt in Straßburg; geb. 1293 vermutlich in Wien, er war der tatkräftige jüngere Bruder Herzog Friedrichs I. und seit 1308 Herr über die habsburgischen Vorlande. Damit endet der deutsche Thronstreit, der seit 1314 anhielt.

5. Dezember In Wien legt eine Feuersbrunst zwei Drittel der Stadt in Schutt und Asche.

►**1327** Herzog Friedrich I. stiftet, angeblich auf Grund eines Gelübdes während seiner Gefangenschaft auf Burg Trausnitz *(→ 28. September 1322),* neben seiner Burg in Wien das Augustinerkloster.

— Im Stift Admont (Steiermark) wirkt ein Organist mit Namen Johannes, er ist der erste namentlich bekannte Organist von Österreich – die erste Orgel stand wohl etwas früher im Dom zu Salzburg.

— Der Innsbrucker Vergleich zwischen König Ludwig IV. und Herzog Friedrich I., der sich auf die Regierung in seinen Erbländern beschränkt, wird zu Jahresbeginn geschlossen. Die Stellung König Ludwigs IV. war durch den Tod Herzog Leopolds I. wieder sicherer geworden.

►**1328** Beginn des Baus der Stiftskirche von St. Lambrecht (Steiermark) – vollendet 1421.

1. Hj. Otto der Fröhliche, der jüngste Bruder Herzog Friedrichs I., verlangt, gestützt auf Waffenbündnisse mit den Königen von Böhmen und Ungarn, entgegen den Unteilbarkeitsbestimmungen der habsburgischen Länder *(→ 21. November 1298)* eine Teilung.

— Böhmische und ungarische Kriegsscharen durchziehen und verheeren zum Teil auch Gebiete im Osten und Nordosten von Österreich.

21. September Abschluß des Vertrags von Bruck an der Leitha (Niederösterreich), womit Otto dem Fröhlichen die Vorlande und die Stadt Hainburg (Niederösterreich) zugesprochen werden.

►**Um 1330** Die sogenannte Klosterneuburger Madonna (aus Kalkstein) entsteht, sie ist eine Schlüsselfigur der gotischen Plastik des 14. Jh.s.

— Wandmalereien in der Pfarrkirche von Schöngrabern (Niederösterreich).

— Geschnitzte Madonna im Kreuzgang des Stiftes Schlierbach (Oberösterreich).

— Kapelle von Schloß Mauterndorf (Salzburg) mit Wandmalereien aus der Mitte des 14. Jh.s.

— Ludwigschor der Minoritenkirche in Wien.

►**1330/40** Geschnitzte Madonna in der Stadtpfarrkirche von Bad St. Leonhard (Kärnten).

►**1330/39** Dietrich Ladtner von Prin, ein bayrischer Baumeister, errichtet den Großteil der gotischen Augustinerkirche in Wien.

►**1330** Dienstbotenmadonna in der Wiener Stephanskirche, ein Hauptwerk der Wiener Gotik.

— Auf Schloß Tirol (Südtirol) wird das erste (bekannte) deutschsprachige Bücherverzeichnis angelegt.

13. Januar Herzog Friedrich I. der Schöne, stirbt auf der Burg Gutenstein (Niederösterreich); geb. 1289 als zweitältester Sohn König Albrechts I. von Habsburg, seit 21. November 1298 Herzog von Österreich und Steiermark, deutscher Gegenkönig vom 19. Oktober 1314 bis 1326 bzw. 1327. Bestattet im Kartäuserkloster Mauerbach (Niederösterreich).

Albrecht II., ein Bruder Herzog Friedrichs, wird Herzog von Österreich und Steiermark, sein jüngerer Bruder Otto der Fröhliche *(→ 1. Hj./21. September 1328)* Mitregent. Albrecht, an Händen und Füßen gelähmt, da er an Polyarthritis litt, erhält den Beinamen »der Weise« oder »der Lahme«.

9. Mai Vergleich von Landau (Bayern) zwischen König Johann von Böhmen und den Habsburgern, wonach diese bis auf weiteres auf die Bewerbung um die deutsche Königskrone verzichten.

6. August Vertrag von Hagenau (Elsaß); damit erkennen die Habsburger Ludwig von Bayern als König und Kaiser an. Sie werden dafür von Kaiser Ludwig IV. mit Österreich und Steiermark belehnt und erhalten pfandweise die Reichsstädte Schaffhausen, Rheinfelden, Breisach am Rhein und Neuenburg am Rhein.

September Vermählung der zwölfjährigen Margarete, der Tochter (und Erbin) Herzog Heinrichs von Kärnten und Tirol, mit dem neunjährigen Johann Heinrich, einem Sohn König Johanns von Böhmen, damit wollen sich die Luxemburger die Anwartschaft auf diese Länder sichern *(→ März 1339; November 1341; 10. Februar 1342).* Margarete erhält später den Beinamen Maultasch, was möglicherweise auf eine Antiwittelsbacher-Propaganda zurückgeht. Man beschimpfte sie nach ihrer zweiten Ehe mit Ludwig von Brandenburg als »meretrix« (Hure), was zu diesem verballhornten Beinamen wurde. Da kein authentisches Bild von ihr existiert, wurde der Beiname vielfach aus ihrer angeblichen Häßlichkeit abgeleitet. Ein zeitgenössischer Chronist hingegen schilderte sie als ausgesprochen schön.

26. November Kaiser Ludwig IV. durchkreuzt den Plan des Böhmenkönigs mit dem Augsburger Geheimvertrag, mit dem er den Habsburgern die lehensmäßige Anwartschaft auf Kärnten, Krain und Südtirol überträgt, wofür die Habsburger dem Kaiser die Unterstützung bei der Erwerbung des übrigen Tirols zusichern.

▶Um 1331 Abt Engelberg von Admont (Steiermark) stirbt; geb. um 1250 in Volkersdorf, seit 1327 Abt, Verfasser von 35 theologischen, philosophischen, geschichtlichen und naturwissenschaftlichen Werken. Sein umfangreicher Musiktraktat ist das erste musiktheoretische Werk in Österreich.

— Baubeginn für die gotische Wallfahrtskirche Straßengel bei Graz, die 1355 vollendet wurde. Sie weist starke Ähnlichkeit mit dem Wiener Stephansdom auf.

▶1331 In Wien oder Klosterneuburg entsteht eine »Biblia pauperum« (wörtlich Armenbibel). Es handelt sich um ein typologisches Bilderbuch, aus kolorierten Holzschnitten bestehend, in dem jeweils eine Szene aus dem Leben Christi zwei Motiven aus dem Alten Testament gegenübergestellt wird *(→ Um 1350)*.

— Verduner Altar des Stiftes Klosterneuburg (Niederösterreich), seine 51 Emailtafeln werden nach Beschädigung durch einen Brand (1330) zu einem dreiteiligen Flügelaltar umgebaut – sechs Tafeln werden im Stil des 12. Jh.s ergänzt *(→ 1181)*. Die Rückseite erhält vier Temperabilder vom sogenannten »Meister der Rückseite des Verduner Altares« (heute im Stiftsmuseum, Klosterneuburg), es sind dies die ältesten datierten Tafelbilder von Österreich, vermutlich sogar von Mitteleuropa, ein Hauptwerk der früheren Tafelmalerei.

▶1332 Baubeginn der Kirche der Kartause Gaming (Niederösterreich), die 1342 geweiht wurde. Die Doppelkartause mit 20 Zellen, die größtenteils noch erhalten sind, ist der größte der deutschen Ordensprovinz.

7. November Die Schweizer Waldstätten schließen trotz des Einspruches der Habsburger den »Ewigen Bund« mit Luzern.

▶1333/34 Chonradus Suevus schreibt im Dominikanerkloster in Krems (Niederösterreich) ein »Neues Testament« mit prunkvollen Initialen (Österreichische Nationalbibliothek, Wien).

▶1333 Abbau von Blei- und Zinkerzen in Bleiberg (Kärnten) belegt.

5. Mai »Generalreinigung« für Wien angeordnet, gleichzeitig wird verboten, Unflat auf die Gassen zu schütten, wie »Mist, tote Hundt oder Katzen«.

▶2. Drittel 14. Jh. Gotischer Chor und Turmunterteil der Kirche Maria am Gestade in Wien, auch Glasfenster aus dieser Zeit.

— Wallfahrtskirche Pöllauberg (Steiermark), ein eigenwilliger gotischer Bau, der zum ehemaligen Augustiner-Chorherrenstift gehörte.

— Am Hof des schöngeistigen Bischofs Pilgrim II. von Salzburg wirkt der Benediktinermönch Hermann von Salzburg. Er komponiert mehrstimmige kirchliche und volkstümliche Lieder, wie »Taglied« und »Martinskanon«. Er ist der erste namhafte Übersetzer lateinischer Hymnen und Sequenzen ins Deutsche.

▶1334 Orgel in der Wiener Stephanskirche nachweisbar.

▶1335, 2. April Herzog Heinrich VI. von Kärnten und Tirol stirbt auf Schloß Tirol (Südtirol); geb. um 1270 als jüngster Sohn Graf Meinhards II. von Görz-Tirol, übernahm 1295 gemeinsam mit seinen Brüdern die Regierung in Kärnten und Tirol, vom 15. August 1307 bis Dezember 1310 König von Böhmen, mit ihm erlischt der Mannesstamm der tirolisch-kärntnerischen Linie der Grafen von Görz-Tirol.

5. Mai Kaiser Ludwig IV. belehnt in Linz die Habsburger mit Kärnten und Südtirol, ebenso mit Krain, das ein »erledigtes« Pfand ist. Margarete Maultasch und ihr Gatte Johann Heinrich bleiben auf das nördliche Tirol beschränkt.

Sommer König Johann von Böhmen führt wegen dieser Belehnung einen erfolglosen Krieg gegen Herzog Albrecht II. und dessen Bruder Otto.

▶1336, 9. Oktober Friede von Enns (Oberösterreich) zwischen den Habsburgern und König Johann von Böhmen, der auf Kärnten und Krain verzichten muß – seine Söhne und die Tiroler Stände erkennen diese Verzichtserklärung nicht an. Herzog Otto der Fröhliche wird in Kärnten zum Herzog gewählt, die Erbhuldigung findet auf dem Zollfeld statt.

▶1337/41 Konrad von Megenberg leitet die Stephansschule in Wien, er verfaßt das »Buch der Natur«, die erste Naturgeschichte in deutscher Sprache.

— Georgskapelle der Augustinerkirche in Wien erbaut, sie hat die beste hochgotische Raumgestaltung aller Wiener Sakralbauten.

▶1337, 1. November Bündnis der Grafen von Montfort-Feldkirch und der Stadt Feldkirch (Vorarlberg) mit den Habsburgerherzögen, dieses »dauernde« Bündnis enthält die Zusage der militärischen Hilfe im Raum vor dem Arlberg.

▶1338 Wanderheuschrecken fressen die habsburgischen Länder kahl.

— Synagoge von Hainburg (Niederösterreich); die einzige teilweise erhaltene mittelalterliche Synagoge von Österreich.

20. Januar Herzog Albrecht II. und Herzog Otto erlassen eine Judenordnung. Mißernten im Jahre 1337 hatten zu Ausschreitungen gegen die Juden geführt.

26. Juli Graf Hugo von Bregenz stirbt, es kommt zur Teilung der Grafschaft Bregenz zwischen Montfort-Tettnang und Montfort-Feldkirch.

▶Um 1339 Meister Jacobus von Paris beginnt den Bau der gotischen Minoritenkirche in Wien, Tympanon des Mittelportals um 1350, Vollendung um 1370.

▶1339/43 Wandmalereien und Glasgemälde in der Vorhalle des Domes von Gurk (Kärnten).

▶1339, 16. Februar Herzog Otto der Fröhliche, der jüngere Bruder Herzog Albrechts II. von Österreich, stirbt; geb. 1301 in Wien.

März Neuerlicher Vergleich *(→ 5. Mai 1335)* zwischen Kaiser Ludwig IV. und König Johann von Böhmen. Johanns Sohn, Johann Heinrich (mit Gräfin Margarete Maultasch von Tirol verheiratet [→ *September 1330*]), wird mit Tirol belehnt.

▶Um 1340 Chor und Glasgemälde in der Pfarrkirche von Lieding (Kärnten).

— Glasmalereien, 56 Scheiben, im nördl. Seitenschiff der Stadtpfarrkirche von St. Leonhard (Kärnten).

— Kern der alten Pfarrkirche von Götzis (Vorarlberg); sie wurde um 1509 vergrößert.

Katastrophenberichte aus der sogenannten »Kleinen Klosterneuburger Chronik«:

»Anno Dni 1322 an heyligen creucz erfindung da ist erfroren berg und tall, das in 8 jochen wingarten, genant die wiegen, nicht mer darin wuegs, dan ain halbe laydt maisch, man lies das pürg herein von khirling als ungelesen, es war der wein so theur, das man sein ein wenig nuer czue dem tisch trueg durch ehrungswillen.«

»In dem selben jar an creucz erhebung da bran das closter alls ab, und was vor der brunst ehe als mit ziegeln-deckht, und die stat bran auch mehr dan halbe aus, und das feur erhebt sich in der stat und kham in das closter, und verfiellen guetter glockhen 12, die gros täffl [Verduner Altar] hat man khäm erret mit Wein, es lag vill trayt in der pfister [Bäckerei], da gab man alweg ain trag umb die ander an die zillen, zu der selben zeydt was brobst steffen der verschieckht seine münch all in andere clöster, und lies nur ain dechandt hie und 4 gsangherren, die stuben auf der overn khämer was ir revent [Refektorium] bis ins 3 jar.«

»Anno Dni 1328 ist die thonaw gestossen und der stoss ist gestanden 17 Wochen, das molten [Erde] darauf sind worden, das ainer im vaschang zu ainem schimpf [Scherz] darauff geackhert in den molten, die der windt darauff gewäet hat.«

»Anno 1348 in dem jar nach weynachten geschah ain grosser erdpidem in carnten in ainer stadt, hayst villach, die zerfiell über all, die ringmaur, leit noch heut des tags im graben, es geschah an pauli bekherung und was ain schoner tag, es verfiellen sich auch 10 guetter vesten, sich zerriss ein perg von einander, und fiell in ein tieffen see, es ertrencht der see aus wol 7 dörffer, es geschah zu mittag, die weil das volckh verdarb zu der predig sass in ainer gewelbten khirchen, das volckh verdarb alles, der prediger kham davon, lebet aber nur pis an 3 tag und starb, und verdarben gar vill khauffleut. hie in osterreich hueben sich die buessleut an, und gaisleten sich bitterlich hin und her im landt, es stund gar kläglich, sich verkhert die sun vorhin und geschahen vill zaichen.«

▶**1340** Hochwasser der Donau und ihrer Nebenflüsse führen zu großen Überschwemmungen in Österreich.

— Weihe des Chores der Wiener Stephanskirche.

24. Juli Herzog Albrecht II. verleiht Wien ein neues Stadtrechtsprivileg, im wesentlichen eine Zusammenfassung älterer Urkunden.

▶**1341, Sommer** Kaiser Ludwig IV. erhebt den Freien Friedrich von Sanneck zum Grafen von Cilli. Die Stammburg des in Innerösterreich bedeutenden Adelsgeschlechtes stand bei Preßberg (Steiermark).

November Die Tiroler Landstände vertreiben Johann Heinrich von Böhmen *(→ März 1339)*, er hatte aus seiner Heimat zu viele Ratgeber und Günstlinge mitgebracht. Margarete Maultasch nahm die Gelegenheit wahr und trennte sich von ihrem vermutlich geistig etwas zurückgebliebenen Gatten *(→ September 1330; 10. Februar 1342)*.

▶**1342, 10. Februar** Margarete Maultasch, Gräfin von Tirol, vermählt sich mit Markgraf Ludwig von Brandenburg, einem Sohn Kaiser Ludwigs IV. Wegen Nichtvollzugs wird die erste Ehe für ungültig erklärt, doch wird die Ehe nicht kirchlich gelöst und das Paar vom Papst gebannt. 1350 vermittelt Herzog Albrecht II. die Lösung des Bannes.

Frühjahr Abermaliges Hochwasser *(→ 1340)* der Donau und ihrer Nebenflüsse verursacht großen Schaden.

▶**1343** Bau der Burg Glopper bei Hohenems (Vorarlberg).

— Baubeginn für den Chor der Stiftskirche von Zwettl (Niederösterreich); sie hat einen der bedeutendsten gotischen Umgangschöre mit 13 Radialkapellen, vollendet 1383.

▶**1345** Herzog Albrecht II. von Österreich läßt den ersten österreichischen Goldgulden prägen.

— Gotische Madonna in der Minoritenkirche in Wien.

— Der Turm der Stadtpfarrkirche von Hall (Tirol) wird mit einem »spitzgemauerten Dach« versehen.

▶**1346, 11. Juli** Die Kurfürsten wählen in Rhense als Gegenkönig zu Ludwig IV. den Luxemburger Karl (IV.), den ältesten Sohn König Johanns von Böhmen, zum deutschen König.

26. August König Johann von Böhmen (erblindet seit 1340) fällt in der Schlacht bei Crécy. In dieser Auseinandersetzung zwischen Engländern und Franzosen stand er auf seiten Frankreichs.

▶**1347, 11. Oktober** Kaiser Ludwig IV., der Bayer genannt, stirbt bei Fürstenfeldbruck; geb. 1283 oder 1287 in Heidelberg, vom 20. Oktober 1314 bis 28. Oktober 1326 Gegenkönig zu Herzog Friedrich I. von Habsburg, Kaiserkrönung am 17. Januar 1328 durch den Laien Sciarra Colonna.

König Karl von Böhmen wird als Karl IV. deutscher König *(→ 11. Juli 1346)*. Er sucht sofort die Freundschaft mit Habsburg *(→ 5. Juni 1348; 10. Februar 1364; 26. März 1366)*, begünstigt jedoch stark seine Stammlande, das bringt ihm die Bezeichnung »Böhmens Vater, des Reiches Erzstiefvater« ein.

▶**1348/49** Katastrophenjahre: Mißernten und Überschwemmungen führen zu Hungersnot, das Auftreten der Beulenpest entvölkert Städte und Dörfer. Die Bevölkerung sieht in den Juden die Ursache des Unglücks, weshalb es zu Ausschreitungen gegen die Juden kommt, besonders schlimm in Krems, Stein und Mautern (alle Niederösterreich) Mitte September 1349.

— Geißlerfahrten (die Geißler waren Fanatiker, die sich als Buße öffentlich geißelten) nahmen 1348 von Österreich aus ihren Anfang. Papst Clemens VI. erklärte 1349 die Geißler als Ketzer.

▶**1348, 25. Januar** Ein verheerendes Erdbeben in Österreich. Villach (Kärnten) wird zerstört, Bergrutsch des Dobratsch (Kärnten) vernichtet 17 Dörfer.

5. Juni König Karl IV. belehnt Herzog Albrecht II. und seine Söhne mit Österreich, Steiermark, Kärnten, Krain, der Windischen Mark und den anderen habsburgischen Gebieten in den Vorlanden. Verlobung des ältesten Sohnes Albrechts, Rudolfs (IV.), mit Katharina von Böhmen, der Tochter König Karls IV.

▶**Mitte 14. Jh.** Doppeltürmiges Westwerk der Stiftskirche Kremsmünster (Oberösterreich).

— Gotische Wallfahrtskirche St. Ehrhard in der Breitenau (Steiermark).

— Kern der Magdalenenkirche, ehemalige Spitalskirche, mit Christophorusfresko an der südl. Außenwand, in Judenburg (Steiermark).

▶**Um 1350** Abt Ulrich von Lilienfeld (Niederösterreich) verfaßt die »Concordantia caritatis«, einen reich illuminierten typologischen Bilderzyklus mit erläuternden Texten nach dem Vorbild der »Biblia pauperum« *(→ 1331)*.

▶**Um 1350/60** bedeutende Fresken in der ehemaligen Kapelle des Schlosses Ulmerfeld (Niederösterreich).

▶**1350/60** Gabelkruzifix in der Pfarrkirche von Steirisch-Laßnitz (Steiermark); es hat erschütternde Ausdruckskraft.

▶**1350, Februar** König Karl IV. belehnt Markgraf Ludwig *(→ 10. Februar 1342)* mit Tirol, Kärnten, Görz und der Vogtei über die Bistümer Brixen und Trient.

▶**2. Hälfte 14. Jh.** Gotischer Chor der Pfarrkirche von St. Andrä-Wördern (Niederösterreich).

— Gotischer Chor der Stiftskirche von Göß (Steiermark).

— Gotischer Teil der Wallfahrtskirche Mariazell (Steiermark).

— Peter Suchenwirt, vielleicht Such-den-Wirt, jedenfalls ein Deckname, lebt seit etwa 1372 in Wien am Herzogshof, ein Fahrender und Hauptvertreter der mittelalterlichen Herolds- und Wappendichtung, Hauptwerk »Ehrenreden« auf die Taten berühmter Zeitgenossen, wendet sich auch in zahlreichen Gedichten gegen die Mißstände im Rittertum. Geb. um 1320, gest. nach 1395.

— Heinrich der Teichner, aus der Steiermark oder aus Kärnten stammend, lebt längere Zeit in Wien, mittelhochdeutscher Spruchdichter, bekämpft in seinen Lehrgedichten vielfach die Auswüchse des Rittertums, »Gespräche mit der Weisheit«. Geb. um 1310, gest. um 1377.

— Die Hofmusikkapelle entwickelt sich ab 1368 zusehends, sie besteht aus Pfeifern, Posaunisten, Trompetern und Paukern und hat ihren Sitz in Wien.

▶**1351** Erste Erwähnung eines Apothekers in Wien, sein Name lautet Thomas.

1. Mai Das Bündnis der Schweizer Waldstätten mit Zürich führt zum Krieg Herzog Albrechts II. gegen die Eidgenossen.

▶**1352, 24. und 27. Juni** Bündnisse der Eidgenossen mit Glarus und Zug.

14. November Friede zwischen Habsburg und den Eidgenossen. Sie erkennen die grundherrlichen Rechte der Habsburger an und geben die Verbindung mit den habsburgischen Orten auf. Herzog Albrecht II. verzichtet dafür auf seine gräflichen Rechte in Schwyz und Unterwalden.

▶**1353, 13. Juli** Rudolf IV., ältester Sohn Herzog Albrechts II., heiratet Katharina von Böhmen, Tochter König Karls IV. *(→ 5. Juni 1348)*.

6. Mai Bündnis der Eidgenossen mit Bern.

Sommer Erneuter *(→ 1. Mai 1351)* Krieg Herzog Albrechts II. mit den Schweizer Eidgenossen.

▶**1354** Der Krieg Herzog Albrechts II. mit den Schweizer Eidgenossen zieht sich mit größeren und kleineren Gefechten das ganze Jahr hin.

— Wiener Patrizier lassen Glas aus den Hütten des Böhmerwaldes kommen, das sich unter dem Namen »Waldglas« einbürgert. Die älteste Ordnung der Glaser erhalten.

20. Mai Teilung der Grafschaft Tettnang-Bregenz, es entsteht eine neue Grafschaft Bregenz.

▶**1355, Sommer** Der Friede von Regensburg beendet die Auseinandersetzung Herzog Albrechts II. mit den Schweizern.

25. November Herzog Albrecht II. erläßt eine Hausordnung. Die Albertinische Hausordnung bestimmt, daß nach seinem Tod seine Söhne (Rudolf IV., Friedrich III., Leopold III. und Albrecht III.) die österreichischen Länder gemeinsam besitzen und regieren sollen.

▶**1356, 10. Januar** Reichstag von Nürnberg; Kaiser Karl IV. läßt das Reichsgrundgesetz beraten, vorbereiten und zum Teil veröffentlichen.

25. Dezember Reichstag von Metz; Kaiser Karl IV. veröffentlicht das Reichsgrundgesetz, die sogenannte »Goldene Bulle« (bulla, lateinisch = Kapsel – Schutzkapsel für die Siegel). Damit sind die deutsche Königswahl und die Rechte der Kurfürsten eindeutig festgelegt. Sie bleibt abgesehen von der Anzahl der Kurfürsten bis 1806, dem Ende des Reiches, gültig und wirksam. Österreich wird dabei übergangen, dafür verfügen die Luxemburger über zwei Kurstimmen, nämlich über Böhmen und Brandenburg *(→ Rahmenartikel, Seite 29: Deutsche Königswahl)*.

▶**1357** Der Offizial des Bischofs von Passau verlegt seinen Sitz von Krems (Niederösterreich) nach Wien, in die Nähe der Kirche Maria am Gestade.

▶**1358, 20. Juli** Herzog Albrecht II. von Habsburg stirbt in Wien; geb. Ende 1298 auf der Habsburg als Sohn König Albrechts I.; er war seit 1330 gelähmt; Herzog von Österreich und Steiermark seit 13. Januar 1330, bestattet in der Kartause Gaming (Niederösterreich). Sein Sohn Rudolf IV., der Stifter, wird Herzog von Österreich, Steiermark, Kärnten und Krain; er ist der älteste Sohn Herzog Albrechts II.

▶**1359** Herzog Rudolf IV. läßt als Reaktion auf die Goldene Bulle *(→ 10. Januar/25. Dezember 1356)* falsche österreichische Freiheitsbriefe ausstellen – das sogenannte »Privilegium maius«. Es enthält Sonderrechte, auf die Österreich Anspruch erheben konnte, sie gehen über die Rechte der Kurfürsten zum Teil hinaus und erweitern wesentlich das »Privilegium minus« vom 17. September 1156. Die in der herzoglichen Kanzlei abgefaßten fünf Urkunden werden zum Teil in der Prager Kanzlei des Kaisers von dem Humanisten Petrarca als Fälschung erkannt, Kaiser Karl IV. verweigert deshalb die gesamte Anerkennung *(→ 6. Januar 1453 und Rahmenartikel, Seite 44: Die Freiheitsbriefe)*.

30. März Herzog Rudolf IV. führt das »Ungeld« ein, eine zehnprozentige Abgabe auf alle in öffentlichen Gasthäusern ausgeschenkten Getränke. Dafür verzichtet er auf den jährlichen Münzverruf in Österreich. Der Brauch des jährlichen Münzverrufes bestand in der Ausgabe neuer Münzen an einem bestimmten Tag, die bisherigen wurden nur mehr zum Silberwert eingelöst. Da der gesamte Geldumlauf betroffen war, bedeutete dies für den Münzherrn eine beachtliche zusätzliche Einnahme. Verständlich, daß die Bevölkerung einen »ewigen Pfennig« forderte.

7. April Grundsteinlegung für den Südturm (den ausgebauten Turm) des Stephansdomes in Wien und Baubeginn, gleichzeitig Baubeginn für das Langhaus von St. Stephan (der Bau dauert bis 1511; die Meister: Hans von Prachatitz und Peter von Prachatitz und Anton Pilgram).

▶**Um 1360/70** Fresken in der Pfarrkirche von Mariapfarr (Salzburg).

▶**Um 1360** Martinskapelle im Stadtturm von Bregenz mit Fresken (mit 1363 bezeichnet).

▶**1360, 15.–23. Juni** Herzog Rudolf IV. sichert in mehreren Verträgen den Grafen von Montfort-Feldkirch seinen Schutz zu *(→ 8. April 1363)*.

25. Juli Bischof Peter von Chur übergibt die weltliche Regierung des Bistums Chur den Habsburgern auf acht Jahre, er hatte sich schon 1358 den Habsburgern unterworfen.

2. August Liegenschaftsänderungen werden in Wien schriftlich festgehalten; diese ersten Aufzeichnungen sind allerdings verlorengegangen, die ältesten erhaltenen stammen aus 1368.

17. August Konrad von Gaming, auch Konrad von Hainburg genannt, da vielleicht dort geboren, stirbt. Er war ab 1342 Abt des Kartäuserklosters Seiz, seit 1350 Abt des Kartäuserklosters in Gaming (Niederösterreich). Mittelhochdeutscher Hymnendichter, verfaßte Marienhymnen und Gebete.

▶**1361 und 1362** Spannungen zwischen Herzog Rudolf IV. und Kaiser Karl IV. wegen der verweigerten Bestätigung des »Privilegium maius« führen fast zum Krieg. Rudolfs Gattin Katharina von Böhmen (Tochter Kaiser Karls IV.) vermittelt aber einen Ausgleich.

▶**1361, 31. Mai** Eine Feuersbrunst in Wien vernichtet fast ein Drittel der Stadt.

Sommer Gebietsstreitigkeiten zwischen Herzog Rudolf IV. und dem Patriarchen von Aquileia Lodovico della Torre in Friaul *(→ 5. Februar 1362)*.

▶**Um 1362** Sechseckiger Wohnturm und fünfeckiger Treppenturm von Schloß Mariastein (Tirol).

▶**1362, 5. Februar** Herzog Rudolf IV. und der Patriarch von Aquileia, der den Krieg *(→ Sommer 1361)* verloren hatte und als Gefangener nach Wien gebracht worden war, schließen den Frieden von Kopreinitz (Kroatien). Kaiser Karl IV. erklärt den Frieden für ungültig.

10. November Otto Grimsinger, ein reicher Emmersdorfer (Niederösterreich) Bürger, stiehlt die Kreuzreliquie des Melker Kreuzes, einige Kelche, Altargeräte und ein Prälatenkreuz. Nach der Verhaftung des Täters werden die Gegenstände (die Reliquie am 7. Dezember) zurückgebracht, Grimsinger wird am 21. Dezember verurteilt und hingerichtet. Die Kreuzreliquie war nur in der Sakristei aufbewahrt worden, weil man mit dem Eintreffen der von Herzog Rudolf IV. gestifteten neuen (jetzigen) Fassung rechnete, übrigens ein Hauptwerk der Goldschmiedekunst dieser Zeit (der Fuß stammt aus der Zeit um 1420).

▶**1363** Baubeginn für den Bergfried des ehemaligen landesfürstlichen Schlosses in Freistadt (Oberösterreich), vollendet 1367.

13. Januar Meinhard (III.), der kränkliche Sohn der Gräfin Margarete Maultasch und Markgraf Ludwigs von Brandenburg, stirbt; damit erlischt die Linie Oberbayern–Tirol der Wittelsbacher. Der Erbanspruch der Wittelsbacher führt zu einer Auseinandersetzung mit Habsburg *(→ Sommer, 29. September 1369)*.

26. Januar Gräfin Margarete Maultasch übergibt in Bozen die Herrschaft über Tirol an Herzog Rudolf IV., unter Vorbehalt ihrer Regierung auf Lebenszeit. (Ihr Gatte, Markgraf Ludwig von Brandenburg, starb am 17. September 1361, der Sohn Meinhard [III.] am 13. Januar 1363.) Die Anerkennung ihrer zweiten Ehe durch die Kirche erfolgte 1358, Herzog Albrecht II. hatte dazu wesentlich beigetragen *(→ 2. September; 8. Februar 1364)*. Herzog Rudolf IV. behauptet sich gegen die Widerstände des Tiroler Adels und die Ansprüche der Wittelsbacher.

8. April Die Habsburger kaufen die Burg Neuberg bei Koblach (Vorarlberg); es ist dies die erste direkte Erwerbung der Habsburger in Vorarlberg.

27. April Erbeinigung Herzog Rudolfs IV. mit Graf Albert IV. von Görz-Istrien über die Gebiete in der Windischen Mark und im Inneren Istriens.

2. September Gräfin Margarete Maultasch von Tirol verzichtet auf die Regierung *(→ 26. Januar)* und zieht sich nach Wien zurück, wo sie nahe dem Minoritenkloster ein Haus bezieht.

▶**1364, 8. Februar** Kaiser Karl IV. belehnt während eines Kongresses in Brünn Herzog Rudolf IV. und seine Brüder mit der Grafschaft Tirol.

10. Februar Kaiser Karl IV. schließt ebenfalls in Brünn einen wechselseitigen Erbvertrag mit Herzog Rudolf IV. von Habsburg. Beim Aussterben eines Geschlechts soll der Länderbesitz dem anderen zufallen; der Vertrag ist von weitreichender Bedeutung, da die Luxemburger bereits 1437 ausstarben.

August Es kommt wieder zum Kampf *(→ Sommer 1361)* Herzog Rudolfs IV. mit dem Patriarchen von Aquileia.

18. November Herzog Rudolf IV. schließt mit seinen Brüdern einen Familienvertrag: die Rudolfinische Hausordnung. Es ist dies eine Festlegung des gemeinsamen Besitzes der ungeteilten habsburgischen Länder, keine Länderteilung, Gesamtregierung unter Wahrung bestimmter Vorrechte des Ältesten, wie Außenpolitik, Hofhaltung, Belehnung, Staatsverträge.

▶**1365** Mit der Errichtung des gotischen Bischofstors der Stephanskirche in Wien wird begonnen, vollendet 1370.

12. März Herzog Rudolf IV. gründet die Wiener Universität, die »Alma mater Rudolphina«, die zweite deutsche Universität. Ihr erster Rektor ist Albert von Sachsen, der an den Vorbereitungen wesentlich beteiligt war, wie auch die Bischöfe von Passau und Brixen und der Legat Agapetus von Colonna. Auf Betreiben Kaiser Karls IV., der Konkurrenz für seine in Prag 1348 gegründete Universität (der ersten deutschen) befürchtet, wird die Stiftung vom Papst nur zum Teil bestätigt. Die theologische Fakultät wird ausgenommen, daher keine vollwertige Universität nach damaliger Auffassung. Herzog Albrecht III. erreicht 1384 die Bewilligung zur Errichtung einer theologischen Fakultät. Diese Urkunde bleibt Grundlage der Universitätsverfassung bis 1848.

Juli Herzog Rudolf IV. führt zu Monatsbeginn in Mailand Verhandlungen zur Vermählung seines Bruders Leopold III. mit Viridis Visconti, der Tochter des Herzogs von Mailand, der im August 1364 *(→ dort)* auf seiten Rudolfs stand. Die Eheschließung kam ein Jahr später zustande und brachte den Habsburgern reiche Mitgift.

27. Juli Herzog Rudolf IV., der Stifter, stirbt in Mailand; geb. am 1. November 1339 als Sohn Herzog Albrechts II., verheiratet seit 1353 mit Katharina von Böhmen, der Tochter Kaiser Karls IV., seit 20. Juli 1358 Herzog von Österreich und Steiermark. Albrecht III., sein jüngerer Bruder, wird Herzog von Österreich und Steiermark, bis 1379 gemeinsame Herrschaft mit seinem Bruder Herzog Leopold III. Kaiser Karl IV. belehnt die Brüder gemeinsam.

▶**1366, 26. März** Kaiser Karl IV. schließt mit Herzog Albrecht III. einen Erbvertrag zwischen den Häusern Luxemburg und Habsburg. Dies ist praktisch eine Erneuerung des Vertrages vom 10. Februar 1364 *(→ dort).*

— Herzog Albrecht III. heiratet Elisabeth, eine Tochter Kaiser Karls IV.

▶**1367** Herzog Albrecht III. stiftet möglicherweise den Ritterorden »von der Locke«, auch »Zopforden« genannt. Es ist dies der älteste österreichische Orden; er ist nur in einem Exemplar aus dem Besitz der Grafen von Stubenberg erhalten (Landesmuseum Joanneum, Graz). Ordenszeichen ist ein um den Hals gelegter goldblonder Haarzopf, der auf der Brust zusammengeknüpft ist und eine offene Haarlocke trägt.

▶**1368** Herzog Leopold III. erwirbt Stadt und Landgrafschaft Freiburg im Breisgau. Er zahlt die Hälfte der Summe, die die Stadt als Ablöse der Herrschaftsrechte den nach ihr benannten Grafen zu zahlen hatte.

— Salzburg erhält ein Stadtrecht, das von den übrigen Städten des Landes Salzburg nördl. der Tauern im Laufe der Jahre übernommen wird.

— Triestiner Autonomisten suchen im Streit mit Venedig um die Schutzhoheit der Habsburger an *(→ 1370).*

▶**1369, Sommer** In Kärnten kommt es zu einem Aufstand gegen die Habsburger, der von den Wittelsbachern unterstützt wird. Als Entlastung und wegen ihrer Ansprüche *(→ 13. Januar 1363)* fallen die Bayern in Tirol ein, müssen sich aber vor dem heranziehenden Herzog Leopold III. zurückziehen *(→ 29. September).*

3. September Gräfin Margarete Maultasch stirbt in Wien; geb. 1318 als Tochter Herzog Heinrichs von Kärnten und Graf von Tirol, seit September 1330 mit Johann Heinrich von Böhmen vermählt, 10. Februar 1342 mit Markgraf Ludwig von Brandenburg vermählt, verzichtete am 2. September 1363 auf die Herrschaft über Tirol.

29. September Durch den Frieden von Schärding (Oberösterreich) erkennen die Wittelsbacher die Erwerbung von Tirol *(→ 13. Januar 1363)* und die Herrschaft der Habsburger an. Habsburg zahlt eine Entschädigung und tritt an Bayern Rattenberg, Schärding und zwei weitere Städte ab.

▶**Um 1370** Herzog Albrecht III. legt im Schloß Laxenburg bei Wien einen Tiergarten und einen botanischen Garten an – die ersten dieser Art auf deutschem Boden.

▶**1370** Vergleich der Habsburger mit Venedig im Streit um Triest *(→ 1368)* – Ablösung der österreichischen Ansprüche durch Venedig.

▶**1371** Die Habsburger erwerben durch Kauf die Herrschaft Adelsberg (Slowenien).

▶**1372, 28. Dezember** Niclas Swaelbl, ein Breslauer Bürger, verspricht als Buße (wegen Totschlags am Tullner Stadtschreiber Konrad) unter anderen Leistungen auch eine mechanische Schlaguhr für den Turm der Pfarrkirche von Tulln (Niederösterreich). Die erste Erwähnung einer mechanischen Turmuhr in Österreich (Straßburg 1354, Nürnberg um 1360 und Augsburg 1364 nachweisbar), wenngleich nicht überliefert ist, ob das Projekt verwirklicht wurde.

▶**1373** Die Habsburger erwerben im Krieg mit Venedig und Franz von Carrara, dem Signor von Padua, Feltre, Belluno und Cividale.

23. März Papst Gregor XI. lobt in einem Brief den Wein von Altenberg bei Retz (Niederösterreich) – »vinum in antiquo monte apud Retzam«.

▶**1374** Graf Albert IV. von Görz-Istrien stirbt. Der Erbvertrag vom 27. April 1363 *(→ dort)* wird wirksam, die Besitzungen in Istrien und der Windischen Mark fallen an die Habsburger. Damit Herrschaft der Habsburger bis an die Adria ausgedehnt und in Krain stark gefestigt.

— Siegmund (auch Sigmund von Ungarn und Sigismund), Sohn Kaiser Karls IV. verlobt sich mit Maria von Ungarn, der Tochter König Ludwigs I. von Ungarn *(→ 11. September 1382).*

▶**1375** Baubeginn am gotischen Singertor der Stephanskirche in Wien – vollendet 1380.

22. Mai Herzog Leopold III. erwirbt um 30 000 Goldgulden von Graf Rudolf IV. von Montfort die Grafschaft Feldkirch und den inneren Bregenzerwald, Erbanfall 1390 (Tod Graf Rudolfs am 13. November) vollzogen *(→ 17. Dezember 1376; 19. November 1377).* Dies ist praktisch der Anfang des »Landes vor dem Arlberg«.

▶**4. Viertel 14. Jh.** Stifterfiguren aus Stein (Herzog Rudolf IV. der Stifter und Gemahlin Katharina von Böhmen) am Singertor von St. Stephan in Wien.

— Gotischer Teil des Pfarrhofes von Laa an der Thaya (Niederösterreich).

— Bedeutende gotische Glasgemälde im Chor der Stadtpfarrkirche von Wels (Oberösterreich).

— Vierflügelige Wasserburg der Familie Kanizsai in Eisenstadt, Teile der Keller- und Erdgeschoßmauern des heutigen Schlosses Esterházy.

▶**1376, 17. Dezember** Stadt Feldkirch erhält von Graf Rudolf IV. von Montfort den großen Freiheitsbrief.

▶**1377, 19. November** Herzog Leopold III. muß den Kaufvertrag vom 22. Mai 1375 mit Graf Rudolf IV. von Montfort erneuern, da er von der Kaufsumme (30 000 Gulden) erst 3 000 Gulden erlegt hat, außerdem muß er die Freiheitsrechte des Volkes bestätigen.

▶**1378** Baubeginn für die Krypta der ehemaligen Stiftskirche Eberndorf (Kärnten). Das seltene Beispiel einer gotischen Krypta wird 1381 vollendet.

16. Oktober Herzog Leopold III. verpflichtet sich urkundlich, kein Gebiet der Herrschaft Feldkirch von den anderen zu trennen oder zu verpfänden.

▶**1379** Die Burg Stein wird zur Pfarrkirche von Maiersdorf (Niederösterreich) umgestaltet; der Bergfried wird zum Turm, der Palas zum romanischen Langhaus.

25. September Vertrag von Neuberg (an er Mürz, Steiermark), ein Teilungsvertrag, der das Haus Habsburg in eine albertinische (albrechtinische) und eine leopoldinische Linie spaltet und gegen die »Rudolfinische Hausordnung« vom 18. November 1364 *(→ dort)* verstößt. Er schwächt Österreich bis zur Wiedervereinigung am 19. März 1490 *(→ dort).* Herzog Albrecht III. erhält Österreich ob und unter der Enns mit Steyr, Hallstatt und dem Salzkammergut. Herzog Leopold III. erhält die Steiermark (mit Pitten, und Wr. Neustadt, beide Niederösterreich), Kärnten, Krain, die Windische Mark, Istrien, Tirol und die Vorlande. Das Erb- und Vorkaufsrecht wird gegenseitig zugesichert.

Oktober Herzog Leopold III. erwirbt durch Kauf von König Wenzel I. Landvogteien in Schwaben.

▶**Um 1380** Gotisches Kruzifix in der Krypta des Stiftes Göttweig (Niederösterreich) mit eingebauter Herzkammer, das dort eingefüllte Tierblut sickert durch die Lanzenwunde(!).

▶**1380/90** Fresko »Marter der 10 000 vom Berge Ararat«, in der ehemaligen Minoritenkirche von Bruck an der Mur (Steiermark).

▶**1380** Gotische Heiligkreuzkapelle »im Kehr« in Feldkirch (Vorarlberg).

— Kronburg (Tirol), heute eine der umfangreichsten Burgruinen von Tirol.

— Baubeginn für die gotische Kirche der Kartause in Aggsbach, vollendet 1395.

9. Januar Übergang der verpfändeten Gebiete Dornbirn, Hinterer Bregenzerwald, Langenegg und Staufen an Habsburg unter der Bedingung, daß die Freiheitsrechte belassen werden.

17. Januar König Wenzel I. (als deutscher König rechtmäßiger Vertreter des Kaisers) bestätigt den Vertrag von Neuberg *(→ 25. September 1379).*

▶**1381** Herzog Leopold III. erwirbt durch Kauf von Graf Rudolf von Hohenberg Besitzungen beiderseits des oberen Neckars. Mit diesen Erwerbungen und denen vom Oktober 1379 wollte Leopold eine Verbindung zwischen den Erbländern und den Vorlanden herstellen.

▶**1382** Erstes »Scharlachrennen«, ein Pferderennen am Rennweg in Wien, benannt nach dem ersten Preis, einem scharlachroten Stück Tuch, der zweite Preis war eine Spansau, der dritte eine Armbrust. Dieses Rennen wurde in der Folge bis 1534 am Himmelfahrtstag (Mai/Juni) und am Katharinentag (November) abgehalten. Nach dem Pferderennen gab es ein »Fußrennen« der Männer und der »öffentlichen Dirnen«.

11. September König Ludwig I. von Ungarn stirbt. Durch die Vermählung *(→ 1374)* seiner älteren Tochter Maria von Ungarn mit Markgraf Sigmund von Brandenburg kommt die ungarische Krone an die Luxemburger *(→ 1387).*

30. September Die Stadt Triest stellt sich unter den Schutz Herzog Leopolds III. Am 7. Oktober 1381 hatte Venedig die Selbständigkeit Triests anerkannt, doch fühlten sich die Triestiner nicht sicher. Triest wird zum wichtigen Adriahafen. Das habsburgische Gebiet umfaßt nun rund 90 000 km².

▶**1384/95** Die »Österreichische Chronik von den 95 Herrschaften«, eine eher merkwürdige historisch-dichterische Arbeit, entsteht. Sie wurde Leopold Stainreuter (gest. um 1400) zugeschrieben, doch ist wahrscheinlicher, daß sie einen Augustinerpater, der als »lesmeister Lewpolt« zwischen 1377 und 1385 in Wien bezeugt ist und auch Hofkaplan Herzog Albrechts III. war, zum Autor hat.

▶**1384** Herzog Albrecht III. beruft Heinrich von Langenstein, einen berühmten Scholastiker, als Universitätsprofessor nach Wien *(→ 11. Februar 1397).*

▶**Um 1385** Bedeutende gotische Fresken in der Kapelle der Burg Klam (Oberösterreich).

▶**1385** Kern der Volksschule von Weißenkirchen (Niederösterreich), die älteste erhaltene Schule von Österreich.

— Knecht Heinrich von Kempen, genannt Heinrich Findelkind, gründet das Hospiz St. Christoph am Arlberg (Tirol). Bereits im ersten Winter des Bestehens seiner Herberge rettete er mit einem Helfer sieben Menschen das Leben. Schon etwas vorher hatte er die Christophorus-Bruderschaft gegründet und gewann auf seinen sommerlichen Wanderfahrten durch halb Europa viele zahlungskräftige Gönner für sein Werk. Das »Bruderschaftsbuch«, 1395 angelegt und heute im Haus-, Hof- und Staatsarchiv in Wien, ist eine besonders kostbare und eindrucksvolle Dokumentation der Heraldik, da sich in ihm die Gönner mit Wappen und Siegel zu den versprochenen Zahlungen verpflichteten.

21. Februar Bündnis von Konstanz am Bodensee zwischen den schwäbischen und oberrheinischen Städten und den Schweizer Städten Luzern, Zürich, Zug, Bern und Solothurn; es soll die Ausweitung der habsburgischen Herrschaft in Schwaben und in der Schweiz unterbinden *(→ folgende Daten bis 9. April 1388).*

28. Dezember Luzerner Aufgebot überfällt das habsburgische Rothenburg ob der Tauber und zerstört die Burg Wolhausen.

▶**1386, Juni** Feldzug Herzog Leopolds III. gegen Luzern *(→ 28. Dezember 1385).*

9. Juli Schlacht bei Sempach (Kanton Luzern, Schweiz). Die Luzerner hatten aus den Waldstätten Zuzug erhalten und zählten rund 1 600 Mann, das rund 4 000 Mann zählende Ritterheer Herzog Leopolds III. war wesentlich schwerfälliger. Herzog Leopold verliert die Schlacht und fällt, die Österreicher sollen 1 800 Mann, die Schweizer nur 200 Mann verloren haben. Herzog Leopold III., geb. zwischen 1. Mai und 18. November 1351 als jüngerer Sohn Herzog Albrechts II., seit 27. Juli 1365 gemeinsame Regierung mit seinem Bruder Herzog Albrecht III., seit 25. September 1379 Teilung durch den Vertrag von Neuberg.

10. Oktober Wilhelm von Österreich, der älteste Sohn Herzog Leopolds III. (16 Jahre), schließt mit seinem Onkel Herzog Albrecht III. einen Vertrag; Vormundschaft und Regierungsübernahme der »leopoldinischen« Länder durch Albrecht, der Vertrag von Neuberg *(→ 25. September 1379)* wird für die Lebenszeit Herzog Albrechts aufgehoben.

▶**1387** Markgraf Sigmund von Brandenburg wird in Stuhlweißenburg zum König von Ungarn gekrönt. Er hatte mehrere siegreiche Kämpfe gegen Karl von Durazzo (Haus Anjou) hinter sich.

— Der Kanton Glarus (Schweiz) gibt sich mit eidgenössischer Unterstützung ein eigenes Landrecht, obwohl er unter österreichischem Schutz steht. Herzog Albrecht III. fordert mehrmals vergeblich die Wiederherstellung der alten Ordnung.

— Die Mörung, ein Abwasserkanal im Verlauf des Grabens, der Kramer- und Rotgasse und beim Roten Turm in die Donau mündend, wird ausgebaut.

▶**1388, März** Ein österreichisches Heer von rund 6 000 Mann unter den Grafen Hans von Werdenberg-Sargans und Donat von Toggenburg zieht gegen Glarus.

9. April Schlacht bei Näfels (Kanton Glarus). Die Österreicher durchbrechen die Ordnung der Landwehr, werden aber dann von 600 Glarnern überfallen. Beim Rückzug stürzt die Brücke über die Maag ein, zahlreiche gepanzerte Ritter ertrinken. Die Österreicher verlieren angeblich 1 700 Mann, die Schweizer 55. Die Habsburger müssen im darauffolgenden Waffenstillstand auf die meisten Besitzungen in der Schweiz verzichten; dieser Waffenstillstand gilt 17 Jahre, er wird 1394 zum 20jährigen und 1412 *(→ 28. Mai 1412)* zum 50jährigen Frieden *(→ 17. Juni 1405; 12. Mai 1418; 17. Juni 1442).*

▶**1389/1400** Wenzelsbibel in Prag wird von einem Anonymus geschrieben. Sie ist die erste Bibel in hochdeutscher Sprache, ein besonders wertvoller Schatz der Österreichischen Nationalbibliothek, Wien.

▶**Um 1390** Gotische Emporenfiguren in der Pfarrkirche von Spitz an der Donau (Niederösterreich).
— Weyrmühlturm der Stadtbefestigung von Freistadt (Oberösterreich) mit 3,5 m dicken Mauern, die noch immer gut erhalten sind.
— Fresko der Kreuzigung in der Filialkirche Utsch (Steiermark), deutliche Beziehung zur Minoritenkirche in Bruck an der Mur (Steiermark).
— Gotische Fresken im Querhaus des Domes von Gurk (Kärnten).
— Pietà aus Stein in der Krypta der Pfarrkirche St. Andreas in Lienz (Osttirol).
— Kirchenschiff und Turm der gotischen Pfarrkirche von Lech am Arlberg (Vorarlberg), der Choranbau mit Fresko entsteht nach 1480.

▶**1390/1400** Gotische Madonna aus Gußstein in der Pfarrkirche von Großgmain (Salzburg).

▶**1390, 2. Juni** Herzog Albrecht III. schließt mit König Sigmund von Ungarn und Markgraf Jobst von Mähren ein Bündnis zur Sicherung der gegenseitigen Macht.

▶**1391** Orgelbauer mit dem Namen Jörg Behaim in Wien erwähnt, erste Nennung eines Orgelbauers in Österreich *(→ Um 1400)*.
— Erste Erwähnung eines Fronleichnamspieles im deutschen Sprachraum in Neustift (Südtirol).

▶**1392** Baubeginn für die gotische Pfarrkirche von Pischelsdorf (Oberösterreich), 1419 vollendet.

▶**1393** Gotische Madonna aus Kalkstein in der Pfarrkirche von Altenmarkt (Salzburg), ein wichtiges Frühwerk des sogenannten »weichen Stils«.
20. März Johann von Pomuk, Generalvikar von Prag, wird auf Befehl König Wenzels I. von der Karlsbrücke in Prag in die Moldau gestürzt, ausgelöst im Rahmen eines kirchenpolitischen Streites zwischen König Wenzel und Erzbischof Johann von Jenzenstein, dem Erzbischof von Prag. Johann Nepomuk, um 1348 geboren, Märtyrer der katholischen Kirche (er gilt als Brückenheiliger).

▶**1394** Baubeginn für das Langhaus und den oberen Teil des Turmes der Kirche Maria am Gestade in Wien, 1414 vollendet.
5. April Herzog Albrecht III. erwirbt von Graf Albrecht von Heiligenberg die Herrschaft Bludenz (Bludenz und das Montafon, beide Vorarlberg); die Übernahme erfolgt 1418 nach dem Tod des Grafen.
8. Mai König Wenzel I. wird von aufständischen Adeligen unter Markgraf Jobst von Mähren gefangengenommen. Ein Einspruch der deutschen Kurfürsten erwirkt seine Freilassung.

▶**1395, 29. August** Herzog Albrecht III. von Habsburg stirbt in Laxenburg bei Wien; geb. 1349 oder 1350, seit 27. Juli 1365 Herzog von Österreich und Steiermark, herrschte bis zum Vertrag von Neuberg vom 25. September 1379 mit seinem Bruder Herzog Leopold III. gemeinsam, dann allein in Österreich. Albrecht IV., ein Sohn Herzog Albrechts III., wird Herzog von Österreich (albertinische Linie).
22. November Vertrag von Hollenburg an der Donau (Niederösterreich). Herzog Wilhelm, ein Sohn Herzog Leopolds III., beanspruchte als Ältester der leopoldinischen Linie die Gesamtherrschaft, es erfolgt ein Ausgleich zwischen Herzog Albrecht IV. und Herzog Wilhelm, der die Gleichberechtigung beider Herzöge und ein wechselseitiges Mitregierungsrecht zur Folge hat.

▶**1396** Zum ersten Mal wird wegen der drohenden Türkengefahr ein österreichischerLandtag einberufen. Er befaßt sich mit Steuerbewilligungen, Beschlüssen über Kriegsdienstleistungen, Zustimmung zu Verträgen und der »Mitwirkung bei der Erhaltung des Friedens in Notzeiten«.
30. März Vertrag von Wien zwischen Herzog Wilhelm und Herzog Leopold IV., dem zweitältesten Sohn Herzog Leopolds III. Die Spaltung der leopoldinischen Linie, die mit dem Tod der beiden Herzöge 1406 (Wilhelm) bzw. 1411 (Leopold IV.) auch tatsächlich erfolgt, bereitet sich vor. Die Spaltung vollzieht sich in eine leopoldinisch-steirische Linie: Innerösterreich mit Steiermark, Kärnten, Krain, Windische Mark, Triest, Istrien – und eine leopoldinisch-tirolische Linie: Vorderösterreich mit Tirol und den habsburgischen Vorlanden.
25. September Schlacht bei Nikopolis an der Donau. König Sigmund von Ungarn wird von den Türken unter Sultan Bajesid I. besiegt. Die Türken dringen darauf bis an die Steiermark vor.
24. Oktober Graf Johann von Werdenberg verpfändet die Grafschaft Sargans an die Habsburger.

▶**1397, 11. Februar** Heinrich von Langenstein stirbt in Wien; geb. 1325 in Hessen, daher auch Heinrich von Hessen, der Ältere, genannt, Familienname Hembuche oder Heymbuch, bedeutender Scholastiker seiner Zeit. Astronom sowie Kirchen- und Staatspolitiker, war Universitätsprofessor in Paris und wurde 1384 von Herzog Albrecht III. nach Wien berufen. Rektor der Wiener Universität von 1393 bis 1394, trug wesentlich zum Aufbau und zum Ruf der Universität bei. Er las über soziale Probleme wie etwa über den »gerechten Preis« oder »die relative Nützlichkeit des Wuchers im Bereich des irdischen Lebens«. Sein Grab befindet sich im Stephansdom in Wien.

▶**1398** Herzog Albrecht IV. unternimmt eine Pilgerfahrt ins Hl. Land.

▶**Vor 1400** Gotische Wandmalereien im Chor der zum Teil noch romanischen Pfarrkirche von Viktorsberg (Vorarlberg).

▶**Um 1400** Allein aus Niederösterreich werden rund 100 000 hl Wein nach dem Westen ausgeführt.
— Neue, größere Orgel von Jörg Behaim *(→ 1391)* im Wiener Stephansdom.
— 15 Meter langer Freskenzyklus über die Sommer- und Winterlieder des Neidhart von Reuenthal (nach 1237) im Wiener Haus Tuchlauben 19. Die ältesten profanen Fresken Österreichs wurden 1979 *(→ 1. August 1979)* entdeckt.
— Gotischer Chor der Pfarrkirche von Deutsch-Altenburg (Niederösterreich), deutliche Verbindung zur Bauhütte von St. Stephan in Wien.
— Wertvolle Glasmalereien der Wiener Herzogswerkstatt in der Pfarrkirche von St. Erhard in der Breitenau (Steiermark) und in der ehemaligen Zisterzienserklosterkirche Viktring (Kärnten).
— Gotisches Westportal mit Relief der Pfarrkirche von St. Erhard in der Breitenau (Steiermark).
— Geschnitzte Muttergottes (Gnadenbild) der Pfarrkirche von Kaltenbrunn (Tirol).
— Hl. Georg aus Stein in der Filialkirche Gödnach (Tirol), eine frühe Großplastik.
— Gotischer Bildstock in Lienz (Osttirol) beim alten Siechenhaus, der älteste erhaltene Bildstock Tirols.
— Gotische Wandmalereien des »weichen Stils« in der alten Pfarrkirche von Feldkirch-Tisis (Vorarlberg).

▶**1400** Beginn der Chronik von Goisern (Salzburg), die

bis 1866 weitergeführt wird, die älteste erhaltene »Dorfchronik« von Österreich; sie enthält allerdings einige Phantastereien.

20. August König Wenzel I. als deutscher König abgesetzt. Die Kurfürsten berieten seit dem 10. und fällten das Urteil über den »unnuczen, versumelichen« König, der selbst nicht erschienen war, ebenso wie der den Luxemburgern nahestehende Markgraf Jobst von Mähren, die Kurfürsten von Brandenburg und der Herzog von Sachsen. König Wenzel erkennt seine Absetzung nicht an, setzt aber auch keinen wesentlichen Widerstand entgegen; er bleibt als Wenzel IV. König von Böhmen *(→ 16. August 1419)*.

21. August Ruprecht I., Pfalzgraf bei Rhein, wird in Rhense zum deutschen König gewählt. Nach seinem Tod am 18. Mai 1410 folgt vom 1. Oktober 1410 bis zu seinem Tod am 18. Januar 1411 Markgraf Jobst von Mähren (Neffe Kaiser Karls IV.), obwohl am 20. September 1410 eine Minderheit Sigmund, den Sohn Kaiser Karls IV., gewählt hatte. Dieser tritt nach dem Tod Jobsts die Regierung an. Mit Jobst sterben die Luxemburger im Mannesstamm aus *(→ 9. Dezember 1437)*.

▶**Ende 14. Jh.** Gotische Glasmalereien in der Stadtpfarrkirche von Leoben (Steiermark) mit schmalen frühgotischen Fenstern.

— Bogenfeldreliefe an den Toren der Wallfahrtskirche in Straßengel (Steiermark).

— »Alter Kapitelsaal« des Stiftes Lambach (Oberösterreich).

— Gotischer Chor der Pfarrkirche von Königswiesen (Oberösterreich).

— Zwölf Apostel in der Kapelle St. Quirin und Veit in Sellrain (Tirol).

— Gotische Fresken an der Außenwand der Pfarrkirche von Gerlamoos (Kärnten).

— Anlage der Johanneskirche in Feldkirch (Vorarlberg).

▶**15. Jh.** Sogenanntes »Steinbuch« eines Unbekannten im Stift St. Florian (Oberösterreich), es beschreibt die »Tugenden« und »geheimen Kräfte« von 36 Edelsteinen.

— Große Teile der Burg Heidenreichstein (Niederösterreich) errichtet, eine eindrucksvolle Wasserburg, die nie zerstört oder eingenommen wurde.

— Spätgotische Bürgerhäuser – wenigstens zum Teil – erhalten. In Wien: Griechengasse 7, gotischer Turm der alten Stadtmauer, Lugeck 7 mit Renaissanceportal von 1495 und Judenplatz 2. In Niederösterreich: Eggenburg, Krems, Stein, Wr. Neustadt. In Oberösterreich: Enns, Freistadt, Steyr, Wels. In Salzburg: Tamsweg und Salzburg-Stadt (Kranzlmarkt, Brotgasse, Getreidegasse). In Tirol: Hall, Rattenberg, Schwaz, Innsbruck (besonders Mösleinhaus). In Vorarlberg: Bludenz (Werdenbergerstraße), Bregenz (Altstadt), Feldkirch (Marktgasse). In der Steiermark: Bruck an der Mur, Murau, Radkersburg, St. Lambrecht. In Kärnten: Döllach (Bergrichterhaus), Oberdrauburg, St. Veit an der Glan, Völkermarkt, Wolfsberg.

▶**1. Hälfte 15. Jh.** Gotisches Langhaus und Turm der Pfarrkirche von Perchtoldsdorf (Niederösterreich).

— Glasgemälde im Chor der Pfarrkirche von Weiten (Niederösterreich).

— Reicher Glasgemäldeschmuck im Chor der Maria-Waasen-Kirche von Leoben (Steiermark).

— Gotisches Langhaus der Stadtpfarrkirche von Villach (Kärnten).

— Fresko des Schmerzensmannes und Schnitzgruppe Christus auf dem Palmesel in der Stadtpfarrkirche von Hall (Tirol).

— Kapelle Am Lueg (ehemalige Burg) in Gries am Brenner (Tirol) in romanischer Bauform.

▶**1. Viertel 15. Jh.** Gotische Pfarrkirche von Altenberg (Kärnten), eine Wehrkirche, die mit Erfolg im Jahre 1478 gegen die eingefallenen Türken verteidigt wurde.

— Besonders gut erhaltene Fresken in der Pfarrkirche von St. Veit im Defereggental (Osttirol).

— Gotische Pfarrkirche von St. Martin im Lungau (Salzburg).

— Gotische Muttergottes aus Ton in der Stadtpfarrkirche von Feldkirch (Vorarlberg).

▶**Anfang 15. Jh.** Weltchronik eines unbekannten Verfassers im Wiener Schottenstift. Verschiedene Eigenheiten lassen den Schluß zu, daß er Österreicher war.

— Gotischer Chor der Pfarrkirche von Nenzing (Vorarlberg) aus den ersten Jahren des Jh.s.

— Bemerkenswertes gotisches Doppeltor der Hl.-Blut-Kirche in Pulkau (Niederösterreich).

— Vesperbild in der Sakristei der ehemaligen Kapuzinerkirche von Waidhofen an der Ybbs (Niederösterreich).

— Hoher gotischer Bergfried und Freskorest der Burg (Schloß) Waidhofen an der Ybbs (Niederösterreich).

— Geschnitzte Vesperbildgruppe in der Pfarrkirche von Scheifling (Steiermark).

— Gotische Filialkirche St. Leonhard in Murau (Steiermark).

— Muttergottes in der Wallfahrtskirche Frauenberg (Steiermark), eine bedeutende große Holzplastik der Gotik.

— Turmmonstranz aus Silber, vergoldet, im Stift St. Paul im Lavanttal (Kärnten).

— Pietà aus Stein in der südl. Kapelle der Stadtpfarrkirche Völkermarkt (Kärnten).

— Das Spiel in vielgestaltiger Form und der Tanz unter immer größerem Anteil von Musik entwickeln sich und verbreiten sich immer mehr in Österreich. Durch eine Handschrift des Klosters Mondsee (Oberösterreich) sind zahlreiche Kunst- und Volkslieder des 14. Jh.s erhalten.

— Der Humanismus verbreitet sich in ganz Österreich.

— Trotz politischer Wirren blühen die Wiener Universität und die Domschule von St. Stephan.

▶**1402** Vertrag von Bruck an der Mur (Steiermark) zwischen Herzog Wilhelm und Herzog Leopold IV., im wesentlichen eine Wiederholung des Vertrages von Wien *(→ 30. März 1396)*, nur wird zusätzlich der Anteil der jüngeren Brüder an der Regierung festgelegt. Wilhelm und Ernst (der Eiserne) herrschen in Innerösterreich und Leopold IV. und Friedrich IV. in Tirol und Vorderösterreich.

29. Juni Das Hochwasser der Donau erreicht einen Höchststand; arge Verwüstungen im niederösterreichischen Raum und im Raum um Wien.

▶**1403** Teuerungen in Niederösterreich, hervorgerufen durch die großen Schäden des Hochwassers vom Jahre 1402. Trotzdem muß Herzog Albrecht IV. eine Steuer wegen des bevorstehenden Kriegszuges gegen Mähren einheben (von »jedem Pfunde Geldes zwölf Pfennige«).

▶**1404** Galeazzo de Sofia, ein Arzt aus Padua, den Herzog Albrecht IV. nach Wien gerufen hatte, nimmt die erste Sektion einer Leiche vor, die erste an einer deutschen Universität, da von der Kirche verboten.

Anfang Mährische Freibeuter, die auf seiten König Wenzels IV. von Böhmen stehen, werden im nördl. und nordöstl. Niederösterreich zur Landplage, verschiedene Streifscharen dringen bis vor Wien vor.

— König Wenzel IV. von Böhmen gelingt die Flucht aus der Wiener Gefangenschaft.

März Zerwürfnis der Habsburger führt zu einem Schiedsspruch. Erbrecht und Gleichberechtigung Herzog Albrechts IV. und Herzog Wilhelms festgelegt und anerkannt. Herzog Wilhelm behält das Gebiet um Wr. Neustadt, Kärnten, Krain, die Windische Mark, Istrien und Triest. Herzog Leopold IV. erhält die Steiermark, Herzog Friedrich IV. (Friedel mit der leeren Tasche) Tirol. Die Vorlande gehen gemeinsam an Herzog Wilhelm und Herzog Leopold IV. Die Streitigkeiten halten trotzdem weiter an.

Juli/August Herzog Albrecht IV. und König Sigmund von Ungarn belagern vergeblich Znaim, wo sich die Mährer festgesetzt hatten. Unter den Belagerern bricht die Ruhr aus, auch Herzog Albrecht IV. ist davon befallen; die Belagerung muß abgebrochen werden.

14. September Herzog Albrecht IV. stirbt in Klosterneuburg (Niederösterreich) vermutlich an der Ruhr; geb. am 19. September 1377 als Sohn Herzog Albrechts III., seit 29. August 1395 Herzog von Österreich. Albrecht V., ein Sohn Herzog Albrechts IV., wird Herzog von Österreich, Vormundschaft durch Herzog Wilhelm und von 1406 bis 1411 durch Leopold IV., dann Alleinregierung.

▶1405 Johannes Hus (geb. 1369 in Husinetz) predigt in der Bethlehemskirche von Prag. Der Theologieprofessor der Prager Universität predigte im Sinne der Lehren John Wiclifs aus Oxford, verwirft das Papsttum und die Sakramentenlehre und fordert eine Reinigung der Kurie. Seine Anhängerzahl steigt, wird fanatisiert und breitet sich über Böhmen und Mähren aus.

6. März Herzog Friedrich IV. schließt mit der Stadt Konstanz am Bodensee ein Bündnis gegen die Appenzeller, da es seit einiger Zeit Differenzen gibt.

17. Juni Niederlage Herzog Friedrichs IV. am Paß Stoß bei Altstätten (Kanton Appenzell) durch die Appenzeller, worauf sich der Herzog nach großen Verlusten zurückziehen muß.

1. August Der Friede von Schaffhausen zwischen Herzog Friedrich IV. und Graf Wilhelm von Bregenz und der Waffenstillstand von einem Monat ab 9. August bessern die Situation Habsburgs in Vorarlberg nicht.

▶1406 Baubeginn für die gotische Kreuzkapelle, ehemalige Krankenkapelle, im Zisterzienserstift Rein (Steiermark), 1469 vollendet.

24. Februar Landesordnung für Tirol, gemeinsam erlassen von Herzog Leopold IV. und Herzog Friedrich IV.

15. Juli Herzog Wilhelm von Österreich stirbt. Es folgt ein erbitterter Streit der Brüder Leopold IV., Friedrich IV. und Ernst der Eiserne um den Länderbesitz und die Vormundschaft über Albrecht V. *(→ 14. September 1404).*

6. August Stände der Länder ober und unter der Enns erklären, nur den Herzog anzuerkennen, der von einem ständischen Ausschuß bestimmt wird. Die Herzöge nehmen an, es kommt jedoch zu keiner Entscheidung, weitere Differenzen.

16. September Übereinkunft zwischen Herzog Leopold IV. und Herzog Ernst dem Eisernen, der auf die Vormundschaft über Albrecht V. verzichtet. Herzog Ernst der Eiserne wird Herzog der Steiermark.

Herbst Herzog Friedrich IV. verlegt seine Residenz von Meran (Südtirol) nach Innsbruck.

▶1407 Gotische Kapelle St. Adolari bei St. Ulrich am Pillersee (Tirol), fast unversehrt erhaltene Fresken (ein Marienzyklus) am Chorgewölbe und an den Chorwänden aus der 1. Hälfte des 15 Jh.s.

Frühjahr Streitigkeiten der herzoglichen Brüder führen zu einer immer größer werdenden Parteinahme des Volkes und damit zu Ausschreitungen. Besonders in Wien gibt es zwei Lager: Ratsbürger, Klöster und Studenten für Herzog Ernst von Steiermark, Handwerker und arme Leute für Herzog Leopold IV. von Österreich.

2. Juni Es kommt zur Wiener Übereinkunft im Vormundschaftsstreit der Brüder, sie bringt aber kein Ergebnis, die Parteinahme des Volkes nimmt zu.

22. September Beginn der Einschließung von Bregenz durch die Appenzeller und den Bund ob dem See (eine am 15. September 1405 geschlossene Vereinigung der Eidgenossen).

Oktober Anfang des Monats beginnt die Belagerung von Bregenz, sie muß am 13. Januar 1408 ergebnislos abgebrochen werden.

▶1408 Den österreichischen Habsburgern fallen durch das Aussterben der Laufenburger Linie Laufenburg (Kanton Aargau) und Säckingen (am Rhein, Baden) zu. (1232 hatte sich das Geschlecht der Habsburger in eine ältere und eine jüngere Laufenburger Linie gespalten.)

— »Schladminger Bergbrief« des Leonhard Egkelzain, des Bergrichters von Schladming (Steiermark), in dem die Gewohnheiten und Bräuche des Bergbaues festgehalten sind. Dieser Bergbrief wird bald zur Grundlage zahlreicher Bergrechte in Österreich, Salzburg, Tirol und Bayern.

— Geschnitzter Türflügel der Filialkirche Irrsdorf (Salzburg), eines gotischen Baues mit Steingußmuttergottes an der Außenseite des Chores.

— Baubeginn für den Chor der Franziskanerkirche in Salzburg, dauert bis zur Mitte des Jh.s.

5. Januar Konrad Vorlauf, der Bürgermeister von Wien, läßt fünf Führer der Handwerkerpartei *(→ Frühjahr 1407)* am Hohen Markt in Wien enthaupten *(→ 11. Juli).*

Frühjahr Die Landstände und Abordnungen der Städte beraten in Klosterneuburg, dann in Wr. Neustadt und darauf in St. Pölten über die Beendigung des Zustandes, doch ohne wesentlichen Erfolg.

4. April Friede von Konstanz. König Ruprecht I. löst mit diesem Frieden, im ersten Artikel, die »Eidgenossenschaft ob dem See« auf *(→ 22. September 1407).* Herzog Friedrich IV. erhält die von den Appenzellern besetzten Gebiete wieder zurück und wird aufgefordert, die alten Rechte und Freiheiten wiederherzustellen.

11. Juli Herzog Leopold IV. läßt auf dem Schweinemarkt in Wien (Lobkowitzplatz) den Bürgermeister Konrad Vorlauf, den Münzmeister und Judenrichter Hans Rockh (auch Rokk) und den Hansgraf (Richter der Kaufmannschaft und der Hanse, Vertreter des Bürgermeisters) Konrad Ramperstorfer enthaupten *(→ 5. Januar).*

▶1409 Die Erhebung des Tiroler Adels unter Heinrich von Rottenburg wird niedergeschlagen, Heinrich verliert seine Güter. Der Tiroler Adel bleibt trotzdem zum Teil unbotmäßig.

— Hussitische Wirren *(→ 1405)* greifen immer weiter um sich. 5 000 deutsche Professoren und Studenten verlassen Prag und gehen zum Großteil nach Leipzig, wo Markgraf Friedrich von Meißen eine Universität gründet.

— Der Sage nach, doch historisch sicher nach 1410, wird am Koglmoos im Falkenstein (östl. von Schwaz, Tirol) eine Erzader entdeckt; hoher Kupfergehalt von 30 bis 35% und 0,5% Silber. Ein von der Magd Gertraud Kandlerin gehüteter Stier soll die Erzader mit seinen Hörnern freigelegt haben. Beginn der zweiten Welle des Bergbaues im Tiroler Unterland (die erste in urgeschichtlicher Zeit bis 15 v. Chr.). In den Quellen findet sich 1273 die Erwähnung »Arzberg« (Erzberg) bei Schwaz.

Anfang Der Parteienhader, der nach dem 11. Juli 1408 *(→ dort)* ständig zunahm, weitet sich zu Kriegsvorbereitungen gegen Herzog Leopold IV. aus. Bischof Georg (von Liechtenstein) von Trient (früher Dompropst von St. Stephan) gelingt ein Vermittlungsversuch, worauf die zwölf angesehensten Landstände einen Schiedsspruch ausarbeiten.

13. März König Sigmund von Ungarn bestätigt den Schiedsspruch im Vormundschaftsstreit. Herzog Leopold IV. und Herzog Ernst sollen die Vormundschaft gemeinsam führen und die Einkünfte teilen.

▶**Um 1410** Wandgemälde in der St.-Magdalenen-Kapelle in Hall (Tirol), von einem Südtiroler Meister.

— Fresken in der Apsis der Filialkirche von Hart (Kärnten).

— Hervorragender Freskenschmuck an der Außenwand der Leonhardkirche in Zwickenberg (Kärnten).

▶**1410/20** Gotische Madonnen, die sogenannten »Schönen Madonnen«, erhalten in der Pfarrkirche von Bad Aussee (Steiermark), der Stadtpfarrkirche von Judenburg (Steiermark), der Pfarrkirche von Berg (Kärnten).

▶**1410** Hieronymus von Prag, ein Freund und Schüler des Johannes Hus *(→ 1405)*, predigt in Wien. Andreas von Grillenberg, der Passauer Offizial, und die Universität beziehen gegen ihn Stellung, worauf er, um einem Prozeß zu entgehen, nach Mähren flieht.

— Erzbischof Sbynko von Prag spricht über Johannes Hus den Kirchenbann.

— Die Maler erhalten in Wien ein eigenes »Malerrecht«, bisher waren sie in der »Lukaszeche« mit den Goldschmieden und Kunstgewerblern vereint.

August Die Pest verbreitet sich in ganz Österreich und wütet, zum Teil recht verheerend, in den Städten bis Februar 1411.

20. Sept. König Sigmund von Ungarn, Sohn Kaiser Karls IV., von einer Minderheit zum deutschen König gewählt. (Die Wahl Markgraf Jobsts von Mähren am 1. Oktober von geringer Bedeutung, da dieser bereits am 18. Januar 1411 starb.)

▶**1411, 23. April** Ablauf der Vormundschaft über Herzog Albrecht V. Herzog Leopold IV. und Herzog Ernst geben ihren Einfluß nicht auf, worauf die österreichischen Landstände Herzog Albrecht V., mit dessen Einwilligung, von Wien nach Eggenburg (Niederösterreich) entführen und dort für großjährig erklären.

3. Juni Herzog Leopold IV. von Habsburg stirbt; geb. 1371 als zweiter Sohn Herzog Leopolds III., seit 29. August 1395 Herzog von Österreich. Durch seinen plötzlichen Tod blieb dem Land eine weitere Auseinandersetzung erspart, Herzog Ernst zieht sich in die Steiermark zurück. Kurz darauf kommt es auch zu einer Einigung zwischen Herzog Ernst und Herzog Friedrich IV.: Herzog Ernst regiert Innerösterreich mit der Hauptstadt Graz, Herzog Friedrich IV. Tirol und die Vorlande mit der Hauptstadt Innsbruck.

13. Oktober König Sigmund von Ungarn erklärt Herzog Albrecht V. für volljährig und verlobt ihn gleichzeitig mit seiner zweijährigen Tochter Elisabeth. Herzog Albrecht V. übernimmt die Regierung im Lande ob und unter der Enns.

▶**1412, Anfang** Herzog Albrecht V. erläßt einen Landfrieden, die Stände bewilligen eine außerordentliche Steuer zur Besserung der Finanzlage und zur Sicherung des Landes.

28. Mai »Fünfzigjähriger« Friede Habsburgs mit den Eidgenossen, eine abermalige Erweiterung des nach der Schlacht bei Näfels *(→ 9. April 1388)* geschlossenen Waffenstillstands.

25. Juli Herzog Albrecht V. bestätigt der Stadt Wien alle ihre alten Rechte und Freiheiten. Dies ist der Beginn einer Maßnahmenfolge (Anordnungen und Privilegien), um Handel und Gewerbe der Stadt wieder gesunden zu lassen. Darüber hinaus achtet der Herzog sehr auf Ruhe und Ordnung und beseitigt in Österreich mit Gerechtigkeit die eingerissenen Mißstände.

▶**1413, 10. Dezember** König Sigmund von Ungarn zwingt in Lodi (Lombardei) den Gegenpapst Johannes XXIII. (zu Papst Gregor XII.), ein Konzil nach Konstanz am Bodensee einzuberufen, um das Schisma zu beendigen.

▶**1414, 18. März** Herzog Ernst der Eiserne läßt sich nach altem Brauch auf dem Zollfeld huldigen (die letzte Herzogseinsetzung *→ Rahmenartikel S. 64*), er nennt sich auch ab jetzt unter Berufung auf das Privilegium maius »Erzherzog«.

15. Oktober Geheimvertrag zwischen Herzog Friedrich IV. und dem Gegenpapst Johannes XXIII., Friedrich IV. wird Generalhauptmann der päpstlichen Truppen und übernimmt den Schutz des Papstes.

5. November Der Gegenpapst Johannes XXIII. eröffnet das Konzil von Konstanz, die größte Kirchenversammlung des Mittelalters. Aufgaben des Konzils sind die Beendigung des Schismas *(→ 10. Dezember 1413)*, die Reform der Kirche an »Haupt und Gliedern« und die Eindämmung des stark angewachsenen Hussitentums *(→ 1405)*. (Das Konzil setzt am 29. Mai 1415 Johannes XXIII. ab, verurteilt am 6. Juli 1415 den Reformator Johannes Hus, setzt am 26. Juli 1417 den zweiten Gegenpapst Benedikt XIII. ab und hat am 22. April 1418 seine Schlußsitzung.)

▶**1415** Kleine romanische Anlage der Festung Kufstein (Tirol), fälschlich Geroldseck genannt, wird im gotischen Stil erweitert.

— Fresko in der Magdalenenkirche in Judenburg (Steiermark).

20. März Der Gegenpapst Johannes XXIII. flieht mit Hilfe Herzog Friedrichs IV. als Stallknecht verkleidet aus Konstanz nach Schaffhausen.

30. März König Sigmund von Ungarn verhängt über Herzog Friedrich IV. die Reichsacht wegen der Fluchthilfe, die er dem Gegenpapst geleistet hat.

30. April Herzog Friedrich IV. kehrt von Freiburg im Breisgau nach Konstanz zurück und wird von König Sigmund von Ungarn gefangengenommen *(→ 30. März 1416)*.

Flucht Herzog Friedrichs IV.

Herzog Friedrich IV. mit der leeren Tasche, der auf dem Konzil von Konstanz wegen seiner Hilfe für den schismatischen Papst Johannes XXIII. als Geisel festgehalten worden war, kam nach seiner geglückten Flucht in der Nacht vom 30. auf den 31. März 1416 nach Bludenz. Der Wächter des oberen Tores ließ aber den Herzog von Österreich nicht gleich ein.
Im Museum Ferdinandeum in Innsbruck ist die Abschrift einer Chronik aus dem 15. Jh. erhalten, die vermutlich vom damaligen Bludenzer Stadtschreiber Jodok Hauser stammt. Da diese Chronik in bezug auf andere Angaben als äußerst zuverlässig gilt, darf man auch der Episode des standhaften Torwächters von Bludenz den historischen Kern nicht ganz absprechen.

»Item, als unser natürlicher gnädiger Herr Hertzog Friedrich mit Künig Sigmund ze Constentz unains ward und von Constentz wichen must, so belaib er von Constentz nindert underwegen und rait ilends, bis das er gen Bludentz kam an das Thor umb Mitte Nacht und klopfet an. Da fragt der Wächter, wer da were? Do gab Hertzog Friedrichs Diener ze Antwurt (denn er kam nur selb dritten), das es wer och ainer da. Do sprach der Wächter (der wist aber nit, wer da were): Ain Dreck vor dem Thor, der ist auch ainer. Kanst du nit mälden, wer du bist, denn es sind schwer seltsam Löf (Kriegsläufe) vorhanden, man lat nit ain jeglichen jetzt in! Do sprach er (der Diener): Es ist Hertzog Friedrich von Österreich da, darumb lauß in hinin, und willst du es nit geloben, so gang zu dem Schädler sine Wirt (Kronenwirt in Bludenz), und haiß in dahär komen! Also wölt der Wächter in nit herain laußen, dan es war im verpotten, nachts niemand zu derselben Zit herain ze laußen, und luff ilends nach dem Schädler; der kam und ließ in herin. Do schickht Hertzog Friedrich nach dem Wächter, der fiel im ze Fuß und bitt sein fürstliche Gnad umb Verzeihung und Vergebung seiner groben Wort. Also sprach sin Gnad: er hette im recht thon und lud in ze Gast und schankt im ain Gab.
Und enmorgen früw rait er über den Arlenberg haim gen Innsbruck und belaitend die von Bludentz in über den Arln.«

Nach der Übernahme von Stadt und Herrschaft Bludenz stellte Herzog Friedrich IV. am 3. Mai 1420 eine Urkunde aus (Stadtmuseum Bludenz), worin er die alten Freiheiten der Stadt bestätigt und ausdrücklich auf die seinerzeitigen guten Dienste anspielt:

»... sy sich in unseren Widerwertikeiten zu den Zeiten, als uns unser gnediger Herr, der römische Künig, groß Krieg und Ungnad zuzoch, als vestiklich, manlich und kecklich hand widergehalten und bey uns als iren künftigen natürlichen Herren und Erbsfürsten sind beliben.«

Sommer Aufstand des Tiroler Adels unter Führung des Minnesängers Oswald von Wolkenstein *(→ 2. August 1445)* gegen den am 30. März geächteten Herzog Friedrich IV. Dieser Aufstand wird erst 1423 *(→ dort)* endgültig niedergeschlagen.

6. Juli Der Reformator Johannes Hus (unter Zusicherung freien Geleits zum Konzil nach Konstanz gekommen) wird als Ketzer verurteilt und verbrannt.

►1416 Hans Zink hat in Wien das von seinem Vater ererbte Bierbraurecht zu Lehen. In der 2. Hälfte des 14. Jh.s wurde das uneingeschränkte Brauen und Ausschenken des Biers, was seit Anfang des 13. Jh.s in den Wiener Haushalten üblich war, mit Rücksicht auf die Weingartenbesitzer verboten. Das Bierbraurecht wurde landesfürstliches Monopol.

30. März Herzog Friedrich IV. flieht aus Konstanz *(→ 30. April 1415)* und kehrt über Bludenz (Vorarlberg) nach Tirol zurück, um in seinen Ländern nach dem Rechten zu sehen.

4. Oktober Kropfsberger Ausgleich zwischen Herzog Friedrich IV. und Herzog Ernst über die Teilung der leopoldinischen Länder, durch den endgültigen Vergleich vom 1. Januar 1417 *(→ dort)*, aber gegenstandslos.

►Um 1417 Baubeginn für die reromanisierte Basilika der Stadtpfarrkirche von Radstadt (Salzburg), nach wiederholten Bränden war nur der Kern des Langhauses vom alten Bau erhalten geblieben.

►1417 Gotische Prozessionsstange der Schuhmacherzunft in der Stadtpfarrkirche von Braunau (Oberösterreich) erhalten.

— Baubeginn für die Spitalskirche und das Bürgerspital in Braunau (Oberösterreich), 1430 vollendet.

1. Januar Endgültiger Vergleich zwischen Herzog Friedrich IV. und Herzog Ernst: die Länder bleiben für die nächsten fünf Jahre ungeteilt, die Einkünfte werden zu gleichen Teilen geteilt *(→ 4. Oktober 1416)*.

27. Februar König Sigmund von Ungarn verpfändet die Herrschaft Feldkirch (Vorarlberg) an Graf Friedrich von Toggenburg. Herzog Friedrich IV. hatte durch seine Achtung *(→ 30. März 1415)* den Einfluß verloren.

14. Juni Graf Friedrich von Toggenburg erobert mit Hilfe der Züricher die Schattenburg in Feldkirch (Vorarlberg) und erwählt sie zu seiner Residenz.

Dezember Bludenz wehrt die von Graf Friedrich von Toggenburg geplante Unterwerfung ab.

►1418 Beginn der »Melker Reform« durch den Amtsantritt des Abtes Nikolaus Seyringer, der die »Melker Observanz« verfaßte und zahlreiche Klöster reformierte (unter anderem Kleinmariazell, Seitenstetten, beide Niederösterreich; Kremsmünster, Lambach, Garsten, Mondsee, alle Oberösterreich). Die Melker Reform befaßte sich besonders mit der strengen Beobachtung der Fastenregeln, des Armutsgelübdes, der klösterlichen Disziplin und des liturgischen Lebens, sie ist eine Erneuerung der benediktinischen Ordensregel. Sie wird für rund 100 Jahre zum Vorbild des klösterlichen Lebens im gesamten süddeutschen Sprachraum sowie in der Schweiz und in Ungarn.

12. Mai Vergleich zwischen König Sigmund von Ungarn und Herzog Friedrich IV.: Auf die von den Eidgenossen während seiner Ächtung *(→ 30. März 1415)* an sich gebrachten Gebiete mußte Friedrich verzichten. Der Aargau mit dem alten Stammsitz der Habsburger, Schaffhausen, die Grafschaften Kyburg (bei Winterthur) und Lenzberg (Kanton Aargau) gingen für die Habsburger für immer verloren. Von den Schweizer Besitzungen blieben nur der Thurgau, der Frickgau und die Stadt Laufenburg, den übrigen Besitz erhielt er zurück und durfte die verpfändeten Besitzungen im Elsaß, Breisgau und Sundgau einlösen.

Sommer Große Unruhen in Böhmen durch die Hussiten, sie breiten sich rasch auf die umliegenden Gebiete aus. Herzog Albrecht V. ergreift sofort Gegenmaßnahmen und befiehlt seinen Untertanen, umherstreifende Hussiten den Gerichten auszuliefern.

▶**1419, 30. Juli** Hussiten unter Ritter Johann Ziska von Trocnov erstürmen das Rathaus in Prag und werfen mehrere Ratsherren durch die Fenster auf die Straße (sogenannter erster Prager Fenstersturz). Zu dieser Ausschreitung war es gekommen, nachdem bei einer Prozession der Kelch, als Zeichen des neuen Glaubens, von Hussitengegnern verhöhnt worden war. Damit beginnen die Hussitenkriege, die bis 1436 andauern und Böhmen, Mähren, Österreich und Deutschland erfassen. Die religiöse Bewegung der Hussiten war von sozialrevolutionären Gedanken getragen und wurde antideutsch und antijüdisch zugleich. Die Hussiten waren schwer zu bekämpfen, da sie sich von mit Kanonen bewehrten Wagenburgen aus hervorragend verteidigten.

16. August König Wenzel IV. von Böhmen stirbt auf Schloß Wenzelstein in Böhmen; geb. am 26. Februar 1361 in Nürnberg (Luxemburger) als ältester Sohn Kaiser Karls IV., am 10. Juni 1376 zum deutschen König gewählt, am 20. August 1400 *(→ dort)* von den deutschen Kurfürsten abgesetzt. König Sigmund, der Bruder Wenzels, nun auch König von Böhmen.

▶**Um 1420** Marienklage aus Holz in der Bischofskapelle des Stiftes Seckau (Steiermark).

— Gotisches Glasgemälde Maria mit Kind in der Winterkirche von Maria Wörth (Kärnten).

— Madonna aus Gußstein, eine »Schöne Madonna«, im Franziskanerkloster St. Peter in Salzburg.

— Weltgerichtsfresko an der Ostwand des Turmes der Filialkirche St. Ruprecht in Bruck an der Mur (Steiermark).

▶**1420/42** Die Wiener Universität und das Stift Klosterneuburg (Niederösterreich) sind Zentren der astronomischen Forschung in ganz Europa *(→ 1421/22)*.

▶**1420/40** Gotische Wandmalereien in der Margaretenkapelle von Pians (Tirol).

▶**1420/30** Halbfigur des Schmerzensmannes an der Chorwand des Stephansdomes in Wien, der sogenannte »Zahnwehherrgott«.

— Geschnitzte hl. Florian und hl. Georg in der Pfarrkirche von St. Georgen am Weinberg (Kärnten), typische Werke des sogenannten »weichen Stils«.

— Dreikönigsfresko in der Pfarrkirche von St. Peter am Kammersberg (Steiermark), hat keinen »schwarzen« König.

▶**1420** Ende der weltlichen Herrschaft des Patriarchats Aquileia in Istrien, die Venezianer bemächtigen sich der dalmatinischen Küste.

— Baubeginn für die gotische Pfarrkirche von Eggelsberg (Oberösterreich) mit 72 m hohem gotischem Westturm (heute mit barockem Aufsatz), 1436 vollendet.

— Beginn des Neubaues des gotischen Langhauses der Stadtpfarrkirche von Hall (Tirol), 1437 vollendet.

23. Mai Herzog Albrecht V. erteilt den Befehl, die Juden in den österreichischen Städten gefangenzunehmen und ihr Vermögen zugunsten der herzoglichen Kammer einzuziehen. Zu dieser Judenverfolgung – Wiener Geserah (= Verordnung) – war es gekommen, nachdem in Wien drei »Christenknaben« verschwunden waren und sich das Gerücht verbreitete, daß die Frau des Mesners von St. Lorenz in Enns (Oberösterreich) zu Ostern den Juden eine Hostie zu frevelhaftem Mißbrauch verkauft hatte (Geständnis unter der Folter!). Bald folgt ein Monsterprozeß, der mit zahlreichen Todesurteilen endet *(→ 12. März 1421)*.

Sommer/Herbst Zunahme der Auseinandersetzungen mit den Hussiten, die diese überwiegend für sich entscheiden.

1. November Schlacht auf dem Ziskaberg bei Prag, Sieg der Hussiten über König Sigmund.

▶**Um 1421** »Albertinischer Plan von Wien«, der erste Stadtplan von Wien und einer der ersten bekannten Stadtpläne überhaupt, Maßstab etwa 1 : 5 280 (auch Preßburg ist verzeichnet, wahrscheinlich eine Anspielung auf den 28. September 1421, → *dort*). Er zeigt den Standort wichtiger Gebäude, wie etwa Burg und Universität mit den Bezeichnungen »das ist dy purch«, »das ist dy hochschul«, sowie eine fast kreisrund angelegte Stadtmauer mit sieben namentlich bezeichneten Stadttoren und zahlreichen kleineren Türmen. Der erhaltene Plan ist eine Kopie aus der 2. Hälfte des 15. Jh.s, eine kolorierte Federzeichnung auf Papier im Format 40 mal 58 cm.

▶**1421/22** Rechnungsbücher des Stiftes Klosterneuburg (Niederösterreich) verzeichnen die Ausgabe für eine Landkarte (mappa), mit Sicherheit ist die sogenannte Fridericus-Karte gemeint (wahrscheinlich der Mönch Friderich aus dem Kloster St. Emmeram in Regensburg). Es ist die allererste moderne Darstellung Mitteleuropas, ohne die übliche Beeinflussung von Ptolemäus; sie zeichnet sich durch große Genauigkeit aus. Die Karte selbst ist nicht erhalten, doch einige Koordinationstafeln und Gewässerskizzen im Codex Latinus Monacensis 14 583 der Bayrischen Staatsbibliothek in München, die eine Beurteilung und eine Rekonstruktion zuließen.

▶**1421, Frühjahr** Herzog Albrecht V. befiehlt, alle wehrfähigen Männer des Landes über 16 und unter 70 Jahren, adelig oder nicht adelig, und ihre Waffen aufzuzeichnen, der erste Schritt zur Aufstellung eines Volksaufgebotes, der Landwehr *(→ 28. April 1431)*. Er läßt die ersten Hilfstruppen nach Mähren ziehen.

12. März Vollstreckung der Todesurteile gegen die Juden *(→ 23. Mai 1420)* auf der »Gänsweid« in Erdberg bei Wien durch Verbrennen, angeblich waren 86 Wagen für den Transport der Verurteilten nötig.

25. März König Sigmund belehnt Herzog Albrecht V. feierlich mit seinen Ländern und bestätigt ihm das gefälschte Privilegium maius für die Hilfe gegen die Hussiten.

28. September Vertrag von Preßburg zwischen König Sigmund und Herzog Albrecht V., mit dem der Herzog dem König Waffenhilfe im Kampf gegen die Hussiten zusagt. König Sigmund gibt Herzog Albrecht V. seine einzige Tochter Elisabeth zur Gemahlin *(→ 13. Oktober 1411)*, und sagt ihm die Erbfolge in Böhmen und Ungarn zu, falls er ohne weiteren Erben stirbt. Außerdem erhält der Herzog eine Mitgift in der Höhe von 100 000 Dukaten. Die Städte und Burgen, die Albrecht im Krieg erobern würde, sollen ihm gehören *(→ 22. April 1422).* Dieser Vertrag wird für die künftige Entwicklung von Österreich von ausschlaggebender Bedeutung.

▶**1422** Das Getto um den Judenplatz in Wien wird abgebrochen.

— Eggenburg, Waidhofen an der Thaya und Drosendorf (alle Niederösterreich) werden neu befestigt.

8. Januar Schlacht bei Deutsch-Brod (Ostböhmen), die Hussiten unter Johann Ziska fügen König Sigmund eine vernichtende Niederlage zu, sie vernichten die Stadt und vertreiben die deutsche Bevölkerung (erst sieben Jahre später Neubesiedlung). Erster Nachweis von taktisch eingesetzter Artillerie durch die Hussiten.

23. März König Sigmund überträgt Herzog Albrecht V. die Statthalterschaft über Mähren.

22. April Vermählung Herzog Albrechts V. mit Elisabeth, der einzigen Tochter König Sigmunds *(→ 30. Oktober 1411; 28. September 1421).* Damit hat das Haus Habsburg die Anwartschaft auf die Kronen von Böhmen und Ungarn erworben.

Ende April–Anfang Mai Um die Monatswende dringen die ersten hussitischen Streifscharen über die österreichische Grenze bis in die Nähe von Zwettl (Niederösterreich).

▶**1423** Tiroler Landtag in Meran (Südtirol), bestehend aus 18 Rittern, 18 Bauern und Bürgern und 36 Räten des Herzogs, erstmals bestimmt nicht nur der Adel die öffentliche Meinung. Der erste richtige Landtag Tirols ist der Beginn für die endgültige Niederlage des Adels *(→ Sommer 1415),* er setzt die Gleichberechtigung der unteren Stände durch.

— Herzog Ernst wird von Papst Martin V. mit dem Kirchenbann belegt. Der Herzog hatte bezüglich landesherrlicher Rechte schwere Konflikte mit dem Hochstift Salzburg.

4. April Graf Hugo von Montfort stirbt; geb. 1357. Er zog als Minnesänger mit Oswald von Wolkenstein *(→ 2. August 1445)* 1395 nach Jerusalem, 1413–1416 Landeshauptmann der Steiermark. Er schrieb Lieder, poetische Briefe und politische und lehrhafte Reden, in denen er seine Ansichten über die Zustände in Politik, Kirche und Gesellschaft darlegt. Gemeinsam mit Oswald von Wolkenstein gehört er zu den letzten, späten Vertretern des deutschen Minnesanges, wenn auch von etwas geringerer Bedeutung.

4. Oktober König Sigmund belehnt förmlich Herzog Albrecht V. mit Mähren.

▶**1424, 10. Juni** Herzog Ernst der Eiserne stirbt in Bruck an der Mur (Steiermark); geb. 1377 ebenda als dritter Sohn Herzog Leopolds III., seit 16. September 1406 Herzog von Steiermark, nennt sich seit der Huldigung auf dem Zollfeld am 18. März 1414 »Erzherzog«. Er ist der Begründer der steirischen Linie der Habsburger. Die Vormundschaft über seine minderjährigen Söhne Friedrich V. und Albrecht VI. übernimmt sein Bruder Herzog Friedrich IV.

11. Oktober Johann Ziska stirbt völlig erblindet in Přibyslau an der Pest, er entstammt dem niederen Adel und nannte sich von Trocnov (Tratzenau in Südböhmen), wo er um 1370 geboren wurde. Er war ein radikaler Hussitenführer *(→ 30. Juli 1419).*

November/Dezember Beginn der Hussiteneinfälle in ihre Nachbarländer – auch in Österreich nördl. der Donau *(→ Ende April–Anfang Mai 1422).*

▶**Um 1425** Gotische Glasmalereien in der Wallfahrtskirche Maria Höfl (Kärnten).

— Gotische Muttergottesstatue in der Schatzkammer des Stiftes Lilienfeld (Niederösterreich).

▶**1425** Gnadenbild thronende Madonna in der Wallfahrtskirche Maria Saal (Kärnten).

Anfang Gewaltige Einfälle der Hussiten in Niederösterreich im Raum nördl. der Donau mit umfangreichen Zerstörungen.

März Herzog Albrecht V. setzt für die Zeit seiner Abwesenheit (er zieht in Mähren und Ungarn gegen die Hussiten) »Anwälte« als seine Vertreter ein, eine Art Vorläufer der Statthalterei, bestehend aus den höheren Beamten und Räten des Herzogs.

11. Juni Die Länder ober und unter der Enns werden aus militärischen Gründen (für das Aufgebot) in Viertel geteilt, denen ein eigener »Viertelhauptmann« vorsteht: Niederösterreich: Viertel ober und unter dem Wienerwald und ober und unter dem Manhartsberg; Oberösterreich: Mühl-, Traun- und Hausruckviertel und Viertel im Machland (Ebene nördl. der Donau zwischen Mauthausen und Grein).

November Die Hussiten dringen in Niederösterreich bis Pulkau vor, sie zerstören über 30 Ortschaften und erstürmen nach 14tägiger Belagerung (und Untergrabung der Mauern) die Stadt Retz, wo sie über 1 000 Bewohner töten und alle Urkunden vernichten.

▶**2. Viertel 15. Jh.** Liebfrauenkirche (ehemals Spitalskirche) in Freistadt (Oberösterreich), ein Strebepfeiler mit 1447 bezeichnet.

— Von der Stadtbefestigung von Freistadt (Oberösterreich) der Pfefferbüchs- oder Dechantturm.

— Glasgemälde in der Pfarrkirche von St. Peter am Kammersberg (Steiermark).

— Muttergottesstatue aus Holz in der Pfarrkirche von Schwanenstadt (Oberösterreich).

— Rathaus von Hall (Tirol) mit Ratssaal von 1447 und das Stubenhaus in Hall mit Balkendecke von 1447.

— Chor der alten Pfarrkirche von Innsbruck-Hötting, 1438 geweiht (Langhaus erst 1491 geweiht).

— Bildstock anbetende Maria an der Mauer des Kapuzinerklosters in Bregenz.

▶**1426** Die »Alte Zeche« bei Schwaz (Tirol), ein schon in urgeschichtlicher Zeit betriebenes Bergwerk, wird wieder in Betrieb genommen.

März Neuerlicher Einfall der Hussiten in Niederösterreich, er dauert drei Wochen an. Sie äschern Feldsberg ein und erreichen Stockerau und die Donau.

Ende Verheerender Einfall der »Waisen«, eines speziellen Hussitenhaufens, unter Heinrich von Plass im Waldviertel (Niederösterreich).

31. Dezember Altweitra (Niederösterreich) fällt den Hussiten zum Opfer.

▶**1427** Wassertor der Stadtbefestigung von Schärding (Oberösterreich).

1. Januar Stift Zwettl (Niederösterreich) fällt dem Hussiteneinfall *(→ Ende und 31. Dezember 1426)* zum Opfer, Kirche und Kloster werden niedergebrannt. Der Klosterschatz und die Bibliothek können mit Mühe in die Burg Lichtenfels gebracht werden. Da die Hussiten die

Stadt Zwettl nicht einnehmen können, ziehen sie mordend und brennend über Schweiggers, Windischsteig, Dobersberg, Zuggers und Gmünd ab.

März Neuerlicher Einfall der durch neue Truppen verstärkten Hussiten zu Monatsbeginn – sie stehen am 12. abermals vor Zwettl (Niederösterreich).

25. März Schlacht bei Zwettl (Niederösterreich), ein Aufgebot aus dem Land ob der Enns unter Leopold von Krayg und Reimprecht von Walsee war herangeeilt. Die Österreicher hatten den Sieg bereits erfochten, doch kehrten die Hussiten zurück und rieben das österreichische Heer auf, 9 000 sollen gefallen sein. Da die Stadt Retz nicht eingenommen werden konnte, verwüsteten die Hussiten Umland der Städte Eggenburg, Waidhofen an der Thaya und Geras und drangen bis Krems vor. Auf ihrem Rückzug nach Mähren zerstörten sie das Stift Altenburg, Döllersheim, Altpölla und Fuglau.

▶**1428** Vorzüglich erhaltene gemalte Gewölbedekoration in der Michaelskapelle (Karner) von Berg (Kärnten).

Mai Die Hussiten fallen gegen Ende des Monats im Viertel unter dem Manhartsberg (Niederösterreich) ein, sie überschwemmen das Marchfeld und stoßen bis Stokkerau (Niederösterreich) vor.

31. Mai Nußdorf bei Wien wird von den Hussiten beschossen.

Sommer Großer Einfall der Hussiten im Land ob der Enns, der untere Mühlkreis bis zur Donau bei Linz ist besonders schwer getroffen, die Stifte Baumgartenberg und Waldhausen und die Orte Klamm, Ried, Marbach, Pregarten und Wartberg werden vernichtet. Im oberen Mühlviertel dringen sie bis zum Stift Schlägl vor und vernichten die Orte Aigen, Rohrbach, Sarleinsbach, Hellmonsöd und andere.

▶**1429, März** Die Hussiten ziehen nach Ungarn und belagern auf dem Rückweg Eggenburg (Niederösterreich).

April Aufgabe der Belagerung Eggenburgs, da ein österreichisches Entsatzheer heranzieht.

▶**Um 1430** Leonhardkirche in Murau (Steiermark), eine spätgotische Hallenkirche.

— Besonders wertvolle Fresken in der Wallfahrtskirche Maria Saal (Kärnten).

— Bildstock mit Pietàfresko des Kreuzweges zur St.-Leonhard-Kirche in Tamsweg im Lungau (Salzburg).

▶**1430/35** Geschnitzte Madonna, eine »Schöne Madonna«, in der Kapelle von Inzersdorf (Oberösterreich).

▶**1430** Peter Harberger beginnt mit dem Bau der Wallfahrtskirche St. Leonhard in Tamsweg im Lungau (Salzburg), besonders edle Maßverhältnisse. Die Kirche ist 1433 vollendet und wird 1478 mit einer Befestigung umgeben.

— Mit dem Bau der Pfarrkirche St. Wolfgang (Oberösterreich), einer gotischen Hallenkirche, wird nach einem Brand begonnen, 1460 vollendet *(→ 1451)*. St. Wolfgang steht zu dieser Zeit an vierter Stelle in der Rangordnung der katholischen Wallfahrtsorte: Rom, Aachen, Einsiedeln, St. Wolfgang.

10. Januar Herzog Philipp der Gute von Burgund stiftet in Brügge (Belgien) den »Orden vom Goldenen Vlies«. Es ist dies einer der höchsten weltlichen Ritterorden, Vorbild dafür ist die Argonautensage, daher das Widderfell. Aufgaben religiöser (Kreuzzugsgedanke) und ethischer (Rittertum) Art. Die Würde des Großmeisters kommt durch das Erlöschen des burgundischen Mannesstammes, Herzog Karl der Kühne stirbt am 2. Januar 1477, über Maria, die Erbin von Burgund, an König Maximilian I. Der Orden wird zum Hausorden der Habsburger, die Insignien befinden sich in der weltlichen Schatzkammer in der Wiener Hofburg.

Ostern Die Hussiten fallen mit rund 10 000 Mann ein, der Markt Thaya und das wiederaufgebaute Stift Altenburg *(→ 25. März 1427)* werden zerstört.

▶**1431, Februar und März** Reichstage in Nürnberg, auf denen der fünfte (zugleich letzte) Kriegszug gegen die Hussiten beschlossen wird.

28. April Herzog Albrecht V. erläßt im Einvernehmen mit einem Landtag eine umfangreiche Landwehrordnung, die 1432 etwas abgeändert wird.

August Die Hussiten fallen abermals in Österreich ein, sie stoßen über Weitersfeld bis Pernegg (Niederösterreich) vor.

Anfang August Ein Reichsheer unter dem Kurfürsten von Brandenburg dringt in Böhmen ein. Herzog Albrecht V., der den Angriff von Süden her zu unterstützen hatte, ficht bereits siegreich in Mähren.

14. August Schlacht bei Taus in Böhmen: Noch ehe es zur richtigen Schlacht kam, ergriff das Reichsheer die Flucht, die Hussiten erbeuteten fast den ganzen Troß.

14. Oktober Schlacht bei Kirchberg an der Wild (Waldviertel, Niederösterreich). Die heimziehenden Hussiten werden von einem österreichischen Aufgebot unter Leopold von Krayg, Georg von Puchheim, Ulrich und Martin Eyczing und Niklas dem Truchseß vernichtend geschlagen. Dies ist der erste namhafte Erfolg über die Hussiten. Über 1 000 Hussiten fallen, 700 werden gefangengenommen.

Mitte Dezember Rachefeldzug der Hussiten bis Waidhofen an der Thaya (Niederösterreich), Litschau wird niedergebrannt.

▶**1432, Mitte März** Hussiten fallen in Österreich ein, um die Gefangenen der Schlacht bei Kirchberg *(→ 14. Oktober 1431)* zurückzugewinnen. Herzog Albrecht V. verweigert die Herausgabe; die Hussiten verlangen deshalb bei den Friedensverhandlungen während des Basler Konzils (dieses tagt seit Juli 1431), daß der österreichische Herzog vom Frieden auszuschließen sei.

Mitte Dezember Die Hussiten verursachen bei einem Einfall im Marchfeld starke Verwüstungen. Bei ihrem Abzug holt sie Leopold von Krayg bei Znaim ein und fügt ihnen eine empfindliche Schlappe zu.

▶**1433/42** Besonders wertvolle Glasfenster in der Wallfahrtskirche St. Leonhard in Tamsweg im Lungau (Salzburg), Hauptwerke gotischer Glasmalerei, besonders das sogenannte Goldfenster und die »Apostelmühle«, eine recht seltene Darstellung.

▶**1433, 1. Hj.** Friedensverhandlungen zwischen Herzog Albrecht V. und den Hussiten führen zu einem Waffenstillstand *(→ 4. März 1434)*.

16. März Herzog Albrecht V. stiftet den »Orden vom Adler« (mit der Devise »Thue recht und scheue Niemand«) zur Bekämpfung des um sich greifenden religiösen Fanatismus.

2. Oktober Der Südturm der Wiener Stephanskirche, das Wahrzeichen Wiens, ist vollendet *(→ 7. April 1359)*.

30. November Annahme der Prager Kompaktaten auf einem böhmisch-mährischen Landtag durch die Hussiten. Prager Theologen hatten sie ausgearbeitet, das Basler Konzil abgeändert (im Januar 1433). Der gemäßigte Flügel der Hussiten, die Utraquisten, hatte sich durchgesetzt.

▶**2. Drittel 15. Jh.** Dom von Graz erbaut, vermutlich von dem Schwaben Hans Niesenberger.

— Fortsetzung und Vollendung der Pfarrkirche von Seefeld (Tirol), eine spätgotische Staffelkirche.

▶**1434, Frühjahr** Spaltung der Hussiten in die gemäßigte Gruppe der Utraquisten und die extrem radikalen Taboriten, die mit der Annahme der Prager Kompaktaten *(→ 30. November 1433)* nicht einverstanden waren.

4. März Herzog Albrecht V. schließt mit den Hussiten einen fünfjährigen Landfrieden *(→ 1. Hj. 1433)*.

30. Mai Schlacht bei Lipan (Böhmisch-Brod, östl. von Prag) zwischen den beiden Hussitenparteien *(→ Frühjahr)*. Sie endet mit einer vernichtenden Niederlage der radikalen Taboriten, deren Kraft damit gebrochen ist; erste Voraussetzung für das Ende der Hussitenkriege *(→ 5. Juli 1436)*.

▶**Um 1435** Bau der Pfarrkirche von Thaya (Niederösterreich), einer gotischen Hallenkirche, auf den Resten der romanischen Anlage aus dem 1. Drittel des 12. Jh.s.

— Bedeutende Tafelmalerei des linken Seitenaltars der Peterskirche in St. Lambrecht (Steiermark) vom sogenannten Meister der St.-Lambrechter Kreuzigung.

— Passionsspiel von St. Stephan in Wien entsteht und erlebt eine rasche und weite Verbreitung.

▶**1435** Baubeginn für die Pfarrkirche St. Andreas in Kitzbühel (Tirol), eine gotische Hallenkirche, 1506 vollendet.

25. Mai Übereinkommen von Wien, da Herzog Friedrich IV. widerrechtlich die Vormundschaft über seine Neffen *(→ 10. Juni 1424)* aufrechterhielt. Er muß nun binnen Jahresfrist die innerösterreichischen Länder an Friedrich V. und Albrecht VI. ausfolgen. Albrecht VI. anerkennt gemäß der Rudolfinischen Hausordnung *(→ 18. November 1364)* Friedrich V. als Senior an.

▶**1436** Kaiser Sigmund erhebt die Grafen von Cilli in den Reichsfürstenstand. Er war in zweiter Ehe mit Barbara von Cilli verheiratet, mit ihr hatte er seine einzige Tochter Elisabeth, die Gattin Herzog Albrechts V.

— Die Ruprechtskirche in Wien wird von dem Kärntner Ritter Georg von Auersberg aus eigenen Mitteln restauriert (Inschrift im Gotteshaus).

— Baubeginn für den gotischen Hallenchor der ehemaligen Stiftskirche (jetzt Pfarrkirche) von Baumgartenberg (Oberösterreich), 1446 vollendet.

5. Juli Landtag von Iglau, Kaiser Sigmund beschwört die Prager Kompaktaten *(→ 30. November 1433)* und wird als König von Böhmen anerkannt; Ende der Hussitenkriege.

▶**1437** Die Burg Hardegg (Niederösterreich) wird mit 46 700 Holzschindeln neu eingedeckt, Dachziegel kosteten damals mehr als das Doppelte *(→ 1140)*.

9. Dezember Kaiser Sigmund stirbt in Znaim; geb. am 15. Februar 1368 in Nürnberg als Sohn Kaiser Karls IV.; seit 1387 König von Ungarn, am 20. September 1410 von einer Minderheit zum deutschen König gewählt (am 1. Oktober Markgraf Jobst von Mähren gewählt, der allerdings bereits am 18. Januar 1411 stirbt), Kaiser seit 1433. Mit ihm erlischt der Mannesstamm der Luxemburger. Durch den luxemburgisch-habsburgischen Erbvertrag *(→ 28. September 1421)* wird Herzog Albrecht V. rechtmäßiger Nachfolger in Böhmen und Ungarn sowie »empfohlener« im Reich.

18. Dezember Herzog Albrecht V. wird zum König von Ungarn gewählt *(→ 1. Januar 1438)*.

27. Dezember Herzog Albrecht V. wird in Prag von der Mehrheit der Stände zum König von Böhmen gewählt *(→ 29. Juni 1438)*.

▶**1438/39** Gotisches Tympanon vom Westportal der Wallfahrtskirche Mariazell (Steiermark).

▶**1438** Ulrich von Eyczing läßt die spätgotische Wehrkapelle des Schlosses Schrattenthal (Niederösterreich) erbauen.

— Beginn des Baues der Burg in Graz als Residenz Herzog Friedrichs V., des späteren Kaisers Friedrich III., 1453 vollendet.

1. Januar Krönung Herzog Albrechts V. zum König von Ungarn in Stuhlweißenburg *(→ 18. Dezember 1437)*.

18. März Herzog Albrecht V. wird in Frankfurt einstimmig zum deutschen König gewählt (nur die Stimme Böhmens fehlte, da die Nachfolgefrage nicht restlos geklärt war; → 27. Dezember 1437). Als deutscher König trägt er den Namen Albrecht II.

29. April Herzog Albrecht V. nimmt die Wahl zum deutschen König an und bedingt sich für die Königskrönung in Aachen eine Frist (vermutlich von zwei Jahren) aus – ihn dürfte die nicht ganz gelöste böhmische Frage gestört haben. Die deutsche Königskrone und die damit verbundene römische Kaiserwürde blieben damit (bis auf die kurze Unterbrechung durch Karl VII. von Wittelsbach, 1742–1745) bis 1806 beim Haus Habsburg bzw. Habsburg-Lothringen. Österreich ob und unter der Enns, Böhmen, Mähren und Ungarn zum erstenmal in einer Hand.

29. Mai Prinz Kasimir von Polen, der jüngere Bruder des Königs von Polen, wird von der Nationalen Partei Böhmens zum König von Böhmen gewählt. Bei der Nationalen Partei gab es noch Hussiten, denen der katholische Habsburger nicht genehm war, außerdem sah die Partei lieber die Vereinigung Polens mit Böhmen.

29. Juni König Albrecht II. wird im Prager Veitsdom zum König von Böhmen gekrönt.

Juli König Albrecht II. beruft einen Reichstag nach Nürnberg ein, auf dem die Kurfürsten einen Entwurf zu einer neuen Reichsfriedensordnung vorlegen, mit der sie eine Reichsreform einleiten wollen. Da keine Einigung zustande kommt, wird auf einem weiteren Reichstag im Oktober, ebenfalls in Nürnberg, die Beratung fortgesetzt – der praktische Erfolg bleibt diesen Vorschlägen versagt.

Herbst Auseinandersetzung König Albrechts II. mit Prinz Kasimir von Polen. Ein polnisches Heer hatte sich in Tabor verschanzt, doch wird es von Albrecht nach einem längeren Stellungskrieg zum Abzug gezwungen. Auch der polnische Einfall in Schlesien führt zu keinem Erfolg, am 25. November huldigt die Stadt Breslau und am 3. Dezember die meisten schlesischen Fürsten dem König *(→ 10. Februar 1439)*.

▶**1439/40** Helene Kottaner (die »Kottanerin«, geb. um 1400 in Ödenburg, gest. nach 1470), die Kammerfrau (seit 1436) der Königinwitwe (nach Albrecht II.) Elisabeth, schreibt ihre »Denkwürdigkeiten«, sie enthalten den Raub und die Entführung der ungarischen Stephanskrone für Ladislaus Postumus aus der Burg Visegrád (Ungarn) und die politische Situation um Ladislaus.

▶**1439** Thomas Peuntner stirbt in Wien; geb. 1360/80 in Guntramsdorf (Niederösterreich), zuerst Domprediger von St. Stephan in Wien, ab 1428 Burgpfarrer am Herzogshof. Schrieb Erbauungsliteratur stark mystischer Prägung in der Volkssprache.

— Ältester Wiener Kalender, in der Kartause von Gaming (Niederösterreich) hergestellt. Neben den Namen

Friedrichs III. Vokalsymbol AEIOU

Die Vokale AEIOU waren die Devise Kaiser Friedrichs III. Fast alle Gegenstände, die dem Kaiser gehörten, weisen das Vokalsymbol auf – nicht immer in schöner Ausführung, oft sogar eigenhändig. Sie sind auch auf Bauwerken zu finden, z. B. Ruprechtskirche in Wien, Burg in Wiener Neustadt, Grazer Dom, Bürgerspitalkirche in Krems.
Personen höheren Standes verwendeten, ja verwenden noch häufig Zeichen und Symbole, deren tieferen Sinn sie dann durch Sprüche kommentieren. Die Wahl- und Wappensprüche gehören wohl auch dazu. Im Spätmittelalter nannte man diese Devisen »*liberey*«.
Daß Kaiser Friedrich seinem Vokalsymbol irgendeinen der zahlreichen »Österreichsinnsprüche« zugrunde legte oder daraus entwickelte, ist weder belegbar noch glaubwürdig. Die Verwendung entsprach viel eher seinen magisch-mystischen Beschäftigungen und nicht etwaigen Plänen einer habsburgisch-österreichischen Weltherrschaft.
Der bedeutende österreichische Historiker Alphons Lhotsky hat in einer Untersuchung (veröffentlicht in »Aufsätze und Vorträge«, Band II, Wien 1971) 86 der über 300 vorhandenen »Deutungen« aufgezeichnet, eine griechische, 72 lateinische und 13 deutsche Versionen wie:

Austria erit in orbe ultima
Austria est imperio optime unita
Aller Ehren ist Österreich voll (v = u)
Alles Erdreich ist Österreich untertan
Aerarisches Essen ist oft ungenießbar – ein Witzwort der Wiener Neustädter Militärakademiker zwischen 1911 und 1914.

Bis in unsere Tage wird das AEIOU interpretiert, der 1969 verstorbene Schriftsteller Gerhard Fritsch formulierte: »Aber es ist ohne Unheil«.
»Bella gerant alii, tu felix Austria nube« (»Kriege mögen andere führen, du, glückliches Österreich, heirate«) ist der Teil eines weniger oft zitierten Distichons »Nam quae Mars aliis, dat tibi regna Venus« (»Was Mars anderen gibt, schenkt dir Venus«).
Der Ausspruch wird oft dem ungarischen König Matthias Corvinus zugeschrieben, dürfte aber eher einem Humanistenkreis entstammen. Ob die Anspielung auf den Mangel an kriegerischem Unternehmungsgeist Friedrichs III. gemünzt ist oder auf die einträgliche Heiratspolitik seines Sohnes Maximilian I., ist nicht erwiesen. Für die nachfolgende kluge und territorial weitreichende Heiratspolitik des Hauses Habsburg paßt der Spruch jedenfalls vortrefflich.

der Heiligen sind auch die Aspekte der Planeten, die Ernteaussichten und ähnliches verzeichnet.

— Mit dem Bau der spätgotischen Stadtpfarrkirche von Braunau (Oberösterreich), einer Staffelkirche, wird begonnen, 1466 vollendet.

— »Leobner Eisenhandelsgesellschaft« gegründet, eine neue Betriebsform für die Abwicklung des Eisenhandels. Man kann sie als älteste Aktiengesellschaft bezeichnen.

22. Januar Mautsätze der neuerrichteten (von Stadt und König) Wiener Donaubrücke betragen: für inländische Lastfuhrwerke 5 Pfennig, ausländische 7 Pfennig, Fußgänger 1 Pfennig. Bei Hochzeitsgesellschaften richtet sich die Taxe nach der Braut: 12 Pfennig für eine Jungfrau, 24 Pfennig für eine Witwe.

10. Februar Waffenstillstand zwischen König Albrecht II. und Prinz Kasimir von Polen, der den Kampf um Böhmen damit aufgibt *(→ Herbst 1438)*.

April Einfall der Türken in das südl. Siebenbürgen (Ungarn). König Albrecht II. kann mit einem schwachen ungarischen Heer – die dort ansässigen Stände stellten für die Mithilfe kaum erfüllbare Bedingungen – den Fall der wichtigen Donaufestung Semendria nicht verhindern, er wartet im Raum Szegedin auf militärischen Zuzug *(→ 27. Oktober)*.

4. April König Albrecht II. gestattet der Stadt Wien den Bau einer Brücke über die Donau. Später Floridsdorfer Brücke genannt, bestand sie zunächst aus über einem Dutzend Holzbrücken über die zahlreichen Donauarme; die drei größten davon waren die »Schlagbrücke« (heute Schwedenbrücke), die »lange Brücke« (im Bereich des Augartens) und die »Wolfsbrücke« (später Taborbrücke, heute Floridsdorfer Wasserpark). Bis ins 19. Jh. war dies die einzige Donaubrücke im Wiener Raum.

24. Juni Herzog Friedrich IV. von Tirol, Friedel mit der leeren Tasche, stirbt; geb. 1382 als Sohn Herzog Leopolds III., seit 1402 Herzog von Tirol und den Vorlanden, begraben im Stift Stams (Tirol). Für seinen zwölfjährigen Sohn Sigmund von Tirol führt bis 1446 Herzog Friedrich V. die Vormundschaft.

27. Oktober König Albrecht II. stirbt in Langendorf bei Gran (Ungarn) an der Ruhr *(→ April)*; geb. am 10. August 1397 als Sohn Herzog Albrechts IV., seit 14. September 1404 als Albrecht V. Herzog von Österreich; Regierungsantritt am 13. Oktober 1411, am 18. März 1438 als Albrecht II. zum deutschen König gewählt, durch die Heirat mit der einzigen Tochter Kaiser Sigmunds und dem damit verbundenen Erbvertrag auch König von Ungarn (seit 18. Dezember 1437) und König von Böhmen (seit 27. Dezember 1437) und König von Böhmen (seit 27. Dezember 1437 bzw. 29. Juni 1438) *(→ 2. Februar 1440)*.

►**Vor 1440** Spätgotische Unterkirche der Filialkirche von Spital am Pyhrn (Oberösterreich).

►**Um 1440** Gotisches Tafelbild »Madonna mit den sechs Fingern« in der Pfarrkirche von Maria Laach (Niederösterreich).

— Gotisches Tafelgemälde des Hochaltars (Albrechtsaltar) der Kirche Am Hof in Wien, jetzt im Stift Klosterneuburg (Niederösterreich).

— Gemaltes Sakramentshaus an der nördl. Chorwand der Stadtpfarrkirche von Murau (Steiermark).

►**1440** Grabmal des hl. Vitalis aus Adneter Marmor in St. Peter in Salzburg.

— Niklas Velbacher beginnt mit dem Bau der Pfarrkirche von St. Marein bei Knittelfeld (Steiermark), besonders reich gestaltete Vorhalle, 1445 vollendet.

— Der Bau des Stadtturms von Korneuburg (Niederösterreich), ein mächtiger rechteckiger Bau wird begonnen, 1447 vollendet.

2. Februar Herzog Friedrich V. von Steiermark und Kärnten in Frankfurt am Main einstimmig zum deutschen König *(→ 6. April)* gewählt. Als König Friedrich IV., als Kaiser (ab 1452) Friedrich III. Seine 53jährige Regierungszeit war von schweren außen- und innenpolitischen Zwisten, ja Niederlagen geprägt. Doch unbeirrt verfolgte er seine Absichten und ließ sich durch Rückschläge nicht entmutigen. Der auch von der Geschichtsschreibung vielfach zu Unrecht verkannte Herrscher *(Rahmenartikel: Friedrichs III. Vokalsymbol AEIOU, S. 87)* legte durch seine Politik den Grundstein zur habsburgischen Hausmacht.

22. Februar Ladislaus Postumus, der Sohn König Albrechts II. (gest. 27. Oktober 1439), wird in Komorn (Ungarn) geboren, als nachgeborener Sohn wird er Ladislaus Postumus genannt. Nach dem Willen König Albrechts II. übernehmen die Königinwitwe Elisabeth und König Friedrich IV. (Ladislaus' Onkel) die Vormundschaft – langwieriger Streit um das Erbe König Albrechts II.

6. April Friedrich III. nimmt die Wahl zum deutschen König vom 2. Februar an.

10. April Königinwitwe Elisabeth überträgt in Komorn Herzog Albrecht VI. die Vormundschaft über ihren Sohn Ladislaus Postumus. Es gibt Differenzen zwischen den Brüdern wegen der Interessen des Hubmeisters (Verwalter des landesfürstlichen Vermögens) Ulrich von Eyczing.

15. Mai Ladislaus Postumus wird in Stuhlweißenburg zum König von Ungarn gekrönt.

23. Juni Herzog Albrecht III. von (Ober-)Bayern wird von den böhmischen Ständen zum König von Böhmen gewählt, er lehnt aber ab.

17. Juli Die ungarische nationale (Gegen-)Partei krönt in Stuhlweißenburg König Wladislaw III. von Polen (einen Jagellonen) zum König von Ungarn.

23. August Verträge von Hainburg zwischen Friedrich III. und Albrecht VI. führen zu einer ersten Regelung im Vormundschaftsstreit. Friedrich übernimmt nach Verzicht Albrechts die Vormundschaft, er unterstützt die Königinwitwe finanziell in ihrem Kampf in Ungarn. Ladislaus Postumus, bisher in Ödenburg und Forchtenstein untergebracht, wird nach Wr. Neustadt zu seinem Vormund Friedrich gebracht.

►**1441, 12. Mai** Ulrich von Eyczing sendet zusammen mit 150 anderen Gläubigern König Friedrich IV. einen Fehdebrief wegen rückständiger Soldforderungen.

7. Juli König Friedrich IV. wird über Vermittlung der Stände zu einem ungünstigen Vergleich gezwungen, auch muß er Ulrich von Eyczing unter seine Räte aufnehmen. Diese Situation zeigt deutlich die mißliche Lage der Finanzen in Österreich, hervorgerufen durch die Großmachtpolitik König Albrechts II., die auch durch die Hubmeisterrechnungen deutlich wird: zwischen 1437 und 1440 weisen sie einen Fehlbetrag in der Höhe von 14 000 Dukaten auf.

16. Juli König Friedrich IV. bestätigt die Anwälte und Ausschüsse der österreichischen Landesverwaltung bis zur Tilgung der Landesschulden.

►**1442** König Friedrich IV. krönt Enea Silvio Piccolomini zum Dichter und ernennt ihn zu seinem Sekretär. Der Bahnbrecher des Humanismus in Österreich kam um 1437 nach Wien *(→ 14. August 1464)*.

Februar Die meisten Anwälte *(→ 16. Juli 1441)* legen ihr Amt nieder.

23. Februar Johann von Gmunden stirbt; geb. um 1385, bedeutender Mathematiker und Astronom der Wiener Universität *(→ 1420/42)*, bahnbrechend sind seine astronomischen Tafeln und Berechnungen. Er gab den ersten gedruckten Kalender in deutscher Sprache heraus; in den letzten Lebensjahren war er Pfarrer von Laa an der Thaya (Niederösterreich).

April Der Landtag von Krems an der Donau (Niederösterreich) wählt für die Abwesenheit des Königs (dieser zur Krönung *[→ 17. Juni]* nach Aachen abgereist) einen Landmarschall und 22 Landräte.

17. Juni Krönung Friedrichs IV. zum deutschen König in Aachen.

— Zürich schließt ein Bündnis mit König Friedrich IV. gegen die Eidgenossen – die Zürcher hatten 1439/40 im Krieg gegen die Schwyzer eine Niederlage hinnehmen müssen *(→ 26. August 1444)*.

Sommer Raubzüge, vor allem der Herren von Vöttau (Südmähren) und ihrer Verbündeten, im Waldviertel (Niederösterreich).

19. Dezember Königinwitwe Elisabeth stirbt, damit ist König Friedrich IV. alleiniger Vormund von Ladislaus Postumus. Er unternimmt nichts, um die Rechte seines Mündels in Ungarn und Böhmen zu wahren.

►**1443** Neubau der spätgotischen Pfarrkirche von Rattenberg (Tirol), 1507 fertiggestellt.

Frühjahr/Sommer Weitere Übergriffe und Raubzüge mährischer, polnischer und ungarischer Streifscharen unter der Führung von Söldnerführern im nördl. und nordöstl. Niederösterreich.

Sommer Waffenstillstand mit Ungarn (Königinwitwe Elisabeth war gestorben, → *19. Dezember 1442*, kein Einsatz gegen Ungarn mehr.) König Wladislaw III. *(→ 17. Juli 1440)* ist nun im Besitz des größten Teiles des Landes.

31. Juli Verlängerung der Vormundschaft König Friedrichs IV. über Sigmund von Tirol. Die Tiroler Stände sind dagegen, doch kommt es erst 1446 *(→ 30. März–9. April 1446)* zum Vergleich.

3. November In der Schlacht bei Niš erringen die Ungarn unter Johann Hunyadi einen Sieg über die Türken.

►**1444** Baubeginn für den Scheiblingturm der noch gut erhaltenen Stadtbefestigung von Freistadt (Oberösterreich), er wird 1447 vollendet.

— Mit dem Bau der Pfarrkirche St. Andreas von Lienz (Osttirol), einer gotischen dreischiffigen Basilika, wird auf den Grundmauern des romanischen Baues (aus der Zeit um 1200) begonnen, 1457 vollendet.

30. April Die Appenzeller erklären Österreich und Zürich den Krieg *(→ 17. Juni 1442; 26. August 1444)*.

1. August Friede von Szegedin zwischen König Wladislaw III. von Ungarn und den Türken *(→ 10. November)*.
26. August Schlacht bei St. Jakob an der Birs (bei Basel). Niederlage der Eidgenossen im Krieg gegen Zürich, dem »Alten Zürichkrieg«, der seit 1436 anhält. König Friedrich IV. hatte, um seinen verbündeten Zürchern *(→ 17. Juni 1442)* zu helfen, ein Heer von französischen Söldnern unter der Führung des Dauphins (des Thronfolgers, des späteren König Ludwig XI. von Frankreich) zu Hilfe gerufen. Große Verluste auf beiden Seiten *(→ 6. März 1446)*.
10. November Schlacht bei Varna am Schwarzen Meer. König Wladislaw III. von Ungarn hatte sich trotz des Friedens von Szegedin *(→ 1. August)* vom päpstlichen Legaten Julian Cesarini zum Krieg gegen die Türken drängen lassen. Entscheidende Niederlage König Wladislaws III. von Ungarn, der in der Schlacht fällt *(→ 1445; 1446)*.
►1445/50 Martinus Opifex, ein Mitglied der »Wiener Hofminiatorenwerkstatt«, schreibt »Guido de Columnis: Der Trojanische Krieg«, eine mit 330 Miniaturen und zahlreichen Initialen ausgestattete Handschrift (Österreichische Nationalbibliothek, Wien).
►1445 Ladislaus Postumus wird von der nationalen Gegenpartei Ungarns als König von Ungarn anerkannt.
Februar Gemeinsamer Landtag der österreichischen und mährischen Stände in Znaim (Südmähren) wegen der immer noch stattfindenden Raubzüge *(→ Sommer 1442; Frühjahr/Sommer 1443; Dezember 1445)*.
2. August Oswald von Wolkenstein stirbt auf Burg Hauenstein (Tirol); geb. am 2. Mai 1377 auf Schloß Schöneck oder der Trostburg im Grödental (Südtirol). Der letzte Vertreter des deutschen Minnesanges. Oswald stand im Dienst Herzog Albrechts III. und des Deutschen Ritterordens und bereiste ganz Europa und Ägypten, mit Graf Hugo von Montfort 1395 auch Jerusalem. Er beherrschte zehn Sprachen. Seine Melodien sind schon liedmäßig, einige seiner Werke auch mehrstimmig; besonders bekannt sind die Vogelstimmenmotette »Der may mit lieber zal« und drei mit »Fuge« überschriebene Kanonsätze. Neben echter Liebeslyrik schrieb er drastische Trink- und burleske Tanzlieder, politische Streit- und geistliche Lieder. Eine Handschrift seiner Werke aus 1425 befindet sich in der Österreichischen Nationalbibliothek, Wien.
Dezember Waffenstillstandsabkommen der österreichischen und mährischen Stände *(→ Februar; 25. März 1446)*.
►1446 Johann Hunyadi, ein Heerführer und Magnat, wird von den Ungarn zum Reichsverweser ernannt.
— Die Schulordnung von St. Stephan in Wien bestätigt einen Kantor und einen Subkantor, ein Beweis für die immer größer werdende Bedeutung der Musikerziehung in Österreich.
— Langhaus der Pfarrkirche Mariapfarr (Salzburg), eine gotische Basilika.
— Beginn für den gotischen Neubau des Chores der Schottenkirche in Wien, 1448 vollendet.
— Der spätgotische Bau der Wehrkirchenanlage Unsere Liebe Frau in Hochfeistritz (Kärnten) wird begonnen. Der 1491 vollendete Bau weist reichen bauplastischen Zierat auf.
6. März Schlacht bei Ragaz, die letzte im »Alten Zürichkrieg« *(→ 26. August 1444)*; ein österreichisches Heer unter Hans von Rechberg wird von den Eidgenossen geschlagen. Die seit 1445 eingeleiteten Friedensverhandlungen führen 1450 zu Schiedssprüchen, die auch das Bündnis zwischen Österreich und Zürich *(→ 17. Juni 1442)* für unzulässig erklären. Österreich verzichtet (stillschweigend) auf alle an die Eidgenossen verlorenen Rechte und Gebiete.
25. März Der Landfrieden von Österreich und Mähren von den Ständen dieser Länder in Wien beschlossen; eine Folge des Waffenstillstandsabkommens vom Dezember 1445 *(→ dort)*.
30. März–9. April Vergleich über die Verwaltung der habsburgischen Länder. Unter Aufrechterhaltung der Unteilbarkeit erhält Herzog Sigmund Tirol, Herzog Albrecht VI. die Vorlande, König Friedrich IV. behält (als Herzog Friedrich V.) Innerösterreich und die Länder ober und unter der Enns.
21. September Meister Hanns Puchspaum wird vom Rat der Stadt Wien und vom Kirchenmeister von St. Stephan zum leitenden Baumeister des Stephansdomes bestellt. Der bedeutende Meister der Hochgotik stammt vermutlich aus dem südwestdeutschen Raum, er stirbt 1454(?). Über 50 seiner einzigartigen Baurisse sind in der Dombauhütte von St. Stephan, übrigens der umfangreichsten Sammlung gotischer Architekturzeichnungen der Welt, erhalten.
►1447 Wr. Neustädter Altar im Stephansdom in Wien, ein gotischer Flügelaltar aus dem Neukloster von Wr. Neustadt (Niederösterreich), der 1884 nach Wien kam. Der Altar stammt vermutlich aus Kärnten und trägt das »AEIOU« Friedrichs III.
— »Münzerturm« der Burg Hasegg in Hall (Tirol).
— Die Kapelle der Wiener Hofburg (= der älteste ursprünglich erhaltene Raumteil der Wiener Hofburg) wird vergrößert und umgestaltet, 1449 vollendet.
— Baubeginn für die Pfarrkirche von Maria Waitschach (Kärnten), eine eindrucksvolle, besonders gut proportionierte gotische Hallenkirche, 1500 vollendet.
— Bürgermeister und Rat der Stadt Wien gestatten dem Schottenstift, 70 Fuder Wein frei in die Stadt zu führen, wovon 32 Fuder in ihrem Keller öffentlich auszuschenken sind, jedoch ohne Kugeln, Kegel und Würfelspiel zu dulden.
1. Juni Waffenstillstandsabkommen von Radkersburg zwischen König Friedrich IV. und Johann Hunyadi, demnach verbleibt Ladislaus Postumus weiterhin im Gewahrsam Friedrichs.
►1448 Streifscharen des polnischen Söldnerführers Pankraz treiben weiterhin *(→ Sommer 1442; Frühjahr/Sommer 1443)* im nördl. und östl. Niederösterreich ihr Unwesen, sodaß die österreichischen Stände an ein Volksaufgebot denken *(→ 3. September 1449; Anfang 1450)*.
— Baubeginn für die Wallfahrtskirche von Pernegg (Steiermark), die gotische Hallenkirche wird 1461 vollendet.
17. Februar König Friedrich IV. besiegelt in Wien das Reichskonkordat (auch Wiener Konkordat genannt). Er verhandelte als Reichsoberhaupt in Wien mit Kardinal Juan Carvajal als Vertreter Papst Nikolaus' V. seit September 1447. Das Konkordat wird am 19. März als päpstliches Privileg publiziert und stärkt die Position des Papstes, regelt die Beziehungen zwischen der »deutschen

Kirche« und Rom; es ist bis 1806 gültig. Beginn und Voraussetzung der kirchlichen Neuordnung von Österreich *(→ 6. September 1462; 18. Januar 1469).*

3. September Georg von Podjebrad, 1444 von den böhmischen Ständen zum Reichsverweser bestellt, sichert sich durch einen kühnen Handstreich Prag. König Friedrich IV. hatte die Wahl zum König von Böhmen *(→ 23. Juni 1440)* nicht angenommen und Ladislaus Postumus nicht ausgeliefert, deshalb blieb die böhmische Lösung offen und begünstigt das Aufkommen Podjebrads.

►1449 Figurenreiches Tafelbild der Kreuzigung in der Pfarrkirche von Gmünd (Kärnten).

— Dreifaltigkeitsaltar in der Spitalskirche von Bad Aussee (Steiermark), ein von König Friedrich IV. gestifteter gotischer Flügelaltar.

— In der Burg von Wr. Neustadt (Niederösterreich) beginnt Peter von Pusika mit dem Ausbau der Georgskapelle. Die 1460 vollendete Kapelle weist eine bemerkenswerte Hoffassade (die sog. Wappenwand) aus 1453 mit 14 habsburgischen Wappen und 93 Phantasiewappen auf.

— In Hofstetten bei St. Martin (Oberösterreich) wird eine Bierbrauerei urkundlich erwähnt *(→ 1416).*

3. September Landtag von Krems an der Donau (Niederösterreich) faßt endlich bindende Beschlüsse zur Landesverteidigung *(→ 1448; Anfang 1450).*

14. Oktober Ein Blitzschlag trifft den Südturm von St. Stephan in Wien, der dadurch entstehende Brand richtet verheerenden Schaden an.

►Vor Mitte 15. Jh. Geschnitzte thronende Madonna in der Pfarrkirche von Launsdorf (Kärnten).

►Um 1450 Etwa 5 000 Studenten (um 1400 waren es 4 000) studieren an der Wiener Universität, wo der Humanismus eine erste Blüte erlebt. Bedeutendste Vertreter sind Enea Silvio Piccolomini, der spätere Papst Pius II. *(→ 14. August 1464),* Johannes Fuchsmagen aus Tirol, der auch als Diplomat im Dienste Friedrichs III. stand, und Georg von Peuerbach.

►Mitte 15. Jh. Christophorusfresko in der Pfarrkirche von Pfarrkirchen bei Bad Hall (Oberösterreich).

— Gotisierung und Erweiterung der Stiftskirche Schlägl (Oberösterreich), hoher gotischer Chor aus dieser Zeit.

— Langhaus der Pfarrkirche von Bischofshofen (Salzburg), ein gotischer Staffelbau.

— Müllner Kirche (Pfarrkirche zur hl. Maria) in Salzburg.

— Gotische Madonna aus Meran auf dem Hochaltar der Pfarrkirche von Seefeld (Tirol).

— Schloß Münichau in Reith bei Kitzbühel (Tirol), edelsitzartige Anlage mit Kapelle, heute Hotel.

— Spätgotische Bürgerhäuser in Rattenberg (Tirol).

— Gotische Fresken von Jakob Sunter im Chor der Pfarrkirche von Strassen (Osttirol).

— Gotische Fresken des Meisters Thomas von Villach, ein Frühwerk, in der Pfarrkirche von Altenmarkt (Kärnten).

— Gemaltes Sakramentshaus von Friedrich von Villach (einem Bruder des Thomas von Villach) in der Pfarrkirche von Deutsch Griffen (Kärnten).

— Filialkirche des hl. Alexius von St. Kathrein an der Laming (Steiermark) – der gotische Bau hat auffallend verwandte Züge zur Pfarrkirche von Hallstatt (Oberösterreich).

— Gemalter Flügelaltar des hl. Martin und zwei weitere Tafelbilder (vielleicht auch ein Jahrzehnt älter) aus der Pfarrkirche von St. Katharein an der Laming (Steiermark), jetzt im Landesmuseum, Graz.

— Bemerkenswerte Reliefarbeit der Grabplatte für Herzog Ernst den Eisernen aus Rotmarmor im Stift Rein (Steiermark).

►1450 Grundsteinlegung für den Nordturm (unausgebaut) von St. Stephan in Wien, Baubeginn später.

— Baubeginn für die spätgotische Hallenkirche von Schönbach (Niederösterreich), 1457 vollendet.

Anfang Graf Ulrich II. von Cilli unternimmt einen Kriegszug mit bedeutenden Kräften gegen den Söldnerführer Pankraz *(→ 1448; 3. September 1449).* Mehrere von Pankraz' Stützpunkten, wie etwa Niederweiden (Niederösterreich), werden zerstört, 69 seiner Spießgesellen aufgehängt, er selbst flieht zu Johann Hunyadi, der sich für das Ende der Raubzüge verbürgt.

22. Oktober Preßburger Vergleich zischen König Friedrich IV. und Johann Hunyadi. Hunyadi wird als Reichsverweser von Ungarn anerkannt, Ladislaus Postumus soll bis Februar 1458 bei König Friedrich bleiben *(→ 24. Januar 1458).*

►2. Hälfte 15. Jh. Philipp Frankfurter, ein Wiener Schwankdichter, verfaßt bzw. sammelt nach 1450 (erster Druck 1473) die Schwanksammlung »Der Pfaff vom Kalenberg«. Er prangert in österreichischem Dialekt die Laster der Bauern und der Kleriker an.

— Die Bedeutung der Domschule von St. Stephan in Wien nimmt zu. Der hier lehrende Propst des Dorotheerstiftes, Stephan Landskranna, verfaßt das meistgelesene Erbauungsbuch der Zeit = »Himmelsstraße«.

— Das Volkslied erlebt in Österreich seine erste große Blüte: »Es tagt in osterriche« und das heute noch bekannte »Es steht manch Schloß in Österreich« als Beispiele.

— Spätgotische Kirche von Edlitz (Niederösterreich), innen eine Galerie (Wehrgang) auf Kragsteinen.

— Piaristenkirche (früher Jesuitenkirche) in Krems (Niederösterreich) unter Verwendung der romanischen Westmauer und des ebenfalls romanischen Westturmes.

— Gewölbemalereien in der Filialkirche St. Kathrein an der Laming (Steiermark).

— Kirche Peter und Paul in Lavant (Osttirol) mit Holzdecke, datiert 1516; sie steht vermutlich auf einer vorchristlichen Weihestätte.

— Bemalte Holzdecken in den Filialkirchen Lampersberg und Schlanitzen (Kärnten).

— Veränderungen des spätromanischen Baues der Stadtpfarrkirche von Völkermarkt (Kärnten).

— Palas der Burg Groppenstein (Semslach, Kärnten) mit Rankenmalereien im Rittersaal und bemerkenswerten spätgotischen Schlössern und Türbeschlägen.

— Altes Gesellenspital in Bregenz mit erhaltenen Außenfresken.

►3. Viertel 15. Jh. Reichgestaltete spätgotische Filialkirche in Weigersdorf (Oberösterreich).

— Spätgotischer Grabstein für Peter, den Baumeister der Pfarrkirche von Zeltschach (Kärnten), an der Ostseite des Pfarrhofes.

— Muttergottes aus Holz in der Pfarrkirche von Rankweil (Vorarlberg).

►1451/52 Spinnerin am Kreuz an der südl. Ausfallstraße (Triester Straße) von Wien nach den Plänen des Meisters Hanns Puchspaum. Ein 16 m hoher gotischer

Kaiserkrönung Friedrichs III. in Rom 1452

Von der letzten Kaiserkrönung in Rom ist ein ausführlicher Bericht eines Augenzeugen aus dem Gefolge des Kaisers erhalten. Freiherr Kaspar Enenkel von Albrechtsberg, Landstand von Niederösterreich, berichtet:

»In dem Jar als man zelt von Unseres Lieben HErrn JEsu Christi Geburt 1452, der Allerdurchleuchtigst, Grossmächtigst und Aller-Christlichst Römisch König Fridrich, allzeit Mehrer des Reichs, ein regierender, gebohrener Fürst von Oesterreich zu emphahen die heilig-würdig Kayserlich-Cron, und sein Gemahelschafft zu Rom zu vermählen [die Trauung mit seiner Braut Eleonore von Portugal sollte in Rom stattfinden], zog aus nacher Rom aus der Stadt St. Veith in Kärndten, welches ein Ertz-Hertzogtum und der Fürsten von Oesterreich ist. Welches Ausziehen beschehen ist in Weynacht-Feyertagen desselben Jars.
... Von Tervis [Treviso] aus ist der König über alle Graben auf neuen Bruckn fortgezogen, die die Venediger dem König zu Ehren haben machen lassen, bis nach Padua. Da ist dem König gar stattlich Ehr von allem Volck widerfahren ...
Am Mittwoch vor Oculi [dritter Fastensonntag] ist der König sambt der Königin vor die würdige Stadt Rom kommen, aber des Nachts also vor der Stadt bliben. Man lägert sich auf einer Wisen in schönen Zelten von blau, roth und weisser Seiden, welche der Pabst aufzuschlagen bestellt.
Donnerstag vor Oculi legten sich alle an in Streitt-Harnisch. Und führt der Reichs-Panner (den Adler mit einem Haupt in einem gulden Duch [Feld] an einer guldin Stangen) der Wohlgeborren Edl Herr, Herr Michel des heiligen Römischen Reichs Burggraf zu Maydburg und Graf zu Hardeck zu dem sind geordnet gewest Grafen, Herren und Ritter wohl bei 500 Mann in köstlich Harnisch mit ihren Dienern. Vor dem Panner zogen auch ze Ross 200 Mann wohl geharnischt. Nach dem Panner seynd geordnet gewest wohl 600 ze Ross ... Danach ritt der Römisch König, und vor ihm der Senat von Rom, all in Sammat und Scharlach gekleydt ... Neben dem König ritten zwen herrliche Cardinal, sambt vil Geistlich und weltlichen von Lands Herren und Grafen, item des Königs Räte und Doctores. Es giengen auch ze Fussen vil Lands-Herren und des Königs Cammerer und Truchsessen bey 50 Mann in ihren Harnisch, dass niemand zu dem König nahen möcht. Und nach demselben zug wohl bey 200 Knaben mit Fahnen, auch alle ze Ross, und nach demselben aber vil Herren, Ritter und Knecht. Darnach reit daher die Edl zierlich Königin Leonora ... Darnach ritten die Herren von Reichs-Städten [die Abgesandten der deutschen Reichsstädte], zemahl ein köstlich Zeug; ... wohl bei 500 Mannen ze Ross.
Der Pabst und die Römer zu des Römischen Königs Hut hatten bestellt 3 000 Söldner ze Ross, die waren wohl geharnischt ... und darnach gieng 200 Mann ze Fussen, auch wohl geharnischt, die hielten die Nachhut. Also ritt der König zu Rom ein ...
Am Sonnta Laetare ward der Pabst mit sein Cardinalen und 400 Bischoffen versammelt in S. Peters Münster. Darin kam der Kayser in ein blauen wullin [wollenen] Rock, knyet für den Pabst. Darnach führt ihn der Pabst mit sambt den Chor-Herren beyseits, und legten ihm sein kayserliche Kleyder an, und führten ihn zur silbren Port ... Nachdem führten ihn der Pabst und Chor-Herren zu obrist in die Kirchen zu S. Mauritien-Altar mit einer löblichen Procession; da legt man dem König an Kayserlich Gezier und Gewandt, und salbet ihn da der Bischoff Hostiensis [von Ostia] Creutz-weiss mit dem heiligen Öl zwischen den gerechten [rechten] Armb und der Schulter mit grosser Andacht und Würdigkeit, und sprach manch Gebett über ihn ... Darnach ging der Kayser zu S. Peters Altar in ein breiten Tabernacl [Nische], da emphieng ihn der Papst mit dem Kuss des Friedens, als ein seiner Diener und Diacon. Also hueb man die Mess an ze singen ... Dan nach dem Evangelio führt der Papst den Kayser und die Kayserin vor S. Petrus Altar, da knyet der Kayser nider, und lase der Pabst etwas lang über ihn, und setzt ihm auf die heilig Cronen Kayser Carls, und sprach alles in Latein zu ihm. Darnach gab er ihm in die Hand das heilig Schwerdt Carls also bloss [entblößt], und ward also der Kayser S. Peters Ritter. Des Schwerdt umgürtet er, zogs aus, erschitterts [schwingt es] und steckts wider ein. Darnach gab ihm der Pabst in die rechte Hand das heilig Scepter, in die lincke den heilig Majestät-Apfel, alles mit schönen geistlichen Collecten ...«

Tabernakelpfeiler auf achteckigem Grundriß. Hier war eine der Wiener Hinrichtungsstätten. Der Galgen wurde im Jahre 1747 in die Roßau (Wien 9) verlegt. Die Säule trägt ihren Namen erst seit 1804, vorher hatte sie mehrere Bezeichnungen.

1451 Der Franziskanerpater Johannes von Capistran (in Capistrano in den Abruzzen geboren), ein Wanderprediger, predigt von der nach ihm benannten Kanzel im Stephansfriedhof in Wien (steht dort seit etwa 1430) gegen die Hussiten und die Türken. (Die Kanzel, ursprünglich aus Holz, später in Stein nachgebildet und an die Ecke des Nordchores von St. Stephan gestellt.) Außerdem gründet er das Franziskanerkloster St. Theobald auf der Laimgrube (Wien 6).

— Kardinal Nikolaus von Cues weilt als Legat Papst Nikolaus V. in Wien.

— Kapelle der Burg Klamm (Niederösterreich), der Sicherungsanlage des Weges über den Semmering.

— Gotischer Wappenstein für Johann Schoner an der Friedhofsmauer in Zell am Ziller (Tirol).

— Der Passauer Dombaumeister Georg Windisch beginnt mit dem Bau des Chors und der Chorkapelle der

Pfarrkirche von Eferding (Oberösterreich), 1457 vollendet.

— In der Pfarrkirche von St. Wolfgang (Oberösterreich) wird mit dem Neubau eines größeren Chores begonnen, 1477 vollendet.

14. Oktober Mailberger Bündnis zwischen den österreichischen Ständen und Graf Ulrich II. von Cilli, um die Freigabe Ladislaus' Postumus, den sie als ihren rechtmäßigen Landesherren ansehen, zu erreichen oder ihn auch gewaltsam aus der Hand König Friedrichs IV. zu entführen. In der Johanniterkommende von Mailberg sind es zuerst 16 Adelige unter der Führung von Ulrich von Eyczing *(→ Dezember).*

November König Friedrich IV. durchkreuzt den Plan der österreichischen Stände, nimmt Ladislaus Postumus auf seine Romreise *(→ 19. März 1452)* mit.

Dezember Zahlreiche Ständemitglieder schließen sich in Wien dem Mailberger Bündnis vom 14. Oktober an. An der »zweiten Bundesurkunde« hängen 254 Siegel.

►1452 In der Kapelle der Burg Mauterndorf (Salzburg) beginnt man mit der Errichtung eines gotischen Flügelaltars, 1461 vollendet.

5. März Heerschau der gesamten Opposition gegen König Friedrich IV. in Wien und Bündnis der österreichischen Stände mit Johann Hunyadi, dem Reichsverweser von Ungarn. (Ladislaus Postumus war am 22. Februar zwölf Jahre alt geworden, hatte also die sogenannten »bescheidenen Jahre« erreicht, wodurch nach dem österreichischen Landrecht die Stände auch eine rechtliche Grundlage für ihre Forderungen hatten.)

16. März Vermählung König Friedrichs IV. mit Eleonore von Portugal in Rom. Der Brautwagen ist der älteste erhaltene gotische Prunkwagen (Joanneum, Graz).

19. März Kaiserkrönung Friedrichs IV. in Rom, als Kaiser nun Friedrich III.

4. April Papst Nikolaus V. erläßt eine Bulle, die die Androhung des Bannes enthält, falls sich die oppositionellen Stände Kaiser Friedrich III. nicht unterwerfen. Das war die Antwort des Papstes auf eine Gesandtschaft der Stände von Österreich ober und unter der Enns, Böhmen und Ungarn, die ihre Beschwerde gegen Friedrich vorgebracht hatten. Von den österreichischen Diözesanen wurde die Bulle nicht verkündet.

27. April Georg von Podjebrad wird zum Landesverweser von Böhmen gewählt *(→ 3. September 1448).*

20. Juni Kaiser Friedrich III. (aus Rom zurückkehrend) zieht in Wr. Neustadt ein. Obwohl Kaiser Friedrich III. über eine Streitmacht von etwa 4 000 Reitern und eine größere Anzahl von Fußtruppen verfügt, unternimmt er nichts gegen die Stände, sondern verteilt seine Kräfte auf verschiedene Burgen.

28. Juli 500 Mitglieder der ständischen Partei senden Kaiser Friedrich III. einen Absagebrief.

Ende Juli Beginn der Kampfhandlungen, die bis Mitte August um sich greifen. Hainburg (Niederösterreich) wird von böhmischen Söldnern des Kaisers eingenommen, Walseeische Burgen in Oberösterreich werden von Ständen belagert, das kaiserliche Schloß Weitenegg wird von den Truppen des Abtes von Melk eingenommen.

15. August Schloß Orth an der Donau (Niederösterreich) muß sich nach achttägiger Belagerung ergeben.

28. August Ein ständisches Heer erscheint vor Wr. Neustadt, der Sturm auf Stadt und Burg wird durch den heldenhaften Widerstand unter dem steirischen Söldnerführer Andreas Baumkircher verhindert.

1. September Vergleich zwischen Kaiser Friedrich III. und den Ständen. Rückerstattung der besetzten Besitzungen und Freilassung der Gefangenen, dafür übergibt der Kaiser (am 4. September) Ladislaus Postumus an Graf Ulrich II. von Cilli (Onkel Ladislaus).

6. September Ladislaus Postumus zieht als Landesherr feierlich in Wien ein, er regiert unter der Obhut Graf Ulrichs II. von Cilli in der Wiener Burg.

29. September Verleihung des Münzmeisteramtes an Wolfgang Holzer; die erste bekannte Urkunde, die Ladislaus Postumus als Landesherr siegelt.

►1453, 6. Januar Kaiser Friedrich III. bestätigt in Wr. Neustadt das (gefälschte) Privilegium maius Herzog Rudolfs IV. *(→ Rahmenartikel: Die österreichischen Freiheitsbriefe, S. 44).* (Sein erster Versuch der Bestätigung mit der Urkunde vom 25. Juli 1442 war praktisch ohne Auswirkung geblieben.) Der Titel »Erzherzog« wird damit »amtlich« eingeführt für den österreichischen Landesfürsten, der in die Reihe der Kurfürsten nicht aufgenommen war, nun aber über allen Herzögen des Reiches stand. Erst später wurde Erzherzog Titel für alle Prinzen des Hauses Habsburg.

13. Mai Ladislaus Postumus ordnet die Anlage von Getreidespeichern, »Kornkasten und Mehlgruben« in Wien an, aus denen in Notzeiten Korn und Mehl billig abgegeben werden soll.

6. Juni Die Stadt Wien erhält von Ladislaus Postumus ein Privilegium zum Schutz gegen Geldforderungen und gegen die Niederlassung der Juden *(→ 27. September 1455).*

18. September Landtag von Korneuburg (Niederösterreich). Es gelingt Ulrich von Eyczing, Ladislaus Postumus auf seine Seite zu ziehen, Graf Ulrich II. von Cilli wird unrechtmäßiger Handlungen bezichtigt.

4./5. Oktober In der Nacht umzingeln die Anhänger Ulrich von Eyczings die Burg in Wien und zwingen Graf Ulrich II. von Cilli am 5. zum Verlassen der Stadt.

13. Oktober Ladislaus Postumus unterwirft sich den Verfügungen der ständischen Anwälte (zwölf), die bis zu seinem 20. Lebensjahr die Regierung im Lande »Österreich niderhalb und ob der Enns« führen sollen.

27. Oktober Ulrich von Eyczing, Johann Hunyadi und Georg von Podjebrad schließen sich durch ein Bündnis noch enger zusammen.

28. Oktober Ladislaus Postumus in Prag zum König von Böhmen gekrönt, außerdem ist er noch König von Ungarn und Erzherzog von Österreich.

►Um 1454 Gotischer Flügelaltar (die Muttergottesgruppe darin allerdings aus der 1. Hälfte des 18. Jh.s) in der Pfarrkirche von Treffling (Kärnten); die Tafelbilder der Flügelinnenseiten, vermutlich von Thomas von Villach, entstanden etwas später.

►1454, Mai König Ladislaus Postumus nimmt Anfang des Monats den gestürzten Konrad Hölzler (1451 königstreuer Bürgermeister von Wien, 1453 Hubmeister von Österreich, doch jeweils von Ulrich von Eyczing zum Rücktritt gezwungen) in Gnaden auf. Dies ist ein Beweis für den Rückgang des Einflusses von Eyczing.

1. September Landtag in Wien, geleitet von Wolfgang von Walsee, dem von König Ladislaus Postumus eingesetzten »obersten Hauptmann ob und unter der Enns«. Der Landfriedensgedanke steht im Vordergrund.

►1455 Das Rathaus von Wien (altes in der Wipplingerstraße) wird nach Plänen von Lorenz Spening von der Dombauhütte St. Stephan zu bauen begonnen, 1457 vollendet.

16. Februar König Ladislaus Postumus ist nach langer Abwesenheit wieder in Wien, Aussöhnung mit Graf Ulrich II. von Cilli, der wieder sein Ratgeber wird. Ulrich von Eyczing verläßt heimlich Wien, seine Anhänger werden zum Teil festgenommen.

27. September König Ladislaus Postumus bestätigt sein Privileg vom 6. Juni 1453 *(→ dort)* gegen die Juden, er setzt damit die Politik seines Vaters Albrecht II. fort.

6. Dezember Münzkonferenz Bayerns und Österreichs in Linz, um in beiden Ländern eine Münzprägung nach gleichem Schrot und Korn zu erreichen, Verhandlungen scheitern. (Ladislaus Postumus hatte bereits mit seiner Hausgrafenordnung vom 13. Mai 1453 eine Verschärfung des Wiener Niederlagsprivilegs verlangt und die Absicht geäußert, eine neue, bessere Münze auszugeben.)

►Vor 1456 Martinus Opifex, bedeutender Miniaturmaler des süddeutschen-österreichischen Raumes, stirbt; geboren vor 1400, Miniaturmaler Kaiser Friedrichs III. Von ihm ist wenig bekannt, sein Name vielleicht aus opi (altböhmisch op = Affe) und Fex (mittelhochdeutsch = Narr) zusammengesetzt. Überliefert ist seine Name im »Trojanischen Krieg« des Guido da Columna, ein 1447/48 entstandener und mit 335 Miniaturen ausgestatteter Codex (Nr. 2773 der österreichischen Nationalbibliothek). Bedeutend ist auch seine Mitarbeit am reich illuminierten Brevier Kaiser Friedrichs III. und an der »Legenda aurea«.

►1456/60 Der Goldkurs in Österreich steigt auf das Achtfache. Die Ausprägung von minderwertigen Münzen (sogenannten Schinderlingen) in der Zeit der Auseinandersetzungen zwischen Kaiser Friedrich III. und Erzherzog Albrecht VI. hatte dies in der kurzen Zeit verursacht *(→ 9. November 1456)*.

►1456 Bau der Wallfahrtskirche Unsere Liebe Frau Maria-Schnee in Obermauern (Osttirol). Die Kirche enthält Fresken des 14. Jh. Aus dem letzten Viertel des 15. Jh.s stammen die Fresken von Simon von Taisten, einen Christus- und Marienzyklus darstellend.

14. April König Ladislaus Postumus erläßt eine Verordnung gegen den Umlauf der »fremden Münze«, zwei neue (weiße) Pfennige sollten für drei alte (schwarze) genommen werden.

22. Juli Schlacht bei Belgrad. E in christliches Heer unter Johann Hunyadi fügt den Türken unter Sultan Mehmed II. eine schwere Niederlage zu. Johannes von Capistran *(→ 1451)* hält im Heerlager begeisternde Predigten gegen die Türken; im Feldlager bei Ilok (Serbien) stirbt der Franziskaner am 23. Oktober 1456.

11. August Johann Hunyadi stirbt in Semlin an der Pest; der ungarische Heerführer und zeitweilige Reichsverweser war um 1408 in Siebenbürgen geboren worden.

September König Ladislaus Postumus zieht nach Ungarn, da er nach dem Tod Hunyadis und weiteren Bedrohungen des Landes durch die Türken dort das Schwergewicht seiner Aufgaben sieht. Er setzt eine Verweserschaft unter dem Einfluß Graf Ulrichs II. von Cilli im Land ober und unter der Enns ein.

November Graf Ulrich II. von Cilli wird zu Monatsbeginn von König Ladislaus Postumus zum »obersten Hauptmann von Ungarn« ernannt.

9. November Graf Ulrich II. von Cilli (seit 1436 gefürsteter Graf von Cilli) wird im Auftrag von Ladislaus Hunyadi, dem älteren Sohn Johann Hunyadis, in Belgrad ermordet; geb. um 1406. Da er keine Nachkommen hat, fällt Cilli durch die Verwandtschaft an Habsburg. Das Gebiet wird mit der Steiermark vereinigt, doch es kommt zu Streit unter den Habsburgern, vor allem unter Kaiser Friedrich III. und Erzherzog Albrecht VI.

►1457 Tafelbild des kreuztragenden Christus des in Salzburg lebenden Meisters Konrad Laib in der Sakristei des Grazer Domes.

— Vollendung des spätgotischen Chores der Piaristenkirche in Krems (Niederösterreich).

16. März König Ladislaus Postumus läßt als Sühne für den Mord an Graf Ulrich II. von Cilli *(→ 9. November 1456)* Ladislaus Hunyadi in Ofen hinrichten und seinen jüngeren Bruder Matthias gefangennehmen *(→ 24. Januar 1458)*, der Hubmeister von Österreich, Konrad Hölzler, bringt ihn zuerst nach Schloß Altlengbach (Niederösterreich) und dann auf die Burg Gutenstein (Niederösterreich).

Ende Mai König Ladislaus Postumus kehrt nach Wien zurück und fordert die von Kaiser Friedrich III. noch immer nicht zurückgegebenen Burgen und Schlösser aus dem Besitz seiner Mutter ein. Steyr (Oberösterreich), Persenbeug, Weitenegg, Struden, Bruck an der Leitha, Klingenberg und Rabenstein (Niederösterreich) werden ohne wesentlichen Widerstand eingenommen *(→ Mitte August)*.

8. August Der Landtag in Korneuburg (Niederösterreich) soll die Zwistigkeiten zwischen Kaiser Friedrich III. und König Ladislaus Postumus regeln – Ladislaus gerät in die Abhängigkeit Georgs von Podjebrad, der von Ulrich von Eyczing unterstützt wird.

Mitte August Ein Wiener Aufgebot unter dem Hubmeister Konrad Hölzler *(→ 16. März)* erobert die Burg Gutenstein (Niederösterreich).

31. Oktober Ulrich von Eyczing verkündet in Wien in königlichem Auftrag die Absetzung des Hubmeisters Konrad Hölzler und des Bürgermeisters Niklas Teschler; er setzt einen ihm genehmen Bürgermeister und Rat ein.

23. November König Ladislaus Postumus stirbt in Prag; der überraschende Tod, dessen Ursache unbekannt ist, führte zu Gerüchten von einer Vergiftung; geb. am 22. Februar 1440 in Komorn als nachgeborener Sohn König Albrechts II., am 15. Mai 1440 zum König von Ungarn gewählt, am 28. Oktober 1453 zum König von Böhmen gekrönt, regiert seit 6. September 1452 im Lande ober und unter der Enns. Mit ihm erlischt die albertinische Linie der Habsburger. Ende der Personalunion Österreich, Böhmen, Ungarn; Streit um die Nachfolge in Österreich, nationale Herrscher in Böhmen und Ungarn.

23.–26. November Bürgermeister Jakob Starch und der Rat der Stadt Wien beschließen eine »Ordnung zur Bewahrung der Stadt«. Zur Bewachung der Stadttore, von denen nur vier geöffnet werden, werden Söldner angeworben.

Ende November Erzherzog Albrecht VI., wegen des Landtags von Korneuburg *(→ 8. August)* in Wien, vertritt persönlich seine Interessen, die Stadt Wien betrachtet sich als neutral.

4. Dezember Eine Versammlung der obderennsischen Stände, wahrscheinlich in Linz, beschließt einen Landfrieden bis zur Einigung im Nachfolgestreit. Der Beschluß erfolgt ohne die übliche Fühlungnahme mit den Ständen des Landes unter der Enns.

5. Dezember Kaiser Friedrich III. wendet sich schriftlich an die Stadt Wien und fordert die Anerkennung seiner Ansprüche; er wiederholt dies durch Briefe am 18. und 19. Dezember.

21. Dezember Die Bürgerschaft von Wien beschließt, Bürgermeister und Rat weiter im Amt zu lassen. Der Thomastag war sonst der Tag, an dem Bürgermeister und Rat erneuert wurden.

23. Dezember Versammlung von Ständemitgliedern »niderhalb und ob der Enns« in Wien. Die Stadt Wien hält weiter an der Neutralität fest, die Versammlung bleibt ohne Ergebnis *(→ 21. Januar 1458).*

▶1458 Gurker Fastentuch (Kärnten) von Konrad von Friesach, rund 9 m im Quadrat, es hat 99 Darstellungen aus dem Alten und Neuen Testament. Es befindet sich in ausgezeichnetem Zustand.

21. Januar Der Landtag in Wien *(→ 23. Dezember 1457)* soll über die Herrschaftsfrage beraten und über Maßnahmen gegen den Bandenführer Ludwenko, der zum wiederholten Male in Niederösterreich sein Unwesen trieb. Die Stände beschließen, die Erbschafts- und Nachfolgestreitigkeit den Fürsten zu überlassen, fordern aber die Unteilbarkeit der Länder ober und unter der Enns.

24. Januar Matthias Hunyadi wird von den meisten ungarischen Magnaten zum König von Ungarn gewählt. Nach dem Wappen seines Hauses, einem Raben (= lateinisch corvus), nennt er sich Matthias Corvinus.

2. März Georg von Podjebrad wird von den böhmischen Ständen zum König von Böhmen gewählt.

29. März Erzherzog Albrecht VI. zieht mit eigenen Söldnern und einem Wiener Aufgebot gegen den Bandenführer Ludwenko. Es gelingt, dessen beide befestigte Lager bei Hof an der March und bei Hainburg an der Donau (beide Niederösterreich) zu brechen, über 500 Banditen werden gefangen und zwischen dem 2. und 8. April in Wien hingerichtet.

Mitte Mai Ein Landtag in Wien zur Regelung des Erbschafts- und Nachfolgestreits – auch Kaiser Friedrich III. erscheint am 31. Mai – bleibt erfolglos.

25./26. Juni In der Nacht dringen die Söldner Erzherzog Albrechts VI. beim Franziskanerkloster St. Theobald auf der Laimgrube durch die Vorstadtbefestigungen und durch das Widmertor in die Stadt. Albrecht wollte den sich hinziehenden Verhandlungen seines Bruders ein Ende bereiten.

27. Juni »Beredung« (Vereinbarung) zwischen den Brüdern zur Beseitigung der Differenzen auf die Dauer von drei Jahren. Der von der Familie Eyczing unterstützte Einfall der Böhmen und Mähren im nördl. und nordöstl. Niederösterreich verhindert einen schriftlichen Vertrag.

21. Juli Erzherzog Albrecht VI. zieht gegen die eingefallenen Böhmen und Mähren und säubert rasch das Land.

3. August Der Teilungsvertrag von Wien wird in Wr. Neustadt – wohl nur mündlich – beschlossen:
Herzog Sigmund von Tirol verzichtet auf seinen Drittelanspruch zugunsten Erzherzog Albrechts VI., Kaiser Friedrich III. erhält das Land unter der Enns, Erzherzog Albrecht VI. das Land ob der Enns.

11. August Erzherzog Albrecht VI. drängt die böhmischen und mährischen Truppen bis Laa an der Thaya (Niederösterreich) zurück.

16. August Herzog Sigmund von Tirol setzt seine Gemahlin Eleonore von Schottland als Herrscherin in Vorarlberg ein.

21./22. August Der Teilungsvertrag von Wien vom 3. August wird schriftlich niedergelegt und beurkundet.

Ende August Drei böhmische Heersäulen ziehen durch Niederösterreich nördl. der Donau und verwüsten es; das Hauptheer unter König Georg von Podjebrad von Böhmen erreicht Kreuzenstein. Der Waffenstillstand mit Aussprache am 16. September kommt wegen des Nichterscheinens Kaiser Friedrichs III. nicht zustande, weshalb König Georg Pillichsdorf einnimmt, Wolkersdorf in Brand steckt und bis Aspern vorrückt.

26. September Die Zusammenkunft Kaiser Friedrichs III. mit König Georg von Podjebrad von Bömen »zwischen den Donaubrücken von Wien« (= Zwischenbrücken) führt am 2. Oktober zu einem Vertrag, der die Differenzen beseitigt und auch die Freilassung des gefangenen Ulrich von Eyczing zum Inhalt hat *(→ 26. Oktober).*

4. Oktober Das böhmische Heer zieht, in vier Haufen geteilt, Richtung Zwettl, Znaim, Laa an der Thaya und Nikolsburg aus dem Land.

26. Oktober Erzherzog Albrecht VI. liefert Ulrich von Eyczing an den Kaiser aus, dieser läßt ihn mit Geleitschutz auf dessen Schloß Schrattenthal (Niederösterreich) bringen.

▶1459 In Wien wird angeordnet, daß in der Nacht niemand ohne Licht die Straße betreten darf, eine Maßnahme zur Erhöhung der Sicherheit.

17. Februar Unzufriedene westungarische Magnaten wählen auf Burg Güssing (Burgenland) Kaiser Friedrich III. zum König von Ungarn *(→ 24. Juli 1463).*

7. April Schlacht bei Körmend (Ungarn). Ein kaiserliches Heer schlägt das Heer von König Matthias Corvinus.

Sommer/Herbst Mißernten in Österreich, laufende Münzverschlechterung durch mehrfache Ausprägung von »Schinderlingen« *(→ 1456/60).*

▶Um 1460 Muttergottes aus Holz in der Pfarrkirche Ort bei Gmunden (Oberösterreich) und in der ehemaligen Stiftskirche von Eberndorf (Kärnten).

— Freskenzyklus der Passion an der Südseite der Sakristei der Pfarrkirche von Hochfeistritz (Kärnten).

— Christophorusfresko an der Pfarrkirche von Zwikkenberg (Kärnten).

▶1460 Die Habsburger verlieren den Schweizer Thurgau an die Eidgenossen.

— Gamaret Fronauer, ein Freibeuter und Räuberhauptmann, richtet im Marchfeld (Niederösterreich) eine Art Räuberstaat ein; er hebt an den Straßen Maut ein und plündert bis vor Wien. Wirtschaftliche Not, plündernde Söldner- und Räuberbanden führen zu politischer Unsicherheit.

— Kantoreiordnung von St. Stephan in Wien sieht eine Stelle vor, die der des späteren Domkapellmeisters entspricht.

25. Januar Der Friede von Pusarnitz (Kärnten), damals salzburgisch, daher neutral), zwischen Kaiser Friedrich III. und Graf Johann von Görz beendet den Krieg um das Cillier Erbe, den Graf Johann 1459 begonnen hatte *(→ 9. November 1456).* Graf Johann von Görz muß die eroberten Gebiete des Cillier Erbes und alle Görzer Besitzungen diesseits der Lienzer Klause an Kaiser Friedrich III. abtreten.

7. Mai Kardinal Johannes Bessarion trifft als Beauftragter des Papstes in Wien ein, um die Fürsten des Reiches für einen Kreuzzug gegen die Türken (sie hatten am 29. Mai 1453 Konstantinopel erobert) zu gewinnen. Kaiser Friedrich III. hatte deswegen einen Reichstag für den 11. Mai angesetzt, der aber nicht durchgeführt wird. Unverrichteterdinge verläßt der Kardinal am 17. September 1461 Wien.

Sommer Die Zustände in Österreich bessern sich nicht, Kaiser Friedrich III., meistens in Graz, unternimmt nichts zur Beseitigung der räuberischen Umtriebe und Seuchen.

20. November Ulrich von Eyczing (auch Eitzing) stirbt auf seinem Schloß Schrattenthal (Niederösterreich); geb. vor 1398, 1437 Hubmeister von Österreich, Haupt des Mailberger Bündnisses von 1451 und Führer der österreichischen Stände, Anhänger von König Ladislaus Postumus.

►1461 Mit dem Bau der spätgotischen Filialkirche von Dornbach (Kärnten), mit Wandmalereien und einem Tafelbild »Vermählung der hl. Katharina«, wird begonnen, 1463 vollendet.

— Mit dem Bau der spätgotischen Pfarrkirche des hl. Martin in Drosendorf (Niederösterreich) wird begonnen, 1464 vollendet.

18. Februar Bündnis Erzherzog Albrechts VI. mit König Georg von Podjebrad von Böhmen gegen Kaiser Friedrich III..

8. April Georg von Peuerbach (auch Purbach) stirbt in Wien; geb. am 30. Mai 1423 in Peuerbach (Oberösterreich), Magister an der Wiener Universität, bedeutendster Mathematiker und Astronom seiner Zeit. Er führte als erster im Abendland den Sinus in der Trigonometrie ein, erfand »quadratum geometricum« für Höhen- und Entfernungsmessungen, errechnete Tafeln der Sonnen- und Mondfinsternisse; oft gedruckt wird sein Werk über die Planetenbewegungen »Theoriae novae planetarum«. Sein Schüler Regiomontanus (eigentlich Johann Müller von Königsberg, 1436–1476, aus Franken gebürtig) wird ebenfalls ein bedeutender Astronom und behauptet bereits 60 Jahre vor Kopernikus, daß sich die Erde dreht.

9. April Bündnis zwischen Erzherzog Albrecht VI. und Graf Johann von Görz, der wegen des Friedens von Pusarnitz *(→ 25. Januar 1460)* ein Gegner Kaiser Friedrichs III. war. Herzog Sigmund von Tirol hatte vermittelt.

Mai und Juni Vergebliche Versuche Kaiser Friedrichs III., einen Landtag der Stände zusammenzubringen.

6. Juni Kaiser Friedrich III. richtet an Erzherzog Albrecht VI. und König Georg von Podjebrad von Böhmen brieflich die »Vermahnung«, nichts gegen die kaiserliche Majestät und das Reich zu unternehmen.

19. Juni Erzherzog Albrecht VI. erteilt von Linz aus seinem kaiserlichen Bruder eine Absage. Er betont, daß er es dem Hause Österreich schuldig sei, das Land vor weiterem Schaden zu bewahren. Viele Stände und Adelige im Lande ober und unter der Enns, auch böhmische und mährische Herren schließen sich dieser Absage an, bis 22. Juni hat Kaiser Friedrich III. 486 Absagebriefe.

30. Juni Erzherzog Albrecht VI. überschreitet mit seinen Truppen die Enns.

Juli Erzherzog Albrecht VI. zieht in der zweiten Monatshälfte seine Anhänger in St. Pölten zusammen und bricht am 31. mit 3 000 Mann auf; über Hadersdorf und Hietzing erreicht er am 5. August Inzersdorf bei Wien.

1. August Paladine des Kaisers, Ulrich Grafenecker, Andreas Baumkircher und Jan Giskra, treffen mit ihren Scharen zu Hilfe vor Wien ein und lagern bei der Vorstadtbefestigung St. Tibold (Theobald, 6. Bezirk).

6. August Wiens Bürgermeister Christian Prenner weist die Aufforderung Erzherzog Albrechts VI., die Stadt zu übergeben, schriftlich zurück.

12. August Erzherzog Albrecht VI. versucht über die St.-Nikla-Vorstadt (3. Bezirk) vor dem Stubentor die Stadt anzugreifen. In einem dreistündigen Gefecht wird er von den Wienern zurückgewiesen. (Die Wiener wurden vom Kaiser für ihre Treue und ihren Einsatz mit einem neuen Stadtwappen *[→ 26. September]* ausgezeichnet – die diesbezügliche Gedenktafel am Österreichischen Museum für angewandte Kunst, Weißkirchnerstraße 1, befindet sich nicht an der Stelle des Geschehens, denn diese lag jenseits des Wienflusses).

6. September Der Waffenstillstand von Laxenburg (bei Wien, Niederösterreich) zwischen Kaiser Friedrich III. und Erzherzog Albrecht VI. über Vermittlung König Georg von Podjebrads von Böhmen soll bis 24. Juni 1462 währen *(→ 19. August 1462)*.

7. September Kaiser Friedrich III. läßt in der Wiener Burg einen ihm genehmen Bürgermeister und Rat der Stadt wählen. Die Wiener berufen sich auf die Unrechtmäßigkeit dieses Vorgehens und bestätigen durch eine Wahl am 19. September Wolfgang Holzer in seinem Amt.

26. September Kaiser Friedrich III. verleiht den Wienern ein neues Wappen als Dank für ihre Treue und ihren Einsatz am 12. August *(→ dort)*: goldener Doppeladler auf schwarzem Grund, 1463 erhält der Adler einen Brustschild, weißes Kreuz im roten Feld.

6. Oktober Wien übergibt dem Kaiser die Absage. Die Wiener hatten den Kaiser um Schutz und Abhilfe gegen die im Raum Wien plündernden Söldnerhorden gebeten, was er aber nur gegen ein Darlehen von 6 000 oder mindestens 3 000 Gulden gewähren wollte.

►1462 Oberkirche der Filialkirche von Spital am Pyhrn (Oberösterreich) vollendet.

— Der Meistersinger Michael Behaim (auch Beham, aus Schwaben gebürtig) hält sich bis 1465 in Wien auf. In der sogenannten Angstweis schreibt er das »Buch von den Wienern«, schildert die Ereignisse dieser Jahre, ist aber weder poetisch noch historisch bedeutend. Seine Anwesenheit ist kein Nachweis einer Meistersingerschule oder -zunft.

— Baubeginn für die Filialkirche hl. Helena und Maria Magdalena in Magdalensberg (Kärnten). Der spätgotische Bau von Meister Mothe wird einem älteren Kernbau angefügt.

— Plünderungen und Übergriffe von Söldnerhorden verunsichern im 1. Hj. fast ganz Niederösterreich.

25. Juli Der Landtag von Wien ist einer, der nach langer Zeit gut besucht wird, auch von Mitgliedern der Stände im Land ob der Enns.

12. August Die Ständepartei verhaftet während des Landtages den kaisertreuen Bürgermeister Christian Prenner und den Stadtrat.

15. August Kaiser Friedrich III. trifft mit seinem aus Steirern und Kärntnern bestehenden Aufgebot in Wr. Neustadt ein.

19. August Wolfgang Holzer, ein Anhänger Erzherzog Albrechts VI., wird neuerlich zum Bürgermeister von Wien gewählt.

22. August Kaiser Friedrich III. trifft vor Wien ein und findet die Stadttore verschlossen.

25. August Kaiser Friedrich III. zieht nach demütigenden Verhandlungen in Wien ein.

6. September Papst Pius II. bestätigt das von Kaiser Friedrich III. neuerrichtete Bistum Laibach (bereits 1461). Es umfaßt zum Großteil Krain, Teile der Südsteiermark und Südkärntens; es steht im Zusammenhang mit der kirchlichen Neuordnung von Österreich vom 17. Februar 1448 *(→ dort).*

Oktober Kaiserliche Söldner, die nicht mehr bezahlt wurden, plündern in der ersten Monatshälfte die Umgebung von Wien, bedrohen und sperren die Handelswege; der Süden der Stadt ist besonders betroffen.

16./17. Oktober In der Nacht beginnt Bürgermeister Wolfgang Holzer die Feindseligkeiten gegen die Wiener Burg und den darin befindlichen Kaiser Friedrich III., die in eine regelrechte Belagerung übergehen (bis 4. Dezember).

November König Georg von Podjebrad von Böhmen sendet in der ersten Monatshälfte Hilfstruppen, denen er selbst mit einem Hauptheer bis Korneuburg (Niederösterreich, bei Wien) folgt. Kaiserliche Räte hatten von Wr. Neustadt aus Andreas Baumkircher mit der Bitte um Hilfe nach Prag gesandt, der berühmte »Dreitageritt« des Andreas Baumkircher.

1. November Erzherzog Albrecht VI. zieht in Wien ein. Dies ist eine wesentliche moralische Unterstützung der Wiener.

18. November Der militärische Entsatz von Wien scheitert. König Georg von Podjebrad von Böhmen leitet Verhandlungen ein. Erzherzog Albrecht VI. sieht darin für sich Vorteile.

2. Dezember Vertrag von Korneuburg zwischen Kaiser Friedrich III. und Erzherzog Albrecht VI.; Albrecht gibt die Eroberungen im Land unter der Enns zurück, behält aber auf acht Jahre die Regierung, wofür er seinem Bruder jährlich 4 000 Gulden zahlt.

4. Dezember Die Wiener heben die Belagerung der Burg auf. Kaiser Friedrich III. begibt sich zu König Georg von Podjebrad von Böhmen nach Korneuburg (Niederösterreich), Kaiserin Eleonore mit Prinz Maximilian I. und dem Hofstaat nach Wr. Neustadt (Niederösterreich).

12. Dezember Zusammenkunft der Brüder in Korneuburg (Niederösterreich) durch Vermittlung des Böhmenkönigs, sie scheiden unversöhnt, das gegenseitige Mißtrauen hatte zugenommen.

16. Dezember Kaiser Friedrich III. kehrt über Bruck an der Leitha nach Wr. Neustadt (beide Niederösterreich) zurück.

26. Dezember Wien leistet Erzherzog Albrecht VI. den Treueeid und übergibt ihm als Landesfürsten die Burg.

►1463 Eine Brücke über die Donau zwischen Stein und Mautern (beide Niederösterreich) wird errichtet; sie bleibt bis zum Ende des 15. Jh.s die einzige Donaubrücke zwischen Passau und Wien.

— In St. Wolfgang ob Grades (Kärnten) wird inmitten einer mächtigen (unverändert erhaltenen) Wehranlage mit der Errichtung einer spätgotischen Filialkirche begonnen, 1474 vollendet.

— Neubau der Stiftskirche Nonnberg (Salzburg), spätgotische Krypta von 1463, der Bau wird 1507 fertiggestellt.

— Söldnerhorden, teils von Kaiser Friedrich III. unterstützt, teils Freibeuter, beunruhigen in den ersten Monaten immer mehr den Raum um Wien, sie blockieren zeitweise den Verkehr und die Zufuhr in die Stadt.

8. und 9. April Ein Putschversuch des Wiener Bürgermeisters Wolfgang Holzer gegen Erzherzog Albrecht VI. schlägt fehl. Ziel der Verschwörung des (nun etwas zum Kaiser hingeneigten) Wolfgang Holzer war, den Erzherzog durch Geld zum Verzicht auf Wien zu bewegen (der Kaiser soll für das Gelingen 40 000 Gulden vorgesehen haben).

10.–14. April Strafgericht Erzherzog Albrechts VI. mit zahlreichen Verhaftungen. Wolfgang Holzer, dem vorerst die Flucht gelungen war, wurde am 11. April in Nußdorf (nördl. von Wien, heute 19. Bezirk) erkannt, gefangengenommen und mit einem Schiff nach Wien gebracht.

15. April Bürgermeister Wolfgang Holzer wird Am Hof in Wien gevierteilt; fünf Bürger der Stadt, die als Mitverschworene Holzers galten, werden enthauptet. Ritter Tristram wird schon auf dem Weg, vor der Schranne auf dem Hohen Markt, enthauptet.

19. April Kaiser Friedrich III. spricht in seinem Hofgericht in Wr. Neustadt die Reichsacht und Aberacht gegen die Stadt Wien aus, dies ist aber kaum von Bedeutung. Michael Behaim *(→ 1462/65)* schreibt in seinem »Buch von den Wienern«, daß man sofort darüber witzelte: »Acht und Aberacht macht sechzehn«.

24. Juli Vertrag von Wr. Neustadt zwischen Kaiser Friedrich III. und König Matthias Corvinus. Friedrich hatte seinen Einfluß in Ungarn *(→ 17. Februar/7. April 1459)* nicht genützt, ein Krieg muß wegen der drohenden Türkengefahr vermieden werden. Kaiser Friedrich III. erkennt Matthias Corvinus abermals als König von Ungarn an, behält sich aber den Titel vor und sichert sich die Erbfolge in einem zusätzlichen Erbvertrag. Friedrich III. verzichtet auch auf Ödenburg, behält aber die erworbenen westungarischen Gebiete – etwa das heutige Burgenland, das damit zum zweitenmal *(→ Mai 1241)* bei Österreich ist.

August/September Anwachsen der kleineren und größeren Söldnerhorden im Raum Wien, zum Teil ärgere Verwüstungen als im ersten Jahresviertel.

22. September Der Landtag von Tulln (Niederösterreich) soll den Frieden im Lande wiederherstellen. Er ist zwar stark besucht, doch es kommt keine endgültige Lösung zustande. (Der Tod Erzherzog Albrechts VI. beendet die neu aufkeimenden Feindseligkeiten.)

2. Dezember Erzherzog Albrecht VI. stirbt in Wien (vielleicht an der Pest oder an einer Blutvergiftung durch ein Achselgeschwür); geb. 18. Dezember 1418 als Sohn Herzog Ernsts, seit 1446 Regent der Vorlande, seit 1461 Auseinandersetzung mit seinem Bruder Kaiser Friedrich III. wegen Österreich. Ende des Bruderkrieges, der Österreich ober und unter der Enns in wirtschaftliche Not und in eine große Rechtsunsicherheit stürzte.

8. Dezember Kaiser Friedrich III. fordert in einem »Ausschreiben« die Landstände und besonders die Stadt Wien zum Gehorsam auf.

13.–23. Dezember Der Landtag von Hadersdorf am Kamp (Niederösterreich) wird zum »Anerkennungslandtag« (für Kaiser Friedrich III.). Eine Gesandtschaft der Stände überbringt nach Beendigung dem Kaiser das Ergebnis. Die Stadt Wien sandte kurz vorher eine eigene Gesandtschaft an den Kaiser *(→ Januar 1464).*

►1464, 12. Jänner Thomas Ebendorfer (auch Ebendorffer von Haselbach) stirbt in Wien; geb. 10. August 1388 in Haselbach (Niederösterreich), Professor der Theologie an der Universität Wien und Geschichtsschreiber, als Rektor der Wiener Universität war er 1431 ihr Vertreter beim Basler Konzil. Hauptwerke: »Cronica Austriae« (1449), »Cronica regum Romanorum« (Chronik der römischen Könige, 1452). Er führte die Begriffe »Haus Österreich« und »Habsburger« ein. Sein Grabmal befindet sich in der Pfarrkirche von Perchtoldsdorf (Niederösterreich).

Mitte Januar Die Stadt Wien erklärt Mitte des Monats Friedrich III. schriftlich ihre Unterwerfung *(→ 13.–23. Dezember 1463)*.

6. Februar Kaiserliche Gesandte verkünden in Wien die volle Verzeihung des Kaisers und zwei Legaten die Lösung vom Kirchenbann, sie waren seit dem 3. in der Stadt; die alten Freiheiten werden bestätigt *(→ 25. April 1465)*. Ein feierliches Tedeum in der Stephanskirche schließt an, einige Freudenfeuer beenden den Tag.

11. März Kaiser Friedrich III. erklärt die Absagebriefe der Stadt Wien für null und nichtig.

29. März König Matthias Corvinus wird in Stuhlweißenburg mit der Stephanskrone zum König von Ungarn gekrönt.

4. Juli Vertrag von Wr. Neustadt. Herzog Sigmund von Tirol verzichtet zugunsten Friedrichs III. auf seinen Anteil am Erbe Albrechts VI. – außer Tirol und den Vorlanden nun der gesamte habsburgische Besitz in der Hand Kaiser Friedrichs III.

15. August Papst Pius II. stirbt in Ancona; geb. am 18. Oktober 1405 in Corsignano (heute Pienza) als Enea Silvio Piccolomini (auch Aeneas Sylvius), Bahnbrecher des Humanismus in Österreich. Kommt um 1437 nach Wien, 1442 von König Friedrich IV. (= Kaiser Friedrich III.) zum Dichter gekrönt und vom König zu seinem Sekretär bestellt, ab 1445 Pfarrer in Sarnthein (Südtirol), Aspach (Oberösterreich), Irdning (Steiermark) und Altenmarkt (Steiermark), ab 1447 Bischof von Trient, ab 1458 Papst. Hauptwerke: »Germania«, 65 Biographien berühmter Zeitgenossen, die beste Beschreibung des 15. Jh.s und Kaiser Friedrichs III. »Euryalus und Lukrezia«, ein vielgelesener Roman, der erste Wiener Prosaroman (verfaßt 1444). Damit hält die Renaissancenovellistik von Wien aus ihren Einzug in den deutschen Sprachraum. In einem Brief vom April 1438 schrieb er über Wien: »Die Wohnhäuser der Bürger sind groß, reichlich ausgeschmückt und gut gebaut . . . Die Weinkeller sind so tief und ausgedehnt, daß man sagt, unter der Erde wäre ein zweites Wien. Die Straßen bedeckt Granitpflaster, das den Wagenrädern gut widersteht.« Er brachte Nikolaus von Cues und Johannes von Capistran nach Wien.

November Entschädigungsfragen mit der Stadt Wien werden endgültig ausgehandelt und von Kaiser Friedrich III. anerkannt *(→ 25. April 1465)*.

15. November Vertrag zwischen Herzog Sigmund von Tirol und Graf Eberhard von Waldburg über eine gemeinsame Landesverteidigung.

►Um 1465 Lehrbuch für Maximilian I. (den Sohn Kaiser Friedrichs III.), geschrieben von dem Wr. Neustädter Schreiber Wolfgang Spitzweg, illuminiert vom sogenannten »Lehrbuchmeister« in Wien.

►1465/70 (vielleicht schon ab 1460) Hauptwerke des Meisters der gotischen Fresken- und Tafelmalerei Thomas von Villach: Freskoausstattung der Pfarrkirche von Thörl (Kärnten), Freskenzyklen der Georgskirche von Gerlamoos (Kärnten) und das Gnadenstuhlaltärchen im Stift St. Paul im Lavanttal (Kärnten).

►1465 Errichtung des spätgotischen Südportals der Pfarrkirche von Seefeld (Tirol), 1480 vollendet.

— Kompletter Umbau der Festung Hohensalzburg (Großteil noch erhalten) begonnen, Fertigstellung 1519.

25. April Kaiser Friedrich III. anerkennt die endgültige Bereinigung der Auseinandersetzungen mit der Stadt Wien, es erfolgt eine feierliche Loyalitätskundgebung *(→ 6. Februar/11. März/November 1464)*.

►1466 Das Söldnerunwesen, besonders im niederösterreichischen Raum, ist im ersten Jahresviertel erneut im Anwachsen. Mehrere Landtage und Verhandlungen im Jahre 1465 erschienen nutzlos.

12. April Kaiser Friedrich III. erläßt ein Aufgebot an die Bevölkerung des Viertels ober dem Wienerwald. Landmarschall Jörg von Pottendorf erstürmt das befestigte Perchtoldsdorf (Niederösterreich), im Norden werden die Scharen nach Mähren abgedrängt.

16. Juni Das Land ob der Enns wird aufgeboten, da im Mühlviertel noch keine Beruhigung eingetreten ist.

Herbst Kaiserin Eleonore wird bei einem Ritt von Baden (wo sie Bäder nahm) zum Stift Heiligenkreuz von Jörg von Stein und Wilhelm von Puchheim überfallen. Trotz eines sofortigen Strafgerichts Kaiser Friedrichs III. wiederholen sich die Übergriffe dieser Herren.

November Böhmische Söldner überschreiten bei Mauthausen (Oberösterreich) die Donau und überfallen Schlösser und Besitzungen der Schaumberger. Die Fehden und Übergriffe halten an *(→ 15. Februar 1467)*.

23. Dezember König Matthias Corvinus nimmt die ihm von Papst Paul II. angebotene Krone von Böhmen an. (König Georg von Podjebrad von Böhmen war in Rom wegen Ketzerei verurteilt und der Königswürde für verlustig erklärt worden.)

►3. Drittel 15. Jh. Spätgotische Fresken in der 1470 erbauten Liebfrauenkirche von Stuben (Tirol).

— Filialkirche St. Korbinian in Thal (Osttirol), 1486 geweiht. Wandfresken und Tafelmalereien unverändert erhalten.

— Erweiterung der Stadtpfarrkirche von Imst (Tirol), eine bedeutende spätgotische Hallenkirche.

— Pfarrkirche von Karres (Tirol), ein charakteristischer Bau der Tiroler Spätgotik.

— Wehrkirche von Diex, die besterhaltene von Kärnten, eine besonders eindrucksvolle Anlage.

— Chor der Wallfahrtskirche St. Athanasius bei Berg (Kärnten).

►1467 Erzherzog Sigmund von Tirol verpfändet Winterthur, die letzte habsburgische Besitzung in der Schweiz.

— Aufstand in Triest gegen Kaiser Friedrich III. *(→ August 1469)*.

— Im Stephansdom in Wien wird nach dem Gesamtentwurf von Nicolaus Gerhaert van Leyden von der Straßburger Bauhütte, weitere Ausführung Max Valmet und Michael Tichter, mit der Errichtung des Grabmals für Kaiser Friedrich III. begonnen. Es wird aus Salzburger weißgeädertem, rotem Marmor gefertigt, ein Meisterwerk gotischer Steinmetzkunst. Fertigstellung 1513.

— Grabplatte für Kaiserin Eleonore (von Portugal), die Gattin Kaiser Friedrichs III.,im Chor der Kirche des Neuklosters in Wr. Neustadt, wahrscheinlich von Meister Nicolaus Gerhaert van Leyden.

15. Februar Landtag von Linz, ursprünglich für den 6. Januar angesetzt, doch durch Fehde *(→ November 1466)* verzögert. Kaiser Friedrich III. ist anwesend (er ging nur ungern von Graz weg). Statt einer Demonstration der landesfürstlichen Macht muß sich der Kaiser eher den Aufrührern beugen. Nichterfüllte Forderungen (besonders Geld) aus der Zeit der kriegerischen Auseinandersetzungen mit seinem Bruder werden erneuert. Dieser sowie acht weitere Landtage in Linz und Wels im Laufe des Jahres führen zu keinem Ergebnis.

2. Juni Baubeginn für den Nordturm (den unausgebauten) von St. Stephan in Wien.

Jahresende Kaiserliche Truppen zwingen die Stadt Steyr (Oberösterreich) zur Übergabe und belagern die Burg Steyr. Die Belagerten wenden sich an den Böhmenkönig um Hilfe.

29. Dezember Herzog Viktorin, ein Sohn König Georg von Podjebrads von Böhmen und Landeshauptmann von Mähren, fordert Kaiser Friedrich III. zur Zahlung der Schuld an seinen Vater auf *(→ 8. Januar 1468)*.

►Um 1468 Bemalte Gewölbeschlußsteine von Michael und Friedrich Pacher in der Stiftskirche von St. Paul im Lavanttal (Kärnten).

►1468 Besonders reich gestaltetes Doppeltor der Pfarrkirche von Eferding (Oberösterreich).

— Christophorusfresko der Filialkirche von Obermauern (Osttirol).

— Herzog Viktorins Scharen fallen im ersten Jahresviertel in Oberösterreich und in Niederösterreich ein, nach wechselnden Erfolgen bedrohen sie Ende März Freistadt (Oberösterreich) und stehen bei Stockerau (Niederösterreich) vor Wien.

8. Januar Herzog Viktorin, Landeshauptmann von Mähren, schickt einen Absagebrief an Kaiser Friedrich III. *(→ 29. Dezember 1467)*.

9. April König Matthias Corvinus bricht von Preßburg aus mit etwa 16 000 Mann und 2 000 Wagen gegen Mähren auf. Die österreichischen Stände, kaiserliche Söldner und ein böhmisches Aufgebot von Adeligen schließen sich an (etwa 5 000 Mann). Monatelang stehen sich die Streitscharen an der Thaya (die Böhmen mit Stützpunkt Znaim, die Ungarn bei Laa an der Thaya) mit recht wechselvollen Erfolgen gegenüber, vorerst fällt keine Entscheidung.

September Kaiser Friedrich III. bereitet seine zweite Romfahrt vor, er hatte sie während der Belagerung in der Wiener Burg gelobt; zudem war am 3. September seine Gemahlin Eleonore gestorben.

Herbst Der steirische Adelsbund unter der Führung von Andreas Baumkircher (für seinen Ritt nach Prag, *→ November 1462*, vom Kaiser zum Freiherrn von Schlaining erhoben) erhebt sich gegen Kaiser Friedrich III. Der vom Kaiser noch immer nicht gezahlte ausständige Sold für die Truppen während des Bruderkrieges soll durch Plünderung hereingebracht werden.

30. September/4. Oktober Kaiser Friedrich III. beruft am 30. September die Stände des Landes ob der Enns nach Linz. Am 4. Oktober beruft er die Stände des Landes unter der Enns nach Korneuburg (Niederösterreich). Von beiden Ständen verlangt Kaiser Friedrich III. die Unterstützung für das ungarische Heer während seiner Abwesenheit. Kaiser Friedrich III. verschreibt König Matthias Corvinus auf ein Jahr alle Einkünfte in den Ländern ober und unter der Enns, dafür zieht Matthias für den Kaiser gegen Böhmen und Mähren.

►1469 Fünf Tafeln eines Flügelaltars in der Kapelle des Schlosses Draskovich in Güssing (Burgenland).

18. Jänner Kaiser Friedrich III. erreicht auf seiner Romfahrt die Errichtung des Bistums Wien. Bis zu diesem Zeitpunkt wurde Wien vom Bistum Passau verwaltet. Graf Leopold Spaur wird erster Bischof von Wien, die Propsteikirche St. Stephan wird Kathedrale, die Kollegiatstiftung wird zum Domkapitel, das Gebiet des Bistums reicht kaum über das heutige Stadtgebiet hinaus *(→ 1476)*.

Februar Der Norden der Steiermark ist fast zur Gänze von den steirischen Aufständischen unter Andreas Baumkircher erobert.

3. Mai König Matthias Corvinus wird in Olmütz von Adeligen zum König von Böhmen gewählt. Er hatte nach einer erfolgreichen Offensive Herzog Viktorin gefangengenommen. Gleichzeitig läßt (König) Georg von Podjebrad auf dem Landtag von Prag Wladislaw Jagello, den Sohn König Kasimirs IV. von Polen, zu seinem Nachfolger bestellen *(→ 27. Mai 1471)*.

9. Mai Vertrag von St. Omer zwischen Erzherzog Sigmund von Tirol und Herzog Karl dem Kühnen von Burgund. Sigmund tritt Besitz im Elsaß, im Sundgau, die Grafschaft Pfirt und Städte am Rhein ab, um die Hilfe Karls des Kühnen zu erhalten *(→ 4. April 1474)*.

21. Juli Gefecht bei Fürstenfeld (Steiermark), Andreas Baumkircher fügt den kaiserlichen Truppen unter Hauptmann Jan Holub eine schwere Niederlage zu. Baumkircher dringt bis Graz vor.

August Triest von kaiserlichen Truppen erobert *(→ 1467)*, Strafgericht über die Hauptschuldigen.

15. August Einfall der Böhmen im Mühlviertel (Oberösterreich), der Markt Haslach wird verwüstet.

►Um 1470 Hochaltar der Schottenkirche in Wien, von den 24 Tafeln 19 erhalten. Wertvolle Tafelmalereien eines unbekannten Malers, des sogenannten »Schottenmeisters«. Darauf die zweitälteste Ansicht von Wien auf der »Flucht nach Ägypten« und die Kärntner Straße in Wien auf der Tafel »Maria Heimsuchung«.

— Spätgotischer Stiftergrabstein in der Stiftskirche Reichersberg (Oberösterreich).

— Fresken am Friedhofstorbau in Kirchbach (Kärnten), vermutlich aus der Werkstatt Michael Pachers.

— Beweinung Christi von Thomas von Villach in der Pfarrkirche von Abtei (Kärnten). Es ist dies sein Hauptwerk und zugleich Kärntens schönstes Tafelbild.

— Flügelaltar aus Bizau (Vorarlberg), Tempera auf Tannenholz (Landesmuseum, Bregenz).

— Vollendung der gotischen Kanzel im Wiener Stephansdom. Am Fuß der Kanzel Baumeisterkonsole, der berühmte »Fenstergucker«. Ursprünglich Anton Pilgram *(→ 1513)* zugeschrieben; neueste Stilvergleiche ordnen das Werk einem Künstler der Umgebung von Nicolaus Gerhaert van Leyden *(→ 1463, 1467)* zu, der sich 1467–1487 in Wien aufhielt.

►1470/99 Die Bergwerke in Schwaz (Tirol) fördern rund 280 t Brandsilber und 16 800 t Kupfer. Bedingt durch geringere Ergiebigkeit wird die Produktion ab 1530 stark rückläufig.

►1470/80 Ölbergfresken des »Meisters von Schöder« in der Filialkirche St. Nikolaus in Badgastein (Salzburg).

— Freskenfolge »Jüngstes Gericht« an der Wehrkirche von Hochfeistritz (Kärnten).

Werkvertrag mit Michael Pacher

Am 13. Dezember 1471 wird im Kloster Mondsee ein Kontrakt zwischen dem Abt Benedikt II. Eck von Piburg und dem Meister Michael Pacher über ein Altarwerk für die Kirche in St. Wolfgang geschlossen. Zu diesem Zeitpunkt waren gerade die Fundamente des neuen Chores der Tochterkirche von Mondsee fertig.

»Vermerchkt dy abred und das geding der tafel gen sand Wolfgang ze machen, so beschehen ist zwischen des erwirding und geistlichen heren Benedicten abbt zw Mannsee und seines convents daselbs und maister Micheln maler von Prawnegk an sand Lucientag im LXXI jare.

Item von erst ist zw merken, das dy tafel sol gemacht werden nach dem ausczug und visierung, als er uns dy hat zwbracht gen Mannsee als vil das gesein mag hoch halben.

Item der sarich sol innen vergolt sein darzw dy pildung Marie mit dem chindlein siczund, Joseph und dy drey kunig mit dem opfer, und ob dy den sarich nicht fulten, so sol er mer pild oder wappner machen alles vergolt.

Item das corpus sol sein dy chronung Marie mit engeln und gulden tuechern nach dem chostlichem und pesten, so er das gemachen mag.

Item zw ainer seyten sand Wolfgang mit innfel, stab, kirchen und hacken, zw der andern sand Benedict in aim birret mit stab und mit ainem glas, gancz vergolt und versilbert nach notturft.

Item aussen zw den seyten der tafel sullen steen sand Florian und sand Jorig, guet wappner versilbert und vergolt nach notturft.

Item dy innern flug der tafel sullen sein guet gemall, dy veldung vergult und mit wintpergen und vial, yede mit vier materien.

Item dy andern auch vergolt und guet gemal als vor.

Item die ausern flug, so dy tafel zw ist, sullen sein guet gemal von varben und dy illuminirung vergolt, dy materi von sand Wolfgang.

Item dy pild oberhalb des corpus sullen sein nach der aufzeichnung des auszugs, gevast mit vergolter illuminirung.

Item so dy tafel beraitt wirt, sol er uns dy antwurten gen Oberhall auf sein zerung und darnach mit seinen leib auf unser zerung und wagnuss gen Prawnaw, von dann sullen wir im dy antwurten gen sand Wolfgang auf unser chost und zerung, was aber auf dem weg zebrochen wurd, sol er widerumb gancz machen.

Item zw sand Wolfgang, so er dy tafel ausweraitt und aufseczt, sullen wir im pfrundt und eysenzeug zw aufseczung der tafel geben und raichen, auch laden, ob er der durftig wurd.

Item das geding ist gemacht auf zwelifhundert ungrisch gulden oder ducaten oder dafur munss, wie dan der gulden gilt.

Item ob dy tafel des gelts nicht werd oder etwas hinüber pesser wurd und wir uns unteinander nicht vertragen möchten, so sullen payd tail darzw geleich werichlewt geben, dy sach zw entschaiden.

Item es ist nämlich geredt worden, das dy tafel nicht scholl höher gemacht werden auf dy XIIhundert hungrisch gulden getreulich und ungevär.

Item daran haben wir im geben fünczigk hungrisch gulden und ducaten.

Item so er gelts bedarf, sol er uns schiken albeg ain quittung.

Item es sol auch maister Michel uns versorgnuss thun mit gueten lewten umb das gelt, so wir im an der bemelten tafel raichen, dy weil er dy ausberaitten ist, des geleichen so dy tafel berait und geantburt ist, ob wir im dy benantt sum gelts nicht berait zalen, sol er von uns auch versägt werden nach notturft mit geschriftlicher kuntschaft.«

1481 wurde das fertige Werk in der Pacherschen Werkstatt in Bruneck im Pustertal verpackt, auf Ochsenkarren verladen, über den Brenner nach Innsbruck und Hall gebracht, von dort auf dem Inn abwärts bis Braunau verschifft und dann, wieder auf Wagen verladen, ins »Aberseeische gepürg« gefahren.

▶1470 Mit der Errichtung der Pfarrkirche von Kefermarkt (Oberösterreich), eine bemerkenswerte spätgotische Staffelkirche, wird begonnen, 1476 vollendet.

Februar Friedrich III. trifft in Wien Matthias Corvinus, um über gemeinsame Probleme zu beraten. Das Treffen scheiterte, da es zu keiner Vereinbarung bezüglich einer Ehe des Matthias Corvinus mit Kunigunde, Friedrichs III. Tochter, kam. Der ungarische König reiste ohne Verabschiedung ab.

April Landtag von Völkermarkt (Kärnten) für die Länder Steiermark, Kärnten und Krain. Ein großer Landtag, den Kaiser Friedrich III. zur Wiederherstellung von Ruhe und Ordnung einberufen hat. Durch die Erfolge Andreas Baumkirchers war er gezwungen, diesem freies Geleit für sein Erscheinen zuzusichern *(→ 30. Juni)*.

29. Juni Landtag der Stände des Landes ober der Enns in Linz zur Sicherung des immer wieder bedrohten Landes. Beschluß, der der Landwehrordnung von 1432 ähnlich ist *(→ 28. April 1431)*.

30. Juni Kaiser Friedrich III. begnadigt Andreas Baumkircher als Folge des durch den Landtag von Völkermarkt *(→ April 1470)* vereinbarten Ausgleichs.

▶1471 Kaiser Friedrich III. erwirbt durch Kauf von Graf Heinrich von Wallsee Stadt und Hafen Fiume.

— Burg Schachenstein in Thörl (Steiermark) von Johann Schachner, dem Abt von St. Lambrecht, errichtet, zum Schutz und als Straßensperre für den Weg nach Aflenz und Mariazell.

— Brückenturm der Zollfeste Siegmundseck in Finstermünz (Tirol).

22. März König Georg von Podjebrad von Böhmen stirbt in Prag, seit 29. Dezember 1466 abgesetzt *(→ dort)*.

Die Feinde Kaiser Friedrichs III. verlieren mit ihm eine Stütze.

23. April Kaiser Friedrich III. läßt Andreas Baumkircher in Graz ohne Gerichtsverfahren hinrichten. Trotz der Begnadigung *(→ 30. Juni 1470)* hatte Baumkircher seine Fehde weitergeführt, und es hielt sich hartnäckig ein Gerücht über einen geplanten Anschlag auf den Kaiser.

Mai–Dezember Anwachsen der Unzufriedenheit gegen Kaiser Friedrich III. Die Adeligen nehmen eine immer drohender werdende Haltung ein.

27. Mai Wladislaw Jagello (von Polen) wird zum König von Böhmen gewählt *(→ 3. Mai 1469)*; Kaiser Friedrich III. unterstützt die Wahl, das trübt das Verhältnis zu König Matthias Corvinus von Ungarn *(→ 3. Mai 1469)*.

13. Dezember Vertragsabschluß mit Michael Pacher über die Errichtung eines Flügelaltares in der Pfarrkirche von St. Wolfgang (Oberösterreich) der bedeutendste gotische Flügelaltar, 11,20 m hoch, vier Tafelbilder des inneren Flügelpaares von Michael Pacher, die acht Tafelbilder der äußeren Flügelpaare von ihm und seinem Bruder Friedrich. (Der Vertrag über die Errichtung des Kunstwerkes ist vollständig erhalten.) Fertigstellung 1481.

▶**1472** Zu Jahresbeginn kommt es zu einem Übereinkommen zwischen König Matthias Corvinus und den unzufriedenen österreichischen Adeligen gegen Kaiser Friedrich III.

Juni Auf einer Tagung der österreichischen Adeligen in Göllersdorf (Niederösterreich) wird eine Gesandtschaft an König Matthias Corvinus beschlossen, der seinen Schutz zusagt.

Sommer Raubzüge der Türken, besonders in der Steiermark. Kaiser Friedrich III. ist militärisch zu schwach, daher wiederholen sich die Einfälle fast jährlich durch zehn Jahre hindurch.

20. August Ausgleich zwischen Kaiser Friedrich III. und König Matthias Corvinus: Kaiser Friedrich III. verspricht auch die Beilegung des Konflikts mit den österreichischen Adeligen und die Anerkennung Matthias' als König von Böhmen *(→ 8. November/7. Dezember)*.

8. November Kaiser Friedrich III. anerkennt öffentlich König Matthias Corvinus von Ungarn als König von Böhmen *(→ 20. August)*.

7. Dezember Der österreichische Adel und die Stände geloben Kaiser Friedrich III. die Einstellung aller Feindseligkeiten *(→ 20. August)*.

▶**Um 1473** Spätgotischer Chor der Pfarrkirche St. Oswald von Eisenerz (Steiermark), ältester Teil der erst nach einem Brand um 1496 im Jahre 1512 geweihten Kirche.

▶**1473** Bemerkenswerte Fresken und besonders reiche Rippengewölbe der spätgotischen Pfarrkirche von Haimburg (Kärnten).

— Turm und Westempore der Filialkirche des hl. Ulrich in Scheffau bei Abtenau (Salzburg).

— Böhmische und mährische Streifscharen fallen in der ersten Jahreshälfte in Oberösterreich und Niederösterreich ein und brandschatzen das Land, auch Stifte und Klöster werden stark mitgenommen (etwa Zwettl und Altenburg, Niederösterreich), in Oberösterreich dringen sie bis Leonfelden und Haslach vor.

— In Niederösterreich setzt der österreichische Adelsbund seine Willkürherrschaft *(→ 7. Dezember 1472)* fort, er hebt unberechtigt Zölle und Mauten ein.

Ende Mai Kaiser Friedrich III. beruft die österreichischen Stände für den 29. Juni zu einem Landtag nach Wien ein.

21. Juni Der österreichische Adelsbund tritt in Ebersdorf (Niederösterreich) zusammen, um sich für den Wiener Landtag abzusprechen.

29. Juni Der Landtag in Wien – er soll nach dem Wunsch des Kaisers Frieden im Land unter der Enns herstellen – bringt keine greifbaren Ergebnisse.

28. September Kaiser Friedrich III. und sein 14jähriger Sohn Maximilian I. treffen mit Herzog Karl dem Kühnen von Burgund zusammen, um über die Verlobung Maximilians mit Maria, der einzigen Tochter (und Erbin) des Herzogs, zu verhandeln. Die Initiative dazu ging von Erzherzog Sigmund von Tirol aus. Die Verhandlungen werden am 25. November abgebrochen, da Karl der Kühne die Königswürde beansprucht und der Kaiser erfuhr, daß der Herzog auch mit König Matthias Corvinus und anderen Fürsten verhandelte *(→ 19. August 1477)*.

▶**1474, 11./13. März** Verträge Kaiser Friedrichs III. mit König Wladislaw Jagello von Böhmen gegen König Matthias Corvinus und die österreichischen Adeligen.

4. April Aufhebung des Vertrages von St. Omer *(→ 9. Mai 1469)* durch das Konstanzer Bündnis Erzherzog Sigmunds von Tirol mit den Schweizer Eidgenossen *(→ 2. Oktober)*.

27. Mai Kaiser Friedrich III. erreicht die Hilfe des Papstes Sixtus IV., der den Kirchenbann über die wichtigsten Mitglieder des österreichischen Adelsbundes verhängt, auch das bringt nicht den erwarteten Erfolg.

2. Oktober Erzherzog Sigmund von Tirol verzichtet in Feldkirch (Vorarlberg) durch die »Ewige Richtung« auf alle Ansprüche in der Schweiz *(→ 4. April)*.

3. Dezember Waffenstillstand von Breslau zwischen König Matthias Corvinus von Ungarn und König Wladislaw Jagello von Böhmen auf drei Jahre. Matthias Corvinus konnte seine Pläne mit Böhmen vorerst nicht verwirklichen *(→ 1. Dezember 1477)*.

▶**1475** Der österreichische Adelsbund nimmt zu Jahresanfang gemeinsam mit Vertretern der anderen Stände Verhandlungen mit Kaiser Friedrich III. auf.

Februar Langsame, doch merkbare Besserung der Verhältnisse in Österreich.

4. Februar Abschluß der Verhandlungen der Stände mit den Räten des Kaisers, der im Reich weilt, in Großenzersdorf (Niederösterreich), gegenseitige Versprechungen zur Befriedung des Landes.

Sommer König Matthias Corvinus wendet sich gegen die ständig steigenden Einfälle der Türken.

▶**4. Viertel 15. Jh.** Spätgotische Steinkanzel in der Stadtpfarrkirche von Braunau (Oberösterreich).

— Bau des Domes von Eisenstadt, 1522 abgeschlossen.

— Ölbergrelief in der Pfarrkirche von Obervellach (Kärnten).

— Geschnitzter Flügelaltar der Annakapelle in Wolfsberg (Kärnten).

— Filialkirche Beschling in Nenzing (Vorarlberg) mit Flügelaltar von 1484, einer Kassettendecke und einem geschnitzten Chorstuhl aus dem ausgehenden 15. Jh.

▶**1476/81** Vierzehneckiges Taufbecken von Ulrich Auer im Stephansdom in Wien mit 5,12 m hohem Deckel, Inschrift 1481. Anläßlich der Restaurierungsarbeiten an der Kanzel des Stephansdomes (1946) wird der bis dahin über der Kanzel befindliche Schalldeckel als ursprünglicher Taufsteindeckel erkannt.

►**1476** Trotz noch immer anhaltenden Widerstandes des Bistums Passau wird das Bistum Wr. Neustadt durch die Einsetzung Peter Engelprechts (Erzieher des Sohnes Kaiser Friedrichs III. und Chorherr) als Bischof errichtet. Mit der päpstlichen Bulle vom 18. Januar 1469 wurden die Bistümer Wien und Wr. Neustadtbegründet, doch scheiterte die Errichtung Wr. Neustadts bis 1476 an dem harten Widerstand des Bischofs von Passau, der auch zeitweilig vom Salzburger Erzbischof unterstützt wurde.

— Gotischer Wappenstein im Hof des Hauses Griechengasse 4 in Wien 1.

— Die österreichischen Stände bewilligen zu Jahresbeginn eine neue Steuer, die der weiteren Besserung und Sicherung des Landes dienen soll.

2. März Schlacht bei Grandson am Neuenburger See (Schweiz), Niederlage Herzog Karls des Kühnen im Kampf gegen die Schweizer.

6. Mai Das Eheversprechen zwischen Habsburg und Burgund wird durch Vertrag vereinbart *(→ 28. September 1473, 19. August 1477)*.

22. Juni Schlacht bei Murten (Schweiz), Sieg der Schweizer Eidgenossen über Herzog Karl den Kühnen von Burgund, der von seinem 23 000 Mann starken Heer rund 11 000 Mann verliert, 410 Schweizer fallen.

Herbst Kaiser Friedrich III. zieht Truppen zusammen, um gegen die abermals aktiv werdenden österreichischen Adeligen gerüstet zu sein.

8. Dezember Bündnis Kaiser Friedrichs III. mit König Wladislaw Jagello von Böhmen und Anerkennung Wladislaws als König von Böhmen. Das Bündnis richtet sich gegen König Matthias Corvinus und die aufständischen österreichischen Adeligen.

►**1477** Runder, bewehrter Pulverturm der Stadtbefestigung von Krems (Niederösterreich).

— Erzherzog Sigmund von Tirol, der »Münzreiche«, verlegt die landesfürstliche Münzstätte von Meran (Südtirol) nach Hall (Tirol, → *1486*).

5. Januar Schlacht bei Nancy (Frankreich), Herzog Karl der Kühne von Burgund erleidet eine Niederlage gegen René II., Herzog von Lothringen, und fällt in der Schlacht *(→ 19. August)*.

12. Juni Kriegserklärung König Matthias Corvinus' an Kaiser Friedrich III. Dieser hatte am 10. Juni in Wien König Wladislaw Jagello gemäß seinem Versprechen vom 8. Dezember 1476 feierlich mit Böhmen belehnt, worin König Matthias eine Verletzung seiner Rechte sah. König Wladislaw war Anfang Juni mit 8 000 Mann nach Österreich gekommen, um dem Kaiser bei der Durchführung seiner Maßnahmen *(→ Herbst 1476)* gegen die unzufriedenen Österreicher zur Seite zu stehen.

Juli Böhmische Hilfstruppen ziehen sich plündernd durch Niederösterreich zurück, Teile gehen zum ungarischen Heer über.

18. Juli Die Belagerung von Ebersdorf (Niederösterreich), dem Hauptsitz der aufständischen österreichischen Adeligen, muß von den kaiserlichen Truppen aufgegeben werden.

10. August König Matthias Corvinus überschreitet mit einem stattlichen Heer die österreichische Grenze. Über 30 Städte und über 100 Burgen sind bald in der Hand des Ungarnkönigs. Widerstand leisten nur Hainburg, Krems, Stein (alle Niederösterreich) und Wien. Kaiser Friedrich III. zieht sich über Krems, Steyr und Linz nach Gmunden (Oberösterreich) zurück.

19. August Erzherzog Maximilian I., der Sohn Kaiser Friedrichs III., heiratet in Gent Maria von Burgund *(→ 6. Mai 1476)*. Diese sogenannte »burgundische Heirat« ist die erste der später sprichwörtlich werdenden Habsburgerheiraten.

Oktober König Matthias Corvinus entsendet eine Gesandtschaft mit harten Friedensbedingungen nach Gmunden (Oberösterreich) aufgrund eines päpstlichen Vermittlungsversuches.

10. November Waffenstillstand zwischen Friedrich III. und Matthias Corvinus.

1. Dezember Friede von Gmunden zwischen Kaiser Friedrich III. und König Matthias Corvinus. Friedrich III. belehnt den Ungarnkönig mit Böhmen, muß aber 100 000 Gulden Kriegsentschädigung zahlen.

18. Dezember König Matthias Corvinus bestätigt in Korneuburg den Frieden von Gmunden.

►**1478** Hans Sturn baut Langhaus der Stadtpfarrkirche von Feldkirch (Vorarlberg).

19. Februar Landtag von Krems der Stände des Landes ober und unter der Enns, für den 6. Januar einberufen, doch zweimal verschoben. Er soll die Maßnahmen – vor allem neue Steuern – zur Tilgung der Kriegsschuld an König Matthias Corvinus gutheißen. Die Unterfertigung des Schuldbriefes wird von der ständischen Opposition hintertrieben.

20. April Landtag in Wien, von dem König Matthias Corvinus die Unterfertigung des Schuldbriefes verlangt. Die Stände verlangen dafür vom Kaiser eine bessere Münze und Handelsfreiheiten.

2. Hj. Drückende Steuerlast, Münzverschlechterung und Unsicherheit nehmen zu.

— Unter dem Bauern Peter Wunderlich wird in Kärnten die Errichtung einer Bauerndemokratie mit eigener Gerichtsbarkeit versucht. Sie bricht beim Ansturm der Türken durch das Kanaltal zusammen.

— Auch in der Steiermark Bauernunruhen, denen sich der niedere Adel zum Großteil anschließt.

7. Dezember Der Friede von Olmütz zwischen König Matthias Corvinus und König Wladislaw Jagello führt zu einem Ausgleich: König Matthias behält Mähren, Schlesien und die Lausitz, König Wladislaw Böhmen. König Matthias Corvinus bekämpft bis zu seinem Tod im Jahre 1490 Kaiser Friedrich III. Neuerlicher Anlaß war der Salzburger Erzbischof Bernhard von Rohr, der den König um Hilfe gebeten hatte. Erzbischof Bernhard von Rohr sollte zugunsten Johann Beckenschlagers, des Bischofs von Gran (eines Günstlings Kaiser Friedrichs III.), auf den Salzburger Bischofssitz verzichten *(→ 1. Hj. 1479)*.

►**Nach 1478** Kaspar von Rogendorf veranlaßt die Erweiterung von Burg (bald auch Schloß genannt) Rosenburg am Kamp (Niederösterreich).

►**1479/80** Zwei Türme der Befestigung des Stiftes Rein (Steiermark), heute Teile des Wirtschaftshofes.

►**1479, 1. Hj.** Unter dem Vorwand, König Matthias Corvinus gegen die Türken zu Hilfe gerufen zu haben, öffnet Erzbischof Bernhard von Rohr *(→ 7. Dezember 1478)* dem Ungarnkönig die befestigten Salzburger Besitzungen in der Steiermark und in Kärnten. Der König wird von den unzufriedenen Bauern und Adeligen unterstützt. Zahlreiche Städte und Burgen sind bald von ungarischen Söldnern besetzt, besonders in der Steiermark, in Kärnten und dem südl. Niederösterreich. Der Bischof von Passau verpfändet mit Ausnahme von St. Pölten und Mautern seine in Niederösterreich gelegenen Besitzungen an König Matthias Corvinus.

7. August Schlacht bei Guinegate (Frankreich), Erzherzog Maximilian I. besiegt König Ludwig XI. von Frankreich. Ludwig XI. wollte die Situation ausnützen, er hatte Burgund, das »erledigte« Lehen der französischen Krone, besetzt und war in der deutschen Freigrafschaft Burgund und im Hennegau (belgisch-französisches Grenzgebiet) einmarschiert *(→ 23. Dezember 1482).*

►1480 Erzherzog Sigmund von Tirol beruft den Organisten Paul Hofhaimer *(→ 1537)* nach Innsbruck.

— Steiner Tor der Stadtbefestigung von Krems (Niederösterreich) und Kollertor der Stadtbefestigung von Steyr (Oberösterreich).

— Spätgotische Fresken der Barbarakapelle der ehemaligen Minoritenkirche von Wels (Oberösterreich).

— Spätgotischer Schnitzaltar in der Wallfahrtskirche Maria Laach (Niederösterreich).

— Westturm der Pfarrkirche St. Gallus in Bregenz.

— Das sogenannte deutsche Gesellschaftslied erlebt in Österreich, gefördert durch Erasmus Lapicida seine erste Blüte.

1. Hj. Das Mühlviertel und das Machland (beide Oberösterreich) sowie teilweise das Waldviertel (Niederösterreich) werden von eingedrungenen Böhmen verwüstet.

Juli Einfall ungarischer Söldner im Marchfeld (Niederösterreich).

— 30 000 Türken fallen, von Kärnten kommend, in der Steiermark ein, besonders starke Verwüstungen im Murtal.

— Durch Heuschreckenplage und Pest veröden in der unteren und mittleren Steiermark ganze Landstriche.

5. Juli Baden bei Wien wird zur Stadt erhoben.

15. August Die Türken stehen erstmals vor Graz, die Umgebung und die Vorstädte werden verwüstet.

31. August Waffenstillstand mit den eingedrungenen Böhmen, der immer wieder verlängert wird und dem am 6. Januar 1481 auch die mährischen Stände beitreten, ein Erfolg der österreichischen Stände, der dem Land von einer Seite Ruhe bringt.

►1481 Spätgotisches Sakramentshaus der Pfarrkirche von Röthis (Vorarlberg).

— Sogenanntes »Landplagenbild« an der Südwand des Grazer Domes, ein Fresko des Thomas von Villach, Erinnerung an die Plagen des Jahres 1480 (Türken, Heuschrecken, Pest). Älteste Ansicht von Graz.

— Sogenanntes Friedrichstor mit Wappenstein des Schlosses in Linz. Kaiser Friedrich III. ließ es zusammen mit mehreren Vorwerken ab 1477 errichten.

Februar–Mai Erneute ungarische Einfälle in Niederösterreich durch den Söldnerführer Johann Zeleny, der bereits mehrmals an der Spitze einfallender Ungarn stand.

13. Mai Waffenstillstand zwischen den Ungarn und Kaiser Friedrich III., der allerdings nur bis Ende Juni dauert.

Juli Der Reichstag in Nürnberg wendet sich scharf gegen König Matthias Corvinus und sichert Kaiser Friedrich III. Waffenhilfe des Reiches zu.

August Ein kleines Truppenkontingent aus Sachsen trifft in Wien ein. Die Lage des Kaisers ist nicht verbessert, zumal zu dem Streit um den Salzburger Bischofssitz auch der um den von Passau losbricht. Der vom Passauer Domkapitel eingesetzte Gegenkandidat Friedrich Mauerkircher stellt sich unter den Schutz König Matthias' und verpfändet ihm Anfang September St. Pölten und Mautern (Niederösterreich).

— Vom Kaiser nicht mehr – oder noch immer nicht – bezahlte Söldnerführer durchziehen plündernd fast das ganze Land.

►1482 Vollständige Ausmalung der St.-Georgs-Kapelle in Tösens (Tirol) durch den Maler Max von Innsbruck.

— Die Buchdruckerkunst (das Drucken mit beweglichen Lettern, von Johannes Gutenberg um 1440 erfunden) ist in Wien nachweisbar.

März König Matthias Corvinus erklärt abermals an Kaiser Friedrich III. den Krieg *(→ 12. Juni 1477)*, obwohl praktisch seit 1479 Kriegszustand herrscht.

27. März Maria von Burgund, die Gattin Erzherzog Maximilians, stirbt in Brügge an den Folgen eines Sturzes vom Pferd. Am 24. März setzte sie noch ihre Kinder, Philipp der Schöne (später Vater Kaiser Karls V.) und Margarete (später von Österreich, Generalstatthalterin der Niederlande), als Gesamterben ihres Besitzes ein, ihren Gemahl bestellt sie zum Vormund Philipps.

Anfang Mai Ungarische Truppen ziehen gegen die starken Grenzfestungen Hainburg (Niederösterreich) und Bruck an der Leitha (beide Niederösterreich).

30. September Wolfgang Fuchs, der Kommandant von Hainburg, übergibt für 3 000 Gulden die Festung Hainburg (Niederösterreich) an König Matthias Corvinus.

Oktober König Matthias Corvinus erobert Baden bei Wien, Enzersdorf an der Fischa und St. Veit an der Triesting (alle Niederösterreich).

23. Dezember Friede von Arras (Frankreich) zwischen Erzherzog Maximilian I. und Frankreich. Das französische Lehen Burgund kommt an Frankreich.

— Verlobung der zweijährigen Tochter Maximilians, Margarete, mit dem Dauphin, dem späteren Karl VIII., als Mitgift soll sie die Freigrafschaft Burgund und Artois erhalten *(→ 22. Juli 1489, 15. November 1491).*

►1483/86 »Reitzedl« (Rechnungslisten, Berichte über die Tätigkeit der Baumeister) über die Errichtung des Chores der Stadtpfarrkirche von Freistadt (Oberösterreich) durch den »Stadtwerkmeister« und Steinmetzen Mathes Klayndl (zugleich ein Einblick in die Datumangaben dieser Zeit): Am Montag nach Koloman (20. Oktober) 1483 beginnt Meister Mathes im Steinbruch Steine zu brechen, die seit Mitterfasten (21. März) 1484 auf den Bauplatz geführt werden. Am Montag vor dem Auffahrtstag (8. Mai) 1484 beginnt Meister Mathes mit dem Behauen der Steine. In der Woche Alexi (11.–17. Mai) 1484 wurden die Fundamente gelegt, und in der Woche vor dem Auffahrtstag (8. Mai) 1485 wurde die Kapelle zu mauern angefangen. Ihre Gewölbe wurden seit dem Pfingsttag nach Ostern (30. März) 1486 geschlossen. Vollendung des Chores wahrscheinlich 1501.

►1483/85 Böhmertor und Linzer Tor der Stadtbefestigung von Freistadt (Oberösterreich) von Meister Mathes Klayndl.

►1483 Grabstein und Totenschild des Konrad Thaunhauser in der Georgskapelle der Pfarrkirche von Mariapfarr (Salzburg).

— Kapelle des Edelsitzes »Tschitscherschlößle« (von 1620) in Feldkirch (Vorarlberg).

Anfang April Kaiser Friedrich III. verlegt sein Hauptquartier von Wien nach Wr. Neustadt und kurz darauf nach Graz *(→ November 1484)*.

25. April Die Bürger von Klosterneuburg erzwingen die Übergabe der Stadt an König Matthias Corvinus, es gab keine Aussicht auf Hilfe.

5. Mai König Matthias Corvinus verleiht der Stadt Klosterneuburg (Niederösterreich) ein Privilegium für den Handel, der erste Herrscherakt des Ungarnkönigs im besetzten Österreich. Hierauf erlahmt der ungarische Ansturm, bricht jedoch im Jahr darauf noch heftiger los.

►**1484/88** Fresken in der Wallfahrtskirche Obermauern (Osttirol) von Simon von Taisten, fast vollständig ausgemalter Innenraum.

►**1484** Die Wiener Universität verzeichnet nur fünf Neueintragungen von Studenten, der tiefste Stand, der seit der Gründung 1365 verzeichnet wird.

— Gotischer Flügelaltar in der Pfarrkirche von Nenzing (Vorarlberg).

— Gotische Pfarrkirche von Damüls (Vorarlberg) mit umfangreichen Wandmalereien um 1490 und einer bedeutenden Holzkassettendecke von 1693.

11. März Nach heftigen Kämpfen fällt die Festung Bruck an der Leitha (Niederösterreich), die Stadt – die letzte Grenzfestung gegen Ungarn – war schon am 25. Februar wegen Mangels an Lebensmitteln gefallen.

19. April Ungarische Truppen beginnen die Belagerung von Korneuburg (Niederösterreich).

April Ungarische Truppen besetzen den Kahlenberg und bereiten die Belagerung Wiens vor, vorerst findet nur eine Blockade statt.

11. Mai Niederlage kaiserlicher Truppen (sie sollten Korneuburg besetzen) bei Leitzersdorf (Niederösterreich, nordwestl. von Korneuburg).

November Kaiser Friedrich III. verlegt sein Hauptquartier nach Linz *(→ Anfang April 1483)*.

3. Dezember Das seit 19. April belagerte Korneuburg (Niederösterreich) fällt, da weder Pulver noch Nahrungsmittel mehr vorhanden sind.

►**Vor 1485** Stundenbuch im Stift Kremsmünster (Oberösterreich), das einzige in Österreich noch erhaltene Beutelbuch, auch Buchbeutel genannt (Leder des Bucheinbandes ging über den Buchblock wesentlich hinaus, so daß es wie ein Beutel aussah und am Gürtel getragen werden konnte; es sind überhaupt nur ganz wenige Beutelbücher erhalten).

►**1485** Fresken in der Burgkapelle von Schloß Bruck in Lienz (Osttirol) von Simon von Taisten.

— Die Margaretenkapelle im Petersfriedhof von Salzburg (der reinste spätgotische Bau der Stadt) wird zu bauen begonnen, 1491 fertiggestellt.

6. Januar Heiligsprechung des Babenbergers Markgraf Leopold III. von Österreich, auch der Heilige genannt *(→ 15. November 1136)*.

29. Januar König Matthias Corvinus trifft vor Wien ein und intensiviert die Belagerung der Stadt *(→ April 1484)*.

Anfang März Besatzung von Wien gelingt die Zerstörung der größten ungarischen Belagerungsmaschine vor dem Rotenturmtor.

19. April Auf der Donau gelingt der letzte Nachschub für das belagerte Wien.

28. Mai Wien muß kapitulieren.

1. Juni König Matthias Corvinus zieht feierlich in Wien ein. Er hält sich bis zu seinem Tod am 6. April 1490 oft in Wien auf. Den Wienern bestätigte er zahlreiche Privilegien, wodurch er ihre Gunst gewann. Seine kunstsinnige und den Wissenschaften gegenüber aufgeschlossene Hofhaltung zog Künstler und Gelehrte nach Wien. Vor allem die Wiener Universität erfreute sich seiner Unterstützung.

►**1486/98** Hochaltar der Franziskanerkirche in Salzburg von Michael Pacher, er muß 1709 einem Werk Johann Bernhard Fischer von Erlachs weichen, daher nur mehr die Madonna am heutigen Hochaltar erhalten, drei weitere Tafelbilder davon in der Österreichischen Galerie, Wien.

►**1486** In der Münze von Hall (Tirol), die Erzherzog Sigmund von Tirol 1477 *(→ dort)* von Meran (Südtirol) nach Tirol verlegen hatte lassen, wird der erste Taler der Welt, der vorerst noch »Guldiner« genannt wird, geprägt.

— Im Stadtteil Kaltenhausen in Hallein (Salzburg) wird die erste »Hofbrauerei« der Welt (München folgt erst 1598) gegründet.

16. Februar Auf dem Reichstag von Nürnberg wird Erzherzog Maximilian I. zum römischen König gewählt (9. April in Aachen gekrönt). Ab diesem Zeitpunkt gilt dieser Titel für den Nachfolger des Kaisers. Der Reichstag bewilligt ein Reichsheer in der Höhe von 34 000 Mann gegen König Matthias Corvinus *(→ 16. Dezember 1487)*.

März Der Belagerungsring ungarischer Truppen schließt sich um Wr. Neustadt (Niederösterreich) *(→ 17. August 1487)*.

2. Juli Ungarische Truppen erobern Stein (Niederösterreich).

30. September Feldsberg und Laa an der Thaya (beide Niederösterreich) ergeben sich nach zähem Widerstand den Ungarn.

10. Oktober Retz (Niederösterreich) muß sich den ungarischen Truppen ergeben.

►**1487/96** Wandfresken und Gewölbemalereien sowie der Hochaltar in der Kapelle St. Quirin und Veit in Sellrain (Tirol).

►**1487/88** Seitliche Schreinaltäre in der alten Pfarrkirche von Ludesch (Vorarlberg).

►**1487** Schmiedeeiserner Beschlag der Sakristeitür in der ehemaligen Stiftskirche von Mondsee (Oberösterreich), ein Meisterwerk spätgotischer Schmiedekunst.

— Baubeginn für das (spätgotische) »Burgriesenhaus« in Innsbruck, von Erzherzog Sigmund von Tirol für seinen Leibriesen Niklas Heidl in Auftrag gegeben, 1490 vollendet.

— Gilg Mitterhofer aus Schwaz (Tirol) beginnt mit dem Bau der (spätgotischen) Pfarrkirche von Jenbach (Tirol), 1500 vollendet.

Mitte Januar König Matthias Corvinus trifft mit seinem ganzen Heer vor Wr. Neustadt (Niederösterreich) ein *(→ März 1486)*.

Ende März Der Reichstag von Nürnberg bewilligt nach langen Verhandlungen Geldmittel für ein Reichsheer und gewinnt Herzog Albrecht von Sachsen, einen geschätzten Feldherrn, als Befehlshaber.

2. April Auf dem Landtag von Linz beschließen die oberennsischen Städte die weitere Unterstützung der aufgestellten Söldner.

Anfang Juli Herzog Albrecht von Sachsen bricht mit 3 000 Mann von Nürnberg aus auf.

5. August Vereinigung des Reichskontingents mit dem Aufgebot der oberennsischen Stände.

17. August Wr. Neustadt (Niederösterreich) muß sich nach heldenhaftem Kampf König Matthias Corvinus ergeben.

September Herzog Albrecht von Sachsen verstärkt die wenigen verbliebenen kaiserlichen Stützpunkte Waidhofen an der Ybbs, Melk und Krems.

14. September König Matthias Corvinus schlägt Herzog Albrecht von Sachsen eine Zusammenkunft vor.

16. Dezember Waffenstillstand von Markersdorf (Niederösterreich) zwischen König Matthias Corvinus und Herzog Albrecht von Sachsen.

►1488 In Wien erscheint das erste »fliegende Blatt« (vom Französischen feuille volante); die sich immer mehr verbreitenden, sehr seltenen sogenannten Einblattdrucke sind die Vorläufer der Zeitungen.

5. Februar König Maximilian I. wird von den Bürgern der Stadt Brügge gefangengenommen, Grund ist die wachsende Feindschaft der Niederlande gegen Habsburg. Vor dem Eintreffen eines Reichsheeres befreit sich Maximilian durch einen Vertrag, mit dem er die Regierung in Flandern an einen ständischen Rat verliert, außerdem muß er die Schutzhoheit Frankreichs über die niederländischen Provinzen anerkennen, er wird am 16. Mai freigelassen.

24. Februar Söldner Herzog Albrechts von Sachsen werden entlassen, für die Aufbringung des nötigen Soldes wird für das Land ob der Enns eine neue Steuer verfügt. Der Waffenstillstand von Markersdorf (Niederösterreich) *(→ 16. Dezember 1487)* brachte keineswegs Erleichterungen, ungarische Streifscharen verunsichern nach wie vor das Land und setzen Belagerungen fort.

5. April Kaiser Friedrich III. fordert die österreichischen Stände auf, den Waffenstillstand zu halten – eine offizielle Zustimmung des Kaisers zum Waffenstillstand ist nicht bekannt. Verhandlungen, Landtage und Vereinbarungen werden angesetzt, verschoben, zum Teil abgehalten, bleiben jedoch durchwegs ohne Ergebnis.

20. August Landtag von St. Pölten (Niederösterreich), König Matthias Corvinus hatte den Wunsch der niederösterreichischen Stände nach Friedensverhandlungen erfüllt. Auch Ständevertreter aus der Steiermark, aus Kärnten und Krain nehmen daran teil. Die Stände des Landes ober der Enns halten gleichzeitig in Steyr einen Landtag ab. Da in St. Pölten keine Ergebnisse zustande kommen, wird in Wien weiterverhandelt: Ergebnis ist eine Waffenstillstandsverlängerung bis 18. Juni 1489.

►1489/92 Aus Anlaß der Heiligsprechung des Babenbergers Markgraf Leopold III. *(→ 6. Jänner 1485)* entsteht in Klosterneuburg (Niederösterreich) der Babenbergerstammbaum. Das spätgotische Tafelwerk (344 × 405 cm, Seitenflügel je 200 cm breit) mit zwei Seitenflügeln stellt in 27 Rundbildern Mitglieder der Babenberger Herrscherfamilie dar. Auf den Seitenflügeln sind die Frauen der Babenberger festgehalten. Ursprünglich auf Holz gemalt, wurde die Malerei in der Mitte des 19. Jh.s auf Leinwand übertragen, da das Holz morsch geworden war. Die Rundbilder sind teilweise wegen ihrer frühen Ansichten von Klöstern und Städten sehr bedeutsam. Zur gleichen Zeit verfaßte Ladislaus Sunthaym eine Geschichte der Babenberger, die 1491 in Basel gedruckt wurde.

►1489 Baubeginn des Langhauses der spätgotischen Hallenkirche von Ybbsitz (Niederösterreich), die 1497 fertiggestellt wird.

10. Februar König Matthias Corvinus bestätigt der Wiener Universität ihre alten Freiheiten. Er hatte schon mehrmals mit finanziellen Unterstützungen den notleidenden Professoren geholfen.

22. Juli Friede von Frankfurt am Main zwischen König Maximilian I. und König Karl VIII. von Frankreich. Karl bestätigt damit das Recht Maximilians auf Flandern.

Oktober Gesandte König Matthias Corvinus' verhandeln in Linz mit König Maximilian I. über einen künftigen Frieden. Matthias Corvinus verspricht gegen eine Zahlung von 700 000 Gulden die Räumung des Landes, Maximilian kann jedoch nur 100 000 Gulden anbieten, weshalb sich die Verhandlungen monatelang hinziehen *(→ 6. April 1490)*.

►Um 1490 Spätgotischer, geschnitzter Flügelaltar mit 22 Tafelbildern von Lienhart Ast in der Pfarrkirche von Gampern (Oberösterreich).

►1490 Beginn der Erweiterungsbauten der Stadtpfarrkirche von Schwaz (Tirol). Diese 1460–1478 erbaute größte Kirche Tirols wird 1508 fertiggestellt.

— Mit dem Bau des spätgotischen Langhauses der Pfarrkirche von Aflenz (Steiermark) wird begonnen, 1503 vollendet.

Februar Der Waffenstillstand von Markersdorf (Niederösterreich) *(→ 16. Dezember 1487)* wird bis zum 8. September verlängert. Besonders im Land unter der Enns kann man keinesfalls von Frieden reden, da ungarische Streifscharen, vereinzelt auch Söldnertruppen, das Land immer wieder verunsichern.

19. März Erzherzog Sigmund von Tirol verzichtet zugunsten König Maximilians I. auf die Regierung in Tirol und in den Vorlanden. Damit ist der habsburgische Besitz wieder in der Hand einer Linie vereint.

6. April König Matthias Corvinus von Ungarn stirbt in Wien; geb. am 23. Februar 1443 in Klausenburg, der zweite Sohn des ungarischen Heerführers Johann Hunyadi, 1459 von der Adelsopposition zum König von Ungarn gewählt und durch den Vertrag von Wr. Neustadt *(→ 24. Juli 1463)* mit Kaiser Friedrich III. bestätigt, er hielt sich seit der Einnahme von Wien *(→ 1. Juni 1485)* bis zu seinem Tod fast ausschließlich in der Stadt auf.

15. Juli König Wladislaw Jagello von Böhmen wird zum König von Ungarn gewählt. Dies widerspricht dem Wr. Neustädter Vertrag vom 24. Juli 1463. Matthias Corvinus hinterläßt kein Testament. Eine Thronfolge seines unehelichen Sohnes Johannes, der aus einer Verbindung mit der aus Stein an der Donau gebürtigen Barbara Edelpöck, die der Corvine 1470 in Wien kennengelernt hatte, stammte, ist aussichtslos und wäre sicherlich am Einspruch der ungarischen Magnaten gescheitert.

Anfang August König Maximilian I. bricht mit einem Heer von Graz auf und zieht über den Semmering. Er hatte die Wahl abgewartet, um aktiv in das Geschehen eingreifen zu können. Bis Oktober hat er die ungarischen Besatzungen von Österreich entweder besiegt oder vertrieben.

14. August König Maximilian I. schreibt einen Brief an die Stadt Speyer (Rheinland-Pfalz), in dem das Wort »Post« zum erstenmal im deutschen Sprachgebiet verwendet wird. Dieses Schreiben wird auch als »ältester deutscher Brief« bezeichnet.

17. August Wr. Neustadt (Niederösterreich) öffnet den Truppen Maximilians I. die Tore, die ungarische Besatzung zieht sich in die Burg zurück und muß bald kapitulieren.

19. August König Maximilian I. zieht an der Spitze

Verwaltungsreformen Maximilians I.

Die Verwaltungsreformen Maximilians I. legten die Grundlagen für eine Umwandlung des mittelalterlichen Lehensstaates in einen modernen Beamtenstaat. Seine vielfach modifizierten Reformen vermochte erst sein Enkel Ferdinand I. zu beständigen Organisationen auszubauen.
Als Vorbild diente ihm die burgundische Verwaltung. Sein viel bewunderter und auf vielen Ebenen nachgeahmter Schwiegervater Karl der Kühne hatte in seinen Ländern einen straff organisierten Zentralstaat geschaffen. Maximilian wollte diesen Grundsätzen sowohl im Reich als auch in den Erblanden zum Durchbruch verhelfen.
Bisher lag die gesamte Verwaltungstätigkeit in den Händen ehrenamtlicher Funktionäre, die dafür vom Landesherrn mit Lehen bedacht wurden. Eine subjektive Regelung aller Amtsgeschäfte war die natürliche Folge. Überdies lagen wichtige Aufgabengebiete, wie das Unterrichtswesen und die gesamte Wohlfahrtspflege in den Händen der Kirche oder wurden von den Ständen, den städtischen Hoheitsträgern oder den Zünften verwaltet.
Einen ersten Schritt stellte die Teilung der gesamten Erbländer in zwei Verwaltungsgebiete dar:
Die Ober- oder Vorderösterreichische Regierung faßte seit 1490 Tirol, fast ganz Vorarlberg, Vorderösterreich, die Windische Mark, die Grafschaft Görz, Teile Istriens mit Triest und Teile Friauls in eine Verwaltungseinheit zusammen; die Niederösterreichische Regierung verwaltete seit 1493 Niederösterreich, Oberösterreich, Kärnten, Steiermark, Krain und Teile des Salzkammerguts.
Sitz des Oberösterreichischen »Regiments« wurde Innsbruck, dem die Verwaltung für Vorderösterreich, die sich zunächst in Ensisheim, später in Freiburg im Breisgau befand, unterstellt war. Das Niederösterreichische »Regiment« amtierte zunächst in Linz, später in Wien. Der Aufgabenbereich der Regimenter umfaßte die politische Verwaltung und die nicht von ihr getrennte Justiz, die Raitkammern (Rechenkammern) kümmerten sich um die Finanzen, woran Maximilian I. immer Mangel litt.
Die oberste Verwaltung erfolgte im Einvernehmen mit den Ständen. Auf gemeinsamen Ausschußlandtagen wurden die nötigen Übereinkommen hinsichtlich Steuerleistungen und über die Länderaufgebote im Kriegsfalle getroffen. Die Schaffung eigener Kammergerichte scheiterte am Einspruch der Stände.

von 4 000 Mann in Wien ein, die ungarische Besatzung zieht sich in die Wiener Hofburg zurück.

23. August Wien leistet König Maximilian I. den Treueid als Landesherrn und rechtmäßigem Vertreter des Hauses Habsburg und nicht als berechtigtem Nachfolger auf dem ungarischen Königsthron (der Eid auf seinen Vater Kaiser Friedrich III. wurde nicht erneuert).

29. August Papst Innozenz VIII. entbindet die Österreicher ihres Eides auf den Ungarnkönig. Die ungarische Besatzung in der Wiener Hofburg muß sich nach einem erfolgreichen Sturm der Truppen Maximilians I. ergeben. Durch Beschießung sind die Mauern der Burg schwer beschädigt.

5. September König Maximilian I. verläßt seine Truppen, die vor Klosterneuburg (Niederösterreich) stehen, um einem Einfall schlesischer Söldner (von König Wladislaw Jagello von Böhmen und Ungarn entsandt) bei Bruck an der Leitha (Niederösterreich) entgegenzutreten.

9. September Klosterneuburg (Niederösterreich) wird von den Truppen Maximilians I. nach erfolgreicher Beschießung erobert.

Oktober König Maximilian I. zieht gegen die Ungarn und überschreitet die Landesgrenze, damit demonstriert er seinen Anspruch auf die ungarische Krone.

17. November König Maximilian I. erobert Stuhlweißenburg (Ungarn). Wegen mangelnder finanzieller Mittel muß er den erfolgreichen Feldzug abbrechen. Der Kriegszustand dauert bis 7. November 1491 an.

23. Dezember König Maximilian I. ist wieder in Wr. Neustadt (Niederösterreich). Beginn der Maximilianeischen Verwaltungsreform in Österreich durch die Errichtung des »Regiments« in Innsbruck, einer von bezahlten Beamten besetzten Verwaltungsbehörde *(→ Rahmenartikel: Verwaltungsreformen Maximilians I., S. 104).*

▶1490/97 Spätgotischer Flügelaltar in der Pfarrkirche von Kefermarkt (Oberösterreich), ein Hauptwerk der Bildschnitzerei der Spätgotik, 13,50 m hoch, gestiftet von Christoph von Zelking (gest. 1491), von einem unbekannten Meister geschaffen. Adalbert Stifter hat ihn »wiederentdeckt« und in seinem Roman »Der Nachsommer« beschrieben.

▶Nach 1490 Geschnitzte Figuren im Langhaus der Stadtpfarrkirche von Wr. Neustadt (Niederösterreich) von Lorenz Luchsberger.

▶1491 Spätgotischer Betstuhl in der östl. Kapelle der Pfarrkirche von Egg (Kärnten).

— Wappengrabstein aus rotem Marmor für Christian Tänzl in der Stadtpfarrkirche von Schwaz (Tirol).

— Churer Tor der Stadtbefestigung von Feldkirch (Vorarlberg) erneuert, Baubeginn für den 1507 vollendeten Katzenturm.

1. Hj. Böhmische Ritter fallen im Raum von Freistadt (Oberösterreich) ein. Bei Spitz an der Donau (Niederösterreich) sperren die Feinde König Maximilian I. die Donau. Maximilians Truppen dringen auch über die Donau vor und erreichen die Grenze an der March bei Zistersdorf (Niederösterreich). Allmähliche Befriedung im Lande ober und unter der Enns.

26. Mai Grundsteinlegung und Baubeginn für die Greinburg (Oberösterreich), die Burg hieß zuerst Stettenfels, 1502 Heinrichsburg und ab 1533 Greinburg. Nach 1621 wird sie umgebaut, vom ersten Bau sind ein Torturm und ein Erdgeschoßraum erhalten.

7. November Friede von Preßburg zwischen König

Maximilian I. und König Wladislaw Jagello von Böhmen. Maximilian behält die von ihm besetzten westungarischen Gebiete (etwa das heutige Burgenland), den Titel eines Königs von Ungarn und die im Vertrag von Wr. Neustadt *(→ 24. Juli 1463)* vereinbarte Thronfolge *(→ 6. und 20. Dezember, 14. Januar 1492).*

15. November König Karl VIII. von Frankreich heiratet Anna de Bretagne, die Erbin dieses Herzogtums, obwohl sich König Maximilian I. Ende 1490 durch Stellvertretung mit Anna trauen ließ, außerdem war Karl mit Erzherzogin Margarete, der Tochter Maximilians, verlobt *(→ 23. Dezember 1482).* Daher neuerlicher Konflikt Maximilians I. mit Frankreich.

6. Dezember König Wladislaw Jagello von Böhmen bestätigt in Ofen (Ungarn) den Frieden von Preßburg vom 7. November 1491 *(→ dort).*

20. Dezember König Maximilian I. bestätigt in Innsbruck den Frieden von Preßburg *(→ 7. November).*

►1492, 14. Januar Kaiser Friedrich III. bestätigt in Linz den Frieden von Preßburg *(→ 7. November 1491).* Kaiser Friedrich III. hatte in den Ländern ober und unter der Enns, in der Steiermark, in Kärnten und Krain seine landesherrlichen Rechte noch nicht an König Maximilian I. abgetreten, auch ernannte er Christoph von Liechtenstein zum Landmarschall von Österreich (er war es auch unter König Matthias Corvinus und wurde vom Kaiser wieder in Gnaden aufgenommen).

März Landtag der Stände des Landes ober der Enns in Linz, da abermals Söldner aus Mähren im Mühlviertel eingefallen waren.

Juni Landtag der Stände des Landes unter der Enns in Wien, da das Land noch immer nicht ganz befriedet war, die Herren von Puchheim (ein immer wieder streitendes niederösterreichisches Adelsgeschlecht) hatten sich der Stadt Horn (Niederösterreich) bemächtigt.

►Um 1493 Spätgotische Wallfahrtskirche St. Katharina im Bade in Bad Kleinkirchheim (Kärnten) mit spätgotischem Flügelaltar.

►1493 Wappengrabstein für Kaiser Friedrich III. in der Stadtpfarrkirche von Linz.

— Fresko von Thomas von Villach an der Querschiffnordwand der Stiftskirche St. Paul im Lavanttal (Kärnten).

— Frei stehender Glockenturm der Stadtpfarrkirche St. Martin von Dornbirn (Vorarlberg).

Mai Die ungarische »schwarze Garde« König Wladislaws von Böhmen fällt verheerend in Niederösterreich ein, wird aber von Landmarschall Christoph von Liechtenstein vernichtend geschlagen.

23. Mai Friede von Senlis (nördl. von Paris) zwischen König Maximilian I. und König Karl VIII. von Frankreich *(→ 15. November 1491).* Erzherzogin Margarete von Österreich (seit ihrer Verlobung, *→ 23. Dezember 1482*, am Pariser Hof) wird ehrenvoll in die Niederlande geleitet. Das Herzogtum Burgund bleibt bei Frankreich, die Freigrafschaft Burgund und die Niederlande sind für Habsburg gesichert, da Margarete ab 1507 Reichsstatthalterin wird

19. August Kaiser Friedrich III. stirbt in Linz; geb. am 21. September 1415 in Innsbruck als ältester Sohn Herzog Ernsts des Eisernen, 1424 als Friedrich V. Herzog von Steiermark, Kärnten und Krain, am 2. Februar 1440 zum deutschen König gewählt, Kaiserkrönung am 19. März 1452, als König Friedrich IV., als Kaiser Friedrich III. Er wurde in einem gotischen Hochgrab im Wiener Stephansdom beigesetzt *(→ 1447).* Die Bedeutung der von ihm oft als Symbol bzw. Besitzzeichen verwendeten Vokale AEIOU konnte bisher nicht eindeutig geklärt werden.

König Maximilian I. nun alleiniger Herrscher über alle habsburgischen Besitzungen. Weitere Verwaltungsreformen, das Gebiet von Niederösterreich und Oberösterreich betreffend *(→ Rahmenartikel: Verwaltungsreformen Maximilians I., Seite 104).*

25. November Landtag der Stände des Landes ober und unter der Enns. Beratungen zur Verbesserung des darniederliegenden Handels und Gewerbes, sie wenden sich mit ihren Bitten an König Maximilian I.

►1494, 16. März Feierliche Hochzeit König Maximilians I. mit Bianca Maria Sforza, einer Nichte Herzog Ludovico Moros von Mailand, in Innsbruck. Die Vollwaise war eine Tochter des 1476 ermordeten Herzogs Galeazzo Maria Sforza von Mailand und der Bona, Prinzessin von Savoyen. Bereits am 20. November 1493 war in Mailand die Eheschließung »per procuram« erfolgt.

Sommer König Karl VIII. von Frankreich fällt in Italien ein; ohne auf wesentlichen Widerstand zu stoßen, erreicht er 1495 Neapel *(→ 31. März und Mai 1495).*

►1495 Spätgotischer Karner, jetzt Sebastiankapelle, in Würflach (Niederösterreich).

— Der entscheidende und künstlerisch bedeutendste Bauabschnitt der Festung Hohensalzburg, besonders die Verstärkung, unter Erzbischof Leonhard von Keutschach, beginnt, er dauert bis 1519.

26. März Eröffnung des Reichstages zu Worms, auf dem die Reichsreform König Maximilians I. beschlossen wird. »Ewiger Landfriede«, damit werden Streitigkeiten auf den Rechtsweg verwiesen; Reichskammergericht wird eingesetzt, das seinen Sitz vorerst in Frankfurt am Main hat; Einführung des »gemeinen Pfennigs« (= Einkommensteuer) zur Erhaltung des Gerichtes und des Reichsheeres; Errichtung von sechs Verwaltungskreisen (1512 auf zehn erhöht), österreichischer Kreis für die habsburgischen Länder, bayrischer Kreis für Bayern und das Erzbistum Salzburg.

Maximilians I. geplante Zentralisierung scheiterte am Partikularismus der Länder, besonders der Schweiz *(→ 20. April 1499).*

31. März Bildung der »Heiligen Liga« gegen König Karl VIII. von Frankreich *(→ Sommer 1494, Mai 1495),* ihr gehören an: König Maximilian I., Papst Alexander VI. (ein Borgia), Venedig, Herzog Ludovico Moro von Mailand und Herzog Ferdinand von Aragon. Zwanzig Jahre dauert der Kampf der Häuser Valois und Habsburg um die Vorherrschaft in Italien.

Mai König Karl VIII. von Frankreich läßt sich zum König von Neapel krönen.

►1496 König Maximilian I. errichtet in Innsbruck die allgemeine oder »gemeine« Schatzkammer, eine zentrale Finanzbehörde für alle habsburgischen Länder. Sie war als Zentralkasse für die Einkünfte und Ausgaben gedacht und sollte als eine Art Abrechnungsstelle dienen. Die altösterreichischen Stammländer waren gegen die Errichtung einer solchen zentralen Stelle in Innsbruck und fühlten sich zurückgesetzt, es kam deshalb sogar zu Widerständen. Maximilian erkannte dies rasch und entwarf gegen Ende 1497 die Errichtung eines Hofrates *(→ 13. Februar 1498).*

— Spätgotisches Sakramentshaus in der Pfarrkirche von Heiligenblut (Kärnten).

— Rueland Frueauf der Jüngere ist bis 1507 im Stift Klosterneuburg (Niederösterreich) tätig, bedeutender Meister der Donauschule: 1496 Kreuzigung, um 1498 vier Tafeln eines Passionsaltars, um 1500 Johannesaltar, 1501 Leopoldsaltar, 1507 Darstellung des hl. Leopold.

— Der Schweizer Ludwig Senft wird Mitglied der Hofkapelle. Nach dem Tod Heinrich Isaacs war er 1517–1519 Komponist der kaiserlichen Kapelle. Neben lateinischen Motetten und Messen schrieb er mehr als 250 deutsche Lieder (Volkslieder, Gesellschafts- und Spottlieder).

1. Hj. Juden werden aus Kärnten, der Steiermark und Krain ausgewiesen.

21. Oktober Erzherzog Philipp der Schöne, ein Sohn König Maximilians I. und Erbe von Burgund, heiratet Johanna von Kastilien-Aragon; die sogenannte »spanische Heirat« *(→ 3. April 1497).*

▶**1497** Konrad Celtis, der bedeutendste deutsche Humanist, wird von König Maximilian I. nach Wien berufen *(→ 4. Februar 1508).*

— Bummerlhaus in Steyr (Oberösterreich), bedeutendstes völlig erhaltenes spätgotisches Bürgerhaus von Österreich.

— Spätgotische Lichtsäule bei der Wallfahrtskirche Maria Saal (Kärnten).

— Heinrich Isaac, ein Niederländer, weilt als Hofkomponist bis 1517 in Wien und Innsbruck; ein hervorragender Musiker seiner Zeit, schrieb zahlreiche Lieder, unter anderem »Innsbruck, ich muß dich lassen«.

3. April Erzherzogin Margarete, eine Tochter König Maximilians I., heiratet den Infanten Johann von Kastilien-Aragon (Bruder von Johanna, *→ 21. Oktober 1496*), er stirbt aber bereits am 4. Oktober 1497. Erzherzog Philipp der Schöne und seine Gemahlin Johanna von Kastilien-Aragon erhalten dadurch die Anwartschaft auf Spanien.

Dezember Entwurf der Hofratsordnung König Maximilians I. *(→ 13. Februar 1498).*

▶**1498** Die Saline von Hallein (Salzburg) erzeugt 46 000 t Salz, das entspricht annähernd der gesamten Salzerzeugung in den habsburgischen Ländern.

— Michael Pacher stirbt vermutlich in Salzburg; geb. zwischen 1430 und 1435 in Neustift bei Brixen oder in Bruneck (beide Südtirol); bedeutender spätgotischer Maler und Bildschnitzer, Hauptvertreter der österreichischen Spätgotik und Vorläufer der Renaissance, Meister einer Altarwerkstätte und Bürger in Bruneck (Südtirol). Um 1467 bis 1496, von 1496 bis 1498 in Salzburg nachweisbar, Hauptwerk der Hochaltar in St. Wolfgang (Oberösterreich).

— Magdalenenaltar der Filialkirche in Thal (Osttirol), eine Tafelmalerei Friedrich Pachers.

— Baubeginn für das Schloß Tratzberg (Tirol), der spätgotische Teil mit noch erhaltener ursprünglicher Einrichtung (besonders die Fuggerstube und das Fuggerzimmer) wird 1508 vollendet.

13. Februar König Maximilian I. erläßt die Hofratsordnung. Errichtung des Hofrates und der Hofkammer; der Hofrat ist oberster Gerichtshof und oberste Regierungsbehörde, die Hofkammer oberste Finanzbehörde *(→ 1496).* Beide Institutionen sind für das Reich und die habsburgischen Erblande gedacht, können sich aber gegen die Reichsstände nicht durchsetzen.

20. Juli König Maximilian I. gründet die Kapellenknaben (die Vorgänger der Wiener Sängerknaben) in Wien und die Hofmusikkapelle. An der Spitze der Hofmusikkapelle steht der Domherr von St. Stephan, Georg Slatkonia. 1513 wurde Georg Slatkonia erster Residentialbischof von Wien. Er widmete sich besonders der Kirchenmusik; 1517 ließ er in St. Stephan eine weitere Orgel installieren. Er starb am 26. April 1522 in Wien.

▶**1499/1500** Doppelwendeltreppe der Grazer Burg, künstlerisch und technisch ein bedeutendes Werk dieser Zeit.

▶**1499** Tafelbilder in der Pfarrkirche von Großgmain (Salzburg) vom sogenannten »Meister von Großgmain«, Werke der Donauschule.

— Baubeginn für das Kornmesserhaus in Bruck an der Mur (Steiermark). Der spätgotische Profanbau, von venezianischen Modellen beeinflußt, wird 1508 fertiggestellt.

20. April Schlacht bei Frastanz im Illtal (Vorarlberg), Niederlage der habsburgischen Truppen gegen die Eidgenossen. Die Schweizer Eidgenossen fügten sich nicht den Beschlüssen des Reichstages zu Worms *(→ 26. März 1495)* und verweigerten die Entrichtung des »gemeinen Pfennigs«.

22. Mai Schlacht an der Calven zwischen Taufers und Latsch (Vintschgau), 8 000 Graubündner besiegen etwa 13 000 Mann Maximilianeischer Truppen, Entscheidungsschlacht um die Unabhängigkeit Graubündens.

20. Juli Bescheidener Erfolg König Maximilians I. bei Lindau am Bodensee gegen die Schweizer Eidgenossen. Obwohl nun seine Truppen durch ein Kontingent des Schwäbischen Bund es verstärkt sind, erringt er in der Folge in kleineren und größeren Auseinandersetzungen keine Erfolge.

22. September Friede von Basel zwischen König Maximilian I. und den Schweizer Eidgenossen. Maximilian verzichtet auf seine Ansprüche und erkennt die Unabhängigkeit der Eidgenossen an. Loslösung der Schweiz vom Deutschen Reich, die staatsrechtliche Zugehörigkeit bleibt bis 1648 bestehen.

▶**Ende 15. Jh.** Spätgotischer Hochaltar mit Schnitzereien und gemalten Doppelflügeln in der Pfarrkirche von Pöggstall (Niederösterreich).

— Zweite Bauphase der Pfarrkirche von Mariasdorf (Burgenland), erste um 1400, ein einschiffiger gotischer Bau.

— Spätgotischer Altarschrein in der Pfarrkirche von Oppenberg (Steiermark) aus der Münchner Bildschnitzerwerkstatt des Erasmus Grasser.

— Spätgotische Hoferkapelle aus rotem Kramsacher Marmor in der Servitenkirche von Rattenberg (Tirol) mit geschnitzter Muttergottes.

— Spätgotische Pfarrkirche von Fügen (Tirol) mit bemerkenswertem Relief der Beweinung Christi am rechten Seitenaltar.

— Gemalter Flügelaltar (Mittelfigur aus der 1. Hälfte des 15. Jh.s) in der Pfarrkirche von St. Justina (Osttirol) von Friedrich Pacher und Mitarbeitern.

— Geschnitzte Muttergottes in der Zisterzienserabtei Mehrerau (Vorarlberg).

▶**Um 1500** Jakob Unrest (auch Unrast), stirbt; geb. um 1430, nachweisbar 1469 als Pfarrer von St. Martin am Techelsberg (Kärnten). Der Chronist verfaßte eine »Kärntner Chronik«, die bis 1335 reicht; in einer »Österreich Chronik« würdigte er die Zeit Friedrichs III. Außerdem schrieb er die erste Geschichte Ungarns in deutscher Sprache.

— Jährlich werden rund 5 000 t Waren verschiedener Art über den Brenner befördert.

— Sogenannter Töpferaltar der Pfarrkirche St. Helena in Baden bei Wien – ein Tonrelief der Dreifaltigkeit, von der Wiener Töpferinnung für St. Stephan in Wien gestiftet. Auch der Hl. Geist ist als Mann dargestellt. Nach dem Verbot dieser Art der Darstellung im Jahre 1745 wurde der Altar 1750 verkauft und in Baden aufgestellt.

— Chörlein der Hauskapelle des Göglhauses in Krems (Niederösterreich).

— Spätgotischer Hallenchor der Pfarrkirche von Krenstetten (Niederösterreich).

— Spätgotischer Chor und Turm der Pfarrkirche von Arbing (Oberösterreich).

— Sakristeitür der Pfarrkirche von Bruck an der Mur (Steiermark), eine der bedeutendsten gotischen Schmiedeeisenarbeiten in Österreich.

— Karner von Metnitz (Kärnten) mit gotischem Totentanzfresko an der Außenwand, dem besterhaltenen in Österreich 1968–1971 wurde es ins Innere der Pfarrkirche übertragen.

— Doppelgeschossiger neunseitiger Arkadenumgang des Karners von Maria Saal (Kärnten), der in die Wehranlage einbezogene romanische oder vorromanische Rundbau wurde erst 1416 geweiht.

— Geschnitzte Kreuzigungsgruppe am Hochaltar der Stadtpfarrkirche von Murau (Steiermark).

— Gotische Figuren in der Hl.-Kreuz-Kapelle »Im Kehr« in Feldkirch (Vorarlberg).

— Walserhaus in Blockbauweise mit gemauerter »Sälti« in Fontanella (Vorarlberg).

— Haus »Schloßgugger« in Dornbirn (Vorarlberg), ein gemauertes Rheintaler Haus mit zwei Kellern übereinander, das älteste erhaltene Haus der Stadt.

— Stadtmauer von St. Veit an der Glan (Kärnten); in einer Gesamtlänge von über 1 000 m und einer durchschnittlichen Höhe von 10 m erhalten, Teile davon stammen sicher aus dem 15. Jh.

►**1500** Lucas Cranach der Ältere, Maler, Zeichner und Kupferstecher, kommt nach Wien und bleibt nachweislich drei Jahre in der Stadt.

— Wien hat gegen 50 000, die Vororte der Stadt zusammen haben gegen 10 000 Einwohner.

— Goldenes Dachl in Innsbruck, ein Prunkerker, auch Zuschauerloge, der um 1420 von Herzog Friedrich IV. (mit der leeren Tasche) erbauten Residenz (Newer Hof genannt). Plastik und Architektur von Nikolaus Thüring dem Älteren, Malerei von Jörg Kölderer.

— Gründung der Hofapotheke in Innsbruck, die älteste, heute noch bestehende Apotheke Österreichs.

— König Maximilian I. ernennt einen »Waldmeister« für den Wienerwald mit dem Amtssitz in Purkersdorf (Niederösterreich) und gibt ihm einen Waldschaffer zur Seite, ihnen obliegt eine Art Forstpolizei und die Rechnungsführung; wird später um die Forstgerichtsbarkeit erweitert. Außerdem ernennt er einen obersten Hof- und niederösterreichischen Jägermeister. Ihm ist die Aufsicht über den Wildbann und die Jagd anvertraut.

12. April Graf Leonhard von Görz stirbt, damit erlischt das Geschlecht der Görzer Grafen. Gemäß dem Erbvertrag *(→ 27. April 1363)* kommen an das Haus Habsburg: die Grafschaft Görz, Gradiksa, Gebiete im Pustertal (Südtirol), in Krain und in Friaul. Das Pustertal und die Stadt Lienz (Osttirol) werden mit Tirol vereinigt. Die bereits seit geraumer Zeit bestehenden Grenzstreitigkeiten zwischen König Maximilian I. und Venedig nehmen wegen des Gebietszuwachses zu.

Herbst Huldrych (Ulrich) Zwingli, der spätere Schweizer Reformator (geb. 1. Januar 1484), läßt sich an der Wiener Universität als Hörer eintragen.

►**16. Jh.** Fuggerhaus und Kreuzwegerhaus (ein Fuggersches Wohnhaus) in Schwaz (Tirol).

— Vom ehemaligen Judenviertel der Stadt Feldkirch (Vorarlberg), »Im Kehr«, sind ein turmartiges Rheintaler Haus (Nummer 5), zum Teil im Blockbau und getäfelt, und das Haus Nummer 6 erhalten.

►**1. Viertel 16. Jh.** Spätgotische Schnitzfiguren am Altar der Fischerkirche von Rust (Burgenland).

— Ältester Teil des Grazer Landhauses, der sogenannte Schmiedgassenflügel im Norden, Kanzlei und Versammlungsort der steirischen Landstände seit 1494. Das Landhaus ist der bedeutendste Renaissancebau der Steiermark.

— Einheitlich spätgotische Filialkirche von Laas (Kärnten) mit Wandmalereien in den Gewölbefeldern von Chor und Langhaus.

►**Anfang 16. Jh.** Spätgotischer Umbau der Wallfahrtskirche St. Leonhard an der Wiese in Kundl (Tirol).

— Bedeutende Fresken (46) im Chor der Pfarrkirche von Schöder (Steiermark).

— Wandmalerei von Ruprecht Pötsch im Chor und Schnitzaltar der Pfarrkirche von Tessenberg (Osttirol).

— Spätgotische Schnitzaltäre in Kärnten: ehemalige Stiftskirche Ossiach, Pfarrkirchen Maria Gail und Zwikkenberg, Filialkirche von Obergottesfeld.

— Spätgotische Madonna und zwei Zunftstangen in der Pfarrkirche von Jenbach (Tirol).

— Ölberggruppe in der Friedhofskapelle von Mils (Tirol), ein Höhepunkt spätgotischer Bildschnitzerei.

— Geschnitztes Kruzifix in der Pfarrkirche von Altenburg (Kärnten).

— Figuren des Annenaltars der Stadtpfarrkirche von Schwaz (Tirol).

— Spätgotische Wappenschilder, Reichsadler, Österreich und Tirol, im Kloster St. Martin im Gnadenwald (Tirol).

— Sogenannter Keutschacher Stein aus rotem Salzburger Marmor, ein Epitaph mit Darstellung der Marienkrönung, rechts neben dem Sakristeieingang der Wallfahrtskirche von Maria Saal (Kärnten).

►**1501** Goldene Stube in der Festung Hohensalzburg, ein Höhepunkt der spätgotischen Raumkunst mit einzigartigem Kachelofen, Schnitzereien und Decke mit Wappenreliefs.

— Spätgotische Wallfahrtskanzel an der Außenseite der Pfarrkirche von Dörnbach (Oberösterreich) mit rippenverziertem Schalldeckel und der Jahreszahl 1501.

15. August Das Wasser der Hochwasser führenden Donau erreicht einen kaum vorher erzielten Höchststand, besonders der niederösterreichische Raum ist betroffen. In Melk (Niederösterreich) steigt das Wasser in der Pfarrkirche bis eine Elle über den Altartisch. Das Hochwasser richtet durch großflächige Überschwemmungen beträchtlichen Schaden an.

13. Oktober Friede von Trient zwischen König Maximilian I. und König Ludwig XII. von Frankreich, damit erkennt Maximilian I. die französische Herrschaft in der Lombardei an *(→ 31. März 1495)*. Mit Unterstützung Ferdinands von Aragon besetzt König Ludwig XII. Neapel *(→ Mai 1495)*.

►1502 Konrad Celtis gründet die Gelehrtengesellschaft an der Wiener Universität: »Collegium Poetarum et Mathematicorum«, eine Art Hochschulseminar mit einer Arbeitsgemeinschaft *(→ 4. Februar 1508)*.

— Auf dem Magdalensberg (Kärnten) (er wird bis ins 16. Jh. Helenenberg genannt) wird das Original des »Jünglings vom Magdalensberg« *(→ 1. Jh. n. Chr.)* gefunden. 1986 stellte sich bei einer Untersuchung heraus, daß es sich bei der heute im Museum befindlichen Statue um eine Kopie des 16. Jh.s handelt.

— Hornwerk, der sogenannte »Salzburger Stier«, in einem Erker der nördl. Ringmauer der Festung Hohensalzburg eingebaut. Außerdem »Großer Saal« der Festung.

— Geschnitzter und bemalter Flügelaltar der Filialkirche von Magdalensberg (Kärnten), ein bemerkenswerter spätgotischer Altar einer St. Veiter Werkstatt. Möglicherweise erst 1512 entstanden, Jahreszahl könnte bei Restaurierung falsch ergänzt worden sein.

25. Februar Neue Ordnung für das niederösterreichische Regiment wurde erlassen, die Aufgaben genauer beschrieben, jeder Untertan kann sich nun direkt an das Kollegium der juristischen Beamten wenden. Außerdem werden dem Regiment die Lehensangelegenheiten übertragen. Die Zuständigkeit in militärischen Angelegenheiten wird beschränkt. Der steirische Landtag dürfte sich zuerst gegen die Reform gewandt haben, vor allem gegen die Einrichtung des Regiments als ständige Behörde und gegen die dauernde Übertragung herzoglicher Gerichtsgewalt an das Hofgericht zu Wr. Neustadt.

Frühherbst Generallandtag der Stände des Landes unter der Enns in Wr. Neustadt (Niederösterreich). Widerstand gegen die Maximilianeischen Reformen. Der Gegensatz zwischen Länderautonomie und Staatsgewalt wird deutlich, Auffassungsdifferenzen zwischen mittelalterlicher und neuzeitlicher Politik. Alle Ständemitglieder werden verpflichtet, regelmäßig ihre Einkünfte als Grundlage der Besteuerung einzusenden. Unter König Maximilian I. war die unregelmäßig eingehobene Ständesteuer zu einer dauernden Einrichtung geworden.

►1503, 1. Hj. Landtage und Beratungen der Stände in den Ländern ober und unter der Enns sowie in der Steiermark über die Reformen König Maximilians I. *(→ 25. Februar und Frühherbst 1502)*.

1. Dezember Herzog Georg von Landshut-Ingolstadt stirbt, mit ihm erlischt die Landshuter Linie der Wittelsbacher, und es entsteht ein Kampf um das Erbe, in dem König Maximilian I. zugunsten seines Schwagers Herzog Albrecht IV. von Bayern-München, der anderen Wittelsbacher Linie, eingreift. Daraus entsteht der sogenannte bayerisch-pfälzische Erbfolgekrieg des Jahres 1504.

►1504/16 Hans Ried schreibt das sogenannte Ambraser Heldenbuch, eine Sammlung mittelhochdeutscher Dichtungen. Von den 25 Werken sind nur 17 erhalten, darunter das Gudrunlied. Hans Ried war Schreiber der Innsbrucker Regierungskanzlei und wurde von König Maximilian I. als Zöllner an den Eisack bei Bozen versetzt, um die Arbeit durchführen zu können. Im Jahre 1517 illustriert ein Nordtiroler Künstler, V. F., vermutlich Ulrich Funk, das Werk mit einem Titelblatt und zahlreichen Randdekorationen. Das Heldenbuch kam 1519 nach Schloß Amras, 1806 nach Wien, seit 1936 ist es in der Österreichischen Nationalbibliothek, Wien.

►1504 Neapel wird durch diplomatische Schachzüge *(→ 13. Oktober 1501)* Ferdinands von Aragon mit Aragon vereinigt.

— Fischereibuch für König Maximilian I., verfaßt von Wolfgang Hohenleitner, Illuminationen von Jörg Kölderer, auch Tiroler Fischereibuch genannt, da es eine ausschließliche Beschreibung der Fischereigewässer von Tirol ist.

— Spätgotisches Fastentuch mit 36 Szenen aus dem Alten und Neuen Testament in der Pfarrkirche von Haimburg (Kärnten).

12. September Schlacht bei Schönberg, nördl. von Regensburg (Bayerisch-Pfälzischer Erbfolgekrieg). König Maximilian I. schlägt ein böhmisches Söldnerheer. Im darauffolgenden Frieden von Schärding (Oberösterreich) – das niederösterreichische Regiment wurde wegen des Krieges von Linz nach hierher verlegt – erhält Maximilian als Entschädigung schwäbische Herrschaften sowie Kitzbühel, Rattenberg und Kufstein (alle Tirol, *→ 30. Juli 1505*).

4.–17. Oktober Belagerung von Stadt und Festung Kufstein (Tirol) durch König Maximilian I. Der Kommandant der Festung, Hans von Pienzenau, hatte sich trotz Verpflichtungen gegenüber dem König auf die Seite der Pfälzer gestellt und diesen am 9. August die Stadt geöffnet. Am 12. Oktober ergibt sich die Stadt und am 17. die Festung Kufstein.

►1505 Oberkapelle der Burg Stein bei Oberdrauburg (Kärnten) mit Gewölbemalereien des Simon von Taisten.

— Franz von Taxis, seit 1489 mit seinem Bruder Gabriel als Postmeister in habsburgischen Diensten, richtet den ersten regelmäßigen Postdienst zwischen zwei Ländern, nämlich Brüssel und Wien, ein. Bei günstigen Witterungsbedingungen legten die Postreiter bis zu 160 km am Tag zurück.

2. Mai Maximilian I. erneuert einen von 1485 bestehenden Vertrag mit Ludwig Freiherr von Brandis über die gemeinsame Landesverteidigung in (fast ganz) Vorarlberg, die in erster Linie von den Ständen getragen wird.

Juli Auf dem Reichstag von Köln festigt König Maximilian I. seine Machtstellung im Reich, sein Ansehen hebt sich gewaltig. Ein venezianischer Gesandter schreibt: »Der König ist so mächtig unter den deutschen Fürsten, daß ihm keiner zu widersprechen wagt.«

30. Juli Mit dem Königsspruch, auch Kölner Schiedsspruch genannt, beendet König Maximilian I. den bayerisch-pfälzischen Erbfolgestreit. König Maximilian erhält, wie vereinbart, *(→ 12. September 1504)*, die Grafschaft Unterinntal (Kitzbühel, Rattenberg und Kufstein) und das Mondseegebiet mit St. Wolfgang (Oberösterreich). Das Gebiet im Unterinntal wird mit Tirol vereinigt, wodurch die heutige Nordostgrenze des Landes entsteht. Zu Oberösterreich kommen Neuburg am Inn, Rannariedl und Neuhaus an der Mühl.

Oktober Beschluß des ungarischen Reichstages, in Zukunft nur mehr einen Ungarn *(→ 15. Juli 1490)* auf den Thron zu erheben *(→ 20. März 1506)*.

►Um 1506 Vollendung des Langhauses der Pfarrkirche (ehemals Stiftskirche eines Chorherrenstiftes aus dem Anfang des 12. Jh.s) von Eberndorf (Kärnten), ein bedeutender gotischer bis spätgotischer Bau unter Miteinbeziehung älterer Bauteile.

►1506 Reorganisation des niederösterreichischen Regiments mit dem Sitz in Linz, die anhaltenden Beschwerden gegen das Kammergericht werden berücksichtigt, Streitigkeiten, die auf Freiheiten begründet sind, werden jetzt dem Regiment zugewiesen, letzte Instanz ist der königliche Hofrat.

— Grabmal aus rotem Marmor für Graf Leonhard von Görz in der Pfarrkirche St. Andreas in Lienz (Osttirol), gestaltet von Christof Geiger.

— Baubeginn für die Pfarr- und Wallfahrtskirche von Fernitz (Steiermark), einer spätgotischen Hallenkriche. Fertigstellung 1514.

24. Februar Kaiser Maximilian I. erläßt für Wien eine Fischereiordnung. Trotz Fischreichtum der Donau sind Schutzbestimmungen für den Fischbestand und die Fischbrut notwendig. Ein reich illustriertes Dokument mit zahlreichen Abbildungen von Fischen.

20. März Vertrag von Wr. Neustadt zwischen König Maximilian I. und König Wladislaw II. von Ungarn, die Antwort auf die Entscheidung des ungarischen Reichstages vom Oktober 1505 *(→ dort)*. Ein Eheversprechen wird vereinbart: Ferdinand (ein Enkel König Maximilians) mit Anna, der Tochter Wladislaws; falls Wladislaw ein Sohn geboren wird (tatsächlich wird am 2. Juli Ludwig [II.] geboren), dieser mit Maria von Österreich, der Schwester Ferdinands *(→ 12. November 1507, Juli 1515)*.

2. Jahresviertel König Maximilian I. zieht gegen Ungarn, um seine Ansprüche unter Beweis zu stellen, er besetzt Preßburg und die westungarischen Grenzkomitate *(→ 19. Juli)*. Scherzhaft soll er bemerkt haben, er sei im Ungarischen Turm des Wr. Neustädter Schlosses geboren und damit eigentlich geborener Ungar.

19. Juli Wiener Friede zwischen König Maximilian I. und König Wladislaw II. von Ungarn. Die Rechte Maximilians aus früheren Verträgen werden bestätigt. Die Anerkennung durch den ungarischen Reichstag erfolgt allerdings nicht.

26. September Philipp »der Schöne« stirbt in Burgos (Spanien); geb. am 22. Juni 1478 in Brügge als Sohn von Kaiser Maximilian I. und Maria von Burgund, seit 1493 Landesherr in den Generalstaaten, 1506 von den Cortes in Spanien als König-Gemahl anerkannt.

►1507, März Erzherzogin Margarete von Österreich von König Maximilian I. zur Generalstatthalterin der Niederlande ernannt. Sie gewinnt rasch die Zuneigung des Volkes, bewährt sich als Diplomatin und vertritt erfolgreich die Interessen des Hauses Habsburg *(→ 23. Mai 1493)*. Erzherzogin Margarete von Österreich hatte 1501 Herzog Philibert II. von Savoyen (ihre zweite Ehe, *→ 3. April 1497*) geheiratet, der schon 1504 starb *(→ 10. Dezember 1508, 5. August 1529)*.

— Rueland Frueauf der Ältere stirbt in Passau; geb. um 1445 in Obernberg (Oberösterreich), spätgotischer Tafelmaler, 1470–1480 vorwiegend in Salzburg tätig. Ein monumentales Altarwerk aus Salzburg heute in der Österreichischen Galerie, Wien.

— Geschnitzter Maria-Krönungsaltar in der Bischofskapelle des Stiftes Seckau (Steiermark).

— Baubeginn von Kirche, Kreuzgang und Konvent der Franziskaner in Schwaz (Tirol), 1515 vollendet.

12. November Die Abmachung über die habsburgisch-jagellonische Doppelheirat vom 20. März 1506 *(→ dort)* wird erneuert, da am 2. Juli 1506 der Sohn König Wladislaws II. geboren worden war *(→ 22. Juli 1515)*.

►Um 1508 Gemalter Habsburgerstammbaum im Habsburgersaal von Schloß Tratzberg (Tirol), vermutlich von Hans von Schwaz oder Ulrich Funk dem Älteren. Ältester Stammbaum der Habsburger, der außerdem durch die recht genaue Wiedergabe der Kleidung von besonderem kulturgeschichtlichem Wert ist.

►1508 Venezianer dringen in Krain ein, worauf Landtage in Krems und Wien Geld für 3 000 Mann unter Niklas Graf zu Salm (allerdings nur auf drei Monate) bewilligen, denn die Stände waren nur zur unmittelbaren Landesverteidigung verpflichtet.

— Die Münze in Hall (Tirol) prägt einen Doppelguldiner, den sogenannten »Reiterguldiner«, ohne Jahreszahl von Ulrich Ursentaler anläßlich der Annahme des Kaisertitels durch Maximilian I. Ein Jahr später entsteht eine weitere, diesmal datierte Reitermünze, die auf der Reversseite 27 Wappen aufweist. Es ist die erste bekannte Münze, auf der der Name »Europa« aufscheint. Die Umschrift lautet: PLURIUMQ(UE) EUROPE PROVINCIAR(UM) REX ET PRINCEPS POTENTIS(S)IM(US).

4. Februar König Maximilian I. nimmt im Dom von Trient den Titel »erwählter römischer Kaiser« an. Die Venezianer hatten den Romzug Maximilians durch ein Durchmarschverbot vereitelt. Der Krieg mit Venedig bindet militärisch und finanziell große Mittel, außerdem versagen die Reichsfürsten jede Unterstützung.

— Konrad Celtis (auch Celtes) – eigentlich Bickel oder Pickel – stirbt in Wien; geb. am 1. Februar 1459 in Wipfeld in Unterfranken; der bedeutendste deutsche Humanist. 1487 von Kaiser Friedrich III. in Nürnberg (als erster) zum Dichter gekrönt. 1494 gründet er die »Gelehrte Donaugesellschaft«, 1497 nach Wien an die Universität berufen, gründet 1502 *(→ dort)* das Dichter- und Mathematikerkolleg »Collegium Poetarum et Mathematicorum«. Neben seinen wissenschaftlichen und dichterischen Leistungen regte er die Entwicklung des Theaters und das Musikschaffen an. Epitaph im Stephansdom.

10. März Ein kaiserliches Heer in der Stärke von 1 800 Mann wird in Pieve di Cadore (Nähe der Tiroler Südgrenze) vernichtend geschlagen. 1 300 Köpfe der Gefallenen werden in Venedig öffentlich zur Schau gestellt.

10. Dezember Liga von Cambrai gegen Venedig und zur Rückeroberung der von venezianischen Truppen besetzten Gebiete Oberitaliens, Zusammenschluß Kaiser Maximilians I. mit Papst Julius II., König Ludwig XII. von Frankreich und König Ferdinand von Aragon (Spanien). Durch den diplomatischen Einfluß der Erzherzogin Margarete von Österreich *(→ 1507)* kam diese Liga zustande. 1509 tritt auch Karl III., Herzog von Savoyen, der Liga bei, 1510 wird sie zwischen Maximilian und Ludwig XII. auf Lebenszeit verlängert, doch scheitert sie noch im selben Jahr, als sich der Papst mit Spanien und Venedig gegen Frankreich verbündet.

►1509, Mai In der Schlacht bei Agnadello werden die Venezianer von französischen Truppen besiegt.

17. Juli Venezianische Truppen besetzen Padua.

2. Oktober Kaiser Maximilian I. hebt die seit Monaten geführte Belagerung von Padua auf und verläßt Italien.

►1510/20 Spätgotischer Türbeschlag am Südportal der Pfarrkirche von Obervellach (Kärnten).

— Spätgotischer Schnitzaltar in der Filialkirche St. Leonhard in Möllbrücke (Kärnten).

— Spätgotischer Flügelaltar (der rechte) in der Filialkirche Möderndorf (Kärnten).

▶**1510/16** Geschnitzter Flügelaltar in der Pfarrkirche von Mauer bei Melk (Niederösterreich), ein bedeutendes spätgotisches Altarwerk, vermutlich von Martin Kriechbaum.

▶**1510/15** Spätgotischer Schnitzaltar in der Pfarrkirche von Maria Rojach (Kärnten).

▶**1510** Gemalter Flügelaltar der Kapelle des ehemaligen Risschlößchens in Flaurling (Tirol).

— Grabstein aus rotem Marmor für Hans Herzheimer in der Pfarrkirche von Bad Aussee (Steiermark), gestaltet von Hans Valkenauer.

März Kaiser Maximilian I. zieht mit zwei Armeen nach Italien und möchte mit den Franzosen eine Entscheidungsschlacht gegen die Venezianer führen, die Franzosen ziehen sich aber bis Mailand zurück, gegen Jahresende entläßt Maximilian seine Truppen.

10. April Mit dem Augsburger Libell des Reichstages wird das Kammergericht aufgehoben. Das niederösterreichische Regiment wird von Enns nach Wien verlegt und übernimmt die Kompetenzen des aufgehobenen Kammergerichts.

3. Mai Johannes Fuchsmagen (auch Fuxmagen) stirbt in Melk (Niederösterreich); geb. um 1450 in Hall (Tirol). 1485 Diplomat unter Kaiser Friedrich III., bedeutender Humanist, Präsident der »Sodalitas litteraria Danubiana«, erwirkte 1497 die Berufung Konrad Celtis' *(→ 4. Februar 1508)* nach Wien, besaß neben einer umfangreichen Bibliothek auch eine stattliche Sammlung römischer Grabsteine. Sein Grab im ehemaligen Augustiner-Chorherrenstift St. Dorothea in Wien ist verschollen.

▶**1511** Spätgotische Erweiterung der Pfarrkirche von Haiming (Tirol), Außenbau im wesentlichen noch unverändert erhalten.

23. Januar Erzbischof Leonhard von Keutschach (Salzburg) lädt Bürgermeister und Rat der Stadt Salzburg zur Tafel und läßt sie verhaften. 1481 hatte die Stadt von Kaiser Friedrich III. einen »Ratsbrief« bewilligt erhalten, der die Rechte gegenüber ihrem Stadtherrn, dem Erzbischof, enthielt. Erzbischof Leonhard von Keutschach hatte diesen nie bestätigt, obwohl die Bürger darauf bestanden, nun mußten sie auf die Freiheiten des Ratsbriefes verzichten *(→ 11. Juli 1523)*.

7. Februar Kaiser Maximilian I. schließt in Baden (Aargau, Schweiz) einen Vertrag mit den Eidgenossen, der durch Jahrhunderte das politische Verhältnis zwischen Österreich – besser Tirol und den Vorlanden – und der Schweiz regelt, den genannten Ländern wird die Schweiz im Ernstfall beistehen.

23. Juni Kaiser Maximilian I. erläßt das Tiroler Landlibell. Unter Berufung auf den Freiheitsbrief von 1406 festigt dieses Verfassungsgesetz die Sonderstellung von Tirol und bildet gleichzeitig die Grundlage der Landesverteidigung bis 1805. Je nach der Situation sieht es ein Aufgebot von 5 000, 10 000, 15 000 oder 20 000 Mann vor. (Tirol hat bis zu diesem Zeitpunkt den Kaiser am stärksten militärisch unterstützt.)

4. Oktober Die »Heilige Liga« löst die auseinandergefallene Liga von Cambrai *(→ 10. Dezember 1508)* ab. Venedig hatte sie durch diplomatische Schachzüge mit dem Papst und Spanien gesprengt. Die Heilige Liga ist gegen Frankreich gerichtet, ihr gehören an: Papst Julius II., England, die Schweiz, Spanien und Venedig. Kaiser Maximilian I. bleibt vorerst noch im Bündnis mit Frankreich *(→ 19. November 1512)*.

▶**Um 1512** Märtyreraltar von Niclas Preu, einem Meister der Donauschule, im Stift St. Florian (Oberösterreich).

▶**1512, Frühjahr** Kaiser Maximilian I. wieder in Italien. Gemeinsam mit den Franzosen erobert er Brescia und Bergamo.

11. April Die Franzosen besiegen in der Schlacht von Ravenna die Heilige Liga.

28. Juni Die Franzosen verlassen italienischen Boden.

Herbst Kaiser Maximilian I. läßt sich vom Bündnis mit Frankreich abbringen, der Papst und Spanien versprachen einen günstigen Frieden mit Venedig, das der Heiligen Liga angehörte *(→ 4. Oktober 1511)*.

19. November Bündnis zwischen Papst Julius II. und Kaiser Maximilian I., England, Spanien und die Schweiz schließen sich an. Venedig wird vom Papst aus dem Bündnis ausgeschlossen, da es nicht bereit ist, Maximilian I. Verona und Vincenza abzutreten. (Venedig ab 22. März 1513 im Bündnis mit Frankreich.)

▶**1513** Meister Anton Pilgram vollendet den Orgelfuß (mit Selbstporträt) im Wiener Stephansdom.

— Die niederösterreichischen Stände erwerben das liechtensteinsche Haus in der Herrengasse in Wien und bauen es zu ihrem Stände- oder Landhaus um.

— Dombaumeister Anton Pilgram beginnt mit der Errichtung der Durchfahrtshalle (heute Kapelle) im Niederösterreichischen Landhaus in Wien, 1516 vollendet.

— Meister Kristoff beginnt mit dem Bau der Westempore der Pfarrkirche von Eisenerz (Steiermark), sie wird 1517 vollendet.

5. April Heilige Liga von Mecheln zwischen Papst Leo X., Kaiser Maximilian I., König Heinrich VIII. von England und König Ferdinand II. von Spanien gegen die zu erwartende Expansion Frankreichs *(→ 19. November 1512)*.

16. August In der Schlacht bei Guinegate besiegt Kaiser Maximilian I. die Franzosen.

7. Oktober Kaiser Maximilian I. besiegt gemeinsam mit den Spaniern die Venezianer bei Vicenza.

17. Oktober Angriffsbündnis von Lille zwischen Kaiser Maximilian I., König Heinrich VIII. von England und König Ferdinand II. von Spanien gegen Frankreich. Der Krieg erstarrt allmählich, da Kaiser Maximilian I. die Mittel seiner Erbländer erschöpft hatte, die Reichsfürsten aber keine Unterstützung gewährten.

▶**Um 1514** Wehrturm der Stadtpfarrkirche von Bludenz (Vorarlberg), auch ein Großteil der Kirche stammt aus dieser Zeit.

▶**1514** Der Aufstand der Bauern in Ungarn unter Georg Dózsa wird von Johann Zápolya, dem Woiwoden von Siebenbürgen, blutig niedergeschlagen. Die Kurutzen waren eine Bauernbewegung gegen geistliche und weltliche Magnaten, die eine besonders strenge und ausbeuterische Herrschaft führten. Der Name soll vom lateinischen »Crux« kommen und sollte soviel wie Kreuzfahrer bedeuten.

— Kaiser Maximilian I. verfaßt gemeinsam mit seinem Sekretär Marx Treitzsaurwein das autobiographische Werk »Weißkunig«, die Geschichte seines Vaters Friedrichs III. und seiner Jugend. Es bleibt unvollendet.

— Reichgeschnitzter Betstuhl mit Baldachin in der Pfarrkirche von Rottenmann (Steiermark), von Kaiser Maximilian I. zum Andenken an seine Eltern gestiftet.

— Linker Schnitzaltar in der Filialkirche von Seltschach (Kärnten).

— Auf zwölf Marmorsäulen ruhende spätgotische Westempore in der Pfarrkirche von Zell am See (Salzburg).

►**Um 1515** Geschnitzte Schutzmantelmadonna des Schwaben Gregor Erhart an der nördl. Chorwand der Pfarrkirche von Frauenstein (Oberösterreich), 185 cm hoch; die alte Fassung konnte 1937/38 freigelegt werden.

— Schnitzaltar, hl. Abendmahl, in der Peterskirche von St. Lambrecht (Steiermark), vermutlich aus einer Villacher Werkstätte, ursprünglich in der Pfarrkirche von Aflenz (Steiermark).

— Spätgotischer Flügelaltar mit Schnitzrelief in der Friedhofskirche von Murau (Steiermark).

— Spätgotischer Flügelaltar (ohne Gesprenge) in der Pfarr- und Wallfahrtskirche Maria Gail (Kärnten), der sogenannten Werkstatt von Friesach zugeschrieben.

— Spätgotischer Flügelaltar in der Deutschordenskirche von Friesach (Kärnten), die bemalten Flügel befinden sich im Museum des Deutschen Ritterordens in Wien.

►**1515/26** Wesentlicher Bauabschnitt der sogenannten Fischerkirche von Rust (Burgenland). Sie besteht aus zwei gotischen Chören und einem quergestellten spätgotischen Schiff, auch romanische Teile des Vorgängerbaues sind erhalten sowie Fresken des 12. Jh.s an der Nordwand des Schiffes und aus dem 4. Viertel des 13. Jh.s in der Marienkapelle.

►**1515/25** Flügelaltar von Niclas Preu in der Pfarrkirche von Pulkau (Niederösterreich), ein Hauptwerk der Donauschule.

►**Um 1515/20** Spätgotischer Flügelaltar in der Pfarrkirche von Gebertsham (Oberösterreich).

— Geschnitzter Petrus und Paulus in der Pfarrkirche von Haigermoos (Oberösterreich).

— Sogenannter Arndorfer Flügelaltar in der Wallfahrtskirche Maria Saal (Kärnten), er wurde im 19. Jh. von Arndorf hierher gebracht.

►**1515** Kanzel der Pfarrkirche von Eggenburg (Niederösterreich), sehr ähnlich der Kanzel von St. Stephan in Wien, jedoch einfacher gestaltet.

— Geschnitzter Flügelaltar von Lienhart Ast in der Pfarrkirche von Hallstatt (Oberösterreich).

— Denkmal für Leonhard von Keutschach, den Erzbischof von Salzburg, aus rotem Marmor an der südl. Außenwand der 1501–1502 erbauten Georgskirche der Festung Hohensalzburg, das Hauptwerk des Bildhauers Hans Valkenauer.

19. Januar Maximilian I. erläßt für Wien eine Handelsordnung zugunsten der Handelsfreiheit und der oberländischen Großhändler, das Niederlagsrecht bleibt aufgehoben, und Wien wird auf den Kleinhandel beschränkt. Wien hatte während der Abwesenheit des Kaisers beim niederösterreichischen Regiment 1512 die Bestätigung des Niederlagsrechtes erreicht und den Handel für sich entschieden, so durfte beispielsweise kein Gast mit einem anderen Gast Handel treiben und kein Kaufmann aus anderen österreichischen Städten Waren unter einem viertel Zentner abgeben oder kaufen. An sich Maßnahmen zur Verbesserung der nicht allzu guten finanziellen Situation von Stadt und Land.

Sommer In der Südsteiermark, in Kärnten und Krain kommt es zu Bauernaufständen wegen der drückenden Steuerlasten und der mangelhaften Türkenabwehr. Im Windischen Aufstand plündern die Bauern das Land, der Pfandherr von Gottsched, Georg von Thurn, wird von ihnen umgebracht. In einem 13 Punkte umfassenden Beschwerdeprogramm verlangen sie die Wiederherstellung des alten Herkommens, der »stara pravda«. Im Juni besiegt der kaiserliche Feldherr Georg von Herberstein die Bauern bei Cilli, 2 000 Bauern fallen.

17. Juli Papst Leo X. tritt der Heiligen Liga vom 4. Oktober 1511 *(→ dort)* bei.

— Kaiser Maximilian I. trifft bei Schwechat mit König Wladislaw II. von Böhmen und dessen großem Gefolge, darunter seine Kinder und sein Bruder König Sigismund I. von Polen, zusammen und führt sie in feierlichem Geleit nach Wien.

22. Juli Feierliche Vermählung der habsburgischen und jagellonischen Thronanwärter im Wiener Stephansdom. Kaiser Maximilian I. läßt sich stellvertretend für einen seiner Enkel Karl (V.) oder Ferdinand mit Anna, der Tochter König Wladislaws II., trauen und krönt dabei Anna zur Königin *(→ 26. Mai 1521)*. Danach Vermählung Ludwigs von Ungarn, des Sohnes von König Wladislaw II., mit Maria, der Enkelin Kaiser Maximilians I. Durch diese Heirat, gemäß der Abmachung vom 20. März 1506 und der Erneuerung vom 12. November 1507 sind die erbrechtlichen Ansprüche Habsburgs auf Böhmen und Ungarn bekräftigt und begründet.

29. Juli Die Feierlichkeiten sind beendet, die Fürsten ziehen von Wien nach Wr. Neustadt, dort scheiden sie am 3. August in bestem freundschaftlichem und verwandtschaftlichem Einvernehmen voneinander.

13./14. September Schlacht bei Marignano, König Franz I. von Frankreich besiegt die päpstlichen und Schweizer Truppen.

3. Oktober Präliminarfrieden von Viterbo zwischen dem Papst, Frankreich und der Schweiz.

►**1516** Die Halbfiguren der Schloßbesitzer Wilhelm und Margareta von Zelking in der ehemaligen Schloßkapelle, jetzt Pfarrkirche, von Sierndorf (Niederösterreich) zählen zu den frühesten Renaissanceplastiken von Österreich, sie zeigen verblüffende Bildnisähnlichkeit und sind in der ursprünglichen Bemalung erhalten. Außerdem zwei spätgotische Westemporen und Chor sowie von 1518 ein Renaissancealtar aus Stein mit Flügeln aus Holz.

23. Januar König Ferdinand II. von Aragon (Spanien) stirbt, Karl I. (später Kaiser Karl V.) übernimmt das Erbe seines Großvaters und tritt in Spanien die Herrschaft an.

13. März König Wladislaw II. von Böhmen und Ungarn stirbt, sein zehnjähriger Sohn Ludwig (II.) wird Nachfolger unter der Vormundschaft von Kaiser Maximilian I. und König Sigismund von Polen *(→ 22. Juli 1515, 29. August 1526)*.

13. August Der Vertrag von Noyon, den die Heilige Liga mit König Franz I. von Frankreich schließt, sieht die Beendigung der Auseinandersetzung vor.

3. Dezember Friede von Brüssel zwischen Kaiser Maximilian I. und Venedig. Maximilian I. gibt gegen eine Entschädigung Verona ab, behält aber seine Eroberungen im Alpenland: Peutelstein, Ampezzo, sowie Rovereto, Riva und Torbole am Gardasee. Die Grenzen von Tirol im Süden sind damit bis 1918 festgelegt. Tirol wird zur »gefürsteten Grafschaft« erhoben.

►**1517** Der »Teuerdank«, verfaßt von Kaiser Maximilian I., erscheint in einer »bibliophilen« Ausgabe von 40 Exemplaren. Es ist ein allegorisches Rittergedicht mit stark autobiographischen Zügen.

— Spätgotischer Flügelaltar von Peter Peischin der Filialkirche von Ried (Osttirol).

22. Januar Die Handelsordnung für Wien vom 19. Januar 1515 *(→ dort)* wird von Kaiser Maximilian I. erneuert.

9. Oktober Kaiser Maximilian I. bewilligt die Begünstigung der Metallbeschaffung für die Prägetätigkeit der Wiener Hausgenossen, der Mangel an Edelmetall hatte die Prägetätigkeit lahmgelegt.

20. November Kaiser Maximilian I. gibt Wien ein neues Stadtrecht, außer der Bestätigung der alten Rechte und Freiheiten behält sich der Kaiser vor, die Wahl des Bürgermeisters und der Räte zu überprüfen und im gegebenen Fall untauglich erscheinende Personen durch geeignetere zu ersetzen.

►1518 Die Kärntner Landstände erwirken von Kaiser Maximilian I. die Schenkung der durch Brand (1514) zerstörten Hauptstadt Klagenfurt. Klagenfurt wird Landeshauptstadt und Regierungssitz – als ständische Stadt (dies bis 1849) ein Einzelfall in der deutschen Verfassungsgeschichte. Dies ist der Beginn des Aufstieges der Stadt, die ab 1534 vergrößert wird und nach den Plänen von Domenico d'Allio Befestigungswerke erhält. Sie wird zur modernsten Stadt von Österreich.

— Erstes Schuldrama in Österreich, am Hof des Salzburger Erzbischofs Leonhard von Keutschach aufgeführt.

— Allerheiligenaltar in der Pfarrkirche von Altmünster (Oberösterreich), eine spätgotische Reliefgruppe in kostbarem Renaissancerahmen.

— Hochaltar und Fresko »Wurzel Jesse« in der Friedhofskirche von Murau (Steiermark).

— Neubau der Pfarrkirche von Kötschach (Kärnten), Bartlmä Firtaler vollendet den spätgotischen Bau 1527.

15. Januar Beginn des ersten Generallandtages (ein Ausschußlandtag) *(→ Rahmenartikel Verwaltungsreformen Maximilians, S. 105)* der österreichischen Länder in Innsbruck, imposante Vollständigkeit: die niederösterreichischen Länder durch 35 Abgeordnete, Tirol durch acht, die Vorlande (mit Schwaben und Elsaß) durch 22 und Görz durch fünf Abgeordnete vertreten (die oberösterreichische Ländergruppe hatte sich im Lauf der Jahre immer mehr gelockert, wodurch verständlich wird, daß Tirol und Vorderösterreich – oder Vorlande – getrennt aufscheinen). Langwierige Verhandlungen, da sich zuerst die Abgeordneten jedes Landes einigen mußten, dann erst die Ländergruppen. Gemeinsame Sitzungen fanden nur wenige statt. Der Generallandtag dauerte bis 6. Juni, kann als erstes österreichisches Parlament gewertet werden.

24. Mai Ausfertigung der drei »Innsbrucker Libelle« als Ergebnis des Generallandtages: 1. »Libell kais. Maj. Hofordnung und anderer Betrachtungen«, 2. »das Libell der Rüstung halber«, 3. »das Libell gemeiner Beschwerungen«. Die Verwaltungsfragen blieben im wesentlichen nach dem Willen des Kaisers in der alten Ordnung bestehen, auch die Finanzverwaltung (die Stände bewilligten die Geldforderungen Maximilians I. in der Höhe von 400 000 Gulden). Die Aufteilung zeigt eine gewisse Wertigkeit der einzelnen Länder: Österreich ober und unter der Enns 120 000, Steiermark, Kärnten und Krain 100 000, Tirol mit den Hochstiften Brixen und Trient 120 000, die Vorlande 60 000 Gulden. Bezüglich der Landesverteidigung enthält das Libell die Verpflichtung des Kaisers, daß er ohne Wissen und Willen der Erblande keinen Angriffskrieg führen darf und die gemeinsame Landesverteidigung unter einem obersten Feldhauptmann erfolgen muß. Sammelplatz soll Bruck an der Mur (Steiermark) sein. Für die angefallenen Beschwerden jeglicher Art sagt der Kaiser Abhilfe zu, lehnt aber die Berufung städtischer Vertreter in das Regiment ab. Trotz dem scheinbaren Zusammenschluß der ständischen Interessen in allen österreichischen Landen gelang dem Kaiser abermals die Durchsetzung seines Willens.

Oktober Auf dem Reichstag von Augsburg bemühte sich Kaiser Maximilian I., seinen Enkel, Karl (V.), zu seinem Nachfolger bestimmen zu lassen. Obwohl die Mehrheit der Kurfürsten auf seiner Seite ist, gelingt dies nicht.

15. Dezember »Ewige Erbeinigung« zwischen Kaiser Maximilian I. und den drei Bünden (Schweiz), als Vertragspartner sind der Kaiser und seine Enkel Karl (V.) und Ferdinand als Erzherzöge von Österreich mit ihrer Grafschaft Tirol und den Herrschaften »enhalb des Arls bis an Bodensee« (also Vorarlberg) genannt. Trotz der auftretenden Gegensätze wird dies die Grundlage für die politische Beziehung zwischen Tirol und Vorarlberg zur Schweiz.

30. Dezember Maximilian I. verfaßt in Wels (Oberösterreich) sein Testament, das höchst eigenwillige Bestimmungen für seine Bestattung enthält. Der Kaiser war auf seiner Reise nach Wien in Wels erkrankt. Er bestimmt im Detail die Zuwendungen und Stiftungen, besonders an Spitäler und Armenhäuser, sowie über sein persönliches Eigentum und seine Sammlungen. Alle Zähne sollen ihm herausgerissen, das Haupthaar abrasiert werden. Nur in den Unterbeinkleidern soll er in den Sarg gelegt werden. Da das von ihm 1502 beauftragte Grabmal *(→ 1. Hälfte 16. Jh.)* noch nicht fertiggestellt war, wünscht er, neben seiner Mutter in der St.-Georgs-Kapelle der Wr. Neustädter Burg bestattet zu werden. Das Herz soll ihm herausgenommen und neben seiner Gemahlin Maria von Burgund in Brügge beigesetzt werden.

►1519/26 Bedeutende spätgotische Wandmalereien von Pater Wilhelm von Schwaben im Kreuzgang des Franziskanerklosters Schwaz (Tirol).

►1519/22 Mächtiger Flügelaltar der Donauschule, aus einer jüngeren Villacher Werkstatt, in der Filial- und Wallfahrtskirche St. Jakob ob Grades (Kärnten).

►1519 Mit dem Bau von Schloß Frauenstein (Kärnten), einer der besterhaltenen, zum Großteil spätgotischen Burganlagen von Kärnten, wird begonnen, 1521 vollendet.

6. Januar Kaiser Maximilian I. ergänzt und beurkundet sein Testament vom 30. Dezember 1518 *(→ dort)*.

12. Januar Kaiser Maximilian I. stirbt in Wels (Oberösterreich) vermutlich an einem Gallensteinleiden; geb. am 22. März 1459 als einziger Sohn Kaiser Friedrichs III. in Wr. Neustadt (Niederösterreich), am 16. Februar 1486 zum römischen König gewählt und am 9. April in Aachen gekrönt, ab 19. August 1492 Alleinherrscher über alle habsburgischen Besitzungen, am 4. Februar 1508 nahm er den Titel »erwählter römischer Kaiser« an.

28. Januar Totenfeier für Kaiser Maximilian I. im

Zu Testament und Tod Maximilians I.:

Das Werk »De Caesaribus atque Imperatoribus Romanis«, 1540 von dem Wiener Universitätsprofessor und anerkannten Humanisten Johann Cuspinian verfaßt, endet mit der Biographie Kaiser Maximilians I. Das sogenannte »Kaiserbuch« ist in Straßburg 1541 in deutscher Sprache erschienen, als »ein außerlesene Chronica durch Johannem Cuspinianum in Latin beschrieben, durch Casparn Hedion in das Teütsch bracht«:

»... aber damit ich wider auf Keyser Maximilianus komme, als er nach gehaltener Sammlung der Künig zu Wien in dem Reich für Carolum [Karl V.] seinen Enckel mit den Fürsten handlet, damit er Rhömischer Künig wurde, und mit dem Bapst auch Cardinalen wichtige Sachen handlet, ist beschehen, das in dem tausend fünf hundert und achtzehenden Jar in dem Heumonat eyn erschrockenliche Finsternis der Sonnen worden ist, die Maximiliani Geburt und Nativitet etwas verduncklet hat, im gefärlich und tödtlich gewesen ist. Als die nun zu Wien an den Hymmel erschyne, ist zu der selben Stund eyn groß Feür zu Wien auffgangen, und ist die aller lustigest Straß der Statt, die man nennet der Sengergaß [Singerstraße], der großer Theyl verbrunnen. Maximilianus, der zu der selben Zeyt mit den Seinen zu Ynßbruck sich hielte, ist auß Zorn bewegt in eyn verborgen Fieber gefallen. Dieß Fieber hat seines Gemüts Angst und Sorg gemehret, also das er göhn Welsa [Oberösterreich] kommen ist, er offenbarlich anfieng kranck zu sein. Hat deßhalben von allerley Klösteren geystliche Menner zu sich beruffen und fienge an nach seiner Seelen Heyl gantz sorgfältig zu trachten, schlug von sich alle zeytliche Gescheft und hat denen seine Sünd gebeichtet. Als in aber die Seinen vermaneten, er solte vollbringen die Werck eynes christlichen Fürsten, antwortet er: ›Ich hab längest gethon dasjhenig, das ir mich vermanen ...‹ Dann er befolhen hat, man solte im eilentz eyn Niderkleid anlegen, damit nach seinem Todt sein Gemächt und Scham niemandt sehe. Dann er under allen Menschen gantz schamhaftig war, also das auch von seinen Kämmerlingen niemandt jhe gesehen hat, das er sein Notturfft gethon hat. Niemandt hat gesehen, das er das Wasser, wie man sagt, abgeschlagen, oder das er zu Stul gangen sey. Gar wenig Artzet haben sein Harn, als er kranck war, gesehen, so gantz schamhaftig ist er gewesen. Demnach hat er befolhen, das so er den Geyst aufgeben, das man sein Har an dem gantzen Leib abscheren solt und in alle Zeen [Zähne] außbrechen und eyn Gruben in dem Kirchhof machen und mit feürigen Kohlen zudecken. Seinen Leib sollte man geysslen und nachmals in eynen dryfachen Sack auß Leynwadt, weisser Seiden und in Damast einwicklen, doch Kalck und Eschen darein vermischen. Auch solte der Leib in eyn Todtenbar gelegt werden, welche er mehr dann fünf Jar zu sollichem Gebrauch mit im hatt herumb gefüret, welche von innen seer wol beschlagen war. Wiewol eyner seiner Secretarien vermeinet, das er dise fünf Jar disen Kasten für eyn Lad und Behaltnüs seiner Geschicht [Geschichtswerke] gebraucht hett, der selbig wußte nicht, warumb der Keyser disen Trog so wol hett lassen beschlagen.«

Es folgt noch die Verfügung des Kaisers, nach Wiener Neustadt überführt zu werden, und die Schilderung seines Todes. Vor der abschließenden umfangreichen Würdigung der Persönlichkeit Maximilians findet sich ein recht bemerkenswerter Abschnitt:

»Ich hab darfür, das zwei fürnemer Ding war zu nennen seind im Tod Maximiliani. Das wie zuvor sein Vatter Keyser Friderich, do überall Frid was, gestorben ist. Und die nach seinem Todt eyn solliches große Sterbet ist worden, dergleichen man nicht gedencket. Dann nach Keyser Friderichs Todt, der gestorben ist im Jar MCCCCXCIII, hat die Pestilentz im XCIIII. und XCV. Jar viel Stätt und Dörffer gantz und gar erösset [leergemacht]. Nach Maximiliani Todt ist über zwei Jar darnach auch so eyn grosser Sterbent kommen, der viel Stätt und Dörffer außgelert und öd verlassen hat. Also das man die Frucht auf den Feld nicht hat einbracht und keyn Schloß, Statt, Dorff, Fleck, Meyerhoff, on diß Gifft pliben ist. Man vermeinet, das der dritte Theyl der Menschen in Ostereich an diser Pestilentz umbkommen sei.«

Wiener Stephansdom, wo er aufgebahrt wird, ehe der Leichnam nach Wr. Neustadt gebracht wird.

— Der Landtag der Stände des Landes unter der Enns tritt in Wien zusammen, um sich der Macht des Regiments, der eigentlichen Regierung, zu entledigen. Die Stadt Wien wird zum Führer der ständischen Opposition. Die Stände des Landes ober der Enns treten in Linz am 2. Februar zum gleichen Zweck zusammen.

3. Februar Der Leichnam Kaiser Maximilians I. wird unter dem Hochaltar der St.-Georgs-Kapelle der Burg von Wr. Neustadt (Niederösterreich) beigesetzt.

9. Mai Zusammentreffen der Feldhauptleute der einzelnen habsburgischen Länder in Bruck an der Mur (Steiermark), der Feldhauptmann von Tirol erscheint nicht. Nach längeren Beratungen wird eine Gesandtschaft unter Martin Siebenbürger und Michael von Eyczing zu den habsburgischen Erben beschlossen, zu König Karl (V.) nach Spanien und zu Erzherzog Ferdinand nach den Niederlanden. Sie sollen die Forderungen der Stände vorbringen und durchsetzen *(→ 3. November)*. Kleinere Zwistigkeiten unter den Parteigängern in den Ländern ober und unter der Enns.

28. Juni König Karl I. von Spanien in Frankfurtam Main einstimmig zum deutschen König und römischen Kaiser (Karl V.) gewählt. Die Wahl war durch die Bürgschaft Jakob Fuggers in Höhe von 130 000 Gulden (für die Wahlverpflichtung) gegen die Kandidatur König Franz' I. von Frankreich durchgesetzt worden. Karl V. erbte als Enkel Kaiser Maximilians I. die habsburgischen Erblande: Österreich ober und unter der Enns, Steiermark, Kärnten, Krain, Tirol, die Vorlande und die burgundischen Besitzungen. Als sein Vater, Erzherzog Philipp der Schöne, am 25. September 1506 starb, war er (als Sechsjähriger) Herr der Niederlande. Am 23. Januar 1516 starb sein Großvater mütterlicherseits, König Ferdinand II. von Aragon, und Karl wurde

König des vereinigten Spanien, Neapels und der amerikanischen Kolonien. Mit dem neuerlichen Erbe war Karl der mächtigste Herrscher seiner Zeit, in dessen Reich tatsächlich »die Sonne nicht unterging« *(→ 23. Oktober 1520).*

3. November Eine Gesandtschaft der österreichischen Stände *(→ 9. Mai)* trifft in Barcelona ein, sie muß dem Kaiser zum Schloß Molia de Re (in Barcelona war eine Seuche ausgebrochen) nachreisen.

25. November Kaiser Karl V. lehnt die von den Ständen verlangte Absetzung des Regiments ab und verweist die Gesandtschaft *(→ 3. November)* auf seine Aufforderung vom 14. August, in der er die Erblande zum Gehorsam aufgefordert hatte. Die von den Ereignissen nicht informierte Gesandtschaft (sie war unverhältnismäßig lange unterwegs) muß unverrichteterdinge, diesmal auf dem Landweg, heimkehren.

Jahresende Bekanntgabe der Erbhuldigung für Kaiser Karl V., die von diesem am 4. Oktober verfaßt wurde.

►Um 1520/30 Gnadenbild »Mariahilf« von Lucas Cranach der Ältere im Hochaltar der Stadtpfarrkirche von Innsbruck.

►Um 1520 Erhöhung des Langhauses der Pfarrkirche von Königswiesen (Oberösterreich), besonders reiche und bedeutende Gestaltung des Gewölbes.

— Geschnitzter gotischer Flügelaltar mit gemalten Flügeln der Donauschule, aus der Werkstatt von Lienhart Ast, in der Pfarrkirche Gröbming (Steiermark).

►1520/30 Renaissanceportal der Salvatorkirche in Wien, früher (1360/61) die Hauskapelle des (alten) Rathauses, jetzt altkatholische Kirche.

►1520/25 Spätgotische Holzreliefe in der Pfarrkirche von Griffen (Kärnten).

— Sogenannter Dunklhof, früher Stippelhof, in Steyr (Oberösterreich), ein bedeutendes spätgotisches Bürgerhaus.

►1520 Prächtiger Schnitzaltar des Pacher-Schülers Wolfgang Aßlinger in der Pfarrkirche von Heiligenblut (Kärnten).

— Eindrucksvolle Kassettendecke in der Vorhalle der Pfarrkirche von Launsdorf (Kärnten).

— Gemalter Renaissanceflügelaltar von Jan von Scorel in der Nordkapelle der Pfarrkirche von Obervellach (Kärnten).

— Chor der Stadtpfarrkirche von Feldkirch (Vorarlberg), ein seltenes Beispiel des Überganges der Spätgotik zur deutschen Renaissance.

25. Januar Erbhuldigung *(→ Jahresende 1519)* Kärntens, bald darauf folgt Tirol.

5. Februar Martin Siebenbürger und Michael von Eyczing treffen von ihrer Gesandtschaftsreise *(→ 9. Mai, 3./25. November 1519)* zu Kaiser Karl V. in Wien ein und stärken die Opposition Wiens und der Stände des Landes unter der Enns.

6. Februar Erbhuldigung der Steiermark, Mitte des Monats folgt auch das Land ober der Enns. Aus formellen Gründen folgt Krain erst am 11. Juli.

19. Februar Hauptmann Thomas Fuchs trifft als Abgeordneter des Augsburger Reichsregiments in Wien ein, um die Sache des Kaisers zu vertreten, er wird von den oppositionellen Ständen wochenlang hingehalten.

1. Mai Kaiser Karl V. fordert die Stände des Landes unter der Enns schriftlich auf, den Widerstand aufzugeben.

4. Juli Der Landtag der Stände des Landes unter der Enns in Klosterneuburg (Niederösterreich), vom Reichsregiment einberufen, endet am 9. mit der Erbhuldigung des Landes. Die Stadt Wien verweigert sie unter Berufung auf das angebliche Recht, außerhalb ihrer Mauern keinen Schwur leisten zu müssen.

11. Juli Regierungskommissäre nehmen den Wienern in Wien den Huldigungseid ab, wobei sie gestatten, daß Wien dem alten Regiment in Wr. Neustadt keinen Gehorsam schulde. Die Stände distanzieren sich von der noch immer vorhandenen radikalen Partei in Wien.

August Verhandlungen in Augsburg über die vom Reichsregiment vorgeschlagene Errichtung eines Regiments der fünf »niederösterreichischen« Länder.

4. September Ende der Augsburger Verhandlungen, durch die nicht geeinten Vertreter der Stände behält sich das Reichsregiment die Leitung der Regierung unter Beiziehung je eines Vertreters der Länder vor und empfiehlt die Beibehaltung des alten Regiments bis zu einer endgültigen Regelung, nur das Land unter der Enns erhält eine sogenannte »Mittelregierung«, die allerdings nicht aus Ständemitgliedern gebildet ist.

Anfang Oktober Landtage in den österreichischen Ländern zur Bekanntgabe des Beschlusses von Augsburg. Der Landtag des Landes unter der Enns in Klosterneuburg (Niederösterreich) führt zur Isolierung der radikalen Wiener Bürgerpartei, ihre Führer, Martin Siebenbürger und Michael von Eyczing waren dem Kaiser entgegengereist, um abermals vorstellig zu werden.

Oktober Kaiser Karl V. betritt den Boden des Deutschen Reiches.

23. Oktober Krönung Karls V. zum deutschen König in Aachen.

►Nach 1520 Riesiges Kanonenrondell mit einem Durchmesser von 50 m der Burg Roggendorf in Pöggstall (Niederösterreich), basiert vermutlich auf der Befestigungslehre Albrecht Dürers und ist die besterhaltene »Barbakane« des ganzen deutschen Sprachraumes.

►1521 Spätgotischer Flügelaltar mit Renaissanceeinfluß in der Filialkirche St. Ulrich von Krakauhintermühlen (Steiermark).

— St.-Annen-Altar von Wolf Huber in der Stadtpfarrkirche von Feldkirch (Vorarlberg), ein bedeutendes Werk der Donauschule.

— Die Lehre Martin Luthers verbreitet sich auch in Österreich, Universität und Statthalter von Wien verweigern die Bekanntgabe der päpstlichen Bulle gegen Luther, der Salzburger Domprediger Paulus Speratus predigt im Dom von St. Stephan die neue Lehre.

27. Jänner Kaiser Karl V. eröffnet den Reichstag von Worms, er dauert bis zum 25. Mai. Üblicherweise fand der erste Reichstag eines neuen Königs in Nürnberg statt, dort herrschte aber eine Seuche.

17./18. April Martin Luther wird in Worms in Gegenwart Kaiser Karls V. verhört, lehnt aber den Widerruf seiner Lehre ab.

18. April Salzburgs Erzbischof Matthäus Lang von Wellenburg führt den Vorsitz der Reichstagssitzung, in der Martin Luther seine Rechtfertigungsrede hält.

28. April Wormser Vertrag zwischen Kaiser Karl V. und seinem jüngeren Bruder Erzherzog Ferdinand. Karl überläßt damit Ferdinand die »niederösterreichischen« Länder: Österreich ober und unter der Enns, Steiermark, Kärnten und Krain *(→ 7. Februar 1522).*

29. April Kaiser Karl V. entbindet die Länder von dem

ihm geleisteten Erbhuldigungseid und verweist sie an Erzherzog Ferdinand I. von Österreich.

8. Mai Das Wormser Edikt Kaiser Karls V., erst am 26. Mai vom Kaiser unterzeichnet, spricht die Reichsacht gegen Martin Luther und seine Anhänger aus.

26. Mai Vollzug der Ehe Erzherzogs Ferdinands I. mit Prinzessin Anna von Böhmen und Ungarn in Linz *(→ 22. Juli 1515)*. Anna ist die Schwester König Ludwigs II., des letzten Königs von Böhmen und Ungarn *(→ 29. August 1526)*.

5. Juni Erzherzog Ferdinand I. eröffnet in Ybbs an der Donau (Niederösterreich) den gemeinsamen Landtag der Länder Österreich ober und unter der Enns. Beide Länder legen den Erbhuldigungseid ab, Ferdinand weist die Forderung der Stände schroff zurück. Von spanischen und niederländischen Höflingen umgeben – sein Geheimsekretär war Gabriel von Salamanca, der 1533 mit dem Bau eines Schlosses in Spittal an der Drau (Kärnten) *(→ 1533)* begann, später Sitz der Fürsten Porcia – und der deutschen Sprache nicht mächtig, hat er kein Verständnis für die Bestrebungen der österreichischen Stände nach Selbständigkeit und der Wahrung ihrer Sonderrechte. Allerdings setzt er sofort umfangreiche Maßnahmen gegen die Straßenräuberei, die besonders im Mühlviertel (Oberösterreich) arg war.

24. August Erzherzog Ferdinand I. beruft Landtage in allen fünf »niederösterreichischen« Ländern ein, um Hilfe gegen die Türken bewilligt zu erhalten. Die ständischen Truppen sollten, den Privilegien entsprechend, nur zur Verteidigung des Landes eingesetzt werden.

8. September Benedictus Cheledonius stirbt in Wien; geb. in Nürnberg, Dichter und Humanist. Seit 1518 Abt des Schottenstiftes in Wien. Er wirkte durch seine neulateinischen Schuldramen und führte das Wiener Schuldrama zu besonderer Blüte. Sein »Voluptatis cum virtute disceptatio« (Streit der Wollust und der Tugend) wurde von dem Wiener Jacob Diamond vertont und mit großem Erfolg am 10. März 1515 aufgeführt.

Anfang November Erzherzog Ferdinand I. zieht nach den Niederlanden, um mit seinem Bruder, Kaiser Karl V., zusammenzutreffen *(→ 7. Februar 1522)*.

▶1522 Vollzug der Ehe zwischen König Ludwig II. von Böhmen und Ungarn und Erzherzogin Maria von Österreich *(→ 22. Juli 1515)*.

— Langhaus der Pfarrkirche St. Valentin (Niederösterreich), eine spätgotische Hallenkirche.

7. Februar Vertrag von Brüssel zwischen Kaiser Karl V. und Erzherzog Ferdinand I. von Österreich, da sich die am 28. April 1521 *(→ dort)* im Wormser Vertrag vereinbarte Teilung der Erblande als wirtschaftlich und politisch untragbar erwiesen hat. Karl verzichtete bereits am 30. Januar auf die im Wormser Vertrag ausgenommenen Herrschaften in Kärnten und Krain (unter anderem Görz) und überläßt nun seinem Bruder auch den übrigen österreichischen Besitz, also die »oberösterreichischen« Länder Tirol und die Vorlande (im Detail die Herrschaften Feldkirch, Bregenz, Bludenz, Hohenberg, Schelklingen und Nellenburg) sowie Württemberg. Karl V. behält sich nur den Titel eines Erzherzogs von Österreich und die Besitzungen im Elsaß vor, die Ferdinand nur auf Lebenszeit erhält. Dieser Vertrag soll sechs Jahre geheim bleiben *(→ 25. Februar 1525)*. Damit Teilung des Hauses Habsburg in eine österreichische und eine spanische Linie.

März Auf dem Reichstag in Nürnberg wird besonders die Hilfe gegen die Türken beraten. (Die Türken unter Sultan Süleyman II. hatten am 29. August 1521 Belgrad erobert und bedrohten bereits Kärnten und Krain.) Landtage in den österreichischen Ländern beschäftigten sich ebenfalls mit der Türkengefahr, nur die Stände des Landes unter der Enns beteiligen sich wenig an der Türkenhilfe, ein letztes Aufflackern der Opposition.

10. Juli Erzherzog Ferdinand I. eröffnet in Wr. Neustadt (Niederösterreich) das Verfahren gegen die oppositionellen Wiener Stände.

23. Juli Urteilsspruch, nachdem alle Vorgänge seit dem Tod Kaiser Maximilians I. untersucht worden waren: acht Todesurteile.

9. August Enthauptung der Führer der Adelspartei: Hans von Puchheim und Michael von Eyczing.

11. August Enthauptung der Führer der Bürgerlichen: Dr. Martin Siebenbürger, Hans Rinner (Bürgermeister von Wien), Stephan Schlagindweit (widerrechtlich Hansgraf), Friedrich Piesch, Martin Flaschner und Hans Schwarz, alle Mitglieder des Rates der Stadt Wien. Damit ist der Kampf zwischen ständischen Vorrechten und absoluter Macht des Landesherrn beendet.

13. August Erzherzog Ferdinand I. hebt die Körperschaften der »Genannten« und der »Hausgenossenschaft der Münzer« auf, sie waren die einflußreichsten Organisationen der Stadt Wien. Die Genannten werden durch zwölf vom Landesfürsten ernannte Bürger ersetzt (für die wichtige Funktion der Gerichtsbeisitzer).

16. August Erzherzog Ferdinand I. aberkennt in Wr. Neustadt (Niederösterreich) der Stadt Wien Privilegien und Gewohnheitsrechte *(→ 12. März 1526)*.

▶1523 Der Buchdrucker Johann Singriener stellt in Wien die erste gedruckte deutsche Lautentabulatur von Hans Judenkünig »Ain schone kunstliche underweisung« her, das Lautenspiel war in Österreich stark verbreitet.

— Spätgotisches Langhaus der Filialkirche von Weigersdorf (Oberösterreich).

— Steinernes Renaissancesakramentshaus in der Pfarrkirche von Pustritz (Kärnten).

— Pestkreuz in Maria Saal (Kärnten), ein loggiaartiger Renaissancebau mit reicher Bemalung.

März Erzherzog Ferdinand I. übernimmt in Innsbruck die Regierung der oberösterreichischen Länder.

11. Juli Salzburgs Erzbischof Matthäus Lang von Wellenburg rückt mit einer Heerschar in die Stadt Salzburg ein. Die Stadt hat abermals *(→ 23. Januar 1511)* die Sonderrechte ihres Ratsbriefes bestätigt haben wollen. Nun sind Bürgermeister und Rat der Stadt zum Verzicht bereit, eine neue Stadtordnung *(→ 18. Juli 1524)* wird vorbereitet.

5. September Erzherzog Ferdinand I. erwirbt von Graf Hugo dem Letzten von Montfort die Herrschaft Bregenz.

▶1524 Spätgotischer Flügelaltar in der Pfarrkirche von St. Marein bei Knittelfeld (Steiermark), eine hervorragende Arbeit (durch eine neue Fassung etwas beeinträchtigt), vermutlich aus einer Kärntner Werkstatt.

— Grabmal für Jobst Truchseß von Wetzhausen von Loy Hering in der Deutschordenskirche in Wien in der Form eines Renaissanceflügelaltars.

18. Juli Die neue Stadtordnung für Salzburg *(→ 11. Juli 1523)* baut auf absolutistischer Grundlage auf, sie bleibt fortan maßgebend. Der Erzbischof ernennt Stadtrichter, Bürgermeister und den »kleinen

Verwaltungsordnung Ferdinands I.

Ferdinand I. schuf mit seiner Verwaltungsordnung von Ende 1526 und 1. Januar 1527 die Grundlage der Zentralverwaltung der österreichischen, böhmischen und ungarischen Länder. Diese Zentralverwaltung war zum Teil bis 1848 gültig.

Die Zentralverwaltung hatte folgende Gliederung:

Geheimer Rat:
für Familienpolitik und Außenpolitik zuständig, wird zur Zentrale der Regierung.

Hofrat:
oberste Justizbehörde (nach der Wahl Ferdinands I. zum Kaiser »Reichshofrat« mit dem Erzbischof von Mainz als Reichskanzler). Er verliert nach 1620 den Einfluß auf die österreichischen Länder.

Hofkanzlei (1528 errichtet):
dem Hofrat untergeordnete ausführende Behörde. Der Vorstand heißt Oberster Kanzler, dann Vizekanzler (nach der Wahl Ferdinands I. zum Kaiser »Reichshofkanzler« und Reichsvizekanzler). Kaiser Ferdinand II. errichtet 1620 eine eigene österreichische Hofkanzlei.

Allgemeine Hofkammer:
das zentrale Finanzorgan. Sie hatte auch die Oberaufsicht über die Länderkammern in Wien, Innsbruck, Prag und Preßburg.

Hofkriegsrat (kam erst 1556 als eigenes Amt hinzu:
für alle Belange der Landesverteidigung zuständig.

Rat« (das sind zwölf »Genannte«); der »große Rat« (bestehend aus 48 Bürgern) wird aus jedem Stadtviertel gewählt und vom Erzbischof bestätigt.

17. September Caspar Tauber, Bürger von Wien, wird vor dem Stubentor hingerichtet, er ist der erste Blutzeuge der Reformation in Österreich.

►1525 Spätgotische Fresken in der Armen-Seelen-Kapelle der Pfarrkirche von Altheim (Oberösterreich); sie wurden 1975 bei Restaurierungsarbeiten entdeckt *(→ 1681)*.

— Geißelung und Dornenkrönung von Wolf Huber im Stift St. Florian (Oberösterreich), bedeutende Werke der Donauschule.

— Spätgotischer Schnitzaltar in der Pfarrkirche von Bartholomäberg (Vorarlberg).

25. Februar Kaiser Karl V. bewilligt die Veröffentlichung des Vertrages von Brüssel *(→ 7. Februar 1522)*.

Ende April Bauern und Bergknappen aus dem Gasteiner Tal (Salzburg) formulieren in 14 Artikeln ihre Forderungen. Das Wort Gottes und das Evangelium sollen ohne »menschlichen Zusatz« gepredigt werden, ihren Seelsorger wollen sie frei wählen, die zahlreichen »kleinen Steuern« sollen abgeschafft werden, die regelmäßige Instandhaltung der Straßen soll garantiert und der Handel erleichtert werden. Durch die harte Herrschaft des Erzbischofs war die Unterdrückung in Salzburg besonders stark, die große Bauernkriegsbewegung in Deutschland greift nun auch auf Österreich ober und unter der Enns, die Steiermark und Tirol über.

13. Mai Bauernunruhen im Bistum Brixen (Südtirol) beginnen, Michael Gaismair stellt sich an die Spitze der Bauernhaufen und führt sie mit großem militärischem Geschick. Er ist ein Knappensohn aus Sterzing (Südtirol), ehemaliger Sekretär des Bischofs von Brixen, sein Bruder war Zolleinnehmer in Klausen.

30. Mai–8. Juni Bauerntag von Meran (Südtirol), das erste Bauernparlament. In 64 Artikeln wird eine neue Landesordnung (auch Kirchenordnung) von Tirol beschlossen. Das Werk Michael Gaismairs ist der Entwurf einer demokratischen Bauernrepublik, der begreiflicherweise zu dieser Zeit die Durchführung versagt bleibt. (Später werden wesentliche Punkte dieser demokratischen Bauernordnung in der Schweiz verwirklicht.)

7. Juni Aufständische Bauern besetzen die Stadt Salzburg und belagern Erzbischof Matthäus Lang von Wellenburg in seiner Festung Hohensalzburg. Die Besetzung der Stadt und die Belagerung der Festung dauern bis 29. August. Großen Schaden in der Stadt hinterlassend, ziehen die Bauern ab.

1. Juli In der Versammlung der Bauern in St. Georgen im Attergau (Oberösterreich) schließen die Bauern des Landes ober der Enns einen Bund. Sie verlangen die Aufhebung der Robot (Frondienst) und wollen nur dem Kaiser direkt unterstellt sein. Uneinigkeit führt zu keinen Aktionen, gegen Monatsende ist diese »Bauernerhebung« beendet.

3. Juli Bauern und Knappen unter der Führung Michael Grubers schlagen die Truppen des steirischen Landeshauptmanns Sigmund von Dietrichstein bei Schladming (Steiermark) vernichtend. Sie nehmen die Stadt ein, Dietrichstein und 13 Adelige werden gefangengenommen, sie bleiben zwei Monate in den Händen der Aufständischen. Dies ist der größte Erfolg während des ganzen Bauernkrieges, er wird aber von den Aufständischen nicht genützt.

September Niklas Graf zu Salm, der Nachfolger Sigmund von Dietrichsteins, zieht mit einem Heer gegen die aufständischen Bauern. Schladming wird zurückerobert und niedergebrannt, das Stadtrecht aberkannt (erst 1529 wieder Markt und 1925 Stadt).

►1526 Die Wiedertäuferbewegung, eine radikale religiöse Bewegung, breitet sich in Wien aus.

12. März Erzherzog Ferdinand I. erläßt für Wien eine neue Stadtordnung. Die alten Privilegien (Albrechts I. und II.) werden als »nichts nutz« bezeichnet, es wird behauptet, daß sie unter den Bürgern nur »Irrungen« verbreitet haben. Als oberstes Organ der Stadt ist eine »Regierung« von 100 Bürgern vorgesehen, die aus ihrer Mitte einen zwölfköpfigen Stadtrat, den »Inneren Rat«, wählen soll. Weitere zwölf werden vom Landesfürsten zu Stadtgerichtsbeisitzern ernannt. Der Rest, der »Äußere Rat«, wählt zusammen mit dem Stadtrat und den Gerichtsbeisitzern den Bürgermeister.

14. April Die Belagerung der Stadt Radstadt (Salzburg) durch aufständische Bauern beginnt, sie muß erst am 2. Juli aufgegeben werden *(→ 11. Juli)*.

1. Juli Ein Heer des Schwäbischen Bundes unter Burkhard von Ems (Hohenems, Vorarlberg) schlägt die aufständischen Bauern südl. von Zell am See (Salzburg); praktisch das Ende der Bauernerhebung in Österreich.

11. Juli Großes Strafgericht gegen die aufständischen

Ein zeitgenössischer Bericht über die Belagerung Wiens durch die Türken im Jahre 1529

»Ain gründtlicher unndt wahrhaffter Bericht, Was sich under der Belagerung der Statt Wienn, Newlich im MDXXIX Jar, zwischen denen in Wienn unndt Türcken, verlauffen:
Anfänglich hat es sich begeben, einen Tag oder zwei ungefähr vor Matthäi, das ist, am 19. und 20. September, sind auf Wienn zu angekommen des Türcken Vorreiter, haben ein Scharmützel gehalten mit der Herren und Hauptleute Reisigen, so in Wienn waren. Diese haben sich wohl gehalten, also, daß etliche Türcken von ihnen erlegt worden sind. Darnach am Tag Matthäi, den 22. September, kamen die Türcken gewaltiglich mit Heereskraft dahergezogen ... Am Montag vor Michaelis, den 27. September, umringten die Türcken die ganze Statt Wienn, unten und oben und auch an allen Orten zugleich, nahmen also den Paß der Donau ein beim Kahlenberg [heute Leopoldsberg], daß weiter niemand mehr mochte weder auf- noch abpassieren, er wollte denn seines Lebens nicht verwagen ... Am Samstag nach Michaelis, den 2. Oktober, ward ein Auflauf in der Stadt, denn viele der Feinde zu Fuß und Roß hatten sich hineingelassen in die Vorstadt vor dem Schottentor, da erhob sich ein Scharmützel zwischen denen von Wienns Kriegsvolk und den Türcken, denn man schoß tapfer in die Feinde, daß sie wieder haufenweise mußten hinwegfliehen ... Am 13. Oktobris war es ganz ruhig und still den ganzen Tag; aber sie bauten stark inwendig an Mauern und Schanzen. Es ward je einer bei der Arbeit erschossen, auch Mägde und Knecht, so an der Arbeit waren. An dem abgemeldeten Tag in der Nacht, wie der Türck morgens hinwegziehen wollte, hat er alles deutsche Volk, so bei ihm gefangen gewesen, tyrannisch und erbärmlich erwürgen lassen vor der Stadt. Es war ein solches jämmerliches Geschrei unter dem Volk, als sie so in Wienn auf der Wache waren, nie gehört haben. Am 14. Oktobris, Morgens um 7 Uhr, ward wieder ein Lärm, da mußte man in Ordnung stehen bis 12 Uhr, da ging ab. Darnach, ehe eine Stunde verging, hob sich wieder Lärm, und währte bis um drei Uhr, unter diesem Lärm fiel ein Fähnlein Knechte hinaus in die Vorstadt vor das Stubentor und erwürgten, was sie ergriffen, zwischen den Stöcken der abgebrannten Häuser und brachten auch vier Kameele mit herein. Man hat auch die vergangene Nacht den Türcken etliche Tonnen Pulver genommen, damit sie die Mauer sprengen wollten. In dieser Nacht haben sich die Türcken gerüstet zu dem Abzug, sind also abgezogen auf dem Lande am morgen, aber erst gegen Tag auf dem Wasser mit vielen Schiffen, die alle um den Kahlenberg gelegen sind, auch an anderen Orten der Donau. Sie sind auch von den Schiffen an das Land gegangen, wo sie haben gewollt. Da sie davonfuhren, wurde gar weidlich auf sie geschossen, daß sie eines Teils im Wasser schwammen ...«

Bauern vor den Mauern von Radstadt (Salzburg), das sie vom 14. April *(→ dort)* bis 2. Juli belagert hatten.

29. August In der Schlacht bei Mohács (Südungarn) erringen die Türken unter Sultan Süleyman II. einen entscheidenden Sieg über die Ungarn. Zahlreiche ungarische Adelige fallen in dieser blutigen Schlacht. König Ludwig II. von Ungarn und Böhmen ertrinkt auf der Flucht in einem Moor. Die Türkengefahr nähert sich der Grenze des Deutschen Reiches und damit Österreichs. Durch die bestehenden Verträge *(→ 22. Juli 1515, 13. März 1516)* fallen mit dem Tod des letzten jagellonischen Königs Böhmen und Ungarn an Habsburg, Österreichs Aufstieg zur Großmacht in Europa beginnt.

24. Oktober Erzherzog Ferdinand I. von Österreich wird zum König von Böhmen gewählt. Er wird bis zum Dezember ohne jeden Widerstand als König in Mähren, Schlesien und der Lausitz anerkannt.

10. November Johann Zápolya, der Woiwode von Siebenbürgen und Erbgraf von Zips, wird zum König von Ungarn (Gegenkönig zu Ferdinand I.) gewählt.

11. November Krönung Johann Zápolyas in Stuhlweißenburg zum König von Ungarn. England, Frankreich, Polen, Venedig und einige deutsche Fürsten unterstützen ihn, um Habsburg nicht zu mächtig werden zu lassen. Die Türken nützen diese Uneinigkeit und bereiten weitere Eroberungszüge vor.

17. Dezember Erzherzog Ferdinand I. wird in Preßburg von den westungarischen Komitaten zum König von Ungarn gewählt *(→ 7. Oktober 1527).*

Ende Dezember Erzherzog Ferdinand I. errichtet den Hofrat *(→ Rahmenartikel: Verwaltungsordnung Ferdinands I., S. 117).*

►**1527, 1. Januar** Erzherzog Ferdinand I. errichtet den »Geheimen Rat« und die »Allgemeine Hofkammer« *(→ Rahmenartikel: Verwaltungsordnung Ferdinands I., S. 117).*

— Erzherzog Ferdinand I. wird in Cetin von den Kroaten zum König von Kroatien gewählt.

24. Februar Erzherzog Ferdinand I. wird in Prag zum König von Böhmen gekrönt *(→ 24. Oktober 1526).*

Sommer Erzherzog Ferdinand I. zieht gegen die Truppen Johann Zápolyas, seines Gegenkönigs.

27. September Erzherzog Ferdinand I. besiegt bei Tokai (Ungarn) Truppen unter Johann Zápolya und zieht darauf in Ofen ein.

7. Oktober Reichstag von Ofen, die Wahl Erzherzog Ferdinands I. zum König von Ungarn *(→ 17. Dezember 1526)* durch die westungarischen Komitate wird anerkannt.

3. November Erzherzog Ferdinand I. in Stuhlweißenburg zum König von Ungarn gekrönt.

Dezember Johann Zápolya flieht zu seinem Schwager, König Sigismund I. von Polen, und versucht ein Bündnis mit den Türken gegen Habsburg.

►**1528, Januar** Erzherzog Ferdinand I. errichtet die »Allgemeine Hofkanzlei« *(→ Rahmenartikel: Verwaltungsordnung Ferdinands I., S. 117).*

Februar Sultan Süleyman II. verlangt von Erzherzog Ferdinand I. die sofortige Räumung Ungarns; das Verlangen hängt mit dem Bündnis Johann Zápolyas *(→ Dezember 1527)* zusammen.

10. März Dr. Balthasar Hubmaier, ein ehemaliger Regensburger Domprediger, wird als Führer der Wiedertäuferbewegung *(→ 1526)* in Erdberg bei Wien (heute

Wien 3) öffentlich verbrannt. Die Sekte der Wiedertäufer wurde von Katholiken und Lutheranern verfolgt, nun griff die Regierung selbst durch.

September Truppen Erzherzog Ferdinands I. ziehen erneut gegen Johann Zápolya *(→ Sommer 1527).*

25. September Schlacht bei Sárospatak (Ungarn), Ferdinands I. Truppen besiegen Johann Zápolya.

▶**1529** Der erste Ausbau der Burg Hohenwerfen (Salzburg) zur Festung mit zwei Vorwerken beginnt. Sie war im Bauernkrieg von 1526 teilweise abgebrannt und wird nun zur wichtigsten Landesburg nach der Festung Hohensalzburg, Fertigstellung 1540.

14.–17. Februar Eine Tagung in Feldkirch (Vorarlberg) führt zu einem Bündnis zwischen Erzherzog Ferdinand I. mit den fünf Schweizer Orten Luzern, Uri, Schwyz, Unterwalden und Zug, die katholisch sind. Die Folge ist eine Auseinandersetzung zwischen den katholischen und den protestantischen Eidgenossen *(→ 24. Juni).*

15. März Beginn des zweiten Reichstages zu Speyer, am 19. April unterzeichnen die evangelischen Reichsstände eine »Protestation«. Sie wendet sich gegen die Aufhebung des Reichstagsabschiedes von 1526 auf dem ersten Reichstag von Speyer (25. Juni–27. August 1526) und die Aufrechterhaltung geistlicher Obrigkeit – daher kommt der Name bzw. die Bezeichnung »Protestanten«.

19. April Johannes Cuspinianus, eigentlich Spießheimer, stirbt in Wien; geb. 1473 in Schweinfurt (Franken), kam 1492 nach Wien, 1495 Doctor artium, 1499 Doctor medicinae, 1500 Rektor der Wiener Universität, 1508 Nachfolger seines Lehrers Konrad Celtis. Bedeutender Humanist der Wiener Universität. Historiker, Dichter sowie Diplomat und Leibarzt Kaiser Maximilians I. Hauptwerk »De Caesaribus atque Imperatoribus Romanis«, ein »Kaiserbuch« von den Römern bis Maximilian, wird erst 1540 gedruckt, seine topographische Landeskunde »Austria« schon 1533. Außerdem entdeckte er die Chronik Cassiodors und edierte das Geschichtswerk des Babenbergers Otto von Freising.

10. Mai Sultan Süleyman II., der Prächtige, auch Kanuni = der Gesetzgeber genannt, bricht in Istanbul zu einem Feldzug auf, dessen Ziel die endgültige Eroberung Ungarns ist.

24. Juni Zürich zwingt die fünf Orte *(→ 14.–17. Februar)* zum Frieden, sie waren bei der Auseinandersetzung mit den protestantischen Schweizern von Erzherzog Ferdinand I. nicht unterstützt worden.

5. August Friede von Cambrai zwischen Kaiser Karl V. und König Franz I. von Frankreich, der am 21. Juni eine schwere Niederlage erlitten hatte. Franz verzichtete auf Burgund, Mailand, Genua, Neapel und auf die Souveränität über Flandern und Artois; Karl hatte dadurch frei Hand in Italien. Dieser Friede wird auch »Damenfrieden« genannt, weil Erzherzogin Margarete von Österreich, die Statthalterin der Niederlande und Tante Kaiser Karls, mit Herzogin Louise von Savoyen, der Mutter König Franz' I., verhandelte, die Gegner selbst wollten nicht miteinander verhandeln.

20. August »Eilende Türkenhilfe« kommt nach monatelangen Verhandlungen Erzherzog Ferdinands I. mit den Reichsständen zustande. Ein Reichsheer von knapp 10 000 Mann erreicht Anfang September den Raum Wien. Der Großteil steht bei Krems (Niederösterreich) und unternimmt im Marchfeld *(→ 25. September)* Streifzüge.

8. September Sultan Süleyman II. erobert die von den Ungarn heldenhaft verteidigte Festung Ofen.

11. September Johann Zápolya wird von Sultan Süleyman II. auf den ungarischen Thron erhoben, Ungarn wird türkisches Lehen. König Johann Zápolyas Funktion ist jedoch die eines wohlbewachten Statthalters.

24. September Niklas Graf zu Salm ordnet (in letzter Minute) die Niederbrennung der Vorstädte Wiens (außerhalb der Befestigungen) an.

25. September Hundert gepanzerte Reiter des Reichsheeres unter Pfalzgraf Philipp bei Rhein begeben sich in die fast ganz eingeschlossene Stadt Wien.

Beginn der ersten Belagerung Wiens durch die Türken unter Sultan Süleyman II. Die seit 1527 im Bau befindlichen Befestigungsanlagen der Stadt sind noch nicht vollendet. Das Belagerungsheer zählt rund 120 000 Mann. 17 000 Mann, davon 5 000 Bürger der Stadt, und 100 Geschütze stehen unter dem Oberbefehl von Niklas Graf zu Salm, ihm zur Seite WilhelmFrh. von Roggendorf. Bürgermeister ist Wolfgang Treu.

27. September Türkische Schiffe brennen die Donaubrücken nieder.

9. Oktober Erster Sturm der Türken. Niklas Graf zu Salm wird beim Kärntnerturm schwer verwundet *(→ 4. Mai 1530).*

11. Oktober Der schwerste Sturm der Türken auf Wien kann gerade noch abgewehrt werden.

14. Oktober Sultan Süleyman II. gibt nach einem neuerlichen schweren Sturm die Belagerung Wiens auf, große Verluste, Seuchen unter seinen Truppen und vielleicht auch die herannahende schlechte Jahreszeit zwangen ihn dazu.

— Nahe der Heiligenstädter Pfarrkirche wird 1986 ein Massengrab freigelegt, in dem sich 102, zum Teil verstümmelte Kinderskelette fanden; ein Beweis für die Überlieferung, daß ein türkisches Massaker an Kindern stattfand.

Ende Oktober Kaiserliche Reichstruppen besetzen die Städte Raab, Komorn, Gran, Ödenburg und Tyrnau in Nordwestungarn. Bei diesen, sich in den November hineinziehenden Aktionen blieb es; zu einer wirkungsvolleren Verfolgung der Türken waren die Einheiten zu schwach.

10. Dezember Hinrichtung des wiedertäuferischen Buchhändlers Balthasar Vesst und seiner Frau in Innsbruck. Die Aufzeichnung des Richters von Sonnenburg (im Wiener Hofkammerarchiv) beweist, daß schon damals Sitzungsgelder bei Gericht verrechnet wurden: ». . . mir und dem Gerichtsschreiber unser Sitzgeld jedem zwei Gulden, facit 4 Gulden. Dem Züchtiger [Henker] von beiden Personen zu richten 1 Gulden 4 Pfund . . . Summa summarium aller Kosten wie oben steht, facit 11 Gulden, 3 Pfund, 3 Kreuzer, 4 Vierer.«

▶**Um 1530** Geschnitzte spätgotische Kreuzigungsgruppe in der Kapelle von Schloß Thörl (Steiermark).

▶**1530** Mit der Errichtung des Hochgrabes für Niklas Graf zu Salm (heute in der Votivkirche in Wien), einer Marmortumba mit zwölf Flachreliefs, wahrscheinlich von Loy Hering, wird begonnen, 1533 fertiggestellt.

7. Februar Instruktion für die Wächter auf den Stadtmauern von Wien: »Sooft die Uhr bei St. Stephan das Viertel geschlagen und der Türmer aufschreit, sollen die Wachter sich mit einem Geschrei melden.«

24. Februar Kaiser Karl V. in Bologna von Papst Klemens VII. zum Kaiser gekrönt, die letzte Kaiserkrönung durch einen Papst.

4. Mai Niklas Graf zu Salm stirbt im Salmhof bei Marchegg (Niederösterreich); geb. 1459 in Obersalm (Belgien), oberster Feldhauptmann, leitete mit Erfolg die Verteidigung Wiens während der ersten Türkenbelagerung und wurde beim ersten Sturm der Türken am 9. Oktober 1529 in der Nähe des Kärntnerturms schwer verwundet, er starb an den Folgen dieser Verwundung.

Herbst Truppen unter Wilhelm von Roggendorf erobern in Ungarn Erlau und Tokai zurück, scheitern aber am stark verteidigten Ofen.

1. Dezember Erzherzogin Margarete von Österreich stirbt in Mecheln (Belgien); geb. am 10. Januar 1480 in Brüssel als Tochter Kaiser Maximilians I. und Marias von Burgund, seit 1493 *(→ 23. Mai 1493)* in den Niederlanden, heiratete am 3. April 1497 den Infanten Johann von Kastilien-Aragon, der am 4. Oktober 1497 starb; 1501 mit Herzog Philibert II. von Savoyen vermählt, der 1504 stirbt; seit 1507 Generalstatthalterin der Niederlande; sie war wesentlich am Zustandekommen der Liga von Cambrai *(→ 10. Dezember 1508)* und am Frieden von Cambrai *(→ 5. August 1529)* beteiligt und wahrte geschickt die habsburgischen Interessen an der Westflanke des Reiches.

►**Nach 1530** Die Stadtbefestigung von Fürstenfeld (Steiermark) wird mit Basteien verstärkt, von denen noch zwei teilweise erhalten sind.

— Deutschordenshaus in Innsbruck, Mischung von Spätgotik und Renaissance, wahrscheinlich 1530–1535 errichtet

►**1531** Bronzeepitaph für Ulrich Fugger in der Stadtpfarrkirche von Schwaz (Tirol), Entwurf Leonhard Magt, gegossen von Stefan Godl.

— Wehranlage der Kirche von Weißenkirchen (Niederösterreich), vor allem als Schutz vor den Türken errichtet.

5. Januar Erzherzog Ferdinand I. zum römischen König gewählt *(→ 24. Oktober; 29. Juni/11. September 1534)*.

27. Februar Die protestantischen Stände in Nord-, Mittel- und Süddeutschland schließen in Schmalkalden (Thüringen) ein Verteidigungsbündnis gegen die Religionspolitik Kaiser Karls V. Die Verhandlungen hatten zum Teil schon Ende 1530 begonnen. Der »Schmalkaldische Bund« wird laufend erweitert und knüpft auch Beziehungen zu anderen Mächten an; dies wird zur Voraussetzung der »Schmalkaldischen Kriege« 1546–1555.

24. Oktober Saalfelder Bündnis gegen die Wahl Ferdinands I. zum römischen König vom 5. Januar 1531. Der unterlegene Prätendent Herzog Wilhelm IV. von Bayern war gegen einen Machtzuwachs des Hauses Habsburg und hatte Bundesgenossen unter den deutschen Fürsten um sich vereinigt. Man sah in dieser Wahl einen Widerspruch zur Goldenen Bulle Kaiser Karls IV. und bezeichnete sie daher als nichtig. Gemeinsam wollten sie ihren Standpunkt vor dem Kaiser vertreten und vereinbarten gegenseitigen Beistand. Nach langen Verhandlungen hatten die Räte der nachstehend genannten Fürsten den Vertrag vereinbart: Kurfürst Johann von Sachsen, die Herzöge Wilhelm IV. und Ludwig von Bayern, Philipp von Braunschweig, Ernst und Franz von Lüneburg, Landgraf Philipp von Hessen, Fürst Wolfgang von Anhalt, die Grafen Gebhard und Albrecht von Mansfeld. Durch den Vertrag von Scheyern (Kloster bei Pfaffenhofen an der Ilm, Bayern) vom 26. Mai 1532 trat auch Frankreich diesem Bündnis bei. Das Bündnis wird erst durch den Frieden von Kaaden *(→ 29. Juni 1534)* und den von Linz *(→ 11. September 1534)* aufgelöst.

►**1532** Meistersingerschule in Schwaz (Tirol) nachweisbar, die erste in Österreich. Schon 1510 hatte Hans Sachs Schwaz besucht, doch ist eine Meistersingerschule erst 1532 nachweisbar. Der Meistersingersaal mit bedeutenden Fresken aus 1536 ist im Zweiten Weltkrieg zum Großteil zerstört worden. Die letzte urkundliche Nennung der Schwarzer Singschule erfolgt 1602 *(→ 2. Hälfte 16. Jh.)*.

— Spätgotische Annenkapelle in Pöllauberg (Steiermark), 1730 teilweise umgebaut.

— Westturm der Stadtbefestigung von St. Veit an der Glan (Kärnten).

— Jakob Mennel (auch Menl) stirbt; geb. 1460 in Bregenz, Geschichtsschreiber am Hof Kaiser Maximilians I. Er schrieb 1507 eine Habsburger Chronik und 1522 das »Seel- und Heiligenbuch Kayser Maximilians Altvorderen«, ferner u. a. auch Bücher über das Schachspiel.

Frühjahr Sultan Süleyman II. bricht in der Steiermark ein und überflutet mit seinen Streifscharen (rund 150 000 Mann) bald auch Niederösterreich.

7. August Beginn der Belagerung der Festung Güns (heute Köszeg, Ungarn) durch Sultan Süleyman II.

29. August Sultan Süleyman II. zieht von Güns ab, die Belagerung war erfolglos, obwohl die Festung nur von 700 Mann unter dem Kroaten Niklas Juričić verteidigt wurde. Mit den frei gewordenen Truppen verheert Süleyman weite Teile der Steiermark, Niederösterreichs und des Burgenlands. Ein Reichsheer von 86 000 Mann unter Kaiser Karl V. schützt den Raum Wien.

10. September Die Sensenschmiede von Waidhofen an der Ybbs (Niederösterreich) besiegen auf der »Schwarzen Wiese« vor der Stadt die eingebrochenen Türken *(→ 1535)*.

19. September Schwere Gefechte eines Teiles des Reichsheeres (unter Pfalzgraf Friedrich) am Steinfeld (Niederösterreich), im Raum Leobersdorf – Enzesfeld – Wr. Neustadt – Neunkirchen. Der Großteil der türkischen Streifscharen wird geschlagen, der Einfall der Türken ist damit abgewehrt, Sultan Süleyman II. zieht sich zurück.

4. Oktober Einzug Kaiser Karls V. und König Ferdinands I. in Wien, das Reichsheer lagert am linken Ufer der Donau, im Raum bis zum Bisamberg. Kaiser Karl V. bleibt bis 13. November in Wien und führt mehrere Musterungen der Armee durch.

30. Dezember König Ferdinand I. schließt mit Johann Zápolya einen viermonatigen Waffenstillstand.

►**1533** Grabmal für den Hochmeister Johann Geumann in der Geumannkapelle der ehemaligen Benediktinerklosterkirche von Millstatt (Kärnten) vom Salzburger Bildhauer Hans Valkenauer, aus weißem Marmor, farbig gefaßt.

— Baubeginn für das Schloß Porcia in Spittal an der Drau (Kärnten), eigentlich Salamanca, da von Gabriel von Salamanca *(→ 5. Juni 1521)* begonnen und von Hans Georg von Salamanca-Ortenburg 1597 vollendet; bedeutender Renaissancebau mit besonders schönen Arkaden im Hof.

Zum Wirken des Paracelsus

Theophrastus Bombastus von Hohenheim, der »Paracelsus« genannt wurde, kam 1534 nach Sterzing, wo kurz vorher die Pest gewütet hatte. Er beschäftigte sich mit dieser Seuche und verfaßte ein Büchlein »von der pest an die stat Sterzingen; ein kurze ordnung mit bewerten recepten«. Es fand beim »ersamen fürsichtigen und weisen herren burgermeister und rat der stat« kaum Beachtung und erschien erst 1576 in Straßburg im Druck.

Ein Rezept daraus:

»Also sol das trank gemacht werden, dardurch die pestilenz im schweiß ausgetriben wird:
eines guten gebranten weins, ein moß,
eines guten tiriaks, zwölf lot,
myrrhen, vier lot,
wurzen von roßhuf, sechs lot,
sperma ceti,
terrae sigillatae ietlichs ein lot,
schwalbenwurz, zwei lot,
diptan, bibernel, baldrianwurzel ietlichs ein halb lot,
gaffer, ein quint.
Dise ding alle durch einander gemischet, in ein saubers glas wol vermacht, auf acht tag an der sonnen stehen lassen, nachfolgents dem kranken ein halben löffel vol eingeben oder ein löffel vol, nach ansehen [Konstitution] der person, wol zugedeckt und in sechs stunden nichts zu essen oder trinken geben und handeln in alweg wie obstet.«

►**1534** Befestigung von Radstadt (Salzburg); große Teile der Stadtmauer und drei Rundtürme sind noch erhalten.

12./13. Mai Die Schlacht bei Lauffen am Neckar endet mit einer Niederlage der Truppen König Ferdinands I. Herzog Ulrich von Württemberg, wegen Unterdrückung und Gewaltherrschaft seit Jahren aus seinem Land vertrieben (Österreich zugesprochen und von König Ferdinand I. besetzt), hatte sich mit Landgraf Philipp von Hessen zu einem übermächtigen Heer zusammengeschlossen.

29. Juni Friede von Kaaden zwischen König Ferdinand I. und Herzog Ulrich von Württemberg. Reichskammergerichte gegen Protestanten (Ulrich war 1523 zum Protestantismus übergetreten) werden eingestellt, Anhänger des Königs erhalten freien Abzug aus Württemberg; Herzog Ulrich erhält Württemberg als erbliches österreichisches Afterlehen und erkennt Ferdinand als König an, damit ist Ferdinands Stellung im Reich gefestigt.

11. September Friede von Linz zwischen König Ferdinand I. und Herzog Wilhelm IV. von Bayern, da dieser durch den Frieden von Kaaden *(→ 29. Juni)* in der Frage der Anerkennung der Königswahl Ferdinands *(→ 24. Oktober 1531)* isoliert war. Wilhelm anerkennt nun die Königswahl, Friede und Freundschaft werden vereinbart. Endgültige Einigung durch den Regensburger Geheimvertrag *(→ 7. Juni 1546)*.

►**1535** König Ferdinand I. stellt das erste Privileg für die Siedler im Grenzbereich von Krain aus. 600 Familien mit rund 3 000 Mitgliedern waren aus türkischen Gebieten in das Herzogtum Krain eingewandert. Die Krainer Landstände hatten den Flüchtlingen, man nennt sie »Uskoken« (vom kroatischen »uskočiti« = flüchten, entspringen), den öden und wüsten Landstrich um Schloß Sichelburg zugewiesen. Solche Flüchtlinge gab es schon seit 1522, Ferdinand hatte 1530 Johann Katzianer in Laibach als Generalkapitän eingesetzt (wird 1538 zum Verräter, Nachfolger bis 1540 Niklas Juričić, der Verteidiger von Güns), doch ohne genaueres Reglement. Mit dieser Ansiedlung beginnt die Entwicklung der »Militärgrenze«, des wesentlichen Schutzes der Ostgrenze durch eine Art von Wehrbauern. Diese Grenze erreicht unter Maria Theresia eine Länge von rund 1 750 km. Die anfangs mehr »wilden Grenzer« errichteten nach und nach gutorganisierte und funktionierende militärische Stützpunkte *(→ 5. September 1538)*.

— In Waidhofen an der Ybbs (Niederösterreich) wird zur Erinnerung an den Sieg der Sensenschmiede über die Türken *(→ 10. September 1532)* mit dem Bau eines (spätgotischen) klobigen Stadtturmes begonnen. Er trägt einen Halbmond und ein Kreuz, eine Uhr zeigt auf 11.45 Uhr, die Stunde des Sieges, Fertigstellung 1542.

Herbst Jakob Huter (auch Hutter), der aus dem Pustertal stammende Führer der Wiedertäufer *(→ 10. März 1528)*, kehrt nach Tirol zurück *(→ 25. Februar 1536)*. Die Zahl der Wiedertäufer hat in den österreichischen Ländern, besonders in Tirol, zugenommen. Huter hatte Gleichgesinnte nach Mähren geführt und dort zu Gemeinschaften zusammengeschlossen.

►**Um 1536** Altes Pflegegericht in Schwaz (Tirol), ein spätgotischer Gruppenbau, in dessen Kapelle sich der 1944 zerstörte Meistersingersaal befand.

►**1536** Rittersaal im Schloß Goldegg (Salzburg) mit bedeutenden Renaissancemalereien, besonders das »Spielmannfresko«.

25. Februar Jakob Huter *(→ Herbst 1535)* wird in Innsbruck öffentlich verbrannt. Er war in Klausen (Tirol) gefangengenommen worden.

►**1537** Paul Hofhaimer (auch Hoffheimer und Hofheimer) stirbt in Salzburg; geb. am 25. Januar 1459 in Radstadt (Salzburg). Berühmtester Organist seiner Zeit und bedeutender Komponist der Renaissance, 1480 von Erzherzog Sigmund von Tirol nach Innsbruck in die Hofkapelle berufen, seine Liedsatztechnik ist ein Höhepunkt der Tenorliedkomposition im deutschen Sprachraum. Seine Orgelkompositionen sind erst seit 1929 wieder bekannt.

September Feldzug König Ferdinands I. gegen die Türken, um seine Stellung als König von Ungarn zu festigen. Sein Heer unter Hans Katzianer muß die Belagerung der Stadt Esseg ohne Erfolg abbrechen.

9. Oktober Die Streitmacht König Ferdinands I. wird bei Gorian zum Großteil vernichtet *(→ 24. Februar 1538)*.

►**1538** Renaissancegrabstein für Elisabeth Kolnitz in der ehemaligen Stiftskirche von Griffen (Kärnten).

24. Februar Geheimfriede von Großwardein zwischen König Ferdinand I. und Johann Zápolya. Bedingungslose Anerkennung des habsburgischen Erbrechtes in Ungarn, Ferdinand bestätigt dafür Johann Zápolya als König von Ungarn und überläßt ihm das Land östl. der Theiß mit Siebenbürgen *(→ 7. Juli 1540)*.

Nachtwachen zum Schutz der Bürger

Aus dem Leobener Ratsprotokoll von 1545:

»Der Herr Burgermaister die Wachter auf dem Thurm und die Feuerrueffer von Neuen wider in Glub [Gelöbnis] genommen, mit dem Vorhalten, das sy vleissiger wider vor sein sollen, nämblich die im Thurm vleissiger nachslahen, die Ur nit verslaffen, auf das Feuer embsige Sorg haben, auch zwischen den Stunden zwier oder drey Mall hinaus schreyen, und die Feuerrueffer auf der Gassen sollen auch nit slaffen, noch sich in die Will sezen, sondern allstundt ausrueffen, auch auf das Feuer und wo, das Gott gnediglich verhuetten welle, ains aufgieng, von Stundt an die Leut darin, auch die nachsten Nachpern daran, und nachmals den Herrn Richter in aller Eill aufzeweckhen acht haben, auch aufmerkhen, wo man in den Heusern über die Zeit auf wer und die Leut sich unzichtiglich hielten, daraus gefarlichait zu besorgen, das sollen sy gericht anzaigen, damit ainem Posen [Bosheit] furgkomen [zuvorkommen] mög werdn.«

5. September König Ferdinand I. erteilt in Linz den Uskoken *(→ 1535)* ein großes Privileg, mit dem sie als Gegenleistung für ihre Grenzerdienste die durch die Türkeneinfälle verödeten Ländereien steuerfrei erhalten, von der Türkenbeute sollen sie ein Drittel dem königlichen Zahlmeister übergeben, der es zur Auslösung gefangener Grenzer und anderer Begünstigungen verwenden soll, ausgenommen sind nur eroberte Ortschaften und Festungen. Außerdem sollen jeweils 200 Uskoken unter dem Kommando eines Kapitäns stehen.

►**1540** Die Stadt Wien bestellt einen »Magister sanitatis«, einen Leiter des Gesundheitswesens der Stadt.

7. Juli König Johann Zápolya widerruft nach der Geburt seines Sohnes Johann Siegmund das Geheimabkommen von Großwardein *(→ 24. Februar 1538)* mit König Ferdinand I.

21. Juli König Johann Zápolya von Ungarn und Woiwode von Siebenbürgen stirbt in Mühlenbach (Sachsen); geb. am 21. Juli 1487 auf Burg Zips (Slowakei), seit 14. Oktober 1526 Ungarns Gegenkönig zu Ferdinand I. Seine Witwe, Isabella von Polen, nimmt mit Unterstützung des Bischofs von Großwardein, Georg Martinuzzi, den Kampf gegen König Ferdinand I. auf und läßt den am 7. Juli geborenen Sohn Johann Siegmund zum König von Ungarn ausrufen.

15. Oktober Kaiser Karl V. ernennt den Landesverweser von Krain, Bartholomäus von Rauber, zum Hauptmann der Grenzer des Sichelburger Raumes *(→ 1535)*.

Über die Wiener Stadtväter

Das bekannteste Werk des Historiographen und Professors der Wiener Universität Wolfgang Lazius ist seine 1546 erschienene Geschichte Wiens unter dem Titel »Vienna Austriae«. Die nachfolgenden Stellen sind dem Abschnitt »Von der Stadt Obrigkait zu Wienn« der 1619 in Wien erschienenen Übersetzung von Heinrich Abermann »Historische Beschreybung der kays. Hauptstadt Wienn in Österreich« entnommen:

»Heut zu Tag gibt man dem Stadt Anwaldt den ersten Orth und Sitz, den andern dem Bürgermaister, den dritten dem Stadt Richter, und den letzten dem Stadt Schreiber, welchem dann der Stadt Cammerer auch zugethan ist.

Sie haben zway Rath Häuser oder zweyerley Rath und seynd beede mit zwölff Männer ersetzet.

Der Burgermaister helt mit Hülff und Vorwissen deß Stadt Anwaldts, so deß Lands Fürsten Stell vertretten thut, seyn Rathsversammblung im Rath Hauß. Dessen Rathschluß verfaßt der Stadt Schreiber schrifftlich und damit alle Sachen recht und fleißig abgeschrieben werden, so hält er seyne eygne Schreiber und Diener.

Der Stadt Richter aber hat zwar nit an der Dignitet, sondern an der Zahl einen gleichen Rath, welchen er in einem eygnen Hauß, so an dem Fischmarckt ligt und den Namen von den Stülen oder Schranen[1]) hat, in der Wochen dreymal versamblet; allda werden peinliche und Schulden Sachen abgehandelt und wann man einen Übelthäter am Leben soll straffen, sitzet man allda auff dem Richt Stuel. Deren Wahl nun aller stehet bey dem gemainen Volck, die Bestättigung aber bey dem Landts Fürsten. Wann nun bißweilen ein allgemaine Noth fürfaliet, so nimbt man sibenzig Männer in Rath, welche auß allen Geschlächtern, Zünfften und Handtwerckern an einem gewissen Tag im Jahr erwöhlet werden.

Am S. Thomas deß Apostels Tag [21. Dezember] beschicht die Wahl, es stehet aber der vollmächtige Gewalt bey dem Rath. Derselbige verordnet vier Führer, Stadt Obriste oder Viertl Maister, deren einem jeden sampt ihrem Fendrichen ein gewiß Viertl der Stadt vertrauet würdt.

Die Viertl haben ihre Nameb von den fürnembsten Thoren der Stadt, als von dem Kärner Thor (villeicht von der Nahendt der alten Stadt Carnunti, deren alte Mauren und Staynhauffen sechs Meil underhalb Wienn zu Petronell noch vorhanden sein), vom Stueben-, Schotten- und Holtz Thor. Disen ist anbefohlen, daß ein jeder in öffentlichen Brunsten und wann ein Gefahr vom Feindt zubesorgen und ein Forcht verhanden ist, seine Burger zur Wehr ermahne und anhalte, sie auch, wann ein Befehl publicirt würdt, in das Feldt führe.«

[1]) Schranne, Bank des Richters und der Rechtssprecher, Sitzungsplatz für ein versammeltes Gericht.

►1541 Trautsonhaus in Innsbruck von Georg Thüring, typischer Bau des Übergangsstils von der Gotik zur Renaissance.

1. Januar Die »Hofratsordnung« König Ferdinands I. umreißt die bereits 1537 erweiterte Ordnung mit den recht bezeichnenden Worten: »... nach und neben Verrichtung der gemeinen Justici- und Parteiensachen ... mit fremden Potentaten zu practicieren, wie fremden Practicen zufürzukommen, auch wie beschwerliche Zerrüttungen und Zufälle abzulainen seien ...«

Frühjahr Erster nachweisbarer gemeinsamer Landtag im »Walgew« (Walgau) der Herrschaften Feldkirch, Bludenz, Bregenz und Sonnenberg (= Vorarlberg).

Sommer Gesamtösterreichischer Landtag in Linz, aus den Herrschaften vor dem Arlberg erscheinen nur Bauern als Abgeordnete.

— In Wien wütet die Beulenpest, ein Drittel der Bevölkerung stirbt.

29. August Sultan Süleyman II. besetzt Ofen, der Großteil Ungarns wird türkische Provinz bis auf den nördl., habsburgischen Teil und das Gebiet östl. der Theiß *(→ 24. Februar 1538)*. Ofen bleibt 145 Jahre lang Hauptsitz der Türken in Ungarn.

24. September Theophrastus Bombastus von Hohenheim, der »Paracelsus« genannt wurde, stirbt in Salzburg; geb. am 10. November 1493 in Einsiedeln (Schweiz); Arzt, lebte ab 1502 in Villach (Kärnten), 1509/10 in Wien und ab 1524 u. a. in Salzburg und anderen österreichischen Orten. Er wurde zum Vater der modernen Medizin: »Gifte durch Gegengifte austreiben.«

►1542 Augustin Hirschvogel, Kartograph aus Nürnberg, zeichnet eine Karte von Oberösterreich, die älteste erhaltene Karte eines österreichischen Landes.

— Teisenhoferhof in Weißenkirchen (Niederösterreich) mit Wappentor; der Renaissancebau war in die Wehrkirchenbefestigung einbezogen.

— Baubeginn für die Befestigungsanlagen Wiens. 1544 entsteht die erste Bastion bei der Dominikanerkirche. Militärischer Berater war Feldhauptmann Leonhard von Vels.

Sommer Das Reichsheer unter Joachim von Brandenburg zieht gegen die Türken und überschreitet die Grenze.

1. Juni König Ferdinand I. erläßt in Wien eine »Kleiderordnung«. In dieser Verordnung »Von unordentlichen Costlichait der Cleidung« bestimmt er deutlich die erlaubte Kleidung und den Schmuck für die einzelnen Stände *(→ 31. Juli 1566)*.

September Die Rückeroberung Ofens scheitert an der unzulänglichen Führung des Reichsheeres, das sich darauf zurückzieht.

►1543 Sultan Süleyman II. beginnt seine Eroberungszüge in Ungarn; er besetzt im Laufe des Jahres Gran, Fünfkirchen und Stuhlweißenburg.

— König Ferdinand I. erläßt ein Edikt, demzufolge alle Buchhändler und Buchdrucker ertränkt werden sollen, die ketzerische (protestantische) Bücher verbreiten, die Bücher aber sollen verbrannt werden.

►1544 Sultan Süleyman II. setzt seine Eroberungszüge in Ungarn fort und besetzt die Festungen Visegrád, Waitzen und Neográd.

►1545 Wolfgang Lazius gibt die erste Landeskunde von Österreich heraus: »Interpretatio Chorographiae Austriae«.

►Nach 1545 Rueland Frueauf der Jüngere stirbt in Passau; geb. um 1470 in Passau; bedeutender Maler der Donauschule, war elf Jahre in Klosterneuburg (Niederösterreich) tätig *(→ 1496)* und verwendete oft österreichische Landschaften als Hintergrund für seine Bilder.

►1546 Die Stadt Wien stellt die »Stadtguardia« auf, 70 Landsknechte für den Wachdienst an den Toren und auf den Wällen unter einem Hauptmann. Bisher versahen diesen Dienst bewaffnete Handwerker und Bürger. Die Stadtguardia wird 1569 auf 150 und 1683 auf 1 200 Mann erhöht.

— »Vienna Austriae« von Wolfgang Lazius erscheint in Basel. Es ist die erste Geschichte Wiens, sie wird 1619 von Heinrich Abermann, dem Rektor der Bürgerschule zu St. Stephan, ins Deutsche übertragen, leicht überarbeitet und weitergeführt.

— Der Umbau der Burg Hallegg (nordwestl. von Klagenfurt) zum Schloß, ein reichgegliederter Renaissancebau mit zwei Höfen, beginnt. Das Schloß wird 1547 vollendet und 1576 erweitert.

6. Juni Bündnis Kaiser Karls V. mit Papst Paul III. gegen den Schmalkaldischen Bund *(→ 27. Februar 1531)*, dem angehören: Kursachsen, Hessen, Lüneburg, Anhalt-Kothen, Mansfeld, Magdeburg und Bremen. In dem ausbrechenden Schmalkaldischen Religionskrieg wird König Ferdinand I. zur wichtigen Stütze des Kaisers. Der Krieg endet erst mit dem Augsburger Religionsfrieden vom 25. September 1555. Österreich wurde nicht Kriegsschauplatz.

7. Juni Regensburger Geheimvertrag zwischen Kaiser Karl V., König Ferdinand I. und Herzog Wilhelm IV. von Bayern gegen die Hartnäckigkeit der protestantischen Fürsten und Stände wird beschworen, nachdem er bereits am 4. paraphiert worden war. Herzog Wilhelm stellt seine bedeutende Artillerie zur Verfügung, nimmt aber mit Wissen des Kaisers den Schmalkalden gegenüber eine neutrale Haltung ein, ebenso unterstützt er die Rüstungsausgaben des Kaisers. Außerdem wird die bereits im Frieden von Linz *(→ 11. September 1534)* vorgesehene Eheverbindung zwischen dem bayerischen Erbprinzen Albrecht und Anna, der Tochter König Ferdinands I., festgelegt.

14. Juni König Ferdinand I. und Herzog Wilhelm IV. von Bayern schließen den Ehevertrag für ihre Kinder Anna und Albrecht. Die Eheschließung erfolgt am 4. Juli. Dadurch wird die Annäherung Bayerns an Österreich deutlich; die geheimen Abmachungen zwischen Bayern und Kaiser Karl V. werden allerdings erst durch Auffinden eines Vertragsentwurfs im 19. Jh. bekannt. Auf den bayerisch-österreichischen Ehevertrag beruft sich Bayern im Jahre 1740 und leitet davon seine Erbansprüche auf Österreich ab. Insgeheim hatte sich König Ferdinand I. wohl schon 1547 von den darin enthaltenen Erbabsprachen losgesagt.

►1547 Augustin Hirschvogel zeichnet (eigentlich eine Radierung auf sechs Platten) einen Rundplan von Wien, der auf einem von ihm erdachten Triangulierungssystem basiert. Da dieser Plan auf eine Vermessung zurückgeht, ist er die erste kartographisch verläßliche Aufnahme Wiens im Maßstab 1 : 2 000.

24. April Schlacht bei Mühlberg an der Elbe (bei Torgau), Kaiser Karl V. besiegt die Truppen des Schmalkaldischen Bundes, Kurfürst Johann Friedrich von

Sachsen und mehrere Adelige werden gefangengenommen. Die Macht der Schmalkalden ist stark angeschlagen, der Krieg militärisch im wesentlichen entschieden.

12. Mai In Eggenburg (Niederösterreich) wird das »Gemalte Haus« fertiggestellt. In Sgrafittotechnik sind Szenen aus der antiken Mythologie und aus dem Alten Testament dargestellt. Das Fertigstellungsdatum geht aus der Inschrift »Als man zelt nach der gepurt Jesu Christi MDXLVII, den XII. Tag May« hervor.

13. Juni König Ferdinand I. schließt einen fünfjährigen Waffenstillstand mit den Türken, um seinem kaiserlichen Bruder militärisch beistehen zu können. Ein jährliches Ehrengeschenk in Höhe von 30 000 Dukaten an den Sultan wird vereinbart, der türkische Kleinkrieg an der Grenze geht aber trotzdem weiter.

►1548 Baubeginn für den Hof der Burg Rappottenstein (Niederösterreich), der dreigeschoßige Renaissancelauben aufweist.

Juni König Ferdinand I. erläßt eine sogenannte Reformationsordnung, um den Mißständen in der katholischen Kirche entgegenzutreten. Trotz dieser Maßnahme verbreitet sich der Protestantismus in den österreichischen Ländern. In Wien gibt es beinahe ebenso viele Lutheraner wie Katholiken.

►Mitte 16. Jh. Die Produktion auf dem steirischen Erzberg erreicht jährlich 12 000 t Eisen. Wöchentlich werden 51 Stunden gearbeitet, am Montag von 10 bis 17 Uhr, Dienstag bis Freitag von 6 bis 11 und 12 bis 17 Uhr, am Samstag von 6 bis 11 Uhr.

— Epitaph für Erhard von Polheim in der Pfarrkirche von Burgau (Steiermark), eine Renaissanceplastik.

— Rathaus von St. Veit an der Glan (Kärnten) mit Arkadenhof und Portal im Renaissancestil.

— Sogenanntes Haus der Salome Alt in Wels, Stadtplatz 24, mit bemerkenswertem spätgotischem Erker.

►Um 1550 Eine »Kattermühle« des Stiftes Klosterneuburg (Niederösterreich) wird abgetragen und ein Jagdschloß erbaut, das 1569 vom Kaiserhof erworben wird; daraus wird im 17. Jh. das Schloß Schönbrunn.

►1550 Fertigstellung des monumentalen Grabdenkmals für Maximilian I., das in der 1563 vollendeten Hofkirche *(→ 1553)* in Innsbruck Aufstellung findet. Beginn der Arbeiten 1508. Nach Ideen Kaiser Maximilians I. vom Hofmaler Gilg Sesselschreiber entworfen, ursprünglich für Wr. Neustadt (Niederösterreich) bestimmt; ist die größte figurale Grabanlage des Abendlandes (Kenotaph, *→ 1561/83*). 28 überlebensgroße, zum Teil porträtgetreue Bronzestatuen der Ahnen und Verwandten des Kaisers (40 waren geplant) als kerzentragender Trauerzug (die sogenannten »schwarzen« – auch eisernen – »Mander«). Entwürfe von Albrecht Dürer, Christof Amberger, Gilg Sesselschreiber, Hans Polheimer, Jörg Kölderer und Ulrich Tiefenbrunn; aus den Gußwerkstätten Stefan Godls in Mühlau (Tirol), Gregor Löfflers in Hötting (Tirol), Gilg Sesselschreibers in Mühlau (Tirol) und Peter Vischers in Nürnberg. 21 Büsten römischer Kaiser (34 geplant) 1509–1517 von Jörg Muskat (Bildhauer der Modelle). 23 Statuetten der »Familienheiligen des Hauses Habsburg« (100 geplant). Entwürfe von Jörg Kölderer, von Stefan Godl 1514–1520 gegossen, Modelle von Leonhard Magt.

1. August Adam Riese (1492–1559) richtet aus Annaberg (Erzgebirge) ein Ansuchen an Kaiser Karl V. zur Erteilung eines Druckprivilegs (fünfjähriger Nachdruckschutz) für sein Rechenbuch »Rechnung nach der Lenge auff den Linichen und Feder«, es ist dies sein drittes und bekanntestes Rechenbuch. Originalbrief im Haus-, Hof- und Staatsarchiv, Wien.

►2. Hälfte 16. Jh. Meistersingerschulen in Steyr und Wels (beide Oberösterreich) nachweisbar *(→ 1532)*.

— Silberne Kapelle, ein Anbau der Hofkirche von Innsbruck, die Grabkapelle für Erzherzog Ferdinand II. von Tirol und seine Gemahlin Philippine Welser, von Giulio Fontana, mit Silberaltar von Anton Ort und einer Renaissanceorgel.

►1551, Januar Ignatius von Loyola schreibt an König Ferdinand I. wegen der Errichtung eines Jesuitenkollegiums in Wien. Der von Ignatius 1534 gegründete »Orden der Gesellschaft Jesu« hatte sich die Missionierung der Ungläubigen zur Aufgabe gestellt, vor allem aber im Sinne der Gegenreformation die Protestanten wieder zum katholischen Glauben zurückzuführen.

31. Mai Eintreffen der ersten Jesuitenpatres (13) in Wien, sie werden bei den Dominikanern untergebracht *(→ 27. Mai 1554)*.

4. Juni Der mit einem Heer nach Klausenburg entsandte General Johann Baptista Castaldo, Markgraf von Cassano, nimmt die Huldigung der siebenbürgischen Stände für König Ferdinand I. entgegen.

19. Juli Weißenburger (auch Karlsburger) Vertrag zwischen König Ferdinand I. und Isabella von Polen *(→ 29. Dezember 1541)*. Isabella verzichtet auf ihre Ansprüche in Ungarn und kehrt nach Polen zurück. Georg Martinuzzi, Bruder Georg genannt *(→ 21. Juli 1540)*, erhält die Kardinalswürde und wird Schatzmeister und Woiwode von Siebenbürgen *(→ 17. Dezember)*.

1. August Kaiser Karl V. erläßt eine Verordnung, wonach alle Juden auf der linken Brust ihrer Oberbekleidung einen gelben Tuchlappen zu tragen haben.

17. Dezember Bruder Georg *(→ 19. Juli)* wird ermordet, worauf die Königinwitwe Isabella mit ihrem Sohn Johann Siegmund Zápolya nach Siebenbürgen zurückkehrt, sie behauptet sich gegen König Ferdinand I. *(→ 22. Oktober 1556)*.

►1552/55 Petrus Canisius, ein Jesuitenpater, der am 9. März 1552 nach Wien gekommen war, um gegen den Protestantismus zu predigen, verfaßt im Auftrag König Ferdinands I. ein übersichtliches Lehrbuch der katholischen Religion in Frage und Antwort, den sogenannten »Kleinen Katechismus«, der neben der Bibel zum wichtigsten Lehrbuch der katholischen Kirche wird. Petrus Canisius wirkt als Hofprediger und als Theologieprofessor an der Universität Wien, 1554 wird er Dekan der theologischen Fakultät.

►1552 König Ferdinand I. läßt das Schweizertor der Wiener Hofburg errichten. Das prächtige Renaissancetor wurde vermutlich nach einem Entwurf des Malers Pietro Ferrabosco gestaltet, von dem die Malereien im Inneren des Tores stammen. Vor dem Tor befanden sich eine Zugbrücke und ein Schlagbaum, die erst unter Maria Theresia entfernt wurden.

— Erzherzog Maximilian (der spätere Kaiser Maximilian II.) läßt neben dem kaiserlichen Jagdschloß Ebersdorf (bei Wien, heute Wien 11) ein Tiergehege errichten, welches »Menagerie« genannt wird, die erste Anwendung dieser Bezeichnung für ein Tiergehege. Hier wird auch der erste Elefant auf österreichischem Boden untergebracht, Maximilian hatte ihn im April aus Spanien mitgebracht, er verendet allerdings bereits am 18. November 1553.

1. Mai Vertrag von Linz zwischen König Ferdinand I. und dem vom Kaiser abgefallenen Kurfürsten Moritz von Sachsen. Man verhandelte seit dem 19. April unter Hinzuziehung Erzherzog Maximilians, des Sohnes Ferdinands, Herzog Albrechts von Bayern und von Abgeordneten Kaiser Karls V. Die seit einem Jahr bestehende »Fürstenverschwörung« gegen Kaiser Karl V. (Unzufriedenheit der protestantischen Fürsten wegen des Augsburger Interims, der Stationierung spanischer Truppen im Reich und Karls Plänen, die Kaiserkrone dem Haus Habsburg unter Bevorzugung der spanischen Linie zu erhalten) soll nach diesem Vertrag im Rahmen eines Friedenskongresses in Passau beendet werden. Über die Anlässe zur Fürstenverschwörung wurde keine Einigung erzielt *(→ 2. August)*.

18. Mai Kurfürst Moritz von Sachsen fällt in Tirol ein, er hatte in Linz einen Waffenstillstand abgelehnt.

23. Mai Kurfürst Moritz von Sachsen zieht in Innsbruck ein, Kaiser Karl V. kann gerade noch nach Villach (Kärnten) fliehen. König Ferdinand I. übernimmt sofort die Wahrung der kaiserlichen Interessen und Rechte, da sich Karl V. bald darauf mit Frankreich im Krieg befindet und nicht mehr in das Deutsche Reich zurückkehrt.

2. August Vertrag von Passau von Kurfürst Moritz von Sachsen im Lager vor Frankfurt am Main unterzeichnet, am 15. von Kaiser Karl V. in München ratifiziert. Seit Ende Mai war gemäß dem Vertrag von Linz *(→ 1. Mai)* von einer großen Anzahl von Gesandten der Kurfürsten und Reichsstände speziell über die Freilassung der seit 1547 gefangenen protestantischen Fürsten, die Religionsbeschwerden der Protestanten und über die Freiheiten der deutschen Fürsten verhandelt worden. Den ersten Entwurf hatte Kaiser Karl V. trotz Einschaltung seines Bruders König Ferdinand I. abgelehnt, schließlich einigte man sich doch – der Weg zum Augsburger Religionsfrieden *(→ 25. September 1555)* war damit geebnet. Kaiser Karl V. distanzierte sich allerdings im nächsten Jahr von diesem Vertrag.

►**1553** Baubeginn für die Hofkirche in Innsbruck, der Grab- und Gedächtniskirche für Kaiser Maximilian I., Pläne von Andrea Crivelli, erbaut von Nikolaus Türing dem Jüngeren und Marx della Bolla; 1563 vollendet.

5. März Augustin Hirschvogel stirbt in Wien; geb. 1503 in Nürnberg, bedeutender Geometer und Kartograph sowie Radierer, lebte seit 1542 ständig in Wien, schuf zahlreiche Karten und Radierungen österreichischer Städte und Länder, wegen seiner großen Genauigkeit ist sein Rundplan von Wien *(→ 1547)* von besonderer Bedeutung.

3. Juni Wolf Huber stirbt in Passau; geb. um 1484 in Feldkirch (Vorarlberg), neben Albrecht Altdorfer der bedeutendste Maler der Donauschule, seine Tätigkeit ist um 1510 im Salzkammergut und an der Donau nachweisbar, seit 1515 bischöflicher Hofmaler in Passau.

►**1554, 25. Februar** König Ferdinand I. erläßt eine Hausordnung, die die Teilung der österreichischen Erblande nach seinem Tod unter seinen drei Söhnen regeln soll *(→ 25. Juli 1564)*: Maximilian, Nachfolger im Reich, in Böhmen und in Ungarn, erhält Österreich ober und unter der Enns sowie Hallstatt und die habsburgischen Vorlande. Karl erhält die Steiermark, Kärnten, Krain, Görz, Triest und Istrien, Ferdinand II. erhält Tirol.

27. Mai Jesuiten beziehen das ihnen von König Ferdinand I. übergebene verwaiste Karmelitenkloster Am Hof in Wien, sie errichten dort ihr erstes Kollegium *(→ 31. Mai 1551)*. Von der alten Kirche Am Hof sind durch die Barockisierung nach dem Brand von 1607 nur mehr an der nördl. Außenfront Strebepfeiler und Spitzbogenfenster erhalten.

►**1555** Renaissancesteinkanzel in der Hauptstadtpfarrkirche von Villach (Kärnten) von Gallus Seliger mit bemerkenswerter Darstellung der Wurzel Jesse.

— Jörg Ebert beginnt in Ravensburg im Auftrag König Ferdinands I., gemäß einem brieflichen Auftrag vom 4. Mai 1555, eine Orgel für die Innsbrucker Hofkirche zu bauen. Diese Renaissanceorgel (vollendet 1561) gilt als die älteste Kirchenorgel nördl. der Alpen.

25. September Der Augsburger Religionsfriede wird als Reichsgesetz im Rahmen des seit Februar in Augsburg tagenden Reichstages verkündet. König Ferdinand I. hat in den Verhandlungen den Vorsitz geführt. Der Religionsfriede beendet die Auseinandersetzungen mit dem Protestantismus. Den Protestanten des Augsburger Bekenntnisses wird Religionsfreiheit und politische Rechtsgleichheit zugesichert, der Landesherr bestimmt die Religion seiner Untertanen; Untertanen, die diese Religion ablehnen, müssen Hab und Gut verkaufen und haben freien Abzug. Der Religionsfriede wird zum bestimmenden Reichsgrundgesetz bis 1806 und im Westfälischen Frieden von 1648 bestätigt. Das oft zitierte »cuius regio, eius religio« (wessen Herrschaft, dessen Glaube) steht nicht im Vertragstext, es stammt von dem Greifswalder Kanoniker Stephani. Kaiser Karl V. hatte den Reichstag von Augsburg noch einberufen, doch seinem Bruder Ferdinand die Verhandlungen überlassen, er erkannte das Scheitern seiner Politik im Reich und bereitete seine Abdankung vor.

25. Oktober Kaiser Karl V. übergibt in einem feierlichen Staatsakt in Brüssel seinem Sohn Philipp (später König Philipp II. von Spanien, zu dieser Zeit in zweiter Ehe mit Maria, der Katholischen, von England verheiratet) die Niederlande *(→ 16. Januar 1556)*.

►**1556** König Ferdinand I. errichtet zu Jahresbeginn den österreichischen Hofkriegsrat, eine zentrale Militärbehörde, die im modernen Sinn Kriegsministerium und Generalstab zusammenfaßt *(→ Rahmenartikel S. 6: Die Verwaltungsordnung Ferdinands I., S. 117)*.

16. Januar Kaiser Karl V. übergibt auch *(→ 25. Oktober 1555)* die spanischen und italienischen Besitzungen seinem Sohn Philipp II. und zieht sich in die klimatisch günstig gelegene Villa Estremadura neben dem Kloster San Jeronimo de Yuste östl. von Toledo (Spanien) zurück *(→ 12. September; 21. September 1558)*.

12. September Kaiser Karl V. überläßt in einem Brief seinem Bruder König Ferdinand I. die Kaiserwürde. Die Kaiserwürde bleibt von diesem Zeitpunkt an (eigentlich erst ab → *25. Februar 1558*) bei der österreichischen Linie der Habsburger.

22. Oktober Johann Siegmund Zápolya *(→ 17. Dezember 1551)* übernimmt unter türkischer Oberhoheit die Herrschaft in Siebenbürgen.

►**1557** Erzherzog Ferdinand II. von Österreich (später von Tirol) heiratet ohne Wissen seines Vaters Philippine Welser, die Tochter eines Augsburger Patriziers und Bankiers. Durch diese morganatische (unstandesgemäße) Ehe haben seine Nachkommen aus dieser Ehe kein Erbrecht.

— Baubeginn für den Haupttrakt des Grazer Landhauses mit eindrucksvollem Arkadenhof, nach den Plänen von Domenico dell' Allio. Der monumentale Renaissancebau (vollendet 1565) wird zum Vorbild für den frühbarocken Schloßbau.

11. September Beginn des Wormser Religionsgesprächs, von König Ferdinand I. als letzter Versuch zur Verständigung zwischen den entzweiten Konfessionen seit Monaten angeregt. Unter den protestantischen Delegierten herrscht Uneinigkeit. Differenzen über theologische Auffassungen führen zur Spaltung der Vertreter der protestantischen Richtungen.

20. September Die Katholiken des Wormser Religionsgesprächs verweigern die Fortsetzung des Gesprächs, da die Protestanten nur mehr untereinander Streitgespräche führen.

Dezember Versuche zur Wiederaufnahme des Wormser Religionsgesprächs – seit Oktober haben sich Reichsfürsten und einflußreiche Stände darum bemüht – werden abgebrochen. Vergeblich hatte sich König Ferdinand I. für eine Annäherung der entzweiten Konfessionen eingesetzt.

▶**1558** Kirche Peter und Paul im Friedhof von Feldkirch (Vorarlberg) mit erhaltener Einrichtung aus der Erbauungszeit.

— Bau eines vierflügeligen Hofgebäudes nordöstl. des Schweizertraktes der Wiener Hofburg für Erzherzog Maximilian. Diese typische Renaissanceanlage wird um 1565 umgebaut und Hofstallgebäude, auch Stallburg, genannt.

25. Februar König Ferdinand I. wird nach langen, mühsamen Verhandlungen *(→ 12. September 1556)* von den deutschen Kurfürsten zum Kaiser gewählt.

24. März Kaiserkrönung Ferdinands I. in Aachen, die letzte Krönung in Aachen. Ferdinand hatte die Krönung durch den Papst abgelehnt; Papst Paul IV. protestierte deshalb.

12. April Beginn der systematischen Pflasterung der Straßen und Plätze in Wien.

21. September Kaiser Karl V. stirbt in der von ihm selbstgewählten Zurückgezogenheit *(→ 16. Januar 1556)* in San Jeronimo de Yuste (Spanien); geb. am 24. Februar 1500 in Gent als Sohn Erzherzog Philipps des Schönen von Österreich und Enkel Kaiser Maximilians I., übernahm 1515 die Regierung in den Niederlanden, seit 25. Januar 1516 König von Spanien, am 26. Juni 1519 zum Kaiser gewählt, Kaiserkrönung durch den Papst Klemens VII. am 24. Februar 1530 in Bologna (letzte durch einen Papst), am 25. Oktober 1555 übergibt er die Niederlande und am 16. Januar 1556 die spanischen und italienischen Besitzungen seinem Sohn Philipp II., die Kaiserkrone überläßt er durch Brief am 12. September 1556 seinem Bruder Ferdinand I. Durch die spanischen Eroberungen auf dem amerikanischen Kontinent ging in seinem Reich tatsächlich »die Sonne nicht unter«, seine Politik im Deutschen Reich war durch die andauernde Auseinandersetzung mit dem Protestantismus überschattet.

▶**1559** Renaissancetor an einem Bürgerhaus (Unterer Markt 9) in Weyer (Oberösterreich); das 1563 erbaute sogenannte Fürstenhaus (Unterer Markt 7) mit Renaissancetorumrahmung. Weitere Renaissancehäuser am Unteren und Oberen Markt in Weyer erhalten.

— Die spätgotische St.-Magdalenen-Kirche von Feldkirch-Levis (Vorarlberg) wird wiederhergestellt.

▶**1560** Schloß Weyer (Oberösterreich); die spätgotische Anlage wird 1561 um einen Arkadenhof erweitert.

27. April Die Herrschaft Hohenems (Vorarlberg) wird von Kaiser Ferdinand I. zur Reichsgrafschaft erhoben. Die Herren von Hohenems, auch Ems, hatten schon lange Zeit die Geschicke in Vorarlberg beeinflußt, jetzt waren sie in den erblichen Grafenstand erhoben und besaßen die Reichsunmittelbarkeit. Jakob Hannibal von Hohenems war in erster Linie Feldherr, sein Bruder Marx Sittich, bereits Bischof von Cassano, wird 1561 Kardinal und Bischof von Konstanz. Ihre Mutter, eine geborene Medici *(→ 1581)*, war die Schwester Papst Pius' IV.

▶**Nach 1560** Wolfgang Schmeltzl stirbt in St. Lorenz am Steinfeld (Niederösterreich); geb. um 1500 in Kemnath (Oberpfalz), Schulmeister und Dichter, kam um 1540 nach Wien, verfaßte Schuldramen und Komödien, gab 1544 eine Volksliedsammlung mit Noten heraus, schrieb 1547 das Buch »Ein Lobspruch der Stadt Wien« in 1 600 Knittelversen.

▶**1561/83** Kenotaph des Maximilian-Grabes in der Hofkirche von Innsbruck von Alexander Colin mit der knienden Figur des Kaisers und den Kardinaltugenden.

▶**1561/65** Sogenannter Brennhof in Werfen (Salzburg) mit noch gotischen Fensterumrahmungen.

▶**1561** Wolfgang Lazius gibt die »Typi chorographici Austriae« heraus, elf Karten der österreichischen Länder, den ersten Atlas von Österreich.

— Um- oder Neubau von Schloß Großkirchheim in Döllach (Kärnten). Schon zu Beginn des Jh.s war es Sitz eines Bergrichters, wird dann zum Sitz der Goldbergwerkbesitzer; heute besitzt es das einzige Goldbergbau-Museum Europas.

— Uhrturm auf dem Schloßberg von Graz, Teil eines ursprünglich gotischen Wehrbaues; der Turm erhält bis 1570 den hölzernen Erkerumgang und die vier übergroßen Zifferblätter.

▶**1562** Rathaus von Grein (Oberösterreich), im wesentlichen noch erhalten *(→ 1791)*.

18. Januar Beginn der dritten und letzten Periode des Konzils von Trient, das mit größeren und kleineren Unterbrechungen seit 1545 tagt, die Schlußsitzung erfolgt am 4. Dezember 1563 *(→ 6. Juni)*.

März Friede zwischen Kaiser Ferdinand I. und dem Osmanischen Reich: Nach jahrelangen Verhandlungen wird gegenseitig der Besitzstand garantiert, auch die weitere Zahlung eines jährlichen Ehrengeschenks *(→ 13. Juni 1547)* an den Sultan wird vereinbart *(→ 5. September 1566)*.

14. Mai Maximilian II. wird zum König von Böhmen gewählt und gekrönt.

6. Juni Kaiser Ferdinand I. läßt dem Konzil von Trient *(→ 18. Januar)* sein »Reformationslibell« vorlegen. Er verlangt vertretbare Zugeständnisse gegenüber den Protestanten. Die Kirchenversammlung lehnt ab. Trotzdem erreicht Kaiser Ferdinand I. von Papst Pius IV. die Bewilligung, daß das Abendmahl in beiderlei Gestalt in seinen Ländern verabreicht werde. Ferdinand wollte damit den Protestanten beweisen, daß es einen Weg der Verständigung gibt *(→ 18. Juni 1564)*. Der Protestantismus nimmt in Österreich zu, besonders in Wien; Hernals bei Wien (heute Wien 17) wird unter dem Schutz der hier begüterten Freiherren von Jörger zu einem Zentrum.

24. November Erzherzog Maximilian wird in Frankfurt am Main zum römischen König gewählt und gekrönt, die erste Krönung in Frankfurt am Main. Maximilian II. war sehr protestantenfreundlich und mußte seinem kaiserlichen Vater versprechen, katholisch zu bleiben.

►**1563** Baubeginn für den ersten Abschnitt von Schloß Hohenems (Vorarlberg), einen Renaissancebau des Italieners Martino Longo nach den Ideen Kardinal Markus Sitticus' (auch Marx Sittich) von Hohenems *(→ 27. April 1560)* mit besonders wertvoller Inneneinrichtung; Fertigstellung 1567.

— Beginn des zweiten Ausbaues der Burg Hohenwerfen (Salzburg), Falltüren, Glockenturm und Kapelle; 1580 fertiggestellt.

►**1564** Baubeginn für den Stadtturm von Enns (Oberösterreich), einem 59 m hohen Wach- und Glockenturm mit reichgegliedertem helmförmigem Renaissancedach, 1568 fertiggestellt.

— Beginn des Umbaues der Burg Ambras zum Schloß (heute Innsbruck) durch Erzherzog Ferdinand II. von Tirol für seine Gemahlin Philippine Welser *(→ 1557)* und zur Aufbewahrung seiner umfangreichen »Ambraser Sammlung«. Der sogenannte »Spanische Saal« wird 1570/71 aus dem Felsen gesprengt, mit 43 m Länge, 10 m Breite und einer Höhe von 5 m ist er der größte Renaissancesaal des deutschen Sprachraums dieser Zeit. Fertigstellung des Schlosses 1589.

18. Juni »Gewährung des Laienkelches« (Verabreichung des Abendmahles in beiderlei Gestalt) wird im Bistum Wien feierlich verkündet *(→ 6. Juni 1562)*.

25. Juli Kaiser Ferdinand I. stirbt in Wien; geb. am 10. März 1503 in Alcalá de Henares (Spanien) als Sohn Erzherzog Philipps (des Schönen) von Österreich, Enkel Kaiser Maximilians I. und jüngerer Bruder Kaiser Karls V., seit 21. April 1521 Regent in den österreichischen Erblanden, 1522 auch in Tirol und den Vorlanden, seit 22. Oktober 1526 König von Böhmen und seit 16. Dezember 1526 König von Ungarn, am 5. Januar 1531 zum römischen König gewählt, am 24. März 1558 zum römischen Kaiser gekrönt. Er war fast während seiner ganzen Regierungszeit mit der Auseinandersetzung und der Verständigung mit den Protestanten konfrontiert. Gemäß der Hausordnung Ferdinands vom 25. Februar 1554 tritt die Aufteilung der österreichischen Länder unter den Söhnen Ferdinands in Kraft. Maximilian II., der älteste Sohn Ferdinands, tritt die Nachfolge als Kaiser im Reich und als König von Böhmen und Ungarn an.

26. September Kaiser Maximilian II. bestätigt der Stadt Wien die alten Freiheiten und Ordnungen.

►**1565** Sgraffitohaus und Renaissancezunftkreuz am Hauptplatz von Gmünd (Niederösterreich).

19. Juni Wolfgang Lazius stirbt in Wien; geb. am 31. Oktober 1514 im später nach ihm benannten Lazenhof in Wien, Humanist, Historiograph und Leibarzt König Ferdinands I., 1546 erscheint in Basel seine »Vienna Austriae« *(→ 1546)*, 1546 und 1560 ist er Rektor der Wiener Universität, er verfaßte zahlreiche Werke zur antiken Geschichte, Numismatik, Genealogie und Geograpie.

September Erzherzog Ferdinand II. von Tirol veranstaltet als Statthalter von Böhmen in Prag das erste große Festschießen, das sogenannte »Freyschiessen«, 107 Schützen schossen um 37 Preise. (Das erste größere Schießen von Schützen fand schon 1432 in Hall (Tirol) statt, das zweite Freischießen fand 1569 in Innsbruck statt.)

28. Dezember Kaiser Maximilian II. erklärt auf dem Landtag von Linz den Ständen des Landes, daß er ihrem Begehren um Freistellung des Augsburger Bekenntnisses nicht nachkommen kann, da er die Religionspolitik seines Vaters fortsetzen möchte *(→ 7. Dezember 1568)*.

►**1566** Fertigstellung der 1531 begonnenen Befestigung der Stadt Wien, sie hat zwölf Bastionen und bleibt bis in die 2. Hälfte des 19. Jh.s bestehen.

— Durch das Hofquartieramt erfolgt die erste Konskription und Beschreibung der Häuser Wiens, es werden 1 065 Häuser gezählt.

Frühjahr Kaiser Maximilian II. beruft die niederösterreichischen Stände zu einem Landtag nach Wien, er verlangt von ihnen die Unterstützung im Kampf gegen die Türken, mit dem er seit seinem Regierungsantritt konfrontiert ist. Die Stände erwirken dafür vom Kaiser die Zusage zur freien Ausübung der Augsburger Konfession *(→ 7. Dezember 1568)*.

31. Juli Kaiser Maximilian II. erläßt eine Kleiderordnung, nachdem die von seinem Vater am 1. Juni 1542 *(→ dort)* erlassene nicht genügend beachtet wurde. Das Tragen von unerlaubten Kleidern wurde nicht nur mit Strafe bedroht, sondern auch die Schneider, die solche Kleider herstellten, machten sich strafbar.

Sommer Kaiser Maximilian II. zieht mit einem 60 000 Mann starken Heer gegen die Türken.

5. August Sultan Süleyman II. belagert mit seinem Hauptheer die Festung Sziget (Szigetvár, Ungarn), die von dem kroatisch-ungarischen Adeligen Miklós Zrinyi befehligt wird. Starker Artillerieeinsatz und andauernde Stürme der Türken zwingen Zrinyi, sich mit wenigen Getreuen in die Hochburg zurückzuziehen.

5. September In der Nacht zum 6. stirbt der greise Sultan Süleyman II. vor den Mauern der Festung Sziget, sein Tod wird vom Großwesir verheimlicht, damit die Truppen weiterkämpfen.

8. September Miklós Zrinyi unternimmt mit 600 Getreuen einen aussichtslosen Ausfall, um die unvermeidliche Übergabe zu verhindern, er wird gefangengenommen und enthauptet. Kaiser Maximilian II. stand unentschlossen mit seinem Heer bei Raab.

►**1567** Ferdinand II. von Tirol beginnt mit der Gegenreformation im Land.

►**1568** Im Rathaus von Retz (Niederösterreich) wird mit dem Renaissanceumbau eines gotischen Vorgängerbaues, von dem noch die Marienkapelle (1367 erwähnt) erhalten ist, begonnen, 1569 vollendet.

— Baubeginn für den Renaissancelaubenhof des Linzer Landhauses, vollendet 1574.

17. Februar Friede von Adrianopel zwischen Kaiser Maximilian II. und Sultan Selim II., dem Sohn Sultan Süleymans II. *(→ 5. September 1566)*, der den Krieg seines Vaters weniger heftig weitergeführt hatte. Die Bedingungen vom letzten Frieden *(→ März 1562)* werden erneuert, der Friede wird auf acht Jahre vereinbart und 1576, 1584 sowie 1592 (trotz laufender kleinerer Grenzzwischenfälle) erneuert.

31. Oktober Kaiser Maximilian II. erläßt für Wien eine umfassende Polizeiordnung.

7. Dezember Kaiser Maximilian II. bewilligt den adeligen Ständen, Herren und Rittern im Lande ober und unter der Enns die freie Ausübung der Augsburger Konfession (→ *Frühjahr 1566; 14. Januar 1571).*

▶**1569** Kaiser Maximilian II. läßt vor den Toren Wiens den Bau eines Renaissancelustschlosses mit umfangreichem Garten und Tiergehege beginnen, das sogenannte »Neugebäude« (Reste im 11. Bezirk). Es ist einer der wesentlichsten Renaissancebauten nördl. der Alpen, bei dessen Errichtung zahlreiche bedeutende Künstler der Zeit beschäftigt waren. Fertigstellung 1574, 1597 beginnt allerdings schon der erste Verfall, etwas später wird wieder weitergebaut.

— In Innerösterreich, Ungarn und Kroatien beginnen Bauernunruhen, die bis 1573 anhalten, sie entstanden durch Unzufriedenheiten, die ihre Wurzeln zum Teil im Religionsbekenntnis, zum Teil in der Ausnutzung durch den Landadel hatten.

▶**Um 1570** Renaissancetrakt, der Nord- und Westflügel, von Schloß Tratzberg (Tirol) von Georg Ilsung.

— Aufsatz eines Flügelaltars (vier Tafeln) in der evangelischen Kirche von Schladming (Steiermark).

— Mittelweiherburg in Hard (Vorarlberg), die einzige Wasserburg des Landes, heute stark verfallen.

▶**1570** Protestantische Stände halten in der Kapelle des Niederösterreichischen Landhauses in Wien evangelische Gottesdienste der extremen protestantischen Richtung ab.

— Mit dem Bau der Renaissanceinnenräume des Niederösterreichischen Landhauses in Wien, besonders der Verordnetenstube und des Sitzungssaales, wird begonnen, 1572 vollendet.

— Baubeginn für die Burg Hochosterwitz (Kärnten), mit 14 Toren eine uneinnehmbare Festung; das Portal des achten Tores ist mit 1586 bezeichnet, die im Kern romanische Burgkapelle hat Fresken von 1570. Fertigstellung der Anlage 1586.

16. August Vertrag von Speyer zwischen Kaiser Maximilian II. und Johann Siegmund Zápolya, der durch den Frieden von Adrianopel (→ *17. Februar 1568)* keine Unterstützung durch Sultan Selim II. mehr erwarten konnte. Er verzichtet auf den Titel eines Königs von Ungarn, behält aber Siebenbürgen als Fürst und mehrere ungarische Komitate als habsburgisches Lehen. In einem zusätzlichen Geheimvertrag sagt er dem Kaiser seine Hilfe gegen die Türken zu (→ *14. März 1571).*

▶**1571** Kaiser Maximilian II. war um den inneren Frieden sehr bemüht, was eine Inschrift am Niederösterreichischen Landhaus in der Herrengasse in Wien bewies (sie wurde um 1840 entfernt): »Der Röm. Kais. Maj. unseres allergnädigsten Landesfürsten ernstliche Meinung und Befehl ist: daß sich Niemand, wer er auch sein mag, unterstehe in oder vor diesem befreiten Landhaus die Wöhr zu blössen, oder balgen und zueschlagen, noch zu romorn; welche aber frevenlich darwider handlen, daß dieselben an leib und leben nach Ungnaden gestrafft werden sollen. Actum im 1571 Jahr.«

— Umbau der Riegersburg (Steiermark) zur mächtigen Renaissanceanlage (9 Basteien, 7 Tore); sie trotzte daraufhin allen feindlichen Angriffen.

— Stadtturm von Retz (Niederösterreich), im Kern gotisch, wird im Renaissancestil erhöht, 1572 fertig.

14. Januar Kaiser Maximilian II. erläßt für das Land unter der Enns eine »Assekuration«, eine Erweiterung der Zusagen vom 7. Dezember 1568 (→ *dort),* ausgedehnt auf die Untertanen der Herren und Ritter.

14. März Johann Siegmund Zápolya stirbt in Stuhlweißenburg; geb. am 7. Juli 1540 in Buda, seit 1554 Woiwode von Siebenbürgen, verzichtete im Vertrag von Speyer (→ *16. August 1570)* auf den Titel eines Königs von Ungarn, zu dem er kurz nach seiner Geburt (→ *21. Juli 1540)* ausgerufen worden war. Kurz vor seinem Tod gelang ihm noch ein Vergleich mit dem Kaiser, demzufolge Siebenbürgen das Recht hat, nach freier Wahl einen Woiwoden zu bestimmen, das Land aber der Krone Ungarns untertan sein soll. Die habsburgfeindlichen Stände aber wählten den einflußreichen Fürsten Stephan IV. Báthory zum Woiwoden (→ *14. Dezember 1575).*

▶**1572** »Spanischer Reitstall« in Wien errichtet, der Vorläufer der Spanischen Hofreitschule, der ältesten Reitschule der Welt.

— Grab aus rotem Marmor mit lebensgroßem Relief für Philipp von Leobenegkh in der Stadtpfarrkirche von Gmünd (Kärnten), an der südl. Seitenschiffwand der Raitenaukapelle.

— Der Umbau der Schallaburg (Niederösterreich) zum eindrucksvollen Renaissanceschloß, vermutlich von Jakob Bernecker, beginnt; 1600 vollendet.

Frühjahr Auf dem innerösterreichischen Landtag von Graz erklärt Erzherzog Karl II. von Innerösterreich, daß er allen Herren und Rittern von Innerösterreich volle Gewissensfreiheit und Religionsausübung gestatte, wenn sie ihm den schuldigen Gehorsam leisten und die katholische Religion nicht schmähen würden. Dies wird in der sogenannten »Grazer Religionspazifikation« festgehalten. Erzherzog Karl läßt daraufhin das Fronleichnamsfest (nach 20jähriger Unterbrechung) besonders feierlich begehen und beruft Jesuiten nach Graz. Eine Demonstration für seine Einstellung zum Glauben, da in der Steiermark der Protestantismus besonders stark angewachsen war (→ *1. Januar 1578).*

14. Juli König Sigismund II. von Polen stirbt. Gegen die Bewerbung Erzherzog Ernsts, eines Sohnes Kaiser Maximilians II., wird Heinrich von Anjou, ein Bruder König Karls IX. von Frankreich, Nachfolger auf dem polnischen Königsthron (→ *14. Dezember 1575).*

26. Dezember Erzherzog Rudolf (II.), der älteste Sohn Kaiser Maximilians II., wird zum König von Ungarn gewählt und gekrönt. Er war zusammen mit seinem Bruder Ernst erst im Juni 1571 aus Spanien in die Heimat zurückgekehrt.

▶**1573** Die Stände des Landes vor dem Arlberg erringen die Steuerhoheit über das Land.

— Kaiser Maximilian II. beruft den französischen Botaniker Carolus Clusius an die Wiener Universität. Dieser gibt im Lauf seines Aufenthaltes das erste Buch über die Flora des Landes heraus.

— Neutor, ein Doppeltor, der Stadtbefestigung Steyr (Oberösterreich) wird erbaut.

— Ausbau von Schloß Hollenegg (Steiermark), wahrscheinlich bis 1577, da die Aufgangstreppe mit dieser Jahreszahl bezeichnet ist.

November Gründung des Akademischen Gymnasiums in Graz.

▶**1574** Papst Gregor XIII. gründet in Wien ein katholisches Priesterseminar.

— Baubeginn für das Klagenfurter Landhaus, ein Renaissancebau mit Arkadenhof und einem eindrucksvollen großen Wappensaal, 665 gemalte Wappen der weltlichen und geistlichen Stände des Landes. Der bedeutendste Profanbau Klagenfurts (1578 vollendet) steht an der Stelle der 1535 abgebrannten herzoglichen Burg.

22. August Paul Fabricius *(→ 20. April 1589)* und Carolus Clusius besteigen erstmals den Ötscher (Niederösterreich), um geographische Ortsbestimmungen durchzuführen.

▶**1575** Renaissance-Rusticaportal von Schloß Wernberg (Kärnten).

— Baubeginn für den ersten Abschnitt (bis 1577) der späteren Amalienburg (nordwestl. Abschlußtrakt der Wiener Hofburg), der ab 1581 von Pietro Ferrabosco und 1600–1611 von Anton de Moys und Hans Schneider weitergeführt wird. Sie wird ab 1711 zum Sitz der Witwe Kaiser Josephs I., Amalie Wilhelmine von Braunschweig, und erhält daraufhin diesen Namen.

22. Februar Kaiser Maximilian II. eröffnet in Prag den böhmischen Landtag, auf dem er die Wahl seines Sohnes Rudolf (II.) zum König von Böhmen vorbereitet.

18. August Der Kaiser eröffnet abermals den böhmischen Landtag in Prag, da er in der Zwischenzeit erkrankt war. Durch diesen Umstand unterstreicht er die Notwendigkeit der Festlegung seiner Nachfolge.

7. September Erzherzog Rudolf (II.) wird einstimmig zum König von Böhmen gewählt und am 22. feierlich im St.-Veits-Dom gekrönt.

14. Dezember Kaiser Maximilian II. wird vom polnischen Senat zum König von Polen gewählt, da Heinrich von Anjou *(→ 14. Juli 1572)* Polen verlassen hatte, um sein Erbe in Frankreich anzutreten. Die polnischen Stände sind gegen diese Wahl und erheben Stephan IV. Báthory *(→ 14. März 1571)* zum König.

4. Viertel 16. Jh. Antwerpener Schnitzaltar aus Pfalzel bei Trier (Deutschland), heute in der Votivkirche in Wien.

— Schloß Schwarzenau (Niederösterreich), ein Wasserschloß in einheitlichem Renaissancestil.

— Schloß Frondsberg (Steiermark), ein hervorragendes Beispiel eines österreichischen Adelssitzes der Renaissance.

— Renaissancewohnhäuser am Hauptplatz von Gmünd (Kärnten).

▶**1576, 25. Juni** Kaiser Maximilian II. eröffnet den Reichstag von Regensburg. Trotz seines angegriffenen Gesundheitszustandes hält er eine eindrucksvolle Rede über die Türkengefahr und erhält auch eine ansehnliche Türkenhilfe von den Fürsten bewilligt.

12. Oktober Kaiser Maximilian II. stirbt in Regensburg; geb. am 31. Juli 1527 in Wien als Sohn Kaiser Ferdinands I., seit 24. November 1562 römischer König, seit Dezember 1562 König von Böhmen, 1563 König von Ungarn und ab 25. Juli 1564 römischer Kaiser. Da er protestantenfreundlich eingestellt war und auch persönlich sehr zum Protestantismus neigte, war er während seiner ganzen Regierungszeit um eine Verständigung bemüht. Sein Sohn, König Rudolf (II.) von Böhmen, war noch rechtzeitig in Regensburg eingetroffen.

27. Oktober Erzherzog Rudolf (König von Böhmen seit 7. September 1575) wird einstimmig zum römischen König gewählt, damit ist er auch römischer Kaiser.

1. November Kaiserkrönung Rudolfs II. im Dom von Regensburg.

▶**1577** Mit dem Bau des Wasserturms der Stadtbefestigung von Wels (Oberösterreich) mit bedeutender Renaissancefassadenmalerei – sie wurde 1927 und 1954 rekonstruiert – wird begonnen, 1579 vollendet.

— Baubeginn für das sogenannte »Verderberhaus« am Hauptplatz von Retz (Niederösterreich), ein zinnenbekröntes Renaissancebürgerhaus, das eigentlich aus dem Haus Nummer 40 von 1577 und dem Haus Nummer 15 von 1583 besteht, 1583 fertiggestellt.

20. März Feierliche Bestattung des Leichnams Kaiser Maximilians II., der bis zu diesem Zeitpunkt im Prager Jakobskloster in der Prager Altstadt aufbewahrt worden war, im St.-Veits-Dom von Prag.

1. Oktober Stände des Landes unter der Enns huldigen Kaiser Rudolf II., nachdem seine Brüder dieser Erbhuldigung zugestimmt und auf jeden Landbesitz verzichtet hatten.

3. Oktober Erzherzog Matthias, ein jüngerer Bruder des Kaisers, verläßt in der Nacht heimlich und ohne Wissen Kaiser Rudolfs II. Wien, um in den Niederlanden (die ihm recht vage angebotene) Statthalterschaft anzutreten *(→ 15. Mai 1578)*.

▶**1578** Josua Opitz, ein prominenter protestantischer Prediger, wird aus Wien ausgewiesen, der Gottesdienst in der Landhauskapelle in Wien verboten und die protestantische Landhausschule geschlossen. Wien hat keinen protestantischen Gottesdienst mehr. Bereits im Jahr vorher sind bei Strafe der öffentliche protestantische Gottesdienst und das Schulehalten verboten worden.

1. Januar Eröffnung des Generallandtages von Innerösterreich in Bruck an der Mur (Steiermark), er wurde von den landesfürstlichen Städten und Märkten erzwungen.

9. Februar Erzherzog Karl II. von Innerösterreich bestätigt im »Brucker Libell« die Gewissens- und Glaubensfreiheit auch den landesfürstlichen Städten und Märkten wie den Herren und Rittern in der Grazer Religionspazifikation *(→ Frühjahr 1572, 1580)*.

15. Mai Erzherzog Matthias muß seine kaum existente Statthalterschaft der Niederlande *(→ 3. Oktober 1577)* niederlegen. Wegen leichtfertig gemachter Schulden kann er nicht abreisen und muß von seinem kaiserlichen Bruder ausgelöst werden.

Sommer Kaiser Rudolf II. überträgt wegen der anhaltenden türkischen Grenzzwischenfälle die Verteidigung der ungarischen Grenze seinem Bruder Erzherzog Ernst und die der kroatischen seinem Onkel Erzherzog Karl II. von Innerösterreich. Erzherzog Ernst wird außerdem Statthalter im Lande ober und unter der Enns und beginnt fast unmittelbar mit der Gegenreformation, die von den Jesuiten und dem Geistlichen Melchior Klesl (auch Khlesl) stark gefördert wird. Klesl ist der Sohn eines protestantischen Wiener Bäckermeisters, er wird 1581 Offizial des Bischofs von Passau.

13. Juli Die Stände des Landes ober der Enns überreichen Kaiser Rudolf II. eine Protestnote, in der sie sich zur Erbhuldigung bereit erklären, jedoch unbedingt an der Augsburger Konfession festhalten wollen.

September Kaiser Rudolf II. erkrankt ernstlich an einem Magenleiden. Er ist »nicht starken Leibes«; man spricht in eingeweihten Kreisen von der ihm eigenen »Melancholie«.

▶**1579** Leibeigenschaft wird in der Herrschaft Bregenz aufgehoben.

— Fresken an der Nordwand der Filialkirche St. Korbinian von Thal (Osttirol) von André Peuerweg, 30 Szenen aus dem Leiden Christi und Weltgericht.

Sommer Das »Auslaufen« zum protestantischen Gottesdienst nach Hernals *(→ 6. Juni 1562)* und Inzersdorf wird den Wienern verboten.

19. Juli Wiener Protestanten überreichen Erzherzog Ernst eine Sturmpetition zur Erlangung freier Religionsausübung.

▶**Um 1580** Geschnitztes Triumphkreuz in der Pfarrkirche von Umhausen (Tirol), eines der schönsten Renaissancekreuze, wird überarbeitet.

— Schloß Spielfeld (Steiermark) im Renaissancestil erbaut (1620 fertiggestellt), der südl. von drei Ecktürmen stammt angeblich noch aus 1372.

▶**1580** Erzherzog Karl II. von Innerösterreich beginnt mit der Gegenreformation in seinen Ländern, er will auch das Brucker Libell *(→ 9. Februar 1578)* rückgängig machen.

— Errichtung eines Hofgestüts in Lipizza (Lipica im Karst).

▶**1581** Die Reichsgrafen von Hohenems *(→ 27. April 1560)* machen einen Versuch, aus Vorarlberg ein erbliches emsisches Fürstentum zu machen, er scheitert 1583 am Widerstand der Vorarlberger Stände und der Regierung von Tirol und der Vorlande.

— Renaissancefassade der Pfarrkirche von Hohenems (Vorarlberg) von Esaias Gruber.

27. Mai Christoph Báthori, Woiwode von Siebenbürgen, stirbt; Nachfolger sein minderjähriger Sohn Sigismund *(→ 28. Januar 1595)*.

▶**1582** Christoph Windisch beginnt mit dem Bau des Domes von Klagenfurt, der ältesten großen Wandpfeilerkirche von Österreich, 1591 vollendet.

27. Juni Kaiser Rudolf II. zieht in althergebrachtem Pomp in Augsburg ein, um am 2. Juli feierlich den Reichstag von eröffnen. Erzherzog Karl II. von Innerösterreich, dem die Verteidigung der österreichischen Grenzen von der Drau bis zur Adria anvertraut war *(→ Sommer 1578)*, schildert die abermals akut werdende Türkengefahr. Anfangs wollten die protestantischen Fürsten die Türkenhilfe nur dann gewähren, wenn der Kaiser ihre Beschwerden über die Gegenreformation anerkennt.

Mitte September Kardinal Madruzzo überreicht auf dem Reichstag dem Kaiser den von Papst Gregor XIII. verbesserten Kalender mit der »Mahnung«, ihn anzunehmen. Er soll ab 15. Oktober in den katholischen Ländern in Kraft treten. Die Protestanten sind wegen des diktatorischen Tons des Papstes vorerst nicht bereit, den Kalender anzunehmen. Der bisher übliche Julianische Kalender hatte sich als zu lang erwiesen, der neue glich sich dem astronomischen Jahr genauer an, Erkenntnisse der immer exakter werdenden Naturwissenschaften. Kaiser Rudolf II. sprach sich für den neuen Kalender aus, er formulierte: »Es kommt nicht darauf an, von wem der Kalender herrührt, sondern daß er gut ist.«

20. September Ende des Reichstages von Augsburg, dem ersten Kaiser Rudolfs II., eine ansehnliche Türkenhilfe war von den Reichsfürsten bewilligt worden, der Gregorianische Kalender wurde für die katholischen Reichsteile angenommen; in den Ländern der protestantischen Fürsten wurde er etwas später eingeführt. Kaiser Rudolf II. reist nach Wien ab, da in Prag die Pest arg wütet *(→ Frühsommer 1583)*.

▶**1583** In einer Beschreibung der Grenzen des Gerichtes Kals (Osttirol) (am Großglockner, Osttirol) wird zum erstenmal der »Glogger« (= Großglockner) genannt.

— Palais Herberstorff in Radkersburg (Steiermark) mit Arkadenhof, angebaut an einen noch erhaltenen mittelalterlichen Turm der Stadtbefestigung, später Freyspurghof genannt.

— Sogenanntes Wohlwendhaus in Feldkirch-Levis (Vorarlberg), ein bedeutendes Renaissancebürgerhaus.

— Entstehung des zweiten Burgtores der Rosenburg am Kamp (Niederösterreich) mit bemerkenswerter Wappentafel.

Februar Kaiser Rudolf II. nimmt in Wien an Karnevalsveranstaltungen teil, man hält ihn für gesund, doch zeigt sich bald wieder seine »Melancholie« *(→ September 1578)*.

Frühsommer Kaiser Rudolf II. zieht endgültig nach Prag, wo er in der Burg auf dem Hradschin residiert.

27. September Die einzige Hexenverbrennung in Wien; die aus Mank (Niederösterreich) stammende 70jährige Elisabeth Plainacherin war angeklagt, ihre 16jährige Enkelin verhext zu haben.

▶**1584** »Speculum vitae humanae« von Erzherzog Ferdinand II. von Tirol erscheint gedruckt, ein revueartiges »Moralitätenstück«. Dieses in deutscher Sprache verfaßte Prosaspiel wird für die Entwicklung des Volkstheaters in Österreich bedeutend.

▶**1585** Renaissanceportal des spätgotischen Schlosses Thurnhof außerhalb des Dorfes Zweinitz (Kärnten).

▶**1586** Erzherzog Karl II. von Innerösterreich gründet in Graz eine Universität, der Vorläufer war die Stiftung der Jesuitenakademie im Jahr zuvor.

Frühjahr Papst Sixtus V. läßt in den katholischen Ländern des Reiches die Exkommunikationsbulle »In poena Domini« verkünden. An sich war dies traditionsgemäß üblich, doch in diesem Augenblick für die religiösen Spannungen keineswegs förderlich. Kaiser Rudolf II. verbietet daraufhin für die Zukunft jede Veröffentlichung einer päpstlichen Bulle im Reich ohne kaiserliche Genehmigung.

12. Dezember König Stephan IV. Báthory von Polen stirbt. Bewerber um den Thron sind vier Habsburger: Erzherzog Ferdinand II. von Tirol und die Brüder Kaiser Rudolfs II., die Erzherzöge Ernst, Matthias und Maximilian *(→ 19. August 1587)*.

16. Dezember Die Schulordnung von Tirol beweist, daß schon zu dieser Zeit Bücher nur mit Approbation im Unterricht verwendet werden durften: »... Weitter solle durch die Schuelmaister unnd ihre Substituten oder Jungkmaister den Kindern ainig Buech oder Tractätl das sey Geystlich oder Weltlich in den Schuelen und sonst nit vorgelesen werden dasselb seye dann durch die fürgesetzte Gaistlich unnd Weltlich Obrigkait sambt den Schuelherrn zuuor ersehen und approbiert worden.«

▶**1587** Alexander de Verda beginnt mit dem Bau des Mausoleums für Erzherzog Karl II. von Innerösterreich in der Stiftskirche Seckau (Steiermark), 1611 wird der Bau von Sebastian Carlone vollendet.

30. Juni Kaiser Rudolf II. schreibt in einem Brief an Erzherzog Ferdinand II. von Tirol, seinen Onkel,

»... gefährliche Practiken im Reich, Trennung der Stände durch ausländische Potentaten... Auf einer Seite ist der Ungehorsam und die Neuerungen der Unruhigen, auf der anderen Seite die unumgängliche Not und Türkengefahr, allenthalben aber der Verzug höchst gefährlich« (Rudolf beschäftigte sich also nicht nur mit Alchimie und Astronomie sowie mit Gesprächen in Künstlerkreisen auf der Prager Burg): eine klare Zeichnung der politischen Situation.

19. August Der polnische Reichstag wählt Sigismund, einen Neffen der Königinwitwe *(→ 12. Dezember 1586)* und Sohn König Johanns III. von Schweden, zum König von Polen.

22. August Die polnische »Gegenpartei« (Adelsminderheit) wählt Erzherzog Maximilian von Österreich (III., der Deutschmeister) zum König von Polen *(→ 24. Januar 1588).*

►**1588** Carolus Clusius, 1573–1588 Hofbotaniker, aus Frankreich, führt in Wien den Erdapfel ein; 1576 brachte er die Roßkastanie nach Wien.

24. Januar König Sigismund III. von Polen *(→ 19./22. August 1587)* besiegt bei Pitschen Erzherzog Maximilian von Österreich, der mit unzureichenden Truppen in Polen eingezogen war; Maximilian wird gefangengenommen *(→ 9. März 1589).*

1589 Weißsches Freihaus in Wels (Oberösterreich) ein adeliges Stadthaus mit Renaissancestuckdecken und Marmortürstöcken.

9. März Vertrag von Beuthen (Oberschlesien) zwischen Erzherzog Maximilian und König Sigismund III. von Polen. Erzherzog Maximilian verzichtet auf Polen *(→ 22. August 1587, 24. Januar 1588)* und erhält dafür die Freiheit.

20. April Paul Fabricius stirbt in Wien; geb. 1529 in Lauban (Schlesien), Humanist, Mathematiker und Astronom, Universitätsprofessor in Wien und kaiserlicher Leibarzt *(→ 22. August 1574).*

Um 1590 Fassadenmalereien am Gemeindeamt von Ladis (Tirol), ist besonders gut erhalten.

►**1590** Baubeginn für das Schloß Weitra (Niederösterreich), Renaissancearkadenhof und Schloßtheater werden 1606 fertiggestellt.

— Der Lindwurmbrunnen in Klagenfurt wird von Ulrich Vogelsang aus Chloritschiefer errichtet, Fertigstellung durch Andreas Vogelsang 1636; Herkulesstatue stammt von Michael Hönel, das Spätrenaissancegitter von Georg Tillitz.

10. Juli Erzherzog Karl II. von Innerösterreich stirbt in Graz; geb. am 3. Juni 1540 in Wien als jüngster Sohn Kaiser Ferdinands I., durch die Erbteilung von 1564 Landesfürst von Innerösterreich (Steiermark, Kärnten, Krain, Görz und Triest), Gründer der steirischen Linie der Habsburger. Für seinen minderjährigen Sohn Ferdinand (II.) führt zuerst Erzherzog Ernst, dann Erzherzog Maximilian die Regierung *(→ 1596).*

15. September Erdbeben in Wien und Niederösterreich mit verheerenden Folgen (es soll in Wien von 17 Uhr bis gegen Mitternacht Erdstöße gegeben haben), zahlreiche Tote und Verletzte, viele Häuser eingestürzt, Stephansdom stark beschädigt, Turm der Michaelerkirche brach ab.

►**1591** Ausbau der Festungsanlagen der Stadt Klagenfurt ist beendet. Er erfolgte seit 1534 nach den Plänen des italienischen Festungsbaumeisters Domenico de Lalia (auch dell'Allio). Die Form ist ein nach Nordwesten verzogenes Quadrat mit je einer Bastei an den Ecken und einem Torbollwerk in der Mitte einer jeden Seite.

►**1592** Friede von Adrianopel *(→ 17. Februar 1568),* seinerzeit zwischen Kaiser Maximilian II. und der Türkei geschlossen, wird ein zweites Mal bestätigt, allerdings ohne besondere Wirkung. 1575–1582 waren 188 Einfälle türkischer Streifscharen gezählt worden.

►**1593** Marmorgrab für Hans Werner von Raitenau in der Stiftskirche der Erzabtei St. Peter in Salzburg.

— Vergrößerung der Rosenburg am Kamp (Niederösterreich) durch Sebastian von Grabner durch einen Renaissancezubau mit einem zweiten Hof; 1597 fertiggestellt.

Frühjahr Hassan, der Pascha von Bosnien, überschreitet ohne Kriegserklärung den Grenzfluß Kulpa und belagert die strategisch bedeutende Festung Sissek (Sisak, Kroatien).

22. Juni In der Schlacht bei Sissek besiegen die kaiserlichen Truppen die eingedrungenen Türken; Pascha Hassan und 20 000 Türken fallen.

13. August Sultan Murad III. erklärt Kaiser Rudolf II. den Krieg, der 13 Jahre dauerte. Die Türken fallen mit großer Heeresmacht in Ungarn ein und erobern Sissek; sie dringen in Kroatien vor.

►**1594** Renaissancechorgestühl in der Pfarrkirche von Weitra (Niederösterreich).

— Johannes Kepler, Mathematiker und Astronom, ist bis 1600 als Professor in Graz tätig.

13. Mai Kaiser Rudolf II. eröffnet den von ihm einberufenen Reichstag von Regensburg. Obwohl die Türkengefahr der eigentliche Grund war, stritten die Reichsfürsten über Probleme der Religionen. Beide Religionsparteien verlangten vom Kaiser eine Stellungnahme zu ihren Gunsten.

19. August Ende des Reichstags von Regensburg. Kaiser Rudolf II. erreichte durch sein diplomatisches Geschick die Bewilligung einer ansehnlichen Türkenhilfe; sogar Papst Klemens VIII. sagte Hilfstruppen zu.

Herbst Die kaiserliche Armee, noch ohne Unterstützung der Reichstruppen, unter Erzherzog Matthias wird durch die türkische Übermacht laufend geschlagen; die Festung Raab (ein wichtiges Bollwerk auf dem Weg nach Wien) muß sich ergeben.

— Im Land ober der Enns beginnen Bauernunruhen, die bis zum September 1597 andauern; Unzufriedenheit über mangelnde Religionsfreiheit und Unterdrückung durch die Herren sind der Grund.

►**1595** Der Wiener Buckdrucker Hanns Apfel gibt erstmals in Wien eine Zeitung heraus.

24. Januar Erzherzog Ferdinand II. von Tirol (eigentlich von Österreich und gefürsteter Graf von Tirol) stirbt in Innsbruck; geb. am 14. Juni 1529 in Linz, der jüngere Bruder Kaiser Maximilians II. und Sohn Kaiser Ferdinands I., seit 1563 Landesfürst von Tirol, seit 1557 in nicht standesgemäßer Ehe mit Philippine Welser verheiratet, daher haben seine Nachkommen keinen Erbanspruch, seiner zweiten Ehe mit Anna Katharina von Mantua entstammt Anna, die spätere Gemahlin Kaiser Matthias'. Ferdinands Herrschaftsgebiet fällt an die beiden anderen habsburgischen Linien *(→ 5. Februar 1602).*

28. Januar Kaiser Rudolf II. anerkennt Sigismund Báthory als freien Fürsten von Siebenbürgen, der darauf zum tatkräftigen Helfer gegen die Türken wird.

6. August Fürst Sigismund Báthory heiratet Erzherzogin Maria Christine, eine Tochter Erzherzog Karls II. von Innerösterreich.

13. November Bauern des Landes ober der Enns besiegen *(→ Herbst 1594)* bei Kledt, nahe Neumarkt im Hausruck, landesfürstliche Truppen.

►1596, Anfang Erzherzog Ferdinand (II.) tritt in Innerösterreich die selbständige Regierung an; er beginnt sofort, die Gegenreformation mit besonderer Schärfe durchzuführen.

13. Oktober Schlacht bei Meszö-Keresztes (bei Erlau), Niederlage der vereinigten kaiserlichen und siebenbürgischen Truppen; die Türken erobern daraufhin Erlau.

►1597 Sakramentshäuschen in der Pfarrkirche von Götzis (Vorarlberg).

— Elia Castello und Hans Knapp beginnen mit dem Bau der Gabrielskapelle auf dem Sebastianfriedhof in Salzburg – 1603 fertiggestellt –, ein gut proportionierter Renaissancerundbau mit kostbarer Innenausstattung.

September Bauernaufstand im Land ober der Enns beendet *(→ Herbst 1594)*.

6. Oktober Resolution Kaiser Rudolfs II. für das Land ober der Enns, wonach im Land ober der Enns nur noch die katholische Religion zu gelten habe.

27. Dezember Vertrag von Prag zwischen Kaiser Rudolf II. und Fürst Sigismund Báthory von Siebenbürgen. Sigismund Báthory tritt Siebenbürgen an den Kaiser ab und erhält dafür die schlesischen Herzogtümer Oppeln und Ratibor *(→ 8. April/21. August 1598)*.

►1598, 29. März Kaiserliche Truppen unter dem Oberbefehl Adolfs von Schwarzenberg erobern in der Nacht die Festung Raab zurück *(→ Herbst 1594)*, sie machen beachtliche Kriegsbeute.

8. April Die Stände Siebenbürgens huldigen Kaiser Rudolf II.

22. August Sigismund Báthory kehrt nach Siebenbürgen zurück *(→ 27. Dezember 1597)* und wird von den Ständen als Fürst anerkannt. Die unzufriedenen Stände hatten ihn gerufen, doch hören die inneren Händel im Lande nicht auf.

Herbst Erzherzog Ferdinand (II.) von Innerösterreich erläßt eine Weisung, wonach alle Protestanten innerhalb von 14 Tagen das Land zu verlassen haben.

►1599 Die Pest wütet in Prag, Kaiser Rudolf II. residiert vorübergehend in Pilsen.

►Um 1600 Das Jaufner Liederbuch entsteht auf Schloß Jaufen bei Sillian (Osttirol), eine Sammlung von 51 Liedern.

— Madonna mit Kind am Hochaltar der Filialkirche St. Konrad bei Oberwang (Oberösterreich), ein manieristisches Bildwerk.

— Schloß Aistersheim (Oberösterreich) nach langem Umbau (seit etwa 1520) vollendet, eines der typischsten Wasserschlösser der Spätrenaissance in Österreich.

— Schloß Hartheim (Oberösterreich): einheitlicher Renaissancebau mit viergeschoßigem Arkadenhof.

►1600, Sommer Der Gesundheitszustand Kaiser Rudolfs II. verschlechtert sich; sein psychischer Zustand ist teilweise bedenklich, er leidet zeitweise an Verfolgungswahn.

Mitte Oktober Johannes Kepler trifft mit seiner Frau in Prag ein; er war von dem am Kaiserhof lebenden dänischen Astronomen Tycho de Brahe nach kaiserlicher Genehmigung nach Prag berufen worden. Als Protestant war er in Graz bereits ohne Beschäftigung und glücklich über diese Berufung.

November Der Vertrag von Schottwien (am Semmering) zwischen den Erzherzögen Matthias, Maximilian und Ferdinand plant sogar die Anwendung von Gewalt (allerdings in beschränktem Ausmaß) gegen Kaiser Rudolf II. Die Erzherzöge befürchten einen Selbstmord des Kaisers, ohne die Nachfolgefrage geklärt zu haben.

►1601 Die Rüstkammer des Stiftes Melk (Niederösterreich) verfügt über zwölf große Kanonen auf Rädern mit 700 Stein- und 440 Bleikugeln, 185 Musketen, 140 andere Gewehre, 32 Doppelbüchsen, 160 Hellebarden, 145 Federspieße, 111 lange Spieße, 100 Harnische, 33 Halbkürasse, 17 Sturmhauben und 1 200 Pfund Pulver – ein Beispiel für die Wehrhaftigkeit der österreichischen Stifte.

29. Juli Kaiserliche Patente gegen die Protestanten werden verlesen, sie sind nun hart formuliert: entweder sofort katholisch werden oder auswandern.

30. Juli Wegen der kaiserlichen Patente kommt es in Hallstatt (Oberösterreich) zum offenen Aufstand der Protestanten. In den folgenden Monaten verbreiten sich die Unruhen unter den Salzknechten und Bauern des Salzkammergutes *(→ 28. Februar 1602)*.

►1602 Kaiser Rudolf II. läßt in der kaiserlichen Hofwerkstatt in Prag eine eigene Kaiserkrone anfertigen, sie wird 1804 zur österreichischen Kaiserkrone. Die Krone ist 28,3 cm hoch, aus Gold und Email, hat einen Saphir sowie Rubine und Perlen (Weltliche Schatzkammer, Wien).

— Feldherrensaal im neuen Residenzgebäude in Salzburg mit kostbarem Renaissancestuck und Reliefs von Elia Castello.

5. Februar Verwaltung der Länder Erzherzog Ferdinands II. von Tirol *(→ 24. Januar 1595)* wird nach jahrelanger Verhandlung Erzherzog Maximilian III., einem Bruder des Kaisers, übertragen.

13. Februar Fürst Sigismund Báthory tritt Siebenbürgen endgültig an Kaiser Rudolf II. ab *(→ 8. April/21. August 1598, 3. Februar 1601)*.

28. Februar Im Land ober der Enns beginnt man mit der Durchführung der kaiserlichen Anordnungen *(→ 29./30. Juli 1601)*.

►1603 Die habsburgfeindliche Bewegung in Siebenbürgen *(→ April 1605, 13. Februar 1602)* verstärkt sich.

— Kaiser Rudolf II. zieht sich immer mehr in die Prager Burg zurück.

— Renaissancealtar in der Filialkirche von Mittewald (Osttirol), ein bemaltes Gipsrelief.

— P. Bonaventura Daum beginnt mit dem Bau der Franziskanerkirche in Wien, der typisch süddeutsche Renaissancebau mit spätgotischen Resten wird 1611 fertiggestellt.

April Eine Gesandtschaft aus der Walachei bittet Kaiser Rudolf II. um Hilfe in dem durch innere Wirren zerrissenen Siebenbürgen.

►1604 Für Johann Georg III. von Kuefstein beginnt Alexander Colin mit der Errichtung eines Marmorgrabes in der Wallfahrtskirche Maria Laach (Niederösterreich), 1607 vollendet.

— In Wimsbach-Neidharting (Oberösterreich) wird eine Hammerschmiede erwähnt. Wahrscheinlich stammt sie aus dem Jahre 1491 und ist die älteste noch erhaltene Hammerschmiede Österreichs.

3. Februar Der ungarische Landtag tagt in Preßburg, die ungarischen Protestanten fordern Glaubensfreiheit, Erzherzog Matthias fordert im Auftrag des Kaisers die Auflösung der protestantischen Gemeinden.

1. Mai Kaiser Rudolf II. bestätigt die vom ungarischen Landtag in Preßburg beschlossenen 21 Gesetzartikel. Eigenhändig fügt er einen 22. hinzu, der die Protestanten aber in Aufruhr versetzt.

November Aufstand in Ungarn und Siebenbürgen gegen Kaiser Rudolf II. An der Spitze steht der verarmte siebenbürgische Edelmann Stephan Bocskai.

► **1605, 20. April** Stephan Bocskai, der Führer der habsburgfeindlichen Bewegung *(→ November 1604)*, wird in Szerencs von den Ständen zum Fürsten von Ungarn ausgerufen. Die Siebenbürger hatten ihn bereits am 24. Februar 1605 in Marosszék zum Fürsten gewählt.

30. April Die österreichischen Erzherzöge Matthias und Maximilian III. und die steirischen Ferdinand (II.) und Maximilian Ernst beschließen in Linz, der Kaiser solle umgehend die Nachfolgefrage regeln, da seine Erkrankung nun eindeutig die Formen eines Verfolgungswahns annahm *(→ November 1600; Anfang 1601; 25. April 1606)*.

28. Mai Kaiser Rudolf II. erteilt in Prag Erzherzog Matthias die Vollmacht zur Führung des Krieges in Ungarn und zu Verhandlungen mit Stephan Bocskai; den anderen Vorschlägen des Linzer Beschlusses bleibt der Kaiser unzugänglich.

8. Oktober Gran wird von einem türkischen Heer, das zur Unterstützung Stephan Bocskais entsandt worden ist, erobert, in der Folge erobern die Türken auch Visegrád, Palota, Veszprém und Neuhäusel.

11. November Der türkische Großwesir Lala Mohammed übergibt im Namen von Sultan Ahmed I. auf dem Rákosfeld bei Ofen Krone, Szepter, Fahne und Schwert an Stephan Bocskai, womit dieser unter dem Schutz des Sultans steht.

► **1606** Steinerner Fischer von Klagenfurt (derzeit im Hof des Rathauses) aus Chloritschiefer, der Kopf ist einen Nachbildung aus Holz. Die Inschrift »so lang wil ich da bleiben stan, pis mier meine Fisch und Khrebs abgan« dokumentiert die Marktgerechtigkeit der Stadt.

1. Hj. Stephan Bocskai fällt mit seinen Truppen in Mähren und Niederösterreich ein; arge Verwüstungen führen zur Unzufriedenheit in der Bevölkerung beider Länder.

— Die deutschen Reichsfürsten beschäftigen sich in verschiedenen Verhandlungen mit der Absetzung Kaiser Rudolfs II.

25. April Geheimverhandlungen in Wien unter den habsburgischen Erzherzögen, Bischof Melchior Klesl hatte sie angeregt. Erzherzog Matthias wird zum Chef des Hauses Habsburg ernannt, der verhängnisvolle Bruderzwist im Hause Habsburg beginnt.

23. Juni Friede von Wien zwischen Erzherzog Matthias und Stephan Bocskai. Bocskai wird unter der Oberhoheit des Königs in Ungarn, das ist Kaiser Rudolf II., als Fürst von Siebenbürgen anerkannt; den ungarischen Ständen und königlichen Städten wird freie Religionsausübung zugesichert.

11. November Friede von Zsitvatorok (zwischen Komorn und Gran) zwischen den Vertretern Erzherzog Matthias' und Sultan Achmeds I. beendet den sogenannten »Langen Türkenkrieg« Kaiser Rudolfs II. Grundlage ist der tatsächliche Besitzstand, für den Kaiser gehen nur Gran, Erlau und Kanizsa verloren. Das bisherige jährliche Ehrengeschenk an den Sultan (= Tribut) wird durch ein einmaliges »Geschenk« in der Höhe von 200 000 Gulden ersetzt. Stephan Bocskai wird als Fürst von Siebenbürgen bestätigt *(→ 23. Juni)*. Zum erstenmal wird in diesem Vertrag der Kaiser als gleichberechtigter Partner der Osmanen anerkannt. Kaiser Rudolf II. stimmt diesem Friedensvertrag, wohl aus Abneigung gegen Erzherzog Matthias, nur widerwillig zu. Der auf 20 Jahre abgeschlossene Friede wird 1616 und 1625 erneuert.

29. Dezember Stephan Bocskai stirbt in Kaschau; geb. 1557 in Klausenburg, seit 22. Februar 1605 Woiwode von Siebenbürgen *(→ 12. Februar 1607, 5. März 1608)*.

► **1607** Baubeginn für den Westteil des alten Schlosses von Gmünd (Niederösterreich) durch Daniel Deutta, Fertigstellung mit zwei Ecktürmen 1615.

12. Februar Die Stände von Siebenbürgen wählen den Statthalter Siegmund Rákóczi zum Fürsten von Siebenbürgen. Gegen ihn erhebt sich mit Hilfe des Kaisers und der Kirche Gabriel Báthori *(→ 21. August 1598)*, worauf Siegmund Rákóczi abdankt, um einen Bürgerkrieg zu vermeiden *(→ 4. März 1608)*.

17. Dezember Herzog Maximilian von Bayern besetzt die freie Reichsstadt Donauwörth. Er hatte die wegen eines Zwischenfalls während einer katholischen Prozession ausgesprochene Reichsacht zu exekutieren. Da die Stadt die Kosten für dieses Unternehmen nicht aufbringen kann, wird Donauwörth zur bayerischen Landstadt erniedrigt *(→ Rahmenartikel: Der Dreißigjährige Krieg, S. 136; 1608, 12. Mai)*.

► **1608, 1. Februar** Erzherzog Matthias schließt in Preßburg mit den Vertretern der Protestanten von Böhmen, Mähren, Ungarn und Österreich ein Bündnis zur Aufrechterhaltung des inneren und äußeren Friedens.

4. März Gabriel Báthori wird von den siebenbürgischen Ständen zum Fürsten von Siebenbürgen gewählt *(→ 12. Februar 1607)*, er wird von der Hohen Pforte anerkannt.

27. April Die Kurpfalz und andere protestantische Stände verlassen den Reichstag von Regensburg, damit wird der Reichstag gesprengt, Kaiser Rudolf II. erfährt das volle Ausmaß seiner Ohnmacht im Reich.

Ende April Erzherzog Matthias zieht mit einem Heer gegen seinen kaiserlichen Bruder *(→ 19. Mai)*.

14. Mai In Ahausen bei Nördlingen schließen protestantische Reichsstände für zehn Jahre ein Verteidigungsbündnis. Dieser Union, die von der Kurpfalz lange vorbereitet wurde, gehören noch Anhalt, Württemberg, Baden, Ansbach und Pfalz-Neuburg an. Später treten Straßburg, Ulm, Würzburg, Brandenburg und Hessen bei *(→ 10. Juli 1609)*.

19. Mai Erzherzog Matthias steht mit seinem Heer in Böhmisch-Brod (4 km vor Prag), es kommt zu Verhandlungen zwischen den Brüdern.

23. Mai Der böhmische Landtag in Prag wird von Kaiser Rudolf II. (seit langer Zeit wieder in der Öffentlichkeit) feierlich eröffnet, er soll über die Ansprüche Erzherzog Matthias' entscheiden, doch werden zunächst die eigenen Angelegenheiten beraten, schließlich sagt der Kaiser den protestantischen Ständen die Regelung der Religionsfrage in Kürze zu *(→ 29. Mai/9. Juli 1609)*.

Mitte Juni Einigung bei den Verhandlungen zwischen Kaiser und Erzherzog *(→ 25. Juni).*

25. Juni Kaiser Rudolf II. unterschreibt auf dem Hradschin den Vertrag von Lieben (bei Prag) zwischen ihm und Erzherzog Matthias. Rudolf tritt Österreich, Ungarn und Mähren an Matthias ab und sichert ihm auch die Anwartschaft auf die böhmische Krone zu. Erzherzog Matthias verzichtet dafür zugunsten seines Bruders Maximilian auf seine Anteile in Tirol und den Vorlanden *(→ 16. Oktober; 19. März 1609, 15. Februar 1611).*

29. Juni Geheimbund unter den protestantischen Vertretern von Österreich, Ungarn und Mähren; aufkommendes Mißtrauen gegen Erzherzog Matthias *(→ 1. Februar).*

11. September Mitglieder der protestantischen Stände der Länder ober und unter der Enns sagen sich in Horn (Niederösterreich) von Erzherzog Matthias los.

3. Oktober Mit dem »Horner Bündnisbrief« verbünden sich die protestantischen Stände der Länder ober und unter der Enns vertraglich. Unter Bezug auf den Vertrag von Lieben *(→ 25. Juni)* wollen sie erst dann Erzherzog Matthias huldigen, wenn die Bestätigung ihrer Privilegien durchgeführt und ihren Beschwerden stattgegeben ist.

16. November Reichstag von Preßburg, Erzherzog Matthias wird zum König von Ungarn gewählt. Matthias hatte vorher den ungarischen Ständen alle Forderungen politischer und religiöser Art erfüllt; der Führer der Stände, Stephan Illésházy, wird Palatin, also Stellvertreter des Königs. Am 19. November erfolgt die Königskrönung.

►**1609** In Ehrenhausen (Steiermark) beginnt Johann Walter mit der Errichtung des Mausoleums der Eggenberger, ein manieristisch-grotesker Bau, der 1614 fertig ist und bis 1689 eine Innenausstattung von Johann Bernhard Fischer von Erlach erhält.

19. März König Matthias verhandelt in Wien mit den Unterzeichnern des »Horner Bündnisbriefes«. Die Mitglieder des Herrn- und Ritterstandes erhalten eine Bestätigung der Freiheiten, den Ständen werden »alte Gewohnheiten« bestätigt.

29. Mai Die protestantischen Stände Böhmens erinnern Kaiser Rudolf II. an seine Zusage *(→ 23. Mai 1608)*, die Religionsfrage zu regeln.

Sommer Kaiser Rudolf II. läßt seinen Neffen Erzherzog Leopold V., den Bischof von Passau und Straßburg, in den Erbfolgestreit der nordwestdeutschen Herzogtümer Jülich-Kleve eingreifen. Die entsandten Truppen werden vertrieben, die Gegensätze zwischen dem katholischen Lager und der Union haben sich damit verschärft.

9. Juli Kaiser Rudolf II. erläßt endlich (er mußte zweimal gemahnt werden) seinen »Majestätsbrief«, mit dem er allen Bewohnern Böhmens weitgehende Gewissensfreiheit zusichert, sowie die Errichtung von Kirchen und Schulen gestattet; von den Ständen gewählte »Defensoren« (Beschwerdekommissionen) sollen diese Rechte wahren, ein Sieg der protestantischen Stände Böhmens.

10. Juli Herzog Maximilian von Bayern gründet die (katholische) Liga, ein Bündnis, das gegen die Protestantische Union *(→ 14. Mai 1608)* gerichtet ist. Außer Bayern gehören ihr die Bischöfe von Passau, Regensburg, Augsburg und Konstanz an, etwas später treten auch die katholischen Reichsstände bei.

28. August Kaiser Rudolf II. erläßt nun auch für Schlesien einen Majestätsbrief *(→ 9. Juli).*

►**Um 1610** Renaissancewasserschloß Würting bei Offenhausen (Oberösterreich), eine geglückte Umgestaltung einer spätmittelalterlichen Anlage.

►**1610, Frühjahr** Erzherzog Leopold V. von Tirol, der Bischof von Passau und Straßburg, wirbt, gestützt auf ein kaiserliches Patent vom 9. Januar 1610, Truppen an, das sogenannte »Passauer Kriegsvolk«. Leopold hatte dem Kaiser die Notwendigkeit einer Truppe unter dem Hinweis abgerungen, nur mit einer Streitmacht erfolgreich in den Erbfolgestreit von Jülich-Kleve *(→ Sommer 1609)* eingreifen zu können.

10. September Mit dem Vertrag von Prag anerkennen die Erzherzöge Kaiser Rudolf II. als Haupt des Hauses Österreich und der Christenheit. Der Kaiser möchte Erzherzog Leopold V. von Tirol die Nachfolge im Reich sichern.

Anfang Dezember Der Kaiser bewilligt die Verlegung des »Passauer Kriegsvolks« nach Böhmen; es stand vor der Meuterei, weil die versprochenen Soldzahlungen des Kaisers ausgeblieben waren, außerdem war die Umgebung von Passau vom Kriegsvolk bereits stark in Mitleidenschaft gezogen worden. Das Passauer Kriegsvolk sollte in Böhmen die Lage zugunsten Kaiser Rudolfs II. beeinflussen.

21. Dezember Das Passauer Kriegsvolk unter Oberst Laurenz von Ramée fällt wegen Verpflegungsmangels in Oberösterreich ein *(→ 10. Januar 1611).*

►**1611** Haus mit Staffelgiebel in Bregenz, Am Brand 9, guter Erhaltungszustand.

— In Wien erhält ein Scharfrichter für eine Enthauptung 30 Kreuzer, der Totengräber für eine Bestattung 18 Kreuzer.

10. Januar Das Passauer Kriegsvolk schließt bis 13. die Stadt Linz ein und verheert die Umgebung.

24. Januar Das Passauer Kriegsvolk zieht aus Oberösterreich ab und marschiert durch Böhmen.

15. Februar Das Passauer Kriegsvolk trifft in Prag ein, kämpft einen kaum nennenswerten Widerstand der ständischen Opposition nieder und besetzt die Kleinseite, die Stadthälfte am linken Ufer der Moldau. Die Altstadt am rechten Flußufer bleibt verschont. Das Passauer Kriegsvolk plündert auf der Prager Kleinseite, Erzherzog Leopold V. verspricht dem Kaiser die baldige Eroberung Prags, große Unzufriedenheit und Übergriffe der Bevölkerung. Kaiser Rudolf II. erkennt nicht, daß es dem Erzherzog nur um die Krone von Böhmen geht.

Anfang März Erzherzog Matthias, rückt mit einer Streitmacht in Mähren ein, er empfängt in Iglau zahlreiche Gesandtschaften, die ihn um sein Eingreifen bitten.

8. März Oberst Laurenz von Ramée zieht mit einem Großteil der Reiterei des Passauer Kriegsvolks und dem Plünderungsgut von Prag ab.

10./11. März Erzherzog Leopold V. verläßt mit dem Rest des Passauer Kriegsvolks in der Nacht Prag.

24. März Erzherzog Matthias zieht, in die prächtige scharlachrote ungarische Tracht gekleidet, an der Spitze seiner Truppen in Prag ein.

12. April Der Generallandtag der böhmischen Stände in Prag soll über den Wechsel der Regierung entscheiden. Der Vorschlag des Kaisers, Matthias zum König von Böhmen zu wählen, wird nach längeren Beratungen angenommen. Die Stände verlangen allerdings vorher die Bestätigung ihrer Privilegien und des Majestätsbriefs des Kaisers. Kaiser Rudolf II. ist von der Entscheidung der Stände enttäuscht.

23. Mai Erzherzog Matthias wird im St.-Veits-Dom von Prag zum König von Böhmen gekrönt.

16. November Eine Gesandtschaft der deutschen Kurfürsten teilt Kaiser Rudolf II. in Prag die Entscheidung des Kurfürstentages (erste Oktoberhälfte in Nürnberg) mit, wonach im Mai 1612 eine Königswahl durchgeführt wird.

Ende November Erkrankung des Kaisers, herbeigeführt durch die Aufregungen der vergangenen Monate. Trotzdem beabsichtigt er, bald einen Reichstag einzuberufen, und versucht ihn vorzubreiten.

4. Dezember Erzherzog Matthias heiratet in Wien mit großem Prunk seine Cousine Anna, eine Tochter Erzherzog Ferdinands II. von Tirol. Er hatte sofort nach seiner Rückkehr aus Prag seine Residenz hierher verlegt.

►**1612/13** Renaissancehochaltar der Stiftskirche von Stams (Tirol) von Bartholomäus Steinle.

►**1612** Sogenannter »Innerberger Stadel« in Steyr (Oberösterreich) als Getreidespeicher erbaut; Rustikaportal und Kreuzgewölbe mit Stuckrippen in der Erdgeschoßhalle.

20. Januar Kaiser Rudolf II. stirbt in Prag; geb. am 18. Juli 1552 in Wien, ältester Sohn Kaiser Maximilians II., seit 26. September 1572 König von Ungarn, seit 7. September 1575 König von Böhmen, seit 27. Oktober 1576 römischer Kaiser.

13. Juni Erzherzog Matthias, der König von Böhmen, wird zum römischen Kaiser gewählt.

Dezember Markus Sitticus von Hohenems (auch Marx Sittich), ein Sohn des Söldnerführers Jakob Hannibal Reichsgraf von Hohenems *(→ 27. April 1560)* und Mitglied des Salzburger Domkapitels, wird zum Erzbischof von Salzburg gewählt. Sein Vorgänger Wolf Dietrich von Raitenau war in einer Auseinandersetzung mit Herzog Maximilian von Bayern wegen strittiger Salinenrechte im Oktober in Kärnten gefangengenommen worden und saß auf der Burg Hohenwerfen (Salzburg) in Haft. Erzbischof Markus Sitticus beginnt fast unmittelbar nach Regierungsantritt mit der Gegenreformation im Lande Salzburg.

►**1613** Erstes Passionsspiel in Erl (Tirol) nachweisbar.

— Schnallentor der Stadtbefestigung von Steyr (Oberösterreich).

— Baubeginn für das Schloß Hellbrunn bei Salzburg durch Santino Solari. Es ist das älteste erhaltene Lustschloß im deutschen Sprachraum und wurde 1619 vollendet.

März Kaiser Matthias, der vergeblich Hermannstadt in Siebenbürgen belagert hatte, anerkennt Gabriel Báthori als Fürsten von Siebenbürgen.

23. Oktober Die Stände Siebenbürgens wählen den von den Türken begünstigten habsburgfeindlichen Gabriel Bethlen (ungarisch: Bethlen Gábor) zum Fürsten von Siebenbürgen *(→ 11. August 1614, 6. Mai 1615)*.

27. Oktober Gabriel Báthori, wegen seiner Willkürherrschaft verhaßt, wird in Großwardein von Haidukenkapitänen ermordet.

1614 Stadtturm von Rust (Burgenland) im Zug der neuen Befestigungsanlagen der Stadt an der Nordostecke errichtet, wird Pulverturm genannt.

— Santino Solari beginnt mit dem Neubau des Salzburger Domes, 1628 vollendet.

— Das Mausoleum für Kaiser Ferdinand II. wird in Graz von Pietro de Pomis begonnen, es wird 1638 von Peter Valnegro vollendet.

Januar Die Bühne in der Salzburger Residenz nimmt mit einer »Hoftragicommedia« in italienischer Sprache den Spielbetrieb auf. Erzbischof Markus Sitticus von Hohenems hatte diese Bühne nach italienischem Vorbild errichten lassen.

10. Februar Aufführung eines »Orfeo« auf der Salzburger Bühne, die erste »außeritalienische« Opernaufführung, Komponist und Textdichter sind nicht bekannt.

11. August Der Generallandtag in Linz, von Kaiser Matthias einberufen, wird eröffnet. Hauptthema ist die Abwehr der Türkengefahr. Der Landtag ist, gegen die Ansicht des Kaisers, für einen Frieden mit Fürst Bethlen Gábor *(→ 23. Oktober 1613, 6. Mai 1615)*.

►**1615** Mautturm, sogenannter Schwammerlturm, von Leoben (Steiermark).

6. Mai Friede von Tyrnau zwischen Kaiser Matthias und Fürst Bethlen Gábor von Siebenbürgen. Der Kaiser erkennt Gábor als Fürsten von Siebenbürgen an, wofür sich dieser verpflichtet, den Kaiser im Kampf gegen die Türken zu unterstützen.

Juni Generallandtag der habsburgischen Länder in Prag, er dauert bis Oktober und steht ganz im Zeichen der Macht der Stände. Kaiser Matthias ist gezwungen, zahlreiche nationale Forderungen zu erfüllen.

Sommer Auseinandersetzung zwischen Erzherzog Ferdinand (III.) von Innerösterreich (später Kaiser Ferdinand II.) mit Venedig. Die Innerösterreich unterstehenden Uskoken waren durch Seeräubereien in einen Handelskrieg mit Venedig verstrickt. Die Uskoken sind orthodoxe, vor den Türken geflüchtete Serben, die im kroatischen Küstenland um die Stadt Zengg angesiedelt worden waren. Die Venezianer fallen im Isonzogebiet ein, die Festung Gradisca wird von Albrecht von Wallenstein verteidigt *(→ 26. September 1617)*.

14. Juli Der Friede von Zsitvatorok *(→ 11. November 1606)* mit den Türken wird um 20 Jahre verlängert.

►**1616** Mit dem Neubau der Kartause Mauerbach (Niederösterreich) wird begonnen, die frühbarocke Anlage wird 1631 fertiggestellt, sie ist zum Großteil erhalten.

Mai Kaiser Matthias verbietet den Bau von protestantischen Kirchen in Braunau (Nordböhmen) und Klostergrab (bei Prag). Trotz Berufung auf die Zugeständnisse im Majestätsbrief Kaiser Rudolfs II., den Matthias bestätigt hatte, bleibt der Kaiser bei seiner Entscheidung, worauf sich die konfessionellen Gegensätze in Böhmen zunehmend verschärfen.

►**1617** Erzbischof Markus Sitticus von Hohenems gründet in Salzburg eine höhere Lehranstalt für Theologie und Philosophie; sie wird 1623 unter Erzbischof Paris Graf Lodron zur Universität erhoben *(→ 11. Oktober 1623)*.

20. März Oñate-Vertrag zwischen Erzherzog Ferdinand (II.) von Innerösterreich (auch nur »von Steiermark« genannt) und König Philipp III. von Spanien. Die Verhandlungen wurden in Wien vom Erzherzog und dem spanischen Gesandten Oñate geführt, da Kö-

Der Dreißigjährige Krieg

Die Wurzeln dieser großen Auseinandersetzung sind Ereignisse, die den katholisch-protestantischen Gegensätzen entsprangen:

Der Donauwörther Zwischenfall vom 17. Dezember 1607,
die Gründung der Protestantischen Union vom 14. Mai 1608,
die Gründung der katholischen Liga als Gegenmaßnahme vom 10. Juli 1609,
der Erbfolgestreit in den nordwestdeutschen Herzogtümern Jülich-Kleve in den Jahren 1609 bis 1614,
die Aufstände in Böhmen.

Der Dreißigjährige Krieg setzt sich eigentlich aus vier kriegerischen Perioden zusammen, wobei die beiden ersten rein religiösen Charakter hatten und sich zu einer Auseinandersetzung zwischen dem katholischen und dem protestantischen Europa entwickelten:

Der Böhmisch-Pfälzische Krieg von 1618 bis 1623.
Der Sieg über Friedrich V. von der Pfalz, den »Winterkönig«, in der Schlacht am Weißen Berg bei Prag (8. November 1620) brachte die Entscheidung. Dieser Erfolg der kaiserlichen, katholischen Partei führte zu einer rücksichtslosen Gegenreformation in Böhmen und Österreich.

Der Niedersächsisch-Dänische Krieg von 1623 bis 1629.
Der protestantische Dänenkönig Christian IV. setzte den Kampf gegen den Kaiser und die katholische Kirche fort. Die Siege Wallensteins und Tillys brachten den Erfolg der kaiserlichen, katholischen Partei und den Frieden. Das Restitutionsedikt des Kaisers löste jedoch den nächsten Krieg aus.

Die beiden folgenden Kriege waren politischer Natur und ergaben sich aus den europäischen Machtverhältnissen:

Der Schwedische Krieg von 1630 bis 1635.
König Gustav II. Adolf von Schweden griff aus politischen, kaum aus religiösen Gründen ein. Sein Tod und die Ermordung Wallensteins beendeten eigentlich den Krieg. Den Abschluß bildete ein Kompromiß: Der Friede im Reich war halbwegs wiederhergestellt, Schwedens Stellung jedoch erschüttert.

Der Französisch-Schwedische Krieg von 1635 bis 1648.
Der politische Machtkampf zwischen Habsburgern und Bourbonen (Frankreich) zog die österreichischen Länder in Mitleidenschaft; die Schweden drangen in Niederösterreich bis vor Wien ein. Die ungünstige militärische Lage der kaiserlichen Armee machte die Erfolge der kaiserlichen, katholischen Partei zunichte.

Der Westfälische Friede brachte den protestantischen Mächten und Frankreich – teilweise sogar bedeutende – Gewinne.

Deutschland war von den Kriegsereignissen am ärgsten betroffen; es stand vor dem wirtschaftlichen und moralischen Ruin, es gab territoriale und religiöse Zerwürfnisse, von 18 Millionen Deutschen blieben nur 7 Millionen am Leben. Österreich, von den Kampfhandlungen weniger betroffen, erholte sich rasch, es war einheitlich in politischer und religiöser Hinsicht. Doch der Aufstieg Brandenburgs wurde zum Keim der jahrhundertelangen Differenzen Preußen – Österreich.

nig Philipp III. als Enkel Kaiser Maximilians II. Erbansprüche geltend machte, weil die österreichischen Habsburger im Augenblick keine erblichen Nachkommen hatten. König Philipp III. verzichtet auf die Bewerbung um die Kaiserkrone und erhält dafür das Elsaß und die Landvogteien Hagenau und Ortenburg.

15. Juni Kaiser Matthias bestätigt den Oñate-Vertrag, wodurch Erzherzog Ferdinands (II.) Nachfolge als König von Böhmen und Ungarn sowie als Kaiser gesichert ist; seine kinderlosen Brüder haben verzichtet.

29. Juni Erzherzog Ferdinand (II.) wird zum König von Böhmen gekrönt, nachdem er die Forderung der böhmischen Stände erfüllt hatte – die Bestätigung des Majestätsbriefes Kaiser Rudolfs II. vom 9. Juli 1609.

26. September Friede von Madrid zwischen Erzherzog Ferdinand (II.) und Venedig *(→ Sommer 1615)*, er kam durch die Vermittlung Spaniens und Frankreichs zustande. Die Uskoken wurden gezügelt, Venezianer räumten die besetzten Grenzorte.

▶**1618** Umbau des Ledererturms von Wels (Oberösterreich), einziger erhaltener Torturm (es waren vier) der Stadtbefestigung.

6. März Landtag der protestantischen Stände in Prag, da ihrer Ansicht nach die Regierung König Ferdinands (II.) die Zusagen des Majestätsbriefs nicht respektierte. Die königliche Regierung lehnte die Beschwerden ab und spricht auch ein Verbot für die Wiederaufnahme des protestantischen Landtages aus *(→ 21. Mai)*.

16. Mai Erzherzog Ferdinand (II.) wird nach schwierigen Verhandlungen als König von Ungarn anerkannt, Palatin wird Siegmund Forgách *(→ 1. Juli)*. Erzherzog Ferdinand verlegt seine Residenz von Graz nach Wien, ebenso wie Kaiser Matthias sie von Prag nach Wien verlegt.

21. Mai Die protestantischen Adeligen Böhmens beschließen – trotz Verbot *(→ 6. März)* waren sie zusammengetreten – die Ermordung der königlichen Statthalter.

23. Mai Beginn des offenen Aufruhrs der versammelten Protestanten in Prag, rund 100 Delegierte ziehen zur Burg, dringen ein und werfen nach einem Wortgefecht die Statthalter Jaroslav Graf Martinitz und Wilhelm Graf Slavata sowie den Geheimschreiber Philipp Fabrizius durch das Fenster der Staatskanzlei in den etwa 15 m tiefer gelegenen Burggraben; zum Teil nur leicht verletzt, können sie fliehen. Dieser Prager Fenstersturz (der zweite, der erste war 1419) ist der eigentliche Beginn des »Dreißigjährigen Krieges«. Die Aufständischen setzen fast unmittelbar danach eine provisorische Regierung von 30 Direktoren ein und stellen unter Matthias Graf Thurn ein Heer auf.

1. Juli König Ferdinand (II.) wird zum König von Ungarn gekrönt.

20. Juli Kardinal Melchior Klesl ohne Wissen des Kaisers auf Befehl König Ferdinands (II.) verhaftet, er wird nach Georgenberg (Tirol) gebracht. Später erhielt er die Erlaubnis, nach Italien zu reisen. Kardinal Klesl (auch Khlesl und Klesel) war schon immer Berater Kaiser Matthias' und seit 1611 Direktor des »Geheimen Rates«, er wurde deshalb im Volksmund »Vizekaiser« genannt. Der Kardinal war für einen Ausgleich mit den Aufständischen, Ferdinand hingegen für eine gewaltsame Lösung des Aufstandes in Böhmen. Die Kriegspartei am Wiener Hof behielt somit die Oberhand.

Herbst Kaiser Matthias und seine Gemahlin Anna stiften die Kapuzinerkirche in Wien und die dort vorgesehene Kaisergruft *(→ 8. September 1622).* 1632 ist sie vollendet, 1633 wird das Stifterpaar in der Kapuzinergruftbeigesetzt.

Jahresende Für die Aufständischen in Böhmen erklären sich: die Stände des Landes ober der Enns, die Protestanten des Landes unter der Enns unter der Führung von Christoph Andreas von Thurradl und Schlesien unter Markgraf Johann Georg von Jägerndorf. Kurfürst Friedrich V. von der Pfalz und Karl Emmanuel von Savoyen treten mit den Aufständischen in Verbindung. Spanien und Frankreich sichern Kaiser Matthias ihre Unterstützung zu.

►**1619, Anfang** Erzherzog Leopold V., der Bischof von Passau und Straßburg, übernimmt die Verwaltung von Tirol und den Vorlanden. Erzherzog Maximilian III. war am 2. November 1618 in Wien gestorben (man nannte ihn »den Deutschmeister«, da er seit 1585 Hochmeister des Deutschen Ordens war).

20. März Kaiser Matthias stirbt in Wien; geb. am 24. Februar 1557 in Wien, dritter Sohn Kaiser Maximilians II., seit 16. Oktober 1608 König von Ungarn, seit 12. April 1611 König von Böhmen, seit 13. Juni 1612 römischer Kaiser *(→ 28. August).*

April Heinrich Matthias Graf Thurn, der Führer der protestantischen Stände Böhmens, besetzt mit einem Heer Mähren, vereinigt sich mit aufständischen Ungarn und fällt in Niederösterreich ein.

5. Juni Matthias Graf Thurn erreicht mit seinen Truppen Wien. »Sturmpetition« einer Abordnung protestantischer Stände vor König Ferdinand (II.) in der Wiener Burg, sie fordern Zugeständnisse in Glaubensangelegenheiten und einen Verzichtfrieden mit Böhmen, Ferdinand lehnt ab. Angesichts der verstärkten Wiener Garnison zieht Graf Thurn mit seinen Truppen ab.

31. Juli Der Prager Generallandtag beschließt die »«, eine 100 Artikel umfassende Vereinbarung über Regierungshoheit, Stellenbesetzung, Verteidigungsordnung, eine Art Versuch einer ständischen Verfassung.

16. August Bündnis zwischen den protestantischen Ständen von Österreich und Böhmen gegen König Ferdinand (II.)

19. August Die böhmischen Stände erklären die Wahl König Ferdinands (II.) zum König von Böhmen *(→ 29. Juni 1617)* für ungültig.

26./27. August Kurfürst Friedrich V. von der Pfalz wird zum König von Böhmen gewählt.

28. August König Ferdinand (II.) wird in Frankfurt am Main zum römischen Kaiser gewählt, als Kaiser Ferdinand II.

19. September Ferdinand II. wird zum Kaiser gekrönt.

8. Oktober Münchner Vertrag zwischen Kaiser Ferdinand II. und Herzog Maximilian von Bayern. Maximilian verpflichtet sich, mit seiner Liga *(→ 10. Juli 1609)* den Kaiser im Kampf gegen Böhmen zu unterstützen, der Kaiser sichert ihm dafür den Pfandbesitz eventuell eroberter österreichischer Erbländer so lange zu, bis die Kriegskosten ersetzt sind *(→ 25. Juli 1620, 25. Februar 1623).*

4. November Kurfürst Friedrich V. von der Pfalz wird zum König von Böhmen gekrönt, er hatte gezögert, die Wahl vom 26. August anzunehmen. Er erhält den Beinamen »Winterkönig«, da er den böhmischen Thron bereits am 8. November 1620 verliert.

18. November Beginn der fünfwöchigen, vergeblichen Belagerung Melks (Niederösterreich) durch protestantische Stände des Landes unter der Enns.

►**Um 1620** Kopie des Gnadenbildes von S. Annunziata in Florenz von Cristofano Allori in der Pfarrkirche von Hörbranz (Vorarlberg).

►**1620** Grabmal für Erzherzog Maximilian III., den Deutschmeister, nach einem Modell Hubert Gerharts von Heinrich Reinhart in Bronze gegossen, in der Stadtpfarrkirche von Innsbruck.

— Baubeginn für die Kirche zum hl. Karl Borromäus in Volders (Tirol) durch den Arzt Hippolytus Guarinoni. Der Zentralbau mit einem mittleren Kuppelraum und drei Halbkuppelräumen wird 1654 vollendet.

8. Januar Bethlen Gábor wird auf dem Reichstag von Preßburg zum »Fürsten von Ungarn« gewählt *(→ 27. August).*

21. März Mit dem Vertrag von Mühlhausen wird Kurfürst Johann Georg von Sachsen an die Seite der kaiserlichen Partei gebunden; der Vertrag wurde nach dem Ende der Mühlhausener Kurfürstentage (16. bis 20. März) abgeschlossen.

3. Juli Vertrag von Ulm zwischen der katholischen Liga und der Protestantischen Union – ein Nichtangriffspakt, der das Eingreifen der Truppen der Liga erleichterte.

25. Juli Ein bayrisches Heer unter General Johann Tserclaes Graf Tilly überschreitet die Grenze von Oberösterreich. Herzog Maximilian von Bayern fühlte sich durch den Münchner Vertrag *(→ 8. Oktober 1619)* verpflichtet, dem Kaiser gegen das protestantische Oberösterreich zu helfen.

4. August Truppen Herzog Maximilians von Bayern besetzen Linz.

20. August Herzog Maximilian von Bayern setzt Adam Graf Herberstorff als Statthalter in Oberösterreich ein.

27. August Fürst Bethlen Gábor wird auf dem Reichstag von Neusohl (heute Banská Bystrica, Slowakei) zum König von Ungarn gewählt.

8. November Schlacht auf dem Weißen Berg bei Prag. Kurfürst Friedrich V. von der Pfalz, der böhmische »Winterkönig«, wird von den kaiserlichen, katholischen Truppen unter Herzog Maximilian von Bayern und Generalleutnant Johann Tserclaes Frh. von Marbiß und Johann Tserclaes Graf Tilly (einem Niederländer) vernichtend geschlagen. 21 000 Mann böhmischer Truppen

> **Wallensteins Horoskop**
>
> Im Jahre 1608 erstellte Johannes Kepler für Wallenstein ein Horoskop. Die Behauptungen, Kepler hätte gewußt, für wen er das Horoskop erstellte, sind Gegenstand mehrerer Untersuchungen, doch wenig bedeutend, wenn man bedenkt, daß zu diesem Zeitpunkt Wallenstein ein kaum bekannter, bescheidener junger Mann von 25 Jahren war. Aus diesem Horoskop stammt diese markante Charakteristik:
>
> »Solchergestalt mag ich von diesem Herrn in Wahrheit schreiben, daß er ein wachendes, aufgemuntertes, emsiges, unruhiges Gemüt habe, allerhand Neuerungen begierig, dem gemeines menschliches Wesen und Händel nicht gefallen, sondern der nach neuen, unversuchten, oder doch sonst seltsamen Mitteln trachte, doch viel mehr in Gedanken habe, als er äußerlich sehen und spüren lasset. Denn Saturnus im Aufgang machet müßige, melancholische, allzeit wachende Gedanken, bringt Neigung zu Alchymiam, Magiam, Zauberei, Gemeinschaft zu den Geistern, Verachtung und Nichtachtung menschlicher Gebote und Sitten, auch aller Religionen; machet alles argwöhnisch und verdächtig, was Gott oder die Menschen handeln, als wenn es alles lauter Betrug und viel ein anderes dahinter wäre, denn man fürgibt. Und weil der Mond verworfen stehet, wird ihm diese Natur zu einem merklichen Nachteil und Verachtung bei denen, mit welchen er zu conversieren hat, gedeihen, daß er für einen einsamen, leichtschätzigen Unmenschen wird gehalten werden. Gestaltsam er auch sein wird: unbarmherzig, ohne brüderliche oder eheliche Lieb, niemand achtend, nur ihn und seinen Wollüsten ergeben, hart über seine Untertanen, an sich ziehend, geizig, betrüglich, ungleich im Verhalten, meist stillschweigend, oft ungestüm, auch streitbar, unverzagt, Weib und Mann beisammen, wiewohl Saturn die Einbildungen verderbt, so daß er oft vergeblich Furcht hat. Es ist aber das Beste an dieser Geburt, daß Jupiter darauf folget und Hoffnung machet, mit reifem Alter werden sich die meisten Untugenden abwetzen und also diese seine ungewöhnliche Natur zu hohen, wichtigen Sachen zu verrichten tauglich sein.«
>
> Erwähnt sei noch, daß Kepler weiter von »großem Ehrendurst«, dem Streben nach Macht und gefährlichen Feinden spricht und ihn abergläubisch nennt, ja
>
> ». . . vielleicht mit abergläubischen Mitteln, einmal sich zum Haupt- und Rädelsführer einer malcontenten Rotte aufwerfen . . .«
>
> würde und grausame und erschreckliche Verwirrungen sich mit seiner Person verbinden könnten.

unter Christian von Anhalt werden von dem 28 000 Mann zählenden kaiserlichen Heer in einem Flankenangriff überrannt. Unter den rund 1 600 Toten befinden sich 300 bis 400 Kaiserliche. Die Sieger besetzen Prag, Friedrich V. flieht.

Ende November Kaiser Ferdinand II. errichtet die Österreichische Hofkanzlei, eine Stärkung der österreichischen Erblande, da sie von der Reichskanzlei unabhängig ist, sie übernimmt in etwa die Aufgaben eines Innen-, Außen- und Justizministeriums. Der Sitz der Hofkanzlei ist Wien, an der Spitze steht der Hofkanzler, der zugleich Mitglied des »Geheimen Rates« ist.

►1621 Sogenanntes »Von-Ach'sches Haus« in Bregenz (Kirchstraße 14); beachtlicher Erhaltungszustand.

Mai Beginn der Auflösung der Protestantischen Union.

10. Mai Kaiser Ferdinand II. legt die Unteilbarkeit der vereinigten österreichischen Erbländer fest.

19. Juni Urteilsspruch des Prager Gerichtshofes im Prozeß gegen die Führer des Böhmischen Aufstandes, soweit man sie (seit Februar) verhaften konnte, 24 Todesurteile werden ausgesprochen.

21. Juni Enthauptung der 24 verurteilten Adeligen und Bürger auf dem Altstädter Ring von Prag.

— Beginn der Gegenreformation in Böhmen, die von zahlreichen Güterkonfiskationen begleitet ist.

November Wöchentlich erscheint in Wien die »Ordinari-Zeitung«, die »Ordentliche Postzeitung aus Wien«.

31. Dezember Friede von Nikolsburg zwischen Kaiser Ferdinand II. und Fürst Bethlen Gábor, dem König von Ungarn *(→ 27. August 1620)*. Bethlen Gábor entsagt der ungarischen Krone und erhält dafür die schlesischen Herzogtümer Oppeln und Ratibor, ostungarische Gebiete erhält er auf Lebenszeit *(→ Spätherbst 1623)*.

►Nach 1621 Bau des Großteils der Greinburg (Oberösterreich), bemerkenswert ist der Hof mit dreigeschossigen Bogengängen.

►1622 Fünfgeschossiger Hochaltar in der ehemaligen Stiftskirche von Viktring (Kärnten), mit 16 m Höhe einer der größten Altäre von Kärnten.

17. Januar Kurfürst Johann Georg I. von Sachsen unterwirft Schlesien.

Ende Januar Der Vertrag von Mailand vollzieht die Unterwerfung des aufständischen Graubünden (Schweiz), weite Teile des Landes werden Österreich untertan.

April Abermaliger Aufruhr in Graubünden, hervorgerufen durch die harten Maßnahmen der österreichischen Gegenreformation.

14. Mai Eine Ständeversammlung in Feldkirch (Vorarlberg) beschließt, daß kein Einsatz von Vorarlbergern außerhalb der Landesgrenze gestattet wird.

Ende August Truppen Erzherzog Leopolds V. von Tirol schlagen in wenigen Tagen den Aufstand in Graubünden *(→ April)* nieder. Die Aufständischen müssen in Lindau ein Diktat annehmen. Der Mailänder Vertrag *(→ Ende Januar)* wird bestätigt, acht Gerichte und das Unterengadin werden wieder österreichisches Untertanengebiet.

8. September Kaiser Ferdinand II. legt den Grundstein zum Bau der Kapuzinerkirche, Baubeginn der Kapuzinergruft. Kirche und Gruft wurden von Kaiser Matthias und seiner Gemahlin Anna von Tirol im Herbst 1618 gestiftet.

►1623, 7. Januar Beginn des Fürstentages von Regensburg, außer dem Landgrafen von Hessen-Darmstadt erscheint kein protestantischer Reichsfürst.

25. Februar Herzog Maximilian von Bayern wird auf

dem Regensburger Fürstentag auf Lebenszeit mit der pfälzischen Kurwürde belehnt, außerdem werden ihm die Oberpfalz und das Land ober der Enns (dieses allerdings vorbehaltlich der Landeshoheit des Kaisers) als Ersatz für die Kriegskosten *(→ 8. Oktober 1619)* zugesprochen.

18. Juli Gegen eine Entschädigungszahlung von 50 000 Gulden gewährt Kaiser Ferdinand II. den Wiener Bürgern ein »Einstandsprivilegium«: Der Erwerb von Haus- und Grundbesitz ist nur für Bürger katholischen Glaubens möglich; Protestanten müssen auswandern, aber 10% ihres Vermögens als »Abfahrtsgeld« zurücklassen.

6. August Schlacht bei Stadtlohn (Westfalen), Herzog Christian von Braunschweig, der mit seinen Truppen nach Holland ziehen wollte, wird von der kaiserlichen Armee unter General Johann Tserclaes Graf Tilly vernichtend geschlagen. Er verliert über die Hälfte seines Heeres, rund 10 000 Mann und 300 Offiziere, sowie alle Geschütze und den ganzen Troß. Der große Erfolg der Kaiserlichen wird nicht genutzt, Maximilian von Bayern untersagte den Angriff auf die Niederlande.

7. September Kaiser Ferdinand II. erhebt Graf Albrecht Wenzel Eusebius von Waldstein (Wallenstein) in den Reichsfürstenstand. Der einem alten böhmischen Adelsgeschlecht entstammende Protestant war 1606 von Jesuiten bekehrt worden und seit 1617 Graf und kaiserlicher Oberst.

11. Oktober Feierliche Eröffnung der vom Erzbischof Paris Graf Lodron 1620 gegründeten Universität in Salzburg *(→ 1617)*.

23. Oktober Kaiser Ferdinand II. schließt mit seinem Bruder Erzherzog Karl, dem Bischof von Breslau und Brixen, einen Erbteilungsvertrag. Karl erhält die Grafschaft Glatz, die Herzogtümer Oppeln und Ratibor, die Markgrafschaft Burgau und die Herrschaften Nachod und Freundenthal.

Spätherbst Fürst Bethlen Gábor bricht (trotz des Nikolsburger Friedens *(→ 31. Dezember 1621)* mit türkischer Hilfe in Nordungarn ein und erobert Kaschau und Tyrnau, kaiserliche Truppen schließt er am rechten Ufer der March bei Göding ein.

19. November Kaiser Ferdinand II. ist gezwungen, mit Bethlen Gábor einen Waffenstillstand zu schließen.

▶**1624, 12. März** Kaiser Ferdinand II. erhebt die böhmische Herrschaft Friedland nebst 57 Gütern des Reichsfürsten Wallenstein *(→ 7. September 1623)* zum Fürstentum und gibt ihm persönlich den Titel »S. Lieben«.

Frühjahr König Christian IV. von Dänemark (als Herzog von Holstein deutscher Reichsfürst) übernimmt die Führung der Protestanten. Dänemark ist im Bündnis mit England, Bethlen Gábor und den Generalstaaten (die unabhängigen Niederlande, seit 1579 in der Union von Utrecht zusammengeschlossene, sieben nördl. Provinzen, praktisch das heutige Holland).

8. Mai Durch den Frieden von Wien zwischen Kaiser Ferdinand II. und Fürst Bethlen Gábor wird der Friede von Nikolsburg *(→ 31. Dezember 1621)* erneuert.

Spätsommer Fürst Wallenstein entwickelt dem Kaiser in Wien seine militärischen Reformpläne und seinen großen Feldzugsplan gegen die protestantischen Mächte *(→ 7. April 1625)*.

Herbst In Wien wird ein Verbot des Besuches von nichtkatholischen Predigten durch Katholiken erlassen. Außerdem verbietet der Wiener Magistrat das sogenannte »Auslaufen« nach Hernals in die protestantische Kirche der Herren von Jörger.

— Juden werden aus der Stadt Wien ausgewiesen und im Unteren Werd (Leopoldstadt) angesiedelt.

4. Oktober Kaiser Ferdinand II. erläßt für das Land ober der Enns strenge Bestimmungen für die Rekatholisierung des Landes; Reformkommissionen werden eingesetzt, protestantische Lehrer und Geistliche des Landes verwiesen *(→ 10. April 1525)*.

▶**Um 1625** Paul Peuerl stirbt, wahrscheinlich in Steyr (Oberösterreich); geb. um 1575, Komponist des Frühbarocks. Durch seine »Padouanen«, Tänzesammlungen, die heute Variationensuiten genannt werden, bestimmt er als erster Komponist nichtitalienischer Herkunft die Musik des Frühbarocks. Padouanen sind 1611, 1613, 1620 und 1625 erschienen.

▶**1625/32** Geschnitzter barocker Hochaltar im Dom zu Gurk (Kärnten) von Michael Hönel im Ausmaß von 16 mal 9 m.

▶**1625** Nach Zerstörung 1621 wird Schloß Deutschkreuz (Burgenland) mit einem rundumlaufenden Arkadenhof wiederaufgebaut, Bauinschrift aus 1625 und Wappentafel der Familie Nádasdy.

— Kompletter Neubau und einheitliche Gestaltung des Stiftes Vorau (Steiermark).

— Der Bau des barocken Westflügels des Stiftes Seckau (Steiermark) wird begonnen, 1628 fertiggestellt.

— Hans Ulrich Eggenberg, 1625 zum Statthalter von Innerösterreich ernannt, erteilt den Bauauftrag für Schloß Eggenberg bei Graz nach einem Entwurf von Laurenz van de Sype; bis 1635 wird der Rohbau fertiggestellt. Der Neubau mit 4 Türmen, 365 Fenstern und 2 × 12 Prunkräumen gab Anlaß zu Zahlenspielereien.

7. April Kaiser Ferdinand II. ernennt Fürst Wallenstein zum Oberbefehlshaber der kaiserlichen Truppen.

10. April Die Einwohner des Landes ober der Enns erhalten den Befehl, bis Ostern 1626 den katholischen Glauben anzunehmen. Die Maßnahmen des bayrischen Statthalters Adam Graf Herberstorff werden noch härter, das Land ist ja an Bayern verpfändet *(→ 25. Juli 1620, 25. Februar 1623)*, und die bayrische Verwaltung wurde schon immer als Fremdherrschaft empfunden, nun aber breitet sich im ganzen Land die Unzufriedenheit offen aus.

11./12. Mai Protestantische Bauern belagern aus Protest gegen eine gewaltsame Einsetzung eines katholischen Pfarrers Schloß Frankenburg (Oberösterreich). Der zum Entsatz angerückte Adam Graf Herberstorff ruft unter Zusicherung der Gnade die Bevölkerung der umliegenden Gemeinden auf das Haushamerfeld zwischen Vöcklamarkt und Pfaffing.

15. Mai »Frankenburger Würfelspiel«, eigentlich richtig »Blutgericht am Haushamerfeld«, doch bürgerte sich diese Bezeichnung aus dem 19. Jh. ein. Adam Graf Herberstorff läßt 36 angesehene Vertreter der Bauernschaft um ihr Leben würfeln: wer verliert, wird gehenkt. Zwei werden von ihm begnadigt, sechzehn werden gehenkt. Diese Grausamkeit und Rechtswidrigkeit führt zur Erhebung der Bauern im Lande ober der Enns.

13. Juni Fürst Wallenstein wird von Kaiser Ferdinand II. zum »Herzog von Friedland« erhoben.

24. September Erbteilungsvertrag zwischen Kaiser Ferdinand II. und seinem Bruder Erzherzog Leopold V., dem Bischof von Passau und Straßburg. Leopold erhält Tirol und die Vorlande *(→ Anfang 1619, 24. Oktober 1630)*. Mit dieser und der Erbteilung vom 23. Oktober 1623 wird die Unteilbarkeit der habsburgischen Besitzungen *(→ 10. Mai 1621)* wieder durchbrochen.

27. November Auf dem Reichstag von Ödenburg wird Erzherzog Ferdinand (III.), der älteste Sohn Kaiser Ferdinands II., zum König von Ungarn gewählt.

8. Dezember Krönung Erzherzog Ferdinands (III.) zum König von Ungarn.

►Um 1626 Schmiedeeiserner Brunnen auf dem Hauptplatz von Bruck an der Mur (Steiermark), der Steinkranz ist mit 1626 bezeichnet.

►1626, 20. April Erzherzog Leopold V. von Tirol heiratet Claudia von Medici, eine Tochter des Großherzogs Ferdinand I. von Toskana. 1625 hatte er auf seine geistlichen Würden – er war Bischof von Passau und Straßburg gewesen – verzichtet und eine päpstliche Dispens für seine Eheschließung erhalten. Mit dieser Heirat begründete er die kurzlebige tirolisch-vorderösterreichische Linie der Habsburger; nach seinem Tod am 17. September 1632 folgte ihm sein ältester Sohn Ferdinand Karl von Tirol bis 30. Dezember 1662 und dann sein jüngerer Sohn Sigmund Franz von Tirol *(→ 25. Juni 1665)* nach.

25. April Schlacht bei Roßlau an der nach Dessau führenden Elbbrücke, Wallenstein besiegt mit dem kaiserlichen Heer das pfälzische Heer unter Ernst Graf Mansfeld.

17. Mai Beginn der organisierten Erhebung der oberösterreichischen Bauern unter der Führung Stephan Fadingers und seines Schwagers, des Gastwirtes Christoph Zeller, beide aus St. Agatha im Hausruck gebürtig.

21. Mai Christoph Zeller besiegt mit seinen Bauern bei Peuerbach (Oberösterreich) eine beachtliche Streitmacht unter Adam Graf Herberstorff; der Graf selbst kann nach Linz fliehen, 600 bis 700 Soldaten fallen, der Rest flieht.

23. Mai Stephan Fadinger trifft mit seiner Hauptmacht vor Wels (Oberösterreich) ein, die Stadt öffnet ihm ihre Tore. Kampflos zieht er über Lambach, Kremsmünster und Steyr nach Linz und belagert es ab 28. Mai.

29. Mai Beginn der Belagerung von Freistadt (Oberösterreich), nachdem Christoph Zeller bereits das ganze Mühlviertel besetzt hatte. Die Bauern vor Freistadt standen unter Hans Christoph von Haiden, einem der wenigen Adeligen, die sich offen zu den Aufständischen bekannten.

27. Juni Linz wird vom Bauernheer Stephan Fadingers vollkommen eingeschlossen; er hatte 8 000 bis 10 000 Mann und 30 Geschütze zur Verfügung.

28. Juni Stephan Fadinger wird während einer Besichtigung der Stellungen vor dem Linzer Landhaus durch eine Musketenkugel schwer verwundet, er stirbt, vermutlich in Ebelsberg, am 5. Juli.

1. Juli Freistadt wird von den Bauern erobert; das landesfürstliche Schloß wird aufgebrochen und ausgeplündert.

18. Juli Ein bayrisches »Convoyschiff« und fünf Zillen mit 340 Musketieren, Geschützen und Verpflegung treffen auf der Linzer Donaulände ein. Christoph Zeller fällt während der Kampfhandlungen. Schon am 17. Juli hat man in Wels Achaz Wiellinger von der Au aus Hinterdobl (bei Dorf an der Pram) zum »Hauptmann über alle Bauern im Land ob der Enns« gewählt.

21. Juli Der Sturm der Bauern auf Linz wird blutig abgewehrt, er kostet die Bauern rund 1 000 Tote und Verwundete.

23. Juli Obrist Hans Christoph Frh. von Löbl erreicht mit einer kaiserlichen Streitmacht von 1 662 Mann zu Fuß und 536 Reitern Enns (Oberösterreich), er dringt in die Stadt ein, die seit dem 24. Juni von den Bauern belagert ist.

25. Juli Obrist Hans Christoph Frh. von Löbl vernichtet das Lager der Bauern bei Ebelsberg (bei Linz) und streift darauf mit seinen Truppen zwischen Ebelsberg und Enns.

8. August Kaiserliche Truppen unter Obrist Hans Philipp Frh. von Breuner, etwa 1 000 Mann zu Fuß und 100 Reiter, ziehen von Südböhmen aus ins Mühlviertel und vertreiben die Bauern aus ihren Schanzen bei Kerschbaum (nordwestl. von Freistadt).

16. August Freistadt wird von den kaiserlichen Truppen zurückerobert, Hans Christoph von Haiden wird gefangengenommen.

17. August Obrist Löbl schlägt die Bauern unter Achaz Wiellinger in Neuhofen, Wiellinger wird verwundet.

18. August Obrist Löbl erstürmt die Schanzen bei Kleinmünchen (Schutz des Belagerungsringes von Linz), etwa 700 Bauern fallen.

22. August Steyr ergibt sich dem Obristen Löbl, der mit mehreren Geschützen vor der Stadt aufgefahren war.

24. August Adam Graf Herberstorffs Truppen erobern durch einen Ausfall das von den Bauern seit dem 25. Mai besetzt gehaltene Urfahr.

27. August Obrist Löbl zieht mit 300 Musketieren und 50 Reitern in Wels ein, nachdem er den Bauern unter dem verwundeten Achaz Wiellinger freien Abzug gewährt hatte. Die Bauern ziehen sich in das Lager Weiberau (östl. von Ried) zurück.

29. August In der Nacht verlassen die Bauern ihre Stellungen vor Linz, eine Art Waffenstillstand wird bis 18. September vereinbart.

2. September Zusammenstoß bei Haslach zwischen den kaiserlichen Truppen unter Obrist Breuner und rund 500 Bauern.

18. September Überfall der Bauern auf die unter Herzog Adolph von Holstein eingedrungenen bayrischen Truppen (etwa 4 000 Mann) in Neukirchen am Wald, über 1 000 Soldaten fallen.

20. September Generalwachtmeister Timon von Lindlo wird mit seinem bayrischen Korps bei Kornrödt (östl. von Ried) von den Bauern vernichtend geschlagen, die Bauern erbeuten seine sechs Geschütze, 40 Zentner Pulver und über 2 400 Musketen.

9. Oktober Obrist Löbl greift die zusammengezogenen Bauern im Linnetwald nördl. von Wels an und besiegt sie; er wird aber am darauffolgenden Tag von den Bauern geschlagen.

12. Oktober Bauern berennen erfolglos (dreimal) das von zwei kaiserlichen Fähnlein verteidigte Lambach.

13. Oktober Die Bauern unter David Spat besiegen die Kaiserlichen bei Peilstein, worauf sich die Kaiserlichen in das befestigte Haslach zurückziehen.

22. Oktober David Spat wird von den Kaiserlichen vor Haslach geschlagen.
23. Oktober Kaiserliche Truppen sprengen die bei Peilstein versammelten Bauern auseinander und überwältigen am nächsten Tag das Lager David Spats bei Berg; das Mühlviertel ist damit endgültig beruhigt.
3. November Generalwachtmeister Gottfried Heinrich Graf Pappenheim, von Kurfürst Maximilian von Bayern mit einem starken Heer ausgerüstet, vereinigt sich in Altenfelden mit kaiserlichen Truppen und einer kleineren Einheit des Statthalters Adam Graf Herberstorff. Er verfügt nun über 8 000 Mann, die stärkste Macht, die je gegen die Bauern eingesetzt wurde.
9. November Schlacht im Emlinger Holz (südl. von Eferding). Nach einem gewaltigen Ringen erleiden die Bauern unter ihren Anführern Berndl und Kietoppler eine totale Niederlage, sie haben an die 3 000 Gefallene.
15. November Schlacht bei Pinnsdorf (westl. von Gmunden, das von den Bauern belagert war), wo etwa 6 000 Bauern zusammengezogen waren. Gottfried Heinrich Graf Pappenheim und kaiserliche Truppen unter Obrist Hans Christoph Frh. von Löbl besiegen das Bauernheer, das angeblich 2 000 Gefallene hat, die Verbündeten 300.
18. November Siegreiches Gefecht der vereinigten Truppen Gottfried Heinrich Graf Pappenheims und Löbls vor Vöcklabruck, das von den Bauern besetzt worden war.
20. November Sieg der bayrischen und kaiserlichen Truppen bei Wolfsegg (Oberösterreich) über die Bauern; damit war die Widerstandskraft der oberösterreichischen Bauern gebrochen *(→ Januar, 26. März/23. April 1627).*
20. Dezember Friede von Preßburg zwischen Kaiser Ferdinand II. und Fürst Bethlen Gábor, der, die Situation ausnützend, nach Westen vorgerückt war, sich aber unter dem Druck Wallensteins zurückziehen mußte.
▶**1627** Baubeginn für die Jesuitenkirche in Innsbruck nach Plänen Hans Schor und Christoph Gumpp, Fertigstellung 1640.
Januar Beginn des Prozesses gegen die gefangenen »Rebellen« des Bauernkrieges.
21. Januar Ein kaiserliches Dekret verbietet den katholischen Ärzten die Behandlung von Protestanten.
26. März Der Bauernführer Achaz Wiellinger wird in Linz hingerichtet.
21. April Eine Feuersbrunst in Wien legt 147 Häuser in Schutt und Asche.
23. April Die Bauernführer Wolf Madlseder und Hans Vischer werden nach ihrer Verurteilung in Linz hingerichtet; insgesamt wurden 18 Männer des Bauernaufstandes hingerichtet.
10. Mai Die »Verneuerte Landesordnung« für Böhmen wird ohne Zustimmung der Stände und Landesbehörden zum königlichen Gesetz erhoben. Böhmen wird damit staatsrechtlich zur Provinz degradiert, die Böhmische Hofkanzlei wird nach Wien verlegt. Unter diesem deutlichen Druck der Gegenreformation wandern Adelige, Bürger und Bauern in die umliegenden protestantischen Länder aus.
September Nach langwierigen Verhandlungen mit der Hohen Pforte schließt Kaiser Ferdinand II. in Szöny einen Friedensvertrag mit Sultan Murad IV.; diese Vereinbarung soll für 25 Jahre gelten.
14. September Ein kaiserliches Edikt verfügt die Ausweisung aller protestantischen Geistlichen und Schulmeister aus dem Lande unter der Enns.
▶**1628** Ein unbekannter Architekt beginnt mit dem Bau der Jesuitenkirche in Wien; sie wird 1631 fertiggestellt. Bei einem Umbau 1703–1707 gestaltet Andrea Pozzo das gemalte Kuppelgewölbe.
— Der Architekt Valentin Kaut und der Steinmetz Hans Diroff beginnen mit dem Neubau von Schloß Murau (Steiermark), Fertigstellung 1643.
22. Februar Kurfürst Maximilian von Bayern verzichtet auf den Pfandbesitz des Landes ober der Enns *(→ 8. Oktober 1619, 25. Februar 1623, 5. Mai 1628).* Kaiser Ferdinand II. überläßt ihm dafür die Oberpfalz und die rechte Rheinpfalz.
21. April Wallenstein wird von Kaiser Ferdinand II. zum »General des Ozeanischen und Baltischen Meeres« ernannt. Der Plan einer kaiserlichen Flotte für den Ostseeraum scheitert am Widerstand der Hansestädte.
5. Mai Kaiser Ferdinand II. ernennt Adam Graf Herberstorff zum Landeshauptmann des Landes ober der Enns *(→ 11. September 1629).*
1. August Aufforderung an die protestantischen Adeligen von Innerösterreich, binnen Jahresfrist den katholischen Glauben anzunehmen. Hunderte Adelige verlassen darauf das Land.
▶**1629** Spätgotischer Hochaltar der alten Pfarrkirche von Ludesch (Vorarlberg).
6. März Kaiser Ferdinand II. erläßt auf Betreiben der katholischen Reichsfürsten (und gegen den Rat Wallensteins) das »Restitutionsedikt«, eine harte Anweisung zur Durchführung des Augsburger Religionsfriedens von 1555. Die katholische Kirche kann alle seit dem Passauer Vertrag vom 2. August 1552 eingezogenen geistlichen Güter von den Protestanten zurückfordern (die Erzbistümer Magdeburg und Bremen sowie zwölf Bistümer und über 500 Klöster und Kirchen sind betroffen). Katholische Fürsten können ihre Untertanen zur Annahme der katholischen Religion anhalten und bei Weigerung ausweisen. Die harte Durchführung des Edikts wird von kaiserlichen Kommissaren überwacht und stärkt den protestantischen Widerstand *(→ 3. Juli 1630, 30. Mai 1635).*
Mai Österreichische Truppen dringen über Chiavenna nach Mantua vor, um in den Mantuanischen Erbfolgekrieg einzugreifen. Der letzte Herzog von Mantua war am 26. Dezember 1627 gestorben, Kaiser Ferdinand II. wollte Mantua als erledigtes Reichslehen einziehen und an Spanien verleihen, doch besetzte der französische Herzog von Nevers-Gonzaga – als nächster Erbe – Mantua; Spanien stand deshalb mit Frankreich im Krieg *(→ Juli 1630).*
22. Mai Friede von Lübeck zwischen Kaiser Ferdinand II. und König Christian IV. von Dänemark. Christian verpflichtet sich, sich nicht mehr in Reichsangelegenheiten zu mischen, nur mehr soweit sie seine Interessen als Herzog von Holstein betreffen, und erhält die besetzten dänischen Gebiete zurück. Ferdinand II. hingegen verpflichtet sich, sich nicht mehr in dänische Angelegenheiten einzumischen; der sogenannte Dänisch-Niedersächsische Krieg ist damit beendet.
11. September Adam Graf Herberstorff stirbt auf Schloß Orth am Traunsee (Oberösterreich); geb. am 15. April 1585 auf Schloß Kalsdorf bei Ilz (Steiermark),

seit 20. August 1620 von Herzog Maximilian von Bayern als Statthalter im Land ober der Enns eingesetzt, seit 5. Mai 1628 Landeshauptmann.

15. November Bethlen Gábor Fürst von Siebenbürgen (eigentlich Gabriel [Gábor] Bethlen von Iktár) stirbt in Weißenburg; geb. 1580, seit 1613 Fürst von Siebenbürgen, seit 8. Januar 1620 König von Ungarn *(→ 28. Januar 1630)*.

►1629/1630 Auf eine Initiative von Erzherzog Leopold V. von Tirol und seiner Gemahlin Claudia von Medici wird in Innsbruck von Christoph Gumpp das erste Hof-Opern- und Theatergebäude, die heutige »Dogana«, errichtet. Es ist der erste Theaterbau im deutschen Sprachraum.

►1630/40 Kleine Positivorgel mit bemerkenswerten Flügeltüren in der Expositurkirche von Spiss (Tirol).

►1630, 28. Januar Stephan Bethlen, der Bruder Bethlen Gábors *(→ 15. November 1629)*, wird zum Fürsten von Siebenbürgen gewählt *(→ 1. Dezember)*.

Juli Kaiserliche Truppen unter General Matthias Gallas Graf von Campo und Herzog von Lucera erobern Mantua *(→ 13. Oktober)*.

3. Juli Kaiser Ferdinand II. eröffnet den Kurfürstentag von Regensburg. Ferdinand fühlte sich durch das Restitutionsedikt vom 6. März 1629 und den Frieden von Lübeck vom 22. Mai 1629 in seiner Macht bestärkt, doch sahen die Reichsfürsten darin eine zu große Ausweitung der habsburgischen Macht, und es gelang nicht, die Wahl seines Sohnes Ferdinand zum römischen König vorzubereiten bzw. anzubahnen. Die Kurfürsten verlangen die Aussetzung des Restitutionsedikts, die Verringerung der kaiserlichen Armee (Wallenstein kommandierte über 100 00 Mann), Milderung der Kriegslasten und die Entlassung Wallensteins, da ihnen der Einfluß des Kaisers zu mächtig erscheint. Sie setzen ihre Forderungen durch *(→ 13. August)*, der Kaiser wird militärisch von der Liga abhängig, sein Machteinfluß nimmt ab. Der Kurfürstentag dauert bis November.

13. August Kaiser Ferdinand II. gibt dem Drängen der Kurfürsten nach und entläßt während des Regensburger Kurfürstentages *(→ 3. Juli)* Wallenstein, das kaiserliche Heer wird auf 39 000 Mann verringert, obwohl am 5. Juli König Gustav II. Adolf von Schweden auf der Insel Usedom mit 12 500 Mann gelandet war und sich somit ein neuer Gegner zeigte. Nach langen Verhandlungen wird der Oberbefehlshaber der Truppen der Liga Johann Tserclaes Graf Tilly zum kaiserlichen Generallieutenant und Nachfolger Wallensteins ernannt. Tilly zieht dem Schwedenkönig entgegen.

18. September Kardinal Melchior Klesl (auch Khlesl und Klesel) stirbt in Wr. Neustadt; geb. am 19. Februar 1553 in Wien als Sohn eines protestantischen Bäckermeisters, 1588 Bischof von Wr. Neustadt, 1598 Bischof von Wien, harter Gegenreformator und enger Berater Kaiser Matthias', seit 1611 Direktor des »Geheimen Rates«, er wurde deshalb im Volksmund »Vizekaiser« genannt, auf Befehl König Ferdinands (ohne Wissen des Kaisers) am 20. Juli 1618 verhaftet und nach Tirol (später nach Rom) gebracht, kehrte 1627 nach Wien zurück.

13. Oktober Kaiser Ferdinand II. schließt mit einer französischen Gesandtschaft auf dem Regensburger Fürstentag einen recht zweifelhaften Frieden im Mantuanischen Erbfolgekrieg *(→ Mai 1629, Juli 1630, 6. April 1631)*.

24. Oktober Übereinkunft zwischen Kaiser Ferdinand II. und Erzherzog Leopold V. von Tirol *(→ 24. September 1625, 20. April 1626)*; Leopold erhält den Breisgau, den Sundgau, das Elsaß und die Landvogteien Hagenau und Ortenau.

15. November Johannes Kepler stirbt in Regensburg; geb. am 27. Dezember 1571 in Weil (Württemberg). Mathematiker und Astronom, 1594–1600 Professor in Graz, 1600 Hofastronom Kaiser Rudolfs II. in Prag, 1612–1626 Lehrer in Linz, seit 1628 im Dienste Wallensteins.

1. Dezember Stephan Bethlen *(→ 28. Januar)* verzichtet auf seine Würde als Fürst von Siebenbürgen, da er sich gegen Georg Rákóczi, den Obergespan des Komitates Borsod, nicht behaupten kann. Georg Rákóczi wird zum Fürsten von Siebenbürgen gewählt *(→ 4. März 1631)*.

►1631 Adam Baltauf (auch Paltauff) stirbt in Wien; geb. um 1570 in Meran (Südtirol); frühbarocker Bildhauer und Wegbereiter Thomas Schwanthalers und Meinrad Guggenbichlers, lebte seit 1628 in Wien.

— Baubeginn für die Pfarrkirche von Traunkirchen (Oberösterreich); die Hallenkirche der Jesuitenniederlassung wird 1652 vollendet.

4. März Kaiser Ferdinand II. anerkennt im Vertrag von Kaschau Georg Rákóczi als Fürsten von Siebenbürgen.

6. April Der Friede von Cherasco beendet den Mantuanischen Erbfolgekrieg *(→ Mai 1629, Juli/13. Oktober 1630)*, Kaiser Ferdinand II. belehnt, trotz der österreichischen militärischen Erfolge, den vom französischen Kardinal und Minister Ludwigs XIII.Richelieu begünstigten Herzog Karl von Nevers nach dem Aussterben der Gonzaga mit Mantua und Montferrat.

20. Mai General Johann Tserclaes GrafTilly erobert das von ihm belagerte Magdeburg, das dabei gegen seinen Willen fast völlig durch Brand zerstört wird. Sachsen tritt an die Seite Schwedens.

17. September In der Schlacht auf dem Breitenfeld (bei Leipzig) wird Johann Tserclaes GrafTilly von den vereinigten Schweden und Sachsen unter König Gustav II. Adolf von Schweden vernichtend geschlagen. Tilly hatte am 15. September Leipzig erobert. Dem kaiserlichen Heer in der Stärke von rund 36 000 Mann, davon 11 000 Reiter und 26 Kanonen, stand der Schwedenkönig mit rund 40 000 Mann, davon 13 000 Reiter und 75 Kanonen, gegenüber. Die Verluste der Kaiserlichen betragen 12 000 Tote, 7 000 Gefangene und alle Kanonen, König Gustav II. Adolf verliert nur rund 3 000 Mann. Der erste große Sieg der Protestanten und damit Wendepunkt im Dreißigjährigen Krieg; der Widerstand gegen das Haus Habsburg und die katholische Liga ist damit wesentlich gestärkt.

8. Dezember Hans Ulrich Eggenberg und Karl Leonhart Graf Harrach verhandeln in Znaim mit Wallenstein wegen der Kommandoübernahme über ein kaiserliches Heer, zu dieser Zeit hat Ferdinand (III.), der Sohn des Kaisers, den Oberbefehl.

30. Dezember Kaiser Ferdinand II., von Maximilian von Bayern gedrängt, trägt Wallenstein den Oberbefehl an.

►1632 Die Drehersche Brauerei wird in Schwechat gegründet.

Anfang Jakob Greimbl predigt im Traun- und Hausruckviertel (Oberösterreich) gegen den Katholizismus, er war schon während des Bauernkrieges von 1626 als »Rebellenprädikant« tätig und stammt aus dem Mühlviertel (Oberösterreich). Martin Laimbauer, eigentlich Martin Aichinger, predigt im Mühlviertel. Beide rufen zum offenen Aufstand auf und stützen sich auf die sichtbaren Erfolge des Schwedenkönigs *(→ Sommer).*

15. April General Johann Tserclaes Graf Tilly will mit dem Gefecht bei Rain am Lech den Einbruch des Schwedenkönigs nach Bayern verhindern, er erleidet eine Niederlage und wird dabei schwer verwundet. Die Truppen der katholischen Liga unter Maximilian von Bayern ziehen sich mit dem verwundeten General in das stark befestigte Ingolstadt zurück *(→ 30. April).*

16. April Wallenstein steht durch Vermittlung seiner böhmischen Verwandten mit Sachsen in Geheimverhandlungen, seit Juli 1631 bereits über Vertraute mit dem Schwedenkönig; es erscheint möglich, daß Wallenstein die Herrschaft über Böhmen erringen wollte.

23. April Wallenstein übernimmt nach Verhandlungen mit dem Hofkriegsrat Gerhard Frh. von Questenburg und Johann Ulrich Eggenberg in Göllersdorf (Niederösterreich) mit erweiterten Vollmachten den Oberbefehl über das kaiserliche Heer und bringt es nach und nach auf einen Stand von rund 70 000 Mann.

30. April Generallieutenant Johann Tserclaes Graf Tilly stirbt in Ingolstadt an den Folgen seiner Verwundung vom 15. April; geb. im Februar 1559 auf Schloß Tilly in Brabant, seit 1600 in habsburgischen Diensten, er unterstützte im Bruderzwist des Hauses Habsburg Kaiser Rudolf II., 1610 Bundesfeldherr der neugegründeten katholischen Liga, 1620 Generallieutenant der Liga, 1630 kaiserlicher Generallieutenant und Nachfolger des abgesetzten Wallenstein.

22. Mai Wallenstein eröffnet die Feindseligkeiten gegen die protestantischen Truppen, er säubert Böhmen.

Sommer Bauern des Landes ober der Enns, besonders aus dem Hausruckviertel, ziehen sich im Lager Weiberau (östl. von Ried), aus dem Bauernkrieg 1626 bekannt, zusammen, sie berufen sich auf die zugesagte Hilfe des Schwedenkönigs.

16. Juli Wallenstein blockiert erfolgreich bei Nürnberg (Zirndorf) die Nachschublinien König Gustavs II. Adolfs, der einen Vorstoß auf die österreichischen Länder plant, bis 18. September.

13. August 6 000 Bauern dringen in den Markt Peuerbach (Oberösterreich) ein und verhaften den herrschaftlichen Pfleger, sie ermorden ihn im nahen Waizenkirchen auf dem Hauptplatz *(→ 9. Oktober).*

1.–3. September Wallenstein wehrt erfolgreich die Angriffe des Schwedenkönigs auf sein Lager ab, der nach Franken abzieht.

17. September Franz Christoph Graf Khevenhüller schlägt mit seinen Untertanen aus dem Atterseegebiet die Bauern bei Vöcklabruck (das die Bauern am 7. September besetzt hatten) und kurz darauf auch bei Köppach und Wolfsegg. Gleichzeitig wurde bei Eferding reguläres Militär zusammengezogen und unter das Kommando von Obrist Werner Tserclaes Graf Tilly (einem in Oberösterreich begüterten Neffen des berühmten Feldherrn) gestellt.

25. September Der erste Angriff Werner Tillys auf der sogenannten Hagleiten in der Nähe von Eferding wird von den Bauern unter Andreas Penk zurückgewiesen *(→ 9. Oktober).*

Oktober Wallenstein zieht in Eilmärschen nach Sachsen, um König Gustav II. Adolf zum Schutz des Landes herbeizulocken.

9. Oktober Obrist Werner Tserclaes Graf Tilly besiegt die aufständischen Bauern westl. von Eferding vollständig. Die Bauernerhebung im Lande ober der Enns ist nach großen Verlusten der Bauern beendet. Da sie durch ihre Berufung auf den Schwedenkönig diesmal als Hochverräter (zum Unterschied von 1626) angesehen wurden, waren die Unterdrückung und das folgende Strafgericht ärger und ausgesprochen grausam *(→ 19. Februar 1633).*

16. November Schlacht bei Lützen (nahe Leipzig), ein wechselvoller Kampf Wallensteins (rund 15 000 Mann, darunter 5 400 Reiter und 21 Geschütze) gegen Gustav II. Adolf (rund 16 300 Mann, darunter 5 100 Reiter und 60 Geschütze). König Gustav II. Adolf von Schweden und der kaiserliche Reitergeneral Gottfried Heinrich Graf Pappenheim fallen in der Schlacht, Wallenstein verliert 3 000 Mann und alle Geschütze, die Schweden rund 1 500 Mann, sie behaupten das Schlachtfeld. Herzog Bernhard von Sachsen-Weimar übernimmt den Oberbefehl über die protestantische Armee. Wallenstein zieht über Leipzig nach Böhmen ab, wo er Winterquartiere bezieht.

►**1633, Januar** Dänische Abgesandte erscheinen bei Kaiser Ferdinand II. in Wien, bei Wallenstein in Prag und am Hof in Dresden, um einen Frieden zu vermitteln. Am Wiener Hof ist Friedenswille vorhanden. Wallenstein führt schon seit Juli 1631 *(→ 16. April 1632)* über verschiedene Gewährsmänner Friedensgespräche, was ihn immer wieder in Konflikte bringt.

19. Februar Jakob Greimbl, der »Rebellenprädikant« *(→ Anfang 1632),* wird auf dem Hauptplatz von Linz hingerichtet. Ihm war nach dem 9. Oktober 1632 die Flucht nach Böhmen gelungen, doch wurde er aufgegriffen und verurteilt.

19. Mai Wallenstein überschreitet die böhmisch-schlesische Grenze und vereinigt sich mit dem Korps des Generals Matthias Gallas, er verfügt damit über eine Armee von 35 000 Mann.

31. Mai Wallenstein steht mit seinem Heer dem wesentlich schwächeren sächsischen Heer unter Hans Georg von Arnim gegenüber.

6. Juni Wallenstein schließt ohne vorangegangene Kampfhandlungen mit Hans Georg von Arnim den Waffenstillstand von Heidersdorf, der bis 22. dauern soll.

Juli-September Scharmützel und zahlreiche Verhandlungen Wallensteins mit den Schweden und den Sachsen sollen zu einem Frieden nach den Vorstellungen Wallensteins führen.

11. Oktober Wallenstein besiegt in einem unrühmlichen Treffen bei Steinau an der Oder mit 30 000 Mann und 70 Kanonen die kaum 12 000 Mann unter Matthias Graf Thurn. Der gefangene Graf Thurn wird von Wallenstein freigelassen, da er wohl zuviel über die Verhandlungen Wallensteins weiß; der Wiener Hof ist über die Freilassung des »Erzrebellen« verärgert.

14. November Herzog Bernhard von Sachsen-Weimar erzwingt die Kapitulation Regensburg und zieht in die Stadt ein.

17. November Kaiser Ferdinand II. erläßt eine Verordnung, nach der den Bürgern und Bauern das Tragen von Schußwaffen jeglicher Art verboten wird.

3. Dezember Wallenstein gibt in Furth, einer bayrischen Grenzstadt zu Böhmen, den Weitermarsch zur Rückeroberung Regensburgs auf und bezieht Winterquartiere.

15. Dezember Wallenstein erhält in Pilsen den Befehl Kaiser Ferdinands II., sofort gegen Herzog Bernhard von Sachsen-Weimar zu ziehen. Wallenstein lehnt einen Winterfeldzug ab und beruft eine Offiziersversammlung ein, der er den kaiserlichen Befehl vorliest. Er läßt sich von den versammelten Offizieren die Richtigkeit seines Verhaltens bestätigen; die Feinde Wallensteins bezeichnen das als Aufwiegelung des Heeres.

18. Dezember Maximilian von Bayern fordert von Kaiser Ferdinand II. eine Änderung des Oberbefehls im kaiserlichen Heer.

►1634, 13. Januar Sogenannter »Erster Pilsner Schluß« oder Pilsner Revers, Treueerklärung von 49 Generälen und Obersten des kaiserlichen Heeres gegenüber Wallenstein *(→ 20. Februar)*.

24. Januar Das kaiserliche Geheimpatent enthebt Offiziere und Soldaten des Gehorsams gegenüber Wallenstein.

18. Februar Das Proskriptionspatent Kaiser Ferdinands II. gegen Wallenstein wird an vertrauenswürdige Offiziere ausgegeben. Wallenstein wird darin als Hochverräter und Majestätsverbrecher bezeichnet, die Offiziere werden ihrer Gehorsamspflicht gegenüber Wallenstein enthoben und an die Generäle Matthias Gallas, Johann von Aldringen und Octavio Piccolomini verwiesen.

20. Februar »Zweiter Pilsner Schluß« *(→ 13. Januar)*; nur mehr 32 Obersten unterzeichnen die Treueerklärung an Wallenstein.

22. Februar Das Patent der Absetzung Wallensteins wird unter Trommelwirbel öffentlich bekanntgegeben. Wallenstein bricht von Pilsen nach Eger auf, wo er am 24. eintrifft.

25. Februar Wallenstein wird im Rathaus von Eger von Hauptmann Deveroux mit einer Partisane (einer Art Hellebarde) erstochen. Albrecht Wenzeslaus Eusebius von Wallenstein, Herzog von Friedland und oberster Befehlshaber des kaiserlichen Heeres, entstammte der böhmischen Adelsfamilie von Waldstein (Schloß bei Turnau) und wurde am 24. September 1583 auf Heřmanice bei Arnau (Böhmen) geboren, 1617 in den Grafenstand, 1623 in den Fürstenstand erhoben, seit 1625 Herzog von Friedland, seit 1628 »General des Ozeanischen und Baltischen Meeres«, am 13. August 1630 wurde Wallenstein als Oberbefehlshaber abgesetzt, am 23. April 1632 übernahm er wieder den Oberbefehl über die kaiserlichen Truppen. Kurz vor dem Mord an Wallenstein wurden in der Burg bei einem Bankett die letzten ihm treuen Offiziere, die Generäle Christian von Ilow, Adam Erdmann Graf Trčka und Wilhelm Graf Kinsky sowie Rittmeister Heinrich Niemann, Wallensteins Sekretär, ermordet. Den Oberbefehl über das kaiserliche Heer übernimmt der Thronfolger Ferdinand (später Kaiser Ferdinand III.), der älteste Sohn Kaiser Ferdinands II. Die von Wallenstein organisierten Regimenter und die von ihm weiterentwickelte Artillerie werden zum Grundstock der in den Türkenkriegen so siegreichen österreichischen Armee.

22. Juli Regensburg wird von kaiserlich-bayrischen Truppen unter Erzherzog Ferdinand (III.) zurückerobert *(→ 14. November 1633)*.

5. und 6. September Die Schlacht bei Nördlingen bringt den Schweden und Protestanten unter Herzog Bernhard von Sachsen-Weimar und General Horn, der in Gefangenschaft gerät, eine vernichtende Niederlage durch das kaiserliche Heer unter Erzherzog Ferdinand (III.) und General Matthias Gallas. Die Schweden verlieren zwischen 10 000 und 12 000 Mann, die Kaiserlichen rund 2 000. Herzog Bernhard von Sachsen-Weimar zieht sich mit dem Rest seiner Truppen in die Pfalz zurück; die Kaiserlichen erobern in der Folge fast ganz Süddeutschland zurück.

24. November Vorfriede von Pirna zwischen Kaiser Ferdinand II. und dem Kurfürsten von Sachsen *(→ 30. Mai 1635)*.

►1635 Rechter Seitenaltar der Filialkirche St. Martin in der Karchau (Steiermark) von Michael Hönel.

— Umbau der Burg Forchtenstein (Burgenland), die sich seit 1626 im Besitz der Familie Esterházy befindet. Die bereits 1630 errichteten Bastionen wurden später niemals erobert.

— Baubeginn der Michaelskirche von Steyr (Oberösterreich); die 1677 fertiggestellte Jesuitenkirche erhält ein monumentales Barockportal und eine Fassade mit zwei Türmen.

19. Mai Kriegserklärung Frankreichs an Spanien und damit offener Eintritt Frankreichs in den Dreißigjährigen Krieg, Kardinal Richelieu steuert nun das Kriegsgeschehen. Es geht nicht mehr um konfessionelle Fragen, sondern die Vormachtstellung des Hauses Habsburg wird bekämpft.

30. Mai Friede von Prag zwischen Kaiser Ferdinand II. und Kurfürst Johann Georg I. von Sachsen. Der Sonderfriede wird abgeschlossen, »damit die werthe Teutsche Nation zu voriger Integrität, Tranquillität, Libertät und Sicherung zurückgeführt« werde und weil ein allgemeiner Friede durch die auf dem Boden des Reiches befindlichen ausländischen Parteien undurchführbar war. Sachsen erhält die Ober- und Niederlausitz gegen das Versprechen der Lossage von Schweden und der Waffenhilfe. Das Restitutionsedikt bleibt bestehen, wird jedoch durch zahlreiche Bestimmungen in der Wirkung aufgehoben. Damit war praktisch der Friede im Reich durch Kompromiß wiederhergestellt oder zumindest vorbereitet. Bis 1637 traten fast alle Reichsstände bei, außer Baden, Hessen-Kassel und Württemberg. Da die französischen und schwedischen Interessen keine Berücksichtigung fanden, ging der Krieg im Norden und Westen des Reiches mit unverminderter Brutalität weiter.

►1636 Kapuzinerkirche in Bregenz von dem Barockbaumeister Michael Kuen.

1. Hj. Verwüstungen durch umherstreifende Soldateska und desertierte Soldaten, besonders im mittel- und nordwestdeutschen Raum. Seuchen und Hungersnot verschärfen die Lage der teilweise stark dezimierten Bevölkerung.

4. Oktober Schlacht bei Wittstock, nordwestl. von Berlin. Schweden unter General Johan Banér und General Lennart Torstenson (sie hatten vorher Brandenburg besetzt) schlagen ein kaiserlich-sächsisches Heer unter General Melchior Graf Hatzfeld. Rund 30 000 Kaiserliche kämpften gegen rund 23 000 Schweden. Die Verluste Hatzfelds betrugen 19 000 Mann an Toten, Verwundeten und Gefangenen sowie alle Geschütze, die der Schweden nur rund 5 000 Mann.

22. Dezember Erzherzog Ferdinand (III.), der älteste

Sohn Kaiser Ferdinands II., wird zum römischen Kaiser gewählt.

▶**1637, 15. Februar** Kaiser Ferdinand II. stirbt in Wien; geb. am 9. Juli 1578 in Graz, Enkel Kaiser Ferdinands I., seit 1595 Regent von Innerösterreich, seit 1617 König von Böhmen, seit 28. August 1619 römischer Kaiser. Ferdinand III., der älteste Sohn Kaiser Ferdinands II., tritt als Kaiser die Nachfolge an.

▶**1638** Andrea d'Allio der Ältere und der Jüngere sowie Silvestro Carlone beginnen mit dem Bau der Westfassade der Schottenkirche in Wien, 1648 vollendet.

3. März Schlacht bei Rheinfelden, Herzog Bernhard von Sachsen-Weimar (in französischen Diensten) besiegt die kaiserlichen Truppen unter Johann Graf Werth, der mit der gesamten kaiserlichen Generalität in Gefangenschaft gerät. Noch am 28. Februar war es Werth gelungen, den Herzog von der Belagerung Rheinfeldens abzuhalten.

22. März Rheinfelden muß kapitulieren, der Weg für den Marsch der französischen Armee auf die habsburgischen Länder ist frei.

7. Juni Schlacht bei Diedenhofen, General Octavio Piccolomini schlägt mit einem kaiserlichen Heer die Franzosen.

3. Dezember Herzog Bernhard von Sachsen-Weimar nimmt nach mehrmonatiger Belagerung Breisach ein.

▶**1639** Sogenanntes »Rotes Haus« in Dornbirn (Vorarlberg), ein beachtenswert gut erhaltener Holzbau mit Einrichtungs- und Gebrauchsgegenständen aus der Erbauungszeit.

— Glockenturm von Pamhagen (Burgenland).

1640 Domenico Sciassia beginnt den barocken Umbau des Stiftes St. Lambrecht (Steiermark); besonders beachtenswert ist das Chorgestühl hinter der Orgel (1640 bis 1643) von Christoph Paumgartner.

— Erbauung des Turnierhofes mit Arkaden der Rosenburg am Kamp (Niederösterreich).

23. September Beginn des Reichstages von Regensburg, der bis 10. Oktober 1641 tagt. Bemühung des Reichstages, auf Grund des Prager Friedens vom 30. Mai 1635 einen allgemeinen Frieden zu erreichen. Es gibt langwierige Verhandlungen zur Bereinigung des katholisch-protestantischen Gegensatzes im Reich. Die Stände verlangen vergeblich die Umwandlung des kaiserlichen Heeres in ein ständisches Reichsheer.

1641, 21. Januar General Johan Banér zieht mit einem schwedischen Heer von Regenstauf aus über die zugefrorene Donau gegen Regensburg, um den dort tagenden Reichstag *(→ 23. September 1640)* zu stören. Konzentrierte kaiserliche Truppen weisen seine Angriffe zurück, worauf er am 27. Januar abzieht.

24. Juli Friedrich Wilhelm I. Kurfürst von Brandenburg schließt mit den Schweden einen Waffenstillstand.

1642 Hochaltar von Martin Zürn in der Stadtpfarrkirche von Braunau (Oberösterreich); er wurde 1906 abgebrochen, die Figuren wurden im Chor der Kirche verteilt aufgestellt.

17. Januar Schlacht bei Kempen, Sieg der Franzosen über kaiserliche Truppen.

Ende Oktober Beginn der Belagerung von Leipzig durch frische schwedische Truppen unter General Lennart Torstenson, der Sachsen erobern will.

2. November Schlacht auf dem Breitenfeld bei Leipzig. General Lennart Torstenson hatte sich vor dem heranrückenden kaiserlichen Entsatzheer unter Erzherzog Leopold Wilhelm und Feldmarschall Octavio Piccolomini auf das Rittergut Breitenfeld zurückgezogen, er schlägt auf dem Schlachtfeld der ersten Schlacht *(→ 17. September 1631)* das zahlenmäßig überlegene kaiserliche Heer. Die Verluste der Kaiserlichen betragen rund 5 000 Tote und Verwundete sowie ebenso viele Gefangene. General Torstenson nimmt daraufhin Leipzig ein, Erzherzog Leopold Wilhelm zieht sich nach Böhmen zurück.

▶**1643** In Köflach (Steiermark) beginnt Domenico Sciassia mit dem Bau der Pfarrkirche über einer mittelalterlichen Anlage, Fertigstellung 1649.

Frühjahr Schwedische Truppen besetzen Mähren und Schlesien, die sie bis zum Herbst fast vollkommen in der Hand haben. Auch ein Vorstoß in die Gegend nördl. von Wien gelingt.

22. März General Matthias Gallas, Graf von Campo und Herzog von Lucera wird Oberbefehlshaber der kaiserlichen Truppen. Wegen seines großen Verschleißes an Truppen nennt man den General seit 1638 »Heerverderber«.

16. November Fürst Georg Rákóczi verbündet sich im Vertrag von Weißenburg mit Frankreich und Schweden.

▶**1644** Domenico Sciassia beginnt mit dem Bau der Wallfahrtskirche von Mariazell (Steiermark), der Umbau der gotischen Kirche in einem Barockbau wird 1683 vollendet.

17. Februar Fürst Georg Rákóczi ruft, gestützt auf den Vertrag von Weißenburg *(→ 16. November 1643)*, in einem Manifest zum Kampf um die Freiheit Ungarns auf.

Ende Februar Fürst Georg Rákóczi erobert Kaschau, wird aber von kaiserlichen Truppen zurückgedrängt.

▶**1645/49** Barockaltäre in der Filialkirche St. Georgen an der Mattig (Oberösterreich) von Martin und MichaelZürn.

▶**1645** Kaisersaal des Stiftes St. Lambrecht (Steiermark) mit reichem Stuck von Taddeo Galli und Mattia Camin.

24. Januar General Lennart Torstensons Vorhut rückt von Sachsen aus in Böhmen ein.

6. März Schlacht bei Jankau (Mähren), Niederlage eines kaiserlichen Heeres unter General Melchior Graf Hatzfeld gegen die Schweden unter General Lennart Torstenson. Torstenson zieht darauf mit seinem Heer – teilweise in kleineren Einheiten – nach Österreich.

24. März Eine schwedische Einheit überschreitet die Donau und erreicht Göttweig (Niederösterreich).

30. März Fast alle größeren Ortschaften, Burgen, Stifte und Städte des Waldviertels sind in der Hand der Schweden.

31. März Schwedische Truppen ziehen in Krems (Niederösterreich) ein.

5. April Schwedische Truppen besetzen Korneuburg (Niederösterreich).

7. April Stammersdorf in den Händen der Schweden, durch eine abgesandte Abteilung fallen Angern an der March und Marchegg.

— General Lennart Torstenson macht durch ein Schreiben Fürst Georg Rákóczi auf die günstige Situation zum Eingreifen aufmerksam und schlägt vor, gemeinsam bei Preßburg über die Donau zu gehen und dann Wien anzugreifen.

9. April Die kaiserlichen Truppen räumen auf Befehl

Kaiser Ferdinands III. in der Nacht die von den Schweden belagerte Wolfsschanze, ein Brückenkopf am linken Donauufer in der Brigittenau (heute 20. Wiener Gemeindebezirk). Am 10. wird die Wolfsschanze von den Schweden besetzt *(→ 29. Mai)*.

14. April General Lennart Torstenson bricht von Stammersdorf auf und zieht nach Mistelbach (Niederösterreich), er hatte vergeblich auf eine Antwort Georg *(→ 7. April)* Rákóczis gewartet, allein wollte er aber Wien nicht angreifen.

17. April Schweden erobern Nikolsburg, am 19. Laa an der Thaya.

22. April Neuerliches Bündnis Fürst Georg Rákóczis mit Frankreich: er bedingt sich aus, daß er im Falle einer Bedrohung seines Landes durch die Türken mit dem Kaiser Frieden schließen darf.

24. April Die Schweden erobern Staatz (Niederösterreich) und die Burg von Staatz.

27. April General Torstenson bricht von Mistelbach (Niederösterreich) auf und marschiert gegen Brünn.

4. Mai Beginn der Belagerung von Brünn durch die Schweden unter General Lennart Torstenson.

29. Mai Kaiserliche Truppen, kommandiert von Erzherzog Leopold Wilhelm, erobern die von den Schweden stark verteidigte Wolfsschanze *(→ 9. April)*.

Ende Juni Fürst Georg Rákóczi marschiert mit seinen Truppen langsam durch Mähren, um Lennart Torstenson bei der Belagerung Brünns beizustehen.

8. August Kaiser Ferdinand III. unterzeichnet in Wien die Präliminarien für den geplanten Frieden mit Fürst Georg Rákóczi *(→ 22. August; 13. Dezember)*.

15. August Der Sturm Lennart Torstensons auf Brünn wird von den Belagerten zurückgewiesen.

19. August General Lennart Torstenson gibt die Belagerung von Brünn auf und zieht wieder nach Niederösterreich.

22. August Austausch der Urkunden über den Präliminarfrieden im Lager des Fürsten Georg Rákóczi in Lampersdorf bei Lundenburg (Niederösterreich) *(→ 8. August; 13. Dezember)*.

28. August General Lennart Torstenson ist wieder in Mistelbach.

31. August General Lennart Torstenson ist wieder in der Wolfsschanze vor Wien.

September Korneuburg und Krems an der Donau werden von den Schweden zu Hauptfestungen ausgebaut.

Anfang Oktober General Lennart Torstenson zieht mit einem Teil seiner Truppen nach Norden ab, um im Raum von Jaroměřice Winterquartiere zu beziehen, in den Hauptfestungen an der Donau hinterläßt er starke Besatzungen.

16. Oktober Maximilian Graf Trauttmansdorff, der Obersthofmeister Kaiser Ferdinands III., erhält vom Kaiser Geheiminstruktionen für die bevorstehenden Friedensgespräche in Münster in Westfalen und umfangreiche Vollmachten.

29. November Maximilian Graf Trauttmansdorff kommt inkognito in Münster in Westfalen an.

1. Dezember Erste Unterredung Maximilian Graf Trauttmansdorffs mit dem spanischen Bevollmächtigten, praktisch der Beginn der Verhandlungen für den Westfälischen Frieden.

13. Dezember Der Friede von Linz zwischen Kaiser Ferdinand III. und Fürst Georg Rákóczi von Siebenbürgen beendet die Auseinandersetzung im Osten. Rákóczi verpflichtet sich zur Aufgabe des Bündnisses mit Schweden und Frankreich und zur Rückgabe der eroberten Gebiete; er erhält dafür die von ihm geforderten ungarischen Gebiete. Die Protestanten erhalten Religionsfreiheit und die Rückgabe der ihnen entzogenen Kirchen.

15. Dezember Feldmarschall Lennart Torstenson (ab 1647 Graf von Ortala) legt aus gesundheitlichen Gründen (seine Gicht hatte sich verschlechtert) das Oberkommando über die schwedischen Truppen zurück. Nachfolger wird Feldmarschall Carl Gustaf Wrangel.

►1646 In Wien wird die »Rumorwache« aufgestellt; sie soll die Sicherheit in der Stadt erhöhen. Diese Wache besteht aus dem Rumormeister, einem Leutnant und mehr als 50 Mann sowie zwei Stockmeistern (Prügelknechten).

Februar Vereinigte kaiserliche und bayrische Truppen vertreiben die Schweden aus Böhmen.

März Feldmarschall Hanns Christoph Reichsgraf Puchheim zieht mit einem Korps am linken Donauufer gegen die starke schwedische Hauptfestung Krems.

10. April Santino Solari stirbt in Salzburg; geb. 1576 in Verna bei Lugano (Schweiz), seit 1612 Dom- und Hofbaumeister der Erzbischöfe von Salzburg. Ab 1612 baut er an den Befestigungsanlagen von Salzburg, 1613–1619 das Schloß Hellbrunn, 1614–1628 den Dom von Salzburg, 1631 das Palais Lodron in Salzburgund mehrere Kirchen im Land Salzburg.

5. Mai Kapitulation der schwedischen Besatzung von Krems *(→ März)*.

4. August Kapitulation der schwedischen Besatzung von Korneuburg.

5. August Erzherzog Ferdinand (IV.), Thronfolger und ältester Sohn Kaiser Ferdinands III., wird zum König von Böhmen gekrönt.

10. August Vereinigung der Truppen des französischen Marschalls Turenne und Feldmarschall Carl Gustaf Wrangel im Raum zwischen Gießen und Wetzlar. Das starke französisch-schwedische Heer war nun den vereinigten österreichisch-bayrischen Truppen überlegen und besetzt nach und nach große Teile Bayerns, es stößt bis Vorarlberg vor.

Anfang September Niederösterreich ist von den schwedischen Truppen befreit.

►1647 In Rust (Burgenland) beginnt Ulrich Mayer mit dem Bau der Dreifaltigkeitskirche, einem schlichten Frühbarockbau, jetzt katholische Pfarrkirche, 1651 fertiggestellt.

4. Jänner Feldmarschall Graf Carl Gustaf Wrangel erobert Bregenz. Er macht eine unvorstellbare Beute, da viele geistliche und weltliche Schätze dort in Sicherheit gebracht worden waren, die Wertangaben schwanken zwischen 6 und 10 Millionen Gulden.

18. Januar In Vorarlberg vordringende schwedische Truppen rücken in Feldkirch ein, die Schattenburg wird ihnen kampflos übergeben. Schwedische Einheiten streifen daraufhin bis zum Kloster St. Peter bei Bludenz.

14. März Maximilian von Bayern schließt in Ulm einen Waffenstillstand mit Schweden und Frankreich.

10. April Feldmarschall Adrian Graf Enckevoert, der Präsident des vorderösterreichischen Hofkriegsrates, trifft mit zwei kaiserlichen Regimentern, von Tirol kommend, in Bludenz (Vorarlberg) ein. Der Feldmarschall beginnt sofort mit der Sicherung des Vorarlberger Oberlandes.

Der Westfälische Frieden

Nicht nur der Krieg dauerte lange, auch die Friedensverhandlungen. Als Vorverhandlungen sind Gespräche im Dezember 1641 anzusehen, denn der Wunsch nach Frieden war allgemein. Konkretere Gespräche, eher Zusammenkünfte, in den folgenden Jahren beschäftigen sich allzuoft mit Etikett- und Kompetenzfragen. Erst das Erscheinen des kaiserlichen Obersthofmeisters Maximilian Graf von Trauttmansdorff in Münster führte am 1. Dezember 1645 (zwei Tage nach seiner Ankunft) in der Unterredung mit dem spanischen Bevollmächtigten zu einem Durchbruch. Trotzdem waren die Verhandlungen schwierig, da die Einholung von Meinungen und Zusagen durch die doch teilweise beträchtlichen Entfernungen verzögert wurde (*→ 6. August, 14./24. Oktober 1648*).

Der Westfälische Frieden legte folgendes fest:

Territoriale Bestimmungen

Österreich: Die Habsburger erhalten die Erblande garantiert, müssen aber große Teile Vorderösterreichs an Frankreich abtreten.

Bayern: Den Wittelsbachern der katholischen Linie wird das Fürstentum bestätigt, sie erhalten die Oberpfalz.

Rheinpfalz: Die Wittelsbacher der protestantischen Linie erhalten die neugeschaffene achte Kurwürde.

Brandenburg: Die Ansprüche der Hohenzollern auf Pommern werden anerkannt, sie erhalten aber nur Hinterpommern (Vorpommern an Schweden) und werden dafür mit der Anwartschaft auf Magdeburg, dem Fürstentum Halberstadt und Minden entschädigt.

Schweden behält die eroberten Gebiete in Vorpommern mit Stettin und der Odermündung mit Rügen, Wismar, Bremen und Verden. Es erhält damit Sitz und Stimme im Reichstag.

Dänemark behält seine norddeutschen Besitzungen und somit Sitz und Stimme im Reichstag.

Schweiz und die Niederlande werden selbständige Staaten.

Frankreich behält von Vorderösterreich das Elsaß, den Sundgau, Breisach, die Landvogtei über die im Elsaß liegenden zehn Reichsstädte, das Besatzungsrecht in Philippsburg und die Festung Breisach, sowie die Entmilitarisierung des Oberrheins. Den Rest, die vier Waldstädte Rheinfelden, Säckingen, Laufenberg und Waldshut, den Breisgau und den Schwarzwald, die Grafschaft Hagenau und die Ortenau, gibt Frankreich an Habsburg.

Konfessionelle Bestimmungen

Der Passauer Vertrag von 1552 und der Augsburger Religionsfriede von 1555 werden bestätigt und für alle »Reformierten« gültig. Gleichberechtigung für alle Konfessionen.

Das Jahr 1624 wird als »Normaljahr« für den kirchlichen Besitz- und Bekenntnisstand festgesetzt.

Österreich, die Oberpfalz und die Kurpfalz (Rheinpfalz) sind von diesen Bestimmungen ausgenommen.

Verfassungsrechtliche Bestimmungen

Das Deutsche Reich ist nur mehr ein lockerer Staatenbund ohne gemeinsame Reichspolitik.

Der Kaiser – ohne direkte Macht – ist in der Gesetzgebung und bei Verträgen an die Zustimmung des Reichstages gebunden.

Der Reichstag besteht aus drei Kurien und hat einstimmige Beschlüsse zu fassen.

1. Kurie: die 8 Kurfürsten.
2. Kurie: die 165 Fürsten (96 weltlich, 69 geistlich).
3. Kurie: die 61 Reichsstädte, 2 nichtgefürstete Prälaten und 4 Stimmen der Grafen und Herren.

Die Habsburger üben in ihren Erbländern die absolute Landeshoheit aus und bleiben im Besitz der Kaiserwürde.

Die österreichisch-habsburgischen Länder, bisher ein lockeres Nebeneinander, werden zum »Haus Österreich« – »Casa d'Austria« (seit etwa 1400 übliche spanische Bezeichnung für das Haus Österreich) – im wahrsten Sinne des Wortes.

15. Mai Feldmarschall Graf Enckevoert belagert die Festung Neuburg nördl. von Hohenems (Vorarlberg).

23. Mai Die Schweden übergeben gegen freien Abzug die Festung Neuburg.

Anfang Juni Feldmarschall Graf Enckevoert zieht nach Bregenz und läßt die Befestigungswerke im Raum um Bregenz wiederherstellen.

3. Juni Erzherzog Ferdinand (IV.), Thronfolger und seit 5. August 1646 König von Böhmen, wird zum König von Ungarn gewählt und am 10. Juni gekrönt.

2. September Maximilian von Bayern schließt trotz des Waffenstillstandes mit Schweden und Frankreich (*→ 14. März*) ein Bündnis mit Kaiser Ferdinand III. Die schlechte militärische Situation der kaiserlichen Partei ist damit jedoch nicht zu retten.

▶1648 Wolfgang Ebners berühmte Klaviervariationen über ein Thema Kaiser Ferdinands III. erscheinen gedruckt. Ferdinand III. war der erste komponierende Habsburgerkaiser.

— Christoph Gumpp beginnt mit dem Bau der Pfarrkirche Mariahilf in Innsbruck, 1650 fertiggestellt.

9. Januar David Gregor Corner stirbt im Stift Göttweig (Niederösterreich); geb. 1587 in Hirschberg (Schlesien), 1631 Abt von Göttweig, 1638 Rektor der Universität Wien. 1625 erschien sein »Groß Catholisch Gesangbuch«, die wichtigste Kirchenliedersammlung des 17. Jh.s.

Frühjahr Abermalige (*→ 10. August 1646*) Vereinigung der Heere Marschall Turennes und Feldmarschall Carl Gustaf Wrangels.

17. Mai Schlacht bei Zusmarshausen (unweit von Augsburg), Niederlage des kaiserlichen Heeres unter General Peter (Melander) Reichsgraf Holzappel (auch Holzapfel, eigentlich Eppelbaum), der schwer verwundet wird und noch am selben Tag stirbt. Maximilian von Bayern flieht nach Salzburg. Schweden und Franzosen verwüsten daraufhin fast ganz Bayern.

Juni/Juli Feldmarschall Hans Christoph Graf Königsmarck zieht mit einem schwedischen Heer durch die Oberpfalz und Böhmen.

26. Juli Feldmarschall Graf Königsmarck erobert durch List die Prager Kleinseite (den Stadtteil am linken Ufer der Moldau). Der andere Teil Prags leistet unter dem Stadtkommandanten General Rudolf Graf Colloredo-Waldsee heldenhaften Widerstand bis über den Abschluß des Westfälischen Friedens hinaus *(→ 25. Oktober/3. November)*.

6. August Der Friede von Münster zwischen Kaiser Ferdinand III. und seinen Verbündeten einerseits und König Ludwig XIV. von Frankreich und seinen Alliierten andererseits. Bereits ein sehr umfangreiches Vertragswerk, das die Grundlage für den Frieden von Osnabrück und den endgültigen Abschluß des Westfälischen Friedens vom 24. Oktober darstellt. Der Friede wird am 10. November vom Kaiser und am 26. November vom König von Frankreich ratifiziert *(→ Rahmenartikel: Der Westfälische Frieden, S. 147)*.

11. Oktober Fürst Georg Rákóczi von Siebenbürgen stirbt. Nachfolger wird sein Sohn Georg II. Rákóczi.

14. Oktober Friede von Osnabrück zwischen Kaiser Ferdinand III. und seinen Verbündeten einerseits und Königin Christine von Schweden und ihren Alliierten andererseits. Er umfaßt 17 Artikel und einen Geheimartikel, mit dem Schweden vom Kaiser aus Reichsmitteln zusätzlich 600 000 Taler für die Freigabe der besetzten Gebiete erhält. Der Friede wird am 7. November vom Kaiser und am 18. November von der Königin ratifiziert *(→ Rahmenartikel: Der Westfälische Frieden, S. 147)*.

24. Oktober Der sogenannte »Westfälische Frieden« wird gemeinsam an beiden Orten, in Osnabrück und in Münster, unterzeichnet. Er umfaßt 120 Paragraphen. Der Westfälische Frieden wird zum »ewigen Grundgesetz des Reiches« erklärt und bestimmt auch durch über 150 Jahre politische Vereinbarungen im Reich. Die Durchführung seiner Bestimmungen, wie Räumung von Gebieten, Zahlung von Entschädigungen und ähnliches, zog sich über Jahre hin. Erst mit der Räumung der Stadt Vechta im Jahre 1654 durch die Schweden waren alle Gebiete in der Hand der rechtmäßigen neuen Besitzer *(→ Rahmenartikel: Der Westfälische Frieden)*.

25. Oktober Die Altstadt von Prag wehrt einen schweren Angriff Feldmarschall Graf von Königsmarcks ab *(→ 26. Juli)*; die Unterzeichnung des Westfälischen Friedens war in Prag noch nicht bekannt.

3. November Die Nachricht von der Unterzeichnung des Friedens trifft in Prag ein und beendet die Kampfhandlungen.

▶1649 Jesuiten gründen in Feldkirch (Vorarlberg) das erste Gymnasium von Vorarlberg, die »Stella Matutina«. Es wird im Lauf der Jahrhunderte zur vielbesuchten Erziehungsanstalt, von Adeligen bevorzugt. Seit 1976 geschlossen.

— Aufführung der allegorischen Szenenfolge »Drama musicum« von Kaiser Ferdinand III. in Wien.

4. Juni Erzherzog Ferdinand Karl von Tirol verkauft mit dem Vertrag von Feldkirch (Vorarlberg) alle seine Rechte in den (schweizerischen) Gerichten Davos, Klosters, Castels, Schiers-Seewis und Churwalden *(→ Ende Januar 1622)*.

26. Juli Kaiser Ferdinand III. bestätigt den Vertrag von Feldkirch (Vorarlberg).

▶Mitte 17. Jh. Schloß Seggau in Leibnitz (Steiermark) mit dreigeschossigem Bogengang der Hofseite.

— Umbau von Schloß Kobersdorf (Burgenland) unter Verwendung älterer Bauteile; prachtvoll gestaltete Spätrenaissancefenster.

— In der Kapelle der Burg Güssing (Burgenland) wird eine Truhenorgel, die älteste Hausorgel Europas, aufgestellt.

— Wehrturm in Breitenbrunn (Burgenland), Rest der ehemaligen Ortsbefestigung, wird auch Türkenturm genannt.

— Umbau des Rathauses von Eisenstadt; der Barockbau weist originelle Wandmalereien auf.

▶1651 Erstes »Comödie-Haus« in Wien errichtet, es stand in der Himmelpfortgasse an der Stelle des später errichteten Stadtpalais des Prinzen Eugen.

— Anton Riebler beginnt für das Servitenkloster mit dem Bau der Wallfahrtskirche von Loretto (Burgenland), sie wird 1659 eingeweiht.

— In Innsbruck beginnt Christoph Gumpp mit dem Bau der Stiftskirche Wilten, ein barocker Neubau der alten Kirche; 1665 fertiggestellt.

— Carlo Canevale beginnt mit dem Bau der Servitenkirche in Wien; Fertigstellung 1677.

▶1652 Neubau der Stiftskirche von Lambach (Oberösterreich), wahrscheinlich nach Plänen von Philiberto Lucchese, vom romanischen Bau bleibt nur das Westwerk erhalten; die Kirche wird 1656 fertig.

▶1653, Mai Auf dem Kurfürstentag in Augsburg wird Erzherzog Ferdinand (IV.), der älteste Sohn Kaiser Ferdinands III., zum römischen König gewählt *(→ 9. Juli 1654)*.

Ende Juni Auf dem Reichstag von Regensburg versucht Kaiser Ferdinand III. vergeblich, durch eine Reform das Reichsheer zu stärken. Dagegen gelingt ihm eine neue Ordnung des Reichskammergerichtes. Die Pfalz erhält die achte Kurstimme. Der Reichstag tagt in drei Kollegien: Kurfürsten, Fürsten und Reichsstädte (seit dem Westfälischen Frieden gleichberechtigt). Es gibt acht Kurfürsten (fünf katholische, drei protestantische), 96 weltliche und 69 geistliche Fürsten und 62 Reichsstädte. Die Gesamtheit der Reichsstände gliedert sich in den »Corpus Catholicorum« und den »Corpus Evangelicorum«. Im Verlauf des Reichstages siegt das Territorialfürstentum über die Zentralgewalt, das Reich wird zu einem Bund souveräner Einzelstaaten, die Macht des Kaisers bleibt nach außen hin unbestritten, wird aber de facto immer geringer. In den habsburgischen Ländern ist der Kaiser absoluter Herrscher, wodurch die Sonderentwicklung Österreichs weiter voranschreitet *(→ 17. Mai 1654)*.

▶1654, 17. Mai Kaiser Ferdinand III. schließt den Reichstag von Regensburg; in dieser Form tritt er nicht mehr zusammen *(→ 20. Januar 1663)*.

9. Juli König Ferdinand IV. stirbt in Wien an den Blattern; geb. am 8. September 1633 in Wien als ältester Sohn Kaiser Ferdinands III., seit 1646 König von Böhmen, seit 1647 König von Ungarn, seit Mai 1653 römischer König. Die Erbfolge geht auf den zweiten Sohn des Kaisers, Erzherzog Leopold (später Leopold I.), über, der ursprünglich für den geistlichen Stand bestimmt war.

▶**Um 1655** Hl. Martin vom Hochaltar der Pfarrkirche von St. Martin am Grimming (Steiermark), aus der Zürn-Werkstatt stammend (Joanneum, Graz).

▶**1655, Sommer** Beginn des Schwedisch-Polnischen Krieges, der sich bis 1660 hinzieht. Kaiser Ferdinand III. steht auf seiten Polens, Fürst Georg II. Rákóczi unterstützt die Schweden.

27. Juni Erzherzog Leopold (I.) wird zum König von Ungarn gewählt und gekrönt.

3. November Königin Christine von Schweden, die Tochter Gustavs II. Adolf, die im Juni 1654 die schwedische Königskrone zurückgelegt hatte, nimmt in der Innsbrucker Hofkirche in einer feierlichen Zeremonie den katholischen Glauben an. Am 8. November reist sie weiter nach Rom, wo sie in Hinkunft lebt.

▶**1656** Martinsaltar von Martin und Michael Zürn in der Stadtpfarrkirche von Ried (Oberösterreich).

— Der Baumeister Giovanni Antonio Dario errichtet in Salzburg, möglicherweise nach Plänen von Tomaso di Garona, den Residenzbrunnen, einen der prächtigsten Barockbrunnen nördl. der Alpen; er wird 1661 fertiggestellt.

16. August Beginn einer Meuterei kaiserlicher Truppen in Kärnten; sie sollten als Hilfskorps für Spanien auf dem oberitalienischen Kriegsschauplatz eingesetzt werden. Anfang September weitet sich die Meuterei auf die Steiermark aus, kann aber am 16. September beigelegt werden. Die Truppen werden nicht in Italien eingesetzt.

14. September Erzherzog Leopold (I.) wird zum König von Böhmen gewählt und gekrönt.

▶**1657, 2. April** Kaiser Ferdinand III. stirbt in Wien; geb. am 13. Juli 1608 in Graz als ältester Sohn Kaiser Ferdinands II., seit 1625 König von Ungarn, seit 1627 König von Böhmen, am 22. Dezember 1636 zum römischen König gewählt, ab 15. Februar 1637 römischer Kaiser *(→ 22. Juli 1658).*

Juli Fürst Georg II. Rákóczi wird von den Österreichern hart bedrängt *(→ Sommer 1655)* und muß mit Polen einen Frieden schließen. Die Türken sind darüber sehr aufgebracht; sie setzen Rákóczi gewaltsam ab und ihren Günstling Achaz Barcsai ein *(→ März 1661).*

▶**1658** Kapelle zum hl. Koloman in Kolomansberg (Oberösterreich), die älteste erhaltene Holzkirche von Österreich ist außen vollständig mit Brettschindeln verkleidet.

18. Juli Wahl Erzherzog Leopolds zum römischen Kaiser, als Kaiser Leopold I. Die Wahl konnte erst nach langen Verhandlungen und nach Überwindung großer Schwierigkeiten erfolgen, da Frankreichs Kardinal Mazarin die Thronbesteigung eines Habsburgers verhindern wollte. Leopold mußte sich in einer Wahlkapitulation verpflichten, in den Krieg zwischen Frankreich und Spanien nicht einzugreifen.

15. August Deutsche Fürsten beider Konfessionen schließen den (ersten) Rheinbund. Er wird von Frankreich (das ihm auch beitritt) stark gefördert und richtet sich gegen Habsburg, da man annimmt, daß durch die Festigung der habsburgischen Macht auch eine Revision des Westfälischen Friedens möglich wäre. Das Bündnis wird auf zehn Jahre vereinbart und nach Ablauf nicht verlängert. Den Rheinbund schließen: die Kurfürsten von Mainz, Trier, Köln und der Pfalz, die Herzöge von Bayern, Jülich, Kleve und Berg, der König von Schweden als Herzog von Bremen und Verden, die Herzöge von Braunschweig-Lüneburg und der Landgraf von Hessen.

▶**1660** »Il sacrifizio d'Abramo« von Kaiser Leopold I. wird in Wien uraufgeführt; ein Sepolcro, die spezifisch wienerische Sonderform des italienischen Oratoriums. Kaiser Leopold I. ist der begabteste Komponist unter den Habsburgerkaisern (außer ihm komponierten Ferdinand III. und Joseph I., *→ 1648, 1683*).

— Domenico Sciassia beginnt mit dem Neubau der Stiftskirche Vorau (Steiermark), die 1662 fertiggestellte Wandpfeilerbasilika erhält zwischen 1700 und 1750 eine einheitliche barocke Innenausstattung.

— Baubeginn für Schloß Petronell (Niederösterreich) durch Domenico Carlone, das 1673 fertiggestellt wird.

— Georg Gerstenbrand beginnt mit der Errichtung der Wallfahrtskirche Mariazell (Steiermark), die von Carlo Lurago bis 1697 fertiggestellt wird. Die Kuppel stammt von Jakob Prandtauer.

6. Juni Fürst Georg II. Rákóczi stirbt an den Folgen einer Verwundung; er hatte den Kampf gegen die Türken *(→ Juli 1657)* fortgesetzt *(→ März 1661).*

▶**1661, März** Johann Kemény wird von den Ständen Siebenbürgens zum Fürsten gewählt. Er läßt Achaz Barcsai *(→ Juli 1657)* ermorden und sucht Annäherung an Österreich. Die Türken erheben darauf Michael Apáfi zum Fürsten von Siebenbürgen. Im Kampf um seinen Thron fällt Johann Kemény 1662.

▶**Nach 1661** Ein unbekannter Architekt beginnt mit dem Neubau des Palais Starhemberg am Minoritenplatz in Wien. Das Palais, das heute die Ministerien für Wissenschaft und Forschung sowie für Unterricht und Kunst beherbergt, befindet sich seit 1661 im Besitz der Familie Starhemberg.

▶**1662** Aufgrund einer Stiftung von Kaiserin Eleonore von Gonzaga, der Witwe Kaiser Ferdinands III., gestaltet Carlo Antonio Carlone die Westfassade der Jesuitenkirche Am Hof in Wien.

Herbst Johann Ulrich Megerle (später Abraham a Sancta Clara) tritt als 18jähriger in den Wiener Augustiner-Barfüßerorden ein und beginnt sein Noviziat im Kloster Mariabrunn *(→ 1. Dezember 1709).*

▶**1663** Thomas Prünner errichtet den Fürstentrakt des Stiftes Reichersberg (Oberösterreich).

— Paul Graf Esterházy läßt das Schloß in Eisenstadt nach Plänen von Carlo Martino Carlone umbauen; an der Erbauung des 1672 fertiggestellten Stadtschlosses sind Sebastiano Bartoletti, Carlo Antonio Carlone und Domenico Carlone beteiligt.

20. Januar Reichstag von Regensburg: Er geht ohne formellen Beschluß auseinander. Der Reichstag wird als »Immerwährender Reichstag« zu einer ständigen Einrichtung und von Bevollmächtigten der Reichsstände beschickt. In Funktion und Wirkung sinkt er zu einem ständigen Gesandtenkongreß ab, bleibt aber bis 1806 bestehen.

April Die Hohe Pforte erklärt Kaiser Leopold I. den Krieg, da er Michael Apáfi, den Günstling der Osmanen, als Fürsten von Siebenbürgen nicht anerkennen wollte.

Sommer Ein osmanisches Heer in Stärke von etwa 100 000 Mann unter der Führung von Großwesir Ahmed Köprülü zieht gegen Ungarn und Mähren. Kaiser Leopold I. stehen nur etwa 12 000 Mann zur Verteidigung seiner Länder zur Verfügung. Seinem Ersuchen um Hilfe vom Reich und von Westeuropa wird nur zögernd nachgekommen.

27. September Großwesir Ahmed Köprülü erobert die Grenzfestung Neuhäusel und besetzt in der Folge Oberungarn.

19. Oktober Patent Kaiser Leopolds I. über die Erhebung des hl. Leopold zum Landespatron der Länder unter und ober der Enns.

►1664, 21. Jänner Der Banus von Kroatien, Miklós Graf Zrinyi, stellt sich allein den Türken entgegen. Raimund Graf Montecuccoli konnte ihn auch mit dem Hinweis auf die noch fehlenden Hilfstruppen nicht aufhalten. Bei diesem Feldzug verliert Zrinyi seine Burg Serinvár an die Türken.

Februar Beschluß des Reichstages, ein Reichsheer gegen die Türken aufzustellen.

2. Mai Feldzeugmeister Ludwig Graf de Souches nimmt nach einer längeren Belagerung mit einem kaiserlichen Heer Neutra in Oberungarn ein.

14. Mai Großwesir Ahmed Köprülü überschreitet mit einem Heer von 40 000 bis 70 000 Mann und 100 Kanonen die wiedererrichtete Draubrücke in Esseg *(→ 21. Januar)*. Damit beginnt der eigentliche Feldzug der Türken gegen Österreich.

5. Juni Feldmarschalleutnant Raimund Graf Montecuccoli wird zum Oberbefehlshaber des gesamten in Ungarn stehenden Heeres ernannt.

19. Juli Feldzeugmeister Ludwig Graf de Souches erringt bei Szent Benedek mit einem kaiserlichen Heer einen wichtigen Sieg über die Türken; mit 12 000 Mann kämpft er gegen eine Übermacht von doppelter Stärke.

1. August Schlacht bei Mogersdorf (Steiermark) an der Raab. Unter dem Oberbefehl von Feldmarschalleutnant Raimund Graf Montecuccoli kämpfen Reichstruppen unter Leopold Wilhelm Markgraf von Baden und auch ein französisches Kontingent von 5 400 Mann unter General Jean de Coligny in einer Gesamtstärke von 25 000 Mann gegen etwa 100 000 Türken. Trotz der zahlenmäßigen Unterlegenheit erringen die Koalitionstruppen einen klaren Sieg, die Osmanen haben 16 000 Tote, darunter sehr viele Janitscharen, zu beklagen.

10. August Frieden von Vasvár zwischen Kaiser Leopold I. und dem Osmanischen Reich. Der Kaiser anerkennt Michael Apáfi als Fürsten von Siebenbürgen, die Osmanen behalten die von ihnen eroberten Festungen Neuhäusel, Neograd und Großwardein; der Kaiser erklärt sich zur Zahlung eines »Geschenks« in der Höhe von 100 000 Talern an den Sultan bereit. Dieser – am militärischen Erfolg gemessen – wenig vorteilhafte Frieden wird für 20 Jahre vereinbart. Die ungarischen Stände sind darüber sehr ungehalten.

►1665 Kaiserin Witwe Eleonore von Gonzaga beruft die Ursulinen als Schulschwestern nach Wien und läßt für sie eine Kirche erbauen, die 1675 fertiggestellt wird.

25. Juni Erzherzog Sigmund Franz von Tirol stirbt; geb. am 27. November 1630 als Sohn Erzherzog Leopolds V. von Tirol. Die letzte regierende Seitenlinie der österreichischen Habsburger ist damit erloschen, die Länder werden mit den habsburgischen Erblanden vereinigt *(→ 20. April 1626)*.

►1666 Magnatenverschwörung in Ungarn zur Beseitigung der habsburgischen Herrschaft; Gründe sind die Unzufriedenheit über den Frieden von Vasvár *(→ 10. August 1664)* und die starke Beeinträchtigung der Protestanten bei ihrer Religionsausübung.

— Mit der Gestaltung des Prunksaales von Schloß Eggenberg in Graz (bedeutender Stuck von Alessandro Serenio und Malereien von Hans Adam Weißenkirchner von 1684/85) wird begonnen, 1683 fertiggestellt.

12. Dezember Kaiser Leopold I. heiratet die spanische Infantin Margarita Maria Teresa, eine Tochter König Philipps IV. von Spanien.

►1667, 12./14. Juli Als Höhepunkt der monatelangen Hochzeitsfeierlichkeiten wird das Hauptwerk des italienischen Komponisten Marc Antonio Cesti, die Oper »Il pomo d'oro« (wörtlich: Der goldene Apfel, deutscher Titel: Das Urteil des Paris) aufgeführt. Zu diesem Zweck wurde eigens ein hölzerner Theaterbau (etwa an der Stelle der heutigen Nationalbibliothek) errichtet. Das Bühnenbild stammt von Ludovico Burnacini. Die Aufführung in zwei Teilen findet vor einer illustren Gästeschar statt, auch der osmanische Gesandte ist unter den Zuhörern. Wegen des großen Erfolgs wird die Aufführung noch einmal wiederholt.

►Um 1667 Arkadenhof, sogenannter Florentinerhof, im Schloß Herberstein (Steiermark).

►1668 Marktbrunnen in Vordernberg (Steiermark) mit schmiedeeiserner Laube.

— Uhrturm des neuen Rathauses von Mureck (Steiermark).

19. Januar Geheimvertrag zwischen Kaiser Leopold I. und König Ludwig XIV. von Frankreich (einem Schwiegersohn König Philipps IV. von Spanien), der Frankreich die spanischen Niederlande sichert.

23. Februar Um zwei Uhr früh bricht im neuen Trakt der Wiener Hofburg zwischen Schweizerhof und Amalienburg, den Kaiser Leopold I. 1660–1666 errichten ließ, ein Brand aus. Der Kaiser und seine Familie sowie die wertvollsten Geräte können gerade noch gerettet werden. Der Brand hält bis gegen Mittag des folgenden Tages an und vernichtet das ganze Gebäude. Der Neubau dieses Teiles, den man den Leopoldinischen Trakt nennt, erfolgt nach Plänen von Bauführer Domenico Carlone, in den Jahren bis 1680.

►1669 Pietro Francesco Carlone beginnt mit dem Bau der Jesuitenkirche in Linz, vermutlich 1678 vollendet.

— Mit der Gestaltung des Inneren der ehemaligen Stiftskirche Waldhausen (Oberösterreich), Stukkaturen von Giovanni Battista Carlone, Gewölbefresken von den Brüdern Grabenberger, wird begonnen, 1693 fertiggestellt.

►1670 Der Neubau vom Schloß Trautenfels (Steiermark) beginnt; 1672 fertiggestellt.

— In der Burg Rabenstein (Steiermark) beginnt die Erweiterung des sogenannten »unteren Hauses« mit Stuckdeckenlösung nach dem Vorbild von Schloß Eggenberg in Graz, Fertigstellung 1680.

14. Februar Kaiser Leopold I. erläßt unter dem Einfluß seiner spanischen Gattin einen Befehl, wonach alle Juden Wiens bis zum Fronleichnamstag die Stadt zu verlassen haben; eine Ausnahme bildet der Judenrichter Marcus Schlesinger, der sich besondere Verdienste erworben hatte. Bereits am 30. Juni 1669 hat der Kaiser alle Juden ohne »Haus- und Kaufschatz« ausweisen lassen. Seit dem Brand des Hofburgtraktes *(→ 23. Februar*

1668) hatte man die Juden des Kindesraubes und der Brunnenvergiftung beschuldigt.

24. Juli Kaiser Leopold I. übergibt dem Rat der Stadt Wien die ehemalige Judenstadt und das Untere Werd, kurz vorher hatte er diesem Gebiet den Namen »Leopoldstadt« gegeben.

18. August Kaiser Leopold I. legt den Grundstein zur Kirche zum hl. Leopold (Wien, Große Pfarrgasse), die an der Stelle der abgerissenen Neuen Synagoge errichtet wird. Die Kirche wird 1670/1671 von den Meistern Gerstenbrand und Strobl erbaut, vermutlich nach den Anordnungen des Bauführers Carlo Canevale.

►**1671** Errichtung eines Zuchthauses in der Leopoldstadt (Wien 2).

— Beginn des Neubaues der Wallfahrtskirche Maria Plain (Salzburg) von Giovanni Antonio Dario, 1674 fertiggestellt.

Anfang Aufstand in Ungarn, Kroatien und der Steiermark gegen zentralistische und gegenreformatorische Maßnahmen Kaiser Leopold I. Im April 1670 wurde ein angeblicher Mordanschlag auf den Kaiser verraten, weshalb Leopold I. strenge Maßnahmen, besonders für Ungarn, Kroatien und die Steiermark, anordnete.

April Verrat führte zur Aufdeckung des Aufstandes; die verantwortlichen Führer werden verhaftet: Franz Graf Nádasdy, Franz Markgraf Frangipani (Markgraf des Küstenlandes), Peter Graf Zrinyi, Banus von Kroatien, und Erasmus Graf Tattenbach, Statthalter der Steiermark *(→ 30. April/1. Dezember)*.

30. April Franz Graf Nádasdy wird in der Bürgerstube des Wiener Rathauses, Franz Markgraf Frangipani und Peter Graf Zrinyi werden im Zeughaus von Wr. Neustadt (Niederösterreich) enthauptet.

1. November Ein weiterer Geheimvertrag *(→ 19. Januar 1668)* zwischen Kaiser Leopold I. und König Ludwig XIV. von Frankreich verpflichtet Österreich zur Neutralität gegenüber Frankreich.

1. Dezember Erasmus Graf Tattenbach wird in Graz hingerichtet *(→ April)*.

►**1672** Ausbruch des Krieges zwischen Frankreich und Holland (den Generalstaaten), auf seiten Hollands ist nur das Kurfürstentum Brandenburg; Kaiser Leopold I. (und zahlreiche Fürsten des Reiches) ist durch Verträge mit König Ludwig XIV. *(→ 1. November 1671)* gebunden. Frankreich hat England auf seiner Seite *(→ 23. Juni/25. Juli)*.

23. Juni Allianzvertrag Kaiser Leopolds I. mit Kurfürst Friedrich Wilhelm von Brandenburg; Frankreich hatte in Kleve die vereinbarte Achtung der Reichsinteressen verletzt.

25. Juli Allianzvertrag Kaiser Leopolds I. mit den Generalstaaten (Holland) gegen Frankreich. Die unter Feldmarschalleutnant Raimund Graf Montecuccoli nach dem Westen Deutschlands abkommandierten Truppen vermeiden, dem Wunsch Kaiser Leopolds I. entsprechend, eine direkte militärische Auseinandersetzung mit Frankreich.

►**1673** Barocker Umbau der Stadtpfarrkirche von Judenburg (Steiermark) durch Domenico Sciassia.

21. Juni Kurfürst Friedrich Wilhelm von Brandenburg schließt mit Frankreich einen Sonderfrieden, er war durch Schweden und Braunschweig bedroht. In der Folge schließen sich dem kaiserlich-holländischen Bündnis *(→ 25. Juli 1672)* Spanien, Dänemark, Lothringen, Kursachsen und Trier an.

August Feldmarschalleutnant Raimund Graf Montecuccoli führt ein 36 000 Mann starkes Heer gegen Frankreich.

Oktober Raimund Graf Montecuccoli drängt die Franzosen unter Marschall Turenne auf das linke Rheinufer zurück und vereinigt sich mit den spanisch-holländischen Truppen.

►**1674** Der Holländische Krieg entwickelt sich langsam zu einem Erfolg Frankreichs, da die uneinheitliche und uneinige Kriegsführung der Alliierten kaum wesentliche Erfolge zuläßt. Da sich Feldmarschalleutnant Raimund Graf Montecuccoli aus dem aktiven Dienst zurückgezogen hatte, fehlt eine überragende Feldherrnpersönlichkeit.

►**1675/76** Doppelaltar von Thomas Schwanthaler in der Pfarrkirche von St. Wolfgang (Oberösterreich).

►**1675** Hochaltar der Pfarrkirche von Straßwalchen (Salzburg), das erste Werk des Barockbildhauers Meinrad Guggenbichler.

►**1676** In Donnerskirchen (Burgenland) beginnt man mit dem Neubau der Pfarrkirche, einem einheitlichen Barockbau unter Verwendung von Mauerteilen der älteren Kirche, Fertigstellung 1680.

Frühjahr Beginn des Friedenskongresses in Nimwegen (niederländisch: Nijmegen) der am Holländischen Krieg beteiligten Staaten. König Ludwig XIV. von Frankreich erreicht separate Verhandlungen und Einzelverträge, insgesamt neun, in den Jahren 1678 und 1679 *(→ 5. Februar 1679)*.

►**1677** Pietro Francesco Carlone beginnt mit dem Neubau der ehemaligen Stiftskirche Garsten (Oberösterreich); 1693 von seinen Söhnen Carlo Antonio Carlone und Giovanni Battista Carlone fertiggestellt.

26. April Kaiser Leopold I. gründet die Universität Innsbruck.

28. April Abraham a Sancta Clara wird zum Hofprediger ernannt; zwischen 1673 und 1676 waren bereits Predigten von ihm in Druck erschienen.

16. November Französische Truppen erobern das habsburgische Freiburg im Breisgau.

►**1679/81** Hl.-Geist-Altar in der ehemaligen Stiftskirche Mondsee (Oberösterreich) von Meinrad Guggenbichler.

►**1679, Januar** Beginn der Pestepidemie in Österreich, in Wien zählt man zu Ende des Monats bereits 410 Tote *(→ Dezember)*.

5. Februar Friede von Nimwegen *(→ Frühjahr 1676)* zwischen Kaiser Leopold I. und König Ludwig XIV. von Frankreich. Er war der dritte Friede im Rahmen der Friedensverhandlungen von Nimwegen und wurde mit »Kaiser und Reich« abgeschlossen. Die Grundlage bilden die Bestimmungen des Westfälischen Friedens, Freiburg im Breisgau *(→ 16. November 1677)* bleibt in französischem Besitz. Gleichzeitig auch Friede zwischen »Kaiser und Reich« einerseits und Schweden andererseits, der vierte Friede im Rahmen der 9 Verträge umfassenden Friedensverhandlungen von 1678 und 1679. König Ludwig XIV. von Frankreich wird durch diese Friedensschlüsse zum mächtigsten Herrscher Europas.

Dezember Ende der Pestepidemie: Wien war, bedingt durch die Bevölkerungsdichte, am ärgsten betroffen.

Pesttote in Wien:

Januar	410	Juli	7 507
Februar	359	August	4 517
März	3 797	September	6 774
April	4 963	Oktober	6 475
Mai	5 727	November	2 400
Juni	6 557	Zusammen	49 486

Dazu soll es in den Vorstädten von Wien 30 470 Pesttote gegeben haben, was allerdings stark übertrieben erscheint. Diese Angaben entstammen dem 1694 erschienenen Werk »Wunderbarer Adlers-Schwung« von Johann Konstantin Feigius, der – und nicht, wie oft zitiert, Matthias Fuhrmann – auch als erster über den Sackpfeifer Augustin berichtet.

▶**1680** »Mercks Wienn!«, die Pestbußpredigt von Abraham a Sancta Clara, erscheint.

— Pietro Francesco und Carlo Antonio Carlone beginnen mit dem Neubau der Stiftskirche Schlierbach (Oberösterreich); 1683 fertiggestellt.

— Ein Schüler Domenico Sciassias beginnt in Stainz (Steiermark) mit dem Bau der Stiftskirche, 1695 vollendet.

30. September Johannes Grueber stirbt in Sárospatak (Ungarn); geb. am 28. Oktober 1623 in Linz; Jesuitenpater, Missionar und Mathematiker. Er war 1659–1661 am chinesischen Kaiserhof und der erste Europäer, der durch Tibet reiste und den Himalaja überschritt. Seine Handzeichnungen des Potala in Lhasa waren über 200 Jahre die einzigen Ansichten dieser »verbotenen Stadt«. Er verfaßte die erste wissenschaftlich wertvolle Reisebeschreibung Tibets.

▶**1681/93** Marmorportal des Stiftes Lambach (Oberösterreich) von Jakob Auer.

▶**1681** Salzburgs Erzbischof Max Gandolf Graf Kuenburg läßt die mächtige, nach Norden gerichtete Feuerbastei der Festung Hohensalzburg errichten, die letzte bauliche Erweiterung der Festung.

— Turmneubau der Kirche des Damenstiftes in Hall (Tirol).

— Frühbarocke Fresken in der Armenseelenkapelle der Pfarrkirche von Altheim (Oberösterreich), bei Restaurierungsarbeiten 1975 entdeckt *(→ 1525)*.

Frühjahr Kaiser Leopold I. beruft einen allgemeinen ungarischen Reichstag nach Ödenburg ein.

22. Mai Kaiser Leopold I. trifft mit drei Regimentern Garde vor Ödenburg ein und bezieht vor der Stadt ein Zeltlager, wo die ungarischen Magnaten in fürstlichem Prunk und mit großem Gefolge erscheinen.

23. Mai Feierliche Eröffnung des allgemeinen ungarischen Reichstages in Preßburg mit Huldigung aller versammelten Deputierten, sie erfolgte einzeln und mit Handkuß. In den monatelangen Verhandlungen nimmt die kaiserliche Regierung fast alle zentralistischen und gegenreformatorischen Maßnahmen *(→ 1671)* zurück.

9. November Eine königliche Entschließung Kaiser Leopolds I. für die ungarischen Stände wird vom Reichstag vom Gesetz erhoben und kundgemacht. Die alte Verfassung Ungarns wird im wesentlichen wiederhergestellt, vor allem die Selbständigkeit der Hofkammer in Preßburg, weitgehende Religionsfreiheit wird gewährt. Mit dieser »Versöhnung Ungarns« war das Land befriedet und die gemeinsame Abwehr von Feinden gesichert.

▶**1682/85** Hochaltar der Pfarrkirche von Irrsdorf (Salzburg) von Meinrad Guggenbichler.

▶**1682/84** Corpus-Christi-Altar in der ehemaligen Stiftskirche Mondsee (Oberösterreich) von Meinrad Guggenbichler.

▶**1682, 10. Juni** Mit der Laxenburger Allianz tritt Kaiser Leopold I. der Frankfurter Allianz mehrerer Reichsstände, der sogenannten »armierten Stände«, bei. Die Allianz dient der Aufrechterhaltung des Westfälischen Friedens und des Friedens von Nimwegen und dem Schutz der Reichsgrenzen; dazu wird die Stationierung eines 30 000 Mann starken Heeres am Rhein vorgesehen. Das Bündnis richtet sich eindeutig gegen die Reunionsbestrebungen König Ludwigs XIV. von Frankreich (Vereinigung aller Gebiete, die nur irgendwann einmal mit Frankreich verbunden waren).

▶**1683** Die Schäferkomödie »Der Thörichte Schäffer« in deutscher Sprache wird in Wien uraufgeführt, die Musik ist von Kaiser Leopold I. *(→ 1660)*.

— Abraham a Sancta Claras Schrift »Auf, auf, ihr Christen« erscheint im Druck.

1. Januar Samuel Oppenheimer, ein Heereslieferant, wird wegen Übervorteilung des Fiskus verhaftet. Selbst im Gefängnis muß er für die Erfüllung seines Liefervertrages sorgen. Nach über einem halben Jahr wird er, nachdem er die Verpflichtung eingegangen ist, das Entsatzheer für Wien zu versorgen, enthaftet. Bis Ende 1683 liefert er 100 000 Handgranaten, 2 000 Bomben und 100 Zentner Pulver. Er unterhielt dafür eine Donauflotte von acht Schiffen, mit einer Besatzung von 52 Mann. Außer dem Kriegsmaterial lieferte er auch Mehl, Getreide und viele Arten von Proviant. Mitte März 1684 betrug seine Forderung an die fast leere Kriegskasse 187 000 Gulden *(→ 22. Juli 1700, 3. Mai 1703)*.

26. Januar Kaiser Leopold I. schließt für Österreich ein Defensivbündnis mit Kurfürst Max Emanuel von Bayern gegen Frankreich und das Osmanische Reich.

31. März Über Vermittlung von Papst Innozenz XI. schließt Kaiser Leopold I. einen Beistandspakt mit König Johann III. Sobieski von Polen.

— Sultan Mehmed IV. bricht von Adrianopel mit einem etwa 100 000 Mann starken Heer nach Nordwesten auf.

Mai/Juni Herzog Karl V. von Lothringen versucht die aufständischen, türkenfreundlichen ungarischen Streifscharen unter Emmerich Graf Tököly mit wechselndem Erfolg zu bekämpfen.

3. Mai In Belgrad übergibt Sultan Mehmed IV. den Oberbefehl an den Großwesir Kara Mustafa, dem sich in Ungarn weitere Truppenteile anschließen. Als Vorhut streifen Einheiten der Tataren und verbreiten Angst und Schrecken.

7. Mai In der Nähe von Preßburg hält Kaiser Leopold I. mit Kurfürst Max Emanuel von Bayern Heerschau über die zur Verfügung stehenden Truppen: 22 000 Mann Infanterie, 11 000 Mann Dragoner und 56 Kanonen. Den Oberbefehl über die Truppen hat seit 21. April Herzog Karl V. von Lothringen inne. Auf den Rat des päpstlichen Legaten, des Kapuzinerpaters Marco d'Aviano, werden die Feldzeichen mit dem Bild der Gottesmutter versehen (die Fahnen der österreichischen Truppen haben diesen Brauch 255 Jahre beibehalten, erst Adolf Hitler hat ihn abgeschafft).

1. Juli Kara Mustafa überschreitet mit der Hauptmasse des osmanischen Heeres die Raab, nachdem er sich entschlossen hatte, nicht die Festung Raab einzunehmen, sondern sofort gegen Wien zu ziehen.

Osmanischer Zeremonienmeister über das Neugebäude

Eintragung im Tagebuch des »Zeremonienmeisters des Reiches«, der den Großwesir Kara Mustafa begleitet, mit dem Datum 13. Juli 1683:

»... Auf dem heutigen Marsch zum Nachtlager waren zur Rechten und Linken an die zehn eingeäscherte Dörfer und Palanken [befestigte Orte] zu sehen. Ferner führte der Weg an einer kleinen Stadt [Fischamend] vorbei ... Unbeschreibliche Mengen von Brennholz, Bauholz und Brettern sowie von Mühlsteinen und feinem Mehl, all das wurde verbrannt. Und an der gleichen Straße lag ein Garten mit einer hohen Mauer, ein Lustgarten und Ausflugsort des Kaisers [Lustschloß Ebersdorf], wie man seinesgleichen noch nicht gesehen hat ... Es wurde alles in Brand gesteckt, vernichtet und dem Erdboden gleichgemacht.«

Das am selben Tag erreichte »Neugebäude« (Simmering) *(→ 1569)* wurde von den Türken verschont, da es angeblich auf dem Platz steht, auf dem während der ersten Türkenbelagerung von 1529 das Prunkzelt Sultan Süleymans II. stand, und diesem teilweise nachgebildet sei.

6. Juli Zwischen den Ortschaften Petronell und Regelsbrunn kommt es zu einem Gefecht zwischen Savoyerdragonern, die zur Nachhut von Herzog Karl V. von Lothringen gehörten, und streifenden Tataren. Prinz Ludwig Julius von Savoyen-Carignan, der ältere Bruder Prinz Eugens von Savoyen, erlitt schwere Verletzungen, denen er wenige Tage später erlag.

7. Juli Ernst Rüdiger Graf Starhemberg, von Kaiser Leopold I. zum Stadtkommandanten von Wien ernannt, trifft mit der Kavallerie Herzogs Karl V. von Lothringen in Wien ein.

— Am Abend verläßt Kaiser Leopold I. mit seiner Familie – die Kaiserin ist im 8. Monat schwanger – Wien und begibt sich mit einer kilometerlangen Troßkolonne nach Linz.

11. Juli Hainburg (Niederösterreich) wird, nachdem die befestigte Stadt fast den ganzen Tag von den Türken berannt worden war, eingenommen. 8 432 Einwohner werden getötet oder verschleppt, die Stadt verwüstet (erst 1710 hatte die Stadt wieder 1 000 Einwohner – ein Beispiel für zahlreiche andere Städte während des Türkeneinfalles).

13. Juli 6 000 Mann der regulären Infanterie des kaiserlichen Heeres treffen in Wien ein. Zusammen mit der Bürgerwehr und anderen Freiwilligen zählen die Verteidiger Wiens ungefähr 15 000 Mann. Die Verteidigungsanlagen der Stadt waren zwischen 1656 und 1672 modern ausgebaut worden. Dem Stadtkommandanten stehen der Bürgermeister Andreas von Liebenberg *(→ 9. September)* und der Bischof von Wr. Neustadt, Leopold Graf Kolonitsch, der sich besonders als Organisator und Betreuer der Verwundeten bewährt, zur Seite.

— Kara Mehmed, der Pascha von Diyarbekir, und Murad Ghiraj, der Tatarenkhan, beginnen die Belagerung von Wiener Neustadt. Graf Castell kann mit einem Dragonerregiment und der Bürgerwehr die Stadt mehr als zwei Monate halten.

14. Juli Das türkische Heer erscheint vor Wien und beginnt mit der Einschließung der Stadt. Herzog Karl V. von Lothringen zieht mit seinem Reiterheer durch die Leopoldstadt, die hinter ihm in Flammen aufgeht, auf das linke Ufer der Donau. Dadurch wird die völlige Abschließung Wiens verhindert.

15. Juli Türkischer Tradition entsprechend reitet ein Sipahi (Angehöriger der ersten Schwadron der »Großherrlichen Pfortenkavallerie«) mit der Aufforderung vor die Stadt, den Islam anzunehmen und sich auf Tribut zu ergeben.

— Beginn der türkischen Kanonade, die allerdings der städtischen Artillerie von Anfang an unterlegen ist, da die Osmanen wegen Transportschwierigkeiten nur leichtere Geschütze mit sich geführt hatten. Das türkische Feuer konzentrierte sich gegen die Burg- und Löbelbastion. Zeitgenössische, nicht bewiesene Gerüchte sprechen von einem Kapuzinerpater, der die Bastionen ausspioniert hatte und unter dem Namen Ahmed Bey später bei den Osmanen in Dienst stand.

16. Juli Wien ist vom türkischen Belagerungsheer in einem Halbkreis von der Donau bei Erdberg bis zur Donau in der Roßau eingeschlossen. Über 25 000 Zelte werden von den etwa 200 000 Türken errichtet. Tatarische Reiterschwärme durchziehen das Land südl. und westl. von Wien; bewaffneter Widerstand wird überall gebrochen; Dörfer, Märkte und Klöster werden geplündert, und angezündet, Alte, Kranke und kleine Kinder ermordet, die übrige Bevölkerung wird verschleppt. Einzelne Horden ziehen über das Tullnerfeld entlang der Donau bis nach Oberösterreich. In St. Pölten setzen sich 2 000 Tataren fest und plündern die Umgebung. Im Süden wüten die Türken besonders in Perchtoldsdorf, Hainfeld, Altenmarkt, Heiligenkreuz und St. Veit an der Gölsen. Feste Plätze können teilweise gehalten werden, die Stifte Lilienfeld, Melk und Klosterneuburg konnten mehrere türkische Angriffe abwehren.

23. Juli Erster Sturm der Türken auf die Burgbastei, am 25. und 27. folgen weitere.

25. Juli Der Diener des ehemaligen österreichischen Residenten (= Botschafters) in Istanbul Georg Christoph von Kunitz, Jakob Heider, wird in der Roßau von den Türken gefangengenommen. Er hatte bisher Nachrichten zwischen der Stadt, den Truppen Herzog Karls V. von Lothringen und dem freien Umland hin- und hergeschmuggelt *(→ 13. August)*.

29. Juli Ungarische Aufständische unter Emmerich Graf Tököly (dem Führer des Aufstandes von 1671) werden von den Kaiserlichen aus Preßburg vertrieben; die von dort drohende Gefahr für Wien ist beseitigt.

2. August Abgesehen von den fast täglich erfolgenden längeren Kanonaden beginnen nun auch die Sprengungen der von den Türken gegrabenen Minen, die zum Teil schwere Schäden an den Befestigungsmauern der Stadt verursachen.

3. August Türkische Einheiten setzen sich im Graben vor dem Burgravelin fest, können aber wieder zurückgeworfen werden.

13. August Georg Franz Koltschitzky gelingt ein Kundschaftergang aus der Stadt; er kehrt am 17. mit der Nachricht zurück, daß ein Entsatzheer im Anmarsch sei.

Ein Bericht aus den ersten Tagen der Türkenbelagerung

Über den wahrscheinlich schwersten Kampftag während der zweiten Türkenbelagerung berichtet Oberstleutnant Johann Georg von Hoffmann, ein Offizier der Garnison. Seine tagebuchartigen Aufzeichnungen in französischer Sprache (»Relation du siège de Vienne par un officier de la garnison«), heute im Staatsarchiv in Wien, zeichnen sich durch besondere Genauigkeit aus:

»Die Sonne des 4. September sollte einen Kampf bescheinen, von dem das Schicksal unserer Stadt abhing, da die Türken alle Anstrengungen machten, sie im Sturm zu nehmen. Bis zu diesem Tage hatten unsere Kommandanten nicht geglaubt, daß man ein Festungswerk in so kurzer Zeit unterminieren könne. Sie hatten zwar die Besatzung der Burgbastei beträchtlich verstärkt, aber doch nicht alle Maßregeln getroffen, die gerade bei solchen Anlässen notwendig sind. Der Morgen war ziemlich ruhig verlaufen, und gegen Mittag hatte ich mich mit Rhone, der die Folgen seiner Verwunderung schon überstanden hatte, in ein Haus bei der Burg begeben, um kurze Zeit auszuruhen. Gegen 2 Uhr hörten wir die Explosion einer Mine, von der das ganze Haus erbebte. Wir eilten sofort auf die Bastei, wo wir Graf de Souches [Generalfeldwachtmeister] trafen, der hier das Kommando führte; er hatte seine Besatzung in dem neuen Abschnitt auf der Bastei aufgestellt. Als wir uns der Bresche näherten, sahen wir schon die Spitzen der türkischen Roßschweife, welche die Janitscharen auf der Höhe aufpflanzen wollten. Wir schlossen uns vorerst dem Freiherrn Asty an, der sich bei diesem Sturm als tüchtiger Offizier bewährte, und ließen die Soldaten reihenweise vorrücken, die zurückgingen, nachdem sie Feuer gegeben hatten. So begann der Sturm, der ohne Unterbrechung mehr als zwei Stunden dauerte. Die Bresche war groß, aber steil, und wir konnten die Janitscharen ohne besondere Mühe bis hinter die großen Mauerstücke zurückdrängen, die unten stehen geblieben waren. Doch nun setzte ein furchtbares Feuer von der ganzen Kontreskarpe [gemauerte Außenböschungen der Festungsgräben] ein, gleichzeitig überschütteten uns die Türken mit einem Hagel von Kanonenkugeln, mit Bomben und Steinen aus Mörsern, mit Pfeilen und allen anderen Geschossen, die unsere Reihen zum Weichen bringen sollten. Starhemberg war mit Serényi [Generalfeldwachtmeister] und allen höheren Offizieren herbeigeeilt; sie alle setzten mit Todesverachtung ihr Leben aufs Spiel. Die Ablösung, die gerade antreten sollte, kam auch zur rechten Zeit, und St.-Croix, Oberstleutnant des Regimentes Dupigny, besetzte die linke Seite der Bresche mit allen Offizieren seines Regimentes und einer Abteilung seiner Leute. Der Angriff dauerte so lange, bis wir breite, auf vier Rädern vorgerollte spanische Reiter und Sandsäcke herbeigebracht hatten, um die Bresche zu schließen. Dieser Sturm kostete uns nicht weniger als 200 Mann, von denen 12 durch eine einzige Bombe zerrissen worden waren, und viele Offiziere. Die Türken, welche ungleich größere Verluste erlitten hatten als wir, haben später erklärt, daß sie fest überzeugt waren, uns an diesem Tage zu überwältigen. Und tatsächlich waren sie von allen Seiten herbeigeeilt, um zu kämpfen oder zuzuschauen. In der Nacht gelang es uns, die Bresche vollständig abzuriegeln.«

Die Stärkeangaben bei der Entsatzschlacht vom 12. September sind unterschiedlich, dürften aber beim Entsatzheer ungefähr 75 000 Mann und 150 bis 170 Geschütze betragen haben. Die Türken hatten über 30 000 Mann in den Gräben vor der Festung und traten mit etwa 100 000 Mann dem Entsatzheer entgegen.

Das Entsatzheer:

Die kaiserliche Feldarmee unter Herzog Karl V. von Lothringen, Generalleutnant des Kaisers: etwa 8 000 Mann zu Fuß, 12 900 Reiter, 70 Geschütze.

Sachsen unter Fürst Johann Georg III. von Sachsen: 7 000 Mann zu Fuß, 2 000 Reiter, 1 400 Artilleristen und Troßknechte, 16 Geschütze.

Bayern unter Kurfürst Max Emanuel: 7 500 Mann zu Fuß, 3 000 Reiter, 800 Sonstige, 26 Geschütze.

Reichstruppen des fränkischen und schwäbischen Kreises unter Feldmarschall Fürst von Waldeck: 7 000 Mann zu Fuß, 2 500 Reiter, 28 Geschütze.

Polen unter König Johann III. Sobieski, dem Oberbefehlshaber des Entsatzheeres: 10 200 Mann zu Fuß, 14 000 Reiter, 28 Geschütze.

16. August Generalwachtmeister Graf Serényi (→ *27. Juli*) unternimmt einen Ausfall, ebenso am 25.

31. August Polnische Truppen unter Johann III. Sobieski passieren in einer Stärke von etwa 23 000 Mann die mährisch-österreichische Grenze bei Dürnholz.

— Herzog Karl V. von Lothringen trifft in Oberhollabrunn (Niederösterreich) mit König Johann III. Sobieski von Polen, der seinen heranziehenden Truppen vorangeeilt war, zusammen und übergibt ihm, dem Ranghöheren, das Oberkommando über den bevorstehenden Entsatz von Wien; sein Einsatz- und Schlachtplan findet die Zustimmung des Polenkönigs.

3. September Der Burgravelin, die am stärksten umkämpfte Stelle, fällt in die Hände der Belagerer. In der Nacht schießen die Belagerten Raketen ab, nach türkischen Angaben 30, um ihre große Bedrängnis nach außen mitzuteilen.

4. September Hauptsturm der Osmanen auf die Burgbastei. Die Kaiserlichen mußten schwere Verluste hinnehmen (200 Tote), konnten sich aber behaupten.

— Die Lage in der Stadt ist bereits verzweifelt. Es herrscht sowohl an Munition wie an Lebensmitteln Mangel. Die hohen Ausfälle bei den Truppen als auch die Erkrankungen an der Roten Ruhr – am Höhepunkt der Seuche sterben täglich etwa 40 Menschen – mindern die Verteidigungskraft.

6. September Am Kahlenberg steigen Raketen auf, die der belagerten Stadt das Herannahen des Entsatzheeres ankündigen.
7. September Im Raum Tulln (Niederösterreich) ist das gesamte christliche Entsatzheer vereinigt; Herzog Karl V. von Lothringen und König Johann III. Sobieski von Polen haben hier auf das Eintreffen der Reichstruppen gewartet.
— Bevor die Truppen des Entsatzheeres die Donau bei Tulln übersetzten, erteilt ihnen der Kapuzinerpater Marco d'Aviano den päpstlichen Segen. Obwohl er seine Predigten nur in Latein oder Italienisch halten konnte, weil er des Deutschen nicht mächtig war, folgten ihm die Zuhörer begeistert.
9. September Bürgermeister Andreas von Liebenberg stirbt an den Folgen der Roten Ruhr.
— Das Entsatzheer erreicht den nördl. Rand des Wienerwaldes und dringt von nun an in getrennten Marschsäulen vor.
10. September General Donat Heißler erreicht in der Nacht mit einer kleinen Abteilung die Höhe des Kahlenberges (heute Leopoldsberg) und gibt der Stadt Wien die ersten Feuersignale als Zeichen der nahen Befreiung.
12. September Am Morgen liest Pater Marco d'Aviano eine Messe in der Georgskapelle auf dem Kahlenberg (heute Leopoldsberg). Um 5.00 Uhr früh beginnt die Schlacht. Das Entsatzheer in der Stärke von etwa 75 000 Mann rückt in drei Heeressäulen vor: Am linken Flügel steht die kaiserliche und sächsische Kavallerie unter Herzog Karl V. von Lothringen und unter Kurfürst Johann Georg III. von Sachsen. In der Mitte rükken die bayerischen und fränkischen Truppen unter Kurfürst Max Emanuel von Bayern und Fürst Georg Friedrich von Waldeck vor. Am rechten Flügel stehen die Polen. Kara Mustafa kann diesen Truppen etwa 100 000 Mann entgegenstellen. Der linke und mittlere Flügel des Entsatzheeres rückt kontinuierlich vor, die Polen am rechten Flügel bleiben anfangs wegen des schwierigen Geländes zurück. Um 1.00 Uhr mittags verlagert sich das Geschehen auf den rechten Flügel. Es beginnt sich abzuzeichnen, daß noch am gleichen Tag eine Entscheidung fallen wird. Am frühen Nachmittag ergeht der Rückzugsbefehl an die osmanischen Einheiten, eine regellose Flucht nach Osten unter Zurücklassung des gesamten Lagers beginnt. Angeblich erreicht König Johann III. Sobieski als erster das Zelt des Großwesirs. Herzog Karl V. von Lothringen nimmt mit der Stadt Kontakt auf. Die Reichstruppen werden zur Sicherung der Beute aufgestellt, eine generelle Verfolgung der Türken unterbleibt. Am nächsten Tag zeigt sich das Ausmaß des errungenen Sieges: 10 000 gefallene Türken, alle 300 Geschütze und 15 000 Zelte, ungezählte Waffen und Feldzeichen hatten die Türken bei ihrer Flucht zurückgelassen. Die Verbündeten hingegen hatten 2 000 Tote, darunter allerdings General de Souches, Fürst Stanislaus Potocki und mehrere polnische Kommandanten. Allerdings sind Hunderte von Sklaven und Kriegsgefangenen von den Türken vor ihrer Flucht erschlagen worden; 6 000 Männer, 11 000 Frauen, 14 000 Mädchen und 50 000 Kinder aus Niederösterreich und der Steiermark haben sie als Sklaven mitgenommen.
13. September König Johann III. Sobieski von Polen zieht durch das Schottentor in Wien ein, Max Emanuel Kurfürst von Bayern schließt sich ihm an. Der Polenkönig wollte die Ankunft des Kaisers nicht abwarten, obwohl dieser bereits seit Tagen in Krems (Niederösterreich) war.
14. September Kaiser Leopold I. kehrt auf der Donau von Krems aus nach Wien zurück, umreitet mit den deutschen Fürsten das Schlachtfeld und zieht durch das Stubentor in die Stadt, wo Bischof Leopold Graf Kolonitsch im Stephansdom einen Dankgottesdienst zelebriert.
15. September Zusammentreffen Kaiser Leopolds I. mit König Johann III. Sobieski bei Schwechat vor der parademäßig aufgestellten Armee. Damit will man ein allzu freundschaftliches Zusammentreffen vermeiden, da der Kaiser wegen des alleinigen Einzuges des Polenkönigs in die befreite Hauptstadt verstimmt ist. Kaiser Leopold I. hat ausdrücklich einen gemeinsamen feierlichen Einzug in die Stadt gewünscht.
18. September Herzog Karl V. von Lothringen bricht mit dem kaiserlichen Heer und den Reichstruppen sowie König Johann III. Sobieski mit seinen polnischen Einheiten zur Verfolgung der Türken auf.
7. Oktober König Johann III. Sobieski erleidet in einem Gefecht vor Párkány (gegenüber der Bischofsstadt Gran) eine Niederlage durch eine türkische Übermacht von Sipahis.
9. Oktober Gemeinsamer Sieg des Polenkönigs und des Herzogs von Lothringen vor den Sperrforts von Párkány.
25. Oktober Die Stadt Gran fällt nach einem Sturm der verbündeten Streitkräfte. Bayrische Infanterie und das zum Polenkönig gehörende Korps der Brandenburger waren kurz vorher eingetroffen. Am 27. fällt auch die Zitadelle von Gran.
Oktober/November Jakob Stainer stirbt in Absam (Tirol); geb. vor 1617 in Absam; Geigenbauer, er gilt als Begründer der mitteleuropäischen Geigenbaukunst. Seine Instrumente zeichnen sich durch einen besonders hellen, weichen, aber weittragenden Klang aus.
Anfang November König Johann III. Sobieski von Polen zieht mit seinen Truppen nach Oberungarn. Die Disziplin seiner Krieger läßt immer mehr zu wünschen übrig, weshalb ihm sein Plan – Anwartschaft auf die Krone Ungarns – mißlingt und er nach unrühmlichen Auseinandersetzungen im Dezember über die verschneiten Karpaten nach Polen zurückzieht. Der Herzog von Lothringen bezieht mit seinen Truppen Winterquartiere.
14. Dezember Prinz Eugen von Savoyen erhält von Kaiser Leopold I. das Kommando über ein Dragonerregiment (damals etwa 800 Mann). König Ludwig XIV. von Frankreich wollte ihm im Juli nicht einmal eine Kompanie (etwa 40 Mann) anvertrauen.
25. Dezember Großwesir Kara Mustafa wird auf Befehl des Sultans wegen des Mißerfolgs vor Wien erdrosselt.
▶1684 »Österreich über alles, wann es nur will« von Philipp Wilhelm von Hörnigk (Horneck) erscheint, das grundlegende Werk des österreichischen Merkantilismus (= Wirtschaftspolitik des Absolutismus). Zugleich die erste nationalökonomische Darstellung von Österreich *(→ 23. Oktober 1714)*.
— In Hollbruck (Osttirol) beginnt man mit dem Bau der Pfarrkirche (einheitliche frühbarocke Ausstattung), 1688 fertiggestellt.
Ende Februar Die ungarischen Magnaten huldigen in

Preßburg Kaiser Leopold I.; die Versöhnung von 1681 *(→ 9. November 1681)* und die kaiserlichen Siege des vergangenen Jahres führen zu einer engeren Beziehung mit Ungarn, ein eigenes, starkes ungarisches Heer wird aufgestellt.

5. März Unterzeichnung des Vertrages der Heiligen Liga gegen die Türken zwischen Kaiser Leopold I., Papst Innozenz XI. (dem Initiator des Bündnisses) und Venedig. Unter diesem Eindruck schließen sich auch die Kuruzen, die aufständischen Ungarn unter Emmerich Graf Tököly, an Kaiser Leopold I. an.

27. Juni Niederlage der Paschas von Türkisch-Ungarn in der Schlacht bei Waitzen (nördl. von Budapest) durch die kaiserlichen Truppen unter Herzog Karl V. von Lothringen, Waitzen wird eingenommen.

30. Juni Pest wird von den Kaiserlichen erobert, der Donauübergang und die Belagerung Ofens werden vorbereitet.

14. Juli Beginn der Belagerung von Ofen, dessen Befestigungsanlagen von einer ausgezeichneten Besatzung von 10 000 Mann verteidigt werden *(→ 2. November)*.

22. Juli Ein türkisches Entsatzheer für Ofen wird unweit der Stadt in einer offenen Feldschlacht von den kaiserlichen Truppen in die Flucht geschlagen.

1. August Salzburgs Erzbischof Max Gandolf Graf Kuenburg verfügt die Ausweisung der im Defereggental (Osttirol) ansässigen Protestanten. Sie konnten ihren Glauben bis 1666 geheimhalten, erst 1680 setzten die erzbischöflichen Behörden ihre ersten Maßnahmen, die sich in vergeblichen Rekatholisierungsbemühungen erschöpften *(→ 1725)*.

15. August Waffenstillstand von Regensburg zwischen Kaiser Leopold I. und König Ludwig XIV. von Frankreich. Der Kaiser ist zur Einwilligung gezwungen, da ihn der Türkenkrieg *(bis → 26. Januar 1699)* stark in Anspruch nimmt. Es wird vereinbart, daß die bis 1. August von Frankreich reunierten Gebiete auf 20 Jahre bei Frankreich bleiben. Der ebenfalls so lange vereinbarte Waffenstillstand mit Frankreich wird allerdings bei Ausbruch des Pfälzischen Erbfolgekrieges im Jahre 1688 hinfällig.

8. September Kurfürst Max Emanuel von Bayern zieht mit 8 000 Bayern und 4 000 Schwaben im Lager der Kaiserlichen vor Ofen ein.

2. November Die Belagerung von Ofen wird ergebnislos abgebrochen, die Truppen beziehen Winterquartiere.

▶1685/88 Heiligenfiguren von Michael Zürn dem Jüngeren in der Seitenkapelle der Wallfahrtskirche Frauenberg (Steiermark).

▶1685 Wien richtet Am Hof eine Feuerwehrzentrale ein, Wien hat die erste Berufsfeuerwehr Europas.

— Giovanni Pietro Tencala beginnt mit dem Bau des Palais Lobkowitz in Wien, Fertigstellung 1687.

— Johann Kaspar Zugalli beginnt mit dem Bau der Erhardkirche in Salzburg – 1689 vollendet.

— Baubeginn der Pfarrkirche von Breitenwang (Tirol); die Chorfresken der 1691 fertiggestellten Kirche stammen von Johann Jakob Zeiller.

— In Salzburg beginnt Johann Kaspar Zugalli mit dem Bau der Kajetanerkirche, sie wird 1700 fertiggestellt.

17. Jänner Johannes Diodato eröffnet in der Rotenturmstraße das nachweislich erste Wiener Kaffeehaus.

15. Juni Max Emanuel von Bayern vermählt sich in Wien mit Erzherzogin Maria Antonie, der Tochter Kaiser Leopolds I., (Maria Antonie stirbt allerdings bereits am 24. Dezember 1692).

16. August Schlacht bei Gran, Sieg der kaiserlichen Truppen. Prinz Eugen von Savoyen zeichnet sich besonders aus und wird vom Kaiser dafür zum Generalfeldwachtmeister befördert.

19. August Die Festung Neuhäusel wird von kaiserlichen Truppen unter General Enea Silvio Graf Caprara zurückerobert, sie war 1663 verlorengegangen.

11. September Eperjes (nördl. von Kaschau) muß sich den Kaiserlichen ergeben. In Oberungarn hatte der aufständische Emmerich Graf Tököly noch immer Kuruzen zu seiner Verfügung.

25. Oktober Kaschau muß sich den kaiserlichen Truppen unter General Enea Silvio Graf Caprara ergeben, damit ist die erste Stadt Oberungarns in kaiserlicher Hand. Der Rest von etwa 17 000 waffenfähigen Kuruzen huldigt Kaiser Leopold I. Emmerich Graf Tököly wird kurz darauf von den Türken gefangengenommen und Kaiser Leopold I. angeboten, dieser schlägt jedoch das Angebot aus.

▶1686/95 Abraham a Sancta Claras vierbändiges Hauptwerk »Judas, der Erzschelm« erscheint.

▶1686 Altar von Johann Purtscher in der Spitalskirche von Bludenz (Vorarlberg).

— Der Neubau vom Stift St. Florian (Oberösterreich) wird von Carlo Antonio Carlone begonnen (von ihm die Stiftskirche von 1686 bis 1715), wird von Jakob Prandtauer ab 1708 weitergeführt und 1727 vollendet.

— Gemäß einer 1685 erlassenen Instruktion des Wiener Stadtrats werden vier »Feuerknechte« angestellt, damit Beginn der Wiener Berufsfeuerwehr.

22. März Ein Bündnis mit gegenseitiger Verpflichtung zur Hilfe kommt nach langen Verhandlungen zwischen Kaiser Leopold I. und Friedrich Wilhelm Kurfürst von Brandenburg, dem sogenannten »Großen Kurfürsten«, zustande. Es ist gegen Frankreich gerichtet.

21. Juni Beginn der Belagerung von Ofen durch vereinigte kaiserliche und bayrische Truppen *(→ 2. September)*.

28. Juni Das sogenannte »Hallersche Diplom« wird in Wien beschlossen. Johannes Haller als Führer einer Delegation des Fürsten Michael Apáfi von Siebenbürgen verhandelte seit Monaten über den Anschluß Siebenbürgens. Kaiser Leopold I. macht damit folgende Zusagen: die Freiheit der Religionsausübung, die Befreiung von Winterquartieren und die Wahrung der Rechte des Fürsten von Siebenbürgen.

9. Juli Augsburger Allianz zwischen Kaiser Leopold I., König Karl II. von Spanien (auch für den burgundischen Kreis), Max Emanuel von Bayern, König Karl XI. von Schweden (für seine Reichslande Bremen und Verden) sowie Sachsen, dem bayrischen und dem fränkischen Reichskreis. Die Aufrechterhaltung des Westfälischen Friedens *(→ 24. Oktober 1648)*, des Friedens von Nimwegen *(→ 5. Februar 1679)* und des Waffenstillstands von Regensburg *(→ 15. August 1684)* wird bindend vereinbart.

2. September Die seit 21. Juni belagerte Festung Ofen wird von den vereinigten Truppen unter Herzog Karl V. von Lothringen und Max Emanuel von Bayern erobert.

19. Oktober Eine kaiserliche Teilarmee schlägt die stark überlegenen Türken bei Szegedin und erobert die

Stadt. An der Theiß beziehen die kaiserlichen Truppen ihre Winterquartiere.

▶**1687** Errichtung der ersten Straßenbeleuchtung in Wien (in der Dorotheergasse), sie besteht aus 17 Laternen *(→ 5. Juni 1688)*.

— Nach Plänen von Johann Bernhard Fischer von Erlach und Ludovico Burnacini wird mit dem Bau der Pestsäule begonnen; einem Gelübde Kaiser Leopolds I. zufolge soll sie die seit 1679 bestehende hölzerne Säule ersetzen. Die Engelsfiguren stammen von Matthias Rauchmiller, nach Rauchmillers Tod 1686 führt Paul Strudel die Arbeiten fort. Von ihm stammt vor allem die Figur des knieenden Kaisers. Die Flachreliefs sind eine Arbeit von Ignaz Johann Bendl.

— Nach Entwürfen von Johann Bernhard Fischer von Erlach wird mit der Innengestaltung des Mausoleums in Graz begonnen, die Fertigstellung erfolgt 1699.

12. August Schlacht bei Harsány nahe Mohács. Ein etwa 60 000 Mann starkes türkisches Heer stellt das etwa 50 000 Mann starke kaiserliche Heer unter Herzog Karl V. von Lothringen an der Donaubrücke bei Mohács, nahe dem türkischen Lager am Berg Harsan. Herzog Karl V. von Lothringen und Max Emanuel von Bayern erringen einen glänzenden Sieg über die Türken und nehmen ihre Befestigungen ein. Außer den beiden Heerführern zeichnen sich auch Ludwig Wilhelm Markgraf von Baden (der »Türkenlouis«) und Prinz Eugen von Savoyen besonders aus. Dieser entscheidende Sieg über die Türken führt zur Eroberung ganz Ungarns und zum Ende der türkischen Herrschaft.

27. Oktober Vertrag von Blasendorf zwischen Kaiser Leopold I. und Michael Apáfi Fürst von Siebenbürgen. Der Kaiser anerkennt die fürstliche Würde Michael Apáfis und seines Sohnes.

30. Oktober Beginn des ungarischen Reichstages zu Preßburg, er tagt bis in den Januar 1688. Auf Wunsch Kaiser Leopolds I. ändert der Reichstag die Verfassung und beschließt die Erblichkeit der ungarischen Krone für den habsburgischen Mannesstamm und verzichtet auf das in der Goldenen Bulle von 1222 verankerte Widerstandsrecht. Der Reichstag von Ödenburg mit seinem Beschluß vom 9. November 1681 *(→ dort)* wird erneuert.

31. Oktober Der Stephansturm erhält als Bekrönung einen beweglichen Doppeladler aus Kupfer. Seit 1591 war ein Stern mit einem Halbmond montiert, der am 14. September 1683 durch ein Kreuz ersetzt wurde, das ein Sturm im Dezember 1683 herabwarf.

9. Dezember Erzherzog Joseph (I.), der älteste Sohn Kaiser Leopolds I. (neun Jahre alt), wird auf dem Reichstag von Preßburg zum König von Ungarn gekrönt.

▶**1688** Wolfgang Helmhard Frh. von Hohberg stirbt in Regensburg; geb. am 20. Oktober 1612 in Oberthumeritz (Niederösterreich), Barocklyriker und -epiker, der als Protestant 1665 nach Regensburg emigrierte.

— Dörflkirche von Vöcklabruck (Oberösterreich) von Carlo Antonio Carlone vollendet.

9. Mai Der Landtag von Hermannstadt der Stände Siebenbürgens beschließt, sich Kaiser Leopold I. zu unterstellen *(→ 28. Juni 1686; 27. Oktober 1687)*.

5. Juni Die Straßenbeleuchtung in Wien *(→ 1687)* wird in den größeren Straßen mittels Öllampen durchgeführt. Die Hausherren müssen für die Kosten aufkommen; das »Beleuchtungskorps« ist für die Einhaltung der Beleuchtung verantwortlich. Auch die kaiserliche Burg erhält Beleuchtungskörper, bisher waren Fakkeln aus Kienholz verwendet worden.

Ende Juli Ein kaiserliches Heer unter dem Oberbefehl von Max Emanuel von Bayern zieht gegen Belgrad, das seit 1521 von den Türken besetzt ist. Belgrad ist Anfang August eingeschlossen, das Belagerungsheer hat etwa 53 000 Mann.

6. September Max Emanuel von Bayern erobert Belgrad. Prinz Eugen von Savoyen und Ernst Rüdiger Graf Starhemberg zeichnen sich durch persönlichen Einsatz besonders aus und werden dabei verwundet, Prinz Eugen sogar schwer. Zum erstenmal ist diese strategisch wichtige Stadt und Festung in kaiserlicher Hand, 1690 *(→ 8. Oktober 1690)* wird sie von den Türken allerdings zurückerobert.

▶**1689** Michael de la Place, der Kammerdiener des Grafen Kaunitz, erhält das Privileg, Sesselträger beschäftigen zu dürfen. Damit ist dieser Beruf in Wien eingeführt und verbreitet sich rasch.

— Deuring-Schlößchen, auch »Düringschlößle«, in Bregenz mit Wehranlagen, auf bedeutend älterem Baukern errichtet.

August Ludwig Wilhelm Markgraf von Baden zieht von Belgrad aus mit einem bescheidenen kaiserlichen Heer gegen die Türken in Serbien.

24. September Ludwig Wilhelm Markgraf von Baden besiegt in der Schlacht bei Niš nach langem Kampf die zahlenmäßig weit überlegenen Türken, er hatte nur 16 000 Mann zur Verfügung. Ludwig verlor nur 300 Mann, die Türken hingegen 10 000.

November Die kaiserlichen Truppen werden in Südserbien durch den neuernannten Großwesir Mustafa Köprülü zurückgedrängt. Sultan Sulaiman II. hat sein Bündnis mit König Ludwig XIV. von Frankreich erneuert.

22. Dezember Innsbruck wird nach zwei Uhr morgens von einem Erdbeben erschüttert, große Gebäudeschäden.

▶**Um 1690** Mirabellgarten in Salzburg nach den Plänen von Johann Bernhard Fischer von Erlach, er wird 1730 wesentlich verändert.

▶**1690** Möglicherweise Johann Michael Prunner beginnt mit dem Bau der Karmeliterkirche in Linz, sie wird 1726 fertiggestellt.

24. Januar Joseph (I.), der älteste Sohn Kaiser Leopolds I., wird auf dem Kurfürstentag von Augsburg zum römischen König gewählt.

10. April Michael Apáfi Fürst von Siebenbürgen stirbt. Die Türken setzen Emmerich Graf Tököly (den Kuruzenführer) als Fürsten von Siebenbürgen ein.

Sommer Emmerich Graf Tököly rückt in Siebenbürgen ein und erreicht seine Anerkennung durch den Landtag. Ludwig Wilhelm Markgraf von Baden drängt ihn zwar zurück, doch stehen ihm für eine Entscheidungsschlacht zu wenig Truppen zur Verfügung.

8. Oktober Großwesir Mustafa Köprülü erobert Stadt und Festung Belgrad zurück *(→ 6. September 1688)*.

▶**1691/92** Hochaltar der Klosterkirche von Michaelbeuern (Salzburg) von Meinrad Guggenbichler mit einem Gemälde von Johann Michael Rottmayr.

▶**1691, 19. August** Schlacht bei Slankamen (Szlankamen) an der Theißmündung. Ludwig Wilhelm Markgraf von Baden greift das gut ausgebaute Lager der Türken an, um das unter Großwesir Mustafa Köprülü erstarkte türkische Heer zu schwächen. Die Schwadronen Ludwigs werden durch das gute brandenburgische Fußvolk unter General Barfuß unterstützt. Nach ganztägigem Kampf erringt er den Sieg. Großwesir Mustafa Köprülü fällt in der Schlacht. Das Siegel des Osmanischen Reiches fällt Markgraf Ludwig als Beute in die Hände. Mit etwa 34 000 Mann hatte der »Türkenlouis« die etwa 60 000 Türken besiegt; die Verluste der Türken betrugen rund 20 000 Mann, die der kaiserlichen Armee hingegen rund 8 500 Mann. Die geschwächten kaiserlichen Truppen können eine Verfolgung nicht aufnehmen, trotzdem bringt dieser Sieg eine über drei Jahre dauernde Atempause, da die Türken geschwächt sind und der Kaiser durch den Pfälzischen Erbfolgekrieg *(→ 1688–1697)* im Westen stark in Anspruch genommen ist.

4. Dezember Leopold I. erläßt eine neue Verfassung für Siebenbürgen – »Diploma Leopoldianum« genannt. Alle Glaubensbekenntnisse werden bestätigt, und die Sonderstellung der Nationalitäten sowie die Titel und Würden werden anerkannt. Bereits am 16. Oktober 1690 hatte der Kaiser die Landesverfassung von Siebenbürgen bestätigt, auf Wunsch der Stände wurde sie nun in Wien in einem feierlichen Akt endgültig besiegelt.

►1692 In Wien beginnt Johann Bernhard Fischer von Erlach mit dem Bau des Palais Strattmann-Windisch-Graetz (ungarische Gesandtschaft) *(→ 1766)*, es wird 1694 fertiggestellt.

— Johann Martin Gumpp der Ältere beginnt den Nordtrakt, das sog. Hofgebäude oder den Fürstenbau, des Zisterzienserstifts Stams (Tirol) mit achteckigen Türmen zu errichten, die Fertigstellung erfolgt 1696.

— In der Wallfahrtskirche Mariazell (Steiermark) beginnt Johann Bernhard Fischer von Erlachmit der Errichtung des Hochaltars aus farbigem Marmor, er wird 1704 vollendet.

17. Dezember Erzbischof Johann Ernst verbietet den Salzburger Büchsenmachern die Herstellung von Gewehren für die Bauern. Damit soll der stark überhandnehmenden Wilderei Einhalt geboten werden. Eine generelle Entwaffnung der Bauern dürfte eine Nebenabsicht gewesen sein.

26. Dezember Peter Strudel richtet im Auftrag von Kaiser Leopold I. in seinem Atelier im Strudlhof (Strudelhofstiege) ein privates Kunstinstitut ein, das 1705 unter Kaiser Joseph I. öffentlichen Charakter erhält.

►1693 Kaiser Leopold I. läßt in der Alservorstadt (Wien 9) ein »Großes Armenhaus« errichten und wird dabei von privaten Geldgebern unterstützt, etwas später wird dem Haus die Steuer auf Lohnwagen zugeteilt. Der Kaiser will das Bettlerunwesen eindämmen und einen Platz für die Invaliden des Türkenkrieges schaffen. Über 700 Arme, 600 Militärinvalide und 150 arme Studenten werden aufgenommen.

— Sommerreitschule (Felsenreitschule) des Hofmarstalls in Salzburg, wahrscheinlich von Johann Bernhard Fischer von Erlach, allerdings mehrmals umgebaut.

►Vor 1694 Das Stadtpalais Liechtenstein in Wien wird nach Plänen von Domenico Martinelli, Seitenportal von Johann Lukas von Hildebrandt oder Johann Bernhard Fischer von Erlach, zu bauen begonnen, es wird 1706 fertig.

►1694 Johann Bernhard Fischer von Erlach beginnt mit dem Bau der Dreifaltigkeitskirche in Salzburg, seinem ersten Kirchenbau, Fertigstellung 1702.

— Die Wallfahrtskirche Kirchental (Salzburg) wird von Johann Bernhard Fischer von Erlach zu bauen begonnen, sie wird 1705 fertiggestellt.

März Errichtung der Siebenbürgischen Hofkanzlei in Wien *(4. Dezember 1691)*. Damit ist die Hofkanzlei eine viergeteilte Regionalbehörde: Österreichische, Böhmische, Ungarische und Siebenbürgische.

►1695 Hans Adam Weißenkirchner stirbt in Graz; geb. 1646 (getauft am 10. Februar) in Laufen (Bayern, damals Salzburg), Barockmaler, seit 1678 Hofmaler des Fürsten von Eggenberg. Hauptwerk: Deckengemälde im Prunksaal von Schloß Eggenberg in Graz.

— Rossebändiger von Bernhard Michael Mandl, eine Marmorgruppe der Hofmarstallschwemme in Salzburg, die Johann Bernhard Fischer von Erlach gestaltete.

— Baubeginn für das Stadtpalais des Prinzen Eugen von Savoyen in Wien nach Plänen von Johann Bernhard Fischer von Erlach, Innenausstattung und Weiterführung ab 1702 Johann Lukas von Hildebrandt.

— In Frauenkirchen (Burgenland) beginnt Francesco Martinelli mit dem Bau der Wallfahrtskirche, Fertigstellung 1702.

15. März Franz Ludwig, Pfalzgraf bei Rhein, Herzog von Neuburg und Hoch- und Teutschmeister des Deutschen Ordens, errichtet mit Hilfe seines Bruders Johann Wilhelm Kurfürst von Pfalz-Neuburg und auf Kosten des Ordens die »Teutschmeistertruppe«. Franz Ludwig wird der erste Regimentsinhaber. Die vier noch bestehenden Kompagnien des 1694 verstorbenen Hochmeisters Ludwig Anton Pfalzgraf zu Neuburg werden zum Grundstock des Regimentes. Am 3. Juni 1695 findet in Donauwörth die erste Musterung statt, und bald werden die »Pfalz-Neuburg Teutschmeister« nur mehr »Teutschmeister« genannt. Ab 1788 unter der Bezeichnung »Hoch- und Deutschmeister« und Wiener Hausregiment, da die Rekrutierung nach den 1781 festgelegten Werbebezirken aus 13 Wiener Vorstädten erfolgte. Ab 1889 k. u. k. Infanterieregiment Hoch- und Deutschmeister Nr. 4.

Sommer Sultan Mustafa II. führt frische Truppen nach Serbien und drängt die schwachen kaiserlichen Truppen zurück; bei Lugos (östl. von Temesvár) besiegt er die Kaiserlichen, die damit aus Serbien verdrängt werden.

►1696 Deckenfresko von Melchior Steidl im Kaisersaal des Stiftes Kremsmünster (Oberösterreich).

— Das Gartenpalais Liechtenstein in Wien wird von Domenico Martinelli zu bauen begonnen, es wird 1704 vollendet.

— In Salzburg beginnt Johann Bernhard Fischer von Erlach mit dem Bau der Kollegienkirche, sie wird 1707 vollendet.

März Michael II. Fürst Apáfi von Siebenbürgen verzichtet auf die Fürstenwürde zugunsten Kaiser Leopolds I. *(→ 4. Dezember 1691)*. Die volle Hohheit über Siebenbürgen erlangt der Kaiser aber erst durch den Frieden von Karlowitz *(→ 26. Januar 1699)*, mit dem die Türkei auf Siebenbürgen verzichtet.

13. Dezember Georg Matthäus Vischer stirbt in Linz; geb. am 22. April 1628 in Wenns (Tirol); Zeichner, Topograph und bedeutendster österreichischer Geograph des 17. Jh.s, Pfarrer in Leonstein (Oberösterreich) und Wien, zuletzt Lehrer in Kremsmünster (Oberösterreich). Er schuf über 1 000 Ansichten von Städten, Schlössern und Burgen, die von besonderem bauge-

Die österreichische Armee zur Zeit des Spanischen Erbfolgekrieges

Die österreichische Armee zu Beginn des Spanischen Erbfolgekrieges gliedert sich in die drei Waffengattungen Infanterie, Kavallerie und Artillerie, wobei letztere noch kein eigenständiger Truppenkörper ist. Ihr Mannschaftsstand scheint nicht in den Gefechtsordnungen auf, lediglich die Anzahl der Geschütze findet Erwähnung.
Um die Jahrhundertwende weist die Infanterie 29 Regimenter auf. Im Regelfall besteht ein Regiment aus 12 Kompanien und bildet in der taktischen Unterteilung drei Bataillone. Der Stab setzt sich aus einem Oberst (Regimentsinhaber), einem Oberstleutnant und einem Oberstwachtmeister zusammen, sowie acht Mann Personal der Stabsämter. Die etwa 150 Mann starken Kompanien werden von einem Hauptmann kommandiert, dem ein Leutnant und ein Fähnrich zur Seite standen. Ab 1700 werden eigene Grenadierkompanien aufgestellt.
Die Kavallerie zählt um 1700 20 Kürassier-, 10 Dragoner- und acht Husarenregimenter. Die drei Reitergattungen unterscheiden sich nicht nur äußerlich, sondern auch hinsichtlich Fertigkeiten und taktischer Verwendung. Die Kürassiere als älteste, aus der Ritterschaft hervorgegangene Reitertruppe, bildet den Stamm der Kavallerie. Die Dragoner, die ursprünglich nicht zu Pferd kämpften, werden in der Zeit Prinz Eugens in gleichem Maße wie die Kürassiere eingesetzt. Die Husaren sind eine aus den ungarischen und südslawischen Reitereien hervorgegangene leichte Truppe. Ein Kavallerieregiment hat etwa 12 Kompanien, die taktisch zu sechs Eskadronen gegliedert werden.
Wenn die Artillerie auch keine eigene Truppe bildet, so ist das Bedienungspersonal doch eine in sich geschlossene Körperschaft, die ihre Sonderstellung zu wahren sucht. Es handelt sich um Sachverständige im Umgang mit speziellen Waffen. Auch Mineure und Ingenieure werden der Artillerie zugezählt, ein Geniekorps zeigt sich noch kaum in Ansätzen.

schichtlichem Wert sind, überwiegend solche in Niederösterreich, Oberösterreich, Steiermark, Mähren und Ungarn. Außerdem schuf er mehrere Kartenwerke in den Maßstäben 1 : 144 000 und 1 : 185 000.

▶**1697** Das Palais Schwarzenberg in Wien wird nach dem Plan Johann Lukas von Hildebrandts zu bauen begonnen – weitergeführt von Johann Bernhard Fischer von Erlach, vollendet 1728 von seinem Sohn Joseph Emanuel Fischer von Erlach, die Gartenplastiken von Lorenzo Mattielli.

2. Juni Friedrich August (der Starke) Kurfürst von Sachsen, nimmt in der Klosterkirche der Augustiner in Baden bei Wien den katholischen Glauben an (am 15. September als August II. zum König von Polen gekrönt).

5. Juli Kaiser Leopold I. ernennt Prinz Eugen von Savoyen zum Oberbefehlshaber der kaiserlichen Truppen, die im Kampf gegen die Türken eingesetzt werden. Schon 1693 war Prinz Eugen zum Feldmarschall ernannt worden, doch hatte der Kaiser zuwenig Truppen, um im großen Türkenkrieg wieder aktiv zu werden (außerdem mußte er Ludwig Wilhelm Markgraf von Baden als bewährten Feldherrn im Westen einsetzen).

Anfang September Sultan Mustafa II. zieht gegen Szegedin, um in Oberungarn einfallen zu können.

11. September Schlacht bei Zenta (südl. von Szegedin). Prinz Eugen von Savoyen drängt mit einem 50 000 Mann starken Heer die Türken beim Theißübergang zurück, woraus sich eine Schlacht entwickelt. Nur 2 000 Türken sollen das rechte Theißufer erreicht haben, über 25 000 sollen gefallen sein. Prinz Eugen hat 429 Tote und 1 528 Verwundete. Angesichts der späten Jahreszeit kann Prinz Eugen seinen ersten glänzenden Sieg nicht nützen (Transportprobleme), doch ist damit die Entscheidung im Türkenkrieg gefallen *(→ 26. Januar 1699)*.

Oktober Prinz Eugen von Savoyen unternimmt mit nur 7 000 Mann einen erfolgreichen Vorstoß nach Sarajevo.

▶**1698, 26. Juni** Zar Peter I. (der Große) von Rußland trifft auf seiner Reise durch Europa in Wien ein (er ist bei seinen Besuchen um einen guten Kontakt zu den Großmächten bemüht). Während seines Aufenthalts bewohnt er das Palais Königsegg in Gumpendorf (Wien 6). Mehrere geheime Unterredungen mit Kaiser Leopold I., die auf ein ausgezeichnetes Verhältnis der beiden Monarchen schließen lassen. Der Kaiser gibt dem Zaren zu Ehren mehrere Feste *(→ 30. Juli)*.

15. Juli Kaiser Leopold I. erteilt Wien ein »Burgfriedensprivileg«, das die Erneuerung und Erweiterung der Burgfriedensrechte der Stadt auf einen Teil der Vorstädte enthält.

30. Juli Zar Peter I. von Rußland verläßt Wien, nachdem er Nachricht erhalten hat, daß in Moskau die Empörung der Strelitzen ausgebrochen ist *(→ 26. Juni)*.

▶**Um 1699** Johann Konstantin Feige stirbt; geb. in Löwenberg (Schlesien); Chronist unter dem Namen Feigius, beschäftigte sich besonders mit den Türkenkriegen. 1685 erschien das Heldenepos »Adlerskraft oder Europäischer Heldenkern« (über die Türkenbelagerung Wiens 1683), 1694 das zweibändige Werk »Wunderbarer Adlers-Schwung«, das glaubwürdige Angaben über die Pest enthält *(→ Dezember 1679)*.

▶**1699** Carlo Antonio Carlone beginnt die Errichtung des Ostflügels des Stiftes Schlierbach (Oberösterreich), er wird 1704 fertiggestellt.

— In Salzburg beginnt Johann Bernhard Fischer von Erlach mit dem Bau der Ursulinenkirche – vollendet 1705.

— Das Palais Batthyány-Schönborn in Wien wird von Johann Bernhard Fischer von Erlach zu bauen begonnen, Fertigstellung 1706.

26. Januar Der Friede von Karlowitz (an der Donau, östl. von Peterwardein) zwischen Kaiser Leopold I. und der »Hohen Pforte« beendet den Türkenkrieg, der seit 1683 währte. Bald nach dem Sieg Prinz Eugens von Savoyen bei Zenta *(→ 11. September 1697)* haben über Vermittlung Englands und Hollands die Friedensverhandlungen begonnen, doch war man nur langsam vorangekommen. Die Türkei muß Ungarn und Siebenbürgen, allerdings ohne das Temesvarer Banat, an Österreich abtreten. Der Friede soll 25 Jahre gelten. Gleich-

Der Spanische Erbfolgekrieg

Zur Auseinandersetzung kam es wegen der Erbansprüche Kaiser Leopolds I. und König Ludwigs XIV. von Frankreich. Beide waren Söhne von Schwestern König Philipps IV. von Spanien, dem Vater Karls II. Ludwig XIV. stützte sich auf das zweite Testament Karls II. vom 3. Oktober 1700 *(→ dort)*.
Leopold I. verwies auf den Erbrechtsverzicht der nach Frankreich verheirateten Schwestern Philipps IV. Ludwig XIV. nahm im Namen seines Enkels Philipp von Anjou das spanische Erbe an, er ließ ihn als Philipp V. zum König von Spanien ausrufen. Anfang 1701 begibt sich Philipp nach Spanien, der Krieg zwischen Österreich und Frankreich war nicht mehr zu vermeiden.
Verbündete des Kaisers: König Friedrich I. in Preußen, der Kurfürst von Hannover, England und Holland – ab 1702 auch das Deutsche Reich und ab 1703 auch Portugal und Savoyen. Das kaiserliche Heer stand unter dem Oberbefehl Prinz Eugens, das englische unter dem von John Churchill, dem Herzog von Marlborough. Zu Beginn gab es zwei kaiserliche Heere: die Rheinarmee unter Ludwig von Baden stand gegen den Einbruch der Franzosen, die Südarmee unter Prinz Eugen gegen das mit Frankreich verbündete Savoyen.
Verbündete Frankreichs: Max Emanuel Kurfürst von Bayern (Ludwig XIV. hatte ihm die Kaiserwürde, Belgien und die Pfalz versprochen), der Erzbischof von Köln, der Herzog von Mantua und – bis 1703 – der Herzog von Savoyen. – Der Herzog von Vendôme war ein ausgezeichneter Heerführer der Franzosen.
Bis 1710 gab es hervorragende Erfolge der kaiserlichen Partei – Frankreich war fast am Ende. Zwei Ereignisse führten zur unerwarteten Wendung: der Sturz des Herzogs von Marlborough, des Führers der fortschrittlichen Regierungspartei (Whigs), durch die Konservativen (Tories) führt zur ersten Bresche in der Großen Allianz. – Durch den frühen Tod Kaiser Josephs I. wird Karl III. von Spanien (sein Bruder) als Kaiser Karl VI. Nachfolger. Die Verbündeten des Kaisers sehen in dieser Machtentwicklung das habsburgische Weltreich Karls V. wieder erstehen und werten dies als Störung des europäischen Gleichgewichtes. Karls Thronansprüche werden nicht mehr unterstützt, Unterhandlungen mit Frankreich führen zum Frieden von Utrecht. Kaiser Karl VI. und das Reich setzen den Kampf noch ein Jahr lang fort. Das kaiserliche Heer unter Prinz Eugen ist aber zu schwach, um erfolgreich zu bleiben. Der Friede von Rastatt (am 6. März 1714) beendet den Spanischen Erbfolgekrieg.

zeitig wurde mit den Verbündeten von Österreich, Polen und Venedig, Frieden geschlossen. Teile Dalmatiens und der Herzegowina sowie Morea kommen an Venedig *(→ April 1716)*.

3. September Die Stände des Landes Vorarlberg beschließen eine neue Landwehrordnung, die letzte bedeutende für das ganze Land. Kerntruppe von 3 000 Mann nach der Kopfzahl der Gemeinden, dann ein zweites Aufgebot in gleicher Höhe. Artillerie, Munition, Schanzzeug und Proviant werden von den Ständen allein verwaltet.

▶1700 Kuppelfresko von Johann Michael Rottmayr in der Dreifaltigkeitskirche in Salzburg.

— Geschnitzte Madonna im Rosenkranz in der Pfarrkirche von Zwickenberg (Kärnten).

— Baubeginn für die Bibliothek des Stiftes Lilienfeld (Niederösterreich), sie wird 1704 vollendet.

— Baubeginn der Fassade des (alten) Rathauses in Wien (Einfluß Johann Bernhard Fischer von Erlachs), sie wird 1706 vollendet.

— Baubeginn für Schloß Klesheim (Salzburg) (Johann Bernhard Fischer von Erlach), es wird 1709 vollendet.

22. Juli Ausschreitungen und Plünderungen vor dem Haus des Hofbankiers Samuel Oppenheimer in Wien im Rahmen einer Aktion gegen die Juden, die den Wienern bereits wieder zu mächtig geworden waren *(→ 14. Februar 1670)*. Der Schaden Oppenheimers soll ungefähr 100 000 Gulden betragen haben *(→ 3. Mai 1703)*.

6. August Johann Beer stirbt in Weißenfels (Sachsen); geb. am 28. Februar 1655 in St. Georgen (Attergau, Oberösterreich), Barockdichter und Musiker. Wanderte 1680 als Protestant aus. Sein anonym erschienenes Werk ist erst 1931 erkannt und zusammengestellt worden. Vorwiegend Ritter- und Schelmenromane im Stile Grimmelshausens. »Der simplizianische Welt-Kucker« (vier Bände, 1677–1679), »Das Narrenspital« (1681), »Die teutschen Winter-Täge« (1682), »Die kurtzweiligen Sommer-Nächte« (1683) werden als seine Hauptwerke angesehen.

3. Oktober König Karl II. von Spanien verfaßt auf Veranlassung der Kirche ein zweites Testament, mit dem er Philipp von Anjou (einen Enkel König Ludwigs XIV. von Frankreich) als Erben des ungeteilten spanischen Reiches einsetzt. Dies war: Spanien, Neapel, Sizilien, Sardinien, Mailand, die spanischen Niederlande (Belgien) und die spanischen Kolonien *(→ Rahmenartikel: Der Spanische Erbfolgekrieg)*.

1. November König Karl II. von Spanien stirbt, die spanische Linie der Habsburger erlischt mit ihm. Sein Tod löst den »Spanischen Erbfolgekrieg« aus.

16. November Kaiser Leopold I. schließt mit Kurfürst Friedrich III. von Brandenburg einen Kontrakt, auch Kronvertrag genannt. Friedrich sagt dem Kaiser Waffenhilfe gegen Frankreich zu und erhält dafür die Königswürde: König Friedrich I. in Preußen, in Königsberg vollzieht er selbst am 18. Januar 1701 die Königskrönung.

▶Ende 17. Jh. Hauptfront von Schloß Greillenstein (Niederösterreich).

— Chorgestühl mit reichem Akanthusrankenaufsatz der ehemaligen Stiftskirche Baumgartenberg (Oberösterreich).

— Votivtafeln in der »Ex-voto-Kapelle« der Wallfahrtskirche Kirchental (Salzburg).

— Kastenorgel mit Flügeltüren in der Stiftskirche Wilten (Innsbruck). Älteste Transmissionsorgel der Welt mit neun Registern, drei Pfeifenreihen, vielleicht »aus dem 17. Jh.« zu datieren.

▶ **1701** Matthias Steinl beginnt den Hochaltar in der Stiftskirche Vorau (Steiermark) zu bauen, Plastik von J. F. Caspar und G. Niedermayr, er wird 1704 vollendet.
— Der Franziskanerbruder Felix Nierinck beginnt den Bau des Kalvarienbergs in Eisenstadt (neben der Bergkirche), mit Gnadenkapelle Maria Einsiedeln als Abschluß. Im Mai 1705 vollendet.
— Baubeginn für die Pfarrkirche von Rothenbrunn (Sellrain, Tirol), sie wird 1705 vollendet.
— Johann Lukas von Hildebrandt beginnt mit dem Bau von Schloß Halbturn (Burgenland), es wird 1711 vollendet.
— Joachim Carlone beginnt mit dem Bau der ehemaligen Stiftskirche Pöllau (Steiermark), sie wird 1712 vollendet.
— Geschnitzter Ölberg von Thomas Schwanthaler in der Elendkapelle der Stadtpfarrkirche von Ried (Oberösterreich).
— Glockenspiel im gleichzeitig erhöhten Turm (auf 32 m) des Residenzgebäudes in Salzburg.
— In Wien erscheint das erste »Postbüchl«, verfaßt vom »Obrist-Hoff-Post-Ambts-Tax-Brieffträger« Johann Jordan. Es enthält u. a. einen Fahrplan der von Wien abgehenden Post, ein Straßenverzeichnis und eine Liste aller Wirtshäuser in den Vorstädten.

26. Mai Prinz Eugen von Savoyen beginnt den Zug über die Tridentinischen Alpen. Mit 20 000 Mann Infanterie (32 Bataillonen), 12 400 Reitern (74 Eskadronen), 42 Geschützen und 350 Proviantwagen zieht er über das schneebedeckte, fast weglose Gebirge, eine gewaltige militärische und organisatorische Leistung, so mußten z. B. die Geschütze mehrmals zerlegt werden. Am 6. Juni sind die Alpen überwunden. Kaiser Leopold I. hatte dem Prinzen den Befehl zum Einmarsch in Oberitalien gegeben, da er Mailand als heimgefallenes Reichslehen nach dem Tod König Karls II. von Spanien *→ 1. November 1700)* einziehen wollte.

9. Juli Schlacht bei Carpi, die erste kriegerische Auseinandersetzung im Spanischen Erbfolgekrieg. Prinz Eugen von Savoyen besiegt die zahlenmäßig weit überlegenen Franzosen und zwingt sie zum Rückzug. Die Verluste Eugens betragen 100 Mann, die der Franzosen 600. Prinz Eugen zieht gegen Brescia.

1. September In der Schlacht bei Chiari versuchte ein vereinigtes französisch-spanisches Heer die kaiserlichen Truppen unter Prinz Eugen von Savoyen vernichtend schlagen. Prinz Eugen siegt und zwingt den Gegner abermals zum Rückzug, er verliert nur etwa 150 Mann, die gegnerischen Truppen hingegen etwa 2 000 Mann.

7. September Abschluß der Großen Allianz, auch Haager Allianz, zwischen Österreich, England und Holland gegen Frankreich. In 13 Artikeln und einem Zusatzartikel vereinbaren die Seemächte mit Kaiser Leopold I. die gegenseitige Waffenhilfe und die Errichtung mehrerer Barrieren gegen Frankreich. Die eindrucksvollen Siege Prinz Eugens von Savoyen in Oberitalien *→ 9. Juli; 1. September)* haben die seit Monaten geführten Koalitionsverhandlungen des Kaisers erfolgreich unterstützt. Bis 1703 treten dieser Allianz bei: Preußen, Braunschweig, Hessen-Kassel, Mecklenburg-Schwerin und der fränkische, der schwäbische, der niederrheinisch-westfälische und der oberrheinische Reichskreis.

1702 Andreas Stengg beginnt mit dem Bau des Palais Attems in Graz. Das 1716 vollendete Palais wurde seither nicht verändert und befindet sich noch immer in Familienbesitz.
— Südl. Hochaltar in der Pfarrkirche von Rattenberg (Tirol) von Meinrad Guggenbichler, sie wird 1718 vollendet.
— Giovanni Battista Carlone beginnt mit dem Bau der Wallfahrtskirche Christkindl bei Steyr (Oberösterreich), sie wird von Jakob Prandtauer weitergeführt und 1725 vollendet.
— Jakob Prandtauer beginnt mit dem Bau der Stiftskirche Melk (Niederösterreich), sie wird 1726 vollendet.
— Gabriele Montani beginnt den Bau der Peterskirche in Wien, ab 1703 von Johann Lukas von Hildebrandt weitergeführt und 1733 vollendet.

7. Januar Laurentius von Schnifis (auch Schniffis und Schnüffis, eigentlich Johann Martin) stirbt in Konstanz; geb. am 24. August 1633 in Schnifis (Vorarlberg); Dichter des Spätbarocks, zuerst Hirte und fahrender Schüler, 1655–1662 Hofschauspieler in Innsbruck, dann in Wien, 1665 Kapuzinermönch. Wandelte die Schäferdichtung ins Volkstümliche und ins Religiös-Mystische ab. Verfaßte 1678 die Autobiographie »Philotheus, Oder deß Miranten wunderlicher Weg«, er vertonte auch seine Lieder.

15. August Schlacht bei Luzzara. Nachdem Prinz Eugen von Savoyen die monatelange Belagerung von Mantua aufgegeben hatte, wandte er sich gegen die vereinigten Franzosen, Spanier und Piemontesen unter Herzog Louis Joseph von Vendôme. Prinz Eugen kämpft mit 10 955 Mann Infanterie, 8 688 Reitern und 56 Geschützen gegen 18 600 Mann Infanterie, 10 300 Reiter und 40 Geschütze der Verbündeten. In der Nacht wird die Schlacht unentschieden abgebrochen, doch nimmt Vendôme den Kampf nicht mehr auf, er hatte 2 000 Tote und über 4 000 Verwundete, Prinz Eugen je 2 000. Prinz Eugen kann sich, bedingt durch unzulänglichen Nachschub, nur mit großer Mühe am unteren Po behaupten.

28. September Erklärung des Reichskrieges gegen Frankreich. Nur Max Emanuel von Bayern sowie Köln sind auf französischer Seite (dafür sind persönliche Differenzen mit Kaiser Leopold I. ausschlaggebend).

Dezember Marschall Herzog Louis Joseph von Vendôme versucht Südtirol zu besetzen.

19. Dezember In der Nacht auf den 20. greifen die Franzosen von mehreren Schiffen aus Riva am Gardasee an. Südtiroler unter dem Schiffer Corlera werfen die Franzosen zurück.

▶ **1703** Andrea Pozzo beginnt mit dem Umbau der Jesuitenkirche (Universitätskirche) in Wien, besonders bedeutend die Deckenfresken, sie wird 1707 vollendet.

7. Januar Prinz Eugen von Savoyen überträgt Guido Graf Starhemberg den Oberbefehl über die kaiserlichen Truppen in Oberitalien. Er selbst begibt sich nach Wien, um von Kaiser Leopold I. eine Reform des Hofkriegsrates zu erreichen. Nach der ehrenvollen Ablöse, die nach zahllosen Interventionen endlich am 27. Juni vollzogen wurde, des bisherigen Präsidentten des Hofkriegsrates Heinrich Franz Graf Mansfeld wird Prinz Eugen Präsident des Hofkriegsrates und kann dadurch die Kriegsführung allein gestalten.

April Eröffnung der französischen Feindseligkeiten am Rhein. Reichsfeldmarschall Ludwig Wilhelm Markgraf von Baden kann die Vereinigung einer französischen Armee mit Truppen des Kurfürsten Max Emanuel von Bayern an der oberen Donau nicht verhindern, sie wenden sich gegen Tirol.

3. Mai Samuel Oppenheimer stirbt in Wien; geb. 1635 vermutlich in der Pfalz. 1680 kommt der Hofbankier und Heereslieferant nach Wien *(→ 1. Januar 1683; 22. Juli 1700)*. Mit seinem Tod setzt der Niedergang seines Bankhauses ein, der Staat schuldet der Firma zu diesem Zeitpunkt rund 6 Millionen Gulden. (Oppenheimer war ein Verwandter von Joseph Oppenheimer, der ab 1717 in Frankfurt und Mannheim einflußreiche Wechselgeschäfte betrieb und unter dem Namen »Jud Süß« bekannt wurde.)

Juni Beginn des Aufstandes in Ungarn unter Franz II. Rákóczi, dem Sohn Franz I. Neue Steuern und die versuchte Unterdrückung der Protestanten führen rasch zu einer umfangreicheren Bewegung, vor allem der Kuruzen.

20. Juni Bayrische Truppen nehmen die Grenzfestung Kufstein (Tirol) ein *(→ April)*.

1. Juli Der Nordtiroler Landsturm unter dem Landrichter Martin Sterzinger schlägt eine bayrische Einheit an der Pontlatzer Brücke bei Landeck (Tirol).

2. Juli Bayrische Truppen ziehen in Innsbruck ein. Der Erfolg an der Pontlatzer Brücke führt zu einer raschen Volkserhebung in Tirol, wodurch eine Besetzung des Landes durch die Bayern verhindert wird *(→ 21. August und Anfang Oktober)*.

2. Julihälfte Marschall Herzog Louis Joseph von Vendôme marschiert von Oberitalien abermals *(→ Dezember 1702)* gegen Südtirol *(→ 1. September)*.

8. August Die Nummer 1 des »Wiennerischen Diariums« erscheint, »enthaltend Alles Denckwürdige so von Tag zu Tag so wohl in dieser Kayserlichen Residentz-Stadt Wienn selbsten sich zugetragen als auch von anderen Orthen auß der gantzen Welt allda nachrichtlich eingetroffen«. Erscheinungsweise zunächst »posttäglich« (= Mittwoch und Samstag), unter Kaiser Joseph II. dreimal wöchentlich, seit den Franzosenkriegen täglich. Daraus wird 1780 die »Wiener Zeitung«, die älteste Tageszeitung der Welt.

21. August Max Emanuel von Bayern bricht mit seinen Truppen von Seefeld (Tirol) aus nach Bayern auf. Der fast unmittelbar darauf nachstoßende Tiroler Landsturm verheert Südbayern, Teile dringen sogar bis in den Raum von München vor.

1. September Marschall Vendôme beginnt mit der Beschießung Trients *(→ 2. Julihälfte)*, wird aber am 8. zum Rückzug gezwungen.

12. September Kaiser Leopold I. verzichtet im »Pactum mutuae successionis« für sich und seinen Sohn Joseph zugunsten seines zweiten Sohnes Karl (VI.) auf Spanien, der als Karl III. zum König von Spanien ausgerufen wird. Dieser geheimgehaltene Vertrag bestimmt auch, daß im Fall des Aussterbens des Hauses im Mannesstamm die Erbfolge auf die Töchter überzugehen hat, zuerst auf die »Erbtochter«, die älteste Tochter des letzten Throninhabers.

21. September Eroberung der von Michael Csáky heldenhaft verteidigten Burg Zips durch ungarische Aufständische *(→ Juni)*.

Anfang Oktober Tirol ist von allen eingedrungenen feindlichen Einheiten frei *(→ April, 1. Juli, 2. Juli und 21. August)*.

November Österreichische Truppen erobern das von den aufständischen Ungarn besetzte Schemnitz.

►1704 Deckenfresko von Andrea Pozzo im Marmorsaal des Gartenpalais Liechtenstein in Wien, 1709 vollendet.

1. Januar Ungarische Aufständische erobern das seit Anfang Oktober 1703 belagerte Tokay.

9. Januar Bayrische Truppen fallen in Oberösterreich ein, Passau hat kapitulieren müssen.

16. Januar Kaiser Leopold I. verfügt auf Antrag des Prinzen Eugen von Savoyen, die Vorstädte Wiens durch die Anlage einer Befestigungslinie zu schützen, so entsteht der »Linienwall«. Er wird 12 Schuh hoch, wird mit Palisaden und Schanzen versehen und bekommt einen Graben von 1½ Klaftern Tiefe. Der Wall reicht von der Donau bei St. Marx über den Wiener Berg bis wieder zur Donau hinter Liechtenthal und mißt 4 deutsche Meilen.

März König Karl III. von Spanien trifft in Lissabon ein *(→ 12. September 1703)*.

3. Mai Heinrich Biber stirbt in Salzburg; geb. am 12. August 1644 in Wartenberg (Böhmen), Komponist und Kapellmeister am Hof des Erzbischofs von Salzburg. Er war auch ein angesehener Violinvirtuose.

Frühsommer Vereinigung der englischen Truppen unter Herzog John Churchill von Marlborough mit dem Reichsheer unter Reichsfeldmarschall Ludwig Wilhelm Markgraf von Baden bei Ulm. Beginn des Feldzugsplanes, den Prinz Eugen von Savoyen ausgearbeitet hatte.

2. Juli Schlacht am Schellenberg bei Donauwörth. Die Bayern werden in einem verlustreichen Kampf von den Verbündeten geschlagen, der Weg nach Bayern ist frei. Die Verluste der Bayern betragen etwa 6 500 Mann, die der Verbündeten 1 300 Tote und rund 3 700 Verwundete.

6. Juli Franz II. Rákóczi wird zum Fürst von Siebenbürgen gewählt, der Kampf der aufständischen Ungarn gegen Habsburg nimmt zu.

21. Juli Englische Truppen besetzen die Festung Gibraltar.

11. August Prinz Eugen von Savoyen vereinigt sich im Raum Höchstädt mit den verbündeten Truppen unter dem Herzog von Marlborough. Er hatte 20 000 Mann vom Rhein abgezogen.

13. August In der Schlacht bei Höchstädt erringen die Verbündeten einen entscheidenden Sieg über die Bayern und Franzosen. 52 000 Mann mit 52 Geschützen der Verbündeten kämpfen gegen das französisch-bayrische Heer mit rund 56 000 Mann und 100 Geschützen. Die Verbündeten hatten 4 400 Tote und 7 300 Verwundete, der Gegner über 6 000 Tote, 13 000 Verwundete und 11 000 Gefangene, außerdem verlor er den gesamten Troß und die Kriegskasse. Die Reste der geschlagenen französischen Armee ziehen sich unter General Ferdinand Graf Marsin auf das linke Rheinufer zurück. Max Emanuel von Bayern schlägt ein Friedensangebot ab und folgt den Franzosen. Bayern kommt (bis 1714) unter österreichische Verwaltung. Herzog John Churchill von Marlborough wird in den Reichsfürstenstand erhoben. Da er mit seinen Truppen im und um das Dorf Blindheim kämpfte, nennen die Engländer diese Schlacht »Battle of Blenheim«.

21. August Kaiserliche Truppen belagern Ulm, sie erobern es am 13. September.

7. November Vertrag von Ilbesheim zwischen Kaiser Leopold I. und der Kurfürstin Theresia Kunigunde, der

Gattin von Max Emanuel von Bayern und beauftragten Regentin. Sie verspricht die Übergabe Bayerns an Österreich und die Entwaffnung Bayerns *(→ 25. Dezember 1705).*

26. Dezember Österreicher unter General Siegbert Graf Heister besiegen die ungarischen Aufständischen unter Franz II. Rákóczi bei Tyrnau. 7 000 Österreichern standen 44 000 Aufständische gegenüber.

►**1705** Josef Anton Stranitzky, der Schöpfer des künstlerischen Stegreifspiels und des Hanswursts, beginnt in Wien seine Tätigkeit *(→ 19. Mai 1726).*

5. Februar Kuruzen erscheinen vor Wien, nachdem sie Rohrau, Fischamend und Schwechat niedergebrannt hatten. Das Herannahen der Kavallerie unter General Siegbert Graf Heister vertreibt sie.

5. Mai Kaiser Leopold I. stirbt in Wien; geb. am 9. Juni 1640 in Wien als jüngerer Sohn Kaiser Ferdinands III., ursprünglich für den geistlichen Stand bestimmt, seit 27. Juni 1655 König von Ungarn, seit 14. September 1656 König von Böhmen, seit 22. Juli 1658 römischer Kaiser. Kaiser Leopold I. war auch ein bedeutender Komponist. Von seinen mehr als 170 kammermusikalischen Stücken (für eine bis acht Stimmen) sind nur sechs erhalten. Außerdem zwei Messen, 38 kleinere kirchenmusikalische Werke, vier Oratorien, vier Sepolcri (Trauermusik), 103 Tänze, sechs Schauspielmusiken, eine Sonate für vier Violinen und mehrere Einlagearien und -szenen. Joseph I., der älteste Sohn Kaiser Leopolds I. und römischer König seit 24. Januar 1690, wird sein Nachfolger.

14. Oktober Huldigung für König Karl III. von Spanien in Barcelona *(→ 12. September 1703; März 1704).*

11. November Kaiserliche Truppen besiegen am Zsibópaß bei Zsibó die Aufständischen unter Franz II. Rákóczi, sie beginnen mit der Rückeroberung Siebenbürgens.

19. Dezember Österreichische Truppen besetzen München *(→ 13. August 1704).*

25. Dezember Die Schlacht bei Sendling entwickelt sich nach einer fehlgeschlagenen Attacke aufständischer Bayern gegen das Isartor von München. Österreichische Truppen unter General Georg Friedrich Freiherr von Kriechbaum bekämpfen sie, kreisen sie ein und töten die aufständischen bayrischen Bauern nach ihrer Entwaffnung, man spricht von 1 031 Toten, deshalb wird diese Schlacht auch »Sendlinger Mordweihnacht« genannt. Der Aufstand der Bayern gegen die österreichische Herrschaft ist damit niedergeschlagen.

►**1706** Annasäule in Innsbruck von Cristoforo Benedetti, Bekrönung eine Maria Immaculata, das Original befindet sich jetzt in der ehemaligen Stiftskirche Fiecht (Tirol).

— Baubeginn für das Palais Schönborn in Wien (Österreichisches Museum für Volkskunde) nach Plänen Johann Lukas von Hildebrandts, es wird 1711 vollendet. Erhalten sind allerdings nur das Vestibül und das Stiegenhaus.

— Bau der Wallfahrtskirche Sonntagsberg (Niederösterreich) von Jakob Prandtauer begonnen, sie wird 1732 von Josef Munggenast vollendet.

1. Januar Aufständische Ungarn belagern bis 5. Januar das von nur 400 Österreichern verteidigte Ödenburg.

8. März Veröffentlichung der mit 24. Dezember 1705 datierten Urkunde zur Errichtung der »Wiener Stadtbank«, die unter anderem die Verpflichtung hat, binnen 15 Jahren die alten Staatsschulden zu tilgen. Die wohlgeordnete Finanzverwaltung der Stadt Wien (so in der Urkunde apostrophiert) bot dazu die Voraussetzung, außerdem soll die Tilgung durch die Übernahme indirekter Steuern ermöglicht werden. Dieses »staatliche Kreditinstitut« wird im März 1745 geschlossen, nachdem bereits ab 1721 nur mehr eine Tätigkeit als Staatszentralkasse verfügt worden war.

10. Mai Simon Rettenbacher stirbt in Kremsmünster (Oberösterreich); geb. am 19. Oktober 1634 in Aigen bei Salzburg; Geschichtsschreiber, Dichter und Komponist, der Hauptvertreter des benediktinischen Ordensdramas. 1671–1675 war er Leiter des Theaters der Salzburger Universität, dann Bibliothekar des Stiftes Kremsmünster.

23. Mai Schlacht bei Ramillies (Belgien). Der Herzog von Marlborough besiegt französisch-bayrische Truppen unter General Villerois und Max Emanuel von Bayern, nachdem er kurz vorher den Oberbefehl über die in Belgien kämpfende englisch-holländische Armee übernommen hat. Ein Viertel der französisch-bayrischen Truppen fällt oder wird verwundet. Der Herzog verfolgt den Rest und gewinnt den Großteil der von Frankreich besetzten spanischen Niederlande (Belgien) zurück, damit sind auch diese für Habsburg gesichert.

4. Juli Prinz Eugen von Savoyen zieht mit 20 000 Mann Infanterie und 2 500 Mann Kavallerie von Verona aus dem belagerten Turin zu Hilfe.

2. September Prinz Eugen von Savoyen vereinigt sich südl. von Turin mit der piemontesischen Armee.

7. September In der Schlacht bei Turin besiegt Prinz Eugen mit rund 30 000 Mann die über 45 000 Mann starken Franzosen. Die Besatzung Turins unter General Wirich Daun (dem Vater des Siegers von Kolin) unterstützt den Prinzen Eugen von Savoyen durch einen Ausfall. Die Franzosen verlieren knapp 10 000 Mann (darunter über 5 000 Gefangene). Prinz Eugen hatte knapp 1 000 Gefallene und 2 300 Verwundete. Die Franzosen ziehen nach Frankreich ab, sie lassen Geschütze und Belagerungsausrüstung zurück.

17. September Eroberung von Gran durch 12 000 bis 14 000 Ungarn und Franzosen unter Franz II. Rákóczi. Gran wurde seit 29. Juli belagert.

28. September Beginn der Belagerung Grans durch österreichische Truppen unter Guido Graf Starhemberg (er war bei der Zweiten Türkenbelagerung Wiens im Jahre 1683 der Adjutant von Ernst Rüdiger Graf Starhemberg).

9. Oktober Gran wird von Guido Graf Starhemberg zurückerobert.

►**1707** Chorgestühlplastiken in der Stiftskirche Heiligenkreuz (Niederösterreich) von Giovanni Giuliani.

— Hochaltar der Jesuitenkirche und der Franziskanerkirche in Wien von Andrea Pozzo.

— Hochaltar in der Pfarrkirche von Oberalm (Salzburg) von Johann Georg Mohr, einem Schüler Meinrad Guggenbichlers.

— Jakob Prandtauer beginnt mit dem Bau der Kuppel der Wallfahrtskirche Maria Taferl (Niederösterreich), 1710 vollendet.

— Baubeginn für die Fassade der Stiftskirche Seitenstetten (Niederösterreich), vermutlich von Jakob Prandtauer, 1711 vollendet.

— Eine gewaltige Pulverexplosion zerstört die Burg

Landsee (Burgenland), mit einer Länge von über 310 m ist sie die größte Burgruine Mitteleuropas.

Anfang Januar 2 000 aufständische Ungarn unternehmen von Güns aus mehrere Raubzüge in den Bezirk Hartberg (Steiermark) und äschern dabei 16 Ortschaften ein.

12. Februar Prinz Eugen von Savoyen beginnt die Belagerung von Mailand, sie dauert bis zum 12. März.

13. März König Ludwig XIV. von Frankreich schließt mit Kaiser Joseph I. den Räumungsvertrag von Mailand. Gegen freien Abzug seiner Truppen verzichtet Ludwig zugunsten Josephs auf die Lombardei.

14. März Gründungspatent Kaiser Josephs I. für das »Versatz- und Frag-Ambt« in Wien, zum Zweck, »den nothleidenden gegen versatz einiger pfänder von juwelen, goldt, silber, schatzgeld, zinn, kupfer, lein- und pöttgewandt gegen abstattung geringer tax aufgeholfen werde«, gegründet. Sitz der Einrichtung wird das kaiserliche Gießhaus in der unteren Annagasse. Schon nach einem Jahr waren die »drei großen gewelber« zu klein, so daß »aldo wirklich befindlichen effecten als tuech, zeug, leingewandt, tepich und dergleichen fünff-, sechs- und achtfach aufeinandergelegt werden mueßten«. 1788 übersiedelt das Amt in das wesentlich größere, aufgelassene Dorotheerkloster und wird »Dorotheum« genannt.

21. Juni Auf dem Konföderationstag von Ónod (Ungarn), sprechen die Versammelten Kaiser Joseph I. die ungarische Krone ab. Die Konföderation ist ein von Franz II. Rákóczi geschaffener Zusammenschluß der siebenbürgischen und ungarischen Aufständischen *(→ 4. August 1708)*.

12. Juli Die drei Kastelle von Neapel ergeben sich den Österreichern unter General Wirich Graf Daun.

26. Juli Prinz Eugen von Savoyen beginnt die Belagerung von Toulon, er muß sie am 21. August erfolglos abbrechen.

22. August Rückzug Prinz Eugens von Savoyen über Nizza bis Vignone und Scalenghe an der Lamina. Die Franzosen wagten keinen Angriff auf diesen meisterhaft durchgeführten Rückmarsch.

1. September Konvention von Altranstädt zwischen Kaiser Joseph I. und König Karl XII. von Schweden. Der Kaiser macht mehrere Zugeständnisse auf dem Konfessionssektor, besonders auf Schlesien bezogen, und erreicht damit, daß sich Schweden nicht in den Spanischen Erbfolgekrieg einmischt, der für den Kaiser ohnehin bereits ein Mehrfrontenkrieg war.

30. September Österreichische Truppen unter General Wirich Graf Daun erstürmen das seit 22. August belagerte Gaeta.

▶1708 Jakob Prandtauer führt den Bau des Stiftes St. Florian (Oberösterreich) weiter, Tor des Stiftes stammt aus 1713 und der Torturm, der sogenannte Bläserturm, aus 1714.

— Baubeginn für die Böhmische Hofkanzlei in Wien (Wipplingerstraße) nach Plänen von Johann Bernhard Fischer von Erlach. Das Fassadenschema des palladianischen Klassizismus wird erstmals in Österreich angewandt, Skulpturen der Fassade von Lorenzo Mattielli. Der Gesamtbau wird erst 1714 vollendet.

Januar Unterschiedliche Erfolge der Aufständischen in Ungarn, sie halten auch noch im nächsten Monat an.

28. Februar Vergeblicher Versuch der aufständischen Ungarn, Mattersburg (Burgenland, damals Mattersdorf) zu besetzen, auch der nächste Tag bringt ihnen keinen Erfolg.

5. Juli Aufständische Ungarn erobern Schloß Theben.

11. Juli Schlacht bei Oudenaarde (Festung an der Schelde, Holland). Der Herzog von Marlborough schlägt mit dem herbeigeeilten Prinzen Eugen von Savoyen ein starkes französisches Heer unter Marschall Vendôme. Die Franzosen verlieren 3 000 Mann, 4 000 Verwundete und 12 000 Gefangene, dazu knapp 1 000 Offiziere. Der Herzog und Prinz Eugen hatten rund 3 000 Tote und Verwundete.

4. August Schlacht bei Trentschin (Slowakei). Niederlage von 12 000 Mann »Konföderierten« *(→ 21. Juni 1707)* durch 5 000 Mann starke österreichische Truppen unter General Siegbert Graf Heister. Oberungarn wieder in der Hand von Österreich *(→ 29. April 1711)*.

6. August Prinz Eugen von Savoyen beginnt mit dem Transport der Belagerungsgeschütze von Brüssel nach Ryssel (Lille), wo er am 12. ankommt. 80 Geschütze großen Kalibers werden von je 20 Pferden und 20 kleinere von je 16 Pferden gezogen, dazu kommen 3 000 vierspännige Munitionskarren. Die Kolonne mißt 69 000 Schritt oder 14 Wegstunden und bewegt sich unter ständiger Beobachtung der rund 100 000 Mann starken französischen Armee.

14. August Beginn der Belagerung von Ryssel (Lille) durch Prinz Eugen von Savoyen. Die Einkreisungslinie hat eine Ausdehnung von sechseinhalb Stunden *(→ 23. Oktober)*.

22. August Österreichische Truppen unter General Johann Graf Pálffy bekämpfen ungarische Aufständische bei Neutra, das sie am 24. einnehmen.

14. September Johann Baptist Adolph stirbt in Wien; geb. am 25. März 1657 in Liegnitz (Schlesien); Jesuitenpater, Bühnendichter des Wiener Jesuitentheaters.

20. September General Siegbert Graf Heister beginnt die Belagerung von Neuhäusel – er muß sie am 9. Oktober ergebnislos abbrechen.

23. Oktober Prinz Eugen von Savoyen erobert Ryssel (Lille), am 25. beginnt er mit der Belagerung der Zitadelle, er erobert sie am 9. Dezember *(→ 6. August und 14. August)*.

▶1709 Errichtung des Kärntnertortheaters in Wien.

— Hochaltar der Pfarrkirche von Lochen (Oberösterreich) von Meinrad Guggenbichler.

2. Januar Verbündete Truppen unter dem Herzog von Marlborough erobern Brügge.

5. Januar Österreichische Truppen unter General Johann Graf Pálffy überschreiten die stark verschneiten Arvaer Karpaten und vertreiben bis 7. die aufständischen Ungarn aus allen ihren Verschanzungen.

Juni Kleinere Erfolge der österreichischen Truppen über die aufständischen Ungarn, sie halten bis gegen Ende August an.

31. August Andrea Pozzo stirbt in Wien; geb. am 30. November 1642 in Trient (Trentino); Baumeister, Bildhauer und Maler des Spätbarocks, Jesuitenlaienbruder, 1702 von Kaiser Leopold I. nach Wien berufen (war in Rom). Hauptwerke: Umbau der Jesuitenkirche in Wien 1703–1707, Hochaltarbilder der Jesuitenkirche und der Franziskanerkirche in Wien 1707, Deckenfresko im Gartenpalais Liechtenstein in Wien-Roßau 1708.

7. September Österreichische Truppen unter General Siegbert Graf Heister erobern das seit 4. umkämpfte Veszprém.

11. September Schlacht bei Malplaquet (nordöstl. von Cambrai). Die 81 000 Mann starke französische Armee unter Marschall Villars hat sich an der niederländischen Grenze verschanzt, um ein Vordringen der 90 000 Mann starken Truppen unter dem Prinzen Eugen von Savoyen und dem Herzog von Marlborough zu verhindern. Nach einem mehrere Stunden dauernden Kampf müssen sich die Franzosen zurückziehen. Die Verbündeten hatten 6 300 Tote und 14 200 Verwundete, die Franzosen hatten zwischen 12 000 und 14 000 Mann verloren; damit zählt diese Schlacht zu den blutigsten dieser Zeit.

23. Oktober Die Festung Mons wird nach kurzer Belagerung von den Verbündeten eingenommen, bedingt durch den Rückzug von Villars nach der Schlacht bei Malplaquet.

20. November Paul Strudel (auch Strudl, seit 1707 Frh. von Strudl und Vochburg) stirbt in Wien; geb. 1648 in Cles (Südtirol); Barockbildhauer, seit 1684 in Wien, verpflanzte den Stil Berninis nach Österreich, Bruder von Peter Strudel *(→ 4. Oktober 1714)*.

1. Dezember Abraham a Sancta Clara, eigentlich Johann Ulrich Megerle, stirbt in Wien; geb. am 2. Juli 1644 in Kreenheinstetten (Baden); Prediger und Volksschriftsteller, Augustiner-Barfüßer. Ab 28. April 1677 Hofprediger. Geißelte in scharfen, urwüchsigen Predigten die Schwächen seiner Zeit. Pestbußpredigt »Mercks, Wienn« 1680, »Auf, auf, ihr Christen« 1683, »Judas, der Erzschelm« 1686–1695 *(→ Herbst 1662)*.

►**1710** Deckengemälde »Größe Österreichs« von Antonio Beduzzi im Sitzungssaal des Niederösterreichischen Landhauses in Wien.

— Portal des Palais Lobkowitz in Wien von Johann Bernhard Fischer von Erlach.

— Johann Bernhard Fischer von Erlach beginnt den Bau des Palais Trautson in Wien.

22. Januar 1 400 Mann österreichische Kavallerie unter Graf Sickingen besiegen bei Romhány 12 000 Ungarn, Polen und Schweden unter Franz II. Rákóczi.

— Österreicher unter General Georg Wilhelm Freiherr von Löffelholz besetzen das seit Mitte November 1709 belagerte Leutschau – es war durch Verrat gefallen.

Mai Laufend kleinere Erfolge der österreichischen Truppen in Ungarn.

26. Juni Verbündete Truppen erobern das seit 23. April belagerte Douai, die Armeen des Prinzen Eugen von Savoyen und des Herzogs von Marlborough haben die Belagerung gedeckt.

23. September Aufständische Ungarn müssen das von General Siegbert Graf Heister seit Ende 1709 belagerte Neuhäusel übergeben.

November Die österreichischen Truppen erringen kleinere Erfolge gegen die aufständischen Ungarn.

10. Dezember Schlacht bei Villaviciosa. 13 000 Verbündete mit 22 Kanonen unter General Guido Graf Starhemberg besiegen 21 000 Spanier mit 30 Kanonen unter Marschall Louis Joseph Herzog von Vendôme. Größtes und blutigstes Unternehmen in Spanien während des Erbfolgekrieges.

►**1711, Januar** Erfolge österreichischer Truppen in Ungarn; kleinere Niederlagen der Verbündeten in Frankreich; die gleiche Situation ergibt sich im Februar und Anfang März.

17. April Kaiser Joseph I. stirbt in Wien an den schwarzen Blattern; geb. am 26. Juli 1678 in Wien als ältester Sohn Kaiser Leopolds I., seit 24. Januar 1690 römischer König, ab 5. Mai 1705 römischer Kaiser. Er hinterläßt nur zwei Töchter, weshalb das Erbe an seinen Bruder Karl fällt, der als Karl III. *(→ 12. September 1703; März 1704)* König von Spanien ist. Er befindet sich in Barcelona, wo er im Rahmen der militärischen Auseinandersetzungen fast eingeschlossen ist *(→ 12. Oktober)*. Die Kaiserinmutter Eleonore (Eleonore Magdalena von Pfalz-Neuburg, die dritte Gattin Kaiser Leopolds I. und Mutter von Kaiser Joseph I. und Karl VI.) führt bis zum Eintreffen ihres Sohnes, von den Räten des verstorbenen Kaisers unterstützt, die Staatsgeschäfte.

23. April Michael Bernhard Mandl (auch Mändl) stirbt in Salzburg; geb. um 1660 in Prag; Barockplastiker, besonders vom italienischen Barock beeinflußt. Hauptwerke (alle in Salzburg): Rossebändiger der Hofstallschwemme 1695, Petrus und Paulus vor dem Dom 1698 sowie Figuren in der Dreifaltigkeits- und in der Kollegienkirche.

26. April Österreichische Truppen unter General Löffelholz erobern das seit Ende 1710 belagerte Kaschau.

29. April Mit dem Frieden von Szatmár zwischen Österreich und den Ständen Ungarns und Siebenbürgens finden noch zu Lebzeiten Kaiser Josephs I. begonnene Verhandlungen unter General Graf Pálffy ihren Abschluß. Im wesentlichen wird der Reichstag von Preßburg vom 30. Oktober 1687 *(→ dort)* erneuert. Die Witwen und Waisen aus der langjährigen Auseinandersetzung erhalten ihre Besitzungen zurück oder werden entschädigt. Franz II. Rákóczi wird nach Leistung des Treueides gegenüber Österreich (innerhalb von drei Wochen) die Rückgabe seiner Besitzungen garantiert, doch er flieht nach Polen. (Er wird zur Symbolgestalt des ungarischen Freiheits- und Unabhängigkeitswillens, der nach ihm benannte Militärmarsch wurde zur Hymne, besonders in den Jahren 1848 und 1849.) Der Friede von Szatmár regelt bis zum »österreichisch-ungarischen Ausgleich« im Jahre 1867 die Beziehungen zwischen Österreich und Ungarn *(→ 22. Mai 1712)*.

22. Juni General Löffelholz erobert das seit Mitte Mai belagerte Munkács, damit Ende der ungarischen Aufstandsbewegung.

21. Juli Johann Achamer (auch Aichhammer) gießt in Wien aus türkischen Kanonen eine große Glocke für den Stephansdom, die »Pummerin«, sie ist mit 22 511 kg die größte Glocke von Österreich. Sie wird beim Brand der Stephanskirche im April 1945 zerstört und am 5. September 1951 in St. Florian (Oberösterreich) neu gegossen und wiegt nun 21 383 kg *(→ 11. April 1945; 26. April 1952)*.

Herbst Unterschiedliche Erfolge und Niederlagen kleineren Ausmaßes der (noch) Verbündeten in Frankreich und Holland, ein Zustand, der bis in das Frühjahr 1712 anhält.

Oktober Die Alliierten Österreichs beginnen Friedensverhandlungen mit Frankreich. England hatte bereits am 8. Präliminarien mit Frankreich vereinbart, da eine neue Regierung an der Macht war, die auch den Herzog von Marlborough entmachtete. Kaiser Karl VI. protestiert gegen diese Verhandlungen. Trotz dieses

Protests beginnen die Verhandlungen offiziell am 12. Januar 1712 in Utrecht.

12. Oktober König Karl III. von Spanien wird als Karl VI. zum römischen Kaiser gewählt. Die von Kaiser Joseph I. 1706 mit der Reichsacht belegten Kurfürsten von Bayern und Köln (diese im Bündnis mit Frankreich) hatten vergeblich versucht, die Wahl zu verhindern. Kaiser Karl VI. ist zu diesem Zeitpunkt von Spanien in seine Heimat unterwegs *(→ 17. April; 26. Januar 1712).*

►1712 Bibliothek des Stiftes Schlierbach (Oberösterreich) von Carlo Antonio Carlone mit einer Galerie auf korinthischen Holzsäulen von Johann Michael Prunner.

— Jakob Prandtauer errichtet in St. Pölten die Karmeliterinnenkirche, deren turmlose, konkav eingeschwungene Fassade durch hohe, flache Pilaster gegliedert ist; der Hochaltar stammt von Johann Lukas von Hildebrandt.

— Kalvarienbergkirche in Schenkenfelden (Oberösterreich) von Johann Michael Prunner, ein achtseitiger Zentralbau.

— Deckenfresken in der ehemaligen Stiftskirche Pöllau (Steiermark), heute Pfarrkirche, von Matthias von Görz – sie sind erst 1718 vollendet.

26. Januar Kaiser Karl VI. trifft in Wien ein und übernimmt von Kaiserinmutter Eleonore die Regierungsgeschäfte *(→ 17. April 1711).*

22. Mai Kaiser Karl VI. wird zum König von Ungarn gekrönt *(→ 29. April 1711).*

10. Juni Beginn der Streifzüge holländischer und österreichischer Kavallerie in Nordfrankreich, die bis 17. Juni ohne Unterbrechung durchgeführt werden. Eine österreichische Husareneinheit kommt dabei bis 10 Meilen vor Paris.

5. Juli Prinz Eugen von Savoyen erobert das seit dem 8. Juni belagerte Quesnoy *(→ 3. Oktober).*

8. September Rückeroberung von Douai *(→ 26. Juni 1710)* durch die Franzosen unter Marschall Villars. Seit 1. August hatten sie die Stadt mit 20 000 Mann Infanterie, 3 400 Mann Kavallerie und 80 Belagerungsgeschützen belagert. Den Verteidigern standen nur 3 050 Mann Infanterie, 150 Mann Kavallerie und 111 Geschütze zur Verfügung.

3. Oktober Rückeroberung von Quesnoy *(→ 5. Juli)* durch Marschall Villars. Seit 8. September hatte er es mit 24 000 Mann Infanterie, 5 400 Mann Kavallerie und 114 Geschützen belagert. Es wurde von nur 2 140 Mann Infanterie und 76 Geschützen der Verbündeten verteidigt.

►1713 Johann Lukas von Hildebrandt beginnt den Bau des Palais Kinsky in Wien, es wird 1716 vollendet.

— Johann Michael Prunner beginnt den Bau der Kirche der Barmherzigen Brüder in Linz, sie wird 1716 vollendet.

Anfang Von einer aus Ungarn kommenden schwangeren Schwäbin wird die Pest nach Wien gebracht. Sie bricht zuerst in der Vorstadt Roßau aus und greift auf das Bürgerspital über. Die Pest war 1712 von der Türkei nach Ungarn eingeschleppt worden, weshalb Kaiser Karl VI. entlang der türkischen Grenze »Cordons und Sanitätsanstalten« errichten ließ, die wesentlich dazu beitrugen, daß die Seuche das letztemal in Österreich wütete. Durch größere Vorsichtsmaßnahmen und bessere medizinische Erkenntnisse werden die Ausmaße eingedämmt; trotzdem läßt die Seuche erst mit Beginn der kalten Jahreszeit nach. Erst im Februar 1714 gibt es in Wien den letzten Pestfall. Die Pest hatte in Wien 8 644 Opfer gefordert, in den Ländern gab es weniger Tote.

11. April Abschluß des ersten von insgesamt elf Friedensverträgen im Rahmen des Friedens von Utrecht, der die Auseinandersetzungen des »Spanischen Erbfolgekrieges« *(→ Rahmenartikel Seite 160)* beendet. Dieser 1. Vertrag beendet den Kriegszustand zwischen England und Frankreich. Österreich und das Reich bleiben mit Frankreich bis zum Frieden von Rastatt *(→ 6. März 1714)* im Krieg. 2. am 4. November 1713 zwischen Frankreich und den Generalstaaten (Holland). (Obwohl später geschlossen, rangiert er wegen seiner Bedeutung an zweiter Stelle.) 3. am 11. April 1713 zwischen Frankreich und Preußen. 4. am 11. April 1713 zwischen Frankreich und Portugal. 5. am 11. April 1713 zwischen Frankreich und Savoyen. 6. am 13. Juli 1713 zwischen Spanien und Großbritannien (nicht nur England allein). 7. am 13. Juli 1713 zwischen Spanien und Savoyen. 8. am 6. März 1714 zwischen Kaiser Karl VI. und Frankreich (Friede von Rastatt). 9. am 26. Juni 1714 zwischen Spanien und Holland. 10. am 7. September 1714 zwischen Frankreich und dem Deutschen Reich (Friede von Baden, in der Schweiz, mit dem der Friede von Rastatt und seine Bestimmungen auch für das Reich als verbindlich erklärt werden). 11. am 6. Februar 1715 zwischen Spanien und Portugal.

19. April Kaiser Karl VI. erläßt die »Pragmatische Sanktion«, mit der er seine Töchter vor den Töchtern seines verstorbenen Bruders, Kaiser Josephs I., als erbberechtigt erklärt. (Damit setzt er das »Pactum mutuae successionis« von Kaiser Leopold I. vom [→] 12. September 1703 außer Kraft, das die »Josephinische [deutsche] Linie« vor die »Karolinische [spanische] Linie« stellte.) Erst nach den Nachkommen dieser sollen nach dem Recht der Erstgeburt die übrigen erbberechtigt sein. Nach einem Aussterben des direkten Mannesstammes ist demnach die Erbfolge gesichert. Außerdem beinhaltet die Pragmatische Sanktion die Bestimmung über die Unteilbarkeit der habsburgischen Länder. Eine Kommission, gebildet von allen Betroffenen (auch Prinz Eugen gehörte ihr an), hatte in monatelanger Diskussion dieses Vertragswerk beraten und Differenzen beseitigt (trotzdem kam es zum Österreichischen Erbfolgekrieg *(→ 1741).* Der Vertrag war maßgeblich vom österreichischen Hofkanzler (seit 1705) Johann Friedrich Reichsgraf Seilern erarbeitet worden. Nach Veröffentlichung des neuen Hausgesetzes stimmten in den Jahren 1720–1723 die Stände der Länder zu, am 6. Dezember 1723 wird die Pragmatische Sanktion zum Grundgesetz erklärt.

Sommer Schwache militärische Kleinunternehmungen der österreichisch-deutschen Truppen im Raum Mainz–Kaiserslautern (bereits von Franzosen besetzt) und Freiburg im Breisgau, da nach den Utrechter Friedensschlüssen die Unterstützung der ehemaligen Verbündeten fehlt.

22. September Marschall Villars beginnt die Belagerung von Freiburg im Breisgau mit 27 500 Mann Infanterie, 10 000 Mann Kavallerie und 100 Geschützen. Die Besatzung Freiburgs unter Feldzeugmeister Friedrich August Freiherr von Harsch zählt 7 829 Mann Infanterie und 100 Mann Kavallerie.

17. November Nachdem sich die Stadt Freiburg im Breisgau heldenmütig gehalten hatte, bewilligt Prinz

Eugen von Savoyen die Aufgabe der aussichtslos gewordenen Verteidigung und die Übergabe an die Franzosen. Damit Ende der militärischen Auseinandersetzungen auf deutschem Boden im Rahmen des Spanischen Erbfolgekrieges. In Spanien selbst dauern die Kämpfe noch fast das ganze Jahr 1714 an. Freiburg im Breisgau kommt durch den Frieden von Rastatt *(→ 6. März 1714)* wieder an Österreich.

▶**1714** Kuppelfresko in der Peterskirche in Wien von Johann Michael Rottmayr.

— Johann Lukas von Hildebrandt beginnt mit dem Bau des Unteren Belvedere in Wien – 1716 vollendet.

— Johann Lukas von Hildebrandt beginnt den Bau der Pfarrkirche von Pottendorf (Niederösterreich) – 1716 vollendet.

— Andreas Stengg und Johann Georg Stengg beginnen mit dem Bau der Wallfahrtskirche Maria Trost in Graz – 1724 vollendet.

— Johann Michael Prunner beginnt mit dem Bau der Wallfahrtskirche Stadl-Paura (Oberösterreich) – 1725 vollendet.

— Jakob Prandtauer beginnt mit dem Neubau des Stiftes Herzogenburg (Niederösterreich) – ab 1726 von Josef Munggenast weitergeführt und vollendet.

— Erhart Anton Martinelli beginnt mit dem Bau der Pfarrkirche von Breitenfurt (Niederösterreich), Kuppelfresko von Johann Michael Rottmayr und Statuen von Giovanni Giuliani – 1732 vollendet.

Februar Letzter Pestfall in Wien *(→ Anfang 1713)*.

6. März Friede von Rastatt zwischen Kaiser Karl VI. und Frankreich, von Prinz Eugen von Savoyen und Marschall Villars, den beiden Gegnern im Spanischen Erbfolgekrieg, ausgehandelt. Er umfaßt 37 Artikel und drei Zusatzartikel. Österreich enthält Alt-Breisach, Freiburg im Breisgau und die Festung Kehl, die spanischen Niederlande (Belgien) mit Ausnahme der von Holland beanspruchten Grenzfestungen und Sardinien zurück, es behält die ehemals spanischen Besitzungen in Italien, Neapel, Mailand und Mantua. Frankreich verpflichtet sich, die rechtsrheinischen Fortifikationen abzubrechen und den Reichsständen die entrissenen Gebiete zurückzugeben; es behält dafür Stadt und Festung Landau. Die beiden mit Frankreich verbündet gewesenen deutschen Kurfürsten, Max Emanuel von Bayern und der Erzbischof von Köln, erhalten Titel und Territorium zurück *(→ 13. August 1704)*. Außerdem verpflichtet sich Kaiser Karl VI., durch Verhandlungen die Zustimmung der Reichsstädte zu erwirken *(→ 7. September)*. Interessant ist der zweite Zusatzartikel, der Frankreich untersagt, in Zukunft durch die Berufung auf diesen in französischer Sprache abgefaßten Vertrag die Abfassung internationaler Verträge in französischer Sprache zu beanspruchen. Trotzdem überwiegt ab nun in der internationalen Diplomatie die französische Sprache und löst das bisher übliche Latein ab. Damit Ende des Spanischen Erbfolgekrieges, der seit 1701 große Teile Europas in Mitleidenschaft gezogen hatte. Ein Friede mit Spanien kam nicht zustande, da der Kaiser König Philipp V. nicht anerkannte *(→ 18. Januar 1720)*.

31. Juli Beginn der Belagerung Barcelonas durch die Spanier und Franzosen. Katalanier und österreichische Truppen unter General Guido Graf Starhemberg verteidigen die Stadt bis zur Kapitulation am 11. September.

7. September Mit dem Frieden von Baden (Schweiz) bestätigt das Reich die Bestimmungen des Friedens von Rastatt *(→ 6. März)* zwischen Kaiser Karl VI. und Frankreich. Die Verhandlungen mit den protestantischen Reichsständen haben sich so lange hingezogen.

4. Oktober Peter Strudel (Strudl, seit 1701 Frh. von Strudendorff) stirbt in Wien; geb. 28. Mai 1660 in Cles (Südtirol); Maler und Bildhauer, kam 1686 nach Wien und wurde Hof- und Kammermaler, gründete (→) 1692 eine private Kunstschule auf seinem Strudelhof (Wien 9), die 1705 zu einem offiziellen Institut erhoben wurde, die älteste Kunstakademie Mitteleuropas.

23. Oktober Philipp Wilhelm von Hörnigk (auch Horneck) stirbt in Passau; geb. am 23. Januar 1640 in Frankfurt am Main; Volkswirtschaftler, kam 1647 nach Österreich und veröffentlichte (→) 1684 »Österreich über alles, wann es nur will«.

▶**1715** Die Pest wütet in der Stadt Friesach (Kärnten), die Hälfte der Einwohner fällt der Seuche zum Opfer.

— Loretokapelle in Göllersdorf (Niederösterreich) von Johann Lukas von Hildebrandt.

13. Juni Eroberung der Insel Mallorca durch 22 000 Franzosen und Spanier, die österreichische Besatzung beträgt 1 000 Mann.

Sommer Großwesir Damad Ali Pascha erobert das Venedig gehörende »Königreich« Morea (südgriechische Halbinsel Peloponnes). Im Laufe des Herbsts fallen auch alle von Venedig *(→ 26. Januar 1699)* errichteten Festungen in seine Hand. Venedig wendet sich um Hilfe an Österreich *(→ April 1716)*.

▶**1716** Gewölbe und Kuppelmalerei der Stiftskirche Melk (Niederösterreich) von Johann Michael Rottmayr.

— Fresken in der Sakristei der Stiftskirche Vorau (Steiermark) von Johann Cyriak Hackhofer.

— Deckenfresko im Marmorsaal des Unteren Belvedere in Wien von Martin Altomonte.

— Rosengitter in der Heiligblutkapelle der Stiftskirche Stams (Tirol) von Bernhard Bachnetzer.

— Johann Bernhard Fischer von Erlach beginnt mit dem Bau des Ostflügels des Stiftes Herzogenburg (Niederösterreich), er wird 1720 vollendet.

— Matthias Fölser beginnt mit dem Bau der Pfarrkirche von Waidhofen an der Thaya (Niederösterreich), sie wird 1723 vollendet.

— Johann Bernhard Fischer von Erlach beginnt mit dem Bau der Karlskirche in Wien. Ihre Errichtung hatte Kaiser Karl VI. im Pestjahr 1713 gelobt. Nach dem Tod des Vaters führt Joseph Emanuel Fischer von Erlach den Bau weiter und vollendet ihn 1737.

— Die Engländerin Lady Mary Montague beschreibt in ihren Reiseerinnerungen Wien, eingehend auch den kaiserlichen Hof: »Es herrscht hier der Gebrauch, daß jede Frau zwei Ehemänner hat, einen, der nur dem Namen nach Gatte ist, und einen zweiten, der des Letzteren Stelle wirklich einnimmt.«

April Kaiser Karl VI. schließt mit Venedig ein Bündnis *(→ Sommer 1715)* und fordert von der Türkei die Einhaltung des Friedens von Karlowitz *(→ 26. Januar 1699)*. Die Türkei antwortet darauf mit einer Kriegserklärung an Österreich. Der erste Türkenkrieg Kaiser Karls VI., bis 1718.

2. August 10 000 türkische Reiter schlagen bei Karlowitz 4 000 ungarische Reiter unter General Johann Graf Pálffy.

5. August Schlacht bei Peterwardein. Prinz Eugen von Savoyen schlägt mit 78 000 Mann und 80 Geschützen die über 150 000 Mann starke türkische Armee unter Großwesir Damad Ali Pascha, der in der Schlacht fällt. Die Türken sollen an die 30 000 Mann verloren haben.

26. August Prinz Eugen von Savoyen beginnt die Belagerung von Temesvár mit 44 879 Mann Infanterie, 23 409 Mann Kavallerie, 80 Feld- und 87 Belagerungsgeschützen, von denen jedoch am 24. September nur mehr 17 542 Mann Infanterie und 5 044 Mann Kavallerie dienstfähig sind *(→ 13. Oktober)*. Die türkische Besatzung von Temesvár zählt 15 000 Mann und 150 Geschütze.

September Laufend kleinere Erfolge der kaiserlichen Armee gegen die Türken.

13. Oktober Prinz Eugen von Savoyen erobert Temesvár *(→ 26. August)*.

►1717 Jakob Prandtauer baut die Fischbehälter des Stiftes Kremsmünster (Oberösterreich).

— Kuppel- und Gewölbeausmalung der Grabkapelle der Wallfahrtskirche Stallhofen (Kärnten) von Josef Ferdinand Fromiller.

— Johann Lukas von Hildebrandt beginnt den Bau der Geheimen Hofkanzlei in Wien (jetzt Bundeskanzleramt) – 1719 vollendet.

— Johann Jakob Herkommer beginnt mit dem Bau der Stadtpfarrkirche von Innsbruck; nach seinem Tod wird sie 1724 von Johann Georg Fischer fertiggestellt.

— Donato Felice d'Allio beginnt den Bau der Salesianerinnenkirche in Wien, sie wird 1730 vollendet.

— Errichtung des Merkantil- und Wechselgerichtes in Wien, eines Vorgängers des späteren Handelsgerichtes.

— Für Wien wird die regelmäßige Straßensäuberung, die Anbringung von Dachrinnen und die Durchführung der Totenbeschau angeordnet.

15. Juni Prinz Eugen von Savoyen übersetzt mit 42 700 Mann Infanterie und 30 700 Mann Kavallerie bei Panczowa-Vischnitza (südöstl. von Belgrad) die Donau.

19. Juni Beginn der Belagerung Belgrads durch Prinz Eugen von Savoyen. Die an der Mündung der Save in die Donau gelegene Stadt läßt er durch Verbindungswälle von einem Fluß zum anderen umschließen, die Gesamtlänge dieser Verschanzungen beträgt 21 250 Schritt, fast 16 km. Durch Brücken über beide Flüsse sichert er seine Verbindungen und sperrt den Belagerten den Wasserweg ab, die Brücke über die Donau ruht auf 127 »schwimmenden Unterteilen«. (Diese Meisterwerke der Feldbefestigung werden „Eugensche Linien« genannt.) Prinz Eugens Belagerungsheer zählt 88 800 Mann, die Besatzung Belgrads 30 000 *(→ 23. Juli, 16. August und 22. August)*.

5. Juli Österreichische Truppen besiegen in einer Schlacht auf der Donau bei Semlin die Türken.

23. Juli Prinz Eugen von Savoyen beginnt mit 106 Geschützen die Beschießung Belgrads.

Anfang August Ein türkisches Entsatzheer in der Stärke von nahezu 200 000 Mann unter Großwesir Chalil Pascha trifft vor Belgrad ein und belagert Prinz Eugen von Savoyen.

16. August Prinz Eugen von Savoyen greift mit 70 000 Mann das türkische Entsatzheer an, er wird aber, während Nebel einbricht und die Nacht beginnt, an beiden Flügeln von den Türken geschlagen. Bei Tagesanbruch des 17. gelingt dem Prinzen durch persönlichen Einsatz ein massiver Einbruch in das türkische Zentrum, worauf das türkische Heer flieht. Teile sollen bis Sofia geflohen sein.

22. August Prinz Eugen von Savoyen erobert Stadt und Festung Belgrad. Bald darauf leiten die Türken Friedensverhandlungen ein, obwohl Frankreich diese verhindern wollte *(→ 21. Juli 1718)*.

Herbst Laufend Erfolge österreichischer Truppen über die Türken.

Dezember Die Steuereinnahmen für dieses Jahr betragen in Österreich 8 688 777 Gulden.

►1718 Baubeginn der Wallfahrtskirche Mariabichl in Oberndorf (Salzburg) – 1722 vollendet.

— Nach Plänen von Johann Lukas von Hildebrandt beginnt Johann Michael Prunner mit dem Bau der Deutschordenskirche in Linz; sie wird 1725 vollendet.

— Apostolo Zeno kommt nach Wien und bleibt bis 1729. Der Hofdichter und Historiograph aus Venedig ist auch ein Reformer der italienischen Oper.

8. März Kaiserliches Manifest gegen das Tragen von Degen durch unbefugte Personen. Vor allem Handwerksburschen trugen am Sonntag Degen und richteten damit – besonders in Wien – oft Unheil an.

27. Mai Kaiser Karl VI. stellt dem Porzellanerzeuger Claudius Innozenz du Paquier ein Sonderprivileg für die Erzeugung von Porzellan aus. In der Roßau gegenüber dem liechtensteinischen Gartenpalais stellt Du Paquier den ersten Brennofen auf. Schon 1720 hat er wegen der Qualität Absatzschwierigkeiten, seine Mitarbeiter verlassen ihn. Trotzdem beginnt er neu und größer, es entsteht die »Wiener Porzellanmanufaktur Augarten«, die nach Meißen zweitälteste Porzellanmanufaktur Europas *(→ 28. Dezember 1751)*.

21. Juli Friede von Passarowitz (an der Donau, Serbien) zwischen Österreich und der Türkei, vermittelt von England und Holland. Der 20 Artikel umfassende Vertrag bringt für Österreich großen Landgewinn: die fünf Distrikte der Walachei, das Banat, Teile Serbiens mit Belgrad bis an Morava, Drina und Save sowie Teile Bosniens. Außerdem verpflichten sich die Türken zur Toleranz gegenüber den ihnen untertanen Christen. Gleichzeitig wird mit der Türkei ein Handelsvertrag und mit Venedig ein günstiger Vertrag abgeschlossen.

2. August Quadrupelallianz von London zwischen England, Frankreich und Kaiser Karl VI. – der vorgesehene Anschluß Hollands erfolgt nicht, daher eigentlich nur eine Tripelallianz. Im Frieden von Utrecht *(→ 11. April 1713)* hatten die europäischen Mächte vereinbart, entstehende Probleme im Interesse des europäischen Gleichgewichts am Verhandlungstisch zu regeln. Nun hat Spanien die an Österreich übergegangenen spanischen Nebenländer in Italien zurückzuerobern versucht. Die umfangreichen Regelungen sind nicht dauerhaft, und die Allianz findet durch die Wiener Verträge von 1725 zwischen Österreich und Spanien ein rasches Ende.

Herbst Unterschiedliche und wechselnde Erfolge der spanischen und der österreichischen Truppen auf Sizilien.

►1719 Josef Munggenast beginnt mit dem Bau des Stiftes Seitenstetten (Niederösterreich) – von Johann Gotthard Hayberger 1747 vollendet.

— Johann Bernhard Fischer von Erlach beginnt mit dem Bau des Hofstallgebäudes in Wien gegenüber dem Äußeren Burgtor. Der jetzt Messepalast bezeichnete

Bau wird 1723 von seinem Sohn Joseph Emanuel Fischer von Erlach in leicht abgeänderter Form fertiggestellt. Er bietet 600 Pferden Platz.

Januar Erfolge österreichischer und piemontesischer Truppen über die Spanier auf Sizilien, die bis in den Sommer anhalten.

22. Mai Gründung der »Privilegierten Orientalischen Kompagnie«, der Kaiser Karl VI. die Erlaubnis erteilt, mit türkischen Ländern Handel zu treiben. (Kurz vorher waren Triest und Fiume zu Freihäfen erklärt worden.)

20. Juli Feldmarschalleutnant Claudius Graf Mercy beginnt die Belagerung von Messina – er erobert es am 18. Oktober.

►**1720** Jakob Prandtauer beginnt mit der Barockisierung des Domes von St. Pölten. Die Arbeiten werden erst 1750 abgeschlossen.

18. Januar Friede von Haag zwischen Spanien und den Verbündeten der Quadrupelallianz *(→ 2. August 1718)*, im Dezember 1719 waren französische Truppen in Spanien eingefallen. Kaiser Karl VI. erkennt Philipp V. (einen Bourbonen) als König von Spanien an, Spanien räumt Sizilien und Sardinien. Österreich gibt Sardinien an das Haus Savoyen-Piemont und erhält Sizilien. Der Herzog von Savoyen-Piemont führt ab diesem Zeitpunkt den Titel König von Sardinien. Don Carlos, der Sohn König Philipps V., erhält die Anwartschaft auf die Herzogtümer Parma, Piacenza und Toskana.

►**1721** »Apotheose Prinz Eugens von Savoyen«, eine Marmorgruppe von Balthasar Permoser im Spiegelsaal des Unteren Belvedere in Wien.

— Baubeginn für das Palais Auersperg in Wien, vermutlich nach Plänen Johann Lukas von Hildebrandts von Johann Christian Neupauer bis 1722 errichtet.

— Johann Lukas von Hildebrandt beginnt mit dem Bau des Oberen Belvedere in Wien, es wird 1723 vollendet. Die »Sala Terrena« mit Atlanten von Lorenzo Mattielli, im Gartensaal Stuck von Santino Bussi und Deckengemälde von Carlo Carlone.

— Matthias Steinl beginnt den Bau der ehemaligen Stiftskirche Dürnstein (Niederösterreich), er wird von Josef Munggenast weitergeführt und 1733 vollendet. Die Pläne sind wahrscheinlich von Jakob Prandtauer.

— Johann Lukas von Hildebrandt beginnt mit dem Bau des Schlosses Mirabell in Salzburg, das 1727 vollendet wird.

21. Oktober Ein Hofdekret droht den »Schuhknechten« (so wurden die Schustergesellen von ihren Meistern genannt) scharfe Strafen an, falls sie die ihnen von den Meistern der Schusterzechen auferlegten Bedingungen nicht erfüllen. Schon seit 1712 gärte es unter den Schuhknechten, da die niederösterreichische Regierung einen »Abschiedszettel« einführte, ohne den keine neue Arbeitsstelle angenommen werden konnte. 1715 kam es zum ersten Tumult. Die Schuhknechte durften nur in den von ihrer Zeche unterhaltenen Herbergen einkehren, waren schlecht bezahlt und wurden arbeitsmäßig ausgenützt. Nun brach ein offener Aufruhr in Wien aus, ausgehend vom Sammelplatz, dem Haus »Zum Goldenen Strauß« auf der Freyung (Ecke Renngasse). Werkstätten besonders verhaßter Meister werden gestürmt, geplündert und zum Teil angezündet. Auch auf die Vorstädte Wiens greift der Aufruhr über, und die Rumorwache der Stadt erhält den Schießbefehl. Die Stadtguardia stellt sich auf die Seite der Schuhknechte und behindert die Rumorwache. Schließlich wird der Aufruhr niedergeschlagen, am 3. Oktober 1722 werden die zwei Haupträdelsführer gehenkt, einige Verbesserungen für die Schuhknechte werden von der Zeche aus durchgeführt.

2. Dezember Der Name »Vorarlberg« wird erstmals offiziell verwendet. In Überlingen am Bodensee waren die Abgeordneten der drei vorländischen (vorderösterreichischen) Körperschaften zusammengekommen, damit nimmt erstmals die »Vorländische Union« greifbare Gestalt an.

> ». . . zue Beybehaltung fernerer gueter Union« kam man überein, daß in bezug auf die »subdivisionis [Unterteilung] der freiwilligen Jahresverwilligung« für die Jahre 1720–17223 »dergestalten ausgethaillet werden, dass zum Exempl an 80 000 fl
> Breisgau 21 400 fl
> Schwäbisch Österreich 41 400 fl
> Vorarlberg 17 200 fl
> tragen . . .«

►**1722** Deckenfresken in der Stadtpfarrkirche von Innsbruck von Cosmas Damian Asam, sie werden 1723 vollendet.

— Nach einem Entwurf von Matthias Steindl beginnt Josef Munggenast mit der Errichtung der Westfassade der Stiftskirche von Zwettl (Niederösterreich), sie wird 1727 vollendet.

— In den österreichischen und in den böhmischen Ländern wird die Post verstaatlicht. Damit wird eine Beschleunigung und Verbesserung des Nachrichtenverkehrs erreicht.

1. Juni Papst Innozenz XIII. erhebt mit der Bulle »Suprema dispositione« Wien zum Erzbistum. Bischof Sigismund Graf Kolonitsch (ein Neffe von Bischof Kolonitsch aus der zweiten Türkenbelagerung) wird der erste Erzbischof von Wien. Wr. Neustadt wird als Suffraganbistum Wien unterstellt *(→ 24. Februar 1723; 18. Januar 1725)*.

16. Juni Kaiser Karl VI. übernimmt die Schutzherrschaft über die 1719 gegründete »Ostendische Handelskompagnie« und erteilt ihr für 30 Jahre das alleinige Recht, Handel in Ost- und Westindien sowie an der afrikanischen Küste zu treiben. Außerdem werden ihre freie Verwaltung und Vertragsabschlüsse zugestanden, sowie die Bewilligung erteilt, unter kaiserlicher Flagge zu segeln *(→ 1. Mai 1725)*. Kaiser Karl VI. hatte den Hafen von Ostende zu einem großen Handelsplatz ausbauen lassen, um der belgischen Wirtschaft den Handel mit den Kolonien auf privater Ebene zu erleichtern. Durch Übergriffe der Holländer war der Kaiser zu dieser Schutzherrschaft veranlaßt worden. Das rasche Aufblühen der Ostendischen Handelskompagnie führt bald zu Gegensätzen mit den Seemächten Spanien, England und Holland, so daß mit dem Wiener Vertrag vom (→) 16. März 1731 die Handelskompagnie liquidiert werden muß.

►**1723** Deckengemälde »Sieg Österreichs und Ungarns über die Türken« im Marmorsaal des Stiftes St. Florian (Oberösterreich) von Bartolomeo Altomonte, es wird 1724 vollendet.

— Baubeginn für die Hofbibliothek in Wien (jetzt Nationalbibliothek). Die Pläne Johann Bernhard Fischer von Erlachs werden von seinem Sohn Joseph Emanuel Fischer von Erlach bis 1726 ausgeführt. Der große Saal gilt als schönster Bibliotheksraum der Welt, die Deckenmalereien werden von Daniel Gran 1730 vollendet und 1769 von Franz Anton Maulbertsch restauriert. (Der Bestand der Bibliothek hat die Zahl von 2 Millionen überschritten, darunter etwa 500 000 Bände Handschriften und ca. 8 000 Inkunabeln – erste Erzeugnisse der Buchdruckerkunst bis 1500 – was die dritte Stelle in der Weltrangliste bedeutet.)

24. Februar Feierlicher Einzug des nunmehrigen *(→ 1. Juni 1722)* Erzbischofs von Wien Sigismund Graf Kolonitsch in die nun zur Metropolitankirche erhobene Stephanskirche. Auf Wunsch Kaiser Karls VI. wird Erzbischof Kolonitsch am 26. November 1727 zum Kardinal ernannt.

5. April Johann Bernhard Fischer von Erlach stirbt in Wien; geb. am 20. Juli 1656 in St. Martin bei Graz, der erste große Baumeister des österreichischen Barocks. Er nannte sich nach dem ersten Gatten seiner Mutter Sebastian Erlacher »von Erlach«. Zuerst Bildhauer in Graz, 1670 in Rom, 1684 in Neapel, kehrt 1686 nach Österreich zurück (Arbeiten an der Pestsäule in Wien), 1687 in Graz (Stuck im Mausoleum in Graz, Veränderung des Inneren vom Mausoleum in Ehrenhausen), 1693 arbeitet er für den Erzbischof von Salzburg, 1694 wird er kaiserlicher Hofarchitekt und Hofingenieur in Wien, 1701 wird er geadelt, 1705 Inspektor der kaiserlichen Gebäude. Hauptwerke: Hochaltar der Wallfahrtskirche Mariazell (Steiermark) 1693–1704, Dreifaltigkeitskirche in Salzburg 1694–1702, Kollegienkirche in Salzburg 1696–1707, Portal des Hofmarstalls in Salzburg 1694, zweites Projekt von Schloß Schönbrunn 1695 (durch Pacassi umgestaltet, das erste Projekt von 1690 als zu groß verworfen), Schloß Klesheim in Salzburg 1700–1709, Winterpalais Prinz Eugens in Wien, Mittelteil und Stiege 1708–1709, Böhmische Hofkanzlei in Wien 1708–1714, Karlskirche in Wien 1716 begonnen, von seinem Sohn vollendet.

10. Mai Meinrad Guggenbichler stirbt in Mondsee (Oberösterreich); geb. am 17. April 1649 in Einsiedeln (Schweiz); seit 1679 in Mondsee ansässig, Barockbildhauer und Haupt einer der bedeutendsten Bildhauerwerkstätten des alpenländischen Barocks. Hauptwerke: Altäre in den Pfarrkirchen von Irrsdorf, Straßwalchen und Michaelbeuern (alle Salzburg), Mondsee und Oberwang (beide Oberösterreich).

Juni Kaiser Karl VI. wird im Prager Veitsdom zum König von Böhmen gekrönt.

6. Dezember Die Pragmatische Sanktion *(→ 19. April 1713)* wird nach der Anerkennung durch die Stände der österreichischen Erblande zum Grundgesetz erklärt und öffentlich bekanntgemacht.

►1724 Peter van Ghelen kauft die in Wien erscheinende Zeitung »Mercurius« und das »Wiennerische Diarium« *(→ 8. August 1703)*, er stellt den »Mercurius« ein. Das »Wiennerische Diarium« erscheint dadurch als offizielle Stadtzeitung von Wien. Die erste Zeitungsspekulation in Wien, wohl eine der ersten überhaupt.

►1725 Die Auswanderung der sogenannten »Defereгger Exulanten« (der aus dem Defereggental in Osttirol stammenden Protestanten) ist abgeschlossen *(→ 1. August 1684)*. Etwa 800 Personen sind davon betroffen. Ab 1690 konnten sie ihre zwangsweise zurückgelassenen Kinder und das restliche Vermögen abholen, ein Erfolg der Intervention der protestantischen Reichsstände.

— Kuppelfresko in der Karlskirche in Wien von Johann Michael Rottmayr – 1727 vollendet.

— Georg Anton Gumpp beginnt mit dem Bau des Landhauses in Innsbruck – 1728 vollendet.

— Johann Lukas von Hildebrandt beginnt mit dem Bau von Schloß Schloßhof (Niederösterreich), in der Schloßkapelle Gewölbefresken von Carlo Carlone, 1729 vollendet.

— Frührokokofassade des Helblinghauses in Innsbruck von Anton Gigl, sie wird 1730 vollendet.

18. Januar Das Viertel unter dem Wienerwald wird vom Bistum Passau getrennt und mit dem Erzbistum Wien vereinigt *(→ 1. Juni 1722)*. Es sind dies die damaligen Dekanate Bruck an der Leitha und Baden bei Wien sowie die Pfarren Hütteldorf, Purkersdorf, Mauerbach, Sievering, Heiligenstadt, Kahlenberg und Klosterneuburg.

30. April Wiener Vertrag zwischen Kaiser Karl VI. und König Philipp V. von Spanien. Kaiser Karl verzichtet endgültig auf Spanien, König Philipp V., verzichtet auf die Niederlande, Mailand und Sizilien. Gegenseitige Anerkennung und endgültiger Verzicht auf die Vereinigung der beiden Länder. Spanien anerkennt die Pragmatische Sanktion und erhält dafür die Anwartschaft auf Florenz, Parma und Piacenza zugesichert. Grundlage ist die Quadrupelallianz von London *(→ 2. August 1718; 18. Januar 1720)*. In einem zusätzlichen Geheimvertrag vom selben Tag wird die gegenseitige Hilfe im Kriegsfall vereinbart. Der Vertrag kam nach Verhandlungen Prinz Eugens von Savoyen mit dem spanischen Minister Jan Willem Duque de Ripperda zustande, die durch den ergebnislosen Verlauf des Kongresses von Cambrai 1724 ausgelöst worden waren. Die europäischen Großmächte wollten in Cambrai die entstandenen Gegensätze bereinigen, nun haben sich aber die beiden seinerzeitigen Gegner gefunden und gegen England und Frankreich eine gemeinsame Front bezogen (damit im Zusammenhang *→ 1. Mai, 3. September und 5. November*).

1. Mai Abschluß eines Handels- und Schiffahrtsvertrages zwischen Österreich und Spanien. Gegenseitige Handelsfreiheit wird vereinbart, die Ostendische Handelskompagnie *(→ 16. Juni 1722)* von Spanien anerkannt.

3. September Der Vertrag von Herrenhausen wird – als Antwort auf die Wiener Verträge vom April und Mai zwischen Österreich und Spanien – zwischen Großbritannien, Hannover, Preußen und Frankreich geschlossen. Gegenseitige Besitzstandsgarantie und Waffenhilfe im Kriegsfall werden vereinbart; der Abschluß einer anderen Allianz ist nur nach gegenseitiger Übereinkunft möglich. Der Vertrag soll 15 Jahre gelten, dies wird aber durch den Vertrag von Wusterhausen *(→ 12. Oktober 1726)* zwischen Preußen und Österreich hinfällig.

5. November Mit dem Geheimvertrag von Wien zwischen Österreich und Spanien wird der Vertrag vom 30. April gefestigt. Die gegenseitige Hilfe wird auf alle eintretenden Fälle ausgedehnt. Außerdem wird die Aufteilung der Gebiete im Fall einer Niederlage Frankreichs vereinbart. Kaiser Karl VI. stellt ferner die Heirat von zwei Töchtern mit Söhnen König Philipps V. in Aussicht. Den österreichisch-spanischen Allianzverträgen schließen sich Bayern, Köln, Pfalz und Trier sowie Rußland *(→ 6. August 1726)* an, Preußen sucht ebenfalls eine Annäherung *(→ 12. Oktober 1726)*.

►**1726** Putten von Georg Raphael Donner im Treppenhaus des Schlosses Mirabell in Salzburg.
— Joseph Emanuel Fischer von Erlach beginnt mit dem Bau des Reichskanzleitraktes der Wiener Hofburg, er wird 1730 vollendet.
— Andreas Siegl und Jakob Scherer beginnen mit dem Bau der Stadtpfarrkirche von Villach (Kärnten), sie wird 1738 vollendet.
19. Mai Josef Anton Stranitzky stirbt in Wien; geb. am 10. September 1676 in Graz, Schöpfer des künstlerischen Stegreifspiels und des Hanswursts, einer typisch wienerischen Bühnenfigur. Er arbeitete viele italienische Prunk- und Zauberopern in Steigreifkomödien um und ist der erste Vertreter der Altwiener Volkskomödie. Seit 1705 war er als Schauspieler einer Wandertruppe in Wien, deren Leiter er 1706 wurde. Ab 1712 war er Leiter des Kärntnertortheaters in Wien.
6. August Zarin Katharina I. von Rußland tritt dem österreichisch-spanischen Bündnis *(→ 30. April 1725)* bei. Kaiser Karl VI. verspricht dafür Hilfe bei einem türkischen Angriff auf Rußland. Rußland anerkennt die Pragmatische Sanktion.
16. September Jakob Prandtauer stirbt in St. Pölten; geb. am 16. Juli 1660 (Tauftag) in Stanz bei Landeck (Tirol), bedeutender Baumeister des österreichischen Barocks, 1689 als »Bildhauer bei St. Pölten« erwähnt. Hauptwerk: das von 1702 an erbaute Stift Melk (Niederösterreich), das sein Neffe Josef Munggenast 1736 vollendet, ferner: Wallfahrtskirche Sonntagsberg 1706–1718, Kuppel der Wallfahrtskirche Maria Taferl (Niederösterreich) 1707–1711, Karmeliterinnenkirche und -kloster in St. Pölten (Niederösterreich) 1708–1712, Baufortführung des Stiftes St. Florian (Oberösterreich) 1708–1726, große Teile des Stiftes Herzogenburg (Niederösterreich) 1714–1726, Barockisierung des Domes von St. Pölten (Niederösterreich) 1721–1722.
12. Oktober Vertrag von Wusterhausen zwischen Kaiser Karl VI. und König Friedrich Wilhelm I. in Preußen, eigentlich ein Geheimvertrag. Nachdem sich Rußland dem Wiener Allianzvertrag mit Spanien *(→ 6. August)* angeschlossen hatte, schloß Preußen ein Bündnis mit Rußland und nun mit Österreich, um einer eventuellen Übermacht Österreichs entgegenzutreten. Der Kronvertrag vom (→) 16. November 1700 wird erneuert, Kaiser Karl VI. sagt seine Unterstützung in der Erbfrage des Herzogtums Jülich-Berg zu. Preußen anerkennt die Pragmatische Sanktion.
1727 Johann Christoph von Bartenstein wird Protokollführer der geheimen Staatskonferenz. Er erlangt in dieser Stellung großen Einfluß auf Kaiser Karl VI., wird sein Vertrauter und verdrängt als solcher den alternden Prinzen Eugen von Savoyen. (Er wird später zum vertrauten Ratgeber Maria Theresias.)
18. April Matthias Steinl (auch Steindl) stirbt in Wien; geb. um 1644; Baumeister und Bildhauer, bedeutender Architekturplastiker des österreichischen Barocks. Hauptwerke: Hochaltar der Pfarrkirche von Wien-Hietzing 1698, Kanzel in der Peterskirche in Wien um 1716, Hochaltar 1704 und Kanzel 1706 in der Stiftskirche Vorau (Steiermark), Wandbrunnen im Abtreitrakt des Stiftes Kremsmünster (Oberösterreich) 1709.
4. August Melchior Michael Steidl stirbt in München; geb. in Innsbruck, Datum nicht bekannt; Fresken- und Altarbildmaler. Hauptwerke, Fresken: Stiftskirche und Sakristei von St. Florian (Oberösterreich) 1690–1695, Kaisersaal und Bibliothek des Stiftes Kremsmünster (Oberösterreich) 1696, Stiftskirche (Mittelfelder des Langhauses und Chor) 1698 und Sommerabtei gegen 1700 des Stifts Lambach (Oberösterreich); Altarbild der hl. Magdalena in der Servitenkirche von Rattenberg (Tirol).
►**1728** Kuppelfresko in der Kajetanerkirche in Salzburg von Paul Troger.
— Gartenhaus des Schlosses Obersiebenbrunn (Niederösterreich) von Johann Lukas von Hildebrandt mit Groteskmalerei von Jonas Drentwert.
— Versilberte Kupferhülle des romanischen »wundertätigen Kreuzes« (um 1230) in der Pfarrkirche von Rankweil (Vorarlberg) von Johann Kaspar Lutz.
►**1729** Erzbischof Leopold Anton Frh. von Firmian von Salzburg unterdrückt mit Hilfe von 6 000 Mann österreichischer Truppen eine Auflehnung der Protestanten, die sich über weite Teile des Landes Salzburg erstreckt *(→ 31. Oktober 1731; 2. Juli 1732)*.
— Rechter Altar in der Peterskirche in Wien von Lorenzo Mattielli.
— Vermählungsbrunnen auf dem Hohen Markt in Wien (hl. Josef und hl. Maria, von Kaiser Leopold I. gestiftet, 1706 errichtet, doch wegen Baufälligkeit 1725 abgetragen) von Joseph Emanuel Fischer von Erlach, wird 1732 vollendet.
— Kapelle im Heiligenkreuzer Hof in Wien, 1732 vollendet, mit Hochaltarbild von Martin Altomonte, 1730.
— Georg Anton Gumpp beginnt mit dem Barockumbau der Stiftskirche Stams (Tirol), sie wird 1732 vollendet.
— Joseph Emanuel Fischer von Erlach beginnt mit dem Bau der Winterreitschule der Wiener Hofburg, sie wird 1735 vollendet.
— Daniel Dietrich beginnt mit dem Bau der Wallfahrtskirche Hafnerberg (Niederösterreich), 1740 vollendet.
►**1730** Österreich besitzt lange vor einer internationalen Lösung ein Einheitspostporto, es beträgt 6 Kreuzer für einen einfachen Brief, Absender und Empfänger haben jeweils die Hälfte zu zahlen.
— Emporenmalereien in der Stiftskirche von Melk (Niederösterreich) von Paul Troger.
— Josef Munggenast beginnt den Bau der Stiftskirche Altenburg (Niederösterreich), sie wird 1733 vollendet.
— Baubeginn für den Südtrakt von Stift Klosterneuburg (Niederösterreich), Pläne Joseph Emanuel Fischer von Erlach, ausgeführt von Donato Felice d'Allio, er wird 1740 vollendet.
— Beginn des Umbaues von Schloß (neues Schloß) Kittsee (Burgenland), er wird 1740 vollendet.
►**1731** Umbau der Fassade des Bürgerlichen Zeughauses Am Hof in Wien von Anton Ospel, Skulpturen von Lorenzo Mattielli, 1732 vollendet.
— Johann Michael Prunner beginnt mit dem Bau des Turmes der Stadtpfarrkirche von Wels (Oberösterreich), 1732 vollendet.
— Elias Hügel beginnt mit dem Bau der Pfarrkirche von Mönchhof (Burgenland), sie wird 1739 vollendet.
16. März Vertrag von Wien zwischen Kaiser Karl VI. und England. Prinz Eugen von Savoyen nutzte einen Umschwung am englischen Hof und erwirkte den Vertrag zur Sicherung im Falle einer militärischen Auseinandersetzung. Um die Durchsetzung der Pragmatischen

Sanktion nicht zu gefährden, stimmte der Kaiser nach langen Verhandlungen zu. England erkennt die Pragmatische Sanktion an, jedoch nur so lange Maria Theresia nicht eine Ehe mit einem europäischen Herrscher eingeht, der das »europäische Gleichgewicht« stören würde. Dafür liquidiert der Kaiser die Ostendische Handelskompagnie *(→ 16. Juni 1722; 1. Mai 1725)* und untersagt den Bewohnern der Erblande jeglichen Export nach Ostindien *(→ 22. Juni; 20. Februar 1732).*

9. Mai Johann Cyriak Hackhofer stirbt in Vorau (Steiermark); geb. am 14. Februar 1675 in Wilten (Tirol); Barockmaler, seit 1708 Stiftsmaler in Vorau. Hauptwerke: Wand- und Deckengemälde im Schloß Festenburg, im Stift Vorau sowie in den Pfarrkirchen Peggau, Strallegg (alle Steiermark), Altarbilder in Hartberg, Leoben, Stubenberg, Pöllau, Mönichwald und St. Andrä in Graz (alle Steiermark).

22. Juni Spanien schließt sich dem Vertrag von Wien zwischen Kaiser Karl VI. und England vom (→) 16. März an *(→ 20. Februar 1732).*

Juli Eine Deputation von Protestanten aus den Salzburger Gerichten Radstadt, Wagrain, Werfen, Bischofshofen, St. Johann, St. Veit und Gastein wendet sich an den Reichstag in Regensburg und macht auf die immer unhaltbarer werdende Lage der Protestanten im Erzbistum Salzburg aufmerksam *(→ 1729; 31. Oktober 1731; 2. Juli 1732).* 19 000 Protestanten dieser Gebiete hatten kurz vorher in Schwarzach unter dem Zeremoniell des »Salzleckens« einen Bund geschlossen und die freie Religionsausübung oder ungehinderten Abzug gefordert und beschworen.

31. Oktober Patent des Erzbischofs von Salzburg, Leopold Anton Frh. von Firmian, wonach die Protestanten des Landes unter freiwilligem Verzicht auf die übliche dreijährige Frist auszuwandern haben. Nichtansässigen wird eine Frist von acht Tagen, Ansässigen eine bis zu drei Monaten (je nach Vermögen verschieden) zugestanden. Am 30. November wird dieses Emigrationsedikt publiziert, worauf bis zum 29. März 1732 3 184 »Unangesessene« in sieben Kolonnen das Land verlassen. Bevorzugte Ziele der auswandernden Protestanten waren die Reichsstädte Kaufbeuren, Kempten, Memmingen, Ulm und Augsburg, später *(→ 2. Februar 1732)* auch Ostpreußen. Einige zogen sogar nach Holland und Nordamerika, vor allem in den Staat Georgia *(→ 2. Juli 1732).*

▶1732 Rechter Seitenaltar in der Kapelle des Heiligenkreuzer Hofes in Wien von Giovanni Giuliani.

— Kapitelschwemme in Salzburg mit Neptun nach Entwurf von Georg Raphael Donner von Josef Anton Pfaffinger ausgeführt.

— Pfarrkirche von Bartholomäberg (Vorarlberg).

Januar Anerkennung der Pragmatischen Sanktion durch die noch ausständigen Staaten des Deutschen Reiches, durch Vermittlung Preußens zustande gekommen.

2. Februar König Friedrich Wilhelm I. in Preußen erläßt ein Einwanderungspatent. Es wird von den Salzburger Protestanten *(→ 31. Oktober 1731)* stark genützt. Die in Preußen Eingewanderten werden zur Kolonisation Ostpreußens angesiedelt.

20. Februar Die Generalstaaten (Holland) schließen sich dem Vertrag von Wien vom (→) 16. März 1731 an *(→ 22. Juni 1731).*

2. Juli Die letzte Kolonne der aus dem Land Salzburg auswandernden Protestanten *(→ 31. Oktober 1731)* verläßt das Land. Es waren dies die »Angesessenen«, die noch länger bleiben konnten. Sie zählten 7 362 Personen und verließen in insgesamt neun Kolonnen Salzburg. Zusammen mit den »Unangesessenen« *(→ 31. Oktober 1731)* waren 10 546 Protestanten ausgewandert. Die verschiedentlich zitierten 19 000 bis 20 000 dürften sich auf die gesamte Auswanderungszahl seit dem Beginn des Jh.s beziehen.

▶1733 Johannes-Nepomuk-Kapelle im Garten des Schlosses Schönborn in Göllersdorf (Niederösterreich) von Johann Lukas von Hildebrandt.

— Baubeginn für die Stiftskirche Wilhering (Oberösterreich), vermutlich in Zusammenarbeit von Johann Haslinger und Andrea Altomonte erbaut, die Innengestaltung ist eine der hervorragendsten Leistungen des Rokokos in Österreich, die Kirche wird 1751 vollendet.

1. Februar König August II. (der Starke) von Sachsen-Polen stirbt. Neben seinem Sohn *(→ 5. Oktober)* wird Stanislaus Leszczyński (der Schwiegervater König Ludwigs XV. von Frankreich) von Frankreich und Schweden als Nachfolger für Polen forciert. Damit kündigt sich der Polnische Erbfolgekrieg (auch Thronfolgekrieg) an. Kurfürst Friedrich August von Sachsen sucht Rußland und Österreich als Bundesgenossen zu gewinnen, anerkennt die Pragmatische Sanktion und verspricht Rußland Kurland.

13. September Der polnische Adel wählt unter starkem französischem Einfluß Stanislaus Leszczyński zum König von Polen.

5. Oktober Friedrich August Kurfürst von Sachsen setzt seine Wahl zum König von Polen (als August III.) durch. Mit Hilfe russischer Truppen hat er vorher Stanislaus Leszczyński vertrieben. Frankreich nimmt dies zum Anlaß, um gegen Österreich vorzugehen, und beginnt mit der Okkupation Lothringens, außerdem erfolgt ein Zusammenschluß mit Spanien und Sardinien. Frankreich sah in der bevorstehenden Verbindung der Kaisertochter Maria Theresia mit Herzog Franz Stephan von Lothringen eine Gefahr, und Spanien schloß sich wegen seiner Interessen in Italien bereitwillig an. So wird der Polnische Erbfolgekrieg de facto ein Krieg gegen Österreich.

14. Oktober Beginn der Belagerung von Kehl am Rhein durch 33 000 Franzosen, die Besatzung zählt nur 1 450 Mann, Schwaben und Österreicher. Am 30. Oktober muß Kehl kapitulieren.

5. Dezember Franzosen und Sardinier erobern das seit dem 3. belagerte Cremona.

30. Dezember Eroberung des Kastells von Mailand durch Franzosen und Sardinier, es war seit dem 3. November belagert. Auch in Lothringen waren die Franzosen bis zu diesem Zeitpunkt sehr erfolgreich.

▶1734 Landtagssaal des Landhauses in Innsbruck, Stuck von Anton Gigl und Andrä Gratl, Deckengemälde von Cosmas Damian Asam, Prunkkamin und Nischenfiguren von Nikolaus Moll.

5. Januar Franzosen besetzen Castelnuovo di Scrivia und Serravalle, am 8. Januar Novara.

Mitte Januar In Regensburg wird der Reichskrieg beschlossen, die frankreichfreundlichen Kurfürsten (Bayern, Köln und Pfalz, Wittelsbacher) stimmen dagegen. Prinz Eugen von Savoyen übernimmt den Oberbefehl über die Reichsarmee. (Das Reichsaufgebot blieb dürftig, von Preußen akzeptierte Kaiser Karl VI. aus Miß-

Briefwechsel Maria Theresias mit Franz Stephan von Lothringen

Brief Maria Theresias an Herzog Franz Stephan von Lothringen vom 8. Februar 1736:

»Dem durchleüchtigsten Fürsten Francisco, Hertzogen zu Lothringen, meinem villgeliebten Bräutigamb. Durchleüchtigster Hertzog, villgeliebter Bräutigamb!

Eüer liebden Schreiben hat mich sehr erfreüt, bin auch gantz persuadiert, daß Sie lieber selbes persönlich als schriftlich versichert hätten wie nicht zweiffle Eüer liebden ein gleiches von mir auch glauben werden, ist wohl gutt das nicht auf lange ist und hoffe daß es ins künftige zu einer beständigern und gewünschtern Einigkeit dienen wird, die versichere daß zeit meines lebens verbleiben werde Eüer liebden getreüeste braut

Maria Theresia

Wien dem 8 ten Februarij 1736

Caro viso, ich bin Ihnen unendlich für Ihre Aufmerksamkeit verbunden, mir Nachricht von Ihnen zu geben, denn ich war bekümmert wie eine arme Hündin. Haben Sie mich ein wenig lieb und verzeihen Sie mir, wenn meine Antwort nur kurz ist. Aber es ist 10 Uhr und Herbeville wartet auf meinen Brief. Adieu Mäussl, ich umarme Sie von ganzem Herzen, schonen Sie sich recht. Adieu, caro viso. Ich bin Ihre

Maria Theresia Sponsia dilectissima.«

Im Original ist der Nachsatz in französischer Sprache. Caro viso = liebes Gesicht, Sponsia dilectissima = geliebteste Braut.

trauen nur das Pflichtkontingent von 10 000 Mann, die Unterstützung Rußlands trifft erst im August 1735 ein, die in den Wiener Verträgen von 1731 zugesicherte Hilfe der Seemächte wurde dem Kaiser verweigert.) Auf dem italienischen Kriegsschauplatz werden die durchwegs zahlenmäßig unterlegenen österreichischen Truppen im Laufe der nächsten Monate geschlagen.

23. April Fall des Kastells Bajä von Neapel, am 27. April, 3. Mai und 7. Mai fallen auch die anderen Kastelle Neapels, sie sind seit dem 18. April von den Spaniern belagert worden.

27. April Beginn der Belagerung von Messina durch die Spanier, sie erobern es erst am 31. März 1735.

2. Mai Feldmarschall Claudius Graf Mercy, dem Oberbefehlshaber in Italien, gelingt unter den Augen mehrerer französischer Einheiten zwischen San Nicolo und San Giacomo der Übergang über den Po.

29. Juni Schlacht bei Parma, Niederlage von 28 000 Österreichern unter Feldmarschall Mercy gegen die vereinigten Franzosen und Piemontesen in der Stärke von 66 000 Mann. Feldmarschall Claudius Graf Mercy fällt beim Angriff auf das befestigte Schloß Crocetta.

19. Juli Eroberung von Philippsburg (Baden) durch die Franzosen, sie hatten es seit 23. Mai mit 117 000 Mann und 357 Kanonen belagert, die Besatzung bestand aus 4 253 Österreichern und Franken mit 124 Kanonen.

18. September Beginn der Belagerung von Syrakus durch die Spanier, sie erobern es erst am 2. Juni 1735.

▸**1735** Sala Terrena des Südtraktes vom Stift Klosterneuburg (Niederösterreich) von Lorenzo Mattielli.

Mai Prinz Eugen von Savoyen (71 Jahre alt) trifft abermals auf dem westl. Kriegsschauplatz ein, er bezieht bei Bruchsal eine befestigte Stellung, um die russischen Hilfstruppen zu erwarten. Abgesehen von kleinen Aktionen (im Westen wie in Italien) bleiben die kaiserlichen Truppen ohne militärischen Erfolg.

26. August Ein russisches Hilfskorps in einer Stärke von 13 000 Mann trifft auf dem westl. Kriegsschauplatz ein. Inzwischen haben die Vorbesprechungen zum Wiener Präliminarfrieden vom 3. Oktober begonnen.

3. Oktober Vorfriede von Wien zwischen Österreich und Frankreich. In 20 Artikeln werden die Präliminarien vereinbart: Friedrich August III. Kurfürst von Sachsen wird als König von Polen und Großherzog von Litauen anerkannt; Stanislaus Leszczyński darf den Titel »König von Polen« als Ehrentitel weiterführen, er erhält das Herzogtum Bar. Die Toskana fällt nach dem Ableben der Großherzöge aus dem Hause Medici *(→ 9. Juli 1737)* an das Haus Lothringen, das dann Lothringen an Stanislaus Leszczyński abtritt; er verzichtet aber auf Sitz und Stimme Lothringens im deutschen Reichstag. Nach Leszczyńskis Tod (1766) gehen die Herzogtümer Bar und Lothringen an Frankreich; Neapel, Sizilien und kleinere italienische Gebiete tritt Österreich an Don Carlos, den Infanten von Spanien, ab, er wird als König von Sizilien anerkannt; Österreich behält seine italienischen Besitzungen und erhält als Ersatz für Neapel und Sizilien Parma und Piacenza; Frankreich erkennt die Pragmatische Sanktion an *(→ 18. Mai 1736; 18. November 1738)*.

20. Oktober Im Gefecht bei Klausen, nahe der Mosel, besiegt Feldmarschall Friedrich Heinrich Reichsgraf Seckendorf mit 17 600 Mann Infanterie, 10 700 Mann Kavallerie und 26 Geschützen (Österreicher und Deutsche) die Franzosen unter Marschall Coligny mit 39 100 Mann Infanterie, 20 200 Mann Kavallerie und 20 Geschützen. Dieser Sieg wird strategisch von den kaiserlichen Truppen nicht genützt, die französischen Truppen ziehen sich zurück; Frankreich war nun zum Einlenken in der polnischen Frage bereit.

▶**1736** Wien hat 12 000 Gewerbetreibende, gezählt sind nur die Selbständigen, die Hilfskräfte sind nicht erfaßt. Erstmals beginnt das Gewerbe mit einer Art von Lehrlingskursen.

— Beginn des Umbaues von Schloß Leopoldskron in Salzburg, im wesentlichen von Bernhard Stuart – um 1740 vollendet.

— Bau der Kaiserstiege in Stift Göttweig (Niederösterreich) mit einem Deckengemälde von Paul Troger (1739), sie wird 1739 vollendet.

— Josef Munggenast beginnt mit dem Bau des Marmorsaales vom Stift Geras (Niederösterreich), Deckengemälde von Paul Troger (1738), der Bau wird 1740 vollendet.

— Johann Haslinger beginnt mit dem Bau der Ursulinerinnenkirche in Linz, sie wird 1757 vollendet.

12. Februar Vermählung der Erzherzogin Maria Theresia mit Herzog Franz Stephan von Lothringen in Wien. Der Herzog weilt seit 14. August 1723 am kaiserlichen Hof (er damals 15, Maria Theresia sechs Jahre alt).

21. April Prinz Eugen von Savoyen stirbt in seinem Winterpalais in Wien; geb. am 18. Oktober 1663 in Paris als Sohn des Prinzen Eugen Moritz von Savoyen-Carignan und der Olympia Mancini, einer Nichte Kardinal Mazarins. Von König Ludwig XIV. von Frankreich abgelehnt, trat er 1683 in die kaiserliche Armee ein und erlebte im Entsatzheer für die Zweite Türkenbelagerung Wiens unter dem Kommando Herzog Karls V. von Lothringen am 12. September 1683 die Feuertaufe, wobei er sich durch besondere Tapferkeit auszeichnete. Am 16. August 1685 zeichnete er sich in der Schlacht bei Gran besonders aus und wurde dafür von Kaiser Leopold I. zum Generalfeldwachtmeister befördert. Bei der Eroberung von Belgrad am 6. September 1688 wurde er schwer verwundet. 1693 zum Feldmarschall ernannt, am 5. Juli 1697 Oberbefehlshaber der kaiserlichen Truppen, 1703 Präsident des Hofkriegsrates. Von seinen zahlreichen Siegen sind die glänzendsten: Zenta 11. September 1697, Turin 7. September 1706 und Belgrad 16. August 1717. Als Staatsmann war er an fast allen Friedensschlüssen seiner Zeit beteiligt. Als hochgebildeter Mann stand er mit Gelehrten seiner Zeit in Verbindung, war ein großer Förderer der Kunst und ein gutorientierter Sammler von Büchern und Landkarten, die heute zu den wertvollsten Beständen der Österreichischen Nationalbibliothek gehören (z. B. die »Peutingerschen Tafel«). Man schreibt ihm den Ausspruch zu: »Kaiser Leopold I. war mein Vater, Joseph I. mein Bruder und Karl VI. mein Herr.«

18. Mai Der deutsche Reichstag verzichtet auf die Zu-

Um das Erbe Kaiser Karls VI.

Die **Pragmatische Sanktion**, bereits 1703 vorbereitet und beschlossen, wurde von Kaiser Karl VI. am 19. April 1713 erlassen und am 6. Dezember 1723 als Grundgesetz öffentlich verkündet. Dieses grundlegende Hausgesetz der Habsburger regelte die Erbfolge und garantierte die Unteilbarkeit und Untrennbarkeit der habsburgischen Länder. Nach dem Aussterben des direkten Mannesstammes sollen nach dem Recht der Erstgeburt die Töchter des Kaisers und ihre Nachkommen vor den Töchtern seines Bruders und Vorgängers Joseph I. erbberechtigt sein.
(In den Jahren 1720–1723 stimmten die Stände der österreichischen Länder der Pragmatischen Sanktion zu, der ungarische Reichstag im Jahre 1722, allerdings unter neuerlicher Bekräftigung der ungarischen Verfassungsrechte durch den Kaiser. Die meisten europäischen Großmächte stimmten in den Jahren 1725–1735 zu, wofür Karl VI. allerdings große Opfer bringen mußte, so z. B. 1731 die Aufhebung der österreichischen Ostendischen Handelskompagnie.)
Die staatsrechtliche Zusammengehörigkeit der Erbländer war durch die Pragmatische Sanktion gesichert und die künftige Machtstellung der Monarchie untermauert – trotzdem mußte Maria Theresia in mehreren Kriegen ihr Erbe verteidigen:

1740–1742 Erster Schlesischer Krieg
1741–1748 Österreichischer Erbfolgekrieg
1744–1745 Zweiter Schlesischer Krieg
1756–1763 Siebenjähriger Krieg (Dritter Schlesischer Krieg)

Erster Schlesischer Krieg
Unter dem Vorwand, alte Erbansprüche auf Schlesien geltend machen zu können, marschiert König Friedrich II. in Preußen am 16. Dezember 1740 ohne Kriegserklärung mit 28 000 Mann in Schlesien ein, das bereits über 200 Jahre österreichisch war. Sein Angebot, für die Abtretung Schlesiens die Pragmatische Sanktion zu garantieren und Franz Stephan von Lothringen bei der Kaiserwahl zu unterstützen, war von Maria Theresia abgelehnt worden. Mit Ausnahme der Festungen Glogau, Brieg und Neiße sowie des neutralen Breslau hatte Friedrich II. bis Ende Januar 1741 das ganze Land besetzt. Der preußische Sieg in der Schlacht bei Mollwitz am 10. April 1741 ermutigte die geheimen Feinde Österreichs – Bayern, Frankreich und Spanien –, sie schlossen sich am 28. Mai im Nymphenburger Bündnis zusammen. Diesem Bündnis trat durch den Vertrag von Breslau am 4. Juni auch König Friedrich II. bei, nahm aber am Österreichischen Erbfolgekrieg nicht teil, da er die Zertrümmerung Österreichs nicht anstrebte.
Durch englische Vermittlung kam am 9. Oktober 1741 der Geheimvertrag von Klein-Schnellendorf zwischen Maria Theresia und Friedrich II. zustande. Da der darin vereinbarte Friedensschluß vor Jahresende nicht möglich schien und die Geheimhaltung nicht eingehalten wurde, ließ Friedrich II. seine Truppen in Böhmen und Mähren einmarschieren, am 27. Dezember eroberte er Olmütz.
Der Sieg Friedrichs II. über die Österreicher unter Karl Prinz von Lothringen in der Schlacht bei Chotusitz (Czaslau) am 17. Mai 1742 und die Intervention Englands führten zum Präliminarfrieden von Breslau am 11. Juni. Der darauf folgende Friede von Berlin am 28. Juli beendete den Erste Schlesischen Krieg. Österreich trat die Grafschaft Glatz und fast ganz Schlesien (ohne Teschen, Troppau und Jägerndorf) an Preußen ab, insgesamt 38 000 km² mit 1 400 000 Einwohnern. Friedrich II. verpflichtete sich dafür, im Österreichischen Erbfolgekrieg neutral zu bleiben.

gehörigkeit des Herzogtums Lothringen zum Deutschen Reich *(→ 3. Oktober 1734)*.

▶**1737** Georg Raphael Donner beginnt mit dem Providentiabrunnen (auf dem Neuen Markt in Wien), seinem Hauptwerk, das 1739 vollendet ist. Dargestellt sind in Personifikationen die Donaunebenflüsse Enns, Traun, Ybbs und March. 1873 werden die originalen Bleifiguren durch Bronzekopien ersetzt, sie sind heute im Marmorsaal des Unteren Belvedere in Wien.

— Giovanni Giuliani beginnt mit dem Bau der Dreifaltigkeitssäule im Hof des Stiftes Heiligenkreuz (Niederösterreich), sie wird 1739 vollendet.

— Chorausmalung der ehemaligen Stiftskirche Spital am Pyhrn (Oberösterreich) von Bartolomeo Altomonte, 1740 vollendet.

— Johann Georg Stengg beginnt mit dem Barockumbau der Stiftskirche Rein (Steiermark), sie wird 1747 vollendet.

— Beginn der Barockisierung des Innenraumes der ehemaligen Stiftskirche Ossiach (Kärnten), Fresken von Josef Ferdinand Fromiller, 1744 vollendet.

24. Januar Kaiser Karl VI. belehnt Herzog Franz Stephan von Lothringen mit dem Großherzogtum Toskana.

9. Juli Mit Großherzog Gian Gastone von Toskana stirbt die Mediceische Linie aus, Franz Stephan von Lothringen ist rechtmäßig Großherzog von Toskana *(→ 3. Oktober 1735)*.

18. Juli Erste Schlacht im zweiten Türkenkrieg Kaiser Karls VI., Österreicher unter Feldmarschall Josef Prinz von Sachsen-Hildburghausen werden von den Türken bei Banja Luka geschlagen. In Erfüllung des Vertrages vom 6. August 1726 trat Kaiser Karl VI. in den vor knapp einem Jahr ausgebrochenen Russisch-Türkischen Krieg ein.

19. Juli Virgilius Gleissenberger stirbt in Ossiach (Kärnten); geb. 1685 in Salzburg, seit 1725 Abt des Benediktinerstiftes Ossiach, Epiker und Lyriker, Vertreter der lateinischen Ordensdichtung, schrieb auch humorvolle Gedichte in lateinischer Sprache.

28. September Feldmarschall Ludwig Andreas Graf Khevenhüller besiegt mit 4 000 Mann die 16 000 Mann starken Türken bei Radojowacz.

Oktober Mehrere kleinere Erfolge der Türken über österreichische Truppen.

▶**1738** Barockisierung der gotischen Pfarrkirche von Bregenz durch F. A. Beer.

— Deckenfresken in der Wallfahrtskirche Sonntagsberg (Niederösterreich) von Daniel Gran, sie werden 1743 vollendet.

— Kaiser Karl VI. komponiert »Miserere a 4 voci. In nomine Domini« für vier Singstimmen mit Orgelbaß (in der Handschrift des Kaisers erhalten). Der musikliebende Kaiser unterhält zu dieser Zeit eine 86 Mann starke Kapelle, die ihn jährlich 43 702 Gulden kostet.

April Türkische Truppen erobern mehrere kleinere und größere Orte in Bosnien.

Juli Kleinere Erfolge österreichischer Truppen über die Türken.

August Türkische Truppen erobern mehrere befestigte Orte in der Walachei und in Serbien und bedrängen die österreichischen Einheiten.

18. November Friede von Wien zwischen Österreich und Frankreich gemäß den Vereinbarungen des Vorfriedens von Wien vom *(→)* 3. Oktober 1735.

▶**1739** Deckenmalerei im großen Wappensaal des Landhauses in Klagenfurt von Josef Ferdinand Fromiller, sie wird 1740 vollendet.

— »Alt und Neues Wien« von Matthias Fuhrmann erscheint, die erste Geschichte der Stadt Wien, seit Wolfgang Lazius 1546 *(→ 18. Juni 1565)*.

26. April Johann Michael Prunner (auch Brunner) stirbt in Linz; geb. am 4. September 1669 in Linz, Barockbaumeister. Hauptwerke: Kalvarienbergkirche in Schenkenfelden (Oberösterreich) 1712, Wallfahrtskirche Stadl-Paura (Oberösterreich) 1714–1724, Klosterkirche Spital am Pyhrn (Oberösterreich) 1714–1730.

22. Juli Schlacht bei Krotzka in der Nähe von Belgrad. Niederlage der Österreicher unter Feldmarschall Wallis. 100 000 Türken unter Elhadsch Mohammed standen gegen 56 250 Österreicher, die Türken drängen die Österreicher über die Donau, Vorbereitung zur Belagerung Belgrads.

25. Juli Beginn der Belagerung Belgrads durch die Türken. 100 000 Mann belagern die von 20 000 Österreichern verteidigte Stadt und Festung bis zum Friedensschluß *(→ 1. September)*.

August Frankreich vermittelt Friedensverhandlungen zwischen Österreich und der Türkei.

1. September Vorfriede von Belgrad zwischen Österreich und der Türkei.

18. September Friede von Belgrad zwischen Österreich und der Türkei sowie Rußland und der Türkei. Österreich verzichtet auf die Erwerbungen gemäß dem Frieden von Passarowitz vom 21. Juli 1718 und behält nur das Temesvárer Banat, außerdem verliert es Serbien, das es durch den Frieden von Karlowitz vom *(→)* 26. Januar 1699 zugesprochen erhalten hatte und die österreichische Walachei. Wilhelm Reinhard Graf von Neipperg war der verantwortliche Unterhändler des Kaisers und wurde nach dem recht unglücklichen Ausgang beschuldigt, Instruktionen des Kaisers nicht befolgt und auch dagegen gehandelt zu haben.

▶**1740** Hochaltar in der Kirche St. Martin in Straßgang (Steiermark) von Joseph Thaddäus Stammel – geschnitzte Reitergruppen.

— Hochaltar der Pfarrkirche St. Gallus in Bregenz von Johann Georg Brem.

— Andromedabrunnen, ein Bleirelief, im Hof des alten Rathauses in Wien von Georg Raphael Donner.

— Georg Raphael Donners Pietà für den Dom zu Gurk (Kärnten) entsteht, die 1741 in Bleiguß vollendete Plastik ist Donners letztes Werk. Die Pietà hat ein Gesamtgewicht von 18 Tonnen.

20. Oktober Kaiser Karl VI. stirbt in Wien; geb. am 1. Oktober 1685 in Wien als zweiter Sohn Kaiser Leopolds I., seit 12. September 1703 als Karl III. König von Spanien, seit 17. April 1711 Nachfolger seines Bruders Kaiser Joseph I., am 12. Oktober 1711 zum römischen Kaiser gewählt, seit 22. Mai 1712 König von Ungarn, im Juni 1723 zum König von Böhmen gekrönt. Am 19. April 1713 erließ er die Pragmatische Sanktion zur Sicherung seines Erbes für den Fall, daß er keine männlichen Nachkommen hat. Da er um die Anerkennung dieses Hausgesetzes sehr bemüht war, wurde es am 6. Dezember 1723 zum Grundgesetz erhoben. Trotzdem ergeben sich nun Schwierigkeiten (→ Rahmenartikel: Um das Erbe Kaiser Karls VI.). Erzherzogin Maria Theresia, die älteste Tochter Kaiser Karls VI., gemäß der Pragmatischen Sanktion Nachfolgerin, übernimmt die Regierung in den habsburgischen Erblanden – ihr Gatte Franz Stephan, Großherzog von Toskana (gebürtiger Herzog von Lothringen), ist formell Mitregent. Gegen die Thronbesteigung protestieren umgehend: Karl Albrecht Kurfürst von Bayern (er ist mit Maria Amalia, der jüngsten Tochter Kaiser Josephs I. verheiratet und beruft sich auf den bayrisch-österreichischen Ehevertrag vom → *14. Juni 1546*) und Friedrich August III. Kurfürst von Sachsen (verheiratet mit Maria Josepha, der älteren Tochter Kaiser Josephs I.), die beide die Pragmatische Sanktion nicht anerkannt haben. Außerdem Spanien und König Friedrich II. (der Große) in Preußen (erst ab 1772 von Preußen), der Schlesien erwerben wollte. Militärisch ist Österreich nicht auf der Höhe, denn Prinz Eugens von Savoyen Ausspruch noch kurz vor seinem Tod: »Hunderttausend Mann und ein gefüllter Schatz sind die besten Garantien der Pragmatischen Sanktion« war von Kaiser Karl VI. viel zuwenig beachtet worden.

16. Dezember König Friedrich II. in Preußen fällt ohne Kriegserklärung in Schlesien ein. Seine Armee zählt 28 000 Mann. In ganz Schlesien sind nur zwölf Infanteriebataillone, acht Grenadierkompanien und 600 Dragoner, also knapp 8 000 Mann Österreicher, stationiert. Unter dem Vorwand, alte Erbansprüche auf Schlesien zu haben, verhandeln gleichzeitig die Diplomaten Friedrichs II. in Wien. Man verspricht Maria Theresia, Franz Stephan von Lothringen bei der Kaiserwahl zu unterstützen, und garantiert ihr den habsburgischen Besitz in Deutschland, wenn sie Schlesien an Preußen abtritt, Maria Theresia lehnt ab. König Friedrich II. war bei seinen Forderungen durch die 1731 entdeckten Feststellungen des Kurfürsten Friedrich Wilhelm I. von Brandenburg, des »Großen Kurfürsten«, bestärkt worden, wo dieser empfahl, sich in dem Moment Schlesiens zu bemächtigen, da das Haus Habsburg ohne männlichen Erben sei. Diese bis 28. Juli 1742 dauernde Auseinandersetzung wird auch Erster Schlesischer Krieg genannt.

▶1741 Baubeginn für den Südflügel des ehemaligen Stiftsgebäudes in Ossiach (Kärnten) mit Deckengemälde von Josef Ferdinand Fromiller, es wird 1749 vollendet.

— Johann Blasius Frank beginnt mit dem Bau des Brückentores im Stift Kremsmünster (Oberösterreich), es wird 1750 vollendet.

14. Februar Johann Joseph Fux stirbt in Wien; geb. 1660 in Hirtenfeld (Steiermark); Barockkomponist und Musiktheoretiker, 1696–1702 Organist im Schottenstift in Wien, 1705–1715 Kapellmeister im Stephansdom, seit 1715 Hofkapellmeister in Wien. Schrieb über 70 Messen und kirchenmusikalische Werke, 18 Opern und 11 Oratorien. 1725 erschien sein Kontrapunktlehrbuch »Gradus ad Parnassum«.

15. Februar Georg Raphael Donner stirbt in Wien; geb. am 24. Mai 1693 in Eßling bei Wien, der bedeutendste Bildhauer des österreichischen Barocks. Um 1710 Schüler von Giovanni Giuliani im Stift Heiligenkreuz (Niederösterreich), 1725 als Modelleur und Plastiker in Salzburg tätig, 1729 im Dienst des Grafen Esterházy in Preßburg (Plastiken im dortigen Dom), um 1734 größtenteils in Wien tätig. Hauptwerke: hl. Nepomuk in der Stadtpfarrkirche in Linz 1727, Providentiabrunnen (Donner-Brunnen genannt) in Wien 1737–1739, Andromedabrunnen in Wien 1740, Pietà im Dom zu Gurk (Kärnten) 1740–1741.

8. März Fortsetzung der Feindseligkeiten im Ersten Schlesischen Krieg mit der Einnahme von Großglogau durch die Preußen unter Feldmarschall Schwerin.

14. März Maria Theresia gestattet dem Theaterunternehmer Joseph Sellier, den Ballsaal an der Nordostecke der Wiener Hofburg in ein Theater umzuwandeln. »Spectacel müssen halt sein«, soll sie bei der Unterzeichnung des Aktes gesagt haben *(→ 5. Februar 1742; 23. März 1776)*.

10. April Schlacht bei Mollwitz, die erste in den Auseinandersetzungen zwischen Maria Theresia und König Friedrich II. in Preußen. Der König hatte das Schlachtfeld bereits verlassen, als eine Infanterieattacke unter Feldmarschall Graf von Schwerin die Lage zugunsten Preußens entschied. 19 000 Österreicher unter Feldmarschall Wilhelm Reinhard Reichsgraf von Neipperg standen 22 000 Preußen gegenüber, beide Seiten hatten knapp 5 000 Tote und Verwundete.

3. Mai Josef Munggenast stirbt in St. Pölten; geb. am 5. März 1680 in Schnann (Tirol); Barockbaumeister, Neffe von Jakob Prandtauer, mehrere von diesem begonnene Bauten wurden von ihm fertiggestellt, wie Wallfahrtskirche Sonntagsberg (Niederösterreich), Stift Melk und Stift Herzogenburg (Niederösterreich). Umbau der Stifte Seitenstetten, Zwettl (Turm der Stiftskirche) und Dürnstein (alle Niederösterreich). Hauptwerke: der Umbau des Stiftes Altenburg 1730–1740, Stiftskirche Geras 1736–1740, Prälatur in St. Pölten (alle Niederösterreich) 1739.

18. Mai Eröffnung des ungarischen Reichstages in Preßburg. Nach Bewilligung einiger Forderungen der ungarischen Stände gelingt Maria Theresia eine Verständigung mit Ungarn.

27. Mai Erste Parade mit einer Militärkapelle. Die Panduren des Majors Franz Frh. von der Trenck defilieren in Wien vor Maria Theresia.

28. Mai Vertrag von Nymphenburg zwischen dem Kurfürsten Karl Albrecht von Bayern und Spanien. Spanien sagt ein 12 000 Mann starkes Heer zu, verlangt aber den Einsatz der Hälfte dieser Truppen in Italien. Im Falle eines Sieges soll Bayern die Kaiserkrone und Teile des habsburgischen Besitzes in Deutschland erhalten und Spanien die italienischen Besitzungen Habsburgs.

4. Juni Vertrag von Breslau zwischen König Friedrich II. in Preußen und Frankreich gegen Österreich. Mit diesem Vertrag tritt der König auch den Vereinbarungen zwischen Frankreich, Spanien und Bayern bei. Damit weitet sich der Erste Schlesische Krieg zum Österreichischen Erbfolgekrieg aus, der erst mit dem Frieden von Aachen vom *(→)* 18. Oktober 1748 beendet wird *(→ 31. Juli)*.

25. Juni Maria Theresia wird in Preßburg unter großem Jubel zur Königin von Ungarn gekrönt *(→ 18. Mai und 11. September)*.

31. Juli Bayrische Truppen besetzen Passau, damit nimmt der Österreichische Erbfolgekrieg seinen Anfang.

15. August Ein französisches Heer überschreitet den Rhein und vereinigt sich kurz darauf mit den Truppen

des Kurfürsten Karl Albrecht von Bayern; die vereinigten Truppen marschieren gegen Oberösterreich und Böhmen.
31. August Sachsen tritt durch den Abschluß eines Bündnisses mit Frankreich in den Krieg ein.
11. September Entscheidende Sitzung im Rahmen des ungarischen Reichstages in Preßburg *(→ 18. Mai)*. Die Stände Ungarns erklären, »Leben und Blut der Königin weihen zu wollen« *(→ 25. Juni)*.
15. September Bayrisch-französische Truppen unter dem Kurfürsten Karl Albrecht von Bayern besetzen Linz, noch am Abend Wels, am 16. Lambach, am 18. Ebelsberg und am 19. Gmunden.
2. Oktober Die Stände von Oberösterreich huldigen Karl Albrecht Kurfürst von Bayern, nachdem die bayrisch-französischen Truppen am 1. Oktober die Enns überschritten haben.
9. Oktober Geheimvertrag von Klein-Schnellendorf (in der Nähe von Neiße) zwischen Königin Maria Theresia und König Friedrich II. in Preußen. Maria Theresia tritt Niederschlesien mit der Stadt Neiße an Preußen ab. Maria Theresia benötigt die frei werdenden Truppen dringend gegen die bayrisch-französischen Einbrüche. König Friedrich II. bleibt mit seinen Truppen allerdings nur bis Ende November untätig, dann dringt er nach Oberschlesien vor.
14. Oktober Bayrisch-französische Truppen dringen bis St. Pölten vor.
21. Oktober Brückenschlag der Bayern über die Donau bei Krems (Niederösterreich), am 24. überschreiten die Truppen die Donau und marschieren auf Böhmen.
Ende Oktober Österreichische Einheiten beginnen im westl. Niederösterreich einen Kleinkrieg gegen die Bayern und Franzosen, der allerdings Anfang November wegen Truppenmangels eingestellt wird.
4. November Vertrag zwischen König Friedrich II. in Preußen und Kurfürst Karl Albrecht von Bayern. Friedrich II. sichert Karl Albrecht seine Stimme bei der Kaiserwahl zu sowie die Erwerbung von Böhmen, Oberösterreich, Niederösterreich und Tirol. Dafür stimmt Karl Albrecht der Erwerbung von Schlesien und Glatz durch Friedrich zu. König Friedrich II. rechtfertigt diesen Vertrag mit der Behauptung, Österreich hätte den Geheimvertrag von Klein-Schnellendorf *(→ 9. Oktober)* nicht geheimgehalten.
26. November Bayrisch-französische Truppen unter Karl Albrecht Kurfürst von Bayern ziehen in Prag ein.
19. Dezember Karl Albrecht Kurfürst von Bayern wird in Prag zum König von Böhmen ausgerufen.
27. Dezember König Friedrich II. in Preußen besetzt mit seinen Truppen Olmütz *(→ 9. Oktober)* und bezieht in diesem Gebiet Winterquartiere.
Ende Dezember Feldmarschall Ludwig Andreas Graf Khevenhüller zieht mit den in Niederösterreich gesammelten österreichisch-ungarischen Truppen über die Enns und dringt in Oberösterreich vor.
1742 Maria Theresia errichtet die »Geheime Haus-, Hof- und Staatskanzlei« zur Erledigung der auswärtigen Angelegenheiten, eine selbständige Einrichtung, die aus dem Verband der »Österreichischen Hofkanzlei« *(→ 1620)* gelöst wird.
— Errichtung der Bibliothek des Stiftes Altenburg (Niederösterreich) mit Kuppelfresken von Paul Troger, Stuck von J. M. Flor, der Typ einer barocken »Schaubibliothek«.
— Matthias Krinner beginnt mit dem Bau der Pöstlingbergkirche in Linz, sie wird 1746 vollendet.
Mitte Januar Linz wird von Truppen unter Feldmarschall Ludwig Andreas Graf Khevenhüller *(→ Ende Dezember 1741)* eingeschlossen.
23. Januar Generalleutnant Ségur, der Kommandant der französisch-bayrischen Besatzungstruppen von Linz, ergibt sich gegen freien Abzug. Ludwig Andreas Graf Khevenhüller wendet sich nach Bayern.
24. Januar Karl Albrecht Kurfürst von Bayern wird in Frankfurt am Main zum Kaiser gewählt *(→ 12. Februar; 22. April und 13. September 1745)*.
Anfang Februar Beginn der Operationen der österreichischen Truppen in Böhmen, sie stehen unter dem Kommando von Herzog Karl von Lothringen, dem jüngeren Bruder Franz Stephans von Lothringen. Franz Stephan von LothringenVorerst allerdings nur Truppenbewegungen.
5. Februar Eröffnung des »Königlichen Theaters nächst der Burg« mit der Oper »Amleto« von Carcano. Praktisch der Beginn des »Burgtheaters« *(→ 14. März 1741; 23. März 1776)*.
12. Februar Karl Albrecht Kurfürst von Bayern *(→ 24. Januar)* wird als Karl VII. zum Kaiser gekrönt.
13. Februar München ergibt sich den österreichischen Truppen unter Oberst Menzel.
16. Februar Maria Theresia schließt mit König Karl Emanuel I. von Sardinien ein Bündnis, für das sie die Erwerbung mailändischer Gebiete verspricht *(→ 13. September 1743)*.
17. Mai Schlacht bei Chotusitz (Czaslau, Böhmen). Den auf Prag marschierenden österreichischen Truppen unter Herzog Karl von Lothringen *(→ Anfang Februar)* stellt sich König Friedrich II. in Preußen entgegen und siegt nach wechselvollen blutigen Kämpfen. 30 500 Mann mit 38 Geschützen auf österreichischer Seite standen 28 000 Mann mit 80 Geschützen auf preußischer Seite gegenüber. Der Ausgang dieser Schlacht bewegt Maria Theresia zu Friedensverhandlungen, sie gibt aber den übertriebenen Forderungen des Preußenkönigs nicht nach.
11. Juni Vorfriede von Breslau zwischen Österreich und Preußen. Glatz und Schlesien, ohne Teschen, Troppau und Jägerndorf, werden an Preußen abgetreten. Preußen garantiert die katholische Religion in Schlesien und verzichtet auf weitere Territorialforderungen. König Georg II. von England übernimmt die Garantie des Vertrages, in den die anderen kriegführenden Mächte Hannover, Dänemark, Holland, Rußland, Sachsen und Braunschweig-Wolfenbüttel mit einbezogen werden *(→ 28. Juli)*.
29. Juni Joseph Emanuel Fischer von Erlach stirbt in Wien; geb. am 13. September 1693 in Wien, Sohn von Johann Bernhard Fischer von Erlach; Architekt und Maschinenbauer, vollendete mehrere Bauten, die sein Vater begonnen hatte, wie die Karlskirche und die Nationalbibliothek in Wien. 1722 Hofarchitekt, 1725 Nachfolger seines Vaters als kaiserlicher Oberbauinspektor. 1721/22 stellte er in Kassel das erste mit Dampf betriebene Pumpwerk auf. Hauptwerke: Reichskanzleitrakt der Wiener Hofburg 1726–1730, Hofstallungen 1725, Winterreitschule 1729–1732, Palais Schwarzenberg in Wien (Innenräume) 1723, Vermählungsbrunnen in Wien 1729–1732, Schloß Riegersburg bei Hardegg (Niederösterreich) 1735.

28. Juli Friede von Berlin zwischen Österreich und Preußen, auf Grund des Vorfriedens von Breslau vom (→) 11. Juni. Zusätzlich überträgt Maria Theresia dem König von Preußen und seinen Nachkommen den Titel eines Herzogs von Schlesien und Grafen von Glatz. Damit endet der Erste Schlesische Krieg, die erste Auseinandersetzung zwischen Österreich und Preußen.

Anfang September Französische Truppen bedrohen Böhmen, worauf Feldmarschall Ludwig Andreas Graf Khevenhüller mit seinen Truppen von der Pfalz gegen Böhmen zieht, um sich mit den anderen österreichischen Truppen zu vereinigen.

9. September Die Vorhut Khevenhüllers, Panduren unter Oberstleutnant Franz Frh. von der Trenck, nimmt die Stadt Cham ein und plündert sie. Dieses Vorgehen wird von Maria Theresia scharf gerügt.

17. September Albert Josef Reichsgraf von Hoditz gründet in Wien die erste Freimaurerloge. Sie steht unter der Patronanz des Erzbischofs von Breslau, Graf Schaffgotsch. (Schon 1731 war Herzog Franz Stephan von Lothringen in Den Haag in eine Freimaurerloge aufgenommen worden.)

27. September Vereinigung der österreichischen Truppen *(→ Anfang September)* bei Godrisch an der böhmischen Westgrenze.

November Spanien, auf der Seite der Gegner Maria Theresias, entsendet 15 000 Mann nach Italien.

28. Dezember Die französische Besatzung von Prag kapituliert und übergibt den Österreichern über 2 000 Kranke, allerdings auch 150 Geschütze. Der Großteil der Besatzung hat sich schon während der nicht lückenlosen Belagerung der Stadt nach Eger zurückgezogen *(→ 7. September 1743)*.

►1743 Georg Wimpassinger beginnt mit dem Bau der ehemaligen Servitenkirche (heute Pfarrkirche) von Stotzing (Burgenland), sie wird 1748 vollendet.

— Nikolaus Pacassi beginnt mit dem Umbau von Schloß Hetzendorf in Wien/Meidling, es wird um 1747 vollendet.

— Franz Anton Pilgram beginnt mit dem Bau der Erweiterung (und Wiederherstellung) des Elisabethinenklosters in Wien/Landstraße, es wird 1754 vollendet. Die gleichzeitig eingerichtete Apotheke ist mit vollständiger Einrichtung erhalten.

— Beginn des Neubaus der Stiftskirche von Herzogenburg (Niederösterreich), der Turm wird 1767 von Matthäus Munggenast vollendet, statt des Helms hat er auf einem Kissen den niederösterreichischen Herzogshut.

Ende Januar In Holland landet ein 16 000 Mann starkes englisches Heer. König Georg II. von England (schon Vermittler im Frieden von Breslau, *→ 11. Juni 1742*) ruft damit die »Pragmatische Armee« ins Leben. Mit hannoverischen, hessischen und österreichischen Truppen erreicht sie eine Stärke von 40 000 Mann *(→ 27. Juni)*.

8. Februar Schlacht bei Camposanto. Österreichisch-piemontesische Truppen unter Feldmarschall Graf Traun besiegen die Spanier. 10 500 Österreicher und Piemontesen stehen gegen 12 500 Spanier (Österreichs Kämpfe entspringen der Bündnispflicht gegenüber Sardinien, *→ 16. Februar 1742*).

9.–11. Mai Treffen der Österreicher unter Feldmarschall Herzog Karl von Lothringen bei Simbach und Braunau am Inn gegen Bayern und Franzosen. Durch diese Niederlage muß Feldmarschall Friedrich Heinrich Reichsgraf Seckendorf (in bayrischen Diensten) an die Übergabe Bayerns denken *(→ 27. Juni)*.

12. Mai Maria Theresia wird in Prag zur Königin von Böhmen gekrönt.

27. Juni Schlacht bei Dettingen, nahe Aschaffenburg. Franzosen greifen die »Pragmatische Armee« *(→ Ende Januar)*, die auf dem Weg zur Vereinigung mit den österreichischen Truppen bei Hanau ist, an und werden geschlagen.

— Neutralitätskonvention von Niederschönenfeld zwischen Feldmarschall Friedrich Heinrich Reichsgraf Seckendorf (seit zwei Jahren in bayrischen Diensten) und Feldmarschall Ludwig Andreas Graf Khevenhüller. Unter dem Eindruck der österreichischen Stärke wird die Übergabe von Braunau, Straubing und Reichenhall an Österreich vereinbart.

7. September Die Franzosen übergeben Eger, nachdem Feldmarschalleutnant Emanuel Graf Kolowrat seit dem Frühjahr die hier zusammengezogenen französischen Truppen *(→ 28. Dezember 1742)* bekämpft hatte.

13. September Wormser Traktat zwischen Österreich, Sardinien und England zur Vertreibung der Bourbonen aus Italien. Maria Theresia tritt die zugesagten Gebiete *(→ 16. Februar 1742)* an Sardinien ab. Sardinien anerkennt die Pragmatische Sanktion und stellt nach Erhalt der von England zugesagten Hilfsgelder 45 000 Mann Soldaten für den Kampf Österreichs in Italien zur Verfügung. Darauf erklärt Frankreich an Sardinien den Krieg. König Friedrich II. in Preußen beginnt mit den Verhandlungen zur Bildung der »Frankfurter Union« *(→ 22. Mai 1744)*.

20. Dezember Vertrag zwischen Österreich und Sachsen. Sachsen verspricht militärische Hilfe, falls der König von Preußen den Frieden von Breslau *(→ 11. Juni 1742)* brechen sollte, Österreich verspricht dafür eine Entschädigung mit Teilen Schlesiens.

►1744 Giovanni Giuliani stirbt im Stift Heiligenkreuz (Niederösterreich); geb. 1663 in Venedig; Bildhauer des dekorativen Barocks, kam nach 1690 nach Wien, seit 1694 in Heiligenkreuz, Lehrer von Georg Raphael Donner. Hauptwerke: die Dreifaltigkeitssäule im Hof des Stiftes Heiligenkreuz (Niederösterreich) 1737–1739. Außerdem dort Hochaltar, Chorgestühl und Plastiken im Kreuzgang, das Stift besitzt von ihm 118 Tonmodelle.

— Bibliothekssaal des Stiftes Vorau (Steiermark) vollendet, Stuck (1731) von Dominikus und Johann Kajetan Androi, Fresken von Ignaz Gottlieb Kröll. Die Bibliothek besitzt 415 Handschriften und 206 Inkunabeln (Frühwerke der Buchdruckerkunst bis 1500).

— Leopold Wißgrill beginnt mit dem Bau der Wallfahrtskirche Maria-Dreieichen (Niederösterreich), sie wird 1750 vollendet.

— Nikolaus Pacassi beginnt mit der Vergrößerung von Schloß Schönbrunn in Wien, sie wird 1749 abgeschlossen.

März Kriegserklärung Frankreichs an Österreich und England; der Kriegszustand zwischen Frankreich und Sardinien war schon vorher eingetreten.

10. Mai Maria Theresia übernimmt die Schulden der »Porzellanfabrik in der Roßau« in der Höhe von fast 50 000 Gulden. Der Staat ist damit Besitzer, Claudius Innozenz du Paquier *(→ 27. Mai 1718; 28. Dezember 1751)* bleibt Leiter des Betriebes.

Österreichischer Erbfolgekrieg und Zweiter Schlesischer Krieg

Ansprüche auf einen Teil der habsburgischen Länder (Pragmatische Sanktion) erhoben auch Bayern und Sachsen. Denn die beiden Töchter Kaiser Josephs I. waren mit dem Kurfürsten von Bayern (Maria Amalia) und mit dem Kurfürsten von Sachsen (Maria Josepha) verheiratet worden. Ihre Forderungen führten zum Konflikt.

Die Bourbonen Spaniens und Frankreichs schlossen sich im Nymphenburger Bündnis vom 28. Mai 1741 mit dem Kurfürsten Karl Albrecht von Bayern zusammen, König Friedrich II. in Preußen trat dem Bündnis durch den Vertrag von Breslau am 4. Juni bei. In rascher Folge schlossen sich Sachsen, Schweden, Sardinien, Neapel, Kurpfalz und Köln diesem Bündnis an. Österreich war zunächst auf sich selbst angewiesen, da Schweden im August 1741 an Rußland den Krieg erklärt hatte und König Georg II. von England für Hannover mit Frankreich am 27. September 1741 einen Neutralitätsvertrag schloß. Etwas später wurde Österreich allerdings von den beiden Seemächten England 1742 und den Niederlanden 1743 sowie Rußland unterstützt. Die zum Teil gleichzeitig ablaufenden Schlesischen Kriege, die Friedrich II. für eine Großmachtstellung Preußens führte, waren von unterschiedlichem Einfluß auf den Verlauf des österreichischen Erbfolgekrieges.

Nach dem Frieden mit Preußen und bald auch mit Sachsen verlagerte sich der Schwerpunkt des Krieges an den Rhein. Die Pragmatische Armee unter König Georg II. von England besiegte die Franzosen in der Schlacht von Dettingen am 27. Juni 1743. Militärische Erfolge der Österreicher am Oberrhein zeigten ein Erstarken der habsburgischen Macht, was König Friedrich II. in Preußen veranlaßte, mit dem Einfall in Böhmen im August 1744 den Zweiten Schlesischen Krieg zu eröffnen.

Die Warschauer Quadrupelallianz vom 8. Januar 1745 zwischen Österreich, Sachsen und den Seemächten England und Holland stärkte wieder die Position Österreichs. Nach dem Tod Kaiser Karls VII. verzichtete im Frieden von Füssen am 22. April sein Sohn und Nachfolger, Kurfürst Max III. Joseph auf die Erbansprüche Bayerns, anerkannte die Pragmatische Sanktion und versprach, seine Stimme bei der Kaiserwahl (13. September 1745) Franz Stephan von Lothringen zu geben.

Nach den glänzenden militärischen Erfolgen König Friedrichs II. in Preußen im Zweiten Schlesischen Krieg beendete der Friede von Dresden am 25. Dezember 1745 diese Auseinandersetzung und den Erbfolgekrieg auf dem Boden des Reiches.

Im gleichzeitigen See- und Kolonialkrieg behielten die Engländer die Oberhand über Frankreich, auf dem europäischen Festland errangen die Franzosen große Siege, sie eroberten die österreichischen Niederlande (Belgien). In Oberitalien wichen die Franzosen nach dem Sieg der Österreicher bei Piacenza am 11. Juni 1746 zurück.

Das Kriegsende wurde schließlich durch das Eingreifen Rußlands, das ein Heer an den Rhein entsandte, beschleunigt. Nach langen Verhandlungen kam der Friede von Aachen am 18. Oktober 1748 zustande, er beendete den Österreichischen Erbfolgekrieg. Abgesehen von dem größten Teil Schlesiens, der an Preußen verlorengegangen war, büßte Österreich nur die kleinen oberitalienischen Herzogtümer Parma, Piacenza und Guastalla ein. Allerdings trat durch die Friedensverhandlungen eine Entfremdung zwischen Österreich und den Seemächten ein. Schließlich brachte der Friedensschluß von Aachen die allgemeine Anerkennung der Erbansprüche Maria Theresias, ihr Gatte Franz Stephan von Lothringen war inzwischen als Franz I. Stephan zum Kaiser gewählt worden. Der Versuch, Österreich als eine europäische Macht zu verdrängen und unter Umständen aufzuteilen, war gescheitert.

Zweiter Schlesischer Krieg

Weitere Erfolge Österreichs im Erbfolgekrieg und das Anwachsen der habsburgischen Macht durch die Verträge von Worms (mit England und Sardinien am 13. September 1743) und mit Sachsen am 20. Dezember beunruhigten König Friedrich II. in Preußen. Durch das Bündnis mit Frankreich vom 5. Juni 1744 und mit Kaiser Karl VII. vom 24. Juli 1744 gestärkt, rückt er – abermals ohne Kriegserklärung – am 14. August 1744 in Sachsen und Böhmen ein. Friedrichs II. Sieg von Hohenfriedberg vom 5. Juni 1745 mußten noch die Siege von Soor am 30. September und von Kesselsdorf am 15. Dezember folgen, um Maria Theresia zum Frieden von Dresden (25. Dezember 1745) zu bewegen. Der Friede von Berlin vom 28. Juli 1742 wurde bestätigt, Österreichs Verzicht auf Schlesien erneuert. Der am 13. September 1745 in Frankfurt zum römischen Kaiser gewählte Gemahl Maria Theresias, Franz I., wurde von König Friedrich II. anerkannt. Der Dresdner Friede wurde unter die Garantie Englands und des Reiches gestellt.

22. Mai Die Frankfurter Union wird abgeschlossen. Frankreich und König Friedrich II. in Preußen (*→ 13. September 1743*) hatten auf Drängen Kaiser Karls VII. (= Karl Albrecht Kurfürst von Bayern) monatelang verhandelt. Mit drei Verträgen schlossen sich Frankreich, Preußen, Bayern, Hessen-Kassel und die Pfalz gegen Österreich zusammen.

5. Juni König Friedrich II. in Preußen schließt mit Frankreich eine Offensivallianz gegen Österreich und England.

Juli Rheinübergang Herzog Karls von Lothringen; der Vormarsch im Elsaß, der letzte Versuch der Rückgewinnung Lothringens, muß wegen des Ausbruchs des Zweiten Schlesischen Krieges abgebrochen werden.

14. August König Friedrich II. in Preußen rückt ohne Kriegserklärung in Böhmen ein, damit Beginn des

Zweiten Schlesischen Krieges. Bis zum 24. waren seine Truppen in drei Kolonnen einmarschiert.

2. September König Friedrich II. vereinigt vor Prag seine Truppen, die zusammen eine Stärke von 80 000 Mann haben.

15. September Prag wird von König Friedrich II. in Preußen zur Kapitulation gezwungen, die Besetzung der Stadt bestand nur aus 2 700 Mann reguläres Militär und 8 000 Mann Landmiliz mit 120 Kanonen und 20 Mörsern.

30. September Preußische Truppen besetzen Budweis.

2. Oktober Die österreichische Hauptarmee unter Herzog Karl von Lothringen trifft in Böhmen ein und drängt am 8. bei Moldautein preußische Einheiten zurück.

17. Oktober Kaiser Karl VII. (= Karl Albrecht Kurfürst von Bayern) zieht wieder in München ein. Die Österreicher haben Bayern wegen des preußischen Einfalls in Böhmen räumen müssen.

21. Oktober In der Nacht auf den 22. erstürmt Oberstleutnant Franz Frh. von der Trenck mit seinen Panduren Budweis.

26. November König Friedrich II. in Preußen räumt Prag, da er allzusehr von den Österreichern und Sachsen (sie hatten ebenfalls eingegriffen) bedrängt worden war. Er zieht sich nach Schlesien zurück; seine Verluste sollen sehr groß gewesen sein, angeblich allein 30 000 Deserteure.

►**1745** Maria Theresia beruft den Niederländer Gerhard van Swieten nach Wien. Der hervorragende Mediziner wird ihr Leibarzt; er lehrt als erster Universitätsprofessor Physiologie und Pathologie *(→ 18. Juni 1772).*

— Hochaltar der Pfarrkirche von Laa an der Thaya (Niederösterreich) von Ignaz Lengelacher.

— Thomas Reif beginnt mit dem Barockumbau der Stadtpfarrkirche von Hartberg (Steiermark), sie wird 1760 vollendet.

8. Januar Österreich, England, Sachsen und Holland bilden in Warschau eine Quadrupelallianz gegen Preußen. Ziel der Allianz ist die Verteidigung der Rechte Maria Theresias im Österreichischen Erbfolgekrieg und im Zweiten Schlesischen Krieg sowie eine Befriedung in Deutschland. Die Hoffnung auf Beitritt Rußlands geht nicht in Erfüllung.

20. Januar Kaiser Karl VII. stirbt in München, bis *(→)* 24. Januar 1742 Karl Albrecht Kurfürst von Bayern. Sein unerwarteter Tod (er war 48 Jahre alt) beendet die militärischen Unternehmungen Bayerns gegen Österreich *(→ 22. April).*

22. April Friede von Füssen zwischen Österreich und Bayern. Maximilian III. Joseph Kurfürst von Bayern (Sohn und Nachfolger Kaiser Karls VII., → *20. Januar*) anerkennt die Pragmatische Sanktion und verspricht, seine Stimme bei der Kaiserwahl Franz Stephan von Toskana-Lothringen Franz Stephan von Lothringenzu geben. Er erhält dafür Bayern in den Grenzen von 1741 zurück, ohne Reparationskosten leisten zu müssen.

11. Mai Schlacht bei Fontenoy. Die 45 000 Mann starke Pragmatische Armee *(→ Ende Januar 1743)* unter dem Herzog von Cumberland wird von einer 64 000 Mann starken französischen Armee unter Marschall Moritz Graf von Sachsen geschlagen. Die Pragmatische Armee zieht sich geordnet zurück, die Franzosen erobern darauf große Teile Belgiens.

Ende Mai Das in Schlesien eingedrungene österreichisch-sächsische Heer von rund 80 000 Mann unter Herzog Karl von Lothringen dringt weiter vor, König Friedrich II. in Preußen zieht ihm mit 150 000 Mann entgegen.

5. Juni In der Schlacht von Hohenfriedberg (bei Liegnitz) besiegt König Friedrich II. in Preußen die Österreicher und Sachsen unter Herzog Karl von Lothringen. Mit rund 77 000 Mann waren beide Seiten gleich stark, die Verluste der Österreicher und Sachsen übertrafen bei weitem die der Preußen. Vergeblich erhoffte sich der Preußenkönig durch diesen Sieg eine Friedensbereitschaft Maria Theresias.

13. September Großherzog Franz Stephan von Toskana-Lothringen, Franz Stephan von Lothringender Gatte Maria Theresias, wird in Frankfurt am Main von den deutschen Kurfürsten (außer Brandenburg und Pfalz) zum römischen Kaiser gewählt.

14. September Martin Altomonte stirbt im Stift Heiligenkreuz (Niederösterreich); geb. am 8. Mai 1657 in Neapel; Barockmaler, seit etwa 1703 in Österreich, ab 1738 Stiftsmaler in Heiligenkreuz. Hauptwerke: Dekkengemälde und Altarbilder im Stephansdom und im Unteren Belvedere in Wien, in der Salzburger Residenz, im Stift St. Florian (Oberösterreich) sowie das Fresko Maria Himmelfahrt in der Apsis der ehemaligen Stiftskirche von Spital am Pyhrn (Oberösterreich).

15. September Maria Theresia tritt von Wien aus die Reise nach Frankfurt zu den Krönungsfeierlichkeiten ihres Gatten an. Ihre erste Reise über die Grenzen ihrer Erblande wird zum Triumphzug, obwohl sie nicht als »selbstregierende Königin« oder etwa als »Frau Kaiser«, sondern als Privatperson reist.

25. September Krönungsfeierlichkeiten (Krönung am 4. Oktober) für Franz Stephan von Lothringen, als Kaiser Franz I. Stephan, in Frankfurt am Main. Maria Theresia lehnte es schon Wochen vorher ab, ebenfalls gekrönt zu werden. Ihre Begründung waren die zu hohen Kosten. Maria Theresia war also nie Kaiserin, obwohl man sie oft zu bezeichnet. Sie war Erzherzogin von Österreich, Königin von Ungarn und Böhmen und daher »selbstregierende Königin« in den habsburgischen Erblanden. Nun war sie auch die Gattin des Kaisers, also »Frau Kaiser«, wenn man die spezielle Wiener Unart anwendet, die Frau mit dem Titel des Gatten anzureden.

30. September Schlacht bei Soor (nahe Trautenau). Herzog Karl von Lothringen greift mit 32 500 Österreichern und Sachsen rund 19 000 Preußen unter König Friedrich II. an und wird nach mehrstündigem Kampf besiegt. Die preußischen Verluste betrugen 3 521 Mann, darunter zwei Generäle und 237 Offiziere; Österreich verlor 6 691 Mann, darunter drei Generäle und 52 Offiziere, die Sachsen verloren 758 Mann, darunter einen General und 37 Offiziere. Die Österreicher erbeuteten allerdings die gesamte preußische Bagage mit der Kriegskasse, die 85 000 Taler enthielt.

27. Oktober Kaiser Franz I. Stephan und Maria Theresia treffen, aus Frankfurt kommend, in Nußdorf (Wien 19) ein und werden feierlich empfangen. Das

Paar hatte die Reise ab Ulm auf der Donau zurückgelegt, eine Flotte von 35 Schiffen war am 19. von Ulm abgefahren.

16. November Johann Lukas von Hildebrandt (auch Lucas Hildebrand) stirbt in Wien; geb. am 14. November 1668 in Genua; Barockbaumeister. Festungsingenieur in den italienischen Feldzügen des Prinzen Eugen von Savoyen, seit 1696 in Wien (seit 1720 Ritter von), ab 1723 Hofbaumeister. Hauptwerke: Palais Schwarzenberg in Wien 1697–1704, Peterskirche in Wien 1703–1708, Palais Schönborn in Wien 1706–1711, Schloß Schönborn in Göllersdorf (Niederösterreich) 1712–1717, Unteres Belvedere 1714–1716, Geheime Hofkanzlei (Bundeskanzleramt) 1717–1719, Oberes Belvedere 1721–1722, Schloß Mirabell in Salzburg 1721–1727, Erweiterung des Winterpalais des Prinzen Eugen (Finanzministerium) um jeweils fünf Fensterachsen nach beiden Seiten 1723–1724, Schloß Schloßhof (Niederösterreich) 1725–1729.

23. November Im Gefecht bei Groß-Hennersdorf (nahe Görlitz) besiegen die Preußen die österreichische Vorhut der nach Brandenburg marschierenden Armee. Herzog Karl von Lothringen zieht darauf mit seinem zahlenmäßig geringeren Heer nach Böhmen. Das preußische Heer erobert kurz darauf Görlitz.

15. Dezember Schlacht bei Kesselsdorf (nahe Dresden). Der Preußenkönig hatte eine etwa 35 000 Mann starke Armee unter Feldmarschall Leopold Fürst von Anhalt-Dessau (der »Alte Dessauer«, 69 Jahre alt) gegen Dresden geschickt, um die Vereinigung der österreichischen Hauptmacht unter Herzog Karl von Lothringen mit den österreichisch-sächsischen Truppen unter General Rutowski zu verhindern. Der sächsische General wartet das Eintreffen der österreichischen Hauptmacht nicht ab und nimmt die Schlacht an – er wird besiegt. Fast gleich starke Heere standen sich gegenüber. Die Preußen verloren knapp 5 000 Mann, die Österreicher und Sachsen hatten 3 800 Tote und Verwundete, dazu aber über 6 600 Gefangene.

17. Dezember Einnahme von Dresden durch preußische Truppen.

25. Dezember Friede von Dresden zwischen Preußen und Österreich sowie Sachsen. Der Friede von Berlin *(→ 28. Juli 1742)* wird bestätigt, der Verzicht Österreichs auf Schlesien erneuert. König Friedrich II. in Preußen anerkennt Franz I. Stephan als Kaiser. Sachsen muß 1 Million Reichstaler zahlen und seine Truppen aus Dresden und Sachsen zurückziehen. Dieser Friede kam durch die Vermittlung Englands zustande und beendet den Zweiten Schlesischen Krieg zwischen Österreich und Preußen.

▶**1746** Neubau von Schloß Gayenhofen in Bludenz (Vorarlberg).

— Geschnitzte Apostelstatuen in der Pfarrkirche von Metnitz (Kärnten) von Balthasar Prandstätter.

— Franz Penz beginnt mit dem Bau der Pfarrkirche von Fulpmes (Tirol) (Rokokostuck), sie wird 1747 vollendet.

— Mit dem Bau des Festsaales von Schloß Hetzendorf in Wien (Deckengemälde teils von Daniel Gran) wird begonnen, er wird 1747 vollendet.

Januar Die österreichischen Truppen auf dem italienischen Kriegsschauplatz, der 1745 kaum von Bedeutung war, werden verstärkt. Die in Belgien immer stärker werdenden Franzosen sollen hier härter bekämpft werden.

24. Februar Maria Theresia gründet die »Theresianische Ritterakademie« (Theresianum) in Wien und stellt den Jesuiten dafür das kaiserliche Lustschloß Favorita zur Verfügung.

27. März Österreichische Truppen erstürmen Guastalla und erzielen weitere kleinere Erfolge gegen die Franzosen.

7. Juni Bündnis zwischen Österreich und Rußland, das eine gegenseitige Verpflichtung für den Fall eines preußischen Angriffes enthält.

16. Juni Schlacht bei Piacenza, einem französischen Brückenkopf nördl. des Po. 39 067 Österreicher unter Feldzeugmeister Browne besiegen die spanisch-französischen Truppen unter den Generälen Gages und Maillebois in Gesamtstärke von 44 000 Mann. Die Spanier und Franzosen weichen auf das rechte Ufer des Po zurück.

23. August Ostende muß von den Holländern und Österreichern an die Franzosen übergeben werden, am 30. September auch Namur.

11. Oktober Die Schlacht von Rocour endet ohne Entscheidung. 72 000 Holländer und Österreicher standen gegen 111 000 Franzosen.

5. Dezember In Genua kommt es zu einem Aufstand gegen die Willkürherrschaft der österreichischen Truppen, besonders gegen den kommandierenden Feldmarschalleutnant Anton Otto Botta. Genua hatte sich am 6. September den Österreichern ergeben, am 11. Dezember müssen sie nun die Stadt räumen *(→ 11. April 1747)*.

▶**1747, Januar** Erfolgreiche Aktionen der österreichischen Truppen in Italien.

11. April Beginn der Belagerung von Genua durch die Österreicher, der Feind wird am 13. Juni aus den Verschanzungen vertrieben, die Belagerung der Stadt aber am 4. Juli aufgehoben.

2. Juli Schlacht bei Lawfeld (nahe Bergen op Zoom, Holland). 72 000 Mann verbündeter Truppen kämpfen gegen 98 000 Franzosen, die die Schlacht zu ihren Gunsten entscheiden. Die Franzosen belagern daraufhin ab dem 12. die Festung Bergen op Zoom, sie fällt im September.

4. Oktober Eröffnung des von Nikolaus Pacassi erbauten Theaters in Schloß Schönbrunn mit einer Komödie. Es ist der älteste erhaltene Bühnenraum Wiens.

▶**1748** Franz Munggenast stirbt in St. Pölten; geb. 1724 in St. Pölten als Sohn des berühmteren Josef Munggenast; Baumeister des Spätbarocks. Arbeitete seit 1743 an der Stiftskirche Herzogenburg mit, Kalvarienberg in St. Pölten 1745, Gartenpavillon des Stiftes Melk (Niederösterreich) 1747–1748.

— Bau der Doppelturmfassade der Wallfahrtskirche Loretto (Burgenland).

— Bartolomeo Altomonte beginnt mit der Arbeit an den Gewölbefresken der Stiftskirche Herzogenburg (Niederösterreich), sie werden 1755 vollendet.

— Anselm Desing beginnt mit dem Bau der Sternwarte des Stiftes Kremsmünster (Oberösterreich), der sogenannte »Mathematische Turm«, das erste Hochhaus Europas, wird 1759 vollendet.

Maria Theresia im Urteil ihrer Zeitgenossen

Nach dem Beginn der Feindseligkeiten Preußens im Jahre 1741 schrieb der englische Gesandte Robinson nach London:

»Da fielen die Minister leichenblaß in ihre Stühle zurück; nur ein Herz blieb standhaft: das der Königin selbst.«

Der preußische Gesandte Otto Christoph Graf Podewils – seit dem 13. Juni 1746 in Wien – schildert seinem König Maria Theresia:

»Ihr Wuchs ist eher über als unter Mittelgröße. Er war vor ihrer Heirat sehr schön, aber die zahlreichen Geburten, die sie durchgemacht hat, dazu ihre Körperfülle, haben sie äußerst schwerfällig werden lassen. Trotzdem hat sie einen ziemlich freien Gang und eine majestätische Haltung. Ihr Aussehen ist vornehm, obgleich sie es verdirbt durch die Art, sich zu kleiden. Der kleine englische Reifrock, den sie trägt, entstellt sie. Sie hat ein rundes volles Gesicht und eine freie Stirn. Die gut gezeichneten Augenbrauen sind, wie auch die Haare, blond, ohne ins Rötliche zu schimmern. Die Augen sind groß, lebhaft und zugleich voll Sanftmut, wozu ihre Farbe, die von einem hellen Blau ist, beiträgt. Die Nase ist klein, weder gebogen noch aufgestülpt, der Mund ein wenig groß, aber ziemlich schön, die Zähne weiß, das Lächeln angenehm. Hals und Kehle gut geformt. Arme und Hände wundervoll. Der Teint muß es nicht minder gewesen sein nach dem, was man noch sieht, trotz der geringen Sorgfalt, die sie darauf verwendet hat. Sie hat gewöhnlich viel Farbe. Ihr Gesichtsausdruck ist offen und heiter, ihre Anrede freundlich und anmutig. Man kann nicht leugnen, daß sie eine schöne Person ist.«

Am 18. Januar 1747 berichtet der Gesandte Preußens, Podewils:

»Die Art und Weise, in welcher die Kaiserin mit den Leuten verkehrt, ist so einnehmend, daß sie auch die Schüchternsten ermutigt. Ihre an und für sich ungezwungene und zuvorkommende Umgangsweise bringt einen noch tieferen Eindruck auf ihre Untertanen hervor, weil dieselben seit langer Zeit daran gewohnt waren, stolzes und hochfahrendes Wesen für unzertrennlich anzusehen von der Majestät. Die Kaiserin spricht gut und drückt sich mit Anmut aus, manchmal scheint es jedoch, als ob sie sich selbst nicht ungern reden hörte. Mit Geduld und Güte hört sie, was man ihr vorträgt, und sie übernimmt selbst die Bittschriften, die man an sie richtet, und hat man einmal Audienz bei ihr, so braucht man sich nicht an den Gegenstand zu halten, um dessentwillen man sie sich verschafft hat ... Sie trägt keine Sorge für ihre Schönheit und setzt sich ohne Schonung den Unbilden der Witterung aus. Sie verwendet keine Aufmerksamkeit auf ihren Anzug, und mit Ausnahme der Galatage ist sie, mit ihr der ganze Hof, sehr einfach gekleidet ...«

1752 schildert ein schlesischer Edelmann, Carl Joseph Maximilian Frh. von Fürst und Kupferberg, Maria Theresia so:

»Die Kaiserin ist eine der schönsten Prinzessinnen von Europa. Aller ihrer Nachtwachen und Wochenbetten zum Trotz hat sie sich sehr gut konserviert. Sie hat einen majestätischen und doch zugleich freundlichen Blick, selten verschwindet die Heiterkeit von ihrem Gesicht. Man nähert sich ihr nicht, ohne von Bewunderung durchdrungen zu sein.

Die Kaiserin wendet nicht die Sorgfalt anderer Frauen auf ihren Putz. Ihre Kammerfrauen entscheiden über ihren Anzug. An dem, was man Zerstreuung nennt, findet sie kein Vergnügen. Früher liebte sie Jagd, Spiel und Theater; das einzige, woran sie jetzt Geschmack findet, ist die Regierung ihres Staates und die Erziehung ihrer Kinder.«

Am 15. Juli 1753 schreibt der englische Gesandte Sir Charles Hambury Williams an den Herzog von Newcastle:

»Ihre Persönlichkeit ist ganz dafür geschaffen, eine Krone zu tragen; ihr Gemüt aber verleiht derselben erst den rechten Glanz. Ihr Antlitz verrät Verstand, Geist und Anmut, jede ihrer Bewegungen ist voll Grazie und Würde.«

— Joseph Hueber beginnt mit dem Neubau der Pfarrkirche von St. Veit am Vogau (Steiermark), sie wird 1768 vollendet.

Januar Die Kämpfe im Raum von Bergen op Zoom werden mit französischen Erfolgen fortgesetzt.

30. April Die Österreicher müssen das von den Franzosen belagerte Maastricht übergeben.

— »Aachener Präliminarien« zwischen England und den Generalstaaten (Holland) mit Frankreich (→ *18. Oktober*).

3. Mai Landung eines österreichisch-sardinischen Korps auf der Insel Korsika. Bastia wird wohl eingeschlossen und beschlossen, doch wird die Belagerung wegen der laufenden Friedensverhandlungen am 27. Mai aufgehoben und die Insel am 17. November geräumt.

25. Mai Österreich muß sich trotz des Einspruchs seines Vertreters Wenzel Anton Fürst Kaunitz-Rietberg den Aachener Präliminarien vom (→) 30. April anschließen.

18. Oktober Friede von Aachen auf Grund der am 30. April vereinbarten Präliminarien zwischen Österreich, England, den Generalstaaten (Holland) und Sardinien einerseits und Frankreich, Spanien, Modena und Genua andererseits. Österreich und Sardinien verzichten auf die Herzogtümer Parma, Piacenza und Guastalla zugunsten des spanischen Infanten Philipp (einem Sohn König Philipps V. von Spanien). Frankreich muß

Der preußische Gesandte über den Kaiser

Der preußische Gesandte Otto Christoph Graf Podewils verfaßte am 15. Februar 1747 eine umfangreiche Charakteristik über Franz Stephan, den Gemahl Maria Theresias. In diesem Bericht an seinen König heißt es:

»... Seine Anrede ist höflich, aber ziemlich kalt und ernst, vor allem gegenüber Personen, die er wenig kennt, und er erscheint Ausländern gegenüber sogar etwas schüchtern. Er drückt sich mit Leichtfertigkeit aus. Er hat eine ziemlich lebhafte Einbildungskraft, ein gutes Gedächtnis und viel gesunden Menschenverstand. Aber da er von Natur träge ist, weiß er sich mit keiner Sache gründlich zu befassen. Er haßt die Arbeit. Er ist wenig ehrgeizig und kümmert sich so wenig wie möglich um die Regierungsgeschäfte. Er will das Leben genießen, es angenehm verbringen und überläßt der Kaiserin gerne den Ruhm und die Sorgen der Regierung ... Sein Charakter ist äußerst sanft, und ich habe nie gehört, daß er jemals in Zorn geraten wäre. Bei den kleinen Zwistigkeiten, die zwischen ihm und der Kaiserin vorkommen, ist er es gewöhnlich, der nachgibt und zuerst einlenkt ... Er fragt nicht nach Prunk, am wenigsten in der Kleidung. Oft kleidet er sich sogar an Galatagen zu nachlässig, und er ist manchmal von seinem ganzen Hofe der am wenigsten Prächtigste ... Er ist ein guter Vater, liebt seine Kinder sehr und vergöttert den ältesten Erzherzog ebenso wie die Kaiserin. Er ist ein anständiger Mensch, unfähig, ein Wort zu brechen und leichtsinnig etwas zu versprechen. Er ist wohlwollend und menschlich und würde jedermann glücklich machen, wenn es von ihm abhinge ...«

die besetzten Teile der österreichischen Niederlande zurückgeben. Preußen wird Schlesien und Glatz garantiert. Die hannoveranische Erbfolge in England ist garantiert. Die Pragmatische Sanktion und die Kaiserwürde Franz I. Stephans werden anerkannt. Damit ist der Österreichische Erbfolgekrieg *(→ 4. Juni 1741)* beendet.

►**1749, 15. Januar** Handschreiben Maria Theresias zur Reorganisierung des Justiz- und Verwaltungswesens – eine Organisierung und Zentralisierung der österreichischen Länder (→ Rahmenartikel: Justiz- und Verwaltungsreform Maria Theresias, S. 183). Friedrich Wilhelm Graf Haugwitz, der Vater dieses Reformplanes, hatte die Grundsätze davon bereits 1742 in Schlesien (er war dort Landespräsident in dem Österreich verbliebenen Teil) und später in Kärnten und Krain sozusagen auf »Landesebene« erprobt. Im wesentlichen ist der Reformplan eine Behördenkonzentration.

2. Mai Der staatsrechtliche Umbruch wird durch ein Handschreiben Maria Theresias vollzogen. Aus den österreichischen Erbländern und den Ländern der böhmischen Krone war ein Einheitsstaat entstanden. (Die Zusammenfassung aller Provinzen diesseits der Leitha hielt sogar der Revolution von 1848 stand. Die nach 1867 amtliche Bezeichnung »die im Reichsrat vertretenen Königreiche und Länder« – zum Unterschied »die Länder der ungarischen Krone« – hielt bis zum Ende der Monarchie.) Gleichzeitig wird das »Haus-, Hof- und Staatsarchiv« zur zentralen Erfassung aller für den Staat und das Herrscherhaus wichtigen Dokumente errichtet. (Schon 1137 wird das Archiv der österreichischen Landesfürsten erwähnt, unter Kaiser Maximilian I. war es neu geordnet und zentralisiert, doch durch die immer wieder erfolgten Länderteilungen mehrmals zerrissen worden. Es hat heute über 70 000 Urkunden, 3 000 Handschriften und 36 000 Siegelabgüsse und Stempel, die Handbibliothek hat rund 58 000 Bände und 300 Kartenwerke.)

►**1750** Wien wird zum ständigen Wohnsitz von Christoph Willibald Gluck *(→ 15. November 1787)*.

— Josef Strasser (auch Straßer) erfindet (das Jahr ist nicht ganz gesichert) einen Schmuck aus Kunstedelstein (Mischung aus Kron- und Flintglas) mit hohem optischem Brechungsvermögen, den heute noch bekannten Straßschmuck. Über den Erfinder ist nur bekannt, daß er in Wien geboren wurde und in Paris starb.

— Hochaltar der Pfarrkirche von Lieding (Kärnten) von Johann Georg Hüttinger mit einem Baldachinaltar.

Justiz- und Verwaltungsreform Maria Theresias

Mit einem Handschreiben schuf Maria Theresia am 15. Januar 1749 im wesentlichen zwei Zentralstellen:

Die Oberste Justizstelle übt die Funktionen des Obersten Gerichtshofes und des Justizministeriums aus. Ein Kanzler fungiert als Präsident; es gibt zwei Vizekanzler und 15 Räte.

Die Oberste Verwaltungsstelle mit dem Titel »Directorium in internis«, auch »Directorium publicis et cameralibus«, ist für Inneres und Finanzen zuständig.

Erster Leiter ist der Schlesier Friedrich Wilhelm Graf Haugwitz.

Am 23. Dezember 1761 wird das Directorium in die Vereinigte böhmische und österreichische Hofkanzlei umgewandelt. An ihrer Spitze steht der Obersthofkanzler; sie existiert bis 1848. Das Finanzwesen wurde 1765 der Hofkammer übertragen.

In den Ländern wird die Verwaltung durch die Repräsentation (ab 1763 Gubernium) geführt; das Präsidium hat der Vorsitzende der Stände (Landmarschall, Landeshauptmann). Die Repräsentation ist etwa der heutigen Landeshauptmannschaft gleichzusetzen. Den Gubernien unterstanden die Kreisämter.

Der Hofkriegsrat für das Kriegswesen und die Geheime Haus-, Hof- und Staatskanzlei für das Äußere bleiben bestehen.

Reorganisation der österreichischen Armee

1749 erscheint die von einer Kommission, die unter dem Vorsitz von Leopold Joseph Graf Daun tagte, beschlossene Heeresreform. Die Federführung lag bei Daun, weil er bei seinen eigenen Infanterieregimentern bereits vorbildliche Änderungen vorgenommen hatte, die allgemein anerkannt wurden.
Die »Regulament und Ordnung Des Gesamten Kaiserlich-Königlichen Fuss-Volkes« bezeichnete Reform gilt nur für die Infanterie. Eine für die Kavallerie folgt zwei Jahre später. Die Anrede Maria Theresias wendet sich an alle »Generallieutnanten, Feld-Marschallen, Obrist-Feld-Zeugmeistern, Feld-Marschall-Lieutnanten, Obrist-Feld-Wachtmeistern, Obristen, Obrist-Lieutnanten, Obrist-Wachtmeistern, Hauptleuten, Ober- und Unter-Lieutnanten, auch Fähndrichen und aller übriger Unserer sammentlichen Kaiserlich-Königlichen Soldateska zu Fuß was Nation, Standes oder Weesens sie seynd Unsere Kaiserlich-Königliche Gnad auch alles Gute«.
In der Einleitung wird vor allem eine gründlichere Bildung und Ausbildung der Offiziere gefordert, auch müsse im Kampf gegen Unordnung und Schlendrian die Manneszucht wieder in den Vordergrund gerückt werden. Grundsätzlich wird festgestellt, daß die Kriegskunst kein Handwerk, sondern eine weitreichende Wissenschaft sei, die eine entsprechende Ausbildung erfordere. Regelmäßige Feldübungen, die Überprüfung von Uniformen und Materialien, vor allem eine gründliche Schulung des gemeinen Soldaten ohne Rücksichtnahme auf Nationalitäten, was eine Einheitlichkeit von Reglement und Kommandosprache erforderte, werden zwingend vorgeschrieben. Extratouren bzw. Selbstherrlichkeiten einzelner Regimentsinhaber wurden damit abgestellt.
Die Normstärke eines Infanterieregimentes wird mit 2 408 Mann festgelegt. Auf das Exerzieren wird großes Gewicht gelegt, die Abfolge von Handlungen bzw. Bewegungen muß für jeden, auch einen Analphabeten völlig verständlich sein. Auch das System der Strafen wird normiert. Damit soll dem ziellosen Verprügeln des gemeinen Soldaten ein Riegel vorgeschoben werden und vor allem die Desertion vermindert werden. Eine Beschwerdeordnung, die bis zum Ende der Monarchie – mit Modifikationen – bestehen blieb, soll den einzelnen vor Willkür schützen. Zur Erhöhung der Disziplin ist auch auf eine regelmäßige Löhnung zu achten.
Besondere Bedeutung kommt der Militärkartographie zu, die Offiziere müssen über eine geographische Ausbildung verfügen.

— Johann Fuchs beginnt mit dem Bau der Pfarrkirche von St. Johann im Saggautal (Steiermark), sie wird 1758 vollendet.

— Baubeginn für die Fassade der Stiftskirche Göttweig (Niederösterreich) nach den Plänen des bereits verstorbenen Johann Lukas von Hildebrandt, 1765 vollendet.

— Staatsschuldenkasse in Wien durch den Umbau des Hauses in der Singerstraße und die Einbeziehung des Palais Rottal (auch Rothal) bis 1754 errichtet (heute Volksanwaltschaft), Pläne von Franz Hillebrand, Fassade unter dem Einfluß Johann Lukas von Hildebrandts gestaltet.

— Im Laufe des Jahres führt Maria Theresia eine neue Währung ein, die eine Ordnung in das durch die vergangenen Kriege entstandene »Münzchaos« bringt. Mit Bayern wird eine »Münzkonvention« geschlossen, mit der ein neuer Münzfuß vereinbart wird. Eine feine Kölner Mark (233,81 g Silber) = 20 Gulden, ein Gulden = ½ Taler und hat rund 14 g Silber. Damit ist das Verhältnis zwischen Gulden und Taler mit 2 : 1 durch eine Konvention festgesetzt, man nennt sie »Conventionsmünze« (C. M.), weil sie eine »Vertragsmünze« ist, deren gleichmäßiges Edelmetallverhältnis unter mehreren Staaten vereinbart wurde. Die meisten süddeutschen Staaten schlossen sich an. Um eine Beschneidung der Münze zu verhindern, wird die Randschrift eingeführt, außerdem werden Scheidemünzen aus Kupfer (die Kreuzer) ausgeprägt. Diese Maßnahme und die nach langen Vorbereitungen eingeführte Steuerreform, die vor allem die von der Steuer befreiten Stände betraf, führen in der Folge zur Gesundung der finanziellen Lage, nicht zuletzt durch die geschickte »finanzpolitische« Tätigkeit von Kaiser Franz I. Stephan, der sich auch um die Staatsschuldenkasse bemühte. Die Ausprägung des Maria-Theresien-Talers 1751 unterstützt diese Maßnahmen wesentlich. Die Conventionsmünze bleibt bis 1858 gültige Währung, der Maria-Theresien-Taler besitzt bis heute eine gewisse Geltung.

21. Januar In Kärnten wird ein »Spatzenpatent« erlassen. Wegen zu großer Schäden wurde damit für ganz Kärnten die Ausrottung dieser »listigen, diebischen und gefräßigen Tiere« anbefohlen. Den eingesetzten »Spatzen-Commissarii« (neun im ganzen Land) mußten die Köpfe der getöteten Spatzen abgeliefert werden, und sie überprüften an Hand einer »ambtlichen« Liste, ob die vorgeschriebene Anzahl (richtete sich nach dem Besitz des Ablieferers) erreicht wurde. War dies nicht der Fall, mußte eine dafür vorgeschriebene Gebühr entrichtet werden. Bis 1777 ist in Kärnten der »Spatzen-Commissarius« nachweisbar.

8. Juli Vom Goldenen Dachl in Innsbruck werden Schindeln gestohlen, der amtliche Bericht schreibt darüber: »Nachdem a. 8. dieses Monats zu Mitternacht das bei der Hofkammerbehausung allhier befindliche und schon 300 Jahre lang immer unberührt gestandene vergoldete Dachl höchst sträflich vermessener Weis angegriffen und hievon vier ganze und fünf halbe Platten nebst zwei ganzen Laubwerken spoliert worden . . .« – Die Diebe wurden kurze Zeit darauf »in Schwaben angehalten«.

▶1751 Maria-Theresien-Taler in Österreich als Währungsmünze eingeführt. Zwischen 1741 und 1750 wurde die bald sehr populäre Silbermünze in den Münzstätten von Wien und Kremnitz ausgeprägt (erst später in Hall (Tirol), Prag, Graz, Günzburg und Karlsburg [Siebenbürgen]). Ab 1780 trägt die Münze das heute bekannte Altersbildnis Maria Theresias mit dem

Witwenschleier. Die Münze bleibt bis 1858 gültig und ist heute noch in weiten Teilen Afrikas und Ostasiens als Nebenwährung beliebt. Nach der Eroberung Äthiopiens durch Italien im Jahre 1935 trat Österreich sein Prägemonopol bis 1960 an Italien ab. Ab 1946 wird der Taler wieder in Wien geprägt. Von den ab 1751 im Umlauf befindlichen rund 320 Millionen Talern wurden 140 Millionen zwischen 1920 und 1960 geprägt.

— Kaiser Franz I. Stephan beauftragt den aus Lunéville stammenden Architekten Jean Nicolas Jadot de Ville-Issey mit der Errichtung einer Menagerie unweit des Schlosses Schönbrunn; seit 1570 bestand hier ein Wildpark. Mitte 1752 werden bereits die ersten Tiere hier untergebracht und die »friedlichen Tiere« vom Neugebäude *(→ 1552)* hierher verlegt. Schönbrunn ist der älteste Tiergarten der Welt.

— Weihnachtskrippe von Joseph Thaddäus Stammel in der Pfarrkirche von Kalwang (Steiermark).

— Andrea Altomonte beginnt mit dem Portalvorbau der Peterskirche in Wien, er wird 1753 vollendet.

— Matthias Gerl beginnt mit der Erweiterung der Böhmischen Hofkanzlei in Wien, sie wird 1754 vollendet.

— Franz Penz und Josef Stapf beginnen mit dem Bau der Pfarrkirche Wilten in Innsbruck, bedeutender Rokokoinnenraum, er wird 1756 vollendet.

28. Dezember Claudius Innozenz du Paquier stirbt in Wien; geb. um 1679; kaiserlicher Hofkriegsagent aus den österreichischen Niederlanden, erhielt am (→) 27. Mai 1718 ein kaiserliches Privileg zur Erzeugung von Porzellan, gründet eine Porzellanmanufaktur, aus der die »Wiener Porzellanmanufaktur Augarten« wird. 1720 erste Schwierigkeiten (Mitarbeiter verlassen ihn und zerstören die Modelle). Nach Neubeginn abermalige finanzielle Schwierigkeiten trotz wesentlich besserem Produkt, Maria Theresia erwirbt am 10. Mai 1744 den Betrieb, du Paquier muß das Fabrikationsgeheimnis preisgeben, es schriftlich festlegen und erhält gegen ein Jahresgehalt von 1 500 Gulden die Oberaufsicht.

►1752 Hochaltar der Stadtpfarrkirche von St. Veit an der Glan (Kärnten) von Johann Pacher.

— Gallus Gratl baut die Pfarrkirche von Sölden (Tirol), sie hat eine besonders originelle Orgelanlage.

— Deckengemälde in der Waldaufkapelle der Stadtpfarrkirche von Hall (Tirol) von Josef Adam Mölk.

— Gewölbefresken in der Piaristenkirche in Wien von Franz Anton Maulbertsch.

— Johann Fuchs beginnt den Bau der Pfarrkirche von Ehrenhausen (Steiermark), sie wird 1755 vollendet.

26. Februar Maria Theresia errichtet die »Zahlen-Lotterie« (auch Lotto di Genova genannt, das heutige Kleine Lotto) und überträgt das alleinige Recht der Ausübung dem Italiener Conte Ottavio di Cataldi. Die erste Ziehung erfolgt am 21. Oktober 1752. 1756 wird Cataldi das Privileg entzogen und das Lotto verstaatlicht; das Amt heißt »Lottogefällsdirektion«.

14. Dezember Errichtung der Militärakademie in Wr. Neustadt (Niederösterreich), eine Offiziersschule. Mit der Leitung wird Feldzeugmeister Leopold Joseph Graf Daun betraut.

►1753 Gründung der Metallwaren- und Messingnadelfabrik in Lichtenwörth (bei Wr. Neustadt, Niederösterreich) durch das Münz- und Bergwerkwesen-Direktions-Hofkollegium, sie wird »Nadelburg« genannt. Dazu wird eine von einer Mauer mit drei Toren umgebene Siedlung mit 50 Häusern und einer Kirche errichtet. Facharbeiter aus Aachen und Nürnberg werden dafür herangeholt und angesiedelt, eine beachtliche frühe Leistung einer staatlichen Industriegründung.

— Doppelsarkophag für Kaiser Franz I. Stephan und Maria Theresia aus Zinn von Balthasar Moll in der Wiener Kapuzinergruft, ein Hauptwerk österreichischer Rokokoplastik.

— Kanzel in der Pfarrkirche von Traunkirchen (Oberösterreich), die sogenannte Fischerkanzel, da sie in der Form eines Schiffes mit Apostelfiguren gestaltet ist (Darstellung des wunderbaren Fischfanges).

— Baubeginn für die Aula der Universität (heute »alte« genannt, Sitz der Akademie der Wissenschaften) in Wien nach einem Entwurf von Jean Nicolas Jadot de Ville-Issey. Deckengemälde im Festsaal von Gregorio Guglielmi. 1755 vollendet *(→ 5. April 1756)*.

April Wenzel Anton Fürst Kaunitz-Rietberg (Reichsfürst Kaunitz-Rietberg erst ab 1764) wird als Staatskanzler mit der Leitung der auswärtigen Angelegenheiten betraut. Er richtet die Haus-, Hof- und Staatskanzlei *(→ 1742)* als österreichisches Außenministerium ein.

►1754 Erste Volkszählung in Österreich ergibt 6 134 558 Einwohner *(→ 1771)*.

— Maria Theresia errichtet die »Orientalische Akademie« in Wien. Fähige »Jünglinge« sollen hier in fünf Jahren für die Geschäfte mit der »Ottomanischen Pforte« ausgebildet werden. Zuerst am Dominikanerplatz untergebracht, wechselt sie mehrmals das Domizil und wird ab 1898 zur vielgeschätzten Konsularakademie, der Ausbildungsstätte des diplomatischen Nachwuchses.

— Prächtige Barockfassade des spätgotischen Rathauses von St. Veit an der Glan (Kärnten) von Max Josef Pittner.

— Deckenfresken in der neuen Pfarrkirche von Anras (Osttirol) von Martin Knoller.

— Baubeginn für die ehemalige Stiftskirche (jetzt Trappistenkloster) von Engelszell (Oberösterreich), sie wird 1764 vollendet.

— Johann Martin Gumpp der Jüngere, Konstantin Johann Walter und Nikolaus Pacassi beginnen mit dem Barockumbau der Hofburg in Innsbruck – 1776 vollendet.

— Jakob Zanusi (Jacopo Zanussi) stirbt (wahrscheinlich, man spricht von vor 1755 oder um 1755) in Salzburg; er stammt aus dem Trientinischen oder aus Südtirol (mehr nicht bekannt), erzbischöflicher Hofmaler in Salzburg. Hauptwerke sind Altarbilder in Salzburg und Tirol, besonders in den Pfarrkirchen von Gnigl, Großgmain, Mattsee, Wagrain und der Kajetanerkirche in Salzburg sowie in Schwaz, Rattenbergund St. Johann (Tirol), außerdem in Mondsee (Oberösterreich) und Gmünd (Kärnten).

19. Juni Feldzeugmeister Leopold Joseph Graf Daun wird zum Feldmarschall befördert.

►1755 Johann Thomas (Edler von 1764) Trattner, Buchdrucker in Wien, beherrscht mit 15 Druckpressen praktisch den deutschen Buchmarkt. Seine »Nachdrucke« sind besonders preisgünstig und erregen, besonders bei seinen Kollegen in Leipzig, entsprechende Mißbilligung (Trattner unterstützt im Siebenjährigen Krieg Maria Theresia durch namhafte Geldbeträge).

Siebenjähriger Krieg

Dieser war durch den Kampf Großbritanniens und Frankreichs um die Vorherrschaft in den Kolonien (Nordamerika und Indien) und auf den Weltmeeren eher ein globaler Krieg, wegen der Auseinandersetzung zwischen Österreich und Preußen wird er auch als Dritter Schlesischer Krieg bezeichnet.
Die Vorgeschichte ist bemerkenswert für die Haltung und Einstellung König Friedrichs II. in Preußen gegenüber Österreich. Er hatte in Wien angefragt, welchem Zweck Truppenansammlungen in Böhmen dienten. Am 26. Juli 1756 erhielt er die Antwort aus Wien, daß diese lediglich zur Sicherheit der Länder bereitstünden. Daraufhin verlangte Friedrich II. die Zusicherung, daß Österreich weder in diesem noch im nächsten Jahr Preußen angreifen werde, was Maria Theresia am 21. August ablehnte.
Wie in den beiden vorangegangenen Kriegen eröffnete Friedrich II. ohne Kriegserklärung die Feindseligkeiten, er überschritt mit 66 000 Mann am 29. August die Grenze des mit Österreich verbündeten Sachsen. Während der Belagerung von Pirna forderte König Friedrich II. den Kurfürsten Friedrich August III. von Sachsen auf, ein Offensiv- und Defensivbündnis zu schließen, erhielt aber eine Absage.
Durch das von Wenzel Anton Graf Kaunitz-Rietberg ausgehandelte österreichisch-französische Bündnis war eine Umkehrung der Allianzen (»renversement des alliances«) entstanden: Auf Preußens Seite stand nun England mit den Fürsten von Hannover (Personalunion mit England), Braunschweig, Hessen-Kassel und Gotha, auf österreichischer Seite waren Frankreich, Rußland, Schweden und der überwiegende Teil der deutschen Reichsfürsten.
Ohne die Siege des Preußenkönigs – Roßbach am 5. November 1757, Leuthen am 5. Dezember 1757, Zorndorf am 25. August 1758 und Torgau am 3. November 1760 – zu schmälern, brachte dieser Krieg Friedrich II. auch schwere Niederlagen bei Kolin am 18. Juni 1757, Hochkirch am 14. Oktober 1758 und die besonders empfindliche von Kunersdorf am 12. August 1759.
Eine unerwartet günstige Wendung ergab sich für Friedrich II. durch den Tod der Zarin Elisabeth von Rußland am 5. Januar 1762, da ihr Nachfolger Peter III. ein begeisterter Verehrer des Preußenkönigs war und einen Sonderfrieden schloß. Kurz vorher war die Lage für Friedrich II. sehr bedenklich geworden, da England eine Verständigung mit Österreich anstrebte und den im Dezember 1761 abgelaufenen englisch-preußischen Subsidienvertrag nicht erneuerte. Ferner vermittelt Zar Peter III. den Frieden mit Schweden und stellt Friedrich II. durch ein Bündnis vom Juni 1762 ein 20 000 Mann starkes Heer zur Verfügung. Noch einmal schien sich das Blatt gegen Friedrich II. zu wenden, als Peter III. von seiner Gemahlin Katharina II. am 9. Juli gestürzt wurde. Doch trug die drohende Aufstellung der von der Zarin bereits abberufenen Armee wesentlich zur Niederlage Leopold Joseph Graf Dauns bei Burkersdorf am 21. Juli bei.
Österreich, fast am Ende seiner wirtschaftlichen und militärischen Kräfte, von den Verbündeten Rußland und Schweden verlassen, mußte nun auch das Ausscheiden Frankreichs (Präliminarfriede mit England am 3. November 1762, endgültiger am 10. Februar 1763) zur Kenntnis nehmen. Über sächsische Vermittlung kam am 15. Februar 1763 der Friede von Hubertusberg zustande. Österreich verzichtete endgültig auf die reiche Provinz Schlesien. Die daraus erwachsende Großmachtstellung Preußens schuf einen dauernden preußisch-österreichischen Gegensatz.
Als welthistorisches Ergebnis des Siebenjährigen Krieges sind der Verzicht Frankreichs auf koloniale Besitzungen in Nordamerika und Indien sowie die maritime Vorherrschaft Großbritanniens gegenüber Frankreich und Spanien anzuführen. Als neue, für Europa bedeutsame Macht trat Rußland auf den Plan.

— Johann Ohmeyer beginnt mit dem Bau von Schloß Heiligenkreuz-Gutenbrunn (Niederösterreich), es wird 1758 vollendet.

— Nikolaus Pacassi beginnt mit dem Bau der Gardekirche (Polnische Nationalkirche) in Wien (Rennweg). Das Innere ist das letzte bedeutende Beispiel des Rokokos, es wird 1763 vollendet.

— Josef Hueber beginnt mit dem Bau der Wallfahrtskirche auf dem Weizberg in Weiz (Steiermark), Ausmalung und Altarbilder von Josef Adam Mölk, sie wird 1775 vollendet.

10. Januar Johann Jakob Edler von Marinoni (eigentlich Gian Giacomo Marinoni) stirbt in Wien; geb. am 9. Februar 1676 in Udine; Mathematiker, Geometer und Astronom. Seit 1696 in Wien, 1703 Hofmathematiker, entwarf 1704 den von Prinz Eugen beantragten Befestigungswall (Linienwall) um die Wiener Vorstädte; 1714 erfand er eine planimetrische Meßwaage, 1726 Edler von, 1728 erwarb er ein Haus auf der Mölker Bastei (heute Nummer 8) und errichtete darauf einen zweistöckigen Turm, in dem er die erste Sternwarte in Wien einrichtete. Mit der Vermessung des Herzogtums Mailand (1722) führte er in Europa die erste Katastervermessung durch, außerdem führte er das Klaftermaß mit dezimaler Unterteilung ein und verfaßte mehrere Werke auf seinen Fachgebieten.

29. Juni Jakob Hermann Obereit, ein Arzt aus Lindau und Freund des Schweizer Literaturstreiters Johann Jakob Bodmer, findet im Schloß Hohenems (Vorarlberg) eine Handschrift des Nibelungenliedes, die sogenannte Handschrift C (heute in der Hofbibliothek der Fürsten von Fürstenberg in Donaueschingen). 1779 findet Christoph Heinrich Müller (auch aus Bodmers Kreis) ebenfalls in Hohenems eine weitere Handschrift des Nibelungenliedes, die Handschrift A (heute in München).

►1756 Altarblatt von Martin Johann Schmidt (= Kremser Schmidt) in der Piaristenkirche von Krems (Niederösterreich).

Der Militärische Maria-Theresien-Orden

Unmittelbar nach der Schlacht von Kolin vom 18. Juni 1757 stiftet Maria Theresia zur Erinnerung an diesen ersten großen Sieg über den preußischen König Friedrich II. den Militärischen Maria-Theresien-Orden. Es ist die höchste und begehrteste Tapferkeitsauszeichnung der österreichischen Armee. Mit dem Orden, der zunächst nur zwei Klassen, nämlich ein Ritterkreuz und ein Großkreuz hat, ist der persönliche Ritterstand und eine Pension auf Lebenszeit verbunden. Die Verleihung wird weder an die Voraussetzung des Adels noch an die einer bestimmten Waffengattung gebunden. Alle Offiziersränge, »inclusive der Fähndriche und Cornets, ohne auf ihre Religion, Rang und andere Umstände im mindesten zurückzusehen« können diesen Orden erhalten.

Das goldene, weiß emaillierte Kreuz mit leicht nach außen gebogenen Kanten ist mit einem runden, goldeingefaßten rot-weiß-roten Medaillon versehen, das von einem goldeingefaßten weiß emaillierten Ring mit der goldenen Aufschrift »FORTITUDINI« (der Tapferkeit) umgeben wird.

Die Auszeichnung wird für aus eigener Initiative unternommene, erfolgreiche und einen Feldzug wesentlich beeinflussende Waffentaten, die ein Soldat von Ehre ohne Tadel auch unterlassen hätte können, auf eigenen Antrag verliehen. Die oftmals verbreitete Interpretation, daß eine Waffentat gegen den Befehl Voraussetzung für die Verleihung des Ordens sei, ist falsch.

In den 1811 unter Kaiser Franz I. wiederveröffentlichten Statuten heißt es wörtlich:

»3^{tens} Setzen Wir zur unverbrüchlichen Grundregel, daß niemand, wer der auch sey, wegen seiner hohen Geburt, langwierigen Dienste, vor dem Feind überkommenen Blessuren, oder wegen vorhergehender Verdienste, noch viel weniger aus bloßer Gnade, und auf das Vorwort anderer, sondern einzig und allein diejenigen in den Orden aufgenommen werden sollen, welche nicht nur nach Ehre und Pflichten ihrer Schuldigkeit ein völliges Genüge geleistet, sondern sich noch über das durch eine besondere herzhafte That hervorgethan, oder kluge, und für Unseren Militärdienst erspießliche Rathschläge nicht nur an Hand gegeben, sondern auch solche mit vorzüglicher Tapferkeit ausführen geholfen haben.«

Das erste Großkreuz des Ordens wurde – aus dynastischen Gründen – an Prinz Karl von Lothringen, den Schwager Maria Theresias, verliehen.

Feldmarschall Leopold Joseph Graf Daun wurde am 7. März 1758 feierlich mit dem zweiten Großkreuz dekoriert. Bis zum Ende der k. u. k. Monarchie wurde der Orden insgesamt an 1 241 Personen verliehen.

Der Großmeister des Ordens ist jeweils der »allerhöchste Kriegsherr«, somit der Monarch. Nach dem Ende der Monarchie bestätigte das Ordenskapitel für eine Reihe von Offizieren und ihre Waffentaten während des Ersten Weltkrieges die berechtigte Anwartschaft auf den Militär Maria-Theresien-Orden, eine Ordensverleihung durch den Monarchen konnte nicht mehr erfolgen. Ein solcher Maria-Theresienritter war z. B. der Heimwehrführer Emil Fey.

Wie sehr sich Maria Theresia über den Sieg Dauns über ihren verhaßten Gegner freute, geht aus einem in späteren Jahren an einem Jahrestag des Sieges an Daun gerichteten Schreiben hervor:

»Lieber Graf Daun, umbmöglich könnte ich den heutigen großen Tag vorbey gehen lassen, ohne ihme meinen gewissen herzlichen und erkenntlichsten Glickwuntsch zu machen. Die monarchie ist ihme sein erhaltung schuldig und ich meiner existance meiner schönen und lieben armee und mein eintzigen liebsten Schwagern dies wird mir gewis so lang als ich lebe niemahlens aus meinen Hertzen und Gedächtnus komen au contraire mir scheinet das es jährlich mir frischer und sensibler ist, und das niemahlens selbes genug an ihme und denen seinigem werde erkennen können dis ist der tag auch wo mein Nahmen auch vor das militaire solte verewigt werden auch seiner Hände wercke und ist er wohl bilig leyder mit seinem Blutt mein erster chevalier worden gott erhalte ihme mir noch lange Jahr zum nutzen des Staats des militaire und meiner person als meinen besten wahrsten gutten Frund, ich bin gewiß so lang als ich lebe seine gnädigste Frau Maria Theresia.« In der Überschrift bezeichnet sie diesen Tag als »Geburtstag der Monarchie«.

— Stuckdekoration des Rathauses von Gmunden (Oberösterreich).

— In Wien wird am Haus des aus Mähren stammenden Theologen Procop Divisch der erste Blitzableiter montiert.

16. Januar Konvention von Westminster zwischen König Georg II. von Großbritannien und Irland und König Friedrich II. in Preußen, eine Art Neutralitätsvertrag mit der Verpflichtung, einen Einfall fremder Mächte in Deutschland gemeinsam zu verhindern. Dieses Abkommen löst den Vertrag von Versailles *(→ 1. Mai)* aus.

5. April Feierlicher Beginn der Vorlesungen in den Räumen der neu erbauten Wiener Universität (→ 1753).

1. Mai Der Vertrag von Versailles zwischen Österreich und Frankreich, auf Initiative Staatskanzlers Wenzel Anton Fürst Kaunitz-Rietberg zustande gekommen, bringt eine Annäherung der seit 1477 verfeindeten Dynastien Habsburg und Bourbon. Er beinhaltet die Verpflichtung der gegenseitigen Hilfe mit einem Heer von 24 000 Mann für den Fall, daß die europäischen Besitzungen eines der beiden Staaten angegriffen werden. Frankreich anerkennt die Pragmatische Sanktion. (Diese Umkehrung der Bündnisse in Europa kam durch den Vertrag zwischen Preußen und England *[→ 16. Januar]* zustande, da sich Frankreich von seinem alten Partner Preußen hintergangen fühlte. Österreich hingegen sah sich noch immer von Preußen bedroht und nützte die Partnerbereitschaft Frankreichs, *→ 11. Januar und 1. Mai 1757).*

29. August Preußische Truppen überschreiten – ohne Kriegserklärung – die sächsische Grenze. (Sachsen ist mit Österreich verbündet.) König Friedrich II. in Preußen fällt in drei Marschsäulen mit insgesamt 66 000 Mann ein und erhofft, nach einer raschen Niederwerfung Sachsens auch Österreich bezwingen zu können. Beginn des Siebenjährigen Krieges, der auch Dritter Schlesischer Krieg genannt wird.

9. September König Friedrich II. in Preußen nimmt Dresden ein; er bietet Österreich eine zweijährige Friedensgarantie an, die aber abgelehnt wird.

11. September Beginn der Belagerung von Pirna durch preußische Truppen *(→ 16. Oktober).*

1. Oktober Schlacht bei Lobositz (bei Leitmeritz, Böhmen). Das nach Sachsen marschierende österreichische Entsatzheer unter Feldmarschall Maximilian Graf Browne wird von König Friedrich II. geschlagen. 33 000 Österreicher mit 94 Geschützen standen 30 000 Preußen mit 102 Geschützen gegenüber.

16. Oktober Kapitulation von Pirna *(→ 11. September),* Sachsen bleibt bis zum Ende des Krieges in preußischer Hand, August III. Kurfürst von Sachsen (auch König von Polen) flieht nach Polen und bleibt bis zum Ende des Krieges in Warschau.

20. Oktober Feldmarschall Maximilian Graf Browne ist wieder in seinem Lager bei Budin, König Friedrich II. bezieht in Sachsen Winterquartiere.

►1757, 10. Januar Der Reichstag von Regensburg beschließt auf Antrag Kaiser Franz' I. Stephan den Reichskrieg gegen Preußen.

11. Januar Rußland tritt dem Vertrag von Versailles *(→ 1. Mai 1756)* bei.

2. Februar Österreich und Rußland schließen ein Angriffsbündnis gegen Preußen.

21. März Schweden schließt sich Frankreich an und beteiligt sich am Kampf gegen Preußen mit 20 000 Mann. Eigentlich schloß sich der schwedische Adel unter Umgehung des Königspaares an, denn die Königin ist eine Schwester König Friedrichs II. in Preußen.

16. April Daniel Gran (auch Daniel Johannes Legrande) stirbt in St. Pölten; geb. am 22. Mai 1694 (Tauftag) in Wien; Barockmaler, vorwiegend Fresken und Altarbilder, neben Paul Troger der Hauptvertreter der »klassischen« österreichischen Barockmalerei, er nannte sich ab 1732 »della Torre«, obwohl diese Erhebung nicht nachweisbar ist. Hauptwerke: Fresken im Gartenpalais Schwarzenberg in Wien 1724, Kuppelfresken im Prunksaal der Nationalbibliothek in Wien, 1730 vollendet, Deckenfresko im Großen Saal des Schlosses Eckartsau (Niederösterreich) um 1732, Fresko über der Orgelbühne in der Karlskirche in Wien 1735, Deckenfresken in der Wallfahrtskirche Sonntagsberg (Niederösterreich) 1738–1743, Deckenfresko der Schloßkapelle Schönbrunn 1744, Wand- und Deckengemälde im Schloß Hetzendorf in Wien 1746–1747, Deckenfresko im Marmorsaal des Stiftes Klosterneuburg (Niederösterreich) 1749.

1. Mai Abschluß einer Offensivallianz zwischen Österreich und Frankreich gegen Preußen in Ergänzung des Vertrages von Versailles *(→ 1. Mai 1756),* dem sich nun der Großteil der Reichsfürsten anschließt. Frankreich stellt 15 000 Mann zur Verfügung und unterstützt Österreich mit jährlich 12 Millionen Livres. Außerdem sieht der Vertrag die Aufteilung Preußens vor.

6. Mai Schlacht bei Prag (östl. der Stadt, daher auch bei Maleschitz genannt). Österreicher unter Karl von Lothringen werden von König Friedrich II. in Preußen besiegt, Feldmarschall Maximilian Graf Browne wird schwer verwundet. 61 000 Österreicher mit 140 Geschützen gegen 64 000 Preußen mit 135 Geschützen kämpften von 10 bis gegen 20 Uhr. Österreich verlor drei Generäle, 409 Offiziere, 12 962 Mann und 33 Geschütze, Preußen neun Generäle, 428 Offifziere, 12 864 Mann und fünf Geschütze, 3 000 Mann der preußischen Armee, meist Sachsen, liefen zu den Österreichern über. König Friedrich II. in Preußen schließt daraufhin Prag ein und belagert es *(→ 20. Juni).* Prag muß von den Österreichern wegen der Kriegsvorbereitungen gehalten werden.

18. Juni Schlacht bei Kolin, östl. von Prag. Feldmarschall Leopold Joseph Graf Daun war zum Entsatz von Prag aus Mähren heranmarschiert, er besiegt die Preußen unter König Friedrich II. 53 500 Österreicher standen gegen 36 000 Preußen. Nach der langen Formierung der Heere von etwa 10 bis 13 Uhr dauerte die Schlacht von 14 bis 18 Uhr. Österreich verlor sechs Generäle, 354 Offiziere und 7 754 Mann, Preußen zwei Generäle, 326 Offiziere und 11 760 Mann, worunter sich über 3 000 Überläufer befanden. Dies war die erste vollständige Niederlage König Friedrichs II. in Preußen, der als unbesiegbar galt. Maria Theresia bezeichnet diesen Tag als Geburtstag der Monarchie und stiftet den »Militärischen Maria-Theresia-Orden«, die erste und zugleich höchste militärische Auszeichnung Österreichs (→ Rahmenartikel S. 187). Das Dragonerregiment de Ligne (später Nummer 14) und die »Deutschmeister« zeichneten sich in dieser Schlacht besonders aus. Das aus durchwegs jungen Leuten (ohne Bart) bestehende Dragonerregiment erhielt daraufhin das Recht, bartlos zu bleiben.

20. Juni König Friedrich II. in Preußen muß wegen der Niederlage bei Kolin die Belagerung Prags aufgeben und Böhmen räumen.

27. Juni Feldmarschall Maximilian Graf Browne stirbt in Prag an seiner schweren Verwundung, die er sich in der Schlacht bei Prag *(→ 6. Mai)* zugezogen hatte. Browne entstammte einer englischen Familie und wurde am 23. Oktober 1705 in Basel geboren, 1733 österreichischer Oberst (am Rhein gegen die Franzosen eingesetzt), Feldmarschalleutnant im Türkenkrieg, 1752 Statthalter von Böhmen, 1756 Feldmarschall.

26. Juli Schlacht bei Hastenbeck (bei Hameln). Marschall Louis Charles César d'Estrées besiegt mit einem 60 000 Mann starken französischen Heer die 36 000 Hannoveraner unter dem Herzog von Cumberland (dem zweiten Sohn Königs Georg II. von England). Französische Truppen besetzen darauf große Teile von Hannover und Braunschweig *(→ 8. September).*

28. Juli Oberst Gideon Frh. von Loudon schlägt im Rahmen der Verfolgung des preußischen Heeres dessen Nachhut bei Hlinaj und am 29. bei Nollendorf.

29. August Vereinigung der französischen Südarmee unter Marschall Charles de Rohau Fürst Soubise mit der Reichsarmee unter Herzog Joseph Friedrich von Sachsen-Hildburghausen bei Erfurt.

30. August Schlacht bei Groß-Jägerndorf. Feldmarschall Apraxim besiegt mit einem russischen Heer die Preußen unter Feldmarschall Lehwaldt. Die Russen besetzen daraufhin den Großteil Ostpreußens.

7. September Gefecht bei Moys (nahe Görlitz). General Franz Graf Nádasdy besiegt mit knapp 32 000 Mann ein preußisches Korps unter General Hans Carl von Winterfeld mit 13 300 Mann, der dabei tödlich verwundet wird. Die Preußen ziehen sich nach Schlesien zurück.

8. September Konvention von Zeven (wird auch Kapitulation von Zeven genannt; Zeven ist ein Kloster bei Bremen) zwischen dem in der Schlacht von Hastenbeck *(→ 26. Juli)* unterlegenen Herzog von Cumberland und Louis François Armand du Plessis Herzog von Richelieu, dem Nachfolger Marschall Louis Charles César d'Estrées'. Frankreich erreicht damit die Auflösung der englisch-hannoverischen Armee und die Preisgabe Hannovers. Der englische und der französische König ratifizieren den Vertrag nicht, er wird durch den preußischen Sieg bei Roßbach *(→ 5. November)* gegenstandlos.

13. September König Friedrich II. in Preußen besetzt Erfurt, nachdem er die vereinigten Truppen *(→ 29. August)* zum Rückzug gezwungen hatte.

11. Oktober Feldmarschalleutnant Andreas Graf Futak von Hadik beginnt seinen Marsch auf Berlin mit 2 000 Mann Infanterie, 1 500 Mann Kavallerie und vier Geschützen.

16. Oktober Feldmarschalleutnant Andreas Graf Futak von Hadik besetzt Berlin, die Hauptstadt Preußens, erreicht die Zahlung einer Kriegsentschädigung und zieht sich am 17. gerade noch rechtzeitig vor dem Herannahen des Preußenkönigs ohne jeden Verlust zurück.

27. Oktober Beginn der Belagerung von Schweidnitz durch 30 000 Österreicher unter General Franz Graf Nádasdy *(→ 14. November)*.

5. November Schlacht bei Roßbach (nahe Merseburg). König Friedrich II. in Preußen besiegt mit 22 000 Mann das Reichsheer unter Herzog Joseph Friedrich von Sachsen-Hildburghausen und das französische Heer unter Marschall Soubise mit zusammen 41 000 Mann. Die Verbündeten hatten 700 Tote, 2 000 Verwundete und verloren 5 000 Gefangene, der Preußenkönig hingegen hatte 550 Tote und Verwundete zu beklagen. Auf Grund dieses Sieges verwarf England die Konvention von Zeven vom (→) 8. September 1757. König Friedrich II. in Preußen zieht in Eilmärschen nach Schlesien.

14. November Kapitulation der Besatzung von Schweidnitz *(→ 27. Oktober)*, nachdem die Österreicher unter General Franz Graf Nádasdy ein Lager und eine Feldschanze erobert hatten. Es ergaben sich 200 Offiziere und 5 700 Mann, 180 Geschütze wurden erbeutet. (Gefangene wurden stets rasch ausgetauscht, dazu war ein eigener »Tarif«, nach dem Dienstgrad verschieden, vereinbart worden.)

22. November Schlacht bei Breslau, Feldmarschall Karl von Lothringen besiegt mit 78 000 Mann die Preußen unter Feldmarschall Herzog von Braunschweig-Bevern in der Stärke von nur 30 000 Mann.

24. November Die preußische Besatzung von Breslau, die von der österreichfreundlichen Bevölkerung kaum unterstützt worden war, kapituliert.

5. Dezember Schlacht bei Leuthen (westl. von Breslau). Die Österreicher unter Herzog Karl von Lothringen und Feldmarschall Leopold Joseph Graf Daun waren von ihrem gutbefestigten Lager bei Breslau dem Preußenkönig entgegengezogen und wurden von diesem zur Schlacht gestellt. 72 000 Österreicher standen bis in die späten Abenstunden gegen 43 000 Preußen, die einen überlegenen Sieg errangen. Die Preußen verloren nur einen General, 200 Offiziere und 6 000 Mann, die Österreicher hingegen zehn Generäle, 307 Offiziere und 26 500 Mann, darunter rund 12 000 Gefangene, auch Feldmarschall Daun war abermals verwundet worden. Die Folge dieser gewaltigen Niederlage war die Rückeroberung Schlesiens durch die Preußen innerhalb kürzester Zeit.

22. Dezember Die österreichische Besatzung von Breslau kapituliert, 13 Generäle und rund 16 000 Mann geraten in preußische Gefangenschaft.

28. Dezember Kapitulaion der österreichischen Besatzung von Liegnitz. Die Österreicher beziehen ihre Winterquartiere in Böhmen und Mähren, die Preußen in Schlesien.

►1758 Deckenfresken in der Pfarrkirche von Heiligenkreuz-Gutenbrunn (Niederösterreich) von Franz Anton Maulbertsch.

— Beginn des Neubaues der Pfarrkirche von Hopfgarten (Tirol) von Kassian Singer, 1759 durch Andrä Hueber weitergeführt und 1764 vollendet.

März Die französische Armee wird von vereinigten Truppen Preußens, Hannovers, Hessens und Braunschweigs unter Feldmarschall Herzog Ferdinand von Braunschweig-Bevern in wenigen Wochen über den Rhein zurückgedrängt *(→ 23. Juni)*.

April König Friedrich II. in Preußen beginnt die Belagerung von Schweidnitz; es muß sich am 16. ergeben.

5. Mai Beginn der Belagerung von Olmütz durch König Friedrich II. in Preußen *(→ 2. Juli)*.

23. Juni Schlacht bei Krefeld, nachdem die vereinigten deutschen Truppen *(→ März)* den Rhein bei Kleve überschritten hatten. Die 47 000 Mann starken Franzosen werden von 30 500 Mann der Verbündeten unter Feldmarschall Herzog Ferdinand von Braunschweig-Bevern geschlagen.

2. Juli König Friedrich II. in Preußen bricht die Belagerung von Olmütz *(→ 5. Mai)* ab, da Feldmarschall Leopold Joseph Graf Daun aus Böhmen heranmarschiert und sich eine russische Armee der preußischen Ostgrenze nähert.

25. August Mit der Schlacht bei Zorndorf (nahe Küstrin) verhindert König Friedrich II. den Vormarsch der russischen Armee unter General Wilhelm Graf Fermor. 44 300 Russen kämpfen gegen 36 800 Preußen. Beide Armeen sind am Ende ihrer Kräfte, als der blutige Kampf gegen 21 Uhr unentschieden abgebrochen wird. Die Kampfhandlungen werden nicht mehr aufgenommen. Das russische Heer zieht sich nach Landsberg an der Warthe zurück; König Friedrich II. zieht nach Sachsen, wo sein Bruder, Prinz Heinrich, bei Dresden von Feldmarschall Leopold Joseph Graf Daun bedrängt wird.

14. Oktober Schlacht bei Hochkirch (bei Bautzen). Feldmarschall Leopold Joseph Graf Daun greift um fünf Uhr früh überraschend das Lager König Friedrichs II. in Preußen an und besiegt ihn innerhalb von vier Stunden. Österreich verlor sechs Generäle, 319 Offiziere und 7 262 Mann, Preußen vier Generäle, 219 Offiziere und 9 230 Mann, dazu 101 Geschütze und fast den gesamten Train. König Friedrich II. zieht sich nach Schlesien zurück und entsetzt Anfang November Neiß und Kosel.

►1759 Joseph Haydn schreibt seine 1. Symphonie, er

ist Kapellmeister bei Karl Graf Morzin in Lukavec (in der Nähe von Pilsen).

2. Januar Frankfurt am Main wird von der französischen Südarmee besetzt.

13. April Schlacht bei Bergen-Enkheim (in der Nähe von Frankfurt). Feldmarschall Herzog Ferdinand von Braunschweig-Bevern wollte Frankfurt zurückerobern, wird aber von den Franzosen unter François Marie Herzog von Broglie geschlagen. Die Franzosen beginnen eine Offensive in Richtung Weser.

23. Juli Schlacht bei Kay (nahe Züllichau, Mark Brandenburg). General Karl Heinrich von Wedel sollte mit 27 000 Mann die Vereinigung der russischen Armee mit den Österreichern verhindern, wird aber von der rund 52 000 Mann starken russischen Armee unter General Soltykow vernichtend geschlagen. General Wedel muß sich über die Oder zurückziehen, bald darauf erfolgt die Vereinigung der russischen mit den österreichischen Truppen.

1. August Schlacht bei Minden in Westfalen. Feldmarschall Herzog Ferdinand von Braunschweig-Bevern besiegt die Franzosen und drängt sie erneut über den Rhein zurück. Das bedeutet eine wesentliche Entlastung für König Friedrich II. in Preußen.

9. August Beginn der Belagerung Dresdens durch österreichische Truppen und die Reichsarmee *(→ 4. September)*.

12. August Schlacht bei Kunersdorf (östl. von Frankfurt an der Oder). König Friedrich II. in Preußen greift mit 43 000 Mann die vereinigten Russen und Österreicher an. 53 000 Russen unter General Iwan Soltikow und 18 000 Österreicher unter General Gideon Frh. von Loudon. Das Ringen dauert von 11.30 Uhr bis gegen 20 Uhr. Es beginnt mit großen Erfolgen des Preußenkönigs, doch durch den Widerstand der Österreicher unter Loudon wendet sich die Lage; schließlich wird dem Preußenkönig eine große Niederlage bereitet. Die blutige Schlacht forderte besonders hohe Verluste, Preußen: ein General, 120 Offiziere und 7 406 Mann tot, zehn Generäle, 416 Offiziere und 10 713 Mann verwundet, 2 055 Gefangene und 178 Geschützte verloren; Russen: 79 Offiziere und 2 535 Mann tot, sechs Generäle, 474 Offiziere und 10 833 Mann verwundet; Österreich: 118 Offizere und 2 098 Mann tot oder verwundet. General Soltikow lehnt die von General Loudon geforderte Verfolgung der Preußen ab (Zarin Elisabeth war krank und ihr Nachfolger Großfürst Peter ein Bewunderer des Preußenkönigs), deshalb unterbleibt eine vollständige Niederlage König Friedrichs II. Der Preußenkönig war so niedergeschlagen, daß er selber zugab, nach der Schlacht nur mehr über rund 3 000 Mann verfügen zu können. An seine Gattin schrieb er: »Schaffen Sie die königliche Familie fort, lassen Sie die Urkundensammlung nach Potsdam schaffen und die Hauptstadt mag sich mit dem Feinde vertragen.« Trotzdem ging er sofort an die Aufstellung einer neuen Armee.

4. September Dresden ergibt sich den Österreichern *(→ 9. August)*, und Leipzig ergibt sich der Reichsarmee.

20. November Feldmarschall Leopold Joseph Graf Daun kreist mit 17 000 Mann bei Maxen (nahe Dresden) ein 15 000 Mann starkes preußisches Korps unter General Friedrich August von Finck ein. König Friedrich II. in Preußen hatte dem General befohlen, Feldmarschall Daun die Rückzugslinien nach Böhmen abzuschneiden.

21. November General Friedrich August von Finck muß sich mit seinem ganzen Korps Feldmarschall Leopold Joseph Graf Daun ergeben, darunter neun Generäle. Diese Aktion Dauns wird auch der »Finckenfang von Maxen« genannt. Ein strenger Winter beendet für längere Zeit die Kampfhandlungen.

►1760 Erste Ausprägung größeren Ausmaßes der seit 1748 in Österreich eingeführten Kupfermünzen.

— Maria Theresia gründet in Schemnitz (Ungarn) die erste Bergakademie Europas.

— Friedrich von Knaus baut in Wien den ersten bekannten »Schreibautomaten« – eine Art Vorläufer der Erfindung Peter Mitterhofers.

— Im Schloß Schönbrunn in Wien entsteht das sogenannte »Millionenzimmer«, der am wertvollsten ausgestattete Raum des ganzen Schlosses, mit einer kostbaren Täfelung aus chinesischem Rosenholz mit indo-persischen Miniaturen aus dem 17./18. Jahrhundert.

— Barockisierung von Schloß Harmannsdorf (Niederösterreich), das Wasserschloß erhält einen Park mit zahlreichen Steinskulpturen.

— »Die vier letzten Dinge« – Figuren aus Lindenholz – von Joseph Thaddäus Stammel in der Bibliothek des Stiftes Admont (Steiermark).

— Baubeginn Pfarrkirche von Obernberg (Tirol) mit kompletter Rokokoausstattung, sie wird 1761 vollendet.

— François de Cuvilliés der Jüngere beginnt mit dem Neubau (Seitenflügel) von Schloß Zell an der Pram (Oberösterreich) mit Fresken von Christian Wink (1772), der Bau wird 1774 vollendet.

Anfang König Friedrich II. in Preußen bemüht sich um das Zustandekommen eines Friedens.

3. April Die Verbündeten lehnen mit einer Deklaration einen Frieden mit Preußen ab.

23. Juni General Gideon Frh. von Loudon erstürmt Landshut in Schlesien, die preußische Ostarmee unter General Karl de la Motte-Fouqué wird geschlagen und verliert 8 000 Mann und 67 Geschütze.

26. Juli Österreichische Truppen erstürmen Glatz (Schlesien) und nehmen die 2 403 Mann starke Besatzung gefangen.

15. August Schlacht bei Liegnitz. Feldmarschall Leopold Joseph Graf Daun und General Gideon Frh. von Loudon schneiden dem seinem Bruder (Prinz Heinrich stand mit einem Korps bei Breslau den Russen gegenüber) zu Hilfe eilenden König Friedrich II. in Preußen den Weg ab, doch dieser überfällt im Morgengrauen mit einem geschickten Täuschungsmanöver die Österreicher und besiegt sie. Mit rund 30 000 Mann waren beide Seiten fast gleich stark.

19. August König Friedrich II. in Preußen schließt Schweidnitz ein *(→ 30. September 1761)* und vereinigt sich kurz darauf mit den Truppen seines Bruders Prinz Heinrich.

9. Oktober Doppelangriff eines 15 000 Mann starken österreichischen Korps unter General Franz Moritz Graf Lacy und eines 20 000 Mann starken russischen unter General von Todtleben auf Berlin, die preußische Hauptstadt wird zum zweitenmal *(→ 16. Oktober 1757)* während des Siebenjährigen Krieges besetzt. Vor dem heraneilenden Preußenkönig wird die Stadt am 12. Oktober planmäßig und ohne Verluste geräumt.

3. November Schlacht bei Torgau an der Elbe. König Friedrich II. greift mit 44 000 Mann und 124 Geschützen die Österreicher unter Feldmarschall Leopold Joseph Graf Daun (65 000 Mann und 240 Geschütze) um ein Uhr mittags an. Gegen 21 Uhr wird der wechselvolle Kampf beendet. Erst am nächsten Morgen erkennt König Friedrich II., daß Feldmarschall Daun (schwer verwundet) in der Nacht über die Elbe abgezogen war. Die Verluste waren auf beiden Seiten gewaltig, die Preußen verloren rund 16 750 Mann, die Österreicher 15 200 Mann. Feldmarschall Daun zieht sich mit seinen Truppen nach Dresden zurück und bezieht in Sachsen Winterquartiere. Der Preußenkönig kann durch die starke Schwächung seiner Truppen den Sieg nicht ausnützen, außerdem begnügt er sich ab diesem Zeitpunkt mehr mit einem Defensivkrieg und vermeidet größere Auseinandersetzungen.

30. Dezember Feldmarschall Leopold Joseph Graf Daun wird zum Staatsminister ernannt.

▶**1761** Leopold Auenbrugger, ein Schüler Gerhard van Swietens und Primarius des Spanischen Hospitals in Wien, veröffentlicht seine Schrift »Inventum novum ex percussione thoracis humani interni pectoris mortos detegendi«. Damit publiziert er seine Erfindung, durch Beklopfen des Brustkorbes verborgene Krankheiten zu entdecken: die Perkussion *(→ 18. Mai 1809)*.

26. Januar Errichtung des österreichischen Staatsrates, der höchsten beratenden Institution. Damit wird die Idee des Staatskanzlers Wenzel Anton Fürst Kaunitz-Rietberg verwirklicht, um der krisenhaften Lage des Staates wirksam entgegenzutreten *(→ 29. Dezember)*. Die Mitglieder des Staatsrates: drei aus dem Herrenstand mit dem Titel Staatsminister und drei aus dem Ritterstand mit dem Titel Staatsrat. Außer dem Staatskanzler darf kein anderes Mitglied des Rates ein anderes Amt bekleiden.

Anfang Februar Wolfgang Amadeus Mozart, fünf Jahre alt, komponiert sein erstes Werk, ein Andante für Klavier. Etwas später gibt er sein erstes öffentliches Konzert, wo er ein Menuett spielt.

16. und 17. Juli Feldmarschall Herzog Ferdinand von Braunschweig-Bevern weist bei Villinghausen die Angriffe der beiden französischen Armeen auf Hannover zurück.

August Auf Betreiben König Karls III. von Spanien schließen Frankreich, Spanien, Neapel und Parma einen »Bourbonischen Familientraktat«.

30. September Österreichische und russische Truppen schließen Schweidnitz ein und erobern es am 1. Oktober *(→ 19. August 1760; 9. Oktober 1762)*. Die in Gefangenschaft geratene preußische Besatzung zählt 3 776 Mann, außerdem werden 211 Geschütze erbeutet.

16. Dezember Russische Truppen erobern Stadt und Festung Kolberg.

29. Dezember Umwandlung des »Directorium in publicis et cameralibus« in die »Vereinigte böhmisch-österreichische Hofkanzlei«, damit sind Innen- und Finanzverwaltung vereinigt (→ Rahmenartikel: *Justiz- und Verwaltungsreform Maria Theresias, S. 183*).

▶**1762** Baubeginn für den Domherrenhof in Graz von Josef Hueber, eigentlich ein Umbau des adeligen Jesuitenkonvikts, er wird 1764 vollendet.

— In Linz beginnt Paul Ulrich Trientl mit dem Bau der Elisabethinenkirche, sie wird 1768 vollendet.

5. Januar Zarin Elisabeth von Rußland stirbt, Nachfolger wird der preußenfreundliche Zar Peter III.

5. Mai Zar Peter III. schließt mit Preußen einen Sonderfrieden, seine Truppen vereinigen sich kurz darauf mit der preußischen Armee.

22. Mai Friede von Hamburg zwischen Preußen und Schweden, gegenseitig wird der Besitzstand vor dem Krieg garantiert.

15. Juni In Österreich wird (als erstem Staat in Mitteleuropa) aufgrund kaiserlicher Verordnung das erste Papiergeld ausgegeben. Der Präsident der Hofkammer, Philipp Ludwig Graf Sinzendorf, kam auf den Gedanken, das Privatkapital der Öffentlichkeit dadurch zugute kommen zu lassen, daß die Erwerbung von staatlichen Schuldscheinen (Papiergeld ist nichts anderes) möglich war. Die von der Hofkammer stark abhängige (1706 gegründete) »Stadt Wiener Bank«, auch Wiener Stadtbank genannt, wurde veranlaßt, unverzinsliche Wertpapiere im Gesamtumfang von 12 Millionen Gulden auszugeben. Die Regierung verfügte, daß alle Steuern und Abgaben zu einem Drittel in diesen Scheinen bezahlt werden müssen, durch eine besondere Herstellungsart wird Fälschungen vorgebeugt, außerdem steht auf Nachahmung des Papiergeldes die Todesstrafe. Diese Zahlungspapiere werden bald »Bancozettel« genannt und haben einen Nennwert von 5, 10, 25, 50 und 100 Gulden. Damit gelingt es Österreich – anders als in Preußen –, den Krieg ohne »Münzverschlechterung« durchzustehen. Durch die kontrollierte Belebung des Geldumlaufes wurde außerdem der Wohlstand der Bevölkerung gefördert *(→ 20. Juli und 1. August 1771)*.

17. Juli Zar Peter III., der von seiner Gattin am 9. gestürzt worden war, wird ermordet. Nachfolger wird seine Gattin Katharina II. (die Große). Sie hält am Frieden mit Preußen fest und zieht ihre Truppen zurück.

20. Juli Paul Troger stirbt in Wien; geb. am 30. Oktober 1698 in Welsberg im Pustertal (Südtirol); Wand- und Tafelmaler, Hauptvertreter der österreichischen Hochbarockmalerei. 1753–1759 Professor an der Akademie der bildenden Künste in Wien, wo er 1754–1757 auch Rektor war. Er schuf über 50 Freskenzyklen. Hauptwerk sind die Fresken im Stift Altenburg (Niederösterreich) 1732–1734, die gleichzeitig als Spitzenwerk der österreichischen Freskenmalerei des Hochbarocks gelten; außerdem Fresken in der Kajetanerkirche in Salzburg (Kuppelfresko) 1728, im Stift Melk (Niederösterreich) 1731–1732, im Marmorsaal des Stiftes Geras (Niederösterreich) 1728, im Stiegenhaus des Stiftes Göttweig (Niederösterreich) 1739, in der Bibliothek des Stiftes Seitenstetten (Niederösterreich) 1741, im Dom zu Brixen 1748–1750, dem zweiten Hauptwerk Trogers. Außerdem schuf er zahlreiche Altarbilder.

21. Juli Schlacht bei Burkersdorf (nahe Schweidnitz). König Friedrich II. in Preußen besiegt die Österreicher unter Feldmaschall Leopold Joseph Graf Daun. Der Sieg ermöglichte dem Preußenkönig die Einschließung und Belagerung der Festung Schweidnitz *(→ 9. Oktober)*.

5. Oktober Uraufführung der Oper »Orpheus und Eurydike« von Christoph Willibald Gluck in Wien.

6. Oktober Wolfgang Amadeus Mozart trifft mit seinem Vater in Wien ein (er ist sechs Jahre alt), er bleibt bis 31. Dezember. Während dieses Aufenthalts spielt er am 13. Oktober vor Maria Theresia.

9. Oktober Die Festung Schweidnitz wird abermals von den Preußen erobert *(→ 19. August 1760; 1. Oktober 1761; 21. Juli 1762)*.

Maria Theresias Trauer

Aus dem Gebetbuch Maria Theresias ist ein Zettel erhalten, den sie wohl nach dem Tod ihres Gatten (1765) geschrieben hat:

»kayser franciscus mein gemahl hat gelebt 56 jahr, 8 monat, 10 tage, ist den 18 augusti 1765 gestorben halb 10 Uhr Abends. also gelebet monate 690, wochen 2958, täge 20.778, stunden 496.992. mein glücklicher Ehestand war 29 jahr, 6 monat, 6 täge, um die nämliche stund, als ihm die hand gegeben, auch an einem sonntag, ist er mir plötzlich entrissen worden. macht also jahr 29, monat 335, wochen 1540, täge 10.781, stunden 258.744.

meine regierungsjahre 28 jahr, 2 monate, 12 täge, also monat 254, wochen 1471, täge 10.300, stunden 247.200, so vile pater noster ave requiem gloria patri zu beten oder so viel almosen geben.

die meinige 59 jahr, monate 708, wochen 3058, täge 21.548, stunden 517.080. gänzliche übergebung einer witibe in willen gottes.

der Verlust ihres gemahls soll Gott ihrer seele bräutigam sein. machen ihr die Kinder unlust, soll Gott der schiedsmann sein. hat sie unlust vor Verwanten, ist Gott ihr innerster freund, wird sie vor gericht beruffen, Gott ihr richter. in verachtung Gott und gutes gewissen ihre ehre, in armuth ihr Vatter. in krankheit ihr arzt. in gewissensängsten Gott ihr tröster, ja ihr alles in allem. die ordinari täge:

halb 6 Uhr aufstehen, ankleyden, meßhören, geistliche lesung 2 stund bis halb 8 Uhr.
von halb 8 Uhr mit denen cabinetssecretären expediren bis 9 Uhr.
von 9 bis 12 Uhr ministre audienzen.
12 Uhr kinderfrauen, andere sehen.
1 Uhr taffel bis 3 Uhr unterhaltung oder ruhen.
3 Uhr lesung todten officium.
4 bis 6 Uhr expediren, schreiben oder audienzen.
6 Uhr rosenkrantz. von da bis 9 Uhr schreiben, conversiren, spaziren, stille amusemens lesung.
sonntag audienz, abends damen.«

14. Oktober Prinz Heinrich in Preußen erleidet bei Freiberg (nahe Dresden) eine Niederlage durch das Reichsheer.

29. Oktober Schlacht bei Freiberg (nahe Dresden), Prinz Heinrich in Preußen war von seinem Bruder, dem König, zur Offensive angehalten worden und besiegte mit 27 000 Mann das durch Österreicher unterstützte Reichsheer mit 31 000 Mann. Die Preußen verloren 1 400 Mann, die Reichsarmee 7 400 Mann, unter ihnen rund 4 000 Gefangene. Damit waren die blutigen Auseinandersetzungen des Siebenjährigen Krieges zwischen Österreich und Preußen beendet. Die österreichische Armee hatte sich bewährt, die militärische Überlegenheit König Friedrichs II. in Preußen hatte sich als nicht so erdrückend herausgestellt, wie man anfangs annahm. Seit Beginn des Krieges bis Ende 1762 betrugen die Gesamtverluste Österreichs: 303 592 Mann (Tote, Verwundete, Invalide, Gefangene), 82 483 Pferde, 397 Kanonen, 31 Mörser, 554 Munitionswagen, 89 Fahnen, 23 Standarten und eine Pauke. Österreich eroberte 522 Kanonen, 34 Haubitzen, 15 Mörser, acht Steinbüchsen, 89 metallene Doppelhacken, 101 Munitionswagen, 250 Fahnen, 32 Standarten und acht Pauken.

24. November Sachsen vermittelt einen Waffenstillstand zwischen Österreich und Preußen.

▶1763 Franz Penz beginnt mit dem Neubau der Pfarrkirche von Steinach (Tirol).

10. Februar Friede von Paris zwischen Frankreich, Spanien und England.

15. Februar Friede von Hubertusburg (Schloß bei Leipzig) zwischen Österreich und Preußen beendet den »Siebenjährigen Krieg« *(→ 29. August 1756)*. Unmittelbar nach dem Waffenstillstand vom 24. November 1762 haben hier die Friedensverhandlungen begonnen. In 21 Artikeln, zwei Geheimartikeln und einer Zusatzerklärung werden die alten Friedensschlüsse zwischen Österreich und Preußen *(→ Breslau, 11. Juni 1742; Berlin, 28. Juli 1742; und Dresden, 25. Dezember 1745)* erneuert und sanktioniert. Österreich verliert endgültig Schlesien und die Grafschaft Glatz an Preußen. Die Geheimartikel enthalten die Zusage König Friedrichs II., seine brandenburgische Kurstimme bei der Wahl Erzherzog Joseph zu geben. In einem eigenen Vertrag wird Sachsen im ursprünglichen Zustand wiederhergestellt und garantiert.

9. Juli Eröffnung des vom Hofarchitekten Nikolaus Pacassi neu erbauten Kärntnertortheaters in Wien. Es war am 3. November 1761 abgebrannt und vom Hof errichtet worden, es hieß deshalb »Kaiserliches Hoftheater«.

▶1764 Baubeginn für das Neutor in Salzburg, es wird nach dem regierenden Erzbischof Sigismund von Schrattenbach auch »Sigmundstor« genannt. Der 123 m lange und 12 m breite Stollen durch den Mönchsberg war damals eine vielbestaunte technische Leistung. Die frühklassizistischen Portale sind von Johann B. Hagenauer. 1767 ist der Bau vollendet.

— Baubeginn für die Kreuzkirche bei Pill (Tirol) von Franz Penz, ein barocker Bau, sie wird 1766 vollendet.

— In Paris erscheinen die ersten Kompositionen Joseph Haydns im Druck.

7. März Johann Gotthard Hayberger stirbt in Steyr (Oberösterreich); geb. am 17. Oktober 1699 in Steyr; Barockbaumeister. Hauptwerke: Bibliothek des Stiftes St. Florian (Oberösterreich) 1744–1750, Stiftsgebäude von Seitenstetten (Niederösterreich) 1747 von ihm vollendet, Rathaus von Steyr (Oberösterreich) 1765–1778 nach seinen Plänen erbaut, Stiftsbibliothek Admont (Steiermark) 1774 nach seinen Plänen erbaut.

27. März Erzherzog Joseph, ein Sohn Maria Theresias

und Kaiser Franz I. Stephans, wird in Frankfurt am Main zum römischen König gewählt, am 3. April wird er gekrönt.

30. Juli Philipp Hafner stirbt in Wien; geb. am 27. September 1735 in Wien; Bühnenschriftsteller, der »Vater des Wiener Volksstückes«, machte es literaturfähig durch die Entwicklung zum richtig gebauten Theaterstück.

►**1765** Beginn der Rokokoausstattung der 1 441 Räume des Schlosses Schönbrunn.

— Hochaltar in der Pfarrkirche von Steinach (Steiermark) von Johann Perger.

— Bau der gedeckten Holzbrücke von Strengen (Tirol) – eine kombinierte Balken- und Hängewerksbrücke, die älteste dieser Art noch in Österreich vorhandene Brücke.

— Wolfgang Amadeus Mozart schreibt seine ersten drei Symphonien.

— Rokokostuck von Georg Gigl und Deckenmalereien von Martin Knoller in der Servitenkirche in Volders (Tirol), die Arbeiten werden 1767 vollendet.

— Baubeginn für das Rathaus von Steyr (Oberösterreich) nach den Plänen des bereits verstorbenen Johann Gotthard Hayberger, es wird 1778 vollendet.

12. Januar König Joseph verzichtet zugunsten seines jüngeren Bruders Leopold auf die Nachfolge als Großherzog von Toskana.

14. Mai Maria Theresia veranlaßt eine weitgehende Zentralisierung der Verwaltung, vor allem im Bereich der Finanzverwaltung. Die seinerzeit *(→ 15. Jänner 1749)* von Friedrich Wilhelm Graf Haugwitz in die Wege geleitete Reform hatte sich in den Jahren 1760/61 gelockert.

4. Juli Die ganze kaiserliche Familie reist mit einem großen Teil des Hofstaates nach Innsbruck zu den Vermählungsfeierlichkeiten Erzherzog Leopolds. Wegen des Umweges über Graz, Klagenfurt und Lienz (Osttirol) trifft der Hofstaat erst am 15. Juli in Innsbruck ein.

5. August Vermählung Erzherzog Leopolds mit der Infantin Maria Ludovica, einer Tochter König Karls III. von Spanien, in der Pfarrkirche St. Jakob in Innsbruck. (Die Vermählung »per procurationem« war in Madrid am 16. Februar erfolgt.)

18. August Kaiser Franz Stephan (auch Franz I. Stephan) erliegt in Innsbruck einem Schlaganfall; geb. am 8. Dezember 1708 in Nancy, Herzog von Lothringen, ab 9. Juli 1737 Großherzog von Toskana, am 13. September 1745 zum römischen Kaiser gewählt und am 4. Oktober gekrönt. Lebte seit 14. August 1723 am kaiserlichen Hof und vermählte sich am 12. Februar 1736 mit der Erzherzogin Maria Theresia, der Erbin des Hauses Habsburg. Wenn auch politisch von seiner Gemahlin überragt, war er durch seine wirtschaftlichen und finanztechnischen Fähigkeiten einer der reichsten Männer seiner Zeit geworden. Die Bewirtschaftung der Familiengüter und die Mithilfe bei der Sanierung der österreichischen Staatsfinanzen sind sein großes Verdienst. König Joseph, sein ältester Sohn, wird als Kaiser Joseph II. sein Nachfolger und vorerst Mitregent in Österreich, bis zum Tod seiner Mutter Maria Theresia. Unmittelbar nach dem Tod Kaiser Franz Stephans übereignen Maria Theresia und Kaiser Joseph II. das Vermögen des Verstorbenen dem Staat und lassen in der Folge alle Staatsschuldverschreibungen öffentlich verbrennen.

28. August Auf der Donau trifft der Leichnam Kaiser Franz I. Stephans in Wien ein (man hatte von Hall (Tirol) aus den Wasserweg für den Transport gewählt).

6. September Kaiserinwitwe Maria Theresia trifft in Wien ein, sie trägt bis zu ihrem Tod nur noch Trauerkleidung.

11. September Friedrich Wilhelm Graf Haugwitz stirbt in Knöritz (Mähren); geb. am 11. Dezember 1702 in Sachsen. Er war der Schöpfer der großen Maria-Theresianischen Verwaltungsreform *(→ 15. Januar 1749)* und einer der einflußreichsten Berater der Monarchin.

23. September Maria Theresia erklärt ihen Sohn Joseph II. zum Mitregenten.

21. Dezember Joseph Thaddäus Stammel stirbt im Stift Admont (Steiermark); geb. am 9. September 1695 (Tauftag) in Graz; Bildhauer, Hauptvertreter der spätbarocken Holzplastik in Österreich, seit 1726 Stiftsbildhauer in Admont. Hauptwerke: Kreuzaltar der Wallfahrtskirche Frauenberg (Steiermark) 1736, Hochaltar von St. Martin in Graz 1749, Weihnachtskrippe der Pfarrkirche von Kalwang (Steiermark) 1751, »Die vier letzten Dinge« in der Stiftsbibliothek Admont 1760 sowie mehrere Werke im Stift Admont.

►**1766** Gewölbefresken mit Scheinarchitektur in der Stiftskirche Rein (Steiermark) von Joseph Adam von Mölk.

— Arbeitsbeginn am Deckenfresko im Ratssaal des Palais Strattmann-Windisch-Graetz in Wien von Franz Anton Maulbertsch (heute ungarische Botschaft), es wird 1768 vollendet *(→ 1692)*.

— Baubeginn an der ehemaligen Stiftskirche Suben (Oberösterreich) von Simon Frey, sie wird 1770 vollendet.

— Mariensäule in Salzburg von Wolfgang und Johann Hagenauer, sie wird 1771 vollendet.

1. Jänner Kaiser Joseph II. schafft außer dem Neujahrstag alle Galatage ab und schränkt den Aufwand des Hofes ein. Einige von Kaiser Franz I. Stephan als Familieneigentum erworbenen Domänen übereignet er wieder dem Staat.

5. Februar Feldmarschall Leopold Joseph Graf Daun stirbt in Wien; geb. am 24. September 1705 in Wien, ab 22. April 1737 Generalfeldwachtmeister, zweimalige Verwundung in der Schlacht bei Krotzka am 22. Juli 1739, Verwundung in der Schlacht bei Hohenfriedberg am 4. Juni 1745, ab 27. Juni 1745 Feldzeugmeister, 1749 Reglement für die Infanterie, ab 14. Dezember 1751 Leiter der Militärakademie in Wr. Neustadt, ab 19. Juni 1754 Feldmarschall, Sieg bei Kolin am 18. Juni 1757 – die erste Niederlage König Friedrichs II. in Preußen, zweimal leicht verwundet, Verleihung des ersten Großkreuzes des Maria-Theresia-Ordens, Sieg bei Hochkirch am 14. Oktober 1758, Schlacht bei Torgau am 3. November 1760 letzte Verwundung, ab 30. Dezember 1760 Staatsminister.

7. April Kaiser Joseph II. gibt den Prater (seit 1403 urkundlich nachweisbar, ab 1560 landesfürstliches Jagdgebiet) in Wien für die Bevölkerung zur Benützung frei.

1. September Peter Anich stirbt in Oberperfuß (Tirol); geb. am 22. Februar 1723 in Oberperfuß; Bauer und Kartograph, stellte einen Erd- und einen Himmelsglobus her, schuf eine Karte der Umgebung von Innsbruck und, gemeinsam mit Hueber, ein aus 20 Blättern bestehendes Kartenwerk von Tirol. Er löste erstmals das Problem der Hochgebirgskartographie *(→ 1774)*.

▶1767 Maria Theresia gründet die »Pferde-Cur-Schule für Militär-Fahnenschmiede«, auch Bildungsanstalt für Militärfahnenschmiede genannt, in der Nähe der Gußhausstraße in Wien. 1776 erweitert Kaiser Joseph II. diese Anstalt zum »Thier-Spital« und verlegt sie in das Gebiet der linken Bahngasse; sie ist der Vorläufer der heutigen Universität für Veterinärmedizin.
— Haus mit reich stuckierter Rokokofassade in Wels (Oberösterreich, Kaiser-Josef-Platz 156).
— Gewölbemalereien in der Pfarrkirche von Säusenstein (Niederösterreich) von Johann Bergl.
— Baubeginn der Rokokofassade des Instituts der Englischen Fräulein in St. Pölten, sie wird 1769 fertiggestellt.
6. August Johann Christoph von Bartenstein stirbt in Wien; geb. am 23. Oktober 1689 in Straßburg; 1715 trat er zum katholischen Glauben über, um in kaiserliche Dienste treten zu können. 1727 protokollführender Sekretär der »Geheimen Staatskonferenz«, 1733 Geheimer Staatssekretär und mit der Leitung der österreichischen Außenpolitik betraut, als Vertrauter Kaiser Karls VI. drängte er den alternden Prinzen Eugen von Savoyen zurück, war maßgeblich bei den Bemühungen zur Anerkennung der Pragmatischen Sanktion beteiligt, als Berater Maria Theresias wird er 1753 von Wenzel Anton Fürst Kaunitz-Rietberg verdrängt und als Vizekanzler des »Directoriums in publicis et cameralibus« mit innerpolitischen Aufgaben betraut. Die staatsrechtliche und historische Ausbildung Erzherzog Josephs war ihm anvertraut.
16. Dezember Uraufführung der Oper »Alceste« (in Italienisch) von Christoph Willibald Gluck in Wien.
▶1768 Rokokostuckfassade des sogenannten Sternhauses in Steyr (Oberösterreich, Stadtplatz 12).
— Fresken in der Dreifaltigkeitskirche von Strassen (Osttirol) von Franz Anton Zeiller.
— Baubeginn für die Waisenhauskirche in Wien nach einem Entwurf von Thaddäus Karner *(→ 7. Dezember)*, sie wird 1770 vollendet.
— Franz Penz beginnt mit dem Bau der Pfarrkirche von Neustift (Tirol), sein letzter und größter Kirchenbau wird 1780 vollendet.
— Wolfgang Amadeus Mozart komponiert das Singspiel »Bastien und Bastienne«.
16. April Anton Zoller stirbt in Hall (Tirol); geb. am 21. März 1695 in Telfs (Tirol); Barockmaler, besonders Fresken, 1726–1728 in Wien, 1728–1753 in Klagenfurt, ab 1754 in Hall (Tirol). Hauptwerke: Fresken im Bernhardisaal von Stift Stams (Tirol) 1721–1722, in der Kapelle und im Stiegenhaus von Schloß Trabuschgen in Obervellach (Kärnten) um 1730, in den Pfarrkirchen von Telfs 1757, Mutters bei Innsbruck 1759 und Patsch (alle Tirol) 1767.
7. Dezember Einweihung der noch nicht fertigen Waisenhauskirche in Wien, dabei Uraufführung der »Waisenhausmesse« von Wolfgang Amadeus Mozart unter seiner Leitung.
▶1769 Wolfgang Hagenauer beginnt mit dem Bau der Pfarrkirche von Hallein (Salzburg), ein klassizistischer Saalbau, in den der gotische Chor von 1347 einbezogen ist, sie wird 1775 vollendet.
29. Januar Gottfried Prehauser stirbt in Wien; geb. am 8. Oktober 1699 in Wien; Schauspieler und Komiker, kam um 1720 nach Salzburg, seit 1725 in Wien. Als Nachfolger von Josef Anton Stranitzky verkörperte er die Figur des Hanswursts und führte die Wiener Stegreifkomödie zu einem Höhepunkt.
19. August Auf dem Feld des Bauern Andreas Trnka in der Nähe von Slawikowicz (Mähren) zieht Kaiser Joseph II. eine Furche mit einem Pflug. Dieser Pflug wird heute als ältestes Ackergerät von Tschechien in Brünn aufbewahrt.
25. August Die erste Zusammenkunft Kaiser Josephs II. mit König Friedrich II. in Preußen in Neiße dauert bis zum 28. August. Es kommt zu einer Aussprache über den wachsenden Einfluß Rußlands in Osteuropa. Polen ist seit 1764 ein russischer Vasallenstaat, und 1768 hatte Rußland bedeutende Erfolge im Krieg gegen die Türken.
Herbst Österreichische Truppen besetzen die »13 Zipser Städte«, sie waren im Frieden von Lublau am 15. März 1412 von Ungarn an Polen nur verpfändet worden. (Die Zipser Städte waren eine deutsche Volksinsel in der Slowakei am Südostfuß der Hohen Tatra und bestanden aus 24 Städten mit rund 2 500 km^2. Die Gemeinschaft der Städte besaß eine Selbstverwaltung [1876 von Ungarn aufgehoben] unter eigenen Grafen und eigenem Recht.) Im Zusammenhang damit besetzt Preußen mit russischer Zustimmung Westpreußen. Beide Aktionen waren mitbestimmend für die erste Teilung Polens *(→ 5. August 1772)*.
▶1770 Hochaltarbild in der ehemaligen Augustinerkirche von Korneuburg (Niederösterreich) von Franz Anton Maulbertsch.
— Neubau der Wallfahrtskirche in Lavant (Osttirol) von Thomas Hatzer unter Einbeziehung gotischer Teile.
— Johann Michael Herstorffer beginnt mit dem Bau der Türme der Ursulinenkirche in Linz, sie wird 1772 vollendet.
— Wesentlicher Bauabschnitt der Bergkirche in Eisenstadt bis 1777, sie wird nach weiteren Verzögerungen erst 1803 geweiht.
— Thomas Mayr beginnt nach Plänen von Wolfgang Hagenauer mit dem Bau der Pfarrkirche von Matrei (Osttirol), sie wird 1784 fertiggestellt.
1. Jänner Die »Constitutio Criminalis Theresiana«, ein neues Strafrecht, tritt in Kraft. Es stellt die erste einheitliche Rechtsordnung für Strafgericht und Strafprozesse dar. Seit 1752 hatte eine Kommission an der Kodifizierung dieses Gesetzes, das bis 1787 *(→ 2. Januar 1776, 13. Januar 1787)* in Kraft blieb, gearbeitet. Das Gesetz unterschied in öffentliche und private, in kriminelle und politische Verbrechen. Die Peinliche Halsgerichtsordnung, »Nemesis Theresiana« genannt, die noch Torturen vorsah, blieb aber in Kraft.
10. März Die »Amtliche Häusernumerierung« in Wien wird abgeschlossen, vordem war noch immer die im Mittelalter übliche Bezeichnung nach Hausschildern und Besitzernamen üblich.
11. April Wolfgang Amadeus Mozart hört in der Sixtinischen Kapelle in Rom das »Miserere« von Gregorio Allegri, das nicht kopiert werden durfte. Mozart, damals 14 Jahre alt, schreibt es hinterher aus dem Gedächtnis nieder.
16. Mai Vermählung Marie Antoinettes (eigentlich Maria Antonia), der jüngsten Tochter Maria Theresias (15 Jahre alt), mit dem Dauphin Ludwig, dem späteren König Ludwig XVI. von Frankreich, in Paris. Drei Tage nach Ostern war sie in Wien (in der Augustiner-

kirche) durch Prokuration vermählt worden. Diese Vermählung fügt sich in ein Konzept politischer Ehebünde, Maria Theresias Kinder regierten oder standen an der Seite eines regierenden Ehegatten in Parma (Maria Amalie), Mailand (Ferdinand), in der Toskana (der spätere Leopold II.), in Neapel (Maria Karolina), in Köln (Maximilian) und in Paris (Marie Antoinette).

3. September Zweite Zusammenkunft Kaiser Josephs II. mit König Friedrich II. in Preußen in Mährisch-Neustadt, der Gegenbesuch des Preußenkönigs *(→ 25. August 1769).* Am 7. September trennen sich die beiden Monarchen wieder.

►1771 Bei St. Stephan in Wien wird die erste Musterschule (Normalschule) eröffnet, sie ist die Probe für die Errichtung der allgemeinen Volksschule *(→ 6. Dezember 1774).*

— Die erste Volkszählung in Österreich und Ungarn wird durchgeführt *(→ 1754)*, das Ergebnis liegt allerdings erst 1772 vor und ergibt 18 875 099 Einwohner (ohne Mailand und Belgien), im Detail:
Sudeten- und Alpenländer 7 306 408 (1754 waren es nur 6 134 558), Galizien 3 888 946, Ungarn 4 756 594, Siebenbürgen 422 283, Kroatien und Slavonien 2 219 300. (Der verbleibende Rest entfällt auf mehrere Teilgebiete.) 1790 zählte man bereits 21 Millionen Einwohner.

8. März Emanuel Graf Silva-Tarouca stirbt in Wien; geb. am 17. September 1696 in Lissabon. Sein eigentlicher Name war Don Manoel Tellez de Menezes e Castro, Herzog von Sylva, Graf von Tarouca. Er kämpfte 1716 und 1717 unter Prinz Eugen von Savoyen gegen die Türken, war Präsident des Niederländischen Rates und einer der engsten Berater Maria Theresias.

20. Juli Bekanntgabe, daß die Bancozettel aus dem Jahre 1762 *(→ 15. Juni 1762)* nur mehr während der nächsten drei Monate in Stadtbancoobligationen umgewandelt werden können.

1. August Ein kaiserliches Patent veranlaßt die Ausgabe von neuen Bancozetteln im Wert von 12 Millionen Gulden. Zu den bestehenden Werten von 5, 10, 25, 50 und 100 Gulden kommen solche zu 500 und 1 000 Gulden. Konnte man bis dahin nur die Hälfte des zu zahlenden Betrages an die Staatskasse in Bancozetteln entrichten, wird nun verfügt, daß der gesamte Betrag in Papiergeld eingezahlt werden kann. Bestimmte Steuern mußten jeweils zur Hälfte in Münzen und Bancozetteln entrichtet werden. Wer die Hälfte in Bancozetteln nicht entrichten konnte, mußte diesen Betrag in Münzen doppelt zahlen.

1772 Die Stiftskirche in Wien bekommt nach einem Entwurf von Johann Henrici einen Turmhelm.

— Fresken im Festsaal von Schloß Zell an der Pram (Oberösterreich) von Christian Wink.

— Baubeginn für die Pfarrkirche Zell am Ziller (Tirol), der Bau wird nach Plänen von Wolfgang Hagenauer von Andrä Hueber bis 1779 ausgeführt.

— In Götzens (Tirol) beginnt Franz Singer mit der Errichtung der Pfarrkirche, sie wird 1780 vollendet.

— In Retz (Niederösterreich) wird eine Windmühle errichtet. Sie ist die älteste erhaltene, noch funktionsfähige Windmühle Österreichs.

29. April Hieronymus Graf Colloredo tritt sein Amt als Erzbischof von Salzburg an. Zu diesem Anlaß wird das von Wolfgang Amadeus Mozart komponierte Festspiel »Il sogno die Scipione« aufgeführt. Mozart erhält ab dieser Zeit als Konzertmeister ein Jahresgehalt von 150 Gulden.

18. Juni Gerhard van Swieten stirbt im Schloß Schönbrunn in Wien; geb. am 7. Mai 1700 in Leiden, Holland; Mediziner, 1745 von Maria Theresia nach Wien berufen, reformierte er 1749–1753 den Universitätsbetrieb, errichtete ein neues Universitätsgebäude *(→ 1753)* und etablierte die Chirurgie als eigenes Lehrfach. Als erster Universitätsprofessor lehrte er Physiologie und Pathologie. Als Leibarzt Maria Theresias wurde er bald einer ihrer engsten Berater.

5. August Petersburger Vertrag zur ersten Teilung Polens, im wesentlichen zwischen Rußland und Preußen, doch erhält auch Österreich für seinen Einsatz *(→ Herbst 1769)* als Entschädigung die 13 Zipser Städte, die mit Ungarn vereinigt werden, sowie Ostgalizien und Lodomerien (zwischen Galizien und der Bukowina). Der Gebietszuwachs beträgt rund 85 000 km² mit über 2 Millionen Einwohnern (Polen und Ruthenen). Rußland hatte den größten Gebietszuwachs, Preußen den größten Nutzen durch den Landgewinn zwischen Preußen und Brandenburg. Das Territorium Polens wird um 30%, die Bevölkerung um 39% verringert. Widerwillig nimmt der polnische Reichstag den Vertrag am 30. September 1773 an.

Herbst Joseph Haydn komponiert für Fürst Nikolaus Joseph Esterházy die Abschiedssymphonie (fis-Moll), um für die Musiker, die einer nach dem anderen das Spiel beenden und weggehen, den längst fälligen Urlaub gewährt zu erhalten.

►1773 Plastischer Schmuck der Triumphpforte in Innsbruck (1765 für die Vermählungsfeierlichkeiten Erzherzog Leopolds errichtet, → *5. August 1765*) von Balthasar Moll und Johann Hagenauer.

►1774 Die Bibliothek des Stiftes Admont (Steiermark) wird nach den Plänen von Johann Gotthard Hayberger von Joseph Hueber errichtet, Deckengemälde von Bartolomeo Altomonte von 1776. Sie ist mit 130 000 Bänden, 1 100 Handschriften und 900 Inkunabeln (Frühwerke der Buchdruckerkunst bis zum Jahr 1500) die größte Klosterbibliothek der Welt.

— Blasius Aichinger beginnt mit dem Bau des Turmes der Stiftskirche Reichersberg (Oberösterreich), sie wird 1747 vollendet.

— Der »Atlas Tyroliensis« von Peter Anich (→ 1. September 1766) und seinem Dorf- und Standesgenossen Blasius Hueber erscheint im Druck. Die 20 Kartenblätter haben einen Maßstab 1 : 103.800 und bestechen durch ihre exakten Angaben.

— »Karolinens Tagebuch« von Maria Anna Sagar erscheint im Druck. Das Werk der am 24. Juli 1727 in Prag geborenen Romanschriftsttellerin ist der erste rationalistische Gegenwartsroman in deutscher Sprache. Ein Sterbedatum der Schriftstellerin ist nicht eruierbar.

25. Mai Der Kunstfeuerwerker Georg Johann Stuwer veranstaltet auf der Jesuitenwiese im Wiener Prater sein erstes Feuerwerk. Daraufhin nennt man diese Wiese Feuerwerkswiese.

September Maria Theresia verfügt die Einziehung der Güter des Jesuitenordens; dieser war am 21. Juli 1773 von Papst Klemens XIV. aufgehoben worden.

6. Dezember Veröffentlichung der »Allgemeinen Schulordnung für Österreich«. Maria Theresia hatte 1773 Johann Ignaz von Felbiger, den Augustinerabt von Sagan, nach Wien berufen und beauftragt, eine Reform der österreichischen Volksschulen auszuarbeiten. Damit wurden in Österreich die Volksschulen in Staatsschulen umgewandelt und in Trivial-, Normal- und Hauptschulen gegliedert. Statt des Einzelunterrichts wird der Klassenunterricht eingeführt, und der Religionsunterricht wird zum regulären Schulfach. Außerdem schuf Felbiger neue, wohlüberlegte Lehrpläne und gründete Lehrerseminare.

►**1775** General Gideon Frh. von Loudon, der neue Besitzer von Schloß Hadersdorf, läßt das Schloß umbauen und gibt ihm seinen heutigen Namen (Wien 14); die Innenräume sind Rokoko und klassizistisch, teilweise mit Fresken von Johann Bergl.

— Die Innenausstattung von Schloß Hollenegg (Steiermark) ist beendet, es wirkt besonders durch seine Einheitlichkeit.

— Deckengemälde von Martin Johann Schmidt (Kremser Schmidt) im ehemaligen Stift Dürnstein (Niederösterreich).

— Altargemälde von Franz Anton Maulbertsch in der Pfarrkirche von Götzens (Tirol).

— Die Gloriette von Schloß Schönbrunn wird von Johann Ferdinand Hetzendorf von Hohenberg errichtet.

— Franz Anton Maulbertsch und J. J. Winterhalder beginnen mit dem großen Deckengemälde im Riesensaal der Innsbrucker Hofburg, es wird 1776 vollendet.

— Josef Adam Mölk beginnt mit der Arbeit am Dekkenfresko der Pfarrkirche von Köflach (Steiermark), sie wird 1777 vollendet.

— Franz Weiskopf beginnt mit dem Bau der Pfarrkirche von Grins (Tirol), sie wird 1788 fertiggestellt.

30. März Hieronymus Graf Colloredo, der Erzbischof von Salzburg, überläßt der Stadt Salzburg das alte Ballhaus, es wird zu einem Theater umgebaut. Am 16. November wird es eröffnet, es ist der Vorläufer des heutigen Salzburger Landestheaters.

30. April Kaiser Joseph II. gibt die Favorita zur öffentlichen Benützung frei, das 144 880 Quadratklafter große, prächtig gepflegte Areal wird nun Augarten genannt.

7. Mai Österreichische Truppen besetzen die Bukovina; die Türkei hatte dieses Gebiet als Entschädigung für gezahlte Hilfsgelder während des Russisch-Türkischen Krieges in den Jahren 1768–1774 an Österreich abgetreten. Das 1482 erstmals so genannte Gebiet liegt östl. von Siebenbürgen am Osthang der Karpaten. Am 1. November 1786 wird es verwaltungsmäßig mit Galizien vereinigt, nachdem es 1782 eine starke Zuwanderung deutschsprachiger Siedler hatte.

►**1776, 2. Januar** Die Tortur (Folter) wird in Österreich abgeschafft *(→ 1. Januar 1770)*, der Jurist und Universitätsprofessor Joseph Frh. von Sonnenfels hatte sich persönlich sehr dafür eingesetzt.

23. März Mit einem Handbillett erhebt Kaiser Joseph II. das »Theater nächst der Burg« *(→ 14. März 1741)* zum »Hof- und Nationaltheater«, der »Geburtstag« des Burgtheaters in Wien. Von Lessings Ideen beeinflußt, verlangt der Kaiser vom »Teutschen Nationaltheater« ». . . gute regelmäßige Originale und wohlgeratene Übersetzungen«. Er leitet das Theater kurze Zeit selbst. Die Schauspieler werden Hofbeamte, das Niveau des Spielplans wird gehoben, die finanziellen Schwierigkeiten der vergangenen Jahre werden beseitigt. Aus diesem Grund hatte schon Maria Theresia 1752 das Theater unter Hofverwaltung gestellt.

8. April Eröffnung des neuen »Hof- und Nationaltheaters« in Wien mit den Lustspielen »Die Schwiegermutter« von Franz Fuß und »Die indianische Witwe« von Etienne Framéry.

►**1777** Umbau der Pfarrkirche von Galtür (Tirol), sie wird 1779 vollendet.

13. Mai Eröffnung der neuerrichteten Bibliothek der Wiener Universität. Durch die Übernahme der Räume und Buchbestände der aufgelassenen Jesuitenbibliothek *(→ September 1774)* wird der Grundstein zur größten Universitätsbibliothek des deutschen Sprachraumes gelegt; sie hat heute an die 2 Millionen Bände.

3. August Uraufführung der komischen Oper »Die Welt auf dem Monde« von Joseph Haydn in Schloß Esterházy in Eisenstadt.

30. Dezember Maximilian III. Joseph Kurfürst von Bayern stirbt, die bayrische Linie der Wittelsbacher stirbt mit ihm aus, Bayern fällt daher an Karl Theodor von Pfalz-Sulzbach, der der anderen Linie der Wittelsbacher angehört *(→ 3. Januar 1778)*.

►**1778** Österreich erwirbt die Inselgruppe der Nikobaren im Indischen Ozean (heute zu Indien gehörend). Nachweislich amtierte von 1778 bis 1783 ein österreichischer Resident. Dieser einzige Überseebesitz Österreichs ging in den Jahren 1783/85 wieder verloren.

— Johann Hagenauer beginnt mit dem Bau von Schloß Pöckstein in Zwischenwässern (Kärnten), der Bau wird 1780 vollendet.

3. Januar Wiener Konvention zwischen Kaiser Joseph II. und Karl Theodor Kurfürst von Pfalz-Sulzbach als Erben Bayerns *(→ 30. Dezember 1777)*. Der Kaiser erhob nicht ganz einwandfreie rechtliche Ansprüche auf Teile Bayerns, der Kurfürst hingegen hatte das Erbe nicht gerne angetreten und war gegen die kaiserliche Zusage der Hilfe bei der Beschaffung eines Reichsfürstentums für seine illegitimen Söhne bereit, die vorgebrachten Ansprüche anzuerkennen. Die Abtretung von Niederbayern, Teilen der Oberpfalz und Leuchtenberg sowie der Herrschaft Mindelheim wird vertraglich vereinbart. Unmittelbar darauf läßt Kaiser Joseph II. österreichische Truppen in die neuerworbenen Gebiete einmarschieren. König Friedrich II. von Preußen (grundsätzlich gegen eine Vergrößerung Österreichs) anerkennt den Vertrag nicht und läßt beim Reichstag in Regensburg den nächsten Erben (Karl Theodor hatte keine ehelichen Kinder), Herzog Karl von Pfalz-Zweibrücken, Protest einlegen. Kaiser Joseph II. bleibt unnachgiebig, obwohl Maria Theresia auf Verhandlungen drängt.

Juli Maria Theresia nimmt ohne Wissen ihres Sohnes Verhandlungen mit König Friedrich II. von Preußen auf, sie werden allerdings im August ergebnislos abgebrochen. Inzwischen standen einander die beiden feindlichen Armeen gegenüber, die Österreicher mit 251 000 Mann und 686 Geschützen, die Preußen mit 230 000 Mann und 433 Geschützen. Kaiser Joseph II. und König Friedrich II. hatten den Oberbefehl über ihre Truppen übernommen. Bis Oktober kam es nur zu unbedeutenden Gefechten.

3. Juli Preußen erklärt nach diplomatischen Auseinandersetzungen an Österreich den Krieg, der sogenannte »Bayerische Erbfolgekrieg«, der wegen der geringen Feindseligkeiten, die meistens die Erbeutung von Le-

Kaiser Joseph II. und die Kirche

Die Gedanken des Jansenismus und Bestrebungen des Staates nach zentraler Verwaltung und Unterordnung aller Lebensbereiche unter die Kontrolle des Staates führten schon unter Maria Theresia zu Maßnahmen gegen die Klöster. Auch bevölkerungspolitische und ökonomische Argumente wurden gegen die Klöster ins Treffen geführt. Ein Schritt auf diesem Wege war die Entmachtung und schließliche Aufhebung des Jesuitenordens 1773. Nach und nach war dem Orden die Kontrolle über die Bildungsinstitutionen entzogen worden. Bereits seit 1762 dachte man in der Böhmisch-österreichischen Hofkanzlei über die »Verminderung der Mönche« nach. Unter Maria Theresia wurde das Profeßalter auf 24 Jahre angehoben, die Klöster durften kein Geld mehr in Immobilien anlegen, ihre Kontakte mit ausländischen Klöstern oder Mutterhäusern wurden drastisch beschnitten.
Joseph II. wollte mit seinem Klosteraufhebungsdekret die Klosterangehörigen in »nützlichere und Gott wohlgefälligere Bürger des Staates« verwandeln. Daher wurden alle Orden, »die sich nicht mit Krankenpflege und Jugenderziehung beschäftigen, also dem Nächsten ganz und gar unnütz sind«, aufgehoben. Davon waren zunächst die Klöster der Karthäuser, Kamaldulenser, Karmelitinnen, Klarissen, Kapuzinerinnen, Franziskanerinnen sowie die Ermitagen der Einsiedler oder Waldbrüder betroffen.
Nach dem Beispiel des Jesuitenfonds entstand der Religionsfonds, in den alle Vermögenschaften der Klöster eingezahlt wurden. Die bestehenden Klöster mußten eine bestimmte Anzahl von Mitgliedern haben, überzählige Priester wurden auf Pfarren aufgeteilt. Das Studium konnte nicht mehr im Kloster, sondern durfte nur mehr in Generalseminarien in Verbindung mit den theologischen Fakultäten absolviert werden. Es war seine Absicht, den Schwerpunkt des religiösen Lebens auf die Pfarrseelsorge zu verlagern.
Mit 1783 begann die zweite große Klosteraufhebungswelle, die parallel zur großen Diözesan- und Pfarregulierung verlief. 700 bis 800 Klöster und Stifte im gesamten Habsburgerstaat wurden aufgehoben, viermal so viele Pfarren und Seelsorgestationen wurden neu eingerichtet. Weitere Aufhebungen von mehr als 400 Konventen waren für 1791 geplant und nur durch Josephs II. Tod unterblieben. Die Ordensmitglieder aufgehobener Klöster mußten in tätige Orden wechseln oder sich säkularisieren lassen, manche konnten in Sammelklöstern Aufnahme finden.
Die leeren Klostergebäude wurden zu Spitälern, Irrenhäusern und Wohnungen, aber auch zu Kasernen, Monturdepots und Verwaltungsgebäuden umfunktioniert.
Papst Pius VI. legte gegen alle Reformen Josephs II. Protest ein, im März 1782 begab er sich sogar nach Wien, um mit dem Kaiser persönlich zu verhandeln. Joseph II. empfing den Papst sehr feierlich bereits in Neunkirchen, doch in der Sache gab er überhaupt nicht nach. Obwohl der Papst von den Wienern lebhaft umjubelt wurde, sobald er sich in der Öffentlichkeit zeigte, war seinem Besuch in Österreich ein Mißerfolg beschieden.

bensmitteln zum Ziel haben, von den Preußen »Kartoffelkrieg« und von den Österreichern »Zwetschkenrummel« genannt wird.

5. Juli Preußische und sächsische Truppen unter König Friedrich II. von Preußen überschreiten bei Nachod die böhmische Grenze.

Ende Oktober Beide Armeen beziehen Winterquartiere, die Österreicher in Böhmen und Mähren, die Preußen in Sachsen und Schlesien.

▶**1779** Deckenfresko in der Pfarrkirche von Grins (Tirol) von Matthäus Günther.

— Deckenfresko in der Pfarrkirche von Zell am Ziller (Tirol) von Franz Anton Zeiller.

18. Januar Feldmarschalleutnant Dagobert Graf Wurmser überfällt Habelschwerdt und nimmt 786 Preußen gefangen, unter ihnen General Prinz von Hessen-Philippsthal: die einzige größere Aktion im Bayerischen Erbfolgekrieg.

März Nach nur kleineren, aber verlustreichen Scharmützeln kommt es durch französische und russische Vermittlung zu einem Waffenstillstand zwischen Österreich und Preußen.

13. Mai Friede von Teschen zwischen Österreich und Preußen. Bayern bleibt den Wittelsbachern bis auf das Innviertel (Oberösterreich), das zu Österreich kommt; die Grenzflüsse dieses Gebietes (Donau, Inn und Salzach) werden Gemeinschaftsbesitz. Österreich zieht seine in bayrische Gebiete einmarschierten Truppen (→ *3. Januar 1778)* zurück, alle Verträge zwischen Österreich und Preußen seit 1648 werden bestätigt. Frankreich und Rußland, die Vermittler des Friedens, werden auch die Garantiemächte. 1780 bestätigt das Deutsche Reich den Friedensvertrag.

26. Juni Der Pulverturm nächst der Nußdorfer Linie in Wien fliegt aus ungeklärten Gründen in die Luft, zahlreiche Häuser der Vorstadt werden zerstört, an die 50 Menschen finden dabei den Tod.

▶**1780** Baubeginn des Turmes der Stadtpfarrkirche (Hl.-Blut-Kirche) von Graz durch Josef Stengg, sie wird 1781 vollendet.

7. Juni Kaiser Joseph II. trifft in Mohilew (nahe der österreichischen Grenze) mit Zarin Katharina II. von Rußland zusammen. Nach einem Kurzbesuch Moskaus bleibt er drei Wochen am Hof in St. Petersburg. Dem Kaiser gelingt eine Annäherung zwischen Rußland und Österreich, Mitte Juli kehrt er zurück *(→ 4. Juni 1781).*

29. November Maria Theresia stirbt in Wien; geb. am 13. Mai 1717 in Wien als älteste Tochter Kaiser Karls VI., seit 12. Februar 1736 mit Herzog Franz Stephan von Lothringen *(→ 18. August 1765)* verheiratet, sie hatte mit ihm 16 Kinder (fünf Söhne und elf Töchter), ab 2. Oktober 1740 kraft der Pragmatischen Sanktion Regentin der habsburgischen Erblande, ab 25. Juni 1741 Königin von Ungarn, ab 12. Mai 1743 Königin von Böhmen. Obwohl ihr Gatte zum Kaiser gewählt worden war, lehnte sie die Krönung zur Kaiserin ab,

Selbstzeugnisse Kaiser Joseph II.

Eigenhändig geschriebenes Testament Kaiser Josephs II.:

»Im Namen der allerheiligsten Dreyfaltigkeit.

Obwohlen ich noch niemahlen ein Testament gesehen, welches klar genug verfasst worden wäre, so verhoffe dennoch, das diese meine letzte willensmeinung keiner moglichen zweydeutigkeit unterliegen werde; zur genauesten befolgung derselben schreibe ich sie hiemit eigenhandig hier nieder.

Meine Seele gehört dem Schöpfer; an meinem Corper ist nichts gelegen; als ein Diener des Staatts hab ich gelebet, für denselben gewacht; alles gehoret also dem der durch die natürliche in Meinem hause eingeführte Erbfolge mir am Throne folgen und landes fürst werden wird, seye es nun in Geld Capitalien geldes werth Mobilien oder schrifften nur diejenigen Capitalien so ich auf leibrenten angelegt, ausgenohmen welche ohnedies ex pacto mit meinem Tode erlöschen und der Credita cassa als eine getilgte schuld anheimfallen.

Wenn mein Tod erfolget, so solle alles gespert und petschiert werden von jenen denen es ambtswegen gebühret und die weiteren befehle sind von zukünftigen landes fürsten als meinem eintzigen und gantzlichen Universall Erben und des Staatts vorsteher zu erwarten. Allmosen Messen gebeter werde ich suchen annoch lebender nicht zu vernachlässigen und toder überlas ich alles dieses dem eingeführten Hoffgebrauch. Ueber diese meine letzte willensmeinung hofe ich wird wohl kein zweifel noch gerichtlicher anstand jemahlen erreget werden, wanenhero selbes hiermit unterzeichne

Joseph Wienn den 21. May 1781«

Zu Graf Kaunitz sagt Kaiser Joseph II.:

»Im Innersten überzeugt von der Integrität meiner Absichten, habe ich die Kraft zu hoffen, daß nach meinem Tode die Nachwelt günstiger, unparteiischer und folglich gerechter als meine Zeitgenossen über meine Taten denken und meine Ziele prüfen wird, ehe sie mich verurteilt.«

Zu van Swieten sagte er einmal:

»In meinen Ländern soll Fanatismus in Zukunft nur noch daran zu erkennen sein, daß ich ihn verachte. Niemand darf mehr wegen seines Glaubens verfolgt oder gezwungen werden, sich zur Staatsreligion zu bekennen, wenn das gegen seine Überzeugung ist und er eine andere Vorstellung über den rechten Weg zur ewigen Seligkeit hat. Mein Reich soll von nun an nicht mehr Schauplatz der Intoleranz sein.«

war also de facto nie »Kaiserin«, trotzdem wird sie oft so bezeichnet. Die Geschicke ihrer Regierungszeit meisterte sie trefflich, ihr Gemahl blieb auch als Kaiser nur formeller Mitregent. Kaiser Joseph II. tritt die Nachfolge an.

▶**1781** Reiterdenkmal für Kaiser Franz I. Stephan in Wien (im Burggarten) von Balthasar Moll, das älteste Reiterdenkmal in Wien.

— Hochaltar der Michaelerkirche in Wien nach Plänen von Jean Baptiste d'Avrange, Figuren von Martin Fischer, eine besondere Leistung des Spätbarocks in Österreich.

— Eine gedeckte Holzbrücke wird in Panzendorf (Osttirol) errichtet, eine Hängewerkkonstruktion aus Lärchenbalken, 66 m lang, 4 m breite Fahrbahn, 3,6 m hoch (der seitliche Gehweg wurde später hinzugefügt), die größte Brücke dieser Art in Österreich.

11. April Kaiser Joseph II. untersagt den österreichischen Klöstern ihre Verbindungen mit den Ordensgenerälen in Rom und mit ausländischen Kongregationen. Außerdem dürfen päpstliche Schreiben nur mit Genehmigung des Kaisers veröffentlicht werden.

1. Mai Kaiser Joseph II. erläßt eine allgemeine Gerichtsordnung für die österreichischen und die böhmischen Länder. Er beseitigt damit die Unterschiedlichkeit der Gerichtsbarkeit bei Adeligen und Nichtadeligen.

4. Juni Bündnis zwischen Österreich und Rußland (durch den Besuch des Kaisers, → *7. Juni 1780*, vorbereitet). Preußen ist durch dieses Bündnis politisch isoliert.

1. September Kaiser Joseph II. erläßt das »Patent über die Bestrafung der Untertanen und das Verfahren bei ihren Beschwerden«, eine wesentliche Einschränkung der bisher üblichen gutsherrlichen Strafgewalt.

13. Oktober Kaiser Joseph II. erläßt das »Toleranzedikt«: freie Religionsausübung und gleiche Rechte für alle protestantischen Bekenntnisse und die griechische Kirche. Jeder nichtkatholischen christlichen Gemeinde mit über 100 Mitgliedern im Umkreis von einer Stunde ist die Errichtung eines Gotteshauses gestattet. Das Toleranzedikt ist das Kernstück der Kirchenpolitik des Kaisers.

1. November Kaiser Joseph II. erläßt das sogenannte »Untertanenpatent« für die böhmischen Länder, die Aufhebung der Leibeigenschaft. In den Alpenländern war der Bauer seit Jahrhunderten viel freier als in den Sudetenländern. Der Kaiser läßt dieses Patent in allen Erbländern veröffentlichen.

29. November Kaiser Joseph II. kündigt die Klosteraufhebungen an und erklärt: »... jene Orden können Gott nicht gefällig sein, die sich nicht mit Krankenpflege und Jugenderziehung beschäftigen ...« *(→ 12. Januar 1782 und Rahmenartikel: Kaiser Joseph II. und die Kirche, S. 197).*

▶**1782, 12. Januar** Kaiser Joseph II. nennt in einem Patent ausdrücklich die aufzuhebenden Orden: »Kartäuser, Kamaldulenser, Eremiten, Karmeliterinnen, Klarissen, Kapuzinerinnen und Franziskanerinnen« – kurz darauf erweitert er diese Liste mit »Pauliner, Dominikanerinnen, Benediktinerinnen und Coelestinen«. Dies trifft noch am selben Tag die drei Klarissenklöster in Wien (Königinkloster, Nikolaikloster und das Siebenbüchnerinnenkloster). Von den insgesamt 2163 Klöstern in Österreich und Ungarn werden (bis 1786) 738 aufgehoben. Besonders betroffen war Kärnten, von 19 Männer- und fünf Frauenklöstern blieben nur zwei Frauenklöster in Klagenfurt bestehen: die Ursulinen wegen der von ihnen geführten Mädchenschule und die Elisabethinen wegen ihres Einsatzes in der Krankenpflege. Das Vermögen der aufgehobenen Klöster wird im »Religionsfonds« (für jedes Land getrennt) verwaltet und zur Errichtung von neuen Kirchen und Seelsorgestationen verwendet *(→ Rahmenartikel: Kaiser Joseph II. und die Kirche, S. 197).*

22. März Kaiser Joseph II. empfängt mit den gebührenden Feierlichkeiten Papst Pius VI. in Neunkirchen (Niederösterreich), der zu Verhandlungen über die kirchlichen Reformpläne des Kaisers nach Wien gereist kam.

31. März (Ostersonntag) Papst Pius VI. zelebriert im Wiener Stephansdom ein feierliches Hochamt, die drei Kardinäle der österreichischen Erblande (Migazzi, Batthyány und Herzan) assistieren dabei. Nachher zieht der Papst zur Kirche Am Hof und erteilt vom Balkon der Kirche aus der vielköpfigen Menge den päpstlichen Segen.

3. April Kaiser Joseph II. erläßt ein »Regierungs-Circular«, mit dem er das Begraben von Toten in Kirchen und in Kirchengrüften verbietet. Außerdem sind zur schnelleren Verwesung die Leichen in den Särgen mit Kalk zu bestreuen. Schon 1781 hatte der Kaiser die Verlegung der Friedhöfe an den Rand der Städte und »größeren Ansiedlungen« angeordnet.

12. April Pietro Metastasio (eigentlich Pietro Antonio Domenico Bonaventura Trapassi) stirbt in Wien; geb. am 3. Januar 1698 in Rom; Dichter, er war Hofdichter in Wien und verfeinerte die italienische Sprache. Seine zahlreichen Operntexte wurden unter anderem von Christoph Willibald Gluck und Wolfgang Amadeus Mozart vertont.

22. April Papst Pius VI. verläßt Wien und wird von Kaiser Joseph II. und Erzherzog Maximilian bis Mariabrunn begleitet. Trotz des einmonatigen Aufenthaltes hatte der Papst beim Kaiser nichts erreicht. Kaiser Joseph II. ließ sich von seinen Reformplänen nicht abbringen, die Klosteraufhebungen werden plangemäß weiter durchgeführt.

12. Juli Uraufführung der Oper (eigentlich ein Singspiel) »Die Entführung aus dem Serail« von Wolfgang Amadeus Mozart im »Nationaltheater nächst der Burg« in Wien. Das im Auftrag Kaiser Josephs II. geschriebene Werk ist eine musikalische Glorifizierung des aufgeklärten Absolutismus, außerdem die erste Oper in deutscher Sprache.

24. September Kaiser Joseph II. errichtet die neue Verwaltungs-Zentralstelle: »Vereinigte böhmisch-österreichische Hofkanzlei, Hofkammer und Ministerialbancodeputation«.

1783 Oberstleutnant Georg von Vega gibt die ersten Logarithmentafeln heraus, 1793 folgt sein logarithmisch-trigonometrisches Handbuch.

— Baubeginn für das Palais Pallavicini in Wien von Johann Ferdinand Hetzendorf von Hohenberg, Plastiken von Franz Zauner, es wird 1784 vollendet.

— In Wien beginnt man mit dem Bau des »Josephinums« einer klassizistischen Fassade um einen Ehrenhof, nach Entwürfen von Isidor Canevale, 1785 vollendet. Eigentlich hieß das Gebäude »k. k. medicinisch-chirurgische Militärakademie« *(→ 7. November 1785).*

16. Januar Kaiser Joseph II. erläßt das sogenannte »Ehepatent«. Damit wird die Ehe zu einem bürgerlichen Vertrag zwischen den beiden Partnern, die kirchliche Trauung bleibt obligat, eine Scheidung ist möglich, ebenso eine Wiederverheiratung Geschiedener. Einführung der sogenannten »Civil-Ehe«.

30. März Hofdekret Kaiser Josephs II. über die Errichtung von Generalseminarien zur Heranbildung der künftigen Weltgeistlichkeit.

8. Juli Johann Jakob Zeiller stirbt in Reutte (Tirol); geb. am 8. Juli 1708 in Reutte (Tirol); Rokokomaler, seit 1735 in Wien, arbeitete mit Paul Troger zusammen, um 1755 wieder in Reutte. Hauptwerke: Fresken im Stift Altenburg (Niederösterreich) 1742, Suben (Oberösterreich) 1768, Pfarrkirche Elbigenalp (Tirol) 1776, Johanneskirche in Feldkirch (Vorarlberg) 1778–1785, Pfarrkirche Breitenwang (Tirol) um 1780. Außer Altarbildern auch mehrere Fassadenmalereien an Häusern in Reutte (Tirol).

16. August Kaiser Joseph II. erläßt für Wien eine Magistratsordnung. Die Stadtverwaltung unter der Leitung des Bürgermeisters Josef Georg Hörl (1773–1804) wird in drei von einander unabhängig amtierende Senate gegliedert, Verwaltung und Finanzgebarung, Zivilgerichtsbarbeit und Strafgerichtsbarkeit. Alle Räte werden durch einen Bürgerausschuß gewählt. Die Bestätigung durch die Regierung gilt jeweils für vier Jahre. (Diese Magistratsordnung wird zum Vorbild für andere neue Stadtverfassungen.)

19. August Franz Xaver Messerschmidt stirbt in Preßburg; geb. am 6. Februar 1736 in Wiesensteig (Württemberg); Bildhauer der Übergangszeit vom Barock zum Klassizismus, besonders wertvoll und ausdrucksstark seine »Charakterköpfe« (Barockmuseum, Wien). War von 1769 bis 1774 Professor an der Akademie der bildenden Künste in Wien.

24. Oktober Kaiser Joseph II. trifft seine Verfügung über die Neuordnung der Seelsorge *(→ Rahmenartikel: Kaiser Joseph II. und die Kirche, S. 197).*

1. November Kaiser Joseph II. richtet an alle höheren Unterrichtsanstalten den Befehl, die Vorlesungen der philosophischen, medizinischen und juristischen Wissenschaften sowie der Theologie (mit Ausnahme der Dogmatik und des kanonischen Rechts) in deutscher Sprache abzuhalten.

23. Dezember Kaiser Joseph II. trifft in Rom zum Gegenbesuch bei Papst Pius VI. *(→ 22. März 1782)* ein.

▶**1784** Die seit 1775 durchgeführten »meteorologischen Notierungen« der Wiener Sternwarte (im Gebäude der heutigen Akademie der Wissenschaften) erscheinen ab jetzt laufend in der »Wiener Zeitung«.

— Kaiser Joseph II. erlaubt den Weinbauern, ihren Wein selbst an das Publikum verkaufen zu dürfen, damit Geburtsstunde des »Heurigen«.

20. Januar Abschluß eines Konkordates (zwischen Österreich und dem Hl. Stuhl) während des Aufenthaltes Kaiser Josephs II. in Rom.

März Kaiser Joseph II. kehrt von seinem Aufenthalt in Rom zurück.

8. Mai Kaiser Joseph II. erläßt folgendes Patent: »Nachdem Wir das bisher verpachtete Tabakgefälle unmittelbar durch eine eigene Direction verwalten zu lassen den Entschluß gefaßt haben, und dieses durch gegenseitige Verordnung bekannt gemacht haben, so wollen Wir zugleich die Versicherung beyfügen, daß diese Abänderung keineswegs auf eine Erhöhung des Gefälls, sondern vielmehr dahin abziele, den von der eigenen Verwaltung erwarteten größeren Nutzen zum Besten der Staatsbedürfnisse, und, wenn es die Umständen gestattet werden, zur allgemeinen Erleichterung anzuwenden.« Mit diesem Patent wird einem staatlichen Unternehmen die Verwaltung des Tabakmonopols übertragen. Bereits 1662 war der Tabak-Appalto eingeführt worden, das Recht des Staates, Einfuhr, Erzeugung und Vertrieb gegen Entgelt zu verpachten, 1722 war in Hainburg (Niederösterreich) die erste Tabakfabrik gegründet worden, doch mit geringem Erfolg.

18. Mai Kaiser Joseph II. führt in Ungarn die deutsche Sprache als Amtssprache ein; seinen zentralistischen Verwaltungsmaßnahmen stand die Sprachenverschiedenheit im Wege. Zwar sprach man in gebildeten ungarischen Kreisen auch Deutsch, doch der Hochadel und der kleine Adel, der zahlreiche Verwaltungspositionen einnahm, sahen sich in ihrem Nationalstolz verletzt und wirtschaftlich geschädigt. Sie leisteten Widerstand. So wurde in amtlichen Urkunden weiterhin die bisher übliche lateinische Sprache verwendet *(→ 18. Januar 1790).*

16. August Kaiser Joseph II. eröffnet das »Allgemeine Krankenhaus« in Wien, es wurde auf seine Veranlassung nach Entwürfen von Isidor Canevale und Matthias Gerl auf dem Areal des 1693 errichteten »Großarmenhauses« erbaut. Gleichzeitig wird das Gebär- und Irrenhaus mit der Anstalt vereinigt. Es ist zu diesem Zeitpunkt das größte und modernste Krankenhaus der Welt. Fast zur gleichen Zeit wird das Tollhaus, der »Narrenturm«, unweit des Krankenhauses fertiggestellt (heute im 6. Hof). Das kreisförmige Gebäude hat in jedem seiner fünf Geschosse 28 Zellen. Es wird wegen dieser Form vom Volk »Kaiser-Josephs-Gugelhupf« genannt.

27. August Kaiser Joseph II. verbietet die Einfuhr aller Fertigfabrikate und zahlreicher Rohstoffe aus dem Ausland. Der Staat hat in den Jahren vorher jährlich fast 24 Millionen Gulden durch Importe eingebüßt, nun werden hohe Zölle eingeführt. Bestimmte Waren dürfen nur zum privaten Gebrauch eingeführt werden und erhalten einen Aufschlag von 60%. Der Kaiser selbst geht mit gutem Beispiel voran und läßt die in der Hofküche vorhandenen ausländischen Eßwaren und Weine in das Allgemeine Krankenhaus bringen. Verboten werden unter anderem Tuche, Leinen, Glaswaren, Steingut, Seide, Woll- und Baumwollstoffe, Zucker, Kaffee und Indigo. Die Lager der Kaufleute müssen bis zu einem bestimmten Zeitpunkt abverkauft sein, die noch vorhandene Ware gilt als Schmuggelgut, wird beschlagnahmt und vernichtet. (1785 werden Tuch, Leinen und Samt im Gesamtwert von 30 000 Gulden öffentlich verbrannt, 1786 soll der Wert 70 000 Gulden betragen haben.)

▶1785 Gemalte Wandgliederung und -dekoration im Parissaal des Palais Fugger-Taxis in Innsbruck, Dekkengemälde von Martin Knoller.

Anfang Kaiser Joseph II. errichtet ohne Mitwirkung des Papstes die Bistümer Linz und St. Pölten. Damit werden ganz Oberösterreich und fast ganz Niederösterreich kirchlich von Passau getrennt und als Suffragane Wien unterstellt. Das 1476 gegründete Bistum Wr. Neustadt wird aufgelöst.

— Umwandlung der Komitatsverfassung Ungarns in eine Distriktsverwaltung, an deren Spitze stehen ernannte königliche Kommissäre *(→ 28. Januar 1790).*

April Die »Österreichisch-ostindische Handelskompagnie« muß liquidiert werden, sie war arg verschuldet. 1775 hatte Wilhelm Bolts, ein in Amsterdam geborener, etwas gewissenloser Kaufmann, das Privileg erhalten, mit Ostindien und China von Triest aus Handel zu treiben. Die Portugiesen hatten sich 1781 der Faktoreien und Schiffe der Gesellschaft in der Delagoabucht (an der Ostküste Südafrikas) bemächtigt und damit den Niedergang herbeigeführt.

23. Juli Unterzeichnung des Dokuments zur Gründung des Deutschen Fürstenbundes in Berlin zur Wahrung des Besitzes und der Rechte der Reichsstände. Initiator und Führer des Bundes ist König Friedrich II. von Preußen. Auslösender Grund war das Projekt Kaiser Josephs II., die österreichischen Niederlande gegen Bayern einzutauschen und als Königreich Burgund dem Kurfürsten Karl Theodor von Pfalz-Sulzbach *(→ 3. Januar 1778)* zu geben. Zu den ersten Unterzeichnern Preußen, Hannover und Sachsen kamen bald Weimar, Gotha, Zweibrücken, Braunschweig, Baden, Ansbach, Hessen, Anhalt, Mecklenburg und Kurmainz hinzu.

7. November Eröffnung der »Medizinisch-Chirurgischen Josephs-Akademie« (Josephinum) in Wien *(→ 1783).* Mit dieser militärärztlichen Adademie sollte das medizinische Niveau der nur »handwerklich« gebildeten Feldchirurgen gehoben werden. Der Kaiser stiftete eine heute noch eindrucksvolle Sammlung anatomischer Präparate aus farbigem Wachs. (Das Josephinum ist seit 1920 Sitz des Institutes für Geschichte der Medizin der Universität Wien.)

11. Dezember Kaiser Joseph II. ordnet eine Zusammenlegung der acht Wiener Freimaurerlogen auf zwei oder drei an. Bekannt ist die erste Versammlung der neuen Loge »Zur neugekrönten Hoffnung« am 14. Januar 1786, die aus den Logen »Gekrönte Hoffnung«, »Wohltätigkeit« und »Drei Feuer« gebildet worden war.

▶1786 Deckengemälde und gemalte Dekoration in der Pfarrkirche von Wängle (Tirol) von Franz Anton Zeiller.

— Kaiser Joseph II. errichtet im Zuge seiner kirchlichen Reformpläne das Bistum Leoben (Steiermark) für das Gebiet der Obersteiermark, 1859 wird es mit dem Bistum Gurk vereinigt.

1. Mai Uraufführung der Opera buffa »Die Hochzeit des Figaro« von Wolfgang Amadeus Mozart in Wien.

22. Mai Kaiser Joseph II. erneuert die Verordnung zur »Abstellung des Bettelns und Müßigganges«. Am selben Tag erscheint die Verordnung, mit der die »Fatierung aller geistlicher Güter« vorgeschrieben wird.

7. Juni Kaiser Joseph II. verlegt die bisher im September und Oktober üblich gewesenen Schulferien auf die Monate Juli und August.

7. Juli Der Markt Gonnowitz bei Windisch-Feistritz (Steiermark) wird durch eine Feuersbrunst fast gänzlich vernichtet. 140 Häuser werden zerstört, nur sechs bleiben unversehrt.

11. Juli Uraufführung des Singspiels »Doktor und Apotheker« von Karl Ditters von Dittersdorf in Wien.

1. November Das »Allgemeine Bürgerliche Gesetzbuch« wird veröffentlicht, zuerst erscheint der erste Band mit dem Personenrecht.

▶1787, 4. Jänner Mit einem Hofdekret verbietet Kaiser Joseph II. die »Hof- und Apartementskleider« der

Damen, sowie den Handkuß, die »kniegebogenen« Referenzen und das Niederknien vor dem allerhöchsten Landesherrn und den Personen des Erzhauses.

13. Januar Das »Allgemeine Gesetzbuch über Verbrechen und deren Bestrafung« (= Strafgesetz) wird veröffentlicht. Die Todesstrafe kommt nur bei Standrecht zur Anwendung *(→ 1. Januar 1770)*.

18. Februar Kaiser Joseph II. bestimmt in einem Hofkanzleidekret, daß Kinder »vor dem Antritt des 9. Lebensjahres nicht ohne Not zur Fabriksarbeit aufgenommen werden dürfen«. Damit steht Österreich an der Spitze der »Kinderschutzgesetzgebung« in der ganzen Welt. Allerdings wird dieses Gesetz nach dem Tod des Kaisers aufgehoben.

1. Mai Die »Josephinische Gerichtsordnung« tritt in Kraft. Sie bewirkt eine Trennung von Justiz und Verwaltung, die Abschaffung der Sondergerichte und die Errichtung von Kriminalgerichten.

18. Mai Kaiser Joseph II. und Zarin Katharina II. (die Große) von Rußland treffen in Cherson auf der Halbinsel Krim zusammen. Es kommt zu einer Festigung des Bündnisses zwischen Rußland und Österreich *(→ 4. Juni 1781)*. (Eine russisch-türkische Auseinandersetzung scheint unvermeidlich, *→ 9. Februar 1788*).

Juni Die Differenzen in den österreichischen Niederlanden (Belgien) wegen der Reformen Kaiser Josephs II. nehmen bedenkliche Formen an. Schon am 1. Dezember 1786 ist es in Löwen wegen der Generalseminarien zu einem kleineren Aufstand gekommen, nun rührt sich ganz Brabant *(→ 15. August)*.

30. Juni Kaiser Joseph II. trifft, von der Krim kommend, in Wien ein und beschäftigt sich sofort mit dem »belgischen Problem« (Statthalter war seine jüngere Schwester Maria Christine, die Lieblingstochter Maria Theresias, mit ihrem Gatten Herzog Albert von Sachsen-Teschen).

15. August Kaiser Joseph II. empfängt die niederländische Deputation. Er kann nicht verstehen, daß seine Reformen auf Widerstand stoßen *(→ 24. Oktober 1789)*.

23. August Kriegserklärung der Türkei an Rußland *(→ 9. Februar 1788)*.

10. September Kaiser Joseph II. gibt den Befehl zum Aufmarsch der Armee, 245 000 Mann und 37 000 Pferde werden an der türkischen Grenze zusammengezogen.

1. November Ein Hochwasser auf der Donau durchbricht den neuen Damm und verursacht bis Stammersdorf verheerende Überschwemmungen. Von den dreißig Häusern des Ortes Floridsdorf bleiben nur zwei von den Wassermassen verschont.

15. November Christoph Willibald Gluck stirbt in Wien, geb. am 2. Juli 1714 in Erasbach bei Bersching in der Oberpfalz; Komponist, seit 1750 in Wien, 1754–1764 Hofkapellmeister in Wien. Er war der Erneuerer der in Konventionen erstarrten italienischen und französischen Oper.

Ende Im Jahr 1787 verzehrten die Wiener: 46 213 Ochsen, 1 924 Kühe, 67 413 Kälber, 140 263 Lämmer, 29 523 Schafe, 44 762 Schweine, 36 759 Frischlinge, 12 753 Spanferkel und tranken 345 669 Eimer einheimischen und 5 995 Eimer ausländischen Wein, 535 706 Eimer Bier; 375 554 Zentner weißes und 206 454 Zentner schwarzes Mehl wurden verbraucht.

1788, 9. Februar Österreich erklärt als Verbündeter Rußlands der Türkei (Hohe Pforte) den Krieg *(→ 18. Mai 1787)*.

29. Februar Kaiser Joseph II. reist von Wien ab, um sich zu seinen Truppen zu begeben, am 14. März trifft er in Semlin ein.

24. April Einnahme von Schabatz durch österreichische Truppen.

7. August Türkische Truppen durchbrechen bei Alt-Orsova die schütteren österreichischen Linien und dringen in das Banat ein.

28. August In der Schlacht bei Mehadia werden die Österreicher von den Türken geschlagen.

20. September Unter den österreichischen Truppen kommt es zu einer Panik, sie hat einen Rückzug nach Lugos zur Folge.

3. Oktober Feldmarschall Gideon Frh. von Loudon (für den erkrankten General Fürst Liechtenstein eingesetzt) erstürmt Novi. Unmittelbar darauf werden in Siebenbürgen die Pässe gesichert und wegen schlechter Witterung Winterquartiere zwischen dem Sereth und Siebenbürgen bezogen.

22. Oktober Eröffnung des Theaters in der Josefstadt in Wien mit dem Lustspiel »Liebe und Koketterie« von Salomon Friedrich Schletter. Karl Mayer, ein Wirtssohn aus Neulerchenfeld und Schauspieler, hat ein Privileg zur Errichtung einer Vorstadtbühne erhalten.

5. Dezember Kaiser Joseph II. trifft, vom Kriegsschauplatz kommend, in Wien ein.

▶**1789, 25. Januar** Johann Bergl stirbt in Wien; geb. 1718 in Königshof bei Horowitz (Böhmen); Freskenmaler des Spätbarocks. Hauptwerke: Wandmalereien in den unteren Räumen des Maria Theresia gehörenden Schlößchens in St. Veit (heute Erzbischöfliches Schloß in Ober St. Veit, Wien 13), Ausmalung der ehemaligen Stiftskirche von Kleinmariazell (Niederösterreich) 1765, Deckenfresko in der Peregrini-Kapelle der Pfarrkirche von Schönbühel (Niederösterreich) 1767, Deckenbemalung in der Pfarrkirche von Säusenstein (Niederösterreich) 1767, Deckenfresko in der Kapelle des Melker Hofes in Wien 1773, Zimmer im Schloß Schönbrunn (Goess-, Gisela- und Kronprinzenappartements) um 1780.

10. Februar Kaiser Joseph II. erläßt ein Steuerdekret. Es ist das revolutionärste Gesetz vor der Französischen Revolution, da dadurch die Feudalherrschaft bedroht war, ja man konnte ihre Zerschlagung darin erblicken. Steuernormen werden festgesetzt: Ein Bauer durfte von seinem Bruttoeinkommen von 100 Gulden 70 für sich behalten, 12 Gulden und 13½ Kreuzer mußte er als Grundsteuer an den Staat abliefern, 17,46 Gulden an die Gutsherren und die Gemeinde. Die Zwangsarbeit wird mit diesem Gesetz aufgehoben, Geld war die einzige Ablösung für alle Pflichten. Gutsherren und Klerus durften nun Bargeld verlangen. Auch die Formulierung des Gesetzes ist interessant: ». . . Alle Zahlungen sollen voll und ganz auf einer Grundsteuer beruhen. Es wäre gegen Anstand und alle besten Prinzipien, dabei Stand und Rang des Besitzers zu berücksichtigen und irgendwelche Unterschiede zu machen . . . Das Ziel des Staates muß sein, die Landeigentümer durch eine relativ ausgeglichene Grundsteuer dazu zu bringen, daß sie ungehindert ihre Bürgerpflicht ausüben können. Dieses Ziel kann nie erreicht werden, wenn man die Bauern nicht von ihren Lasten befreit, oder sie ihnen erleichtert. Es liegt Uns fern, die Eigentumsrechte der Rittergutsbe-

Kaiser Leopold II.

Der neue Herrscher, Leopold II., war auf bürokratische Ordnung peinlichst bedacht und äußerte sich kurz nach seiner Ankunft ein Wien über die »in allen Geschäften herrschende allgemeine Unordnung.« An die Erzherzogin Maria Christine (die Gemahlin Alberts von Sachsen-Teschen), seine Schwester, schrieb er sieben Tage nach seiner Ankunft, am 19. März 1790:

»... Ich bin mit Arbeit überhäuft, ich habe alles in der größten Verwirrung vorgefunden, habe niemanden, auf den ich mich verlassen oder mit dem ich mich beratschlagen könnte, verbringe seit zehn Tagen 17 Stunden täglich an meinem Schreibtisch bei der Arbeit ohne auch nur zum Luftschöpfen zu kommen ...«

Eine sehr treffende Beurteilung über Vorgangsweise und Innenpolitik Kaiser Leopolds II. verdanken wir dem preußischen Gesandten Constans Philipp Wilhelm von Jacobi-Klöst, der ausführlich am 14. Januar 1792 seinem König, Friedrich Wilhelm II., berichtet:

»... Es ist bekannt, daß der Kaiser während seiner ganzen Regierung in der Toskana die Herstellung einer gleichmäßigeren politischen Existenz der verschiedenen Stände und Klassen seiner Untertanen, die Verminderung der Befugnisse und der Reichtümer des Adels und des Klerus, sowie die Erweiterung des inneren und äußeren Handels zu dem unablässigen Gegenstand seiner Bemühungen machte. In der österreichischen Monarchie schmeichelten sich zu Anfang seiner Regierung die Stände fast aller Provinzen und der Klerus, daß für sie der Zeitpunkt gekommen sei, wo sie ihre Privilegien und Prärogativen wiedererlangen könnten. Auch fanden in der Tat verschiedene Reklamationen des Adels Berücksichtigung und einige Klöster wurden wiederhergestellt. Übrigens darf man bei der Gerechtigkeitsliebe des Kaisers nicht annehmen, daß er in die Rechte irgend Jemands, wer es auch sei, wird eingreifen wollen; aber es ist doch ebenso bekannt, daß seine Grundsätze von Philosophie und politischer Ökonomie ihn in eben diesen Rechte viele Usurpationen erblicken lassen ... Aber er weiß zu gut den gegenwärtigen Volksgeist und die ansteckenden Prinzipien zu würdigen, welche die Völker beherrschen, um nicht zu temporisieren. Eine in Leopolds Vertrauen stehende Person hat mir gesagt, daß seine Kaiserliche Majestät noch nicht mit sich im Reinen sei in Bezug auf den Zeitpunkt, wo es angemessen sein möchte, in dieser Hinsicht voranzugehen und ob er dem Ausbruch der Unzufriedenheit in seinen Staaten zuvorkommen solle durch eine sofortige Abstellung der Beschwerden des dritten Standes, oder ob es besser sein möchte, den Beginn ruhigerer Zeiten abzuwarten ...«

Drei Tage später heißt es in einem weiteren Bericht Jacobis:

»... Wenn man den planmäßigen Gang, welchen dieser Monarch als Großherzog von Toskana in allen den erwähnten Beziehungen einhielt, im Auge hat, so muß man sich überzeugen, daß die Langsamkeit und das vorsichtige anscheinende Schwanken, welches zur Zeit als er die Regierung der Österreichischen Monarchie antrat, seine ersten Anordnungen nach allen Richtungen zu charakterisieren schien, viel mehr die Wirkung einer tiefen Überlegung als des Leichtsinns oder der Unbeständigkeit war. In der Tat zeigen alle seit einiger Zeit vom Kaiser ausgegangenen Entschließungen, daß der große Gegenstand, welchen er seit seinem Regierungsantritt verfolgte, der war, das Innere seiner neuen Monarchie besser kennen zu lernen, sowie von den wirklichen Fähigkeiten und dem guten Willen der mit der Ausführung seiner Pläne beauftragten Minister sich zu überzeugen ...«

sitzer anzutasten, aber Unsere Pflicht verlangt es, daß den Abgaben, die die Bauern an ihre Herren gezahlt haben, eine Grenze gesetzt wird ...« Der Adel sieht sich mit diesem Gesetz bedroht und glaubt vor dem Ruin zu stehen, in Ungarn kommt es sogar zu einem Aufstand der Adeligen. Trotzdem tritt das Steuergesetz mit 1. November in Kraft. (Kaiser Joseph II. hatte trotz großer wirtschaftlicher Anstrengungen keinen ausgeglichenen Staatshaushalt, da das Militär hohe Ausgaben erforderte, allein die Vorbereitungen für den Türkenkrieg betrugen 112 600 000 Gulden. 1787 standen 92,5 Millionen Gulden Staatseinnahmen 85,7 Millionen Gulden Ausgaben gegenüber. Schon beim Tod des Kaisers gab es ein Defizit von 22,5 Millionen Gulden plus einer Staatsschuld von 370 Millionen Gulden.)

— Der Zustand von Kaiser Joseph II., der am 5. Dezember 1788 krank vom Kriegsschauplatz heimgekehrt ist, verschlechtert sich. Trotz seines schweren Lungenleidens setzt er seine Arbeiten unbeirrt fort.

10. Juli Feldmarschall Gideon Frh. von Loudon nimmt Berbir in Kroatien, er übergibt bald darauf das Kommando, da er den erkrankten Feldmarschall Gideon Freiherr von Hadik vor Belgrad ablösen muß.

19. Juli Kaiser Joseph II. stiftet die goldene und die silberne Tapferkeitsmedaille, sie werden vorerst »Denkmünzen« genannt. (Am 19. August 1848 stiftet Kaiser Ferdinand I. eine kleinere silberne dazu, ab dieser Zeit heißt es Silberne 1. und 2. Klasse).

22. Juli Der Aufruhr in Tirlemond in den österreichischen Niederlanden (Belgien) erstreckt sich bald auch auf Löwen und Diest *(→ Juni 1787; 24. Oktober 1789).*

1. August Schlacht bei Fokschani. Sieg der Österreicher unter Feldzeugmeister Josias Prinz Coburg und der Russen unter Marschall Suvorov über die Türken.

23. August Österreichische Truppen unter Feldzeugmeister Clerfayt besiegen die Türken bei Mehadia.

15. September Feldmarschall Gideon Frh. von Loudon steht mit dem österreichischen Hauptheer vor Belgrad und beginnt die Belagerung. In seiner Begleitung befindet sich Erzherzog Franz, der spätere Kaiser Franz II.

22. September Schlacht bei Martineschti. Die nach der Schlacht bei Fokschani *(→ 1. August)* abgezogenen Türken werden von den ihnen folgenden Österreichern und Russen vernichtend geschlagen. 100 000 Türken stehen gegen 16 950 Österreicher unter Feldzeugmeister

Prinz Coburg und 10 100 Russen unter Marschall Suvorov. Die türkischen Verluste sollen 18 000 Mann betragen haben, 77 Geschütze und mehrere hundert Wagen erbeuteten die Verbündeten, die 1 100 Mann beklagten, unter ihnen 230 Österreicher. Josias Prinz Coburg wird zum Feldmarschall befördert.

30. September Die Vorstädte von Belgrad werden im Sturm erobert.

8. Oktober Feldmarschall Gideon Frh. von Loudon erobert Belgrad und gewährt der türkischen Besatzung (9 000 Mann unter Osman Pascha) freien Abzug.

12. Oktober Semendria ergibt sich den österreichischen Truppen, worauf Feldmarschall Gideon Frh. von Loudon Winterquartiere beziehen läßt.

24. Oktober Beginn des Aufstandes der bewaffneten Niederländer durch einen Überfall auf österreichische Truppen in Turnhout.

8. November Rückzug der aufständischen Niederländer (Belgier) vor der heranziehenden österreichischen Übermacht nach Holland. Sie finden dort Unterstützung und besetzen kurz darauf die Stadt Brügge.

13. November Die Aufständischen besetzen nach viertägigem Kampf die zum Teil eingeäscherte Stadt Gent. Flandern und der Hennegau gehen für Österreich verloren.

18. November Der Statthalter und hohe österreichische Beamte verlassen Brüssel *(→ 1. Januar 1790).*

9. Dezember Thomas Aschenbrenner stirbt in Tulln (Niederösterreich); geb. am 24. Juli 1712 in Wolkersdorf (Niederösterreich); Spitalsschreiber in Wien, Gelegenheitsdichter. 1761 erschien seine »Wienerische Beleuchtung«, kulturgeschichtlich wegen zahlreicher Details wertvoll.

18. Dezember Kaiser Joseph II. verspricht den aufgebrachten Ungarn *(→ 1785)*, einen Landtag abzuhalten *(→ 28. Januar 1790).*

1790, 1. Januar Vereinigung der Niederlande (die österreichischen Niederlande, also Belgien), Flanderns, Brabants und des Hennegaus zu einem Nationalkongreß. In Brüssel wird hinter verschlossenen Türen von den Ständen eine Verfassung beraten.

11. Januar Verkündung der Verfassung der »Vereinigten Staaten von Belgien«, am 12. erklärt der Kongreß alle in kirchlichen Angelegenheiten von Kaiser Joseph II. erlassenen Gesetze für nichtig.

26. Januar Uraufführung der Opera buffa »Cosi fan tutte« von Wolfgang Amadeus Mozart in Wien.

28. Januar Kaiser Joseph II. widerruft dem nachhaltigen Protest der Ungarn nachgebend *(→ 1785; 18. Dezember 1789)* fast alle in Ungarn eingeführten Reformen, die alte Verfassung wird in Ungarn wiederhergestellt. Wörtlich heißt es: »Wir haben beschlossen, in der Verwaltung des Königreichs den Status von 1780 wiederherzustellen. Nur aus Sorge um das gemeine Wohl, und in der Hoffnung, daß ihr, durch Erfahrung belehrt, die Reformen als Annehmlichkeit empfinden werdet, haben Wir sie vorgenommen. Jetzt aber haben Wir Uns davon überzeugt, daß ihr die alte Verwaltung vorzieht ... Es ist aber Unser Wille, daß Unser Toleranzedikt, die Regelung zur Schaffung neuer Pfarrgemeinden und die Erlässe über die Behandlung der Leibeigenen und ihre Beziehung zum Grundherrn in Kraft bleiben.« Auch in den österreichischen Ländern nimmt der Kaiser zahlreiche Reformen zurück. Das Toleranzedikt, das Untertanenpatent und die Bestimmungen über den Religionsfonds bleiben.

30. Januar Preußen schließt mit der Türkei ein Schutz- und Trutzbündnis gegen Österreich.

18. Februar Kaiser Joseph II. läßt die Stephanskrone (die ungarische Königskrone) von Wien nach Ofen bringen. 1784 hatte er die Krone von Preßburg nach Wien bringen lassen, was ebenfalls ein Anlaß zu Differenzen mit Ungarn war *(→ 1785; 18. Dezember 1789).*

20. Februar Kaiser Joseph II. stirbt gegen 5.30 Uhr in Wien; geb. am 13. März 1741 in Wien als ältester Sohn Kaiser Franz' I. Stephan und Maria Theresias, am 27. März 1763 zum römischen König gewählt und am 3. April gekrönt, seit 18. August 1765 römischer Kaiser und Mitregent Maria Theresias in Österreich, ab 29. November 1780 Alleinherrscher. Erst ab diesem Datum war ihm die Verwirklichung seines Staatsideals möglich, der aufgeklärte Absolutismus mit zentralistischer Grundlage. Seine Reformen nennt die Geschichte »Josephinismus«. In der Uniform eines Feldmarschalls wird er in der Burgkapelle aufgebahrt und am dritten Tag in der Kapuzinergruft beigesetzt. Statt Trauer atmete die Bevölkerung auf. Von Wien ist überliefert, daß man sagte: »Nach dem Türkenfeldzug hat Joseph seinen Offizieren ein kleines Kreuz geschenkt *(→ 19. Juli 1789).* Seine Untertanen haben ein großes bekommen.« In Ungarn feierte man Freudenfeste, Ofen war illuminiert. Der Kardinal-Erzbischof von Gran sang ein feierliches Tedeum. Nachfolger wird sein jüngerer Bruder Leopold, seit 18. August 1765 Großherzog von Toskana.

1. März Großherzog Leopold von Toskana verläßt seine Residenz in Florenz, um nach Wien zu reisen. Schon in Mantua, der ersten Station auf österreichischem Boden, verspricht er die Wiederherstellung der gewünschten alten Ordnung.

8. März Leopold, dem die Kärntner Stände nach Greifenburg im oberen Drautal entgegengereist waren, gibt in Klagenfurt bekannt, daß jedermann bei ihm seine Beschwerden und Anliegen vorbringen kann.

11. März Leopold empfängt in Bruck an der Mur (Steiermark) die steirischen Stände, die ihm ihre Beschwerden bezüglich der Steuer- und Urbarialregulierung vortragen. Einer bäuerlichen Abordnung soll er gesagt haben, daß er den Grundherren nur dann alles wegnehmen könne (dies war das Verlangen der Bauern), wenn an deren Stelle die Bauern die Steuern zahlen würden.

12. März Gegen 22.30 Uhr trifft der neue Herrscher in der Wiener Hofburg ein, um die Regierung zu übernehmen. Friede nach außen und Ruhe nach innen ist seine erste Entscheidung.

29. März Defensivallianz zwischen Preußen und Polen zugunsten der Türkei, sie ist gegen Österreich und Rußland gerichtet.

5. April General Jean André van der Mersch, der militärische Führer der aufständischen Niederländer *(→ 22. Juli 1789; 1. Januar 1790)*, wird mit einem Großteil seiner Gefolgsleute verhaftet *(→ 18. Mai und 10. Dezember).*

16. April Neu-Orsova (Banat) ergibt sich den Österreichern unter Feldmarschalleutnant Ferdinand Graf Wartensleben.

13. Mai Leopolds Familie trifft in Wien ein.

18. Mai Österreichische Truppen in der Stärke von 30 000 Mann unter Feldmarschall Johann von Bender rücken über die Grenzen Luxemburgs gegen die aufständischen Niederländer vor, sie werden in mehreren kleineren Gefechten geschlagen.

26. Juni Schlacht bei Kalafat (Walachei). Feldzeugmeister Graf Clerfait besiegt mit österreichischen und russischen Truppen die Türken und erbeutet außer zahlreichen Geschützen auch das ganze türkische Lager, das linke Donauufer ist damit vom Feind gesäubert.

14. Juli Feldmarschall Gideon Frh. von Loudon stirbt in Neutitschein (Mähren) im Hauptquartier der österreichischen Armee, die gegen Preußen *(→ 29. März)* unterwegs war; geb. am 2. Februar 1717 in Tootzen (Livland), ab 1732 im russischen, ab 1742 im österreichischen Heer, seit 1778 Feldmarschall.

20. Juli Feldzeugmeister Devins erstürmt mit österreichischen Truppen die kroatische Festung Cetin.

21. Juli Großherzog Leopold von Toskana erläßt ein Hausgesetz, mit dem er auf seine Souveränitätsrechte in Toskana zugunsten seines zweitgeborenen Sohnes Ferdinand (der Erstgeborene Franz wird sein Nachfolger) verzichtet. Sekundogenitur (Recht des Zweitgeborenen) im Großherzogtum Toskana.

27. Juli Die Konvention von Reichenbach zwischen Österreich und Preußen beendet die Auseinandersetzungen zwischen den beiden Staaten. Österreich verpflichtet sich zu einem Frieden mit der Türkei, ohne Gebietsansprüche zu stellen. Preußen verspricht, die Unterstützung der Aufständischen in den österreichischen Niederlanden zu unterlassen *(→ 22. Juli 1789; 1. Januar, 18. Mai und 10. Dezember 1790; 4. August 1791).*

18. August Feldmarschall Johann von Bender erläßt einen letzten Aufruf an die Aufständischen in den österreichischen Niederlanden.

24. September Waffenstillstand zwischen Österreich und der Türkei und Beginn der Friedensverhandlungen in Sistowa *(→ 4. August 1791).*

30. September Großherzog Leopold von Toskana wird in Frankfurt am Main einstimmig zum römischen Kaiser gewählt.

3. Oktober Kaiser Leopold II. reist mit seiner Familie von Wien zur Kaiserkrönung nach Frankfurt am Main ab.

9. Oktober Krönung Kaiser Leopolds II. in Frankfurt am Main.

13. Oktober Kaiser Leopold II. antwortet dem ungarischen Reichstag, ihm war die Bereitschaft der ungarischen Stände zur Königskrönung überbracht worden, gemäß den Diplomen Kaiser Karls VI. und Maria Theresias die Krönung in Preßburg anzunehmen, und verspricht, die Stephanskrone nachher in die Burg von Ofen bringen zu lassen *(→ 15. November).*

15. Oktober Wolfgang Amadeus Mozart, der auf eigene Kosten zur Krönung Leopolds II. nach Frankfurt gereist war, führt die sogenannten »Krönungskonzerte«, nämlich Klavierkonzert in F-Dur (KV 459) und Klavierkonzert in D-Dur (KV 537) auf.

16. Oktober Abreise Kaiser Leopolds II. und seiner Familie von Frankfurt am Main.

7. November Kaiser Leopold II. erläßt für Ungarn ein Religionsedikt, das den Protestanten freie Religionsausübung zusichert. Alle diesbezüglichen Zusicherungen von 1608 an sind einzeln zitiert.

11. November Nikolaus Pacassi (auch Paccassi und Pacazzi) stirbt in Wien; geb. am 5. März 1716 in Wr. Neustadt (Niederösterreich); Architekt des Hochbarocks. Seit 31. Mai 1748 Hofarchitekt, ab 15. Juli 1769 Freiherr. Ausbau von Schloß Schönbrunn 1742–1749, Umbau von Schloß Hetzendorf 1743, Erweiterung von Schloß Laxenburg (Niederösterreich) 1761–1765. Innengestaltung des Amalientraktes der Wiener Hofburg 1764–1766.

15. November Kaiser Leopold II. wird in Preßburg zum König von Ungarn gekrönt *(→ 13. Oktober).*

24. November Feldmarschall Johann von Bender beschleunigt seine Operationen in den österreichischen Niederlanden (Belgien), er nimmt Namur und am 1. Dezember Löwen ein.

2. Dezember Feldmarschall Johann von Bender zieht in Brüssel ein, damit sind die Auseinandersetzungen mit den Aufständischen beendet.

10. Dezember Vertrag von Haag zwischen Kaiser Leopold II., den Königen von England und Preußen sowie den Vertretern der Generalstaaten (Holland) zur Wiederherstellung der Ruhe in den österreichischen Niederlanden (Belgien). Generalamnestie, Aufhebung der meisten Reformen Kaiser Josephs II. und Garantie der Souveränität der niederländischen Provinzen, die ein unteilbarer und unveräußerlicher Bestandteil des Hauses Habsburg bleiben sollen *(→ 22. Juli 1789; 5. April 1790).*

14. Dezember Kaiser Leopold II. richtet an den König von Frankreich ein Interventionsschreiben wegen der durch die Dekrete der französischen Nationalversammlung beeinträchtigten Besitzungen deutscher Reichsstände im Elsaß und in Lothringen.

23. Dezember Siebenbürgen huldigt Kaiser Leopold II., da es seine alte Verfassung zurückerhalten hat *(→ 20. Februar 1791).*

Ende Dezember Kaiser Leopold II. verfügt die Auflösung der vereinigten Hofstellen und die Wiedererrichtung der Böhmisch-Österreichischen Hofkanzlei und der Hofkammer »als zwei ganz von einander separierten Stellen«, was in den ersten Tagen des Jahres 1791 erfolgt.

▶1791 Einbau eines Theaters im Rathaus von Grein (Oberösterreich). Das Rokokotheater, das das älteste erhaltene Stadttheater Österreichs ist, blieb in seinem ursprünglichen Zustand erhalten. Die erste Reihe verfügt noch über sogenannte Sperrsitze, d. h. die Sitzfläche konnte nur mit einem Schlüssel vom Besitzer des Platzes heruntergeklappt werden.

11. Januar Kaiser Leopold II. erläßt eine Regierungsverordnung (vorerst nur für Niederösterreich) gegen die Praktiken der Getreidehändler, durch Vorkauf und Abhaltung der Bauern von den Getreidemärkten die Preise zu steuern. Eine wirksame Maßnahme gegen die seit Sommer 1790 anhaltende Teuerung.

12. Januar Österreichische Truppen erobern Lüttich und setzen den von der Revolution am 18. August 1789 vertriebenen Fürstbischof wieder ein.

20. Februar Wiedererrichtung der Siebenbürgischen Hofkanzlei *(→ 23. Dezember 1790).*

21. Februar Josef Anton Zoller stirbt in Hall (Tirol); geb. am 11. Februar 1730 in Klagenfurt; Freskenmaler. Hauptwerke: Fresken in den Pfarrkirchen von Schmirn 1737, Mutters bei Innsbruck 1759, Obertilliach 1764, Abfaltern 1769, Absam 1780 (alle in Tirol), schuf außerdem mehrere Altarbilder, unter anderem in der Pfarrkirche von Lienz (Osttirol) 1761 und in der Pfarrkirche von Absam 1780.

13. März Kaiser Leopold II. hält sich beim Abschluß des ungarischen Reichstages in Preßburg auf. In einer Ansprache legt er die Grundsätze seiner Politik dar: »... und durch die That bewiesen haben, dass Wir alles, was dahin abzwecket, die Rechte dieses freyen und der Verfassung nach unabhängigen Reiches zu befestigen und zu bestimmen, als einen Zuwachs zu dem Glanze, dem Ansehen und der Festigkeit Unserer Krone betrachten und es für Unsere stäte Pflicht achten, nie durch willkürliche Gewalt, sondern nur durch die Gesetze zu herrschen, denen sich ein freyes Volk mit eigener Beystimmung unterworfen hat.« Die hiermit für Ungarn ausgesprochenen Grundsätze gedachte Kaiser Leopold II., der seinen Bruder Joseph II. mehrmals vor den Gefahren zu weitreichender Reformen gewarnt hatte, in seinem gesamten Herrschaftsgebiet anzuwenden.

15. April Aufhebung des Einfuhrverbotes für ausländischen raffinierten Zucker; seit dem 26. Oktober 1790 hatte Kaiser Leopold II. mehrere Einfuhr- und Ausfuhrverbote Kaiser Josephs II. *(→ 30. Dezember 1784)* aufgehoben.

6. Juli Kaiser Leopold II. richtet eine Note an alle Souveräne Europas und fordert sie auf, sich der monarchischen Interessen in Frankreich anzunehmen. (Die Gattin König Ludwigs XVI. von Frankreich ist Maria Antoinette, die Schwester Kaiser Leopolds II.)

— Flug des französischen Ballonfliegers Jean Pierre Blanchard im Wiener Prater mit einem Wasserstoffballon. Nach dem dritten Versuch gelingt der Aufstieg. Die »Wiener Zeitung« vom 9. berichtet: »Am abgewichenen Mittewoche machte Hr. Blanchard allhier seine 38. Luftfahrt. Er erhob sich mit einem Luftballon im Prater gegen 12 Uhr mittags ... blieb durch 14 Minuten sichtbar ... Er erreichte die Erde um 1 Uhr in der Nähe der Stadt Groß-Enzersdorf an der Donau ...« (Blanchards erste »Ballonfreifahrt« fand am 2. März 1784 auf dem Pariser Marsfeld statt, am 7. Januar 1785 überquerte er den Ärmelkanal.)

4. August Friede von Sistowa zwischen Österreich und der Türkei. Seit dem Waffenstillstand vom 24. September 1790 war verhandelt worden. Österreich verzichtet auf die eroberten Gebiete während des Türkenkrieges, den Kaiser Joseph II. an der Seite Rußlands geführt hatte. Der Friede von Belgrad vom *(→)* 18. September 1739 wird bestätigt. (Rußland beendet seine Auseinandersetzung mit der Türkei erst mit dem Frieden von Jassy am 9. Januar 1792 und erzielt dabei großen territorialen Gewinn.)

25. August Zusammenkunft Kaiser Leopolds II. mit König Friedrich Wilhelm II. von Preußen auf Schloß Pillnitz an der Elbe (nahe Dresden). Erzherzog Franz, der preußische Kronprinz und der Kurfürst von Sachsen sind ebenfalls anwesend. Maßnahmen zur Stützung der französischen Krone werden beraten. Bei diesem Treffen herrscht völlige Übereinstimmung; es führt zu einer Festigung des preußisch-österreichischen Verhältnisses *(→ 27. August)*.

27. August Konvention von Pillnitz zwischen den beiden Monarchen. Hilfsmaßnahmen für den König von Frankreich und Bereitstellung von Truppen werden vereinbart; dies ist die Grundlage für die erste Koalition gegen das revolutionäre Frankreich *(→ 6. Juli)*.

30. September Uraufführung der Oper »Die Zauberflöte« von Wolfgang Amadeus Mozart im Freihaus-Theater auf der Wieden in Wien.

Oktober Kaiser Leopold II. löst die Studienhofkommissioin auf und übergibt ihre Agenden der Böhmisch-Österreichischen Hofkanzlei. Der Kaiser war mit den zu geringen Ergebnissen dieser von Kaiser Joseph II. eingesetzten Kommission nicht zufrieden, außerdem wollte er eine umfassendere Unterrichtsreform durchsetzen. (Wie wir heute wissen, wäre diese weit über die zwei Jahrzehnte später von Wilhelm von Humboldt verwirklichte preußische Unterrichtsreform hinausgegangen.)

5. Dezember Wolfgang Amadeus (eigentlich Johannes Chrysostomus Wolfgang Gottlieb) Mozart stirbt in Wien; geb. am 27. Januar 1756 in Salzburg, auf dem St. Marxer Friedhof in Wien begraben. Komponist, mit Haydn und Beethoven Hauptvertreter der Wiener Klassik. 1771 erhielt er unter anderem den päpstlichen Orden vom goldenen Sporn und das Diplom der Philharmonischen Akademie von Bologna. Unter seinen 626 Werken befinden sich 20 Opern und Oratorien, 53 Symphonien, 50 Instrumentalkonzerte und 15 Messen.

13. Dezember Kaiser Leopold II. erläßt an die Aufständischen in den österreichischen Niederlanden (Belgien) die letzte Aufforderung zu Ruhe und Ordnung. Die Bewegung war wieder stärker geworden und hatte am 2. in Brüssel einen großen Brand gelegt *(→ 16. Januar 1792)*.

▶1792 Klassizistische Westfassade der Michaelerkirche in Wien von Ernst Koch.

— Bau des spätbarocken Posthauses in Melk (Niederösterreich), Linzer Straße von dem Wiener Baumeister Franz Wipplinger. Mit seinem reichen Fassadenschmuck gilt es als das schönste Posthaus von Österreich.

16. Januar In der Nacht zum 17. kommt es zu zahlreichen Verhaftungen in Brüssel, nachdem ein Komplott gegen die österreichischen Verwaltungsorgane aufgedeckt worden war *(→ 13. Dezember 1791)*.

25. Januar Die französische Nationalversammlung wiederholt die Aufforderung an Kaiser Leopold II., bis 1. März eine Erklärung abzugeben, ob Österreich am Bündnis vom *(→)* 1. Mai 1756 festhalte oder nicht. Sollte der Kaiser bis dahin seine Truppen nicht entwaffnen, würde dies als Kriegserklärung aufgefaßt werden. Außerdem solle er auf jede Intervention zugunsten des Königs von Frankreich verzichten *(→ 20. April)*.

7. Februar Kaiser Leopold II. schließt mit Preußen ein Schutz- und Trutzbündnis, praktisch die Antwort auf die französische Note vom 25. Januar. Gegenseitige militärische Hilfeleistung im Umfang von 20 000 Mann wird vereinbart.

11. Februar Ehn Bekir Ratif Effendi, der Botschafter der Türkei, trifft in Wien ein, damit sind die diplomatischen Beziehungen zwischen Österreich und der Türkei wiederhergestellt.

1. März Kaiser Leopold II. stirbt völlig unerwartet nach einer Lungenentzündung am 28. Februar in Wien; geb. am 5. Mai 1747 in Wien als dritter Sohn Kaiser Franz' I. Stephan und Maria Theresias, durch den Verzicht König Josephs II. vom 12. Januar 1765 Großherzog von Toskana, trat am 20. Februar 1790 die Nachfolge Kaiser Josephs II. an, seit 30. September 1790 römischer Kaiser, seit 15. November 1790 König von Ungarn. Nachfolger wird sein erstgeborener Sohn, der 24 Jahre alte Erzherzog Franz.

18. März Bündniserneuerung zwischen Österreich und Preußen, beide Mächte garantieren ihren Besitzstand. Ultimatum der französischen Nationalversammlung an Österreich, die Entwaffnung der österreichischen Armee und die Auflösung des Bündnisses mit Preußen werden gefordert.

20. April König Ludwig XVI. von Frankreich erklärt unter dem Druck der Nationalversammlung an Österreich und Preußen den Krieg; der sogenannte erste Koalitionskrieg.

25. April Erbhuldigung der österreichischen Stände für Erzherzog Franz. Er wünscht, daß die Kosten für übliche Feierlichkeiten eingespart werden; sie werden an die Armen verteilt.

30. April Erstes siegreiches Gefecht der Österreicher gegen die Franzosen bei Lamain.

6. Juni Erzherzog Franz wird in Ofen zum König von Ungarn gekrönt.

11. Juni Sieg der Österreicher unter Erzherzog Karl über die Franzosen bei La Grisnelle, der erste Erfolg des späteren »Siegers von Aspern«.

16. Juni Gregor Lederwasch stirbt in Tamsweg (Salzburg); geb. 1726 in Tamsweg; der bedeutendste der Salzburger Malerfamilie, war Mesner in der Wallfahrtskirche St. Leonhard bei Tamsweg, schuf Altarbilder und Fresken in der Pfarrkirche von Althofen (Salzburg) 1759, in der Filialkirche von St. Margareten (Salzburg) 1768, in der Schloßkapelle Moosham (Salzburg) 1780 und anderes.

23. Juni König Friedrich Wilhelm II. von Preußen erklärt an Frankreich den Krieg.

5. Juli König Franz wird in Frankfurt am Main zum römischen Kaiser Franz II. gewählt.

14. Juli Kaiserkrönung Franz II. in Frankfurt; angesichts des Kriegsausbruches und der Kosten hatte Kaiser Franz II. alle Feierlichkeiten verboten.

25. Juli Koblenzer Manifest an die Bevölkerung Frankreichs. Herzog Karl Wilhelm Ferdinand von Braunschweig, der Oberkommandierende der preußisch-österreichischen Truppen, motiviert den Einmarsch der Truppen: Beseitigung der Anarchie und Befreiung des Königs von Frankreich, aber keine Eroberungen. Die Kriegsstärke der gesamten österreichischen Truppen beträgt 400 000 Mann, dazu kommen 250 000 Preußen, 6 000 Hessen sowie rund 8 000 französische Emigranten. Die französische Armee beträgt zu diesem Zeitpunkt nur rund 300 000 Mann. Zur österreichisch-preußischen Koalition stoßen vorerst nur Rußland, Hessen-Kassel und Baden, erst später treten England, die Generalstaaten (Holland), Spanien, Portugal, Neapel und Sizilien bei.

6. August Demission des 81jährigen Staatskanzlers Wenzel Anton Fürst Kaunitz-Rietberg. Der verdiente Staatsmann und Berater Maria Theresias hatte sich immer weniger mit den nachfolgenden Monarchen verstanden *(→ 27. Juni 1794)*.

9. August Kaiser Franz II. wird in Prag zum König von Böhmen gekrönt.

23. August Eroberung von Longwy durch verbündete Truppen.

2. September Eroberung von Verdun durch verbündete Truppen.

20. September Ergebnislose Kanonade bei der Festung Valmy durch die Verbündeten. In dieses Artillerieduell ließ der Oberkommandierende, Herzog Karl Wilhelm Ferdinand von Braunschweig, seine Truppen nicht eingreifen, General Charles François Dumouriez, der Oberkommandierende der französischen Truppen, kann deshalb ungestört abziehen. Nachschubschwierigkeiten und Schlechtwetter, aber auch Mißtrauen und Unentschlossenheit spalten die Verbündeten. Die Preußen unter Herzog Karl Wilhelm Ferdinand von Braunschweig ziehen durch Luxemburg und über den Rhein ab; der erste Versuch, das revolutionäre Frankreich niederzuringen, war gescheitert.

6. November Schlacht bei Jemappes (Belgien). 26 000 Österreicher unter Feldmarschall Herzog Albert von Sachsen-Teschen werden von 40 000 Franzosen unter General Charles François Dumouriez geschlagen. Die Österreicher verloren an die 7 000 Mann, die Franzosen etwa 4 000. Da die Franzosen auch die Rückzugslinie der Österreicher stark bedrohten, mußten diese sich ganz zurückziehen. Die Folge war das rasche Vordringen der Franzosen in den österreichischen Niederlanden (Belgien), Namur und Brüssel sind bald besetzt, Belgien bis zur Maas von den Franzosen erobert.

Mitte November Ludwig van Beethoven wählt Wien zum ständigen Wohnsitz.

►1793 Im Stadttheater Grein *(→ 1791)* wird Gotthold Ephraim Lessings »Minna von Barnhelm« aufgeführt.

— Max Graf Egger *(† 1805)* errichtet in Lippitzbach (Kärnten) das erste Eisenwalzwerk in Mitteleuropa.

21. Januar König Ludwig XVI. von Frankreich wird in Paris hingerichtet, seine Gattin Marie Antoinette wird weiterhin gefangengehalten *(→ 16. Oktober)*.

23. Januar Sogenannte zweite Teilung Polens *(→ 5. August 1772)* durch den Vertrag von Petersburg. Österreich werden französische Gebiete in Aussicht gestellt, Preußen und Rußland sind die Gebietsgewinner *(→ 25. September)*.

1. März Schlacht bei Aldenhoven am Niederrhein. Nach der Kriegserklärung Frankreichs an England und die Generalstaaten (Holland) am 1. Februar fiel General Charles François Dumouriez in Holland ein. Feldmarschall Josias Prinz Coburg zieht mit einem österreichischen Heer den Holländern zu Hilfe und besiegt die Franzosen.

4. März Franz Anton Zeiller stirbt in Reutte (Tirol); geb. am 3. Mai 1716 in Reutte (Tirol); Freskenmaler, ab 1755 hauptsächlich in Tirol tätig, 1768 bischöflicher Hofmaler in Brixen. Hauptwerke: Fresken in den Pfarrkirchen von Strassen (Osttirol) 1768, Ranggen (Tirol) 1778, Zell am Ziller (Tirol) 1779, Matrei (Osttirol) 1783, Stams (Tirol) 1785 und an Häuserfassaden in Reutte.

18. März Schlacht bei Neerwinden (nahe Namur). Feldmarschall Josias Prinz Coburg war mit seinen Truppen weiter nach Westen vorgedrungen, er schlägt die französischen Truppen unter General Charles François Dumouriez in einem fast ganztägigen Kampf. Etwa 42 000 Österreicher standen gegen 47 000 Franzosen. In dem Kampf bewährte sich Erzherzog Karl hervorragend als Truppenführer. Die verbündeten Truppen besetzen daraufhin in kürzester Zeit ganz Belgien. General Dumouriez wird seines Kommandos enthoben und geht am 4. April zu den Österreichern über. Aus Mangel an Truppen können die Österreicher den Sieg nicht nutzen, sondern nur Condé am 10. Juli und Valenciennes am 28. Juli erobern.

27. März Johann Franz Frh. von Thugut übernimmt die Leitung der auswärtigen Angelegenheiten.

12. Juli Preußische Truppen erobern Mainz zurück und drängen die Franzosen bis zur Saar zurück.

8. September Schlacht bei Hondschooten (nahe Dünkirchen). Ein Heer aus Engländern, Holländern und Österreichern wird von den Franzosen unter General Jean Nicolas Houchard geschlagen.

14. September Schlacht bei Pirmasens. Blutige Niederlage der Franzosen durch die Preußen unter Herzog Karl von Braunschweig. Zur gleichen Zeit erleiden die Österreicher unter General Dagobert Graf Wurmser an den Weißenburger Linien im Elsaß eine Niederlage *(→ 13. Oktober)*.

15. September In der Schlacht bei Courtray wird der am 8. siegreich gewesene General Jean Nicolas Houchard geschlagen. Er wird deshalb abberufen, verurteilt und hingerichtet.

21. September König Friedrich Wilhelm II. begibt sich nach Polen, da der polnische Reichstag die Gebietsabtretungen an Preußen *(→ 23. Januar)* auf Betreiben des österreichischen Außenministers Johann Franz Frh. von Thugut nicht anerkannte.

25. September Der sogenannte »stumme Reichstag« anerkennt die Gebietsabtretungen (Danzig, Thorn, Posen, Gnesen und Kalisch) Polens an Preußen.

13. Oktober Österreichische Truppen unter General Dagobert Graf Wurmser erobern die Weißenburger Linien im Elsaß *(→ 14. September und 16. Dezember)*, sie galten bis dahin als unüberwindlich.

16. Oktober Königin Marie Antoinette, die Gattin des am 21. Januar hingerichteten Königs Ludwig XVI., wird in Paris hingerichtet. Geb. am 2. November 1755 in Wien als Tochter Maria Theresias und Kaiser Franz' I. Stephan, am 16. Mai 1770 mit dem damaligen Dauphin von Frankreich verheiratet.

— Die Österreicher unter Feldzeugmeister Karl Joseph Graf Clerfayt werden in mehreren Gefechten (die schon seit dem 15. andauern, doch von den Österreichern abgewiesen wurden) von den Franzosen mit dreifacher Übermacht unter dem neuernannten Oberbefehlshaber, dem jungen (32 Jahre alt) General Jean Baptiste Graf Jourdan, bei Wattignies geschlagen. Die damit verbundene Belagerung von Maubeuge wird von Feldmarschall Josias Prinz Coburg aufgegeben.

28.–30. November Schlacht bei Kaiserslautern. In blutigen Kämpfen wird der Angriff der französischen Moselarmee unter General Lazare Hoche von den Preußen unter dem Herzog von Braunschweig abgewiesen.

16. Dezember Rückeroberung der Weißenburger Linien *(→ 13. Oktober)* durch die Franzosen.

22. Dezember Schlacht bei Reichshofen. Die französische Moselarmee schlägt die Österreicher unter General Graf von Wurmser.

27. Dezember General Dagobert Graf Wurmser zieht sich mit seinen Truppen über den Rhein zurück.

1794, Januar Krise in der Koalition durch die Drohung König Friedrich Wilhelms II. von Preußen, seine Truppen bis auf 20 000 Mann an die polnische Grenze verlegen zu müssen.

18. Februar Joseph Adam von Mölk (auch Mölck, Mölckh) stirbt in Wien; geb. um 1714 in Wien; Fresken- und Altarbildmaler, ein Meister der barocken Scheinarchitektur. Werke in 44 Kirchen und Schlössern. Hauptwerke: Fresken in den Pfarrkirchen von Hall (Stadtpfarrkirche, Tirol) 1752, Matrei am Brenner (Tirol) 1755, Lienz (Osttirol) 1761, Klagenfurt (Stadthauptpfarrkirche) 1761, Servitenkirche in Wien 1766, Stiftskirche Rein (Steiermark) 1766, Wallfahrtskirche Weizberg (Steiermark) 1771, Pernegg (Steiermark) 1775, St.-Barbara-Kapelle der Burgruine Schachenstein in Thörl (Steiermark) 1776, Hartberg (Steiermark) 1776, Köflach (Steiermark) 1777.

11. März König Friedrich Wilhelm II. von Preußen erteilt dem Oberbefehlshaber der preußischen Armee, General Möllendorf den Befehl, die Reduzierung der Truppen auf 20 000 Mann und den Rückzug nach Westfalen durchzuführen.

19. April Mit dem Vertrag von Haag verhindern England und Holland durch die Zusage von Subsidienzahlungen an Preußen dessen Ausscheiden aus der Koalition *(→ 5. April 1795)*.

30. April Eroberung der belgischen Festung Landrecy durch österreichische Truppen.

18. Mai Schlacht bei Tourcoing. Der Versuch, die vierfach überlegenen Franzosen einzuschließen, führt zu einer Niederlage der österreichischen Truppen unter Feldmarschall Josias Prinz Coburg. Beide Seiten haben je zwischen 4 500 und 5 000 Mann Verluste.

22. Mai Schlacht bei Tournai. Das hier zurückgegangene österreichische Heer schlägt die Franzosen unter General Charles Pichegru.

23. Mai Schlacht bei Kaiserslautern. Zum zweitenmal *(→ 28. bis 30. November 1793)* versuchen die Franzosen die Stadt zu nehmen, werden aber von den Preußen unter General Möllendorf besiegt *(→ 20. September)*.

19. Juni Franzosen unter General Charles Pichegru erobern Ypern, Feldmarschall Josias Prinz Coburg zieht sich zurück, er gibt Flandern auf.

26. Juni Schlacht von Fleurus (zwischen Charleroi und Namur). Nach zwölfstündigem Kampf muß Feldmarschall Josias Prinz Coburg aufgeben und den Rückzug antreten. Die Österreicher müssen ganz Belgien (die österreichischen Niederlande) räumen und verlieren es damit endgültig *(→ 26. Januar 1795)*.

27. Juni Wenzel Anton Fürst Kaunitz-Rietberg stirbt in Wien; geb. am 2. Februar 1711 in Wien; Fürst ab 1764, seit 1735 im Staatsdienst, sein erster diplomatischer Erfolg war der Friede von Aachen am 18. Oktober 1748, von 1753 bis 1792 *(→ 6. August 1792)* Staatskanzler. Er bestimmte wesentlich die österreichische Außenpolitik und vertrat innenpolitisch den aufgeklärten Absolutismus. Durch sein Organisationstalent hatte er an fast allen Reformen der Verwaltung und des Wohlfahrtswesens maßgeblichen Anteil.

20. September Schlacht bei Kaiserslautern. Zum drittenmal *(→ 28.–30. November 1793; 23. Mai 1794)* versuchen die Franzosen die Stadt zu nehmen, werden jedoch abermals von den Preußen zurückgewiesen.

Oktober Die Preußen ziehen sich über den Rhein zurück, die österreichischen Truppen räumen das linke Rheinufer.

— Die Franzosen unter General Charles Pichegru erobern die Generalstaaten (Holland).

▶1795 Kaiser Franz II. verbietet die Freimaurerei in den österreichischen Erblanden; schon Maria Theresia hatte sie bekämpft *(→ 1742)*.
— Baubeginn für den sogenannten Wr. Neustädter Kanal, einem Schiffahrtskanal von Wien über Laxenburg, Guntramsdorf, Baden bei Wien und Sollenau nach Wr. Neustadt, er wird 1803 fertiggestellt. 1818 bis Pöttsching (Burgenland) verlängert; der geplante Ausbau bis Triest unterblieb. Der Kanal hatte 52 Schleusen; 1873 wurde er im Wiener Bereich zugeschüttet, 1879 der Schiffsverkehr endgültig eingestellt.
— Der Bildhauer Franz Zauner beginnt das Denkmal für Kaiser Joseph II. (Josefsplatz in Wien) zu bauen, es wird 1807 vollendet.
26. Januar General Charles Pichegru *(→ Oktober 1794)* läßt Holland als »Batavische Republik« ausrufen, die unter dem Einfluß Frankreichs steht.
29. März Ludwig van Beethoven gibt im Wiener Burgtheater sein erstes größeres Konzert.
5. April Der Sonderfriede von Basel zwischen Preußen und Frankreich sprengt die erste Koalition gegen Frankreich. Preußen brauchte freie Hand für die dritte Teilung Polens *(→ 24. Oktober)* und zeigte schon geraume Zeit kein Interesse mehr an der Koalition. Frankreich gewinnt damit das linke Rheinufer. Im Vertrag von Basel vom 17. Mai wird eine Demarkationslinie festgelegt, hinter der keine französischen Kriegshandlungen stattfinden dürfen. Diesem Vertrag schließen sich fast alle Staaten Nord- und Mitteldeutschlands an.
22. Juli Spanien schließt sich dem Frieden von Basel an. Damit steht Österreich allein einem französischen Heer gegenüber, das durch Lazare Nicolas Carnots »levée en masse« (= ein Volksheer) inzwischen 850 000 Mann zählt.
5. und 6. September Franzosen unter General Jourdan überschreiten den Rhein bei Düsseldorf und Köln und zwingen die Österreicher unter Feldmarschall Karl Joseph Graf Clerfayt zum Rückzug.
Mitte September Franzosen unter General Charles Pichegru überschreiten bei Mannheim den Rhein und drohen die beiden österreichischen Heeresgruppen zu trennen.
24. September Schlacht bei Handschuchsheim. Feldmarschall Dagobert Graf Wurmser besiegt die Franzosen unter General Charles Pichegru.
17. und 18. Oktober Schlacht bei Mannheim. Österreicher unter Feldmarschall Dagobert Graf Wurmser besiegen die Franzosen und zwingen sie zum Rückzug. Wurmser wendet sich dem belagerten Mannheim zu, das von 10 000 Franzosen besetzt ist.
24. Oktober Vertrag von Petersburg über die dritte Teilung Polens *(→ erste am 5. August 1772, zweite am 23. Januar 1793)* zwischen Österreich, Rußland und Preußen. Bereits am 3. Januar waren die österreichisch-russischen Teilungsvereinbarungen bekanntgegeben worden. Aufstände der polnischen Bevölkerung gegen den zweiten Teilungsvertrag nahm Zarin Katharina II. (die Große) von Rußland zum Anlaß, sich mit Österreich und Preußen über die Auflösung Polens zu einigen. Österreich erhält Westgalizien bis zum Bug (Sandomir, Lublin, Radom sowie Teile von Brzesko, Podlachien und Masowien) = 51 000 km² mit rund 1 Million Einwohnern. Preußen erhält Teile Masowiens mit Warschau, das Gebiet zwischen Weichsel, Bug und Njemen und einen Teil des Bezirkes Krakau = 43 000 km² mit rund 1 Million Einwohnern. Rußland erhält den restlichen Teil Polens = 146 000 km².
29. Oktober Schlacht bei Mainz. Österreicher unter Feldmarschall Karl Joseph Graf Clerfayt besiegen die Franzosen.
22. November Kapitulation von Mannheim *(→ 17. und 18. Oktober)*.
23. November Schlacht bei Zoara Loano. Auf dem neuen italienischen Kriegsschauplatz besiegen die Franzosen die vereinigten österreichischen und piemontesischen Truppen, sie besetzen die Alpenpässe.
1. Dezember Ein fünfmonatiger Waffenstillstand wird zwischen Österreich und Frankreich vereinbart.
▶1796, 9. Februar Erzherzog Karl, der jüngere Bruder des Kaisers, wird zum Reichsgeneralfeldmarschall ernannt und erhält das Oberkommando über die österreichische Rheinarmee.
27. März General Napoleon Bonaparte, 26 Jahre alt, übernimmt den Oberbefehl über die französischen Streitkräfte des italienischen Kriegsschauplatzes. Dieser Heeresteil sollte sich nach dem Plan des französischen Kriegsministers Lazare Nicolas Carnot noch 1796 im Raum von Wien mit den Heeresteilen vom Rhein vereinigen.
11. und 12. April Schlacht bei Montenotte. General Napoleon Bonaparte besiegt die Österreicher.
13. und 14. April Schlacht bei Millesimo. Abermaliger Sieg General Napoleon Bonapartes über die Österreicher und Trennung der österreichischen Truppen vom sardinischen Heer.
22. April Schlacht bei Mondovi. Sieg General Napoleon Bonapartes über das sardinische Heer und Waffenstillstand mit Sardinien-Piemont.
26. April Friede von Cherasco zwischen Frankreich und Sardinien-Piemont.
10. Mai Schlacht bei Lodi. Beim dritten Sturm erobert General Napoleon Bonaparte die von den Österreichern verteidigte Addabrücke. Die Franzosen verloren dabei an die 400 Mann, die Österreicher 2 000 sowie 1 000 Gefangene und alle Geschütze. Die Reste der österreichischen Armee sammeln sich hinter dem Mincio und in Mantua.
16. Mai General Napoleon Bonaparte zieht in Mailand ein.
Anfang Juni General Jean Baptiste Jourdan überschreitet den Rhein bei Düsseldorf mit 22 000 Mann und bei Neuwied mit 8 700 Mann.
15. Juni Gefecht bei Wetzlar. Erzherzog Karl bringt die vordringenden Franzosen unter General Jean Baptiste Jourdan zum Stehen, er zwingt sie wieder über den Rhein zurück.
24.–27. Juni Die französische Rheinarmee unter General Jean Victor Moreau überschreitet nach der Einnahme von Kehl den Rhein.
9. Juli Schlacht bei Malsch. Erzherzog Karl erstürmt nach dreimaligem Anlauf den Ort Malsch und die in der Rheinebene stehenden Franzosen unter General Desaix. In den Höhenstellungen von Wildbad werden die Österreicher geschlagen, Erzherzog Karl zieht sich deshalb nach Pforzheim zurück.
5. August Preußen verbündet sich mit Frankreich und verspricht vertraglich die Abtretung des linken Rheinufers.
— Schlacht bei Castiglione. Die zum Entsatz von Mantua angerückten Österreicher werden hier geschla-

gen, sie verloren rund 10 000 Mann, die Franzosen 9 000. Feldmarschall Dagobert Graf Wurmser muß sich mit dem Rest der Truppen zurückziehen, der erste österreichische Versuch des Entsatzes von Mantua war gescheitert.

7. August Separatfrieden Württembergs mit Frankreich *(→ 22. August und 7. September).*

8. August Franz Anton Maulbertsch (auch Maulpertsch, Malberz) stirbt in Wien; geb. am 8. Juni 1724 in Langenargen (damals Vorderösterreich); ein Hauptvertreter der österreichischen Spätbarockmalerei (Rokoko), seit 1739 in Wien. Hauptwerke: Deckenfresken und Wandgemälde in der Piaristenkirche in Wien 1752/53, in der Kirche Am Hof in Wien, in den Pfarrkirchen von Schwechat 1765 (diese Fresken wurden im Zweiten Weltkrieg vernichtet), Deckenfresko in der Ungarischen Botschaft in der Bankgasse in Wien aus 1766/67, Fresko in der Kammerkapelle des Leopoldinischen Traktes der Wiener Hofburg 1772, Heiligenkreuz-Gutenbrunn (Niederösterreich), auch Tafelbilder, 1757/58, in der Augustinerkirche in Korneuburg (Niederösterreich) um 1770 sowie im Bibliothekszimmer des Pfarrhofes von Mistelbach (Niederösterreich) 1760. Außerdem schuf er Altar- und Tafelbilder sowie eine Vielzahl von Zeichnungen.

11. August Schlacht bei Neresheim. Erzherzog Karl hatte nach seinem Rückmarsch *(→ 9. Juli)* Nördlingen erreicht, er umgeht die feindlichen Flanken, kann aber das französische Zentrum nicht überwinden. Der Kampf wird ohne nennenswerte Verluste auf beiden Seiten beendet.

19. August Kaiser Franz II. erläßt ein Patent über die Neuausgabe von Stadtbancozetteln; Begründung ist die starke Abnützung der im Umlauf befindlichen Noten.

22. August Baden schließt mit Frankreich einen Separatfrieden.

24. August Gefecht bei Amberg. Erzherzog Karl besiegt die Franzosen unter General Jean Baptiste Jourdan.

1. September Das »k. k. priv. Hetz-Amphietheater« unter den Weißgerbern in Wien brennt ab. Es faßte 3 000 Personen und war trotz hoher Eintrittspreise ständig ausverkauft.

3. September Schlacht bei Würzburg. Erzherzog Karl schneidet General Jean Baptiste Jourdan den Rückweg ab und zwingt ihn zur Schlacht. Nach dem Sieg Erzherzog Karls müssen die Franzosen die Besetzung von Würzburg aufgeben und sich an die Lahn zurückziehen; nach abermaligen siegreichen Gefechten der Österreicher bei Altenkirchen und Neuwied müssen die Franzosen sogar wiederum das rechte Rheinufer räumen.

5. September Beginn des erbitterten Ringens um das Halten der Tiroler Südgrenze. Besonders die Südtiroler Schützen (Andreas Hofer dient als Oberleutnant) zeichnen sich am 30. Oktober und 3. November bei der Brücke von Segonzano und am 2. und 3. November am Coronaberg bei Faedo aus.

7. September Waffenstillstand von Pfaffenhofen. Nachdem Württemberg *(→ 7. August)* und Baden *(→ 22. August)* Waffenruhe mit den Franzosen vereinbart hatten, diktiert General Jean Victor Moreau nun den Bayern harte Bedingungen. Außer großen Geldmitteln und Hilfeleistungen wird auch der sofortige Abzug der bayrischen Truppen aus dem Verband der Koalitionsarmee und freier Durchzug der französischen Truppen durch Bayern verlangt.

8. September Schlacht bei Bassano del Grappa. General Napoleon Bonaparte besiegt die Österreicher unter Feldmarschall Dagobert Graf Wurmser. Am 15. wird Feldmarschall Graf Wurmser gezwungen, sich mit dem Rest von 1 500 Mann in die Festung Mantua zurückzuziehen. Der zweite Versuch der Entsetzung von Mantua war damit gescheitert.

19. Oktober Erzherzog Karl besiegt bei Emmendingen die Franzosen unter General Jean Victor Moreau.

24. Oktober Gefecht bei Schliengen (südl. von Breisach). Erzherzog Karl besiegt die Franzosen abermals und zwingt sie dadurch, über den Rhein zurückzugehen.

15.–17. November Schlacht bei Arcole. Die Österreicher unter Feldzeugmeister Joseph Freiherr von Alvinczy wehren am 15. die heftigen Angriffe der Franzosen unter General Napoleon Bonaparte ab, der sich schließlich sogar zurückziehen muß. Durch Umgehung der Österreicher gelingt Bonaparte am 17. der Sieg. Die Österreicher verloren an die 6 200 Mann, die Franzosen über 4 500.

21. November General Napoleon Bonaparte greift die Österreicher unter General Paul Davidowitsch vor Rivoli an und drängt sie nach Tirol zurück. Der dritte Versuch, Mantua zu entsetzen, war damit auch gescheitert *(→ 5. August, 5. und 8. September).*

►1797 Franz Jäger beginnt mit dem Bau des Theaters an der Wien, er wird 1801 vollendet *(→ 13. Juni 1801).* Das Seitenportal, der unverändert erhaltene Teil des Theaters, wird auch Papagenotor genannt, dargestellt sind Emanuel Schikaneder als Papageno und seine Kinder. (Ludwig van Beethoven hatte hier von 1803 bis 1804 eine Dienstwohnung, in der er Teile der Oper »Fidelio« komponierte.)

13. Januar Ein österreichisches Heer unter Feldzeugmeister Joseph Freiherr von Alvinczy drängt die Franzosen unter General Barthélemy Joubert bis zur Stellung von Rivoli zurück. Es war aus Tirol über den Brenner herangezogen, um Mantua zu entsetzen.

14. und 15. Januar Schlacht bei Rivoli. Die verstärkten Franzosen schlagen in einem erbitterten Kampf am 14. die Österreicher, sie wehren am 15. einen erneuten Angriff der Österreicher ab. Mantua muß am 16. kapitulieren, es war seit Mai 1796 *(→ 10. Mai 1796)* von den Franzosen belagert.

25. Januar Erzherzog Karl übernimmt den Oberbefehl über die in Italien stehenden österreichischen Truppen.

3. Februar Feldmarschall Dagobert Graf Wurmser übergibt Stadt und Festung Mantua. General Napoleon Bonaparte gewährt dem alten Feldherrn (er ist 73 Jahre alt und stirbt noch im selben Jahr) und seinem Stab (insgesamt 700 Mann) freien Abzug.

12. Februar Joseph Haydns Lied »Gott erhalte Franz, den Kaiser« wird zum erstenmal öffentlich gesungen (Kaisers Geburtstag), der Text ist von Lorenz Leopold Haschka.

Anfang März Französische Einheiten überschreiten den Pontebbapaß und stoßen in Tirol bis Sterzing (Südtirol) vor.

Ende März General Napoleon Bonaparte erobert Villach und Klagenfurt, er dringt in der Steiermark weiter vor. Erzherzog Karl mußte wegen zu geringer Truppen zurückweichen.

2. April Gefecht bei Spinges (Berg westl. der Mühlbacher Klause, Südtirol). Inntaler Schützen unter Major Philipp von Wörndle verwehren erfolgreich den Eintritt der Franzosen ins Pustertal. Die Tiroler verlieren 58 Mann, die Franzosen zwischen 500 und 600 Mann.

7. April Waffenstillstand von Judenburg (Steiermark), General Napoleon Bonaparte hatte ihn Erzherzog Karl vorgeschlagen und vereinbart, einen Präliminarfrieden auszuhandeln.

18. April Präliminarfrieden von Leoben (Steiermark), vereinbart auf Schloß Eckenwald nahe der Stadt. Frankreich garantiert einen sechsmonatigen Waffenstillstand bis zum Friedensschluß. Die Abtretung der österreichischen Niederlande (Belgien) und Mailands wird vereinbart. Bis zum Frieden von Campoformido *(→ 17. Oktober)* versuchen die Österreicher und die Franzosen, ihre Positionen zu verbessern. Österreich muß aber bald erkennen, daß weder mit englischer noch mit russischer Hilfe zu rechnen ist.

17. Oktober Friede von Campoformido (östl. Venetien) zwischen Österreich und Frankreich. Österreich tritt die österreichischen Niederlande (Belgien) an die Französische Republik ab, ebenso die Lombardei und ganz Oberitalien bis zur Etsch. Dem Herzog von Modena übergibt Österreich den Breisgau, da dessen Land mit der neugegründeten Cisalpinischen Republik vereinigt wird. Dafür erhält Österreich Teile der aufgelösten Republik Venedig, darunter Istrien und Dalmatien. Ferner wird der Kongreß von Rastatt vereinbart, und in einem Geheimartikel verpflichtet sich Kaiser Franz II., für die Abtretung des linken Rheinufers an Frankreich einzutreten.

9. Dezember Beginn des Friedenskongresses von Rastatt zwischen Frankreich und dem Deutschen Reich. Er dauert bis 23. April 1799 und hat eigentlich eine Neuordnung Deutschlands bzw. seiner Fürstentümer zur Aufgabe.

►1798 Johann Michael Riedl von Leuenstern und Franz Jäger beginnen mit dem Bau der Franzensburg des Schlosses Laxenburg (Niederösterreich), der Bau der klassizistischen Romantik wird 1801 vollendet.

— Antonio Canova beginnt mit der Errichtung des Marmorgrabes für Erzherzogin Maria Christine in der Wiener Augustinerkirche, der bedeutendsten klassizistischen Plastik in Wien, sie wird 1805 vollendet.

11. Februar Unter französischem Einfluß wird die römische Republik errichtet, dem Papst wird die weltliche Herrschaft entzogen.

16. März Aloys Blumauer stirbt in Wien; geb. am 21. Dezember 1755 in Steyr (Oberösterreich); Schriftsteller der Aufklärung, zuerst Jesuit, dann Freimaurer und später Buchhändler. Gab von 1781 bis 1794 gemeinsam mit Josef Franz Ratschky den »Wiener Musenalmanach« heraus. Sein Hauptwerk ist die Vergil-Travestie der Äneis »Die Abenteuer des frommen Helden Äneas«, 1786 erschienen.

13. April »Fahnenrummel in Wien«. Vom Haus der französischen Gesandtschaft in Wien wird die Trikolore, die Fahne des revolutionären Frankreich, heruntergerissen und verbrannt. Österreich verweigert die verlangte Genugtuung, worauf der Gesandte Jean Baptiste Bernadotte Wien verläßt *(→ 12. März 1799).*

29. und 30. April Uraufführung des Oratoriums »Die Schöpfung« von Joseph Haydn in Wien.

31. Juli Johann Thomas Trattner Edler von Trattnern (seit 1764) stirbt in Wien; geb. am 11. November 1717 in Jahrmannsdorf bei Güns (Ungarn); Buchdrucker und Verleger. Er hatte 34 Druckpressen laufen, gründete auch eine Buchhandlung in Wien, der sieben weitere in anderen Städten Österreichs folgten, außerdem unterhielt er auch eine Schriftgießerei. *(→)* 1755 war er bereits ein ernsthafter Konkurrent auf dem deutschsprachigen Buchmarkt. Er druckte von anderen Verlegern herausgegebe Werke in besonders preiswerten Ausgaben nach; er ist der erste bekannte »Nachdrucker«. 1767–1769 errichtete er in Franzensthal (Niederösterreich) eine Papierfabrik, 1773 erwarb er den mittelalterlichen Freisinger Hof am Graben in Wien und ließ ihn mit Nachbarhäusern zum »Trattnerhof« umbauen.

►1799 Paulinus Bartholomeo, ein österreichischer Missionar, gibt die erste Sanskritgrammatik heraus.

1. März Französische Truppen unter General Jean Baptiste Jourdan überschreiten den Rhein; der Friedenskongreß von Rastatt *(→ 9. Dezember 1797)* tagt noch.

12. März Frankreich erklärt Österreich den Krieg, damit Beginn des Zweiten Koalitionskrieges. Nach Napoleons Debakel in Ägypten hatten neapolitanische Truppen vorschnell die Franzosen angegriffen. Doch die erfolgreichen französischen Truppen besetzten den Festlandsteil des Königreichs beider Sizilien, Napoleon ließ die Parthenopäische Republik ausrufen. Österreich stand wieder in einer Koalition mit England und Rußland gegen Frankreich.

21. März Schlacht bei Ostrach am Bodensee. Erzherzog Karl besiegt die Franzosen unter General Jean Baptiste Jourdan, der sich auf Stockach *(→ 25. März)* zurückzieht.

23. März Österreichische Truppen unter General Friedrich Frh. von Hotze schlagen bei Feldkirch (Vorarlberg) die Franzosen unter General André Masséna zurück.

25. März Schlacht bei Stockach am Bodensee. Erzherzog Karl war General Jean Baptiste Jourdan gefolgt, er schlägt ihn *(→ 21. März)* abermals. Jourdan zieht sich daraufhin über Villingen, Breisach und Kehl auf das linke Rheinufer zurück, er legt den Oberbefehl zurück. Erzherzog Karl wendet sich nach seinem Sieg gegen die französischen Truppen unter General Masséna, der in der Schweiz (Helvetische Republik) steht.

26. März Im Gefecht bei Pastrengo besiegen die Österreicher unter Feldzeugmeister Paul Kray Frh. von Krayow die Franzosen unter ihrem Kriegsminister General Schérer.

30. März Schlacht bei Verona. Abermaliger Sieg Feldzeugmeister Krays über Schérer.

5. April Schlacht bei Magano (nahe Verona). Neuerlicher Sieg der Österreicher über die Franzosen.

27. April Schlacht bei Cassano an der Adda. Die russischen Truppen unter Feldmarschall Alexander Suvorov hatten sich mit den Österreichern vereinigt, sie zählten damit 52 600 Mann, die Franzosen zählten 30 000 Mann und standen nun (General Jean Baptiste Jourdan hatte den Oberbefehl niedergelegt, *→ 25. März*) unter dem Befehl von General Jean Victor Moreau. Die verbündeten Truppen besiegen die Franzosen und dringen in Oberitalien weiter vor.

24. Mai Übergabe der Zitadelle von Mailand durch die Franzosen, worauf am 27. auch Turin übergeben wird.

2. Juni Erzherzog Karl drängt unter verlustreichen Gefechten die Franzosen unter General Masséna auf Zürich zurück.

4. Juni Die sogenannte erste Schlacht bei Zürich. Erzherzog Karl greift die stark verschanzten Stellungen der Franzosen unter General Masséna mehrmals an, er verliert dabei bis zum Abend rund 3 000 Mann, erzielt aber großen Terraingewinn. General Masséna zieht sich deshalb am nächsten Tag hinter die Limmat zurück und überläßt den Österreichern Zürich mit 150 Kanonen. Erzherzog Karl hatte gegen einen »Befehl aus Wien« gehandelt, erreichte aber durch seinen Sieg die Sicherung der Verbindung mit dem in Italien stehenden verbündeten Heer.

17. Juni Schlacht an der Trebbia (Norditalien). Die unter dem Oberbefehl von Feldmarschall Alexander Suvorov stehenden Österreicher und Russen besiegen die Franzosen unter General Alexandre MacDonald nach tagelangen schweren Kämpfen. Durch den anschließenden Rückzug der Franzosen haben die Verbündeten bis auf Genua Oberitalien zurückerobert.

15. August Schlacht bei Novi Ligure. Feldmarschall Alexander Suvorov hatte den Fall der belagerten Festungen Alessandria und Mantua abgewartet, um mit dem zusammengezogenen Heer von 50 000 Mann gegen die ebenfalls wieder auf 45 000 Mann angewachsenen Franzosen unter General Barthélemy Catherine Joubert im Raum der genuesischen Riviera zu ziehen. Die herbeigeeilten Österreicher unter General Michael Friedrich Melas entscheiden die Schlacht, die Russen nehmen Novi Ligure ein. Die verbündeten Truppen beschleunigen nun den Vormarsch in die Schweiz, von wo inzwischen Erzherzog Karl abberufen worden war, General Friedrich Frh. von Hotze befehligt nun die Österreicher. Feldmarschall Suvorov schafft den Übergang über den St. Gotthard nur mit beträchtlichen Verlusten.

26. und 27. September Die sogenannte zweite Schlacht bei Zürich. Der im Raum Schwyz stehende General André Masséna schlägt am 25. die Russen unter General Korsakow (Feldmarschall Suvorov war noch nicht eingetroffen) und schließt sich in Zürich ein. Beim Ausbruchsversuch am 26. werden die Russen vernichtend geschlagen. Da am 27. auch die Österreicher (Feldmarschalleutnant Frh. von Hotze ist am 25. gefallen) von den Franzosen geschlagen und zum Rückzug über den Rhein gezwungen werden, kann General Masséna den durch den Übergang über die Alpen geschwächten Feldmarschall Suvorov bis zum 11. Oktober nach Feldkirch (Vorarlberg) zurückdrängen *(→ Ende Dezember)*.

24. Oktober Karl Ditters von Dittersdorf stirbt in Neuhof (Böhmen); geb. am 2. November 1739 in Wien; Violinvirtuose und Komponist, zählt zu den Begründern der komischen Oper in deutscher Sprache. Neben Oratorien, Messen, Symphonien und Streichquartetten schuf er vor allem die komische Oper »Doktor und Apotheker« (1786).

9. November Sturz der Direktorialregierung in Frankreich, General Napoleon Bonaparte (am 8. Oktober aus Ägypten zurückgekehrt) wird am 10. erster Konsul und Alleinherrscher Frankreichs.

Ende Dezember Feldmarschall Alexander Suvorov führt auf Befehl des Zaren Paul I. den Rest der russischen Truppen in die Heimat zurück. Zerwürfnisse in der militärischen Führung und die Niederlage in der zweiten Schlacht von Zürich bereiteten das Ausscheiden Rußlands vor *(→ Januar 1800)*.

►**1800, Januar** Rußland erklärt, sich nicht mehr mit Österreich verbündet zu fühlen; im März löst es auch die Bindungen mit England. Die Koalition ist damit gesprengt.

2. Februar Erzherzog Karl wird als Befehlshaber der österreichischen Truppen entlassen. Wegen Differenzen mit dem Hofkriegsrat und mit dem Vorsteher der Staatskanzlei Johann Franz Frh. von Thugut hatte er das Kommando niedergelegt *(→ 3. Dezember, 25. Dezember; 9. Januar 1801)*.

2. April Uraufführung der 1. Symphonie von Ludwig van Beethoven in Wien.

1. Mai General André Moreau geht mit einer von Napoleon Bonaparte reorganisierten französischen Armee bei Schaffhausen über den Rhein.

3. Mai General André Moreau besiegt die Österreicher unter Feldzeugmeister Frh. von Kray bei Stockach am Bodensee, er drängt sie bis auf Ulm zurück.

15. Mai Napoleon Bonaparte zieht über den Großen St. Bernhard. Diese militärische Meisterleistung ist am 20. abgeschlossen.

2. Juni Napoleon Bonaparte erobert Mailand, gleichzeitig beginnt General Masséna die Kapitulationsverhandlungen von Genua, da er von diesem Erfolg nicht unterrichtet ist.

4. Juni Übergabe von Genua, das von den Österreichern unter Feldmarschalleutnant Ott eingeschlossen war.

9. Juni In der Schlacht bei Montebello besiegt Napoleon Bonaparte abermals die Österreicher.

14. Juni Schlacht bei Marengo. Die Österreicher unter General Michael Friedrich Melas zwingen nach stundenlangem Kampf die Franzosen zum Rückzug, doch gelingt es Napoleon Bonaparte mit seiner Garde, diesen Rückzug zum Stehen zu bringen. General Melas, der die Schlacht für entschieden ansieht und außerdem leicht verwundet ist, zieht sich zurück und überläßt seinen untergebenen Truppenführern die Verfolgung der Franzosen. Mit geschickten Manövern wendet Napoleon Bonaparte die Schlacht zu seinen Gunsten. Die Österreicher hatten 9 000 Tote, Verwundete und Gefangene verloren, die Franzosen 7 000. Die Österreicher ziehen sich nach Alessandria zurück.

15. Juni Waffenstillstand von Alessandria, auch Konvention von Alessandria genannt. Napoleon Bonaparte »gewährt« den Österreichern einen Waffenstillstand, bis der »Wiener Hof« zum Friedensschluß bereit sei. Die Österreicher müssen sich bis hinter den Mincio zurückziehen, alle Festungen mit Ausnahme von Mantua, Peschiera und Borgoforte den Franzosen übergeben; die geschlagene österreichische Armee muß die Hälfte der schweren Artillerie und der Vorräte den Franzosen abtreten und alle politischen Gefangenen der Cisalpinischen Republik auf freien Fuß setzen. Napoleon Bonaparte erhoffte sich, besonders durch diese harten Bedingungen, einen raschen Friedensschluß *(→ 9. Februar 1801)*.

9. Juli Die österreichische Westarmee schließt den Waffenstillstand von Parsdorf.

28. Juli Erstbesteigung des Großglockners, des höchsten Gipfels der Ostalpen, 3 798 m. Die Initiative war vom Fürstbischof von Gurk, Kardinal Franz Altgraf Salm-Reifferscheidt, ausgegangen, der 1799 den Kleinglockner ersteigen und die nach ihm benannte Schutzhütte errichten ließ, es ist die erste der Ostalpen und die zweite in den Alpen überhaupt.

18. September Johann Ludwig Graf Cobenzl wird mit der Leitung der auswärtigen Angelegenheiten betraut. Der bisherige Ressortchef Johann Franz Frh. von Thugut hatte sich als ungeschickter Verhandlungspartner erwiesen. Oft stand er in offenem Widerspruch zu Erzherzog Karl, auch die militärische Kooperation mit Alexander Suvorov, dessen schwieriges Temperament bekannt war, scheiterte fast an Thuguts Unfähigkeit.

20. September Vertrag von Hohenlinden. Am 8. September hat der Oberbefehlshaber der in Deutschland stehenden französischen Truppen, General Moreau, den Waffenstillstand von Parsdorf *(→ 9. Juli)* mit Wirkung vom 20. September angekündigt (Johann Franz Frh. von Thugut hat damals die in Paris verhandelten Präliminarien abgelehnt). Mit diesem Vertrag gesteht er den Österreichern eine Verlängerung der Waffenruhe um 45 Tage zu, läßt sich aber die Festungen Philippsburg, Ulm und Ingolstadt innerhalb von zehn Tagen übergeben.

29. September Michael Denis stirbt in Wien; geb. am 27. September 1729 in Schärding (Oberösterreich); Schriftsteller, Jesuit und Professor am Theresianum in Wien. Neben bibliothekswissenschaftlichen Werken schrieb er auch zahlreiche Lieder, verfaßte 1762 das erste Lesebuch von Österreich, 1772 erschien der Sammelband »Die Lieder Sineds des Barden« (so nannte er sich gerne). Unter den zahlreichen Kirchenliedern sind heute noch sehr bekannt und beliebt »Hier liegt vor deiner Majestät«, »Tauet Himmel, den Gerechten« und »Großer Gott, wir loben dich«.

3. Dezember Schlacht von Hohenlinden. Die durch die bayrischen Besatzungen der übergebenen Festungen *(→ 20. September)* verstärkten Österreicher stehen unter dem Kommando von Erzherzog Johann, sie zählen 57 000 Mann. Die Franzosen unter General Moreau zählen 49 000 Mann. Durch eine geschickt ausgesuchte Stellung gelingt es Moreau, die völlige Entfaltung der Übermacht zu verhindern und die Österreicher zu besiegen. Den Österreichern waren rund 30 000 Mann kriegstauglich geblieben, Erzherzog Johann zog sich deshalb hinter die Enns zurück. Dem das Kommando übernehmenden Erzherzog Karl bleibt als Ausweg nur der Waffenstillstand von Steyr *(→ 25. Dezember)*.

25. Dezember Waffenstillstand von Steyr (Oberösterreich) zwischen Österreich und Frankreich auf der Basis des Status quo.

▶**1801, 9. Januar** Erzherzog Karl wird Präsident des Hofkriegsrates *(→ 2. Februar und 3. Dezember 1800)*. Er beginnt sofort mit der Reform des Heerwesens und versucht, die etwas schwerfällige innere Verwaltung von Österreich zu vereinfachen.

16. Januar Endgültige Entlassung Franz Frh. von Thuguts *(→ 2. Februar, 18. und 20. September 1800)*. Sein Nachfolger Johann Ludwig Graf Cobenzl, Hof- und Staatsvizekanzler und Außenminister, ist der Verfasser der Denkschrift, die Kaiser Franz II. zur Errichtung des Kaisertums Österreich *(→ 11. August 1804)* veranlaßte.

9. Februar Friede von Lunéville (nahe Nancy) zwischen Frankreich und Österreich. Erneuerung des Friedens von Campoformido *(→ 17. Oktober 1779)*, der nun auch für das Deutsche Reich gelten soll. Österreich verbleiben die oberitalienischen Besitzungen Venedigs, Istrien und Dalmatien. Dem Herzog von Modena wird der Breisgau als Entschädigung zuerkannt, dem Großherzog von Toskana wird eine Entschädigung durch Reichsgebiet zuerkannt *(→ 25. Februar 1803)*. Die Gebiete des linken Rheinufers fallen an Frankreich, die dadurch geschädigten deutschen Fürsten sollen mit rechtsrheinischen Gebieten entschädigt werden *(→ 25. Februar 1803)*. Österreich erkennt alle von Frankreich errichteten Republiken an. Die österreichischen Truppen werden in die Erblande zurückgezogen, die französischen räumen das Gebiet des Deutschen Reiches.

7. März Beitritt der deutschen Fürsten zum Frieden von Lunéville *(→ 25. Februar 1803)*. Der zweite Koalitionskrieg gegen Frankreich war tatsächlich erst durch den Frieden von Amiens zwischen Frankreich und England am 27. März 1802 beendet.

24. April Uraufführung des Oratoriums »Die Jahreszeiten« von Joseph Haydn in Wien.

13. Juni Eröffnung des neuerbauten *(→ 1797)* »K. k. priv. Schauspielhauses an der Wien« (= Theater an der Wien, damals Magdalenenstraße, heute Linke Wienzeile, Wien 6) unter der Direktion Emanuel Schikaneders mit der Erstaufführung der »heroischen Oper« in zwei Aufzügen »Alexander«, Text von Emanuel Schikaneder, Musik vom »Kompositeur des Theaters« Franz Teyber, sowie dem »allegorischen Vorspiel Thespis' Traum«, Text ebenfalls von Emanuel Schikaneder. Das Theater hatte eine Gesamtlänge von 45 m, eine Breite von 21 m; der Zuschauerraum hatte eine Länge von 19 m, und die Bühnentiefe betrug 13 m plus 10,5 m für die Hinterbühne.

28. Juni Martin Johann Schmidt (genannt Kremser-Schmidt) stirbt in Stein (Niederösterreich); geb. am 25. September 1718 in Grafenwörth bei Krems (Niederösterreich); Barockmaler, schuf Deckengemälde und über 1 000 Altar- und Andachtsbilder, später auch Bilder mythologischer Themen, Radierungen und Zeichnungen. Hauptwerke: Deckengemälde in der Pfarrkirche von Stein an der Donau (Niederösterreich), auch Altarbilder, 1751, Kapelle des Stiftes Herzogenburg (Niederösterreich) 1756, Refektorium des ehemaligen Klarissinnenklosters Dürnstein (Niederösterreich) 1775, Pfarrkirche von Krems (Niederösterreich) 1787, Krypta des Stiftes Göttweig (Niederösterreich) 1788; Altarbilder in der Kapelle des Knabenseminars in Melk (Niederösterreich) 1752, Wallfahrtskirche Maria Taferl (Niederösterreich) 1775, Stiftskirche der Benediktinerabtei St. Peter in Salzburg 1775–1782 (mehrere), ehemalige Stiftskirche von Spital am Pyhrn (Oberösterreich) 1780–1781 (mehrere), Pfarrkirche von Gresten (Niederösterreich) 1801. Gemälde in mehreren Stiftssammlungen, so z. B. in Seitenstetten (Niederösterreich) über 30.

▶**1802** Zacharias Winzler unternimmt die ersten Versuche einer Gasbeleuchtung in den Städten Znaim, Nußdorf bei Wien und Preßburg.

— Beginn der Errichtung des Zeremoniensaales im Leopoldinischen Trakt der Wiener Hofburg von Louis de Montoyer, er wird 1806 fertiggestellt.

Januar Die Cisalpinische Republik *(→ 17. Oktober 1797)* wird zur Italienischen Republik; Napoleon Bonaparte wird zum Präsidenten gewählt.

4. Januar Georg Johann Stuwer (eigentlich G. J. Stubenrauch) stirbt in Wien; geb. 1732 in Ingolstadt (Bayern); Kunstfeuerwerker, Kaiser Joseph II. überließ ihm für seine Großveranstaltungen die Jesuitenwiese im Wiener Prater, die man dann Feuerwerkswiese nannte, auf ihr brannte er am 27. Mai 1774 sein erstes großes Kunstfeuerwerk ab.

3. Juni Vereinbarung zwischen Frankreich und Rußland über die territoriale Neugestaltung des Deutschen Reiches, noch bevor der Reichsdeputationshauptschluß zusammengetreten war *(→ 25. Februar 1803)*.

▶1803 Errichtung des Dreimäderlhauses auf der Mölker Bastei in Wien, ein typisches Rokokobürgerhaus. (Es wird oft fälschlich mit Franz Schubert in Verbindung gebracht.)

— Im Park von Schloß Esterházy in Eisenstadt wird eine Dampfmaschine der englischen Firma David Matson als Antrieb für ein Bewässerungspumpwerk eingesetzt. Schon um 1722 hatte Joseph Emanuel Fischer von Erlach nach englischen Vorbildern eine »Feuermaschine« für die Wasserkünste im Schwarzenberg'schen Garten in Wien konstruiert.

28. Januar Karl Edler von Marinelli stirbt in Wien; geb. am 12. September 1745 in Wien (Tauftag), Edler von ab 18. November 1801; Schauspieler, Theaterdichter und Theaterleiter, erhielt am 2. Januar 1781 ein kaiserliches Privileg zur Errichtung eines »stehenden Theaters« in der Leopoldstadt in Wien, am 20. Oktober 1781 Eröffnung der »ersten stehenden Volksbühne« in Wien, das Leopoldstädter Theater. Er hinterläßt ein beträchtliches Vermögen.

11. Februar Erzbischof Hieronymus Graf Colloredo dankt als Landesherr von Salzburg ab *(→ 1823)*.

15. Februar Das Erzbistum Salzburg wird für Erzherzog Ferdinand III. von Österreich und Großherzog von Toskana, einen Bruder Kaiser Franz' II., Franz II. in Besitz genommen. Er erhält es als Ersatz für sein Großherzogtum, das er im Frieden von Lunéville *(→ 9. Februar 1801)* hat abtreten müssen; 1803–1805 besteht ein »Kurfürstentum Salzburg«.

25. Februar Der Reichsdeputationshauptschluß von Regensburg beschließt die endgültige Regelung der Entschädigung der deutschen Fürsten für ihre verlorenen Gebiete, vor allem linksrheinische. In den zahlreichen Friedensschlüssen der Jahre vorher (Basel, 5. April 1795; Campoformido, 17. Oktober 1797, Friedenskongreß von Rastatt, 9. Dezember 1797 bis 23. April 1799, und Lunéville, 9. Februar 1801) war diese Entschädigung immer wieder vorgesehen worden, durch Säkularisation (Umwandlung von geistlichen Herrschaftsbereichen in weltliche) und Mediatisierung (Unterstellung eines reichsunmittelbaren Standes unter die Landeshoheit eines anderen Reichsstandes). Am 2. Oktober 1801 schlug der Reichstag vor, die Ausarbeitung eines Entschädigungsplanes einer Reichsdeputation zu übertragen, diese trat im August 1802 zusammen und begann die Beratungen. Durch die französisch-russischen Vereinbarungen *(→ 3. Juni 1802)* waren die Entscheidungen praktisch vorweggenommen worden. Die territorialen, staats- und kirchenrechtlichen Veränderungen des Reichsdeputationshauptschlusses werden als letztes Reichsgrundgesetz verankert und am 24. März 1803 verabschiedet.

Österreich betrifft davon: Abtretung des Breisgaues (Vorderösterreich) und der Ortenau an den Herzog von Modena, dafür erhält es endgültig die Bistümer Brixen und Trient. Großherzog Ferdinand III. von Toskana (Erzherzog von Österreich) erhält für sein Land, das zum Königreich Etrurien unter einem Bourbonen geworden war, das Erzbistum Salzburg, Berchtesgaden und Teile der Bistümer Eichstädt und Passau – es wird das neue Kurfürstentum Salzburg (bis 1805). Von den Reichsständen bleiben nur mehr Hamburg, Bremen, Lübeck, Nürnberg, Augsburg und Frankfurt am Main über: die deutschen Fürstentümer damit abermals wesentlich gestärkt, die Macht des Kaisers jedoch abermals geschmälert.

24. März Der Reichstag in Regensburg anerkennt die Regelung des Reichsdeputationshauptschlusses.

29. April Kaiser Franz II. anerkennt die vom Reichsdeputationshauptschluß getroffenen Gebietsregelungen.

3. September Veröffentlichung des »Gesetzbuches über Verbrechen und schwere Polizeiübertretungen für alle Erbländer«.

▶1804 Fertigstellung der »Albertinischen Wasserleitung«, der ersten Trinkwasserleitung Wiens. Schon Maria Christine von Sachsen-Teschen (eine Tochter Maria Theresias) plante, von Hütteldorf nach Wien eine Trinkwasserleitung bauen zu lassen, doch starb sie bereits am 24. Juni 1798; ihr Gatte, Herzog Albert von Sachsen-Teschen, führte den Plan zu Ende. Die Vorstädte Mariahilf, Schottenfeld, Josefstadt und Gumpendorf waren die ersten Nutznießer dieser Errungenschaft.

18. Mai Napoleon Bonaparte wird als Napoleon I. zum erblichen Kaiser der Franzosen ausgerufen (am 2. Dezember krönt er sich selber in der Kirche Notre-Dame in Paris und läßt sich von Papst Pius VII. salben).

Kaisertum Österreich 1804 bis 1867

11. August Kaiser Franz II. erläßt ein Patent, mit dem er den Titel und die Würde eines erblichen »Kaisers von Österreich« annimmt, als solcher nun »Kaiser Franz I. von Österreich«. Der schwarze Doppeladler auf goldenem Grund, das Symbol des Reiches, wird zum Wappen des Kaiserreiches Österreich. Staats-

Erbliches Kaisertum Österreich

Kaiser Franz II. erläßt am 11. August 1804 ein Patent über die Annahme des Titels und der Würde eines erblichen Kaisers von Österreich.

»Obwohl Wir durch göttliche Fügung und durch die Wahl der Churfürsten des Römisch-Deutschen Reiches zu einer Würde gediehen sind, welche Uns für Unsere Person keinen Zuwachs an Titel und Ansehen zu wünschen übrig lässt; so muss doch Unsere Sorgfalt als Regent des Hauses und der Monarchie von Oesterreich dahin gerichtet sein, dass jene vollkommene Gleichheit des Titels und der erblichen Würde mit den vorzüglichsten Europäischen Regenten und Mächten aufrecht erhalten und behauptet werde, welche den Souveränen Oesterreichs, sowohl in Hinsicht des uralten Glanzes Ihres Erzhauses, als vermöge der Grösse und Bevölkerung Ihrer, so beträchtlichen Königreiche und unabhängige Fürstenthümer in sich fassenden Staaten gebühret, und durch völkerrechtliche Ausübung und Tractaten versichert ist.

Wir sehen Uns demnach zur dauerhaften Befestigung dieser Vollkommenen Rangs-Gleichheit veranlasst und berechtigt, nach den Beyspielen, welche in dem vorigen Jahrhunderte der Russisch-Kaiserliche Hof, und nunmehr auch der neue Beherrscher Frankreichs gegeben hat, dem Hause von Oesterreich, in Rücksicht auf dessen unabhängige Staaten, den erblichen Kaiser-Titel gleichfalls beyzulegen.

In Gemässheit dessen haben Wir, nach gepflogener reiflichster Ueberlegung, beschlossen, für Uns und für unsere Nachfolger in dem unzertrennlichen Besitze Unserer unabhängigen Königreiche und Staaten, den Titel und die Würde eines erblichen Kaisers von Oesterreich (als den Nahmen Unseres Erzhauses) dergestalt feyerlichst anzunehmen und fest zu setzen, dass Unsere sämmtlichen Königreiche, Fürstenthümer und Provinzen, ihre bisherigen Titel, Verfassungen, Vorrechte und Verhältnisse fernerhin unverändert beybehalten sollen. Zufolge dieser Unserer allerhöchsten Entschliessung und Erklärung verordnen Wir:

Erstens: Dass unmittelbar nach Unserem Titel eines erwählten Römisch-Deutschen Kaisers, jener eines erblichen Kaisers von Oesterreich eingeschaltet werde, sonach aber Unsere weiteren Titel als König von Germanien, Ungarn, Böhmen &, dann die eines Erzherzogs von Oesterreich &, Herzogs von Steyermark &, und jene der übrigen Erblande folgen sollen. Nachdem jedoch seit Unserem Regierungs-Antritte mehrere Veränderungen in den Besitzungen Unseres Erzhauses vorgefallen, und durch feyerliche Tractaten bestätigt worden sind, so lassen Wir zu gleicher Zeit die beyliegende, nach dem gegenwärtigen Zustande neu regulirte Titulatur hiermit kundmachen, und gehet Unsere Willensmeinung dahin, dass selbe künftighin statt der bisher üblichen eingeführet und gebraucht werde.

Zweytens: Soll allen, sowohl Unseren Descendenten beyderley Geschlechtes, als jenen Unserer Nachfolger in der Regentschaft des Erzhauses, der Titel von kaiserlich-königlichen Prinzen und Prinzessinnen nebst jenen von Erzherzogen und Erzherzoginnen von Oesterreich, dann von kaiserlich-königlichen Hoheiten beygelegt und ertheilt werden.

Drittens: Gleichwie aber alle Unsere Königreiche und andere Staaten vorbesagter Massen in ihren bisherigen Benennungen und Zustande ungeschmählert zu verbleiben haben, so ist solches insonderheit von Unserem Königreiche Ungarn und den damit vereinigten Landen, dann von denjenigen Unserer Erbstaaten zu verstehen, welche bisher mit dem Römisch-Deutschen Reiche in unmittelbarem Verbande gestanden sind, und auch in Zukunft die nähmlichen Verhältnisse mit demselben, in Gemässheit der von Unseren Vorfahren im Römisch-Deutschen Kaiserthume Unserem Erzhause ertheilten Privilegien beybehalten sollen ...«

(Das gesamte Dokument umfaßt 16 Blätter.)

minister Johann Ludwig Graf Cobenzl hatte eine Denkschrift verfaßt, die Kaiser Franz zu diesem Patent veranlaßte, das praktisch seine Antwort auf die Selbsternennung Napoleon Bonapartes zum Kaiser der Franzosen war *(→ 7. Dezember)*.

6. November Österreich und Rußland schließen ein Verteidigungsbündnis. Erzherzog Karl ist wegen der zuwenig gerüsteten österreichischen Armee dagegen – er tritt als Präsident des Hofkriegsrates zurück. General Karl Frh. von Mack wird sein Nachfolger.

7. Dezember Regierungskommissäre verlesen öffentlich das Patent Kaiser Franz' I. über die Errichtung des Kaisertums Österreich.

►**1805** Der in Berlin lebende Schriftsteller August von Kotzebue beendet seine Beschreibung Innsbrucks in »Bemerkungen auf einer Reise aus Liefland nach Rom und Neapel«: »Ehe ich Inspruck verlasse, muß ich noch den Wunsch äußern, die Stadt einmahl in dem Augenblicke zu sehen, wo alle Einwohner ihre Wäsche trocknen. Auf den meisten Häusern nähmlich befindet sich zu diesem Behuf auf den Dächern eine Art von schlechter Gallerie. Diese Gallerien gewähren auch unbekleidet schon einen seltsamen Anblick, aber hilf Himmel! welch ein ungeheures Zelt muß die ausgehängte Wäsche bilden! und wenn der Wind alle die Hemden bewegt, gerade in dem Augenblicke, wenn der Reisende Inspruck zum ersten Mahle von ferne erblickt, muß es ihm nicht vorkommen, wie eine segelnde Stadt?«

— Baubeginn für das Palais Rasumovsky in Wien nach Plänen von Louis de Montoyer mit sehr seltenem Empirestuck von Christian Thaller, das Palais wird 1807 fertiggestellt.

— Der in der Wiener Vorstadt Altlerchenfeld ansässige Fleischermeister Johann Georg Lahner stellt Würste her, die er in Erinnerung an seine Lehrzeit »Frankfurter« nennt. Der aus Oberfranken stammende Lahner war 1789 als Ruderknecht nach Wien gekommen und hatte sich 1804 im Haus Schottenfeld Nr. 274 selbständig gemacht. Die sonst überall »Wiener Würstl« (auch Wienerle) genannten Würste heißen nur bei uns noch nach wie vor »Frankfurter«. (Bei der ersten Wiener Kochkunstausstellung 1884 haben sie die »Goldene Medaille« erhalten, worauf die Nachfahren Lahners innerhalb kürzester Zeit 10 000 Paar verkauften. Über 150 Jahre gab es die Fleischhauerei Lahner, zuletzt in der Kaiserstraße 99.)

7. April Uraufführung der 3. Symphonie, der »Eroica« von Ludwig van Beethoven in Wien.

11. April Rußland und England schließen in Petersburg ein Bündnis, dem sich bald darauf auch Schweden anschließt, die dritte Koalition gegen Frankreich *(→ 9. August)*.

9. August Österreich tritt dem Petersburger Bündnis bei, Neapel schließt sich an, Preußen bleibt neutral.

13. August Frankreich wiederholt seine Forderung vom 3. August, Österreich soll seine Garnisonen aus Tirol und Venedig abziehen, Österreich lehnt diese Forderung am 27. August ab.

25. August Der Vertrag von Bogenhausen zwischen Frankreich und Bayern, die Antwort Kaiser Napoleons I. auf die Bildung der dritten Koalition *(→ 11. April und 9. August)*, begründet ein Bündnissystem mit den süddeutschen Fürsten *(→ 5. September und 5. Oktober)*.

1. September Erzherzog Karl übernimmt in Italien den Oberbefehl über die österreichischen Truppen, man hoffte die Franzosen hier zur Entscheidung zu zwingen.

5. September Vertrag von Baden-Baden zwischen Frankreich und Baden, Kaiser Napoleon I. war somit mit dem zweiten süddeutschen Fürsten verbündet *(→ 25. August und 5. Oktober)*.

8. September Österreichische Truppen überschreiten die österreichisch-bayrische Grenze.

23. September Frankreich erklärt an Österreich den Krieg.

25. September Kaiser Napoleon I. überschreitet mit der französischen Hauptarmee den Rhein.

5. Oktober Vertrag von Ludwigsburg zwischen Frankreich und Württemberg, Kaiser Napoleon I. ist somit mit dem dritten süddeutschen Fürsten verbündet *(→ 25. August und 5. September)*.

6. Oktober Die französische Armee beginnt zwischen Heidenheim und Donauwörth die Donau zu überqueren. Bis zum 9. ist der Übergang in vier Heeresteilen abgeschlossen.

8. Oktober Im Gefecht bei Wertingen (südl. von Donauwörth) besiegen die Franzosen unter Jean Lannes und Joachim Murat die österreichische Division unter Auffenberg. Feldmarschalleutnant Karl Frh. von Mack erkennt nun die von Kaiser Napoleon I. geplante Umklammerung und versucht auf das nördl. Donauufer auszuweichen.

9. Oktober Im Gefecht bei Günzburg an der Donau besiegen die Franzosen unter Michel Ney die Österreicher.

14. Oktober Schlacht bei Elchingen. Nach längerem Kampf besiegt Michel Ney abermals die Österreicher unter Feldmarschalleutnant Karl Frh. von Mack und drängt sie in das schlechtbefestigte Ulm zurück.

17. Oktober Feldmarschalleutnant Karl Frh. von Mack, in Ulm mit 23 000 Mann eingeschlossen, ergibt sich den Franzosen. (Mack wird nach seiner Rückkehr nach Österreich vor ein Kriegsgericht gestellt und zum Tode verurteilt, dann aber zu 20 Jahren Festungshaft begnadigt. Auf Intervention Erzherzog Karls wird er 1808 freigelassen, 1819 endgültig begnadigt.) Gleichzeitig wird das Korps Werneck bei Neresheim von den Franzosen geschlagen und am darauffolgenden Tag zur Kapitulation gezwungen, den Franzosen steht damit der Weg nach Wien offen.

23. Oktober Erzherzog Ferdinand III. von Toskana, der nach Böhmen abmarschiert war, erreicht mit etwa 2 500 Mann Eger.

26. Oktober Erzherzog Johann muß, durch die Ereignisse bei der Hauptarmee gezwungen, die Räumung Tirols und Vorarlbergs befehlen.

29. Oktober Kaiser Franz I. trifft in Wels (Oberösterreich) mit General Michael Kutusow, dem Oberkommandierenden der zwischen dem 12. und 22. im Raum Braunau eingetroffenen russischen Armee, zusammen; sie beschließen den Rückzug über die Enns, die aber defensiv gehalten werden soll.

30. Oktober Französische Truppen besetzen die Stadt Salzburg, die Festung Hohensalzburg wird zum erstenmal seit ihrem Bestehen von fremden Truppen betreten.

30. und 31. Oktober Schlacht bei Caldiero. Erzherzog Karl besiegt die Franzosen unter General André Masséna, die auf Verona zurückgeworfen werden. Erzherzog Karl hatte seit dem 28. den Befehl zum Rückzug

(Erzherzog Johann und Erzherzog Karl werden mit ihren Truppen dringend für die Verteidigung Wiens benötigt), den er sich mit diesem Sieg sichern konnte.

3. November Mit dem Allianzvertrag von Potsdam zwischen Zar Alexander I. von Rußland und König Friedrich Wilhelm III. von Preußen verpflichtet sich Preußen als bewaffneter Vermittler. Die Franzosen haben am 9. Oktober die Neutralität Preußens verletzt, als sie durch das Fürstentum Ansbach marschiert sind *(→ 15. Dezember).*

5. November General Michel Ney besetzt das von österreichischen Truppen entblößte *(→ 26. Oktober)* Innsbruck. Teile der französischen Armee unter Marschall Edward Mortier überschreiten bei Linz die Donau.

7. November Die französischen Truppen ziehen an beiden Donauufern stromabwärts Richtung Wachau.

8. November Johann Montluisant hält mit einigen freiwilligen Wiener Deutschmeistern eine französische Einheit so lange vor Mariazell (Steiermark) auf, bis die wertvollen Schätze der Mariazeller Schatzkammer in Sicherheit gebracht worden waren. Er erhielt dafür den Militär-Maria-Theresien-Orden.

9. November Feldmarschall Michael Kutusow überschreitet mit seiner Armee bei Mautern die Donau und zerstört die Donaubrücke, da an eine Verteidigung nicht zu denken ist. (Erst am 7. war das Gros der russischen Armee in St. Pölten eingetroffen.)

10. und 11. November Gefecht bei Dürnstein und Loiben an der Donau. Nach einem Vorpostengefecht am 10. abends beginnen schon am 11. um sieben Uhr die Kampfhandlungen zwischen den Franzosen und den Österreichern und Russen, die mit einem Sieg der Russen unter Feldmarschall Michael Kutusow gegen 19 Uhr enden. Beide Seiten erleiden hohe Verluste, die allerdings nicht genau bekannt sind. Außerdem werden die Ortschaften Ober- und Unterloiben und Dürnstein sowie Krems und Stein erheblich beschädigt.

12. November Marschall Joachim Murat erreicht mit seinen Truppen an der Mariahilfer Linie Wien.

— Kaiser Franz I. richtet von Brünn aus ein Handschreiben an Michael Kutusow, mit dem er den Rückzug anordnet. Er sieht in der Vereinigung der Streitkräfte die einzige Chance.

13. November Marschall Joachim Murat umgeht Wien und bemächtigt sich durch List (Vorspiegelung von Waffenstillstandsverhandlungen) der Taborbrücke, des wichtigen Überganges über die Donau, damit Garantie eines raschen Weitermarsches.

14. November Am Morgen trifft Kaiser Napoleon I. vor Wien ein und nimmt im Schloß Schönbrunn Quartier.

16. November Gefecht bei Hollabrunn und Schöngrabern (Niederösterreich). Niederlage der österreichisch-russischen Nachhut durch die Franzosen unter Marschall Joachim Murat. Durch empfindliche Verluste auf beiden Seiten konnten die Franzosen nicht nachstoßen, die russische Armee konnte sich aber mit der österreichischen in Mähren vereinigen. In Wien verbreitete sich am Abend des 17. sogar das Gerücht, daß die Russen bei Schöngrabern siegreich geblieben waren, was zu Ausschreitungen der Bevölkerung gegen die französischen Truppen führte.

19. November Die vereinigten österreichischen und russischen Truppen beziehen im Raum südl. von Olmütz ein Lager, die alliierte Armee zählt über 84 000 Mann, ohne Troß und die Festungsbesatzungen dieses Raumes.

20. November Uraufführung der ersten Fassung der Oper »Fidelio« von Ludwig van Beethoven im Theater an der Wien in Wien.

26. November Vereinigung der Truppen Erzherzog Karls und Erzherzog Johanns im Raum Marburg.

27. November Die vereinigten Truppen *(→ 19. November)* ziehen in südwestl. Richtung der Armee Kaiser Napoleons I., der inzwischen im Raum Brünn 75 000 Mann zusammengezogen hatte, entgegen.

2. Dezember Schlacht bei Austerlitz, östl. von Brünn. Sie wird wegen der Anwesenheit Kaiser Franz' I., Zar Alexanders I. und Kaiser Napoleons I. Dreikaiserschlacht genannt. Zar Alexander I. hatte zur Schlacht gedrängt, Kaiser Napoleon I. hatte den alliierten Truppen wegen seiner zahlenmäßigen Unterlegenheit die Initiative überlassen und das ihm günstig erscheinende Schlachtfeld gewählt. Der um sieben Uhr beginnende Kampf endete in den Mittagsstunden mit einem restlosen Sieg Kaiser Napoleons I. Das schwergeschlagene Heer der Alliierten zieht sich nach Göding an der March zurück, Kaiser Napoleon I. nimmt am darauffolgenden Tag im Fürstlich-Kaunitzschen Schloß in Austerlitz Quartier.

4. Dezember Kaiser Franz I. und Kaiser Napoleon I. treffen bei der Mühle von Nasiedlowitz (zwischen Austerlitz und Holitsch) zu einem Gespräch zusammen. Feldmarschalleutnant Johann Fürst Liechtenstein, auf dessen Boden die Mühle steht, ist der einzige Zeuge des Gesprächs, von dem wenig bekannt wird.

6. Dezember Unterzeichnung des Waffenstillstands zwischen Österreich und Frankreich im Kaunitzschen Schloß in Austerlitz. Die wesentlichste Forderung des Waffenstillstandes ist der sofortige Abzug der russischen Armee; Zar Alexander I. zieht daraufhin mit seinen Truppen nach Rußland. Nur Ungarn (außer Preßburg), Kroatien, Galizien, die Bukowina und die nördl. Teile von Böhmen und Mähren bleiben von französischer Besatzung frei, in den übrigen Teilen von Österreich herrscht eine strenge französische Besatzung, die hohe Kontributionen eintreibt.

10. Dezember Mit dem Brünner Vertrag zwischen Frankreich und Bayern erhebt Kaiser Napoleon I. Bayern zum Königreich und verspricht österreichische Gebiete für die erfolgte Waffenhilfe *(→ 25. August).* Fast gleichlautende Verträge werden am 11. mit Württemberg geschlossen *(→ 5. Oktober),* das ebenfalls zum Königreich erhoben wird, und am 12. Dezember mit Baden *(→ 5. September).*

15. Dezember Mit dem Vertrag von Schönbrunn zwischen Frankreich und Preußen wird ein Offensiv- und Defensivbündnis vereinbart. Preußen war seiner im Vertrag von Potsdam *(→ 3. November)* übernommenen Vermittlerrolle nicht nachgekommen.

24. Dezember Johann Philipp Graf Stadion-Thannhausen, bisher österreichischer Gesandter in Petersburg, wird Leiter der Staatskanzlei und damit für die Außenpolitik verantwortlich.

26. Dezember Friede von Preßburg zwischen Österreich und Frankreich. In 24 Artikeln sind die Verpflichtungen von Österreich festgehalten, die allein einen Gebietsverlust von 1 000 Quadratmeilen mit 3 Millionen Einwohnern beinhalten. An das Königreich Italien tritt

Ende des Heiligen Römischen Reiches

Erklärung Kaiser Franz' II. vom 6. August 1806:

»Wir Franz der Zweite, von Gottes Gnaden erwählter römischer Kaiser, zu allen Zeiten Mehrer des Reiches, Erbkaiser von Oesterreich etc., König in Germanien, zu Hungarn, Böheim, Croatien, Dalmazien, Slavonien, Lodomerien und Jerusalem, Erzherzog zu Oesterreich etc.

Nach dem Abschlusse des Preßburger Friedens war Unsere ganze Aufmerksamkeit und Sorgfalt dahin gerichtet, allen Verpflichtungen, die Wir dadurch eingegangen hatten, mit gewohnter Gewissenhaftigkeit das vollkommenste Genüge zu leisten, und die Segnungen des Friedens Unsern Völkern zu erhalten, die glücklich wieder hergestellten friedlichen Verhältnisse allenthalben zu befestigen, und zu erwarten, ob die durch diesen Frieden herbeigeführten wesentlichen Veränderungen im deutschen Reiche es Uns ferner möglich machen würden, den nach der kaiserlichen Wahlcapitulation Uns als Reichs-Oberhaupt obliegenden schweren Pflichten genug zu thun. Die Folgerungen, welche mehreren Artikeln des Preßburger Friedens gleich nach dessen Bekanntwerdung und bis jetzt gegeben worden, und die allgemein bekannten Ereignisse, welche darauf im deutschen Reiche Statt hatten, haben Uns aber die Ueberzeugung gewährt, dass es unter den eingetretenen Umständen unmöglich seyn werde, die durch den Wahlvertrag eingegangenen Verpflichtungen ferner zu erfüllen: und wenn noch der Fall übrig blieb, dass sich fördersamer Beseytigung eingetretener politischer Verwicklungen ein veränderter Stand ergeben dürfte, so hat gleichwohl die am 12. Julius zu Paris unterzeichnete Konvention [Rheinbund], welche nachher von den kontrahierenden Theilen ratifiziert wurde und ihrer gänzlichen Trennung von dem Reiche und ihrer Vereinigung zu einer besonderen Conföderation, die gehegte Erwartung vollends vernichtet.

Bei der hierdurch vollendeten Ueberzeugung von der gänzlichen Unmöglichkeit, die Pflichten Unseres kaiserlichen Amtes länger zu erfüllen, sind Wir es Unsern Grundsätzen und Unserer Würde schuldig, auf eine Krone zu verzichten, welche nur so lange Werth in Unsern Augen haben konnte, als Wir dem von Churfürsten, Fürsten und Ständen und übrigen Angehörigen des deutschen Reiches Uns bezeigten Zutrauen zu entsprechen und den übernommenen Obliegenheiten ein Genüge zu leisten, im Stande waren.

Wir erklären demnach durch Gegenwärtiges, dass Wir das Band, welches Uns bis jetzt an den Staatskörper des deutschen Reiches gebunden hat, als gelöst ansehen, dass Wir das reichsoberhauptliche Amt und Würde durch die Vereinigung der conföderirten rheinischen Stände als erloschen und Uns dadurch von allen übernommenen Pflichten gegen das deutsche Reich losgelöst betrachten und die von wegen desselben bis jetzt getragene Kaiserkrone und geführte kaiserliche Regierung, wie hiemit geschieht, niederlegen.

Wir entbinden zugleich Churfürsten, Fürsten und Stände und alle Reichsangehörigen, insonderheit auch die Mitglieder der höchsten Reichsgerichte und die übrige Reichsdienerschaft, von ihren Pflichten, womit sie an Uns, als das gesetzliche Oberhaupt des Reiches, durch die Constitution gebunden waren. Unsere sämmtlichen Provinzen und Reichsländer zählen Wir dagegen wechselseitig von allen Verpflichtungen, die sie bis jetzt unter was immer für einen Titel, gegen das deutsche Reich getragen haben, los, und Wir werden selbige in ihrer Vereinigung mit dem ganzen österreichischen Staatskörper als Kaiser von Oesterreich unter den wiederhergestellten und bestehenden Verhältnissen mit allen Mächten und benachbarten Staaten zu jener Stufe des Glückes und Wohlstandes zu bringen beflissen seyn, welche das Ziel aller Unserer Wünsche, der Zweck Unserer angelegensten Sorgfalt stets seyn wird.

Gegeben in Unserer Haupt- und Residenzstadt Wien, den sechsten August im eintausend achthundert und sechsten, Unserer Reiche des Römischen und der Erbländischen im fünfzehnten Jahre.«

Österreich ab: Venetien, Istrien und Dalmatien (Erwerbungen durch den Frieden von Campoformido, *→ 17. Oktober 1797*); an Bayern: Tirol und die Bistümer Brixen und Trient, ganz Vorarlberg und die Gebiete von Tettnang, Argen und Lindau sowie Burgau, Eichstätt und den Rest von Passau; an Württemberg: die Donaustädte Elchingen, Munderkingen, Riedlingen, Mengen und Saulgau, die Grafschaften Hohenberg und Nellenburg, das Amt Altdorf und die Städte Villingen und Bräunlingen; an Baden: den ganzen Breisgau, die Ortenau, die Insel Mainau und die Stadt Konstanz, damit ist ganz Vorderösterreich verloren. Als einzige Entschädigung erhält Österreich das »Erzbistum Salzburg mit Berchtesgaden«, Großherzog Ferdinand III., Erzherzog von Österreich und Bruder Kaiser Franz' I. und bisheriger Kurfürst von Salzburg *(→ 25. Februar 1803)*, wird mit dem Bistum Würzburg abgefunden (er ist zu den Friedensverhandlungen gar nicht hinzugezogen worden). Schließlich muß Österreich Kaiser Napoleon I. als König von Italien (seit 28. Mai 1805 als solcher gekrönt) sowie die Königreiche Bayern und Württemberg *(→ 10 Dezember)* anerkennen. (Rußland, England und Schweden sind weiterhin mit Frankreich im Kriegszustand.)

▶1806 In der Stadt Radkersburg (Steiermark) baut Johann Michael Schmidt den Turm des Rathauses.

— An der Wiener Universität wird eine Lehrkanzel für gerichtliche Medizin und »Medizinalpolizei« errichtet, es ist die erste dieser Art in Europa.

— Der klassizistische Umbau der Malteserkirche in Wien wird, vermutlich von Louis de Montoyer, begonnen; sie wird 1808 vollendet.

22. Januar Proklamation Kaiser Franz' I. mit dem nicht zu überhörenden Aufruf zur inneren Erneuerung und Festigung Österreichs: ». . . Ich kenne kein anderes Glück, als das Glück dieser Völker, keinen höheren Ruhm als Vater dieser Völker zu seyn, die an Biedersinn, an fester und unerschütterlicher Treue, die an reiner Liebe zu ihrem Monarchen und ihrem Vaterlande keiner Nazion Europas nachstehen ... Die Wunden, welche der Krieg schlug, sind tief ... Die Staatsverwaltung hat mehr als jemahls große und schwere Pflichten zu erfüllen, sie wird sie erfüllen, aber sie hat auch mehr als jemahls die höchsten Rechte auf die Mitwirkung aller Volksklassen ... Durch das wechselseitige Band des Vertrauens und der innigsten Liebe mit meinen Unterthanen verbunden, werde ich nur dann erst glauben, meinem Herzen als Fürst und Vater genug gethan zu haben, wenn Österreichs Flor fest gegründet, wenn vergessen ist, was seine Bürger litten, und nur das Andenken an meine Opfer, an ihre Treue, und an ihre hohe unerschütterliche Vaterlandsliebe noch lebt.« Johann Philipp Graf Stadion ist maßgeblich am Text beteiligt.

6. Februar Erzherzog Karl abermals Präsident des Hofkriegsrates, er beginnt sofort mit dem Ausbau der Armee und den Heeresreformen, wie etwa neuen Abrichtungs- und Exerzierreglements für die Infanterie.

März Clemens Wenzel Lothar Graf Metternich wird österreichischer Gesandter in Paris, wo er im Juli eintrifft. Seit 1801 war er Gesandter in Dresden und ab 1803 in Berlin.

12. Juli In Paris unterzeichnen sechzehn deutsche Fürsten die Rheinbundakte. Der Rheinbund ist eine Konföderation west- und süddeutscher Fürstentümer unter dem Protektorat Napoleons; da es sich sowohl um eine Offensiv- als auch eine Defensivallianz handelt, sind die Mitglieder verpflichtet, Frankreich mit Truppen zu unterstützen. Diese Konföderation, die durch den Kurfürsten und Erzbischof von Mainz Karl Theodor Dalberg betrieben wurde, soll ein weiterer Schritt zur Zerstörung des Heiligen Römischen Reiches und zur Schaffung eines französischen Großreichs sein. Bayern und Württemberg werden für ihren Beitritt mit den vorderösterreichischen Gebieten belohnt, außerdem erhalten sie die Königswürde. Bis 1808 sind alle deutschen Staaten und Fürstentümer außer Österreich, Preußen, Holstein und Pommern Mitglieder des Rheinbundes.

31. Juli Erzherzog Johann übernimmt die Leitung einer Kommission zur Einführung der Miliz.

1. August Gemäß Artikel 3 des Rheinbundvertrages erklären die Rheinbundstaaten dem Reichstag zu Regensburg ihren Austritt aus dem Reichsverband.

6. August Kaiser Franz I. von Österreich legt die als Franz II. getragene Würde eines römischen Kaisers nieder. Er war dazu schon im Juli entschlossen, da es durch den Rheinbund kein »Deutsches Reich« mehr gab, dessen Kaiser er war. Außerdem drohte Kaiser Napoleon I. am 22. Juli mit der Überschreitung des Inn, falls Kaiser Franz nicht »abdanke«. Dies ist das Ende des seit dem Humanismus sogenannten »Heiligen Römischen Reiches Deutscher Nation«.

10. August Michael Haydn stirbt in Salzburg, geb. am 14. September 1737 in Rohrau (Niederösterreich), Komponist, der jüngere Bruder Joseph Haydns. Er schuf u. a. 28 Messen, 2 Requien, 114 Gradualien, 67 Offertorien, 30 Symphonien, 50 Präludien für Orgel und die ersten Quartette für Männerstimmen.

26. August Johann Philipp Palm, ein Buchhändler aus Nürnberg, wird in der »Festung« Braunau (Oberösterreich) auf Befehl Kaiser Napoleons I. erschossen. Er hatte die Schrift »Teutschland in seiner tiefsten Erniedrigung« verbreitet (wahrscheinlich auch selber gedruckt). Verfasser ist ein Unbekannter, den Palm selbst mit »Ritter vom Jenseits« oder »Doctor vom Jenseits« bezeichnete.

6. Oktober Kriegserklärung Frankreichs an Preußen, das sich in der Zwischenzeit Rußland genähert hatte. Am 9. erklärt Preußen an Frankreich den Krieg, wird aber in der Schlacht von Jena und Auerstädt von Kaiser Napoleon I. vernichtend geschlagen, der bereits am 27. in Berlin einzieht. (Am 9. Juli 1807 wird der Friede von Tilsit zwischen Preußen und Frankreich geschlossen.)

▶**1807** Josef Mälzl baut, vermutlich in Wien, ein »Panharmonikum«. Es handelt sich um eine sehr komplizierte Konstruktion aus Blasbälgen und Walzen mit 150 Flöten, 150 Flagoletten, 50 Oboen, 18 Trompeten, 3 großen Trommeln und 2 Zimbeln. Erzherzog Karl erwarb dieses Instrument für 80 000 Silbermark.

11. Januar Johann Hieronymus Löschenkohl stirbt in Wien, geb. am 18. 3. 1753 (Tauftag) in Elberfeld (Herzogtum Berg, Norddeutschland); Silhouettenschneider und Kupferstecher. Er war der »Bildreporter seiner Zeit«. Seit wann der von oberösterreichischen Vorfahren abstammende Löschenkohl in Wien tätig ist, ist nicht bekannt. Belegt ist seine Tätigkeit ab Juni 1780. Er schuf über 700 Bildreportagen wichtiger meist öffentlicher Ereignisse. Außerdem produzierte er kunstgewerbliche Gebrauchsgegenstände.

Februar Österreich bemüht sich, durch Johann Philipp Graf Stadion zwischen Rußland und Preußen einerseits und Frankreich andererseits zu vermitteln.

15. Februar Erzherzog Johann veröffentlicht eine Denkschrift über die Bedeutung von Österreich für die Befreiung Deutschlands.

21. Juni Johann Philipp Graf Stadion schlägt ein Landwehrpatent vor *(→ 9. Juni 1808)*.

5. November Angelica Kauffmann stirbt in Rom; geb. am 30. Oktober 1741 in Chur (Schweiz) als Tochter des Vorarlberger Freskenmalers Joseph Johann Kauffmann; Malerin, malte mit 16 Jahren bereits bemerkenswerte Apostelbilder, schuf ein Hochaltarbild für die Pfarrkirche von Schwarzenberg (Vorarlberg), dem Heimatort ihres Vaters. In Rom hatte sie Johann Wolfgang von Goethe kennengelernt, außerdem war sie mit Kaiser Joseph II. befreundet. Mehrere Gemälde im Vorarlberger Landesmuseum in Bregenz.

▶**1808, 18. Februar** Österreich muß die von Kaiser Napoleon I. am 21. November 1806 über England verfügte Kontinentalsperre anerkennen.

12. Mai Ein kaiserliches Patent über die Errichtung von Reservebataillonen wird erlassen.

9. Juni Der Kaiser erläßt ein Patent über die Errichtung der Landwehr, es ist von Erzherzog Karl ausgearbeitet und wird von Johann Philipp Graf Stadion *(→ 21. Juni 1807)* vorgeschlagen. Gleichzeitig die Grundlage für die allgemeine Bewaffnung in den Kronländern. Mindestalter 18, Höchstalter 45 Jahre, betroffen sind alle Männer, die vom Wehrdienst befreit waren, ausgedient hatten oder wegen geringer Fehler untauglich gemustert waren. Jeder Kreis stellt ein Bataillon zwischen 800 und 1 400 Mann, je nach der Bevölkerungsdichte. 150 Bataillone werden aufgestellt:

Niederösterreich	19 Bataillone –	15 000 Mann
Oberösterreich	15 Bataillone –	13 200 Mann
Salzburg	4 Bataillone –	4 260 Mann
Steiermark	13 Bataillone –	13 800 Mann
Kärnten	5 Bataillone –	5 900 Mann
Krain, Küstenland		

und Triest 15 Bataillone – 15 300 Mann
Böhmen 55 Bataillone – 50 400 Mann
Mähren/Schlesien 24 Bataillone – 25 100 Mann
In Galizien keine Landwehr, da dort zahlreiche Ergänzungsbezirke von Infanterieregimentern. 1809 kommt sie bereits zum Einsatz. Die anschließende beschleunigte Aufrüstung und die umfangreicher werdende nationale Presse (in Österreich wie in mehreren Teilen Deutschlands) fördern die Kriegsbegeisterung gegen Napoleon I. Napoleon-Gegner sehen in Österreich den einzigen wirksamen Gegenpol zum übermächtig gewordenen Frankreich. Kaiser Napoleon I., mit Spanien stark in Anspruch genommen, vermeidet vorerst einen Krieg mit Österreich. Einschließlich der Landwehr, der Grenzer und der von Ungarn gestellten Freiwilligen verfügt Österreich über insgesamt 725 000 Mann und 60 000 Pferde, davon zur Offensive über die Landesgrenzen 396 000 Mann und 36 000 Pferde.

Sommer Erzherzog Johann betreibt zusammen mit Joseph Frh. von Hormayr (der seit 1807 in 20 kleinen Bändchen, bis 1814, den »Österreichischen Plutarch« herausgibt) in Österreich und den Rheinbundstaaten vaterländische Propaganda.

27. Juli Frankreich fordert von Österreich die sofortige Abrüstung seiner Streitkräfte.

22. Dezember Großes Konzert Ludwig van Beethovens in Wien, seine 5. und 6. Symphonie sowie Teile der Messe op. 86 und eine Chorfantasie werden aufgeführt.

1809, Ende Januar Besprechungen in Wien zwischen Erzherzog Johann und dem Tiroler Schützenhauptmann Andreas Hofer. Eine Volkserhebung der Tiroler gegen Bayern (damit auch gegen Frankreich) wird für den Fall einer Kriegserklärung von Österreich an Frankreich vereinbart; den Tirolern wird militärische Unterstützung zugesichert.

27. März Das »Österreichische Kriegsmanifest«, von Friedrich von Gentz verfaßt, erscheint. Der Aufruf zum Befreiungskampf gegen Kaiser Napoleon I. bleibt ohne Widerhall: Preußen neutral, Rußland mit Frankreich im Bündnis: Österreich steht allein *(→ 4. April)*.

6. April Armeebefehl Erzherzog Karls: ». . . Ihr werdet nie für fremdes Interesse und fremde Habsucht bluten . . . die Freiheit Europas hat sich unter Eure Fahnen geflüchtet . . .« Verfasser war der Domherr Friedrich Lothar Graf Stadion, Bruder von Johann Philipp Graf Stadion, 1809 der Armee Erzherzog Karls zugeteilt; der Dichter August Wilhelm von Schlegel hat auch dazu beigetragen.

8. April Kaiser Franz I. verläßt Wien und begibt sich zur Armee nach Schärding (Oberösterreich).

9. April Kriegserklärung Österreichs an Frankreich, Österreichisch-Französischer Krieg. Oberbefehlshaber ist Generalissimus Erzherzog Karl, der auch die Hauptarmee mit 180 000 Mann in Südbayern führt. Erzherzog Johann ist Kommandant der in Oberitalien stehenden Armee von 80 000 Mann, Erzherzog Ferdinand III. von Österreich-Este führt die 38 000 Mann starke Sicherungsarmee in Galizien. Gleichzeitig erheben sich, gemäß den Vereinbarungen *(→ Ende Januar)*, die Tiroler. Neben dem Schützenhauptmann Andreas Hofer waren die führenden Männer der Tiroler Volkserhebung: Joseph Speckbacher aus Rinn im Unterinntal, der Kapuzinerpater Joachim Haspinger, Peter Mayr, der Wirt an der Mahr (bei Brixen, Südtirol), Martin Teimer aus Schlanders (Südtirol), Josef Straub, Wirt in Hall (Tirol), Josef Eisenstecken, Wirt in Bozen (Südtirol), und Joseph Frh. von Hormayr. Ein österreichisches Korps unter General Johann Gabriel Chasteler kommt den Tirolern zu Hilfe. In Tirol wird die Aufforderung »Mander, 's ischt Zeit« von Mund zu Mund weitergegeben.

11. April Erster Sieg der Tiroler im Sterzinger Moor (Südtirol).

12. April Erste Schlacht am Bergisel (der bewaldete Hügel links der Mündungsschlucht des Illflusses ist nicht ein Berg mit dem Namen Isel, sondern eine vorrömische Ortsbezeichnung »Purgusels«, daher Bergisel). Die Bayern müssen vor den Tirolern weichen.

— Ohne Kriegserklärung an Bayern überschreitet die österreichische Hauptarmee unter Erzherzog Karl in drei Kolonnen den Inn, bei Schärding, Mühlheim-Obernberg und Braunau (Oberösterreich).

13. April Der herbeigeeilte General Bisson wird von den Tirolern bei Wilten (Innsbruck) umstellt und mit 4 000 Mann zur Kapitulation gezwungen.

— Der in Italien rasch vorrückende Erzherzog Johann besetzt Udine und überschreitet den Tagliamento.

— Kaiser Napoleon I. verläßt eiligst Paris und begibt sich zu seinen Truppen in Bayern *(→ 17. April)*.

15. April Erzherzog Johann besiegt bei Pordenone den Vizekönig von Italien, Eugen Beauharnais.

— In der Wiener Zeitung erscheint das »österreichische Kriegsmanifest«, das Kaiser Franz I. am 4. April vorgelegt worden war. Der Aufruf erschien nun als Deklaration des Kaisers an die Völker Österreichs *(→ 27. März)*.

16. April Abermaliger Sieg Erzherzog Johanns über den Vizekönig von Italien bei Sacile. In acht Tagen legte Erzherzog Johann 150 km zurück.

— Erzherzog Karl besiegt in einem Gefecht bei Landshut eine französische Division unter General Bernhard Deroy.

— Erste Befreiung Innsbrucks durch die Tiroler.

17. April Kaiser Napoleon I. trifft in Donauwörth ein und wird von den Bayern und Württembergern stürmisch begrüßt.

19. April Kaiser Napoleon I. schlägt einen Angriff Erzherzog Karls auf das französische Korps Davour bei Hausen (am südl. Donauufer) ab, gleichzeitig leitet er bei Pfaffenhofen mit Erfolg die Offensive gegen Landshut ein.

20. April Kaiser Napoleon I. besiegt die Österreicher bei Abensberg, Kirchdorf, Siegenburg und Pfeffenhausen.

21. April Kaiser Napoleon I. zieht in Landshut ein.

22. April Schlacht bei Eggmühl. Kaiser Napoleon I. besiegt die Österreicher, wodurch er den Feldzug in Bayern für sich entscheidet.

23. April Kaiser Napoleon I., durch eine Gewehrkugel leicht verwundet, zieht am Abend in das eroberte Regensburg ein. Erzherzog Ferdinand III. von Österreich-Este erobert auf seinem Sicherungsfeldzug Warschau.

24. und 25. April Kaiser Napoleon I. zieht seine Truppen zusammen und bereitet den Marsch auf Wien vor. Erzherzog Karl zieht mit der österreichischen Hauptarmee über Böhmen nach Wien ab. In den wenigen Tagen haben die Österreicher 44 700 Mann verloren, die Franzosen und verbündeten Truppen des Rheinbundes 16 300 Mann.

Sieg bei Aspern

Erzherzog Karl schreibt am 24. Mai 1809 an Herzog Karl Albert von Sachsen-Teschen:

»Mein sehr teurer Onkel. Dolmotta hat mich gestern vertreten, obwohl er eine Quetschung an der Hand erlitten hatte. Ich war so übermäßig erschöpft und hatte noch so viel zu thun, daß ich nicht mehr konnte; ich bin noch heute ganz wie gerädert.

Der gute Gott hat uns gesegnet und unsere Truppen haben ein Wunder an Tapferkeit vollbracht, aber unser Verlust ist sehr groß; ich schätze an 15 000 Mann, darunter gab es fast keine Gefangenen. Die Infanterie hat fast keine Stabsoffiziere mehr – 11 Generäle blessiert! Ich habe auf dieser Ebene wie gegen die Türken manövriert; um mich gegen die Überlegenheit der feindlichen Kavallerie zu sichern, blieb die Infanterie im Verband der Bataillone, die sich nicht zu Plänklertrupps entfalteten, außer wenn das eine oder das andere in ein Gehölz oder in ein Dorf kam. Die feindliche Kavallerie ist nirgends in eine dieser Massen eingedrungen, obwohl sie einzelne Regimenter unserer Kavallerie Hals über Kopf über den Haufen geworfen hat. Daher ist die Ebene besäet mit Menschen- und Pferdeleichen ihrer Kürassiere. Die Gardeinfanterie hat nicht mehr Glück gehabt. Ich könnte Euch von Bravourstücken unserer Leute erzählen, die mich zu Tränen gerührt haben, aber ich lasse das alles bis zu einem Augenblick, da ich mehr Zeit haben werde.

Der Feind ist noch im Besitz einer Insel, die sich Lobau nennt, und quer über diese hat er seine Brücke geschlagen; ich wollte ihn diese Nacht von dort vertreiben, aber das Wasser ist derart angestiegen, daß ich es nicht vermocht habe. Ich rechne damit, daß ich das Lager hier morgen abbreche, da die feindliche Armee ja auch abgezogen ist, aber ich weiß noch nicht wohin, da ja die bewaldeten Inseln der Donau meine Sicht hindern. Ich erwarte noch Nachrichten darüber; ich hoffe so manövrieren zu können, daß ich die Offensive wieder an mich reiße. Verzeihen Sie meinen Stil, meine Schrift, diesen ganzen Brief und glauben Sie, daß es ein Opfer der kindlichen Anhänglichkeit eines Sohnes ist, zu schreiben, wenn man so ermüdet ist und so viel zu tun hat wie ich. Adieu, ich küsse Euch sehr zärtlich eine Million Mal

Carl«

29. April Erzherzog Johann erhält wegen der Ereignisse in Bayern den Befehl zum Rückzug *(→ 16. April).*

3. Mai Gefecht bei Ebelsberg (Linz). In diesem Rückzugsgefecht der Österreicher unter Feldzeugmeister Johann Frh. von Hiller stellen sie die nachdrängenden Franzosen, müssen danach aber weiter zurück.

8. Mai Österreicher unter Feldzeugmeister Johann Frh. von Hiller gehen bei Mautern (Niederösterreich) über die Donau, um sich mit dem über Budweis–Zwettl (Niederösterreich) heranmarschierenden Erzherzog Karl zu vereinigen. Für Wien bleiben 15 000 bis 20 000 Mann unter Erzherzog Maximilian übrig.

10. Mai Französische Truppen erreichen die Vorstädte Wiens.

11. Mai Französische Batterien nehmen vor dem Palais der Ungarischen Garde, den Hofstallungen (heute Messepalast) und der Karlskirche in Wien Aufstellung.

— Bayrische Truppen unter General Karl Philipp Wrede erstürmen den seit dem 5. umkämpften Paß Stub (Verbindung zwischen Lofer [Salzburg] und Waidring [Tirol], 677 m Seehöhe).

12. Mai Die Wiener Innenstadt wird von den französischen Batterien beschossen, Erzherzog Maximilian räumt daraufhin die Stadt.

13. Mai Wien kapituliert, Kaiser Napoleon I. ist zum zweitenmal in der Stadt *(→ 14. November 1805).*

— Marschall Jean Lannes versucht bei Nußdorf (Schwarze Lacke) die Donau zu überschreiten, es mißlingt.

— Im Gefecht bei Wörgl (Tirol) werden Österreicher unter General Johann Gabriel Chasteler von vereinigten bayrischen und französischen Truppen besiegt.

18. Mai General Johann Gabriel Chasteler räumt Innsbruck und beginnt mit der Räumung Tirols.

— Am Abend setzten sich die ersten französischen Truppen in der Lobau (am linken Donauufer bei Wien) fest.

— Leopold Auenbrugger stirbt in Wien; geb. am 19. November 1722 in Graz, Arzt. Er erfand *(→ 1761)* die Perkussion. Zuerst nicht anerkannt, erkennt der Leibarzt Kaiser Napoleons I., Corvisart, den Wert dieser medizinischen Erkenntnis.

19. Mai Kaiser Napoleon I. verlegt sein Hauptquartier nach Kaiserebersdorf bei Wien.

— General Lefebvre zieht in das von den österreichischen Truppen geräumte *(→ 18. Mai)* Innsbruck ein.

20. Mai Plötzliches Hochwasser auf der Donau und die schwerbelasteten Plätten, die der Geniehauptmann Friedrich Frh. von Magdeburg gegen die französischen Behelfsbrücken lenkte, gefährden den Donauübergang der verbündeten Truppen. Am 21. und 22., also während der Schlacht, gelingt Magdeburg, unterstützt durch den Schiffmeister Michael Fink aus Braunau (Oberösterreich), mit abgelassenen Brandern die Zerstörung der französischen Behelfsbrücken.

21. und 22. Mai Schlacht bei Aspern und Eßling. In einem harten Ringen besiegt Erzherzog Karl am 22. Kaiser Napoleon I., der damit seine erste Niederlage erleidet. Achtmal erobern die Österreicher Aspern. Am 21. gegen 13 Uhr beginnt das Ringen, es dauert bis in die Abendstunden, im Morgengrauen des 22. wird es fortgesetzt und endet gegen 16 Uhr mit dem Rückzug der Franzosen. Erzherzog Karls Armee zählte rund 84 000 Mann, 14 250 Reiter und 288 Geschütze, Kaiser Napoleon konnte wegen der Schwierigkeit des Donauüberganges nur über rund 67 000 Mann, 10 000 Reiter und 152 Geschütze verfügen, am ersten Schlachttag sogar nur über 30 000 Mann Infanterie und 9 300 Mann Kavallerie. Die Verluste sollen auf beiden Seiten jeweils fast genau 20 000 Mann betragen haben, nach anderen Darstellungen allerdings 23 340 Österreicher und 44 373 Franzosen, was allerdings sehr hoch erscheint. Die Österreicher haben den Tod von Feldmarschalleutnant Weber zu beklagen, die Franzosen den von Marschall Jean Lannes (am 22. schwer verwundet), einem engen Freund des Kaisers, sowie von mehreren Generälen. Kaiser Napoleon I. sagte später zu einem General, der nicht bei Aspern dabei war: »Ihr habt die Österreicher bei Aspern nicht gesehen, also habt ihr gar nichts gesehen.« Der Dichter Heinrich von Kleist nannte Erzherzog Karl den »Überwinder des Unüberwindlichen«, denn Erzherzog Karl hat durch persönlichen Einsatz mehrmals in das Schlachtgeschehen eingegriffen. Wenn auch die Darstellung des Ergreifens einer Infanteriefahne beim Anführen zum Sturm zur späteren Glorifizierung des Feldherrn gehört, soll er selbst dazu geäußert haben: »Wie hätt' ich schmächtiges Manndl das fertig gebracht, beim Zipfel hab ichs gepackt.«

23. Mai Gegen drei Uhr räumen die letzten Franzosen unter Marschall Masséna das Schlachtfeld. Erzherzog Karl unterläßt die Verfolgung des Feindes, da er annimmt, Kaiser Napoleon I. verhandlungsbereit zu finden, außerdem wäre der Angriff über die Donau besonders verlustreich gewesen.

25. Mai Zweite Schlacht am Bergisel. Der zum Oberkommandanten ausgerufene Schützenhauptmann Andreas Hofer kann die Franzosen und Bayern unter Bernhard Deroy nicht vertreiben. Ein starker Regen gegen 19 Uhr beendet den Kampf.

29. Mai Dritte Schlacht am Bergisel. Durch Oberinntaler verstärkt, kann nun Andreas Hofer über rund 13 620 Mann verfügen, dazu kommt eine kaiserliche Einheit mit 1 270 Mann Infanterie, 87 Mann Kavallerie und sechs Geschützen. Die Franzosen und Bayern, die ebenfalls Verstärkung erhalten haben, zählen knapp 5 100 Mann Infanterie, 408 Mann Kavallerie und 18 Geschütze. Gegen Abend sind die Franzosen und Bayern bis gegen Wilten zurückgewichen, eine Entscheidung ist nicht gefallen. Am nächsten Morgen stellt sich allerdings heraus, daß General Bernhard Deroy es vorgezogen hatte abzuziehen (nach manchen Attacken durch das Landvolk des Unterinntales erreicht er am 2. Juni bayrischen Boden).

— Gefecht bei Klien (zwischen Hohenems und Dornbirn, Vorarlberg). Die Vorarlberger Landesschützen unter dem Hauptmann Josef Christian Müller, dem Adlerwirt von Bludenz, erringen gegen eine vereinigte bayrisch-französische Einheit den Sieg. Oberkommandierender des Landes Vorarlberg ist Dr. Anton Schneider.

— General Johann Gabriel Chasteler überschreitet bei seinem Rückmarsch nach Wien die Kärntner Landesgrenze und erreicht Oberdrauburg.

— Kaiser Franz I. richtet aus Wolkersdorf (Niederösterreich) ein Schreiben an die Tiroler. Es wird auch Wolkersdorfer Proklamation oder Wolkersdorfer Handbillett genannt. (Schon am 18. April hatte sich der Kaiser aus Schärding [Oberösterreich], mit einem besonderen Dank an die Tiroler gewandt.) Dieses nun spiegelt den Enthusiasmus im kaiserlichen Hauptquartier wider: »... Nach bedeutenden Unglücksfällen, und nachdem der Feind selbst die Hauptstadt der Monarchie eingenommen hat, ist es Meiner Armee gelungen, die Französische Hauptarmee unter Napoleons eigener Anführung im Marchfelde am 21. und wiederholt am 22. May zu schlagen, und nach einer großen Niederlage über die Donau zurückzuwerfen. Die Armee und die Völker Oesterreichs sind von höherem Enthusiasmus als je beseelt; alles berechtigt zu großen Erwartungen. Im Vertrauen auf Gott und Meine gerechte Sache, erkläre ich hiemit Meiner treuen Grafschaft Tyrol, mit Einschluß des Vorarlbergs, daß sie nie mehr von dem Körper des Oesterreichischen Kaiserstaates soll getrennt werden, und daß Ich keinen anderen Frieden unterzeichnen werde – als den, der dieses Land an Meine Monarchie unauflöslich knüpft. So bald möglich wird sich Mein lieber Herr Bruder der Erzherzog Johann nach Tyrol begeben, um so lange der Anführer und Schützer Meiner treuen Tyroler zu seyn, bis alle Gefahren von der Grenze der Grafschaft Tyrol entfernt sind.«

30. Mai Zweite Befreiung Innsbrucks und ganz Tirols.

— Vorarlberger Schützen unter ihrem Oberkommandierenden Dr. Anton Schneider vertreiben den Feind aus dem ganzen Land, sie besetzen Bregenz.

31. Mai Joseph Haydn stirbt in Wien; geb. am 31. März 1732 in Rohrau (Niederösterreich), Komponist, der erste Meister der sogenannten »Wiener Klassik«. 1759 Kapellmeister des Grafen Morzin, 1761 zweiter, 1766 erster Kapellmeister des Fürsten Paul Anton Esterházy, 1791 erhielt er das Ehrendoktorat der Universität Oxford, 1797 schuf er die Nationalhymne »Gott erhalte Franz, den Kaiser«, 1798 das Oratorium »Die Schöpfung« und 1801 das Oratorium »Die Jahreszeiten«. Sein umfangreiches Werk umfaßt unter anderem 104 Symphonien, 83 Streichquartette, 22 Opern, zwölf Messen und 60 Klaviersonaten *(→ 5. Juni 1954)*.

14. Juni Gefecht an der Raab, bei Körmend (Ungarn). Erzherzog Johann wird vom Vizekönig von Italien, Eugen Beauharnais, besiegt und bis Komorn zurückgedrängt.

17. Juni Die Hauptbrücke der Franzosen über die Donau ist fertiggestellt, bis Monatsende die weiteren geplant. Kaiser Napoleon I. verkündet: »Die Donau existiert nicht mehr!«

30. Juni Marschall Masséna erhält von Kaiser Napoleon I. den Befehl, an derselben Stelle über die Donau eine Brücke zu schlagen wie im Mai und in der Mühlau Schanzen aufzuwerfen. Ein Täuschungsmanöver, das die Österreicher nicht erkennen.

2. Juli Kaiser Napoleon I. läßt flußaufwärts mehrere Inseln besetzen, um sicherzugehen, daß seine Aktivität nicht erkannt wird.

5. und 6. Juli Schlacht bei Deutsch-Wagram. Durch ein starkes Gewitter begünstigt, überschreitet Kaiser Napoleon I. in der Nacht zum 5. auf zehn Pontonbrükken die Donau. In einer Gesamtstärke von rund 180 000 Mann steht er Erzherzog Karl gegenüber, der gegen 120 000 Mann zur Verfügung hat. (Erzherzog Johann, der bei Preßburg steht, kann nicht mehr rechtzeitig erwartet werden.) Der erste Schlachttag endet mit zwei massiv geführten Stößen Napoleons gegen 19 und gegen 23 Uhr, die jedoch von den Österreichern zurückgewiesen werden. In der Nacht liegen die Hauptquartiere der beiden Feldherren nicht einmal 5 km voneinander entfernt, Erzherzog Karl am Südwesteingang von Deutsch-Wagram, Napoleon am Waldrand der Straße von Raasdorf nach Großhofen. Der zweite Schlachttag beginnt mit erfolgreichen Angriffen der Österreicher. Das 6. Korps der Österreicher unter Feldmarschalleutnant Johann Graf Klenau ist sogar noch bis in die Mittagsstunden erfolgreich. Trotzdem entscheidet die zahlenmäßige Übermacht der Franzosen, die noch durch das rechtzeitig im Eilmarsch (von Linz) eingetroffene bayrische Korps unter Generalleutnant Karl Philipp

Andreas Hofers Erlaß zur Landesverteidigung

»Da wir nun mit Gottes Hilfe den Feind geschlagen und von unsern lieben Vaterlande vertrieben haben, so ist es also sehr nothwendig, darauf bedacht zu seyn und auf Mittel zu denken, daß das liebe Vaterland künftig hin geschützt, und vor allen feindlichen Einfällen bewahret werde.
Dieses zu erzwecken ist also das Nothwendigste, daß alle waffenfähige Mannschaft von 18 bis 60 Jahren ordentlich beschrieben, in Compagnien eingetheilt, zu jeder Compagnie taugliche und rechtschaffene Offiziere gewählt, und die Standeslisten an den Unterzeichneten eiligst eingeschickt werden.
Diejenigen aber, welche zu alt oder zum Dienste untauglich sind und ein Vermögen besitzen, soll gehalten seyn, den ausrückenden Compagnien eine billige Zulage (welche nach Verhältniß von der Orts-Obrigkeit bestimmt werden solle) zu geben.
Es ist hier auch zu bemerken, daß jeder Compagnie-Mannschaft frey stehe, ihre Offiziere selbst zu wählen. Dagegen wird der Mannschaft schärfstens aufgetragen, dieselben gehörig zu respektiren, und ihre Befehle genau zu vollziehen: denn Widerspenstige und Ungehorsame werden in Zukunft gehörig bestraft werden.
Jeder vernunftige Mensch wird und kann sich wider diese Verordnung nicht auflehnen – denn ohne Ordnung, ohne Respect und Unterwerfung gegen seine Obern, kann nichts Gutes ausgeführt werden.
Ordnung ist die Seele der Geschäfte.
Lieben Brüder, überlegt es selbst! wenn unter uns Uneinigkeit und Zwietracht herrscht: was würde in der Folge daraus werden? innerlicher Krieg, Zerstörung, Mord und Todtschlag würden die unausbleiblichen Folgen seyn – wie es dem vorher glücklichen Frankreich ergangen ist.
Ueberdenkt und überlegt es also wohl, und laßt uns daher mit vereinten Kräften arbeiten, den Segen des Himmels anflehen – und dann werden wir unsere gute Sache glücklich ausführen.
Dieses also zu bewerkstelligen, werden hiemit alle Oberkeiten und Gemeindsvorsteher aufgefordert, die vorbenannte Beschreibung und Eintheilung in Compganien, gleich bei Ansicht dieses vorzunehmen, und in kürzester Eile die Standlisten anhero einzusenden.
Uebrigens haben sich sämmtliche Oberkeiten und Beamte an die vormals im Jahre 1805 bestandenen k. k. Oesterreichischen Verordnungen und Befehle pünktlich zu halten.
Innsbruck den 18ten August 1809

Andreas Hofer
Ober-Commandant in Tyrol«

Fürst Wrede verstärkt worden waren – allein 544 französische Geschütze feuerten gegen nur 414 österreichische. Um 14 Uhr erhält Erzherzog Karl die Meldung, daß Erzherzog Johann mit seiner knapp 12 000 Mann zählenden Armee erst gegen 17 Uhr in Leopoldsdorf eintreffen kann. Er hat überhaupt keine Reserven mehr, seine Truppen sind durch den andauernden stundenlangen Kampf arg mitgenommen. Um 14.30 Uhr gibt Erzherzog Karl den Befehl zum Rückzug, der in staunenswerter Ordnung – trotz gewaltiger französischer Störversuche – vollzogen wird. Erzherzog Karl zieht sich in Richtung Znaim zurück.

7. Juli Nachhutgefecht bei Korneuburg, dem am 8. eines bei Stockerau und am 9. eines bei Hollabrunn folgt, wobei es den Österreichern immer gelingt, die nachdrängenden Franzosen auf Distanz zu halten.

11. Juli Gefecht bei Znaim. Die Österreicher kämpfen um Zeitgewinn und die Franzosen um den endgültigen Sieg in diesem Feldzug. Nach blutigem Ringen verkünden Parlamentäre kurz nach 17 Uhr zwischen den Linien die eingetretene Waffenruhe. Der Waffenstillstand von Znaim wird während des Gefechtes ausgehandelt. Erzherzog Karl schließt ihn gegen den Willen des Kaisers.

19. Juli Kaiser Franz I. erkennt den Waffenstillstand von Znaim an. Er war ursprünglich mit den Bedingungen nicht einverstanden, da er meinte, auf Ungarn gestützt, den Krieg gegen Napoleon I. erneut aufnehmen zu können *(→ 14. Oktober)*.

28. Juli Den Waffenstillstandsbedingungen entsprechend räumen die österreichischen Truppen Tirol – absichtlich wird der Abmarsch verzögert, er erfolgt endgültig erst am 4. August.

29. Juli Erzherzog Karl demissioniert als Oberkommandierender, Kaiser Franz I. übernimmt das Oberkommando über alle österreichischen Truppenteile.

30. Juli Drei französische Divisionen unter Marschall François Joseph Lefebvre ziehen in Innsbruck ein, am 1. August auch die Division Bernhard Deroys.

3. August Französische Truppen unter Rusca besetzen Lienz (Osttirol), doch versperren ihnen die Tiroler bei der Lienzer Klause den Weitermarsch. Damit beginnt die dritte Erhebung der Tiroler gegen die Franzosen; etwa 18 000 Tirolern stehen 25 000 Franzosen und Bayern gegenüber, die außerdem über 40 Geschütze verfügen.

4. und 5. August Niederlage einer französisch-sächsischen Truppeneinheit in der Eisackschlucht bei Brixen, die fortan »Sachsenklemme« genannt wird. Die Tiroler lassen Steinlawinen herab, die Franzosen verlieren an die 1 000 Mann.

8. und 9. August Niederlage eines bayrischen Infanterieregiments bei der Pontlatzer Brücke (nahe Landeck, Tirol) durch die Tiroler. Abermals werden Steinlawinen erfolgreich angewandt.

10. August Der Tiroler Landsturm hat den Grenzschutz übernommen, er steht auf dem Arlberg, dem Zeinisjoch, dem Fernpaß und auf dem Seefelder Sattel.

11. August Andreas Hofer trifft in Matrei am Brenner (Tirol) ein und sammelt die Tiroler für eine Entscheidungsschlacht um sich.

13. August Vierte Schlacht am Bergisel. Sie beginnt gegen acht Uhr und endet nach zwölfstündigem Kampf siegreich für die Tiroler. Etwa 17 000 Tiroler stehen gegen fast ebenso viele Bayern unter Marschall François Joseph Lefebvre.

14. August Marschall François Joseph Lefebvre beginnt seinen Rückzug, am 18. ist Tirol von fremden Truppen geräumt.

15. August Andreas Hofer zieht in Innsbruck ein, er übernimmt als Oberkommandant von Tirol die Regierung des Landes.

18. August Erzherzog Johann bereitet die Aufbietung des Landsturmes von Innerösterreich vor.

12. September Erzherzog Johann fordert Andreas Hofer auf, den Kampf in Tirol fortzusetzen.

4. Oktober Andreas Hofer erhält in der Hofkirche von Innsbruck durch den Abt von Wilten eine goldene Ehrenkette überreicht, die Kaiser Franz I. für die Landesverteidigung Tirols dem Oberkommandanten verliehen hat. Außerdem hat der Kaiser 3 000 Dukaten für die Landesverteidigung übersandt. Andreas Hofer richtet ein Dankschreiben an den Kaiser, in dem es heißt: »... wenn ein Volk, das in dieser schrecklichen Lage, wo ihm nichts übrig blieb als Blut und Leben, auch noch dieses der Freiheit und dem Vaterlande, seinem Kaiser und seiner Religion mutig und entschlossen zum Opfer bringt, wenn ein solches Volk Berücksichtigung verdient, so glaube ich verpflichtet und berechtigt zu sein, dringend ans Herz zu legen, daß man im Falle eines Friedensschlusses, welchen aufgefangene Briefe und ausländische Blätter vermuten lassen, Tirol nicht vergesse, wie es beim Waffenstillstand geschah, damit nicht vielleicht unsere Kinder und Kindeskinder dafür büßen, daß ihre Väter für den österreichischen Kaiser ihr Herzblut vergossen haben ...«

8. Oktober Clemens Wenzel Lothar Graf Metternich österreichischer Außenminister, bisher Gesandter in Paris *(→ 8. Juli; 4. August)*.

12. Oktober Attentatsversuch auf Kaiser Napoleon I. im Hof des Schlosses von Schönbrunn während einer Parade, ausgeführt von dem aus Naumburg stammenden Pastorensohn Friedrich Staps. Der Attentäter wird verhaftet und am 16. erschossen.

14. Oktober Friede von Schönbrunn zwischen Österreich und Frankreich. In 18 Artikeln wird Österreich zur Abtretung von Gebieten im Ausmaß von über 2 000 Quadratmeilen mit 3,5 Millionen Einwohnern gezwungen. Ein Geheimartikel verlangt eine Kriegsentschädigung in der Höhe von 85 Millionen Franc und die Beschränkung der Truppen auf 150 000 Mann. Österreich tritt ab an Bayern: Salzburg, Berchtesgaden, das Innviertel (Oberösterreich), die Häfte des Hausruckviertels (Oberösterreich), Tirol und Vorarlberg; an Italien: Görz, Monfalcone, Triest, Krain, den Villacher Kreis und das Gebiet rechts der Save; an Sachsen: die böhmischen Enklaven; an das Großherzogtum Warschau: Westgalizien, Krakau und den Zamoscer Kreis; an Rußland: einen Teil von Ostgalizien mit 400 000 Einwohnern. Österreich anerkennt die Aufhebung des Deutschen Ordens. Kaiser Napoleon I. stellt den an den Aufständen beteiligten Tirolern und Vorarlbergern eine Generalamnestie in Aussicht, wofür sich Österreich der Kontinentalsperre gegen England anschließt.

16. Oktober Kaiser Napoleon I. verläßt nach einem Aufenthalt von 158 Tagen das Schloß Schönbrunn.

1. November Fünfte und letzte Schlacht am Bergisel. Die Tiroler erleiden eine Niederlage. 8 535 Tiroler stehen 20 000 Bayern gegenüber. Nach zwei Stunden müssen die Tiroler der Übermacht weichen. Andreas Hofer fordert zur Unterwerfung auf, er zieht sich in sein Wirtshaus »Sandwirt« im Passeiertal (Südtirol) zurück.

7. November Die Bayern holzen bis zum Hußlhof den Bergisel ab, damit hier die Wiederholung einer Schlacht nicht mehr möglich ist.

16. November Schlacht am Küchelberg bei Meran (Südtirol). Der letzte Sieg der Tiroler, die Andreas Hofer zu abermaligem Widerstand überredet haben. Das Herannahen starker französischer Truppen erstickt den Widerstand, worauf die Tiroler in die Berge fliehen *(→ 28. Januar 1810)*.

Ende Dezember Kaiser Franz I. kehrt aus Totis (Ungarn), wo er seit August sein Hoflager aufgeschlagen hatte, nach Wien zurück.

►**1810, 28. Januar** In den Morgenstunden wird auf der Pfandleralm (1 300 m Seehöhe, ein Almboden unter der Rifflspitze, Südtirol) Andreas Hofer mit seiner Frau, seinem 15jährigen Sohn Hans und seinem Schreiber Kajetan Sweth von den Franzosen gefangengenommen. Franz Raffl hatte dieses sichere Versteck verraten.

20. Februar Um 10.45 Uhr wird Andreas Hofer im Festungsgraben von Mantua auf ausdrücklichen Befehl Kaiser Napoleons I. erschossen. Geb. am 22. November 1767 auf dem Sandhof bei St. Leonhard im Passeiertal (Südtirol). Der Gastwirt hatte bereits 1796 *(→ 5. September 1796)* im Tiroler Landsturm gegen die Franzosen gekämpft.

11. März Prokuratstrauung der Erzherzogin Marie Louise, der ältesten Tochter Kaiser Franz' I., mit Kaiser Napoleon I. in Wien. Erzherzog Karl vertritt auf Wunsch und mit Vollmacht Kaiser Napoleon, ein Werk Clemens Wenzel Lothar Graf Metternichs, der darin die echte Befriedung mit dem übermächtig gewordenen Kaiser der Franzosen sah.

17. März Uraufführung des Schauspiels »Das Käthchen von Heilbronn« von Heinrich von Kleist in Wien.

2. April Feierliche Hochzeit Kaiser Napoleons I. mit Erzherzogin Marie Louise von Österreich in Paris. Am 7. Februar war in Paris das Eheverlöbnis (eine Idee Metternichs) unterzeichnet worden, am *(→)* 11. März war in Wien die Prokuratstrauung erfolgt.

Mai Der deutsche Dichter und Geschichtsphilosoph Friedrich Schlegel hält an der Wiener Universität Vorlesungen über neuere Geschichte.

Sommer Der deutsche Dichter der Romantik Joseph von Eichendorff kommt nach Wien und bleibt bis 1813.

9. September Johann Hagenauer stirbt in Wien; geb. am 22. Juni 1732 in Straß (Oberbayern), frühklassizistischer Altar- und Freiplastiker, seit 1774 Leiter der Bildhauerklasse der Akademie der bildenden Künste in Wien. Hauptwerke: die Altäre in der Schottenfeldkirche in Wien, in der Müllner Kirche in Salzburg, in der Pfarrkirche in Böckstein (Salzburg), Mariensäule vor Salzburger Dom (gemeinsam mit seinem Bruder Wolfgang), gilt als Hauptwerk des Zopfstils in Österreich; Brunnen und Statuen im Schloßpark Schönbrunn.

13. September Ein Brand richtet an der Kirche und am Klostergebäude von Stift Lilienfeld (Niederösterreich) verheerenden Schaden an.

30. September Übergabe Salzburgs an Bayern gemäß den Bestimmungen des Friedens von Schönbrunn *(→ 14. Oktober 1809)*.

►**1811** Gründung der Zeitschrift »Carinthia« in Klagenfurt, die älteste ununterbrochen erscheinende Zeit-

Allgemeines Bürgerliches Gesetzbuch

Das am 1. Januar 1812 in Kraft tretende Allgemeine Bürgerliche Gesetzbuch – vorerst für die österreichischen und böhmischen Erbländer und Galizien – wurde bald zur Grundlage der Gesetzgebung des gesamten Staates. 1811 erschien »Commentarii über das allgemeine bürgerliche Gesetzbuch für die gesamten Deutschen Erbländer der Österreichischen Monarchie« von Franz Edler von Zeiller. Auf der ersten Seite finden wir folgendes:

»Eure Majestät.

Das große Gebäude, das die unvergeßliche Maria Theresia entwarf und Josephs rascher Geist nur erst begann, hat, Allergnädigster Herr, Ihre weise Anordnung kürzer und doch bedächtig zum Ziel führenden Mittel, hat Ihr unverwandter Blick, Ihr fester Blick, Ihr fester Wille vollendet. Eurer Majestät verdanken die Deutschen Provinzen des Oesterreichischen Kaiserthums, nach dem mit allgemeinem Beyfall aufgenommenen, und bereits durch sechs Jahre mit dem gedeihlichsten Erfolge in Ausübung gesetzten Strafgesetzes über Verbrechen und schwere Polizey-Uebertretungen, nun auch die große Wohltat eines einheimischen allgemeinen Civil-Codex, wodurch der Bürger über seine und seiner Mitbürger Rechte und Rechtspflichten belehrt, die Streitsucht beschränkt, und die Willkür für immer aus den Gerichtshöfen verbannt werden soll; auf einen sehr mäßigen Umfang eingeschränkten, Gesetzbuches zu entwickeln, die Gerechtigkeit der einzelnen Vorschriften durch ihre Begründung einleuchtender zu machen, und die Anwendung derselben durch eine nähere Anleitung zu erleichtern, ist der Zweck, welchen in dem vorliegenden Werke unter dem Allerhöchsten Schutze sich bestrebt Euer Majestät getreuester Unterthan

der Verfasser.«

schrift von Österreich, zugleich die drittälteste im deutschen Sprachraum (nach dem »Göttinger Gelehrten Anzeiger« und den »Annalen der Physik«).

Anfang Der Banknotenumlauf in Österreich erreicht die Milliardengrenze, das Zehnfache des Jahres 1800. 1 kg Rindfleisch kostet 6 Gulden, 1800 65 Kreuzer. Franz Grillparzer erwähnt in seinen Aufzeichnungen, daß seine Mutter eine Jahrespension von 90 Gulden hatte (sein Vater war Advokat gewesen).

20. Februar Ein kaiserliches Patent regelt den Umlauf der »Banczettel«, die nur mehr bis 31. Januar 1812 gültig bleiben sollen. Bis dahin wären sie zum fünften Teil ihres Nennwertes gegen Einlösungsscheine umzuwechseln. Danach sind die Einlösungsscheine das einzige im Umlauf befindliche Papiergeld. Sie durften die zum Umwechseln nötige Summe nicht übersteigen und betrugen 212 159 750 Gulden. Diese neue »Wiener Währung« sollte den »Staatsbankrott« bekämpfen. Die Abwertung des Papiergeldes auf ein Fünftel des Nennwertes ist die schon seit Jahren fällig gewesene Währungsreform, die aber als zu unpopuläre Maßnahme von Kaiser Franz I. mehrmals verworfen worden war. Das Silbergeld wurde seit Jahren gehamstert, die Kriegsschuldzahlung an Frankreich in der Höhe von 85 Millionen Francs *(→ 14. Oktober 1809)* hatte die Situation abermals verschlechtert. Schon 1806 zeigte der Anstieg des Notenumlaufs auf 377 Millionen die Katastrophe an, 1799 betrug er vertretbare 92 Millionen. Das Elend breiter Volksschichten wird nun größer. Die Geldleute hatten trotz der strengen Geheimhaltung rechtzeitig Gegenmaßnahmen unternommen *(→ 1. Juni 1816)*.

20. März Napoleon Franz Joseph Karl wird in Paris geboren, er ist der Sohn Kaiser Napoleons I. mit Erzherzogin Marie Louise von Österreich. »König von Rom«, »Herzog von Reichstadt«. Er stirbt im Schloß Schönbrunn am 22. Juli 1832 und wird in der Kapuzinergruft beigesetzt, am *(→)* 14. Dezember 1940 wurde sein Leichnam auf Befehl Adolf Hitlers nach Paris übergeführt.

1. Juni Kundmachung des Allgemeinen Bürgerlichen Gesetzbuches (ABGB), das am 1. Januar 1812 in Kraft tritt. Es basiert auf dem Codex Theresianus von 1766 und dem Josephinischen Gesetzbuch von 1786 *(→ 1. November 1786)*. In 1 502 Paragraphen regelt es das gesamte Personen- und Sachenrecht und wird von der Idee der Gerechtigkeit und der Freiheit im Sinne der Aufklärung getragen. Der Wiener Universitätsprofessor Franz von Zeiller ist der Schöpfer des Gesetzbuches. Ursprünglich ist es nur für die Erbländer der Monarchie bestimmt, später gilt es mit einigen Änderungen auch in Siebenbürgen, Kroatien, Slawonien, Bosnien und der Herzegowina.

28. Juni Heinrich Joseph von Collin stirbt in Wien; geb. am 26. Dezember 1771 in Wien; Freiheitsdichter, schrieb vor allem patriotische Lyrik. 1802 das Drama »Coriolan«, zu dem Ludwig van Beethoven seine »Coriolan-Ouvertüre« schrieb.

16. Juli Erzherzog Johann gründet in Graz das steirische Landesmuseum »Joanneum«, er stiftet als Grundlage seine naturwissenschaftlichen und geschichtlichen Sammlungen.

2. Dezember Jakob Matthias Schmutzer stirbt in Wien; geb. am 3. April 1733 in Wien; Kupferstecher und Maler, begründete den Ruhm der Wiener Reproduktionsgraphik, seit 1771 »Oberdirektor« sämtlicher in der Monarchie vorhandenen »Normal-Zeichenschulen«.

Ende Dezember In Innsbruck zählt man 574 Häuser und 10 237 Einwohner.

▶**1812, 1. Januar** Das »Allgemeine Bürgerliche Gesetzbuch« tritt in Kraft *(→ 1. Juni 1811)*, es hat im wesentlichen noch heute Geltung.

3. März Erzherzog Karl lehnt das Kommando eines eventuellen österreichischen Hilfskorps für Frankreich ab *(→ 14. März)*.

14. März Bündnis von Paris zwischen Österreich und Frankreich. Österreich verpflichtet sich, ein Hilfskorps in der Stärke von 30 000 Mann zu stellen, falls Frankreich gegen Rußland Krieg führt. (Preußen hat bereits am 24. Februar ein ähnliches Bündnis eingehen müssen, die Verpflichtung betrug aber nur 20 000 Mann. Beide Staaten waren viel zu schwach, um ablehnen zu können.)

18. Mai Beginn des Fürstentages von Dresden, der bis

zum 28. dauert. Kaiser Napoleon I. nimmt die Huldigung der Fürsten des Rheinbundes, Kaiser Franz' I. und König Friedrich Wilhelms III. von Preußen entgegen, eine Demonstration seiner Macht vor Beginn seines Rußlandfeldzuges.

22. Juni Frankreich erklärt an Rußland den Krieg. Napoleons »Grande Armée« zählt 600 000 Mann, davon 200 000 Mann deutsche Bundestruppen. Das 30 000 Mann starke österreichische Hilfskorps steht unter dem Kommando von Feldmarschall Karl Philipp Fürst zu Schwarzenberg und deckt den rechten Flügel in Wolhynien.

21. September Emanuel Schikaneder (eigentlich Johann Josef Schickeneder) stirbt in Wien; geb. am 9. September 1751 in Straubing (Bayern); Schauspieler, Sänger, Regisseur, Theaterdichter und Theaterleiter, kam 1775 nach Innsbruck, 1780 nach Salzburg, 1785 ans Nationaltheater in Wien, übernahm 1789 die Leitung des Freihaus-Theaters in Wien, gründete 1801 das Theater an der Wien. Schrieb 55 Sprechstücke, 44 Opern- und Singspielbücher, darunter auch das Textbuch zu Wolfgang Amadeus Mozarts »Zauberflöte«. Er starb in Armut und Wahnsinn.

19. Oktober Kaiser Napoleon I. zieht mit seinen Truppen von Moskau ab.

26.–28. November Schlacht an der Beresina. Napoleon I. erleidet gewaltige Verluste, die die baldige Auflösung der »Grande Armée« zur Folge haben.

30. Dezember Der Kommandierende des preußischen Hilfskorps, General Yorck von Wartenburg, schließt eigenmächtig mit Rußland einen Waffenstillstand.

31. Dezember Einführung der Erwerbssteuer, der späteren Gewerbesteuer, sie wird mit 1. Oktober 1822 geringfügig abgeändert.

1813, 30. Januar Waffenstillstand zwischen Österreich und Rußland.

26. Februar Der Vertrag von Kalisch (Polen) wird im russischen Hauptquartier zwischen Rußland und Preußen abgeschlossen, ein Friedens-, Freundschafts- und Bündnisvertrag. Er wird am 27. in der preußischen Residenz Breslau unterzeichnet.

27. März Preußen erklärt an Frankreich den Krieg, Beginn der sogenannten »Befreiungskriege«. (Österreichs Kriegseintritt verzögert sich, da Clemens Wenzel Lothar Graf Metternich die Auffassung vertritt, Österreich sei noch nicht stark genug und hätte sich finanziell noch nicht erholt, → *27. Juni und 10. August.*)

14. April Österreich übernimmt die »bewaffnete Vermittlung« zwischen Frankreich einerseits und Preußen und Rußland andererseits. Gerechte, doch für Frankreich harte Friedensbedingungen werden gestellt.

2. Mai Schlacht bei Großgörschen (nahe Lützen), auch 2. Schlacht von Lützen genannt. Kaiser Napoleon I. besiegt mit etwa 144 000 Mann die Preußen und Russen mit zusammen 88 500 Mann.

20. und 21. Mai Schlacht bei Bautzen. Kaiser Napoleon I. besiegt abermals die Preußen und Russen durch sein zahlenmäßig stark überlegenes Heer. 100 000 Preußen und Russen mit 600 Geschützen gegen 185 000 Franzosen mit 560 Geschützen.

4. Juni Waffenstillstand von Poischwitz (bei Striegau, Schlesien) zwischen Frankreich einerseits und Preußen und Rußland andererseits. Eine Demarkationslinie wird vereinbart, hinter die sich die Truppen zurückzuziehen haben. Er wird bis 20. Juli befristet, dann bis 10. August verlängert. Trotz seiner Siege war Napoleon I. dazu bereit – Krankheit unter seinen Truppen und die Störung der hinteren Verbindungswege veranlaßten ihn dazu. (Österreich gewinnt damit wertvolle Tage für die noch nötige Rüstung.)

16. Juni Josef Richter stirbt in Wien; geb. 16. März 1749 in Wien; Schriftsteller und Journalist, »der Eipeldauer«, verwendete gelegentlich auch das Pseudonym: F. A. Obermeyer Hilarion. Im Fasching 1778 gibt er das erste Wiener Witzblatt »Der Spaßvogel« heraus. Er verfaßte von 1785 bis zu seinem Tod die »Briefe eines Eipeldauers an seinen Herrn Vetter in Kakran über d'Wienstadt«, die lokalgeschichtlich eine wertvolle Quelle für die Kulturgeschichte Wiens sind; ab 1793 ein regelmäßig erscheinendes Wochenblatt, 1798–1799 trat eine kleine Pause ein. Witz, Satire und der Wiener Dialekt sind seine Stilelemente. Er schrieb auch zahlreiche Pamphlete, von denen am berüchtigsten »Warum wird Kaiser Joseph von seinem Volke nicht geliebt« (1787) ist.

17. Juni Clemens Wenzel Lothar Graf Metternich trifft in Opotschno mit Zar Alexander I. zusammen.

26. Juni Clemens Wenzel Lothar Graf Metternich trifft im Palais Marcolini in Dresden mit Kaiser Napoleon I. zusammen. Eine wertvolle Verlängerung des Waffenstillstandes vom *(→)* 4. Juni wird bis 10. August vereinbart. Die Friedenskonferenz soll im nächsten Monat in Prag beginnen. Kaiser Napoleon I. ist sehr zuversichtlich und sagt zu Metternich: »Ich kann Ihnen versichern, im nächsten Oktober sehen wir uns in Wien.«

27. Juni Vertrag von Reichenbach (dem Hauptquartier der Monarchen in Böhmen) zwischen Österreich, Rußland und Preußen. Kaiser Franz I. verpflichtet sich zur Kriegserklärung an Frankreich, falls dieses nicht mit den Forderungen der Verbündeten (praktisch die Rückgabe der in den letzten Jahren an Napoleon I. abgetretenen Gebiete) vor Ablauf des Waffenstillstandes einverstanden wäre. Diesem Geheimvertrag sind am selben Ort zwei Verträge vorangegangen, am 14. Juni eine englisch-preußische Subsidien- und Beistandskonvention und am 15. Juni eine solche zwischen England und Rußland. Schon am 22. April hatte sich Schweden durch ein Bündnis mit Preußen der neuen Koalition gegen Napoleon genähert.

12. Juli Clemens Wenzel Lothar Graf Metternich und die Vertreter Preußens und Rußlands treffen zum »Friedenskongreß in Prag« ein, der Bevollmächtigte Kaiser Napoleons I. trifft erst am 28. ein. Es gibt Uneinigkeit über Formfragen.

7. August Clemens Wenzel Lothar Graf Metternich überreicht das Ultimatum Kaiser Franz' I., wonach Frankreich bis zum 10. August, dem Ablauf des Waffenstillstandes *(→ 26. Juni)*, zu den Friedensbedingungen der Verbündeten Stellung zu nehmen hat.

10. August Kaiser Napoleon I. läßt die gestellte Frist verstreichen; um Mitternacht erklären deshalb die Vertreter Preußens und Rußlands ihre Vollmachten für erloschen, Clemens Wenzel Lothar Graf Metternich löst daraufhin den »Friedenskongreß von Prag« auf und stellt der französischen Gesandtschaft die Kriegserklärung Österreichs an Frankreich mit Datum vom 12. August zu.

17. August Beginn der Feindseligkeiten im sogenannten »Herbstfeldzug« der Befreiungskriege. Die französische Armee steht entlang der Elbe von Böhmen bis zur

Vor der Völkerschlacht bei Leipzig

Der Oberkommandierende der Befreiungsarmee, Feldmarschall Karl Philipp Fürst zu Schwarzenberg, richtete folgenden Aufruf an die Truppen:

»Die wichtigste Episode des hl. Kampfes ist erschienen, die entscheidende Stunde schlägt; bereitet Euch zum Streite! Das Band, das mächtige Nationen zu einem Zwecke vereint, wird auf dem Schlachtfelde fester und enger geknüpft. Russen, Preußen und Österreicher! Ihr kämpft für eine Sache, kämpft für die Freiheit Europas, für die Unabhängigkeit Eurer Sache, für die Unsterblichkeit Eurer Namen! Alle für Einen! Jeder für Alle! Mit diesem erhabenen, mit diesem männlichen Rufe eröffnet den hl. Kampf! Bleibt ihm treu in der entscheidenden Stunde, und der Sieg ist Euer!«

An seine Frau schrieb er am 20. Oktober 1813:

»Zu Deinen Füssen, meine Nani, lege ich die heiligen Lorbeeren, die mir der Allmächtige gewährte. Gott hat unsere Waffen gesegnet, die Niederlage des Feindes ist beispiellos, nie sah ich ein schaudervolleres Schlachtfeld. Colloredo, Louis Liechtenstein, Bianchi, Hardegg, Nostitz haben wie Helden gefochten; unser Verlust ist sehr gross, aber man kann sagen, der Feind hat alles verlohren. Er ward gestern verfolgt durch die Spitzen aller Armeen, er suchte, mit einigen Trümmern von Armeekorps Leipzig zu halten, es wurde aber von allen Seiten eingedrungen. Der König von Sachsen, die Generale Reynier, Bertrand, Lauriston und viele andere Generale, über 200 Canonen, mehr als 800 Pulverkarrn, Bagagen, eine ungeheure Menge von Gefangenen fielen in die Hände der Verbündeten. Ich kam gestern abends von Leipzig zurück, um die weiteren Anstalten zu treffen, wir werden nichts versäumen, um von diesem Siege den fernern Nutzen zu ziehen.

Der Kaiser, mein Herr, hat mir das Grosskreuz [des Maria-Theresien-Ordens] verliehen, der russische das Grosse des Georgordens und der König von Preussen den Schwarzen Adler. Das sag ich Dir als Neuigkeit, denn Du weisst, meine Nani, dass mich die Sache lohnt, mehr als es alle Souverains der Erde zu thuen im Stande sind. – Nun scheint mir dennoch ein glücklicher Stern zu leuchten, und so, meine Theure, wird mir je wohl nach gethaner Arbeit das Glück werden, nach dem ich mich so sehr sehne, ruhig in Eurer Mitte zu geniessen. – Nani, ich habe redlich und treu gehandelt, viel geduldet und der Himmel hat mich gesegnet. Sende mir ein kleines Andenken, was es immer sei, zum Andenken der glücklichen Ereignisse in den Ebenen zu Leipzig.

Dein, Dein, Dein Karl«

Nordsee in einer Gesamtstärke von 450 000 Mann. Die Verbündeten stehen ihr in drei Armeen gegenüber: Hauptarmee (auch böhmische genannt) mit 125 000 Österreichern, 80 000 Russen und 45 000 Preußen unter Feldmarschall Karl Philipp Fürst zu Schwarzenberg mit dem »Chef des Generalquartiermeisterstabes« (= Generalstabschef) General Johann Joseph Wenzel Graf Radetzky von Radetz, die Nordarmee mit 118 000 Russen, Preußen und Schweden unter dem schwedischen Kronprinzen und ehemaligen französischen Marschall Jean-Baptiste Jules Bernadotte und den preußischen Generälen Karl von Bülow und Friedrich Graf von Tauentzien, die Schlesische Armee mit 105 000 Russen und Preußen unter General Gebhard Leberecht von Blücher (»Marschall Vorwärts«). Dank Clemens Wenzel Lothar Graf Metternichs diplomatischem Geschick erhält Feldmarschall Karl Philipp Fürst zu Schwarzenberg den Oberbefehl, General Johann Joseph Wenzel Graf Radetzky von Radetz steht ihm als Generalstabschef zur Seite.

23. August Schlacht bei Großbeeren (südl. von Berlin). Die Nordarmee unter Bernadotte fängt den auf Berlin geführten Vorstoß der französischen Armee unter Nicolas Charles Oudinot auf und erringt den ersten Sieg.

26. und 27. August Schlacht bei Dresden. Die unter Karl Philipp Fürst zu Schwarzenberg herangezogene Hauptarmee der Verbündeten war am 25. von Zar Alexander I. zum Abwarten bewegt worden, was Kaiser Napoleon I. ausnützte und in Eilmärschen heranzog. In der zwei Tage dauernden blutigen Schlacht besiegt er die stark überlegenen Verbündeten und drängt sie nach Böhmen ab; Napoleons letzter großer Sieg (sein letzter Sieg, → *30. und 31. Oktober 1813*) auf deutschem Boden. Rund 200 000 Verbündete standen 96 000 Franzosen gegenüber.

29. und 30. August Schlacht bei Kulm und Nollendorf. Die Franzosen unter Marschall Dominique Joseph Vandamme sollten der zurückgehenden Hauptarmee den Rückzug abschneiden, werden aber besiegt und zur Kapitulation gezwungen. Marschall Vandamme und rund 9 000 Mann wurden gefangengenommen, die französischen Gesamtverluste betrugen über 15 000 Mann, die der Verbündeten 3 319.

6. September Schlacht bei Dennewitz (nahe Wittenberg). Abermaliger Sieg der Nordarmee über die Franzosen unter Marschall Michel Ney. Der »Armée de Berlin« genannte Teil der französischen Truppen hatte damit bis zu diesem Tag rund 22 000 Mann verloren und war beträchtlich angeschlagen.

9. September Allianzverträge von Teplitz (Erzgebirge), dem Hauptquartier der Verbündeten, zwischen Österreich, Preußen und Rußland. Ein noch engeres Bündnis, das die Wiederherstellung von Österreich und Preußen im Umfang von 1805 enthält, außerdem die Auflösung des Rheinbundes und die Selbständigkeit der Rheinbundfürsten festlegt sowie die Wiederherstellung Hannovers unter englischer Oberhoheit und der anderen nordwestdeutschen Territorien. Am 3. Oktober identifiziert sich auch England mit diesem Vertrag und verpflichtet sich zusätzlich zur Zahlung von einer Million Pfund. Ende des Jahre treten 29 deutsche Staaten dieser Allianz bei.

3. Oktober Schlacht bei Wartenburg an der Elbe (an der Elstermündung). Die Schlesische Armee der Verbündeten unter Marschall von Blücher erzwingt nach hartem Kampf den Übergang über die Elbe und leitet damit die entscheidende Wende im Feldzug der Verbündeten ein: die Einkreisung der Armeen Napoleons I. in Sachsen.

8. Oktober Vertrag von Ried im Innkreis (Oberösterreich). Schon im März hatte Clemens Wenzel Lothar Graf Metternich versucht, König Maximilian I. Joseph von Bayern zu einem Allianzwechsel zu bewegen, doch erst jetzt (nach den Erfolgen über Napoleon I.) tritt Bayern vom Bündnis mit Frankreich zurück und aus dem Rheinbund aus. Mit mindestens 36 000 Mann schließt es sich dem Kampf gegen Napoleon an.

14. Oktober Bayern erklärt Frankreich den Krieg; Rußland und Preußen schließen sich dem Vertrag von Ried zwischen Österreich und Bayern am 4. November an.

— Reitergefecht bei Liebertwolkwitz (nahe Leipzig). Die Vorhut der Schwarzenbergschen Hauptarmee besiegt in einem achtstündigen Gefecht die Franzosen unter Marschall Joachim Murat, dem König von Neapel. Beide Seiten verloren rund 2 000 Mann. Die verbündeten Armeen rückten von Norden, Osten und Süden gegen Leipzig vor, wo Kaiser Napoleon I. seine Kräfte zusammengezogen hatte.

16.–19. Oktober Beginn der »Völkerschlacht bei Leipzig«, Entwurf des Feldzugplanes von General Johann Joseph Wenzel Graf Radetzky von Radetz, Oberkommando Feldmarschall Karl Philipp Fürst zu Schwarzenberg; Zar Alexander I., Kaiser Franz I. und König Friedrich Wilhelm III. von Preußen sind anwesend. Rund 330 000 Verbündete stehen gegen 200 000 Franzosen unter Kaiser Napoleon I. Am 16. eröffnen die Verbündeten südöstl. der Stadt den Kampf, das Dorf Wachau wechselt mehrmals an diesem Tag den Besitzer. Im Norden wird ebenso erbittert um Möckern gekämpft. Um 14 Uhr läßt Kaiser Napoleon I. in Leipzig die Glocken des Sieges läuten und geht zum Gegenangriff über. Bis zum Abend wird gekämpft, der linke Flügel der Franzosen wird auf die Tore der Stadt zurückgeworfen. Am Sonntag, dem 17., tritt überraschend eine Ruhepause ein – Verhandlungsangebote Napoleons bleiben unberücksichtigt. Am 18. greift Feldmarschall Schwarzenberg in sechs Kolonnen an und schnürt den Kreis um die Stadt enger. Nach und nach gehen die sächsische und die württembergische Kavallerie, dann die sächsische Infanterie und Artillerie zu den Verbündeten über. Am Nachmittag vollendet die Nordarmee die Einkesselung. Gegen 17 Uhr ordnet Napoleon den Rückzug über die einzige freie Strecke nach Lindenau an. Am 19. erstürmen die Verbündeten in einem harten Straßenkampf, der den ganzen Vormittag andauert, die Stadt. Um 13 Uhr ziehen Zar Alexander I., Kaiser Franz I., König Friedrich Wilhelm III. und Feldmarschall Fürst zu Schwarzenberg in die eroberte Stadt ein. Die Verluste waren beträchtlich, die französischen betrugen rund 35 000 Tote und Verwundete und 37 000 Gefangene und Versprengte, der Gesamtverlust der Verbündeten betrug knapp 54 000 Mann: 22 605 Russen, 16 033 Preußen, 14 958 Österreicher und 178 Schweden. Die Völkerschlacht bei Leipzig entschied den Kampf um die Vorherrschaft in Europa. Napoleon mußte Deutschland räumen, die nicht genügend hart durchgeführte Verfolgung ermöglichte ihm die Flucht über den Rhein.

Ende Oktober Clemens Wenzel Lothar Graf Metternich wird von Kaiser Franz I. zum Fürsten erhoben.

28. Oktober Uraufführung der 1. Symphonie von Franz Schubert in Wien.

30. Oktober Österreicher unter General Johann Frh. von Hiller erobern Trient. Seit 19. August kämpfen die Österreicher siegreich in Italien gegen die Truppen unter Vizekönig Eugène Beauharnais.

30. und 31. Oktober Schlacht bei Hanau. Ein bayrisch-österreichisches Heer unter dem bayrischen General Karl Philipp von Wrede stellt sich dem abziehenden französischen Heer unter Kaiser Napoleon I. entgegen. In Verkennung der Situation stehen den knapp 30 000 Mann Wredes rund 80 000 Franzosen gegenüber. Napoleon erringt seinen letzten Sieg auf deutschem Boden. General Wrede wird schwer verwundet.

2. November Mit einem Heer von nur rund 60 000 Mann überschreitet Kaiser Napoleon I. bei Mainz den Rhein.

1. Dezember Die Verbündeten richten von Frankfurt am Main aus eine Erklärung mit Friedensvorschlägen an Kaiser Napoleon I., der sie zurückweist.

21.–25. Dezember Zwischen Basel und Mannheim überschreitet die Hauptarmee unter Feldmarschall Karl Philipp Fürst zu Schwarzenberg (202 000 Mann) den Rhein. Eine Vereinigung mit der Schlesischen Armee unter Feldmarschall Blücher im Raum Langres ist vorgesehen *(→ 1. Januar 1814)*.

Ende Dezember Österreichische Truppen haben mit Ausnahme von Ragusa und Cattaro ganz Dalmatien zurückerobert.

►1814, 1. Januar In der Nacht beginnt Feldmarschall Gebhard Leberecht von Blücher mit seiner Schlesischen Armee (82 000 Mann) den Rhein bei Mannheim, Kaub und Koblenz zu überqueren. Bei Kaub erschwert Treibeis den Übergang, so daß er erst am 3. abgeschlossen ist.

10. Januar Gefecht von St.-Dié. Die über die Vogesen vorgerückten Bayern unter General Wrede besiegen die Franzosen, die daraufhin Lunéville und Nancy räumen und auf Toul zurückgehen.

11. Januar Bündnis zwischen Österreich und Neapel; König Joachim Murat, der Schwager Kaiser Napoleons I., verpflichtet sich zum Kampf gegen Frankreich.

29. Januar Gefecht bei Brienne. Kaiser Napoleon I. greift mit 40 000 Mann Feldmarschall Gebhard Leberecht von Blücher mit 30 000 Mann an, um die Vereinigung der Verbündeten zu verhindern, und besiegt ihn. Beide Seiten verloren jeweils rund 3 000 Mann.

1. Februar Schlacht bei La Rothière. Nach der Vereinigung der Schlesischen Armee mit Teilen der Hauptarmee stellt sich der fast eingekreiste Napoleon I. mit rund 40 000 Mann zur Schlacht gegen rund 53 000 Verbündete. Feldmarschall Gebhard Leberecht von Blücher schlägt die Franzosen, nachdem der bayrische General Karl Philipp von Wrede selbständig eingegriffen hat. Kaiser Napoleon I. zog sich darauf gegen Troyes zurück.

5. Februar Beginn des Kongresses von Châtillon-sur-Seine. Die Bevollmächtigten der Verbündeten garantieren Frankreich die Grenzen von 1792 und Napoleon I. die Krone, doch der Vertreter Napoleons lehnt ab, da dieser im Februar militärische Erfolge erzielen konnte. Am 28. Februar fordern die Verbündeten die Vorlage eines ihren Vorschlägen nahe kommenden Friedenspapiers bis 10. März und unterstreichen ihre Forderung

Wiener Kongreß nimmt Verhandlungen auf

Die Wahl Wiens als Tagungsort für den Wiener Kongreß, der eine Ordnung des nachnapoleonischen Europas beraten sollte, erfolgte auf nachdrückliche Initiative von Fürst Metternich.
Die Delegierten der 65 Staaten begannen am 18. September 1814 ihre Beratungen. Nach Bedeutung der einzelnen Mächte richtete sich zumeist auch die Stärke der Delegationen, die russische war mit 62 Mitgliedern zweifellos die stärkste, Städte wie Bremen oder Lübeck waren nur durch einen Delegierten vertreten.
Die führenden Diplomaten waren Staatsminister Maximilian Graf Montgelas für das Königreich Bayern, Minister Karl August Fürst Hardenberg und Minister Wilhelm Baron von Humboldt für das Königreich Preußen, Außenminister Robert Stewart Viscount Castlereagh für das Königreich Großbritannien, Charles Maurice Prince Talleyrand-Périgord für das Königreich Frankreich, Staatsminister Karl Robert Graf Nesselrode für das russische Kaiserreich und Leiter der Staatskanzlei Clemens Wenzel Lothar Fürst Metternich für das Kaisertum Österreich.
Die Kaiser und König wurden in der Hofburg untergebracht, alle übrigen Delegierten logierten im Palais der Stadt, in Gasthöfen oder auch in Privatquartieren. Die Beachtung protokollarischer Fragen war äußerst wichtig, außerdem überwachte ein Heer von Agenten Metternichs jeden Schritt der Kongreßdelegierten. Die »Wiener Zeitung« veröffentlichte in regelmäßigen Abständen, wer in Wien eingetroffen ist und wer die Stadt verlassen hatte.
Die Verhandlungen wurden immer nur in kleineren Gremien geführt, nie fand eine Plenarsitzung aller Delegierten statt. Viele der Sitzungen fanden im damaligen Palais Kaunitz (heute Bundeskanzleramt) statt, allerdings nie im sogenannten Kongreßsaal, sondern im Steinsaal.

mit dem Vertrag von Chaumont am 1. März. Kaiser Napoleon läßt am 15. März einen Vertragsentwurf vorlegen, der fast nur Forderungen enthält, worauf die Vertreter der Verbündeten am 19. März den Kongreß abbrechen. (Napoleon hatte während dieser Verzögerung einen entscheidenden militärischen Erfolg erhofft.)

8. Februar Schlacht am Mincio. Vergeblicher Versuch Eugène Beauharnais', die Österreicher unter General Johann Frh. von Hiller zu verdrängen; bis Kriegsende *(→ 23. April)* verbleiben die Truppen beider Seiten in ihren Stellungen.

10.–14. Februar Die Schlesische Armee Feldmarschall Gebhard Leberecht von Blüchers mit rund 50 000 Mann zieht, von der Hauptarmee getrennt, in drei selbständigen Kolonnen gegen Paris und wird in einzelnen Gefechten von Kaiser Napoleon I. geschlagen. Am 10. Februar bei Champaubert, am 11. Februar beim Montmirail, am 12. Februar bei Château-Thierry und am 14. Februar Blücher selbst, der den Rückzug nach schweren Verlusten erkämpfen mußte, bei Vauchamps. In diesen Tagen verlor die Schlesische Armee fast 14 000 Mann an Toten und Verwundeten.

18. Februar Gefecht bei Montereau. Kaiser Napoleon I. wendet sich der nur mehr drei Tagesmärsche von Paris entfernten Hauptarmee unter Feldmarschall Karl Philipp Fürst zu Schwarzenberg zu und besiegt das russische Korps Pahlen.

27. Februar Schlacht bei Bar-sur-Aube. Feldmarschall Karl Philipp Fürst zu Schwarzenberg stoppt den Rückzug der Verbündeten nach der Niederlage von Montereau und besiegt die Franzosen unter Marschall Nicolas Charles Oudinot. 52 000 Mann unter General Wrede und General Wittgenstein besiegten 30 000 Franzosen, die dabei 3 500 Mann verloren. Die Verluste der Verbündeten betrugen 1 900 Mann.

1. März Quadrupelallianz von Chaumont zwischen Österreich, Rußland, Preußen und Großbritannien, abgeschlossen »zur Wahrung des Gleichgewichts in Europa«. Sie soll die Forderungen der Verbündeten auf dem Kongreß von Châtillon *(→ 5. Februar)* unterstreichen. Dieses Offensiv- und Defensivbündnis gegen Frankreich sieht nur einen gemeinsamen Friedensschluß vor. Feldmarschall Gebhard Leberecht von Blücher vereinigt sich mit der Nordarmee unter Feldmarschall Bülow.

9. März Schlacht von Laon. Sieg der vereinigten Schlesischen und Nordarmee über Kaiser Napoleon I.; wegen der Erkrankung Feldmarschall Gebhard Leberecht von Blüchers wird der Sieg nicht ausgenützt.

12. März Einnahme von Bordeaux durch die Engländer unter Admiral Arthur Wellesley Herzog von Wellington.

20. und 21. März Schlacht bei Arcis-sur-Aube. Kaiser Napoleon I. greift mit 33 500 Mann die Hauptarmee unter Feldmarschall Karl Philipp Fürst zu Schwarzenberg mit 74 000 Mann an und erleidet nach kleinen Anfangserfolgen am 20. eine entscheidende Niederlage.

24. März Befehl des Hauptquartiers der Verbündeten zum Vormarsch auf Paris.

25. März Niederlage der Franzosen unter Marschall Marmont und Marschall Mortier im Rückzugsgefecht bei La Fère Champenoise; die Franzosen ziehen sich auf Paris zurück.

29. März Kaiserin Maria Louise verläßt mit ihrem Sohn Paris.

30. März Erstürmung des Montmartre in Paris durch die Verbündeten; nach tapferer Gegenwehr kapitulieren die Marschälle Marmont und Mortier, sie erhalten freien Abzug.

31. März Einzug der Verbündeten, Zar Alexanders I. und König Friedrich Wilhelms III. von Preußen, in Paris. Kaiser Franz I. bleibt bei seinen Truppen in Dijon. Kaiser Napoleon I. eilt herbei, doch versagt ihm die Generalität den Gehorsam.

2. April Erklärung der provisorischen französischen Regierung unter dem Vorsitz von Charles Maurice Prinz von Talleyrand-Périgord. Napoleon I. wird abgesetzt, das Volk vom Treueid enthoben.

4. April Napoleon I. dankt in Fontainebleau zugunsten seines Sohnes ab.

6. April Bedingungslose Abdankung Napoleons I.; Ludwig XVIII. (ein Bruder König Ludwigs XVI.) wird

Wien im Festtaumel

Das von Prinz Charles Joseph de Ligne geprägte Bonmot »Le congrès danse et ne marche pas« (Der Kongreß tanzt, aber er kommt nicht voran) entsprach treffend der Situation. Selten wurde die Verbindung von Politik und Vergnügen so intensiv offenbar. Um die Kongreßteilnehmer bei Laune zu halten, fanden Jagden statt, Soiréen bei Fürst Metternich waren besonders beliebt. Eine Caroussell in der Reitschule stellte ein mittelalterliches Ritterspiel nach, im Januar 1815 bewegte sich eine Schlittenkavalkade durch Wien, von den Bewohnern der Stadt gebührend bestaunt, nach Schönbrunn, um eine Opernaufführung zu erleben. Bei der Gedenkfeier an die Völkerschlacht bei Leipzig am 18. Oktober 1814 war auch der einfache Soldat vom Kaiser in den Prater geladen worden. Zahlreiche Affären und Skandale bewegten die Menschen, die Politiker wetteiferten um die Gunst besonders schöner Salondamen, so manche Fürstin hatte nicht nur ihre Gunst, sondern auch handfeste politische Informationen zu vergeben.
Böse Zungen ließen daher schon im Oktober 1814 folgendes Flugblatt kursieren:

»Er liebt für alle: Alexander von Rußland
Er denkt für alle: Friedrich Wilhelm von Preußen
Er spricht für alle: Friedrich von Dänemark
Er trinkt für alle: Maximilian von Bayern
Er frißt für alle: Friedrich von Württemberg
Er zahlt für alle: Kaiser Franz«

von der provisorischen französischen Regierung zum König von Frankreich proklamiert.

11. April Vertrag von Fontainebleau. Napoleon I. behält den Kaisertitel und erhält die Insel Elba als souveränes Fürstentum. Marie Louise behält den Titel einer Kaiserin und erhält das Herzogtum Parma zugewiesen, sie begibt sich mit ihrem Sohn nach Österreich.

13. April Debüt Ferdinand Raimunds als Feldkümmel in August von Kotzebues »Die Belagerung von Saragossa« im Theater in der Josefstadt in Wien.

20. April Kaiser Napoleon I. verläßt Fontainebleau und trifft am 4. Mai auf der Insel Elba ein.

23. April Kapitulation Eugène Beauharnais', des Vizekönigs von Italien; er verzichtet auf seine Würden und geht nach München zu seinem Schwiegervater, dem König von Bayern.

7. und 8. Mai Österreichische Truppen ziehen in Venedig und Mailand ein, Venetien und die Lombardei werden besetzt.

23. Mai Uraufführung der dritten und letzten Fassung der Oper »Fidelio« von Ludwig van Beethoven im Theater nächst dem Kärntnertor in Wien. Die Aufführung ist ein großer Erfolg; die erste Fassung war am 20. November 1805 durchgefallen, die zweite Fassung wurde am 29. März 1806 auf Wunsch Beethovens abgesetzt.

30. Mai Erster Friede von Paris. Er beendet die seit dem 9. geführten Friedensverhandlungen mit Frankreich. Vier getrennte Vertragswerke, mit Österreich, Rußland, Preußen und Großbritannien, werden unterzeichnet. Frankreich werden die Grenzen vom 1. Januar 1792 garantiert, wodurch mehrere Gebiete bei Frankreich bleiben, die vorher zu anderen Staaten gehörten. Die Öffentlichkeit ist über diese milden Bestimmungen empört. Die Neuordnung Europas soll auf einem in Wien stattfindenden Kongreß (ein Verdienst von Clemens Wenzel Lothar Fürst Metternich) beraten werden.

3. Juni Vertrag von Paris zwischen Österreich und Bayern. Die Rückgabe der 1805 und 1809 an Bayern abgetretenen Gebiete Österreichs wird vereinbart; hinsichtlich Salzburg erfolgt erst 1816 eine Regelung.

26. Juni Die Besitznahme Tirols durch Kaiser Franz I. wird im Land unter dem Jubel der Bevölkerung verkündet, am 7. Juli in Vorarlberg.

18. September Beginn des »Wiener Kongresses« mit der Sitzung der vier Großmächte Österreich, Rußland, Preußen und England. Er geht am 9. Juni 1815 zu Ende.

1. November Der Wiener Kongreß wird formell eröffnet. Rund 200 Staaten, Herrschaften, Städte und Körperschaften sind vertreten, doch nie komplett versammelt.

13. Dezember Feldmarschall Charles Joseph Fürst von Ligne stirbt in Wien; geb. am 23. Mai 1735 in Brüssel als Sohn des österreichischen Feldmarschalls Claudius von Ligne. Er nahm am Siebenjährigen Krieg teil und erstürmte am 8. Oktober 1789 die Festung Belgrad. Er verfaßte Schriften im Umfang von 34 Bänden, Kriegstagebücher, militärwissenschaftliche Werke, Schriften über das Theater und rein Schöngeistiges. Er wurde der »rosarote Prinz« genannt, da dies seine Lieblingsfarbe war. Seine Kutschen, die Livreen, das Briefpapier und sein Haus auf der Mölker Bastei in Wien waren rosarot.

24. Dezember Ein Geheimpolizist meldet, daß im Haus des jüdischen Bankiers Arnstein in der Bräunerstraße 9 nach »Berliner Sitte« ein »Weihbaum- oder Christbaumfest« abgehalten wird. Es ist die erste Nachricht über einen Christbaum in Wien *(→ 24. Dezember 1816)*.

►1815 Ein Heer von Spitzeln und Spionen war während des ganzen Wiener Kongresses in Wien »tätig«, und zwar in allen Schichten und Kreisen der Bevölkerung. Den Beobachtungen dieser »Privatdetektive« entging vermutlich nichts. So ist z. B. ein Bericht bekannt über die Vorgänge bei der russischen Fürstin Katharina Pawlowna Bagration, die den Beinamen »der nackte Engel« hatte: »Bei der Fürstin Bagration war auch eine Tochter des Fürsten Starhemberg mit ihren Eltern beim Pfänderspiel anwesend. Sie geht während des Spiels mit einem Russen ins letzte Zimmer – der Russe sperrt die Tür von innen ab, die der Fürst aufsprengt. Die Leute

Ergebnisse des Wiener Kongresses

Zu großen Differenzen bei den Verhandlungen kam es in der polnischen und in der sächsischen Frage, Rußland wollte ganz Polen, Preußen ganz Sachsen seinem Herrschaftsbereich einverleiben – ein Wunsch, dem die anderen Mächte nicht zustimmen konnten.
Als Napoleon am 5. März 1815 in Frankreich landete, führte dies nicht zu einem weiteren Zerwürfnis der Mächte, sondern er stellte eine neue Einigkeit unter den Kongreßteilnehmern her.
Das schwierigste Problem war allerdings die Lösung der »deutschen Frage«. Am 8. Juni 1815 einigte man sich auf die Unterzeichnung der »Deutschen Bundesakte«, des Gründungsdokuments des »Deutschen Bundes«. Nach einer Einigung Österreichs und Preußens kam diese Neuordnung Deutschlands zustande, 39 souveräne Staaten entsandten Vertreter in den Bundestag, der seinen Sitz in Frankfurt am Main hatte. Alle Mitglieder waren gleichberechtigt, der Kaiser von Österreich führte ohne Vorrangstellung lediglich den Vorsitz.
Einen Tag später erfolgte die Unterzeichnung der Schlußakte des Kongresses. Das Originaldokument ist in französischer Sprache abgefaßt, Artikel 93 beschäftigt sich mit jenen Gebieten, die Österreich in Italien wieder in Besitz nimmt. Dabei handelt es sich um Istrien, Dalmatien, die Inseln im adriatischen Meer, die Bucht von Cattaro, die Stadt Venedig, die Lagune und das Festland am linken Etschufer, die Herzogtümer Mailand und Mantua, die Fürstentümer Brixen und Trient, die Grafschaft Tirol, Vorarlberg, Friaul, Monfalcone, Triest, Krain, Oberkärnten, Kroatien am rechten Saveufer, Fiume, das ungarische Küstenland und das Gebiet von Castua.
In Artikel 94 werden jene Gebiete aufgezählt, die wieder an Österreich kommen, nämlich: der restliche venetianische Festlandteil, der sich zwischen Tessin, dem Po und dem Adriatischen Meer befindet, das Tal von Veltlin, Bormio und Chiavenna, sowie die Gebiete der Republik Ragusa.
Die habsburgischen Sekundogenituren in Italien, in der Toskana, in Modena, Reggio und Mirandola, sowie in Massa und Carrara werden in den früheren Besitzstand versetzt.

sagen, bei der Bagration ist ein B . . ., dahin gehört keine Tochter mit ihrer Mutter.«

3. Januar Geheimvertrag zwischen Österreich, Frankreich und England gegen Rußland und Preußen. Weil Rußland Polen und Preußen Sachsen beanspruchte, war es zu Differenzen zwischen den Großmächten gekommen.

8. Februar Die Mächte des Wiener Kongresses veröffentlichen die Erklärung gegen Sklaverei und Sklavenhandel.

26. Februar Kaiser Napoleon I. verläßt die Insel Elba, er vermutet, die Uneinigkeit der Großmächte auf dem Wiener Kongreß *(→ 3. Januar)* für sich ausnützen zu können.

1. März Kaiser Napoleon I. landet mit 900 Mann im Golf von Juan bei Cannes und marschiert durch das Rhônetal nordwärts. Die ihm entgegengesandten französischen Truppen laufen zu ihm über.

5. März Die Nachricht von der Landung Kaiser Napoleons I. in Frankreich trifft in Wien ein.

13. März Die Mächte des Wiener Kongresses erklären Kaiser Napoleon I. des »Schutzes der Gesetze und der bürgerlichen Ordnung« für verlustig.

20. März Kaiser Napoleon I. zieht in Paris ein; Beginn der »Herrschaft der hundert Tage«.

25. März Erneuerung des Vertrages von Chaumont *(→ 1. März 1814)*, dadurch entsteht eine europäische Allianz, der fast alle Staaten Europas angehören. Sofort werden vier Armeen zusammengestellt, die gegen Frankreich ziehen: 230 000 Österreicher unter Feldmarschall Karl Philipp Fürst zu Schwarzenberg, 100 000 Engländer und Holländer unter dem Herzog von Wellington, 120 000 Preußen und andere Deutsche unter Feldmarschall Gebhard Leberecht von Blücher, 150 000 Russen unter General Michail Bogdanowitsch Fürst Barclay de Tolly. Als Aufstellung wird befohlen: die Österreicher am Oberrhein, die Russen am Mittelrhein und die Preußen und Engländer in Belgien. Die Sardinier stehen mit 60 000 Mann an der Grenze Piemonts. Kaiser Napoleon I. hat 250 000 Mann und 200 000 Mann Nationalgarde zur Verfügung.

April König Joachim Murat von Neapel (der Schwager Napoleons I.) bricht das Bündnis mit Österreich vom *(→)* 11. Januar 1814 und erklärt den Krieg. Er ruft ganz Italien zu den Waffen. Er verfügt über 30 000 Mann Infanterie und 2 400 Mann Kavallerie, die Österreicher unter General Adam Adalbert Graf Neipperg haben zusammen mit den Toskanern 29 574 Mann Infanterie und 2 939 Mann Kavallerie.

2. und 3. Mai Schlacht von Tolentino. König Joachim Murat wird von den Österreichern unter General Adam Adalbert Graf Neipperg vernichtend geschlagen, König Murat flieht nach Südfrankreich *(→ 8. August und 13. Oktober)*.

13. Mai Österreich und Preußen einigen sich über die Gestaltung des Deutschen Bundes *(→ 8. Juni)*.

28. Mai Gaeta wird von den österreichischen Truppen eingeschlossen *(→ 8. August)*.

8. Juni Abschluß der »Deutschen Bundesakte« auf dem Wiener Kongreß: Gründung des Deutschen Bundes.

9. Juni Unterzeichnung der Schlußakte des Wiener Kongresses, der neuerliche Kampf gegen Napoleon I. hatte den Abschluß beschleunigt.

15. Juni Kaiser Napoleon I. überschreitet mit seiner Hauptarmee von 120 000 Mann die belgische Grenze und drängt die Vorhut Marschall Gebhard Leberecht von Blüchers bei Charleroi zurück. Napoleon plante, zuerst Blücher und den Herzog von Wellington zu schlagen, um dann gegen die Armeen am Ober- und Mittelrhein vorgehen zu können.

16. Juni Schlacht bei Ligny. Kaiser Napoleon I. besiegt Marschall Gebhard Leberecht von Blücher, der nach Wawre zurückgeht, um sich mit dem Herzog von

Wellington vereinigen zu können. Schwere Verluste auf beiden Seiten. Gleichzeitig Schlacht bei Quatrebras; 10 km nordwestl. von Ligny. Der Herzog von Wellington besiegt in einem harten Kampf die Franzosen unter Marschall Michel Ney.

17. Juni Geschickter Rückzug des Herzogs von Wellington auf die Hochfläche von Mont St.-Jean, den Platz der Schlacht von Waterloo. Er hat sich dazu entschlossen, als er die Niederlage Gebhard Leberecht von Blüchers bei Ligny erfahren hat.

18. Juni Schlacht bei Waterloo, auch bei Belle-Alliance genannt (etwa 20 km südl. von Brüssel). Nach längerer Artillerievorbereitung greift Napoleon I. um 14 Uhr an, wird aber von Wellington zurückgewiesen, der zweite Angriff um 15.30 Uhr führt zu einem heftigen Kampf, der durch das noch rechtzeitige Eingreifen Gebhard Leberecht von Blüchers bis gegen 20 Uhr dauert. Napoleon hat alle verfügbaren Kräfte aufgeboten und die Schlacht verloren; 25 000 Tote und Verwundete, 7 000 Gefangene. Wellington verlor 13 000 Mann und Blücher 7 000 Mann.

22. Juni Kaiser Napoleon I. dankt abermals zugunsten seines Sohnes ab.

8. Juli Die Truppen der Verbündeten besetzen zum zweitenmal Paris.

10. Juli Feierlicher Einzug der Monarchen in Paris: Zar Alexander I., Kaiser Franz I. und König Friedrich Wilhelm III. von Preußen.

15. Juli Nach dem Beschluß der Verbündeten wird Napoleon I. als Kriegsgefangener auf dem englischen Kriegsschiff »Northumberland« nach St. Helena, einer englischen Insel im Atlantik, gebracht.

8. August Gaeta, seit 28. Mai von österreichischen Truppen eingeschlossen, ergibt sich, ganz Neapel ist in den Händen der österreichischen Truppen.

26. September Unterzeichnung der »Heiligen Allianz« in Paris. Zar Alexander I. hatte sie angeregt, Clemens Wenzel Lothar Fürst Metternichs Korrekturen geben diesem »Manifest« den Charakter eines Bündnisses. In drei Artikeln verpflichten sich die drei Monarchen, die christlichen Grundregeln der Gerechtigkeit, der Liebe und des Friedens zur Verhaltensregel zu machen, ihre Länder nach den Grundregeln der »hl. Religion« zu regieren. Der orthodoxe Zar Alexander I., der römisch-katholische Kaiser Franz I. und der protestantische König Friedrich Wilhelm III. von Preußen schließen diesen Vertrag. Die Türkei bleibt aus religiösen Gründen ausgeschlossen, England unterläßt aus staatsrechtlichen Gründen die Unterfertigung, gibt aber eine Sympathieerklärung ab. Alle anderen Staaten Europas treten dieser Allianz bei. Papst Pius VII. lehnt 1817 den Beitritt zur »Heiligen Allianz« ab *(→ 29. September 1818; 20. Oktober 1820)*.

13. Oktober Joachim Murat wird als Flüchtling in Kalabrien gefangengenommen und in Pizzo erschossen *(→ 2. und 3. Mai)*.

6. November Eröffnung des »Polytechnischen Instituts« in Wien (die heutige Technische Universität), das erste Institut dieser Art im deutschen Sprachraum.

20. November Zweiter Friede von Paris zwischen Frankreich und den Verbündeten. Frankreich wird nun auf die Grenzen von 1790 (im ersten Frieden von Paris *[→ 30. Mai 1814]* waren es die Grenzen von 1792) beschränkt und hat 700 Millionen Francs Kriegsentschädigung zu zahlen. 17 französische Grenzfestungen werden von Truppen des Deutschen Bundes besetzt *(→ 29. September 1818)*.

►**1816, 14. April** Vertrag von München zwischen Bayern und Österreich. Nach jahrelangen Verhandlungen, praktisch seit dem Vertrag von Ried *(→ 8. Oktober 1813)*, kommt dieser Kompromiß zustande. Die im Frieden von Schönbrunn *(→ 14. Oktober 1809)* an Bayern gefallenen Gebiete kommen nun wieder an Österreich: Teile des Hausruckviertels (Oberösterreich), das Innviertel (Oberösterreich) und das Herzogtum Salzburg. Das Gebiet links der Salzach und Saalach (der Rupertiwinkel) und Berchtesgaden bleiben bei Bayern. Österreich verzichtet dafür auf die linksrheinische Pfalz und auf ehemalige Fuldaer Besitzungen. Von der französischen Kontribution erhält Bayern 15 Millionen Francs. Außerdem werden einige Handelsfragen geklärt. (Beide Seiten sahen während der Verhandlungen im Besitz Salzburgs wesentliche strategische Vorteile, weshalb im Januar 1816 sogar Kriegsgefahr bestand.)

1. Mai Offizielle Übergabe des Herzogtums Salzburg an Österreich im Markus-Sittikus-Saal der Salzburger Residenz. Gleichzeitig findet auf dem Residenzplatz in Form einer Parade die Übergabe statt.

23. Mai Joseph Hardtmuth stirbt in Wien; geb. am 20. Februar 1758 in Asparn an der Zaya (Niederösterreich), Baumeister und Fabrikant. Er entwarf 1783 die Einrichtung der Bibliothek des Josephinums, 1790 gründete er eine Fabrik zur Erzeugung von Steingutgeschirr, 1798 erhielt er das Privileg für die von ihm erfundene (nach langen Vorstudien) und unter dem Namen »Steingut« bekanntgewordene Masse, 1802 erfand er ein Verfahren zur Herstellung maschinell gepreßter Ziegel (besonders preisgünstig), 1804 nahm er die Herstellung der von ihm erfundenen »keramischen Graphitmine« – des »Bleistiftes« – auf, 1808 erzeugte er Tusche, und 1810 stellte er einen künstlichen Bimsstein her.

1. Juni Zwei kaiserliche Patente bestimmen die Gründung der Oesterreichischen Nationalbank. Das erste, das Hauptpatent, beinhaltet die Herstellung und Ordnung im Geldwesen. Das zweite, das Bankpatent, befaßt sich mit ausführlichen Bestimmungen zur Errichtung einer privilegierten (bevorrechteten) österreichischen Nationalbank und enthält genaue Bestimmungen über Papiereinlösungen und Aktienausgaben. Die Nationalbank erhält am 25. Juni die vorgesehene Dotation: 10 Millionen Gulden in Conventionsmünze, 10 Millionen in Banknoten, 25 Millionen in Obligationsanweisungen und 10 000 Stück Aktienanweisungen. Am 1. Juli öffnet die Oesterreichische Nationalbank ihre Schalter und beginnt mit der Ausgabe der Noten zu 1 000, 500, 100, 50, 25, 10 und 5 Gulden Conventionswährung. Der Umwechslungskurs liegt bei 246 bis 249 Gulden »Wiener Währung« *(→ 20. Februar 1811)* für 100 Gulden Conventionswährung (1820 bis 250 für 100). Die »Wiener Währung« war durch ungedecktes Papiergeld ruiniert worden, im Ausland hatte ein Papiergulden den Kaufwert von 20 Kreuzern.

5. November Eröffnung des »Deutschen Bundestages« in Frankfurt am Main, der auf dem Wiener Kongreß gegründete Deutsche Bund hat 41 Mitglieder (an seinem Ende im Jahre 1866 nur mehr 34), den Vorsitz führt der Österreicher Johann Rudolf Graf Buol-Schauenstein.

14. Dezember Johann Ferdinand Hetzendorf von Hohenberg (eigentlich Hetzendorfer, ab 14. Januar

1766 von Hohenberg) stirbt in Wien; geb. am 7. Februar 1732 in Wien, Architekt des »spätbarocken Klassizismus«. 1760 Festausstattung der Redoutensäle der Wiener Hofburg, 1766–1767 baut er das Schönbrunner Schloßtheater um, 1775 Hofarchitekt, 1772 Gesamtplan für den Schönbrunner Schloßpark, 1775 vollendet er die Gloriette im Schloßpark Schönbrunn, 1777 den Obelisken und 1778 die römische Ruine im Schloßpark Schönbrunn, um 1785 Umbauten an der Minoritenkirche und um 1792 an der Michaelerkirche. Von 1769 bis 1773 war er Professor der Architekturschule der Akademie der bildenden Künste in Wien, ab 1773 Direktor der Akademie.

24. Dezember Erster Christbaum bei Hof. Er steht im Palais Erzherzog Karls, des Siegers von Aspern im Jahre 1809. Die junge Prinzessin Henriette von Nassau-Weilburg, mit der er seit dem 17. September 1815 verheiratet ist, hatte die Tradition des Christbaumes aus ihrer Heimat nach Wien mitgebracht *(→ 24. Dezember 1814)*.

►1817 Josef Graf Sedlnitzky ist Präsident der Obersten Polizei- und Zensurbehörde in Wien, also Polizeipräsident. »Vertraute« und »Spitzel« sind Werkzeuge der Polizeiherrschaft, die schon seit Jahren die übliche Zensur, von der alle Druck-Erzeugnisse und Briefe betroffen sind, zur Perfektion werden läßt.

— Einführung der Gasbeleuchtung in Wien. Die bereits 1803 durchgeführten Versuche haben sich als untauglich erwiesen. Erst 1832 war die Installation in der Wiener Innenstadt abgeschlossen.

31. Januar Uraufführung des Dramas »Die Ahnfrau« von Franz Grillparzer im Theater an der Wien. Es ist das erste Drama, mit dem Franz Grillparzer vor die Öffentlichkeit tritt.

25. April Joseph Frh. von Sonnenfels stirbt in Wien; geb. 1733 in Nikolsburg (Mähren), seit 1746 Frh. von. Sein Großvater war Stadtrabbiner in Berlin. Jurist und Schriftsteller, Hauptvertreter der Josephinischen Aufklärung. Seit 1763 Professor für politische Wissenschaften an der Universität Wien. Er setzte die Abschaffung der Folter durch *(→ 2. Januar 1776)*. Er war Mitglied der wichtigsten beratenden Kommissionen des Wiener Hofes seit den Zeiten Maria Theresias.

26. Oktober Nikolaus Joseph Frh. von Jacquin stirbt in Wien; geb. am 16. Februar 1727 in Leiden (Holland), Arzt und Botaniker, lebte seit 1752 in Wien, seit 1762 Professor an der Universität. Begründer der »Wiener Botanikerschule«. Baute als Direktor den Botanischen Garten in Wien aus. Er erhielt noch zu Lebzeiten den ehrenden Beinamen »Linné Österreichs«.

►1818, 28. Januar Bekanntgabe des Urteils gegen Johann Georg Grasel und seine zwei Hauptmitangeklagten, die Hinrichtung erfolgt am 31. Januar auf dem Glacis vor dem Neutor in Wien. Der desertierte Soldat Grasel hatte seit 1810 als Räuberhauptmann das nördl. Niederösterreich unsicher gemacht und war am 20. November 1815 in Mörtersdorf, südöstl. von Horn, gefangengenommen worden.

1. März Erste öffentliche Aufführung eines Werkes von Franz Schubert: die »Ouvertüre im italienischen Stil« im Gasthof »Zum Römischen Kaiser« in Wien.

21. April Uraufführung des Trauerspiels »Sappho« von Franz Grillparzer im Wiener Burgtheater.

29. September Beginn des Kongresses von Aachen. Gemäß der Heiligen Allianz vom *(→)* 26. September 1815, die ein regelmäßiges Teffen der Monarchen zur Sicherung des Friedens in Europa vorsah, zum erstenmal veranstaltet. Zar Alexander I. von Rußland, Kaiser Franz I. von Österreich und König Friedrich Wilhelm III. von Preußen sind persönlich anwesend, England und Frankreich entsprechend vertreten. Er endet am 21. November. Der nächste Monarchenkongreß wird für 1820 in Troppau vereinbart *(→ 20. Oktober 1820)*.

9. Oktober Abschluß einer Konvention der Mächte auf dem Kongreß von Aachen. Frankreich wird mit dem sogenannten »Aachener Protokoll« als fünfte Großmacht in Europa anerkannt und in das »Europäische Konzert« aufgenommen. Außerdem haben die deutschen Besatzungstruppen die 17 französischen Grenzfestungen *(→ 20. November 1815)* bis 30. November 1818 zu räumen. Die Kriegsschuldzahlung Frankreichs in der Höhe von 700 Millionen Francs *(→ 20. November 1815)* wird auf 265 Millionen herabgesetzt.

25. Dezember Während der Christmette wird in der Pfarrkirche von Oberndorf (Salzburg) erstmals das Weihnachtslied »Stille Nacht, heilige Nacht« gesunen, der Komponist Franz Xaver Gruber begleitet mit der Gitarre. Textdichter ist der Hilfsgeistliche Joseph Mohr. Die Pfarrkirche wurde zu Beginn des 20. Jh.s abgebrochen, 1937 wurde die an dieser Stelle errichtete Gedächtniskapelle fertiggestellt.

►1819, 29. Juli Unterredung des österreichischen Staatskanzlers Clemens Wenzel Lothar Fürst Metternich mit König Friedrich Wilhelm III. von Preußen in Teplitz (Erzgebirge) zwecks gemeinsamer Linie in der Politik der beiden Staaten gegenüber den radikalen Umtrieben der Burschenschaften *(→ 1. August, 6. August und 20. September)*.

1. August Punktation von Teplitz (Erzgebirge), eine geheime Vereinbarung zwischen Clemens Wenzel Lothar Fürst Metternich und dem preußischen Staatskanzler Karl August Fürst von Hardenberg, die die Karlsbader Beschlüsse *(→ 20. September)* vorbereiten. Erster Versuch von Österreich und Preußen, gegen die nationale Bewegung einzuschreiten. Anlaß waren die überhandnehmenden Ausschreitungen der Burschenschaften (besonders in Deutschland), die am 23. März in der Ermordung des russischen Staatsrates und Lustspieldichters August von Kotzebue durch den Burschenschafter Karl Sand in Mannheim und dem Attentatsversuch auf den nassauischen Staatsrat von Ibell am 1. Juli gipfelten. Beide deutschen Großmächte wollen diesbezügliche gemeinsame Grundsätze in der »Politik des Deutschen Bundes« durchsetzen.

5. August Zwischen 17 und 18 Uhr erreichen Jakob Buchsteiner (»Schladminger Jackl« genannt) und Georg Kalkschmied den 2 946 m hohen Thorstein, auch Schneeberg genannt, den man damals für den Dachsteingipfel hielt, der aber der zweithöchste Gipfel des Massivs ist. Erst 1832 gelang Peter Gappmayr aus Filzmoos die Erstbesteigung des 2 995 m hohen »Hohen Dachsteins«.

6. August Beginn der Karlsbader Ministerkonferenz, die von Clemens Wenzel Lothar Fürst Metternich nach Absprache mit Preußen einberufen worden war. Außer Österreich und Preußen sind noch acht weitere deutsche Staaten anwesend. Vier Gesetze gegen die liberalen und nationalen Bewegungen werden als einzige wirksame Maßnahme beschlossen: die Universitäten sollen durch einen staatlichen Bevollmächtigten (Kurator) überwacht werden, wobei besonders die Burschenschaften unterdrückt werden sollen; ein Pressegesetz sieht eine Vorzensur für Schriften »unter 20 Bogen im Druck« vor und ermöglicht außerdem ein fünfjähriges Berufsverbot gegen zuwiderhandelnde Redakteure; eine Bundeszentralbehörde in Mainz soll zur Untersuchung »revolutionärer Umtriebe« bis 1828 eingesetzt werden; eine »Provisorische Exekutionsordnung« soll dem Deutschen Bund die Bundesexekution gegenüber Gliedstaaten im Falle eines Aufruhrs ermöglichen. Die Konferenz endet am 31. August, sie beschließt die Durchsetzung dieser Gesetze beim Bundestag *(→ 20. September).* Diese Ministerkonferenz, unter dem Vorsitz von Fürst Metternich, ist der Höhepunkt des österreichischen Einflusses im Deutschen Bund – eine Bestätigung des sogenannten »Metternichschen Systems«.

15. August Cornelius Hermann von Ayrenhoff stirbt in Wien; geb. am 28. Mai 1733 in Wien; Dramatiker und Feldmarschalleutnant, Begründer der österreichischen klassizistischen Dramatik und Bekämpfer des Wiener Hanswursts. Seine Tragödien und Lustspiele sind 1789 in sechs Bänden erschienen.

20. September Die Karlsbader Beschlüsse werden vom deutschen Bundestag in Frankfurt am Main einstimmig angenommen *(→ 6. August).*

25. November Beginn der Wiener Konferenz aller deutschen Bundesstaaten unter dem Vorsitz von Clemens Wenzel Lothar Fürst Metternich. Eine Verschärfung der Karlsbader Beschlüsse *(→ 6. August)* soll beschlossen werden *(→ 15. Mai und 8. Juni 1820).* Am 24. Mai 1820 endet die Konferenz.

▶1820 Wien hat 27 Druckereien, 50 Buchhandlungen, 18 Kunsthandlungen und zehn lithographische Anstalten. Es erscheinen 30 politische und 28 unpolitische (darunter auch wissenschaftliche) Zeitschriften. Rund 550 Schriftsteller sind in Wien ansässig.

— Baubeginn für den Theseustempel im Volksgarten in Wien, Entwurf von Peter Nobile, er wird 1823 vollendet.

15. März Klemens Maria Hofbauer stirbt in Wien; geb. am 26. Dezember 1751 in Taßwitz (Tasovice, Mähren), Redemptoristenpater. Bäckerlehrling in Znaim, studierte ab 1772 in Wien Philosophie, 1775 in Rom als Angehöriger des Redemptoristenordens zum Priester geweiht. Ab 1808 in Wien als moderner Seelsorger tätig. Geistiger Überwinder der Josephinischen Aufklärung. Selbst nicht literarisch tätig, wird er zum Mittelpunkt des Wiener Romantikerkreises. Er wird am 29. Januar 1888 selig- und am 20. Mai 1909 heiliggesprochen. Die von ihm geförderte Zulassung des Redemptoristenordens in Wien durch Kaiser Franz I. erfolgt erst am 18. April 1820.

15. Mai Die Schlußakte der Wiener Konferenz *(→ 25. November 1819)*, eine Ergänzung der »Deutschen Bundesakte« des Wiener Kongresses, unterstreichen und garantieren die Sicherung der Souveränität der deutschen Bundesfürsten.

8. Juni Der deutsche Bundestag in Frankfurt am Main bestätigt die Schlußakte der Wiener Konferenz.

Juli Verschwörung im Königreich beider Sizilien; Neapel und Sizilien waren unter König Ferdinand I. von Neapel (nach König Joachim Murat, → *2. und 3. Mai 1815*) vereinigt. Der König wird von einem Geheimbund zu verschiedenen Zugeständnissen gezwungen *(→ 26. Januar 1821).*

20. Oktober Beginn des von Clemens Wenzel Lothar Fürst Metternich initiierten Fürstenkongresses von Troppau. Die Monarchen, Kronprinzen und Diplomaten von Österreich, Rußland und Preußen sind anwesend, England und Frankreich nur durch Gesandte vertreten. Fürst Metternich verlangt im Sinne der Heiligen Allianz *(→ 26. September 1815)* die bewaffnete Intervention in jenen Ländern, die von einem politischen Umsturz bedroht sind. Nicht nur im Königreich beider Sizilien *(→ Juli)*, sondern auch in Spanien und Portugal gab es »revolutionäre Umtriebe«. Der Fürstenkongreß beschließt am *(→)* 19. November ein Protokoll, er endet am 20. Dezember, wird aber in Laibach am 26. Januar 1821 fortgesetzt.

19. November Das Troppauer Protokoll des Fürstenkongresses hält die Forderung Clemens Wenzel Lothar Fürst Metternichs fest, im Sinne der Heiligen Allianz bei aufkeimenden Revolutionen einzuschreiten. Das Protokoll wird nur von Österreich, Rußland und Preußen unterzeichnet, England protestiert dagegen.

▶1821 Baubeginn für das »äußere« Burgtor am Heldenplatz in Wien, Entwurf Peter Nobile, es wird 1824 vollendet.

26. Januar Beginn des Laibacher Kongresses, der Fortsetzung des Fürstenkongresses von Troppau *(→ 20. Oktober 1820).* Zar Alexander I., Kaiser Franz I., König Ferdinand I. von Neapel sind mit ihren Diplomaten anwesend; Staatskanzler Karl August Fürst von Hardenberg vertritt Preußen; Frankreich, Sardinien, Toskana und der Kirchenstaat sind durch Gesandte vertreten; England entsandte nur diplomatische Beobachter. Die französische und die italienischen Gesandtschaften sprechen sich gegen den Auftrag der drei Großmächte der Heiligen Allianz aus, Österreich die bewaffnete Intervention in Neapel zu übertragen; England und Frankreich nehmen daraufhin an den Konferenzen nicht mehr teil. Am 12. Mai endet der Kongreß von Laibach.

6. Februar Österreich entsendet 42 371 Mann Infanterie, 4 071 Mann Kavallerie und 17 Batterien unter General Frimont in das Königreich Neapel. Die neapolitanische Streitmacht beträgt 48 000 Mann Infanterie, 2 000 Mann Kavallerie und 72 Geschütze.

Mitte Februar Unruhen im Königreich Piemont-Sardinien (Piemont, Sardinien, Savoyen und Genua; → *8. und 12. April*). König Viktor Emanuel I. muß am 12. März zugunsten seines Bruders Karl Felix abdanken.

7. März Schlacht bei Rieti, in der die Österreicher die Neapolitaner unter General Guglielmo Pepe schlagen.

21. März Capua muß sich den österreichischen Truppen ergeben.

24. März Österreichische Truppen ziehen in Neapel ein, worauf sich am 25. Gaeta ergibt.

26. und 27. März Uraufführung des dramatischen Gedichts »Das goldene Vließ« von Franz Grillparzer im Wiener Burgtheater. Es besteht aus den drei Trauerspielen »Der Gastfreund«, »Die Argonauten« und »Medea«.

8. April Schlacht bei Novara. Zu Hilfe gesandte österreichische Truppen unter General Ferdinand Graf Bubna besiegen mit piemontesischen Truppen die Aufständischen *(→ Mitte Februar).*

10. April Österreichische Truppen ziehen in Turin ein.

12. April Ende des Aufstandes in Piemont-Sardinien, nachdem die Aufständischen in mehreren Gefechten besiegt worden sind.

Mai 8000 Mann österreichischer Truppen besetzen die Insel Sizilien.

15. Mai Wiederherstellung des Königreichs Neapel *(→ Juli 1820)*.

25. Mai Kaiser Franz I. ernennt Clemens Wenzel Lothar Fürst Metternich zum Haus-, Hof- und Staatskanzler – eine solche Ernennung hat es seit dem Rücktritt von Wenzel Anton Fürst Kaunitz-Rietberg *(→ 6. August 1792)* nicht mehr gegeben *(→ Januar 1810)*.

3. Oktober Uraufführung des Dramas »Prinz Friedrich von Homburg« von Heinrich von Kleist im Wiener Burgtheater.

►1822, 3. März Franz Zauner stirbt in Wien; geb. am 5. Juli 1746 in Unterfelpatann (Tirol), Bildhauer des österreichischen Klassizismus, seit 1766 in Wien, 1782 Professor, 1806–1815 Direktor der Akademie der bildenden Künste in Wien, er erneuerte die Methode des Erzgusses. Hauptwerke: Reiterstandbild Kaiser Josephs II. in Wien 1795–1807, Grabdenkmal Feldmarschall Loudons in Mauerbach (Niederösterreich) 1791, Skulpturen am Neptunbrunnen im Schloßpark Schönbrunn in Wien 1780 vollendet.

15. September Josef Schöpf stirbt in Innsbruck; geb. am 2. Februar 1745 in Telfs (Tirol), Maler des Spätbarocks. Wand-, Decken- und Altarbilder in mehreren Kirchen Innsbrucks, Mittelkuppelbild in der Pfarrkirche von Brixen im Thale (Tirol) 1795, Hochaltarbild in der Pfarrkirche von Volders (Tirol) 1798, Decken- und Wandfresken in der Heiligblutkapelle der Stiftskirche Stams (Tirol) 1800.

3. Oktober Eröffnung des von Josef Kornhäusel neu erbauten Theaters in der Josefstadt in Wien mit dem Spiel »Die Weihe des Hauses«, der Text stammt von Carl Meisl, die Musik von Ludwig van Beethoven, der selbst dirigiert.

20. Oktober Beginn des Kongresses von Verona. Die Monarchen von Österreich, Rußland und Preußen sowie die König von Neapel und Piemont-Sardinien und die Gesandten von England und Frankreich sind anwesend. Es wird ein Beschluß über die bewaffnete französische Intervention gegen einen revolutionären Umschwung in Spanien gefaßt; England ist dagegen. Der Kongreß endet am 14. Dezember.

►1823 Nach langen Verhandlungen mit dem Vatikan wird das Erzbistum Salzburg wieder mit allen früheren Privilegien ausgestattet. Der Erzbischof erhält den Titel eines österreichischen Fürsten, daher Fürsterzbischof. Seit dem Tod Erzbischof Hieronymus Graf Colloredos im Jahre 1812 (er leitete ab 1803 das Erzbistum von Wien aus) wurde das Erzbistum Salzburg von Administratoren geführt. Augustin Gruber erster Fürsterzbischof von Salzburg bis 1835 *(→ 11. Februar 1803)*.

9. Juni Johann Pezzl stirbt in Oberdöbling bei Wien; geb. am 30. November 1756 in Mallersdorf (Bayern); Schriftsteller, seit 1784 in Wien. Verfaßte mehrere Werke über Wien, die in topographischer und kulturhistorischer Hinsicht bis heute von Bedeutung sind: »Skizze von Wien«, fünf Hefte 1786–1797, »Wien mit Umgebungen und dessen Merkwürdigkeiten oder Unterrichtender Wegweiser für Fremde« 1821, »Mahlerische Darstellung der Stadt Wien oder Kurzgefaßte Geschichte derselben« 1822.

25. Oktober Uraufführung der Oper »Euryanthe« von Carl Maria von Weber in Wien.

20. Dezember Ruhmlose Aufführung des romantischen Schauspiels »Rosamunde« von Helmina de Chézy im Kärntnertortheater in Wien, die Zwischenakt- und Ballettmusik ist von Franz Schubert.

►1824 Johann Nepomuk Reithoffer erhält ein Privileg zur Herstellung wasserdichter Stoffe; Gründung der heutigen Semperitwerke in Wimpassing (Niederösterreich), der ältesten Gummiwarenfabrik des europäischen Kontinents *(→ 1843)*.

1. April Johann Heinrich Frh. von Geymüller stirbt in Wien; geb. am 17. Mai 1754 in Basel, Bankier, Mitbegründer der Oesterreichischen Nationalbank. Sein Haus in der Wallnerstraße in Wien, das Palais Caprara, war ein gesellschaftlicher Mittelpunkt im Wiener Vormärz. Franz Grillparzer lernte hier seine »ewige Braut«, Kathi Fröhlich, kennen. In seinem Gedicht »Abschied von der Hofbibliothek« erwähnt Grillparzer auch das Haus Geymüller:

»Trotz der Handschrift, die für teuer
Jener Schrein uns gibt,
Dünkt ein Wechsel mir, beim Geyer,
Bess'res Manuskript.«

Auch Ludwig van Beethoven ließ sich seine von auswärts eintreffenden Honorare über »Geyer« anweisen.

7. Mai Uraufführung der 9. Symphonie von Ludwig van Beethoven im Kärntnertortheater in Wien.

16. August Erneuerung der Karlsbader Beschlüsse *(→ 6. August 1819)* durch den deutschen Bundestag. Die fünfjährige Gültigkeit wird auf unbestimmte Zeit verlängert; sie bleiben bis zur Aufhebung am 2. April 1848 durch den deutschen Bundestag in Kraft.

►1825, 7. Februar Amand Berghofer stirbt in Graz; geb. am 1. Dezember 1745 in Grein (Oberösterreich), Schriftsteller, wird der »österreichische Rousseau« genannt. 1783 erschienen in zwei Bänden »Schriften« und 1819 seine Selbstbiographie.

19. Februar Uraufführung des Trauerspiels »König Ottokars Glück und Ende« von Franz Grillparzer im Wiener Burgtheater. Das Werk war lange bei der Zensur eingereicht gewesen und erst durch das Einschreiten Kaiser Franz' I. (auf Veranlassung seiner Gemahlin) zur Aufführung freigegeben worden.

7. Mai Antonio Salieri stirbt in Wien; geb. am 18. August 1750 in Legnano bei Venedig, Komponist. Seit 1768 in Wien, seit 1774 »Kammerkompositeur« und Dirigent der »Italienischen Oper« in Wien, 1788–1790 Hofkapellmeister. Schrieb 39 Opern und Singspiele, fünf Messen, mehrere Oratorien und Instrumentalwerke. Er starb in geistiger Umnachtung.

►1826 Josef Kornhäusel und Joseph Adelpoldinger beginnen mit dem Umbau des Schottenstiftes, des heutigen Schottenhofs, in Wien. Es wird 1832 vollendet. Der klassizistische Bau steht an der Stelle des ehemaligen gotischen Kreuzganges des Stiftes.

— Kurz nach der Erfindung des Leuchtgases werden in Wien erste Versuche zur öffentlichen Beleuchtung unternommen. Der Ausbau der öffentlichen Gasbeleuchtung beginnt 1842.

Oktober Franz Anton Graf Kolowrat-Liebsteinsky wird zum »dirigierenden Staats- und Konferenzmini-

Grillparzer und die Zensur

Das Tagebuch Franz Grillparzers gibt einen Einblick in das kulturelle Leben des Vormärz und das Verhältnis des Dichters zum Staat:

»5. März (1828) Gestern Vormittag ließ mich der Polizeiminister zu sich entbiethen. Um 2 Uhr gieng ich hin. Ich hatte früher schon vernommen, daß der Kaiser sich höchst günstig über den treuen Diener seines Herrn ausgesprochen; ich machte mich daher auf eine Belobung gefaßt. Doch war ich schon zu oft in der Höhle gewesen, zu der viele Fußstapfen hin führen, wenige aber zurück, als daß sich nicht unheimliche Besorgniße in meine Stimmung gemischt hätten. Ich trat ein. – Seine Majestät hieß es, hätten mein Stück mit großem Wohlgefallen gesehen, und befohlen mir Deren volle Zufriedenheit anzukündigen. Nur hegten Sie in Bezug auf dasselbe noch einen Wunsch. – Welchen? – Das Stück ausschließlich zu besitzen. – Ich war wie vom Donner gerührt. – Ich möchte angeben, welche Vortheile ich mir von der Aufführung außer Wien, von dem Honorar für den Druck erwarte, Se. Majestät seyen bereit mir jeden Schaden zu vergüten. Sodann aber würde die Handschrift in Dero Privatbibliothek aufgestellt werden, keine Kopien genommen, nirgends außer Wien aufgeführt, Niemanden mitgetheilt, der Druck bis auf Weiteres untersagt. In Wien selbst werde es in längern und längern Zwischenräumen wieder gegeben werden, dann aber allmählig verschwinden. Nicht Censursrücksichten verlangten Dieß, denn da brauchte man ja nur geradezu zu verbiethen, sondern – es sey der Wunsch Se. Majestät alleiniger Besitzer dieses ihm wohlgefallenden Stückes zu seyn. – Meine erste Einwendung brachte die Antwort: daß es sich hier nicht um das o b handle, sondern nur um das w i e. Ich möchte meine Bedingungen nicht ängstlich ansetzen, Seine Majestät seyen zu Opfern bereit. Sie hätten sich mit väterlicher Güte über mich und mein Stück geäußert, das Ihnen sehr gefallen; aber Ihr Wunsch bliebe derselbe. Man gab mir einen Tag Bedenkzeit und ich gieng. Das ist die mildeste Tyrannei von der ich noch gehört!

Was sollte ich thun? Die Erfüllung verweigern? In ihren Händen waren alle Mittel sie zu erzwingen. Ich schrieb daher einen ostensibeln Brief an den Polizeiminister, in dem ich alles anführte, was Menschlichkeit und Billigkeit gegen einen solchen Wunsch einwenden können. Ich setzte, – nachdem ich betheuert hatte, die freie Schaltung über mein Werk jedem erdenklichen Gewinne tausendmal vorzuziehen – die Entschädigung, nicht unmäßig, aber doch so hoch an, daß die bekannte Sparsamkeit des Kaisers davor zurückschrecken konnte. – Sie wollten mich doch nicht plündern, hoffte ich! – . . .«

Der Brief Grillparzers an den Präsidenten der Polizeihofstelle, Graf Sedlnitzky, vom selben Tag lautet:

»Eure Exzellenz!

Durch Hochdieselben von dem, einem Befehle gleichgeltenden Wunsch Seiner Majestät unterrichtet, der alleinige Besitzer des von mir verfaßten Trauerspiels: ›ein treuer Diener seines Herrn‹ zu seyn, ward ich zugleich aufgefordert, mich zu erklären, wie hoch ich ungefähr den, durch die unterbleibende Verbreitung jenes Stückes mir entgehenden pekuniären Vortheil angeben zu können glaubte.

In gänzlicher Unwissenheit über die Ursachen dieser an mich ergangenen Aufforderung, muß ich mich lediglich auf die genaue Befolgung der erhaltenen Andeutungen beschränken, und erlaube mir demnach folgendes zu bemerken: Die Honorirung solcher Werke von Seite des Buchhändlers geschieht nach Auflagen, über deren jede besonders kontrahirt wird. Der hiesige Buchhändler Wallishaußen hat mir für 2 auf einander folgende Auflagen meines Trauerspiels: Ottokar, in einem und demselben Jahre, und zwar für die erste Auflage 1 500 f K. M. [Gulden Konventionsmünze], für die zweite 1 200 f K. M. bezahlt. Die Zahl der Auflagen bei einem mit Glück aufgeführten Stücke in einer Reihe von Jahren auf z w e i anzunehmen, ist keineswegs überspannt, da meine beiden Trauerspiele: ›Die Ahnfrau‹ und ›Sappho‹ gegenwärtig in der v i e r t e n Auflage im Umlaufe sind. Als Honorar der Aufführung von den verschiedenen Theatern Deutschlands habe ich bei einzelnen meiner Stücke: von Berlin 50 f, von Hamburg und München 30 f, von Stuttgart und Leipzig 20 bis 25 f usw. erhalten. Das Honorar für die Aufführung außer Wien ist daher mit 100 f gleichfalls nur mäßig angenommen. Wenn ich unter diesen Umständen von meinem letzten Trauerspiele, die Aufführung in Wien abgerechnet, einen Ertrag von 3 000 f K. M. erwartete, so glaube ich nicht mich einer leeren Hoffnung überlassen zu haben.

Diese meine Angaben sind natürlich keine Bedingungen, sondern Erfüllung der an mich ergangenen Befehle. Weit entfernt hier einen Vortheil zu suchen, würde ich, bei ganz freier Wahl, tausendmal die ungehinderte Verbreitung meines Stückes, wenn auch nur bei halbem Geldgewinne, jedem möglichen Geldgewinn vorziehen. Ich hätte gesagt: o h n e allen Geldgewinn, wenn ich nicht durch mehrfache Umstände, namentlich durch die Unterstützung eines mit Weib und Kind als Lokalaufseher in Noth schmachtenden Bruders, in wirklichen Geldbedarf gerathen wäre. Aber auch so; wenn Seine Majestät für gut fänden, jede meiner Erwartungen auf äußeren Vortheil überschwänglich zu erfüllen, würde mich immer nur durch die Hoffnung aufrecht erhalten, daß, nach dem Vorübergehen gebiethender, mir zur Zeit unbekannter Umstände, die Verbreitung meines Stückes ohne weitere Anstände werde erfolgen können. Der Tadel Esau's würde gleich groß seyn, wenn er seine Erstgeburt, statt um ein Linsengericht, um Tonnen Goldes hingegeben hätte . . .

Eurer Exzellenz
gehorsamster
Franz Grillparzer«

Wien am 5ten März 1828

Aus den Tagebüchern ist weiter bekannt, daß Grillparzer, da keine Antwort kam, am 19. März abermals schrieb, von einer Antwort oder einer Entscheidung ist nichts bekannt.

ster« (Kabinettsminister) ernannt. Er hat großen Einfluß auf die gesamte innere Verwaltung und zum Teil auf das Finanzwesen. Er ist das Haupt der liberalen Hofpartei und ein Gegner von Clemens Wenzel Lothar Fürst Metternich. Er sah durch die Unterdrückungsmaßnahmen des Metternich'schen Systems eine Katastrophe für die Monarchie heraufziehen.

10. November Uraufführung des »Romantischen Original-Zaubermärchens mit Gesang« »Der Bauer als Millionär« von Ferdinand Raimund in Wien im Carl-Theater.

►1827, 26. März Ludwig van Beethoven stirbt in Wien; geb. am 16. Dezember 1770 in Bonn; Komponist, Vollender der »Wiener Klassik«. Lebte seit 1792 in Wien, seit 1819 völlig taub. Er schuf die Oper »Fidelio« (mit drei Ouvertüren), neun Symphonien, zwei Messen, ein Violinkonzert, fünf Klavierkonzerte, 16 Streichquartette, 24 Menuette, 32 Klavier- und 10 Violinsonaten, 5 Cellosonaten, Oratorien, 91 Klavierlieder, mehrere Tänze und kleinere Stücke. Die Leichenfeier in der Pfarrkirche Zur Allerheiligsten Dreifaltigkeit in der Alser Straße und das Begräbnis auf dem Währinger Ortsfriedhof (heute Schubertpark) am 29. März findet unter der Teilnahme einer gewaltigen Menschenmenge statt. Der Schauspieler Heinrich Johann Imanuel Anschütz verliest die von Franz Grillparzer verfaßte Grabrede.

►1828 Johann Peter Krafft beginnt mit der Arbeit an den drei Wandgemälden im Reichskanzleitrakt der Wiener Hofburg. Sie stellen Szenen aus dem Leben Kaiser Franz' I. dar und werden 1833 vollendet.

25. Juli Ignaz Bösendorfer erhält den Meisterbrief für das Klaviermachergewerbe und den Bürgerbrief der Stadt Wien, damit Geburtsstunde der Klavierfabrik Bösendorfer.

17. Oktober Uraufführung des »Romantisch-Komischen Märchens mit Gesang« »Der Alpenkönig und der Menschenfeind« von Ferdinand Raimund in Wien.

19. November Franz Schubert stirbt in Wien; geb. am 31. Januar 1797 in der Vorstadt Himmelpfortgrund (heute Wien 9); Komponist, Klassiker des Liedes, weshalb er auch »Liederfürst« genannt wird, er war »Klassiker der Romantik oder Romantiker der Klassik«. 1808–1813 Sängerknabe an der Hofkapelle. Er war Autodidakt, da er nur kurze Zeit Kompositionsunterricht von Hofkapellmeister Antonio Salieri erhielt. Er schuf acht Symphonien (die 9. – »Gasteiner Symphonie« – gilt als verschollen), sechs Messen, 20 Streichquartette, ein Klavierquintett, zahlreiche Klavierwerke, darunter 23 Sonaten, bühnenmusikalische Werke und rund 600 Lieder. Das 1884–1897 erstmals herausgegebene Gesamtwerk umfaßt 40 Bände. Am 21. November wird sein Leichnam neben dem Ludwig van Beethovens auf dem Währinger Ortsfriedhof (Wien 18) bestattet.

►1829, 18. Februar Kirchliche Trauung Erzherzog Johanns von Österreich mit der Postmeisterstochter Anna Plochl. Sie findet um Mitternacht auf dem Brandhof, dem Jagdschloß des Erzherzogs (Gemeinde Gußwerk, Steiermark), statt. Kaiser Franz I. hatte diese Ehe bewilligt, doch wurde sie nicht öffentlich bekanntgegeben. 1845 wird Anna Plochl zur Gräfin von Meran erhoben, worauf die Nachkommen diesen Namen führen.

13. März Erste »constituirte« Generalversammlung der Aktiengesellschaft »Erste österreichische k. k. privilegierte Donau-Dampfschiffahrts-Gesellschaft«. Schon 1828 wurde den Engländern John Andrews und Josef Prickard ein Privileg zum Bau von Dampfschiffen für die Donau erteilt *(→ 17. September 1830; 13. September 1837)*.

2. August Polizeidirektor Alois Ritter von Persa begeht Selbstmord, indem er sich vom dritten Stock der Polizeidirektion am Wiener Petersplatz auf die Straße stürzt. Die »Wiener Zeitung« meldet seinen Tod mit »starb an den Folgen der durch einen Fall erlittenen Verletzungen«. Der Anlaß war ein geradezu lächerliches Ereignis: Wie immer, wenn Kaiser Franz I. im Burgtheater einer Vorstellung beiwohnte, hatte der Polizeidirektor in einer Loge oberhalb des Kaisers anwesend zu sein. So auch an diesem Abend, es wurde das Lustspiel »Der Schneider und sein Sohn« gegeben. Ein Zuckerl, das Persa auswickeln wollte, entglitt ihm und fiel dem Kaiser auf den Arm – es wurde Alarm gegeben. Persa begab sich darauf in seine Amtswohnung und stürzte sich aus dem Fenster.

8. Dezember Anton Freiherr von Baldacci legt Kaiser Franz I. 108 Tafeln vor mit dem Titel »Versuch einer Darstellung der österreichischen Monarchie in statistischen Tafeln«. Er hatte am 6. April 1829 vom Kaiser den Auftrag erhalten, die Bevölkerungszahlen aller österreichischen Provinzen statistisch zu erfassen. Damit Geburtstunde des »Statistischen Zentralamtes«.

►1830 Die Marktgemeinde Lustenau (Vorarlberg) verliert die Sonderstellung in bezug auf Verwaltung und Justiz. Lustenau war bereits 887 ein Königshof (Verwaltungsmittelpunkt im Fränkischen Reich) und durch Jahrhunderte hindurch reichsunmittelbar. (Österreich zog zwar 1767 die Landeshoheit widerrechtlich an sich, mußte sie aber 1789/90 wieder zurückgeben.)

— Michael Thonet erfindet eine Methode, Holz zu biegen; daraus entstehen die Thonetmöbel *(→ 3. März 1871)*.

— Der aus Ungarn stammende Chemiker Ladislaus Romer (geb. 26. Dezember 1788, gest. 30. Juli 1842) erfindet Phosphor-Zündhölzer, die nach ihm benannt werden.

28. Februar Ein Eisstoß auf der Donau bei Wien verursacht eine verheerende Überschwemmung, 74 Tote, darunter 19 Kinder. Die Donau war 13 Wochen lang zugefroren, um Mitternacht bricht plötzlich das Eis, das Wasser steigt innerhalb weniger Minuten um 5 Schuh (etwa 1,60 m). Besonders betroffen sind die Vorstädte Roßau, Leopoldstadt, Weißgerber und Erdberg. Der Wasserstand sinkt erst um 14 Uhr des 1. März; erst gegen Abend setzen sich die Eismassen auf der Donau in Bewegung.

4. September Erste Probefahrt des Raddampfers »Kaiser Franz I.«, des ersten im Auftrag der DDSG *(→ 13. März 1829)* gebauten Dampfschiffes, von Wien nach Pest. Hinfahrt 14 Stunden und 15 Minuten, Rückfahrt 48 Stunden und 20 Minuten.

28. September Erzherzog Ferdinand von Österreich wird während des Landtages in Preßburg zum König von Ungarn gekrönt.

10. Oktober Dekret über die Aufstellung einer 14 000 Mann starken k. k. Grenzjäger-Truppe; es sind die Vorgänger der heutigen Zollwache (1980 sind es 4 000 Beamte).

28. Dezember Therese Krones stirbt in Wien, geboren am 7. Oktober 1801 in Freudenthal (österreichisch-Schlesien); Schauspielerin und Soubrette. Ihr Vater war Kürschnermeister und hatte eine Wanderschauspieltruppe gegründet. Bereits 1811 trat sie in Brünn in Kinderrollen auf und gastierte 1812 mit der Truppe ihres Vaters in Wien. 1821 kommt sie wieder nach Wien, 1824 gelang ihr der Durchbruch mit der Zilly in Adolf Bäuerles Zauberoper »Aline«. Ferdinand Raimund schrieb für sie die Rolle des Mariandl im »Diamant des Zauberkönigs« (1824) und der Jugend im »Bauer als Millionär« (1826).

▶**1831, 7. Januar** Von 19 bis 23 Uhr ist über Wien ein Nordlicht zu beobachten, ein für unsere Breitengrade höchst seltenes Naturereignis.

5. Februar Ausbruch eines Aufstandes in Rom, der sich bald auf Modena und Parma ausbreitet. Kaiserin Marie Louise (die Witwe Kaiser Napoleons I.) verläßt ihr Herzogtum Parma und begibt sich nach Österreich.

25. Februar Österreichische Truppen unter General Johann Maria Graf Frimont ziehen im Herzogtum Parma ein und schlagen die Aufständischen bei Firenzuola.

5. März Feldmarschalleutnant Baron Geppert schlägt mit 18 000 Mann bei Novi die 15 000 Mann starken Aufständischen.

9. März Österreichische Truppen ziehen im Herzogtum Modena ein.

25. März Sieg der österreichischen Truppen über die Aufständischen bei Rimini.

29. März Österreichische Truppen besetzen die zum Kirchenstaat gehörende Provinz Ancona. Papst Gregor XVI. hatte den Aufstand in seinem Staatsgebiet nicht niederkämpfen können.

5. April Uraufführung des Trauerspiels »Des Meeres und der Liebe Wellen« von Franz Grillparzer im Burgtheater in Wien.

17. September Josef Kyselak stirbt in Wien; geb. um 1795 in Wien, Hofkammerbeamter. Ein Sonderling, der auf seinen Wanderungen an oft ungewöhnlichen Stellen seinen Namen eingravierte, manchmal auch nur malte. 1829 erschien »Skizzen einer Fußreise durch Österreich« in zwei Bänden.

Herbst Eine Choleraepidemie in Wien kommt nach einem Höhepunkt zum Abklingen. Seit 1830 gab es Choleraerkrankungen in Wien. Entlang der beiden Wienflußufer hatte man sogenannte Cholerakanäle angelegt, die die Abwässer aufnehmen sollten, ehe sie das Flußbett erreichten. Erst die Wienflußregulierung, die 1906 vollendet war, schuf eine endgültige Regelung der sanitären Probleme.

14. November Ignaz Joseph Pleyel stirbt auf einem Landgut bei Paris, geboren am 1. Juni 1757 in Ruppersthal (Niederösterreich), Komponist. Er war ein Schüler von Joseph Haydn und schon 1777 Kapellmeister beim Grafen Erdödy. 1789 wurde er erster Kapellmeister am Straßburger Münster. Nach einem Englandaufenthalt 1791 übersiedelte er 1795 nach Paris, wo er eine Musikalienhandlung gründete, die bis 1834 bestand. 1807 gründete er in Paris eine Pianoforte-Fabrik. Er schuf 30 Symphonien, zahlreiche kammermusikalische Werke und die Opern »Die Fee Urgele« für das Marionettentheater in Esterháza (1776) und »Ifigenia in Aulide« (1785). 1797 verfaßte er eine Klavierschule.

1832, 28. Juli Joseph Schreyvogel stirbt in Wien an der Cholera; geb. am 27. März 1768 in Wien, Schriftsteller und Dramatiker. 1802–1804 Hoftheatersekretär, ab 1807 Herausgeber der Zeitschrift »Sonntagsblatt«, in der er unter dem Pseudonym Thomas West schrieb. Ab 1814 Burgtheaterdirektor und Dramaturg.

1. August Eröffnung der Pferdeeisenbahn Linz–Budweis, der ersten Eisenbahn auf dem europäischen Kontinent. Sie ist 128,8 km lang, hat drei Umspannstationen, sieben Stationen und 46 Wächterhäuser. Einige Stationsgebäude und Viadukte sind heute noch erhalten.

9. August Attentat auf Erzherzog Ferdinand von Österreich, den Kronprinzen und ältesten Sohn Kaiser Franz' I., im Helenental bei Baden.

▶**1833, 22. März** Zusammenschluß des preußisch-hessischen Zollvereins mit dem bayrisch-württembergischen zum »Deutschen Zollverein«. Er tritt am 1. Januar 1834 in Kraft und schafft die Einigung Deutschlands auf wirtschaftlichem Gebiet, Österreich steht außerhalb des Zollvereins.

3. April Sturm Aufständischer (meist Studenten) auf die Hauptwache (Konstablerwache) in Frankfurt am Main. Ziel ist die Sprengung der Bundesversammlung und die Verbreitung des Aufstandes auf Süd- und Westdeutschland. Der Sturm wird aber abgewehrt.

11. April Uraufführung der Zauberposse mit Gesang »Der böse Geist Lumpazivagabundus oder Das liederliche Kleeblatt« von Johann Nestroy in Wien.

30. Juni Beschluß des deutschen Bundestages, auf Antrag Österreichs eine neue Zentraluntersuchungskommission gegen die revolutionären Umtriebe einzusetzen *(→ 6. August 1819).*

August Konferenz in Münchengrätz (Böhmen). Kaiser Franz I., Zar Alexander I. und der preußische Kronprinz beschließen ein gemeinsames Vorgehen gegen die umstürzlerischen Bewegungen und für gegenseitigen Beistand.

▶**1834, Januar** Beginn der geheimen Ministerkonferenz in Wien. Bevollmächtigte der deutschen Regierungen beraten monatelang über Maßnahmen gegen die revolutionären Umtriebe *(→ 3. April, 30. Juni und August 1833)* bis zum Schlußprotokoll vom *(→)* 12. Juni.

13. Januar Uraufführung der Oper »Nachtlager in Granada« von Conradin Kreutzer im Wiener Theater in der Josefstadt. Conradin Kreuzter lebte 1832–1849 in Wien und war ab 1846 mehrmals als Dirigent tätig.

20. Februar Uraufführung des »Original-Zaubermärchens mit Gesang« »Der Verschwender« von Ferdinand Raimund im Theater in der Josefstadt in Wien.

26. Februar Alois Senefelder stirbt in München; geb. am 6. November 1771 in Prag; Erfinder des Steindruckverfahrens. 1799 erwarb er in Bayern das Privileg zur Errichtung einer Steindruckerei, 1803 richtete er in Wien-Josefstadt die erste Steindruckerei ein, bald darauf wurde die Lithographie zur beliebten Drucktechnik der Künstler. 1818 erschien sein »Vollständiges Lehrbuch der Steindruckerey«.

9. Juni Der dänische Märchendichter Hans Christian Andersen hält sich bis 8. Juli in Wien auf, weitere Wienbesuche Andersens: 4.–23. Juni 1841, 6.–18. März 1846, 24.–29. Mai 1854, 17. Oktober–4. November 1869 und 28. April–4. Mai 1872.

12. Juni Schlußprotokoll der Wiener Ministerkonferenz *(→ Januar).* Die 60 Artikel werden erst 1843 vollständig publiziert. Im wesentlichen werden die Wiener Schlußakte vom *(→)* 15. Mai 1820 bekräftigt und verschärft. Die Staatsgewalt ist in der Person des Regenten vereinigt, Mitwirkung der Stände beschränkt, verschärftes Pressegesetz, Streitigkeiten zwischen Regierung und Ständen regelt ein aus Bevollmächtigten der Regierung bestehendes Schiedsgericht. Die zur Veröffentlichung gelangenden Teile rufen in freiheitlichen Kreisen Erbitterung hervor.

2. September Ein Großbrand in Wr. Neustadt (Niederösterreich) vernichtet 500 Häuser, 47 Menschen kamen ums Leben.

4. Oktober Uraufführung des »Dramatischen Märchens« »Der Traum ein Leben« von Franz Grillparzer im Burgtheater in Wien.

▶1835, 2. März Kaiser Franz I. stirbt in Wien; geb. am 12. Februar 1768 in Florenz als Sohn Kaiser Leopolds II., am 6. Juni 1792 zum König von Ungarn gekrönt, am 5. Juli 1792 zum römischen Kaiser (Franz II.) gewählt und am 14. Juli gekrönt, am 9. August 1792 zum König von Böhmen gekrönt. Am 11. August 1804 errichtet er das Kaiserreich (ein erbliches Kaisertum) Österreich, wodurch er Kaiser Franz I. ist. Am 6. August 1806 legt er die römische Kaiserwürde nieder. Nachfolger wird Kronprinz Erzherzog Ferdinand I. (der Gütige genannt), er nahm bereits seit 1829 an den Sitzungen des Staatsrates teil und ist seit 1830 König von Ungarn.

Mai Der französische Romancier Honoré de Balzac weilt 18 Tage in Wien.

10. Juni Österreichische Truppen besiegen die Bosnier bei Vacup. Bereits mehrmals hatten bosnische Streifscharen die Grenze beunruhigt.

17. Oktober Die Bosnier werden abermals von österreichischen Truppen bei Veliki Kladuša besiegt.

12. Dezember Mit kaiserlicher Entschließung tritt die »Geheime Staatskonferenz« zusammen. Eine mündlich beratende Körperschaft, die Gutachten über bedeutende Staatsangelegenheiten zu erstellen hat. Eine Einrichtung nach dem Willen Kaiser Franz' I. zur Entlastung des körperlich und geistig kranken Kaisers Ferdinand I. Grundsätzlich soll sie unter dem Vorsitz des Kaisers tagen, doch läßt sich dieser durch den Bruder Kaiser Franz' I., Erzherzog Ludwig, vertreten. So regiert praktisch der »Staatsrat« für den Kaiser. Außer diesem sind Erzherzog Franz Karl, ein Bruder Kaiser Ferdinands, Fürst Metternich und Graf Kolowrat-Liebsteinsky ständige Mitglieder. Die Rivalität zwischen Metternich und Kolowrat nimmt zu. Die staatsmännisch begabten Brüder des verstorbenen Kaisers Franz, die Erzherzöge Karl und Johann, versuchen vergeblich, in die »Geheime Staatskonferenz« aufgenommen zu werden.

— Johann Nepomuk Hoechle stirbt in Wien; geb. am 6. Januar 1790 in München; »Bataillenmaler«. Malte zahlreiche Bilder aus dem militärischen Bereich und schuf Lithographien »Hauptmomente aus dem Leben des Kaiser Franz«.

▶1836 Gründung des »Österreichischen Lloyd« in Triest zur Aufrechterhaltung des Seeverkehrs mit der Levante, aber auch mit dem Fernen Osten und Südamerika. Der Name bleibt bis 1918, heute »Lloyd Triestino«. Er besitzt 1847 21 Dampfschiffe, 1854 bereits 60.

— Josef Kornhäusel beginnt den Ausbau des Stiftes Klosterneuburg (Niederösterreich), er wird 1842 vollendet.

— In Wien dekoriert ein Uhrmacher erstmals in Europa ein Schaufenster, um Kunden anzulocken.

9. April Kaiser Ferdinand I. gestattet der von Salomon von Rothschild geplanten und finanzierten Eisenbahnlinie Wien–Bochnia (Galizien), den Namen »Kaiser-Ferdinands-Nord-Bahn« zu tragen. Rothschild hatte »unterthänigst« darum gebeten, da der Absatz der aufgelegten Aktien sehr zu wünschen übrigließ. Durch den neuen Namen der Bahnlinie finden die Aktien innerhalb kürzester Zeit einen zufriedenstellenden Absatz.

5. September Ferdinand Raimund (eigentlich Ferdinand Jakob Raimann) stirbt in Pottenstein (Niederösterreich) an den Folgen eines am 30. August in Sinnesverwirrung begangenen Selbstmordversuchs; geb. am 1. Juni 1790 in Wien-Mariahilf, Schauspieler und Dramatiker, Klassiker des Märchen- und Zauberspiels. Lebte seit 1834 zurückgezogen in Gutenstein (Niederösterreich). Hauptwerke: »Der Barometermacher auf der Zauberinsel« 1823, »Der Diamant des Geisterkönigs« 1824, »Der Bauer als Millionär« 1826, »Der Alpenkönig und der Menschenfeind« 1828, »Die unheilbringende Krone« 1829, »Der Verschwender« 1834. Erste historisch-kritische Ausgabe in sechs Bänden 1924–1934.

▶1837, 12. Januar Eine kaiserliche Entschließung befiehlt den Zillertaler Protestanten, die auf ihrem Austritt aus der katholischen Kirche beharren, die Auswanderung. Ihre Bitte, eine eigene Glaubensgemeinschaft bilden zu dürfen, ist abgelehnt worden. 400 Menschen sind von diesem Erlaß betroffen. Sie dürfen ihre Habe und den Erlös ihrer Liegenschaften mitnehmen und wandern nach Südamerika aus. Noch heute existiert eine große Zillertaler Dorfgemeinschaft in den Anden.

11. Juli Kundmachung »Von dem Magistrate der k. k. Haupt- und Residenzstadt« Wien: »Demnach wird das Tabakrauchen auf den Gassen, Plätzen der inneren Stadt, mit Einschluß der Stadtthore und Brücken, neuerdings und ausdrücklich untersagt.« Die Kundmachung betont, daß dieses Verbot bereits zum vierten Male ausgesprochen wird.

13. September Erste Fahrt der DDSG von Wien nach Linz mit dem Dampfschiff »Maria Anna«. Ein hölzerner Dampfer für 250 Passagiere, 45 m lang, mit einer 60-PS-Maschine. Die Fahrt dauert 55 Stunden und 22 Minuten. Wegen des hohen Wasserstandes der Donau (die Taborbrücke war zu nieder) muß das Schiff durch den heutigen Donaukanal fahren.

19. November Erste öffentliche Fahrt der »Kaiser-Ferdinands-Nord-Bahn« von Floridsdorf nach Deutsch-Wagram (Niederösterreich) *(→ 9. April 1836)*. Die Fahrt dauert 26 Minuten hin und 24 Minuten zurück. Mit 164 geladenen Ehrengästen wird damit die erste Dampfeisenbahn Österreichs eröffnet. Die aus der Stephenson-Werkstätte in Newcastle stammende Lokomotive »Austria« zog acht Waggons und erreichte 33 Stundenkilometer. Franz Xaver Riepl, Professor am Polytechnikum in Wien und Planer der Bahn, war der »geistige Vater« des Eisenbahnbaues in Österreich. Unter den Ehrengästen war auch Erzherzog Karl, der Sieger von Aspern. Neben der Station Deutsch-Wagram errichtet in der Folge der Wiener Kaffeesieder Ignaz Weißenberger ein bescheidenes Gasthaus, die erste »Bahnhofsrestauration« in Österreich. Nach 15 Monaten wird der Betrieb geschlossen, da der Bahnbau rasch voranschreitet (zeitweilig waren 10 000 Taglöhner beschäftigt, 1839 ist bereits Brünn erreicht) und die Zahl der Gäste entsprechend abnahm. Die »Wasserstation« gegenüber dem Bahnhofsgebäude von Deutsch-Wagram, 1846 errichtet, ist heute noch erhalten *(→ 6. Januar 1838).*

►**1838, 6. Januar** Erster Eisenbahnzug von Wien (Nordbahnhof) nach Deutsch-Wagram, nachdem die Brücke über die Donau fertiggestellt worden war *(→ 19. November 1837).*

6. März Uraufführung des Lustspiels »Weh dem, der lügt!« von Franz Grillparzer im Burgtheater in Wien. Das Stück fällt durch, worauf der verbitterte Grillparzer seine noch nicht veröffentlichten Werke in seiner Schublade verschließt.

6. September Kaiser Ferdinand I. wird in Mailand mit der »eisernen Krone« der Lombardei gekrönt.

►**1839** Gründung des »Österreichischen Gewerbevereins« in Wien. Eine Interessenvertretung der Gewerbetreibenden, die Spezialkommissionen und eine Beratungsstelle für Auftraggeber von technischen Versuchsreihen unterhält.

— Gründung des »Militärgeographischen Instituts« in Wien durch die Vereinigung des 1814 gegründeten »Mailänder Geographischen Instituts« und der 1806 in Wien errichteten »Topographischen Anstalt des k. k. General-Quartiermeisterstabes«. Diese Gründung fördert wesentlich die Entwicklung der österreichischen Kartographie, die bald zu hohem Ansehen gelangt.

7. Juli Erstes Eisenbahnunglück auf der Kaiser-Ferdinands-Nord-Bahn. Die von einem englischen Lokführer geführte Garnitur rammt, aus Brünn kommend, in der Station Branowitz einen dort haltenden Zug, wodurch die beiden letzten Wagen »im strengsten Sinne des Wortes zerschmettert« werden. Sieben Reisende werden schwer, 15 leicht verletzt. (Seither durften Eisenbahnzüge nur mit einem Abstand von einer halben Stunde verkehren und jeder Zug mußte von einer »als vollkommen sachkundig gewährten Person« begleitet werden.)

►**1840** Das Drahtwalzwerk des Grafen Ferdinand Egger in Feistritz im Rosental (Kärnten) wird in Betrieb genommen. Es erzeugt die zehn- bis zwölffache Menge der bisher üblichen gezogenen Methode – gehämmertes Eisen wurde bisher mit Zangen »ausgezogen« – und verhilft der Kärntner Erfindung zum Durchbruch.

— Adalbert Stifters erste Erzählungen »Condor« und »Das Heidedorf« erscheinen in der Wiener »Zeitschrift für Kunst, Literatur, Theater und Mode«.

15. Juli Quadrupelvertrag von London zwischen England, Frankreich, Österreich, Preußen und der Türkei zur Befriedung der Levante. 1839 war zwischen der Türkei und dem von Frankreich unterstützten Ägypten ein Krieg ausgebrochen. Ägypten hält sich nicht an die Beschlüsse *(→ 13. März und 13. Juli 1841).*

►**1841** Preußen beginnt mit der Produktion des 1827 erfundenen Zündnadelgewehrs, eines Hinterladers nach dem System Dreyse. Erzherzog Johann erkennt 1848 in Frankfurt die Bedeutung dieser Waffe und macht den österreichischen Generalstab darauf aufmerksam. Feldzeugmeister Augustin fällt wenige Jahre später im Auftrag des Generalstabes ein vernichtendes Urteil über das Zündnadelgewehr, das dann bei Königgrätz 1866 zur Niederlage der Österreicher beitrug.

13. März Ägypten willigt in die Friedensbedingungen des Quadrupelvertrages von London *(→ 15. Juli 1840)* ein.

Frühjahr Truppen einer englisch-österreichischen Flotte besetzen Beirut, die Engländer bombardieren Alexandria *(→ 15. Juli 1840; 13. März 1841).*

6. Juni Christian Georg Hornbostel stirbt in Wien; geb. am 15. Mai 1778 in Wien, Fabrikant. Erzeugte in Leobersdorf (Niederösterreich) als erster in Europa Seidenstoffe auf Maschinenwebstühlen.

20. Juni Eröffnung der Eisenbahnlinie Wien–Wr. Neustadt (Niederösterreich). Sie wird Wien-Raaber Bahn genannt, da ursprünglich der Plan einer Hauptstrecke von Wien über Bruck an der Leitha (Niederösterreich) nach Raab bestand. Ab 17. Dezember 1842 wird sie Wien-Gloggnitzer Bahn genannt.

13. Juli Dardanellenvertrag in London unterzeichnet. England, Frankreich, Österreich, Preußen und Rußland anerkennen den Beschluß der Türkei, in Friedenszeiten kein nichttürkisches Kriegsschiff die Dardanellen und den Bosporus passieren zu lassen.

►**1842** Die Arbeit von Kindern unter zwölf Jahren wird in Österreich verboten, die Arbeitszeit für Jugendliche unter 16 Jahren wird auf zwölf Stunden beschränkt.

— Gründung eines allgemeinen Unterstützungsvereins für erkrankte Buchdrucker- und Schriftgießergehilfen in Wien, erste Selbsthilfeeinrichtung der Wiener Arbeiter.

— Mit der Errichtung des Denkmals für Kaiser Franz I. in der Wiener Hofburg, von Pompeo Marchesi in Mailand gegossen, wird begonnen. Die vier den Kaiser umgebenden Statuen symbolisieren Glaube, Stärke, Friede und Gerechtigkeit, das Denkmal wird 1846 vollendet.

— Johann Strauß Vater schreibt in Salmannsdorf bei Wien den Walzer »Die Salmannsdorfer«.

— Christian Doppler veröffentlicht in den »Abhandlungen der Böhmischen Gesellschaft der Wissenschaften« seine Arbeit »Über das farbige Licht der Doppelsterne und einiger anderer Gestirne des Himmels«, mit der er das nach ihm benannte Prinzip der Wellenlehre bekanntgibt, der sogenannte »Dopplereffekt«.

28. März Erstes »Philharmonisches Konzert« der Wiener Philharmoniker« unter dem Hofkapellmeister Otto Nicolai. Nicolai hat dieses Orchester aus Mitgliedern des Hofopernorchesters zusammengestellt, es hält bereits ab 1854 einen regelmäßigen Konzertbetrieb aufrecht.

8. Juli In Österreich ist eine totale Sonnenfinsternis sichtbar. Adalbert Stifter beobachtet und beschreibt sie.

22. August Karl Schindler stirbt in Laab im Walde (Niederösterreich); geb. am 23. Oktober 1821 in Wien, Aquarellist, Maler des Biedermeiers, besonders Genrebilder des Soldatenlebens.

28. August Peter Fendi stirbt in Wien; geb. am 4. September 1796 in Wien-Landstraße; Maler, Kupferstecher und Graphiker, einer der Hauptvertreter der Wiener Biedermeiermalerei. Er wandte sich mehr der Porträt- und Genremalerei zu und wurde zum bevorzugten Kinderporträtisten der aristokratischen Familien.

►**1843** Johann Nepomuk Reithoffer erzeugt in seiner 1824 gegründeten Kautschukfabrik in Wimpassing (Niederösterreich) – innerhalb der heutigen Semperit-Werke noch zum großen Teil erhalten – 60 000 Hosenträger, 6 000 Paar Schuhe, 20 000 Bandagen und 4 000 Mieder (1831–1833 waren es jährlich nur gegen 700 Hosenträger). Er beschäftigt in diesem Jahr 140 Arbeiter und 70 Meister des Handschuhmachergewerbes (→ *1824; 6. Mai 1872*).

14. April Joseph Lanner stirbt in Oberdöbling bei Wien (Wien 19); geb. am 12. April 1801 in Wien, Komponist, Tanzgeiger und Kapellmeister, eigentlicher Vater des Wiener Walzers. Gründete 1824 ein eigenes Orchester, in dem auch Johann Strauß (Vater) spielte, seit 1829 Hofball-Musikdirektor. Er schuf 208 Werke, vorwiegend Walzer, Ländler und Galopps. 1888/89 erschien die erste Gesamtausgabe seiner Werke in 14 Bänden.

11. Mai Die ungarische Ständetafel setzt durch, daß im ungarischen Reichstag nur mehr ungarisch gesprochen wird.

1. Juli Die Gasbeleuchtung der Straßen und Plätze Wiens wird durch die englische Firma Imperial-Continental-Gas-Association eingeführt. Diese Firma hatte die beiden in Wien vorhandenen Gaswerke (das von Dr. Georg Pfendler 1828 in der Roßau und das von Theodor Friedrich Hene 1840 in Fünfhaus errichtete) gekauft.

9. Juli Karoline Pichler, geb. Greiner, stirbt in Wien; geb. am 7. September 1769 in Hernals bei Wien (Wien 17); Schriftstellerin des Wiener Vormärz und des Biedermeiers. Ihr Haus in der Alservorstadt war der Treffpunkt des schöngeistigen Wien ihrer Zeit. Ihr vierbändiges Hauptwerk »Denkwürdigkeiten aus meinem Leben«, 1844 erschienen, vermittelt ein lebendiges Bild des Wiener Kulturlebens. Ab 1828 (bis 1845) erscheint in 60 Bänden die Gesamtausgabe »Sämtliche Werke«.

►1844 Baubeginn für den Austria-Brunnen auf der Freyung in Wien, ein von der Wiener Bürgerschaft zu Ehren Kaiser Ferdinands I. gestiftetes Bronzebildwerk von Ludwig Schwanthaler, er wird 1846 vollendet.

— Der neunte und letzte Band des Werkes »Wien, seine Geschichte und seine Denkwürdigkeiten« von Joseph Frh. von Hormayr erscheint, der erste Band war bereits 1822 erschienen.

9. April Uraufführung der Posse mit Gesang »Der Zerrissene« von Johann Nestroy in Wien im Theater an der Wien.

►1845 Große Lebensmittelteuerung in ganz Österreich, besonders in den größeren Städten spürbar. Eine Entlassungswelle unter den Arbeitern vieler Branchen führt, besonders in den Industriestädten, zu kleineren Arbeiterunruhen.

11. März Petition der Wiener Schriftsteller an den Kaiser um ein geordnetes Zensurverfahren. Der Dichter Eduard von Bauernfeld hatte 100 Unterschriften dafür gesammelt, auch Franz Grillparzer hatte unterschrieben.

4. Mai Joseph Danhauser stirbt in Wien; geb. am 19. August 1805 in Wien; Biedermeiermaler, ein Sittenschilderer des Wiener Biedermeiers. Schuf Altar-, Historien- und Genrebilder.

3. Juni Petition der niederösterreichischen Stände an den Kaiser. Sie fordern die Wiederherstellung ihrer verfassungsmäßigen Rechte.

►1846 In Vordernberg (Steiermark) werden die Radwerke (= Hochöfen) 2 und 3 errichtet, sie sind noch heute als Museum erhalten. Das Radwerk 3 besitzt das älteste noch erhaltene Gebläse mit Dampfantrieb.

— Der Schriftsteller Ignaz Franz Castelli gründet den »Wiener Tierschutzverein«.

18. Februar Aufstand in Krakau. Schon seit Beginn des Monats wenden sich in Galizien polnische Nationalisten gegen die österreichische Unterdrückung. Österreichische Truppen schreiten ein.

3. März Österreichische Truppen besetzen Krakau, damit ist der Aufstand in Galizien niedergeschlagen.

2. Märzhälfte Das erste zensurfreie Flugblatt-Gedicht in Österreich erscheint. Das von Ludwig August von Frankl-Hohenwart verfaßte Gedicht »Die Universität« wurde 27 Mal vertont und erreichte eine Auflage von einer halben Million Stück.

15. April Der Freistaat Krakau wird mit russischem und preußischem Einverständnis dem Kaiserreich Österreich einverleibt. Frankreich und England erheben Einspruch.

30. Mai Uraufführung der Oper »Der Waffenschmied« von Gustav Albert Lortzing in Wien im Theater an der Wien.

►1847 Die Telegraphenlinie Wien–Brünn–Prag wird in Betrieb genommen, es ist die erste große Überlandverbindung auf dem europäischen Kontinent.

— In der Industrie verdient ein Arbeiter 50 Kreuzer pro Tag; ein Handwerker (Geselle) bei Kost und Quartier 18 Kreuzer und Kinder in der Industrie 8 Kreuzer. Die Arbeitszeit beträgt in der Industrie und im Handwerk täglich bis zu 16 Stunden, auch sonntags; Kinder unter 16 Jahren arbeiten bis zu zwölf Stunden. Das Jahresgehalt eines Beamten beträgt 400 Gulden. Das Carl-Theater in der Wiener Leopoldstadt garantierte in diesem Jahr dem Schauspieler und Bühnendichter Johann Nestroy ein Einkommen von 10 000 Gulden.

Frühjahr Arbeitslose plündern in den Vorstädten Wiens Lebensmittelgeschäfte.

14. Mai Gründung der Akademie der Wissenschaften in Wien. Sie ist in eine mathematisch-naturwissenschaftliche und eine historisch-philosophische Abteilung (später Klasse) gegliedert. Kaiser Ferdinand I. bestellt Erzherzog Johann zum Kurator.

1. Juni Die Brot- und die Fleischpreise werden in ganz Österreich empfindlich erhöht, eine Folge der Mißernte des Jahres 1846 und der schlechten Ernteaussichten für das laufende Jahr.

9. Juni Beratung eines Komitees des niederösterreichischen Landtages über Fragen der Pressefreiheit.

10. Oktober Sturm auf Bäckerläden und Fabrikantenhäuser in Wien. Die Preiserhöhungen sowie die Lebensmittelknappheit und abermalige Entlassungen von Fabrikarbeitern hatten zur allgemeinen Unzufriedenheit geführt.

25. November Uraufführung der Oper »Martha« von Friedrich von Flotow in Wien im Hofoperntheater.

2. Dezember Johann Ladislaus Pyrker stirbt in Wien; geb. am 2. November 1772 in Nagy-Lángh (Ungarn); Zisterzienser und Versepiker. 1812–1818 Abt des Zisterzienserstiftes Lilienfeld (Niederösterreich), dann Bischof von Zips (heute Slowakei), 1821 Patriarch von Venedig, 1827 Erzbischof von Erlau (Ungarn). Franz Schubert vertonte seine Gedichte »Die Allmacht« und »Das Heimweh«. 1832–1834 erschienen in drei Bänden »Sämtliche Werke«.

►1848 Der Gutsbesitzer und Armeelieferant Josef Pargfrieder beginnt in Kleinwetzdorf (Niederösterreich) mit der Anlage des »Heldenberges«, einer spätklassizistischen Gedächtnisstätte des österreichischen Soldatentums mit einer Ehrenhalle. Insgesamt werden 142 Büsten österreichischer Heerführer und verdienter Soldaten aufgestellt, die Anlage wird 1849 fertiggestellt.

Revolution in Österreich

Der Ausbruch der Märzrevolution im Jahre 1848, auch dem Pariser Beispiel folgend, war der Ausdruck für die tiefste Unzufriedenheit mit dem politischen System des Absolutismus. Das »Metternich'sche System«, das sich längst überlebt hatte, wurde nur als Unrechtsregime empfunden. Fortschrittliche Adelige, wie Anastasius Grün, Bürgerliche und die Intelligenz forderten Reformen. Diese »bürgerliche Revolution« begehrte nicht den Sturz der Habsburger, sondern die Gewährung bürgerlicher Freiheiten. Man verlangte Pressefreiheit, Abschaffung der Zensur, die Einführung einer »Konstitution« (einer demokratischen Verfassung) war ein ferneres Ziel. Daher waren Vertreter extremerer Standpunkte wie Karl Marx von der Wiener Revolution enttäuscht.
Träger der Revolution waren die Studenten, Gewerbetreibende des Niederösterreichischen Gewerbevereins, Intelligenzler, die aus dem Juridisch-politischen Leseverein hervorgegangen waren, und die Buchdrucker und Schriftsetzer. Die Arbeiter, der vierte Stand, spielten kaum eine Rolle, ihre Forderungen wurden nicht artikuliert.
Der Großteil der Ereignisse spielte sich in Wien ab, in den Landeshauptstädten gab es nur bescheidene Kundgebungen oder stürmische Landtagssitzungen.
Die zunehmende Radikalisierung der Vorgänge in der zweiten Jahreshälfte veranlaßte viele Bürgerliche, ihr Heil wieder auf der Seite der Konservativen zu suchen.
Das einzige positive und bleibende Ergebnis der Revolution war die Bauernbefreiung, das vom schlesischen Abgeordneten Hans Kudlich beantragte Grundentlastungspatent wurde auch im Neoabsolutismus nicht angetastet.

Neben Pargfrieder wurden 1858 (5. Januar) Feldmarschall Johann Joseph Wenzel Graf Radetzky und am 1. September 1854 Feldmarschall Maximilian Freiherr von Wimpffen beigesetzt.

— Mit dem Bau der Eisenbahn über den Semmering wird nach Plänen des Ingenieurs Karl Ritter von Ghega begonnen, es ist die erste Gebirgseisenbahn Europas. Sie führt über 16 Viadukte und durch 15 Tunnel *(→ 17. Juli 1854)*.

— Baubeginn für die Altlerchenfelder Kirche in Wien. Begonnen von Paul Sprenger, weitergeführt von Georg Müller und Eduard van der Nüll, der romantische Backsteinbau wird 1861 vollendet.

1. und 2. Januar »Zigarrenrummel« in Mailand, Padua und Brescia. Diese blutigen Ausschreitungen werden so genannt, weil die Italiener durch einen Raucherstreik das österreichische Tabakmonopol schädigen wollten. Die Ausschreitungen werden unterdrückt.

3. Januar Zum erstenmal werden in Wien billige Suppen an die Armen ausgegeben. Es gelangten sogenannte Rumford-Suppen zur Verteilung. Diese Suppen, die nach dem gebürtigen Amerikaner und in bayerischen Diensten stehenden Grafen Rumford benannt wurden, waren nahrhaft und enthielten wichtige Aufbaustoffe.

14. Januar Neues Presse- und Zensurgesetz für Wien erlassen.

25. Januar Beisetzung des Leichnams der Erzherzogin Marie Louise in der Kapuzinergruft in Wien. Die älteste Tochter Kaiser Franz' I. war am 12. Dezember 1791 in Wien geboren worden, heiratete 1810 Kaiser Napoleon I.; sie war die Mutter des Herzogs von Reichstadt. 1816 übernahm sie die Regierung der Herzogtümer Parma, Piacenza und Guastalla, die ihr auf dem Wiener Kongreß zugesprochen worden waren. Nach dem Tod Kaiser Napoleons I. heiratete sie 1821 ihren Obersthofmeister Adam Adalbert Graf Neipperg, der zum Fürsten Montenuovo erhoben wurde und 1834 in morganatischer Ehe Charles René Graf Bombelles. Sie starb am 17. Dezember 1847 in Parma und wurde nach Wien übergeführt.

3. März »Taufrede der österreichischen Revolution.« Ludwig Kossuth, der Führer der ungarischen Opposition, bezeichnet in seiner Rede vor dem ungarischen Reichstag in Pest die Situation als »erstickenden Dampf des tödlichen Windes, der aus den Bleikammern des Wiener Regierungssystems, alles niederdrückend, lähmend, vergiftend einherwehe«.

5. März Ein »Vorparlament«, bestehend aus über 500 Abgeordneten aller deutschen Länder, wird für den 31. März nach Frankfurt am Main einberufen.

6. März Der Niederösterreichische Gewerbeverein beschließt eine »Adresse gegen die herrschenden Verhältnisse«.

11. März In einer Petition der Wiener Bürger an den Kaiser wird die Pressefreiheit verlangt.

12. März Die Wiener Studenten fordern in einer Petition an den Kaiser die Freiheit an der Universität und die Pressefreiheit.

13. März Sitzung des niederösterreichischen Landtages im Landhaus in der Wiener Herrengasse. Es kommt wegen der Nichtbeantwortung der Petitionen zu Demonstrationen. Studenten und Bürger besetzen das Landhaus. Dr. Adolf Fischhof, Sekundararzt am Allgemeinen Krankenhaus und einer der Anführer, hält eine Ansprache; Max Goldner verliest die Rede Ludwig Kossuths *(→ 3. März)*; Arbeiter aus den Vorstädten stoßen zu den Demonstranten.
Am Nachmittag kommt es zu Zusammenstößen zwischen militärischen Einheiten unter Erzherzog Albrecht und den Volksmassen: die ersten fünf Toten. In den Vorstädten stürmen Arbeiter Fabriken und zerstören Maschinen, weitere 45 Tote sind zu beklagen.
Clemens Wenzel Lothar Fürst Metternich tritt zurück und begibt sich (Flucht) nach England. (Er kehrt im Herbst 1851 zurück und stirbt am *[→]* 11. Juni 1859 in Wien.)

14. März Studenten der Wiener Universität bewaffnen sich eigenmächtig aus Beständen des Bürgerlichen Zeughauses und gründen die »Akademische Legion«.

— Kaiser Ferdinand I. gestattet die Aufstellung der Nationalgarde, hebt die Zensur auf und verspricht ein freiheitliches Pressegesetz.

Augenzeugen zum Jahr 1848

Der sächsische Legationssekretär Carl Friedrich Graf Vitzthum von Eckstädt war ein kluger Beobachter der österreichischen Politik, am 21. Januar 1848 schreibt er aus Wien an seine Mutter:

»Ich bin der festen Überzeugung, daß der Friede nur an einem Haar hängt. Österreich muß Krieg anfangen, um sich zu retten.«

Und am 29. Februar:

»Täglich brachte die italienische Post Nachricht von einer Konstitution, einer Revolution oder wenigstens einigen politischen Meuchelmorden. Wenn Metternich das ›après nous le déluge‹ (nach uns die Sintflut, angeblich ein Ausspruch der Madame de Pompadour) zur Staatsmaxime genommen, so rächt sich die Geschichte furchtbar an ihm, indem sie ihn die Sintflut noch erleben läßt. Wenn man ihn sieht, den schwachen, stocktauben Mann, in längst verbrauchte Phrasen und Redensarten eingepuppt, ein kindgewordener Greis, so begreift man, daß dieser Kopf nicht mehr stark genug ist, den jetzigen Stürmen zu trotzen. Und der Kaiser, mein Gott! Zum ersten Male sah ich ihn gestern auf dem Hofball. So schlimm dachte ich ihn mir nicht. Die fromme Kaiserin, den ganzen Tag mit einem Beichtiger eingeschlossen, wird das Übel auch nicht wegbeten, welches jetzt über Österreich hereinbrechen will.«

Karl Marx und Friedrich Engels erklären fast gleichzeitig in ihren Vorträgen in London:

»Österreich, das europäische China, das einzige Land, dessen innere Einrichtungen nicht durch die französische Revolution erschüttert wurden und dem selbst Napoleon nichts anhaben konnte, den Dampf hält es nicht aus; es hat sich dort alles plötzlich verändert durch die Maschinen; die Schutzzölle haben die Maschinen ins Land gebracht. Dadurch hat sich die kleine Bourgeoisie emporgehoben und den hohen Adel gestürzt, dadurch ist Metternich etwas passiert, was er gewiß nicht geahnt hat; es wurden ihm auf dem letzten böhmischen Landtag 50 000 Gulden Steuern von der Bourgeoisie verweigert.«

Das von ihnen im Februar verfaßte »Kommunistische Manifest« beginnt mit:

»Ein Gespenst geht um in Europa – das Gespenst des Kommunismus. Alle Mächte des alten Europa haben sich zu einer heiligen Hetzjagd gegen dies Gespenst verbündet, der Papst und der Zar, Metternich und Guizot, französische Radikale und deutsche Polizisten.«

Und endet:

»Die Kommunisten verschmähen es, ihre Ansichten zu verheimlichen. Sie erklären es offen, daß ihre Zwecke nur erreicht werden können durch gewaltsamen Umsturz aller bisherigen Gesellschaftsordnungen. Mögen die herrschenden Klassen vor einer kommunistischen Revolution zittern. Die Proletarier haben nichts in ihr zu verlieren als ihre Ketten. Sie haben eine Welt zu gewinnen.
Proletarier aller Länder, vereinigt Euch!«

Am 5. März berichtet Carl Friedrich Graf Vitzthum von Eckstädt aus Wien:

»Hier herrscht eine trübe, unheimliche Stimmung in allen Kreisen. Wie ein Donnerschlag hat die Pariser Revolution die Dunkelheiten unserer Lage erhellt. Die Vorstädte sollen in sehr gereiztem Zustand sein. Der kleinere Bürgerstand befindet sich in offenbarer Gärung. Die unheilvollsten Gerüchte zirkulieren. Es ist, als wäre es darauf abgesehen, den Staat demnächst zum Bankrott zu zwingen. Die Wechselbank der Banknoten war gestern fast bestürmt. Anstatt der üblichen zwei mußte man zehn Kassen errichten, dem Andrang zu genügen ... So gibt es Leute, die in die Tabakläden gehen und eine Zigarre mit einem Fünfguldenschein bezahlen, um die Wertlosigkeit des Papiergeldes recht anschaulich zu machen ... Das Gold ist so teuer, daß der Dukaten mit fünf Gulden zwölf Kreuzer bezahlt wurde; sein reeller Wert ist vier Gulden dreißig Kreuzer ... Das Fleisch hat um zwei Kreuzer aufgeschlagen, und vorgestern versammelte sich ein Volkshaufen auf dem Graben unter den Fenstern eines jüdischen Bankiers, der einen Ball gab; man solle nicht tanzen, hieß es, während das Volk kein Fleisch habe. Die Polizei hat dieses kleine Attroupement leicht zerstreut, doch bleibt dies immer ein bedenkliches Anzeichen ...«

Eine Flugschrift nennt Metternichs »Grabinschrift«:

»Hier liegt, für seinen Ruhm zu spät,
Der Don Quijote der Legitimität,
Der Falsch und Wahr nach seinem Sinne bog,
Zuerst die andern, dann sich selbst belog;
Vom Schelm zum Toren ward bei grauem Haupte,
Weil er zuletzt die eignen Lügen glaubte.«

15. März Kaiser Ferdinand I. verspricht, eine freiheitliche Verfassung in Österreich einzuführen.

16. März Die ungarische Opposition unter Ludwig Kossuth verlangt von Kaiser Ferdinand I. eine nationale Regierung für Ungarn *(→ 22. März).*

17. März Beginn eines Aufstandes in Venedig *(→ 22. März).*

18. März Beginn eines Aufstandes in Mailand, erbitterte Kämpfe in den Straßen der Stadt *(→ 22. März).*

21. März Ein provisorisches Staatsministerium wird

Forderungen der Revolutionäre erfüllt

Kaiserliche Proklamation vom 15. März 1848, in der »Wiener Zeitung« vom 16. März veröffentlicht:

»Wir Ferdinand I. von Gottes Gnaden Kaiser von Österreich; König von Hungarn und Böhmen usw. haben nunmehr solche Verfügungen getroffen, die Wir zur Erfüllung der Wünsche Unserer treuen Völker erforderlich erkannten.

Die Preßfreiheit ist durch Meine Erklärung der Aufhebung der Censur in derselben Weise gewährt, wie in allen Staaten, wo sie besteht. – Eine Nationalgarde, errichtet auf den Grundlagen des Besitzes und der Intelligenz, leistet bereits die erspießlichsten Dienste. – Wegen Einberufung von Abgeordneten aller Provinzial-Stände und der Central-Congregationen des lombardisch-venetischen Königreiches in der möglichst kürzesten Frist mit verstärkter Vertretung des Bürgerstandes und unter Berücksichtigung der bestehenden Provinzialverfassungen zum Behufe der von Uns beschlossenen Constitution des Vaterlandes ist das Nöthige verfügt.

Sonach erwarten Wir mit Zuversicht, daß die Gemüther sich beruhigen, die Studien wieder ihren geregelten Fortgang nehmen, die Gewerbe und der friedliche Verkehr sich wieder beleben werden. Dieser Hoffnung vertrauen Wir um so mehr, als Wir Uns heute in Eurer Mitte mit Rührung überzeugt haben, daß die Treue und Anhänglichkeit, die ihr seit Jahrhunderten Unseren Vorfahren ununterbrochen und auch Uns bei jeder Gelegenheit bewiesen habet, Euch noch jetzt wie von jeher beseelet.

Gegeben in Unserer kaiserlichen Haupt- und Residenzstadt Wien, den 15. März 1848, Unserer Reiche im vierzehnten Jahre. Ferdinand«

anstelle der Geheimen Staatskonferenz gebildet. Vorsitz: Franz Anton Graf Kolowrat-Liebsteinsky, Äußeres: General Karl Ludwig Graf Ficquelmont, Inneres: Franz Frh. von Pillersdorf, Finanzen: Karl Friedrich Frh. von Kübeck, Justiz: Ludwig Graf Taaffe, Kriegswesen: General Theodor Graf Baillet von Latour *(→ 3. April)*.

22. März Bildung eines ungarischen liberalen Ministeriums (= Regierung) unter der Führung von Ludwig Graf Batthyány von Német-Ujvár (Güssing), Finanzen: Ludwig Kossuth. Erzherzog Stephan Viktor von Österreich wird Vizekönig von Ungarn *(→ 14. April 1849)*. Oberst Josef von Jellačić wird zum Banus von Kroatien gewählt.

— Erhebung der ungarischen Slawen und der Rumänen in Siebenbürgen gegen die zentralistischen Tendenzen der Ungarn *(→ 10. Juni)*.

— Einsetzung einer provisorischen Regierung in Venedig unter dem Advokaten Daniele Manin *(→ 17. März)*.

— Am Abend räumt Feldmarschall Johann Joseph Wenzel Graf Radetzky von Radetz (Landesgouverneur und Oberkommandierender in Italien) nach schweren Kämpfen *(→ 18. März)* Mailand und zieht sich mit seinen Truppen in das Festungsviereck Verona – Legnago – Mantua – Peschiera zurück. Flucht der Herzöge von Parma und Modena.

25. März König Karl Albert von Sardinien zieht mit seinen Truppen in der Lombardei ein, er besetzt Mailand.

31. März Eröffnung des deutschen Vorparlaments *(→ 5. März)* in der Paulskirche in Frankfurt am Main. Eine konstituierende Nationalversammlung wird nach demokratischen Prinzipien gebildet, zur Festlegung der Reichsverfassung gefordert. Wahlmodus: 50 000 Einwohner wählen einen Abgeordneten. Der deutsche Bundestag erkennt diese Forderungen an und hebt die Karlsbader Beschlüsse *(→ 6. August 1819)* auf. Außerdem beruft er die Deutsche Nationalversammlung für den 18. Mai in die Paulskirche nach Frankfurt.

— Kaiser Ferdinand I. erläßt ein provisorisches (freiheitliches) Pressegesetz für Österreich.

3. April Franz Anton Graf Kolowrat-Liebsteinsky tritt zurück. Vorsitzender des provisorischen Staatsministeriums *(→ 21. März)* wird General Karl Ludwig Graf Ficquelmont, geistiger Führer wird Franz Frh. von Pillersdorf *(→ 25. April)*.

8. April Im Gefecht bei Goito schlägt König Karl Albert von Sardinien die zahlenmäßig unterlegenen Österreicher.

9. April Die Vertreter Österreichs, unter ihnen Anton Graf Auersperg (der Dichter Anastasius Grün), treffen in Frankfurt am Main ein. Die Tschechen und Slowenen sagen ab.

11. April Brief des tschechischen Historikers František Palacký das Frankfurter Parlament als Antwort auf die Einladung zur Teilnahme. Er enthält die Begründung der Ablehnung, ein Bekenntnis zum Austroslawismus, ist gegen die Einbeziehung von Österreich in das Deutsche Reich, jedoch für ein selbständiges Österreich mit Gleichberechtigung aller Nationen und für eine politische und wirtschaftliche Verbindung Österreichs mit dem Deutschen Reich; ». . . denken Sie sich Österreich in eine Menge Republiken und Republikchen aufgelöst – welch ein willkommener Grundbau zur russischen Universalmonarchie.«

25. April Die »Pillersdorfsche Verfassung« wird verkündet. Sie wird auch »Oktroyierte Verfassung« genannt, da sie ohne Volksvertretung vom Staatsoberhaupt erlassen wurde. Innenminister Franz Frh. von Pillersdorf ist der geistige Vater der Verfassung. Die österreichischen Länder sind zentralistisch zusammengefaßt, Ungarn ist verfassungsrechtlich selbständig; die oberste Gewalt liegt in der Hand des Kaisers, zwei Kammern, ein Ober- und ein Unterhaus, stehen ihm zur Seite. (Von den Liberalen wird diese Verfassung als zuwenig demokratisch abgelehnt, durch eine Sturmpetition wird sie am 16. Mai in eine »provisorische« umgewandelt und im Juli zurückgezogen.)

26. April Ein Aufstand in Krakau wird sofort unterdrückt.

4. Mai General Karl Ludwig Graf Ficquelmont tritt zurück, Franz Frh. von Pillersdorf übernimmt den Vorsitz des provisorischen Staatsministeriums.

6. Mai Schlacht bei Santa Lucia (westl. von Verona). Feldmarschall Johann Joseph Wenzel Graf Radetzky besiegt König Karl Albert von Sardinien. 19 000 Österreicher mit 81 Geschützen kämpften von zehn bis 21 Uhr gegen 41 000 Piemontesen mit 80 Geschützen. Die Erzherzöge Franz Joseph und Albrecht wohnten dieser Schlacht bei.

11. Mai Volksversammlung der Slowaken in Lipto-Szent-Mihály, Erhebung gegen den ungarischen Zentralismus.

13. Mai Erhebung der Serben im Banat gegen den ungarischen Zentralismus.

15. und 16. Mai Sturmpetition der Nationalgarden, Studenten und Arbeiter in der Wiener Hofburg, zweiter Aufstand in Wien. Forderung auf Rücknahme der Oktroyierten Verfassung *(→ 25. April)*, Einberufung eines konstituierenden Reichstages, der in allgemeiner, direkter und freier Wahl zu wählen ist. Straßenkämpfe in Wien. In der Nacht auf den 16. werden die Forderungen von der Regierung bewilligt *(→ 18. Mai)*.

15. Mai Auf der Tagung von Blasendorf folgen die Rumänen Siebenbürgens dem Beispiel der Slowaken und Serben.

17. Mai Kaiser Ferdinand I. flüchtet mit seiner Familie nach Innsbruck.

18. Mai Kaiserliche Proklamation mit der Erklärung, den ersten Reichstag als einen konstituierenden mit nur einer Kammer durchzuführen *(→ 15. und 16. Mai)*.

— Eröffnung der Deutschen Nationalversammlung in der Paulskirche in Frankfurt am Main. Vorsitzender ist der darmstädtische Minister Heinrich von Gagern (am 19. gewählt). 115 österreichische Vertreter sind anwesend, unter ihnen Anton Ritter von Schmerling, der Präsidialgesandte beim deutschen Bundestag.

26. Mai Dritter Aufstand in Wien, ausgelöst durch die beabsichtigte Auflösung der Akademischen Legion. Das Fortbestehen der Legion wird anerkannt, die Bildung des verlangten Sicherheitsausschusses wird gestattet. Er besteht aus Bürgern, Studenten und der Nationalgarde, den Vorsitz hat Dr. Adolf Fischhof *(→ 13. März, 8. Juli und 21.–23. August)*.

— Bildung eines Arbeiterkomitees unter dem Studenten Willmer, der »Arbeiterkönig« genannt wird. Es gelingt ihm, einige soziale Forderungen der Arbeiterschaft durchzusetzen *(→ 28. Juni)*.

27. Mai Gefecht bei Curtatone in der Nähe von Mantua. Österreichische Truppen besiegen eine toskanische Division.

29. Mai Bildung einer provisorischen böhmischen Regierung in Prag unter dem Vorsitz von Leo Graf Thun und Hohenstein; Mitglieder sind unter anderem der Historiker František Palacký *(→ 11. April)* und Ladislaus Rieger.

30. und 31. Mai Schlacht bei Goito. Am 30. behauptet Feldmarschall Johann Joseph Wenzel Graf Radetzky das Schlachtfeld, muß sich aber am 31. vor den heranrückenden Piemontesen und Sardiniern zurückziehen.

1. Juni In Wien erscheint die »Zeitung für die Wiener Nationalgarde«.

2. Juni Die österreichische Festung Peschiera fällt in die Hände König Karl Alberts von Sardinien.

— Eröffnung des Slawenkongresses in Prag, den Vorsitz führt František Palacký *(→ 11. April; 29. Mai)*. 340 Delegierte, unter ihnen der Slowakenführer Pavel Josef Šafařík und der Führer der Russen, Michail Alexandrowitsch Bakunin. Die Tschechen fordern ein selbständiges Königreich (Böhmen, Mähren und Österreich-Schlesien); die entworfene Konstitution wird vom Kaiser abgelehnt.

10. Juni Feldmarschall Johann Joseph Wenzel Graf Radetzky erobert die Stadt Vicenza. Besonderen Anteil daran hat das 10. Jägerbataillon des Obersten Karl von Kopal, der durch persönlichen Einsatz und auf eigene Faust die Erstürmung der Schanzen des Monte Berico ermöglichte. (An den Folgen der dabei erlittenen schweren Verwundung stirbt Oberst Karl von Kopal am 17. Juni, das Bataillon erhält von der Armee ein Ehrenhorn gestiftet mit der Inschrift »Oberst Kopal ruft!« Im Ersten Weltkrieg wird dieses »Kopalhorn« durch ein Geschoß beschädigt.)

— Josef von Jellačić, Banus von Kroatien *(→ 22. März)*, wird von Kaiser Ferdinand I. seiner Ämter und Würden enthoben. Der ungarische Regierungschef Ludwig Graf Batthyány von Német-Ujvár hatte dies erreicht, doch gelingt Jellačić kurz darauf seine Wiedereinsetzung *(→ 22. März)*.

12. Juni Pfingstaufstand in Prag, Zusammenstoß tschechischer Nationalisten mit kaiserlichem Militär. Die Gemahling des Oberbefehlshabers der kaiserlichen Truppen, des Feldmarschalls Alfred Fürst zu Windischgrätz, wird durch einen Schuß tödlich getroffen.

17. Juni Feldmarschall Alfred Fürst zu Windischgrätz schlägt den Prager Aufstand blutig nieder; der Slawenkongreß *(→ 2. Juni)* wird aufgelöst.

26. Juni Erzherzog Johann von Österreich (ein Onkel Kaiser Ferdinands I.) übernimmt in Wien mit Bevollmächtigung des Kaisers (vom 15. Mai) die Regierung.

28. Juni Gründung des »Ersten allgemeinen Arbeitervereins« in Wien *(→ 26. Mai)*.

29. Juni Erzherzog Johann von Österreich wird vom Frankfurter Parlament zum »unverantwortlichen Reichsverweser« als Haupt eines verantwortlichen Reichsministeriums gewählt.

1. Juli Uraufführung der Posse mit Gesang »Freiheit in Krähwinkel« von Johann Nestroy im Carl-Theater in Wien. Es gibt darüber entrüstete Stimmen, so auch in der am 3. Juli erscheinenden Nummer 1 der neuen Tageszeitung »Die Presse«: »Hr. Nestroi parodirt die – Freiheit! Ist sie der Stoff dazu? Ist sie eine Catalani, ein Othello, ein Robert, die parodirt werden sollen? Weiß Herr Nestroi nicht, daß es Gefühle gibt, über die wir keinen Scherz anhören können, ohne verletzt, verwundet bis in den Kern unserer Seele zu werden? Weiß Hr. Nestroi nicht, daß es eine Heiligkeit gibt, welche unser Herz nie profaniren läßt? Die Freiheit – der Kampf – das Streben um sie ist das heiligste und heiligendste Gefühl – und Hr. Nestroi parodirt sie!«

2. Juli Palatin Erzherzog Stephan Viktor von Österreich eröffnet in Pest im Namen des Königs (= Kaiser Ferdinands I.) den neugewählten ungarischen Reichstag *(→ 22. März)*. Die Aufstellung einer ungarischen Nationaltruppe (Honvéd) sowie Steuereinhebung und Papiergeldausgabe (die sogenannten Kossuthnoten) werden beschlossen.

3. Juli Die erste Nummer der neuen Tageszeitung »Die Presse« erscheint.

8. Juli Über Verlangen des Sicherheitsausschusses *(→ 26. Mai)* tritt Franz Frh. von Pillersdorf zurück *(→ 4. Mai)*.

— Erzherzog Johann betraut Anton Frh. von

Auslandspresse zu 1848

Die deutsche Presse nimmt lebhaften Anteil an den Ereignissen in Wien.

Die »Neue Rheinische Zeitung« in Köln bringt am 25. August 1848 eine kurze Notiz:

»Der Redakteur en chef der Neuen Rheinischen Zeitung, Karl Marx, ist gestern auf einige Tage nach Wien abgereist . . .«

(Dr. Karl Marx traf am 27. August um 18 Uhr auf dem Wiener Nordbahnhof ein und blieb bis zum 7. September in der Stadt.)

Die sehr angesehene »Königl. privil. Berlinsche Zeitung« berichtet in ihrer Nummer 199 vom 27. August 1848 sehr ausführlich über den 23. August in Wien:

». . . Berittene Munizipalgarden verfolgten die Arbeiter und hieben viele derselben nieder. Hierüber eilten große Massen der Arbeiter, welche sich ruhig verhalten hatten, ihren Kameraden zu Hilfe, einzelne derselben hatten Gewehre, alle waren todesmutig, sie schrien wild durcheinander ›Tod oder Brot!‹. National- und Munizipalgarde machte fortwährend Gebrauch von der Waffe . . .«

Der Wiener Korrespondent E. Müller-Tellering der »Neuen Rheinischen Zeitung« schreibt am 23. August 1848 mehrere Berichte, die in der Nummer 88 vom 30. August erscheinen:

»Ich eile, Ihnen von hier aus zu melden, daß im Prater ein Arbeiteraufstand ausgebrochen ist und ein Gemetzel stattgefunden hat, in Folge dessen viele geblieben sind. Die Nationalgarde sagt man, hat alles niedergehauen, was sich entgegenstellte. 3 000 Arbeiter machten den Angriff und trieben die Sicherheitswache zurück. Die Weiber zeigten einen außerordentlichen Mut . . .« (Nach einer detailreichen Schilderung setzt er fort:) »Die Schuld dieser traurigen Vorfälle trifft zunächst das Ministerium, das diesen Zusammenstoß auf die plumpste Art herbeigeführt und damit der Reaktion Tür und Tor geöffnet hat. Daß aber der erfolgte Zusammenstoß kein unerwarteter, kein notwendiger, vielmehr ein wohlberechneter, angelegter war, dafür spricht die Bewilligung der Kammer zu einem Anlehen von 20 Millionen, dafür spricht die Haltung des Ministeriums in der Stunde der Gefahr selbst. Man will entzweien, man will die Auflösung des Sicherheitsausschusses als eines volkstümlichen und volksfreundlichen Tribunals, man will die Auflösung der akademischen Legion, um zum militärischen Despotismus zu kommen und den Weg anzubahnen, der in die Schöne alte Zeit zurückführt.«

Die »Illustrierte Zeitung« in Leipzig schreibt in der Nummer 271 vom 9. September 1848 einen ausführlichen Bericht über »Die Arbeiter in Wien«:

». . . Der unnatürliche Bund mit dem Proletariat und die tolle Revolutionsorgie auf den Barrikaden mußte sich rächen . . . Seit den verhängnisvollen Maitagen waren die Arbeiter der beständige Schrecken der Wiener, sowie die unaufhörliche Plage der Nationalgarde. Arbeiter hier, Arbeiter dort, Arbeiter heute, Arbeiter morgen, Arbeiter bei Tag und bei Nacht, Arbeiter und immer wieder Arbeiter, das mußte dem Bürger und Gewerbsmann, dem Beamten und Gelehrten dann endlich doch zuviel werden, und schon seit mehreren Wochen hatte sich das Gefühl geltend gemacht, daß es bei einer der nächsten Gelegenheiten zur Entscheidung, und sollte es selbst eine blutige sein, kommen müsse . . .«

Doblhoff-Dier mit dem Vorsitz und der Bildung einer neuen Regierung. Inneres: Frh. von Doblhoff-Dier, Äußeres: Johann Philipp Frh. von Wessenberg, Handel: Theodor von Hornbostel, Justiz: Rechtsanwalt Dr. Alexander (Frh. von ab 1854) Bach, Öffentliche Arbeiten: Ernst von Schwarzer, Kriegswesen: General Theodor Graf Baillet von Latour: eine Regierung mit demokratischem Einfluß.

11. Juli Erzherzog Johann von Österreich zieht vielbejubelt in Frankfurt am Main ein.

12. Juli Das erste Reichsministerium (= Regierung) tagt, Präsident ist Karl Fürst von Lothringen. Der deutsche Bundestag wird aufgelöst, die Regierungsgewalt liegt in der Hand des Reichsverwesers. Die Länderregierungen pochen auf ihre Hoheitsrechte, daher ist die geplante Zentralgewalt ohne Wirkung.

22. Juli Erzherzog Johann eröffnet in Wien den konstituierenden Reichstag. Die Wahl zum Reichstag erfolgte unter geringer Beteiligung des Volkes, daher sind die gemäßigten Liberalen und die Konservativen Sieger. 383 Deputierte der deutschen und slawischen Länder, unter ihnen 94 Bauern. Es gibt nationale Gruppen, keine Parteien, ein Verfassungsausschuß wird eingesetzt. Die Seele des Reichstages ist sein zweiter Vorsitzender, der Pole Smolka; der jüngste Abgeordnete ist der 25 Jahre alte Student Hans Kudlich, ein schlesischer Bauernsohn, der sich besonders für die Bauern einsetzt *(→ 26. Juli, 7. und 9. September).*

23. Juli Österreichische Truppen schlagen bei Sommacampagna und Sona die Piemontesen.

25. Juli Schlacht bei Custoza (südl. des Gardasees). Entscheidender Sieg Feldmarschall Johann Joseph Wenzel Graf Radetzkys über König Karl Albert von Sardinien. 55 000 Österreicher mit 187 Geschützen stehen 75 000 Piemontesen mit 126 Geschützen gegenüber. Die Österreicher verloren neun Offiziere und 166 Mann durch Tod, 35 Offiziere und 688 Mann wurden verwundet, ein Offizier und 422 Mann vermißt. Die Piemontesen verloren drei Offiziere und 209 Mann durch Tod, 31 Offiziere und 626 Mann wurden verwundet, 270 Mann gefangen. König Karl Albert von Sardinien mußte sich nach dieser Niederlage nach Mailand zurückziehen. Er wird am 4. und 5. August abermals besiegt *(→ 6. August).*

26. Juli Der Abgeordnete Hans Kudlich *(→ 22. Juli)* beantragt im Reichstag die Aufhebung der bäuerlichen Untertänigkeit *(→ 9. September).*

27. Juli Siegreiche Gefechte österreichischer Truppen bei Goito und Volta.

6. August Feldmarschall Johann Joseph Wenzel Graf

Radetzky hat die ganze Lombardei besetzt und zieht in Mailand ein; Franz Grillparzer schreibt darauf »In Deinem Lager ist Österreich«.

9. August Waffenstillstand von Vigevano zwischen Österreich und Sardinien; König Karl Albert von Sardinien zieht sich in sein Königreich zurück *(→ 23. März 1849)*.

10. August Österreichische Truppen ziehen im Herzogtum Parma ein, sie führen auch Herzog Franz V. von Modena in sein Herzogtum zurück.

12. August Kaiser Ferdinand I. kehrt nach Wien zurück *(→ 17. Mai)*.

Mitte August Erbitterter Nationalkrieg im Banat zwischen Serben und Ungarn.

21.–23. August Vierter Aufstand in Wien, wegen der Herabsetzung der Arbeitslöhne. Die Wiener Stadtgarde stellt ohne militärische Hilfe die Ruhe wieder her, es gab 22 Tote und 300 Verletzte.

— Der Sicherheitsausschuß *(→ 26. Mai)* löst sich selber auf.

28. August Jakob Degen stirbt in Wien; geb. am 17. Februar 1760 in Liedertswil (Schweiz). Er kam 1772 mit seinem Vater nach Wien, der von Maria Theresia beauftragt wurde, die Seidenbandweberei in Wien heimisch zu machen. Jakob Degen wurde zum Pionier der österreichischen Luftfahrt, er flog 1810 in einer Stunde von Laxenburg nach Vösendorfmit einem durch Muskelkraft angetriebenen Schwingenflieger, der an einem Luftballon befestigt war. 1819 erfand er den »Doppeldruck für Banknoten«. Als erste Bank der Welt bedient sich ab 1821 die Oesterreichische Nationalbank dieses Verfahrens (bald folgten zahlreiche andere Notenbanken diesem Beispiel).

Ende August Karl Marx spricht in Wien zu Arbeitern und in verschiedenen Zirkeln (sein »Kommunistisches Manifest« war am 29. Februar 1848 veröffentlicht worden). Anfang September wiederholt er seine Vorträge.

7. September Der Reichstag beschließt auf Antrag des Abgeordneten Hans Kudlich, die »Österreichische Arbeiterzeitung« zu gründen.

9. September Kaiser Ferdinand I. bestätigt den Reichstagsbeschluß vom 7. September (auf Antrag des Abgeordneten Hans Kudlich vom *[→]*26. Juli) zur Aufhebung der bäuerlichen Untertänigkeit. Robot und Zehent sind damit in Österreich abgeschafft.

11. September Josef von Jellačić, Banus von Kroatien, überschreitet die Drau und marschiert mit seinen Truppen nach Budapest. Die Spannung zwischen den ungarischen Slawen und den Ungarn wächst.

12. September Rücktritt des ungarischen Ministerpräsidenten Ludwig Graf Batthyány von Német-Ujvár. Der radikale Ludwig Kossuth übernimmt die Regierung *(→ 16. März, 22. März und 2. Juli)*.

18. September Österreichische und preußische Truppen müssen die Paulskirche (den Tagungsort des Parlaments) in Frankfurt am Main vor den Anhängern der »Linken« schützen. Mehrere Demonstranten werden getötet, der Abgeordnete Felix von Lichnowsky (Preußen) und der preußische General Hans von Auerswald werden vom aufgebrachten Pöbel erschlagen.

21. September Palatin Erzherzog Stephan Viktor von Österreich legt seine Würde als Vizekönig von Ungarn zurück *(→ 22. März)*. Feldmarschalleutnant Franz Philipp Graf Lamberg wird zum Stellvertreter des Kaisers ernannt, ihm wird der Oberbefehl über die kaiserlichen Truppen in Ungarn übertragen.

28. September Feldmarschalleutnant Franz Philipp Graf Lamberg wird auf der Kettenbrücke in Pest ermordet. Fast gleichzeitig wird Graf Zichy, der kaiserliche Kommissar beim Banus von Kroatien, auf Befehl des Magyarenführers Artur Görgey als Verräter hingerichtet.

29. September Banus Josef von Jellačić wird von den Ungarn bei Velencze zurückgeschlagen.

3. Oktober Kaiser Ferdinand I. löst den ungarischen Reichstag *(→ 2. Juli)* auf, verhängt über Ungarn den Belagerungszustand und erkärt von ihm nicht bestätigte Beschlüsse für ungültig. Banus Josef von Jellačić wird die Statthalterschaft über Ungarn und der Oberbefehl über die Truppen übertragen. Der ungarische Reichstag erklärt die kaiserliche Verfügung für ungesetzlich, sich selbst für unauflösbar und Jellačić für einen Hochverräter.

6. Oktober Beginn der Oktoberrevolution in Wien. Ein Wiener Grenadierbataillon weigert sich, gegen Ungarn zu marschieren, die Nationalgarde, Arbeiter und Studenten schließen sich den meuternden Soldaten an. Die Eisenbahnlinie nach Ungarn wird zerstört, Barrikaden werden errichtet, Zusammenstöße der Bevölkerung mit dem Militär. Blutige Kämpfe um den Stephansdom, die Nationalgarde will das Sturmläuten verhindern. Kriegsminister General Theodor Graf Baillet von Latour wird in seinem Ministerium Am Hof gelyncht; sein gewaltsamer Tod führt zum energischeren Einschreiten gegen die Revolutionäre.

7. Oktober Kaiser Ferdinand I. flieht mit dem Hof nach Olmütz, wo er am 14. eintrifft. Zahlreiche Wiener fliehen ebenfalls aus der Stadt. Die Wiener Garnison wird im Belvedere- und im Schwarzenberggarten zusammengezogen.

— Feldmarschall Alfred Fürst zu Windischgrätz, der Oberbefehlshaber der kaiserlichen Truppen (außer der Italienarmee), marschiert von Prag aus gegen Wien.

— Banus Josef von Jellačić rückt über die Raab gegen Wien vor.

12. Oktober Banus Josef von Jellačić trifft mit 50 000 Mann (aus allen Nationalitäten der Monarchie) auf dem Wiener Berg ein. Die Wiener Garnison verläßt ihre Stellungen *(→ 7. Oktober)* und vereinigt sich mit ihm.

14. Oktober Kaiser Ferdinand I. erläßt in Olmütz einen Aufruf zum Kreuzzug gegen die Revolution.

19. Oktober Die Deutsche Nationalversammlung beginnt in Frankfurt am Main mit den Verhandlungen über den Verfassungsentwurf. Vorerst gibt es keine zufriedenstellende Lösung für die Stellung Österreichs.

20. Oktober Feldmarschall Alfred Fürst zu Windischgrätz erscheint mit seinen Truppen vor Wien *(→ 7. Oktober)* und verhängt über die Stadt den Belagerungszustand.

22. Oktober Der österreichische Reichstag wird von Wien nach Kremsier (heute Kroměříž, Tschechien) verlegt.

23. Oktober Wien lehnt die Aufforderung des Feldmarschalls Alfred Fürst zu Windischgrätz zur bedingungslosen Kapitulation ab. Eine Woche lang toben erbitterte Kämpfe in den Vororten der Stadt. Die Verteidigung Wiens leiten der ehemalige kaiserliche Leutnant Wenzel Messenhauser als Oberkommandant sowie der

Kapitulation Wiens

Aufruf des Oberkommandierenden Wenzel Messenhauser vom 31. Oktober 1848:

»Mitbürger!

Es ist notorisch festgelegt, daß unsere ungarischen Brüder der Waffen-Übermacht unterlegen sind. Die heldenmüthigen Vertheidiger Wiens haben vor den Augen der Welt ihre Ehre bisher glänzend erhalten. Wäre die Möglichkeit eines siegreichen Widerstandes denkbar, Mitbürger! Eure Vertreter würden mit Euch kämpfen, würden nicht von Uebergabe sprechen, aber uns fehlt Munition und Proviant.

Mit Eurer todesmuthigen Kampfbegier können wir Euch wohl zur Schlachtbank führen, zum Siege aber gegen diese wohlgerüstete Armee, gegen diese *100* Feuerschlünde nimmermehr.

Darum, heldenmüthiges Volk von Wien, sei so groß in deinem Falle, als du es in der Erhebung warst.

Für die Freiheit *leben* ist größer, als tollkühn unsere Zukunft durch uns und mit uns vernichten. Wir haben die Ehre gerettet, darum ist nichts verloren.

Volk von Wien, während man glauben machen wollte, es herrsche Anarchie in unseren Mauern, war die Ordnung durch Eure bewundernswürdige Mäßigung von Euch selbst erhalten. Arbeiter, Ihr habt bis jetzt Euch als der Freiheit werth gezeigt, schändet im letzten Augenblicke nicht Euren Ruhm, Eure Ehre. *Legt die Waffen nieder, denn wir müssen es thun*, stürzt Euch nicht tollkühn ins Verderben, erhaltet euch dem Vaterlande.

Hört die Stimme Eurer Vertreter, die, wie Ihr selbst, Männer aus dem Volke sind, denen Euer Leben, Eure Ehre heilig und theuer ist.

Legt die Waffen nieder, und zeigt den einrückenden Waffenmännern, daß der Ordnungssinn, daß der wahre Heldenmuth sich dem Unabwendbaren männlich fügt. Zeigt, daß Ihr der Freiheit werth seid und sie wird, sie muß Euch werden.

Wien am 31. October 1848.

Das Ober-Commando.
Messenhauser,
prov. Ober-Commandant.
Fenneberg
Ober-Commandanten-Stellvertreter.

Der Gemeinderath.
Stifft,
Vorstands-Stellvertreter.
Carl Pranter
Gemeinderath.«

(Schräg Gedrucktes ist im Original fett gedruckt.)

polnische General Joseph Bem und der aus Südtirol gebürtige ehemalige Offizier Daniel Ferdinand Frh. Fenner von Fenneberg. Unter den Kämpfenden der Revolutionstruppen befinden sich auch die beiden Frankfurter Parlamentsmitglieder Robert Blum und Julius Fröbel.

29. Oktober Kaiserliche Truppen dringen bis zur Inneren Stadt vor. Oberkommandant Wenzel Messenhauser gibt wegen Lebensmittel- und Munitionsmangel auf; der Wiener Gemeinderat beschließt, die Stadt auf Gnade und Ungnade zu übergeben.

30. Oktober Kaiserliche Truppen rücken von allen Seiten in Wien ein. Um 14 Uhr meldet der Wächter von St. Stephan das Herannahen eines ungarischen Heeres, worauf die Aufständischen den Kampf gegen die kaiserlichen Truppen wiederaufnehmen und die Kapitulation brechen.

— Banus Josef von Jellačić schlägt die Ungarn bei Schwechat und Rauchenwarth (beide Niederösterreich) zurück.

31. Oktober Wien wird im Sturm genommen. Die Revolutionäre hatten rund 2 000 Tote.

5. November Joseph Frh. von Hormayr zu Hortenburg stirbt in München; geb. am 20. Januar 1781 in Innsbruck, Historiker und Diplomat. 1802 trat er in die Staatskanzlei ein und wurde 1808 Direktor des »Geheimen Staats-, Hof- und Hausarchivs« und Hofrat. 1809 betraute ihn Erzherzog Johann mit den Vorarbeiten zum Aufstand in Tirol. 1813 wurde er von Clemens Wenzel Lothar Fürst Metternich außergewöhnlich hart (Festungshaft) an einer neuerlichen Erhebung Tirols gehindert. 1828, nach Jahren außerordentlicher wissenschaftlicher Tätigkeit und der Ernennung zum Reichshistoriographen, legte er die Direktion des Staatsarchivs nieder und begab sich in bayrische Dienste. Hauptwerke: »Österreichischer Plutarch«, 20 Bändchen 1807–1814, »Geschichte Andreas Hofers« 1816, »Wiens Geschichte und seine Denkwürdigkeiten«, neun Bände 1823–1825; 1822–1848 Herausgeber des »Taschenbuchs für die vaterländische Geschichte«.

16. November Wenzel Messenhauser (er hatte sich freiwillig gestellt), die Journalisten Alfred Julius Becher und Hermann Jellinek und der Abgesandte des Frankfurter Parlaments Robert Blum werden standrechtlich erschossen. Julius Fröbel wird begnadigt, der polnische General Joseph Bem flieht nach Ungarn *(→ 23. Oktober)*.

21. November Felix Fürst zu Schwarzenberg wird zum Ministerpräsidenten und Außenminister ernannt und bildet eine Regierung. Inneres: Franz Graf Stadion, Finanzen: Philipp Frh. von Krauß, Justiz: Alexander (Frh. von ab 1854) Bach, Handel: Karl Ludwig (Frh. von ab 1849) Bruck *(→ 28. Juli 1849; 5. April 1852)*.

22. November Eröffnung des österreichischen Reichstages in Kremsier. Eine zentralistische Zusammenfassung des Kaiserreiches mit gleicher Verfassung und Gesetzgebung wird beschlossen.

27. November Ministerpräsident Felix Fürst zu Schwarzenberg erklärt vor dem Reichstag in Kremsier, daß die Beziehungen zwischen Österreich und Deutschland erst nach der Festigung beider Staaten bestimmt werden können. Die österreichische Frage hatte eine Spaltung der Deutschen Nationalversammlung

Unterdrückung der Revolution

»Proklamation« des Feldmarschalls Alfred Fürst zu Windischgrätz vom 1. November 1848:
»Indem ich die unter meinem Befehle stehenden k. k. Truppen in die Hauptstadt Wien einrücken lasse, finde ich mich im Nachhange meiner Proclamation vom 23. October d. J. bestimmt, jene Maßregeln allgemein bekannt zu machen, deren Ausführung ich zur Wiederherstellung des auf das Tiefste erschütterten öffentlichen Rechtszustandes für unerläßlich halte.
Die Stadt hat zwar am 30. v. M. ihre Unterwerfung angezeigt, die darüber geschlossenen Bestimmungen wurden jedoch durch den schändlichen Verrath wieder gebrochen, daher ich ohne Rücksicht auf diese Unterwerfungsacte hiermit folgende Anordnungen treffe:
1) Die Stadt Wien, ihre Vorstädte und Umgebungen in einem Umkreis von 2 Meilen in Belagerungsstand erklärt, das ist: alle Localbehörden für die Dauer dieses Zustandes nach der im § 9 enthaltenen Bestimmung der Militärbehörde unterstellt.
2) Die akademische Legion und Nationalgarde, letztere jedoch mit Vorbehalt ihrer Reorganisirung, sind aufgelöst.
3) Die allgemeine Entwaffnung, falls sie noch nicht vollständig durchgeführt worden wäre, ist durch den Gemeinderath binnen 48 Stunden, von der Kundmachung gegenwärtiger Proclamation an gerechnet, zu beendigen. Nach Verlauf dieser Frist wird die zweite und letzte Aufforderung zur Ablieferung der Waffen erlassen, und 12 Stunden nach Affigirung derselben eine Hausdurchsuchung vorgenommen, dann aber jeder Besitzer von was immer für Waffen eingezogen und der standrechtlichen Behandlung unterzogen werden. Von dieser Entwaffnung sind blos die Sicherheitswache, die Militär-Polizeiwache, die Finanzwache, welche in ihrer bisherigen Wirksamkeit verbleiben, dann jene Beamten, die nach ihrer persönlichen Eigenschaft zur Tragung von Seitengewehren zur Uniform berechtigt sind, ausgenommen.
Waffen, welche Privateigenthum sind, werden mit den Namen der Eigenthümer bezeichnet abgesondert aufbewahrt werden.
4) Alle politischen Vereine werden geschlossen, alle Versammlungen auf Straßen und öffentlichen Plätzen von mehr als 10 Personen sind untersagt, alle Wirths- und Kaffeehäuser sind in der innern Stadt um 11 Uhr, in den Vorstädten und Umgebungen aber um 10 Uhr Abends zu schließen.
Die dawider Handelnden werden verhaftet, und vor ein Militärgericht gestellt.
5) Die Presse bleibt v o r l ä u f i g nach der Bestimmung des Punctes 4 der Proclamation vom 23. October d. J. beschränkt und der Druck, Verkauf und Affigirung von Placaten, bildlichen Darstellungen und Flugschriften nur insoferne gestattet, als hierzu die vorherige Bewilligung der Militärbehörde eingeholt und ertheilt worden sein wird.
Gegen die Übertreter dieser Anordnung tritt die im vorigen Absatze angedrohte Behandlung ein.
6) Die im § 5 der Proclamation vom 23. October d. J. enthaltene Verfügung, wonach die sich in der Residenz ohne legale Nachweisung der Ursache ihrer Anwesenheit aufhaltenden Ausländer auszuweisen sind, wird auf alle in gleicher Lage befindlichen nach Wien nicht zuständigen Inländer ausgedehnt.
Die Ausführung dieser Maßregel wird der Stadthauptmannschaft übertragen, welche sich durch nominative Eingaben der Haus-Eigenthümer über ihre Inwohner die Ueberzeugung von der Zahl der in die eben bezeichnete Kathegorie gehörigen Personen verschaffen wird.
Der Hauseigenthümer, welcher vorsätzlich einen seiner Inwohner verschweigt, oder den Zuwachs eines solchen nicht innerhalb der in den Polizei-Vorschriften festgesetzten Termins anzeigt, wird eingezogen und vor das Militär-Gericht gestellt.
7) Wer überwiesen wird:
a) unter den k. k. Truppen einen Versuch unternommen zu haben, dieselben zum Treuebruch zu verleiten,
b) wer durch Wort oder That zum Aufruhr aufreizt, oder einer solchen Aufforderung werkthätige Folge leistet,
c) wer bei einer etwaigen Zusammenrottung auf die erste Aufforderung der öffentlichen Behörde sich nicht zurückzieht, und
d) wer bei einer aufrührerischen Zusammenrottung mit Waffen in der Hand ergriffen wird – unterliegt der s t a n d r e c h t l i c h e n Behandlung.
8) Alle Barrikaden in der Stadt und den Vorstädten sind durch den Gemeinderath allsogleich spurlos wegräumen, und das Pflaster herstellen zu lassen.
9) Während der Dauer des Belagerungszustandes bleiben zwar alle öffentlichen Behörden in der Ausübung ihrer Functionen ungestört; nachdem aber die Militär-Behörde für diese Zeitperiode alle jene Geschäfte übernehmen wird, welche auf die Aufrechthaltung der Ordnung, Ruhe und Sicherheit der Hauptstadt und ihrer Umgebung abzielen, so haben von nun an der mit diesen Geschäften bisher betraute Gemeinderath und die Stadthauptmannschaft dazu nur in jener Weise mitzuwirken, welche die Militär-Behörde für zweckmäßig erachen wird.
10) Um den Zweck des Belagerungsstandes zu erreichen, der kein anderer seyn kann, als den Uebergang von der Anarchie zu dem geregelten constitutionellen Rechtszustande vorzubereiten, wird eine gemischte Central-Commission unter dem Vorsitze des Herrn General-Majors Baron Cordon, welchen ich gleichzeitig zum Stadt-Commandanten ernenne, die oberste Leitung der durch den Belagerungszustand bedingten Geschäfte führen, und sowohl die niederösterreichische Landes-Regierung, als auch die Stadthauptmannschaft an ihre Anordnungen gewiesen.

Hauptquartier Hetzendorf am 1. November 1848

Fürst zu Windisch-Graetz
k. k. Feldmarschall«

Palacký zu Föderalismus

Aus der Rede František Palackýs, des politischen Führers der tschechischen Nation, auf dem Reichstag zu Kremsier in der Sitzung vom 22. Januar 1849; zitiert nach dem Protokoll des Verfassungsausschusses:

»Aus den vielen Reden und werthvollen Bemerkungen, die gemacht wurden, ersehe er, daß die Ansichten nicht so verschieden sind, um an einer Verständigung verzweifeln zu müssen. Alle Redner seien darin einig, daß es nothwendig werde, auf die Verhältnisse der vertretenen zu den nicht vertretenen Völkern, namentlich zu jenen der ungarischen Krone Rücksicht zu nehmen. Mehr habe er in seinem Antrage auch nicht gemeint. Übrigens werde viel gesprochen von Centralisation und Föderation. Er sei ein absoluter Föderalist; allein dieser Ausdruck sei ein uneigentlicher, und könne hier nur im uneigentlichen Sinne genommen werden. Von Föderation sei nämlich bisher nur zwischen unabhängigen Staaten die Rede gewesen. Von solchen könne aber in Österreich nicht die Rede sein, weil die Provinzen keine souveränen für sich bilden. Alle Provinzen stehen von jeher unter der erblichen monarchischen Gewalt, und von dieser sich los zu machen, habe bisher mit Ausnahme der Lombardei keine derselben einen Versuch gemacht. Ist also von Föderation die Rede, so müsse diese dahin gedeutet werden, daß sämmtlichen Nationalitäten zu Hause das gewährt werde, was nicht nothwendig dem Staate als Ganzen ist, um als Einheit zusammengehalten zu werden.«

(→ 19. Oktober) hervorgerufen: die »Großdeutschen« waren für einen Eintritt Österreichs, die »Kleindeutschen« waren dagegen und für eine Führung Preußens *(→ 12. Dezember; 4. Februar, 9. und 28. März 1849).*

2. Dezember Kaiser Ferdinand I. dankt in Kremsier ab (Ministerpräsident Felix Fürst zu Schwarzenberg hatte die Abdankung durchgesetzt). Der Bruder des Kaisers, Erzherzog Franz Karl, verzichtet zugunsten seines Sohnes Franz Joseph auf den Thron.
Exkaiser Ferdinand I. zieht sich auf den Hradschin in Prag zurück und lebt dort als Privatmann bis zu seinem Tod am 29. Juni 1875.

— Kaiser Franz Joseph I. von Österreich, 18 Jahre alt, übernimmt die Regierung. In seiner ersten Proklamation heißt es: »... daß es mir gelingen werde, alle Länder und Stämme der Monarchie zu einem großen Staatskörper zu vereinigen.«

4. Dezember Joseph Mohr stirbt in Wagrain (Salzburg); geb. am 11. Dezember 1792 in Salzburg, katholischer Priester. Seit 1817 Hilfsgeistlicher in Oberndorf (Salzburg). Er verfaßte 1818 den Text des Weihnachtsliedes »Stille Nacht, heilige Nacht« *(→ 25. Dezember 1818)*, seit 1837 Vikar in Wagrain.

5. Dezember Ein kaiserliches Patent hebt die Befreiung des Adels von der Militärpflicht auf. Das stellungspflichtige Alter aller Militärpflichtigen beginnt mit dem 20. und endet mit dem vollendeten 26. Lebensjahr.

10. Dezember Die Errichtung einer Handelskammer für Wien wird angeordnet *(→ 15. Januar 1849).*

12. Dezember Anton Ritter von Schmerling *(→ 18. Mai)*, Führer der »Großdeutschen«, Mitglied der Deutschen Nationalversammlung in Frankfurt am Main, seit 12. Juli Reichsminister und seit 5. September Ministerpräsident, tritt aus dem »Reichsministerium« aus.

— Ausbruch der Revolution in Ungarn, die Ungarn verweigern die Anerkennung Kaiser Franz Josephs I. als König von Ungarn. Feldmarschall Alfred Fürst zu Windischgrätz dringt in Ungarn ein und nimmt Tyrnau, Preßburg, Ödenburg und Raab in wenigen Tagen ein, er rückt gegen Budapest vor *(→ 5. Januar 1849).*

→ **1849** Franz Exner und Hermann Bonitz arbeiten im Rahmen der Reformen des Unterrichtsministers Leo Graf Thun und Hohenstein einen Entwurf zur Organisation der Gymnasien und Realschule aus; die damit geschaffenen neuen Gymnasien werden beispielgebend. Kaiser Franz Joseph I. genehmigt den Entwurf am 16. September 1849.

— Baubeginn für das Arsenal in Wien. Ludwig Förster, Eduard van der Nüll, August Sicard von Sicardsburg, Carl Rösner und Theophil Hansen errichteten damit einen typischen Bau des Historismus, er wird 1856 vollendet.

4./5. Januar Ludwig Kossuth und der ungarische Reichstag flüchten in der Nacht von Budapest nach Debrecen. Die Krone, die Reichsinsignien und die Notenpresse werden mitgenommen.

5. Januar Feldmarschall Alfred Fürst zu Windischgrätz zieht in Budapest ein *(→ 12. Dezember 1848).*

15. Januar Konstituierung der Handelskammer in Wien, gemäß den »Provisorischen Bestimmungen in Betreff der Errichtung von Handelskammern« des Ministeriums für Handel und Gewerbe vom 15. Dezember 1848 *(→ 10. Dezember 1848)*. Erster Präsident wird der Wiener Seidenfabrikant Theodor von Hornbostel.

23. Januar Aufstand in der Toskana trotz der liberalen Verfassung *(26. März)*. Großherzog Leopold II. von Toskana flieht nach Gaeta.

Februar In Siebenbürgen und im Banat sind die ungarischen Truppen bis in die ersten Märztage hinein gegen die Österreicher erfolgreich. Besonders der polnische General Joseph Bem *(→ 23. Oktober und 9. November 1848)* ist in Siebenbürgen sehr erfolgreich.

4. Februar Antwort Österreichs auf die Forderung des deutschen Parlaments in Frankfurt am Main, das als Oberhaupt aller deutschen Staaten einen regierenden Fürsten mit erblichem Kaisertitel wünschte, ist eine Ablehnung mit der Begründung: »... jede Unterordnung des Kaisers von Österreich unter eine von einem anderen Fürsten gehandhabte Zentralgewalt.«

12. Februar »Allerhöchste Entschließung« betreffend die Annahme des Wahlspruches »Viribus unitis« (»Mit vereinten Kräften«).

26. und 27. Februar Schlacht bei Kápolna (nahe Kaschau). Niederlage des ungarischen Revolutionsheeres unter dem polnischen General Henryk Dembiński durch kaiserliche Truppen unter Feldmarschall Alfred Fürst zu Windischgrätz und Feldmarschalleutnant Franz Heinrich Graf Schlik. Das ungarische Heer war durch Freischaren und polnische Emigranten verstärkt worden.

4. März Kaiser Franz Joseph I. sanktioniert die vom Justizminister Alexander Bach ausgearbeitete zentralistische Verfassung, sie wird Märzverfassung genannt *(→ 7. März)*.

— Ein Gesetz über die Grundentlastung wird erlassen. Auf Grund und Boden liegende Lasten und Rechte (Grundherrschaftslasten auf den bäuerlichen Besitzungen) werden gegen eine angemessene Entschädigung aufgehoben. Der Abgeordnete Hans Kudlich hatte am 7. September 1848 diesen Antrag, der sofort beschlossen wurde, im Reichsrat eingebracht.

7. März Verkündigung der (oktroyierten) Märzverfassung *(→ 4. März)*. Kaiser Franz Joseph I. und Ministerpräsident Felix Fürst zu Schwarzenberg hatten jedoch nicht die Absicht, diese Verfassung zu verwirklichen, Ziel war der Neoabsolutismus in Österreich *(→ 31. Dezember 1851)*.

— Der Reichstag in Kremsier wird mit militärischer Gewalt aufgelöst. Er hatte einen föderalistischen Verfassungsentwurf ausgearbeitet, der am 15. März beraten werden sollte, dies zu verhindern ist der Grund der Auflösung.

9. März Ministerpräsident Felix Fürst zu Schwarzenberg verkündet seinen Plan zur Neuordnung Europas, die Schaffung eines österreichisch-deutschen Großreiches unter der Führung eines erweiterten Bundesrates *(→ 27. November 1848; 28. März 1849)*.

12. März König Karl Albert von Sardinien kündigt den mit Feldmarschall Johann Joseph Wenzel Graf Radetzky am 9. August 1848 abgeschlossenen Waffenstillstand, der bis 20. März 1849 vereinbart worden war. Feldmarschall Radetzky hat nur knapp 80 000 Mann zur Verfügung einschließlich der Besatzungen in den Festungen. Das sardinische Heer zählt über 100 000 Mann.

13. März Kaiser Franz Joseph I. erläßt ein Patent gegen den Mißbrauch der Presse.

— Franz Grillparzer wird der Leopoldsorden verliehen (er ist der erste Dichter, der diese Auszeichnung erhält).

17. März Kaiser Franz Joseph I. erteilt dem von Innenminister Franz Graf Stadion ausgearbeiteten und am 15. März beschlossenen Gemeindegesetz seine kaiserliche Sanktion. Es beginnt mit: »Die Grundlage des freien Staates ist die freie Gemeinde« und bildet mit 177 Paragraphen die Grundlage des österreichischen Gemeindewesens. Das Gesetz ist in drei Hauptstücke gegliedert: Orts-, Bezirks- und Kreisgemeinde. Damit überflügelt Österreich die meisten anderen europäischen Länder.

21. März Schlacht bei Mortara. Feldmarschall Johann Joseph Wenzel Graf Radetzky besiegt die Sardinier; sie verloren über 2 000 Mann.

23. März Schlacht bei Novara. Entscheidender Sieg Feldmarschall Johann Joseph Wenzel Graf Radetzkys über König Karl Albert von Sardinien. Die Schlacht dauert von elf Uhr vormittags bis in die Abendstunden. Radetzky verlor 14 Offiziere und 396 Mann an Toten, zwei Generäle, 101 Offiziere und 1 747 Mann an Verwundeten. Der Gegner verlor zwei Generäle, 37 Offiziere und 1 046 Mann an Toten, 96 Offiziere und 1 758 Mann an Verwundeten, 135 Offiziere und 5 191 Mann an Gefangenen. Eine Fahne und zwölf Geschütze wurden von den Österreichern erbeutet.

In der Nacht zum 24. entsagt König Karl Albert von Sardinien der Krone zugunsten seines Sohnes Viktor Emanuel, er flieht nach Portugal.

26. März König Viktor Emanuel II. von Sardinien schließt mit Feldmarschall Johann Joseph Wenzel Graf Radetzky einen Waffenstillstand *(→ 6. August)*.

— Großherzog Leopold II. von Toskana kehrt, von österreichischen Truppen geschützt, in sein Herzogtum zurück *(→ 23. Januar)*.

28. März Die Deutsche Nationalversammlung wählt in Frankfurt am Main König Friedrich Wilhelm IV. von Preußen zum »Kaiser der Deutschen« *(→ 3. April)*.

31. März Feldmarschalleutnant Julius Frh. von Haynau unterdrückt mit besonderer Strenge und Härte einen Aufstand in Brescia.

2. April Daniele Manin *(→ 17. und 22. März 1848)* wird in Venedig zum Diktator gewählt, die Österreicher belagern daraufhin die Stadt *(→ 24. August)*.

3. April König Friedrich Wilhelm IV. von Preußen lehnt vorläufig die Annahme der deutschen Kaiserkrone *(→ 28. März)* ab. Hinweis auf das Einverständnis der »gekrönten Häupter« einschließlich des Kaisers von Österreich *(→ 4. Februar)*. Seine endgültige Ablehnung erfolgt am 28. April.

5. April Ministerpräsident Felix Fürst zu Schwarzenberg ruft die österreichische Abordnung bei der Deutschen Nationalversammlung in Frankfurt am Main zurück.

10. April Schlacht bei Waitzen (Vác, Ungarn). Nach einer Reihe von kleineren und größeren Gefechten seit dem 6., in denen das ungarische Revolutionsheer die österreichischen Truppen besiegte, gelingt ihm ein entscheidender Sieg über die Österreicher, die darauf die Belagerung von Komorn aufgeben und Pest räumen müssen.

12. April Feldmarschall Alfred Fürst zu Windischgrätz wird wegen seiner Mißerfolge vom Oberbefehl in Ungarn enthoben, General Franz Ludwig Frh. von Welden wird am 16. das Oberkommando übertragen *(→ 1. Juni)*.

14. April Der ungarische Reichstag in Debrecen erklärt das Haus Habsburg-Lothringen der ungarischen Krone für verlustig, Ausrufung der Republik in Ungarn. Führung (Gubernator): Ludwig Kossuth, Kriegsminister: der Oberkommandierende, General Artur Görgey. Durch die Anhängerschaft dieser beiden »Führer« entsteht unter den Ungarn eine Spaltung.

19. April General Artur Görgey besiegt die Österreicher unter General Wohlgemuth bei Nagy-Sarlo und entsetzt Komorn.

— Uraufführung der Tragödie »Herodes und Mariamne« von Friedrich Hebbel im Wiener Burgtheater.

23. April Die österreichischen Truppen verlassen Pest, die Festung Ofen wird unter General Hentzi noch bis zum 21. Mai gehalten.

5. Mai Kaiser Franz Joseph I. trifft um sechs Uhr morgens im Schloß Schönbrunn ein. Seit dem 2. Dezember 1848 hatte der Kaiser in Olmütz residiert.

6. Mai Kaiser Franz Joseph I. ist das erstemal in der Wiener Hofburg. Nach den vorgesehenen Audienzen kehrt er wieder ins Schloß Schönbrunn zurück.

12. Mai Kaiser Franz Joseph I. erläßt eine Proklamation an die »Völker Ungarns« und kündigt an, daß Österreich die Hilfe Rußlands zur Niederschlagung des Aufstandes in Ungarn in Anspruch nehmen wird *(→ 21. Mai).*

17. Mai Franz Graf Stadion wird wegen seiner schweren Krankheit vom Kaiser seines Amtes als Innenminister enthoben. Justizminister Alexander Bach, der schon seit dem 12. April die Geschäfte des erkrankten Stadion führt, wird weiterhin mit den Geschäften des Innenministers betraut.

21. Mai Kaiser Franz Joseph I. trifft in Warschau mit Zar Nikolaus I. zusammen. Rußland gewährt im Verlauf eines dreitägigen Gesprächs Österreich Waffenhilfe gegen Ungarn. Der Operationsplan sieht den Angriff dreier Heere vor: Russen unter Fürst Paskewitsch von Norden, Österreicher unter Feldzeugmeister Julius Frh. von Haynau vom Westen und Banus Josef von Jellačić von Süden.

— General Artur Görgey erstürmt die Festung Ofen *(→ 23. April)*, die Festung war verraten worden, General Hentzi fällt, Oberst Alnoch sprengt sich mit zehn Offizieren in die Luft. Die österreichischen Truppen müssen auf Preßburg zurückgehen.

1. Juni Feldzeugmeister Julius Frh. von Haynau wird zum Oberkommandierenden der kaiserlichen Truppen in Ungarn ernannt, General Franz Ludwig Frh. von Welden *(→ 12. April)* war am 30. Mai vom Oberbefehl enthoben worden.

6. Juni Ludwig Kossuth kehrt an der Spitze des ungarischen Reichstages nach Budapest zurück *(→ 4./5. Januar und 9. Juli).*

8. Juni Kaiserliche Verordnung über die Errichtung der Gendarmerie in Österreich, ein Sicherheits- und Verwaltungsapparat auf dem Lande, zunächst Bestandteil der Armee und der Militärgerichtsbarkeit unterstellt. Gebildet werden 13 Regimenter zu je 1 000 Mann. (Durch das im wesentlichen noch heute geltende Gendarmeriegesetz von 1876 wird sie neu organisiert.)

14. Juni Neue Gerichtsverfassung in Österreich. Der Staat übernimmt die gesamte Gerichtsbarkeit, unabhängige Richter stehen den staatlichen Gerichten vor, strenge Trennung von Justiz und Verwaltung *(→ 26. Juni, 25. Juli und 1. August; 28. Januar 1850).*

17. und 18. Juni Russische Truppen überschreiten an vier Stellen die ungarische Grenze *(→ 21. Mai).*

Ende Juni Die ungarische Revolutionsarmee wird in mehreren Gefechten von den kaiserlichen Truppen an der Waag geschlagen.

26. Juni Kaiserliche Verordnungen genehmigen die Organisationen der Gerichte in Niederösterreich, Oberösterreich, Salzburg, Tirol, Vorarlberg, Böhmen, Mähren und Schlesien *(→ 14. Juni und 25. Juli).*

28. Juni Die Ungarn müssen Raab räumen, sie gehen auf Komorn zurück.

2. Juli In der Schlacht bei Komorn erleiden die Ungarn eine empfindliche Niederlage, General Artur Görgey wird schwer verwundet.

3. Juli Debrecen ergibt sich den Russen, die Abordnung der Stadt überreicht die Schlüssel sechs Wegstunden vor der Stadt.

9. Juli Ludwig Kossuth flieht mit seiner Regierung nach Szegedin. General Artur Görgey tritt als Kriegsminister zurück, bleibt aber Oberbefehlshaber der ungarischen Revolutionsarmee.

11. und 12. Juli Österreichische Truppen unter Feldzeugmeister Julius Frh. von Haynau besetzen Pest und Ofen.

25. Juli Kaiserliche Verordnungen genehmigen die Organisationen der Gerichte in der Steiermark, in Kärnten und Krain *(→ 14. und 26. Juni).*

28. Juli Umbildung des Ministeriums (= Regierung) Schwarzenberg *(→ 21. November 1848)*: Inneres jetzt Alexander Bach, bisher Justiz (Franz Graf Stadion ist krankheitshalber zurückgetreten, *→ 17. Mai; 5. April 1852*); Justiz übernimmt Anton Ritter von Schmerling (ein Deutschliberaler); Unterricht: Leo Graf Thun und Hohenstein (ein Katholisch-Konservativer).

Unter Ministerpräsident Felix Fürst zu Schwarzenberg löst das Heer die Polizei als Stütze des Herrschers ab, eigentlich eine Militärdiktatur. Ein achtgliedriger Reichsrat ersetzt die Volksvertretung. Positive Reformen sind: ein einheitliches Zollsystem, Staatsbürgerrecht, Verwaltungsvereinfachung, Justiz und Verwaltung getrennt, Gemeindeselbstverwaltung, Geschworenengerichte, indirektes Steuersystem auch für Ungarn *(→ 13. April 1851).*

31. Juli Schlacht bei Schäßburg. Die russischen Truppen unter General Lüders schlagen die Ungarn unter General Joseph Bem, Siebenbürgen wird von den Russen besetzt.

1. August Kaiserliche Verordnungen genehmigen die Organisation der Gerichte in Görz, Gradisca, Istrien und Triest *(→ 14. Juni, 26. Juni und 25. Juli).*

5. August Niederlage der Ungarn bei Großscheuern.

6. August Friede von Mailand zwischen Österreich und Sardinien *(→ 26. März).* Keine territorialen Veränderungen. Sardinien zahlt eine Kriegsentschädigung in Höhe von 75 Millionen Franc.

7. August Der Kriegsrat in Alt-Arad, Ludwig Kossuth, war in der Zwischenzeit dorthin geflohen *(→ 9. Juli)*, beschließt, General Artur Görgey die Militärdiktatur zu übertragen.

8. August Organisation eines meteorologischen Beobachtungssystems in Österreich über Antrag der kaiserlichen Akademie der Wissenschaften in Wien.

9. August Schlacht bei Temesvár. Feldzeugmeister Julius Frh. von Haynau besiegt die Ungarn und zieht noch am Abend in die Stadt ein. Die österreichische Besatzung hatte die Schlacht durch einen Ausfall unterstützt. Die Schlacht dauerte von 10 bis 17 Uhr. 28 000 Österreicher und Russen mit 192 Geschützen standen rund 54 000 Ungarn mit 164 Geschützen gegenüber.

13. August Kapitulation von Világos bei Arad. Über Beschluß des ungarischen Kriegsrates streckt General Artur Görgey vor dem russischen General Rüdiger die Waffen. Es folgen die anderen ungarischen Einheiten und Festungen außer Komorn *(→ 27. September)* im Verlauf der folgenden Tage. General Artur Görgey wird auf Fürsprache des Zaren begnadigt, Ludwig Kossuth flieht.

17. August Kapitulation der Festung Arad. Die Einheit des polnischen Generals Joseph Bem löst sich auf, er selbst flieht in die Walachei.

22. August Moritz Michael Daffinger stirbt in Wien; geb. am 25. Januar 1790 in Wien, Maler des Wiener Biedermeiers. Er schuf über 1 000 Miniaturporträts (die meisten auf Elfenbein) und rund 200 Blumenaquarelle.

24. August Übergabe von Venedig nach erfolgter Kapitulation. Daniele Manin *(→ 22. März 1848)* flieht nach Frankreich.

30. August Feldmarschall Johann Joseph Wenzel Graf Radetzky zieht feierlich in Venedig ein, Ende des Aufstandes in Oberitalien.

31. August Einführung der Einzelhaft für Untersuchungsgefangene und zu einem Jahr Verurteilte.

3. September Ernst Frh. von Feuchtersleben stirbt in Wien; geb. am 29. April 1806 in Wien, Arzt, Philosoph und Lyriker. Er gilt als Vorläufer der Psychoanalyse durch seine Werke »Zur Diätetik der Seele« (1838) und »Lehrbuch der ärztlichen Seelenkunde« (1845). Sämtliche Werke in sieben Bänden von Friedrich Hebbel 1851–1853 herausgegeben.

4. September Einnahme der Festung Munkács durch österreichische und russische Truppen.

7. September Übergabe der Festung Peterwardein an Josef von Jellačić, den Banus von Kroatien.

8. September Eröffnung der Ackerbauschule in Kritzendorf bei Klosterneuburg (Niederösterreich), der ersten dieser Art in Österreich.

9. September Vereinbarung zwischen Kaiser Franz Joseph I. und König Friedrich Wilhelm IV. von Preußen in Pillnitz (Schloß an der Elbe nahe Dresden) über die Errichtung einer vorläufigen deutschen Zentralgewalt, dem »Interim« *(→ 30. September)*.

11. September Mit einem kaiserlichen Patent wird eine provisorische Vorschrift über die Bildung von Geschworenenlisten für die »Preßgerichte« (= Pressegerichte) erlassen.

13. September Uraufführung des Requiems von Anton Bruckner in der Stiftskirche St. Florian (Oberösterreich).

25. September Kaiser Franz Joseph I. gibt im Schloß Schönbrunn die Genehmigung zur Reform des Briefposttarifs. Handelsminister Karl Ludwig Frh. von Bruck hatte begründet: »... Österreich dürfe nicht hinter den zivilisierten Staaten Europas zurückbleiben es wäre auch in Österreich die Frankierung der Briefe mittels verkäuflicher und aufgeklebter Stempel einzuführen.« Schon 1850 gibt es Briefmarken: 1 Kreuzer (gelb) für Drucksachen, 2 Kreuzer (schwarz) für Ortsbriefe bis zu ½ Loth, 3 Kreuzer (rot) für Briefe bis 10 Meilen gerader Richtung (Luftlinie ca. 75 km), 6 Kreuzer (braun) für Briefe von 10 bis 20 Meilen (ca. 75 bis 150 km), 9 Kreuzer (blau) für Briefe über 20 Meilen. (Preisvergleich: 1 Laib Brot im Gewicht von 1 kg 12 dag kostet 10 Kreuzer.)

— Johann Strauß (Vater) stirbt in Wien; geb. am 14. März 1804 in Wien-Leopoldstadt, Kapellmeister und Komponist. Er schuf mit Joseph Lanner die neue Form des Wiener Walzers. 1819 Mitglied in Lanners Kapelle, 1825 eigene Kapelle mit 14 Mann, 1826 erste eigene Kompositionen in der Öffentlichkeit gespielt, 1834 Kapellmeister des 1. Wiener Bürgerregiments, 1835 Hofballmusikdirektor. Strauß schuf 251 Werke, darunter: 152 Walzer, 32 Quadrillen, 24 Galopps, 13 Polkas und 18 Märsche (»Radetzkymarsch«).

27. September Feldzeugmeister Julius Frh. von Haynau schließt die Festung Komorn *(→ 13. August und 3. Oktober)* restlos ein.

30. September Errichtung des am *(→)* 9. vereinbarten »Interims«, es besteht aus zwei Österreichern (Karl Friedrich Frh. von Kübeck und Karl Ritter von Schönhals) und zwei Preußen *(→ 20. Dezember)*.

3. Oktober Kapitulation der Festung Komorn unter ehrenvollen Bedingungen *(→ 13. August und 27. September)*. Ende des Widerstandes in Ungarn.

6. Oktober »Arader Blutgericht«: Hinrichtung von 14 Führern des ungarischen Aufstandes. Weiters werden 114 Todesurteile gefällt und vollstreckt sowie über 2 000 Personen Freiheitsstrafen verhängt.

9. Oktober Die Benützung des Staatstelegraphen für private Zwecke wird gestattet.

29. Oktober Kaiserliches Patent über die Einführung der Einkommensteuer (eigentlich Vermögensteuer).

20. Dezember Erzherzog Johann legt seine Würde als Reichsverweser zurück und überträgt seine Befugnisse dem »Interim« *(→ 30. September)*.

30. Dezember Ein kaiserliches Patent verkündet Landesverfassungen und Landtagswahlordnungen für die Länder Niederösterreich und Oberösterreich, Salzburg, Tirol, Vorarlberg, Steiermark, Kärnten, Krain, Böhmen, Mähren und Schlesien.

▶**1850, 11. Januar** Joseph Klieber stirbt in Wien; geb. am 1. November 1773 auf Schloß Ambras (Tirol), Maler und Bildhauer. Er kam 1792 nach Wien, schuf zahlreiche Bauplastiken, Reliefs und Büsten. Hauptwerke: Gruppe am Mittelrisalit und Reliefs an der Technischen Universität in Wien 1816–1818, Apollo und neun Musen im Hauptsaal der Albertina in Wien 1823/24, Plastiken am Hochaltar der Gumpendorfer Pfarrkirche in Wien 1826, Reliefs im Bibliothekssaal des Schottenstiftes in Wien 1830/31.

15. Januar Mit einem kaiserlichen Patent wird eine allgemeine Wechselordnung für ganz Österreich erlassen.

17. Januar Kaiserliches Patent über eine neue Strafprozeßordnung, Geschworenengerichte für alle schweren Verbrechen vorgesehen *(→ 27. Mai 1852; 23. Mai 1873)*.

28. Januar Gesetz über die Gerichtsstellen erlassen, die Kompetenzbereiche werden genau abgegrenzt. Bezirksgerichte für die meisten Zivilsachen, Übertretungen und leichte Vergehen; Bezirkskollegialgerichte und Landgerichte für schwere Vergehen und Verbrechen; Oberlandesgerichte als zweite Instanz grundsätzlich in jedem Kronland vorhanden; Oberster Gerichtshof *(→ 7. August)* als dritte und höchste Instanz. Als Sondergerichte bleiben bestehen: Oberstes Hofmarschallamt für die Mitglieder des kaiserlichen Hauses, Handels- und Konsulargerichte sowie die Militärgerichte *(→ 14. Juni 1849)*.

1. März 650 000 Gulden werden für die in den Oktobertagen des Jahres 1848 »empfindlich« Geschädigten vom Staat zur Verfügung gestellt. Der Gesamtschaden betrug gemäß den Anmeldungen 4 502 709 Gulden und 31½ Kreuzer, nach einer Richtigstellung aber 3 115 898 Gulden.

18. März Ein provisorisches Gesetz vom 15. Dezember 1848 über die Errichtung von Handels- und Gewerbekammern erhält seine endgültige Fassung und Sanktionierung. 60 Kammern werden im Bereich der Kronländer vorgesehen.

20. März Eröffnung des Parlaments in Erfurt auf Anregung Preußens, eine »Deutsche Union« mit Unionsverfassung soll entstehen. Österreich ist dagegen und protestiert.

24. März Kundmachung der am 9. sanktionierten provisorischen Gemeindeordnung für die Stadt Wien.

12. April Ein kaiserliches Patent verkündet die Verfassung der »reichsunmittelbaren Stadt Triest«.

18. April Kaiser Franz Joseph I. anerkennt die Wünsche der 1849 in Wien abgehaltenen Bischofsversammlung. Die Bischöfe haben das Recht, sich in geistlichen Angelegenheiten ohne Genehmigung des Staates an den Papst zu wenden, Kirchenstrafen zu verhängen, kirchliche Verordnungen zu erlassen und anderes.

26. April Österreich lädt zu einer Plenarsitzung des (alten) Deutschen Bundes nach Frankfurt am Main *(→ 1. und 9. Mai).*

29. April Das Erfurter Parlament *(→ 20. März)* wird vertagt, es tritt nicht mehr zusammen.

1. Mai Preußen lehnt die von Österreich vorgeschlagene *(→ 26. April)* Bundesversammlung in Frankfurt ab und lädt zu einem Kongreß nach Berlin ein, wo die Entscheidung über die Unionsverfassung *(→ 20. März)* fallen soll.

9. Mai Beginn des Fürstenkongresses in Berlin, auf dem jedoch keine Einigung erzielt werden kann. Er endet am 16. Mai.

1. Juni Erstmals werden in Österreich Briefmarken ausgegeben. Sie zeigen über dem Doppeladler die österreichische Kaiserkrone und haben die Werte 1, 2, 3, 6 und 9 Kreuzer (ab 1. Juni 1851 werden auch Zeitungsmarken ausgegeben, zu 0,6, 6 und 30 Kreuzer, darunter die berühmte »rosa Merkur«).

7. Juni Kaiser Franz Joseph I. hebt mit einem kaiserlichen Patent die Zollgrenzen zwischen Ungarn und den übrigen Kronländern auf; die Aufhebung tritt mit 1. Oktober in Kraft.

26. Juni Neuordnung Ungarns und Aufhebung der Verfassung vom 22. März 1848. Siebenbürgen, Kroatien, Slawonien und Wojwodina (Bácska und Banat) werden abgetrennt und eigene Kronländer. Fünf Distrikte mit 45 Komitaten werden gebildet. Generalgouverneur wird Feldzeugmeister Julius Frh. von Haynau *(→ 7. Juni; 12. September 1851; 19. April 1860; 27. Juli 1865).*

5. Juli Erste öffentliche und mündliche Strafverhandlung bei der ersten Sektion des Bezirksgerichtes für die Innere Stadt (Wien).

10. Juli Kaiser Franz Joseph I. erläßt ein provisorisches Gesetz für die Staatsanwaltschaften.

11. Juli Kundmachung einer kaiserlichen Entschließung vom 9., mit der 109 Verurteilte der ungarischen Revolution begnadigt werden.

19. Juli Österreich erläßt auf Vorschlag der Delegierten der Frankfurter Plenarversammlung eine Note für die Wiedereröffnung des Deutschen Bundestages am 1. September *(→ 25. August).*

7. August Kaiserliches Patent über die Organisation des Obersten Gerichts- und Cassationshofes. Damit nimmt der Oberste Gerichtshof seine Tätigkeit auf, die neue Justizorganisation ist abgeschlossen. Sie begann mit der Strafprozeßordnung vom 17. Januar 1850 und dem Gesetz über die Gerichtsstellen vom 28. Januar 1850.

22. August Nikolaus Lenau (eigentlich Nikolaus Franz Niembsch Edler von Strehlenau) stirbt in der Heilstätte Oberdöbling bei Wien (Wien 19); geb. am 13. August 1802 in Csatád (Banat), Lyriker, spätromantischer Versepiker. Lenau studierte ab 1819 in Wien, 1832 erschienen »Gedichte« (mit den berühmten »Schilfliedern«), 1832 ging er für ein Jahr nach Amerika, 1844 verfiel er in Wahnsinn und verbrachte die Jahre bis zu seinem Tod in der Heilstätte Oberdöbling bei Wien. Sämtliche Werke in vier Bänden, 1855 herausgegeben von Anastasius Grün.

25. August Preußen spricht sich gegen die Wiederherstellung des Deutschen Bundestages aus *(→ 19. Juli; 1. September).*

1. September Österreich eröffnet den Deutschen Bundestag in Frankfurt am Main *(→ 19. Juli und 25. August).* Damit sind in Deutschland zwei nicht anerkannte Bundesregierungen vorhanden: der Bundestag unter österreichischer Führung und das Fürstenkollegium unter preußischer Führung.

21. September Der Deutsche Bundestag gewährt dem Kurfürsten Friedrich Wilhelm von Hessen Schutz (sein Landtag verweigerte die Steuerzahlungen), doch will Preußen die Bundesexekution verhindern, da dies eine Anerkennung des Deutschen Bundestages bedeutet hätte.

29. September Neuwahlen für den Wiener Gemeinderat, sie dauern bis 8. Oktober. Durch die Eingemeindung der Vorstädte bis zum Linienwall (von Kaiser Franz Joseph I. am 6. März 1850 sanktioniert) hat Wien 431 000 Einwohner.

2. Oktober Joseph Madersperger stirbt in Wien; geb. am 6. Oktober 1768 in Kufstein (Tirol), Schneidermeister, Erfinder der Nähmaschine. Er lebte seit 1790 in Wien, als erster verlegte er das Öhr der Nähnadel in die Spitze, erhielt 1815 dafür ein Privileg, das nach drei Jahren erlosch, 1840 stellte er ein einwandfrei funktionierendes Modell vor. Ohne Unterstützung konnte er seine Erfindung nicht auswerten (das geschah 30 Jahre später durch einen Amerikaner). Er starb in völliger Armut im Versorgungsheim St. Marx.

11. Oktober Kaiser Franz Joseph I. trifft in Bregenz mit den Königen von Bayern und Württemberg zusammen. Sie beschließen, gegen den »Aufruhr« in Kurhessen vorzugehen *(→ 21. September, 1. und 29. November).*

28. Oktober Kaiser Franz Joseph I. trifft in Warschau mit Zar Nikolaus I. zusammen. Der Zar verspricht die Unterstützung Rußlands bei der Lösung der »deutschen Frage«.

1. November Das Bundesexekutionsheer (Österreicher und Bayern) unter Fürst von Thurn und Taxis überschreitet die kurhessische Grenze *(→ 21. September).*

2. November Preußische Truppen unter Graf von der Gröben dringen in Kurhessen ein und besetzen Kassel.

8. November Vorpostengefecht bei Bronnzell (nahe Fulda) zwischen dem Exekutionsheer und den Preußen. Zu weiteren Kampfhandlungen kam es nicht, da Preußen einlenkte.

15. November Preußen erklärt die »Deutsche Union« *(→ 20. März)* für aufgelöst.

25. November Felix Fürst zu Schwarzenberg fordert in einem Ultimatum an Preußen die Räumung Hessens innerhalb von 48 Stunden. General Graf von der Gröben geht mit seinen Truppen nach Hersfeld zurück.

29. November Olmützer Punktation. Preußen erklärt,

dem Exekutionsheer nicht mehr entgegenzutreten, es ist bereit, im Sinne des Deutschen Bundes die Probleme in Kurhessen zu klären. Vereinbarung einer Konferenz in Dresden *(→ 23. Dezember)*.

21. Dezember Österreichische und bayrische Truppen ziehen in Kassel ein, die Stände Kurhessens müssen die landesherrlichen Anordnungen anerkennen.

23. Dezember Die Konferenz von Dresden zur Regelung der deutschen Verhältnisse wird eröffnet. Sie endet am 15. Mai 1851. Der Deutsche Bundestag wird wiederhergestellt, der österreichische Standpunkt ist in der »deutschen Frage« durchgesetzt worden *(→ 16. Mai 1851; 4. August 1863)*.

►1851, 2. Januar Errichtung einer »Centralcommission für Erforschung und Erhaltung vaterländischer alter Baudenkmale« in Wien und Aufstellung von »Conservatoren« in den einzelnen Kronländern, damit Beginn des Denkmalschutzes in Österreich. »Landeskonservatoren« werden gleichzeitig eingesetzt.

11. Januar Österreich und Preußen fordern im Namen des Deutschen Bundes Schleswig-Holstein auf, die Feindseligkeiten gegen Dänemark einzustellen. Der König von Dänemark war ab 1460 auch Herzog von Schleswig-Holstein, gegen die Einverleibung des Herzogtums in das Königreich Dänemark hatte sich 1848 die Bevölkerung zur Wehr gesetzt. Mitte Januar besetzen österreichische Truppen das Herzogtum Schleswig-Holstein, die Landesarmee wird aufgelöst.

15. Januar In Wien tagt das erste Geschworenengericht.

23. Januar Justizminister Anton Ritter von Schmerling tritt aus der Regierung aus, an seine Stelle tritt Karl Frh. von Krauß.

2. März Mit einer kaiserlichen Verordnung werden die Organisation des gewerblichen Unterrichts und die Errichtung von Realschulen festgesetzt.

15. März Die österreichischen Telegraphenlinien treten mit den deutschen in unmittelbare Verbindung.

27. März Venedig wird zum Freihafen erklärt.

14. April Einsetzung des »Reichsrates«, einer beratenden Körperschaft, die der Ersatz für die nicht bestehende Volksvertretung sein soll *(→ 4. und 7. März 1849)*. Er besteht aus sechs Österreichern und zwei Ungarn, den Vorsitz – eine dem Ministerpräsidenten ähnliche Stellung – führt Karl Friedrich Frh. von Kübeck *(→ 20. August und 31. Dezember; 5. März 1860)*.

22. April Erste Sitzung des neu eingesetzten Reichsrates.

29. April Felix Fürst zu Schwarzenberg wird mit kaiserlichem Handschreiben zum Militär- und Zivilgouverneur von Siebenbürgen ernannt.

16. Mai Geheimer Allianzvertrag zwischen Österreich und Preußen, der neben den Dresdner Konferenzen, die vom 23. Dezember 1850 bis 15. Mai 1851 stattfanden, ausgehandelt worden ist. Gegenseitige Garantie des Besitzstandes wird zusätzlich vereinbart. Die Vertragsdauer wird mit drei Jahren festgesetzt *(→ 23. Dezember 1850; 19. Februar 1853; 20. April 1854)*.

23. Mai Handelsminister Karl Ludwig Frh. von Bruck wird vom Kaiser über eigenes Ansuchen des Postens enthoben Nachfolger Andreas Frh. von Baumgartner.

26. Mai Lorenz Rhomberg stirbt in Dornbirn (Vorarlberg); geb. am 4. November 1785 in Dornbirn. Er gründete 1812 mit seinem Vetter Joseph Anton Rhomberg (Teilhaber der Firma Herrburger & Rhomberg) eine mechanische Weberei, die älteste in Vorarlberg. Der König von Bayern erteilte 1812 die »allerhöchste Erlaubnis«, »in dem Markte Dornbirn eine Fabrik für Flachsmaschinen-Spinnerey mit der von ihnen selbst erfundenen Flachsspinn-Maschine zu errichten«. Das königliche General-Commissariat des Illerkreises berichtete: »Es laufen auf dieser Flachsspinn-Maschine 2 016 Spindeln, welche nach den erhaltenen Resultaten der angestellten amtlichen Probe und Untersuchung in einem Tage zu 12 Arbeitsstunden zwey Millionen 993 760 bayrische Ellen Garn liefern und wozu, wenn das Garn die Feinheit wie bei der vorgenommenen Probe erhält, nur 153 Pfund Flachs erfordert werden.« (1 Elle = 60 cm.)

1. Juli Die Notariatsordnung tritt in Niederösterreich in Kraft.

20. August Kaiser Franz Joseph I. legt mit einem »allerhöchsten Cabinettsschreiben« fest, daß die Minister nur ihm verantwortlich sind, damit Ausbau der absoluten Regierungsgewalt *(→ 7. März 1849; 14. April und 31. Dezember 1851)*.

22. August Der Kaiser erläßt ein Patent über die Aufhebung der Nationalgarde im gesamten Staatsbereich.

12. September Erzherzog Albrecht, der älteste Sohn Erzherzog Karls, des Siegers von Aspern, wird zum Militär- und Civilgouverneur von Ungarn und zum Kommandanten des 3. Armeekorps ernannt *(→ 26. Juni 1850)*.

10. Oktober Kaiser Franz Joseph I. tritt eine Reise durch Galizien an, die bis 5. November dauert und einem Triumphzug gleichkommt.

18. Oktober Ein Handels- und Schiffahrtsvertrag zwischen Österreich und Sardinien wird abgeschlossen. Gegenseitige Garantien.

16. November Kaiserliche Verordnung über eine einheitliche Eisenbahnbetriebsordnung für den gesamten Staatsbereich.

26. Dezember Finanzminister Philipp Frh. von Krauß wird über eigenes Ansuchen des Postens enthoben und in den Reichsrat berufen. Andreas Frh. von Baumgartner wird sein Nachfolger.

31. Dezember »Sylvesterpatent« Kaiser Franz Josephs I., damit wird die absolute Monarchie wiedereingeführt. Die oktroyierte Verfassung vom 4. März 1849 wird aufgehoben (obwohl sie praktisch nicht in Kraft war), Pressefreiheit, öffentliche Gerichtsverfahren, Gemeindeverfassungen werden wieder abgeschafft. Das sogenannte »Bachsche System« (36 Paragraphen waren von Alexander Bach und Karl Friedrich Frh. von Kübeck ausgearbeitet worden) bildet die Grundsätze des absolutistischen Staates. Gegner des Sylvesterpatents, besonders gegen den Zentralismus und die Unterdrükkung der nichtdeutschsprachigen Völker, waren vor allem Erzherzog Johann und die Dichter Anastasius Grün und Franz Grillparzer. Die einflußreichsten Berater des Kaisers sind seine Mutter, Erzherzogin Sophie, der Wiener Kardinal Joseph Othmar Rauscher und der Generaladjutant des Kaisers, Karl Ludwig Graf Grünne.

►1852, 1. Januar Kundmachung des »Sylvesterpatents« Kaiser Franz Josephs I. *(→ 5. und 25. April; 20. April 1854; 5. März und 20. Oktober 1860)*.

5. April Ministerpräsident Felix Fürst zu Schwarzenberg stirbt völlig unerwartet in Wien; geb. am 2. Oktober 1800 in Krumau, Böhmen. Kaiser Franz Joseph I. übernimmt die Staatsführung, Alexander Bach bleibt In-

Attentat auf Franz Joseph I.

Am 18. Februar 1853 um vier Uhr nachmittags erschien eine Extraausgabe der »Wiener Zeitung«:

»Ein schändliches Attentat ist soeben auf die Person Seiner k. k. Apostolischen Majestät verübt worden. Seine Majestät wurden heute um halb ein Uhr während eines Spazierganges auf der Bastei nächst dem Kärntnertore von einem Individuum meuchlerisch von rückwärts angefallen und mit einem Küchenmesser in der Gegend des Hinterhauptes verwundet. Die Wunde ist nach dem Ausspruch der Ärzte nicht gefährlich. Der Mörder wurde auf der Tat von dem Seine Majestät begleitenden Flügeladjutanten ergriffen. Für die glückliche Rettung wird heute, 6 Uhr, in der Stephanskirche ein Tedeum abgehalten.«

Angefügt war das ärztliche Bulletin:

»Die Seiner k. k. Apostolischen Majestät heute meuchlerisch am Hinterhaupte zugefügte Stichwunde hat glücklicherweise keine Gefahr drohenden Teile betroffen. Die durch dieselbe zugleich bewirkte Erschütterung mit ihren Folgen ist in Abnahme begriffen. Das allgemeine ist beruhigend.
Wien, den 18. Februar 1853. Nachmittags 2 Uhr.
Hofrat Seeburger, k. k. Leibarzt — Wattmann, k. k. Leibchirurg.«

Der Attentäter János Libényi wurde zum Tode durch den Strang verurteilt und am 26. Februar hingerichtet.
Am 21. Februar verlautbart die »Wiener Zeitung«:

»Seine Majestät der Kaiser hat dem Bürger und Hausbesitzer auf der Wieden, Herrn Josef Ettenreich, welcher zuerst seine kräftige Hand gegen den Meuchelmörder Johann Libényi erhob, den Franz-Joseph-Orden verliehen und denselben dem wackeren Manne gestern im Beisein der sämtlichen Mitglieder der k. k. Familie höchst eigenhändig übergeben.«

Erst am 10. März wird in derselben Zeitung bekanntgegeben:

»Seine k. k. Apostolische Majestät haben mit Allerhöchster Entschließung vom 6. d. M. Allerhöchst ihrem Flügeladjutanten, dem Obersten Maximilian Grafen O'Donell, in allergnädigster Anerkennung des Allerhöchstdemselben bei dem meuchlerischen Anfalle auf Allerhöchstihre Person am 18. Februar persönlich geleisteten Beistandes das Commandeurkreuz des Leopoldsordens taxfrei verliehen.«

nenminister und wird praktisch das Haupt der Regierung, Karl Ferdinand Graf Buol-Schauenstein wird Außenminister *(→ 31. Dezember 1851; 17. Mai 1859).*

25. April Eine »Allerhöchste Entschließung« trennt die Polizeiverwaltung vom Innenministerium. In Wien wird die »Oberste Polizeibehörde« errichtet, der die Polizeidirektionen der Kronländer unterstellt sind, die Leitung wird Feldmarschalleutnant Johann Kempen Frh. von Fichtenstamm übertragen, die Methoden sind dem »Metternichschen System« ähnlich.

1. Mai Ankunft Zar Nikolaus' I. in Wien, er bleibt bis 11. Mai.

8. Mai Die Großmächte erklären mit dem »Londoner Protokoll« die Ungeteiltheit Dänemarks *(→ 11. Januar 1851; 30. März 1863).*

27. Mai Der Kaiser novelliert mit einem Patent die Strafprozeßordnung vom 17. Januar 1850. Die Geschworenengerichte werden wieder eingeschränkt. Die Novellierung tritt am 1. September in Kraft.

5. Juni Kaiser Franz Joseph I. tritt seine große Rundreise durch Ungarn an, am 9. Juli kehrt er für einen Tag nach Wien zurück. Am 10. setzt er seine Reise durch Ungarn und Siebenbürgen fort und wird am 14. August feierlich in Wien wieder empfangen. (Zahlreiche Grundsteinlegungen zu Denkmälern und öffentlichen Gebäuden kennzeichnen seinen Reiseweg.)

12. Juli Mit einer Kundmachung der Niederösterreichischen Statthalterei wird in Wien das Linksfahren angeordnet. Seit 1819 fuhr man in Wien rechts, in Niederösterreich jedoch immer links.

28. September »Allerhöchste Entschließungen« über die Einrichtung und die Amtswirksamkeit der Bezirksämter, Kreisbehörden und Statthaltereien sowie über die Einrichtung der Gerichtsstellen für alle Kronländer mit Ausnahme Ungarns und Lombardo-Venetiens.

1. Oktober Kaiser Franz Joseph I. tritt seine Reise durch Kroatien an, er kehrt am 15. zurück.

20. November Durch ein kaiserliches Patent wird eine neue Vorschrift über den Wirkungskreis und die Zuständigkeit der Gerichte in bürgerlichen Rechtsangelegenheiten (= Jurisdiktionsnorm) erlassen.

▶1853 Baubeginn für das Erzherzog-Karl-Denkmal auf dem Wiener Heldenplatz. Das Reiterstandbild aus Bronze stammt von Anton Fernkorn, der Sockel von Eduard van der Nüll; es wird 1859 vollendet.

6. Februar Revolte in Mailand. Zwölf österreichische Soldaten wurden getötet, 25 schwer- und 49 leichtverwundete Offiziere und Soldaten. Feldmarschall Johann Joseph Wenzel Graf Radetzky ergriff harte Vergeltungsmaßnahmen.

11. Februar Österreich richtet in zehn Punkte zusammengefaßte Forderungen an die Türkei, Grenzübergriffe, Feindseligkeiten gegen Montenegro und anderes. Die Türken anerkennen diese Forderungen, sie ziehen ihre Truppen zurück.

18. Februar Mordanschlag auf Kaiser Franz Joseph I. auf der Bastei oberhalb des Kärntnertores durch den 21jährigen Ungarn János Libényi. Der Kaiser wird durch einen Messerstich am Hinterkopf leicht verletzt. Der den Kaiser begleitende Flügeladjutant Oberst Alexander Graf O'Donell wehrt ab, der Fleischhauer Josef Ettenreich überwältigt den Attentäter. Erzherzog Maximilian regt zur Erinnerung den Bau einer Kirche, der Votivkirche an, deren Grundsteinlegung am 24. April 1856 und Einweihung am 24. April 1879 erfolgt.

19. Februar Unterzeichnung eines Handelsvertrages zwischen Österreich und Preußen mit einer Gültigkeit von zwölf Jahren.

12. März Erste Ausfahrt Kaiser Franz Josephs I. nach dem Attentat vom 18. Februar; er hatte am 6. März das erstemal das Krankenzimmer verlassen, ungeheurer Jubel der Bevölkerung.

17. März Christian Doppler stirbt in Venedig; geb. am 29. November 1803 in Salzburg, Mathematiker und Physiker. 1842 veröffentlichte er seine Arbeit, die den berühmten »Dopplereffekt« (Dopplersches Prinzip) enthält *(→ 1842)*, 1847 Bergrat und Professor für Mathematik an der Bergakademie in Schemnitz (Ungarn), 1848 Mitglied der kaiserlichen Akademie der Wissenschaften, 1850 Professor der Experimentalphysik in Wien und Gründer des Physikalischen Instituts der Wiener Universität. Rund zehn Jahre nach seinem Tod wird die Tragweite des Dopplerschen Prinzips bekannt, das eine der Grundlagen der modernen Astrophysik ist.

13. April Ludwig Schnorr von Carolsfeld stirbt in Wien; geb. am 11. Oktober 1788 in Königsberg (Ostpreußen), Maler, Radierer und Lithograph. Seit 1804 Studium an der Wiener Akademie der bildenden Künste. Er illustrierte romantische Sagen und Dichtungen und war der Lehrer Moritz von Schwinds.

31. Juli Die Gesandten der Großmächte richten aus Wien eine Note an die Türkei. Österreich, Preußen, England und Frankreich ersuchen darin die Türkei, den russischen Forderungen in der Frage der Donaufürstentümer nachzugeben *(→ 5. Dezember)*.

19. August Franz Anton Stecher stirbt in Innsbruck; geb. am 16. August 1814 in Nauders (Tirol), Maler, einer der letzten Vertreter der Nazarener. 1839–1843 Jesuit im Kolleg am Freinberg bei Linz, wo 23 Gemälde von ihm erhalten sind. Schuf außerdem mehrere Altarbilder.

24. September Zusammenkunft Kaiser Franz Josephs I. mit Zar Nikolaus I. in Olmütz, Beratungen über die bevorstehende Auseinandersetzung mit der Türkei.

5. Dezember Wiener Konferenz der europäischen Großmächte Österreich, Preußen, England und Frankreich. Bemühungen zur Beilegung des russisch-türkischen Konflikts, seit 23. Oktober Kriegszustand zwischen diesen Staaten (der sogenannte Krimkrieg). Die vorgeschlagenen Friedensbedingungen werden von Rußland abgelehnt, sie enthalten unter anderem auch die Räumung der Donaufürstentümer.

▶1854 Das »Lesebuch zur Förderung humaner Bildung«, herausgegeben von Adalbert Stifter und Johannes Aprent, erscheint.

28. März Einführung der Stempelmarke in Österreich statt des bisherigen Stempelpapiers. Die Schriftstücke mußten auf den Stempelämtern abgestempelt werden, nun werden die Ämter aufgelöst. Österreich ist der erste Staat mit einer solchen Einrichtung, ab 1870 tragen die Stempelmarken die Jahreszahl der Ausgabe.

20. April Verlängerung des geheimen Allianzvertrages zwischen Österreich und Preußen *(→ 16. Mai 1851)* auf die Dauer des Krimkrieges.

— Einführung der Prügelstrafe in Österreich, eine Folgeerscheinung des Bachschen Polizeisystems *(→ 31. Dezember 1851)*, bisher gab es sie nur in Ungarn.

22. April Elisabeth Prinzessin in Bayern landet in Nußdorf und fährt unter dem Jubel der Bevölkerung nach Schloß Schönbrunn. Sie ist die zweitälteste Tochter Herzog Maximilians in Bayern und 16 Jahre alt.

24. April 18 bis 19 Uhr Vermählung Kaiser Franz Josephs I. mit Prinzessin Elisabeth von Österreich in der Wiener Augustinerkirche. Die Hochzeitsfeierlichkeiten dauern bis 30., am 25. eine prächtige Beleuchtung der Stadt Wien, am 29. ein großes Volksfest im Prater und am 30. ein Festball in den Redoutensälen der Wiener Hofburg.

28. April Zusatzvertrag zum geheimen Allianzvertrag zwischen Österreich und Preußen *(→ 16. Mai 1851; 20. April 1854)*. Vereinbarung der Waffengewalt gegen Rußland, falls dieses eine Annexion der Donaufürstentümer oder einen Einmarsch auf dem Balkan durchführen sollte.

29. Mai Beginn der Wirksamkeit der politischen Landesbehörden in Niederösterreich und Oberösterreich, Salzburg, Tirol, der Steiermark, Kärnten, Krain, Kroatien, Slawonien, dem Küstenland, Böhmen, Mähren, Schlesien, Galizien, der Bukowina und in Siebenbürgen.

3. Juni Österreich verlangt von Rußland die sofortige Räumung der Donaufürstentümer *(→ 21. Juni und 20. August)*.

14. Juni Vertrag zwischen Österreich und der Türkei über die Besetzung der Donaufürstentümer durch österreichische Truppen.

21. Juni Zar Nikolaus I. gibt bekannt, unter welchen Bedingungen er bereit ist, die Donaufürstentümer zu räumen *(→ 3. Juni und 20. August)*.

17. Juli Eröffnung der Bahnstrecke über den Semmering, der ersten Gebirgseisenbahn Europas *(→ 1848)*.

20. August Österreich verlangt von Rußland die bedingungslose Räumung der Donaufürstentümer *(→ 3. und 21. Juni)*. Fast unmittelbar marschieren österreichische Truppen in der Walachei und in der Moldau ein.

6. September Österreichische Truppen besetzen Bukarest.

30. Oktober Ferdinand Sauter stirbt in Wien; geb. am 6. Mai 1804 in Werfen (Salzburg), Dichter. Er verfaßte meist schwermütige volksliedhafte und politische Gedichte und war auch ein Meister der Stegreifdichtung. Gesamtausgabe von W. Börner 1918 herausgegeben.

1. November Johann Matthias Ranftl stirbt in Wien; geb. am 21. Februar 1805 in Wien, Maler des Wiener Biedermeiers. Er malte besonders gern Hunde, weshalb man ihm den Namen »Hunde-Raffael« gab, außerdem ländliche Genrebilder und Porträts.

7. November Peter Nobile stirbt in Wien; geb. 1774 in Campestro (Tessin, Schweiz), Architekt des Spätklassizismus, seit 1818 Direktor der Architekturabteilung an der Akademie der bildenden Künste in Wien. Hauptwerke: Theseustempel im Wiener Volksgarten 1820–1823, Äußeres Burgtor in Wien 1824 vollendet, Schauspielhaus in Graz 1824–1825, Festsaal der Technischen Universität in Wien 1836–1837.

2. Dezember Österreich tritt dem Bündnis der Westmächte (England und Frankreich) bei.

— 300 000 Österreicher stehen an der russischen Grenze. Es kommt zu keinen Kampfhandlungen, aber zu einer Kräftebindung Rußlands, das damit auf der Krim geschwächt wird, die 100jährige österreichisch-russische Freundschaft ist zerstört. Preußen bleibt neutral.

▶1855, 15. Januar Mit einem kaiserlichen Patent wird das neue Militärstrafgesetzbuch kundgemacht, die Spitzrutenstrafe (Spießrutenlaufen) in der Armee wird damit abgeschafft.

10. März Karl Ludwig Frh. von Bruck wird Finanzminister, Andreas Frh. von Baumgartner war am 14. Januar aus dem Ministerium geschieden.

15. März Beginn der Friedensverhandlungen zur Beendigung des Krimkrieges in Wien. Sie scheitern an den an Rußland gestellten Bedingungen am 4. Juni: Beschränkung der russischen Seemacht im Schwarzen Meer und Revision des Dardanellenvertrages vom 13. Juli 1841.

21. Mai Durch ein kaiserliches Patent wird eine neue Notariatsordnung eingeführt und die vom 29. September 1850 außer Kraft gesetzt.

17. Juli Staatsvertrag zwischen Österreich und der Schweiz über die gegenseitige Auslieferung von Verbrechern.

18. August Unterzeichnung des Konkordats zwischen Österreich und dem Hl. Stuhl in Wien. Schon am 18. April 1850 gestattete der Kaiser den Bischöfen den »freien Verkehr mit dem Papst«, die Gerichtsbarkeit über den Klerus und die Leitung der Priesterseminare. Nun kam noch hinzu: Selbstverwaltung des kirchlichen Vermögens, Ehegerichtsbarkeit, Religionsunterricht an den öffentlichen Schulen, Zensur von Büchern religiösen Inhalts. Außerdem wird den Jesuiten die Errichtung von Lehranstalten gestattet.

29. Oktober Mit einer »Ermächtigungsurkunde« von Kaiser Franz Joseph I. wird die Credit-Anstalt (heute Creditanstalt-Bankverein) gegründet.

31. Oktober Errichtung der »privilegierten österreichischen Creditanstalt«.

13. November Staatsvertrag zwischen Österreich und Frankreich über die gegenseitige Auslieferung von Verbrechern.

16. Dezember Außenminister Karl Ferdinand Graf Buol-Schauenstein übermittelt Rußland die Forderungen der verbündeten Mächte zur Beendigung des Krimkrieges *(→ 10. Januar 1856)*.

21. Dezember Eine kaiserliche Verordnung erweitert den Kompetenzbereich der Handelsgerichte in Wien und Triest auf Rechtsangelegenheiten außer Streitsachen.

►1856 Heinrich von Ferstel beginnt mit dem Bau der Votivkirche in Wien, sie wird 1879 vollendet *(→ 18. Februar 1853)*.

10. Januar Rußland nimmt die Forderungen der verbündeten Mächte an *(→ 16. Dezember 1855)*.

26. Februar Beginn des Friedenskongresses in Paris, Teilnehmer sind: Österreich, England, Frankreich, Sardinien, die Türkei und Rußland, den Vorsitz führt der französische Außenminister Graf Alexandre Joseph Walewski (ein Sohn Kaiser Napoleons I. und der polnischen Gräfin Maria Walewska). Preußen wird erst zur Unterzeichnung des Dardanellenvertrages eingeladen (es war im Krimkrieg neutral). Österreich protestiert gegen die Teilnahme Sardiniens, doch wird Sardinien von Frankreich unterstützt *(→ 20. Juli 1858)*, vertreten ist es durch Camillo Graf Cavour *(→ 30. März)*.

30. März Der Friede von Paris beendet den Krimkrieg zwischen Rußland und den verbündeten Mächten *(→ 26. Februar)*. Rußland muß die Donaumündungen und einen Teil Bessarabiens an das Fürstentum Moldau abtreten, das Protektorat über die Donaufürstentümer und die Schutzherrschaft über die Christen in der Türkei sind erloschen. Die Donauschiffahrt wird frei, das Schwarze Meer neutral. Rußlands europäisches Übergewicht ist damit gebrochen, an die Stelle des Zaren, als Protektor der Heiligen Allianz *(→ 26. September 1815)*, tritt Kaiser Napoleon III. von Frankreich als »Bewahrer der konservativ-monarchistischen Ordnung«.

17. April Österreich beginnt mit der Räumung der Donaufürstentümer, die am 30. März 1857 abgeschlossen ist *(→ 20. August 1854)*.

29. April Ratifikation des am 15. vereinbarten Separatvertrages zwischen Österreich, England und Frankreich. Verpflichtung des gemeinsamen Handelns im Falle von Verletzungen des Pariser Friedens vom 30. März.

16. September Die 32. Versammlung der deutschen Naturforscher und Ärzte findet in Wien statt.

19. Oktober Kaiser Franz Joseph I. besucht mit Kaiserin Elisabeth die urgeschichtlichen Ausgrabungen in Hallstatt (Oberösterreich). In Gegenwart des Kaisers öffnet der Bergmeister Johann Georg Ramsauer, der »Ausgräber von Hallstatt«, das Grab 342.

28. Oktober Johann Peter Krafft stirbt in Wien; geb. am 15. September 1780 in Hanau am Main, Maler des Klassizismus. Er schuf sachliche Genrebilder, Szenen aus dem österreichischen Militärleben, vaterländische Historien- und Schlachtenbilder (Schlacht bei Aspern).

23. November Joseph Frh. von Hammer-Purgstall (eigtl. Joseph Edler von Hammer) stirbt in Wien; geb. am 9. Juni 1774 in Graz, Orientalist. Seit 1807 Hofdolmetsch an der Staatskanzlei in Wien, 1809–1818 erscheint in sechs Bänden seine Zeitschrift »Fundgruben des Orients«, 1812 »Diwan des Hafis« (regt Johann Wolfgang Goethe zum »West-östlichen Divan« an), 1827–1832 erscheint in zehn Bänden seine »Geschichte des Osmanischen Reiches«. Er setzte sich sehr für die Gründung der Akademie der Wissenschaften ein und war auch 1847–1849 ihr erster Präsident. 1835 hatte er von einer Gräfin Purgstall Schloß und Gut geerbt, worauf er sich Hammer-Purgstall nannte.

►1857 200 Tiroler aus dem Oberinntal wandern nach Amerika aus. Sie gründen 1859 am Ostrand des Hochlandes von Zentralperu am Rio Pozuzo eine Siedlung mit dem Namen Pozuzo. Die ausgedehnte Gemeinde besteht aus mehreren Ortschaften, einer Kirche und sechs Schulen, 1967 hatte sie 1 600 Einwohner, wovon 360 österreichischer Abkunft waren.

24. Januar Abschluß eines Münzvertrages zwischen Österreich und den Staaten des Deutschen Zollvereins *(→ 19. September)*.

1. März Feldmarschall Johann Joseph Wenzel Graf Radetzky von Radetz (über 90 Jahre alt) verabschiedet sich in einem Armeebefehl von seinen Soldaten. Kaiser Franz Joseph I. hatte ihn mit Handschreiben vom 28. Februar »der Stellen eines Generalgouverneurs Meines lombardovenezianischen Königreiches, sowie eines Kommandierenden Generals der 2. Armee« enthoben, nicht pensioniert, da er ausdrücklich hinzufügte: ». . . muß ich Sie dringend bitten, Ihren Kaiser auch in der Zukunft mit Ihrem weisen Rat zu unterstützen, den in bedeutungsschweren Ereignissen in Anspruch zu nehmen Ich Mir vorbehalte.« Am 6. März verabschiedet sich in Verona das Herrscherpaar persönlich vom greisen Feldmarschall *(→ 5. Januar 1858)*.

4. April Beginn der Bauarbeiten für die Kaiserin-Elisabeth-Westbahn, die recht bald nur Westbahn genannt wird *(→ 15. Dezember 1858)*.

9. April Erster gelungener Versuch, die Dampfschiffahrt auf der Salzach durchzuführen. Am 11. trifft der königlich-bayrische Dampfer »Otto« in Salzburg ein, ein Fest für die Stadt.

30. April Beginn der Weltumseglung der Fregatte »Novara« vom Hafen von Triest aus. Kommodore und

Befehlshaber der Expedition ist Bernhard von Wüllerstorf-Urbair. Die wissenschaftliche Kommission besteht aus: Dr. Karl Scherzer (Länder- und Völkerkunde), Dr. Ferdinand Hochstetter (Geologie und Physik der Erde), Dr. Eduard Schwarz (Botanik) und dem Kunstgärtner Anton Jellinek, Georg Frauenfeld und Johann Zelebor (Zoologie) und dem Maler Joseph Sélenу. Inklusive der Mannschaft sind 352 Mann an Bord. Am 10. August 1859 kehrt die »Novara« in den Hafen von Pola zurück, wo sie feierlich empfangen wird. Die Gesamtkosten der Expedition betrugen rund 587 200 Gulden Conventionsmünze bzw. 616 560 Gulden österreichischer Währung. Die umfassenden Ergebnisse werden in einem 1863–1876 erscheinenden umfangreichen Werk von 21 Bänden veröffentlicht. Die Fregatte »Novara« war das letzte Segelschiff, das die Erde umfuhr.

18. Mai Franz Graf Nádasdy wird Justizminister, Karl Frh. von Krauß war auf eigenen Wunsch des Postens enthoben worden.

29. Mai Erzherzogin Sophie stirbt in Ofen; geb. am 5. März 1855 in Wien als älteste Tochter von Kaiser Franz Joseph I. und Kaiserin Elisabeth.

19. September Kaiserliches Patent über die Bestimmungen zur Regelung des Münzwesens. Nach fast 100 Jahren geht Österreich von der »Conventionswährung« ab, 100 Gulden Conventionswährung = 105 Gulden österreichischer Währung *(→ 27. April 1858)*.

10. Oktober Josef Ressel stirbt in Laibach; geb. am 29. Juni 1793 in Chrudim (Böhmen), Forstintendant und Marinebeamter, Erfinder. Lebte seit 1821 in Triest. 1827 erhielt er ein Privileg auf seine Erfindung der Schiffsschraube. 1829 erfolgreiche Probefahrt seines Schraubenschiffes »Civetta« (auf der Triester Reede erbaut), wobei allerdings ein Dampfzuleitungsrohr bricht und weitere Versuchsfahrten polizeilich verboten werden. Ressel erfand außerdem unter anderem eine Wein- und Ölpresse, Rollen- und Kugellager, eine Methode zur Konservierung von Schiffsholz, einen Straßendampfwagen.

27. Oktober Franz Feistmantel stirbt in Prag; geb. am 21. August 1786 in Innsbruck, Schauspieler und hervorragender Komiker. 1810–1812 am Leopoldstädter Theater in Wien.

20. November Erhebung des Marktes Ried (Oberösterreich) zur Stadt.

20. Dezember Kaiser Franz Joseph I. verfügt die Schleifung der Wiener Stadtbefestigungen, Stadterweiterung und Bau der Ringstraße *(→ 19. Dezember 1890)*. In der »Wiener Zeitung« vom 25. Dezember ist das »Allerhöchste Handschreiben« an den Innenminister veröffentlicht: »Lieber Freiherr von Bach! Es ist Mein Wille, daß die Erweiterung der inneren Stadt Wien mit Rücksicht auf eine entsprechende Verbindung derselben mit den Vorstädten ehemöglichst in Angriff genommen und hiebei auch auf die Regulierung und Verschönerung Meiner Residenz- und Reichshauptstadt Bedacht genommen werde. Zu diesem Ende bewillige ich die Auflassung der Umwallung und der Fortifikationen der inneren Stadt sowie der Gräben um dieselbe ...« – Bis 1910 betrug die vom »Stadterweiterungsfonds« vergebene Grundfläche 2 400 000 m^2, 1 500 000 m^2 für Straßen, Plätze und Gärten, rund 380 000 m^2 für öffentliche Bauten und etwas über 500 000 m^2 für Privatbauten. Die Baukosten der Ringstraße für Verkehrsflächen und öffentliche Bauten betrugen annähernd 130 Millionen Kronen, der Abbruch der Befestigungsanlagen kostete 50 Millionen Kronen.

▶**1858, 5. Januar** Feldmarschall Johann Joseph Wenzel Graf Radetzky von Radetz stirbt in Mailand; geb. am 2. November 1766 in Třebenice (Böhmen), der populärste Heerführer Österreichs. Radetzky war erst am *(→)* 1. März 1857 seiner Posten enthoben worden, er hatte insgesamt 72 Jahre, vier Monate und 23 Tage in der Armee gedient. Seinem Wunsch entsprechend wurde sein Leichnam auf dem Heldenberg bei Kleinwetzdorf (Niederösterreich) *(→ 1848)* beigesetzt. Kaiser Franz Joseph I. ordnete noch am selben Tag für Heer und Flotte eine 14tägige Trauer an. Am 18. große Leichenfeier in Wien, am 19. Bestattung auf dem Heldenberg in Anwesenheit des Kaisers.

29. März Beginn der Abtragung der Befestigungsmauern von Wien beim Rotenturmtor. Außer den Stadtmauern werden auch 125 längs des Innenrundganges der Befestigungen entstandene »Basteihäuser« abgebrochen. Bis 1864 ist der Abbruch zum Großteil beendet, der Festungsgraben aufgefüllt, die umfassenden Planierungsarbeiten sind erledigt und die Trassierung der Ringstraße beendet. Ab 1860 entstehen bereits die ersten Häuser an der Ringstraße.

27. April Ein kaiserliches Patent regelt die Verhältnisse des Münzverkehrs und die Anwendung der neueingeführten österreichischen Währung *(→ 19. September 1857)*. Außerdem wird die Silberwährung eingeführt, 1 Gulden zu 60 Kreuzer *(→ 1750; 20. Februar 1811; 1. Juni 1816; 11. August 1892)*.

1. Mai Eröffnung des »Donauquais« (Kai am Donaukanal), die erste sichtbare Veränderung durch die Stadterweiterung von Wien.

20. Juli Geheimtreffen Kaiser Napoleons III. mit Camillo Graf Cavour, dem ersten Minister König Viktor Emanuels von Sardinien, in Plombières (in den Vogesen). Zusicherung der französischen Hilfe bei den italienischen Einheitsbestrebungen. Graf Cavour verspricht dafür Frankreich Nizza und Savoyen, die Verwirklichung dieses Abkommens bedeutet Krieg mit Österreich *(→ 10. Januar und 25. April 1859)*.

28. August Die Festungswerke von Königgrätz werden aufgelassen.

26. September Probefahrt auf der Kaiserin-Elisabeth-Westbahn zwischen Wien und Rekawinkel (Niederösterreich) *(→ 4. April 1857; 15. Dezember 1858)*.

1. Oktober Alois Negrelli Ritter von Moldelbe stirbt in Wien; geb. am 23. Januar 1799 in Primiero (Trentino), Techniker, Eisenbahn-, Wasser- und Straßenbauingenieur, seit 1856 Generalinspektor der österreichischen Eisenbahnen. Er baute seit 1840 mehrere Eisenbahnlinien im österreichischen Staatsgebiet. 1846–1856 entwarf er die Pläne zum Bau des Suezkanals, die später von dem Franzosen Ferdinand Marie de Lesseps verwirklicht wurden, ohne den Namen Negrelli zu erwähnen (der Suezkanal wurde 1869 eröffnet).

27. Oktober Ida Laura Pfeiffer stirbt in Wien; geb. am 14. Oktober 1797 in Wien, die erste welt- und forschungsreisende Frau. Sie legte 150 000 See- und über 25 000 Landmeilen zurück. 1851 war sie die erste Frau, die eine Weltumseglung unternahm. Sie schrieb umfangreiche Reiseberichte, die in viele Sprachen übersetzt wurden: »Reise einer Wienerin in das Hl. Land«, zwei Bände, 1833, »Eine Frauenfahrt um die Welt«, drei Bände, 1850, »Meine zweite Weltreise«, vier Bände,

Das Rote Kreuz – eine Folgeerscheinung der Schlacht von Solferino

Henri Dunant, ein 27jähriger Geschäftsmann aus Genf, ist Augenzeuge des Gemetzels von Solferino am 24. Juni 1859. Er sieht, wie Tausende Verwundete von den Pferden der Kavallerie zertrampelt und von der Artillerie überrollt werden. In seinen »Erinnerungen an Solferino« schreibt er: »Es war ein allgemeines Schlachten, ein Kampf wilder, blutrünstiger Tiere. Selbst die Verwundeten verteidigen sich bis zum letzten Augenblick. Wer keine Waffe hat, packt den Gegner und zerreißt ihm die Gurgel mit den Zähnen.« Und nach weiteren Schilderungen: »Gibt es während einer Zeit der Ruhe und des Friedens kein Mittel, um Hilfsorganisationen zu gründen, deren Ziel es sein müßte, die Verwundeten in Kriegszeiten durch begeisterte, aufopfernde Freiwillige, die für ein solches Werk besonders geeignet sind, pflegen zu lassen?« Tatsächlich kommt es durch die Initiative Henri Dunants am 22. August 1864 zur Gründung des »Roten Kreuzes« in Genf. Die meisten europäischen Mächte unterzeichnen diese »Genfer Konvention zum Schutz der Verwundeten und Kranken im Krieg« *(→ 14. März 1880)*.

1856, »Reise nach Madagaskar«, zwei Bände, von ihrem Sohn 1861 herausgegeben.

15. Dezember Eröffnung der Kaiserin-Elisabeth-Westbahn mit der Strecke Wien–Linz *(→ 4. April 1857; 26. September 1858)*. Der weitere Streckenabschnitt bis Salzburg ist erst am 1. August 1860 fertiggestellt. Im Volksmund heißt die Bahnlinie bald nur »Westbahn«.

1859, 1. Januar In seiner Neujahrsansprache sagt Kaiser Napoleon III. von Frankreich zum österreichischen Gesandten Baron Josef Alexander Frh. von Hübner: »Ich bedaure sehr, daß unsere Beziehungen zu Ihrer Regierung nicht mehr so gut sind wie früher.«

10. Januar Eröffnung der sardinischen Kammer mit der Erklärung König Viktor Emanuels II., daß sein Land dem »Schmerzensschrei Italiens« gegenüber nicht mehr gleichgültig sein kann. Als Antwort darauf verhängt Österreich über die Lombardei das Kriegsrecht. Truppenkonzentrationen auf beiden Seiten, die französische Armee steht in den Alpen. Die europäischen Großmächte bleiben schwankend.

28. März Johann Friedrich Voigtländer stirbt in Wien; geb. am 21. März 1779 in Wien, Optiker. Er eröffnete 1808 in Wien eine Werkstätte für optische Instrumente. 1823 erfand er ein »Doppel-Theaterperspektiv« = Opernglas.

14. April Ignaz Bösendorfer stirbt in Wien; geb. am 28. Juli 1796 in Wien, Klavierbauer. Gründete 1828 in Wien-Josefstadt (Wien 8) eine Klavierfabrik, 1836 »k. k. Hof- und Kammerklavierverfertiger«, bei den Wiener Gewerbeproduktausstellungen 1839–1845 errang er mit seinen Flügeln jeweils erste Preise.

23. April Österreich verlangt in einem dreitägigen Ultimatum von Sardinien die Auflösung des Freikorps unter Giuseppe Garibaldi und die Entwaffnung der Truppen.

25. April Sardinien lehnt das österreichische Ultimatum ab.

26. April Kaiser Napoleon III. von Frankreich erklärt, daß der Übergang der österreichischen Truppen über den Tessin einer Kriegserklärung an Frankreich gleichkommt.

28. April Der Kaiser informiert mit einem Manifest an die Völker Österreichs über den unmittelbar bevorstehenden Krieg. Österreichische Truppen unter Feldzeugmeister Franz Graf Gyulai von Maros-Németh und Nádaska marschieren in Piemont ein – der Nachfolger Feldmarschall Johann Joseph Wenzel Graf Radetzkys hat wegen des schlecht ausgerüsteten Heeres den Oberbefehl widerstrebend angenommen. Den 150 000 Österreichern, von denen 40 000 Mann Besatzungen abzurechnen sind, stehen 180 000 Franzosen und Sardinier gegenüber.

1. und 2. Mai Vereinigung des französischen und des sardinischen Heeres im Raum von Alessandria.

10. Mai Erzherzog Johann von Österreich stirbt in Graz, geb. am 20. Januar 1782 als Sohn des Großherzogs Leopold von Toskana, dem späteren Kaiser Leopold II. und Bruder Erzherzog Karls, des Siegers von Aspern. 1801 General-Genie-Direktor für das österreichische Festungs- und Verteidigungswesen. 1811 gründet er in Graz das »Innerösterreichische Nationalmuseum« (heute »Joanneum«) und fördert den wirtschaftlichen und kulturellen Aufbau der Steiermark. Mit Erlaubnis seines kaiserlichen Bruders heiratete er am 18. Februar 1829 die Ausseer Postmeisterstochter Anna Plochl, die vom Kaiser zur Gräfin von Meran erhoben wurde. 1836 zum Feldmarschall ernannt, übernahm er am 26. Juni 1848 als Stellvertreter Kaiser Ferdinands I. die Regierungsgeschäfte und wurde am 29. Juni vom gesamtdeutschen Parlament in Frankfurt am Main zum »unverantwortlichen Reichsverweser« gewählt. Diese Funktion legte er am 20. Dezember 1849 nieder.

12. Mai Kaiser Napoleon III. von Frankreich übernimmt in Italien den Oberbefehl.

17. Mai Außenminister Karl Ferdinand Graf Buol-Schauenstein tritt zurück, sein Nachfolger wird Johann Bernhard Graf Rechberg und Rothenlöwen.

20. Mai Gefecht bei Montebello. Die Österreicher unter Feldzeugmeister Graf Stadion werden in einem etwa achtstündigen Gefecht zum Rückzug gezwungen. Die österreichischen Verluste betrugen rund 1 300 Mann, die der Verbündeten 1 200.

23. Mai Freischärler unter Giuseppe Garibaldi beziehen bei Como im Rücken der Österreicher Stellung.

31. Mai Gefecht bei Palestro. Sardinier unter General Enrico Cialdini besiegen die Österreicher unter General Zobel.

1. Juni Die Österreicher gehen zurück und konzentrieren sich bei Novara.

4. Juni Schlacht bei Magenta. Niederlage der Österreicher unter Feldzeugmeister Franz Graf Gyulai gegen die vereinigten Truppen unter dem Oberbefehl Kaiser Napoleons III. von Frankreich. Die Schlacht dauert von 10.30 Uhr bis 19.30 Uhr. Österreicher: 58 183 Mann Infanterie, 3 435 Mann Kavallerie und 176 Geschütze. Franzosen und Sardinier: 46 883 Mann Infanterie, 1 207 Mann Kavallerie und 87 Geschütze. Österreich verlor: 64 Offiziere und 1 304 Mann tot, 221 Offiziere und 4 137 Mann verwundet, 4 500 Mann gefangen. Der Gegner verlor: 52 Offiziere und 605 Mann tot, 194 Offiziere und 3 029 Mann verwundet, 665 Mann gefangen. Gegen den Vorschlag des Generalstabes, mit den noch reichlich vorhandenen frischen Truppen weiterzukämpfen, befiehlt Feldzeugmeister Graf Gyulai die Räumung der Lombardei und den Rückzug in das Festungsviereck Peschiera – Mantua – Verona – Legnago.

8. Juni Kaiser Napoleon III. von Frankreich und König Viktor Emanuel II. ziehen umjubelt in Mailand ein.

11. Juni Clemens Wenzel Lothar Fürst Metternich stirbt in Wien; geb. am 15. Mai 1773 in Koblenz. 1801 österreichischer Gesandter in Dresden, 1803 in Berlin und 1806 Gesandter in Paris. Ab 8. Oktober 1809 Außenminister, Ende Januar 1810 auch Staatskanzler, ab 25. Mai 1821 Haus-, Hof- und Staatskanzler, floh am 13. März 1848 nach England, von wo er am 23. September 1851 nach Wien zurückkehrte.

17. Juni Feldzeugmeister Franz Graf Gyulai wird seines Kommandos enthoben, Kaiser Franz Joseph I. übernimmt am 18. den Oberbefehl über die Truppen in Italien.

24. Juni Schlacht bei Solferino (südl. des Gardasees). Die Österreicher verlieren diese Entscheidungsschlacht im Krieg zwischen Österreich und Sardinien, obwohl das VIII. Korps unter Feldmarschalleutnant Ludwig Ritter von Benedek am rechten Flügel (bei San Martino) noch nach dem Rückzugsbefehl erfolgreich ist. Die Schlacht beginnt mit Einzelgefechten schon im Morgengrauen, erreicht um die Mittagsstunden ihren Höhepunkt und endet gegen 18.30 Uhr. Österreicher: 126 000 Mann Infanterie, 12 400 Mann Kavallerie und 413 Geschütze. Franzosen und Sardinier: 135 000 Mann Infanterie, 25 000 Mann Kavallerie und 370 Geschütze. Österreich verlor: 94 Offiziere und 2 198 Mann tot, 500 Offiziere und 10 307 Mann verwundet, 45 Offiziere und 8 593 Mann gefangen, 13 Geschütze. Frankreich verlor: 117 Offiziere und 1 505 Mann tot, 544 Offiziere und 7 986 Mann verwundet, 1 518 Mann gefangen. Sardinien verlor: 49 Offiziere und 642 Mann tot, 167 Offiziere und 3 405 Mann verwundet, 1 258 Mann gefangen. Ein heftiges Gewitter am späteren Nachmittag erzwingt gegen 17 Uhr den Abbruch der Schlacht. Ohne verfolgt zu werden, zieht sich das österreichische Heer hinter den Mincio zurück. In dieser Schlacht spielte zum erstenmal die Eisenbahn eine wesentliche Rolle. Kaiser Napoleon III. von Frankreich transportierte mit ihr rasch seine Truppen auf den Kriegsschauplatz.

Ende Juni Mobilisierung in Preußen, für ein Eingreifen an der Seite Österreichs, jedoch viel zu spät (eher Taktik).

8. Juli Waffenstillstand von Villafranca zwischen Österreich und den verbündeten Gegnern.

11. Juli Kaiser Franz Joseph I. trifft in Villafranca mit Kaiser Napoleon III. von Frankreich zusammen; Franz Joseph I. nimmt das Friedensangebot Napoleons III. an *(→ 10. November)*.

15. Juli Ein kaiserliches Manifest, aus Laxenburg datiert, kündigt den bevorstehenden Frieden an und läßt eine Änderung in der Innenpolitik durchblicken.

21. August Innenminister Alexander Bach und Polizeiminister Johann Kempen Frh. von Fichtenstamm werden entlassen. Beginn des Abbaues des Absolutismus *(→ 31. Dezember 1851; 5. und 25. April 1852; 17. Mai 1859; 5. März und 13. Dezember 1860)*. Neuer Innenminister wird Agenor Romuald Graf Gołuchowski, neuer Polizeiminister Josef Alexander Frh. von Hübner.

20. September Adolf (eigentlich Johannes Andreas) Bäuerle stirbt in Basel; geb. am 9. April 1786 in Wien, Schriftsteller, Meister des Wiener Volksstückes und der Lokalposse, Begründer des Wiener Lokalromans. Er schuf rund 70 Volksstücke und Lokalpossen, die Lieder »'s gibt nur a Kaiserstadt, 's gibt nur a Wean« und »Kommt ein Vogerl geflogen«. Außerdem schuf er die Figur des »Parapluiemachers Staberl«, eine Art Hanswurst. (Wegen Schulden floh er 1859 in die Schweiz.)

20. Oktober Kaiser Franz Joseph I. enthebt Karl Ludwig Graf Grünne vom Posten des Generaladjutanten und Josef Alexander Frh. von Hübner als Polizeiminister. Adolf Frh. von Thierry wird neuer Polizeiminister.

10. November Friede von Zürich zwischen Österreich einerseits und Frankreich und Sardinien andererseits. Österreich tritt die Lombardei ohne die Festungen Mantua und Peschiera an Kaiser Napoleon III. von Frankreich ab, der sie Sardinien übergibt. Italien soll ein Staatenbund unter dem Ehrenvorsitz des Papstes werden. Sardinien tritt Nizza und Savoyen an Frankreich ab *(→ 20. Juli 1858)*. Die Herzöge von Toskana, Modena und Parma sollen wieder eingesetzt werden, Voraussetzung dafür ist eine Volksabstimmung *(→ 18.–22. März 1860)*.

11. November Kaiser Franz Joseph I. ordnet die Errichtung einer Budgetkommission an, die die Aufgabe hat, das Gleichgewicht bei den Einnahmen und Ausgaben des Staatshaushaltes »herzustellen«. Ihre Aufgabe muß bis Ende März 1860 gelöst sein *(→ 23. April 1860)*.

20. Dezember Kaiserliches Patent über eine neue Gewerbeordnung, die auch den Arbeiterschutz mit einbezieht. Sie tritt ab 1. Mai 1860 in Kraft.

▶1860 Beginn der Arbeiten für das Prinz-Eugen-Denkmal auf dem Wiener Heldenplatz. Bronzereiterstandbild von Anton Fernkorn und Franz Pönninger, der Sockel von Eduard van der Nüll, es wird 1865 vollendet.

1. Januar Auflösung der Landesregierung in Salzburg und Unterordnung des Kronlandes Salzburg unter die Statthalterei in Linz.

5. März Kaiserliches Patent über die Verstärkung des Reichsrates durch außerordentliche Reichsräte, 38 Vertreter der Landtage. Sie werden am 1. Mai ernannt *(→ 31. Mai)*. Damit beginnt die Verfassungsreform des Kaisers *(→ 14. April und 31. Dezember 1851; 5. April 1852; 21. August 1859; 31. Mai 1860)*. Den Vorsitz des verstärkten Reichsrates wird Erzherzog Rainer führen.

14. März Karl Ritter von Ghega stirbt in Wien; geb. am 10. Januar 1802 in Venedig, Verkehrstechniker. 1836–1840 Bau von Teilstrecken der Nordbahn. 1840–1842 Bau mehrerer Straßen, 1848–1854 Bau der Eisenbahnstrecke über den Semmering, der ersten Gebirgseisenbahnstrecke Europas. Seit 1850 Vorstand der Generalbaudirektion für die Staatseisenbahnbauten. Adelstitel seit 1850.

18.–22. März Auf Grund der im Frieden von Zürich *(→ 10. November 1859)* vereinbarten Volksabstimmungen werden, dem Ergebnis entsprechend, die Herzogtümer Toskana, Modena und Parma mit dem Königreich Sardinien vereinigt, ebenso das Gebiet des Kirchenstaates ohne Rom *(→ 17. März 1861)*.

19. April Kaiser Franz Joseph I. enthebt Erzherzog Albrecht auf dessen ausdrücklichen Wunsch als General- und Zivilgouverneur Ungarns. Feldzeugmeister Ludwig Ritter von Benedek wird sein Nachfolger. Die Komitatsverfassungen von vor 1848 werden wiederhergestellt.

22. April Kaiser Franz Joseph I. betraut Ignaz Edler von Plener mit der provisorischen Führung des Finanzministeriums. Finanzminister Karl Ludwig Frh. von Bruck wird seines Postens enthoben.

23. April Selbstmord des abgesetzten Finanzministers Karl Ludwig Frh. von Bruck in Wien. Er war zu Unrecht in den »Unterschleifprozeß« gegen Feldmarschalleutnant von Eynatten hineingezogen worden. Außerdem hatte sich herausgestellt, daß die Staatsfinanzen durch Betrügereien der Kriegsmateriallieferanten und durch die Kriegskosten zerrüttet waren (das Ergebnis der vom Kaiser eingesetzten Budgetkommission; *→ 11. November 1859*).

31. Mai Beginn der Beratungen des verstärkten Reichsrates *(→ 5. März)*. Die Beratungen über eine neue Verfassung sind von Gegensätzen bestimmt. Die Zentralistisch-Liberalen (Deutsche) befürworten eine freiheitliche Verfassung und eine Beschränkung der Länderautonomien, die Föderalisten (Ungarn und Tschechen) sind für den Vorrang der Landtage. Der Kaiser entschließt sich für die Mehrheit, die föderalistische Lösung *(→ 27. September und 20. Oktober)*.

17. Juni Auflösung der Landesregierungen in Kärnten und Krain und administrative Unterordnung dieser Herzogtümer unter die Statthaltereien von Graz und Triest.

26. Juli Kaiser Franz Joseph I. trifft in Teplitz mit dem Prinzregenten Wilhelm von Preußen zusammen. Preußen übernimmt die Garantie für Österreichisch-Venetien, allerdings ohne Vertragsabschluß.

21. August Kaiser Franz Joseph I. ernennt den Innenminister Agenor Romuald Graf Gołuchowski *(→ 21. August 1859)* zum Staatsminister und Regierungschef. (Das Kabinett Gołuchowski scheitert am slawischen Föderalismus, die Slawen sind mit den Deutschklerikalen im Bündnis; *→ 13. Dezember*).

27. September Abschluß der Sitzungen des verstärkten Reichsrates *(→ 31. Mai)*, da keine Einigung über eine neue Verfassung erreicht werden konnte.

20. Oktober »Oktoberdiplom« Kaiser Franz Josephs I. erlassen. Ein »beständig unwiderrufliches Staatsgrundgesetz« soll die Autonomie der Kronländer und die Einheit des Kaiserreiches sichern. Die Ungarn sollen die Verfassung von vor 1848 erhalten. Für die anderen Länder gibt es Landtage. Der Reichsrat ist nur für die gemeinsamen Angelegenheiten. Das Oktoberdiplom scheitert am Widerstand der Ungarn (Forderungen des Jahres 1848) und der Deutschen (sie fürchten das Übergewicht der Slawen).

31. Oktober Josef Kornhäusel stirbt in Wien; geb. am 19. November 1782 in Wien, Architekt des Klassizismus. 1804 erste Tätigkeit der Umbau des Hotels »Zur Kaiserin Elisabeth« in Wien (Weihburggasse 3); Emilienhof in Baden bei Wien 1811, Husarentempel bei Mödling (Niederösterreich) 1812, Rathaus in Baden 1815 (heute etwas verändert), sein erster Monumentalbau, der Sauerhof in Baden 1820–1822, sogenannter »Kornhäuselturm« in Wien (Seitenstettengasse 2) und das Haus Seitenstettengasse 4 mit eingebauter Synagoge, zu der er auch alle Kultgegenstände entwarf, 1825–1827, Umbau des Schottenstiftes in Wien 1826–1832, Göttweiger-Hof in Wien (Spiegelgasse 9) 1828–1830, Umbauten am Stift Klosterneuburg (Niederösterreich) 1833–1842, Mechitaristenkloster in Wien 1837.

24. November Uraufführung der Operette »Das Pensionat« von Franz von Suppé im Carl-Theater in Wien, der »Geburtstag der Wiener Operette«.

13. Dezember Staatsminister Agenor Romuald Graf Gołuchowski wird entlassen, Anton Ritter von Schmerling (ein Deutschliberaler) wird als Staatsminister berufen. Beginn der liberalen Ära in der österreichischen Regierung *(→ 21. August)*.

▶1861 In Wien werden die ersten öffentlichen Bedürfnisanstalten errichtet.

26. Februar Kaiser Franz Joseph I. erläßt das »Februarpatent«, eine zentralistische Verfassung für das ganze Kaiserreich und Landesordnungen für die Kronländer, ohne Ungarn und Venetien. Ein Zweikammernsystem mit Herrenhaus: vom Kaiser ernannte oder erbliche Mitglieder; Abgeordnetenhaus: die Landtage bestellen in direkter Wahl 343 Abgeordnete (davon 120 aus der ungarischen Reichshälfte). Beide Kammern bilden den Reichsrat. Der »engere Reichsrat« von 223 Abgeordneten gilt für die österreichische Reichshälfte. Die Landtage werden von vier Kurien beschickt: Großgrundbesitz, Handels- und Gewerbekammern, Städte und Märkte, Landgemeinden. Wahlberechtigt ist nur der direkt Steuer zahlende Bürger, kein allgemeines Wahlrecht.

— Der verstärkte Reichsrat *(→ 31. Mai 1860)* wird aufgelöst, der Staatsrat als beratendes Gremium für den Kaiser wird eingesetzt.

17. März Mit Zustimmung des italienischen Parlaments nimmt König Viktor Emanuel II. von Sardinien den Titel »König von Italien« an *(→ 18.–22. März 1860)*.

8. April Kaiser Franz Joseph I. erläßt das sogenannte »Protestantenpatent«, es sichert »prinzipielle Gleichheit vor dem Gesetz und hinsichtlich der Beziehung ihrer Kirchen zum Staat«.

1. Mai Eröffnung des neuen Reichsrates in Wien. Bedingt durch die Widerstände, wird er von den Landtagen Ungarns, Kroatiens, Istriens und Venetiens nicht beschickt, es tagt daher nur der »engere Reichsrat«. Außerdem opponieren die Tschechen, Slowenen und Polen.

8. Dezember Mit einer Proklamation des Fürsten Alexander Johann I. (Oberst Alexander Cusa war Anfang 1859 zum Fürsten der Walachei und der Moldau gewählt worden) werden die beiden Donaufürstentümer Walachei und Moldau zum einheitlichen Staat Rumänien erklärt. (Seit dem Pariser Frieden vom 30. August 1856 gab es in den beiden Donaufürstentümern ein politisches Tauziehen.)

▶1862 Gründung des österreichischen Alpenvereins, der später mit dem 1869 gegründeten »Deutschen Alpenverein« zum »Deutschen und österreichischen Alpenverein« zusammengeschlossen wird.

5. Februar Ignaz Franz Castelli stirbt in Wien; geb. am 6. März 1781 in Wien, Dichter, typischer Repräsentant des Wiener Biedermeiers. 1809 mußte er wegen seiner »Wehrmannlieder« vor den Franzosen nach Ungarn fliehen. Herausgeber von »Sammler« 1809–1810, der »Thalia« und des »Wiener Conversationsblattes« 1810–

1811. 1811–1814 Theaterdichter am Wiener Kärntnertortheater, für das er rund 200 Theaterstücke verfaßte (meist Übersetzungen aus dem Französischen). 1848–1859 »Sämtliche Werke« in 22 Bänden erschienen. 1847 gründete er den Wiener Tierschutzverein.

16. März Joseph Christian Frh. von Zedlitz stirbt in Wien; geb. am 28. Februar 1790 auf Schloß Johannisberg (Österreichisch-Schlesien), Lyriker und Dramatiker der Spätromantik, Vorläufer der politischen Dichtung in Österreich. 1838–1848 im Dienst der Staatskanzlei. Bekannt ist seine Napoleon-Ballade »Die nächtliche Heerschau«. Er übersetzte die Werke von Lord Byron. 1909 erscheinen »Ausgewählte Werke«, herausgegeben von O. Rommel.

25. Mai Johann Nestroy stirbt in Graz; geb. am 7. Dezember 1801 in Wien, Dramatiker, Schauspieler, Vollender des Altwiener Volkstheaters. Nestroy trat zuerst als Sänger auf, am 24. August 1822 als Sarastro im Kärntnertortheater in Wien. Ab 1832 Theaterdichter in Wien. Direktor des Wiener Carl-Theaters 1854–1860. Er schuf rund 80 Theaterstücke und Possen. »Der böse Geist Lumpazivagabundus« 1833, »Zu ebener Erde und erster Stock« 1835, »Das Haus der Temperamente« 1837, »Einen Jux will er sich machen« 1842, »Der Talisman« 1843, »Der Zerrissene« 1844, »Freiheit in Krähwinkel« 1848 *(→ 1. Juli 1848)*, 1890–1891 erscheinen »Gesammelte Werke« in zwölf Bänden.

7. Juli Friedrich Gauermann stirbt in Wien; geb. am 20. September 1807 in Scheuchenstein bei Miesenbach (Niederösterreich), Maler und Graphiker des Wiener Biedermeiers. Schuf vorwiegend Landschafts- und bäuerliche Genre- sowie Tier- und Jagdbilder. Der Versteigerungskatalog seines Nachlasses weist 569 Handzeichnungen und 1 034 Ölbilder auf.

17. November Leopold Kupelwieser stirbt in Wien; geb. am 17. Oktober 1796 in Piesting (Niederösterreich). Maler des Klassizismus, seit 1836 Professor an der Wiener Akademie der bildenden Künste. Nach seiner Italienreise (1823–1825) malt er ausschließlich Ölbilder und Fresken religiösen Inhalts. Hochaltarbild der Dominikanerkirche in Wien 1839, Freskenzyklus im Festsaal des Statthaltereigebäudes in Wien (Herrengasse 11) 1848–1850, Hauptwerk ist die Ausmalung von großen Teilen der Altlerchenfelder Kirche in Wien (die nur zum geringen Teil auf Josef von Führich zurückgeht) 1855–1858.

17. Dezember Das Österreichische Handelsgesetzbuch wird erlassen.

►**1863, 30. März** Schleswig wird unter einer Verfassung mit Dänemark vereint. Österreich und Preußen protestieren, da sie darin einen Vertragsbruch sehen *(→ 11. Januar 1851; 8. Mai 1852; 1. Oktober 1863; 18. Januar 1864)*.

14. April Erzherzog Ferdinand Maximilian von Österreich, ein jüngerer Bruder des Kaisers, verläßt mit seiner Gattin Charlotte Schloß Miramare (7 km nordwestl. von Triest) und fährt auf dem österreichischen Kriegsschiff »Novara« nach Mexiko. Auf Betreiben Kaiser Napoleons III. von Frankreich hatte der Erzherzog die Krone Mexikos angenommen, er wird Kaiser Maximilian I. von Mexiko. Am 28. Mai trifft er im Hafen von Veracruz ein, am 12. Juni in der Hauptstadt Mexiko *(→ 19. Juni 1867)*.

20. Mai Grundsteinlegung des Opernhauses an der Wiener Ringstraße. Pläne von Eduard van der Nüll und August Sicard von Sicardsburg. Der Bau wird 1865 vollendet, die Innenausstattung im Frühjahr 1869.

Juni Zweite Sitzung des Reichsrates in Wien *(→ 1. Mai 1861)*. Die Ungarn und alle Südslawen fehlen, die Tschechen ziehen bald ihre Vertreter zurück – die Arbeit des Reichsrates ist praktisch unmöglich *(→ 20. September 1865)*.

7. Juni Franz Xaver Gruber stirbt in Hallein (Salzburg); geb. am 25. November 1787 in Unterweizberg (Oberösterreich), Volksschullehrer und Komponist. Er komponierte das Weihnachtslied »Stille Nacht, heilige Nacht«, das am *(→)* 25. Dezember 1818 in der Pfarrkirche von Oberndorf (Salzburg) zum erstenmal gesungen wurde.

4. August Kaiser Franz Joseph I. lädt alle deutschen Bundesstaaten zu einem Fürstentag nach Frankfurt am Main.

17. August Eröffnung des Fürstentages von Frankfurt am Main. König Wilhelm I. von Preußen sandte auf Veranlassung seines Ministerpräsidenten Otto von Bismarck eine Absage. Kaiser Franz Joseph I. führt den Vorsitz und legt einen Plan zur (allgemein als notwendig angesehenen) Reform des Deutschen Bundes vor. Dieser neue Verfassungsentwurf sieht ein fünfköpfiges Fürstendirektorium und eine Delegiertenversammlung (300 Abgeordnete aus den einzelnen Landtagen) vor. Unter dem Vorbehalt der Stellungnahme Preußens wird der österreichische Vorschlag von den Versammelten angenommen. Selbst der merkbare Führungsanspruch Österreichs in Deutschland löst keinen Widerstand aus. Der Fürstentag endet am 1. September. Die Durchführung des österreichischen Vorschlages scheitert allerdings am Widerstand Preußens, das Gleichberechtigung verlangt. Es war dies der letzte österreichische Versuch, den Deutschen Bund zu reformieren und ihn zu einem sinnvoll funktionierenden Instrument zu machen.

1. Oktober Der Deutsche Bundestag beschließt über Antrag Preußens die Bundesexekution gegen Dänemark *(→ 30. März)*.

13. November Neue Verfassung des dänischen Reichstages, wobei Schleswig mit Dänemark vereinigt wird, tritt am 1. Januar 1864 in Kraft *(→ 30. März; 18. Januar 1864)*.

13. Dezember Der deutsche Dramatiker Friedrich Hebbel stirbt in Wien; geb. am 18. März 1813 in Wesselburen (Holstein). Er kam 1845 nach Wien, heiratete die Wiener Burgschauspielerin Christine Enghaus und wurde Wahlösterreicher: »Dies Österreich ist eine kleine Welt, in der die große ihre Probe hält.« Den Großteil seiner bedeutenden Dramen schrieb er in Wien.

27. Dezember Anton Dreher stirbt in Wien; geb. am 10. Juni 1810 in Wien. Er übernahm am 1. April 1836 die väterliche Brauerei in Kleinschwechat bei Wien (seit 1794 in Familienbesitz), baute sie aus und führte das Lagerbier ein. Im Geschäftsjahr 1836/37 braute er hier 20 560 Eimer Bier, 1862/63 bereits 391 260 Eimer, die Brauerei war zur größten Europas geworden. 1861 war er Bürgermeister von Schwechat, wurde bald darauf Abgeordneter des niederösterreichischen Landtages und in den Reichsrat delegiert. Er war ein Anhänger der liberalen Linie Anton Ritter von Schmerlings. (Sein Sohn Anton Dreher der Jüngere vereinigte 1913 die Brauerei mit

Mautner-Markhof zur Firma »Vereinigte Brauereien Schwechat, St. Marx, Simmering, Dreher, Mautner, Meichl AG«.)

►**1864, 5. Januar** Franz Grillparzer wird Ehrenbürger der Stadt Wien.

16. Januar Vertrag zwischen Österreich und Preußen über die gemeinsamen Maßnahmen gegen Dänemark; Aufforderung an Dänemark, binnen 48 Stunden die neue Verfassung *(→ 13. November 1863)* zurückzunehmen.

18. Januar Ablehnung des österreichisch-preußischen Ultimatums durch die dänische Regierung, Ausbruch des Deutsch-Dänischen Krieges.

20. Januar Österreichische und preußische Truppen rücken in Holstein ein. Die österreichische Einheit steht unter dem Befehl von Feldmarschalleutnant Ludwig Karl Frh. von Gablenz-Eskeles, den gesamten Oberbefehl über die rund 55 000 Mann starken Truppen hat der 80jährige preußische Generalfeldmarschall Friedrich Heinrich Graf Wrangel.

1. Februar Die verbündeten Truppen überschreiten die dänische Grenze, die Dänen werden in mehreren Gefechten zurückgedrängt.

6. Februar Im Gefecht bei Oeversee (südl. von Flensburg) besiegen die österreichischen Truppen unter Feldmarschalleutnant Karl Wilhelm Frh. von Gablenz die Dänen und werfen sie auf Flensburg zurück.

7. Februar Österreichische und preußische Truppen ziehen gemeinsam in Flensburg ein.

Ende März Österreichische Truppen schließen die Festung Friedericia ein.

18. April Preußische Truppen unter Prinz Friedrich Karl von Preußen erstürmen die Düppeler Schanzen, die Dänen müssen auf die Insel Alsen zurück.

25. April Beginn der Londoner Konferenz zur Beilegung der deutsch-dänischen Auseinandersetzung. Das Ergebnis der englischen Friedensbemühungen ist allerdings nur ein kurzer Waffenstillstand *(→ 12. Mai)*. Die Konferenz endet am 25. Juni.

9. Mai Seegefecht bei Helgoland. Eine österreichische Eskader unter Linienschiffskapitän Wilhelm von Tegetthoff mit den Fregatten »Schwarzenberg« und »Radetzky« sowie drei preußische Kanonenboote stehen gegen drei wesentlich stärkere dänische Kriegsschiffe; das Kräfteverhältnis: 86 gegen 102 Kanonen. Nach hartem Kampf muß sich Wilhelm von Tegetthoff mit seinem brennenden Flaggschiff »Schwarzenberg« zurückziehen, doch auch die Dänen ziehen sich zurück. Kein Sieg, doch die Aufhebung der dänischen Blockade ist erreicht, die Nordsee ist frei.

12. Mai Waffenstillstand für die Dauer der Londoner Konferenz *(→ 25. April)*, also bis 25. Juni.

17. Mai Franz Martin Rhomberg stirbt in Dornbirn (Vorarlberg); geb. am 15. April 1811 in Dornbirn, Färber. Er konstruierte mechanische Flachsspinnmaschinen und gründete 1832 das Textilunternehmen F. M. Rhomberg in Dornbirn.

26. Mai Charles Sealsfield (eigentlich Karl Anton Postl) stirbt in Solothurn (Schweiz); geb. am 3. März 1793 in Poppitz (Mähren), Schriftsteller des Realismus, ein Klassiker der exotischen Dichtung. Als Angehöriger des Kreuzherrenordens floh er 1822 aus dem Prager Kloster in die Schweiz und ging 1823 nach Amerika, von wo er mit seinem Pseudonym 1831 in die Schweiz zurückkehrte. Sein richtiger Name wird erst nach seinem Tod bekannt. Seine Romane und Erzählungen haben das Amerika der Siedlerzeit als Hintergrund. Hauptwerke: »Tokeah« 1828 in Deutsch, »Der legitime und der Republikaner«, zwei Bände, 1833, »Das Cajütenbuch«, zwei Bände, 1841, »Austria as it is« 1828, »Gesammelte Werke« in 15 Bänden 1845–1846.

29. Juni Preußische Truppen erobern die Insel Alsen, Dänemark macht ein Friedensangebot *(→ 30. Oktober)*.

12. Juli Grundsatzbeschluß des Wiener Gemeinderats über den Bau einer Hochquellenwasserleitung.

18. Juli Waffenstillstand (der zweite) zwischen Dänemark und den verbündeten Truppen, er tritt mit 20. Juli in Kraft.

22. August Genfer Konvention zum »Schutz der Verwundeten und Kranken im Krieg«; die Gründung des »Roten Kreuzes« durch den Schweizer Schriftsteller Henri Dunant *(→ 24. Juni 1859)*. Die meisten europäischen Mächte unterzeichnen dieses Abkommen.

27. Oktober Außenminister Johann Bernhard Graf Rechberg und Rothenlöwen tritt zurück (er hatte sich von Otto von Bismarck für die preußischen Interessen im Deutsch-Dänischen Krieg mißbrauchen lassen). Nachfolger wird Alexander Graf Mensdorff-Pouilly, der ebenfalls Bismarck nicht gewachsen ist *(→ 30. Oktober 1866)*.

30. Oktober Friede von Wien zwischen Preußen und Österreich einerseits und Dänemark andererseits. Dänemark tritt die Herzogtümer Schleswig-Holstein und Lauenburg an Österreich und Preußen ab. Eine gemeinsame österreichisch-preußische Regierung mit dem Sitz in Schleswig wird vereinbart, dies führt jedoch bald zu Differenzen *(→ 14. August 1865)*.

►**1865** Baubeginn der Roßauer Kaserne in Wien 9, ein Ziegelrohbau im Windsorstil von Oberst Pilhal und Major Karl Markl. Der Bau wurde von den Militärs aus taktischen Gründen verlangt als Pendant zur Franz-Josephs-Kaserne am Stubenring, damit man die Innere Stadt und damit das Regierungsviertel nach dem Fall der Befestigungsanlagen verteidigen konnte.

16. Februar Zwischen Österreich und England wird ein Freihandelsabkommen abgeschlossen.

1. Mai Kaiser Franz Joseph I. eröffnet die Wiener Ringstraße. Mit den Abbrucharbeiten war am 29. März 1858 begonnen worden, mit dem eigentlichen Bau der Straße am 29. Februar 1864. Sie ist rund 4 km lang und 57 m breit und von Alleen eingesäumt; sie gilt als bedeutende Leistung des Historismus. Der Hochadel und das Wiener Großbürgertum setzten Geld und ihre Ehre ein, die Reichshaupt- und Residenzstadt mit prächtigen Bauten zu verschönern.

Juni Kaiser Franz Joseph I. besucht Budapest, um einen Versöhnungsversuch mit Ungarn durchzuführen. Er verzichtet auf das zentralistische »Februarpatent« *(→ 26. Februar 1861)* und ernennt den konservativen Georg Graf Mailáth zum ungarischen Hofkanzler, Beginn des Ausgleichs mit Ungarn *(→ 20. September; 15. März 1867)*.

9. Juli Karl Rahl stirbt in Wien; geb. am 13. August 1812 in Wien, Maler monumentaler Deckengemälde und Friese allegorisch-historischen Inhalts. Hauptwerke: Fresken in der griechischen Kirche in Wien 1856, Wandgemälde im Palais Sina-Wimpffen in Wien (Hoher Markt 8, das Palais wurde 1945 zerstört) 1860, Fresken (besonders der Paris-Zyklus) und Wandgemälde im Palais Todesco in Wien (Kärntner Straße –

Ecke Walfischgasse) 1861, Gemälde im Wiener Arsenal 1863.

27. Juli Staatsminister Anton Ritter von Schmerling tritt zurück, er scheiterte an der gleichen Situation wie vor ihm Agenor Romuald Graf Gołuchowski *(→ 13. Dezember 1860)*. — Das sogenannte »Drei-Grafen-Ministerium« wird gebildet: Ministerpräsident: Richard Graf Belcredi, Äußeres: Alexander Graf Mensdorff-Pouilly, Finanzen: Johann Graf Larisch. Österreichische Föderalisten und ungarische Konservative sitzen in der Regierung *(→ 7. Februar 1867)*.

13. August Ignaz Philipp Semmelweis stirbt in Wien; geb. am 1. Juli 1818 in Ofen (= Buda, Ungarn), Arzt, Geburtshelfer und Gynäkologe. 1847 entdeckte er die Ursache des Kindbettfiebers, die Kontaktinfektion. Semmelweis kehrte 1851 enttäuscht, da kaum anerkannt, von Wien nach Budapest zurück. Erst nach seinem Tod (er starb an einer Blutvergiftung in einer Wiener Irrenanstalt) findet seine Entdeckung volle Anerkennung.

14. August Gasteiner Konvention zur Beseitigung der Differenzen in Schleswig-Holstein *(→ 30. Oktober 1864)*. Österreich verwaltet nun Holstein, Preußen Schleswig. Österreich tritt gegen Bezahlung von 2,5 Millionen dänischen Talern das Herzogtum Lauenstein an Preußen ab. Aus wirtschaftlichen und finanziellen Gründen billigt Kaiser Franz Joseph I. dieses Abkommen zwischen dem preußischen Ministerpräsidenten Otto von Bismarck und dem österreichischen Gesandten in Bayern, Franz Graf Blome. Preußens Stellung ist damit abermals gestärkt.

20. August Die Gasteiner Konvention wird in Salzburg von den Monarchen Österreichs und Preußens unterzeichnet.

23. August Ferdinand Georg Waldmüller stirbt in der Helmstreitmühle in der Hinterbrühl bei Mödling (Niederösterreich); geb. am 15. Januar 1793 in Wien, Maler, Vorkämpfer des Realismus in der österreichischen Malerei. Er war Kustos der Akademiegalerie und Professor an der Akademie der bildenden Künste in Wien 1829–1857, wegen seiner Streitschriften gegen die Lehrweise der Akademie wurde er pensioniert, 1864 durch den Kaiser rehabilitiert. Waldmüller schuf neben Porträts auch Genre- und Landschaftsbilder.

15. September Die Gasteiner Konvention tritt in Kaft *(→ 14. August)*, Gouverneur von Holstein wird Feldmarschalleutnant Ludwig Karl Frh. von Gablenz-Eskeles.

20. September Kaiser Franz Joseph I. hebt die Februarverfassung auf *(→ 26. Februar 1861)* und kündigt eine neue Verfassung an. Grundlage sollen die ungarischen Gesetze von 1848, das Oktoberdiplom vom 26. Oktober 1860 und das Februarpatent vom 26. Februar 1861 sein, ein Absolutismus mit Landtagen in allen Kronländern *(→ 7. Februar und 21. Dezember 1867)*.

1. Oktober Mehrere hundert Einwohner Ödenburgs und der benachbarten Ortschaften wandern über den beinahe völlig ausgetrockneten Neusiedler See zu den am anderen Ufer liegenden Ortschaften Illmitz und Apetlon (Burgenland). Der muschelartig gebrochene und von der reichen Sodaausschwitzung silbrig glänzende Schlamm war zu einem festen Boden geworden.

4. Oktober Eröffnung der ersten Pferdestraßenbahnlinie in Wien. Sie führt vom Schottentor nach Hernals. Die Hinfahrt dauert 20 Minuten, die Rückfahrt 15. (Die erste Pferdestraßenbahn in Wien verkehrte 1840–1842 als sogenannte »Brigittenauer Eisenbahn« vom Schottentor zum Vergnügungsetablissement Colosseum in der Brigittenau.)

17. Dezember Uraufführung der 8. Symphonie, der »Unvollendeten«, von Franz Schubert in Wien.

►**1866** Wilhelm Steinitz wird Schachweltmeister und kann seinen Titel bis 1894 verteidigen, damit war er der am längsten (28 Jahre) regierende Schachweltmeister.

26. Januar Der preußische Ministerpräsident und Außenminister Otto von Bismarck richtet eine scharfe Note an Österreich, er kritisiert die österreichische Politik in Holstein. Die Spannung zwischen den beiden Staaten wächst, Ursache ist das unaufhaltsame Streben Bismarcks, Preußen die Macht über ganz Deutschland zu übertragen.

7. Februar Außenminister Alexander Graf Mensdorff-Pouilly weist die preußische Note vom 26. Januar energisch zurück. Fast gleichzeitig lehnt Österreich das Angebot Italiens ab, Venetien gegen eine Entschädigung abzutreten.

28. Februar Der preußische Ministerrat entscheidet sich für einen Krieg gegen Österreich. Nur der preußische Kronprinz ist dagegen und nennt den bevorstehenden Krieg einen »Bruderkrieg«.

14. März Kaiser Franz Joseph I. ordnet die Aufstellung einer Nord- und einer Südarmee an.

8. April Preußen schließt mit Italien ein Schutz- und Trutzbündnis. Italien verpflichtet sich zur Kriegserklärung an Österreich, sobald Preußen die Feindseligkeiten gegen Österreich eröffnet. Preußen verspricht dafür die Unterstützung der Ansprüche Italiens auf Venetien.

21. April Mobilisierung der österreichischen Südarmee, den Oberbefehl erhält am 9. Mai Erzherzog Albrecht, der Sohn Erzherzog Karls, des Siegers von Aspern.

26. April Mobilmachung der italienischen Armee.

27. April Mobilmachung der österreichischen Nordarmee, den Oberbefehl erhält Feldzeugmeister Ludwig Ritter von Benedek *(→ 24. Juni 1859)*. Er nimmt widerstrebend und erst auf Wunsch Erzherzog Albrechts an, die Preußen sind eindeutig besser gerüstet.

3. Mai Mobilmachung der preußischen Armee.

1. Juni Österreich verlangt vom Deutschen Bundestag in Frankfurt am Main einen Schiedsspruch in der schleswig-holsteinischen Frage und beruft für den 11. die Landstände Holsteins nach Itzehoe ein, um die Wünsche zu hören.

3. Juni Preußen protestiert gegen diese österreichischen Maßnahmen.

7. Juni Preußische Truppen unter General Edwin Frh. von Manteuffel rücken in Holstein ein.

9. Juni Österreich reicht beim Deutschen Bundestag in Frankfurt am Main eine Anklage gegen Preußen wegen Bruchs der Verträge von Wien und Gastein *(→ 30. Oktober 1864, 14. August 1865)* ein.

11. Juni Österreich beantragt beim Deutschen Bundestag die Mobilmachung der deutschen Bundestruppen gegen Preußen.

— Feldmarschalleutnant Ludwig Karl Frh. von Gablenz-Eskeles zieht sich mit seiner Besatzungsarmee nach Altona zurück, er marschiert dann weiter zur österreichischen Nordarmee in Böhmen.

12. Juni Neutralitätsvertrag zwischen Österreich und Frankreich. Österreich verpflichtet sich unter anderem, im Falle eines Sieges Venetien an Kaiser Napoleon III. von Frankreich abzutreten *(→ 4. Juli)*.

14. Juni Der Deutsche Bundestag ordnet die von Österreich am 11. verlangte Mobilmachung der deutschen Bundestruppen an. Darauf erklärt der preußische Gesandte Friedrich Karl von Savigny den Deutschen Bund für aufgelöst.

15. Juni Ultimatum Preußens an Hannover, Sachsen und Hessen-Kassel, vom Beschluß des Deutschen Bundes zurückzutreten.

16. Juni Ablehnung des preußischen Ultimatums, worauf unmittelbar preußische Truppen in alle drei Staaten, nämlich Hannover, Sachsen und Hessen-Kassel, einmarschieren. Das 26 000 Mann starke sächsische Heer marschiert zur österreichischen Nordarmee in Böhmen.

18. Juni Preußische Truppen besetzen Dresden.

20. Juni Kriegserklärung Italiens an Österreich *(→ 8. April)*.

22.–25. Juni Drei preußische Armeen marschieren in Böhmen ein, sie stehen unter dem Oberbefehl König Wilhelms I. von Preußen, Generalstabschef ist Generalfeldmarschall Helmut Graf Moltke. Die Elbarmee mit 46 000 Mann unter Generalfeldmarschall Karl Eberhard Herwarth von Bittenfeld, die 1. Armee mit 93 000 Mann unter Friedrich Karl Prinz von Preußen und die 2. Armee mit 115 000 Mann unter Friedrich Wilhelm Kronprinz in Preußen. Diesen gegenüber steht die österreichische Nordarmee unter Feldzeugmeister Ludwig Ritter von Benedek in einer Gesamtstärke von 283 000 Mann mit 736 Geschützen (die preußischen Armeen hatten zusammen 792 Geschütze).

23. Juni Erste Berührung der Gegner bei Kratzau, Einsiedel und Friedrichshain.

— Das italienische Heer in Stärke von rund 120 000 Mann unter General Alfonso Ferrero de La Marmora überschreitet den Mincio und rückt gegen Verona vor. Gleichzeitig setzt sich die österreichische Südarmee unter Erzherzog Albrecht in Stärke von rund 80 000 Mann von Verona aus im Berggelände zwischen Gardasee und Etsch fest.

24. Juni Schlacht bei Custoza. Trotz starker zahlenmäßiger Unterlegenheit besiegt Erzherzog Albrecht die Italiener, die den Kampf, der gegen acht Uhr begann, gegen 17 Uhr abbrechen, sie gehen über den Mincio zurück. Der Ort Custoza wird im Verlauf des Kampfes mehrmals von beiden Seiten erobert. Die österreichischen Verluste: 71 Offiziere und 1 099 Mann tot, 223 Offiziere und 3 761 Mann verwundet, 4 Offiziere und 116 Mann gefangen, 16 Offiziere und 2 666 Mann vermißt; die der Italiener: 61 Offiziere und 651 Mann tot, 226 Offiziere und 2 915 Mann verwundet, 50 Offiziere und 39 Mann gefangen, 10 Offiziere und 4 233 Mann vermißt. Die einzige und letzte größere Kriegshandlung zu Lande auf dem italienischen Kriegsschauplatz.

26. Juni Gefecht bei Hühnerwasser (Mähren), Sieg der preußischen Elbarmee über die Österreicher unter General Eduard Graf Clam-Gallas.

26./27. Juni Nachtgefecht bei Podol (Mähren), Sieg der preußischen 1. Armee über die Österreicher. Zum erstenmal zeigt sich die gewaltige Überlegenheit des preußischen Hinterladers, des »Zündnadelgewehrs«, die Feuerschnelligkeit der Preußen ist drei- bis viermal höher, die Verluste der Österreicher erreichen das gleiche Verhältnis *(→ 1841)*.

27. Juni Gefecht bei Trautenau. Feldmarschalleutnant Ludwig Karl Frh. von Gablenz-Eskeles besiegt das 1. Korps der preußischen 2. Armee, der einzige österreichische Sieg in diesem Feldzug gegen Preußen. Die österreichischen Verluste betrugen 5 782 Tote und Verwundete, die preußischen 1 338 Tote und Verwundete.

— Gefecht bei Nachod, Sieg der preußischen 2. Armee über die Österreicher. Die österreichischen Verluste betrugen 5 010 Tote und Verwundete und 2 500 Gefangene, die preußischen 1 122 Tote und Verwundete.

28. Juni Gefecht bei Soor. Trotz fünffacher Überlegenheit der österreichischen Artillerie besiegen die Preußen die Österreicher unter Feldmarschalleutnant Ludwig Karl Frh. von Gablenz-Eskeles und erstürmen Trautenau *(→ 27. Juni)*. Die Preußen treten darauf erneut den Vormarsch an.

— Gefecht bei Skalitz. Sieg der preußischen 2. Armee über die Österreicher, die sich über die Elbe auf Josefstadt zurückziehen.

— Gefecht bei Münchengrätz. Sieg von Teilen der vereinigten preußischen Elbarmee und 1. Armee über die Österreicher unter General Eduard Graf Clam-Gallas. Die Österreicher gehen auf Gitschin zurück.

29. Juni Gefecht bei Schweinschädel. Sieg der preußischen 2. Armee über die Österreicher, die daraufhin auf Königgrätz zurückgenommen werden.

— Gefecht bei Gitschin. Sieg der preußischen 1. Armee über die zahlenmäßig überlegenen Österreicher und Sachsen unter General Eduard Graf Clam-Gallas. In einem Nachtgefecht nehmen die Preußen die Stadt Gitschin ein. Der von Josefstadt aus geplante österreichische Vormarsch ist damit endgültig gescheitert – der Vormarsch der preußischen 1. Armee und der Elbarmee auf Königgrätz ermöglicht.

— Kapitulation der hannoveranischen Armee bei Langensalza. Sie war seit dem 27. von den Preußen arg bedrängt worden und mußte den Widerstand aufgeben. Im anschließenden »Mainfeldzug« der Preußen werden bis Ende Juli die restlichen deutschen Bundestruppen besiegt.

3. Juli Schlacht bei Königgrätz (auch nach dem umkämpften Ort Sadowa benannt), die Entscheidungsschlacht dieses Feldzuges, die durch eine unglückliche Taktik Feldzeugmeisters Ludwig Ritter von Benedeks und die stark überlegene Feuerkraft des preußischen Zündnadelgewehrs von den Österreichern verloren wird *(→ 26./27. Juni)*. Die Stärke der Österreicher einschließlich der rund 21 000 Sachsen beträgt: 174 902 Mann Infanterie, 23 798 Mann Kavallerie und 16 328 Mann Artillerie mit 770 Geschützen, die der Preußen beträgt über 220 000 Mann mit 780 Geschützen. Die Schlacht beginnt um 7.30 Uhr mit einem Artilleriegefecht und bleibt bis Mittag für die Österreicher erfolgreich. Die Wende führt gegen 14 Uhr der Flankenangriff der preußischen 2. Armee unter dem Kronprinzen Friedrich Wilhelm herbei, wobei Benedeks Schlüsselstellung bei Chlum erstürmt wird. Der Geschützkampf der österreichischen Artillerie dauert bis in die Abendstunden, während sich die Armee zurückzieht, fort. Die österreichischen Verluste betragen (ausschließlich des Anteils von rund 1 500 Sachsen): 2 Generäle, 328 Offiziere und 5 328 Mann tot, 431 Offiziere und 7 143 Mann verwundet, 43 Offiziere und 7 367 Mann vermißt, 509 Offiziere und 21 661 Mann gefangen. 6 010 Pferde, 187 Geschütze und 641 Fuhrwerke gingen ver-

Theodor Fontane über Königgrätz

Wenig bekannt sind die Reisebriefe vom Kriegsschauplatz von Theodor Fontane, die im »Berliner Fremden- und Anzeigenblatt«, allgemein »Deckers Fremdenblatt« genannt, im September 1866 veröffentlicht wurden. Am 28. August 1866 besuchte Fontane Königgrätz, er schreibt:

»Die Stelle nämlich (auf der Chlumer Höhe) wo Benedek hielt, gestattet nach allen Seiten eine vorzügliche Aussicht, nur nicht nach rechts. Nach rechts hin sieht man den Thurm von Chlum, der aus einer dichten Obstbaum-Anpflanzung mit seinen weißgelben Wänden und seiner kurzen Thurmspitze aufragt, alles aber, was hinter dem grünen Schirm dieses Obstwäldchens, oder wohl gar am Fuß oder Abhang des hier (wenn wir den Ausdruck gebrauchen dürfen) nach der kronprinzlichen Seite hin steil abfallenden Hügels gelegen ist, entzieht sich dem Auge. Sogar das am Höhenrand gelegene Dorf Chlum selbst ist nicht sichtbar. Auf dieser hinter einer Waldcoulisse sich bergenden Linie rückten nun aber die Preußen gerade heran und außer durch die Beschaffenheit des Terrains auch noch durch Nebel, Regen und Pulverdampf einem etwa beobachtenden Blick entzogen, glückte es ihnen (ohne daß der vierhundert Schritt davon haltende feindliche Oberfeldherr auch nur eine Ahnung davon gehabt hätte) sich in Dorf Chlum und den nächst gelegenen Punkten festzusetzen. Nichts wird den Feldzeugmeister, was auch im Uebrigen seine Verdienste sein mögen, von dem Vorwurf reinigen können, einen so wichtigen Punkt, und zwar in seiner nächsten Nähe, unbesetzt oder so gut wie unbesetzt gelassen, und dadurch dem Feinde einen Vorstoß in den Mittelpunkt seiner Stellung ermöglicht zu haben. Chlum, bei der Wichtigkeit speziell dieses Punktes, mußte über Verteidigungskräfte verfügen, stark genug, jedem Angriff von der rechten Flanke her wenigstens auf Stunden hin zu begegnen. Was aber unter allen Umständen hier nicht möglich sein durfte, das war eine Ueberraschung. Daß sie schließlich dennoch eintrat, kann durch das Terrain erklärt werden, aber nicht entschuldigt.

Von dem Augenblick an, wo diese Ueberraschung gemeldet wurde, trat die Schlacht in ihre zweite Hälfte ein, Benedek wechselte seine Front; der Kampf, der so lange im Bistritztal zwischen den gegenüber gelegenen Höhen von Dub und Lipa getobt hatte, wandte sich jetzt der Flanke zu und nahm seine Richtung gegen Osten. Man könnte sagen, aus der Schlacht von Sadowa wurde in diesem Augenblick eine Schlacht bei Chlum.«

loren. Die preußischen Verluste betragen: 1 General, 89 Offiziere und 1 830 Mann tot, 260 Offiziere und 6 688 Mann verwundet, 276 Mann vermißt. (Das arge Mißverhältnis der Verluste zeigt am deutlichsten die Auswirkung des Zündnadelgewehrs.)

— Die österreichische Nordarmee zieht sich auf Olmütz zurück; die preußischen Armeen sind erschöpft, die Führung erkennt nicht gleich die Tragweite des Sieges, weshalb die Verfolgung der Österreicher erst am Nachmittag des 4. Juli aufgenommen wird.

4. Juli König Wilhelm I. von Preußen lehnt das von Feldmarschall Ludwig Karl Frh. von Gablenz-Eskeles überbrachte österreichische Friedensangebot ab.

— Kaiser Franz Joseph I. versucht die Unterstützung Frankreichs zu erlangen und tritt Venetien an Kaiser Napoleon III. von Frankreich ab *(→ 12. Juni)*. Die französischen Friedensbemühungen scheitern vorerst.

8. Juli Preußische Truppen besetzen Prag.

10. Juli Erzherzog Albrecht erhält den Oberbefehl über alle österreichischen Truppen übertragen, er trifft am 13. in Wien ein, worauf eine Konzentration aller Armeen im Raum von Wien erfolgt.

12. Juli Preußische Truppen besetzen Brünn und erreichen am 13. die Thaya.

13. Juli »General« Giuseppe Garibaldi bricht mit seinen Truppen im Chiesatal ein, worauf sich bei Trient mehrere Gefechte ergeben.

17. Juli König Wilhelm I. von Preußen errichtet in Lundenburg sein Hauptquartier.

18. und 19. Juli Die italienische Flotte unter Admiral Carlo Pellion Conte di Persano greift österreichische Stellungen auf der dalmatinischen Küsteninsel Lissa (auch Vis) an.

20. Juli Seeschlacht bei Lissa, eine dalmatinische Küsteninsel (auch Vis). Überlegener Sieg des Konteradmirals Wilhelm von Tegetthoff über die italienische Flotte unter Admiral Carlo Pellion Conte di Persano. Tegetthoff greift mit nur 27 Schiffen, darunter sieben Panzerschiffe, die italienische Flotte mit 34 Schiffen, darunter aber zwölf Panzerschiffe, vor der Insel an. Um sieben Uhr läßt Tegetthoff signalisieren »Distanzschießen – den Feind rammen« und gleich darauf »Muß Sieg von Lissa werden«. Das Flaggschiff »Erzherzog Ferdinand Max« unter Linienschiffskapitän Max Frh. von Sterneck rammt das Panzerschiff »Rè d'Italia«, das nach zwei Minuten sinkt, das Panzerschiff »Palestro« – von den Österreichern in Brand geschossen – fliegt in die Luft, mehrere andere italienische Schiffe werden schwer beschädigt. Gegen 17 Uhr ist die Schlacht beendet, die italienische Flotte zieht gegen Ancona ab. Eine Verfolgung der Italiener ist sinnlos, sie sind schneller, und ihre Geschütze haben eine größere Reichweite. Das Linienschiff »Kaiser« hatte beträchtliche Schäden, das Panzerschiff »Erzherzog Ferdinand Max« durch den Rammstoß ein Leck am Bug, die anderen österreichischen Schiffe hatten nur geringfügige Schäden aufzuweisen. Die Verluste der Österreicher betrugen 3 Offiziere und 35 Mann an Toten und rund 140 an Verwundeten, die Italiener verloren 38 Offiziere und 574 Mann an Toten und rund 200 an Verwundeten. Tegetthoff wird zum Vizeadmiral befördert und erhält das Komturkreuz des militärischen Maria-Theresien-Ordens. Admiral Carlo Pellion Conte di Persano, der anfangs sogar falsche Siegesmeldungen verbreitete, wird verhaftet und in einem Hochverratsprozeß in Florenz hart verurteilt.

21. Juli Waffenstillstand von Nikolsburg zwischen Österreich und Preußen auf die Dauer von fünf Tagen, Beginn am 22. Juli um zwölf Uhr.

Der österreichische Sieg bei Lissa

Aus dem Rapport des Konteradmirals Wilhelm von Tegetthoff an das Armeekommando in Wien nach der Seeschlacht bei Lissa, am 20. Juli 1866.

»An das Hohe k. k. Kommando der operierenden Armeen in Wien.
K. und k. Escadrekommando, Rhede von Fasana (Pola), am 23. Juli 1866.
Ich gestatte mir, im nachfolgenden einen summarischen Bericht über die Seeschlacht bei Lissa am 20. Juli unterthänigst zu unterbreiten ...
Telegramme, welche mir vom k. k. Generalkommando zu Zara am 19. Juli zukamen und die Fortsetzung der Beschießung der Insel Lissa durch die Sardische Flotte anzeigten, ließen mir keinen Zweifel, daß der Feind mit seiner Expedition gegen Lissa nicht, wie ich anfangs glaubte, eine Diversion beabsichtige, um mich von meiner Operationsbasis abzuleiten und hiedurch sich freie Hand im nördlichen Golf der Adria zu verschaffen, sondern daß es sich in der Tat um die Wegnahme der Insel handle. Ich setzte mich daher um Mittag desselben Tages mit der Escadre in Bewegung und steuerte gegen Lissa. Morgens, den 20. Juli, gegen 7 Uhr, meldeten die Auslugger mehrere Dampfer in Sicht; doch bald darauf entzog eine Regenböe aus SW selbe wieder dem Blick. Der Seegang aus SW war um diese Zeit derart, daß die Panzerschiffe zweiter Klasse und Panzerfregatte ›Salamander‹ ihre Stückpforten schließen mußten. Bei allmählicher Annäherung gegen Lissa, welches gegen die See aus südlicher Richtung Deckung gibt, und nachdem auch die Brise nach NW umgesetzt hatte, nahm der Wellengang nach und nach ab, und gegen 10 Uhr hellte sich der Himmel wieder auf. Man gewahrte auch sofort den Feind unter Lissa, in zwei Gruppen getrennt, welche, wie es schien, sich zu vereinigen suchten ... Nicht lange dauerte es, so entwickelte sich die feindliche Flotte in Kielwasserlinie, Kurs NNO, und zwar ihre mächtige Panzerdivision an der Spitze ... Die Aufstellung der österreichischen Escadre war folgende: Nach der Gattung der Schiffe waren selbe in drei Divisionen geteilt, nämlich: die Division der Panzerschiffe, jene der schweren und endlich die der leichten Holzschiffe. Diese Divisionen waren, die Panzerdivision an der Spitze, hintereinander im Kielwasser, jede einzelne im vorspringenden Winkel, formiert. Ich ließ sofort die Divisions- und Schiffsdistanzen schießen, die Schiffe in Gefechtsbereitschaft setzen und die Fahrt derselben erhöhen.
An die Panzerdivision gab ich den Befehl: ›den Feind anlaufen, um ihn zum Sinken zu bringen!‹ Die feindliche Linie kreuzte indessen vor der Kurslinie des Escadre, und der Führer derselben, das Panzerschiff ›Principe di Carignano‹ mit Konteradmiral Vacca an Bord, eröffnete ein nicht sehr wirksames Feuer, welches alsbald von den nächsten österreichischen Schiffen erwidert und in Kürze allgemein wurde. Bald darauf ward die Linie der Sarden durch die österreichische Panzerdivision durchbrochen. Es begann sich ein allgemeiner Kampf zu entwickeln. Die Schiffe der feindlichen Panzerkolonne, welche hinter dem Punkte lagen, wo durchgebrochen worden war, fielen nordwärts ab; hiedurch waren die eigenen Holzdivisionen bedroht und ich ließ demnach die eigene Panzerdivision ebenfalls nordwärts wenden, um den Holzschiffen Luft zu machen und die vom Groß getrennten feindlichen Panzerschiffe ins Kreuzfeuer zu bringen. Die Holzdivisionen verfolgten indessen ihren Weg und brachen sich Bahn durch die feindlichen Panzerschiffe, wobei sie – Fregatten wie Kanonenboote – mannigfache Gelegenheit fanden, sich mit den gegnerischen Panzerschiffen zu messen ...
Nur die Division der feindlichen Holzschiffe lag ziemlich geordnet unter der Küste von Lissa in nordwestlicher Richtung steuernd und sendete gelegentlich den passierenden k. k. Schiffen ihre Breitseite zu. Bei dieser allgemeinen Jagd gelang es dem Geschicke und der Bravour des Commandanten meines Flaggschiffes [›Erzherzog Ferdinand Maximilian‹, eine Panzerfregatte erster Klasse], Linienschiffkapitän Max Baron von Sterneck, im Zeitraume einer halben Stunde drei sardische Panzerschiffe anzulaufen; zwei wurden schwer beschädigt, die Flagge des einen herabgerissen, das dritte, der ›Re d'Italia‹, eines der größten der italienischen Flotte, ward in den Grund gebohrt und versank binnen zwei Minuten mit einer Bemannung von mehr als 600 Mann. Jeder Versuch, die schwimmende Mannschaft des ›Re d'Italia‹ zu retten, mußte leider aufgegeben werden, denn ein Angriff von allen Seiten forderte dringend, das Augenmerk auf die eigene Sicherheit zu richten. Während dieses beiderseitigen Ringens ward ein sardisches Panzerschiff in Brand geschossen [die ›Palestro‹] und die feindliche Panzerflotte schien sich sammeln zu wollen, um selbes aufzunehmen und zu decken. Ich signalisierte daher den unterstehenden Schiffen ebenfalls, sich zu sammeln und sich in drei Kolonnen, Kurs NO, die zwei Divisionen der Holzschiffe durch jene der Panzerschiffe gedeckt, neu zu formieren, während Dampfer ›Elisabeth‹ beordert wurde, wenn nötig dem, wie es schien, hart mitgenommenen Linienschiff ›Kaiser‹ Unterstützung zu bieten ...
Ich fühlte mich verpflichtet, gleich nach Beendigung des Kampfes der Bemannung der Flotte ohne Unterschied meine Anerkennung und meinen Dank auszusprechen; Commandanten, Offiziere und Mannschaften haben ihre Pflicht getan; sie haben mit einer Hingebung, Ausdauer und Ruhe gekämpft, der selbst der Gegner die Anerkennung nicht wird versagen können; ihre Leistungen stehen umso höher, wenn man bedenkt, welch' kurze Zeit der größte Teil der Schiffe ausgerüstet ist und daß bei manchen zwischen dem Tage der Ausrüstung und dem Tage der Schlacht kaum der Zeitraum von drei Wochen liegt. Zudem ist nicht außer acht zu lassen, daß sie mit dem Bewußtsein in den Kampf gingen, mit einem materiell stärkeren Feind zu tun zu haben, und daß nur moralische Kraft und seemännisches Geschick dieser Übermacht ein Gleichgewicht zu halten vermag.

Tegetthoff«

22. Juli Gefecht bei Blumenau, nordöstl. von Preßburg. Die Preußen wollten sich noch der Stadt Preßburg bemächtigen, doch gelingt es den österreichischen Truppen, die Entscheidung bis zum Eintritt der Waffenruhe um zwölf Uhr in der Hand zu behalten.

25. Juli Im Gefecht bei Vigolo erleiden die Italiener ihre letzte Niederlage (trotz der geringen österreichischen Truppen), die Stadt Riva am Gardasee wird ebenfalls von den Österreichern gehalten.

26. Juli Präliminarfriede von Nikolsburg zwischen Österreich und Preußen. Österreich anerkennt die Auflösung des Deutschen Bundes und ist einverstanden mit der Neugestaltung Deutschlands und den Gebietsänderungen in Norddeutschland durch Preußen. Österreich überträgt seine Rechte in Schleswig-Holstein an Preußen und verpflichtet sich zur Zahlung einer Kriegsentschädigung in Höhe von 20 Millionen Talern. Italien schließt sich diesem Präliminarfrieden nicht an; ab dem 5. August wird wegen eines Waffenstillstandes separat verhandelt. (In der Folge dieses Vorfriedens werden mit den anderen deutschen Staaten Vereinbarungen getroffen. Schleswig-Holstein, Hannover, Kurhessen, Nassau und Frankfurt am Main werden mit dem Königreich Preußen vereinigt, außer der Macht in Norddeutschland nimmt Preußen auch auf die Staaten südl. des Main Einfluß, ein Schutz- und Trutzbündnis zwischen den norddeutschen und den süddeutschen Staaten verpflichtet die Süddeutschen im Kriegsfall zur Stellung von Truppen unter preußischem Oberbefehl.)

27. Juli Erster Cholerafall in Wien, nachdem die Seuche vorher im preußischen Heer ausgebrochen war (3 139 preußische Soldaten fielen ihr während des Feldzuges zum Opfer) und mit dem Vormarsch in knapp 100 Gemeinden des östl. Niederösterreich getragen wurde. Ab dem 24. August tritt die Cholera in Wien epidemisch auf und fordert bis zum 23. November 1 609 Tote. In der Umgebung von Wien zählt man rund 4 000 Tote, in den übrigen Bezirken Niederösterreichs waren 490 Ortschaften betroffen; bei etwa 23 000 Choleraerkrankungen führten in diesem Gebiet rund 8 000 zum Tod.

August Slawenkongreß in Wien. Die Tschechen sind durch František Palacký *(→ 11. April 1848)*, die Kroaten durch Bischof Josef Stroßmayer von Diakovár *(→ 8. Dezember 1869)* und die Polen durch Agenor Romuald Graf Gołuchowski vertreten. Der Kongreß fordert den Föderalismus von fünf Ländergruppen.

12. August Waffenstillstand von Cormons (westl. von Görz) zwischen Österreich und Italien. Obwohl Österreich bereits am 4. Juli Venetien an Kaiser Napoleon III. von Frankreich abgetreten hatte, wurde hier seit dem 5. um den Waffenstillstand gefeilscht *(→ 3. Oktober)*.

23. August Der Friede von Prag zwischen Österreich und Preußen bestätigt den Vorfrieden von Nikolsburg *(→ 26. Juli)* und legt die Abtretung Venetiens an Italien fest *(→ 3. Oktober)*. Damit ist der Österreichisch-Preußische Krieg endgültig beendet und der Ausschluß Österreichs von Deutschland vollzogen, nicht zuletzt eine Voraussetzung für den Ausgleich mit Ungarn.

3. Oktober Friede von Wien zwischen Österreich und Italien. Österreich anerkennt das Königreich Italien *(→ 17. März 1861)*, Venetien wird von Österreich an Italien abgetreten (Kaiser Napoleon III. hatte unter dieser Voraussetzung das österreichische Angebot am *[→]* 4. Juli angenommen).

30. Oktober Friedrich Ferdinand Frh. von Beust (ab 1868 Graf) wird Außenminister von Österreich, ein heftiger Gegner des preußischen Ministerpräsidenten Otto von Bismarck *(→ 7. Februar und 24. Dezember 1867)*.

11. Dezember Österreich und Frankreich unterzeichnen ein Freihandelsabkommen.

►1867 Baubeginn für die Kaiser-Franz-Josephs-Bahn, der Eisenbahnlinie von Wien nach Prag. Sie wird 1874 fertiggestellt.

— In Wien wird mit dem Bau des Gebäudes der Gesellschaft der Musikfreunde von Theophil Hansen begonnen, es wird 1869 vollendet. Es wird bald nur »Musikvereinsgebäude« genannt.

2. Januar Ministerpräsident Richard Graf Belcredi löst den Reichsrat auf, die Deutschliberalen hatten die Mehrheit erreicht. Er setzt für den 25. Februar Neuwahlen für den außerordentlichen Reichsrat fest.

7. Februar Ministerpräsident Richard Graf Belcredi muß zurücktreten, denn die Deutschliberalen verweigerten die Teilnahme an der von ihm am 2. Januar ausgeschriebenen Neuwahl *(→ 27. Juli 1865)*. Außenminister Friedrich Ferdinand Frh. von Beust *(→ 30. Oktober 1866)* bildet ein neues Ministerium (= Regierung): Ministerpräsident und Äußeres: Frh. von Beust, Inneres (ab März): Eduard Graf Taaffe (ein Vertrauter des Kaisers), Finanzen: Max Wladimir Frh. von Beck, Kriegsminister: Feldzeugmeister Franz Frh. von John (der Generalstabschef Erzherzog Albrechts).

15. Februar Uraufführung des Walzers »An der schönen blauen Donau« von Johann Strauß Sohn durch den Wiener Männergesangsverein. Wegen eines schlechten Textes fiel der Walzer durch. Erst etwas später, als Konzertwalzer, wird er gefeiert und wurde im Laufe der Zeit zur »zweiten österreichischen Bundeshymne«.

Die österreichisch-ungarische Monarchie 1867 bis 1918

▶**1867, 18. Februar** Abschluß der Verhandlungen in Wien über die Bedingungen für den »Ausgleich mit Ungarn«. Seit 1865 sind die damit zusammenhängenden Probleme mit den Führern des »Ungarntums« Ferenc Deák und Julius Graf Andrássy dem Älteren verhandelt worden. Ungarn erhält ein eigenes Ministerium (= Regierung) unter der Leitung von Julius Graf Andrássy *(→ Rahmenartikel: Der österreich-ungarische Ausgleich).* — Wenn auch Kaiser Franz Joseph I. erst mit Handschreiben vom 14. November 1868 die Bezeichnung »österreichisch-ungarische Monarchie« sozusagen »offiziell« einführt, ist ihr Beginn doch praktisch mit dem Abschluß der Verhandlungen mit Ungarn am 18. Februar 1867 bzw. mit der Leistung des Treueides an den Kaiser am 15. März 1867 festzusetzen.

27. Februar Wiederherstellung des ungarischen Reichstages *(→ 26. Juni 1850; Juni 1865).*

15. März Julius Graf Andrássy leistet mit seinem Ministerium (= Regierung) in Ofen Kaiser Franz Joseph I. den Treueid, damit ist der »Ausgleich mit Ungarn« abgeschlossen *(→ Rahmenartikel: Der österreichisch-ungarische Ausgleich).*

23. April Zwischen Österreich und Italien wird ein Freihandelsabkommen unterzeichnet.

22. Mai Eröffnung des neubestellten cisleithanischen (diesseitigen) Reichsrates. Wiederherstellung der verfassungsmäßigen Rechte *(→ 26. Februar 1861),* Genehmigung des »Ausgleiches mit Ungarn«.

8. Juni Kaiser Franz Joseph I. wird in Budapest zum

Der österreichisch-ungarische Ausgleich

Die Regelung des neuen staatsrechtlichen Verhältnisses zwischen Österreich und Ungarn trat am 15. März 1867 in Kraft.
Beide Reichshälften – Österreich = Cisleithanien, Ungarn = Transleithanien – sind gleichberechtigte und selbständige Staatsgebilde, die nur durch die Person des Herrschers und gemeinsame Angelegenheiten (Äußeres, Heer und Finanzen) verbunden sind. Die gemeinsamen Reichsangelegenheiten werden durch das »Delegationsgesetz« vom November 1867 geregelt. Delegationen sind ein Parlamentsausschuß von je 60 Mitgliedern der beiden Parlamente, der jährlich abwechselnd in Wien und Budapest tagt. Als Beitragsquoten für die gemeinsamen Ausgaben sind festgelegt: Österreich 70%, dann 68, bis 1907 sinkt der Anteil auf 63,4%, Ungarn 30%, dann 32, und steigt bis 1907 auf 36,6%.
Eine Währungs- und Zollunion soll wirtschaftliche Einheit gewährleisten.
Cisleithanien sind die Länder diesseits der Leitha: Niederösterreich, Oberösterreich, Salzburg, Tirol, Vorarlberg, die Steiermark, Kärnten, Krain, Görz, Gradiska, Istrien, Dalmatien, Böhmen, Mähren, Schlesien, Galizien und die Bukowina; sie unterstehen dem Kaiser von Österreich. Die Bezeichnung Österreich für dieses Gebiet wird offiziell erst 1915 gebraucht.
Transleithanien sind die Länder jenseits der Leitha: Ungarn, Siebenbürgen, Kroatien und Slawonien (die »Länder der heiligen ungarischen Stephanskrone«); sie unterstehen dem König von Ungarn.
Am 14. November 1868 verfügt Kaiser Franz Joseph mit Handschreiben die Bezeichnung »österreichisch-ungarische Monarchie«.
Die Bezeichnung für gemeinsame Behörden und Angelegenheiten ist »k. u. k.«, das heißt kaiserlich und königlich, für die österreichische Reichshälfte (seit 1745) »k. k.«, das heißt kaiserlich-königlich, für nur ungarische »kgl.«, also königlich.
Die Errichtung der Doppelmonarchie brachte den Ausgleich mit Ungarn, aber nicht die Lösung des Nationalitätenproblems.
Die Slawen beider Reichshälften verlangten ebenfalls eine Sonderstellung, Rußland unterstützte den Panslawismus. Die Ungarn hingegen waren in der Nationalitätenfrage zu keinem Kompromiß bereit.
Bevölkerungsverteilung in der gesamten Monarchie: 47% Slawen, 24% Deutschsprachige, 20% Ungarn.
Dazu der Tschechenführer Palacký: »Der Tag der Ausrufung des Dualismus wird zugleich auch der Geburtstag des Panslawismus in seiner am wenigsten wünschenswerten Form sein. Wir waren vor Österreich und werden auch nach ihm sein.«

Staatsgrundgesetz 1867

Aus dem »Staatsgrundgesetz über die allgemeinen Rechte der Staatsbürger für die im Reichsrate vertretenen Königreiche und Länder« vom 21. Dezember 1867:

»Art. 1 Für alle Angehörigen der im Reichsrate vertretenen Königreiche und Länder besteht ein allgemeines österreichisches Staatsbürgerrecht. Das Gesetz bestimmt, unter welchen Bedingungen das österreichische Staatsbürgerrecht erworben, ausgeübt und verloren wird.

Art. 2. Vor dem Gesetz sind alle Staatsbürger gleich.

Art. 3. Die öffentlichen Ämter sind für alle Staatsbürger gleich zugänglich. Für Ausländer wird der Eintritt in dieselben von der Erwerbung der österreichischen Staatsbürgerschaft abhängig gemacht.

Art. 4. Die Freizügigkeit der Person und des Vermögens innerhalb des Staatsgebietes unterliegt keiner Beschränkung. Allen Staatsbürgern, welche in einer Gemeinde wohnen und daselbst von ihrem Realbesitze, Erwerbe oder Einkommen Steuer entrichten, gebührt das aktive und passive Wahlrecht zur Gemeindevertretung unter denselben Bedingungen, wie den Gemeindeangehörigen. Die Freiheit der Auswanderung ist von Staates wegen nur durch die Wehrpflicht beschränkt. Abfahrtsgelder dürfen nur in Anwendung der Reziprozität erhoben werden.

Art. 5. Das Eigentum ist unverletzlich. Eine Enteignung gegen den Willen des Eigentümers kann nur in den Fällen und in der Art eintreten, welche das Gesetz bestimmt.

Art. 6. Jeder Staatsbürger kann an jedem Orte des Staatsgebietes seinen Aufenthalt und Wohnsitz nehmen, Liegenschaften jeder Art erwerben und über dieselben frei verfügen, sowie unter den gesetzlichen Bedingungen jeden Erwerbszweig ausüben ...

Art. 7. Jeder Untertänigkeits- und Hörigkeitsverband ist für immer aufgehoben ...

Art. 8. Die Freiheit der Person ist gewährleistet. Das bestehende Gesetz vom 27. Oktober 1862, Nr. 87 RGBl., zum Schutze der persönlichen Freiheit wird hiemit als Bestandteil des Staatsgrundgesetzes erklärt ...

Art. 9. Das Hausrecht ist unverletzlich. Das bestehende Gesetz vom 27. Oktober 1862, Nr. 88 RGBl., zum Schutze des Hausrechtes wird hiemit als Bestandteil dieses Staatsgrundgesetzes erklärt.

Art. 10. Das Briefgeheimnis darf nicht verletzt und die Beschlagnahme von Briefen, außer dem Falle einer gesetzlichen Verhaftung oder Haussuchung, nur in Kriegsfällen oder auf Grund eines richterlichen Befehles in Gemäßheit bestehender Gesetze vorgenommen werden.

Art. 11. Das Petitionsrecht steht jedermann zu ...

Art. 12. Die österreichischen Staatsbürger haben das Recht, sich zu versammeln und Vereine zu bilden ...

Art. 13. Jedermann hat das Recht, durch Wort, Schrift, Druck oder bildliche Darstellung seine Meinung innerhalb der gesetzlichen Schranken frei zu äußern. Die Presse darf weder unter Zensur gestellt, noch durch das Konzessionssystem beschränkt werden ...

Art. 14. Die volle Glaubens- und Gewissensfreiheit ist jedermann gewährleistet ...

Art. 15. Jede gesetzlich anerkannte Kirche und Religionsgesellschaft hat das Recht der gemeinsamen öffentlichen Religionsübung ...

Art. 16. Den Anhängern eines gesetzlich nicht anerkannten Religionsbekenntnisses ist die häusliche Religionsübung gestattet, insoferne dieselbe weder rechtswidrig, noch sittenverletzend ist.

Art. 17. Die Wissenschaft und ihre Lehre ist frei ...

Art. 18. Es steht jedermann frei, seinen Beruf zu wählen und sich für denselben auszubilden, wie und wo er will.

Art. 19. Alle Volksstämme des Staates sind gleichberechtigt, und jeder Volksstamm hat ein unverletzliches Recht auf Wahrung und Pflege seiner Nationalität und Sprache. Die Gleichberechtigung aller landesüblichen Sprachen in Schule, Amt und öffentlichem Leben wird vom Staate anerkannt ...«

König, seine Gemahlin Elisabeth zur Königin von Ungarn gekrönt.

19. Juni Kaiser Maximilian von Mexiko (der Bruder Kaiser Franz Josephs I.; geb. am 6. Juli 1832 in Wien) wird in Querétaro erschossen *(→ 14. April 1863)*. Er unterlag der Übermacht der mexikanischen Republikaner unter der Führung von Benito Juárez.

18. August Kaiser Franz Joseph I. trifft in Salzburg mit Kaiser Napoleon III. von Frankreich zusammen. Offiziell ein Kondolenzbesuch Napoleons, der am sogenannten »mexikanischen Abenteuer« des österreichischen Erzherzogs maßgeblich beteiligt gewesen war, tatsächlich aber ein Gedankenaustausch der Monarchen über die Stellung Preußens und das Verhältnis der beiden Länder zu ihm. Ein Vertrag oder Bündnis wird nicht abgeschlossen. Die Begegnung endet am 23. August.

9. Dezember Rudolf von Arthaber stirbt in Oberdöbling bei Wien (Wien 19); geb. am 4. September 1795 in Wien, Fabrikant und Kunstsammler. Er übernahm 1819 die väterliche »Kurrentwarenhandlung« auf dem Stephansplatz, gründete Zweigniederlassungen in Pest, Mailand und Rom und 1826 ein Handelshaus für österreichische Manufakturwaren in Leipzig. Er war ein Förderer der österreichischen Textilindustrie und Pionier des österreichischen Exports. 1837 Mitbegründer des Niederösterreichischen Gewerbevereins, regte die Gründung des Österreichischen Kunstvereins (1850) an, dessen erster Präsident er war. Er besaß eine der umfangreichsten privaten Kunstsammlungen (besonders Gemälde) seiner Zeit.

21. Dezember Kaiser Franz Joseph I. bestätigt das vom cisleithanischen Reichsrat ausgearbeitete »Staatsgrundgesetz über die allgemeinen Rechte der Staatsbür-

Manifest des sozialistischen Arbeitertages

Anläßlich des am 10. Mai 1868 in Zobels Bierhalle in Wien abgehaltenen sozialistischen Arbeitertages wurde ein Manifest beschlossen. Neben Resolutionen zum allgemeinen Wahlrecht und zur Nationalitätenfrage sollte es die Grundlagen für eine geeinte, den Nationalitätenstreit überwindende Arbeiterbewegung formulieren:

»... Es muß deshalb zugleich mit dem Erlangen der politischen Freiheit und mit der Erlangung des demokratischen Volksstaates die Emanzipation der arbeitenden Klassen vom Kapital angestrebt, durch zeitige Agitation und Aufklärung der Masse der Arbeiter vor planlosen Kämpfen bewahrt und die Bewegung in festen Bahnen zu bestimmten Zielen gelenkt werden.

... Heute handelt es sich darum, das arbeitende, das produzierende Volk zu erlösen, indem es zur Gleichberechtigung in der Gesellschaft und im Staate emporsteigt. Der Arbeitsmarkt kennt keine Nationalitätsgrenzen, der Weltverkehr schreitet über alle Sprachgrenzen hinweg. Das überall herrschende Kapital, dessen Ausdruck und Maßstab das Geld ist, kümmert sich nicht um die vermeintliche Abstammung. In den Werkstätten arbeiten unter gleichen Bedingungen die Arbeiter der verschiedensten Nationalitäten nebeneinander und müssen sich den gleichen wirtschaftlichen Gesetzen fügen.

... In früheren Zeiten konnte man mit dem Volke machen, was man wollte; heute dagegen, wo mehr geistiges Licht in die Massen gedrungen ist, dürfen wir uns der Hoffnung hingeben, daß die Bevölkerung Österreichs sich ebenso wenig durch Nationalitäts-, als durch pfäffische Streitigkeiten zersplittern und in der alten Abhängigkeit erhalten läßt ...«

ger für die im Reichsrate vertretenen Königreiche und Länder«. Dieses Staatsgrundgesetz scheint in der Verfassung von 1920 bzw. 1929 als Artikel 7 auf und wird in seinen Schlußbestimmungen, dem Artikel 149, zum »Verfassungsgesetz der Republik Österreich« erklärt. Die Regierungserklärung vom 27. April 1945 bezeichnet es ausdrücklich als wieder in Kraft befindlich. Die Verfassung vom 26. Februar 1861 wird als »Gesetz über die Reichsvertretung« wieder in Kraft gesetzt.

24. Dezember Ernennung des »Reichsministeriums für gemeinsame Angelegenheiten« (= Regierung für die gesamte Monarchie, also für Österreich und Ungarn). Außenminister: Friedrich Ferdinand Frh. von Beust mit dem Titel »Reichskanzler«, da er auch Ministerpräsident ist; Reichsfinanzminister: Franz Karl Frh. von Beck, Reichskriegsminister: Feldmarschalleutnant Franz Frh. von John. Äußeres, Finanzen und Heer sind die einzigen »gemeinsamen Angelegenheiten« im Rahmen der österreichisch-ungarischen Monarchie *(→ Rahmenartikel: Der österreichisch-ungarische Ausgleich, S. 269).*

30. Dezember Für die cisleithanische Reichshälfte wird ein Kabinett, das sogenannte »Bürgerministerium«, ernannt. Ministerpräsident: Carl Fürst Auersperg, Landesverteidigung: Eduard Graf Taaffe, Inneres: Carl Giskra, Cultus und Unterricht: Leopold Hasner von Artha, Handel: Ignaz Edler von Plener, Ackerbau: Adam Graf Potocki, Justiz: Eduard Herbst, Finanzen: Rudolf Brestel, Minister ohne Portefeuille: Johann Nepomuk Berger. Damit Beginn der liberalen Ära in Österreich.

►**1868, 28. Januar** Adalbert Stifter begeht in Linz Selbstmord; geb. am 23. Oktober 1805 in Oberplan (Böhmen), Dichter. Er wird oft als klassischer Romantiker bezeichnet, war auch Maler und wird als Vorläufer des Impressionismus genannt. Ab 1850 Schulrat (Landesschulinspektor) für die Volksschulen Oberösterreichs. Hauptwerke (außer seinen Erzählungen): »Nachsommer«, drei Bände, 1857, und »Witiko«, drei Bände, 1865–1867, »Sämtliche Werke« in 25 Bänden 1908–1960 herausgegeben von A. Sauer.

29. Januar Simon Plößl stirbt in Wien; geb. am 19. September 1794 in Wien, Feinmechaniker und Linsenschleifer. Er gründete 1828 in Wien eine optischmechanische Werkstätte und schuf 1830 das erste dialytische Fernrohr und ausgezeichnete Mikroskope.

9. März Zwischen Österreich-Ungarn und Deutschland wird ein Freihandelsabkommen unterzeichnet.

3. April Eduard van der Nüll begeht in Wien Selbstmord; geb. am 9. Januar 1812 in Wien, Architekt der »Gründerzeit«, Professor für Architektur und Ornamentik an der Akademie der bildenden Künste in Wien. Wegen der oft harten Kritik am Operngebäude nahm er sich das Leben. Er baute mit seinem Freund August Sicard von Sicardsburg unter anderem Teile des Arsenals in Wien 1849–1855, seit 1861 das Operngebäude in Wien, das Haashaus am Graben in Wien 1865–1867 *(→ 11. Juni).*

12. April Erster »Allgemeiner Arbeitertag« in Wr. Neustadt (Niederösterreich). Er spricht sich für die von Ferdinand Lassalle propagierte deutschnationale Richtung der Sozialdemokratie aus. (Ferdinand Lassalle, ein heftiger Gegner Österreichs, war auch ein Gegner des liberalen Bürgertums. In Breslau am 11. April 1825 geboren, starb er am 31. August 1864 in Genf an den Folgen eines Eifersuchtsduells).

9. Mai Uraufführung der 1. Symphonie von Anton Bruckner in Linz.

10. Mai Auf dem V. Arbeitertag in Wien wird das »Manifest an das arbeitende Volk in Österreich« beschlossen.

25. Mai Kaiser Franz Joseph I. sanktioniert drei Kirchengesetze. Auf Betreiben der Deutschliberalen waren sie vom Reichsrat angenommen worden. Sie bewirken eine große Einschränkung der Wirksamkeit des Konkordates vom *(→)* 18. August 1855: die Ehegerichtsbarkeit wird weltlichen Gerichten unterstellt, die Leitung über Unterrichts- und Erziehungswesen hat der Staat, die Wahl des Religionsbekenntnisses wird jedem Staatsbürger ab dem 14. Lebensjahr freigestellt *(→ Mai 1874).*

28. Mai Letzte öffentliche Hinrichtung in Wien. Auf der Richtstätte bei der Spinnerin am Kreuz wird der 23jährige Raubmörder Georg Ratkay gehängt. Während der Hinrichtung bricht eine »Zuschauerstellage« mit Hunderten Schaulustigen ein.

5. Juni Um die slawische Opposition im cisleithanischen Reichsrat zufriedenzustellen, wurde in Galizien das Polnische als Amtssprache eingeführt.

— Anselm Hüttenbrenner stirbt in Oberandritz bei Graz; geb. am 13. Oktober 1794 in Graz, Pianist und Komponist. Er schuf 360 Lieder und 165 Chorwerke sowie mehrere Opern und geistliche Werke.

11. Juni August Sicard von Sicardsburg stirbt in Weidling bei Wien; geb. am 6. Dezember 1813 in Budapest, Baumeister der Gründerzeit. Arbeitete mit seinem Freund Eduard van der Nüll *(→ 3. April)* zusammen, wobei er stets den technischen und geschäftlichen Teil übernahm. Seit 1843 Professor für Architektur an der Akademie der bildenden Künste in Wien, 1861 erster Präsident des Wiener Künstlerhauses.

24. Juni Der Reichsrat wird auf September vertagt.

26. September Ministerpräsident Carl Fürst Auersperg tritt wegen der Differenzen mit der slawischen Opposition zurück. Eduard Graf Taaffe vertritt ihn vorübergehend.

10. Oktober Für Prag und Umgebung wird der Ausnahmezustand verhängt. Ursache waren zahlreiche, nicht genehmigte Demonstrationen und Versammlungen, die unter Einsatz von Militär aufgelöst wurden. Die tschechischen Abgeordneten hatten sich wegen des Ausgleichs mit Ungarn geweigert, an den Landtagssitzungen teilzunehmen und ein Forderungspaket überreicht.

14. November Kaiser Franz Joseph I. verfügt mit einem Handschreiben die Bezeichnung »österreichisch-ungarische Monarchie«.

5. Dezember Ein neues Wehrgesetz wird für die österreichisch-ungarische Monarchie erlassen. Die allgemeine Wehrpflicht mit zwölfjähriger Dienstzeit wird eingeführt. Das jährliche Rekrutenkontingent beträgt für Österreich 55 000, für Ungarn 40 000 Mann; die Kriegsstärke der k. u. k. Armee wird mit 800 000 Mann festgesetzt. Die aktive Armee in der ganzen Monarchie wird einheitlich organisiert, die Landwehr erhält in beiden Reichshälften mit einem Gesetz von 1869 eine eigene Organisation *(→ 11. April 1889)*.

▶1869, 11. April Die erste Nummer des Organs der Sozialdemokratischen Partei »Volksstimme« (nicht identisch mit der späteren kommunistischen Zeitung!) erscheint *(→ 12. April 1868)*.

10. Mai Entwurf eines Bündnisvertrages zwischen Österreich-Ungarn, Frankreich und Italien gegen Preußen.

14. Mai Das »Reichsvolksschulgesetz« wird erlassen, damit Einführung der allgemeinen Schulpflicht in Österreich und in Ungarn (daher Reichsgesetz).

25. Mai Eröffnung des neuen Opernhauses am Ring mit der Oper »Don Giovanni« (damals noch unter dem Titel »Don Juan«) von Wolfgang Amadeus Mozart.

21. Oktober Einführung der »Correspondenzkarte« in Österreich. Diese »Erfindung« hat Emanuel Herrmann am 26. Januar 1869 in der »Neuen Freien Presse« vorgeschlagen. Schon 1870 wird erlaubt, die Karte auf einer Seite mit einem Bild zu bedrucken.

17. November Feierliche Eröffnung des Suezkanals, an der auch Kaiser Franz Joseph I. teilnimmt. Der von dem Franzosen Ferdinand Vicomte de Lesseps erbaute Kanal beruht zum Großteil auf den Plänen des Österreichers Alois Negrelli Ritter von Moldelbe.

6. Dezember Sprengung der ersten Stollenmine im Höllental (Niederösterreich) für die erste Wiener Hochquellenwasserleitung.

8. Dezember Eröffnung des I. Vatikanischen Konzils in der Peterskirche in Rom. Diese Kirchenversammlung verkündet am 18. Juli 1870 den Lehrsatz (Dogma) der »Unfehlbarkeit des Papstes«. Die starke Opposition während des Konzils wird von den österreichischen Erzbischöfen, Joseph Othmar Rauscher, Wien, Friedrich Fürst Schwarzenberg, Prag, und Josef Stroßmayer, Diakovár (Kroatien), geführt *(→ 20. September 1870)*.

13. Dezember Demonstration von 20 000 Arbeitern in Wien (auf dem sogenannten Paradeplatz, heute der Raum von Parlament und Rathaus) für das »Koalitionsrecht«, das Recht zur Bildung von Gewerkschaften *(→ 7. April und 4.–13. Juli 1870)*.

▶1870 A. und F. Böhler aus Frankfurt am Main gründen in Kapfenberg (Steiermark) ein Stahlwerk, sie entwickeln den Böhler-Stahl.

— Errichtung einer Seilfähre über die Bregenzer Ache zwischen Andelsbuch und Schwarzenberg (Vorarlberg), der sogenannte »Andelsbucher Drahtsteg«. Es ist dies ein Seilbahnvorläufer. Der Wagen hing an sechs Rundstahldrähten und wurde mit einem Hanfseil vom Fährmann von einem Ufer zum anderen gezogen.

6. Januar Erstes Konzert im neuen Musikvereinsgebäude in Wien.

1. Februar Leopold Hasner von Artha übernimmt das Amt des Ministerpräsidenten. Differenzen in der Slawenfrage *(→ 5. Juni und 10. Oktober 1868)* führten zum Rücktritt des föderalistischen (slawenfreundlichen) Teils des Kabinetts. Deutschklerikale unterstützen nun die Polen, Tschechen, Slowenen, Istrianer und Bukowiner und verlassen gemeinsam das Abgeordnetenhaus; der Deutschliberale Hasner will daraufhin die Landtage dieser Länder auflösen *(→ 4. April)*.

4. April Ministerpräsident Leopold Hasner von Artha muß mit seiner Regierung zurücktreten, da der Kaiser die Zustimmung zur Auflösung der Landtage *(→ 25. Januar)* nicht erteilt.

7. April Der Reichsrat nimmt ein Gesez an, das Streik und Aussperrung erlaubt.

12. April Ein »Beamtenkabinett« unter Alfred Graf Potocki (einem Polen) wird ernannt. Inneres und Landesverteidigung: Eduard Graf Taaffe. Vergebliche Verständigungsversuche dieser Regierung mit den Tschechen und Polen *(→ 27. Februar 1871)*.

Mai Der Reichsrat und alle Landtage werden aufgelöst, Ursache ist das andauernde Fernbleiben der slawischen Abgeordneten. Neuwahlen bringen keine Verbesserung des Zustandes.

14. Mai Kaiser Franz Joseph I. nimmt den ersten Spatenstich für die Arbeiten an der Donauregulierung vor. Da Wien mehrfach von großen Überschwemmungen *(→ 28. Februar 1830)* mit verheerenden Folgen für die Gesundheit der Bevölkerung heimgesucht worden war, hatte man sich zu einer Regulierung des Donaubettes zwischen Nußdorf und Albern entschlossen *(→ 30. Mai 1875)*.

19. Mai Der »Grazer Verein der Deutschnationalen« veröffentlicht in der »Tagespost« ein »Aktionsprogramm«, in dem betont wird, daß sich die Deutschen auf ihr Gebiet beschränken sollen, dort aber eine radikale deutsche Politik zu betreiben hätten.

31. Mai Philipp Haas stirbt in Bad Vöslau (Niederösterreich); geb. am 7. Juni 1781 in Wien, Industrieller. 1810 gründete er aus Mitteln eines Preises der Zeichenschule eine Werkstätte zur Erzeugung von Textilien, 1825 schloß er die Erzeugung von Kleiderstoffen und eine Zeugdruckerei an, 1831 gründete er in Mitterndorf (Niederösterreich) eine Handweberei zur Erzeugung von Möbelstoffen. Um 1845 standen hier bereits 30 mechanische Webstühle, 1840 erzeugte er den ersten Teppich, er wurde auf diesem Sektor bald führend. Sogar die Ringstraßenbaumeister Heinrich von Ferstel und Theophil Hansen fertigten Entwürfe für die Muster. Seit 1850 sind seine Söhne Teilhaber, die Firma heißt Philipp Haas & Söhne.

23. Juni Eröffnung des letzten Teilstückes der Kaiser-Franz-Josephs-Bahn, Wien–Eggenburg (Niederösterreich). Damit ist die Eisenbahnstrecke Wien–Pilsen fertiggestellt.

4.–13. Juli **Hochverratsprozeß gegen mehrere Teilnehmer an der Demonstration vom (→) 13. Dezember 1869. Strafen zwischen zwei und zehn Monaten werden ausgesprochen.**

18. Juli **Beschluß des Kronrates** auf Antrag des ungarischen Ministerpräsidenten Julius Graf Andrássy, trotz der mit Frankreich geführten Verhandlungen *(→ 18. August 1867; 10. Mai 1869)*, im bevorstehenden deutsch-französischen Krieg neutral zu bleiben.

19. Juli Kriegserklärung Frankreichs an Preußen (bereits am 2. September kapituliert die französische Armee).

20. September Truppen König Viktor Emanuels von Italien ziehen in Rom ein, damit Ende der weltlichen Herrschaft des Papstes, am 8. Oktober wird der Kirchenstaat dem Königreich Italien einverleibt: endgültige »Einigung Italiens«.

►**1871, 18. Januar** König Wilhelm I. von Preußen wird im Spiegelsaal von Schloß Versailles zum deutschen Kaiser proklamiert.

8. Februar Moritz von Schwind stirbt in Niederpökking bei München; geb. am 21. Januar 1804 in Wien, Zeichner und Maler, ein Meister der Wiener Romantik. Seit 1847 Professor an der Akademie in München. Neben zahlreichen Märchen- und Sagenillustrationen Gemälde aus dem Alltagsleben. Fresken in der Wertheimsteinvilla in Wien 1840 und in der Oper in Wien 1866–1868.

10. Februar Uraufführung der Operette »Indigo und die vierzig Räuber« von Johann Strauß Sohn in Wien. Damit gelingt dem Walzerkönig der Sprung auf die Bühne. Der Operette blieb aber der Erfolg wegen des unzulänglichen Librettos versagt. Erst in der textlichen Neufassung von Stein und Lindau (1906) setzte sich das Werk unter dem Titel »1001 Nacht« durch.

27. Februar Karl Sigmund Graf Hohenwart, katholisch-konservativ, wird österreichischer Ministerpräsident. Er ist sehr um die Einigung mit den Tschechen und Polen bemüht *(→ 26. Oktober)*.

3. März Michael Thonet stirbt in Wien; geb. am 2. Juli 1796 in Boppard am Rhein, Techniker und Industrieller. Er erfand 1830 eine Methode, Holz zu biegen, und wurde 1842 von Clemens Wenzel Lothar Fürst Metternich nach Wien berufen. 1849 begann er im eigenen Betrieb mit der Erzeugung von Möbeln, besonders dem »Wiener Sessel« (auch Thonet-Sessel). Bei seinem Tod hat das Unternehmen vier Fabriken, 18 Arbeitsfilialen und Verkaufshäuser in allen Großstädten des europäischen Kontinents und beschäftigt 4 000 Arbeiter.

April Aufnahme eines Staatsministers für Galizien in die Regierung Hohenwart.

5. Mai Ministerpräsident Karl Sigmund Graf Hohenwart legt dem cisleithanischen Reichsrat einen Autonomieentwurf für Galizien vor und erklärt gleichzeitig seine Bereitschaft für eine Autonomie der böhmischen Länder *(→ 12. September, 10., 21. und 26. Oktober)*.

22. Mai Friedrich Halm (eigentlich Eligius Franz-Joseph Frh. von Münch-Bellinghausen) stirbt in Wien; geb. am 2. April 1806 in Krakau (Galizien), Schriftsteller und Dramatiker, einer der beliebtesten Theaterautoren seiner Zeit. 1845 Kustos der Wiener Hofbibliothek, 1867–1870 Generalintendant der Wiener Hoftheater. Von seinen Dramen sind besonders bekannt: »Griseldis« 1837, »Der Sohn der Wildnis« 1843, »Der Fechter von Ravenna« 1857. »Werke« in zwölf Bänden 1856–1872.

23. Juli **Mit Gesetz werden das »Metermaß« und das »Kilogramm« eingeführt. Es heißt darin: »Art I: Die Grundlage des gesetzlichen Maßes und Gewichtes ist das Meter. Das Meter ist die Einheit des Längenmaßes; aus demselben werden die Einheiten der Flächen und** des Körpermaßes abgeleitet. Das Kilogramm, gleich dem Gewichte eines Kubikdecimeters destillirten Wassers im luftleeren Raume bei der Temperatur von + 4 Grad des hunderttheiligen Thermometers, bildet die Einheit des Gewichtes. Art II: Als Urmaß gilt derjenige Glasstab, welcher sich im Besitze der k. k. Regierung befindet, und in der Achse seiner sphärischen Enden gemessen, bei der Temperatur des schmelzenden Eises gleich 999,99764 Millimeter des in dem französischen Staatsarchive in Paris deponirten Metre prototype befunden worden ist. Als Urgewicht gilt das im Besitze der k. k. Regierung befindliche Kilogramm aus Bergkrystall, welches im luftleeren Raume gleich 999,9978 Milligramm des in dem französischen Staatsarchive zu Paris aufbewahrten Kilogramme prototype befunden worden ist. Art V: . . . Maße und Gewichte sind ab 1. 1. 1876 im öffentlichen Verkehr ausschließlich anzuwenden.« *(→ 20. Mai 1875)*.

August Kaiser Franz Joseph I. und Kaiser Wilhelm I. treffen in Gastein mit ihren Reichskanzlern, Friedrich Ferdinand Graf Beust und Otto von Bismarck zusammen. Ein »vorläufiges Einverständnis« zwischen den beiden Monarchen und Staaten ist das Ergebnis *(→ 7. Oktober 1879)*.

— Orgelkonzerte Anton Bruckners in London in der Albert Hall und im Crystal Palace.

12. September Kaiser Franz Joseph I. gibt die Zusage zur Errichtung der Autonomie der böhmischen Länder *(→ 5. Mai)*. Mit Zustimmung des Ministerpräsidenten Karl Sigmund Graf Hohenwart arbeitet der böhmische Landtag eine neue Landesordnung mit 18 Fundamentalartikeln aus *(→ 10. und 21. Oktober)*.

10. Oktober Dem Kaiser wird die neue böhmische Landesordnung zur Genehmigung vorgelegt, die böhmischen Länder hätten damit eine ähnliche Sonderstellung wie Ungarn.

20. Oktober Kaiser Franz Joseph I. lehnt die neue böhmische Landesordnung ab – der Reichskanzler und k. u. k. Minister des Äußern Friedrich Ferdinand Graf Beust und der ungarische Ministerpräsident Julius Graf Andrássy hatten diese Entscheidung erreicht.

26. Oktober Ministerpräsident Karl Sigmund Graf Hohenwart muß wegen der Vorkommnisse um die böhmische Landesordnung um seine Entlassung ansuchen *(→ 25. November)*.

6. November Minister des Äußern Friedrich Ferdi-

Österreicher am Nordpol

Aus Julius von Payers Werk »Die österreichisch-ungarische Nordpolexpedition in den Jahren 1872–1874«, erschienen in Wien im Jahre 1876:

»Ein denkwürdiger Tag war der 30. August 1873 (in 79° 43′ Breite und 59° 33′ Länge); er brachte eine Überraschung, wie sie nur in der Wiedergeburt zu neuem Leben liegt. Es war um die Mittagszeit, da wir, über die Bordwand gelehnt, in die flüchtigen Nebel starrten, durch welche dann und wann das Sonnenlicht brach, als eine vorüberziehende Dunstwand plötzlich rauhe Felszüge fern in Nordwest enthüllte, die sich binnen wenigen Minuten zu dem Anblick eines strahlenden Alpenlandes entwickelten! ... Doppelt schmerzlich fiel unser Blick zugleich auf unsere unaufhaltsam dahinziehende Scholle*), auf die Abhängigkeit von ihrer Willkür, auf das Abhandensein eines Winterhafens, von dem aus allein die Erforschung des Landes hätte mit Sicherheit vorgenommen werden können. Zur Zeit jedoch lag das Betreten des Landes außer dem Bereiche der Möglichkeit; wer die tragende Scholle verlassen hätte, wäre abgeschnitten und verloren gewesen; nur unter dem Eindrucke der ersten Aufregung waren wir über unser Eisfeld dahingeeilt, obgleich wir wußten, daß unzählige Sprünge das Land uns unnahbar machten! Am Rande unserer Scholle angelangt, etwa 4 Meilen von dem Schiffe aus und an 15 Meilen von der nächst gelegenen Küste entfernt, spähten wir von einer Anhöhe aus nach den Gliedern, Bergen und Gletschern des rätselhaften Landes ... Jahrtausende waren dahingegangen, ohne Kunde von dem Dasein dieses Landes zu den Menschen zu bringen. Und jetzt fiel einer geringen Schar fast Aufgegebener seine Entdeckung in den Schoß – als Preis ausdauernder Hoffnung und standhaft überwundener Leiden –, und diese geringe Schar, welche die Heimat bereits zu den Verschollenen zählte, war so glücklich, ihrem fernen Monarchen dadurch ein Zeichen ihrer Huldigung zu bringen, daß sie dem neuentdeckten Land den Namen

Kaiser-Franz-Josephs-Land

gab.«

Die Fahrt der »Admiral Tegetthoff« begann am 14. Juli 1872 vom norwegischen Tromsø aus und endete am 3. September 1874 in Vardø (Norwegen). Es handelte sich um ein fest gebautes Holzschiff, das 38,34 m lang und 7,30 m breit war, sein Tiefgang betrug 3,47 m. Es war mit einer Auxiliarmaschine von 100 PS, die eine Geschwindigkeit von 6 Seemeilen pro Stunde erlaubte, ausgerüstet. Die Besatzung bestand einschließlich der Expeditionsleiter Payer und Weyprecht aus 24 Mann. Zwischen 10. März und 3. Mai 1874 wurde das neu entdeckte Kaiser-Franz-Josephs-Land durch drei Schlittenexpeditionen erforscht, wobei eine Strecke von 450 Meilen zurückgelegt wurde. Seit mehr als 300 Jahren war dies die erste umfangreiche Erforschung des europäischen Eismeeres, zugleich aber auch die letzte.

*) Der Dreimastschoner »Admiral Tegetthoff« saß seit Monaten in einer riesigen Treibeisscholle fest, sieben Fuß über dem Wasserspiegel, »ruhte auf einer emporgehobenen Eisblase und sah durch diese Entrückung von seinem natürlichen Elemente wahrhaft trostlos aus«.

nand Graf Beust tritt zurück und wird Gesandter in London (1878–1882 Gesandter in Paris). Nachfolger wird der ungarische Ministerpräsident Julius Graf Andrássy, ein Verfechter des »Deutschen Kurses«.

25. November Adolf Fürst Auersperg, ein Deutschliberaler, wird Ministerpräsident und bildet eine neue Regierung. Inneres: Josef Baron von Lasser, der führende Kopf im liberalen Kabinett.

9. Dezember Uraufführung des Volksstücks mit Gesang »Der Meineidbauer« von Ludwig Anzengruber in Wien.

▶1872 Baubeginn für das Kunsthistorische und das Naturhistorische Museum an der Wiener Ringstraße. Äußeres von Gottfried Semper, innere Gestaltung von Karl Hasenauer, der Museumskomplex wird 1891 vollendet.

— Errichtung des »kleinsten Hauses« von Wien, es ist 6 m tief, 7 m hoch und 1,30 m lang und hat zwei Hausnummern: Burggasse 3 und Breite Gasse 20.

— Karl Kundmann errichtet das Schubert-Denkmal im Wiener Stadtpark, Sockel von Theophil Hansen.

— Gründung der »Gesellschaft zur Prämierung gut dressierter Campagnepferde in Wien«, die ab 1875 regelmäßig Preisrennen veranstaltet. Ab 1878 trägt sie den Titel »Campagnereiter-Gesellschaft in Wien«. 1930 wird sie mit dem österreichischen Heeresreiterverein und dem österreichischen Amateurreiterverein vereinigt. Die noch immer bestehende Gesellschaft heißt seit 1962 »österreichische Campagnereiter-Gesellschaft«.

21. Januar Franz Grillparzer stirbt in Wien; geb. am 15. Januar 1791 in Wien, Dichter, größter österreichischer Dramatiker. 1809 schuf er sein erstes Werk »Blanka von Kastilien« (an Schiller angelehnt), 1823 Hofkonzipist, 1832 Direktor des Hofkammerarchivs, seit April 1856 als Hofrat in Pension. Neben Gedichten und Erzählungen schuf er seine dramatischen Hauptwerke: »Die Ahnfrau« 1817, »Sappho« 1819, die Trilogie »Das goldene Vließ« 1822, »König Ottokars Glück und Ende« 1825, »Ein treuer Diener seines Herrn« 1828, »Des Meeres und der Liebe Wellen« 1831, »Der Traum ein Leben« 1834, »Weh dem, der lügt« 1838, erst nach seinem Tod (die drei Dramen sollten seinem Wunsch entsprechend eigentlich vernichtet werden) werden aufgeführt: »Ein Bruderzwist in Habsburg« 1872, »Die Jüdin von Toledo« 1873 und »Libussa« 1874.

Mai Seit Anfang 1871 wurden in Wien 530 neue Aktiengesellschaften gegründet. Bei einem Kapital von 900 Millionen Gulden wurden insgesamt Aktien in Höhe von rund 2,8 Milliarden Gulden ausgegeben.

6. Mai Johann Nepomuk Reithoffer stirbt in Wien; geb. am 13. April 1781 in Feldsberg (Mähren), Fabrikant und Erfinder, Begründer der Kautschukindustrie und -weberei in Österreich. 1824 erhielt er das Privileg zur Herstellung wasserdichter Stoffe und 1828 ein Patent für das Verweben dieser Stoffe. 1824 gründete er in Wimpassing (Niederösterreich) eine Fabrik. 1831 erhielt er gemeinsam mit seinem Sohn Eduard und August Purtscher ein Privileg auf 15 Jahre für die Verarbeitung von Kautschuk *(→ 1824, 1843).*

20. Mai Eduard Bitterlich stirbt in Wien; geb. am 17. August 1833 in Dublany (Galizien), Maler und Bildhauer. Ein Schüler Ferdinand Georg Waldmüllers und Gehilfe Karl Rahls bei der Ausschmückung des Wiener Opernhauses und mehrerer Bauten Theophil Hansens.

25. Mai Erster Spatenstich zur Errichtung des Rathauses an der Wiener Ringstraße. Ein neugotischer Bau von Dombaumeister Friedrich von (Frh. von ab 1886) Schmidt. Es wird 1883 vollendet.

13. Juni Die österreichisch-ungarische Nordpolexpedition unter der Leitung von Julius von Payer und Karl Weyprecht verläßt auf dem Dreimastschoner »Admiral Tegetthoff« Bremerhaven. Die Besatzung zählt 24 Mann. Der »Admiral Tegetthoff« läuft am 14. Juli aus dem norwegischen Hafen Tromsø aus *(→ 30. August 1873).*

5. September Zusammenkunft Zar Alexanders II., Kaiser Franz Josephs I. und Kaiser Wilhelms I. in Berlin. Beratungen der drei Monarchen über die Aufrechterhaltung von Frieden und Ordnung in Europa, die zum sogenannten »Dreikaiserbündnis« oder »-abkommen« führen *(→ 22. Oktober 1873).* Vorher jedoch zur »Schönbrunner Konvention« *(→ 6. Juni 1873)* und nachher zum »Zweibund« *(→ 7. Oktober 1879)* und zum »Dreikaiservertrag« *(→ 18. Juni 1881).* Die Zusammenkunft endet am 11. September.

30. September Jakob Alt stirbt in Wien; geb. am 27. September 1789 in Frankfurt am Main, Landschaftsmaler, vorwiegend Aquarelle. Vater Rudolf von Alts. Er bevorzugte Motive aus den österreichischen Alpen und aus dem Donaubereich.

12. Oktober Uraufführung der Bauernkomödie mit Gesang »Die Kreuzelschreiber« von Ludwig Anzengruber.

15. Oktober Eröffnung der Hochschule für Bodenkultur in Wien, vorerst im Palais Schönborn (1896 bezieht sie das neue Gebäude im 18. Bezirk – heute Universität für Bodenkultur).

7. Dezember Peter Ritter von Rittinger stirbt in Wien; geb. am 23. Januar 1811 in Neutitschein (Mähren). Erfinder, Pionier der Erzaufbereitung.

15. Dezember Auf der Pferdeeisenbahnstrecke Linz–Freistadt (Oberösterreich) verkehrt der letzte Zug.

➡**1873** Josef Schöffel (1873–1882 Bürgermeister von Mödling [Niederösterreich]) verhindert nach dreijährigem Kampf die Abholzung des Wienerwaldes, der Verkauf des Wienerwaldes an ein Holzschlägerkonsortium war praktisch bereits beschlossen gewesen. Als einer der ersten vertritt er den Heimat- und Naturschutz.

— Eine Gleichstrommaschine versorgt den Industriebetrieb Krupp in Berndorf (Niederösterreich) mit elektrischer Energie, Beginn der Elektrizitätswirtschaft in Österreich.

— Baubeginn für das neue Gebäude der Universität an der Wiener Ringstraße von Heinrich von Ferstel im Stil der italienischen Renaissance. Ihr Festsaal ist ein typisches Beispiel des monumental-historisierenden Ringstraßenstils. Sie wird 1883 vollendet *(→ 10. Oktober 1884).*

15. Februar Ein Gesetz zur Durchführung einer Wahlreform wird im Reichsrat eingebracht. Die Mitglieder des Abgeordnetenhauses werden nicht mehr vom Landtag entsandt, sondern durch direkte Wahlen innerhalb der vier Kurien *(→ 26. Februar 1861)* bestellt. Die Zahl der Abgeordneten wird von 203 auf 353 erhöht. Wahlberechtigt ist jeder, der im Jahr 10 Gulden direkte Steuern zahlt, das sind allerdings nur 6% der Bevölkerung.

2. April Kaiser Franz Joseph I. sanktioniert das Gesetz zur Durchführung der Wahlreform. Die bald darauf durchgeführten Wahlen bringen einen Rückschlag für die Deutschliberalen.

1. Mai Eröffnung der Wiener Weltausstellung, sie dauert bis zum 2. November. Neben der rein wirtschaftlichen Bedeutung ist sie durch die Besuche zahlreicher Staatsmänner (Zar Alexanders II. von Rußland, Kaiser Wilhelms I. von Deutschland und König Viktor Emanuels von Italien) von politischer Bedeutung.

9. Mai Ein Börsenkrach leitet das Ende des Freihandels in Österreich ein. Er ist eine Folge der durch die gewaltige Spekulationswelle der »Gründerzeit« ungesund aufgeblähten Wirtschaft. Dieser Tag wird auch »Schwarzer Freitag« genannt und ist bis heute als Ausdruck für Börsen- und Finanzkrisen üblich. Der Ausdruck »Krach« wurde von einem Börsenbesucher aus Galizien zum erstenmal verwendet und soll sich auf das englische Wort »crash« (Zusammenbruch) beziehen.

23. Mai Die neue österreichische Strafprozeßordnung wird erlassen. Sie garantiert das mündliche und öffentliche Verfahren und ist in ihren Grundsätzen noch heute gültig.

6. Juni »Schönbrunner Konvention« zwischen Österreich-Ungarn und Rußland. Sie beinhaltet eine Verpflichtung zur friedlichen Beilegung von Konflikten und gemeinsamen Haltung bei europäischen Auseinandersetzungen *(→ 5. September 1872; 22. Oktober 1873, 18. Juni 1881).*

30. August Die österreichisch-ungarische Nordpolexpedition *(→ 13. Juni 1873)* entdeckte eine Inselgruppe und gibt ihr den Namen Kaiser-Franz-Josephs-Land.

22. Oktober Deutschland tritt der »Schönbrunner Konvention« zwischen Österreich-Ungarn und Rußland vom *(→)* 6. Juni 1873 bei *(→ 5. September 1872; 7. Oktober 1879; 18. Juni 1881).*

24. Oktober Eröffnung der ersten Wiener Hochquellenwasserleitung. Seit 21. April 1870 wurde an ihr, vom Nordostfuß des Schneeberges (Niederösterreich) ausgehend, gebaut. Die Feierlichkeit fand vor dem Hochstrahlbrunnen auf dem Schwarzenbergplatz in Wien statt. Der Brunnen ist eine Stiftung des Bauunternehmers der Wasserleitung, Antonio Gabrielli, er wurde mit einem Kostenaufwand von 200 000 Kronen errichtet. Die Symbolik des Brunnens: 365 kleine Springbrunnen am Beckenrand = Tage des Jahres, sechs zwischen Beckenrand und innerer Insel = Wochentage, die Insel der Sonntag, zwölf hohe = Monate des Jahres, 24 niedere = Stundenzahl des Tages, 30 in der mittleren Insel = Tage der Monate. Mit einem Kostenaufwand von 285 000 Kronen wird er in einen Leuchtbrunnen umgewandelt und am 23. Juni 1906 so in Betrieb genommen.

Neudörfler Programm

Mit dem »Neudörfler Programm« vom 5. April 1874 soll die Einheit der Sozialdemokratischen Partei in Österreich erreicht werden. Der ursprünglich nach Baden bei Wien einberufene Delegiertentag war polizeilich verboten worden, die Delegierten mußten in das ungarische Neudörfl nahe der cisleithanischen Grenze ausweichen. Das »Neudörfler Programm« entsprach im wesentlichen dem 1869 beschlossenen »Eisenacher Programm« der deutschen Sozialdemokratie.

»... Die österreichische Arbeiterpartei erstrebt im Anschluß an die Arbeiterbewegung aller Länder die Befreiung des arbeitenden Volkes von der Lohnarbeit und der Klassenherrschaft durch Abschaffung der modernen privatkapitalistischen Produktionsweise. Sie erstrebt an deren Stelle die gemeinschaftliche, staatlich organisierte Produktion der Güter ... Als Ziel zur Verwirklichung ihrer Grundsätze ... stellt die Partei folgende Forderungen:

1. Allgemeines, gleiches, direktes Wahlrecht für alle Staatsbürger vom 20. Lebensjahr an ...
2. Vollständige Presse-, Vereins-, Versammlungs- und Koalitionsfreiheit.
3. Trennung der Kirche vom Staat und Trennung der Schule von der Kirche.
4. Obligatorischer Unterricht in den Volksschulen und unentgeltlicher Unterricht in allen öffentlichen Lehranstalten.
5. Errichtung der Volkswehr an Stelle der stehenden Heere.
6. Unabhängigkeit der Richter, Wahl der Richter durch das Volk ... unentgeltliche Rechtspflege.
7. Einführung eines Normalarbeitstages, Einschränkung der Frauen- und Abschaffung der Kinderarbeit in den Fabriken ...
8. Abschaffung aller indirekten Steuern und Einführung einer einzigen, direkten, progressiven Einkommens- und Erbschaftssteuer.
9. Staatliche Förderung des freien Genossenschaftswesens ...«

►1874 Theophil Hansen beginnt mit dem Bau des neuen Hauses der Börse an der Wiener Ringstraße, im klassizistischen Renaissancestil, sie wird 1877 vollendet und am 19. März 1877 bezogen.

— Caspar von Zumbusch beginnt mit der Arbeit für das Maria-Theresia-Denkmal zwischen den beiden Museen an der Wiener Ringstraße, es wird 1887 vollendet. Am 13. Mai 1888, dem Geburtstag der Herrscherin, wird es enthüllt.

— Baubeginn für die Burg Kreuzenstein (Niederösterreich) unter Verwendung von originalen romanischen und gotischen Bauteilen aus zahlreichen europäischen Ländern, sie wird 1907 vollendet.

7. März Eröffnung der Zahnradbahn von Nußdorf auf den Kahlenberg. Die Bahn ist bis 1914 in Betrieb, das Gebäude der »Talstation« ist heute noch erhalten *(→ 26. November 1921).*

5. April Im transleithanischen Ort Neudörfl/Szent Miklós (Burgenland) wird die Sozialdemokratische Arbeiterpartei Österreichs gegründet. Rund 25 000 Mitglieder verschiedener Arbeitervereine und Arbeiterbildungsvereine werden durch 74 Delegierte vertreten.

— Uraufführung der Operette »Die Fledermaus« von Johann Strauß Sohn in Wien.

Mai Vier neue Kirchengesetze werden erlassen, sie betreffen die Regelung der Rechtsverhältnisse der katholischen Kirche, das staatliche Aufsichtsrecht über die Klöster, die Beiträge aus dem Pfründenvermögen und die Anerkennung der Religionsgemeinschaften *(→ 25. Mai 1868).* Die gemäßigte Politik der österreichischen Regierung und der Einfluß Kaiser Franz Josephs I. bewahren Österreich vor jener »Kulturkampfstimmung«, wie sie seit 1873 im benachbarten Deutschland besteht.

14. Juli Franz Stelzhamer stirbt in Henndorf (Salzburg); geb. am 29. November 1802 in Großpiesenham bei Ried im Innkreis (Oberösterreich), oberösterreichischer Mundartdichter. »Ausgewählte Dichtungen«, vier Bände, herausgegeben von Peter Rosegger 1884.

2. September Baubeginn für das neue Gebäude des Reichsrats (= Parlament) an der Wiener Ringstraße nach Plänen von Theophil Hansen im Stil eines altgriechischen Tempels. 1883 *(→ 4. Dezember)* wird der Bau vollendet. Erst 1902 erfolgt die Aufstellung des ebenfalls von Hansen entworfenen Pallas-Athene-Brunnens vor dem Reichsratsgebäude.

3. September Die österreichisch-ungarische Nordpolexpedition trifft auf dem russischen Schoner »Nikolaj« im norwegischen Hafen Vardø ein. Am 25. trifft sie viel umjubelt im Wiener Nordbahnhof ein *(→ 13. Juni 1872; 30. August 1873).*

1. November Auf einem mehr als zwei Quadratkilometer großen Areal wird der Wiener Zentralfriedhof eröffnet. Nachdem die Friedhöfe der Wiener Vorstädte und Vororte total überbelegt, Friedhöfe innerhalb des Linienwalls aus hygienischen Gründen geschlossen worden waren, faßte der Wiener Gemeinderat 1870 den Beschluß über die Anlage eines zentralen kommunalen Friedhofes. Die beiden Architekten Karl Jonas Mylius und Alfred Friedrich Bluntschli gewannen mit ihrem eingereichten Projekt die Ausschreibung.

16. Dezember Erster Spatenstich und Baubeginn für das Burgtheater an der Wiener Ringstraße. Die Architekten Karl von Hasenauer und Gottfried Semper lehnten sich in der Formgebung an den Stil der italienischen Hochrenaissance an. Das Theater ist mit figuralem Schmuck versehen und hat eine reiche Innenausstttung, Deckengemälde unter anderem von Gustav Klimt. 1888 vollendet *(→ 14. Oktober 1888).*

►1875, 19. März In Wien wird die Rohrpost, eine besonders schnelle Beförderungsart der Briefpost innerhalb der Stadt (durch ein Rohrleitungssystem zwischen den Postämtern), eingeführt.

20. Mai Kaiser Franz Joseph I. unterzeichnet das internationale Abkommen zur Einführung des metrischen Maßsystems *(→ 23. Juli 1871).* 17 Staaten sind an dem Abkommen beteiligt. Das damals gegründete »Internationale Büro für Maß und Gewicht« ist heute noch tätig und hat 44 Mitgliedstaaten. Das Metermaß tritt mit 1. Januar 1876 in Kraft.

30. Mai Eröffnung des neugebauten Donaubettes für den Schiffsverkehr *(→ 14. Mai 1870)*. Die Gesamtkosten der Donauregulierung betrugen 25 Millionen Gulden, von denen je ein Drittel die Stadt Wien, das Land Niederösterreich und der Staat zahlen. Die tiefer gelegenen Teile der Stadt waren nun wasserfrei, zahlreiche Sandbänke und Auen wurden Baugründe.

11. Juni Giuseppe Verdi dirigiert in der Wiener Oper sein »Requiem«.

29. Juni Kaiser Ferdinand I., genannt »der Gütige«, stirbt in Prag; geb. am 19. April 1793 in Wien als ältester Sohn von Kaiser Franz I. aus seiner zweiten Ehe mit Maria Theresia von Neapel-Sizilien. Kaiser seit 1835, dankte Ferdinand I. 1848 zugunsten seines Neffen Erzherzog Franz Joseph ab.

Juli Aufstände in Bosnien, der Herzegovina und in Bulgarien gegen die Türken. Die slawisch-christliche Bevölkerung dieser Länder lehnt sich gegen die nationale und religiöse Unterdrückung der Türken auf. Die dadurch entstehende sogenannte »Orientalische Frage« führt zur Okkupation Bosniens und der Herzegovina durch Österreich-Ungarn *(→ 13. Juli 1878)* und zum Russisch-Türkischen Krieg von 1877/78.

22. Oktober In Ausführung des Staatsgrundgesetzes über die richterliche Gewalt tritt das Gesetz für den Verwaltungsgerichtshof in Kraft. Außerhalb der Verwaltung stehend soll er als Berufungsgericht gegen Übergriffe der Verwaltung angerufen werden können. Mit Juni 1876 nimmt der Gerichtshof seine Tätigkeit auf.

5. November Um 0.31 Uhr stürzt der Personenzug Wien–Budweis kurz vor der Station Schwarzenau (Niederösterreich) von der Willinger Brücke in die Tiefe, Lokomotive und elf Waggons stürzen ab, drei Waggons bleiben auf dem Gleis stehen. Elf Tote und 80 zum Teil schwer Verletzte sind zu beklagen. Ein etwa sechs Meter langes Gleisstück war entfernt worden. Jahrzehnte später gesteht der Bahnwächter Franz Moser auf dem Totenbett, die Tat begangen zu haben. Er war noch dem Zug entgegengelaufen, doch wurde sein Haltesignal in dichtem Nebel nicht gesehen. Sein Motiv: Als »Retter des Zuges« hatte er sich eine beachtliche Geldprämie erhofft.

18. November Der Markt Mödling wird zur Stadt erhoben, die 572 Häuser und rund 5 000 Einwohner hat. Die Stadterhebung ist auf die Verdienste von Bürgermeister Josef Schöffel, die er sich um den Wienerwald erworben hat, zurückzuführen *(→ 1873)*.

▶**1876, 31. Januar** Im Einverständnis mit Deutschland, England, Frankreich, Italien und Rußland überreicht der österreichisch-ungarische Botschafter dem Außenminister der Türkei Vorschläge zur Beseitigung der Mißstände auf dem Balkan *(→ Juli 1875)*. Obwohl sofort Abhilfe von türkischer Seite versprochen wird, halten die Unruhen unter der christlichen Bevölkerung an.

13. März Josef von Führich stirbt in Wien; geb. am 9. Februar 1800 in Kratzau (Böhmen), Maler und Kupferstecher. Hauptvertreter der Nazarener in Rom und Wien, 1840–1872 Professor an der Akademie der bildenden Künste in Wien. Er schuf zahlreiche religiöse Tafelbilder und Freskenzyklen (Kreuzwegfresken in der Johann-Nepomuk-Kirche, Freskenzyklus der Altlerchenfelder Kirche in Wien 1854–1861).

10.–13. Mai Beratung der »Orientalischen Frage« *(→ Juli 1875)* in Berlin durch Ministerpräsident Julius Graf Andrássy, den Reichskanzler Otto von Bismarck und den russischen Kanzler Alexander Fürst Gortschakow. Das Ergebnis ist ein Memorandum an die Türkei mit der Forderung, binnen zweier Monate entsprechende Reformen *(→ 31. Januar)* durchzuführen.

30. Mai Josef Kriehuber stirbt in Wien; geb. am 14. Dezember 1800 in Wien, Maler und Lithograph. Neben zahlreichen Aquarellen schuf er über 3 000 Porträtlithographien von Persönlichkeiten aus dem Wien der Biedermeierzeit.

8. Juli Kaiser Franz Joseph I. trifft mit Zar Alexander II. auf Schloß Reichstadt in Nordböhmen zusammen. Der Kaiser verspricht die Neutralität Österreich-Ungarns im Falle eines russisch-türkischen Krieges dafür keine russischen Einwände bei einer eventuellen Besetzung Bosniens und der Herzegovina durch Österreich-Ungarn *(→ 15. Januar 1877)*.

12. September Anastasius Grün (eigentlich Anton Alexander Graf Auersperg) stirbt in Graz; geb. am 11. April 1806 in Laibach. Politischer Lyriker, Vorkämpfer der Freiheit im Vormärz, Führer der Deutschliberalen in Österreich. Seine politische Lyrik »Spaziergänge eines Wiener Poeten« erschien 1831 anonym.

▶**1877, 15. Januar** Der Geheimvertrag von Budapest zwischen Österreich-Ungarn und Rußland legt die Ergebnisse des Gespräches der Monarchen der beiden Länder vom *(→)* 8. Juli 1876 fest *(→ 13. Juni 1878; 18. Juni 1881)*. Der Weltöffentlichkeit wird dieser Vertrag erst im Jahre 1887 bekannt.

3. Juni Ludwig Ritter von Köchel stirbt in Wien; geb. am 14. Januar 1800 in Stein an der Donau (Niederösterreich), Musikwissenschaftler und Jurist. Er gab 1862 das »Chronologisch-thematische Verzeichnis sämtlicher Tonwerke Wolfgang Amadeus Mozarts« – das »Köchelverzeichnis« –, 1865 »83 Briefe Ludwig van Beethovens« heraus.

1. Juli »Atzgersdorfer Parteikongreß« der sozialdemokratischen »Österreichischen Arbeiterpartei«. Zweck ist die Einigung der sozialdemokratischen Bewegung, doch wird schließlich nur das »Neudörfler Programm« *(→ 5. April 1874)* bestätigt.

27. August Siegfried Marcus erhält ein Privileg »auf eine elektrische Lampe«. Am Carl-Theater in Wien erfolgt kurz darauf die erste öffentliche Anwendung dieser Beleuchtung.

11. Dezember Erste Soiree im k. k. Hofoperntheater in Wien, damit erster »Opernball« *(→ 2. März 1878)*.

29. Dezember Uraufführung des Volksstückes »Das vierte Gebot« von Ludwig Anzengruber in Wien.

▶**1878** Johann Schrammel gründet mit seinem Bruder Josef (beide Geiger), dem Gitarristen Anton Strohmayer und dem Klarinettisten Georg Dänzer das »Schrammelquartett«.

— Johannes Brahms übersiedelt (von Hamburg) endgültig nach Wien.

15. Februar Franz Martin Hämmerle stirbt in Dornbirn (Vorarlberg); geb. am 23. Januar 1815 in Dornbirn Industrieller, Gründer des größten Textilunternehmens von Vorarlberg. Er begann im Jahre 1837 mit vier Handwebstühlen, errichtete 1846 eine Färberei und bedruckte 1860 als erster in Österreich Barchente. Das Unternehmen beschäftigt bei seinem Tod rund 600 Arbeiter.

2. März Nachdem am 15. Januar und am 12. Februar

Parteien und Mandatsverteilung im Reichsrat

Zwischen 1873 und 1891 bestand der Reichsrat aus 353 Mitgliedern, 1897 wurde durch die fünfte allgemeine Kurie die Zahl der Abgeordneten auf 425 erhöht (die Zahlen stammen aus: Oswald Knauer, Das österreichische Parlament von 1848–1966).

Parteien	1873	1879	1885	1891	1897
Linke	88	—	—	—	—
Fortschrittsklub	57	54	—	—	—
Wiener Demokraten	5	—	—	—	—
Tschechenklub	33	54	63	—	60
Rechtsparteien	43	57	—	—	—
Verfassungsgetreue Großgrundbesitzer	54	—	—	—	30
Polen	49	57	56	58	59
Ruthenen	14	—	4	8	—
ohne Parteizugehörigkeit	10	40	40	—	17
Liberale	—	91	—	—	—
Deutschösterr. Klub	—	—	84	—	—
Deutscher Klub	—	—	28	—	—
Zentrumsklub	—	—	19	—	—
Linkes Zentrum	—	—	11	—	—
Rechtes Zentrum	—	—	36	—	—
Verband der Deutschnationalen	—	—	5	—	—
Trentoklub	—	—	7	—	—
Deutschliberale	—	—	—	109	—
Deutschkonservative	—	—	—	29	—
Christlichsoziale	—	—	—	14	26
Deutsche Volkspartei	—	—	—	17	41
Jungtschechen	—	—	—	37	—
Alttschechen	—	—	—	12	—
Böhmischer feudaler Großgrundbesitz	—	—	—	18	—
Mittelpartei	—	—	—	8	—
liberale Italiener	—	—	—	11	—
konservative Italiener	—	—	—	4	—
Slovenen	—	—	—	16	—
Kroaten	—	—	—	7	—
Serben	—	—	—	1	—
Rumänen	—	—	—	4	5
Deutsche Fortschrittspartei	—	—	—	—	33
Freie Deutsche Vereinigung	—	—	—	—	15
Zentrum	—	—	—	—	6
Alldeutsche	—	—	—	—	5
Katholische Volkspartei	—	—	—	—	31
Konservativer Großgrundbesitz	—	—	—	—	19
Italiener	—	—	—	—	19
Polnische Volkspartei	—	—	—	—	3
Polnische christliche Volkspartei	—	—	—	—	6
Slavischer christlicher Verband	—	—	—	—	35
Sozialdemokratischer Verband	—	—	—	—	15

zwei Soireen im k. k. Hofoperntheater stattgefunden hatten, ist das Opernhaus zum ersten Mal Schauplatz einer Redoute. Diese Opernredoute wird bis 1899 zu einer ständigen Einrichtung, dann wird sie vom »Ball der Stadt Wien«, einer vom Wiener Bürgermeister Dr. Karl Lueger initiierten Veranstaltung, abgelöst. Erst 1935 *(→ 26. Januar)* fand in der Oper wieder ein Ball statt. Nach dem Zweiten Weltkrieg lebte die Tradition 1956 *(→ 9. Februar)* wieder auf.

3. März Vorfriede von San Stefano bei Konstantinopel zwischen Rußland und der Türkei. Die russischen Bedingungen sehen unter anderem ein Fürstentum Großbulgarien – eine Machterweiterung Rußlands – vor, daher sind Österreich-Ungarn und England dagegen.

13. Juni Beginn des Berliner Kongresses zur Bereinigung der »Orientalischen Krise« *(→ Juli 1875; 10. bis 13. Mai 1876)*. Auf Initiative Österreichs vermittelt Reichskanzler Otto von Bismarck (er ist auch Vorsitzender des Kongresses). Österreich-Ungarn ist durch Ministerpräsident Julius Graf Andrássy vertreten. (Die streitenden Mächte Österreich-Ungarn, England und

Die Auseinandersetzungen um die österreichische Verfassung

Der 1944 verstorbene Schriftsteller und Journalist Hanns Sassmann bietet in seinem Buch »Das Reich der Träumer«, erstmals 1932 erschienen, eine sehr bedenkenswerte Aufstellung der österreichischen Verfassungsentwicklung zwischen 1860 und 1879 mit ihren Peripetien und sinnlosen Grabenkämpfen der Parteien (Seiten 392–397):

»Die erste konstitutionelle Periode Österreichs vom Oktoberpatent (1860) bis zur Abstinenzerklärung der Tschechen (1863) enthält bereits die Grundzüge der gesamten österreichischen Verfassungsgeschichte; alle Samen der österreichischen Zwietracht sind darin bereits gestreut. Von nun an liegen Verfassung und Parlament, solange sie bestehen, miteinander im Kampf, soviel auch an der Konstitution geändert wird, sie bleibt das Angriffsobjekt der Parteien und der Regierungen. Sie wird von Polizisten vergewaltigt, von den Nationalitäten mißbraucht, ausgebeutet, besudelt, verhöhnt; vierundzwanzig Regierungen versuchen bis zum Tode Kaiser Franz Josephs das Unmögliche an ihr, und unmöglich war in Österreich alles, was wie ein klarer, konkreter Staatsgedanke aussah ...

1860. Kabinett Goluchowski: Die staatliche Vielheit (Föderalismus) auf Grund des Oktoberpatents gesetzlich festzulegen mißlingt infolge Widerstands der slawischen Föderalisten im Bündnis mit den Deutschklerikalen. Die föderalistische Idee ist für immer kompromittiert.

1861. Kabinett Schmerling: Die staatliche Einheit (Zentralismus) aufzurichten mißlingt infolge Widerstands der slawischen Föderalisten im Bunde mit den Deutschklerikalen. Die Einheitsstaats-Idee ist für immer kompromittiert.

1865. Kabinett Belcredi: Die Monarchie durch Sistierung der von allen Nationalitäten und den Deutschklerikalen bekämpften Verfassung zu retten, mißlingt und bringt die Gefahr des Staatsbankrotts.

1867. Kabinett Beust: Der Versuch, die sistierte Verfassung mit Hilfe der Ungarn zu retten, mißlingt und kostet der Monarchie ihre Einheit. Die Ungarn erhalten ein selbständiges, unabhängiges Parlament (Dualismus), die Österreicher das »staatsrechtliche Interim«, der Kaiser beschwört die ungarische Verfassung, die österreichische nicht. Erste »Wallfahrt« der Tschechen nach Moskau, Geburt des Panslawismus und der Irredenta.

1867. Kabinett Carl Auersperg (Bürgerministerium): Der Versuch einer fortschrittlichen Staatsreform scheitert an dem Widerstand der sonst immer sehr liberalen Tschechen im Bündnis mit der deutschklerikalen Reaktion und an der Sprachenfrage, die von nun an nicht mehr von der Tagesordnung des österreichischen Reichsrats verschwindet.

1869. Interimskabinett Taaffe: Mit Hilfe der nationalen und klerikalen Opposition wird im sogenannten »Memorandenstreit« der Deutschliberalismus (die Stützen der Verfassung) durch die Regierung selbst erschüttert und geschwächt, die deutschnationale Idee wird geboren und verstärkt von nun an die nationale Opposition.

1870. Kabinett Hasner: Der Versuch der Regierung, die Autonomie der Länder zu erweitern und zugleich die Zentralgewalt zu stärken, also dem Föderalismus und dem Zentralismus zugleich zu dienen, mißlingt. Die Polen opponieren gegen die »Kantonisierung« Österreichs, fordern aber die Sonderstellung Galiziens. Die Krone stellt sich auf die Seite der föderalistisch-autonomistischen Minderheit gegen die verfassungstreue zentralistische Mehrheit, die Föderalisten verlassen aber trotzdem mit den Polen das Parlament (Föderalistischer Exodus).

1870. Kabinett Potocki (Beamtenregierung): Die Fortsetzung des Versuchs, Föderalisten und Zentralisten auf dem Boden der Verfassung zu einigen, führt zum Widerstand der deutschliberalen Verfassungspartei. Stärkung der deutschnationalen Bewegung, durch die Forderung des böhmischen Landtags nach dem Staatsrecht und der Königskrönung. Tirol verlangt, daß der Kaiser sich als Graf von Tirol huldigen lasse ... Letzter Sieg des Liberalismus durch Aufhebung des Konkordats.

1871. Kabinett Hohenwart: Setzt die erfolglosen Bemühungen seiner Vorgänger fort, über den Parteien und Nationalitäten zu stehen, was dazu führt, daß er keine für sich hat. Ein föderalistisch gefärbtes Verfassungsreformgesetz befriedigt die Föderalisten nicht und erbittert die Zentralisten. Beginn des slawisch-klerikalen Kurses und des Konzessionsschachers, die Polen werden mit Zugeständnissen gekauft, die Deutschen in Galizien der Polonisierung preisgegeben ...

1871. Kabinett Adolph Auersperg: Der Versuch der Regierung, durch eine Wahlreform die Verfassung zu kräftigen, scheitert. Durch die slawischen Nationalitäten wird mit den Deutschklerikalen der verfassungstreue Liberalismus endgültig niedergerungen (Verbot des Freimaurertums, Presseverfolgung), die Deutschnationalen verstärken sich auf Kosten der Deutschliberalen und treten in Opposition gegen die Verfassung, die jetzt den größten Teil der Slawen und der Deutschen gegen sich hat (Germania irredenta). Verfassung und Parlament ruhen auf keiner Majorität mehr.

1879. Kabinett Taaffe (»Versöhnungsministerium«): Periode der slawisch-klerikalen Mehrheit. Erster vollständiger Reichsrat nach fünfzehnjähriger Abstinenz der Tschechen. Hochblüte des Konzessionsschachers. Alle Grundrechte der Verfassung werden abwechselnd an die Nationalitäten feilgeboten. Erste Sprachverordnung. Schließlich scheitert der Versuch, an Stelle der deutschliberalen Mehrheit des Reichsrats eine slawische zu setzen an dem Widerstand der Tschechen ...“

Rußland *(→ 13. März)* hatten sich vorher grundsätzlich geeinigt.) Der Kongreß wird mit dem Berliner Frieden am 13. Juli beendet, den Deutschland, England, Frankreich, Italien, Österreich-Ungarn, Rußland und die Türkei unterzeichnen. Der Vorfriede von San Stefano *(→ 3. März)* wird damit revidiert: Fürstentum Bulgarien nur zwischen Donau und Balkan, Rumänien, Serbien und Montenegro werden (wenig territorial erweitert) souverän, Ostrumelien (zwischen Balkan und Ägäis) wird autonome türkische Provinz, Rumänien erhält die Dobrudscha und tritt Bessarabien an Rußland ab, England erhält die bisher türkische Insel Zypern, Österreich-Ungarn erhält das Besetzungsrecht (wenn nötig militärisch) über Bosnien und die Herzegovina und den Bezirk Novi Pazar *(→ 29. Juli; September 1879)*. Das Übergewicht einer europäischen Großmacht auf dem Balkan sollte damit verhindert werden.

13. Juli Geheime Konvention zwischen Österreich-Ungarn und der Türkei wegen der Besetzung Bosniens und der Herzegovina, die völkerrechtlich als »Okkupation« von unbestimmter Dauer und nicht als »Annexion« gilt. Die Souveränität des Sultans in beiden Ländern bleibt gewahrt *(→ Juli 1875; 29. Juli 1878; 21. April 1879; 18. Juni 1881)*.

23. Juli Karl Frh. von Rokitansky stirbt in Wien; geb. am 19. Februar 1804 in Königgrätz, Pathologe und Mitbegründer der Wiener Medizinischen Schule. Er stellte erstmals bestimmte Krankheitstypen auf und verfaßte ein lang gültiges Lehrbuch, das 1842–1846 erschienene dreibändige »Handbuch der pathologischen Anatomie«.

29. Juli Beginn der Besetzung Bosniens und der Herzegovina durch österreichisch-ungarische Truppen unter Feldzeugmeister Josef Frh. von Philippović. Zahlreiche Gefechte, besonders in den Monaten August und September, gestatten nur eine langsame Besetzung.

19. August Erstürmung von Sarajevo, das von 6 000 Mann verteidigt wurde.

16. Oktober Einzug der österreichisch-ungarischen Truppen in Mostar.

Ende Oktober Bosnien und die Herzegovina sind restlos in der Hand der österreichisch-ungarischen Truppen.

15. November Anton Fernkorn stirbt in Wien; geb. am 17. März 1813 in Erfurt, Bildhauer und Erzgießer, seit 1840 in Wien, Hauptwerke: »Löwe von Aspern« 1850, Reiterstandbild Erzherzog Karls 1853–1859 und Prinz Eugens 1860–1865 auf dem Heldenplatz in Wien.

►1879 Dombaumeister Friedrich von Schmidt errichtet die Westtürme der Stiftskirche von Klosterneuburg (Niederösterreich).

— Zur Erforschung der mehr als 4 000 österreichischen Höhlen wird in Wien ein Höhlenverein, der erste dieser Art auf der Welt, gegründet.

15. Februar Infolge der ständigen Opposition der Kreise um Carl Giskra und Eduard Herbst, die die Okkupation Bosniens und der Herzegovina ablehnen, tritt Adolf Fürst Auersperg als Regierungschef zurück. Dr. Karl von Stremayr bildet ein Übergangskabinett zur Abhaltung von Neuwahlen.

9. und 10. März Kaiser Franz Joseph I. trifft in Badgastein (Salzburg) mit Kaiser Wilhelm I. zusammen. Vorbesprechungen für den bevorstehenden »Zweibund« zwischen Österreich-Ungarn und Deutschland *(→ Juli und 7. Oktober)*.

21. April Vereinbarung zwischen Österreich-Ungarn und der Türkei über die Übernahme Bosniens und der Herzegovina in dauernde österreichische Verwaltung, wobei die Souveränitätsrechte des Sultans (zu dieser Zeit Abdul Hamid II.) gewahrt bleiben *(→ September; 18. Juni 1881; 25.–30. September 1908; 26. Februar 1909)*.

27. April »Festzug der Stadt Wien« anläßlich der silbernen Hochzeit des Kaiserpaares über die Wiener Ringstraße. Der Maler Hans Makart hatte die künstlerische Gestaltung über. 14 000 Teilnehmer in historischen Kostümen. Kosten 66 600 Gulden; durch Zuschüsse des Gemeinderates und bezahlte Tribünenplätze entsteht ein Überschuß von 11 000 Gulden. 50 000 Zuschauer auf den errichteten Tribünen und über 300 000 entlang der Ringstraße. Der Festzug war für den 25. geplant, mußte aber wegen schlechten Wetters zweimal verschoben werden.

29. April Alexander von Battenberg (Sohn aus der morganatischen Ehe des Prinzen Alexander von Hessen mit der polnischen Gräfin Julie Therese von Haucke) wird zum Fürsten von Bulgarien gewählt. Er muß wegen der Gegnerschaft Rußlands am 7. September 1886 abdanken, läßt sich 1889 als Graf Hartenau in Graz nieder und wird Oberst in der k. u. k. Armee (er stirbt am 17. November 1893 in Graz).

Juni/Juli Neuwahlen zum Reichsrat. Die antislawische und antikirchliche Einstellung der Deutschliberalen kostet diesen die Mehrheit *(→ Rahmenartikel: Mandatsverteilung und Parteien im Reichsrat, S. 278)*.

Juli Außenminister Julius Graf Andrássy und Reichskanzler Otto von Bismarck verhandeln abwechselnd in Badgastein (Salzburg) und in Wien über ein Defensivbündnis gegen Rußland, den sogenannten »Zweibund«.

11. Juli Rücktritt des interimistischen Ministeriums Stremayr. Karl von Stremayr hatte im Februar nach dem Rücktritt von Adolf Fürst Auersperg die Regierungsgeschäfte übernommen. Damit geht die deutschliberale Ära in Österreich zu Ende. Die Verhandlungen und Besprechungen ziehen sich bis in den September hinein *(→ 9. und 10. März und 7. Oktober)*.

12. August Eduard Graf Taaffe bildet ein neues Kabinett, das sich auf eine Koalition mit dem feudal-konservativen Hohenwartklub sowie mit den Tschechen und Polen stützt. Diese dauerhafte Koalition blieb vierzehn Jahre bestehen und wurde »Eiserner Ring« genannt. Für die Politik des Kabinetts Taaffe wurde der Begriff »fortwursteln« geprägt *(→ siehe auch Rahmenartikel »Die Auseinandersetzungen um die österreichische Verfassung«, S. 279)*.

September Österreichisch-ungarische Truppen besetzen auch den Bezirk Novi Pazar, durch den Serbien von Montenegro getrennt wurde. *(→ 13. Juni 1878)*.

7. Oktober »Zweibund« zwischen Österreich-Ungarn und Deutschland. Der Vertrag verpflichtet die Partner, einander bei einem russischen Angriff mit der gesamten militärischen Macht beizustehen, beim Angriff einer anderen Macht wird mindestens Neutralität garantiert. Der Vertrag wird in Wien abgeschlossen und gilt für fünf Jahre, 1883 wird er bis 1889 verlängert, 1902 wird festgelegt, daß sich der Vertrag automatisch für jeweils drei weitere Jahre verlängert. Die »Veröffentlichung« des Vertrages erfolgt erst am 2. Februar 1888 *(→ 9. und 10. März; Juli)*.

8. Oktober Julius Graf Andrássy demissioniert als

Schönerers Programm

Im Juni 1879 veröffentlicht Georg Ritter von Schönerer »Mein Programm«, das als »ein kurioses Schriftstück eines verschrobenen Politikers« bezeichnet wurde:

»Österreich muß, seines Ursprunges und seiner Geschichte eingedenk, den Deutschen die Gewähr bieten, daß deren Nationalität nicht gefährdet werde und soll an der Solidarität der Deutschen in Österreich entschieden festgehalten werden . . .
Überhaupt sind den bisher bevorzugt gewesenen Interessen des beweglichen Kapitales, – und der bisherigen *semitischen Herrschaft des Geldes und der Phrase*, die Interessen des Grundbesitzes und der produktiven Hände, sowie die Kräfte und Rechte der ehrlichen Arbeit in Hinkunft mit Entschiedenheit entgegenzustellen und zu fördern . . . Zum Schlusse kann es aber nicht oft genug betont werden, daß in einem parlamentarischen Staate für die Fehler und Unterlassungssünden der Regierung nicht diese allein, sondern in erster Linie die konstitutionellen Vertretungskörper als eigentlich schuldtragend von der Bevölkerung verantwortlich gemacht werden sollten . . .«

k. u. k. Außenminister, Heinrich Karl Frh. von Haymerle wird sein Nachfolger.

14. Oktober Ferdinand Kürnberger stirbt in München; geb. am 3. Juli 1821 in Wien, Schriftsteller. Der liberale Publizist war ein Meister des Feuilletons und der realistischen Novelle. 1848 hatte er wegen Teilnahme an der Revolution aus Wien fliehen müssen. Ab 1866 lebte er wieder in Wien. Gemeinsam mit Joseph Schöffel *(→ 1873; 18. November 1875)* trat er für die Rettung des Wienerwaldes ein.

1880 Gründung des Österreichischen Historischen Institutes in Rom, erster Direktor wird der Historiker Theodor Ritter von Sickel.

2. Januar Carl Michael Geyling stirbt in Wien-Mariahilf (Wien 6); geb. am 24. Februar 1814 in Mariahilf, Maler und Glasmaler. 1846 errichtete er eine leistungsfähige Werkstätte für Glasmalereien. Glasfenster in Schloß Laxenburg (Niederösterreich) 1840, in der Landhauskapelle in Wien 1843, in der Schottenfelder Pfarrkirche in Wien 1856, im Stephansdom und in der Votivkirche in Wien 1858–1879.

14. März Unter der Patronanz des Kaiserpaares wird die »Österreichische Gesellschaft vom Roten Kreuz« gegründet.

19. April »Sprachenverordnung für Böhmen und Mähren.« Die Behörden sind verpflichtet, Eingaben in der Landessprache zu erledigen *(→ 20. April und 20. Oktober 1882; 5. April 1897)*. Sprachliche Teilung der Prager Universität. Starke Opposition der Deutschen.

Juli Am Großglockner, mit 3 797 m der höchste Berg Österreichs, wird das »Glocknerkreuz« verankert. Das 2,5 m hohe Kreuz wurde vom Wiener Dombaumeister Friedrich von Schmidt entworfen und vom Österreichischen Alpenclub als »Kaiserkreuz« anläßlich der silbernen Hochzeit des Kaiserpaares 1879 gestiftet.

2. Juli Gründung des »Österreichischen Schulvereins« in Wien. Sie ging vom radikalen deutschnationalen »Deutschen Leseverein« (auch »Deutscher Klub« genannt) aus. Die Aufgabe des Vereins ist die Errichtung und Erhaltung deutscher Schulen in gemischtsprachigen Gebieten *(→ 15. August 1881)*.

24. Juli Heinrich Drasche Edler von Wartinberg stirbt in Inzersdorf bei Wien; geb. am 19. April 1811 in Brünn, Industrieller. Drasche kam Anfang der dreißiger Jahre nach Wien und übernahm die Ziegelwerke auf dem Laaer Berg. 1837 erwarb er den Steinkohlenbergbau in Grünbach am Schneeberg. Die vier Inzersdorfer Ziegeleien nahmen durch die Bautätigkeit der Wiener Stadterweiterung einen enormen Aufschwung. Drasche erwarb selbst ein Ringstraßengrundstück, auf dem er 1861–1863 den Heinrichshof (gegenüber der Oper) von Theophil Hansen errichten ließ (1945 durch Bomben zerstört, heute Opernringhof). Als einer der ersten Unternehmer Österreichs errichtete er Arbeiterwohnhäuser und mehrere Sozialeinrichtungen, wie z. B. einen Pensionsfonds und Krankenfürsorgekassen. Bei seinem Tod besaß er 15 Kohlengruben und beschäftigte über 4 000 Arbeiter, außerdem zwölf Ziegelfabriken mit einem Gesamtbeschäftigungsstand von 5 700 Arbeitern.

27. Juli Anläßlich der »Niederösterreichischen Gewerbeausstellung« (17. Juli bis 1. November 1880) in der Rotunde im Wiener Prater nimmt der gebürtige Ungar Béla Egger an der Ostfront der Rotunde eine »elektrische Vergnügungsbahn« in Betrieb.

►1881 Eugène Bontoux, der Generaldirektor der Südbahn (ein Franzose), vereinigt die sechs wichtigsten Eisen- und Stahlwerke der Steiermark zur »Österreichisch-Alpine-Montan«, einer Aktiengesellschaft. Die Aktien hatten einen Nennwert von 55 Gulden (= 110 Kronen) und erreichten 1912 einen Kurs von 1 110 Kronen.

— Baubeginn für die neue Wiener Hofburg nach den Plänen von Gottfried Semper als Teil eines großen Kaiserforums, in das auch die beiden Museen an der Ringstraße einbezogen waren. Zunächst baute Karl von Hasenauer, ab 1897 Emil Förster und ab 1899 Friedrich Ohmann. Die Bauphase von 1907–1913 leitete Ludwig Baumann.

20. Februar Uraufführung der 4. Symphonie (der »Romantischen«) von Anton Bruckner in Wien.

29. März Karl Weyprecht stirbt in Michelstadt (Hessen); geb. am 8. September 1838 in König (Hessen), Polarforscher. Er trat 1856 in die österreichische Kriegsmarine ein, wurde Linienschiffsleutnant und machte mit Julius von Payer 1871 eine Vorexpedition in die Arktis. 1872–1874 leitete er mit Payer gemeinsam die österreichisch-ungarische Nordpolexpedition *(→ 13. Juni 1872)*.

10. Mai In Wien findet die Hochzeit des Kronprinzen Rudolf mit der belgischen Prinzessin Stephanie statt.

15. Mai Franz Frh. von Dingelstedt stirbt in Wien; geb. am 30. Juni 1814 in Halsdorf bei Marburg an der Lahn (Hessen), Dichter, Theaterleiter und Dramaturg. 1867–1870 Direktor der Wiener Hofoper, 1870–1881 Direktor des Wiener Burgtheaters, das unter seiner Leitung eine Blüte erlebte. »Sämtliche Werke« in zwölf Bänden 1877.

Wien erhält ein Telephonnetz

Am 1. Dezember 1881 wird das Netz der am 3. Juni gegründeten »Wiener Privat-Telegraphen-Gesellschaft« mit 154 Anschlüssen in Betrieb genommen. Als erstes Telefonbuch erscheint in den Zeitungen eine Anzeige mit den Namen der Teilnehmer – von Leopold Abeles bis Wilhelm Zierer. Öffentliche Stellen, wie etwa die Polizei, hatten noch keinen Anschluß, auch nicht der Kaiser oder der Ministerpräsident oder der Bürgermeister von Wien.
Bereits drei Anschlüsse hatte die Credit-Anstalt, auch große Bahnhöfe, die Länderbank, einige Hotels und Zeitungsredaktionen verfügten über einen Anschluß. Außerdem gab es dreißig interne Anschlüsse, die z. B. Verbindungen zwischen einem Unternehmen und seinem Betrieb herstellten. Die Verbindung erfolgte nur über eine Zentrale, das »Fräulein vom Amt«, das bald den Spitznamen »Klingelfee« erhielt.
Ein Telephonanschluß war anfangs eine recht teure Angelegenheit: im Umkreis von zwei Kilometern vom Amt betrug die jährliche Gebühr 100 Gulden, jeder weitere Kilometer kostete 25 Gulden. Ein Anschluß am Döblinger Gürtel kostete bereits 150 Gulden. Im Vergleich dazu belief sich das mittlere Jahreseinkommen eines Beamten auf 400–600 Gulden.

3. Juni Die »Wiener Privat-Telegraphen-Gesellschaft« erhält eine Konzession für die Installierung eines Telephonnetzes im Wiener Raum *(→ Rahmenartikel »Wien erhält ein Telephonnetz«)*.
4. Juni Feldmarschalleutnant Franz Frh. von Uchatius begeht in Wien Selbstmord; geb. am 20. Oktober 1811 in Theresienfeld (Niederösterreich); Waffentechniker und Erfinder. Er erfand 1846 einen Bildwerfer, mit dem man bewegliche Bilder an die Wand projizieren konnte, einen Laufbildprojektor – das erste »Heimkino« –, der aber nicht ausgewertet wurde. 1874 erfand er eine Stahlbronze, die sich durch außergewöhnliche Elastizität auszeichnete und für die Herstellung von Geschützen verwendet wurde, die »Uchatius-Stahlbronze« erlangte Weltruf.
18. Juni Der »Dreikaiservertrag« zwischen Zar Alexander III., Kaiser Franz Joseph I. und Kaiser Wilhelm I. wird in Berlin unterzeichnet. Vereinbarung der Neutralität im Falle eines Konflikts eines Vertragspartners mit einer anderen Macht. Der Vertrag bleibt bis 1914 geheim *(→ 7. Oktober 1879; 27. März 1884)*. Mit einem Zusatzprotokoll erhält Österreich-Ungarn die Zustimmung, die Okkupation Bosniens und der Herzegovina zu einem beliebigen Zeitpunkt in eine Annexion umzuwandeln. Die österreichisch-russischen Gegensätze auf dem Balkan bleiben trotzdem bestehen, so daß es zwischen Rußland und Deutschland zum sogenannten Rückversicherungsvertrag *(→ 18. Juni 1887)* kommt *(→ 13. Juli 1878; 24. April 1897; 25.–30. September 1908)*.
28. Juni Kaiser Franz Joseph I. schließt mit Fürst Milan von Serbien ein Geheimbündnis. Die serbische Politik wird damit unter österreichisch-ungarische Führung gestellt *(→ 30. Oktober)*.
10. August In Dornbirn (Vorarlberg) wird durch Kaiser Franz Joseph I. die erste Telephonverbindung »außer Haus« in Österreich in Betrieb genommen. Sie verbindet das Büro der Firma Hämmerle in Oberndorf mit der Spinnerei Gütle.
15. August Gründung des Allgemeinen Deutschen Schulvereins mit Sitz in Berlin. Der Österreichische Schulverein *(→ 2. Juli 1880)* wird in diesen übergeleitet.
November Zusammenschluß aller deutschliberalen Parteirichtungen zur »Vereinigten Linken«.
20. November Gustav Sigmund Graf Kálnoky von Köröspatak wird k. u. k. Außenminister. Er war seit 1879 Botschafter in Moskau und bleibt bis 1895 k. u. k. Außenminister.
8. Dezember Brand des Ringtheaters in Wien unmittelbar vor Beginn der Vorstellung. Da die Zuschauer der oberen Ränge nicht rasch genug das Theater verlassen konnten, gab es 386 Tote. Das Theater bot 1 700 Zuschauern Platz. Der damalige Direktor Franz Jauner wird zur Verantwortung gezogen. Als Folge der Katastrophe wird der »eiserne Vorhang« in allen Theatern eingeführt, strenge Brandvorschriften werden erlassen. Unter dem Eindruck dieses Unglücks gründet Hans Graf Wilczek mit Eduard Graf Lamezan-Salins und Jaromir Mundy die »Wiener freiwillige Rettungsgesellschaft«. An der Stelle des Theaters läßt Kaiser Franz Joseph I. aus den Mitteln seiner Privatschatulle das

»Linzer Programm«

Am 1. September 1882 wurde die endgültige Fassung des Programms der Deutschnationalen veröffentlicht. Nach einer umfangreichen Einleitung ist dieses sogenannte »Linzer Programm« in elf Abschnitte mit insgesamt 33 Punkten gegliedert. Teile des »Schönerer-Programms« von 1880 sind übernommen. Neben sozialen Forderungen steht die nationale Frage im Mittelpunkt:

> ». . . Es ist sowohl im nationalen, als im staatlichen Interesse gelegen, daß diejenigen Länder der österreichisch-ungarischen Monarchie, welche ehemals dem Deutschen Bunde angehörten, für sich ein möglichst unabhängiges und streng einheitlich organisiertes Ganzes bilden . . .
> Es ist durch die Lage und durch die historische Entwicklung der diesseitigen Reichshälfte bedingt, daß jenen Ländern der Monarchie, welche ehemals dem Deutschen Bunde angehörten, der deutsche Charakter gewahrt bleibe, und es muß daher gefordert werden, daß durch ein Gesetz die deutsche Sprache als Staatssprache erklärt, insbesondere aber verfügt werde . . .«

Nach 1885 wurde dem Programm noch ein zwölfter Abschnitt hinzugefügt:

> »Zur Durchführung der angestrebten Reformen ist die Beseitigung des jüdischen Einflusses auf allen Gebieten des öffentlichen Lebens unerläßlich.«

Die erste elektrische Bahn Europas

Abgesehen von einem kurzen Stück einer elektrisch betriebenen »Vergnügungsbahn« an der Ostseite der Wiener Rotunde anläßlich der »Niederösterreichischen Gewerbeausstellung« im Jahre 1880 *(→ 27. Juli)*, war in der Öffentlichkeit keine »Demonstrationsstrecke« errichtet worden. Die Firma Siemens & Halske hatte diese erste für den öffentlichen Verkehr bestimmte elektrisch betriebene Bahn entwickelt und die k. k. privilegierte Südbahngesellschaft übernahm den Betrieb.
Die elektrische Lokalbahn Mödling–Hinterbrühl hatte eine Spurweite von einem Meter und eine Gesamtlänge von 4,476 Kilometer. Die Strecke wurde in drei Abschnitten in drei Jahren fertiggestellt. Nach der Eröffnung des ersten Teilstükkes von Mödling bis Klausen am 17. Oktober 1883 wurde am 22. Oktober der reguläre Betrieb aufgenommen. Am 6. April 1884 folgte das Anschlußstück Klausen–Vorderbrühl und am 14. Juli 1885 war die Strecke bis Hinterbrühl fertiggestellt. Bis zum Jahre 1887 stand eine Dampflokomotive als Reserve bereit. Sie wurde abgezogen, da sich die elektrische Bahn bewährt hatte.

»Sühnhaus« errichten. Es wird von Dombaumeister Friedrich von Schmidt erbaut und am 8. Dezember 1885 eröffnet, ein Zinshaus, dessen Zinsertrag wohltätigen Zwecken (zum Teil auch den Opfern des Ringtheaterbrandes) zugeführt wurde. 1945 wurde das Sühnhaus schwer beschädigt und 1951 abgetragen. 1969–1974 wurde das neue Gebäude der Polizeidirektion an dieser Stelle errichtet.

1882 Aufstellung des zur Zeit größten Linsenfernrohres der Welt (Brennweite 10,5 m, Objektivöffnung 68 cm) in der neu errichteten Wiener Sternwarte »auf der Türkenschanze«. Der Bau war 1873 begonnen worden.

20. April Für die slowenischen Gebiete der Steiermark wird eine Sprachenverordnung erlassen.

20. Mai Ein Bündnisvertrag zwischen Österreich-Ungarn, Deutschland und Italien wird unterzeichnet. Er tritt nur in Kraft, wenn ein oder zwei Verbündete von zwei oder mehreren Staaten angegriffen werden. Ausnahmefall: Wenn England sich den Gegnern Österreich-Ungarns oder Deutschlands anschließt, kann Italien ungebunden entscheiden.

2. Juni Georg Ritter von Schönerer gründet den »Deutschnationalen Verein«, er veröffentlicht das 1880 von Victor Adler, Engelbert Pernerstorfer (den späteren Führern der Sozialdemokraten) und Heinrich Friedjung (Historiker) ausgearbeitete »Linzer Programm«: Zusammenfassung der deutschsprachigen Länder, engerer Anschluß an Deutschland, nur eine Personalunion mit Ungarn. Schon am 18. Dezember 1878 sagte Schönerer im Reichstag: »Wenn wir nur schon zum Deutschen Reich gehören würden.« Seine Bewegung wird rasch radikal, österreichfeindlich und antisemitisch. Schönerer ist auch der geistige Vater der »Los-von-Rom-Bewegung« *(→ 5. Mai 1888; 7. März 1898)*.

1. September Veröffentlichung des Programms der Deutschnationalen Partei, es wird zur Grundlage für die weitere Entwicklung der deutschnationalen Bewegung.

20. Oktober Sprachenverordnung für Schlesien.

►1883 Adelige unter der Führung der Prinzen Aloys (einem Vorkämpfer der Christlichsozialen) und Alfred Liechtenstein treten in einer Gewerbeenquete für eine Verkürzung der Arbeitszeit auf 60 Wochenstunden und ein Verbot der Feiertags- und Kinderarbeit ein *(→ 1842; 1847; 1895)*.

12. Januar Gründung des Österreichischen Postsparkassenamtes durch den aus Hessen stammenden Georg Coch, der auch bis 1886 Direktor ist. Österreich hat damit den ersten Postscheckverkehr der Welt.

3. April Franz Frh. von Wertheim stirbt in Wien; geb. am 12. April 1814 in Krems (Niederösterreich), Industrieller. Er begann 1841 mit der Herstellung von Werkzeugen, die ihm 1845 öffentliche Anerkennung einbrachte. 1847 beteiligte er sich an der Papierherstellung seines Schwiegervaters und erzeugte erstmals in Österreich Zigarettenpapier. Als ihm 1848 seine »eiserne Kasse« aufgebrochen wurde, suchte er nach einer besseren Lösung. Er entwickelte in einer aufgelassenen Kerzenfabrik in Wien-Erdberg (Wien 3) seine feuerfesten Panzerschränke, die er 1853 am Wiener Stadtrand nächst der Belvederelinie der Öffentlichkeit vorstellte. Drei seiner Panzerschränke standen auf einem mächtigen Scheiterhaufen und wurden fast bis zur Glut erhitzt, doch die verwahrten Geldscheine blieben unversehrt.

17. Juni Erlassung des Statuts über die Gewerbeinspektorate, denen die Überwachung der zum Schutz der Arbeiter erlassenen Gesetze (Arbeitsräume, elfstündiger Maximalarbeitstag, Sonntagsruhe, Lohn, Kündigung, Jugend- und Frauenbeschäftigungsbestimmungen und anderes) übertragen wird. Beginn der vorbildlichen Sozialgesetzgebung der Regierung Taaffe, die in anderen Ländern wesentlich später einsetzt *(→ 30. März 1888; 4. April 1889)*.

14. Juli Heinrich von Ferstel stirbt in Grinzing bei Wien (Wien 19); geb. am 7. Juli 1828 in Wien; Architekt, ein Hauptvertreter des Historismus in Österreich. 1866 Professor für Hochbau am Wiener Polytechnischen Institut (Technische Universität). Hauptwerke (alle in Wien): Votivkirche 1856–1879, Museum für angewandte Kunst 1868–1871, Chemisches Institut der Universität 1869–1872, Universität 1873–1883, Hochschule für angewandte Kunst 1875–1877.

17. Oktober Eröffnung des ersten Teilstückes der elektrischen Lokalbahn Mödling–Hinterbrühl *(→ Rahmenartikel »Die erste elektrische Bahn Europas«)*.

27. Oktober Erste Dampftramway in Wien auf der Strecke Hietzing-Perchtoldsdorf.

30. Oktober Geheimes Defensivbündnis zwischen Österreich-Ungarn und Rumänien gegen Rußland. Deutschland schließt sich noch am selben Tag an, Italien etwas später *(→ 1901; 8. Juli 1913)*.

11. November Die bisher am Stadttheater engagierte Schauspielerin Katharina Schratt tritt erstmals im k. k. Burgtheater auf.

4. Dezember Erste Sitzung im neuerbauten Reichsratsgebäude (heute Parlament) an der Wiener Ringstraße. Die Baukosten betrugen 12 Millionen Gulden. Kaiser Franz Joseph I. besucht am 7. Januar 1884 zum erstenmal das Haus.

15. Dezember Anton Kammerer, ein Anarchist, erschießt den Polizisten Franz Hlubek *(→ 30. Januar 1884)*.

►**1884** Inbetriebnahme der durch Initiative Josef Werndls errichteten elektrischen Straßenbeleuchtung der Stadt Steyr (Oberösterreich). Zum erstenmal wird aus Wasserkraft gewonnene elektrische Energie verwendet.

6. Januar Gregor Johann Mendel stirbt in Brünn; geb. am 22. Juli 1822 in Heinzendorf (österreichisch Schlesien), Entdecker der Vererbungsgesetze. 1843 in das Augustinerkloster in Brünn eingetreten, wurde er 1868 dessen Abt. Er stellte in acht Jahren in mehr als 10 000 Kreuzungsversuchen die Gesetzmäßigkeit der Vererbung fest. Erst um 1900 wurden seine Forschungen wiederentdeckt.

10. Januar Hermann Eisert, der Besitzer einer Wechselstube, und sein Sohn werden von unbekannten Tätern erschlagen. Sein zweiter Sohn wird schwer verletzt. Vierzehn Tage später fällt der Polizeiagent Ferdinand Blöch ebenfalls einem Anschlag zum Opfer. Drei Tage später wird der Anarchist Anton Kammerer, der sich zur »Propaganda der Tat« bekennt, verhaftet und gesteht, mit seinem Gesinnungsgenossen Hermann Stellmacher für die Morde an Hlubek *(→ 15. Dezember 1883)*, Eisert und Blöch verantwortlich zu sein.

30. Januar Der Ausnahmezustand wird über Wien-Floridsdorf (Wien 21), Korneuburg und Wr. Neustadt (Niederösterreich) verhängt. Grund sind die vorangegangenen Attentate vom 15. Dezember 1883 und 10. Januar 1884. Durch die folgenden »Sozialistenprozesse« bricht die Arbeiterbewegung fast völlig zusammen.

27. März Verlängerung des Dreikaiservertrages vom 18. Juni 1881 in Skierniewice (Rußland) auf weitere drei Jahre.

1. Juni Adolf M. Pollak von Rudin stirbt in Wien; geb. am 15. Mai 1817 in Všeradice (Böhmen), Erfinder. Seit 1836 in Wien. Er brachte die Zündholzschiebeschachtel mit den Reibflächen an den Seiten in den Handel und erfand 1847 das Lackieren der Zündholzköpfe.

5. Juli Eduard Jäger von Jaxtthal stirbt in Wien; geb. am 25. Juni 1818 in Wien, Augenarzt und Professor an der Universität Wien. Er führte den Augenspiegel zur Bestimmung des Brechungsvermögens ein. Durch seine Augenoperationen erlangte er Weltruf, außerdem erwarb er sich große Verdienste um die Behandlung des Glaukoms (= grüner Star).

1. August Heinrich Laube stirbt in Wien; geb. am 18. September 1806 in Sprottau (Schlesien), Schriftsteller und Theaterdirektor. 1849 nach Wien als Direktor des Hofburgtheaters berufen (bis 1867). 1871–1879 Direktor des neuerbauten Stadttheaters in Wien. »Gesammelte Werke« in 50 Bänden 1908–1910.

4. September Wilhelm Frh. von Engerth stirbt in Leesdorf bei Baden bei Wien; geb. am 26. Mai 1814 in Pleß (Schlesien), Eisenbahn- und Maschinenbauingenieur. 1844 Professor am Joanneum in Graz. Er entwikkelte 1850 die erste brauchbare Gebirgslokomotive (für die Semmeringbahn), erbaute 1872 die Absperrvorrichtung der Nußdorfer Schleuse, das sogenannte Schwimmtor, baute die Ausstellungshallen für die Wiener Weltausstellung 1873.

20. September Kaiser Franz Joseph I. übergibt die »Arlbergbahn« auf der Strecke Innsbruck–Bregenz dem Verkehr. Die Bauzeit betrug 50 Monate, der Tunnel durch den Arlberg (10 249,9 m lang) kostete 19 082 641 Gulden.

3. Oktober Hans Makart stirbt in Wien; geb. am 29. Mai 1840 in Salzburg, Maler der »Gründerzeit«. Prägte durch seine überladenen Gemälde den »Makartstil«. Seit 1. Januar 1879 Professor an der Kunstakademie in Wien. Organisierte den »Festzug der Stadt Wien« anläßlich der silbernen Hochzeit des Kaiserpaares *(→ 27. April 1879)*.

10. Oktober Eröffnung des neuen Gebäudes der Universität an der Wiener Ringstraße *(→ 1873)*.

27. November Fanny (Franziska) Elßler stirbt in Wien; geb. am 23. Juni 1810 in Wien-Gumpendorf (Wien 6), Tänzerin. 1817–1825 am Kärntnertortheater in Wien. Sie feierte große Triumphe in ganz Europa und in Nordamerika und zog sich 1851 von der Bühne zurück.

►**1885** Ein wenig bekannter Vorfall: Während einer Jagd im Höllengraben bei Mürzsteg (Steiermark) wird Kaiser Franz Joseph I. durch die Unvorsichtigkeit seines Sohnes, des Kronprinzen Rudolf, gefährdet. Die förmliche Vernehmung des Försters Robert Kellner in Scheiterboden bei Mürzsteg mit den damals Beteiligten, dem Jäger Josef Haider und dem Arbeiter Johann Heumann, im Jahre 1922 ergab: »Es dürfte in den Jahren 1885 oder 1886 gewesen sein, als im Höllengraben bei Mürzsteg auf Kahlwild gejagt wurde. Der Kronprinz hatte seinen Stand im Graben, während der Kaiser in der Lehne gegen den Bockkogel ›im Reiser‹ stand. Der Trieb ging, nachdem sowohl der Kaiser wie der Kronprinz ziemlich viel geschossen hatten, bereits dem Ende zu, als dem Kronprinzen noch ein Rudel Hochwild kam. Er beschoß das Wild, und als es, immer weiter flüchtend, für ihn immer weniger erreichbar wurde, vergaß er die alte Regel, verließ seinen Stand und schoß nochmals, als das Wild schon gegen den Stand des Kaisers zog. Die Kugel traf den hinter dem Stand des Kaisers sitzenden Träger Martin Veitschegger aus Mürzsteg beim Ellbogen in den Ärmel. Dieser erhielt vom Kaiser 50 Gulden, und der Kronprinz durfte an dem Trieb am nächsten Tag nicht teilnehmen.«

— Otto Wagner erbaut seine erste Villa in Wien (14, Hüttelbergstraße 26) im »freien Renaissancestil«.

11. März Das erste Gesetz zum Schutz der Fabrikarbeiter wird erlassen. Maximale Arbeitszeit elf Stunden, Kinderarbeit und Nachtarbeit von Frauen und Jugendlichen verboten.

März König Milan von Serbien bietet Österreich-Ungarn die Besetzung und Einverleibung Serbiens an – wird abgelehnt.

Sommer Die erste Telephonüberlandverbindung Österreichs, von Wien nach Brünn, wird eingerichtet und in Betrieb genommen.

23. Juni Der Wiener Gemeinderat bezieht das neue Rathaus an der Wiener Ringstraße *(→ 25. Mai 1872)*. Das von Friedrich von Schmidt in mehr als zehnjähriger Bauzeit errichtete Neue Rathaus ist mit knapp 14 Millionen Gulden Baukosten Wiens teuerstes Gebäude des 19. Jh.s.

24. Oktober Uraufführung der Operette »Der Zigeunerbaron« von Johann Strauß Sohn im Theater an der Wien.

13. November Serbien erklärt wegen der Annexion

Ostrumeliens Bulgarien den Krieg. Nachdem die Bulgaren in zwei Schlachten siegreich geblieben waren, intervenierte der österreichisch-ungarische Gesandte in Belgrad, Rudolf Graf Khevenhüller-Metsch, bei König Milan und wirkt in Einklang mit dem österreichisch-serbischen Geheimvertrag *(→ 28. Juni 1881)* auf diesen ein, einen Waffenstillstand zu schließen. Am 3. März 1886 wird in Bukarest ein Frieden unter Wahrung des beiderseitigen Besitzstandes geschlossen.

1. Dezember Die erste Lieferung des »Kronprinzenwerkes«; »Die österreichisch-ungarische Monarchie in Wort und Bild«, erscheint *(→ 1. Juni 1902)*.

►**1886** Errichtung des Sonnblickobservatoriums in 3 105 m Seehöhe, die älteste Gipfelwetterwarte der Alpen.

16. Januar O. F. Berg (eigentlich Ottokar Franz Ebersberg) stirbt in Wien; geb. am 10. Oktober 1833 in Wien, Volksschriftsteller. Er gründete die Witzblätter »Tritsch-Tratsch« (1859) und »Kikeriki« (1862), 1872 das »Illustrierte Wiener Extrablatt«.

9. Mai Versammlung der Sozialdemokraten in Wien, angeregt von Victor Adler und den Abgeordneten Engelbert Pernerstorfer, Ferdinand Kronawetter und Karl Außerer. Radikale und Gemäßigte bemühen sich das erstemal um eine gemeinsame Linie *(→ 30. Dezember 1888)*.

31. Juli Franz Liszt stirbt in Bayreuth; geb. am 22. Oktober 1811 in Raiding (Burgenland, damals Ungarn), Komponist und Klaviervirtuose. 1848–1861 Hofkapellmeister in Weimar. Zahlreiche Konzertreisen durch ganz Europa, er schuf 19 Ungarische Rhapsodien 1847–1853, 40 Orchesterwerke, insgesamt 673 musikalische Werke. Er war auch musikschriftstellerisch tätig, »Gesammelte Schriften« in sechs Bänden 1880–1883. In den letzten 20 Jahren war er als Lehrer tätig, er hatte rund 400 Klavierschüler.

18. September Eduard Ritter von Steinle stirbt in Frankfurt am Main; geb. am 2. Juli 1810 in Wien, Maler und Zeichner, der letzte Vertreter der Nazarener. Er schuf zahlreiche Wand- und Tafelbilder, von besonderem Reiz sind seine Märchenillustrationen.

11. November Alexander Ritter von Schoeller stirbt in Wien; geb. am 12. Juni 1805 in Düren (Rheinland), Industrieller. Seit August 1833 in Wien als Textilgroßhändler ansässig. Er gründete am 25. Mai 1843 die Berndorfer Metallwarenfabrik und nahm die Firma Krupp als stillen Teilhaber auf. Diese wendet als erste Fabrik die galvanische Versilberung an und macht sie unter der selbstgewählten Bezeichnung Alpakasilber bekannt. Schon 1866, 23 Jahre vor der Pflichtversicherung, führte Schoeller für seine Arbeiter in Berndorf eine Unfallversicherung ein.

11. Dezember Die erste Nummer der sozialdemokratischen Wochenschrift »Gleichheit« erscheint, Herausgeber Victor Adler. Sie wird am 21. Juni 1889 verboten.

26. Dezember Theodor Ritter von Oppolzer stirbt in Wien; geb. am 26. Oktober 1841 in Prag, Mathematiker und Astronom. Er kam 1850 nach Wien, 1861 veröffentlichte er seine erste Arbeit. »Über die Bahn des Kometen I«. Er richtete sich in seinem Haus (Wien 9, Alser Straße 25) eine private Sternwarte ein. 1870 außerordentlicher und ab 1875 ordentlicher Professor an der Wiener Universität. Er veröffentlichte 320 Arbeiten über die Bahnberechnung verschiedener Kometen und Planeten sowie über Fragen der theoretischen Astronomie. In »Canon der Finsternisse« berechnete er alle Sonnen- und Mondfinsternisse von 1207 v. Chr. bis 2163 n. Chr.

►**1887, 15. Januar** Friedrich von Amerling stirbt in Wien; geb. am 14. April 1803 in Wien-Spittelberg (Wien 7), Maler, besonders beliebter Porträtmaler der Biedermeierzeit. Er schuf rund 1 000 Gemälde und Porträts.

9. Februar Der Geheimvertrag zwischen Österreich-Ungarn und Serbien vom 28. Juni 1881 wird bis 1895 verlängert *(→ 9. Februar 1895)*.

20. Februar Der Dreibundvertrag vom 20. Mai 1882 zwischen Österreich-Ungarn, Deutschland und Italien wird bis zum 30. Mai 1892 erneuert *(→ 6. Mai 1891)*.

7. März Gründung des »Christlichsozialen Vereins« in Wien, er wird von Ludwig Psenner geführt. Fast gleichzeitig entsteht die Partei »Verinigter Christen«, die von Karl Lueger geführt wird. Gleiche Ziele: Bekämpfung der Deutschliberalen, Gleichberechtigung der Staatsbürger, soziale Reformen, basierend auf der Lehre des Christentums, Stärkung Österreichs und der Dynastie. Geistiger Vater ist der katholische Sozialpolitiker Karl Frh. von Vogelsang *(→ 4. Dezember 1892)*.

24. März Mittelmeerabkommen zwischen Österreich-Ungarn, England und Italien – der sogenannte »Orientalische Dreibund« zur Aufrechterhaltung des Status quo im Mittelmeer, in der Adria und im Schwarzen Meer. Er enthält die Garantie des Besitzstandes der Türkei gegenüber Rußland *(→ 4. Mai und 12. Dezember)*. Otto von Bismarck hat am Zustandekommen mitgewirkt.

4. Mai Das Mittelmeerabkommen wird durch eine Note Spaniens, das westl. Mittelmeer betreffend, ergänzt.

9. Mai Georg Sigl stirbt in Wien; geb. am 13. Januar 1811 in Breitenfurt bei Wien (Wien 23), Industrieller. Er verlegte seine 1840 in Berlin gegründete Maschinenfabrik 1846 nach Wien. Sigl erzeugte hauptsächlich Buchdruck- und Schnellpressen und begann 1857 mit dem Lokomotivbau (dieses Fabriksgebäude wurde 1879 zum Technologischen Gewerbemuseum). Am 1. Januar 1861 war die hundertste Lokomotive fertiggestellt, 1861 erwarb er die Günthersche Lokomotivfabrik in Wr. Neustadt. Am 1. März 1870 wurde in der Wiener Fabrik bereits die tausendste Lokomotive fertig. In Wien beschäftigte er in diesen Jahren rund 1 700, in Wr. Neustadt rund 2 000 Arbeiter und Angestellte. Die Krise des Jahres 1873 traf die Maschinenindustrie besonders schwer. 1875 wurde die Wr. Neustädter Fabrik von der Credit-Anstalt erworben und als Aktiengesellschaft weitergeführt. Damit war erstmals in Österreich ein Industrieunternehmen in das Eigentum einer Bank übergegangen.

18. Juni Geheimer Neutralitätsvertrag zwischen Deutschland und Rußland, der sogenannte «Rückversicherungsvertrag«, da auf Grund der Spannungen zwischen Österreich-Ungarn und Rußland der Dreikaiservertrag vom 18. Juni 1881 nicht mehr verlängert wurde. Gegenseitige Neutralität wird vereinbart, falls Frankreich Deutschland oder Österreich-Ungarn Rußland angreift. Dauer drei Jahre. Der Vertrag wird erst im Oktober 1896 veröffentlicht *(→ 18. Juni 1881; 27. März 1884)*.

24. August Der »Riese von Lengau«, Franz Winkel-

Krankenversicherung für Arbeiter

Aus dem »Arbeiterkrankenversicherungsgesetz«, RGBl. vom 30. März 1888:

»§ 6 Den Gegenstand der in § 1 bezeichneten Versicherung bildet die Gewährung von Krankenunterstützungen und Beerdigungskosten in der durch dieses Gesetz bestimmten Art und Höhe.

Als Krankenunterstützung ist mindestens zu gewähren:

1. vom Beginn der Krankheit an freie ärztliche Behandlung mit Inbegriff des geburtshilflichen Beistandes, sowie der nothwendigen Heilmittel und sonstigen therapeutischen Behelfe;
2. im Falle die Krankheit mehr als drei Tage dauert und der Kranke erwerbsunfähig ist, vom Tage der Erkrankung an für jeden Tag ein Krankengeld in der Höhe von 60 Procent des im Gerichtsbezirke üblichen Taglohns gewöhnlicher, der Versicherungspflicht unterliegender Arbeiter.

Die Krankenunterstützung ist, so lange die Krankheit dauert, und, wenn sie nicht früher endet, durch mindestens 20 Wochen vom Beginn der Krankheit, und zwar wöchentlich im nachhinein zu gewähren.

Wöchnerinnen ist bei normalem Verlaufe des Wochenbettes, die Krankenunterstützung auf die Dauer von mindestens vier Wochen nach ihrer Niederkunft zu gewähren.

Für den Todesfall eines Versicherten sind den Hinterbliebenen die Beerdigungskosten wenigstens im zwanzigfachen Betrage des in Z. 2 bezeichneten Taglohnes zu gewähren.

§ 7 Die Höhe des in jedem Gerichtsbezirke üblichen Taglohnes gewöhnlicher, der Versicherungspflicht unterliegender Arbeiter wird von der politischen Behörde erster Instanz nach Anhörung von Vertrauensmännern ... periodisch festgesetzt. Ergeben sich hiebei sehr erhebliche Verschiedenheiten, so kann der übliche Taglohn in mehreren Kategorien festgesetzt werden ...«

meier, stirbt in Lengau (Oberösterreich); geb. am 27. April 1861 in Lengau. Er war 2,58 m (8 Fuß, 6 Zoll) groß, der größte Mensch seiner Zeit.

12. Dezember Das Mittelmeerabkommen wird durch eine österreichisch-ungarische Note, die Unabhängigkeit der Türkei betreffend, ergänzt *(→ 24. März)*.

►1888, 17. März Ein Felssturz zwischen Bruck an der Mur und Pernegg (Steiermark) trifft die Lokomotive des aus Wien kommenden »Courierzuges Nr. 2« und bringt sie samt Tender und Postwaggon, sowie der vorderen Räder des Schlafwagens zur Entgleisung. Verletzt wurde nur der Postconducteur.

30. März Ein Gesetz über »obligate Arbeiterkrankenversicherung« wird erlassen *(→ 17. Juni 1883; 4. April 1889)*.

5. Mai Georg Ritter von Schönerer wird wegen gewaltsamen Eindringens in die Lokalität des »Neuen Wiener Tagblattes« am 8. März zum Verlust des Adelstitels, des aktiven und passiven Wahlrechtes auf fünf Jahre (daher auch des Reichsratsmandates) und zu vier Monaten Kerker verurteilt.

12. Oktober Letzte Vorstellung im k. k. Burgtheater am Michaelerplatz, gegeben wird »Iphigenie auf Tauris« von Johann Wolfgang von Goethe.

14. Oktober Eröffnungsvorstellung des k. k. Burgtheaters im neuen Haus am Ring mit »Esther« von Franz Grillparzer und »Wallensteins Lager« von Friedrich von Schiller.

30. Dezember Beginn des ersten Parteitages der Sozialdemokraten in Hainfeld (Niederösterreich). Anerkennung des von Victor Adler verfaßten Parteiprogramms – der sogenannten Prinzipienerklärung. Victor Adler und Engelbert Pernerstorfer *(→ 2. Juni 1882)* versöhnen die Gruppen der radikalen und der gemäßigten Seite, denen sie als Führer angehören *(→ 5. April 1874;*

Einigung der Sozialdemokraten

Auf dem Einigungsparteitag der Sozialdemokraten in Hainfeld vom 30. Dezember 1888 bis zum 1. Januar 1889 wurde die Spaltung zwischen Gemäßigten und Radikalen überwunden. Die »Prinzipienerklärung der sozialdemokratischen Arbeiterpartei Österreichs«, ein von Victor Adler ausgearbeitetes und von Karl Kautsky gebilligtes Programm, wurde mit 69 Stimmen (bei drei Gegenstimmen und einer Enthaltung) angenommen. Außerdem wurden eine »Einigungsresolution« und eine Reihe anderer Resolutionen gefaßt.

Aus der *Prinzipien-Erklärung*:

»Die Sozialdemokratische Arbeiterpartei in Österreich erstrebt für das gesamte Volk ohne Unterschied der Nation, der Rasse und des Geschlechtes die Befreiung aus den Fesseln der ökonomischen Abhängigkeit, die Beseitigung der politischen Rechtlosigkeit und die Erhebung aus der geistigen Verkümmerung ... Das Proletariat politisch zu organisieren, es mit dem Bewußtsein seiner Lage und seiner Aufgabe zu erfüllen, es geistig und physisch kampffähig zu machen und zu erhalten, ist daher das eigentliche Programm der Sozialdemokratischen Arbeiterpartei in Österreich, zu dessen Durchführung sie sich aller zweckdienlichen und dem natürlichen Rechtsbewußtsein des Volkes entsprechenden Mitteln bedienen wird ...

Es folgen sieben Punkte, die dem *Neudörfler Programm* im wesentlichen entsprechen. Der achte Punkt wurde auf dem Wiener Parteitag der Sozialdemokratie im Jahre 1892 eingefügt – er lautet wörtlich:

»Da die indirekten, auf die notwendigen Lebensbedürfnisse gelegten Steuern die Bevölkerung um so stärker belasten, je ärmer sie ist, da sie ein Mittel der Ausbeutung und der Täuschung des arbeitenden Volkes sind, verlangen wird die Beseitigung aller indirekten Steuern und Einführung einer einzigen direkten progressiven Einkommensteuer.«

12. Juli 1889; 1. Mai 1890). Der Parteitag endet am 1. Januar 1889.

►**1889** Ferdinand Kirschner beginnt mit dem Bau des Michaelertraktes der Wiener Hofburg (um 1730 von Joseph Emanuel Fischer von Erlach begonnen, doch bald eingestellt); mächtiger Kuppelraum mit einer Höhe von 54 m, er wird 1893 vollendet.

— Grillparzer-Denkmal im Wiener Volksgarten. Architektur von Karl Hasenauer, Marmorfiguren von Karl Kundmann, Reliefs von Rudolf Weyr

— Otto Wagner erbaut das Palais Hoyos in Wien.

— Die spätere Nobelpreisträgerin (1905) Bertha Freifrau von Suttner veröffentlicht »Die Waffen nieder!«.

— Ingenieur H. Schröder aus Salzburg legt den Plan einer Eisenbahn über den Großglockner vor, eine Schmalspurbahnstrecke, die dann in eine Zahnradbahnstrecke einmünden sollte. Obwohl die Vorkonzession erteilt wird, kommt es nicht zur Verwirklichung.

— Der Arbeiterpriester Anton Maria Schwartz (28. Februar 1852–15. September 1929) gründet in Wien den katholischen Orden der Kalasantiner. 1926 erhält der Orden die päpstliche Approbation.

1. Januar Johann Kravogl stirbt in Brixen (Südtirol); geb. am 24. November 1823 in Lana (Südtirol), Büchsenmacher. Er erfand 1867 ein »elektrisches Kraftrad«, sozusagen den ersten Elektromotor der Welt. Unerfahrenheit und Unentschlossenheit verhinderten die Auswertung der Erfindung, er starb verarmt.

30. Januar Selbstmord des Erzherzogs Kronprinz Rudolf von Österreich im Jagdschloß Mayerling bei Heiligenkreuz (Niederösterreich); geb. am. 21. August 1858 in Schloß Laxenburg bei Wien. Er erschoß vorher seine Geliebte, die Baronesse Mary Vetsera. Der Kronprinz befand sich in einem sowohl psychisch als auch physisch labilen Zustand und wurde von Depressionen heimgesucht. Die Ursache lag auch in seiner völligen Ausschaltung von jeglicher Teilnahme an den Regierungsgeschäften durch seinen Vater, der dem liberalen und wegen seiner franzosenfreundlichen Haltung bekannten Kronprinzen keinen Wirkungsbereich zugestehen wollte. Durch die verschiedenen Vertuschungsversuche des Hofes bildeten sich in den nächsten Jahrzehnten zahlreiche Legenden, die inzwischen restlos widerlegt sind.

Ende Februar Kaiser Franz Joseph I. ordnete die Umgestaltung des Jagdschlosses Mayerling in ein Karmelitinnenkloster an, wobei das Sterbezimmer des Kronprinzen Rudolf in eine Kapelle umgewandelt werden soll. Er hatte der Verlassenschaft (der Kronprinz hatte das in seinem Privatbesitz befindliche Jagdschloß Mayerling seiner Tochter Elisabeth testamentarisch vermacht) den Besitz abgekauft und kam für die Umbaukosten auf.

8. März Anton Romako stirbt in Wien; geb. am 20. Oktober 1834 in Atzgersdorf bei Wien; Maler, er nahm den Frühexpressionismus vorweg, schuf neben Porträtbildern auch Genre- und Landschaftsbilder.

21. März August von Pettenkofen stirbt in Wien; geb. am 10. Mai 1822 in Wien, Maler, Lithograph und Illustrator. Er schuf Bilder aus dem Wiener Volksleben und Soldatenszenen im Stil der Biedermeiergenrebilder.

April »Wiener Tramway-Streik«: Bis zu 16 Stunden Arbeitszeit, ein äußerst niedriger Lohn und zahlreiche »Strafgelder«-Maßnahmen führten zu berechtigter Unzufriedenheit *(→ 1902).*

4. April Das Gesetz über »obligate Arbeiterunfallversicherung« wird erlassen *(→ 17. Juni 1883; 30. März 1888).*

11. April Ein neues Wehrgesetz wird erlassen. Die Grundlage bildet die allgemeine Wehrpflicht ab dem 21. Lebensjahr, Dauer zwölf Jahre (drei Jahre aktiv, sieben in Reserve, zwei Landwehr). Gliederung: k. u. k. Heer, k. u. k. Kriegsmarine, k. k. österreichische Landwehr, kgl. ungarische Honvéd; außerdem in beiden Reichsteilen der Landsturm, alle wehrfähigen Männer von 19 bis 42 Jahren, Offiziere bis 60 Jahre. Die k. u. k. Armee war und bleibt überparteilich, übernational und kaisertreu.

25. April Uraufführung der Tragödie »Gyges und sein Ring« von Friedrich Hebbel in Wien.

29. April Josef Werndl stirbt in Steyr (Oberösterreich); geb. am 26. Februar 1831 in Steyrdorf (Oberösterreich), Büchsenmacher und Waffentechniker. Er übernahm 1855 den väterlichen Betrieb und schuf 1865 das nach ihm benannte Hinterladergewehr. 1869 gründete er die Österreichische Waffenfabriks AG, die Vorläuferin der Steyr-Werke. Er beschäftigte bis zu 10 000 Arbeiter und schuf vorbildliche Sozialeinrichtungen, wie Arbeitersiedlungen und Versicherungen.

12. Juli Die erste Nummer der »Arbeiter-Zeitung«, des Zentralorgans der Sozialdemokratischen Partei, erscheint.

13. Juli Robert Hamerling (eigentlich Rupert Hammerling) stirbt in Graz; geb. am 24. März 1830 in Kirchberg am Walde (Niederösterreich), Dichter und Gymnasiallehrer, Lyriker und Epiker klassizistischen Stils.

14. September Eröffnung des deutschen Volkstheaters in Wien mit dem Volksstück »Der Fleck auf der Ehr« von Ludwig Anzengruber.

6. Dezember Der Wiener Gemeinderat beschließt, die alten Versorgungssteuergrenzen am Linienwall (Gürtel) aufzuheben und die Eingemeindung von 43 Vororten durchzuführen, langwierige Verhandlungen beginnen *(→ 19. Dezember 1890).*

10. Dezember Ludwig Anzengruber stirbt in Wien; geb. am 29. November 1839 in Wien, Volksschriftsteller, ein Meister des bäuerlichen Volksstücks. Er schuf neben Romanen und Erzählungen 19 Volksstücke aus dem Milieu der Alpenbauern und der städtischen Kleinbürger.

24. Dezember Adolf Ignaz Ritter von Mautner Markhof stirbt in Wien; geb. am 26. Dezember 1800 in Smiřice (Böhmen), Brauereibesitzer. Als vierter Pächter versuchte er 1840 die St. Marxer Brauerei auszubauen. 1850 gelang ihm gemeinsam mit dem aus Westfalen stammenden Julius Reininghaus die Herstellung einer brauchbaren Backhefe, die sich unter dem Namen »Wiener Verfahren« in der Welt durchsetzte, die Geburtsstunde der Preßhefeindustrie.

27. Dezember Franz Frh. von Mayr-Melnhof stirbt in Leoben (Steiermark); geb. 1810 in Leoben. Er übernahm von seinem Vater die Eisenhämmer in Bruck an der Mur, die Kupferhämmer in Waasen bei Leoben und Hütten in Kapfenberg und begründete die moderne Eisenindustrie der Steiermark. Er schuf mit der Errichtung des Stahlwerkes Franzenshütte bei Donawitz (Steiermark) die Grundlage für die Donawitzer Gußstahlindustrie, errichtete in Donawitz Walzstrecken und 1854 die Gußstahlfabrik in Kapfenberg (Steiermark). 1872

Die Nationalitäten in den beiden Reichshälften

	1880	1890	1900	1910
	Verteilung in Prozenten			
Zisleithanien				
Deutsche	36,8	36,1	35,8	35,6
Tschechen u. Slowaken	23,8	23,3	23,2	23,0
Polen	14,9	15,8	16,6	17,8
Ruthenen	12,8	13,2	13,2	12,6
Slowenen	5,2	5,0	4,6	4,5
Italiener	3,1	2,9	2,8	2,8
Serbo-Kroaten	0,9	0,9	0,9	1,0
Rumänen	2,6	2,8	2,8	2,7
Die Länder der ungarischen Krone				
Magyaren	41,2	42,8	45,4	48,1
Deutsche	12,5	12,2	11,1	9,8
Slowaken	11,9	11,1	10,5	9,4
Rumänen	15,4	14,9	14,5	14,1
Ruthenen	2,3	2,2	2,2	2,3
Kroaten	–	9,0	8,7	8,8
Serben	–	6,1	5,5	5,3

Bosnien Schätzungen für 1910

Kroaten 21 Serben 42 Muslime 34

verkaufte er seinen Industriekomplex um 5,25 Millionen Gulden an die Innerberger Hauptgewerkschaft.

▶**1890, 1. Mai** Erste Maifeier der Arbeiter Wiens mit einem großen Aufmarsch der Sozialdemokratischen Partei.

18. Juni Der »Rückversicherungsvertrag« zwischen Deutschland und Rußland *(→ 18. Juni 1887)* wird nicht mehr erneuert. (Er war ein Bestandteil der Außenpolitik des deutschen Reichskanzlers Otto von Bismarck zur Erhaltung des »Europäischen Gleichgewichts«. Bismarck war von Kaiser Wilhelm II. am 20. März entlassen worden.)

20./21. Juli Johann Orth, eigentlich Erzherzog Johann Nepomuk Salvator von Österreich, geht vermutlich vor der Südküste Südamerikas mit seinem Schiff »Margerita« unter. Geb. am 25. November 1852 in Florenz als jüngster Sohn des Großherzogs Leopold II. von Toskana. 1879 Feldmarschalleutnant und Divisionskommandant in Preßburg. 1883 veröffentlichte er »Drill oder Erziehung«, womit er, besonders beim Oberbefehlshaber Erzherzog Albrecht, Anstoß erregte. Wegen seiner eigenmächtigen Bewerbung um den bulgarischen Fürstenthron wurde er 1887 seiner Kommandos enthoben. 1889 verzichtete er auf Titel und Rechte eines Erzherzogs und nahm den Namen Orth – nach dem Schloß bei Gmunden – an. Nach der Erwerbung des Kapitänspatents in Hamburg trat er 1890 eine Reise nach La Plata an. Bei der Weiterfahrt nach Chile ist sein Schiff vermutlich bei der Umrundung von Kap Hoorn während eines Sturmes gesunken. Seine Todeserklärung erfolgte erst 1911.

9. August Eduard von Bauernfeld stirbt in Wien; geb. am 13. Januar 1802 in Wien, Lustspieldichter. Er schrieb seine Lustspiele vornehmlich für das Wiener Burgtheater, sie hatten ein ausgeprägtes Wiener Lokalkolorit. Bis 1849 (von etwa 1821 an) hatte er mit 43 Stücken rund 1 000 Aufführungen erreicht.

8. November Karl Frh. von Vogelsang stirbt in Wien durch einen Verkehrsunfall; geb. am 3. September 1818 in Liegnitz (Schlesien), katholischer Sozialpolitiker und Publizist. Der »geistige« Begründer der Christlichsozialen Partei Österreichs. 1875 war er Redakteur der Wiener katholisch-konservativen Zeitung »Das Vaterland«, gründete 1879 die »Österreichische Monatsschrift für Gesellschaftswissenschaft und Volkswirtschaft«. Er verfaßte 1881 »Die Bauernbewegung in den österreichischen Alpenländern« und 1884 »Zins und Wucher«.

19. Dezember Kaiser Franz Joseph I. bewilligt mit einer »kaiserlichen Entschließung« das »Eingemeindungsgesetz« der Gemeinde Wien, das als Landesgesetz am 20. in Kraft tritt *(→ 6. Dezember 1889)*. **Damit werden 43 Vororte von Wien (außerhalb des Linienwalls = Gürtel) in das Gemeindegebiet der Stadt Wien einverleibt, Schaffung der Bezirke 11 bis 19, die Grundfläche wird damit verdreifacht, die Zahl der Einwohner**

Parteiprogramm der Christlichsozialen

Für die Reichsratswahlen 1891 arbeitete Monsignore Martin Schindler das erste »christlichsoziale« Programm aus. Das »Schindler-Programm« hatte vier Abschnitte mit jeweils mehreren Punkten. Hier ein Auszug:

»I. Allgemeine Forderungen
1. Besteuerung des mobilen Kapitals;
2. energische Wahrung der wirtschaftlichen Interessen aller Berufsklassen . . .
3. Wahlreform, zunächst Sicherung des direkten Wahlrechtes . . .
4. weitere Einschränkung des Legalisierungszwanges;
5. Dienstpragmatik für die öffentlichen Beamten . . .
7. Festhaltung der achtjährigen Schulpflicht . . .

II. Bezüglich des Grundbesitzes
1. Fortentwicklung der Gesetzgebung zur Erhaltung eines lebenskräftigen Bauernstandes . . .
4. Ausschließung des Zwischenhandels bei staatlichen Einkäufen landwirtschaftlicher Produkte.

III. Bezüglich des Kleingewerbes und des Kleinhandels
1. Strenge Durchführung der Gewerbenovelle . . .
5. Erweiterung des Markenschutzgesetzes
6. Neuregelung des Verfahrens bei Bemessung der Erwerbs- und Einkommensteuer . . .
7. . . . Einschränkung der Konsumvereine . . .

IV. Bezüglich der Großindustriearbeiter
1. Strenge Durchführung der Arbeiterschutzgesetze . . .
2. Erweiterung der Arbeiterschutzgesetze . . .
3. Vorkehrungen gegen Monopolisierungstendenzen bezüglich allgemeiner Bedarfsartikel.«

steigt von rund 525 000 auf rund 1 365 000 *(→ 1. Januar 1892).*

▶1891 Franz Pichler, ein Elektroingenieur aus Weiz (Steiermark) errichtet am Oberlauf des Weizbaches ein Elektrizitätswerk, die erste Mehrphasenanlage in Österreich-Ungarn. Aus diesem entwickelten sich die »Elin-Werke« in Weiz.

— Gründung des Ersten Wiener Skivereins, des ersten dieser Art in Österreich *(→ November 1892).*

23. Januar Friedrich von Schmidt stirbt in Wien; geb. am 22. Oktober 1825 in Frickenhofen (Württemberg), Architekt und Dombaumeister, Hauptvertreter der Neugotik. Seit 1859 in Wien als Professor an der Akademie der bildenden Künste, ab Oktober 1862 Dombaumeister von St. Stephan. Hauptwerke (alle in Wien): Lazaristenkirche 1860–1862, Akademisches Gymnasium 1863–1866, Pfarrkirche St. Othmar unter den Weißgerbern 1866–1869 (sie galt als Typus der städtischen Pfarrkirche), Turmhelmrenovierung (mit teilweiser Abtragung) des Südturmes von St. Stephan 1864, Pfarrkirche Maria vom Siege in Fünfhaus 1868–1875, Neues Rathaus 1872–1883.

17. Februar Theophil Hansen stirbt in Wien; geb. am 13. Juli 1813 in Kopenhagen, Architekt, Ringstraßenbaumeister, Vertreter des historisierenden Stils. Seit 1846 in Wien. Hauptwerke (alle in Wien): Evangelische Friedhofskirche (Matzleinsdorfer Platz) 1857–1858, Evangelische Schule (Karlsplatz) 1860–1862, Heinrichshof (1945 zerstört) 1861–1863, Musikvereinsgebäude 1867–1869, Akademie der bildenden Künste 1872–1876, Reichsratsgebäude (Parlament) 1873–1883, Börse 1874–1877 und mehrere Ringstraßenpalais.

März Die Wahlen zum Reichsrat ergeben einen gewaltigen Mandatsgewinn der liberal-nationalen Partei der Jungtschechen, sie nehmen den Alttschechen 70% der Mandate weg, und erstreben die Loslösung von der Monarchie. Die Regierungsmehrheit Eduard Graf Taaffes ist dadurch gesprengt, er zieht die »Vereinigte Linke« *(→ November 1881)* heran und laviert so bis zum 29. Oktober 1893 weiter.

6. Mai Erneuerung des Dreibundvertrages zum zweitenmal *(→ 20. Mai 1882; 20. Februar 1887; 28. Juni 1902).*

8. Mai Wahl des ersten Wiener Stadtrates, der mit Landesgesetz vom 19. Dezember 1890 im Zusammenhang mit der Einverleibung der Vororte geschaffen wurde.

17. September Joseph Petzval stirbt in Wien; geb. am 6. Januar 1807 in Szépesbéla (Ungarn), Mathematiker und Pionier der Fotografie, Universitätsprofessor in Wien. Er konstruierte 1840 das erste Porträtobjektiv (Petzval-Objektiv) und berechnete dafür Linsen mit 1:3,5 Lichtstärke, wodurch erstmals auch Momentaufnahmen möglich waren.

17. Oktober Eröffnung des Kunsthistorischen Museums in Wien. 1872–1891 von Karl von Hasenauer und Gottfried Semper erbaut, hat es eine besonders reiche Innenausgestaltung von namhaften Künstlern, wie Hans Makart, Michael Munkácsy, Gustav und Ernst Klimt, Rudolf Weyr und August Eisenmenger. Von den insgesamt zwölf Teilgebieten der Sammlungen des Museums konnten sechs untergebracht werden, besonders die Gemäldegalerie (der habsburgische Bilderbesitz seit dem 15. Jh.). Der Bestand der Sammlung ging aus den landesfürstlichen Sammlungen in Wien, Ambras (Tirol), Graz, Innsbruck, Brüssel und Prag hervor.

▶1892 Der Wiener Afrikaforscher Oskar Baumann entdeckt auf einer 1892–1893 durchgeführten Expedition südl. des Victoriasees die Quelle des Kagera, die langgesuchte eigentliche Nilquelle.

1. Januar Die Magistratischen Bezirksämter von Groß-Wien nehmen ihre Tätigkeit auf *(→ 6. Dezember 1889; 19. Dezember 1890).* Mit Erlaß der niederösterreichischen Statthalterei vom 13. Januar wird die Bezeichnung Groß-Wien untersagt.

7. Mai–9. Oktober Auf dem Weltausstellungsgelände im Prater in Wien findet eine vielbeachtete internationale Ausstellung für Musik und Theaterwesen statt. Alt-Wien wird als riesige Kulisse aufgebaut.

9. August Emil Jakob Schindler stirbt in Westerland (auf Sylt, Norddeutschland); geb. am 27. April 1842 in Wien, Maler, Haupt einer gemäßigten impressionistischen Landschaftsmalerschule in Wien. Er schuf zahlreiche Bilder der niederösterreichischen Landschaft.

11. August Einführung der Goldwährung und einer neuen Münzeinheit in Österreich-Ungarn. 1 Krone mit 100 Heller entspricht ½ Gulden *(→ 27. April 1858; 1. Januar 1900).* Die Finanzlage des Staates hatte sich wesentlich verbessert, die Steuerlast war besser verteilt und auch ergiebiger.

13. Oktober Die Gewerkschaftskommission, ein Vorläufer des Gewerkschaftsbundes, wird gegründet.

November Der »Österreichische Skiverein« unter Baron von Wangenheim löst den Ersten Wiener Skiverein *(→ 1891)* ab. Die Gründungsversammlung erfolgt allerdings erst am 25. Januar 1893 in Wien. Star des neuen Sports ist der Wiener Bäckergeselle Samson.

4. Dezember Konstituierung des Christlichsozialen Arbeitervereins in Wien durch die Initiative des jungen Arbeiterführers Leopold Kunschak (21 Jahre alt). Am 21. September wurde dazu der Grundstein gelegt, nun sind die christlichen Arbeitervereinigungen zusammengefaßt *(→ 7. März 1887; 17. September 1895).*

▶1893 Ferdinand von Saars »Wiener Elegien« erscheinen.

22. Januar Eduard Engelmann wird in Berlin zum zweitenmal Europameister im Eiskunstlauf.

1. Februar Gründung des »Verbandes steirischer Skiläufer« in Mürzzuschlag (Steiermark).

18. Februar In Hernals erfolgt der erste Spatenstich für die Wiener Stadtbahn. Die gesamte Planung, architektonische Gestaltung und Bauausführung liegt in den Händen von Otto Wagner.

17. Mai Krawall bei einer Sitzung des böhmischen Landtages in Prag. Nationalismus (vertreten von den Deutschböhmen, dem Adel und dem Großbürgertum) und sozialer Unterschied (vertreten von den Tschechen, Kleinbürgern und dem Proletariat) sind ausschlaggebender als der Sprachunterschied *(→ 17. August; 5. April 1897).*

17. Juni Johann Schrammel stirbt in Wien; geb. am 22. Mai 1850 in Wien-Neulerchenfeld, Musiker und Komponist. Gründete 1878 mit seinem Bruder Josef das »Schrammel-Quartett«. Er schuf rund 150 Lieder, Märsche und Walzer.

17. August Ausschreitungen in Prag gegen die kaiserliche Regierung und das Deutschtum, organisiert von den Jungtschechen und ihrem Geheimbund »Omladina« *(→ 17. Mai; 5. April 1897).*

27. August Peter Mitterhofer stirbt in Partschins (Südtirol); geb. am 20. September 1822 in Partschins, Tischler und Instrumentenmacher. Er konstruierte 1866/67 das erste brauchbare Modell einer Schreibmaschine aus Holz. 1870 verbesserte er es. Beide Male ging er zu Fuß nach Wien und erhielt zuerst von Kaiser Franz Joseph I. 200 Gulden, das zweite Modell kaufte ihm der Kaiser für 150 Gulden ab, er fand aber damit sonst keinen Anklang. Der Amerikaner Carlos Glidden (er hatte in Wien das Modell als Student kennengelernt) nützte noch zu Lebzeiten Mitterhofers die Erfindung aus. (Modelle im Technischen Museum, Wien).

10. Oktober Ministerpräsident Eduard Graf Taaffe erstellt auf Anregung seines Finanzministers Emil Steinbach einen Plan einer Wahlrechtsreform. Die Reform brachte noch nicht das allgemeine, gleiche und direkte Wahlrecht, wohl aber dehnte sie im Rahmen des Kurienwahlrechts in den Kurien Städte und Landgemeinden das Wahlrecht auf alle Staatsbürger aus. Dieser Vorlage verweigerten sowohl der Hohenwartklub als auch die Polen ihre Zustimmung. Das führt zum Sturz der Regierung Taaffe.

11. November Amtsantritt des sogenannten »Koalitionsministeriums« (= Regierung) unter Ministerpräsident Alfred Fürst zu Windischgrätz. Gebildet aus der Vereinigten Linken, den Katholisch-Konservativen (dem sogenannten »Hohenwartklub«, einem Parlamentsklub föderalistischer Richtung – Karl Sigmund Graf Hohenwart war 1871 Ministerpräsident und 1879–1891 Führer der »geeinigten Rechten«) und den Polen. Die Tschechen sind ausgeschaltet. *(→ Anfang Juni 1895).*

23. November Die Regierung erklärt vor dem Abgeordnetenhaus, eine Wahlrechtsreform durchführen zu wollen. Die Schwäche der Regierung macht dieses Vorhaben jedoch unmöglich, die radikalen Parteien (Christlichsoziale, Deutschnationale, Sozialdemokraten und Jungtschechen) erhalten Auftrieb.

28. November Eröffnung des Raimundtheaters in Wien mit »Die gefesselte Phantasie« von Ferdinand Raimund.

4. Dezember Am Kohlmarkt brennt die erste elektrische Straßenbeleuchtung in Wien.

24. Dezember Beginn des ersten allgemeinen Gewerkschaftskongresses in Wien; die »Reichsgewerkschaftskommission« wird gegründet, er endet am 26. Dezember.

31. Dezember Erstes Fußballmatch in Österreich: Das Spiel »Viktoria« Berlin gegen Ruderklub »Regatta« in Prag endet 7 : 0.

►1894 Otto Wagner beginnt mit dem Bau der Wehranlage am Donaukanal in Wien-Nußdorf (Wien 19). Für den Bau der Stadtbahn war die Errichtung eines Sperrwerkes über den Donaukanal notwendig geworden. Die Anlage umfaßt außerdem noch ein Verwaltungsgebäude mit einer Beobachtungsstation und ein Kettenmagazin.

4. Januar Karl von Hasenauer stirbt in Wien; geb. am 20. Juli 1833 in Wien, Architekt, Ringstraßenbaumeister, Vertreter des historisierenden Stils. 1884–1894 Professor für Architektur an der Akademie der bildenden Künste in Wien. Hauptwerke (alle in Wien): gemeinsam mit Gottfried Semper beide Hofmuseen 1872–1891, Burgtheater 1874–1888, Hermesvilla im Lainzer Tiergarten 1882; er schuf die Architektur der Denkmäler für Tegetthoff 1886, Maria Theresia 1888, Grillparzer 1889.

5. Februar Wilhelm von Arlt besteigt erstmals mit Skiern den Sonnblick (Salzburg).

6. Februar Theodor Billroth stirbt in Abbazia (Istrien); geb. am 26. April 1829 in Bergen (Insel Rügen), Chirurg. Er kam 1853 nach Wien, seit 1867 Universitätsprofessor in Wien. 1874 gelang ihm die erste vollständige Kehlkopfentfernung, 1881 erstmals die Magenresektion. Er führte die Mischnarkose (aus Äther und Chloroform) und den wasserdichten Verbandstoff, »Billroth-Batist« genannt, ein. Billroth war ein Bahnbrecher auf dem Gebiet der Eingeweidechirurgie.

25. Februar Der Bürgermeister von Wien, Dr. Johann Prix (ein Liberaler), stirbt völlig überraschend während eines Ausflugs in Purkersdorf (Niederösterreich) an einer Herzattacke. Am 14. März wird der 47jährige Rechtsanwalt Raimund Grübl von den Liberalen zum Bürgermeister gewählt. Die Liberalen stehen unter zunehmendem Druck der Opposition, vor allem der Christlichsozialenunter der Führung Dr. Karl Luegers und der Antisemiten.

5. März Beginn der Demolierung des Wiener Linienwalles, an seiner Stelle entsteht die Gürtelstraße.

19. März Karl Ritter von Blaas stirbt in Wien; geb. am 28. April 1815 in Nauders (Tirol), Historienmaler, ein Nazarener. Seit 1850 Professor der Historienmalerei an der Akademie der bildenden Künste in Wien. Hauptwerke: 24 Fresken in der Altlerchenfelder Kirche in Wien 1854–1858, 45 Fresken im Arsenal (Heeresgeschichtliches Museum) in Wien 1859–1872.

1. Juni Einführung der mitteleuropäischen Zeit in Österreich-Ungarn.

16. Juni Robert Bartelmus & Co reicht in Österreich das erste Patent ein, das am 24. September anerkannt wird: »Die Erfindung hat zum Zwecke, durch eine neue Combination von Selenoiden, Eisenkernen und Mänteln ein kräftiges magnetisches System zum directen Reguliren der Lichtbogenlampe herzustellen. Die Neuerung beruht hauptsächlich auf die Anwendung von theilweisen offenen magnetischen Systemen.«

28. Juni Karl Faulmann stirbt in Wien; geb. am 24. Juni 1835 in Halle (Sachsen), Schriftsetzer und Stenograph. Seit 1854 in Wien. Er entwickelte 1874–1883 ein eigenes System der »phonetischen Stenographie« und löste das Problem, mit stenographischen Typen zu setzen.

5. Juli Betty Paoli (eigentlich Babette Elisabeth Glück) stirbt in Baden bei Wien; geb. am 30. Dezember 1814 in Wien, Dichterin des Wiener Biedermeiers. Sie schuf neben gefühlvoller Lyrik auch Erzählungen und Essays und war als Kunstkritikerin und Übersetzerin tätig.

17. Juli Joseph Hyrtl stirbt in Perchtoldsdorf; geb. am 7. Dezember 1810 in Eisenstadt, Anatom, seit 1845 Universitätsprofessor in Wien. Er führte die Wiener anatomische Schule auf einen Höhepunkt. 1850 gründete er das Museum für vergleichende Anatomie in Wien und versorgte fast alle anatomischen Museen der Welt mit Präparaten.

15. Oktober Erstes reguläres Fußballspiel zweier

Parteiprogramm der Christlichsozialen

Am 5. Januar 1896 fand der erste »Christlichsoziale Arbeitertag« in Wien statt, bei dem das »christlichsoziale Arbeiter-Programm« beschlossen wurde. Es umfaßt 19 knapp formulierte Artikel. Hier ein Auszug:

»Artikel 1
Die Arbeit ist Pflicht und Gemeingut aller gesunden Menschen; sie ermöglicht die Gewährleistung des Rechtes auf Existenz. Durch ehrliche und tüchtige Arbeit, sowie durch gerechte Verwertung und Entlohnung derselben wird der allgemeine Wohlstand der Völker geschaffen.

Artikel 3
Der Staat ist verpflichtet, durch Gesetzgebung und Verwaltung die ehrliche Arbeit zu schützen; er muß daher eine zweckentsprechende Organisation derselben schaffen, damit sie vor Ausbeutung und Wucher geschützt und jedem Arbeiter der seiner Arbeitsleistung entsprechende gerechte Lohn gesichert werde.

Artikel 4
Die Kinderarbeit sowie die Frauenarbeit in Fabriken müssen abgeschafft werden ...

Artikel 6
An Sonn- und Feiertagen hat alle Arbeit zu ruhen ...

Artikel 7
Die Arbeitszeit soll in einer, den gerechten Interessen der Arbeitnehmer und Arbeitgeber entsprechenden Weise staatlich geregelt werden ...

Artikel 11
Damit jedem Staatsbürger die Erlangung eines entsprechenden Bildungsgrades ermöglicht werde, hat der Unterricht an allen staatlichen Bildungsanstalten unentgeltlich zu erfolgen.

Artikel 15
Wir verlangen, daß alle männlichen Staatsbürger, welche im Vollgenusse der bürgerlichen Rechte sind, vom vollendeten 24. Lebensjahr an das aktive, und vom vollendeten 30. Lebensjahr an das passive Wahlrecht erlangen.

Artikel 17
Die Ausgabe von Geld und Geldzeichen jeder Art, das Kredit- und Versicherungswesen, das Post-, Telegraphen-, Telephon- und Eisenbahnwesen, der Bergbau einschließlich der Erdölgewinnung, endlich alle derartigen, dem öffentlichen Interesse notwendigen Einrichtungen und Betriebe, sollen der Privatunternehmung entzogen sein. Eine Ausnahme kann nur bei Kredit- und Versicherungsvereinen gemacht werden, welche auf dem Prinzipe der Gegenseitigkeit beruhen.

Artikel 19
Wir treten für die Aufrechterhaltung des auf gerechte Art erworbenen persönlichen Eigentums, aber auch für eine weitgehende Reform des Erbrechtes ein.«

österreichischer Fußballvereine in Wien *(→ 31. 12. 1893).* Auf der Kuglerwiese in Heiligenstadt spielen Cricketer gegen Vienna vor 150 Zuschauern 4 : 0.

1895 Die Arbeit von Kindern unter 14 Jahren und die Nachtarbeit für Frauen und Jugendliche wird verboten, der Arbeitstag mit elf Stunden und die 24stündige Sonntagsruhe werden eingeführt.

— Edmund Hellmer und Rudolf Weyr beginnen mit den Arbeiten für die beiden kolossalen Wandbrunnen am Michaelertrakt der Wiener Hofburg. Links »Die Macht zur See«, rechts »Die Macht zu Lande«. Sie werden 1897 vollendet.

— In Wien wird das erste jüdische Museum der Welt eingerichtet. Es dokumentiert Geschichte und kulturelle Leistungen des Judentums.

9. Februar Der geheime Bündnisvertrag zwischen Österreich-Ungarn und Serbien *(→ 9. Februar 1887)* wird nicht mehr verlängert *(→ 11. Juni 1903).*

9. März Leopold Sacher-Masoch stirbt in Lindheim (Hessen); geb. am 27. Januar 1836 in Lemberg (Galizien), Schriftsteller. Er lebte seit 1882 in Deutschland. In seinen Romanen und Erzählungen sind vielfach Züge erotischer Grausamkeiten vorhanden, der »Masochismus« (eine sexualpathologische Haltung) ist nach ihm benannt.

16. Mai Agenor (der Jüngere) Graf Goluchowski wird k. u. k. Außenminister.

17. Mai Kundgebung der Wiener Christlichsozialen im Großen Musikvereinssaal in Wien. Eine programmatische Resolution wird angenommen, die die Papst-, Bischof-, Kaiser- und Staatstreue der Christlichsozialen besonders hervorhebt.

21. Mai Franz von Suppé (eigentlich Francesco Ezechiele Ermenegildo Suppé-Demelli) stirbt in Wien; geb. am 18. April 1819 in Spalato (Dalmatien), Kapellmeister und Operettenkomponist. 1834 komponierte er bereits seine erste Messe, studierte ab 1839 in Wien, 1862–1865 Kapellmeister am Theater an der Wien, 1865–1882 am Carl-Theater in Wien. Er schuf 31 Operetten neben mehreren Chorwerken und Streichquartetten, außerdem das Marschlied »O du mein Österreich«.

19. Juni Rücktritt der Koalitionsregierung des Ministerpräsidenten Alfred Fürst zu Windischgrätz *(→ 11. November 1893).* Sie scheiterte an einer lächerlichen Frage über die Errichtung einer slowenischen Parallelklasse am deutschen Gymnasium in Cilli *(→ 23. November 1893).*

— Amtsantritt eines interimistischen Beamtenministeriums (= Regierung) unter dem Statthalter von Niederösterreich Erich Graf Kielmansegg bis 30. September.

1. August Die österreichische Zivilprozeßordnung wird erlassen.

7. August Ein Wiener Polizeibericht schreibt über den christlichsozialen Politiker Karl Lueger: »... seine vehementen Ausfälle gegen das Judentum, die staatlichen Autoritäten, gegen Ungarn und die Regierung, sind oft maßlos und im Interesse des Staates höchst bedauerlich.«

17.–26. September In Wien finden Gemeinderatswahlen statt. Sie bringen eine schwere Niederlage für die Liberalen, die nur mehr 46 Mandate erhalten, während die Christlichsozialen und die Deutschnationalen mit 91 Mandaten klar führen. Nachdem eine Wahl im Frühjahr bereits ein ähnliches Ergebnis gebracht hatte, war vom Statthalter von Niederösterreich Erich Graf Kielmansegg der Gemeinderat aufgelöst und Hans Friebeis als Regierungskommissär eingesetzt worden.

30. September Kaiser Franz Joseph I. ernennt Kasimir Felix Graf Badeni (einen Polen) zum Ministerpräsidenten. Er ist ein »starker Mann«, seit 1888 ist er Statthalter von Galizien, wo er die Ruthenen unterdrückte. Badeni wählt für sein Kabinett Personen außerhalb des Parlaments und übernimmt selbst das Innenministerium *(→ 14. Juni 1896).*

29. Oktober Die christlichsoziale Mehrheit wählt im Wiener Gemeinderat Dr. Karl Lueger zum Bürgermeister, seine Bestellung wird jedoch von Kaiser Franz Joseph I. abgelehnt. Nach einer neuerlichen Wahl Luegers am 13. November löst Hans Friebeis abermals den Gemeinderat auf.

24. November Josef Schrammel stirbt in Wien; geb. am 3. März 1852 in Wien-Ottakring (Wien 16), Musiker und Komponist. Er hatte mit seinem Bruder Johann 1878 das »Schrammel-Quartett“ gegründet.

28. Dezember Franz Exner führt in Wien den ersten diagnostischen Einsatz von Röntgenstrahlen durch. Auch der Chirurg Albert von Mosetig-Moorhof benützte zwei Platten bei der Beurteilung seiner Operationen (Schußwunde an der linken Hand eines Försters und an einer Zehe eines Dienstmädchens).

►**1896, 5. Januar** Erster Christlichsozialer Arbeitertag in Wien. Das Programm der Christlichsozialen Arbeiterpartei wird beschlossen.

19. März Erste Kinovorführung in Wien wird in der Wiener Zeitung angekündigt: »Heute, um 5 Uhr nachmittags, wird Herr E. Dupont einen neuen, in Lyon construierten Apparat, einen Cinematographen, welcher die Projektion von photographischen Bewegungsbildern ermöglicht, in Wien 7, Westbahnstraße Nr. 25 im Projektionssaale der k. k. Lehr- und Versuchsanstalt für Photographie demonstrieren.« Sechs kurze Dokumentationsszenen, darunter »Die Schmiede«, »Die Eisenbahn«, wurden gezeigt. Am 27. März veranstaltet Eugène Dupont eine neuerliche Vorführung der Filme der beiden französischen Filmpioniere, der Brüder Auguste und Louis Jean Lumière, im Hause Kärntnerstraße 45, Eingang Krugerstraße 2.

5.–14. April I. Olympische Spiele in Athen. Österreich: zwei Gold- und drei Bronzemedaillen. Schwimmen: 1. Paul Neumann, 500 m Freistil, 3. Otto Herschmann, 100 m Freistil. Radfahren: Felix Schmal, 1. über zwölf Stunden, 3. über 10 000 m und 3. über 333⅓ m.

8. April Karl Lueger wird abermals zum Bürgermeister von Wien gewählt, mit 96 von 138 Stimmen *(→ 7. August, 17. September, 29. Oktober 1896; 27. April 1896; 8. April 1897).*

21. April Enthüllung des von Viktor Tilgner gestalteten Mozart-Denkmals in Wien am Albertinaplatz. Erst 1953 wird das Denkmal, das im Zweiten Weltkrieg schwer beschädigt worden war, an den heutigen Platz im Burggarten verlegt.

27. April Kaiser Franz Joseph I. veranlaßt Dr. Karl Lueger während einer einstündigen Audienz »dermalen« freiwillig zu verzichten. Dr. Lueger wird daher Vizebürgermeister, sein Parteifreund Josef Strobach Bürgermeister von Wien *(→ 8. April 1897).*

19. Mai Erzherzog Karl Ludwig, der Thronfolger *(→ 30. Januar 1889),* stirbt. Ihm folgt sein Sohn Erzherzog Franz Ferdinand als Thronfolger nach *(→ 28. Juni 1900; 28. Juni 1914).*

22. Mai Das »Alpine Rettungscomité Wien« wird errichtet, das 1897 in »Alpiner Rettungsausschuß Wien« umbenannt wird. Die erste Einrichtung dieser Art in den Alpen und der Vorläufer des heutigen »Österreichischen Bergrettungsdienstes«. Bereits 1885 waren die Bergführer nach einem schweren Bergunfall am Matterhorn zur Hilfe verpflichtet worden. 1897 folgten dem österreichischen Beispiel Frankreich, die Schweiz und Bayern.

14. Juni Kaiser Franz Joseph I. sanktioniert die Wahlrechtsreform der Regierung Badeni. Eine »Allgemeine Wählerklasse« wird als fünfte Kurie *(→ 26. Februar 1861)* eingeführt, zu der alle männlichen Staatsbürger über 24 Jahre wahlberechtigt waren. Allerdings fielen auf diese Kurie nur 72 der insgesamt 425 Mandate. Die Forderung der Massen nach einer neuerlichen Wahlreform ist daher verständlich *(→ 3. Juni 1906; 26. Januar 1907).*

Kurie	Wähler	Abgeordnete
Allgemeine Wählerklasse	5 500 000	72
Großgrundbesitzer	5 402	85
Handelskammern	583	21
Städte und Märkte	383 500	118
Landgemeinden	1 378 572	129
Insgesamt	7 268 057	425

11. Oktober Anton Bruckner stirbt in Wien; geb. am 4. September 1824 in Ansfelden (Oberösterreich), Organist und Komponist, einer der größten Symphoniker Österreichs. 1871 Konzertreisen als Organist, unter anderem nach Paris und London, 1875–1892 Lektor für Harmonielehre und Kontrapunkt an der Universität Wien. Außer Orgelwerken und geistlicher Musik, unter der sein »Te Deum«, sein Requiem und der 150. Psalm hervorragen, schrieb er drei große Messen und neun Symphonien. Er wurde unter der Bruckner-Orgel in der Stiftskirche St. Florian (Oberösterreich) beigesetzt.

25. Oktober Das Personaleinkommensteuergesetz wird erlassen. Die Steuer beträgt 5% des Einkommens, für höhere Dienstbezüge wird eine Besoldungssteuer geschaffen. Die bereits bestehende Erwerbssteuer wurde belassen. Neu war das Progressionsprinzip, allerdings in sehr bescheidenem Ausmaß.

November »Alpine Lilienfelder Skilauftechnik« erscheint, verfaßt von dem bei Lilienfeld (Niederösterreich) ansässigen Matthias Zdarsky (geb. am 25. Februar 1856 in Trebitsch, Mähren, gest. am 20. Juni 1940 in St. Pölten). Reformer des norwegischen Skilaufs und einer der Begründer des alpinen Skilaufs.

►**1897, 13. Januar** David Schwarz stirbt in Wien; geb. am 20. Dezember 1850 in Zalaegerszég (Westungarn), Holzhändler und Pionier der Luftfahrt. Nach mehreren Versuchen – die österreichischen Stellen waren daran nicht interessiert – ging er nach Rußland. Von 1895 bis 1896 konstruierte er in Deutschland das erste »Ganzmetall-Lenkluftschiff« aus Aluminium. Von seiner Witwe weiter betrieben, kam es am 3. November 1897 zum ersten Probeflug auf dem Flugfeld Berlin-Tempelhof, der aber an einem kleinen Zwischenfall scheiterte.

22. Januar Ministerpräsident Kasimir Felix Graf Badeni löst das Parlament auf, er schreibt Neuwahlen aus *(→ März).*

28. Jänner Die Wiener Tramway-Gesellschaft nimmt auf der Strecke Wallgasse–Praterstern die erste Wiener »Elektrische« in Betrieb.

14. Februar Gustav Hügel wird in Stockholm Weltmeister im Eiskunstlauf.

März Die Wahlen zum Abgeordnetenhaus bringen eine politische Umschichtung. Schwere Niederlage der Deutschliberalen. Die neuen Massenparteien sind in beträchtlicher Stärke im Reichsrat vertreten: Christlichsoziale, Deutschnationale und Sozialdemokraten *(→ Rahmenartikel: Parteien und Mandatsverteilung im Reichsrat, S. 278).*

2. April Gabriele von Possanner wird in Wien als erste Frau zum »Doktor der gesamten Heilkunde« promoviert. Trotz des bereits in Zürich erworbenen Doktorats mußte sie alle Prüfungen erneut ablegen.

3. April Johannes Brahms stirbt in Wien; geb. am 7. Mai 1833 in Hamburg, Komponist. 1862 übersiedelte Brahms nach Wien, das er 1868 zu seinem ständigen Wohnsitz erwählte. Brahms schuf außer zahlreichen Gesangs-, Klavier- und Orchesterwerken zwei Serenaden und vier Symphonien.

5. April Ministerpräsident Kasimir Felix Graf Badeni erläßt Sprachenverordnungen für Böhmen und Mähren *(→ 19. April 1880).* Doppelsprachige Amtsführung in Böhmen und Mähren einschließlich der deutschsprachigen Gebiete. Binnen drei Jahren müssen alle Beamte beide Sprachen beherrschen. Entrüstung der Deutschen, Tumulte in deutschsprachigen Städten, Obstruktion der Deutschen im Reichsrat sind die Folgen *(→ 26. Nov.).*

8. April Karl Lueger wird nach dem Rücktritt Josef Strobachs am 31. März *(→ 27. April 1896)* mit großer Mehrheit vom Gemeinderat zum fünftenmal zum Bürgermeister von Wien gewählt *(→ 7. August, 17. September, 29. Oktober und 13. November 1895; 8. und 27. April 1896).* Seine engsten Mitarbeiter sind Albert Geßmann, Robert Pattai und Leopold Kunschak.

14. April Kaiser Franz Joseph I. bestätigt Karl Lueger als Bürgermeister von Wien.

24. April Kaiser Franz Joseph I. besucht in Petersburg Zar Nikolaus II. Mündliches Abkommen über den Status quo auf dem Balkan (»Balkanentente«). Eine gemeinsame diesbezügliche Note an die Balkanstaaten wird verfaßt *(→ 18. Juni 1881; 24. März 1887; 11. Juni 1903).*

22. Mai 19 Wiener Künstler gründen die »Vereinigung bildender Künstler Österreichs Secession«. Noch 1897 beginnt Joseph Maria Olbrich mit dem Bau des Kunstausstellungsgebäudes Secession in Wien, einem Hauptwerk des Jugendstils, der Entwurf für die Metalltüren stammt von Gustav Klimt, dem »führenden Maler der Secession«. Das Gebäude ist 1898 vollendet.

14. Juni Charlotte Wolter stirbt in Wien; geb. am 1. März 1834 in Köln, Hofschauspielerin, die gefeiertste Tragödin des Wiener Burgtheaters, besonders berühmt war der Wolter-Schrei.

3. Juli Inbetriebnahme des Riesenrades im Wiener Prater. Das 67 m hohe Rad wurde von dem englischen Fabrikanten Walter Basset entworfen und in einer Bauzeit von acht Monaten errichtet, damals eine technische Sensation.

Mitte November Karl Lueger erklärt mehrmals, daß er die Aufrechterhaltung von Ruhe und Ordnung nicht mehr garantieren könne. Wegen der Badenischen Sprachenverordnungen vom 5. April war es im Reichsrat zu Krawallen gekommen.

26. November Ministerpräsident Kasimir Felix Graf Badeni versucht mit Polizeigewalt die Ruhe im Parlament wiederherzustellen.

28. November Ministerpräsident Kasimir Felix Graf Badeni wird mit seiner Regierung entlassen. Paul Frh. Gautsch von Frankenthurn bildet seine erste Regierung. Die Wiederherstellung von Ruhe und Ordnung gelingt nicht; Gautsch regiert mit dem Notverordnungsrecht (§ 14), der Reichsrat ist arbeitsunfähig. Vom 29. November–2. Dezember kommt es zu nationalen Demonstrationen in Böhmen, vor allem in Prag.

11. Dezember »Deutscher Volkstag« der Deutschnationalen in Wien. Der Medizinstudent T. Rakus fordert mit der bereits bekannten Parole »Los von Rom« zum Austritt aus der katholischen Kirche auf *(→ 7. März 1898).* Nach einem weiteren Aufruf Georg Ritter von Schönerers traten 1898–1901 14 835 Österreicher aus der katholischen Kirche aus und zum Protestantismus oder der Altkatholischen Kirche über.

►**1898** Karl Kundmann, Joseph Tautenhayn und Hugo Haertl beginnen mit den Arbeiten für den Pallas-Athene-Brunnen vor dem Parlament in Wien, er wird 1902 vollendet.

— Otto Wagner errichtet in Wien die Mietshäuser Linke Wienzeile 38 und 40. Medaillons des Hauses Nr. 38 stammen von Kolo Moser, die Fassade des Hauses Nr. 40 besteht aus witterungsunempfindlichen Majolikaplatten, die ein üppiges polychromes Pflanzendekor aufweisen.

— Erste Weltmeisterschaft im Gewichtheben (Stemmen) in Wien. Der Wiener Wilhelm Türk wird erster Weltmeister und bleibt es bis 1902. (Wien wird bis in die zwanziger Jahre des 20. Jh.s »die Stadt der starken Männer genannt«.)

5. März Rücktritt der Regierung Gautsch *(→ 28. November 1897).* Franz Anton Graf Thun und Hohenstein, ein böhmischer Feudalherr, bildet eine Regierung. Mitglieder: Deutschkonservative, Tschechen und Polen. Er regiert mit Notverordnungsrecht auf Grund des § 14 der Verfassung. Das Mitwirken der Katholisch-Konservativen an der »Slawenregierung« läßt (besonders in den Städten) eine radikale antikatholische Bewegung aufkommen. Die Los-von-Rom-Bewegung der Deutschnationalen richtet sich gegen die »Ultramontanen« (= über das Gebirge, nach Rom Schauenden). Auch die

Attentat auf die Kaiserin

Die Hofdame, Gräfin Irma Sztáray, schilderte dem Untersuchungsrichter Charles Léchet kurz nach dem Attentat des Luigi Lucheni das furchtbare Erlebnis:

»... Beim Hotel de la Paix, wo drüben auf der anderen Straßenseite die Kutscher mit ihren Wagen stehen, kam ein Mann auf uns zu. Unmittelbar vor uns schien er plötzlich zu straucheln. Er machte eine Bewegung mit der Hand. Ich glaubte, um sich beim Stolpern aufrecht zu halten. Mehr habe ich in der Sekunde nicht wahrgenommen. Ich wäre bereit gewesen zu schwören, daß er nichts in der Hand hatte. Gar nichts. Die Kaiserin sank zur Erde. Völlig lautlos. Da erst kam mir der Gedanke, daß dieses Scheusal Ihre Majestät geschlagen haben mußte. Das war gewiß schlimm. Aber Schlimmeres konnte ich auch noch nicht ahnen, als ich mich voller Entsetzen zu ihr niederbeugte, denn sie richtete sich bereits wieder auf ... ›Wie fühlen sich Majestät?‹ fragtee ich in größter Erregung auf ungarisch. ›Ist Ihnen etwas geschehen?‹ – ›Nein, es ist mir nichts geschehen‹, antwortete die Kaiserin ruhig ... Wir erreichten die Anlegestelle. Auf der Gangway, die zum Dampfer hinüberführte, ging die Kaiserin noch leichten Schritts vor mir her. Kaum hatte sie jedoch das Schiff betreten, sagte sie mit erstickender Stimme ›Jetzt ihren Arm! Schnell, bitte!‹ Ich konnte sie nicht halten, ihren Kopf an meine Brust pressend, sank ich mit ihr in die Knie ›Einen Arzt! Einen Arzt!‹ schrie ich. Die Kaiserin lag totenbleich in meinen Armen ... Ich war überzeugt, Ihre Majestät hätte einen Herzschlag erlitten. Jemand meinte, es wäre besser, die Ohnmächtige aufs obere Deck zu bringen, wo sie eher zu sich kommen würde ... Sie öffnete die Augen und lag einige Minuten mit umherirrendem Blick da. Dann setzte sie sich langsam mit meiner Hilfe auf. ›Was ist denn mit mir geschehen?‹ fragte sie. Das waren ihre letzten Worte! Unmittelbar danach sank sie wieder in Bewußtlosigkeit. Ich öffnete ihre Bluse und das Seidenmieder, um ihr Erleichterung zu verschaffen. Als ich die Bänder auseinanderriß, sah ich auf dem Batisthemd darunter einen dunklen Fleck in der Größe eines Silberguldens. Ich schob das Hemd beiseite und entdeckte in der Herzgegend eine kleine Wunde. Ein Tropfen gestocktes Blut klebte an ihr. In diesem Augenblick stand die lähmende Wahrheit vor mir. Die Kaiserin war erdolcht worden! ...«

Das Attentat geschah am 10. September 1898 um 13.38 Uhr in Genf auf der Uferpromenade des Genfer Sees, wenige Meter vor der Dampferanlegestelle. Kaiserin Elisabeth von Österreich starb um 13.45 Uhr. Der Anarchist Luigi Lucheni wurde kurz nach dem Attentat gefaßt. Am 10. November wurde er zu lebenslangem Zuchthaus verurteilt. Er erhängte sich in seiner Zelle am 19. Oktober 1910.

Christlichsozialen wenden sich gegen die Katholisch-Konservativen.

9. Mai Die Obere Wientallinie und die Gürtellinie der Wiener Stadtbahn werden fertiggestellt. Ab 1. Juni stehen sie dem Publikum zur Verfügung.

30. Juni Siegfried Marcus stirbt in Wien; geb. am 18. September 1831 in Malchin bei Schwerin (Mecklenburg), Mechaniker und Erfinder. Seit 1853 in Wien. 1870 entstand in seiner Wiener Werkstatt sein erstes Benzinautomobil (Zweitaktmotor), 1888 sein zweites (Viertaktmotor). Er kümmerte sich weder um die Weiterentwicklung noch um die kommerzielle Ausnutzung. Marcus war zufrieden, daß er eine Zeitlang den Thronfolger, Kronprinz Rudolf, in Experimentalphysik unterrichten durfte.

17. August Carl Zeller stirbt in Baden bei Wien; geb. am 19. Juni 1842 in St. Peter in der Au (Niederösterreich), Operettenkomponist. Ab 1868 trat er mit Kompositionen an die Öffentlichkeit. »Der Vogelhändler« (1891) hatte en suite 49, »Der Obersteiger« (1894) 61 Aufführungen.

10. September Kaiserin Elisabeth von Österreich wird in Genf von dem italienischen Anarchisten Luigi Lucheni ermordet. Geb. am 24. Dezember 1837 in München als Tochter von Herzog Maximilian in Bayern, verheiratet seit 24. April 1854 mit Kaiser Franz Joseph I., seit 8. Juni 1867 auch Königin von Ungarn. Sie führte seit dem Tod ihres Sohnes, des Kronprinzen Rudolf (30. Januar 1889), ein ruheloses Leben.

▶1899 Inbetriebnahme des städtischen Gaswerkes in Wien-Simmering.

1. April In Wien erscheint die erste Nummer der Zeitschrift »Die Fackel«, herausgegeben von Karl Kraus. Sie erreicht innerhalb von 14 Tagen eine Auflage von 30 000 Exemplaren. Kraus bekämpft in ihr den Mißbrauch der Sprache, die Vergötterung der Maschine und die Versklavung von Geist und Natur. Er gibt sie bis zu seinem Tod am 28. April 1936 heraus.

19. April In Wien wird der erste öffentliche Zigarettenautomat aufgestellt, er wurde »k. k. Tabakverschleissautomat« benannt und trug den kaiserlichen Adler.

20. Mai Das sogenannte »Pfingstprogramm« der Deutschnationalen, im Text »die deutschen oppositionellen Parteien im Abgeordnetenhaus« genannt, wird veröffentlicht. Das recht umfangreiche Parteiprogramm enthält auch »nationalpolitische Mindestforderungen«.

21. Mai Enthüllung des Denkmals für Erzherzog Albrecht, den Sieger von Custozza von 1866; in Wien auf der Albertinarampe. Das Denkmal wurde von Caspar von Zumbusch entworfen.

3. Juni Johann Strauß Sohn stirbt in Wien; geb. am 25. Oktober 1825 in Wien, Kapellmeister und Komponist, der »Wiener Walzerkönig«. Schuf rund 500 Musikstücke, darunter 145 Walzer sowie 16 Operetten.

23. September Ministerpräsident Franz Anton Graf Thun und Hohenstein tritt mit seiner Regierung zurück.

2. Oktober Manfred Graf Clary und Aldringen, der Statthalter der Steiermark, bildet ein Übergangskabinett *(→ 21. Dezember).*

12. Oktober Oskar Baumann stirbt in Wien; geb. am 25. Juni 1864 in Wien, Geograph und Afrikaforscher.

Staatseinnahmen und -ausgaben
(in Millionen Gulden)

1848	160,0	256,3
1854	366,1	531,1
1862	500,9	394,6
1870	355,6	332,3
1880	422,2	432,1
1890	581,8	559,6
1895	698,4	664,8
1900	827,1	802,6
1905	941,0	915,0
1910	1 447,7	1 450,7
1913	1 743,0	1 730,5

Fast die Hälfte der Einnahmen ergab sich aus der Grund- und Gebäudesteuer. Die Ausgaben für militärische Zwecke und Einrichtungen waren großen Schwankungen unterworfen: 1848 25%, 1854 51,8%, 1910 15,7%.

Aufgliederung der Staatsausgaben
(in % der gesamten Staatsausgaben)

	1870	1910
Kaiserlicher Hof	1,1	0,4
Verwaltung (ohne Ministerien)	1,2	0,9
Öffentliche Sicherheit	1,3	1,7
Rechtspflege	3,6	2,9
Unterricht und Wissenschaft	1,2	3,2
Straßen	1,5	1,0
Eisenbahnen	3,6	26,8
Post und Telegraphenwesen	3,5	6,1
Häfen und Schiffahrt	0,7	1,1
Wasserbau und Meliorationen	0,7	1,2
Militär	24,1	15,7
Staatsschuld	29,6	18,8
Sonstiges	27,9	20,2
	100,0	100,0

Er entdeckte im Gebiet südl. des Victoriasees 1892/93 die Quelle des Kagera, eigentlich die lange gesuchte Nilquelle *(→ 1892)*.

17. Oktober Aufhebung der Badenischen Sprachenverordnungen *(→ 5. April 1897)*.

21. Dezember Ministerpräsident Manfred Graf Clary und Aldringen tritt mit seinem Kabinett zurück, da er es ablehnt, mit Notverordnungen zu regieren. Der Eisenbahnminister Heinrich von Wittek bildet ein Übergangsministerium *(→ 18. Januar 1900)*.

31. Dezember Karl Joseph Millöcker stirbt in Baden bei Wien; geb. am 29. April 1842 in Wien-Laimgrube (Wien 6), Operettenkomponist und Kapellmeister. Er schrieb die Musik zu 19 Operetten und zu 70 Possen. Welterfolge: »Der Bettelstudent« 1882 und »Gasparone« 1884.

Ende Dezember »Die Traumdeutung« von Sigmund Freud erscheint bei Franz Deuticke in Wien (allerdings mit der Jahreszahl 1900). In den ersten sechs Wochen werden 123 Exemplare verkauft, die erste Auflage in der Höhe von 600 Exemplaren ist erst im Jahre 1908 verkauft.

►1900 Otto Schönthal beginnt mit dem Bau der Villa Vojcsik in Wien – Linzerstraße (Jugendstilfassade), sie wird 1901 fertiggestellt.

1. Hj. Arthur Schnitzler verteilt an seine Freunde die auf eigene Kosten »als unverkäufliches Manuskript gedruckten« 200 Exemplare von »Der Reigen«.

1. Januar Die neue Kronenwährung (Goldwährung) wird ausschließliches gesetzliches Zahlungsmittel. Rechnungseinheit 1 Krone zu 100 Heller, ein Gulden österreichischer Währung = 2 Kronen *(→ 11. August 1892)*. Setzt sich im Alltag langsam durch *(→ Rahmenartikel: Das tägliche Leben in Wien um 1910, S. 301)*.

2. Januar Die erste Nummer der Tageszeitung »Österreichische Kronen Zeitung« erscheint. Gründer ist der Chefredakteur der »Reichswehr« Gustav Davis, Leopold Lipschütz ist der erste Chefredakteur. Das Monatsabonnement kostet 1 Krone, eine Nummer 4 Heller (der Preis für eine Semmel).

19. Januar Ernest von Koerber bildet eine neue Regierung. Das arbeitsunfähige Abgeordnetenhaus wird aufgelöst. Der neue Reichsrat ist durch tschechische Obstruktion fast lahmgelegt, eine Lösung des deutsch-tschechischen Gegensatzes wird vergeblich versucht. Auch Koerber regiert mit Notverordnungen *(→ Dezember 1904)*.

23. Februar Selbstmord Franz Jauners in Wien; geb. 14. November 1832 in Wien, Schauspieler, Theaterleiter, Dirigent. Direktor des Carl-Theaters (1871), der Hofoper (1878–1880), des Ringtheaters (1881).

28. Juni Erzherzog Franz Ferdinand verzichtet für seine Kinder auf die Thronfolge. Grund ist die »morganatische« Ehe mit Sophie Gräfin Chotek, die gemäß dem Familienstatut Kaiser Ferdinands I. vom 3. Februar 1839 nicht standesgemäß ist.

1. Juli Eheschließung von Erzherzog Franz Ferdinands mit Sophie Gräfin Chotek in der Schloßkapelle von Reichstadt (Böhmen). Mit einer Depesche erhebt der Kaiser die Gräfin zur »Fürstin von Hohenberg« mit dem Prädikat »Fürstliche Gnaden«.

14.–22. Juli II. Olympische Spiele in Paris. Österreich gewinnt 3 Silber- und 2 Bronzemedaillen.

30. Oktober Eröffnungskonzert der Wiener Symphoniker und Ferdinand Löwe in Wien. Damals Concertvereinsorchester, 1921 Wiener Sinfonie Orchester, seit 1933 Wiener Symphoniker. Sie sind das erste vom Theaterdienst unabhängige Orchester Österreichs.

15. November Adolf Pichler stirbt in Innsbruck; geb. am 4. September 1819 in Erl (Tirol), liberaler Schriftsteller, realistische Erzählungen aus seiner Heimat.

25. Dezember In der Weihnachtsbeilage der »Neuen Freien Presse« erscheint auf den Seiten 34 bis 41 die Erzählung »Lieutenant Gustl« von Arthur Schnitzler. Das Blatt wird, allerdings zu spät, beschlagnahmt. Dem Reserveoffizier Arthur Schnitzler wird der Rang aberkannt.

►1901 Zwischen Österreich-Ungarn und Rumänien wird nach langen Beratungen ein Verteidigungsbündnis beschlossen. Es richtet sich gegen die Balkanpolitik Rußlands *(→ 11. und 15. Juni 1903)*.

— Ludwig Hatschek, geb. am 9. Oktober 1856 in Te-

»Wiener Programm« der Sozialdemokraten

Auf dem Gesamtparteitag der österreichischen Sozialdemokraten in Wien vom 2. bis 5. November 1901 wurde das sogenannte »Wiener Programm« beschlossen.
Nach einer umfangreichen Einleitung und den bekannten grundsätzlichen Punkten, diesmal bereits 13, folgen sechs Punkte:

»Als Minimum an Arbeiterschutz fordert die österreichische Sozialdemokratie zunächst:

1. Volle Koalitionsfreiheit, gesetzliche Anerkennung der gewerkschaftlichen Organisation . . .
2. Achtstündigen Maximalarbeitstag ohne Klauseln und ohne Ausnahmen.
3. Verbot der Nachtarbeit . . .
4. Volle Sonntagsruhe in der Dauer von mindestens 36 Stunden.
5. Strenge Durchführung des Verbots der Erwerbsarbeit von Kindern unter 14 Jahren; ausreichende Schutzgesetze für Lehrlinge und jugendliche Arbeiter.
6. Ausschluß der Frauenarbeit aus den besonders für den weiblichen Organismus schädlichen Betrieben.«

Es folgt dann der »Ausbau des Gewerbe-Inspektorats« und schließt mit:

»Über Unternehmer, die das Arbeiterschutzgesetz übertreten, sind strenge Strafen zu verhängen, die nicht in Geldstrafen umgewandelt werden dürfen.

Die Arbeiterversicherung ist einer durchgreifenden Reform zu unterziehen, durch Einführung einer allgemeinen Alters- und Invalidenversicherung sowie Witwen- und Waisenversorgung zu ergänzen und unter durchgängiger Selbstverwaltung der Versicherten einheitlich zu organisieren.«

setice (Böhmen), gest. am 15. Juli 1914 in Linz, erfindet den Asbestzement, das Eternit, ein Material für wetterfeste Dachplatten.

— Waldemar Porak de Varna, geb. 1880 in Galizien, gest. am 26. Februar 1960 in Wien, erfindet in Mödling bei Wien eine Helicoptere (Hubschrauber), die bei 300 kg Eigengewicht 500 kg heben kann. Wird patentiert, jedoch aus finanziellen Gründen nicht ausgewertet.

8. April Erstes Fußballänderspiel Österreichs. Österreich–Schweiz 4 : 0 in Wien.

21. April Erstmals eine Nestroy-Posse (»Lumpacivagabundus«) im Wiener Burgtheater.

3. Oktober Wilhelm Kreß startet auf dem Wienerwaldsee (Niederösterreich) sein Luftschiff. Wegen zu schwerer Motoren hebt es nicht ab, es zerschellt an der Staumauer.

2.–5. November Zweiter Gesamtparteitag der Sozialdemokraten in Wien (erster in Brünn vom 24. bis 29. September 1899 mit Nationalitätenprogramm). Das beschlossene Programm, »Wiener Programm«, stellt einen Schritt nach rechts dar.

►**1902** Baubeginn für das Lainzer Versorgungshaus in Wien, Pläne von Rudolf Helmreich und Johann Scheiringer, die Kosten werden aus dem Reingewinn der »Wiener Tramway« bestritten, es wird 1904 fertiggestellt.

28. Januar Elektrifizierung der letzten Pferdestraßenbahnlinie in Wien.

21. Februar Emil Holub stirbt in Wien; geb. am 7. Oktober 1847 in Holice (Böhmen), Ethnologe und Forschungsreisender (Afrika).

1. April Johann Schrantz stirbt in Wien; geb. 1830 in Wien, Schwiegersohn des Siebmachermeisters Michael Hutter. Firma Hutter & Schrantz erzeugt Siebe und Drahtstifte, stellte die ersten Drahtwebstühle auf. Um die Jahrhundertwende Fabrikneubau in der Windmühlgasse begonnen – erster Betonskelettbau Wiens.

3. April Andreas Reischek stirbt in Linz; geb. am 15. September 1845 in Linz, Naturforscher und Forschungsreisender, erforschte die Kultur der Maori auf Neuseeland.

Das Kronprinzenwerk

Das 24bändige Werk »Die österreichisch-ungarische Monarchie in Wort und Bild« wurde nach seinem Initiator, Herausgeber und Mitarbeiter, Kronprinz Erzherzog Rudolf so genannt.
Am 1. Juni 1902 erscheint die 397. und damit letzte Lieferung dieses Werkes in deutscher Sprache, nachdem die Ausgabe in ungarischer Sprache bereits am 1. Oktober 1901 fertiggestellt worden war. Das Werk umfaßt 12 596 Seiten ohne Titelblätter, Inhaltsverzeichnis und Beilagen, 4 529 Textillustrationen, davon 19 Farbtafeln. Die insgeamt 587 Beiträge wurden von 432 Wissenschaftlern und Schriftstellern verfaßt, darunter auch Kronprinz Rudolf, der außer der Einleitung mehrere Beiträge schrieb.
Die Idee zu diesem Monumentalwerk dürfte von Erzherzog Johann Salvator (Johann Orth) stammen, da im Nachlaß des Kronprinzen ein Entwurf Johann Salvators für ein ethnographisches Werk über die gesamte Monarchie enthalten ist. Johanns Entwurf betraf ein zehnbändiges Werk mit dem Titel »Ethnographie Österreich-Ungarns in Wort und Bild«. Kronprinz Rudolf beschäftigte sich intensiv mit dieser Idee, änderte den Entwurf Johann Salvators ab, indem er alle kulturellen und historischen Belange miteinbezog. Nachdem er sich mit Wissenschaftlern und Schriftstellern, aber auch Künstlern eingehend beraten hatte, legte er sein Vorhaben Mitte März 1884 Kaiser Franz Joseph I. in einem Promemoria vor. Nachdem der Kaiser zugestimmt hatte, was der Kronprinz am 16. März Erzherzog Johann Salvator brieflich mitteilte, erfolgte durch den Kronprinzen am 25. März die Bestellung von Regierungsrat (später Hofrat) Joseph Ritter von Weilen und Maurus Jókai zu Leitern der beiden Ausgaben.
Am 1. Dezember 1885 überreichte der Kronprinz im Beisein der Redakteure die erste Lieferung dem Kaiser. Obwohl der Kronprinz Johann Salvator zur Mitarbeit aufgefordert hatte, kam diese nicht zustande.

26. April August von Wörndle stirbt in Wien; geb. am 22. Juni 1829 in Wien, Spätnazarener, vorwiegend Historienmaler, Schwiegersohn von Josef von Führich.

1. Juni Die letzte Lieferung des »Kronprinzenwerkes« erscheint *(→ Rahmenartikel: Das Kronprinzenwerk, S. 296, 1. Dezember 1885).*

28. Juni Dritte Erneuerung des Dreibundvertrages zwischen Österreich-Ungarn, Deutschland und Italien *(→ 20. Mai 1882; 6. Mai 1891; 1. November 1902; 5. Dezember 1912).*

1. November Der Geheimvertrag zwischen Italien und Frankreich hebt praktisch den Dreibundvertrag *(→ 28. Juni)* auf. Die österreichfeindliche Haltung Italiens nimmt zu, bald auch rege Tätigkeit der »Irredenta« (= die Unerlöste, politische Bewegung zur Vereinigung aller italienischsprachigen Gebiete der österreichisch-ungarischen Monarchie) in Südtirol und Istrien *(→ 18. November 1906).*

31. Dezember Abkommen der cisleithanischen Reichshälfte und Ungarns über den Fortbestand des gemeinsamen Wirtschaftsgebietes. Starke Strömungen in Ungarn (»Unabhängigkeitspartei« unter Julius Kossuth dem Jüngeren) zur Loslösung von der Doppelmonarchie werden durch die Hartnäckigkeit Kaiser Franz Josephs I. und das diplomatische Geschick des Ministerpräsidenten Ernest von Koerber nicht voll wirksam.

►1903 Für den Insektenpulverfabrikanten Johann Zacherl errichtet der Otto Wagner-Schüler Josef Plečnik in Wien auf dem Bauernmarkt ein Wohn- und Geschäftshaus. Es wird 1905 fertiggestellt. Die monumentale Bauplastik stammt von Ferdinand Andri.

22. Februar Hugo Wolf stirbt in Wien; geb. am 13. März 1860 in Windischgraz (Slowenien), Komponist der Spätromantik. Schuf außer 245 Liedern (vor allem nach Mörike-, Goethe- und Eichendorff-Gedichten) auch Orchester- und Kammermusik.

12. Mai Josef Hoffmann und Kolo Moser gründen die »Wiener Werkstätte«, großer Einfluß auf das Kunsthandwerk des Jugendstils.

15. Juni Nach der Ermordung von Alexander Obrenović und seiner Gattin Draga wird Peter Karadjordjević in Belgrad zum König von Serbien gewählt. Ende des österreichfreundlichen Kurses, aggressive Politik gegen Österreich-Ungarn mit russischer, französischer und englischer Rückendeckung *(→ 18. November 1906; 5. Oktober 1908; 13. März und 17. Dezember 1912; 28. Juni 1914).*

2. August Das Veto Kardinal Pūzynas von Krakau während des Konklaves (vom 31. Juli bis 4. August) gegen die Wahl des Kardinal-Staatssekretärs Mariano Rampolla erfolgt im Namen Kaiser Franz Josephs I. wegen österreichfeindlicher Haltung. Papst wird dann als Pius X. der Patriarch von Venedig, Giuseppe Sarto. *(→ 20. August 1914).*

29. September Marie Geistinger stirbt in Klagenfurt; geb. am 26. Juli 1836 in Graz, Volksschauspielerin und Operettensängerin; sie hatte den Beinamen »Königin der Operette«.

30. September bis 3. Oktober Zusammenkunft Kaiser Franz Josephs I. mit Zar Nikolaus II. in Mürzsteg (Steiermark). Der »Mürzsteger Reformplan« verlangt von der Türkei Reformen zur Befriedung Mazedoniens (seit 1895 erbitterte Kleinkriege), die gemeinsam verfaßten Vorschläge vom 21. Februar 1903 waren abgelehnt worden *(→ November 1905).*

4. Oktober Selbstmord Otto Weiningers in Wien; geb. am 3. April 1880 in Wien, Philosoph und Psychologe, sein Hauptwerk »Geschlecht und Charakter« erschien 1903.

16. November Camillo Sitte stirbt in Wien; geb. am 17. April 1843 in Wien, Architekt und Stadtplaner. Er verlangte die »Vereinigung aller technischen und bildenden Künste zu einem großen geschlossenen Ganzen« und gilt als »Vater der Städtebaukunst«.

►1904 Otto Wagner beginnt mit dem Bau des Postsparkassenamtes in Wien. In zwei Bauphasen (1904–1906 und 1910–1912) wird der geniale Zweck- und zugleich Repräsentationsbau fertiggestellt. Unter Einsatz modernster Konstruktionsformen und Verwendung ungewöhnlicher Materialien erreicht der Architekt ein Optimum an Funktionalität und Ästhetik.

20. Januar Ferdinand Ritter von Mannlicher stirbt in Wien; geb. am 30. Januar 1848 in Mainz, Waffentechniker, Erfinder des Mannlicher-Repetiergewehres, ein Mehrlader mit Geradezugverschluß (treffsicher und hohe Feuergeschwindigkeit), ab 1886 im österreichisch-ungarischen Heer.

15. Juni Otto Nußbaumer gelingt in der Technischen Hochschule in Graz die erste drahtlose Musikübertragung.

3. Juli Theodor Herzl stirbt in Edlach (Niederösterreich); geb. am 2. Mai 1860 in Budapest, Journalist, Berichterstatter der »Neuen Freien Presse«. Er begründete theoretisch durch seine Schrift »Der Judenstaat«, erschienen 1896, den Zionismus (Grundlage für die Gründung des Staates Israel 1948).

6. August Eduard Hanslick stirbt in Wien, geb. am 11. September 1825 in Prag, Musikkritiker und -ästhetiker. 1854 erschien sein Werk »Vom Musikalisch-Schönen«, er war ein fanatischer Gegner von Richard Wagner und Anton Bruckner.

12. November Rudolf Ribarz stirbt in Wien; geb. am 30. Mai 1848 in Wien, Landschafts- und Blumenmaler. Dem Impressionismus zugewandt, wird er als Stimmungsimpressionist bezeichnet. 1892–1900 Professor an der Wiener Kunstgewerbeschule

27. Dezember Die Regierung Ernest von Koerber tritt zurück *(→ 19. Januar 1900; Ende Oktober 1916).*

— Auf dem Gelände der Niederösterreichischen Heil- und Pflegeanstalt in Wien Am Steinhof errichtet Otto Wagner die Kirche Sankt Leopold. Der die gesamte Anlage dominierende Zentralbau ist mit weißen Marmorplatten, die mit Kupfernägeln genietet sind, verkleidet. Die Glasfenster stammen von Kolo Moser.

— Am Graben in Wien wird eine unterirdische WC-Anlage im Jugendstil errichtet, sie ist die älteste öffentliche Anlage dieser Art auf der ganzen Welt.

►1905, 1. Januar Paul Frh. Gautsch von Frankenthurn bildet zum zweitenmal eine Regierung *(→ 28. November 1897).*

12. März Rudolf Ritter von Alt stirbt in Wien; geb. am 28. August 1812 in Wien, Aquarellist und Landschaftsmaler. Er schuf eine Vielzahl von Wiener Architekturveduten; der »Canaletto Wiens«.

19. März Erster Slalom der Welt auf dem Muckenkogel (1 246 m) bei Lilienfeld (Niederösterreich), 2 000 m lang, 85 Tore, Höhenunterschied 500 m. Organisator ist Matthias Zdarsky *(→ November 1896).*

22. April Eröffnung des »Mariahilfer Volkskellers« in der Wiener Mariahilfer Straße 99. Der Hotelier Johann

Rode hatte ihn neben dem Palace-Hotel von namhaften Künstlern der Zeit einrichten lassen.

4. November Ministerpräsident Paul Frh. Gautsch von Frankenthurn verspricht die Vorlage einer Wahlrechtsreform *(→ 28. November; 30. April 1906).*

November Flottendemonstration der Großmächte, ohne Deutschland, unter der Führung Österreich-Ungarns gegen die Türkei; die türkischen Inseln Mytilene und Lemnos werden besetzt. Der Sultan nimmt am 14. Dezember das geforderte Programm für Mazedonien an *(→ 30. September bis 3. Oktober 1903).*

28. November Große Demonstration in Wien für ein allgemeines Wahlrecht – an die 200 000 Menschen demonstrieren.

10. Dezember Bertha Freifrau von Suttner erhält in Oslo den Friedensnobelpreis.

30. Dezember Uraufführung der Operette »Die lustige Witwe« von Franz Lehár in Wien.

►1906 Nach Plänen des Pariser Architekten George Paul Chedanne wird mit dem Bau des Gebäudes der französischen Botschaft in Wien begonnen; es ist der einzige Bau des französischen Jugendstils in Wien. Er wird 1910 vollendet.

— Der rumänische Publizist Aurel Popovici (16. Oktober 1863–9. Februar 1917) veröffentlicht sein Buch »Die Vereinigten Staaten von Großösterreich«, ein Vorschlag, eine bundesstaatliche Habsburger-Monarchie auf nationaler Grundlage zu errichten. Um die Nationalitätenfrage friedlich zu lösen, sah er 15 Nationalstaaten vor. Popovici gehörte dem sogenannten »Belvederekreis«, einer Gruppe von politischen Beratern um den Thronfolger Erzherzog Franz Ferdinand an.

7. Januar Erstmals werden in der österreichisch-ungarischen Monarchie Kennzeichen für Kraftfahrzeuge ausgegeben. Die Tafeln waren bis 1930 weiß mit schwarzen Nummern, danach umgekehrt.

16. Januar Beginn der Marokkokonferenz in Algeciras (Spanien), elf europäische Staaten und die USA nehmen daran teil. Deutschland wird von Österreich-Ungarn durch Rudolf Graf Welsersheimb diplomatisch unterstützt. Zum erstenmal zeigt sich die Spaltung Europas in zwei Lager.

31. März Das Algeciras-Abkommen, ein Kompromiß, denn deutsche Interessen werden nur zum Teil anerkannt, bringt die erste Marokkokrise zum Abschluß.

30. April Die Regierung Paul Frh. Gautsch von Frankenthurn tritt zurück. Gautsch konnte mit seiner Wahlrechtsvorlage vom Februar nicht durchdringen. Konrad Prinz Hohenlohe-Schillingsfürst bildet am 2. Mai ein nur bis 28. Mai amtierendes Übergangskabinett.

26. Mai Buffalo Bill, der »Letzte des Wilden Westens«, gibt mit seiner Truppe auf dem Gelände neben der Rotunde im Wiener Prater eine Vorstellung.

2. Juni Ministerpräsident Max Wladimir Frh. von Beck, ein fähiger Politiker, bildet eine Koalitionsregierung aus Deutschen, Tschechen und Polen *(→ 7. November 1908).*

24. Juli Selbstmord Ferdinand von Saars in Wien; geb. am 30. September 1833 in Wien, Schriftsteller, realistischer Erzähler, schuf mit »Die Steinklopfer« die erste Arbeiternovelle der deutschen Literatur.

3. August Edmund von Wörndle stirbt in Innsbruck; geb. am 28 Juli 1827 in Wien, Landschaftsmaler.

5. September Selbstmord Ludwig Boltzmanns in Duino bei Triest; geb. am 20. Februar 1844 in Wien, Physiker. Fußend auf den Elektrizitätstheorien von James Clerk Maxwell wurde seine Erklärung der Entropie (= Maß der Nichtausnutzbarkeit) zu einem Hauptpfeiler der modernen Physik. Mit Hilfe der Atomistik bewies er, daß die Entropie einem Maximum zustrebt.

Oktober Aloys Frh. Lexa von Aehrenthal wird k. u. k. Außenminister und bleibt es bis zu seinem Tod am 17. Februar 1912. Er steht dem Thronfolger Erzherzog Franz Ferdinand nahe und betreibt aktive Außenpolitik zur Stärkung der Monarchie.

18. November Franz Conrad von Hötzendorf wird Chef des k. u. k. Generalstabes. Er ist ein Vertrauter des Thronfolgers Erzherzog Franz Ferdinand. Hötzendorf bleibt bis März 1917 mit einer Unterbrechung 1911/12 im Amt. Er tritt für einen präventiven Angriffskrieg gegen Serbien und Italien ein, kann aber weder den Kaiser noch den Thronfolger, noch den Außenminister überzeugen. Die von ihm geforderte Aufrüstung der k. u. k. Armee kommt kaum voran.

20. November Jakob Julius David stirbt in Wien; geb. am 6. Februar 1859 in Mährisch-Weißenkirchen, Schriftsteller und Journalist, Wegbereiter des österreichischen Naturalismus.

1. Dezember Ministerpräsident Max Wladimir Frh. von Beck kann die Parteien des Abgeordnetenhauses zur Annahme seines neuen Wahlgesetzes gewinnen. Durch das allgemeine Wahlrecht, das breite Wählermassen, allerdings ohne Frauen, mobil machte, erhoffte er die Überwindung der nationalen Spannungen *(→ 26. Januar 1907).*

►1907 Ing. Hugo Rhomberg und Alfred Rüsch errichten auf dem Bödele bei Dornbirn (Vorarlberg) den ersten Schlepplift. Ein 4,5-PS-Motorradmotor zieht eine Wanne mit vier Skiläufern bergan *(→ 1937).*

17. Januar Das »Gesetz gegen den unlauteren Wettbewerb« wird erlassen.

26. Januar Kaiser Franz Joseph I. sanktioniert das Gesetz über die Einführung des allgemeinen, gleichen, geheimen und direkten Wahlrechtes in Österreich. Das Kuriensystem *(→ 14. Juni 1896)* ist damit endgültig abgeschafft, die Zahl der Mitglieder des Abgeordnetenhauses wird auf 516 erhöht, die Legislaturperiode auf sechs Jahre festgelegt.

26. April Joseph Hellmesberger stirbt in Wien; geb. am 9. April 1855 in Wien, Dirigent und Komponist (Operetten), Hofkapellmeister, 1900–1903 Leiter der philharmonischen Konzerte (als Nachfolger Gustav Mahlers).

14.–24. Mai Erste allgemeine Wahlen in Österreich (26. Jänner). Es waren 514 Sitze zu vergeben, die sich auf eine große Anzahl von Parteien verteilten, wobei die Christlichsozialen und die Sozialdemokraten die stärksten Fraktionen stellten: Altdeutsche 3, Alttschechen 7, Altruthenen 4, Christlichsoziale 96, Deutschagrarier 21, Deutschfortschrittliche 17, Deutschradikale 12, Deutsche Volkspartei 31, Freisozialisten 1, konservative Italiener 10, liberale Italiener 4, Jüdischdemokraten 1, Jungtschechen 18, Kroaten 12, Polnische Konservative 16, Polnische Nationaldemokraten 25, Polnische Volkspartei 17, Polnisches Zentrum 12, Radikale Russen 1, Rumänen 5, Ruthenische Nationaldemokraten 25, Selbständige Sozialisten 1, Selbständige Tschechen 1, Serben 2, Slowenischkonservative 18, Slowenischliberale 5, Sozialdemokraten 86, Sozialpolitiker 1, Tschechische Agrarier 28, Tschechische Fortschrittli-

Der Thronfolger zur Annexion Bosniens

Erzherzog-Thronfolger Franz Ferdinand schreibt am 6. August 1908 an den Außenminister Frh. von Aehrenthal sehr offen seine Meinung über die Annexion Bosniens und der Herzegovina:

». . . Sollte eine Annexion für unbedingt notwendig erachtet werden, so kann ich derselben nur zustimmen, wenn die Provinzen als Reichsland, also beiden Teilen der Monarchie angehörend, erklärt werden. Sollte Ungarn für die Stephanskrone Anspruch auf die Länder erheben (was natürlich jedenfalls geschehen wird), so ist dem absolut nicht nachzugeben oder die Annexion ist nicht durchzuführen und der bisherige Zustand zu belassen . . . Im allgemeinen bin ich überhaupt bei unseren desolaten inneren Verhältnissen gegen alle solche Kraftstückeln.

Meiner Ansicht nach kann sich solche Sachen nur ein konsolidierter, kräftiger Staat erlauben; nachdem wir aber, dank dem Kampf der beiden Reichshälften, der künstlich mit Dampf betriebenen Abschaffung der Gesamtheit und dem Chaos weder konsolidiert noch kräftig sind, würde ich eher zuwarten.

Sollten aber die Räte der Krone doch die Annexion für unbedingt notwendig halten, so bin ich für keine Mobilmachung, da dieselbe zu ganz unnötigen Deutungen Anlaß geben könnte, sondern bloß für eine Standeserhöhung, die ganz gut ohne Befragung der Parlamente durchzuführen ist. Hat man den Mut zur Annexion, muß man auch den Mut haben, dies ohne Befragen der Parlamente zu tun . . .

So, dies ist mein wohldurchdachtes Glaubensbekenntnis in dieser Angelegenheit und ich hoffe, daß Exzellenz darüber nachdenken und vielleicht meine Ansicht teilen werden . . .«

che 2, Tschechische Konservative 17, Tschechische Nationalsozialisten 9, Zionisten 4, Ohne Parteizugehörigkeit 2.

3. Juni Johann Schicht stirbt in Aussig; geb. am 8. März 1855 in Ringelshain (Böhmen), wo sein Vater eine kleine Seifensiederei betrieb, 1882 Seifenfabrik bei Obersedlitz (gegenüber Aussig), sie hat bei seinem Tod 38 Millionen Kronen Jahresumsatz, beschäftigte 1 900 Arbeiter und Angestellte, fertigten von der eigenen Bahnstation Schreckenstein-Schichtwerke jährlich rund 19 000 Eisenbahnwaggons ab.

4. Juni Im Volksgarten in Wien wird in Anwesenheit von Kaiser Franz Joseph I. und Bürgermeister Karl Lueger das Kaiserin Elisabeth-Denkmal enthüllt. Das Denkmal schuf Hans Bitterlich, die Architektur stammt von Friedrich Ohmann.

8. Juni Eröffnung des ersten in allgemeinen Wahlen gewählten Reichsrats, Präsident ist der Christlichsoziale Richard Weiskirchner (ab 10. März 1910 Bürgermeister von Wien). Trotz sozialer Spannungen gibt es weitere nationale Differenzen.

15. Juli Eröffnung des letzten Stückes der »Mariazellerbahn« von Mariazell nach Gußwerk. Österreichs einzige elektrisch betriebene Schmalspurbahn von St. Pölten nach Gußwerk wurde in fast neun Jahren fertiggestellt. Sie kostete etwa 15 Millionen Gulden und hieß »Niederösterreichisch-steirische Alpenbahn«. Bei einer Länge von 92 km hat sie 21 Tunnels, 19 größere und 136 kleinere Durchlässe und Brücken. Sie wurde von Ing. Josef Fogowitz erbaut.

September Adolf Hitler bemüht sich vergeblich um die Aufnahme in die Akademie der bildenden Künste in Wien.

8. Oktober Unterzeichnung des »neuen Ausgleichs« mit Ungarn (*(→ 15. März 1867; 9. März 1898; 31. Dezember 1902)*. Ungarn übernimmt ab 1. Januar 1908 36,6% der gemeinsamen Ausgaben *(→ Rahmenartikel: Der österreichisch-ungarische Ausgleich, S. 269)*. Dafür wird das bestehende Zoll- und Handelsbündnis durch einen Handelsvertrag und zwei besondere (allerdings gleichlautende) Zolltarife ersetzt.

7. Dezember August Eisenmenger stirbt in Wien; geb. am 11. Februar 1830 in Wien, Historienmaler.

Weihnachten »Meister« Adolf Josef Lanz (eigentlich Dr. Georg Lanz von Liebenfels, ein abgefallener Zisterzienserlaienbruder) hißt auf der Ruine Werfenstein an der Donau (Oberösterreich) eine Hakenkreuzfahne. Sie hatte vier blaue Lilien und ein rotes Hakenkreuz. Lanz hatte eine Art Templerorden gegründet und dafür die Ruine Werfenstein adaptiert, er gab seit 1905 die Schriftenreihe »Ostara, Briefbücherei der Blonden und Mannesrechtler« heraus, die auch Adolf Hitler nachweislich während seiner Wiener Jahre gelesen hat.

►**1908** Mit dem Bau des Lainzer Krankenhauses in Wien wird nach Plänen von Johann Scheiringer begonnen. Es wird 1913 eröffnet und ist zu diesem Zeitpunkt das modernste Krankenhaus Europas.

— Der Photograph Anton Kolm führt in Wien den ersten Spielfilm »Von Stufe zu Stufe« vor.

— Bei den in Wien ausgetragenen Weltmeisterschaften im Stemmen werden Weltmeister: Eibl im Leichtgewicht, Grafl im Schwergewicht.

12. Juni Kaiserhuldigungsfestzug über die Wiener Ringstraße; er dauert über zwei Stunden. 19 Gruppen des historischen Teiles stellen die Geschichte Österreichs von Rudolf von Habsburg bis Radetzky dar. Es folgen: eine Gruppe der Wiener Bürgerschaft, Abordnungen der 15 Kronländer (nach der Reihenfolge des Titels des Kaisers geordnet) in der jeweiligen Landestracht, die militärisch organisierten Knabenhorte, eine Gruppe des niederösterreichischen Sängerbundes, die dem Kaiser ein Ständchen darbringt *(→ 2. Dezember)*.

5. Juli Österreich-Ungarn beginnt mit Billigung Rußlands die Annexion von Bosnien und Herzegovina, da man befürchtet, daß die Jungtürkische Bewegung auf diese Gebiete übergreife und zu revolutionären Erhebungen führe.

7. August In Willendorf (Niederösterreich), wo seit Juli wegen Bauarbeiten für eine Bahntrasse systematisch gegraben wird, findet man die »Venus von Willendorf«, ein 10,3 cm hohes Kalksteinfigürchen. Diese auf Grund ihrer Form als Fruchtbarkeitsidol bezeichnete Statuette ist einer der ältesten steinzeitlichen Funde in Österreich. Sie ist heute im Naturhistorischen Museum in Wien.

8. August Joseph Maria Olbrich stirbt in Düsseldorf;

Das tägliche Leben in Wien um 1910

Die Krone setzt sich trotz gesetzlicher Grundlage vom *(→ 1. Januar 1900)* so langsam durch, daß die Geschäftsleute durch Verordnungen und Kontrollen gezwungen werden, ihre Preise nur mehr in Kronen anzuschreiben. Das Volk blieb lange noch beim Gulden und sagte zur 2-Heller-Münze Kreuzer, zur 10-Heller-Münze Fünferl (5 Kreuzer) und zur 20-Heller-Münze Sechserl (10 Kreuzer). Noch bis 1938 sagte man in Wien Sechserl zum 10-Groschen-Stück.

Verdienst
Arbeiter: 20–24 Kronen in der Woche
Facharbeiter: verdient durch die übliche Akkordarbeit das Doppelte
Frauenarbeit: sehr schlecht bezahlt; Modistin, Schneiderin, Weißnäherin 30–40 Kronen im Monat
Handelsangestellter: 140–160 Kronen im Monat
Volksschullehrer: 120 Kronen im Monat
Bürgerschullehrer (Hauptschule): 130–140 Kronen im Monat
Staatsbeamter der mittleren Gehaltsstufe: 125 Kronen im Monat

Wohnung
Mieten und Wohnqualität sind recht unterschiedlich, bezirksweise große Unterschiede.
In der besseren Gegend einer Vorstadt, knapp außerhalb des Gürtels, kostet Zimmer, Kabinett, Küche 27 Kronen und 30 Heller im Monat.

Verkehr
Stellwagen vom Stephansplatz in die Vorstadt 14 Heller
Straßenbahn vom Ring zum Gürtel 14 Heller, bis Endstation 20 Heller

Kleidung
Herrenstrapazanzug 28–30 Kronen
Damenwintermantel 34–36 Kronen
Knabenanzug 8–10 Kronen
Herrenschuhe 10–14 Kronen
Damenschuhe 6–12 Kronen
Modewaren sehr unterschiedlich, z. B. Damenhut in der Vorstadt 6–20 Kronen, in der Inneren Stadt ab 50 Kronen.

Lebensmittel
1 Kaisersemmel 2 Heller
8 Normalsemmeln 10 Heller
Brot je Laib (unterschiedlich in Gewicht und Mischung) 20–23 Heller
12 kg Mehl (bei Mendl = heute Ankerbrotfabrik) 17 Heller
Würfelzucker (teuer) 1 kg 35 Heller
Hutzucker (Zuckerhut ca. ¼ kg) je Stück 2 Heller
1 Ei 2 Heller
1 Liter Milch 10 Heller (allerdings geben die zahlreichen Meiereien 5/4 Liter)
Butter und Schmalz sind nicht festgelegt, man verlangt um 3, 5 oder 10 Heller
Fleisch recht unterschiedlich nach Qualität und Art
Eine Familie mit vier Kindern benötigt für das tägliche Essen 50–60 Heller.

Konsumation Vorstadtgasthaus
1 Paar Würstel mit Brot 12 Heller
Rindsuppe, Rindfleisch mit Beilage 50 Heller
Beuschel mit Knödel 30 Heller
Rindsgulasch 28 Heller
Schweinsbraten mit Beilage 70 Heller
Wiener Schnitzel mit Salat 70 Heller
1 Seidel Bier 10 Heller
1 Krügel Bier 14 Heller
¼ Heuriger 20 Heller
¼ Alter 24 Heller
¼ Spezial 32 Heller

Volkskaffeehaus
(auch in der Inneren Stadt)
1 große Schale Milchkaffee 12 Heller
1 Stück Mohn-, Apfelstrudel oder ähnliche hausgemachte Mehlspeisen 10 Heller

In einem besseren Restaurant der Inneren Stadt sind die Preise etwa doppelt so hoch wie im Vorstadtgasthaus, in einem primitiven Ausflugsgasthaus etwa um 10–15% niedriger.

geb. am 22. Dezember 1867 in Troppau, Architekt, auch Maler und Kunstgewerbler. Mitbegründer *(→ 1898)* der Wiener Secession.

13. August König Eduard VII. von England besucht Kaiser Franz Joseph I. in Bad Ischl. König Eduard will den Kaiser bewegen, das Bündnis mit Deutschland *(→ 7. Oktober 1879)* zu lösen.

15. September Außenminister Aloys Frh. Lexa von Aehrenthal trifft in Buchlau bei Brünn mit dem russischen Außenminister Alexander Petrovitsch Iswolski zusammen. Information über die Annexion Bosniens und der Herzegovina – kein russischer Einwand *(→ Juli, September, 3. und 5. Oktober; 26. Februar 1909)*.

25.–30. September Außenminister Aloys Frh. Lexa von Aehrenthal schickt ein Handschreiben an die Außenminister der Großmächte über die Annexion Bosniens und der Herzegovina.

3. Oktober Handschreiben Kaiser Franz Joseph I. an die Staatsoberhäupter der Großmächte über die Annexion.

5. Oktober Österreich-Ungarn zeigt den Signatarmächten des Berliner Kongresses *(→ 13. Juni und 13. Juli 1878)* die Annexion Bosniens und der Herzegovina sowie den Rückzug seiner Truppen aus dem Bezirk Novi Pazar an. Scharfe Reaktionen aus Rußland, England, Frankreich, Serbien und Montenegro; die Türkei boykottiert österreichische Waren. Deutschland billigt offiziell die Annexion und zieht sich den Unmut der Ententemächte zu.

7. November Max Wladimir Frh. von Beck tritt mit seiner Regierung zurück *(→ 3. Juni 1906)*, die Ausgleichsverhandlungen mit den Tschechen waren gescheitert.

14. November Uraufführung der Operette »Der tapfere Soldat« von Oscar Straus in Wien.

15. November Richard Frh. von Bienerth-Schmerling bildet ein Beamtenkabinett *(→ 10. Februar 1909; Ende 1910; Ende März 1911)*.

23. November Nach Kämpfen zwischen deutschen und italienischen Studenten vor der Wiener Universität wird diese vorübergehend geschlossen. Bereits am 10. November war es zwischen Deutschnationalen und Zionisten vor der Universität zu einer Schlägerei gekommen.

2. Dezember Franz Joseph I. 60 Jahre Kaiser von Österreich *(Huldigungsfestzug, → 12. Juni)*.

— Schwere Ausschreitungen in Prag, Deutsche gegen Tschechen; das Standrecht wird verhängt.

7. Dezember Reichskanzler Bernhard Heinrich Fürst Bülow sagt in seiner Reichstagsrede zur Annexionskrise Österreich-Ungarn die volle deutsche Unterstützung zu.

►**1908/09** In den Wintermonaten gründet Hannes Schneider in St. Anton am Arlberg (Tirol) die erste Skischule auf der Welt.

►**1909** Die Stadtgemeinde Wr. Neustadt (Niederösterreich) legt ein Flugfeld an, das erste in Österreich. Erster Mieter eines Hangars ist der Flugpionier Igo Etrich *(→ 1910; 4. Februar 1967)*.

— In der Brigittenau gründet die Familie Tschauner eine Stegreifbühne (heute in Ottakring), sie ist die letzte noch bestehende Stegreifbühne Österreichs.

— Bei Bozen (Südtirol) wird die Kollernbahn als erste österreichische Seilbahn errichtet.

10. Februar Richard Frh. von Bienerth-Schmerling bildet sein Kabinett völlig um *(→ 14. November 1908)*.

26. Februar Abkommen zwischen Österreich-Ungarn und der Türkei. Verständigung über die Annexion Bosniens und der Herzegovina und Beseitigung der Meinungsverschiedenheiten. Österreich-Ungarn verzichtet auf alle Rechte im Sandschak (= Bezirk) Novi Pazar und zahlt eine Abfindungssumme von 56 Millionen Goldkronen. Das Abkommen wird von den Großmächten anerkannt *(→ 25., 31. März und 5. April)*.

25. März Rußland anerkennt das Abkommen vom 26. Februar. Am 31. März schließt sich Serbien, das bisher in Opposition verharrte, dieser Anerkennung an. In einer Geheimsitzung des türkischen Parlaments vom 5. April schließlich erfolgt auch die Zustimmung seitens der Türkei. Damit ist die Annexionskrise beendet.

31. März Karl Lueger wird zum siebentenmal zum Bürgermeister von Wien gewählt.

2. Juli Christian Reithmann stirbt in München; geb. am 9. Februar 1818 in Moosbach (Pfarre Fieberbrunn, Tirol), Tischler, Uhrmacher und Erfinder. 1858 erfand er einen Zweitakt-Gasmotor zum Antrieb der Arbeitsmaschinen in seiner Münchner Uhrmacherwerkstatt und entwickelte daraus den ersten Viertakt-Gasmotor.

8. August Ing. Karl Illner gelingt der erste Flug mit der Etrich-Taube am Flugfeld von Wr. Neustadt (Niederösterreich), in 4 m Höhe 40 m weit. Die Etrich-Taube, ein Eindecker, ist das erste österreichische Motorflugzeug.

23. Oktober Schaufliegen Louis Blériots auf der Simmeringer Haide in Wien. (Er hatte als erster den Ärmelkanal überflogen.) 300 000 Zuschauer, unter ihnen auch Kaiser Franz Joseph I. Ein Logenplatz kostete 150 Kronen, ein Stehplatz 1 Krone.

24. Oktober Vertrag von Racconigi zwischen Rußland und Italien. Die Aufrechterhaltung des Status quo auf dem Balkan wird vereinbart. (Der Vertrag ist gegen Österreich-Ungarn gerichtet, dessen möglicher weiterer Ausdehnung nach Südosten ein Riegel vorgeschoben werden sollte). Gleichzeitig inoffizielle Aufnahme Italiens in die Tripelentente.

10. November Eröffnung der von Eduard Engelmann jun. erbauten »Engelmann-Arena« in Wien-Hernals an der Stelle, wo sein Vater 1867 einen Eislaufplatz errichtet hatte. Diese erste Freiluft-Kunsteisbahn der Welt hat eine Eisfläche von 3 000 m^2.

►**1910** Die Zeitschrift »Der Brenner« erscheint, bis 1914 Halbmonatsschrift, ab 1915 bzw. 1919 Jahrbuch, 1954 mit der 18. Folge eingestellt. Erscheinungsort Innsbruck, Herausgeber Ludwig von Ficker, später Theodor Haecker. Katholisches literarisch-kulturkritisches Organ des österreichischen Frühexpressionismus.

— Wien verfügt auf einer Länge von etwa 190 km über das bestausgebaute Straßenbahnnetz Europas.

— Bei den Weltmeisterschaften im Stemmen in Düsseldorf werden Weltmeister: Kliment im Federgewicht und Grafl im Schwergewicht.

— Adolf Loos beginnt mit dem Bau eines Büro- und Geschäftshauses für Leopold Goldmann, den Besitzer des Herrenausstattergeschäfts Goldmann & Salatsch auf dem Michaelerplatz. Da Loos auf jeglichen ornamentalen Schmuck, sogar auf die Fensterüberdachungen, verzichtet, erhält das Gebäude den Spitznamen »Haus ohne Augenbrauen«. Es wird 1911 fertiggestellt.

— Handelsminister Viktor Mataja veröffentlicht das Buch »Die Reklame«, womit er die moderne Werbewissenschaft begründet.

17. Februar Bosnien und die Herzegovina erhalten eine eigene Verfassung und eine ausgesprochene Sonderstellung, sie werden an keine Reichshälfte angeschlossen.

10. März Bürgermeister Karl Lueger stirbt in Wien; geb. am 24. Oktober 1844 in Wien, Advokat, christlichsozialer Politiker. Erst nach seiner fünften Wahl zum Bürgermeister am 14. April 1897 wurde er vom Kaiser bestätigt. Lueger war für Gleichberechtigung der Nationalitäten, die Erhaltung des Gesamtstaates und den Antisemitismus; er brachte Gas-, E-Werk und Straßenbahn unter städtische Verwaltung, schuf die Zentralsparkasse, die zweite Hochquellenwasserleitung, das Versorgungshaus in Lainz, die Heil- und Pflegeanstalt am Steinhof sowie zahlreiche Schulen, Waisenhäuser, Volksbäder und Parkanlagen und sicherte durch Gesetz den Wald- und Wiesen-Gürtel. Zuletzt war er schwer krank und erblindet. Nachfolger wird Richard Weiskirchner.

16. März Karl Illner unternimmt vom Flughafen Wr. Neustadt (Niederösterreich) aus mit der Etrich-Taube einen Überlandflug nach Wien. Auf einer Höhe von 300 Meter fliegend erreicht er in 30 Minuten Wien.

Am 30. Oktober des selben Jahres beginnt er von Horn aus einen Flug nach Wien, muß aber in Krems notlanden. Eine Woche später gelingt ihm der Nonstopflug von Horn nach Wien.

15. und 16. April Theodore Roosevelt, der Präsident der Vereinigten Staaten von Nordamerika, zu Besuch in Wien. Am 15. hat er eine einstündige Audienz bei Kaiser Franz Joseph I., am 16. findet ein Diner im Schloß Schönbrunn statt. Der Präsident befindet sich auf einer Europareise und erklärt später, ihm habe außer dem Kaiser von Österreich kein europäisches Staatsoberhaupt imponiert.

22. April In Wr. Neustadt (Niederösterreich) finden die ersten Pilotenprüfungen in Österreich statt. »Aviatische Führer« wurden mit Luftfahrerschein Nr. 1 Adolf Warchalowsky, Nr. 2 Ritter von Pischoff und Nr. 3 Karl Illner.

19. Mai Erstmals seit 1835 nähert sich der Halley'sche Komet der Erde. Wahrsager haben für diesen Tag den Untergang der Welt vorausgesagt, zusätzlich gibt es im Wiener Raum ein leichtes Erdbeben, was die vorhandene Hysterie noch steigert.

28. Mai Der Prozeß gegen Oberleutnant Adolf Hofrichter wird mit dem Urteil Tod durch den Strang beendet. Hofrichter wird zu lebenslangem Kerker begnadigt. Er war seit 26. November 1909 in Haft, hatte unter dem Namen Charles Francis Zyankalikapseln, als »Nervenstärkungsmittel« (Aphrodisiakum) getarnt, an zehn Generalstabsoffiziere versandt, um schneller vorwärtszukommen. Am 18. November 1909 starb an diesem Gift der Generalstabshauptmann Richard Mader. Hofrichter meldete sich bei Kriegsausbruch vergebens an die Front, erst 1919 wird er aus der Haft entlassen.

20. September Josef Kainz stirbt in Wien; geb. am 2. Januar 1858 in Wieselburg (Ungarn), Schauspieler, gefeierter Charakterdarsteller, seit 1899 am Wiener Burgtheater.

2. Dezember Die zweite Hochquellenwasserleitung für Wien, von Bürgermeister Karl Lueger veranlaßt, wird nach einer Bauzeit von zehn Jahren fertiggestellt. Sie führt aus dem Hochschwabgebiet über eine Länge von 170 km nach Wien und hat eine Kapazität von täglich 400 Millionen Liter.

3. Dezember Uraufführung des Einakterzyklus von Arthur Schnitzlers »Anatol« zugleich in Wien und Berlin.

Ende Die Obstruktion der Tschechen im Abgeordnetenhaus wird unhaltbar. Anfang Februar 1909 führte sie bereits zur Lähmung des Parlamentsbetriebes, doch untersagte ein Mehrheitsbeschluß die Obstruktion auf ein Jahr.

►1911 Österreichische Stemmer erringen mehrere Weltmeistertitel. In Stuttgart: Hennermüller im Mittelgewicht und Grafl im Schwergewicht; in Berlin: Kliment im Federgewicht, Schwabl im Leichtgewicht, Oswald im Mittelgewicht und Karl Swoboda im Schwergewicht; in Dresden: Tandler im Schwergewicht; in Wien: Kliment im Federgewicht, Komarek im Leichtgewicht, Hennermüller im Mittelgewicht und Karl Swoboda im Schwergewicht.

— Günther Burstyn erfindet den ersten geländegängigen Panzerwagen mit drehbarem Geschützturm. Die Erfindung wird aber nicht genutzt.

9. Januar Richard Frh. von Bienerth-Schmerling, der Ende 1910 zugetreten war, wird neuerlich mit der Weiterführung der Geschäfte betraut *(→ Ende 1910; Ende März 1911)*.

Ende März Richard Frh. von Bienerth-Schmerling löst das Abgeordnetenhaus der cisleithanischen Reichshälfte auf *(→ 14. November 1908; Ende 1910; 2. Januar 1911)*. Vorzeitige Beendigung der Legislaturperiode und Neuwahlen *(→ 13.–20. Juni)*.

18. Mai Gustav Mahler stirbt in Wien; geb. am 7. Juli 1860 in Kalischt (Mähren), Komponist und Dirigent, Spätromantiker, Direktor der Wiener Oper 1897–1907, Leiter der philharmonischen Konzerte 1898–1901, Dirigent an der Metropolitan Opera 1907–1911. Er schrieb zehn Symphonien und zahlreiche Lieder.

13.–20. Juni Neuwahlen in den Reichsrat. Die verschiedenen deutschnationalen Parteien verbuchen Gewinne, die Massenparteien Christlichsoziale und Sozialdemokraten müssen Verluste hinnehmen.

28. Juni Paul Frh. Gautsch von Frankenthurn bildet seine dritte Regierung.

Sommer Mißernten in ganz Österreich durch große Trockenheit, Teuerungswelle bei Lebensmitteln, Teuerungsunruhen.

17. September Teuerungsdemonstration vor dem Wiener Rathaus mit anschließenden Zwischenfällen in der Bellariastraße zwischen den Demonstranten und der Polizei sowie Kavallerieeinheiten. Erst als man die »Deutschmeister« einsetzt, kann die Ruhe wiederhergestellt werden. Es gab mehrere Verletzte. Die sozialdemokratische Führung hatte die Kontrolle verloren. Am Nachmittag kommt es zu schweren Zusammenstößen vor dem Arbeiterheim in Ottakring. Ein Arbeiter wird durch Bajonettstich getötet, zahlreiche Verletzte.

1.–8. Oktober Erste österreichische Flugwoche auf dem Flugfeld von Wr. Neustadt (Niederösterreich). Oberleutnant Heinrich Beer stellt dabei mit der Etrich-Taube acht Weltrekorde auf.

20. Oktober In Felixdorf (Niederösterreich) wird ein in der österreichischen Waffenfabrik Skoda in Pilsen entwickelter 30,5 cm Mörser vorgestellt.

28. Oktober Die Regierung von Paul Frh. Gautsch von Frankenthurn tritt zurück. Kaiser Franz Joseph I. beauftragt am 3. November Karl Graf Stürgkh mit der Neubildung eines Kabinetts. Auch Stürgkh scheitert an den nationalen Gegensätzen.

19. November Uraufführung von Gustav Mahlers »Das Lied von der Erde« in München *(→ 18. Mai)*.

1. Dezember Uraufführung von Hugo von Hofmannsthals »Jedermann« in einer Inszenierung Max Reinhardts in Berlin im Zirkus Schumann am Schiffbauerdamm.

14. Dezember Alfred Hermann Fried erhält in Oslo den Friedensnobelpreis, er ist der Gründer der »Deutschen Friedensgesellschaft«.

►1912 Otto Wagner erbaut als Witwensitz für seine Frau, die allerdings schon 1915 starb, die sogenannte kleine Wagner-Villa in der Hüttelbergstraße 28 (Wien 14). Er verwendet eine Stahlbetonkonstruktion, die Mosaiken und Glasfenster stammen von Kolo Moser.

16. und 17. Februar Fritz Kachler wird in Manchester Weltmeister in Eiskunstlauf.

17. Februar Aloys Frh. Lexa von Aehrenthal stirbt in Wien; geb. am 27. September 1854 in Groß-Skal (Böhmen), k. u. k. Außenminister, Vertrauter des Erzherzogs Franz Ferdinand. Er war um die Stärkung der Groß-

Die Länder der Österreichisch-Ungarischen Monarchie

	Hauptstadt	Fläche in km^2	Einwohner in 1000	Nationalitätenangaben nach der Umgangssprache in Prozent zur Einwohnerzahl (Stand 1914)										
				Deutsch	Italienisch und Ladinisch	Polnisch	Rumänisch	Ruthenisch	Serbokroatisch	Slowakisch	Slowenisch	Tschechisch	Ungarisch	Sonstige
Österreichisch-Ungarische Monarchie – gesamt	Wien	676 615	52,799	25	2	9	7	8	11	4	3	13	17	1
Die im Reichsrat vertretenen Königreiche und Länder – gesamt	Wien	300 004	29,193	36	3	16	1	13	3	–	5	23	–	–
Erzherzogtum unter der Enns	Wien	19 825	3,635	96	–	–	–	–	–	–	–	4	–	–
Erzherzogtum ober der Enns	Linz	11 982	864	99	–	–	–	–	–	–	–	–	–	1
Herzogtum Salzburg	Salzburg	7 153	221	100	–	–	–	–	–	–	–	–	–	–
Herzogtum Steiermark	Graz	22 425	1,468	68	–	–	–	–	–	–	32	–	–	–
Herzogtum Kärnten	Klagenfurt	10 326	406	72	–	–	–	–	–	–	28	–	–	–
Herzogtum Krain	Laibach	9 954	530	6	–	–	–	–	–	–	94	–	–	–
Küstenland (gefürstete Grafschaft Görz und Gradiska, Markgrafschaft Istrien, Triest)	Triest	7 969	938	2	46	–	–	–	21	–	31	–	–	–
Gefürstete Grafschaft Tirol (mit Vorarlberg)	Innsbruck	29 685	1,130	62	38	–	–	–	–	–	–	–	–	–
Königreich Böhmen	Prag	51 947	6,860	37	–	–	–	–	–	–	–	63	–	–
Markgrafschaft Mähren	Brünn	22 222	2,667	29	–	–	–	–	–	–	–	70	–	1
Herzogtum Schlesien	Troppau	5 147	776	47	–	30	–	–	–	–	–	23	–	–
Königreich Galizien und Lodomerien	Lemberg	78 497	8,212	3	–	54	–	43	–	–	–	–	–	–
Herzogtum Bukowina	Černowitz	10 441	818	21	–	–	32	42	–	–	–	–	–	5
Königreich Dalmatien	Zara	12 831	668	1	3	–	–	–	96	–	–	–	–	–
Länder der ungarischen Krone – gesamt	Budapest	325 411	21,530	12	–	–	15	2	15	11	1	–	43	1
Königreich Ungarn	Budapest	282 870	18,811	13	–	–	17	2	4	13	–	–	49	2
Fiume	Fiume	20	49	5	44	–	–	–	33	–	9	–	4	5
Königreich Kroatien und Slawonien	Agram	42 521	2,670	5	–	–	–	–	88	1	1	–	3	2
Bosnien und Herzegovina	Sarajevo	51 200	2,076	2	–	–	–	–	97	–	–	–	–	1

machtstellung Österreichs bemüht und hatte Verdienste um die Annexion Bosniens und der Herzegovina. Nachfolger ist Leopold Graf Berchtold.

13. März Bündnis zwischen Serbien und Bulgarien – Beginn des von Rußland vermittelten »Balkanbundes«, dem kurz darauf auch Griechenland und Montenegro beitreten. Beschluß des gemeinsamen Kampfes gegen jede Großmacht, die auf dem Balkan türkisches Gebiet besitzt – gegen Österreich-Ungarn gerichtet.

22. März Karl May hält (acht Tage vor seinem Tod) in den Stephaniesälen in Wien einen Vortrag mit dem Titel »Empor ins Reich der Edelmenschen«. Unter den etwa 2 000 Zuhörern befindet sich auch Adolf Hitler.

29. Juni bis 22. Juli V. Olympische Spiele in Stockholm. Österreich erringt 2 Silber-, 2 Bronzemedaillen: Säbelfechten, Mannschaft: 2. (Richard Verderber, Otto Herschmann, R. Cvejko, F. Golling); Tennis, Herren, Doppel: 2 Felix Pipes/Arthur Zborzil; Florett: 3. Richard Verderber; Schwimmen, Frauenstaffel, viermal 100 m; 3. (Margarete Adler, Klara Milch, Josephine Sticker, Berta Zahourek).

30. September Der Balkanbund mobilisiert gegen die Türkei – Ausbruch der Balkankrise. Österreich-Ungarn erhöht den Mannschaftsstand der Armee und sichert die Südgrenze.

8. Oktober Österreich-Ungarn und Rußland versuchen im Auftrag der Großmächte in Konstantinopel erfolglos zu vermitteln. Kriegserklärung Montenegros an die Türkei, damit Ausbruch des ersten Balkankrieges *(→ 30. Mai 1913).*

18.–24. Oktober In Wien findet die Erste Internationale Kinoausstellung und zugleich das erste Filmfestival in Österreich statt.

4. November Österreich-Ungarn verweigert die Zustimmung zu der von England, Frankreich und Rußland vorgeschlagenen Erklärung: »Desinteressement der Großmächte an der Balkanfrage.« Frankreich und Rußland vereinbaren daraufhin, jeder Gebietserweiterung einer Großmacht auf dem Balkan energisch entgegenzutreten.

28. November Uraufführung von Arthur Schnitzlers Komödie »Professor Bernhardi« im Kleinen Theater in Berlin.

5. Dezember Erneuerung des Dreibundvertrages zwischen Österreich-Ungarn, Deutschland und Italien vom 20. Mai 1882 *(→ 20. Februar 1887; 6. Mai 1891; 28. Juni 1902).* Der Dreibund hat nur mehr formale Bedeutung, da Italien bereits mit der Entente verbunden ist.

17. Dezember Beginn der Botschafterkonferenz in London, sie dauert bis 11. August 1913. Regelung der Differenzen unter den Balkanstaaten. Serbiens Forderung nach einem Zugang zur Adria wird von Österreich-Ungarn und Italien verhindert. Albanien wird als selbständiger Staat geschaffen *(→ 30. Mai 1913).*

►1913 Erdölversuchsbohrungen östl. von Wien verlaufen positiv.

— Am Gebäude der Ankerversicherung am Hohen Markt in Wien wird auf einem Schwibbogen eine Kunstuhr angebracht. Die Pläne dazu stammen von Franz von Matsch. 12 große Metallfiguren, Personen aus der österreichischen Geschichte darstellend, erscheinen jeweils zur vollen Stunde mit einer Kennmelodie.

3. Januar Mit Reichsgesetzblatt Nr. 3 wird die »k. u. k. österreichische Klassenlotterie« eingeführt.

Mitte Januar bis Anfang Februar Josef Stalin in Wien. Lenin hatte ihn nach Wien gesandt, damit er sich mit der Nationalitätenfrage beschäftige, Stalin beginnt hier sein Werk »Marxismus und nationale Frage.«

10. Februar Helene Engelmann und Karl Mejstrik werden in Stockholm Weltmeister im Eiskunstlauf der Paare.

11. Februar Franz Schuhmeier, ein profilierter sozialdemokratischer Arbeiterführer (geb. am 11. Juli 1864 in Wien), wird in Wien von Paul Kunschak, dem Bruder des christlichsozialen Arbeiterführers, erschossen.

15. Februar Erste Aufführung des von dem Bildhauer Anton Aicher gegründeten Salzburger Marionettentheaters. Bei einer Faschingsveranstaltung der Künstlergenossenschaft »Gral« wird Wolfgang Amadeus Mozarts Singspiel »Bastien und Bastienne« gegeben.

20. Februar Robert von Lieben stirbt in Wien; geb. am 5. September 1878 in Wien, Physiker und Erfinder. Er erfand die nach ihm benannte Verstärkerröhre (1905/06) sowie eine Glühkathodenröhre (1910).

23. Februar Fritz Kachler wird in Wien abermals Weltmeister im Eiskunstlauf *(→ 16. und 17. Februar 1912).*

24. Februar Wilhelm Kreß stirbt in Wien; geb. am 29. Juli 1836 in Petersburg (Rußland), zuerst Klavierbauer, dann Flugpionier, seit 1873 in Wien *(→ 3. Oktober 1901).*

März Vittorio Benussi, ein Psychologe und Privatdozent in Graz, konstruiert einen Apparat, der die Atmungsphasen und den Puls registriert und an dem abgelesen werden kann, ob die Versuchsperson lügt – also einen Lügendetektor.

25. Mai Selbstmord des Obersten Alfred Redl, Generalstabschef des Prager Korps, dann Leiter des Nachritendienstes der k. u. k. Armee; er wurde als Spion für Rußland entlarvt (benützte postlagernde Sendungen mit dem Kennwort »Opernball«).

9. Juni Ferdinand Graf Zeppelin landet mit seinem Luftschiff in Wien.

8. Juli Das Defensivbündnis zwischen Österreich-Ungarn, Deutschland und Rumänien wird erneuert *(→ 30. Oktober 1883),* gilt bis 8. Juli 1920.

10. August Der Friede von Bukarest beendet den zweiten Balkankrieg *(→ 3. Juli),* ein Verdienst der Londoner Botschafterkonferenz *(→ 17. Dezember 1912).* Es gibt harte Bedingungen für Bulgarien. Österreich-Ungarn kritisiert die Friedensbestimmungen, dadurch Annäherung Bulgariens an Österreich-Ungarn.

7. September Österreich-Ungarn, das Deutsche Reich und Italien bekräftigen den am 20. Mai 1882 abgeschlossenen Dreibund. Italien, an dessen Bündnistreue man in Wien zweifelt, versichert, daß der Dreibund »im Kriegsfall wie ein einziger Staat handeln müsse«.

19. Oktober In Wien wird in der Lothringerstraße das Gebäude der Wiener Konzerthausgesellschaft fertiggestellt. Das von den Architekten Ferdinand Fellner und Hermann Helmer errichtete Gebäude umfaßt drei Konzertsäle, das heutige Akademietheater und Räume für die Musikakademie.

►1914, 2. Februar Feierliche Eröffnung der elektrischen Bahn Wien–Preßburg. Die »Preßburger Bahn« verkehrt vom Hauptzollamt (heute Wien-Mitte) über Schwechat, Petronell nach Preßburg. Mit 3. April 1945 wird diese Verbindung eingestellt.

Die österreichischen Nobelpreisträger

Der Nobelpreis wird seit 1901 aus den Zinsen einer Stiftung des schwedischen Industriellen und Erfinders des Dynamits Alfred Nobel verliehen. Die Anregung dafür ging von Bertha Freifrau von Suttner aus. Alljährlich werden herausragende Leistungen auf dem Gebiet der Physik, der Chemie, der Medizin, der Wirtschaftswissenschaften und der Literatur sowie erfolgreiche Bemühungen um den Weltfrieden gewürdigt. Die Nobelpreise werden in einer feierlichen Zeremonie in Stockholm alljährlich am 10. Dezember, dem Todestag Alfred Nobels, vergeben. Ein Jahr vorher werden an etwa 700 fachkundige Institutionen Fragebogen versandt, im Mai des Verleihungsjahres ist die Liste der Preiswürdigen bereits auf zehn Personen eingeschränkt.

1905 Bertha Freifrau von *Suttner* – Friedensnobelpreis (* 9. Juni 1843 Prag, † 21. Juni 1914 Wien) für das Werk »Die Waffen nieder!«

1911 Alfred Hermann *Fried* – Friedensnobelpreis (* 11. November 1864 Wien, † 4. Mai 1921 Wien), Gründer der »Deutschen Friedensgesellschaft«.

1914 Robert *Bárány* – Medizin (* 22. April 1876 Wien, † 8. April 1936 Upsala), Ohrenarzt, Erforschung des Vestibularapparates im Gehirn.

1923 Fritz *Pregl* – Chemie (* 3. September 1869 Laibach, † 13. Dezember 1930 Graz), Chemiker, Methode der quantitativen Mikroanalyse organischer Verbindungen.

1925 Richard *Zsigmondy* – Chemie (* 1. April 1865 Wien, † 23. September 1929 Göttingen), Chemiker, Messungsmethoden in der Kolloidchemie.

1927 Julius *Wagner-Jauregg* – Medizin (* 7. März 1857 Wels, † 27. September 1940 Wien), Psychiater, Malariatherapie der Paralyse.

1930 Karl *Landsteiner* – Medizin (* 14. Juni 1868 Baden bei Wien, † 26. Juni 1943 New York), Arzt, Entdeckung der Blutgruppen.

1933 Erwin *Schrödinger* – Physik (* 12. August 1887 Wien, † 4. Januar 1961 Wien), Physiker, Lehre der Wellenmechanik.

1936 Otto *Loewi* – Medizin (* 3. Juni 1873 Frankfurt am Main, † 25. Dezember 1961 New York), Physiologe, Entdeckung der Übertragung von Nervenimpulsen.
Victor Franz *Hess* – Physik (* 24. Juni 1883 Schloß Waldstein bei Deutschfeistritz/Steiermark, † 17. Dezember 1964 Mount Vernon bei New York), Physiker, Entdeckung der kosmischen Höhenstrahlung.

1938 Richard *Kuhn* – Chemie (* 3. Dezember 1900 Wien, † 31. Juli 1967 Heidelberg), Chemiker, Vitaminforschung.

1945 Wolfgang *Pauli* – Physik (* 25. April 1900 Wien, † 15. Dezember 1958 Zürich), Physiker, »Paulisches Ausschließungsprinzip« für den Schalenbau der Atome.

1962 Max Ferdinand *Perutz* – Chemie (* 19. Mai 1914 Wien), Chemiker, Struktur von Eiweißmolekülen.

1973 Karl von *Frisch* und Konrad *Lorenz* – Medizin
Frisch (* 20. November 1886 Wien, † 12. Juni 1982 München), Zoologe;
Lorenz (* 7. November 1903 Altenberg an der Donau/Niederösterreich, † 27. Februar 1989 Wien), Tierpsychologe; Verhaltensforschung.

1974 Friedrich August von *Hayek* – Wirtschaftswissenschaften (* 8. Mai 1899 Wien, † 23. März 1992 Freiburg/Breisgau) Nationalökonom, Geld- und Konjunkturtheorie.

März Der cisleithanische Reichsrat wird wegen Arbeitsunfähigkeit bis 1917 vertagt *(→ November 1911; 21. Oktober 1916)*.

1. April Uraufführung der Oper »Notre Dame« von Franz Schmidt in der Wiener Hofoper.

11. Mai–4. Juni Letzter Landtag des Kronlandes Vorarlberg. Maßnahmen, u. a. eine Automobilsteuer, zur Milderung der großen finanziellen Lasten der Gemeinden werden beschlossen.

19. Mai Thomas Koschat stirbt in Wien; geb. am 8. August 1845 in Viktring bei Klagenfurt, Komponist und Mundartdichter, schrieb zahlreiche Lieder zu seinen Texten.

6. Juni Adolf von Lieben stirbt in Wien; geb. am 3. Dezember 1836 in Wien, Chemiker, Pionier der organischen Chemie, entdeckte die nach ihm benannte Jodoformreaktion.

21. Juni Bertha Freifrau von Suttner stirbt in Wien; geb. am 9. Juni 1843 in Prag, Schriftstellerin – »Die Waffen nieder!«, erhielt 1905 den ersten Friedensnobelpreis *(→ Rahmenartikel: Die österreichischen Nobelpreisträger, S. 305)*.

28. Juni Der Thronfolger, Erzherzog Franz Ferdinand, und seine Gemahlin werden in Sarajevo durch Revolverschüsse des bosnischen Studenten Gavrilo Princip, nach vorangegangenem Bombenanschlag seines Mitverschworenen Nedeljko Cabrinović (Mitglieder der serbischen Geheimorganisation »Schwarze Hand«), ermordet. Serbien haßte den Thronfolger wegen seiner positiven Einstellung zu den österreichischen Slawen, der den Dualismus durch einen Trialismus (Österreich, Ungarn, Südslawen) ersetzen wollte. Franz Ferdinand war am 18. Dezember 1863 in Graz geboren, seit 1875 als Erbe Franz' V. von Modena Erzherzog von Österreich-Este, 1896 Thronfolger *(→ 9. Mai 1896)*, 1898 Stellvertreter des Kaisers im obersten Armeekommando,

Die Kriegserklärungen des Ersten Weltkrieges

1. Kriegserklärungen der Mittelmächte

	an:	am:
Österreich-Ungarn	Serbien	28. 7. 1914
	Rußland	6. 8. 1914
	Montenegro	9. 8. 1914
	Belgien	22. 8. 1914
	Japan	23. 8. 1914
	Portugal	15. 3. 1916
Deutsches Reich	Rußland	1. 8. 1914
	Frankreich	3. 8. 1914
	Belgien	4. 8. 1914
	Portugal	9. 3. 1916
	Rumänien	28. 8. 1916
Türkei	Rußland	29. 10. 1914
	Frankreich	29. 10. 1914
	Rumänien	30. 8. 1916
Bulgarien	Serbien	14. 10. 1915
	Rumänien	1. 9. 1916

2. Die Kriegserklärungen der Alliierten

Groß-britannien	Deutsches Reich	4. 8. 1914
	Österreich-Ungarn	12. 8. 1914
	Türkei	5. 11. 1914
	Bulgarien	15. 10. 1915
Frankreich	Österreich-Ungarn	13. 8. 1914
	Türkei	5. 11. 1914
	Bulgarien	16. 10. 1915
Montenegro	Österreich-Ungarn	5. 8. 1914
	Deutsches Reich	9. 8. 1914
	Bulgarien	15. 10. 1915
Serbien	Deutsches Reich	6. 8. 1914
	Türkei	2. 11. 1914
	Bulgarien	16. 10. 1915
Rußland	Türkei	1. 11. 1914
	Bulgarien	19. 10. 1915
Japan	Deutsches Reich	23. 8. 1914
	Österreich-Ungarn	25. 8. 1914
Italien	Österreich-Ungarn	23. 5. 1915
	Türkei	21. 8. 1915
	Bulgarien	19. 10. 1915
	Deutsches Reich	27. 8. 1916
Rumänien	Österreich-Ungarn	27. 8. 1916
Vereinigte Staaten	Deutsches Reich	6. 4. 1917
	Österreich-Ungarn	7. 12. 1917
Griechenland	Deutsches Reich	2. 7. 1917
	Östereich-Ungarn	2. 7. 1917
	Türkei	2. 7. 1917
	Bulgarien	2. 7. 1917
Cuba	Deutsches Reich	7. 4. 1917
	Österreich-Ungarn	16. 12. 1917
Panama	Deutsches Reich	7. 4. 1917
	Österreich-Ungarn	10. 12. 1917
Siam	Deutsches Reich	22. 7. 1917
	Österreich-Ungarn	22. 7. 1917
Liberia	Deutsches Reich	4. 8. 1917
China	Deutsches Reich	14. 8. 1917
	Österreich-Ungarn	14. 8. 1917

Weiters haben noch 1917 bzw. 1918 Brasilien, Guatemala, Nikaragua, Costa Rica, Haiti und Honduras dem Deutschen Reich und Österreich-Ungarn den Krieg erklärt.

1900 verheiratet mit Sophie Gräfin Chotek *(→ 1. Juli 1900).*

7. Juli Eine diplomatische Aktion gegen Serbien wird erwogen; Ungarn lehnt militärische Unternehmung gegen Serbien ab, da es österreichische Gebietserweiterungen befürchtet. Der Großteil der Staaten Europas stellt sich gegen das Attentat von Sarajevo.

10. Juli An der Prager Universität wird der aus Thaya (Niederösterreich) stammende Leopold Schönbauer »sub auspiciis imperatoris« zum Doktor der Medizin promoviert.

15. Juli Ludwig Hatschek stirbt in Linz; geb. am 9. Oktober 1856 in Tesetice (Böhmen), Erfinder und Hersteller des Asbestzements = Eternit *(→ 1901).*

19. Juli Johann Puch stirbt in Agram; geb. am 27. Juni 1862 in Sakusak bei Pettau (Slowenien), Fahrradmechaniker, Gründer der Puch-Werke.

23. Juli Der k. u. k. Gesandte Wladimir Giesl von Gieslingen überreicht in Belgrad ein österreichisch-ungarisches Ultimatum an Serbien, befristet mit 25. Juli, 18 Uhr. Forderung nach Loslösung von reaktionären Bewegungen und Geheimbünden bzw. deren Auflösung, Reinigung der Armee, der Beamtenschaft, des Schulwesens und der österreichfeindlichen Presse, Mitwirkung österreichisch-ungarischer Beamter bei der Untersuchung des Attentates.

24. Juli Der russische Außenminister Sergej D. Sasonow erklärt in Petersburg gegenüber dem Gesandten Serbiens, »daß Rußland in keinem Fall aggressive Handlungen Österreichs gegen Serbien zulassen werde«.

25. Juli Die unbefriedigende Antwort Serbiens auf das Ultimatum vom *(→)* 23. Juli hat den Abbruch der diplomatischen Beziehungen Österreich-Ungarns zu Serbien zur Folge; Gesandter Wladimir Giesl von Gieslingen reist ab. Mobilmachung in Serbien. Teilmobilisierung Österreich-Ungarns.

28. Juli Kriegserklärung Österreich-Ungarns an Serbien.

29. Juli Zar Nikolaus II. verfügt die Teilmobilisierung Rußlands.

31. Juli Gesamtmobilisierung Österreich-Ungarns. Gesamtmobilisierung Rußlands. Der Mechanismus des europäischen Bündnissystems verhindert die Lokalisierung des österreichisch-serbischen Konflikts.

1. August Kriegserklärung Deutschlands an Rußland.

2. August Ultimatum Deutschlands an Belgien, mit zwölf Stunden befristet, Forderung nach freiem Durchzug deutscher Truppen. Bündnis zwischen Österreich-Ungarn, Deutschland und der Türkei. Neutralitätserklärung Italiens. Begründung: Der »Dreibund« ist ein Defensivbündnis, Österreich-Ungarn führt jedoch einen Angriffskrieg gegen Serbien.

3. August Kriegserklärung Deutschlands an Belgien wegen Durchmarschverweigerung, äußerer Anlaß Englands zur Kriegserklärung. Kriegserklärung Deutschlands an Frankreich. Neutralitätserklärung Rumäniens.

4. August Kriegserklärung Englands an Deutschland *(→ 3. August).*

5. August Kriegserklärung Montenegros an Österreich-Ungarn.

6. August Kriegserklärung Österreich-Ungarns an Rußland. Kriegserklärung Serbiens an Deutschland.

7. August Eroberung der Festung Lüttich durch deutsche Truppen unter General Emmich.

Der Erste Weltkrieg

Das österreichisch-ungarische Armeekommando lag bis zum Tod von Kaiser Franz Joseph I. in den Händen von Feldmarschall Erzherzog Friedrich, einem Enkel von Erzherzog Karl, dem Sieger bei Aspern 1809. Mit 2. Dezember 1916 übernahm Kaiser Karl I. das Armeeoberkommando.
Bis April 1917 leitet Alexander Frh. von Krobatin das k. u. k. Kriegsministerium, dann wird Rudolf Stöger-Steiner von Steinstätten mit der Leitung des Ressorts beauftragt.
Chef des Generalstabes ist bis 1. März 1917 Feldmarschall Franz Frh. Conrad von Hötzendorf. Er wird durch General der Infanterie Arthur Frh. Arz von Straußenburg abgelöst.
Bis zur Ablösung von Erzherzog Friedrich befand sich das Hauptquartier der Armee in Teschen, Kaiser Karl I. verlegte es nach Baden bei Wien. Im Sommer 1914, vor Ausbruch der Krise, belief sich der Friedensstand der Armee auf 415 000 Mann (Gesamtbevölkerung 51 390 000). 1 800 000 Mann konnten mobilisiert werden. Die Armee gliederte sich in 50 Infanteriedivisionen, 11 Kavalleriedivisionen, 36 Landsturmbrigaden. Die Flotte in der Adria verfügte über 14 Linienschiffe (einschließlich der vier Schlachtschiffe der Tegetthoffklasse), 3 Panzerkreuzer und 9 Kreuzer.
Während des gesamten Ersten Weltkrieges wurden etwa 8 Millionen Mann mobilisiert. Die Verluste waren äußerst hoch: 1 016 200 Tote, 518 000 Gefallene, 1 943 000 Verwundete, 1 691 000 Kriegsgefangene, wobei von den letzteren 480 000 verstarben. Das Offizierskorps hatte mit 13,5% den höchsten Anteil an Gefallenen.

12. August Kriegserklärung Frankreichs an Österreich-Ungarn.

12.–24. August Erste österreichisch-ungarische Offensive gegen Serbien. Nach Anfangserfolgen Rückzug hinter die Save und die Drina.

12. August Kriegserklärung Englands an Österreich-Ungarn.

15. August Feindseligkeiten an der russischen Front.

16. August Der k. u. k. Kreuzer »Zenta« wird vor Cattaro von überlegenen französischen Seestreitkräften versenkt.

20. August Brüssel wird von deutschen Truppen erobert.

— Papst Pius X. (Giuseppe Melchiore Sarto) stirbt in Rom; geb. am 2. Juni 1835 in Riese (Österreichisch-Venetien). Seit 1893 Patriarch von Venedig und Kardinal, seit 4. August 1903 Papst *(→ 2. August 1903)*, Heiligsprechung am 29. Mai 1954.

21. August In Galizien kommt es bei Jaroslavice zum letzten größeren Reitergefecht der Geschichte. Ein Gefecht der 4. k. u. k. Kavalleriedivision gegen die mehrfach überlegene 10. russische Kavalleriedivision geht unentschieden aus. Die Österreicher halten sich sehr tapfer, müssen aber hohe Verluste hinnehmen.

— Siegreiche Schlacht der deutschen 6. Armee in Lothringen.

23. August Kriegserklärung Japans an Deutschland. Kriegserklärung Österreich-Ungarns an Japan.

24. August Siegreiche Schlacht der k. u. k. 1. Armee bei Krasnik über die Russen.

26. August Bis auf das Gebiet westl. der Schelde und die belagerte Festung Antwerpen ist Belgien in deutscher Hand. Entsprechend dem Schlieffen-Plan schwenkt das deutsche Heer nach Süden.

26. August bis 1. September Siegreiche Schlacht bei Komarów der k. u. k. 4. Armee gegen die Russen.

26.–30. August Erste Schlacht bei Lemberg, Rückzug der k. u. k. 3. Armee.

27.–31. August Sieg der deutschen Armeen unter Generalfeldmarschall Paul von Hindenburg über die Russen bei Tannenberg.

27. August Englisch-japanischer Angriff auf die deutsche Kolonie in Ostchina Tsingtau; der k. u. k. Kreuzer »Kaiserin Elisabeth« ist unter den Verteidigern *(→ 7. November)*.

28. August Kriegserklärung Österreich-Ungarns an Belgien.

30. August Russische Einheiten erobern Lemberg.

1.–10. September Zweite Schlacht bei Lemberg. Die Rückeroberung *(→ 26.–30. August)* scheitert, die k. u. k. Truppen ziehen sich bis an den Dunajec zurück.

5. September Londoner Vertrag zwischen Großbritannien, Frankreich und Rußland; die Staaten verpflichten sich keinen Sonderfrieden zu schließen.

6.–14. September Serbische Offensive an der unteren Save.

8. September Offensive der k. u. k. Armee gegen Nordwestserbien.

11. September Serbisch-montenegrinischer Vorstoß auf Sarajevo.

28. September Beginn der zweiten Offensive der verbündeten Armeen gegen Weichsel und San.

11. Oktober Die k. u. k. 3. Armee entsetzt Przemyśl *(→ 22.–26. Oktober)*.

22.–26. Oktober Schlacht bei Iwangorod bei Warschau. Rückzug der Truppen der Verbündeten auf die Linie Warthe – östl. Tschenstochau – Krakau – Karpaten. Przemyśl ist abermals eingeschlossen *(→ 11. Oktober)*.

28. Oktober Richard Heuberger stirbt in Wien; geb. am 18. Juni 1850 in Graz, Komponist. Er schrieb vier Opern, fünf Operetten, Orchester- und Chorwerke, Ballette und Lieder.

29. Oktober Die Türkei tritt an der Seite Österreich-Ungarns und Deutschlands in den Krieg ein.

2. November Kriegserklärung Serbiens an die Türkei.

— Kapitulation von Tsingtau *(→ 27. August)*, der k. u. k. Kreuzer »Kaiserin-Elisabeth« wird von der eigenen Besatzung versenkt.

3. November Selbstmord Georg Trakls in Krakau; geb. am 3. Februar 1887 in Salzburg, Lyriker, Hauptvertreter eines gemäßigten Expressionismus.

6. November Beginn der k. u. k. Großoffensive gegen Serbien von Sabac bis an die mittlere Drina.
14. November Die deutsche 9. Armee unter Generalfeldmarschall August von Mackensen startet eine Offensive gegen Lodz – Warschau.
16. November Der erste Aufruf zur Zeichnung einer Kriegsanleihe ergeht.
16. November–15. Dezember Dritte österreichisch-ungarische Offensive gegen Serbien.
17. November Die k. u. k. Truppen räumen den Uzsók-Paß.
19.–25. November Sieg der k. u. k. 2. Armee bei Krakau und Tschenstochau.
1.–12. Dezember Schlacht bei Limanowa-Lapanowa. Sieg der 3. und 4. k. u. k. Armee.
2. Dezember Belgrad wird von k. u. k. Truppen besetzt.
3. Dezember Beginn der serbischen Gegenoffensive bei Arangjelovac. Die 5. und 6. k. u. k. Armee ziehen sich zwischen 13. und 15. Dezember über die Save zurück.
10. Dezember Der Laryngologe Robert Bárány erhält den Nobelpreis für Medizin.
21. Dezember Das k. u. k. U-Boot U 12 unter dem Kommando von Linienschiffsleutnant Egon Lerch torpediert in der Straße von Otranto das französische Linienschiff »Jean Bart« und beschädigt es schwer.
22. Dezember Feldzeugmeister Oskar Potiorek tritt vom Kommando zurück. Er richtet an die Militärkanzlei des Kaisers, an das Armeeoberkommando und an das Kriegsministerium folgendes Telegramm: »Wegen des erlittenen Mißerfolges und auch wegen meines hiedurch ungünstig beeinflußten Gesundheitszustandes bitte ich um Enthebung von meinem Posten als Kommandant und Landeschef sowie um Ausscheidung aus dem aktiven Dienste mit dem Domizile Klagenfurt.« Erzherzog Eugen übernimmt den Oberbefehl auf dem Balkan.
Weihnachten Erbitterte Kämpfe in den Karpaten.
►**1915, 1. Januar** Die erste Flugpostkarte der Welt wird vom Festungskommando Przemyśl aufgegeben; am 12. Jänner folgen Ballonpostkarten *(→ 1. April 1918)*.
2. Januar Karl Goldmark stirbt in Wien; geb. am 18. Mai 1830 in Keszthely (Ungarn), Komponist. 1875 hat er mit seiner Oper »Die Königin von Saba« Weltruhm erlangt. Er schuf mehrere Opern, symphonische und kammermusikalische Werke.
13. Januar Stephan Graf Burián von Rajecz wird k. u. k. Außenminister.
23. Januar–13. April Winterschlacht in den Karpaten.
17. Februar Czernowitz und Stanislau werden von den verbündeten Truppen zurückerobert.
27. Februar–14. März Offensive von k. u. k. Truppen zum Entsatz von Przemyśl mißlingt *(→ 23. März)*.
8. März Österreich-Ungarn erklärt sich bereit, das Trentino (den italienischsprachigen Teil Südtirols) an Italien abzutreten, um den Kriegseintritt Italiens an der Seite der Entente zu verhindern. Die italienischen Forderungen nach dem Isonzogebiet und einigen Adriainseln werden von Österreich abgelehnt. Der Dreibundpartner Italien wechselt an die Seite der Entente *(→ 3., 4. und 23. Mai)*.
15. März Der Film »Der Traum eines österreichischen Reservisten« mit der Musik von Carl Michael Ziehrer wird zum erstenmal aufgeführt. Unter der Regie von Louise Kolm und Jakob Fleck spielt Liane Haid die weibliche Hauptrolle.
20. März Der niederösterreichische Statthalter (auch für die Versorgung Wiens zuständig) muß einen Aufruf an die Bevölkerung richten, in dem er zu größter Sparsamkeit beim Verbrauch von Brot auffordert.
23. März Fall der Festung Przemyśl *(→ 27. Februar–14. März)*.
1. April Seit 1. Februar ist in Wien der Milchpreis um 8 Heller gestiegen.
2.–20. April Osterschlacht in den Karpaten.
7. April Für Wien und Niederösterreich werden die ersten Lebensmittelkarten für Brot und Mehl ausgestellt. Erst ab November 1922 können wieder alle Nahrungsmitteln ohne Bewirtschaftung durch Marken erworben werden.
27. April Das k. u. k. U-Boot U 5 unter dem Kommando von Linienschiffsleutnant Georg von Trapp versenkt in der Straße von Otranto den französischen Panzerkreuzer »León Gambetta«.
2. Mai Beginn der Durchbruchsschlacht von Gorlice-Tarnow.
3. Mai Geheimvertrag von London zwischen Italien und der Entente *(→ 8. März)*. Die Entente sagt Italien Südtirol bis zum Brenner sowie Istrien und Dalmatien zu, falls es innerhalb von vier Wochen an der Seite der Entente in den Krieg eintritt *(→ 4. und 23. Mai)*.
4. Mai Italien kündigt den Dreibundvertrag *(→ 5. Dezember 1912)*.
16.–23. Mai Der Vormarsch der verbündeten Truppen in Galizien erreicht den San.
23. Mai Kriegserklärung Italiens an Österreich-Ungarn *(→ 3. Mai)*.
23./24. Mai Die k. u. k. Flotte greift die italienische Küste von Rimini bis Bari an.
Ende Mai Verlegung zweier österreichisch-ungarischer Korps von der Balkanfront an die Isonzofront.
3. Juni Die Festung Przemyśl wird zurückerobert *(→ 23. März)*.
9. Juni Gefecht auf dem Presanagletscher der Adamellogruppe (nordwestl. von Trien), Sieg der k. u. k. Armee in diesem ersten Gletschergefecht der Kriegsgeschichte.
17. Juni Beginn der Schlacht bei Lemberg.
22. Juni Lemberg wird von den österreichisch-ungarischen Truppen erobert.
23. Juni–7. Juli Erste Isonzoschlacht: Geringe italienische Erfolge gegen 15 österreichische Divisionen.
1. Juli–27. September Großangriff der Verbündeten in Galizien und Russisch-Polen.
1.–10. Juli Schwere Kämpfe bei Krasnik.
Mitte Juli Angriff der Italiener zwischen Gardasee und Dolomiten, der Monte Pasubio wird besetzt.
17. Juli–10. August Zweite Isonzoschlacht: Großoffensive der Italiener gegen Görz und das Doberdo-Plateau. Eroberung des Monte San Michele durch die Italiener am 20. Juli; er wird einen Tag später zurückerobert.
18. Juli Das k. u. k. U-Boot U 4 unter dem Kommando von Linienschiffsleutnant Rudolf Singule versenkt vor Gravosa den italienischen Panzerkreuzer »Giuseppe Garibaldi«.
30. Juli Die k. u. k. 4. Armee erobert Lublin.

4. August Das k. u. k. XII. Korps erobert Iwangorod.
6./7. August Schlacht bei Lubartow, Sieg der k. u. k. Truppen.
14. August Offensive der Italiener bei Flitsch-Tolmein.
23. August Kowel wird von der k. u. k. 1. Armee besetzt.
24./25. August Großangriff der Italiener auf der Hochfläche der Sieben Gemeinden bei Vezzena.
27. August–15. September Österreichisch-ungarische Offensive in Ostgalizien und Wolhynien, Einnahme von Wilna.
30. August Julius von Payer stirbt in Veldes (Krain); geb. am 2. September 1842 in Teplitz-Schönau (Böhmen), Kartograph, Polar- und Alpenforscher. Leitete mit Karl Weyprecht die Nordpolexpedition 1872–1874.
31. August Luck wird von den k. u. k. Truppen erobert; am Tag darauf Brody.
31. August/1. September Polen wird unter deutscher und österreichisch-ungarischer Militärverwaltung aufgeteilt, das k. u. k. Militärkommando befindet sich in Kielce (zwischen Warschau und Krakau).
6. September Österreich-Ungarn und das Deutsche Reich schließen mit Bulgarien eine Militärkonvention.
14. September Die Türkei tritt dem Bündnis vom 6. September bei.
15. September Gegenangriff der Russen bei Deraszno, Luck *(→ 31. August)* wird vorübergehend aufgegeben.
20. September–13. Oktober Offensive der verbündeten Truppen auf Rowno.
27. September Caspar von Zumbusch stirbt in Rimsting (Bayern); geb. am 23. November 1830 in Herzebrock (Westfalen), Bildhauer der Ringstraßenära, u. a. Maria Theresiendenkmal, Beethoven- und Radetzkydenkmal.
6. Oktober Beginn der Offensive der Verbündeten gegen Serbien.
8. Oktober Belgrad wird von den verbündeten Truppen erobert.
13. Oktober Italienische Offensive gegen Riva am Gardasee, sie wird zurückgewiesen.
14. Oktober Kriegserklärung Bulgariens an Serbien. Zwei bulgarische Armeen rücken gegen Serbien vor.
16. Oktober Kriegserklärung Frankreichs an Bulgarien.
— Beginn der russischen Brussilowoffensive, die Russen brechen bei Czartorysk durch.
17. Oktober Uraufführung der Operette »Die Csárdásfürstin« von Emmerich Kálmán im Johann Strauß-Theater in Wien, sie wird ein großer Erfolg.
18. Oktober–4. November Dritte Isonzoschlacht: Erneut greift die 2. und 3. italienische Armee an der ganzen Front an. Schwere verlustreiche Stellungskämpfe der Österreicher. Wiederholte Angriffe der Italiener gegen Monte Sabotino und Podgora bei Görz.
22. Oktober Bei Visegrad überschreiten k. u. k. Truppen die Drina.
25. Oktober Arangjelovic wird von k. u. k. Truppen erobert.
29. Oktober–1. November Schlacht bei Kragujevac, Sieg der verbündeten Truppen über Serbien.
5. November Niš wird von bulgarischen Truppen erobert; zwei Tage später fällt Krusevac.
8./9. November Durchbruchsversuch der Serben bei Kačanik *(→ 19./20. November)*.
10. November–11. Dezember Vierte Isonzoschlacht: Fünftägiger Beschuß der Stadt Görz ab 18. November. Wegen Wintereinbruch muß der Großangriff der Italiener ergebnislos abgebrochen werden.
19./20. November Zweiter vergeblicher Durchbruchsversuch der Serben bei Kačanik *(→ 8./9. November)*.
24./25. November Entscheidender Sieg der verbündeten Truppen über die Serben auf dem Amselfeld bei Pristina, Auflösung der serbischen Armee, sie zieht sich nach Montenegro und Albanien zurück.
Dezember Der Lebensmittelindustrielle Julius Meinl gründet die Politische Gesellschaft als Friedensinitiative zur Beendigung des Krieges. Der »Meinl-Gruppe« gehören Heinrich Lammasch und Josef Redlich an.
Weihnachten Eine Offensive der Italiener bei Rovereto endet erfolglos.
24. Dezember Das nur an einem Tag amtierende »k. u. k. Grottenfeldpostamt 81« in Adelsberg (Krain) hat auf seinem Stempel »Kriegsweihnachten 1915«, der erste Weihnachtsstempel in Österreich.
27. Dezember »Neujahrsschlacht« in Ostgalizien und der Bukowina, die bis zum 26. Januar 1916 anhält.
29. Dezember Seegefecht zwischen Kap Rodoni und Kap Gargano, die k. u. k. Flotte kann sich gegen einen überlegenen alliierten Flottenverband behaupten und unversehrt den Hafen von Cattoro erreichen.
►1916 In Österreich werden zum erstenmal auf der Welt Blindenhunde ausgebildet.
1. Januar Der Kartoffelpreis in Wien wird erhöht.
4. Januar Beginn der k. u. k. Offensive gegen Montenegro. Am 11. Januar wird der Lovčen erstürmt.
13. Januar Cetinje, die Hauptstadt Montenegros, wird von den k. u. k. Truppen besetzt.
15. Januar Uraufführung des Singspiels »Das Dreimäderlhaus« von Heinrich Berté im Wiener Raimundtheater. Basierend auf dem Schubertroman »Schwammerl« von Rudolf Hans Bartsch wurde das Singspiel aus Schubertmelodien zusammengestellt.
17. Januar Die Reste des montenegrinischen Heeres kapitulieren.
23. Januar K. u. k. Truppen marschieren in Albanien ein, sie besetzen Skutari.
25. Januar Waffenstillstand zwischen Österreich-Ungarn und Montenegro.
2. Februar Vincenz Chiavacci stirbt in Wien; geb. am 15. Juni 1847 in Wien, Schriftsteller und Bühnendichter, Schöpfer der »Frau Sopherl vom Naschmarkt« (Bühnenstück 1892) und des »Herrn Adabei« (1908).
19. Februar Ernst Mach stirbt in Haar bei München; geb. am 18. Februar 1838 in Turas (Mähren), Physiker und Philosoph. Die nach ihm benannte Mach-Zahl bezeichnet das Verhältnis der Geschwindigkeit eines Körpers zur Schallgeschwindigkeit; Wegbereiter der Relativitätstheorie. Als Philosoph Vertreter des Empiriokritizismus.
4. März Für den Bezug von Zucker werden Lebensmittelkarten ausgegeben.
11.–16. März Fünfte Isonzoschlacht: Der italienische Angriff gegen den Monte San Michele – als Entlastungsangriff für die Schlacht um Verdun geplant – scheitert trotz bedeutender Artillerieunterstützung.
12. März Marie Freifrau von Ebner-Eschenbach (geb. Gräfin Dubsky) stirbt in Wien; geb. am 13. September

1830 auf Schloß Zdislavice bei Kremsier (Mähren), Schriftstellerin, Hauptvertreterin des späten Realismus.

12.–18. April Schwere Kämpfe im Adamellogebiet.

17. April Italiener sprengen den Gipfel des Col di Lana. Der seit Sommer schwer umkämpfte Berg wird von den Italienern auch Col di sangue (= Blutberg) genannt.

15. Mai Beginn der k. u. k. Offensive in Südtirol zwischen Rovereto und Val Sugana *(→ 17. Juni)*. Wegen der Teilnahme von Erzherzog Karl auch »Thronfolgeroffensive« genannt.

4. Juni Beginn der russischen Brussilowoffensive *(→ 16. Oktober 1915)* zwischen Dnjestr und Pruth und im Raum Olyka-Luck *(→ 16. Juni)*.

10. Juni Durchbruch der Russen bei Okna.

10.–16. Juni Italienische Gegenoffensive in den Sieben Gemeinden.

15. Juni Im niederösterreichischen Landhaus in Wien tritt der neugeschaffene Approvisionierungsbeirat zum erstenmal zusammen.

16. Juni Gegenangriff der deutschen und österreichisch-ungarischen Truppen in Wolhynien.

17. Juni Das Armeeoberkommando befiehlt die Einstellung der Offensive in Südtirol, da der Durchbruch in die Ebene nicht gelungen war.

18. Juni Die Russen erobern Czernowitz, damit Preisgabe der östlichen Bukowina und der Zugänge zu den Karpatenpässen.

1.–24. Juli Abwehrschlacht in den Sieben Gemeinden.

13. Juli Cesare Battisti (geb. am 4. Februar 1875 Trient) wird im Castell von Trient wegen Hochverrats hingerichtet. Seit 1911 italienischer sozialdemokratischer Abgeordneter im österreichischen Reichsrat, wurde als Offizier der italienischen Armee gefangengenommen und verurteilt.

Anfang August Durchbruch der Russen bei Zalosce.

6.–17. August Sechste Isonzoschlacht: Nach Eroberung des Monte Sabotino und des San Michele durch die Italiener kann der Brückenkopf Görz nicht mehr gehalten werden; die Hochfläche von Doberdo muß von den Österreichern geräumt werden.

16. August Beginn der behördlichen Requirierung von Metallgegenständen in privaten Haushalten.

27. August Kriegserklärung Rumäniens an Österreich-Ungarn.

27. August–14. September Rumänischer Einbruch in Siebenbürgen.

1. September Einmal wöchentlich wird ein »fleischloser« Tag eingeführt.

1.–30. September Septemberschlacht in den Karpaten. Ein russischer Durchbruch nach Ungarn wird verhindert.

3.–18. September Bulgarische Offensive in der Dobrudscha.

12. September–11. Dezember Herbstschlacht in Makedonien.

13.–18. September Siebente Isonzoschlacht: Trotz mangelnder Reserven der Österreicher kann ein italienischer Angriff zurückgewiesen werden.

26.–29. September Schlacht bei Hermannstadt, Niederlage der 1. rumänischen Armee.

7.–9. Oktober Schlacht bei Kronstadt, Niederlage der 2. rumänischen Armee.

9.–12. Oktober Achte Isonzoschlacht: Die Italiener erzielen einen mehr als einen Kilometer tiefen Einbruch in die österreichische Abwehrfront bei Hudilog und Lokvica.

21. Oktober Friedrich Adler, der Sohn des sozialdemokratischen Parteiführers Victor Adler erschießt im Speisesaal des Hotels Meißl & Schadn Ministerpräsident Karl Graf Stürgkh. Er wollte damit gegen die herrschende Notverordnungspraxis der Regierung protestieren.

31. Oktober Zweite Regierungsbildung durch Ernest von Koerber *(→ 13. Dezember)*.

31. Oktober–4. November Neunte Isonzoschlacht: Die Österreicher können den Vorstoß auf die Hermada mit letzter Kraft abwehren. Der italienische Vormarsch in einer Breite von 8 km kommt bei Kostanjevica zum Stehen.

5. November Proklamierung eines selbständigen Staates Polen durch die Mittelmächte. In Österreich-Ungarn herrschte jahrelang Uneinigkeit über die Lösung der polnischen Frage, man schwankte zwischen »austropolnischer« und »deutschpolnischer« Lösung *(→ Mai 1917)*.

11.–16. November Verbündete Truppen brechen südl. des Szurduk- und Vulkánpasses in das Walachische Tiefland ein.

21. November Kaiser Franz Joseph I. stirbt in Schloß Schönbrunn bei Wien; geb. am 18. August 1830 in Wien. Seit 1848 Kaiser von Österreich, 1867 König von Ungarn. Verheiratet mit Elisabeth Prinzessin in Bayern seit 1854 *(→ 10. September 1898)*. Er war der älteste Sohn Erzherzog Franz Karls und der bayerischen Prinzessin Sophie. Thronfolger Erzherzog Karl Franz Joseph, als Karl I. Kaiser von Österreich, ein Neffe Erzherzog Franz Ferdinands und Großneffe Kaiser Franz Josephs (sein Großvater Erzherzog Karl Ludwig, war ein Bruder Franz Josephs), seit 1911 mit Zita von Bourbon-Parma verheiratet *(→ 2. und 30. Dezember; 1. April 1922)*.

Ende November Kaiser Karl I. enthebt Erzherzog Friedrich des Oberbefehls über die k. u. k. Armee *(→ 2. Dezember; Februar 1917)*.

1. Dezember Wegen der anhaltenden Lebensmittelknappheit wird ein Volksernährungsamt geschaffen.

1.–3. Dezember Schlacht am Argesch. Niederlage der Rumänen.

2. Dezember Kaiser Karl I. übernimmt den Oberbefehl über die k. u. k. Armee *(→ Ende November; Februar 1917)*.

— Uraufführung der Operette »Die Rose von Stambul« von Leo Fall im Theater an der Wien.

6. Dezember Bukarest wird von den verbündeten Truppen erobert.

12. Dezember Friedensangebot der Mittelmächte an die Alliierten *(→ 30. Dezember)*.

13. Dezember Ernest von Koerber tritt mit seinem Kabinett zurück *(→ Ende Oktober und 20. Dezember)*.

18. Dezember Friedensvorschlag des amerikanischen Präsidenten Woodrow Wilson *(→ 8. Januar 1918)*, der jedoch von der Entente abgelehnt wird.

20. Dezember Heinrich Graf Clam-Martinic bildet ein Ministerium *(→ 19. Juni 1917)*.

22. Dezember Die Entente lehnt das Friedensangebot der Mittelmächte vom 12. Dezember ab.

28. Dezember Eduard Strauß stirbt in Wien; geb. am 15. März 1835 in Wien; Komponist und Kapellmeister, Bruder des Walzerkönigs. Er schrieb 318 Tänze.

Die »Sixtusaffäre«

Am 24. März 1917 verfaßt Kaiser Karl im Schloß Laxenburg den berühmten Brief an seinen Schwager Sixtus Prinz von Bourbon-Parma, der eigentlich für den französischen Präsidenten Raymond Poincaré bestimmt war. Der Kaiser übergab den Brief seinem Schwager am selben Tag, als sich dieser mit seinem Bruder Xavier verabschieden kam.

»Mein Lieber Sixtus!

Das Ende des dritten Jahres dieses Krieges, der so viel Trauer und Leiden in die Welt gebracht hat, naht heran. Alle Völker meines Reiches sind enger als je vereinigt in dem gemeinsamen Willen, die Integrität der Monarchie auch auf Kosten der schwersten Opfer zu verteidigen. Ihrer Einigkeit, dem hochherzigen Zusammenwirken aller Nationalitäten meines Reiches, verdankt es die Monarchie, daß sie bald drei Jahre den schwersten Stürmen standhalten konnte. Niemand wird die militärischen Erfolge meiner Truppen, besonders auf dem Balkankriegsschauplatz bestreiten können.

Frankreich hat ebenfalls großartige Beweise seiner Widerstandskraft und seines Elans geliefert. Wir bewundern alle rückhaltlos die traditionelle Tapferkeit seiner Armee und den Geist der Aufopferung des ganzen französischen Volkes. – Es ist mir daher, obwohl wir augenblicklich Gegner sind, besonders erfreulich zu sehen, daß mein Reich von Frankreich durch keine wirklichen Interessengegensätze getrennt ist und daß meine lebhaften, in der ganzen Monarchie geteilten Sympathien für Frankreich wohl zu der Hoffnung berechtigen, die Wiederkehr eines Krieges, für den ich nicht verantwortlich bin, in Zukunft zu vermeiden. Deshalb und zur Kundgebung der Aufrichtigkeit meiner Gefühle in präziser Form bitte ich Dich, dem Präsidenten der französischen Republik, Herrn Poincaré, geheime und inoffizielle Mitteilung zu machen, daß ich mit allen Mitteln und mit meinem ganzen persönlichen Einfluß bei meinen Verbündeten die gerechte französische Zurückforderung Elsaß-Lothringens unterstützen werde.

Belgien muß als souveräner Staat wiederhergestellt werden und seine sämtlichen afrikanischen Besitzungen erhalten, ungeachtet der Entschädigungen, die es für die erlittenen Verluste erhalten sollte. Die Souveränität Serbiens wird wiederhergestellt werden, und wir sind, um unseren guten Willen zu beweisen, erbötig, ihm einen der Billigkeit entsprechenden natürlichen Zugang zum Adriatischen Meere und weitgehende wirtschaftliche Zugeständnisse zu garantieren. Österreich-Ungarn wird dagegen als unerläßliche Vorbedingung fordern, daß das Königreich Serbien sich in Zukunft von jeder Gesellschaft oder Vereinigung mit der politischen Tendenz der Zerstückelung der Monarchie losmacht und sie unterdrückt, besonders die ›Narodna Odbrana‹, daß es loyal und mit allen ihm zu Gebote stehenden Mitteln jede derartige politische Agitation in Serbien und außerhalb seiner Grenzen verhindert und daß es dafür unter Garantie der Ententemächte bürgt. – Die jüngsten Ereignisse in Rußland nötigen mich, die endgültige Bildung einer gesetzlichen Regierung abzuwarten, ehe ich mich über diesen Punkt äußere. Nachdem ich Dir so meine Gefühle auseinandergesetzt habe, möchte ich Dich bitten, mir zuvörderst die Ansicht Frankreichs und Englands nach Aussprache mit beiden Mächten mitzuteilen, damit auf diese Weise eine Grundlage für offizielle allgemein befriedigende Verhandlungen geschaffen wird. – In der Hoffnung, daß wir so beiderseits den Leiden so vieler Millionen Menschen und so vieler in Trauer und Angst lebender Familien ein Ziel setzen werden, bitte ich Dich, an meine lebhafteste brüderliche Zuneigung zu glauben.

Karl«

30. Dezember Krönung Kaiser Karl I. als Karl IV. zum König von Ungarn in Budapest.

►**1917, Februar bis April** »Sixtus-Affäre«: geheime Friedensverhandlungen Kaiser Karls I. mit Frankreich über seinen Schwager Sixtus Prinz von Bourbon-Parma (einen Bruder der Kaiserin und Offizier in der belgischen Armee). Karls Angebot: Deutschland gibt Elsaß-Lothringen zurück, räumt Belgien und zahlt Kriegsentschädigungen; Österreich-Ungarn räumt Serbien, gewährt ihm Zugang zur Adria, unternimmt keine Offensive gegen Italien; Rußland erhält freie Durchfahrt durch die Dardanellen *(→ 24. März, 12. April 1918).*

1. Februar Deutschland beginnt den »uneingeschränkten« U-Boot-Krieg *(→ 7. Mai 1915),* es erhofft sich dadurch eine Kriegsentscheidung, da der bisherige begrenzte U-Boot-Krieg keine Erfolge gebracht hatte.

4. Februar Die Vereinigten Staaten brechen die diplomatischen Beziehungen zum Deutschen Reich ab.

19. Februar Um Gas zu sparen, wird die nächtliche Beleuchtung der Straßen Wiens erheblich eingeschränkt.

27. Februar Feldmarschall Franz Conrad von Hötzendorf wird seines Postens als Generalstabschef enthoben; er erhält den Oberbefehl über die Heeresgruppe Südtirol. Nachfolger Conrads wird General Arthur Arz von Straußenburg. Kaiser Karl I. übernimmt endgültig den Oberbefehl *(→ Ende November und 2. Dezember 1916).*

11.–26. März Zweite Schlacht bei Monastir.

12. März Ausbruch der ersten (bürgerlichen) Revolution in Rußland, Zar Nikolaus II. wird gestürzt, eine bürgerlich-demokratische Regierung unter Fürst Georgij J. Lwow wird beauftragt, Außenminister wird Paul N. Miliukow *(→ 1. Juli und 7. November).* Der militärische Widerstand Rußlands erlahmt.

24. März Brief Kaiser Karls I. an seinen Schwager Sixtus von Bourbon-Parma mit der Zustimmung zu den Friedensvorschlägen *(→ Februar bis April; 12. April 1918).* Der Brief wird den Brüdern Sixtus und Xavier bei einem geheimen Besuch in Schloß Laxenburg übergeben. Ein zweiter Brief an Sixtus trägt das Datum vom 9. Mai.

25. März Ludwig Lobmeyer stirbt in Wien; geb. am 2. August 1829 in Wien, Glasindustrieller. Er erzeugte

Kriegswirtschaftliches Ermächtigungsgesetz (KWEG)

Das Kriegswirtschaftliche Ermächtigungsgesetz, das mit 24. Juli 1917 Rechtsgültigkeit (RGBl. 307) erlangte, basiert auf einer kaiserlichen Verordnung vom 10. Oktober 1914, mit welcher die Regierung ermächtigt wurde, aus Anlaß der durch den Kriegszustand verursachten außerordentlichen Verhältnisse die notwendigen Verfügungen auf wirtschaftlichem Gebiet zu treffen. Nach Wiedereinberufung des Reichsrates im Mai 1917 mußte eine gesetzliche Basis für die kaiserliche Verordnung aus 1914 und für alle weiteren Verordnungen, die auf ihr gründeten, geschaffen werden. Die noch bestehenden Kriegsverhältnisse machten eine derartige Verordnung notwendig. Das nunmehr erlassene Gesetz regelte gegenüber der Verordnung die Materie ausführlicher:

»§ 1

Die Regierung wird ermächtigt, während der Dauer der durch den Krieg hervorgerufenen außerordentlichen Verhältnisse durch Verordnung die notwendigen Verfügungen zur Förderung und Wiederaufrichtung des wirtschaftlichen Lebens, zur Abwehr wirtschaftlicher Schädigungen und zur Versorgung der Bevölkerung mit Nahrungsmitteln und anderen Bedarfsgegenständen zu treffen.
Zur Mitwirkung bei der Durchführung der auf Grund dieses Gesetzes ergriffenen Maßnahmen können auch Gemeinden herangezogen werden.

§ 2

In den zu erlassenden Verordnungen können für Übertretungen Geldstrafen bis zu 20 000 K, Arreststrafen bis zu sechs Monaten, der Verfall von Gegenständen, auf die sich die strafbare Handlung bezieht, und der Verlust von Gewerbeberechtigungen festgesetzt werden, und zwar auch derart, daß diese Strafen nebeneinander verhängt werden können. Die Bestrafung steht den politischen Behörden zu.

§ 3

Die Regierung ist verpflichtet, die auf Grund der Kaiserlichen Verordnung vom 10. Oktober 1914, RGBl. Nr. 247, erlassenen Verordnungen dem Reichsrat vorzulegen und über sein Verlangen außer Wirksamkeit zu setzen. Das gleiche gilt für die auf Grund dieses Gesetzes erlassenen Verordnungen, welche dem Reichsrate, falls er versammelt ist, spätestens am Ende jedes Kalendervierteljahres, sonst bei seinem Zusammentritt vorzulegen sind.

§ 4

Dieses Gesetz tritt mit dem Tag seiner Kundmachung in Kraft. Gleichzeitig tritt die Kaiserliche Verordnung vom 10. Oktober 1914, RGBl. Nr. 247, außer Wirksamkeit.

§ 5

Die auf Grund dieses Gesetzes oder der Kaiserlichen Verordnung vom 10. Oktober 1914, RGBl. Nr. 247, erlassenen Verordnungen bleiben, soweit sie nicht zeitlich begrenzt sind, solange in Kraft, als sie nicht durch neue, auf Grund dieses Gesetzes oder auf Grund einer anderen gesetzlichen Ermächtigung erlassene Verordnung oder über Verlangen des Reichsrats nach § 3 dieses Gesetzes abgeändert oder außer Wirksamkeit gesetzt werden.
Auch sind die auf Grund dieses Gesetzes erlassenen Verordnungen außer Wirksamkeit zu setzen, wenn sie dem Reichsrat zu dem im § 3 dieses Gesetzes bezeichneten Termin nicht vorgelegt werden.

§ 6

Mit dem Vollzuge dieses Gesetzes sind die beteiligten Minister betraut.«

Von Juli 1917 bis September 1918 wurden einige hundert verschiedene Verordnungen, die großteils in den Bereich des Amtes für Volksernährung und des Handelsministeriums fielen, auf Grund dieses Gesetzes erlassen. Mit der Provisorischen Verfassung von 1918 wurde dieses Gesetz in die Republik übernommen und in den ersten Jahren hunderte Male angewandt. Nach 1927 wurde es bis 1932 kaum mehr herangezogen. 1919 versuchte der großdeutsche Abgeordnete Emil Kraft vergeblich eine Streichung des Gesetzes zu erreichen, auch der Antrag des Sozialdemokraten Albert Sever im Jahre 1928 wurde überstimmt.

farblose Kristallgläser in künstlerischer Form und verbesserte das farbige Kristallglas. Er war der erste bürgerliche Industrielle, der 1887 ins Herrenhaus berufen wurde.

6. April Kriegserklärung der Vereinigten Staaten von Amerika an Deutschland *(→ 7. Mai 1915; 1. Februar 1917).*

Mai Polenkongreß in Stockholm. Die Entente zieht Polen durch große Versprechungen auf ihre Seite *(→ 5. November 1916).*

4.–18. Mai Abwehrschlacht in Mazedeonien.

12. Mai–5. Juni Zehnte Isonzoschlacht: Auf einem 50 km breiten Frontabschnitt beginnen die Italiener ihren Angriff mit schwerem Artilleriefeuer. Ihr Hauptziel ist der Durchbruch nach Triest. Trotz schwerster und sehr verlustreicher Kämpfe keine Erfolge der Italiener.

30. Mai Einberufung des seit März 1914 vertagten österreichischen Reichsrates. Ministerpräsident Heinrich Graf Clam-Martinic strebt ein »Völkerkabinett« an

– »Österreich als ein Bund autonomer Völker« –, was allerdings mißlingt *(→ 19. Juni).*

10.–29. Juni Junischlacht im Gebiet der Sieben Gemeinden. Die Italiener erobern kurzfristig den Ortigara-Gipfel.

15. Juni Unter dem Druck Kaiser Karls I. tritt der ungarische Ministerpräsident Stephan Graf Tisza, ein Gegner aller demokratischen Bestrebungen, zurück. In Ungarn, einem Staat mit 20 Millionen Einwohnern, sind nur 1,2 Millionen wahlberechtigt. Moritz Graf Esterházy wird sein Nachfolger, vom 20. August 1917 bis 31. Oktober 1918 übt Alexander Wekerle das Amt eines Ministerpräsidenten aus.

23. Juni Ministerpräsident Heinrich Graf Clam-Martinic tritt zurück *(→ 20. Dezember 1916, 30. Mai 1917).* Ernst Seidler von Feuchtenegg, ein Vertrauter Kaiser Karls I., bildet eine neue Rgierung *(→ 20. August 1918).*

29. Juni–16. Juli Beginn der russischen Kerenskij-Offensive.

1. Juli In Rußland löst Alexander Kerenskij die Regierung von Fürst Georgij J. Lwow ab *(→ 12. März).*

2. Juli Kriegserklärung Griechenlands an Österreich-Ungarn, das Deutsche Reich, Bulgarien und die Türkei.

— Kaiser Karl I. erläßt eine politische Amnestie, in deren Genuß u. a. Karl Kramař, der im November 1916 in einem Hochverratsprozeß zum Tode verurteilt und nachher zu lebenslänglichem Gefängnis begnadigt worden war, und Alois Rašin kommen. Statt der inneren Befreiung löst sie weitere nationale Differenzen aus und wird als Schwäche des Kaisers gewertet.

6.–16. Juli Schwere Kämpfe bei Stanislau.

19. Juli Österreichisch-ungarische Gegenoffensive gegen die Russen.

20. Juli Vertrag von Korfu. Der serbische Ministerpräsident Nikola Pasić vereinbart mit dem Führer der Kroaten, Ante Trumbić, die Errichtung eines Königreiches der Serben, Kroaten und Slowenen.

22. Juli Kriegserklärung Siams an Österreich-Ungarn.

24. Juli Erlassung des »Kriegswirtschaftlichen Ermächtigungsgesetzes« *(→ Rahmenartikel: Das Kriegswirtschaftliche Ermächtigungsgesetz, S. 312).*

1. August Papst Benedikt XV. erläßt einen Aufruf an alle kriegführenden Staaten, den Krieg ohne Annexionen und Kontributionen zu beenden. Sein Vorschlag wird von den USA und von Deutschland abgelehnt.

2. August Czernowitz wird von den k. u. k. Truppen erobert.

14. August Kriegserklärung Chinas an Österreich-Ungarn und das Deutsche Reich.

18. August–13. September Elfte Isonzoschlacht: Starke italienische Kräfte greifen im gesamten Frontbereich an, Operationsziel ist die Erreichung des Ternovaner Waldes und damit des Zugangs zu Laibach. Die Österreicher nehmen im Bereich der Bainsizza die Front zurück und geben den Monte Santo preis. Sehr hohe Verluste der Italiener, die in den bisherigen 11 Schlachten 200 000 Tote zu beklagen haben.

30. August Unter der Leitung von Ivan Horbacevsky wird ein Ministerium für Volksgesundheit geschaffen.

7. Oktober Unter der Leitung von Minister Viktor Mataja wird als neues Ressort das Ministerium für Soziale Fürsorge geschaffen. Vorarbeiten hierfür erfolgten bereits durch den Minister ohne Portefeuille Josef Baernreither.

24. Oktober–2. Dezember Zwölfte Isonzoschlacht: Durchbruch der k. u. k. Truppen mit deutscher Unterstützung bei Flitsch-Tolmein. Die italienische Isonzofront bricht zusammen. Die 2. und 3. italienische Armee muß sich hinter den Tagliamento zurückziehen, 200 000 Mann gerieten in österreichische Kriegsgefangenschaft. Die k. u. k. Truppen verfolgten die Italiener bis an die Piave.

7. November Russische »Oktoberrevolution«. Sturz der Regierung Alexander Kerenskijs, Machtübernahme durch die Bolschewiken *(→ 12. März).*

11. November Hans Kudlich stirbt in Hoboken bei New York; geb. am 23. Oktober 1823 in Lobenstein (österreichisch-Schlesien), liberaler Politiker, trat 1848 *(→ 9. September)* für die Aufhebung des Untertänigkeitsverhältnisses ein, was zur Abschaffung von Robot und Zehent führte.

16. November Die k. u. k. Truppen versuchen vergeblich den schwer befestigten Monte Grappa zu erobern.

28. November Die sowjetrussische Regierung fordert die kriegführenden Mächte zu Waffenstillstandsverhandlungen auf *(→ 3. und 15. Dezember).*

3. Dezember Beginn der Waffenstillstandsverhandlungen zwischen den Mittelmächten und Rußland *(→ 15. Dezember).*

4. Dezember Der amerikanische Präsident Woodrow Wilson erklärt vor dem Kongreß: »Wir haben nicht die Absicht, noch wünschen wir, ihm [dem österreichisch-ungarischen Staat] etwas zu diktieren. Wir wünschen, daß die Angelegenheiten seiner Völker in allen großen und kleinen Dingen in ihren eigenen Händen ruhen.«

— Kaiserschützen erobern den Monte Meletta.

7. Dezember Kriegserklärung der Vereinigten Staaten an Österreich-Ungarn.

9. Dezember Waffenstillstand von Fokschani zwischen den Mittelmächten und Rumänien.

10. Dezember Kriegserklärung Panamas an Österreich-Ungarn.

15.–20. Dezember Geheime Friedensgespräche zwischen Österreich-Ungarn und Großbritannien. In Genf trifft General Jan Smuts als Vertreter des britischen Premiers David Lloyd George mit Albert Graf Mensdorff-Pouilly als Bevollmächtigtem Kaiser Karls I. zusammen.

16. Dezember Kriegserklärung Cubas an Österreich-Ungarn.

18. Dezember Waffenstillstand von Brest-Litowsk zwischen den Mittelmächten und Rußland. Wirksam bis 18. Februar 1918 *(→ 3. März 1918).*

— Kärntner Truppen erobern den Monte Asolone.

►1918 Die landwirtschaftliche Produktion ging in der österreichischen Reichshälfte gegenüber 1913 um mehr als 50% zurück. Nicht kriegswirtschaftliche Industrieprodukte bleiben sogar 60% unter der Vorkriegsproduktion. Weder für die Industrie noch für die privaten Haushalte ist ausreichend Energie vorhanden.

— Der Wagnermeister Franz Kneissl erzeugt in Kufstein (Tirol) die ersten Skier in Österreich; 1921 erwirbt er eine eingetragene Schutzmarke für Skier.

5. Januar Der britische Premierminister David Lloyd George erklärt in einer Rede vor den englischen Gewerkschaften, daß die Alliierten Österreich-Ungarn nicht zerschlagen wollten *(→ 15.–20. Dezember 1917; 8. März 1918).*

6. Januar Die tschechischen Parlamentarier und Landtagsabgeordneten der böhmischen Krone verlangen das Recht auf nationale Selbstbestimmung.

8. Januar Der amerikanische Präsident Woodrow Wilson formuliert 14 Punkte, die bei einem künftigen Friedensschluß zu berücksichtigen sind:

1. Öffentlichkeit aller Friedensverträge.
2. Freiheit der Meere.
3. Beseitigung aller wirtschaftlichen Schranken zwischen den Ländern.
4. Herabsetzungen der Rüstungen.
5. Unparteiische Schlichtung der kolonialen Fragen.
6. Räumung der besetzten Gebiete Rußlands.
7. Räumung Belgiens.
8. Räumung der besetzten Gebiete Frankreichs. Elsaß-Lothringen kommt wieder an Frankreich.
9. Berichtigung der italienischen Grenzen nach »klar erkennbaren Scheidelinien, welche die Nationalitäten umgrenzen«.
10. »Den Völkern von Österreich-Ungarn, deren Platz wir unter den anderen Nationen sichergestellt zu sehen wünschen, soll die erste Gelegenheit zu einer autonomen Entwicklung gegeben werden.«
11. Räumung von Rumänien, Serbien und Montenegro.
12. Selbständigkeit der unter türkischer Herrschaft stehenden anderen Nationalitäten.
13. Unabhängigkeit Polens mit freiem Zugang zum Meer.
14. Schaffung einer »allgemeinen Vereinigung der Nationen«.

14.–20. Januar »Jännerstreik« in Wien und anderen Industriezentren. Proteste der Arbeiterschaft gegen Lebensmittelknappheit und hohe Preise. Demonstrationen für eine Beendigung des Krieges.

1. Februar Eine Meuterei der k. u. k. Kriegsmarine in Cattaro wird durch militärisches Eingreifen unterdrückt. 800 Matrosen werden verhaftet, vier Matrosen zum Tode verurteilt und am 11. Februar erschossen.

— Kaiser Karl I. ernennt Konteradmiral Nikolaus Horthy (später Reichsverweser von Ungarn) zum Oberbefehlshaber der k. u. k. Kriegsmarine.

6. Februar Gustav Klimt stirbt in Wien; geb. am 14. Juli 1862 in Wien, Maler, Bahnbrecher der Wiener Moderne, 1897–1905 Präsident der Wiener Secession.

9. Februar Sonderfriede von Brest-Litowsk zwischen den Mittelmächten und der Ukraine, die sich von der Sowjetunion getrennt hatte. Ostgalizien wird ein eigenes Kronland der Monarchie. Die Ukraine, die zum Leidwesen der Polen den Cholmer-Kreis erhielt, wird verpflichtet, bis 1. August 1 Million Tonnen Getreide an die Verbündeten zu liefern, weswegen dieses Abkommen auch »Brotfriede« genannt wird. Diese Erwartungen erfüllten sich nie.

11. Februar Die tschechischen Parteien fordern in Prag die Gründung einer tschechischen Republik, einschließlich der deutschsprachigen Randgebiete, der sogenannten Sudetenländer *(→ 6. Januar und 29. Juni).*

20. Februar Ein italienisches Großkampfflugzeug und drei kleinere Flugzeuge greifen den Bahnhof von Innsbruck an. Sie werfen Bomben ab. Ein Toter und mehrere Verletzte, der Sachschaden ist gering *(→ 16. August).*

25. Februar Gemäß dem Sonderfrieden von Brest-Litowsk rücken k. u. k. Truppen in die Ukraine ein *(→ 9. Februar).*

Ende Februar Weiterer Friedensversuch Kaiser Karls I.; er richtet über König Alfons XIII. von Spanien einen Brief an Präsident Woodrow Wilson, in dem er die 14 Punkte mit Einschränkungen annimmt.

3. März Unterzeichnung des Friedensvertrages von Brest-Litowsk zwischen den Mittelmächten einerseits und der »Union der Sozialistischen Sowjetrepubliken« anderseits. Kurland, Livland und Estland werden selbständig; die Sowjetunion anerkennt die Selbständigkeit Polens, der Ukraine, Finnlands und Litauens; Batum, Kars und Ardahan werden an die Türkei abgetreten. Reziproker Verzicht auf Reparationskosten. Die Hoffnung auf Rückkehr der k. u. k. Soldaten aus russischer Gefangenschaft zum Zwecke des Einsatzes an den anderen Fronten erfüllen sich wegen innerer Wirren in der Sowjetunion und Transportproblemen nicht.

8. März Die Antwort des amerikanischen Präsidenten Woodrow Wilson auf den Brief Kaiser Karls I. *(→ Ende Februar)* löst in Wien Verstimmung aus. Eine englische Anfrage zur Fortführung der Gespräche vom 15.–20. Dezember 1917 wird von Ottokar Graf Czernin zurückgewiesen. Die deutsche Großoffensive an der Westfront und die Veröffentlichung der Sixtus-Briefe machen weitere Friedensbemühungen unmöglich.

12.–14. März Deutsche und österreichisch-ungarische Truppen besetzen Odessa.

13. März Der italienische Teil des Monte Pasubio wird von k. u. k. Truppen gesprengt *(→ Mitte Juli 1915).*

18. März Die wöchentliche Fettquote in Wien wird auf 40 g reduziert.

1. April Der Luftpostverkehr auf der Linie Wien–Aspern–Olmütz–Krakau–Lemberg–Kiew wird nach vier Probeflügen als erste internationale Luftpostlinie regelmäßig aufgenommen.

2. April Der Minister des Äußern Ottokar Graf Czernin erklärt im Wiener Gemeinderat, daß mit den Franzosen Friedensverhandlungen geführt wurden, doch seien diese an der Forderung Frankreichs nach Elsaß-Lothringen gescheitert *(→ 12. und 14. April).*

11. April Otto Wagner stirbt in Wien; geb. am 13. Juli 1841 in Penzing bei Wien, Architekt, Vorläufer des modernen Städtebaus, Baumeister zahlreicher Bauten der Ringstraßenära. Nach einem Generalsanierungsplan für Wien (1892/93) schuf er die Stadtbahnbauten, Regulierungsbauten des Donaukanals, das Postsparkassenamt, St. Leopold am Steinhof und zahlreiche Privathäuser.

12. April Ministerpräsident Georges Clémenceau veröffentlicht als Antwort auf die Czerninrede den Sixtus-Brief vom 24. März 1917. Damit Desavouierung des Ministers des Äußern Ottokar Graf Czernin, der zugeben muß, den Brief nicht gekannt zu haben. Durch diesen Vertrauensbruch sinkt das Ansehen des Kaisers bei den Verbündeten.

16. April Minister des Äußern Ottokar Graf Czernin tritt wegen der Sixtus-Affäre zurück. Sein Nachfolger wird Stephan Graf Burián von Rajecz, der zum zweiten Mal dieses Ressort übernimmt.

20. April Alexander Girardi stirbt in Wien; geb. am 5. Dezember 1850 in Graz, Volksschauspieler, Charakterdarsteller von Raimund-Figuren, erhielt 1913 den Iffland-Ring.

30. April General Ottokar Landwehr, der Chef des Ernährungsausschusses beschlagnahmt auf der Donau deutsche Getreideschlepper, um die Versorgung Wiens aufrechterhalten zu können.

6. Mai In Wien in der Mariahilfer Straße 212 wird das Technische Museum für Industrie und Gewerbe eröffnet.

7. Mai Friede von Bukarest zwischen den Mittelmächten einerseits und Rumänien anderseits. Bessarabien kommt an Rumänien, die Süddobrudscha an Bulgarien, die Norddobrudscha an Österreich-Ungarn und Deutsches Reich zur gemeinsamen Verwaltung, die Karpatenpässe an Österreich-Ungarn.

12. Mai Besuch Kaiser Karls I. bei Kaiser Wilhelm II. in seinem Hauptquartier in Spa. Kaiser Karl I. muß allen Separatfriedensinitiativen abschwören; neuerliche Bekräftigung des Bündnisses mit dem Deutschen Reich.

10. Juni Um 3.30 Uhr wird das k. u. k. Schlachtschiff »Szent István« südwestlich der Adriainsel Premuda von Torpedos des italienischen Schnellbootes MAS 15 unter dem Kommando von Luigi Rizzo getroffen und sinkt um 6.12 Uhr. 89 Mann ertrinken, 1005 werden gerettet. Auch Kapitän Heinrich Seitz befindet sich unter den Geretteten. Das Schlachtschiff war eines der vier modernen Großkampfschiffe der »Tegetthoff-Klasse«, die zwischen 1910 und 1914 erbaut worden waren. Die anderen Schiffe dieser Klasse sind die »Viribus unitis«, die »Prinz Eugen« und die »Tegetthoff«.

14. Juni Beginn der letzten Offensive der k. u. k. Truppen in Italien im Abschnitt Tonale-Paß.

15. Juni Offensive der k. u. k.Truppen in Italien von Asiago bis zur unteren Piave. Trotz Hochwasser Übergang über die Piave vom Montello bis zur Adria.

20. Juni Wegen Hochwassers sowie starkem Artilleriebeschuß und Luftüberlegenheit der Alliierten Rückzugsbefehl hinter die Piave.

26. Juni Peter Rosegger (eigentlich Roßegger) stirbt in Krieglach (Steiermark); geb. am 31. Juli 1843 in Alpl (Steiermark), Volksschriftsteller, seit 1876 Herausgeber der Zeitschrift »Heimgarten«.

28. Juni Erklärung der amerikanischen Regierung über die Befreiung aller slawischen Völker von deutscher und österreichischer Herrschaft.

29. Juni Schriftliche Erklärung der französischen Regierung an den Generalsekretär des tschechoslowakischen Nationalrats *(→ 26. Juni)* in Paris, Edvard Beneš, daß sie den Nationalrat als Vertreter der tschechoslowakischen Nation anerkenne.

6.–13. Juli Alliierte Offensive in Albanien.

14. Juli Kaiser Karl I. entläßt Feldmarschall Franz Conrad von Hötzendorf wegen der gescheiterten Junioffensive.

9. August Großbritannien anerkennt die Tschechoslowakei als kriegführende Nation an der Seite der Alliierten *(→ 3. September)*, damit gelten die drei tschechischen Legionen, die in einer Stärke von 50 000 Mann in Rußland standen und an der Seite der Interventionsverbände und der Weißen Armee des Admirals Alexander Koltschak gegen die Bolschewiken kämpften *(→ 2. Juli 1917)*, als verbündete Heere.

— Um 9.30 Uhr erscheinen über Wien sechs italienische Flugzeuge, die Tausende von Flugzetteln abwerfen. Einer der Piloten dieser fliegerischen Ganzleistung (600 km Nonstopflug) ist der italienische Dichter Gabriele d'Annunzio. Der Text der Flugzettel enthält eine Aufforderung, die Italiener kennenzulernen, aber auch eine Bombendrohung.

16. August Abermaliger Angriff *(→ 20. Februar)* von drei italienischen Flugzeugen auf Innsbruck. Er scheitert am österreichischen Abwehrfeuer.

20. August Ernst Seidler von Feuchtenegg tritt mit seinem Kabinett zurück *(→ 19. Juni 1917)*. Max Frh. Hussarek-Heinlein bildet eine neue Regierung *(→ 22. Oktober)*.

3. September Die Vereinigten Staaten anerkennen den tschechoslowakischen Nationalrat als kriegführende Macht *(→ 9. August)*.

10.–16. September Schwere Kämpfe um den Monte Asolone, den k. u. k. Truppen gegen eine überwältigende Übermacht halten.

14. September Kaiser Karl I. sendet eine Friedensnote an die Alliierten: »An alle!« Kaiser Wilhelm II., der nicht rechtzeitig verständigt worden war, sieht darin eine Gefährdung des Bündnisses. Von Seiten der Alliierten wird die Note ohne Kommentar abgelehnt.

26. September Der tschechoslowakische Nationalrat in Paris proklamiert die Errichtung eines selbständigen tschechoslowakischen Staates. Tomáš Garrigue Masaryk übernimmt die Funktion eines Staatspräsidenten, Außenminister wird Edvard Beneš, Kriegsminister Milan Stefanik.

29. September Feldmarschall Paul von Hindenburg verlangt von der Reichsregierung den sofortigen Waffenstillstand.

— Kundgebung des tschechischen Nationalausschusses und der tschechischen Parteien in Prag unter dem Vorsitz von Karl Kramař *(→ 26. September)*.

3. Oktober Erklärung der Sozialdemokratischen Partei, wonach sie das Selbstbestimmungsrecht der slawischen und romanischen Nationen anerkennt und ihre Verhandlungsbereitschaft zur »Umwandlung Österreichs in eine Föderation freier nationaler Gemeinwesen« erklärt *(→ 9. Oktober)*.

3.–18. Oktober Rückzugskämpfe in Serbien und an der Donau.

4. Oktober Note der Mittelmächte an den amerikanischen Präsidenten Woodrow Wilson, in der sie seine 14 Punkte anerkennen *(→ 8. Januar, 18. und 27. Oktober)*.

6. Oktober Kroaten, Serben und Slowenen bilden in Agram einen eigenen Nationalrat *(→ 29. Oktober)*.

9. Oktober Die Christlichsoziale Partei gibt eine Erklärung ab, die der sozialdemokratischen vom 3. Oktober gleicht.

11. Oktober In Salzburg werden die Wirtschafts- und Handelsvertragsverhandlungen zwischen Österreich-Ungarn und dem Deutschen Reich, die eine Zollunion und die Schaffung eines mitteleuropäischen Wirtschaftsraumes planten, wegen des Zusammenbruchs der beiden Staaten abgebrochen.

16. Oktober »Völkermanifest« Kaiser Karls I. zur Neugliederung der österreichisch-ungarischen Monarchie in einen Bundesstaat. Dieser Vorschlag kommt zu spät.

18. Oktober Präsident Woodrow Wilson lehnt die österreichisch-ungarische Note vom 4. Oktober ab. Der 10. Punkt ist nicht mehr aktuell, da er durch die Autonomie der Tschechen und Südslawen nicht mehr haltbar ist *(→ 8. Januar, 28. und 29. Oktober)*.

— Kolo Moser stirbt in Wien; geb. am 30. März 1868 in Wien, Maler und Graphiker, Erneuerer des Kunstgewerbes, Gründungsmitglied der Wiener Secession, mit

Josef Hoffmann gründete er gemeinsam die »Wiener Werkstätte«.

20. Oktober Präsident Woodrow Wilson fordert die Anerkennung der Selbständigkeitswünsche der Völker Österreich-Ungarns, damit wird die Auflösung Österreich-Ungarns unaufhaltsam.

21. Oktober Konstituierende Sitzung der deutschsprachigen Abgeordneten des Reichsrates als »Provisorische Nationalversammlung für Deutschösterreich« im Niederösterreichischen Landhaus in der Herrengasse in Wien. 232 Abgeordnete (102 Deutschnationale, 72 Christlichsoziale, 42 Sozialdemokraten und 16 sonstige) wählen das Präsidium: Der Deutschnationale Franz Dinghofer wird Erster, der Christlichsoziale Jodok Fink Zweiter und der Sozialdemokrat Karl Seitz wird Dritter Präsident. In einer Proklamation an das österreichische Volk werden allgemeine Wahlen und die Ausarbeitung einer Verfassung verlautbart.

24. Oktober Der k. u. k. Minister des Äußern Stephan Graf Burián von Rajecz tritt zurück *(→ 14. April)*, sein Nachfolger wird Julius Graf Andrássy der Jüngere, der nun den von seinem Vater geschlossenen Bündnisvertrag mit dem Deutschen Reich *(→ 7. Oktober 1879; 26. Oktober 1918)* zu lösen hat.

— Offensive Italiens gegen den Monte Grappa, den Monte Asolone und an der Piave beginnt.

26. Oktober Kaiser Karl I. löst durch ein Telegramm an Kaiser Wilhelm II. das Bündnis mit dem Deutschen Reich *(→ 7. Oktober 1897)*.

27. Oktober Nach dem Rücktritt von Ministerpräsident Max Frh. Hussarek-Heinlein bildet Heinrich Lammasch die letzte kaiserliche Regierung. Ignaz Seipel bekleidet das Amt des Sozialministers.

— Sonderfriedensangebot Österreich-Ungarns an Präsident Woodrow Wilson, dem sich auch die Türkei anschließt.

28. Oktober In Prag wird die Tschechoslowakische Republik ausgerufen.

29. Oktober Erklärung des kroatischen Sabor in Agram über den Zusammenschluß der südslawischen Gebiete der Monarchie und den Anschluß an Serbien *(→ 1. Dezember)*.

— Die ungarischen Truppen werden von der Front abgezogen; damit Zusammenbruch der k. u. k. Armee.

30. Oktober Die Provisorische Nationalversammlung für Deutschösterreich nimmt die von Karl Renner ausgearbeitete provisorische Verfassung an. Ein 22köpfiger Staatsrat mit drei Präsidenten, dem Deutschnationalen Franz Dinghofer, dem Christlichsozialen Johann Nepomuk Hauser und dem Sozialdemokraten Karl Seitz wird gewählt. Deutsch-Österreich wird zu einem Bestandteil der Deutschen Republik erklärt.

30./31. Oktober In der Nacht wird die erste deutschösterreichische Regierung unter dem Vorsitz Karl Renners gebildet. Die Staatsämter werden von Staatssekretären verwaltet. Christlichsoziale: Heinrich Mataja (Inneres), Josef Stöckler (Landwirtschaft), Johann Zerdik (öffentliche Arbeiten), Karl Jukel (Verkehr); Deutschnationale: Josef Mayer (Heerwesen), Rafael Pacher (Unterricht), Julius Roller (Justiz), Otto Steinwender (Finanzen), Karl Urban (Handel und Gewerbe); Sozialdemokraten: Victor Adler (Äußeres), Ferdinand Hanusch (Soziale Fürsorge); Beamte: Hans Loewenfeld-Russ (Volksernährung), Ignaz Kaup (Volksgesundheit).

31. Oktober Ministerpräsident Heinrich Lammasch übergibt der Provisorischen Regierung die Regierungsgewalt *(→ 11. November)*.

— Auf Antrag des christlichsozialen Abgeordneten Wilhelm Miklas erklärt die Regierung die auf die Babenbergerzeit zurückgehenden Farben Rot-Weiß-Rot zur Fahne des neuen Staates.

— Die k. u. k. Kriegsflotte wird im Kriegshafen von Pola an Südslawien übergeben *(→ 1. November)*.

— Erzherzog Joseph, Palatin in Ungarn, betraut nach dem Rücktritt Alexander Wekerles *(→ 23. Mai 1917)* Mihály Graf Károlyi mit der Regierungsbildung.

— Stephan Graf Tisza wird von drei Soldaten in seiner Wohnung erschossen.

— Egon Schiele stirbt in Wien an der Grippe; geb. am 12. Juni 1890 in Tulln, bedeutender Zeichner und Maler des Expressionismus.

1. November Auf einem Parteitag der Sozialdemokratie in Wien wird die Einführung der republikanischen Staatsform verlangt.

— Zwei italienische Offiziere versenken in einem kühnen Handstreich durch Haftminen im Kriegshafen von Pola das Schlachtschiff »Viribus unitis« *(→ 31. Oktober)*. 350 Mann Besatzung gehen bei der Explosion unter. Daraufhin verfügen die Alliierten, daß die k. u. k. Flotte nach Korfu gebracht werde, wo sie aufgeteilt wird.

— Massenversammlung vor dem Deutschmeisterdenkmal in Wien. Korporal Haller, der Journalist Egon Erwin Kisch und der Linksradikale Leo Rothziegel gründen die »Rote Garde«. Unter anderen spricht auch der Dichter Franz Werfel.

2. November Julius Graf Andrássy tritt als k. u. k. Minister des Äußern zurück *(→ 1. November)*.

— Laibach wird von serbischen Truppen besetzt, sie dringen auch in die südliche Steiermark vor.

3. November In der Villa Giusti bei Padua wird zwischen Österreich-Ungarn und den Alliierten ein Waffenstillstand unterzeichnet. Leiter der österreichischen Waffenstillstandkommission ist General Egon Weber von Webenau, Leiter der italienischen ist Pietro Badoglio. Die Einstellung der Feindseligkeiten sowie die zu räumenden Gebiete werden festgelegt. Das Armeeoberkommando befiehlt für den 3. November 1.20 Uhr die Einstellung der Feindseligkeiten. Italien hingegen hält sich an die vertraglich vereinbarten Bedingungen, wonach 24 Stunden nach Unterzeichnung des Waffenstillstandes die Waffenruhe herrschen soll. Durch diesen Fehler des Armeeoberkommandos geraten mehr als 300 000 Österreicher in italienische Kriegsgefangenschaft.

— Der Staatsrat ordnet die Werbung für die Volkswehr an.

— Die Kommunistische Partei Deutschösterreichs wird gegründet.

3./4. November Räumung der Ukraine und der Walachei durch die k. u. k. Truppen.

4. November Tschechische und ungarische Truppenteile greifen einen Waggon mit Nahrungsmitteln im Bahnhof von Innsbruck an. Beim unvermeidlichen Schußwechsel werden acht Plünderer getötet und drei Mann der Wachmannschaft verletzt.

6. November Die k. u. k. Donauflotille läuft in Buda-

Verzichtserklärung Kaiser Karls I.

Verzicht Kaiser Karls auf die Regierung in Österreich vom 11. November 1918. Das Original ist beim Brand des Justizpalastes am 15. Juli 1927 verbrannt.

»Seit Meiner Thronbesteigung war Ich unablässig bemüht, Meine Völker aus den Schrecknissen des Krieges herauszuführen, an dessen Ausbruch Ich keinerlei Schuld trage.

Ich habe nicht gezögert, das verfassungsmäßige Leben wieder herzustellen, und habe den Völkern den Weg zu ihrer selbständigen staatlichen Entwicklung eröffnet. Nach wie vor von unwandelbarer Liebe für alle Meine Völker erfüllt, will Ich ihrer freien Entfaltung Meine Person nicht als Hindernis entgegenstellen.

Im voraus erkenne Ich die Entscheidung an, die Deutschösterreich über seine künftige Staatsform trifft. Das Volk hat durch seine Vertreter die Regierung übernommen. Ich verzichte auf jeden Anteil an den Staatsgeschäften.

Gleichzeitig enthebe ich Meine österreichische Regierung ihres Amtes.

Möge das Volk von Deutschösterreich in Eintracht und Versöhnlichkeit die Neuordnung schaffen und befestigen. Das Glück Meiner Völker war von Anbeginn das Ziel Meiner heißesten Wünsche.

Nur der innere Friede kann die Wunden dieses Krieges heilen.

Lammasch m. p. Karl m. p.«

pest ein, nach dem Friedensschluß wird sie zwischen dem Königreich der Serben, Kroaten, Slowenen und Rumänien aufgeteilt.

7. November Demobilmachungsbefehl der Provisorischen Regierung.

8. November Richtlinien für die Aufstellung der Volkswehr werden bekanntgemacht; General Adolf von Boog wird »Oberster Befehlshaber der deutschösterreichischen bewaffneten Wehrmacht« *(→ 3. November, 18. Dezember)*.

10. November Der Erzbischof von Wien Kardinal Friedrich Gustav Piffl interveniert im Auftrag von Kaiser Karl I. bei den Christlichsozialen, um sie für die Erhaltung der Monarchie zu gewinnen.

— Anschlußkundgebung für Österreich in Teplitz-Schönau.

11. November Unterzeichnung des Waffenstillstandes zwischen dem Deutschen Reich und den Alliierten im Wald von Compiègne.

— In Wien stirbt der Staatssekretär des Äußern Victor Adler; geb. am 24. Juni 1852 in Prag, Arzt und sozialdemokratischer Parteiführer, Begründer der Wochenschrift »Gleichheit«, auf dem Parteitag von Hainfeld *(→ 31. Dezember/1. Jänner 1888/89)* gelang ihm die Einigung der Sozialdemokratie, ab 1889 Chefredakteur der »Arbeiter-Zeitung«.

— Die Regierung formuliert einen Antrag an die Provisorische Nationalversammlung über die Errichtung einer demokratischen Republik. Im Staatsrat wird der Entwurf Karl Renners angenommen, Wilhelm Miklas stimmt gegen den Anschluß an die Deutsche Republik *(→ Rahmenartikel: Gesetz über die Staats- und Regierungsform von Deutschösterreich, S. 318)*.

— Kaiser Karl I. stimmt der Veröffentlichung eines Manifestes an das österreichische Volk zu, in dem er auf die Ausübung der Regierungsgeschäfte verzichtet. An der Textierung dieser Erklärung ist Ignaz Seipel entscheidend beteiligt. Anschließend begibt sich der Kaiser mit seiner Familie nach Schloß Eckartsau (Niederösterreich).

— Förmlicher Rücktritt der letzten kaiserlichen Regierung unter Heinrich Lammasch.

Die Erste Republik 1918 bis 1938

►**1918, 12. November** **15 Uhr,** Beginn der Sitzung der provisorischen Nationalversammlung im ehemaligen Reichsratsgebäude.

— Abgeordneter Wilhelm Miklas *(→ 11. November)* erklärt für die Christlichsoziale Partei, man habe einer Volksabstimmung den Vorrang gegeben, wolle aber »die Einigkeit in diesem geschichtlichen Augenblick nicht gefährden«.

15.55 Uhr Präsident Franz Dinghofer gibt von der Rampe des Parlaments aus mit deutlich vernehmbarer Stimme den Gestzesbeschluß bekannt: Ausrufung der Republik Deutschösterreich.

Auf dem Ring hatten sich mehrere zehntausend Menschen versammelt. Den zu den Fahnenmasten eilenden Parlamentsdienern werden die rotweißroten Fahnen von Rotgardisten entrissen und nach Herausreißen des weißen Teiles als rote Fahnen gehißt. Anschließende Tumulte mit Schießereien stellen sich als kommunistischer Putschversuch heraus. Zwei Tote und 40 Verletzte überschatten die Geburtsstunde der Republik.

Gesetz über die Staats- und Regierungsform von Deutschösterreich

»Art. 1. Deutschösterreich ist eine demokratische Republik. Alle öffentlichen Gewalten werden vom Volke eingesetzt.

Art. 2. Deutschösterreich ist ein Bestandteil der Deutschen Republik. Besondere Gesetze regeln die Teilnahme Deutschösterreichs an der Gesetzgebung und Verwaltung der Deutschen Republik sowie die Ausdehnung des Geltungsbereiches von Gesetzen und Einrichtungen der Deutschen Republik auf Deutschösterreich.

Art. 3. Alle Rechte, welche nach der Verfassung der im Reichsrate vertretenen Königreiche und Länder dem Kaiser zustanden, gehen einstweilen, bis die konstituierende Nationalversammlung die endgültige Verfassung festgesetzt hat, auf den deutschösterreichischen Staatsrat über.

Art. 4. Die k. u. k. Ministerien und k. k. Ministerien werden aufgelöst. Ihre Aufträge und Vollmachten auf dem Staatsgebiete von Deutschösterreich gehen auf die deutschösterreichischen Staatsämter über. Den anderen Nationalstaaten, die auf dem Boden der österreichisch-ungarischen Monarchie entstanden sind, bleiben ihre Ansprüche an die erwähnten Ministerien wie auf das von ihnen verwaltete Staatsvermögen gewahrt. Die Liquidierung dieser Ansprüche ist völkerrechtlichen Vereinbarungen durch Kommissionen vorbehalten, die aus Bevollmächtigten aller beteiligten Nationalregierungen zu bilden sind. Bis zum Zusammentreten dieser Kommissionen haben die deutschösterreichischen Staatsämter das Gemeinschaftsgut, soweit es sich auf dem Staatsgebiete der Republik Deutschösterreich vorfindet, als Treuhänder aller beteiligten Nationen zu verwalten.

Art. 5. Alle Gesetze und Gesetzesbestimmungen, durch die dem Kaiser und den Mitgliedern des kaiserlichen Hauses Vorrechte zugestanden werden, sind aufgehoben.

Art. 6. Die Beamten, Offiziere und Soldaten sind des dem Kaiser geleisteten Treueeides entbunden.

Art. 7. Die Übernahme der Krongüter wird durch ein Gesetz durchgeführt.

Art. 8. Alle politischen Vorrechte sind aufgehoben. Die Delegationen, das Herrenhaus und die bisherigen Landtage sind abgeschafft.

Art. 9. Die Konstituierende Nationalversammlung wird im Januar 1919 gewählt. Die Wahlordnung wird noch von der Provisorischen Nationalversammlung beschlossen, sie beruht auf der Verhältniswahl und auf dem allgemeinen, gleichen, direkten und geheimen Stimmrecht aller Staatsbürger ohne Unterschied des Geschlechtes.

Art. 10. Nach den gleichen Grundsätzen ist das Wahlrecht und das Wahlverfahren der Landes-, Kreis-, Bezirks- und Gemeindevertretungen zu ordnen.

Die Gemeindewahlordnung wird noch durch die Provisorische Nationalversammlung festgesetzt, die Neuwahl der Gemeindevertretungen erfolgt binnen drei Monaten. Bis zur Neuwahl sind die bestehenden Gemeindevertretungen nach den Anweisungen des Staatsrates durch eine angemessene Zahl von Vertretern der Arbeiterschaft zu ergänzen.

Art. 11. Dieses Gesetz tritt mit dem Tag seiner Kundmachung in Kraft.«

Aufruf der »Provisorischen Nationalversammlung« vom 12. November 1918

»An das Deutschösterreichische Volk!

Die durch das gleiche Stimmrecht aller Bürger berufenen Vertreter des Volkes von Deutschösterreich haben in der Provisorischen Nationalversammlung unter den freigewählten Präsidenten vereinigt und beraten durch die von der Volksvertretung eingesetzten verantwortlichen Behörden den Beschluß gefaßt, den Staat Deutschösterreich als Republik, das ist als freier Volksstaat, einzurichten, dessen Gesetze vom Volk ausgehen und dessen Behörden ohne Ausnahmen durch die Vertreter des Volkes eingesetzt werden.
Zugleich hat die Provisorische Nationalversammlung beschlossen, ihre Vollmachten unverzüglich, sobald die nötigsten Vorkehrungen getroffen sind, in die Hände des Volkes zurückzulegen. Im Monat Jänner wird das gesamte Volk, Männer und Frauen, zur Wahl schreiten und sein äußeres Schicksal wie seine innere Ordnung allein, frei und unabhängig bestimmen.
Was dieses vom Unglück heimgesuchte, schwergeprüfte Volk seit den Tagen von 1848 immer begehrt, was ihm die Mächte des Rückschrittes ebenso hartnäckig wie kurzsichtig versagt haben, das ist nun inmitten des allgemeinen Zusammenbruches der alten Einrichtungen glücklich errungen.

Mitbürger, Deutschösterreicher!
Wir stellen die Volksfreiheit unter den Schutz der gesamten Bevölkerung! Wir fordern Euch auf, bereit zu sein, Eure Rechte, Eure Freiheiten, Eure Zukunft, mit der Tatkraft, aber auch mit der Besonnenheit und Klugheit eines freien Volkes selbst zu wahren und zu beschirmen. Jetzt, da die Freiheit gesichert ist, ist es erste Pflicht, die staatsbürgerliche Ordnung und das wirtschaftliche Leben wiederherzustellen. Der neue Staat hat ein Trümmerfeld übernommen, alle wirtschaftlichen Zusammenhänge sind aufgelöst, die Erzeugung steht beinahe still, der Güterverkehr stockt, ein Viertel der männlichen Bevölkerung wandert noch fern der Heimat.
Die Vorsorge für das tägliche Brot, die Zufuhr von Kohle, die Bereitstellung der notwendigen Bekleidung, die Wiederaufnahme des Ackerbaues, die Aufnahme der Friedensarbeit in den Fabriken und Werkstätten ist unmöglich, wenn nicht sofort alle Bürger bereitwilligst und geordnet zur Tagesarbeit zurückkehren. Unsere armen Soldaten, die zur Heimat, zu Weib und Kind zurückkehren wollen, können nicht befördert und verköstigt werden, wenn unser Verkehr stockt. Jeder, der den Anordnungen der Volksbehörden nicht Folge leistet, ist sein eigener, der Feind seines Nächsten und der Gesamtheit.

Deutschösterreicher!
Wir sind nun ein Volk, sind eines Stammes und einer Sprache, vereinigt nicht durch den Zwang, sondern durch den freien Entschluß aller. Jedes Opfer, das ihr bringt, gilt den Euren und nicht fremden Herren, noch fremden Völkern. Darum muß jeder mehr tun, als das Gesetz fordert! Wer über Vorräte verfügt, öffne sie dem Bedürftigen. Der Erzeuger von Lebensmitteln führe sie denen zu, die hungern! Wer überschüssige Gewandung besitzt, helfe die frierenden Kinder bekleiden! Jeder leiste das Äußerste!

Deutschösterreicher!
Euer Bürgergemeinsinn helfe den Volksbehörden, unser Volk vor der sonst drohenden Katastrophe zu retten! Jeder denke vor allem an die nächsten Wochen und Monate. Für später ist gesorgt. In wenigen Monaten wird der Weltverkehr wieder frei sein.

Deutschösterreicher!
Bürger, Bauer und Arbeiter haben sich zusammengetan, um das neue Deutschösterreich zu begründen. Bürger, Bauer und Arbeiter sollen in den nächsten Monaten der höchsten nationalen, politischen und wirtschaftlichen Not zusammenstehen, einander bereitwilligst helfen und das Volk vor dem Untergang bewahren. Nach wenigen Monaten, so hoffen wir, kehrt in der Welt und kehrt in Deutschösterreich das normale Leben wieder.
Dann wird das gesamte Volk sich eine dauernde staatliche Ordnung geben. Bis dahin Vertrauen, Eintracht, Selbstzucht und Gemeinsinn!

Heil Deutschösterreich!
Die Provisorische Nationalversammlung“

Der Text dieses Aufrufes stammt von Karl Renner.

14. November Schießerei zwischen Volkswehr und heimkehrenden Soldaten ungarischer Nationalität auf dem Wiener Ostbahnhof, der damals Staatsbahnhof hieß.

15. November Otto Bauer, Staatssekretär des Äußeren, wird Nachfolger von Victor Adler *(→ 11. November)*.

16. November Eine Erdölbohrung bei Schönau (ab 3. Juni 1938 Bad Schallerbach, Oberösterreich) wird fündig.

22. November Erklärung der Provisorischen Nationalversammlung über »Umfang, Grenzen und Beziehungen des Staatsgebietes«. Sollte alle deutschsprachigen Gebiete betreffen, wird aber durch die Situation in den »Nachfolgestaaten« gegenstandslos.

23. November 5 000 Mann des italienischen Heeres marschieren in den Abendstunden in Innsbruck ein. Auf Grund der Waffenstillstandsbedingungen vom 3. November (s. d.) war den Italienern die Besetzung des Inntales möglich. Ende Jänner 1920 zogen diese Besatzungstruppen wieder ab, eine Militärmission blieb bis 11. Dezember 1920 in der Stadt.

Gebietsforderungen Deutschösterreichs

In der Sitzung der Provisorischen Nationalversammlung vom 12. November 1918 wurde beschlossen, daß alle mehrheitlich deutschsprachigen Länder, die ihren Beitritt zur Republik erklärten, von der Republik Deutschösterreich beansprucht werden.
Auf Grund der Volkszählung von 1910 hätte dies in etwa folgende Bevölkerungszahlen ergeben, wobei spätere Grenzkorrekturen unberücksichtigt bleiben:

Niederösterreich	3 532 000
Deutsch-Südböhmen	23 000
Deutsch-Südmähren	173 000
Oberösterreich	853 000
Böhmerwaldgau	183 000
Salzburg	215 000
Steiermark	1 140 000
Kärnten	396 000
Tirol (ohne Südtirol)	584 000
Vorarlberg	145 000
Deutschböhmen	2 230 000
Westschlesien	260 000
Nordmähren	332 000
Nordostböhmen	87 000
insgesamt	10 153 000

Aufgeschlüsselt nach Nationalitäten:

Deutsche	9 162 000
Tschechen und Slowaken	288 000
Slowenen	213 000
Italiener	33 000
Ladiner	20 000

Mit Einschluß der Sprachinseln von Brünn, Iglau und Olmütz mit einer Gesamtbevölkerung von 226 000 Einwohnern hätte die Gesamtbevölkerung von Deutschösterreich fast 10,35 Millionen Einwohner betragen.

27. November Gesetz über neue Wahlordnung *(→ 16. Februar 1919)* Wahlrecht für Männer und Frauen nach Erreichung des 20. Lebensjahres.

1. Dezember Vereinigung der südslawischen Gebiete *(→ 29. Oktober)* mit Serbien und Montenegro zum Königreich der Serben, Kroaten und Slowenen, Dynastie Karadjordjewitsch.

5. Dezember Die Kärntner Landesversammlung beschließt den bewaffneten Widerstand gegen eingedrungene südslawische Truppen.

— Südslawien erhob Ansprüche auf Südkärnten, einschließlich Klagenfurt und Villach, bis zum Zollfeld. Es bilden sich spontan unter dem Namen Heimwehr Truppeneinheiten, die sich den Südslawen entgegenstellen. Mit den späteren paramilitärischen Verbänden haben sie nichts zu tun, wenn auch die Heimwehren die Tradition des Gedenkens an die Abwehrkämpfe sehr pflegten.

7. Dezember Bewaffneter Widerstand gegen die Südslawen auch in der Südsteiermark.

8. Dezember Gründung der »Großloge von Wien«. Nach dem bereits 1795 erfolgten Verbot der Freimaurer in Österreich (nicht jedoch in Ungarn) hatte ab 1869 die sogenannte »Grenzlogenzeit« begonnen. Die österreichischen Freimaurer arbeiteten bis 1918 in 16 Logen unter dem Schutz der Großloge von Ungarn in grenznahen Orten – z. B. in Ödenburg (Sopron), Neudörfl an der Leitha (heute Burgenland) und später auch in Preßburg; während dieser Zeit wurden die rituellen Arbeiten in Ungarn durchgeführt. In Wien hingegen war der unpolitische Verein »Humanitas« tätig und gründete u. a. 1875 im Kahlenbergerdorf das Erste österreichische Kinderasyl *(→ Juli 1945)*.

18. Dezember Wehrgesetz der Provisorischen Staatsregierung. Allgemeine Wehrpflicht in der »Volkswehr« für Männer vom 18. bis zum 41. Lebensjahr. Kommandogewalt durch die »Soldatenräte« eingeschränkt *(→ 10. September 1919; 18. März 1920)*.

19. Dezember Durch die »Regelung der Arbeits- und Lebensverhältnisse in der Heimarbeit« wird erstmals in Österreich die Heimarbeit gesetzlich geregelt. Gleichzeitig wird der achtstündige Normalarbeitstag eingeführt, allerdings nur für Fabrikbetriebe *(→ 17. Dezember 1919)*.

Jahreswende 1918/19 In Tirol entstehen zur Sicherung von Ruhe und Ordnung in den Monaten des Zusammenbruchs, als zurückflutende Truppen das Land überschwemmten, zahlreiche Bürger- und Ortswehren. Sie werden von der Tiroler Landesregierung in einem »Tiroler Wehrausschuß«, zu dessen Obmann der Landtagsabgeordnete Richard Steidle bestellt wird, zusammengefaßt. Ebenso bilden sich in der Steiermark Freiwilligen-Abteilungen die sich den eindringenden südslawischen Truppen entgegenstellen.

▶**1919, 8. Januar** Peter Altenberg (eigentlich Richard Engländer) stirbt in Wien; geb. am 9. März 1859 in Wien, Aphoristiker, Feuilletonist und Meister der impressionistischen Kleinprosa.

31. Januar Demonstration von Arbeitslosen in Wien, Zusammenstöße mit der Polizei vor dem Parlament, 18 Polizisten werden verletzt.

4. Februar Massendemonstrationen in Linz wegen Fleischmangels, zahlreiche Geschäfte werden geplündert.

9. Februar In St. Leonhard bei Horn (Niederösterreich) wird von Sozialdemokraten und Deutschnationalen eine christlichsoziale Wahlversammlung gesprengt. Abgeordneter Wilhelm Miklas wird schwer verletzt.

16. Februar Wahlen zur verfassunggebenden (Konstituierenden) Nationalversammlung, bei denen Frauen erstmals wählen dürfen. Die Nationalversammlung sollte aus 255 Abgeordneten bestehen, doch konnten die Wahlen in Südtirol, Südkärnten, der Südsteiermark und im Sudetenland nicht durchgeführt werden. *(Wahlergebnisse → Rahmenartikel: Wahlergebnisse in der Ersten Republik, S. 323)*.

19. Februar Der Linzer Arbeiterrat regt die Zusammenlegung aller Arbeiterräte mit einheitlichen Satzungen an.

22. Februar Zusammenstöße in Graz zwischen Kommunisten und deutschnationalen Studenten, sechs Tote und etwa 50 Verletzte.

27. Februar bis 2. März Geheimverhandlungen zwischen dem Staatssekretär des Äußern, Otto Bauer, und dem deutschen Außenminister Ulrich Graf Brockdorff-Rantzau über die Frage des Anschlusses an das Deutsche Reich.

Die Christlichsozialen adaptieren ihr Programm

Am 3. März 1919 wird von der »Vollversammlung des christlichsozialen Klubs« das im Februar aufgestellte Aktionsprogramm der christlichsozialen Vereinigung mit kleinen Veränderungen zum Beschluß erhoben. Die »Politischen Leitsätze« haben sieben Punkte, der Abschnitt »Volkswirtschaft und Sozialpolitik« hat sechs Punkte:

»III. Die definitive Verfassung der Republik Deutschösterreich muß die demokratischen Errungenschaften gegen jede Bedrohung, von welcher Seite immer sie kommen mag, sicherstellen. Der alleinige Inhaber der Staatsgewalt ist das Volk, das seine Geschicke teils durch die von ihm gewählten Vertretungskörper und die in seinem Namen eingesetzten Behörden, teils in unmittelbarer Volksabstimmung selbst bestimmt ...

VI. Die Verhandlungen über den Zeitpunkt und die Vorbedingungen für die Verwirklichung des Anschlusses Deutschösterreichs an Deutschland sind ohne Verzug einzuleiten. Dabei ist insbesondere auf die vollkommene Sicherung der wirtschaftlichen Interessen Deutschösterreichs Bedacht zu nehmen ...

XII. Die Wiederbelebung des Wirtschaftslebens durch zielbewußte Förderung der Produktion und eines gesunden Exportes ist der beste Weg, auf dem der Staat aus seinen ungeheuren finanziellen Schwierigkeiten herausgeführt werden kann ...«

1. und 2. März »Reichskonferenz der Arbeiterräte« im Arbeiterheim Favoriten in Wien unter dem Vorsitz von Friedrich Adler. Unter seinem Einfluß wird die Errichtung einer von den Kommunisten propagierten Rätediktatur abgelehnt.

4. März Erste Sitzung der Konstituierenden Nationalversammlung, Erster Präsident: Karl Seitz (Sozialdemokrat), Zweiter: Prälat Johann Nepomuk Hauser (Christlichsozialer), Dritter: Franz Dinghofer (Deutschnationaler).

— In sudetendeutschen Städten kommt es aus Anlaß des Zusammentritts der Konstituierenden Nationalversammlung zu Demonstrationen. Sie werden vom Militär unterdrückt, 54 Tote und zahlreiche Schwerverletzte sind zu beklagen.

12. März Erklärung der Nationalversammlung, »Deutschösterreich ist ein Teil der Deutschen Republik« *(→ 21. November)*.

— Hildegard Burjan *(→ 11. Juni 1933)* wird als einzige Abgeordnete der Christlichsozialen Partei angelobt. Bei den Sozialdemokraten sind acht weibliche Abgeordnete.

14. März Gesetz über die Volksvertretung und die Staatsregierung. Die Nationalversammlung als höchstes Organ übernimmt die oberste Gewalt in der Republik, der Erste Präsident ist zugleich Staatsoberhaupt (das ist Karl Seitz).

15. März Kommission für die territorialen Friedensbestimmungen in Paris entscheidet die Aufrechterhaltung der Grenzen zwischen Deutschösterreich und Deutschland *(→ 22. April)*.

— Karl Renner bildet aus Christlichsozialen und Sozialdemokraten eine Koalitionsregierung. Staatskanzler, Inneres und Unterricht: Karl Renner (Sozialdemokrat), Vizekanzler: Jodok Fink (Christlichsozialer), Äußeres: Otto Bauer (Sozialdemokrat), Finanzen: Josef Schumpeter (Beamter), Handel: Johann Zerdik (Christlichsozialer, Verkehr: Ludwig Paul (Beamter), Landwirtschaft: Josef Stöckler (Christlichsozialer), Soziale Verwaltung: Ferdinand Hanusch (Sozialdemokrat), Justiz: Richard Bratusch (Beamter), Heereswesen: Julius Deutsch (Sozialdemokrat), Ernährung: Hans Loewenfeld-Russ (Beamter).

18. März Die Schweiz sagt Exkaiser Karl I. die Asylgewährung zu *(→ 23. und 24. März)*.

21. März Ausrufung der kommunistischen Rätediktatur unter Béla Kun in Ungarn.

23. März Exkaiser Karl I. verläßt mit seiner Familie vom Bahnhof Kopfstetten im Marchfeld unter britischem Militärschutz Österreich.

24. März Im »Feldkircher Manifest« nimmt Exkaiser Karl I. vor der Ausreise aus Österreich alle seit dem 16. Oktober 1918 gemachten Erklärungen und Zusagen zurück.

28. März Die alliierte Blockade wird aufgehoben.

3. April Die Konstituierende Nationalversammlung verweist die Familie Habsburg-Lothringen des Landes, das Familienvermögen wird zugunsten der Kriegsgeschädigten beschlagnahmt.

12. April Arbeitslosendemonstrationen in Wien.

14. April Präsident Woodrow Wilson erklärt als »Schiedsrichter der Welt«, daß Südtirol zu Italien kommen soll.

17. April Kommunistische Unruhen in Wien. Ein Angriff auf das Parlament wird von der Polizei abgeschlagen. Fünf tote und 36 verletzte Polizisten, zehn verletzte Volkswehrmänner, von den Demonstranten eine Frau tot und 30 Verletzte, wird »Gründonnerstagsputsch« genannt *(→ 25. April)*.

20. April Lainzer Tiergarten im 13. Wiener Gemeindebezirk für das Sommerhalbjahr öffentlich zugänglich. 26 km^2 großes bewaldetes Erholungs- und Naturschutzgebiet mit Wildbestand.

22. April Präsident Woodrow Wilson und die Ministerpräsidenten David Lloyd George, Georges Clémenceau und Vittorio Emanuele Orlando stimmen dem Anschlußverbot der Pariser Kommission vom 15. März zu.

25. April Ein Parlamentsbeschluß erklärt den 1. Mai und den 12. November zu Staatsfeiertagen.

— Beim Begräbnis der Opfer des »Gründonnerstagsputsches« *(→ 17. April)* kommt es bei einer kommunistischen Heimkehrerversammlung zu Ausschreitungen gegen die Polizei und die Volkswehr, mehrere Verletzte.

29. April Vormarsch südslawischer Truppen in Kärnten.

3. Mai Schwere Zusammenstöße zwischen der österreichischen Bevölkerung und den Südslawen in Cilli und Windischgratz. Freiwillige aus Kärnten, der Steiermark und Tirol drängen die südslawischen Truppen aus den Stellungen nördl. der Drau *(→ 6. Mai)*.

Der Staatsvertrag von Saint Germain

Der Vertrag beteht aus 14 Abschnitten, die in 381 Artikel gegliedert sind. Eine Landkarte ist dem Vertrag angeschlossen.
Den Österreichern standen 27 Staaten als alliierte und assoziierte Mächte gegenüber, wobei Frankreich, Großbritannien, die Vereinigten Staaten und Italien den Verlauf der Verhandlungen bestimmten.
Bei den Verhandlungen in Saint Germain konnte die österreichische Delegation jeweils nur schriftlich zu den Vorschlägen der Friedenskonferenz Stellung nehmen. Mündliche Verhandlungen gab es nicht.
Zeitlicher Ablauf:
14. Mai 1919 Eintreffen der österreichischen Delegation
2. September 1919 Übergabe des endgültigen Vertragswerkes
6. September 1919 Nationalversammlung stimmt unter Protest zu
10. September 1919 Unterzeichnung durch Staatskanzler Renner in Saint Germain
17. Oktober 1919 Ratifizierung des Vertrages durch die Nationalversammlung
16. Juli 1920 Austausch der Ratifikationsurkunden
21. Juli 1920 Publikation des Vertrages als 90. Stück des Bundesgesetzblattes
Wichtigste Bedingungen:
* Österreich wird als Rechtsnachfolger der Doppelmonarchie behandelt.
* Der Name Deutschösterreich muß in Österreich geändert werden.
* In Artikel 88 wird der Anschluß an Deutschland an die ausdrückliche Zustimmung der Vertragspartner gebunden.
* Österreich wird zu Wiedergutmachungen verpflichtet.
* Österreich darf nur ein Söldnerheer in der maximalen Stärke von 30 000 Mann aufstellen.
* Territoriale Veränderungen: Südtirol und das Kanaltal gehen an Italien verloren, die Südsteiermark und das Kärntner Mießtal gehen an den neuen südslawischen Staat, Grenzgebiete im Norden Niederösterreichs an die Tschechoslowakei. Das gemischtsprachige Gebiet Kärntens bleibt nach einer Volksabstimmung bei Österreich. Das deutschsprachige Westungarn wird als Bundesland Burgenland an Österreich abgetreten. Eine Volksabstimmung in Ödenburg (Sopron) und Umgebung geht zu Ungunsten Österreichs aus.

6. Mai Freiwillige aus Kärnten, der Steiermark und Tirol erobern Bleiburg und Eisenkappel *(→ 3. Mai).*
9.–17. Mai Waffenstillstandsverhandlungen in Klagenfurt zwischen Österreich und den Südslawen bleiben ergebnislos; Kärntner fordern eine Volksabstimmung *(→ 10. Oktober 1920).*
11. Mai In Vorarlberg wird eine Volksbefragung über einen Anschluß an die Schweiz durchgeführt. 47 208 (= 80%) der Bewohner stimmen dafür, 11 241 dagegen. Die Abstimmung blieb ohne Folgen, da weder die Schweiz daran interessiert war, noch Staatskanzler Karl Renner in Saint Germain die österreichische Position negativ beeinflussen wollte.
14. Mai Die deutschösterreichische Delegation trifft in Saint Germain ein. Am 19. Mai erfolgt die Übergabe der Vollmachten.
15. Mai Betriebsrätegesetz beschlossen.
28. Mai Staatssekretär Julius Deutsch gibt unter alliiertem Druck die Reduktion der Volkswehr auf 12 000 Mann bekannt.
— Südslawischer Großangriff auf Kärnten. Rückzug der Freiwilligenverbände auf Stellungen nördl. der Drau.
1. Juni Kommunisten protestieren gegen die Reduktion der Volkswehr *(→ 28. Mai).*
2. Juni Um 12.15 Uhr übergibt der französische Ministerpräsident Georges Clémenceau als Vorsitzender der Friedenskonferenz der deutschösterreichischen Delegation den Entwurf der Friedensbestimmungen *(→ 10. September).*
3. Juni Südslawische Truppen ziehen in Völkermarkt (Kärnten) ein.
5. Juni Rotgardisten demonstrieren vor dem Parlament in Wien gegen die Reduktion der Volkswehr *(→ 28. Mai).*
6. Juni Südslawische Truppen besetzen Klagenfurt. Die Kärntner Landesregierung wird nach Spittal an der Drau verlegt. Intervention Italiens gegen das weitere Vordringen Südslawischer Truppen in Kärnten.
9. Juni Karl Kundmann stirbt in Wien; geb. am 15. Juni 1838 in Wien, Bildhauer, Schöpfer zahlreicher Denkmäler der Wiener Ringstraße, wie z. B. Athene-Brunnen vor dem Parlament, Denkmäler für Tegetthoff (in Wien und Graz), Schubert, Grillparzer.
13. Juni Tagung des Wiener Arbeiterrates, die Mehrheit ist antikommunistisch.
15. Juni Ein kommunistischer Putschversuch in Wien wird im Keim erstickt. Polizeipräsident Johannes Schober läßt 100 kommunistische Führer verhaften, ihre Anhänger demonstrieren und wollen zur Roßauer Kaserne. In der Hörlgasse (9. Bezirk) kommt es zum Zusammenstoß mit der Stadtschutzwache (einer Zusatzeinheit zur Wiener Sicherheitswache) – 20 Tote und rund 80 Verletzte.
3. Juli Reichskonferenz der Arbeiterräte. Antikommunistische Mehrheit lehnt die Proklamation einer Räterepublik Deutschösterreich ab.
26. Juli Nach dem Rücktritt Otto Bauers, der seine Anschlußpolitik durch die Pariser Friedenskonferenz vereitelt sah, übernimmt Karl Renner dieses Amt.
27./28. Juli nachts Kommunisten bringen an einem Pfeiler der Wiener Nordwestbahnbrücke eine Sprengladung an. Die Explosion soll einen am 28. Juli in die Tschechoslowakei fahrenden Munitionszug sprengen,

Wahlergebnisse in der Ersten Republik

	1919			1920			1923		
	Stimmen	%	Mandate	Stimmen	%	Mandate	Stimmen	%	Mandate
Sozialdemokraten	1,211.814	40,76	72	1,072.700	35,91	69	1,311.870	39,60	68
Christlichsoziale	1,068.382	35,93	69	1,245.531	41,82	85	1,490.870	45,00	82
Deutschnationale	545.938	18,36	26	514.127	17,28	28			
Großdeutsche							422.600[2]	12,76	10
Landbund									5
Heimatblock									
Sonstige	149.320[4]	4,95	3	147.961	4,99	1	87.266	2,64	0

	1927			1930		
	Stimmen	%	Mandate	Stimmen	%	Mandate
Sozialdemokraten	1,539.635	42,30	71	1,516.913	41,10	72
Christlichsoziale	1,756.761[1]	49,00	73	1,314.468	35,70	66
Deutschnationale						
Großdeutsche			12	427.962[3]	11,60	19
Landbund	230.157	6,30	9			
Heimatblock				227.197	6,20	8
Sonstige	114.973	3,00	0	200.542	5,40[5]	0

[1] 1927 kandidierten die Christlichsozialen auf einer Einheitsliste mit der Großdeutschen Volkspartei.
[2] 1923 bildeten die Großdeutschen und der Landbund eine gemeinsame Liste.
[3] 1930 kandidierten Großdeutsche und Landbund gemeinsam unter dem Namen Nationaler Wirtschaftblock und Landbund, Führung Schober.
[4] Je ein Bürgerlicher, ein Tscheche und ein jüdischer Nationalist erhielten ein Mandat. Bei den Wahlen 1920 konnte sich nur mehr der Bürgerliche halten.
[5] 1930 kandidierten folgende Kleinparteien: Nationalsozialisten, Sonderkandidatur des Landbundes, Kommunisten, österreichische Volkspartei, Demokratische Mittelpartei, Jüdische Liste, Kaisertreue Volkspartei. Letztere brachte es als Schlußlicht in der Wählergunst nur auf 157 Stimmen.

das vereinbarte Signal für einen kommunistischen Aufstand in Wien. Nässe verhindert die Explosion.

30. Juli Ein Gesetz über den bezahlten Urlaub von Arbeitern wird beschlossen. Jeder Arbeiter hat nach einem Jahr ununterbrochener Beschäftigung in demselben Unternehmen Anspruch auf eine Woche bezahlten Urlaub. Nach fünf Jahren zwei Wochen, für Lehrlinge und jugendliche Arbeiter ist ein Urlaub von vier Wochen vorgesehen.

31. Juli Die südslawischen Truppen räumen über Intervention des Obersten Rates in Paris Klagenfurt.

27. August Entwaffnung des Volkswehrbataillons 41, der ehemaligen Roten Garde.

2. September Die Alliierten übergeben Österreich die endgültige Fassung des Friedensvertrages.

6. September Die Konstituierende Nationalversammlung nimmt »unter feierlichem Protest vor aller Welt« den am 2. übergebenen Friedensvertrag der Alliierten an.

10. September Unterzeichnung des Staatsvertrages von Saint-Germain-en-Laye zwischen Österreich und den »alliierten und assoziierten Mächten« durch Staatskanzler Karl Renner. Österreich bezieht in diesem Zusammenhang den Rechtsstandpunkt, daß es mit den Alliierten einen Staatsvertrag, aber keinen Friedensvertrag abgeschlossen habe. Österreich war weder kriegführender Staat, noch wollte es ohne Einschränkungen die Nachfolge der Doppelmonarchie antreten. Es sah sich hingegen als neuer Staat.

10. Oktober Uraufführung der Oper »Die Frau ohne Schatten« von Richard Strauss an der Wiener Oper, Text von Hugo von Hofmannsthal.

Neuer Name für den Staat

Aus dem Gesetz über die Staatsform vom 21. Oktober 1919:

»Die Nationalversammlung hat beschlossen:

Art. 1. Deutschösterreich in seiner durch den Staatsvertrag von Saint Germain bestimmten Abgrenzung ist eine demokratische Republik unter dem Namen ›Republik Österreich‹. Die Republik Österreich übernimmt jedoch – unbeschadet der im Staatsvertrage von Saint Germain auferlegten Verpflichtungen – keinerlei Rechtsnachfolge nach dem ehemaligen Staate Österreich, das ist den im Reichsrate vertretenen Königreichen und Ländern.

Art. 2. Wo in den geltenden Gesetzen von der Republik Deutschösterreich oder von ihren Hoheitsrechten die Rede ist, hat an Stelle dieser Bezeichnung nunmehr der Name Republik Österreich zu treten.

Art. 3. In Durchführung des Staatsvertrages von Saint Germain wird die bisherige gesetzliche Bestimmung: ›Deutschösterreich ist ein Bestandteil des Deutschen Reiches‹ außer Kraft gesetzt . . .«

Einigungs- und Gründungsparteitag der Großdeutschen Volkspartei

Auf dem Einigungs- und gleichzeitig Gründungsparteitag der Großdeutschen Volkspartei in Salzburg vom 5. bis 7. September 1920 wird ein Parteiprogramm beschlossen, das unter dem Titel »Richtlinien deutscher Politik. Programmatische Grundlagen der Großdeutschen Volkspartei« veröffentlicht wird. Das sogenannte »Salzburger Programm« ist recht umfangreich und besteht aus dem »Allgemeinen Teil« mit dem Untertitel »Der Gedanke der Volksgemeinschaft« und dem »Besonderen Teil« in acht Abschnitten. Hier ein Auszug:

»... Der innere Zusammenhalt des deutschen Volkes wurde schon im Zeitalter des Liberalismus in verhängnisvoller Weise gelockert. Dem Liberalismus liegt eine Weltanschauung zugrunde, die in einseitiger Weise die Rechte des Individualismus in den Vordergrund stellt und die Rechte der Gesamtheit vernachlässigt ...

... Deshalb stellen wir dem Individualismus den Gedanken der Volksgemeinschaft gegenüber. Der Mensch ist nicht nur Individuum, sondern auch Mitglied der Gemeinschaft des Volkes. Jeder dieser beiden Lebenskreise, der persönliche wie der gesellschaftliche, hat hinsichtlich des Ausmaßes der Rechte und Pflichten seine besonderen Bedürfnisse, die jedoch untereinander vielfach in Widerstreit stehen ...

Besonderer Teil – Aufgaben nationaler Politik.

Der unverrückbare Leitstern unserer Außenpolitik ist der Anschluß Österreichs an das Deutsche Reich. Das Streben nach der Vereinigung aller Volksgenossen in einen staatlichen Verband liegt naturnotwendig im Wesen der Volksgemeinschaft ...«

Aufgaben der Kulturpolitik, Volkswohlfahrt und Volksgesundheit, der Wirtschaftspolitik (mit fünf Abschnitten), der Einkommenspolitik, der Sozialpolitik, der Finanzpolitik sind die weiteren Abschnitte gewidmet. Der Schluß ist »Unsere Stellung zur Judenfrage«: ... Ein solcher Fremdkörper ist das Judentum. Wenn hierüber im nachstehenden mit voller Offenheit gesprochen wird, so geschieht dies ohne Gehässigkeit und ohne sittliche Wertung der jüdischen Rasseneigentümlichkeit ... Auf der Zerstörung der Volksgemeinschaft ist die Herrschaft des Judentums gegründet. Die Fesseln der Judenherrschaft kann daher nicht ein sich in ohnmächtiger Beschimpfung austobender Wortantisemitismus, sondern nur die Wiederherstellung der Volksgemeinschaft endgültig sprengen ...«

17. Oktober Dritte Regierung Renner, eine Koalition aus Sozialdemokraten und Christlichsozialen: Staatskanzler und Äußeres: Karl Renner (Sozialdemokrat), Vizekanzler: Jodok Fink (Christlichsozialer), Inneres und Unterricht: Matthias Eldersch (Sozialdemokrat), Finanzen: Richard Reisch (Beamter), Handel: Johann Zerdik (Christlichsozialer), Verkehr: Ludwig Paul (Beamter), Landwirtschaft: Josef Stöckler (Christlichsozialer), Soziale Verwaltung: Ferdinand Hanusch (Sozialdemokrat), Justiz: Rudolf Ramek (Christlichsozialer), Heereswesen: Julius Deutsch (Sozialdemokrat), Ernährung: Hans Loewenfeld-Russ (Beamter).

— Die Konstitutierende Nationalversammlung ratifiziert den Staatsvertrag von Saint Germain.

21. Oktober Ein Gesetz über die Staatsform, mit dem sich auch der Name des Staates ändert, wird beschlossen *(→ Rahmenartikel: Neuer Name für den Staat, S. 323)*.

15. und 16. November 5. Parteitag der Wiener Christlichsozialen Partei. Ignaz Seipel referiert über das neue Parteiprogramm, wenn auch von lokaler Warte aus gestaltet, erhält es als »Wiener Programm« mit seinen Grundsätzen Bedeutung für die gesamte Partei.

17. Dezember Das Gesetz über den achtstündigen Höchstarbeitstag wird allgemein und dauernd ohne zeitliche Begrenzung beschlossen *(→ 19. Dezember 1918)*.

▶1920, 10. Februar Hungerdemonstrationen in Leoben (Steiermark), fünf Tote und 45 Verletzte.

11. Februar In Zwettl (Niederösterreich) wird mit minus 36.6 Grad ein Kälterekord gemessen.

21. Februar Vertreter von Salzburger Selbstschutzgruppen vereinbaren mit dem Regierungspräsidenten von Oberbayern Gustav Ritter von Kahr, dem Forstrat Georg Escherich und dem Obergeometer Rudolf Kanzler, daß die Salzburger Gruppen von Bayern aus organisiert und unterstützt werden.

13. März Ignaz Seipel ersucht den ungarischen Gesandten in Wien, Gustav Gratz, um Finanzhilfe für die Heimwehrbewegung.

18. März Ein neues Wehrgesetz, gemäß den Bestimmungen des Staatsvertrages, wird erlassen. Der bewilligte Höchststand des Söldnerheeres von 30 000 Mann wird in der Ersten Republik kaum erreicht. Der Normalstand beträgt aus finanziellen Gründen etwa 21 000 Mann.

24. März Ein Gesetz über eine staatliche Arbeitslosenversicherung anstelle der Arbeitslosenunterstützung wird beschlossen.

3. April Gründung der »Graphischen Sammlung Albertina« in Wien. Sie umfaßt Bestände der alten Albertina, der Hofbibliothek, der Hofmuseen und der Fideikommißbibliothek.

12. Mai Im Kongreßsaal des Innsbrucker Landhauses kommt es in Anwesenheit von Vertretern der Parteien, des Bauernbundes, der Universität und der Studentenschaft zur Gründung der »Tiroler Heimatwehr«. Erster Landesführer wird Richard Steidle.

4. Juni Unterzeichnung des Friedensvertrages von Trianon (bei Paris) zwischen Ungarn und den Alliierten. Damit verpflichtet sich Ungarn, das Gebiet Westungarns, das Burgenland, an Österreich abzutreten.

7. Juni Hungerdemonstrationen und Plünderungen in Wien.

— In Graz demonstrieren Hausfrauen gegen die hohen Obst- und Gemüsepreise; 15 Tote und mehrere Verletzte beim sogenannten »Kirschenrummel«.

10. Juni Die Christlichsozialen kündigen in der Nationalversammlung die Koalition mit den Sozialdemokraten. Während der Debatte um einen Erlaß über die Wahl von Heeresvertrauensmännern war es zu Differenzen gekommen.

7. Juli Nach Rücktritt der dritten Regierung Renner erste Regierung Mayr, Proporzregierung aus allen Parteien *(→ 22. Oktober und 20. November):* Staatskanzler: Michael Mayr (Christlichsozialer), Vizekanzler und soziale Verwaltung: Ferdinand Hanusch (Sozialdemokrat), Äußeres: Karl Renner (Sozialdemokrat), Inneres und Unterricht: Walter Breisky (Beamter), Finanzen: Richard Reisch (Beamter), Handel: Eduard Heinl (Christlichsozialer), Verkehr: Karl Pesta (Beamter), Landwirtschaft: Alois Haueis (Christlichsozialer), Justiz: Julius Roller (Großdeutscher), Heereswesen: Julius Deutsch (Sozialdemokrat), Ernährung: Alfred Grünberger (Beamter).

15. Juli Erste große Parade des Bundesheeres auf dem Heldenplatz in Wien: Dem Infanterieregiment Nr. 4 (Hoch- und Deutschmeister) wird als einzigem Truppenteil eine rotweißrote Fahne mit dem Wappen der Republik übergeben.

22. August Anläßlich der Eröffnung der ersten »Salzburger Festspiele« Aufführung von Hugo von Hofmannsthals »Jedermann« vor dem Salzburger Dom. Es ist eine Wohltätigkeitsveranstaltung, die Schauspieler erhalten nur Geschenke: so Werner Krauss (Tod) eine Lederhose; Jedermann: Alexander Moissi, Regie: Max Reinhardt, Kostüme: Alfred Roller, musikalische Leitung: Bernhard Paumgartner.

5.–7. September Einigungs- und zugleich Gründungsparteitag der »Großdeutschen Volkspartei« in Salzburg.

1. Oktober Die Konstituierende Nationalversammlung beschließt die neue Verfassung der Republik Österreich, die ab nun ein Bundesstaat ist. Wesentlichen Anteil an der Ausarbeitung hatten neben den Vertretern der politischen Parteien die Experten der Staatskanzlei Georg Fröhlich, Egbert Mannlicher und Adolf Merkl. Der Rechtspositivist Hans Kelsen (geb. 11. Oktober 1881 Prag; gest. 19. April 1973 Berkeley/Calif.) zeichnet vor allem für die formale Gestaltung, für die strikte Verankerung des Legalitätsprinzips, für Sprache und konsequente Begrifflichkeit der Rechtskategorien verantwortlich. 1925 *(→ 30. Juni)* und 1929 *(→ 7. Dezember)* wurde die Verfassung in wichtigen Bereichen novelliert. Am 27. April 1945 wurde sie nach der Wiedererstehung Österreichs in der Fassung von 1929 wieder in Kraft gesetzt.

10. Oktober Volksabstimmung in Kärnten. Zone A mit überwiegend slowenischer Bevölkerung entscheidet mit 22 025 gegen 15 279 Stimmen für den Verbleib bei Österreich, daher wird in der überwiegend deutschsprachigen Zone B nicht abgestimmt.

17. Oktober Nationalratswahlen: Christlichsoziale Partei wird stärkste Partei. *(→ Rahmenartikel: Wahlergebnisse in der Ersten Republik, S. 323).*

22. Oktober Ausscheiden der sozialdemokratischen Minister aus der Regierung. Damit wird die seit 1918 bestehende Koalition der beiden großen Parteien beendet. Die Sozialdemokratie verharrte bis zum Ende der parlamentarischen Ära in Österreich in Opposition *(→ 7. Juli und 20. November).*

8. November Exkaiser Karl I. erklärt in einem Schreiben an den ungarischen Reichsverweser Nikolaus Horthy die dynastische Verbindung zwischen Österreich und Ungarn für gelöst und will nur noch König von Ungarn sein *(→ 26. März bis 4. April 1921).*

20. November Zweite Regierung Mayr *(→ 1. Juni 1921):* Bundeskanzler und Äußeres: Michael Mayr (Christlichsozialer), Vizekanzler: Walter Breisky (Beamter), Inneres und Unterricht: Egon Glanz (Beamter) – ab 23. April 1921 Rudolf Ramek (Christlichsozialer), Finanzen: Ferdinand Grimm (Beamter), Handel: Eduard Heinl (Christlichsozialer), Verkehr: Karl Pesta (Beamter), Landwirtschaft: Alois Haueis (Christlichsozialer), Soziale Verwaltung: Josef Resch (Christlichsozialer), Justiz: Rudolf Paltauf (Beamter), Heereswesen: Egon Glanz (Beamter) – ab 28. April 1921 Carl Vaugoin (Christlichsozialer), Ernährung: Alfred Grünberger (Beamter).

9. Dezember Michael Hainisch (parteilos) wird von der Bundesversammlung zum Bundespräsidenten gewählt.

16. Dezember Österreich wird einstimmig in den Völkerbund aufgenommen *(→ 20. November).*

►1921 Schrittweise wird in Österreich das Rechtsfahren eingeführt. Den Anfang macht Vorarlberg, 1930 folgt Tirol ohne Osttirol. Erst 1938 wurde allgemein rechts gefahren.

2. Januar Franz von Defregger stirbt in München; geb. am 30. April 1835 in Stronach (Osttirol), Maler, Genrebilder aus dem Alltagsleben der Tiroler Bauern und Historienbilder.

22. Jänner In einer Note der Botschafterkonferenz in Paris werden Österreich und Ungarn neuerlich aufgefordert, sich in direkten Verhandlungen über Detailfragen der neuen gemeinsamen Grenze zu einigen.

26. März bis 4. April Erster Restaurationsversuch Exkaisers Karls I. zur Wiedererlangung der ungarischen Krone. Er wird in Steinamanger (Szombathely) zur Umkehr gezwungen *(→ 4. September).*

24. April In Tirol wird eine von der Bundesregierung in Wien nicht gebilligte Volksabstimmung über einen Anschluß an Deutschland durchgeführt, die 98% Prostimmen ergibt.

28. April Carl Vaugoin (Christlichsozialer) wird Heeresminister. Mit einer kurzen Unterbrechung im Jahre 1922 bleibt er bis zum 21. September 1933 Ressortschef. Es gelingt ihm, das Bundesheer zu einem verläßlichen Instrument der Christlichsozialen Partei umzufunktionieren, obwohl noch bei den Vertrauensmännerwahlen im Oktober 1922 der sozialdemokratische »Militärverband« 781 Mandate gewinnen konnte. Die Christlichsozialen hatten damals nur 20 Mandate, die Kommunisten 16.

4. Mai Alfred Hermann Fried stirbt in Wien; geb. am 11. November 1864 in Wien, Schriftsteller, Pazifist. Gründete 1892 die »Deutsche Friedensgesellschaft« und erhielt 1911 zusammen mit Tobias Asser den Friedensnobelpreis.

9. Mai Bei einer Versammlung in St. Lorenzen im Mürztal wird Landeshauptmann Anton Rintelen von »marxistischen« Gegnern aus dem ersten Stocke des Versammlungssaales geworfen und dann noch schwer mißhandelt. Als die Rädelsführer verhaftet werden sollen, befreiten 500 Bewaffnete des Kapfenberger Arbeiter-Alarmbataillons die Verhafteten.

29. Mai In Salzburg wird eine inoffizielle Volksabstimmungen über einen Anschluß an Deutschland durchgeführt. Von knapp 100 000 Stimmberechtigten entscheiden sich über 98 000 (= 99,3%) für einen Anschluß.

31. Mai Die in der Steiermark geplante Volksabstimmung wird nach einer Warnung aus Kärnten nicht durchgeführt. Diese Vorgänge rund um die Volksabstimmung führen zum Rücktritt des Kabinetts Michael Mayr.

21. Juni Nach dem Rücktritt der Regierung Mayr erste Regierung Schober. Johannes Schober (parteilos) seit 1918 Polizeipräsident von Wien *(→ 27. Januar 1922).*

Bundeskanzler und Äußeres: Johannes Schober (Beamter), Vizekanzler und Unterricht: Walter Breisky (Christlichsozialer), Inneres: Leopold Waber (Großdeutscher), Finanzen: Ferdinand Grimm (Beamter), Handel: Alexander Angerer (Beamter) – ab 7. Oktober Alfred Grünberger (Beamter), Verkehr: Walter Rodler (Beamter), Landwirtschaft: Leopold Hennet (Beamter), Soziale Verwaltung: Franz Pauer (Beamter), Justiz: Rudolf Paltauf (Beamter), Heereswesen: Carl Vaugoin (Christlichsozialer), Ernährung: Alfred Grünberger (Beamter).

16. Juli Arbeiter sprengen in Wien-Hernals (Wien 17) einen Fackelzug der Christlichsozialen, zwölf Polizisten und vier Arbeiter verletzt.

26. Juli Friedensvertrag von Trianon *(→ 4. Juni 1920)* zwischen Ungarn und den Alliierten tritt in Kraft. Ungarn muß das Burgenland am 29. August an Österreich abtreten.

28. August Beginn des bewaffneten Widerstandes ungarischer Freischärler und regulärer Truppen gegen die einrückenden österreichischen Gendarmerie- und Zollwacheeinheiten (2 000 Mann); der Einsatz von Militär war von den Alliierten untersagt worden.

4. September Exkaiser Karl I. erhält in seinem Schweizer Exil die Warnung des ungarischen Reichsverwesers Nikolaus Horthy, keinen weiteren Restaurationsversuch zu unternehmen *(→ 12., 20., 22. und 24. Oktober).*

5. September 500 ungarische Freischärler greifen im Raum Kirchschlag in der Buckligen Welt an. Das Bundesheer kann die Freischärler zurückschlagen. Sieben Tote und 15 Verwundete sind auf österreichischer Seite zu beklagen.

8. September Die Bundesregierung zieht die Gendarmerieeinheiten aus dem Burgenland ab. Besonders am 5. im Raum Kirchberg am Wechsel (Niederösterreich) und am 8. im Raum Ödenburg und Agendorf hatte es schwere Kämpfe gegen die ungarischen Freischärler gegeben. Insgesamt hatten die österreichischen Einheiten 6 Tote, 12 Schwer- und 18 Leichtverletzte.

11. September Erste »Wiener Messe« eröffnet, 4 700 Aussteller, rund 500 000 Besucher werden gezählt.

23. September Bei der deutschen Automobilausstellung in Berlin wird das erste »Stromlinienauto« vorgestellt. Es wurde von dem österreichischen Ingenieur Edmund Rumpler konstruiert, der Erfahrungen aus dem Flugzeugbau anwandte. Der wegen seiner ungewöhnlichen Form »Rumpler-Tropfen« genannte Dreisitzer ist das erste Auto, das mit Schwingachsen, einem Heckmotor und Vorderradantrieb ausgestattet ist.

24. September Bruck an der Leitha (Niederösterreich) wird von ungarischen Freischärlern überfallen, bereits am 15. wurde an der Grenze wieder scharf geschossen.

12. Oktober Exkaiser Karl I. versichert, keinen Restaurationsversuch mehr zu planen *(→ 4. September, 20., 22. und 24. Oktober).*

13. Oktober Bundeskanzler Johannes Schober unterzeichnet das »Protokoll von Venedig« als Abschluß der Besprechungen zwischen Österreich und Ungarn unter dem Vorsitz Italiens über die Regelung im Burgenland. Kampflose Übergabe und Volksabstimmung im Raum Ödenburg vereinbart *(→ 26. Juli und 14.–16. Dezember).* Der Name Burgenland wurde von den vier westungarischen Komitaten – Preßburg, Wieselburg, Ödenburg, Eisenburg – abgeleitet.

20. Oktober Das Exkaiserpaar landet in der Nähe von Ödenburg mit einem Flugzeug.

22. Oktober Marsch der Truppen des Exkaisers Karl I. auf Budapest.

24. Oktober Exkaiser Karls I. Truppen unter General Anton von Lehár (dem Bruder des Operettenkomponisten) werden bei Budaörs geschlagen, das Exkaiserpaar wird gefangengenommen.

1. November Infolge extremer Teuerungen kommt es zu Unruhen und Plünderungen in Wien, besonders in den Geschäftsstraßen in der Inneren Stadt und in der Mariahilfer Straße.

13. November Gemäß dem »Protokoll von Venedig« besetzt das österreichische Bundesheer das Burgenland, bis 17. den nördl., vom 25. bis 30. den südl. Teil.

19. November Das Exkaiserpaar, mit Kindern und kleiner Begleitung, trifft in Funchal auf der Insel Madeira ein *(→ 1. April 1922).*

26. November Fahrt des letzten Personenzugs der Zahnradbahn auf den Wiener Kahlenberg. Für ein weiteres Jahr verkehrt die Bahn nur zur Wasserversorgung auf den Berg, dann wird sie endgültig eingestellt.

14.–16. Dezember Volksabstimmung im Raum Ödenburg *(→ 13. Oktober).* Unter starkem ungarischem Druck wird gegen Österreich entschieden. Die Ergebnisse: Ödenburg, Stadt: 15 343 für Ungarn, 8 277 für Österreich, rund 8 000 Stimmenthaltungen. Landgemeinden: 3 199 für Ungarn, 3 505 für Österreich.

16. Dezember Vertrag von Lana zwischen Österreich und der Tschechoslowakei unterzeichnet. Regelung politischer und wirtschaftlicher Fragen, beide Staaten garantieren gegenseitig ihre Staatsgebiete.

29. Dezember Erlassung des sogenannten »Trennungsgesetzes«. Die Stadt Wien trennt sich mit Wirkung vom 1. Jänner 1922 von Niederösterreich, sie wird ein selbständiges Bundesland.

►1922 Ungarn übernimmt Ödenburg und sieben Gemeinden der Umgebung.

26. Januar Erste Regierung Johannes Schober tritt zurück. Interimistisches Eintageskabinett des Vizekanzlers Walter Breisky.

27. Januar Zweite Regierung Schober: Bundeskanzler und Inneres: Johannes Schober (Beamter), Vizekanzler und Unterricht: Walter Breisky (Beamter), Äußeres und Landwirtschaft: Leopold Hennet (Beamter), Finanzen: Alfred Gürtler (Christlichsozialer) – ab 10. Mai Johannes Schober (Beamter), Handel und Ernährung: Alfred Grünberger (Beamter), Verkehr: Walter Rodler (Beam-

Die Völkerbundanleihe

Die Unterzeichnung der Genfer Protokolle vom 4. Oktober 1922 sicherte Österreich zwar eine Anleihe in der Höhe von 650 Millionen Goldkronen zu, doch war der Preis dafür hoch. Rund 10% Zinsen waren zu zahlen, außerdem mußte Österreich nichtverwendete Teile des Anleiheerlöses bei ausländischen Banken zu einem Bruchteil dieses Zinssatzes anlegen.
Das Nominale der Anleihe betrug 789,4 Millionen Goldkronen (= die von Österreich zu verzinsende und zu tilgende Summe), der Anleiheerlös belief sich nur auf 631 Millionen Goldkronen (= 80% des Nominales) – Österreich hatte um 155,4 Millionen Goldkronen mehr zu verzinsen und zurückzuzahlen, als es erhielt. Die große Differenz war auf den ungewöhnlich niedrigen Emissionskurs (verschiedentlich nur 80%) zurückzuführen. Die effektive Verzinsung betrug für Österreich 9,46 bis 10,20% jährlich.
Die Anleihe wurde im Juni 1923 in elf Teilausgaben, in zehn verschiedenen Währungen untergebracht und auf fast allen Börsenplätzen überzeichnet. Wenige Tage nach der Ausgabe stiegen die Kurse. Das internationale Finanzkapital hatte eindeutig die Zwangs- und Notlage Österreichs ausgenützt.
Die maßgeblichen Geldgeber waren: Bank of England, Bankhaus Morgan & Co. (Amerika), Banque de Paris et des Pays Bas, Banco d'Italia und die tschechoslowakische Regierung.

ter), Soziale Verwaltung: Franz Pauer (Beamter), Justiz: Rudolf Paltauf (Beamter), Heereswesen: Josef Wächter (General).

29. Januar Helene Engelmann und Alfred Berger werden in Davos Weltmeister im Paarlauf (Eiskunstlauf).

4.–6. Februar Herma Planck-Szábo in Stockholm Weltmeisterin im Eiskunstlauf.

April Bei den Passionsspielen in Erl (Tirol) werden 70 000 Besucher gezählt.

1. April ExkaiserKarl I. stirbt in Funchal auf der Insel Madeira; geb. am 17. August 1887 auf Schloß Persenbeug (Niederösterreich). Seit 1916 als Karl I. Kaiser von Österreich und als Karl IV. König von Ungarn *(→ 21. November 1916).*

3. April Uraufführung der Oper »Die Schatzgräber« von Franz Schreker in der Berliner Staatsoper unter den Linden.

10. Mai Sozialdemokraten und Großdeutsche stürzen Finanzminister Alfred Gürtler. Bis zur Neubildung des Kabinetts übernimmt Johannes Schober das Ressort.

24. Mai Zweite Regierung Schober tritt zurück. Differenzen mit den Großdeutschen wegen der Annäherungen an die Tschechoslowakei *(→ 16. Dezember 1921).*

31. Mai Erste Regierung Seipel:
Bundeskanzler: Prälat Ignaz Seipel (Christlichsozialer), Vizekanzler und Inneres: Felix Frank (Großdeutscher), Äußeres: Alfred Grünberger (Beamter), Finanzen: August Ségur (Christlichsozialer) – ab 14. November Viktor Kienböck (Christlichsozialer), Handel: Emil Kraft (Großdeutscher), Verkehr: Franz Odehnal (Christlichsozialer), Landwirtschaft: Rudolf Buchinger (Christlichsozialer), Soziale Verwaltung: Richard Schmitz (Christlichsozialer), Justiz: Leopold Waber (Großdeutscher), Unterricht: Emil Schneider (Christlichsozialer), Heereswesen: Carl Vaugoin (Christlichsozialer). Seipel sieht als vordringlichste Aufgabe die Sanierung der Währung. Die Krone war in den vergangenen Monaten rapid gefallen. 100 Schweizer Franken notierten jeweils am 1. Juli:

1919	567 Kronen
1920	2 702 Kronen
1921	12 200 Kronen
1922	360 000 Kronen

16. Juni Karl Blasel stirbt in Wien; geb. am 16. Oktober 1831 in Wien; Schauspieler und Komiker. Von ihm stammt die Redewendung: »Bitte sehr, bitte gleich!«

— Mit dem Notenbankgesetz wird mit einem Aktienkapital von 30 Millionen Goldkronen die Oesterreichische Nationalbank begründet.

August Bundeskanzler Ignaz Seipel versucht durch Reisen nach Verona, Berlin und Prag die dortigen Finanzkreise für eine Finanzhilfe an Österreich zu gewinnen.

12. August Uraufführung von Hugo von Hofmannsthals »Das Salzburger große Welttheater« in der Kollegienkirche in Salzburg. Regie: Max Reinhardt, Musik und Dirigent: Einar Nilson.

14. August Erste Opernaufführung bei den Salzburger Festspielen, Wolfgang Amadeus Mozarts »Don Giovanni« im Stadttheater. Dirigent: Richard Strauss, Don Giovanni: Alfred Jerger, Leporello: Richard Mayr, Don Ottavio: Richard Tauber.

23. August Arbeitslosendemonstration der Kommunisten, sie versuchen das Parlament zu stürmen; elf Polizisten und zehn Demonstranten verletzt.

6. September Erklärung Bundeskanzler Ignaz Seipels vor dem Völkerbund in Genf: ». . . Ehe das Volk Österreichs in seiner Absperrung zugrunde geht, wird es alles tun, um die Schranken und Ketten, die es beengen und drücken, zu sprengen.« – Seipels Überzeugungskraft ermöglicht die Völkerbundanleihe.

14. September Nationalratssitzung über die Völkerbundanleihe. Scharfe Opposition der Sozialdemokraten.

27. September Sanierungsplan für Österreich vom Völkerbund genehmigt.

4. Oktober Österreich einerseits, England, Frankreich, Italien und die ČSR andererseits unterzeichnen die Genfer Protokolle für die Völkerbundanleihe; Höhe: 650 Millionen Goldkronen auf 20 Jahre. Die unterzeichneten Mächte verpflichten sich, die »politische Unabhängigkeit, die territoriale Unverletzlichkeit und die Souveränität Österreichs zu achten«. Ein Kontrollkomitee wird hierzu errichtet *(→ 18. Dezember; 9. Juni 1926).*

14.–16. Oktober Zusammenstöße in Köflach und im Rosental (beide Steiermark) zwischen Arbeitern und der Gendarmerie, ein Toter und mehrere Verletzte.

14. November Viktor Kienböck (Christlichsozialer) wird neuer Finanzminister.

— Carl Michael Ziehrer stirbt in Wien; geb. am 2. Mai 1843 in Wien, Operettenkomponist, Militärkapellmeister. Er war seit 1884 beim Hoch- und Deutschmeisterregiment Nr. 4, Hofballmusikdirektor 1908–1918, schrieb 22 Operetten und rund 600 Märsche und Tänze.

18. November Die österreichischen Notenpressen werden stillgelegt und versiegelt: ein Vertragspunkt der Genfer Protokolle *(→ 4. Oktober)*. Beginn der Sanierungsmaßnahmen des Kabinetts Seipel.

24. November Der Nationalrat nimmt mit 103 gegen die 68 Stimmen der Sozialdemokraten die »Genfer Protokolle« an.

26. November Ein außerordentlicher Kabinettsrat zur Durchführung der Sanierungsmaßnahmen wird gebildet. Radikale Sparmaßnahmen des Wiederaufbauprogramms.

100 000 Staatsbeamte sollen in vier Etappen abgebaut werden: 25 000 bis Ende 1922, der Rest bis 30. Juni 1924. Der tatsächliche Abbau war geringer:

	Stand am		
	1. 10. 1922	14. 3. 1925	abgebaut
Hoheitsverwaltung	74 886	55 444	19 442
Eisenbahn	135 047	87 806	47 241
Post	37 523	29 097	8 426
Sonstige	29 434	20 181	9 253
	276 890	192 528	84 362

17. Dezember Am Wiener Zentralfriedhof wird die von dem Tiroler Architekten Clemens Holzmeister erbaute Feuerbestattungshalle (Krematorium) eröffnet. Einen Tag zuvor hatte Sozialminister Richard Schmitz die Inbetriebnahme verboten, doch Bürgermeister Jakob Reumann lehnte diese Weisung wegen Ungesetzlichkeit ab. Daher findet die erste Einäscherung am 17. Januar 1923 statt, im September 1924 bereits die tausendste.

18. Dezember Generalkommissär Alfred Zimmermann, Beauftragter des Genfer Kontrollkomitees (ehemaliger Bürgermeister von Rotterdam), trifft in Wien ein *(→ 4. Oktober)*.

▶**1923** Pfarrkirche von Batschuns (Vorarlberg) erbaut, ein beachtliches Frühwerk Clemens Holzmeisters.

— Weltmeister im Stemmen werden in Wien: Andreas Stadler im Federgewicht, Edinger im Leichtgewicht, Freiberger im Mittelgewicht und Franz Aigner im Schwergewicht.

— In Teilabschnitten wird bis 1924 die öffentliche Gasbeleuchtung *(→ 1826)* auf elektrischen Strom umgestellt.

1. Januar Die Notenbank (Oesterreichische Nationalbank) nimmt ihre Tätigkeit auf *(→ 14. Juli 1922)*.

5. Januar Adam Müller-Guttenbrunn stirbt in Wien; geb. am 22. Oktober 1852 in Guttenbrunn (Banat), Schriftsteller und Feuilletonist, 1898–1903 Direktor des Kaiser-Jubiläums-Stadttheaters (heute Volksoper), wo er ein antisemitisches Theater installierte.

26. Januar Alfred Petzold stirbt in Kitzbühel (Tirol); geb. am 24. September 1882 in Wien, Lyriker und Erzähler, Arbeiterdichter.

27. und 28. Januar Fritz Kachler wird in Wien zum drittenmal Weltmeister im Eiskunstlauf, Herma Planck-Szábo zum zweitenmal.

17. Februar Bei einem Zusammenstoß zwischen Legitimisten und sozialdemokratischen Arbeitern in Wien-Hietzing wird der Arbeiter Franz Birnecker erschossen.

2. April Zusammenstoß zwischen etwa 400 Nationalsozialisten, die auf dem Exelberg bei Wien unter dem Kommando eines Münchner Ausbildners eine »Felddienstübung« abhalten, und etwa 90 Arbeiterordnern aus Ottakring. Die »Schlacht auf dem Exelberg« artet in eine wilde Schlägerei aus.

12. April Innenministerium genehmigt die Statuten des »Republikanischen Schutzbundes«, einer bewaffneten Organisation der Sozialdemokratischen Partei unter der Führung von Julius Deutsch und General Theodor Körner. Vorläufer des Schutzbundes waren die seit etwa 1922 bestehenden »Arbeiterwehren«.

16. April Dagobert Peche stirbt in Mödling bei Wien; geb. am 3. April 1887 Wien, Gebrauchsgraphiker. Er war seit 1915 in der »Wiener Werkstätte« tätig.

17. April Zweite Regierung Ignaz Seipel wird gebildet. Entsprechend den Auflagen des Völkerbundes umfaßt sie weniger Ressorts als bisher.

Bundeskanzler: Ignaz Seipel (Christlichsozialer), Vizekanzler, Inneres und Justiz: Felix Frank (Großdeutscher), Äußeres: Alfred Grünberger (Beamter), Finanzen: Viktor Kienböck (Christlichsozialer), Handel und Verkehr: Hans Schürff (Großdeutscher), Landwirtschaft: Rudolf Buchinger (Christlichsozialer), Soziale Verwaltung: Richard Schmitz (Christlichsozialer), Unterricht: Emil Schneider (Christlichsozialer), Heereswesen: Carl Vaugoin (Christlichsozialer).

4. Mai Nationalsozialistische Versammlung in den Rosensälen in Wien. Störversuche von Sozialdemokraten und Kommunisten werden von der Polizei verhindert. Nachher Zusammenstoß der Nationalsozialisten mit sozialdemokratischen und kommunistischen Arbeitern, ein Arbeiter wird erschossen, 50 Verletzte.

6. Mai Zwischen der Heimwehr und den Sozialdemokraten kommt es in Geyerschütz (Kärnten) zu einem schweren Zusammenstoß mit Verletzten auf beiden Seiten.

18. Juli Die italienische Regierung gibt das Programm zur Entnationalisierung Südtirols bekannt.

11.–13. August Zweiter Reichsverbandstag der Christlichsozialen Arbeitervereine in Linz, Obmann Leopold Kunschak. Das sogenannte »Linzer Programm«, ausgearbeitet von Karl Lugmayr, wird beschlossen.

3. September In der Wiener Polizeidirektion findet die erste Sitzung der vom Wiener Polizeipräsidenten Johannes Schober ins Leben gerufenen internationalen Polizeiorganisation (Interpol) statt. 15 europäische Staaten, die Türkei, die Vereinigten Staaten von Amerika und Japan unterzeichnen das Protokoll über die künftige Zusammenarbeit.

21. September Beschluß des Wiener Stadtsenats, innerhalb von fünf Jahren 25 000 Gemeindewohnungen zu bauen.

30. September Zusammenstoß zwischen Nationalsozialisten und sozialdemokratischen Arbeitern in Spillern (Niederösterreich), ein jugendlicher Arbeiter tot, mehrere Verletzte.

17. Oktober Josef Bachlechner stirbt in Hall in Tirol; geb. am 28. Oktober 1871 in Bruneck (Südtirol), Holzschnitzer. Statuen, Krippen und Kreuzwegstationen.

21. Oktober Nationalratswahlen. Grundlage das neue Wahlgesetz vom Juli mit der Herabsetzung der Mandate von 183 auf 165. *(→ Rahmenartikel: Wahlergebnisse in der Ersten Republik, S. 323).*

Die Gemeinde Wien und ihre Gemeindebauten 1924–1934

Das vom Wiener Gemeinderat am 21. September 1923 beschlossene erste Wohnbauprogramm sieht für die fünf Jahre von 1924 bis 1928 25 000 Wohnungen vor. Nach einer recht hitzigen Debatte im Gemeinderat vom 27. Mai 1927 erfolgt mit den Stimmen der sozialdemokratischen Mehrheit der Beschluß, weiterhin jährlich 5 000 Wohnungen zu bauen. Damit begann das zweite Wohnbauprogramm, wonach insgesamt 60 000 Wohnungen in den Jahren 1924–1934 gebaut werden sollten.
Zur Finanzierung wurde die Wohnbausteuer eingehoben, die jedoch nur einen Teil der Kosten deckte. Beispielsweise betrug die Einnahme der Wohnbausteuer 1925 und 1926 jeweils rund 38 Millionen Schilling, rund 61 bzw. 81 Millionen Schilling mußten noch aus allgemeinen Steuern zugeschossen werden. Außerdem wurde eine Wohnbauanleihe aufgelegt. Trotzdem trugen die Bauten die Aufschrift »Errichtet von der Gemeinde Wien aus den Mitteln der Wohnbausteuer«. Bei allem finanziellen Mut und der sozialpolitischen Absicht darf die propagandistische Wirkung nicht unterschätzt werden. Die Zuteilung der Wohnungen durch das Wohnungsamt der Gemeinde war oft von der Parteizugehörigkeit abhängig.
Bis 1934 gelang tatsächlich die Fertigstellung von insgesamt 63 736 Wohnungen.
Den typischen »Superblocks« standen die »Stadtrandsiedlungen« gegenüber. Bis 1926 werden zwei Wohnungstypen bevorzugt: 75% mit 38 m^2 und 25% mit 48 m^2 Grundfläche, bestehend aus Vorraum, WC, Wohnküche und Zimmer bzw. noch einem Kabinett beim zweiten Typ. Ab 1927 baut man vier Wohnungstypen, wovon die größte mit Vorraum, WC, Küche, zwei Zimmern und einem Kabinett, die man recht gern »Mittelstandswohnungen« nennt, 57 m^2 hat. Im ganzen ein deutlicher Unterschied zu den Wohnungen in den Zinshäusern mit Wasser und WC am Gang. Badezimmer waren allerdings keine vorhanden – jeder Bezirk hatte ja seine billigen öffentlichen Badeanstalten, die sogenannten »Tröpferlbäder«.
Interessant sind die Stimmen aus dem Ausland, besonders aus der Schweiz, über Wien. Die »Neue Zürcher Zeitung« vom 19. Dezember 1924 schreibt:
»Von Wien kann man den Eindruck bekommen, es habe die reichste Stadtverwaltung Europas. Während Wien sich seit einiger Zeit vergeblich bemüht, vom Ausland ein Darlehen zu erhalten . . .« Es werden dann die für die Allgemeinheit errichteten Anlagen zitiert, die »sich nicht einmal New York leisten kann. Anstatt die Aufgaben auf das wirklich Notwendigste zu beschränken und diese durch ausländisches Geld zu bestreiten, das die nachfolgenden Generationen zurückzuzahlen verpflichtet . . .«

20. November Formeller Rücktritt der zweiten Regierung Seipel, dritte Regierung Seipel mit unverändertem Kabinett *(→ 17. April)*.
— Karl Seitz (Sozialdemokrat) löst seinen Parteifreund Jakob Reumann (seit 1919) als Bürgermeister von Wien ab.
10. Dezember Der in Graz tätige Universitätsprofessor Fritz Pregl erhält den Nobelpreis für Chemie für die von ihm entwickelte Methode der quantitativen Mikroanalyse organischer Verbindungen.
►1924 Baubeginn für das provisorische Festspielhaus in Salzburg, ehemaliger erzbischöflicher Marstall, wird von Landeskonservator Eduard Hütter umgebaut, 1925 fertiggestellt.
1. Januar Uraufführung Max Mells »Apostelspiel« in Graz.
24. Januar bis 4. Februar I. Olympischen Winterspiele in Chamonix-Mont-Blanc. Österreich: 2 Gold- und 1 Silbermedaille. Eiskunstlauf der Damen: 1. Herma Planck-Szábo; Eiskunstlauf der Paare: Helene Engelmann und Alfred Berger; Eiskunstlauf der Herren: 2. Willy Böckl.
16. und 17. Februar Herma Planck-Szábo wird in Oslo zum drittenmal Weltmeisterin im Eiskunstlauf.
26. und 27. Februar Helene Engelmann und Alfred Berger werden in Manchester Weltmeister im Eiskunstlauf der Paare.
1. April Wiedereröffnung des Theaters in der Josefstadt in Wien mit Carlo Goldonis »Diener zweier Herren« und einem Prolog von Hugo von Hofmannsthal. Max Reinhardt hatte 1923 die Direktion des Hauses übernommen und seit Juni 1923 große Umbauarbeiten durchführen lassen.
3. Mai bis 27. Juli VIII. Olympische Spiele in Paris. Österreich: 3 Silber-, 1 Bronzemedaille, alle in Schwerathletik. Federgewicht: 2. Andreas Stadler; Leichtgewicht: 2. Anton Zwerzina; Schwergewicht: 2. Franz Aigner; Halbschwergewicht: 3. Leopold Friedrich.
11. Mai Zum erstenmal wird der Muttertag, der von Marianne Hainisch *(→ 5. Mai 1936)* in Österreich propagiert wird, gefeiert.
1. Juni Attentat auf Bundeskanzler Ignaz Seipel im Wiener Südbahnhof durch Karl Jaworek. Seipel wird durch Pistolenschüsse schwer verwundet.
3. Juni Franz Kafka stirbt in Kierling bei Wien; geb. am 3. Juli 1883 in Prag, Dichter. Der Großteil seines Werkes wird erst nach seinem Tod, gegen seinen Letzten Willen, von seinem Freund Max Brod veröffentlicht.
14. September Eröffnung des »Musik- und Theaterfestes der Stadt Wien«, das vier Wochen dauert. Diese Wiener Festwochen werden offiziell als die zweiten bezeichnet, da man die 1920 durchgeführte Veranstaltungsserie »Meisteraufführungen Wiener Musik« zu den Festwochen rechnet. Bei den Konzertveranstaltungen kommt es zur Uraufführung von Werken von Arnold Schönberg, dessen 50. Geburtstag gefeiert wurde, von Joseph Matthias Hauer, Franz Salmhofer und Franz Schreker
28. September Zahlungsschwierigkeiten der Depositenbank des Inflationskönigs Camillo Castiglioni werden bekannt. Bereits vier Monate vorher war eine Strafanzeige gegen Castiglioni erfolgt, als man ihn am frühen Morgen des 28. September verhaften wollte, war er abgereist.
30. September Gründung der RAVAG (= Radio Verkehrs AG) in Wien, Generaldirektor Oskar Czeija.

Die erste Sendung erfolgt am 1. Oktober vom obersten Stockwerk des Kriegsministeriums (heute Regierungsgebäude) am Stubenring aus. Am 1. Oktober 1924 waren bereits 11 000 Empfangslizenzen verteilt. 1924 wurden pro Monat 113 Stunden gesendet, davon 52 Stunden leichte und 36 Stunden ernste Musik, 6 Stunden Opern, 2 Stunden Märchen und 17 Stunden Verlautbarungen und Sonstiges.

Ende September Das »Finanzimperium« des Italieners Camillo Castiglioni bricht zusammen. Durch gewagte Börsenspekulationen war er in den Nachkriegsjahren zu einem der reichsten Männer Österreichs geworden. Er besaß die Depositenbank und Anteile an den Firmen Alpine-Montan, Böhler, Schoeller, Bleckmann, Semperit, Brown-Boveri, Elin, Daimler und Puch.

— Die Inflation erreicht einen weiteren Höhepunkt: ein Laib Brot kostet 8 500 Kronen, ein Ei 1 650 Kronen, ein Kilogramm Spinat bis 19 000 Kronen.

8. November Rücktritt der dritten Regierung Ignaz Seipel. Anlaß ist ein Eisenbahnerstreik, die Differenzen mit den Bundesländern wegen der auch dort verlangten radikalen Sparmaßnahmen sind allerdings der ausschlaggebende Grund.

20. November Erste Regierung Ramek, ein »Länderkabinett« (Ramek ist ein Salzburger Rechtsanwalt). Bundeskanzler und Inneres: Rudolf Ramek (Christlichsozialer), Vizekanzler und Justiz: Leopold Waber (Großdeutscher), Äußeres: Heinrich Mataja (Christlichsozialer), Finanzen: Jakob Ahrer (Christlichsozialer), Handel und Verkehr: Hans Schürff (Großdeutscher), Landwirtschaft: Rudolf Buchinger (Christlichsozialer), Soziale Verwaltung: Josef Resch (Christlichsozialer), Unterricht: Emil Schneider (Christlichsozialer), Heereswesen: Carl Vaugoin (Christlichsozialer).

9. Dezember Michael Hainisch wird zum zweitenmal zum Bundespräsidenten gewählt.

12. Dezember Schilling als neue Währung in Österreich eingeführt, wirksam ab 1. Januar 1925. 1 Schilling zu 100 Groschen. 1 Schilling = 10 000 Papierkronen. 1 Goldkrone = 1,41 Schilling; 1 kg Gold = 6 000 Schilling. Damit Ende der Inflation.

20. Dezember Beginn des Währungsumtausches Krone auf Schilling *(→ 1. März 1925)*.

▶**1925, 31. Januar und 1. Februar** Herma Planck-Szábo wird in Davos zum vierten Mal Weltmeisterin im Eiskunstlauf.

14. und 15. Februar Willy Böckl wird in Wien Weltmeister im Eiskunstlauf, Planck-Szábo und Ludwig Wrede werden Weltmeister im Eiskunstlauf der Paare.

1. März Inkrafttreten der neuen Schillingwährung *(→ 12. Dezember 1924)*. Kronen können noch bis 31. Mai 1937 (!) umgetauscht werden.

10. März Revolverattentat auf den jüdischen Schriftsteller Hugo Bettauer durch den Nationalsozialisten Otto Rothstock. Bettauer stirbt an den Verletzungen am 26. März in Wien; geb. am 18. August 1877 in Baden bei Wien, Herausgeber der »Wochenschrift für Lebenskultur und Erotik – Er und Sie«, später »Bettauers Wochenschrift«, verfaßte die Romane »Das entfesselte Wien«, »Die Stadt ohne Juden« und »Die freudlose Gasse«, den Georg Wilhelm Pabst verfilmte. Greta Garbo spielte darin ihre erste größere Rolle. Bettauers tendenziöse, frivole Schriften (die Romane erreichten mehrere Auflagen) erregten den Groll der Antisemiten.

30. März Rudolf Steiner stirbt in Dornach (Schweiz); geb. am 27. Februar 1861 in Kraljevica (Kroatien), Religionsphilosoph, Anthroposoph und Schriftsteller. Gründete 1913 in Dornach die »Allgemeine Anthroposophische Gesellschaft« und die Kult- und Lehrstätte »Goetheanum«.

— Der Rundfunksender auf dem Schloßberg in Graz wird in Betrieb genommen.

7. April Kommunistische Arbeitslosenversammlung auf dem Wiener Rathausplatz. Zusammenstoß mit der Polizei, zehn verletzte Polizisten.

20./21. Mai nachts Zusammenstoß zwischen nationalsozialistischen Wehrorganisationen und sozialdemokratischen Arbeitern in Mödling (Niederösterreich). Der sozialdemokratische Gemeinderat und Obmann des Republikanischen Schutzbundes Leopold Müller wird von dem Nationalsozialisten Roland Steingruber getötet.

Ende Mai Auffällige antisemitische NS-Propaganda im 1. und 2. Wiener Gemeindebezirk.

3. Juni bis 20. Oktober Die von der Gemeinde Wien übernommene Wiener Stadtbahn wird, in Teilabschnitten elektrifiziert, in Betrieb genommen.

15. Juni Ludwig Lohner stirbt in Wien; geb. am 15. Juli 1858 in Wien, Flugzeugkonstrukteur. Er besaß die »k. u. k. Hofwagenfabrik Jacob Lohner & Co« in Wien, in der er mit Karl Paulal seit 1905 Flugzeuge baute. Allein von 1909 bis 1918 baute er 1 000 Land- und Wasserflugzeuge.

20. Juni Josef Breuer stirbt in Wien; geb. am 15. Januar 1842 in Wien, Internist und Physiologe. Entdeckte die Selbststeuerung der Atmung durch den Nervus vagus. Seine Behandlungsmethode neurotischer Störungen war Ausgangspunkt zur Psychoanalyse Sigmund Freuds.

10. Juli Zusammenstoß zwischen Sozialdemokraten und Christlichsozialen in Stockerau (Niederösterreich), 21 Verletzte.

30. Juli Ein Bundesverfassungsgesetz über eine Reform der Verfassung und Verwaltung wird im Nationalrat angenommen. Die in der Verfassung vom Oktober 1920 festgelegten Kompetenzartikel, die die Aufgaben zwischen Bund und Ländern regeln, werden in Kraft gesetzt. In Hinkunft wird die Finanzgebarung der Länder der Rechnungshofkontrolle unterworfen. Weiters regelt diese Verfassungsnovelle den sogenannten Finanzausgleich zwischen Bund und Ländern.

11. August Eröffnungsvorstellung im Salzburger Festspielhaus *(→ 1924)* mit Hugo von Hofmannsthals »Das Salzburger große Welttheater«.

17. und 18. August Antisemitische und regierungsfeindliche Demonstrationen von Nationalsozialisten, Deutschnationalen und Christlichsozialen wegen des vom 18. bis 31. August tagenden (und von der Regierung genehmigten) XIV. Internationalen Zionistenkongresses in Wien, 22 Polizeibeamte und 31 Demonstranten werden verletzt.

16 September Leo Fall stirbt in Wien; geb. am 2. Februar 1873 in Olmütz, Operettenkomponist.

18. September Premiere des Films »Die freudlose Gasse« von Georg Wilhelm Pabst in Wien nach der gleichnamigen Romanvorlage von Hugo Bettauer. Der im Mai in Berlin uraufgeführte Film begründete Pabsts Weltruhm als Filmregisseur.

Linzer Programm der Sozialdemokraten (1926)

Vom 30. Oktober bis 3. November 1926 fand in Linz der Parteitag der Sozialdemokraten statt, auf dem Otto Bauer ein neues Programm vorlegte. Es sollte das der Entwicklung nicht mehr entsprechende »Wiener Programm« aus dem Jahre 1901 ablösen und ist das klassische Dokument des »Austromarxismus«. Wenn auch Bauer ausführte: »Wer zur Gewalt greift, ist der Gefangene der Gewalt«, kommt mit diesem Programm die Gewalt in der österreichischen Innenpolitik auf.

Das umfangreiche »Linzer Programm« ist in sechs Abschnitte gegliedert, wobei der Abschnitt IV abermals in acht Teile unterteilt ist. Hier ein Auszug:

»I. Der Kapitalismus

... Mächtige Kartelle diktieren dem ganzen Volk die Warenpreise. Große Industriekonzerne, die ganze Produktionszweige stillzulegen vermögen, zwingen den Regierungen und Volksvertretungen ihren Willen auf. Die Großbanken beherrschen die Produktion, sie üben auf Staat und Gesellschaft den stärksten Einfluß. Das ganze arbeitende Volk gerät so unter die drückende Herrschaft einer kleinen Zahl von Kapitalsmagnaten ...

II. Der Klassenkampf

... Je mehr die Arbeiterklasse im Kampf für ihre eigene Befreiung zur Vorkämpferin des ganzen arbeitenden Volkes gegen das alle Klassen des arbeitenden Volkes beherrschende und ausbeutende Großkapital wird, desto breitere Schichten ... scharen sich um die Arbeiterklasse ...

III. Der Kampf um die Staatsmacht

... Im Verlauf dieser Klassenkämpfe kann der Fall eintreten, daß die Bourgeoisie nicht mehr und die Arbeiterklasse noch nicht stark genug ist, allein die Republik zu beherrschen ... Nur wenn die Arbeiterklasse wehrhaft genug sein wird, die demokratische Republik gegen jede monarchistische oder faschistische Gegenrevolution zu verteidigen ... nur dann wird daher die Arbeiterklasse die Staatsmacht mit den Mitteln der Demokratie erobern und ausüben können ...

IV. Die nächsten Aufgaben der Sozialdemokratischen Arbeiterpartei ...«

Dieser umfangreiche Abschnitt ist gegliedert in: Ausbau der Republik, Wirtschaftspolitik, Sozialpolitik, Frauenfrage, Bevölkerungspolitik, Schulwesen, Religion und Kirche, Kulturpolitik.

»V. Der Übergang von der kapitalistischen zur sozialistischen Gesellschaftsordnung

... Die Sozialdemokratische Arbeiterpartei wird daher nach der Eroberung der Staatsmacht im eigenen Lande die Vergesellschaftung der im Eigentum der Kapitalisten und der Großgrundbesitzer konzentrierten Produktionsmittel immer nur in dem Maße durchführen können, in dem die Entwicklung in den anderen Staaten bereits die Voraussetzungen dafür geschaffen hat ...

VI. Die Internationale

... Die sozialistischen Arbeiterparteien haben daher die Aufgabe, die Arbeiter aller Länder zum gemeinsamen Kampfe zu vereinigen, sie zu lehren, einander in ihren Kämpfen beizustehen und die Sonderinteressen der Arbeiter jedes einzelnen Landes ein- und unterzuordnen den Gesamtinteressen der internationalen Arbeiterklasse ...

4. Die Sozialdemokratie betrachtet den Anschluß Deutschösterreichs an das Deutsche Reich als notwendigen Abschluß der nationalen Revolution von 1918. Sie erstrebt mit friedlichen Mitteln den Anschluß an die Deutsche Republik.«

Zu diesem Punkt faßte der Parteitag der Sozialdemokratischen Partei vom 14. bis 16. Oktober 1933 folgenden Beschluß:

»Angesichts der durch den Faschismus im Deutschen Reich veränderten Lage des deutschen Volkes beschließt der Parteitag: Aus dem 6. Abschnitt des Parteiprogrammes wird der Punkt 4, der den Anschluß Deutschösterreichs an das Deutsche Reich fordert, gestrichen.«

19. Oktober Eisenstadt wird zur Landeshauptstadt des Burgenlandes erhoben.

10. Dezember Der gebürtige Wiener Richard Zsigmondy, Universitätsprofessor in Göttingen, erhält den Nobelpreis für Chemie für seine bahnbrechenden Forschungen auf dem Gebiet der Kolloidchemie.

1926 Umbau des Salzburger Festspielhauses durch Clemens Holzmeister, ehemalige Winterreitschule wird mit einbezogen. Im Foyer Fresken von Anton Faistauer.

— Karl-Seitz-Hof in Wien 21 von Hubert Gessner errichtet; er ist ein typisches Beispiel des Wohnhausbaues der Gemeinde Wien, 1 173 Wohnungen *(→ Rahmenartikel: Die Gemeinde Wien und ihre Gemeindebauten 1924–1934, S. 329).*

15. Januar Zweite Regierung Rudolf Ramek. Die Umbildung betrifft: Finanzen: Josef Kollmann (Christlichsozialer) statt Ahrer, Landwirtschaft: Andreas Thaler (Christlichsozialer) statt Buchinger.

30. Januar Der Rundfunksender auf dem Rosenhügel in Wien wird in Betrieb genommen.

7. und 8. Februar Herma Planck-Szábo wird in Stockholm Weltmeisterin im Eiskunstlauf.

13. und 14. Februar Willy Böckl wird in Berlin Weltmeister im Eiskunstlauf.

9. Juni Finanzkontrolle über Österreich aufgehoben, Generalkommissär Alfred Zimmermann reist ab *(→ 4. Oktober und 18. Dezember 1922; 12. Mai 1931).*

— Die Seilbahn auf die Rax (Niederösterreich) wird

Neues Parteiprogramm der Christlichsozialen (1926)

Kurz nach dem »Linzer Programm« der Sozialdemokraten tritt der christlichsoziale Parteirat unter dem Vorsitz von Ignaz Seipel, am 29. November 1926, zusammen und beschließt ein Parteiprogramm. Es umfaßt acht Punkte. Hier ein Auszug:

»I. Die christlichsoziale Partei erblickt das oberste Ziel des Staates in der Förderung der Wohlfahrt der Gesamtheit im vollen Umfange. Überzeugt, daß dieses Ziel nur erreicht werden kann, wenn die Grundsätze des Christentums zur Richtschnur genommen werden, sieht sie ihre Aufgabe darin, der Politik jene Richtung zu geben, die diesen Grundsätzen entspricht...

II. Als Volkspartei betrachtet sie alle Berufsstände grundsätzlich als gleichberechtigte Glieder der Volksgemeinschaft...

V. Die christlichsoziale Partei bekennt sich zum demokratischen Staate und fordert daher volle Gleichberechtigung aller Bundesbürger in der Ausübung politischer Rechte, Freiheit der Gesinnung und des Organisationswollens...

VI. Die christlichsoziale Partei steht auf dem Standpunkt, daß die föderalistische Verfassung der geschichtlichen Entwicklung, der natürlichen Eigenart und den wirtschaftlichen Lebensbedingungen unseres Vaterlandes entspricht...

VII. Die christlichsoziale Partei hält an der Überzeugung fest, daß das Zusammenwirken von Kirche und Staat und deren gegenseitige Förderung im Interesse beider gelegen ist...

VIII. Als national gesinnte Partei fordert die christlichsoziale Partei die Pflege deutscher Art und bekämpft die Übermacht des zersetzenden jüdischen Einflusses auf geistigem und wirtschaftlichem Gebiete...«

in Betrieb genommen, sie ist die erste Seilschwebebahn in Österreich, 2 150 m lang, Baubeginn Juli 1923, seit 15. April 1926 bereits als Materialbahn in Betrieb.

5. Juli Auf der österreichischen Seite wird die Schwebebahn zur Zugspitze in Betrieb genommen.

8. Juli Eröffnung des Amalienbades im 10. Wiener Gemeindebezirk nach den Plänen der Architekten Karl Schmalzhofer und Otto Nadel. Im Inneren hat das Gebäude, das nach der sozialdemokratischen Wiener Gemeinderätin Amalie Pölzer benannt wurde, eine bedeutende Art-deco-Ausstattung *(→ Jänner 1987)*.

20. August Erste Vorstellung in der Felsenreitschule in Salzburg mit Carlo Goldonis »Der Diener zweier Herren«.

3.–6. Oktober Erster »Paneuropakongreß« im Wiener Konzerthaus, Vorsitz Richard Nikolaus Coudenhove-Kalergi. Dem Ehrenpräsidium gehören mehrere Staatsmänner an, unter ihnen Ignaz Seipel und Edvard Beneš. Coudenhove-Kalergi hatte 1923 die »Paneuropa-Union« gegründet, Sitz in der Wiener Hofburg.

15. Oktober Zweite Regierung Rudolf Ramek tritt zurück, Grund ist eine Streikandrohung der Bundesangestellten.

20. Oktober Vierte Regierung Seipel.
Bundeskanzler und Äußeres: Ignaz Seipel (Christlichsozialer), Vizekanzler und Inneres: Franz Dinghofer (Großdeutscher), Finanzen: Viktor Kienböck (Christlichsozialer), Handel und Verkehr: Hans Schürff (Großdeutscher), Landwirtschaft: Andreas Thaler (Christlichsozialer), Soziale Verwaltung: Josef Resch (Christlichsozialer), Unterricht: Richard Schmitz (Christlichsozialer), Heereswesen: Carl Vaugoin (Christlichsozialer).

30. Oktober bis 3. November Sozialdemokratischer Parteitag in Linz *(→ Rahmenartikel: Linzer Programm der Sozialdemokratie, S. 331)*.

3. November »Linzer Programm« des Parteitages beschlossen, verfaßt von Otto Bauer. Der von Otto Bauer vertretene doktrinäre Marxismus wird als »Austromarxismus« bezeichnet.

4. November Albin Egger-Lienz stirbt in Sankt Justina (Südtirol); geb. am 29. Januar 1868 in Stribach bei Lienz (Osttirol), expressionistischer Maler.

29. November Parteirat der Christlichsozialen Partei beschließt unter dem Vorsitz von Bundeskanzler Ignaz Seipel ein Parteiprogramm.

15. Dezember Fritz Franz Maier stirbt in Wien; geb. am 19. Juli 1844 in Znaim, Schiffskonstrukteur. Er erfand die gleitende Form des Schiffsrumpfes, die »Maier-Form«, und die kentersicheren »Drinaboote«.

29. Dezember Rainer (eigentlich René) Maria Rilke stirbt in Val-Mont bei Montreux (Schweiz); geb. am 4. Dezember 1875 in Prag, Lyriker. Beeinflußte maßgeblich die deutschsprachige Lyrik der 1. Hälfte des 20. Jh.s.

▶**1927** Karl Ehn beginnt mit dem Bau des Karl-Marx-Hofes in Wien-Heiligenstadt (Wien 19). Der mächtigste Wohnbau der Gemeinde Wien, knapp 1 200 m lang, fast 1 400 Wohnungen.

30. Januar Zusammenstoß zwischen Angehörigen des Republikanischen Schutzbundes und der Frontkämpfervereinigung in Schattendorf (Burgenland). Schießerei fordert zwei Todesopfer und elf Verletzte *(→ 14. Juli)*.

5. und 6. Februar Willy Böckl wird in Davos Weltmeister im Eiskunstlauf.

12. Februar Der Rundfunksender in Klagenfurt wird in Betrieb genommen.

22. und 23. Februar Herma Planck-Szábo und Ludwig Wrede werden in Davos Weltmeister im Eiskunstlauf der Paare.

2. März Einheiten des Bundesheeres, unterstützt von Polizeibeamten, führen im Wiener Arsenal eine Waffensuche durch.

5. März Heeresminister Carl Vaugoin zieht alle in Wien stationierten Einheiten des Bundesheeres zusammen. Der Republikanische Schutzbund mobilisiert.

24. April Nationalratswahlen. »Einheitsliste« der Christlichsozialen und Großdeutschen unter Ignaz Seipels Führung. *(→ Rahmenartikel: Wahlergebnisse in der Ersten Republik, S. 323)*.

Friedrich Austerlitz zum Schattendorfer Prozeß

Aus dem Leitartikel des Chefredakteurs der Wiener »Arbeiter-Zeitung«, Friedrich Austerlitz, vom 15. Juli 1927:

»Die Mörder von Schattendorf freigesprochen!

Nichts wird den drei Angeklagten, die am 30. Jänner in Schattendorf in eine Menschenmenge hineingeschossen, mit vollem Vorsatz die todbringenden Schüsse auf Menschen abgefeuert haben, die zwei Menschenleben vernichtet und fünf Menschen verletzt haben, nichts wird ihnen geschehen, kein Haar wird ihnen gekrümmt werden: die eidbrüchigen Gesellen auf der Geschwornenbank haben sie von allen Schuldfragen freigesprochen und unter dem Siegesgeheul der angesammelten Frontkämpfer sind sie, die zwei Menschenleben auf dem Gewissen haben, sofort in Freiheit gesetzt worden. Eine Schurkerei ist diese Freisprechung, wie sie in den Annalen der Justiz wohl selten, vielleicht noch nie erlebt worden ist. Denn meine man ja nicht und sage nicht, daß es ein Verdikt der Milde ist, daß die Geschwornen, in einem Zweifel über die Schuld, lieber freigesprochen, als verurteilt haben; wende auch nicht ein, daß Geschworne erst unlängst die Frau, die ihren Mann getötet hatte, freigesprochen haben. Denn Geschworne können noch schwanken, ob sie eine Frage auf Mord bejahen sollen, wenn die Möglichkeit nicht ausgeschlossen ist, daß der Mörder, als er die Tat verübte, einem Anfall von Sinnesverwirrung erlegen ist; hier aber, bei dem unmenschlichen Schießen in Menschen hinein, ist kein Zweifel über die Tat, über ihre Vorsätzlichkeit und Planmäßigkeit möglich. Diese drei Frontkämpfer haben schon am Vormittag die Waffen zusammengetragen; sie haben sich, wie der Staatsanwalt sagte, eine Festung eingerichtet, von der aus, verborgen und unerreichbar, sie die Jagdgewehre auf die angesammelten Schutzbündler gerichtet haben; sie haben auch keinen Angriff abzuwehren gehabt, in keiner Notwehr sich befunden, sie haben einfach ihren zügellosen Rachedurst befriedigen wollen. Und diese namenlose Schandtat bleibt ungesühnt!...

Denn die Wahrheit, die aus dieser Freisprechung, die die ganze Rechtsprechung schändet, so erschütternd und aufreizend hervorgeht, ist die, daß Hakenkreuzler und Frontkämpfer, wenn sie auf Arbeiter schießen, wenn sie Sozialdemokraten ermorden, der Freisprechung anscheinend immer gewiß sein können...

Aber ihnen allen, die der Geduld des arbeitenden Volkes mit den Freisprechungen der Arbeitermörder eine so schwere Belastung zufügen, ihnen allen sei gesagt, daß sie da ein frivoles, ein gefährliches Spiel treiben. Denn wenn die Arbeiter erkennen müßten, daß es für sie in dieser kapitalistischen Ordnung keine Gerechtigkeit gibt, daß die Justiz zur Komödie herabsinkt, wenn ein den arbeitenden Menschen zugefügtes Unrecht zu sühnen ist, dann wird der Glaube an diese Gerechtigkeit vernichtet und das Vertrauen zu ihr erschüttert. Denn die Versagung der Gerechtigkeit ist das Schlimmste, was den arbeitenden Menschen angetan werden kann, und wenn sie das einmal erkennen und ihr Bewußtsein von dieser niederdrückenden Tatsache erfüllt wird, so ist es um die Rechtsordnung geschehen. Die bürgerliche Welt warnt immerzu vor dem Bürgerkrieg; aber ist diese glatte, diese aufreizende Freisprechung von Menschen, die Arbeiter getötet haben, weil sie Arbeiter getötet haben, nicht schon selbst der Bürgerkrieg? Wir warnen sie alle, denn aus einer Aussaat von Unrecht, wie es gestern geschehen ist, kann nur schweres Unheil entstehen.«

7. Mai Das Planetarium im Wiener Prater wird eröffnet, Kuppeldurchmesser 20 m. Es ist das erste Planetarium außerhalb Deutschlands.

19. Mai Fünfte Regierung Seipel. Landbund wird in die bürgerliche Koalition einbezogen.
Bundeskanzler und Äußeres: Ignaz Seipel (Christlichsozialer), Vizekanzler und Inneres: Karl Hartleb (Landbund), Finanzen: Viktor Kienböck (Christlichsozialer), Handel und Verkehr: Hans Schürff (Großdeutscher), Landwirtschaft: Andreas Thaler (Christlichsozialer), Soziale Verwaltung: Josef Resch (Christlichsozialer), Justiz: Franz Dinghofer (Großdeutscher) – ab 6. Juli 1928 Franz Slama (Großdeutscher), Unterricht: Richard Schmitz (Christlichsozialer), Heereswesen: Carl Vaugoin (Christlichsozialer).

2. Juni Der Rundfunksender in Innsbruck wird in Betrieb genommen.

5. Juli Beginn des sogenannten »Schattendorfer Prozesses« im Wiener Landesgericht. Drei Mitglieder der Frontkämpfervereinigung müssen sich wegen Mordes *(→ 30. Januar)* in einem Schwurgerichtsprozeß verantworten. Die Institution der Geschwornengerichte hatte bei politischen Prozessen, aber auch bei spektakulären Mordfällen schon wiederholt versagt, doch wurde sie als eine Einrichtung des demokratischen Rechtsstaates immer von der Sozialdemokratie verteidigt.

14. Juli Urteilsverkündung im »Schattendorfer Prozeß«, Freispruch durch die Geschwornen, auch in der Eventualanklage auf Notwehrüberschreitung.

15. Juli Leitartikel in der Wiener »Arbeiter-Zeitung« von Chefredakteur Friedrich Austerlitz mit scharfer Stellungnahme gegen das Urteil im Schattendorfer Prozeß. Die Geschwornen nennt er »eidbrüchige Gesellen«. *(→ Rahmenartikel: Friedrich Austerlitz zum Schattendorfer Prozeß).*

— Kurz nach Arbeitsbeginn legt ein Großteil der Wiener Arbeiterschaft (vorwiegend Sozialdemokraten) wegen der Unzufriedenheit über das Urteil im Schattendorfer Prozeß die Arbeit nieder und marschiert in ungeordneten Haufen in die Innere Stadt.

Nach 8 Uhr Am Ring nächst dem Rathausplatz und dem Schmerlingplatz sind Tausende Arbeiter versammelt.

Nach 10 Uhr Die Demonstration konzentriert sich auf den Justizpalast (Schmerlingplatz). Die Demonstranten dringen schließlich ein und zünden Akten und Möbelstücke an. Die eintreffende Feuerwehr wird an den Löschaktionen gehindert. Sozialdemokratische Führer,

Polizeibericht zum Justizpalastbrand

Aus dem ersten Bericht der Polizeidirektion Wien an das Bundeskanzleramt über die Vorgänge am 15. Juli 1927:

»Als heute früh in den Fabrikbetrieben der Freispruch der wegen der Schattendorfer Vorfälle Angeklagten bekannt wurde, bemächtigte sich eines Großteiles der Arbeiterschaft eine heftige Erregung, die dazu führte, daß in den meisten Betrieben die Arbeit niedergelegt wurde. Die Arbeiter verließen ihre Arbeitsplätze und marschierten in regellosen Haufen und ungeordnet zur Inneren Stadt, um dortselbst zu demonstrieren. Kurz nach 8 Uhr vormittags hatten sich auf der Ringstraße, und zwar zunächst dem Rathausplatze und dem Schmerlingplatze tausende von Demonstranten angesammelt, welche den Versuch machten, in die Universität und in das Parlamentsgebäude einzudringen ...

Bald nach 10 Uhr vormittags wurde plötzlich die Parole ausgegeben, sich zum Justizpalaste auf dem Schmerlingplatz zu begeben, um diesen zu stürmen. Die Menge, von einzelnen Rednern aufgestachelt, eilte dahin ... Beim Justizpalaste wandte sich die Menge in einer überaus gewalttätigen und exzessiven Weise gegen die dort aufgestellte Sicherheitswache, die, obwohl sie wiederholt von der Seitenwaffe, und, als sie mit Steinen und anderen Wurfgeschossen beworfen und sogar aus Revolvern beschossen wurde, auch von den Dienstrevolvern Gebrauch machte, schließlich dem Anstürmen des übermächtigen Gegners weichen und sich in das Innere des Gebäudes zurückziehen mußte. Gleichzeitig war es einzelnen Demonstranten gelungen, mittels Leitern in den Justizpalast einzudringen und dort Akten in Brand zu legen. Auch wurden durch mehrere durch Steinwürfe zertrümmerte Fenster des Justizpalastes Aktenbündel und Möbeln, sowie zertrümmerte Möbelstücke hinausgeworfen, welche auf der Straße in Brand gesteckt wurden ...

Seitens der sozialdemokratischen Parteileitung wurde noch im Laufe der Vormittagsstunden der Republikanische Schutzbund aufgeboten, um die eigenen Parteianhänger, welche sich an diesen Demonstrationen beteiligten, zur Ordnung zurückzuführen, doch ist es den Bemühungen des Schutzbundes nicht gelungen, die Menge zum Abzuge zu veranlassen ... Die schreiende und johlende Menge behinderte sogar die städtische Feuerwehr, die, sofort nach der Brandlegung im Justizpalais und im Sicherheitswachzimmer Lichtenfelsgasse zu Hilfe gerufen mit mehreren Löschzügen anrückte, an die Brandobjekte heranzukommen, und die Rettungsarbeiten aufzunehmen ...

Da die Bemühungen der Sicherheitswache beim Justizpalaste und beim Sicherheitswachzimmer Lichtenfelsgasse sich mit den normal zu Gebote stehenden Waffen (Säbel und Revolver) durchzusetzen vergeblich waren, mußten schließlich mit Gewehren ausgerüstete Sicherheitswacheabteilungen entsendet werden ... Auch in der Nähe des Justizpalais mußte eine solche Wacheabteilung gegen die Demonstranten Feuer abgeben, als sie dort mit Wurfgeschossen aller Art und Steinen beworfen und beschossen wurde. Die Menge flüchtete hierauf, womit auch die Löschaktion der Feuerwehr ermöglicht war ...«

besonders Bürgermeister Karl Seitz, versuchen vergeblich, die Massen zu beruhigen. Der Wiener Polizeipräsident, im Einvernehmen mit Innenminister Karl Hartleb, läßt von der Schußwaffe Gebrauch machen, nachdem berittene Polizei der Demonstration nicht Herr werden konnte und zahlreiche Polizeischüler, die kurzfristig eingesetzt worden waren, Verletzungen erlitten hatten. Im Laufe des Tages kommt es zu weiteren Demonstrationen und Ausschreitungen auch in den Wiener Außenbezirken. Die Bilanz des Tages ist verheerend: 89 Tote, 600 Schwerverletzte und fast tausend Leichtverletzte sind zu beklagen. Der Brand des Justizpalastes bringt schwere Schäden mit sich: Kostbares Aktengut aus der Zeit der Monarchie und große Teile des Grundbuches gehen zugrunde.

16. Juli Der von der Sozialdemokratie für diesen Tag propagierte Generalstreik wird nur partiell eingehalten; der von den Bediensteten der Eisenbahn, der Post und der Telegraphenverwaltung vor allem in den Bundesländern eingehaltene Verkehrsstreik wird vielfach durch Maßnahmen der Heimwehren, die sich erstmalig als neue Kraft in der österreichischen Innenpolitik profilieren, unterlaufen.

13. August Erste Opernaufführung im Salzburger Festspielhaus, Ludwig van Beethovens »Fidelio«. Dirigent Franz Schalk, Pizarro: Alfred Jerger, Leonore: Lotte Lehmann, Florestan: Alfred Piccaver.

26. November Ein Revolverattentat auf Bürgermeister Karl Seitz durch den Monarchisten Richard Strebinger mißglückt. Seitz hatte gerade den »Schneepalast« in der Wiener Nordwestbahnhalle (seit 1924 als Bahnhof aufgelassen) eröffnet.

4. Dezember Alexander Graf Kolowrat-Krakowsky stirbt in Wien; geb. am 29. Januar 1886 in New York. Er gründete 1916 die erste österreichische Filmgesellschaft, die »Sascha-Film« (Alexander = Sascha!).

10. Dezember Der Wiener Universitätsprofessor für Psychiatrie Julius Wagner-Jauregg erhält für die Entdeckung der Fiebertherapie bei Paralyse den Nobelpreis für Medizin.

▶**1928** Tischtennisweltmeister im Herrendoppel werden die Österreicher Liebster und Thum, im Damendoppel Flamm und die Amerikanerin(!) Mednyanszky.

13. Januar Ende der Schwurgerichtsprozesse gegen die angeklagten Demonstranten vom Juli 1927. Es gibt nur Freisprüche.

31. Januar Ende der »Interalliierten Militärkontrolle« in Österreich.

5. Februar Eröffnung der Seilschwebebahn auf die Bürgeralm bei Mariazell (Steiermark).

Wirtschaftszahlen der zwanziger Jahre

Bundesausgaben und -einnahmen in den Jahren 1922–1925, Angaben in Millionen Goldkronen:

	1922	1923	1924	1925
Ausgaben	672,5	552,7	458,4	370,0
Einnahmen	215,1	332,3	448,2	489,3
	—457,4	—220,4	— 10,2	+119,3

Als Anhaltspunkt: 457 Millionen Goldkronen entsprechen heute etwa 15 Milliarden Schilling.

Die stabile Schillingwährung war geschaffen, die Maßnahmen konnten das Wirtschaftsleben aber nicht positiv beeinflussen und senkten den Lebensstandard der Bevölkerung, die gesamte Volkswirtschaft war angeschlagen. Ab 1924 stiegen die Insolvenzen der Firmen:

1924	3 016	1927	3 276
1925	3 136	1928	2 652
1926	3 224	1929	2 548

Deutlich wird der Vergleich der Lebenshaltungskosten in der Periode der großen Inflation von 1919 bis 1922, sie stiegen in diesem Zeitraum auf das 2 645fache.

Ein Vergleich mit dem US-Dollar:

1919	1 Dollar = 16 Kronen
1920	1 Dollar = 177 Kronen
1921 (Januar)	1 Dollar = 644 Kronen
1922 (August)	1 Dollar = 83 000 Kronen

Die Zahl der Arbeitslosen in den ersten Jahren nach dem Ersten Weltkrieg bewegte sich zwischen 40 000 und 50 000, stieg jedoch ab 1923 stark an. Die angeführten (amtlichen) Zahlen nennen nur die behördlich unterstützten Arbeitslosen, nicht die sogenannten Ausgesteuerten, die keine Unterstützung mehr erhielten und auf die öffentliche Fürsorge angewiesen waren. Die Zahl der Ausgesteuerten lag bei etwa 40 bis 50% der Unterstützten. Deshalb geben wir ab 1925 auch die Schätzungen (rechts) an:

1923	120 000	
1924	127 000	
1925	183 000	220 000
1926	202 000	260 000
1927	200 000	280 000
1928	179 000	260 000
1929	193 000	280 000
1930	243 000	350 000
1931 (Dezember)	302 000	400 000
1932 (März)	362 000	510 000
1933 (Februar)	402 000	600 000

11.– 19. Februar II. Olympische Winterspiele, St. Moritz. Österreich: 3 Silber-, 1 Bronzemedaille; im Eiskunstlauf der Herren: 2. Willy Böckl; der Damen: 2. Fritzi Burger; im Paarlauf: 2. Lilly Scholz und Otto Kaiser, 3. Melitta Brunner und Ludwig Wrede.

25. und 26. Februar Willy Böckl wird in Berlin Weltmeister im Eiskunstlauf.

1. Märzwoche Erstes Arlberg-Kandahar-Rennen in St. Anton am Arlberg (Tirol), organisiert von Hannes Schneider, »Nenngeld« je Läufer 50 Groschen. Herrenabfahrt: 1. Friedrich Schneider aus Stuben; Slalom und Kombination: 1. Benno Leubner aus Innsbruck; Damenabfahrt und Kombination: 1. Lisl Polland aus Wien; Slalom: 1. Doreen Elliott aus England.

18. März Landtagswahlen in Vorarlberg, die Sozialdemokraten gewinnen ein Mandat.

24. März Die Heimwehr sprengt in Feldkirchen (Kärnten) eine sozialdemokratische Versammlung, 22 Verletzte.

22. April Gemeinderatswahlen in Kärnten, Stimmengewinne der Sozialdemokraten.

26. Juni Justizminister Franz Dinghofer (Großdeutscher) tritt wegen der Béla Kun-Affäre zurück. Der ungarische Kommunist Kun war in Österreich verhaftet worden, doch Dinghofer weigerte sich, ihn an Ungarn auszuliefern. Proteste in der Öffentlichkeit, vor allem aber die Mißstimmung unter seinen Parteifreunden, führten zu seinem Rücktritt.

27. Juni Antrag des sozialdemokratischen Abgeordneten Albert Sever im Nationalrat, das »Kriegswirtschaftliche Ermächtigungsgesetz« vom 24. Juli 1917 aufzuheben *(→ 7. März 1933)*.

Juli Briefwechsel zwischen Ignaz Seipel und Benito Mussolini wegen Südtirol. Es kommt zu zahlreichen Kundgebungen wegen Südtirol, aber auch zu Anschlußkundgebungen an Deutschland.

28. Juli Die Wiener Polizei verwendet zum erstenmal bei einer Rauferei in Meidling (Wien 12) den Gummiknüppel.

28. Juli bis 12. August IX. Olympische Spiele in Amsterdam. Österreich: 1 Gold-, 1 Silber-, 1 Bronzemedaille. Schwerathletik: Franz Andrysek, 1. im Federgewicht, Hans Haas, 2. im Leichtgewicht; Rudern, Doppelzweier: 3. Leo Losert und Viktor Flesch.

7. Oktober Großkundgebungen der Heimwehr und des Republikanischen Schutzbundes in Wr. Neustadt (Niederösterreich). Das Bundesheer steht bereit, es gibt jedoch keine Zwischenfälle.

26. Oktober Ferdinand Schmutzer stirbt in Wien; geb. am 21. Mai 1870 in Wien, Graphiker, Radierer und Maler. 1914–1917 Präsident der Wiener Secession.

29. Oktober bis 1. November Sozialdemokratischer Parteitag in Wien. Der rechte, gemäßigte Flügel unter Karl Renner tritt für eine Beteiligung an der Staatsgewalt ein, Otto Bauer, Führer des radikalen Flügels, befürwortet hingegen die Beibehaltung des bisherigen Oppositionskurses, er setzt sich durch.

5. November Ottokar Kernstock stirbt in Festenburg (Steiermark); geb. am 25. Juli 1848 in Marburg, Lyriker, Spätromantiker, Chorherr des Stiftes Vorau. Der Text von »Sei gesegnet ohne Ende« (Bundeshymne 1929–1938) ist ein Gedicht von ihm.

12. November Großer Heimwehraufmarsch in Innsbruck. Zusammenstoß mit sozialdemokratischen Arbeitern fordert mehrere Verletzte.

13. November Der Theaterdirektor Max Reinhardt

eröffnet in der Cumberlandstraße nahe dem Schloß Schönbrunn in Wien eine »Schauspiel- und Regieschule« – das nachmalige Reinhardtseminar.

25. November Bundeskanzler Ignaz Seipel eröffnet die Salzburger Universität wieder. Er war hier 1909–1917 Professor für Moraltheologie.

5. Dezember Die Bundesversammlung wählt den Christlichsozialen Wilhelm Miklas zum Bundespräsidenten. Amtsantritt am 10. Dezember *(→ 11. und 12. November 1918)*.

18. Dezember Bundeskanzler Ignaz Seipel erklärt in Graz, daß er in der Heimwehr mit gewissen Einschränkungen einen Bundesgenossen der bürgerlichen Parteien sehe.

Dezember Es gibt 179 000 unterstützte Arbeitslose in Österreich.

►**1929** Das Buch des Raketentechnikers Hermann Potocnik »Das Problem der Befahrung des Weltraumes« erscheint. Er entwirft darin »stehende Satelliten« als Weltraum-Observatorien, die mit Sonnenenergie zu betreiben sind. Die moderne Weltraumforschung bestätigte seine Umlaufberechnungen.

27. Januar Der christlichsoziale Arbeiterführer Leopold Kunschak stellt fest: »Die Heimwehrbewegung nimmt eine Entwicklung, die sie als Gefahr für das parlamentarische System erscheinen läßt.«

2. und 3. Februar Lilly Scholz und Otto Kaiser werden in Budapest Weltmeister im Eiskunstlauf der Paare.

3. Februar Heimwehrmänner stören in Gloggnitz (Niederösterreich) eine sozialdemokratische Versammlung, 36 Verletzte.

11. Februar Eisstoß auf der Donau, zwischen Deutsch-Altenburg und Preßburg ist die Donau auf einer Strecke von 40 km zugefroren. Temperaturen von minus 29 Grad werden gemessen.

12.–25. Februar Der Inn ist zugefroren.

28. Februar Clemens Pirquet stirbt in Wien (Selbstmord); geb. am 12. Mai 1874 in Hirschstetten bei Wien, Kinderarzt. Er prägte 1906 den Begriff »Allergie«, entdeckte 1907 die nach ihm benannte Tuberkulin-Hautreaktion, Bahnbrecher der modernen Ernährungslehre (Nahrungssystem NEM = Nahrungseinheit Milch; 1 NEM = 1 g Milch).

24. März Heimwehrwerbeaufmarsch in Gratwein (Steiermark), Zusammenstöße mit sozialdemokratischen Arbeitern, 18 Verletzte.

3. April Überraschender Rücktritt Ignaz Seipels *(→ 19. Mai 1927)* und damit des ganzen Kabinetts. Ursachen liegen in seinem Bewußtsein, seiner Partei eine Belastung geworden zu sein, aber auch in der Tatsache, daß die zunehmende Agitation gegen den Priester Seipel ihn und damit auch die katholische Kirche in Österreich schwer in Mißkredit brachte. Überdies stand es mit seiner Gesundheit nicht zum Besten.

— Uraufführung des Schauspiels »Die Schwärmer« von Robert Musil im Theater in der Stadt in Berlin.

7. April Bei einer Tagung der Heimwehr in Krems an der Donau (Niederösterreich) kommt es zu einem Zusammenstoß mit sozialdemokratischen Arbeitern. Mehrere Verletzte.

10. April Zwischen Heimwehrleuten und Nationalsozialisten einerseits und sozialdemokratischen und kommunistischen Arbeitern anderseits kommt es in Liesing bei Wien zu einem Zusammenstoß mit Schießereien. Mehrere Verletzte.

1. Mai Zusammenstoß des Republikanischen Schutzbundes mit einer Gruppe provozierender Heimwehrmänner in Kapfenberg (Steiermark), 19 Verletzte.

4. Mai Als Kompromißkandidat der Christlichsozialen bildet nach langwierigen Verhandlungen Ernst Streer von Streeruwitz, inoffizieller Sprecher des Hauptverbandes der Industrie, eine neue Regierung. Sein erklärter Gegner ist der steirische Landeshauptmann Anton Rintelen, der selbst nach diesem Amte strebte.
Bundeskanzler und Äußeres: Ernst Streer von Streeruwitz (Christlichsozialer), Vizekanzler und Inneres: Vinzenz Schumy (Landbund), Finanzen: Johann Josef Mittelberger (Christlichsozialer), Handel und Verkehr: Hans Schürff (Großdeutscher), Landwirtschaft: Florian Födermayr (Christlichsozialer), Soziale Verwaltung: Josef Resch (Christlichsozialer), Justiz: Franz Slama (Großdeutscher), Unterricht: Emmerich Czermak (Christlichsozialer), Heereswesen: Carl Vaugoin (Christlichsozialer).

1. Juli Max Mauermann stirbt in Wien; geb. am 22. Juli 1868 in Tarnowitz (Oberschlesien), Erfinder. Er erfand 1912 das Verfahren zur Herstellung von rostfreiem Stahl.

15. Juli Hugo von Hofmannsthal stirbt in Rodaun bei Wien; geb. am 1. Februar 1874 in Wien, Lyriker und Dramatiker. Erneuerer der antiken Tragödie und des mittelalterlichen Mysterienspiels.

4. August Carl Auer von Welsbach stirbt auf Schloß Welsbach bei Mölbing (Kärnten); geb. am 1. September 1858 in Wien, Chemiker. Er erfand 1892 den Gasglühstrumpf (Auerstrumpf), mit dem eine neue Epoche der Beleuchtungstechnik (1895 Auerlicht) begann. 1897 stellte er die Osmium-Wolfram-Fadenglühlampe (Osram) her, 1907 das Cereisen (Auermetall), einen synthetischen Feuerzeugzündstein. 1907 errichtete er in der Nähe seines Schlosses die erste Fabrik zur Verarbeitung von Thorium und Cer; heute Treibacher Chemische Werke.

18. August Blutiger Zusammenstoß zwischen Heimwehrleuten und Angehörigen des Republikanischen Schutzbundes in St. Lorenzen im Mürztal (Steiermark), drei Tote, 34 verletzte Schutzbündler und 108 verletzte Heimwehrleute.

19. August Überfall sozialdemokratischer Arbeiter auf drei Heimwehrmänner in Vösendorf (Niederösterreich). Der 27jährige Heimwehrmann Franz Janisch wird durch Messerstiche getötet; er war gleichzeitig Mitglied der NSDAP und galt daher als erster »Blutzeuge« der NSDAP in Österreich.

23. September Richard Zsigmondy stirbt in Göttingen; geb. am 1. April 1865 in Wien; Chemiker, bahnbrechend auf dem Gebiet der Kolloidchemie und der Mikroskopie, erhielt 1926 (für 1925) den Nobelpreis »für den Nachweis der heterogenen Natur der kolloiden Lösungen und für die dabei angewandten Methoden, die für die moderne Kolloidchemie grundlegend sind«. 1918 konstruierte er das Ultramikroskop und das Ultrafeinfilter.

25. September Rücktritt der Regierung Ernst Streer von Streeruwitz nach starkem Druck der Heimwehr im Zusammenwirken mit Anton Rintelen.

26. September Dritte Regierung Schober. Außerparlamentarische Persönlichkeiten werden herangezogen.
Bundeskanzler und Äußeres: Johannes Schober (Beamter), Vizekanzler und Heereswesen: Carl Vaugoin

Das »Korneuburger Gelöbnis« der Heimwehr

»Richtung und Gesetz der Heimatwehren.
Wir wollen Österreich von Grund auf erneuern! Wir wollen den Volksstaat der Heimatwehren. Wir fordern von jedem Kameraden: den unverzagten Glauben ans Vaterland, den rastlosen Eifer der Mitarbeit und die leidenschaftliche Liebe zur Heimat.
Wir wollen nach der Macht im Staate greifen und zum Wohle des gesamten Volkes Staat und Wirtschaft neu ordnen. Wir müssen eigenen Vorteil vergessen, müssen alle Bindungen und Forderungen der Parteien unserem Kampfziel unbedingt unterordnen, da wir der Gemeinschaft des deutschen Volkes dienen wollen!
Wir verwerfen den westlichen demokratischen Parlamentarismus und den Parteienstaat! Wir wollen an seine Stelle die Selbstverwaltung der Stände setzen und eine starke Staatführung, die nicht aus Parteienvertretern, sondern aus den führenden Personen der großen Stände und aus den fähigsten und den bewährtesten Männern unserer Volksbewegung gebildet sind.
Wir kämpfen gegen die Zersetzung unseres Volkes durch den marxistischen Klassenkampf und die liberal-kapitalistische Wirtschaftsgestaltung. Wir wollen auf berufständischer Grundlage die Selbstverwaltung der Wirtschaft verwirklichen. Wir werden den Klassenkampf überwinden, die soziale Würde und Gerechtigkeit herstellen. Wir wollen durch eine bodenstarke und gemeinnützige Wirtschaft den Wohlstand unseres Volkes haben.
Der Staat ist die Verkörperung des Volksganzen, seine Macht und Führung wacht darüber, daß die Stände in die Notwendigkeiten der Volksgemeinschaft eingeordnet bleiben.
Jeder Kamerad fühle und bekenne sich als Träger der neuen deutschen Staatsgesinnung; er sei bereit, Gut und Blut einzusetzen, er erkenne die drei Gewalten: den Gottesglauben, seinen eigenen harten Willen, das Wort seiner Führer!«

(Christlichsozialer), Inneres: Vinzenz Schumy (Landbund), Finanzen: Otto Juch (Beamter), Handel und Verkehr: Altbundespräsident Michael Hainisch (parteilos) – ab 20. Juni 1930 Friedrich Schuster, Landwirtschaft: Florian Födermayr (Christlichsozialer), Soziale Verwaltung: Theodor Innitzer (später Kardinal, Christlichsozialer), Justiz: Franz Slama (Großdeutscher), Unterricht: Heinrich Srbik (parteilos).

4. Oktober Zusammenbruch der hochverschuldeten Bodencreditanstalt, die die Heimwehr finanziell kräftig unterstützt hatte. Bundeskanzler Johannes Schober zwang, um eine Katastrophe zu vermeiden, Louis Nathaniel Rothschild das Institut mit der Credit-Anstalt zu fusionieren.

24. Oktober Beginn des New Yorker Börsenkrachs, 25. »Schwarzer Freitag« an den amerikanischen Börsen. Höhepunkt am 29. (»Weltwirtschaftskrise«).

27. Oktober Großkundgebung der Heimwehr auf dem Heldenplatz in Wien. Unter den 12 800 Heimwehrmännern auch 2 000 Jäger der oberösterreichischen »Privatarmee« von Ernst Rüdiger Fürst Starhemberg.

30. Oktober August Musger stirbt in Graz; geb. am 10. Februar 1868 in Eisenerz (Steiermark), Erfinder. 1904 (erstes Patent) erfand er die Zeitlupe; am 19. Juli 1907 erste Vorführung in Graz mit dem von ihm angeregten Projektionsapparat. Seine Erfindung wurde nicht erwähnt, als 1914 eine Zeitlupe nach diesem Prinzip von einer Firma hergestellt wurde.

10. November In Wien wird ein Fackelzug der Heimwehr von Gruppen politischer Gegner gestört. Die dabei entstehende Schießerei fordert mehrere Verletzte.

Dezember 193 000 unterstützte Arbeitslose in Österreich.

1. Dezember Neuerlicher Zusammenstoß zwischen Republikanischem Schutzbund und Heimwehren in Wiener Neustadt (Niederösterreich), mehrere Verletzte.

7. Dezember Die Novellierung der Bundesverfassung wird im Nationalrat mit den Stimmen der Regierung und der sozialdemokratischen Opposition angenommen. Der Bundespräsident hat damit mehr Einfluß: Ernennung und Enthebung der Regierung (bisher mit Stimmenmehrheit vom Nationalrat gewählt), Auflösung des Nationalrates, Erlassung von Notverordnungen, Oberbefehl über das Bundesheer, Ernennung des Präsidenten des Verfassungsgerichtshofes.

14. Dezember Zusammenstoß zwischen Republikanischem Schutzbund und Heimwehr bei Mattersburg (Burgenland), mehrere Verletzte.

15. Dezember In der Nähe von Gänserndorf (Niederösterreich) kommt es zwischen Heimwehrleuten und einer Gruppe christlich-konservativer Bauernburschen zu einer Schlägerei, in deren Verlauf ein Toter und mehrere Verletzte zu beklagen sind.

▶1930 Rudolf Perco beginnt mit dem Bau der Wohnhausanlage am Engelsplatz in Wien 20, 1 467 Wohnungen. Fertigstellung 1933.

— Franz Wallack beginnt mit dem Bau der Großglockner-Hochalpenstraße, sie führt von Bruck an der Glocknerstraße (Salzburg) über das Fuscher Törl (2 428 m) und das Hochtor (2 505 m) mit einem 311 m langen Tunnel zum Guttal und nach Heiligenblut (Kärnten). Die Straße ist 47,8 km lang; die Abzweigung vom Fuscher Törl auf die Edelweißspitze (2 571 m) ist 1,8 km und die Gletscherstraße vom Guttal auf die Franz-Josephs-Höhe (2 362 m) 8,7 km lang. Gesamtkosten 24 502 000 Schilling, um 1,5 Millionen Schilling weniger als der Kostenvoranschlag. Ein Meter der Großglockner-Hochalpenstraße kostete 487 Schilling (→ *3. August 1935*). Sie wird 1935 fertiggestellt.

1. Januar Anton Wildgans liest im Wiener Rundfunk seine »Rede über Österreich«.

5. Januar Otto Nußbaumer stirbt in Salzburg; geb. am 31. März 1876 in Wilten (Tirol), Physiker, Erfinder. 1904 gelang ihm am Physikalischen Institut der Technischen Hochschule in Graz mit seinem Detektor eine drahtlose Musikübertragung; diese Erfindung wurde nicht ausgenützt.

17. Januar Der Landbund gründet in ganz Österreich Bauernwehren.

20. Januar Zweite Haager Konferenz. Österreich wird von seinen Reparationspflichten, den Forderungen der Nachfolgestaaten und vom Generalpfandrecht befreit.

3.–5. Februar Karl Schäfer wird in New York zum erstenmal Weltmeister im Eiskunstlauf; bis 1936 wird er jedes Jahr, also siebenmal, Weltmeister.

6. Februar Bundeskanzler Johannes Schober unterzeichnet in Rom einen Freundschafts- und Schiedsgerichtsvertrag zwischen Österreich und Italien *(→ 26. Januar 1931; 13. April 1933).*

13. Februar Anton Faistauer stirbt in Wien; geb. am 14. Februar 1887 in St. Martin bei Lofer (Salzburg), Maler und Verfasser kunstgeschichtlicher Werke, Gestalter monumentaler Fresken, z. B. im Foyer des Salzburger Festspielhauses *(→ 1926),* heute entfernt.

23. und 24. Februar Bundeskanzler Johannes Schober hält sich zu einem offiziellen Besuch in Berlin auf, wo er in einer Rundfunkansprache Deutschland und Österreich aufruft, zum Aufbau eines neuen Europas beizutragen.

4. April Der Nationalrat nimmt das Gesetz zum Schutz der Arbeits- und Versammlungsfreiheit, das »Antiterrorgesetz«, an. Das Gesetz soll politische Freiheit in den Betrieben gewährleisten und den Gesinnungszwang ausschalten.

12. April Handelsvertrag zwischen Österreich und Deutschland abgeschlossen *(→ 19. März 1931).*

Mai 284 543 unterstützte Arbeitslose in Österreich.

9. Mai Carl Vaugoin übernimmt von Ignaz Seipel die Führung der Christlichsozialen Partei.

18. Mai Generalversammlung des Heimatschutzverbandes Niederösterreich in Korneuburg (Niederösterreich). Bundesführer Richard Steidle nutzt die Gelegenheit, um den niederösterreichischen Landesführer Julius Raab zur Entscheidung zwischen Christlichsozialer Partei oder der Heimwehr zu zwingen. Er bringt das »Korneuburger Gelöbnis« zur Verlesung, womit die Gesamtbewegung auch ein Programm erhält. Einschließlich Raabs legen die Versammlungsteilnehmer einen Eid auf dieses Gelöbnis ab. Nur der Christlichsoziale Josef Dengler lehnt ab. Der Text *(→ Rahmenartikel: Das »Korneuburger Gelöbnis« der Heimwehr, S. 337)* des Gelöbnisses stammt vom Generalsekretär der Bundesführung Walter Heinrich, der aus der Schule Othmar Spanns kommt.

— In Innsbruck kommt es bei einem Zusammenstoß zwischen sozialdemokratischen Jugendlichen und Angehörigen der Heimwehren zu einer Schießerei, in deren Verlauf mehrere Teilnehmer verletzt werden.

10. Juni Ernst Rüdiger Fürst Starhemberg trifft in Rom mit Benito Mussolini zusammen, von dem er Geld und 15 000 Gewehre für die Heimwehr verlangt.

17. Juni Major Waldemar Pabst wegen unzulässiger politischer Betätigung ausgewiesen. Er war reichsdeutscher Staatsbürger und Bundesstabschef der österreichischen Heimwehr. Die Initiative ging von Bundeskanzler Johannes Schober aus.

21. Juni Ernst Rüdiger Fürst Starhemberg bezeichnet bei einer Kundgebung in Linz das »Korneuburger Gelöbnis« *(→ 18. Mai)* als »recht unklar und phrasenhaft«. Starhemberg als Hauptvertreter der österreichisch-nationalen Richtung der Heimwehr im Gegensatz zum großdeutschen »steirischen Flügel« unter Walter Pfrimer.

27. Juni bis 3. Juli Heuschreckenschwärme verheeren große Teile von Österreich, teilweise ist sogar der Eisenbahnverkehr gestört.

14. Juli Investitionsanleihe in Höhe von rund 440 Millionen Schilling in London abgeschlossen.

27. Juli Zusammenstoß von Schutzbündlern und Heimwehrmännern in Puntigam bei Graz, 25 Verletzte.

30. August Bei einer Bohrung in »Windisch-Baumgarten Ia« bei Zistersdorf (Niederösterreich) wird in dieser Gegend zum erstenmal Rohöl gefördert, allerdings reicht die Menge nicht für eine Ausbeutung *(→ 1. August 1934).*

2. September Richard Steidle und Walter Pfrimer treten als oberste Heimwehrführer zurück. Der Landesführer von Oberösterreich Ernst Rüdiger Fürst Starhemberg wird durch Unterstützung Johannes Schobers Bundesführer des »gesamten österreichischen Heimatschutzes«. Er vollzieht eine Annäherung an die Christlichsoziale Partei.

25. September Dritte Regierung Schober tritt zurück. Der Grund sind die Differenzen wegen der Heimwehrbewegung. Christlichsoziale für Zusammenarbeit, Johannes Schober, Großdeutsche und Landbund dagegen.

30. September Minderheitsregierung des bisherigen Heeresministers Carl Vaugoin. Heimwehr einbezogen *(→ 4. Dezember).* Bundeskanzler und Heereswesen: Carl Vaugoin (Christlichsozialer), Vizekanzler und Soziale Verwaltung: Richard Schmitz (Christlichsozialer), Äußeres: Ignaz Seipel (Christlichsozialer), Inneres: Ernst Rüdiger Fürst Starhemberg (Heimwehr), Finanzen: Otto Juch (Beamter), Handel und Verkehr: Eduard Heinl (Christlichsozialer), Landwirtschaft: Andreas Thaler (Christlichsozialer), Justiz: Franz Hueber (Heimwehr), Unterricht: Emmerich Czermak (Christlichsozialer).

Oktober 174 866 unterstützte Arbeitslose in Österreich.

1. Oktober Bundespräsident Wilhelm Miklas löst wegen Unstimmigkeiten den Nationalrat auf. Neuwahlen für den 9. November angesetzt.

19. Oktober in Fieberbrunn (Tirol) kommt es zu einem Zusammenstoß zwischen Christlichsozialen und Nationalsozialisten, mehrere Verletzte.

20. Oktober In Graz kommt es zu blutigen Schlägereien unter rivalisierenden Gruppen der Nationalsozialisten; Protagonisten der »Hitler-Bewegung« und der »Schulz-Gruppe«, die nach dem Werkmeister Karl Schulz, einem Nationalsozialisten der frühen zwanziger Jahre mit deutlich gewerkschaftlicher und eher demokratischer Akzentuierung, stehen einander gegenüber.

29. Oktober In Hötting bei Innsbruck geraten Heimwehrleute und Christlichsoziale mit Schutzbündlern und sozialdemokratischen Jugendlichen aneinander, mehrere Verletzte.

30. Oktober Im Zusammenhang mit den bevorstehenden Nationalratswahlen kommt es in Wien zu einem Zusammenstoß zwischen Sozialdemokraten und Heimwehrlern, ein Verletzter.

November Der Fußballklub Rapid wird Mitropacupsieger, das erstemal ein österreichischer Verein, der Cup wird seit 1927 ausgetragen.
4. November Die Ausweisung des Heimwehrführers Major Waldemar Pabst wird aufgehoben *(→ 17. Juni).*
9. November Die letzte freie Nationalratswahl in der Ersten Republik. Die Sozialdemokraten werden stärkste Partei, die Christlichsozialen verlieren sieben Mandate an den »Heimatblock« = die kandidierende Heimwehrbewegung. Die erstmals kandidierende NSDAP erringt 111 843 Stimmen, aber kein Mandat *(→ Rahmenartikel: Wahlergebnisse in der Ersten Republik, S. 323).*
29. November Regierung Carl Vaugoin tritt zurück *(→ 30. September).*
4. Dezember Regierung Ender, der bisher Landeshauptmann von Vorarlberg war. Koalition mit den Großdeutschen und dem Landbund, da sich das Bündnis mit der Heimwehr nicht bewährt hatte.
Bundeskanzler: Otto Ender (Christlichsozialer), Vizekanzler und Äußeres: Johannes Schober (Großdeutscher), Inneres: Franz Winkler (Landbund), Finanzen: Otto Juch (Beamter), Handel und Verkehr: Eduard Heinl (Christlichsozialer), Landwirtschaft: Andreas Thaler (Christlichsozialer) – ab 18. März 1931 Engelbert Dollfuß (Christlichsozialer), Soziale Verwaltung: Josef Resch (Christlichsozialer), Justiz: Hans Schürff (Großdeutscher), Unterricht: Emmerich Czermak (Christlichsozialer), Heereswesen: Carl Vaugoin (Christlichsozialer).
7. Dezember Nach seinem Ausscheiden aus dem Heimatschutz wegen unüberbrückbarer Gegensätze gründet Julius Raab mit Unterstützung der Christlichsozialen Partei und des Bauernbundes die »Niederösterreichische Heimwehr«, die für Demokratie, Parlamentarismus und Parteienstaat eintritt.
— Unter maßgeblicher Beteiligung des christlichsozialen Abgeordneten Kurt Schuschnigg und mit ausdrücklicher Billigung von Fürsterzbischof Sigismund Waitz werden in Innsbruck die »Ostmärkischen Sturmscharen« gegründet. Sie verstehen sich als eine Reformbewegung der katholischen Jugend und befinden sich in Gegnerschaft zur Heimwehr.
10. Dezember Karl Landsteiner erhält für die Entdekkung der Blutgruppen den Nobelpreis für Medizin.
13. Dezember Fritz Pregl stirbt in Graz; geb. am 3. September 1869 in Laibach; Chemiker, Pionier der mikrochemischen Forschung, Schöpfer der quantitativen Mikroanalyse organischer Verbindungen. Er erhielt 1914 den Liebenpreis und 1923 den Nobelpreis für Chemie. Seine Methoden ermöglichten umwälzende Forschungen auf dem Gebiet des Stoffwechsels und der Hormone. Nach ihm ist die Preglsche Jodlösung, ein Desinfektionsmittel, benannt.
21. Dezember Der Rundfunksender in Salzburg nimmt seinen Betrieb auf.
➧**1931** Universitätsprofessor Karl Gödel veröffentlicht in den »Monatsheften für Mathematik und Physik« seine epochale Arbeit »über formal unentscheidbare Sätze der Principia Mathematica und verwandter Systeme«; seine Entdeckung wird »Gödel'scher Beweis« genannt.
— Die 23jährige Schauspielerin Stella Kadmon gründet in Wien ihre erste Kleinkunstbühne »Der liebe Augustin«.
— Österreich wird Europameister im Eishockey und 3. bei der Weltmeisterschaft.
3.–7. Januar Demonstrationen der Nationalsozialisten gegen Aufführungen des Filmes »Im Westen nichts Neues« in Wien. In der Mariahilfer Straße werden Auslagenscheiben zertrümmert, auch bei der Urania kommt es zu tätlichen Auseinandersetzungen. Am 9. Januar werden weitere Aufführungen des Filmes verboten.
26. Januar Unterzeichnung des Freundschafts- und Schiedsgerichtsvertrages zwischen Österreich und Ungarn *(→ 6. Februar 1930; 17. März 1934).*
27./28. Januar Bundesführersitzung der Heimwehr in Wien. Einzelne Landesführer, u. a. Richard Steidle und Emil Fey wollen Bundesführer Ernst Rüdiger Fürst Starhemberg stürzen. Der Antrag wird jedoch abgelehnt.
Februar Erste (inoffizielle) Skiweltmeisterschaft in Mürren (Schweiz). Österreich: Toni Seelos 2. im Herrenslalom, Inge Lantschner 2. im Damenslalom, Irma von Schmiedegg 3. in der Damenabfahrt.
2. Februar Friedrich Schmiedel feuert vom Schöckl bei Graz die erste Postrakete der Welt ab. Sie befördert 102 Poststücke nach Radegund am Fuß des Berges.
28. Februar und 1. März Karl Schäfer wird in Berlin Weltmeister im Eiskunstlauf.
3.–5. März Offizieller Besuch des deutschen Außenministers Julius Curtius in Wien. Geheime Verhandlungen zwischen ihm und Außenminister Johannes Schober über eine österreichisch-deutsche Zollunion *(→ 19. und 21. März, 3. September).*
18. März Engelbert Dollfuß tritt als Land- und Forstwirtschaftsminister in das Kabinett Otto Ender ein.
18. und 19. März Mitteleuropäische Wirtschaftskonferenz in Wien, Gesprächspartner: Österreich, Deutschland, Ungarn, ČSR, Jugoslawien und Rumänien. Ziel ist die Durchsetzung der Zollunion.
19. März Unterzeichnung des österreichisch-deutschen Zollunionsvertrages in Wien. Er wird am 21. bekanntgegeben und am 23. im Wortlaut veröffentlicht *(→ 3. bis 5. März, 21. März und 3. September).*
21. März Einspruch der Gesandten Frankreichs, Italiens und der ČSR gegen den Zollunionsvertrag zwischen Österreich und Deutschland. Er sei unvereinbar mit den Genfer Protokollen vom 4. Oktober 1922.
19. April Landtagswahl in Oberösterreich. Gewinne der Christlichsozialen, Verluste des Heimatblocks. Die Heimwehr Starhembergs verliert 21 000 Stimmen.
25. und 26. April Bundesparteitag der Christlichsozialen Partei in Klagenfurt. Die Partei distanziert sich von den Heimwehren.
2. Mai Ernst Rüdiger Fürst Starhemberg tritt als Bundesführer der Heimwehr zurück und übergibt das Amt Walter Pfrimer *(→ 12./13. September).* Starhemberg wurde für die Zerfallserscheinungen der Heimwehr *(→ 7. Dezember 1930; 27. Januar 1931)* verantwortlich gemacht.
8. Mai Finanzminister Otto Juch teilt der Regierung mit, daß die Credit-Anstalt (Österreichs größte Bank) mit einem Defizit von 140 Millionen Schilling vor dem Zusammenbruch steht. Hauptaktionär der Credit-Anstalt ist Louis Nathaniel Rothschild *(→ September 1929).*
10. Mai Sanierungsplan für die Credit-Anstalt ausgehandelt: 100 Millionen übernimmt der Staat, 30 Millionen die Nationalbank und 30 Millionen Baron Roth-

schild – allerdings unter dem Druck der Verstaatlichung der Bank.

12. Mai Krise der Credit-Anstalt wird bekannt, Kunden stürmen die Bankschalter *(→ 24. Mai).*

15. Mai Papst Pius XI. erläßt die Enzyklika »Quadragesimo anno«, auf die sich später Theoretiker des Ständestaates beziehen.

24. Mai Höhepunkt der Krise der Credit-Anstalt. Ihr Zusammenbruch würde das Ende zahlloser Betriebe bedeuten. Trotz der Weltwirtschaftskrise sind England und Frankreich bereit, einen Kredit in der Höhe von 150 Millionen Schilling aufzubringen *(→ 8., 10., 12., 28. Mai, 16. Juni und 17. Juli).*

25. Mai Wilhelm Franz Exner stirbt in Wien; geb. am 9. April 1840 in Gänserndorf (Niederösterreich), Technologe. Er gründete 1879 das Technologische Gewerbemuseum in Wien mit einer Reihe von Lehr- und Versuchsanstalten; 1879–1904 Direktor dieser Anstalt.

28. Mai Der Nationalrat erteilt der Regierung die Vollmacht, die Haftung für die Schulden der Credit-Anstalt zu übernehmen *(→ 8. Mai und 17. Juli).*

6. Juni England gewährt der Oesterreichischen Nationalbank einen Kredit in Höhe von 150 Millionen Schilling.

— Innenminister Franz Winkler weigert sich, die Haftung der Regierung für den Kredit der Credit-Anstalt zu akzeptieren, und stürzt damit die Regierung Otto Ender.

18. Juni Ignaz Seipel verhandelt mit allen Parteien wegen der Bildung einer Konzentrationsregierung. Er plant unter seinem Vorsitz vier Sozialdemokraten, drei Christlichsoziale, einen Großdeutschen und einen Landbündler. Die Sozialdemokraten lehnen ab. Auch Johannes Schober ist gegen Seipel, daher kommt auch keine bürgerliche Koalition zustande.

20. Juni Erste Regierung Buresch. Buresch war bisher Landeshauptmann von Niederösterreich. Alle bürgerlichen Parteien sind vertreten.
Bundeskanzler: Karl Buresch (Christlichsozialer), Vizekanzler und Äußeres: Johannes Schober (Großdeutscher), Inneres: Franz Winkler (Landbund), Finanzen: Josef Redlich (parteilos) – ab 16. Oktober Emanuel Weidenhoffer (Christlichsozialer), Handel und Verkehr: Eduard Heinl (Christlichsozialer), Landwirtschaft: Engelbert Dollfuß (Christlichsozialer), Soziale Verwaltung: Josef Resch (Christlichsozialer), Justiz: Hans Schürff (Großdeutscher), Unterricht: Emmerich Czermak (Christlichsozialer), Heereswesen: Carl Vaugoin (Christlichsozialer).

11. Juli Im Wiener Prater wird das Stadion, erbaut nach Plänen von Otto Erich Schweizer, eröffnet.

17. Juli Der Nationalrat beschließt drei Gesetze zur Rekonstruktion der Credit-Anstalt *(→ Mai und 16. Juni).*

19.–26. Juli Zweite Arbeiterolympiade in Wien (erste in Frankfurt am Main 1925). 17 Nationen sind dabei vertreten, Österreich erringt bei 29 Einzel- und bei 17 Mannschaftsbewerben erste Plätze.

1. August Bei einer kommunistischen Demonstration in Klagenfurt kommt es zu Schießereien. Ein Polizist wird getötet, mehrere Verletzte.

3. September Außenminister Johannes Schober erklärt in Genf, daß die österreichische Bundesregierung die Zollunion mit Deutschland »nicht weiter zu verfolgen gedenke«. *(→ März und 5. September).*

— Franz Schalk stirbt in Edlach (Niederösterreich), geb. am 27. Mai 1863 in Wien, Dirigent. 1900 erster Kapellmeister der Hofoper in Wien, 1909–1919 Lehrer an der Wiener Musikakademie; 1919–1924 leitete er gemeinsam mit Richard Strauss die Staatsoper in Wien. Mitbegründer der Salzburger Festspiele.

— Uraufführung des ersten deutschen Tonfilms, nämlich Fritz Langs »M« im Apollokino in Wien.

5. September Das Haager Schiedsgericht, auf Vorschlag Englands einberufen, entscheidet mit 8 : 7 Stimmen, daß die Zollunion zwischen Österreich und Deutschland mit den Genfer Protokollen vom 4. Oktober 1922 nicht vereinbar sei. Nur sechs Richter erklärten, einen Verstoß gegen den Artikel 88 des Staatsvertrages von Saint-Germain zu sehen.

12./13. September Putschversuch des steirischen Landeskommandanten und Bundesführers der Heimwehr Walter Pfrimer. Pfrimer erließ eine Proklamation an das »Volk von Österreich« und ließ ein »Provisorisches Verfassungspatent« anschlagen.
Insgesamt 14 000 Heimwehrmänner besetzen zahlreiche Ortschaften, vor allem in der Obersteiermark. Sie nehmen Verhaftungen vor und errichten Straßensperren. Sogar der Schloßberg von Graz wird von ihnen besetzt. Doch bereits im Laufe des Vormittags zeichnet sich das Scheitern des Putsches ab: Landeshauptmann Anton Rintelen fordert die sofortige Einstellung, die Heimwehren in anderen Bundesländern schlossen sich dem Putsch nicht an.
Pfrimer und Carl Otmar Lamberg flüchten ins Ausland, 140 Heimwehrführer werden verhaftet, Unmengen an Waffen beschlagnahmt.

22. September Ernst Rüdiger Fürst Starhemberg übernimmt nach Regelung seiner finanziellen Lage wieder die Bundesführung der Heimwehr.

9. Oktober Wilhelm Miklas wird als Bundespräsident durch die Bundesversammlung wiedergewählt.

11. Oktober Hanns Hoerbiger stirbt in Wien-Mauer; geb. am 29. November 1860 in Atzgersdorf bei Wien, Techniker und Maschinenkonstrukteur. Er erfand das reibungsfrei arbeitende »Hoerbiger-Ventil«. Urheber der wissenschaftlich nicht haltbaren Welteislehre. Nach ihm wurde ein Mondkrater benannt.

17. Oktober Ferdinand Ebner stirbt in Gablitz (Niederösterreich); geb. am 31. Januar 1882 in Wr. Neustadt (Niederösterreich) Philosoph, Wegbereiter des katholischen Existentialismus. Zusammen mit Martin Buber Urheber der Philosophie des Ich-du-Verhältnisses. Hauptwerk 1921 »Das Wort und die geistigen Realitäten«.

21. Oktober Arthur Schnitzler stirbt in Wien; geb. am 15. Mai 1862 in Wien, Arzt, Dramatiker und Erzähler. Vertreter des Wiener Impressionismus. Bevorzugte die kleinere dichterische Form, besonders Novellen und Einakter. Durch Sigmund Freud von der Psychoanalyse beeinflußt. Meistgespielter deutschsprachiger Dramatiker vor dem Ersten Weltkrieg *(→ 25. Dezember 1900).*

6. November Der Holländer Marinus Meinoud Rost van Tonningen wird vom Völkerbund als Finanzkontroller für Österreich bestellt *(→ 16. Juni; 15. Juli 1932; 5. August 1936).*

Dezember Die Arbeitslosigkeit erreicht den Stand von 302 000 Arbeitslosen (Ausgesteuerte = nicht mehr Unterstützte, zusätzlich etwa 98 000).

11. Dezember Ernst Rüdiger Fürst Starhemberg kann

für kurze Zeit *(→ 25. Mai 1932)* die auseinanderstrebenden Heimwehrfraktionen einigen, Emil Fey und Richard Steidle schließen sich ihm wieder an.

16. Dezember Während einer sozialdemokratischen Versammlung in Voitsberg (Steiermark) entdeckt die Gendarmerie ein Waffenlager des Republikanischen Schutzbundes. Bei der anschließenden Schießerei sind zwei Tote und mehrere Verletzte zu beklagen.

18. Dezember Hochverratsprozeß gegen Walter Pfrimer *(→ 12./13. September)* endet mit einem unmotivierten Freispruch durch die Geschwornen. Pfrimer war Anfang Dezember aus Jugoslawien nach Österreich zurückgekehrt.

►1932 Das »Hochhaus« in der Herrengasse in Wien, erbaut von den Architekten Hans Jaksch und Siegfried Theiß, wird fertiggestellt.

— Ein Rückgang der Steuereinnahmen ergibt für 1931 ein Budgetdefizit von 300 Millionen Schilling. Auch starker Rückgang des Außenhandels; die strenge Devisenverordnung vom 9. Oktober 1931 zeigte kaum Auswirkungen.

— Die nationalsozialistische Propaganda operiert in Wien mit drastischen Formulierungen »500 000 Arbeitslose 400 000 Juden – Ausweg sehr einfach«.

— Der sozialdemokratische »Freidenkerbund Österreichs« erreicht einen Mitgliederstand von 65 000. Er geht auf den 1887 gegründeten »Verein der Konfessionslosen« zurück, in dem sich Liberale und Sozialdemokraten im Kampf gegen den »verpfafften Staat« vereinigten.

Januar Gustav Tauschek (geb. am 24. April 1899 in Wien, gest. am 14. Februar 1945 in Zürich) stellt die von ihm erfundene und konstruierte »lesende Maschine« vor, ein Vorläufer der Klarschriftleser, des wesentlichen Hilfsgeräts der Computer.

— 423 000 vorgemerkte (350 000 unterstützte) Arbeitslose in Österreich.

27. Januar Rücktritt der ersten Regierung Karl Buresch. Differenzen der Christlichsozialen und der Großdeutschen mit Außenminister Johannes Schober.

29. Januar Zweite Regierung Buresch. Minderheitsregierung der Christlichsozialen und des Landbundes, Großdeutsche in der Opposition.

Bundeskanzler und Äußeres: Karl Buresch (Christlichsozialer), Vizekanzler und Inneres: Franz Winkler (Landbund), Finanzen: Emanuel Weidenhoffer (Christlichsozialer), Handel und Verkehr: Eduard Heinl (Christlichsozialer), Landwirtschaft: Engelbert Dollfuß (Christlichsozialer), Soziale Verwaltung: Josef Resch (Christlichsozialer), Justiz: Kurt Schuschnigg (Christlichsozialer), Unterricht: Emmerich Czermak (Christlichsozialer), Heereswesen: Carl Vaugoin (Christlichsozialer), Sicherheit: Franz Bachinger (Landbund).

Februar »Donauföderation« vom französischen Ministerpräsidenten André Tardieu angeregt. Sie soll ein Zusammenschluß von Österreich und Ungarn mit den Staaten der sogenannten »Kleinen Entente« (ČSR, Jugoslawien und Rumänien) sein. Vorzugszölle und wirtschaftliche Zusammenarbeit sollen im Vordergrund stehen *(→ 8., 16. März und 6.–8. April)*.

4.–13. Februar III. Olympische Winterspiele in Lake Placid. Österreich gewinnt im Eiskunstlauf: Karl Schäfer 1. bei den Herren, Fritzi Burger 2. bei den Damen.

17. und 18. Februar Karl Schäfer in Montreal Weltmeister im Eiskunstlauf.

5. März Leopold Kunschak (Christlichsozialer Arbeiterführer) verlangt in einer Rede bei der Kundgebung des Freiheitsbundes die »Entwaffnung der Parteiarmeen«.

8. März Italien lehnt den Tardieu-Plan *(→ Februar)* ab.

16. März Deutschland lehnt ebenfalls den Tardieu-Plan ab, weil es die Vorherrschaft Frankreichs im Donauraum befürchtet.

31. März Die elektrische Bahn Mödling–Hinterbrühl (bei Wien) stellt den Betrieb ein *(→ 17. Oktober 1883)*.

6.–8. April Viermächtekonferenz in London. Beratungen über den Tardieu-Plan verlaufen ergebnislos *(→ Februar)*.

21. April Kardinal Friedrich Gustav Piffl stirbt in Wien; geb. am 15. Oktober 1864 in Landskron (Böhmen), Erzbischof von Wien. Der Augustiner Chorherr und Professor für Moraltheologie in Klosterneuburg steht in engem Kontakt zu den christlichsozialen Politikern Leopold Kunschak und Franz Martin Schindler, seit 1913 war er Wiener Erzbischof.

24. April Landtagswahlen in Wien, Niederösterreich und Salzburg. Stimmengewinne der Nationalsozialisten auf Kosten der anderen Parteien. Bei den Landtagswahlen in Wien gewinnen die Sozialdemokraten 66 Mandate, die Christlichsozialen 19 und die Nationalsozialisten 15. Die Großdeutsche Volkspartei kann kein Mandat mehr erreichen, auch die Kommunisten mit 20 839 Stimmen erreichen kein Grundmandat.

Bei den Salzburger Landtagswahlen verlieren Sozialdemokraten, Christlichsoziale und Landbund je ein Mandat, die Großdeutschen drei Mandate. Die Nationalsozialisten sind nunmehr mit sechs Mandaten im Landtag vertreten.

Im niederösterreichischen Landtag verlieren die Christlichsozialen ihre absolute Mehrheit, die neue Verteilung lautet: 28 Christlichsoziale, 20 Sozialdemokraten und 8 Nationalsozialisten.

3. Mai Anton Wildgans stirbt in Mödling (Niederösterreich); geb. am 17. April 1881 in Wien, Lyriker und Dramatiker, eigenwilliger Realist. 1921/22 und 1930/31 war er Direktor des Wiener Burgtheaters *(→ 1. Januar 1930)*.

6. Mai Rücktritt der zweiten Regierung Karl Buresch. Mißtrauen der parlamentarischen Mehrheit, Neuwahlen werden von allen Parteien gefordert.

20. Mai Erste Regierung Dollfuß. Engelbert Dollfuß war bisher Landwirtschaftsminister. Die Mehrheit im Parlament beträgt nur eine Stimme – 83 : 82; 66 Christlichsoziale, 9 Landbund und 8 Heimatblock (Heimwehr) gegen 72 Sozialdemokraten und 10 Großdeutsche des Schoberblocks.

Bundeskanzler, Äußeres und Landwirtschaft: Engelbert Dollfuß (Christlichsozialer), Vizekanzler: Franz Winkler (Landbund), Inneres: Franz Bachinger (Landbund) – ab 10. Mai 1933 Vinzenz Schumy (Landbund), Finanzen: Emanuel Weidenhoffer (Christlichsozialer) – ab 10. Mai 1933 Karl Buresch (Christlichsozialer), Handel und Verkehr: Guido Jakoncig (Heimwehr) – ab 10. Mai 1933 Fritz Stockinger (Christlichsozialer), Soziale Verwaltung: Josef Resch (Christlichsozialer) – ab 11. März 1933 Robert Kerber (Christlichsozialer), Justiz: Kurt Schuschnigg (Christlichsozialer), Unterricht: Anton Rintelen (Christlichsozialer) – ab 24. Mai 1933 Kurt Schuschnigg (Christlichsozialer), Heereswesen: Carl

Vaugoin (Christlichsozialer), Sicherheit: Hermann Ach (Beamter) – ab 10. Mai 1933 Emil Fey (Heimwehr).

— Hüttenwerk der Alpine-Montan in Aumühl bei Kindberg (Steiermark) stillgelegt, damit gehen 450 Arbeitsplätze verloren.

— Das Finanzkomitee des Völkerbundes und das Garantiekomitee für die österreichische Anleihe beraten über das österreichische Ansuchen um Gewährung einer Anleihe.

23. Mai Walter Pfrimer erklärt als »Führer des steirischen Heimatschutzes«, daß er nur mehr aus München (Zentrale der NSDAP) Weisungen entgegennehme, nachdem er bereits am 8. Mai aus dem Steirischen Heimatschutz ausgetreten war. Seit 18. Mai ist Konstantin Kammerhofer Landesleiter. Doch die NSDAP hält ihre Vereinbarungen nicht ein, daher löst Pfrimer am 20. November wieder das Unterstellungsverhältnis.

27. Mai Saalschlacht zwischen Sozialdemokraten und Nationalsozialisten in Hötting bei Innsbruck, ein Toter und 60 Verletzte.

9. Juni Bundesführer der Heimwehr Ernst Rüdiger Fürst Starhemberg erreicht in Rom von Benito Mussolini Waffenlieferungen für die Heimwehr.

17. Juni Der Eisenbahnattentäter Sylvester Matuschka wird in Wien für zwei Anschläge auf Eisenbahntrassen zu sechs Jahren Kerker verurteilt und anschließend an Ungarn ausgeliefert, wo er wegen des Anschlages auf die Eisenbahnbrücke bei Biatorbágy zu lebenslänglichem Kerker verurteilt wird. Bei diesem Anschlag waren die Lokomotive und sechs Waggons in eine Schlucht gestürzt, zahlreiche Tote und Schwerverletzte waren zu beklagen.

29. Juni Erstmals treten die »Ostmärkischen Sturmscharen« *(→ 7. Dezember 1930)* in der Öffentlichkeit in Erscheinung.

10. Juli Zusammenstoß von sozialdemokratischen Arbeitern mit Heimwehrmännern in Göß (Steiermark), etwa 40 Verletzte.

15. Juli Der Lausanner Vertrag über eine neue Völkerbundanleihe wird unterzeichnet. Höhe: 300 Millionen Schilling, Laufzeit: 20 Jahre. Österreich verpflichtet sich, auf den »Anschluß« an und die Zollunion mit Deutschland zu verzichten. Dieser erste Erfolg des Kanzlers Engelbert Dollfuß ruft eine heftige Opposition der Sozialdemokraten, Großdeutschen und Nationalsozialisten hervor.

31. Juli bis 7. August X. Olympische Spiele in Los Angeles. Österreich: 1 Gold-, 1 Silber- und 2 Bronzemedaillen. Florett der Damen: 1. Ellen Preiss; Schwerathletik: Hans Haas 2. im Leichtgewicht und Karl Hipfinger 3. im Mittelgewicht; Ringen: Nikolaus Hirschl 3. im Schwergewicht.

2. August Altbundeskanzler Ignaz Seipel stirbt in Pernitz (Niederösterreich); geb. am 19. Juli 1876 in Wien, Sohn eines Wiener Fiakers, katholischer Geistlicher, seit 1921 Prälat, 1909–1917 in Salzburg Universitätsprofessor für Moraltheologie, seit 1919 Abgeordneter der Christlichsozialen Partei zum Nationalrat, 1921–1929 Obmann der Christlichsozialen Partei. 1922–1924 und 1926–1929 Bundeskanzler.

17. August Der Nationalrat nimmt mit 81 : 80 Stimmen die Regierungsvorlage des Lausanner Vertrages *(→ 15. Juli)* an; Einspruch des Bundesrates (Regierung hier in der Minderheit) mit 27 : 22 Stimmen *(→ 23. August).*

19. August Altbundeskanzler Johannes Schober stirbt in Baden bei Wien; geb. am 14. November 1874 in Perg (Oberösterreich). Polizeipräsident von Wien seit Juli 1918, Vorsitzender der Interpol, die damals ihren Sitz in Wien hatte. Er stand eher den Großdeutschen nahe und bildete mit ihnen 1930 den »Nationalen Wirtschaftsblock«, den sogenannten Schoberblock. 1921–1922 Bundeskanzler.

23. August Beharrungsbeschluß des Nationalrates: der Lausanner Vertrag wird mit 82 : 80 Stimmen angenommen *(→ 17. August).*

5.–10. September Letzte Ausstellung der »Wiener Werkstätte«. Die Generalversammlung vom 14. Oktober vollzieht die rechtliche Geschäftsauflösung.

5.–20. September Konferenz von Stresa (Italien) über den wirtschaftlichen Aufbau in Mittel- und Südosteuropa. Frankreich führt den Vorsitz. Der Plan über den wirtschaftlichen Zusammenschluß scheitert.

18. September Joseph Goebbels, Propagandaleiter der NSDAP, spricht in der Engelmann-Arena in Wien. (»... gebt Adolf Hitler die Macht!«)

20. September Theodor Innitzer wird Erzbischof von Wien.

24. September An der österreichisch-ungarischen Grenze bei Ödenburg wird ein grotesker Schmuggel aufgedeckt: Ferkel wurden als Wickelkinder mit Häubchen verkleidet, unter Alkohol gesetzt, um sie ruhig zu stellen, und so nach Österreich geschmuggelt.

29. September–2. Oktober Nationalsozialistischer Gauparteitag in Wien. Am 2. Oktober sprechen bei einer Kundgebung auf dem Wiener Heldenplatz Joseph Goebbels und Ernst Röhm. Ausschreitungen und Zusammenstöße in mehreren Wiener Bezirken haben vier Schwer- und 130 Leichtverletzte zur Folge.

30. September Schlägerei im Wiener Gemeinderat zwischen Sozialdemokraten und Nationalsozialisten, drei Sozialdemokraten und fünf Nationalsozialisten verletzt.

1. Oktober Das Kriegswirtschaftliche Ermächtigungsgesetz *(→ 24. Juli 1917)* wird nach mehreren Jahren wieder angewandt, um die Funktionäre der Credit-Anstalt für die Verluste des Bankhauses haftbar zu machen.

4. Oktober Rudolf Karl Slatin bekannt unter dem Namen Slatin Pascha, stirbt in Wien; geb. am 7. Juni 1857 in Ober St. Veit bei Wien. 1878 von Gordon Pascha nach Ägypten berufen, 1880 General und Militärgouverneur der Provinz Darfur im angloägyptischen Sudan. 1883–1895 Gefangener der Mahdisten. Über seine Erlebnisse veröffentlicht er ein vielbeachtetes Buch »Feuer und Schwert im Sudan«. Bis 1914 dient er als englischer Generalinspektor im Sudan. 1914 kehrt er nach Österreich zurück, ab 1915 ist er für die Kriegsgefangenenfürsorge des Roten Kreuzes tätig. 1919 gehört er als Experte für die Kriegsgefangenenfrage der österreichischen Delegation in St. Germain an.

14. Oktober Auguste Piccard (ein Schweizer Physiker) landet nach einem Ballonflug in die Stratosphäre auf dem Gurgler Ferner bei Obergurgl (Tirol).

16. Oktober Zusammenstoß zwischen dem Republikanischen Schutzbund und Nationalsozialisten in Wien-Simmering, drei Tote und 64 Verletzte.

17. Oktober Emil Fey, Landesführer des Wiener Heimatschutzes, wird zum Staatssekretär für das Sicherheitswesen ernannt.

Parlamentskrise 1933

Die letzte Sitzung des Nationalrates am 4. März 1933 gipfelte in der Debatte um einen Eisenbahnerstreik; die Gehälter sollten in drei Raten ausgezahlt werden, was eine Verletzung des Kollektivvertrages darstellte. Die letzte Debatte dauerte von 21.35 Uhr bis 21.55 Uhr und behandelte in ziemlich stürmischer Atmosphäre die Differenzen des letzten Abstimmungsergebnisses, bei dem irrtümlich ein falscher Stimmzettel abgegeben worden war. Einige Stellen aus dem stenographischen Protokoll:

»›Meine Herren, es ist unmöglich, das Präsidium zu führen, wenn ein so großer Teil des Hauses den Entscheidungen des Präsidenten widerspricht. Ich werde das nicht auf mich nehmen. Ich lege meine Stelle als Präsident nieder.‹ (Stürmischer Beifall links. – Lebhafte Zwischenrufe rechts. – Gegenrufe links.) Präsident Renner verläßt das Präsidium. – Präsident Ramek begibt sich zur Präsidentenestrade. – Dr. Renner nimmt seinen Abgeordnetensitz ein. (Stürmischer Beifall links. – Zwischenrufe.)

Präsident Ramek: ›Hohes Haus! Mit Rücksicht auf den Widerspruch, der von einem großen Teil des Hauses gegen den früheren Vorgang der Abstimmung erhoben wurde, bleibt mir nichts anderes übrig, als die Abstimmung für ungültig zu erklären.‹ (Stürmische Rufe links: ›Das gibt es nicht‹) ›Also ich bitte jetzt . . .‹ (Rufe rechts: ›Niederlegen!‹ – Seitz: ›Das kann nicht einmal der liebe Gott! Das kann kein Mensch!‹ – Anhaltende Zwischenrufe.) ›. . . Deshalb habe ich Ihnen den Vorschlag gemacht, daß wir diese Abstimmung wiederholen . . .‹

Präsident Ramek: ›Hohes Haus! Da der von mir enunziierte Vorgang die Zustimmung eines großen Teiles des Hauses nicht findet, lege ich meine Stelle als Präsident nieder.‹ (Stürmischer Beifall rechts und auf der äußersten Rechten. – Präsident Ramek verläßt das Präsidium.)

Präsident Straffner (den Vorsitz übernehmend): ›Hohes Haus! Da sich das Haus über die Streitfälle, die das Haus auf Grund der Abstimmung eben beschäftigen, nicht einigen kann, bin ich nicht in der Lage, die Sitzung des Hauses weiterzuführen und lege ebenfalls meine Stelle als Präsident nieder.‹ (Lebhafter Beifall bei den Parteifreunden und rechts. – Präsident Straffner verläßt das Präsidium. Die Abgeordneten verlassen den Sitzungssaal. Anhaltende Zwischenrufe.)«

20. Oktober Protest der Sozialdemokraten im Parlament gegen die Anwendung des Kriegswirtschaftlichen Ermächtigungsgesetz *(→ 1. Oktober).*

6. November Bei den Landtagswahlen in Vorarlberg müssen alle Parteien Stimmenverluste hinnehmen, die Gewinne der Nationalsozialisten halten sich in Grenzen.

18. November In Wien wird nach Plänen der Architekten Hans Jaksch und Siegfried Theiß das 15stöckige Hochhaus in der Herrengasse fertiggestellt. An dieser Stelle stand bis vor dem Ersten Weltkrieg das Liechtensteinsche Benefiziathaus, in dem sich der legendäre Bösendorfersaal befand.

Dezember 450 000 vorgemerkte (346 000 unterstützte) Arbeitslose in Österreich.

4. Dezember In Wolfern (Oberösterreich) kommt es während einer Heimwehrversammlung zu einer Auseinandersetzung zwischen Heimwehrmännern und Nationalsozialisten, 34 Verletzte.

— Gustav Meyrink (eigentlich Meyer) stirbt in Starnberg (Bayern); geb. am 19. Januar 1868 in Wien, Schriftsteller, Vorläufer der modernen Traumdichtung. Seit 1927 Buddhist.

18. Dezember Am »Goldenen Sonntag«, dem letzten Sonntag vor Weihnachten, an diesem Tag halten die Geschäfte traditionsgemäß offen, werfen Nationalsozialisten im Großkaufhaus Gerngroß in der Wiener Mariahilfer Straße Tränengas- und Stinkbomben. Es bricht Panik aus, es gibt verletzte Frauen und Kinder.

1932/33 Wintermonate Höhepunkt der Weltwirtschaftskrise.

►1933 Der Bauernbundpolitiker und ehemalige Landwirtschaftsminister Andreas Thaler gründet mit Unterstützung der Bundesregierung im südbrasilianischen Staat Santa Caterina die österreichische Bauernsiedlung Dreizehnlinden (= Treze Tilias) für etwa 1500 verarmte Tiroler Bergbauern.

Januar 385 000 unterstützte Arbeitslose in Österreich.

8. Januar Die sozialdemokratische »Arbeiter-Zeitung« enthüllt durch einen umfangreichen Artikel die »Hirtenberger Waffenaffäre«. Benito Mussolini unterstützte die ungarische Horthy-Regierung mit Waffen. Diese Waffen wurden, als altösterreichisches Kriegsmaterial deklariert, von der Hirtenberger Patronenfabrik des Großindustriellen Fritz Mandl »repariert« und nach Ungarn weitergeliefert *(→ 3. Februar).*

Februar (Inoffizielle) Skiweltmeisterschaften in Innsbruck. Herrenkombination und Slalom: 1. Toni Seelos; Slalom: 2. Guzzi Lantschner; Abfahrt: 3. Hans Hauser; Damenkombination, Abfahrt und Slalom: 1. Inge Lantschner-Wersin; Kombination und Abfahrt: 2. Gerda Paumgartner.

3. Februar Antwort der Bundesregierung auf die Proteste Frankreichs und der ČSR gegen die italienischen Waffenlieferungen über Österreich.

15. Februar Höchststand der Arbeitslosigkeit in Österreich mit 402 000 unterstützten Arbeitslosen, zusammen mit den nichtgezählten Ausgesteuerten rund 600 000 Arbeitslose.

17. Februar Die ersten zwei Waggons Erdöl werden aus Zistersdorf (Niederösterreich) abtransportiert.

18. und 19. Februar Karl Schäfer in Zürich Weltmeister im Eiskunstlauf.

1. März Eisenbahnerstreik, Bahnhöfe werden vom Bundesheer besetzt.

4. März Geschäftsordnungskrise des Parlaments: Im Zuge einer Abstimmung über Maßnahmen gegen die streikenden Eisenbahner treten alle drei Präsidenten des

Nationalrates, nämlich Karl Renner (Sozialdemokrat), Rudolf Ramek (Christlichsozialer) und Sepp Straffner (Großdeutscher) zurück. Durch diese Demission kann die Sitzung nicht geschäftsordnungsgemäß geschlossen werden. Das Plenum des Natioalrats ist handlungsunfähig.

5. März Bei einem informellen Treffen maßgeblicher christlichsozialer Führungspersönlichkeiten, u. a. Engelbert Dollfuß und Karl Buresch, wird der Beschluß gefaßt, nicht die verfassungsgemäßen Möglichkeiten zur Behebung der Krise zu nutzen, sondern in Hinkunft autoritär zu regieren.

7. März Proklamation der Bundesregierung, sie bezeichnet sich als im Amt befindlich und von der Parlamentskrise nicht betroffen zu sein. Der Ministerrat beschließt auf Anregung von Sektionschef Robert Hecht, mit dem Kriegswirtschaftlichen Ermächtigungsgesetz vom 24. Juli 1917 zu regieren. Bundespräsident Wilhelm Miklas beläßt die Regierung im Amt und stimmt ihren Maßnahmen zu.

— Mittels Verordnungen auf Grund des Kriegswirtschaftlichen Ermächtigungsgesetzes *(→ 24. Juli 1917)* werden Versammlungs- und Pressefreiheit aufgehoben.

— Scharfe Opposition der Sozialdemokraten, Großdeutschen und Nationalsozialisten, die der Bundesregierung Verfassungsbruch vorwerfen.

8. März Der sozialdemokratische Parteivorstand berät die Situation, vergebliche Verhandlungen Robert Dannebergs mit Bundeskanzler Engelbert Dollfuß über eine Wiedereinberufung des Parlaments.

9. März Der dritte Nationalratspräsident Sepp Straffner versucht, die Geschäftsordnungskrise zu beheben, indem er für den 15. März eine Sitzung einberuft, um die unterbrochene Sitzung vom 4. März ordnungsgemäß schließen zu können.

10. März Sozialminister Josef Resch tritt wegen verfassungsrechtlicher Bedenken zurück.

13. März Der Parteivorstand der Sozialdemokraten beschließt, daß eine Verhinderung der von Sepp Straffner einberufenen Sitzung der Anlaß zu einem Generalstreik wäre.

14. März Bundespräsident Wilhelm Miklas sendet ein Schreiben an Sepp Straffner, in dem er diesen auffordert, von der Abhaltung einer Parlamentssitzung Abstand zu nehmen.

15. März Sitzung des Nationalrates, vom zurückgetretenen Dritten Präsidenten *(→ 4. März)* Sepp Straffner (Großdeutscher) einberufen. Es erscheinen nur sozialdemokratische und großdeutsche Abgeordnete. Sepp Straffner kann die Sitzung nicht ordnungsgemäß schließen, da Kriminalpolizei den Saal räumt.

17. März Der Wiener Polizeipräsident Franz Brandl wird von Bundeskanzler Engelbert Dollfuß entlassen. Es wird ihm vorgeworfen, daß er eine schriftliche Weisung für das Vorgehen im Parlament verlangt habe. Diese schriftliche Weisung habe er dem Abgeordneten Sepp Straffner übergeben. Weiters, daß er verbreitet habe, daß sich »1 500 Heimwehrleute im Gebäude des Ackerbauministeriums am Judenplatz« versammelt hätten, was Putschgerüchte genährt habe. Außerdem habe Brandl noch Bügermeister Karl Seitz und den Abgeordneten Julius Deutsch von der Heimwehrkonzentration am Judenplatz informiert. Dollfuß verlangt von Brandl, »binnen 10 Minuten die Konsequenzen (zu) ziehen«, d. h. um seinen Rücktritt einzukommen. Brandl tritt daraufhin demonstrativ der NSDAP bei.

22. März Über die sozialdemokratischen Tageszeitungen »Arbeiter-Zeitung« und »Das kleine Blatt« wird mit Ministerratsbeschluß auf Grund des Kriegswirtschaftlichen Ermächtigungsgesetzes die Vorzensur verhängt.

25. März Die Regierungsparteien (Christlichsoziale, Landbund und Heimwehr) beschließen einen scharfen antimarxistischen Kurs und die Auflösung des Republikanischen Schutzbundes.

31. März Der Republikanische Schutzbund wird in ganz Österreich aufgelöst. Illegal bleibt er bestehen. Bürgermeister Karl Seitz (Sozialdemokrat) verbietet daraufhin die Heimwehr in Wien, dies wird jedoch durch das Veto der Bundesregierung vereitelt.

April 365 000 unterstützte Arbeitslose in Österreich.

10. April Die Bundesregierung beschließt die Aufstellung der »Freiwilligen Assistenzkörper« *(→ 7. Juli).*

13. April Erste Begegnung Engelbert Dollfuß – Mussolini in Rom. Benito Mussolini gibt die Versicherung ab, daß »Italien, falls nötig, die Selbständigkeit Österreichs mit Waffengewalt verteidigen werde«. *(→ 19. und 20. August).*

23. April Gemeinderatswahlen in Innsbruck. Die Nationalsozialisten werden mit 40% der Stimmen stärkste Partei.

1. Mai Die Bundesregierung läßt die Wiener Innenstadt durch Militär abriegeln und verhindert damit den traditionellen Maiaufmarsch der Sozialdemokraten.

5.–7. Mai Bundesparteitag der Christlichsozialen Partei in Salzburg. Carl Vaugoin zum Obmann wiedergewählt. Der Parteitag beschließt die Unterstützung der Politik der Regierung von Engelbert Dollfuß.

10. Mai Bundeskanzler Engelbert Dollfuß bildet sein Kabinett um, die dem Landbund angehörenden Minister werden durch Christlichsoziale ersetzt (20. Mai 1932).

— Das Verbot von Wahlen in die Landtage und Gemeinden (zuerst befristet, dann jedoch immer wieder verlängert) wird erlassen. Als Begründung wird die Rücksichtnahme auf den Fremdenverkehr angegeben. Neue Eidesformel für Beamtenvereidigungen lautet nicht mehr auf »demokratische« Republik.

12. Mai Parteivorstand und Abgeordnetenklub der Sozialdemokratischen Partei beschließen die »völkerrechtliche Neutralisierung Österreichs«.

14. Mai Großaufmarsch der Wiener Heimwehr anläßlich der »Türkenbefreiungsfeier«.

15. Mai Der Reichsjustizkommissar (auch bayrischer Justizminister bis 1934) Hans Frank wird ausgewiesen. Er war als nationalsozialistischer Propagandaredner nach Österreich gekommen. Österreichisch-deutsche Spannung treibt einem Höhepunkt *(→ 27. Mai)* zu.

— Die Großdeutsche Partei und die NSDAP schließen ein Bündnis.

19. Mai Emil Fey beantragt die Aufstellung eines freiwilligen »Schutzkorps«.

20. Mai Gründung der »Vaterländischen Front« (VF), einer »überparteilichen« Zusammenfassung aller »regierungstreuen« Österreicher.

26. Mai Der Kommunistischen Partei wird in Österreich jegliche Betätigung untersagt.

27. Mai Die deutsche Reichsregierung verhängt über Österreich die »Tausendmarksperre« (Reichsgesetz vom

»Trabrennplatzrede«

Anläßlich des ersten Generalappells der Vaterländischen Front am 11. September 1933 hält Bundeskanzler Engelbert Dollfuß auf dem Wiener Trabrennplatz eine programmatische Rede:

»... Die Zeit des kapitalistischen Systems, die Zeit kapitalistisch-liberalistischer Wirtschaftsordnung ist vorüber, die Zeit marxistischer, materialistischer Volksverführung ist gewesen! Die Zeit der Parteienherrschaft ist vorbei! Wir lehnen Gleichschalterei und Terror ab, wir wollen den sozialen, christlichen, deutschen Staat Österreich auf ständischer Grundlage, unter starker, autoritärer Führung! Autorität heißt nicht Willkür, Autorität heißt geordnete Macht, heißt Führung durch verantwortungsbewußte, selbstlose, opferbereite Männer ... Ständischer Neubau ist die Aufgabe, die uns in diesen Herbstmonaten gestellt ist. Der Berufsstand ist die Ablehnung klassenmäßiger Zusammenfassung des Volkes. Berufsauffassung besagt die gemeinsame Arbeit, die die Menschen einigt. Wir wollen dafür in den Organen des öffentlichen Lebens die Voraussetzungen schaffen. Der Mensch will im Betriebe nicht nur eine Nummer sein, sondern will auch als Mensch gewertet und behandelt werden. Ständische Auffassung berechtigt und verpflichtet den Herrn ebenso wie den Knecht. Wir werden daher wieder zurückgreifen müssen auf ältere Formen, aber nicht nur formalistisch, sondern es muß uns zum Bewußtsein kommen, daß die Arbeit die Menschen einigt ...«

1. Juni) als Antwort auf die Ausweisung Hans Franks vom 15. Mai. Deutsche Staatsbürger müssen vor einer Reise nach Österreich eine Gebühr von 1 000 Reichsmark zahlen. Große Schädigung des Fremdenverkehrs, 1932 betrug der Anteil der Reichsdeutschen etwa 40%.

— Beginn der nationalsozialistischen Terrorakte in Österreich.

— Durch den Rücktritt jener Mitglieder des Verfassungsgerichtshofes, die ihre Nominierung der Christlichsozialen Partei verdanken, wird der Gerichtshof handlungsunfähig und fällt als Kontrollinstanz aus.

28. Mai Der Großsender der RAVAG auf dem Bisamberg bei Wien (100 kW) wird in Betrieb genommen.

29. Mai Straßenschlacht in Innsbruck zwischen Heimwehr und nationalsozialistischen Studenten. Das Bundesheer muß eingesetzt werden. 43 Verletzte.

Juni An 18 Tagen dieses Monats gibt es nationalsozialistische Übergriffe verschiedener Art, Bomben- und Böllerexplosionen, Brandstiftungen usw.

5. Juni Bundeskanzler Engelbert Dollfuß und Kurt Schuschnigg unterzeichnen in Rom ein Konkordat zwischen Österreich und dem Hl. Stuhl.

11. Juni Attentat durch NS-Parteigänger auf den Tiroler Heimwehrführer Richard Steidle.

— Hildegard Burjan stirbt in Wien; geb. am 30. Januar 1883 in Görlitz (Schlesien), Sozialpolitikerin. Die zum katholischen Glauben konvertierte Sozialpolitikerin engagiert sich in der Christlichsozialen Partei, deren erste weibliche Abgeordnete in der Konstituierenden Nationalversammlung sie wird. Um die drängenden sozialen Probleme ihrer Zeit lösen zu helfen, gründet sie in engem Kontakt mit Prälat Ignaz Seipel die Caritas socialis.

12. Juni Serie von nationalsozialistischen Sprengstoffanschlägen in ganz Österreich. U. a. kommt es zu einem spektakulären Anschlag auf das Geschäft des Juweliers Norbert Futterweit in Meidling; diesem Anschlag fallen zwei Menschen zum Opfer, acht werden schwer verletzt.

13. Juni Der Reichstagsabgeordnete Theo Habicht wird in Linz verhaftet und ausgewiesen. Er ist »Landesinspekteur der österreichischen NSDAP«.

14. Juni Als Sanktion gegen die Verhaftung und Ausweisung Theo Habichts wird in Berlin der Presseattaché der österreichischen Gesandtschaft Erwin Wasserbäck trotz seines diplomatischen Status verhaftet. Nach Protest der österreichischen Regierung wird er enthaftet, aber zur Persona non grata erklärt. Bundeskanzler Engelbert Dollfuß versetzt ihn sofort an die österreichische Gesandtschaft in London.

19. Juni Nationalsozialistischer Handgranatenanschlag gegen eine Gruppe christlich-deutscher Turner in Krems (Niederösterreich), ein Toter und 29 Verletzte. Der NSDAP und dem »Steirischem Heimatschutz« unter der Führung von Konstantin Kammerhofer werden jegliche Betätigung verboten.

24. Juni Nationalsozialistische Bombenanschläge auf die Straßenbahn in Wien, auf die Eisenbahn bei Mürzzuschlag (Steiermark), Böllerexplosionen in Gmunden (Oberösterreich), Oberwölz (Steiermark) und Salzburg.

4. Juli Von zwei an der Trisannabrücke der Arlbergbahn angebrachten Sprengbomben explodiert durch Zufall nur die kleinere, sie richtet nur geringen Schaden an.

7. Juli Verordnung des Ministerrates über die Aufstellung des »Freiwilligen Schutzkorps« *(→ 10. April)* erlassen *(→ 1. September)*.

— Beginn der österreichfeindlichen Sendungen des Reichsdeutschen Rundfunks. Hauptredner der ausgewiesene *(→ 13. Juni)* »Landesinspekteur der österreichischen NSDAP« und Reichstagsabgeordnete Theo Habicht und der nach Deutschland geflohene Landesleiter der österreichischen NSDAP, Alfred Proksch. Deutsche Flugzeuge werfen nationalsozialistische Propagandaflugzettel über Österreich ab.

22. Juli Ein geplanter nationalsozialistischer Mordanschlag auf den Bundesminister Major Emil Fey wird rechtzeitig aufgedeckt.

14. August Erstaufführung der Wiener Fassung der Oper von Richard Strauss »Die ägyptische Helena« bei den Salzburger Festspielen. Der Text stammt von Hugo von Hofmannsthal; die Neufassung der Oper erfolgte auf Wunsch der Wiener Staatsoper.

19. und 20. August Zusammenkunft von Bundeskanzler Engelbert Dollfuß mit Benito Mussolini in Riccione. Besprechungen über die italienische Unterstützung des Kampfes um die österreichische Unabhängigkeit *(→ 13. April)*.

23. August Adolf Loos stirbt in Kalksburg bei Wien; geb. am 10. Dezember 1870 in Brünn, Architekt und

Kunstschriftsteller, Schöpfer des modernen Bauens. 1899 Café Museum, 1910 Loos-Haus am Michaelerplatz und Loos-Bar im Kärntnerdurchgang in Wien.

28. August Anton Rintelen, bisher offiziell Unterrichtsminister im Kabinett von Engelbert Dollfuß, wird zum österreichischen Gesandten in Rom ernannt. Schon im Mai war es zu Differenzen mit dem Kanzler gekommen, Rintelen hatte seither nicht mehr an den Kabinettssitzungen teilgenommen. In der Folge nahm er Kontakte mit den Nationalsozialisten auf.

8.–12. September Allgemeiner deutscher Katholikentag in Wien. Keine Teilnehmer aus Deutschland. Große Feierlichkeiten anläßlich des 250. Jahrestages der Befreiung Wiens von den Türken.

11. September Kundgebung der Vaterländischen Front auf dem Wiener Trabrennplatz. Programmatische Rede des Bundeskanzlers Engelbert Dollfuß für die Errichtung eines autoritären Ständestaates *(→ Rahmenartikel: »Trabrennplatzrede«, S. 345)*.

— Das »Kruckenkreuz« wird Symbol der Vaterländischen Front, sie ist »alleinige Trägerin der politischen Willensbildung«.

14. September Beim Bau der Großglockner-Hochalpenstraße wird die antike Statue »Herkules mit Löwenfell« *(→ 1. Jh. n. Chr.)* gefunden.

17. September Konferenz der Vorstände der Sozialdemokratischen Partei und der Freien Gewerkschaften in Wien. Es werden vier Punkte festgelegt, im Falle deren Verwirklichung die Sozialdemokraten Widerstand gegen die Bundesregierung leisten werden: Wenn die Sonderrechte der Stadt Wien aufgehoben werden bzw. falls ein Regierungskommissär für Wien eingesetzt wird; falls die Partei aufgelöst wird; falls eine Gleichschaltung der Gewerkschaften erfolgen sollte; falls eine faschistische Verfassung oktroiert wird.

17.–19. September Heeresminister General der Infanterie Carl Vaugoin nimmt während einer Inspektionsreise durch Oberösterreich und Salzburg wegen der NS-Bedrohung mit Sozialdemokraten Verbindung auf.

20. September Umbildung des Kabinetts Engelbert Dollfuß. Infolge Spannungen scheiden die Mitglieder des Landbundes aus. Dieser hatte als Gegenorganisation gegen die Vaterländische Front die »Nationalständische Front« gegründet.

Bundeskanzler, Äußeres, Inneres, Landwirtschaft, Landesverteidigung und Sicherheit: Engelbert Dollfuß (Christlichsozialer), Vizekanzler: Emil Fey (Heimwehr), ab 11. Januar 1934 auch Sicherheit; Finanzen: Karl Buresch (Christlichsozialer), Handel und Verkehr: Fritz Stockinger (Christlichsozialer), Unterricht und Justiz: Kurt Schuschnigg (Christlichsozialer), Soziale Verwaltung: Richard Schmitz (Christlichsozialer), Landesverteidigung ab 12. März 1934: Generaloberst Alois Fürst Schönburg-Hartenstein (Heimwehr), ohne Portefeuille: Otto Ender (Christlichsozialer).

23. September Verordnung zur »Errichtung von Anhaltelagern zur Internierung politischer Häftlinge«, z. B. Wöllersdorf bei Wr. Neustadt.

27. September Bundeskanzler Engelbert Dollfuß spricht vor der Vollversammlung des Völkerbundes in Genf über Österreichs Kampf um die Unabhängigkeit. Demonstrativer Beifall aller Delegierten mit Ausnahme der Deutschen unter der Führung von Joseph Goebbels.

— Ernst Rüdiger Fürst Starhemberg löst den Heimatblock als Partei auf. Ein korporativer Eintritt der Heimwehr in die Vaterländische Front wird vereinbart, aber der diesbezügliche Vertrag wird von Starhemberg nie unterzeichnet.

3. Oktober Revolverattentat auf Bundeskanzler Engelbert Dollfuß durch den Nationalsozialisten Rudolf Drtil im Parlamentsgebäude. Der Kanzler wird nur leicht verletzt.

14.–16. Oktober Sozialdemokratischer Parteitag, der letzte in der Ersten Republik. Der Anschlußartikel wird aus dem Parteiprogramm gestrichen.

25. Oktober Die »Trefferanleihe« erreicht eine Zeichnungshöhe von 265 Millionen Schilling. Sie liegt seit 2. Oktober auf und wurde um 65 Millionen überzeichnet. Die Zeichner sind weniger bemittelte Staatsbürger, Zweck ist die geplante Arbeitsbeschaffung wie Großglocknerstraße, Wiener Höhenstraße, Wiener Reichsbrücke usw.

3. November Eröffnung der Kleinkunstbühne »Literatur am Naschmarkt« im Café Dobner, gegründet von Rudolf Weys. Diese Bühne wird Stätte besonderer kabarettistischer Leistungen, Texte von Rudolf Weys, Peter Hammerschlag, Hans Weigel, H. P. Gutherz, interpretiert von Hilde Krahl, Rudolf Steinboeck, Hugo Gottschlich, Manfred Inger u. v. a.

10. November Wiedereinführung der Todesstrafe in Österreich im Verfahren vor Standgerichten wegen des anhaltenden nationalsozialistischen Terrors.

17. November Der Tiroler Heimwehrführer Richard Steidle wird zum Bundeskommissär für Propaganda und Volksaufklärung ernannt.

6. Dezember Verordnung der österreichischen Bischofskonferenz, daß alle Priester bis 15. Dezember ihre Mandate in öffentlichen Körperschaften niederlegen müssen.

7. Dezember Der Ministerrat beschließt eine Verordnung, nach der Beamte des Verwaltungsdienstes in und außerhalb des Dienstes Uniformen tragen sollten.

10. Dezember Erwin Schrödinger erhält gemeinsam mit dem Briten Paul Dirac den Nobelpreis für Physik für die »Entdeckung fruchtbarer Prinzipien zur Entwicklung der Atomtheorie«. Schrödinger ist der Mitbegründer der Wellenmechanik.

22. Dezember Weihnachtshirtenbrief der österreichischen katholischen Bischöfe gegen Nationalsozialismus und Rassenlehre; er begrüßt den Regierungskurs und fordert die Gläubigen auf, die Regierung zu unterstützen.

Dezember 316 000 unterstützte Arbeitslose in Österreich.

▶**1934, 1. Januar** Beginn einer neuen nationalsozialistischen Terrorwelle, obwohl durch eine Weihnachtsamnestie zahlreiche Nationalsozialisten enthaftet wurden. In der ersten Januarwoche gibt es in allen Teilen des Landes Sprengstoffanschläge, insgesamt 140.

7. Januar Anton Hanak stirbt in Wien; geb. am 22. Februar 1875 in Brünn, Bildhauer des österreichischen Expressionismus, Mitglied der Wiener Secession.

11. Januar Major Emil Fey wird wieder mit der Leitung des gesamten Sicherheitswesens betraut.

15. Januar Hermann Bahr stirbt in München; geb. am 19. Juli 1863 in Linz, Lustspieldichter, Essayist und Kritiker.

18. Januar Eine Rede Bundeskanzler Engelbert Dollfuß' im Christlichsozialen Abgeordnetenklub hat die

Aufforderung an die »ehrlichen Arbeiterführer« zur Zusammenarbeit im Kampf um die Unabhängigkeit Österreichs zum Inhalt *(→ 20. Januar)*.

— Besuch des italienischen Staatssekretärs für Äußeres Fulvio Suvich in Wien. Er betont die Unabhängigkeit Österreichs.

20. Januar Die Sozialdemokratische Partei lehnt den Appell des Bundeskanzlers vom 18. Januar ab. Grund ist das Verbot des öffentlichen Verkaufes der »Arbeiter-Zeitung«, erlaubt ist nur die Postzustellung.

— In der Zeitung »Der Heimatschützer« erscheint der Neujahrsaufruf des Bundesführers Ernst Rüdiger Fürst Starhemberg, der nichts Gutes verheißt: »Für die uneingeschränkte Durchsetzung der faschistischen Ideenwelt, ... Befreiung der Heimat von verantwortungslosen nationalsozialistischen Terroristen, ... restlose Niederwerfung des Austrobolschewismus.«

— In der Wiener Staatsoper gelangt die Operette »Giuditta« von Franz Lehár zur Uraufführung; sie wird auch von der RAVAG übertragen.

23. Januar Protestnote der Bundesregierung wegen der nationalsozialistischen Übergriffe in Berlin überreicht. Die Antwortnote vom 1. Februar bestreitet nur die Richtigkeit der Angaben.

30. Januar Adolf Hitler beschäftigt sich in einer Reichstagsrede mit Österreich: »Die Behauptung, daß das Deutsche Reich beabsichtige, den österreichischen Staat zu vergewaltigen, ist absurd und kann durch nichts belegt oder erwiesen werden.«

Ende Januar 440 000 vorgemerkte und 350 000 unterstützte Arbeitslose in Österreich.

Ende Januar/Anfang Februar Welle nationalsozialistischer Böller- und Sprengstoffanschläge auf neuem Höhepunkt. Besonders in Wien, Linz und Innsbruck sowie in der Steiermark und in Vorarlberg.

2. Februar Protestmarsch von 100 000 niederösterreichischen Bauern in Wien gegen die nationalsozialistischen Umtriebe.

4. Februar Der Tiroler Heimatschutz erzwingt in Innsbruck die Umwandlung der Landesregierung in einen autoritären Landesausschuß; er fordert einen streng autoritären Kurs der Regierung.

6. Februar Die oberösterreichische Heimwehr fordert einen streng autoritären Kurs der Bundesregierung.

6./7. Februar Die Heimwehr versucht, in die niederösterreichische Landesregierung aufgenommen zu werden. Demonstrationen vor dem Landhaus in der Wiener Herrengasse.

7. Februar Vertreter der oberösterreichischen Sozialdemokraten warnen Landeshauptmann Josef Schlegel, den Forderungen der Heimwehr nachzugeben.

7./8. Februar Bundeskanzler Engelbert Dollfuß begibt sich zu einem Staatsbesuch nach Budapest.

8. Februar Waffensuche in sozialdemokratischen Parteiheimen. Zunehmende Spannungen zwischen Sozialdemokraten und Bundesregierung.

9. Februar Leopold Kunschak (Christlichsozialer) richtet im Wiener Gemeinderat an die Christlichsozialen und Sozialdemokraten einen Appell zum gemeinsamen Kampf gegen »die Entartung des deutschen Geistes im Nationalsozialismus ... ehe Volk und Land an Gräbern steht und weint.«

11. Februar Emil Fey erklärt bei einer Heimwehrübung in Großenzersdorf (Niederösterreich): »Die Aussprachen von gestern und vorgestern haben uns die Gewißheit gegeben, daß Kanzler Dollfuß der Unsrige ist. Ich kann Euch noch mehr, wenn auch nur mit kurzen Worten, sagen: Wir werden morgen an die Arbeit gehen und wir werden ganze Arbeit leisten!«

— Richard Bernaschek, Kommandant des Schutzbundes in Oberösterreich, richtet einen Brief an den Parteivorstand in Wien, in dem er für den Fall einer Waffensuche in Oberösterreich Widerstand des Schutzbundes ankündigt.

12. Februar Um 6.30 versuchen 20 Polizisten in das sozialdemokratische Parteiheim im Hotel »Schiff« in Linz einzudringen, um nach Waffen zu suchen. Sie werden vom Republikanischen Schutzbund beschossen und im Gebäude eingeschlossen. Erst in den Mittagsstunden kann das Bundesheer das Hotel »Schiff« erstürmen.

Die Unruhen breiten sich bald in Oberösterreich aus, Zentren der Kämpfe sind Steyr und Enns, das Hausruckviertel mit dem Kohlengebiet von Wolfsegg und Traunthal, Stadl-Paura und Ebensee am Traunsee.

In Wien wird um 11.30 Uhr der Generalstreik ausgerufen, womit durch den Streik im Wiener Elektrizitätswerk der öffentliche Verkehr zusammenbricht. Bereits um 10.40 wird die Wiener Garnison alarmiert, bis 16.00 Uhr ist die hermetische Abriegelung der Innenstadt vollzogen. In den Wiener Außenbezirken kommt es zu den folgenschwersten Kämpfen. Vor allem in den Gemeindebauten Reumannhof, Karl-Marx-Hof, Schlingerhof und Goethehof, sowie im Ottakringer Arbeiterheim liefern sich Schutzbund und Exekutive erbitterte Kämpfe. Seitens der Exekutive hatte man mit dem Einsatz von etwa 27 000 Schutzbündlern gerechnet, tatsächlich sind es wesentlich weniger. Eine einheitliche Führung kann höchstens für den 12. Februar angenommen werden, solange Otto Bauer und Julius Deutsch vom George-Washington-Hof im 10. Bezirk aus den Einsatz leiteten. In den Bezirken waren bereits vor dem 12. Februar zahlreiche Schutzbundkommandanten verhaftet worden, sodaß keine Kommandostruktur vorhanden war. Vielfach blieben die offensiven Bewegungen schon im Anfang stecken, da auch eine Reihe von Waffenverstekken nicht gefunden wurde.

Die Regierung setzte gegen den Schutzbund insgesamt etwa 22 000 Mann ein, wobei den größeren Teil das aufgebotene Schutzkorps und die freiwilligen Wehrverbände stellten. Den Rest bildeten Polizei und das mit Artillerie, die gegen die Wohnhäuser zum Einsatz kam, ausgerüstete Bundesheer.

In den Bundesländern kam es noch vor allem in Niederösterreich (Neunkirchen, Wr. Neustadt, St. Pölten und Mödling) und in der Steiermark im Raum Bruck an der Mur – Kapfenberg zu schweren Kämpfen. In den übrigen Bundesländern ereigneten sich nur geringfügige Zwischenfälle oder es blieb wie in Vorarlberg überhaupt ruhig.

Die Bundesregierung erläßt ein Betätigungsverbot für die Sozialdemokratische Partei, außerdem ergeht ein Aufruf, in dem es ausdrücklich heißt: »Wer mit Waffen in der Hand gegen die legale Ordnungsgewalt Stellung nimmt, fällt unter die Bestimmungen des auf Aufruhr erweiterten Standrechts.«

Die Bundesregierung beschließt die Auflösung der Sozialdemokratischen Partei, zahlreiche Funktionäre werden verhaftet, egal, ob sie an den Kampfhandlungen beteiligt waren oder nicht. Nach Verhaftung des Wiener Bürgermeisters Karl Seitz wird Richard Schmitz zum

Bundeskommissär für Wien ernannt. Der Wiener Gemeinderat und Landtag wird aufgelöst.

13. Februar In den Morgenstunden verlassen Otto Bauer und Julius Deutsch Wien und fliehen auf getrennten Wegen in die Tschechoslowakei.

— Vor allem in Wien und in der Steiermark halten die Kämpfe noch an.

14. Februar Die Auseinandersetzungen lassen bis auf Wien überall nach. Um 23.00 Uhr richtet Bundeskanzler Engelbert Dollfuß über den Rundfunk einen Appell an die Aufständischen: Bei Waffenstreckung bis 15. Februar 12.00 Uhr mittags wird Pardon zugesichert.

— Alle der Sozialdemokratischen Partei nahestehenden Vereine und Verbände werden aufgelöst.

15. Februar Zahlreiche Schutzbündler ergeben sich der Exekutive, die im Laufe des Tages die letzten Widerstände bricht.

— In Standgerichtsverfahren werden zahlreiche Sozialdemokraten verurteilt, insgesamt werden acht Todesurteile vollstreckt, und zwar: Karl Münichreiter, für den sowohl Kardinal Theodor Innitzer als auch Bundespräsident Wilhelm Miklas vergeblich um Gnade baten, der Feuerwehrkommandant Georg Weissel, Viktor Rauchenberger, Johann Hoyos, Emil Swoboda, Josef Ahrer, Anton Bulgari und Koloman Wallisch. Wegen Wallisch, der ein besonders verhaßter Gegner des Dollfuß-Regimes war, wurde das Standrecht in der Steiermark erst später als in den anderen Bundesländern aufgehoben, um ihn jedenfalls vor ein Standgericht zu bringen. Als er am 18. Februar verhaftet wurde, stand im Grunde seine Verurteilung schon im vornhinein fest.

— Ausländische Gesandte, u. a. der Vertreter Frankreichs Gabriel Puaux intervenieren beim Bundeskanzler und beim Vatikan wegen Begnadigung der zum Tode verurteilten Schutzbündler. Der Wiener Nuntius Enrico Sibilia ersucht Rom, von einer Intervention in Wien bei Kanzler Engelbert Dollfuß Abstand zu nehmen, ». . . um ihn ja nicht zu beirren.«

— Die Opferbilanz dieser Tage ist verheerend, allein in Wien hat der Schutzbund wahrscheinlich 1 000 Tote zu beklagen. Von Seiten der Exekutive werden insgesamt 124 Tote und mehr als 400 Verletzte angegeben.

— Die Preßburger Zeitung meldet das Eintreffen von Julius Deutsch und Otto Bauer.

16. Februar Die Bundesregierung verfügt die Annullierung der sozialdemokratischen Mandate, das gesamte Vermögen der Sozialdemokratischen Partei und aller ihr nahestehenden Organisationen wird beschlagnahmt.

16.–18. Februar Karl Schäfer wird in Stockholm Weltmeister im Eiskunstlauf.

17. Februar Dreimächtedeklaration (England, Frankreich, Italien) für die Unabhängigkeit Österreichs. Den Grund bildet die Beschwerde Österreichs über die Einmischung Deutschlands in innere Angelegenheiten *(→ 18., 23. Januar und 27. September; 11.–14. April 1935).*

— Landeshauptmann Josef Schlegel wird seines Postens enthoben. Mit 1. März 1934 wird Heinrich Gleißner als sein Nachfolger bestellt. Auch der Kärntner Landeshauptmann Ferdinand Kernmaier, ein Landbündler, wird abgelöst, weil er seine Nominierung den Stimmen der Sozialdemokraten verdankte. Am 7. März wird er durch Ludwig Hülgerth ersetzt.

20. Februar Die Büsten von Ferdinand Hanusch, Victor Adler und Jakob Reumann vom Republikdenkmal neben dem Parlament in Wien werden im Auftrag von Bundeskommissär Richard Schmitz entfernt.

21. Februar Das Standrecht wird aufgehoben *(→ 12. Februar).*

2. März Verordnung über die Errichtung einer Einheitsgewerkschaft.

12. März Im Ministerrat beginnen die Beratungen über die künftige autoritäre Verfassung.

15. März Aufzeichnungen von Bundespräsident Wilhelm Miklas zu einer Rede von Justizminister Kurt Schuschnigg in Innsbruck, in der der Justizminister die Verfassungsgemäßheit der Vorkommnisse behauptet. Miklas meint dazu: »1. Der Bundespräsident ist heute der einzige außerhalb der Regierung noch übriggebliebene verfassungsmäßige Faktor, der zum Hüter der beschworenen Verfassung bestellt, heute *allein* zu beurteilen hat, ob ›alles, was die Regierung im letzten Jahr unternahm, von der Verfassung gedeckt ist und ob sie strenge auf dem Standpunkt der Legalität beharrt.‹ *Ihm allein,* da alle anderen verfassungsmäßigen Kontrollorgane gewaltsam eliminiert worden sind, steht das Urteil zu, da er zufolge des *Ernennungsrechtes* der Regierung für den Regierungskurs *mitverantwortlich* ist und für die *Nichtentlassung* der Regierung politisch und moralisch verantwortlich gemacht wird.« (Hervorhebungen durch W. Miklas)

17. März Mit der Unterzeichnung der »Römischen Protokolle« wird die Konferenz der Regierungschefs Engelbert Dollfuß, Benito Mussolini und Gyula Gömbös beendet. Politische und wirtschaftliche Zusammenarbeit zwischen Österreich, Italien und Ungarn sowie Aufrechterhaltung der österreichischen Unabhängigkeit werden vereinbart *(→ 18. Januar und 25. Juli; 9. Oktober 1935; 21.–23. März 1936).*

28. März Rudolf Larisch stirbt in Wien; geb. am 1. April 1856 in Verona, Graphiker und Erneuerer der Schriftkunst.

31. März Eine neue Stadtordnung für die Stadt Wien wird erlassen. Mit 1. April tritt eine neue ständisch-autoritäre Verfassung für Wien in Kraft.

April 311 000 unterstützte Arbeitslose in Österreich.

2./3. April Der Schutzbundkommandant Richard Bernaschek flieht mit Hilfe von Nationalsozialisten aus dem Gefängnis in Linz nach Deutschland.

5. April Die Zeitung »Reichspost« meldet, daß Otto Bauer, Julius Deutsch, Karl Heinz, Johann Koplenig und andere Sozialdemokraten und Kommunisten wegen Flucht ins Ausland aus Österreich ausgebürgert wurden.

6. April Ernst Karl Winter, ein Regimentskamerad von Bundeskanzler Engelbert Dollfuß, wird in Wien zum Vizebürgermeister ernannt. Er soll mit der »Aktion Winter« eine Versöhnung zur sozialdemokratischen Arbeiterschaft anbahnen.

7. April Richard Schmitz, bisher Bundeskommissär in Wien, wird zum Bürgermeister der Bundeshauptstadt ernannt.

— Hansi Niese stirbt in Wien; geb. am 10. November 1875 in Wien, Wiener Volksschauspielerin.

24. April Die Regierung erläßt eine Verordnung über die Bundesverfassung auf Grund des Kriegswirtschaftlichen Ermächtigungsgesetzes *(→ 1. Mai);* mit dieser Verordnung werden die Modalitäten der Inkraftsetzung der Verfassung geregelt.

— Die Zahl der im Zusammenhang mit den Februar-

Kampfhandlungen in Wien – Februar 1934

Schutzbund	Polizei	Bundesheer
	12. Februar	
		11.22 Uhr Konsignierung der Truppen in den Wiener Garnisonen.
13.05 Uhr Schutzbund beginnt Angriff aus dem Sandleitenhof. 13.35 Uhr Bewaffnete Schutzbündler sammeln sich in der Herbortgasse in Simmering.		13.00 Uhr Besetzung der Schiesstätte in der Wagramer Strasse.
15.00 Uhr Beschiessung der Polizei aus dem Reumannhof. 15.18 Uhr Polizei wird in Hietzing aus dem Schutzbundlokal am Goldmarkplatz beschossen.	14.50 Uhr Polizei steht beim Amalienbad mit Zivilpersonen im Kampf. Sandleitenhof in Ottakring wird von der Polizei mit Maschinengewehren beschossen.	
16.55 Uhr Wachzimmer Panikengasse in Ottakring wird beschossen. 17.05 Uhr Polizei wird aus dem Arbeiterheim in Ottakring beschossen.	17.00 Uhr Einsatz von Panzerwagen zum Entsatz des Wachzimmers Panikengasse in Ottakring. 17.17 Uhr Angriff der Polizei auf den Gemeindebau Wienerberg in Favoriten.	17.35 Uhr Aktion gemeinsam mit der Polizei gegen den Wasserturm und Ahornhof. Motorisiertes Baon und 1 Batterie steht beim Sandleitenhof im Kampfe.
18.50 Uhr Beschiessung des Wachzimmers Heiligenstädter Bahnhof aus dem Karl-Marx-Hof.		
20.40 Uhr Wachzimmer Kreuzgasse wird beschossen.	20.25 Uhr Polizei ist im Reumannhof eingeschlossen; Panzerwagen gehen zum Angriff über.	
21.35 Uhr Polizei wird aus der Kreitnergasse beschossen.	21.47 Uhr Angriff der Polizei gegen die Barrikaden in der Panikengasse.	ca. 21 Uhr Angriff gegen die Barrikaden in Simmering; Kampf gegen die Remise in Simmering. Gemeinsam mit der Polizei hartnäckiger Kampf gegen den Reumannhof. Kampf gegen das Arbeiterheim in Ottakring in der Panikengasse. 21.47 Uhr Einsatz von Minenwerfern gegen die Barrikaden in der Panikengasse.
23.30 Uhr Wachzimmer Armbrustergasse wird beschossen.		

ereignissen verhafteten Personen hat sich auf 2 133 erhöht.

30. April Kundmachung der neuen Verfassung Österreichs.

— Sitzung des Rumpfparlaments; es waren nur die Abgeordneten jener Parteien eingeladen worden, für die kein Betätigungsverbot erlassen war: 65 Christlichsoziale, 9 vom Heimatblock, 10 Großdeutsche und 10 Landbündler. Mit den Stimmen der Christlichsozialen und des Heimatblocks werden gegen den Protest der Großdeutschen und des Landbundes – beide Parteien hatten nur Vertreter entsandt – 466 Notverordnungen, die seit 7. März 1933 ergangen waren, sowie die neue Verfassung sanktioniert.

Mai/Juni Nationalsozialistische Terrorwelle im gesamten Bundesgebiet, Sprengstoffanschläge auf Bahnanlagen. Gegenmaßnahmen der Bundesregierung sind Verhaftungen und Unterbringung im Anhaltelager Wöllersdorf *(→ 23. September1933)*. Nach Deutschland fliehende Nationalsozialisten werden dort in der Österreichischen Legion zusammengefaßt.

1. Mai Die »Verfassung 1934« wird auf Grund des »Verfassungsermächtigungsgesetzes« vom 30. April verkündet. Sie beginnt mit »Im Namen Gottes, des Allmächtigen, von dem alles Recht ausgeht«. Österreich ist ein Bundesstaat, bestehend aus der bundesunmittelbaren Stadt Wien und acht Bundesländern, errichtet auf christlicher und ständischer Grundlage. Vorberatend sind der Staatsrat, der Bundeskulturrat, der Bundeswirtschaftsrat und der Länderrat. Diese Organe bilden durch Wahl den Bundestag, der durch Beschlußfassung über Gesetzesvorlagen (nur von der Regierung) ent-

Kampfhandlungen in Wien – Februar 1934

Schutzbund	Polizei	Bundesheer
	13. Februar	
0.30 Uhr Polizei wird aus dem Goethehof beschossen.		0.10 Uhr Die Barrikaden in der Simmeringer Hauptstrasse–Geiselberggasse–Grillgasse unter Einsatz von Maschinengewehren und Handgranaten genommen und weggeräumt
4.15 Uhr Schutzbündler errichten in Meidling (Rothe Mühlgasse–Spittelbreitengasse) Barrikaden.		1.55 Uhr Eröffnung des Artilleriefeuers auf den Karl-Marx-Hof.
6.55 Uhr Wachzimmer Jedlersdorf wird beschossen. Schutzbündler schiessen aus dem Reumannhof mit Maschinengewehren.		
7.08 Uhr Beschiessung des Kommissariates Floridsdorf. 7.15 Uhr Nordbahnhof Floridsdorf, Wachzimmer Gaswerk und Baumgasse werden beschossen. Reumannhof wird vom Bahndamm aus beschossen.	7.05 Uhr Einsatz von 2 Maschinengewehren beim Reumannhof. 9.40 Uhr Der Karl-Marx-Hof wird konzentrisch angegriffen. 9.55 Uhr Einsatz eines Panzerwagens in Simmering in der Grillgasse.	8.30 Uhr Einnahme einer Strassensperre in der Brünnerstrasse; Einsatz von Maschinengewehren beim Schlingerhof.
10.25 Uhr Bei der Arbeitslosenauszahlungsstelle Wimberger wird geschossen.	10.40 Uhr Einsatz von 100 Mann Alarmabteilung in Simmering in der Grillgasse.	10.55 Uhr Aktion in der Gangelbauergasse in Ottakring. 11.45 Uhr Gemeinsam mit der Polizei Säuberung der Häuser gegenüber dem Reumannhof.
11.00 Uhr Wachzimmer Stadlau wird beschossen. 11.20 Uhr Kommissariat Landstrasse wird beschossen.	11.00 Uhr E-Werke werden mit Maschinengewehren besetzt. 11.25 Uhr Einsatz von 3 Kompagnien Schutzkorps und 390 Mann Sicherheitswache in Simmering.	11.55 Uhr Gefecht bei der Herdergasse.
13.39 Uhr Strassenbahn-Bahnhof in Kagran wird von Zivilisten besetzt; Barrikaden aus Schneepflügen werden errichtet. 13.40 Uhr Errichtung von Barrikaden in der Steinbauergasse in Meidling.		ca. 15 Uhr Einsatz 1 Geschützes in der Panikengasse. 15.07 Uhr 2 Aktionen im Gemeindebau Obkirchergasse; Einsatz von Artillerie. 16.30 Uhr Schutzbund weicht vom Laaerberg zurück; Bundesheer rückt vor. 23.10 Uhr Einsatz einer Batterie in Floridsdorf.
	14. Februar	
6.20 Uhr Schutzbund besetzt Stellung in der Simmeringer Hauptstrasse mit Maschinengewehren. 7.30 Uhr Bundesheer wird bei der Reichsbrücke vom Goethehof aus beschossen. 10.20 Uhr Wachzimmer Heiligenstadt wird vom Karl-Marx-Hof heftig beschossen.		11.15 Uhr Erstmalig wird das Artilleriefeuer gegen den Goethehof eröffnet.
13.30 Uhr Bundesheer wird vom Bretteldorf aus beschossen.		

scheidet. Der Bundespräsident soll von den Bürgermeistern des Landes gewählt werden. Die Bundesregierung steht unter der »Führung« (bisher Vorsitz) des Bundeskanzlers. Die Grund- und Freiheitsrechte der Staatsbürger werden mit wenigen Ausnahmen aus der alten Verfassung übernommen. Teile des Konkordates werden aufgenommen, sie geben der Kirche bedeutenden Einfluß auf das Schul- und Ehewesen. Das Staatswappen ist der Doppeladler des Heiligen Römischen Reiches mit rotweißrotem Brustschild.

— Kabinettsumbildung: Vizekanzler wird der Bundesführer der Heimwehr Ernst Rüdiger Fürst Starhemberg; der bisherige Vizekanzler Emil Fey bleibt Sicherheitsminister.

— Verordnung der Bundesregierung, mit der der 1. Mai zum Gedenktag an die Proklamation der Verfassung 1934 bestimmt wird.

14. Mai Im Parlament findet die letzte Vorstandssitzung des Klubs der Abgeordneten der Christlichsozialen Partei statt. Die formelle Auflösung der Bundespartei erfolgt mit 27. September.

— Der bisherige Bundeskommissär für Propaganda Richard Steidle wird zum Generalkonsul in Triest ernannt.

31. Mai Otto Gustav Wächter, ein Wiener Rechtsanwalt und Hauptabteilungsleiter der NSDAP-Landesleitung, bespricht in Berlin mit Ministerialdirektor Gerhard Köpke einen nationalsozialistischen Putsch *(→ 25. Juni).*

6. Juni Adolf Hitler erhält Kenntnis von dem österreichischen Putschplan. Er empfängt den in München residierenden illegalen NSDAP-Landesleiter Theo Habicht *(→ 3. Juni 1933)* in der Reichskanzlei.

10. Juni Acht nationalsozialistische Sprengstoffanschläge auf Bahnanlagen in Österreich.

— Das Bundesgesetz über die Wiedereinführung der Todesstrafe im ordentlichen Verfahren und die Abänderung des Geschwornengerichts wird im Ministerrat beschlossen.

25. Juni In Zürich findet die entscheidende Besprechung statt, bei der die endgültigen Details des Putsches der Nationalsozialisten beschlossen werden. Teilnehmer sind Theo Habicht, der Stabsleiter der Landesleitung der NSDAP, Rudolf Weydenhammer, der Rechtsanwalt Otto Gustav Wächter und Fridolin Glass, der Führer der Wiener SS-Standarte 89.

28. Juni Konferenz der illegalen Sozialdemokraten in Brünn *(→ Anfang September).*

10. Juli Dritte Regierung Engelbert Dollfuß. Bundeskanzler, Inneres, Äußeres, Landesverteidigung und Sicherheit, Land- und Forstwirtschaft: Engelbert Dollfuß (Christlichsozialer), Vizekanzler: Ernst Rüdiger Fürst Starhemberg (Heimwehr), Finanzen: Karl Buresch (Christlichsozialer), Handel und Verkehr: Fritz Stockinger (Christlichsozialer), Justiz: Egon Berger-Waldenegg (Heimwehr), Unterricht: Kurt Schuschnigg (Christlichsozialer), Soziale Verwaltung: Odo Neustädter-Stürmer (Heimwehr), ohne Portefeuille: Emil Fey (Heimwehr). Staatssekretäre – Äußeres: Stephan Tauschitz, Landesverteidigung: Generalmajor Wilhelm Zehner, Land- und Forstwirtschaft: Ulrich Ilg, Sicherheitswesen: Carl Karwinsky, Generalstaatskommissär für außerordentliche Sicherheitsmaßnahmen: Emil Fey.

12. Juli Bundesgesetz zur Abwehr politischer Gewalttaten. Straffreie Ablieferung von Sprengstoffkörpern bis 18. Juli, 24 Uhr, dann Todesstrafe für Sprengstoffbesitz (erste Hinrichtung am 24. Juli).

24. Juli Die Verhaftung eines Wiener SS-Kommandos in Klagenfurt verhindert einen Anschlag auf den Bundespräsidenten Wilhelm Miklas, der in Velden (Kärnten) am Wörther See auf Urlaub ist.

25. Juli Nationalsozialistischer Putschversuch in Österreich.

— Vormittag Ministerrat im Bundeskanzleramt.

— Treffpunkt der illegalen SS-Standarte 89 in der Bundesturnhalle in der Siebensterngasse 11 (Wien 7).

— 12.15 Uhr Bundeskanzler Engelbert Dollfuß unterbricht die Ministerratssitzung, nachdem ihm Emil Fey über eine Aktion gegen das Bundeskanzleramt berichtet hatte. Die Minister werden vom Bundeskanzler in ihre Ministerien geschickt. Außer Dollfuß bleiben Emil Fey, Generalmajor Wilhelm Zehner und Staatssekretär Carl Karwinsky im Bundeskanzleramt.

— 12.45 Uhr Die Putschisten verlassen auf Lastwagen (in Bundesheer- und Polizeiuniformen gekleidet) die Bundesturnhalle in der Siebensterngasse.

— 12.53 Uhr Die Lastwagen mit den Putschisten fahren in das Bundeskanzleramt ein. Die Ablöse der Bundesheertorwache begünstigt die Überrumpelung. Generalmajor Zehner verließ kurz vorher das Kanzleramt, um die Truppen zu alarmieren.

— Kurz vor 13 Uhr Eine Gruppe von 15 Aufständischen unter der Führung von Hans Domes dringt in die Senderäume der RAVAG in der Johannesgasse ein.

— 13.02 Uhr Die Aufständischen zwingen einen Sprecher, über den Rundfunk bekanntzugeben: »Die Regierung Dollfuß ist zurückgetreten. Rintelen hat die Regierungsgeschäfte übernommen.« Diese Rundfunkmeldung ist das vereinbarte Signal für den nationalsozialistischen Aufstand in ganz Österreich. (Anton Rintelen, österreichischer Gesandter in Rom hält sich bereits in Wien im Hotel Imperial auf *→ 28. August 1933*).

— Im Bundeskanzleramt versucht der Türsteher Eduard Hedvicek, der die Bedrohung des Kanzlers durch die ins Haus eindringenden Putschisten erkannt hat, den Bundeskanzler über die Präsidentschaftskanzlei und eine geheime Treppe zur Verbindungstür zum Staatsarchiv und damit in Sicherheit zu bringen. Doch bei der Tür zwischen Ecksalon und Kongreßsaal werden sie von Putschisten unter der Führung Otto Planettas gestellt. Planetta schießt auf den Kanzler, der zu Boden stürzt.

Erst etwa um 13.45 wird Engelbert Dollfuß, der inzwischen im Ecksalon auf eine Bank gelegt worden war, von den Polizeiwachleuten Johann Greifeneder und Rudolf Messinger notdürftigst verbunden. Weder seiner Bitte um einen Arzt noch um einen Priester wird stattgegeben. Auch sein Wunsch, mit Kurt Schuschnigg sprechen zu können, wird nicht erfüllt.

— 14.30 Uhr Im ehemaligen Kriegsministerium am Stubenring (heute Regierungsgebäude) tagen unter dem provisorischen Vorsitz von Unterrichtsminister Kurt Schuschnigg die übrigen Regierungsmitglieder (Vizekanzler Ernst Rüdiger Fürst Starhemberg ist in Italien). Schuschnigg erhält während eines Telefongesprächs mit Bundespräsident Wilhelm Miklas (in Velden) den Auftrag: ». . . mit allen Machtmitteln des Staates die gesetzliche Ordnung wiederherzustellen.«

— Um etwa 15.45 erliegt Bundeskanzler Engelbert Dollfuß seinen Verletzungen; geb. am 4. Oktober 1892

Stellungnahmen des Auslandes zu den Ereignissen des 25. Juli 1934

Kommuniqué der deutschen Reichsregierung vom 26. Juli 1934:
»Aus Darstellungen des Wiener Rundfunks beziehungsweise amtlicher österreichischer Nachrichtenstellen geht hervor, daß zwischen den österreichischen Aufständischen und österreichischen Regierungsstellen Abmachungen getroffen worden sind für einen freien Abzug der Aufständischen nach Deutschland. Diese Abmachungen sind für das Deutsche Reich belanglos und beinhalten für die Deutsche Reichsregierung keinerlei rechtliche Verbindlichkeit. Die Deutsche Reichsregierung hat daher den Befehl gegeben, die Aufständischen im Falle einer Überschreitung der deutschen Grenze sofort zu verhaften.
Der deutsche Gesandte in Wien, Rieth, hat auf Anforderung österreichischer Regierungsstellen beziehungsweise der österreichischen Aufständischen sich bereitfinden lassen, einer zwischen diesen beiden getroffenen Abmachung bezüglich freien Geleites und Abzuges der Aufständischen nach Deutschland ohne Rückfrage bei der Deutschen Reichsregierung seine Zustimmung zu geben. Er wurde daraufhin sofort von seinem Posten abberufen.«
Kommuniqué der italienischen Regierung vom 26. Juli 1934:
»Sogleich nach der Nachricht von der Ermordung von Kanzler Dollfuß, d. h. um 16 Uhr am 25. Juli, wurden bei der Möglichkeit von Komplikationen Bewegungen von Land- und Luftstreitkräften gegen die Brennergrenze und Kärnten zu angeordnet. Diese Streitkräfte sind ausreichend, um jeglicher Eventualität entgegenzutreten. Trotzdem ist es erlaubt, in dem Augenblick, da die Situation in Österreich sich normalen Verhältnissen anzunähern scheint, anzunehmen, daß es nicht nötig sein wird, über jene Maßregeln hinauszugehen, die den Charakter vorbeugender Schritte haben.«
Erklärung der jugoslawischen Gesandtschaft in Berlin vom 31. Juli 1934:
»Der Standpunkt der Jugoslawischen Regierung gegenüber den Ereignissen in Österreich ist absolut korrekt... Die Bewegungen an der Grenze Österreichs werden scharf bewacht werden und es ist allen Stellen zur Pflicht gemacht worden, die Ruhe bewahren. Alles Notwendige wird getan, um die Sicherheit der Grenzen zu gewährleisten und korrekte Beziehungen mit Österreich aufrechtzuerhalten.
Obgleich man der Ansicht ist, daß die Ereignisse in Österreich wesentlich von innerpolitischem Charakter sind, und alles getan wird, um jegliche Beeinträchtigung guter nachbarlicher Beziehungen mit Österreich hintanzuhalten, ist die jugoslawische Regierung der Meinung, daß der Völkerbund allein und ausschließlich das Recht hat, im Falle besonderer Verwicklungen Entscheidungen über die österreichische Frage als internationales Problem zu treffen ...«

in Texing (Niederösterreich); seit 1927 Kammeramtsdirektor der niederösterreichischen Landwirtschaftskammer, 1930 Präsident der Verwaltungskommission der österreichischen Bundesbahnen, 1931 Bundesminister für Land- und Forstwirtschaft, seit 20. Mai 1932 Bundeskanzler.
Todesursache war zweifellos bereits der erste auf den Kanzler abgegebene Schuß; wann und von wem der zweite Schuß abgegeben wurde, ist bis jetzt nicht restlos geklärt, da die polizeilichen und gerichtsmedizinischen Untersuchungen nach dem Putsch nicht entsprechend durchgeführt wurden. Es besteht die Vermutung, daß der zweite Schuß von einem der hingerichteten Putschisten auf den am Boden liegenden Kanzler abgegeben wurde.
— Über das weitere Vorgehen sind sich die im Bundeskanzleramt inzwischen eingeschlossenen Putschisten nicht klar, da keine Kontakte zu den Anführern bestehen. Emil Fey hält ständigen Kontakt mit den Putschisten.
— Einige andere Regierungsmitglieder versammeln sich inzwischen im Landesverteidigungsministerium am Stubenring. Bundespräsident Wilhelm Miklasbeauftragt von Velden aus Justizminister Kurt Schuschnigg mit der vorläufigen Führung der Regierungsgeschäfte.
— Anton Rintelen, der Kanzler im Falle des Erfolgs, erkennt mittlerweile den Fehlschlag der Aktion und versucht, sich von den Vorgängen zu distanzieren. Auf Ersuchen von Schuschnigg findet er sich ebenfalls im Landesverteidigungsministerium ein.
— Um 17.00 Uhr wird bekannt, daß Bundeskanzler Engelbert Dollfuß verschieden sei; er habe vor seinem Tod noch geäußert, daß jegliches Blutvergießen zu vermeiden sei.
— Inzwischen verhandeln Odo Neustädter-Stürmer und Emil Fey laufend mit den Putschisten im Bundeskanzleramt. Nach 18.00 Uhr wird der deutsche Gesandte Kurt vom Rieth sowohl von den Putschisten als auch von Minister Fey als Vermittler zu den Verhandlungen zugezogen, wobei es immer wieder um den freien Abzug der im Bundeskanzleramt eingeschlossenen Putschisten geht.
— Nach 19.00 Uhr dringt die Polizei ins Bundeskanzleramt ein, 154 Putschisten werden trotz der Zusicherung des freien Geleits verhaftet und in die Marokkanerkaserne gebracht. Die eigentlichen Rädelsführer hatten sich durch Flucht der Verhaftung entzogen.
— Noch in den späten Abendstunden distanziert sich Adolf Hitler vom Putsch der österreichischen Nationalsozialisten. Aus Sorge vor internationalem Prestigeverlust wird die sofortige Abberufung des Gesandten vom Rieth ausgesprochen und – gegen sonstige Gepflogenheiten – die Entsendung von Franz von Papen am nächsten Tag angekündigt. Die Landesleitung der österreichischen NSDAP wird mit sofortiger Wirkung aufgehoben.
— Benito Mussolini ordnet die Verlegung einiger italienischer Regimenter zur Unterstützung Österreichs an die Tiroler und Kärntner Grenze an. In Italien setzt eine antideutsche Pressekampagne ein.
26. Juli Anton Rintelen unternimmt in den frühen Morgenstunden einen Selbstmordversuch.

»Untersuchung über den Umsturzversuch vom 25. Juli 1934«

Der Punkt 7 der Tagesordnung des Ministerrates vom 3. August 1934 beschäftigt sich mit den Vorgängen am 25. Juli:

»St. Sekr. *Karwinsky* berichtet, daß in Wien und in den Ländern die Ruhe anhalte. Nur dort, wo Kampfhandlungen stattgefunden hätten, seien noch Säuberungsaktionen im Zug. Bemerkenswert und charakteristisch für die Bewegung sei die Tatsache, daß es im Kärntner Oberland ganze Täler gäbe, wo in den Bauerngehöften kein einziger männlicher Einwohner zu finden sei ... Die fortschreitende Befriedung habe es ermöglicht, das aufgebotene Schutzkorps mit gestrigen Tage von 52 820 auf 25 515 Mann zu restringieren ... Zur Gesamtlage sei zu sagen, daß der Gegner zwar empfindlich geschlagen, keineswegs aber vernichtet sei. Man habe Beweise dafür, hauptsächlich aus Oberösterreich, daß die straffe Organisation der Nationalsozialisten noch immer halte und daß diese bereits wieder daran gegangen seien, ihre Terrorgruppen neuerlich aufzustellen ... Über die Vorgänge am 25. Juli sei, soweit das Sicherheitsressort in Betracht komme, eine genaue und strenge Untersuchung eingeleitet worden. Es dürfe nicht verheimlicht werden, daß schwere Fehler begangen worden seien, deren Vermeidung den Dingen hätte einen anderen Lauf geben können. Insbesondere sei hiebei das Verhalten der Wiener Polizei hervorzuheben. Es sei bekannt, daß Redner für seine Person, die ihm unerläßlich erscheinende Konsequenz gezogen und seine Funktion als Staatssekretär zur Verfügung gestellt habe. Wenn die Wiener Polizeidirektion am Vormittag des 25. Juli jene Aufträge, die sie erhalten habe, präzis durchgeführt hätte, wäre Zeit gewesen alles zu retten ... Er könne auch seine Überzeugung nicht verschweigen, daß das Unglück hätte vermieden werden können, wenn die über die Putschabsichten eingelaufenen Nachrichten gleich an jene Stellen geleitet worden wären, die zu ihrer Behandlung einzig zuständig seien. Redner wisse, daß B. M. Fey in diesem Punkt anderer Meinung sei. Es handle sich hiebei um den Adjutanten des Bundesministers Gendarmeriemajor Wrabel, der bereits um 11 Uhr die ersten konkreten Nachrichten erhalten habe. Die Mitteilung, die sodann B. K. Dollfuß bekommen habe, habe dagegen bedeutend unbestimmter geklungen. Hätten B. K. Dr. Dollfuß oder Redner gewußt, daß die Meldung von einem aktiven Polizeibeamten ausgehe, so wäre die Sache ganz anders angepackt worden. Dann hätte insbesondere die Wiener Polizeidirektion nicht, wie dies tatsächlich der Fall gewesen sei, angenommen, daß zunächst gegen einen beabsichtigten Anschlag auf den Bundeskanzler am Michaelerplatz Vorkehrungen zu treffen seien. Die andere Meldung sei auf die leichte Schulter genommen worden. Es habe sich bloß um 10 Minuten gehandelt. Auf Betreiben Redners sei sodann, allerdings bereits zu spät, eingegriffen worden. Hätte man die Meldung bereits um 11 Uhr in ihrer Gänze gekannt, dann hätten die Gegenmaßnahmen ganz anders aussehen können ...

B. M. *Fey* wünscht hinsichtlich der fraglichen Meldung Folgendes festzustellen: Es seien um 11 Uhr 2 Heimwehrleute erschienen, die mitgeteilt hätten, daß ein Polizeibeamter ihnen das Vorliegen irgend einer Putschabsicht verraten habe; der bezeichnete Beamte wolle nicht selbst zur Polizeidirektion gehen, weil er wisse, daß hohe Funktionäre im Spiel seien; er warte im Café Central, um nähere Mitteilungen zu machen. Gendarmeriemajor Wrabel habe zwei bis drei Minuten nach 11 Uhr Redner hievon Meldung erstattet und daraufhin den Auftrag erhalten, sich mit Kriminalbeamten ins Café Central zu begeben und über das Ergebnis sofort zu berichten. Wrabel habe tatsächlich dort Näheres erfahren. Der Polizeibeamte habe hiebei noch angegeben, daß er die Daten über Zeitpunkt und Ort des Anschlages erst in der Lerchenfelderstraße bekommen werde. Die sofort erstattete Meldung Wrabels sei von Redner unverweilt an B. K. Dollfuß weitergegeben worden.«

— In einer Ministerratssitzung wird das Vorgehen gegen die verhafteten Putschisten erörtert. Trotz Zusicherung des freien Geleits fällt die Entscheidung, daß alle vor ein Militärgericht, dessen gesetzliche Basis in der selben Ministerratssitzung geschaffen wurde, zu stellen seien. Man argumentiert, daß zur Zeit der Zusicherung des freien Geleits der Tod des Kanzlers nicht bekannt gewesen sei. Ein Militärgericht wird deshalb gebildet, weil unter den Putschisten ein hoher Anteil ehemaliger Bundesheer- und Exekutiveangehöriger festgestellt wurde.

— In einigen österreichischen Bundesländern kommt es zu schweren Kämpfen zwischen Putschisten und der Exekutive und dem Bundesheer. Der Schwerpunkt der Kämpfe liegt in der Steiermark und in Kärnten. In der Steiermark konzentrieren sich die Auseinandersetzungen auf das Gebiet von Radkersburg, auf die Weststeiermark um Deutschlandsberg, auf das Obere Murtal um Leoben und das Ennstal um Liezen bis zum Pyhrnpaß. Reste der Aufständischen flüchten bei Radkersburg nach Jugoslawien. In Kärnten kommt es zu den heftigsten und am längsten dauernden Kämpfen, wobei vor allem das Lavanttal um Wolfsberg, die Städte St. Veit und Feldkirchen, das Gailtal und die Gegend um Lavamünd schwer umkämpft sind. Erst am 30. Juli sind Bundesheer und Exekutive wieder Herr der Lage, die Putschisten konnten auf breite Unterstützung der Bevölkerung rechnen; die restlichen Putschisten zogen sich mit Waffen und Lkws nach Jugoslawien zurück.

— An der oberösterreichisch-bayerischen Grenze versuchen Angehörige der österreichischen Legion vorzudringen, werden aber zurückgedrängt. Bei Kollerschlag wird am 26. Juli ein nationalsozialistischer Kurier festgenommen, bei dem das sogenannte »Kollerschlager

Dokument« sichergestellt wird, bei dem es sich offensichtlich um einen Aufstandsplan der SA handelt.
— Insgesamt sind auf Seiten der Regierung 107 Tote, bei den Aufständischen 153 Tote zu beklagen, mehrere Hundert Verletzte auf beiden Seiten.
29. Juli Kurt Schuschnigg wird mit der Bildung einer Regierung betraut, wobei es zu einer Entmachtung des bisherigen Sicherheitschefs Emil Fey kommt.
Bundeskanzler, Landesverteidigung, Unterricht: Kurt Schuschnigg (Christlichsozialer), Vizekanzler und Sicherheitswesen: Ernst Rüdiger Fürst Starhemberg (Heimwehr), Äußeres: Egon Berger-Waldenegg (Heimwehr), Innere Verwaltung und Bekämpfung staatsgefährlicher Bestrebungen in der Privatwirtschaft: Emil Fey (Heimwehr), Justiz: mit der Fortführung der Geschäfte betraut: Egon Berger-Waldenegg, Finanzen: Karl Buresch (Christlichsozialer), Handel und Verkehr: Fritz Stockinger (Christlichsozialer), Land- und Forstwirtschaft: Josef Reither (Christlichsozialer), Soziale Verwaltung: Odo Neustädter-Stürmer (Heimwehr).
Staatssekretäre: Landesverteidigung: Wilhelm Zehner, Justiz: Carl Karwinsky, Sicherheit: Hans Hammerstein-Equord, Soziale Verwaltung: Johann Großauer.
Erster Bundesführer der Vaterländischen Front wird Starhemberg.
31. Juli Um 16.35 Uhr (drei Stunden nach Schluß der Militärgerichtsverhandlung) werden die Führer des nationalsozialistischen Putschversuches vom 25. Juli hingerichtet: Franz Holzweber und Otto Planetta. Ferner werden noch verurteilt und hingerichtet: Hans Domes, Josef Hackl, Franz Leeb, Ludwig Maitzen, Erich Wohlrab und Ernst Feiks. Paul Hudl erhält »lebenslänglich«.
6. August Karl Illner stirbt in Wien; geb. am 14. Juli 1877 in Schatzlar (Böhmen), Berufspilot und Mitarbeiter des Flugpioniers Igo Etrich *(→ 8. August 1909; 1910).*
— Der Ministerrat erteilt endlich das Agrément für den deutschen Gesandten Franz von Papen; bis zuletzt hatte sich Ernst Rüdiger Fürst Starhemberg gegen Papens Bestellung gewehrt.
8. August Trauerfeier der Vaterländischen Front für Engelbert Dollfuß auf dem Wiener Heldenplatz, 150 000 Teilnehmer.
15. August Franz von Papen, der neubestellte Gesandte des Deutschen Reiches, trifft in Wien ein *(→ 26. Juli).*
21. August Kurt Schuschnigg besucht Benito Mussolini in Florenz. Die österreichisch-italienische Zusammenarbeit wird bekräftigt; Mussolinis Truppen standen in den kritischen Julitagen am Brenner.
— Die Erdölbohrung Gösting 2 (Niederösterreich) wird fündig. Tagesproduktion 30 t Erdöl, Beginn der österreichischen Erdölförderung.
23. August Viktor Kaplan stirbt in Unterach am Attersee (Oberösterreich); geb. am 27. November 1876 in Mürzzuschlag (Steiermark), Maschinenbauer, Erfinder der nach ihm benannten Turbine (eine Wasserturbine mit verstellbaren Laufradschaufeln, die auch für niedere Gefällstufen verwendbar ist). Größter Fortschritt auf dem Gebiet der Wasserkraftmaschinen. 1919 wurde in Velm (Niederösterreich) seine erste Turbine in Betrieb genommen.
27. August Erste Unterredung zwischen Bundeskanzler Kurt Schuschnigg und Anton Reinthaller, der als Vertreter der Nationalen eine Befriedung der Situation nach dem Juliputsch herstellen sollte. Schuschnigg verlangt, daß die nationalen Kreise sich zu Österreich bekennen und sich in die Vaterländische Front eingliedern müßten. Über eine allfällige Amnestie sollte später verhandelt werden. Reinthaller legte im September Schuschnigg ein Etappenprogramm zur Befriedung vor.
28. August Der Landbund für Österreich, seit 1927 Regierungspartei wird amtlich aufgelöst, da sich Formationen der »Grünen Wehr« in Kärnten und Steiermark an der Seite der Nationalsozialisten am Putsch vom Juli 1934 beteiligt hatten.
4./5. September »Wiener Konferenz« der illegalen österreichischen Sozialdemokraten in Blansko (Mähren); die zwischen Sozialdemokraten und Revolutionären Sozialisten bestehenden Spannungen können teils bereinigt werden.
12. September Rede des Bundeskanzlers Kurt Schuschnigg vor der Vollversammlung des Völkerbundes in Genf. Seine Schlußworte: »Es lebe die Zusammenarbeit der Völker, die menschliche Zivilisation und der Friede!«
27. September Deklaration Frankreichs, Großbritanniens und Italiens über die Aufrechterhaltung der Unabhängigkeit Österreichs *(→ 17. Februar; 11.–14. April 1935).*
27. Oktober Kanzler Kurt Schuschnigg empfängt im Bundeskanzleramt etwa 30 Vertreter der nationalen Opposition unter der Führung von Franz Langoth und Franz Hueber. Von Seiten der Regierung nehmen an der Unterredung u. a. noch Ernst Rüdiger Fürst Starhemberg, Minister Eduard Ludwig und Walter Adam, Generalsekretär der Vaterländischen Front, teil. Das Ergebnis der Besprechung ist für beide Seiten unbefriedigend.
31. Oktober Konstituierung der gesetzgebenden Körperschaften: Staatsrat, Bundeskulturrat, Bundeswirtschaftsrat und Länderrat gemäß der »Verfassung 1934« *(→ 1. Mai und 1. Dezember).*
16.–20. November Staatsbesuch von Bundeskanzler Kurt Schuschnigg in Rom. Festigung der Beziehungen zu Italien und Beginn der Staatsbesuche in anderen österreichfreundlichen Ländern zur Vertiefung der Beziehungen *(→ 13. Dezember; 22., 23., 25. und 26. Februar 1935).*
1. Dezember Der Bundesrat, gewählt von den vier gesetzgebenden Körperschaften *(→ 31. Oktober),* tritt zum erstenmal zusammen.
13. Dezember Staatsbesuch von Bundeskanzler Kurt Schuschnigg in Budapest *(→ 16.–20. November).*
▶1935, Januar 424 000 vorgemerkte, 326 000 unterstützte Arbeitslose in Österreich.
7. Januar Verhandlungen zwischen Italien und Frankreich über einen »allgemeinen Nichteinmischungspakt« für Österreich.
20. Januar Vizekanzler Ernst Rüdiger Fürst Starhemberg erklärt bei der Führertagung der niederösterreichischen Heimwehr: »Wir werden uns mit den anderen Gegnern auseinandersetzen müssen« – er meinte damit Kurt Schuschnigg und den sogenannten »politischen Katholizismus«.
26. Januar In der Wiener Staatsoper findet der erste Opernball statt. 4 000 Gäste aus der ganzen Welt werden gezählt. Der Bundespräsident und die gesamte Bundesregierung sind anwesend.
Februar (Inoffizielle) Skiweltmeisterschaften in Mür-

ren (Schweiz). Herrenabfahrt: 1. Franz Zingerle; Herrenslalom: 1. Toni Seelos, 3. Friedl Pfeiffer; Kombination: 1. Toni Seelos.

16. und 17. Februar Karl Schäfer wird in Budapest Weltmeister im Eiskunstlauf.

22. und 23. Februar Staatsbesuch von Bundeskanzler Kurt Schuschnigg in Paris.

25. und 26. Februar Staatsbesuch von Bundeskanzler Kurt Schuschnigg in London *(→ 16.–20. November 1934).*

14. März Anton Rintelen wird zu lebenslangem Kerker verurteilt *(→ 25. Juli 1934).*

April 298 000 unterstützte Arbeitslose in Österreich.

11.-14. April Dreimächtekonferenz in Stresa (Italien). Die Regierungschefs Frankreichs, Großbritanniens und Italiens (James Flandin, Ramsey MacDonald und Benito Mussolini) beraten, welche Politik bezüglich des Deutschen Reichs, der Unabhängigkeit Österreichs einzuschlagen sei.

8. Mai Emil Ertl stirbt in Wien; geb. am 11. März 1860 in Wien, Erzähler und Romancier, Vertreter des österreichischen Heimat- und Geschichtsromans.

21. Mai Adolf Hitler erklärt im Deutschen Reichstag: »Deutschland hat weder die Absicht noch den Willen, sich in innerösterreichische Angelegenheiten einzumischen Österreich etwa zu annektieren oder anzuschließen.«

21. Juni Auflösung der Frontkämpfervereinigung Deutschösterreichs wegen staatsfeindlicher Betätigung; sie war bereits stark nationalsozialistisch durchsetzt.

— Alfred Roller stirbt in Wien; geb. am 2. Oktober 1864 in Brünn; Maler, Graphiker und bahnbrechender Bühnenbildner, besonders bei Inszenierungen für Gustav Mahler und Max Reinhardt.

11. Juli Franz von Papen, der Gesandte des Deutschen Reiches, schlägt in Wien eine Zusammenarbeit Österreichs mit dem Deutschen Reich vor. Vorangehen soll ein Ausgleich zwischen den beiden Staaten.

13. Juli Das Ausnahmegesetz gegen das Haus Habsburg *(→ 3. April 1919)* wird abgeändert, die Landesverweisung der Mitglieder des ehemaligen Kaiserhauses aufgehoben. Die monarchistische Bewegung in Österreich wird dadurch gestärkt.

3. August Die Großglockner-Hochalpenstraße wird feierlich eröffnet *(→ 1930);* die Maut erbringt 1935 bereits S 742 984,–, 1936 S 1 006 931,–.

Ende August Umfangreiche Manöver der italienischen Wehrmacht (500 000 Mann) in Südtirol als Demonstration der »Wacht am Brenner«. Mussolini unterstreicht diese Demonstration am 30. August durch einen Besuch bei der österreichischen Zollwache am Brenner.

9. Oktober Der österreichische Delegierte Emmerich Pflügl erklärt in der Vollversammlung des Völkerbundes in Genf, daß sich Österreich nicht an den Sanktionen des Völkerbundes gegen Italien wegen des Abessinienfeldzuges beteiligen werde.

17. Oktober Persönliche Differenzen mit Emil Fey, aber auch der generelle Wunsch von Kanzler Kurt Schuschnigg, die Wehrverbände weiter zu entmachten, führen zu einer Regierungsumbildung.
Bundeskanzler, Unterricht und Landesverteidigung: Kurt Schuschnigg (Christlichsozialer), Vizekanzler: Ernst Rüdiger Fürst Starhemberg (Heimwehr), Äußeres: Egon Berger-Waldenegg (Heimwehr), Inneres und Sicherheit: Eduard Baar-Baarenfels (Heimwehr), Handel und Verkehr: Fritz Stockinger (Christlichsozialer), Finanzen: Ludwig Draxler (Heimwehr), Justiz: Robert Winterstein (Christlichsozialer), Soziale Verwaltung: Josef Dobretsberger (Christlichsozialer), Landwirtschaft: Ludwig Strobl (Christlichsozialer), ohne Portefeuille: Karl Buresch (Christlichsozialer).
Staatssekretäre – Unterricht: Hans Pernter, Landesverteidigung: General Wilhelm Zehner, Soziale Verwaltung: Theodor Znidaric, Landwirtschaft: August Kraft.

Dezember 384 000 vorgemerkte (262 000 unterstützte) Arbeitslose in Österreich.

10. Dezember Der Grazer Universitätsprofessor Otto Loewi erhält, gemeinsam mit Sir Henry Hallet Dale, den Nobelpreis für Medizin für die Entdeckung der chemischen Übermittlung der Nervenimpulse. 1938 erpreßten die Nationalsozialisten von ihm den in Stockholm hinterlegten Betrag des Preises für die Ausreise aus Österreich.

— Der ebenfalls in Graz lehrende Victor Franz Hess erhält, gemeinsam mit Carl David Anderson, den Nobelpreis für Physik für die Entdeckung und Erforschung der kosmischen Strahlung. 1931 hatte er auf dem Hafelekar bei Innsbruck eine Forschungsstation zur Erforschung der kosmischen Höhenstrahlung eingerichtet.

23. Dezember Bundeskanzler Kurt Schuschnigg verkündet die Weihnachtsamnestie für »politische Gefangene«. Von 1 521 Sozialdemokraten des Februar 1934 werden 1 505 entlassen, von 911 Nationalsozialisten des Juli 1934 werden 440 entlassen.

▶**1936, Januar** 322 000 unterstützte Arbeitslose in Österreich.

16. und 17. Januar Besuch Bundeskanzler Kurt Schuschniggs in Prag. Verhandlungen mit Ministerpräsident Milan Hodža und Staatspräsident Eduard Beneš über die gegenseitigen Beziehungen *(→ 9. März).*

Februar (Inoffizielle) Skiweltmeisterschaften in Innsbruck. Herrenslalom: 1. Rudi Matt, 2. Eberhard Kneissl; Kombination: 3. Eberhard Kneissl; Damenslalom: 1. Gerda Paumgartner, 3. Grete Weikert; Kombination: 3. Gerda Paumgartner.

6.–16. Februar IV. Olympische Winterspiele in Garmisch-Partenkirchen. Österreich: 1 Gold-, 1 Silber-, 1 Bronzemedaille. Eiskunstlauf der Herren: 1. Karl Schäfer, 3. Felix Kaspar; Paarlauf: 2. Ilse und Erwin Pausin.

28. und 29. Februar Karl Schäfer wird zum siebentenmal in Paris Weltmeister im Eiskunstlauf.

9. März Der tschechoslowakische Ministerpräsident Milan Hodža besucht Wien; die Prager Regierung sucht eine engere Zusammenarbeit mit Österreich, um den proitalienischen Kurs zu neutralisieren *(→ 16./17. Januar).*

15. März Josef Bradl erreicht beim Skispringen in Plánice (Tschechische Republik) mit 101 m Weite den Weltrekord. Erstmals wurde die Hundertmetermarke übersprungen.

21.–23. März Konferenz der Staaten der »Römischen Protokolle« *(→ 17. März 1934).* Die Regierungschefs Kurt Schuschnigg, Benito Mussolini und Gyula Gömbös unterzeichnen drei Zusatzprotokolle, im wesentlichen gegenseitige Zusicherungen.

23. März Die Urteile im sog. »Sozialistenprozeß« ergehen: Von 27 Funktionären der Revolutionären Sozialisten und zwei Kommunisten, die beschuldigt worden waren, eine illegale Partei aufzubauen und eine revolutionäre politische Tätigkeit zu entfalten, werden 16 zu mäßigen Freiheitsstrafen verurteilt und 13 Angeklagte freigesprochen. Ursprünglich drohte in diesem Prozeß, der international beobachtet und kommentiert wurde, den Hauptangeklagten Marie Emhart und Karl Hans Sailer die Todesstrafe. Die Öffentlichkeit des Verfahrens, in dem die Angeklagten Gelegenheit zu politischer Argumentation fanden, trug zu diesem Urteil bei.

25. März Zusammenbruch der Versicherungsgesellschaft Phönix, bei der mehr als 300.000 Personen versichert waren. Nach dem Tod des bisherigen Generaldirektors Wilhelm Berliner und dem Selbstmord des für die Versicherungsaufsicht zuständigen Sektionschefs Richard Ochsner stellt sich eine Verschuldung von mehr als 250 Millionen Schilling heraus. Der Großteil war durch Fehlspekulationen verloren gegangen, aber auch Politiker waren bestochen worden. Als Auffanggesellschaft wird mit einem Kapital von 10 Millionen Schilling die österreichische Versicherungs AG gegründet.

1. April Die Allgemeine Bundesdienstpflicht wird eingeführt, allgemeine Wehrpflicht vom 18. bis zum 42. Lebensjahr. Kurz vorher wurden alle Wehrverbände in der Vaterländischen Front zusammengefaßt. Die Ausbildung erfolgt durch das Bundesheer.

8. April Robert Bárány stirbt in Uppsala (Schweden); geb. am 22. April 1876 in Wien, Physiologe und Ohrenarzt, Bahnbrecher der Ohrenheilkunde *(→ 10. Dezember 1914)*.

26. April Kundgebung der Vaterländischen Front in Horn (Niederösterreich), bei der Ernst Rüdiger Fürst Starhemberg aber eigentlich als Heimatschutzführer zu Gefolgsleuten spricht. Er versichert, daß der Heimatschutz nicht daran denke, als bewaffnete Formation abzutreten. Er schloß: »Nur über meine Leiche geht derzeit der Weg zur Abrüstung des Heimatschutzes!«

29. April Verordnung über die Rückgabe des Habsburgervermögens *(→ 3. April 1919; 13. Juli 1935)*.

5. Mai Marianne Hainisch stirbt in Wien; geb. am 25. März 1839 in Baden bei Wien, österreichische Frauenrechtlerin. Die Mutter des ehemaligen Bundespräsidenten Michael Hainisch war eine führende Vertreterin der bürgerlichen Frauenbewegung. 1902 gründete sie den »Bund österreichischer Frauenvereine«. 1924 *(→ 11. Mai)* führte sie nach amerikanischem Vorbild den Muttertag in Österreich ein.

10. Mai Maifeier des Freiheitsbundes, an dessen Spitze Bundeskanzler Kurt Schuschnigg marschiert. Es kommt zu stürmischen Gegenkundgebungen von Heimatschützern.

13. Mai Ernst Rüdiger Fürst Starhemberg schickt anläßlich der Eroberung von Addis Abeba durch italienische Truppen ein Glückwunschtelegramm an Benito Mussolini: »Es lebe der Sieg des faschistischen Gedankens in der Welt.«

14. Mai Nach Protesten des englischen, französischen und tschechoslowakischen Gesandten scheidet Ernst Rüdiger Fürst Starhemberg »wegen sachlicher Meinungsverschiedenheiten« aus der Regierung. Sein Nachfolger als Vizekanzler wird Eduard Baar-Baarenfels.

— Kanzler Kurt Schuschnigg benutzt das Ausscheiden von Starhemberg zu einer größeren Regierungsumbildung.

Bundeskanzler, Äußeres und Landesverteidigung: Kurt Schuschnigg (Christlichsozialer), Vizekanzler, Inneres und Sicherheit: Eduard Baar-Baarenfels (Heimwehr), Justiz: Hans Hammerstein-Equord (Heimwehr), Unterricht: Hans Pernter (Christlichsozialer), Finanzen: Ludwig Draxler (Heimwehr), Handel und Verkehr: Fritz Stockinger (Christlichsozialer), Landwirtschaft: Peter Mandorfer (Christlichsozialer), Soziale Verwaltung: Josef Resch (Christlichsozialer).

Staatssekretäre – Bundeskanzleramt: Guido Zernatto, Landesverteidigung: General Wilhelm Zehner.

Bundesführer der Vaterländischen Front Kurt Schuschnigg, zweiter Bundesführer Vizekanzler Eduard Baar-Baarenfels.

30. Mai Eröffnung der Packer Höhenstraße, der kürzesten Verbindung zwischen den Bundesländern Steiermark und Kärnten.

12. Juni Karl Kraus stirbt in Wien; geb. am 28. April 1874 in Jitschin (Böhmen), Sprach- und Kulturkritiker, Satiriker. Gründer und seit 1899 Herausgeber der Zeitschrift »Die Fackel«.

22. Juni Auf der Philosophenstiege der Wiener Universität wird der Philosophieprofessor Moritz Schlick ermordet. Am 14. April 1882 in Berlin geboren, lehrte er seit 1922 in Wien. Er war ein Vertreter einer positivistischen Erkenntnistheorie. Schlick und der »Wiener Kreis« waren wegen ihrer liberalen, antimetaphysischen und aufklärerischen Haltung zunehmend von konservativen und vor allem deutschnationalen Professoren und Studenten angegriffen worden. Schlicks ehemaliger Schüler Johann Nelböck (1903–1954), der gestand, seinen Lehrer wegen einer Affäre Schlicks mit einer Studentin erschossen zu haben, kam aus deutschnationalen Kreisen. Er wurde 1937 zu zehn Jahren Kerker verurteilt, doch im Oktober 1938 enthaftet, da er angab, „dem Nationalsozialismus einen Dienst erwiesen zu haben«.

28. Juni Max Adler stirbt in Wien; geb. am 15. Januar 1873 in Wien, Soziologe. Einer der Theoretiker des Austromarxismus, der die Lehren Immanuel Kants mit jenen von Karl Marx vereinbaren wollte. 1922 veröffentlichte er »Der Marxismus als proletarische Lebenslehre« und »Die Staatsauffassung des Marxismus«.

11. Juli Unterzeichnung eines Abkommens zwischen Österreich und dem Deutschen Reich. Die deutsche Reichsregierung anerkennt die volle Souveränität Österreichs und betrachtet die österreichischen Nationalsozialisten als eine innere Angelegenheit Österreichs. Das Abkommen war seit Mitte 1935 von Franz von Papen betrieben worden und kam unter italienischem Druck zustande. Es umfaßt eine weitreichende politische Amnestie für Nationalsozialisten (17 000 Personen) und die Aufnahme von nationalen Vertrauensleuten in das Kabinett: Edmund Glaise-Horstenau wird Minister ohne Portefeuille, Guido Schmidt Staatssekretär für auswärtige Angelegenheiten. Vertreter der nationalen Opposition werden in die politische Verantwortung eingebunden; das Abkommen bietet Raum für deutsche Interventionsmöglichkeiten.

2.–16. August XI. Olympische Spiele in Berlin. Österreich: 4 Gold-, 6 Silber-, 3 Bronzemedaillen. Schwerathletik, Leichtgewicht: 1. Robert Fein (ex aequo mit Mesbah, Ägypten); Kajak Einer, 1 000 m und Faltboot, Einer, 10 000 m: 1. Gregor Hradetzky; Kajak, Zweier, 1 000 m: 1. Adolf Krainz/Alfons Dorfner; Rudern, Einer: 2. Josef Hasenöhrl; Kajak, Einer, 10 000 m: 2. Fritz Landertinger; Kajak, Zweier, 10 000 m: 2. Viktor Kalisch/Karl Steinhuber; Kanadier, Zweier, 1 000 m: 2. Rupert Weinstabl/Karl Proisl; 10 000 m: 3. Weinstabl/Proisl; Fußball: 2. durch Italien gegen Österreich 2 : 1. Handball: 2. durch Deutschland gegen Österreich 10 : 6; Florett, Damen: 3. Ellen Preiss; Reiten, Dressurprüfung, Einzel: 3. Alois Podhajsky. – Bei den olympischen Kunstwettbewerben erringt Österreich vier Preise: Architektonische Entwürfe: 1. Hermann Kutschera für »Skistadion« und 3. Hermann Stieglholzer/Herbert Kastinger für »Kampfstätte für Auto-, Rad- und Pferdesport, Wien«; Gemälde: 2. Rudolf Eisenmenger für »Läufer vor dem Ziel«; Lyrik: 3. Hans Stoiber für »Der Diskus«.

5. August Marinus Meinoud Rost van Tonningen tritt als Kontrollor des Völkerbundes für den finanziellen Wiederaufbau Österreichs zurück. Er erklärt, daß seine Anwesenheit durch die gebesserte Wirtschaftslage überflüssig sei *(→ 6. November 1931; 31. Dezember 1937).*

12. August Benito Mussolini warnt den österreichischen Militärattaché in Rom, Oberst Emil Liebitzky, vor den Aggressionsplänen Adolf Hitlers für das Jahr 1938: »Zwanzig Monate hat Österreich noch Zeit.«

7.–10. Oktober Nach einer mehrtägigen Ministerratssitzung wird die endgültige Auflösung aller Wehrverbände beschlossen. Die der Heimwehr angehörigen Kabinettsmitglieder bleiben jedoch in der Regierung.

14. Oktober Mit einer Novelle zum VF-Gesetz wird die Frontmiliz als eine Organisation der Vaterländischen Front geschaffen; sie soll Auffangbecken für die bisherigen Mitglieder der aufgelösten Wehrverbände sein. Generalkommandant wird Ludwig Hülgerth.

25. Oktober Ein Abkommen zwischen dem Deutschen Reich und Italien begründet die Achse Berlin–Rom *(→ 18. November 1935).*

— Italien als bisher stärkster Garant für die Unabhängigkeit Österreichs fällt aus.

3. November Neuerliche Umbildung des Kabinetts: Die letzten Exponenten der Heimwehr werden aus der Regierung entfernt.

Bundeskanzler, Äußeres und Landesverteidigung: Kurt Schuschnigg, Vizekanzler: Feldmarschalleutnant Ludwig Hülgerth, Inneres: Edmund Glaise-Horstenau, Finanzen: Rudolf Neumayer, Justiz: Adolf Pilz, Unterricht: Hans Pernter, Soziale Verwaltung: Josef Resch, Landwirtschaft: Peter Mandorfer, Handel und Verkehr: Wilhelm Taucher, Sicherheitswesen: Odo Neustädter-Stürmer.

Staatssekretäre – Äußeres: Guido Schmidt, Landesverteidigung: General Wilhelm Zehner, Bundeskanzleramt: Guido Zernatto und soziale Verwaltung: Hans Rott.

11. und 12. November Konferenz der Staaten der »Römischen Protokolle« in Wien *(→ 17. März 1934; 21.–23. März 1936).* Österreich und Ungarn anerkennen die Eroberung Abessiniens durch Italien *(→ 28. Februar 1937; 9.–12. Januar 1938).*

19. November Besprechungen von Staatssekretär Guido Schmidt in Berlin: Österreich muß weitere Zugeständnisse für deutsche Staatsbürger machen, die von den Nationalsozialisten ausgenützt werden.

1937 Zweiter Umbau des Salzburger Festspielhauses durch Clemens Holzmeister.

— Sepp Bildstein errichtet auf dem Skiübungshang in Zürs am Arlberg (Vorarlberg) den ersten modernen Schlepplift.

— Während des Jahres 1937 zahlte man in Österreich jeweils für ein Kilogramm Fleisch: Kalbfleisch S 1,80 bis S 2,–, Kalbsschulter S 3,20 und Schnitzel S 4,20; Schweinefleisch, Bauchfleisch S 2,– bis 2,40, Schopfbraten S 3,20, Karree S 3,80, Schnitzel S 4,–; Rindfleisch, Beinfleisch S 2,40, Rostbraten S 4,–, Lungenbraten S 4,80.

Februar Skiweltmeisterschaften (die ersten offiziellen) in Chamonix. Österreich erreicht nur im Herrenslalom eine Plazierung: 2. Willy Walch.

— Seitens der illegalen NSDAP wird ein »Siebenerausschuß« zusammengestellt, der zu Verhandlungen mit der Regierung ermächtigt ist. U. a. gehören ihm Egbert Mannlicher und Leopold Tavs an.

4. Februar Bundeskanzler Kurt Schuschnigg ruft den »Siebener-Ausschuß« ins Leben. Er will damit die illegalen Nationalsozialisten, die »Unentwegten«, zur Mitarbeit heranziehen. Dem Ausschuß gehören unter anderem Hugo Jury und Leopold Tavs an *(→ 14. Februar).*

11. Februar In einer Rede kündigt Bundeskanzler Kurt Schuschnigg die Gründung eines »Volkspolitischen Referates« an. Damit soll die Mitarbeit der »Nationalen« im Staat und in der Vaterländischen Front erreicht werden *(→ 4. Februar; 17. Juni).*

12. und 13. Februar Felix Kaspar wird in Wien Weltmeister im Eiskunstlauf.

22./23. Februar Anläßlich des offiziellen Besuchs von Reichsaußenminister Konstantin von Neurath in Wien kommt es zu organisierten nationalsozialistischen Kundgebungen.

28. Februar Die italienische Zeitung »Giornale d'Italia« erklärt, daß Italien eine ». . .Restauration (der Habsburger in Österreich) als unzeitgemäß und gefährlich ansieht.«

20. März Michael Skubl, der Polizeipräsident von Wien, wird zum Staatssekretär für Angelegenheiten der Sicherheit ernannt.

15.–21. April Innenminister Edmund Glaise-Horstenau hält sich zu einem inoffiziellen Besuch in Berlin auf. Er hat eingehende Besprechungen mit Adolf Hitler und Hermann Göring über das weitere Vorgehen in Österreich.

21.–23. April Bundeskanzler Kurt Schuschnigg und Staatssekretär Guido Schmidt treffen in Venedig mit Benito Mussolini und Außenminister Galeazzo Graf Ciano zusammen. Das Schlußprotokoll hält fest, daß eine Ordnung des Donauraumes ohne Deutsches Reich nicht möglich sei.

26. April Unterredung Hermann Görings mit Benito Mussolini in Rom. Ausführlich wird die »österreichische Frage« besprochen. Göring kündigt den Verzicht des Deutschen Reiches auf Südtirol an.

3.–5. Mai Staatsbesuch von Bundespräsident Wilhelm Miklas, Bundeskanzler Kurt Schuschnigg und Staatssekretär Guido Schmidt in Budapest. Intensivierung der gutnachbarlichen Beziehungen.

12. Mai Staatssekretär Guido Schmidt vertritt Österreich in London bei den Krönungsfeierlichkeiten für König Georg VI. von England, Gespräche mit offiziellen Regierungsstellen, auf der Rückreise auch in Paris. Der Staatssekretär wird durchwegs freundlich aufgenommen, erreicht aber keine Garantien für Österreich.

28. Mai Alfred Adler stirbt in Aberdeen (Schottland);

geb. am 7. Februar 1870 in Penzing (Wien 14). Psychologe, Begründer der Individualpsychologie, Nervenarzt. Er prägte den Begriff »Minderwertigkeitskomplex«.

17. Juni Das von Kanzler Kurt Schuschnigg am 14. Februar *(→ dort)* angekündigte »Volkspolitische Referat« wird geschaffen; zum Leiter wird der ehemalige Vizebürgermeister von Innsbruck, Walter Pembaur, bestellt. Gleichzeitig wird der Wiener Rechtsanwalt Arthur Seyss-Inquart als Vertrauensmann der nationalen Kreise zum Staatsrat ernannt.

24. Juni Reichskriegsminister Generalfeldmarschall Werner von Blomberg erläßt eine »Weisung für die einheitliche Kriegsvorbereitung der Wehrmacht«. Ein gesonderter Abschnitt trägt den Titel »Sonderfall Otto«: »Ziel dieser Intervention wird es sein, Österreich mit Waffengewalt zum Verzicht auf eine Restauration zu zwingen.«

Juli 193 000 unterstützte Arbeitslose in Österreich.

6.–10. Juli Bei deutsch-österreichischen Pressevereinbarungen wird beschlossen, daß mehr nationalsozialistische Zeitungen in Österreich vertrieben werden dürfen.

17./18. Juli Deutsch-österreichisches Frontkämpfertreffen in Wels, bei dem der deutsche Gesandte Franz von Papen und Minister Edmund Glaise-Horstenau sprechen. Es kommt zu nationalsozialistischen Kundgebungen.

17. September Ein Großbrand vernichtet die Rotunde im Wiener Prater. Das 84 m hohe Weltausstellungsgebäude von 1873 war ein Wahrzeichen Wiens. Die Brandursache ist unbekannt.

26. September Bundeskanzler Kurt Schuschnigg trifft in Baden bei Wien mit dem tschechoslowakischen Ministerpräsidenten Milan Hodža zusammen.

10. Oktober In Wien wird die Reichsbrücke über die Donau dem Verkehr übergeben.

5. November Bei einer geheim gebliebenen Besprechung in der Reichskanzlei legt Adolf Hitler seine Pläne für die nächsten Jahre dar. Weitere Teilnehmer dieser Besprechung sind: Reichskriegsminister Werner von Blomberg, die Oberbefehlshaber von Heer, Kriegsmarine und Luftwaffe, Generaloberst Werner von Fritsch, Generaladmiral Erich Raeder und Generaloberst Hermann Göring. Protokollführer Oberst Hossbach. Wörtlich heißt es: »... so könne die Einverleibung der Tschechei und Österreichs den Gewinn von Nahrungsmitteln für 5–6 000 000 Menschen bedeuten unter Zugrundelegung, daß eine zwangsweise Emigration aus der Tschechei von 2, aus Österreich von 1 000 000 Menschen zur Durchführung gelange. Der Deckname für die Planungen gegen Österreich lautet »Fall Otto«. Blomberg und Fritsch, die Hitlers Planung widersprechen, werden unter Heranziehung von Diffamierungen im Februar 1938 ihres Postens enthoben.

11./12. November Offizieller Besuch des italienischen Außenministers Galeazzo Graf Ciano in Wien, wobei sich Ciano in seinen Tagebuchaufzeichnungen negativ über Guido Schmidt äußert.

Dezember 246 000 unterstützte Arbeitslose in Österreich.

►1938, 1. Januar Bundeskanzler Kurt Schuschnigg erklärt in einem Interview für den »Daily Telegraph«: »Ein Abgrund trennt Österreich vom Nationalsozialismus. Wir sind nicht für willkürliche Gewalt, wir wollen, daß Recht unsre Freiheit bestimmt ... Ich bin der Tradition und meiner Überzeugung nach Monarchist. Eine Restauration ist aber zur Zeit unmöglich, die Bedingungen müssen langsam geschaffen werden.«

9.–12. Januar Letzte Konferenz der Staaten der »Römischen Protokolle« in Budapest *(→ 17. März 1934; 11.–12. November 1936)*, Bundeskanzler Kurt Schuschnigg ist anwesend, Österreich weist die Aufforderung, aus dem Völkerbund auszutreten und sich dem Antikominternpakt anzuschließen, zurück.

26. Januar Ab etwa 20.00 Uhr wird im Osten und Norden Österreichs ein Nordlicht von beachtlichem Ausmaß beobachtet. Diese in unseren Breiten seltene Himmelserscheinung ist Anlaß, in breiten Bevölkerungskreisen von einer bevorstehenden Katastrophe zu sprechen.

27. Januar Der »Tavs-Plan« wird gefunden, ein Aktionsprogramm der österreichischen NSDAP für den Fall der Machtübernahme. Leopold Tavs *(→ 4. Februar 1937)* verfaßte den Plan für eine bewaffnete Erhebung der Nationalsozialisten in allernächster Zeit, er enthielt auch provokatorische Anschläge auf deutsche Diplomaten.

4. Februar Im Zuge der Blomberg-Fritsch-Krise *(→ 5. November 1937)* wird auch Franz von Papen, der Gesandte des Deutschen Reiches in Wien, abberufen.

5. Februar Franz von Papen schlägt auf dem Berghof bei Berchtesgaden Adolf Hitler eine Begegnung mit Kurt Schuschnigg vor. Hitler stimmt begeistert zu.

7. Februar Franz von Papen überbringt Kurt Schuschnigg die Einladung Adolf Hitlers zu einem Gespräch im Berghof auf dem Obersalzberg bei Berchtesgaden. Nach einem Gespräch mit Arthur Seyss-Inquart nimmt Schuschnigg die Einladung für den 12. Februar an.

12. Februar Kurt Schuschnigg trifft in den Morgenstunden in Salzburg zu einem geheimen Frühstück mit Landeshauptmann Franz Rehrl zusammen, um Vorsichtsmaßnahmen zu beraten, falls er bis zum Abend nicht aus Berchtesgaden zurückgekehrt sei.

— Nach 10.00 Uhr begibt er sich in Begleitung von Staatssekretär Guido Schmidt im Auto auf den Obersalzberg, wo er am Vormittag ein zweistündiges Vieraugengespräch mit Hitler hat.

— Nachmittag präsentiert Hitler den Entwurf eines Abkommens: Arthur Seyss-Inquart soll Innenminister mit absoluter Polizeigewalt werden, der Bankdirektor Hans Fischböck soll als Sachwalter für die deutsch-österreichischen Wirtschaftsbeziehungen eingesetzt werden, Haftentlassung aller Nationalsozialisten innerhalb von drei Tagen, Bekenntnis zum Nationalsozialismus ab sofort erlaubt, Beamte und Offiziere, die wegen nationalsozialistischer Tätigkeit entlassen wurden, sind sofort wiedereinzusetzen. Hitler: »Verhandelt wird nicht, ich ändere keinen Beistrich. Sie haben zu unterschreiben, oder alles Weitere ist zwecklos, und wir sind zu keinem Ergebnis gekommen. Ich werde dann im Laufe der Nacht meine Entschlüsse zu fassen haben.« Als Schuschnigg zögert, wird er hinausgeschickt und demonstrativ General Wilhelm Keitel, der neue Chef des Oberkommandos der Wehrmacht, gerufen. – Bundeskanzler Schuschnigg erreicht schließlich eine »Gnadenfrist« von drei Tagen durch den Hinweis, daß verfassungsrechtlich der Bundespräsident Ministerernennungen billigen muß. Der Bundeskanzler unterschreibt in der Hoffnung, Zeit zu gewinnen und die Unterstüt-

Österreich am 31. Dezember 1937

Trotz verschiedener Interpretationen hatte sich die wirtschaftliche Lage Österreichs in den vergangenen Jahren verbessert. Der Staatshaushalt war im wesentlichen ausgeglichen, die Spartätigkeit im Steigen, die Arbeitslosenzahlen sanken, die Gold- und Devisenreserven hatten sich nach den Krisenjahren 1931/32 sehr zufriedenstellend entwickelt, der österreichische Schilling war nicht nur dem Namen nach ein »Alpendollar«. Das Außenhandelsdefizit hatte einen nie erwarteten Tiefstand erreicht, die Lebensmittelversorgung war durch Höchstleistungen der Landwirtschaft aus dem eigenen Land gesichert.
Die wichtigsten Zahlen im Detail:
Gold- und Devisenlage: Der Notenumlauf beträgt etwa 900 Millionen Schilling. Die Nationalbank verfügt über 78 000 kg Feingold, 1 kg Feingold = S 6 000.
Auslandsverschuldung: 2 063 Millionen Schilling – sie betrug in den zwanziger Jahren im Durchschnitt 4 200 Millionen Schilling.
Außenhandelsdefizit: 237 Millionen Schilling. Als Vergleich 1935: 311 Millionen, 1933: 377 Millionen, 1931: 870 Millionen, 1929: 1 074 Millionen, 1923: 1 152 Millionen Schilling.
Fremdenverkehr: Der durchschnittliche Jahresertrag der letzten vier Jahre – 220 Millionen Schilling – deckt zum Großteil das Defizit des Handelsverkehrs trotz der beachtlichen Boykottmaßnahmen (Tausendmarksperre) des Deutschen Reiches.
Arbeitslosenstand: Der Jahresdurchschnitt betrug 1937: 233 000; 1936: 259 000; 1935: 263 000; 1934: 281 000; 1933: 330 000; die nicht mehr Unterstützten, die sogenannten »Ausgesteuerten«, hatten davon im Durchschnitt einen Anteil von 40 bis 50%.
Lebensmittelversorgung: Durch eigene Produktion gedeckt: 100% des Bedarfs an Erdäpfeln, Zucker und Molkereiprodukten; 90% des Bedarfs an Fett und Fleisch; 70% des Getreidebedarfs.
Energieversorgung: Durch den ständigen Ausbau der Wasserkraftanlagen ist die Stromversorgung praktisch sichergestellt.
Die durch die Arbeitslosigkeit bedingte Armut eines Teiles der Bevölkerung ist im Laufe des Jahres 1937 zurückgegangen. Das sogenannte Arbeitsbeschaffungsprogramm (Großglockner-Hochalpenstraße, Wiener Höhenstraße, Wiener Reichsbrücke usw.) zeigt langsam eine positive Auswirkung.

zung und den Beistand Frankreichs, Großbritanniens und Italiens zu erreichen. Nach neun Stunden trifft er wieder in Salzburg ein.

14. Februar Bundespräsident Wilhelm Miklas gibt, nach einer langen Sitzung umgestimmt, die Einwilligung zur gewünschten Kabinettsumbildung.

16. Februar Fünfte Regierung Schuschnigg.
Bundeskanzler und Landesverteidigung: Kurt Schuschnigg, Vizekanzler: Feldmarschalleutnant a. D. Ludwig Hülgerth, Äußeres: Guido Schmidt, Inneres und Sicherheit: Arthur Seyss-Inquart, Finanzen: Rudolf Neumayer, Handel und Verkehr: Julius Raab, Soziale Verwaltung: Josef Resch, Unterricht: Hans Pernter, Justiz: Ludwig Adamovich, Landwirtschaft: Peter Mandorfer, ohne Portefeuille: Guido Zernatto, Edmund Glaise-Horstenau und Hans Rott.
Staatssekretäre – Landesverteidigung: General Wilhelm Zehner, Sicherheit: Polizeipräsident Michael Skubl, Industrie: Ludwig Stepski-Doliwa, Landwirtschaft: Franz Matschnig, Arbeiter- und Angestelltenschutz: Adolf Watzek.

— Eine Amnestie für politische Delikte wird erlassen. Alle vor dem 15. Februar 1938 begangenen politischen Straftaten sind davon betroffen.

17. Februar Entschließung der Vertrauensmänner der Wiener Arbeiterschaft, darunter zahlreiche Sozialdemokraten: »... für die Freiheit, Unabhängigkeit und Würde Österreichs einzutreten ... [Schuschnigg kann] bei seinen Bemühungen, die Zukunft Österreichs zu sichern und das friedliche Aufbauwerk des Landes gegen jede Störung zu schützen, auf die restlose, zu jedem Opfer bereite Unterstützung der Arbeiter zählen.« Der Bundeskanzler empfängt die angebotene Abordnung allerdings erst am 3. März.

— Otto Habsburg richtet an Bundeskanzler Kurt Schuschnigg einen Brief mit dem Appell, ihm die Regierung zu übertragen.

— Arthur Seyss-Inquart trifft in Berlin zu Besprechungen mit Adolf Hitler, Hermann Göring, Rudolf Heß und Heinrich Himmler ein.

18. und 19. Februar Felix Kaspar wird in Berlin zum zweitenmal Weltmeister im Eiskunstlauf.

18. Februar Nationalsozialisten erhalten die »Möglichkeit zu legaler Betätigung im Rahmen der Vaterländischen Front«.

20. Februar Reichstagsrede Adolf Hitlers: »... zwei der an unseren Grenzen liegenden Staaten umschließen eine Masse von 10 Millionen Deutschen. Sie sind gegen ihren eigenen Willen durch die Friedensverträge an einer Vereinigung mit dem Deutschen Reiche behindert worden ... Es ist für eine Weltmacht unerträglich, an ihrer Seite Volksgenossen zu wissen, denen aus ihrer Sympathie oder aus ihrer Verbundenheit mit dem Gesamtvolk ... fortgesetzt schwerstes Leid zugefügt wird.«

24. Februar Bundeskanzler Kurt Schuschnigg spricht vor dem Bundestag als Antwort auf die Reichtagsrede Adolf Hitlers: »Die Regierung erachtet es als ihre erste und selbstverständliche Pflicht, mit allen ihren Kräften die unversehrte Freiheit und Unabhängigkeit des österreichischen Vaterlandes zu erhalten.« Er schließt mit den Worten: »Rot-weiß-rot bis in den Tod!«

— Nationalsozialistische Unruhen, besonders in Graz.

1. März Rede Hermann Görings am »Tag der Flieger«

Schuschniggs Volksbefragung

Aufruf des Bundeskanzlers Dr. Kurt Schuschnigg für die Volksbefragung am 13. März 1938, bekanntgegeben in seiner Rede vor Amtswaltern der Vaterländischen Front in Innsbruck am 9. März, veröffentlicht in der Wiener Zeitung am 10. März:
»Volk von Österreich! Zum ersten Male in der Geschichte unseres Vaterlandes verlangt die Führung des Staates ein offenes Bekenntnis zur Heimat.
Sonntag, der 13. März 1938 ist der Tag der Volksbefragung.
Ihr alle, welchem Berufsstand, welcher Volksschichte ihr angehört, Männer und Frauen im freien Österreich, ihr seid aufgerufen, euch vor der ganzen Welt zu bekennen; ihr sollt sagen, ob ihr den Weg, den wir gehen, der sich die soziale Eintracht und Gleichberechtigung, die endgültige Überwindung der Parteienzerklüftung, den deutschen Frieden nach innen und nach außen, die Politik der Arbeit zum Ziele setzt – ob ihr diesen Weg mitzugehen gewillt seid!
Die Parole lautet:
Für ein freies und deutsches, unabhängiges und soziales, für ein christliches und einiges Österreich!
Für Friede und Arbeit und die Gleichberechtigung aller, die sich zu Volk und Vaterland bekennen.
Das ist das Ziel unsere Politik
Dieses Ziel zu erreichen, ist die Aufgabe, die uns gestellt ist und das geschichtliche Gebot der Stunde.
Kein Wort der Parole, die euch als Frage gestellt ist, darf fehlen. Wer sie bejaht, dient dem Interesse aller und vor allem dem Frieden! Darum, Volksgenossen, zeigt, daß es euch ernst ist mit dem Willen, eine neue Zeit der Eintracht im Interesse der Heimat zu beginnen; die Welt soll unseren Lebenswillen sehen; darum, Volk von Österreich, stehe auf wie ein Mann und stimme mit Ja!
Front-Heil! Österreich!

Schuschnigg«

in Berlin. In dieser Drohrede spricht er von »... Vergewaltigung von 10 Millionen deutscher Volksgenossen jenseits der Grenzen.«

— Arthur Seyss-Inquart spricht in Graz bei einer nationalsozialistischen Kundgebung.

— Otto Bauer schreibt in der in Brünn erscheinenden »Arbeiter-Zeitung«: »Aber so groß die Gefahr ist, so kann sie noch immer abgewendet werden, wenn sich das österreichische Volk ermannt, den Erpressungen Hitlers kraftvollen Widerstand entgegenzusetzen. Ohne die Mitwirkung der Arbeiterschaft ist ein solcher Widerstand freilich undenkbar. Sie ist bereit, gegen Hitler, aber nicht bereit, für Kurt Schuschnigg zu kämpfen. Für die Arbeiterschaft bleibt das Kampfziel der Freiheit im Inneren mit dem Kampfziel der Unabhängigkeit nach Außen untrennbar verknüpft.«

2. März Antwortschreiben Kurt Schuschniggs auf den Brief Otto Habsburgs vom *(→)* 17. Februar. Schuschnigg lehnt das Ansinnen mit dem Hinweis auf kriegerische Verwicklungen ab.

3. März Bundeskanzler Kurt Schuschnigg empfängt eine 20 Mann starke Delegation der illegalen Gewerkschafter unter der Führung von Friedrich Hillegeist *(→ 17. Februar)*, die dem Kanzler die Unterstützung im Kampf gegen AdolfHitler und den Nationalsozialismus zusagen. Das Angebot wird von Schuschnigg mit Zurückhaltung aufgenommen.

4. März SS-Gruppenführer Wilhelm Keppler, »Graue Eminenz« in der Österreichfrage, beschwert sich bei Bundeskanzler Kurt Schuschnigg über die mangelhafte Durchführung des Berchtesgadener Abkommens.

5. März Arthur Seyss-Inquart hält in Linz vor 500 nationalsozialistischen Vertrauensleuten eine Rede. Er will zur Beruhigung der Massen beitragen, fordert Verantwortung im eigenen Land, Ruhe und Geduld. Seine Rede wird im Rundfunk übertragen.

6. März Auseinandersetzung Kurt Schuschniggs mit Arthur Seyss-Inquart wegen der zunehmenden Aktivität der Nationalsozialisten. Schuschnigg faßt den Entschluß eine Volksbefragung durchzuführen.

8. März Außenminister Guido Schmidt informiert Bundespräsident Wilhelm Miklas, daß Kanzler Kurt Schuschnigg für den 13. März eine Volksbefragung plant.

9. März Bundeskanzler Kurt Schuschnigg verkündet in einer Rede vor Amtswaltern der Vaterländischen Front in Innsbruck die Abhaltung einer Volksbefragung über die Unabhängigkeit Österreichs für den 13. März aufgrund von Art. 93 der Verfassung von 1934. Mit dem Ruf »Mander, 's ischt Zeit« aus dem Tiroler Freiheitskampf von 1809 schließt er seine auch im Rundfunk übertragene Rede. Bundespräsident Wilhelm Miklas meinte dazu in einer Aufzeichnung aus dem Mai 1938, daß dieses Vorgehen »praeter constitutionem« = außerhalb der Verfassung wäre.

10. März In zahlreichen österreichischen Städten finden nationalsozialistische Kundgebungen, aber auch Demonstrationen vaterländischer und sozialistischer Gruppen statt.

— Nach der Demission der Regierung Chautemps herrscht in Frankreich Regierungskrise. In Großbritannien zeigt man sich am Schicksal Österreichs desinteressiert.

— Ab den Morgenstunden ist die deutsche Grenze gesperrt. Aus Salzburg werden keine Züge mehr übernommen.

— Der NS-Gauleiter Friedrich Rainer erteilt letzte Weisungen für den 11. März. Vorkehrungen für folgende Eventualitäten sind zu treffen:
»Fall 1: die Volksbefragung wird abgesagt. In diesem Fall müssen Demonstrationen großen Stils durchgeführt werden.

Fall 2: Schuschnigg tritt zurück. Die Demonstrationen leiten zur Machtergreifung über.
Fall 3: Schuschnigg nimmt den Kampf auf. In diesem Fall muß jeder Gauleiter auf eigene Faust versuchen, die Macht zu gewinnen.«
11. März Um 2.00 Uhr morgens erteilt Adolf Hitler die Weisung Nr. 1 für den »Sonderfall Otto« *(→ Rahmenartikel: Hitlers Weisung für den »Sonderfall Otto«, S. 362).*
— 9 Uhr Guido Zernatto, der Generalsekretär der Vaterländischen Front, gibt dem Bundeskanzler eine Übersicht über die Situation: Ansammlung von größeren und kleineren SA- und SS-Einheiten in verschiedenen Orten, Konzentration deutscher Truppen an der österreichischen Grenze, doch auch vaterländische Begeisterung in den Städten und auf dem Land.
Arthur Seyss-Inquart holt am Flughafen Edmund Glaise-Horstenau ab und erhält von einem Kurier einen Brief Hitlers überreicht, der das Ultimatum an Österreich enthält.
— 9.30 Uhr Minister Seyss-Inquart und Minister Glaise-Horstenau betreten das Arbeitszimmer des Bundeskanzlers und verlangen unter dem Hinweis auf den Befehl aus Berlin die Verschiebung der Volksbefragung, Entscheidung bis zwölf Uhr.
— 13 Uhr Bundeskanzler Schuschnigg wird ein Brief überreicht, der von den Ministern Arthur Seyss-Inquart und Edmund Glaise-Horstenau unterzeichnet ist. Inhalt: Entweder die Volksbefragung wird verschoben, oder der Kanzler demissioniert bis 14 Uhr.
— 14 Uhr Der anberaumte Ministerrat wird abgesetzt, dafür beraten die versammelten Führer der Vaterländischen Front. Außenminister Schmidt und Staatssekretär Zernatto überreichen den Nationalsozialisten einen Kompromißvorschlag, der jedoch abgelehnt wird.
— 14.30 Uhr Bundespräsident Wilhelm Miklas trifft, von Schuschnigg alarmiert, im Kanzleramt ein.
— 14.45 Uhr Beginn einer Serie von Telefongesprächen zwischen Wien und Berlin. Seyss-Inquart berichtet Hermann Göring die Aussetzung der Volksbefragung. Hermann Göring hatte die Initiative an sich gerissen. Staatssekretär Wilhelm Keppler war per Flugzeug zu Hitler unterwegs, um eine »friedliche Lösung« zu erreichen, womit man den Rücktritt Schuschniggs und die Absetzung der Volksbefragung meinte.
— Kurz nach 15 Uhr Hermann Göring ruft nach einer Rücksprache mit Adolf Hitler Seyss-Inquart an. Schuschnigg genieße nicht mehr das Vertrauen der Reichsregierung, er solle zurücktreten, bis 17.30 Uhr müsse eine neue Bundesregierung mit Seyss-Inquart an der Spitze gebildet sein.
— 15.30 Uhr Bundespräsident Wilhelm Miklas versammelt in seinem Arbeitszimmer Schuschnigg, Schmidt, den Wiener Bürgermeister Richard Schmitz und den ehemaligen Bundeskanzler Otto Ender zu Beratungen um sich.
— 16 Uhr Bundeskanzler Kurt Schuschnigg bietet seinen Rücktritt an, der Bundespräsident akzeptiert, ist aber fest entschlossen, Seyss-Inquart nicht als Bundeskanzler zu ernennen.
Gesandter Theodor Hornbostel registriert die ersten Auslandsreaktionen: London ist zu keinen Maßnahmen gegen das Deutsche Reich bereit, Paris ist intern zu stark beschäftigt, die italienische Gesandtschaft in Wien ist nicht erreichbar.
— 17 Uhr Hermann Göring telefoniert mit der deutschen Gesandtschaft in Wien und wird dabei falsch informiert: Seyss-Inquart sei bereits Bundeskanzler. Göring verlangt darauf die Bildung einer Regierung bis 19.30 Uhr.
— Zwischen 17 und 18 Uhr Gesandter Theodor Hornbostel hat die Zusage von London und Paris, eine energische Demarche zu deponieren, falls Italien mitmacht. Rom entzieht sich einer Stellungnahme.
— 17.26 Uhr Hermann Göring telefoniert mit Seyss-Inquart und erfährt, daß er von der deutschen Gesandtschaft um 17 Uhr eine Falschmeldung erhalten hat. Er befiehlt Seyss-Inquart, gemeinsam mit dem deutschen Militärattaché Generalleutnant Wolfgang Muff zum Bundespräsidenten zu gehen und ein neues Ultimatum zu stellen.
— Gegen 18.15 Uhr Der deutsche Militärattaché Generalleutnant Muff übermittelt dem Bundespräsidenten das Ultimatum der Reichsregierung. Wilhelm Miklas lehnt ab.
— 18.34 Uhr Hermann Göring ruft abermals an und erreicht den soeben eingetroffenen Staatssekretär Wilhelm Keppler, der ihm die Ablehnung des Bundespräsidenten mitteilt. Göring: »Dann soll ihn der Seyss-Inquart absetzen.«
— 19 Uhr Bundespräsident Wilhelm Miklas empfängt den Generaltruppeninspektor General Sigismund Schilhawsky und fordert ihn auf, eine Regierung zu bilden. Schilhawsky lehnt aus Gesundheitsgründen ab.
— 19.50 Uhr Bundeskanzler Kurt Schuschnigg spricht im österreichischen Rundfunk: »Der heutige Tag hat uns vor eine schwere und entscheidende Situation gestellt. Ich bin beauftragt, dem österreichischen Volk über die Ereignisse des Tages zu berichten.
Die deutsche Reichsregierung hat dem Herrn Bundespräsidenten ein befristetes Ultimatum gestellt, nach welchem der Herr Bundespräsident einen ihm vorgeschlagenen Kandidaten zum Bundeskanzler zu ernennen und die Regierung nach den Vorschlägen der deutschen Reichsregierung zu bestellen hätte, widrigenfalls der Einmarsch deutscher Truppen für diese Stunde in Aussicht genommen wurde.
Ich stelle fest vor der Welt, daß die Nachrichten, die in Österreich verbreitet wurden, daß Arbeiterunruhen gewesen seien, daß Ströme von Blut geflossen seien, daß die Regierung nicht Herrin der Lage wäre und aus eigenem nicht hätte Ordnung machen können, von A bis Z erfunden sind.
Der Herr Bundespräsident beauftragt mich, dem österreichischen Volk mitzuteilen, daß wir der Gewalt weichen. Wir haben, weil wir um keinen Preis, auch in ernster Stunde nicht, deutsches Blut zu vergießen gesonnen sind, unserer Wehrmacht den Auftrag gegeben, für den Fall, daß der Einmarsch durchgeführt wird, ohne wesentlichen Widerstand, ohne Widerstand, sich zurückzuziehen und die Entscheidung der nächsten Stunde abzuwarten.
Der Herr Bundespräsident hat den General der Infanterie Schilhawsky, den Generaltruppeninspektor, mit der Führung der Wehrmacht betraut. Durch ihn werden weitere Weisungen an die Wehrmacht ergehen.
So verabschiede ich mich in dieser Stunde von dem österreichischen Volke mit einem deutschen Wort und einem Herzenswunsch: Gott schütze Österreich!«
— 19.57 Uhr (gemäß den Eintragungen in der Reichs-

Hitlers Weisungen für das »Unternehmen Otto«

Nachdem Hitler am 10. März 1938 Prinz Philipp von Hessen nach Rom zu Benito Mussolini mit einem Brief, der Hitlers Vorgehen gegen Österreich motivieren sollte, geschickt hatte, erließ er kurz nach Mitternacht die Weisung Nr. 1 für das »Unternehmen Otto«:
»Ich beabsichtige, wenn andere Mittel nicht zum Ziele führen, mit bewaffneten Kräften in Österreich einzurücken, um dort verfassungsmäßige Zustände herzustellen und weitere Gewalttaten gegen die deutschgesinnte Bevölkerung zu unterbinden.
Den Befehl über das gesamte Unternehmen führe ich ...
Es liegt in unserem Interesse, daß das ganze Unternehmen ohne Anwendung von Gewalt in Form eines von der Bevölkerung begrüßten friedlichen Einmarsches vor sich geht. Daher ist jede Provokation zu vermeiden. Sollte es aber zu Widerstand kommen, so ist er mit größter Rücksichtslosigkeit durch Waffengewalt zu brechen ...
An den deutschen Grenzen zu den übrigen Staaten sind einstweilen keinerlei Sicherheitsmaßnahmen zu treffen.«
Um 20.45 Uhr ergeht die von Hitler und Jodl gezeichnete Weisung Nr. 2:
»1. Die Forderungen des deutschen Ultimatums an die österreichische Regierung sind nicht erfüllt worden.
2. Die österreichische Wehrmacht ist angewiesen worden, sich beim Einmarsch der deutschen Truppen zurückzuziehen und Kämpfe zu vermeiden. Die österreichische Regierung hat die Wirksamkeit ihres eigenen Abkommens aufgehoben.
3. Um weiteres Blutvergießen in österreichischen Städten zu vermeiden, wird der Einmarsch der deutschen Wehrmacht in Österreich gemäß der Weisung Nr. 1 bei Tagesanbruch am 12. März beginnen.
Ich erwarte, daß die gestellten Ziele durch Anwendung aller Kräfte vollständig, so rasch als möglich erreicht sind.«
Seitens des Oberkommandos der Wehrmacht ergeht am selben Tag ein Sonderbefehl:

»*Weisung*

für die Politik zu tschechoslowakischen und italienischen Truppen oder Miliz-Einheiten auf österreichischem Boden.
1. Wenn tschechoslowakische Truppen oder Einheiten von Bürgerwehr in Österreich angetroffen werden, sind sie als feindlich zu betrachten.
2. Die Italiener sind überall als Freunde zu behandeln, besonders da Mussolini sich selbst an der Lösung der österreichischen Frage desinteressiert erklärt hat.

Der Chef des Oberkommandos der Wehrmacht
Im Auftrag:
Jodl«

kanzlei in Berlin) Beginn des Telefongesprächs Görings mit Seyss-Inquart, in dessen Verlauf Göring fragt: »Und Sie sind nicht beauftragt worden, das ist abgelehnt?« Seyss-Inquart: »Das ist nach wie vor abgelehnt ...« Darauf Göring: »Also gut, ich gebe den Befehl zum Einmarsch, und dann sehen Sie zu, daß Sie sich in den Besitz der Macht setzen. Machen Sie die führenden Leute auf folgendes aufmerksam, was ich Ihnen jetzt sage: Jeder, der Widerstand leistet oder Widerstand organisiert, verfällt augenblicklich damit unseren Standgerichten, den Standgerichten der einmarschierenden Truppen. Ist das klar?«

— Ca. 20 Uhr In Berlin treffen beim deutschen Außenminister Konstantin von Neurath die Noten Frankreichs und Großbritanniens ein. Beide Noten sprechen von schweren Rückwirkungen, falls Deutschland durch Gewaltanwendung gegen den unabhängigen Staat Österreich vorgehen sollte.

— Nach 20 Uhr Adolf Hitler zu General von Walther von Brauchitsch, den Oberbefehlshaber des Heeres: »... bereiten Sie alles für den Einmarsch vor! Wir werden Seyss-Inquart bitten, in einem Telegramm unsere militärische Hilfe anzufordern.«

— 20.45 Uhr Die Führerweisung Nr. 2 wird ausgefertigt: *(→ Rahmenartikel: Hitlers Weisungen für das »Unternehmen Otto«, S. 363).*

Bundespräsident Wilhelm Miklas leistet nach wie vor Widerstand.

— 21 Uhr Hermann Göring ruft in Wien an und erteilt Staatssekretär Wilhelm Keppler folgenden Befehl: »... Nun passen Sie auf: Folgendes Telegramm soll der Seyss-Inquart hersenden. Schreiben Sie es auf: Die provisorische österreichische Regierung, die nach der Demission der Regierung Schuschnigg ihre Aufgabe darin sieht, die Ruhe und Ordnung in Österreich wiederherzustellen, richtet an die Deutsche Regierung die dringende Bitte, sie in ihrer Aufgabe zu unterstützen und ihr zu helfen, Blutvergießen zu verhindern. Zu diesem Zweck bittet sie die deutsche Reichsregierung um baldmöglichste Entsendung deutscher Truppen.«

— 21.45 Uhr Reichspressechef Otto Dietrich ruft in Wien an: »Ich brauche dringend das Telegramm.« Keppler: »Sagen Sie dem Generalfeldmarschall, daß Seyss-Inquart einverstanden wäre.« Tatsächlich hat Seyss-Inquart zu Keppler gesagt: »Sie kennen meine Stellungnahme, machen Sie, was Sie wollen.« – Das Telegramm wurde niemals abgeschickt, es wurde erst nachträglich von Reichspostminister Wilhelm Ohnesorge für die Akten angefertigt.

— 22.25 Uhr Philipp Prinz von Hessen ruft aus Rom Adolf Hitler an. Mussolini habe sich am weiteren Schicksal Österreichs desinteressiert erklärt.

Bundesverfassungsgesetz über die Wiedervereinigung Österreichs mit dem Deutschen Reich

Der einzige Punkt der Tagesordnung des Ministerrates vom 13. März 1938 ist das »Bundesverfassungsgesetz über die Wiedervereinigung Österreichs mit dem Deutschen Reich«.
Das Ministerratsprotokoll Nr. 1071 lautet:
»Reichsstatthalter Dr. Seyss-Inquart stellt den Antrag, der Ministerrat wolle beschliessen, das im Entwurf vorliegende Bundesverfassungsgesetz über die Wiedervereinigung Oesterreichs mit dem Deutschen Reich auf Grund des Ermächtigungsgesetzes zu erlassen. Redner fügt bei, dass ein gleichlautendes Gesetz von den zuständigen Organen des Deutschen Reiches beschlossen werde. Dieses Gesetz erhalte den Zusatz, dass die derzeitigen Gesetze Oesterreichs in Kraft bleiben. Daraus ergebe sich, dass der gesetzliche Inhalt Oesterreichs vorläufig keine Veränderung erfahre. Redner betont, das vorliegende Gesetz entspreche sicherlich nicht nur den Wünschen der österreichischen Bundesregierung, sondern auch den Ansprüchen des deutschen Volkes in Oesterreich, dessen Kampf- und Leidenszeit nunmehr beendet sei.
Der Ministerrat genehmigt den gestellten Antrag.
Die Mitglieder der Bundesregierung erheben sich zur Feier der Stunde von den Sitzen und leisten den deutschen Gruss.«

— 23.14 Uhr Meldung des bereits nationalistischen österreichischen Rundfunks: »Der Bundespräsident hat unter dem Druck der innerpolitischen Lage den Bundesminister Seyss-Inquart zur Aufrechterhaltung von Ruhe und Ordnung mit der Führung des Bundeskanzleramtes betraut.«
Etwa zur selben Zeit wird der Wiener Bürgermeister Richard Schmitz in seiner Wohnung im Rathaus verhaftet.
— Auf dem Rathaus wird die Hakenkreuzfahne gehißt. Vizebürgermeister Fritz Lahr (Heimwehr) wird geschäftsführender Bürgermeister von Wien bis 13. März. In den Landeshauptstädten das gleiche Bild: Hakenkreuzfahnen, »Heil Hitler« rufende Massen und Fackelzüge.
— Um Mitternacht Bundespräsident Wilhelm Miklas ernennt das von Arthur Seyss-Inquart vorgeschlagene Kabinett.
Bundeskanzler, Landesverteidigung und Sicherheit: Arthur Seyss-Inquart, Vizekanzler: Edmund Glaise-Horstenau, Äußeres: Wilhelm Wolf, Finanzen: Rudolf Neumayer, Justiz: Franz Hueber, Unterricht: Oswald Menghin, Soziale Verwaltung: Hugo Jury, Landwirtschaft: Anton Reinthaller, Handel und Verkehr: Hans Fischböck.
— Miklas verbindet diese Ernennung allerdings mit folgenden Auflagen: »1. Vermeiden Sie Blutvergießen! 2. Stellen Sie die Ruhe und Ordnung wieder her! 3. Sichern Sie dem Land den Frieden!«
12. März gegen 2 Uhr Kurt Schuschnigg verläßt das Bundeskanzleramt.
— 2.10 Uhr Generalleutnant Wolfgang Muff ruft auf Verlangen Arthur Seyss-Inquarts in Berlin an und erklärt: »Die Bereitschaften sollen bleiben, aber nicht die Grenze überschreiten.« Staatssekretär Wilhelm Keppler bestätigt diesen Wiener Wunsch.
— Adolf Hitler wird geweckt und in Kenntnis gesetzt, er bleibt aber bei seiner Entscheidung einzumarschieren.
— 5 Uhr Der Reichsführer SS und Chef der deutschen Polizei, Heinrich Himmler, trifft mit SS-Führer Reinhard Heydrich unter anderen in Wien ein. Kurz darauf werden bereits zahlreiche Verhaftungen vorgenommen.
— 5.30 Uhr Deutsche Truppen besetzen die Grenzübergänge nach Österreich – der Einmarsch beginnt.
— 10.15 Uhr Starke deutsche Luftwaffeneinheiten landen auf dem Flughafen Wien-Aspern.
— 12 Uhr Propagandaminister Joseph Goebbels verliest im deutschen Rundfunk die »Proklamation des Führers und Reichskanzlers«: »Deutsche! Mit tiefem Schmerz haben wir seit Jahren das Schicksal unserer Volksgenossen in Österreich erlebt. ... Ich habe mich daher entschlossen, den Millionen Deutschen in Österreich nunmehr die Hilfe des Reiches zur Verfügung zu stellen. Seit heute morgen marschieren über alle Grenzen Deutsch-Österreichs die Soldaten der deutschen Wehrmacht ...«
— 12.30 Uhr Adolf Hitler trifft im Armeeoberkommando der 8. Armee in Mühldorf (Bayern) ein. Hier wird auch der an Benito Mussolini gerichtete Brief für eine Veröffentlichung im Großen Faschistischen Rat in Rom formuliert.
— 16 Uhr Adolf Hitler trifft stark umjubelt in seiner Geburtsstadt Braunau am Inn (Oberösterreich) ein.
— 17 Uhr Die Vorhut der deutschen Truppen erreicht St. Pölten (Niederösterreich).
— 19 Uhr Adolf Hitler wird in Linz mit großem Jubel der Bevölkerung empfangen.
Die Vorausabteilung der Deutschen Wehrmacht erreicht die Stadtgrenze von Wien.
— 20 Uhr Großkundgebung in Linz. Adolf Hitler, der nach Linz befohlene Seyss-Inquart, Heinrich Himmler und andere zeigen sich auf dem Balkon des Linzer Rathauses. Seyss-Inquart in seiner Begrüßungsrede: »Das volksdeutsche Reich der Ordnung, des Friedens und der Freiheit der Völker ist unser Ziel, und wir stehen an der Schwelle seines Anbruches, und Adolf Hitler ist sein Führer!« – Adolf Hitler wird bei seiner pathetischen Rede immer wieder durch Jubelrufe unterbrochen: »Wenn die Vorsehung mich einst aus dieser Stadt heraus zur Führung des Reiches berief, dann muß sie mir damit einen Auftrag erteilt haben, und es kann nur ein Auftrag gewesen sein, meine teure Heimat dem Deutschen Reich wiederzugeben!«
— Gegen Mitternacht In Wien trifft das Vorkommando der deutschen 8. Armee ein.
13. März Adolf Hitler läßt in Linz das »Gesetz über die Wiedervereinigung Österreichs mit dem Deutschen Reich« ausarbeiten.

— Hubert Klausner wird zum Minister für politische Willensbildung ernannt; Ernst Kaltenbrunner wird Staatssekretär für Sicherheit, Friedrich Wimmer wird Staatssekretär im Bundeskanzleramt und Maximilian Angelis für das Heerwesen.

— Eine Volksabstimmung wird für 10. April angesetzt. Ministerialdirektor Wilhelm Stuckart überbringt Bundeskanzler Arthur Seyss-Inquart das »Anschlußgesetz«. Der Bundeskanzler begibt sich zu Bundespräsident Wilhelm Miklas, um es unterschreiben zu lassen. Der Bundespräsident lehnt die Unterzeichnung ab, worauf zwei Briefe ausgetauscht werden. – Aus dem Brief Seyss-Inquarts: »Dem übereinstimmenden Beschluß des Ministerrates folgend, erlaube ich mir, Sie zu bitten, die Funktion des Bundespräsidenten zurückzulegen . . .« – Aus dem Brief des Bundespräsidenten Wilhelm Miklas: »In Erwiderung Ihres Schreibens vom 13. d. M. bitte ich Sie, zur Kenntnis zu nehmen, daß ich mit heutigem Tage von meinen Funktionen des Bundespräsidenten zurücktrete und sie gemäß Artikel 77, Punkt 1 der Verfassung 1934 dem Herrn Bundeskanzler übertrage . . .« Damit hört Österreich auf, ein selbständiger Staat zu sein.

Die Abgeschiedenheit österreichischer Gebirgsdörfer und der noch weitverbreitete Mangel an Rundfunkgeräten brachten es mit sich, daß die Absage der Volksbefragung nicht alle Dörfer erreichte. So wurde die Volksbefragung in Obtarrenz (Tirol), einer kleinen Gemeinde an der Fernpaßstraße 9 km nördlich von Imst, und im etwa 10 km entfernten Pfafflar (Tirol) die Volksbefragung durchgeführt und ergab in beiden Orten ein hundertprozentiges Ergebnis für ein »freies Österreich«. Bei der Volksabstimmung am 10. April wurde allerdings ein gleiches Ergebnis für das nationalsozialistische Deutschland erreicht.

In der Streusiedlung Innervillgraten bei Lienz (Osttirol) stimmten 95% bei der Volksbefragung für Kurt Schuschnigg. Der Einmarsch der deutschen Truppen wurde erst am 14. März bekannt.

Unter der Herrschaft des Dritten Reiches 1938 bis 1945

►**1938, 15. März** Kundgebung auf dem mit Menschenmassen überfüllten Heldenplatz in Wien. Adolf Hitler spricht vom Balkon der neuen Hofburg aus.
Aus seiner Rede: ». . . Die älteste Ostmark des deutschen Volkes soll von nun an das jüngste Bollwerk der deutschen Nation und damit des Deutschen Reiches sein . . . Ich kann somit in dieser Stunde dem deutschen Volke die größte Vollzugsmeldung meines Lebens abstatten. Als Führer und Kanzler der deutschen Nation und des Deutschen Reiches melde ich vor der deutschen Geschichte nunmehr den Eintritt meiner Heimat in das Deutsche Reich.«

— Der Erzbischof von Wien, Kardinal Theodor Innitzer, besucht Adolf Hitler im Hotel Imperial.

2. Märzhälfte Zahlreiche Persönlichkeiten des öffentlichen Lebens und der Politik werden sofort nach Einmarsch der deutschen Truppen verhaftet. Ehemalige Regierungsmitlieder, Staatsbeamte und führende Persönlichkeiten der Wirtschaft, bekannte Sozialdemokraten und Funktionäre der Heimwehren, Intellektuelle fallen den größtenteils willkürlichen Verhaftungen zum Opfer. Von den etwa 20 000 Verhafteten werden aber gut drei Viertel nach wenigen Wochen wieder freigelassen. Nur wenigen gelingt die rechtzeitige Flucht ins Ausland, zahlreiche gefährdete Personen werden sogar an den Grenzen aus den Zügen herausgeholt.

— Bundeskanzler Kurt Schuschnigg, der sich weigerte Österreich zu verlassen, wird nach Hausarrest als Gefangener der Gestapo im Hotel Métropole am Franz Josefs-Kai festgehalten.

— Eine große Anzahl von bekannten Gegnern des Nationalsozialismus begeht Selbstmord, bzw. wird zum Selbstmord gezwungen, wie der Heimwehr-Ideologe Odo Neustädter-Stürmer, um der bevorstehenden Abschiebung in ein Konzentrationslager zu entgehen.

16. März Ein Protest Otto Habsburgs über den Anschluß Österreichs wird in französischen Zeitungen veröffentlicht.

— Nur Chile, China, Mexiko, Rot-Spanien und die Sowjetunion erheben offiziell Protest gegen die Besetzung Österreichs.

— Emil Fey begeht (wahrscheinlich gezwungen) mit Frau und Sohn Selbstmord; geb. am 23. März 1886 Wien; Offizier und Heimwehrführer, Sicherheitsminister der Regierung Dollfuß, Rivale Ernst Rüdiger Fürst Starhembergs.

— Egon Friedell (eigentlich Friedmann) begeht Selbstmord; geb. am 21. Januar 1878 in Wien; Kulturhistoriker, Schriftsteller, Feuilletonist und Schauspieler.

17. März Die Wertrelation des österreichischen Schillings zur Reichsmark wird festgesetzt S 1,50 = 1 RM. Die Oesterreichische Nationalbank wird von der Deutschen Reichsbank übernommen. 243 Millionen Schilling Goldreserven (= 91 000 kg Gold) und 121 Millionen an Devisenbeständen werden nach Berlin gebracht.

18. März Die Bischofskonferenz in Wien beschließt, einen Hirtenbrief zu erlassen, der die Empfehlung enthält, bei der Volksabstimmung am 10. April mit Ja zu stimmen *(→ 27. März) (→ Rahmenartikel: »Wahlempfehlung der Bischofskonferenz«).*

26. März In einer Großkundgebung in der Wiener Nordwestbahnhalle erläutert Hermann Göring das neue

Wahlempfehlung der Bischofskonferenz

In Sorge um das Wohl der Katholiken in Österreich geben die österreichischen Bischöfe nach zermürbenden Verhandlungen mit den nationalsozialistischen Exponenten eine Erklärung ab, die von den Nazis als Wahlempfehlung für den 10. April auf tausenden Plakaten verbreitet wurde:

»Feierliche Erklärung! Aus innerster Überzeugung und mit freiem Willen erklären wir unterzeichneten Bischöfe der österreichischen Kirchenprovinz anläßlich der großen geschichtlichen Geschehnisse in Deutsch-Österreich: Wir erkennen freudig an, daß die nationalsozialistische Bewegung auf dem Gebiet des völkischen und wirtschaftlichen Aufbaues sowie der Sozial-Politik für das Deutsche Reich und Volk und namentlich für die ärmsten Schichten des Volkes Hervorragendes geleistet hat und leistet. Wir sind auch der Überzeugung, daß durch das Wirken der nationalsozialistischen Bewegung die Gefahr des alles zerstörenden gottlosen Bolschewismus abgewehrt wurde. Die Bischöfe begleiten dieses Wirken für die Zukunft mit ihren besten Segenswünschen und werden auch die Gläubigen in diesem Sinne ermahnen. Am Tage der Volksabstimmung ist es für uns Bischöfe selbstverständlich nationale Pflicht, uns als Deutsche zum Deutschen Reich zu bekennen, und wir erwarten auch von allen gläubigen Christen, daß sie wissen, was sie ihrem Volke schuldig sind.«

Mauthausen – eine bleibende Mahnung

Schon im Ersten Weltkrieg war hier seit 1914 ein Kriegsgefangenenlager, das vor allem Serben in höchst negativer Erinnerung blieb. Nach dem Seuchentod von 11 000 Gefangenen wurde 1915 ein besseres Lager errichtet.
Im August 1938 wurde das berüchtigte Konzentrationslager des Dritten Reiches errichtet. Dreihundert Häftlinge des bayerischen KZs Dachau führten die Arbeiten durch. Unmittelbar neben den Granitsteinbrüchen, die bisher im Besitz der Gemeinde Wien waren und Pflastersteine für die Wiener Straßen lieferten, entstand das Lager. Die Steinbrüche waren von dem SS-eigenen Wirtschaftsbetrieb »DEST« (= Deutsche Erd- und Steinwerke Ges. m. b. H.) beschlagnahmt worden.
Das KZ Mauthausen hatte den traurigen Rekord, die höchste Sterbeziffer unter den sogenannten Sicherungsverwahrten zu haben. Die höchste ausgegebene Häftlingsnummer war 139 317, doch wurden nicht alle Häftlinge registriert.
Zum KZ Mauthausen gehörten noch 49 sogenannte »Nebenlager«, von denen allein 47 auf heutigem österreichischen Staatsgebiet lagen, und zwar 19 in Oberösterreich, 14 in Niederösterreich, 9 in der Steiermark, 4 im Burgenland und je zwei in Kärnten und Vorarlberg.
Das Nebenlager Gusen im Mühlviertel, das nach einem Flüßchen bezeichnet war, befand sich in Gutach, Katsdorf und Langenau.
Das Nebenlager Ebensee (Oberösterreich), 1943 auf der Finkerleiten errichtet, hatte einen Höchststand von 18 437 Häftlingen, von den nach offiziellen Angaben bis 1. Mai 1945 8 745 verstarben. Unter unmenschlichen Bedingungen wurden zwölf Stollen in den Berg getrieben, von denen fünf als unterirdische Raffinerie dienten. Zeitweilig befand sich hier auch ein Teil der V (= Vergeltungs)-Waffenproduktion. Gegen Kriegsende wurde jenes SS-Kommando hierher verlegt, das auf die Fälschung englischer Pfundnoten spezialisiert war. Die Druckplatten und die Einrichtungen dieses Kommandos wurden wenige Tage vor Kriegsende im Toplitzsee versenkt.
Ebenfalls im Dienst von Mauthausen stand von 1940–1944 die Vernichtungsanstalt Hartheim (Oberösterreich). Das Renaissanceschloß in der Gemeinde Alkoven war seit 1898 ein Asyl für Geisteskranke und 1939 zu einer »Euthanasieanstalt« umgebaut. Bis 1941, als Adolf Hitler wegen Unruhe in der Bevölkerung diese Euthanasiemaßnahmen stoppte, sollen mittels einer Verbrennungsanlage 30 000 Kranke ermordet worden sein. Da Hartheim im Deutschen Reich als »Musteranstalt« angesehen wurde, erhielt hier das SS-Personal seine Ausbildung für die Vernichtungslager in Polen.
Nach dem Stopp von 1941 sandte die Lagerleitung des KZs Mauthausen ihre arbeitsunfähig gewordenen und geisteskranken Häftlinge hierher, unter denen sich aber auch ganz willkürlich ausgesuchte Häftlinge befanden. Wie groß die Zahl der nach 1941 Ermordeten ist, kann nur annähernd geschätzt werden, da offiziell stets angegeben wurde, die Häftlinge seien im »Lagersanatorium« an diversen Krankheiten gestorben.
Auf Befehl Hitlers wurden im Dezember 1944 alle Tötungseinrichtungen beseitigt und der frühere Zustand des Heimes wieder hergestellt. Das Schloß wurde sogar wieder an geistliche Schwestern als Asyl für Geisteskranke übergeben.
Von den hier tätigen Ärzten und dem Personal wurde nach Ende des Krieges u. a. einer hingerichtet, einer beging Selbstmord, einige Verfahren wurden eingestellt und einer wurde Professor für Kinderheilkunde.

Wirtschaftsprogramm, das Vollbeschäftigung bringen soll. Die ungeregelte Judenverfolgung wird aus wirtschaftlichen Gründen eingestellt, da sich diese der staatlichen Kontrolle entzogen habe. Er kündigt an, daß Wien binnen vier Jahren »judenrein« sein müsse.

27. März Der Hirtenbrief der österreichischen Bischöfe zur Volksabstimmung am 10. April wird von den Kanzeln verkündet *(→ 18. März).*

1. April Der erste Transport verhafteter Österreicher geht in das Konzentrationslager Dachau (Bayern). Die Staatspolizeileitstelle Wien nennt die 151 Personen umfassende Liste »1. Österreichertransport nach Dachau (Prominente)«. Unter ihnen befinden sich Walter Adam, Fritz Bock, Robert Danneberg, Friedrich Eckert, Leopold Figl, Josef Gerö, Alfons Gorbach, Robert Hecht, Egon Hilbert, Theodor Hornbostel, Rudolf Kalmar, Josef Kimmel, Ludwig Kleinwächter, Viktor Matejka, Franz Olah, Adolf Proksch, Josef Reither, Richard Schmitz.

2. April Die Österreichische Legion zieht in Wien ein *(→ Mai/Juni 1934),* sie besteht aus rund 8 000 Mann nach Deutschland geflohener Nationalsozialisten.

3. April Das »Neue Wiener Tagblatt« veröffentlicht ein Interview mit Karl Renner: ». . . Als Sozialdemokrat und somit als Verfechter des Selbstbestimmungsrechtes der Nationen, als erster Kanzler der Republik Deutschösterreich und als gewesener Präsident ihrer Friedensdelegation zu St. Germain werde ich mit Ja stimmen.«

9. April Mit einem »Tag des Großdeutschen Reiches« findet die Wahlkampagne für die Volksabstimmung, die unter der Devise »Ein Volk – ein Reich – ein Führer« stand, ihren Abschluß. Allein in Wien wurden fast 120 Wahlveranstaltungen abgehalten, die Kosten für ganz Österreich beliefen sich auf mehr als 12 Millionen Reichsmark. Adolf Hitler, der von 3. bis 7. April die Landeshauptstädte bereist hatte, spricht in einer Abschlußkundgebung in der Nordwestbahnhalle in Wien. Zuvor ist er von Bürgermeister Hermann Neubacher im Rathaus empfangen worden. Dort sagt er über Wien, das er eigentlich nicht mochte: »Diese Stadt ist in meinen Augen eine Perle! Ich werde sie in jene Fassung bringen, die dieser Perle würdig ist.«

10. April Volksabstimmung in Österreich und im gesamten Deutschen Reich über den bereits vollzogenen

Anschluß. Der Text des Stimmzettels, auf dem der Kreis für die Jastimme wesentlich größer eingezeichnet ist, lautet: »Volksabstimmung und Großdeutscher Reichstag – Stimmzettel. Bist du mit der am 13. März 1938 vollzogenen Wiedervereinigung Österreichs mit dem Deutschen Reich einverstanden und stimmst Du für die Liste unseres Führers Adolf Hitler?«
Von etwa 49,5 Millionen Wahlberechtigten geben 49,3 Millionen ihre Stimme ab. Mit Ja stimmen 48,7 Millionen, nur etwa 452 000 Neinstimmen werden gezählt. Davon entfallen auf Österreich etwa 11 260 Neinstimmen. Die Zustimmung in Österreich erfolgt daher mit 99,75%.

10. April Wilhelm Zehner wird von Angehörigen der Gestapo in Wien ermordet; geb. am 2. September 1883 in Bistritz (Siebenbürgen). Der Berufsoffizier war bis März 1938 Staatssekretär für Landesverteidigung und hatte sich mit aller Kraft für eine Wiederaufrüstung und Modernisierung des Bundesheeres eingesetzt.

23. April Josef Bürckel, seit 16. März Beauftragter des Führers für die Durchführung der Volksabstimmung, wird zum Reichskommissar für die Wiedervereinigung Österreichs mit dem Deutschen Reich ernannt, wodurch er Adolf Hitler direkt untersteht.

3. Mai Offizieller deutscher Staatsbesuch bei Benito Mussolini in Rom durch Adolf Hitler, Rudolf Heß, Joseph Goebbels, Joachim von Ribbentrop und Heinrich Himmler. Adolf Hitler erklärt in seinem Trinkspruch, die »von Gott aufgerichtete Brennergrenze« anzuerkennen.

13. Mai Spatenstich zur Errichtung der »Reichswerke Hermann Göring« in Linz.

24. Mai Adolf Hitler verfügt die »Aufteilung des Landes Österreich« in sieben Gaue: Wien, Niederdonau, Oberdonau, Salzburg, Tirol-Vorarlberg, Steiermark und Kärnten; das Burgenland wurde auf die Gaue Niederdonau und Steiermark aufgeteilt *(→ 14. April 1939)*. Der Reichsgau Wien wird durch niederösterreichische Gebiete, vor allem die Orte Fischamend, Korneuburg, Klosterneuburg, Mödling, Hadersdorf-Weidlingau, auf 1 218 km^2 (bisher 278 km^2) erweitert. Der Name Österreich wird durch Ostmark ersetzt, bis durch Führererlaß 1942 die Bezeichnung »Alpen- und Donaugaue« eingeführt wird, damit die »Einheit des Landes« nicht mehr betont ist.

30. Mai Robert Hecht stirbt im KZ Dachau; geb. am 9. März 1881 in Wien; Jurist und Staatsbeamter. Als Rechtsberater von Kanzler Engelbert Dollfuß empfahl er, wieder auf das Kriegswirtschaftliche Ermächtigungsgesetz von 1917 zurückzugreifen. Damit wurde das Regieren mit Notverordnungen und die Etablierung des Ständestaates ermöglicht.

Juni Das Gebiet von Döllersheim (Niederösterreich) wird zum größten Truppenübungsplatz des Deutschen Reiches (19 000 Hektar) »umgestaltet«. 42 Gemeinden und Streusiedlungen sind davon betroffen, etwa 1 500 Familien müssen das Gebiet verlassen. Der Ort mit seiner aus dem 15. Jahrhundert stammenden Kirche sollte allerdings erhalten bleiben, wurde aber durch »Übungsbeschuß« im Jahre 1943 zerstört. Nach 1945 blieb das Areal weiterhin Truppenübungsplatz, die vertriebene Bevölkerung erhielt keine Entschädigung.

1. Juni Ödön von Horváth stirbt in Paris durch einen umstürzenden Baum; geb. am 9. Dezember 1901 in Fiume (heute Rijeka), Dramatiker und Erzähler, Gesellschaftskritiker.

Frühsommer bis Herbst Unabhängig voneinander bilden sich in Wien die ersten drei Widerstandsgruppen gegen die nationalsozialistische Herrschaft: um den Augustiner-Chorherrn Karl Roman Scholz im Stift Klosterneuburg, um den Wiener Finanzbeamten Karl Lederer und um die Hietzinger Kaffeehausrunde des Rechtsanwalts Jakob Kastelic *(→ April und 22. Juli 1940; 10. Mai, 20. und 21. Juli, 5. Dezember 1944)*.

20. Juni Beginn der Tätigkeit der sogenannten »Besonderen Senate« in Österreich.

4. Juli Otto Bauer stirbt in Paris; geb. am 5. September 1881 in Wien; sozialdemokratischer Politiker, Theoretiker des »Austromarxismus«.

21.–24. Juli Erste geglückte Durchsteigung der Eiger-Nordwand in den Berner Alpen (Schweiz) durch die Österreicher Heinrich Harrer und Fritz Kasparek und die Bayern Anderl Heckmair und Ludwig Vörg.

8. August Dreihundert, überwiegend österreichische Häftlinge errichten in Mauthausen (Oberösterreich) ein Konzentrationslager.

29. August Die seit dem Ende des 18. Jh.s in der Wiener Schatzkammer aufbewahrten Reichskleinodien des Heiligen Römischen Reiches Deutscher Nation werden der Stadt Nürnberg übergeben. Die Rückgabe erfolgt 1946 durch die amerikanische Besatzungsmacht.

15. September »Freundschaftliches Gespräch« zwischen dem britischen Premierminister Arthur Neville Chamberlain und Adolf Hitler im Berghof auf dem Obersalzberg bei Berchtesgaden. Am 22. und 23. erfolgt ein weiteres Gespräch in Bad Godesberg. Im Mittelpunkt dieser Gespräche steht die Lösung der sudetendeutschen Frage – England und Frankreich haben bereits am 19. der ČSR empfohlen, die »sudetendeutschen Gebiete« an Deutschland abzutreten.

29. September Das »Münchner Abkommen« wird von den Regierungschefs Großbritanniens, Frankreichs, Italiens und Deutschlands – Chamberlain, Daladier, Mussolini und Hitler – unterzeichnet. Deutschland erhält damit das Recht, die deutschsprachigen Randgebiete der ČSR in der Zeit zwischen dem 1. und 10. Oktober zu annektieren.

7. Oktober Wie alljährlich hatte Kardinal Theodor Innitzer am Herz-Jesu-Freitag die Wiener Jugend zu einer Gebets- und Feierstunde in den Stephansdom geladen. Diese Rosenkranzandacht findet zum Gedenken an den Sieg der Christen über die Türken bei Lepanto (1571) statt. 6–8 000 Jugendliche sind gekommen und veranstalten spontan eine Sympathiekundgebung für den Kardinal.

8. Oktober Am Abend dringen etwa 100 Jugendliche (Hitler-Jugend) in das erzbischöfliche Palais in Wien ein und verwüsten es, allein 1 200 Fensterscheiben werden zerschlagen. Die Geistlichkeit wird bedroht. Auch das Dompfarramt am Stephansplatz 3 wird angegriffen, der Domkurat Johannes Krawarik wird aus dem Fenster geworfen und schwer verletzt. Die alarmierte Polizei erscheint erst nach 40 Minuten.

13. Oktober Bei der Protestkundgebung gegen Kardinal Theodor Innitzer hält Reichskommissar Josef Bürckel eine Hetzrede gegen Kirche und Klerus.

15. Oktober Vollzug der Vergrößerung Wiens *(→ 24. Mai)*. Eingemeindung von 98 niederösterreichi-

Österreicher im Widerstand

Angesichts der perfekt funktionierenden Überwachungsmechanismen des Dritten Reiches ist es beachtlich, daß sich bereits im Sommer 1938 erste Widerstandsgruppen bildeten. Erste Zellen entstanden in Wien und Klosterneuburg, im Laufe der Jahre bildete sich in Wien eine Gruppe von Offizieren, die sich an der Verschwörung des 20. Juli 1944 beteiligte.

Die verschiedenen Gruppen des Widerstandes gehörten unterschiedlichen politischen Lagern an, dementsprechend differierten auch ihre politischen Ziele. Eine geeinte österreichische Widerstandsbewegung kam nie zustande. Nach der Katastrophe von Stalingrad und der Moskauer Deklaration, die eine Beteiligung der Österreicher an der Beseitigung des Hitlerregimes forderte, nahm die Widerstandstätigkeit deutlich zu. Im Raum Leoben – Donawitz – Eisenerz bildete sich die »Österreichische Freiheitsfront« (ÖFF) als Partisanengruppe, die sogar anfangs April 1944 eine Tagung in einer Volksschule in Donawitz abhielt. In der Nacht vom 7. auf den 8. Mai besetzten Angehörige der ÖFF das Werksgelände des Werkes Donawitz.

Eine größere Widerstandsgruppe befand sich auch in Judenburg, die in den letzten Kriegsmonaten auch Partisanentätigkeit entfaltete.

Im Bereich der Koralpe (Steiermark) entstand in der »Kampfgruppe Steiermark« eine weitere Partisanengruppe. Diese ab 1944 nachzuweisende Gruppe bestand aus einem harten Kern, der aus der Sowjetunion stammte und nach Jugoslawien eingeflogen worden war, von wo sie in die Steiermark »einsickerten«.

Der Widerstand in Zahlen: 2 700 Österreicher insgesamt wurden hingerichtet; 97 000 Österreicher, davon 65 000 jüdischer Abstammung, kamen in Gefängnissen und KZs um; 20 000 fielen der Euthanasie zum Opfer; 100 000 Österreicher waren wegen politischer Gründe inhaftiert.

schen Gemeinden, Wien hat jetzt 26 Bezirke, 1 218 km² mit 2 089 000 Einwohnern (Volkszählung 1934).

— Paulus Rusch (geb. am 4. Oktober 1903) wird Apostolischer Administrator der Apostolischen Administratur Innsbruck-Feldkirch.

5. November Verordnung über die Kennzeichnung jüdischer Geschäfte in Wien. Für die sogenannte »Arisierung« waren in ganz Österreich bis 1. Oktober 26 263 Betriebe angemeldet worden, 90% entfallen davon auf Wien.

9. November Im Zuge der sogenannten »Reichskristallnacht« kommt es zu Exzessen gegen die jüdische Bevölkerung, die jüdischen Synagogen werden angezündet, Geschäfte und Wohnhäuser geplündert. Ausgelöst wurde dieser Terror durch eine Hetzrede von Joseph Goebbels, nachdem der deutsche Botschaftssekretär Ernst vom Rath, auf den der jüdische Jugendliche Herschel Grynszpan in Paris ein Attentat unternommen hatte, seinen Verletzungen erlegen war. Weder Polizei noch Feuerwehr leisten Hilfe, es sei denn wirtschaftliche Interessen des Dritten Reiches sind betroffen. Allein in Wien sind 27 Tote zu beklagen, 42 Synagogen werden verbrannt und zerstört, lediglich der Stadttempel, der sich mitten im verbauten Gebiet befindet, bleibt erhalten. 6 500 Juden werden in Wien verhaftet, von denen 50% sofort nach Dachau gebracht werden.

10. Dezember Der in Heidelberg lehrende Chemiker Richard Kuhn erhält für seine Arbeiten über Carotinoide und Vitamine den Nobelpreis für Chemie. Er gilt als Bahnbrecher der Biochemie.

▶**1938/39** Umbau des Salzburger Festspielhauses durch Benno von Arendt. Die Fresken Anton Faistauers *(→ 1926)* werden entfernt.

▶**1939, 8. Januar** In Znaim findet die feierliche Übergabe der südmährischen und südböhmischen Gebiete an die »Ostmarkgaue« Nieder- und Oberdonau statt.

9. Januar Julius Bittner stirbt in Wien; geb. am 9. April 1874 in Wien; Komponist. Bis 1920 wirkte er als Richter in Wien. Er schrieb zu seinen Opern »Der Musikant«, »Die rote Gret« oder »Das höllische Gold« auch die Texte.

30. Januar »Reichskommissar für die Wiedervereinigung Österreichs mit dem Deutschen Reich« Josef Bürckel, ein Reichsdeutscher, wird zum Gauleiter von Wien bestellt. Er löst den österreichischen Nationalsozialisten Odilo Globocnik ab. Der Einfluß der Reichsdeutschen nimmt in allen öffentlichen Dienststellen, zum Teil auch in der Wirtschaft, noch mehr zu.

Februar Skiweltmeisterschaften in Zakopane (Polen). Alpine Kombination: 1. Pepi Jennewein (2. im Torlauf), 2. Willy Walch (3. im Torlauf), beide vom Skiklub Arlberg. Sprunglauf: 1. Josef Bradl (Salzburg) mit 76,5 m.

1. Februar Ein deprimierender SA-Bericht über die Stimmung in Österreich trifft in der Münchner Zentrale ein.

— Das „Neue Wiener Tagblatt« wird mit der »Neuen Freien Presse« und dem »Neuen Wiener Journal« vereinigt. Damit ist das selbständige Erscheinen der beiden letzteren Blätter unterbunden.

11. Februar Franz Schmidt stirbt in Perchtoldsdorf; geb. am 22. Dezember 1874 in Preßburg; Komponist. Er knüpfte an Johannes Brahms und Anton Bruckner an, schrieb zwei Opern, vier Symphonien, ein Oratorium und mehrere Werke für Orgel, Kammermusik und Klavier.

16. Februar Jura Soyfer stirbt im KZ Buchenwald; geb. am 8. Dezember 1912 in Charkow (Ukraine); Lyriker und Dichter des politischen Kabaretts. Emigrierte nach der Oktoberrevolution mit seiner Familie nach Wien. Er schrieb satirische Stücke, in denen die illegale Arbeiterbewegung zwischen 1934 und 1938 im Mittelpunkt stand.

13. März Otto Vogl, geb. am 20. August 1919 in Wien, wird als Soldat von einem geheimen Militärgericht in Berlin wegen »Vorbereitung zum Hochverrat und Fahnenflucht« zum Tod verurteilt und am 16. März in Berlin-Plötzensee hingerichtet. Bis Januar 1940 werden hier 13 weitere Österreicher wegen »Verweigerung des Fahneneides« hingerichtet.

14. April Das »Ostmarkgesetz« wird erlassen. Neuordnung der Verwaltung in Österreich nach der Verfügung Hitlers vom *(→)* 24. Mai 1938.

Die Lageberichte des Sicherheitsdienstes über Österreich

Die vom Sicherheitsdienst der SS recherchierten und verfaßten Stimmungsberichte wurden im Reichssicherheitshauptamt in Berlin zu den »SD-Berichten zu Inlandfragen«, später »Meldungen aus dem Reich«, zusammengefaßt.
Ab 1939 geben diese Berichte ein klares Bild von der Stimmung in Österreich und der Einstellung der österreichischen Bevölkerung zum Nationalsozialismus und zum Dritten Reich.
In einem Bericht über die Festvorstellung zum 50jährigen Bestand des Deutschen Volkstheaters in Wien am 15. Februar 1939, »König Ottokars Glück und Ende« von Grillparzer, heißt es:

»Bei dem Loblied auf Österreich, das Ottokar von Horneck vor Rudolf von Habsburg spricht, kam es an der Stelle, wo der Unterschied zwischen dem reichsdeutschen und österreichischen Geistesleben gezeichnet wird, zu ostentativem Beifall. Es heißt an dieser Stelle:
›*Allein, was nottut und was Gott gefällt . . .*‹
Der Beifall an dieser Stelle wurde noch nicht übermäßig auffällig empfunden. Ausgesprochen demonstrativen Charakter aber trug der Beifall an einer anderen Stelle, wo er durch einen einzelnen lauten Bravoruf ausgelöst wurde. Es war die Stelle, wo Rudolf von Habsburg erklärt:
›*. . . ich hab's geschworen, gnäd'ger Gott, daß Recht soll herrschen und Gerechtigkeit im deutschen Land, und so soll's sein und bleiben!*‹
Bei diesem Beifall war es offensichtlich, daß nicht nur gedankenlose Klatscher, sondern verschiedene reaktionäre Elemente ausdrücklich Beifall bezeugten.«

Knapp vor Weihnachten 1939 berichtet der SD:
»Es häufen sich die Beschwerden über die geringe Stoßkraft der ländlichen Hitler-Jugend und über den BDM gegen die kirchlichen Bestrebungen. Verantwortliche Kreise weisen immer wieder darauf hin, daß sich die ländliche HJ des Gegensatzes zwischen nationalsozialistischer Weltanschauung und Christentum viel zu wenig oder gar nicht bewußt ist und den religiösen Übungen mehr Ehrfurcht entgegenbringt als den Grundsätzen der nationalsozialistischen Weltanschauung . . .«

Am 26. Februar 1940 berichtet der SD über die Schüler der Lehrerbildungsanstalt Wien 1:
». . . legen die Schüler eine derartig schlechte charakterliche und weltanschauliche Haltung an den Tag, daß seitens der Schulleitung größtes Bedenken besteht, diesen Leuten ein Lehrbefähigungszeugnis auszustellen.
Im 5. Jahrgang sind die Schüler durchschnittlich begabt, stellen aber offen geschickte Gegenfragen und bringen Gegenargumente vor, wenn ihnen nationalsozialistisches Gedankengut vorgetragen wird.«

28. April Gesetz über die Einhebung von Kirchenbeiträgen. Betrifft die katholische, die evangelische und die altkatholische Kirche und tritt mit 1. Mai in Kraft.

27. Mai Joseph Roth stirbt in Paris; geb. am 2. September 1894 in Brody (Galizien); Schriftsteller und Feuilletonist. Zuerst Skeptiker, dann radikaler Katholik. Schilderer der untergegangenen Welt des Ostjudentums, der sich in zeitlos gültiger Form auch mit dem Ende der österr.-ungarischen Monarchie auseinandersetzte. Der ursprünglich sozialistisch Gesinnte erlebte einen Wandel zum konservativen Katholiken und Monarchisten.

17. Juni Theodor Reich stirbt in Wien; geb. am 23. September 1861 in Wien; Erfinder. 1894 projizierte er mit seinen Apparaten in London bewegliche Lichtbilder. Da bei der Vorführung ein Filmstreifen abbrannte, gab er auf und der im nächsten Jahr erfolgreiche Franzose Auguste Lumière gilt als Erfinder der Kinematographie.

22. Juni Übernahme der Spanischen Hofreitschule durch die Deutsche Wehrmacht. Die Leitung der Schule hat seit 1. März 1939 Oberst Alois Podhajsky inne, der auch den alten Namen Spanische Hofreitschule wieder durchsetzen konnte.

30. August Ein Führererlaß verbietet das Abhören von »Feindsendern« (= ausländische Rundfunkstationen).

1. September 5.45 Uhr Beginn des Einmarsches deutscher Truppen in Polen, Ausbruch des Zweiten Weltkrieges.

23. September Sigmund Freud stirbt in London; geb. am 6. Mai 1856 in Freiberg (Mähren); Arzt, Neurologe, Begründer der Psychoanalyse, der Lehre vom Unterbewußtsein. Freuds Psychoanalyse ist die Grundlage der modernen Tiefenpsychologie und Psychotherapie.

20. und 26. Oktober Erste Transporte österreichischer Juden gehen vom Aspangbahnhof in Wien ab. Die Transporte gehen in die Sumpfgebiete südl. von Lublin in Polen.

21. Oktober Unterzeichnung des deutsch-italienischen Abkommens über Südtirol; eine »Umsiedlung der Volksdeutschen« ins Deutsche Reich bis 31. Dezember 1942 wird vereinbart.

25. Oktober Anton Frh. von Eiselsberg verunglückt bei einem Eisenbahnunfall bei St. Valentin (Niederösterreich) tödlich; geb. am 31. Juli 1860 auf Schloß Steinhaus bei Wels (Oberösterreich); Chirurg, einer der Begründer der Neurochirurgie. 1909 schuf er Unfallstationen, die für die ganze Welt zum Vorbild wurden. Als einziger Österreicher war er Vorsitzender der Deutschen Gesellschaft der Chirurgie.

1. November Charles (eigentlich Karl Rudolf Michael) Weinberger stirbt in Wien; geb. am 3. April 1861 in Wien); Operettenkomponist. 20 Operetten, 15 ernste Lieder, Quartette und Konzertwalzer.

2. November Charles Layton fordert in seiner Zeitung »News Chronicle« in einem Entwurf für die Neugliederung Europas nach dem Krieg die »Freiheit für Österreich«.

6. November Friedensappell der Monarchen Belgiens und Hollands. In der Antwortnote des französischen Staatspräsidenten Lebrun wird zum erstenmal die Wiedergutmachung des Österreich zugefügten Unrechts erwähnt.

31. Dezember »Philharmonische Silvester-Akademie« der Wiener Philharmoniker unter Clemens Krauss, das

Stadtplanung wie nie zuvor

Am 19. Februar 1941 legte Architekt Albert Speer einen Abschlußbericht über Hitlers bevorzugte Stadtplanungen vor, der Wien, das Hitler nicht mochte, an die 37. Stelle reihte. Linz hingegen, wo Hitler einen Teil seiner Schulzeit verbracht hatte, hatte Vorrang und sollte in kaum vorstellbarem Ausmaß »erneuert« werden. Hitler, der sich als verhinderter Architekt betrachtete, hatte selbst mehrere Skizzen für die Neubauten entworfen. Darunter befanden sich ein neuer Dom, eine Donaubrücke und ein eindrucksvolles Museumsgebäude, alle in gigantischen Dimensionen. Gebaut wurde lediglich, weil dringend notwendig, eine bescheidene Donaubrücke, die den Namen Nibelungenbrücke erhielt. Für das Museum bestimmte Hitler Gemälde aus anderen Galerien, die später unbedingt in Linz untergebracht werden müßten.
Die nationalsozialistische Baugigantomanie wird aus einem Plan von Architekt Pöcher aus dem Büro Speers deutlich. Auf einem aufgeschütteten Damm und unzähligen Bögen sollte in Wien vom Kahlenberg bis zur Votivkirche eine schnurgerade Straße errichtet werden, zwanzig Meter hohe Statuen von Gestalten der deutschen Geschichte sollten den monumentalen Charakter noch unterstreichen. Nach Süden sollte die Straße bis zu einem neu errichteten Zentralfriedhof und der Autobahn verlängert werden. Im rechten Winkel führten weitere Straßen bis weit über die Donau, dazwischen Paradeplätze und Aufmarschräume. Etwa dort, wo heute der Donauturm steht, war ein 350 Meter hoher Kuppelbau geplant. In der Berggasse sollte als Mittelpunkt der Hauptverkehrsachsen ein Obelisk errichtet werden. Der Heldenplatz sollte in Anlehnung an Gottfried Sempers Kaiserforum in ein »Führerforum« umgestaltet werden.

ist der Beginn der traditionellen Neujahrskonzerte der Wiener Philharmoniker.

►1940 Die Belegschaft des Steinkohlebergwerks Grünbach am Schneeberg (Niederösterreich) wird als erste in Europa mit elektrischen Kopflampen ausgestattet.

22. Januar Ein Eisstoß, der sich im ungarischen Teil der Donau gebildet und sich flußaufwärts vorgeschoben hatte, erreicht Wien. Bei der Reichsbrücke ist der Strom mit Eisschollen bedeckt, der Donaukanal ist zugefroren.

9. Februar Die britische Labour Party verfaßt bei ihrem Jahreskongreß in Bournemouth eine Deklaration: »Das österreichische Volk, das erste Opfer von Hitlers Aggression, muß frei sein in seiner Entscheidung, ob es im Deutschen Reich verbleiben will oder nicht.«

29. Februar Die »Wiener Zeitung« stellt ihr Erscheinen ein. Amtliche Verlautbarungen erscheinen ab 1. März im »Völkischen Beobachter, Wiener Ausgabe«.

April Die Wiener Widerstandsgruppen Scholz, Lederer und Kastelic *(→ Frühsommer bis Herbst 1938)* schließen sich zusammen, sie haben bereits über 1 000 »Mitglieder«.

1. April Mit Inkrafttreten des Ostmarkgesetzes erlischt Josef Bürckels Funktion als Reichskommissar für die Wiedervereinigung Österreichs mit dem Deutschen Reich. Er wird nun zum Reichsstatthalter von Wien ernannt, gleichzeitig werden auch in den Bundesländern die anderen Gauleiter bestellt, und zwar in Niederösterreich Hugo Jury, in Oberösterreich August Eigruber, in Tirol Franz Hofer, in Salzburg Friedrich Rainer und in der Steiermark Siegfried Uiberreither. Kärnten wird vertretungsweise von einem Regierungspräsidenten verwaltet.

17. April Katharina Schratt stirbt in Wien; geb. am 11. September 1855 in Baden bei Wien; Burgschauspielerin von 1883 bis 1900, vertraute Kaiser Franz Josephs I.

22. Juli Verhaftungswelle unter der österreichischen Widerstandsbewegung, auch P. Karl Roman Scholz wird verhaftet. Der Burgschauspieler Otto Hartmann hat sie durch Verrat ausgelöst *(→ Frühsommer bis Herbst 1938; April 1940; 20., 21. Juli und 5. Dezember 1944; 22. November 1947)*. 240 Mitglieder der Widerstandsbewegung werden in den Jahren bis 1945 abgeurteilt, elf Todesurteile gefällt.

8. August Reichsjugendführer Baldur von Schirach wird zum Gauleiter und Reichsstatthalter von Wien ernannt. Josef Bürckel *(→ 1. April)* mußte abgelöst werden, da die Stimmung in der Wiener Bevölkerung sehr schlecht war. Schirach kann auch kulturpolitisch autonom vorgehen, da er den Einfluß Joseph Goebbels ausschalten konnte.

7. September Edmund Rumpler stirbt in Neufeld (Mecklenburg); geb. am 4. Januar 1872 in Wien; Flugzeugkonstrukteur und Erfinder. 1908 gründete er die erste deutsche Flugzeugfabrik in Berlin. 1910 verwendete er die von Etrich entworfene »Taube« und verbesserte sie zum besten deutschen Flugzeug vor dem Ersten Weltkrieg.

27. September Julius Wagner-Jauregg stirbt in Wien; geb. am 7. März 1857 in Wels (Oberösterreich); Psychiater. 1887 erschien sein erstes Werk über die Fiebertherapie, deren Begründer er ist. 1927 erhielt er den Nobelpreis für Medizin und Physiologie für die Entdeckung der therapeutischen Bedeutung der Malariatherapie bei Paralyse.

9. November Winston Churchill hält im Mansionhause in London eine Rede, in der er sich ausdrücklich auf Österreich bezieht: »... Großbritannien hat seit dem Abfall Frankreichs erneut betont, daß es für die Sache aller Völker einstehen, mit denen es oder für die es das Schwert gezogen hat, nämlich für Österreich ...; Großbritannien wird kämpfen, bis der Endsieg und damit die Befreiung aller dieser Völker errungen ist.«

14. Dezember Philipp Jung, ein Reichsdeutscher, wird Bürgermeister von Wien.

— Der Leichnam des Herzogs von Reichstadt (des Sohnes Kaiser Napoleons I. mit Maria Louise, *→ 20. März 1811,*) wird aus der Kapuzinergruft in Wien nach Paris überführt und im Invalidendom an der Seite des Vaters beigesetzt. Eine Geste Adolf Hitlers für gute Beziehungen zu Frankreich.

20. Dezember Uraufführung des Willi-Forst-Films »Operette« in der Scala (Großkino) in Wien. Der Film wurde besonders in Wien mit großer Begeisterung aufgenommen.

Rede des britischen Premierministers Winston Churchill

Am 18. Februar 1942 geht Churchill in einer Rede auch auf Österreich ein und erklärt:

»Mit dem Sieg der Alliierten wird das befreite Österreich wieder seinen Ehrenplatz einnehmen. Das englische Volk wird die Sache der Freiheit Österreichs niemals im Stiche lassen. Wir werden für seine Befreiung vom preußischen Joch kämpfen. Wir werden auf unserer Insel niemals vergessen, daß Österreich das erste Opfer der Naziaggression war. Wir wissen, welch glückliches Leben Millionen Menschen in Mitteleuropa hätten haben können. Wir erinnern uns des Zaubers, der Schönheit und des Glanzes des historischen Wien, der Anmut des Lebens, seiner Haltung, all der Bande, die uns in der Vergangenheit mit Österreich und Ungarn verknüpften.«

►**1941, 14. Januar** Fritz Grünbaum stirbt im KZ Dachau, geb. am 7. April 1880 in Brünn; Kabarettist und Bühnenschriftsteller.

18. Januar Anton Kuh stirbt in New York; geb. am 12. Juli 1891 in Wien; Erzähler und Essayist.

22. Juni Deutschland beginnt den Krieg gegen die Sowjetunion.

— Der Fußballklub Rapid (Wien) besiegt Schalke 04 (Gelsenkirchen) im Olympiastadion von Berlin vor 90 000 Zuschauern mit 4 : 3 und wird »deutscher« Meister.

September In Wien werden die Behörden angewiesen, die extreme kirchenfeindliche Propaganda drastisch einzuschränken, da sie zu regimefeindlichen Kundgebungen in der Bevölkerung geführt hatte. Trotzdem wurden weiterhin Priester und Ordensleute verhaftet und ins KZ gebracht. Insgesamt wurden 742 Priester und Ordensleute ins Gefängnis gebracht, 110 ins KZ, 208 Priester wurden aus Österreich ausgewiesen, 15 wurden hingerichtet, 20 starben im KZ. 120 Kirchen und Kapellen wurden geschlossen, ebenso 26 Stifte, 188 Konvente und Klöster. Die Besitztümer wurden enteignet.

21. September Raufereien großen Umfangs beim Fußball-Semifinalspiel des Tschammerpokals, Austria gegen Schalke 04, in Gelsenkirchen. Austria mit nur mehr neun Mann wird 4 : 1 besiegt. Eindeutig antiösterreichisches Verhalten als »Revanche« für den Rapid-Sieg vom *(→)* 22. Juni. Als »Gegenmaßnahme« werden bei den meisten folgenden Fußballspielen in Wien reichsdeutsche Vereine verprügelt.

3. Oktober Wilhelm Kienzl stirbt in Wien; geb. am 17. Januar 1857 in Waizenkirchen (Oberösterreich); Komponist, Opernkapellmeister und Textdichter seiner Opern.

5. Oktober Der Gauleiter und Reichsstatthalter von Wien, Baldur von Schirach, erklärt bei einem Appell vor Würdenträgern der NSDAP: »Es ist das Betragen von einigen Altreichsdeutschen hier in dieser Stadt so widerwärtig und schlecht gewesen, daß ich durchaus Verständnis dafür habe, daß sich als Reaktion auf dieses Betragen eine gewisse ablehnende Haltung entwickelt hat.«

16. Dezember Die erste interalliierte Konferenz (Eden und Stalin) erklärt als eines ihrer Kriegsziele die Wiederherstellung Österreichs.

19. Dezember Josef Engelhart stirbt in Wien; geb. am 19. August 1864 in Wien; Maler und Bildhauer, Mitbegründer der Wiener Secession. Er schuf Genrebilder aus dem Wiener Volksleben.

►**1942** Peter Hammerschlag stirbt im KZ Auschwitz; geb. am 27. Juni 1902 in Wien; Schriftsteller. Er schrieb auch Texte für die Kleinkunstbühne »Literatur am Naschmarkt« in Wien *(→ 3. November 1933)*.

1. Januar Deklaration über die Errichtung der Vereinten Nationen.

15. Februar Wegen Kohlenmangels halten die Theater in Wien ab nun wöchentlich einen Tag geschlossen.

18. Februar Premierminister Winston Churchill erklärt, daß England die Annexion Österreichs nicht anerkennt.

22. Februar Stefan Zweig begeht in Petropolis (Brasilien) Selbstmord; geb. am 28. November 1881 in Wien; Schriftsteller, Dramatiker und Lyriker.

13. März In den Straßen des 1. Wiener Gemeindebezirks werden Streuzettel mit der Aufschrift »Hitlers Werk: Krieg, Hunger und Volksversklavung« gefunden.

6. April Ab der 35. Zuteilungsperiode werden die Lebensmittelrationen gekürzt:

	bisherige Rationen in g		ab 6. April	
	Brot	Fleisch	Brot	Fleisch
Kinder bis 6 Jahre	1 100	250	1 200	150
Kinder bis 10 Jahre	1 700	400	1 700	350
Normalverbraucher	2 250	400	2 000	300
Nachtarbeiter	2 850	600	2 600	450
Schwerarbeiter	3 650	800	3 400	600
Schwerstarbeiter	4 650	1 000	4 400	850

15. April Robert Musil stirbt in Genf; geb. am 6. November 1880 in Klagenfurt; Schriftsteller. Sein Werk erschloß dem Roman neue Formen *(→ 1943)*.

26. April Adolf Hitler erklärt nach einem Abendessen in der Reichskanzlei in Berlin, Linz soll nach dem Krieg zu einer »neuen Weltstadt an der Donau« werden.

5. Mai Die Mehrheit der Creditanstalt-Bankverein (51%) geht »wegen Geschäften mit dem Südostraum« an die Deutsche Bank. Die CA hatte 1941 mit einem Bilanzvolumen von 1,009 Millionen Reichsmark ein Plus von 29,2% erreicht.

7. Mai Felix Weingartner stirbt in Winterthur (Schweiz); geb. am 2. Juni 1863 in Zara (Dalmatien); Dirigent und Komponist der Neuromantik. 1908–1911 Hofoperndirektor, 1919–1924 Direktor der Wiener Volksoper, 1935/36 Staatsoperndirektor, 1908–1927 Leiter der Wiener philharmonischen Konzerte.

23. Mai Von den insgesamt 14 000 in Großbritannien lebenden Österreichern dienen 2 000 freiwillig in der britischen Armee.

28. Mai In der Wigmore-Hall in London findet die Hundertjahrfeier der Wiener Philharmoniker statt. Es spielt das Rosé-Quartett unter Ferdinand Rauter.

31. Mai Wegen Männermangels werden weibliche Hilfskräfte für den polizeilichen Revierdienst herangezogen.

Der Luftkrieg über Österreich

Die ersten Luftangriffe auf Österreich fanden ab August 1943 statt, nachdem die Amerikaner nach der Einnahme Tunesiens Flugbasen gewonnen hatten. Nach der Landung in Italien wurden die amerikanischen Basen nach Foggia verlegt, von wo aus regelmäßige Luftangriffe gegen strategische Ziele in Österreich geflogen wurden. Zwischen 1943 und 1945 wurden etwa 70 000 Tonnen Spreng- und Brandbomben über Österreich abgeworfen. 26 000 Menschen fielen dem Luftkrieg zum Opfer, 40 000 Menschen wurden verletzt. 76 000 Wohnungen wurden völlig, 101 000 Wohnungen teilweise zerstört. Die Gesamtschadenssumme betrug im Mai 1945 (bezogen auf damalige Preisverhältnisse) 7 534 000 000 Schilling, wovon allein 33% auf Wien entfielen.

Jahresmitte Die seit Kriegsbeginn ausgestrahlten österreichischen Sendungen der BBC bringen nunmehr auch Nachrichten aus Österreich.

14. Juli Das Rektorat der Universität Wien gibt bekannt, daß mehreren Absolventen der Alma Mater Rudolphina wegen Ausbürgerung der akademische Grad aberkannt wurde. Darunter befinden sich u. a. Martin Buber, Albert Ehrenzweig, Stefan Zweig und Richard Nikolaus Coudenhove-Kalergi.

— Franz Blei stirbt in New York; geb. am 18. Januar 1871 in Wien; Schriftsteller und Essayist. Er übersetzte als erster André Gide ins Deutsche.

27. Juli Cordell Hull, der Außenminister der Vereinigten Staaten, gibt die formelle Erklärung ab, daß die Vereinigten Staaten die Annexion Österreichs durch Deutschland niemals anerkannt haben.

15. August–30. September Das Oberkommando der Wehrmacht veranstaltet im Künstlerhaus in Wien die Ausstellung »Krieg und Kunst«.

22. August In den Papiergeschäften werden neue Schulhefte nur gegen die Vorlage alter, von der Schule abgestempelter Hefte abgegeben.

25. August–2. Februar 1943 Schlacht um Stalingrad, die einen Wendepunkt im Kriegsverlauf bedeutet. Bei der eingekesselten 6. Armee stehen in vier Infanteriedivisionen, u. a. auch der 44. Infanteriedivision *(→ 28. Mai)*, etwa 50 000 Österreicher. Nur etwa 1 200 kehrten aus russischer Kriegsgefangenschaft zurück.

1. September Das Flugblatt »Mitteilungsblatt der österreichischen Freiheitsbewegung« erscheint.

10. September Eine Sitzung im britischen Unterhaus behandelt die »Österreichfrage«.

— In letzter Zeit aufgetretene Störungen beim Rundfunkempfang werden den Zeitungen so erklärt: »Diese Störungen werden durch technische Maßnahmen hervorgerufen, die aus Gründen der Reichsverteidigung nicht näher erörtert werden können.«

26. Oktober In Wien werden zwei Postbeamtinnen zum Tode verurteilt, weil sie Feldpostsendungen »bestohlen« haben.

28. Oktober Ferdinand Exl stirbt in Innsbruck; geb. am 30. Mai 1875 in Innsbruck; Schauspieler und Theaterleiter. Er gründete gemeinsam mit seiner Gattin Anna 1902 eine eigene Theatergruppe, die »Erste Tiroler Bauernspiel-Gesellschaft«, und schuf mit seinem Familienensemble den Stil der »Exl-Bühne«.

19. November Das amerikanische Kriegsministerium erteilt die Bewilligung zur Aufstellung eines österreichischen Freiwilligenbataillons.

4. Dezember Gespräch des Chefs der polnischen Exilregierung, General Sikorski, mit dem amerikanischen Unterstaatssekretär Summer Welles. Behandelt wird die »Österreichfrage«, überlegt wird eine Konföderation im Donauraum, in der auch Österreich einen Platz erhalten soll.

16. Dezember Rußlands Staatschef Josef Stalin tritt für die Wiedererrichtung Österreichs als unabhängiger Staat ein.

►1943 Martha Musil gibt im Selbstverlag den unvollendeten Roman ihres Gatten Robert Musil, »Mann ohne Eigenschaften«, heraus.

1. Januar In Wien tritt eine neue Gemeindeverfassung in Kraft. Die Gemeindeverwaltung ist nur mehr eine Abteilung der Reichsstatthalterei, der Bürgermeister dem Reichsstatthalter Baldur von Schirach unterstellt.

5. Januar Londoner Deklaration der Vereinten Nationen über die Ungültigkeit aller Transaktionen von Vermögen, Rechten und Interessen aller Art, welche unter der Okkupation von Regierungen vorgenommen wurden, mit welchen die Alliierten im Kriege stehen *(→ 10. Juli 1946)*.

25. Januar In den Flugzeugwerken Wr. Neustadt (Niederösterreich) werden Sabotageakte an fünf Flugzeugen der Type ME 109 entdeckt.

5. Februar »Kriegsunwichtige« Betriebe werden aufgrund amtlicher Feststellung geschlossen. Die Schließungen werden streng überprüft.

8. Februar Guido Zernatto stirbt in New York; geb. am 21. Juli 1903 in Treffen (Kärnten); Lyriker und Erzähler. 1936–1938 Staatssekretär im Kabinett Schuschnigg, Generalsekretär der Vaterländischen Front.

9. März Der Urlaub für Beamte und Angestellte im öffentlichen Dienst wird auf 14 Tage herabgesetzt.

15. März Karl Schönherr stirbt in Wien; geb. am 24. Februar 1867 in Axams (Tirol); Dramatiker, bis 1905 Arzt in Wien.

30. März Die Ordensfrau Helene Kafka (Schwester Restituta) wird wegen Vorbereitung zum Hochverrat hingerichtet.

7. April Von den Postämtern 1 und 101 werden vom »Initiativkomitee der Anti-Hitler-Bewegung Österreichs« Flugblätter mit »Denkt und handelt, so lange es noch Zeit ist« versandt.

11. Mai Die wöchentliche Fleischration wird um 100 Gramm gekürzt.

22. Mai Der britische Premierminister Winston Churchill legt in Amerika sein Europakonzept vor. Österreich ist abermals als Bestandteil einer Konföderation vorgesehen.

28. Mai Reichsleiter und Reichsstatthalter Baldur von Schirach verkündet im festlich geschmückten Konzerthaussaal, daß Adolf Hitler der 44. Infanteriedivision, in deren Verband das Infanterieregiment 134 als das Traditionsregiment des ehemaligen k. u. k. Infanterieregiments Hoch- und Deutschmeister Nr. 4 steht, in Würdigung des heldenhaften Einsatzes in Stalingrad den Namen »Reichsgrenadierdivision Hoch- und Deutschmeister« verliehen hat.

Die Moskauer Deklaration

Die am 30. Oktober beschlossene und am 1. November 1943 veröffentlichte Erklärung hatte folgenden Wortlaut:

»Die Regierungen des Vereinigten Königreiches, der Sowjetunion und der Vereinigten Staaten von Amerika sind darin einer Meinung, daß Österreich das erste freie Land, das der typischen Angriffspolitik Hitlers zum Opfer fallen sollte, von deutscher Herrschaft befreit werden soll. Sie betrachten die Besetzung Österreichs durch Deutschland am 15. März 1938 [sic!] als null und nichtig. Sie betrachten sich durch keinerlei Änderungen, die in Österreich seit diesem Zeitpunkt durchgeführt wurden, als irgendwie gebunden. Sie erklären, daß sie wünschen, ein freies unabhängiges Österreich wiederhergestellt zu sehen und dadurchebensosehr den Österreichern selbst wie den Nachbarstaaten, die sich ähnlichen Problemen gegenübergestellt sehen werden, die Bahn zu ebnen, auf der sie die politische und wirtschaftliche Sicherheit finden können, die die einzige Grundlage für einen dauernden Frieden ist.
Österreich wird aber daran erinnert, daß es für die Teilnahme am Kriege an der Seite Hitler-Deutschlands eine Verantwortung trägt, der es nicht entrinnen kann, und daß anläßlich der endgültigen Abrechnung Bedachtnahme darauf, wieviel es selbst zu seiner Befreiung beigetragen haben wird, unvermeidlich sein wird.«

26. Juni Karl Landsteiner stirbt in New York; geb. am 14. Juni 1868 in Baden bei Wien; Arzt und Serologe. Er erhielt 1930 den Nobelpreis für die Entdeckung des ABO-Systems der Blutgruppen (1901).
6. Juli Franz Jägerstätter, ein Bauer aus St. Radegund bei Ostermiething (Oberösterreich), wird zum Tode verurteilt. Aus christlicher Überzeugung hatte er den Dienst in der Deutschen Wehrmacht verweigert. Er wird am 9. August hingerichtet.
13. August Fliegerangriff auf die Flugzeugwerke in Wr. Neustadt. Erster alliierter Luftangriff auf österreichisches Gebiet, 77 Tote.
Ab 14.00 Uhr werden 187 Tonnen Brand- und Sprengbomben abgeworfen, die 607 Treffer verursachten. Die Stadt war die »Größte Flugzeugfabrik Deutschlands«. Monatlich wurden etwa 270 Flugzeuge hergestellt. Zu Kriegsende waren in Wr. Neustdt nur 18 Häuser unbeschädigt *(→ 8. Oktober).*
21. August Die »Österreichische Freiheitsfront« verbreitet ein Flugblatt, das von der schwedischen Zeitung »Vecko-Journalen« veröffentlicht und kommentiert wird.
12. September Deutsche Fallschirmjäger unter dem Kommando des österreichischen SS-Standartenführers Otto Skorzeny befreien Benito Mussolini aus der Gefangenschaft in einem Hotel am Gipfel des Gran Sasso.
Mitte Oktober Der aus Wien stammende Oberstleutnant Julius Schlegel veranlaßt auf eigene Initiative die Rettung wertvollster Kulturgüter aus dem von den Kampfhandlungen bedrohten Benediktinerkloster von Monte Cassino (Italien) in den Vatikan. Mit mehr als 100 Fahrzeugen der Wehrmacht bringt er etwa 80 000 Urkunden, 100 000 Bücher und Handschriften sowie wertvolle Gemälde nach Rom.
1. Oktober Den »Selbstversorgern« (Bauern) wird eine erhöhte Ablieferungspflicht auferlegt, die Entnahmen für den eigenen Bedarf werden stark gekürzt.
— Zweiter Bombenangriff der Amerikaner auf Wr. Neustadt (Niederösterreich) mit gewaltiger Wirkung. Durch die Eroberung der Flugplätze von Foggia (Italien) ist der Aktionsradius der amerikanischen Luftwaffe für Fliegerangriffe auf österreichisches Gebiet wesentlich größer geworden *(→ 13. August).*
— Suitbert Lobisser stirbt in Klagenfurt; geb. am 23. März 1878 in Tiffen (Kärnten); Maler und Holzschneider. Er trat spät in den Benediktinerorden ein (Stift St. Paul im Lavanttal).
18. Oktober bis 2. November Konferenz der alliierten Außenminister in Moskau: Eden (Großbritannien), Hull (USA) und Molotow (Sowjetunion). Am 30. Oktober wird eine Erklärung über Österreich beschlossen *(→ Rahmenartikel: Die Moskauer Deklaration).*
30. Oktober Max Reinhardt (eigentlich Goldmann) stirbt in New York; geb. am 9. September 1873 in Baden bei Wien; Schauspieler, Theaterleiter und Regisseur, 1920 Mitbegründer der Salzburger Festspiele. 1924–1938 Direktor des Theaters in der Josefstadt in Wien. Er wies der Bühnenkunst neue Wege durch Beleuchtungs- und Ausstattungseffekte und die Gestaltung von Massenszenen. Verheiratet mit Helene Thimig *(→ 7. November 1974).*
23. November In den Vereinigten Staaten erscheint eine 5-Cent-Briefmarke zu Ehren Österreichs. Sie zeigt

Abschiedsbrief eines zum Tode Verurteilten

Aus dem letzten Brief des am 10. Mai 1944 hingerichteten Augustiner Chorherrn Karl Roman Scholz:

»Bevor sich der letzte Akt meiner Tragikomödie vollzieht und mir die Verurteilung jede Möglichkeit nimmt, mit ein paar Zeilen einen Dank abzustatten, nütze ich die Gunst der Stunde, es zu tun.
Man glaube mir: Was ich getan habe, das tat ich aus der Not meines Gewissens heraus. Was ich als Christ und Mensch bedauern muß, tut mir herzlichst leid. Als Mann und Patriot habe ich nichts zu bereuen. Vor meinen Freunden und der Nachwelt bin ich ebenso gerechtfertigt wie vor mir selber. Daran vermag auch die ganze Justizkomödie und alle Versuche, mich moralisch zu erledigen, nichts zu ändern.
Vergnügen ist der Henkertod ja keines, noch weniger das Auf-ihn-Warten. Aber ich weiß mich in bester Gesellschaft (in Gegenwart wie Vergangenheit!). Ich weiß auch, wofür ich sterbe: für alles, was groß und gut und edel ist, und zum guten Teil auch Gottes Wort.«

Der 20. Juli 1944 in Wien

Zunächst läuft das »Unternehmen Walküre« in Wien plangemäß ab. Die führenden Funktionäre von Partei und Gestapo werden in das Generalkommando XVII (heute Regierungsgebäude am Stubenring) gebeten und dort unter Bewachung gestellt. Strategisch wichtige Plätze werden von Wehrmachtseinheiten besetzt. Jedoch eine Rundfunknachricht und ein Rückruf in Berlin bestätigen das Scheitern des Putsches. Die Wiener Köpfe der Verschwörung Rudolf Graf Marogna-Redtwitz und Oberst Robert Bernardis werden in Berlin verhaftet. Major Carl Szokoll vom Wiener Wehrkreiskommando XVII bleibt unentdeckt. Noch in den Nachtstunden setzt eine Verhaftungswelle ein, der auch zahlreiche ehemalige Politiker zum Opfer fallen.

auf blauem Grund eine Fahne in den Farben Rot-Weiß-Rot.

6. Dezember Hugo Jury, der Gauleiter von Niederdonau, schreibt an den Reichsleiter Martin Bormann nach Berlin: »... der Führer will einen Wechsel in der Führung des Gaues Wien vornehmen, weil Parteigenosse von Schirach nicht geeignet erscheint, ernste Vorkehrungen gegen die zu erwartenden Kriegsbelastungen in der erforderlichen Schnelligkeit und Vollkommenheit zu treffen.«

15. Dezember Schwerer Fliegerangriff auf Innsbruck, bei dem in mehreren Stadtteilen schwere Schäden an Wohngebäuden und Kulturstätten entstehen.

30. Dezember Hans Blaschke, ein Wiener Nationalsozialist, wird Bürgermeister von Wien.

▶1944 Im Laufe des Jahres werden im Wiener Landesgericht 165 österreichische Zivilpersonen und 61 Wehrmachtsangehörige österreichischer Abstammung hingerichtet.

April In den Städten werden an den Hausmauern breite weiße Pfeile mit Namen von naheliegenden größeren Parkanlagen und Plätzen angebracht, die der Bevölkerung als Orientierung nach Fliegerangriffen und Großbränden dienen sollen.

10. Mai Hinrichtung der österreichischen Widerstandskämpfer P. Karl Roman Scholz und Karl Lederer *(→ Frühsommer bis Herbst 1938; 22. Juli 1940; 20./21. Juli und 5. Dezember 1944).*

16. Mai Julius Meinl stirbt in Alt-Prerau (Niederösterreich); geb. am 18. Januar 1869 in Wien; Wirtschaftspionier. Er baute das Kaffeegeschäft seines Vaters zum Lebensmittelunternehmen mit dem größten Filialnetz in der Monarchie aus *(→ Dezember 1915).*

27. Juni Hans Kloepfer stirbt in Köflach (Steiermark); geb. am 18. August 1867 in Eibiswald (Steiermark); steirischer Mundartdichter, Erzähler und Lyriker, Werksarzt.

14. Juli Das Photographieren von Luftkriegsschäden wird verboten.

20. Juli Ein Bombenattentat auf Adolf Hitler im Führerhauptquartier bei Rastenburg (Ostpreußen), ausgeführt von Oberst Claus Graf Schenk von Stauffenberg, mißglückt. – Auch in Wien war das »Unternehmen Walküre« (Deckname für das Attentat auf Hitler) vorbereitet. *(→ Rahmenartikel »Der 20. Juli 1944 in Wien«).*

21. Juli Höhepunkt der Verhaftungswelle der Gestapo – besonders in Wien wird die österreichische Widerstandsbewegung fast restlos zerschlagen.

— Jacob Kastelic, der dritte Führer der österreichischen Widerstandsbewegung, wird hingerichtet *(→ Frühsommer bis Herbst 1938; 22. Juli 1940; 10. Mai und 5. Dezember 1944).* In der Urteilsbegründung des Berliner Volksgerichtshofes wird erwähnt, daß die Widerstandstätigkeit auf das Jahr 1938 zurückreicht und »auf den Sturz unserer Regierung und die Lostrennung der Alpen- und Donaugaue vom Großdeutschen Reich hin gerichtet und Zersetzung der Wehrkraft betrieben« wurde.

August Die letzten öffentlichen Spielbanken werden geschlossen. Es waren dies Baden bei Wien, Baden-Baden und Zoppot in der Danzinger Bucht.

28. August Im »Völkischen Beobachter« erscheint zum letzten Mal eine Theaterrubrik. U. a. wird gespielt im Raimundtheater die Operette »Veronika«; in den Kammerspielen »Das Leuchten deiner Augen«; in der Exl-Bühne »Die Gabi«; im Stadttheater in der Skodagasse »Friederike«; im Renaissancetheater »Die Frau im Spiegel«.

September Einführung des Kuckucksrufes im Rundfunk, er unterbricht die laufende Sendung als Ankündigung für eine kommende Durchsage über einen drohenden Fliegerangriff.

10. September Erster schwerer amerikanischer Fliegerangriff auf Wien. Der Nordwestteil des 1. Bezirks ist besonders stark betroffen.

24. September Hugo Thimig stirbt in Wien; geb. am 16. Juni 1854 in Dresden; Burgschauspieler 1874–1917, Burgtheaterdirektor 1912–1917.

10. Oktober Eine Abordnung österreichischer Industrieller und Offiziere fordert von Reichsstatthalter Baldur von Schirach, daß Wien zur offenen Stadt erklärt wird. Die Besprechungen dauern bis 15. Oktober, auch Vizebürgermeister Hans Blaschke ist dabei anwesend *(→ 20. Oktober).*

16. Oktober Amerikanische Bomberverbände greifen in den Mittagsstunden Salzburg an. Das Mozarthaus auf dem Makartplatz wird zerstört, der Dom beschädigt.

18. Oktober Erlaß über die Aufstellung des »Volkssturms«, betroffen sind alle 16- bis 60jährigen männlichen Staatsbürger.

— Der Bürgermeister von Wien Hans Blaschke gibt bekannt, daß aus »technischen Gründen« die Wasserversorgung stark gedrosselt werden muß. In zehn Wiener Gemeindebezirken gibt es innerhalb von 24 Stunden nur an neun Stunden Wasser. »Badebenützung und Waschküchenbetrieb sind zu unterlassen.«

20. Oktober Reichsstatthalter Baldur von Schirach kehrt vom Führerhauptquartier nach Wien zurück und gibt den Befehl bekannt, daß Wien bis zum letzten Stein zu verteidigen ist: »Wer immer den Wunsch ausspreche, Wien zur offenen Stadt zu erklären, werde als Defaitist und Verräter am Großdeutschen Reich behandelt.« *(→ 10. Oktober).*

31. Oktober Gegen 14 Uhr ereignet sich in Wien ein schwerer Sraßenbahnunfall. Wegen eines Bremsdefektes springt ein vollbesetzter Triebwagen der Linie 10, die abschüssige Reinlgasse herunterkommend, bei der Einbiegung in die Linzer Straße aus den Schienen, rammt einen Alleebaum und stürzt beim Haus Linzer Straße 67 um. Sechs Tote und 20 Schwerverletzte sind zu beklagen.

11. November Mit sofortiger Wirkung sind alle Reisen über 50 Kilometer »bescheinigungspflichtig«.

24. November Aus dem Armeebefehl des Hauptstabes der Slowenischen Volksbefreiungsarmee: »Entsprechend dem Wunsche österreichischer Kriegsgefangener und freiwillig auf die Seite der Slowenischen Volksarmee übergetretener österreichischer Solaten sowie von Freiheitskämpfern aus Österreich wird befohlen:

1. Alle Österreicher, die bereit sind, mit der Waffe in der Hand gegen den Faschimus bis zu seiner Vernichtung zu kämpfen, sind in einer besonderen Einheit zu formieren.

2. ... Kenntlichmachung das österreichische Wappenschild am linken Oberarm.

3. ... gilt die österreichische Kommandoform ...

5. Am 24. November 1944 wird ein österreichisches Bataillon gebildet ...«

26. November In der Sowjetunion wird im Lager 27 das »Antifaschistische Büro österreichischer Kriegsgefangener« (= ABöK) gegründet.

Dezember Als Vorbeugungsmaßnahmen werden u. a. der ehemalige Wiener Bürgermeister Karl Seitz und die beiden christlichsozialen Politiker Leopold Kunschak und Eduard Heinl verhaftet. Der 73jährige Seitz war bisher noch nicht inhaftiert gewesen, Kunschak und Heinl hatten schon Jahre im Konzentrationslager verbracht und waren nur »vorübergehend« entlassen worden.

5. Dezember Theologiestudent und Widerstandskämpfer Hans Georg Heintschel-Heinegg, am 23. Februar 1944 zum Tode verurteilt, wird hingerichtet.

18. Dezember »Provisorisches Österreichisches Nationalkomitee« der »O 5« in Wien gegründet. Die seit Monaten bestehende Organisation nannte sich O 5, als Zeichen für Österreich: Der Buchstabe O und der fünfte Buchstabe des Alphabets, also E. Dieses Zeichen wurde an mehreren prominenten Plätzen angebracht, so auch in das Westportal der Stephanskirche eingeritzt.

1945, 4.–12. Februar Dreimächtekonferenz in Jalta auf der Halbinsel Krim zwischen Churchill, Roosevelt und Stalin. Entscheidungen über die politische Neugestaltung der Welt nach dem Sieg der Alliierten; Demarkationslinien zwischen den westl. Alliierten und der Sowjetunion in Deutschland und Österreich festgelegt.

14. Februar Gustav Tauschek stirbt in Zürich; geb. am 29. April 1899 in Wien; Erfinder. Er erwarb über 200 Patente, darunter 168 auf dem Gebiet der Lochkartenbuchhaltung *(→ Januar 1932)*.

19./21. Februar Bei zwei Fliegerangriffen wird der Tiergarten Schönbrunn von etwa 300 Bomben getroffen. Von den ewa 3 500 Tieren werden 2000 getötet oder verletzt. Da zahlreiche Gebäude beschädigt sind, können auch viele Tiere entlaufen.

5. März Der Organisationsplatz der O 5 wird für den Fall der Machtübernahme festgelegt, als Grundlage für die Verhandlungen mit den Russen *(→ 28. März)*.

10. März Das Nachrichtenblatt für Österreich »Rot-Weiß-Rot«, von der R. A. F. und der USAF (der englischen und der amerikanischen Luftwaffe) verbreitet, schreibt: »In der letzten Zufluchtstätte der Nazis, im Norden begrenzt durch Vorarlberg, im Süden durch Bozen, im Osten durch Salzburg und Bad Ischl und Sachsenberg, will Adolf Hitler mit den ihm verbliebenen Paladinen der Welt das Schauspiel einer Wagneroper mit dem düsteren Hintergrund eines sechs Jahre geführten, unübersehbare Zerstörung und Verbrechen verursachenden Krieges geben.« Die Schweizer »Arbeiter-Zeitung« aus Schaffhausen weist auf die Gefahr hin, die Österreich noch einmal von Hitler zum Opfer auserkoren, bedroht: »... Soll Österreich nun tatsächlich das letzte Schlachtfeld Hitlers werden? Die Antwort auf diese Frage hängt von den Österreichern selbst ab. Sie haben die Möglichkeit, zu einer schnellen Beendigung eines solchen Kampfes auf österreichischem Boden beizutragen.«

12. März Der schwerste Fliegerangriff auf Wien. Schwere Schäden an der Stephanskirche, der Oper, dem Kunsthistorischen Museum, dem Burgtheater, dem Heinrichshof (gegenüber der Oper), in der Kärntner Straße und im Kaiviertel.

16. März Beginn der russischen Offensive zwischen Plattensee und Donau mit Stoßrichtung Wien.

25. März Die Rote Armee erreicht die untere Raab.

29. März 11.05 Uhr Truppen der Roten Armee überschreiten bei Klostermarienberg (nörd. von Güns, Burgenland) die österreichische Grenze. Die »Reichsschutzstellung«, der Ostwall, ist etwa ab Oktober 1944 entlang der ungarischen Grenze behelfsmäßig errichtet worden.

Marschall Tolbuchin, der Befehlshaber der 3. Ukrainischen Front, erläßt einen Aufruf an die Bevölkerung Österreichs: »... Die Rote Armee hat den Boden Österreichs betreten, nicht um österreichisches Gebiet zu erobern. Ihr Ziel ist ausschließlich die Zerschlagung der feindlichen deutsch-faschistischen Truppen und die Befreiung Österreichs von deutscher Abhängigkeit ... Die friedliche Bevölkerung Österreichs hat nichts zu fürchten.«

31. März Das Verbot, Wien mit Kraftfahrzeugen oder Pferdefuhrwerken zu verlassen, wird erlassen. Strenge Kontrollen durch die SS und Feldgendarmerie. Sondergenehmigungen sind sehr schwer zu erlangen.

1. April (Ostersonntag) Wr. Neustadt (Niederösterreich) wird von der Roten Armee erobert.

— Der Betrieb auf der Wiener Stadtbahn wird eingestellt.

2. April Wien wird zum Verteidigungsbereich erklärt. Die Widerstandsgruppe des Majors Carl Szokoll *(→ 20. Juli 1944)* sendet Oberfeldwebel Ferdinand Käs zu den Russen.

— Karl Renner, ehemaliger Staatskanzler der Ersten Republik und sozialdemokratischer Politiker, in Gloggnitz (Niederösterreich) als Pensionist lebend, nimmt in Hochwolkersdorf ersten Kontakt mit den russischen Stellen auf. Er will die Kommandostellen zu menschlichem Verhalten auffordern, verpflichtet sich aber im Verlauf der Gespräche am 5. »zur Einberufung des alten Parlaments, damit dieses eine provisorische Regierung einsetze und sofort eine Neuwahl und eine Volksabstimmung über die Selbständigkeit und Unabhängigkeit Österreichs anordne«.

3. April Der »Völkische Beobachter« schreibt: »An die Bevölkerung Wiens! Wiener und Wienerinnen! Die Zeit der Bewährung ist gekommen. Der Russe, schon der traditionelle Feind des alten Österreichs, nähert sich unserer Stadt. Jeder von uns wird seine Pflicht bis zum

»Österreichische Zeitung« Nr. 1 vom 15. April 1945 (von der Roten Armee herausgegeben):

»Wien befreit! Am 13. April nahmen die Truppen der 3. Ukrainischen Front, unter Mitwirkung der 2. Ukrainischen Front, nach heftigen Kämpfen die Hauptstadt Österreichs, Wien, einen strategisch wichtigen Verteidigungsknotenpunkt der Deutschen, der den Weg nach Süddeutschland versperrte. In den Kämpfen um die Anmarschwege nach Wien und um Wien selbst zerschlugen die Truppen der Front vom 16. März bis 13. April elf deutsche Panzerdivisionen, nahmen über 130 000 Soldaten und Offiziere gefangen, vernichteten bzw. erbeuteten 1 345 Panzer und Sturmgeschütze, 2 250 Feldgeschütze sowie viel sonstiges Kriegsgerät. Auf Befehl des Obersten Befehlshabers der Roten Armee, Marschall der Sowjetunion J. Stalin, grüßte Moskau die heldenhaften Truppen der 3. Ukrainischen Front, die Wien genommen haben, mit einem Salut von 24 Salven aus 324 Geschützen.«

Ferner wird veröffentlicht:

»Erklärung der Sowjetregierung über Österreich.

Die Rote Armee schlägt die deutsch-faschistischen Truppen und ist bei ihrer Verfolgung in Österreich einmarschiert. Wien, die Hauptstadt Österreichs, ist belagert. Im Gegensatz zu den Deutschen in Deutschland widersetzt sich die Bevölkerung Österreichs der von den Deutschen durchgeführten Evakuierung. Sie bleibt an ihren Plätzen und begrüßt die Rote Armee herzlich als Befreierin Österreichs vom Joch der Hitlerfaschisten. Die Sowjetregierung hat nicht das Ziel, sich irgendeinen Teil des österreichischen Territoriums anzueignen oder die gesellschaftliche Ordnung Österreichs zu ändern. Die Sowjetregierung steht auf dem Boden der Moskauer Deklaration der Verbündeten Mächte über die Unabhängigkeit Österreichs. Sie wird diese Deklaration in die Wirklichkeit umsetzen. Sie wird die Liquidierung des Regimes der deutsch-faschistischen Okkupanten und die Wiederherstellung demokratischer Zustände und Einrichtungen in Österreich unterstützen. Das Oberkommando der Roten Armee gab den Sowjettruppen den Befehl, der Bevölkerung Österreichs in diesem Werk beizustehen.«

Äußersten tun. Aber auch jeder Helfer ist uns willkommen. Heute habe ich die Ehre, meinen alten Freund, den Oberstgruppenführer Generaloberst der Waffen-SS Sepp Dietrich, bei Ihnen einzuführen, dessen kampferprobte SS-Männer bei uns eingesetzt werden. Er ist Ihnen und allen deutschen Volksgenossen als Führer der SS-Leibstandarte ›Adolf Hitler‹ seit langem ein klarer Begriff geworden ... von Schirach, Reichsleiter.«

— Nach der Besetzung von Baden bei Wien und Guntramsdorf durch russische Truppen wird der Verkehr auf der Preßburger Linie *(→ 2. Februar 1914)* eingestellt.

4. April Oberfeldwebel Ferdinand Käs trifft in Hochwolkersdorf eine Abmachung mit dem russischen Oberkommando über den Aufstand der Widerstandsbewegung in Wien.

6. April 8 Uhr Die »Schlacht um Wien« beginnt, sie dauert bis *(→)* 13. April, 14 Uhr.

— Major Karl Biedermann wird verhaftet, damit scheitert der geplante militärische Aufstand im Raum Wien *(→ 8. April)*.

— Die Rote Armee besetzt die westl. Bezirke Wiens.

— Die Feuerschutzpolizei (Feuerwehr) erhält Befehl, das Gebiet Wiens rechts der Donau zu verlassen.

7. April Die letzten Nummern der beiden letzten Wiener NS-Zeitungen »Völkischer Beobachter« und »Kleine Wiener Kriegszeitung« erscheinen.

— Kaltenleutgeben bei Wien fällt nach viertägigem, schwerem Kampf und großen Verlusten, auch unter der Zivilbevölkerung, in russische Hand.

— Das Panzerregiment »Führer«, von Hitler persönlich umbeordert, trifft in Wien ein.

— Vom Turm der Stephanskirche weht eine von Widerstandskämpfern angebrachte rotweißrote Fahne.

8. April Major Karl Biedermann, Hauptmann Alfred Huth und Oberleutnant Rudolf Raschke werden in Wien-Floridsdorf, Am Spitz, aufgehängt.

— Der Österreicher Generaloberst Lothar Rendulic erhält von Adolf Hitler den Befehl über die in und um Wien operierenden Verbände. Ein Befehl Hitlers ordnet an, bis zum Äußersten zu verteidigen.

— Großbrand im Stadtzentrum von Wien, der Dachstuhl der Stephanskirche steht in Flammen.

— Josef Weinheber begeht in Kirchstetten (Niederösterreich) Selbstmord; geb. am 9. März 1892 in Wien; Lyriker. Er verwendete Vers- und Strophenformen, Oden und Hymnen.

10. April Die Rote Armee erreicht in Wien die Ringstraße. Die Donaukanalbrücken werden von abziehenden SS-Einheiten gesprengt. Großbrände dehnen sich in Wien weiter aus, da keine Feuerwehr *(→ 6. April)* zur Verfügung steht.

— Im Marchfeld bricht die deutsche Front zusammen. Angern an der March fällt nach viertägigem, schwerem Kampf in die Hände der Roten Armee.

11. April Im Morgengrauen nehmen Soldaten der Roten Armee im Handstreich die Reichsbrücke in Wien.

— Letzte Judenerschießungen in Wien durch SS-Kommandos.

— Das Dach von St. Stephan ist völlig niedergebrannt, die Pummerin von der Glockenstube gestürzt und zerschellt.

— Mitglieder der O 5 errichten im Palais Auersperg in Wien die erste österreichische Zivilgewalt.

12. April Stadtrat Anton Weber nimmt mit den Sozialdemokraten Kontakt auf.

— Der Kommunist Rudolf Prikryl behauptet, von der Widerstandsbewegung 0 5 als Bürgermeister eingesetzt zu sein und amtiert unangefochten und ohne Entgelt bis 18. April.

— Die Abwehrkämpfe in den Fischbacher Alpen (Steiermark), den russischen Einbruchstellen, dauern an.

13. April 14 Uhr Die »Schlacht um Wien« ist beendet

(→ 5. April). Die Reste der deutschen Truppen ziehen sich auf das Nordufer der Donau bei Wien zurück. Im Wiener Rathaus wird über die Gemeindeverwaltung verhandelt, General Theodor Körner wird als Bürgermeister vorgeschlagen.

— »Sozialdemokraten« und »Revolutionäre Sozialisten« schließen sich zur »Sozialistischen Partei Österreichs« (SPÖ) zusammen. Adolf Schärf wird zum Vorsitzenden bestellt.

— Der Plan für den Aufstand der Widerstandsbewegung in Tirol ist fertiggestellt.

— Der Moskauer Rundfunk meldet in deutscher Sprache: »... Die Bevölkerung Wiens und anderer Teile Österreichs hat der Roten Armee Unterstützung gewährt und die Deutschen daran gehindert, die Kämpfe zum Stehen zu bringen ... was aber wohl das Bedeutendste ist, sie haben die Ehre der österreichischen Nation gerettet.«

15. April St. Pölten (Niederösterreich) wird von der Roten Armee besetzt.

— Fürstenfeld (Steiermark) wird von den deutschen Truppen aufgegeben.

— Die Nummer 1 der von der Roten Armee herausgegebenen »Österreichischen Zeitung« erscheint.

— Sozialdemokratische, christlichsoziale und kommunistische Gewerkschaftler gründen in einem nicht zerstörten Teil des Wiener Westbahnhofes den überparteilichen Österreichischen Gewerkschaftsbund (ÖGB).

— In Klosterneuburg bei Wien stirbt Günther Burstyn; geb. am 6. Juli 1879 in Bad Aussee (Steiermark), Berufsoffizier und Techniker. Er erfand 1911 den ersten geländegängigen Panzerwagen mit drehbarem Geschützturm.

16. April Der Kampf im Marchfeld *(→ 10. April)* wird wieder entfacht, er entwickelt sich zur Schlacht.

— Die britische Luftwaffe fliegt in der Nacht einen schweren Angriff auf Villach (Kärnten).

17. April Radkersburg (Steiermark) wird nach schweren Kämpfen von den deutschen Truppen geräumt.

— Die »Österreichische Volkspartei« (ÖVP) wird in den Räumen des Schottenstiftes in Wien gegründet, sie tritt die Nachfolge der Christlichsozialen Partei der Ersten Republik an. Leopold Kunschak ist ihr erster Parteiobmann.

— General a. D. Theodor Körner (der Führer des Republikanischen Schutzbundes in der Ersten Republik) wird von Generalleutnant Blagodatow, dem russischen Stadtkommandanten von Wien, zum Bürgermeister von Wien bestellt.

18. April Hartnäckige Straßenkämpfe in Mistelbach (Niederösterreich).

— Die Wiener Gemeindeverwaltung nimmt ihre Tätigkeit auf.

20. April Höhepunkt der Schlacht im Marchfeld *(→ 16. April).*

21. April Karl Renner trifft in Wien ein und beginnt sofort mit den ersten Verhandlungen zur Bildung einer provisorischen österreichischen Regierung *(→ 4. April).* Adolf Hitler erklärt während einer Lagebesprechung den Krieg für verloren, gedenke aber in Berlin zu bleiben und sich zu erschießen. Er betraut Großadmiral Karl Dönitz mit den Regierungsgeschäften im Norden Deutschlands und Generalfeldmarschall Albert Kesselring im Süden.

22. April Wien-Floridsdorf ist endgültig von den Truppen der Roten Armee eingenommen.

— Altenmarkt an der Triesting (Niederösterreich) wird nach 14tägigen Kämpfen von der Roten Armee besetzt.

— Franz Hofer, der Gauleiter von Tirol-Vorarlberg, versucht seinen Plan, die »Alpenfestung« als letztes »deutsches Bollwerk, zu verwirklichen *(→ 27. April).*

23. April Einigung über die Errichtung einer »provisorischen österreichischen Staatsregierung« in Wien *(→ 27. April).*

— Die Nummer 1 der Tageszeitung »Neues Österreich« erscheint in Wien. Sie ist die erste wieder von Österreichern herausgegebene und gestaltete Zeitung. Herausgeber: Leopold Arzt, Generaldirektor Ernst Czeija, Leopold Figl, Ernst Fischer, Monsignore Jakob Fried, Paul Hörbiger, Minister a. D. Vinzenz Schumy, Stadtrat Paul Speiser. Die Redaktion: Chefredakteur Ernst Fischer, Stellvertretende Chefredakteure Paul Deutsch, Leopold Husinsky, Redakteure Oskar Maurus Fontana, Hugo Glaser, Karl Heinz, Franz Karmel, Wilhelm Obransky.

Auf der Titelseite dieser Zeitung stand in großen, fetten Lettern:

»Österreicher! Zum ersten Mal seit sieben Jahren dürft Ihr nun wieder in aller Öffentlichkeit mit diesem uns allen so teuren Namen angesprochen werden. Die von Millionen Menschen unseres Vaterlandes so lange und so heiß ersehnte Stunde der Befreiung von der nazistischen Zwangsherrschaft ist gekommen.«

24. April Versammlungen von Künstlern und Sportlern in Wien zwecks Wiederaufnahme des kulturellen und sportlichen Lebens.

— Das Filmtheater Apollo eröffnet als erstes Kino in Wien. Gezeigt wird der russische Film »Iwan IV.«.

25. April 12–15 Uhr Schwere amerikanische Fliegerangriffe auf Linz und Wels (beide Oberösterreich).

26. April Schwerer amerikanischer Fliegerangriff auf Lienz (Osttirol).

Die Zweite Republik ab 1945

►**1945, 27. April** Die »provisorische österreichische Staatsregierung« wird von der Sowjetunion anerkannt. Vor dem Parlament in Wien proklamiert sie die »Wiederherstellung der Republik Österreich«, die auch die Unabhängigkeitserklärung enthält. Die provisorische Staatsregierung bleibt bis 20. Dezember 1945 im Amt und setzt sich aus der »Staatskanzlei« und »Staatsämtern« zusammen, die von Staatssekretären geführt werden und fast ausnahmslos Unterstaatssekretäre erhalten, die jeweils einer anderen politischen Partei (als der des Staatssekretärs) angehören. – Staatskanzler: Karl Renner (SPÖ) mit den Staatssekretären ohne Portefeuille Adolf Schärf (SPÖ), Leopold Figl (ÖVP) und Johann Koplenig (KPÖ); mit den drei Unterstaatssekretären Franz Winterer, Heinrich Herglotz und Karl Gruber, der erst am 26. September dazustößt und für Äußeres zuständig ist, bilden sie die Staatskanzlei. Staatsämter: Inneres: Franz Honner (KPÖ) mit drei Unterstaatssekretären, Justiz: Josef Gerö (parteilos) mit drei Unterstaatssekretären, Volksaufklärung, Unterricht, Erziehung und Kultur: Ernst Fischer (KPÖ) mit drei Unterstaatssekretären, Soziale Verwaltung: Johann Böhm (SPÖ) mit zwei Unterstaatssekretären, Finanzen: Georg Zimmermann (parteilos) mit einem Unterstaatssekretär, Land- und Forstwirtschaft: Rudolf Buchinger (ÖVP), ab 26. September Josef Kraus (ÖVP) mit zwei Unter-

Proklamation der politischen Parteien über die Selbständigkeit Österreichs

Diese Erklärung der politischen Parteien, die auch den wichtigen Passus der Moskauer Deklaration enthält, daß Österreich für die Beteiligung am Krieg Verantwortung trägt, wird in der Zeitung »Neues Österreich« am 28. April 1945 veröffentlicht:

»Angesichts der Tatsache, daß der Anschluß des Jahres 1938 nicht, wie dies zwischen zwei souveränen Staaten selbstverständlich ist, zur Wahrung aller Interessen durch Verhandlungen von Staat zu Staat vereinbart und durch Staatsverträge abgeschlossen, sondern durch militärische Bedrohung von außen und den hochverräterischen Terror einer nazifaschistischen Minderheit eingeleitet, einer wehrlosen Staatsleitung abgelistet und abgepreßt, endlich durch militärische kriegsmäßige Besetzung des Landes dem hilflos gewordenen Volke Österreichs aufgezwungen worden ist...« (Vier weitere Abschnitte mit »Angesichts der Tatsache« folgen, in denen die Vorgänge präzisiert werden und auch die Moskauer Deklaration zitiert wird.)
Der letzte Teil wieder im Wortlaut:
»Angesichts der angeführten Tatsachen und im Hinblick auf die feierlichen Erklärungen der drei Weltmächte, denen sich inzwischen beinahe alle Regierungen des Abendlandes angeschlossen haben, erlassen die unterzeichneten Vertreter aller antifaschistischen Parteien Österreichs ausnahmslos die nachstehende Unabhängigkeitserklärung.
Art. I: Die demokratische Republik Österreich ist wiederhergestellt und im Geiste der Verfassung von 1920 einzurichten.
Art. II: Der im Jahre 1938 dem österreichischen Volke aufgezwungene Anschluß ist null und nichtig.
Art. III: Zur Durchführung dieser Erklärung wird unter Teilnahme aller antifaschistischen Parteirichtungen eine Provisorische Staatsregierung eingesetzt und vorbehaltlich der Rechte der besetzenden Mächte mit der vollen Gesetzgebungs- und Vollzugsgewalt betraut.
Art. IV: Vom Tage der Kundmachung dieser Unabhängigkeitserklärung sind alle von Österreichern dem Deutschen Reich und seiner Führung geleisteten militärischen, dienstlichen oder persönlichen Gelöbnisse nichtig und unverbindlich.
Art. V: Von diesem Tage an stehen alle Österreicher wieder im staatsbürgerlichen Pflicht- und Treueverhältnis zur Republik Österreich...
Wien, den 27. April 1945.
Urkund dessen die eigenhändigen Unterschriften der Vorstände der politischen Parteien Österreichs: Für den Vorstand der österreichischen Sozialdemokratie, nunmehr Sozialistische Partei Österreichs (Sozialdemokraten und Revolutionäre Sozialisten): Dr. Karl Renner und Dr. Adolf Schärf. Für den Vorstand der Christlichsozialen Volkspartei beziehungsweise nunmehr Österreichische Volkspartei: Leopold Kunschak. Für die Kommunistische Partei Österreichs: Johann Koplenig.«

staatssekretären, Industrie, Gewerbe, Handel und Verkehr: Eduard Heinl (ÖVP) mit zwei Unterstaatssekretären, Volksernährung: Andreas Korp (SPÖ) mit zwei Unterstaatssekretären, Öffentliche Bauten, Übergangswirtschaft und Wiederaufbau: Julius Raab (ÖVP) mit zwei Unterstaatssekretären, ab 26. September Vermögenssicherung und Wirtschaftsplanung: Vinzenz Schumy (ÖVP) mit zwei Unterstaatssekretären.
— Gauleiter Franz Hofer scheitert mit seinem Plan der »Alpenfestung« *(→ 22. April).*
— Die Rote Armee hat bis zu diesem Tag 36 Bezirke der Länder Niederösterreich, Burgenland und Steiermark mit über 2 000 Stadt- und Ortsgemeinden besetzt.
— Festkonzert der Wiener Philharmoniker unter Clemens Krauss im Wiener Konzerthaus.

28. April Die Volkshochschule Ottakring eröffnet.
— 10 Uhr Zwischen Pfronten und Vils (beide Tirol) überschreiten die ersten westalliierten Truppen (Teile der 103. amerikanischen Infanteriedivision) die österreichische Grenze und dringen in Tirol vor.

29. April Die Provisorische Regierung, die sich zunächst im Rathaus versammelt hatte, begibt sich durch ein Spalier jubelnder Menschen zu Fuß ins Parlament, wo Karl Renner im intakten Sitzungssaal des Reichsrates die Zweite Republik proklamiert. Gleichzeitig werden alle NS-Gesetze außer Kraft gesetzt, der Anschluß an Deutschland für null und nichtig erklärt. Vor dem Parlament werden auf den Fahnenmasten wieder die rot-weiß-roten Fahnen gehißt, nachdem am Vortag noch eilig der Reichsadler und das Hakenkreuzemblem entfernt worden waren.
— Die »Radiostation RAVAG – Wien« nimmt wieder den Sendebetrieb auf.
— In Wien verkehren die ersten Straßenbahnen.
— Die Widerstandsbewegung 0 5 Westösterreichs unterstellt sich der Renner-Regierung.
— 20.30 Uhr Die 5. französische Panzerdivision erreicht die österreichische Grenze bei Hohenweiler (Vorarlberg) und dringt in Vorarlberg weiter vor.

30. April Truppen der 3. amerikanischen Armee überschreiten bei Oberkappel und Kollerschlag (beide Oberösterreich) die österreichische Grenze und dringen in Oberösterreich vor.
— Gauleiter Franz Hofer ruft zum Guerillakrieg in der »Alpenfestung« auf, wird nicht befolgt.
— Das Wiener Burgtheater beginnt im »Ausweichquartier«, dem Ronacher, den Spielbetrieb mit Franz Grillparzers »Sappho«.
— 15.30 Uhr Adolf Hitler begeht im Bunker der Reichskanzlei in Berlin Selbstmord.

1. Mai Die Bundesverfassung vom 1. Oktober 1920 wird in der Fassung von 1929 von der provisorischen Staatsregierung wieder in Kraft gesetzt.
— Die Widerstandsbewegung O 5 setzt den 2. Mai als Beginn des Aufstandes in Tirol und Vorarlberg fest.
— Die »Maispende« der Roten Armee an die Bevölkerung Wiens: 12 000 t Lebensmittel, darunter 1 t Erbsen.
— Die Wiener Staatsoper eröffnet ihren Betrieb in der Wiener Volksoper mit Wolfgang Amadeus Mozarts »Hochzeit des Figaro« unter Josef Krips.
— Das Theater in der Josefstadt eröffnet mit »Hofrat Geiger«. Das Raimundtheater eröffnet ebenfalls.
— 17 Uhr Französische Truppen besetzen mit Hilfe der Bevölkerung den Gipfel des Pfänders bei Bregenz.

2. Mai Aufstand der Widerstandsbewegung 0 5 in Innsbruck, sie übernimmt die Macht in der Stadt.
— Die Briefpost in Wien ist wieder in Betrieb.
— Kapitulation der deutschen Truppen in Westösterreich.
— 16.30 Uhr Amerikanische Truppen rücken in Braunau am Inn (Oberösterreich) ein.

3. Mai Die erste amerikanische Einheit erreicht Innsbruck.
— Anerkennung der provisorischen Tiroler Landesregierung unter dem Landeshauptmann Karl Gruber durch die Amerikaner.
— Bregenz wird von französischen Truppen besetzt.

4. Mai Konstituierung der provisorischen Salzburger Landesregierung *(→ 21. Juni).*
— Amerikanische Truppen besetzen Innsbruck und Salzburg.

5. Mai Die Amerikaner setzen die provisorische oberösterreichische Landesregierung ab.
— 11.07 Uhr Die ersten amerikanischen Panzer erreichen den Marktplatz von Linz.
— Die österreichische Widerstandsbewegung unter Karl Gruber übergibt Innsbruck an die amerikanischen Truppen.
— In einer Hütte bei Altaussee (Steiermark) wird Ernst Kaltenbrunner, der Chef des berüchtigten Reichssicherheitshauptamtes von amerikanischen Soldaten verhaftet. Der Raum Altaussee war in den letzten Kriegstagen Zufluchtsort von NS-Größen geworden.

6. Mai Amerikanische Truppen besetzen Linz und Steyr (beide Oberösterreich).
— Englische und amerikanische Truppen ziehen in Kärnten ein.
— Französische Truppen überschreiten den Arlberg.

8. Mai Das Gesetz über das Verbot der NSDAP wird von der provisorischen Staatsregierung erlassen. Registrierungspflicht für alle Personen, die zwischen dem 1. Juli 1933 und dem 27. April 1945 der NSDAP oder einer ihrer Gliederungen angehört haben. Das Gesetz kann vorerst nur im sowjetisch besetzten Gebiet Österreichs in Kraft treten, da die Regierung Renner von den westl. Alliierten noch nicht anerkannt ist.
— Truppen der Roten Armee besetzen Stockerau und Hollabrunn (beide Niederösterreich).
— Letzte Kämpfe im Raum um die Burg Kreuzenstein (Niederösterreich).
— Englische Truppen ziehen in Klagenfurt ein.
— Amerikanische Panzerspähwagen in Amstetten (Niederösterreich). Bei einem Bombenangriff russischer Kampfflugzeuge werden auch amerikanische Soldaten getötet.
— Jugoslawische Einheiten rücken in Kärnten ein, ziehen sich aber unter Druck britischer Militärs wieder zurück.
— Auf der Ennsbrücke bei Enns treffen der Kommandierende General des 20. Korps der amerikanischen 3. Armee, Generalleutnant W. H. Walker, und Generalleutnant Brinkow von der sowjetischen 4. Gardearmee zusammen.
— Eine provisorische Landesregierung der Steiermark wird in Graz gebildet.

9. Mai Truppen der Roten Armee ziehen in Graz ein.

11. Mai Ein neungliedriger Landesausschuß wird für Niederösterreich bestellt.

Programm der Volkspartei

Mitte Juni 1945 stellt die Parteispitze der ÖVP »programmatische Leitsätze« auf. Die 15 Leitsätze sind gegliedert in staatspolitischer, kulturpolitischer, wirtschaftspolitischer und sozialpolitischer Hinsicht und beginnen mit der Einleitung:

»Die Österreichische Volkspartei übernimmt das Erbe jener politischen Gruppen, die stets auf dem Boden der österreichischen Überlieferung standen und Österreichs Selbständigkeit verteidigten. Sie ist eine neue Partei und will alle vaterlandstreuen Österreicher, die sich zur Demokratie bekennen, zu einheitlicher politischer Wirksamkeit zusammenfassen. Ihr Aufruf zur Sammlung und Mitarbeit ergeht an alle politisch reifen Männer und Frauen unseres Vaterlandes.«

Nach den Leitsätzen, die sich besonders mit dem Aufbau des Staates befassen, steht am Schluß:

»Unser Vaterland ist durch den nahezu sechs Jahre währenden Krieg, den nationalsozialistischen Raubbau auf allen Gebieten der Wirtschaft und durch eine verderbliche Wirtschaftspolitik bitter arm geworden. Eine Staats-, Kultur-, Wirtschafts- und Sozialpolitik im Sinne unserer Leitsätze, verbunden mit dem hingebungsvollen Fleiß aller schaffenden Österreicher und der in aller Welt anerkannten hohen Qualität der österreichischen Arbeit, wird allmählich wieder den Weg zu Wohlstand und Blüte bahnen.«

— Die »Grazer antifaschistische Zeitung« erscheint zum erstenmal.

12. Mai Die niederösterreichische Landesregierung unter Landeshauptmann Leopold Figl wird gebildet.

13. Mai Eröffnung des Volkstheaters in Wien mit Gustav Davis' »Die Katakomben«.

Mitte Mai In ganz Österreich beginnen die Bezirkshauptmannschaften wieder zu arbeiten.

19. Mai Eröffnung des Akademietheaters in Wien mit Henrik Ibsens »Hedda Gabler«.

26. Mai Die Hochschule für Welthandel nimmt ihren Betrieb auf.

29. Mai Beginn der Vorlesungen an der Wiener Universität.

5. Juni Die Wiener Staatsoper spielt im Redoutensaal der Hofburg Johann Strauß' »Wiener Blut«.

6. Juni Eröffnung des Senders »Rot-Weiß-Rot« in Salzburg durch den US-Generalmajor Robertson.

7. Juni Der Landesausschuß für Kärnten wird von der britischen Militärregierung ernannt.

8. Juni Das Kohlenbergwerk in Piberstein (Kärnten) arbeitet als erstes in Österreich.

— Die »Russische Stunde« wird als ständige Sendeeinrichtung in der Wiener RAVAG begonnen.

— Mit einem »Europäischen Einakterabend« eröffnet das Theater in der Josefstadt in Wien. Es war erst am 2. April geschlossen worden, gab noch am 1. Mai »Hofrat Geiger«.

11. Juni Die Nummer 1 der »Oberösterreichischen Nachrichten« erscheint in Linz, eine von der amerikanischen Besatzungsmacht herausgegebene Tageszeitung.

— Erste Kurzwellensendung der Wiener RAVAG.

12. Juni Ulrich Ilg wird von der französischen Besatzungsbehörde zum Vorsitzenden des Vorarlberger Landesausschusses ernannt.

21. Juni Adolf Schemel wird von der amerikanischen Besatzungsbehörde zum Landeshauptmann von Salzburg ernannt.

23. Juni Die Wiener Rettung nimmt ihre Tätigkeit wieder auf.

26. Juni Von der provisorischen Staatsregierung wird das Kriegsverbrechergesetz erlassen.

— Die »Charta der Vereinten Nationen« wird auf der Konferenz von San Francisco unterzeichnet – die Errichtung der UNO, der United Nations Organization, beschlossen. Erster Generalsekretär ist der Norweger Trygve Lie. 50 Nationen nehmen teil. Organe: Vollversammlung, Weltsicherheitsrat, Weltrat für Wirtschfts- und Sozialfragen, Treuhänderrat, Internationaler Gerichtshof und Sekretariat.

27. Juni Der Stadtbahnverkehr in Wien zwischen Hietzing und Hütteldorf wird wiederaufgenommen.

Juli Unter der Patronanz der »Großloge von Wien für Österreich« (später »Großloge von Österreich«) wird die erste Freimaurerloge der Zweiten Republik (»Humanitas renata«) gegründet.

4. Juli Unterzeichnung des ersten Kontrollabkommens über Österreich in London durch die Alliierten. Beschluß: Einsetzung einer »Alliierten Kommission für Österreich«, bestehend aus »Alliiertem Rat«, Exekutivkomitee und Vertretern der vier Regierungen *(→ 9. Juli).*

— Der regelmäßige Personenverkehr auf der Bundesbahnstrecke Salzburg–Linz wird aufgenommen.

5. Juli Wiedererrichtung der Oesterreichischen Nationalbank.

— Französische Truppen ziehen in Innsbruck ein.

7. Juli Erstes Konzert des Mozarteumorchesters im Salzburger Mozarteum.

9. Juli Deklaration der vier Besatzungsmächte über Österreich; Errichtung der »Alliierten Kommission für Österreich« und der vier Besatzungszonen *(→ Rahmenartikel »Österreich wird in vier Besatzungszonen aufgeteilt«, S. 381).*

10. Juli Von der provisorischen Staatsregierung wird das Staatsbürgerschaftsüberleitungsgesetz erlassen.

17. Juli bis 2. August Dreimächtekonferenz (Amerika, England, Rußland) in Potsdam *(→ 2. August),* wo über ein umfangreiches Programm für Europa beraten werden soll.

19. Juli Beschränkter Reiseverkehr auf der Südbahnstrecke der Bundesbahnen.

— Die erste Telegraphenfernleitung Wien–St. Pölten funktioniert wieder.

— Auf dem steirischen Erzberg wird wieder gearbeitet.

20. Juli Das Behördenüberleitungsgesetz wird von der provisorischen Staatsregierung erlassen.

24. Juli Die Besatzungszonen werden von den betreffenden Truppeneinheiten besetzt bzw. geräumt *(→ 9. Juli);* britische Truppen besetzen Graz und die Steiermark, die Russen räumen es, amerikanische Truppen räumen das Mühlviertel (Oberösterreich), die Russen besetzen es.

Österreich wird in vier Besatzungszonen aufgeteilt

Am 9. Juli 1945 schließen die vier Besatzungsmächte und die Stadt Wien ein Abkommen über die den einzelnen Besatzungsmächten zukommenden Verwaltungszonen:

»1. Die Regierungen des Vereinigten Königreiches von Großbritannien und Irland, der Vereinigten Staaten von Amerika und der Union der Sozialistischen Sowjetrepubliken und der Provisorischen Regierung der Französischen Republik haben sich über folgende Bestimmungen geeinigt: Das Gebiet Österreichs innerhalb der am 31. Dezember 1937 bestehenden Grenzen wird von den Streitkräften des Vereinigten Königreiches, der Vereinigten Staaten von Amerika, der Union der Sozialistischen Sowjetrepubliken und der Französischen Republik besetzt.
2. Zu Zwecken der Besetzung wird Österreich in nachstehend angegebener Weise in vier Zonen geteilt, die je einer der vier Mächte zugewiesen werden; dazu kommt eine Sonderzone für das Gebiet der Stadt Wien, die von den Streitkräften der vier Mächte gemeinsam besetzt wird.

Nordöstliche (sowjetische) Zone

Das Land Niederösterreich mit Ausnahme der Stadt Wien, der auf dem linken Donau-Ufer gelegene Teil des Landes Oberösterreich und das Land Burgenland, wie es vor der Verordnung vom 1. Oktober 1938 über die Änderung der Grenzen in Österreich bestand, werden von den Streitkräften der Union der Sozialistischen Sowjetrepubliken besetzt.

Nordwestliche (amerikanische) Zone

Das Land Salzburg und der auf dem rechten Donau-Ufer gelegene Teil des Landes Oberösterreich wird von den Streitkräften der Vereinigten Staaten besetzt.

Westliche (französische) Zone

Die Länder Tirol und Vorarlberg werden von den Streitkräften der Französischen Republik besetzt.

Südliche (britische) Zone

Das Land Kärnten einschließlich Osttirols und das Land Steiermark ohne das Land Burgenland, wie es vor der Verordnung vom 1. Oktober 1938 bestand, werden von den Streitkräften des Vereinigten Königreiches besetzt.

Die Stadt Wien

Das Gebiet der Stadt Wien wird geteilt und umfaßt nachstehende Sektoren, wie dies auf der Karte »B« im Anhange angegeben ist.
Die Bezirke Leopoldstadt, Brigittenau, Floridsdorf, Wieden und Favoriten werden von den Streitkräften der Sowjetunion besetzt.
Die Bezirke Neubau, Josefstadt, Hernals, Alsergrund, Währing und Döbling werden von den Streitkräften der Vereinigten Staaten von Amerika besetzt.
Die Bezirke Mariahilf, Penzing, Fünfhaus (einschließlich des Bezirkes Rudolfsheim), Ottakring werden von den Streitkräften der Französischen Republik besetzt.
Die Bezirke Hietzing, Margareten, Meidling, Landstraße und Simmering werden von den Streitkräften des Vereinigten Königreiches besetzt. Der Bezirk Innere Stadt (das Zentrum der Stadt) wird von den Streitkräften der vier Mächte besetzt.
3. Die Grenzen zwischen den Besatzungszonen sind mit Ausnahme der Grenze der Stadt Wien und der Grenzen des Landes Burgenland jene, die vor dem Inkrafttreten der Verordnung vom 1. Oktober 1938 über die Änderung der Grenzen in Österreich bestanden.
Die Grenzen der Stadt Wien und die Grenzen des Landes Burgenland sind jene, die am 31. Dezember 1937 bestanden.
4. Es wird eine Alliierte Komandatur (Komendatura), die aus vier von ihren betreffenden Oberbefehlshabern ernannten Kommandanten besteht, errichtet, um gemeinsam die Verwaltung der Stadt Wien zu leiten.
5. Der Flugplatz von Tulln mit allen vorhandenen Einrichtungen und Anlagen wird unter die Verwaltungs- und Militärkontrolle der Streitkräfte der Vereinigten Staaten von Amerika gestellt.
Der Flugplatz von Schwechat mit allen vorhandenen Einrichtungen und Anlagen wird unter die Verwaltungs- und Militärkontrolle der Streitkräfte des Vereinigten Königreiches gestellt, in Hinblick auf seine gemeinsame Benützung durch die britischen und französischen Streitkräfte.
Die Streitkräfte und die Funktionäre der Besatzungsmächte haben freien Zutritt zu den Flugplätzen, die sie jeweils besetzen oder benützen sollen.
6. Das vorliegende Abkommen ist in vier Ausfertigungen in englischer, russischer und französischer Sprache verfaßt worden, die drei Texte sind gleichermaßen authentisch.«

Diese Vereinbarung wurde für die Vereinigten Staaten von John G. Winant, für Großbritannien von Ronald I. Campbell, für Frankreich von R. Massigli und für die Sowjetunion von F. Gusew unterzeichnet.

30. Juli In Kärnten wird unter Hans Piesch eine provisorische Landesregierung gebildet, die britische Militärbehörde stimmt zu.

— Der Postdienst wird in Tirol und Vorarlberg wiederaufgenommen.

August Auf Vorschlag des amerikanischen Staatssekretärs Clayton beschließt die UNRRA (= United Nations Relief and Rehabilitation Administration), der Bevölkerung Österreichs Hilfe und Unterstützung zu gewähren, »... da Österreich nicht als ein feindliches Land, sondern als ein befreites Land angesehen werden muß, ...«

1. August Das oberösterreichische Mühlviertel, von den Russen zur Gänze besetzt, erhält eine eigene Zivilverwaltung.

2. August Die Beschlüsse der Potsdamer Konferenz (→ *17. Juli*) werden bekanntgegeben. Für Österreich sind folgende Passagen wichtig:

»... 9. Die Regierungen des Vereinigten Königreiches und der Vereinigten Staaten von Amerika verzichten auf ihre Reparationsansprüche auf einen Anteil an deutschen Unternehmung in der östlichen Besatzungszone in Deutschland ... und im östlichen Österreich ...

VIII. Österreich

Die Konferenz hat einen Vorschlag der Sowjetregierung über die Ausdehnung der Autorität der Provisorischen österreichischen Regierung auf ganz Österreich geprüft.

Die drei Regierungen sind übereingekommen, daß sie bereit sind, diese Frage nach dem Einmarsch britischer und amerikanischer Streitkräfte in die Stadt Wien zu überprüfen ...«

— In Wien erscheinen wieder die »Arbeiter-Zeitung« (SPÖ) und »Das kleine Volksblatt« (ÖVP). Die (KPÖ) gibt die »Volksstimme« heraus.

— Emil Nikolaus von Rezniček stirbt in Berlin; geb. am 4. Mai 1860 in Wien; Dirigent und neuromantischer Komponist.

12. August Eröffnung der ersten Salzburger Festspiele nach dem Krieg im Salzburger Festspielhaus.

14. August Erste Aufführung der Salzburger Festspiele nach dem Krieg: Hugo von Hofmannsthals »Der Tor und der Tod« im Mozarteum.

20. August Konferenz der westl. Bundesländer in Salzburg. Es wird beschlossen, mit der sogenannten »Renner-Regierung« in Wien zusammenzuarbeiten (→ *18. September*).

23. August Karl Gruber, der Landeshauptmann von Tirol, richtet an die vier Großmächte ein Telegramm, in dem er das Selbstbestimmungsrecht für Südtirol fordert.

25. August Konstituierung der Arbeiterkammer für Wien, Niederösterreich und das Burgenland.

26. August Der »Wiener Kurier«, die Tageszeitung der amerikanischen Besatzungsmacht, erscheint zum erstenmal.

— Franz Werfel stirbt in Beverly Hills (USA); geb. am 11. September 1890 in Prag; Lyriker, Epiker und Dramatiker. (→ *1. November, Anfang November 1918*).

28. August Eröffnung des »Österreichischen College« in Alpach (Tirol).

29. August Der Ministerrat in Wien nimmt das Verfassungsgesetz an, das die Wiedererrichtung des Burgenlandes als selbständiges Bundesland beinhaltet.

31. August Erste Sitzung der provisorischen Tiroler Landesversammlung in Innsbruck unter dem Vorsitz von Landeshauptmann Karl Gruber.

1. September Truppen der vier Besatzungsmächte übernehmen die Zonen in Wien.

Anfang September Die Alliierten beginnen mit der Entlassung der kriegsgefangenen Österreicher.

11. September Der Alliierte Rat erläßt eine Proklamation an das österreichische Volk, die einen Tag später in der »Wiener Zeitung« veröffentlicht wird. Unter Verweis auf die Moskauer Deklaration werden darin die künftigen Aufgaben und Ziele definiert: »... Der Alliierte Rat betrachtet es als seine nächste Aufgabe, die festgefügten politischen, wirtschaftlichen und kulturellen Grundlagen für die Wiederherstellung eines wahrhaft demokratischen, freien und unabhängigen Österreichs zu schaffen und so die Gewähr für einen dauernden Frieden zu bieten ... Vollkommene Gleichheit der Rassen und Konfessionsfreiheit wird vom Gesetze geschützt. Die Alliierten Behörden werden den demokratischen Parteien die Freiheit lassen, durch die Presse, den Rundfunk und in Versammlungen ihre politischen Anschauungen kundzutun, als einen wesentlichen Schritt zur Abhaltung freier Wahlen. Diese Wahlen werden stattfinden, sobald die nötigen Bedingungen gegeben sind ...«

— Die Grazer Festspielwoche wird eröffnet.

— Außenministerkonferenz der vier Großmächte in London. Österreichs Forderung nach Rückgabe des deutschsprachigen Gebietes von Südtirol wird abgelehnt.

15. September Anton von Webern stirbt in Mittersill (Salzburg); geb. am 3. Dezember 1883 in Wien; Komponist, Schüler von Arnold Schönberg. 1922–1934 Leiter und Dirigent der Arbeiter-Symphoniekonzerte und ab 1923 gleichzeitig auch des Wiener Arbeiter-Singvereins.

18. September Konferenz der westl. Bundesländer in Salzburg: Formulierung der Forderungen der Länder an die »Renner-Regierung« (→ *20. August*).

— Die »Weltpresse«, die Tageszeitung der britischen Besatzungsmacht, erscheint zum erstenmal.

21. September Die »Wiener Zeitung« erscheint wieder (→ *29. Februar 1940*).

23. September Der Tageskaloriensatz für Normalverbraucher wird von bisher rund 800 auf 1 500 Kalorien erhöht.

— Beginn der sogenannten »Schuttaktion« in Wien, einer Gemeinschaftsarbeit zur Beseitigung der noch immer gewaltigen Schuttberge und Trümmerhaufen.

24./25. September Erste »Länderkonferenz« im niederösterreichischen Landhaus in Wien. Erster Kontakt der Politiker der westl. Bundesländer mit den Mitgliedern der »Renner-Regierung«, die noch immer nur von der sowjetischen Besatzungsmacht anerkannt ist (→ *20. Oktober*). Ländervertreter werden in die provisorische Staatsregierung aufgenommen, unter anderem Karl Gruber (ÖVP Tirol) als Unterstaatssekretär für Äußeres und Vinzenz Schumy (ÖVP Kärnten) als Unterstaatssekretär für Sicherung, Verwaltung, Planung und Verwendung öffentlichen Vermögens.

— Über Initiative der ÖVP einigen sich die Parteien auf Abhaltung von »freien Wahlen« am 25. November.

26. September Richard Beer-Hofmann stirbt in New York; geb. am 11. Juli 1866 in Wien; Erzähler, Dramatiker und Lyriker der Wiener Neuromantik.
— Eröffnung einer der größten Papierfabriken Österreichs in Nettingsdorf (Oberösterreich).
Oktober Vorlesungsbeginn an allen österreichischen Hochschulen.
1. Oktober Der Alliierte Rat beschließt die Wiederherstellung der Pressefreiheit in Österreich.
— Der Postverkehr wird in ganz Österreich wiederaufgenommen.
— Beschränkter Reiseverkehr auf den Bundesbahnstrecken Wien–Salzburg, Wien–Graz und Wien–Villach.
8. Oktober Die Identitätskarte, in vier Sprachen, wird für alle Österreicher eingeführt, sie ist amtliches Ausweisdokument, vor allem für die Kontrollen durch die Besatzungsmächte, besonders für die Russen, die nur die Stempelanzahl kontrollieren.
— Felix Salten (eigentlich Siegmund Salzmann) stirbt in Zürich; geb. am 6. September 1869 in Budapest; Schriftsteller, Feuilletonist und Burgtheaterkritiker.
9./10. Oktober Zweite »Länderkonferenz« in Wien *(→ 24./25. September)*. Debatte über das Wahlrecht der »registrierten Nationalsozialisten« *(→ 8. Mai)*. Die ÖVP tritt für die »unfreiwillig beigetretenen Mitglieder« ein. Einigung, daß alle Mitglieder der NSDAP, SS und SA nicht wahlberechtigt sind.
11. Oktober Alfons Weißgatterer wird Landeshauptmann von Tirol.
12. Oktober Franz Reither wird Landeshauptmann von Niederösterreich.
20. Oktober Die provisorische österreichische Staatsregierung wird von allen vier Besatzungsmächten anerkannt *(→ 27. April, 24./25. September)*.
23. Oktober Die Nummer 1 der Tageszeitung »Salzburger Nachrichten« erscheint.
25. Oktober Dritte »Länderkonferenz« in Wien *(→ 24./25. September, 9./10. Oktober)*. Vorbereitungen für die Nationalratswahlen werden besprochen.
27. Oktober Bildung der oberösterreichischen Landesregierung.
— Der »Verband geistig Schaffender« wird in Wien gegründet.
10. November Die Gesetzgebung wird auf ganz Österreich ausgedehnt.
15. November Note der provisorischen österreichischen Staatsregierung an den Alliierten Rat mit der Forderung nach einer Volksabstimmung in Südtirol.
16. November Die Nummer 1 der Tageszeitung »Vorarlberger Nachrichten« erscheint.
19. November Die Lipizzaner der Spanischen Hofreitschule, 70 Hengste und 250 Stuten, kehren von St. Martin im Innkreis (Oberösterreich) nach Wien zurück.
25. November Erste Nationalratswahl in der Zweiten Republik. Ergebnis:

	Stimmen	in %	Mandate
ÖVP	1 602 227	49,80	85
SPÖ	1 434 898	44,60	76
KPÖ	174 257	5,41	4
Sonstige	5 972	0,19	–
	3 217 354	100,0	165

5. Dezember Die Brunner Glasfabrik (Niederösterreich) nimmt die Erzeugung von Fensterglas auf, ein zu dieser Zeit besonders wichtiges Produkt.
6. Dezember Erstes Fußballänderspiel in Österreich nach dem Krieg, Österreich besiegt Frankreich im Wr. Stadion mit 4 : 1
10. Dezember Der Physiker und Quantentheoretiker Wolfgang Pauli erhält für die Entdeckung des als »Pauli-Prinzip« bezeichneten Ausschlußprinzips den Nobelpreis für Physik.
12. Dezember Albert Hochleitner wird Landeshauptmann von Salzburg.
13.–20. Dezember Erste Währungsreform in Österreich: der Schilling wird wieder gesetzliches Zahlungsmittel. Reichsmark und »Alliierte Militärschillinge« werden im Verhältnis 1 : 1 umgetauscht. Pro Kopf der Bevölkerung werden nur 150 Reichsmark umgetauscht, das übrige Bargeld ist auf Sperrkonten (etwa 4 Milliarden Reichsmark); bis April 1945 entstandene Konten werden ebenfalls zu 60% gesperrt, 40% sind in Ausnahmefällen verfügbar.
18. Dezember Der Alliierte Rat genehmigt die von Leopold Figl auf Grund des Wahlergebnisses gebildete österreichische Bundesregierung.
Bundeskanzler: Leopold Figl (ÖVP), Vizekanzler: Adolf Schärf (SPÖ), Inneres: Oskar Helmer (SPÖ) mit Staatssekretär Ferdinand Graf (ÖVP), Äußeres: Karl Gruber (ÖVP), Unterricht: Felix Hurdes (ÖVP), Justiz: Josef Gerö (parteilos), Finanzen: Georg Zimmermann (parteilos), Land- und Forstwirtschaft: Josef Kraus (ÖVP), Handel und Industrie: Eugen Fleischhacker, ab 31. Mai 1946 Eduard Heinl, ab 18. Februar 1948 Ernst Kolb (alle ÖVP), Volksernährung: Hans Frenzel, ab 11. Januar 1947 Otto Sagmeister (beide SPÖ), Soziale Verwaltung: Karl Maisel (SPÖ), Verkehr: Vinzenz Übeleis (SPÖ), Vermögenssicherung und Wirtschaftsplanung: Peter Krauland (ÖVP) mit Staatssekretär Karl Waldbrunner, ab 28. März 1946 Franz Rauscher, ab 11. Januar 1947 Karl Mantler (alle SPÖ), Elektrifizierung und Energiewirtschaft: Karl Altmann (KPÖ), ab 24. November 1947 Alfred Migsch (SPÖ), Minister ohne Portefeuille: Alois Weinberger, ab 11. Januar 1947 Erwin Altenburger (beide ÖVP) *(→ 20. Dezember)*.
19. Dezember Feierliche Eröffnung des österreichischen Parlaments: Zum Präsidenten des Nationalrates wird Leopold Kunschak (ÖVP) gewählt. Der Nationalrat anerkennt die Bundesverfassung, die provisorische Staatsregierung gibt einen Rechenschaftsbericht.
20. Dezember Rücktritt der provisorischen österreichischen Staatsregierung, das Kabinett Figl I im Amt.
Die österreichische Bundesversammlung, das ist der National- und der Bundesrat, wählt einstimmig Karl Renner (SPÖ) zum Bundespräsidenten.
21. Dezember Regierungserklärung des Bundeskanzlers Leopold Figl vor dem österreichischen Parlament. Er legt ein Bekenntnis zu einem freien und sozialen Österreich ab, das in Frieden leben will: »Das Österreich von morgen wird ein neues, ein revolutionäres Österreich sein. Es wird von Grund auf umgestaltet und weder eine Wiederholung von 1918 noch von 1933, noch eine von 1938 werden . . . Wir wollen das neue, das junge Österreich!"
22. Dezember In Oxford (England) stirbt Otto Neurath, geb. am 10. Dezember 1882 in Wien; Philosoph und Volksbildner. Er war führendes Mitglied des »Wie-

ner Kreises« und hatte 1919–1934 die Arbeiterbildung entscheidend mitgeprägt. Gemeinsam mit dem Graphiker Gerd Arntz, einem Meister des Holz- und Linolschnitts, entwickelte er die Wiener Methode der Bildstatistik und der internationalen Bildersprache ISOTYPE (= International System of Typographic Picture Education).

26. Dezember Uraufführung von Hugo von Hofmannsthals Fragment »Eduard und die Mädchen« im Sender Rot-Weiß-Rot, Salzburg.

27. Dezember Alle Bezirke Wiens haben wieder Gas.

►**1946, 2. Januar** Der Postverkehr zwischen Österreich und dem Ausland (ohne Deutschland und Japan) wird in vollem Umfang aufgenommen. Mit Deutschland ab 17. April.

6. Januar General Mark Wayne Clark, der amerikanische Hochkommissar, übergibt dem Bundeskanzler Leopold Figl die in der Nähe von Nürnberg aufgefundenen Reichskleinodien *(→ 5. September 1938).*

— Lorenz Karall wird Landeshauptmann des Burgenlandes.

7. Januar Anerkennung der österreichischen Bundesregierung durch die vier Besatzungsmächte.

10. Januar Gründung der »Österreichischen Liga für die Vereinten Nationen«.

— Der Alliierte Rat genehmigt Telephon- und Telegraphenverbindungen Österreichs mit dem Ausland, mit Ausnahme Deutschlands und Japans.

22. Januar Erteilung des Agréments für diplomatische Vertreter Österreichs bei den Regierungen der USA, Großbritanniens und Frankreichs.

23. Januar Aufnahme diplomatischer Beziehungen zur Sowjetunion.

Februar Wiederaufnahme der österreichischen Filmproduktion *(→ 23. August).*

1. Februar »Radio Austria« nimmt den Telegraphenverkehr mit der Welt auf.

— Postscheckverkehr im ganzen Bundesgebiet.

— Der Bundesbahnverkehr Bregenz–St. Margrethen (Schweiz) wird aufgenommen.

— Die Schoeller-Bleckmann-Werke in Ternitz (Niederösterreich) nehmen den ersten 5-t-Schmiedehammer in Betrieb

12. Februar Adolf Lorenz stirbt in Altenberg (Niederösterreich); geb. am 21. April 1854 in Weidenau (Österreichisch-Schlesien); Orthopäde, Begründer der modernen Orthopädie. Ihm gelang die Heilung des Klumpfußes und die unblutige Einrichtung der angeborenen Hüftverrenkung.

8. März Ankunft der ersten Lebensmittelsendung der UNRRA *(→ 22. August 1945).* Die Lieferungen der UNRRA bestehen in Lebensmitteln, Kleidern, Fahrzeugen, Saatgut und Dünger. Der Wert der bis Mitte 1947 gelieferten Waren beläuft sich auf 419 Millionen US-Dollar.

10. März Erster Städtetag der Zweiten Republik in Wien, der österreichische Städtebund wird gegründet.

13. März Der Tageskaloriensatz für Normalverbraucher muß auf 1 200 herabgesetzt werden, da die angekündigten UNRRA-Lieferungen nicht in Österreich eingetroffen sind.

15. März Das österreichisch-französische Kulturabkommen wird abgeschlossen.

22. März Die Bundesregierung legt den ersten Bundesvorschlag für 1946 vor, in der ordentlichen Gebarung 4 Millionen Schilling aktiv.

25. März Der Alliierte Rat teilt der Bundesregierung mit, sie habe bis 1. Juli eine neue Verfassung auszuarbeiten. Begründet wird dieses Verlangen mit der Feststellung der Russen, daß die Verfassung 1929 »nicht der neuen Lage, in der sich der österreichische Staat befindet«, entspreche *(→ 12. April).*

— Der »Österreichische Presseclub« wird eröffnet.

April Ausschreibung für eine neue österreichische Bundeshymne, da die alte Haydnhymne zu sehr an das »Deutschland, Deutschland über alles« erinnert.

5. April Unterzeichnung des UNRRA-Vertrages mit Österreich *(→ 22. August 1945; 8. März 1946).*

12. April Der Nationalrat lehnt mit den Stimmen der ÖVP und SPÖ die Forderung des Alliierten Rates, die Verfassung zu ändern, ab *(→ 25. März).*

13. April Der amerikanische Expräsident Herbert Hoover trifft zur Prüfung der Ernährungslage in Wien ein.

17. April Der Postverkehr mit Deutschland wird wieder in vollem Umfang aufgenommen *(→ 2. Januar).*

18. April Die letzte Sitzung des Völkerbundes in Genf, er beschließt die Selbstauflösung.

25. April bis 16. Mai Außenministerkonferenz der vier Großmächte in Paris. Zu Beginn appelliert Österreich abermals wegen der Rückgabe Südtirols, es schlägt erneut eine Volksabstimmung vor, der Anspruch wird erneut zurückgewiesen.

— Großkundgebungen in Wien und in den Bundesländern für die Wiedervereinigung Südtirols mit Österreich.

2. Mai Festsitzung der Bundesversammlung (National- und Bundesrat) im Parlament aus Anlaß der Befreiung Österreichs.

— Fiorello La Guardia, der Generaldirektor der UNRRA, erklärt, daß »das österreichische Volk zu jenen Völkern der Welt zähle, die dem Niveau des Hungertodes am nächsten seien«. Im Laufe des Monats muß der Kaloriensatz des Normalverbrauchers abermals gesenkt werden: auf 800 bis 900 Kalorien pro Tag.

10. Mai Der Alliierte Rat setzt die Besatzungskosten mit 35% des Staatshaushaltes fest *(→ 3. Dezember).*

— Der österreichischen Bundesregierung wird vom Alliierten Rat die Verwaltung der Bundesbahnen überlassen.

— Die Sowjetregierung überreicht an Österreich eine Note mit der Feststellung, daß bei der Verwaltung des »deutschen Eigentums« in Österreich »die geltenden Gesetze und Verordnungen der österreichischen Regierung streng eingehalten werden würden«.

19. Mai Die wiederhergestellte Floridsdorfer Brücke in Wien wird dem Verkehr übergeben, sie erhält den Namen Malinowskijbrücke (bis 1956).

25. Mai Erste öffentliche Lesung von Franz Theodor Csokors Drama »Gottes General« in der Österreichischen Kulturvereinigung.

26. Mai bis 2. Juni Hochschulwochen der österreichischen Hochschülerschaft.

26. Mai Der Wiener Schubertbund gibt im Wiener Konzerthaus sein erstes Konzert nach dem Krieg.

1. Juni Außenminister Karl Gruber trägt in London den Außenministern der Großmächte die berechtigten Ansprüche Österreichs auf Südtirol vor.

Das Zweite Kontrollabkommen

Die wichtigsten Passagen des Zweiten Kontrollabkommens lauten:

»Artikel 1.
Die Autorität der österreichischen Regierung erstreckt sich uneingeschränkt über ganz Österreich, mit Ausnahme folgender Vorbehalte:
a) Die österreichische Regierung und alle untergeordneten österreichischen Behörden haben die Anweisungen, die sie von der Alliierten Kommission empfangen, auszuführen.
b) Bezüglich der im nachfolgenden Artikel 5 aufgezählten Angelegenheiten kann weder die österreichische Regierung noch irgend eine untergeordnete Behörde ohne vorherige schriftliche Zustimmung der Alliierten Kommission Maßnahmen ergreifen ...
Artikel 3 ...
b) Die Trennung Österreichs von Deutschland vollständig zu machen, die unabhängige Existenz und Integrität des österreichischen Staates aufrechtzuerhalten und, bis zur endgültigen Festlegung seiner Grenzen, die Unantastbarkeit derselben nach dem Stande vom 31. Dezember 1937 zu sichern ...
d) Die frei gewählte österreichische Regierung zu unterstützen, so bald wie möglich die volle Kontrolle der Staatsgeschäfte in Österreich auszuüben.
e) Die Aufstellung eines fortschrittlichen Erziehungsprogrammes auf lange Sicht, das die Aufgabe hat, alle Spuren der Nazi-Ideologie auszumerzen und der österreichischen Jugend demokratische Grundsätze einzuprägen, zu sichern ...
Artikel 5.
Im folgenden sind die Angelegenheiten angeführt, in denen die Alliierte Kommission direkte Maßnahmen ergreifen kann, so wie es im obigen Artikel 2c) (3) vorgesehen ist:
(1) Entmilitarisierung und Entwaffnung (militärische, wirtschaftliche, industrielle, technische und wissenschaftliche).
(2) Schutz und Sicherheit der alliierten Streitkräfte in Österreich und die Erfüllung ihrer militärischen Erfordernisse entsprechend des nach Artikel 8a) zu treffenden Übereinkommens.
(3) Schutz, Obsorge und Rückerstattung von Eigentum, das den Regierungen einer der Vereinten Nationen oder deren Staatsbürgern gehört.
(4) Die Verfügung über deutsches Eigentum gemäß den bestehenden Vereinbarungen zwischen den Alliierten.
(5) Betreuung und Abtransport von Kriegsgefangenen und versetzten Personen sowie Ausübung der rechtlichen Gewalt über dieselben.
(6) Die Kontrolle des Ein- und Ausreiseverkehrs in Österreich, bis österreichische Reisekontrollen errichtet werden können.
(7) (a) Ausforschung, Verhaftung und Auslieferung irgendwelcher Personen, die von einer der Vier Mächte oder vom Internationalen Gerichtshof für Kriegsverbrechen und Verbrechen gegen die Menschlichkeit gesucht werden.
(b) Ausforschung, Verhaftung und Auslieferung irgendwelcher Personen, die von anderen Vereinten Nationen wegen Verbrechen gesucht werden, die im vorgehenden Absatz genannt sind, und die in den Listen der Kommission der Vereinten Nationen für Kriegsverbrechen enthalten sind. Die österreichische Regierung wird weiter zuständig sein, alle anderen Personen, die solcher Verbrechen beschuldigt sind und unter ihre rechtliche Gewalt fallen, abzuurteilen, vorbehaltlich des Kontrollrechtes des Alliierten Rates hinsichtlich Verfolgung und Bestrafung solcher Verbrechen ...«

— Leo Slezak stirbt in Rottach-Egern am Tegernsee (Bayern); geb. am 18. August 1873 in Mährisch-Schönberg; Tenor, 1901–1926 an der Wiener Hof- bzw. Staatsoper, seit 1905 Kammersänger.

3. Juni Pan American Airways eröffnen den Flugverkehr Wien–New York.

15. Juni Eröffnung der Grazer Musikfestwochen.

24. Juni Die Außenministerkonferenz lehnt erneut den Anspruch Österreichs auf Südtirol ab.

28. Juni Die Vertreter des Alliierten Rates, nämlich J. S. Steele für Großbritannien, Mark W. Clark für die Vereinigten Staaten, L. V. Kurassow für die Sowjetunion und M. E. Béthouart für Frankreich, unterzeichnen das Zweite Kontrollabkommen für Österreich.

10. Juli In Donawitz (Steiermark) wird der erste Hochofen angeblasen.

12. Juli Die Pariser Außenministerkonferenz beschäftigt sich mit der Frage des Österreichischen Staatsvertrages; durch sofort auftretende Differenzen wird die Debatte abgebrochen.

17. Juli Die amerikanische Besatzungsmacht übergibt der Bundesregierung mehrere Betriebe, unter anderem die Tauernkraftwerke, die Eisen- und Stahlwerke Linz, die Lenzinger Zellwolle- und Papierfabrik.

— In Ranshofen (Oberösterreich) wird die Aluminiumproduktion aufgenommen.

23. Juli Die Steyr-Daimler-Puch-Werke in Steyr (Oberösterreich) werden von den Amerikanern übergeben.

25. Juli Der Nationalrat nimmt einstimmig ein neues Nationalsozialistengesetz an, um Unzukömmlichkeiten und Härten der Fassung vom 8. Mai 1945 zu beseitigen. (Die einstimmige Zustimmung des Alliierten Rates, da ein Verfassungsgesetz, erfolgt erst nach zahlreichen

Verschärfungen am 15. Dezember 1946, es tritt am 17. Februar 1947 in Kraft.)

26. Juli Der Nationalrat beschließt gegen die Stimmen der KPÖ ein »Verstaatlichungsgesetz« und ein Gesetz über die Errichtung von Werksgenossenschaften. Betroffen sind die drei größten Banken, der gesamte Kohlen-, Eisenerz-, Bleierz-, Kupfererz- und Antimonbergbau, die gesamte Erdöl- und Hüttenindustrie, die wichtigsten Werke der Maschinen- und Metallindustrie, des Fahrzeugbaues und der Elektroindustrie sowie die DDSG. Trotz schriftlichem Protest des russischen Oberbefehlshabers Generaloberst Wladimir Kurassow bei der Bundesregierung (die anderen Alliierten stimmten zu) kann das Gesetz nach 31 Tagen, am 8. September 1946, in Kraft treten. Der Durchführung stellten sich allerdings oft unüberwindliche Hindernisse in den Weg.

30. Juli Die Tauernkraftwerke Kaprun (Salzburg) werden von den Amerikanern übergeben (errichtet 1938–1959, → *3. April 1959).*

4.–11. August Erste Festwoche in Bregenz, im kleinen

Einspruch des Generalobersten Kurassow gegen die Verstaatlichung

»Herr Bundeskanzler!

Ich möchte Ihre Aufmerksamkeit darauf lenken, daß in der veröffentlichten Liste der Betriebe, die der Nationalisierung unterliegen, ehemalige deutsche Unternehmungen inbegriffen sind, die auf Grund der Entscheidungen der Berliner Konferenz und in Übereinstimmung mit meinem Befehl Nr. 17 in das Eigentum der UdSSR übergegangen haben. [13 Betriebe werden aufgezählt.] Ich muß Sie, Herr Kanzler, im vorhinein darauf aufmerksam machen, daß, wenn die obgenannten und andere ehemalige deutsche Aktiva in das Gesetz über die Nationalisierung übernommen werden, dies im Widerspruch zu den internationalen Abmachungen stehen würde, darunter auch mit dem Kontrollabkommen für Österreich, das am 28. Juni 1946 unterzeichnet wurde (Abs. I, Punkt 1 und Abs. V, Punkt 4). Die sowjetische Seite nimmt das Gesetz über die Nationalisierung österreichischer Betriebe mit Befriedigung zur Kenntnis, aber sie wird nicht Eingriffe in das gesetzliche Recht des Sowjetverbandes in bezug auf die ehemaligen deutschen Aktiva zulassen, die aus so unbestreitbarem internationalem Recht resultieren, wie es die Potsdamer Beschlüsse sind.

Infolgedessen sind die österreichische Regierung und das Parlament nicht berechtigt, einseitig ehemalige deutsche Aktiva zu nationalisieren oder auch irgendwelche andere einseitige Beschlüsse zu fassen, die das ehemalige Deutsche Eigentum in Österreich betreffen. Ich gebe der Überzeugung Ausdruck, daß die österreichische Regierung vor Erörterung des Gesetzesentwurfes über die Nationalisierung von industriellen Unternehmungen das Obige in Betracht zieht und aus dem Gesetzentwurf die ehemaligen deutschen Unternehmungen ausscheidet ...«

Gruber-De-Gasperi-Abkommen über Südtirol

»1. Deutschsprachigen Einwohnern der Provinz Bozen und der benachbarten zweisprachigen Ortschaften der Provinz Trient wird die vollständige Rechtsgleichheit mit den italienischsprachigen im Rahmen besonderer Bestimmungen gesichert werden, um den Volkscharakter und die kulturelle und wirtschaftliche Entwicklung des deutschsprachigen Bevölkerungsteiles zu schützen.

Gemäß bereits in Kraft gesetzten oder vor dem Inkrafttreten stehenden Gesetzen wird den genannten deutschsprachigen Staatsangehörigen insbesondere gewährt werden:

a) Volksschul- und Mittelschulunterricht in der Muttersprache;
b) Gleichstellung der deutschen und italienischen Sprache in öffentlichen Ämtern und öffentlichen Urkunden, sowie in der zweisprachigen Benennung der Ortschaften;
c) das Recht, deutsche Familiennamen wiederherzustellen, die in den letzten Jahren italianisiert wurden;
d) Gleichberechtigung hinsichtlich der Anstellung in öffentlichen Ämtern, um ein angemesseneres Verhältnis in der Verwendung zwischen den beiden Volksgruppen zu erreichen;

2. Der Bevölkerung der oben angeführten Zonen wird die Ausübung einer autonomen, regionalen Gesetzgebungs- und Vollziehungsgewalt gewährt werden. Der Rahmen, in dem die genannten Autonomie-Bestimmungen Anwendung zu finden haben, wird auch in Konsultation mit lokalen deutschsprachigen Vertretern festgesetzt werden.

3. In der Absicht, Beziehungen guter Nachbarschaft zwischen Österreich und Italien herzustellen, verpflichtet sich die italienische Regierung, in Konsultation mit der österreichischen Regierung und innerhalb eines Jahres nach der Unterzeichnung vorliegenden Vertrages:
   a) Im Geiste der Billigkeit und Großzügigkeit die Fragen der Staatsbürgerschafts-Option zu überprüfen, die sich aus den Hitler-Mussolini-Abkommen des Jahres 1939 ergeben;
   b) ein Abkommen über die gegenseitige Anerkennung der Gültigkeit bestimmter Grade und Universitäts-Diplome zu erreichen;
   c) ein Abkommen über den freien Durchgangsverkehr von Personen und Gütern zwischen Nord- und Osttirol mit der Eisenbahn und in größtmöglichem Ausmaß auch auf den Straßen zu entwerfen;
   d) Sonderabkommen abzuschließen zu dem Zweck, einen verstärkten Grenzverkehr und einen örtlichen Austausch bestimmter Mengen von charakteristischen Erzeugnissen und Gütern zwischen Österreich und Italien zu erleichtern.«

Künftige Aufgaben der Bundesregierung

Unter Würdigung der Arbeit der Regierung fordert der Nationalrat die Bundesregierung auf, im Hinblick auf folgende Ziele ihre Bemühungen fortzusetzen:

»1. die Herstellung der Freiheit und Unabhängigkeit Österreichs im Sinne der Moskauer Deklaration sowie die Sicherung der Einheit unseres Landes,
2. Beendigung der militärischen Besetzung,
3. Schutz der Demokratie mit allen daraus entspringenden Rechten,
4. Sicherung der heimischen Produktion für den inländischen Bedarf und Aufhebung aller wirtschaftlichen Beschränkungen für den in- und ausländischen Warenaustausch,
5. Überführung der von den Besatzungsmächten besetzten Betriebe und Produktionsstätten in die Verfügungsgewalt der österreichischen Bundesregierung,
6. zur wirtschaftlichen Existenzsicherung ist für die Anerkennung des österreichischen Eigentums der Stand vom 12. März 1938 durchzusetzen,
7. Rückgabe der gesamten österreichischen Gold- und Devisenvorräte zur Deckung unserer Währung,
8. Ermöglichung der Wiederherstellung der Währungsbasis 1938,
9. die eheste und völlige Rückführung der österreichischen Kriegsgefangenen aus allen Ländern,
10. die Repatriierung der versetzten Personen, bis dahin Unterstellung derselben unter die österreichische Gerichtsbarkeit.
11. Aufnahme Österreichs in die Vereinten Nationen.«

Gondelhafen wird auf einem Bühnenfloß Wolfgang Amadeus Mozarts »Bastien und Bastienne« aufgeführt.

15. August Das amerikanische Handelsministerium gibt bekannt, daß Österreich aus der Liste der Feindstaaten gestrichen ist.

21. August Außenminister Karl Gruber legt auf der Pariser Außenministerkonferenz den Standpunkt Österreichs in der Südtirolfrage in Anwesenheit der vier Außenminister dar. Am 26. August überreicht er zusätzlich ein umfangreiches Memorandum, die Alliierten bleiben ablehnend.

23. August Premiere des ersten österreichischen Nachkriegsfilms »Schicksal in Ketten« in der Wiener Scala. Regie Eduard Hoesch, in den Hauptrollen: Maria Andergast, Hans Holt, Rudolf Prack, Karl Skraup und andere. Das Rollfilmmaterial hatte die russische Besatzungsmacht kostenlos zur Verfügung gestellt.

5. September Außenminister Karl Gruber schließt mit

Österreichs Widerstand

Die »Wiener Zeitung« veröffentlicht Teile des der Londoner Konferenz unterbreiteten Memorandums:

»Das Memorandum beweist, daß eine Mehrheit der Österreicher aktiv, nicht nur passiv gegen die Okkupanten aufgetreten ist ... Wenngleich heute 530 000 Registrierte gezählt werden, so haben von ihnen nur 70 000 bereits vor der Annexion mit den Nazi zusammengearbeitet ... Eine beträchtliche Anzahl von Österreichern diente in alliierten Armeen: Vier Bataillone gab es bei den jugoslawischen Partisanen, fast 3 000 Österreicher dienten in der britischen Armee, und die Zahl der Österreicher in der amerikanischen und französischen Armee ist beträchtlich ...

Die Schaffung eines einheitlichen und organisierten Widerstandes gegen die nationalsozialistische Gewaltherrschaft stieß auf große Schwierigkeiten, die sich aus der speziellen Lage Österreichs ergaben und mit welchen kein anderes von Hitler besetztes Land im gleichen Maße zu kämpfen hatte. Hierher gehören vor allem:

1. Beseitigung jeglicher österreichischer Regierungsgewalt;
2. die mangels Ermutigung von alliierter Seite unterbliebene Errichtung einer Exilregierung im Ausland;
3. die geographische Lage des österreichischen Territoriums im Herzen Europas und die damalige weitgehende Isolierung;
4. die dichte Durchsetzung österreichischen Bodens mit zivilen und militärischen Befehlsstellen aus dem Reich;
5. Gleichheit der Sprache zwischen Okkupanten und Bevölkerung;
6. Beschränkung der Hilfe von Seiten der Alliierten auf rein humanitäre Unterstützung der im Ausland entstandenen österreichischen Organisationen, auf den Abwurf von Manifesten über dem besetzten Land und ähnliche mehr symbolische Akte;
7. Deutschland hatte nahezu zwei Jahre Gelegenheit, die österreichische Jugend in die Reihen der deutschen Wehrmacht zu pressen und durch unablässigen Drill ihre Widerstandskraft zu schwächen;
8. strengste Kontrolle und Bespitzelung der in den Betrieben verbliebenen österreichischen Arbeiterschaft ... Groß ist die Zahl der Opfer des Widerstandes. Bisher wurden 50 000 Fälle den Häftlingsverbänden zur Prüfung vorgelegt und 36 000 Fälle als politisch festgestellt ...«

dem italienischen Ministerpräsidenten Alcide De Gasperi auf der Pariser Außenministerkonferenz ein Abkommen über Südtirol.

15. September bis 8. Oktober Innsbrucker Musik- und Theaterwochen.

15. September Das Devisenbewirtschaftungsgesetz tritt in Kraft.

— Österreich wird wieder in die FIS (Fédération Internationale de Ski = Internationaler Skiverband) aufgenommen.

30. September Der Internationale Gerichtshof in Nürnberg erklärt die SS, die Gestapo und den SD zu verbrecherischen Organisationen.

1. Oktober Bei der Urteilsverkündung des Internationalen Gerichtshofes in Nürnberg gegen die Hauptkriegsverbrecher werden auch zwei Österreicher zum Tode verurteilt, und zwar Arthur Seyss-Inquart und Ernst Kaltenbrunner. Die Urteile werden am 16. Oktober vollstreckt.

Anfang Oktober Die »Österreichische Musikzeitschrift« erscheint zum erstenmal.

6. Oktober Die Zensur der Alliierten über die österreichische Inlandspost wird aufgehoben.

7. Oktober Der erste Nationalbankausweis, nach acht Jahren, wird veröffentlicht: Banknotenumlauf 5 133 Millionen Schilling, davon für Besatzungskosten 2 605 Millionen Schilling ausgefolgt. Minimalbestand an Gold und Devisen.

12. Oktober Der einzige Bleihochofen in Österreich in Bleiburg (Kärnten), wird wieder angeblasen.

21. Oktober Die OROP (später ÖROP) = Österreichisch-russische Erdölproduktionsgesellschaft wird gegründet.

22. Oktober Anläßlich der Übersiedlung des Bundespräsidenten in die neuen Amtsräume im Leopoldinischen Trakt der Wiener Hofburg findet ein erster offizieller Staatsakt im Rahmen der Feiern »950 Jahre Österreich« statt. In Anwesenheit von Vertretern der Besatzungsmächte und zahlreicher Diplomaten weist Bundespräsident Karl Renner auf Österreichs historische Position hin: »Die Österreicher werden geradezu zu einer Nation internationalen Gepräges, in dieser Hinsicht gewissermaßen mit den Vereinigten Staaten zu vergleichen.«

23. Oktober Gründungssitzung der Pressesektion der Österreichischen Liga der Vereinten Nationen im Österreichischen Presse-Club in Wien.

29./30. Oktober Jeweils in den Nachmittagsstunden hält der Nationalrat eine Geheimsitzung ab. Zur krisenhaften Lage sprechen Kanzler Leopold Figl und die Minister Josef Gerö (Justiz), Hans Frenzel (Volksernährung) und Josef Kraus (Land- und Forstwirtschaft). Einen einstimmig genehmigten Antrag der Abgeordneten Julius Raab (ÖVP), Erwin Scharf (SPÖ) und Ernst Fischer (KPÖ) druckt die »Wiener Zeitung« am folgenden Tag ab. *(→ Rahmenartikel: »Künftige Aufgaben der Bundesregierung«, S. 387).*

29. Oktober Das erste Handelsabkommen zwischen Österreich und Frankreich wird in Paris unterzeichnet.

31. Oktober Festsitzung des Nationalrates anläßlich »950 Jahre Österreich«.

— Die österreichischen Zeitungen sind in Frankreich im freien Handel zugelassen.

8. November Vizekanzler Adolf Schärf spricht im Londoner Rundfunk (er ist als Parteimann auf Besuch): »Wir meinen, daß die aus weltpolitischen Gründen etwa notwendig scheinende militärische Besetzung unseres Landes nicht auch dazu führen müßte, daß Militärs die oberste Staatsgewalt heute bei uns ausüben ... die Bundesregierung im eigenen Land nur eine Schattenrolle spielt, weil sie nicht in der Lage ist ... selbst zu verfügen, weil sie nicht freie Hand besitzt. Wie wenig Gewalt die österreichische Regierung tatsächlich hat, wissen selbst in Österreich nur wenige Menschen.«

10. November Der Kaloriensatz für Normalverbraucher wird auf 1 550 pro Tag erhöht.

3. Dezember Der Alliierte Rat einigt sich auf eine Reduktion der Besatzungskosten: Für 1947 dürfen die Besatzungskosten nicht 15% des österreichischen Staatshaushaltes überschreiten. Für das am 31. Dezember 1946 endende vierte Quartal bedeutet die Reduktion der Kosten auf 25% des österreichischen Budgets eine Erleichterung, wobei die Sowjetunion einen weitaus größeren Anteil erhält als die anderen Besatzungsmächte. Für das erste Quartal 1947 sind die Kosten in etwa zu gleichen Teilen aufzuteilen.

9. Dezember Die in Paris versammelten vier Außenminister kommen überein, bei ihrer nächsten Zusammenkunft im März den Vertrag mit Österreich zu diskutieren.

Mitte Dezember Das amtliche Rot-Weiß-Rot-Buch erscheint, das dem österreichischen Volk international zu Recht und Gerechtigkeit verhelfen soll. Es enthält bisher unbekanntes Aktenmaterial zur Vorgeschichte des Anschlusses. Es soll beweisen, daß Österreich schon seit 1934 dem Hitlerregime Widerstand leistete und daß die Okkupation Österreichs Teil der nationalsozialistischen Aggressionspolitik war.

30. Dezember General Emile Béthouart, der französische Oberkommandierende, erklärt bei der Eröffnung der Hochschulwochen in St. Christoph am Arlberg: »Österreichs Wohlergehen ist die Voraussetzung für den Frieden in Europa. Auf seinem Boden entscheidet sich das Schicksal des Kontinents.«

▶**1947** Ellen Müller-Preiss wird Weltmeisterin im Florettfechten.

— Die Österreicherin Pritzi und die Ungarin Farkas werden Weltmeister im Tischtennis der Damen, Doppel.

Januar Die erste Sesselliftanlage in Österreich wird errichtet, von Tschagguns nach Grabs (Vorarlberg).

11. Januar Der Personenverkehr auf den Bundesbahnen wird wegen Kohlenmangels vorübergehend eingestellt.

14. Januar bis 25. Februar Erste Verhandlung über den Österreichischen Staatsvertrag durch die stellvertretenden Außenminister der vier Großmächte in London. Die Teilnahme Österreichs wird bewilligt, worauf Bundeskanzler Leopold Figl, Vizekanzler Adolf Schärf und Außenminister Karl Gruber nach London reisen.

— Jugoslawien fordert Teile Kärntens, u. a. die Städte Klagenfurt und Villach und Teile der Südsteiermark. Weiters fordert es durch seinen Delegierten Josef Vilfan Reparationen. Polen stellt Österreichs Kriegsschuld fest, es fordert Garantien gegen den Anschluß und Wiedergutmachung für erlittene Schäden. Auch Griechenland stellt Reparationsforderungen. Die ČSR will die Erhaltung der österreichischen Selbständigkeit und keine Reparationen. Andere Staaten wie Australien setzen sich für eine nachsichtigere Behandlung Österreichs ein.

14. Januar Die Bundesregierung richtet einen Appell an die Bevölkerung, sich durch die Nöte und Leiden der Zeit nicht unterkriegen zu lassen. Der Katastrophenwinter führt zu diesem Zeitpunkt durch den Mangel an Strom, Gas und Kohle zum vollständigen Stillstand der industriellen Produktion.

19. Januar VII. Akademische Winterspiele in Davos (Schweiz). Österreich in der Nationenwertung an erster Stelle. 1. im Skilauf: Dagmar Rom, Egon Schöpf und Oskar Schulz, 1. im Eiskunstlauf: Edi Rada.

29. Januar Der stellvertretenden Außenministerkonferenz wird ein österreichisches Memorandum überreicht, in dem die Forderungen der kleinen Staaten ausnahmslos zurückgewiesen werden.

30. Januar Bundeskanzler Leopold Figl spricht vor der Konferenz.

31. Januar Rededuell zwischen Außenminister Karl Gruber und dem russischen Vertreter Gusew über die Verantwortung Österreichs für den Krieg, der Beitrag Österreichs zur Befreiung und das Potsdamer Abkommen.

Februar Österreich erhält vom Welternährungsrat Waren im Wert von 100 Millionen US-Dollar.

1. Februar Uraufführung von Jean Anouilhs »Eurydike« im Studio des Theaters in der Josefstadt.

8. Februar Außenminister Karl Gruber überreicht der Londoner Konferenz ein Memorandum über den österreichischen Widerstand *(→ Rahmenartikel: »Österreichs Widerstand«, S. 387).*

25. Februar Die zu Ende gehende Londoner Konferenz der stellvertretenden Außenminister beschäftigte sich mit der Mantelnote für den österreichischen Vertrag. Die Frage des Deutschen Eigentums soll der am 10. März beginnenden Moskauer Konferenz vorbehalten bleiben. Einigung wird erzielt, daß Südtirol nicht Gegenstand eines Vertrages mit Österreich sein wird. Die Frage des Schadenersatzes – es wird von einer Summe von 1,5 bis 2 Milliarden Schilling gesprochen, die Österreich keineswegs aufbringen könnte – soll einer Schlichtungskommission unterbreitet werden.

— Die neue österreichische Bundeshymne wird eingeführt, die Melodie stammt von einem unbekannten Komponisten des ausgehenden 18. Jahrhunderts, der Text ist von Paula von Preradović *(→ April 1946).*

26. Februar–12. Juni Hochverratsprozeß gegen den Staatssekretär und späteren Außenminister des Kabinetts Schuschnigg Guido Schmidt. Es wird ihm vorgeworfen, im Zusammenspiel mit maßgeblichen Persönlichkeiten des Deutschen Reiches und der NSDAP eine gewaltsame Änderung der Regierungsform in Österreich und eine Machtergreifung der NSDAP gefördert zu haben. Damit habe er das Verbrechen des Hochverrats begangen. Der Volksgerichtsprozeß endet mit einem Freispruch für Guido Schmidt.

26. Februar Der Nationalrat beschließt das Kollektivvertragsgesetz.

7. März Der Wiener Gemeinderat faßt für 1947 den Beschluß, 6 000 zerstörte Wohnungen instand zu setzen.

— Der Kohlenbergbau erreicht 98% der Vorkriegsproduktion.

— 1-Schilling-Münzen werden ausgeprägt.

10. März bis 24. April Außenministerkonferenz über den Staatsvertrag in Moskau.

10. März Die Nummer 1 der Zeitung »Wiener Montag« erscheint.

21. März Beschluß der Außenministerkonferenz auch Österreich anzuhören. Die Bundesminister Karl Gruber und Peter Krauland reisen nach Moskau. Außenminister Gruber kommt erst am 18. April kurz zu Wort.

23.–30. März Auf dem Wiener Messegelände findet zum ersten Mal nach dem Krieg wieder eine Frühjahrsmesse statt. Das Interesse des Auslands ist groß, es werden 70 000 Besucher gezählt.

26. März Der Nationalrat beschließt die Verstaatlichung der Elektrizitätswirtschaft.

1. April Das Ausstellen von Reisepässen und Sichtvermerken fällt wieder in die Kompetenz der österreichischen Bundesregierung.

11. April Der Alliierte Rat gestattet den freien Warenverkehr zwischen den Besatzungszonen.

24. April Die Außenministerkonferenz in Moskau wird beendet, sie bringt nur geringe Fortschritte, z. B. die Stärke der Besatzungsarmee wird mit 53 000 Mann festgesetzt, keine Reparationsleistungen. Auf Vorschlag Molotows wird eine Kommission eingesetzt, die in Wien die Beratungen über den Staatsvertrag fortsetzen soll *(→ 12. Mai).* Die Außenministerkonferenz vertagt sich auf den 25. November.

26. April Außenminister Karl Gruber erklärt unmittelbar nach seiner Rückkehr aus Moskau: »Ich lehne es ab, Moskau einen Erfolg zu bezeichnen. Es stellt vielmehr eine flagrante Verletzung der österreichischen Interessen dar und ist außerdem in logischem Widerspruch zur allgemeinen Argumentation der Alliierten selbst ... Es ist kein Anlaß zu Dankeshymnen an die Alliierten und noch weniger zur Selbstzufriedenheit.«

5. Mai Kommunistische Streikbewegungen in Wien.

— Die »Oberösterreichischen Nachrichten« werden eine österreichische Zeitung.

12. Mai Beginn der Staatsvertragsberatungen der Alliierten Kommission *(→ 24. April)* in Wien im Haus der Industrie auf dem Schwarzenbergplatz; Vertreter: General Paul Cherrière (Frankreich), Joseph Dodge (USA), Botschaftsrat K. Nowikow (Sowjetunion) und George Rendel (Großbritannien). Bis 11. Oktober werden 85 Sitzungen abgehalten, die jedoch kaum ein Ergebnis bringen. Der letzte Vermittlungsvorschlag kam am 8. Oktober von General Cherrière.

17. Mai Freier Güterverkehr über die Demarkationslinie (zwischen der russischen Zone und der Zone westl. Alliierter) gestattet, Ausnahme: Lebensmittel, Heizmaterialien, Industrieeinrichtungen und Schrott.

— Die Papier- und Zellwollefabrik in Lenzing (Oberösterreich) nimmt die Produktion auf.

25.–31. Mai Haydn-Festspiele in Eisenstadt.

25. Mai Das Riesenrad im Wiener Prater nimmt nach seiner Renovierung mit der Hälfte der Waggonanzahl wieder den Betrieb auf.

5. Juni Geheimverhandlungen zwischen Teilen der ÖVP und der KPÖ. Informationen darüber werden von Außenminister Karl Gruber der amerikanischen Besatzungspresse zugespielt, die dies am 9. Juni veröffentlicht. Diese »Figl-Fischerei« führt zu einem handfesten Krach in der Koalitionsregierung, vor allem fühlt sich die SPÖ übergangen.

12. Juni Wiederherstellung des österreichischen Sozialversicherungswesens durch Beschluß des Sozialversicherungsüberleitungsgesetzes.

Australien über die Aufnahme Österreichs in die Vereinten Nationen

Nach Unterbreitung des österreichischen Ansuchens um Aufnahme in die Vereinten Nationen wurden zu diesem Thema verschiedene Erklärungen seitens der Mitgliedsstaaten abgegeben und Resolutionsvorschläge unterbreitet. Der australische Vorschlag vom 21. August 1947 lautet:

»Der Sicherheitsrat hat das Ansuchen Österreichs um Zulassung zu den Vereinten Nationen erwogen und zur Kenntnis genommen, daß Österreich noch unter militärischer Besetzung durch die Alliierten und Assoziierten Mächte ist; er befindet, daß nach seinem Urteil Österreich ein friedliebender Staat und fähig und gewillt ist, die in der Charter der Vereinten Nationen enthaltenen Verpflichtungen zu erfüllen; er empfiehlt, daß Österreich zur Mitgliedschaft zu einem Zeitpunkt und unter solchen Bedingungen zugelassen wird, wie sie die Generalversammlung für angemessen findet.«

14. Juni In Linz wird ein Hochofen angeblasen.

16.–30. Juni Erstes internationales Musikfest nach dem Krieg in Wien.

18. Juni Die KPÖ bittet in einem Brief an Stalin um die Heimführung der österreichischen Kriegsgefangenen. Stalin reagiert positiv und verspricht, alle Österreicher bis Jahresende zu entlassen *(→ 12. September)*. Die wiederholten Bitten der Bundesregierung waren bisher erfolglos geblieben.

21. Juni Der amerikanische Hochkommissar gibt der Bundesregierung bekannt, daß die USA auf Besatzungskosten verzichten. Ab nun bezahlen sie ihren Bedarf für die Truppen in US-Dollar, was für die österreichische Wirtschaft eine wichtige Deviseneinahme bedeutet.

22. Juni Die Nummer 1 der »Wiener Tageszeitung« erscheint.

— Die erste große Kunstausstellung nach dem Krieg wird im Wiener Künstlerhaus durch den Bundespräsidenten eröffnet.

25. Juni Ein Hilfsabkommen zwischen den USA und Österreich wird in Wien unterzeichnet. Der Verkaufserlös der von den USA kostenlos gelieferten Güter aller Art darf von der Regierung für den Wiederaufbau verwendet werden. Ein heftiger Protest der Russen gegen die »Amerikahilfe«, da ihnen dadurch die Unabhängigkeit Österreichs gefährdet erscheint, wird von der Bundesregierung am 17. Juli zurückgewiesen, gleichzeitig wird auf die staatsschädigende Tätigkeit der USIA-Betriebe (sie zahlen z. B. keine Steuer) hingewiesen.

27. Juni bis 2. Juli Konferenz der Außenminister Frankreichs, Großbritanniens und Sowjetrußlands in Paris wegen des »Marshallplans« (der US-Außenminister George Catlett Marshall hatte eine wirtschaftliche Zusammenarbeit aller europäischen Staaten mit amerikanischer Unterstützung angeregt). Der russische Außenminister Wjatscheslaw Molotow lehnt unter Hinweis auf die Eingriffe in die Souveränität der Staaten ab. Die Außenminister Ernest Bevin (Großbritannien) und Georges Bidault (Frankreich) laden daraufhin 22 Staaten zur Fortführung der Besprechungen ein *(→ 12. Juli bis 22. September)*.

27. Juni Das US-Außenministerium gibt bekannt, daß »Österreich an erster Stelle des europäischen Unterstützungsprogramms der USA stünde und nicht nur als befreites, sondern als befreundetes Land angesehen werde«.

— Bewaffnete Einheiten aus Jugoslawien verfolgen »Weißgardisten« und überschreiten dabei die österreichische Grenze zum Anwesen »Hammerkauz« in Großwalz bei Leibnitz (Steiermark). Bei einem Feuergefecht werden die Bewohner des Bauernhofes verletzt und zwei weitere Personen getötet. Eine Gendarmeriepatrouille, die die Eingedrungenen vertreiben will, wird ebenfalls in das Feuergefecht verwickelt, zwei Beamte werden verletzt, einer nach Jugoslawien verschleppt.

30. Juni Abschluß der UNRRA-Hilfe für Österreich.

2. Juli Die österreichische Bundesregierung überreicht dem Sicherheitsrat der Vereinten Nationen ein Ansuchen um Aufnahme in die Völkergemeinschaft. Dieses wird an den Mitgliedschaftsausschuß zur Beratung überwiesen.

12. Juli–22. September In Paris findet die erste »Marshallplan«-Konferenz *(→ 27. Juni–2. Juli)* »für die wirtschaftliche Zusammenarbeit Europas« statt. 16 europäische Staaten mit Ausnahme der Staaten Osteuropas nehmen daran teil.

15. Juli Eine britische Hilfs- und Kreditaktion für Österreich läuft an.

— Zwei Hochöfen werden in Donawitz (Steiermark) angeblasen.

— Die Steyr-Werke stellen die ersten Dieseltraktoren fertig.

— Beginn der Grazer Festwochen.

27. Juli Die USA erklären sich bereit, zusätzlich zum Verzicht auf die Besatzungskosten *(→ 21. Juni)* die ab 9. Mai 1945 aufgelaufenen Besatzungskosten mit einem Pauschalbetrag von 308 Millionen Schilling an Österreich zurückzuzahlen.

August Mißernte in ganz Österreich durch katastrophale Trockenheit.

1. August Lohn- und Preiserhöhungen treten in Kraft. Die Löhne werden durchschnittlich um 250 %, die Industrieartikel um 200 bis 500%, die Agrarprodukte um 190% gegenüber 1937 erhöht. Erstes Lohn- und Preisabkommen *(→ 16. September 1948)*.

6. August Erste Opernaufführung bei den Salzburger Festspielen: Gottfried von Einems »Dantons Tod«. Dirigent: Ferenc Fricsay, Inszenierung: O. F. Schuh, Bühnenbild: Caspar Neher; Danton: Paul Schöffler, Camille Desmoulin: Julius Patzak.

23. August Grundsteinlegung zur Per-Albin-Hansson-Siedlung in Wien 10. Damit wird die planmäßige Wohnbautätigkeit der Gemeinde Wien eingeleitet.

September Österreichs Ausfuhr erreicht den ersten Hochstand seit Kriegsende: 75 Millionen Schilling.

12. September Der erste Heimkehrertransport aus Rußland mit 1 199 Österreichern, darunter 330 Wiener, trifft in Wr. Neustadt (Niederösterreich) ein.

15. September Brand der Kuppel der Melker Stiftskirche. 19 Feuerwehren bekämpfen Stunden hindurch den Brandherd. Das Kuppelgewölbe mit den Fresken Johann Michael Rottmayrs bleibt erhalten, die Kupferhaut der Kuppel glühte aus.

18. September Im Burgtheater wird Franz Theodor

Aktionsprogramm der Sozialistischen Partei Österreichs

Am Parteitag im Oktober 1947 präsentiert Adolf Schärf das von der Programmkommission ausgearbeitete neue »Aktionsprogramm«. Es wird einstimmig angenommen.

»A. Leitende Grundsätze
Die Sozialistische Partei Österreichs ist die Partei des arbeitenden Volkes in Stadt und Land. Sie will Hüter der Menschenrechte sein, Anwalt der Enterbten und Unterdrückten, Kämpfer für eine sozialistische Gesellschaftsordnung.
Die Sozialistische Partei ist die Sammlung aller Kräfte des Aufbaus und des Freiheitskampfes.
Die Welt ist auch nach dem Ende des Krieges nicht zur Ruhe gekommen. In Österreich leidet das arbeitende Volk unter dem Elend, das eine Folge der Kriegs- und Nachkriegsereignisse ist. Es wird bedrückt durch die Unsicherheit seiner Existenz.
Die Sozialistische Partei Österreichs weist den Weg aus Zerstörung und Chaos.
Das österreichische Volk muß Herr im eigenen Land sein.
Nach der Befreiung von der faschistischen Herrschaft muß Österreich endlich seine volle politische Souveränität wiedererlangen. Es muß frei werden von der Besetzung.
Es muß auch frei werden von jenen Fesseln der Potsdamer Beschlüsse, die Österreichs Handlungsfreiheit beeinträchtigen . . .«

Das Programm schließt mit folgendem Absatz:
»Österreich frei und neutral.
Internationale Garantie der Neutralität Österreichs zur Sicherung seiner bestehenden Grenzen, seiner Freiheit und Unabhängigkeit.
Volle internationale Gleichberechtigung des österreichischen Staates. Aufnahme Österreichs in die UN, die Weltorganisation der Vereinten Nationen.«

Csokors »Der verlorene Sohn« unter der Regie von Adolf Rott uraufgeführt. Es spielen u. a. Maria Eis, Fred Liewehr und Heinz Moog.

26. September Die Bundesregierung beschließt, wegen widersprüchlicher Weisungen an die von den Alliierten geforderten Zensurbeamten kein Gehalt mehr zu bezahlen.

19. Oktober Vorarlberg wird durch Verfassungsgesetz wieder ein eigenes Bundesland, die in der NS-Zeit durchgeführte Vereinigung mit Tirol wird aufgehoben. In der Landesverfassung bezeichnet sich Vorarlberg als »selbständiger Staat«.

23.–26. Oktober Parteitag der SPÖ in Wien, ein Aktionsprogramm wird beschlossen.

November Einstimmige Aufnahme Österreichs in die UNESCO = United Nations Educational, Scientific and Cultural Organization, die Organisation der Vereinten Nationen für Erziehung, Wissenschaft und Kultur.

10. November Der Kaloriensatz für Normalverbraucher wird von 1 550 auf 1 700 pro Tag erhöht.

18. November Der Ministerrat beschließt mit den Stimmen der ÖVP und SPÖ den Entwurf des Währungsschutzgesetzes zur Verringerung des Geldumlaufs *(→ 11.–24. Dezember)*. Der Nationalrat nimmt das Gesetz an.

20. November Der Kommunist Karl Altmann lehnt das Währungsschutzgesetz ab und tritt als Energieminister zurück. Ende der Dreiparteienkoalition in Österreich. An Altmanns Stelle tritt Alfred Migsch (SPÖ).

22. November Burgschauspieler Otto Hartmann – er hatte die österreichische Widerstandsbewegung verraten *(→ 22. Juli 1940)* – wird vom Volksgerichtshof in Wien zu lebenslänglichem schwerem Kerker verurteilt.

26. November bis 17. Dezember Außenministerkonferenz in London über den Staatsvertrag. Kein Fortschritt, die stellvertretenden Außenminister sollen ab Februar 1948 die Arbeit fortsetzen.

8. Dezember Die »Weltpresse« und »Graz am Montag«, vom britischen Informationsdienst herausgegeben, erscheinen in Graz.

11.–24. Dezember Die zweite Währungsreform wird gemäß dem Währungsschutzgesetz *(→ 18. November)* nach einstimmiger Zustimmung durch den Alliierten Rat durchgeführt. Der Notenumlauf beträgt Mitte November über 6 Milliarden Schilling, die Bankeinlagen betragen 21,5 Milliarden (davon etwa 10 Milliarden frei verfügbar). Pro Kopf der Bevölkerung werden 150 Schilling 1 : 1 umgetauscht, weitere Beträge um zwei Drittel abgewertet. Die Konten vom Dezember 1945 bis 12. November 1947 bleiben 100% erhalten, andere Guthaben werden um 60% verringert, die 40% in zweiprozentige Bundesschuldverschreibungen umgewandelt.

▶1948, 2. Januar Das »Interimshilfeabkommen« zwischen Österreich und den USA wird in Wien unterzeichnet. Die kostenlose Lieferung von Lebensmitteln und lebenswichtigen Waren bis zum Anlaufen des Marshallplans wird vereinbart.

8. Januar Richard Tauber stirbt in London; geb. am 16. Mai 1891 in Linz; lyrischer Operntenor. Seit 1925 Mitglied der Wiener Staatsoper.

24. Januar Die Sowjetunion präsentiert ihre Vorschläge der Londoner Konferenz der stellvertretenden Außenminister für die Bereinigung der Frage des ehemaligen Deutschen Eigentums in Österreich. Sie fordert zwei Drittel der Erdölkonzession Ostösterreichs auf 50 Jahre, 25% Anteil an der DDSG und Ablösung des »deutschen Eigentums« mit 200 Millionen US-Dollar.

30. Januar bis 8. Februar V. Olympische Winterspiele in St. Moritz (Schweiz). Österreich: 1 Gold-, 3 Silber-, 4 Bronzemedaillen. Skilauf, Kombination, Damen: 1. Trude Beiser, 3. Erika Mahringer; Abfahrt der Damen: 2. Trude Beiser, 3. Resi Hammerer; Slalom der Damen: 3. Erika Mahringer; Abfahrt der Herren: 2. Franz Gabl; Eiskunstlauf der Damen: 2. Eva Pawlik; Eiskunstlauf der Herren: 3. Edi Rada.

Februar Von den 700 zerstörten Brücken Österreichs sind 125 wiederhergestellt und dem Verkehr übergeben.

15. Februar Der Eisenbahnverkehr auf der Aspangbahnstrecke wird wiederaufgenommen.

20. Februar bis 6. Mai Die stellvertretenden Außenminister verhandeln in London über den Staatsvertrag, keine Fortschritte.

2. März Der Lebensmittelaufruf für Ostern wird verlautbart: 15 dag Schweinefleisch, 1 Ei, ⅛ kg Fett, 10 dag Süßwaren, ⅛ kg Kakao für 0–18 Jahre; ¼ kg Malzkaffee für Personen über 69 Jahre.

19. März Erste große Preissenkungsaktion für alle Waren.

16. April Die OEEC = Organization for European Economic Cooperation (Organisation für europäische wirtschaftliche Zusammenarbeit) wird gegründet, später OECD.

21. April Der Nationalrat beschließt einstimmig die Amnestie der minderbelasteten Nationalsozialisten durch das »Bundesverfassungsgesetz über die vorzeitige Beendigung der im Nationalsozialistengesetz vorgesehenen Sühnefolgen für minderbelastete Personen«. Das Gesetz tritt am 4. Juni in Kraft. Von 524 000 registrierungspflichtigen Personen werden dadurch 482 000 von den Sühnefolgen befreit.

27. April Die Kärntner Landesregierung legt in einer außerordentlichen Sitzung gegen die neuerlichen Forderungen der jugoslawischen Regierung bei der Londoner Konferenz Protest ein *(→ 20. Februar bis 6. Mai).* Der Ministerrat spricht sich gegen jede Abtretung österreichischen Gebiets an Jugoslawien aus.

28. April Außenminister Karl Gruber weist bei der Londoner Konferenz die Forderungen Jugoslawiens zurück; siebenstündiges Rededuell zwischen Karl Gruber und dem Vertreter Jugoslawiens Alex Bebler.

20. Mai Protest der Bundesregierung gegen die Weiterzahlung der Besatzungskosten beim Alliierten Rat.

16. Juni Der Nationalrat beschließt das »Wohnhauswiederaufbaugesetz«.

2. Juli Das Marshallplan-Abkommen *(→ 12. Juli bis 22. September 1947)* zwischen Österreich und den USA wird in Wien unterzeichnet.

Sommer Archäologen beginnen mit systematischen Ausgrabungen auf dem Magdalensberg (Kärnten) *(→ 1. Jh. v. Chr.).*

7. Juli Der Nationalrat beschließt das »Vermögenszuwachsabgabengesetz« und das »Vermögensabgabengesetz«.

8. Juli Um den Mangel an Wohnraum zu beheben, verabschiedet der Nationalrat das Wohnungseigentumsgesetz, eine Gesetzesinitiative von ÖVP-Abgeordneten.

28. Juli Erste Opernaufführung in der Felsenreitschule bei den Salzburger Festspielen. In der Regie von Oskar Fritz Schuh, Bühnenbild von Caspar Neher, dirigiert Herbert von Karajan Christoph Willibald Glucks Oper »Orpheus und Eurydike«, es singen u. a. Maria Cebotari, Elisabeth Höngen und Sena Jurinac.

29. Juli bis 14. August XV. Olympische Sommerspiele in London. Österreich: 1 Gold- und 3 Bronzemedaillen. Speerwerfen der Damen: 1. Herma Bauma; Kugelstoßen der Damen: 3. Ina Schäffer; Florett, Damen: 3. Ellen Müller-Preiss; Kajak, Einer, Damen, über 500 m: 3. Fritzi Schwingl.

30. Juli bis 18. August Donaukonferenz in Belgrad. Der Ostblock ist gegen die Teilnahme Österreichs, es wird nur als Beobachter zugelassen.

27. August Österreich tritt der Weltbank und dem Internationalem Währungsfonds bei.

3. September Im Messepalast in Wien findet eine Buchausstellung statt, sie bietet einen Überblick über die österreichische Buchproduktion seit 1945.

4. September Anläßlich des Internationalen Filmfestivals in Venedig verleiht die Filmkommission Georg Wilhelm Pabst den Preis für die beste Regieführung für den Film »Der Prozeß«.

12. September Olympiasiegerin Herma Bauma (Speerwerfen) wirft in Wien Weltrekord – 48,63 m.

13. September Der Verpflegssatz für Normalverbraucher wird auf 2 100 Kalorien pro Tag erhöht.

14. September Das Ausseer Gebiet wird von Oberösterreich in die Steiermark rückgegliedert. Damit sind in allen Bundesländern die Grenzen vom März 1938 wiederhergestellt.

16. September Abschluß des Zweiten Lohn- und Preisabkommens. Außerdem wird die Einführung einer Kinderernährungsbeihilfe beschlossen.

3. Oktober Die amerikanische Militärpolizei übergibt die Kontrolle an der Zonengrenze Ennsbrücke der österreichischen Exekutive.

10. Oktober Massenkundgebung in Klagenfurt gegen die immer wieder gestellten Forderungen Jugoslawiens.

24. Oktober Franz Lehár stirbt in Bad Ischl; geb. am 30. April 1870 in Komorn (Ungarn); Militärkapellmeister, Operettenkomponist.

5. November Der Minister für Vermögenssicherung und Wirtschaftsplanung Peter Krauland sowie seine Mitarbeiterin Margarethe Ottillinger werden von der sowjetischen Besatzungsmacht bei der Rückkehr von einer Dienstreise nach Oberösterreich an der Ennsbrücke aus dem Wagen geholt. Minister Krauland darf weiterfahren, doch die Papiere von Frau Ottillinger werden nicht akzeptiert und sie wird, ohne daß der Minister nachdrücklich protestiert, verhaftet. In der Folge wird sie in die Sowjetunion verschleppt, vor ein Gericht gestellt und schließlich zu Zwangsarbeit verurteilt. Sie kehrt erst nach Abschluß des Staatsvertrages schwerkrank nach Hause zurück.

16. Dezember Der Nationalrat beschließt ein Gesetz über die Stützung der Preise für landwirtschaftliche Produkte.

19. Dezember Feierliche Eröffnung des restaurierten Teiles (Langhaus und Chorteile) des Stephansdomes in Wien.

►1949 Im Laufe des Jahres gelingt die erste Anwendung des LD-Verfahrens. Eine bedeutende Erfindung auf dem Gebiet der Metallurgie von Technikern der VOEST in Linz und der Alpine-Montan in Donawitz, daher Linz-Donawitz-Verfahren. Das Ergebnis ist ein besonders hochwertiger Stahl. Das LD-Verfahren wird zum wichtigen Exportartikel Österreichs. Österreich bleibt Lizenzträger bis zum Sommer 1977.

5. Januar Das österreichische Kulturinstitut in Rom wird wiedereröffnet.

8. Januar Die Nordbahnbrücke bei Gänserndorf (Niederösterreich) wird dem Verkehr übergeben.

9. Januar Die 220 000-Volt-Leitung von Ernsthofen

Ein wichtiger Schritt zum Staatsvertrag

Am 20. Juni 1949 veröffentlichte die »Wiener Zeitung« ein Übereinkommen, das die Außenminister in Paris über den österreichischen Staatsvertrag getroffen haben:

»1. daß die Grenzen Österreichs jene vom 1. Januar 1938 sein sollen;
2. daß der Vertrag für Österreich vorsehen soll, daß Österreich den Schutz der Rechte der slowenischen und kroatischen Minderheiten in Österreich gewährleistet;
3. daß keine Reparationen von Österreich verlangt werden, daß aber Jugoslawien das Recht haben solle, von österreichischem Eigentum, Rechten und Interessen auf jugoslawischen Gebiet Besitz zu ergreifen, sie zurückzuhalten oder sie zu liquidieren;
4. daß die Sowjetunion von Österreich 150 Millionen Dollar, zahlbar innerhalb von sechs Jahren, in frei übertragbarer Währung erhalten soll;
5. daß die endgültige Regelung zu beinhalten habe:
   a) die Übergabe an Österreich von allem Eigentum, Rechten und Interessen, die als Deutsches Eigentum in Besitz genommen bzw. beansprucht wurden, und von allen Kriegsindustrien, Häusern und ähnlichem unbeweglichen Eigentum in Österreich, das als Kriegsbeute in Besitz genommen bzw. beansprucht wurde, mit der Maßgabe, daß die Stellvertreter angewiesen werden, die Kategorien von an Österreich zu übertragender Kriegsbeute (mit Ausnahme jenes Ölbesitzes und jenes Eigentums der DDSG, die gemäß anderen Paragraphen des Artikels 35 des Vertrages entsprechend den Vorschlägen der UdSSR vom 24. Juni 1948 an die Sowjetunion übertragen werden, jedoch generell unter österreichischer Jurisdiktion verbleiben) genau festzulegen. Demgemäß werden die Aktiven der DDSG in Bulgarien, Ungarn und Rumänien sowie 100 Prozent des Eigentums der Gesellschaft im östlichen Österreich in Übereinstimmung mit einer von den Stellvertretern zu vereinbarenden Liste an die UdSSR übertragen; . . .
6. daß alles frühere Deutsche Eigentum, das Eigentum der UdSSR wird, ohne deren Zustimmung nicht weiter übertragen werden kann;
7. daß die Stellvertreter ihre Arbeit rasch wieder aufnehmen, zu dem Zweck, um spätestens bis 1. September zu einer Vereinbarung über den Gesamtvertragsentwurf zu gelangen.«

(Niederösterreich) nach Wien, 160 km lang, wird in Betrieb genommen.

11. Januar Die Brot- und Mehlrationierung wird aufgehoben.

12. Januar Die Bundesbahnstrecke Bregenz St. Margrethen (Schweiz) wird elektrifiziert in Betrieb genommen.

20. Januar Nora Gregor begeht in Santiago de Chile Selbstmord; geb. am 3. Februar 1901 in Görz; Kammerschauspielerin, zweite Gemahlin von Ernst Rüdiger Fürst Starhemberg.

25. Januar Die Alliierten gestatten den kleinen Grenzverkehr zwischen Österreich und Deutschland.

Februar Die Wiener Secession wird wiedereröffnet.

5. Februar Gründung der politischen Partei VdU = Verband der Unabhängigen. Er kandidiert bei den nächsten Wahlen unter WdU = Wahlpartei der Unabhängigen.

9. Februar Beginn einer neuen Verhandlungsrunde über den Staatsvertrag.

12. Februar Uraufführung von Fritz Hochwälders »Der öffentliche Ankläger« im Wiener Burgtheater.

16. Februar Die wiederhergestellte Secession in Wien wird mit einer Ausstellung von Pastellen des Malers Hans Robert Pippal eröffnet.

18. Februar Die indische Regierung gibt bekannt, daß der Kriegszustand zwischen Indien und Österreich mit 16. Februar 1949 aufgehört hat.

25. Februar Der VdU *(→ 5. Februar)* gibt die Wochenzeitung »Neue Front« heraus.

April Der Notring der wissenschaftlichen Verbände Österreichs wird gegründet.

9. April Verzicht der Westmächte auf das »Deutsche Eigentum« in Österreich.

15. April Ellen Müller-Preiss wird in Tokio Weltmeisterin im Florettfechten der Damen.

1. Mai Wilhelm Thöny stirbt in New York; geb. am 10. Februar 1888 in Graz; Maler und Graphiker. 1923 Mitbegründer der Grazer Secession. 1948 wurden an die 1 000 seiner Bilder bei einem Brand in New York vernichtet.

18. Mai Der Nationalrat beschließt eine neue Wahlordnung: die Möglichkeit, Kandidaten zu reihen, wird vorgesehen.

25. Mai Die sowjetische Vorkontrolle des Warenverkehrs aus oder in die russische Zone wird aufgehoben.

28. Mai Spitzenfunktionäre der ÖVP beraten mit ehemaligen Nationalsozialisten in Oberweis (Oberösterreich) über ihre Einbeziehung in die ÖVP.

Juni An Österreichs Ostgrenze entsteht zu den kommunistisch regierten Volksdemokratien eine hermetisch abgeschlossene Grenze, die der frühere britische Premierminister Winston Churchill »Eisernen Vorhang« bezeichnet.

4. Juni Die »Klagenfurter Zeitung« erscheint wieder im 169. Jahrgang.

9. Juni Maria Cebotari (eigentlich Cebotaru) stirbt in Wien; geb. am 10. Februar 1910 in Kischinjow (Bessarabien); Staatsopernsängerin.

15.–26. Juni Internationales Musikfest in Wien.

19. Juni Verzicht der Sowjetunion bei der Pariser Außenministerkonferenz auf die weitere Unterstützung der jugoslawischen Gebietsforderungen an Österreich. Die Außenministerkonferenz beschließt, daß Sonderbeauftragte bis 1. September den Staatsvertrag fertigstellen sollen *(→ 1. Juli)*.

22. Juni Der Nationalrat beschließt die vorzeitige Beendigung der Legislaturperiode *(→ 30. Juni)*.

Programm des »Verbandes der Unabhängigen«

Am 22. Juli 1949 beschließt der Vorstand des »Verbandes der Unabhängigen« ein Programm. Es ist in 52 Punkte gegliedert und in die Abschnitte Allgemeines, Außenpolitik, Innenpolitik, Wirtschaftspolitik, Sozialpolitik und Kulturpolitik geteilt. Hier ein Auszug:

»1. Wir bejahen die wahre Demokratie und lehnen jede Form der Diktatur entschieden ab . . .

10. Bei voller Wahrung unserer staatlichen Selbständigkeit bekennen wir uns zum deutschen Volkstum . . .

12. Als beste Sicherung für die Erhaltung des Friedens und für eine gedeihliche Wirtschaftsentwicklung erstreben wir die Schaffung der Vereinigten Staaten von Europa auf der Grundlage der Gleichberechtigung.
Wir fordern:

13. die Anerkennung des Grundsatzes der Schicksalsgemeinschaft aller im Staate und in den einzelnen Betrieben schaffenden Berufe und Menschen;

14. charakterliche Sauberkeit und fachliches Können als alleinigen Maßstab bei der Besetzung aller Stellen in sämtlichen Zweigen des öffentlichen Lebens. Parteiproporz und Protektion lehnen wir ab; . . .

24. Wir sind grundsätzlich gegen die Verstaatlichung von Betrieben und Einrichtungen, welche ohne Gefährdung von Gesamtinteressen auf privatwirtschaftlicher Grundlage geführt werden können . . .
Vorstehende Programmpunkte entspringen den drei Grundforderungen des VdU: Recht, Sauberkeit, Leistung.«

27. Juni Das Ennskraftwerk Ternberg (Oberösterreich) nimmt den Betrieb auf: Jahresleistung 187 Millionen Kilowattstunden.
30. Juni Die Bundesregierung bestimmt den 9. Oktober als Wahltermin für die Nationalratswahlen.
Juli Internationaler Schubert-Wettbewerb in Genf. Die 17jährige Pianistin Grete Scherzer erringt den ersten Preis.
— Beginn der Wasseraufspeicherung in der Limbergsperre des Tauernkraftwerkes Kaprun (Salzburg).
— Erste Österreich-Radrundfahrt, Sieger Richard Menapace.
2. Juli Beginn der Verhandlungen der Sonderbeauftragten für den österreichischen Staatsvertrag in London, sie werden später in New York fortgesetzt (→ *6. Oktober*).
6. Juli Die Wiederaufbauanleihe, die erste Anleihe der Zweiten Republik, wird aufgelegt.
13. Juli Der Nationalrat beschließt einstimmig die Streichung minderbelasteter Nationalsozialisten aus den Registrierungslisten.
August Premiere des österreichischen Films »Eroica«.
9. August Uraufführung der Oper »Antigone« von Carl Orff bei den Salzburger Festspielen.
September Das Salzaspeicherkraftwerk am Fuß des Grimming (Steiermark) nimmt den Betrieb auf: Jahresleistung 30 Millionen Kilowattstunden. Es ist das erste nach dem Krieg erbaute Kraftwerk in Österreich.
1. September Gründung der »Österreichischen Wochenschau«.
8. September Richard Strauss stirbt in Garmisch (Bayern); geb. am 1. Juni 1864 in München; Komponist und Dirigent. 1895 dirigierte er erstmals in Wien, 1919–1924 gemeinsam mit Franz Schalk Leiter der Wiener Oper, war Mitbegründer der Salzburger Festspiele. Arbeitete eng mit dem Dichter Hugo von Hofmannsthal zusammen.
3. Oktober Der neue Hauptbahnhof in Linz eröffnet.
4. Oktober Edmund Eysler (eigentlich Eisler) stirbt in Wien; geb. am 12. März 1874 in Wien; Operettenkomponist. Er schrieb etwa 60 Operetten.
6. Oktober Staatsvertragskonferenz der »Großen Vier« in New York.
9. Oktober Nationalrats- und Landtagswahlen, außerdem Gemeinderatswahlen in Wien, Linz, Salzburg, Graz und Klagenfurt. (Ergebnisse → *Tabelle im Anhang: Die Nationalratswahlen der Zweiten Republik.*) Mandatsergebnis: ÖVP 77, SPÖ 67, WdU 16, Linksblock 5 Mandate.
12. Oktober Oskar Jellinek stirbt in Los Angeles (USA); geb. am 22. Januar 1886 in Brünn (Mähren); Schriftsteller und Novellist.
8. November Die zweite Regierung Figl wird vom Bundespräsidenten angelobt.
Bundeskanzler: Leopold Figl (ÖVP), Vizekanzler: Adolf Schärf (SPÖ), Äußeres: Karl Gruber (ÖVP), Inneres: Oskar Helmer (SPÖ), Staatssekretär: Ferdinand Graf (ÖVP) – ab 23. Januar 1952 Andreas Korp (SPÖ), Justiz: Otto Tschadek (SPÖ) – ab 16. September 1952 Josef Gerö (parteilos, von der SPÖ nominiert), Unterricht: Felix Hurdes (ÖVP) – ab 23. Januar 1952 Ernst Kolb (ÖVP), Soziale Verwaltung: Karl Maisel (SPÖ), Finanzen: Eugen Margarétha (ÖVP) – ab 23. Januar 1952 Reinhard Kamitz (ÖVP), Land- und Forstwirtschaft: Josef Kraus (ÖVP) – ab 23. Januar 1952 Franz Thoma (ÖVP), Handel und Wiederaufbau: Ernst Kolb (ÖVP) – ab 23. Januar 1952 Josef C. Böck-Greissau (ÖVP), Staatssekretär ab 23. Januar 1952 Fritz Bock (ÖVP), Verkehr und verstaatlichte Betriebe: Karl Waldbrunner (SPÖ), Staatssekretär Vinzenz Übeleis (ÖVP).
9. November Regierungserklärung des Bundeskanzlers Leopold Figl im Nationalrat. Forderung an den Alliierten Rat, durch den Abschluß eines Staatsvertrages der Besetzung Österreichs ein Ende zu bereiten.
13. November Die »Austria Wochenschau« wird gegründet, sie läuft als Informationsfilm vor jedem Spielfilm.
20. November In Washington wird die Ausstellung »Österreichische Kunstschätze« (131 Gemälde und 148 andere Kunstgegenstände) eröffnet. Sie schlägt alle Besucherrekorde, am ersten Tag werden 40 000 Besucher gezählt. Ab 7 Februar ist diese Schau in New York zu sehen.
22. November Neuregelung der Kursrelation Dollar – Schilling: 1 US-Dollar = S 14,40; Prämienkurs: S 26,–; Mischkurs: S 21,36.

— Staatsvertragsverhandlungen auf Wunsch der Sowjetunion unterbrochen und direkte Verhandlungen mit Wien wegen des »deutschen Eigentums« gefordert.

27. November Abschluß der regelmäßigen Heimkehrertransporte aus der Sowjetunion. 488 419 Kriegsgefangene sind bis zu diesem Datum heimgekehrt.

1. Dezember »Allgemeine Zeitung« in Salzburg und »Allgemeine Tagespost« in Linz erscheinen als Organe des VdU.

3. Dezember Drittes Lohn- und Preis-Abkommen.

16. Dezember Eine allgemeine Steuersenkung und die Einführung der Kinderbeihilfe werden vom Nationalrat beschlossen.

►**1950, 9. Januar** Sonderbevollmächtigte setzen in London die Staatsvertragsverhandlungen fort.

Februar Baubeginn am neuen Westbahnhof in Wien.

3. Februar Karl Seitz stirbt in Wien; geb. am 4. September 1869; Lehrer und Politiker. 1919 als Präsident der Konstituierenden Nationalversammlung Staatsoberhaupt, 1923–1934 Bürgermeister von Wien, 1920–1934 Obmann der Sozialdemokratischen Partei.

28. Februar In Oberstdorf (Bayern) erreicht Willi Gantschnigg mit 124 m den Weltrekord im Skispringen.

7. März Die Bundesregierung überreicht den Besatzungsmächten vier gleichlautende Noten, in denen sie 23 Vorschläge zur Verbesserung der Lage der österreichischen Bevölkerung unterbreitet, u. a.: Übernahme der Besatzungskosten durch die Alliierten, Verminderung der Besatzungstruppen, Aufhebung der Zonenkontrolle und der Zensur, Übergabe sämtlicher Rundfunksender an Österreich.

10. März Im Apollo-Kino in Wien wird der von Carol Reed in Wien gedrehte Film »Der dritte Mann« uraufgeführt. Nach einer Romanvorlage von Graham Greene spielen internationale Stars wie Orson Welles und Joseph Cotten, aber auch Burgschauspieler wie Hedwig Bleibtreu, Paul Hörbiger und Ernst Deutsch.

24. März Die Regierung bringt eine Vorlage im Parlament ein, wonach die Todesstrafe mit 30. Juni 1950 abgeschafft werden soll.

— In Österreich findet die letzte Hinrichtung statt: Der Frauenmörder Johann Trnka, am 24. Dezember 1949 zum Tode verurteilt, wird im Landesgericht hingerichtet.

31. März Der Nationalrat beschließt das Gesetz zum Schutz der Jugend vor Schmutz und Schund.

— Durch einen Großbrand im Ostturm des Belvedere wird das sog. »Goldkabinett«, ein Werk von Johann Lukas von Hildebrandt, zerstört. Auch das Deckengemälde im Makartsaal wird ein Raub der Flammen.

23. April Franz Jachym. seit 8. März Erzbischof-Koadjutor ad personam, erklärt gegenüber Kardinal Theodor Innitzer, der ihn im Wiener Stephansdom zum Bischof weihen will, im Verlauf der Zeremonie sowohl in deutscher als auch in lateinischer Sprache seinen Rücktritt von diesem Amt aus persönlichen Gewissensgründen und verläßt den Dom.

27. April Feierlicher Ministerrat anläßlich des fünften Gründungstages der Zweiten Republik. Er beschließt eine Proklamation an das österreichische Volk, die dem Bundespräsidenten und dem Präsidenten des Nationalrates überreicht wird. Die Bundesregierung stellt darin fest, daß die alleinige Verantwortung für die Fortdauer der Besatzung bei den alliierten Mächten liegt.

11. Mai Die Amerikaner stellen die Kontrollen an der Zonengrenze ein.

16. Mai In Arnoldstein (Kärnten) wird das größte chemische Werk Österreichs in Betrieb genommen.

17. Mai Die Bundesbahnstrecke Villach–Spittal an der Drau (Kärnten) wird elektrisch in Betrieb genommen.

22. Mai 254. Sitzung der Sonderbeauftragten für den Staatsvertrag in London. Der sowjetische Delegierte Georgij Zarubin macht den Abschluß des Staatsvertrages von einer Einigung über das Triestproblem abhängig.

15. Juni Die Botschafter der Westmächte schlagen vor, die militärischen Oberbefehlshaber durch zivile Hochkommissare zu ersetzen.

Juli Der Nationalrat beschließt ein Milchwirtschafts-, ein Getreidewirtschafts-, ein Viehverkehrs- und ein Ausfuhrförderungsgesetz.

8. Juli Othmar Spann stirbt in Neustift an der Lafnitz (Burgenland); geb. am 1. Oktober 1878 in Altmannsdorf bei Wien; Nationalökonom und Geschichtsphilosoph.

1. August Sir Harold Caccia wird zum britischen Hochkommissar in Österreich ernannt, bis dahin war er britischer Gesandter in Wien.

16. August Bürgermeister Theodor Körner legt in Wien den Grundstein zur 10 000. Gemeindewohnung nach dem Krieg.

24. August Walter E. Donnelly wird zum amerikanischen Hochkommissar in Österreich ernannt, bis dahin war er Gesandter in Wien.

26. August bis 3. September Erste Innsbrucker Messe nach dem Krieg.

31. August Das Lebensmittelbewirtschaftungsgesetz wird außer Kraft gesetzt, damit Ende der Lebensmittelrationierungen.

7. September Jean Payart wird zum französischen Hochkommissar in Österreich ernannt, bis dahin war er französischer Gesandter in Wien.

26. September Abschluß des Vierten Lohn- und Preis-Abkommens.

— Beginn einer kommunistischen Streikbewegung gegen das Vierte Lohn- und Preis-Abkommen. Der Streik nimmt besonders in Wien die Form eines Putschversuches an; etwa 120 000 Arbeiter (40 000 aus USIA-Betrieben) sind im Ausstand.

— Vor dem Bundeskanzleramt in Wien kommt es zu einer Demonstration, bei der Ernst Fischer (KPÖ) gegen die Regierung aufhetzt. Da sich Leopold Figl weigert, eine Abordnung der Demonstranten zu empfangen und für den nächsten Tag einen Gesprächstermin gibt, löst sich die Ansammlung auf. Es kommt noch zu weiteren Störungen des öffentlichen Verkehrs. Auch in einzelnen Orten Niederösterreichs und in Linz finden Demonstrationen statt.

— Gegen zehn Uhr unterbrechen Stoßtrupps aus USIA-Betrieben bei der Oper den Straßenbahnverkehr. Sie gehen mit Stöcken, Holzlatten und Steinen gegen die Polizei vor, ein Lastwagen mit russischem Kennzeichen durchbricht die Polizeikette. 23 Polizeibeamte werden an diesem Tag verletzt.

27. September Bundeskanzler Leopold Figl richtet einen Appell an die Bevölkerung: »Ich appelliere an alle Österreicher und Österreicherinnen, an alle Berufsstände und Berufsgruppen, sich durch die von destruktiven Elementen entfachte Hetze nicht irremachen zu lassen. Ich bitte alle, die Treue zu Österreich zu bewahren und stark zu bleiben, dann werden die radikalen Elemente keine Unsicherheit schaffen und damit keine Vorteile für sich erzielen können.« Kommunistische Rollkommandos gehen gegen die Elektrizitätswerke und die Straßenbahnhöfe in den sowjetisch besetzten Bezirken vor. (Der Polizei ist in diesen Bezirken nur ein beschränkter Einsatz möglich.) Franz Olah, der Führer der Bauarbeitergewerkschaft, tritt mit seinen Leuten den Rollkommandos entgegen, die nach einigen Stunden die Straßenbahnhöfe Kagran, Vorgarten und Favoriten räumen müssen. Sozialistische Jugend und katholische Studenten schließen sich Franz Olah an und gehen gegen die kommunistischen Rollkommandos vor. Polizeipräsident Josef Holaubek spricht im Hotel Imperial, dem Sitz der Sowjetgeneralität, vor – ihm wird mit der Verhaftung aller Polizeibeamten gedroht.

28. September Der Beschluß der Betriebe des 21. und 22. Wiener Gemeindebezirks, den Streik zu beenden, führt zu einer Beruhigung der Lage. Ab 16.00 Uhr verkehren in Wien wieder alle Straßenbahnen und Autobusse.

29. September Protest der westl. Hochkommissare im Alliierten Rat gegen die Unterstützung der kommunistischen Streikbewegung durch die sowjetische Besatzungsmacht.

— Kleinere Unruhen in Wien und einigen Industrieorten Niederösterreichs.

30. September Die sogenannte »Gesamtösterreichische Betriebsrätekonferenz« in der Floridsdorfer Lokomotivfabrik (größtenteils Kommunisten) stellt der Bundesregierung ein Ultimatum: bis 3. Oktober Rücknahme des Vierten Lohn- und Preis-Abkommens oder Generalstreik *(→ 3. Oktober)*.

1. Oktober Das Vierte Lohn- und Preis-Abkommen tritt in Kraft. Ein Einheitskurs für alle Wareneinfuhren wird damit festgeetzt.

3. Oktober Der Ministerrat lehnt das kommunistische Ultimatum vom 30. September ab. Die Bundesregierung erläßt einen Aufruf an die Bevölkerung: »Es ist kein wirtschaftlicher Streik; der Österreichische Gewerkschaftsbund lehnt ihn daher ab. Dieser Streik soll das zerschlagen, worauf Eure Zukunft ruht: Das demokratische, freie und lebensfähige Österreich. Österreicher, Bürger! Zeigt Mut und Besonnenheit in der Abwehr des verbrecherischen Anschlages!«

4. Oktober Höhepunkt der durch die sowjetische Besatzungsmacht unterstützten Streikbewegung. In Wien streiken 145 Betriebe. Rollkommandos blockieren Straßen und Plätze. Lastwagen von USIA-Betrieben laden ganze Fuhren Sand und Schotter auf Straßen und Straßenbahnschienen ab; Straßenbahnweichen werden mit Beton ausgegossen; Straßenbahnen, Autos und Autobusse werden umgeworfen. Bei der Paulanerkirche tritt Wiens Bürgermeister Theodor Körner vergeblich den Rollkommandos gegenüber.

— In Wr. Neustadt besetzen Einsatztrupps der Rax-Werke (eines USIA-Betriebes), die auf Lastautos mit russischem Kennzeichen herantransportiert worden waren, die Hauptpost und die Telefonzentrale *(→ 5. Oktober)*.

— In einigen Industrieorten Oberösterreichs, besonders bei den VOEST-Werken in Linz, flammt die Streikbewegung erneut auf.

5. Oktober Die Bundesregierung richtet eine Note an den Alliierten Rat, in der sie gegen die Gewalttätigkeiten in Wr. Neustadt (Niederösterreich) protestiert. Ebenso gehen Telegramme an die vier Außenminister, in denen das Vorgehen des sowjetischen Stadtkommandanten von Wr. Neustadt als ein Bruch des Kontrollabkommens bezeichnet wird.

— Polizei und Gendarmerie stürmen um vier Uhr in Wr. Neustadt die von den kommunistischen Trupps besetzten Gebäude. Der sowjetische Ortskommandant setzt die Leiter der Polizei und der Gendarmerie fest und befiehlt den Rückzug der Exekutive, sonst würde die sowjetische Besatzungsmacht eingreifen.

— Kämpfe in der Wiedner Hauptstraße (in Wien 4), 21 Straßenbahner werden zum Teil schwer verletzt.

— Franz Olahs Leute schlagen in Floridsdorf, in der Brigittenau und in der Leopoldstadt kommunistische Rollkommandos in die Flucht.

— Am Nachmittag und gegen Abend bricht in Wien die Streikbewegung zusammen.

6. Oktober Die drei Westmächte protestieren gegen das sowjetische Vorgehen. Die »Gesamtösterreichische Betriebsrätekonferenz« beschließt den Abbruch des Streiks.

— Im KP-Organ »Volksstimme« ist zu lesen: »Durch die Anwendung von Waffengewalt unter dem Schutz der Besatzungsmächte wurde in den westlichen Bundesländern die Arbeiterschaft nach dem heroischen Kampf zur Wiederaufnahme der Arbeit gezwungen. Dadurch ist es im gegebenen Augenblick nicht mehr möglich, eine einheitliche Bewegung in ganz Österreich zu entfalten. Aus diesen Gründen empfiehlt die Exekutive der österreichischen Betriebsräte der Arbeiterschaft, den Streik abzubrechen und Freitag in Betriebsversammlungen die Aufnahme der Arbeit zu beschließen . . .«

7. Oktober Der britische Außenminister Bevin beantwortet die österreichische Note und versichert Außenminister Karl Gruber der britischen Sympathie und sagt »volle Unterstützung« für Österreich zu.

12. Oktober Bundeskanzler Leopold Figl gibt vor dem Nationalrat eine »Erklärung der Bundesregierung zu den Vorgängen während der kommunistischen Streikbewegung« ab.

14. Oktober Freundschaftsbesuch des Bundeskanzlers Leopold Figl und des Vizekanzlers Adolf Schärf in Schweden.

20. Oktober Josef Holaubek, der Polizeipräsident von Wien, enthebt drei Leiter von Polizeikommissariaten in der Wiener Sowjetzone vom Dienst, gegen neun Kriminalbeamte wird ein Disziplinarverfahren eingeleitet.

November Nach Abschluß einer archäologischen Grabungskampagne nahe Loretto (Burgenland) ergibt sich ein erfreulicher Abschlußbericht: Bei der Entdekkung eines urgeschichtlichen Gräberfeldes wurden Reste der Glockenbecherkultur, der Wieselburger Kultur und 28 Brandbestattungen der Urnenfelderkultur (um etwa 1000 v. Chr.) gefunden.

22. November Geschwornengerichte werden wieder eingeführt. Gleichzeitig werden die Volksgerichte aufgehoben.

— Die Hütte Donawitz (Steiermark) nimmt die größte Blockwalzstrecke Österreichs in Betrieb.

Ende Dezember Die Eisenerzförderung erreicht den Stand von 1937. Die Industrieproduktion 1950 hat den Vorkriegsstand um 39%, die Ausfuhr um 40% überschritten.

Leopold Figl rechnet mit den Kommunisten ab

Vor dem Nationalrat gab Bundeskanzler Leopold Figl am 12. Oktober 1950 eine detaillierte Darstellung der Streikbewegung:

»Die österreichische Bevölkerung ist mit Recht stolz auf den Fortschritt, den der Wiederaufbau unserer Wirtschaft in den letzten Jahren genommen hat. Es war aber jedem Einsichtigen klar, daß dieser Wiederaufbau noch nicht beendet ist... Wir alle wußten, daß für eine Reihe von Konsumgütern staatliche Subventionen bezahlt werden, die früher oder später eingestellt werden mußten. Wir konnten diese Subventionen nur leisten, weil wir die Mittel hiezu aus der Marshall-Plan-Hilfe bekamen. Nun ist es das Ziel der Marshall-Plan-Hilfe, durch Investitionen die Produktion zu steigern und die Voraussetzung für ein reibungsloses Funktionieren der Wirtschaft nach Ablauf dieser Hilfe zu sichern. Es ist aber nicht der Zweck dieser Hilfe, die Konsumgüter zu verbilligen. Um es deutlicher auszudrücken, der Zweck der Hilfe ist, der österreichischen Wirtschaft Maschinen, E-Werke, Rohstoffe zur Verfügung zu stellen, den Fremdenverkehr zu fördern usw., nicht aber, daß wir diese Hilfe veressen... Die Marshall-Plan-Hilfe endet 1952, und bis dorthin muß die österreichische Wirtschaft auf eigenen Füßen stehen. Dies wäre nicht möglich gewesen, wenn wir weiterhin Jahr für Jahr Hunderte von Millionen für Subventionen bezahlt hätten. Wir haben vom Juli 1948 bis 1. Oktober 1950 zweieinhalb Milliarden Schilling an Subventionen geleistet...
Es wurde der Bundesregierung der Vorwurf gemacht, daß sie die Aufhebung der Subventionen und die Notwendigkeit eines neuen Lohn- und Preisabkommens nicht rechtzeitig dem österreichischen Volk in klarer Weise auseinandergesetzt und es so auf die Notwendigkeit der getroffenen Maßnahmen psychologisch vorbereitet hat. Ich will darauf ganz offen antworten... Man hat gemeinsam mit den Kammern und dem Gewerkschaftsbund diese Frage sehr gründlich studiert. Es war kaum möglich, irgendwelche genaueren Daten bekanntzugeben... umstrittene Fragen vorher in der Öffentlichkeit zu erörtern, da dies letzten Endes zu einer Verwirrung in der Bevölkerung und damit zu Angstkäufen, Produktionseinschränkungen usw. geführt hätte...
Eines war aber klar: Die Kommunisten sahen in diesem Abkommen eine Möglichkeit, Unruhe und Verwirrung zu stiften... Lange bevor sich Regierung, Kammern und Gewerkschaftsbund über die neuen Preise und Löhne einigten, begann das Zentralorgan der Kommunistischen Partei damit, durch übertriebene Meldungen das arbeitende Volk aufzuhetzen.
Daß natürlich auch die Russische Stunde der Ravag zu dieser Propaganda mißbraucht wurde, wird kaum einen Österreicher verwundern...
Es kam dann zu der Demonstration vor dem Bundeskanzleramt... Ich habe mir diese Demonstration vom Anfang bis zum Ende vom Fenster meines Arbeitszimmers aus angesehen. Man würde den Arbeitern und Beamten in den USIA-Betrieben schwer Unrecht tun... wenn man sagen würde, daß sie alle dem Kommando der Kommunistischen Partei völlig freudig gefolgt wären. Wir wissen, daß man in Floridsdorf 5 000 Arbeiter auf dem Sammelplatz zusammengetrieben hatte. Als sie beim Schottentor ankamen, waren es nur noch 1 500...
Schon am ersten Tag war es klar, daß sich die Kommunisten zumindest die indirekte Hilfe untergeordneter sowjetischer Besatzungsstellen gesichert hatten. So wurde von diesen Stellen der Einsatz von Polizei- und Gendarmeriekräften verboten, Fahrzeuge wurden zur Verfügung gestellt...
Die Kommunisten haben zunächst nur zum Streik aufgefordert. Wir haben aber schon am Dienstag, dem 26. September, gesehen, daß diese Aktion von langer Hand sorgfältig vorbereitet war... Die Eisenbahnlinien wurden an verschiedenen Stellen dadurch unterbrochen, daß man Fahrzeuge über die Schienen stellte. Durch entsprechende Befehle der örtlichen Besatzungsorgane wurde ein Einschreiten der Gendarmerie verhindert... in einigen Gebieten das Telephon- und Telegraphennetz vorübergehend lahmgelegt. In einem Teil von Wien wurde der Straßenbahnverkehr ebenfalls behindert... Was ist das anderes als Terror und Gewalt!... Wir wissen genau, was Leuten in den Volksdemokratien blühen würde, die derartige Aktionen gegen das dortige Regime unternehmen würden. Bei uns aber sitzen die Anführer dieser Aktionen auch heute ungestört hier im Nationalrat!...«

31. Dezember Bundespräsident Karl Renner stirbt in Wien; geb. am 14. Dezember 1870 in Untertannowitz (Mähren). Seit 1907 sozialdemokratischer Abgeordneter, Führer des gemäßigten (rechten) Flügels der Sozialdemokraten, 1918–1920 Staatskanzler, 1919 Leiter der österreichischen Delegation bei den Friedensverhandlungen in St. Germain, 1920 auch Staatssekretär für Äußeres, 1930 Erster Präsident des Nationalrates, 1945 Staatskanzler der Zweiten Republik, seit 20. Dezember 1945 Bundespräsident. Schöpfer der provisorischen Verfassung der Ersten Republik, der Wahlordnung und zahlreicher grundlegender Gesetze. Er war nach seinem Jusstudium Parlamentsbibliothekar und verfaßte zahlreiche politologische Werke.

▶**1951** Heimito von Doderers Roman »Die Strudlhofstiege« erscheint.

7. Januar Robert Ettenreich stirbt in Wien; geb. am 1. November 1890 in Wien; Physiker und Patentanwalt. Pionier der österreichischen Radioindustrie.

9. Januar Der Ministerrat beschließt die Neuwahl des Bundespräsidenten durch das Volk.

16. Januar Der Nationalrat beschließt einstimmig, daß im Sinne der Verfassung von 1929 der Bundespräsident ab nun vom Volke gewählt wird.

19. Januar Der Kriegszustand zwischen Jugoslawien und Österreich wird aufgehoben.
30. Januar Ferdinand Porsche stirbt in Stuttgart; geb. am 3. September 1875 in Maffersdorf (Böhmen); Autokonstrukteur. Auf der Pariser Weltausstellung 1900 war sein Elektromobil mit den 2,5 PS starken Radnabenmotoren in der Vorderachse die Sensation – 5 PS Höchstleistung, Spitze 45 km/h. 1932 erfand er die Drehstabfederung. Schöpfer des Volkswagens.
2. Februar Helmut Seibt wird Europameister im Eiskunstlauf.
18. Februar In Wien stirbt Fritz Schönpflug, geb. am 15. Juni 1873 in Wien, Maler und Graphiker. Er war ursprünglich Postbeamter und wurde durch seine treffenden Militärkarikaturen bekannt.
20. Februar Die Bundesregierung schreibt die Bundespräsidentenwahl für den 6. Mai aus.
— Der Ministerrat beschließt eine Regierungsvorlage über die Errichtung eines Wirtschaftsdirektoriums, da der Rohstoffbedarf einer gewissen Lenkung unterworfen werden muß. Von Seiten der Bundesregierung gehören diesem Gremium der Bundeskanzler, der Vizekanzler, der Innenminister, der Sozialminister, der Finanzminister, der Handelsminister und der Bundesminister für Verkehr und verstaatlichte Betriebe an. In beratender Funktion sind der Präsident der Nationalbank, der Präsident der Bundeskammer der gewerblichen Wirtschaft, der Präsident des Arbeiterkammertages und ein Vertreter der Landwirtschaftskammern dabei.
März 120 Schulen in Wien sind wieder aufgebaut.
31. März Alfred Cossmann stirbt in Wien; geb. am 2. Oktober 1870 in Graz; Radierer und Kupferstecher, Erneuerer des künstlerischen Kupferstichs.
15. April Das erste SOS-Kinderdorf wird in Imst (Tirol) eröffnet. Die Idee stammte von dem Vorarlberger Hermann Gmeiner, er leitete auch die Durchführung.
29. April Ludwig Wittgenstein stirbt in Cambridge; geb. am 26. April 1889 in Wien; Philosoph, zuerst Volksschullehrer. Mit seinen neopositivistischen Schriften, vor allem »Tractatus logico-philosophicus« beeinflußte er nachhaltig den »Wiener Kreis« und die Entwicklung der Logik und Mathematik. Er faßte Philosophie in erster Linie als Sprachkritik auf.
6. Mai Erste Bundespräsidentenwahl durch das Volk. Die Kandidaten sind: Heinrich Gleißner (ÖVP), Landeshauptmann von Oberösterreich; Theodor Körner (SPÖ), Bürgermeister von Wien; Burghard Breitner (WdU), Chirurg; Gottlieb Fiala (Linksblock einschließlich KPÖ), Vizepräsident des ÖGB; und zwei Parteilose: der Grazer Theologe Johannes Ude und Ludovika Hainisch, die Tochter des ehemaligen Bundespräsidenten (1920–1928). Da kein Kandidat die erforderliche absolute Mehrheit erreichte (Ergebnisse → *Tabelle im Anhang: Bundespräsidentenwahlen*), ist eine Stichwahl zwischen den beiden Kandidaten, die die meisten Stimmen erhielten (Gleißner und Körner), erforderlich. Diese Stichwahl wird für den *(→)* 27. Mai festgesetzt.
21. Mai Der dritte Hochofen in Linz wird angeblasen.
25. Mai Paula von Preradović stirbt in Wien; geb. am 12. Oktober 1887 in Wien; katholische Lyrikerin und Erzählerin (verheiratet mit dem Chefredakteur der »Presse« Ernst Molden). Sie verfaßte den Text der Bundeshymne *(→ 25. Februar 1947)*.
26. Mai In Wien finden zum ersten Mal die Wiener Festwochen statt.
27. Mai Stichwahl zwischen den beiden Kandidaten, die bei der Bundespräsidentenwahl vom *(→)* 6. Mai die meisten Stimmen erhalten hatten: Heinrich Gleißner (ÖVP) und Theodor Körner (SPÖ). – Der Linksblock empfahl seinen Wählern Körner, die WdU stellte die Stimmenabgabe frei. (Ergebnis: *(→ Tabelle im Anhang: Bundespräsidentenwahlen.)* General a. D. Theodor Körner wird zum Bundespräsidenten gewählt.
30. Mai Hermann Broch stirbt in New Haven (USA); geb. am 1. November 1886 in Wien, Dichter und Kulturphilosoph.
1. Juni Volkszählung in Österreich: 6 881 000 Einwohner.
21. Juni Angelobung des neuen Bundespräsidenten Theodor Körner.
22. Juni Stadtrat Franz Jonas wird zum Bürgermeister von Wien gewählt.
28. Juni Die Bundesbahnstrecke Linz–Amstetten wird elektrisch in Betrieb genommen.
4. Juli Der Nationalrat verabschiedet das Kartellgesetz.
6. Juli Das Ennskraftwerk Großraming (Oberösterreich) nimmt den Betrieb auf.
13. Juli Arnold Schönberg stirbt in Los Angeles (USA); geb. am 13. September 1874 in Wien; Komponist. Neben Joseph Matthias Hauer Begründer der Zwölftonmusik, außerdem auch Maler. Er hinterläßt etwa 70 Bilder, meist Porträts.
16. Juli Das Fünfte Lohn- und Preis-Abkommen tritt in Kraft.
18. Juli Der Nationalrat genehmigt den Beitritt Österreichs zum Allgemeinen Zoll- und Handelsabkommen (GATT = General Agreement on Tariffs and Trade).
21.–28. Juli Österreich-Radrundfahrt, Sieger der Grazer Franz Deutsch.
5. August Im 10. Wiener Gemeindebezirk wird die Per Albin Hanson Siedlung eröffnet. Bei dieser Gelegenheit wird eine Büste des schwedischen Ministerpräsidenten Hanson enthüllt.
20. August Das Wirtschaftsdirektorium beschließt wegen Verknappung auf dem Fleischmarkt die Einführung von zwei fleischlosen Tagen in der Woche, nämlich Dienstag und Freitag *(→ 22. Juli 1952)*.
September Die Kohleförderung erreicht den Höchststand seit Bestehen des österreichischen Kohlenbergbaues: 476 740 t.
4. September Das Donaukraftwerk Ybbs-Persenbeug wird von der sowjetischen Besatzungsmacht der Bundesregierung übergeben.
21. September Einführung der Wohnungsbeihilfe. Auf Grund des Wohnungsbeihilfegesetzes hat jeder Lohn- und Gehaltsempfänger Anspruch auf eine monatliche steuerfreie Zuwendung in der Höhe von S 30,–. Diese Beihilfe blieb bis 1983 unverändert bestehen.
22. September Feierliche Eröffnung der Limbergsperre, der Hauptstufe des Tauernkraftwerkes Kaprun.
Oktober Höchster Beschäftigtenstand seit 1918: 2 051 050 Personen.
12. Oktober Die Bundesregierung richtet Noten an die vier Großmächte mit dem Vorschlag, die Gesandten durch Botschafter ersetzen zu lassen. Frankreich, Großbritannien und die USA führen dies bis Jahresende durch, Rußland nicht. Die Vertretung des Vatikans wird wieder zur Nuntiatur.
19. November In Freiburg (Schweiz) stirbt Leopold

von Andrian-Werburg, geb. am 9. Mai 1875 in Wien; Diplomat und Schriftsteller, impressionistischer Lyriker. Er war eng mit Hermann Bahr und Hugo von Hofmannsthal befreundet. 1938 emigrierte er in die Schweiz.

24. November Im Neubau des Wiener Westbahnhofes kann der Betrieb wieder aufgenommen werden.

30. November Oskar Laske stirbt in Wien, geb. am 8. Januar 1874 in Czernowitz (Bukowina); Graphiker und Maler.

7. Dezember Frankreich, Großbritannien und die Sowjetunion erhöhen die Besatzungskosten.

►**1952** Herbert Boeckl beginnt in der Engelskapelle der Stiftskirche von Seckau (Steiermark) mit der Arbeit an dem Freskenzyklus »Apokalypse«, er wird 1960 vollendet.

Januar Die Sendergruppe Rot-Weiß-Rot nimmt den 136 m hohen Sendemast am Steinhof in Wien in Betrieb.

— Die Alpine-Montan nimmt in Donawitz (Steiermark) eine neue Knüppelstrecke in Betrieb, Jahresleistung rund 40 000 t Walzstahl.

28./29. Januar Außerordentlicher Bundesparteitag der ÖVP in Wien. Beschluß der programmatischen Grundsätze »Alles für Österreich« und Trennung von Regierungs- und Parteifunktionen.

4.–6. Februar Helmut Seibt wird zum zweitenmal Europameister im Eiskunstlauf.

7. Februar Rudolf Hans Bartsch stirbt in Graz, geb. am 11. Februar 1873 in Graz; Schriftsteller.

14.–25. Februar VI. Olympische Winterspiele in Oslo. Österreich: 2 Gold-, 4 Silber-, 2 Bronzemedaillen. Abfahrt der Damen: 1. Trude Jochum-Beiser; Riesenslalom der Damen: 2. Dagmar Rom; Slalom der Herren: 1. Othmar Schneider; Riesenslalom der Herren: 2. Christian Pravda, 3. Toni Spiess; Abfahrt der Herren: 2. Othmar Schneider, 3. Christian Pravda. Eiskunstlauf der Herren: 2. Helmut Seibt.

7. März In der Linzer Schiffswerft läuft das tausendste Schiff vom Stapel.

12. März Außenminister Karl Gruber führt in Rom Verhandlungen über die Vertreter beider Staaten, es wird die Entsendung von Botschaftern vereinbart.

13. März Die drei Westalliierten beabsichtigen der Sowjetunion vorzuschlagen, daß ein Ausweg aus der Sackgasse der Staatsvertragsverhandlungen durch eine neue »kürzere« Fassung gefunden werden solle.

2. April Bundeskanzler und Außenminister geben vor dem Parlament eine bedeutsame Erklärung ab. Sie protestieren gegen die Fortdauer der Besetzung, erklären aber, daß es keinen Staatsvertrag um jeden Preis geben kann. Die Bundesregierung vertritt die Auffassung, daß auf dem Boden der völkerrechtlichen Neutralität ein Übereinkommen zu erzielen wäre, aber nicht einer Neutralität, »die uns zum Pfeifendeckel der kommunistischen Ideologie degradieren soll – und eine solche Neutralität lehnen wir entschieden ab.«

24. April Die Klinik von Karl Fellinger im Allgemeinen Krankenhaus in Wien erhält das modernste Elektronenmikroskop Österreichs.

26. April Feierlicher Einzug der neugegossenen Pummerin für den Stephansdom in Wien. Die große Glocke hatte von St. Florian (Oberösterreich) bis Wien eine wahre Triumphfahrt hinter sich.

7.–31. Mai Bundeskanzler Leopold Figl stattet Großbritannien, den Vereinigten Staaten und Frankreich einen offiziellen Besuch ab. Themen der Gespräche sind der Staatsvertrag und Wirtschaftsfragen.

11. Juni Die Donauschiffahrt wird in der sowjetischen Besatzungszone freigegeben.

13. Juni Die österreichische Schiffahrt auf der Donau in der russischen Zone kann aufgenommen werden. Die DDSG errichtet wieder einen regelmäßigen Personenverkehr.

19. Juni Außenminister Karl Gruber auf Staatsbesuch in Jugoslawien.

29. Juni Staatsbesuch des amerikanischen Außenministers Dean Acheson in Wien, der erste Besuch eines amerikanischen Außenministers in Österreich.

Juli Der Index der Großhandelspreise sinkt zum erstenmal seit zwei Jahren.

1. Juli Zum erstenmal besucht ein amerikanischer Außenminister Österreich: Dean Acheson versichert den Österreichern die amerikanische Unterstützung bei den Staatsvertragsverhandlungen und bei der Aufnahme in die Vereinten Nationen.

3. Juli UN-Generalsekretär Trygve Lie besucht Österreich. In einer Rede vor dem österreichischen Parlament spricht er sich für eine Aufnahme Österreichs in die Vereinten Nationen aus.

11. Juli Der US-Hochkommissar stellt fest, daß in der russisch besetzten Zone Österreichs seit Beginn des Jahres 103 Zeitungen und Zeitschriften und 111 Bücher verboten wurden.

18. Juli Der Nationalrat beschließt die Amnestie für belastete Nationalsozialisten.

19. Juli bis 3. August XV. Olympische Spiele in Helsinki. Österreich: 1 Silber- und 1 Bronzemedaille, Kajak, Damen, Einer über 500 m: 2. Gertrude Liebhart; Kajak, Herren, Zweier über 1 000 m: 3. Max Raub und Herbert Wiedermann.

22. Juli Die Verfügung über die Einschränkung des Fleischkonsums (zwei fleischlose Tage in der Woche) wird aufgehoben *(→ 20. August 1951).*

14. August Moskau lehnt den von den Westmächten vorgeschlagenen »Kurzvertrag« *(→ 14. März)* als Räumungsprotokoll für Österreich ab.

— Im Rahmen der Salzburger Festspiele findet die Uraufführung von Richard Strauss' Oper »Die Liebe der Danae« statt.

31. August Der französische Staatssekretär für die Auswärtigen Angelegenheiten Maurice Schumann beginnt einen dreitägigen Staatsbesuch in Wien.

11. September Der in Wien beginnende österreichische Katholikentag steht unter dem Motto »Freiheit und Würde des Menschen«. Kardinal Theodor Innitzer wurde von Papst Pius XII. zum Kardinallegaten bestellt.

16. September Josef Gerö, von der SPÖ als Fachmann nominiert, wird Justizminister.

23. September Staatsbesuch des britischen Außenministers Anthony Eden in Wien.

5. Oktober Die Bundesbahnstrecke Villach–Arnoldstein (Kärnten) wird elektrifiziert in Betrieb genommen.

15.–22. Oktober Staatsbesuche Bundeskanzler Leopold Figls in Belgien, Luxemburg und Niederlande.

16. Oktober Brasilien stellt den Antrag, die »Österreichfrage« auf die Tagesordnung der nächsten UN-

Vollversammlung zu setzen; der Antrag wird gegen die Stimme der Sowjetunion angenommen *(→ 20. Dezember).*

22. Oktober Demission der Regierung Leopold Figl wegen Unstimmigkeiten über das Budget 1953.

28. Oktober Bundespräsident Theodor Körner beauftragt Leopold Figl erneut mit der Regierungsbildung, das Kabinett bleibt unverändert.

30. Oktober Der Nationalrat beschließt die vorzeitige Auflösung, er setzt Neuwahlen für den 22. Februar 1953 fest.

4. November Festkonzert der Wiener Philharmoniker zur Eröffnung des neuen Konzerthauses in Klagenfurt in Anwesenheit des Bundespräsidenten.

6. November Dreitägiger Staatsbesuch des italienischen Unterstaatssekretärs Paolo Emilio Taviani in Wien.

19. November Im Wiener Apollokino findet die Uraufführung des Films »1. April 2000« statt. Der nach einem Drehbuch von Rudolf Brunngraber und Ernst Marboe in der Regie von Wolfgang Liebeneiner gedrehte Film ist ein satirischer Protest gegen die Besatzung durch die Alliierten.

21. November In St. Andrä im Lavanttal (Kärnten) wird ein Dampfkraftwerk in Betrieb genommen.

22. November Der erste Abschnitt des Koaxialkabels (Telephonverbindung) zwischen Salzburg und Innsbruck wird in Betrieb genommen.

11. Dezember Eine Fernsehversuchssendung des österreichischen Rundfunks wird dem Radiobeirat vorgeführt.

13. Dezember Bürgermeister Franz Jonas legt den Grundstein zur 25 000. Gemeindewohnung in Wien.

19. Dezember Die Bundesbahnstrecke Wien–Amstetten wird elektrifiziert in Betrieb genommen. Die Eröffnung dieses Teilstückes nimmt Bundespräsident Theodor Körner vor. Damit ist die Westbahn in ihrer ganzen Länge elektrisch befahrbar.

20. Dezember Die Vollversammlung der Vereinten Nationen nimmt auf Antrag Brasiliens eine Resolution an die Großmächte an, sich über den österreichischen Staatsvertrag zu einigen. Die Annahme erfolgt in Abwesenheit der Vertretungen von zehn Ländern, darunter die der Ostblockstaaten, und ohne Gegenstimme.

— Erste Promotion »Sub auspiciis praesidentis« in der Innsbrucker Universität.

28. Dezember Die sowjetische Besatzungsmacht verbietet der österreichischen Gendarmerie das Tragen von Gummiknüppeln.

31. Dezember Als die Pummerin im Stephansdom das Neue Jahr einläuten soll, bricht beim zehnten Glockenschlag der Klöppel. Die Hälfte des 800 kg schweren Stücks stürzt ab. Der Klöppel war aus Pietätsgründen beim Neuguß nicht erneuert worden, da er den Absturz der Glocke 1945 unversehrt überstanden hatte.

►**1953, Januar** Die VOEST Linz nehmen das erste nach dem neuen Sauerstoffverfahren arbeitende Stahlwerk der Welt (mit Breitbandstraße) in Betrieb. Das LD-Verfahren (Linz-Donawitz-Verfahren, → *1949*) ist eine bedeutende Erfindung auf dem Gebiet der Metallurgie und gelang erstmalig den Technikern der VOEST und der Alpine-Montan im Jahre 1949. Der LD-Stahl entspricht den höchsten Anforderungen und wird in großem Umfang exportiert.

11. Januar Josef Bradl gewinnt die deutsch-österreichische Springertournee in Garmisch, Oberstdorf, Innsbruck und Bischofshofen vor der gesamten nordischen Springerelite.

14. Januar Der Wiederaufbau des Palmenhauses in Schönbrunn, des größten Palmenhauses Kontinentaleuropas, ist vollendet.

30. Januar Die vorgesehene Sitzung der Sonderbeauftragten für den österreichischen Staatsvertrag in London wird abgesagt, da die Sowjetunion von den Westmächten verlangte, den »Kurzvertrag« zurückzuziehen *(→ 14. März und 14. August 1952).*

5. Februar Das Barockmuseum im Unteren Belvedere, das im Zweiten Weltkrieg zerstört wurde, ist wieder für die Öffentlichkeit zugänglich.

7. Februar Das Edelstahlblechwerk der Schoeller-Bleckmann-Werke in Hönigsberg (Steiermark) wird in Betrieb genommen.

14. Februar Österreich erhält von der Schweiz eine Anleihe in der Höhe von 36 Millionen Schweizer Franken = 215 Mill. Schilling.

22. Februar Zum dritten Mal wird in der Zweiten Republik der Nationalrat gewählt. Gleichzeitig finden Landtagswahlen im Burgenland, in der Steiermark und in Kärnten statt. In Graz und Klagenfurt werden die Gemeinderäte gewählt. Neue Mandatsverteilung im Nationalrat: ÖVP 74, SPÖ 73, VdU 14, Volksopposition (VO) 4. *(→ Anhang: Nationalratswahlen).*

28. Februar Bundespräsident Theodor Körner beauftragt den bisherigen Bundeskanzler, Leopold Figl, mit der Regierungsbildung *(→ 23. März).*

9. März Hugo Adolf Bernatzik stirbt in Wien; geb. am 26. März 1897 in Wien; Ethnologe und Reiseschriftsteller.

13. März Leopold Kunschak stirbt in Wien; geb. am 11. November 1871 in Wien; christlichsozialer Arbeiterführer, gründete 1892 den Wiener christlichsozialen Arbeiterverein. 1904 Wiener Gemeinderatsabgeordneter, 1907 Reichsrats- und 1908 niederösterreichischer Landtagsabgeordneter. 1919 Mitglied des Nationalrates, seit 1945 Erster Präsident des Nationalrates.

18. März Felix Hurdes (ÖVP) wird zum Ersten Präsidenten des Nationalrates gewählt.

23. März Die Regierungsbildung Leopold Figls scheitert, Julius Raab wird vom Bundespräsidenten mit der Bildung einer Regierung betraut *(→ 2. April).*

2. April Amtsantritt der Regierung Raab I.
Bundeskanzler: Julius Raab (ÖVP), Vizekanzler: Adolf Schärf (SPÖ), Äußeres: Karl Gruber (ÖVP) – ab 26. November 1953 Leopold Figl (ÖVP), Staatssekretär: Bruno Kreisky (SPÖ), Inneres: Oskar Helmer (SPÖ), Staatssekretär: Ferdinand Graf (ÖVP), Justiz: Josef Gerö (parteilos) – ab 17. Januar 1955 Hans Kapfer (SPÖ), Unterricht: Ernst Kolb (ÖVP) – ab 1. November 1954 Heinrich Drimmel (ÖVP), Soziale Verwaltung: Karl Maisel (SPÖ) – ab 23. Januar 1956 Anton Proksch (SPÖ), Finanzen: Reinhard Kamitz (ÖVP), Staatssekretär ab 7. Juli 1955: Fritz Bock (ÖVP), Land- und Forstwirtschaft: Franz Thoma (ÖVP), Handel und Wiederaufbau: Josef C. Böck-Greissau (ÖVP) – ab 28. April 1953 Udo Illig (ÖVP), Staatssekretär: Fritz Bock (ÖVP) bis 7. Juli 1955, Raimund Gehart bis 31. Juli 1954 – ab 1. August 1954 Rudolf Fischer, Verkehr und verstaatlichte Betriebe: Karl Waldbrunner (SPÖ). Grundlage der Regierung ein Koalitionspakt mit erweitertem Proporz.

15. April Bundeskanzler Julius Raab gibt im Nationalrat seine Regierungserklärung ab.

21. April Handelsminister Josef C. Böck-Greissau stirbt in Wien; geb. am 5. April 1893 in St. Michael (Steiermark); ÖVP-Politiker und Industrieller.

23. April Der Nationalrat beschließt das Energieanleihe- und Sparbegünstigungsgesetz.

Mai UKW-Versuchssendungen des österreichischen Rundfunks.

1. Mai Der Wechselkurs wird vereinheitlicht, für 1 US-Dollar zahlt man 26 öS.

— Nach mehr als dreizehn Jahren ist das Ende des Bezugs von Lebensmitteln auf Marken gekommen, da die österr. Wirtschaft sich entsprechend erholt hat.

19./20. Mai Offizieller Besuch des Außenministers Karl Gruber und des Staatssekretärs Bruno Kreisky in Bonn.

22. Mai Das erste Kavernenkraftwerk der Österreichischen Bundesbahnen wird in Braz (Vorarlberg) eröffnet.

26. Mai Die erste Energieanleihe wird aufgelegt, es werden 526 Millionen Schilling gezeichnet.

8. Juni Die sowjetische Besatzungsmacht hebt die Kontrollen an der Zonengrenze auf. Linz und Urfahr werden wieder eine Stadt.

26. Juni Botschafter Iwan Iwanowitsch Iljitschow wird sowjetischer Hochkommissar in Österreich. Der bisherige Hochkommissar, General Swiridow, wird auf die Befehlsgewalt über die sowjetische Besatzungsmacht beschränkt.

27. Juni Amnestie der Sowjetregierung: 610 Österreicher, die sich auf Grund von Urteilen sowjetischer Militärbehörden in Rußland in Haft befinden, sind davon betroffen.

1. Juli Der Marshallplan läuft aus. Österreich erhielt durch diese direkte Wirtschaftshilfe der USA bis zu diesem Zeitpunkt 960 Millionen Dollar.

— Österreich ist Vollmitglied der Europäischen Zahlungsunion.

4. Juli Hermann Buhl bezwingt im Alleingang den 8 126 m hohen Nanga Parbat im Himalaja.

17. Juli Vertrag zwischen Österreich und der Sowjetunion über die Überlassung des Donaukraftwerkes Ybbs-Persenbeug *(→ 4. September 1951).*

31. Juli Erste Opernaufführung im Hof der Salzburger Residenz im Rahmen der Salzburger Festspiele, Mozarts »Cosí fan tutte«. Dirigent Karl Böhm.

12. August Die sowjetische Besatzungsmacht hebt die Zensur innerhalb ihrer Zone auf.

14. August Der Alliierte Rat beschließt, die Viermächtezensur über die internationale Post-, Telegraphen- und Fernschreibverbindungen mit 15. August aufzuheben.

17. August Die Westmächte ziehen den »Kurzvertrag« *(→ 30. Januar 1953; 14. März und 14. August 1952)* zurück, stellen aber zur Bedingung, daß Moskau keine weiteren Schwierigkeiten bei den Staatsvertragsverhandlungen macht.

— Uraufführung von Gottfried von Einems Oper »Der Prozeß« im Rahmen der Salzburger Festspiele.

19. August Großbritannien verzichtet auf die Bezahlung der Besatzungskosten ab 1. Januar 1954.

22. August Mehrere russische Kommandanturen werden aufgehoben.

31. August Die Sowjetunion verzichtet auf die Bezahlung der Besatzungskosten.

4. September Der britische Hochkommissar gibt bekannt, daß ab 1. Januar 1954 die britischen Besatzungstruppen auf ein Bataillon reduziert werden.

6. September Beginn des UKW-Betriebs über die Sender Kahlenberg und Klagenfurt.

10. September Die Bundesregierung verlangt von den Großmächten die Teilnahme Österreichs an den zukünftigen Verhandlungen über den Österreichischen Staatsvertrag.

11. September Der Alliierte Rat genehmigt der Bundesregierung das Ausstellen von Reisepässen und Sichtvermerken, die Beschränkungen im Reise- und Güterverkehr innerhalb Österreichs werden aufgehoben.

18. September Frankreichs Außenminister teilt der österreichischen Botschaft in Paris mit, daß Frankreich ab 1. Januar 1954 auf die Besatzungskosten verzichtet.

24. September Die Oesterreichische Nationalbank senkt die Bankrate auf 4%.

— Berthold Viertel stirbt in Wien; geb. am 28. Juni 1885 in Wien; Schriftsteller, Mitbegründer und Dramaturg der Wiener Volksbühne.

28. September Staatsbesuch des Bundeskanzlers Julius Raab mit Außenminister Karl Gruber und Staatssekretär Bruno Kreisky in Paris.

— Die Bundesbahnstrecke Arnoldstein–Tarvis wird elektrifiziert in Betrieb genommen.

1. Oktober Die sowjetische Besatzungsmacht gibt 178 von ihr besetzte Gebäude frei.

18. Oktober Die Franzosen ziehen ihre Besatzungseinheiten aus Tirol und Vorarlberg zurück, lediglich eine Gedarmerieabteilung in der Stärke von 40 Mann bleibt als symbolische Besatzung.

— Gemeinderatswahlenin Salzburg und Villach (Kärnten).

— Grundsteinlegung zur Wiener Stadthalle von Architekt Roland Rainer. Haupthalle (für 14 000 Besucher), drei Trainingshallen und eine Radrennbahn.

25. Oktober Landtagswahl in Tirol und Gemeinderatswahlen in Innsbruck.

30. Oktober Regierungserklärung des Bundeskanzlers Julius Raab im Nationalrat. Anlaß ist der zehnte Jahrestag der Moskauer Deklaration über die Wiederherstellung der Freiheit und Unabhängigkeit Österreichs. Als Unterstreichung der Regierungserklärung und als Demonstration ruht in ganz Österreich um neun Uhr für fünf Minuten die Arbeit.

— Die Ennskraftwerke Rosenau werden in Betrieb genommen.

6. November Der Alliierte Rat genehmigt eine Amnestie für »Spätheimkehrer«, nur Kriegsverbrecher sind ausgenommen.

10. November Die sowjetische Besatzungsmacht hebt in ihrer Zone die Radiozensur und die Vorzensur für Theater- und Konzertveranstaltungen auf.

— Karl Föderl stirbt in Wien; geb. am 13. März 1885 in Wien; Komponist zahlreicher Schlager und Wienerlieder.

12. November Nach einem dreitägigen Staatsbesuch des jugoslawischen Staatssekretärs Koca Popović wird der Austausch von Botschaftern mit Belgrad beschlossen.

13. November Nach Erscheinen eines Vorabdrucks seiner Memoiren in der Tageszeitung »Die Presse« tritt

Außenminister Karl Gruber wegen parteiinterner Differenzen zurück. Seine Darstellung der sog. »Figl-Fischerei« *(→ 5. Juni 1947)* wird in Parteikreisen dahingehend interpretiert, daß er Leopold Figl unpatriotisches Verhalten vorgeworfen habe. Gruber lehnt dies ab, räumt aber mißverständliche Formulierungen ein und tritt deshalb zurück.

21. November Mit dem Bau des Trinkwasserspeichers für Wien in Neusiedl am Steinfeld (Niederösterreich) wird begonnen. Fertigstellung (→ 11. Oktober 1957).

26. November Altbundeskanzler Leopold Figl wird zum Außenminister ernannt.

28. November Die letzte britische Truppeneinheit verläßt die Stadt Graz.

30. November 140 000 Volksdeutsche wurden bis zu diesem Datum in Österreich eingebürgert.

3. Dezember Ermäßigung der Lohn- und Einkommensteuer.

4. Dezember Der Nationalrat verlangt die Revision des Kontrollabkommens: die österreichische Gesetzgebung muß von jeder Einschränkung befreit werden.

15. Dezember Für den Wiederaufbau der Staatsoper wird eine Inlandsanleihe in der Höhe von 100 Millionen Schilling aufgelegt.

20. Dezember Karl Reichert stirbt in Wien; geb. am 20. August 1883 in Wien. Er führte das von seinem aus Württemberg stammenden Vater 1876 gegründete Optische Werk Carl Reichert weiter, das einzige optische Unternehmen der Welt, das auf die Erzeugung von Mikroskopen und Mikrotomen spezialisiert ist. Das Werk exportiert zu dieser Zeit bis zu 90% seiner Erzeugnisse.

►1954 Am Stock im Eisen-Platz in Wien wird die erste automatische Verkehrsampel in Betrieb genommen.

Januar Die amerikanische Wirtschaftshilfe wird auf Grund des Fortschritts der österreichischen Wirtschaft eingestellt.

4. Januar In Wien stirbt Michael Powolny; geb. am 18. September 1871 in Judenburg (Steiermark), Kunstgewerbler und Keramiker. Gemeinsam mit Otto Löffler gründete er 1906 die »Wiener Keramik«, die 1913 mit der »Gmundner Keramik« vereinigt wurde.

11. Januar Oscar Straus stirbt in Bad Ischl; geb. am 6. März 1870 in Wien; Operettenkomponist.

— Im Großen Walsertal (Vorarlberg) reißen mehrere Lawinenabgänge 23 Häuser und Stallgebäude in die Tiefe. Besonders betroffen ist die Gemeinde Blons. Weitere Lawinenabgänge im Montafon, im Klostertal und im Bregenzer Wald, aber auch in Tirol und in der Steiermark. Insgesamt sind in Österreich 120 Menschenleben zu beklagen, die Sachschäden gehen in die Millionenhöhe.

20. Januar Beginn des Prozesses gegen den ehemaligen Minister für Vermögenssicherung und Wirtschaftsplanung, Peter Krauland, in Wien. Anschuldigung wegen Finanzierung der Parteikasse der ÖVP *(→ 6. Juli)*.

23. Januar Der Grazer Sender »Alpenland« wird von der britischen Besatzungsmacht freigegeben.

25. Januar bis 28. Februar Außenministerkonferenz der »Großen Vier« in Berlin. Beraten wird: Entspannung der internationalen Lage, Wiedervereinigung Deutschlands, Österreichischer Staatsvertrag.

31. Januar Mit Wirkung vom 1. September übernimmt Karl Böhm die Leitung der Wiener Staatsoper.

9. Februar Eine österreichische Delegation unter der Führung von Außenminister Leopold Figl und Staatssekretär Bruno Kreisky begibt sich zur Außenministerkonferenz nach Berlin.

12. Februar Beginn der »Österreichverhandlungen« bei der Berliner Außenministerkonferenz.

13. Februar Die Bundesregierung weist die Forderung des sowjetischen Außenministers Molotow zurück, wonach Österreich auch nach Abschluß des Staatsvertrages besetzt bleiben soll, bis der Friedensvertrag mit Deutschland abgschlossen ist.

14. Februar Molotow lehnt in Berlin alle Vorschläge Leopold Figls ab, er beharrt auf der Besetzung Österreichs.

16. Februar Leopold Figl schlägt eine »militärische Neutralität Österreichs« vor.

18. Februar Die Berliner Konferenz wird mit für Österreich negativem Resultat beendet. Die Sowjets haben alle österreichischen Vorschläge abgeschmettert.

19. Februar Die Bundesregierung stellt 480 Millionen Schilling zum Ausbau der Bundesstraßen bereit.

27. Februar bis 6. März Skiweltmeisterschaften in Aare (Schweden). Abfahrt der Herren: 1. Christian Pravda, 2. Martin Strolz, 3. Ernst Oberaigner; Slalom der Herren: 3. Toni Spiess; Riesenslalom der Herren: 3. Anderl Molterer; Kombination, Herren: 2. Christian Pravda; Abfahrt der Damen: 2. Trude Klecker; Slalom der Damen: 1. Trude Klecker.

2. März Der Ministerrat hebt den Visumzwang für alle Staatsangehörigen der OEEC-Staaten auf.

16. März Die amerikanische Besatzungsmacht gibt die Sender Linz und Salzburg (Sendergruppe Rot-Weiß-Rot) frei.

25. März 3 000 Vertreter von Kunst und Wissenschaft demonstrieren in Wien wegen des geringen Kulturbudgets *(→ 9. April)*.

27. März Bundespräsident und Bundeskanzler eröffnen im Parlament die zweite Plenarsitzung der »Europäischen Versammlung der politischen Jugend«.

3. April Es wird amtlich bekanntgegeben, daß am 13. April (9. Jahrestag der Befreiung) von einer Beflaggung der Bundesgebäude Abstand genommen wird.

9. April Der Nationalrat beschließt eine Erhöhung des Kulturbudgets um 150 Millionen Schilling.

25. April »Tag der österreichischen Luftfahrt«: Forderung an den Alliierten Rat, das Verbot der österreichischen Luftfahrt aufzuheben.

27. April Protest der Bundesregierung gegen die Niederlassung des kommunistischen »Weltfriedensrates« in Wien.

— Die Gemäldegalerie des Kunsthistorischen Museums in Wien wird wiedereröffnet.

6. Mai »Die letzte Brücke«, ein mehrfach ausgezeichneter Film, läuft in Wien.

12. Mai Die Radio Austria AG nimmt in Bad Deutsch-Altenburg (Niederösterreich) einen Langwellensender in Betrieb.

16. Mai Clemens Krauss stirbt in Mexico City; geb. am 31. März 1893 in Wien; unehelicher Sohn des Erzherzogs Johann Salvator, Dirigent. 1929–1934 Dirigent an der Wiener Staatsoper.

17. Mai Iwan Iwanowitsch Iljitschow, der sowjetische Hochkommissar, beschuldigt die Bundesregierung, daß sie sich nicht an das Kontrollabkommen halte, eine sowjetfeindliche Haltung einnehme und neonazistische und faschistische Umtriebe dulde. Noch am selben Tag weist Bundeskanzler Julius Raab diese Anschuldigung zur Gänze und sehr entschieden zurück.

18. Mai Der Ministerrat beschließt ein 10-Milliarden-Investitionsprogramm für die nächsten zehn Jahre.

22. Mai Der erste Großraumzug der Wiener Straßenbahn wird in Betrieb genommen.

27. Mai Fritz von Herzmanovsky-Orlando stirbt auf Schloß Rametz (Südtirol); geb. am 30. April 1877 in Wien; Schriftsteller skurriler Erzählungen und parodistischer Theaterstücke, auch Graphiker und Zeichner.

5. Juni Der Totenkopf von Joseph Haydn *(→ 31. Mai 1809)* wird in Eisenstadt beigesetzt. Er war wenige Tage nach Haydns Begräbnis von zwei Fanatikern der »Gall'schen Schädellehre« aus dem Sarg entfernt worden, um ihn für wissenschaftliche Untersuchungen zu verwenden. Über viele Umwege kam der Totenkopf 1865 in den Besitz der Gesellschaft der Musikfreunde in Wien, wo er sorgfältig verwahrt wurde.

13. Juni Eröffnung der Schule in Steinakirchen am Forst, die hundertste nach 1945 in Niederösterreich erbaute Schule.

14. Juni Uraufführung von Rudolf Henz' »Die große Entscheidung« im Wiener Burgtheater.

30. Juni 75%ige Liberalisierung des Außenhandels im Rahmen der OEEC.

— Die Europäische Zahlungsunion wird um ein Jahr verlängert.

— Josef Gielen legt sein Amt als Direktor des Burgtheaters nieder. Seine Funktion übernimmt Adolf Rott gemeinsam mit Friedrich Schreyvogl.

Juli Durch intensive Regenfälle im Oberlauf der Donau kommt es zu einem schweren Hochwasser mit weitreichenden Überschwemmungen. Am 13. Juli wird in Wien ein Wasserstand von 7,90 Meter gemessen.

2. Juli Die bisher unter amerikanischem Einfluß stehende Tageszeitung »Wiener Kurier« erscheint mit dem neuen Kopf »Neuer Kurier«.

3. Juli Die Weltliche Schatzkammer in der Wiener Hofburg wird wiedereröffnet.

6. Juli Urteilsspruch im Krauland-Prozeß *(→ 20. Januar)*: Freispruch für Peter Krauland, Verurteilung von Mitangeklagten.

7. Juli Das Gesetz über die »Schillingeröffnungsbilanz« wird im Nationalrat beschlossen. Wertansätze in den Bilanzen der Betriebe sind zu berichtigen, damit das Rechnungswesen der wirtschaftlichen Unternehmungen eine solide Basis erhält.

8. Juli General Kraskewitsch, der stellvertretende sowjetische Hochkommissar, erklärt sich bereit, den in Niederösterreich liegenden Teil der Autobahn Wien–Salzburg der Bundesregierung zu übergeben.

17. Juli Spatenstichfeier in Eugendorf (Salzburg), Baubeginn für die Autobahn Wien–Salzburg.

19. Juli Unterzeichnung der ersten Weltbankanleihe für Österreich in Washington.

20. Juli Hans Gabor gründet in Wien die Kammeroper zur Förderung junger Talente, er führt Raritäten der Opernliteratur auf.

22. Juli Die Bundesregierung schlägt Besatzungserleichterungen vor, die drei Westmächte nehmen den Vorschlag am 6. August an.

27. August Die Verhandlungen der »Interparlamentarischen Union« beginnen im Wiener Parlament. Abgeordneter Berthold Stürgkh wird zum Präsidenten gewählt.

1. September Die Wiener Randgemeinden werden an Niederösterreich rückgegliedert. Der Alliierte Rat stimmt dem Gebietsänderungsgesetz aus dem Jahre 1946 zu. 80 Ortsgemeinden werden wieder an Niederösterreich angegliedert. *(→ 24. Mai 1938).*

18. September Die Wiener Stadtbahn fährt wieder bis Heiligenstadt.

1. Oktober Mit den Arbeiten für das Donaukraftwerk Ybbs-Persenbeug (Niederösterreich) wird begonnen, es wird 1959 *(→ 4. September 1951)* fertiggestellt.

15. Oktober Der Hugo Breitner-Hof in Wien im 14. Gemeindebezirk wird seiner Bestimmung übergeben. Mit 1 112 Wohnungen ist er der größte kommunale Wohnungsbau seit 1945.

17. Oktober Landtagswahlen in Wien, Niederösterreich, Salzburg und Vorarlberg. In Wien und Niederösterreich Gewinne für die SPÖ, mäßige Gewinne für die ÖVP, schwere Verluste für den WdU. In Wien ist der WdU nicht mehr im Gemeinderat vertreten.

19. Oktober Herbert Tichy bezwingt den 8 189 m hohen Cho-Oyu im Himalaja, nahe dem Mount Everest.

31. Oktober Unterrichtsminister Ernst Kolb tritt zurück.

November Das Österreichische Kulturinstitut in Paris wird eröffnet.

1. November Heinrich Drimmel wird zum Unterrichtsminister ernannt.

20. November bis 17. Dezember Bundeskanzler Julius Raab auf Staatsbesuch in den USA, in Kanada und in Paris.

27. November Die Bundesregierung lehnt die Teilnahme an einer gesamteuropäischen Sicherheitskonferenz in Moskau ab. Voraussetzung der Teilnahme sei die Teilnahme aller vier Besatzungsmächte.

29. November Kaiser Haile Selassie von Äthiopien weilt zu einem offiziellen Besuch in Wien.

15. Dezember Der Nationalrat beschließt das Familienlastenausgleichsgesetz.

18. Dezember Maria Eis stirbt in Wien; geb. am 22. Februar 1896 in Prag; Burgtheaterschauspielerin seit 1932.

21. Dezember Das westdeutsche Bundeskabinett erklärt das »Reichsgesetz über die Wiedervereinigung Österreichs mit dem Deutschen Reich« (1938) für null und nichtig.

28. Dezember Josef Gerö stirbt in Wien; geb. am 23. September 1896 in Subotica (heute Jugoslawien); Bundesminister für Justiz. Als Parteiloser von der SPÖ als Fachmann nominiert. 1949–1952 Präsident des Oberlandesgerichts Wien, seit 1946 Präsident des Österreichischen Fußballbundes und des Österreichischen Olympischen Comités.

— 55 »Spätheimkehrer« aus Rußland treffen in Wien ein.

29. Dezember Die sowjetische Besatzungsmacht hebt in ihrer Zone die Filmzensur auf.

30. Dezember Erzherzog Eugen von Österreich stirbt in Meran; geb. am 21. Mai 1863 in Großseelowitz (Mähren); Enkel Erzherzog Karls, des Siegers von Aspern, Feldmarschall und seit 1894 Hoch- und Deutschmeister (1923 Verzicht); lebte 1919–1934 in der Schweiz, anschließend wieder in Österreich.

►**1955** Die Pfarrkirche in Erpfendorf (Tirol) wird nach Plänen von Clemens Holzmeister erbaut.
— Monsignore Otto Mauer schart in der Galerie St. Stephan vorwiegend abstrakte Maler um sich.
— Die Einnahmen aus dem Fremdenverkehr betrugen 2 Milliarden Schilling an Devisen.
8. Januar Die neuerbaute Rotundenbrücke über den Wiener Donaukanal wird dem Verkehr übergeben.
15. Januar Louis Nathaniel Rothschild stirbt auf Jamaika; geb. am 5. März 1882 Wien; Bankier. Seit 1911 in der Spitze des Wiener Bankhauses der Familie, Präsident des Verwaltungsrates der Credit-Anstalt. 1938 wurde er von den Nationalsozialisten enteignet (sein Besitz wurde auf 2 Milliarden Schilling geschätzt), damit konnte er seine Ausreise aus Österreich erkaufen. Er wurde auf eigenen Wunsch in Wien beigesetzt.
17. Januar Hans Kapfer (SPÖ) wird zum Bundesminister für Justiz ernannt.
27. Januar Unterzeichnung eines Abkommens zwischen Österreich und der Tschechoslowakei über die Donauschiffahrt.
6. Februar Karla Kienzl wird Weltmeisterin im Rodeln, Einsitzer; H. Krautner und J. Thaler werden Weltmeister im Doppelsitzer (Rodeln) der Herren.
8. Februar In einer Rede deutet der russische Außenminister Molotow die Bereitschaft zum Abschluß des Österreichischen Staatsvertrages an. Er spricht von der Sicherung der Unabhängigkeit Österreichs, erwähnt aber, daß die österreichische Frage nicht ohne Berücksichtigung des deutschen Problems geregelt werden könne. Bundeskanzler Julius Raab erwidert umgehend, daß die Freiheit und die Unabhängigkeit Österreichs von keinen anderen Bedingungen abhängig gemacht werden können.
23. Februar Der steiermärkische Landtag beschließt, die Landeshaftung für eine 50-Millionen-Anleihe zur Weiterfinanzierung des Ennskraftwerkes Hieflau (Steiermark) zu übernehmen.
9. März Bundeskanzler Julius Raab gibt im Nationalrat eine umfassende Darstellung des wirtschaftlichen Aufstiegs Österreichs. Er stellt fest, daß der Anschluß an die Weltwirtschaft gelungen ist.
16. März Die Bundesregierung erklärt, sie habe nicht die Absicht, militärischen Bündnissen beizutreten oder militärische Stützpunkte auf österreichischem Gebiet errichten zu lassen.
22. März Die Botschafter Österreichs in London, Moskau, Paris und Washington weilen zu einer Besprechung in Wien, Thema: der Staatsvertrag.
24. März Bundeskanzler Julius Raab wird von der Sowjetregierung nach Moskau eingeladen, um über den Staatsvertrag zu verhandeln *(→ 11. April bis 15. April)*.
26. März In der Hütte Donawitz (Steiermark) wird eine neue Profilstrecke in Betrieb genommen.
8. April Enrica von Handel-Mazzetti stirbt in Linz; geb. am 10. Januar 1871 in Wien; katholische Schriftstellerin.
11.–14. April Eine österreichische Regierungsdelegation, der Bundeskanzler Julius Raab, Außenminister Leopold Figl, Vizekanzler Adolf Schärf und der Staatssekretär Bruno Kreisky angehören, hält sich zu Staatsvertragsverhandlungen in Moskau auf.
15. April Ein österreichisch-sowjetisches Kommuniqué über das Ergebnis der Verhandlungen, das sogenannte »Moskauer Memorandum«, wird erstellt, jedoch erst am 15. Mai veröffentlicht. Festlegung des Abzugstermins der Besatzungstruppen; freie Verfügung über die USIA-Betriebe, die Ölfelder und die DDSG; Abgeltung von 150 Millionen Dollar in Warenlieferungen sind die wesentlichsten Punkte. Die Fahrt der Regierungsdelegation vom russischen Militärflughafen Vöslau bei Wien in die Hauptstadt wird zu einem Triumphzug.
19. April Die Sowjetregierung schlägt den drei Westmächten eine Außenministerkonferenz in Wien vor, um den österreichischen Staatsvertrag zum Abschluß zu bringen. Die Westmächte schlagen am 22. April in ihrer Antwort die Abhaltung einer vorbereitenden Botschafterkonferenz in Wien vor *(→ 26. April)*.
24. April Alfred Polgar stirbt in Zürich; geb. am 17. Oktober 1873 in Wien; Schriftsteller, Satiriker und Theaterkritiker.
— Der Wiener Bürgermeister Franz Jonas gibt bekannt, daß seit 1945 30 000 Gemeindewohnungen errichtet wurden, Kosten: rund 7 Milliarden Schilling.
26. April Die Sowjetregierung erklärt sich mit der vorbereitenden Botschafterkonferenz *(→ 19. April)* einverstanden, betont aber, daß sie eine solche Konferenz nicht für notwendig erachte.
28. April Der russische Botschafter überreicht dem Bundeskanzler eine Note, die die Aufhebung von Maßnahmen sowjetischer Kontrollbehörden zum Inhalt hat.
— Der erste Fernsehsender, ein Kleinversuchssender mit 0,1 kW, des österreichischen Rundfunks arbeitet in Wien.
30. April Der Wohnhauswiederaufbaufonds hat seit 1945 7 018 Anträge mit insgesamt 4,1 Milliarden Schilling bewilligt.
2.–12. Mai Die Wiener Botschafterkonferenz erzielt volle Übereinstimmung über den Österreichischen Staatsvertrag.
4. Mai Uraufführung von Franz Theodor Csokors »Caesars Witwe« im Wiener Akademietheater.
10. Mai Der Ministerrat genehmigt den Bericht über die Staatsvertragsverhandlungen; der Außenminister erhält die Berechtigung zur Unterzeichnung.
11. Mai Außenminister Molotow erklärt, er nehme »mit Befriedigung« den Vorschlag der Westmächte an, am 15. Mai den Staatsvertrag in Wien zu unterzeichnen.
— Zwischen Österreich und Rumänien wird ein Abkommen über die Donauschiffahrt unterzeichnet.
13. Mai In der letzten Sitzung der Botschafterkonferenz werden die Vertragstexte in den Sprachen der Besatzungsmächte und in deutscher Sprache aufeinander abgestimmt.
14. Mai Die Außenminister der vier Großmächte beschließen in einer Konferenz auf Antrag des Außenministers Leopold Figl die Streichung des dritten Absatzes der Präambel zum Staatsvertrag, der von der Kriegsschuld Österreichs spricht. Ferner wird die Garantie der österreichischen Neutralität erörtert.
15. Mai 11. 30 Uhr Unterzeichnung des Österreichischen Staatsvertrages im Marmorsaal des Schlosses Belvedere in Wien durch die Außenminister Antoine Pinay für Frankreich, Harold Macmillan für Großbritannien, Wjatscheslaw Michailowitsch Molotow für die Sowjetunion, John Foster Dulles für die USA, Leopold Figl für Österreich. *(→ Rahmenartikel: Der Österreichische Staatsvertrag, S. 405)*.

Der österreichische Staatsvertrag

Der am 15. Mai 1955 im Wiener Schloß Belvedere unterzeichnete österreichische Staatsvertrag umfaßt neben einer Präambel insgesamt 38 Artikel und Annexe mit Listen. Große Teile des Vertragstextes sind mit dem Entwurf eines Vertrages über die Wiedererrichtung eines unabhängigen und demokratischen Österreichs aus dem Jahre 1947 identisch.

Der Text der Präambel lautet in deutscher Übersetzung:
»Die Union der Sozialistischen Sowjetrepubliken, das Vereinigte Königreich von Großbritannien und Nordirland, die Vereinigten Staaten von Amerika und Frankreich, in der Folge die Alliierten und Assoziierten Mächte genannt, einerseits und Österreich anderseits;
Im Hinblick darauf, daß Hitler-Deutschland am 13. März 1938 Österreich mit Gewalt annektierte und sein Gebiet dem Deutschen Reich einverleibte;
Im Hinblick darauf, daß in der Moskauer Erklärung, verlautbart am 1. November 1943, die Regierung der Union der Sozialistischen Sowjetrepubliken, des Vereinigten Königreiches und der Vereinigten Staaten von Amerika erklärten, daß sie die Annexion Österreichs durch Deutschland am 13. März 1938 als null und nichtig betrachten, und ihrem Wunsch Ausdruck gaben, Österreich als einen freien und unabhängigen Staat wiederhergestellt zu sehen und daß das Französische Komitee der Nationalen Befreiung am 16. November 1943 eine ähnliche Erklärung abgab;
Im Hinblick darauf, daß die Alliierten und Assoziierten Mächte und Österreich unter Berücksichtigung der Bedeutung der Anstrengungen, die das österreichische Volk zur Wiederherstellung und zum demokratischen Wiederaufbau seines Landes selbst machte und weiter zu machen haben wird, den Wunsch hegen, einen Vertrag abzuschließen, der Österreich als einen freien, unabhängigen und demokratischen Staat wiederherstellt, wodurch sie zur Wiederaufrichtung des Friedens in Europa beitragen;
Im Hinblick darauf, daß die Alliierten und Assoziierten Mächte den Wunsch haben, durch den vorliegenden Vertrag in Übereinstimmung mit den Grundsätzen der Gerechtigkeit alle Fragen zu regeln, die im Zusammenhange mit den oberwähnten Ereignissen einschließlich der Annexion Österreichs durch Hitler-Deutschland und seiner Teilnahme am Kriege als integrierender Teil Deutschlands noch offenstehen; und
im Hinblick darauf, daß die Alliierten und Assoziierten Mächte und Österreich zu diesem Zwecke den Wunsch hegen, den vorliegenden Vertrag abzuschließen, um als Grundlage freundschaftlicher Beziehungen zwischen ihnen zu dienen und um damit die Alliierten und Assoziierten Mächte in die Lage zu versetzen, die Bewerbung Österreichs um Zulassung zur Organisation der Vereinten Nationen zu unterstützen;
Haben daher die unterfertigten Bevollmächtigten ernannt, welche nach Vorweisung ihrer Vollmachten, die in guter und gehöriger Form befunden wurden, über die nachstehenden Bestimmungen übereingekommen sind: . . .«

Der Vertrag enthält u. a. Artikel zu folgenden Fragen:
Wiederherstellung Österreichs als freier Staat, Anerkennung der Unabhängigkeit Österreichs durch Deutschland, Verbot des Anschlusses, Menschenrechte, Rechte der slowenischen und kroatischen Minderheiten, Auflösung nazistischer Organisationen, Anerkennung der Friedensverträge, Militärische Bestimmungen, Kriegsgefangene, Rückzug der Alliierten Streitkräfte, Reparationen, Deutsche Vermögenswerte in Österreich, Allgemeine wirtschaftliche Bestimmungen.

17. Mai Der Ministerrat genehmigt den Text des Staatsvertrages und beschließt die Vorlage im Parlament zwecks Ratifizierung.
20. Mai Botschafter Iljitschow informiert die Bundesregierung über die Einstellung der sowjetischen Kontrolltätigkeit bei österreichischen Verwaltungsbehörden.
— 869 000 Dollar Auslandshilfsmittel werden von der amerikanischen Regierung freigegeben.
21. Mai Die land- und forstwirtschaftlichen Betriebe der USIA im Gesamtumfang von 150 000 Hektar, wovon sich allein 92 000 Hektar in Niederösterreich befinden, werden unter österreichische Verwaltung gestellt.
25. Mai Entschließungsantrag aller im Nationalrat vertretenen Parteien über die Neutralität Österreichs.
26. Mai Auf dem Flughafen Schwechat steht das erste, in österreichischem Besitz befindliche Fugzeug startbereit. Das von Landeshauptmann-Stellvertreter von Niederösterreich August Kargl nach Wien überstellte Kleinflugzeug kann für Werbeflüge und für die Schädlingsbekämpfung eingesetzt werden.
27. Mai Der Alliierte Rat beschließt, daß die Bundesregierung nicht mehr zur periodischen Information verpflichtet ist.
— Großbritannien und die Schweiz nehmen den Flugverkehr nach Innsbruck auf.
28. Mai ÖVP und SPÖ sind für die allgemeine Wehrpflicht als Grundlage des Bundesheeres.
1. Juni Die britische Regierung weist den Bonner Protest hinsichtlich der Regelung des deutschen Eigentums in Österreich zurück.
3. Juni Die Bundesbahnstrecke Wels–Passau wird elektrifiziert in Betrieb genommen.
4. Juni Die Sowjetunion übermittelt die beglaubigte Abschrift des Staatsvertrages.
— In Wr. Neustadt trifft der erste größere Heimkehrertransport gemäß den Moskauer Verhandlungen ein.
7. Juni Der Nationalrat nimmt einstimmig den Staatsvertrag an.
10. Juni Der Alliierte Rat hebt die Beschränkungen für die Zivilluftfahrt in Österreich auf.

Die österreichische Neutralität

Am 26. Oktober 1955 verabschiedete der österreichische Nationalrat mit den Stimmen der Koalitionsparteien (ÖVP und SPÖ) sowie der Volksopposition (einer Gruppierung von Kommunisten und Linkssozialisten) das Bundesverfassungsgesetz über die immerwährende Neutralität Österreichs. Ein Abänderungsantrag des WdU (Wahlverband der Unabhängigen) wurde abgelehnt.

Das Gesetz lautet:
»Artikel I

1. Zum Zwecke der dauernden Behauptung seiner Unabhängigkeit nach außen und zum Zwecke der Unverletzlichkeit seines Gebietes erklärt Österreich aus freien Stücken seine immerwährende Neutralität. Österreich wird diese mit allen ihm zu Gebote stehenden Mitteln aufrechterhalten und verteidigen.
2. Österreich wird zur Sicherung dieser Zwecke in aller Zukunft keinen militärischen Bündnissen beitreten und die Errichtung militärischer Stützpunkte fremder Staaten auf seinem Gebiete nicht zulassen.

Artikel II
Mit der Vollziehung dieses Bundesverfassungsgesetzes ist die Bundesregierung betraut.«

— Die Bundesbahnstrecke Villach–Rosenbach (Kärnten) wird elektrifiziert in Betrieb genommen.

11. Juni Das Präsidium des Obersten Sowjets der UdSSR ratifiziert den Österreichischen Staatsvertrag.

14. Juni Zwischen Österreich und den USA wird ein Abkommen über amerikanische landwirtschaftliche Überschußgüter im Wert von 6 Mill. Dollar unterzeichnet.

17. Juni Der Senat der USA ratifiziert den Österreichischen Staatsvertrag.

20. Juni Ein Heimkehrerzug mit 184 Österreichern trifft in Wr. Neustadt (Niederösterreich) ein.

23. Juni Die Identitätskartenverordnung wird aufgehoben.

25. Juni Der Präsident der Vereinigten Staaten Amerikas, Dwight D. Eisenhower unterzeichnet den Österreichischen Staatsvertrag.

26.–29. Juni Staatsbesuch des indischen Premierministers Jawaharlal Nehru in Wien.

29. Juni Das britische Unterhaus nimmt ohne Abstimmung den Österreichischen Staatsvertrag an.

30. Juni Die letzte Vorstellung des Burgtheaters im Ausweichquartier Ronacher findet statt.

7. Juli Die Österreichische Casinogesellschaft (heute Spielbanken AG) eröffnet das Spielkasino in Baden bei Wien.

8. Juli Der Alliierte Rat hebt das Verbot über die militärische Betätigung Österreichs auf.

12. Juli In Moskau wird zwischen Österreich und der Sowjetunion ein Abkommen über Entschädigungen an die Sowjetunion für die sowjetisch verwalteten Betriebe, besonders USIA, DDSG und Erdölgesellschaft, unterzeichnet. Vereinbarung: 150 Millionen Dollar innerhalb von sechs Jahren und auf zehn Jahre jährlich 1 Million Tonnen Rohöl.

15. Juli Das Amt für Landesverteidigung im Bundeskanzleramt wird geschaffen, die Leitung wird Generalmajor Emil Liebitzky übertragen.

21. Juli Paraphierung eines Wirtschaftsabkommens zwischen Österreich und der Sowjetunion über Warenaustausch und Zahlungsverkehr.

27. Juli In Moskau wird die Ratifizierungsurkunde des österreichischen Staatsvertrages überreicht. Am selben Tag findet in Wien die letzte Sitzung des Alliierten Rates statt. Danach werden am heutigen Haus der Industrie feierlich die Fahnen der vier Alliierten eingeholt.

31. Juli Tagesbefehl des sowjetischen Verteidigungsministers: Bis 1. Oktober wird der letzte russische Soldat Österreich verlassen haben.

1. August Die erste österreichische Fernsehsendung wird von den Sendern Wien-Kahlenberg, Graz-Schöckl und Linz-Freinberg ausgestrahlt.

11. August Letzte Sitzung der (sowjetischen) Zivilverwaltung im Mühlviertel. Das Mühlviertel kehrt in das Hoheitsgebiet Oberösterreichs zurück.

13. August Feierliche Übergabe der USIA-Betriebe, der DDSG und der russischen Mineralölverwaltung.

17. August Uraufführung von Werner Egks Oper »Irische Legende« im Rahmen der Salzburger Festspiele.

7. September Der Nationalrat verabschiedet das Wehrgesetz.

9. September Der Nationalrat beschließt das Allgemeine Sozialversicherungsgesetz (ASVG).

10. September Uraufführung von Richard Billingers »Victoria« (nach Knut Hamsuns Roman) im Wiener Akademietheater.

12. September Schweres Eisenbahnunglück bei St. Martin nahe St. Veit an der Glan (Kärnten), neun Tote und 40 Verletzte. Durch die falsche Freigabe eines Abfahrtssignals stieß ein Personenzug mit einem Güterzug zusammen.

16. September Österreich hat seine Lufthoheit wieder.

19. September Botschafter Iljitschow gibt bekannt, daß der letzte russische Soldat österreichischen Boden verlassen hat.

20. September Die Steiermark ist besatzungsfrei.

26. September Parade österreichischer Truppen (nach 17 Jahren) vor Bundespräsident Theodor Körner in Wien. Es paradiert die provisorische Grenzschutzabteilung I (B-Gendarmerie).

— Die USA übertragen alle von den amerikanischen Streitkräften errichteten Anlagen der Republik Österreich.

9. Oktober Kardinal Theodor Innitzer, der Erzbischof von Wien, stirbt in Wien; geb. am 25. Dezember 1875 in Weipert (Böhmen); 1911–1932 Univ.-Prof. in Wien, 1929/30 Minister für soziale Verwaltung, 1932 Erzbischof von Wien, 1933 Kardinal. Er gründete 1933 das Wiener Dom- und Diözesanmuseum, 1945 die Wiener Katholische Akademie. Das Domkapitel wählt zum Kapitelvikar Bischofskoadjutor Franz Jachym. Nachfolger wird Franz König *(→ 9. Mai 1956)*.

14. Oktober Der Flughafen Schwechat wird vom letzten britischen Soldaten geräumt.

— Feierlicher Staatsakt zur Eröffnung des wiederaufgebauten Burgtheaters.

15. Oktober Das wiederaufgebaute Burgtheater wird

Kurzprogramm der Freiheitlichen Partei

Am 3. November 1955 findet nach langwierigen Verhandlungen zwischen dem VdU und der FP die konstituierende Sitzung der FPÖ statt. Das Kurzprogramm der Freiheitlichen Partei Österreichs wird in 15 Punkten beschlossen.

»1. Wir bekennen uns zum Grundsatz der Freiheit und damit zu den Grundrechten der Menschen und Völker.
2. Wir bekennen uns zur sozialen Volksgemeinschaft und bekämpfen das Denken und Handeln in Klassen und Gruppeninteressen.
3. Wir bejahen uneingeschränkt die Eigenstaatlichkeit Österreichs.
4. ... Wir bekennen uns zum demokratischen Rechtsstaat ... und fordern deshalb die Ausschaltung des demoralisierenden Parteiproporzes.
5. Wir fordern einfache und verständliche Gesetze, eine saubere, sparsame Verwaltung und ein soziales Steuersystem ...
10. Wir bekämpfen den parteipolitischen Mißbrauch der Kammern und Berufsvertretungen; Gewerkschaften und Betriebsräte müssen von Parteipolitik unabhängig sein und gehören in den parteifreien Raum ...
14. Wir bekennen uns zur deutschen Volks- und Kulturgemeinschaft.
15. Wir verwerfen den Krieg als Mittel der Politik. Im Geiste der Freiheit bekennen wir uns zum Abendlande und wollen daher den Europäischen Bund freier und gleichberechtigter Nationen und Staaten.«

mit Franz Grillparzers »König Ottokars Glück und Ende« feierlich eröffnet. In den Hauptrollen sind Attila Hörbiger und Ewald Balser zu sehen. Zuvor wird Johann Wolfgang Goethes »Vorspiel auf dem Theater« mit Raoul Aslan, Werner Krauss und Hermann Thimig gegeben.

22. Oktober Österreich und Italien schließen ein Abkommen, das den österreichischen Handelsverkehr über den Triester Hafen erleichtern soll.

25. Oktober Die britischen Besatzungstruppen übergeben die Kaserne Klagenfurt-Lendorf an Österreich und verlassen über Thörl-Maglern als letzte Besatzungseinheit das Land.

26. Oktober Der Nationalrat verabschiedet das Bundesverfassungsgesetz über die immerwährende Neutralität Österreichs mit den Stimmen der Regierungsparteien SPÖ und ÖVP und der Volksopposition. Ein Abänderungsantrag des WdU wird abgelehnt.

3. November Konstituierende Sitzung der FPÖ (Freiheitliche Partei Österreichs). Ende Oktober war es nach langen Verhandlungen zwischen der WdU und der FP zu einer Einigung gekommen. Ein Kurzprogramm mit den Zielsetzungen der neuen Partei wird beschlossen.

5. November Feierliche Eröffnung der wiederaufgebauten Staatsoper mit Ludwig van Beethovens »Fidelio«. In den Hauptpartien singen Martha Mödl und Anton Dermota.

16.–18. November Staatsbesuch des Außenministers der BRD, Heinrich von Brentano, in Wien.

23.–25. November Staatsbesuch des königlich-niederländischen Außenministers Johan Willem Beyen in Wien.

3. Dezember Der neuerbaute Grazer Hauptbahnhof wird feierlich eröffnet.

15. Dezember UN-Generalsekretär Dag Hammarskjöld gibt bekannt, daß die 555. Plenarsitzung der UNO auf Empfehlung des Sicherheitsrates beschlossen hat, Österreich als Mitglied in die Vereinten Nationen aufzunehmen.

16. Dezember Die höchste Seilbahn Österreichs, vom Vallugagrat zum Vallugagipfel (2 811 m) in Vorarlberg, wird eröffnet.

20. Dezember In feierlicher Form wird der Dr.-Karl-Renner-Preis an Bundeskanzler Julius Raab, Vizekanzler Adolf Schärf, Außenminister Leopold Figl und Staatssekretär Bruno Kreisky überreicht.

29. Dezember Welturaufführung von John Boynton Priestleys »Schafft den Narren fort!« im Wiener Burgtheater in Anwesenheit des Autors, in der Hauptrolle Ewald Balser.

31. Dezember 1 735 584 Rundfunkteilnehmer sind in Österreich gemeldet.

►**1956** Der Wiener Kunstkritiker Johann Muschik formuliert den Begriff »Wiener Schule des phantastischen Realismus«. Hauptvertreter sind die seit etwa 1951 bekannten Maler: Erich (Arik) Brauer (geb. am 4. Januar 1929), Ernst Fuchs (geb. am 13. Februar 1930), Rudolf Hausner (geb. am 4. Dezember 1914), Wolfgang Hutter (geb. am 13. Dezember 1928) und Anton Lehmden (geb. am 2. Januar 1929).

1. Januar Der Bischof-Koadjutor Franz Zauner wird durch die Resignation von Bischof Josef Fließer Bischof von Linz.

7. Janur Lauberhornrennen in Wengen (Schweiz), Österreichischer Abfahrtserfolg: 1. Toni Sailer, 2. Josl Rieder, 3. Othmar Schneider.

9. Januar Der traditionelle Neujahrsempfang des Bundespräsidenten für das Diplomatische Corps findet erstmals seit 17 Jahren wieder statt. Der päpstliche Nuntius Dellepiane führt in seiner Ansprache aus: »Wir waren Zeugen der bewundernswürdigen Erneuerung Österreichs.«

— Die österreichische Luftverkehrs AG »Air Austria« wird gegründet.

— Der Ministerrat genehmigt den Gastarbeitnehmervertrag zwischen Österreich und der Schweiz.

23. Januar Nach dem Rücktritt von Karl Maisel wird Anton Proksch als neuer Sozialminister angelobt.

— Unterzeichnung des Luftverkehrsabkommens zwischen Österreich und Italien.

26. Januar bis 5. Februar VII. Olympische Winterspiele in Cortina d'Ampezzo (Italien). Österreich: 4 Gold-, 4 Silber-, 3 Bronzemedaillen.
Abfahrt der Herren: 1. Toni Sailer, 2. Anderl Molterer; Slalom der Herren: 1. Toni Sailer; Riesenslalom der Herren: 1. Toni Sailer, 2. Anderl Molterer, 3. Walter Schuster. Slalom der Damen: 2. Regina Schöpf; Riesenslalom der Damen: 2. Josephine Frandl, 3. Thea Hochleitner. Eiskunstlauf der Paare: 1. Elisabeth Schwarz/Kurt Oppelt. Eiskunstlauf der Damen: 3. Ingrid Wendl. Da die Olympiade zugleich als Weltmeisterschaft gewertet wird, ist Toni Sailer auch Weltmeister in allen al-

pinen Disziplinen sowie in der Kombination. Er ist damit der beste Skiläufer der Welt.

27. Januar Erich Kleiber stirbt in Zürich; geb. am 5. August 1890 in Wien; Dirigent. An allen führenden Opernhäusern tätig, war er 1923–1934 Generalmusikdirektor der Berliner Staatsoper, wo er am 14. 12. 1925 die Uraufführung von Alban Bergs Oper »Wozzeck« leitete.

3. Februar Erste Ausmusterung von sechs Leutnants und 14 Fähnrichen des Bundesheeres in der Wiener Fasangartenkaserne.

4. Februar Der Verein »Weltgewerkschaftsbund« mit dem Sitz in Wien wird behördlich aufgelöst. Diese kommunistische Organisation überschritt ihren Wirkungskreis und gefährdete österreichische staatliche Interessen.

7. Februar Zwischen den USA und Österreich wird ein Wirtschaftsabkommen unterzeichnet. Die USA liefern für 580 Millionen Schilling landwirtschaftliche Güter und Kohle; Importe können ohne Devisen erfolgen.

9. Februar Erster Opernball nach dem Krieg, an dem zahlreiche prominente Persönlichkeiten aus dem In- und Ausland teilnehmen.

Mitte Februar Die österreichischen Schiffe »Austria I« und »Austria II« befahren den Rhein zwischen Basel und den Benelux-Häfen.

20./21. Februar Gastkonzerte der Wiener Philharmoniker in Paris im Theater des Champs-Elysées.

1. März ÖVP und SPÖ beantragen im Nationalrat Neuwahlen für den 13. Mai.

— Eine österreichische Delegation unter der Führung des Außenministers Leopold Figl gratuliert im Vatikan Papst Pius XII. zum 80. Geburtstag.

13. März Die erste Waldbestandsaufnahme nach dem Krieg bringt ein vorläufiges Ergebnis von 3,3 Millionen Hektar.

15. März Erstes Konzert der Wiener Philharmoniker nach 1945 in Berlin im Steglitzer Titania-Palast unter der Leitung von Rafael Kubelik.

20. März Altbundespräsident Wilhelm Miklas stirbt in Wien; geb. am 15. Oktober 1872 in Krems an der Donau (Niederösterreich); christlichsozialer Politiker. 1907–1918 Abgeordneter zum Reichsrat, 1918 Mitglied des Staatsrates, 1919/20 Unterstaatssekretär für Kultur, 1923–1928 Nationalratspräsident, 1928–1938 Bundespräsident.

— Rund 25% des Bundesbahnnetzes, 1 456 km, sind elektrifiziert.

28. März Burghard Breitner stirbt in Innsbruck; geb. am 10. Juni 1883 in Mattsee (Salzburg); Chirurg und Schriftsteller. Betreuer von Verwundeten in russischer Kriegsgefangenschaft bis 1920. 1928 Universitätsprofessor in Innsbruck, 1951 Kandidat des VdU bei der Bundespräsidentenwahl.

6. April Das Böhler-Werk in Kapfenberg (Steiermark) erreicht mit rund 150 000 t Rohstahl die höchste Produktionsleistung seit Bestehen.

14. April Das Gebäude der Wiener Börse (Wien 1) fällt einem Großbrand zum Opfer.

16. April Außenminister Leopold Figl und Staatssekretär Bruno Kreisky hinterlegen in Straßburg die Urkunde über den Beitritt Österreichs zum Europarat *(→ 2. März)*; Österreich ist der 15. Staat.

7. Mai Gemäß dem Staatsvertrag sind 4 000 Vermögenschaften unter öffentlicher Verwaltung oder Aufsicht.

— Josef Hoffmann stirbt in Wien; geb. am 15. Dezember 1870 in Pirnitz (Mähren); Architekt und Kunstgewerbler. Er gründete mit Kolo Moser 1903 die Wiener Werkstätten und 1912 den Österreichischen Werkbund, 1950 Staatspreis. Hoffmann war Schüler von Otto Wagner und Lehrer von Le Corbusier.

8. Mai Die niederösterreichische Landesregierung bestätigt Otto Habsburg die österreichische Staatsbürgerschaft.

9. Mai Franz König, Bischofskoadjutor der Diözese St. Pölten, zum Erzbischof von Wien ernannt.

13. Mai Nationalratswahl *(→ Tabelle im Anhang: Die Nationalratswahlen)*. Mandate: ÖVP 82, SPÖ 74, FPÖ 6, KPÖ 3.

14. Mai Die Regierung Raab I demissioniert. Julius Raab wird vom Bundespräsidenten mit der Bildung einer neuen Bundesregierung betraut *(→ 29. Juni)*.

28. Mai Im Messepalast findet die erste Musterung für das österreichische Bundesheer statt, vom stellungspflichtigen Geburtsjahrgang 1937 sind von 32 482 gemusterten Wehrpflichtigen 26 362 tauglich.

— Die Weltbank bewilligt eine Anleihe von 31 Millionen US-Dollar zum Ausbau der Kraftwerke in Österreich.

29. Mai Uraufführung von Felix Brauns »Schläfer im Wald« im Reinhardtseminar in Wien.

4. Juni Der direkte Eisenbahnverkehr Wien–Moskau wird aufgenommen.

13. Juni Der Dirigent Herbert von Karajan übernimmt die künstlerische Leitung der Wiener Staatsoper.

16.–19. Juni Staatsbesuch des australischen Premierministers Robert Gordon Menzies in Wien.

16. Juni Sechzehn Mitglieder des Obersten Sowjets statten Österreich auf Einladung des Parlaments einen Gegenbesuch ab.

17.–23. Juni Die Weltkraftkonferenz tagt in Wien.

20. Juni Das Innkraftwerk Prutz-Imst (Tirol) wird drei Monate vor dem geplanten Termin durch die TIWAG in Betrieb genommen.

23. Juni Eröffnung des Donaumuseums im Schloß Petronell (Niederösterreich).

24. Juni Großkundgebung der Bauern auf dem Wiener Heldenplatz aus Anlaß des 50jährigen Bestehens des Bauernbundes.

28. Juni Die Geologische Bundesanstalt schätzt das aufgeschlossene Erdölvorkommen im Wiener Becken auf rund 58 Millionen t und die Erdgasreserven auf rund 20 Milliarden m^3.

29. Juni Regierung Raab II.
Bundeskanzler: Julius Raab (ÖVP), Vizekanzler: Adolf Schärf (SPÖ) – ab 22. Mai 1957 Bruno Pittermann (SPÖ), Äußeres: Leopold Figl (ÖVP) – ab 10. Juni 1959 Bundeskanzler Raab vorübergehend betraut, Staatssekretär: Bruno Kreisky (SPÖ) und Franz Gschnitzer (ÖVP), Landesverteidigung: ab 11. Juli Ferdinand Graf (ÖVP), Staatssekretär Karl Stephani (SPÖ), Inneres: Oskar Helmer (SPÖ), Staatssekretär: Franz Grubhofer (ÖVP), Justiz: Otto Tschadek (SPÖ), Unterricht: Heinrich Drimmel (ÖVP), Soziale Verwaltung: Anton Proksch (SPÖ), Finanzen: Reinhard Kamitz (ÖVP), Staatssekretär: Fritz Bock (ÖVP) – ab 11. Oktober 1956 Hermann Withalm (ÖVP), Land- und Forstwirt-

schaft: Ökonomierat Franz Thoma (ÖVP), Handel und Wiederaufbau: Udo Illig (ÖVP) – ab 17. September 1956 Fritz Bock (ÖVP), Staatssekretär: Eduard Weikhart (SPÖ), Verkehr und Elektrizitätswirtschaft: Karl Waldbrunner (SPÖ).

Juli Gastspieltournee des Theaters in der Josefstadt nach Argentinien, Brasilien, Chile und Uruguay.

6. Juli Das Investitionsprogramm 1956/57 beträgt 1 050 Millionen Schilling durch Freigabe von 700 Millionen aus Counterpartmitteln der US-Regierung und 350 Millionen aus Anleihemitteln der amerikanischen landwirtschaftlichen Überschußgüteraktion.

8. Juli UN-Generalsekretär Dag Hammarskjöld ist als Gast der Bundesregierung in Wien.

11. Juli Der Nationalrat beschließt die Errichtung eines Bundesministeriums für Landesverteidigung und die Neuordnung von Wirkungsbereichen einiger Bundesministerien.

19. Juli bis 15. August Bregenzer Festspiele; in ihrem Rahmen findet die Uraufführung von Max Mells »Jeanne d'Arc« statt.

1. August Die VOEST-Werke in Linz blasen den dritten Hochofen an.

10. August Eine Abordnung von Wirtschaftsexperten aus der Volksrepublik China trifft in Linz ein.

5.–8. September Der Parlamentarische Rat der Europabewegung tagt in Wien.

5. September Die Wiener Lokomotiv Fabrik AG Wien-Floridsdorf erhält von Indien einen Auftrag auf 80 Schnellzugdampflokomotiven.

14.–17. September Erstes großes Treffen der Auslandsösterreicher in Salzburg.

16. September Eine britische Parlamentarierdelegation ist zu Gast in Wien.

17. September Handelsminister Udo Illig tritt zurück, Staatssekretär Fritz Bock wird sein Nachfolger.

19.–22. September Staatsbesuch des Bundeskanzlers Julius Raab in der Schweiz.

20. September Das Exekutivkomitee der Weltbank genehmigt die von Österreich gewünschte Anleihe in Höhe von 800 Millionen Schilling.

28. September Auf Grund des österreichisch-amerikanischen Abkommens über amerikanische landwirtschaftliche Überschußgüterlieferungen erhält Österreich aus den Gegenwertmitteln einen langfristigen Kredit in der Höhe von 14,5 Millionen Dollar. Der österreichische Botschafter in den USA Karl Gruber unterzeichnet das Abkommen mit der Export-Import-Bank in Washington.

29. September Feierliche Eröffnung des neuen Bahnhofgebäudes des Wiener Südbahnhofes. Die Strecke Wien–Gloggnitz ist bereits elektrifiziert, ein weiterer Ausbau ist vorgesehen.

4. Oktober Abschluß der österreichisch-sowjetischen Wirtschaftsverhandlungen in Moskau.

8. Oktober Österreich richtet eine Note an Italien, mit der die Einhaltung des Gruber-De-Gasperi-Abkommens reklamiert wird *(→ 9. Februar 1957 und Artikel im Anhang: Südtirol).*

12. Oktober Nationalratsabgeordneter Hermann Withalm (ÖVP) wird zum Staatssekretär im Bundesministerium für Finanzen ernannt.

13. Oktober Große Kundgebung für Südtirol auf dem Wiener Rathausplatz. Ein Zug von 5 000 Menschen bewegt sich vom Schwarzenbergplatz zum Veranstaltungsort, 12 000 Menschen stehen im Spalier. Bürgermeister Franz Jonas muß seine Ansprache abbrechen, weil seine Ausführungen das Mißfallen der Teilnehmer erregen. Er erklärt, daß Österreich nichts ferner liege, als die freundschaftlichen Beziehungen zum italienischen Nachbarn trüben zu wollen.

20. Oktober Die Johann Bernhard Fischer von Erlach-Ausstellung (300. Geburtstag) wird in Schloß Eggenberg bei Graz eröffnet.

22. Oktober Die Konferenz der Atomenergiebehörde in New York beschließt einstimmig Wien als Sitz der Internationalen Behörde für die friedliche Verwendung der Atomenergie.

23. Oktober Beginn des Volksaufstandes in Ungarn. Im Laufe der Hilfsaktionen nimmt Österreich 152 218 ungarische Flüchtlinge auf.

28. Oktober Sondersitzung der Bundesregierung wegen der Situation in Ungarn. Maßnahmen zur Sicherung der Grenze und zur Aufnahme von Flüchtlingen werden getroffen, ein Appell an die Sowjetregierung und an den UN-Sicherheitsrat wird gerichtet, auch der UN-Generalsekretär wird verständigt.

13. November Ein Ministerkomitee zur Koordinierung der Ungarnflüchtlingshilfe wird gebildet.

17. November Die modernste und größte Berufsschule Österreichs wird in Innsbruck ihrer Bestimmung übergeben: sie bietet Platz für 700 bis 800 Lehrlinge.

— Seit Gründung des »Vereins der Freunde des Wohnungseigentums« (1949) wurden 17 000 Eigentumswohnungen erbaut.

20. November Innenminister Oskar Helmer gibt im Ministerrat bekannt, daß bereits 29,4 Millionen Schilling für die Ungarnflüchtlinge ausgegeben wurden; für das nächste Halbjahr wird mit weiteren 162 Millionen Schilling zu rechnen sein.

— Im Finanz- und Budgetausschuß wird bekanntgegeben, daß Paul Esterházy 16 000 ha landwirtschaftliche Nutzfläche aus seinem Besitz an die 6 000 Pächter übergeben wird.

22. November bis 8. Dezember XVI. Olympische Spiele in Melbourne (Australien). Österreich: 2 Bronzemedaillen. Rudern, Zweier ohne Steuermann: 3. Josef Kloimstein/Alfred Sageder, Kajakzweier über 1 000 m: 3. Max Raub/Herbert Wiedermann.

27. November Bundeskanzler Julius Raab gibt im Ministerrat bekannt, daß die Zahl der Ungarnflüchtlinge 84 000 Personen beträgt. Er stellt den Antrag an die USA, 10 Millionen Schilling aus dem Sonderkonto der Marshallplanhilfe freizugeben.

1. Dezember Die Südschleuse des Donaukraftwerkes Ybbs-Persenbeug (Niederösterreich) wird mit der Durchfahrt des Schleppdampfers »Persenbeug« dem Verkehr übergeben.

4. Dezember Bundeskanzler Julius Raab berichtet im Ministerrat über seine Verhandlungen mit der Sowjetunion über eine Erleichterung der Versorgung Österreichs mit Heizöl. Insgesamt muß Österreich um 100 000 Tonnen Heizöl weniger liefern.

5. Dezember 111 000 Ungarnflüchtlinge wurden bis zu diesem Tag aufgenommen, davon sind 37 000 ins Ausland weitergereist.

18. Dezember Der Nationalrat beschließt den Verkauf von Aktien verstaatlichter Banken, Änderungen des Währungsschutzgesetzes, eine Kinderbeihilfenerhöhung und das Krankenanstaltengesetz.

19. Dezember US-Vizepräsident Richard Nixon weilt in Wien, um sich über das Problem der Ungarnflüchtlinge zu informieren.

►**1957, 1. Januar** Beginn des regelmäßigen Fernsehbetriebes in Österreich. An sechs Tagen der Woche wird ab 20.00 Uhr ein regelmäßiges Fernsehprogramm ausgestrahlt.

4. Januar Bundespräsident General a. D. Theodor Körner stirbt in Wien; geb. am 24. April 1873 in Komorn (Ungarn); Generalstabchef der Isonzoarmee im Ersten Weltkrieg, 1918 Abteilungsleiter im Staatsamt für Heerwesen, Inspektor des Bundesheeres, 1924 als General pensioniert. Militärischer Berater des Republikanischen Schutzbundes. Seit 1923 von den Sozialdemokraten in die Parlamentskommission für Heerwesen und in den Bundesrat entsandt. 1945–1951 Bürgermeister von Wien, seit 21. Juni 1951 (Stichwahl) der erste vom Volk gewählte Bundespräsident.

6. Januar Josef Plečnik stirbt in Laibach/Ljubljana (Slowenien); geb. am 23. Januar 1872 in Laibach; Architekt des Jugendstils; erbaute u. a. in Wien das »Zacherlhaus« (1903).

— In der Nacht zum 7. Januar zerstört ein Brand das Hospiz und die Kapelle in St. Christoph am Arlberg (Tirol). Erst 1959 ist der Wiederaufbau beendet *(→ 1385)*.

12. Januar Lauberhornrennen (Ski) in Wengen (Schweiz). Abfahrt: 1. Toni Sailer; Slalom: 1. Anderl Molterer; Kombination: 1. Josl Rieder.

19. Januar Die Dr.-Karl-Renner-Preise 1957 werden im Wiener Rathaus u. a. dem Gesandten Dr. Walter Peinsipp (im Oktober 1956 in Budapest), dem Obmann des Kriegsblindenverbandes Hans Hirsch sowie einer Abordnung von Männern des Großkraftwerkes Kaprun verliehen.

— Hahnenkammrennen in Kitzbühel (Tirol), österreichischer Gesamterfolg: 1. Toni Sailer, 2. Anderl Molterer, 3. Josl Rieder, 4. Hias Leitner.

28. Januar Beginn des Verkaufes der Volksaktien. Vorzugsaktien der verstaatlichten Banken CA und Länderbank bereits am 2. März um 80% überzeichnet.

30. Januar Das »Österreichische Bauzentrum« wird im Palais Liechtenstein in Wien eröffnet.

2. Februar Der Verein »Sekretariat des Weltfriedensrates« wird wegen einseitiger Stellungnahmen zu weltpolitischen Vorgängen aufgelöst.

6. Februar Die Bundesbahnstrecke Rosenbach (Kärnten) bis Jesenice (Karawankentunnel, Slowenien) wird elektrifiziert in Betrieb genommen.

9. Februar Italien überreicht eine unbefriedigende Antwortnote auf das österreichische Memorandum vom 8. Oktober 1956: Beginn der »Südtirolspannungen«.

14. Februar Wolfgang Denk (ÖVP) und Vizekanzler Adolf Schärf (SPÖ) werden für die Bundespräsidentenwahl am 5. Mai nominiert. ÖVP und FPÖ hatten sich auf den gemeinsamen Kandidaten Denk geeinigt.

19. Februar Protest der Bundesregierung in Belgrad wegen Beschlagnahme österreichischen Vermögens unter Berufung auf Artikel 27 § 2 des Österreichischen Staatsvertrages.

23. Februar Die Bundesregierung weist die Vorwürfe und Verleumdungen der ungarischen Regierung (wegen der Flüchtlingshilfe) energisch zurück.

10. März Landtagswahlen in der Steiermark. Die Mandatsverteilung lautet: 24 ÖVP, 21 SPÖ, 3 FPÖ, die Kommunisten sind nicht mehr im Landtag vertreten.

12. März Die »Paritätische Kommission« für Lohn- und Preisfragen wird gebildet. Eine freie Vereinbarung der Sozialpartner und der Bundesregierung, ein Organ der freiwilligen Selbstkontrolle für Löhne und Preise. Sie gibt der Regierung wirtschaftspolitische Empfehlungen. Existenz und Funktion sind weder durch Gesetz noch durch ministerielle Verordnung geregelt, trotzdem werden die »einstimmigen Empfehlungen« eingehalten und beachtet.

14. März Der Nationalrat genehmigt die Statuten der Internationalen Atomenergiebehörde, das NS-Amnestiegesetz, das Staatsbürgerschaftsüberleitungsgesetz, das Warenaustauschgesetz mit Südtirol und das Energieanleihegesetz 1957.

27. März Die ersten Düsenjäger werden dem Bundesheer übergeben.

30. März Uraufführung von Fritz Hochwälders »Die Herberge« im Wiener Burgtheater.

31. März Angehörige der Internationalen Atomenergiebehörde treffen in Wien ein; Sitz ist das ehemalige Grandhotel am Kärntner Ring.

4. April Die Austrian Airlines (AUA) werden (als Nachfolger der ÖLAG) neu konstituiert.

9. April Zwischen Österreich und der Sowjetunion wird ein Abkommen über die Donauschiffahrt unterzeichnet. Österreichische Schiffe können nun wieder bis zum Schwarzen Meer fahren.

11. April Das Verteidigungsministerium gibt bekannt, daß das Bundesheer ab 1. Oktober eine Stärke von 35 000 Mann haben wird.

23. April Der erste stellvertretende Ministerpräsident der UdSSR, Anastas Iwanowitsch Mikojan, stattet Wien einen offiziellen Besuch ab.

5. Mai Vizekanzler Adolf Schärf wird zum Bundespräsidenten gewählt (Ergebnisse → *Tabelle im Anhang: Bundespräsidentenwahl*).

8. Mai Bruno Pittermann wird zum Vizekanzler ernannt, außerdem wird er auch Vorsitzender der SPÖ.

9. Juni Die österreichische Karakorumexpedition (Hermann Buhl, Diernberger, Schmuck, Wintersteller) ersteigt den 8 047 m hohen Broad Peak.

13.–16. Juni Staatsbesuch des deutschen Bundeskanzlers Konrad Adenauer in Österreich.

15. Juni Zur Regelung der vermögensrechtlichen Beziehungen zwischen Österreich und Deutschland wird im Kongreßsaal des Bundeskanzleramtes ein Vertrag unterzeichnet.

27. Juni Hermann Buhl stürzt beim Aufstieg auf den Chequlsia-Gipfel im Baltoro-Gletschergebiet 300 m tief ab. Vergeblich wird versucht, seinen Leichnam zu bergen. Geb. am 21. September 1924 in Innsbruck; Bergsteiger. Nach einer glanzvollen alpinistischen Laufbahn bezwang er im Alleingang am 4. Juli 1953 *(→ dort)* den 8 126 m hohen Nanga Parbat.

6. Juli Die dritte und größe Staustufe des Pumpspeicherwerkes Ottenstein im Waldviertel wird durch Bundeskanzler Julius Raab eröffnet. Die Jahreserzeugung der drei Kamptalkraftwerke beträgt 135,5 Mill. kWh, davon 54% in der Wintersaison.

16. Juli Der Ministerrat beschließt die Gründung der Österreichischen Rundfunkgesellschaft m. b. H.

— Der Ministerrat lehnt die Forderung des Aachener

Domkapitels, einige Stücke der Reichskleinodien auszuliefern, ab.
25. Juli Die Sowjetunion erklärt sich einverstanden, daß Österreich 1957, statt 100 000 t Erdöl, Waren liefert. In den restlichen drei Jahren Warenlieferungen statt jeweils 200 000 t Erdöl.
4. August Außenminister Leopold Figl eröffnet das Internationale Diplomatenseminar auf Schloß Klesheim bei Salzburg.
7. August Das Bronzestandbild Kaiser Franz Josephs I., ein Abguß einer Steinstatue von Johannes Penk, wird im Wiener Burggarten durch private Initiative aufgestellt.
2. September In der Korneuburger Schiffswerft geht der im Auftrag der in Bremen beheimateten Schiffahrtslinie »Neptun« erbaute 1 500-Tonnen-Motorfrachter »Perseus« vom Stapel.
30. September Der Bahnbetrieb auf der Salzkammergutlokalbahn (Salzburg–Bad Ischl), der »Feurige Elias«, wird eingestellt.
1. Oktober Die erste Generalkonferenz der Internationalen Atomenergiebehörde wird in Wien eröffnet.
10. Oktober In Wien werden Wirtschaftsverhandlungen mit der Sowjetunion, die seit 10. September geführt wurden, beendet. Es werden Warenlisten und Rahmenkontingente vereinbart.
11. Oktober Ein neuer Trinkwasserspeicher (für Wien) wird in Neusiedl am Steinfeld (Niederösterreich) in Betrieb genommen; er ist der größte Europas.
16. Oktober Ralph Benatzky stirbt in Zürich; geb. am 5. Juni 1884 in Mährisch-Budwitz; Operettenkomponist, u. a. 1930 »Im weißen Rössl«.
28. Oktober Landtagswahlen in Tirol, Gemeinderatswahlen in Krems an der Donau (Niederösterreich).
12. November Der Tiroler Landeshauptmann Alois Grauß tritt krankheitshalber zurück.
16. November Der steirische Landtag beschließt eine neue Verfassung für die Stadt Graz.
21. November Das Rotgüldensee-Kraftwerk im Lungau (Salzburg) wird seiner Bestimmung übergeben.
29. November Erich Wolfgang Korngold stirbt in Hollywood; geb. am 29. Mai 1897 in Brünn (Mähren); Komponist und Dirigent.
5. Dezember Das Archäologische Institut der Universität Wien zieht Bilanz über die Ausgrabungen des letzten Jahres in Ephesos (Türkei). Die unter der Leitung von Professor Hans Miltner stehenden Ausgrabungen brachten eine reiche Ausbeute an Keramikfunden und einen 60 m² großen Mosaikfußboden.
13. Dezember Österreich unterzeichnet die Europäische Konvention zum Schutze der Menschenrechte und der Grundfreiheiten *(→ 3. September 1958)*.
— Die Jugendherberge Schladming (Steiermark), die modernste Österreichs, wird eröffnet.
18. Dezember Der Nationalrat beschließt das Gewerbliche Selbständigen-Pensionsversicherungsgesetz (GSPVG) und das Landwirtschaftliche Zuschußrentenversicherungsgesetz.
20. Dezember Emil Pirchan stirbt in Wien; geb. am 27. Mai 1884 in Brünn (Mähren); Maler, Architekt und Schriftsteller, Bühnenbildner am Burgtheater.
25. Dezember Käthe Dorsch stirbt in Wien; geb. am 29. Dezember 1890 in Neumarkt in der Oberpfalz (Bayern); Kammerschauspielerin. Seit 1929 am Wiener Burgtheater.

►1958, 11. Januar Lauberhornrennen in Wengen (Schweiz). Abfahrt: 1. Toni Sailer; Slalom: 1. Josl Rieder.
24. Januar Hedwig Bleibtreu stirbt in Wien; geb. am 23. Dezember 1868 in Linz; Kammerschauspielerin. Seit 1893 Mitglied des Wiener Burgtheaters.
2.–9. Februar Skiweltmeisterschaften in Badgastein (Salzburg). Herren: Abfahrt: 1. Toni Sailer; Slalom: 1. Josl Rieder, 2. Toni Sailer; Riesenslalom: 1. Toni Sailer, 2. Josl Rieder; Kombination: 1. Toni Sailer, 2. Josl Rieder. Damen: Josephine Frandl 2. im Slalom und 3. in der Kombination.
7. Februar Arbeitssitzung über die Freihandelszone für Österreich; auch der Vorsitzende des Komitees der OEEC für die Errichtung einer europäischen Freihandelszone, Reginald Maudling, ist anwesend.
22. Februar Zwischen Österreich und den USA wird ein Lieferungsabkommen unterzeichnet. Österreich erhält landwirtschaftliche Produkte in der Höhe von 2,5 Millionen Dollar.
27. Februar Außenminister Leopold Figl tritt eine dreiwöchige Asienreise an, die ihn vor allem nach Indien und Pakistan führt. Er will Österreichs neutrale Position darlegen und Wirtschaftsgespräche führen.
7. März Oskar Czeija stirbt in Wien; geb. am 5. September 1887 in Wien; Radiopionier und Begründer der RAVAG (österreichische Radio Verkehrs AG).
17. März bis 3. April Der Bund legt eine 6%ige Trefferanleihe und eine 7%ige Investitionsanleihe auf *(→ 18. April)*. Insgesamt werden in den nächsten vier Wochen 322 Mill. Schilling gezeichnet.
28. März Das Lünerseekraftwerk (Vorarlberg) der Illwerke wird in Betrieb genommen. Es ist das größte Kraftwerk Österreichs und das größte Hochdruck-Pumpspeicherwerk der Welt.
30. März Eröffnung der ersten AUA-Fluglinie: Wien–London.
1. April Bundeskanzler Julius Raab trifft in Rom ein. Er wird am 3. April von Papst Pius XII. in Privataudienz empfangen.
5. April Der zweite Fernsehsender wird auf dem Wiener Kahlenberg in Betrieb genommen.
22. April Grundsteinlegung für die Großraffinerie der Österreichischen Mineralölverwaltung in Schwechat (Niederösterreich).
26. April Das Autobahnteilstück Salzburg–Mondsee wird dem Verkehr übergeben.
28. April Die Weltbank gewährt Österreich eine Anleihe in Höhe von 10,76 Millionen Dollar für die Modernisierung und Ausweitung von elf österreichischen Privatunternehmungen.
6. Mai Bei der Weltausstellung in Brüssel werden die Österreich-Tage eröffnet. Attraktionen im von Karl Schwanzer erbauten Ausstellungspavillon sind das Mozartzimmer und ein Kindergarten. Ein Gastkonzert der Wiener Philharmoniker rundet das Programm ab.
10. Mai Im Unteren Belvedere in Wien wird das österreichische Barockmuseum wiedereröffnet. Die originalen Brunnenfiguren von Georg Raphael Donner für den Providentiabrunnen auf dem Neuen Markt in Wien sind wieder zugänglich.
12. Mai Staatsbesuch des Bundespräsidenten Adolf Schärf in der Schweiz.
14. Mai Auf einem außerordentlichen Parteitag der SPÖ wird ein neues Parteiprogramm beschlossen. Nach

»Neues Parteiprogramm« der SPÖ

Auf dem außerordentlichen Parteitag der SPÖ in Wien wird am 14. Mai 1958 nach eingehender Diskussion und mehreren Abänderungen das »Neue Parteiprogramm« beschlossen. Dem Redaktionsteam gehören Benedikt Kautsky, Bruno Kreisky, Fritz Klenner und Alois Piperger an. Nach der Einleitung »Die Grundsätze der Sozialisten«, die in Sozialismus und Demokratie, Die Partei aller Arbeitenden, Sozialismus und Religion und Die Sozialisten und die Gemeinschaft der Völker gegliedert ist, folgt der umfangreiche, vierteilige Abschnitt Aufgaben und Forderungen der SPÖ – 1. Staat und Gesellschaft, 2. Wirtschaft, 3. Sozialpolitik, 4. Kultur. Es schließt mit einem eigenen Abschnitt:

»Die SPÖ kämpft für eine neue, klassenlose Gesellschaft und damit für einen neuen sozialistischen Humanismus.
Sozialismus – heute und morgen
Alles was die Sozialisten hier fordern, was sie mit der Hilfe des Volkes schaffen wollen, das müssen sie heute im Angesicht einer zerrissenen und von Angst gequälten Welt zu verwirklichen streben.
... In dieser gespaltenen Welt steht der demokratische Sozialismus zwischen Kapitalismus und Diktatur. Er muß seine Ziele im Kampf gegen beide erreichen: denn er kann sich weder mit dem Kommunismus noch mit dem Kapitalismus versöhnen. Frieden, Freiheit und volle Menschlichkeit sind untrennbar und unteilbar.
... Die Sozialisten glauben an die Entwicklung, die die Menschen selbst herbeiführen helfen oder hindern können. Allein der Sozialismus hat den Menschen eine Zukunft ohne Angst und ohne Hunger, in Frieden und Freiheit zu bieten ...«

zweijähriger eingehender Diskussion in den Parteigremien und zahlreichen Abänderungen kam dieser Kompromiß zustande.

17.–30. Mai Staatsbesuch des Bundeskanzlers Julius Raab in den USA.

27. Mai Universitätsprofessor Heinz Zemanek errechnet mit seinem Team mit Hilfe des ersten gänzlich mit Transistoren ausgestatteten Computers (er erhält den Namen »Mailüfterl«) in 66 Minuten die Primzahl 5 073 548 261.

30. Mai Österreichische Erstaufführung von Robert Musils »Die Schwärmer« im Theater »Die Tribüne« in Wien.

8. Juni Erzbischof Franz König eröffnet im Großen Musikvereinssaal den Wiener Diözesankatholikentag. Unter dem Motto »Ihr alle aber seid Brüder« wird vor allem die soziale Frage diskutiert. Die Abschlußkundgebung findet am 15. Juni auf dem Rathausplatz statt.

13. Juni Das Schwalleck, der von der Donauschiffahrt noch immer gefürchtete Felsen im Greiner Struden (Oberösterreich), wird mit 8 000 kg Sprengstoff gesprengt.

16. Juni Unterzeichnung des österreichisch-deutschen Vermögensvertrages in Bad Godesberg durch die Außenminister Leopold Figl und Heinrich von Brentano.

17. Juni Raoul Aslan stirbt in Litzlberg am Attersee (Oberösterreich); geb. am 16. Oktober 1886 in Saloniki (Griechenland); Kammerschauspieler. Seit 1920 Mitglied des Wiener Burgtheaters, 1945–1948 Burgtheaterdirektor.

21. Juni Bundeskanzler Julius Raab wird durch ein persönliches Schreiben des tschechischen Ministerpräsidenten Viliam Široký zu Besprechungen nach Prag eingeladen.

— Die Wiener Stadthalle, erbaut nach Plänen von Roland Rainer, wird eröffnet *(→ 18. Oktober 1953).*

24. Juni Der Bundespressedienst veranstaltet eine Presseführung durch eine Wanderaustellung, die ab Herbst in den USA einen Überblick über österreichische Leistungen und Erzeugnisse bieten soll.

25. Juni Wien erhält gemeinsam mit Den Haag (Holland) den »Preis von Europa« zuerkannt *(→ 29. Oktober).*

28. Juni Die AUA eröffnen die Fluglinie Wien–Rom.

6.–12. Juli Bei der Österreich-Radrundfahrt belegen drei Österreicher die ersten Plätze: 1. Durlacher, 2. Schweiger, 3. Mascha.

7. Juli Die Österreichische Liga für die Vereinten Nationen übergibt allen diplomatischen Vertretern ein Südtirolmemorandum.

— Eine Delegation von britischen Abgeordneten weilt zu Besuch in Wien.

16. Juli US-Transportflugzeuge, die in den Libanon unterwegs sind, überfliegen Österreich und verletzen die Lufthoheit.

17. Juli Protest der Bundesregierung bei den USA wegen der Neutralitätsverletzung. Auch die UdSSR protestiert am 21. Juli *(→ 22. Juli).*

18. Juli Österreichische Luftstreitkräfte fliegen Sperre über Westösterreich, sie sollen überfliegende Flugzeuge zur Landung zwingen.

— Beginn der Bregenzer Festspiele: In ihrem Rahmen findet die Welturaufführung von Reinhold Schneiders »Der große Verzicht« statt.

19. Juli Die Bundesregierung erklärt den Luftraum westlich der Stadt Salzburg zum Sperrgebiet.

21. Juli Eine Regierungsdelegation unter der Führung von Bundeskanzler Julius Raab trifft zu einem Staatsbesuch in Moskau ein *(→ 24. und 28. Juli).*

22. Juli Die US-Regierung drückt ihr Bedauern über die Neutralitätsverletzung durch amerikanische Flugzeuge am *(→)* 16. Juli aus.

— Erste Milchrohrleitung aus Kunststoff, von der Hochalpe Vordersuttis ins Tal (Vorarlberg); sie ist 870 m lang.

24. Juli Das Schlußkommuniqué der österreichisch-russischen Verhandlungen wird in Moskau unterzeichnet. Die Sowjetunion verzichtet auf die Hälfte der noch ausstehenden Rohölablöselieferungen, insgesamt auf 3,5 Millionen Tonnen. Österreich liefert für 0,6 Millionen Tonnen Rohöl Waren an die Sowjetunion.

27. Juli Die Hälfte der sich aus dem Staatsvertrag ergebenden Lieferverpflichtungen Österreichs an die UdSSR ist erfüllt: Wert 75 Millionen Dollar oder 1,8 Milliarden Schilling. Eine Reduzierung der österreichischen Lieferverpflichtungen kann erreicht werden.

Grundsatzprogramm der ÖVP

Auf dem 7. Bundesparteitag der ÖVP in Innsbruck wurde am 28. November 1958 das Grundsatzprogramm »Was wir wollen« vorgelegt. Es ist dies eine Umarbeitung und Erläuterung des Programms von 1952. Das umfangreiche Programm ist mit klaren Überschriften gegliedert:

»Der Mensch in unserer Zeit – Recht geht vor Macht – Echte Demokratie duldet keine Machtzusammenballung – Der Mensch braucht Freiheit und bleibende Werte – Durch höhere Bildung zu höherem Lebensstandard – Die Familie formt den Staat von morgen – Ein eigenes Heim für jede Familie – Gebt den Jungen die Chance persönlicher Bewährung – Freizeit – Zeit zur Entfaltung der Persönlichkeit – Die Wirtschaft hat dem Wohlergehen aller zu dienen – Unser Leitbild: ein Volk von Eigentümern – Europa wird unsere wirtschaftliche Zukunft sein – Sozial sein heißt helfen, ohne zu herrschen – Die Persönlichkeit muß sich auch im Betrieb entfalten – Gerechter Lohn für die Arbeit des Bauern – Nicht Wohlstand verhindern, sondern schaffen – Militärisch neutral – aber geistig frei«

Das Programm schließt mit den Zeilen:

»... Das neue Weltbild, das die moderne Wissenschaft uns zeigt, bestätigt die alte Erkenntnis, daß der Mensch etwas haben muß, das nicht von ihm abhängt, sondern wovon er abhängt. Immer mehr Menschen kommen zu der Überzeugung, daß wir an dieser Zeitwende der Verankerung in ewig gültigen Werten bedürfen. Im vollen Bewußtsein dieser Notwendigkeit erneuern wir unser Bekenntnis zur persönlichen Freiheit und zur sittlichen Verantwortung des Menschen und unser Bekenntnis zu einer Gemeinschaft des ganzen Volkes, in der jeder Arbeit und Brot, Sicherheit durch Eigentum und Raum zur Entfaltung seiner Persönlichkeit findet.«

— Die drei neuen Bronzetore des Salzburger Domes von Bildhauer Giacomo Manzù werden geweiht.

4. August Eine vom Österreichischen Alpenverein ausgerüstete Expedition unter der Leitung von Heinrich Roiß bezwingt den 7 000 m hohen Mount Haramosh im Karakorummassiv.

23. August Die Deckung des österreichischen Banknotenumlaufes durch Gold und Devisen beträgt 106,3%.

31. August bis 6. September 24. Weltkongreß der »Pax Romana« (internationaler Zusammenschluß der katholischen Studenten und Akademikerverbände) in Wien.

1. September Ein neuer Zolltarif tritt gemäß dem Zollgesetz vom 12. März in Kraft.

3. September Außenminister Leopold Figl hinterlegt anläßlich des Tages des Europarates in Brüssel die Ratifikationsurkunde über die europäische Konvention der Menschenrechte und Grundfreiheiten *(→ 13. Dezember 1957).*

— Der Beschäftigtenstand erreicht einen neuen Rekord: 2 271 781 Personen.

7.–11. September Der sowjetische Landwirtschaftsminister Maskiewitsch weilt zu Besuch in Österreich.

11. September Der Landwirtschaftsminister der Bundesrepublik Deutschland, Heinrich Lübke, stattet Wien einen offiziellen Besuch ab.

12. September Die Brücke über den Ottensteiner Stausee (Niederösterreich) ist fertiggestellt, das bisher größte Bauwerk aus Spannbeton in Österreich, ist 240 m lang.

18. September Beginn der Verhandlungen über die technische Durchführung von Rohöllieferungen aus Rußland.

20. September In der Schlußsitzung der 10. Generalversammlung der Council of Economic Advisers (CEA) in Wien wird eine Magna Charta der europäischen Landwirtschaft beschlossen. Sie wird als »Wiener Manifest 1958« bezeichnet und ist von weittragender Bedeutung für die Bauernorganisationen Europas.

22. September Jutizminister Otto Tschadek unterzeichnet in Bonn das österreichisch-deutsche Rechtshilfeabkommen.

23. September Alfred Piccaver stirbt in Wien; geb. am 5. Februar 1884 in Long Sutton (England); Tenor an der Wiener Hof- bzw. Staatsoper 1912–1937 *(→ 13. August 1927).*

26. September Der Tiroler Landtag fordert einstimmig die volle Autonomie für die Provinz Bozen (Südtirol).

— Im Wiener Volkstheater wird Franz Grillparzers Drama »Blanka von Kastilien« mit großem Erfolg uraufgeführt.

1. Oktober Das Abkommen zwischen Österreich und der UdSSR bezüglich der Erdöllieferungen aus Rußland wird abgeschlossen.

— Im österreichischen Bergbau wird die 45-Stunden-Woche eingeführt; es treten dadurch keine Lohnschmälerungen ein.

2. Oktober Karl Skraup stirbt in München; geb. am 31. Juli 1898 in Atzgersdorf bei Wien (Wien 23); Volksschauspieler.

— Der erste Trinkmoorbrunnen Österreichs wird in Neydharting (Oberösterreich) eröffnet.

15. Oktober Der von Karl Schwanzer für die Brüsseler Weltausstellung erbaute Pavillon erhält eine Goldene Medaille.

18. Oktober Der Flughafen Klagenfurt-Wörther See wird eröffnet.

19. Oktober Die neuerbaute Wachaustraße wird dem Verkehr übergeben.

29. Oktober Der Salzburger Landtag beschließt als erstes Bundesland Durchführungsbestimmungen für Volksabstimmungen und Volksbegehren.

— Der Wiener Bürgermeister Franz Jonas übernimmt in Straßburg den der Stadt Wien verliehenen Europapreis 1958 *(→ 25. Juni).*

3. November Bundeskanzler Julius Raab begibt sich an der Spitze einer Regierungsdelegation nach Rom zu den Inthronisationsfeierlichkeiten für Papst Johannes XXIII.

12.–16. November Der spanische Unterrichtsminister,

Garcia Mina, hält sich aus Anlaß der Feierlichkeiten anläßlich des 400. Todestages von Karl V. in Wien auf. Im Großen Festsaal der Universität findet eine Akademische Feier statt, in der Hofburg (Corps de Logis) wird eine Sonderausstellung über Karl V. gezeigt.

12. November Österreich erhält von der Weltbank eine Anleihe in Höhe von 25 Millionen Dollar zu 6% auf 25 Jahre für das Donaukraftwerk Aschach (Oberösterreich).

16. November Zusammenlegung des Presseclubs und der Vereinigung österreichischer Schriftsteller und Journalisten Concordia zum Presseclub Concordia.

20. November Der Nationalrat billigt das Nachtragsbudget für das Jahr 1958.

— Österreichische Erstaufführung von Heinrich Sutermeisters Oper »Titus Feuerfuchs« (nach Johann Nestroys »Der Talisman«) im Grazer Opernhaus.

22. November In Moskau wird ein Protokoll unterzeichnet, das die österreichisch-sowjetischen Wirtschaftsverhandlungen abschließt; Erweiterung des gegenseitigen Warenaustausches.

26. November Die Gemeinde Münichholz bei Steyr (Oberösterreich) wird von Niederösterreich wieder an Oberösterreich zurückgegeben.

28. November Der Bundesparteitag der ÖVP in Innsbruck beschließt das Programm »Was wir wollen« *(→ Rahmenartikel: Grundsatzprogramm der ÖVP, S. 413).*

6. Dezember Konstituierende Sitzung des Familienbeirates bei der Tiroler Landesregierung, es ist der erste dieser Art in Österreich.

13. Dezember Die Freudenauer Hafenbrücke in Wien wird dem Verkehr übergeben.

14. Dezember Die wiederaufgebaute Militärakademie in Wr. Neustadt (Niederösterreich) wird feierlich eröffnet. Sie ist wieder Ausbildungsstätte des Offiziersnachwuchses für das Bundesheer.

15. Dezember Wolfgang Pauli stirbt in Zürich; geb. am 25. April 1900 in Wien; Physiker, Quantentheoretiker. 1945 erhielt er den Nobelpreis für das nach ihm benannte Ausschließungsprinzip für den Schalenbau der Atome, das er 1925 veröffentlicht hatte. Gemeinsam mit Werner Heisenberg schuf er 1929 die Quantenfeldtheorie.

16. Dezember Der Nationalrat beschließt das Marktordnungsgesetz und die Verlängerung der Wirtschaftsgesetze.

— Der Ökumenische Rat der Kirchen Österreichs wird in Form einer Arbeitsgemeinschaft gegründet. Er umfaßt die evangelischen Kirchen A. B. und H. B., die altkatholische Kirche und die Methodistenkirche. Die österreichischen Baptisten sind durch Beobachter, die orthodoxe Kirche im Arbeitsausschuß vertreten.

17. Dezember Franz König, Erzbischof von Wien, empfängt in der Peterskirche in Rom aus der Hand von Papst Johannes XXIII.das Kardinalsbirett und die Mozetta. Am 23. Dezember zieht er feierlich in den Dom von St. Stephan ein.

22. Dezember Uraufführung von Fritz Hochwälders »Der Unschuldige« im Wiener Akademietheater.

►1959 In Erl (Tirol) wird das neue Passionsspielhaus, entworfen von Robert Schuller, erbaut.

— Der vom Wiener Stadtgartenamt errichtete erste »Blindengarten« auf dem europäischen Kontinent im Wertheimsteinpark im 19. Wiener Gemeindebezirk wird fertiggestellt. 2 500 m^2 Beete mit »Tastpflanzen« und für Blinde lesbaren Namenstafeln.

8–17. Januar Staatsbesuch des Bundeskanzlers Julius Raab in Japan. Gespräche über einen direkten Warenaustausch.

30. Januar Die USA stellen österreichische Vermögenswerte von über 6 Millionen Dollar zurück. Das diesbezügliche Abkommen wird in Washington von US-Außenminister Dulles und Botschafter Wilfried Platzer unterzeichnet.

1. Februarwoche Herbert Thaler bei den Herren und Elly Lieber bei den Damen werden Weltmeister im Rennrodeln.

— Karl Schranz wird zum drittenmal Kandaharsieger (internationale Skirennen).

— Hanna Walter wird Europameisterin im Eiskunstlauf.

1. Februar In Österreich tritt die 45-Stunden-Woche in Kraft.

2. Februar Vertreter der Südtiroler Volkspartei unter der Führung von Silvius Magnago bei Bundeskanzler Julius Raab in Wien. Magnago berichtet, daß der italienische Ministerrat durch Bestimmungen zum Volkswohnbau vom 16. Januar gegen das Pariser Abkommen verstoße.

3. Februar Der Ministerrat spricht sich für einen raschen Abschluß der Südtirolverhandlungen mit Rom aus.

8. Februar Josef Friedrich Perkonig stirbt in Klagenfurt; geb. am 3. August 1890 in Ferlach (Kärnten). Schriftsteller.

17. Februar Der Ministerrat stellt einen »äußerst unfreundlichen Akt Italiens« fest. Bundeskanzler Julius Raab berichtet, daß Italien höheren österreichischen Staatsbeamten die Einreise nach Südtirol zur Tiroler Landesfeier 1959 verweigert hat (in Südtirol beginnen die Andreas-Hofer-Feiern am 19. Februar). Italien beharrt auf dem einmal ausgesprochenen Einreiseverbot.

20.–22. Februar In Wien und Innsbruck finden zahlreiche Veranstaltungen zur Erinnerung an den Tiroler Aufstand von 1809 und Andreas Hofer statt. Bei einem Festgottesdienst im Wiener Stephansdom sind auch Abordnungen aus Südtirol und von Schützenkorps anwesend.

22. Februar Louis Armstrong, der »Grand Old Man« des Jazz, gastiert in der Wiener Stadthalle vor 21 000 Besuchern.

26. Februar Handgemenge vor der österreichischen Botschaft in Rom bei einer Demonstration von etwa 2 000 römischen Studenten.

— Der nach Wien berufene Botschafter in Rom, Max Löwenthal-Chlumecky, erstattet dem Außenminister Leopold Figl Bericht über die Lage in der Südtirolfrage.

4. März Südtiroldebatte im Nationalrat. Außenminister Leopold Figl präzisiert den Standpunkt der Regierung. Alle drei Parteien unterstützen die Politik der Regierung zur Lösung des Südtirolproblems.

5. März Die italienische Presse greift Außenminister Leopold Figl heftig an, weil er am 3. März erklärt hatte, daß das Gruber-De-Gasperi-Abkommen keine ausschließliche Angelegenheit Italiens sei. Man beschuldigt ihn, die österreichisch-italienische Krise auf die Spitze getrieben zu haben.

6. März Anschlag mit Molotowcocktail auf das Österreichische Kulturinstitut in Rom; Österreich protestiert.

12. März Der Nationalrat beschließt einstimmig die vorzeitige Beendigung der Gesetzgebungsperiode und Neuwahlen am 10. Mai. Koalitionsdifferenzen trotz »arbeitsfähigem Parlament«.

28.–30. März Rekordreiseverkehr auf den Österreichischen Bundesbahnen. Auf den Wiener Bahnhöfen werden 645 000, auf den Bahnhöfen in den Landeshauptstädten 690 000 Reisende gezählt.

1. April Rudolf Kassner stirbt in Siders (Schweiz); geb. am 11. September 1873 in Großpawlowitz (Mähren); Schriftsteller, Essayist und Kulturphilosoph. In seinen Werken war er um die Deutung der Physiognomik bemüht.

3. April Das Tauernkraftwerk Schwarzach (Salzburg) wird seiner Bestimmung übergeben. Kosten: 1 177 Millionen Schilling, von denen nur 55 Millionen ins Ausland gingen.

11. April Die »Kronen Zeitung« erscheint wieder. 1900 gegründet, mußte sie das Erscheinen am 31. August 1944 einstellen.

30. April Der Salzburger Dom wird nach 15jähriger Wiederaufbauarbeit (schwerste Bombenschäden aus dem Zweiten Weltkrieg) feierlich eröffnet.

6. Mai Spatenstich zur Südautobahn Wien–Wr. Neustadt in der Nähe von Laxenburg.

Mai bis Oktober Ausstellung »Gotik in Niederösterreich« in der ehemaligen Minoritenkirche in Krems an der Donau (Niederösterreich).

10. Mai Nationalratswahl. (Ergebnisse → *Tabelle im Anhang: Nationalratswahlen*); Mandatsergebnisse: ÖVP 79, SPÖ 78, FPÖ 8. Gleichzeitig Landtagswahlen in Niederösterreich und Salzburg.

12. Mai Die Regierung Julius Raab II demissioniert, sie wird vom Bundespräsidenten mit der Fortführung der Geschäfte betraut.

13. Mai Johann Böhm stirbt in Wien; geb. am 26. Januar 1886 in Stögersbach (Niederösterreich); SPÖ-Politiker, Gewerkschaftsführer. 1928–1934 Obmann der Bau- und Holzarbeiter-Gewerkschaft, 1930 Nationalrat, 1945 Staatssekretär für soziale Verwaltung, 1948 Präsident des ÖGB, Zweiter Nationalratspräsident, Präsident des Hauptverbandes der Sozialversicherungsträger.

14. Mai Bundespräsident Adolf Schärf beauftragt Julius Raab mit der Bildung einer neuen Regierung (→ *16. Juli*).

19. Mai Friedrich Funder stirbt in Wien; geb. am 1. November 1872 in Graz; katholischer Publizist. 1905–1938 Herausgeber der »Reichspost« (Tageszeitung), 1945 Gründer und Herausgeber des katholischen Wochenblattes »Die Furche«.

29. Mai Die Bundesbahnen nehmen die Semmeringstrecke Gloggnitz–Mürzzuschlag elektrifiziert in Betrieb.

31. Mai Der Schnellbahnverkehr in Wien auf der Strecke Hauptzollamt-Floridsdorf wird aufgenommen.

9. Juni Konstituierende Sitzung des neugewählten Nationalrates. Einstimmig werden die drei Präsidenten gewählt. Erster: Leopold Figl (ÖVP), Zweiter: Franz Olah (SPÖ), Dritter: Alfons Gorbach (ÖVP).

16. Juni Der vierte Hochofen wird bei den VOEST-Werken in Linz angeblasen, Jahreskapazität 330 000 t. Die Gesamtroheisenproduktion beträgt im Jahr rund 1,4 Millionen t.

19. Juni Das letzte Teilstück des österreichischen Richtfunknetzes wird durch die 83 m hohe Sendemastanlage auf dem Pfänder bei Bregenz seiner Bestimmung übergeben. Zugleich zweiter Anschluß an das Eurovisionsnetz.

28. Juni Hermann Leopoldi (eigentlich Ferdinand Kohn) stirbt in Wien; geb. am 15. August 1888 in Wien; Komponist von Wienerliedern und Chansons.

7. Juli Julius Raab legt die Betrauung mit der Regierungsbildung zurück. Die SPÖ forderte auf Grund des Wahlergebnisses nach Ansicht der ÖVP zuviel, entscheidende Differenz ist der verlangte Einfluß der SPÖ auf die verstaatlichten Betriebe. Bundespräsident Adolf Schärf fordert die sofortige Wiederaufnahme der Verhandlungen.

10. Juli Bundespräsident Adolf Schärf beauftragt abermals Julius Raab mit der Bildung einer neuen Bundesregierung.

14.–16. Juli Hochwasserkatastrophe in Oberösterreich, besonders im Raum Ried im Innkreis und Vöcklabruck. Rund 30 Millionen Schilling Schaden, der Westbahnverkehr ist beeinträchtigt. Im Salzkammergut wurden innerhalb von 24 Stunden 100 l Wasser pro m^2 gemessen. Am 20./21. Juli ist auch Niederösterreich durch das Hochwasser betroffen.

16. Juli Regierung Raab III gebildet.
Bundeskanzler: Julius Raab (ÖVP), Vizekanzler: Bruno Pittermann (SPÖ), Äußeres: Bruno Kreisky (SPÖ), Staatssekretär: Franz Gschnitzer (ÖVP), Inneres: Josef Afritsch (SPÖ), Staatssekretär: Franz Grubhofer (ÖVP), Justiz: Otto Tschadek (SPÖ) – ab 23. Juni 1960 Christian Broda (SPÖ), Unterricht: Heinrich Drimmel (ÖVP), Finanzen: Reinhard Kamitz (ÖVP) – ab 17. Juni 1960 Eduard Heilingsetzer (ÖVP), Soziale Verwaltung: Anton Proksch (SPÖ), Land- und Forstwirtschaft: Eduard Hartmann (ÖVP), Handel und Wiederaufbau: Fritz Bock (ÖVP), Staatssekretär: Eduard Weikhart (SPÖ), Verkehr und Elektrizitätswirtschaft: Karl Waldbrunner (SPÖ), Landesverteidigung: Ferdinand Graf (ÖVP), Staatssekretär: Max Eibegger (SPÖ) – ab 19. Oktober 1959 Otto Rösch (SPÖ). ÖVP und SPÖ schließen eine umfangreiche Vereinbarung für eine Zusammenarbeit im Rahmen einer neuen Koalition.

22. Juli Durch einen Beschluß des Nationalrates wird das »Außenamt«, bisher nur eine Sektion des Bundeskanzleramtes, ein selbständiges Bundesministerium für auswärtige Angelegenheiten.

23. Juli Die Gemischte Kommission für die Erlassung der Durchführungsbestimmungen zum Sonderstatut der autonomen Region Trentino-Südtirol billigt einen vom italienischen Ministerrat eingebrachten Gesetzesentwurf, wonach auch die deutsche Sprache neben Italienisch im Schriftverkehr der Behörden in Südtirol zugelassen ist.

24. Juli Unwetter in Salzburg, Kärnten und Teilen des Mühlviertels (Oberösterreich).

5. August Die »Atommächte« sprechen sich in Genf für Wien als Sitz der künftigen Kontrollkommission aus.

12.–15. August In Österreich gehen schwere Unwetter nieder, vor allem Niederösterreich und Wien sind von den wolkenbruchartigen Regenfällen, die stellenweise bis zu fünf Stunden dauern, betroffen. Insgesamt sind 8 Todesopfer zu beklagen, in Wien wurde die Feuerwehr zu 300 Einsätzen geholt. Die Verkehrswege sind in Mitleidenschaft gezogen, Brücken werden weggeschwemmt, in Salzburg wird die Autobahnbrücke über die Salzach weggerissen. Der Schaden geht in die Millionenhöhe.

17. August Ein Großsender wird auf dem Bisamberg bei Wien in Betrieb genommen. Kosten: 34 Millionen Schilling, der südl. Mast ist 120 m, der nördl. 275 m hoch. Die alte Anlage wurde 1945 von abziehenden Einheiten der Deutschen Wehrmacht zerstört.

20. August Alfred Kubin stirbt in Zwickledt bei Schärding (Oberösterreich); geb. am 10. April 1877 in Leitmeritz (Böhmen); Graphiker, Maler und Dichter. Er schuf Illustrationen zu etwa 70 Büchern.

16. September 14. Generalversammlung der Vereinten Nationen in New York. Botschafter Franz Matsch, der ständige Vertreter Österreichs, wird einstimmig zum Vorsitzenden der Politischen Kommission gewählt.

21. September Außenminister Bruno Kreisky hält vor der UN-Generalversammlung eine große Südtirolrede. Am 29. September repliziert Kreisky den Ausführungen des italienischen Außenministers Pella.

22. September Joseph Matthias Hauer stirbt in Wien; geb. am 19. März 1883 in Wr. Neustadt (Niederösterreich); Komponist. Er legte die Zwölftonmusik noch vor Arnold Schönberg in theoretischen Schriften nieder.

5.–15. Oktober Staatsbesuch des Bundespräsidenten Adolf Schärf in der Sowjetunion. Die Universität Moskau verleiht ihm das Ehrendoktorat.

18. Oktober Bundeskanzler Julius Raab spricht im Rundfunk über die Leistungen des Staates in den Jahren seit der Stabilisierung 1952. Allein 47 Milliarden Schilling seien für wichtige Vorhaben ausgegeben worden, davon allein 10,5 Milliarden für den Wohnbau, 18 Milliarden für Sozialversicherung und Kriegsopferfürsorge und 8,5 Milliarden für den Straßenbau.

— Landtagswahlen in Vorarlberg. Mandatsergebnis: ÖVP 21, SPÖ 10, FPÖ 5.

20. Oktober Werner Krauss stirbt in Wien; geb. am 23. Juni 1884 in Gestungshausen (Bayern); Kammerschauspieler. 1928/29, 1933–1944 und ab 1948 am Wiener Burgtheater. Träger des Ifflandringes seit 1954.

23. Oktober Die VOEST nehmen das zweite LD-Stahlwerk, ein neues Grobblechwalzwerk, in Linz in Betrieb und sind damit das modernste Stahlwerk der Welt.

25. Oktober Gemeinderatswahlen in Wien, Innsbruck und 118 Salzburger Gemeinden. Mandatsergebnis Wien: SPÖ 60, ÖVP 33, FPÖ 4, KPÖ 3; Innsbruck: ÖVP 11, SPÖ 7, FPÖ 2; Salzburg: ÖVP 989, SPÖ 550, FPÖ 181, KPÖ 6 und 26 Sonstige.

20. November Die EFTA-Konvention (Europäische Freihandelszone) wird in Stockholm von Österreich paraphiert. Mitglieder: Norwegen, Schweden, Dänemark, Großbritannien, Portugal, Schweiz und Österreich *(→ 1. Januar 1960).*

4. Dezember Hubert Marischka stirbt in Wien; geb. am 27. August 1882 in Wien; Schauspieler, Operettentenor und Regisseur. 1923 Direktor des Theaters an der Wien, 1926 des Stadttheaters und des Raimundtheaters in Wien. Filmproduzent.

5. Dezember Der hundertste Schulneubau Kärntens seit 1945 wird in Frantschach-St. Gertraud durch den Bundespräsidenten eröffnet.

►1960, Januar 15 179 neue Fernsehteilnehmer in Österreich, insgesamt sind es 127 402.

1. Januar Außenminister Bruno Kreisky unterzeichnet den EFTA-Vertrag *(→ 20. November 1959),* Handelsminister Fritz Bock unterzeichnet am 2. Januar, der Beitritt erfolgt mit Wirkung ab 4. Januar.

20. Januar Besprechungen über die Südtirolfrage in Innsbruck. Anwesend: Bundeskanzler Julius Raab, Außenminister Bruno Kreisky, Staatssekretär Franz Gschnitzer, der Landeshauptmann von Tirol, Hans Tschiggfrey, und mehrere Tiroler Landespolitiker.

22. Januar Codacci-Pisanelli, Abgeordneter Italiens, bringt vor dem Europarat in Straßburg das Südtirolproblem zur Sprache.

2. Februarwoche 12 000 Grippekranke in Wien, die Krankheit ist auch in Oberösterreich und in der Steiermark stark verbreitet.

12. Februar Führungswechsel in der ÖVP: Alfons Gorbach wird Bundesparteiobmann (nach Julius Raab), Generalsekretär wird Hermann Withalm.

13. Februar Schwerer Autounfall Kardinal Franz Königs bei Varaždin (Kroatien). Der Fahrer ist tot, der Kardinal und sein Sekretär Helmut Krätzl sind schwer verletzt.

18.–28. Februar VIII. Olympische Winterspiele in Squaw Valley (USA). Österreich: 1 Gold-, 2 Silber-, 3 Bronzemedaillen. Herren: Slalom: 1. Ernst Hinterseer, 2. Hias Leitner; Riesenslalom: 2. Peppi Stiegler, 3. Ernst Hinterseer; Skispringen: 3. Otto Leodolter; Damen: Abfahrt: 3. Traudl Hecher.

6. März Landtagswahlen in Kärnten. Mandatsergebnis unverändert: SPÖ 18, ÖVP 12, FPÖ 5, KPÖ 1.

11./12. März Konferenz der EFTA-Minister in der Wiener Hofburg. Unter anderem wird über die beschleunigte Verwirklichung der Ziele der Europäischen Wirtschaftsgemeinschaft (EWG) debattiert.

23. März Der Nationalrat billigt den EFTA-Vertrag *(→ 1. Januar),* am 25. März stimmt ihm auch der Bundesrat zu.

— Bertold Löffler, Professor an der Akademie für angewandte Kunst, stirbt in Wien; geb. am 28. September 1874 in Nieder-Rosenthal bei Reichenberg (Tschechische Republik); Gebrauchsgraphiker. Er entwarf Banknoten und Postwertzeichen. 1906 gründete er gemeinsam mit Michael Powolny die »Wiener Keramik«, die 1913 mit der »Gmundner Keramik« vereinigt wurde.

26. März Explosionskatastrophe im niederösterreichischen Erdölgebiet zwischen Aderklaa und Deutsch-Wagram, sechs Todesopfer.

1. April Das Damenskiteam erringt einen großen Erfolg beim Kandaharrennen. Abfahrt: 1. Traudl Hecher, 2. Christl Haas, 3. Erika Netzer, 4. Herlinde Beutelhauser, 5. Marianne Jahn, 8. Hilde Hofherr. Kombination: 1. Marianne Jahn, 2. Traudl Hecher und 3. Herlinde Beutelhauser.

4.–8. April Staatsbesuch des Bundespräsidenten Adolf Schärf in Schweden. Anschließend bis 12. April in Finnland. Es ist dies der erste Staatsbesuch eines österreichischen Staatsoberhauptes in Schweden.

14. Mai bis 31. Oktober Barockausstellung »Jakob Prandtauer und sein Kunstkreis« im Stift Melk (Niederösterreich).

15. Mai Auf der Ringstraße findet vor dem Bundespräsidenten eine große Truppenparade des Bundesheeres anläßlich des Gedenkens an 15 Jahre Zweite Republik und 5 Jahre Österreichischer Staatsvertrag statt. Pünktlich ab 12.00 Uhr marschieren in vier Treffen die einzelnen Truppengattungen vor dem Präsidenten vorbei.

17. Juni Eduard Heilingsetzer (ÖVP) wird Finanzminister, sein Vorgänger Reinhard Kamitz Nationalbankpräsident.

23. Juni Christian Broda (SPÖ) wird Justizminister.

— Vertrag Österreichs mit dem Hl. Stuhl über die Erhebung der Apostolischen Administratur Burgenland zur Diözese.

30. Juni bis 8. Juli Der sowjetische Ministerpräsident Nikita S. Chruschtschow hält sich zu einem mehrtägigen Staatsbesuch in Österreich auf. Auf einer Rundreise durch Österreich lernt er die Aufbauleistungen Österreichs kennen, die ihm große Achtung abnötigen. Bei den Wirtschaftsverhandlungen kann Österreich erreichen, daß die Öllieferungen an die Sowjetunion um ein Jahr früher eingestellt werden. Anläßlich eines Besuches auf dem Bauernhof von Außenminister Leopold Figl in Rust (Niederösterreich) kommt es zur berühmten »Kukuruzwette« *(→ 23. Oktober 1961)*.

Ende Juni/Anfang Juli Schwere Hagelschäden in allen Teilen Österreichs, der Gesamtschaden übersteigt 170 Millionen Schilling.

1. Juli Erste handelspolitische Maßnahmen der EFTA werden wirksam. Die sieben Länder *(→ 20. November 1959)* senken die Zölle um 20%.

12. Juli Bundeskanzler Julius Raab wirft im Koalitionsausschuß die Frage nach der Rückstellung des Vermögens der Mitglieder des Hauses Habsburg-Lothringen auf. Vizekanzler Bruno Pittermann lehnt im Namen der SPÖ entschieden ab.

13. Juli Der Nationalrat beschließt das Landwirtschaftsgesetz mit dem sogenannten Grünen Plan, der von Landwirtschaftsminister Eduard Hartmann lange vorbereitet und angestrebt worden war.

26. Juli Eröffnung des neuen großen Festspielhauses in Salzburg, erbaut nach Plänen von Clemens Holzmeister, mit dem »Rosenkavalier« von Richard Strauss. Dirigent: Herbert von Karajan, Wiener Philharmoniker, Marschallin: Lisa della Casa, Ochs: Otto Edelmann, Octavian: Sena Jurinac, Faninal: Erich Kunz, Sophie: Hilde Güden.

2. August Das schwerste Unglück seit Bestehen der Wiener Straßenbahn: 18 Tote und 33 Schwerverletzte, von denen am 12. August einer den Verletzungen erliegt. Ein Zug der Linie 39 entgleist wegen zu hoher Geschwindigkeit auf der Kreuzung Billrothstraße–Döblinger Hauptstraße, der Fahrer war alkoholisiert.

25. August bis 11. September XVII. Olympische Sommerspiele in Rom. Österreich: 1 Gold- und 1 Silbermedaille. Schießen: 1. Hubert Hammerer; Rudern, Zweier ohne Steuermann: 2. Alfred Sageder/Herbert Kloimstein.

29. August Vicki Baum stirbt in Hollywood; geb. am 24. Januar 1888 in Wien; Schriftstellerin (seit 1931 in den USA).

Ende August Die Zahl der Arbeitslosen erreicht neuen Rekordtiefstand von 44 320 Personen, um 24,6% weniger als 1959.

2. September Erhard Buschbeck stirbt in Wien; geb. am 6. Januar 1889 in Salzburg; Schriftsteller. 1918–1960(!) Dramaturg am Wiener Burgtheater.

3. September Landwirtschaftsminister Eduard Hartmann gibt bei der Eröffnung der Zentrallandwirtschaftsmesse in Wels (Oberösterreich) bekannt, daß sich Österreich durch die Leistungen der Landwirtschaft selbst ernähren kann.

16./17. September Unwetter verwüsten Täler in Nord- und Südtirol, Millionenschaden durch Hochwasser.

20. September Beginn der 15. UN-Generalversammlung in New York. Das von der Bundesregierung übersandte Südtirolmemorandum steht auf der Tagesordnung.

26. September Die Vickers Viscount »Joseph Haydn« der AUA stürzt bei Krukowa in der Nähe von Moskau ab: 30 Tote, ein Besatzungsmitglied und sechs Fluggäste überleben.

29. September Außenminister Bruno Kreisky untermauert vor der UN-Generalversammlung die Ansprüche der österreichischen Minderheit der Provinz Bozen auf Autonomie. Der italienische Außenminister Antonio Segni verläßt demonstrativ den Sitzungssaal.

— Das Reaktorzentrum in Seibersdorf (Niederösterreich) wird eröffnet. Forschungsstätte für die friedliche Nutzung der Atomkraft. Kosten: 130 Millionen Schilling, Bauzeit: zweieinhalb Jahre.

30. September Vizekanzler Bruno Pittermann erklärt vor sozialistischen Vertrauensmännern in der Wiener Stadthalle, daß die SPÖ keinem Mitglied des Hauses Habsburg-Lothringen die Zustimmung zur Rückkehr nach Österreich geben werde, wenn dadurch die Sicherheit der Republik oder der Verfassung gefährdet erscheine.

1. Oktober Appell der Südtiroler an die Welt durch die Überreichung einer Denkschrift an den stellvertretenden UN-Generalsekretär.

2. Oktober Weihe des neuen Geläutes (elf Glocken) und der neuen Riesenorgel (125 Register) für den Wiener Stephansdom durch den Kölner Kardinal Joseph Frings.

8. Oktober Gedächtnissitzung des Tiroler Landtages anläßlich der Abtrennung Südtirols von Österreich vor 40 Jahren. Trauerfahnen und fünf Minuten Arbeitsruhe in den Betrieben Tirols und in großen Teilen Österreichs.

11. Oktober Ein Sturm italienischer Studenten auf das Gebäude des österreichischen Generalkonsulats in Rom mißglückt. Das Staatswappen wird heruntergerissen. Österreichs Protest wird von Italien zurückgewiesen.

12. Oktober Österreich bringt im UN-Sekretariat einen Resolutionsentwurf zur bevorstehenden Südtiroldiskussion ein.

17. Oktober Die Apostolische Administratur Burgenland wird Diözese *(→ 23. Juni und 11. November)*, Stefan László erster Bischof von Eisenstadt.

18. Oktober Beginn der Südtiroldebatte des politischen Spezialauschusses der UNO. Programmatische Rede Außenminister Bruno Kreiskys. Fast zur gleichen Stunde kommt es in Italien zu antiösterreichischen Demonstrationen.

21./22. Oktober Budgetverhandlungen für das Budget 1961 scheitern im Koalitionsausschuß. Das Rücktrittsangebot von Bundeskanzler Julius Raab wird vom Bundespräsidenten wegen der Südtiroldebatte vor der UNO nicht angenommen *(→ 27. Oktober und 3. November).*

22. Oktober Die 220 000-Volt-Leitung von Kaprun (Salzburg) nach St. Peter am Hart (Oberösterreich) wird fertiggestellt. Die Leitung ist 143 km lang und wurde in 18 Arbeitsmonaten errichtet, 468 Maste wurden gesetzt, die Torscharte im Hagengebirge (2 300 m) ist die höchste Stelle; eine gewaltige Leistung der österreichischen Energiewirtschaft.

25. Oktober Österreich bringt bei der UNO eine neue Südtirolresolution ein, da in den vergangenen Tagen die Debatten endlos zu werden drohten.

27. Oktober ÖVP und SPÖ einigen sich nach langwierigen Verhandlungen über das Budget 1961 *(→ 21./22. Oktober).*

31. Oktober Die österreichische Südtirolresolution vom *(→)* 25. Oktober wird von der UNO einstimmig angenommen. Italien und Österreich sollen Verhandlungen über die Durchführung des Pariser Abkommens aufnehmen. Im Falle eines Scheiterns steht es offen, wer zur Schlichtung anzurufen ist.

3. November Die Regierung Raab IV wird unverändert angelobt.
Bundeskanzler: Julius Raab (ÖVP), Vizekanzler: Bruno Pittermann (SPÖ), Äußeres: Bruno Kreisky (SPÖ), Staatssekretär: Franz Gschnitzer (ÖVP), Inneres: Josef Afritsch (SPÖ), Staatssekretär: Franz Grubhofer (ÖVP), Justiz: Christian Broda (SPÖ), Unterricht: Heinrich Drimmel (ÖVP), Soziale Verwaltung: Anton Proksch (SPÖ), Finanzen: Eduard Heilingsetzer (ÖVP), Land- und Forstwirtschaft: Eduard Hartmann (ÖVP), Handel und Wiederaufbau: Fritz Bock (ÖVP), Staatssekretär: Eduard Weikhart (SPÖ), Verkehr und Elektrizitätswirtschaft: Karl Waldbrunner (SPÖ), Landesverteidigung: Ferdinand Graf (ÖVP), Staatssekretär: Otto Rösch (SPÖ).

7. November Regierungserklärung des Bundeskanzlers Julius Raab: »... Regierungskrise war nicht mutwillig vom Zaun gebrochen, Sparsamkeit Gebot der Stunde.«

11. November Inthronisation des ersten Bischofs der Diözese Burgenland Stefan László in Eisenstadt *(→ 23. Juni und 17. Oktober).*

28. November Ungarische Grenzsoldaten beschießen abermals *(→ 30. September)* einen österreichischen Zollwachebeamten, diesmal in der Nähe von St. Margarethen (Burgenland).

Ende November Vorarlberg hat 5 700 »Grenzgänger«. Von diesen arbeiten 4 000 in der Schweiz, 1 000 in Liechtenstein und 400 in der BRD.

11. Dezember Ein österreichisches Sanitätskontingent im Rahmen eines UNO-Einsatzes für den Kongo fliegt ab. Nach der Gefangennahme am 19. Dezember ist die ganze Einheit bald wieder in Sicherheit, doch wertvolles Sanitätsmaterial und fast alle Fahrzeuge gehen verloren.

31. Dezember Die Gold- und Devisenbestände der Nationalbank haben sich seit 1955 verdoppelt: 7 553,5 Millionen Schilling in Gold, 10 515 Millionen Schilling in Devisen und Valuten. Der Banknotenumlauf ist zu 96,5%, der Gesamtumlauf zu 75,2% gedeckt.

— Der Jahresumsatz der VOEST im Jahre 1960 liegt bei über 6 Milliarden Schilling, das ist der höchste Umsatz seit dem Bestehen (22 Jahre).

▶1961, 4. Januar Erwin Schrödinger stirbt in Wien; geb. am 12. August 1887 in Wien; Physiker. Mitbegründer der Wellenmechanik. Seine Arbeit »Quantisierung als Eigenwertproblem« 1926 ist Voraussetzung für den Nobelpreis 1933, den er (gemeinsam mit dem Engländer Paul Dirac) für die Entdeckung fruchtbarer Prinzipien zur Entwicklung der Atomtheorie erhielt.

27./28. Januar Die Südtirolverhandlungen zwischen Österreich und Italien in Mailand scheitern an der Weigerung Italiens, Südtirol die Autonomie zu gewähren.

29./30. Januar In der Nacht erfolgt ein Sprengstoffanschlag auf das Reiterdenkmal in Waidbruck bei Bozen, Demonstrationen sind die Folge.

31. Januar Ein Abkommen über die Gründung des Presserates wird vom Zeitungsherausgeberverband und der Journalistengewerkschaft im Presseclub Concordia unterzeichnet, es ist ein Instrument der Selbstkontrolle.

1. Februar Sprengstoffanschlag auf den Sommersitz des verstorbenen italienischen Senators Ettore Tolomei in Neumarkt (südl. Bozen). Es kommt abermals zu Demonstrationen und Verhaftungen in Südtirol.

2./3. Februar Antiösterreichische Demonstration in Rom. Die Polizei muß einen Angriff auf die österreichische Botschaft abwehren.

7./8. Februar In der Nacht zerstört ein Großfeuer die Deckengemälde von Gregorio Guglielmi (von 1755) im Festsaal der alten Universität, heute Akademie der Wissenschaften, in Wien. Die Decke stürzt ein.

9. Februar Der Nationalrat erklärt, Österreich ist der Anwalt Südtirols. Staatssekretär Franz Gschnitzer wörtlich: »Man muß sich dessen bewußt sein, daß Gewalt, um Freiheit zu verhindern und Rechte zu verweigern, nicht moralischer ist als Gewalt, um Freiheit zu erlangen und Rechte zu sichern.«

15. Februar Sonnenfinsternis ab 7.42 Uhr, Höhepunkt 8.42 Uhr; die nächste in Europa sichtbare wird erst wieder am 11. August 1999 sein.

24. Februar Fritz Imhoff (eigentlich Friedrich Jeschke) stirbt in Wien; geb. am 6. Januar 1891 in Wien; Komiker und Operettensänger.

2. März bis 7. April Ein internationaler Diplomatenkongreß tagt in der Wiener Hofburg, der »Zweiter Wiener Kongreß« genannt wird. Delegierte von 84 Staaten verhandeln über die Kodifizierung bisher gewohnheitsrechtlicher Bestimmungen über den diplomatischen Verkehr und die Immunität der Diplomaten. Der Wiener Völkerrechtler Alfred Verdross-Drossberg wird zum Vorsitzenden gewählt. Das Ergebnis wird am 14. April von der UN-Staatenkonferenz unter dem Titel »Wiener Konvention« angenommen.

12. März Landtagswahlen in der Steiermark. Mandatsergebnis: ÖVP 24, SPÖ 20, FPÖ 3, KLS 1 (Kommunisten und Linkssozialisten).

17. März In Österreich gibt es zwei Millionen Hörfunkteilnehmer.

18. März Großbrand im Schwarzkieferwald an der Neunkirchner Allee (Niederösterreich), 1,5 Millionen Schilling Schaden.

21. März Volkszählung: Österreich hat 7 073 807 Einwohner.

29. März Zwischen Österreich und den USA wird ein Counterpartabkommen unterzeichnet. Österreich hat das ausschließliche Verfügungsrecht über die Verwendung der ERP-Counterpartmittel (ERP = European Recovery Program [Marshallplan]) in Höhe von 10,9 Milliarden Schilling.

11. April Das Kabinett Raab IV tritt zurück. Bundes-

kanzler Julius Raab hat schon am 16. Februar den Wunsch geäußert, aus gesundheitlichen Gründen zurücktreten zu wollen. Die Regierung Gorbach I wird gebildet.
Bundeskanzler: Alfons Gorbach (ÖVP), Vizekanzler: Bruno Pittermann (SPÖ), Äußeres: Bruno Kreisky (SPÖ), Staatssekretär: Ludwig Steiner (ÖVP), Inneres: Josef Afritsch (SPÖ), Staatssekretär: Otto Kranzlmayr (ÖVP), Justiz: Christian Broda (SPÖ), Unterricht: Heinrich Drimmel (ÖVP), Soziale Verwaltung: Anton Proksch (SPÖ), Finanzen: Josef Klaus (ÖVP), Land- und Forstwirtschaft: Eduard Hartmann (ÖVP), Handel und Wiederaufbau: Fritz Bock (ÖVP), Staatssekretär: Eduard Weikhart (SPÖ), Verkehr und Elektrizitätswirtschaft: Karl Waldbrunner (SPÖ), Landesverteidigung: Karl Schleinzer (ÖVP), Staatssekretär: Otto Rösch (SPÖ).

25.–28. April Staatsbesuch König Gustavs VI. Adolf von Schweden in Österreich.

26. April Otto Rudolf Schatz stirbt in Wien; geb. am 3. März 1871 in Wien; Maler und Graphiker, Buchillustrator. Schuf über 1 500 Holzschnitte und Aquarelle sowie Sgraffiti an Gemeinde- und Privatbauten in Wien.

17.–19. Mai Staatsbesuch des Bundespräsidenten Adolf Schärf in den Niederlanden.

24./25. Mai Bei den in Klagenfurt stattfindenden Südtirolverhandlungen legt Österreich ein Memorandum vor, das die gesetzliche Sicherung der Autonomie vorsieht. Einvernehmlich werden die Verhandlungen auf den 24. Juni vertagt.

29. Mai bis 1. Juni Staatsbesuch des finnischen Staatspräsidenten Urho Kekkonen in Österreich.

3./4. Juni Der sowjetische Ministerpräsident Nikita S. Chruschtschow und der US-amerikanische Präsident John F. Kennedy treffen in Wien zu einem Gipfelgespräch zusammen. Es ist das erste Treffen der Staatschefs der Supermächte nach dem Zweiten Weltkrieg. Bundespräsident Adolf Schärf gibt zu Ehren der Gäste einen Galaempfang in Schloß Schönbrunn. Die Gespräche der beiden Staatsmänner verlaufen in guter Atmosphäre.

5. Juni Rechtsanwalt Ludwig Draxler überreicht dem Bundeskanzler Alfons Gorbach die Loyalitätserklärung Otto Habsburgs vom 31. Mai. Habsburg verzichtet auf Herrschaftsansprüche und bekennt sich als getreuer Staatsbürger der Republik *(→ 13. Juni).*

11./12. Juni In der Nacht kommt es zu einer Serie von Sabotageakten in Südtirol: 19 Telephon- und Hochspannungsmaste werden gesprengt.

13. Juni Der Ministerrat befaßt sich mit der Loyalitätserklärung Otto Habsburgs *(→ 5. Juni).* Da keine übereinstimmende Auffassung zustande kommt, wird sie abgelehnt.

21. Juni Die Südtiroler Volkspartei distanziert sich von den Terroranschlägen.

24./25. Juni Um vier Uhr früh scheitern die österreichisch-italienischen Südtirolverhandlungen in Zürich *(→ 24./25. Mai).*

27. Juni Die ÖMV-Raffinerie Schwechat wird ihrer Bestimmung übergeben. Jährlich werden 2,5 Millionen Tonnen Rohöl verarbeitet.

6. Juli Der Nationalrat beschließt das Bundesgesetz über äußere Rechtsverhältnisse der evangelischen Kirche: Protestantengesetz. 24 Paragraphen legen echte Freiheit und das uneingeschränkte Selbstbestimmungsrecht fest.

10./11. Juli Terrorwelle in Norditalien außerhalb Südtirols, besonders Sprengstoffanschläge auf Eisenbahnlinien. In der Folge sind auch Bombenanschläge in Südtirol und Verhaftungen von Südtirolern zu verzeichnen.

12. Juli Visumzwang für Österreicher bei Reisen nach Italien.

18. Juli Österreich meldet das Südtirolproblem für die nächste UN-Generalversammlung an. *(→ 21. September)*

24. August Österreich hat 250 000 Fernsehteilnehmer.

Ende August Neuer Rekordtiefstand der Arbeitslosigkeit: 35 248 Personen, 20,5% weniger als 1960.

— 90% der Wasserversorgung Vorarlbergs erfolgen durch moderne Wasserleitungsanlagen, das ist in keinem anderen Bundesland erreicht.

5. September Probefahrt eines Motorschiffes und einer Lastbarke auf dem Stausee des Kraftwerkes Ybbs-Persenbeug (Niederösterreich), es sind Schiffe der sogenannten »Nilflotte Nassers«. Die Schiffswerft Korneuburg und die Waagner-Biró AG erhalten darauf einen Auftrag auf 26 Motorschiffe und 30 Lastbarken im Wert von 100 Millionen Schilling.

8.–10. September Besuch des indonesischen Ministerpräsidenten Sukarno in Wien.

9./10. September Kardinal Franz König ist päpstlicher Legat bei der 900-Jahr-Feier des Domes von Speyer (Rheinland-Pfalz).

16. September Die Schottentorpassage in Wien wird eröffnet. Das Verkehrsbauwerk Schottentor kostete 75 Millionen Schilling, es wird sofort vom Volksmund »Jonas-Reindl« genannt.

18.–22. September Der Weltbankkongreß tagt in der Wiener Hofburg, wird auch »Weltparlament der Finanzexperten« oder »Währungskonferenz« genannt. Vertreter von 70 Nationen sind anwesend, unter ihnen mehrere Finanz- und Wirtschaftsminister.

21./22. September Die Außenminister Österreichs und Italiens verhandeln in New York *(→ 5. November).*

21. September Die UNO-Generalversammlung setzt das Südtirolproblem auf die Tagesordnung *(→ 18. Juli).*

22. September Albin Skoda stirbt in Wien; geb. am 29. September 1909 in Wien; Schauspieler, seit 1946 am Wiener Burgtheater.

1. Oktober Das Andreas-Hofer-Denkmal auf dem Bergisel bei Innsbruck wird von unbekannten Tätern gesprengt.

6. Oktober Das Stemmtor des Kraftwerkes Aschach an der Donau (Oberösterreich) ist fertiggestellt. Höhe 22 m, Breite 13 m je Flügel, aus rund 370 t Stahl.

16. Oktober Fritz Molden legt die Herausgeberschaft und die Chefredakteurtätigkeit der Tageszeitung »Die Presse« nieder. Die Zeitung wird von Fred Ungart erworben.

20. Oktober Der indonesische Staatspräsident Sukarno trifft in Wien ein, um sich einer Gallenoperation zu unterziehen.

22. Oktober Landtagswahlen in Oberösterreich und Tirol bringen keine Mandatsveränderungen.

— Zweiter Nationalratspräsident Franz Olah legt sein Mandat als Abgeordneter zum Nationalrat nieder – erfolgt im Rahmen der Budgetverhandlungen im Koalitionsausschuß. Grund waren die unberücksichtigt gebliebenen Forderungen des ÖGB.

23. Oktober Die »Kukuruzwette« zwischen Leopold Figl und Nikita Chruschtschow wird durch das Ernteergebnis zugunsten Österreichs entschieden. Der sowjetische Mais ist nicht zehnmal besser, sondern etwas schlechter. Chruschtschow hatte im vergangenen Sommer *(→ 30. Juni bis 8. Juli 1960)* bei einem Besuch auf dem Bauernhof Figls in Rust (Niederösterreich) gewettet: »Wenn es weniger als das Zehnfache wird, verliere ich eine Sau, ist es mehr, muß mir Figl eine geben.«

25. Oktober Erste »parlamentarische Fragestunde« im österreichischen Nationalrat. Es wird beschlossen, damit in Zukunft jede Sitzung des Nationalrates einzuleiten.

26. Oktober Der Nationalrat beschließt das neue Jugendgerichtsgesetz.

Ende Oktober Die erste Stollenvortriebsmaschine (später »Maulwurf« genannt) des Wieners Wohlmeyer, gebaut von der Alpine-Montan-Gesellschaft in Zeltweg, wird an den ersten Besteller, den Rhein-Preußen-Konzern im Ruhrgebiet (BRD), geliefert: Länge 8 m, Gewicht 30 t, Vortriebsgeschwindigkeit 4 m in der Stunde.

3. November Eine Regierungsdelegation unter der Führung von Bundeskanzler Alfons Gorbach wird von Papst Johannes XXIII. in Sonderaudienz empfangen. Anlaß ist der 80. Geburtstag des Papstes. Von 66 in Rom erschienen Delegationen wurde nur sechs diese Auszeichnung zuteil.

15. November Beginn der Südtiroldebatte im Politischen Spezialausschuß der UNO-Generalversammlung *(→ 22./23. November)*. Dem gemäßigten Memorandum Österreichs steht eine dreibändige, nicht den Tatsachen entsprechende Darstellung Roms gegenüber.

— Das österreichische Fernsehen strahlt Helmut Qualtingers Satire »Der Herr Karl« aus. Qualtinger spielt selbst in den mit Carl Merz gemeinsam verfaßten Werk jenen Opportunisten, der seine Gemeinheit unter banalen spießbürgerlichen Phrasen versteckt. Das Stück ist eine böse Abrechnung mit Österreichs jüngster Vergangenheit.

22./23. November Entscheidende Diskussion im Politischen Spezialausschuß der UNO-Generalversammlung *(→ 15. November)*. Die bilateralen Bemühungen zur Lösung der Südtirolfrage sollen fortgesetzt werden.

15. Dezember Österreich beantragt gemäß dem Ministerratsbeschluß vom 12. Dezember die Aufnahme von Verhandlungen mit der EWG wegen eines wirtschaftlichen Arrangements.

16. Dezember Als nicht zuständig, lehnt der Verfassungsgerichtshof die Beschwerde Otto Habsburgs gegen den Ministerratsbeschluß vom 13. Juni ab.

17. Dezember Die Kardinal-Piffl-Gedächtniskirche in Gloggnitz (Niederösterreich) wird geweiht, sie ist erbaut nach Plänen von Architekt Clemens Holzmeister.

18. Dezember Wolfgang Kraus ruft mit Unterstützung des Bundesministeriums für Unterricht die »Österreichische Gesellschaft für Literatur« ins Leben. Im Rahmen ihrer Veranstaltungen treten vor allem Dichter und Schriftsteller aus den Oststaaten erstmals im Westen vor die Öffentlichkeit.

25. Dezember Otto Loewi stirbt in New York; geb. am 3. Juni 1873 in Frankfurt am Main; Pharmakologe und Physiologe. Ab 1906 Universitätsprofessor in Wien, 1909–1938 in Graz. Er erhielt 1936, gemeinsam mit Henry Hallet Dale, den Nobelpreis für die Entdeckung der chemischen Übertragung der Nervenimpulse. Die nationalsozialistischen Machthaber erpreßten von ihm für die Ausreisebewilligung 1938 die Übertragung der in Stockholm hinterlegten Summe des Nobelpreises.

28. Dezember Das Raab-Olah-Abkommen, eine wirksame Maßnahme zur Stabilisierung der Löhne und Preise, wird zwischen dem Präsidenten der Bundeskammer der gewerblichen Wirtschaft, Julius Raab, und dem Präsidenten des ÖGB, Franz Olah, abgeschlossen. Festigung der Sozialpartnerschaft.

30. Dezember Die Olympiaschanze auf dem Bergisel bei Innsbruck wird eröffnet.

31. Dezember Neuer Höchststand an Devisen und Valuten der Oesterreichischen Nationalbank: 13 612 Milliarden Schilling = ein Plus von 29,4%. Goldbestand: 7 804 Millionen Schilling = ein Plus von 3,3%. Der Banknotenumlauf ist zu 78,6% gedeckt.

►**1962, 5. Januar** Ernst Arnold (eigentlich Jeschke) stirbt in Wien; geb. am 12. Februar 1890 in Wien; Wienerliedersänger und Komponist von etwa 800 Liedern, zu denen er auch meist die Texte schrieb.

14. Januar Johann Steinböck stirbt in Wien; geb. am 12. Juni 1894 in Frauenhofen (Niederösterreich); ÖVP-Politiker. Seit 5. Mai 1949 Landeshauptmann von Niederösterreich.

17. Januar Eröffnung der Wiener Schnellbahnstrecke der ÖBB von Meidling bis Gänserndorf (Niederösterreich) und Stockerau. Meidling–Floridsdorf in 22 Minuten.

18. Januar Das dritte österreichische UN-Sanitätskontingent fliegt in den Kongo ab.

19. Januar Das erweiterte Präsidium der Bundeswirtschaftskammer, der Bundesvorstand des Österreichischen Gewerkschaftsbundes und der Vorstand des Arbeiterkammertages erklären sich mit den Vorschlägen von Bundeswirtschaftskammer und ÖGB (Raab-Olah-Abkommen) einverstanden. Die bisherige Zusammenarbeit der Sozialpartner soll fortgesetzt werden. Die Paritätische Kommission erhält einen Unterausschuß für Lohnfragen.

30. Januar Die Bundesregierung stellt in einer abermaligen Note an die italienische Regierung fest, daß nicht »polemisieren«, sondern »sachlich prüfen« in der Südtirolfrage ausschlaggebend sei. Die italienischen Beschuldigungen (vor allem Unrechtmäßigkeit der österreichischen Feststellungen) werden scharf zurückgewiesen.

31. Januar Der niederösterreichische Landtag wählt einstimmig Leopold Figl zum Landeshauptmann.

9. Februar Beginn des Südtirolprozesses in Rom gegen sieben aus Österreich und Deutschland stammende Terroristen, die am 9. September 1961 mehrere Anschläge verübten.

14.–16. Februar Staatsbesuch des Bundeskanzlers Alfons Gorbach in der Schweiz.

14. Februar Alfred Maleta, der Dritte Präsident des Nationalrates, wird mit 127 von 128 abgegebenen Stimmen zum Ersten Präsidenten des Nationalrates gewählt (Zweiter: Friedrich Hillegeist, Dritter: Josef Wallner).

Februar Skiweltmeisterschaften in Chamonix (Schweiz). Herren: Abfahrt: 1. Karl Schranz, 3. Egon Zimmermann; Slalom: 3. Gerhard Nenning; Riesentorlauf: 1. Egon Zimmermann, 2. Karl Schranz, 3. Martin Burger; Kombination: 1. Karl Schranz, 2. Gerhard

Nenning. Damen: Abfahrt: 1. Christl Haas; Slalom: 1. Marianne Jahn, 3. Erika Netzer; Riesentorlauf: 1. Marianne Jahn, 2. Erika Netzer; Kombination: 2. Marianne Jahn, 3. Erika Netzer.

11. März Karl Schranz wird zum viertenmal Kandaharsieger.

21. März Der Atomreaktor im Wiener Prater, das »Atominstitut der österreichischen Hochschulen«, wird seiner Bestimmung übergeben.

27.–31. März Staatsbesuch des bundesdeutschen Bundespräsidenten Heinrich Lübke in Österreich.

27. März Die Europäische Menschenrechtskommission in Straßburg lehnt die Beschwerde eines Kärntner Slowenen ab (angebliche Verletzung der Sprachrechte von Minderheiten).

Anfang April Die Wiener Philharmoniker geben in Moskau drei Konzerte, sie haben großen Erfolg. Eines der Konzerte findet im großen Sitzungssaal des Kremls vor 6 000 Zuhörer statt.

4. April Der Nationalrat genehmigt den österreichisch-deutschen Finanz- und Ausgleichsvertrag.

26.–28. April VI. Europäischer Gemeindetag in der Wiener Stadthalle: 2 000 Delegierte aus westeuropäischen Gemeinden nehmen teil.

3. Mai Die Sowjetunion protestiert abermals gegen das EWG-Ansuchen Österreichs; nach ihrer Auffassung ist es mit der Neutralität nicht vereinbar.

9.–13. Mai Streik der Metallarbeiter in Österreich, der größte Lohnkonflikt seit 1945.

10.–15. Mai Major Juri Gagarin zu Besuch in Österreich. Er war am 12. April 1961 mit dem sowjetischen Raumschiff »Wostok I« der erste Mensch im Weltraum.

18. Mai Die Stadt Wien ersteigert in München die Originalpartitur der »Fledermaus« von Johann Strauß Sohn um 146 000 Deutsche Mark.

19. Mai Franz Schütz stirbt in Wien; geb. am 15. April 1892 in Wien; Orgelvirtuose und Professor an der Musikakademie in Wien, 1938–1945 dort auch Direktor.

21.–24. Mai Staatsbesuch des niederländischen Königspaares (Königin Juliana und Prinz Bernhard) in Österreich.

26. Mai Die Südautobahn ist von Vösendorf bis Leobersdorf (Niederösterreich) auf 25 km befahrbar.

28. Mai Wiedereröffnung des renovierten Theaters an der Wien. Am 14. Dezember 1960 wurde nach Kauf durch die Gemeinde Wien mit den Renovierungsarbeiten begonnen. Kosten inklusive Kauf betrugen 97 Millionen Schilling.

9. Juni Appell der »politischen Südtirolhäftlinge« an die Weltöffentlichkeit.

12. Juni Der Ministerrat beschließt die Erhöhung der Mitgliederanzahl des Bundesrates von 50 auf 54. Begründet wird die Erhöhung mit dem Ergebnis der Volkszählung von 1961. Wien hat zwölf, Niederösterreich zehn, die Steiermark acht, Oberösterreich acht, Kärnten vier, das Burgenland, Salzburg, Tirol und Vorarlberg je drei Bundesräte.

25.–27. Juni Staatsbesuch des Bundeskanzlers Alfons Gorbach in Frankreich. Frankreich gibt die Zusage, Österreich bei einem Arrangement mit der EWG zu unterstützen.

29. Juni Der Naturpark Sparbach (Niederösterreich) wird eröffnet.

30. Juni Das Ennskraftwerk Losenstein (Oberösterreich) nimmt den ersten Maschinensatz in Betrieb.

1. Juli Lohnzusagen verhindern einen geplanten Streik der Postbediensteten in Österreich.

5. Juli Der Ministerrat beschließt die Anerkennung Algeriens und die Aufnahme diplomatischer Beziehungen.

— Der Nationalrat verabschiedet das elfte Staatsvertragsüberleitungsgesetz, es betrifft das österreichische Vermögen in Jugoslawien.

— Der Nationalrat verabschiedet ein Bundesgesetz, womit die Wiedererrichtung der Universität Salzburg verfügt wird *(→ 14. November 1964)*.

7. Juli Das Koaxialkabel von Klagenfurt zur italienischen Grenze wird in Betrieb genommen.

9. Juli Ein Zusatzvertrag zum Schulartikel des Konkordates wird unterzeichnet. Der Staat übernimmt 30% des Aufwandes der katholischen Schulen.

— Demonstrationen vor der Ärztekammer in Wien; Auseinandersetzung Ärzte–Wiener Gebietskrankenkasse.

11. Juli Schwere Unwetter über Österreich, besonders Niederösterreich, der Steiermark und Vorarlberg. Die Arlbergstraße ist an mehreren Stellen vermurt.

16. Juli Bauerndemonstrationen in ganz Österreich gegen die Entwicklung auf dem Lohn-Preis-Sektor.

20. Juli Ein Stillhalteabkommen bezüglich der Löhne und Preise wird gemäß dem Raab-Olah-Abkommen vom 28. Dezember 1961 vereinbart.

24. Juli Die Gewerkschaft des öffentlichen Dienstes (Exekutive) fordert die Erhöhung verschiedener Zulagen *(→ 2. August)*.

25. Juli Der Nationalrat beschließt die Schulgesetze und das Budgetprovisorium 1963.

28. Juli Außenminister Bruno Kreisky übergibt dem EWG-Ministerrat in Brüssel die Erläuterungen der Bundesregierung über das zukünftige Verhältnis Österreichs zur EWG.

31. Juli Die Konferenz der Außenminister Österreichs und Italiens in Venedig erreicht eine positive Atmosphäre für weitere Südtirolverhandlungen.

2. August Warnstreik der Exekutive *(→ 24. Juli)*. Durch die »Aktion Igel« der Zollwache (Kontrollen nach Vorschrift) verschärft sich die Situation; der Fremdenverkehr ist beeinträchtigt. Einigung am 9. August.

6. August Luigi Kasimir stirbt in Wien; geb. am 18. April 1881 in Pettau (Slowenien); Graphiker, Radierer und Kupferstecher.

7. August Zwölf Särge mit den Leichen der Besatzung von »U 20« werden in Thörl-Maglern (Kärnten) übergeben. Eine italienische Bergungsfirma hatte in der Nähe von Grado das 1918 gesunkene U-Boot der österreichisch-ungarischen Marine gehoben und die Leichen der Besatzung überstellt. Am 10. August erfolgt die feierliche Beisetzung auf dem Friedhof der Militärakademie in Wr. Neustadt (Niederösterreich). Der Turm des U-Bootes kam ins Heeresgeschichtliche Museum in Wien.

— Kommissionierung der 16 km langen Pipeline durch Vorarlberg der SNAM-Erdölleitung von Genua nach Ingolstadt. In Hörbranz (Vorarlberg) ist eine Entnahmestelle geplant.

10. August Freigabe weiteren österreichischen Eigentums in den USA in Höhe von 4,2 Millionen Dollar.

18. August Ein Sprengstoffanschlag auf das sowjetische Heldendenkmal auf dem Schwarzenbergplatz in Wien wird vereitelt. Die Höllenmaschine wird rechtzeitig von einem Polizeibeamten entdeckt.

Ende August In einer Veröffentlichung der UNO wird festgestellt: Österreich steht an erster Stelle bei Verkehrstoten, nämlich 27,5 auf 100 000 Einwohner; bei Selbstmorden an zweiter Stelle – 23 auf 100 000 Einwohner.

2.–4. September Offizieller Besuch des UN-Generalsekretärs U Thant in Wien.

8–10. September Auslandsösterreichertreffen findet in Dornbirn (Vorarlberg) statt.

15. September Italien hebt den seit Juli 1961 wieder bestehenden Visumzwang für Österreicher auf.

21. September Eröffnung des Museums des 20. Jahrhunderts im Wiener Schweizergarten, ein Museum für zeitgenössische Kunst. Es wird vom Volksmund bald »Zwanzgerhaus« genannt. Der Bau ist im wesentlichen der Österreichpavillon der Weltausstellung in Brüssel 1958 von Karl Schwanzer.

25. September Außenminister Bruno Kreisky spricht vor der Vollversammlung der Vereinten Nationen und betont das Ringen Österreichs um Gerechtigkeit für Südtirol.

29. September Das Fischereimuseum im Schloß Orth an der Donau (Niederösterreich) wird eröffnet.

30. September Das SOS-Kinderdorf in Hinterbrühl bei Mödling (Niederösterreich) wird seiner Bestimmung übergeben.

5. Oktober Das zwölfgeschossige Verwaltungsgebäude der Alpine-Montan wird in Zeltweg (Steiermark) seiner Bestimmung übergeben; es ist das erste Stahlskeletthochhaus Österreichs.

17. Oktober Österreich wird für drei Jahre in den Wirtschafts- und Sozialrat der UNO gewählt.

18. November Nationalratswahl. (Ergebnisse → *Tabelle im Anhang: Nationalratswahlen.*) Mandatsergebnisse: 81 ÖVP, 76 SPÖ, 8 FPÖ.

20. November Demission der Regierung Gorbach I.

23. November Der Bundespräsident Adolf Schärf betraut Alfons Gorbach mit der Bildung einer neuen Bundesregierung *(→ 27. März 1963).*

30. November Beginn der Verhandlungen zwischen ÖVP und SPÖ zur Bildung einer Bundesregierung *(→ 3. Dezember).*

1. Dezember Die Gerloshochalpenstraße wird dem Verkehr übergeben, sie ist eine wintersichere Verbindung zwischen den Bundesländern Salzburg und Tirol. Die 12 km lange Strecke wurde am 20. Juli 1960 nach Plänen des Erbauers der Großglocknerhochalpenstraße, Franz Wallack begonnen.

10. Dezember Max Ferdinand Perutz, geb. am 19. Mai 1914 in Wien erhält gemeinsam mit John Cowdery den Nobelpreis für Chemie »für Arbeiten auf dem Gebiet der Globularproteine«.

14. Dezember Konstituierung des neuen Nationalrates. Wiederwahl des Ersten Präsidenten Alfred Maleta (ÖVP), Zweiter: Karl Waldbrunner (SPÖ), Dritter: Josef Wallner (ÖVP).

18. Dezember Die Regierungsverhandlungen werden unterbrochen, für den 8. Januar 1963 wird die Weiterführung vereinbart.

28. Dezember Starkes Treibeis auf der Donau führt zur Einstellung der Schiffahrt.

►**1963, 8. Januar** Beginn der zweiten Phase der Verhandlungen zwischen ÖVP und SPÖ zur Bildung einer neuen Bundesregierung *(→ 23. November und 3. Dezember 1962; 25. Februar, 23. und 27. März 1963).*

Ende Januar/Anfang Februar Katastrophenwinter in ganz Österreich. Der Verkehr ist vielfach stark beeinträchtigt, Eisstoß auf der Donau, minus 28 Grad im Klagenfurter Becken (Kärnten).

Anfang Februar Die Wiener Firma E. Bakalowits' Söhne liefert für das neue Parlamentsgebäude in Belgrad den größten Kristallglasluster der Welt. 52 350 geschliffene Kristallglassteine wurden verwendet (aneinandergereiht eine Länge von 5,2 km).

13. Februar Oskar Helmer stirbt in Wien; geb. am 16. November 1887 in Gattendorf (Burgenland); SPÖ-Politiker. 1933/34 war er um einen Ausgleich der innerpolitischen Verhältnisse bemüht. 1945–1959 Innenminister, 1945–1959 stellvertretender Vorsitzender der SPÖ. Helmer erhielt den Nansen-Preis für seine Verdienste um die Lösung des Flüchtlingsproblems.

25. Februar Bundespräsident Adolf Schärf bittet Alfons Gorbach zu sich, um sich über den Fortschritt und den Stand der Parteienverhandlungen zur Bildung einer neuen Bundesregierung berichten zu lassen. Er formuliert einen dringenden Appell: ». . . einigen sie sich rasch . . . Mit gutem Willen muß es gehen.«

26. Februar Festsitzung des Tiroler Landtages anläßlich »600 Jahre Tirol bei Österreich«. Margarete Maultasch übergab 1363 in Bozen den Herzögen von Österreich, als ihren nächsten Verwandten und Erben, die Grafschaft Tirol, das Land an der Etsch und im Inntal.

28. Februar Die sowjetische Nachrichtenagentur TASS veröffentlicht eine warnende Erklärung zur Frage der Assoziierung Österreichs mit der EWG.

1./2. März Streik im österreichischen Rundfunk und Fernsehen wegen nicht geklärter Dienstvereinbarungen.

4. März bis 24. April UNO-Staatenkonferenz über konsularische Beziehungen in der Wiener Hofburg. Konferenzvorsitzender ist der österreichische Delegationsführer Stephan Verosta, Ordinarius für Völkerrecht an der Universität Wien.

9. März Außenminister Bruno Kreisky spricht über die Teilnahme Österreichs an der wirtschaftlichen Integration Europas. Er kritisiert die TASS-Meldung vom 28. Februar und einen Artikel in der sowjetischen Zeitung »Prawda«.

18. März Das Österreichische Kulturinstitut in New York wird eröffnet.

20. März bis 2. April Die Tiefbohrung »Schönkirchen T 4« (nordwestl. von Gänserndorf, Niederösterreich) ist besonders erfolgreich. Tagesförderung: 326 t Rohöl.

23. März Einigung bei der Bildung einer neuen Bundesregierung. ÖVP und SPÖ hatten über vier Monate *(→ 23. November und 3. Dezember 1962; 8. Januar und 25. Februar 1963)* verhandelt.

27. März Regierung Gorbach II gebildet.
Bundeskanzler: Alfons Gorbach (ÖVP), Vizekanzler: Bruno Pittermann (SPÖ), Äußeres: Bruno Kreisky (SPÖ), Staatssekretär: Ludwig Steiner (ÖVP), Inneres: Franz Olah (SPÖ), Staatssekretär: Otto Kranzlmayr (ÖVP) – ab 5. November 1963 Franz Soronics (ÖVP), Justiz: Christian Broda (SPÖ), Unterricht: Heinrich Drimmel (ÖVP), Soziale Verwaltung: Anton Proksch (SPÖ), Finanzen: Franz Korinek (ÖVP), Land- und Forstwirtschaft: Eduard Hartmann (ÖVP), Handel und Wiederaufbau: Fritz Bock (ÖVP), Staatssekretär: Edu-

ard Weikhart (SPÖ) und Vinzenz Kotzina (ÖVP), Verkehr und Elektrizitätswirtschaft: Otto Probst (SPÖ), Landesverteidigung: Karl Schleinzer (ÖVP), Staatssekretär: Otto Rösch (SPÖ).

— Das Europaparlament in Straßburg fordert die sofortige Aufnahme der Verhandlungen bezüglich einer Assoziierung mit Österreich *(→ 9. März)*.

29. März ÖVP und SPÖ unterzeichnen ein neues Arbeitsübereinkommen.

2. April Die EWG-Minister diskutieren in Brüssel erstmals den Assoziierungsantrag Österreichs.

11. April Franz Karl Ginzkey stirbt in Wien; geb. am 8. September 1871 in Pola (Istrien); Erzähler und Lyriker.

28. April Bundespräsidentenwahl (Ergebnisse *→ Tabelle im Anhang*). Adolf Schärf (SPÖ) wird wiedergewählt. Altbundeskanzler Julius Raab war der Kandidat der ÖVP, Gendarmeriegeneral Josef Kimmel der Kandidat der Europäisch-Föderalistischen Partei Österreichs (EFP), die FPÖ hatte keinen Kandidaten aufgestellt.

12. Mai Ernst Marischka stirbt in Chur (Schweiz); geb. am 2. Januar 1893 in Wien; Operettenlibrettist, Regisseur (Theater und Film) und Drehbuchautor, Filmproduzent.

13. Mai Die italienische Grenzpolizei verweigert dem ehemaligen Staatssekretär Franz Gschnitzer und dem Innsbrucker FPÖ-Gemeinderat Otto Gamper die Einreise nach Italien.

— König Ibn Saud von Saudiarabien hält sich in Wien zur Konsultation des Internisten Karl Fellinger auf.

22. Mai Parade des Bundesheeres auf dem Ring anläßlich der Angelobung des Bundespräsidenten Adolf Schärf. Die Gardeoffiziere tragen erstmals seit 1945 einen Säbel.

24. Mai Die Südbahnstrecke Mürzzuschlag–Knittelfeld (Steiermark) wird als letztes Teilstück der Südbahn elektrifiziert in Betrieb genommen.

31. Mai Der Verwaltungsgerichtshof veröffentlicht ein 32seitiges Erkenntnis, datiert mit 24. Mai, in dem die Verzichtserklärung Otto Habsburgs vom 31. Mai 1961 als ausreichend bezeichnet wird *(→ 5. Juni)*.

— Die EWG-Ministerkonferenz beschließt die Ausarbeitung von Lösungsvorschlägen für eine Assoziierung mit Österreich.

— Uraufführung des Dramas »Hippodameia« von Anton Wildgans im Ateliertheater am Naschmarkt in Wien unter der Regie von Veit Relin. Wildgans hatte diese »literarische Jugendsünde« als Vierzehn- oder Fünfzehnjähriger geschrieben.

5. Juni In einer Sondersitzung des Nationalrates wird der »Fall Habsburg« wegen widersprüchlicher Entscheidungen der beiden Höchstgerichte *(→ 16. Dezember 1961; 31. Mai 1963)* behandelt.

— Ein Entschließungsantrag der FPÖ wird mit den Stimmen der SPÖ angenommen. Die Regierung wird darin aufgefordert, »... sie möge alle zur Vermeidung einander widersprechender Entscheidungen der Höchstgerichte notwendig erscheinenden gesetzgeberischen Regelungen als Regierungsvorlage ... vorlegen.« Es ist dies das erste politische Zusammenwirken von SPÖ und FPÖ.

9. Juni Das Museum von Zwentendorf an der Donau (Niederösterreich) wird eröffnet. Es enthält die wichtigsten Funde der seit 1950 erfolgten Ausgrabungen.

13. Juni Andreas Urteil stirbt in Wien; geb. am 19. Januar 1933 in Gakovo (Serbien); expressionistischer Bildhauer.

28. Juni bis 1. Juli Staatsbesuch des Präsidenten der Republik Liberia Tubman in Österreich.

3. Juli Erste informative Gespräche Österreichs mit der EWG in Brüssel.

4. Juli Der Nationalrat beschließt die authentische Interpretation des Landesverweisungsgesetzes gegen das Haus Habsburg-Lothringen.

8.–11. Juli Staatsbesuch des Präsidenten der Republik Kongo, Fulbert Youlou, in Österreich.

10. Juli Der Nationalrat beschließt das Volksbegehrengesetz.

16. Juli Letzter Ministerrat vor den Sommerferien: keine Einigung im Fall Habsburg.

19. Juli Der Bundesrat erteilt dem Nationalratsbeschluß vom 4. Juli seine einhellige Zustimmung.

24. Juli Roland Losert wird Weltmeister im Degenfechten.

29. Juli Eröffnung des von den Architekten Hans Hofmann und Emil Engels umgebauten Kleinen Festspielhauses in Salzburg mit Wolfgang Amadeus Mozarts »Die Hochzeit des Figaro«.

Anfang August Erneute Sprengstoffanschläge in Südtirol.

5. August Annie Rosar stirbt in Wien; geb. am 17. Mai 1888 in Wien; Schauspielerin.

11. September Österreich unterzeichnet das Atomteststoppabkommen.

16. September Bundeskanzler Alfons Gorbach übergibt das neuadaptierte Grandhotel in Wien an Generaldirektor Eklund als Amtssitz der Internationalen Atomenergieorganisation (IAEO).

20. September Klagenfurter Manifest der ÖVP. Josef Klaus wird Bundesparteiobmann.

23. September Sprengstoffanschlag unbekannter Täter in Traunkirchen und Ebensee (beide Oberösterreich) *(→ 16. Februar 1965)*.

26. September Außenminister Bruno Kreisky hält vor der UNO-Vollversammlung in New York eine Rede zum Südtirolproblem.

27. September Das Donaukraftwerk Aschach (Oberösterreich) wird seiner Bestimmung übergeben. Baukosten rund 3 Milliarden Schilling.

8. Oktober Maria Grengg stirbt in Rodaun bei Wien; geb. am 26. Februar 1889 in Stein an der Donau (Niederösterreich); Erzählerin und Malerin. Maria Grengg bewohnte in Rodaun das ehemalige Hofmannsthal-Schlößl.

23. Oktober Südtirolverhandlungen der österreichisch-italienischen Expertenkommission in Genf. Vorbereitungen für Verhandlungen auf diplomatischer Ebene.

3. November Krise in der Wiener Staatsoper. Der Streit um einen italienischen Souffleur führt zum Streik des Personals. Die »Bohème«-Premiere unter Herbert von Karajan muß abgesagt werden. Ausgelöst wurde der Streit durch die Gewerkschaft und durch das unterschiedliche Berufsbild eines Souffleurs in Österreich bzw. eines Maestro suggeritore in Italien. Denn in Italien gehört letzter eindeutig zum künstlerischen Personal, über dessen Verwendung nicht das Arbeitsamt, sondern ausschließlich der künstlerische Leiter des Operntheaters entscheidet.

4. November Im Toplitzsee (Steiermark) wird abermals eine Kiste mit gefälschten englischen Pfundnoten gefunden, ebenso ein Teil einer Raketenabschußrampe *(→ 29. August 1959).*
9. November Das Kunsteisstadion in Innsbruck für die IX. Olympischen Winterspiele wird eröffnet, es ist das größte Eisstadion der Welt, Fassungsraum: 10 500 Zuschauer. Kosten des Eisstadions: 76,5 Millionen Schilling.
12.–15. November Staatsbesuch des Großmeisters des Souveränen Malteser-Ritterordens, Principe Fra Angelo de Mojana di Cologna, in Österreich.
17. November Die Europabrücke bei Innsbruck wird dem Verkehr übergeben. Sie ist ein Kernstück der Brennerautobahn (die erste Gebirgsautobahn der Welt ist seit 1959 in Bau) und überspannt in 190 m Höhe das Silltal.
19.–27. November Österreichisch-jugoslawische Verhandlungen in Laibach wegen des Verlaufes der Staatsgrenze
9. Dezember In Mailand beginnt der Prozeß gegen 87 Südtiroler, sechs Österreicher und einen Deutschen. Anklage wegen der Terroranschläge in Südtirol im Sommer 1962 *(→ 13. Januar und 16. Juli 1964).*
14. Dezember Das Südautobahnteilstück Leobersdorf–Wöllersdorf wird dem Verkehr übergeben.
30. Dezember 500 t Erdöl werden in 16 Kesselwaggons an die UdSSR abgefertigt, damit ist die Erdölschuld Österreichs an die UdSSR getilgt.
►1964, 1. Halbjahr Fremdenverkehrsrekord in Österreich: Nächtigungen: +6,2%, Devisen: + knapp 20% gegenüber 1963.
8. Januar Altbundeskanzler Julius Raab stirbt in Wien; geb. am 29. November 1891 in St. Pölten (Niederösterreich), ÖVP-Politiker. 1927–1934 christlichsozialer Abgeordneter zum Nationalrat, Landesführer der niederösterreichischen Heimwehr. Er gründete 1934 den Gewerbebund (erste einheitliche Organisation des Gewerbes). Raab war der Gründer der Bundeskammer der gewerblichen Wirtschaft und seit 1947 ihr Präsident. 1938 (16. Februar bis 11. März) Handelsminister. 1945 Mitbegründer der ÖVP und Gründer des Österreichischen Wirtschaftsbundes, dessen Präsident er bis 1963 war. 1945 Staatssekretär für öffentliche Bauten, 1945–1961 Abgeordneter zum Nationalrat, 1952–1960 Bundesparteiobmann der ÖVP, 1953–1961 Bundeskanzler. 1963 Kandidat der ÖVP bei den Bundespräsidentenwahlen. »Staatsvertragskanzler«, da in seiner Regierungszeit der Staatsvertrag zustande kam. Nachfolger als Präsident der Bundeskammer der gewerblichen Wirtschaft wird Rudolf Sallinger.
13. Januar Der Südtirolprozeß in Mailand *(→ 9. Dezember 1963)* wird fortgesetzt. Der Staatsanwalt »bescheinigt«, daß die Angeklagten »Grund zur Unzufriedenheit« hatten *(→ 16. Juli).*
22. Januar Das persische Kaiserpaar trifft zu einem Privatbesuch (Opernball und Olympische Winterspiele) in Österreich ein.
23. Januar Das olympische Feuer trifft am Flughafen Wien-Schwechat ein, es wird am 24. Januar mit einer Viscount der AUA nach Innsbruck geflogen.
29. Januar bis 7. Februar IX. Olympische Winterspiele in Innsbruck. Feierliche Eröffnung am 29. Januar durch den Bundespräsidenten Adolf Schärf im Bergisel-Stadion. Österreich erreicht den zweiten Platz in der Nationenwertung mit 4 Gold-, 5 Silber- und 3 Bronzemedaillen. Herren: Abfahrt: 1. Egon Zimmermann; Slalom: 1. Peppi Stiegler; Riesentorflauf: 2. Karl Schranz, 3. Peppi Stiegler; Rennrodeln, Doppelsitzer: 1. Josef Feistmantl/Manfred Stengl, 2. Reinhold Senn/Helmut Thaler; Viererbob: 2. Thaler, Koxeder, Nairz, Durnthaler. Damen: Abfahrt: 1. Christl Haas, 2. Edith Zimmermann, 3. Traudl Hecher; Eiskunstlauf: 2. Regine Heitzer; Rennrodeln, Einsitzer: 3. Helene Thurner.
20. Februar Das Protokoll über den endgültigen Abschluß aller Ablöselieferungen Österreichs *(→ 30. Dezember 1963)* an die UdSSR wird unterzeichnet.
25. Februar Bundeskanzler Alfons Gorbach demissioniert. Der Bundesparteiobmann der ÖVP, Josef Klaus, wird mit den Verhandlungen zur Bildung einer neuen Bundesregierung betraut.
29. Februar Eine Bristol-Britannia-Maschine stürzt am Gipfel des Glungezer (2 678 m, südöstl. von Innsbruck) ab, 83 Tote sind zu beklagen.
1. März Gemeinderatswahlen in Kärnten. Mandate: SPÖ 1 119, ÖVP 640, FPÖ 279, KPÖ 1.
5. März UN-Generalsekretär U Thant wendet sich an Österreich wegen einer österreichischen Beteiligung an der Friedensstreitmacht der UNO auf der Insel Zypern. *(→ 17. März).*
14. März Das wiederaufgebaute Grazer Schauspielhaus, das 1776 als landständisches Theater errichtet wurde, eines der letzten Logentheater im deutschen Sprachraum, wird eröffnet.
17. März Der Ministerrat beschließt die Entsendung eines Sanitäts- und Ordnungskontingents zur UN-Truppe auf Zypern *(→ 5. März und 14. April).*
21. März Otto Habsburg erklärt, daß er bis zur friedlichen und dauernden Lösung der Habsburg-Frage nicht nach Österreich einreisen werde. Bei den Verhandlungen über ein Arbeitsabkommen zwischen ÖVP und SPÖ ist die Habsburg-Frage stets ein Hemmnis.
22. März Landtagswahl im Burgenland. Mandate: SPÖ 16, ÖVP 15, FPÖ 1.
24. März Parteieneinigung über den Habsburgerpassus in der nächsten Regierungserklärung.
2. April Regierung Klaus I gebildet.
Bundeskanzler: Josef Klaus (ÖVP), Vizekanzler: Bruno Pittermann (SPÖ), Äußeres: Bruno Kreisky (SPÖ), Staatssekretär: Carl H. Bobleter (ÖVP), Inneres: Franz Olah (SPÖ) – ab 21. September 1964 Hans Czettel (SPÖ), Staatssekretär: Franz Soronics (ÖVP), Justiz: Christian Broda (SPÖ), Staatssekretär: Franz Hetzenauer (ÖVP), Unterricht: Theodor Piffl-Perčević (ÖVP), Soziale Verwaltung: Anton Proksch (SPÖ), Finanzen: Wolfgang Schmitz (ÖVP), Land- und Forstwirtschaft: Karl Schleinzer (ÖVP), Handel und Wiederaufbau: Fritz Bock (ÖVP), Staatssekretär: Eduard Weikhart (SPÖ) und Vinzenz Kotzina (ÖVP), Verkehr und Elektrizitätswirtschaft: Otto Probst (SPÖ), Landesverteidigung: Georg Prader (ÖVP), Staatssekretär: Otto Rösch (SPÖ).
Anfang April bis Mitte Mai Triumphale Amerikatournee der Spanischen Hofreitschule.
3. April Erfreuliche Übereinstimmung der beiden Regierungsparteien über die Regierungserklärung des Bundeskanzlers Josef Klaus.
10. April Die italienische Südtirolkommission, die sogenannte »Neunzehnerkommission«, überreicht dem italienischen Ministerpräsidenten Aldo Moro den Be-

richt über ihre zweieinhalbjährige Tätigkeit. Das 80seitige Dokument enthält gewisse Vorschläge zugunsten Südtirols.
11. April Der Felbertauerntunnel wird durchschlagen. Bisher der größte Straßentunnel Österreichs mit 5,2 km Länge; die einzige Straßenverbindung zwischen Salzburg und Osttirol.
14. April Der erste Teil des österreichischen Zypernkontingents fliegt von Wien ab: sechs Offiziere und 22 Unteroffiziere *(→ 17. März).*
16. April Die WIG 64 (Wiener Internationale Gartenschau) wird im Donaupark eröffnet. Auf 100 ha sind 7 Millionen Pflanzen von 28 Nationen ausgestellt. Im Gelände wurde der 250 m hohe Donauturm als neues Wahrzeichen Wiens errichtet.
26. April Landtagswahl in Salzburg. Mandate: ÖVP 15, SPÖ 13, FPÖ 4.
29. April Das Plenum des Nationalrates beschließt das Antikorruptionsgesetz.
5. Mai Italien gibt eine negative Stellungnahme zur EWG-Assoziierung Österreichs ab.
11. Mai Herbert von Karajan legt aus »gesundheitlichen Gründen« nach achtjähriger Tätigkeit die künstlerische Leitung der Wiener Staatsoper mit Ende der Spielperiode nieder.
13. Mai Der Nationalrat beschließt das Gesetz »Krankheit unterbricht Urlaub«.
16. Mai Das UN-Sanitätskontingent fliegt nach Zypern ab, drei Offiziere und 39 Mann *(→ 14. April).*
— Eine »Piper« und eine »Cessna« stoßen in Wien über dem 7. Bezirk in der Luft zusammen. Die Wrackteile stürzen im 7. und 8. Bezirk auf die Häuser, der Motor der »Cessna« bleibt in einer Privatwohnung liegen. Alle sieben Insassen der Maschinen sind tot. Der Sachschaden geht in die Millionenhöhe.
20. Mai Das Planetarium im Wiener Prater wird eröffnet; die Projektionskuppel hat 20 m Durchmesser, Kosten des Planetariums: 23 Millionen Schilling.
21.–24. Mai Staatsbesuch des Bundespräsidenten Adolf Schärf in Dänemark.
21. Mai bis 25. Oktober Ausstellung »Romanische Kunst in Österreich« in der Minoritenkirche in Krems an der Donau (Niederösterreich).
23. Mai bis 25. Oktober »Richard-Strauss-Ausstellung« in der Österreichischen Nationalbibliothek.
25./26. Mai Die Südtirolgespräche der Außenminister Österreichs und Italiens in Genf dauern ganze vier Stunden. Ein Expertenkomitee soll eine Außenministerkonferenz vorbereiten. Rom fühlt sich durch den Bericht der »Neunzehnerkommission« *(→ 10. April)* nicht gebunden. Beide Staaten sind an einer raschen Behandlung der Südtirolfrage interessiert.
29. Mai bis 10. Juli XV. Weltpostkongreß in Wien.
1.–3. Juni Staatsbesuch des Bundespräsidenten Adolf Schärf in Norwegen.
19. Juni Hans Moser (eigentlich Jean Julier) stirbt in Wien; geb. am 6. August 1880 in Wien; Komiker und Volksschauspieler.
23.–26. Juni Staatsbesuch des Bundespräsidenten Adolf Schärf in der Bundesrepublik Deutschland.
24./25. Juni Totale Mondfinsternis.
30. Juni Verhandlungen auf Regierungs- und Parteiebene bringen eine Einigung über die verstaatlichte Industrie, jedoch kein Übereinkommen über ebenfalls behandelte Rundfunkfragen.
1. Juli Das Aktionskomitee der unabhängigen Presse Österreichs fordert bezüglich der Rundfunkreform die Öffentlichkeit zu einem Volksbegehren auf *(→ 7. August).*
6. Juli Der Arbeitsausschuß der Regierungsparteien beschließt, ein Komitee für die Wahlrechtsreform einzusetzen.
7. Juli Der Ministerrat genehmigt den Vertragsentwurf mit dem Hl. Stuhl über die Errichtung einer Diözese Innsbruck-Feldkirch. Mit ihrer Errichtung am 8. August ist das 40jährige Provisorium der »Apostolischen Administratur« beendet.
— Der EWG-Ministerrat in Brüssel nimmt den Bericht über den Stand der Sondierungsverhandlungen mit Österreich zur Kenntnis.
16. Juli Urteil im ersten Mailänder Südtirolprozeß. Die meisten Angeklagten, seit 1961 in Haft, erhalten mehrjährige Kerkerstrafen, es erfolgen 27 Freisprüche *(→ 9. Dezember 1963; 13. Januar 1964).*
7. August Innenminister Franz Olah teilt mit, daß der Antrag auf Einleitung eines Volksbegehrens für eine Rundfunkreform von 215 000 Österreichern unterzeichnet wurde.
Mitte August Die Sonde Lindach I (Oberösterreich) fördert täglich 40 t Rohöl.
16. August Die Autobahnkirche Haid bei Linz wird geweiht; sie ist die erste dieser Art in Österreich.
25. August Josef Afritsch stirbt in Wien; geb. am 13. März 1901 in Graz; SPÖ-Politiker. Seit 1945 Gemeinderat und Amtsführender Stadtrat für allgemeine Verwaltung, 1959–1963 Innenminister.
26. August Zusammenstoß eines Tankwagens mit einer Straßenbahn in Graz 13 700 l Benzin gehen in Flammen auf, ein Bürogebäude brennt aus, drei Personen werden schwer, zehn leicht verletzt.
Anfang September Bei der Ausstellung im Rahmen der 3. Internationalen Atomkonferenz in Genf findet eine österreichische Erfindung große Beachtung: Drei Kernforscher des Atomreaktors Seibersdorf (Niederösterreich) schufen ein Gerät zur Kontrolle des Zustandes von Atombrennstoffen.
2. September Vizekanzler Bruno Pittermann wird einstimmig zum Präsidenten der Sozialistischen Internationale gewählt.
3. September Joseph Marx stirbt in Graz; geb. am 11. Mai 1882 in Graz; impressionistisch beeinflußter Komponist.
7./8. September Die Südtirolverhandlungen in Genf zwischen den Außenministern Bruno Kreisky und Giuseppe Saragat zeitigen einen sichtbaren Fortschritt. Bereitschaft zur Erfüllung des Auftrages der UNO und eine weitere Konferenz für Oktober werden vereinbart.
15. September Die Tageszeitung »Die Presse« veröffentlicht ein Interview mit Innenminister Franz Olah, in dem behauptet wird, daß gegen ihn ein Diffamierungskampf innerhalb der SPÖ geführt werde.
16. September Die SPÖ beschließt die Einsetzung eines Parteischiedsgerichtes für den »Fall Olah«. Franz Olah habe »gegen verschiedene Mitglieder der führenden Gremien der Sozialistischen Partei Kampagnen in nichtsozialistischen Blättern geführt«.
17. September Das Parteischiedsgericht der SPÖ verwarnt Franz Olah, die SPÖ-Vertretung beschließt die

Abberufung Franz Olahs als Innenminister. Dreistündiger Teilstreik im Wiener E-Werk und Demonstrationen vor dem Parlament für Innenminister Franz Olah.

18. September Innenminister Franz Olah demissioniert. Die SPÖ schlägt Hans Czettel als Nachfolger vor. Protestdemonstration der Arbeiterschaft vor der sozialistischen Parteizentrale in Wien, Franz Olah beruhigt die Demonstranten.

19. September Die Diplomatische Akademie in Wien, früher Konsularakademie genannt, wird eröffnet.

21. September Hans Czettel wird als Innenminister angelobt.

22. September Gegen Franz Olah wird ein ÖGB-Verfahren wegen »statutenwidriger, eigenmächtiger finanzieller Handlungen« eingeleitet. Franz Olah stellt fest, daß diese vor Jahresfrist geklärt wurden, und verlangt am 24. September ein Ehrengericht. Gleichzeitig stellt der ÖGB fest, daß ihm durch Franz Olah kein Schaden erwachsen ist.

28. September bis 2. Oktober Staatsbesuch des thailändischen Königspaares Rama IX. (Bhumibol) und Sirikit in Österreich.

5.–12. Oktober Das erste Volksbegehren in der Geschichte der Republik Österreich ergibt 832 353 Unterschriften für den von der unabhängigen Presse vorgelegten Gesetzentwurf *(→ 1. Juli).*

9. Oktober Wiedereröffnung des renovierten Klagenfurter Stadttheaters mit Wolfgang Amadeus Mozarts »Zauberflöte«.

10. Oktober Konrad Bayer begeht in Wien Selbstmord; geb. am 17. Dezember 1932 in Wien; Schriftsteller, Mitglied in der »Wiener Gruppe«.

— In Bleiburg (Kärnten) wird die Jauntalbahn durch den Bundespräsidenten eröffnet. Die Strecke ist 19,099 km lang und führt von Bleiburg nach St. Paul im Lavanttal, die Jauntalbrücke ist 428,60 m lang, sie ist 90 m über dem Drautal. Kosten: über 400 Millionen Schilling.

18. Oktober Landtagswahl in Vorarlberg. Mandate: ÖVP 20, SPÖ 10, FPÖ 6.

25. Oktober Landtags- und Gemeinderatswahlen in Wien. Mandate: SPÖ 60, ÖVP 35, FPÖ 3, KPÖ 2.

— Landtagswahl in Niederösterreich. Mandate: ÖVP 31, SPÖ 25.

— Gemeinderatswahlen in Salzburg. Mandate: ÖVP 969, SPÖ 610, FPÖ 161, KPÖ 3, Heimatliste 21.

27. Oktober Franz Olah legt seine ÖGB-Funktionen zurück.

— Starkes Erdbeben in Österreich, besonders im Raum Wien und in Oberösterreich. Das Zentrum ist die Thermenlinie südl. von Wien. Nachbeben am 29. Oktober in Wien und in der Steiermark.

29. Oktober Höhepunkt im »Fall Olah«. Die sozialistische Sympathiekundgebung vor der SPÖ-Zentrale in Wien wird zur Demonstration. Die Manifestanten verlangen die Einstellung des Ehrengerichtsverfahrens gegen Franz Olah. Justizminister Christian Broda wird bedroht und beschimpft.

31. Oktober Unterzeichnung mehrerer Verträge zwischen Österreich und Ungarn in Budapest: Vermögensvertrag, Ungarn zahlt für 4 864 Joch Grund Entschädigung; Vertrag über die Sichtbarmachung der gemeinsamen Staatsgrenze und Vertrag über das Verfahren zur Untersuchung von Vorfällen an der gemeinsamen Grenze.

2. November Otto Habsburg sucht im österreichischen Konsulat in München um einen österreichischen Reisepaß an.

4. November Franz Olah wird aus der SPÖ ausgeschlossen. In drei Punkten wurde eigenmächtige und widmungswidrige Verwendung von Millionenbeträgen festgestellt. Dazu erklärt Franz Olah in einer Pressekonferenz am 6. November, daß er wohl mit »entsprechenden Absprachen« die Geldtransaktionen durchgeführt habe und diese »stets sinnvollen Überlegungen für Partei und die Demokratie in Österreich entsprachen.«

14. November Feierliche Inauguration der wiedererstandenen Salzburger Universität *(→ 5. Juli 1962).*

16. November Die neue Trisannabrücke der Arlbergbahn wird dem Verkehr übergeben. Der Bau ist eine Meisterleistung der Techniker. Die alte, 1884 vollendete Brücke (120 m lang und 90 m über dem Tal) entsprach trotz einer Verstärkung im Jahre 1923 nicht mehr den Anforderungen des modernen Eisenbahnbetriebes und mußte ausgewechselt werden.

18. November Die Hauptwahlbehörde entscheidet gegen die Stimmen der SPÖ, daß Franz Olah das Nationalratsmandat bis zum Ende der Legislaturperiode behält.

21. November Die Schiffstaufe in der Fussacher Werft (Vorarlberg) wird durch eine Demonstration von rund 20 000 Personen verhindert, der Staatsakt muß abgesagt werden. Das Land Vorarlberg wünschte für das neue Bodenseeschiff den Namen »Vorarlberg«, Verkehrsminister Otto Probst hatte sich darüber hinweggesetzt und wollte das Schiff auf den Namen »Karl Renner« taufen *(→ 14. Juli 1965).*

24. November Die Vorarlberger Landesregierung erklärt: ». . . Es war das gute Recht der Landesregierung, zufolge der Nichtberücksichtigung ihres Vorschlages auf Benennung des neuen Bodenseeschiffes mit dem Namen ›Vorarlberg‹, die zudem ohne jeglich Begründung erfolgte, und zufolge der ungewöhnlichen Art des Briefwechsels zwischen dem Bundesminister für Verkehr und Elektrizitätswirtschaft und der Vorarlberger Landesregierung das Befremden auszudrücken und daher an der Veranstaltung nicht teilzunehmen.«

25. November Nationalratssitzung mit stürmischer Debatte wegen des Vorfalls in Fussach *(→ 21. November).*

27. November Habsburg-Debatte im Nationalrat. Es wird ausdrücklich festgestellt, daß es keine Zusagen an Otto Habsburg durch SPÖ-Mandatare gibt.

Ende November Erdrutsche und starke Vermurungen im Gebiet von Thiersee – Landl – Ursprung in Tirol. Über 500 Mann des Bundesheeres sind im Katastropheneinsatz.

8. Dezember Die Apostolische Administratur Innsbruck-Feldkirch wird zur Diözese erhoben *(→ 14. Dezember 1968).* Bischof Paulus Rusch wird erster Diözesanbischof *(→ 15. Oktober 1938).*

16. Dezember Die Außenminister von Österreich und Italien stellen bei einer Besprechung in Paris fest, daß eine positive Lösung des Südtirolproblems möglich ist.

17. Dezember Victor Franz Hess stirbt in Mount Vernon bei New York (USA); geb. am 24. Juni 1883 auf Schloß Waldstein (Steiermark); Physiker, 1911/12 stellte er bei Ballonfahrten die sogenannten Höhen- und Ultrastrahlen fest. 1919 erhielt er den Lieben-Preis. 1931 errichtete er auf dem Hafelekar bei Innsbruck eine

Forschungsstation zur Beobachtung der kosmischen Höhenstrahlung. 1936 erhielt er den Nobelpreis für die Entdeckung und Erforschung der kosmischen Strahlung, gemeinsam mit Carl David Anderson.

18. Dezember Die ÖVP-Fraktion verläßt aus Protest den Sitzungssaal, in dem der »Fünfzehnerausschuß für die verstaatlichten Betriebe« tagt. Der Protest richtet sich gegen eine dort angebrachte Landkarte mit der Aufschrift »Österreichs Nationalindustrie«.

21. Dezember Alfred Maleta erklärt, er halte die Funktion des Nationalratspräsidenten mit der eines Sprechers in einer politischen Kampfsituation für unvereinbar. Er war der ÖVP-Fraktionsführer im »Fünfzehnerausschuß«, den er mit dieser Erklärung verläßt.

►1965 Rekordeinnahmen aus dem Fremdenverkehr: 14 574,2 Millionen Schilling gegenüber 13 074,5 Millionen Schilling im Jahre 1964.

— Bedeutende Grabungserfolge des österreichischen Archäologischen Institutes der Universität Wien in Ephesos (Kleinasien). Unter anderem wird der seit 1895 gesuchte Altar des Artemistempels gefunden.

Anfang Januar Starke Schneefälle behindern den Straßen- und Eisenbahnverkehr im Osten Österreichs.

8. Januar Der langjährige Leiter der Spanischen Hofreitschule, Oberst Alois Podhajsky, tritt in den Ruhestand – Nachfolger wird Oberstleutnant Hans Handler.

9. Januar Seltener Mannschaftserfolg beim Lauberhornrennen in Wengen (Schweiz): Erster bis fünfter Platz bei der Abfahrt der Herren: Stefan Sodat, Werner Bleiner, Karl Schranz, Heini Messner und Hugo Nindl.

11. Januar Der Streit im Koalitionsausschuß verschärft sich. Grund ist der Verkauf der ÖROP bzw. die »Umgestaltung« der Erdölgesellschaften ÖROP, Martha und ÖMV. Der Arbeitsausschuß einigt sich am 23. Januar.

16. Januar Abermaliger Skitriumph. Beim Kandaharrennen kommen sieben Österreicher unter die ersten zehn; 1. Karl Schranz, 2. Gerhard Nenning, 3. Heini Messner.

26. Januar Bundeskanzler Josef Klaus spricht vor der Vollversammlung des Europarates in Straßburg. Diese Rede wird als »Europäisches Credo Österreichs« kommentiert.

3. Februar Eine außerordentliche Ministerratssitzung beschließt die Bundeshaftung für ein Darlehen von 100 Millionen Schilling an die Simmering-Graz-Pauker-AG.

— Meinungsverschiedenheiten über die Haftungsübernahme für ein Darlehen an die Felbertauernstraßen AG führen am 4. Februar zur Einigung: 120 Millionen Schilling.

9.–14. Februar In Davos wird erstmals der Alpenpokal im Skisport ausgetragen, bewertet werden nur die Plätze 1 bis 4: Traudl Hecher gewinnt alle drei Damenbewerbe, Hugo Nindl wird Slalomsieger. Österreich gewinnt den Alpenpokal.

16. Februar bis 1. März Besuch des Schahs von Persien, Mohammed Reza Pahlevi, in Österreich.

19. Februar Starke, anhaltende Schneefälle. Wien: 27 cm Neuschnee, die Zugspitze meldet 5 m Schnee.

25. Februar Ein Großbrand vernichtet das Kurhaus von Bad Ischl (Oberösterreich), nur der Kongreßsaal wird gerettet. 15 Millionen Schilling Schaden.

28. Februar Adolf Schärf stirbt in Wien; geb. am 20. April 1890 in Nikolsburg (Mähren); SPÖ-Politiker. 1918–1934 Sekretär des Präsidiums des Nationalrates, 1933/34 sozialdemokratisches Mitglied des Bundesrates. Mitbegründer der Zweiten Republik. 1945–1957 Vorsitzender der SPÖ und Abgeordneter zum Nationalrat, April bis Dezember 1945 Staatssekretär, ab 18. Dezember 1945 bis 1957 Vizekanzler, seit 22. Mai 1957 Bundespräsident, 1958 erhielt er als erster den europäischen Erasmus-Preis *(→ 23. Mai)*.

2. März Die EWG-Minister beschließen die Aufnahme von Verhandlungen mit Österreich zwecks Schaffung einer Zollunion.

— Am Radstädter-Tauern-Paß reißt eine Lawine einen Autobus in den Abgrund: 14 Tote.

14. März Landtagswahlen in Kärnten und in der Steiermark. Mandate: Kärnten: SPÖ 18, ÖVP 12, FPÖ 5, KPÖ 1. Steiermark: ÖVP 29, SPÖ 24, FPÖ 2, KPÖ 1.

19. März Die EWG-Verhandlungen in Brüssel über einen »Vertrag besonderer Art« mit Österreich beginnen.

23.–26. März Staatsbesuch des Bundeskanzlers Josef Klaus in Jugoslawien. Gutnachbarliche und freundschaftliche Beziehungen werden betont.

23. März 24stündiger Warnstreik bei Bundesbahnen und Post wegen Lohnerhöhungen.

— Taras Borodajkewycz (Hochschule für Welthandel) bekennt sich zu seiner 1956 gemachten Erklärung, das »Geflunker von der österreichischen Nation« gehöre zu den »unerfreulichsten Überresten des an Gesinnungs- und Würdelosigkeiten reichen Jahres 1945«. – Empörung in Österreich. Am 24. März veranlaßt die Staatsanwaltschaft Erhebungen nach dem NS-Gesetz, am 26. März kommt es zu Demonstrationen vor der Hochschule für Welthandel, da Borodajkewycz weiter lehrt *(→ 29. und 31. März; 14. Mai 1966)*.

29. März Pro-Borodajkewycz-Demonstration in Wien von etwa 500 Studenten. Es kommt vor der Oper zu einem Handgemenge mit Demonstranten der Widerstandskämpfer.

31. März Schlägereien bei einem Zusammenstoß der Demonstrationszüge der Widerstandskämpfer und der nationalen Studenten. Vor dem Hotel Sacher wird der 67jährige Ernst Kirchweger schwer verletzt, er stirbt am 2. April. Täter ist Günther Kümel, ein der Polizei wegen neonazistischer Tätigkeit bekannter Student. Kümel wird am 25. Oktober wegen Notwehrüberschreitung zu zehn Monaten strengem Arrest verurteilt *(→ 8. April)*.

4. April Gemeinderatswahlen in Niederösterreich und in Vorarlberg. ÖVP-Erfolg in Vorarlberg, SPÖ-Mandatsgewinne in Niederösterreich.

8. April Auf einem außerordentlichen Bundesparteitag der ÖVP wird das »Klagenfurter Programm« beschlossen. Grundlage dafür ist der von den sogenannten »Reformern« am 9. Bundesparteitag in Klagenfurt am 19./20. Oktober 1963 vorgelegte Entwurf.

— Die Trauerfeier für Ernst Kirchweger *(→ 31. März)* auf dem Heldenplatz in Wien wird zu einem Bekenntnis für die Demokratie in Österreich. Es herrscht auffallende Einigkeit zwischen den Parteien und Weltanschauungen.

25. April Gemeinderatswahlen in der Steiermark. Stimmengewinne der ÖVP und der SPÖ.

27.–30. April UN-Generalsekretär U Thant in Wien, er führt den Vorsitz bei der Tagung des Verwaltungsausschusses für Koordination der UNO.

27. April Treuegelöbnis zu Österreich am 20. Jahrestag der Zweiten Republik in der außerordentlichen Ministerrats- und in der Festsitzung des Nationalrates. Bundesheerparade am Ring, 6 000 Mann, 426 Kraftfahrzeuge, 142 Panzer, 96 Tragtiere und 80 Flugzeuge. — Otto Tressler (eigentlich Meier) stirbt in Wien; geb. am 13. April 1871 in Stuttgart; Schauspieler. Seit 1896 am Wiener Burgtheater.

Ende April Hochwasser in großen Teilen Niederösterreichs und des Burgenlandes.

9.–15. Mai Jubiläumsfeierlichkeiten »600 Jahre Wiener Universität«; Gründungstag ist der 12. März 1365. Am Montag, dem 10. Mai findet ein feierlicher Festzug der Universität zum Stiftergrab im Wiener Stephansdom statt, an dem zahlreiche ausländische Universitätsdelegationen teilnehmen. Unter den prominenten Gästen des Auslands befindet sich der US-amerikanische Senator William J. Fulbright.

9. Mai Leopold Figl stirbt in Wien; geb. am 2. Oktober 1902 in Rust (Niederösterreich); ÖVP-Politiker. 1934 Direktor des Niederösterreichischen Bauernbundes, 1945 im KZ zum Tod verurteilt, Mitbegründer der ÖVP und Obmann von 1945–1951, 1945 Staatssekretär, Landeshauptmann von Niederösterreich, 1945–1953 Bundeskanzler, 1953–1959 Außenminister, 1959–1962 Erster Präsident des Nationalrates, seit 1962 Landeshauptmann von Niederösterreich. Er war wesentlich am Zustandekommen des Staatsvertrages beteiligt, den er 1955 für Österreich unterfertigte.

10. Mai Erster österreichischer Südtirolprozeß in Graz gegen Norbert Burger und Mitangeklagte *(→ 22. Mai).*

14. Mai bis 17. Oktober Ausstellung »Die Kunst der Donauschule 1490–1540« im Stift St. Florian (Oberösterreich) und im Schloßmuseum von Linz.

15. Mai Staatsakt im Schloß Belvedere zur Feier des 10. Jahrestages der Unterzeichnung des Staatsvertrages. Die Außenminister der vier Signatarmächte und der Präsident der UN-Generalversammlung sind anwesend.

16. Mai Ein »großer Zapfenstreich« auf dem Heldenplatz in Wien beendet die Jubiläumsfeierlichkeiten.

22. Mai Das Grazer Gericht erklärt sich im »Fall Burger« für nicht zuständig *(→ 10. Mai und 21. September).*

23. Mai Bundespräsidentenwahl (Ergebnis *→ Tabelle im Anhang*). Kandidaten: Franz Jonas, Bürgermeister von Wien (SPÖ), und Alfons Gorbach, Altbundeskanzler (ÖVP). Franz Jonas wird mit 50,7% der Stimmen zum Bundespräsidenten gewählt.

24. Mai EFTA-Ministerkonferenz in der Wiener Hofburg.

1. Juni bis 15. Oktober Ausstellung »150 Jahre Wiener Kongreß« in der Wiener Hofburg.

Anfang Juni Überschwemmungen in Niederösterreich, in der Steiermark und im Burgenland, insgesamt 33 000 ha Ackerland überflutet.

7. Juni Richard Billinger stirbt in Linz; geb. am 20. Juli 1890 in St. Marienkirchen (Oberösterreich); vielseitiger Dichter.

9. Juni Bundespräsident Franz Jonas wird angelobt. Das Bundesheer paradiert mit 4 600 Mann vor dem Parlament.

10. Juni Bruno Marek wird zum Bürgermeister von Wien gewählt.

11. Juni Akute Lawinengefahr in Tirol durch 1 m Neuschnee.

13. Juni Martin Buber stirbt in Jerusalem; geb. am 8. Februar 1878 in Wien; jüdischer Theologe und Religionsphilosoph. 1923–1933 Universitätsprofessor in Frankfurt am Main, 1938–1951 in Jerusalem, 1941 wurde ihm der Doktortitel der Universität Wien aberkannt. Buber wurde »Vater des christlich-jüdischen Gesprächs« genannt.

14. Juni Neuerliche Überschwemmungen, besonders in der Wachau. Der Wasserstand der Donau beträgt bei der Wiener Reichsbrücke 7,98 m.

16. Juni Der ehemalige Landwirtschaftsminister Eduard Hartmann wird einstimmig zum Landeshauptmann von Niederösterreich gewählt.

17. Juni Ein orkanartiger Sturm tobt über Vorarlberg, begleitet von sintflutartigen Regenfällen, innerhalb von zwei Stunden 13 l Wasser je Quadratmeter.

22. Juni Der Bahndamm der Westbahn zwischen Vols und Zirl (Tirol) wird von Hochwasserfluten weggerissen. In Tirol stehen 10 000 ha Nutzfläche unter Wasser.

24. Juni Unterzeichnung eines Abkommens zur Errichtung des Hauptquartiers der Organisation erdölexportierender Länder (OPEC) in Wien, die zweite internationale Organisation, die in Wien ihren Sitz errichtet.

25. Juni 60 000 ha Nutzfläche sind in Österreich durch Hochwasser überflutet. Der Schaden allein an Wasserschutzbauten beträgt rund 500 Millionen Schilling.

30. Juni bis 3. Juli Staatsbesuch des Bundeskanzlers Josef Klaus in Paris. Staatspräsident Charles de Gaulle versichert, daß Frankreich die EWG-Bestrebungen Österreichs unterstützen werde.

30. Juni Die Arlbergstraße wird ab Pettnau (Tirol) wegen Murenabgangs gesperrt.

14. Juli Der Bericht des Rundfunk-Volksbegehrensausschusses wird im Nationalrat eingebracht, er wird am 15. Juli diskutiert. Antrag auf Errichtung von Länderstudios, wenn die Landesregierungen es wünschen. — Es fällt die Entscheidung, daß das neue Bodenseeschiff doch den Namen »Vorarlberg« erhält *(→ 21. November 1964).*

17. Juli Eröffnung der Dobratschstraße (Kärnten) durch den Bundespräsidenten Franz Jonas.

20.–24. Juli 4. Gymnaestrada, das Weltfest der Turner, in Wien.

20. Juli Die niederösterreichische Landesregierung stellt für Otto Habsburg und seine Frau Regina Habsburg einen Staatsbürgerschaftsnachweis aus *(→ 1. Juni 1966).* — Franz Olah gründet die Arbeitsgemeinschaft für Demokratie und Fortschritt. Die konstituierende Sitzung, zugleich Generalversammlung, ist praktisch die Gründung der Demokratisch-Fortschrittlichen Partei (DFP), die mit 7. September bekanntgegeben wird.

21. Juli Jungfernfahrt des neuen DDSG-Personenschiffes »Theodor Körner«. Das moderne schwimmende Hotel-Restaurant wurde in der Schiffswerft Korneuburg (Niederösterreich) gebaut.

31. Juli/1. August Unwetter in der Steiermark und in Kärnten legen für mehrere Stunden den Eisenbahnverkehr lahm.

16. August Im Köflacher Kohlenbergwerk (Steiermark) brechen innerhalb von neun Stunden zwei Dämme des Teiches der Kohlenwaschanlage. Ein 800 m breiter und 2 km langer Strom Kohleschlamm (= 600 000 m^3) ergießt sich auf die Schächte – zwei davon sind nicht befahrbar. Die Situation wird durch ein starkes Gewitter am 18. August verschlimmert.

2. September Erneut Hochwasseralarm fast in ganz Österreich. Besonders betroffen sind die Bundesländer Tirol mit Osttirol, Kärnten, Steiermark und Salzburg. In Kärnten regnete es 36 Stunden ohne Unterbrechung.
14. September Der Ministerrat beschließt den Gesetzentwurf zur Einführung des Nationalfeiertages am 26. Oktober.
20.–23. September Staatsbesuch des polnischen Ministerpräsidenten Josef Cyrankiewicz in Österreich.
21. September Katastrophenbilanz im Nationalrat: Schaden an privatem Gut in Millionen Schilling: in Kärnten 300, in der Steiermark 234, in Tirol 202, in Niederösterreich 182, im Burgenland 110, in Oberösterreich 105, in Salzburg 54, in Wien 16, in Vorarlberg 3.
— Der zweite Burger-Prozeß in Graz endet mit Freispruch. Das Verdikt der Geschworenen wird wegen »Irrtums« ausgesetzt *(→ 10. Mai)*.
28. September bis 1. Oktober Vierte EWG-Verhandlungsrunde in Brüssel. Trotz positiver Atmosphäre erfolgt eine Vertagung auf November.
29. September bis 7. Oktober Staatsbesuch des Bundespräsidenten Franz Jonas im Iran.
3.–9. Oktober Bundesheermanöver in Niederösterreich. Beteiligt sind: 30 000 Mann, 5 000 Fahrzeuge, 150 Panzer, 150 Geschütze, 200 Granatwerfer. Am 8. Oktober fordert ein Flugzeugabsturz sechs Tote.
9.–11. Oktober An den öffentlichen Gebäuden in Tirol werden zum Gedenken an den Tag vor 45 Jahren, an dem Südtirol Italien zugesprochen wurde, Trauerfahnen aufgezogen.
12. Oktober Lucie Englisch stirbt in Erlangen (Bayern); geb. am 8. Februar 1902 in Baden bei Wien; Theater- und Filmschauspielerin.
13. Oktober Ministerpräsident Aldo Moro nimmt vor dem italienischen Parlament Stellung zur Südtirolfrage. Rom steht zum Gruber-De-Gasperi-Abkommen und ist um Verhandlungen mit Österreich bemüht.
17. Oktober Landtagswahl in Tirol. Die ÖVP erreicht die Zweidrittelmehrheit. Mandate: ÖVP 25, SPÖ 10, KPÖ 1.
22. Oktober Die Budgetverhandlungen scheitern im Ministerrat. Da laut Bundesverfassung der 23. Oktober der Letzttermin für das Budget des nächsten Jahres ist, ersucht die Bundesregierung den Bundespräsidenten, die Demission der Bundesregierung anzunehmen *(→ 9. November)*.
25.–27. Oktober Romankongreß der Österreichischen Gesellschaft für Literatur in Wien. 27 Persönlichkeiten aus elf Ländern diskutieren über den Roman der Gegenwart.
26. Oktober Erster Nationalfeiertag. Er wurde am 25. Oktober vom Nationalrat beschlossen *(→ 14. September)*.
29. Oktober Spatenstich zur Rheintalautobahn von Bregenz nach Feldkirch (Vorarlberg).
3. November Der Arbeitsausschuß der Regierungsparteien ist noch immer uneinig über den Wahltermin.
4. November Ein Mehrheitsbeschluß des Nationalrates (ÖVP und FPÖ) lehnt die Auslieferung Franz Olahs ab. Franz Olah hat einer Zeugenladung in seinem Ehrenbeleidigungsprozeß gegen die »Arbeiter-Zeitung« nicht Folge geleistet.
8. November Der einmillionste Telephonanschluß wird in Wien 10 in Betrieb genommen.
9. November Der Arbeitsausschuß der Regierungsparteien legt nach stundenlanger Nachtsitzung den Nationalratswahltermin mit 6. März 1966 fest. Ein Budgetprovisorium ermöglicht der Bundesregierung die Weiterführung der Geschäfte.
12. November Stürmische Nationalratssitzung um das Budgetprovisorium, sie dauert elf Stunden. In den Abendstunden wird es angenommen.
16.–22. November Staatsbesuch des rumänischen Ministerpräsidenten Ion Gheorghe Maurer in Österreich. Wichtige Kontakte für Handel und Verkehr werden intensiviert.
18. November Der Nationalrat beschließt die vorzeitige Beendigung der Legislaturperiode.
28. November bis 2. Dezember Bundeskanzler Josef Klaus weilt auf Einladung der UNO in den USA. Er spricht am 1. Dezember vor der UNO-Generalversammlung in New York: »... Neutralität ist nicht Flucht in die Isolation.« UNO-Generalsekretär U Thant würdigt Österreichs Verdienste um die UNO.
Dezember Erste Farbfernsehversuche in Österreich.
14. Dezember Der Ministerrat beschäftigt sich mit der Bewerbung Wiens als Austragungsort der Olympischen Sommerspiele 1972. Wegen der Kostenfrage kommt es zu keiner Einigung, der Finanzminister schätzt sie auf mindestens 5,5 Milliarden Schilling *(→ 21. Dezember)*.
— Starke Schneefälle in fast ganz Österreich. Verkehrsbehinderungen am Semmering. Zürs am Arlberg (Vorarlberg) ist von der Umwelt abgeschlossen. Es tobt ein Sturm mit 95 km/h.
20. Dezember Für Reisen nach Jugoslawien brauchen Österreicher kein Visum mehr.
21. Dezember Der Ministerrat diskutiert abermals *(→ 14. Dezember)* die Bewerbung Wiens für die Olympischen Sommerspiele 1972. Stark unterschiedliche Kostenauffassungen führen zu keiner Einigung, die Bewerbung Wiens unterbleibt.
▶**1966, Januar und Februar** Der Wahlkampf der Parteien wird mit einer für österreichische Verhältnisse »ungewöhnlichen Härte« geführt.
9. Januar Die KPÖ beschließt, bei den kommenden Nationalratswahlen für die SPÖ-Liste zu stimmen.
12. Januar Beginn des zweiten Südtirolprozesses in Mailand. Angeklagt sind 58 Südtiroler, Deutsche und Österreicher.
20. Januar Herbert Boeckl stirbt in Wien; geb. am 3. Juni 1894 in Klagenfurt; Maler. Ein Hauptvertreter des expressiven Realismus in Österreich. Er war seit 1935 Professor an der Akademie der bildenden Künste in Wien.
3. Februar Abschluß der 6. Verhandlungsrunde zwischen Österreich und der EWG in Brüssel. Handelsminister Fritz Bock stellt in seinem Schlußwort fest, daß Österreich ein System vorgeschlagen habe, das die Neutralitätsverpflichtungen wahrt.
10. Februar Staatssekretär Vinzenz Kotzina gibt bekannt, daß die neue Strengbergstrecke der Westautobahn (8 km lang) wegen ungenügender Frostschutzschicht gesperrt werden mußte.
23. Februar Die »Kronen Zeitung« wird auf Antrag des ÖGB unter gerichtliche Verwaltung gestellt. Begründung: vermögensrechtliche Ansprüche gegen die »Kronen-Zeitung«, die durch die Übergabe von ÖGB-Geldern (durch den ehemaligen ÖGB-Präsidenten Franz Olah) entstanden sind. Die Verfügung wird am

25. Februar wieder aufgehoben. Die zweite Instanz beschränkt die gerichtliche Verfügung auf die Geschäftsleitung und setzt den Chefredakteur wieder ein *(→ 18. März).*

25. Februar Emmerich Danzer wird in Davos (Schweiz) Weltmeister im Eiskunstlauf, zweiter wird Wolfgang Schwarz.

1. März Kritik des Rechnungshofes über die Gebarung der Newag und der Niogas führt im niederösterreichischen Landtag zu einer heftigen Debatte. Der Bericht stellte die zweckwidrige Verwendung von 420 Millionen Schilling fest, die die Niogas von der ÖMV auf Grund eines Vertrages als Rabatt erhalten hatte.

6. März Nationalratswahl. (Ergebnisse *→ Tabelle im Anhang.*) Die ÖVP erreicht die absolute Mehrheit. Mandate: ÖVP 85 (81), SPÖ 74 (76), FPÖ 6 (8); in Klammern vorheriger Mandatsstand.

9. März Josef Klaus wird mit der Bildung einer neuen Bundesregierung betraut.

18. März Beginn der Verhandlungen zwischen ÖVP und SPÖ über das künftige Regierungsprogramm und die Möglichkeiten der Zusammenarbeit *(→ 15. bis 19. April).*

— Die gerichtliche Verwaltung der »Kronen Zeitung« wird aufgehoben *(→ 23. Februar).*

30. März Der Nationalrat beginnt seine XI. Gesetzgebungsperiode.

13. April Erster Verhandlungstag des Rundfunksonderausschusses des Nationalrates.

15. April Außerordentlicher Parteitag der SPÖ in der Wiener Stadthalle. Die Partei faßt den Beschluß, über die Regierungsbildung nur dann weiterzuverhandeln, wenn die Teilnahme der SPÖ an der Regierung im bisher innegehabten Ausmaß möglich ist, sonst Opposition.

18. April Die SPÖ bezeichnet das Angebot der ÖVP als nicht akzeptabel, sie geht in Opposition.

19. April Regierung Klaus II – ÖVP-Alleinregierung. Bundeskanzler: Josef Klaus (ÖVP), Vizekanzler: Fritz Bock – ab 19. Januar 1968 Hermann Withalm, Äußeres: Lujo Tončić-Sorinj – ab 19. Januar 1968 Kurt Waldheim, Staatssekretär: Carl H. Bobleter bis 19. Januar 1968, Inneres: Franz Hetzenauer – ab 19. Januar 1968 Franz Soronics, Staatssekretär: Johann Haider – ab 19. Januar 1968 Roland Minkowitsch, Justiz: Hans Klecatsky, Unterricht: Theodor Piffl-Perčević – ab 2. Juni 1969 Alois Mock, Soziale Verwaltung: Grete Rehor, Staatssekretär: Franz Soronics – ab 19. Januar 1968 Johann Bürkle, Finanzen: Wolfgang Schmitz – ab 19. Januar 1968 Stephan Koren, Land- und Forstwirtschaft: Karl Schleinzer, Handel, Gewerbe und Industrie: Fritz Bock – ab 19. Januar 1968 Otto Mitterer, Verkehr und verstaatlichte Unternehmungen: Ludwig Weiß, Staatssekretär: Josef Taus bis 30. März 1967, Bauten und Technik: Vinzenz Kotzina – ab 6. Juni 1966, Landesverteidigung: Georg Prader. Staatssekretäre im Bundeskanzleramt: Karl Gruber bis 13. Mai 1969, Stephan Koren: 31. März 1967 bis 19. Januar 1968, Karl Pisa: 19. Januar 1968 bis 2. Juni 1969, Heinrich Neisser ab 2. Juni 1969.

1. Mai Festakt im Salzburger Landhaus anläßlich »150 Jahre Zugehörigkeit zu Österreich«.

14. Mai Der Disziplinarsenat der Hochschule für Welthandel in Wien verhängt über Taras Borodajkewycz die Strafe der Versetzung in den dauernden Ruhestand *(→ 23. März 1965).*

17.–21. Mai Staatsbesuch des Bundespräsidenten Franz Jonas in Großbritannien.

22. Mai Die Bundesbahnstrecke Bruck an der Mur–Grazwird elektrifiziert in Betrieb genommen.

24. Mai Uraufführung (nach 300 Jahren) von Calderóns »Die Welt ist Trug« im Theater an der Wien im Rahmen der Wiener Festwochen. Regie und Bearbeitung vom Festwochenintendanten Ulrich Baumgartner.

25. Mai Der Nationalrat beschließt die Errichtung eines Bundesministeriums für Bauten und Technik *(→ 6. Juni).*

28. Mai bis 30. Oktober Ausstellung »Friedrich III. Kaiserresidenz Wiener Neustadt« in St. Peter an der Sperr in Wr. Neustadt (Niederösterreich).

28. Mai 24stündiger Warnstreik im Hüttenwerk Donawitz (Steiermark) wegen Lohnforderungen *(→ 6. Juni).*

1. Juni Das Innenministerium stellt nach eingehender Prüfung der Rechtslage einen Reisepaß für Otto Habsburg aus *(→ 20. Juli 1965).*

6. Juni Vinzenz Kotzina wird Bundesminister für Bauten und Technik *(→ 25. Mai).*

8. Juni Habsburg-Debatte im Nationalrat. Die SPÖ sieht in der Ausstellung des Reisepasses für Otto Habsburg *(→ 2. November 1964)* durch das Innenministerium am 1. Juni den Beginn vermögensrechtlicher Ansprüche des Hauses Habsburg. Diese Ansicht wird von ÖVP und FPÖ nicht geteilt.

— Ball in den Räumen der Wiener Universität, es ist der erste seit ihrem Bestehen. Dieser Ball wird zur jährlich wiederkehrenden Einrichtung.

12. Juni Schwere Unwetter über ganz Österreich, besonders in Salzburg, Nieder- und Oberösterreich sowie in der Steiermark, sintflutartiger Regen und heftiger Hagelschlag. In Zell am See (Salzburg) sechs Tote.

15.–17. und 20.–24. Juni Harte Auseinandersetzungen im Nationalrat wegen der Budgetvorlage der Regierung. Das Budget wird mit 81 : 79 Stimmen am 24. Juni angenommen.

Ende Juni Die hochwasserführende Donau und ihre Nebenflüsse verursachen große Schäden, besonders in Nieder- und Oberösterreich sowie im Burgenland und in der Steiermark.

1. Juli Die Nationaldemokratische Partei (NDP) wird gegründet.

8. Juli Der Nationalrat beschließt nach heftigen Debatten und Tumulten die Rundfunkreform im Sinne des Volksbegehrens mit den Stimmen der ÖVP und FPÖ.

14. Juli Die Simmering-Graz-Pauker-AG stellt den niedrigsten Tiefladewaggon der Welt vor. Der sogenannte »Niederflurwaggon« ist lediglich 38 cm hoch und ermöglicht den Transport großer und hoher Fernlaster. Er wird im Laufe der Jahre nach mehreren Ländern exportiert.

17. Juli Der Nationalrat beschließt das Hochschulgesetz.

19. Juli Im Bundeskanzleramt wird das Familienpolitische Referat geschaffen.

29. Juli Die Bundesbahnen schaffen die Städteschnellverbindung (mit Triebwagenschnellzügen) Wien–Graz: zwei Stunden, 40 Minuten.

4.–14. August Skiweltmeisterschaften in Portillo

(Chile). Österreich: 1 Gold-, 1 Silber-, 2 Bronzemedaillen. Damen: Abfahrt: 1. Erika Schinegger; Riesenslalom: 2. Heidi Zimmermann; Kombination: 3. Heidi Zimmermann. Herren: Riesenslalom: 3. Karl Schranz.

11. August Die 15. österreichische Holzmesse wird in Klagenfurt eröffnet, dabei wird die größte Holzhalle Europas (96 m Spannweite) ihrer Bestimmung übergeben.

12. August Bombenanschlag auf der Brennerstrecke zwischen Brenner und Franzensfeste (Südtirol).

18./19. August Starke Regenfälle verursachen schwere Hochwasserschäden in ganz Österreich, besonders in Kärnten und Osttirol. Lienz wird vom Wasser eingeschlossen, der Verkehr zwischen Salzburg und Kärnten ist unterbrochen. 13 Tote. Am 22./23. August schweres Unwetter über der Steiermark und im Burgenland.

20. August Ein Sprengstoffanschlag auf das Wiener Stadtbüro der italienischen Fluggesellschaft Alitalia verursacht erheblichen Sachschaden auch in der Umgebung (Ringstraße bei der Oper).

27. August Nord- und Südtiroler Politiker erörtern im Innsbrucker Landhaus in Gegenwart des Bundeskanzlers Josef Klaus den Stand der österreichisch-italienischenen Südtirolverhandlungen.

1. September Die Südtiroler Volkspartei nimmt das sogenannte »Südtirolpaket« der italienischen Regierung an. Voraussetzung: die ausführliche Darlegung einiger Punkte.

— Beginn des nun obligaten neunten Schuljahres. Bisher gab es die Möglichkeit, ein neuntes Schuljahr zu absolvieren seit Herbst 1954, allerdings nicht an allen Schulen.

9. September Ein Bombenanschlag im Zollhaus am Steiner Joch (Südtirol) fordert zwei Tote und fünf Verletzte.

10.–16. September Staatsbesuch König Olafs V. von Norwegen in Österreich.

11. September Ein Molotowcocktail und (am 12. September) eine Handgranate werden gegen die österreichische Botschaft in Rom geworfen.

12. September Südtiroldebatte im italienischen Parlament.

— Der größte Bergkristall der Ostalpen wird nach tagelangen Bemühungen geborgen. Er ist 116 cm hoch, 70 cm an der dicksten Stelle breit und rund 800 kg schwer. Er wurde im Juli 1965 oberhalb des Ödenwinkelkees im Weißseegebiet (Salzburg) entdeckt (Haus der Natur, Salzburg).

13. September Das Ölgemälde »Der Blumengruß« von Ferdinand Georg Waldmüller erreicht bei einer Kunstauktion im Wiener Dorotheum 400 000 Schilling.

14./15. September Mehrere Terrorakte in Südtirol.

27. September Die niederösterreichische Landesregierung leitet die Bereinigung der Newag-Angelegenheiten ein. Es gab Vorwürfe des Rechnungshofes über die Geschäftsführung *(→ 1. März, 3. Oktober und 14. Dezember).*

3. Oktober Viktor Müllner, Generaldirektor der Newag, legt seine Funktion zurück *(→ 1. März, 27. September und 14. Dezember).*

10. Oktober Die Hochschule für Sozial- und Wirtschaftswissenschaften in Linz nimmt den Vorlesungsbetrieb auf.

14. Oktober Eduard Hartmann stirbt in Wien; geb. am 3. September 1904 in Laxenburg bei Wien; ÖVP-Politiker. 1949–1962 Abgeordneter zum Nationalrat, 1959–1964 Landwirtschaftsminister, seit 16. Juni 1965 Landeshauptmann von Niederösterreich, Landesobmann der ÖVP. Er war ein umsichtiger Agrarpolitiker, der den von ihm erstellten »Grünen Plan« durchsetzt.

20. Oktober Eine Amtsmißbrauchsaffäre in der Bauwirtschaft führt zu 21 Verhaftungen *(→ 28. Oktober).*

26. Oktober Der erste arbeitsfreie Nationalfeiertag *(→ 26. Oktober 1965).*

28. Oktober Der Straßenbauskandal weitet sich aus. Sektionschef im Bautenministerium, Alois Seidl, wird verhaftet *(→ 10. Februar und 20. Oktober).*

31. Oktober Erste Einreise Otto Habsburgs nach Österreich. Er fährt von Niederndorf bei Kufstein (Tirol) nach Innsbruck und verläßt nach wenigen Stunden bei Leutasch (Tirol) wieder Österreich *(→ 1. Juni).*

4./5. November Stürme, Schnee und Regen richten im Westen und Süden Österreichs große Verheerungen an. Besonders stark sind die Steiermark, Kärnten und Osttirol betroffen.

14.–21. November Staatsbesuch des sowjetischen Staatspräsidenten Nikolai Wiktorowitsch Podgorny, Vorsitzender des Obersten Sowjets, in Österreich. Er spricht sich unmißverständlich gegen die EWG-Bestrebungen Österreichs aus.

23. November Der Nationalrat debattiert ausgiebig den Bauskandal *(→ 10. Februar, 20./26. Oktober).*

13. Dezember Beginn der EWG-Verhandlungen über den Beitritt Österreichs in Brüssel.

14. Dezember Konzessionsbereitschaft der EWG-Staaten in der Frage des Osthandels Österreichs bei den Brüsseler Verhandlungen.

— Gegen Viktor Müllner wird wegen der Newag-Niogas-Affäre ein Haftbefehl erlassen. Müllner war Generaldirektor dieser Landesgesellschaften *(→ 1. März und 27. September; 29. Mai 1968).*

16. Dezember Der Nationalrat beschließt das ÖIG-Gesetz. ÖIG = Österreichische Industrieverwaltungs-Gesellschaft m. b. H. Es beinhaltet eine Neuordnung der verstaatlichten Industrie und regelt die Ausübung der Anteilsrechte des Bundes. Den Aufsichtsräten und Vorständen darf kein aktiver Politiker angehören.

22. Dezember Der Westautobahnabschnitt Wien-Auhof–Preßbaum (13,6 km) wird dem Verkehr übergeben.

23. Dezember Heimito von Doderer stirbt in Wien; geb. am 5. September 1896 in Weidlingau bei Wien; Schriftsteller, vorwiegend Romancier. Er publizierte 1945–1950 unter dem Pseudonym René Stangeler.

▶**1967, 1. Januar** Das neue Rundfunkgesetz *(→ 8. Juli 1966)* tritt in Kraft. Der Rundfunk hat damit volle Programm-, Personal- und Finanzautonomie. Gesellschafterversammlung der Österreichischen Rundfunk Gesellschaft am 20. Januar; der Aufsichtsrat hat 20 Mitglieder, sechs stellt der Bund und je eines jedes Bundeslandes, Kirche, Wissenschaft, Kunst, Volksbildung und Sport.

16.–25. Januar Staatsbesuch des Bundespräsidenten Franz Jonas in Thailand.

28. Januar Die letzte Nummer der Tageszeitung »Neues Österreich« erscheint. Sie war die erste österreichische Zeitung der Zweiten Republik *(→ 23. Mai 1945).*

1.–6. Februar Erste Skibobweltmeisterschaften in Bad Hofgastein (Salzburg). Damen: Gerhild Schiffkorn 1. in

Abfahrt, Riesenslalom und Kombination. Herren: Silvester Schauberger 1. im Riesenslalom (Österreich die Plätze 1 bis 4), Willi Brenter 1. in der Abfahrt (Österreich die Plätze 1 bis 6).

1. Februar Bruno Kreisky, wird neuer Vorsitzender der SPÖ.

3. Februar In Wien versehen erstmals 14 »Polizistinnen« (Politessen) Dienst an sieben Kreuzungen.

4. Februar Igo (Ignaz) Etrich stirbt in Salzburg; geb. am 25. Dezember 1879 in Oberaltstadt (Böhmen); Pionier des Flugzeugbaues. Er konstruierte 1907 das erste österreichische Motorflugzeug, 1910 einen Eindecker, genannt »Etrich-Taube«, und 1911 das erste österreichische Militärflugzeug *(→ 1909 und 1910).*

8. Februar Erwin Thaler und Reinhold Durnthaler werden Weltmeister im Zweierbob.

13.–17. Februar Staatsbesuch des jugoslawischen Staatspräsidenten Josip Brož Tito in Österreich.

23. Februar Sturmböen über Österreich erreichen zwischen 100 und 150 km/h; zahlreiche Verletzte, in Salzburg werden 60 Häuser abgedeckt.

27. Februar bis 5. März Eiskunstlauf-Weltmeisterschaften in Wien. 1. Emmerich Danzer (zum zweitenmal), 2. Wolfgang Schwarz.

2. März Hans Ledwinka stirbt in München; geb. am 14. Februar 1878 in Klosterneuburg (Niederösterreich); Techniker und Autokonstrukteur. Er konstruierte das 1899 in der Nesselsdorfer Waggonfabrik (später Tatra-Werke, Nesselsdorf in Mähren) erbaute österreichische Automobil mit dem Namen »Präsident« (wassergekühlter Zweizylinder-Boxermotor mit 9 PS). Er führte im Autobau das verwindungsfreie Fahrgestell mit Zentralrohrträger, die Einzelradaufhängung und die Schwingachsen ein.

4. März Das sogenannte »Südtirolpaket« zwischen Österreich und Italien ist ausgehandelt.

9. März Gerd Bacher wird Generalintendant des Österreichischen Rundfunks.

12. März Reinhold Bachler markiert in Vikersund (Norwegen) mit 154 m neuen Weltrekord im Skifliegen.

14.–21. März Staatsbesuch des Bundeskanzlers Josef Klaus in der UdSSR. Festigung der bilateralen Beziehungen, obwohl Staatspräsident Kossygin am 20. März auf der Ablehnung der österreichischen EWG-Bestrebungen beharrt.

20. März Ludwig von Ficker stirbt in Innsbruck; geb. am 13. April 1880 in München; Schriftsteller und katholischer Kulturpolitiker. Er gründete 1910 in Innsbruck die katholische Kulturzeitschrift »Der Brenner«.

29. März Die Klage des ÖGB gegen die Herausgeber der »Kronen Zeitung« wird abgelehnt, da die zur Verfügungstellung eines Betrages (angeblich 10 Millionen Schilling) zur Sicherung eines Darlehens für den Aufbau der Zeitung nicht genügt, Ansprüche zu erheben.

4. April Außenminister Lujo Tončić-Sorinj hält vor der Liga für die Vereinten Nationen in New York einen Vortrag über »Die immerwährende Neutralität und die Mitgliedschaft Österreichs bei den Vereinten Nationen«.

8.–16. Mai Staatsbesuch des Bundespräsidenten Franz Jonas in Kanada. Zum erstenmal ist ein österreichisches Staatsoberhaupt auf dem amerikanischen Kontinent. Franz Jonas besucht am »Österreichtag« die EXPO 67 in Montreal.

8. Mai Veto Italiens an die EWG gegen die Assoziierung Österreichs.

19. Mai Eröffnung der Ausstellung »Gotik in Österreich« in der ehemaligen Minoritenkirche in Krems an der Donau (Niederösterreich). Die besonders wertvollen Exponate enthaltende Ausstellung ist bis 25. Oktober geöffnet.

25.–27. Mai Staatsbesuch des belgischen Premierministers Paul van den Boeynants in Österreich.

28. Mai Eine Städteschnellverbindung der Österreichischen Bundesbahnen verkürzt die Strecke Wien–Bregenz auf neun Stunden.

29. Mai Georg Wilhelm Pabst stirbt in Wien; geb. am 27. August 1885 in Raudnitz an der Elbe (Böhmen); Schauspieler und Filmregisseur. Am berühmtesten seine frühen Filme: 1925 »Die freudlose Gasse«, 1930 »Westfront 1918« und 1931 »Die Dreigroschenoper«.

5. Juni Konstituierung des »Familienpolitischen Beirates« im Bundeskanzleramt.

— Der EWG-Ministerrat befaßt sich mit den Verhandlungen über ein Arrangement Österreichs mit der EWG.

— Eine Gebührenerhöhung des Österreichischen Rundfunks (ORF) beendet die seit 17 Jahren herrschende Finanzkrise des Unternehmens.

11. Juni Eröffnung der Ausstellung »Salzburgs alte Schatzkammer« in den Oratorien des Salzburger Domes.

24. Juni Die Eröffnung der Felbertauernstraße bringt eine wintersichere Verbindung zwischen Salzburg und Osttirol (Mittersill und Matrei). Die Straße ist 5 km lang und führt durch den 1 650 m langen Felbertauerntunnel. Bauzeit: fünf Jahre, Gesamtkosten: 780 Millionen Schilling.

25. Juni Eine Tretminenexplosion auf dem Vallonapaß (Porzescharte) im Gebiet des Sextentales in Südtirol fordert vier Todesopfer *(→ 2. Juli).*

30. Juni In Österreich sind 1 461 031 Kraftfahrzeuge gemeldet, darunter 934 000 Pkw.

2. Juli Ein österreichischer Grenzposten wird auf der Porzescharte *(→ 25. Juni)* mit einem Maschinengewehr beschossen.

5. Juli Otto Habsburg ist das erstemal nach dem Zweiten Weltkrieg in Wien.

7. Juli Eröffnung des Hauptquartiers der United Nations Industrial Development Organization (UNIDO) in Wien.

11. Juli Terroranschläge an der österreichisch-italienischen Grenze veranlassen den Ministerrat, das Bundesheer im Grenzgebiet einzusetzen und strenge Kontrollen durchführen zu lassen.

15.–19. Juli Otto Habsburg bereist Osttirol, was eine ablehnende Erklärung des Bundeskanzlers und aller Parteizentralen auslöst.

31. Juli Richard Kuhn stirbt in Wien; geb. am 3. Dezember 1900 in Wien; Bahnbrecher der Biochemie. Universitätsprofessor in Zürich 1926 und Heidelberg 1929, ab 1937 Direktor des Kaiser-Wilhelm-Instituts (seit 1948 Max-Planck-Institut). Er erhielt 1938 für seine Forschungen über die Vitamine und Carotinoide den Nobelpreis für Chemie, der erst 1948 überreicht werden konnte.

1. September Liese Prokop erringt auf der Universiade (der Studenten-Weltmeisterschaft) in Tokio die Goldmedaille im Fünfkampf.

3. September Einstellung der sozialistischen Zeitung »Welt am Montag«, dafür erscheint »Die neue Zeitung« als Sprachrohr der Wiener SPÖ.

7./8. September Wolkenbruchartige Niederschläge in Kärnten führen zu starken Verkehrsbehinderungen auf den Straßen und bei den Bundesbahnen durch Hochwasser und Vermurungen.

13.–16. September Staatsbesuch des französischen Premierministers Georges Pompidou in Österreich.

23. September Einen Tag vor Beginn des ÖGB-Bundeskongresses erklärt der Präsident des ÖGB, Anton Benya, in einer Aussendung der sozialistischen Korrespondenz, daß das Nahziel der Gewerkschaften, die Einführung der 40-Stunden-Arbeitswoche ist. Die Industrie reagiert auf diese Vorschläge ablehnend.

24. September Eröffnung der neuen Brücke über die Donau bei Grein (Oberösterreich), es ist die erste Donaubrücke aus Spannbeton.

4./5. Oktober Rededuell zwischen Außenminister Lujo Tončić-Sorinj und dem italienischen Minister Attilio Piccioni vor der Generalversammlung der Vereinten Nationen in New York.

8. Oktober Gemeinderatswahlen in den Städten Salzburg und Klagenfurt. Gewinne der SPÖ. Salzburg: SPÖ 19 (16), ÖVP 13 (14), FPÖ 8 (9), KPÖ 0 (1) Mandate. Klagenfurt: SPÖ 20 (17), ÖVP 12 (13), FPÖ 4 (5), KPÖ 0 (1) Mandate.

10. Oktober Verhaftung mehrerer Südtirolterroristen in Tirol.

22. Oktober Landtagswahl in Oberösterreich. Die ÖVP verliert zum erstenmal die absolute und die relative Mehrheit. Mandate: ÖVP 23 (25), SPÖ 23 (19), FPÖ 2 (4). Wahlbeteiligung 92,3%.

24. Oktober Studentendemonstrationen in Wien für eine Erhöhung des Kulturbudgets, durch starke Beteiligung wird zeitweilig der Verkehr lahmgelegt.

25. Oktober Das Forschungsförderungsgesetz wird von ÖVP und SPÖ gemeinsam beschlossen.

1. November Ein Grubenunglück in St. Stefan im Lavanttal (Kärnten) fordert fünf Tote. Der Sachschaden beträgt 60 Millionen Schilling, der Bergbaubetrieb wird eingestellt.

17. November Wiedereröffnung des umgebauten Tiroler Landestheaters in Innsbruck.

20.–24. November Gesamteuropäische UNESCO-Konferenz der Unterrichtsminister in Wien.

1. Dezember Abschluß der ersten Personalvertretungswahlen im öffentlichen Dienst. ÖAAB-Fraktion 59,4% und 172 Mandate, Sozialistische Gewerkschafter 32,7% und 80 Mandate, andere Listen 7,9% und 19 Mandate.

19. Dezember Unterzeichnung des Abkommens zwischen Österreich und der BRD über den Betrieb des Flughafens Salzburg-Maxglan auf bundesdeutschem Hoheitsgebiet (Einflugschneise).

1968, 4. Januar Deutschsprachige Erstaufführung des Musicals »Der Mann von La Mancha« (nach Cervantes) von Dale Wassermann und M. Leigh im Theater an der Wien.

12. Januar Finanzminister Wolfgang Schmitz entwirft die Verträge mit 16 internationalen Banken über einen 110-Millionen-Dollar-Kredit (= 2,86 Milliarden Schilling). Der auf fünf Jahre laufende Kredit soll als Konjunkturbelebung Aufträge der öffentlichen Hand finanzieren.

— Schneesturm über Österreich mit Spitzen von 100 km/h (in Innsbruck). Der Kältepol liegt mit minus 26 Grad in St. Michael bei Völkermarkt (Kärnten). Starke Verkehrsbehinderungen.

17. Januar Julius Deutsch stirbt in Wien; geb. am 2. Februar 1884 in Lackenbach (Burgenland), sozialdemokratischer Politiker. 1919–1920 Staatssekretär und 1920–1932 Parlamentskommissär für Heerwesen. Er stellte 1923 den Republikanischen Schutzbund auf und war bis 1934 sein Obmann. Nach den Februarunruhen des Jahres 1934 floh er nach Brünn, wo er mit Otto Bauer das Auslandsbüro der österreichischen Sozialdemokraten gründete. Im Spanischen Bürgerkrieg (1936 bis 1939) war er General der republikanischen Truppen. 1951 trat er wegen Meinungsverschiedenheiten als Leiter der sozialistischen Verlagsunternehmungen zurück.

19. Januar Umbildung der Regierung Josef Klaus – Kabinett Klaus III. Die Veränderungen: Vizekanzler: Hermann Withalm; Außenminister Botschafter Kurt Waldheim, Innenminister Franz Soronics, Handelsminister Otto Mitterer, Finanzminister Stephan Koren; Staatssekretäre: im Bundeskanzleramt Karl Pisa, im Innenministerium Roland Minkowitsch, im Sozialministerium Johann Bürkle *(→ 19. April 1966)*.

23. Januar Regierungserklärung des Bundeskanzlers Josef Klaus: Ankündigung von Sparmaßnahmen.

26. Januar Grundsatzbeschluß des Wiener Gemeinderates über den Bau der U-Bahn.

27. Januar Beharrungsbeschluß im Nationalrat (gegen den Einspruch des Bundesrates): Die hartumkämpften Abgabenänderungs- und Budgetnebengesetze treten in Kraft.

2. Februar Finanzminister Stephan Koren legt dem Bundesparteirat der ÖVP sein Wirtschaftskonzept vor, den sogenannten »Koren-Plan« *(→ 26. April)*.

6.–18. Februar X. Olympische Winterspiele in Grenoble (Frankreich). Österreich: 3 Gold-, 4 Silber- und 4 Bronzemedaillen. Damen: Abfahrt: 1. Olga Pall, 3. Christl Haas. Herren: Slalom: 2. Herbert Huber, 3. Alfred Matt; Riesenslalom: 3. Heini Messner; Skispringen: 2. Reinhold Bachler, 3. Baldur Preiml; Eiskunstlauf: 1. Wolfgang Schwarz; Rodeleinsitzer: 1. Manfred Schmid; Rodelzweisitzer: 2. Manfred Schmid/Ewald Walch; Viererbob: 2. Österreich I mit Erwin Thaler, Herbert Gruber, Josef Eder und Reinhold Durnthaler.

7. Februar Der Nationalrat beschließt die Abschaffung der Standgerichtsbarkeit.

22. Februar Zwischen Österreich und der UdSSR wird ein Kulturabkommen unterzeichnet.

25. Februar Der einmillionste Fernsehteilnehmer ist angemeldet.

29. Februar bis 13. März Erfolgreiche Gastspielreise des Burgtheaterensembles durch Israel. Vom 19. März bis 20. April in den USA, vom 24. bis 30. April in Japan und vom 8. bis 14. Mai in Belgien und Luxemburg.

1. März Emmerich Danzer wird Weltmeister im Eiskunstlauf (zum drittenmal).

7. März Ein Eisenbahnunglück bei Marchtrenk (Oberösterreich) fordert vier Tote und elf Verletzte. Durch einen Schaden an einem Drehgestell des Schlafwagens entgleisten drei Waggons des D-Zuges »Wiener Walzer«.

24. März Landtagswahl im Burgenland, die SPÖ erringt die absolute Mehrheit.

— Die Gemeinderatswahl in Graz bringt der SPÖ ebenfalls einen Zuwachs. Mandate: SPÖ 26 (23), ÖVP 15 (17), FPÖ 6 (7), KLS 1 (1).

25. März Beginn des Berufungsverfahrens zum zweiten Südtirolprozeß in Mailand. Der Prozeß endet am 12. Juni mit noch härteren Urteilen.

— Beginn des Geschwornenprozesses gegen Norbert Burger und Peter Kienesberger in Wien. Beide sind wiederholt für die Terrorakte in Südtirol eingetreten. Am 27. März wird Burger zu acht Monaten Kerker, Kienesberger zu vier Monaten verurteilt.

2. April Der Ministerrat genehmigt die von Finanzminister Stephan Koren vorgeschlagenen Maßnahmen zur Verringerung der voraussichtlichen Budgetlücke 1969, damit auch die 10%ige Politikersteuer *(→ 2. Februar, 14. Mai, 19. und 27. Juni).*

26. April Der sogenannte »Koren-Plan« *(→ 2. Februar)* wird in einer außerordentlichen Ministerratssitzung als wirtschaftspolitisches Konzept der Bundesregierung beschlossen.

1. Mai Rund 300 Linksextremisten stören die sozialistische Maifeier auf dem Wiener Rathausplatz. Zwölf Polizeibeamte und mehrere Demonstranten werden verletzt.

14. Mai Der Ministerrat genehmigt die Steuergesetze zur Schließung der 1969 zu erwartenden Lücke im Staatshaushalt.

20.–25. Mai Staatsbesuch von Bundespräsident Franz Jonas in der UdSSR, am 24. wird ein Abkommen über wirtschaftliche und wissenschaftliche Zusammenarbeit unterzeichnet.

29. Mai In Wien beginnt der Prozeß gegen den ehemaligen Generaldirektor der Newag, Viktor Müllner. Eine 75seitige Anklageschrift wirft ihm Mißbrauch der Amtsgewalt und Untreue vor, 47 Millionen Schilling Schaden Das am 12. Juli verkündete Urteil lautet: vier Jahre Kerker und Zahlung von je 10 Millionen Schilling an das Land Niederösterreich und an die Newag *(→ 14. Dezember 1966).*

19. Juni Die SPÖ stimmt dem ÖVP-Vorschlag, eine 10%ige Politikersteuer einzuheben, zu *(→ 2. April und 4. Juli).*

27. Juni Längste Nationalratsdebatte seit Bestehen der Zweiten Republik über einen Tagesordnungspunkt: 14 Stunden und acht Minuten wird über die Steuergesetze zur Verminderung des Budgetdefizits 1969 debattiert. Die Gesetze werden mit 85 ÖVP-Stimmen gegen 77 Stimmen der Opposition angenommen.

31. Juni Schülerdemonstration in Wien wegen der notwendig gewordenen Kürzungen der Stundenanzahl in den Lehrplänen der höheren Schulen.

4. Juli Der Nationalrat beschließt die Einhebung der 10%igen Politikersteuer *(→ 2. April und 4. Juli)* mit den Stimmen der ÖVP und der SPÖ.

Mitte Juli Schwere Gewitter in ganz Österreich verursachen rund 50 Millionen Schilling Sachschaden.

19. Juli Franz Olah wird wegen Untreue gegenüber dem ÖGB angeklagt. Der Schaden wird mit 7 Millionen Schilling angegeben, die Veruntreuung mit 1,5 Millionen Schilling, außerdem wird ihm falsche Zeugenaussage vorgeworfen *(→ 30. Januar 1969).*

— Franz Gschnitzer stirbt in Innsbruck; geb. am 19. Mai 1899 in Wien; ÖVP-Politiker, Schriftsteller und Universitätsprofessor in Innsbruck. Seit 1945 Abgeordneter zum Nationalrat. 1956–1961 Staatssekretär im Außenministerium, Südtirolexperte.

31. Juli Die beiden Aktionskünstler Otto Mühl und Günther Brus werden wegen Herabwürdigung österreichischer Symbole und der Verletzung öffentlicher Sittlichkeit verurteilt, der ebenfalls angeklagte Oswald Wiener wird freigesprochen. Auslösend für das Verfahren war eine Veranstaltung im Neuen Institutsgebäude der Wiener Universität am 7. Juni unter dem Titel »Kunst und Revolution«, bei der Brus, der sich schuldig bekannte, sich u. a. nackt auszog und auf dem Podium seine Notdurft verrichtete. Diese Aktion wurde als »Kunst der Menschendarstellung« bezeichnet.

5. August Erster Spatenstich in Würmlach (Kärnten) durch Bundeskanzler Josef Klaus für die Adria-Wien-Pipeline. Länge: 418 km.

21. August Invasion sowjetischer Truppen in der ČSSR, die Bevölkerung leistet passiven Widerstand. Österreich erklärt, zwar neutral zu sein, aber nicht gleichgültig und betont seine Verpflichtung hinsichtlich des Asylrechts. Die Berichterstattung des ORF über die Ereignisse in Prag wird weltweit beachtet.

23. August Eröffnung der ersten Veranstaltungsreihe »steirischer herbst« in Graz.

1. September Russisches Erdgas erstmals in Österreich. Der Vertrag über die Abnahme wurde auf 23 Jahre abgeschlossen.

2.–9. September Internationaler Philosophenkongreß in Wien. 3 000 Teilnehmer aus 65 Ländern.

6. September Anny Konetzni (verehelichte Wiedmann) stirbt in Wien; geb. am 12. Februar 1902 in Weißkirchen (Slowenien); Kammersängerin, seit 1934 Mitglied der Wiener Staatsoper, Sopranistin. Sie wurde besonders durch ihre Leistungen in den Opern Richard Wagners bekannt.

22. September Eine partielle Sonnenfinsternis ist in Österreich sichtbar.

30. September bis 5. Oktober Staatsbesuch des Bundespräsidenten Franz Jonas in Jugoslawien.

2. Oktober Öffnung der Grabstätte der Babenberger im Stift Melk (Niederösterreich). Statt der elf – wie angenommen – enthält sie 15 Skelette. Diese werden vom 9. Oktober bis 19. Dezember im Wiener Naturhistorischen Museum anthropologisch untersucht und identifiziert.

— Der ehemalige Abgeordnete zum Nationalrat, Fritz Polcar (ÖVP), wird wegen Betruges und fahrlässiger Krida zu einem Jahr Kerker verurteilt.

7. Oktober Unterzeichnung des Vertrages zwischen Österreich und dem Hl. Stuhl über die Errichtung der Diözese Feldkirch (Vorarlberg). Papst Paul VI. errichtet die Diözese mit Bulle vom 8. Dezember *(→ 14. Dezember).*

9. Oktober Der Prozeß gegen den Schützenmajor Georg Klotz und sechs weiteren Personen wegen zweier Sprengstoffanschläge in Südtirol beginnt. Das Urteil ergeht am 14. Oktober: 2–15 Monate Kerker.

10. Oktober Die Gespräche der Außenminister Österreichs und Italiens in New York zeitigen positive Aspekte in der Frage des Südtirolproblems.

11. Oktober Eröffnung des neuen Gebäudes der »Höheren graphischen Bundeslehr- und Versuchsanstalt« in Wien 14, die modernste Schule dieser Art (1888 gegründet).

12.–27. Oktober XIX. Olympische Sommerspiele in Mexiko. Österreich: 2 Silber- und 2 Bronzemedaillen. Damen: Fünfkampf: 2. Liese Prokop; Speerwerfen: 3. Eva Janko. Herren: Segeln, Finnklasse: 2. Hubert Raudaschl; Kajakzweier: 3. Günther Pfaff und Gerhard Seibold.

17. Oktober Die Inaugurationsfeier des Rektors der Wiener Universität wird durch Studententumulte gestört.

23. Oktober Stürmischer Start der Budgetberatungen im Nationalrat. ÖVP und SPÖ stimmen für die Einschränkung der Bannmeile, die ein Demonstrationsverbot an Sitzungstagen des Parlaments bestimmt, von 35 km auf einen Radius von 300 m.

26. Oktober Rudolf Forster stirbt in München; geb. am 30. Oktober 1884 in Gröbming (Steiermark); Schauspieler an den Reinhardt-Bühnen in Wien und Berlin und im Film.

27. Oktober Lise Meitner stirbt in Cambridge (England); geb. am 17. November 1878 in Wien, Physikerin. Die Ludwig Boltzmann-Schülerin beschäftigte sich vor allem mit Atomphysik. Als Mitarbeiterin des Max Planck-Institutes in Berlin entdeckte sie gemeinsam mit Otto Hahn mehrere radioaktive Isotope. Auch für die Atomspaltung schuf sie entscheidende physikalische Forschungsarbeiten. 1938 mußte sie Deutschland verlassen, sie emigrierte über die Niederlande und Dänemark nach Schweden.

Ende Oktober Beendigung der archäologischen Grabungen des Bundesdenkmalamtes in Hauskirchen (Niederösterreich). Sie ergaben die Entdeckung eines Gräberfeldes aus dem 6. Jh. n. Chr. 13 Gräber mit besonders reichen Beigaben, vor allem Tongefäßen und Bronzegeräten, wurden freigelegt.

5./6. November 17stündige Nonstopsendung des ORF über die US-Präsidentenwahl (Richard Nixon wird der 37. Präsident der USA). Diese Sendung findet internationale Anerkennung und ist in Umfang und Durchführung ohne Konkurrenz. Die Zeitschrift »HÖR ZU« schrieb: »ARD und ZDF verschliefen weltbedeutende Ereignisse, 2 : 0 für Österreich.« (Mit 1 : 0 ist die ČSSR-Informationssendung vom 21. August gemeint.)

12. November Festsitzung von National- und Bundesrat im Parlament anläßlich 50 Jahre Republik Österreich.

13. November Der Nationalrat beschließt, das Wahlalter zu senken. Mit 19 Jahren aktives und mit 25 passives Wahlrecht.

14. November Der Pressechef des Innenministeriums, Alois Euler, steht unter Spionageverdacht *(→ 11. Dezember).*

16. November Eröffnung der Ausstellung »Die Streitkräfte der Republik Österreich 1918–1968« im Heeresgeschichtlichen Museum in Wien.

21./22. November Tagung der EFTA-Minister in Wien, den Vorsitz führt Handelsminister Otto Mitterer.

21. November Inbetriebnahme einer neuen LD-Tiegelanlage mit Stranggußanlage bei den VOEST in Linz. 124 Hüttenbetriebe in aller Welt arbeiten bereits nach dem österreichischen LD-Verfahren.

28. November Gründung der Sigmund-Freud-Gesellschaft in Wien.

3. Dezember Der Prozeß gegen die Attentäter von der Porzescharte *(→ 25. Juni 1967)*, Erhard Hartung, Peter Kienesberger und Egon Kufner, beginnt in Wien. Das Urteil ergeht am 23. Dezember: Peter Kienesberger acht Jahre, die anderen je ein Jahr Kerker.

11. Dezember Der Nationalrat beschließt die Verlängerung der Marktordnungsgesetze und die Einsetzung eines Parlamentsausschusses zur Untersuchung der Spionageaffäre Alois Euler *(→ 14. November; 19. Mai 1969).*

14. Dezember Diözesanproklamation in Feldkirch – Vorarlberg ist nun eine eigene Diözese *(→ 7. Oktober).* Bis 1814 hatte das Land kirchlich zu außerösterreichischen Verwaltungen gehört – Chur, Augsburg, Konstanz –, dann zur Diözese Brixen, mit der Einsetzung eines Generalvikars verbunden, später Apostolische Administratur (bzw. Diözese) Innsbruck-Feldkirch. Am 15. Dezember findet die feierliche Inthronisation des Generalvikars Weihbischof Bruno Wechner als erster Diözesanbischof von Vorarlberg statt.

20. Dezember Max Brod stirbt in Tel Aviv; geb. am 27. Mai 1884 in Prag; Schriftsteller und Kulturphilosoph. Er war Franz Kafkas Freund und gab dessen Nachlaß heraus.

31. Dezember Bischof Josef Schoiswohl, der Diözesanbischof von Graz-Seckau, tritt aus gesundheitlichen Gründen von seinem Amt zurück *(→ 23. Juni 1969).*

►1969, 1. Januar Die 10%ige Sonderabgabe von Lohn- und Einkommensteuer tritt in Kraft.

— Das erste Farbfernsehprogramm des ORF wird ausgestrahlt.

5. Januar Franz Theodor Csokor stirbt in Wien; geb. am 6. September 1885 in Wien; Schriftsteller, bedeutender Vertreter des expressionistischen Dramas in Österreich. Seit 1947 Präsident des Österreichischen PEN-Clubs.

15. Januar Das Volksbegehren gegen das 9. Schuljahr an den höheren Schulen wird im Innenministerium eingebracht *(→ 12. Mai).*

20. Januar Demonstrationen anläßlich des privaten Aufenthaltes des Schahs von Persien und der Inauguration des neuen US-Präsidenten Richard Nixon führen in der Wiener Innenstadt zu umfangreichen Verkehrsbehinderungen. Das Gefallenendenkmal in der Aula der Universität wird beschädigt. Drei Polizeibeamte werden verletzt.

22. Januar Die SPÖ beschließt, ein Volksbegehren zur Einführung der 40-Stunden-Arbeitswoche durchzuführen. Es wird am 20. Februar im Innenministerium eingebracht *(→ 4. Mai).*

30. Januar Beginn des Prozesses gegen den ehemaligen Innenminister Franz Olah *(→ 19. Juli 1968).* Mitangeklagt sind der Wiener Gemeinderat Josef Las und mehrere Gewerkschaftsfunktionäre. Im wesentlichen Teil der Anklage wegen Untreue gegenüber dem ÖGB, der die Transaktionen Franz Olahs zur Gründung und Finanzierung der Tageszeitung »Kronen Zeitung« betrifft, erfolgt am 28. März ein Freispruch, das Gesamturteil lautet: ein Jahr schwerer Kerker für Franz Olah, vier Monate schwerer Kerker für Gemeinderat Las.

1. Februar Josef Feistmantl wird Weltmeister im Rodeln. Er gibt seine Goldmedaille den Polen für den am selben Tag tödlich verunglückten Stanislaw Paczka.

— Eröffnung der neuerbauten Kinderklinik in Graz. Kosten: 118 Millionen Schilling.

2. Februar Der Herrenslalom des Arlberg-Kandaharrennens endet mit einem noch nie dagewesenen Mannschaftserfolg einer Nation: zehn Österreicher unter den ersten zwölf (Matt, Tritscher, Huber, Schranz 1. bis 4.), in der Kombinationswertung belegen Österreicher die Plätze 1 bis 7 (Schranz, Matt, Messner, Tritscher, Sailer, Huber, Zwilling) sowie 9 und 10.

14. Februar bis 6. März Besonders erfolgreiche Gastspielreise der Wiener Philharmoniker in Japan.

18. März Der Skiweltcup endet mit dem 1. Platz Österreichs in der Mannschaftswertung, Weltcupsieger: Gertrud Gabl und Karl Schranz.

22. März Gerhard Fritsch stirbt in Wien (Selbstmord); geb. am 28. März 1924 in Wien; Schriftsteller und Lyriker.

— Eröffnung der Ausstellung »Kaiser Maximilian I.« in Innsbruck. Diese besonders reichhaltige Schau ist bis Oktober geöffnet.

23. März Landtagswahl in Salzburg. Die FPÖ gewinnt zwei Mandate, die ÖVP verliert zwei Mandate (ÖVP 13, SPÖ 13, FPÖ 6), die SPÖ bleibt trotz Stimmengewinn mandatsgleich.

27.–29. März Staatsbesuch des Bundeskanzlers der Bundesrepublik Deutschland, Kurt Georg Kiesinger, in Österreich

14.–16. April Staatsbesuch des bulgarischen Ministerpräsidenten Todor Schiwkow in Österreich.

27. April Gemeinderatswahl in Wien. Die erstmals kandidierende DFP des ehemaligen Innenministers Franz Olah erreicht drei Mandate *(→ 13. Juni).* SPÖ 63 (60), ÖVP 30 (35), FPÖ 4 (3) Mandate.

4. Mai Beginn der Durchführung des von der SPÖ beantragten *(→ 22. Januar)* Volksbegehrens zur Einführung der 40-Stunden-Arbeitswoche. Es ist am 11. Mai mit 890 037 Unterschriften abgeschlossen *(→ 24. September).*

5.–10. Mai Staatsbesuch der Königin Elizabeth II. von England in Österreich.

12. Mai Beginn der Durchführung des Volksbegehrens gegen das 9. Schuljahr an den höheren Schulen *(→ 15. Januar).* Es ist am 19. Mai mit 339 407 Unterschriften abgeschlossen.

13. Mai Karl Gruber, Staatssekretär im Bundeskanzleramt, legt sein Amt zurück.

— Bauern aus Niederösterreich und dem Burgenland demonstrieren mit 700 Traktoren (fast 4 km lang) in Wien für eine steuerliche Entlastung des Weinbaues.

14. Mai Lujo Tončić-Sorinj, ehemaliger Außenminister, wird in Straßburg zum Generalsekretär des Europarates gewählt.

19.–21. Mai Staatsbesuch des Bundespräsidenten Franz Jonas in der Schweiz.

19. Mai Beginn des Spionageprozesses gegen den ehemaligen Pressereferenten im Innenministerium, Alois Euler *(→ 14. November, 11. Dezember 1968).* Das Urteil ergeht am 23. Mai: drei Jahre schwerer Kerker wegen Amtsmißbrauchs.

27.–31. Mai Staatsbesuch des ungarischen Ministerpräsidenten Jenö Fock in Österreich.

29. Mai Unterrichtsminister Theodor Piffl-Perčević scheidet wegen der gescheiterten Schulgesetze aus eigenem Entschluß aus seinem Amt *(→ 2. Juni).*

— Staatssekretär Karl Pisa legt seine Funktion nieder und wird stellvertretender Generalsekretär der ÖVP *(→ 2. Juni).*

2. Juni Alois Mock wird Unterrichtsminister, Heinrich Neisser Staatssekretär im Bundeskanzleramt.

2.–8. Juni Offizieller Besuch der sowjetischen Kulturministerin Jekaterina Furzewa in Österreich. Am 6. Juni wird ein österreichisch-russisches Kulturabkommen unterzeichnet.

13. Juni Franz Olah, der Fraktionsführer der DFP *(→ 27. April)* im Wiener Gemeinderat, wird von der Rathauswache aus der Gemeinderatssitzung entfernt. Man beruft sich auf die Stadtverfassung, nach der ein Gemeinderatsmitglied, gegen das wegen eines nichtpolitischen Vergehens ein Verfahren eingeleitet ist, sein Mandat nicht ausüben darf *(→ 18. Juli und 17. Dezember).*

14. Juni Inkrafttreten des am 14. Mai veröffentlichten Bundesgesetzes, das die Bildung eines Wirtschaftskörpers »Österreichische Bundesbahnen« bestimmt. Damit sind die Hoheitsrechte von den Agenden des Wirtschaftskörpers getrennt.

20. Juni SPÖ-Bundesparteiobmann Bruno Kreisky bietet der ÖVP zum zweitenmal ein Abkommen zur Führung eines fairen Wahlkampfes für die nächste Nationalratswahl an.

23. Juni Johann Weber, der am 11. Juni ernannte Diözesanbischof von Graz-Seckau, tritt sein Amt an *(→ 31. Dezember 1968).*

— Der Sozialausschuß des Nationalrates beginnt die Beratungen über die Einführung der 40-Stunden-Arbeitswoche *(→ 4. Mai).*

30. Juni Andreas Rohracher, der Erzbischof von Salzburg, tritt von seinem Amt zurück, er ist 77 Jahre alt. Eduard Macheiner wird sein Nachfolger *(→ 16. Juli 1972).*

2. Juli Tirol beansprucht die seit fünf Jahrhunderten zur Erzdiözese Salzburg gehörenden 60 Pfarreien auf Tiroler Boden.

7. Juli Der Unterrichtsausschuß des Nationalrates beschließt einstimmig die Aussetzung des 9. Schuljahres an den höheren Schulen auf drei Jahre *(→ 12. Mai und 29. Mai).*

18. Juli Franz Olah reicht beim Verfassungsgerichtshof eine Beschwerde wegen seiner gewaltsamen Entfernung aus der Gemeinderatssitzung vom 13. Juni ein *(→ 17. Dezember).*

25. Juli Einigung zwischen Österreich und Italien über den genauen Ablauf des sogenannten »Operationskalenders« zur Neuregelung der Südtiroler Autonomie.

26. Juli Erstes Autorennen auf dem neuerbauten Österreichring bei Zeltweg (Steiermark). Die Bauzeit betrug 14 Monate, die Rennstrecke ist 5 911,53 m lang.

— Unwetterkatastrophe im Sellraintal (Tirol), besonders in Inzing, drei Tote sind zu beklagen.

1. Augusthälfte Ein österreichisches Archäologenteam findet bei den nun schon traditionellen Ausgrabungen in Ephesos (Türkei) einen Schatz von 1 200 Münzen aus der Spätantike.

26. August Ein Attentat mit einer Benzinflasche in der kanadischen Botschaft in Wien löst eine Brandkatastrophe aus. Zwei Tote und ein Sachschaden in der Höhe von 16 Millionen Schilling.

8. September Ferdinand Graf stirbt in Wien; geb. am 15. Juni 1907 in Klagenfurt; ÖVP-Politiker. 1933 Direktor des Kärntner Bauernbundes, 1938–1940 im KZ, 1945 Direktor des Österreichischen Bauernbundes, 1945–1956 Staatssekretär im Innenministerium, 1956–1961 der erste Verteidigungsminister der Zweiten Republik. Er baute als Staatssekretär die sogenannte

»B-Gendarmerie«, den Kader für das spätere Bundesheer, auf.
— Unwetter mit Blitz- und Hagelschlag in der Steiermark. Besonders betroffen ist das Gebiet von Oberwölz, 2 Millionen Schilling Sachschaden.
10. September Der Generalrat der Oesterreichischen Nationalbank erhöht die Bankrate um 1% auf 4,75%.
11.–17. September Staatsbesuch des Bundespräsidenten Franz Jonas in Rumänien.
13. September Rudolf Sallinger wird abermals zum Präsidenten des Österreichischen Wirtschaftsbundes (ÖVP) gewählt.
21./22. September Die Arbeiterkammerwahl in ganz Österreich bringt dem ÖAAB (ÖVP) und der FPÖ die meisten Stimmengewinne. Mandate: Sozialistische Gewerkschafter 560 (+5), ÖAAB 196 (+16), FPÖ 39 (+12), Gewerkschaftliche Einheit 11 (—26), Parteifreie 4 (—7).
24. September Das Verhandlungskomitee der Sozialpartner einigt sich auf die etappenweise Einführung der 40-Stunden-Arbeitswoche: Ab 1. Januar 1970 43 und ab 1. Januar 1975 40 Arbeitsstunden pro Woche.
25. September Einweihung des Leopold-Figl-Observatoriums auf dem Schöpfl (Niederösterreich), es wird der Wiener Universität zur Betreuung übergeben.
2.–4. Oktober SPÖ-Bundesparteitag in Eisenstadt. Am 2. Oktober Grundsatzerklärung gegen Diktatur und jede Gemeinsamkeit mit den Kommunisten, die sogenannte »Eisenstädter Erklärung«.
4./5. Oktober Liese Prokop stellt mit 5 352 Punkten im Südstadtstadion (Niederösterreich) einen neuen Weltrekord im Leichtathletik-Fünfkampf auf.
12. Oktober Eröffnung der neuen Grenzbrücke bei Radkersburg (Steiermark) durch den Bundespräsidenten Franz Jonas und den jugoslawischen Staatspräsidenten Josip Brož Tito.
13. Oktober Ernst Fischer, der prominenteste KPÖ-Abgeordnete Österreichs, wird wegen seiner Haltung in der ČSSR-Frage aus der Kommunistischen Partei ausgeschlossen.
14. Oktober Streik fast aller Mittelschullehrer Österreichs wegen höherer Besoldung.
— Der Ministerrat beschließt das sogenannte Sozialpaket. Erhöhung von Witwenpension, Ausgleichszulagen, Renten und Bauernpension *(→ 27. November).*
19. Oktober Landtagswahlen in Niederösterreich und Vorarlberg. Mandate in Niederösterreich: ÖVP 30 (31), SPÖ 26 (25), keine für die anderen Parteien. Vorarlberg: ÖVP 20 (20), SPÖ 9 (10), FPÖ 7 (6).
30. Oktober Abschluß der wissenschaftlichen Untersuchungen der Gebeine des Babenbergers Bischof Otto von Freising im Wiener Naturhistorischen Museum. Die Gebeine wurden 1954 in der Abteiruine Morimond, wo der Bischof am 22. September 1158 starb, gefunden und im Sommer 1966 nach Wien gebracht und in einem in der Goldschmiede des Stiftes Seckau hergestellten Reliquienschrein verwahrt.
Anfang November Durch Niedrigwasser sinkt der Wasserstand der Donau bei der Wiener Reichsbrücke auf 110 cm. Die Schiffahrt kommt dadurch zum Erliegen.
3. November Beginn des U-Bahn-Baues in Wien.
7. November Überraschender Vergleich in den Zivilprozessen des ÖGB gegen die Tageszeitung »Kronen Zeitung«. Der ÖGB hatte behauptet, daß die Zeitung mit seinen Geldern aufgebaut wurde. Nun wird vereinbart, daß die »Kronen-Zeitung« bis zum 31. Oktober 1972 in Raten 7 825 000 Schilling bezahlt, womit alle Ansprüche des ÖGB erlöschen.
11. November Beginn des sogenannten Bauprozesses vor dem Landesgericht in Innsbruck. Am 2. Dezember werden drei Schuldsprüche mit bedingten Strafen und zwei Freisprüche gefällt.
17. November Die Umfahrung von Bludenz (Vorarlberg) als erstes Teilstück der Vorarlberger Rheintalautobahn wird dem Verkehr übergeben.
22. November Die Südtiroler Volkspartei spricht sich für die Annahme des Südtirolpaketes und des Operationskalenders aus *(→ 30. November).*
27. November Der Nationalrat nimmt das sogenannte Sozialpaket der Bundesregierung an *(→ 14. Oktober).*
30. November Außenminister Kurt Waldheim trifft in Kopenhagen mit dem italienischen Außenminister Aldo Moro zusammen. Es kommt zu einer Einigung über die Verwirklichung der in Form von Paket und Operationskalender ausgearbeiteten Südtirollösung.
4./5. Dezember Beide Häuser des italienischen Parlaments billigen die Südtirolerklärung des Ministerpräsidenten Mariano Rumor.
7.–9. Dezember Starke, anhaltende Schneefälle im Osten Österreichs verursachen umfangreiche Verkehrsbehinderungen.
11. Dezember Der Nationalrat beschließt das Bauernpensionsgesetz und das neue Lebensmittelgesetz (stärkere Kontrolle).
15. Dezember Bundeskanzler Josef Klaus gibt im Nationalrat die Südtirolerklärung der Bundesregierung ab. Der »Operationskalender« wird als ein ausgewogenes System der gegenseitigen Schritte bezeichnet. Die Erklärung wird am 16. Dezember vom Nationalrat mit 83 : 79 Stimmen gebilligt.
17. Dezember Der Verfassungsgerichtshof hebt die Bestimmung der Wiener Stadtverfassung auf, die zur Entfernung Franz Olahs geführt hatte *(→ 13. Juni und 18. Juli).*
20. Dezember Abermalige Schneeverwehungen größeren Ausmaßes im Osten Niederösterreichs und im Burgenland.
— Im Laufe des Jahres 1969 hatte Österreich unter den Ländern Europas die größte Exportsteigerung: 21%. Bei den EFTA-Staaten beträgt die Steigerung 15,2%, bei den EWG-Staaten nur 11%.
►**1970, Anfang Januar** Eine Grippewelle fordert in Niederösterreich 34 Tote.
15. Januar Das »Haus des Buches«, die Zentrale der Wiener städtischen Büchereien in der Skodagasse, wird eröffnet. 70 000 Bücher und Schallplatten sind untergebracht. Gesamtkosten des Baues: 23,5 Millionen Schilling.
16. Januar FPÖ-Bundesparteiobmann Friedrich Peter gibt in einer Pressekonferenz die lang erwartete Erklärung seiner Partei zur Nationalratswahl ab. Keine Koalition mit der SPÖ, aber auch keine ÖVP-Alleinregierung erwünscht: »Kein roter Kanzler, keine schwarze Alleinregierung.« Die ÖVP sieht darin eine »Schützenhilfe« für die SPÖ wegen negativer Beeinflussung der ÖVP-Wähler. Die SPÖ sieht darin eine bereits bestehende Abmachung zu einer ÖVP-FPÖ-Koalition. Die »Koalitionsfrage« wird damit zum Thema eins des ganzen Wahlkampfes.

19. Januar Ministerpräsident Mariano Rumor bringt den Entwurf für das Verfassungsgesetz über die Neuordnung der Autonomie Südtirols in der italienischen Abgeordnetenkammer ein.

20. Januar Der Ministerrat genehmigt die Fusion der Österreichischen Mineralöl-Verwaltung (ÖMV) mit den Österreichischen Stickstoffwerken (ÖSW).

21. Januar Der Nationalrat lehnt mit den Stimmen der ÖVP den Einspruch des Bundesrates gegen die ÖIG-Novelle 1969 ab. Die Umwandlung der ÖIG (Holding der verstaatlichten Industrie) von einer Ges. m. b. H. in eine AG kann somit erfolgen.

3. Februar Erklärung des SPÖ-Vorsitzenden Bruno Kreisky, daß im Fall einer SPÖ-Alleinregierung der Präsenzdienst beim Bundesheer auf sechs Monate herabgesetzt wird.

4. Februar Wolfgang Denk stirbt in Wien; geb. am 21. März 1882 in Linz; Chirurg und Krebsforscher. 1928–1931 an der Universität Graz, dann in Wien. 1957 Kandidat der ÖVP bei der Bundespräsidentenwahl (→ *14. Februar 1957*).

7.–15. Februar Skiweltmeisterschaften in Gröden (Italien). Österreich: 1 Gold-, 2 Silber-, 1 Bronzemedaille. Herren: Riesenslalom: 1. Karl Schranz, 2. Werner Bleiner; Abfahrt: 2. Karl Cordin. Damen: Abfahrt: 3. Annemarie Pröll.

20. Februar Innenminister Franz Soronics teilt mit, daß zum erstenmal über fünf Millionen Österreicher bei der Nationalratswahl stimmberechtigt sind: 2 784 689 Frauen und 2 261 025 Männer.

22. Februar Bei der Landtagswahl in Kärnten erreicht die SPÖ die absolute Mehrheit. Mandate: SPÖ 20 (18), ÖVP 12 (12), FPÖ 4 (5), KPÖ 0 (1).

1. März Nationalratswahl: Die SPÖ wird stärkste Partei in Österreich. (Ergebnisse → *Tabelle im Anhang.*) Mandate: SPÖ 81, ÖVP 79, FPÖ 5.

3. März Die Regierung Josef Klaus demissioniert, Bundespräsident Franz Jonas betraut den Vorsitzenden der SPÖ, Bruno Kreisky, mit der Bildung einer Koalitionsregierung.

5. März Erstes Gespräch der Verhandlungskomitees der SPÖ und ÖVP in Wien. Auf einer Pressekonferenz erklärt die FPÖ, daß sie mit keiner der beiden großen Parteien eine Koalition eingehen werde.

— Durch das anhaltende Winterwetter gibt es schwere Verkehrsbehinderungen im ganzen Bundesgebiet, auch der Zugverkehr ist betroffen. Katastropheneinsatz des Bundesheeres.

11. März Bei einem Orientierungsgespräch zwischen den beiden Großparteien wird klar, daß die Entscheidung über die Regierungsbildung erst nach den steirischen Landtagswahlen am 15. März fallen kann.

13. März Karl Schranz wird zum zweitenmal Sieger im Skiweltcup.

14./15. März Erste Hallenleichtathletik-Europameisterschaft in Wien. Österreich an vierter Stelle bei der Nationenwertung; 2 Gold- und 1 Bronzemedaille. Damen: Hochsprung: 1. Ilona Gusenbauer mit 1,88 m, gleichzeitig Hallenweltbestleistung; 800-m-Lauf: 1. Maria Sykora; Staffel viermal eine Runde: 3. Österreich.

15. März Landtagswahlen in der Steiermark. Die ÖVP verliert die absolute Mehrheit. Mandate: ÖVP 28 (29), SPÖ 26 (24), FPÖ 2 (2), KPÖ 0 (1).

18. März Beginn der eigentlichen Verhandlungen zur Regierungsbildung zwischen SPÖ und ÖVP.

21. März Frühjahrstagung der Katholischen Arbeiterjugend in Wien. Der SPÖ-Plan zur Herabsetzung der Präsenzdienstzeit beim Bundesheer (→ *3. Februar*) wird besonders positiv hervorgehoben.

— Marlen Haushofer stirbt in Wien; geb. am 11. April 1920 in Frauenstein (Oberösterreich); Schriftstellerin. Neben Romanen und Erzählungen schrieb sie auch erfolgreiche Kinderbücher.

28. März Die Verwaltungsreformkommission im Bundeskanzleramt schließt ihre »Durchleuchtung der Ministerien« ab. Durch die Verwaltungsreform wurden 5 217 Dienstposten eingespart und 398 Dienststellen aufgelöst.

31. März Konstituierende Sitzung des Nationalrates, VIII. Gesetzgebungsperiode seit 1945, XII. seit Bestehen der Republik.

1. April In vierstündigen Regierungsverhandlungen wird der Fragenkomplex Wirtschaftspolitik erledigt.

3. April Siebenstündige Regierungsverhandlungen. Im weiteren Verlauf bis 14. April praktisch täglich weitere Verhandlungen über die Regierungsbildung.

14. April Abbruch der Regierungsverhandlungen, da sich die Parteien über den Ressortverteilungsvorschlag von Bruno Kreisky nicht einigen können. Bruno Kreisky erklärt, die Ressortverteilung hätte ein Verhältnis von 7 : 6, Hermann Withalm sieht darin jedoch ein »budget- und arbeitsmäßiges« Verhältnis von 8 : 2 und fordert gemäß dem Mandatsverhältnis von 81 : 79 eine volle Parität.

16. April Beginn der SALT-Konferenz in Wien, eine russisch-amerikanische Konferenz zur Begrenzung der strategischen Waffen.

— Richard Neutra stirbt in Wuppertal (Deutschland), geb. am 8. April 1892 in Wien; Architekt. Seit 1926 in den USA tätig, war er ein Hauptvertreter des sogenannten »internationalen Stils«.

17. April Gegenvorschläge der ÖVP verhärten die Regierungsverhandlungen, die bis in die Nachtstunden andauern.

20. April Am Nachmittag geben SPÖ und ÖVP das endgültige Scheitern der Regierungsverhandlungen bekannt. Um 21.45 Uhr legt Bruno Kreisky dem Bundespräsidenten den Vorschlag einer SPÖ-Minderheitsregierung vor.

21.–25. April Tagung des »Administrative Commitee of Coordination« der UNO in Wien. UN-Generalsekretär U Thant ist anwesend.

21. April Bruno Kreisky bildet sein erstes Kabinett, eine sozialistische Alleinregierung.

Bundeskanzler: Bruno Kreisky, Vizekanzler und soziale Verwaltung: Rudolf Häuser, Äußeres: Rudolf Kirchschläger (parteilos), Inneres: Otto Rösch, Justiz: Christian Broda, Unterricht (ab 24. Juli 1970 Unterricht und Kunst): Leopold Gratz, Finanzen: Hannes Androsch, Land- und Forstwirtschaft: Johann Öllinger – ab 22. Mai 1970 Oskar Weihs, Handel, Gewerbe und Industrie: Josef Staribacher, Verkehr und verstaatlichte Unternehmungen (ab 24. Juli 1970 Verkehr): Erwin Frühbauer, Landesverteidigung: Johann Freihsler – ab 8. Februar 1971 Karl Lütgendorf (parteilos), Bauten und Technik: Josef Moser, Wissenschaft und Forschung (neu ab 24. Juli 1970): Hertha Firnberg. Staatssekretäre: im Bundeskanzleramt Ernst Eugen Veselsky, für soziale Verwaltung Gertrude Wondrak bis 31. Juli 1971.

24. April Es wird bekannt, daß die FPÖ beim Verfassungsgerichtshof die Überprüfung der in Wien abgegebenen Stimmen zur Nationalratswahl beantragte. Acht Fälle von Übertragungsfehlern auf den verschiedenen Listen wurden angegeben.

— Der Wiener Landtag beschließt mit den Stimmen der SPÖ die Einhebung einer Dienstgeberabgabe, die sogenannte »U-Bahn-Steuer«.

28. April Regierungserklärung des Bundeskanzlers Bruno Kreisky, sie löst am 29. April im Parlament eine umfangreiche Debatte aus, die sich vor allem mit dem Zustandekommen einer Minderheitsregierung befaßt.

— Paul Celan (eigentlich Antschel) begeht in Paris Selbstmord; geb. am 23. November 1920 in Czernowitz; Lyriker. Er lebte seit 1948 in Paris.

30. April Der Verleger Fritz Molden übergibt das »Pressehaus« in Wien an den neuen Eigentümer, die Firma Ingebe, eine Tochtergesellschaft der BAWAG (Bank für Arbeit und Wirtschaft).

6. Mai Erste Sitzung der Paritätischen Kommission unter dem Vorsitz des Bundeskanzlers Bruno Kreisky. Die dringende Notwendigkeit preisdämpfender Maßnahmen wird festgestellt.

14. Mai Josef Krainer (ÖVP) wird zum siebentenmal zum Landeshauptmann der Steiermark gewählt.

19. Mai Der Ministerrat genehmigt das sogenannte »Kleine« Kompetenzänderungsgesetz: Errichtung des Bundesministeriums für Wissenschaft und Forschung, Umbenennung des Bundesministeriums für Verkehr und verstaatlichte Unternehmungen im Bundesministerium für Verkehr.

20. Mai Landwirtschaftsminister Johann Öllinger tritt aus gesundheitlichen Gründen von seinem Amt zurück. Nachfolger ab 22. Mai: Oskar Weihs.

21. Mai Eine Kursmaschine der Viennair stürzt kurz vor der Landung auf dem Flughafen Innsbruck in den Inn, sieben Tote sind zu beklagen.

22. Mai Bundesparteitag der ÖVP in Wien. Hermann Withalm wird mit 90,4% der abgegebenen Stimmen zum Bundesparteiobmann, Karl Schleinzer mit 88,5% zum Generalsekretär gewählt.

23. Mai Die ÖBB übergeben die elektrifizierte Strecke Selzthal–Hieflau–Eisenerz dem Verkehr.

26.–29. Mai Staatsbesuch des Bundespräsidenten Franz Jonas in Belgien.

28.–30. Mai KPÖ-Parteitag in Wien. Der Vorsitzende Franz Muhri stellt fest, daß seit Herbst 1968 eine Verschärfung der Parteikrise eingetreten ist.

10.–15. Juni Staatsbesuch des Bundespräsidenten Franz Jonas in Bulgarien.

10. Juni Fusion der Papierfabriken Steyrermühl und Laakirchen zur »Steyrermühl-Laakirchen AG Papierfabriken an der Traun«. Es wird ein Jahresumsatz von einer Milliarde Schilling erwartet.

11. Juni Verhandlungen vor dem Verfassungsgerichtshof über das von der FPÖ *(→ 24. April)* angefochtene Wahlergebnis vom 1. März in den Wiener Wahlkreisen 1, 3 und 5. Die Polizei hat 74 gefälschte Unterschriften des NDP-Wahlvorschlages festgestellt, wodurch die 800 NDP-Stimmen auf unrechtmäßige Art erworben wurden (der FPÖ haben nur 73 Stimmen auf ein Restmandat gefehlt; → *25. Juni*).

15.–19. Juni Staatsbesuch des Bundespräsidenten Franz Jonas in Ungarn.

23. Juni Der Oberste Gerichtshof verwirft die Nichtigkeitsbeschwerde des ehemaligen Innenministers Franz Olah *(→ 30. Januar 1969)*. Die Verurteilung zu einem Jahr schweren Kerkers wird damit rechtskräftig.

25. Juni Der Verfassungsgerichtshof *(→ 11. Juni)* erklärt die Nationalratswahl vom 1. März in den Wiener Wahlkreisen 1, 3 und 5 für aufgehoben. Durch dieses Erkenntnis scheiden aus dem Nationalrat: neun SPÖ-Abgeordnete (unter ihnen der Erste Präsident Karl Waldbrunner, der Dritte Präsident Otto Probst, Vizekanzler Rudolf Häuser und die Minister Josef Staribacher und Hertha Firnberg) und sieben ÖVP-Abgeordnete (unter ihnen Altbundeskanzler Josef Klaus und Franz Bauer). Nunmehr im Nationalrat: 72 SPÖ-, 72 ÖVP- und 5 FPÖ-Abgeordnete. Der Zweite Präsident des Nationalrates Alfred Maleta (ÖVP), führt den Vorsitz. Er stellt am 26. Juni fest, daß das Parlament nach wie vor beschlußfähig ist *(→ 16. Juli)*.

8. Juli Der im Mai konstituierte Gründungsausschuß der Hochschule für Bildungswissenschaften in Klagenfurt tagt zum erstenmal.

9. Juli Nach heftiger Debatte nimmt der Nationalrat mit den Stimmen der SPÖ und FPÖ das »Kleine« Kompetenzänderungsgesetz an *(→ 19. Mai und 24. Juli)*. Der Bundesrat nimmt das Gesetz am 15. Juli an.

14. Juli Herbert Zand stirbt in Wien; geb. am 14. November 1923 in Knoppen bei Bad Aussee (Steiermark); Schriftsteller.

Mitte Juli Erstmals sind auf der Wiener Straßenbahn Frauen als Fahrer eingesetzt.

16. Juli Ein außerordentlicher Ministerrat genehmigt eine Regierungsverordnung über die Nachwahl in den Wiener Wahlkreisen 1, 3 und 5. Wahltag ist der 4. Oktober *(→ 25. Juni)*.

— Vertrag über gemeinsame Führung des Pressehauses in Wien zwischen der Pressehaus Ges. m. b. H. (Eigentümer ist die BAWAG-Tochter Ingebe Ges. m. b. H., *(→ 30. April)* und der »Kronen Zeitung«. Für 20 Millionen Schilling erwirbt die »Kronen-Zeitung« 49% am Pressehaus, Geschäftsführer wird der »Kronen-Zeitung«-Teilhaber Kurt Falk.

21. Juli Österreich wird vom EWG-Ministerrat zu Gesprächen über die künftigen Beziehungen Österreichs zur EWG eingeladen.

24. Juli Das Bundesministerium für Wissenschaft und Forschung wird geschaffen, erster Minister Hertha Firnberg.

— Die Ministeriumsumbenennungen treten in Kraft: statt Bundesministerium für Unterricht jetzt für Unterricht und Kunst; statt für Verkehr und verstaatlichte Unternehmungen jetzt für Verkehr.

25. Juli Der Zivilprozeß des ÖGB gegen Franz Olah wegen der »FPÖ-Million« ist beendet. Bis zum Schluß kann Franz Olah glaubhaft machen, daß er den Betrag 1962 im Interesse der SPÖ übergeben hat.

26. Juli Eröffnung der neugestalteten Felsenreitschule in Salzburg (von Architekt Clemens Holzmeister) mit der Oper »Fidelio« von Ludwig van Beethoven unter der Leitung von Karl Böhm.

3. August Der Esperantoweltkongreß tagt in Wien.

7.–9. August Schwere Unwetter fast im ganzen Bundesgebiet, Hochwasseralarm.

14. August Beendigung der ersten SALT-Runde

(→ *16. April*) in Wien. 32 Arbeitssitzungen haben stattgefunden.

18. August Der Ministerrat nennt die vorläufigen Schadenshöhen der Unwetterkatastrophe vom 7. bis 9. August: insgesamt 400 bis 450 Millionen Schilling.

21. August Lokale Unwetter in Kärnten verursachen einen Sachschaden von rund 17 Millionen Schilling.

22. August Hermann Hubert Knaus stirbt in Wien; geb. am 19. Oktober 1892 in St. Veit an der Glan (Kärnten); Gynäkologe. Seit 1950 Leiter der Gynäkologischen Abteilung des Lainzer Krankenhauses in Wien. Er entdeckte etwa gleichzeitig mit dem Japaner Ogino die fruchtbaren und unfruchtbarten Tage der Frau und konnte diese Entdeckung auch wissenschaftlich beweisen.

1. September Der ORF hat ein zweites Fernsehprogramm an allen Tagen der Woche.

2. September Der Allgemeine Bauernverband veranstaltet eine »Warndemonstration« vor dem Finanzministerium.

5. September Der Österreichische Bauernbund beschließt als zweite Kampfmaßnahme gegen die Agrarpolitik der Bundesregierung die Gründung von Kampfausschüssen in den Bundesländern (→ *13. Mai 1969*).

— Die erste Nummer des unabhängigen Wochenmagazins »profil« erscheint.

— Beim Training zum Großen Preis von Italien verunglückt der erfolgreiche Autorennfahrer Jochen Rindt tödlich. Er hatte in den bisherigen Rennen der Saison einen so hohen Punktestand erreicht, daß er nicht mehr eingeholt werden konnte. Er wurde daher postum Weltmeister.

10. September Drei Funktionäre der DFP (der Partei Franz Olahs) treten zur FPÖ über.

16. September Eröffnung des Internationalen Pressezentrums (IPZ) in Wien durch Bundespräsident Franz Jonas. Das IPZ ist der Sitz der Austria Presse Agentur (APA) und zahlreicher Büros von anderen Presseagenturen.

18. September Protestdemonstration des Allgemeinen Bauernverbandes mit 157 Traktoren auf der Wiener Ringstraße und vor dem Bundeskanzleramt gegen die Höhe des »Milchkrisengroschens«, der Weinsondersteuer, der Einheitswertneufestsetzung und der Treibstoffverteuerung.

21.–25. September Staatsbesuch des rumänischen Staatspräsidenten Nicolae Ceauşescu in Österreich. Am 24. September wird ein Konsularvertrag zwischen Österreich und Rumänien unterzeichnet.

27. September Demonstration des niederösterreichischen Bauernbundes in St. Pölten gegen die Agrarpolitik der Bundesregierung – 15 000 Teilnehmer.

29. September Zum erstenmal kann sich die »Paritätische Kommission« über einen Preis nicht einigen: den Schankpreis von Bier. Die Preisgestaltung bleibt den Gastwirten überlassen.

1. Oktober Franz Olah tritt seine einjährige Haftstrafe an (→ *23. Juni*).

4. Oktober Die Wiederholungswahl in Wien ergibt nur eine geringfügige Korrektur der Nationalratswahl vom 1. März, die SPÖ gewinnt auf Kosten der ÖVP ein Mandat dazu.

— Landtagswahl in Tirol. Mandate: ÖVP 23 (25), SPÖ 12 (10), FPÖ 1 (1).

8. Oktober Die Auszählung der Wahlkartenstimmen der Wiederholungswahl vom 4. Oktober ergibt doch ein zweites Reststimmenmandat für die FPÖ.

— Ein Sprengstoffanschlag auf den »Kärntner Abstimmungsgedenkstein« in Strau bei Ferlach (Kärnten) mißlingt.

10. Oktober 4 000 Bauern mit 460 Traktoren demonstrieren in Steyr (Oberösterreich) gegen die Agrarpolitik der Bundesregierung.

11.–15. Oktober Privatbesuch König Mohammed Zahirs von Afghanistan in Österreich.

24. Oktober Franz Olah bezeichnet sich notariell als Eigentümer der Dichand und Falk Ges. m. b. H. (= »Kronen Zeitung«).

27. Oktober Demonstrationsfahrt von 1 000 Autobussen, Lkw und Taxis in Wien gegen die geplante Dieselölpreiserhöhung.

2. November Johannes Urzidil stirbt in Rom; geb. am 3. Februar 1896 in Prag; Dichter, Essayist und Kunsthistoriker. Er lebte seit 1941 in New York.

4. November Bundeskanzler Bruno Kreisky übernimmt die Leitung des Landesverteidigungsministeriums, Verteidigungsminister General Johann Freihsler ist erkrankt (→ *4. Februar 1971*).

5. November Der Oberste Gerichtshof bestätigt das Urteil vom 12. Juli 1968 gegen den ehemaligen Landeshauptmannstellvertreter von Niederösterreich Viktor Müllner. Das Urteil, vier Jahre schwerer Kerker wegen Amtsmißbrauchs und wirtschaftlicher Untreue, wird rechtskräftig.

6. November Hans Klecatsky, Justizminister a. D., startet eine Begnadigungsaktion für Franz Olah (→ *1. Oktober*). Sie bleibt allerdings erfolglos (→ *17. Dezember*).

— Das längste Brückenbauwerk des Burgenlandes über das Haniftal wird dem Verkehr übergeben. Die Brücke wurde im Zuge der erneuerten Eisenstädter Bundesstraße zwischen Parndorf und Neusiedl am See errichtet, Kosten: 24 Millionen Schilling.

10. November Außenminister Rudolf Kirchschläger erläutert in Brüssel das österreichische Konzept der Wirtschaftsbeziehungen Österreichs zur EWG.

11. November Großbrand in den Holzbauwerken Schaffer in Linz. Der Sachschaden beträgt 100 Millionen Schilling.

13. November Sämtliche Hochschulen in Österreich sind schwarz beflaggt als Zeichen der Unzufriedenheit von Studenten und akademischen Lehrern über den Budgetvoranschlag 1971, der zuwenig für Wissenschaft und Forschung enthält.

15. November Die Tageszeitung »Kleines Volksblatt«, das Wiener Zentralorgan der ÖVP, erscheint zum letztenmal.

20. November SPÖ und FPÖ einigen sich über den Budgetvoranschlag 1971.

24. November Der Verfassungsausschuß des Nationalrates nimmt mit den Stimmen der SPÖ und der FPÖ die neue Nationalratswahlordnung, die sogenannte »Kleine Wahlrechtsreform«, an: 183 statt 165 Abgeordnete zum Nationalrat, 9 statt 25 Wahlkreise, 2 statt 4 Wahlkreisverbände für das Reststimmenverfahren.

— Die Vorwärts AG (SPÖ) verkauft die Wiener Tageszeitung »Express« an eine nicht näher genannte Gruppe. Hans Dichand wird Chefredakteur, Kurt Falk Geschäftsführer (die beiden sind die Besitzer der »Kronen Zeitung«) (→ *29. November*).

25. November Beginn der Verhandlungen über ein Interimsabkommen zwischen Österreich und der EWG in Brüssel.
— Der Präsident des Internationalen Olympischen Komitees, Avery Brundage, veröffentlicht seine »Abschußliste« der zu den kommenden Olympischen Winterspielen nicht mehr zuzulassenden Skirennläufer. Hauptsächlich Österreich, Frankreich und die Schweiz sind davon betroffen, die Olympischen Winterspiele 1972 sind dadurch beeinträchtigt.
26. November Der Nationalrat beschließt mit den Stimmen der SPÖ und der FPÖ die sogenannte »Kleine Wahlrechtsreform« *(→ 24. November).*
28. November Beschluß der Wiener SPÖ, ihre Tageszeitung »Neue Zeitung« ab 1. Dezember in ein Wochenblatt umzuwandeln.
29. November Die Vorwärts AG gibt dem seit dem 26. November wegen Unsicherheit streikenden Personal des »Express« bekannt, daß nach Rücktritt der nicht näher bezeichneten Käufergruppen *(→ 24. November)* Kurt Falk und Hans Dichand zu je 50% den »Express« erworben haben. Ab 1. Dezember erscheint die Zeitung in neuer Aufmachung.
3. Dezember Der Geschäftsleitung und dem Aufsichtsrat des ORF wird auf Antrag des Bundeskanzlers Bruno Kreisky die Entlastung verweigert. Sie erfolgt erst nach Vorlage des Berichtes über die Zweckmäßigkeit, Wirtschaftlichkeit und Sparsamkeit der Gebarung, wie dies im Rundfunkgesetz vorgesehen ist.
9. Dezember 46 persische Studenten besetzen die iranische Botschaft in Wien. Sie werden bei einem Polizei- und Feuerwehreinsatz entfernt.
13. Dezember Inbetriebnahme der Doppelliftanlage Fieberbrunn-Lindau (Tirol) auf die Streuböden. Damit sind in diesem Winter in Österreich 2 200 Seilbahnen in Betrieb.
16. Dezember Die italienische Regierung bringt eine Reihe von einfachen Gesetzen im Sinne des Südtirolpaketes in der Abgeordnetenkammer ein.
17. Dezember Beschluß, die UNO-City im Wiener Donaupark zu errichten. Das Projekt des Wiener Architekten Johann Staber soll verwirklicht werden, 65% der Kosten trägt der Bund, 35% die Gemeinde Wien.
— Wiens Bürgermeister Bruno Marek erklärt seinen Rücktritt *(→ 21. Dezember).*
— Das Landesgericht Wien lehnt das Gnadengesuch für Franz Olah ab *(→ 6. November).*
19. Dezember Das Wiener Teilstück der Südautobahn wird dem Verkehr übergeben. Die Südautobahn ist durchgehend von Wien bis Wr. Neustadt befahrbar.
21. Dezember Felix Slavik wird mit 88 von 99 abgegebenen Stimmen zum Bürgermeister von Wien gewählt.
29. Dezember Auf der Arlbergstrecke der ÖBB wird der Huckepackverkehr eröffnet.
▶**1971, 1. Januar** Das »Linzer Volksblatt« geht aus dem Besitz des »Katholischen Preßvereins der Diözese Linz« in den Besitz der ÖVP über.
2./3. Januar Ergiebige und andauernde Schneefälle führen zu umfangreichen Verkehrsbehinderungen in vielen Teilen des Bundesgebietes.
11. Januar Schweigemarsch einer Bauerndelegation unter der Führung des Bauernbundpräsidenten Roland Minkowitsch zum Bundeskanzleramt. Sie will damit auf die immer schwerer zu bewältigenden Probleme des Bauernstandes aufmerksam machen.
16. Januar UN-Botschafter Kurt Waldheim trifft in Wien ein. Er ist der Kandidat der ÖVP für die bevorstehenden Bundespräsidentenwahlen.
18. Januar Beginn der Endphase der Generaldebatte über die Südtirolgesetze *(→ 16. Dezember 1970)* in der ersten Kammer des italienischen Parlaments. Das Südtirolpaket wird am 23. Januar angenommen.
3. Februar Ein Attentat auf den ÖVP-Bundesparteiobmann Hermann Withalm im Wandelgang des Parlaments mißlingt. Eine Kurzschlußhandlung des 60jährigen Tapezierers Wilhelm Michl mit einem Plastikrevolver.
4. Februar Verteidigungsminister General der Infanterie Johann Freihsler tritt aus gesundheitlichen Gründen von seinem Amt zurück.
8. Februar Brigadier Karl Lütgendorf (parteilos) wird Minister für Landesverteidigung.
15. Februar Beginn der zweiten Verhandlungsrunde über ein Interimsabkommen zwischen Österreich und der EWG *(→ 25. November 1970)* in Brüssel.
18. Februar Scheitern der Parteienverhandlungen über die Bundesheerreform. Die SPÖ besteht auf der Schaffung einer Bereitschaftstruppe aus freiwillig Längerdienenden, die ÖVP ist für eine Zwangsrekrutierung, die FPÖ verlangt einen Stufenplan.
25. Februar Eine partielle Sonnenfinsternis ist in Österreich sichtbar.
27. Februar Beatrix Schuba wird Weltmeisterin im Eiskunstlauf mit der besten Pflicht, die jemals von einer Läuferin gelaufen wurde.
2. März Der Ministerrat beschließt einen Gesetzentwurf zur Durchführung der Bundesheerreform.
5. März Der Aufsichtsrat des ORF wählt für eine weitere Amtsperiode Gerd Bacher mit 14 von 22 Stimmen zum Generalintendanten.
10. März »Haarschnitt-Erlaß« des Verteidigungsministeriums. Bärte und »Beatle-Haarschnitt« (lange Haare) sind damit verboten. Dieser Erlaß löst eine lebhafte politische Diskussion aus.
14. März Annemarie Pröll ist Siegerin im Skiweltcup mit einem Rekordergebnis von 210 Punkten.
15. März Beginn der vierten SALT-Gesprächsrunde in Wien.
16. März Protestmarsch von 2 000 Bauern in Klagenfurt.
19. März Demonstration des niederösterreichischen Bauernbundes in Wien. 12 000 Bauern mit 7 000 Fahrzeugen (Traktoren mit Anhängern und auch Autobusse) blockieren den Verkehr der gesamten Wiener Innenstadt. Die Demonstration verläuft diszipliniert. Bundeskanzler Bruno Kreisky erklärt der Bauerndelegation, »nicht auf der Straße« verhandeln zu wollen.
— Im Land Salzburg finden vom 19. bis 21. März Bauerndemonstrationen statt.
25. März Handelsminister Josef Staribacher verhandelt in Bern über eine gemeinsame Politik der neutralen Staaten gegenüber der EWG.
26. März 10 000 steirische Bauern demonstrieren in Graz.
April Im Laufe des Monats gelang österreichischen

Archäologen von der Universität Wien in Asasif bei Luxor (Ägypten) die sensationelle Entdeckung einer noch unversehrten Grabstätte aus der ägyptischen Spätzeit.
— Dem Historischen Museum der Stadt Wien glückt ein wichtiger Fund: die »Porta Principalis Dextra« (das rechte Haupttor des römischen Wien) wird unter der Kreuzung Kramergasse – Ertlgasse (Wien 1) gefunden. Die Mauerteile sind zwei bis drei Meter dick.
5. April Die erste Nummer der Tageszeitung »NÖ. Volksblatt«, ein Parteiorgan der ÖVP, erscheint – praktisch eine mutierte Ausgabe des »Linzer Volksblattes«.
14. April Staatsbesuch des schwedischen Ministerpräsidenten Olof Palme in Wien.
19. April Ein vorbestrafter Schweizer hält Frau Luise Kneissl vom österreichischen Generalkonsulat in Zürich als Geisel gefangen, um fünf Millionen Schweizer Franken von der Züricher Kantonalregierung zu erpressen. Sie wird erst am 23. April freigelassen.
25. April Bundespräsidentenwahl. Klarer Sieg des amtierenden Bundespräsidenten Franz Jonas. (Ergebnisse → *Tabelle im Anhang.*)
29. April Die Tageszeitung »Express« stellt ihr Erscheinen ein (*→ 24. November 1970*).
1. Mai Ein Eisenbahnunglück im Grenzbahnhof Fürnitz bei Villach (Kärnten) fordert acht Tote und 28 Verletzte. Der Fahrdienstleiter hatte eine abgestellte Güterzugsgarnitur übersehen, auf die der Italienexpreß auffuhr.
4. Mai Heinrich Gleißner beendet seine Tätigkeit als Landeshauptmann von Oberösterreich. Er war der bisher am längsten amtierende Landeshauptmann Österreichs seit 1945.
— In Oruro (Bolivien) wird eine mit österreichischer Hilfe errichtete Bergbauschule in Betrieb genommen.
5. Mai Österreich, die Bundesrepublik Deutschland, die Schweiz und die Niederlande stellen die Dollarankäufe zwecks Eindämmung der Spekulation ein.
9. Mai Außerordentlicher Ministerrat wegen der Währungskrise. Er beschließt, ab 10. Mai die Parität des Schillings gegenüber dem US-Dollar mit 24,75 festzusetzen. Das bedeutet eine Aufwertung des Schillings um 5,05%. Der DM-Kurs wird freigegeben, der Schweizer Franken um 7% aufgewertet. Der Nationalrat billigt diese Aufwertung des Schillings am 12. Mai.
12. Mai Die Volkszählung in Österreich ergibt 7 443 809 Einwohner, um rund 570 000 bzw. 5,2% mehr als bei der letzten Volkszählung im Jahre 1961. Dadurch entsteht eine Verschiebung der Nationalratsmandate. Wien wird drei und Niederösterreich ein Mandat abgeben, die Länder Oberösterreich, Salzburg, Steiermark und Tirol gewinnen je ein Mandat.
16. Mai Karl Farkas stirbt in Wien; geb. am 28. Oktober 1893 in Wien; Kabarettist, Textdichter und Regisseur. 1926–1931 Direktor des Wiener Stadttheaters, leitete ab 1946 das Kabarett »Simpl« in Wien, ab 1957 auch im Fernsehen tätig.
18. Mai Der sogenannte zweite Porzeschartenprozeß endet mit einem Freispruch.
19. Mai Inbetriebnahme des einmillionsten Telephonanschlusses in Österreich, dazu kommen noch 470 000 Nebenstellenanschlüsse.
22. Mai Alois Mock wird mit 259 von 309 Stimmen zum Obmann des Österreichischen Arbeiter- und Angestelltenbundes (ÖAAB) gewählt.
26. Mai Franz Olah wird in zweiter Instanz zur Zahlung von 1 225 000 Schilling an den ÖGB verurteilt. Er war zur Zahlung dieses Betrages auch im abgelaufenen Strafprozeß für schuldig erkannt worden.
27. Mai Erhöhung des Brotpreises um 30 Groschen je Kilogramm, der Mehlpreis wird um 10 Groschen je Kilogramm erhöht.
28. Mai Die Regierung der Volksrepublik China wird von Österreich als rechtmäßige Regierung anerkannt. Die chinesische Regierung respektiert den Status der Neutralität Österreichs.
30. Mai Großbrand im Novopanplattenwerk in Leoben-Göß (Steiermark), Sachschaden in Höhe von 30 Millionen Schilling entsteht.
4. Juni Karl Schleinzer wird mit 286 von 423 Stimmen zum neuen Bundesparteiobmann der ÖVP gewählt, Herbert Kohlmaier wird neuer Generalsekretär.
8./9. Juni »Dauersitzung« des Nationalrates. Unter anderem wird die 4. Schulgesetznovelle einstimmig angenommen. Keine Aufnahmsprüfungen an den allgemeinbildenden höheren Schulen, das 13. Schuljahr wird bis Ende des Schuljahres 1979/80 aufgehoben.
8. Juni Der Ministerrat beschließt, das Volljährigkeitsalter auf 19 Jahre herabzusetzen, beim Mann ist dies auch das Ehemündigkeitsalter.
9. Juni Angelobung des wiedergewählten Bundespräsidenten Franz Jonas.
— Die österreichischen Bischöfe veröffentlichen ihre Stellungnahme zur Strafrechtsreform: Nein zur Abtreibung, aber liberale Haltung zu Ehebruch, Pornographie und Homosexualität.
11. Juni In vielen Großbetrieben protestieren die Betriebsräte gegen die ständig anwachsende Teuerung.
12. Juni Richard Nemschak, der Leiter des Wirtschaftsförderungsinstituts, stellt fest, daß die Preissteigerungsrate in Österreich mit 4,2% weit unter jener der anderen europäischen Länder liegt.
15. Juni Eröffnung des Sigmund-Freud-Museums in Freuds ehemaliger Wohnung, Wien 9, Berggasse 19.
16. Juni Die neue biologische Station des Neusiedler Sees wird in Illmitz (Burgenland) ihrer Bestimmung übergeben.
17. Juni Der italienische Senat billigt das Verfassungsgesetz über Trentino-Südtirol.
24. Juni Die ÖVP stellt im Nationalrat einen Mißtrauensantrag gegen Verteidigungsminister Karl Lütgendorf. Grund ist ein Interview, das Lütgendorf dem deutschen Nachrichtenmagazin »Spiegel« gab und dabei Einzelheiten seines Reformkonzepts erwähnte. Die FPÖ schließt sich dem Antrag nicht an, daher wird er abgelehnt.
28. Juni bis 2. Juli Staatsbesuch des ungarischen Staatspräsidenten Pál Losonczi in Österreich.
29. Juni Ein Dreiparteiengespräch über die Bundesheerreform verläuft ergebnislos.
7. Juli Die SPÖ beantragt im Parlament die vorzeitige Beendigung der XII. Gesetzgebungsperiode. Die FPÖ stimmt zu. Am 12. Juli nimmt der Verfassungsausschuß des Nationalrates diesen Initiativantrag mit den Stimmen von SPÖ und FPÖ an.
14. Juli Nach neunstündiger Debatte beschließt der Nationalrat mit den Stimmen der SPÖ und FPÖ seine Auflösung.

— Franz Olah legt wegen seiner Verurteilung die Funktion als Obmann der von ihm gegründeten DFP zurück.

15. Juli Nach neuneinhalbstündiger Debatte nimmt der Nationalrat mit den Stimmen der SPÖ und FPÖ die Wehrgesetznovelle an: Präsenzdienst sechs Monate (das Wahlversprechen der SPÖ) und 60 Tage Waffenübungen, aufgeteilt auf 15 Tage je Kalenderjahr.

16. Juli Erklärung der DFP, bei der bevorstehenden Nationalratswahl nur in Wien zu kandidieren.

20. Juli Einigung der drei großen Parteien über das Ausmaß des Wahlkampfes. Der Tag der Nationalratswahl soll der 10. Oktober sein.

26.–30. Juli 27. Internationaler psychoanalytischer Kongreß, er tagt zum erstenmal in Wien. Anna Freud, die Tochter von Sigmund Freud, ist anwesend.

28./29. Juli In der Nacht schweres Unwetter im Kapruner Tal (Salzburg) und in Teilen Tirols. Vom Parkplatz beim Kesselfallhaus (Kaprun) werden 50 Pkw weggeschwemmt, zahlreiche Autos werden verschüttet, ein Toter.

30. Juli Appell der Vorarlberger Landesregierung an das Innenministerium, die Ergebnisse der Volkszählung 1971 (sie brachte eine Mandatsumschichtung zugunsten der Bundesländer) der Mandatsverteilung für die Nationalratswahl im Oktober zugrunde zu legen *(→ 4. August)*.

31. Juli Gertrude Wondrak, Staatssekretärin im Sozialministerium, verunglückt auf einer Dienstreise in der Steiermark (bei Scheifling) tödlich; geb. am 8. März 1920 in Wien.

4. August Landeshauptmann Eduard Wallnöfer (Tirol) bezeichnet die Nationalratswahl am 10. Oktober als verfassungswidrig, wenn nicht die Volkszählungsergebnisse vom 12. Mai bei der Mandatsverteilung berücksichtigt werden *(→ 30. Juli, 13., 24., 30. August und 14. Oktober)*.

6. August Totale Mondfinsternis. Dauer: 100 Minuten, in diesem Umfang erst wieder im Jahre 2000.

13. August Landeshauptmann Josef Krainer (Steiermark) tritt ebenfalls für die Mandatsverteilung nach den Ergebnissen der Volkszählung vom 12. Mai ein *(→ 4. August)*.

15. August Wegen einer bevorstehenden Dollarabwertung hält die Wiener Devisenbörse geschlossen. Erst am 24. August wird die Devisenbörse wieder geöffnet, der Schilling wird nicht aufgewertet. Während der Dollar künftig großen Schwankungen unterworfen ist, bleibt der Schilling im Verhältnis zu den europäischen Währungen stabil.

17. August Finanzminister Hannes Androsch erklärt, keine zweite Schillingaufwertung wegen der Dollarkrise durchzuführen.

23. August Außerordentlicher Ministerrat wegen der Dollarkrise, die Erklärung des Finanzministers vom 17. August wird bestätigt.

24. August Die Bundesregierung lehnt das Ansinnen des Tiroler Landeshauptmannes Eduard Wallnöfer *(→ 4. August)* ab, da das Statistische Zentralamt keine Möglichkeit habe, die Mandatszahlen zeitgerecht zur Verfügung zu stellen *(→ 30. Juli, 13., 30. August und 14. Oktober)*.

30. August Die fünf ÖVP-Mitglieder der Tiroler Landesregierung beschließen gegen die Stimmen der zwei SPÖ-Mitglieder, beim Verfassungsgerichtshof den Antrag auf Verfassungswidrigkeit der Nationalratswahl und auf Gesetzwidrigkeit der Mandatszahlen einzubringen. (Nach dem Bundesverfassungsgesetz ist die letzte Volkszählung die Grundlage für die Verteilung der Mandate *→ 12. Mai.*)

1. September Der Bund übernimmt den vollen Personalaufwand für die Lehrer der katholischen Schulen.

— In ganz Österreich werden 46 502 eingetragene Vereine gezählt.

4. September Ilona Gusenbauer erreicht mit 1,92 m einen neuen Weltrekord im Hochsprung.

9. September Erste Hauptversammlung der Österreichischen Industrieverwaltungs AG (ÖIAG) mit der Vorlage des Jahresabschlusses 1970, es wurde ein Rekordumsatz in Höhe von 42,4 Milliarden Schilling erreicht.

10. September Die DFP gibt bekannt, daß sie nicht in der Lage ist, die für die Kandidatur zur Nationalratswahl erforderlichen Unterschriften aufzubringen.

14.–17. September Erster »Europäischer Kongreß für Biophysik« in Baden bei Wien.

20.–24. September Staatsbesuch des belgischen Königspaares, König Baudouin I. und Königin Fabiola, in Österreich.

21. September Die Österreichische Botschaft in Peking nimmt ihre Tätigkeit auf *(→ 28. Mai)*.

1. Oktober Bundeskanzler Bruno Kreisky wiederholt im österreichischen Fernsehen seine Feststellung vom 29. September, daß die SPÖ keine weiteren Verstaatlichungen vornehmen werde.

3. Oktober Die ÖVP-Wochenzeitung »Salzburger Volkszeitung« erscheint in Zusammenarbeit mit der »Volkszeitung für Kärnten« als Tageszeitung.

5. Oktober Übergabe des ersten Gebäudes an die Hochschule für Bildungswissenschaften in Klagenfurt. Die 43 000 Bände umfassende »Buttinger-Bibliothek« wird installiert. Joseph Buttinger, ein sozialistischer Politiker der Zwischenkriegszeit, hatte seine Bibliothek der Hochschule gestiftet, ihr Wert wird auf über 10 Millionen Schilling geschätzt.

6.–8. Oktober Das von den Parteien eingesetzte Wahlwerbungsschiedsgericht wird von der SPÖ und der ÖVP mehrmals hintereinander bemüht. Die SPÖ hatte bereits am 25. September das Schiedsgericht angerufen.

10. Oktober Nationalratswahl (Ergebnisse *→ Tabelle im Anhang*). Mandate: SPÖ 93, ÖVP 80, FPÖ 10. Erstmals erreicht die SPÖ über 50% der Stimmen.

12. Oktober Der Bundesparteivorstand der SPÖ spricht sich gegen eine Koalitionsregierung aus, der ÖVP-Bundesparteivorstand spricht sich für eine »konsequente Opposition« aus.

13. Oktober Bundeskanzler Bruno Kreisky gibt im Nationalrat nach dem Wahlsieg seiner Partei eine Erklärung ab, in der er über die Prioritäten seines künftigen Kabinetts berichtet. Eine umfangreiche Regierungsumbildung werde es nicht geben. Die Demission der Regierung werde erst nach Rückkehr von Außenminister Rudolf Kirchschläger, der sich zu einem offiziellen Besuch in Moskau aufhält, stattfinden.

14. Oktober Der Verfassungsgerichtshof verhandelt über die eingegangenen fünf Verfassungsbeschwerden gegen die Nichtberücksichtigung der Volkszählung bei der Nationalratswahl. Der Verfassungsgerichtshof lehnt am 15. Oktober die Beschwerden ab *(→ 30. Juli, 4., 13., 24., 30. August und 14. Oktober)*.

15. Oktober Inbetriebnahme der Großsendeanlage auf dem Dobratsch (Kärnten). Sie schließt die letzte Sendeversorgungslücke. Es erreichen nun den Hörfunk 93,7%, das erste Fernsehprogramm (FS 1) 87%, das zweite (FS 2) 78,5% der österreichischen Bevölkerung.
19. Oktober Demissionierung der Regierung Kreisky I, sie wird mit der Fortführung der Geschäfte, Bruno Kreisky mit der Neubildung der Regierung betraut.
21. Oktober Zweite (sozialistische) Regierung Kreisky gebildet.
Bundeskanzler: Bruno Kreisky, Vizekanzler und soziale Verwaltung: Rudolf Häuser, Äußeres: Rudolf Kirchschläger – ab 8. Juli 1974 Erich Bielka (beide parteilos), Inneres: Otto Rösch, Justiz: Christian Broda, Finanzen: Hannes Androsch, Unterricht und Kunst: Fred Sinowatz, Land- und Forstwirtschaft: Oskar Weihs, Handel, Gewerbe und Industrie: Josef Staribacher, Verkehr: Erwin Frühbauer – ab 17. September 1973 Erwin Lanc, Landesverteidigung: Karl Lütgendorf (parteilos), Bauten und Technik: Josef Moser, Wissenschaft und Forschung: Hertha Firnberg, Gesundheit und Umweltschutz: Ingrid Leodolter ab 21. Januar 1972. Staatssekretäre im Bundeskanzleramt für besondere Aufgaben: Elfriede Karl für Familienplanung und Karl Lausecker ab 18. Januar 1973 für den öffentlichen Dienst; im Bundesministerium für Land- und Forstwirtschaft Günter Haiden für die Bergbauern ab 8. Juli 1974.
Die SPÖ-Gremien beschließen: ÖGB-Präsident Anton Benya wird Erster Präsident des Nationalrates, Otto Probst bleibt Dritter Präsident, Leopold Gratz wird SPÖ-Klubobmann.
Der Bundesparteiobmann der ÖVP, Karl Schleinzer, bezeichnet 13 Ministerien als »Regierungsrekord«.
26.–29. Oktober Staatsbesuch, der indischen Ministerpräsidentin Indira Gandhi in Österreich.
4. November Beginn der XIII. Gesetzgebungsperiode des Nationalrates. Die neue Bundesregierung wird vom Bundespräsidenten angelobt.
11. November Höhepunkt der 50-Jahr-Feier »Burgenland bei Österreich« in Eisenstadt, Bundespräsident Franz Jonas ist anwesend.
15.–17. November Staatsbesuch des Bundespräsidenten Franz Jonas in Italien, der erste Staatsbesuch eines österreichischen Bundespräsidenten in diesem Land. Am 18. November Audienz bei Papst Paul VI., der Österreich als eine »Insel der Seligen« bezeichnet.
15. November Beginn der 6. SALT-Gesprächsrunde in Wien.
27. November Eröffnung der ersten Fußgängerzone in Wien 1, Graben.
28. November Landeshauptmann Josef Krainer stirbt in Graz; geb. am 16. Februar 1903 in St. Lorenzen bei Scheifling (Steiermark); Landwirt und Ziegeleibesitzer, ÖVP-Politiker. 1927–1936 Obmann der Angestellten- und Arbeiterorganisation in der Land- und Forstwirtschaft der Steiermark, 1945 Landesrat, seit 1948 Landeshauptmann der Steiermark *(→ 10. Dezember).*
2. Dezember Der Nationalrat nimmt mit den Stimmen der SPÖ das Gesetz über die Starthilfe (15 000 Schilling) für neuvermählte Ehepaare an. Das Gesetz tritt ab 1. Januar 1972 in Kraft.
3. Dezember Die Schatzkammer des Deutschen Ordens in Wien wird dem öffentlichen Besuch freigegeben.
6. Dezember Beginn der Verhandlungen zwischen Österreich und den Vertretern der EWG.
10. Dezember Friedrich Niederl, der Obmann des steirischen Bauernbundes, wird vom steirischen Landtag einstimmig zum Landeshauptmann gewählt.
12. Dezember Max Mell stirbt in Wien; geb. am 10. November 1882 in Marburg (Slowenien), Dichter. Er versuchte durch seine Mysterienspiele das religiöse Volksspiel zu erneuern.
15. Dezember Nationalratsdebatte über die Änderungen des Preistreiberei- und Preisregelungsgesetzes. Bei der Abstimmung wird die erforderliche Zweidrittelmehrheit nicht erreicht.
17. Dezember Großbrand in der Papierfabrik Ortmann im Piestingtal (Niederösterreich). Dieser besonders gefährliche Einsatz der Feuerwehr fordert den Tod von fünf Feuerwehrmännern.
20. Dezember Einigung der Sozialpartner über die Verlängerung der sieben Wirtschaftslenkungsgesetze um ein weiteres Jahr.
— Eine umfassende Konferenz (Bundesregierung, Opposition, Nationalbank, Sozialpartner und Kammern) bestimmt übereinstimmend, die Parität des Schillings trotz der Dollarabwertung nicht zu ändern.
22. Dezember Kurt Waldheim, der ständige Vertreter Österreichs bei der UNO, wird mit 11 : 1 Stimmen, bei drei Stimmenthaltungen, für das Amt des Generalsekretärs der UNO vorgeschlagen und von der Generalversammlung in New York durch Akklamation gewählt.
►**1972, 1. Januar** Beginn der 42 Stunden-Arbeitswoche in Österreich.
17. Januar Der Ministerrat genehmigt unter anderem den Gesetzentwurf zur Einführung der Mehrwertsteuer.
21. Januar Die Errichtung eines Bundesministeriums für Gesundheit und Umweltschutz wird im Nationalrat mit den Stimmen der SPÖ beschlossen *(→ 2. Februar).*
25. Januar Der Ministerrat schlägt dem Bundespräsidenten vor, im Zusammenhang mit den Ergebnissen der Volkszählung vom 12. Mai 1971 die Zahl der Bundesratmitglieder von 54 auf 58 – je ein Mitglied für die Länder Niederösterreich, Oberösterreich, Steiermark und Tirol – zu erhöhen.
31. Januar Karl Schranz wird vom Internationalen Olympischen Komitee von den XI. Olympischen Winterspielen in Sapporo ausgeschlossen. Ein Willkürakt des Präsidenten des IOC, Avery Brundage *(→ 25. November 1970),* da zuerst eine Ausschlußliste mit 30 Namen zur Debatte stand. Die Kontroversen um die Amateurbestimmungen im Skisport bewegen seit einiger Zeit alle Skinationen. Karl Schranz bewegte seine Kameraden, trotz einer Solidaritätsabsprache bei den Spielen zu bleiben und zu starten.
Februar Baubeginn für das Kernkraftwerk Zwentendorf (Niederösterreich).
2. Februar Ingrid Leodolter wird als Bundesministerin für Gesundheit und Umweltschutz angelobt.
3.–13. Februar XI. Olympische Winterspiele in Sapporo (Japan). Österreich: 1 Gold-, 2 Silber- und 2 Bronzemedaillen. Damen: Eiskunstlauf: 1. Beatrix Schuba; Abfahrt: 2. Annemarie Pröll; Riesenslalom: 2. Annemarie Pröll, 3. Wiltrud Drexel. Herren: Abfahrt: 3. Heini Messner.
4. Februar Österreich anerkennt die Republik Bangla Desh.
5. Februar Auf Einladung des Bundeskanzlers Bruno

Kreisky treffen in Igls (Tirol) prominente sozialdemokratische Politiker zu einem Gedankenaustausch zusammen.

8. Februar Wien bereitet dem aus Japan heimkehrenden Skirennläufer Karl Schranz einen triumphalen Empfang bei der Fahrt vom Flughafen Schwechat bis zum Bundeskanzleramt.

9. Februar Die Bundeswirtschaftskammer bedauert, daß die Vorschläge und Wünsche der Wirtschaft zur Einführung der Mehrwertsteuer im Regierungsentwurf keine Berücksichtigung gefunden haben.

15. Februar Der Nationalrat beschließt einstimmig die Abschaffung sämtlicher Hochschultaxen für österreichische Staatsbürger und Studierende aus den Entwicklungsländern.

— Erregte Szenen im Nationalrat wegen antisemitischer Bemerkungen zweier ÖVP-Abgeordneter in einer Debatte über die Auftragsvergabe des UNO-City-Projekts in Wien. Die Sitzung muß unterbrochen werden, worauf sich dann die ÖVP entschuldigt.

19. Februar Das erste Teilstück der Rheintalautobahn von Bregenz nach Feldkirch (Vorarlberg) wird dem Verkehr übergeben.

21. Februar bis 4. März Internationale Universitätswoche für Kernphysik in Schladming (Steiermark).

25. Februar Erste Sitzung des Bundesrates mit 58 Mitgliedern *(→ 25. Januar).*

29. Februar Der Ministerrat nimmt den Entwurf des Finanzministers für das Mehrwertsteuergesetz an.

2.–4. März UNO-Generalsekretär Kurt Waldheim ist als Gast der Bundesregierung in Wien.

2. März Annemarie Pröll gewinnt den Skiweltcup.

9. März Zum erstenmal wird ein Vertreter der »Arbeitsgemeinschaft freiheitlicher Arbeitnehmer« in den Bundesvorstand des ÖGB kooptiert.

14. März Abermalige Auseinandersetzung wegen des UNO-City-Projekts im Nationalrat.

15.–19. März Die Wiener Frühjahrsmesse findet erstmals nur fünf Tage statt.

17. März Die Vorstände von ÖIAG, VOEST, Alpine, Böhler und Schoeller einigen sich über die Zusammenführung dieser Gesellschaften.

21.–24. März Staatsbesuch des Bundespräsidenten Franz Jonas in Frankreich.

23. März Unterrichtsminister Fred Sinowatz kündigt die Ausgabe von Bücherschecks zum kostenlosen Bezug von Schulbüchern mit Beginn des Schuljahres 1972/73 an.

6. April Bundeskanzler Bruno Kreisky erklärt, am Termin für die Einführung der Mehrwertsteuer, dem 1. Januar 1973, festzuhalten.

— Beratungen des Bundeskanzlers mit den Vertretern der beiden slowenischen Organisationen Kärntens, dem Rat der Kärntner Slowenen und dem Zentralverband slowenischer Organisationen, über die Einführung zweisprachiger Ortstafeln in Erfüllung des Artikel 7 im Österreichischen Staatsvertrag aus dem Jahre 1955.

12.–15. April Staatsbesuch des jugoslawischen Ministerpräsidenten Dzemal Bijedić in Österreich.

18. April Bundeskanzler Bruno Kreisky erklärt vor dem SPÖ-Parteitag, Regierungsaufgabe sei es, die Idee der Sozialdemokratie zu verwirklichen. Außerdem ist er für die Gründung einer zweiten Rundfunkgesellschaft durch eine Genossenschaft der österreichischen Zeitungsherausgeber und für die sogenannte »Große Stahllösung« *(→ 17. März).* Ferner befürwortet der SPÖ-Parteitag die geplante Freigabe der Schwangerschaftsunterbrechung bis zum Ende des dritten Monats, die sogenannte Fristenlösung.

20. April Die ÖVP bezeichnet die von der SPÖ geplante Fristenlösung *(→ 18. und 28. April)* als unannehmbar.

27. April Große Studenten- und Schülerdemonstration in Wien gegen den »Maturantenerlaß« des Verteidigungsministeriums. Der Maturajahrgang 1972 muß am 1. Oktober zum Bundesheer einrücken und rüstet am 1. April 1973 ab, der Jahrgang verliert daher praktisch zwei Hochschulsemester. Die Demonstration wird zu einer Stellungnahme gegen das Bundesheer überhaupt.

28. April Auch die FPÖ lehnt die Fristenlösung ab *(→ 18. und 20. April).*

Mai Beginn an der Arbeit für den ersten »Österreichischen Sprachatlas«. Man schätzt die wissenschaftliche Arbeit auf zwölf Jahre, den Umfang auf acht Bände. Die Leitung hat Peter Wiesinger.

— Die Mount-Everest-Expedition unter der Leitung des Österreichers Felix Kuhn scheitert an einem Schlechtwettereinbruch 600 m unter dem Gipfel.

2. Mai Grenzverletzung durch tschechoslowakische Grenzorgane bei Drasenhofen (Niederösterreich).

5. Mai Im Olah-Prozeß gibt Rechtsanwalt Wilhelm Rosenzweig, der von Gewerkschaftspräsident Anton Benya von seiner Verschwiegenheit entbunden worden war, bekannt, daß Franz Olah im November 1971 dem Österreichischen Gewerkschaftsbund drei Millionen Schilling rückerstattet habe. Olah hatte diesen Betrag von Hans Dichand und Kurt Falk als Kredit erhalten und wollte ihn aus seinem 35%-Anteil an der »Kronen Zeitung«, den ihm Karpik geschenkt hatte, zurückzahlen. Außerdem hatte er den beiden Zeitungsherausgebern die Rechte an seinen Memoiren übertragen.

8. Mai Bundesminister für Landesverteidigung, Karl Lütgendorf, teilt mit, daß Maturanten den Präsenzdienst beim Bundesheer in zwei Teilen (in zwei aufeinanderfolgenden Jahren) abdienen können *(→ 27. April).*

10. Mai Eröffnung der Ausstellung »Wiener Neustadt – Festung, Residenz, Garnison« in St. Peter an der Sperr in Wr. Neustadt (Niederösterreich).

16.–20. Mai Staatsbesuch des Bundespräsidenten Franz Jonas in Finnland.

20.–22. Mai US-Präsident Richard Nixon unterbricht in Salzburg seine Reise in die UdSSR.

20. Mai Regierungsentwurf für das Kärntner Ortstafelgesetz fertiggestellt. Es sieht zweisprachige Aufschriften für jene Gemeinden vor, die mindestens 20% Slowenisch sprechende Bewohner haben.

23.–25. Mai Offizieller Besuch des deutschen Bundeskanzlers Willy Brandt in Österreich.

30. Mai Der Nationalrat verabschiedet einstimmig das Gesetz, wonach der Bund die Personalkosten der konfessionellen Schulen übernimmt.

— Else Wohlgemuth stirbt in Wien; geb. am 1. Januar 1881 in Berlin; Schauspielerin. 1910–1938 und ab 1945 am Wiener Burgtheater, 1913 Hofschauspielerin.

31. Mai Einigung von SPÖ und FPÖ über die Einführung der Mehrwertsteuer.

2. Juni Unterrichtsminister Fred Sinowatz gibt bekannt, daß das Gratisschulbuchsystem mit Einzelgutscheinen für jedes Schulbuch zu Beginn des Schuljahres 1972/73 realisiert wird. Zu erwartende Kosten 1972/73

450–500 Millionen, 1973/74 600–650 Millionen, 1974/75 über eine Milliarde Schilling.

6.–11. Juni Stark beachtetes Gastspiel des Wiener Staatsopernballetts in Florenz beim »Maggio Musicale«.

15. Juni Der Nationalrat nimmt mit den Stimmen von SPÖ und FPÖ das Gesetz über die Einführung der Mehrwertsteuer an.

20. Juni Der ÖIAG-Vorstand beschließt, mit 1. Januar 1973 die VOEST mit der Alpine zu verschmelzen, die Böhler- und die Schoeller-Bleckmann-Werke dem fusionierten Unternehmen als Tochtergesellschaften anzugliedern *(→ 17. März und 18. April)*. Die sogenannte »Große Stahllösung«.

Jahresmitte Österreich hat 2 348 Seilförderanlagen, das dichteste Seilbahnnetz der Welt. Im Detail: 147 Seilschwebe- und Standseilbahnen, 231 Sessellifte und 1 970 Schlepplifte.

1. Juli Bautenminister Josef Moser eröffnet das Autobahnteilstück Klagenfurt–Krumpendorf. Kosten: 304 Millionen Schilling. Damit ist die Strecke Klagenfurt–Villach fertiggestellt.

5. Juli Auseinandersetzungen im Nationalrat wegen schwerwiegender Vorwürfe (Protektionen) gegen den Bundeskanzler im Zusammenhang mit der Vergabe des UNO-City-Projekts. Bruno Kreisky erklärt, auf die Immunität verzichten zu wollen, um vor Gericht die Angelegenheit zu bereinigen.

6. Juli Nationalratsdebatte über die Aufstellung zweisprachiger Ortstafeln in 205 Orten Kärntens.

— Der ÖIAG-Aufsichtsrat beschließt mit Mehrheit (bis zu diesem Zeitpunkt wurden stets einstimmige Beschlüsse gefaßt) die Fusion der Eisen- und Stahlgesellschaften. Der Vorsitzende, Josef Taus, kündigt deshalb seinen Rücktritt an.

9. Juli Der Nationalrat beschließt das Gesetz über die Politikerbesteuerung.

16. Juli Eduard Macheiner, der Erzbischof von Salzburg, stirbt; geb. am 18. August 1907 in Fresen (Steiermark). Er trat am 30. Juni 1969 die Nachfolge von Andreas Rohracher an.

18. Juli Der Verfassungsdienst des Bundeskanzleramtes stellt fest, daß Gebührenfragen des ORF vor die Paritätische Kommission gehören, worauf der ORF am 19. Juli erklärt, daß die Gebührenbeschlüsse in Übereinstimmung mit dem Rundfunkgesetz gefaßt und die Unterlagen der Paritätischen Kommission übermittelt wurden.

— Schweres Unwetter über dem Burgenland. Auf dem Neusiedler See können 63 Personen aus Seenot gerettet werden.

22. Juli Österreich unterzeichnet in Brüssel vier Abkommen über den Freihandel mit den Europäischen Gemeinschaften.

27. Juli Richard Nikolaus Coudenhove-Kalergi stirbt in Schruns (Vorarlberg); geb. am 16. November 1894 in Tokio; Politiker. 1923 gründete er die Paneuropabewegung *(→ 3.–6. Oktober 1926)*.

28. Juli Ludwig Polsterer verkauft die Wiener Tageszeitung »Kurier« und die Großdruckerei Waldheim-Eberle an eine »Gesellschaft«, die aus 200 Personen und Firmen besteht.

31. Juli Alfons Gorbach stirbt in Graz; geb. am 2. September 1898 in Imst (Tirol); ÖVP-Politiker. 1934 steirischer Landesführer der Vaterländischen Front, 1935 Mitglied des steirischen Landtages. Ab 1945 Mitglied des Nationalrates und bis 1961 dessen Dritter Präsident, 1960–1963 Bundesparteiobmann der ÖVP, vom 11. April 1961 bis 2. April 1964 Bundeskanzler. 1965 Kandidat der ÖVP bei den Bundespräsidentenwahlen.

4. August Theaterskandal bei den Salzburger Festspielen. Die erste Wiederholung des Theatertückes »Der Ignorant und der Wahnsinnige« von Thomas Bernhard wird knapp vor Beginn der Vorstellung abgesagt. Die von Regisseur Claus Peymann geforderte Ausschaltung auch der Notbeleuchtung am Schluß des Stückes für die Zeit von zwei Minuten wurde behördlich nicht genehmigt.

Mitte August Eine Untersuchung ergibt, daß der Ballhausplatz in Wien der am stärksten »verstaubte Ort« in Wien ist. Mit jährlich über 16,6 kg Staub auf 100 m^3 wird er in Österreich nur mehr von Linz mit knapp 20 kg übertroffen.

17. August Alexander Sacher-Masoch stirbt in Wien; geb. am 18. November 1901 in Witkowitz (Mähren); Schriftsteller und Feuilletonist, Sohn von Leopold Sacher-Masoch *(→ 9. März 1895)*.

18. August Das Aide-mémoire Jugoslawiens enthält Vorwürfe wegen eines illegalen Grenzübertritts einer kroatischen Terroristengruppe.

— Rußland sendet ein Aide-mémoire wegen der Vereinbarungen Österreichs mit der EWG vom 22. Juli – Österreich antwortet am 20. August.

19. August Ein Großfeuer vernichtet das Hotel auf dem Pfänder bei Bregenz fast zur Gänze.

21.–23. August Das olympische Feuer befindet sich auf dem Weg nach München auf österreichischem Boden.

25. August Bundeskanzler Bruno Kreisky lehnt auf einer Pressekonferenz die Schaffung eines Berufsheeres ab.

26. August bis 10. September XX. Olympische Sommerspiele in München. Österreich: 1 Silber- und 2 Bronzemedaillen. Herren: Kajakeiner: 2. Norbert Sattler; Freie Pistole: 3. Rudolf Dollinger. Damen: Hochsprung: 3. Ilona Gusenbauer.

Ende August In Österreich werden 150 »ständige« Galerien gezählt, mit einem geschätzten Jahresumsatz von über 100 Millionen Schilling. Im Detail: Wien 67, Oberösterreich 24, Tirol 16, Niederösterreich 15, Salzburg 9, Vorarlberg 7, Kärnten 6, Steiermark 4, Burgenland 2.

4. September Traktorenblockade der fünf großen Kärntner Molkereien durch den Allgemeinen Bauernverband: Demonstration für eine Milchpreiserhöhung.

12.–17. September Glanzvolle Feierlichkeiten anläßlich der 400-Jahr-Feier der Spanischen Hofreitschule in Wien.

13.–15. September Bundespräsident Franz Jonas ist Gast beim jugoslawischen Staatspräsidenten Josip Tito.

14. September Der Nationalrat genehmigt das »Interimsabkommen« mit der EWG *(→ 22. Juli und 18. August)*.

20. September Beginn der Aufstellung der zweisprachigen Ortstafeln in Kärnten, damit nimmt der sich lang hinziehende »Ortstafelkonflikt« in Kärnten seinen Anfang. (Am 4. Oktober wird bereits die erste Ortstafel abmontiert).

23.–25. September Staatsbesuch des Premierministers von Malaysia, Tim Haji Adu Abdul Razak Ibn Dato Hussein, in Österreich.

2.–14. Oktober Besonders erfolgreiches Gastspiel der Wiener Staatsoper in Moskau.

4. Oktober ÖVP-Bundesparteiobmann Karl Schleinzer fordert die Herabsetzung der geplanten Mehrwertsteuersätze von 16% auf 14% und von 8% auf 7%. Finanzminister Hannes Androsch ist mit der Begründung: »... keine stabilisierende Wirkung« dagegen.

— Gründung eines internationalen Instituts für angewandte Systemanalyse in Laxenburg (Niederösterreich). Akademien der Wissenschaften aus zwölf Ländern sind beteiligt.

5. Oktober Bundeskanzler Bruno Kreisky stellt auf einer Pressekonferenz eine Überprüfung des Rundfunkgesetzes in Aussicht.

8. Oktober Landtagswahl im Burgenland. Mandate: SPÖ 16 (17), ÖVP 15 (15), FPÖ 1 (0).

9./10. Oktober Die jugoslawische Regierung teilt der Bundesregierung mit, daß sie »ernste Besorgnis« über die Vorfälle im Kärntner Ortstafelstreit habe.

12./13. Oktober Tagung des SPÖ-Abgeordnetenklubs in Badgastein (Salzburg). Bundeskanzler Bruno Kreisky erklärt, daß eine Rundfunkgesetznovelle nicht zu einer »Lex Bacher« werden dürfe.

14. Oktober Der erste Tunnel der Wiener U-Bahn vom Karlsplatz zum Stephansplatz (680 m lang) ist fertiggestellt.

18. Oktober Die Abgeordneten der Oppositionsparteien (ÖVP und FPÖ) verlassen nach der Budgetrede des Finanzministers den Sitzungssaal des Nationalrates, da die Minister die dringlichen Anfragen des Vormittags nicht beantwortet haben.

— Ärztedemonstration wegen der 29. ASVG-Novelle. Forderung nach Aufrechterhaltung des Kündigungsschutzes, freie Ärztewahl auch bei der Vorsorgemedizin, Mitspracherecht bei der Gründung von Ambulatorien. Die Ordinationen der Ärzte bleiben vom 18. bis 20. Oktober geschlossen.

20. Oktober Die Generalversammlung der Vereinten Nationen wählt Österreich für 1973 und 1974 zum Mitglied des Sicherheitsrates.

27. Oktober Eine Aussprache zwischen 25 Bürgermeistern kroatischer und gemischtsprachiger Gemeinden des Burgenlandes mit dem Bundeskanzler bestätigt das gute Verhältnis zwischen und mit den einzelnen Volksgruppen im Burgenland.

28. Oktober Bundeskanzler Bruno Kreisky und Landeshauptmann Hans Sima nehmen vor SPÖ-Vertrauensmännern in Klagenfurt Stellung zum Ortstafelstreit in Kärnten. Tumulte bei der Abfahrt der beiden Spitzenpolitiker.

2. November 36 Bürgermeister Kärntens erörtern im Bundeskanzleramt mit Bundeskanzler Bruno Kreisky und Landeshauptmann Hans Sima die Probleme des Ortstafelstreits.

8. November Der jugoslawische Außenminister überreicht dem österreichischen Botschafter in Belgrad eine Note, in der der Kärntner Ortstafelstreit als Gefahr für die Weiterentwicklung der gegenseitigen guten Beziehungen bezeichnet wird.

9. November ÖGB-Präsident Anton Benya betont die Notwendigkeit einer Änderung des Rundfunkgesetzes. Die ÖVP warnt davor.

15. November Das Finanzministerium veröffentlicht den sogenannten »Entlastungskatalog« (Satz der bisherigen Steuerbelastung der einzelnen Waren) zur Einführung der Mehrwertsteuer.

— Die Preissteigerungsrate beträgt in Österreich 7,2% und liegt damit unter dem europäischen Durchschnitt von 8,1%.

16./17. November Tagung des EFTA-Ministerrates in Wien.

16.–18. November Staatsbesuch des indonesischen Staatspräsidenten Ibrahim Suharto in Österreich.

22. November Sachliche Debatte im Nationalrat über das Maßnahmenpaket der Bundesregierung zur Stabilisierung von Währung und Wirtschaft.

24. November Der Nationalrat beschließt mit wechselnden Mehrheiten die »Große Steuerreform«.

— Kompromiß bei den Verhandlungen über die 29. ASVG-Novelle *(→ 18. Oktober)* zwischen der Ärztekammer und dem Hauptverband der Sozialversicherungsträger.

27. November Der Nationalrat beschließt währungspolitische Stabilisierungsmaßnahmen. Ab 1. Januar 1973 wird die Kreditzuwachsrate von 20% auf 12% reduziert, die Mindestreservesätze werden um 1% erhöht. Die Bankrate wird ab sofort um 0,7% erhöht. Die Liberalisierung der Kapitalbewegungen zur Vermeidung eines Zustroms ausländischen Spekulationsgeldes wird bis 31. Mai 1973 suspendiert.

Ende November Österreich hat rund 1,14 Millionen Telephonanschlüsse und rund 1,5 Millionen Pkw.

1. Dezember Am Bundesparteitag der ÖVP wird das »Salzburger Programm« als neues Grundsatzprogramm beschlossen.

— Österreich und die Demokratische Republik Vietnam nehmen diplomatische Beziehungen auf.

6. Dezember Die Dekane der philosophischen Fakultäten der Universitäten Wien, Graz, Salzburg und Innsbruck lehnen den Entwurf eines Universitätsorganisationsgesetzes ab. Begründung: Lehre und Forschung sind dadurch nicht mehr garantiert.

14. Dezember Die Vollautomatisierung des österreichischen Telephonnetzes ist abgeschlossen.

16. Dezember Die zweite Donaubrücke von Linz wird dem Verkehr übergeben. Bauzeit: etwas über drei Jahre, Kosten: 258 Millionen Schilling.

20. Dezember Im Nationalrat wird das Budget 1973 mit den Stimmen der SPÖ angenommen.

21. Dezember Gegenseitige Anerkennung und Aufnahme diplomatischer Beziehungen zwischen Österreich und der DDR.

— Im Wintersemester 1972/73 sind an den österreichischen Hochschulen um 12% mehr Studenten inskribiert: 70 737 gegenüber 62 871 im Wintersemester 1971/72. (Man führt diesen Anstieg auf die Gebührenbefreiung zurück.)

► **1973, 1. Januar** Die Mehrwertsteuer tritt in Kraft: Zwei Steuersätze: 8 und 16%.

— Das Freihandelsabkommen mit der EWG tritt in Kraft.

2. Januar Beendigung des sogenannten »Kronen Zeitung«-Prozesses. Eigentümer der Tageszeitung ist der Zeitungsverlag Dichand und Falk Ges. m. b. H. & Co.

10. Januar Der Ministerrat billigt das Ersuchen des UN-Generalsekretärs Kurt Waldheim, die Aufenthaltsdauer des österreichischen Zypernkontingents zu verlängern.

11. Januar Karl Berg wird zum Erzbischof von Salzburg ernannt *(→ 16. Juli 1972).*

12. Januar Die österreichische Industrie meldet wegen des Entwurfes zur Stahlfusion Bedenken an.

15. Januar Die Bundesregierung veröffentlicht den Inhalt der Note und des Aide-mémoire an Jugoslawien. Die Minderheiten sind in Österreich nicht rechtlos, in Österreich bestehen für alle Staatsbürger die gleichen Chancen.

16. Januar Österreich nimmt zum erstenmal als Mitglied des Sicherheitsrates der UNO an einer Sitzung teil.

18. Januar Karl Lausecker wird zum neuen Staatssekretär für den öffentlichen Dienst im Bundeskanzleramt bestellt.

19. Januar Großer österreichischer Erfolg bei einem Weltcupabfahrtslauf der Damen: 1. Annemarie Pröll, 2. Monika Kaserer, 3. Irmgard Lukasser und die Plätze 6, 8 und 10.

20. Januar Lorenz Böhler stirbt in Wien; geb. am 15. Januar 1885 in Wolfurt (Vorarlberg); Chirurg, Begründer der modernen Unfallchirurgie. Böhler entwickelte die Technik der Knochenbruchbehandlung durch Ruhestellung. Er begründete 1925 das Unfallkrankenhaus in Wien, das zum Vorbild für Krankenhäuser dieser Art wurde.

22. Januar Die Sicherheitsvorkehrungen für das Transitlager für Israelimmigranten in Schönau bei Wr. Neustadt (Niederösterreich) werden verschärft. Drei Palästinenser wurden mit gefälschten israelischen Reisepässen verhaftet.

25. Januar Beginn der ersten Maul- und Klauenseuchenwelle in Ostösterreich. Sie wurde von Osteuropa eingeschleppt und tritt sehr rasch in 31 Höfen Niederösterreichs und des Burgenlandes auf *(→ 3. April)* und dauert bis 25. März.

31. Januar Die österreichische Bischofskonferenz spricht sich gegen die Einführung der Fristenlösung aus.

1. Februar Abermaliger großer Erfolg der Österreicherinnen beim Weltcupabfahrtsrennen in Schruns (Vorarlberg): 1. Annemarie Pröll, 2. Wiltrud Drexel, 3. Ingrid Gföllner und die Plätze 4, 5, 7, 8 und 10.

3. Februar Die neue »Aida«-Inszenierung an der Wiener Staatsoper wird wegen der besonders aufwendigen Dekorationen heftig kritisiert.

6. Februar Aussprache über die zu treffenden Maßnahmen gegen die Maul- und Klauenseuche im Rahmen aller zuständigen Stellen. Die Bundesländer verlangen verstärkte Impfaktionen.

9. Februar Erste Sitzung der von der Bundesregierung eingesetzten »Ortstafelkommission«; die Slowenenvertreter sagten ihr Erscheinen ab.

10. Februar Annemarie Pröll ist Skiweltcupsiegerin mit 297 Punkten.

12. Februar Die Dollarkrise veranlaßt die Wiener Börse zu schließen.

13. Februar Die von der ÖVP gegründete Politische Akademie nimmt in Wien ihre Tätigkeit auf.

14. Februar Der Nationalrat beschließt einstimmig die Herabsetzung des Großjährigkeitsalters auf 19 Jahre ab 1. Juli.

15. Februar Die Zusammenfassung der verstaatlichten Eisen- und Stahlunternehmungen zu einem Konzern wird vom Nationalrat beschlossen *(→ 12. Januar).*

24. Februar Sepp Walcher fährt in Lienz (Osttirol) mit 108,36 km/h das bisher schnellste Skiabfahrtsrennen.

25. Februar Gemeinderatswahl in Graz, die SPÖ verliert die absolute Mehrheit *(→ 11. April).*

1. März Erste Sitzung der von Bundeskanzler Bruno Kreisky eingesetzten ORF-Reformkommission.

7. März Christine Lavant (eigentlich Habernig, geb. Thonhauser) stirbt in Wolfsberg (Kärnten), geb. am 4. Juli 1915 in Großedling bei Wolfsberg, Lyrikerin und Erzählerin.

13. März Die Bundesregierung beschließt eine Aufwertung des Schillings um 2,25% *(→ 2. Juli).*

25. März Gemeinderatswahlen in Kärnten. SPÖ —6%, ÖVP +1,8%, FPÖ +3%, KPÖ +0,8%, Namenslisten +0,4%.

— Ende des Skiweltcups. Österreich ist in der Mannschaftswertung überlegen an erster Stelle mit 1 518 Punkten.

3. April Der Konflikt um den Bau des neuen Gebäudes für das Zoologische Institut der Universität Wien im Wiener Sternwartepark ist auf dem Höhepunkt.

— Beginn der zweiten Maul- und Klauenseuchewelle, die bis 22. Oktober anhält. 1 620 Höfe in Niederösterreich, im Burgenland und in Wien sind betroffen. Tausende Rinder, Schweine und sonstige Haustiere müssen notgeschlachtet werden. Die Eigentümer erhalten etwa 187 Millionen Schilling als Entschädigung. Die Kosten für die Impfung der mehr als 1,9 Millionen Nutztiere betragen 41 Millionen Schilling.

11. April Abkommen zwischen ÖVP und FPÖ über eine Zusammenarbeit im Grazer Gemeinderat *(→ 25. Februar).* Am 24. April wird Alexander Götz (FPÖ) Bürgermeister von Graz.

13. April Die Mehrheit der ORF-Reformkommission *(→ 1. März)* plädiert für ein Leitungstriumvirat im ORF.

— Der Katschbergtunnel für die Tauernautobahn ist in der Rekordzeit von 500 Arbeitstagen durchschlagen, er ist 5,4 km lang.

17. April Einsturz einer Betondecke beim ORF-Neubau auf dem Küniglberg in Wien. Zwei Arbeiter werden getötet, drei schwer verletzt.

19. April Hans Kelsen stirbt in Berkeley (Kalifornien); geb. am 11. Oktober 1881 in Prag; Völkerrechtler. 1919–1929 Universitätsprofessor in Wien, dann in Köln, Genf und Prag, ab 1942 in Berkeley (USA). 1920–1929 Mitglied des Verfassungsgerichtshofes in Wien. Kelsen war Mitgestalter der österreichischen Bundesverfassung von 1920.

7.–11. Mai Staatsbesuch des Bundespräsidenten Franz Jonas in der Bundesrepublik Deutschland.

9. Mai Der Nationalrat verabschiedet das Gesetz zur Errichtung der Kunsthochschule in Linz.

— Wegen der Ausbreitung der Maul- und Klauenseuche werden in den betroffenen Gebieten 32 Schulen vorübergehend geschlossen.

16. Mai Albert Paris Gütersloh (eigentlich Albert Conrad Kiehtreiber) stirbt in Baden bei Wien; geb. am 5. Februar 1887 in Wien; Dichter und Maler. Der geistige Vater der Wiener Schule des phantastischen Realismus.

19. Mai Führungswechsel in der Kärntner SPÖ: Leopold Wagner löst Hans Sima als Landesparteiobmann ab *(→ 4. September).*

21.–24. Mai Staatsbesuch des finnischen Ministerpräsidenten Kalevi Sorsa in Österreich.

23./24. Mai Streik von 60 000 Lehrern in ganz Österreich, um ihre Forderungen durchzusetzen.
23. Mai Oberst Alois Podhajsky stirbt in Wien; geb. am 24. Februar 1898 in Mostar (Herzegowina). Er war Olympiadritter 1936 bei der Dressurprüfung Reiten. Ab 22. Juni 1939 Leiter der Spanischen Hofreitschule in Wien, von wo er am 8. Januar 1965 Abschied nahm.
25. Mai Einigung zwischen Bund und Ländern, bis Jahresende eine »Kreditbremse« durchzuführen.
26. Mai Eine Volksbefragung über den Sternwartepark *(→ 3. April)* ergibt eine Mehrheit von 57,4% gegen die Errichtung des Gebäudes für das Zoologische Institut der Universität Wien. Es ist dies die erste in Österreich durchgeführte Volksbefragung.
4. Juni Nach dem Rücktritt von Felix Slavik entscheidet sich die SPÖ für Leopold Gratz als neuen Bürgermeister von Wien *(→ 5. Juli)*.
18.–21. Juni Staatsbesuch des senegalesischen Staatspräsidenten Leopold Sédar Senghor in Österreich.
Sommer Die seit 1968 durchgeführten archäologischen Grabungen an der Goldenen Stiege in Mödling (Niederösterreich) sind beendet. Das Gräberfeld erweist sich als einer der größten vollständig erschlossenen Friedhöfe des 7. und 8. Jh.s. Das Ergebnis: 497 awarenzeitliche Gräber, 55 hallstattzeitliche Brandbestattungen und über 40 Siedlungsgruben aus verschiedenen Zeitperioden der Urzeit.
23. Juni Nach schweren, anhaltenden Regenfällen Hochwasser in der Steiermark, Straßen und die Südbahnstrecke der Bundesbahnen sind unterbrochen.
2.–5. Juli Staatsbesuch des sowjetischen Ministerpräsidenten Alexej Nikolajewitsch Kossygin in Österreich.
2. Juli Die Bundesregierung beschließt eine Schillingaufwertung um 4,8% ab 3. Juli *(→ 13. März)*.
3. Juli Der Nationalrat beschließt die Herabsetzung des passiven Wahlrechtes von 24 auf 21 Jahren.
5. Juli Leopold Gratz wird im Wiener Gemeinderat mit 62 von 99 abgegebenen Stimmen zum Bürgermeister von Wien gewählt *(→ 4. Juni)*.
10. Juli Neuerliche Währungs- und Wirtschaftsdebatte im Nationalrat. Finanzminister Hannes Androsch erwähnt, daß Österreich 1972 mit einer realen Wachstumsrate von 6,4% den ersten Rang unter den Industriestaaten Europas einnahm. Bundeskammerpräsident Rudolf Sallinger verlangt von der Bundesregierung eine Stabilisierungspolitik. FPÖ-Parteiobmann Friedrich Peter fordert eine bessere Exportförderung des Staates.
11. Juli Harte Auseinandersetzung im Nationalrat wegen des UNO-City-Projekts in Wien. Kosten, Vergabe und Zweckmäßigkeit werden diskutiert.
14. Juli Die Donaubrücke bei Krems an der Donau (Niederösterreich) wird dem Verkehr übergeben. Bauzeit: vier Jahre, Kosten: 420 Millionen Schilling.
26. Juli Luftzwischenfall an der Grenze zur ČSSR. Ein österreichisches Sportflugzeug wird von einer ČSSR-Militärmaschine bedrängt und zum Absturz gebracht, beide Insassen finden den Tod. Der Zwischenfall ereignet sich 20 km von der Grenze entfernt *(→ 2. September)*.
6. August Johanna Steinhauser aus Wien wird in Valencia Weltmeisterin im Schreibmaschinenschreiben mit 669 Anschlägen in der Minute. (Am 8. April 1978 wird sie es zum drittenmal mit 840 Anschlägen, nachdem sie beim zweiten Titel 728 Anschläge hatte.)
18. August Die österreichische Mannschaft gewinnt in Wr. Neustadt (Niederösterreich) die Weltmeisterschaft im militärischen Fünfkampf.
19. August Erstbesteigung des 6 000 m hohen Daltar Peak im östl. Teil des Hindukusch durch die Bergsteiger Helmut Linzbichler und Günther Schmidt, beide aus Kapfenberg (Steiermark).
31. August Der 700. ORF-Sender wird in Wien-Neuwaldegg in Betrieb genommen. Jeder zweite Sender wurde nach der Rundfunkreform 1967 errichtet. Die Kosten betrugen rund 665 Millionen Schilling. 125 Sender sind für den Hörfunk, 540 für das Fernsehen.
2. September Erneuter Luftzwischenfall an der ČSSR-Grenze *(→ 26. Juli)*, diesmal wird ein Segelflugzeug mit Hilfsmotor abgedrängt und zum Absturz gebracht, abermals zwei Tote *(→ 25. September)*.
4. September Landeshauptmann Hans Sima lehnt die Rücktrittsaufforderung der Kärntner SPÖ vom 3. September ab *(→ 19. Mai)*.
8. September Eröffnung des Strafrechtsmuseums im Schloß Scharnstein (Oberösterreich), das erste dieser Art in Österreich.
18. September Erwin Lanc löst den ausscheidenden Erwin Frühbauer als Verkehrsminister ab.
21. September Der OECD-Bericht unterstreicht deutlich die Leistungen der österreichischen Wirtschaft im Jahre 1972.
25. September Die Regierung der ČSSR weist den österreichischen Protest wegen des Vorgehens gegen die beiden österreichischen Sportflugzeuge vom *(→ 26. Juli* und *→ 2. September)* zurück *→ 21. Dezember)*.
27. September ÖVP-Bundesparteiobmann Karl Schleinzer verlangt von Bundeskanzler Bruno Kreisky, daß er die ORF-Gesetznovelle zurückziehe. Der Bundeskanzler stellt daraufhin fest, daß der Gesetzentwurf erstmals die Unabhängigkeit des Rundfunks verankere.
28. September Erster Terroranschlag von Palästinensern in Österreich. Im Bahnhof Marchegg (Niederösterreich) werden aus einem Zug mit jüdischen Emigranten aus der Sowjetunion vier Geiseln (drei Juden und ein österreichischer Zollwachebeamter) entführt und auf den Flughafen Wien-Schwechat gebracht. Die Geiseln werden freigelassen, nachdem die Bundesregierung die Auflösung des Transitlagers Schönau (Niederösterreich) zusagt. Am 29. September werden die Terroristen von zwei Grazer Piloten, die sich freiwillig zur Verfügung stellten, ausgeflogen.
2. Oktober Israels Ministerpräsidentin Golda Meir fordert in Wien von Bundeskanzler Bruno Kreisky die Aufhebung der Entscheidung der Bundesregierung, das Transitlager Schönau *(→ 28. September)* zu schließen. Der Bundeskanzler erläutert sehr bestimmt den Standpunkt der Bundesregierung.
9.–13. Oktober Staatsbesuch des bulgarischen Staatspräsidenten Todor Schiwkow.
17. Oktober Ingeborg Bachmann stirbt in Rom; geb. am 25. Juni 1926 in Klagenfurt; Schriftstellerin und Lyrikerin. Die erste Gesamtausgabe ihrer Werke erscheint im März 1978.
21. Oktober Landtagswahlen in Wien und Oberösterreich. Mandate: Wien: SPÖ 66 (63), ÖVP 31 (30), FPÖ 3 (4), die DFP verliert ihre 3 Mandate; Oberösterreich: ÖVP 28 (26), SPÖ 24 (26), FPÖ 4 (4).

30. Oktober Truppenabbaugespräche in Wien. Es nehmen zwölf NATO-Staaten und sieben Staaten des Warschauer Paktes teil.
4. November Karl Heinrich Waggerl stirbt in Schwarzach im Pongau (Salzburg) an den Folgen eines Verkehrsunfalles; geb. am 10. Dezember 1897 in Badgastein (Salzburg); Erzähler und Heimatschriftsteller.
7. November Bürgermeister Leopold Gratz präsentiert ein neues Team des Wiener Rathauses, alle Amtsführenden Stadträte sind Mitglieder der SPÖ, die Anzahl wurde von 14 auf acht reduziert.
13. November Inkrafttreten eines neuen Benzinpreises. Tage vorher erfolgten in ganz Österreich enorme Hortungskäufe, so daß zahlreiche Tankstellen zeitweilig ohne Benzin waren.
— Erster Spatenstich für den 14 km langen Arlbergstraßentunnel in Langen am Arlberg (Vorarlberg).
20. November Beratung der OPEC-Minister (Organisation Erdöl exportierender Länder) in Wien über eine Erdölpreiserhöhung.
25. November Als Benzinsparmaßnahme wird in Österreich eine Geschwindigkeitsbeschränkung auf 100 km/h verfügt, vorerst bis 1. Mai 1976. (Diese wirkt sich auch positiv auf Anzahl und Schwere der Verkehrsunfälle aus.)
29. November Der Nationalrat beschließt das neue Strafrecht. Bis auf die Fristenlösung werden alle Paragraphen einstimmig beschlossen, bei der Fristenlösung Mehrheitsentscheidung durch die SPÖ.
— Felix Braun stirbt in Klosterneuburg (Niederösterreich); geb. am 4. November 1885 in Wien; Lyriker, Dramatiker und Essayist. Er war der letzte Vertreter des Impressionismus und der Neuromantik in Österreich.
4. Dezember Bei der Behandlung des Budgetkapitels Justiz kommt es im Nationalrat abermals zu einer Debatte über das neue Strafrecht *(→ 29. November).*
— Ein Schneesturm im Raum Wien erreicht eine Geschwindigkeit von 120 km/h.
10. Dezember Die Verhaltensforscher Karl von Frisch und Konrad Lorenz erhalten gemeinsam mit dem Niederländer Nikolaas Tinbergen den Nobelpreis für Medizin für ihre Leistungen auf dem Gebiet der Verhaltensforschung.
— Anläßlich der Feier der Unterzeichnung der Menschenrechtsdeklaration der Vereinten Nationen vor 25 Jahren gibt Außenminister Rudolf Kirchschläger in New York eine Erklärung vor der Vollversammlung ab. Österreich ist seit seinem Beitritt zu den Vereinten Nationen im Jahre 1955 allen Menschenrechtskonventionen der Vereinten Nationen beigetreten.
14. Dezember Der Nationalrat verabschiedet einstimmig die neue Arbeitsverfassung.
— Weitere Verkehrsbeschränkungen zur Sicherung der Treibstoffversorgung werden überlegt *(→ 14. Januar 1974).*
21. Dezember Unterzeichnung von Verträgen zwischen Österreich und der ČSSR über die gemeinsame Staatsgrenze und über das Verfahren von Untersuchungen bei Grenzzwischenfällen *(→ 26. Juli, 2. und 25. September; 27. März 1974).*
27. Dezember Der Schah von Persien, Mohammed Reza Pahlawi, weilt zu privatem Besuch in Österreich. Dabei ergeben sich Verhandlungen über Erdöllieferungen.
31. Dezember Die Preissteigerungsrate betrug im Jahre 1973 in Österreich 7,6%, in den anderen Industrieländern Europas durchschnittlich 8,7%.
▶ **1974, 14. Januar** Die Verordnung des Handelsministeriums über einen »autofreien Tag« in der Woche tritt als Benzinsparmaßnahme in Kraft. Nach freier Wahl muß jeder Kfz-Besitzer einen Tag in der Woche auf das Autofahren verzichten. Durch ein »Pickerl« ist dieser Tag an der Windschutzscheibe anzuzeigen und im Zulassungsschein einzutragen. Rund 200 000 Autobesitzer – knapp 13% bzw. jedes achte Fahrzeug – erhalten die »Sonderfahrgenehmigung«, sie bringt durch die dafür zu entrichtende Gebühr dem Staat eine Einnahme von rund 11 Millionen Schilling (wegen genügender Bevorratung wird die Verordnung mit dem 18. Februar wieder aufgehoben).
— Der Richtstollen für den 8 320 m langen Gleinalmtunnel der Pyhrnautobahn ist durchschlagen, Bauzeit: nur elf Monate.
17. Januar Ein Orkan mit 126 km/h über Oberösterreich richtet beträchtlichen Sachschaden an.
19. Januar Der Tauerntunnel der Tauernautobahn mit einer Länge von 6,4 km ist fertiggestellt; Bauzeit: drei Jahre.
— Franz Nabl stirbt in Graz; geb. am 16. Juli 1883 in Lautschin (Böhmen); Erzähler und Dramatiker.
23. Januar Der Nationalrat faßt einen Beharrungsbeschluß mit 92 gegen 89 Stimmen über das neue Strafrecht. Der Einspruch des Bundesrates ist damit aufgehoben, das Gesetz tritt mit 1. Januar 1975 in Kraft. Die Bestimmungen über den Schwangerschaftsabbruch, die sogenannte Fristenlösung, sind noch immer heftig umstritten und diskutiert.
26. Januar Julius Patzak stirbt in Rottach-Egern am Tegernsee (Bayern); geb. am 9. April 1898 in Wien; lyrischer Tenor, Kammersänger. 1928–1945 an der Münchner Oper, ab 1946 Mitglied der Wiener Staatsoper, ab 1948 Professor an der Wiener Musikakademie *(→ 6. August 1947).*
2.–10. Februar Skiweltmeisterschaften in St. Moritz (Schweiz). Österreich an erster Stelle in der Nationenwertung mit 3 Gold-, 3 Silber- und 2 Bronzemedaillen. Herren: Abfahrt: 1. David Zwilling, 2. Franz Klammer; Slalom: 2. David Zwilling; Riesenslalom: 2. Hans Hinterseer; Kombination: 1. Franz Klammer. Damen: Abfahrt: 1. Annemarie Moser-Pröll, 3. Wiltrud Drexel; Kombination: 3. Monika Kaserer.
4./5. Februar Das Exekutivkomitee des »Club of Rome« ist Gast auf Schloß Klesheim bei Salzburg.
4. Februar Österreich erhält den von der Zeitschrift »Financial Times« jährlich vergebenen »Wirtschafts-Oscar« für die »besten allgemeinen Ergebnisse«.
6. Februar Der Nationalrat beschließt das Schulunterrichtsgesetz: ein »partnerschaftliches Verhältnis« zwischen Schüler und Lehrer.
11.–13. Februar Staatsbesuch des mexikanischen Staatspräsidenten Luis Echeverria Álvarez in Österreich.
1. März Zwei Grenzverletzungen tschechoslowakischer Militärflugzeuge im Raum von Hardegg (Niederösterreich). Bei der ersten Grenzverletzung wird auf österreichischem Staatsgebiet ein Hubschrauber des Bundesheeres abgedrängt.
— Eine Höchstgeschwindigkeit von 120 km/h wird auf den österreichischen Autobahnen verfügt.
6. März Der Nationalrat beschließt das Zivildienstge-

setz, da immer mehr Präsenzdiener den Dienst ohne Waffe verlangen.

10. März Der Skiweltcup ist beendet, Österreich belegt mit 1 315 Punkten Platz 1 in der Nationenwertung. Annemarie Moser-Pröll Platz 1, Monika Kaserer 2. Bei den Herren Hans Hinterseer 3.

23. März Die Gletscherbahn Kaprun II auf das Kitzsteinhorn ist nach dreijähriger Bauzeit fertiggestellt. Sie ist 3,9 km lang, hat eine Steigung von 50%, führt über eine 600 m lange Stahlbrücke und durch einen 3,3 km langen Stollen in 2 446 m Seehöhe.

— In Linz wird die Brucknerhalle mit dem »Bruckner-Dialog« von Gottfried von Einem eröffnet. Sie ist eine Konzerthalle mit besonders hervorragender Akustik.

27. März Der Ministerrat genehmigt den Vertrag über das Verfahren zur Untersuchung von Grenzzwischenfällen mit der ČSSR *(→ 21. Dezember 1973).*

29. März Unterzeichnung eines verbesserten Sozialabkommens zwischen Österreich und der Bundesrepublik Deutschland in Bonn.

Ende März Österreich gewinnt überlegen den Skinationencup »World Series« in den USA.

— Über Österreich ist bis in die ersten Apriltage hinein der Komet Bradfield sichtbar.

31. März Landtagswahl in Salzburg. Mandate: ÖVP 18 (13), SPÖ 13 (13), FPÖ 5 (6). Zu beachten ist, daß gegenüber der letzten Landtagswahl 36 statt 32 Sitze zu vergeben waren.

8. April Der Nationalrat regelt in zwei Sondersitzungen die Vertretung des verhinderten Bundespräsidenten, da dieser seit mehreren Tagen schwer erkrankt ist. Die Funktion der Vertretung üben die drei Präsidenten des Nationalrates aus, die Vorsitzführung und die Vertretung in der Öffentlichkeit erfolgt durch den Ersten Präsidenten des Nationalrates. (Gemäß dem Bundesverfassungsgesetz gehen bei Verhinderung des Bundespräsidenten die Funktionen nur für 20 Tage auf den Bundeskanzler über. Die behandelnden Ärzte hatten jedoch am 27. März festgestellt, daß es sich bei der Erkrankung des Bundespräsidenten Franz Jonas um eine längere Zeitspanne handeln wird.)

18. April Eröffnung der Wiener Internationalen Gartenschau 1974 (WIG 74) auf dem Laaer Berg in Wien 10. 25 Nationen nehmen daran teil. Die Kosten der Adaptierung des Geländes belaufen sich auf über 1 Milliarde Schilling.

19. April Leopold Wagner wird vom Kärntner Landtag zum neuen Landeshauptmann gewählt. Hans Sima war am 12. April zurückgetreten.

22.–26. April Karl-Kraus-Woche in Wien, veranstaltet von der Österreichischen Gesellschaft für Literatur anläßlich des 100. Geburtstages am 28. April.

23. April Keine Einigung zwischen den Ärzten und der Gesundheitsministerin Ingrid Leodolter wegen der Krankenanstaltengesetznovelle.

24. April Bundespräsident Franz Jonas stirbt in Wien; geb. am 4. Oktober 1899 in Wien; sozialdemokratischer Politiker, gelernter Schriftsetzer. 1946 Bezirksvorsteher des 21. Bezirks, 1948 Amtsführender Stadtrat, 1951–1965 Bürgermeister von Wien, 1953–1965 Abgeordneter zum Nationalrat. Am 23. Mai 1965 zum Bundespräsidenten gewählt, wiedergewählt am 25. April 1971.

30. April Bekanntgabe der Kandidaten für die Bundespräsidentenwahl: Die SPÖ nominiert Außenminister Rudolf Kirchschläger (parteilos), die ÖVP den Innsbrucker Bürgermeister Alois Lugger. Die Bundespräsidentenwahl findet am *(→)* 23. Juni statt.

1. Mai Eine Höchstgeschwindigkeit von 130 km/h wird auf den österreichischen Autobahnen vorgeschrieben.

3. Mai Eröffnung der Ausstellung »Die Bildhauerfamilie Schwanthaler 1633–1848« im renovierten Stift Reichersberg (Oberösterreich).

14. Mai Der Ministerrat spricht sich für eine Verlängerung des Preisbestimmungsgesetzes bis 31. Dezember 1975 aus.

17. Mai »Stille« Schillingaufwertung um etwa 3% durch die Verdoppelung der Kursmargen.

22. Mai Eröffnung der großangelegten Ausstellung »Renaissance in Österreich« auf der renovierten Schallaburg bei Melk (Niederösterreich). Die Ausstellung bleibt bis 14. Oktober geöffnet.

25. Mai bis 1. Juni Staatsbesuch (in Vertretung des Bundespräsidenten) von Bundeskanzler Bruno Kreisky in der UdSSR.

Juni Die Verbraucherpreise steigen in Österreich erstmals um über 10%, genau: um 10,2%.

5. Juni Bruno Brehm stirbt in Altaussee (Steiermark); geb. am 23. Juli 1892 in Laibach (Slowenien); Schriftsteller historischer Romane.

9. Juni Landtagswahl in Niederösterreich. Mandate: ÖVP 31 (30), SPÖ 25 (26), FPÖ und KPÖ 0 (0).

10.–12. Juni Der amerikanische Präsident Richard Nixon macht auf seiner Nahostreise in Salzburg Zwischenaufenthalt.

11. Juni Gründung der Robert-Musil-Gesellschaft in Wien.

23. Juni Bundespräsidentenwahl. Rudolf Kirchschläger wird zum Bundespräsidenten gewählt (Ergebnisse *→ Tabelle im Anhang*).

25. Juni Vier österreichische Soldaten des UN-Kontingents fallen in Israel auf dem Hermonberg. Sie waren mit einem Jeep auf eine Mine gefahren.

5. Juli Der Verfassungsausschuß des Nationalrates verabschiedet in Abwesenheit der beiden Oppositionsparteien (sie hatten die Anwesenheit des Bundeskanzlers verlangt, der beim Spatenstich zum Arlbergstraßentunnel war) die Rundfunkgesetznovelle.

— Der Wiener Landtag beschließt mit den Stimmen der SP-Mehrheit das Parkometergesetz.

— Spatenstich für den Arlbergstraßentunnel in St. Jakob (Tirol) und in Langen am Arlberg (Vorarlberg). Die Minister Hannes Androsch und Josef Moser in Tirol, Bundeskanzler Bruno Kreisky in Vertretung des Bundespräsidenten in Vorarlberg *(→ 13. November 1973).*

8. Juli Rudolf Kirchschläger wird als Bundespräsident angelobt.

— Günter Haiden als Staatssekretär im Bundesministerium für Land- und Forstwirtschaft (für Bergbauernfragen) angelobt.

9. Juli Debatte über die ORF-Reform im Nationalrat *(→ 5. Juli).* Der Mißtrauensantrag der ÖVP gegen Bundeskanzler Bruno Kreisky wird von der FPÖ unterstützt *(→ 10. Juli).*

10. Juli Der Nationalrat verabschiedet mit den Stimmen der SPÖ die Rundfunkgesetznovelle (ein Kuratorium statt Aufsichtrat und Generalversammlung, kein Weisungsrecht des Generalintendanten). Die Neubestellung der ORF-Führung muß bis 15. Oktober erfolgen. Das Verfassungsgesetz über die Unabhängigkeit des Rundfunks wird einstimmig angenommen. Der Mißtrauensantrag gegen den Bundeskanzler vom 9. Juli und die Forderung einer Volksabstimmung über die Rundfunkgesetznovelle wird mit den Stimmen der SPÖ abgelehnt *(→ 9. September)*.

13. Juli Die parteiunabhängigen Tageszeitungen Österreichs erklären, daß die »SPÖ-Rundfunkgesetznovelle nicht im Sinne des seinerzeitigen Volksbegehrens« sei.

17./18. Juli Schwere Unwetter in ganz Österreich verursachen Vermurungen und Hochwasser im Westen, starker Hagelschlag in der Oststeiermark. Erheblicher Sachschaden.

20. Juli Eröffnung der Bregenzer Festspiele mit einem bisher in Österreich noch nicht aufgeführten Jugendwerk Giuseppe Verdis, »Il finto Stanislao«.

1. August Die neue Gewerbeordnung tritt in Kraft, sie bringt größere Freiheiten in verschiedenen Sparten des Gewerbes.

12.–14. August 5. Weltkongreß der »International Reading Association« (= Internationale Lesegesellschaft) der UNESCO in Wien.

15. August Bei einem türkischen Luftangriff nahe der Ortschaft Goshi auf der Insel Zypern fallen drei Angehörige des österreichischen UNO-Bataillons.

3. September Wegen Zahlungsunfähigkeit muß die Allgemeine Wirtschaftsbank AG in Wien, die sogenannte Krauland-Bank, schließen. Der erste Bankkrach in der Zweiten Republik.

9. September Der Hörer- und Seherbeirat des ORF (eine Neuerung gemäß der Rundfunkgesetznovelle, *(→ 10. Juli)* ist konstituiert. 20 der 35 Mitglieder (!) wurden von Bundeskanzler Bruno Kreisky bestellt.

18.–20. September Staatsbesuch des Ministerpräsidenten der arabischen Republik Syrien, Mahmud Al Ajubi, in Österreich.

23. September Inbetriebnahme der neuen Großsendeanlage auf dem Kahlenberg. Bauzeit: 17 Monate, Kosten: 73 Millionen Schilling.

30. September bis 3. Oktober Staatsbesuch des polnischen Ministerpräsidenten Piotr Jaroszewicz in Österreich.

30. September Die Arbeiterkammerwahlen bringen dem ÖAAB (ÖVP) beachtenswerte Erfolge in ganz Österreich.

2. Oktober Der Verfassungsgerichtshof hebt eine Passage der Rundfunkgesetznovelle als verfassungswidrig auf *(→ 10. Juli und 9. September)*.

— Während eines Dressurrittes stirbt Oberst Hans Handler, der Leiter der Spanischen Hofreitschule in Wien. Nachfolger wird Oberstleutnant Kurt Albrecht.

11. Oktober Otto Oberhammer, der Kandidat der Bundesregierung, wird vom ORF-Kuratorium zum Generalintendanten des ORF gewählt. Da kein Bewerber die Zweidrittelmehrheit erhielt, ist er nur provisorisch auf drei Monate gewählt. Die ÖVP verlangt deshalb eine Sondersitzung des Nationalrates *(→ 18. Oktober; 10. Januar 1975)*.

12. Oktober Felix Hurdes stirbt in Wien; geb. am 9. August 1901 in Bruneck (Südtirol); Rechtsanwalt, ÖVP-Politiker. 1936–1938 Kärntner Landesrat, 1945–1952 Unterrichtsminister, 1945–1951 Generalsekretär der ÖVP, deren Mitbegründer er auch war, 1953–1959 Erster Präsident des Nationalrates. Als Unterrichtsminister war er der Initiator des »Österreichischen Wörterbuches«.

— Josef Krips stirbt in Genf (Schweiz); geb. am 8. April 1902 in Wien; Dirigent und Kapellmeister. 1933–1938 Dirigent an der Wiener Staatsoper und Professor an der Wiener Musikakademie, 1939–1945 Berufsverbot, 1950–1954 Chefdirigent des London Symphony Orchestra, dann des Buffalo Philharmonic Orchestra, 1963 des Symphonieorchesters von San Francisco.

15. Oktober Nach langer und auch schwieriger Kuratoriumssitzung werden die neuen ORF-Intendanten gewählt. Der stellvertretende Vorsitzende des Kuratoriums, FPÖ-Bundesparteiobmann Friedrich Peter, stellt wegen der nicht sauberen Vorgänge einen Mißtrauensantrag gegen den provisorischen ORF-Generalintendanten Otto Oberhammer *(→ 11. Oktober)*.

— Die Österreichische Nationalbibliothek erwirbt die »Hoboken-Sammlung«, die größte Sammlung musikalischer Erst- und Frühdrucke der Welt. Der über 80 Jahre alte holländische Musikwissenschaftler und Haydn-Spezialist Anthony van Hoboken ist bei der Übernahme seines Lebenswerkes in Wien anwesend.

16. Oktober Das Einleitungsverfahren zum Volksbegehren der »Aktion Leben« gegen die Fristenlösung beginnt.

18. Oktober Sondersitzung des Nationalrates wegen der Vorgänge im ORF *(→ 15. Oktober)*. Die Regierung interpretiert ihren Standpunkt im Zusammenhang mit der Rundfunkgesetznovelle.

20. Oktober Landtagswahlen in der Steiermark und in Vorarlberg. Mandate in der Steiermark: ÖVP 31 (28), SPÖ 23 (20), FPÖ 2 (2); in Vorarlberg: ÖVP 22 (20), SPÖ 10 (9), FPÖ 4 (7).

21./22. Oktober Personalvertretungswahlen in Niederösterreich. Die SPÖ kandidiert nicht, da zu geringe Aussichten. ÖAAB und FCG (= Fraktion christlicher Gewerkschafter) erhalten 95,14% der abgegebenen Stimmen.

22. Oktober Finanzminister Hannes Androsch gibt den Budgetvoranschlag 1975 bekannt: voraussichtlicher Abgang 16 326 Millionen Schilling.

29. Oktober Der Ministerrat billigt eine verfassungsmäßige Änderung des Wahlrechtes. Alle Personen, die im Wahljahr 19 Jahre alt werden, dürfen wählen, alle, die 25 Jahre alt werden, sind wählbar.

30. Oktober Ernst Lothar (eigentlich Müller) stirbt in Wien; geb. am 25. Oktober 1890 in Brünn; Schriftsteller und Regisseur, Theaterkritiker. 1933–1935 Regisseur am Wiener Burgtheater, 1935–1938 Direktor des Theaters in der Josefstadt (Nachfolger von Max Reinhardt), ab 1948 wieder am Wiener Burgtheater tätig. Auch Regisseur bei den Salzburger Festspielen.

31. Oktober Die Verhandlungen zwischen ÖVP und SPÖ zur Bildung der Vorarlberger Landesregierung *(→ 20. Oktober)* scheitern, da die ÖVP eine Zusammenarbeit mit Ernst Winder wegen seines unfairen Verhaltens im Wahlkampf ablehnt.

7. November Helene Thimig stirbt in Wien; geb. am 5. Juni 1889 in Wien; Burgtheaterschauspielerin. Sie heiratete 1932 den Regisseur Max Reinhardt. 1914–1933 in Berlin, zugleich 1924–1937 am Theater in der

Josefstadt, ab 1946 am Wiener Burgtheater, ab 1954 auch am Theater in der Josefstadt, 1948–1959 künstlerische Leitung des Reinhardtseminars in Wien.

9. November Egon Wellesz stirbt in Oxford (England), geb. am 21. Oktober 1885 in Wien; Komponist und Musikforscher. Der Schüler von Arnold Schönberg war ab 1929 Professor in Wien, er komponierte vorwiegend Orchester- und Kammermusik, aber auch Opern und Ballette.

10.–14. November Offizieller Besuch des Bundeskanzlers Bruno Kreisky in den USA. Er hält am 11. November eine beachtete Rede vor der UN-Generalversammlung unter dem Titel »Appell an das Weltgewissen« und wird am 12. November von US-Präsident Gerald Ford im Weißen Haus empfangen.

16. November Rupert Hartl wird zum Landesparteiobmann der SPÖ Oberösterreichs gewählt. Damit scheint die Krise in der oberösterreichischen SPÖ beigelegt.

21. November Streik der Redakteure der Wiener Tageszeitung »Neue Kronen-Zeitung« wegen eines Redakteurstatuts. Dabei kommt es auch zu Differenzen zwischen den beiden Inhabern Kurt Falk und Hans Dichand.

1. Dezember Oswald Lutz stirbt in Bregenz; geb. am 23. April 1908 in Wien; Komponist. Er lebte ab 1945 in Vorarlberg. Lutz schuf unter anderem drei Symphonien, fünf Messen, die Festspielfanfare der Bregenzer Festspiele und das Ballett »Raskolnikow« (nach dem Roman Dostojewskis).

2. Dezember Die Antwortnote der Bundesregierung an Jugoslawien weist den Vorwurf vom 29. Oktober zurück und stellt fest, daß die Lage der Minderheiten in Österreich unverändert ist und sich in keiner Weise verschlechtert hat *(→ 27. Dezember).*

3. Dezember Beginn der Nationalratsdebatte über das Budget 1975 *(→ 22. Oktober und 19. Dezember).*

8. Dezember Anhaltende Regenfälle verursachen Hochwasser mit beträchtlichen Sachschäden, besonders betroffen sind Niederösterreich, Oberösterreich und Salzburg.

10. Dezember Der Nationalökonom Friedrich August von Hayek erhält gemeinsam mit Gunnar Myrdal für ihre »bahnbrechenden Arbeiten auf dem Gebiet der Geld- und Konjunkturtheorie und ihre tiefgründige Analyse der wechselseitigen Abhängigkeit wirtschaftlicher, sozialer und institutionaler Phänomene« den Nobelpreis für Wirtschaftswissenschaften.

13. Dezember Parteieneinigung zwischen SPÖ und ÖVP über die Wirtschaftsgesetze *(→ 16. Dezember).*

15. Dezember Die Tragödie »Die letzten Tage der Menschheit« von Karl Kraus wird an zwei Abenden im neuen Schauspielhaus in Basel aufgeführt. Die bisher wesentlichste und umfangreichste Bühnenfassung (Karl Kraus hatte zehn Abende vorgesehen) inszeniert Hans Hollmann.

16. Dezember Überwiegend einstimmiger Beschluß im Finanz- und Budgetausschuß des Nationalrates über die Wirtschaftsgesetze. Verlängerung um weitere 18 Monate bis 30. Juni 1976. Es sind dies die sieben Gesetze: Marktordnungs-, Landwirtschafts-, Lebensmittelbewirtschaftungs-, Preisregelungs-, Preistreiberei-, Rohstofflenkungs- und Lastverteilergesetz. Sie werden am 18. Dezember vom Nationalrat beschlossen.

19. Dezember Nach vorangegangener 95stündiger Debatte beschließt der Nationalrat das Budget 1975 *(→ 22. Oktober und 3. Dezember).*

— Unterzeichnung eines Vermögensvertrages mit der ČSSR. Die ČSSR verpflichtet sich, 1,2 Milliarden Schilling für österreichische Vermögenswerte in der ČSSR zu zahlen.

21. Dezember Der Katschbergtunnel, von Eben im Pongau (Salzburg) bis nach Rennweg (Kärnten), 5,4 km lang, wird dem Verkehr übergeben. Der wesentliche Teil der Tauernautobahn ist damit fertiggestellt.

23. Dezember Ausgabe der ersten 100-Schilling-Silbermünze, geprägt aus Anlaß der olympischen Winterspiele 1976.

27. Dezember Antwortnote Jugoslawiens auf die österreichische Note vom 2. Dezember, sie weist diese als »Unannehmbare Antwort« zurück.

31. Dezember Ein schweres Lawinenunglück bei Gaschurn (Vorarlberg) fordert zwölf Tote.

▶**1975, 1. Januar** Das neue Strafrecht tritt in Kraft. Vorarbeit für dieses neue Strafgesetzbuch war das Strafrechtsänderungsgesetz von 1971, die sogenannte »Kleine Strafrechtsreform«. Grundsätzlich neu: die Kodifikation (Zusammenfassung verschiedener strafrechtlicher Nebengesetze), Beseitigung von Strafverschärfungen, Milderungen für Zufalls- und Konfliktstäter, Ausweitung der Bewährungshilfe, mehr Schutz vor gefährlichen geisteskranken oder süchtigen Rechtsbrechern sowie Hang- und Gewohnheitstätern.

3. Januar Robert Neumann stirbt in München; geb. am 22. Mai 1897 in Wien; Schriftsteller und satirischer Parodist (»Mit fremden Federn«).

— Victor Kraft stirbt in Purkersdorf bei Wien; geb. am 4. Juli 1880 in Wien; Philosoph. Der Vertreter des »Wiener Kreises« und Ordinarius in Wien beschäftigte sich mit Erkenntnis- und Moraltheorie.

6. Januar Ende der Vierschanzentournee der Skispringer in Bischofshofen (Salzburg) mit einem seltenen Erfolg für Österreich: 1. Willy Pürstl, 2. Edi Federer und 3. Karl Schnabl.

10. Januar Zweiter Wahlgang des ORF-Kuratoriums wegen definitiver Bestellung des Generalintendanten (Bacher oder Oberhammer, → *1974, 11. Oktober*) ergibt 15 : 15 Stimmen. Der Vorsitzende und Vertreter des Bundeskanzlers, Fritz Slunsky, entscheidet mit seiner zweiten Stimme für Otto Oberhammer, dieser wird damit auf vier Jahre zum Generalintendanten bestellt.

12.–17. Januar Schah Reza Pahlavi weilt zu privatem Besuch in Österreich. Aussprachen mit Bundespräsident Rudolf Kirchschläger und Bundeskanzler Bruno Kreisky.

17. Januar Die Rübenbauern blockieren mit 300 Traktoren die Zuckerfabrik in Leopoldsdorf im Marchfeld (Niederösterreich). Der Zuckerpreis ist unklar, seit Wochen existiert in der Zuckerversorgung ein Engpaß, so daß die Händler Rationierungen durchführen müssen. Österreichischer Zucker war wegen seines geringen Preises ins Ausland verschoben worden.

23. Januar Der Nationalrat verabschiedet einstimmig das neue Lebensmittelgesetz. Strengere Bestimmungen und Kontrollen, Angabe der Haltbarkeitsdauer. Eine Maßnahme zur Erhöhung des Gesundheitsschutzes.

— Die Rundfunkgesetznovelle ist neuerlicher Konfliktstoff im Parlament.

— Die ÖVP beantragt im Nationalrat die vorzeitige Beendigung der Legislaturperiode und Neuwahlen für das Frühjahr *(→ 21. März).*

28. Januar Das erweiterte Präsidium der SPÖ beschließt auf einer Klausurtagung in Baden bei Wien die Beibehaltung des 4. Oktober als Nationalratswahltermin.

Ende Januar Die Wiener Polizeidirektion bezieht ihr neues Gebäude auf dem Schottenring, einen der modernsten Polizeiverwaltungssitze des europäischen Kontinents. Baukosten: rund 300 Millionen Schilling.

Anfang Februar Karl Rákos von der Wiener Universitätssternwarte gibt seine neuen Meßmechanismen und die darauf aufbauenden mathematischen Berechnungsmethoden bekannt, mit denen eine zwanzigmal bessere Fernrohrleistung ermöglicht wird.

4. Februar bis 14. März Konferenz der UNO in Wien über die Vertretung von Staaten in ihren Beziehungen zu internationalen Organisationen. 110 Delegationen aus UN-Mitgliedstaaten sind anwesend. Die Rechtsstellung der internationalen Organisationen steht zur Debatte.

19. Februar Mißtrauensantrag der ÖVP gegen Finanzminister Hannes Androsch im Nationalrat. Dem Minister wird »Budgetverschleierung« vorgeworfen. Der Antrag wird von der SPÖ und der FPÖ abgelehnt.

24. Februar Annemarie Moser-Pröll wird zum fünftenmal Skiweltcupsiegerin. Österreich belegt abermals Platz 1 in der Nationenwertung.

26. Februar Übereinstimmung bei den Parteiengesprächen im Bundeskanzleramt, im Jahre 1976 eine »Volkszählung besonderer Art« durchzuführen. Grund ist die Feststellung der Minderheiten, besonders in Kärnten, um den Ortstafelstreit beenden zu können. Die Kärntner Slowenen lehnen diese Volkszählung am 12. März ab.

3. März Die Landtagswahl in Kärnten ergibt: weiterhin SPÖ 20, ÖVP 12 und FPÖ 4 Mandate.

7. März Die Puch-Werke kündigen 395 Arbeiter (davon 250 Gastarbeiter) und 45 Angestellte. Das Werk hat große Absatzschwierigkeiten bei Fahrrädern, besonders beim Export in die USA.

12./13. März Vorlesungsstreik der meisten Professoren an den österreichischen Hochschulen wegen der bevorstehenden Beschlußfassung des neuen Universitätsorganisationsgesetzes (UOG). Die Beschlußfassung wird auf den 11. April verschoben.

21. März Der Verfassungsausschuß des Nationalrates lehnt mit den Stimmen der SPÖ und FPÖ den Initiativantrag der ÖVP auf vorzeitige Beendigung der XIII. Gesetzgebungsperiode ab *(→ 23. Januar und 11. April).*

26. März Unterzeichnung des Konsularvertrages zwischen Österreich und der DDR in Berlin.

30. März Wetterumsturz führt zu starken Schneefällen, Lawinen und Erdrutschen. Umfangreiche Verkehrsbehinderungen sind die Folge, mehrere Täler sind abgeschlossen, der Brenner gesperrt. Besonders betroffen sind die Steiermark, Kärnten und Tirol mit Osttirol. Erst am 11. April herrschen wieder normale Verhältnisse.

Anfang April Die Brennanlage eines Ziegelofens der X. römischen Legion wird in Wien 17, Steinergasse 15 entdeckt.

6. April Gemeinderatswahlen in Niederösterreich. Gewinne der Großparteien. Vergleiche sind wegen zahlreicher Gemeindezusammenlegungen seit der letzten Wahl kaum möglich.

11. April Die SPÖ beschließt im Nationalrat gegen die Stimmen der ÖVP und FPÖ das neue UOG *(→ 12./13. März).* Das UOG tritt mit dem nächsten Semester in Kraft, der Begriff Hochschule wird abgeschafft, es gibt nur mehr Universitäten, zu große Fakultäten werden geteilt, »beschränkte autonome« Zuständigkeit für die Budgetierung, Institutszusammenlegungen, Kommissionen für verschiedene speziellere Aufgaben, Schaffung von Mitbestimmungsgremien, Neuregelung von Habilitation und Berufung, rationellere Verwaltung.

— Kurz vor Mitternacht wird im Nationalrat nach 14stündiger Debatte der Antrag der ÖVP auf vorzeitige Auflösung des Nationalrates mit den Stimmen der SPÖ und FPÖ abgelehnt *(→ 13. Januar und 21. März).*

13. April Gemeinderatswahlen in Vorarlberg. Die ÖVP verliert 1,3%, die FPÖ 2%, die SPÖ gewinnt 3,1% der Stimmen.

14. April Für die »blauen Zonen« in Wien (die Kurzparkzonen) treten gebührenpflichtige »Parkscheine« in Kraft *(→ 5. Juli 1974).*

15. April Der Ministerrat billigt den Gesetzentwurf zur Fusionierung der Edelstahlwerke: »Bundesgesetz zur Zusammenfassung von Unternehmungen der verstaatlichten Industrie und Änderung des ÖIG-Gesetzes«, Bildung der »Vereinigten Edelstahlwerke AG« *(→ 12. Juni).*

20./21. April Handelskammerwahlen, in Vorarlberg und im Burgenland entfallen sie, da nur ein Wahlvorschlag eingebracht wurde. Beteiligung 77,9% (1970 69,8%); Wirtschaftsbund (ÖVP) 86,2%, Freier Wirtschaftsverband (SPÖ) 12,7%, sonstige 1,1%.

23. April In Schloß Rosenau bei Zwettl (Niederösterreich) wird in der im Juli 1974 entdeckten Freimauerloge ein Freimauermuseum eröffnet.

27. April Gemeinderatswahlen in der Steiermark ohne Graz (in Klammern Ergebnisse von 1970): ÖVP 47,4% (45,4%), SPÖ 44,1% (46,1%), FPÖ 4,4% (4,6%), KPÖ 1,4% (1,5%).

28. April UNO-Generalsekretär Kurt Waldheim eröffnet in der Wiener Hofburg die Zypernkonferenz. Sie soll eine Lösung der staatsrechtlichen und menschlichen Probleme der beiden Bevölkerungsgruppen auf Zypern bringen. Die Konferenz dauert bis 3. Juni.

29. April Anton Proksch stirbt in Wien; geb. am 21. April 1897 in Wien; SPÖ-Politiker, gelernter Schriftsetzer. 1924–1934 Jugendsekretär der Gewerkschaft, 1945–1966 Abgeordneter zum Nationalrat, 1948 Generalsekretär des ÖGB, 1956–1966 Bundesminister für soziale Verwaltung.

6. Mai Der in Wien lebende 83jährige ungarische Kardinal József Mindszenty stirbt.

8. Mai Gertrud Schmirger stirbt in Wolfsberg (Kärnten); geb. am 26. Januar 1900 in Wolfsberg; Schriftstellerin historischer Romane, die sie unter dem Namen Gerhart Ellert veröffentlichte.

11.–14. Mai Offizieller Besuch des Bundeskanzlers Bruno Kreisky in Bulgarien.

15. Mai Botschafter Alexander Otto wird von Belgrad zur Berichterstattung nach Wien berufen. Grund ist die äußerst befremdende und erstaunliche Erklärung der jugoslawischen Regierung anläßlich des 20. Jahrestages der Unterzeichnung des Österreichischen Staatsvertra-

ges über die Minderheitenfrage. Otto kehrt am 4. Juni nach Belgrad zurück.
— Festakt in der Wiener Hofburg anläßlich des 20. Jahrestages der Unterzeichnung des Österreichischen Staatsvertrages mit Reden der Vertreter der Signatarmächte: W. W. Kusnezow (UdSSR), Edward H. Levi (USA), Lord Shepard (Großbritannien) und Pierre Abelin (Frankreich).
15./16. Mai In der Nacht schweres Unglück beim Bau der Tauernautobahn bei Gmünd (Kärnten). Das stählerne Vorbaugerüst stürzt beim Vorfahren rund 50 m tief in die Hochwasser führende Lieser. Zehn Tote, ein Schwerverletzter (nur ein Arbeiter unverletzt).
17. Mai Eröffnung der Ausstellung »Groteskes Barock« im Stift Altenburg (Niederösterreich).
20./21. Mai Gespräche der Außenminister Amerikas und der Sowjetunion, Henry Kissinger und Andrej Gromyko, in Wien über gemeinsame Probleme.
21. Mai Die Vorarlberger Landesregierung behandelt die Vorlage für ein »Sicherheitsgesetz«. Es soll den Bürgermeistern Rechtsmittel in die Hand geben, die nötig sind, die örtliche Gemeinschaft vor Gefahren (egal, welcher Art) zu schützen.
30. Mai Der ägyptische Staatspräsident Anwar As Sadat trifft in Wien ein, um von hier zum »Präsidententreffen« auf Schloß Klesheim bei Salzburg *(→ 1./2. Juni)* weiterzureisen.
31. Mai Schweres Unwetter mit Hagelschlag über Wien und Umgebung. Besonders die Gärtnereien sind betroffen: Sachschaden rund 73 Millionen Schilling.
1./2. Juni »Präsidententreffen« auf Schloß Klesheim bei Salzburg zwischen dem US-Präsidenten Gerald Ford und dem ägyptischen Staatspräsidenten Anwar As Sadat. Dieses »Nahostgipfeltreffen« endet mit einem wesentlichen Schritt der Verständigung und trägt zum Frieden in Nahost bei.
5. Juni UNO-Generalsekretär Kurt Waldheim eröffnet die zweite Gesprächsrunde für eine friedliche Lösung des Zypernproblems *(→ 28. April)* in Wien. Rauf Denktasch ist für die türkische sowie Glavkos Klerides für die griechische Bevölkerungsgruppe anwesend. Die Runde wird am 7. Juni vorzeitig beendet.
8. Juni Die Landtagswahl in Tirol bringen der ÖVP die Zweidrittelmehrheit (in Klammern Ergebnisse von 1970): ÖVP 61,1% (+0,6%), 24 Mandate (23); SPÖ 32,4% (—1,1%), 12 Mandate (11); FPÖ 5,9% (+0,2%), 1 Mandat (1); KPÖ 0,6% (—0,2%), kein Mandat.
12. Juni Der Nationalrat verabschiedet das Gesetz zur Edelstahlfusionierung *(→ 15. April)*. Die »Vereinigte Edelstahlwerke AG« umfaßt: Gebrüder Böhler & Co., Schoeller-Bleckmann und die steirischen Gußstahlwerke.
14. Juni Die 27. Österreich-Radrundfahrt endet mit einem großen österreichischen Erfolg: 1. Wolfgang Steinmayr (auch »Glocknerkönig«), 2. Rudolf Mitteregger, 3. Roman Humenberger.
21. Juni Bundespräsident Rudolf Kirchschläger eröffnet das 52 km lange Scheitelstreckenstück der Tauernautobahn von Eben im Pongau (Salzburg) bis Rennweg (Kärnten). Die Strecke hat 74 Brücken, den Tunnel durch die Niederen Tauern mit 6,4 km Länge, durch den Katschberg mit 5,4 km. Gesamtkosten: 6,2 Milliarden Schilling. Der Bau dieses Streckenabschnittes forderte elf Tote.
22.–25. Juni Offizieller Besuch des Bundeskanzlers Bruno Kreisky in der Bundesrepublik Deutschland. FPÖ-Bundesparteiobmann Friedrich Peter ist in seiner Begleitung. Hauptthema der Gespräche ist die europäische Sicherheitskonferenz.
27. Juni Robert Stolz stirbt in Berlin; geb. am 25. August 1880 in Graz; Operettenkomponist und Kapellmeister. Er schuf über 60 Operetten, Singspiele, Musicals, Operetteneinakter und Ballette, die Musik für 25 Eisrevuen und für 98 Tonfilme sowie rund 2 000 Lieder, Konzertwalzer und Märsche.
28. Juni bis 2. Juli Unwetter und länger anhaltende sintflutartige Regenfälle in Ostösterreich. Überschwemmungen in Wien, Niederösterreich, Burgenland, Steiermark und Kärnten fordern insgesamt 13 Tote. Der Straßenverkehr ist tagelang zum Teil stark behindert. Der Sachschaden beträgt mehrere hundert Millionen Schilling.
30. Juni Österreich hat 1 503 113 Pensionisten und Rentner.
1. Julihälfte Das Betriebsgeschoß des neuen Richtfunkturmes im Wiener Arsenal wird hochgeliftet, es hat ein Gewicht von 600 t. Der Richtfunkturm ist 137 m hoch.
1.–4. Juli Offizieller Besuch des Präsidiums des Deutschen Bundestages unter Präsidentin Annemarie Renger in Wien.
1. Juli Der Nationalrat beschließt das Gesetz über die Neuordnung der persönlichen Rechtswirkungen der Ehe.
— Der Ministerrat beschließt, dem Parlament die Freigabe des vorgesehenen Konjunkturbelebungsbudgets in Höhe von 4,4 Milliarden Schilling vorzulegen.
— Der OECD-Bericht stellt für den Zeitraum vom 1. Juli 1974 bis 1. Juli 1975 die Inflationsraten der 24 OECD-Staaten fest: BRD 6,2%, Schweiz 7,4%, Österreich 8,9%, USA 9,6%, Dänemark 9,9% – alle anderen Staaten liegen über 10%.
— Gustinus Ambrosi begeht in Wien Selbstmord; geb. am 24. Februar 1893 in Eisenstadt, Bildhauer und Dichter, ab seinem siebten Lebensjahr taub. Er schuf Skulpturen und Kolossalplastiken.
2. Juli Der Nationalrat beschließt das Parteiengesetz. Es besteht aus: Verankerung der Parteien in der Bundesverfassung, Parteienfinanzierung und Begrenzung der Wahlkampfkosten.
9./10. Juli Abermalige schwere Unwetter in Österreich, besonders im Raum Wien und im Waldviertel (Niederösterreich). Starke Verkehrsbehinderungen.
10.–14. Juli Offizieller Besuch des Bundeskanzlers Bruno Kreisky in Rumänien.
12. Juli In Salzburg wird ein neuer »Energiespender« vorgestellt, eine »Fließwasser-Energieanlage«, die direkt in einem Flußbett montiert werden kann. Die Erfinder sind der Weltraumtechniker Hermann Oberth und der österreichische Maschinenbautechniker Waldomir Markgraf. Diese Anlage soll Staudämme überflüssig machen.
14.–16. Juli Staatsbesuch des Bundespräsidenten Rudolf Kirchschläger in Luxemburg. Erster österreichischer Staatsbesuch in diesem Land seit Kaiser Joseph II. 1781.
19. Juli Tödlicher Verkehrsunfall des Bundesparteiobmanns der ÖVP, Karl Schleinzer, auf der Bundesstraße 17 in Bruck an der Mur (Steiermark); geb. am

8. Januar 1924 in St. Gertraud im Lavanttal (Kärnten). 1956 Kärntner Landtagsabgeordneter, 1959 Kärntner Landesparteiobmann der ÖVP, 1961–1964 Verteidigungsminister, 1964–1970 Landwirtschaftsminister, 1970 Generalsekretär der ÖVP, ab 4. Juni 1971 Bundesparteiobmann *(→ 31. Juli)*.

21. Juli Beisetzung Franz Werfels, gest. am *(→)* 26. August 1945, in einem Ehrengrab der Stadt Wien am Zentralfriedhof.

25. Juli Eröffnung des Teilstückes der Südautobahn Wr. Neustadt–Seebenstein (Niederösterreich). Auf einer Länge von 13,2 km waren 25 Brückenbauten notwendig, Kosten: 585 Millionen Schilling.

31. Juli 18. außerordentlicher Bundesparteitag der ÖVP in Wien. Josef Taus wird mit 481 von 491 Stimmen zum Bundesparteiobmann und Erhard Busek mit 480 von 486 Stimmen zum Generalsekretär gewählt.

— Beginn der dritten Zyperngesprächsrunde in Wien *(→ 5. Juni)*.

1. August Eröffnung des größten Stabwerkskuppelbaues in Österreich, der Sport- und Mehrzweckhalle der Stadt Hollabrunn (Niederösterreich).

20. August Karl Schwanzer begeht in Wien Selbstmord; geb. am 21. Mai 1918 in Wien; Architekt. Ab 1959 Professor an der Technischen Hochschule in Wien. International anerkannt und vielfach mit Preisen ausgezeichnet. Er schuf das BMW-Haus in München, die Österreichpavillons der Weltausstellungen in Montreal und Brüssel, das Philips-Haus in Wien. Das Museum des 20. Jahrhunderts in Wien war der Pavillon auf der Weltausstellung in Brüssel 1958.

27. August Nach 166 Jahren wird die Münzstätte in Hall (Tirol) wiedereröffnet. Sie prägt einen Teil der 100-Schilling-Silbermünze aus Anlaß der Olympischen Winterspiele 1976. Ihre letzte Tätigkeit war 1809 die Prägung der sogenannten »Sandwirt-Zwanziger«.

28. August Fritz Wotruba stirbt in Wien; geb. am 23. April 1907 in Wien; Bildhauer. Ab 1927 Mitglied der Wiener Secession. Ab 1945 Professor an der Akademie der bildenden Künste in Wien.

September Im Zuge der Restaurierungsarbeiten im Stift Lilienfeld (Niederösterreich) wird ein bisher nicht bekanntes Gemälde von Martin Johann Schmidt (Kremser-Schmidt) entdeckt. Die Signatur auf einem Bild, das den Babenbergerherzog Leopold VI. darstellt, war bisher nicht entdeckt worden. Es ist vermutlich das einzige Bild eines Herrschers, das der Kremser-Schmidt gemalt hat.

5. September Finanzminister Hannes Androsch kündigt an, daß die Bundesregierung in den nächsten Wochen 4,4 Milliarden Schilling zur Stützung der Konjunktur und Sicherung der Arbeitsplätze einsetzen wird, die sogenannte »Konjunkturspritze«.

7. September Niki Lauda wird durch seinen dritten Platz im Großen Preis von Italien für Automobile in Monza Weltmeister in der Formel I.

10. September Hans Swarowsky stirbt in Salzburg; geb. am 16. September 1899 in Budapest; Dirigent und Kapellmeister. 1937–1940 Dirigent am Opernhaus Zürich, 1940–1944 Dramaturg bei den Salzburger Festspielen, 1945–1947 Chefdirigent der Wiener Symphoniker, 1947–1950 Direktor des Opernhauses Graz. Ab 1946 Professor an der Wiener Musikakademie. Ab 1959 Dirigent an der Wiener Staatsoper.

11.–13. September Staatsbesuch des polnischen Ministerpräsidenten Piotr Jaroszewicz in Österreich. Abschluß eines großen Kompensationsgeschäftes in Höhe von 2,95 Milliarden Schilling mit der Steyr-Daimler-Puch AG.

15.–19. September 8. Bundeskongreß des ÖGB in Wien. Die Wahl des Nachfolgers von Erwin Altenburger (christlicher Gewerkschafter und Vizepräsident des ÖGB) am 19. September ergibt, daß der Kandidat der Fraktion christlicher Gewerkschafter, Johann Gassner, nicht die erforderliche Mehrheit erhält. Das ÖGB-Präsidium ist erstmals ohne einen Vertreter der Fraktion christlicher Gewerkschafter.

19. September Uraufführung der 4. Symphonie von Anton Bruckner in der Urfassung in Linz, Dirigent Kurt Wöss.

20. September Sepp Zeilbauer wird bei der Studentenweltmeisterschaft Weltmeister im Zehnkampf mit 7 857 Punkten.

22. September Franz Salmhofer stirbt in Wien; geb. am 22. Januar 1900 in Wien; Komponist und Dirigent. 1929–1945 Kapellmeister am Wiener Burgtheater, 1945–1955 Direktor der Wiener Staatsoper, 1955–1963 Direktor der Wiener Volksoper.

24.–27. September Außerordentliche Konferenz der Erdölminister der 13 Mitgliedstaaten der Organisation Erdöl exportierender Länder (OPEC) über den Ölpreis in Wien. Nach hartem Ringen wird eine Erhöhung um 10% ab 1. Oktober beschlossen, dann soll der Preis bis 30. Juni 1976 »eingefroren« werden.

30. September Der Ministerrat stimmt dem Budgetvoranschlag des Finanzministers für 1976 zu: 215 Milliarden Schilling Ausgaben, dadurch ist ein Defizit von 35 Milliarden Schilling zu erwarten.

— Die Bundesregierung beruft demonstrativ den Botschafter in Madrid zur Berichterstattung zurück. Grund ist die Vollstreckung von Todesurteilen, die weltweit Empörung auslöste.

2. Oktober Am Abend kommt es zu einer Anti-Franco-Demonstration in Wien mit mehreren tausend Teilnehmern. Sie endet mit einer Straßenschlacht zwischen Polizei und radikalen Gruppen (1 000 bis 1 500) vor dem Büro der spanischen Luftfahrtgesellschaft Iberia am Opernring. 66 Polizeibeamte werden verletzt. Die Zahl der verletzten Demonstranten ist nicht bekannt. Die politischen Parteien distanzieren sich nachdrücklich von dieser Aktion.

5. Oktober Nationalratswahl, abermals absolute Mehrheit für die SPÖ (Ergebnisse → *Tabelle im Anhang*). Der Mandatsstand ist unverändert: SPÖ 93, ÖVP 80, FPÖ 10. Durch das Ergebnis der Volkszählung von 1971 gab es eine Mandatsverschiebung innerhalb der Wahlverbände, der Wahlverband Ost mußte vier Mandate an den Wahlverband West abgeben.

8. Oktober Walter Felsenstein stirbt in Ost-Berlin; geb. am 30. Mai 1901 in Wien, Regisseur und Intendant der Komischen Oper in Ost-Berlin. Mit Caspar Neher entwarf er in den dreißiger Jahren eine neue Konzeption für das Musiktheater.

18. Oktober Seligsprechung dreier »Altösterreicher« durch Papst Paul VI. in Rom, Dekret vom 16. Oktober. Maria Theresia Gräfin Ledóchowska (1863–1922), die in Loosdorf (Niederösterreich) geborene Initiatorin einer Afrikamission; der Wahlösterreicher Pater Arnold Janssen (1837–1909), der Gründer der Missionsgesellschaft des Göttlichen Wortes, und der Südtiroler Josef

Freinadametz (1852–1908), ein erfolgreicher Chinamissionar.
22. Oktober Der türkische Botschafter in Wien, Danis Tunaligil, wird in seinem Arbeitszimmer in der türkischen Botschaft von unbekannten Tätern erschossen.
28. Oktober Angelobung des Kabinetts Kreisky III. Die bisherige Bundesregierung *(→ 21. Oktober 1971)* bleibt unverändert weiter im Amt.
4. November Konstituierende Sitzung des neugewählten Nationalrates der XIV. Legislaturperiode. Erster Präsident: Anton Benya, mit 167 Stimmen, Zweiter: Roland Minkowitsch, mit 152, und Dritter: Otto Probst, mit 134 Stimmen gewählt. Bauernbundpräsident Roland Minkowitsch löst Alfred Maleta ab.
5. November Regierungserklärung des Bundeskanzlers Bruno Kreisky vor dem Nationalrat.
11. November Ferdinand Wedenig stirbt in Klagenfurt; geb. am 10. Mai 1896 in Gurnitz (Kärnten); SPÖ-Politiker. 1945–1947 Abgeordneter zum Nationalrat, 1947–1965 Landeshauptmann von Kärnten.
12. November Finanzminister Hannes Androsch erläutert im Parlament das Budget 1976. Ausgaben 215,4 Milliarden Schilling, Einnahmen 179,4 Milliarden, ergibt ein zu erwartendes Budgetdefizit von rund 36 Milliarden, 7,1 Milliarden Schilling sind für den Konjunkturausgleichsvoranschlag vorgesehen.
13. November Der Finanz- und Budgetausschuß des Nationalrates nimmt das Abgabenänderungsgesetz 1975 an: die Mehrwertsteuer wird ab 1. Januar 1976 von 16 auf 18% erhöht, das soll rund 5,5 Milliarden Schilling bringen. Außerdem erfolgt eine starke Erhöhung der Postgebühren. Der Nationalrat beschließt dieses Gesetz am 12. Dezember.
17.–22. Dezember Internationaler PEN-Kongreß in Wien, zahlreiche Vertreter des PEN-Clubs anwesend.
20. November Der Bundesparteivorstand der SPÖ bestellt den Nationalratsabgeordneten Karl Blecha zum zweiten (gleichberechtigten, neben Fritz Marsch) Zentralsekretär der SPÖ. Seine Aufgaben sind Öffentlichkeits- und Bildungsarbeit.
21. November Rudolf Sallinger wird abermals zum Präsidenten der Bundeskammer der gewerblichen Wirtschaft gewählt.
24.–26. November Eine Bundesanleihe in Höhe von 900 Milliarden Schilling wird aufgelegt. Sie ist eine Investitionsanleihe zur teilweisen Finanzierung des Budgetdefizits.
24. November Begin des Volksbegehrens der »Aktion Leben« gegen die Fristenlösung. Am 1. Dezember wird sie mit einem Ergebnis von 896 579 Unterschriften beendet, das Vorverfahren hatte bereits 763 509 Unterschriften ergeben.
1./2. Dezember Bundespersonalvertretungswahlen finden statt: ÖAAB/FCG (= Fraktion christlicher Gewerkschafter) gewinnen 21 Mandate, FSG (=Fraktion sozialistischer Gewerkschafter) 9 Mandate dazu. Diese Mandate gehen auf Kosten mehrerer Splittergruppen.
15. Dezember Die Sonderschau »Wien im Mittelalter« wird im Historischen Museum der Stadt Wien eröffnet.
18. Dezember Der Nationalrat nimmt mit den Stimmen der SPÖ den Bundesvoranschlag 1976 an: 215,4 Milliarden Schilling.
19. Dezember Gemeinsame Festsitzung von National- und Bundesrat im Parlament anläßlich der vor 30 Jahren wiederaufgenommenen parlamentarischen Arbeit in Österreich.
21. Dezember 11.45 Uhr Terroranschlag auf den Sitz der OPEC in Wien (Dr.-Karl-Lueger-Ring). Fünf Terroristen bringen elf versammelte OPEC-Minister in ihre Gewalt. Ein Wiener Kriminalbeamter, ein irakischer OPEC-Beamter und ein libyscher OPEC-Delegierter werden getötet, drei weitere Personen verletzt, unter ihnen ein Terrorist schwer. Nachdem die Forderung der Bundesregierung, die österreichischen Geiseln freizulassen, von den Terroristen erfüllt worden war, wird der Wunsch der Terroristen erfüllt. Sie werden am 22. Dezember zum Flughafen Schwechat gebracht und verlassen mit einer DC-9 der AUA um 9.15 Uhr mit 33 Geiseln Österreich.
29. Dezember Mehrstündige Besprechung des Bundeskanzlers Bruno Kreisky mit dem jugoslawischen Staatschef Josip Tito auf Schloß Brdo bei Kranj (Krainburg). Es herrscht eine gute Atmosphäre trotz der jugoslawischen Bedenken über die geplante »Volkszählung besonderer Art«.
►**1976, 1. Januar** Die Neuordnung der »persönlichen Rechtswirkungen der Ehe« tritt in Kraft: Familienrecht. Die Namensregelung (der Mann kann auch den Namen der Frau annehmen) tritt erst am Januar 1977 in Kraft.
2.–5. Januar Sturmböen bis zu 150 km/h über Ostösterreich, die schwersten Stürme seit 30 Jahren. Nach einer Beruhigung am 4. Januar abermalige Böen bis 135 km/h. Schwere Sachschäden im Raum Wr. Neustadt, Baden bei Wien und Wien. Behinderungen des Straßenverkehrs und der Eisenbahnen. Im Alpenvorland, im Wald- und Mühlviertel wirft der Sturm 1 Million Festmeter Holz, etwa 300 Millionen Schilling Schaden. Die Gebäudeschäden betragen über 750 Millionen Schilling.
11. Januar Friedrich Schreyvogl stirbt in Wien; geb. am 17. Juli 1899 in Mauer bei Wien (23); Schriftsteller und Dramatiker. 1931 Dozent am Reinhardtseminar, 1953/54 Chefdramaturg am Theater in der Josefstadt in Wien, ab 1959 Chefdramaturg am Wiener Burgtheater.
14.–16. Januar Offizieller Besuch des Regierungschefs des Fürstentums Liechtenstein, Walter Kieber, in Österreich.
20. Januar Bekanntgabe, daß Österreich aus der Teilauflösung des Goldbestandes des Internationalen Währungsfonds, seiner IWF-Quote entsprechend, 7,4 t oder 235 000 Unzen Gold erhält = etwa 180 Millionen Schilling. Der Goldbestand der Oesterreichischen Nationalbank beträgt derzeit rund 17,9 Milliarden Schilling.
21. Januar Eröffnung der vielbeachteten Ausstellung »Gold in Peru« im Wiener Völkerkundemuseum.
22. Januar Bundeskanzler Bruno Kreisky wird Ehrenbürger von Wien.
28. Januar Der Rohbau des 56 m hohen Konferenzzentrums der UNO-City in Wien ist fertiggestellt.
30. Januar Auf dem Flughafen Wien-Schwechat trifft das olympische Feuer ein.
— Reinhard Federmann stirbt in Wien; geb. am 12. Februar 1923 in Wien; Schriftsteller. Er arbeitete auch als Übersetzer.
4. Februar Bundespräsident Rudolf Kirchschläger eröffnet im Bergisel-Stadion in Innsbruck die XII. Olympischen Winterspiele. Sie dauern bis 15. Februar. Österreich erreicht den 7. Platz in der Nationenwertung mit

2 Gold-, 2 Silber- und 2 Bronzemedaillen. Herren: Abfahrt: 1. Franz Klammer; Spezialsprunglauf: 1. Karl Schnabl, 2. Anton Innauer; Normalsprunglauf: 3. Karl Schnabl; Rodeldoppelsitzer: 3. Rudolf Schmidt, Franz Schachner. Damen: Abfahrt: 2. Brigitte Totschnigg.

17./18. Februar Offizieller Besuch des Bundeskanzlers Bruno Kreisky in der ČSSR. In seiner Begleitung befinden sich die Klubobmänner der drei Parteien und die Landeshauptleute Andreas Maurer (Niederösterreich), Erwin Wenzl (Oberösterreich) und Theodor Kery (Burgenland). Eine Erleichterung im Grenzverkehr und eine Verbesserung des politischen Klimas wird erreicht.

20. Februar Festakt in Neufeld an der Leitha (Burgenland) anläßlich der Konzessionsverlängerung bis zum Jahre 2007 der Eisenbahnlinie Raab–Ödenburg–Ebenfurth. Die 1879 erbaute Eisenbahnlinie wird trotz der Staatsgrenzen ohne Zwischenfälle betrieben. Sitz der Generaldirektion in Sopron (Ödenburg), der Betriebsleitung in Wulkaprodersdorf (Burgenland).

27. Februar Gespräch der Bundesregierung mit Spitzen der Südtiroler Volkspartei unter der Führung von Landeshauptmann Silvius Magnago in Wien. Die Bundesregierung verspricht, die italienische Regierung zu drängen, den Operationskalender bis Jahresende zu Ende zu führen. Die vereinbarte Frist ist bereits zwei Jahre überzogen.

3. März Im Wiener Gemeinderat weitet sich die Debatte um die angeblich enorme Verschuldung des Baurings aus *(→ 21. Juni)*.

5.–7. März Anton Innauer stellt beim Skispringen in Oberstdorf (Bayern) mit 176 m einen neuen Weltrekord auf. Er wird auch Gesamtsieger der Konkurrenz, der Österreicher Hans Wallner wird Dritter.

11.–13. März 23. ordentlicher Bundesparteitag der SPÖ in Wien. Bundeskanzler Bruno Kreisky wird mit 448 von 453 abgegebenen (451 gültigen) Stimmen als Vorsitzender wiedergewählt. Kreisky spricht über einen »Kurs auf die achtziger Jahre«.

16. März Bundeskanzler Bruno Kreisky erklärt in Kuwait (er befindet sich an der Spitze einer Delegation der sozialistischen Parteien Westeuropas auf einer Informationsreise durch den Nahen Osten): Österreich will die palästinensische Befreiungsorganisation PLO als einzige Vertreterin der Palästinenser anerkennen. Außerdem gibt der Erdölminister von Kuwait Kreisky die Zusicherung, daß die OPEC ihren Sitz in Wien beibehalten werde.

17. März In Wien verkehren zum erstenmal die umweltfreundlichen Citybusse.

22. März Hans Thirring stirbt in Wien; geb. am 23. März 1888 in Wien; Physiker und Naturphilosoph, Pazifist.

2. April Erste Sitzung der neu eingerichteten Industriekommission im Bundeskanzleramt unter dem Vorsitz des Bundeskanzlers Bruno Kreisky. Die Kommission soll aktuelle Probleme der Industrie beraten.

4. April Feierliche Matinee im Wiener Burgtheater anläßlich »200 Jahre Nationaltheater nächst der Burg«.

5.–7. April Staatsbesuch des portugiesischen Ministerpräsidenten Admiral José Baptista Pinheiro de Azevedo in Österreich.

10.–13. April Inoffizieller Besuch des ägyptischen Staatspräsidenten Anwar As Sadat in Wien. In seiner Begleitung sind mehrere Fachminister, die wirtschaftliche Probleme erörtern wollen. Sadat selbst will sich über den »Sozialismus österreichischer Prägung« informieren.

11. April Außerordentliche Sitzung des Landesverteidigungsrates auf Verlangen der ÖVP wegen des angeblichen Verrates von Teilen des neuen (noch nicht fertigen) Landesverteidigungsplanes.

23. April Karl Schäfer stirbt in Wien; geb. am 17. Mai 1909 in Wien; Eiskunstläufer. Er war achtmal Europameister, siebenmal Weltmeister und 1928, 1932 und 1936 Olympiasieger.

26.–30. April Staatsbesuch des polnischen Staatspräsidenten Henryk Jabłoński in Österreich.

28. April Eine partielle Sonnenfinsternis ist in Österreich sichtbar.

Mai Herma Stiglitz, die Leiterin der Ausgrabungen in Carnuntum, entdeckt eine noch funktionierende römische Wasserleitung aus dem 2./3. Jh. n. Chr.

1. Mai Eröffnung der Ausstellung »Kleinplastik, Zeichnungen, Musik und Waffen der Renaissance« auf der Schallaburg (Niederösterreich), bis 2. November geöffnet.

6. Mai Kurz nach 21 Uhr ist in ganz Österreich ein Erdbeben spürbar. Namhaftere Schäden nur in Kärnten. Das Epizentrum befindet sich in der norditalienischen Provinz Friaul, wo es zu katastrophalen Verwüstungen kommt. Die österreichischen Soforthilfemaßnahmen für Friaul erreichen bis 10. Mai bereits 10,5 Millionen Schilling.

6. Mai Die Wiener U-Bahn nimmt auf der 2,3 km langen Strecke von Heiligenstadt zur Friedensbrücke (die Linie U 4) ihren regulären Betrieb auf.

10.–13. Mai Staatsbesuch des bulgarischen Ministerpräsidenten Stanko Todorow in Österreich.

12. Mai Einigung der Sozialpartner über die neue Marktordnung *(→ 14. Mai)*.

13. Mai Papst Paul VI. ernennt den Apostolischen Pronuntius von Belgrad, Erzbischof Mario Cagna, zum neuen Apostolischen Nuntius in Österreich.

14. Mai SPÖ und ÖVP einigen sich über die neue Marktordnung. Der Viehverkehrsfonds wird aufgelöst, dafür wird im Landwirtschaftsministerium eine Kommission eingerichtet. Der ÖGB ist nun auch im Getreide- und Milchwirtschaftsfonds vertreten *(→ 12. und 19. Mai)*.

— Eröffnung der Ausstellung »1 000 Jahre Babenberger in Österreich« im Stift Lilienfeld (Niederösterreich) *(→ 15. November)* und der Ausstellungen »Oberösterreichischer Bauernkrieg 1626« im Linzer Schloß und auf Schloß Scharnstein im Almtal (Oberösterreich).

16.–19. Mai Staatsbesuch des ungarischen Ministerpräsidenten György Lázár in Österreich.

18.–20. Mai Staatsbesuch des Bundespräsidenten Rudolf Kirchschläger in Schweden.

19. Mai Der Nationalrat beschließt die neuen Marktordnungsgesetze *(→ 12. und 14. Mai)*.

30. Mai bis 3. Juni Staatsbesuch des Bundespräsidenten Rudolf Kirchschläger im Iran. Wirtschaftsprojekte werden erörtert, ein Kulturabkommen wird unterzeichnet.

Juni Der Außenpolitische Rat unter dem Vorsitz von Bundeskanzler und Außenminister wird gegründet. Weiters gehören ihm acht Parteivertreter, entsprechend der Mandatsverteilung im Parlament, an. Derzeit vier Vertreter der SPÖ, drei von der ÖVP und ein Freiheitlicher.

6. Juni »Zinsengipfel« zwischen dem Bundeskanzler Bruno Kreisky, Nationalrats- und ÖGB-Präsident Anton Benya und Finanzminister Hannes Androsch in Wien. Die Senkung der Sparzinsen von 5% auf 4,5% ab 1. Juli 1977 vorgesehen, wird am 9. Juni beschlossen.

9. Juni Die Oesterreichische Nationalbank senkt die Bankrate um 1% ab 10. Juni.

— Gespräch zwischen Bundes- und Landespolitiker sowie Slowenenvertretern in Wien über die Minderheitenfrage in Kärnten. Einigung über den Operationskalender: Personenstandserhebung am 10. Oktober, einen Monat später geheime Sprachenermittlung, dann Verordnungen zur Durchführung des Volksgruppengesetzes. Volkszählungs- und Volksgruppengesetz könnten nach Abschluß der Ausschußberatungen Anfang Juli im Nationalrat beschlossen werden *(→ 7. Juli und 14. November).*

14.–17. Juni Staatsbesuch König Husseins von Jordanien mit Königin Alia in Österreich.

15./16. Juni In der Nacht wird durch einen Sprengstoffanschlag das Denkmal für den Kärntner Abwehrkämpfer Hans Steinacher in Völkermarkt (Kärnten) zerstört, es ist erst am 2. Mai enthüllt worden. Die Situation in Kärnten ist durch die unzufriedenen Slowenen – sie lehnen die geheime Sprachenermittlung ab – unruhig.

15. Juni Klausurtagung der Bundesregierung auf dem Kahlenberg. Drastische Ausgabenkürzungen für 1977 werden beschlossen. Reduktion von Dienstposten, Kürzung von Förderungsmitteln, Einschränkung von Überstunden und Dienstreisen. 1,3 Milliarden Schilling sollen dadurch 1977 eingespart werden.

18. Juni Eröffnung der Ausstellung »Spätgotik in Salzburg« im Museum Carolino Augusteum in Salzburg.

21. Juni Die Gemeinde Wien gibt bekannt, daß die Sanierung des Baurings *(→ 3. März)* 1,4 Milliarden Schilling erfordern wird *(→ 5. November).*

26. Juni Feierlichkeiten »1 000 Jahre Kärnten« in Klagenfurt. Der Bundespräsident, der Bundeskanzler und fast die ganze Bundesregierung sind anwesend. Die Vertreter der Slowenen bleiben der Veranstaltung fern.

27. Juni 400 junge Künstler »besetzen« die Hallen des Schlachthofes St. Marx in Wien, in denen anläßlich der Wiener Festwochen die »Arena« installiert war. Die Hallen sollen abgerissen, das Areal von der Gemeinde Wien an ein Textilgroßunternehmen verkauft werden. Die jungen Menschen wollen die Freigabe des Geländes für kulturelle Aktivitäten. Die Zahl der »Arenabesetzer« steigt im Laufe des Monats Juli ständig an. Am 3. Juli übernimmt die Gemeinde Wien die Kosten für Strom, Wasser und Telephon *(→ 22. September).*

28.–30. Juni Offizieller Besuch des Bundeskanzlers Bruno Kreisky in Frankreich. Kreisky schlägt dabei ein Treffen der westl. Staatsmänner im Rahmen des Europarates vor. Sein Vorschlag findet ein starkes Echo.

Juli Johann Neugebauer entdeckt am Schanzboden, 4 km von Poysdorf (Niederösterreich), eine jungsteinzeitliche Siedlung aus der Zeit um 4000 v. Chr.

— Im Zeitraum vom 1. Januar bis Ende Juli gab es in Österreich 970 Verkehrstote, um 209 weniger als 1975. Auf 100 Verkehrsunfälle kommen elf Tote.

1. Juli Die Kennzeichnungspflicht, besonders das Haltbarkeitsdatum, für Lebensmittel tritt in Kraft.

2. Juli Staatspräsident Josip Tito empfängt in Belgrad Vertreter der slowenischen Minderheit Kärntens.

3. Juli Alexander Lernet-Holenia stirbt in Wien; geb. am 21. Oktober 1897 in Wien; Erzähler und Dramatiker.

7. Juli Der Nationalrat beschließt einstimmig (nur der FPÖ-Abgeordnete Otto Scrinzi abwesend) das Volksgruppengesetz, den Artikel 7 des Staatsvertrages von 1955 betreffend, und die Novelle zum Volkszählungsgesetz *(→ 9. Juni).* Ferner beschließt der Nationalrat ein Sozialpaket, das unter anderem einen Mindesturlaub von vier Wochen ab 1977 und einen Pflegeurlaub (für unmittelbar Verwandte) vorsieht.

8.–10. Juli Staatsbesuch des Bundeskanzlers der BRD, Helmut Schmidt, in Österreich. Er befürwortet mit Nachdruck die Pariser Anregung *(→ 28.–30. Juni)* des Bundeskanzlers Bruno Kreisky.

8. Juli Eröffnung des Freilichtmuseums »Spätbronzezeitliche Hügelgräber« in Siegendorf (Burgenland).

14. Juli In einem Aide-mémoire der Bundesregierung an die jugoslawische Regierung wird der österreichische Standpunkt bezüglich der Minderheitenfrage und des Volksgruppengesetzes dargestellt.

17. Juli bis 1. August XVIII. Olympische Sommerspiele in Montreal (Kanada). Österreich ist nur durch Rudolf Dollinger, Bronzemedaille in der »freien Pistole« erfolgreich.

17.–19. Juli Waldbrände durch die lang anhaltende Trockenheit und die Hitze (bis zu 35 Grad): am Loiblpaß 50 ha, am Dobratsch (Kärnten), am Dachstein und bei Leoben (Steiermark). Getreidefelderbrände bei Parndorf (Burgenland) und Zwentendorf (Niederösterreich).

17. Juli Der Wasserstand der Donau bei der Wiener Reichsbrücke beträgt nur 150 cm.

1. August Um 4.43 Uhr stürzt die Reichsbrücke in Wien ein. Ein Pkw stürzt mit ab, der Lenker kann nur mehr tot geborgen werden. Ein Gelenkautobus der Wiener Verkehrsbetriebe sackt ebenfalls mit ab, bleibt aber auf der Brückenfahrbahn stehen, der Lenker wird gerettet. Die Ursache wird am 10. August festgestellt: schlechter Beton im linken (Kagraner Seite) Brückenpfeiler. Die Diskussion ergibt mangelhafte Kontrollen, worauf der Planungs- und Verkehrsstadtrat Fritz Hofmann am 6. August zurücktritt. Das Rücktrittsangebot des Wiener Bürgermeisters Leopold Gratz wird von der SPÖ abgelehnt. Die Donauschiffahrt ist unterbrochen, sie wird teilweise über den Donaukanal abgewickelt. Millionenschaden auch für die DDSG. 1872–1876 erster Bau (Kronprinz-Rudolf-Brücke), am 21. August 1876 eröffnet. 1934–1937 Bau der Reichsbrücke, am 10. Oktober 1937 eröffnet, sie war die drittgrößte Kettenbrücke Europas (243,5 m lang, rund 8 965 t Stahl). Bei den Kampfhandlungen 1945 konnte eine Sprengung der Brücke verhindert werden.

— Beim Formel-1-Rennen auf dem Nürnburgring verunglückt Niki Lauda durch ein technisches Gebrechen am Ferrari-Rennwagen. Lauda, der in der WM-Wertung führt, wird schwer verletzt, fährt aber bereits im September das nächste Rennen, wo er nach dem Engländer James Hunt zweiter wird.

2. August Fritz Lang stirbt in Beverly Hills (USA); geb. am 5. Dezember 1890 in Wien; Filmregisseur. Erster Film »Halbblut« 1919, besonders bekannt sind »Nibelungen«, »Dr. Mabuse«, »Metropolis« und »M«. Er war ein Pionier des Stumm- und des Tonfilms und der Schöpfer des expressiven Monumentalfilms.

6. August Alterzbischof Andreas Rohracher stirbt in Altötting (Bayern); geb. am 31. Mai 1892 in Lienz (Ostttirol). 1933 Weihbischof von Gurk, ab 10. Oktober 1943 Erzbischof von Salzburg, ab 1. Juli 1969 auf seinem Alterssitz Altötting. Er war der letzte Träger des Titels »Großprimas Germaniae«.

7.–9. August Der OPEC-Gouverneursrat des Sonderfonds für Entwicklungsländer tagt in der Wiener Hofburg.

8. August Zwischenfälle bei der Einweihung eines Kriegerdenkmals des Kärntner Abwehrkämpferverbandes in St. Kanzian (Kärnten).

9. August Der Gelenkautobus der Wiener Verkehrsbetriebe wird von der eingestürzten Reichsbrücke *(→ 1. August)* nach mehreren vergeblichen Versuchen geborgen.

12. August Der Bundesparteivorstand der ÖVP fordert unter Hinweis auf den Bauringskandal und die eingestürzte Reichsbrücke eine umfassende Reform des »sozialistischen Rathaussystems« in Wien.

13. August Der Archäologe Alzinger findet in Aguntum drei Ziegelplatten. Auf einer davon befindet sich eine Handskizze der Stadt Aguntum (bei Lienz, Osttirol) ohne Maßstabangabe, woraus deutlich die Ausdehnung der römischen Stadt auch westlich der heutigen Stadtmauer ersichtlich ist.

14. August In einem Nebental des Osttiroler Dorfertales wird der Wasserschaupfad Umballfälle eröffnet. Der erste Lehrpfad dieser Art in Europa vermittelt die landschaftsformende Wirkung fließenden Wassers.

23. August Bundeskanzler Bruno Kreisky bezeichnet die jugoslawische Pressekampagne gegen Österreich (Vergleich Kärntens mit dem Rassenproblem in Südafrika) als »unerhörte Unanständigkeit«.

— Der Landesparteivorstand der Wiener ÖVP beschließt, Erhard Busek als Landesparteiobmann der ÖVP Wien vorzuschlagen *(→ 26. August und 16. September).*

26. August Die Landesparteileitung Wien der ÖVP beschließt mit 43 gegen fünf Stimmen, den ÖVP-Generalsekretär Erhard Busek zum Landesparteiobmann zu bestellen, Franz Bauer wird abgelöst. Busek wird außerdem für die Funktion des vierten Wiener Stadtrates der ÖVP bei der vorgesehenen Erweiterung des Wiener Stadtsenats *(→ 30. August)* nominiert.

— Lotte Lehmann stirbt in Santa Barbara (Kalifornien); geb. am 27. Februar 1888 in Perleberg (Brandenburg); gefeierte Sopranistin der Wiener Staatsoper 1914–1938 *(→ 25. Februar 1977).*

30. August Das Wiener Stadtparlament wählt mit den Stimmen der SPÖ und der ÖVP vier neue Amtsführende Stadträte, damit Erweiterung des Wiener Stadtsenats auf 14 Mitglieder: Rudolf Wurzer für Planung, Heinz Nittel für städtische Dienstleistungen und Konsumentenschutz, Hans Böck für Bauwesen und Erhard Busek ohne Geschäftsbereich.

— Paul Felix Lazarsfeld stirbt in New York; geb. am 13. Februar 1901 in Wien; Pionier der empirischen Sozialforschung und des Infratests.

2. September Ann Tizia Leitich, verehelichte Korningen, stirbt in Wien; geb. am 25. Januar 1897 in Wien; Kulturhistorikerin und Schriftstellerin kulturgeschichtlicher Werke über Wien.

11.–13. September Abermalige starke Erdstöße in Friaul *(→ 6. Mai)*, nochmals am 15. September. Das Beben ist auch in Kärnten, besonders in Villach, und anderen Teilen Österreichs spürbar.

13.–17. September Staatsbesuch des Bundespräsidenten Rudolf Kirchschläger in Bulgarien. In seiner Begleitung sind Außenminister Erich Bielka und Handelsminister Josef Staribacher.

16. September Die Bundesparteileitung der ÖVP beschließt einstimmig, den Bauernbunddirektor Sixtus Lanner ab 16. Oktober zum geschäftsführenden Generalsekretär der ÖVP (Ablösung für Erhard Busek) bis zum ordentlichen Bundesparteitag im März 1977 zu bestellen.

22. September Vizebürgermeisterin Gertrude Fröhlich-Sandner gibt bekannt, daß ab 1. Oktober der Auslandsschlachthof St. Marx, die »Arena«, geschlossen wird, da das Gebiet ab diesem Zeitpunkt nicht mehr Eigentum der Gemeinde Wien ist *(→ 27. Juni; 11. Oktober).*

24. September Der Rohbau der Straßenbahnbehelfsbrücke neben der eingestürzten Reichsbrücke ist fertiggestellt.

26. September Um 13 Uhr wird eine Fahrrinne bei der eingestürzten Reichsbrücke dem Schiffsverkehr freigegeben.

— Bei der Weltmeisterschaft im Pflügen in Vasa bei Göteborg (Schweden) wird Hermann Altmann aus Brunnhöf/Schweiggers (Niederösterreich) Erster und Alfred Eder aus Leithaprodersdorf (Burgenland) Zweiter; es ist das erstemal, daß ein Land in dieser Disziplin einen Doppelerfolg erringt.

27.–30. September Staatsbesuch des rumänischen Ministerpräsidenten Manea Mănescu in Österreich.

29. September Finanzminister Hannes Androsch wird vorzeitig, da er am 1. Oktober verhindert ist, als Vizekanzler vom Bundespräsidenten angelobt.

1. Oktober Umbildung des Kabinetts Kreisky III: Finanzminister Hannes Androsch auch Vizekanzler *(→ 29. September);* folgende neue Bundesminister werden angelobt: Außenminister Willibald Pahr (parteilos), Sozialminister Gerhard Weißenberg (SPÖ), Minister für Land- und Forstwirtschaft Günter Haiden (SPÖ), Staatssekretär im Landwirtschaftsministerium Albin Schober (SPÖ).

11. Oktober Die letzten »Arenabesetzer« räumen das Gelände des Auslandsschlachthofes St. Marx *(→ 27. Juni und 22. September).* Der Schlachthof wird am 12. Oktober geschleift.

15. Oktober Ein außerordentlicher Landesparteitag der Wiener ÖVP wählt Erhard Busek mit 707 von 731 gültigen Stimmen zum Landesparteiobmann *(→ 26. August).*

16. Oktober Um fünf Uhr wird der Straßenbahnbetrieb auf der Straßenbahnbehelfsbrücke neben der eingestürzten Reichsbrücke aufgenommen.

21. Oktober Finanzminister Hannes Androsch präsentiert im Nationalrat den Budgetentwurf 1977. Ausgaben: 240 767 Millionen Schilling, Einnahmen: 197 213 Millionen Schilling = Defizit: 43 554 Millionen Schilling. Steigerung der Ausgaben gegenüber 1976: rund 7%, etwa 15,8 Millionen Schilling. Die Staatsschuld wird Ende 1977 etwa 165 Milliarden Schilling betragen

Geheime Erhebung der Muttersprache

	Teilnahme-berechtigte	abgegebene Kuverts	gültige Erhebungsblätter	nach der Muttersprache Deutsch	Kroatisch	Slowenisch	Ungarisch	andere
Burgenland	266 429	72 969	72 642	67 642	2 946	87	1 838	129
Kärnten	522 172	451 178	444 858	438 542	626	3 941	336	1 413
Niederöster.	1 371 646	332 947	331 746	327 977	739	921	705	1 404
Oberöster.	1 196 305	245 409	244 660	241 620	641	860	413	1 126
Salzburg	406 974	75 616	75 391	74 265	156	499	136	335
Steiermark	1 178 773	305 126	304 050	299 931	762	1 831	481	1 045
Tirol	534 394	47 287	47 106	46 267	88	258	124	369
Vorarlberg	260 858	13 199	13 168	12 802	31	139	76	120
Wien	1 475 245	379 494	377 409	360 970	1 630	4 747	2 329	7 733
Gesamt	7 212 796	1 923 225	1 911 030	1 870 016	7 619	13 283	6 438	13 674

(1976 rund 134 Milliarden, 1975 waren es 100 Milliarden Schilling).

22. Oktober Ausgabe der ersten Goldmünze in der Zweiten Republik im Wert von 1 000 Schilling. Die Münze hat eine Auflage von 1 800 000 Stück. Eine Million wird sofort verkauft, die restlichen 800 000 kommen erst am 13. Dezember auf den Markt.

24. Oktober Einweihung der Kirche zur Hl. Dreifaltigkeit am Georgenberg in Wien-Mauer (23), erbaut auf Initiative von Margarethe Ottillinger nach einem Entwurf des Bildhauers Fritz Wotruba.

31. Oktober Das Partisanendenkmal am Kömmel bei Bleiburg (Kärnten) wird von unbekannten Tätern gesprengt.

5. November Beginn des auf sechs Wochen angesetzten Bauring-Prozesses im Wiener Landesgericht *(→ 3. März und 21. Juni).* Eine Klärung der in Arabien gezahlten Provisionen in Höhe von 176,1 Millionen Schilling wird erwartet *(→ 23. Dezember).*

6. November Der österreichische Botschafter in Belgrad, Alexander Otto, verursacht in Jugoslawien einen Jagdunfall. Beim Entladen seines Gewehres löst sich ein Schuß und trifft den französischen Botschafter Pierre Sebilleau tödlich.

11. November Der jugoslawische Botschafter Gustav Vlahov überreicht eine Verbalnote seiner Regierung, die sich abermals gegen das Volksgruppengesetz und die geheime Erhebung der Muttersprache richtet.

— Sprengstoffanschlag unbekannter Täter auf die Eisenbahnlinie im Jauntal (Kärnten), ein etwa 70 cm langes Stück wird aus einer Schiene gesprengt. Die Slowenenvertreter und der Kärntner Heimatdienst verurteilen diesen Anschlag.

14. November Geheime Erhebung der Muttersprache in ganz Österreich. In der Südkärntner Gemeinde Zell-Pfarre wird die Wahlurne auf die Straße gebracht und entleert, die Erhebungszettel werden verbrannt. Durch eine Beteiligung von nur 26,9% können keine brauchbaren Erkenntnisse gewonnen werden. Man erhofft sich eine Klärung der Minderheitenfrage durch die Wiederaufnahme der Gespräche mit den Slowenenvertretern und den drei im Parlament vertretenen Parteien. In den letzten Märztagen 1977 gibt das Statistische Zentralamt in Wien das Detailergebnis *(→ Tabelle)* bekannt.

15.–17. November Staatsbesuch des griechischen Ministerpräsidenten Konstantin Karamanlis in Österreich.

15. November Die Ausstellung »1 000 Jahre Babenberger in Österreich« im Stift Lilienfeld (Niederösterreich) schließt nach einer Verlängerung mit einer Rekordbesucherzahl von rund 470 000.

16. November Auf dem Wiener Zentralfriedhof werden Paula von Preradović (die Dichterin der österreichischen Bundeshymne) und ihr Gatte Ernst Molden in ein Ehrengrab der Stadt Wien umgebettet.

18. November Alfred Jerger stirbt in Wien; geb. am 9. Juni 1889 in Brünn; Kammersänger, Baßbariton, zuerst Operettenkapellmeister, dann Schauspieler. Ab 1921 Mitglied der Wiener Staatsoper, 1943–1949 Professor am Wiener Konservatorium, ab 1947 an der Wiener Musikakademie.

19.–21. November Offizieller Besuch des Bundeskanzlers Bruno Kreisky im Großherzogtum Luxemburg.

2. Dezember Mehrere staatliche Preis- und Tariferhöhungen treten in Kraft, weitere mit dem 1. Januar 1977 (unter anderem Zigarettenpreise, Tarife der Bundesbahnen und Telephongebühren, drastische Erhöhungen der Stempelgebühren, neue Einführung einer Kreditgebühr).

5. Dezember Rudolf Marik stirbt in Wien; geb. am 7. Dezember 1900 in Prag; langjähriger Direktor des Wiener Raimundtheaters.

7. Dezember Kurt Waldheim wird als UNO-Generalsekretär wiedergewählt. Im zweiten Wahlgang stimmen 14 der 15 Mitglieder des Sicherheitsrates für Waldheim. Der Vertreter Chinas hatte sich der Stimme enthalten. Gegenkandidat war der mexikanische Exstaatspräsident Luis Echeverria. Die anschließende Generalversammlung der Vereinten Nationen billigt einstimmig die Wiederwahl Kurt Waldheims.

12. Dezember Starke Schneefälle seit dem 11. Dezember abends führen zu umfangreichen Lawinenabgängen in Tirol, besonders im Arlberggebiet. Die Bundesstraße und die Bahntrasse bleiben den ganzen Tag und die Nacht verlegt.

13. Dezember Schießerei in der Wiener Innenstadt nach einem Bankraub in der Creditanstaltfiliale bei der Staatsoper. Ein Bankräuber entkommt; zwei Polizisten, ein Passant und die verhaftete Komplizin Waltraud Boock aus Frankfurt am Main werden verletzt. Die Beute von etwa 4 Millionen Schilling wird zum Großteil auf der Flucht verloren.

14. Dezember Im St.-Veit-Dom in Prag wird hinter dem Hauptaltar die Grabstätte König Přemysl Ottokars II. entdeckt, mit Zepter, Reichsapfel und Krone *(→ 1278).*

15. Dezember Der FPÖ-Gemeinderat Erwin Hirnschall gibt im Wiener Gemeinderat bekannt, daß von den 428 Wiener Brücken nur 69 genau überprüft sind, 32 davon seit dem Einsturz der Reichsbrücke am 1. August.

16. Dezember Abschluß der Budgetdebatte im Nationalrat. Das Budget 1977 wird mit geringen Änderungen mit den Stimmen der SPÖ angenommen.

17. Dezember Uraufführung der Oper »Kabale und Liebe« von Gottfried von Einem in der Wiener Staatsoper. Einems Gattin Lotte Ingrisch hatte dazu Schillers Text gestrafft. Inszenierung: Otto Schenk, Dirigent: Christoph von Dohnányi, Ausführende: Anja Silja, Bernd Weikl, Brigitte Fassbaender, Martha Mödl, Walter Berry, Peter van der Bilt, Heinz Zednik und Hans Beirer.

21. Dezember Die Ersatzbrücke der am 1. August eingestürzten Reichsbrücke wird für den Autoverkehr freigegeben, stromaufwärts ein Fußgängerweg. Die Brücke wurde von einer Arbeitsgemeinschaft Wiener Firmen und dem österreichischen Bundesheer errichtet.

23. Dezember Auf Grund alarmierender Untersuchungsergebnisse wird die Floridsdorfer Brücke über die Donau gesperrt, Sanierungsmaßnahmen werden eingeleitet.

— Urteil im Wiener Bauringprozeß *(→ 5. November):* Architekt Herbert Ursprunger (seit 1. März in Untersuchungshaft) wird zu sechs Jahren Gefängnis verurteilt, die anderen Mitangeklagten werden freigesprochen.

26. Dezember Mehrere leichte Erdstöße im Vorarlberger Rheintal.

27. Dezember Abermals leichte Erdstöße im Vorarlberger Rheintal und in den Bezirken Wr. Neustadt und Neunkirchen (beide Niederösterreich). Es entstehen nur geringfügige Sachschäden.

31. Dezember Im Jahr 1976 betrug die Teuerungsrate in Österreich 7,3%.

►**1977, Januar** Der Bund erwirbt für die Österreichische Nationalbibliothek die Option auf den Nachlaß der Burgschauspielerin Katharina Schratt: 538 Briefe Kaiser Franz Josephs I. an sie, 790 Fotos und zahlreiches anderes Briefmaterial, ferner 610 Briefe bedeutender Persönlichkeiten ihrer Zeit.

4. Januar Die Bank des Bregenzer Casinos wird von einem süddeutschen Industriellen »gesprengt«: er gewinnt 3,7 Millionen Schilling, der Wert sämtlicher Jetons an allen fünf Spieltischen.

8. Januar Besonderer Erfolg der Österreicher beim Abfahrtslauf der Herren in Garmisch-Partenkirchen (Bayern) auf der Abfahrtsstrecke der Weltmeisterschaft 1978: 1. Franz Klammer, 2. Ernst Winkler, 3. Peter Wirnsberger sowie die Plätze 5, 8 und 9.

19. Januar Sondersitzung des Nationalrates wegen der Munitionsaffäre des Bundesheeres. 400 000 Schuß Scharfschützenmunition aus Heeresbeständen waren am Zollamt des Flughafens Wien-Schwechat aus einer Sendung nach Syrien zurückgehalten worden. (Syrien gilt als kriegführender Staat, daher eine Neutralitätsverletzung.) Große Unklarheit über die Kenntnis des Verteidigungsministers Karl Lütgendorf und sein Verhältnis zu dem Waffenhändler Alois Weichselbaumer. Bundeskanzler Bruno Kreisky fordert umgehende Klarstellung, die ÖVP fordert den Rücktritt des Verteidigungsministers *(→ 26. Januar).*

— Ein Streckenwärter der Bundesbahn entdeckt zwischen Purkersdorf und Untertullnerbach in Niederösterreich eine Höllenmaschine unter einer Schiene der Westbahn *(→ 27. Januar).*

26. Januar Die Sondersitzung des Nationalrates wegen der Munitionsaffäre *(→ 7. und 19. Januar)* dauert knapp elf Stunden. Die ÖVP stellt einen Mißtrauensantrag gegen den Verteidigungsminister Karl Lütgendorf und gegen Bundeskanzler Bruno Kreisky, die FPÖ gegen die ganze Bundesregierung. Daraufhin beschließt der Nationalrat, einen parlamentarischen Untersuchungsausschuß einzusetzen, der bis 31. März die Affäre zu klären hat.

27. Januar Der Verfassungsausschuß des Nationalrates beschließt das Volksanwaltsgesetz (= Einsetzung von Ombudsmännern), auf sechs Jahre befristet.

— Im Pkw des Hans Georg Wagner explodiert in der Hütteldorfer Straße in Wien eine selbstgefertigte Donaritbombe, wodurch Wagner auch getötet wird. Die Polizei klärt dadurch die Bombendrohungen und -anschläge der letzten Zeit *(→ 17. Dezember 1976; 19. Januar 1977).* Wagner wollte außerdem den Ringturm, die Börse und die Polizeidirektion in die Luft sprengen; er war auch der Verfasser mehrerer Drohbriefe, in denen er für die Bankräuberin Waltraud Boock eintrat.

4. Februar Prozeß gegen die Bankräuberin Waltraud Boock aus Frankfurt am Main *(→ 13. Dezember 1976).* Urteil: 15 Jahre Kerker. Sie war wahrscheinlich auch bei dem Überfall auf das Paßamt in Landeck (Tirol) am 12. November 1976 beteiligt.

5. Februar Bundeskanzler Bruno Kreisky gibt bekannt, daß die »Aktion Amerikastern« 12 Millionen Schilling erbrachte. (Anläßlich des 200jährigen Bestehens der USA war in Österreich ein »Amerikastern« verkauft worden.) Die Bundesregierung verdoppelt nun diesen Betrag, so daß nicht wie geplant ein, sondern zwei »Österreichlehrstühle« (Institute für Österreichkunde) an den amerikanischen Universitäten Minnesota und Stanford errichtet werden können *(→ 16. März).*

6. Februar Der Kärntner Landeshauptmann Leopold Wagner gibt bekannt, daß durch die Ergebnisse der Sprachenzählung *(→ 14. November 1976)* voraussichtlich neun bis zwölf Südkärntner Gemeinden für die Aufstellung zweisprachiger Ortstafeln in Frage kämen.

14.–16. Februar Offizieller Besuch des UN-Generalsekretärs Kurt Waldheim in Wien.

14. Februar Julius Herrmann stirbt in Wien; geb. 13. Dezember 1889 in Wien; Militärkapellmeister. Er leitete ab 1918 die berühmte Deutschmeisterkapelle, die in der traditionellen Uniform der k. u. k. Monarchie auftrat. Am 21. Januar trat er noch mit seiner Kapelle bei einem Ball in den Sofiensälen in Wien auf.

19. Februar Der Polizei gelingt die Aufklärung des größten Kunstdiebstahls in Österreich, Kunstgegenstände im Wert von über 120 Millionen Schilling werden sichergestellt, unter anderem Ikonen aus der Michaelerkirche in Wien und sieben Gemälde aus Dubrovnik (Kroatien). Diese werden am 22. Februar den jugoslawischen Behörden übergeben. Der Geschäftsmann Kommerzialrat Gerhard Berger gilt als Rädelsführer.

24. Februar Der Nationalrat beschließt einstimmig das Gesetz über die Einführung der Volksanwaltschaft

(Ombudsmann). Der Bundesrat stimmt am 3. März zu (→ *11. Mai).*

25. Februar Die Urne von Lotte Lehmann *(→ 26. August 1976)* wird in einem Ehrengrab der Stadt Wien auf dem Zentralfriedhof beigesetzt.

26. Februar Skibobweltmeisterschaft in Schladming (Steiermark). Damen: 1. Hannelore Gigler, 2. Gerhild Schiffkorn, 3. Annegret Ertler, 4. Andrea Dobler. Herren: 2. Alexander Irausek, 3. Erich Goriup.

3. März Deutsche Erstaufführung des Theaterstückes »Der Ehemann« von Italo Svevo im Theater in der Josefstadt in Wien.

7.–9. März 19. ordentlicher Bundesparteitag der ÖVP in Linz. Josef Taus wird mit 99,1% als Bundesparteiobmann wiedergewählt, er ist damit auch Kanzlerkandidat für 1979. Sixtus Lanner wird mit 99% zum Generalsekretär gewählt.

15.–18. März Staatsbesuch des Bundespräsidenten Rudolf Kirchschläger in Finnland.

16. März Bundeskanzler Bruno Kreisky übergibt das »Geburtstagsgeschenk« Österreichs an die USA *(→ 4. Februar)*, die Geldmitel zur Errichtung eines »Österreichlehrstuhles« an der Universität Minnesota. Am 17. März überreicht Stephan Koren die Geldmittel zur Errichtung eines »Österreichlehrstuhles« an der Universität Stanford.

28. März Eröffnung der Politischen Akademie der ÖVP in Wien-Meidling.

30. März Schlägerei zwischen etwa 200 rechts- und linksextremen Studenten vor der Wiener Universität: sechs Verletzte. Die Beschädigung der Wahlplakate für die Hochschülerschaftswahlen in den vorangegangenen Nächten war der Grund. Am 1. April verhindert ein Polizeikordon vor der Universität einen abermaligen Zusammenstoß.

— UNO-Generalsekretär Kurt Waldheim trifft in Wien ein, um die Zyperngesprächsrunde am 31. März zu eröffnen.

— Der parlamentarische Untersuchungsauschuß für die Waffenaffäre vertagt sich nach einer langen Einvernahme von Waffenhändler Alois Weichselbaumer und Verteidigungsminister Karl Lütgendorf.

31. März bis 2. April Offizieller Besuch des jordanischen Kronprinzen Hassan Bin Tolal in Österreich.

2. April Demonstration von einigen hundert Slowenen auf dem Wiener Josefsplatz.

16. April Eine Lawine verschüttet ein Arbeiterlager beim Bau des Arlbergstraßentunnels: ein Toter, drei Verletzte.

19./20. April In der Nacht erfolgt ein Sprengstoffanschlag auf einen Fahrleitungsmast der Südbahn bei Maria Saal (Kärnten).

20.–22. April Weitere Beratungen des parlamentarischen Untersuchungsausschusses zur Klärung der Waffenaffäre mit einer Konfrontation des Waffenhändlers Alois Weichselbaumer mit Verteidigungsminister Karl Lütgendorf. Wegen der Geheimhaltung wird eine Parlamentsperre für Journalisten verfügt.

20. April Landeshauptmannstellvertreter Wilfried Haslauer wird vom Salzburger Landtag (nach dem Rücktritt von Hans Lechner) zum neuen Landeshauptmann gewählt.

— Durch eine Sprengfalle (Mine) wird bei Damaskus Major Ernst Pellegrini vom österreichischen UNO-Bataillon getötet.

21. April bis 8. Mai 44. Eishockeyweltmeisterschaft in der Wiener Stadthalle.

29. April Ludwig Jedlicka stirbt völlig unerwartet in Salzburg; geb. am 26. Mai 1916 in Wien. Ordinarius für Zeitgeschichte an der Universität Wien, Begründer der österreichischen Zeitgeschichte, ab 1966 Vorstand des von ihm gegründeten Institutes für Zeitgeschichte. Er setzte als erster in Österreich die Disziplin Zeitgeschichte als Wissenschaft durch. Jedlicka war Mitglied der Akademie der Wissenschaften und Träger zahlreicher in- und ausländischer Orden und Ehrenzeichen.

3./4. Mai Staatsbesuch des Präsidenten der Republik Venezuela, Carlos Andres Pérez, in Wien.

4.–6. Mai Offizieller Besuch des Bundeskanzlers Bruno Kreisky in Syrien, unter anderem Verhandlungen über syrische Großaufträge an Österreich. Am 6./7. Mai ist der Bundeskanzler in Kairo, wo er Gespräche mit Anwar As Sadat führt.

7. Mai Paul Frischauer stirbt in Wien; geb. am 25. Mai 1898 in Wien; Schriftsteller und Dramatiker, lebte größtenteils in London.

8. Mai Anläßlich der Haydntage 1977 wird die Marionettenoper »Die Feuersbrunst« von Joseph Haydn im Schloß Esterházy in Eisenstadt aufgeführt. Musikalische Leitung: Bernhard Klebel, künstlerische Gesamtleitung: Norman Shetler. Diese verschollen gewesene Oper tauchte als Partiturabschrift 1935 auf und wurde von der Yale-University erworben. Der Haydn-Forscher H. C. R. Landon entdeckte sie dort vor einigen Jahren und ergänzte den verlorengegangenen Text.

11. Mai Das Plenum des Nationalrates wählt einstimmig die Mitglieder der neuerrichteten *(→ 24. Februar)* Volksanwaltschaft: Robert Weisz (SPÖ), Franz Bauer (ÖVP), Gustav Zeilinger (FPÖ).

13. Mai Gipfeltreffen der EFTA-Länder in Wien, durch die Initiative des Bundeskanzlers Bruno Kreisky zustandegekommen, der auch den Vorsitz führt. Anwesend sind die Regierungschefs, die auch von ihren Außen- und Außenhandelsministern begleitet werden. In Anbetracht des am 1. Juli 1977 in Kraft tretenden Freihandels mit Industrieprodukten zwischen den Ländern der EWG und der EFTA (16 Länder betroffen) wird die künftige Rolle der EFTA-Länder im Rahmen der europäischen und der weltweiten wirtschaftlichen Zusammenarbeit und Entwicklung erörtert.

19./20. Mai Zusammentreffen zwischen US-Vizepräsident Walter Mondale und dem südafrikanischen Ministerpräsidenten Johannes Vorster in Wien. Die beiden Politiker sind seit dem 18. Mai in Wien. Bei ihren Gesprächen konstatieren sie »grundlegende Differenzen« in der Südafrikafrage.

24.–27. Mai Staatsbesuch des Bundespräsidenten Rudolf Kirchschläger in Ungarn. Erste Gespräche für die Aufhebung des Visumzwanges mit Ungarn.

25./26. Mai 10. ordentliche Generalversammlung des Österreichischen Wirtschaftsbundes in Linz. Rudolf Sallinger wird mit 186 von 188 gültigen Stimmen als Präsident wiedergewählt.

26. Mai Veröffentlichung des Berichtes des Untersuchungsausschusses des Nationalrates *(→ 26. Januar)* in der Munitionsaffäre des Bundesheeres. Eindeutig wird festgestellt, daß der Verteidigungsminister Karl Lütgendorf den Bundeskanzler nicht ganz informiert hat.

28.–30. Mai 28. Sudetendeutscher Tag in Wien. Die Tage verlaufen ohne jeden Zwischenfall. Die ČSSR hat ihn mehrmals als »revanchistisch« gebrandmarkt und der Bundesregierung vorgeworfen, Vorschub zu leisten. Der Bundeskanzler hat den Vorwurf allerdings immer als unbegründet abgelehnt.

31. Mai Der Ministerrat beschließt, dem Nationalrat einen Verordnungsentwurf zuzuleiten, »über die Bestimmung der Gerichte, Verwaltungsbehörden und sonstigen Dienststellen, vor denen die slowenische Sprache als Amtssprache zugelassen ist«. Außerdem auch den »Entwurf einer Verordnung über die Bestimmung von Gebietsstellen, in denen topographische Bezeichnungen in deutscher und slowenischer Sprache anzubringen sind«.

— Verteidigungsminister Karl Lütgendorf bietet dem Bundespräsidenten seinen Rücktritt an, nachdem er bereits am 30. Mai dem Bundeskanzler seine Demission vorgelegt hat. Bundeskanzler Bruno Kreisky wird mit den Aufgaben des Verteidigungsministers bis zur Angelobung des neuen Ministers vom Bundespräsidenten betraut *(→ 8. Juni).*

1. Juni Lange Diskussion im Nationalrat über den Bericht des Untersuchungsausschusses *(→ 26. Mai)* in der Munitionsaffäre.

2. Juni Der Nationalrat beschließt das »Insolvenzentgeltsicherungsgesetz«, Arbeitnehmern sollen damit bei Insolvenz des Arbeitgebers ihre finanziellen Ansprüche gesichert werden. Das Gesetz wird auch kurz »Konkursversicherung« genannt.

4. Juni Der Aspernplatz in Wien 1 wird in Julius-Raab-Platz umbenannt.

6. Juni Regierungsklausur in Hernstein (Niederösterreich). Vier Wissenschaftler (Befürworter) werden wegen der Inbetriebnahme des Kernkraftwerkes Zwentendorf (Niederösterreich) über Sicherheit und Problematik des »Atommülls« gehört.

8. Juni Umbildung des Kabinetts Kreisky III: Innenminister Otto Rösch übernimmt das Verteidigungsministerium, Verkehrsminister Erwin Lanc das Innenministerium, und Staatssekretär Karl Lausecker wird Verkehrsminister. Der Beamte der Gemeinde Wien, Franz Löschnak (geb. 4. März 1940 in Wien, SPÖ), wird Staatssekretär im Bundeskanzleramt (für öffentlichen Dienst).

18.–20. Juni Staatsbesuch des Präsidenten der Republik Sambia, Kermeth David Kaunda, in Österreich.

19. Juni Ein in Brand geratener defekter Großtankwagen eines aus Ungarn kommenden Güterzuges löst auf der Fahrt über die Verbindungsbahn im südl. Wiener Stadtgebiet einen Großalarm der Feuerwehr aus. Der Bahnkörper steht in einer Länge von fast 10 km in Flammen. Ausgelaufenes Benzol brennt in den Kanälen und erzeugt hochexplosive Gase. Größter Einsatz der Wiener Feuerwehr seit dem Kriegsende 1945. Knapp 250 Feuerwehrleute mit über 50 Einsatzfahrzeugen verhindern in neunstündigem Einsatz eine Explosionskatastrophe.

22.–26. Juni Staatsbesuch des tunesischen Ministerpräsidenten Hédi Nouira in Österreich.

23. Juni Im Linzer Unfallkrankenhaus wird erstmals ein künstliches Kniegelenk aus Stahl bei einem Patienten eingesetzt. Das neue »Menschik-Knie« wurde in fünfjähriger Forschungstätigkeit vom Wiener Oberarzt des Lorenz-Böhler-Krankenhauses, Alfred Menschik, entwickelt.

29. Juni Die Wehrgesetznovelle wird vom Nationalrat einstimmig angenommen. Bis zu 12% eines Jahrganges können zwangsweise zum Kader eingezogen werden, eine Entwicklung zum Milizheer hin: die »Geburtsstunde der Landwehr«.

30. Juni Der Nationalrat beschließt einstimmig das Kindschaftsrecht. Gleiche Pflichten und Rechte beider Elternteile werden damit festgelegt, es tritt ab 1. Januar 1978 in Kraft.

— In Zell-Pfarre (Kärnten) wird die erste zweisprachige Ortstafel aufgestellt. Die ab 1. Juli in Kraft tretende Verordnung sieht die Aufstellung von 20 zweisprachigen Ortstafeln in acht Gemeinden vor.

Juli Österreich hat den bisher höchsten Beschäftigtenstand mit 2 771 461 Arbeitnehmern. Die Arbeitslosenrate beträgt 1%.

1. Juli Letzter Zollabbau des Freihandelsabkommens Österreichs mit den Staaten der EWG und der EFTA (16 europäische Länder) in Kraft.

— Die Volksanwälte nehmen in Wien I, Johannesgasse 4 ihre Tätigkeit auf *(→ 24. Februar und 11. Mai).*

13. Juli Inbetriebnahme eines neuen Hochofens bei den VOEST in Linz, eines der modernsten und größten der Welt, Produktionskapazität: 5 500 t Roheisen pro Tag, Bauzeit: drei Jahre, Kosten: 3 Milliarden Schilling.

16. Juli Um 14.14 Uhr schwaches Erdbeben im Raum Laibach (Slowenien), es ist auch in Kärnten spürbar, keine Schäden.

18.–24. Juli Wildwasserweltmeisterschaft auf der Lieser (bei Spittal an der Drau, Kärnten). Österreich: 2 Gold-, 1 Silber-, 2 Bronzemedaillen. Regatta, Kajakeiner: 1. Gerhard Peinhaupt; Regatta, Kajakeiner, Mannschaft: 1. Österreich mit Gerhard Peinhaupt, Hans Schlecht und Peter Haas; Slalom, Kajakeiner, Mannschaft: 2. Österreich mit Norbert Sattler, Peter Fauster und Eduard Wolffhard; Slalom, Kajakeiner: 3. Norbert Sattler; Regatta, Kandadierzweier: 3. Helmar Steindl und Heimo Müllneritsch.

24. Juli Eröffnung der Salzburger Festspiele, die Festrede hält der Nobelpreisträger für Literatur, der Staatspräsident Senegals, Leopold Sédar Senghor, das Thema: »Österreich als Ausdruck der Weltkultur«.

25. Juli Der US-Dollar fällt auf 15,99 Schilling.

1. August Die sogenannten »Maria-Theresien-Konzessionen« verlieren ihre Gültigkeit. Diese beruhten auf einer Verfügung Maria Theresias zur Ausübung des »Real- und Dominikalgewerbes«, waren nicht an eine bestimmte Person und auch nicht an den Nachweis der Befähigung zu einem bestimmten Gewerbe gebunden, sondern berechtigten praktisch zur Ausübung aller Gewerbe.

— Das Bonus-Malus-System bei der Automobilhaftpflichtversicherung tritt in Kraft.

4. August Ende der internationalen Feuerwehrwettkämpfe in Trient (Italien). Österreich erreichte insgesamt sieben Goldmedaillen.

8./9. August In der Nacht erfolgt ein Sprengstoffanschlag auf das Volksabstimmungsdenkmal in St. Kanzian (Kärnten).

17.–22. August Sepp Zeilbauer erringt die Goldmedaille im Zehnkampf bei der 7. Universiade (= Studentenweltmeisterschaft) in Sofia.

18. August Österreichische Erstaufführung des zweiaktigen Singspiels »Die Freunde von Salamanca« von Franz Schubert durch das »American Institute of Musical Studies« im Grazer Orpheum. Franz Schubert hatte das Singspiel 1815 in sechs Wochen geschrieben, 1928 wurde es in Halle an der Saale szenisch uraufgeführt.

25./26. August In der Nacht wird in Bleiburg (Kärnten) ungesetzlich, auf privatem Grund, eine zweisprachige Ortstafel aufgestellt. Unter starkem Protest wird sie am 29. August »amtlich entfernt«.

25. August 10. Fallschirmspringer-Weltmeisterschaft in Wr. Neustadt (Niederösterreich). Österreich erreicht beim Gruppenzielsprung den 2. Platz.

29. August Beginn des 12. Internationalen Linguistenkongresses an der Universität Wien. 1 500 Sprachforscher aus 60 Staaten nehmen an dem Kongreß teil, er dauert bis 2. September.

— Beginn des »Wittgenstein-Symposiums« in Kirchberg am Wechsel (Niederösterreich). 400 Gelehrte aus 20 Staaten diskutieren von verschiedenen wissenschaftlichen Gesichtspunkten aus noch nicht bearbeitete Texte Ludwig Wittgensteins.

31. August Auf dem Wiener Karlsplatz werden nach dem U-Bahn-Bau endgültig alle Fahrbahnen für den Verkehr freigegeben.

6. September Wien ist die »sechstteuerste Stadt der Welt«. Die amerikanische Marktforschungsorganisation »Business International SA« veröffentlicht das Ergebnis einer Untersuchung in der ersten Maiwoche: 1. New York, 2. Osaka/Kobe, 3. Stockholm, 4. Oslo, 5. Zürich, 6. Wien.

7.–9. September Offizieller Besuch des dänischen Außenministers Knud Börge Andersen in Wien.

13. September Protestaktion des ÖVP-Wirtschaftsbundes durch eine Autoauffahrt in Wien gegen das vom Finanzminister erarbeitete 2. Abgabenänderungsgesetz. Es sieht eine wesentlich geringere Abschreibemöglichkeit der Pkw vor und bringt Einschränkungn von bisherigen Steuerbegünstigungen, die vor allem die Wirtschaft betreffen. Außerdem sprach der Finanzminister bereits Ende August von »Steuerhinterziehungen« durch die Wirtschaft. Rudolf Sallinger, der Präsident der Bundeskammer der gewerblichen Wirtschaft, überreicht dem Bundeskanzler eine Resolution des Österreichischen Wirtschaftsbundes gegen diesen Gesetzentwurf. An der Demonstrationsfahrt nahmen rund 1 900 Pkw aus den Bundesländern und rund 1 600 aus Wien teil.

14. September Ein Auffahrunfall auf der Wiener Stadtbahn fordert 44 Verletzte. Die Schuldtragenden, randalierende Jugendliche, werden von der Polizei rasch ausgeforscht.

16. September Kurt Moldovan stirbt in Wien; geb. am 22. Juni 1918 in Wien; Maler und Graphiker.

— In der Münzstätte Hall in Tirol wird die »Europamünze« ausgeprägt.

19. September In einer Regierungsklausur auf dem Kahlenberg wird ein Maßnahmenpaket zur Lösung der Probleme des Budget- und Zahlungsbilanzdefizits beraten. Eine Kommission soll eingesetzt werden.

24. September Die Bundesbahnstrecke Linz–Spital am Pyhrn (Oberösterreich) wird elektrifiziert in Betrieb genommen.

26.–30. September 21. und bisher größte Generalkonferenz der Internationalen Atomenergie Organisation (IAEO) in der Wiener Hofburg.

26. September Die Bundesbahnstrecke Gänserndorf–Bernhardsthal (Niederösterreich) wird elektrifiziert in Betrieb genommen.

28. September Uraufführung einer Neufassung des Lustspiels »Das Konzert« von Hermann Bahr in den Wiener Kammerspielen. Herbert Moog stellte die musikalische Fassung nach Melodien von Robert Stolz zusammen. Hans Weigel schrieb die Chansontexte dazu, Regie: Axel von Ambesser.

29. September Großbrand im neungeschossigen Nebentrakt des Hochhauses auf dem Parkring in Wien 1: zwei Tote, sieben Verletzte.

30. September Hans Habe stirbt (eigentlich János Békessy) in Locarno (Schweiz); geb. am 12. Februar 1911 in Budapest, Schriftsteller.

Ende September Abschluß umfangreicher Ausgrabungen an der Linzer Martinskirche. Sie haben Zweifel aufkommen lassen, ob sie tatsächlich mit der 799 erwähnten (ältesten) Kirche identisch ist.

Oktober Im Augrabungsgebiet von Carnuntum (Niederösterreich) wird ein Reiterlager, entdeckt.

2. Oktober Landtagswahl im Burgenland: SPÖ 20 Mandate (bisher 19), ÖVP 16 (16), FPÖ 0 (1).

— Gemeinderatswahl in Salzburg. Mandate: SPÖ 16 (–1), ÖVP 14 (gleich), FPÖ 8 (–1), Bürgerliste 2 (+2).

— Gemeinderatswahl in Innsbruck. Mandate: ÖVP 20 (–1), SPÖ 13 (–2) FPÖ 2 (gleich), Tiroler Arbeitsbund 4 (+2), Mittelstand (ÖVP-nahe) 1 (+1).

— Gemeinderatswahlen in Krems (Niederösterreich). Mandate: ÖVP 21 (+2), SPÖ 16 (–1), FPÖ 2 (–1), KPÖ 1 (gleich).

— Durch den vierten Platz beim Rennen in Watkins Glen ist Niki Lauda zum zweitenmal Weltmeister in der Formel 1 mit 72 Punkten.

3. Oktober Bundeskanzler Bruno Kreisky legt der Öffentlichkeit bei einer Pressekonferenz das von der Bundesregierung beabsichtigte »wirtschaftliche Maßnahmenpaket« vor. Das 2. Abgabenänderungsgesetz wird einen 30%igen Mehrwertsteuersatz für »Güter des gehobenen Konsums« enthalten, eine Straßenbenützungsabgabe für Lkw vorsehen und verstärkte Sparmaßnahmen in der Verwaltung bringen. Das Maßnahmenpaket soll zur Entlastung des Budget- und Handelsbilanzdefizits 14 Milliarden Schilling einbringen.

— Erwin Wenzl tritt aus gesundheitlichen Gründen als Landeshauptmann von Oberösterreich zurück, ebenso als Landesparteiobmann der ÖVP. Nachfolger wird Josef Ratzenböck *(→ 19. Oktober).*

— Walter Antoniolli legt sein Amt als Präsident des Verfassungsgerichtshofes zurück. Schwerwiegende Meinungsverschiedenheiten und unterschiedliche Auffassungen mit der Mehrheit der Mitglieder des Gerichtshofes sind die von ihm genannten Gründe. Nachfolger wird Erwin Melichar *(→ 10. Oktober).*

4. Oktober Staatssekretär Ernst Eugen Veselsky tritt zurück. Er hatte Differenzen mit Bundeskanzler Bruno Kreisky im Zusammenhang mit der Luxussteuer.

5. Oktober Adolf Nußbaumer wird als Staatssekretär im Bundeskanzleramt angelobt.

6. Oktober Die zweite Piste des Flughafens Wien-Schwechat wird durch Bundespräsident Rudolf Kirchschläger ihrer Bestimmung übergeben. Sie wurde für jährlich 60 000 Starts und Landungen gebaut. Bauzeit: drei Jahre. Die Piste ist 3,6 km lang.

— Harro Wödl stürzt bei einem Übungsflug nahe Niederöblarn (Steiermark) ab und findet den Tod; geb.

am 29. April 1927 in Perchtoldsdorf (Niederösterreich); Segelflieger. Er war fünffacher österreichischer Staatsmeister und 1968 Weltmeister in der »offenen Klasse«.

8./9. Oktober Franz Rainer aus Meiselding (Kärnten) wird am Flevohof bei Dronten (Niederlande) Weltmeister im Pflügen.

9. Oktober Hans Gustl Kernmayer stirbt in Samerberg (Bayern); geb. am 10. Februar 1900 in Graz; Schriftsteller und Drehbuchautor.

10. Oktober Erwin Melichar wird als Präsident des Verfassungsgerichtshofes angelobt *(→ 3. Oktober).*

12.–15. Oktober Staatsbesuch des Großherzogs Jean von Luxemburg mit seiner Gattin Joséphine Charlotte in Österreich.

12. Oktober Die Hochspannungsleitung von Lienz (Osttirol) nach Kaprun (Salzburg) wird in Betrieb genommen. Sie ist 82,8 km lang, führt in 2 500 m Seehöhe über den Felbertauernpaß und hat mehr als 300 Maste (einer davon über 80 m hoch). Kosten: 523 Millionen Schilling.

18. Oktober Finanzminister Hannes Androsch gibt im Nationalrat das Budget 1978 bekannt und erwähnt: »Ziel der Wirtschafts- und Budgetpolitik muß es und kann es angesichts der weltwirtschaftlichen Situation realistischerweise nur sein, den erreichten Wohlstand zu sichern.« Das Budget sieht Gesamtausgaben von 267,7 Milliarden (1977:240,7) und Einnahmen von 227,1 Milliarden (1977: 197,2) Schilling vor, was ein Budgetdefizit von 40,6 Milliarden Schilling ergibt.

19. Oktober Der oberösterreichische Landtag wählt mit den 32 Stimmen der ÖVP (die SPÖ enthält sich der Stimme) Josef Ratzenböck zum neuen Landeshauptmann *(→ 3. Oktober).*

23. Oktober Gemeinderatswahlen im Burgenland. Die SPÖ stellt in 70 Gemeinden den Bürgermeister, bis zu dieser Wahl in 59, die ÖVP in 68, bisher in 79 Gemeinden.

26. Oktober Beginn der 150. Sitzung der Wiener Truppenabbaugespräche zwischen den Vertretern der NATO und denen des Warschauer Paktes.

28. Oktober Nationalratspräsident und Präsident des ÖGB Anton Benya wird Ehrenbürger von Wien.

4. November Vielstündige Debatte im Nationalrat über das Maßnahmenpaket der Bundesregierung zur Verbesserung der Budget- und Zahlungsbilanzsituation. Das Maßnahmenpaket wird am 5. November mit den Stimmen der SPÖ angenommen, es soll dem Finanzminister 14,5 Milliarden Schilling bringen. 1. Das Abgabenänderungsgesetz mit rückwirkender (ab 1. August) Beseitigung der steuerlichen Abschreibemöglichkeiten für Selbständige beim Kauf von Neuwagen und einer beträchtlichen Verschlechterung bei der Behandlung von Aufwendungen (Pensionen und Abfertigungen) der Unternehmer; 2. Einführung eines dritten Mehrwertsteuersatzes von 30% (die sogenannte Luxussteuer); 3. Änderungen im Familienlastenausgleich; 4. das Sozialversicherungsänderungsgesetz mit höhern Beiträgen für Arbeitgeber und -nehmer und einem um 1% geringeren Zuschuß des Bundes.

6. November Greta Keller stirbt in Wien; geb. am 8. Februar 1903 in Wien; Chansonette, eine der ersten (1928/29) Sängerinnen für Schallplattenaufnahmen.

9. November Am Abend wird der Wiener Großindustrielle Kommerzialrat Walter Michael Palmers (74 Jahre alt) von Unbekannten entführt. Sie fordern ein Lösegeld von 50 Millionen Schilling. Nach Zahlung von 31 Millionen Schilling wird Palmers am 13. November, nach hundert Stunden, freigelassen.

11.–18. November Bundesheermanöver in Oberösterreich und Salzburg unter dem Motto »Verteidigung ohne Schlacht« des Armeekommandanten General Emil Spannocchi. 12 000 Soldaten mit 1 400 Räder- und 300 Kettenfahrzeugen sind im Einsatz. Die Manöver sind auch für die Bundesbahnen eine Probe, da 82 Sonderzüge mit rund 2 000 Waggons eingesetzt werden.

11. November »Offizieller Durchschlag« des Arlbergstraßentunnels. Bereits am 9. Oktober um 10.15 Uhr war der Kontrolldurchschlag erfolgt.

— Das Minarett der Moschee im Wiener Donaupark ist fertiggestellt. Es wird die erste Moschee in Wien sein.

13. November Zwischen Österreich und Ungarn tritt ein Kulturabkommen in Kraft. Erster Kulturaustausch zwischen diesen Ländern nach 1945.

18./19. November Halboffizieller Besuch des ungarischen Ministerpräsidenten György Lázár in Österreich. In Baden bei Wien finden Gespräche mit Bundeskanzler Bruno Kreisky, Außenminister Willibald Pahr und Handelsminister Josef Staribacher über die Nutzung des Braunkohlevorkommens im österreichisch-ungarischen Grenzgebiet bei Güssing (Burgenland) statt.

18. November Kurt Schuschnigg stirbt in Mutters bei Innsbruck; geb. am 14. Dezember 1897 in Riva am Gardasee als Sohn eines österreichischen Generals. Ab 1927 Abgeordneter zum Nationalrat, 1932 Justizminister, 1933 Unterrichtsminister und in der Parteileitung der Christlichsozialen Partei, 1934–1938 Bundeskanzler, 1938–1945 in Gestapohaft und Konzentrationslagern. 1948–1967 Professor an der Universität von St. Louis (USA). Er lebte ab 1967 in Tirol.

— Diebstahl im Grazer Zeughaus, dem größten Waffenarsenal Europas. Über 23 Radschloßpistolen aus dem 16. Jh. und 50 Kavalierpistolen mit Einlegearbeiten aus dem 17. Jh. mit einem Gesamtwert von rund 7 Millionen Schilling werden erbeutet. (Ein Teil der Beute kann Anfang 1978 sichergestellt werden.)

20. November Ordinariatskanzler Helmut Krätzl wird zum Weihbischof von Wien geweiht, ebenso Florian Kuntner als bischöflicher Vikar für den Süden der Erzdiözese Wien. Das Dekret Papst Pauls VI. trägt das Datum vom 1. Oktober.

21. November Paul Schöffler stirbt in London; geb. am 15. September 1897 in Dresden, Baßbariton, Kammersänger. Ab 1937 Mitglied der Wiener Staatsoper, wirkte auch bei den Salzburger Festspielen mehrmals mit.

22./23. November Staatsbesuch des tschechoslowakischen Ministerpräsidenten Lubomir Štrougal in Wien. Der erste Staatsbesuch eines tschechoslowakischen Staatsoberhauptes in Österreich seit der Gründung der beiden Republiken im Jahre 1918. Ein Kultur- und ein Grenzabkommen werden unterzeichnet.

23. November Die Schweizer Polizei verhaftet zwei Österreicher, die an der Entführung des Großindustriellen Walter Michael Palmers *(→ 9. November)* beteiligt waren.

24. November Urteilsspruch im Prozeß um den Goldskandal im Wiener Hauptmünzamt. Drei Beamte werden bedingt verurteilt, unter ihnen auch Friedrich Zimmermann. Der Kaufmann Walter Pascher wird zu zweieinhalb Jahren unbedingt verurteilt.

28. November Vincenz Ludwig Ostry stirbt in Wien; geb. am 19. Juli 1897 in Wien; Journalist und Rundfunkkommentator. Gründer und erster Chefredakteur der Nachrichtenabteilung des österreichischen Rundfunks, 1950 Direktor der Sendergruppe Rot-Weiß-Rot, 1959–1967 Leiter der Presseabteilung der Präsidentschaftskanzlei.

30. November Höchstes Außenhandelsdefizit, das jemals in einem Monat erreicht wurde: 8,654 Milliarden Schilling, das Passivum der Handelsbilanz von Januar bis November beträgt somit 66,327 Milliarden Schilling, um 33,7% mehr als 1976.

— Die Universität Wien verzeichnet den höchsten Stand von Inskriptionen: 34 650 Studenten, gegenüber 30 596 im Vorjahr.

1. Dezember Erika Netzer stirbt in Schlins (nahe Bludenz, Vorarlberg); geb 1937; Skirennläuferin. Sie gewann zwischen 1958 und 1962 zahlreiche klassische Abfahrtsrennen. Bei der Weltmeisterschaft 1962 in Chamonix wurde sie Zweite im Riesentorlauf, Dritte im Slalom und Dritte in der Kombination.

8. Dezember Alma Seidler stirbt in Wien; geb. am 8. Juni 1899 in Leoben (Steiermark); Kammerschauspielerin. Ab 1918 Burgtheaterschauspielerin (von Hermann Bahr an diese Bühne geholt). Sie war auch bei den Salzburger Festspielen tätig.

12. Dezember Lotte Böhm, die Gattin des Wiener Textilunternehmers Leopold Böhm, wird in Wien entführt. Sie wird am 17. Dezember gegen ein Lösegeld von 25,7 Millionen Schilling freigelassen. (Die sogenannte MP-Bande wird von der Polizei am 12. Januar 1978 verhaftet und als Entführer überführt).

16. Dezember Abschluß der langwierigen Budgetdebatte im Nationalrat. Das Budget wird mit den Stimmen der SPÖ angenommen.

20. Dezember Deutsche Terroristen werden in der Schweiz festgenommen, sie besitzen Teile des Lösegeldes für Walter Michael Palmers *(→ 9. November).* Es sind dies Gabriele Köcher-Tiedemann und Christian Möller.

22. Dezember Ernst Waldbrunn stirbt in Wien; geb. am 14. August 1907 in Krumau (Böhmen); Schauspieler, Kabarettist und Komiker. Besonders im Kabarett Simpl und im Theater in der Josefstadt tätig, außerdem im Film und im Fernsehen.

— Johann Nepomuk David stirbt in Stuttgart; geb. am 30. November 1895 in Eferding (Oberösterreich); Komponist und Dirigent. Er galt als der führende Polyphonist der Gegenwart. 1924–1934 Volksschullehrer und Organist in Wels (Oberösterreich), ab 1934 Professor am Konservatorium in Leipzig, ab 1945 am Mozarteum in Salzburg, ab 1948 an der Musikhochschule in Stuttgart.

31. Dezember Höchster Beschäftigtenstand in Österreich: 2 742 038 (1976: 2 701 509; 1975: 2 647 989; 1974: 2 667 182).

Das Budgetdefizit 1977 beträgt um 2 Milliarden Schilling weniger als veranschlagt. Die Staatsschuld stieg im Jahre 1977 um 23%, von 133,8 Milliarden auf 164,6 Milliarden Schilling. Die Rückzahlungsraten abgerechnet, stiegen die Auslandsschulden von knapp 35 Milliarden auf 47,4 Milliarden Schilling = fast 36%.

Laut OECD-Bericht (am 5. Februar 1978 veröffentlicht) entwickelte sich die Konjunktur in den OECD-Staaten 1973–1977 recht unterschiedlich. Österreich liegt mit einer Zuwachsrate des Bruttonationalprodukts von 2,7% über dem Durchschnitt von 2% an fünfter Stelle unter den zwölf beobachteten Ländern.

►**1978, 1. Januar** Die neuen Maßeinheiten nach dem SI-System (= Système International d'Unités) treten in Kraft. Die wichtigsten Veränderungen sind: Watt statt PS (10 PS = 7 kW), Joule statt Kalorie (1 cal = 4,19 J); die Abkürzung dkg (für Dekagramm) wird in dag geändert.

6. Januar Der amerikanische Außenminister Cyrus Vance übergibt in Budapest offiziell die ungarischen Krönungsinsignien; Stephanskrone, Reichsapfel, Zepter und Krönungsmantel waren in den letzten Kriegstagen 1945 nach Mattsee (Salzburg) und von dort in die USA gelangt, wo sie in Fort Knox aufbewahrt wurden.

9. Januar Baubeginn der neuen Reichsbrücke über die Donau in Wien *(→ 1. August 1976).*

12. Januar Verhaftung der Entführer von Lotte Böhm *(→ 12. Dezember 1977)*; es handelt sich um die lang gesuchte »MP-Bande«, die auch schon mehrere Banküberfälle durchgeführt hatte.

14. Januar Kurt Gödel stirbt in Princeton (USA); geb. am 28. April 1906 in Brünn; Mathematiker, Begründer der mathematischen Logik; Mitglied des »Wiener Kreises«, veröffentlichte 1931 den bahnbrechenden »Gödelschen Beweis«, wonach das menschliche Denken nicht mechanisierbar ist und in der Mathematik keine widerspruchsfreien Theorien existieren.

Mitte Januar In der Wiener Stadtbibliothek werden zwei 1827 von Franz Schubert komponierte Klavierstücke gefunden.

17. Januar ÖVP-Bundesparteiobmann Josef Taus wird mit 90 gegen 6 Stimmen (8 Enthaltungen) als Nachfolger von Stephan Koren *(→ 30. Januar)* auch zum Klubobmann im Nationalrat gewählt; geschäftsführender Klubobmann wird Alois Mock.

18. Januar Die erste Lieferung von Uranbrennstäben für das Kernkraftwerk Zwentendorf (Niederösterreich) trifft auf dem Flughafen Linz-Hörsching (Oberösterreich) ein.

19. Januar »Atomgespräch« zwischen Bundeskanzler Bruno Kreisky und ÖVP-Bundesparteiobmann Josef Taus, der jedoch nach 35 Minuten wieder den Raum verläßt, da die Bundesregierung zu keinen konkreten Aussagen bereit ist und er daher »keinen Sinn in der Fortführung der Gespräche sieht«.

25. Januar Bundespräsident Rudolf Kirchschläger spricht als erstes Staatsoberhaupt eines Mitgliedslandes vor dem Europarat in Straßburg.

29. Januar–5. Februar Ski-Weltmeisterschaft in Garmisch-Partenkirchen; Österreich wird beste Skination: 4 Goldmedaillen (Annemarie Moser-Pröll/Damenabfahrt und Kombination, Lea Sölkner/Slalom, Josef Walcher/Herrenabfahrt) und 3 Bronzemedaillen (Annemarie Moser-Pröll/Riesentorlauf, Monika Kaserer/Slalom, Werner Grissmann/Herrenabfahrt).

29. Januar Erste Direktübertragung des Fernsehens aus der Wiener Staatsoper: Beethovens »Fidelio«; Leitung: Leonard Bernstein, Regie: Otto Schenk.

30. Januar Stephan Koren (ÖVP) wird als Präsident der Oesterreichischen Nationalbank angelobt *(→ 17. Januar).*

3. Februar Premiere der von Hans Weigel neu übersetzten Texte zu Jacques Offenbachs »Orpheus in der Unterwelt« im Wiener Raimundtheater.

8. Februar Oskar Weihs stirbt in Wien; geb. am 19. April 1911 in Wien; SPÖ-Politiker, seit 1959 Nationalratsabgeordneter, 1970–1976 Landwirtschaftsminister.

11. Februar Auf Schloß Klesheim (Salzburg) findet ein Treffen des ägyptischen Staatspräsidenten Anwar As-Sadat mit dem israelischen Oppositionsführer Shimon Peres statt; diese weltpolitisch bedeutsame Begegnung kam auf Initiative des österreichischen Bundeskanzlers Bruno Kreisky zustande.

Mitte Februar Die »Wiener Volladaptivhand«, eine mit Motor versehene Handprothese, bei der jeder Finger einzeln bewegt werden kann, wird von den schwedischen Saab-Werken in Produktion und zum Weltvertrieb übernommen; entwickelt wurde diese Prothese vom Wiener Forschungsinstitut unter Leopold Zemann.

25. Februar Eröffnung des ersten Teilstücks der Wiener U-Bahn; die Linie U 1 verkehrt zunächst zwischen Karlsplatz und Reumannplatz *(→ 3. November 1969).*

2.–4. März Erdgas- und Wasserdampfausbruch bei Erdölbohrungen der ÖMV auf dem Laaer Berg (Wien) durch das Versagen eines Sicherheitsschiebers; aus 1 120 m Tiefe werden pro Minute 15 000 Liter (Methangas, Schwefelwasserstoff, Schlamm und salziges Heißwasser) etwa 50 m hoch geschleudert: Die Bohrung »Favoriten T 1« war auf einen unterirdischen See aus kochendem Salzwasser gestoßen. Die Bohrstelle befindet sich nur 110 m von Wohnhäusern entfernt und die Geruchsbelästigung reicht bis in die Stadtmitte. Das Bohrloch schließt sich am 4. März um etwa 10.30 Uhr von selbst.

4. März Rudolf Weys stirbt in Wien; geb. 30. September 1898 in Graz; Jurist, Bühnenautor, Librettist, Kabarettist, Mitbegründer der Kleinkunstbühne »Literatur am Naschmarkt« (1933) und des »Wiener Werkel« (1938).

6. März Die österreichische Nationalbibliothek ersteigert bei Christie's in London das Hofmannsthal-Filmdrehbuch für den »Rosenkavalier«.

7. März Bei Arbeiten im Haus Judengasse 10 in Salzburg wird ein umfangreicher Münzschatz gefunden; die rund 20 000 Münzen in einem Tonkrug stammen aus der Zeit um 1200 und wurden in Wien, Salzburg und Friesach geprägt. Der Fund stellt einen Wert von etwa 1 Million Schilling dar, besonders wertvoll sind 200 venezianische Dogen-Silberlinge.

19. März Beim Ski-Weltcup erreicht Österreich mit 905 Punkten (vor der Schweiz mit 517 Punkten) Platz 1 in der Nationenwertung.

30. März bis 1. April Bundeskanzler Bruno Kreisky besucht als erster westlicher Regierungschef die DDR; die Wirtschaftsgespräche führen zu einem Vertragsabschluß im Wert von 13 Milliarden Schilling.

April Lois Böck, Leiter des klassischen Schrammelquartetts, entdeckt unter Makulatur die für verschollen gehaltene Originalpartitur des »Radetzkymarsches« von Johann Strauß Vater.

8. April Peter Igelhoff stirbt in Bad Reichenhall (Bayern); geb. am 22. Juli 1904 in Wien; Schlagerkomponist. Neben Filmmusik schrieb er Lieder und Chansons sowie das Musical »Geld regiert die Welt«.

— Johanna Proksch-Steinhauser wird in Regensburg mit 840 Anschlägen pro Minute zum dritten Mal Weltmeisterin im Maschinenschreiben *(→ 6. August 1973).*

10. April Die Bundesländer Kärnten, Salzburg und Steiermark schließen einen Vertrag über regionale Zusammenarbeit *(→ 13. April).*

12. April Im Nationalrat Mißtrauensantrag der ÖVP gegen Finanzminister Hannes Androsch wegen der ab 1. Juli geplanten Einführung einer Lkw-Transportsteuer; der Antrag wird mit 93 gegen 87 Stimmen abgelehnt.

13. April Die Bundesländer Burgenland, Niederösterreich und Wien schließen einen Vertrag über regionale Zusammenarbeit *(→ 10. April).*

14. April Die UNO übernimmt den Schutz über die Lobau bei Wien »als urwaldähnliche Landschaft«.

— Der englische Bildhauer Henry Moore kommt nach Wien, um die Aufstellung seiner Plastik »Hill Arches« vor der Karlskirche zu überwachen; die Plastik ist ein Geschenk an die Stadt, nur Gußkosten sind zu bezahlen.

17. April Ewald Balser stirbt in Wien; geb. am 5. Oktober 1898 in Elbersfeld (Deutschland); Kammerschauspieler, seit 1928 am Wiener Burgtheater und Charakterdarsteller in Filmen.

24. April Auf Schloß Klesheim (Salzburg) Gründungsversammlung der »Europäischen Demokratischen Union« (EDU): 18 Parteien der demokratischen Mitte aus 15 europäischen Staaten schließen sich zu einer Gesinnungsgemeinschaft zusammen; der Österreicher Josef Taus (ÖVP) wird zum ersten Vorsitzenden gewählt.

26. April Gleichenfeier für die Moschee des Wiener Islamischen Zentrums am linken Donauufer in der Nähe der »UNO-City«; der kupferne Kuppel-Halbmond wird vom Vertreter Saudi-Arabiens, Scheich Abdullah Al Khaygal, enthüllt.

— In Wien wird im 9. Bezirk das erste Wiener »Pfarr-Museum« eröffnet.

27. April Das Gerüst für die Erste-Mai-Dekoration am Wiener Rathaus löst sich und stürzt auf die darunter befindliche Tribüne. Zwei Arbeiter, die mit der Befestigung eines Emblems beschäftigt waren, stürzen 20 m tief ab, sie können nur noch tot geborgen werden.

28. April Die Steyr-Daimler-Puch AG in Graz liefert 35 000 Mopedmotore im Wert von 11 Millionen Schilling in die USA; bis Jahresende soll die Gesamtlieferung 80 000 Motore betragen.

29. April Die Aktion »pro Wien« (ÖVP) veranstaltet erstmals in der Wiener Innenstadt ein »Stadtfest«.

4. Mai In Wien wird in den Räumen des ehemaligen »Heimat-Kinos« in der Porzellangasse das »Schauspielhaus« eröffnet; unter der Leitung von Hans Gratzer wird sich das neue Theater auf Ur- und Erstaufführungen spezialisieren. Die erste Produktion ist »Der Balkon« von Jean Genet.

— Baubeginn des Zentralverschubbahnhofes der ÖBB in Wien-Kledering.

8. Mai Peter Habeler und der Südtiroler Reinhold Messner besteigen den 8 848 m hohen Mount Everest als erste Menschen ohne dabei Sauerstoffgeräte zu verwenden.

12. Mai In Wien wird die Südosttangente dem Verkehr übergeben; diese kreuzungsfreie Umfahrungstraße zwischen Inzersdorf und Kaisermühlen ist 17 km lang.

— Alois Pernerstorfer stirbt in Wien; geb. am 3. Juni 1912 in Wien; Baßbariton, Kammersänger.

18.–20. Mai 24. Ordentlicher SPÖ-Parteitag in Wien; Beschluß eines neuen Parteiprogramms mit den Schwerpunkten »Streben nach sozialer Demokratie auf der Basis der Solidarität und der Freiheit, sowie das Mitwirken an internationalen Bestrebungen zur Bewältigung der derzeitigen Weltwirtschaftskrise und zur Beseitigung der Ungleichheit zwischen den Industriestaaten und der Dritten Welt«. Bruno Kreisky wird mit 454 von 457 Stimmen als Bundesparteiobmann wiedergewählt.

30. Mai In der Korneuburger Schiffswerft erfolgt der Stapellauf des Passagierschiffs »Ukraina«, des hundertsten für die UdSSR gebauten Schiffs.

31. Mai Probebetrieb für das erste »Zugtelefon« in Österreich: Im »Transalpin« kann zwischen Wien und Salzburg bzw. Kufstein und Innsbruck im Selbstwählverkehr innerhalb Europas telefoniert werden.

4. Juni Leopold Rudolf stirbt in Wien; geb. am 3. Mai 1911 in Wien; Schauspieler, seit 1945 einer der profiliertesten Charakterdarsteller am Theater in der Josefstadt.

15. Juni Der Nationalrat beschließt die Sechsjahresfrist im Scheidungsrecht und andere familienrechtliche Neuregelungen (z. B. Erbrecht des Ehegatten). Der Bundesrat erhebt am 21. Juni Einspruch, worauf der Nationalrat am 1. Juli einen Beharrungsbeschluß faßt.

22. Juni Zusammenschluß von 15, bisher autonomen Konsumgesellschaften zum »Konsum Österreich«; in den nun insgesamt 1 114 Geschäftsstellen wird ein Umsatz von jährlich mehr als 18 Milliarden Schilling erwartet – das bedeutet einen 12%igen Anteil am österreichischen Einzelhandel und sogar 23% des gesamtösterreichischen Umsatzes im Lebensmittelbereich.

27. Juni Die Brauerei Egger wird in St. Pölten eröffnet.

1. Juli Bundespräsident Rudolf Kirchschläger übergibt bei der Hauptstufe Rottau im Mölltal (Kärnten) das »Malta-Kraftwerk« seiner Bestimmung. Das Kraftwerk wurde in fünfjähriger Bauzeit errichtet und kostete rund zehn Milliarden Schilling. Die Kölnbreinsperre zählt zu den größten Talsperren der Welt: 200 m hoch, Kronenlänge 620 m bei einer Breite von 8 m; die Mauer besteht aus 1,6 Millionen m^3 Beton und ist an der Basis 41 m dick. Der Stausee ist 4,5 km lang, bis zu 800 m breit und faßt rund 200 Millionen m^3 Wasser.

4.–7. Juli Wegen der ab 1. Juli in Kraft getretenen Lkw-Steuer führen rund 300 österreichische Frächter an fast allen Grenzübergängen Lkw-Blockaden durch, an denen sich nach kurzer Zeit auch rund 6 000 ausländische Lkw-Lenker beteiligen. Durch die Aktion entsteht eine für den Fremdenverkehr bedrohliche Situation. Bei einem »Gipfelgespräch« am 6. Juli (Bundeskanzler, Finanzminister, Verkehrsminister, Präsident und Generalsekretär der Bundeskammer, Frächter) kommt es zu einer Einigung, wonach den Frächtern die aus der Steuer erwachsenden Nachteile vergütet werden.

7. Juli Der Nationalrat beschließt mit den Stimmen der SPÖ das »Gesetz über die friedliche Nutzung der Kernenergie in Österreich« *(→ 5. November).*

8.–13. Juli »Wiener Nahostgespräche«: Zum Auftakt findet am 8. Juli ein Vierergespräch unter Beteiligung des ägyptischen Staatspräsidenten Anwar as Sadat, des israelischen Oppositionsführers Shimon Peres, des österreichischen Bundeskanzlers Bruno Kreisky und des Vorsitzenden der Sozialistischen Internationale Willy Brandt statt; auf Schloß Fuschl (Salzburg) konferiert Anwar as Sadat am 10. Juli mit UN-Generalsekretär Kurt Waldheim und am 13. Juli mit dem israelischen Verteidigungsminister Ezer Weizmann.

18. Juli Schwere Unwetter mit Hagelschlag über der Ost- und Südsteiermark sowie Teilen Kärntens; die Feld- und Weinkulturen werden bis zu 80% vernichtet; es entsteht ein Schaden von 300 Millionen Schilling.

1. August Im Bundesland Wien tritt eine Verfassungsnovelle in Kraft, mit der Elemente unmittelbarer Demokratie zum Tragen kommen, die Fragestunde eingeführt wird, eine Aufwertung der Bezirksorgane erfolgt und die Kontrolleinrichtungen verbessert werden.

3. August Karl Czernetz stirbt in Wien; geb. am 12. Februar 1910 in Wien; SPÖ-Politiker, 1949 Abgeordneter zum Nationalrat, 1955 Delegierter in die parlamentarische Versammlung des Europarates, dessen Präsident er von April 1975 bis Mai 1978 war.

10. August Eröffnung der neuen Standseilbahn auf die Wurzeralm (Oberösterreich); die Talstation Spital am Pyhrn liegt 816 m hoch, die Bergstation 1 430 m.

11. August Der 32,6 km lange Gleinalm-Abschnitt der Pyhrnautobahn wird nach knapp sechsjähiger Bauzeit dem Verkehr übergeben. Zu dem Abschnitt gehört auch der 8 320 m lange Gleinalm-Tunnel, der 1 232 m lange Schartnerkogel-Tunnel und 42 größere und kleinere Brücken; Baukosten rund 3,3 Milliarden Schilling.

8. September Im Wiener Arsenal wird nach fünfjähriger Bauzeit ein neues Fernmeldezentrum der Post in Betrieb genommen; dieses nunmehr größte Gebäude der Postverwaltung hat eine verbaute Fläche von 6 500 m^2 und besitzt einen 155 m hohen Fernmeldeturm, die Baukosten betrugen knapp 2,5 Milliarden Schilling.

19. September Das größte Wärmekraftwerk Österreichs wird nach siebenjähriger Bauzeit in Theiß bei Krems (Niederösterreich) in Betrieb genommen; die Leistung dieses kalorischen Kraftwerks beträgt 550 MW, der Betrieb erfolgt zu 20% mit Erdöl und zu 80% mit Erdgas, die Baukosten betrugen 2,4 Milliarden Schilling.

20. September Im ORF-Kuratorium findet keiner der drei Kandidaten (Otto Oberhammer, Gerd Bacher und Helmut Zilk) die nötige Zweidrittelmehrheit für die Bestellung zum Generalintendanten *(→ 28. September).*

21. September In Wien ist die Umstellung von rund 1,5 Millionen Geräten in 764 000 Haushalten und Betrieben auf Erdgas abgeschlossen; das ursprünglich auf 15 Jahre geplante Projekt konnte innerhalb von nur acht Jahren realisiert werden.

23. September Ernst Kolb stirbt in Bregenz; geb. am 9. Januar 1912 in Bregenz; Jurist, ÖVP-Politiker, seit 1945 Abgeordneter zum Nationalrat, von 1948 bis 1952 Handels- und von 1952 bis 1954 Unterrichtsminister.

28. September Gerd Bacher wird vom ORF-Kuratorium mit einfacher Mehrheit (16 gegen 13 Stimmen, eine Enthaltung) interimistisch als Generalintendant bestellt; gleichzeitig wird auch die Funktion neu ausgeschrieben *(→ 20. September und 19. Dezember).*

29. September Uraufführung »Wie Gott in Frankreich« von Pavel Kohout im Linzer Landestheater.

30. September Auf dem 14. Bundesparteitag der FPÖ wird der Grazer Bürgermeister Alexander Götz mit 398 von 416 Stimmen zum neuen Bundesparteiobmann gewählt; der bisherige Bundesparteiobmann Friedrich Peter bleibt weiterhin Klubobmann im Parlament.

— Wissenschaftsministerin Hertha Firnberg übergibt in Ephesos die in neunjähriger Arbeit von österreichischen Wissenschaftlern und Baufirmen wiederhergestellte Fassade der aus dem Anfang des 2. Jh. n. Chr. stammenden Celsus-Bibliothek an die türkische Antikenverwaltung *(→ 1. Dezember)*.

Anfang Oktober Eine Untersuchung in München kommt zum Ergebnis, daß der sogenannte Brautschleier der Markgräfin Agnes (Agnes-Legende von Klosterneuburg) echt ist und wahrscheinlich aus Syrien stammt; damit handelt es sich mit großer Sicherheit um das besterhaltene Textil aus der Zeit des Hochmittelalters.

1. Oktober In Wien wird die erste Kabel-TV-Anlage in Betrieb genommen; versorgt werden vorerst 530 Wohnungen im 22. Bezirk.

3. Oktober In Wien wird die neue Floridsdorfer Brücke über die Donau für den Verkehr freigegeben; die Brücke ist 332,5 m lang, 31,4 m breit und kostete 813 Millionen Schilling. Ausländische Experten bezeichnen die kurze Bauzeit von nur 18 Monaten als Weltrekord.

5. Oktober Der niederösterreichische Landtag beschließt eine neue Landesverfassung und gleichzeitig eine neue Geschäftsordnung für den Landtag.

8. Oktober Landtagswahl in Wien mit der bisher niedrigsten Wahlbeteiligung (72,2%); die SPÖ verliert an die ÖVP vier Mandate *(→ Anhang)*.

— Landtagswahl in der Steiermark ohne wesentliche Veränderungen *(→ Anhang)*.

11. Oktober Beharrungsbeschluß des Nationalrats (mit 92:88 Stimmen) für eine Änderung des Arbeiterkammer-Wahlgesetzes, gegen das der Bundesrat Einspruch erhoben hatte; mitarbeitende Angehörige von Unternehmern sind damit nicht mehr wahlberechtigt.

12. Oktober ORF-Korrespondent Erhart Hutter wird aus Rußland ausgewiesen; er ist mit einer gebürtigen Russin verheiratet und soll »gegen sowjetische Gesetze verstoßen« haben. Der Protest des österreichischen Außenministeriums wird vom sowjetischen Botschafter Michael Iwanowitsch Boronin zurückgewiesen.

14. Oktober Uraufführung der Oper »Orpheus ex machina« von Iván Eröd im Grazer Opernhaus.

16. Oktober Urteilsverkündung im Prozeß gegen die Entführer von Lotte Böhm *(→ 12. Dezember 1977)*: Paul Francsis wird in diesem ersten Entführungsfall vor einem österreichischen Gericht zu 20, Franz Panagl zu 15 und Christa Schneck zu acht Jahren Kerker verurteilt.

16.–19. Oktober In Wien findet die 4. Konferenz der europäischen Verfassungsrichter statt; das Generalthema lautet »Bestand und Bedeutung der Grundrechte«.

17. Oktober Jean Améry (eigentlich Johannes Mayer) stirbt in Salzburg durch Selbstmord; geb. am 31. Oktober 1912 in Wien; Schriftsteller, Philosoph und Essayist.

18. Oktober Budgetrede von Finanzminister Hannes Androsch vor dem Nationalrat; der Bundesvoranschlag für 1979 ist »durch starke Spartendenz gekennzeichnet«: Die Ausgaben belaufen sicch auf 288,1 Milliarden, die Einnahmen 238,8 Milliarden – der Bruttoabgang beträgt 49,3 Milliarden Schilling.

— Nach vielen Jahren der Beratung wird vom Nationalrat das »Datenschutzgesetz« beschlossen.

29. Oktober Die Elektrifizierung der Strecke Wien-Tulln der Franz-Josephs-Bahn ist abgeschlossen.

5. November Volksabstimmung über die Inbetriebnahme des Kernkraftwerks Zwentendorf; an dieser ersten in Österreich abgehaltenen Volksabstimmung beteiligen sich nur 64,1% der Stimmberechtigten: Von den gültigen Stimmen (3 183 147) votieren 50,47% (1 606 308) mit »Nein«. Den stärksten »Nein«-Anteil hat das Bundesland Vorarlberg (84,41%), den geringsten »Nein«-Anteil das Burgenland (40,19%). Bei der dem Votum vorangegangenen Kampagne hatte sich die SPÖ besonders stark für eine Inbetriebnahme eingesetzt und Bundeskanzler Bruno Kreisky in einer Fernsehrede mehr oder weniger sein politisches Schicksal damit verbunden bzw. persönliche Konsequenzen angekündigt *(→ Anhang)*.

6. November Parteipräsidium und Bundesparteivorstand der SPÖ sprechen dem Parteivorsitzenden Bruno Kreisky einstimmig »das absolute und uneingeschränkte Vertrauen« aus und erteilen ihm eine sogenannte Generalvollmacht, »rasche und eindeutige Entscheidungen zu treffen, wenn diese erforderlich seien«.

8.–11. November Staatsbesuch von Bundespräsident Rudolf Kirchschläger in Rumänien; erste Intensivierung der österreichisch-rumänischen Beziehungen.

9. November Otto Siegl stirbt in Wien; geb. am 6. Oktober 1896 in Graz; Komponist, Kapellmeister und Professor für Komposition in Köln und Wien.

10. November Theo Lingen (eigentlich Franz Theodor Schmitz) stirbt in Wien; geb. am 10. Juni 1903 in Hannover; Bühnen- und Filmschauspieler (Komiker), Verfasser von Drehbüchern und Bühnenstücken, 1945 für kurze Zeit Bürgermeister von St. Gilgen (Salzburg), ab 1948 Mitglied des Burgtheaters, spielte rund 200 Filmrollen.

12. November Weihe der neuen Orgel im Grazer Dom; diese größte Orgel der Steiermark wurde in der BRD gebaut und ist mit 5 158 Pfeifen, 70 Registern und vier Manualen ausgestattet, wobei das aus dem Jahr 1772 stammende Rokokodekor der alten Orgel erhalten blieb.

15. November In Ossarn bei Herzogenburg (Niederösterreich) wird von einem Bauern beim Pflügen ein römisches Steingrab aus dem 4. Jh. n. Chr. entdeckt.

— In München wird die Privatbibliothek der Kaiserin Elisabeth von Österreich versteigert; die meisten der insgesamt 160 Objekte erhalten den Zuschlag deutlich über ihrem Schätzwert, der Höchstpreis (DM 27 000,–) wird für ein Fotoalbum erzielt.

18. November In Wien Eröffnung der U-Bahn-Station Stephansplatz durch Bürgermeister Leopold Gratz; vom Stephansplatz zum Reumannplatz (10. Bezirk) dauert die Fahrt nur acht Minuten.

22. November In Linz übergibt Wissenschaftsministerin Hertha Firnberg das für die technisch-naturwissenschaftliche Fakultät der Johannes-Kepler-Universität erbaute Hochhaus seiner Bestimmung; die 13 Stockwerke bieten Platz für 21 Lehrkanzeln und rund 800 Studenten. Die Baukosten betrugen 312 Millionen Schilling.

1. Dezember Eröffnung des Arlbergstraßentunnels; das 13 972 m lange Bauwerk ist der zur Zeit längste Straßentunnel der Welt und führt in einer Fahrzeit von nur zwölf Minuten von St. Jakob (Tirol) nach Langen am Arlberg (Vorarlberg). Die Baukosten betrugen 3,6 Milliarden Schilling, die Bauzeit war mit 53 Monaten um sieben Monate kürzer als geplant; bis zu 1 100

Mitarbeiter waren gleichzeitig eingesetzt, 14 verunglückten tödlich.

— In der Neuen Hofburg in Wien wird nach dreijähriger Bauzeit von Wissenschaftsministerin Hertha Firnberg das Ephesos-Museum eröffnet. Die Bestände des neuen Museums stammen von den bereits Ende des 19. Jh. begonnenen Ausgrabungen österreichischer Archäologen; bis 1907 durften die entdeckten Schätze nach Österreich gebracht werden, danach war die Ausfuhr aufgrund des türkischen Antikengesetzes verboten *(→ 30. September)*.

19. Dezember Gerd Bacher wird vom ORF-Kuratorium mit 17 gegen 12 Stimmen bei einer Stimmenthaltung für vier Jahre definitiv zum Generalintendanten des ORF bestellt *(→ 28. September)*.

22. Dezember Otto Probst stirbt in Wien (im Parlament); geb. am 29. November 1911 in Wien; SPÖ-Politiker (»Kaiser von Favoriten«), seit 1945 Abgeordneter zum Nationalrat, 1963–1966 Verkehrsminister und seit März 1970 Dritter Präsident des Nationalrats.

25. Dezember Errichtung einer katholisch-theologischen Fakultät an der Universität Linz.

— Alfred Graf Wickenburg stirbt in Graz; geb. am 26. Juli 1885 in Bad Gleichenberg; Maler und Grafiker, Mitbegründer der »Grazer Secession«.

28. Dezember Gustav Zelibor stirbt in Wien; geb. am 10. Dezember 1903 in Wien; Komponist und Interpret beliebter Unterhaltungsmusik.

— Bei Laa an der Thaya (Niederösterreich) wird ein Grenzübergang zur ČSSR geöffnet.

29. Dezember Nach 360 Jahren des Bestehens wird das Braunkohlebergwerk Fohnsdorf (Steiermark), der tiefste Bergbau Mitteleuropas, geschlossen.

— In Weigetschlag bei Bad Leonfelden (Oberösterreich) wird ein weiterer Grenzübergang zur ČSSR geöffnet.

Ende Dezember Die Inflationsrate beträgt 3,6% und ging damit leicht zurück.

— Die Arbeitslosenrate steigt geringfügig auf 2,1%.

— Mit 85 402 Geburten wird der bisher tiefste Stand in der Zweiten Republik erreicht.

— Mit 1 306 Insolvenzen (+ 27%) wird die höchste Anzahl seit 1945 erreicht.

— Die Oesterreichische Nationalbank bewertet den Goldvorrat (655 t) neu: 45 000 Schilling/kg statt dem seit 10. Mai 1971 geltenden Ansatz von 27 000 Schilling.

— Derzeit machen 856 Soldaten (davon 76 Offiziere und 204 Unteroffiziere) des österreichischen Bundesheeres im Rahmen von UN-Einsätzen Dienst im Ausland.

▶1979, 1. Januar Österreich und die Volksrepublik Ungarn heben die gegenseitige Visumpflicht auf.

17. Januar Thaddäus Podgorski tritt als Intendant des Ersten ORF-Fernsehprogramms zurück *(→ 8. Februar)*.

21. Januar Ein Gastarbeiter aus Wels (Oberösterreich) wird mit 1 002 010 Schilling Gewinn (bei einem Einsatz von 380 Schilling) Österreichs erster Sporttoto-Millionär.

26. Januar Gesundheitsministerin Ingrid Leodolter stellt anläßlich der Enquete »Fünf Jahre Mutter-Kind-Paß« fest, daß die Rate der Kindersterblichkeit in Österreich von 26,1‰ (1971) auf 14,7‰ gesunken ist.

29. Januar Im Tagbau Oberdorf des Köflacher Bergwerks wird der größte Bagger Österreichs eingesetzt: er wiegt 464 t, ist 41 m lang, 12 m breit und 12 m hoch. Mit diesem Bagger werden pro Stunde 3 500 m^3 Erdreich bewegt und fünf Güterzüge mit je 40 Waggons beladen.

Februar Die Firma »Klimatechnik« (Erwin Tautner) stellt nach 18monatiger Konstruktions- und Bauzeit das »Fenster zum Weltall« fertig: Eine Glaslucke für das »Spacelab« der Europäischen Weltraumorganisation.

1. Februar Außenminister Willibald Pahr wird während seines Aufenthalts beim Europarat in Straßburg gegen Mitternacht auf offener Straße von zwei jungen Männern überfallen, verletzt und ausgeraubt.

4. Februar Die erste Rodel-WM auf Naturbahn wird in Inzing (Tirol) ausgetragen.

7. Februar Die bisher größte Brandkatastophe seit 1945 vernichtet das Kaufhaus Gerngroß in der Wiener Mariahilfer Straße; der Brand wurde in den Abendstunden ausgelöst und erst 24 Stunden später kann »Brand aus« gemeldet werden. Im Einsatz sind 30 Fahrzeuge und 550 Mann der Wiener Feuerwehr, rund 200 Mann von Freiwilligen Feuerwehren aus der Umgebung, die von 50 Mann der Luftschutztruppe des Bundesheeres unterstützt werden; der Schaden beträgt rund 1 Milliarde Schilling. Mit der neuen Fassadengestaltung wird Architekt Roland Rainer beauftragt und am 19. März 1980 kann das Kaufhaus wieder eröffnet werden. Das Kaufhaus entwickelte sich aus einer am 26. September 1879 von Alfred Gerngroß gegründeten Gemischtwarenhandlung und wurde 1958 an den deutschen Konzern Hertie verkauft.

8. Februar Der bisherige Hörfunk-Intendant Wolf In der Maur wird mit 29 Stimmen bei einer Enthaltung vom ORF-Kuratorium zum Intendanten des Ersten Fernsehprogramms *(→ 17. Januar)* gewählt; sein Nachfolger beim Hörfunk wird Ernst Grissemann.

14. Februar Der Wiener Stadtsenat wird von bisher 14 auf 15 Mitglieder ausgeweitet und eine neue Geschäftseinteilung getroffen; zehn »Amtsführende Stadträte« stellt die SPÖ, fünf »Stadträte ohne Ressort« die ÖVP.

16. Februar Urteil im »Palmersprozeß«; die Entführer *(→ 9. November 1977)* erhalten folgende Strafen: Thomas Gratt 14 Jahre, 11 Monate und 15 Tage, Othmar Keplinger 5 Jahre und Reinhard Pitsch 6½ Jahre.

23. Februar Im Nationalrat wird das »Gleichbehandlungsgesetz« (gleicher Lohn für gleiche Arbeit) und das »Arbeiter-Abfertigungsgesetz« beschlossen.

24. Februar Premiere der Oper »Lulu« von Alban Berg in der Pariser Oper mit dem von Friedrich Cerha fertiggestellten 3. Akt, von dem nur ein Klavierauszug, Singstimmen und Instrumentierungsangaben vorhanden waren; entsprechend dem Testament der Witwe Helene Berg hätte die Oper ein Fragment bleiben sollen.

5.–8. März 2. Ost-West-Konferenz in der Wiener Hofburg: 300 Delegierte aus 14 Staaten diskutieren über »Die Zukunft der Zusammenarbeit zwischen Ost und West 1979–1985« auf den Gebieten Energie, Handel und Wissenschaft; den Vorsitz führt Vizekanzler a. D. Fritz Bock.

5. März In Gloggnitz (Niederösterreich) wird ein Dr.-Karl-Renner-Museum eröffnet.

9. März In Laibach werden von einem jugoslawischen Militärgericht zwei Kärntner Bundesheerbeamte wegen angeblicher Militärspionage verurteilt: Gerhard Lackner erhält neun Jahre Gefängnis, Paula Wogatai drei Jahre.

12.–15. März Bundespräsident Rudolf Kirchschläger besucht die ČSSR – es ist dies der erste Staatsbesuch eines österreichischen Staatsoberhaupts in diesem Nachbarland. Außer Programm besucht der Bundespräsident den Erzbischof von Prag, Kardinal Frantisek Tomasek.

12. März Bei der letzten Sitzung des Nationalrats stellen ÖVP und FPÖ einen Mißtrauensantrag gegen Gesundheitsministerin Ingrid Leodolter, der jedoch mit den Stimmen der SPÖ abgelehnt wird; Leodolter hatte ohne Ausschreibung einen Auftrag zur Entwicklung der Kostenrechnung für Krankenanstalten in der Höhe von 100 Millionen Schilling vergeben.

13.–18. März Eiskunstlauf-WM in der Wiener Stadthalle mit 129 Teilnehmern aus 23 Nationen.

15.–18. März Skiflug-WM in Planica (Slowenien): Mit Armin Kogler aus Vomp (Tirol) wird erstmals ein Österreicher Weltmeister.

19. März Beendigung des Ski-Weltcups; Österreich erreicht mit 1 732 Punkten den 1. Platz in der Nationenwertung: Annemarie Moser-Pröll gewinnt zum sechsten Mal den Gesamtweltcup und erreicht auch den 1. Platz bei der Abfahrt und in der Kombination; im Slalom erreichen Regina Sackl, Annemarie Moser-Pröll und Lea Sölkner die ersten drei Plätze.

25. März Landtagswahl in Niederösterreich: Die ÖVP verliert zum ersten Mal seit 1945 die absolute Mehrheit und trotz nur sehr geringer Verschiebung der Stimmenanteile gewinnt die SPÖ zwei Mandate *(→ Anhang).*

— Landtagswahlen in Salzburg *(→ Anhang).*

29. März Der Neubau des Mozarteums in Salzburg wird eröffnet; die modernste Musikhochschule Europas verfügt nun über eine Gesamtfläche von 6 100 m². Die Baukosten betrugen 450 Millionen Schilling.

9. April Hugo Simon wird in Göteborg Weltcupsieger im Springreiten; der Weltcup in dieser Disziplin wurde erstmals ausgetragen.

10. April In Wien wird der U-Bahn-Bereich Stephansplatz seiner Bestimmung übergeben; der Bau reicht bis in eine Tiefe von 29 m. Die bei den Bauarbeiten freigelegte, aus dem 13. Jh. stammende (und wahrscheinlich ursprünglich dem hl. Koloman geweihte) Virgilkapelle wird zur Besichtigung freigegeben; die Kapelle ist etwa 63 m² groß und liegt 11 m unter Straßenniveau.

19. April Im Wiener Krankenhaus Lainz wird zur Tumorbekämpfung das stärkste Bestrahlungsgerät der Welt in Betrieb genommen; Kosten 16 Millionen Schilling.

22. April Gegen 22 Uhr Bombenanschlag im Innenhof der Wiener Israelitischen Kultusgemeinde (Seitenstettengasse 2); die extreme Palästinensergruppe »Adler der Revolution« übernimmt die Verantwortung für diesen Anschlag, bei dem beträchtlicher Sachschaden entsteht.

25.–27. April Das erste Gastspiel der Wiener Oper nach 1945 in Prag: »Ariadne auf Naxos« von Richard Strauss unter der Leitung von Karl Böhm.

26. April Im Palais Liechtenstein in Wien wird das »Museum moderner Kunst« eröffnet.

6. Mai Nationalratswahl: Die SPÖ erreicht wieder die absolute Mehrheit *(→ Anhang).*

7./8. Mai In der Bezirkshauptmannschaft Scheibbs (Niederösterreich) werden bei einem Einbruch hunderte Blankovordrucke von Reisepässen, Führerscheinen, Waffenscheinen und Personalausweisen gestohlen.

8. Mai Der Abgeordnete Franz Karasek (ÖVP) wird im zweiten Wahlgang mit 78 von 153 Stimmen zum neuen Generalsekretär des Europarats (ab 1. Oktober) gewählt.

11. Mai An der Eröffnung der Ausstellung »250 Jahre hl. Johannes von Nepomuk« in Salzburg kann der Prager Erzbischof Kardinal Frantisek Tomaschek erst nach Intervention der österreichischen Regierung teilnehmen; die anfängliche Verweigerung der Ausreise aus der ČSSR wird von den tschechoslowakischen Behörden als »Mißverständnis« bezeichnet.

— Justizminister Christian Broda legt ein Zehn-Punkte-Programm mit Grundsätzen der sozialistischen Justizpolitik für die achtziger Jahre vor.

19. Mai Feierliche Eröffnung der Wiener Festwochen unter dem Motto »Wien – Metropole in Europa«; erstmals finden mehr als 1 000 Veranstaltungen statt.

28. Mai Bei einer Abstimmung über die 5-Tage-Woche an den Wiener Volksschulen stimmen knapp 75% der Lehrer und Eltern für die Einführung *(→ 29. Juni).*

5. Juni Das Kabinett Kreisky IV wird angelobt: Das bisherige Kabinett Kreisky III bleibt unverändert im Amt.

6. Juni In Salzburg beginnt eine Tagung des »Club of Rome«, an der mehr als 200 Wissenschaftler aus aller Welt teilnehmen; Hauptthema ist das Lernen.

13. Juni ÖVP-Bundesparteiobmann Josef Taus gibt seinen Rücktritt bekannt *(→ 7. Juli und 1. September).*

14.–18. Juni Amerikanisch-sowjetisches Gipfeltreffen in Wien: Der amerikanische Präsident Jimmy Carter und der sowjetische Staatspräsident und Parteivorsitzende Leonid Breschnjew unterzeichnen am 18. Juni im Redoutensaal der Wiener Hofburg feierlich das SALT-II-Abkommen über die Begrenzung der strategischen Rüstung (SALT = Strategic Arms Limitation Talks).

22. Juni Erstmals wird im Bundesrat eine Regierungserklärung diskutiert.

29. Juni Das Kraftwerk Langenegg der Vorarlberger Kraftwerke mit einer Jahresleistung von 227 kWh wird nach vierjähriger Bauzeit in Betrieb genommen; die Baukosten betrugen 1,2 Milliarden Schilling.

— In Tirol sprechen sich (im Gegensatz zu den Bundesländern Wien, Niederösterreich, Steiermark, Salzburg und Kärnten) 62,7% für die 6-Tage-Woche an den Volksschulen aus.

1. Juli Das »Arbeiter-Abfertigungsgesetz« tritt (in mehreren Etappen) in Kraft.

7./8. Juli Konferenz im Rahmen der »Sozialistischen Internationale« über die Lage im Nahen Osten zwischen Bundeskanzler Bruno Kreisky, SPD-Vorsitzenden Willy Brandt und dem Vorsitzenden der Palästinensischen Befreiungsorganisation Yassir Arafat in Wien.

7. Juli 21. Außerordentlicher Bundesparteitag der ÖVP in Wien; als einziger Kandidat wird Alois Mock mit 496 von 507 gültigen Stimmen zum neuen Bundesparteiobmann gewählt *(→ 13. Juni).* Der Österreichische Seniorenbund nimmt erstmals als gleichberechtigte Teilorganisation der ÖVP teil.

10. Juli Gründung der Franz-Kafka-Gesellschaft in Klosterneuburg (Niederösterreich).

11. Juli Rund 6 000 Mitglieder des ÖVP-Bauernbundes nehmen an einer Demonstration in Wien teil und protestieren gegen die Agrarpoltik der SPÖ-Regierung: Im Mittelpunkt steht die Neufestlegung des Einheitswerts und der Milchpreis.

12. Juli Bundeskanzler Bruno Kreisky konstituiert den Volksgruppenbeirat für die ungarische Volksgruppe.
17. Juli Die Bundesregierung beschließt eine Hilfe für Vietnam-Flüchtlinge.
1. August In Wien (Tuchlauben 19) werden bei Umbauarbeiten die ältesten profanen Fresken Österreichs (14. Jh.) entdeckt; die unter Putz verborgen gewesenen 15 m langen Fresken illustrieren Themen aus der Dichtung des Minnesängers Neidhart von Reuenthal.
16. August Schwere Unwetter über Salzburg, Tirol und der Steiermark; der Bahnverkehr auf der Gesäusestrecke ist stundenlang unterbrochen, auf der Großglockner-Hochalpenstraße sind 500 Pkws durch Muren eingeschlossen.
20.–31. August UNO-Konferenz in Wien über »Wissenschaft und Technik im Dienste der Entwicklung«; 4 000 Politiker und Experten aus 141 Staaten nehmen teil, zur Präsidentin der Konferenz wird Wissenschaftsministerin Hertha Firnberg gewählt. Tatsächlich dauert diese größte bisher von der UNO veranstaltete Konferenz bis 6 Uhr früh des 1. September: Um den gewünschten Kompromiß zu erreichen, waren »die Uhren angehalten worden« und die Industriestaaten erklären sich schließlich bereit, als Übergangslösung für 1980 und 1981 einen Fonds in der Höhe von 250 Millionen US-Dollar einzurichten.
23. August Feierliche Übernahme des »International Center Vienna« (»UNO-City«) durch die Vereinten Nationen: UN-Generalsekretär Kurt Waldheim übergibt dabei symbolisch einen Schilling an Finanzminister Hannes Androsch. Wien ist damit nach New York und Genf der dritte offizielle Sitz der UNO. Der Gebäudekomplex wurde ab Mai 1973 nach Plänen des Architekten Johann Staber auf einem Areal von 17 ha errichtet und besitzt eine Geschoßfläche von insgesamt 230 000 m^2, der höchste der vier Y-förmigen Türme ist 120 m hoch und hat 28 Stockwerke; rund 3 500 Beamte der UNIDO und der IAEO ziehen hier ein. Die Baukosten betrugen (statt der veranschlagten 6,6 Milliarden Schilling) »nur« 5,7 Milliarden, wovon der Bund 65% und das Land Wien 35% übernommen haben.
— Bundeskanzler Bruno Kreisky unterzeichnet den Vertrag mit General Motors zum Bau des Motorenwerks in Wien-Aspern; die Produktion soll 1982 aufgenommen werden und rund 1 500 qualifizierte Arbeitsplätze bieten, der Baugrund und eine Förderung von eineinhalb Milliarden Schilling wird von Österreich zur Verfügung gestellt, viereinhalb Milliarden Schilling investiert General Motors selbst.
26. August Eröffnung der Salzburger Festspiele mit einer Rede von Sir Karl Popper zum Thema »Schöpferische Selbstkritik in Wissenschaft und Kunst«.
30. August Um 2.59 Uhr bricht im Gebäude der Oesterreichischen Nationalbank in Wien (Otto-Wagner-Platz) ein Großbrand aus, der von 200 Feuerwehrmännern mit 50 Einsatzfahrzeugen sowie mit Unterstützung des Bundesheeres bekämpft und erst am Nachmittag endgültig gelöscht wird; es entsteht Sachschaden in der Höhe von mehreren Millionen Schilling – die oberen Stockwerke, darunter die besonders wertvolle Bibliothek, brennen zur Gänze aus.
1. September Der frühere ÖVP-Bundesparteiobmann *(→ 13. Juni)* Josef Taus wird einer der Geschäftsführer bei der zum Turnauer-Konzern gehörenden »Constantia«.
2.–30. September »Internationales Bruckner-Fest« in Linz; am 18. September ertönt über der Stadt eine sogenannte »Klangwolke«: Bruckners 8. Symphonie wird im Rahmen des Symposiums »Ars Electronica« aus beiderseits der Donau installierten vier Lautsprechergruppen mit insgesamt 28 000 Watt Leistung ausgestrahlt.
2.–13. September Universiade in Mexiko: Sepp Zeilbauer wird im Zehnkampf mit 8 203 Punkten Universiade-Weltmeister und erhält eine Goldmedaille.
4. September Bei der Klausurtagung der Bundesregierung wird ein Operationskalender »Energiepolitische Maßnahmen bis 1990« beschlossen (z. B. Energieförderungsgesetz ab 1980, probeweise Einführung der Sommerzeit ab 1981, Temperatur in öffentlichen Gebäuden 20 Grad).
7. September Aufwertung des Schillings ab 8. September um 1,5%; durch die unerwartete Bekanntgabe gegen Mittag sollen Spekulationen ausgeschlossen werden.
— Die staatliche Sparförderung wird reduziert; diese Maßnahme soll das Budget um rund eine Milliarde Schilling entlasten.
8. September Fertigstellung einer Teilstrecke der Tauernautobahn im Bereich der Gemeinde Eisentratten im Lisertal (Kärnten). Eine Hangbrücke dieser Strecke ist 1 196 m lang und besitzt bis zu 62 m hohe Pfeiler; dazu war auch die in Österreich bisher größte Hangaufschüttung nötig: 670 m lang und 100 m hoch unter Verwendung von 1,2 Millionen m^3 Gesteinsmaterial.
10. September Die Bürgerinitiative »Pro Vorarlberg« überreicht den drei im Vorarlberger Landtag vertretenen Parteien ein Forderungsprogramm für ein Autonomiestatut, über das eine Volksabstimmung entscheiden soll; gefordert werden u. a. größere Kompetenzen im Finanz- und Schulwesen, beim Rundfunk, beim Umweltschutz, in der Sozialversicherung und bei den Befugnissen zur Gesetzgebung bzw. deren Vollstreckung. (Am 18. September bildet sich eine Gegengruppe »Vorarlberger für Österreich«.)
10.–14. September Bundeskongreß des ÖGB in Wien unter dem Motto »Vollbeschäftigung – Solidarität für eine humane gesicherte Zukunft«. Anton Benya wird zum vierten Mal einstimmig zum Präsidenten gewählt; die Zahl der Vizepräsidenten wird auf sechs erhöht.
12. September Hofmannsthal-Symposium an der Universität Wien; zugleich findet die 5. Tagung der Hugo-von-Hofmannsthal-Gesellschaft statt.
24. September Um 16.49 Uhr erfolgt ein Sprengstoffanschlag auf das Museum »Kärntner Freiheitskampf« im Rathaus von Völkermarkt; zwei Schwerverletzte. Die Täter sind jugoslawische Staatsbürger.
— Die Deutsche Mark wird gegenüber dem US-Dollar um 2% aufgewertet, der Schilling zieht entsprechend mit.
— Als erster Frau wird Wissenschaftsministerin Hertha Firnberg anläßlich ihres 70. Geburtstags (18. September) die Ehrenbürgerurkunde der Stadt Wien überreicht.
26.–29. September Auf Schloß Hohenems (Vorarlberg) internationales Symposium und eine Ausstellung über »Das Nibelungenlied« *(→ 29. Juni 1755)*.
28. September Kurz vor 5 Uhr bricht im Hotel »Am Augarten« (Wien 2, Heinestraße) ein Großbrand aus; bei diesem bisher größten Hotelbrand Österreichs sterben 26 Menschen an Rauchgasvergiftung, 35 Hotelgä-

ste können gerettet werden. Ursache ist ein in Brand geratener Papierkorb in der vom Nachtportier verlassenen Rezeption, die Verständigung der Feuerwehr erfolgte durch aufmerksame Anrainer.

30. September Landtagswahl in Tirol: Die SPÖ verliert ein Mandat an die ÖVP. Aufgrund einer Beschwerde muß die Wahl in Osttirol wiederholt werden *(→ 7. September 1980).*

1. Oktober Das »Konsumentenschutzgesetz« tritt in Kraft; damit sollen künftig Fehlinformationen und Benachteiligungen der Käufer verhindert werden.

— Das Dokumentationsarchiv des Österreichischen Widerstands stellt fest, daß in Österreich mehr als 40 Vereine bestehen, die »rechts neben der Demokratie« stehen.

3.–6. Oktober Staatsbesuch von Bundespräsident Rudolf Kirchschläger in Spanien; der erste Besuch eines österreichischen Staatsoberhaupts in diesem Land.

4. Oktober Eröffnung des im Mai 1972 begonnenen Neubaues des »Technologischen Gewerbemuseums« in Wien-Brigittenau; das Gebäude ist mit 309 000 m^3 umbautem Raum der größte Schulbau für Höhere Schulen in Österreich, die Baukosten betrugen 1,2 Milliarden Schilling.

5. Oktober Dem tschechischen Dramatiker Pavel Kohout wird bei seiner Rückreise nach einem knapp einjährigen Aufenthalt in Österreich (er erhielt den Österreichischen Staatspreis für Literatur) an der tschechischen Grenze die Einreise verweigert, gleichzeitig wird ihm seine Ausbürgerung mitgeteilt; er nimmt daraufhin seinen Wohnsitz in Wien *(→ 9. Oktober).*

7. Oktober Landtagswahl in Kärnten: Unveränderter Mandatsstand *(→ Anhang).*

— Landtagswahl in Oberösterreich: Die SPÖ verliert ein Mandat an die ÖVP *(→ Anhang).*

8. Oktober Gesundheitsministerin Ingrid Leodolter und Bautenminister Josef Moser demissionieren *(→ 5. November).*

9. Oktober In einer Sitzung des Nationalrats stellen sich alle im Parlament vertretenen Parteien hinter Bundeskanzler Bruno Kreisky und dessen Haltung gegenüber der ČSSR: Kreisky hatte die Stellungnahme der tschechoslowakischen Behörden anläßlich der Verweigerung der Einreise für den tschechischen Schriftsteller Pavel Kohout *(→ 5. Oktober)* als Provokation bezeichnet. Die Stellungnahme der ČSSR lautete: »Österreich braucht die Tschechoslowakische Republik jetzt und in Zukunft mehr als umgekehrt. Österreich braucht die Freundschaft der ČSSR aus wirtschaftlichen, politischen und strategischen Gründen. Das alles in Frage zu stellen, im Interesse der subversiven Tätigkeit und zuungunsten der österreichischen nationalen Interessen, ist bedenklich.« (Am 10. Oktober distanziert sich Prag von dieser Formulierung.)

19. Oktober Im Bereich des Bahnhofs Wien-Rodaun entgleist ein Güterzug. Drei ÖBB-Mitarbeiter werden getötet, drei schwer verletzt. Ursache war Bremsversagen.

21. Oktober Landtagswahl in Vorarlberg: Unveränderter Mandatsstand *(→ Anhang).*

23. Oktober Finanzminister Hannes Androsch erläutert vor dem Nationalrat das Budget 1980: Ausgaben 302,2 Milliarden Schilling, Einnahmen 253,2 Milliarden, demnach ein Defizit von 49 Milliarden (wovon 18,3 Milliarden für Schuldentilgung aufzuwenden sind).

25.–30. Oktober Bundeskanzler Bruno Kreisky besucht inoffiziell die USA; am 27. Oktober findet ein Treffen mit dem amerikanischen Präsidenten Jimmy Carter statt und am 29. Oktober hält Kreisky eine international ausführlich kommentierte Rede vor der UN-Generalversammlung in New York, bei der er betont, daß die Nahost-Probleme von den Israelis und den Palästinensern im direkten Dialog gelöst werden können.

26. Oktober Beginn eines mehrwöchigen Gastspiels der Wiener Staatsoper in den USA mit einem Konzertabend der Wiener Philharmoniker unter Karl Böhm in Washington. Insgesamt nehmen 400 Mitglieder der Staatsoper und der Philharmoniker an dieser erfolgreichen Tournee teil; für den Transport der Bühneneinrichtungen und Instrumente sind 23 Container nötig.

29. Oktober Der Südtiroler Landeshauptmann Silvius Magnago verlangt in einer Sitzung mit mehreren Mitgliedern der österreichischen Bundesregierung eine Intervention Österreichs bei der italienischen Regierung, diese möge die immer noch offenen Durchführungsbestimmungen zum »Südtirol-Paket« erlassen; Außenminister Willibald Pahr sagt diese Intervention in Rom zu.

31. Oktober Carl Merz (eigtl. Czell) stirbt in Kirchberg (Niederösterreich) (Selbstmord); geb. am 30. Januar 1906 in Kronstadt (Siebenbürgen); Schriftsteller und Kabarettist, verfaßte (u. a. mit Gerhard Bronner, Helmut Qualtinger und Peter Wehle) viele Nachkriegskabaretts; 1962 entstand (mit Helmut Qualtinger) »Der Herr Karl«.

1. November Kurz nach 21 Uhr bricht im Safaripark Gänserndorf (Niederösterreich) ein Großbrand aus; Ursache war eine schadhafte Stromleitung. 174 Feuerwehrleute stehen zehn Stunden lang im Einsatz; 37 Tiere verbrennen, der Sachschaden beträgt etwa 20 Millionen Schilling.

3. November Gastspiel des Wiener Burgtheaters in Prag mit Grillparzers »Sappho«, wie schon vorher in Preßburg als »geschlossenene Vorstellung«; es gibt weder Vorankündigungen noch Erwähnungen in der Presse.

5. November Angelobung neuer Bundesminister und Staatssekretäre durch Bundespräsident Rudolf Kirchschläger: Bundesminister für Gesundheit und Umweltschutz: Herbert Salcher, Bundesminister für Bauten und Technik Karl Sekanina, Staatssekretärin im Handelsministerium Anneliese Albrecht, Staatssekretärin im Bundeskanzleramt Johanna Dohnal, Staatssekretärin im Bautenministerium Beatrix Eypeltauer, Staatssekretärin im Sozialministerium Franziska Fast, Staatssekretärin im Finanzministerium Elfriede Karl (bisher Staatssekretärin im Bundeskanzleramt, alle SPÖ).

9. November Offizieller Baubeginn des Karawanken-Straßentunnels zwischen Kärnten und Slowenien; an den Festlichkeiten nehmen u. a. auch Bundeskanzler Bruno Kreisky und Ministerpräsident Veselin Djuranovic teil.

10. November Friedrich Torberg (eigtl. Kantor-Berg) stirbt in Wien; geb. am 16. September 1908 in Wien; Schriftsteller, Essayist, Kritiker und Übersetzer, bereits sein erster Roman (1930) »Der Schüler Gerber hat absolviert« (später nur »Der Schüler Gerber«) wurde ein außergewöhnlicher Erfolg. Emigration in die USA, 1951 Rückkehr nach Wien, übersetzte u. a. den israelischen Satiriker Ephraim Kishon. 1954 Mitbegründer und bis 1965 Herausgeber der Zeitschrift »Forum«, aus dem umfangreichen Werk wurden die beiden »Tante Jolesch«-Bände (1975 und 1978) die weitaus bekanntesten.

11. November Ein jugoslawischer Autobus rammt am unbeschrankten Bahnübergang in Seiersberg bei Graz den »Roten Blitz« der Strecke Graz-Köflach; 8 Tote und 66 zum Teil schwer Verletzte.

12. November Nachdem bereits am 10. November in Graz diesbezügliche Verhandlungen stattfanden, fällt nach 20stündigen Beratungen der FPÖ-Parteispitze in Wien die Entscheidung über die künftigen politischen Funktionen von FPÖ-Parteiobmann Alexander Götz: Seine Vollmachten als Parteiobmann werden erweitert, er bleibt Bürgermeister von Graz, legt jedoch sein Mandat als Nationalratsabgeordneter zurück *(→ 1. Dezember)*; Friedrich Peter bleibt FPÖ-Klubobmann im Parlament.

15./16. November 25. Ordentlicher Parteitag der SPÖ in Wien (Motto: »Weiter auf dem österreichischen Weg mit der SPÖ«). Bundeskanzler Bruno Kreisky wird mit 489 von 490 Stimmen als Parteiobmann wiedergewählt, die Zahl der Stellvertreter von fünf auf acht erhöht.

15. November Die katholisch-theologische Hochschule in Linz erhält den Rang einer »päpstlichen Fakultät«.

19.–22. November Im Raum Amstetten–St. Pölten–Scheibbs findet die »Raumverteidigungsübung ’79« des Bundesheeres statt, das größte Manöver seit 1918: 32 000 Mann, rund 500 Panzerfahrzeuge, 90 Flugzeuge und (zur rund 30%igen Treibstoffersparnis) 170 Sonderzüge der Bundesbahn mit 800 Personen- und 3 200 Spezialwaggons werden eingesetzt. Trotz Schlechtwetters nehmen auch 40 ausländische Delegationen teil.

20. November (Nach dem islamischen Kalender der 1. Tag des Jahres 1400.) Feierliche Eröffnung der ersten Moschee auf österreichischem Boden im Islamischen Zentrum nahe der UNO-City in Wien. Die Grundsteinlegung für die von Baumeister Richard Lugner entworfene und gebaute 300 m^2 große Moschee erfolgte 1968. Die Baukosten in der Höhe von 65 Millionen Schilling trug das Königreich Saudi-Arabien, für die Innenausstattung kamen andere arabische Staaten auf. In Wien leben derzeit rund 30 000, in ganz Österreich rund 50 000 muslimische Gläubige.

24. November Das Teilstück Stephansplatz-Nestroyplatz der Linie U 1 der Wiener U-Bahn wird eröffnet. Das 1,4 km lange Teilstück war der schwierigste und zugleich teuerste Abschnitt des Wiener U-Bahn-Netzes.

26. November Bei einem Einbruch im Numismatischen Institut der Universität Wien wurden antike Münzen im Wert von 2,5 Millionen Schilling entwendet.

1. Dezember Bei einer Sitzung der FPÖ-Bundesparteileitung legt Parteiobmann Alexander Götz seine Funktion zurück, als Begründung nennt er die nicht einhellige Zustimmung zu seinen Vorschlägen; interimistisch wird der Parteiobmann von Oberösterreich, Horst Schender, mit der Aufgabe betraut *(→ 16. Dezember)*.

13. Dezember Die Firma Eumig kündigt »wegen geänderter Marktverhältnisse« insgesamt 1 060 Mitarbeiter.

16. Dezember Der Bundesparteivorstand der FPÖ beschließt, für die am → *1./2. März 1980* vorgesehene Wahl des Bundesparteiobmanns den Wiener Landesparteiobmann Norbert Steger zu nominieren *(→ 1. Dezember)*.

17. Dezember Neuer Sporttoto-Rekord in Österreich: Eine Wienerin gewinnt mit nur 10 Schilling Einsatz den einzigen Zwölfer mit 1 676 390 Schilling.

Ende Dezember Die Inflationsrate beträgt im Jahresdurchschnitt 7,7%; das Brutto-Nationalprodukt hatte einen Zuwachs von 5,2%.

— Beschäftigungsrekord in Österreich: 2 778 865 (1 106 152 Frauen und 1 672 713 Männer); im August sogar ein in Österreich noch nie erreichter Stand: 2 823 367 (+ 18 000).

— Jahresdurchschnitt der Arbeitslosenrate 2%, auf jeden Arbeitnehmer entfallen statistisch 7,9 »Streiksekunden«.

— Der Österreichische Gewerkschaftsbund weist 1 641 475 Mitglieder aus.

— Es wurden 3 796 Anträge auf Befreiung von der Wehrpflicht eingebracht (= + 30,3% gegenüber dem Vorjahr).

▶**1980, 1. Januar** Das Datenschutzgesetz tritt in Kraft.

17. Januar Zwischen Zistersdorf und Eichbrunn (Niederösterreich) stoßen Bohrungen der ÖMV in 7 544 Meter Tiefe auf ein umfangreiches Erdgaslager.

18.–27. Januar Urabstimmung der ÖVP über zehn Fragen zur Parteireform: Von den 836 475 ausgegebenen Stimmzetteln werden 472 519 (= 56,49%) zurückgeschickt; neun der Fragen werden mehrheitlich mit Ja beantwortet, ein Sonderbeitrag von 5,– Schilling monatlich für die Gesamtpartei wird knapp abgelehnt.

21. Januar Der ORF beginnt mit der Ausstrahlung von »Teletext«, dem ersten Versuch dieser Art auf dem europäischen Kontinent; der zunächst für zwei Jahre geplante Betrieb umfaßt 64 Seiten (20 davon Nachrichten).

23. Januar Ernst Ocwirk stirbt in Kleinpöchlarn (Niederösterreich); geb. am 7. März 1926 in Wien; international anerkannter Fußballspieler und Trainer.

31. Januar Bundeskanzler Bruno Kreisky entwickelt in seiner Rede vor der Dritten Generalkonferenz der UNIDO in Neu-Delhi Vorstellungen über einen »Marshallplan« für die Entwicklungsländer, der weltweites Echo findet.

6. Februar Der österreichische General Wilhelm Kuntner wird vom sowjetischen Parteiorgan »Prawda« wegen seiner Befürwortung der Raketenbewaffnung des österreichischen Bundesheeres heftig attackiert.

8. Februar Hans Pretterebner, Herausgeber der »Politischen Briefe«, läßt die Broschüre »Gefahr von rechts« beschlagnahmen und beantragt eine Hausdurchsuchung des SPÖ-Parteisekretariats *(→ 15. Februar)*.

13.–23. Februar XIII. Olympische Winterspiele in Lake Placid (USA); Österreich erreicht Platz 4 in der Nationenwertung: 3 Goldmedaillen (Annemarie Moser-Pröll/Damenabfahrt, Leonhard Stock/Herrenabfahrt, Anton Innauer/70-Meter-Normalschanze), 2 Silbermedaillen (Peter Wirnsberger/Herrenabfahrt, Hubert Neuper/90-Meter-Schanze) sowie 3 Bronzemedaillen (Hans Enn/ Riesentorlauf, Georg Fluckinger und Karl Schratt/Rodeln-Doppelsitzer).

14. Februar Victor Gruen (eigtl. David Grünbaum) stirbt in Wien; geb. am 18. Juni 1903 in Wien; Stadtplaner und Architekt, gründete 1938 in New York ein Atelier und wurde als »Vater« des »Einkaufszentrums« und der »Fußgängerzone« bekannt, in Wien gründete er 1973 das »Zentrum für Umweltplanung«.

15. Februar Hans Pretterebner läßt zum zweiten Mal das sozialistische Parteiorgan »Arbeiter-Zeitung« beschlagnahmen *(→ 8. Februar)*.

21. Februar Dem Herzchirurgen Felix Unger von der Universitätsklinik Innsbruck gelingt die Entwicklung des kleinsten Kunstherzens der Welt (8,2 × 6 × 6,5 cm); bereits 1974 entwickelte er das »Ellipsoidenherz«.

22. Februar Oskar Kokoschka stirbt in Montreux (Schweiz); geb. am 1. März 1886 in Pöchlarn (Niederösterreich); Maler, Grafiker, Bühnenbildner und Dichter, 1907–1909 Mitarbeiter der »Wiener Werkstätte«, 1919–1924 Professor an der Dresdner Kunstakademie, 1938–1953 in England, ab 1953 in Villeneuve am Genfer See, 1953 Gründung der Sommerakademie »Schule des Sehens« in Salzburg, die er bis 1962 leitete. Sein Drama »Orpheus und Eurydike« wurde 1926 von Ernst Křenek als Oper vertont.

27. Februar Bei einem Überfall auf die dominikanische Botschaft in Bogotá (Kolumbien) werden von linksgerichteten Guerilleros 60 Anwesende als Geiseln genommen, darunter auch der österreichische Botschafter Edgar Selzer; nachdem das österreichische Außenministerium bekanntgibt, daß sich der Gesundheitszustand der in einem Wiener Krankenhaus liegenden Gattin des Botschafters erheblich verschlechtert habe, wird Selzer am 6. März freigelassen.

1./2. März Auf einem Außerordentlichen Bundesparteitag der FPÖ in Linz wird der Wiener Landesparteivorsitzende Norbert Steger mit 55,4% der abgegebenen Stimmen zum neuen Parteiobmann gewählt *(→ 1. Dezember 1979)*; sein Gegenkandidat Harald Ofner erhält 44,6 der Stimmen.

1. März Mit Beginn des Sommersemesters werden an der Wiener Universität erstmals Akupunktur (durch Johannes Bischko an der medizinischen Fakultät) und Homöopathie (durch Matthias Dorcsi an der formal- und naturwissenschaftlichen Fakultät) gelehrt.

12. März Offizielle Anerkennung der PLO (Palästinensische Befreiungsorganisation) als alleinige Vertretung des palästinensischen Volkes; erstmals findet damit ein Volk und nicht ein Staat diplomatische Anerkennung. Am 14. März erhebt die israelische Regierung schärfsten Protest dagegen.

16.–18. März Die erste Wiener Volksbefragung mit insgesamt vier Fragen zur Verkehrsgestaltung und zur Auflassung von 16 Friedhöfen: Von 1 172 816 Wahlberechtigten nehmen nur 28,88% an der Befragung teil.

16. März Beim Ski-Weltcup 1979/80 erreicht Österreich mit 1 294 Punkten den ersten Platz bei der Nationenwertung.

18. März Die ÖVP fordert eine Kommission zur Überprüfung der Vorgänge rund um das Allgemeine Krankenhaus (AKH) in Wien; Planung und Kosten werden kritisiert, der Weiterbau in Frage gestellt *(→ 19. März)*.

19. März Vizekanzler Hannes Androsch gibt dem Parlament die voraussichtlichen Kosten für den Bau des AKH mit 36,7 Milliarden Schilling bekannt.

30. März Armin Kogler stellt in Harrachsdorf mit 176 Metern den von Anton Innauer aufgestellten Weltrekord im Skispringen*(→ 5.–7. März 1975)* ein.

31. März Die SP-Jugend verlangt die Abschaffung der Matura; am 11. April legt Unterrichtsminister Fred Sinowatz (SPÖ) einen Reformplan vor.

6. April Österreich führt gemeinsam mit zwölf weiteren europäischen Ländern die Sommerzeit ein; die Sommerzeit gab es in Österreich erstmals vom 1. Mai bis 1. Oktober 1916, später wieder in den Jahren 1944 bis 1948.

9. April Auf einem Berghang bei Ybbsitz (Niederösterreich) findet Wolfgang Schnabl (Geologische Bundesanstalt Wien) einen 15 kg schweren und vermutlich 4,6 Millionen Jahre alten Meteoriten; es handelt sich dabei um den sechsten, in Österreich gefundenen Meteoriten.

10. April Ausgabe der ersten österreichischen 500-Schilling-Silbermünze »1 000 Jahre Steyr«; wegen des Ende März aufgrund von Silberverkäufen amerikanischer Spekulanten auf die Hälfte gesunkenen Silberpreises, hat der Silbergehalt nur einen Wert von rund 58 Schilling.

— In Neuhofen an der Ybbs eröffnet Bundespräsident Rudolf Kirchschläger eine Ostarrîchi-Gedenkstätte.

— Der Aufsichtsrat der mit dem Bau des AKH beauftragten AKPE suspendiert den technischen Direktor Adolf Winter *(→ 13. Mai)*.

— In Wien und Bern werden die libyschen Botschaften in »Volksbüros« umgewandelt.

14. April Österreich lehnt den von den USA in einem Aide-Mémoire geforderten Wirtschaftsboykott gegen den Iran aus neutralitätspolitischen Gründen ab.

17. April Vom Nationalrat wird die Einsetzung eines Parlamentarischen Untersuchungsausschusses zur Klärung der Vorgänge rund um den Bau des AKH beschlossen. FPÖ-Obmann Norbert Steger wird am 9. Mai zum Vorsitzenden des Ausschusses gewählt.

20. April Hilde Konetzni stirbt in Wien; geb. am 21. März 1905 in Wien; Kammersängerin (Sopran), 1936–1955 Mitglied der Wiener Staatsoper sowie Auftritte in allen großen Opernhäusern der Welt.

25./26. April Bundeskanzler Bruno Kreisky einigt sich auf Schloß Draßburg (Burgenland) mit dem ungarischen Ministerpräsidenten György Lázár über die Errichtung eines Kohlekraftwerks im Südburgenland, das über Förderbänder mit Braunkohle aus Ungarn versorgt wird.

27. April Der erste Skispringer-Weltcup endet mit dem Sieg Armin Koglers, Zweiter wird Hubert Neuper.

— Alfred Verdross-Drossberg stirbt in Innsbruck; geb. am 22. Februar 1890 in Innsbruck; Völkerrechtler und Rechtsphilosoph, 1924 bis 1961 Professor an der Universität Wien, seit 1957 Mitglied des Schiedsgerichts in Den Haag und der Rechtskommission der UNO, ab 1958 Richter am Europäischen Gerichtshof für Menschenrechte in Straßburg, Erneuerer der christlichen Völkerrechtslehre und Begründer einer katholischen rechtsphilosophischen Schule.

6. Mai Die Hauptwahlbehörde bestätigt aufgrund der verfassungsmäßigen Voraussetzungen (2 000 Unterschriften) die Kandidatur des Parteiobmanns der NDP, Norbert Burger, bei den Bundespräsidentenwahlen.

11. Mai Erwin Zimmermann verunglückt während einer internationalen Veranstaltung auf der Mosel bei Traben-Trarbach (BRD); geb. am 13. Mai 1950 in Linz; Motorboot-Rennfahrer, siebenmal Weltmeister, neunmal Europameister und Inhaber von drei Weltrekorden.

13. Mai Der am 10. April suspendierte technische Direktor der AKPE, Adolf Winter, wird in Untersuchungshaft genommen.

15./16. Mai Feierlichkeiten in der Wiener Hofburg und im Belvedere anläßlich der 25. Wiederkehr der Unterzeichnung des Österreichischen Staatsvertrags *(→ 15. Mai 1955)*: In Wien anwesend sind die Außenminister der vier Signatarmächte (der sowjetische Außenminister Andrej Gromyko kommt wegen einer Warschauer-Pakt-Konferenz erst am 16. Mai nach Wien), sieben Außenminister aus den Nachbarstaaten Österreichs sowie UN-Generalsekretär Kurt Waldheim; anwesend sind auch die beiden noch lebenden seinerzeitigen Unterzeichnenden, der 86jährige Harold Macmillan aus Großbritannien und der 88jährige Antoine Pinay aus Frankreich.

18. Mai Wahl des Bundespräsidenten: Der amtierende Bundespräsident Rudolf Kirchschläger erhält 79,9% (1974: 51,7%) der abgegebenen Stimmen, die ÖVP hatte keinen eigenen Kandidaten nominiert *(→ Anhang)*.

— Uraufführung der Mysterienoper »Jesu Hochzeit« von Gottfried von Einem im Theater an der Wien; gegen den von seiner Gattin Lotte Ingrisch stammenden Text wird von katholischer Seite protestiert: Während der Aufführung Zwischenrufe und Stinkbomben, vor dem Theater etwa 500 Demonstranten.

22. Mai In der 900 Jahre alten Leonhardkirche in Weißenstein im Drautal (Kärnten) werden Fresken von Peter Wallermann aus dem Jahr 1542 freigelegt. Die Fresken stammen aus der Zeit, als die Kirche als evangelisches Bethaus in Verwendung stand, wurden jedoch bei der kurze Zeit später erfolgten Rekatholisierung übermalt. Bereits 1974 wurden an der nördlichen Außenwand des Chores Fresken aus der 2. Hälfte des 14. Jh. entdeckt (Marientod und Kreuzigung sowie ein Heiliger).

— Bei Erdarbeiten für das General Motors-Werk werden Gebeine von 47, in der Schlacht bei Aspern (21./22. Mai 1809) gefallenen französischen Soldaten gefunden und mit militärischen Ehren auf dem Zentralfriedhof beigesetzt.

24. Mai Uraufführung der Urfassung des Adagios der 3. Symphonie von Anton Bruckner durch die Wiener Philharmoniker unter Claudio Abado im Wiener Musikverein; der Musikforscher Leopold Nowak hatte das Adagio (es war überklebt) erst kürzlich entdeckt.

29. Mai Inbetriebnahme der Erdgasstation Baumgarten (Niederösterreich) der ÖMV; Österreich wird damit zur Drehscheibe eines europäischen Gasverbundes, bestehend aus der WAG (West-Austria-Gasleitung) und der MEGAL (Mitteleuropäische Gasleitung).

30. Mai Inbetriebnahme der Erdfunkstelle Aflenz (Steiermark) zur Herstellung von Telefonverbindungen über Satellit; der Hauptreflektor der »Antenne 1« (für Verbindungen nach den USA, Kanada und Argentinien) hat einen Durchmesser von 32 Metern, die Bauzeit betrug drei Jahre, die Kosten 278 Millionen Schilling.

— Eröffnung des Robert-Musil-Museums im Geburtshaus des Dichters in Klagenfurt mit dem Nachlaß Robert und Martha Musils, darunter alle wichtigen Dokumente und Fotos sowie sämtliche Erstausgaben des Dichters.

5. Juni Karl Waldbrunner stirbt in Wien; geb. am 25. November 1906 in Wien; Elektrotechniker, SPÖ-Politiker, 1930–1937 in der Sowjetunion, 1937–1945 Ingenieur bei Schoeller-Bleckmann, 1945 Unterstaatssekretär für Handel, Gewerbe, Industrie und Verkehr, 1945–1946 Staatssekretär im Ministerium für Vermögenssicherung und Wirtschaftsplanung, 1946–1949 österr. Vertreter in Moskau, 1949–1956 Bundesminister für Verkehr und verstaatlichte Betriebe, 1956–1962 Bundesminister für Verkehr und Elektrizitätswirtschaft, 1962–1970 Zweiter, 1970/71 Erster Präsident des Nationalrats.

12. Juni Der Abgeordnete zum Nationalrat Stephan Tull (SPÖ) wird von der oberösterreichischen Landesorganisation aus seiner Partei ausgeschlossen, bleibt jedoch als »wilder« Abgeordneter im Nationalrat.

15. Juni Eine Volksabstimmung in Vorarlberg über ein 10-Punkte-Föderalismusprogramm (Wahlbeteiligung 90,8%) ergibt 69,3 Ja-Stimmen.

18. Juni Der Abgeordnete zum Nationalrat Tassilo Broesigke (FPÖ) wird mit 103 von 168 gültigen Stimmen zum neuen Präsidenten des Rechnungshofes gewählt; die ÖVP stimmt dagegen, da unklar ist, ob der bisher immer von der ÖVP besetzte Posten des Vizepräsidenten wieder besetzt wird. Der Amtsantritt des neugewählten Präsidenten erfolgt am 1. Juli.

24.–29. Juni Versehrten-Olympiade in Arnheim (Holland); Österreich: 6 Goldmedaillen, darunter zwei Weltrekorde (Alois Karner, Graz/400-Meter-Lauf der Doppel-Unterschenkelamputierten und Walter Fink, Wien/400-Meter-Gehen der Doppel-Oberschenkelamputierten.

4. Juli Der steirische Landtag wählt Landesrat Josef Krainer (Sohn des langjährigen Landeshauptmanns) einstimmig zum neuen Landeshauptmann; sein Vorgänger Friedrich Niederl tritt mit Erreichen des 60. Lebensjahres (15. Juli) zurück.

17. Juli In Bregenz wird anläßlich der Eröffnung der Bregenzer Festspiele das neue Festspielhaus seiner Bestimmung übergeben.

19. Juli bis 3. August XXII. Olympische Sommerspiele in Moskau; Österreich: 1 Goldmedaille (Elisabeth Theurer/Dressurreiten), 2 Silbermedaillen (Wolfgang Mayerhofer/Finn-Dingi-Klasse der Segelbewerbe, Hubert Raudaschl und Karl Ferstl/Starbootklasse), 1 Bronzemedaille (Gerhard Petritsch/Schnellfeuergewehr). In Moskau sind nur 83 Staaten vertreten, 42 Staaten boykottieren die Spiele und weitere 20 Staaten antworteten nicht wegen der sowjetischen Aggressionspolitik in Afghanistan.

29. Juli Während der Salzburger Festspiele wird die »Entführung aus dem Serail« von Wolfgang Amadeus Mozart mit der seit 200 Jahren verschollen gewesenen »Janitscharen-Musik« aufgeführt; der Salzburger Musikwissenschaftler Gerhard Kroll hatte sie in einem Berliner Archiv entdeckt.

30. Juli Bombenexplosion im Innenhof des Hauses Modenapark 8–9 in Wien: Acht Verletzte und Sachschaden in der Höhe von etwa 5 Millionen Schilling; die Bombe war vermutlich für die iranische Botschaft bestimmt, hinter dem Anschlag stehen zwei Angehörige der irakischen Botschaft, die am nächsten Tag ausgewiesen werden. Als Antwort darauf werden zwei Angehörige der österreichischen Botschaft in Bagdad ausgewiesen.

2. August Nach einer Erhebung der Landwirtschaftskammer werden in Wien landwirtschaftliche Produkte im Wert von über 1,1 Milliarden Schilling produziert;

Wien ist damit die größte »Agrargemeinde« Österreichs.

11. August Willi Forst (eigtl. Wilhelm Anton Frohs) stirbt in Wien; geb. am 7. April 1903 in Wien; Filmschauspieler und -regisseur, Schöpfer des österreichischen Musikfilms.

13. August Der Diözesanbischof von Linz, Franz Zauner, tritt aus Altersgründen zurück, führt jedoch die Diözese als apostolischer Administrator interimistisch weiter *(→ 17. Dezember 1981)*.

20. August Außerordentliche Sitzung des Nationalrats auf Verlangen der ÖVP, da die Privatfirma von Finanzminister Hannes Androsch in die Schmiergeldaffäre beim Bau des AKH verwickelt erscheint; die ÖVP stellt einen Mißtrauensantrag gegen den Finanzminister, die FPÖ gegen die gesamte Regierung, dem sich die ÖVP anschließt – beide Anträge werden durch die SPÖ-Mehrheit abgelehnt.

26. August Die letzte noch lebende Hofschauspielerin Rosa Albach-Retty stirbt im Alter von 106 Jahren in Baden bei Wien; geb. am 26. Dezember 1874 in Hanau (Hessen); 1895–1903 Schauspielerin am Deutschen Volkstheater (Wien), ab 1903 am Wiener Burgtheater. Mutter des Schauspielers Wolf Albach-Retty und Großmutter der Filmschauspielerin Romy Schneider.

— Der Präsident der Industriellenvereinigung, Fritz Mayer, wird im Zusammenhang mit dem AKH-Skandal wegen des Verdachts der Untreue in Untersuchungshaft genommen.

September Bei Ausgrabungen am Dürrnberg bei Hallein (Salzburg) werden Großhügelgräber aus der »Hallstattzeit« gefunden.

3. September Bei einer Konferenz der Bezirksobleute des Pensionistenverbandes (SPÖ) in Linz verkündet Bundeskanzler Bruno Kreisky in ultimativer Form sein »10-Punkte-Programm gegen Korruption und Freunderlwirtschaft« und macht von dessen Erfüllung seine weitere Funktion abhängig.

— Im Auftrag von Bundesparteiobmann Alois Mock gibt die ÖVP die vor einem Jahr von Béla Rabelbauer überbrachte Parteispende in der Höhe von zehn Millionen Schilling zurück.

7. September In Osttirol wird aufgrund eines Erkenntnisses des Verfassungsgerichtshofs die Tiroler Landtagswahl vom 30. September 1979 wiederholt; die ÖVP-nahe Liste »Tiroler Mittelstand« hatte eine Beschwerde eingereicht. Die Liste erreicht kein Mandat, die ÖVP verliert jedoch ein Mandat an die FPÖ *(→ Anhang)*.

8./9. September Besuch des italienischen Außenministers Emilio Colombo in Österreich; neben Wirtschaftsfragen auch Erörterungen über den noch immer nicht erfüllten Operationskalender der Südtirolfrage.

9. September In den Spitzengremien der SPÖ wird beschlossen, daß Hannes Androsch als Vizekanzler und Finanzminister im Amt bleiben soll; Androsch erklärt, sich wegen Unvereinbarkeit in angemessener Zeit von seiner Steuerberatungskanzlei »Consultatio« zu trennen.

11. September Unter dem Vorsitz des schwedischen Sozialistenführers Olof Palme wird in Wien eine internationale »Unabhängige Kommission für Abrüstungs- und Sicherheitsfragen« gegründet.

27. September Hans Czettel stirbt auf der Fahrt von Ternitz in das Krankenhaus Neunkirchen (Niederösterreich); geb. am 20. April 1923 in Wien; SPÖ-Politiker, gelernter Maschinenschlosser, 1953–1969 Abgeordneter zum Nationalrat, 1964–1966 Innenminister, seit 1969 Stellvertretender Landeshauptmann von Niederösterreich. Sein Nachfolger wird Leopold Grünzweig.

30. September bis 28. Oktober Das bisher größte Gastspiel der Wiener Staatsoper und der Wiener Philharmoniker führt unter dem Dirigenten Karl Böhm nach Japan; 21 Aufführungen mit unerwartet großem Erfolg; am letzten Abend, nach der Aufführung der »Hochzeit des Figaro«, dauert der Beifall 23 Minuten.

1. Oktober Gerhard Weißenberg stirbt in Wien; geb. am 9. Mai 1920 in Ybbs an der Donau (Niederösterreich); SPÖ-Politiker, 1949–1968 im ÖGB, 1968 Präsident des Hauptverbandes der österreichischen Sozialversicherungsträger, seit 1. Oktober 1976 Bundesminister für soziale Verwaltung *(→ 9. Oktober)*.

2. Oktober Außenminister Willibald Pahr spricht vor der 35. Generalversammlung der Vereinten Nationen in New York; er ist besorgt über die schleppende Durchführung der noch ausstehenden Teile des »Südtirolpakets« – nach mehr als zehn Jahren die erste offizielle Reaktion eines österreichischen Außenministers.

— Erstmals wird der »Raimund-Ring« überreicht: Anläßlich seines 90. Geburtstages erhält ihn der Burgschauspieler Hermann Thimig.

5. Oktober Das erste Theaterstück von Ödön von Horváth, »Mord in der Mohrengasse« (1922), wird im Wiener Akademietheater uraufgeführt.

6. Oktober Felix Slavik stirbt in Wien; geb. am 3. Mai 1912 in Wien; SPÖ-Politiker, 1935/36 und 1939–1943 in politischer Haft, 1946 Mitglied des Bundesrats, 1949 Abgeordneter zum Nationalrat, 1957 Stadtrat für Finanzen in Wien, 1959 Vizebürgermeister und 1970–1973 Bürgermeister von Wien.

9. Oktober Alfred Dallinger (SPÖ), Vizepräsident des ÖGB, wird als neuer Bundesminister für soziale Verwaltung angelobt *(→ 1. Oktober)*.

13. Oktober Hochwasserkatastrophe im südlichen Burgenland sowie in der West-, Ost- und Südsteiermark; der Sachschaden beträgt rund eine Milliarde Schilling.

22. Oktober Finanzminister Hannes Androsch legt dem Nationalrat das Budget 1981 vor: Ausgaben von 335,1 Milliarden Schilling (1980: 302,2) stehen Einnahmen von 285,3 Milliarden (1980: 253,2) gegenüber.

26. Oktober Zahlreiche Feierlichkeiten aus Anlaß des 25jährigen Bestehens des Nationalfeiertags; Sondersitzung der Bundesregierung, Großer Zapfenstreich des Bundesheeres auf dem Heldenplatz in Wien.

29. Oktober Rund 1 500 Bewohner des Stubai- und des Wipptals (Tirol) blockieren die Brennerautobahn wegen der Erhöhung der Mautgebühren.

3.–10. November Zwei Volksbegehren liegen gleichzeitig auf: Das »Pro-Zwentendorf-Volksbegehren« (für die Aufhebung des Atomsperrgesetzes) und das »Anti-Zwentendorf-Volksbegehren« (für den Umbau Zwentendorfs in ein kalorisches Kraftwerk); nur ersteres erreicht die für eine Behandlung eines Volksbegehrens im Parlament notwendigen 200 000 Unterschriften *(→ Anhang)*.

7./8. November Außenministergespräche in Wien unter Vorsitz von Bundeskanzler Bruno Kreisky zur Vorbereitung einer Gipfelkonferenz in Nord-Süd-Fragen; anwesend sind die Außenminister von Algerien, Bundesrepublik Deutschland, Indien, Jugoslawien, Kanada, Mexiko, Nigeria und Schweden sowie Vertreter der Außenminister von Frankreich und Tansania. Vereinbart wird eine zweite Vorbereitungskonferenz *(→ 13. März 1981)* und für Juni 1981 ein Gipfeltreffen der Staats- und Regierungschefs *(→ 22.–24. Oktober 1981).*

7. November Der ehemalige Präsident des Rechnungshofes Jörg Kandutsch übernimmt unentgeltlich die Leitung eines zwölf Mitarbeiter umfassenden Büros zur begleitenden Kontrolle beim Bau des AKH in Wien.

8. November Eröffnung der neu erbauten Reichsbrücke in Wien *(→ 1. August 1976).* Das sogenannte »Projekt Johann Nestroy« wurde am 9. Januar 1978 begonnen, für die insgesamt 864,5 m lange Brücke wurden 50 000 m^3 Beton und 5 500 t Stahl verbaut, sie hat sechs Fahrspuren, Geh- und Radwege, sowie zwei unter der Brücke liegende »Hohlkästen« für die U-Bahn; die Baukosten betrugen knapp 900 Millionen Schilling.

10.–12. November Staatsbesuch des Staatsratsvorsitzenden der DDR Erich Honecker; der erste Staatsbesuch eines DDR-Staatschefs im westlichen Ausland. Abschluß eines Auftrags zur Errichtung eines Stahlwerks in Eisenhüttenstadt (Bezirk Frankfurt/Oder) durch die VOEST.

11. November Das geplante Gastspiel des Wiener Burgtheaters und der Besuch des Unterrichtsministers Fred Sinowatz in der UdSSR kommen nicht zustande, da dem Ensemblemitglied Pavel Landowsky die Einreise verweigert wird (Landowsky wurde seinerzeit als Regimekritiker aus der ČSSR ausgewiesen).

21. November Außenminister Willibald Pahr führt mit den Landeshauptleuten Silvius Magnago (Südtirol) und Eduard Wallnöfer (Tirol) Gespräche über die noch nicht erfüllten Punkte des »Südtirolpakets«; Österreich erwägt als »Schutzmacht Südtirols« Schritte in Rom.

30. November/1. Dezember In New York findet die erste Judo-Weltmeisterschaft der Damen statt; Österreich erreicht mit drei Goldmedaillen (Edith Simon/Klasse bis 66 kg, Gerda Winkelbauer/Klasse bis 56 kg und Edith Horvath/Klasse bis 52 kg) die mit Abstand beste Nationenwertung.

2. Dezember Gesundheitsminister Herbert Salcher eröffnet in Salzburg die 2. Europäische Konferenz »Umwelt und Menschenrechte«.

9. Dezember Gegen den Vizekanzler und Finanzminister Hannes Androsch wird Strafanzeige wegen Verdachts der Hinterziehung von Vermögens- und Einkommenssteuer erstattet *(→ 10. Dezember).*

10. Dezember Finanzminister Hannes Androsch stellt seine Regierungsfunktionen zur Verfügung und will im Januar 1981 zurücktreten *(→ 15. Januar 1981).* Verflechtungen seiner Steuerberatungskanzlei »Consultatio« mit der Schmiergeldaffäre beim Bau des AKH und ein Kredit für seine Privatvilla führten zu immer stärkeren Angriffen in der Öffentlichkeit und auch seine Trennung von der Kanzlei hatte keine entsprechende Wirkung gezeigt. Androsch soll zunächst Vorstandsmitglied und Mitte 1981 Generaldirektor der Creditanstalt-Bankverein werden; gleichzeitig wird er seine Funktion im SPÖ-Bundesparteivorstand und sein Mandat als Abgeordneter zum Nationalrat zurücklegen. Androsch war der bisher am längsten amtierende Finanzminister Österreichs (seit 21. April 1970).

20. Dezember Monsignore Reinhold Stecher (geb. am 22. Dezember 1921 in Innsbruck) wird von Papst Johannes Paul II. zum Nachfolger von Diözesanbischof Paulus Rusch ernannt; der 78jährige Rusch war seit 42 Jahren Bischof. Die Weihe des neuen Bischofs der Diözese Tirol erfolgt am 25. Januar 1981.

30. Dezember Im Zusammenhang mit dem AKH-Skandal werden zwölf Angeklagten Anklageschriften zugestellt.

Ende Dezember Die Inflationsrate für 1980 beträgt 6,4%.

— Das Außenhandelsdefizit beträgt 89,677 Milliarden Schilling (1979: 26,068 Milliarden); die Einfuhren betrugen 315,846 Milliarden (+ 17%), die Ausfuhren nur 226,169 Milliarden (+ 10%).

— Die Arbeitslosigkeit betrug im Durchschnitt 1,9% (53 161 Personen) gegenüber 2% (56 719) im Vorjahr.

— Die Steuerquote (Steuern und Abgaben ausgedrückt in % des Brutto-Inlandsprodukts) stieg von 36% im Jahr 1970 auf 41,4% im Jahr 1980.

— Rund 1 200 Insolvenzen verursachen eine Schadenssumme von 8,2 Milliarden Schilling.

— Wien gehört nicht mehr zu den teuersten Städten der Welt: Von Platz 17 (1979) auf Platz 38 (Grundlage für den Vergleich sind die Kosten für drei Übernachtungen mit Frühstück, drei kleine Mahlzeiten, zwei Menüs im Hotel, ein Essen à la carte, drei Flaschen Wein, drei Flaschen Bier, sechs Whisky und drei Taxifahrten).

▶**1981, 4. Januar** Der Präsident des Österreichischen Gewerkschaftsbundes, Anton Benya, spricht sich öffentlich für eine gewinnorientierte Wirtschaft und eine nach pragmatischen Gesichtspunkten orientierte Wirtschaftspolitik aus.

— Manfred Mautner-Markhof stirbt in Wien (Autounfall); geb. am 17. September 1903 in Wien; Großindustrieller, übte neben der Leitung des Familienkonzerns eine Vielzahl von Funktionen in wirtschaftlichen und kulturellen Institutionen aus.

9. Januar Die VEW (Vereinigte Edelstahlwerke) erhöhen ihr Kurzarbeiterkontingent von 2 500 auf 4 000 Mitarbeiter.

14. Januar In Wien wird das Veranstaltungszentrum »Metropol« eröffnet.

15. Januar Der ehemalige Vizekanzler Finanzminister Hannes Androsch wird am Ende einer zwölfstündigen Sitzung vom Aufsichtsrat der Creditanstalt-Bankverein mit den 13 Stimmen der SPÖ und den zwei der FPÖ gegen die 13 Stimmen der ÖVP zum Vorstandsmitglied und stellvertretenden Generaldirektor gewählt.

20. Januar Unterrichtsminister Fred Sinowatz wird zum Vizekanzler ernannt, der bisherige Minister für Gesundheit und Umweltschutz Herbert Salcher wird Finanzminister; als neue Regierungsmitglieder werden Kurt Steyrer (Gesundheit und Umweltschutz) und Hans Seidel (Staatssekretär im Finanzministerium, beide SPÖ) angelobt.

22. Januar Der Landeshauptmann von Niederösterreich Andreas Maurer legt sein Amt zurück; als Nachfolger wird vom niederösterreichischen Landtag einstimmig sein bisheriger Stellvertreter Siegfried Ludwig zum neuen Landeshauptmann gewählt.

25. Januar Reinhold Stecher wird durch seinen Vorgänger Paulus Rusch zum Bischof der Diözese Innsbruck geweiht *(→ 20. Dezember 1980).*

28. Januar Österreich unterzeichnet in Straßburg die Datenschutzkonvention des Europarates.

16. Februar Deutsche Erstaufführung der Jazzoper »Mass« von Leonard Bernstein in der Wiener Staatsoper (Übersetzung dieses »Theaterstücks für Sänger, Instrumentalisten und Tänzer« durch Marcel Prawy).

17. Februar Johann Freihsler stirbt in Wien; geb. am 4. Dezember 1916; General der Infanterie, vom 21. April 1970 bis 4. Februar 1971 Verteidigungsminister, war aus gesundheitlichen Gründen in den Ruhestand getreten.

18. Februar Im AKH-Untersuchungsausschuß lehnt die SPÖ die Einvernahme von 26 Zeugen ab, da die vorgesehene Zeit (bis 17. April) dafür nicht ausreiche; Alois Mock (ÖVP), Heinz Fischer (SPÖ) und Norbert Steger (FPÖ) erstatten am 20. Februar dem Bundespräsidenten getrennt Bericht. In der Ausschußsitzung vom 23. Februar lenkt die SPÖ ein; Bundeskanzler Bruno Kreisky kritisiert jedoch die »Einschaltung des Bundespräsidenten in Parlamentsangelegenheiten«.

26. Februar Der Österreicher Armin Kogler springt in Oberstdorf (Bayern) mit 180 Metern neuen Weltrekord im Skifliegen.

5. März Paul Hörbiger stirbt in Wien; geb. am 29. April 1894 in Budapest; Schauspieler. 1926–1940 beim Ensemble Max Reinhardts in Berlin, ab 1940 Mitglied des Wiener Burgtheaters; seit 1929 rund 300 Hauptrollen in Filmen, häufig gemeinsam mit Hans Moser.

6.–8. März Erster Österreichischer Schriftstellerkongreß im Wiener Rathaus mit Teilnehmern aus der BRD, der DDR und Südtirol.

8. März Uraufführung des Dramas »Maria kämpft mit den Engeln« von Pavel Kohout im Akademietheater in Wien.

11. März Bundeskanzler Bruno Kreisky und ÖGB-Präsident Anton Benya legen die Resultate der SPÖ-Wirtschaftskommission vor: Vollbeschäftigung hat weiter Vorrang.

— Österreich überreicht Italien ein Aide-Mémoire, in dem die Dringlichkeit der Durchführung der offenen Punkte des Südtirolpakets unterstrichen wird.

13. März Wiener Außenministertreffen mit den Ministern aus elf Ländern. Es wird beschlossen, die Nord-Süd-Gipfelkonferenz am 22. Oktober in Mexiko abzuhalten; Bundeskanzler Bruno Kreisky wird sich persönlich für die Teilnahme der UdSSR einsetzen.

22. März Erster Skispringer-Weltcup beendet: 1. Platz Armin Kogler (205 Punkte); Österreich mit 983 Punkten auf Platz 1 der Nationenwertung.

28. März Ende des Ski-Weltcups: Erstmals seit sieben Jahren erreicht Österreich nur den 2. Platz, da mehrere Sportler wegen Verletzungen ausgefallen waren.

April Die seit 1962 durchgeführte Restaurierung des »Albrechtsaltars« im Stift Klosterneuburg wird abgeschlossen. Es wurde festgestellt, daß der zweiflügelige, aus 1439/40 stammende Altar nicht König Albrecht II., sondern den Hubmeister (»Finanzminister«) Oberndorfer zum Stifter hat; außerdem wurde die übermalte »älteste Darstellung Wiens« entdeckt.

8. April Adrian Hoven stirbt in Tegernsee (Bayern); geb. am 18. Mai 1923 in Kalksburg bei Wien; Filmschauspieler.

9. April Beim Besuch des sowjetischen Ministerpräsidenten Nikolaj A. Tichonow in Österreich wird mit der VOEST ein Vertrag über die Lieferung von 800 000 Tonnen Erdölrohren unterzeichnet.

23. April Wegen mehrerer verlustreicher Kreditengagements (Rella, Eumig, Eisert, Sleepy und Klimatechnik) tritt der Vorstand der Österreichischen Länderbank AG zurück; neuer Generaldirektor wird Franz Vranitzky.

28. April Auf dem Ballhausplatz demonstrieren rund 600 Bauern gegen die Politik der Bundesregierung.

30. April Fernsehübertragung des ORF aus der Wiener Staatsoper (»André Chénier« von Giordano); weltweit erstmals kann mit Hilfe von Teletext auch die deutsche Übersetzung empfangen werden.

30. April/1. Mai Erste Hausbesetzungen in Österreich: In der Nacht stürmen rund 100 Jugendliche ein zweistöckiges Abbruchhaus in Innsbruck und besetzen es. Am 1. Mai findet die erste Hausbesetzung in Wien statt: 27 junge Frauen und Männer besetzen das Abbruchhaus Windmühlgasse 24 und beginnen mit Renovierungsarbeiten; nach einem Ultimatum dringt die Polizei ein, räumt das Haus und nimmt die Besetzer fest.

1. Mai Um 7.08 Uhr wird der Wiener Stadtrat für Verkehr und Energie Heinz Nittel vor seinem Wohnhaus in der Bossigasse (Wien-Hietzing) durch zwei Schüsse tödlich getroffen – der erste Mord an einem Politiker in der Zweiten Republik. Der Täter kann unerkannt durch die menschenleeren Straßen entkommen *(→ 7. Oktober; 18.–21. Januar 1982)*; die Maifeier vor dem Wiener Rathaus wird in eine Gedenkfeier umgestaltet. Nittel, geb. am 29. Oktober 1930 in Klagenfurt, war 1969–1970 Abgeordneter zum Wiener Landtag, 1970–1976 Abgeordneter zum Nationalrat und seit 1976 Wiener Stadtrat. Nittel war Präsident der Österreichisch-Israelischen Gesellschaft *(→ 29. Juli)*.

2. Mai Der Südtiroler Landeshauptmann Silvius Magnago und Außenminister Willibald Pahr treffen in Wien zu Gesprächen über die Südtirolfrage zusammen.

5. Mai Gegen die Klimatechnik GesmbH (Inhaber Erwin Tautner) wird das Konkursverfahren eröffnet; das von der Länderbank AG gestützte Unternehmen hat Gesamtverpflichtungen in der Höhe von drei Milliarden Schilling – das bedeutet die größte Insolvenz eines Unternehmens seit 1945 *(→ 25. September)*.

12. Mai Stichtag für die Volkszählung in Österreich *(→ Anhang)*. Die Kosten für die Volkszählung werden auf 220 Millionen Schilling geschätzt.

13. Mai Letzte Sitzung des Parlamentarischen Untersuchungsausschusses über die Vorgänge beim Bau des Allgemeinen Krankenhauses in Wien (AKH). Ein einhelliges Ergebnis kann nicht erreicht werden, SPÖ und FPÖ verfassen einen Mehrheitsbericht, die ÖVP einen Minderheitsbericht. Der schlüssige Beweis für Parteienfinanzierung kann nicht erbracht werden, ebensowenig bringt der Ausschuß Klarheit in die sogenannten »AKH-Gelder« (Schmiergelder und Provisionszahlungen).

16. Mai Der erste Parteitag der Partei »Die Grünen« findet in Wien statt.

22. Mai Der Gewerkschaftstag »Druck und Papier« fordert die 35-Stunden-Woche.

30. Mai Eröffnung der »Donauinsel«; Wien verfügt mit dieser für den Hochwasserschutz notwendigen, künstlich geschaffenen Insel, über ein rund 400 ha großes Erholungsgebiet sowie einen 11 km langen Badestrand.

10. Juni Durch eine Gesetzesnovelle erhält die Österreichische Länderbank die Möglichkeit, uneinbringlich

gewordene Forderungen im Ausmaß von drei Milliarden Schilling über die nächsten 25 Jahre abzuschreiben.
12. Juni Der Nationalrat beschließt mit den Stimmen der SPÖ und FPÖ das neue Mediengesetz; damit wird das Pressegesetz von 1922 abgelöst.
22. Juni Gabriele Bechter aus Krumbach im Bregenzer Wald (Vorarlberg) erhält bei der Facharbeiterolympiade in Atlanta (USA) die Goldmedaille im Kochen.
25. Juni Elisabeth Schmitz, die aus der ÖVP ausgetretene Vorsitzende der »Katastrophenhilfe österreichischer Frauen«, gibt die Gründung der Wahlgemeinschaft »Das grüne Forum« bekannt *(→ 5. November)*.
Juli Bei den Untersuchungen für den geplanten Umbau der Schatzkammer in der Wiener Hofburg werden vier Renaissancegewölbe aus dem 16. Jahrhundert entdeckt, vermutlich Teile eines Arkadenganges.
1. Juli Ex-Finanzminister Hannes Androsch tritt sein Amt als Generaldirektor der Creditanstalt-Bankverein an *(→ 15. Januar)*.
— Fünf Tankgüterwaggons entgleisen wegen Radbruchs auf der Strecke zwischen Mitterndorf–Veitsch und Wartberg im Mürztal (Steiermark). Die Südbahnstrecke ist 30 Stunden lang blockiert, die ausfließenden rund 200 000 Liter Benzin verseuchen das Grundwasser.
2. Juli Der Nationalrat beschließt einstimmig die dauernde Einrichtung einer Volksanwaltschaft sowie das Nachtschicht- und Schwerarbeitergesetz.
7. Juli Ein ungarisches Militärflugzeug MIG 21 stürzt über österreichischem Staatsgebiet ab.
13. Juli Eine Untersuchung des Dr.-Karl-Lueger-Instituts stellt fest, daß 12,5% der Wiener in Armut leben.
14. Juli Peter Tramin (eigtl. Peter Richard Oswald Freiherr von Tschugguel zu Tramin) stirbt in Wien; geb. am 9. Mai 1932 in Wien; Schriftsteller und Erzähler.
29. Juli Auf dem Flughafen Wien-Schwechat werden zwei Angehörige der palästinensischen Terrorgruppe »Al Asafa« *(→ 1. Mai)* verhaftet. Im Gepäck von Ahmed Kidhir Issa (der auch als Berater der österreichischen Sicherheitsbehörden gilt) und Mohammed Ali Hamed finden sich Handgranaten, eine Maschinenpistole und Sturmgewehre sowie Munition. Die Aktion könnte im Zusammenhang mit dem für August geplanten Besuch des ägyptischen Präsidenten Anwar as-Sadat *(→ 5. August)* oder dem angekündigten Anschlag auf Bundeskanzler Bruno Kreisky stehen *(→ 3. August)*.
1. August Der Beirat für Renten- und Pensionsanpassung errechnet in einer Prognose für 1985 ein Defizit von 33,24 Milliarden Schilling bei den österreichischen Pensionsversicherungen.
3./4. August Schwere Unwetter mit Hagel und orkanartigen Stürmen bis zu 100 km/h über West- und Ostösterreich; der kaum übersehbare Schaden beträgt mindestens 250 Millionen Schilling.
3. August Verhandlung im Wiener Straflandesgericht gegen die beiden am 29. Juli verhafteten Angehörigen des vermutlichen PLO-Kommandos: Ahmed Kidhir Issa erhält wegen Einfuhr von Kriegsmaterial neun Monate bedingt, Mohammed Ali Hamed wird freigesprochen – beide werden aus Österreich abgeschoben.
— Beginn des umfangreichsten Pferdetransports von Österreich auf einen anderen Kontinent: 80 von insgesamt 234 Haflingern werden auf dem Flughafen Wien-Schwechat nach New Delhi verladen, der Rest folgt am 6. und 8. August; die Pferde wurden von der indischen Armee als Tragtiere angekauft – im Herbst sollen weitere 218 Haflinger folgen.
5. August Der ägyptische Präsident Anwar as-Sadat sagt seinen für 10. August geplanten Besuch in Österreich ab *(→ 29. Juli)*.
6. August Ein Düsenjäger (Typ Saab 105) des österreichischen Bundesheeres stürzt auf dem Flug von Langenlebarn nach Zeltweg über Grub (Niederösterreich) ab; beide Piloten sind tot.
7. August Welturaufführung der Oper »Baal« von Friedrich Cerha im Rahmen der Salzburger Festspiele; das Libretto stammt von Bertold Brecht, Regie Otto Schenk, Dirigent Christoph von Dohnányi.
9. August Feierliches Hochamt in der Wiener Karlskirche anläßlich der Übergabe der einzigen Reliquie der seligen Agnes, Gründerin des Kreuzherrenordens; die Reliquie wurde aus dem Escorial nach Wien gebracht.
10. August Bombenanschlag auf die Israelische Botschaft in Wien; auf dem Nachbargrundstück explodieren gegen 0.45 Uhr zwei Sprengkörper.
— Der offizielle Vertreter der PLO in Österreich, Ghazi Hussein, verläßt Österreich; die Bundesregierung hat ultimativ seine Abberufung gefordert, da er die beiden am 29. Juli auf dem Flughafen Wien-Schwechat verhafteten PLO-Angehörigen abholen wollte.
11. August Die Österreichische Länderbank stellt die Zahlungen für die »Eumig« ein; seit Übernahme einer Staatsgarantie im Jahr 1978 sind rund 2,1 Milliarden Schilling Schulden angelaufen, rund 3 000 Arbeitsplätze an vier Standorten sind gefährdet. Bundeskanzler Bruno Kreisky unterbricht seinen Urlaub und leitet am 14. August einen »Eumig-Gipfel«, an dem die Landeshauptleute Josef Krainer (Steiermark), Josef Ratzenböck (Oberösterreich) und der Generaldirektor der Länderbank Franz Vranitzky teilnehmen. Um Nachfolgefirmen zu finden, werden schließlich je Arbeitsplatz 100 000 Schilling zur Verfügung gestellt, wovon je die Hälfte Bund und Länder tragen *(→ 18. August; 31. März 1982)*.
14. August Karl Böhm stirbt in Salzburg; geb. am 28. August 1894 in Graz; Jurist und Dirigent (der letzte österreichische Träger des Titels Generalmusikdirektor), 1917–1920 Graz, 1933 Debüt an der Wiener Staatsoper, 1934 Direktor der Staatsoper in Dresden, 1943–1945 und 1954–1956 Direktor der Wiener Staatsoper.
18. August Uraufführung des Theaterstücks »Am Ziel« von Thomas Bernhard am Salzburger Landestheater; in der Hauptrolle Marianne Hoppe, für die Bernhard dieses Stück geschrieben hat.
— Die Firma Eumig meldet Konkurs an; die Überschuldung beträgt 777,9 Millionen Schilling.
29. August Um 11.31 Uhr verüben drei Araber mit Handgranaten und Maschinenpistolen einen Terroranschlag auf die Synagoge in der Wiener Seitenstettengasse; zwei Tote und 20 meist schwer Verletzte, darunter zwei Polizisten und ein Terrorist *(→ 7. Oktober)*, sind die Folge. Die PLO distanziert sich von diesem Anschlag. Am 30. August deckt die Staatspolizei eine Terroristenverschwörung auf, weitere Verhaftungen werden vorgenommen.
31. August Unterrichtsbeginn am »Webster-College« am Wiener Stubenring; das College ist ein Zweigbetrieb von St. Louis (USA) und eine Art »Universität«, an der

in englischer Sprache Wirtschafts- und politische Wissenschaften gelehrt werden.

1. September In Lehen, Bezirk Perg (Oberösterreich) wird durch einen aufmerksamen Landwirt ein Grab aus der Hallstattzeit entdeckt; das etwa 2 800 Jahre alte Grab enthält zahlreiche Grabbeigaben, weitere Gräber werden in unmittelbarer Umgebung vermutet.

2. September Die bereits im Mai gefällte Entscheidung des Obersten Gerichtshofes über die Schadenersatzsumme an den in Bregenz ungerechtfertigt eingesperrten und 18 Tage lang »vergessenen« (und während dieser Zeit auch nicht verpflegten!) Andreas Mihavecs wird bekanntgegeben: 250 000 Schilling.

4. September In Mitterkirchen (Oberösterreich) wird ein Fürstengrab aus dem 7. Jahrhundert v. Chr. entdeckt.

8. September Beginn des »AKH-Prozesses« im Wiener Justizpalast gegen Adolf Winter und elf weitere Angeklagte, die sich wegen gewerbsmäßigen Betrugs, verbotener Intervention und Untreue im Zusammenhang mit dem Neubau des AKH in Wien zu verantworten haben. Die Gerichtsakten umfassen 60 000 Seiten; mehr als 100 Zeugen sollen bei diesem bisher größten Prozeß seit 1945 gehört werden *(→ 27. November).*

9. September Im Dachstein entdecken zwei Gruppen von oberösterreichischen Höhlenforschern die tiefste Höhle Österreichs: Der Höhenunterschied beträgt 1 174 Meter.

13. September Wiedereröffnung des renovierten und modernisierten Volkstheaters in Wien.

18. September Im AKH in Wien wird die erste »Intensivblutbank rund um die Uhr« in Betrieb genommen; die Kosten betrugen 5,9 Millionen Schilling.

19. September In der Servitenkirche in Wien wird die von Gerhard Hradetzky nach alten Plänen erbaute Orgel (mit 1 210 Pfeifen und 24 Registern) eingeweiht.

22. September Premiere der von Tom Stoppard unter dem Titel »On The Razzle« (»Auf der Zechtour«) durchgeführten englischen Übersetzung von Johann Nestroys »Einen Jux will er sich machen« in London.

23. September Bei Bohrungen der ÖMV im Gebiet zwischen Zistersdorf und Eichhorn (Bezirk Gänserndorf, Niederösterreich) wird in 4 000 Metern Tiefe ein großes Erdgasvorkommen (98%iges Methangas) entdeckt.

25. September Der seit März flüchtige Chef der in Konkurs gegangenen Österreichischen Klimatechnik, Erwin Tautner, wird in Figueras, an der Grenze Spaniens zu Frankreich verhaftet.

26. September Auf dem Dachstein, nahe der Adamekhütte, wird in 2 160 Meter Höhe der erste Windkollektor in Betrieb genommen; diese österreichische Erfindung versorgt die Hütte ganzjährig mit Energie.

3. Oktober Anläßlich der 350-Jahrfeier der Jesuitenkirche in Wien wird nach jahrelanger Pause wieder die renovierte »Kleine Pummerin« geläutet; mit 4 000 kg ist sie die zweitgrößte Glocke Wiens.

4.–9. Oktober Internationaler Byzantinisten-Kongreß in Wien mit rund 1 000 Teilnehmern.

4. Oktober Um zwei Jahre vorverlegte Landtagswahl in der Steiermark *(→ Anhang).*

7. Oktober Der beim Anschlag auf die Wiener Synagoge am 29. August verhaftete Palästinenser Husham Mohammed Rajih hat auch den Mord an Stadtrat Heinz Nittel *(→ 1. Mai)* gestanden. Der 21jährige Attentäter ist Angehöriger der »Abu-Nidal-Gruppe« und seit 1977 Student der Technischen Hochschule in Wien. Angeblich sollten durch die Aktionen die Nahost-Friedensbemühungen Bundeskanzler Bruno Kreiskys gestört werden.

9. Oktober In Schwarzau im Gebirge (Niederösterreich) wird nahe seiner Jagdhütte im Geländewagen die Leiche des ehemaligen Verteidigungsministers Karl Lütgendorf aufgefunden, Selbstmord kann nicht ausgeschlossen werden. Brigadier (Freiherr von) Lütgendorf, geb. am 15. Oktober 1914 in Brünn, war Berufsoffizier, 1971–1977 Verteidigungsminister, trat im Zusammenhang mit dem versuchten Export von 600 Scharfschützengewehren und 400 000 Schuß Munition nach Syrien zurück.

— Uraufführung des »Konzerts für Cello und Blasorchester« von Friedrich Gulda im Wiener Konzerthaus. Der Künstler widmet sein Werk Bruno Kreisky »als einen österreichischen Beitrag zur Überbrückung der eigentlich unüberbrückbaren Kluft zwischen Kunst und Macht«.

Mitte Oktober Auf dem Götschenberg bei Bischofshofen (Salzburg) wird die vermutlich älteste Burganlage Österreichs ausgegraben; sie stammt aus der Zeit um 1000, besteht aus einem Holzturm und einer Befestigungsmauer und war möglicherweise Herrschaftssitz Salzburger Ministerialen. Zahlreiche Funde wie Möbelbeschläge, Tongefäße und Reste von Glasgefäßen deuten darauf hin, daß die Burg bis etwa 1200 besiedelt war.

18. Oktober Uraufführung des Singspiels »Der tapfere Kassian« von Arthur Schnitzler und der Musik von Oscar Straus im Theater in der Josefstadt; 1933 war hier das Stück ohne Musik aufgeführt worden.

22.–24. Oktober »Nord-Süd-Gipfelkonferenz« in Cancun (Mexiko): Delegationen aus 22 Ländern diskutieren den von Bruno Kreisky vorgeschlagenen »Marshallplan für die Dritte Welt«. Kreisky, einer der Initiatoren der Konferenz, ist nach einer Erkrankung nicht anwesend.

26. Oktober Start des Lokalradios »Radio Niederösterreich« im Rahmen der Hörfunk-Regionalisierung.

27. Oktober Nico Dostal stirbt in Salzburg; geb. am 27. November 1895 in Korneuburg (Niederösterreich); Operettenkomponist, ursprünglich Kirchenmusiker, war Theaterkapellmeister in Innsbruck, Salzburg und Berlin, er war der letzte Vertreter der »Silbernen Operettenära«.

28. Oktober In Salzburg-Altmaxglan wird der palästinensische »Führungsoffizier« Bahij Younis verhaftet; der Terroristenchef war Auftraggeber für den Mord an Stadtrat Heinz Nittel *(→ 1. Mai)* und den Anschlag auf die Wiener Synagoge *(→ 29. August).*

30. Oktober Zwischen Pottenbrunn und Ratzersdorf werden beim Straßenbau ein bronzezeitlicher Friedhof (mit 60 Hockergräbern aus der Zeit um 1700 v. Chr.) und ein frühkeltischer (mit Grabanlagen aus der Zeit um 400 bis 300 v. Chr.) entdeckt. Die aus der Bronzezeit stammenden Gräber wurden sichtlich in antiker Zeit geplündert, trotzdem bergen sie noch interessante Fundstücke wie Fibeln, Schwerter, Lanzenspitzen und Keramiken.

13. November Bei der Eröffnung des Neubaus für die geisteswissenschaftliche Fakultät der Universität Innsbruck kommt es zu Schmähreden und Unmutsäußerungen gegen Bundesministerin Hertha Firnberg; der 500 Millionen teure Neubau wird mit Parolen verschmiert.

15.–17. November In Wien findet eine von der ÖVP initiierte Volksbefragung über die Stadterneuerung und über den Bau eines Konferenzzentrums bei der UNO-City statt: Bei einer Beteiligung von 186 586 (= 16,15%) der Stimmberechtigten) stimmen 169 667 (92,4%) für die Stadterneuerung und 164 264 (89,7%) gegen den Bau des geplanten Konferenzzentrums.

22. November Fred Hennings (eigtl. Franz von Pawlowski) stirbt in Wien; geb. 26. Januar 1895 in Klagenfurt; Kammerschauspieler und Schriftsteller, 1923–1967 Mitglied des Wiener Burgtheaters, beschäftigte sich intensiv und erfolgreich mit der Kulturgeschichte Wiens.

24. November Unmittelbar neben der Draubrücke in Villach (Kärnten), wird bei Baggerarbeiten ein römisches Grab entdeckt; vermutlich handelt es sich um das Grab einer Frau aus dem 2. Jahrhundert n. Chr.

27. November Der »AKH-Prozeß« *(→ 8. September)* endet mit der Verurteilung aller Angeklagten; der Hauptangeklagte Adolf Winter erhält neun Jahre Haft.

1. Dezember Rudolf Prack stirbt in Wien; geb. 2. August 1902 in Wien; Schauspieler, debütierte 1938 am Theater in der Josefstadt, war seit 1939 Hauptdarsteller in mehr als 80 Filmen.

5.–9. Dezember Besuch von Bundeskanzler Bruno Kreisky in den »Golfstaaten« Kuwait, Bahrain und den Vereinigten Arabischen Emiraten; im Mittelpunkt der Gespräche steht neben wirtschaftlichen Fragen die politische Lage im Nahen Osten, besonders die Situation mit der PLO. Am 9. Dezember trifft Kreisky PLO-Chef Yassir Arafat, von beiden Seiten wird betont, »die Beziehungen sind wieder exakt dieselben, wie in den letzten Jahren«.

8. Dezember Für polnische Staatsbürger tritt Visumpflicht in Kraft, eine Maßnahme gegen den kaum mehr zu bewältigenden (Wirtschafts-)Flüchtlingsstrom aus Polen, von wo in letzter Zeit wöchentlich 1 200 bis 1 400 Menschen nach Österreich einreisten; von den derzeit in Österreich weilenden rund 26 000 Asylwerbern stammen etwa 21 000 aus Polen. Polen reagiert am 9. Dezember mit der Einführung des Visumzwangs für Österreicher.

9.–11. Dezember In Wien findet eine von der SPÖ initiierte Volksbefragung mit sechs Fragen über Altbausanierung, Altstadterhaltung, sozialen Wohnbau, vor allem aber über die Verbauung der sogenannten »Steinhofgründe«: Die Beteiligung beträgt 23,21% der Stimmberechtigten, die Verbauung der »Steinhofgründe« wird mehrheitlich (mit 53,44%) abgelehnt.

10. Dezember Egon Kapellari, Studentenseelsorger in Graz, wird nach achtmonatiger Sedisvakanz zum Diözesanbischof von Kärnten ernannt.

— Der Wahlösterreicher Elias Canetti erhält in Stockholm den Nobelpreis für Literatur. Obwohl nicht österreichischer Staatsbürger, bezeichnet sich der 1905 in Bulgarien geborene Canetti selbst als Wiener, da er in dieser Stadt aufgewachsen und zur Schule gegangen ist.

15. Dezember Javier Perez de Cuellar (aus Peru) wird neuer Generalsekretär der Vereinten Nationen; er folgt damit dem Österreicher Kurt Waldheim, der nach zweimal fünfjähriger Amtszeit seine Kandidatur nach einem Veto Chinas und 15 Wahlgängen zurückgezogen hatte.

17. Dezember Der Nationalrat beschließt den von Finanzminister Herbert Salcher vorgelegten Budgetentwurf für 1982: Ausgaben von 368,3 Milliarden und Einnahmen von 309,1 Milliarden ergeben ein Budgetdefizit von 59,2 Milliarden.

— Papst Johannes Paul II. ernennt Maximilian Aichern zum Bischof von Linz, eine 16monatige Sedisvakanz ist damit zu Ende *(→ 13. August 1980; 17. Januar 1981).*

20. Dezember In Wien wird die U-Bahnstrecke Hietzing–Hütteldorf in Betrieb genommen; die U 4 verkehrt nun von Hütteldorf bis Heiligenstadt.

22. Dezember Die Bundesregierung beschließt eine Polenhilfe in der Höhe von 5 Millionen Schilling und wird darüber hinaus alle eingehenden Spenden verdoppeln *(22. Januar 1982).*

Ende Dezember Die Inflationsrate beträgt im Jahresdurchschnitt 6,8%.

— Die Arbeitslosenrate beträgt 2,4% (Vorjahr 1,9%).

— Das monatliche Durchschnittseinkommen der unselbständig Erwerbstätigen in Österreich beträgt (auf der Basis von 14 Monatsgehältern) 10 635,– Schilling; die Lohnnebenkosten werden mit 89,1% errechnet.

— Konkurse und Ausgleiche sind gegenüber dem Vorjahr um 20% gestiegen: 1 130 Konkurse (961) und 270 (208) Ausgleiche, betroffen sind 16 600 (10 300) Mitarbeiter; die größten Insolvenzen betreffen die Österreichische Klimatechnik, Eumig und Funder.

— Die Geburtenzahl stieg um 3,6% und führt erstmals seit 1974 zu einem leichten Überschuß: 1 374 mehr Geburten als Sterbefälle.

— Bei allen Religionsgemeinschaften wird eine steigende Zahl von Austritten registriert: Katholische Kirche 26 380 (+ 6%), Evangelische Kirche 2 653 (+16%), Altkatholische Kirche 152 (+5%), jüdische Gemeinde 26 (+30%), andere Religionen 35 (+9%).

— Durch die Anlage von Skipisten wurden in den vergangenen fünf Jahren allein in Tirol und Salzburg 800 ha Wald geopfert.

►**1982, 1. Januar** Arthur Schnitzlers »Reigen« wird in München wieder aufgeführt; der Dichter hatte 1922 selbst weitere Aufführungen verboten.

— Die Wiener Straßenbahn erhöht die Tarife und befindet sich damit im Spitzenfeld Europas: Der Einzelfahrschein kostet nun 15 Schilling, der Vorverkaufsfahrschein 10,50 Schilling statt 8,60 (= + 20%).

16. Januar In Zwentendorf (Niederösterreich) vereinbaren die »Grünen« einen Zusammenschluß: »Die Grünen« (Hans Wallner), »Das grüne Forum« (Elisabeth Schmitz) und die »Österreichische Liga für Umweltschutz« (Fritz Fronz); am 17. Januar liegt auch eine Unterstützungserklärung der »Arbeitsgemeinschaft österreichischer Bürgerinitiativen« vor, die gleichzeitig in Salzburg getagt hatte.

17. Januar Maximilian Aichern, Abt des Benediktinerklosters St. Lambrecht (Steiermark), wird von Kardinal Franz König zum Diözesanbischof von Linz geweiht.

18.–21. Januar Unter großen Sicherheitsvorkehrungen findet der Prozeß gegen die Attentäter auf die Wiener Synagoge *(29. August und 7. Oktober 1981)* statt: die Urteile für die beiden Angeklagten Husham Mohammed Rajih (21 Jahre alt) und Marwan Hassan (25 Jahre alt) lauten auf lebenslängliche Haft; Husham Mohammed Rajih widerruft sein Geständnis, auch Stadtrat Heinz Nittel *(1. Mai 1981)* ermordet zu haben und wird in diesem Fall zwar freigesprochen, jedoch wegen Beihilfe verurteilt, da der Verdacht bestehen bleibt. Am 19. März legt er dann endgültig ein Geständnis ab, Stadtrat Heinz Nittel ermordet zu haben *(→ 22. Oktober)*.

24. Januar Egon Kapellari wird vom Salzburger Erzbischof Karl Berg im Klagenfurter Dom zum Bischof der Diözese Gurk-Klagenfurt geweiht *(10. Dezember 1980)*.

— Im Rahmen der Salzburger Mozartwoche wird Mozarts »Cosi fan tutte« erstmals mit einem geänderten Schluß, ohne Happyend, aufgeführt.

— Am Lauberhorn in Wengen (Schweiz) erreicht Österreich beim Herrenabfahrtslauf einen sensationellen Erfolg: Neun Plätze unter 15 Rängen; 1. Harti Weirather, 2. Erwin Resch, 3. Peter Wirnsberger, 4. Franz Klammer. Schon bei dem wegen Nebel abgebrochenen Rennen am Vortag belegten die Österreicher (an der Spitze Franz Klammer) bei 13 Gestarteten die Plätze 1 bis 7.

27. Januar bis 7. Februar Alpine Ski-WM in Schladming (Steiermark); Österreich: eine Goldmedaille (Harti Weirather/Herrenabfahrt), zwei Bronzemedaillen (Anton Steiner/Herrenabfahrt, Erwin Resch/Kombination).

31. Januar Lawinenunglück im Tennengebirge bei Werfenweng (Salzburg); von einer 18köpfigen Schülergruppe werden 13 nur mehr tot geborgen.

6. Februar Bombenanschlag auf die Wohnung des Wiener Oberrabbiners Akiba Eisenberg.

11. Februar Uraufführung von »Pollio« von Johann Nepomuk David *(→ 22. Dezember 1977)* im Wiener Konzerthaus; die bereits 1960 entstandene Komposition wurde nach der 4. Ekloge des Vergil gestaltet.

18. Februar Der Nationalrat beschließt die Einsetzung eines Parlamentarischen Untersuchungsausschusses zur Klärung des Skandals um die burgenländische Wohnbau-Ost (WBO) unter dem Vorsitz von Holger Bauer (FPÖ); es besteht der Verdacht der Parteienfinanzierung und der Schädigung von Wohnungswerbern. Sechs Verantwortliche, darunter auch der Abgeordnete Ernst Rauchwarter (ÖVP) befinden sich bereits in Haft.

20. Februar Gerhard Pircher wird in Feld am See (Kärnten) Weltmeister im Naturbahnrodeln.

27. Februar Auf der einzigen noch mit Dampflokomotiven betriebenen Steyrtalbahn (eröffnet am 20. August 1898) findet die letzte Fahrt statt.

27. Februar bis 8. März Der ORF sendet als erste Fernsehanstalt der Welt ein 3-D-Versuchsprogramm; zur Betrachtung werden grün/rote Papierbrillen verteilt.

1. März Die sowjetische Raumsonde »Venera 13« hat ein vom Grazer Universitätsprofessor Willibald Riedler und seinem Team entwickeltes »Magnetometer« zur Messung interplanetarischer Magnetfelder an Bord.

2. März Im »Transalpin« von Wien nach Innsbruck wird von den Österreichischen Bundesbahnen erstmals »Kino im Zug« angeboten: In einem eigens adaptierten Waggon werden Filme unterschiedlicher Länge gezeigt.

3. März Josef (Sepp, »Bubi«) Bradl stirbt in Mühlbach am Hochkönig (Salzburg); geb. am 8. Januar 1918 in Wasserburg (Bayern); Skispringer, übersprang am 15. März 1936 in Planica mit 101,5 m als erster die 100-m-Marke, 1938 folgte, ebenfalls in Planica, ein weiterer Weltrekord mit 107 m; war Österreichs erster, und lange Zeit einziger Weltklasse-Skispringer, galt auch als weltbester Vierer-Kombinierer (Langlauf, Springen, Abfahrt und Slalom).

5./6. März 23. außerordentlicher Bundesparteitag der ÖVP in Linz; der Rechtsanwalt Michael Graff wird mit 527 von 557 Stimmen zum neuen Generalsekretär gewählt, nachdem Sixtus Lanner am 2. März nach knapp sechsjähriger Amtszeit aus innerparteilichen Gründen seinen Rücktritt bekannt gegeben hatte.

9. März Die Entschließung des Bundespräsidenten wird rechtskräftig, wonach die Zahl der Mitglieder des Bundesrats entsprechend der Volkszählung 1981 von 58 auf 65 erhöht wird: Burgenland 3 (bisher 3), Kärnten 5 (4), Niederösterreich 12 (11), Oberösterreich 11 (9), Salzburg 4 (3), Steiermark 10 (9), Tirol 5 (4), Vorarlberg 3 (3) und Wien 12 (12). Zum jetzigen Zeitpunkt zählen 33 Abgeordnete zur ÖVP, 32 zur SPÖ.

10.–13. März Der libysche Revolutionsführer Muammar al-Gaddhafi befindet sich auf Einladung der Bundesregierung zu Gast in Wien; die im Mittelpunkt stehenden Wirtschaftsgespräche sind wenig erfreulich, da als Bezahlung für österreichische Lieferungen nur das gegenüber dem Weltmarkt zu teure libysche Öl angeboten wird, vorgesehene Besuche in Linz und Salzburg werden abgesagt. ÖVP und auch FPÖ kritisieren im Nationalrat den »Staatsbesuch«. Auch die USA äußern Besorgnis über den Besuch und bitten den österreichischen Botschafter in das Außenministerium.

13. März Karl Maisel stirbt in Wien; geb. am 3. November 1890 in Wien; Maschinenschlosser, Gewerkschaftsfunktionär, SPÖ-Politiker. 1932–1934 SPÖ-Landtagsabgeordneter in Wien, während des Zweiten Weltkrieges im KZ Buchenwald, 1945 Mitbegründer des Österreichischen Gewerkschaftsbundes sowie der Gewerkschaft der Metall- und Bergarbeiter, deren Vorsitzender er bis 1962 war, 1945 bis 1956 Sozialminister und Weichensteller der österreichischen Sozialpolitik (»Vater des ASVG«).

26. März Im Zusammenhang mit der WBO-Affäre wird die Immunität des Abgeordneten zum niederösterreichischen Landtag, Walter Zimper, aufgehoben.

27. März Bundespräsident Rudolf Kirchschläger fordert »Mut zur Selbstreinigung und die Trockenlegung der Sümpfe und sauren Wiesen«.

28. März Skispringer-Weltcup 1981/82 beendet; Österreich erreicht mit 803 Punkten den 1. Platz in der Nationenwertung.

29. März Ski-Weltcup 1981/82 beendet; Österreich erreicht mit 1 492 Punkten (zum 10. Mal innerhalb von 16 Jahren) den 1. Platz in der Nationenwertung.

— Fatty George (Franz Pressler) stirbt in Wien; geb. am 24. April 1927 in Wien; Jazzmusiker, führte 1958–1964 einen »Saloon« am Wiener Petersplatz, in dem die internationalen Größen der Jazzszene häufig zu Gast waren.

31. März Der Nationalrat beschließt einen Zuschuß in der Höhe von 3,5 Milliarden Schilling zur Sanierung der Österreichischen Länderbank AG *(→ 11. August 1981)*. Die Bank war im vergangenen Jahr durch die Großinsolvenzen in Schwierigkeiten geraten.

— Die im Rahmen der Polenhilfe *(22. Dezember 1981)* eingegangenen Spenden der österreichischen Bevölkerung betragen 90 Millionen Schilling.

2. April Der Nationalrat beschließt das 2. Antikorruptionsgesetz; dieses verschärft (aus aktuellem Anlaß der AKH- und WBO-Affären) das Gesetz vom 29. April 1964.

29. April Der Nationalrat hebt im Zusammenhang mit der steirischen Wohnbauaffäre die Immunität des Abgeordneten Franz Willinger (SPÖ) auf.

30. April Finanzminister Herbert Salcher, der Wiener Finanzstadtrat Hans Mayr und Generaldirektor Heribert Apfalter unterzeichnen einen Vertrag zur Übernahme des Wiener AKH-Baues durch die VOEST; die Übernahme soll am 1. September erfolgen.

10.–17. Mai Von der ÖVP initiiertes Volksbegehren gegen die Errichtung des Konferenzzentrums neben der UNO-City in Wien und die Verwendung der damit eingesparten Gelder für Wohnbauförderung und die Sicherung von Arbeitsplätzen: 1 360 820 Unterschriften (= 25,7% der Stimmberechtigten) werden geleistet.

14. Mai In Wolfurt (Vorarlberg) wird von Bundeskanzler Bruno Kreisky der neue, drei Quadratkilometer große Güterbahnhof eröffnet; dieser modernste Güterumschlagplatz Österreichs hat rund 30 km Gleisanlagen, die Kosten dafür betrugen rund 1,2 Milliarden Schilling.

15. Mai Friedensmarsch in Wien: Die bisher größte Demonstration seit 1945 mit etwa 70 000, vorwiegend jungen Menschen; mit Ausnahme der FPÖ sind alle politischen Parteien und die meisten Jugendorganisationen vertreten. Ausgehend von allen Wiener Bahnhöfen finden sich die Teilnehmer zunächst auf dem Rathausplatz zu einer Kundgebung und am Abend vor dem Stephansdom zu einem »Friedensgebet« ein.

16. Mai Exkaiserin Zita von Österreich reist mit einem spanischen Paß beim Grenzübergang Feldkirch (Vorarlberg) in Österreich ein; die Erlaubnis dazu erhielt sie durch einen »Gnadenakt« der Bundesregierung. Zita war am 9. Mai 90 Jahre alt geworden und hatte seit nunmehr 63 Jahren nicht mehr österreichischen Boden betreten.

26. Mai Der 1964 gegründete Verlag Fritz Molden muß Konkurs anmelden, nachdem bereits längere Zeit finanzielle Schwierigkeiten bekannt waren.

28. Mai Jörg Kandutsch, früherer Präsident des Rechnungshofes, legt sein Amt als Chef der begleitenden Kontrolle beim AKH-Bau zurück; als Grund dafür gibt er die nicht ausreichende Durchführbarkeit an und nennt den Bau des AKH ein »Planungsdebakel« *(→ 30. April)*.

29. Mai Romy Schneider (Rosemarie Magdalena Albach) stirbt in Paris; geb. am 23. September 1938 in Wien als Tochter des Schauspielerehepaars Magda Schneider und Wolf Albach-Retty; Filmschauspielerin, spielte ab 1953 in mehr als 60 Filmen die Hauptrolle, 1955 erster großer Publikumserfolg mit der Trilogie »Sissy«.

Juni Das Bundesdenkmalamt entscheidet, daß der kulturhistorisch wertvolle »Wehrgraben« in Steyr (Oberösterreich) nicht zugeschüttet werden darf.

11. Juni Vor dem Haus von Simon Wiesenthal, dem Leiter des jüdischen Dokumentationszentrums in Wien, explodiert um 22.37 Uhr eine Bombe; keine Verletzten, jedoch großer Sachschaden.

12. Juni Karl Ritter von Frisch stirbt in München; geb. am 20. November 1886 in Wien; Zoologe und Tierpsychologe, begründete mit dem 1923 erschienenen Werk »Die Sprache der Bienen« seinen Ruf als Verhaltensforscher, erhielt 1973 (gemeinsam mit Konrad Lorenz und Nikolaus Tinbergen) den Nobelpreis.

16./17. Juni Staatsbesuch des französischen Staatspräsidenten François Mitterand in Wien mit Gesprächen zu den Ost-West- und Nord-Süd-Problemen bzw. Abrüstungsfragen; der erste Besuch eines französischen Staatsoberhaupts seit Kaiser Napoleon I.

18. Juni Curd Jürgens stirbt in Wien; geb. am 13. Dezember 1915 in München; Bühnen- und Filmschauspieler, 1938–1941 am Wiener Volkstheater, 1941–1953 Mitglied des Wiener Burgtheaters, wurde 1936 von Willi Forst für den Film entdeckt und wirkte bis 1979, meist als Hauptdarsteller, in 160 Kinofilmen mit.

23. Juni Die im Haus Tuchlauben 19 in Wien *(→ 1. August 1979)* entdeckten Neidhart-Fresken sind fertig restauriert und nun als Museum zugänglich.

24. Juni Willy Fränzl stirbt in Wien; geb. am 5. Juni 1898 in Wien; Ballettmeister und Tanzlehrer, ab 1904 an der Wiener Hofoper, 1922 Solotänzer an der Wiener Staatsoper, 1937 Ballettmeister an der Wiener Staatsoper.

25. Juni Franz Sauerzopf, Landeshauptmannstellvertreter des Burgenlandes, tritt nach Einleitung gerichtlicher Vorerhebungen im Zusammenhang mit der WBO-Affäre zurück.

26. Juni Schwere Unwetter im südöstlichen Niederösterreich sowie der Ost- und Obersteiermark; landwirtschaftliche Kulturen werden weitestgehend vernichtet, Hausdächer und Autos schwerstens beschädigt, der Schaden übersteigt die 100-Millionen-Schilling-Grenze.

28. Juni Wiedereröffnung des restaurierten »Café Central« im Wiener Palais Ferstel.

30. Juni Der Nationalrat beschließt mit den Stimmen von SPÖ und ÖVP die 7. Schulorganisationsgesetz-Novelle, mit der eine Neuorganisation der Hauptschule verbunden ist; die von der SPÖ geplante und forcierte Ganztagsschule ist gescheitert, da für Schulgesetze eine Zweidrittelmehrheit notwendig ist.

3. Juli Rock-Show der Rolling Stones im Wiener Praterstadion; rund 60 000 Zuschauer – vor allem auf dem Rasen und nur zum Teil auf den wegen Baufälligkeit überwiegend gesperrten Rängen.

4. Juli Hans Hömberg stirbt in Kufstein (Tirol); geb. am 14. Dezember 1903 in Berlin; Schriftsteller, Sprachforscher und Regisseur, lebte seit 1946 in Kufstein und war Mitarbeiter des ORF (»Hömbergs Kaleidophon«).

7. Juli Hermann Thimig stirbt in Wien; geb. am 3. Oktober 1890 in Wien; Kammerschauspieler, Sohn des Schauspielers Hugo Thimig, Bruder der Schauspielerin Helene Thimig und des Schauspielers Hans Thimig, verheiratet mit der Schauspielerin Vilma Degischer, nach seiner Ausbildung 1916–1932 unter Max Reinhardt in Berlin und am Theater in der Josefstadt in Wien, ab 1934 am Wiener Burgtheater, vornehmlich als Charakterkomiker in Raimund-, Nestroy-, Molière- und Goldoni-Rollen tätig.

10. Juli Maria Jeritza (Maria Marcellina »Mizzi« Jedlicka) stirbt in Orange (USA); geb. am 6. Oktober 1887 in Brünn; Kammersängerin (Sopran), Debüt 1905 in Olmütz, ab 1907 an der Wiener Volksoper, ab 1912 an der Wiener Hofoper, 1913–1935 »Primadonna assoluta« der Wiener Oper, 1921–1932 auch an der Metropolitan Opera in New York, lebte seit 1940 in den USA.

14. Juli Heinrich Schnitzler stirbt in Wien; geb. am 9. August 1902 in Hinterbrühl (Niederösterreich);

Schauspieler und Regisseur, 1932–1938 Direktor des Deutschen Volkstheaters in Wien, 1942–1956 Universitätslehrer in den USA, ab 1959 Vizedirektor des Theaters in der Josefstadt und Regisseur bei den Salzburger Festspielen, Nachlaßverwalter der Werke seines Vaters Arthur und der Werke von Karl Kraus.

Mitte Juli Im Gemeindegebiet Jois (Burgenland) werden zwei Gräber aus keltischrömischer Zeit entdeckt; die Grabplatten stammen aus der Zeit um 350 n. Chr. und tragen neben zwei kleineren Figuren einen männlichen keltischen Kopf und eine weibliche keltische Figur.

5. August In Wien wird das erste »Retortenbaby« Österreichs geboren.

8. August Uraufführung »Über die Dörfer« von Peter Handke in der Salzburger Felsenreitschule.

9.–21. August 2. Weltraumkonferenz »Unispace ’82« der Vereinten Nationen in Wien; mehr als 1 000 Teilnehmer aus über 100 Ländern; die Simultanübersetzungen erfolgen in New York und werden mit Satelliten übertragen. Die Konferenz endet mit einem Appell gegen die Aufrüstung im Weltall.

13.–19. August Erneut schwere Unwetter über Österreich, nachdem bereits am 7. und 8. August durch Regen und Hagel große Schäden im Burgenland, der Steiermark sowie in Nieder- und Oberösterreich angerichtet wurden, tobt am 16. das Unwetter besonders im Salzburger und Kärntner Raum; die Schäden an Wald und Flur, Gebäuden, Straßen und Bahnanlagen sind nicht abschätzbar.

16. August Erster Erdgasfund in der Steiermark: Die Tiefbohrung »Ludersdorf 1« der ÖMV wird drei Kilometer nordwestlich von Gleisdorf in 550 m Tiefe fündig; täglich werden rund 17 300 m^3 Erdgas gefördert.

18. August Die Pennsylvania University (USA) veröffentlicht eine Weltrangliste der Lebensqualität: In der ausführlichen Studie erreicht Österreich (nach Dänemark und Norwegen) den 3. Rang, Deutschland rangiert auf Platz 11.

23. August Das Finanzministerium muß etwa 300 000 500-Schilling-Silbermünzen von der Nationalbank zurücknehmen, da der Silbergehalt nur mehr etwa 10% des Nennwerts beträgt.

1. September In Gutau (Oberösterreich) wird ein Färbereimuseum eröffnet; das Färberhandwerk ist seit dem 17. Jh. im Mühlviertel angesiedelt.

3. September Das vier Kilometer lange Teilstück der U 1 vom Praterstern nach Kagran wird in Betrieb genommen; die Kosten betrugen 22,6 Milliarden Schilling. Das Wiener U-Bahn-Netz umfaßt damit 31 Kilometer.

4. September Robert Uhlir stirbt in Santa Eulalia (Spanien); geb. am 4. Mai 1900 in Wien; SPÖ-Politiker, Abgeordneter zum Nationalrat von 1945–1966, Direktor der Pensionsversicherungsanstalt der Arbeiter.

13.–17. September Internationale Atomenergiekonferenz in Wien; rund 1 000 Teilnehmer aus 52 Ländern und von 18 internationalen Organisationen.

Mitte September Mit 4,8 (Vorjahr 4,2) Millionen Tonnen wird eine Rekordgetreideernte abgeschlossen *(→ Mitte November).*

20./21. September Um 23.40 Uhr explodiert an der irakischen Botschaft in Wien Johannesgasse/Ecke Lothringerstraße ein Sprengkörper und verursacht erheblichen Sachschaden. Um 0.03 Uhr zerstört eine Explosion das Büro der irakischen Fluglinie am Wiener Opernring.

22. September Etwa 30 Kurden und Oppositionelle aus der Türkei besetzen das Büro von Amnesty International in Wien; der friedliche Verlauf verfolgt den Zweck, die Gefangenenhilfsorganisation zu einem stärkeren Engagement zu bewegen. (Gleichzeitig finden in der BRD, Dänemark, Schweiz, Holland, Schweden und Frankreich ähnliche Aktionen statt.)

29. September Das letzte Teilstück der »Außenringautobahn«, Alland-Heiligenkreuz, wird dem Verkehr übergeben und schließt die Verbindung zwischen Süd- und Westautobahn im Süden Wiens.

— Das Donaukraftwerk Melk mit einem Jahresleistungsvolumen von 1,2 Milliarden Kilowatt wird in Betrieb genommen; Baubeginn war der 1. März 1979. Das Donauufer ist nun von Ybbs bis Melk hochwassersicher und die Donau ab der Staatsgrenze für den »Eurokahn« schiffbar. (Das erste Donaukraftwerk Ybbs-Persenbeug wurde vor 25 Jahren eröffnet.)

3. Oktober Landtagswahl im Burgenland *(→ Anhang).*

— Gemeinderatswahl in der Stadt Salzburg: erster großer Erfolg der »Grünen« in Österreich durch die »Bürgerliste« (wo auch der Schauspieler Herbert Fux kandidiert).

4. Oktober Im Burgenland tritt eine neue Landesverfassung in Kraft, mit der auch ein weiterer Regierungssitz geschaffen wird.

— Mit dem »Genußschein« gibt es eine neue Form der Geldanlage: Beteiligungsgesellschaften, die mehreren, im Vorhinein festgelegten Unternehmen Risikokapital zur Verfügung stellen, ermöglichen ein risikogestreutes »Investment« von vorerst 460 Millionen Schilling.

8. Oktober Der Nationalrat beschließt mit SPÖ-Mehrheit eine Novelle zum Parteiengesetz (Offenlegungspflicht), wonach die Grenze für anonyme Parteispenden 30 000 Schilling nicht übersteigen darf.

9. Oktober Anna Freud stirbt in London; geb. am 3. Dezember 1895 in Wien; Begründerin der Kinderpsychoanalyse, Tochter von Sigmund Freud, lebte seit 1938 in London.

15. Oktober Das durch die Überbauung eines Teils des Franz-Josefs-Bahnhofs nach den Plänen des Architekten Kurt Hlaweniczka geschaffene, neue Gebäude der Wirtschaftsuniversität in Wien wird eröffnet; 52 500 m^2 verbaute Fläche kosteten 1,2 Milliarden Schilling.

— Offizielle Eröffnung des General Motors Motoren- und Getriebewerks in Wien-Aspern; die eigentliche Inbetriebnahme erfolgte bereits am 2. August.

22. Oktober Urteil im Geschworenenprozeß gegen Balij Mohammed Younis: Lebenslange Haft wegen Anstiftung zum Mord an Stadtrat Heinz Nittel und zum Attentat auf die Wiener Synagoge, sowie wegen Vergehens gegen das Waffengesetz *(→ 18.–21. Januar).*

25. Oktober In Wien wird (zwischen Floridsdorfer- und Reichsbrücke) die fünfte Straßenbrücke über die Donau dem Verkehr übergeben; die 644 m lange, aus 10 000 t Stahl hergestellte Brücke ist 32 m breit und besitzt sechs Fahrspuren; Gesamtkosten 1,4 Milliarden Schilling.

29. Oktober Ferdinand Lacina (SPÖ), seit 1980 Kabinettschef im Bundeskanzleramt, wird als Nachfolger des am 18. Oktober plötzlich verstorbenen Adolf Nußbaumer als Staatssekretär im Bundeskanzleramt angelobt.

Anfang November In Bad Ischl wird in 250 bis 300 m Tiefe ein mehrere Kilometer langer Salzstock entdeckt, der 80% reines Salz enthält; damit ist der Bedarf an Salz für Jahrzehnte gesichert.
3. November Die Vertreter von 500 westlichen Gläubigerbanken unterzeichnen in Wien ein Umschuldungsabkommen mit Vertretern der polnischen Regierung; Polen schuldet im Westen rund 27 Milliarden US-$.
13. November Exkaiserin Zita von Österreich nimmt in Wien unter starker Anteilnahme der Bevölkerung an einem Abendgottesdienst im Stephansdom teil.
Mitte November Mit rund 5,5 (Vorjahr 3) Millionen Hektolitern wird eine Rekordweinernte eingebracht, der Landwirtschaftsminister spricht von einer »Jahrhunderternte«*(→ Mitte September).*
17.–19. November Staatsbesuch des tschechoslowakischen Staatspräsidenten Gustav Husak in Österreich – der erste eines tschechoslowakischen Staatsoberhaupts seit Bestehen der ČSSR; fünf Verträge werden unterzeichnet: Über Sicherheit grenznaher Kernkraftwerke, Rechtshilfe in Strafsachen, Auslieferung, Zusammenarbeit im Gesundheitswesen und Zollangelegenheiten.
19. November Bundeswirtschaftskammerpräsident Rudolf Sallinger übergibt im Rahmen von Österreich-Werbewochen in den USA dem amerikanischen Präsidenten Ronald Reagan vor dem Weißen Haus einen Lipizzanerhengst; das Geschenk ist als Dank für die amerikanische Hilfe und die Rettung der Lipizzanerpferde durch General George S. Patton im Jahr 1945 gedacht.
30. November Im Nationalrat wird mit den Stimmen von SPÖ und ÖVP eine 3,5-Milliarden-Schilling-Sanierungshilfe für die verstaatlichte Industrie beschlossen.
1. Dezember Bundeskanzler Bruno Kreisky erhält während der Budgetdebatte im Nationalrat einen Ordnungsruf für seinen, an den ÖVP-Abgeordneten Ludwig Steiner gerichteten, Zwischenruf »Lügner«; es war zu einer Auseinandersetzung über die Behauptung gekommen, die SPÖ hätte bei den seinerzeitigen Staatsvertragsverhandlungen von der Notwendigkeit der Neutralität erst überzeugt werden müssen.
10. Dezember Der Nationalrat beschließt mit den Stimmen der SPÖ-Mehrheit die etappenweise Einführung der Verlängerung des Mindesturlaubs für Arbeitnehmer um eine weitere Woche: von 1984 bis 1986 jedes Jahr um zwei Tage mehr; eine von der ÖVP darüber beantragte Volksabstimmung wird von der SPÖ abgelehnt.
17. Dezember Im Nationalrat wird mit den Stimmen der SPÖ-Mehrheit das Budget 1983 beschlossen: Ausgaben in der Höhe von 399,4 Milliarden stehen Einnahmen von 325,6 Milliarden Schilling gegenüber, das zu erwartende Defizit beträgt demnach 73,8 Milliarden.
— Das Autobahn-Teilstück Wien-Schwechat wird für den Verkehr freigegeben.
18. Dezember Auf Grund einer Beschwerde der Stadt Wien hebt der Verfassungsgerichtshof das Ergebnis der Volkszählung 1981 auf: Rund 30 000 Wiener Zweitwohnungsbesitzer hatten ihren ordentlichen Wohnsitz nicht in Wien angegeben; die sich daraus ergebenden Konsequenzen, z. B. Mandatszuteilungen, müssen spätestens bis zur Nationalratswahl 1983 geklärt sein.
26. Dezember Max(i) Böhm stirbt in Wien; geb. am 23. August 1916 in Teplitz-Schönau (Nordböhmen); Schauspieler und Komiker, erster Radio-Quizmaster Österreichs, danach viele Jahre im Ensemble des Kabarett »Simpl«, ab 1976 Mitglied des Theaters in der Josefstadt.
Ende Dezember Der Verbraucherpreisindex stieg um 5,4% (BRD 5,3%, Schweiz 5,7%).
— Die Zahl der Insolvenzen hat um 15% zugenommen: 2 900, davon 1 674 Konkurse; betroffen sind vorwiegend Klein- und Mittelbetriebe der Bau- und Textilbranche, zum Teil als Folge der Großinsolvenzen im Vorjahr.
— Ausfuhren von 266,861 Milliarden stehen Einfuhren in der Höhe von 332,550 Milliarden gegenüber; das Handelsbilanzdefizit verringerte sich gegenüber dem Vorjahr um 20,6% bzw. 17 Milliarden Schilling.
— In Österreich wurden 1982 rund 200 000 Autos im Wert von etwa 28 Milliarden Schilling gekauft – auf 1 000 Österreicher kommen 306 Pkws.
— 94 349 Geburten (+ 1%) stehen 90 694 (–1,5%) Sterbefälle gegenüber.
— 4 641 Soldaten des Bundesheeres leisteten insgesamt 59 213 Stunden im Katastropheneinsatz, Heeresflieger retteten in 263 Einsätzen 184 Menschen.
— Österreichs Sportler errangen bei Welt- und Europameisterschaften insgesamt 72 Medaillen.
►**1983, 1. Januar** Tariferhöhungen, eine kleine Steuerreform (Lohnsteuersenkung, Erhöhung von Absetz- und Freibeträgen), eine Steueramnestie für Vergehen vor 1979 sowie die Erhöhung der Arbeiterabfertigung (auf 80% der Angestelltenabfertigung) treten in Kraft.
— Der Bundeszuschuß zur Pensionsversicherung wird im laufenden Jahr 30,1 Milliarden Schilling betragen, dazu kommen noch 6,3 Milliarden für Ausgleichszulagen.
7.–9. Januar Bundeskanzler Bruno Kreisky bespricht in seinem Urlaubsdomizil auf Mallorca mit Finanzminister Herbert Salcher u. a. die geplante Einführung einer Zinsertragssteuer (»Quellensteuer«) und die Einführung der vollen Besteuerung des 13. und 14. Monatsgehalts (»Mallorcapaket«) nach den Nationalratswahlen.
12. Januar Nach knapp einjähriger Tätigkeit *(→ 18. Februar 1982)* beendet der parlamentarische WBO-Untersuchungsausschuß seine Beratungen; SPÖ und FPÖ legen einen gemeinsamen Bericht vor, in dem festgestellt wird, daß die Kontrolle eindeutig nicht funktioniert habe, eine Parteifinanzierung der ÖVP allerdings als erwiesen erscheint.
20. Januar Verbale Entgleisung von Bundeskanzler Bruno Kreisky im Parlament: Auf den Vorwurf des ÖVP-Abgeordneten Otto Keimel, der Bundeskanzler würde zur Finanzierung des geplanten Konferenzzentrums die »Scheichs anpumpen«, antwortet Kreisky, die ÖVP-Wirtschaftstreibenden würden die Ausländer wegen der Holz- und Fleischpreise unnötig hofieren und wörtlich »da gibt es keinen Körperteil, in den sie den Herren nicht hineinkriechen wollen« und – als die Proteste der ÖVP nicht verstummten – meinte Kreisky noch, seine Äußerung sei nicht weit von dem entfernt, was zur klassischen deutschen Literatur gehöre.
23. Januar Gemeinderatswahlen in Graz: die bisherige Koalition FPÖ-ÖVP unter Bürgermeister Alexander Götz (FPÖ) verliert die Mehrheit, SPÖ und ÖVP einigen sich am 8. März auf je einen »Halbzeit-Bürgermeister«.
Ende Januar Mit 6,3% (181 500) ist der höchste Stand an Arbeitslosen seit 1960 erreicht.

— Der wärmste Januar seit 1775, dem Jahr der ersten meteorologischen Aufzeichnungen.

2.–4. Februar Offizieller Besuch von Bundeskanzler Bruno Kreisky in den USA, bei dem das gute Verhältnis der beiden Staaten betont wird. US-Präsident Ronald Reagan gibt bekannt, daß seine langjährige enge Mitarbeiterin – zuletzt Personalchefin des Weißen Hauses – die 1938 in Oberösterreich geborene Helene van Damm, US-Botschafterin in Österreich wird (Überreichung des Beglaubigungsschreibens 22. Juni).

9. Februar Erste Erkrankung von Lipizzanern im Gestüt Piber (Steiermark); die Herpes-Virus-Epidemie breitet sich aus und dauert bis 6. April, insgesamt verenden von den wertvollen Pferden 8 Stuten und 31 Fohlen.

11. Februar Landwirtschaftsminister Günter Haiden gibt bekannt, daß in Österreich rund 120 000 ha Wald durch »sauren Regen« nachweisbar geschädigt sind.

16. Februar Der Verwaltungsgerichtshof entscheidet, Prostitution sei einem »Gewerbebetrieb« gleichzusetzen und daher steuerpflichtig; das Urteil wird durch die Klage einer Prostituierten ausgelöst, die nach einem Verkehrsunfall auf Verdienstentgang geklagt hatte.

17. Februar Die Revision des Ergebnisses der Volkszählung vom 12. Mai 1981 ist abgeschlossen; Wien erhält rund 15 700 Bürger »zurück«. Für die Nationalratswahlen ergibt sich eine neue Verteilung der Mandate: Burgenland 7 (bisher 7), Kärnten 13 (13), Niederösterreich 35 (35), Oberösterreich 31 (30), Salzburg 11 (10), Steiermark 29 (30), Tirol 14 (13), Vorarlberg 7 (6) und Wien 36 (39).

— Der frühere Innenminister Franz Olah und der frühere Justizminister Hans Klecatsky kandidieren gemeinsam mit dem Journalisten Karl Steinhauser für die »Österreichpartei«, um gegen das politische Allmachtsdenken der Parteien zu kämpfen *(→ 24. April)*.

19./20. Februar Erster Bundeskongreß der »Vereinten Grünen Österreichs« (VGÖ) in Linz: Die 125 Delegierten wählen Alexander Tollmann zum Vorsitzenden, Herbert Fux und Josef Buchner als dessen Stellvertreter; Schwerpunkte sind Umweltschutz und Bürgerrechte.

21. Februar Der Nationalrat beschließt einstimmig den SPÖ-Antrag zur vorzeitigen Beendigung der laufenden Legislaturperiode.

22.–24. Februar Skibob-WM in Innerkrems (Kärnten), Österreich erreicht mit acht Gold-, acht Silber- und neun Bronzemedaillen den ersten Rang in der Nationenwertung.

22. Februar Der Nationalrat beschließt eine Novelle zum Staatsbürgerschaftsgesetz, wonach Österreicherinnen die Möglichkeit eingeräumt wird, auch ohne Einwilligung des ausländischen Vaters für ihre Kinder die österreichische Staatsbürgerschaft zu beantragen.

23. Februar Der Nationalrat beschließt einstimmig das neue Arzneimittel- und Sonderabfallbeseitigungsgesetz; damit wird die Meldepflicht für Kosmetika und Medikamente eingeführt.

Ende Februar Im Waldviertel (Niederösterreich) wird ein seltenes Mineral (Vermiculit) entdeckt; dieser Rohstoff wurde bisher jährlich in Mengen zwischen 3 000 und 10 000 Tonnen importiert und dient als Wärmedämm- und Schallschutz.

12. März Das US-Wirtschaftsmagazin »International Investor« veröffentlicht eine Liste der Kreditwürdigkeit der Staaten der Welt: Östereich erreicht mit 81 Punkten den zehnten Platz (unter den europäischen Staaten den sechsten).

— Ende des Ski-Weltcups 1982/83: Österreich erreicht mit 1 518 Punkten den zweiten Platz nach der Schweiz (1 883 Punkte). Franz Klammer wird – nach einer Pause von fünf Jahren – zum fünften Mal Sieger in der Herrenabfahrt.

16. März Nach bisher zwei Aids-Toten wird in Österreich für diese Krankheit die Meldepflicht eingeführt.

24.–31. März Turbulenzen bei den »Vereinigten Grünen Österreichs« (VGÖ) nach einem Artikel in der Zeitschrift »Basta«; innerhalb von drei Tagen scheiden fünf Spitzenfunktionäre aus der Partei aus, darunter auch der Mitbegründer der VGÖ, Alois Englander, der angeblich eine Einigung zwischen der VGÖ und der ALÖ (Alternative Liste Österreichs) herbeiführen wollte.

28. März Walter Reisch stirbt in Hollywood (USA); geb. am 23. Mai 1903 in Wien; Drehbuchautor und Regisseur, schrieb zunächst in Deutschland (gemeinsam mit Robert Stolz) musikalische Filme und begründete damit den weltweiten Ruf dieses Genres, für seinen Film »Titanic« erhielt er 1952 den Oscar.

— Einem Innsbrucker Ärzteteam gelingt erstmals in der Welt eine Leber- und Knochenmarks-Transplantation; Patientin ist eine 43jährige, an Leberkrebs leidende Frau.

4. April Der Buddhismus wird in Österreich als elfte Religion gesetzlich anerkannt *(→ 25. September)*.

15. April Mitglieder der Umweltschutzbewegung »Global 2000« erklettern die Spitze des Stephansdoms in Wien und bringen ein Transparent mit der Aufschrift »Umdenken« an. In den letzten Tagen gab es bereits ähnliche Aktionen an hohen Schloten; der Grund sind Meßergebnisse, die in Wien den vierfachen Wert der erlaubten Schwefeldioxyd-Konzentration ergaben.

— Auf der Kanzelhöhe bei Villach (Kärnten) wird eine alpentaugliche Heliostaten-Versuchsanlage (Bestandteil eines Sonnenkraftwerks) in Betrieb genommen.

20. April In Eisenstadt endet der WBO-Prozeß mit der Verurteilung aller Angeklagten: Ex-WBO-Obmann und Ex-ÖVP-Landtagsabgeordneter Ernst Rauchwarter und Ex-WBO-Geschäftsführer Horst Tietze erhalten je zehn Jahre Freiheitsentzug, die Strafen für die anderen Angeklagten bewegen sich zwischen sechs und drei Jahren; die Schadenssumme betrug rund 71 Millionen Schilling.

— Um die Mittagszeit kommt es auf dem Brenner zu einer mehrstündigen Demonstration etwa 1 000 italienischer Bauern gegen die Einfuhr subventionierter landwirtschaftlicher Erzeugnisse aus dem EG-Raum.

24. April Nationalratswahlen: Die SPÖ verliert die absolute Mehrheit *(→ Anhang)*.

— Landtags-/Gemeinderatswahl in Wien: Die SPÖ kann ihre Mehrheit behaupten *(→ Anhang)*.

25. April Bundespräsident Rudolf Kirchschläger beauftragt den SPÖ-Bundesparteivorsitzenden Bruno Kreisky mit der Bildung einer neuen Regierung. Da Kreisky bereits am 12. März erklärt hatte, er werde einer Koalitionsregierung nicht als Bundeskanzler vorstehen, wird Fred Sinowatz zum Kanzlerkandidaten bestellt, Kreisky bleibt jedoch vorerst Bundesparteivorsitzender.

26. April VGÖ-Obmann Alexander Tollmann legt alle Parteifunktionen zurück *(→ 30. April).*

— Josef Buchner, Vizebürgermeister von Steyregg und bisher stellvertretender Obmann, wird zum neuen Obmann der VGÖ gewählt; er will die Zusammenarbeit mit der ALÖ forcieren *(→ 24.–31. März, 26. April).*

4. Mai In Moosbrunn (Niederösterreich) wird für den Auslandsdienst des ORF ein 500-kW-Kurzwellensender mit einer 240 t schweren »Doppelwandantenne« in Betrieb genommen; der Sendebereich des ORF ist damit wesentlich erweitert: In Nord- und Mittelamerika um zwei Drittel, in Südamerika und Ostasien um ein Drittel.

5. Mai Der im WBO-Prozeß zu drei Jahren Freiheitsentzug – allerdings noch nicht rechtskräftig – verurteilte frühere ÖVP-Landesparteisekretär Walter Zimper bleibt weiter Bürgermeister von Piesting.

12. Mai In Wien wird aus Anlaß des 50. Jahrestages der Bücherverbrennung durch Angehörige der NSDAP in Deutschland unter dem Motto »Erst brannten die Bücher, dann Menschen« das Symposium »Literatur und Macht« eröffnet.

17. Mai Bundespräsident Rudolf Kirchschläger betraut Fred Sinowatz formell mit der Bildung einer neuen Bundesregierung *(→ 24. Mai).* Letzte Ministerratssitzung unter dem Vorsitz von Bruno Kreisky, der seit März 1970 Bundeskanzler war.

— Ein außerordentlicher Parteitag der SPÖ billigt die Bildung einer Koalitionsregierung mit der FPÖ; Bundeskanzler Bruno Kreisky hält eine bewegte Abschiedsrede, bei der er seinen Rücktritt als Parteivorsitzender für den Herbst ankündigt.

— FPÖ-Abgeordneter und Klubobmann Friedrich Peter erklärt in einem Brief an den FPÖ-Parteivorsitzenden Norbert Steger seinen Verzicht auf eine Kandidatur als Dritter Präsident des Nationalrats (seine seinerzeitige SS-Zugehörigkeit war in diesem Zusammenhang wieder heftig diskutiert worden).

— Der Oberste Gerichtshof bestätigt zwar die Urteile im »2. AKH-Prozeß«, setzt jedoch Strafen herab und verweist die Urteile gegen die ITT-Manager Edmund Hainisch und Fritz Mayer zur neuerlichen Verhandlung an die erste Instanz zurück *(→ 8. März 1985).*

19. Mai Konstituierende Sitzung des Nationalrats für die XVI. Legislaturperiode des Nationalrats; als Präsident werden Anton Benya (SPÖ) und Zweiter Präsident Roland Minkowitsch (ÖVP) wiedergewählt, Dritter Präsident wird Gerulf Stix (FPÖ).

20.–23. Mai 34. Sudetendeutscher Tag mit rund 130 000 Teilnehmern: Am 22. Mai findet auf dem Wiener Heldenplatz eine Großkundgebung statt, am 23. Mai als Abschluß eine Messe vor dem »Südmährischen Kreuz« in Groß-Schweinbart (Niederösterreich), an der auch Exkaiserin Zita teilnimmt; ein Protest der Regierung der ČSSR wird von der Bundesregierung zurückgewiesen.

24. Mai Angelobung der neuen Bundesregierung; Bundeskanzler: Fred Sinowatz (SPÖ), Vizekanzler und Handelsminister: Norbert Steger (FPÖ), Äußeres: Erwin Lanc (SPÖ), Finanzen: Herbert Salcher (SPÖ), Bauten und Technik: Karl Sekanina (SPÖ), Inneres: Karl Blecha (SPÖ), Justiz: Harald Ofner (FPÖ), Soziales: Alfred Dallinger (SPÖ), Landwirtschaft: Günter Haiden (SPÖ), Unterricht und Kunst: Helmut Zilk (SPÖ), Verkehr: Karl Lausecker (SPÖ), Landesverteidigung: Friedhelm Frischenschlager (FPÖ), Gesundheit und Umweltschutz: Kurt Steyrer (SPÖ), Wissenschaft und Forschung: Heinz Fischer (SPÖ), Familie, Jugend und Konsumentenschutz: Elfriede Karl (SPÖ) *(→ 19. Dezember).* Staatssekretäre: (im Bundeskanzleramt) Johanna Dohnal (SPÖ), Ferdinand Lacina (SPÖ) und Franz Löschnak (SPÖ), (im Bautenministerium) Beatrix Eypeltauer (SPÖ), (im Finanzministerium) Holger Bauer (FPÖ), (im Gesundheitsministerium) Mario Ferrari-Brunnenfeld (FPÖ), (im Handelsministerium) Erich Schmidt (SPÖ) und im Landwirtschaftsministerium Gerulf Murer (FPÖ).

— Premiere des »1. Wiener Frauen-Kammerorchesters« unter dem Dirigenten Gerd Neditz.

8. Juni Josef Kaut stirbt in Salzburg; geb. am 16. Februar 1904 in Salzburg; SPÖ-Politiker und Journalist sowie langjähriger Präsident der Salzburger Festspiele.

— Der FPÖ-Abgeordnete Jörg Haider tritt in Kärnten als Landesrat für Gewerbe und Fremdenverkehr die Nachfolge von Staatssekretär Mario Ferrari-Brunnenfeld an.

9. Juni Das Fürstentum Liechtenstein und die Republik Österreich tauschen erstmals seit der Zeit nach dem Ersten Weltkrieg wieder (nichtresidierende) Botschafter aus.

11. Juni Eröffnung des umgebauten ORF-Sendehauses in der Wiener Argentinierstraße; nach 15jähriger Bauzeit (Kosten von 460 Millionen Schilling) entstanden 38 Studios und 30 Regieplätze.

— Uraufführung des Theaterstücks »Im Buchenwald« von Viktor E. Frankl am Innsbrucker Stadttheater.

12. Juni Clemens Holzmeister stirbt in Hallein (Salzburg); geb. am 27. März 1886 in Fulpmes (Tirol); Architekt und Bühnenbildner, erbaute u. a. Wiener Krematorium, das alte und das neue Festspielhaus in Salzburg, Kirchen in Österreich, Deutschland, Italien und Brasilien und errichtete das Regierungsviertel in Ankara (Türkei).

16. Juni Wahl der neuen Volksanwälte im Nationalrat: Franz Bauer (ÖVP) wird wiedergewählt, neu gewählt werden die ehemalige Staatssekretärin Franziska Fast (SPÖ) und Helmuth Josseck (FPÖ).

21. Juni Die Wiener Stadthalle feiert ihr 25jähriges Bestehen; seit der Eröffnung *(→ 21. Juni 1958)* wurden rund 35 Millionen Besucher gezählt, u. a. wurden hier 48 Welt- und Europameisterschaften durchgeführt.

22. Juni Auf der Koralpe (Kärnten) wird Litium gefunden, der größte Fund dieses Erzes in Europa.

23. Juni Umweltschutzminister Kurt Steyrer legt die »Rote Liste gefährdeter Tiere in Österreich« vor: 114 in Österreich heimisch gewesene Tiere sind bereits ausgestorben, 2 300 Tierarten gefährdet; insgesamt sind in Österreich mehr als 30 000 Tierarten heimisch.

24. Juni Verkehrsminister Karl Lausecker übergibt in Virgen (Osttirol) den 2 500 000sten Telefonanschluß in Österreich; auf je drei Österreicher entfällt ein Telefon. (Auf der ganzen Welt sind rund 525 Millionen Telefonanschlüsse in Betrieb – 1945 waren es erst 49 Millionen.)

25. Juni Uraufführung der Dramatisierung der Hermann Broch-Novelle »Die Erzählung der Nagel Zerline« im Wiener Akademietheater.

Anfang Juli Im »Kuchlhof« des Stifts Klosterneuburg werden in einem Brunnen etwa 80 römische Grab- und Zinnensteine gefunden; geklärt wird auch, daß Klosterneuburg auf dem Gebiet des römischen Pannonien liegt.

1. Juli Kärnten gibt als erstes Bundesland dem Nationalpark eine gesetzliche Verankerung.
18. Juli Der frühere Außenminister Willibald Pahr wird österreichischer Botschafter in der Bundesrepublik Deutschland.
19. Juli Bei der Chemie Linz wird die Trichlorphenol-Anlage geschlossen, da die Entsorgung der Dioxinabfälle nicht mehr gesichert ist.
21. Juli Ein Brand am Dach des Osttrakts von Schloß Schönbrunn in Wien kann nach einer halben Stunde gelöscht werden und verursacht auch nur geringen Schaden.
24. Juli Uraufführung der Kinderoper »Zauberbär und Wünschelstimme« von Meinhard Rüdenauer beim Carinthischen Sommer in Villach.
28. Juli Die Hafenbehörden in Antwerpen weisen einen 25-t-Container der Chemie Linz AG zurück, da er (als solche deklarierte) dioxinartige Abfälle enthält.
Ende Juli Der heißeste Juli seit 124 Jahren: An zwölf Tagen Temperaturen über 30°, nur vier Tage mit Regen.
2. August Hunderte Arbeiter des VEW-Werkes Ternitz protestieren mit einer vierstündigen Blockade der B 17 gegen das 3. Strukturbereinigungskonzept der Unternehmensleitung; nach diesem Konzept sollen bis 1985 insgesamt 3 500 Mitarbeiter gekündigt werden.
3. August Temperatursturz im Westen Österreichs: In Feldkirch (Vorarlberg) hat es beispielsweise um 14 Uhr nur 9,7°, am Vortag hatte es zur gleichen Zeit noch 27°.
9. August Uraufführung des Zweiten Cellokonzerts von Ernst Křenek im Rahmen der Salzburger Festspiele. — Der Verwaltungsgerichtshof stellt fest, daß das »Liegen auf öffentlichen Bänken« verboten ist.
Sommer In Asparn an der Zaya (Niederösterreich) werden archäologische Grabungen abgeschlossen, bei denen erstmals in Österreich ein steinzeitliches Siedlungshaus nachgewiesen werden konnte; außerdem wurden drei etwa 7 000 Jahre alte Skelette gefunden.
5. (+12.) September Beginn des neuen Schuljahres mit einem Tiefstand an Schülern: 1 306 519 (letzte schwache Schülerzahl 1968/69).
9.–11. September Katholikentag in Wien unter dem Motto »Hoffnung leben – Hoffnung geben«.
10.–13. September Papst Johannes Paul II. besucht Österreich:
10. September: 14.45 Uhr Ankunft auf dem Flughafen Wien-Schwechat, Begrüßung durch Bundespräsident Rudolf Kirchschläger und Kardinal Franz König in Anwesenheit der Bundesregierung und hoher Geistlichkeit. 16.00 Uhr »Europavesper« auf dem Wiener Heldenplatz mit rund 130 000 Teilnehmern (neben dem Prinz-Eugen-Denkmal wurde eine 27 × 110 m große Podiumsbühne errichtet) und Weihe des neben dem Äußeren Burgtor aufgestellten, von Architekt Gustav Peichel gestalteten Bronzekreuzes; der Papst bezeichnet Österreich als »Spiegel und Modell Europas«. 20.30 Uhr Jugendbegegnung im Wiener Praterstadion, an der rund 70 000 Jugendliche aus ganz Österreich teilnehmen.
11. September: 8.15 Uhr Begegnung mit Verantwortlichen der christlichen Kirchen Österreichs im Erzbischöflichen Palais. 10.15 Uhr Gottesdienst im Wiener Donaupark, an dem trotz Regen und Kälte rund 350 000 Menschen teilnehmen. 16.15 Uhr im »Haus der Barmherzigkeit«, bewegende Szenen mit unheilbar Kranken, denen der Papst »für diese Predigt« dankt. 18.00 Uhr Empfang bei Bundespräsident Rudolf Kirchschläger in der Hofburg, bei dem das »offizielle Österreich« anwesend ist. 20.00 Uhr Empfang in der Apostolischen Nuntiatur für das Diplomatische Korps.
12. September: 8.30 Uhr Eucharistiefeier im Wiener Stephansdom mit rund 7 000 geladenen Teilnehmern, Begegnung mit Vertretern des Laienapostolats und der verschiedenen kirchlichen Dienste. 11.00 Uhr Begegnung mit rund 1 200 Vertretern aus Wissenschaft und Kunst im Kongreßzentrum der Wiener Hofburg. 12.30 Uhr Treffen mit den österreichischen Bischöfen im Erzbischöflichen Palais. 16.00 Uhr Besuch in der Wiener UNO-City. 17.45 Uhr Begegnung mit rund 15 000 österreichischen Arbeitnehmern und Gastarbeitern auf dem Platz am Hof. 19.15 Uhr Besuch der polnischen Kirche am Rennweg. 19.40 Uhr Begegnung mit 25 000 polnischen Landsleuten auf dem Platz vor der Karlskirche.
13. September: 8.15 Uhr Besuch der St. Josefskirche auf dem Kahlenberg und Begegnung mit rund 10 000 Schülern katholischer Privatschulen, mit polnischen Landsleuten und Mitarbeitern des Katholikentags. 11.00 Uhr Besuch im Wallfahrtsort Mariazell (Steiermark), Eucharistiefeier und »Weihegebet an Maria« mit rund 30 000 Teilnehmern. 17.45 Uhr Abflug vom Flugplatz Wien-Schwechat.
13. September Burgtheaterdirektor Achim Benning bestätigt, daß ab der neuen Saison das »Vorhangverbot« aufgehoben wird; wegen dieser »Vorschrift« durften sich Schauspieler nach der Vorstellung nicht verbeugen und den Applaus des Publikums entgegennehmen.
17. September Die Bundesregierung gibt ein »Maßnahmenpaket« bekannt: Das Budget 1984 soll u. a. durch Einführung einer 7,5%igen Zinsertragssteuer und die Anhebung der Mehrwertsteuersätze um 2 bzw. 7% um insgesamt 27 Milliarden Schilling entlastet werden.
18. September Friedrich Heer stirbt in Wien; geb. am 10. April 1916 in Wien; Historiker und Kulturkritiker, 1949–1961 Redakteur bei der Wochenzeitung »Die Furche«, ab 1961 Chefdramaturg am Wiener Burgtheater, zahlreiche beachtenswerte historische Publikationen.
19. September Bruno Pittermann stirbt in Wien; geb. am 3. September 1905 in Wien; Lehrer, SPÖ-Politiker, 1945–1971 Abgeordneter zum Nationalrat, 1956–1970 Obmann des SPÖ-Parlamentsklubs, 1957–1967 Vorsitzender der SPÖ, 1957–1966 Vizekanzler (1959–1966 im Bundeskanzleramt mit der Leitung der Verstaatlichten Unternehmen betraut).
24. September Deutschsprachige Erstaufführung des Musicals »Cats« von Andrew Lloyd Webber im Theater an der Wien (Übersetzung von Michael Kunze).
25. September Am rechten Donauufer in Wien (am Dammhaufen) wird die erste Friedenspagode Europas eingeweiht; die 28 m hohe Pagode wurde in fünfmonatiger Bauzeit von buddhistischen Mönchen errichtet.
28. September In der ersten Sitzung des Nationalrats nach der Sommerpause nimmt Altbundeskanzler Bruno Kreisky mit einem ergreifenden Appell zur Zusammenarbeit Abschied vom Parlament.
3.–8. Oktober ÖGB-Präsident Anton Benya wird beim 10. ÖGB-Bundeskongreß von den 446 Delegierten einstimmig wiedergewählt. Mit überwiegender Mehrheit wird unter dem Motto »Arbeit für alle, schwierige Zeiten gemeinsam meistern« die branchenweise Einfüh-

rung der 35-Stunden-Woche bei vollem Lohnausgleich als nächstes Ziel beschlossen.

8. Oktober Aus dem Museum »Carolino Augusteum« in Salzburg wird das Gemälde »Der Sonntagsspaziergang« von Carl Spitzweg (Schätzwert drei Millionen Schilling) gestohlen.

11.–14. Oktober Bundespräsident Rudolf Kirchschläger besucht die DDR (der zweite Staatsbesuch eines westlichen Staatsoberhaupts), unter anderem auch das ehemalige KZ Buchenwald. Kurz vor dem Besuch wurde ein Liefervertrag über 3,5 Milliarden Schilling abgeschlossen. (Die Kreditschulden der DDR gegenüber Österreich betrugen im März 18 Milliarden Schilling).

11. Oktober Mit einer achtstündigen Operation gelingt in Innsbruck die erste Herztransplantation in Österreich.

12. Oktober Gegen den niederösterreichischen Landeshauptmann Siegfried Ludwig wird, sechs Tage vor den Landtagswahlen, im Zusammenhang mit dem WBO-Skandal die gerichtliche Voruntersuchung eingeleitet.

16. Oktober Landtagswahl in Niederösterreich: Die ÖVP gewinnt wieder die absolute Mehrheit *(→ Anhang)*. Durch das Wahlergebnis ändert sich auch die Zusammensetzung im Bundesrat, wo die ÖVP nun über die Mehrheit verfügt.

18. Oktober Beginn des Prozesses gegen neun Neonazis, (darunter auch der Deutsche Ekkehard Weil) wegen zahlreicher Bombenanschläge und Wiederbetätigung im Wiener Straflandesgericht; die Anklageschrift umfaßt 275 Seiten *(→ 2. April 1984)*.

21. Oktober Der Nationalrat beschließt den Umweltfonds, der mit 500 Millionen Schilling dotiert wird.

22. Oktober Wie in zahlreichen anderen Städten der Welt findet auch in Wien eine Friedensdemonstration statt: Rund 7 000 Personen bilden eine »Menschenkette« von der US-Botschaft bis zur Botschaft der UdSSR; am »Sternmarsch« von den Bahnhöfen zum Rathaus nehmen etwa 40–50 000 Menschen teil, abends findet ein Friedensgebet im überfüllten Stephansdom statt.

25. Oktober Anläßlich des Nationalfeiertags findet auf dem Gelände des ehemaligen KZ Mauthausen eine Angelobung von Präsenzdienern des Bundesheeres statt.

27.–29. Oktober 28. ordentlicher Bundesparteitag der SPÖ im Wiener Konzerthaus; Fred Sinowatz wird mit 482 von 485 Stimmen zum neuen Parteivorsitzenden gewählt, Altbundeskanzler Bruno Kreisky wird per Aklamation zum Ehrenvorsitzenden auf Lebenszeit ernannt.

15. November Die Donau hat bei der Reichsbrücke in Wien mit 70 cm den niedrigsten Wasserstand seit 100 Jahren; der Schiffsverkehr muß (bis 29. November) eingestellt werden.

16. November Das Gemälde »Portrait des Malers Karl Zakovsek« von Egon Schiele erreicht bei einer Auktion in New York sensationelle 2,4 Millionen Dollar (das sind rund 45,5 Millionen Schilling).

29. November Der Nationalrat faßt mit den Stimmen der Regierungsparteien SPÖ und FPÖ Beharrungsbeschlüsse gegen ÖVP-Einsprüche im Bundesrat, damit erhält die Verstaatlichte Industrie eine 16,6-Milliarden-Schilling-Hilfe.

5. Dezember Das digitale Telefonsystem OES wird versuchsweise in Betrieb genommen.

9. Dezember Der österreichische Nationalökonom Leopold Kohr erhält in Stockholm einen Ehrenpreis der Nobelpreiskommission für seine Studien über die Erfolge und Vorteile kleiner Nationen.

Mitte Dezember Bei der Renovierung der Pfarrkirche St. Martin in Klosterneuburg wird unter der Orgel ein aus heimischem Holz hergestellter Geigenbogen aus der Zeit um 1700 entdeckt; es handelt sich um den einzigen erhaltenen aus dieser Zeit.

16. Dezember Mit den Stimmen der Regierungsparteien wird das Budget 1984 angenommen: Ausgaben von 436,5 Milliarden und Einnahmen von 341,8 Milliarden ergeben ein Bruttodefizit von 94,7 Milliarden Schilling.

— Der niederösterreichische Landtag lehnt mit 31 gegen 23 Stimmen die Auslieferung von Landeshauptmann Siegfried Ludwig ab *(→ 12. Oktober)*.

17. Dezember In Peking wird ein Vertrag unterzeichnet, wonach ab Mitte der Achtzigerjahre in China jährlich 10 000 Steyr-Lkws in Lizenz hergestellt werden sollen.

19. Dezember Elfriede Karl wird als Ministerin für Familie, Jugend und Konsumentenschutz angelobt, da erst jetzt das neue Ministerium installiert ist.

23. Dezember Auf einem Dachboden in Nordirland wird das Kyrie und das Gloria einer Messe von Joseph Haydn entdeckt, die bis dahin als verschollen galten.

29. Dezember Der Konsum Österreich erwirbt um 615 Millionen Schilling die 13 Gerngroß-Warenhäuser und gibt vier davon an die Spar AG ab.

31. Dezember Paula Grogger stirbt in Öblarn (Steiermark); geb. am 12. Juli 1892 in Öblarn; Erzählerin und Lyrikerin, ihr bekanntestes Werk, der Heimatroman »Das Grimmingtor«, wurde in neun Sprachen übersetzt.

Ende Dezember 1983 sind die Zinsen für die Finanzschuld des Staates mit 27,7 Milliarden Schilling erstmals höher als die Rückzahlungsrate (25,8 Milliarden).

— Der Verbaucherpreisindex stieg im Jahresdurchschnitt um 3,3% (gegenüber 5,4% im Vorjahr).

— Die Zahl der Insolvenzen hat abgenommen: insgesamt 1 551, davon 1 373 Konkurse, die Höhe der Verbindlichkeiten ging auf 11,7 Milliarden zurück.

— Rund 303 000 Pfändungen wurden durchgeführt.

— In Österreich befinden sich 154 041 Gastarbeiter, der niedrigste Stand seit 1971.

— 5 898 Personen (davon 4 754 aus kommunistischen Ländern) suchten um politisches Asyl an (–448).

— Der jährlich anfallende Hausmüll beträgt in Österreich rund 1,5 Millionen Tonnen, demnach entfallen auf jeden Österreicher 209 kg.

▶**1984, 1. Januar** Erhöhung der Mehrwertsteuer von 8 auf 10%, von 18 auf 20% und von 30 auf 32%, für Energie von 13 auf 20%.

— Für Bankeinlagen und festverzinsliche Wertpapiere wird eine Zinsertragssteuer von 7,5% eingeführt.

— Die Kfz-Steuer wird um durchschnittlich 40% erhöht, Stempel- und Rechtsgebühren um 10 bis 20%, ebenso werden die Telefongebühren und die Preise der Bundesbahn erhöht, die Post erhöht ihre Tarife ab 1. Februar.

— Belastende Änderungen bei der Lohn- und Einkommensteuer sowie bei Pensionen (zum Teil ab 1. April).

— Im Handel zwischen EG und EFTA werden von nun an keine Zölle auf gewerbliche Einfuhren erhoben.
— Das Sonderabfallgesetz tritt in Kraft: Industrie- und Gewerbebetriebe müssen mittels Nachweisscheinen den Verbleib von gefährlichen Sonderabfällen nachweisen.
4. Januar Die Steyr-Daimler-Puch AG teilt die Kündigung von 895 Mitarbeitern mit *(→ 12. Januar)*.
12. Januar Arbeitstagung der Bundesregierung in Steyr: Bundeskanzler Fred Sinowatz erklärt, daß Wirtschaftspolitik absoluten Vorrang habe sowie Umweltschutz und Bürgernähe wichtige Aufgaben seien; für die Region Steyr wird ein 5-Punkte-Programm erarbeitet, den Mitarbeitern von Steyr-Daimler-Puch AG wird versprochen, daß es keine Kündigungen gibt *(→ 23. Januar)*.
16. Januar Der Verfassungsgerichtshof entscheidet: Das Atomsperrgesetz ist nicht verfassungswidrig.
18. Januar Heinrich Gleißner stirbt in Linz; geb. am 26. Januar 1893 in Linz; ÖVP-Politiker, 1933/34 Staatssekretär im Landwirtschaftsministerium, 1934–1938 und 1945–1971 Landeshauptmann von Oberösterreich, 1951 Kandidat der ÖVP für die Wahl zum Bundespräsidenten.
— Im VOEST-Werk Zeltweg (Steiermark) beginnt für 1 300 Mitarbeiter Kurzarbeit.
21. Januar Großer Erfolg der Österreicher beim Hahnenkamm-Rennen (Herrenabfahrtslauf) in Kitzbühl (Tirol): 1. Franz Klammer, 2. Erwin Resch, 3. Anton Steiner, 5. Peter Wirnsberger.
22. Januar Beim Hochwurzen-Volksmarathon-Abfahrtslauf verunglückt Sepp Walcher in der Nähe seines Heimatortes Schladming tödlich; der 29jährige Skirennläufer wurde 1978 Weltmeister der Herrenabfahrt und war seit Frühjahr 1982 nicht mehr aktiv.
23. Januar Von den angekündigten 895 Kündigungen in der Steyr-Daimler-Puch AG werden nur 250 realisiert.
26. Januar Der Aufsichtsrat der Vereinigten Edelstahlwerke (VEW) beschließt ein Strukturkonzept, in dem die Mitarbeiter von 12 632 auf 9 520 reduziert werden sollen.
30. Januar Der Südtiroler Landeshauptmann Silvius Magnago berichtet anläßlich der ersten Sitzung des Nord-Südtirol-Kontaktkomitees in Wien über die aktuelle Lage in Südtirol: Wesentliche Punkte aus dem »Südtirolpaket«, wie z. B. ein autonomer Verwaltungsgerichtshof oder die Einführung der Zweisprachigkeit bei den Behörden, sind noch nicht verwirklicht.
4. Februar Im Raum Pregarten (Oberösterreich) wird ein leichtes Erdbeben registriert; leichte Erdstöße gab es hier bereits am 14. Dezember 1983 und am 18. und 20. Januar.
7. Februar Im Zusammenhang mit der Diskussion über die Einführung der 35-Stunden-Woche veröffentlicht das Linzer Meinungsforschungsinstitut IMAS eine repräsentative Umfrage, wonach 62% der Österreicher mit dem derzeitigen Ausmaß an Freizeit zufrieden sind.
— Erwin Altenburger stirbt in Wien; geb. am 3. November 1903 in Mautern (Steiermark); ÖVP-Politiker, ab 1923 Gewerkschaftsfunktionär, 1945–1970 Abgeordneter zum Nationalrat, 1947–1949 Bundesminister ohne Portefeuille.
8.–10. Februar Schneechaos in Österreich: Allein in Tirol gehen 30, bis zu 100 Meter breite Lawinen zu Tal und fordern insgesamt 14 Tote; in der Nacht auf den 10. Februar orkanartige Stürme bis zu 140 km/h in der Steiermark und im Burgenland, Arlberg- und Reschenpaß sind gesperrt, die Arlbergbahnstrecke verschüttet, 20 Wintersportorte sind von der Umwelt abgeschnitten und müssen von Hubschraubern versorgt werden.
8.–19. Februar XIV. Winterspiele in Sarajewo: Österreich erringt nur eine Bronzemedaille durch Anton Steiner (Herrenabfahrt); die Teilnahme an den Spielen kostete Österreich 32 Millionen Schilling.
— Während der Olympischen Winterspiele in Sarajewo waren erstmals auch Versehrtensportbewerbe im Programm enthalten: Fünf österreichische Teilnehmer konnten dabei eine Gold- und drei Silbermedaillen erringen; Österreich ist auf dem Gebiet des Behindertensports weltweit führend.
12. Februar Franz (»Ferry«) Dusika stirbt in Wien; geb. am 31. März 1908 in Wien; Radrennfahrer, 1933–1937 zehn Meistertitel im Bahnfahren, Förderer des Radsports, Initiator des Radstadions im Wiener Prater, das ihm zu Ehren »Ferry-Dusika-Stadion« benannt wurde.
13. Februar Beginn einer mehrwöchigen Amerikatournee der Wiener Philharmoniker unter der Leitung von Leonard Bernstein.
15./16. Februar Staatsbesuch des italienischen Ministerpräsidenten Bettino Craxi in Wien; Südtirol und Wirtschaftsthemen stehen auf dem Programm. Am 15. Februar führt Bundespräsident Rudolf Kirchschläger auf dem Flughafen Wien-Schwechat anläßlich einer Zwischenlandung mit dem italienischen Staatspräsidenten Sandro Pertini ein Gespräch.
16. Februar Der Selbstmord des Neulengbacher Gastwirts Johann Böswarth und seine Brandlegung während des Besuchs von Steuerfahndern löst politische Auseinandersetzungen um die Arbeit der Steuerfahndung aus – Finanzminister Herbert Salcher kündigt diesbezügliche Reformen an.
18. Februar In Mantua wird anläßlich des Gedenkjahrs für den Tiroler Freiheitskampf von 1809 an der Erschießungsstätte *(→ 20. Februar 1810)* ein Andreas-Hofer-Denkmal eingeweiht.
20.–29. Februar Am Grenzübergang auf dem Brenner beginnen die italienischen Zöllner am 20. Februar mit einem »Bummelstreik«; die Aktion führt zu tagelangen chaotischen Zuständen auf der Inntal-Autobahn und an den bayrisch-österreichischen Grenzübergängen. Entnervte Lkw-Fahrer entschließen sich ab 21. Februar zu Protestaktionen und blockieren mit rund 1 500 Lkws die Autobahn für den gesamten Verkehr; die Aktion der italienischen Zöllner wird zwar am 23. Februar abgebrochen, aber nun erheben die Fernfahrer ihrerseits Forderungen: Zollabfertigung rund um die Uhr und auf vier Fahrstreifen, Streikverbot für Zollbeamte sowie Straffreiheit für die Blockierer. Am 29. Februar um 8 Uhr früh werden die Blockaden auf dem Brenner, dem Reschen und in Sillian beendet; ausschlaggebend war ein Gipfelgespräch in Innsbruck zwischen Verkehrsminister Karl Lausecker, Landeshauptmann Eduard Wallnöfer und Vertretern der Lkw-Fahrer bzw. der Transportunternehmer, nachdem am 28. Februar vormittags auf italienischer Seite wilde Demonstrationen stattgefunden hatten.

24. Februar Ende der Skibob-WM in Aschau (Bayern): von den 18 möglichen Medaillen erringen die österreichischen Teilnehmer elf, darunter fünfmal Gold.
26. Februar bis 6. März Bundespräsident Rudolf Kirchschläger besucht als erstes österreichisches Staatsoberhaupt die USA; New York (Treffen mit UN-Generalsekretär Perez de Cuellar, Gründung einer amerikanisch-österreichischen Stiftung), Washington (Empfang im Weißen Haus, Besuch eines Konzerts der Wiener Philharmoniker) *(→ 13. Februar)* , Chicago, San Francisco (Besuch des Österreich-Lehrstuhls an der Stanford University) und Los Angeles stehen auf dem Programm.
2. März Südtirols Landeshauptmann Silvius Magnago nimmt an einer Ministerratssitzung in Rom teil, bei der die Bildung eines autonomen Verwaltungsgerichtshofs in Bozen gebilligt wird; eine Hauptforderung zur Durchsetzung der Zweisprachigkeit ist damit erfüllt.
4. März An der 2. chirurgischen Universitätsklinik erfolgt die erste Herztransplantation in Wien; der 48jährige Patient überlebt sechs Tage. (In Graz erfolgt die erste Herztransplantation am 12. März.) *(→ 11. Oktober 1983).*
— Ende der Junioren-Ski-WM im US-Bundesstaat Maine: Die österreichischen Mannschaft auf Platz 1, die Salzburgerin Veronika Wallinger erringt den Weltmeistertitel.
14. März Der Vorarlberger Landtag beschließt eine umfangreiche Reform der Landesverfassung.
— Nach einer Auseinandersetzung mit Unterrichtsminister Helmut Zilk gibt Staatsoperndirektor Lorin Maazel bekannt, daß er seinen Vertrag mit 30. Juni 1984 vorzeitig beenden werde *(→ 19. März)*
14.–18. März Die 119. Wiener Frühjahrsmesse ist, wie schon lange nicht, völlig ausgebucht: 3 682 Aussteller aus 36 Ländern.
16. März Uraufführung des »Concerto A. B. für Orchester« (A. B. steht für Anton Bruckner) von Helmut Eder im Wiener Musikverein; der Komponist dirigiert dabei selbst die Wiener Symphoniker .
17. März Uraufführung der Oper »In seinem Garten liebt Don Perlimplin Belisa« von Balduin Sulzer (Text Garcia Lorca) im Linzer Landestheater; der oberösterreichische Komponist ist Zisterzienser im Stift Wilhering und Domkapellmeister in Linz.
— Uraufführung der Oper „In seinem Garten liebt Don Perlimpin Belisa" des Zisterziensermönchs Balduin Sulzer nach Texten von Garcia Lorca im Linzer Landestheater.
— Petra Wleczek und Walter Kroneisl werden Sieger beim Skibob-Weltcup.
19. März Der VOEST-Vorstand zieht auf Weisung von Bundeskanzler Fred Sinowatz seine Forderung um Kürzung der freiwilligen Sozialleistungen in der Höhe von 600 Millionen Schilling zurück.
— Unterrichtsminister Helmut Zilk kündigt die neuen Direktoren für die Staatstheater an: Claus Helmut Drese (Staatsoper ab 1986/87), Claus Peymann (Burgtheater ab 1986/87) und Eberhard Wächter (Volksoper ab 1987/88).
22. März Hugo Gottschlich stirbt in Wien; geb. am 30. Oktober 1905 in Wien; Schauspieler, Kabarett (»Literatur am Naschmarkt«, »Wiener Werkel«), Kammerspiele, Theater in der Josefstadt und Volkstheater, ab 1955 Mitglied des Wiener Burgtheaters und beim Film tätig.
25. März Landtagswahlen in Salzburg: die ÖVP erringt erstmals die absolute Mehrheit, die FPÖ verliert ihr Regierungsmandat *(→ Anhang).*
28. März Die tschechoslowakischen Behörden verfügen erhebliche Erschwernisse für die Visumerteilung beim Ausflugsverkehr auf der Donau nach Preßburg.
30. März Zwischen der ÖMV und der Sojus-Gasexport wird das 4. Erdgas-Lieferabkommen unterzeichnet; danach liefert die UdSSR zusätzlich zu den vereinbarten 2,5 Milliarden m^3 in den nächsten 25 Jahren weitere 1,5 Milliarden m^3 Erdgas nach Österreich.
— Der Wiener Stadtsenat beschließt einen »Bodenbereitstellungs- und Stadterneuerungsfonds«; der Fonds wird mit 400 Millionen Schilling dotiert und soll die Sanierung der historischen Bausubstanz vorantreiben.
Ende März Die Hochschule für Bodenkultur stellt fest, daß von den rund 34 Millionen Hektar Wald in Österreich etwa 18% (= etwa 600.000 Hektar) geschädigt sind.
2. April In Wien werden neun Neonazis, darunter der Hauptangeklagte, der deutsche Staatsbürger Ekkehard Weil, wegen Bombenanschlägen in Salzburg und Wien im Sommer 1982 zu Haftstrafen von drei Monaten bedingt bis zu fünf Jahren unbedingt verurteilt.
5. April Bundeskanzler Fred Sinowatz vereinbart mit den Vertretern der burgenländischen Kroaten die Beschickung des Volksgruppenbeirats.
8./9. April Arbeiterkammerwahl: Der ÖAAB verzeichnet einen Stimmenzuwachs von fast 6%; neben dem bereits in Vorarlberg gestellten, stellt der ÖAAB nun erstmals auch in Tirol den Kammerpräsidenten.
9. April FPÖ-Landesrat Jörg Haider unterstützt die Einleitung eines Volksbegehrens des Kärntner Heimatdienstes zur Trennung von deutsch- und slowenischsprachigen Kindern an den Kärntner Schulen.
— Im 2. WBO-Prozeß werden alle zehn Angeklagten in unterschiedlichem Ausmaß verurteilt, darunter der frühere Landtagsabgeordnete und Ex-WBO-Obmann Ernst Rauchwarter und der Ex-WBO-Geschäftsführer Horst Tietze zu je neun Jahren Kerker.
12. April Rund 10 000 Beamte demonstrieren vor dem Bundeskanzleramt gegen die Einführung geänderter Ruhensbestimmungen.
— Premiere von Hugo von Hofmannsthals »Der Rosenkavalier« als Sprechstück im Theater an der Josefstadt in Wien.
13. April Bundeskanzler Fred Sinowatz spricht sich für eine neuerliche Volksbefragung hinsichtlich Zwentendorf aus, Vizekanzler Norbert Steger (FPÖ) ist dagegen.
— Der Betriebsrat der Steyr-Werke reagiert mit Bestürzung auf den beabsichtigten Ankauf von 300 holländischen Panzern.
14. April Die österreichischen Bischöfe unterschreiben die Petition »Geborene für Ungeborene«; Staatssekretärin Johanna Dohnal befürchtet darin eine Aktion gegen die Fristenlösung.
18. April Leopold Lindtberg stirbt in Sils-Maria (Oberengadin, Schweiz); geb. am 1. Juni 1902 in Wien; Schauspieler, Bühnen- und Filmregisseur, ab 1933 am Zürcher Schauspielhaus, 1963/64 Professor am Reinhardtseminar in Wien, 1963–1965 Leiter der Filmschule an der Akademie für Musik und darstellende Kunst in Wien, 1965–1968 Direktor des Schauspielhauses in Zürich.

19. April Die Bundesregierung stellt ein Maßnahmenpaket zum Umweltschutz vor: eine zweite Verordnung über forstschädliche Luftverunreinigungen, eine Durchführungsverordnung zum Dampfkesselemissionsgesetz (bis 1990 Reduktion des Schwefeldioxyds um 70%), Herabsetzung des Schwefelgehalts bei Heizöl und Diesel, Einführung von bleifreiem Benzin und Katalysatoren für Autos, die ab 1986 neu zugelassen werden.

— Giftalarm in Werndorf: In einem Staudamm werden mehrere hundert Fässer mit giftigen Abfällen gefunden.

22. April Altbundeskanzler Bruno Kreisky erhält in Hannover (Bundesrepublik Deutschland) eine Niere transplantiert (er kehrt am 31. Mai nach Wien zurück).

26. April Ex-FPÖ-Abgeordneter Otto Scrinzi reicht die Statuten für die NFA, eine neue Partei als Sammelbecken für alle heimatlos gewordenen Freiheitlichen, ein.

28. April Der Obmann der Jungen Sozialisten, Christian Cap, fordert die Einführung der 30-Stunden-Woche.

1. Mai In Wien nimmt Prinz Philipp von Edinburgh, Präsident des World Wildlife Fund, gegen den Bau eines Kraftwerkes in Hainburg Stellung.

10. Mai Der Wiener Vizebürgermeister Erhard Busek (ÖVP) bietet der SPÖ eine Koalition an; Bürgermeister Leopold Gratz reagiert positiv *(→ 4. Juni).*

14. Mai Ein überparteiliches Personenkomitee stellt das »Konrad-Lorenz-Volksbegehren gegen Hainburg« der Öffentlichkeit vor.

17. Mai Bei einer »Pro-Hainburg-«Demonstration mit rund 40 000 Teilnehmern sprechen sich ÖGB-Präsident Anton Benya und der niederösterreichische Arbeiterkammerpräsident Josef Hesoun für den Kraftwerkbau aus.

18. Mai Entlang der Wiener Ringstraße wird eine Menschenkette gegen den Rüstungswettlauf gebildet.

20. Mai Der ÖGB-Vorstand spricht sich geschlossen für den Bau der Wasserkraftwerke Hainburg und Dorfertal aus und verlangt die Inbetriebnahme von Zwentendorf (Niederösterreich).

— Künstler starten in den Donauauen eine Aktion zur Schaffung eines Donau-March-Naturparks.

— Beim FPÖ-Landesparteitag in Oberösterreich erhält Friedrich Peter massive Streichungen und wird nicht mehr in den Landesparteivorstand gewählt.

21. Mai Eröffnung des Donaukraftwerks Greifenstein.

23. Mai Der Hauptverband der grafischen Unternehmungen vereinbart als erste Branche mit der Gewerkschaft Druck und Papier die Einführung der 38-Stunden-Woche ab 1. April 1985.

24. Mai Uraufführung der Oper »Der Weltuntergang« von Wilhelm Zobl am Theater an der Wien; das Libretto schuf Peter Daniel nach dem gleichnamigen Jura-Soyfer-Stück.

28. Mai Das BMW-Steyr-Werk dehnt den aufgrund des Metallarbeiterstreiks in der Bundesrepublik Deutschland verfügten Sonderurlaub auf 450 Beschäftigte aus.

4. Juni General Motors Austria setzt wegen des immer noch andauernden Metallarbeiterstreiks in der Bundesrepublik Deutschland Kurzarbeit für 1 200 Mitarbeiter an.

— Der Wiener SPÖ-Parteivorstand lehnt eine Koalition mit der ÖVP ab *(→ 10. Mai).*

5. Juni In der Stadt Salzburg wird von der ELAN, einer Tochterfirma der ÖMV, die erste österreichische Tankstelle für bleifreies Benzin (92 Oktan) eröffnet.

7. Juni Mit den arabischen Investoren für das Wiener Konferenzzentrum, die sich auf Basis bestimmter Garantien mit 1,5 Milliarden Schilling an dem Projekt beteiligen, werden die Verträge unterzeichnet.

11. Juni Ernst Haeussermann stirbt in Wien; geb. am 5. Juni 1916 in Leipzig; Schauspieler, Regisseur und Theaterdirektor, 1933–1939 Schauspieler am Wiener Burgtheater, 1939–1942 Assistent von Max Reinhardt in Hollywood, 1946–1949 (amerikanischer) Programmdirektor des österreichischen Radiosenders Rot-Weiß-Rot, 1953–1959 (gemeinsam mit Franz Stoß) Direktor am Theater in der Josefstadt, 1959–1968 Direktor des Wiener Burgtheaters, 1970–1977 abermals (mit Franz Stoß) Direktor am Theater in der Josefstadt, danach alleinige Leitung, ab 1961 Mitglied des Direktoriums der Salzburger Festspiele.

14. Juni Beharrungsbeschluß des Nationalrats über die ORF-Gesetznovelle; demnach unterstehen beide Fernsehkanäle je einem Intendanten für Information und einem für die übrigen Programminhalte, überdies wird das ORF-Kuratorium um fünf, von der Bundesregierung ernannte, Kuratoren erweitert.

17. Juni Landtagswahlen in Tirol *(→ Anhang).*

18. Juni In der Shopping-City Süd bei Wien kommt es zum bisher größten Bargelddiebstahl in Österreich: Aus einem schlecht gesicherten Tresorraum werden 13 Millionen Schilling geraubt.

20. Juni Anschlag auf die türkische Botschaft in Wien; um 8.32 Uhr explodiert vor der Botschaft eine Autobombe und der Attaché Erdogan Özen verbrennt bei lebendigem Leib, ein österreichischer Polizist wird lebensgefährlich, fünf weitere Personen leicht verletzt.

23. Juni Die zuständigen Bezirkshauptmannschaften erlassen negative Bescheide für den Kraftwerkbau Hainburg; der Bauwerber, die DOKW, wird dagegen berufen.

26. Juni Der als rechtsextrem bekannte britische Historiker David Irving wird auf Veranlassung von Innenminister Karl Blecha während einer Pressekonferenz im Café Landtmann in Wien wegen Verbreitung national sozialistischen Gedankenguts verhaftet, in Schubhaft genommen und aus Österreich ausgewiesen; Justizminister Harald Ofner sieht keinen Grund für die Festnahme.

27. Juni Das bisher schwerste Flugzeugunglück seit Bestehen des österreichischen Bundesheeres fordert sieben Todesopfer: Ein Transportflugzeug des Typs »Pilatus Porter 6« prallt drei Kilometer östlich von Klagenfurt gegen den Rothensteiner Felsen und stürzt ab.

1. Juli Einführung der Gurtenpflicht für Autofahrer; Strafen von 100 bis 300 Schilling sind möglich.

— Suchtgiftfahnder entdecken auf dem Flughafen Wien-Schwechat 13,6 kg reines Heroin im Wert von rund 50 Millionen Schilling.

3. Juli Die Wiener Vizebürgermeisterin Gertrude Fröhlich-Sandner gibt aus gesundheitlichen Gründen ihren Rücktritt bekannt.

5. Juli Der Ehrenvorsitzende der SPÖ, Bruno Kreisky, verlangt die Einsetzung eines Parteischiedsgerichts gegen die stellvertretende Vorsitzende der SPÖ und der SPÖ-Frauenorganisation Jolanda Offenbeck.

6. Juli Aufgrund vertraulicher Hinweise werden in

Wien neun Pakistani verhaftet, die eine Entführung von 40 Managern aus einem Hotel geplant hatten.

12. Juli Mit einem Dringlichkeitsantrag aller Abgeordneten delegiert der niederösterreichische Landtag das Hainburg-Berufungsverfahren an den zuständigen Landesrat Ernest Brezovszky.

20. Juli 119 polnische Pilger suchen auf dem Weg nach Rom in Wien um politisches Asyl an.

2. August Finanzminister Herbert Salcher übergibt der Staatsanwaltschaft Wien eine »Sachverhaltsdarstellung über zugegangene Informationen mit möglichen Auswirkungen auf die Steuersache Hannes Androsch«.

9. August Der Rechtsanwalt von Hannes Androsch, Herbert Schachter, bringt eine Strafanzeige und eine Sachverhaltsdarstellung gegen Finanzminister Herbert Salcher ein.

19. August Der mehrfache Formel-1-Weltmeister Niki Lauda gewinnt zum ersten Mal in seiner Karriere den Grand Prix von Österreich *(→ 21. Oktober).*

28. August Gegen den früheren Vizekanzler und Finanzminister Hannes Androsch, nunmehr Generaldirektor der Creditanstalt-Bankverein, wird mit Zustimmung der Untersuchungsrichterin offiziell die gerichtliche Voruntersuchung wegen Verdachts der Steuerhinterziehung eingeleitet.

9. September Anläßlich des 150. Jahrestages des Freiheitskampfes von Andreas Hofer wird in Innsbruck ein »Landesfestzug« veranstaltet, an dem mehr als 35 000 Nord-, Ost- und Südtiroler teilnehmen; die Veranstaltung löst in Italien Proteste aus.

10. September Durch den Rücktritt von Finanzminister Herbert Salcher wird eine Regierungsumbildung notwendig: Finanzen: Franz Vranitzky (SPÖ) statt Herbert Salcher; Äußeres: Leopold Gratz (SPÖ) statt Erwin Lanc; Unterricht und Kunst: Herbert Moritz (SPÖ) statt Helmut Zilk; Verkehr und verstaatlichte Betriebe: Ferdinand Lacina (SPÖ) statt Karl Lausecker; Familie, Jugend und Konsumentenschutz: Gertrude Fröhlich-Sandner (SPÖ) *(→ 3. Juli)* statt Elfriede Karl.

— Angelobung des am 6. September in einer außerordentlichen Landes- bzw. Gemeinderatssitzung von SPÖ und FPÖ gewählten Helmut Zilk als Landeshauptmann und Bürgermeister von Wien.

15. September Der Fluchtversuch einer fünfköpfigen tschechoslowakischen Familie über die österreichische Grenze an der Mur endet für die Eltern und eine Tochter tödlich.

— Beschlagnahme von 20,6 kg Heroin im Wert von rund 80 Millionen Schilling am Grenzübergang Walserberg (Salzburg).

30. September Landtagswahl in Kärnten *(→ Anhang).*

11. Oktober Finanzminister Franz Vranitzky gibt bekannt, daß die am 1. Januar 1984 eingeführte Zinsertragssteuer ab 1. Januar 1985 von 7,5 auf 5% gesenkt wird.

21. Oktober Landtagswahlen in Vorarlberg: Erstmals sind die Grünen im Landtag vertreten *(→ Anhang).*

— Niki Lauda wird (nach 1975 und 1977) zum dritten Mal (mit nur einem halben Punkt vor seinem Konkurrenten Alain Prost) Weltmeister der Formel 1; Lauda hatte sich 1979 aus dem aktiven Rennsport zurückgezogen, war jedoch 1982 wieder zurückgekehrt.

23. Oktober Oskar Werner (eigtl. Josef Bschließmayer) stirbt in Marburg (Hessen); geb. am 13. November 1922 in Wien; Schauspieler, 1941–1949, 1951–1955 und 1960/1961 Mitglied des Wiener Burgtheaters, 1950 am Theater in der Josefstadt, 1952–1955 am Schauspielhaus in Zürich, spielte seinen berühmt gewordenen »Hamlet« erstmals 1952 in Frankfurt/Main, seit 1949 auch internationale Karriere als Filmschauspieler.

15. November Im 3. WBO-Prozeß werden alle vier Angeklagten verurteilt; das Strafausmaß reicht von einem Jahr bis zu zwei Jahren unbedingt.

19. November Der 52jährige türkische Diplomat und stellvertretende Direktor der UNO-City, Enver Ergun, wird am Wiener Schottenring/Ecke Schottengasse in seinem Auto durch sechs Schüsse getötet, der Täter kann unerkannt entkommen; die »Armenische Revolutionäre Armee« bekennt sich später zu diesem Anschlag.

24. November Der Landeshauptmann von Südtirol, Silvius Magnago, wird von der 33. ordentlichen Landesversammlung der Südtiroler Volkspartei mit 1 481 von 1 630 abgegebenen Stimmen (= 91%) zum zehnten Mal als Obmann wiedergewählt; er ist damit der dienstälteste Parteichef in Westeuropa.

26. November Der niederösterreichische Landesrat Ernest Brezovszky genehmigt das Hainburg-Projekt, allerdings mit zahlreichen Auflagen *(→ 12. Juli).*

29. November Franz Jachym stirbt in Wien; geb. am 3. September 1910 in Wien; Bischof, 1937–1945 Sekretär und Zeremoniär von Kardinal Theodor Innitzer, erklärte während der Bischofsweihe am 23. April 1950, sich für dieses Amt als nicht würdig zu erachten, wurde schließlich am 9. Mai (in Rom von Kardinal Innitzer) zum Bischof geweiht, ab diesem Zeitpunkt Erzbischof-Koadjutor mit besonderen Aufgaben.

4. Dezember Nachdem der Salzburger Landeshauptmann Wilfried Haslauer bereits vor einigen Tagen angeordnet hatte, daß am 8. Dezember, einem Feiertag, die Geschäfte offenhalten dürfen, bringt die Bundesregierung – auf Betreiben von Sozialminister Alfred Dallinger und nach ursprünglichem Widerstand von Handelsminister Norbert Steger – beim Verfassungsgerichtshof eine Feststellungsklage ein, um die Auseinandersetzung zwischen Bund und Land rechtlich klären zu lassen.

5. Dezember Landwirtschaftsminister Günter Haiden erteilt der Donaukraftwerke AG die wasserrechtliche Genehmigung für das Donaukraftwerk Hainburg; er stützt sich dabei auf die (umstrittene) naturschutzrechtliche Genehmigung von Landesrat Ernest Brezovszky.

6. Dezember Der SPÖ-Parteivorstand beschließt die Einleitung eines Parteischiedsgerichtsverfahrens gegen Günther Nenning und Freda Meissner-Blau; beide hatten den niederösterreichischen Landesrat Ernest Brezovszky (SPÖ) einen »Umweltverbrecher« genannt.

8./9. Dezember In Salzburg halten die Geschäfte trotz der Weisung von Sozialminister Alfred Dallinger offen: Die Bundesregierung entschließt sich zu einer Klage gegen den Salzburger Landeshauptmann Wilfried Haslauer, nachdem der Wunsch nach einem Feststellungsbeschluß vom Verfassungsgerichtshof abgelehnt wurde.

8. Dezember In der Stopfenreuther Au, die zum überwiegenden Teil in Baugrund für das Kraftwerk Hainburg umgewandelt werden soll, versammeln sich rund 6 000 Gegner dieses Kraftwerkbaus, um Abholzungen zu verhindern *(→ 10. Dezember).*

10. Dezember Unter dem Schutz der Exekutive soll

mit den Rodungsarbeiten für das umstrittene Donaukraftwerk Hainburg begonnen werden; die Arbeitsaufnahme wird jedoch in der Nacht zum 11. Dezember durch die demonstrierenden Umweltschützer verzögert. Zur gleichen Zeit verhandeln die Proponenten des für 1985 geplanten »Konrad-Lorenz-Volksbegehrens« Bernd Lötsch, Günther Nenning und Freda Meissner-Blau (ohne Erfolg) mit Bundeskanzler Fred Sinowatz.

— Kraftwerksgegner erstatten gegen den niederösterreichischen Landesrat Ernest Brezovszky Anzeige wegen des Verdacht des Amtsmißbrauchs.

12. Dezember Der Nationalrat beschließt eine Reform der Parteienfinanzierung und eine Erhöhung der Zuwendung aus Steuermitteln von 80 auf 120 Millionen Schilling.

14. Dezember Max Schönherr stirbt in Wien; geb. am 23. November 1903 in Marburg (Steiermark); Komponist und Kapellmeister.

17. Dezember Den Demonstranten in der Hainburger Au gelingt es, die Stacheldrahtsperren zu überwinden; nach zwei Stunden Auseinandersetzung mit den Exekutivbeamten werden die Rodungsarbeiten aus Sicherheitsgründen eingestellt. Arbeiterkammertagspräsident Adolf Czettel und der niederösterreichische Arbeiterkammerpräsident Josef Hesoun drohen mit einer Arbeiterdemonstration in der Hainburger Au; ÖGB-Präsident Anton Benya stellt jedoch fest, daß es keine Arbeiterdemonstrationen geben werde.

18. Dezember Mit Bescheiden von zwei niederösterreichischen Bezirkshauptmannschaften wird die Hainburger Au zum Sperrgebiet erklärt.

19. Dezember Der Oberste Gerichtshof hebt die Urteile gegen Siegfried Wilfling und Hans Christoph Prutscher im 2. AKH-Prozeß auf.

19.–21. Dezember Innenminister Karl Blecha erteilt am 19. Dezember früh den Einsatzbefehl zur Vertreibung der Demonstranten aus der Hainburger Au; 400 Gendarmerie- und 600 Polizeibeamte stehen im Einsatz, worauf die Auseinandersetzung eskaliert: 48 Demonstranten werden verhaftet, acht Beamte und elf Demonstranten verletzt, die Kamerateams in- und ausländischer Fernsehstationen behindert. Obwohl die Polizei mitteilt, daß sich unter den idealistischen Demonstranten auch etwa 50 polizeibekannte Extremisten befinden, mehren sich die positiven Stellungnahmen prominenter Künstler. Am 21. Dezember verkündet schließlich Bundeskanzler Fred Sinowatz einen »Weihnachtsfrieden bis 3. Januar«.

Ende Dezember Der Index der Verbraucherpreise stieg um durchschnittlich 5,6%.

— 1984 gab es zwei Streiks, an denen insgesamt 268 Arbeitnehmer beteiligt waren.

— In Österreich gab es insgesamt 46 535 Verkehrsunfälle mit Personenschaden, mit 1 618 Todesopfern und 60 619 Verletzten.

— Die Zahl der Mikrocomputer beträgt 148 100 und hat sich somit gegenüber dem Vorjahr verdoppelt.

— Die Bundestheater (Burgtheater, Staatsoper, Volksoper und Akademietheater) weisen für 1984 einen »Verlust« von insgesamt 1,84 Milliarden Schilling aus, davon knapp 400 Millionen nur für Pensionen; die Einnahmen betrugen rund 426 Millionen Schilling; 1 512 400 Besucher sahen 1 264 Vorstellungen.

▶1985, 1. Januar Die Zinsertragssteuer (Quellensteuer) wird von 7,5 auf 5% gesenkt.

— Das Gesetz über die Aufwertung des Bundesrats tritt in Kraft; den Landeshauptleuten wird Redezeit eingeräumt, der Bundesrat erhält Vetorecht für Gesetze, die die Bundesländer betreffen, eine Fragestunde wird eingeführt.

— Das Neujahrskonzert der Wiener Philharmoniker (unter dem Dirigenten Lorin Maazel) wird erstmals via Satellit auch nach Amerika übertragen.

— Der Mindesturlaub wird um zwei Tage erhöht und beträgt nun 28 Werktage.

2. Januar Der Verwaltungsgerichtshof verfügt aufgrund einer Beschwerde des World Wildlife Fund und drei Stopfenreuther Bauern einen Baustop für das Kraftwerk Hainburg: »Der faktische Baubeginn (dazu gehören auch Rodungsarbeiten) vor Abschluß der Enteignungsverfahren, hätte einer eigenen Bewilligung bedurft«.

3. Januar Der burgenländische ÖVP-Landtagsabgeordnete Franz Sauerzopf darf aufgrund einer Entscheidung des Obersten Gerichtshofs wieder in den richterlichen Dienst zurückkehren.

4. Januar Nach einer Sondersitzung des Ministerrats gibt Bundeskanzler Fred Sinowatz ein »Elf-Punkte-Programm« für Hainburg bekannt; demnach wird zwar der Baubeginn für das Kraftwerk um ein Jahr aufgeschoben, aber ausdrücklich am Bau des Kraftwerks festgehalten, unter anderem wird ein Regierungskommissär bestellt.

6./7. Januar Kältewelle in Österreich: Offizielle Kältepole sind Zwettl, Mariazell und Linz mit knapp unter –30° C, die kälteste Nacht seit 1929. Der Neusiedler See hat eine 20 cm dicke Eisschicht, die Donau ist bei Linz zugefroren, der Schiffsverkehr wird eingestellt, Tiefstand der Donau bei der Reichsbrücke in Wien 50 cm.

10. Januar Anton Karas stirbt in Wien; geb. am 7. Juli 1906 in Wien; Zitherspieler und Heurigenwirt, gelernter Schlosser, spielte als Autodidakt, ohne Noten lesen zu können und wurde weltberühmt durch seine Komposition des »Harry Lime«-Themas im Spielfilm »Der dritte Mann« (1948).

— Österreichs neuer Armeekommandant, General Johann Philipp, erklärt, der Ankauf von Abfangjägern für das Bundesheer sei unabdingbar, eine Raketenbewaffnung hingegen nebensächlich.

— Der Sicherheitsdirektor von Niederösterreich, Emil Schüller, gibt im Zusammenhang mit den Hainburg-Ereignissen seinen Rücktritt bekannt.

12. Januar Das 1899 erbaute Opernhaus in Graz, zweitgrößtes Österreichs, wird nach zweijähriger Umbauzeit und originalgetreuer Renovierung mit dem 1716 entstandenen, barocken Opernmärchen »Angelica vincitrice di Alcina« von Johann Joseph Fux wiedereröffnet.

— »Versöhnungsgespräch« zwischen Bundeskanzler Fred Sinowatz und dem Nobelpreisträger Konrad Lorenz in Klosterneuburg bei Wien zum Thema Hainburg.

— Die ganz Europa heimsuchende Kältewelle forderte in Österreich bereits zwölf Tote; in Wien versorgte die Polizei Sozialrentner mit Brennmaterial.

Mitte Januar Gesundheits- und Umweltminister Kurt Steyrer kündigt die Einrichtung eines »Umweltbundesamtes« an, prominente Politiker nehmen dagegen Stellung, um weitere Bürokratisierung zu vermeiden.

— Einführung des »Schnurlos-Telefons« in Österreich.
— Die Beteiligung der VÖEST am US-Stahlwerk Bayou (31%) verursachte bisher rund 5 Milliarden Schilling Verlust; die Beteiligung soll verkauft werden.
17. Januar Die anhaltende Kältewelle forderte bereits 20 Tote; 20 Ortschaften im Innviertel (Oberösterreich) sind wegen der Schneeverwehungen nicht erreichbar.
17.–27. Januar 35. Nordische Ski-WM in Seefeld (Tirol): Österreich erreicht den 2. Platz beim Mannschaftsspringen, Andreas Felder erreicht den 2. Platz auf der 70-m-Schanze.
21. Januar Luise Ullrich stirbt in München; geb. am 31. Oktober 1911 in Wien; Schauspielerin, war bereits als Fünfzehnjährige am Wiener Volkstheater engagiert, dann in Berlin und München, startete 1932 ihre Filmkarriere und spielte Hauptrollen in mehr als 40 Filmen.
23. Januar Otto Sagmeister stirbt in Wien; geb. am 10. Januar 1906 in Gloggnitz (Niederösterreich); SPÖ-Politiker, 1947–1949 Minister für Volksernährung, 1956–1976 Generalrat der Oesterreichischen Nationalbank.
24. Januar Nach 39 Jahren Haft wird der (wegen des ihm vorgeworfenen Massakers im italienischen Dorf Marzabotto im Jahre 1944) zu lebenslangem Kerker verurteilte (aus Mähren stammende) ehemalige SS-Major Walter Reder, aus der Festung Gaeta (Italien) entlassen. Österreich bezahlte 1951 seine Prozeßkosten, in den vergangenen Jahren gab es viele prominente Interventionen. Verteidigungsminister Friedhelm Frischenschlager (FPÖ) empfängt ihn persönlich (mit Handschlag) und geleitet ihn in das Militärspital Baden bei Wien. Die zunächst geheimgehaltene Aktion löst in allen politischen Lagern Rücktrittsforderungen für den Minister aus und er muß dem Bundeskanzler schriftlich Bericht erstatten.
26. Januar Erstmals seit dem Zweiten Weltkrieg tagt das Exekutivkomitee des Jüdischen Weltkongresses in Wien; die Affäre »Frischenschlager-Reder« wird mit harten Worten kommentiert.
— Auf Wunsch von Bundeskanzler Fred Sinowatz beendet Verteidigungsminister Friedhelm Frischenschlager vorzeitig seinen Besuch in Ägypten.
29. Januar Verteidigungsminister Friedhelm Frischenschlager legt dem Ministerrat den geforderten aufklärenden Bericht vor und bedauert darin seinen Fehler.
30. Januar 33 Abgeordnete des Europarats fordern den Rücktritt oder die sofortige Abberufung von Verteidigungsminister Friedhelm Frischenschlager.
30. Januar–10. Februar 28. Alpine Ski-WM in Bomio (Italien): Österreich erringt vier Silbermedaillen (Silvia Eder/Kombination, Katrin Gutensohn/Damenabfahrt, Elisabeth Kirchler/Riesenslalom, Ernst Riedelsberger/Kombination) und eine Bronzemedaille (Robert Zoller/Slalom).
Ende Januar Die extreme Kälte bescherte Österreich in diesem Monat mit 58.728 (1984: 26.300) arbeitslosen Bauarbeitern den höchsten Stand seit 1963.
— In Österreich stehen laut einer Erhebung des statistischen Zentralamts insgesamt 910 Hochhäuser mit mehr als zehn Geschossen.
1. Februar Der Mißtrauensantrag der ÖVP im Nationalrat gegen Verteidigungsminister Friedhelm Frischenschlager (FPÖ) wird abgelehnt; zuvor gab es jedoch heftige parteiinterne Debatten und Rücktrittsdrohungen von SPÖ-Ministern wegen der »Frischenschlager-Affäre«, die bereits international Aufsehen erregt hatte.
2. Februar Die US-Botschafterin in Österreich, Helene van Damm, gebürtige Österreicherin, heiratet in Kitzbühel den Inhaber des Hotels Sacher, Peter Gürtler.
4. Februar Schweizer Lkw-Fahrer blockieren einen Tag lang alle Schweizer Grenzübergänge als Reaktion auf die Schweizer Schwerverkehrsabgabe und die daraus resultierenden Gegenmaßnahmen anderer Staaten.
5. Februar Uraufführung von Heinz Rudolf Ungers zeitkritischer Satire »Zwölfeläuten« im Wiener Volkstheater.
7. Februar Der vom Komponisten Gerhard Lampersberg gegen Thomas Bernhard wegen des gesellschaftskritischen Buches »Holzfällen« angestrengte Ehrenbeleidigungsprozeß wird außergerichtlich bereinigt und das einige Zeit beschlagnahmte Buch wieder ausgeliefert.
13. Februar Lotte Lang stirbt in Wien; geb. am 11. Januar 1900 in Wien; Bühnen- und Filmschauspielerin, debütierte 1925 in Linz, über Hamburg, Brünn und München kam sie 1932 an das Deutsche Volkstheater in Wien, spielte im Raimundtheater und schließlich im Theater in der Josefstadt, wo sie das einzige Ehrenmitglied war und noch einen Monat vor ihrem Tod auftrat.
15. Februar Udo Proksch, Designer und Inhaber der Konditorei Demel in Wien, wird wegen Fluchtgefahr verhaftet; er ist seit Monaten die Zentralfigur in den Ermittlungen um den mysteriösen Schiffsuntergang der »Lucona« im Indischen Ozean, wo vor acht Jahren sechs Menschen ums Leben kamen und eine angebliche Uranerzmühle im Ozean versank.
19. Februar Der Kärntner FPÖ-Landesparteiobmann Jörg Haider entgeht nur knapp einem Parteiausschluß; wiederholte Angriffe Haiders gegen FPÖ-Bundesparteiobmann Norbert Steger und seine Drohung der »Spaltung der Partei« führten zu einem wochenlangen Richtungskampf zwischen dem »liberalen« (Steger) und dem »nationalen« Flügel (Haider).
22. Februar Bautenminister Karl Sekanina tritt wegen anhaltender Vorwürfe über finanzielle Unregelmäßigkeiten zurück; Tage vorher hatte er »aus persönlichen Gründen der Arbeitsüberlastung« seine Funktionen als Obmann der Gewerkschaft Metall, Bergbau und Energie, als Obmann der Wiener Gebietskrankenkasse und als Präsident des Österreichischen Fußballbundes zurückgelegt (sein Rücktritt als ÖGB-Vizepräsident erfolgt am 27. Februar).
— Zwei Syrer entführen eine Boeing 727 der Deutschen Lufthansa AG nach Wien-Schwechat und geben hier auf.
28. Februar Entspannung des Verhältnisses zwischen Österreich und der ČSSR: Hohe Beamte konferieren über Möglichkeiten, Grenzzwischenfälle zu vermeiden.
— Udo Proksch und Peter Daimler werden auf Gelöbnis aus der Untersuchungshaft entlassen *(→ 15. Februar)*.
— Attentat auf den früheren lybischen Botschafter in Österreich und Gaddafi-Kritiker, Ezzedin Al Ghadamsi, in Wien.
Anfang März Die Creditanstalt-Bankverein braucht 7,3 Milliarden aus Steuermitteln, um ihre Konzernbetriebe zu sanieren, darunter die Maschinenfabrik Andritz (4,4 Milliarden) und Semperit (2,4 Milliarden).

1. März Heinrich Übeleis, seit Mai 1979 Generaldirektor der Post, wird als neuer Bautenminister angelobt. — Außenminister Leopold Gratz sagt als Zeuge vor dem Untersuchungsrichter im »Proksch-Lucona«-Fall aus.

4. März Ein Gipfelgespräch zwischen Bundeskanzler Fred Sinowatz und ÖVP-Bundesparteiobmann Alois Mock über die bereits wochenlang in der Öffentlichkeit diskutierte Zukunft des Kernkraftwerks Zwentendorf führt zu keiner Übereinstimmung. (ÖVP und FPÖ sprechen sich gegen Atomkraft aus, die SPÖ dafür.)

4.–11. März Das »Konrad-Lorenz-Volksbegehren« zur Verhinderung des Kraftwerks Hainburg sowie für einen umfassenden Umweltschutz, erzielt 353 908 Unterschriften.

8. März Die vom Obersten Gerichtshof an die erste Instanz zurückverwiesenen Urteile (je drei Jahre Haft) gegen den Ex-Vizepräsidenten der Industriellenvereinigung und ITT-Manager Fritz Mayer und gegen Edmund Hainisch führen zu neuem Ergebnis: Mayer wird freigesprochen, Hainisch wegen Zahlung von Schmiergeldern beim AKH-Bau in der Höhe von 3,3 Millionen Schilling zu 20 Monaten bedingt verurteilt.

Mitte März Seit Inkrafttreten des Parteiengesetzes 1975 haben 158 politische Parteien beim Innenministerium ihre Satzungen hinterlegt.

16. März Georg Prader stirbt in Wien; geb. am 15. Juni 1917 in St. Pölten (Niederösterreich); ÖVP-Politiker, Landesbeamter, 1954–1959 Bundesrat, 1959–1979 Abgeordneter zum Nationalrat, 1964–1970 Bundesminister für Landesverteidigung, 1967–1975 Landesparteiobmann der ÖVP Niederösterreich.

21. März Im Nationalrat wird die von der SPÖ verlangte neuerliche Volksabstimmung über die Inbetriebnahme des Atomkraftwerks Zwentendorf (Niederösterreich) abgelehnt: 91 Pro-Stimmen, 90 Contra-Stimmen, 2 Enthaltungen, für eine Volksabstimmung bedarf es der Zweidrittelmehrheit.

24. März Beim Ski-Weltcup erreicht Österreich hinter der Schweiz den 2. Platz in der Nationenwertung; Helmut Höflehner wird Abfahrtssieger.

26. März Im Landesverteidigungsrat fällt die Entscheidung für den Ankauf von 24 Abfangjägern der Type Saab J 35 D »Draken«; Kaufpreis rund 2,3 Milliarden Schilling.

27. März Die Hauptversammlung der Gemeinschaftskraftwerk Tullnerfeld GesmbH beschließt einstimmig die »stille Liquidation« des fertig gebauten Kernkraftwerks Zwentendorf; eine weitere Konservierung hätte jährlich rund 80 Millionen Schilling gekostet.

30. März Rund 200 Mitarbeiter des VOEST-Werkes Austria-Draht Ferlach (Kärnten) besetzen die Loiblpaß-Bundesstraße, um auf die Gefährdung ihrer Arbeitsplätze aufmerksam zu machen.

1. April Das grafische Gewerbe führt als erste Berufsgruppe die 38-Stunden-Woche ein.

2./3. April Die Landeshauptleute von Oberösterreich und der Steiermark, Josef Ratzenböck und Josef Krainer, verlangen den Aufschub des »Draken«-Ankaufs, bis die Stationierung geklärt sei.

10. April Außenminister und Wiener SPÖ-Parteiobmann Leopold Gratz gibt eine 220 Quadratmeter große »Gemeindewohnung«, für die er nur rund 1 800 Schilling Miete bezahlt hatte, zurück.

14. April Die Gemeinderatswahlen in Niederösterreich bringen der ÖVP das beste Ergebnis seit 1945 (51,73%).

17. April Der Nationalrat beschließt eine Novelle zum Suchtgiftgesetz: Freiheitsstrafen bis zu 20 Jahren und Geldstrafen bis zu 2 Millionen Schilling.

18. April Der Journalist und Schriftsteller Günther Nenning wird »wegen Parteikritik und Grün-Einstellung« aus der SPÖ ausgeschlossen.

22.–29. April Das Volksbegehren zur Verlängerung des Zivildienstes auf 14 Monate erzielt knapp 197 000 Unterschriften (= 3,6% aller Wahlberechtigten).

23. April Der Bau des umstrittenen Speicherkraftwerks im Reichraminger Hintergebirge (Oberösterreich) wird aufgrund der allgemeinen Stimmung in Umwelt- und Energiefragen zurückgestellt.

24. April Untersuchungen burgenländischer Weine ergeben die Beimengung des üblicherweise als Frostschutzmittel verwendeten Diäthylenglykol, in den folgenden Wochen werden zwei Millionen Liter Wein beschlagnahmt (davon allein bei einer Firma 600 000 Liter).

26. April Die Unternehmerin und ÖVP-Politikerin (und frühere Journalistin) Helga Rabl-Stadler wird vom Salzburger ÖVP-Wirtschaftsbund als Vizepräsidentin der Salzburger Handelskammer nominiert; damit gelangt erstmals in Österreich eine Frau in diese Funktion.

27. April Bundesrat und Nationalrat gedenken in einer gemeinsamen Festsitzung des 40. Jahrestags der Bildung einer provisorischen Staatsregierung und der Proklamation über die Wiederherstellung der Republik Österreich.

29. April Professoren und Studenten an der Juridischen Fakultät der Wiener Universität streiken, da die Rechtsanwaltskammer von ihrem Veto gegen das Fallen des Doktorats als Vorbedingung für die Berufsausübung nicht abgehen will.

1. Mai Alle Fahrzeuge müssen ab nun einmal jährlich zur technischen Kontrolle (»Grünes Pickerl«).

3. Mai Der Parlamentarische Familienausschuß beendet die Beratungen über die Petition »Geborene für Ungeborene« mit einer Entschließung aller Parteien: Mehr Aufklärung und Beratung über Fragen der Empfängnisverhütung, der Partnerschaft und der Familienaufgaben.

5. Mai Neuerlicher Erfolg im Kampf gegen den internationalen Suchtgifthandel: Am Grenzübergang Spielfeld werden 8,5 Kilogramm Heroin beschlagnahmt; insgesamt konnten in diesem Jahr bereits 26 Kilogramm im Wert von rund 100 Millionen Schilling beschlagnahmt werden.

6. Mai Die Zahl der in den Weinskandal verwickelten Betriebe hat sich seit April auf 15 erhöht, 30 000 Hektoliter wurden bisher beschlagnahmt.

7. Mai Gipfelgespräch über die Stationierung der geplanten Abfangjäger, an dem Minister, die betroffenen Landeshauptleute, sowie die Klubobmänner und die Wehrsprecher der drei Parlamentsparteien teilnehmen. — Bundespräsident Rudolf Kirchschläger eröffnet das »Slowenische Zentrum Wien« (Slovenski Centar Dunaj).

11. Mai Im Burgenland stellt die »Arbeitsgemeinschaft für ein mehrsprachiges Burgenland« in neun mittelburgenländischen Gemeinden neben den amtlichen Ortstafeln solche mit den kroatischen Bezeichnungen auf.

13. Mai Eine Pressekonferenz der Landsmannschaft der Kroaten in Wien (an der mehrere Politiker der ehemaligen jugoslawischen Exilregierung in London, der ehemaligen kroatischen Gewerkschaften und der ehemaligen Kommunistischen Partei Kroatiens teilnehmen wollten) wird verboten.

15. Mai Im Schloß Belvedere findet anläßlich der 30-Jahr-Feier der Unterzeichnung des Österreichischen Staatsvertrags ein Festakt statt; die Außenminister der vier Signatarstaaten sowie der sieben Nachbarstaaten Österreichs nehmen daran teil.

Mitte Mai Seit 1.000 Jahren wird im Bergwerk Waldenstein (Kärnten) Eisenglimmer höchster Qualität von derzeit 16 Knappen abgebaut; 99% dieses Rohstoffs für Rostschutzfarben werden exportiert.

16./17. Mai Anläßlich der Staatsvertragsfeiern vereinbaren die ČSSR und Österreich einen »Neuanfang in den nachbarlichen Beziehungen«; kurze Zeit später überschreitet der Volksschuldirektor von Windhaag bei Freistadt, Josef Schinböck, im Einverständnis mit den tschechoslowakischen Behörden, mit 17 Kindern ohne Paß und Visum die Grenze und feiert im Grenzort Malonty mit der dortigen Volksschule gute Nachbarschaft.

17. Mai Eine riesige Springflut verwüstet das Umbal-Tal, den Bach und damit die berühmten Umbal-Fälle.

18. Mai An einer Menschenkette zwischen Zeltweg und Knittelfeld (Steiermark) beteiligen sich rund 10 000 Menschen; mit Transparenten fordern sie den Verzicht auf den Kauf der Abfangjäger und wenden sich auch gegen das Wettrüsten zwischen Ost und West.

21. Mai Vertragsunterzeichnung mit Saab-Scania über den Ankauf von 24 (gebrauchten) Abfangjägern des Typs »Draken«; Vertragsinhalt ist auch die Verpflichtung der Schweden, in Österreich Gegengeschäfte im Wert von 130% des Kaufpreises (2,41 Milliarden Schilling) zu tätigen. Die Proteste gegen den Ankauf verstummen nicht.

25. Mai Papst Johannes Paul II. ernennt den 75jährigen, aus Neunkirchen (Niederösterreich) stammenden und schon seit 1937 in Italien wirkenden Kurienbischof Alfons Maria Stickler zum Kardinal; Stickler ist Präfekt der vatikanischen Bibliothek und des Geheimarchivs.

30. Mai 75% der Semperit Reifen GesmbH werden für 330 Millionen Schilling an die deutschen Continental Gummiwerke AG, den größten Reifenproduzenten Deutschlands, verkauft.

2. Juni Auf dem FPÖ-Parteitag in Salzburg wird ein neues Parteiprogramm beschlossen.

— Fünf von sieben wochenlang im Irak festgehaltenen VÖEST-Mitarbeitern kehren heim.

12. Juni Mit der 8. Schulorganisations-Novelle wird Informatik ab der fünften Klasse der AHS als Pflichtfach eingeführt.

— Das »Volksbegehren gegen Abfangjäger« wird mit 17 188 Unterschriften im Innenministerium eingereicht.

— Helene van Damm gibt ihren Rücktritt per Jahresende als amerikanische Botschafterin bekannt *(→ 21. Dezember)*.

14. Juni Mit 1 990 000 Schilling werden die bisher in der Geschichte der vier Staatstheater höchsten Tageseinnahmen erzielt; 68% dieses Rekordergebnisses fließen in die Kasse der Wiener Staatsoper, die eine Vorstellung mit Placido Domingo auf dem Programm hat.

15. Juni In Linz werden die modernsten Straßenbahnwaggons Europas, die in Wien gebaute Type »L 10«, in Betrieb genommen; in Österreich verkehren nur in den Städten Graz, Linz, Innsbruck und Wien Straßenbahnen.

Mitte Juni Die älteste bekannte, eine um das Jahr 1540 entstandene, Landkarte Niederösterreichs wird aufgrund einer Privatinitiative wieder aus den USA nach Österreich gebracht und der Nationalbibliothek übergeben.

18./19. Juni Generalsynode der evangelischen Kirche: Erstmals herrscht Überschuß an Pastoren und Vikaren.

20. Juni Uraufführung des Balletts »Radz-Datz« von Bernd R. Bienert zu Musik (»Lebenstanz«) von Gottfried von Einem in der Wiener Staatsoper.

23. Juni An der jugoslawischen Grenze zu Österreich wird wenige Meter von der Grenze entfernt, auf österreichischem Gebiet der tschechische Flüchtling Vladimir Zidek erschossen aufgefunden.

28. Juni Entscheidung des Verfassungsgerichtshofs in der »Causa 8. Dezember 1984«: Der Salzburger Landeshauptmann Wilfried Haslauer habe in Mißachtung der Weisung des Sozialministers eine Rechtsverletzung begangen; da er aus achtenswerten Motiven gehandelt habe, werden jedoch keine Sanktionen gesetzt.

2. Juli Der niederösterreichische Bauernbund demonstriert mit 200 Traktoren wegen des »drohenden Zusammenbruchs des Getreidemarkts« bei einer Regierungsklausur am Tulbingerkogel.

— Eine niederösterreichische Landeshauptstadt könne bis zum Jahr 2030 realisiert werden, ergibt eine von Landeshauptmann Siegfried Ludwig beauftragte Studie.

— Der frühere Handelsminister Josef Staribacher wird Aufsichtsratspräsident der Verstaatlichten-Holding.

3. Juli Seit Wochen in Tirol andauernde Auseinandersetzungen finden ein Ende: Die Reliquien des »Anderl von Rinn«, dessen Tod der Legende nach fälschlicherweise den Juden angelastet wurde, werden vom Hochaltar der Wallfahrtskirche von Judenstein entfernt, eingesargt und in einer Nische der Kirchenmauer begraben.

5. Juli Die tschechoslowakischen Behörden verweigern dem Wiener Erzbischof Kardinal Franz König die Einreise und damit die Teilnahme an den Feiern anläßlich des 1 100. Todestages des Slawenapostels Method.

9. Juli Der Weinskandal erreicht seinen Höhepunkt: Das bundesdeutsche Bundesgesundheitsministerium warnt offiziell vor dem Genuß österreichischer Prädikatsweine, da der Zusatz von Glykol möglicherweise zu Schädigungen innerer Organe und zu Lähmungserscheinungen führen könne. Im Zusammenhang mit dem in Österreich seit April bekannten Weinskandal wurden bisher 267 000 Hektoliter Wein beschlagnahmt – der Export ist praktisch auf Null gesunken.

— VOEST-Generaldirektor Heribert Apfalter legt die Bilanz 1984 vor: Umsatz 194,2 Milliarden, Verlust 2,4 Milliarden Schilling.

11. Juli Herbert Amry, österreichischer Botschafter in Griechenland stirbt in Athen; wenige Tage später taucht der Verdacht auf, er sei im Zusammenhang mit Waffengeschäften der VOEST ermordet worden.

16. Juli Verkehrsfreigabe für den 2 978 Meter langen Ambergtunnel der Vorarlberger Rheintalautobahn.

17. Juli Armbrust-WM in Zundert bei Breda (Holland): Andreas Kronthaler wird mit 392 von 400 möglichen Punkten Weltmeister, Sylvia Liendl erringt die Bronzemedaille.

25. Juli Die USA verhängen eine Verkaufssperre für alle österreichischen Weine.

29. Juli Der Wiener Staatsanwalt Lutz Moser gesteht, vom Kaufmann Béla Rabelbauer Bestechungsgelder in der Höhe von rund sieben Millionen Schilling angenommen zu haben, um ein gegen diesen laufendes Verfahren niederzuschlagen. Rabelbauer war bereits bekannt geworden, als er seinerzeit der ÖVP eine Parteispende in Millionenhöhe überreichte, die jedoch nach Protesten wieder zurückgegeben wurde. Mit dieser neuen Affäre wird auch bekannt, Rabelbauer befinde sich in Thailand, habe 450 Millionen Schilling Steuerschulden und werde wegen eines 300-Millionen-Schilling-Betrugs gesucht.

1. August Im Rahmen des seit Wochen untersuchten Weinskandals wird als 29. U-Häftling der Wiener Glykol-Lieferant verhaftet.

3. August Vor 50 Jahren wurde die insgesamt 51 km lange Großglockner-Hochalpenstraße eröffnet; bis Ende 1984 haben 9 284 030 Fahrzeuge diese Straße benützt.

6.–9. August Unwetterkatastrophe im Westen Österreichs, vor allem in Tirol, wo das seit 1954 schlimmste Hochwasser zehn Todesopfer fordert; der Innsbrucker Stadtteil Dreieichen wird überflutet. Die Donau führt Hochwasser und tritt aus ihren Ufern, Straßen sowie Teile der Westbahnstrecke müssen gesperrt werden.

13. August In der zweiten Instanz werden die im ersten WBO-Prozeß verhängten Strafen für Ernst Rauchwarter, Horst Tietze und Johann Tiewald herabgesetzt.

15. August Wenige Tage nach der Unwetterkatastrophe gibt es mit 34° einen Hitzerekord in Österreich.

17. August Uraufführung von Thomas Bernhards »Der Theatermacher« bei den Salzburger Festspielen, Inszenierung Claus Peymann.

20. August In St. Peter im Holz (Kärnten) werden die Überreste einer aus dem 5. Jahrhundert stammenden frühchristlichen Bischofskirche freigelegt; die Kirche war 28 m lang, 14 m breit und hatte eine Höhe von etwa 8 m.

25. August Niki Lauda erringt in Zandvort (Holland) zum 25. Mal den ersten Platz in einem Formel-1-Rennen; an seinem bereits vorher angekündigten Ausscheiden aus der Formel 1 wird dies jedoch nichts ändern.

27. August Vor dem Bundeskanzleramt demonstrieren 4 000 Bauern gegen das geplante Weingesetz.

28. August In Japan werden im Zusammenhang mit dem Weinskandal rund 170 000 Flaschen österreichischen Weins beschlagnahmt.

29. August In einer Sondersitzung des Nationalrats wird (gegen die Stimmen der ÖVP) ein neues Weingesetz verabschiedet, es ist »das strengste der Welt« mit voller Bezeichnungswahrheit, Förderung der Qualitätsproduktion und lückenloser Kontrolle von der Traube bis ins Verkaufsregal *(→ 4. Juli 1986)*.

— Im Weinskandal gab es bisher 50 Verhaftungen, im Zuge der Recherchen wurden auch einige »Kunstwein-Erzeuger« festgestellt.

2. September Mit Schulbeginn wird ein wesentlicher Teil der Schulreform 1982 in die Praxis umgesetzt: Die »neue Hauptschule« benötigt 400 neue Lehrer, tausende Volksschullehrer bleiben weiterhin ohne Stelle.

— In den 5. Klassen der AHS wird das Pflichtfach »Informatik« eingeführt.

4. September Der Bundesrat erhebt mit ÖVP-Mehrheit Einspruch gegen das neue Weingesetz mit der Begründung, es könne Verfälschungen nicht verhindern, aber es schikaniere mit der vorgesehenen Administration die mehr als 53 000 österreichischen Weinbautreibenden. (Der Nationalrat faßt am 24. Oktober einen Beharrungsbeschluß.)

6. September Ex-Finanzminister Herbert Salcher erhebt Ehrenbeleidigungsklage gegen Hannes Androsch.

8. September Peter Krauland stirbt in Wien; geb. am 6. August 1903 in Kraubath (Steiermark); Rechtsanwalt und ÖVP-Politiker, 1945–1949 Bundesminister für Vermögenssicherung und Wirtschaftsplanung.

— Beim Pastoralbesuch von Papst Johannes Paul II. in Liechtenstein unterstützen 80 uniformierte österreichische Gendarmen und Kriminalbeamte in Zivil die liechtensteinische Polizei.

9. September Der Landtagsklub der burgenländischen SPÖ beschließt, die Landtagsabgeordnete Ottilie Matysek in Zukunft von den Klubberatungen auszuschließen und aus den Ausschüssen abzuberufen; am 20. Mai war Matysek bereits als Klubchefin abberufen worden.

10. September Aufgrund eines betriebswirtschaftlichen Gutachtens gibt Finanzminister Franz Vranitzky die Auflösung der »Wien-Film GesmbH« bekannt; der Verlust habe in den letzten Jahren etwa 400 Millionen Schilling (1984: 13 Millionen) betragen.

— Bundespräsident Rudolf Kirchschläger tritt einen offiziellen Besuch in der Volksrepublik China an; in seiner Begleitung befindet sich die bisher größte Delegation bei einem Staatsbesuch: mehr als zwei Dutzend Offizielle und über 60 Firmenvertreter.

16. September Papst Johannes Paul II. nimmt den Rücktritt des Erzbischofs von Wien, Kardinal Franz König, an. Zwei Tage später wählt das Domkapitel den bisherigen Generalvikar, Weihbischof Helmut Krätzl, zum Diözesanadministrator.

18. September Das renovierte Raimundtheater in Wien wird nach 13monatiger Umbauzeit mit der Operettengala »Seinerzeit« wiedereröffnet.

19. September Nach einer Sitzung des SPÖ-Bundesparteivorstands wird bekannt, daß die Parteifunktionen der beiden früheren Finanzminister Hannes Androsch und Herbert Salcher »bis auf weiteres ruhen«; Androsch gibt gegenüber Salcher eine Ehrenerklärung ab und Salcher verzichtet auf seine Klage.

21. September Die »Interessengemeinschaft österreichischer Autoren« kritisiert die von Unterrichtsminister Herbert Moritz getroffenen Feststellungen »zu den jüngsten Ausfällen des Schriftstellers Thomas Bernhard«, in denen Moritz meinte, Bernhard »werde immer mehr zu einem Thema der Wissenschaft, womit nicht allein die Literaturwissenschaft gemeint« sei – die Interessengemeinschaft sieht darin eine »gegen die gesamte Künstlerschaft Österreichs gerichtete Empfehlung zur psychiatrischen Beobachtung unliebsamer Kunst und Künstler«.

24. September Der frühere Außenminister und derzeitige österreichische Botschafter in der Bundesrepublik Deutschland, Willibald Pahr, wird zum Generalsekretär der Welttourismusorganisation (WTO) gewählt.

25. September 42 Minuten nach Mitternacht explodiert vor der ungarischen Central-, Wechsel- und Creditbank auf der Kärntner Straße in Wien eine Bombe, elf Menschen werden dabei verletzt.

26. September Außenminister Leopold Gratz gibt vor der UNO die Sanktionen Österreichs gegen Südafrika bekannt: Verbot von Investitionen staatlicher Unternehmen, Einschränkung sportlicher und kultureller Beziehungen, Importverbot südafrikanischer Goldmünzen.

27. September Michael Seisenbacher wird in Seoul Weltmeister im Judo-Mittelgewicht.

1. Oktober Normalbenzin darf in Österreich nur mehr unverbleit verkauft werden; es gibt in Österreich nunmehr drei Sorten von Treibstoff: Normalbenzin (unverbleit, 91 Oktan), Superbenzin (98 Oktan) und Diesel.

— Für den nachträglichen freiwilligen Einbau von Katalysatoren oder dem Kauf von dementsprechend ausgestatteten Autos wird eine staatliche Prämie gewährt.

3. Oktober Heinz Kindermann stirbt in Wien; geb. am 8. Oktober 1894 in Wien; Literatur- und Theaterwissenschaftler, ab 1926 Universitätsprofessor in Danzig, Münster und Wien, Gründer des Theaterwissenschaftlichen Instituts in Wien, sein Hauptwerk ist die zehnbändige »Theatergeschichte Europas« (1957–1978).

6. Oktober Landtagswahlen in Oberösterreich: Die ÖVP kann ihre Mehrheit weiter ausbauen *(→ Anhang).*

— Der Dritte Präsident des Nationalrats, Gerulf Stix, legt sein Amt als Tiroler FPÖ-Landesparteiobmann zurück.

11. Oktober Informatikstudenten der Wiener Technischen Universität dringen in das ORF-Funkhaus in der Argentinierstraße ein, um gegen den nicht mehr gewährleisteten Übungs- und Lehrbetrieb infolge Platz- und Personalmangels zu protestieren.

23. Oktober Warnstreik von rund 31 000 AHS-, BHS- und PädAk-Lehrern für die Angleichung der Gehälter der Vertragslehrer an die der beamteten Lehrer.

25. Oktober Der Bundesparteirat der SPÖ nominiert Gesundheitsminister Kurt Steyrer endgültig für die Bundespräsidentenwahl.

28. Oktober Carry (Carl Maria) Hauser stirbt in Rekawinkel (Niederösterreich); geb. am 16. Februar 1895 in Wien; expressionistischer Maler, Grafiker und Bühnenbildner, studierte in Wien bei Oskar Strnad, lebte von 1939–1947 in der Schweiz.

— Eröffnung des von einem österreichischen Firmenkonsortium gebauten Budapester Flughafens.

29. Oktober Rund 10 000 Studenten der Technischen Universität machen mit einem Warnstreik auf den Raum-, Personal- und Gerätemangel aufmerksam.

31. Oktober Die Gesamtsumme der Bundesschulden und -verpflichtungen (ohne Haftungen) überschreitet die Billionengrenze: 1 055 100 000 000 Schilling.

— Die Ökologie-Kommission empfiehlt, auf den Bau des Kraftwerks Hainburg zu verzichten und den Bau der Staustufe Wien vorzuziehen.

4. November Die ÖVP nominiert (den parteilosen) Kurt Waldheim für die Bundespräsidentenwahl.

7. November Bautenminister Heinrich Übeleis legt ein Fünf-Jahres-Programm für den Hoch- und Straßenbau des Bundes vor, das gegen Ende der neunziger Jahre einen deutlichen Rückgang ausweist.

8. November Der Nationalratsausschuß für Innere Angelegenheiten beschließt einstimmig für künftige Bundespräsidentenwahlen sogenannte »fliegende Wahlkommissionen«, der ÖVP-Antrag zur Einführung der Briefwahl bleibt in der Minderheit.

11./12. November Auf dem 29. SPÖ-Bundesparteitag fordert die Frauenorganisation eine Quotenregelung; entsprechend ihrer Mitgliederzahl wollen sie auch mit 35% der Mandate vertreten sein, das Präsidium schlägt vor, die Mandate an der Zahl der aktiven Mitarbeiterinnen zu orientieren. Mit 400 gegen 100 Stimmen wird der Ausschluß des Journalisten Günther Nenning endgültig.

12. November Das Volksbegehren gegen Abfangjäger erzielt 121 182 Unterschriften, das sind 2,23% der Stimmberechtigten.

— Die Gewerkschaft Kunst, Medien und Freie Berufe teilt mit, daß der Vorsitzende der Sektion Journalisten, Günther Nenning, mit 22 gegen neun Stimmen vom Vorsitz abberufen und ausgeschlossen ist.

19. November In Anwesenheit von Bundeskanzler Fred Sinowatz unterzeichnen Vertreter des ORF und des Zeitungsherausgeberverbandes einen »elektronischen Konsens«, der unter anderem auch die Ausdehnung der Werbezeiten des ORF auf Sonn- und Feiertage vorsieht.

25. November Auf einen Vorstoß des außenpolitischen Sprechers der SPÖ, Peter Jankowitsch in Richtung eines EG-Beitritts Österreichs, antwortet ÖVP-Obmann Alois Mock, er halte einen Assoziierungsvertrag für realistischer.

26. November Der Minister für öffentliche Wirtschaft und Verkehr, Ferdinand Lacina, gibt bekannt, daß der Verlust der VOEST-Alpine für 1985 voraussichtlich 4,2 Milliarden Schilling betragen werde. Gleichzeitig tritt der gesamte Vorstand des Unternehmens einschließlich des Generaldirektors Heribert Apfalter zurück; mit der provisorischen Leitung des Konzerns wird Richard Kirchweger, Generaldirektor der Chemie Linz AG beauftragt.

28. November Es stellt sich heraus, daß der Verlust der VOEST – ausgelöst durch Rohölspekulationen der Tochterfirma Intertrading – 5,7 Milliarden betragen werde; ÖIAG-Generaldirektor Oskar Grünwald erklärt dazu, die ÖIAG habe vom Umfang der Geschäfte nichts gewußt und er könne noch höhere Verluste nicht ausschließen.

29. November Im Nationalrat beantragen die Regierungsparteien SPÖ und FPÖ zum Fall VOEST eine Sonderprüfung des Rechnungshofs, die ÖVP fordert die Einsetzung eines Parlamentarischen Untersuchungsausschusses. Der ÖIAG-Aufsichtsrat beschließt einstimmig einen 3,6-Milliarden-Zuschuß für die VOEST.

30. November Staatssekretär Franz Löschnak kündigt an, daß die Gültigkeit österreichischer Reisepässe in Zukunft zehn Jahre betragen wird.

3. Dezember Das zu 77% im Besitz der VOEST stehende, defizitäre amerikanische Stahlwerk Bayou wird um rund 1,95 Milliarden Schilling an den amerikanischen Buntmetallkonzern RSR verkauft; das »Abenteuer Bayou« kostet die VOEST rund 5,3 Milliarden Schilling.

13. Dezember Für das »Anti-Draken-Volksbegehren« werden im Innenministerium 140 000 Unterschriften hinterlegt; das Volksbegehren lehnt den Kauf von Abfangjägern nicht ab, sondern verlangt eine andere Type.

14. Dezember Der im Zusammenhang mit der WBO-Affäre zurückgetretene Franz Sauerzopf wird beim burgenländischen ÖVP-Landesparteitag von knapp 70% der Delegierten zum neuen Landesparteiobmann gewählt.

15. Dezember Bei einem Sprengstoffanschlag auf ein Haus der Israelitischen Kultusgemeinde in Wien-Leopoldstadt entsteht erheblicher Sachschaden.

17. Dezember Angelobung des neuen Ministers für Gesundheit und Umweltschutz, des bisherigen ORF-Informationsintendanten Franz Kreuzer, nachdem der bisherige Minister Kurt Steyrer als Kandidat für die Bundespräsidentenwahl am Vortag sein Amt zurückgelegt hat. Gleichzeitig wird der bisherige Staatssekretär Franz Löschnak zum Bundesminister im Bundeskanzleramt ernannt. Nachfolger Kreuzers als Informationsintendant wird Sport-Hauptabteilungsleiter Thaddäus Podgorski.

18. Dezember Die neue Trasse der Südautobahn bei Pinkafeld stürzt auf einer Länge von 150 m etwa 15 m tief ab; die Trasse war erst am 22. November dem Verkehr übergeben worden.

19. Dezember Der Film »Das Gespenst« von Herbert Achternbusch darf laut einem Urteil des Obersten Gerichtshofs in Österreich nicht aufgeführt werden; der Film war 1984 wegen Herabwürdigung religiöser Lehren in Graz beschlagnahmt worden.

20. Dezember Auch bei der zur Chemie Linz AG gehörenden Firma Merx kommt es wie bei der Firma Intertrading zu Spekulationsverlusten in dreistelliger Millionenhöhe, die Geschäftsführer werden fristlos abberufen.

21. Dezember Ronald S. Lauder wird Nachfolger Helene van Damms als US-Botschafter in Österreich.

27. Dezember Gegen 9.15 Uhr (fast zur gleichen Zeit wie auf dem Flughafen in Rom) erfolgt auf dem Flughafen Wien-Schwechat durch schwerbewaffnete Terroristen ein Anschlag auf den Abfertigungsschalter der israelischen Fluglinie El Al; vier Personen werden dabei getötet, mehr als 30 verletzt. Bei der Verfolgungsjagd wird einer der Terroristen getötet, die beiden anderen werden schwer verletzt verhaftet *(→ 21. Mai 1987)*.

— Hanns Koren stirbt in Graz; geb. am 20. November 1906 in Köflach (Steiermark); Professor für Volkskunde und ÖVP-Politiker, war jahrelang Präsident des steirischen Landtags und war Initiator des »steirischen herbstes«.

Ende Dezember Im abgelaufenen Jahr wurden pro Österreicher im Schnitt 71 640 Schilling an Steuern bezahlt; der Anteil von Steuern und Abgaben am Bruttoinlandsprodukt erhöhte sich in den vergangenen zehn Jahren von 38,6% auf 42,4%.

— Die Inflationsrate beträgt im Durchschnitt 3,2%, der niedrigste Wert seit 16 Jahren.

— Das Handelsbilanzdefizit hat sich gegenüber dem Vorjahr um rund eine Milliarde Schilling verringert, die Exporte stiegen um 13%, die Importe um 10%.

– Die Insolvenzen sind leicht zurückgegangen; allein in der Baubranche gab es jedoch 53 Großinsolvenzen;

— Sowohl die Zahl der unselbständig Erwerbstätigen als auch die Zahl der Arbeitslosen hat (von 4,5 auf 4,8%) zugenommen; die Zahl der arbeitslosen Jugendlichen stieg von 37 182 auf 41 103.

— Die Urheberorganisation AKM erzielte für 1985 Einnahmen von 465 Millionen Schilling, größter Zahler war der ORF, der 180 Millionen Schilling an Autoren- und Komponistentantiemen abrechnete.

— Die österreichischen Bundesmuseen verzeichnen mit 2,87 Millionen Besuchern einen neuen Rekord.

— Die Zahl der Trauungen war gegenüber dem Vorjahr leicht rückläufig (–1,8%); ebenso rückläufig war die Zahl der Geburten (–2,1%).

— Laut Weltgesundheitsorganisation (WHO) gibt es derzeit in Österreich rund 3 000 Ärzte zuviel.

▶**1986, 1. Januar** Die dritte Etappe der Urlaubsverlängerung tritt in Kraft; der Mindesturlaub beträgt ab nun 30 Werktage (= 5 Wochen), ab einer Dienstzeit von 25 Jahren erhöht sich dieser Anspruch auf 36 Werktage.

— Die Sozialversicherungsbeiträge betragen derzeit 15,1% des Bruttoeinkommens.

5. Januar Die Hochschule für angewandte Kunst ersteht 53, aus dem Jahr 1899 stammende, Entwurfszeichnungen von Joseph Maria Olbrich (Erbauer der Secession).

6. Januar Die Vierschanzentournee endet in Bischofshofen (Salzburg) mit einem Triumph der Österreicher: 1. Ernst Vettori, 2. Franz Neuländter.

10. Januar Unterhalb der während des U-Bahnbaus beim Wiener Minoritenplatz bereits 1984 entdeckten Reste der aus dem 14. Jh. stammenden Ludwigskapelle, wird eine Krypta mit zahlreichen Gräbern von Angehörigen österreichischer Adelsgeschlechter entdeckt.

16. Januar VOEST-ALPINE-Betriebsräte organisieren Demonstrationen in Linz und Leoben, an denen 50 000 Menschen teilnehmen; in den letzten Tagen hatten alle politischen Parteien Programme zu einer (Teil-) Privatisierung der Verstaatlichten Industrie vorgestellt.

— Der Zentralbetriebsrat der ÖBB, Bundesrat Johann Schmölz, gibt bekannt, daß die Eisenbahner zu einem Generalstreik bereit seien, sollte versucht werden, die Bahn zu privatisieren.

22. Januar Roland Minkowitsch stirbt in Wien; geb. am 13. Januar 1920 in Spittal an der Drau (Kärnten); Landwirt , ÖVP-Politiker, 1963–1986 Abgeordneter zum Nationalrat, 1968–1970 Staatssekretär im Bundesministerium für Inneres, seit 1975 Zweiter Präsident des Nationalrats.

— ORF-Generalintendant Gerd Bacher ernennt Johannes Kunz zum Nachfolger Franz Kreuzers *(→ 17. Dezember 1985)* als Informationsintendant (die definitive Bestellung erfolgt später durch das ORF-Kuratorium).

29. Januar Jörg Mauthe stirbt in Wien; geb. am 11. Mai 1924 in Wien; Journalist, Schriftsteller und Kulturpolitiker, zunächst Leitender Redakteur beim Hörfunk-Sender Rot-Weiß-Rot, später Programmplaner beim ORF-Fernsehen, Gründer und Herausgeber der Monatszeitschrift »Wiener Journal«, schrieb satirische Romane, seit 1978 ÖVP-Gemeinderat und Stadtrat.

— Die wegen ihrer Waffengeschäfte in öffentlicher Diskussion stehende VOEST-Tochterfirma Noricum registriert Auftragsstornos in Millionenhöhe.

Ende Januar Die Januar-Arbeitslosenrate ist mit 7,1% (205 592 Personen) die höchste seit dem Jahr 1959.

1. Februar Der Abt des Stiftes Rein (Steiermark), Paulus Rappold, muß wegen fahrlässiger Wirtschaftsführung, übermäßiger Verschuldung und einem Schaden von rund 100 Millionen Schilling zurücktreten.

12. Februar Die jüngsten Daten der Hochschulstatistik weisen bei Erstinskribenten einen rund 50%igen Anteil an Frauen aus.

14. Februar Herbert Lewinsky (aus Österreich stammend), bisher Chef von Mobil Oil Deutschland, wird neuer Generaldirektor der VOEST-ALPINE *(→ 26. November 1985)*; der größte Konzern Österreichs beschäftigt knapp 70 000 Mitarbeiter und hatte im Vorjahr einen Verlust von rund 11 Milliarden Schilling auszuweisen.

15.–27. Februar Grippewelle in Österreich: in Wien rund 26 000 Erkrankte, in Oberösterreich mehr als 17 000.

18. Februar Die Staatsanwaltschaft Wien beantragt gerichtliche Vorerhebungen gegen Hannes Androsch wegen des Verdachts der falschen Zeugenaussage vor dem parlamentarischen AKH-Untersuchungsausschuß.

19. Februar Marga Hubinek wird als Nachfolgerin des im Amt verstorbenen Roland Minkowitsch Zweite Präsidentin des Nationalrats; damit gelangt erstmals eine Frau ins Präsidium.

20. Februar Freda Meissner-Blau gibt ihre Kandidatur für das Amt des Bundespräsidenten bekannt und erklärt gleichzeitig ihren Austritt aus der SPÖ.

1./2. März Volksbefragung in Niederösterreich, ob das Bundesland eine eigene Hauptstadt erhalten soll und wenn ja, welche: 56,2% sind dafür und 43,98% dagegen (Wahlbeteiligung 61,36%); von den vorgeschlagenen fünf Städten erhält St. Pölten 44,63%. Seit Wien per 1. Januar 1922 zu einem selbständigen Bundesland erklärt wurde, hat Niederösterreich keine eigene Hauptstadt mehr *(→ 10. Juli)*.

1. März Die Zeitschrift »profil« durchleuchtet die Kriegsvergangenheit von Kurt Waldheim; aus der Wehrstammkarte geht eine Mitgliedschaft bei der SA-Reiterschaft und beim NS-Studentenbund hervor. Mit dieser Veröffentlichung beginnt eine hitzige, auch international geführte Debatte um den Kandidaten für das Amt des Bundespräsidenten.

3. März Der Skandal um den Ex-Generaldirektor der Bundesländer Versicherung, Kurt Ruso, dringt an die Öffentlichkeit: Zunächst ist von gefälschten Schadensmeldungen in der Höhe von knapp 80 Millionen Schilling die Rede, im Laufe der folgenden Tage erhöht sich diese Summe jedoch auf rund 152 Millionen, wovon rund 22 Millionen an Ex-Abt Paulus Rappold *(→ 1. Februar)* geflossen sein sollen; sowohl Ruso als auch Rappold werden in Untersuchungshaft genommen. Im Zusammenhang mit dieser Affäre tritt wegen unklarer Honorarnoten auch ÖVP-Stadtrat Anton Fürst zurück; auch die burgenländische SPÖ-Abgeordnete Ottilie Matysek scheint auf der Liste der »Begünstigten« auf.

4. März Hans Gillesberger stirbt in Wien; geb. am 29. November 1909 in Ebensee (Oberösterreich); Kapellmeister und Chordirigent, seit 1966 künstlerischer Leiter der Wiener Sängerknaben.

6. März Im Salzburger Landeskrankenhaus gelingt dem Herzspezialisten Felix Unger eine medizinische Sensation: Erstmals in Europa wird für mehrere Stunden einer Patientin als Überbrückung für eine Herztransplantation ein (selbst entwickeltes) Kunstherz eingepflanzt.

7. März Peter Wirnsberger wird Weltmeister bei der Ski-Abfahrt.

9. März In der Steiermark haben 28,59% der Wahlberechtigten (= 244 273 Personen) das »Anti-Draken-Volksbegehren« gegen den Ankauf von gebrauchten Abfangjägern unterschrieben.

— Bei der Skiflug-WM am Kulm bei Bad Mitterndorf stellt Andreas Felder mit 191 Metern einen neuen Weltrekord auf, Franz Neuländter wird Zweiter.

11. März Im Zusammenhang mit der »Ruso-Affäre« *(→ 3. März)* wird bekannt, daß die Söhne des steirischen Alt-Landeshauptmanns, Fritz und Walter Niederl, für eine von Ex-Generaldirektor Kurt Ruso gegebene, aber nicht eingehaltene Kaufzusage für ein Hotel eine Abschlagzahlung von 4,8 Millionen Schilling erhalten haben; Alt-Landeshauptmann Friedrich Niederl legt daraufhin sowohl seinen Sitz im Aufsichtsrat der Bundesländer Versicherung als auch den Vorsitz des Aufsichtsrats der Steweag zurück.

12./13. März Streik von rund 1 500 Lehrern an den 14 Pädagogischen Akademien, um der Forderung nach gerechter Entlohnung Nachdruck zu verleihen *(→ 18. März)*.

18. März Die Studenten an den Pädagogischen Akademien stehen in einem »aktiven Streik«, um der schnellen Beendigung des Prüfungsstreiks der Professoren Nachdruck zu verleihen *(→ 12./13. März)*.

19. März Der Vorarlberger Geschäftsmann Béla Rabelbauer wird in New York verhaftet *(→ 29. Juli 1985)*.

— Roswitha Steiner wird Weltcup-Siegerin im Slalom.

20. März Bei der Wiener Reichsbrücke trifft das erste in Mitteleuropa eingesetzte Luftkissenboot ein; das von der DDSG um rund 30 Millionen Schilling erworbene Boot wird den Namen »Donaupfeil« tragen und als Ausflugsschiff zwischen Wien, Preßburg und Budapest dienen.

21. März 661 namhafte österreichische Wissenschaftler, Ärzte und Künstler veröffentlichen eine Erklärung mit der Forderung nach einem Kernwaffenstopp.

23.–30. März Der Jüdische Weltkongreß bezeichnet den Präsidentschaftskandidaten Kurt Waldheim im Zusammenhang mit Säuberungsaktionen gegen Partisanen in Jugoslawien als »Kriegsverbrecher« und droht, sollte Waldheim zum Bundespräsidenten gewählt werden, »haben alle Österreicher weltweit die Konsequenzen zu tragen«. Der Gründer und Leiter des Jüdischen Dokumentationszentrums in Wien, Simon Wiesenthal, deutet an, die Jagd auf Waldheim habe ihre »Quellen in Österreich«. ÖVP-Generalsekretär Michael Graff fordert die Regierung auf, ihrer Schutzpflicht nachzukommen, Alt-Bundeskanzler Bruno Kreisky bezeichnet die Attacken des Jüdischen Weltkongresses als eine ungeheuerliche Niedertracht und eine Abrechnung der Amerikaner mit dem ehemaligen UNO-Generalsekretär, der amtierende UNO-Generalsekretär Perez de Cuellar meint, die Vorwürfe gegen Waldheim seien »absurd«.

31. März Paulus Rusch stirbt in Zams (Tirol); geb. am 4. Oktober 1903 in München; 1938–1964 Titularbischof und Apostolischer Administrator von Innsbruck-Feldkirch, 1964–1981 der erste Diözesanbischof von Innsbruck.

1. April Bundeskanzler Fred Sinowatz, der Bundesminister für öffentliche Wirtschaft und Verkehr Ferdinand Lacina und Bundeskammerpräsident Rudolf Sallinger treffen an der Spitze einer Delegation von mehr als 800 Managern in Moskau ein, um dort die bisher größte österreichische Industrieausstellung zu eröffnen.

4. April Friedrich Peter, seit März 1966 Abgeordneter zum Nationalrat, von 1958–1978 FPÖ-Bundesparteiobmann und seit 1970 Klubobmann der FPÖ, zieht sich aus der aktiven Politik zurück und hält vor dem Parlament eine vielbeachtete Abschiedsrede.
7. April Bundespräsident Rudolf Kirchschläger bietet sich als Schiedsrichter in der »Causa Waldheim« an und erklärt sich bereit, sowohl die vom Jüdischen Weltkongreß angebotenen, als auch die diesbezüglichen, im UN-Archiv lagernden Dokumente beurteilen zu wollen.
8. April Botaniker der Universität Wien stellen erstmals eine »Rote Liste« gefährdeter Pflanzen in Österreich zusammen: 800 der 3 000 einheimischen Farn- und Blütenpflanzen, 1 000 Moose, 250 Flechten und 250 Pilze sind vom Aussterben bedroht.
9. April Heinz Conrads stirbt in Wien; geb. am 21. Dezember 1913 in Wien; Film- und Bühnenschauspieler, Komiker, Kabarettist, Conférencier und Rundfunkmoderator mit typischer Wiener Note, seit 1946 seine eigene Rundfunksendung »Was gibt es Neues?«, seit 1957 unter demselben Titel auch eine Fernsehsendung.
14. April Bei den Winterbewerben der Versehrtensport-WM in Säben (Südtirol) erringen die österreichischen Teilnehmer zwei Gold-, drei Silber- und sieben Bronzemedaillen.
22. April Nach einer Interpretation namhafter Historiker und Politikwissenschaftler, läßt sich aus den vom Jüdischen Weltkongreß vorgelegten Dokumenten weder ableiten, daß Kurt Waldheim ein mit »Spezialaufgaben betrauter Kriegsverbrecher« gewesen sei, noch daß er politische Tätigkeiten zugunsten des Nationalsozialismus ausgeführt habe. Bundespräsident Rudolf Kirchschläger (von Beruf Richter) erklärt in einer TV-Rede, daß er es in der Funktion eines Staatsanwalts nicht wagen würde, auf Grund der vorliegenden Dokumente vor Gericht Anklage gegen Kurt Waldheim zu erheben.
23. April Otto Preminger stirbt in New York; geb. am 5. Dezember 1906 in Wien; Regisseur, Theaterdirektor der Komödie, des Schauspielhauses und des Theaters in der Josefstadt in Wien, nach 1938 in Hollywood, wo er zu den erfolgreichsten Filmregisseuren gehörte.
25. April Nachmittags Bombenanschlag auf das Büro der »Saudi-Arabian Airlines« im Wiener Opernringhof (eine zweite Bombe vor dem Büro der »Kuwait Airways« konnte rechtzeitig entschärft werden); keine Verletzten.
26./27. April 1 000 burgenländische Weinbauern mit 150 Traktoren blockieren den Grenzübergang Nickelsdorf und verlangen die Außerkraftsetzung des neuen Weingesetzes. Am 27. April wird Landwirtschaftsminister Günter Haiden mit Krautköpfen beworfen.
26. April Hermann Gmeiner stirbt in Innsbruck; geb. am 23. Juni 1919 in Alberschwende (Vorarlberg); gründete 1949 ohne finanzielle Mittel den Verein »SOS-Kinderdorf«, konnte 1951 in Imst (Tirol) das erste Kinderdorf eröffnen, 1956 entstand in Diessen am Ammersee (Bayern) das erste Kinderdorf im Ausland, 1963 in Taigu (Korea) das erste Kinderdorf in Übersee, 1964 entstand der Weltverband »SOS-Kinderdorf International«; zur Zeit werden in 233 Kinderdörfern in 87 Staaten mehr als 50 000 Kinder betreut.
26. April bis 7. Mai In Tschernobyl (Ukraine) ereignet sich am 26. April der bisher größte Atomreaktorunfall. Trotz der in Österreich gemessenen, um das 45fache erhöhten Radioaktivität, wird zunächst bekanntgegeben, daß dies nicht gesundheitsschädigend sei, am 5. Mai wird jedoch der Verkauf von Freilandgemüse eingeschränkt, Kinderspielplätze werden gesperrt und es wird auf die Gefahr von »Bodenkontakten« aufmerksam gemacht. Am 7. Mai erklären die im Parlament vertretenen Parteien das Atomkraftwerk Zwentendorf (Niederösterreich) für »erledigt«.
4. Mai Bundespräsidentenwahl: Keiner der Kandidaten erreicht die absolute Mehrheit (Kurt Waldheim fehlen nur knapp 17 000 Stimmen), daher Stichwahl zwischen den beiden erstgereihten Kandidaten *(→ 8. Juni, Anhang)*.
— Susanne Kirnbauer, langjährige Erste Solotänzerin der Wiener Staatsoper verabschiedet sich nach 28jähriger Dienstzeit von der Bühne; ab Herbst wird sie Leiterin des Volksopernballetts.
9. Mai Ulrich Ilg stirbt in Dornbirn; geb. am 7. April 1905 in Dornbirn; Landwirt und ÖVP-Politiker, 1934–1938 Mitglied des Bundestages (der gesetzgebenden Körperschaft des Bundes), 1945–1964 Landeshauptmann von Vorarlberg und ÖVP-Landesparteiobmann.
— Prinz Bernhard der Niederlande enthüllt in Begleitung von Innenminister Karl Blecha in Mauthausen (Oberösterreich) eine Gedenkstätte für die fast 1 500 niederländischen Opfer des Naziregimes in diesem Konzentrationslager.
11.–14. Mai Der seit 1959 in Nordindien im Exil lebende tibetanische Gottkönig Dalai Lama besucht Wien.
12. Mai Der frühere FPÖ-Generalsekretär Helmut Krünes wird als Nachfolger von Friedhelm Frischenschlager als Bundesminister für Landesverteidigung angelobt. Frischenschlager war am 22. April als Nachfolger von Friedrich Peter *(→ 4. April)* zum neuen FPÖ-Klubobmann gewählt worden.
14. Mai Im »Bauernkrieg« wegen der gewünschten Novellierung des Weingesetzes blockieren rund 500 Traktoren die Donaubrücken in Krems und Tulln.
— Hannes Androsch wird mit den Stimmen der SPÖ- und FPÖ-Aufsichtsräte für weitere fünf Jahre zum Generaldirektor der Creditanstalt-Bankverein bestellt.
24. Mai Uraufführung der Faust-Paraphrase »Versuchung« des tschechischen Regimekritikers Václav Havel im Wiener Akademietheater.
26. Mai Österreich und Ungarn unterzeichnen einen Vertrag über den Bau des Donaukraftwerks Nagymaros.
27. Mai In Prag werden österreichische Studenten festgenommen, die mit Flugblättern gegen bestehende und geplante Atomkraftwerke in der ČSSR demonstrieren.
30. Mai Der beliebte Schauspieler und designierte Direktor des Theaters in der Josefstadt, der gebürtige Hamburger Schauspieler Boy Gobert, stirbt 61jährig in Wien. Wenige Tage später wird als künftiger Direktor (ab 1. Januar 1988) der Schauspieler Otto Schenk ernannt.
6. Juni Herbert Eisenreich stirbt in Wien; geb. am 7. Februar 1925 in Linz; Schriftsteller, schrieb zahlreiche Hörspiele, Romane, Gedichte und Essays.
8. Juni Kurt Waldheim wird im zweiten Wahlgang zum Bundespräsidenten gewählt *(→ Anhang)*. Mit Waldheim wird erstmals kein SPÖ-Kandidat gewählt.
9. Juni Fred Sinowatz tritt als Bundeskanzler zurück,

bleibt aber SPÖ-Vorsitzender. Nachfolger wird der im Herbst 1984 in die Regierung berufene Finanzminister Franz Vranitzky. Außenminister Leopold Gratz stellt sein Amt ebenfalls zur Verfügung. Sinowatz bezeichnet seinen Rücktritt als Konsequenz aus der Niederlage des von der SPÖ nominierten Kandidaten für die Bundespräsidentenwahl.

— Als Reaktion auf die Wahl Kurt Waldheims zum Bundespräsidenten ruft Israel seinen Botschafter zur Berichterstattung zurück *(→ 14. Oktober)*.

10. Juni Nachdem der Verfassungsgerichtshof die Verfassungswidrigkeit der Zinsertragssteuer festgestellt hat, beschließt der Nationalrat die Abschaffung dieser am 1. Januar 1984 eingeführten Steuer per 1. Juli.

13. Juni Bundeskanzler Franz Vranitzky stellt die neuen Mitglieder seines Kabinetts vor: Außenminister Peter Jankowitsch (SPÖ), Finanzminister Ferdinand Lacina (SPÖ), Bundesminister für Öffentliche Wirtschaft und Verkehr Rudolf Streicher (SPÖ), Staatssekretär im Landwirtschaftsministerium Erich Schmidt (SPÖ) und Staatssekretär im Handelsministerium Holger Bauer (FPÖ); die Angelobung erfolgt am 16. Juni.

18. Juni Der langjährige (zweimalige) Direktor der Wiener Staatsoper, Egon Seefehlner, übergibt seinem Nachfolger Claus Helmut Drese (als nunmehr 32. Direktor) das Amt; Musikdirektor wird Claudio Abado.

20. Juni Richard Eybner stirbt in Wien; geb. am 17. März 1896 in St. Pölten (Niederösterreich); Kammerschauspieler und Vortragskünstler, seit 1931 am Wiener Burgtheater (verkörperte dort 290 Rollen und stand zum letzten Mal am 6. Juni auf der Bühne).

21. Juni Nur 29 Minuten vor der mutmaßlichen Explosion werden zwei von Passanten zufällig entdeckte und auf das Gebäude der irakischen Botschaft zielende Raketengeschosse entschärft.

28. Juni Auf Anweisung des bayrischen Innenministers wird etwa 300 Österreichern, die an einer Demonstration gegen die Wiederaufbereitungsanlage in Wakkersdorf (Bayern) teilnehmen wollen, die Einreise verweigert.

Ende Juni Österreich bleibt ein klassisches Asylland, 90% der Asylwerber kommen aus den Oststaaten; im 1. Halbjahr erhöhte sich die Zahl der Asylanten um 26%.

1. Juli Der Verwaltungsgerichtshof hebt die wasserrechtliche Bewilligung des Landwirtschaftsministeriums für das Donaukraftwerk Hainburg wegen Verletzung von Verfahrensvorschriften als rechtwidrig auf.

3. Juli Der Nationalrat lehnt mit den Stimmen der Regierungsparteien SPÖ und FPÖ sowohl das bundesweite »Anti-Abfangjäger«-Volksbegehren als auch das steirische »Anti-Draken«-Volksbegehren ab.

— Zusammenschluß der österreichischen und italienischen Autobahnen im Raum Arnoldstein-Tarvis nach Fertigstellung auf österreichischer Seite; die Autobahn hat nun von Wien über Graz und Klagenfurt Anschluß an das italienische Autobahnnetz.

4. Juli Der Nationalrat beschließt einstimmig die seit Monaten von den Weinbauern verlangte Novellierung des Weingesetzes – die meisten der bürokratischen Bestimmungen werden dabei aufgehoben.

7. Juli Thaddäus Podgorski wird vom ORF-Kuratorium mit 25 gegen 10 Stimmen zum neuen Generalintendanten gewählt; der bisherige Generalintendant Gerd Bacher erhält nur 14 Stimmen (und 20 Gegenstimmen).

8. Juli Angelobung des neuen Bundespräsidenten Kurt Waldheim vor der Bundesversammlung. Gleichzeitig Protestkundgebungen auf dem Ballhausplatz (fünf Amerikaner im Hungerstreik) und vor dem Stephansdom (mit einem Holzpferd des Bildhauers Alfred Hrdlicka).

10. Juli Der niederösterreichische Landtag beschließt einstimmig, St. Pölten zur Landeshauptstadt zu erklären *(→ 1./2. März)*.

14. Juli Der Benediktinerpater Monsignore Hans Hermann Groer wird zum Nachfolger von Kardinal Franz König als Erzbischof von Wien ernannt; die Weihe erfolgt am 14. September.

25. Juli Die Oesterreichische Nationalbank deckt einen riesigen Steuerbetrug auf: In- und ausländische Münzhändler exportierten jahrelang österreichische Golddukaten, kassierten dafür die Mehrwertsteuerrückvergütung, schmuggelten jedoch die Goldmünzen anschließend wieder zurück; ersten Schätzungen zufolge beträgt der Schaden rund eine Milliarde Schilling.

— Eduard Weikhart stirbt in Bruck an der Mur; geb. am 21. November 1911 in Liesing bei Wien; SPÖ-Politiker, 1945–1971 Abgeordneter zum Nationalrat, 1956–1966 Staatssekretär im Bundesministerium für Handel und Wiederaufbau.

27. Juli Dorothea Neff stirbt in Wien; geb. am 21. Februar 1903 in München; Schauspielerin, kam nach einigen Jahren Bühnenerfahrung 1938 nach Wien an das Deutsche Volkstheater, erblindete 1967, stand jedoch weiterhin auf der Bühne des Volkstheaters.

3. August Uraufführung der Kirchenoper »Kain« von Karl Heinz Füssl (Libretto Herbert Lederer) beim Carinthischen Sommer in Ossiach (Kärnten).

8. August Die Linzer Luft erreicht (wie schon mehrmals in diesem Sommer) Extremwerte, die Höchstwerte werden dramatisch überschritten: Staubbelastung 760%, Schwefeldioxyd 350%, Schwefelwasserstoff 427%; die Schwefeldioxydemissionen erfordern eine vorübergehende Stillegung der Schwefelsäureanlage der VOEST.

10. August Die Salzburger Lokalbahn feiert ihr 100jähriges Bestandsjubiläum.

— Uraufführung der Tragödie »Prometheus, gefesselt« (nach Aischylos) von Peter Handke bei den Salzburger Festspielen.

18. August Uraufführung des Theaterstücks »Ritter, Dene, Voss« von Thomas Bernhard bei den Salzburger Festspielen.

24. August Protestaktion an der Grenze zur ČSSR gegen tschechoslowakische Atomkraftwerke.

1. September Claus Peymann tritt sein Amt als neuer Burgtheaterdirektor an.

— Nach dem Vorbild der Schweiz und der Bundesrepublik Deutschland wird nun auch in Österreich das Lotto »6 aus 45« eingeführt.

2. September Der Vorstand der VOEST erstellt sein Reformkonzept »VOEST-ALPINE neu«: Abbau von 9 000 Mitarbeitern innerhalb von drei Jahren – die Steiermark ist mit den Standorten Donawitz, Erzberg, Judenburg und Kindberg am schwersten betroffen.

13. September Auf dem 18. FPÖ-Bundesparteitag in Innsbruck wird der Kärntner Landesparteiobmann Jörg

Haider in einer dramatisch verlaufenden Kampfabstimmung mit 57,7% der Stimmen gegen den amtierenden Bundesparteiobmann und Vizekanzler Norbert Steger (39,2%) zum neuen FPÖ-Bundesparteiobmann gewählt. Die Auseinandersetzungen zwischen Haider und Steger spalteten schon wochenlang die Partei; FPÖ-Generalsekretär Walter Grabher-Meyer muß nach seinem Rücktritt mit einer Herzattacke ins Krankenhaus eingeliefert werden, Norbert Gugerbauer wird sein Nachfolger.

15. September Bundeskanzler Franz Vranitzky kündigt nach der Wahl Jörg Haiders zum FPÖ-Bundesparteiobmann die Regierungskoalition SPÖ-FPÖ auf und empfiehlt Neuwahlen.

16. September Frankreich führt für österreichische Staatsbürger die Visumpflicht ein *(→ 3. Oktober).*

21. September Landtagswahl in der Steiermark; die erstmals kandidierende Vereinigte Grüne-Alternative Liste erhält zwei Mandate *(→ Anhang).*

23. September Der Nationalrat beschließt nach der Auflösung der Regierungskoalition SPÖ-FPÖ einstimmig seine vorzeitige Auflösung.

— Der letzte lebende Träger des Maria-Theresien-Ordens, Gottfried Freiherr von Banfield, stirbt 96jährig in Triest; der Orden war die höchste in der Monarchie verliehene Auszeichnung und wurde für außergewöhnliche Leistungen verliehen.

26. September Der neue Generaldirektor der ÖIAG (Verstaatlichten-Holding), Hugo Michael Sekyra, kündigt an, daß die geplanten 28 Milliarden Sanierungszuschuß bei weitem nicht ausreichen werden, allein der Stahlbereich benötige 32 Milliarden.

— In Kledering, an der südöstlichen Stadtgrenze Wiens, wird nach achtjähriger Bauzeit der neue ÖBB-Zentralverschiebebahnhof eröffnet: Auf rund einer Million Quadratmetern können innerhalb von 24 Stunden auf 48 Gleisen mehr als 6 000 Waggons abgefertigt werden.

29. September Helmut Qualtinger stirbt in Wien; geb. am 8. Oktober 1928 in Wien; Schauspieler, Kabarettist und Satiriker, gestaltete 1946 gemeinsam mit Michael Kehlmann sein erstes Kabarett, trat später mit Carl Merz und ab 1950 auch gemeinsam mit Gerhard Bronner auf und begründete mit diesen eine etwa zehn Jahre andauernde Glanzzeit des Wiener Kabaretts.

30. September Die Steyr-Daimler-Puch AG meldet nach dem Frühwarnsystem 1 350 geplante Kündigungen an.

3. Oktober Frankreich lehnt es ab, Österreich (und auch vier andere EFTA-Staaten) von dem im Kampf gegen den internationalen Terrorismus verhängten Visazwang auszunehmen.

4. Oktober Bei der Tagung der Liberalen Internationale in Hamburg wird der österreichische Staatssekretär Holger Bauer (FPÖ) zum Vizepräsidenten gewählt; es wird jedoch auch die Entsendung einer internationalen Beobachterdelegation beschlossen, die feststellen soll, ob die FPÖ mit der Wahl von Jörg Haider zum Bundesparteiobmann ihre liberale Linie verlassen habe.

6.–18. Oktober Das Bundesheer führt mit 33 000 Mann und 5 000 Fahrzeugen seine bisher größte Raumverteidigungsübung (»Bollwerk Steiermark«) durch.

15. Oktober Der Südtiroler Bergsteiger Reinhold Messner hat mit der Besteigung des 8 561 m hohen Lhotse (Himalaja) nun alle Achttausender der Welt bezwungen.

17. Oktober Nach der endgültigen Abberufung des israelischen Botschafters in Österreich, Michael Elizur, wird der bisherige Geschäftsträger offiziell mit der Führung der Geschäfte beauftragt *(→ 9. Juni, 28. Oktober).*

18. Oktober Udo Proksch wird aus der Haft entlassen *(→ 15. Februar 1985).*

20. Oktober Fritz Hochwälder stirbt in Zürich; geb. am 28. Mai 1911 in Wien; Dramatiker, emigrierte 1938 in die Schweiz und lebte seither dort.

— Erstausgabetag einer neuen 500-Schilling-Banknote (Otto Wagner) mit besonderen Sicherheitsmerkmalen; gleichzeitig wird bekannt, daß in absehbarer Zeit erstmals eine 5 000-Schilling-Banknote ausgegeben wird.

27. Oktober Nachdem am 10. Oktober Thaddäus Podgorski sein Amt als neuer ORF-Generalintendant angetreten hat, beschließt das ORF-Kuratorium die Bestellung des übrigen Führungsteams: Informationsintendant Johannes Kunz, Unterhaltungsintendant Ernst Wolfram Marboe, Hörfunkintendant Ernst Grissemann, Technischer Direktor Heinz Tuchar, Kaufmännischer Direktor Peter Radel.

28. Oktober Der Ministerrat beschließt, den österreichischen Botschafter in Israel, Otto Pleinert, zur Berichterstattung nach Wien einzuberufen; der israelische Außenminister Shimon Peres bezeichnet in einer Reaktion diese Maßnahme als für die israelische Regierung »völlig unannehmbar« *(→ 17. Oktober).* (Am 9. Dezember kehrt Botschafter Pleinert nach Israel zurück.)

29. Oktober Eröffnung des umgebauten und renovierten Praterstadions in Wien; die traditionsreiche Sportstätte bietet nun 62 910 überdachte Plätze.

1. November Nach dem grafischen Gewerbe *(→ 1985, 1. April)* wird für eine der größten Berufsgruppen, die Metallarbeiter, eine Wochenarbeitszeit von 38,5 Stunden eingeführt.

4.–6. November Die größte internationale Konferenz auf österreichischem Boden seit dem Wiener Kongreß 1814/15: Insgesamt 35 Außenminister aus Europa, den USA und Kanada treffen beim 3. KSZE-Nachfolgetreffen zur Überprüfung und Weiterentwicklung jenes Entspannungsprozesses zusammen, der 1975 in Helsinki begonnen hatte – die Konferenz bleibt vorerst ohne Erfolg.

11. November Hauptmann Johann Wolf, Pilot des österreichischen Bundesheers, kommt bei einem »Draken«-Absturz in Schweden ums Leben; Bundeskanzler Franz Vranitzky läßt daraufhin die Testflüge stoppen und behält sich »sämtliche Möglichkeiten vor, die dieses Projekt betreffen« *(→ 2. Juli 1987).*

12. November Prälat Alfred Kostelecky, Sekretär der österreichischen Bischofskonferenz, wird zum österreichischen Militärbischof und zum Titularbischof von Aggar (Tunesien) ernannt.

13. November Für 4 000 der 5 784 VOEST-Mitarbeiter in Donawitz, Leoben und Judenburg wird ab 1. Dezember für drei Monate Kurzarbeit angemeldet.

17. November Ingrid Leodolter stirbt in Wien; geb. am 14. August 1918 in Wien; Ärztin und SPÖ-Politikerin, führte von 1971–1979 das neugegründete Bundesministerium für Gesundheit und Umweltschutz.

— Der Ex-Geschäftsführer der VOEST-Tochterfirma

Intertrading *(→ 28. November 1985)*, Gernot Preschern, wird nach seiner Verhaftung in St. Gallen an Österreich ausgeliefert; es werden ihm strafbare Handlungen mit einer Schadenssumme von rund drei Milliarden Schilling vorgeworfen.

23. November Nationalratswahlen: Die FPÖ verdoppelt nahezu ihre Stimmenanzahl, den Grünen gelingt es erstmals, ins Parlament einzuziehen *(→ Anhang)*.

24. November Bundeskanzler Franz Vranitzky kündigt längerdauernde Koalitionsverhandlungen mit der ÖVP an; der nach dem intensiven Wahlkampf gesundheitlich angeschlagene ÖVP-Bundesparteiobmann Alois Mock weigert sich zunächst, als Vizekanzler in eine Koalition mit der SPÖ einzutreten; ÖVP-Wirtschaftssprecher Robert Graf legt sein Amt mit sofortiger Wirkung zurück; Jörg Haider wird vom Parteivorstand zum neuen FPÖ-Klubobmann im Parlament gewählt; die Zeitschrift »profil« meldet, daß der Bericht der fünfköpfigen Beobachterdelegation der Liberalen Internationale für die FPÖ negativ ausfallen werde; eine Bestellung des bisherigen Vizekanzlers Norbert Steger zum Direktor des Österreichischen Verkehrsbüros scheitert am Einspruch von SPÖ und ÖVP.

9. Dezember Der österreichische Botschafter in Israel, Otto Pleinert, der sich zur »Berichterstattung« in Wien aufgehalten hat, kehrt wieder nach Israel zurück.

17. Dezember In der konstituierenden Sitzung des neu gewählten Nationalrats wird Leopold Gratz (SPÖ) zum Nationalratspräsidenten gewählt (159 Stimmen), Marga Hubinek (ÖVP) wird Zweiter Präsident (141 Stimmen) und Gerulf Stix (FPÖ) Dritter Präsident (118 Stimmen); Anton Benya, seit 1956 Abgeordneter und seit 1971 Nationalratspräsident, wird feierlich verabschiedet.

22. Dezember Robert Jungbluth, seit siebzehn Jahren Chef der Bundestheaterverwaltung, wird – fünf Jahre vor Auslaufen seines Vertrags – ab 1988 (gemeinsam mit Otto Schenk) Direktor des Theaters in der Josefstadt.

Ende Dezember Der Preisindex stieg im Jahresdurchschnitt um 1,7%, die niedrigste Steigerung seit 1957.

— Die österreichischen Exporte erreichten 342,3 Milliarden Schilling, die Importe 408,5 Milliarden; der Importüberhang liegt mit 66,3 Milliarden um 13,9% höher als im Vorjahr. Der Export in die EG-Länder beträgt 205,8 Milliarden Schilling (= 60,1% des Gesamtexports), der Import aus diesen Ländern 272,9 Milliarden (= 66,9% des Gesamtimports).

— Die Zahl der Flüchtlinge in Österreich ist weiter im Ansteigen: 7 208 Asylwerber (+ 2 000); die Zahl jüdischer Emigranten aus der Sowjetunion sank von 1 132 auf 910.

— Aus dem »Grünen Bericht« für 1986: Das durchschnittliche Einkommen der Industriebeschäftigten beträgt (einschließlich des 13. und 14. Monatsgehalts) 20 713 Schilling pro Monat, während das landwirtschaftliche Einkommen je Familienarbeitskraft nur 9 332 Schilling pro Monat beträgt. In der langfristigen Entwicklung 1970–86 stieg das Einkommen der Industriearbeitsbeschäftigten um 292%, das Einkommen in der Landwirtschaft um 245%.

— In Österreich beziehen 278 449 Pensionisten eine Ausgleichszulage (= Differenz auf die Mindestpension von derzeit 4 867 Schilling für Alleinstehende und 6 973 Schilling für Ehepaare).

— In Österreich produzieren neun Skifabriken jährlich 3,7 Millionen Paar Skier.

— Für den Wintersport stehen in Österreich 22 000 km für die Alpinabfahrt, 12 000 km Langlaufloipen, 150 Seilbahnen, 500 Sessellifte, 3 400 Schlepplifte und 450 Naturrodelbahnen zur Verfügung; rund 8 300 Skilehrer unterrichten in 400 Skischulen.

►**1987, 1. Januar** Für Neuzulassungen von Fahrzeugen mit mehr als 1,5 Liter Hubraum wird der Katalysator Pflicht (für kleinere Hubräume erst ab 1. Oktober).

— Herbert von Karajan leitet erstmals das Neujahrskonzert der Wiener Philharmoniker.

— Österreich wird Vollmitglied der Europäischen Weltraumagentur ESA.

6. Januar Ernst Vettori gewinnt mit 710,3 Punkten die internationale Vierschanzen-Tournee.

8. Januar Im Theater an der Wien findet die 1 000. Vorstellung des erfolgreichen Musicals »Cats« statt; zu den Vorstellungen kamen bisher 1 077 671 Besucher.

12. Januar Der österreichische Schilling folgt mit einer 3%igen Aufwertung der Deutschen Mark, nachdem diese am Vortag im Rahmen des EWS (Europäisches Währungssystem) eine Aufwertung in diesem Ausmaß vollzogen hatte.

15. Januar Bundeskanzler Franz Vranitzky und ÖVP-Parteiobmann Alois Mock einigen sich auf eine gemeinsame Regierung (»Koalitionsabkommen«). Die künftige Regierung wird durch Ressortveränderungen nur mehr 17 statt wie bisher 22 Mitglieder umfassen, je acht von beiden Parteien und einen parteilosen Justizminister.

— Rudolf Carl stirbt in Graz; geb. am 19. Juni 1899 in Lundenburg (Mähren); Volksschauspieler und Komiker, begann in Brünn, wurde erstmals 1935 an das Theater an der Wien engagiert und spielte in 256 Filmen.

19. Januar Bruno Kreisky macht seinen Nachfolgern Fred Sinowatz und Franz Vranitzky den Vorwurf, »die Wünsche der Bürgerlichen zu erfüllen« und teilt mit, daß er sich von der Bewegung zwar nicht im Zorn zurückziehe, aber »mit diesen Leuten nichts mehr zu tun haben« will; er legt auch den SPÖ-Ehrenvorsitz zurück.

21. Januar Vereidigung der neuen Koalitionsregierung; Bundeskanzler: Franz Vranitzky (SPÖ); Vizekanzler/Außenminister: Alois Mock (ÖVP); Finanzen: Ferdinand Lacina (SPÖ); Verkehr und verstaatlichte Betriebe: Rudolf Streicher (SPÖ); Wirtschaft: Robert Graf (ÖVP); Soziales: Alfred Dallinger (SPÖ); Inneres: Karl Blecha (SPÖ); Justiz: Egmont Foregger (parteiunabhängig); Land- und Forstwirtschaft: Josef Riegler (ÖVP); Unterricht, Kunst und Sport: Hilde Hawlicek (SPÖ); Verteidigung: Robert Lichal (ÖVP); Wissenschaft und Forschung: Hans Tuppy (ÖVP); Familie und Umweltschutz: Marilies Flemming (ÖVP); Kanzleramtsminister und für Gesundheit: Franz Löschnak (SPÖ); Föderalismus und Verwaltungsreform: Heinrich Neisser (ÖVP); Staatssekretärin für Frauenfragen: Johanna Dohnal (SPÖ); Staatssekretär im Finanzministerium: Johannes Dietz (ÖVP).

— Die Direktoren der österreichischen Bundesmuseen und Sammlungen weisen auf den schlechten Zustand und die katastrophale finanzielle Situation der Museen hin. Der neue Wissenschaftsminister Hans

Tuppy verspricht am nächsten Tag einen Stufenplan zur Sanierung und will den Museen mehr Eigenständigkeit geben.

22. Januar Der sowjetische Botschafte in Österreich, Schikin, warnt Österreich vor einem Beitritt zur EG, da es sich dabei um eine politische Gemeinschaft handle und daher in einigen Fragen die Neutralität gefährdet sei.

24. Januar Markus Prock wird in Igls bei Innsbruck Weltmeister im Rennrodeln.

25. Januar–8. Februar Alpine Ski-WM in Crans Montana (Schweiz): Drei Silbermedaillen (Günther Mader/Slalom, Sylvia Eder/Kombinatin, Roswitha Steiner/Slalom) und eine Bronzemedaille (Günther Mader/Kombination), in der Nationenwertung steht Österreich an vierter Stelle. (In der »ewigen« WM-Medaillenbilanz hält Österreich den ersten Platz mit bisher 52 Gold- und je 54 Silber- bzw. Bronzemedaillen.)

28. Januar Grete Rehor stirbt in Wien; geb. am 30. Juni 1910 in Wien; ÖVP-Politikerin, 1949–1970 Abgeordnete zum Nationalrat, 1966–1970 Bundesminister für soziale Verwaltung; Rehor war der erste weibliche Minister in der Zweiten Republik.

Ende Januar Nach sechsjähriger Restaurierungsarbeit wird das 1926 im Jugendstil erbaute Amalienbad in Wien wieder eröffnet.

1. Februar Christian Broda stirbt in Wien; geb. am 12. März 1916 in Wien; Jurist und SPÖ-Politiker, 1957–1959 Mitglied des Bundesrates, 1959–1983 Abgeordneter zum Nationalrat, 1960–1966 und 1970–1983 Justizminister.

10. Februar Die israelische Tageszeitung »Jerusalem Post« veröffentlicht einen mit 15. Dezember 1986 datierten Brief von Vizekanzler Alois Mock an die britische Premierministerin Margaret Thatcher, in dem u. a. die Formulierung »es erscheint ratsam, Präsident Kurt Waldheim dazu zu bringen, im Laufe des Jahres 1987 zurückzutreten und gesundheitliche Gründe dafür anzugeben« zu finden ist; der Brief wird als Fälschung erkannt – das israelische Außenministerium drückt sein Bedauern aus. (Die »Jerusalem Post« stellt erst am 3. April fest, daß sie einer Fälschung erlegen sei und entschuldigt sich.)

11.–22. Februar Im Eisschnellauf erringt Michael Hadschieff die Bronzemedaille (seit 49 Jahren die erste Medaille in dieser Disziplin für Österreich).

— 36. Nordische Ski-WM in Oberstdorf (Bayern): Eine Goldmedaille (Andreas Felder/90-m-Schanze), zwei Bronzemedaillen (Ernst Vettori/90-m-Schanze und Mannschaftsspringen/90-m-Schanze).

12. Februar Rudolf Henz stirbt in Wien; geb. am 10. Mai 1887 in Göpfritz an der Wild (Niederösterreich); Dichter und von 1945–1957 Hörfunk-Programmdirektor, sein erster Roman erschien 1932 (»Der Gaukler«).

18. Februar Die allgemeine Katalysatorenpflicht wird auf 1. Oktober vorverlegt.

— Verteidigungsminister Robert Lichal spricht sich für den Ankauf von Gefechtsfeld-Lenkwaffen für das österreichische Bundesheer aus.

19. Februar Ein Großbrand gegen 21.30 Uhr zerstört das Bürogebäude der Steyr-Daimler-Puch AG am Wiener Kärntner Ring, das Feuer war gleichzeitig an mehreren Stellen ausgebrochen und wenige Tage später wird auch bestätigt, daß es sich um Brandstiftung gehandelt habe.

20. Februar Der Verfassungsgerichtshof lehnt (aus formalen Gründen) eine Individualbeschwerde des Habsburgers Erzherzog Carl Ludwig gegen die Vermögensbestimmungen des sogenannten »Habsburgergesetzes« vom 3. April 1919 ab; der Wert des damals entzogenen Vermögens wird einschließlich der angefallenen Erträgnisse auf rund 200 Milliarden Schilling geschätzt.

23. Februar Außenminister Alois Mock bedauert den nach wie vor u. a. auch für österreichische Staatsbürger geltenden Visumzwang für Frankreich, lehnt jedoch entsprechende Gegenmaßnahmen ab.

— Die traditionsreiche Zweiradproduktion der Steyr-Daimler-Puch AG in Graz-Thondorf wird per Ende Juni an den italienischen Piaggio-Konzern verkauft, der die Produktion nach Italien verlegt, den Markennamen »Puch« jedoch weiter verwenden darf.

25. Februar Finanzminister Ferdinand Lacina stellt dem Nationalrat das Budget für 1987 vor: Ausgaben von rund 510 Milliarden stehen Einnahmen von 399 Milliarden gegenüber; das Bruttodefizit beträgt rund 111 Milliarden, das Nettodefizit rund 75 Milliarden (= 4,9% des BIP).

26. Februar Aus Anlaß des Opernballbesuchs des bayerischen Ministerpräsidenten Franz Josef Strauß kommt es zu den bisher schwersten Ausschreitungen in der Geschichte des Wiener Opernballs (mit 13, zum Teil schwer verletzten Polizisten); die Demonstrationen der Grün-Alternativen richten sich gegen den Bau der atomaren Wiederaufbereitungsanlage Wackersdorf (Bayern) und das Einreiseverbot für österreichische Demonstranten.

Anfang März Die älteste Kirchenglocke im deutschsprachigen Raum sorgt für heftigen Streit: Die etwa 1 000 Jahre alte, 45 kg leichte Glocke (Besonderheit: der Ton schwingt nur 19 statt 45 Sekunden nach) befindet sich seit dem Ende des Zweiten Weltkriegs in Tigring im Bezirk Moosburg (Kärnten) und wird nun von der Nachbargemeinde Flatschach nach der Renovierung ihrer Kirche zurückgefordert.

— Die syrisch-orthodoxe (»Alt-Syrianisch-Aramäische«) Kirche reicht um ihre amtliche Anerkennung ein; die Kirche umfaßt in Österreich rund 1 500 Gläubige.

3. März Die steirische Landesregierung faßt den Beschluß, die Stationierung der Draken-Abfangjäger in der Steiermark abzulehnen.

4. März Innenminister Karl Blecha stellt in der Rückschau auf die Opernball-Demonstrationen *(→ 26. Februar)* fest, daß sowohl seitens der Veranstalter als auch seitens der Polizei Fehler gemacht wurden.

5. März Der Tiroler Landtag wählt mit 24 von 36 Stimmen Alois Partl als Nachfolger für den am 3. März aus gesundheitlichen Gründen zurückgetretenen Eduard Wallnöfer, der dieses Amt seit 1963 innehatte.

9. März Der im Mühlviertel geborene und in Regensburg (BRD) lehrende Kurt Krenn wird zum Weihbischof von Wien ernannt; seine Aufgaben liegen in den Bereichen Wissenschaft, Kunst und Kultur *(→ 26. März)*.

Mitte März Die ÖIAG fordert eine Erhöhung der Zuschüsse für die verstaatlichten Betriebe von 32 auf 42 Milliarden Schilling; die ÖIAG-Betriebe erhielten in

den Jahren 1981–1986 bereits 38,4 Milliarden, im selben Zeitraum gingen mehr als 20 000 Arbeitsplätze verloren.
18. März Außenminister Alois Mock trifft in Brüssel mit Vertretern der EG-Kommission zusammen; im Mittelpunkt dieser ersten Gespräche stehen die Annäherung Österreichs an die EG, die Teilnahme am Binnenmarkt und der Transitverkehr. Es wird zugesagt, in Wien eine EG-Botschaft einzurichten.
20. März Die FPÖ gibt die Einleitung des Volksbegehrens »Für Leistung und Gerechtigkeit – gegen Parteibuchwirtschaft und Privilegien« bekannt *(→ 29. Juni).*
26. März 17 der 20 Dechanten von Wien appellieren an den designierten Wiener Weihbischof Kurt Krenn, um der »Einheit der Erzdiözese Wien« willen, auf die Funktion eines Weihbischofs von Wien zu verzichten; Krenn teilt mit, er werde das nicht tun.
— Ex-Abt Paulus Rappold wird wegen Veruntreuung zu 18 Monaten Haft verurteilt *(→ 1. Februar 1986).*
— Thomas Klestil, derzeit Botschafter in den USA, wird neuer Generalsekretär des Außenministeriums.
27. März Nach zehn Jahren wird unter Berücksichtigung der Verschiebung von Konsumgewohnheiten und der Veränderung des allgemeinen Einkommensniveaus der »Warenkorb« zur Berechnung des Preissteigerungsindex neu zusammengestellt; die Anteile betragen nun für Ernährung und Getränke 23,3% (1976: 29,2%), Verkehr 15,6% (12,7%), Bildung und Freizeit 14,3% (9,2%), Wohnen 13,1% (9,1%), Bekleidung 10,7% (12,9%), Hausrat 7,6% (12,0%).
28. März Bundeskanzler Franz Vranitzky stellt in einem Interview mit der deutschen Zeitung »Die Welt« fest, die Vollmitgliedschaft Österreichs bei der EG in den neunziger Jahren sei »unter Wahrung der immerwährenden und der politischen Neutralität« ein realistisches Ziel.
29. März Maria Augusta Trapp stirbt in Vermont (USA); geb. am 26. Januar 1905 in Wien; die »Mutter des Familienchors« heiratete 1927 den verwitweten Baron Georg von Trapp, der sieben Kinder in die Ehe mitbrachte und gründete mit ihren dann später insgesamt zehn Kindern den weltberühmten Chor.
30. März Der Salzburger Erzbischof Karl Berg, Vorsitzender der österreichischen Bischofskonferenz, nimmt zum Konflikt um Bischofsernennungen Stellung und erklärt, der Papst hätte die österreichischen Bischöfe nie zu einer Korrektur ihrer pastoralen Linie aufgefordert.
31. März Nach 131 Jahren stellt die steirische ÖVP-Zeitung »Süd-Ost-Tagespost« ihr Erscheinen ein.
Ende März Österreich erlebte den kältesten März seit 1785.
1. April Das vom Nationalrat beschlossene Abgabenänderungsgesetz tritt in Kraft; damit wird der 32%ige Mehrwertsteuersatz für die meisten »Luxusgüter« (Ausnahme: Fahrzeuge, Boote und Flugzeuge) abgeschafft.
2. April Der in den USA vor einem Jahr verhaftete Béla Rabelbauer wird an Österreich ausgeliefert.
7. April Konstituierung der am 3. Februar durch den Ministerrat eingesetzten »Arbeitsgruppe für europäische Integration«; zwölf Untergruppen werden gebildet, um entsprechend der Koalitionsvereinbarung die Integrationsbestrebungen voranzutreiben.
9. April Aufgrund bereits länger andauernder Spannungen und verschiedensten Wortmeldungen stellt die österreichische Bischofskonferenz fest, daß die katholische Kirche »auf dem Weg des II. Vatikanischen Konzils« bleibe und weder in die Zeit davor zurückgehen, noch »mit Rom auf Distanz gehen« werde.
14. April Der apostolische Nuntius in Österreich, Michele Cecchini, ermahnt im Zuge der innerkirchlichen Konflikte die österreichischen Gläubigen an das oberste Hirtenamt des Papstes zu glauben. – Die Katholische Aktion meint dazu, daß »liebender Gehorsam« gegenüber dem Papst durchaus mit Kritik an nicht dem Lehramt zuzurechnenden Fragen vereinbar sei.
— Uraufführung des Schauspiels »Kein schöner Land« von Felix Mitterer im Innsbrucker Stadttheater.
22. April Eröffnung des »Austria Center Vienna«, des sogenannten Konferenzzentrums neben der UNO-City: Der nach den Plänen des Architekten Johann Staber seit 1982 errichtete Bau gilt als einer der technisch perfektesten seiner Art und bietet in acht Saalgruppen 5 900 Teilnehmern Platz; die Baukosten betrugen statt der vorgesehenen rund 5 Milliarden Schilling nur 3,4 Milliarden.
26. April Erzbischof Hans Hermann Groer weiht im Wiener Stephansdom Kurt Krenn zum Bischof. Schon seit Wochen beschäftigt die Ernennung des als extrem konservativ, bzw. als fundamentalistisch-autoritär eingestuften Krenn die Öffentlichkeit *(→ 9. und 14. April),* Geistliche ebenso wie Laien werfen dem Papst vor, nicht wie früher üblich, im Einvernehmen mit der Ortskirche gehandelt zu haben; am Vorabend und am Tag der Weihe kommt es zu friedlichen Demonstrationen, Krenn muß beim Betreten des Doms über einen »Menschenteppich« steigen und viele Gläubige verlassen, zum Teil mit verklebten Mund, nach seinem Eintritt den Dom.
27.–30. April Bundespräsident Kurt Waldheim wird am 27. April vom US-Justizministerium auf die sogenannte »Watchlist« gesetzt. Dies bedeutet, daß ihm als »unerwünschte Person« die private Einreise in die USA verweigert wird. Die Bundesregierung bezeichnet diese Entscheidung als »nicht nachvollziehbar und damit unverständlich«. Österreichs Botschafter in den USA wird zu Konsultationen einberufen. Bundespräsident Kurt Waldheim drückt »tiefstes Bedauern« aus und will »Haltung bewahren und sich nicht aus der Ruhe bringen lassen«. In der Folge verhängt auch Israel – obwohl erst kürzlich erklärt worden war, daß die Anschuldigungen weder für eine Verfolgung noch eine Verurteilung ausreichen – ein Einreiseverbot; Kanada schließt sich der US-Entscheidung an und auch weitere Länder erklären, daß ein Staatsbesuch unerwünscht wäre. Gegen die »auf Verdacht« gegründete Entscheidung wenden sich Großbritannien und die UdSSR; auch Simon Wiesenthal nimmt gegen die US-Maßnahme Stellung.
27. April Attila Hörbiger stirbt in Wien; geb. am 21. April 1896 in Budapest; Charakterschauspieler, debütierte 1919 (ohne Schauspielausbildung) am Stadttheater Wr. Neustadt, spielte 1928–1950 im Theater an der Josefstadt, war 1949–1975 Mitglied des Wiener Burgtheaters und trat erst mit 88 Jahren von der Bühne ab; spielte in zahlreichen Filmen; war der Bruder des Schauspielers Paul Hörbiger und begründete mit der Schauspielerin Paula Wessely und den drei Töchtern (Elisabeth Orth, Christiane und Maresa Hörbiger) eine »Theaterdynastie«.
29. April Die Koalitionsparteien einigen sich auf ein

»letztes« Sanierungspaket für die verstaatlichte Industrie in der Höhe von 33,6 Milliarden; darüber hinaus wird sich der Staat bei einer größeren Zahl von Betrieben auf einen Anteil von 51%, in einigen Fällen sogar darüber hinaus, zurückziehen, um durch den Verkauf von Anteilen weitere Mittel aufzubringen. (Der dementsprechende Beschluß des Nationalrats fällt am 2. Juli.)

2. Mai Die Konferenz der EG-Innen- und Justizminister (»Trevi-Gruppe«) beschließt, mit Österreich in Hinkunft vor jeder Ministerkonferenz Informationsgespräche über Sicherheitsfragen durchzuführen.

5. Mai Ex-Postgeneraldirektor und Ex-Bautenminister Heinrich Übeleis wird Generaldirektor der ÖBB.

7. Mai Im Auftrag von Bundespräsident Kurt Waldheim stellt die Staatsanwaltschaft Wien den Antrag auf Einleitung der Voruntersuchung gegen Edgar Bronfman wegen des Vergehens der üblen Nachrede; Bronfman ist Präsident des Jüdischen Weltkongresses und hatte zwei Tage vorher bei einer Sitzung des Exekutivrats in Budapest erklärt, Waldheim sei »wesentlicher Bestandteil der Nazi-Tötungsmaschinerie« gewesen. Paul Grosz, Präsident der Jüdischen Kultusgemeinde in Österreich, hatte vor dieser Tagung erklärt, ihm seien keine Dokumente bekannt, die beweisen, daß Waldheim ein Kriegsverbrecher gewesen sei.

14./15. Mai Der Grün-Abgeordnete Andreas Wabl sorgt für einen bislang einmaligen Skandal im Parlament: Während seiner Wortmeldung zum Außenpolitischen Bericht entrollt er eine meterlange Hakenkreuzfahne; Nationalratspräsident Leopold Gratz erteilt einen Ordnungsruf: »Es gibt leider keine andere Disziplinierungsmaßnahme – erstmals seit 1945 ist in diesem Haus diese Fahne gezeigt worden, das hätte andere Konsequenzen verdient«.

15. Mai Eine hochrangige US-Delegation legt in Wien vor Beamten des österreichischen Justizministeriums die Gründe für die »Watchlist«-Entscheidung dar und meint, die Tatsache, daß die Heeresgruppe E (der Kurt Waldheim angehörte) auf dem Balkan Kriegsverbrechen begangen habe, reiche aus.

17. Mai Der frühere FPÖ-Bundesparteiobmann Norbert Steger wird auch als Wiener Landesparteiobmann abgewählt; Nachfolger wird Erwin Hirnschall.

18. Mai Eine Delegation aus Wien, bestehend aus dem Nationalratsabgeordneten Felix Ermacora, dem Leiter des Staatsarchivs Kurt Peball und dem Militärhistoriker Manfried Rauchensteiner, kehrt nach zweiwöchiger Recherche im jugoslawischen Kriegsarchiv aus Belgrad zurück und stellt fest, daß keinerlei persönliche Verstrickung Kurt Waldheims in Kriegsverbrechen oder Judendeportationen nachgewiesen werden konnte.

19. Mai Bundespräsident Kurt Waldheim erklärt in einer Fernsehansprache, er habe Fehler bei der bisherigen Behandlung der Vorwürfe gegen ihn gemacht und gibt seine Zustimmung zu einer Prüfung der Fakten durch eine internationale Historikerkommission.

21. Mai Bundeskanzler Franz Vranitzky trifft im Rahmen seines USA-Besuches auch den amerikanischen Präsidenten Ronald Reagan; es gelingt ihm nicht, die Rücknahme der »Watchlist«-Entscheidung zu erreichen.

– Die beiden Araber, die am 27. Dezember 1985 an dem Attentat auf dem Flughafen Wien-Schwechat beteiligt waren, werden zu lebenslanger Haft verurteilt.

30. Mai Die in Wien um die Jahrhundertwende von Otto Wagner erbaute (und 1979 unter Denkmalschutz gestellte) »Vorortelinie« von Hütteldorf nach Heiligenstadt, wurde in den letzten acht Jahren mit einem Kostenaufwand von 2,2 Milliarden Schilling einschließlich der Jugendstil-Stationsgebäude renoviert; auf der knapp 13 km langen Strecke verkehrt nun die S 45.

1. Juni Der aus den USA mit amerikanischem Paß über die Bundesrepublik Deutschland nach Österreich eingereiste, ehemalige KZ-Wächter und des Mordes an einem französischen Juden beschuldigte, Martin Bartesch wird verhaftet; Bartesch wurde von den Amerikanern unter nicht geklärten Umständen die Ausreise nach Österreich nahegelegt und mit dem Tag der Einreise die amerikanische Staatsbürgerschaft aberkannt; er war jedoch nie österreichischer Staatsbürger, sondern nur seinerzeit aus einem österreichischen Flüchtlingslager in die USA ausgereist. Von österreichischer Seite werden jedoch Zusammenhänge mit der »Causa Waldheim« vermutet, ein kurz später erfolgter Versuch Österreichs, Bartesch wieder in die USA zu überstellen, schlägt fehl, da die US-Botschaft allen Fluglinien mit Sanktionen droht.

3. Juni Der frühere FPÖ-Bundesparteiobmann und Bürgermeister von Graz, Alexander Götz, wird wegen »parteischädigenden Verhaltens« aus der FPÖ ausgeschlossen; Götz hatte auf einer – ihm vom Verfassungsgerichtshof als Anspruch bestätigten – höheren Politikerpension bestanden. Der Vorfall führt wenige Tage später im Nationalrat zum Beschluß eines Verfassungsgesetzes, wonach beim Zusammentreffen mehrerer Politikerpensionen die Einführung einer Obergrenze zulässig ist.

11. Juni Außenminister Alois Mock nominiert den Ex-Außenminister Karl Gruber, den Ex-Verleger Fritz Molden und den Ex-Botschafter Hans Reichmann als Sonderbotschafter, die sich weltweit um die Verbesserung des durch die »Causa Waldheim« angeschlagenen Österreich-Image bemühen sollen.

— Uraufführung der »Szenischen Chronik für Musik in 21 Bildern« und »Fürst von Salzburg – Wolf Dietrich« von Gerhard Wimberger in der Salzburger Felsenreitschule.

20. Juni Der Tiroler Landeshauptmann Alois Partl wird mit 96,9% der Stimmen als Nachfolger des zurückgetretenen Eduard Wallnöfer zum ÖVP-Landesparteiobmann gewählt.

23. Juni Adrienne Gessner stirbt in Wien; geb. am 23. Juli 1896 in Maria Schutz am Semmering (Niederösterreich); Kammerschauspielerin, von 1919–1937 an Wiener Theatern, 1939–1946 mit ihrem Mann Ernst Lothar in den USA, ab 1947 wieder im Theater in der Josefstadt und ab 1955 auch Mitglied des Wiener Burgtheaters.

25. Juni Bundespräsident Kurt Waldheim wird von Papst Johannes Paul II. empfangen; dem Besuch waren negative internationale Kommentare vorangegangen. Der Vatikan erklärt, daß der Besuch sowohl »der diplomatischen Gepflogenheit des Gegenbesuchs« als auch »einer wiederholten Anfrage von österreichischer Seite« entspräche.

— Der Nationalrat verabschiedet zwei wesentliche Umweltgesetze: Das Chemikaliengesetz, wonach chemische Stoffe einem Anmeldeverfahren und einer

Grundprüfung zu unterziehen sind sowie gefährliche Stoffe entsprechend gekennzeichnet und verpackt sein müssen.

— Das neue Passagierschiff »MS Mozart« der DDSG wird getauft; das Motorschiff ist mit 120,6 m Länge und einer Breite von 22,8 m das größte, auf einem Fluß verkehrende Passagierschiff und bietet 239 Passagieren und 70 Besatzungsmitgliedern komfortabel Platz.

26. Juni Der durch den Plabutsch bei Graz führende, knapp 10 km lange und damit zweitgrößte Straßentunnel Österreichs, wird dem Verkehr übergeben.

27. Juni Zum Abschluß des Wiener SPÖ-Landesparteitages wird in einer Kampfabstimmung eine Resolution mit der Forderung nach dem Rücktritt von Bundespräsident Kurt Waldheim angenommen.

30. Juni Das »Antiprivilegien«-Volksbegehren der FPÖ erreicht 251 461 Unterschriften. Die gleichzeitig von der Jungen ÖVP durchgeführte Unterschriftenaktion »Mehr Leistung und Gerechtigkeit – gegen Privilegien« erreicht 152 146 Unterschriften.

1. Juli Die schwedische Kommission, die den tödlichen Draken-Absturz vom 11. November 1986 untersucht hat, stellt fest, daß es sich weder um technische Gebrechen oder Vogelschlag, sondern mit größter Wahrscheinlichkeit um menschliches Versagen gehandelt habe.

1.–4. Juli Staatsbesuch von Bundespräsident Kurt Waldheim in Jordanien; Gesprächsthemen sind Nahostfragen und Möglichkeiten kultureller und wirtschaftlicher Beziehungen.

8.–10. Juli Staatsbesuch des sowjetischen Ministerpräsidenten Nikolai Ryschkow in Österreich: Ryschkow nimmt mit Genugtuung die Aussage von Bundeskanzler Franz Vranitzky zur Kenntnis, daß Österreich im Zuge seiner Bemühungen um Annäherung an die EG an den Bestimmungen des Staatsvertrages und dem Neutralitätsgesetz festhalte; darüber hinaus werden fünf neue Abkommen unterzeichnet.

9. Juli Der bisherige Vorarlberger Landtagspräsident Martin Purtscher wird mit 23 von 35 abgegebenen Stimmen zum neuen Landeshauptmann von Vorarlberg gewählt; er folgt damit Herbert Keßler, der 23 Jahre an der Spitze der Landesregierung stand.

16. Juli Vor dem Bundeskanzleramt kommt es bei einer Demonstration von 1 000 Belegschaftsvertretern der Austria Metallwerke AG (gegen den Beschluß, in Ranshofen keine neue Elektrolyse zu bauen) zu tumultartigen Szenen; Bundesminister Rudolf Streicher wird daran gehindert, das Wort zu ergreifen, wird angepöbelt und muß sich unter Polizeischutz zurückziehen.

28. Juli Die Bundesregierung beschließt ein Sofortprogramm zur Sanierung der Bundesmuseen in der Höhe von 1,6 Milliarden Schilling.

31. Juli Die »szenische Aufbereitung« des Oratoriums »Das Buch mit sieben Siegeln« von Franz Schmidt durch den Regisseur George Tábori, geplant in der Salzburger Kollegienkirche, wird »wegen Anstößigkeit« abgesetzt; das Angebot, die »szenische Ergänzung« außerhalb der Kirche darzustellen, wird vom Regisseur abgelehnt. Im Zusammenhang damit steht die anschließende öffentliche Debatte über »Freiheit der Kunst«, über »Geschmacklosigkeit« und über die Würde eines Kirchenraums.

16. August Das von Bundespräsident Kurt Waldheim angekündigte »Weißbuch« über seine Kriegsvergangenheit wird vorgelegt; das Dokument widerlegt die gegen Waldheim erhobenen Vorwürfe.

25.–30. August Bei der 17. Generalversammlung der EFU (Europäische Frauenunion) wird Bundesminister Marilies Flemming zur neuen Präsidentin gewählt.

26. August In seinem Wochenendhaus in Weistrach bei Amstetten (Niederösterreich) wird der frühere Generaldirektor der VOEST, Heribert Apfalter, tot aufgefunden; der Gerichtsmediziner stellt Tod durch Herzinfarkt fest – trotzdem werden Spekulationen über den Tod im Zusammenhang mit Waffengeschäften des Unternehmens angestellt.

28. August Bundespräsident Kurt Waldheim besucht die Gedenkstätte im ehemaligen KZ Mauthausen (Oberösterreich).

1. September In der »Causa Waldheim« tritt in Wien erstmals die von der Bundesregierung bestellte, international besetzte Historikerkommission zusammen: Den Vorsitz führt der Schweizer Militärhistoriker Hans-Rudolf Kurz, weitere Mitglieder der Kommission sind Manfred Messerschmid (BRD), Gerald Fleming (GB), Jehuda Wallach (IS) und Jean Vanwelkachuyzen (B).

— Kammersänger Eberhard Wächter übernimmt die Direktion der Wiener Volksoper.

6. September Das Innenministerium stellt an die Staatsanwaltschaft den Antrag, die Genehmigungen für den Kanonenexport der VOEST-Tochterfirma Noricum nach Brasilien zu untersuchen, da der Verdacht bestehe, daß diese Kanonen illegal in den kriegsführenden Iran exportiert wurden.

9. September Die Regierungsparteien SPÖ und ÖVP einigen sich auf ein umfangreiches »Sparpaket« für das Budget 1988: Verschiebung der Pensionsanpassung, Aussetzung der Gehaltserhöhungen und Reduktion von Überstunden im öffentlichen Dienst, Nichtnachbesetzung von 50% der freiwerdenden Dienstposten, Abschaffung der 1971 eingeführten Heiratsbeihilfe, Neuordnung der Spitalsfinanzierung, Aufhebung bestimmter Werbekostenpauschalen sowie Wegfall diverser Steuerbegünstigungen, Einführung der Vermögenssteuerpflicht für die E-Wirtschaft, Reduktion verschiedener Förderungen, Einsparungen bei Post und ÖBB, Anteilsverkäufe bei Staatsbetrieben; insgesamt sollen die Maßnahmen das Nettodefizit mit 70 Milliarden Schilling begrenzen.

14. September Österreich übernimmt für die Jahre 1988/89 beim europäischen Hochtechnologie-Kooperationsprojekt »Eureka« den Vorsitz; Österreich beteiligt sich an 17 Forschungsprojekten aus den Bereichen Umwelt, Supraleiter, Laser und Kommunikationstechnik.

15. September Eröffnung der für drei Monate vorgesehenen Ausstellung »Europalia '87« in Brüssel; es handelt sich um die größte je von Österreich veranstaltete Selbstdarstellung im Ausland: 37 verschiedene Ausstellungen und mehr als 150 Konzerte, Literatur-, Film- und Theaterveranstaltungen sowie Symposien.

18. September Schweres Zugunglück auf der Westbahn bei Lambach (Oberösterreich): Durch falsche Freigabe eines Eilzuges in Richtung Salzburg, stößt dieser mit dem Schnellzug »Tirolerland« zusammen; drei Tote, rund 100 Verletzte und 110 Millionen Schilling Sachschaden sind die Bilanz menschlichen Versagens.

— Für das neue »Haas-Haus« am Wiener Stephansplatz wird der Grundstein gelegt; am 19. Februar hatte der Wiener Architekt Hans Hollein sein Projekt vorgestellt.

20. September Karl Altmann gewinnt die Pflüger-WM in Niederweiden (Niederösterreich).

20.–24. September Staatsbesuch von Bundeskanzler Franz Vranitzky in Polen; es ist der erste Besuch eines westeuropäischen Regierungschefs in diesem nach der Verhängung des Kriegsrechts außenpolitisch isolierten Land; eines der Gesprächsergebnisse ist die Abschaffung der gegenseitigen Visapflicht ab 1. Januar 1988.

23. September Die Regierungsparteien einigen sich auf eine Pensionsreform: Der Bemessungszeitraum wird von 10 auf 15 Jahre erhöht, die automatische Anrechnung von Ersatzzeiten für Schule und Universität entfällt, es können aber Zeiten nachgekauft werden, Einführung von Ruhensbestimmungen für Doppelpensionen.

26. September Herbert Tichy stirbt in Wien; geb. am 1. Juni 1912 in Wien; Geologe, Forschungsreisender und Bergsteiger, unternahm 1933 seine erste Reise nach Indien und zum Himalaja, weitere Forschungsreisen führten ihn jahrelang nach Thailand, China, Nepal und auch nach Afrika, 1954 erstieg er als erster den 8 189 m hohen Cho-Oyu (Himalaja), schrieb über seine Reisen eine Vielzahl von Sach- und auch Jugendbüchern.

30. September Im Nationalrat stellen die steirischen ÖVP-Abgeordneten, unterstützt von den Grünen, wegen des Draken-Ankaufs einen Mißtrauensantrag gegen Verteidigungsminister Robert Lichal; damit stellen erstmals in der Zweiten Republik Abgeordnete einen Mißtrauensantrag gegen einen Minister der eigenen Partei.

4. Oktober Landtagswahl im Burgenland: Die SPÖ verliert die absolute Mehrheit und Landeshauptmann Theodor Kery tritt (nach 21 Jahren in der Landesregierung) spontan zurück, die FPÖ zieht erstmals in den Landtag ein *(→ 30. Oktober, Anhang).*

5.–9. Oktober Auf dem 11. Bundeskongreß des Österreichischen Gewerkschaftsbundes wird am 9. Oktober einstimmig der Leitende Sekretär Fritz Verzetnitsch zum neuen Präsidenten und damit zum Nachfolger des zurückgetretenen Anton Benya gewählt; Benya war seit 1948 in der Gewerkschaft tätig und seit 1963 Präsident.

6. Oktober Auf den Kärntner Landeshauptmann Leopold Wagner wird in Klagenfurt ein Attentat verübt: Bei einem Maturatreffen zieht der ehemalige Mitschüler Wagners, der Lehrer und Galeriebesitzer Franz Rieser, nach einem Wortwechsel auf der Toilette eines Restaurants einen Revolver und schießt auf den Landeshauptmann, der lebensgefährlich verletzt ins Krankenhaus gebracht werden muß. Wie sich später herausstellt, fühlte sich Rieser in seiner beruflichen Laufbahn benachteiligt, und hatte sich mehrfach darüber beklagt, daß ihm sein Schulfreund Wagner nicht zum Posten eines Schuldirektors verholfen habe *(→ 24. August 1988).*

12. Oktober Das Urteil im Prozeß des SPÖ-Vorsitzenden Fred Sinowatz gegen den Journalisten Alfred Worm lautet auf Freispruch. Worm hatte im »profil« berichtet, Sinowatz habe bereits im Sommer 1985 vor dem burgenländischen SPÖ-Landesparteivorstand davon gesprochen, daß man die österreichische Bevölkerung »zur rechten Zeit vor der Präsidentenwahl« über die »braune Vergangenheit« des Kandidaten Kurt Waldheim informieren werde. Sinowatz hatte daraufhin geklagt. Das Urteil wird aufgrund einer vom Gericht als glaubhaft anerkannten Mitschrift der Landtagsabgeordneten Ottilie Matysek vom 28. Oktober 1985 gefällt, obwohl rund 40 burgenländische SPÖ-Funktionäre als Zeugen ausgesagt hatten, Sinowatz habe dies Äußerung nicht gemacht; den meisten von ihnen wird vom Gericht Absprache und Falschaussage aus Parteitreue vorgeworfen.

13. Oktober Die »Lauda-Air« des Formel-1-Rennfahrers Niki Lauda erhält – als zweites Unternehmen neben der staatlichen AUA – nun auch eine Konzession für den Linienflug (1979 hatte er nur die Konzession für eine Bedarfsfluglinie erhalten).

14. Oktober Emmy Loose stirbt in Wien; geb. am 22. Januar 1914 in Karbitz (Böhmen) – Sopranistin, debütierte 1939 in Hannover, und war bereits seit 1941 an der Wiener Staatsoper tätig, später immer wieder als Gast an den bedeutenden Opernhäusern Europas und Südamerikas.

21. Oktober Finanzminister Ferdinand Lacina legt das Budget 1988 vor: Einnahmen von 447,4 Milliarden Schilling stehen Ausgaben von 517,2 Milliarden gegenüber, das Nettodefizit beträgt 68,8 Milliarden (= 4,5% des BIP).

— Generalstreik der österreichischen Studenten wegen der geplanten Herabsetzung der Altersgrenze für die Familienbeihilfe für Studenten von 27 auf 25 Jahre sowie die geplante Streichung der Anrechnung von Ausbildungszeiten bei der neuen Pensionsreform.

28. Oktober Fred Sinowatz wird auf dem SPÖ-Bundesparteitag (als einziger Kandidat) mit 454 gegen 64 Stimmen wieder zum Bundesparteivorsitzenden gewählt.

30. Oktober Hans Sipötz (SPÖ) wird mit 17 SPÖ-Stimmen und einer FP-Stimme zum burgenländischen Landeshauptmann gewählt; das Ergebnis der Wahl überrascht die ÖVP, die mit der FPÖ einen Pakt zur Wahl von Franz Sauerzopf (ÖVP) geschlossen hatte; es wird vermutet, daß der Abgeordnete Gregor Munzenrieder für Sipötz gestimmt habe, da er als einziger seinen Stimmzettel nicht wie vereinbart, gekennzeichnet hatte. (Munzenrieder wird aus der Partei ausgeschlossen, bestreitet aber vehement, seine Stimme Sipötz gegeben zu haben.)

6. November Die »Westdeutsche Allgemeine Zeitung« (WAZ) übernimmt 45% der Anteile der »Kronen Zeitung«; gleichzeitig scheidet der bisherige Hälfteeigentümer Kurt Falk aus und Hans Dichand übernimmt allein die Führung. Die WAZ ist mit die größte Regional-Zeitungsgruppe in der Bundesrepublik Deutschland.

8. November Landtags(= Gemeinderats)wahl in Wien: Das schlechte Abschneiden der ÖVP führt dazu, daß für sie der Posten des Vizebürgermeisters verlorengeht *(→ Anhang).* Die FPÖ stellt erstmals in Wien einen Stadtrat und ist auch erstmals im Bundesrat vertreten.

18. November ÖVP-Generalsekretär Michael Graff tritt zurück. Graff hatte in einem Interview mit einer französischen Zeitung erklärt, so lange nicht bewiesen ist, daß Kurt Waldheim »mit eigenen Händen sechs Juden erwürgt hat«, gebe es kein Problem mit dessen Kandidatur; Graff entschuldigte sich zwar für die Äußerung, erklärte aber, daß er als Generalsekretär sicherlich eine Belastung für die Partei darstelle. Am 19. November wird der Oberösterreicher Helmut Kukacka zum Nachfolger bestellt.

10. November Der Wiener ÖVP-Landesparteivorsitzende und bisherige Vizebürgermeister Erhard Busek

bietet aufgrund des Wahlergebnisses bei den Landtagswahlen seinen Rücktritt an; mit 34 gegen 26 Stimmen wird der angebotene Rücktritt nicht angenommen.
12. November In London wird die aus Bad Aussee (Steiermark) stammende Ulla Weigerstorfer zur Miß World 1987 gewählt.
23.–25. November Staatsbesuch von Bundespräsident Kurt Waldheim in Pakistan.
25. November Rudolf Scholten wird Nachfolger von Robert Jungbluth als Generalssekretär des Bundestheaterverbandes.
26. November Der Nationalrat beschließt ein umfangreiches Strafrechtsänderungsgesetz, von dem insgesamt 18 entsprechende Gesetze betroffen sind.
1. Dezember Der Ministerrat beschließt nach einem Vortrag von Außenminister Alois Mock, mit einem »ersten großen Schritt« die Teilnahme am europäischen Binnenmarkt anzustreben.
— Nationalratsabgeordneter und VGÖ-Obmann Josef Buchner wird aus dem Parlamentsklub der Grünen ausgeschlossen, verbleibt jedoch als »wilder« Abgeordneter.
— 1 600 Richter und 250 Staatsanwälte streiken wegen unzureichender Voraussetzungen in der Justiz und wegen des geplanten Wegfalls des Werbungskostenpauschales.
3. Dezember Christine Busta stirbt in Wien; geb. am 23. April 1915 in Wien; Lyrikerin und Bibliothekarin, 1950 erschien ihr erster Gedichtband »Jahr um Jahr«.
7. Dezember Der EG-Ministerrat erteilt der EG-Kommission das Mandat für Verhandlungen mit Österreich über den Transitverkehr.
14. Dezember Der Nationalrat beschließt ein Produkthaftungsgesetz; demnach hat jeder, der durch ein fehlerhaftes Produkt geschädigt wird, Ersatzanspruch gegen den Produzenten bzw. den österreichischen Importeur, ohne daß ein Verschulden nachgewiesen werden muß.
22. Dezember Der gebürtige Wiener Henry Grunwald, 1938 emigriert und seit 1970 Chefredakteur von »Time«, wird neuer amerikanischer Botschafter in Österreich.
23. Dezember Laut einem Erkenntnis des Verfassungsgerichtshofes dürfen sich Angehörige der kroatischen Minderheit vor Behörden in den gemischtsprachigen Gebieten des Burgenlandes ihrer Muttersprache bedienen. (Laut Volkszählung 1981 verwenden rund 19 000 Burgenländer Kroatisch als Umgangssprache.)
Ende Dezember Der Preisindex stieg im Jahresdurchschnitt um 1,4%.
— Die Steuerbelastung betrug in Österreich 42,3% des Brutto-Inlandprodukts (BIP).
— Die Zahl der unselbständig Erwerbstätigen beträgt 2 744 816 (1 137 859 Frauen und 1 606 957 Männer).
►**1988, 8. Januar** Alt-Bundeskanzler Bruno Kreisky übt scharfe Kritik an der SPÖ-Politik und spricht von einer »totalen Kapitulation« der SPÖ innerhalb der Bundesregierung.
20. Januar Hannes Androsch, Generaldirektor der Creditanstalt-Bankverein, wird wegen falscher Zeugenaussage vor dem AKH-Untersuchungsausschuß zu einer Geldstrafe von 1 080 000 Schilling verurteilt; er meldet Berufung und Nichtigkeitsbeschwerde an. (Der Betrag wird im Berufungsverfahren auf 900 000 reduziert.)
26. Januar Stephan Koren stirbt in Wien; geb. am 14. November 1919 in Wr. Neustadt; Univ.-Prof., ÖVP-Politiker, 1967/68 Staatssekretär im Bundeskanzleramt, 1968–1970 Finanzminister (»Koren-Plan«), 1970–1978 Abgeordneter zum Nationalrat, seit 1978 Präsident der Nationalbank.
27. Januar Der Ex-Geschäftsführer der VOEST-Tochterfirma Noricum, Peter Unterweger, gesteht schriftlich, daß Waffengeschäfte um rund 4 Milliarden Schilling mit dem (kriegsführenden) Iran abgewickelt wurden.
— Der Wiener Stadtrat Helmut Braun tritt zurück und legt auch alle Funktionen in der SPÖ und im ÖGB zurück; es wird ihm die Abzweigung von für das Berufsförderungsinstitut (BFI) vorgesehenen Spendengeldern vorgeworfen *(→ 9. Februar)*.
28. Januar Erstmals landen zwei für das Bundesheer bestimmte Draken-Abfangjäger auf dem Flughafen Wien-Schwechat.
29. Januar Hannes Androsch tritt als Generaldirektor der Creditanstalt-Bankverein zurück; seine Abfertigungs- und Pensionsanspüche bleiben jedoch gewahrt *(→ 20. Januar)*. Als Nachfolger wird am 7. März Guido Schmidt-Chiari bestellt.
30. Januar Großer Österreichischer Erfolg beim Weltcup-Riesenslalom in Schladming: 1. Rudolf Nierlich, 2. Hubert Strolz, 3. Helmut Mayer, 4. Günther Mader.
1. Februar In der deutschen Wochenzeitung »Der Spiegel« wird der Text eines Telegramms abgedruckt, dessen Inhalt Bundespräsident Kurt Waldheim mit der Deportation von 400 Zivilisten im Juli 1942 aus Bosnien in Zusammenhang bringt; die jugoslawische Regierung bezeichnet das Dokument kurz danach als Fälschung.
2. Februar Der Ministerrat beschließt anläßlich der 50. Wiederkehr der Okkupation einmalige Ehrengaben für Widerstandskämpfer und die Opfer der politischen Verfolgung.
5. Februar Nordische Junioren-WM in Saalfelden (Salzburg): Gold für Österreich im Mannschaftswettbewerb.
8. Februar Die von der Bundesregierung bestellte »Historikerkommission«*(→ 1. September 1987)* liefert einen 209 Seiten umfassenden Bericht ab: Kurt Waldheim ist weder persönlich schuldhaftes Verhalten vorzuwerfen, noch hat Waldheim aktiv an kriegsverbrecherischen Handlungen teilgenommen; allerdings wird auch festgestellt, daß Waldheim trotz Versetzungen und Beurlaubungen von manchen Vorgängen am Balkan gewußt haben muß, und »bereits aus dem bloßen Wissen um Verletzungen der Menschenrechte am Ort des eigenen Einsatzes eine gewisse Schuld erwachsen kann, wenn der Betreffende seine menschliche Pflicht verletzt, gegen das Unrecht einzuschreiten«.
9. Februar Ex-Stadtrat Helmut Braun wird wegen Verabredungsgefahr in Untersuchungshaft genommen; auch der frühere BFI-Direktor Ernst Schmidl wird verhaftet *(→ 27. Januar)*.
11. Februar 2 000 Polizisten schützen die Oper vor einer (verbotenen) Anti-Opernball-Demonstration.
— Der jugoslawische Historiker Dusan Plenca gibt zu, daß er das Original des Bundespräsident Kurt Waldheim belastenden Telegramms nie gesehen hat *(→ 1. Februar)*.
— Die ÖVP konstituiert eine Europa-Kommission

mit dem Ziel der Darstellung aller Erfordernisse und Auswirkungen eines Beitritts Österreichs zur EG.

13.–28. Februar 15. Olympische Winterspiele in Calgary (Kanada): 3 Goldmedaillen (Hubert Strolz/Kombination, Anita Wachter/Kombination, Sigrid Wolf/Super G); 5 Silbermedaillen (Hubert Strolz/Riesentorlauf, Michael Hadschieff/10 000 m Eisschnellauf, Bernhard Gstrein/Kombination, Klaus Sulzenbacher/nordische Kombination); 2 Bronzemedaillen (Michael Hadschieff/ 1 500 m Eisschnellauf, Hansjörg Aschenwald, Günther Csar und Klaus Sulzenbacher/Mannschaft nordische Kombination).

15. Februar Bundespräsident Kurt Waldheim erklärt in einer Fernsehansprache, er denke nicht daran, den Forderungen nach seinem Rücktritt Folge zu leisten, denn »vor Verleumdungen, gehässigen Demonstrationen und Pauschalverurteilungen darf ein Staatsoberhaupt nicht weichen« und es ist »ein Grundprinzip unserer Demokratie, daß man Wahlergebnisse nicht nachträglich korrigieren kann«.

18. Februar Die Regierung weist einen Aufruf des israelischen Parlaments zur Absetzung von Kurt Waldheim scharf zurück.

25. Februar Der Nationalrat verabschiedet ein Kunstförderungsgesetz, damit werden Aufgabe und Umfang der Kunstförderung erstmals definiert.

2. März Staatssekretär im Finanzministerium Johannes Ditz (ÖVP) tritt zurück, da er bei den Verhandlungen über die geplante Steuerreform aus sachlichen Überlegungen nicht die Linie seiner Partei mittragen wollte; als Nachfolger wird der Abgeordnete zum Nationalrat Günter Stummvoll am 7. März angelobt.

6. März Die Koalitionsregierung einigt sich nach langen Verhandlungen auf eine Steuerreform per 1. Januar 1989: Reduktion der Tarifstufen von elf auf fünf, Senkung der Lohn- und Einkommensteuer (der Höchstsatz sinkt von 62% auf 50%), der Körperschaftssteuer (von 55% auf 30%), Verdoppelung von Freibeträgen für Kleinunternehmer, Reduktion der Gewerbesteuer, Teilbesteuerung von Kapitalzinsen u. a.; das Volumen der gesamten Reform beträgt rund 45 Milliarden Schilling.

— Eindrucksvoller Erfolg beim Weltcup-Slalom der Damen in Aspen (Colorado/USA): 1. Roswitha Steiner, 2. Anita Wachter, 3. Monika Maierhofer, 4. Karin Buder.

8. März Edgar Bronfman, Präsident des Jüdischen Weltkongresses, versucht anläßlich eines Besuches in Brüssel, einen Beitritt Österreichs zur EG als unmoralisch darzustellen; Paul Grosz, Präsident der israelitischen Kultusgemeinde in Wien, kritisiert die »unqualifizierte Verunglimpfung Österreichs«.

10. März Justizminister Egmont Foregger stimmt der Anklageerhebung im Fall »Lucona« *(→ 15. Februar 1985)* zu; der Hauptverdächtige Udo Proksch befindet sich jedoch nach Gewährung eines Auslandsaufenthaltes auf den Philippinen und läßt mitteilen, er könne aus Krankheitsgründen nicht zurückkehren. (Am 18. März werden für Udo Proksch und Hans Peter Daimler Haftbefehle ausgestellt.)

11. März Österreichweit findet um 11.10 Uhr eine Gedenkminute anläßlich des vor 50 Jahren erfolgten Einmarsches der Hitler-Truppen in Österreich statt; Sondersitzungen der Bundesversammlung und des Ministerrats, Gedenkfeiern, Enthüllungen von Gedenktafeln sowie ein Staatsakt in der Hofburg, Vorträge und Symposien, Mahnwachen und Kundgebungen stellen diesen Tag im ganzen Land ins Zeichen des »Bedenkens«.

13. März In St. Anton am Arlberg fordert eine Lawinenkatastrophe zehn Todesopfer.

16. März Gründung einer »Stahlstiftung« bei der VOEST zur sozialen Sicherstellung der abzubauenden Mitarbeiter (Umschulungsmaßnahmen, Verlängerung des Zeitraums zum Bezug von Arbeitslosengeld usw.)

17. März Fred Sinowatz gibt seinen Rücktritt als SPÖ-Bundesparteivorsitzender bekannt und schlägt Bundeskanzler Franz Vranitzky als neuen Bundesparteivorsitzenden vor. (Vranitzky wird auf einem außerordentlichen SPÖ-Parteitag am 12. April mit 93,6% der Delegiertenstimmen gewählt.)

21. März Hans Fronius stirbt in Mödling (Niederösterreich); geb. am 12. September 1903 in Sarajevo (Bosnien); expressionistischer Grafiker und Illustrator, seit 1923 Mitglied der Grazer Secession.

24. März Die »Westdeutsche Allgemeine Zeitung« (WAZ) übernimmt nun neben ihren Anteilen an der »Kronen Zeitung« *(→ 6. November 1987)* auch 45% der Anteile an der »Kurier AG«; gleichzeitig damit wird für »Krone« und »Kurier« (und die zu beiden gehörenden Zeitungen und Zeitschriften) auch eine Kooperation bei Druck und Vertrieb vereinbart.

6. April Eine Saab Ö 105 des Bundesheeres stürzt in Oberösterreich bei einem Übungsflug ab; der Pilot kommt dabei ums Leben.

8. April Die EG eröffnet in Wien eine Botschaft; es handelt sich um die erste Botschaft in einem Nicht-EG-Staat.

12. April Vinzenz Kotzina stirbt in Gutau (Oberösterreich); geb. am 30. März 1908 in Neunkirchen (Niederösterreich); ÖVP-Politiker, 1962–1974 Abgeordneter zum Nationalrat, 1963–1966 Staatssekretär im Bundesministerium für Handel und Wiederaufbau, 1966 zunächst Bundesminister ohne Portefeuille und dann bis 1970 Bundesminister für Bauten und Technik.

21. April Ex-Abt Paulus Rappold wird zu 23 Monaten Haft verurteilt; die durch fingierte Schadensmeldungen für die Stiftsrenovierung erhaltenen 30 Millionen Schilling muß er an die Bundesländer-Versicherung zurückzahlen.

23. April Bei Renovierungsarbeiten in der Pfarrkirche St. Georgen ob Judenburg (Steiermark) werden in der Turmkammer Fresken aus der 2. Hälfte des 13. Jahrhunderts entdeckt.

25. April Einigung in der jahrelang diskutierten Frage der Ladenschlußzeiten: Ab 1. September dürfen Geschäfte wahlweise an einem Tag in der Woche bis 20 Uhr oder an einem Samstag pro Monat bis 17 Uhr offenhalten; die Regelung gilt vorerst nur bis Weihnachten 1989.

— »profil«-Journalist Alfred Worm gibt gegenüber dem Ex-Bundesparteivorsitzenden Fred Sinowatz eine Ehrenerklärung ab: »Ich schließe nach meinem Wissensstand aus, daß Dr. Sinowatz der Betreiber der Waldheim-Kampagne gewesen ist. Das bezieht sich ausschließlich auf ihn und nicht auf Personen seiner Umgebung«; Sinowatz zieht daraufhin seine Berufung zurück und es bleibt beim Freispruch Worms.

28. April Eröffnung des Neubaus des Österreichischen Staatsarchivs in Wien-Erdberg.

9. Mai Landwirtschaftsminister Josef Riegler stellt sein »Manifest für eine ökosoziale Agrarpolitik« vor: Der bäuerliche Familienbetrieb ist und bleibt das Leitbild österreichischer Agrarpolitik.

13. Mai Die italienische Regierung verabschiedet im Zuge des »Südtirol-Pakets« die Durchführungsbestimmungen zur Anwendung der deutschen Sprache vor den Behörden und Regelungen des Schulzugangs. Die von den Italienern gleichzeitig verlangte Streitbeilegungserklärung Österreichs bedarf laut Außenminister Alois Mock »noch eingehender Prüfung«.

17. Mai In Österreich erscheint eine deutschsprachige Ausgabe der »Prawda«.

19. Mai Österreich und Ungarn übergeben eine Vorbewerbung für die gemeinsame Veranstaltung der »Weltausstellung 1995« in Wien und Budapest.

29. Mai Der Wiener Erzbischof Hans Hermann Groer wird zum Kardinal ernannt.

2.–4. Juni Prozeß gegen Franz Rieser, den Attentäter auf Landeshauptmann Leopold Wagner: Die Geschworenen erkennen auf »beabsichtigte Körperverletzung« (Strafe zwei Jahre). Das Richterkollegium entscheidet auf »Rechtsirrtum«, worauf der Prozeß außerhalb Kärntens wiederholt werden muß *(→ 22.–24. August)*.

4.–6. Juni Staatsbesuch von Bundespräsident Kurt Waldheim in Saudi-Arabien.

6. Juni Die ersten fünf Abfangjäger des Bundesheeres vom Typ Saab-35-OF-Draken aus Schweden landen auf dem Flughafen Graz-Thalerhof; Landeshauptmann Josef Krainer kündigt an, er werde »jede Form des legalen, intensiven und demokratischen Widerstands und Protests, jedoch keine Gewalt« unterstützen.

7.–16. Juni Konflikt am Wiener Burgtheater: Claus Peymann hatte in der deutschen Wochenzeitung »Die Zeit« über die Arbeit am Theater ein (nicht nur) nach Auffassung der Ensemblemitglieder »denunzierendes« Interview gegeben; die Vollversammlung fordert mit 114 Ja-, drei Neinstimmen und 13 Enthaltungen Peymann auf, sich »detailliert« zu entschuldigen. In einem »Krisengipfel« bei Bundesministerin Hilde Hawlicek erklärt Peymann, »alle jene Äußerungen der letzten Zeit, die das Burgtheater und die Mitglieder des Hauses verletzt haben, sehr ernsthaft zurücknimmt und bedauert«.

13. Juni Eröffnung des Instituts für jüdische Geschichte in St. Pölten.

— Das Urteil gegen den ehemaligen Generaldirektor der Bundesländer-Versicherung Kurt Ruso wegen Veruntreuung mit fingierten Schadensmeldungen lautet auf sieben Jahre Gefängnis und Wiedergutmachung des Schadens in der Höhe von 131 Millionen Schilling.

23.–27. Juni Papst Johannes Paul II. besucht zum zweiten Mal Österreich: Nach seiner Ankunft auf dem Flughafen Wien-Schwechat findet im Stephansdom eine Vesper statt; am 24. Juni Messe auf dem Flughafen Trausdorf (Burgenland) mit 80 000 Gläubigen (darunter rund 50 000 Ungarn) und Besuch im ehemaligen KZ Mauthausen; am 25. Juni Messe in Lorch (Oberösterreich) und am Nachmittag in Gurk (Kärnten) Gast bei einer »Dreiländerwallfahrt«; am 26. Juni ökumenische Messe (mit Geistlichen von 17 Religionsgemeinschaften) auf dem Residenzplatz in Salzburg und am 27. Juni im Bergisel-Stadion in Innsbruck; während seines Besuches hat er auch ausführliche Gespräche mit Vertretern der Israelitischen Kultusgemeinde.

28. Juni Mit der Fertigstellung des letzten Teilstücks der Tauernautobahn (Nordumfahrung Villach) ist die Autobahn von Hamburg bis Sizilien durchgehend befahrbar.

1. Juli Die VOEST-Alpine und die VEW werden unter dem Namen »VOEST-Alpine Stahl AG« zur neuen Stahlholding der ÖIAG zusammengefaßt.

7. Juli Gustav Manker stirbt in Wien; geb. am 29. März 1913 in Wien; Regisseur. Bühnenbildner und Theaterdirektor, kam 1938 ans Deutsche Volkstheater in Wien, wurde 1942 Ausstattungschef, arbeitete auch an vielen anderen Wiener Bühnen als Bühnenbildner und war von 1968–1978 Direktor des Wiener Volkstheaters.

8. Juli Hellmuth Klauhs, bisher Generaldirektor der Genossenschaftlichen Zentralbank, wird als Nachfolger des verstorbenen Stephan Koren ab 1. September neuer Präsident der Oesterreichischen Nationalbank.

9. Juli Der Nationalrat beschließt eine Regelung für die Kärntner Minderheitenschulen: Für die Eröffnung einer zweisprachigen Klasse sind mindestens sieben Schüler notwendig (in solchen Fällen wird ein zweiter Lehrer eingesetzt), ab neun Schülern wird eine Parallelklasse geführt. Mit der 11. Schulorganisationsnovelle wird u. a. auch Informatik als Pflichtfach eingeführt, die Zahl der Schüler in den Klassen von 36 auf 30 reduziert und es werden behinderte Kinder integriert.

19. Juli Eine Kommission bestätigt das Forschungsergebnis des Wiener Kartographen Wolfgang Pillewitzer, wonach Österreich einen weiteren »3000er« hat: Der nach dem Vermesser benannte »Pillewitzer« liegt im Venedigermassiv und ist exakt 3 000 m hoch; Österreich hat nun 101 Berge, die mindestens 3 000 m hoch sind.

22.–23. Juli In Neunburg vorm Wald (Bayern) findet im Rahmen des Erörterungsverfahrens für die atomare Wiederaufbereitungsanlage Wackersdorf ein »Österreichertag« statt; Umweltministerin Marilies Flemming kündigt dabei an, alle vorhandenen Möglichkeiten gegen die Errichtung der Anlage zu nutzen.

18. August In der Fernsehsendung »Inlandsreport« sagt FPÖ-Bundesparteiobmann Jörg Haider: »Die österreichische Nation war eine ideologische Mißgeburt, denn die Volkszugehörigkeit ist die eine Sache, und die Staatszugehörigkeit eine andere«.

22.–24. August Wiederholung des Prozesses gegen Franz Rieser, den Attentäter auf Landeshauptmann Leopold Wagner, nunmehr in Innsbruck: Die Geschworenen entscheiden auf »schuldig der schweren Körperverletzung und Vergehens gegen das Waffengesetz«, Rieser erhält drei Jahre Gefängnis.

2. September Erik Frey stirbt in Wien; geb. am 1. März 1908 in Wien; Film- und Bühnenschauspieler.

4. September Einweihung der von Friedensreich Hundertwasser neu gestalteten St. Barbara-Kirche in Bärnbach (Steiermark).

17. September bis 2. Oktober 24. Olympische Sommerspiele in Seoul (Korea): Goldmedaille für Peter Seisenbacher im Judo-Kampf.

19. September Hilde Güden stirbt in Klosterneuburg (Niederösterreich); geb. am 15. September 1917 in Wien; Kammersängerin (Sopran), seit 1947 Mitglied der Wiener Staatsoper.

20. September Der Kärntner Landeshauptmann Leopold Wagner (SPÖ) gibt per 28. September aus gesundheitlichen Gründen seinen Rücktritt bekannt; als Nach-

Österreichs Ansuchen um Mitgliedschaft in der Europäischen Gemeinschaft an den Präsidenten des Rates der Europäischen Gemeinschaften

Der Bundesminister für auswärtige Angelegenheiten
Herr Präsident!
Im Namen der Republik Österreich habe ich die Ehre, unter Bezugnahme auf Artikel 237 des Vertrages zur Gründung der Europäischen Wirtschaftsgemeinschaft den Antrag auf Mitgliedschaft Österreichs in der Europäischen Wirtschaftsgemeinschaft zu stellen.
Österreich geht bei der Stellung dieses Antrages von der Wahrung seines international anerkannten Status der immerwährenden Neutralität, die auf dem Bundesverfassungsgesetz vom 26. Oktober 1955 beruht, sowie davon aus, daß es auch als Mitglied der Europäischen Gemeinschaften aufgrund des Beitrittsvertrages in der Lage sein wird, die ihm aus seinem Status als immerwährend neutraler Staat erfließenden rechtlichen Verpflichtungen zu erfüllen und seine Neutralitätspolitik als spezifischen Beitrag zur Aufrechterhaltung von Frieden und Sicherheit in Europa fortzusetzen.
Genehmigen Sie, Herr Präsident, den Ausdruck meiner vorzüglichen Hochachtung

folger wird am 29. September vom Landtag mit den Stimmen der SPÖ Peter Ambrozy gewählt.

21. September Der Konflikt zwischen Burgtheaterdirektor Claus Peymann und dem Ensemble ist noch immer nicht beigelegt: Fast alle Schauspieler lehnen eine Teilnahme an der für 14. Oktober vorgesehenen Feier »100 Jahre Burgtheater am Ring« ab.

2. Oktober Auf dem FPÖ-Parteitag wird Jörg Haider mit 94% der Delegiertenstimmen als Parteiobmann wiedergewählt; die bisherige Mitarbeiterin der Volksanwaltschaft, Heide Schmidt, und Matthias Reichhold werden als FPÖ-Generalsekretäre gewählt.

16. Oktober Landtagswahl in Niederösterreich: Die FPÖ zieht damit erstmals in den niederösterreichischen Landtag ein, die ÖVP behält trotz eines deutlichen Stimmenanteils unter 50% die absolute Mehrheit an Mandaten *(→ Anhang).*

18. Oktober Die traditionsreiche sozialistische »Druck- und Verlagsanstalt Vorwärts AG« wird nach lang andauernden finanziellen Schwierigkeiten verkauft; »Mediaprint« (Eigentümer »Kronen Zeitung«, »Kurier« und die bundesdeutsche WAZ) übernimmt 76% der Anteile.

19. Oktober Die erste Nummer der neuen Tageszeitung »Der Standard« erscheint (als einzige österreichische Zeitung auf rosa Papier gedruckt); Gründer und Herausgeber ist Oscar Bronner (Sohn des Kabarettisten Gerhard Bronner), der ebenso wie der bundesdeutsche Springer-Konzern 50% der Anteile besitzt. Bronner war vor Jahren auch Gründer der Zeitschriften »profil« und »trend« (die heute zur »Mediaprint«-Gruppe gehören).

— Der Nationalrat beschließt einstimmig die Einsetzung eines »Lucona«-Untersuchungsausschusses.

20. Oktober Der Nationalrat beschließt das Scheidemünzengesetz; damit wird der Verkauf des Hauptmünzamtes an die Oesterreichische Nationalbank möglich.

27. Oktober bis 2. November Staatsbesuch von Bundespräsident Kurt Waldheim in Syrien und Kuweit. Ein für die Rückreise geplanter Zwischenaufenthalt in der Türkei kommt aus »organisatorischen« Gründen nicht zustande.

6. November Uraufführung des Theaterstücks »Heldenplatz« von Thomas Bernhard am Wiener Burgtheater.

11.–13. November Freda Meissner-Blau legt aus politischen und auch persönlichen Gründen den Klubvorsitz der Grün-Alternativen im Parlament zurück und kündigt an, am Monatsende auch ihr Nationalratsmandat zurückzulegen *(→ 27. November).*

14. November Der frühere Vizekanzler und ÖVP-Bundesparteiobmann Hermann Withalm tritt im 76. Lebensjahr endgültig von der politischen Bühne ab – er kandidiert nach zwölfjähriger Funktionsdauer nicht mehr als Obmann des Österreichischen Seniorenbundes.

15. November Ernst Koref stirbt in Linz; geb. am 11. März 1891 in Linz; SPÖ-Politiker, 1930–1934 und 1945–1958 Abgeordneter zum Nationalrat, 1945–1962 Bürgermeister von Linz, 1958–1965 Abgeordneter zum Bundesrat.

18. November SPÖ-Zentralsekretär Heinrich Keller tritt mit sofortiger Wirkung von seiner Funktion zurück und legt auch sein Nationalratsmandat zurück; Grund dafür sind nicht versteuerte Aufwandsentschädigungen der Mietervereinigung.

22. November Erich Fried stirbt in Baden-Baden (BRD); geb. am 6. Mai 1921 in Wien; Lyriker, Erzähler, Übersetzer, ging 1938 nach London, wo er seither lebte.

23. November Josef Cap wird Nachfolger von Heinrich Keller als SPÖ-Zentralsekretär.

— Helmut Schüller wird Nachfolger von Prälat Leopold Ungar als Leiter der Caritas.

— Irmgard Seefried stirbt in Wien; geb. am 9. Oktober 1919 in Köngetried (Bayern); Kammersängerin (Sopran), seit 1943 an der Wiener Staatsoper.

24. November Unterzeichnung eines Vertrages mit der Sowjetunion, wonach ein österreichischer Staatsbürger Ende 1991 zur Durchführung von Experimenten acht Tage in die sowjetische Raumstation »Mir« entsandt wird; die Kosten betragen rund 85 Millionen Schilling.

25. November Auf dem Wiener Albertina-Platz wird das vom Bildhauer Alfred Hrdlicka gestaltete »Mahnmal gegen Krieg und Faschismus« enthüllt; Demonstrationen begleiten den Festakt.

27. November Der Schauspieler Herbert Fux legt sein Nationalratsmandat zurück, da die von ihm verlangte Einigung der Grün-Alternativen mit der VGÖ (Vereinigte Grüne) nicht zustandekam.

29. November Der Nationalrat beschließt eine umfassende Verfassungsgesetz-Novelle mit einer wesentlichen Stärkung der Länderkompetenzen.

6. Dezember Sowohl der Kammertag der Bundeswirtschaftskammer als auch der Österreichische Gewerkschaftsbund legen ihre jeweiligen »Forderungspakete« für einen Beitritt Österreichs zur EG vor; beide Interessenvertretungen sind grundsätzlich für ein »Ja zur EG«

10.–17. Dezember Soldaten des österreichischen Bundesheeres, des Roten Kreuzes und der Bergrettung leisten Hilfeeinsatz nach einem Erdbeben in Armenien.

14. Dezember Der Nationalrat beschließt (ohne die Stimmen der Grünen) eine Reform der Geschäftsordnung: Ausbau der Antrags- und Minderheitsrechte, verstärkte Beteiligung der Bürger am parlamentarischen Geschehen, Schaffung bzw. Erweiterung parlamentarischer Instrumentarien sowie Redezeitbeschränkung.

— SPÖ-Zentralsekretär Günther Sallaberger tritt zurück; er hatte bereits am 3. Dezember bestätigt, er habe im Jahr 1986 von der Wiener SPÖ eine »steuerfreie« Aufwandsentschädigung erhalten, damals hatte der SPÖ-Bundesparteivorsitzende und Bundeskanzler Franz Vranitzky gemeint, Sallaberger könne in seiner Funktion bleiben, die Konsequenzen müsse allein die Partei tragen. (Nachfolger wird am 21. Dezember Peter Marizzi.)

16. Dezember Der ehemalige FPÖ-Bundesparteiobmann Friedrich Peter bezeichnet in einem der Öffentlichkeit zugänglich gewordenen privaten Briefwechsel die FPÖ unter Jörg Haider als »Saustall«, Haider betreibe »Politdreckschleuderei« und habe keine »Aktions-, Gesprächs- und Vertrauensgrundlage zu den anderen Parteien«.

19./20. Dezember PLO-Chef Yassir Arafat besucht Wien: Österreich bekräftigt die Anerkennung eines Palästinenserstaates und bestätigt den Vertreter der PLO in Wien nunmehr als Botschafter.

20. Dezember Der Wiener Bürgermeister Helmut Zilk setzt, um weiteren Spekulationen entgegenzutreten, einen ungewöhnlichen Akt: Er hinterlegt eine notariell beglaubigte Erklärung, wonach er keine wie immer gearteten Amibitionen auf den SPÖ-Parteivorsitz oder das Amt des Bundespräsidenten habe.

— Julia Drapal stirbt in Wien; geb. am 28. Februar 1917 in Wien; 1949–1959 Primaballerina an der Wiener Staatsoper.

30. Dezember Dechant Georg Eder nimmt die am 21. Dezember durch das Domkapitel erfolgte Wahl zum Erzbischof von Salzburg an; Papst Johannes Paul II. hatte, trotz der von verschiedenen Seiten geäußerten Bedenken, auf der Wahl aus einem vom Vatikan vorgegebenen Dreiervorschlag beharrt. (Die Weihe erfolgt am 23. Februar 1989 im Dom zu Salzburg.)

Ende Dezember Mit einer Preissteigerungsrate von nur 2% zählte Österreich zu den preisstabilsten Ländern innerhalb der OECD-Länder.

— Österreich übertrifft mit einem Wirtschaftswachstum von 4,2% alle Prognosen und liegt damit deutlich über dem Wachstum der anderen westeuropäischen Staaten.

►**1989, 1. Januar** Die zwischen den Koalitionsparteien vereinbarte Steuerreform tritt in Kraft *(→ 6. März 1988).*

— Das neue Luftreinhaltegesetz bringt die strengsten Grenzwerte Europas; »Umwelt« ist ab sofort geschütztes Rechtsgut, auch der Boden ist nun Schutzobjekt.

4. Januar Der designierte neue Erzbischof von Salzburg, Georg Eder, äußert sich in einem Interview u. a.: »Durch die Demokratisierung ist ein fürchterlicher Freiheitsdrang entstanden«. Es entstehen heftige Debatten um die Ernennung »fundamentalistischer« bzw. »konservativer« Bischöfe in Österreich.

6. Januar Dreifachsieg der Österreicher bei der Weltcup-Abfahrt in Laax (Schweiz): 1. Leonhard Stock, 2. Peter Wirnsberger, 3. Helmut Höflehner.

9. Januar Der parlamentarische »Lucona«-Untersuchungsausschuß nimmt seine Arbeit auf.

17.–19. Januar Vorläufiges KSZE-Finale in Wien: Nach zweijährigen Verhandlungen einigen sich die 35 Teilnehmerstaaten der »Konferenz für Sicherheit und Zusammenarbeit in Europa« auf ein Schlußdokument: Verbesserungen und klare Definitionen im Bereich der Menschenrechte, weitere vertrauensbildende Maßnahmen, neue Abrüstungsverhandlungen hinsichtlich konventioneller Waffen; im Folgeprogramm der Wiener Konferenz sind weitere Treffen zu speziellen Themen vorgesehen.

19. Januar Innenminister Karl Blecha tritt nach massivem Druck der Öffentlichkeit zurück; im Zuge der parlamentarischen Untersuchungen in der »Lucona«-Affäre hatten ihn mehrere Zeugen schwer belastet.

23. Januar Der Regionalvikar des Opus Dei, Klaus Küng, wird zum Diözesanbischof von Feldkirch (Vorarlberg) ernannt, die Weihe erfolgt am 5. März.

25. Januar Nationalratspräsident Leopold Gratz erklärt seinen Rücktritt; gegen Gratz waren im Zusammenhang mit der »Lucona«-Affäre wegen seines Naheverhältnisses zu Udo Proksch Vorwürfe erhoben worden.

— Der Nationalrat beschließt das Ausschreibungsgesetz, das eine größere Objektivität in Personalfragen des öffentlichen Dienstes bringen soll.

— Die Regierungsparteien einigen sich über die Finanzierung der »Neuen Bahn«: Das Investitionsprogramm für die nächsten zehn Jahre umfaßt 31 Milliarden Schilling, geplant sind u. a. der Ausbau der Westbahnstrecke und der Schoberpaßstrecke sowie der Semmeringbasistunnel.

— Udo Illig stirbt in Graz; geb. am 13. April 1897 in Graz; ÖVP-Politiker, 1927–1932 steirischer Landtagsabgeordneter, 1945–1953 Mitglied der steirischen Landesregierung, 1953–1956 Handelsminister.

30. Januar Kleine Regierungsumbildung: Kanzleramtsminister Franz Löschnak wird Innenminister, sein Nachfolger im Bundeskanzleramt wird Harald Ettl.

2. Februar Nach 15jähriger Dauer gehen in Wien die MBFR-Verhandlungen über die Verminderung von Streitkräften und Rüstungen in Mitteleuropa ohne Ergebnis zu Ende.

— Die bisher größte »Anti-Opernball«-Demonstration artet in eine regelrechte Straßenschlacht aus; mehr als 50 Personen, davon etwa die Hälfte Polizisten, werden verletzt, die Polizei verhaftet 14 Demonstranten, darunter auch zwei deutsche Staatsbürger.

3. Februar FPÖ-Generalsekretärin Heide Schmidt hat die als Assistentin des Volksanwalts jahrelang vom ORF bezogene Aufwandsentschädigung nicht versteuert. Zwischen ihr und den Finanzbehörden herrscht in der Folge »unterschiedliche Rechtsauffassung«.

8./11. Februar Ski-WM in Vail (Colorado/USA): Doppelsieg der Damen im Super-G (1. Ulrike Maier, 2. Sigrid Wolf), Doppelsieg der Herren im Riesentorlauf (1. Rudolf Nierlich, 2. Helmut Mayer; Nierlich wird außerdem Slalom-Weltmeister und damit seit Karl Schranz (1962) der erste österreichische Doppelweltmeister.

12. Februar Thomas Bernhard stirbt in Gmunden (Oberösterreich); geb. am 9. Februar 1931 im Kloster Heerlen bei Maastricht (Niederlande); Schriftsteller und Dramatiker, studierte 1951–1957 in Wien Musik und Schauspiel, lebte seit 1965 auf seinem Bauernhof in Ohlsdorf (Oberösterreich), erreichte mit dem Roman »Frost« (1963) seinen künstlerischen Durchbruch, setzte sich in der Folge mit seinen Romanen und Theaterstükken besonders kritisch mit Österreich auseinander. Sein Tod wird erst vier Tage später bekannt, da er angeordnet hatte, daß sein Ableben bis nach dem Begräbnis geheim bleiben sollte. Weiters verfügte er testamentarisch für Österreich auf die Dauer des gesetzlichen Urheberschutzes (70 Jahre) ein Aufführungs-, Vortrags- und Druckverbot, das in der Folge (wegen anders lautender, gültiger Verträge) zu den verschiedensten Interpretationen führt.

23. Februar Sozialminister Alfred Dallinger stirbt bei einem Flugzeugabsturz in den Bodensee; geb. am 7. November 1926 in Wien; SPÖ-Politiker, 1974–1983 Abgeordneter zum Nationalrat, seit 1975 Vizepräsident des Österreichischen Gewerkschaftsbundes, 1980–1989 Bundesminister für Arbeit und Soziales. Gemeinsam mit Dallinger kommen bei dem im dichten Nebel erfolgten Absturz neun weitere Passagiere und zwei Besatzungsmitglieder ums Leben.

27. Februar Konrad Lorenz stirbt auf Gut Altenberg (Niederösterreich); geb. am 7. November 1903 in Altenberg; Mediziner, Zoologe und Tierpsychologe, begründete u. a. mit seinen Studien an Graugänsen die Verhaltensforschung, erhielt 1973 (gemeinsam mit zwei anderen Forschern) den ersten für Verhaltensforschung vergebenen Nobelpreis und galt als kompetenter Warner im Hinblick auf die Entwicklung der Umwelt.

3. März Der steirische Ex-Landeshauptmann Friedrich Niederl wird (im Zusammenhang mit der »Ruso-Affäre«) zu zwei Jahren bedingt verurteilt; seine beiden Söhne erhalten drei Jahre, davon ein Jahr unbedingt.

4. März Festvorstellung in der Wiener Kammeroper und Ehrung des Gründers Hans Gabor anläßlich des 35. Gründungsjubiläums der Wiener Kammeroper.

7. März Aus Protest gegen die geplante Einrichtung einer zentralen Stabsstelle (für Sponsoring und Öffentlichkeitsarbeit) im Wissenschaftsministerium, bleiben die Bundesmuseen für einen Tag geschlossen; die Direktoren befürchten Abhängigkeiten. Minister Hans Tuppy erklärt am 9. März, daß es sich um keine gegenüber den Museen weisungsberechtigte »Oberbehörde« handle.

— Der seit 1983 bereits zum zweitenmal flüchtige, unter Betrugsverdacht stehende, ehemalige Chef der »Klimatechnik«, Erwin Tautner, wird in Spanien verhaftet und soll an Österreich ausgeliefert werden.

6.–9. März Treffen der Außenminister der 35 KSZE-Staaten in Wien; Beginn der Verhandlungen der Mitgliedsstaaten der NATO und des Warschauer Pakts zur Abrüstung konventioneller Waffen.

10. März Der bisherige stellvertretende Generaldirektor des Hauptverbandes der Sozialversicherungsträger, Walter Geppert, wird als Sozialminister angelobt *(→ 23. Februar).*

12. März Landtagswahl in Kärnten: Die SPÖ verliert die absolute Mehrheit, die FPÖ wird vor der ÖVP die zweitstärkste Kraft *(→ Anhang).*

— Landtagswahl in Salzburg: Die ÖVP verliert die absolute Mehrheit an Stimmen und Mandaten, die Grünen ziehen erstmals in den Landtag ein *(→ Anhang)*; Landeshauptmann und ÖVP-Landesparteiobmann Wilfried Haslauer erklärt am 13. seinen Rücktritt von beiden Funktionen, Hans Katschthaler wird sein Nachfolger.

— Landtagswahl in Tirol: Die ÖVP verliert ihre Zweidrittelmehrheit und sinkt bei den Stimmen sogar erstmals unter die 50%-Marke, die Grünen ziehen erstmals in den Landtag ein *(→ Anhang).*

14. März Zita, die letzte österreichische Kaiserin und Königin von Ungarn, geb. am 9. Mai 1892 in der Villa Pianore bei Lucca (Italien); Prinzessin von Bourbon-Parma, Witwe nach Kaiser Karl I. von Österreich, stirbt im Schweizer Kloster Zizers (bei Chur). Unter großer Anteilnahme der Bevölkerung wird sie am 1. April in der Kapuzinergruft in Wien beigesetzt.

15. März Eduard Wallnöfer stirbt in Innsbruck; geb. am 11. Dezember 1913 in Schluderns (Südtirol); Landwirt und ÖVP-Politiker, 1949 Abgeordneter im Tiroler Landtag, 1963–1987 Landeshauptmann von Tirol.

20.–23. März Staatsbesuch von Bundespräsident Kurt Waldheim in den Vereinigten Arabischen Emiraten und Arbeitsbesuch auf Zypern, wo er auch den österreichischen UNO-Truppen einen Besuch abstattet.

6. April Der frühere Vizekanzler und Handelsminister Fritz Bock legt seine – rund zwanzig Jahre ausgeübte – Funktion als Vorsitzender des Aufsichtsrats der Creditanstalt-Bankverein zurück.

8. April Mehrere Schwestern aus dem Krankenhaus Lainz in Wien gestehen, seit 1982 mehr als vierzig alte Patienten getötet zu haben, wenn sie ihnen »lästig geworden« waren; der Leiter der 1. Medizinischen Abteilung, Franz Pesendorfer, wird wenige Tage später vom Dienst suspendiert.

10. April Wirtschaftsminister Robert Graf erklärt wegen der in der Öffentlichkeit geführten ÖVP-Obmanndebatte seinen Rücktritt.

11. April Der frühere Innenminister Karl Blecha legt im Zusammenhang mit den laufenden Untersuchungen im »Lucona«-Untersuchungsausschuß nunmehr auch seine anderen politischen Ämter zurück.

17. April Der ÖVP-Bundesparteivorstand einigt sich auf einen neuen Bundesparteiobmann und eine neue Regierungsmannschaft: Josef Riegler wird Bundesparteiobmann, Vizekanzler und Kanzleramtsminister für Föderalismus und Verwaltung (bisher Heinrich Neisser), Alois Mock bleibt Außenminister und wird Ehrenparteiobmann, Wirtschaftsminister (bisher Robert Graf) wird Wirtschaftsbund-Generalsekretär Wolfgang Schüssel, Wissenschaftsminister (bisher Hans Tuppy) wird der Wiener Landesparteiobmann Erhard Busek, Landwirtschaftsminister (bisher Josef Riegler) wird der Tiroler Landwirtschaftskammeramtsdirektor Franz Fischler. (Die Angelobungen erfolgen am 24. April.)

18. April Die Regierung beschließt einen Bericht an den Nationalrat und den Bundesrat, in dem ein Antrag auf Aufnahme Österreichs in die EG befürwortet wird und die dafür notwendigen Schritte eingeleitet werden sollten; die »immerwährende Neutralität« sei »unabdingbar«, ansonsten wäre EG-Mitgliedschaft nicht möglich.

21. April Die konstituierende Sitzung des Kärntner Landtags wird »unterbrochen«, da sich die Parteien nicht auf einen Landeshauptmann einigen können.

2. Mai Ungarische Soldaten beginnen an mehreren Stellen mit dem Abbau des »Eisernen Vorhangs« an der ungarisch-österreichischen Grenze.

8. Mai Nach wochenlangen Verhandlungen einigen sich ÖVP und FPÖ auf Jörg Haider (FPÖ) als neuen Landeshauptmann von Kärnten.

9. Mai Heinz Moog stirbt in Wien; geb. am 28. Juni 1908 in Frankfurt/Main; Kammerschauspieler, seit 1943 Mitglied des Wiener Burgtheaters, aber auch bei Film, Funk und Fernsehen tätig.

10. Mai Justizminister Egmont Foregger weist die Oberstaatsanwaltschaft an, gegen den früheren Bundeskanzler und SPÖ-Parteivorsitzenden Fred Sinowatz wegen falscher Zeugenaussage (im Ehrenbeleidigungsprozeß Sinowatz-Worm) Anklage zu erheben.

16. Mai Gegen den bereits Anfang Mai suspendierten Präsidenten des Arbeits- und Sozialgerichts, Karl-Heinz Demel, wird nach Hausdurchsuchungen im Zusammenhang mit der »Lucona«-Affäre die Voruntersuchung wegen des Verdachts auf Amtsmißbrauch eingeleitet.

1. Juni Das Smogalarmgesetz tritt in Kraft; damit können bei bestimmten ungünstigen meteorologischen Bedingungen Sofortmaßnahmen verordnet werden.

10. Juni Walter Kleindel stirbt in Krakauebene (Steiermark); geb. am 16. Juli 1923 in Wien; Buchhändler und Sachbuchautor von »Österreich – Daten zur Geschichte und Kultur«, »Österreich – ein Herzogtum«, »Urkund dessen«, »Die Chronik Österreichs«, »Das große Buch der Österreicher« und »Gott schütze Österreich«, 1979 Verleihung des Titels Professor und der Ehrennadel des österreichischen Buchhandels, 1982 Leopold Kunschak-Preis, 1985 Richard Meister-Medaille des Universitätsbundes Alma Mater Rudolphina und das Österreichische Ehrenkreuz für Wissenschaft und Kunst, 1988 Großes Goldenes Ehrenkreuz des Landes Steiermark.

20. Juni Das Bild »Großvaters Geburtstag« von Ferdinand Georg Waldmüller erzielt auf einer Londoner Auktion einen Sensationspreis von rund 31 Millionen Schilling; erst 1980 war das Bild um 4,2 Millionen Schilling im Wiener Dorotheum ersteigert worden.

— Erwin Tautner wird, ohne Rücksprache mit Österreich, von den spanischen Behörden freigelassen *(→ 7. März)*.

22. Juni Anton Dermota stirbt in Wien; geb. am 4. Juni 1910 in Kropa (Slowenien); Kammersänger (Tenor), seit 1936 an der Wiener Staatsoper, seit 1966 Professor an der Wiener Musikakademie.

23. Juni Friedrich Hacker stirbt in Mainz (während einer Fernsehsendung); geb. am 19. Januar 1914 in Wien; Psychiater und Konfliktforscher, emigrierte 1938 in die USA, blieb jedoch seiner Heimat in beratender Funktion für die österreichische Regierung verbunden.

26. Juni Bundeskanzler Franz Vranitzky und Vizekanzler Josef Riegler unterzeichnen eine »Parteienvereinbarung zwischen SPÖ und ÖVP zur weiteren Vorgangsweise in der Integrationspolitik« und einigen sich auf den EG-Beitrittsantrag.

28. Juni Der seit 9. Januar tagende parlamentarische »Lucona«-Untersuchungsausschuß stellt seinen Endbericht fertig; Nationalratspräsident Leopold Gratz und Innenminister Karl Blecha traten während der Untersuchungen von ihren Ämtern zurück.

1. Juli Das Altlasten-Sanierungsgesetz tritt in Kraft; in Österreich gibt es rund 3 500 Plätze mit gefährlichen Altlasten, die zu sanieren sind.

— Donato Squicciarini wird neuer Apostolischer Nuntius für Österreich.

7. Juli Im Zusammenhang mit der »Noricum«-Affäre wird gegen Ex-Bundeskanzler Fred Sinowatz, den damaligen Außenminister Leopold Gratz und Ex-Innenminister Karl Blecha eine Voruntersuchung wegen des Verdachts der Neutralitätsgefährdung und des Amtsmißbrauchs eingeleitet.

13. Juli Drei führende kurdische Exilpolitiker – darunter der aus dem Iran stammende Generalsekretär der Kurdischen Demokratischen Partei und dessen Stellvertreter – werden anläßlich eines Geheimtreffens von einem vermutlich aus dem Iran stammenden Terrorkommando in Wien ermordet.

— Hans Schmid, Inhaber der Werbeagentur GGK, übernimmt von der Sozialistischen Partei 90% der Anteile der »Neuen AZ« (der ehemaligen »Arbeiter-Zeitung«) *(→ 1. November 1991)*.

16. Juli Herbert (von) Karajan stirbt in Salzburg; geb. am 5. April 1908 in Salzburg; Dirigent und Regisseur, 1930–1934 Kapellmeister bzw. Operndirektor in Ulm, 1935 Generalmusikdirektor in Aachen, 1938 Dirigent an der Berliner Staatsoper bzw. ab 1941 Dirigent der Berliner Staatskapelle, ab 1947 in Wien tätig, 1949 auf Lebenszeit Konzertdirektor der Gesellschaft der Musikfreunde, ab 1955 künstlerischer Leiter der Berliner Philharmoniker, 1956–1964 Direktor der Wiener Staatsoper, seit 1957 künstlerischer Direktor der Salzburger Festspiele, gründete 1967 die Salzburger Osterfestspiele.

17. Juli Außenminister Alois Mock übergibt in Brüssel dem EG-Ministerrat das Ansuchen Österreichs um Aufnahme in die Europäische Gemeinschaft.

24. Juli Der aus Österreich stammende, amerikanische Diplomat Felix S. Bloch, jahrelang zweiter Mann an der Wiener US-Botschaft, wird wegen Verdachts der Spionage für die Sowjetunion vom Dienst suspendiert; mögliche Kontaktpersonen, darunter auch prominente österreichische Politiker, sollen auf Ersuchen des FBI befragt werden – dies wird nach Erhebungen von Innenminister Franz Löschnak abgelehnt, da es sich um eine rein amerikanisch-sowjetische Angelegenheit handle.

28. Juli Robert Hochner, TV-Nachrichten-Moderator, wird Chefredakteur der »Neuen Arbeiter-Zeitung«.

10. August Der sowjetische Botschafter in Österreich, Gennadij Schikin, übergibt der österreichischen Bundesregierung eine Note, aus der Bedenken gegen einen EG-Beitritt Österreichs hervorgehen; Bundeskanzler Franz Vranitzky weist darauf hin, daß ein Beitritt zur EG eine ausschließlich österreichische Angelegenheit sei.

19./20. August Rund 1 000 Flüchtlinge aus der DDR fliehen an mehreren Stellen über die ungarisch-österreichische Grenze und werden danach mit Bussen und Sonderzügen in die Bundesrepublik Deutschland weitergeleitet; die DDR-Bürger hatten an einer Veranstaltung der Paneuropa-Union in Sopron teilgenommen und sich in der BRD-Botschaft in Budapest Pässe besorgt, die ungarischen Grenzposten greifen nicht ein, obwohl diese Pässe keine Ausreisevisa aufweisen.

10.–13. September Ungarn setzt ein mit der DDR bestehendes bilaterales Abkommen »auf unbestimmte Zeit« aus und öffnet ab Mitternacht seine Grenzen für die Ausreise von DDR-Bürgern in den Westen; in den vergangenen Tagen hatten sich bereits zehntausende DDR-Bürger in Behelfslagern entlang der ungarisch-österreichischen Grenze gesammelt – mehr als 15 000 Flüchtlinge reisen daraufhin über Österreich in die Bundesrepublik Deutschland aus.

12.–20. September Italienische Frächter blockieren die österreichische Grenze zu Italien, um Österreich zu zwingen, die wöchentlichen Lkw-Durchfahrts-Kontingente auf mindestens das Doppelte zu erhöhen; die Bundesregierung gibt trotz des entstandenen Verkehrschaos nicht nach, die Blockade wird schließlich ohne den gewünschten Erfolg zu haben, abgebrochen.

12. September Steyr-Daimler-Puch AG bringt seine Lkw-Produktion in eine gemeinsam mit dem bundesdeutschen MAN-Konzern in Österreich gegründete Gesellschaft ein, an der insgesamt 20% gehalten werden.

13. September Finanzminister Ferdinand Lacina gibt den Budget-Entwurf 1990 bekannt: Ausgaben von 542,5 Milliarden Schilling stehen Einnahmen von 479,4 Milliarden gegenüber – das Nettodefizit soll demnach 63,1 Milliarden betragen (= 3,6% des Bruttoinlandprodukts).

— Am südlichen Donauufer werden durch den WWF (Worldwide Fund of Nature) insgesamt 411 Hektar Aulandschaft (einschließlich der bestehenden Wasser- und Fischereirechte) um 85 Millionen Schilling angekauft; ein großer Teil der Summe soll bis November durch Spenden aufgebracht werden (»Die Au freikaufen«).

15. September Der frühere Besitzer des mittlerweile geschlossenen Zellstoffwerks St. Magdalen bei Villach (Kärnten), Wilhelm Papst, wird verhaftet; von insgesamt 1,18 Milliarden Schilling Fördermitteln können nur rund 842,7 Millionen im Betrieb belegt werden.

27./28. September Der Nationalrat beschließt gegen die Stimmen der SPÖ die Einsetzung eines Untersuchungsausschusses in der Waffenlieferaffäre »Noricum« und einstimmig einen solchen zur Überprüfung der Finanzgebarung im Milchwirtschaftsfonds.

29. September Der frühere Verteidigungsminister Helmut Krünes (FPÖ) tritt wegen einer von ihm übernommenen 100 000-Schilling-Wahlspende der Firma »Noricum« von allen politischen Funktionen zurück.

Ende September In Österreich liegen 1 360 Milliarden Schilling auf den Sparkonten.

2. Oktober Udo Proksch wird – obwohl er verkleidet war, einen Bart trug und auch einen österreichischen Paß auf einen anderen Namen hatte – bei seiner Einreise nach Österreich auf dem Flughafen Wien-Schwechat verhaftet*(→ 10. März 1988)*.

6. Oktober Nach sorgfältigster Auswahl werden der Wiener Arzt Clemens Lothaller und der niederösterreichische Elektrotechniker Franz Viehböck als jene beiden Österreicher nominiert, von denen einer Anfang 1992 mit einer sowjetischen Raumfähre ins All fliegen wird.

8. Oktober Landtagswahl in Vorarlberg *(→ Anhang)*.

9. Oktober Österreichische Staatsbürger dürfen erstmals pures Gold besitzen: Je eine als offizielles Zahlungsmittel (und daher mehrwertsteuerfrei) eingeführte Goldmünze werden unter dem Titel »Philharmoniker« mit einem Gewicht von 1 Unze bzw. einer Viertelunze und einem Nennwert von 2 000 bzw. 500 Schilling herausgebracht; der tatsächliche Preis der Münzen richtet sich nach dem jeweiligen Gold-Tageskurs.

17. Oktober Erstmals wird eine 5 000-Schilling-Note ausgegeben.

21. Oktober Beim 25. Landesparteitag der Wiener ÖVP kann der bisherige Obmann Erhard Busek mit 58,6% der Stimmen, die für eine erneute Wiederwahl notwendige Zweidrittelmehrheit nicht erreichen; sein Gegenkandidat Wolfgang Petrik wird im zweiten Wahlgang mit nur einer Stimme über der 50%-Marke Landesparteiobmann.

6. November 17 der 18 Angeklagten im »Noricum«-Prozeß (der am 22. November beginnen sollte) entziehen ihren Anwälten das Mandat und beantragen wegen der zu hohen Kosten Verfahrenshilfe; ursprünglich sollte die VOEST diese Kosten vorschießen und nur im Fall einer Verurteilung zurückverlangen; mit dieser Vorgehensweise ist der Prozeßtermin zunächst geplatzt.

13.–17. November 25% des Grundkapitals (950 Millionen Schilling) der EVN (Energieversorgung Niederösterreich) werden an der Börse zum Verkauf angeboten; der Verkaufspreis beträgt 6 900 Schilling für 1 000 Schilling Nominale.

1. Dezember Auf allen Transitautobahnen wird für die Zeit von 22 bis 5 Uhr für alle nichtlärmgedämpften Lkws über 7,5 t ein Nachtfahrverbot verhängt. (Zunächst kündigte der deutsche Verkehrsminister Friedrich Zimmermann aus Protest gegen die bereits vorher bekanntgewordene Maßnahme ab 1. Januar 1990 ein Nachtfahrverbot für österreichische Lkw in der Bundesrepublik an, bis schließlich am 5. Dezember die EG-Verkehrsminister die von Österreich getroffene Maßnahme akzeptieren.)

4.–6. Dezember Staatsbesuch von Bundespräsident Kurt Waldheim in Tunesien; am 6. Dezember trifft Waldheim den PLO-Führer Yassir Arafat.

4. Dezember Das FPÖ-Volksbegehren zur Sicherung der Rundfunkfreiheit in Österreich erhält nur 109 389 Unterschriften und ist damit das Volksbegehren mit der bisher geringsten Beteiligung.

9. Dezember Etwa 130 000 tschechoslowakische Staatsbürger verursachen ein Verkehrschaos in Österreich, da sie das vorweihnachtliche Wochenende verwenden, um erstmals im Westen zu »schnuppern«.

14. Dezember Wien und Budapest erhalten den Zuschlag zur gemeinsamen Veranstaltung der Weltausstellung 1995.

17. Dezember In einem symbolischen Akt durchschneiden der tschechoslowakische Außenminister Jiři Dienstbier und Außenminister Alois Mock den »Eisernen Vorhang« zwischen den beiden Ländern; der eigentliche Abbau hatte bereits Anfang Dezember begonnen.

Ende Dezember Österreichs Wirtschaft ist nominell um 6,4%, real um 3,8% (Vorjahr 4,2%) gewachsen.

— Insgesamt sind 2 846 432 Personen unselbständig erwerbstätig.

— Die Arbeitslosenrate betrug im Durchschnitt 5%.

— Der Anstieg der Verbraucherpreise betrug gegenüber dem Vorjahr 2,5%.

— Im abgelaufenen Jahr wurden in Österreich 79 408 Verbrechen (+ 9,9%) und 321 213 Vergehen (+ 0,7%) registriert.
— Im abgelaufenen Jahr sind 73 927 sowjetische Juden über Österreich ausgereist; damit ist ein neuerlicher Rekord erreicht (das bisher stärkste Jahr war 1979 mit 51 188 Auswanderern).
▶**1990, 1. Januar** Im Warenverkehr zwischen der EG und Österreich werden – mit wenigen zeitlich begrenzten Ausnahmen – alle Mengenbeschränkungen aufgehoben.
3. Januar Im Büro von Verteidigungsminister Robert Lichal findet, in dessen Abwesenheit, im Zusammenhang mit einem Munitionsgeschäft des Bundesheeres mit der Schweizer Firma Oerlikon, eine vom Gericht veranlaßte Hausdurchsuchung statt *(→ 5. November).*
6. Januar Hans Jaray stirbt in Wien; geb. am 24. Juni 1906 in Wien; Schauspieler, Regisseur und Schriftsteller, 1930–1938 am Theater in der Josefstadt und 1938–1948 in New York, 1948–1951 am Wiener Volkstheater und seit 1951 wieder am Theater in der Josefstadt.
7. Januar Franz Taucher stirbt in Wien; geb. am 23. November 1909 in Eggenberg bei Graz; Schriftsteller, Essayist; 1939–1943 Redakteur bei der »Frankfurter Zeitung«, Gründer und Chefredakteur der »Wiener Bühne«.
11. Januar Auf dem DDSG-Schiff »Mozart« findet ein von ÖVP-Bundesparteiobmann Josef Riegler initiierter »Runder Tisch Europa« statt: Rund 160 Delegierte demokratischer Bewegungen aus den Ländern Osteuropas, konservativer, liberal-konservativer und christdemokratischer Parteien westeuopäischer Länder und einiger Überseestaaten nehmen an diesem Diskussionsforum zu Demokratie, Umweltschutz, Wirtschaft, Kultur und Wissenschaft teil.
16. Januar Alfred Maleta stirbt in Salzburg; geb. am 15. Januar 1906 in Mödling (Niederösterreich); Jurist und ÖVP-Politiker, 1938–1941 politische Freiheitsstrafen in den KZ Dachau und Flossenbürg, 1945–1975 Abgeordneter zum Nationalrat, 1951–1960 ÖVP-Generalsekretär, 1961/62 Dritter Präsident des Nationalrats, 1962–1970 Präsident des Nationalrats, 1970–1975 Zweiter Präsident des Nationalrats.
— Ingrid Petrik, Präsidentin des Verwaltungsgerichtshofs, wird (als ehemals für Waffenexporte zuständige Beamtin des Innenministeriums) vom »Noricum«-Untersuchungsausschuß vernommen.
17. Januar Für türkische Staatsbürger wird auf drei Monate die Visumpflicht eingeführt.
21. Januar Auf dem 27. Parteitag der KPÖ werden der Rechtsanwalt Walter Silbermayer und die Journalistin Susanne Sohn zu gleichberechtigten Parteivorsitzenden gewählt; Franz Muhri, der diese Funktion 25 Jahre lang innehatte, kandidierte nicht mehr. (Am 7. Februar wird das Politbüro abgeschafft.)
30. Januar Beginn des »Lucona«-Prozesses in Wien; die gegen Udo Proksch bisher »nur« auf Versicherungsbetrug in der Höhe von 212 Millionen Schilling lautende Anklage wird auf sechsfachen Mord und sechsfachen Mordversuch ausgedehnt.
4. Februar Berta Karlik stirbt in Wien; geb. am 24. Januar 1904 in Wien; Physikerin, 1943 »Nachweis des Elementes Atom Nr. 85«, ab 1947 Leiterin des Instituts für Radiumforschung an der Universität Wien, bis 1974 Universitäts-Professorin.
10. Februar Josef Hindels stirbt in Wien; geb. am 10. Januar 1916 in Wien; SPÖ-Politiker und Widerstandskämpfer, prominenter Vertreter des Austromarxismus.
11. Februar Der damalige Kabinettschef von Ex-Innenminister Karl Blecha, Helmuth Bernkopf, belastet vor dem »Noricum«-Untersuchungsausschuß sowohl seinen früheren Chef als auch Ingrid Petrik *(→ 16. Januar).*
16. Februar Die SPÖ stellt ein Konzept für eine umfangreiche Bundesheer-Reform vor; Kernpunkte sind u. a. die Verkürzung der Grundwehrdienstzeit auf vier Monate und zwei Monate Truppenübung, eine Reduktion des Milizheeres auf 150 000 Mann sowie Veränderungen in den Aufgabenstellungen *(→ 5. März).*
— Die Bundesregierung übergibt in Brüssel und in den Hauptstädten der EG-Mitgliedsstaaten gleichlautende Memoranden, in denen eine zügige Behandlung des österreichischen EG-Antrags verlangt wird.
21. Februar Die Republik Österreich klagt die Bundesrepublik Deutschland wegen des ausschließlich für österreichische Lkws verhängten Nachtfahrverbots *(→ 1. Dezember 1989).*
22. Februar Ausschreitungen einer kleineren »anarchistischen« Gruppe bei der ansonsten friedlich ablaufenden Anti-Opernball-Demonstration führen zu rund hundert Verletzten, darunter sechzig Polizisten.
28. Februar Der Nationalrat beschließt einstimmig das Wahlrechtsänderungsgesetz: Österreichische Staatsbürger mit Wohnsitz im Ausland und Österreicher, die sich am Wahltag im Ausland befinden, können in Hinkunft ihr Wahlrecht ausüben.
1. März Ein Orkan mit Spitzengeschwindigkeiten von 160 km/h verursacht in großen Teilen Mittel- und Ostösterreichs verheerende Schäden in Milliardenhöhe, führt zur Blockade der wichtigen Verkehrswege und zu stundenlangen Störungen der Energieversorgung.
2. März Innenminister Franz Löschnak startet eine Aktion, wonach jeder Staatsbürger das Recht hat, gebührenfrei in seinen bei der Staatspolizei (möglicherweise angelegten) Akt Einsicht zu nehmen *(→ 16. Juli).*
5. März Nachdem die SPÖ bereits ein Reformkonzept für das Bundesheer präsentiert hat *(→ 16. Februar),* stellt nun die ÖVP ihr Konzept vor: u. a. mindestens 1 000 bis 1 100 Ausbildungsstunden (d. h. praktisch gleichbleibende Länge des Präsenzdienstes), Reduzierung der Truppenstärke auf 200 000 Mann, organisatorische Änderungen bis hin zur Privatisierung einzelner Bereiche.
— Eine interne Überprüfung der SPÖ-nahen karitativen Einrichtung »Volkshilfe« ergibt, daß von insgesamt 21 Millionen Schilling Spendengeldern nur 4,6 Millionen dem eigentlichen Zweck zugeflossen sind *(→ 7./8. Juni).*
12. März Die Bundesregierung beschließt die Einführung der Visumpflicht für rumänische Staatsbürger ab 15. März; die Maßnahme führt zu einem Ansturm von Flüchtlingen, die noch vor diesem Stichtag die Grenze überschreiten wollen. (Am 16. März führt Rumänien seinerseits die Visumpflicht für Österreicher ein.)
13. März Bundeskanzler Franz Vranitzky und Chrysler-Chef Lee Iacocca setzen in Graz den ersten Spatenstich für das von Chrysler und Steyr-Daimler-Puch ge-

meinsam geplante Autowerk »Eurostar«; die Finanzierung der Investitionssumme von 1,6 Milliarden Schilling erfolgt zu einem Drittel durch die öffentliche Hand.
15. März Bei der Wahl des Dritten Präsidenten des Nationalrats wird nicht der von der FPÖ kandidierte frühere Justizminister Harald Ofner gewählt, sondern, im zweiten Wahlgang, überraschenderweise Siegfried Dillersberger (FPÖ); der bisherige Präsident Gerulf Stix war aus gesundheitlichen Gründen zurückgetreten.
1. April Wilfried Seipel, bisher Direktor des Linzer Landesmuseums, wird Generaldirektor des Kunsthistorischen Museums in Wien; Karl Schütz wird Leiter der Gemäldegalerie in Wien.
3. April Der »Noricum«-Untersuchungsausschuß legt seine Berichte vor (ÖVP, FPÖ und Grüne einen Mehrheitsbericht, die SPÖ einen Minderheitsbericht); die politische Verantwortung für den Waffenexport wurde über einen Zeitraum von fast acht Jahren in mehreren Punkten verletzt, darunter durch wahrheitswidrige Beantwortung parlamentarischer Anfragen, Duldung von Koordinationsschwierigkeiten zwischen den zuständigen Ministerien, Unterlassung der Befassung der Staatsanwaltschaft bei Vorliegen schwerwiegender Verdachtsmomente, Unterstützung einer fragwürdigen Unternehmenspolitik der verstaatlichten Industrie in kritischen Bereichen sowie Unterlassung notwendiger Änderungen der Verordnung zum Kriegsmaterialexportgesetz. Die Hauptverantwortung dafür tragen die Politiker Fred Sinowatz, Leopold Gratz und Karl Blecha.
4. April In Linz beginnt der »Noricum«-Prozeß gegen 18 ehemalige oder noch amtierende Manager der verstaatlichten Industrie wegen Verletzung des Kriegsmaterialexportgesetzes und Neutralitätsgefährdung.
9. April Auf der Strecke St. Pölten–Wien wird von unbekannten Tätern ein Postzug überfallen und dabei auch ein Postbeamter erschossen; die Beute beträgt mehr als 35 Millionen Schilling *(→ ■■. ■■. 1994).*
13. April Großbrand in der Hauptverwaltung der Zentralsparkasse in Wien, es wird Brandstiftung vermutet; der Schaden beträgt rund 30 Millionen Schilling.
— Louis Trenker stirbt in Bozen; geb. am 4. Oktober 1892 in St. Ulrich im Grödnertal (Südtirol); Bergsteiger, Schriftsteller, Filmschauspieler und Filmregisseur.
20. April Die Creditanstalt-Bankverein erwirbt an der Wiener Freyung nach dem Palais Harrach auch das Palais Kinsky; beide Palais kosteten etwas mehr als 300 Millionen Schilling, für die Revitalisierung sind weitere 350–400 Millionen vorgesehen.
25. April Der Nationalrat beschließt eine Wasserrechtsgesetz-Novelle mit Regelungen zu den Emissionen, Reduktion der Gewässerbelastung und Sanierungspflicht für bestehende Anlagen sowie wasserrechtliche Verfahren für die Landwirtschaft.
15. Mai Die österreichischen Bischöfe veröffentlichen einen bereits im Vorfeld umfassend diskutierten Sozialhirtenbrief; betont wird dabei u. a. der Vorrang der Arbeit vor dem Kapital auf Basis solidarischer Zusammenarbeit von Arbeitgebern und Arbeitnehmern, das Recht auf Privateigentum auch an Produktionsmitteln sowie die betriebliche und überbetriebliche Mitbestimmung der Arbeitnehmer.
16. Mai Die Bundesländer – mit Ausnahme Kärntens – einigen sich in der seit Wochen diskutierten Frage der Aufteilung von Flüchtlingen in Österreich: Burgenland 3,9%, Kärnten 7,77%, Niederösterreich 20,39%, Oberösterreich 18,14%, Salzburg 6,19%, Steiermark 17,25%, Tirol 3,88%, Vorarlberg 1,88% und Wien 20,6%.
— Der schwedische Volvo-Konzern übernimmt 75% der Anteile an der Steyr-Bus-GesmbH.
17. Mai Vierzehn, an der Donau liegende Bundesländer, Teilstaaten und Regionen gründen die »ARGE Donauländer«; im Vordergrund stehen grenzüberschreitende Probleme wie z. B. Umweltschutz, Ausbau der Donau, Sondermülltransport, Fremdenverkehr, Wissenschaft, Sport, Schiffahrt und auch die EXPO 1995.
19. Mai Jörg Haider wird beim 20. FPÖ-Bundesparteitag mit 97,5% der Delegiertenstimmen als Bundesparteiobmann wiedergewählt.
22. Mai Die Regierung beschließt einen Staatsvertrag zwischen Bund und Wien bzw. Niederösterreich zur Errichtung des Nationalparks Donauauen.
1. Juni Nachdem der Präsident der Oesterreichischen Nationalbank Hellmuth Klauhs unerwartet am 27. April verstorben war, wird Maria Schaumayer (ÖVP) als Nachfolgerin bestellt; Schaumayer war seinerzeit Stadtrat in Wien und später Finanzvorstand der ÖMV.
6. Juni Der Nationalrat beschließt das Abfallwirtschaftsgesetz; im Vordergrund steht die Abfallvermeidung bzw. -verringerung, wobei Rücknahme bzw. getrenntes Sammeln und Wiederverwertung (insbesondere auch Problemstoffe und Verpackungen) für einen Kreislauf des eingesetzten Materials sorgen sollen.
— György Sebestyén stirbt in Wien; geb. am 30. Oktober 1930 in Budapest; Schriftsteller, lebte seit 1956 in Wien, neben der Veröffentlichung mehrerer Romane und Erzählungen war der Herausgeber (»Pannonia«) und Chefredakteur (»Morgen«) als Kulturjournalist tätig.
7./8. Juni Alt-Bundespräsident Rudolf Kirchschläger legt den Ehrenschutz für die »Österreichpaket«-Aktion der Österreichischen Volkshilfe zurück, am 8. Juni tritt auch der bisherige Präsident der Volkshilfe, Fritz Hofmann, zurück*(→ 5. März).*
10. Juni Volksbefragungen zum Tempolimit 80/100 km/h in Salzburg und der Steiermark enden bei nur geringer Wahlbeteiligung (30% bzw. 18%) in beiden Bundesländern mit Ablehnungen (62% bzw. 63%).
11. Juni Der Wiener Ex-Stadtrat Helmut Braun und auch der Ex-Direktor des BFI werden wegen Untreue bzw. Beihilfe zur Untreue zu je dreieinhalb Jahren Haft verurteilt.
20. Juni Der Präsident der steirischen Arbeiterkammer, Alois Rechberger (SPÖ), tritt von seinem Amt zurück; in den letzten Wochen war er wegen seiner Mehrfachbezüge und -pensionen zunächst in die parteiinterne und später in eine heftige öffentliche Diskussion geraten.
1. Juli Das »zweite Karenzjahr« für alle Berufstätigen wird eingeführt.
12. Juli Durch das Absinken eines Pfeilers knickt die Inntalbrücke bei Kufstein (Tirol) ein; der Zugverkehr muß unterbrochen und die darunterliegende Bundesstraße 171 muß gesperrt werden. Die Sanierung wird rund 100 Millionen Schilling kosten.
13. Juli Der ehemalige ORF-Generalintendant Gerd Bacher wird vom ORF-Kuratorium in einem 2. Wahlgang mit 22:13 Stimmen gegen den amtierenden Thaddäus Podgorski provisorisch zum neuen Generalintendanten gewählt; da keine Zweidrittelmehrheit erreicht

wurde, muß in der Zeit des Provisoriums (12. Oktober 1990 bis 12. Januar 1991) eine neuerliche Wahl stattfinden, bei der dann die einfache Mehrheit ausreicht.
14. Juli Der Präsident des Österreichischen Arbeiterkammertages, Heinz Vogler (SPÖ), legt den Entwurf einer umfangreichen Reform der Arbeiterkammer vor; auslösend dafür war die »Causa Rechberger«.
16. Juli Die am 2. März gestartete Aktion »Einsicht in Staatspolizei-Akten« geht vorläufig zu Ende: Von knapp 18 000 Anfragen, ob Akten vorlägen, wurden fast 11 000 negativ beantwortet, 2 800 Staatsbürger bekamen die über sie vorliegenden Informationen zugesandt.
20. Juli Im Rahmen des »Lucona«-Prozesses beauftragt das Gericht ein amerikanisches Unternehmen mit der Suche nach der »Lucona« im Indischen Ozean; die Kosten der Aktion werden 19,5 Millionen Schilling betragen.
26. Juli Anläßlich der Eröffnung der Salzburger Festspiele trifft Bundespräsident Kurt Waldheim mit dem ČSFR-Präsidenten Václav Havel (der die Eröffnungsrede hält) und dem Bundespräsidenten der Bundesrepublik Deutschland, Richard Freiherr von Weizsäcker, zusammen; das Treffen wird von Demonstranten gestört. Bei einem Gespräch von Václav Havel mit Bundeskanzler Franz Vranitzky lädt der tschechoslowakische Präsident Österreich ein, an den Untersuchungen über die Sicherheit der ČSFR-Atomreaktoren teilzunehmen.
— Die siamesischen Zwillinge Hassan und Salem, die sich bereits seit April 1987 in Wien befinden, werden im AKH in einer elfstündigen Operation voneinander getrennt.
29. Juli Bruno Kreisky stirbt in Wien; geb. am 22. Januar 1911 in Wien; Diplomat und SPÖ-Politiker, 1939–1945 nach Schweden emigriert, 1945 Rückkehr nach Österreich, 1947–1951 Diplomat in Stockholm, 1956–1983 Abgeordneter zum Nationalrat, 1953–1959 Staatssekretär (für auswärtige Angelegenheiten) im Bundeskanzleramt, 1959–1966 Bundesminister für auswärtige Angelegenheiten, 1967–1983 Bundesparteiobmann, 1970–1983 Bundeskanzler, bildete 1970 eine Minderheitsregierung und konnte nach den Wahlen 1971, 1975 und 1979 durch die für seine Partei erreichte absolute Mehrheit Alleinregierungen bilden. Kreisky genoß internationale Anerkennung durch seine Aktivitäten im Nahost-Konflikt und zeichnete sich trotz seiner jüdischen Herkunft durch besonders gute Beziehungen zu den arabischen Ländern aus.
10. August Österreichische Atomexperten beginnen mit der Untersuchung des Kernreaktors in Bohunice (ČSFR).
13. August Die Bundesregierung beschließt, sich den im Zuge des »Golfkriegs« festgesetzten Sanktionen des UN-Sicherheitsrats gegen den Irak bzw. das von diesem besetzte Emirat Kuwait anzuschließen; das bedeutet keine Ein-, Aus- und Durchfuhr von Waren und Waffen und auch keine Transportbewilligungen für Lkws aus diesen Ländern.
17. August Bundespräsident Kurt Waldheim appelliert an den irakischen Staatspräsidenten Saddam Hussein, den im Irak und in Kuwait festgehaltenen Österreichern die Ausreise zu ermöglichen.
20. August Der Ex-Präsident der steirischen Arbeiterkammer, Alois Rechberger wird aus der SPÖ ausgeschlossen; darüber hinaus werden alle Unterlagen der Staatsanwaltschaft zugänglich gemacht und der Rechnungshof wird eingeschaltet.
25. August Bundespräsident Kurt Waldheim erreicht durch persönliche Gespräche mit dem irakischen Staatspräsidenten Saddam Hussein in Bagdad, die bedingungslose Freilassung aller Österreicher, die im Golfkrieg als Geiseln festgehalten waren und nun mit ihm zurückfliegen werden.
7. September Das Bundesheer unterstützt ab sofort die dafür zuständige Gendarmerie und Zollwache bei der Überwachung der Staatsgrenze gegen illegale Einwanderer; Schwerpunkt dieser etwa 1 500 Mann umfassenden Aktion ist die österreichisch-ungarische Grenze.
— Österreich führt für polnische Staatsbürger für die nächsten sechs Monate die Visumpflicht ein.
13. September Bei einem Vortrag in München bezeichnet FPÖ-Bundesparteiobmann Jörg Haider die österreichische Neutralität als »Stolperstein auf dem Weg in die EG« und verlangt, die im Österreichischen Staatsvertrag von 1955 fixierten Beschränkungen der österreichischen Souveränität zu revidieren – diese Äußerungen lösen in Österreich Empörung und Ablehnung aus.
— Österreich kündigt den seit 1960 mit Italien bestehenden, und jährlich verlängerten Transitvertrag: Italien erhält bis zum Abschluß eines neuen Vertrags monatlich ein Zwölftel des bisherigen Jahreskontingents.
15. September Ecke Stephansplatz/Stock-im-Eisen-Platz im Zentrum von Wien wird das von Architekt Hans Hollein erbaute, neue »Haas-Haus« eröffnet.
24. September Auf den Tag genau nach sieben Jahren findet die letzte Aufführung des Erfolgsmusicals »Cats« im Wiener Ronacher-Theater statt; 2 080 Vorstellungen (davon je 15 in Ost-Berlin und Moskau) wurden von 2 161 000 Zuschauern besucht, insgesamt haben 148 Darsteller mitgewirkt.
25. September Ex-Bundeskanzler Fred Sinowatz wird im Ehrenbeleidigungsprozeß gegen den »profil«-Redakteur Alfred Worm wegen falscher Aussage zu einer Geldstrafe von 360 000 Schilling verurteilt und legt Berufung ein.
7. Oktober Nationalratswahlen: Die SPÖ kann ihren Mandatsstand halten, die ÖVP muß schwere Verluste hinnehmen während die FPÖ ihre Mandate fast verdoppeln kann *(→ Anhang)*.
16.–22. Oktober Der italienische Verkehrsminister Carlo Bernini erläßt eine Anweisung, wonach an den Übergängen Brenner, Reschen und Silian keine Lkws passieren dürfen und will damit erreichen, daß Österreich seine restriktive Transitpolitik lockert und mehr Durchfahrgenehmigungen ausstellt. Protestierende Lkw-Fahrer blockieren daraufhin die Übergänge total und sind erst nach Strafandrohungen durch die Gendarmerie am 20. Oktober bereit, ihrerseits die Blockade aufzuheben. Am 22. Oktober erklärt Italien (trotz inzwischen ausgestellter neuer Genehmigungen), die Grenzsperre für Lkws solange aufrecht zu erhalten, bis das Transitproblem durch neue Verhandlungen gelöst ist. Der zuständige EG-Kommissär weist Italien auf die Rechtswidrigkeit der Blockade hin.
25. Oktober Gerd Bacher wird mit Zweidrittelmehrheit definitiv zum neuen ORF-Generalintendanten gewählt; Bacher nimmt diese Funktion nunmehr (mit Unterbrechung) zum drittenmal wahr.

5. November Konstituierende Sitzung des Nationalrats für die XVIII. Gesetzgebungsperiode; Heinz Fischer (SPÖ) wird mit 153 von 166 abgegebenen Stimmen Präsident, Robert Lichal (ÖVP) mit 125 von 147 gültigen Stimmen Zweiter Päsident, Heide Schmidt (FPÖ) sehr knapp mit 70 von 136 gültigen Stimmen Dritte(r) Präsident(in).
— Die Staatsanwaltschaft Wien stellt fest, daß das Verfahren gegen Verteidigungsminister Robert Lichal im Zusammenhang mit der sogenannten Munitionsaffäre eingestellt wird.
6. November Das Außenministerium übergibt den vier Signatarstaaten des Österreichischen Staatsvertrags von 1955 eine Note, wonach »in Anpassung an die veränderte politische Situation in Europa« die Bundesregierung einige Punkte für überholt erklärt hat: Art. 12 (Verbot der Dienstleistung von Mitgliedern ehemaliger NS-Organisationen in den österreichischen Streitkräften); Art. 13 (Verbot von Spezialwaffen), wobei sich jedoch Österreich völkerrechtlich verpflichtet, keine atomaren, biologischen oder chemischen Waffen herzustellen, zu besitzen oder zu verwenden versucht; Art. 14 (Verfügung über Kriegsmaterial alliierten und deutschen Ursprungs); Art. 15 (Verhinderung der deutschen Wiederaufrüstung); Art. 16 (Verbot der Anschaffung von Zivilflugzeugen deutscher oder japanischer Bauart); Art. 22, Ziffer 12 (Verbot der Übertragung ehemals deutschen Eigentums an Deutsche oder andere Ausländer). Die Signatarstaaten reagieren positiv und erheben gegen den Beschluß keinerlei Einwand.
16. November Walter Meischberger und Matthias Reichhold werden neue FPÖ-Generalsekretäre.
19. November Nach dem Rücktritt von Wolfgang Petrik als Wiener ÖVP-Landesparteiobmann einigt sich die Landesparteileitung auf Heinrich Wille, der auf einem Sonderparteitag am 19. Januar 1991 gewählt werden soll; Wille verlangt jedoch Sondervollmachten in Personalfragen (die entsprechenden Statutenänderungen bedürfen auf dem Parteitag der Zweidrittelmehrheit), andernfalls er seine Kandidatur wieder zurückziehen werde.
20.–28. November Die Bundesregierung beschließt, rund 7 000 Rumänen, denen kein Asylrecht zuerkannt wurde, sowie jene, die in Österreich straffällig wurden, in ihre Heimat abzuschieben. Nachdem diese Entscheidung heftige Proteste auslöst, einigen sich die Sozialpartner am 28. November, daß jene Rumänen, die einen ihrer Qualifikation entsprechenden Arbeitsplatz finden und jene, die Verwandte in Österreich haben, nicht abgeschoben werden sollen.
30. November Hilde Spiel stirbt in Wien; geb. am 19. Oktober 1911 in Wien; Schriftstellerin, Essayistin und Übersetzerin, lebte 1937–1963 in England.
1. Dezember Das renovierte Palmenhaus in Schönbrunn wird wiedereröffnet.
2. Dezember Paul Hoffmann stirbt in Wien; geb. am 24. März 1902 in Barmen (Ruhrgebiet/BRD); kam nach langjähriger Tätigkeit als künstlerischer Leiter des Stuttgarter Staatsschauspiels 1959 als Schauspieler an das Wiener Burgtheater und war 1968–1972 dessen Direktor.
5. Dezember Rudolf Sallinger tritt nach 26 Jahren als Präsident der Bundeskammer der gewerblichen Wirtschaft zurück; Nachfolger wird Leopold Maderthaner.
7. Dezember Uraufführung der (bereits 1930 entstandenen!) musikalischen Satire »Kehraus um St. Stephan« von Ernst Křenek im Wiener Ronacher-Theater.
9. Dezember Durch einen Sieg im Super-G in Altenmarkt/Zauchensee ist Petra Kronberger nun die erste Skirennläuferin der Welt, die in sämtlichen Disziplinen zumindest einmal gewonnen hat.
12.–16. Dezember SPÖ und ÖVP einigen sich nach der bereits am 9. Dezember erfolgten Abstimmung über ein Koalitionsprogramm nun auch auf einige Kompetenzänderungen in der Bundesregierung: Das bisherige Frauenstaatssekretariat wird in ein Kanzleramtsministerium für Frauenfragen umgewandelt, Gesundheit und Sport werden ein eigenes Ressort, für Beamtenfragen und auch für Integrationsfragen soll es je einen von der SPÖ nominierten Staatssekretär geben, im Wirtschaftsministerium soll es einen von der ÖVP nominierten für Bauten zuständigen Staatssekretär geben; weiters ist ein parteiunabhängiger Justizminister vorgesehen. Der ursprünglich von der SPÖ für diese Funktion vorgeschlagene Sektionschef und seinerzeitige ORF-Generalintendant Otto Oberhammer scheitert am Einspruch der ÖVP, die in diesem Zusammenhang sogar das Koalitionsabkommen in Frage stellt, da Oberhammer bzw. dessen Ehefrau ein freundschaftliches Naheverhältnis zur Lebensgefährtin des Hauptangeklagten im »Lucona«-Prozeß, Udo Proksch, nachgesagt wird. Erst nach Abgabe einer Ehrenerklärung von Bundeskanzler Franz Vranitzky und Vizekanzler Josef Riegler zieht Oberhammer seine Kandidatur zurück. Schließlich einigt man sich auf den Präsidenten der Notariatskammer Nikolaus Michalek als neuen Justizminister.
13. Dezember Ein Bericht der im grenznahen ČSFR-Atomkraftwerk Bohunice eingesetzten österreichischen Untersuchungskommission ergibt »ein ungewöhnlich hohes Unfallrisiko«. Die österreichische Bundesregierung will daher mit großem Nachdruck auf eine Stillegung drängen.
— Raimund Solonar wird neuer ÖVP-Generalsekretär.
17. Dezember Angelobung der neuen Bundesregierung: Bundeskanzler: Franz Vranitzky (SPÖ), Vizekanzler und Minister für Föderalismus und Verwaltungsreform: Josef Riegler (ÖVP), Finanzen: Ferdinand Lacina (SPÖ), Auswärtige Angelegenheiten: Alois Mock (ÖVP), Wirtschaft: Wolfgang Schüssel (ÖVP), Inneres: Franz Löschnak (SPÖ), Justiz: Nikolaus Michalek (parteiunabhängig), Landesverteidigung: Werner Fasslabend (ÖVP), Land- und Forstwirtschaft: Franz Fischler (ÖVP), Umwelt, Jugend und Familie: Marilies Flemming (ÖVP), Unterricht und Kunst: Rudolf Scholten (SPÖ), Öffentliche Wirtschaft und Verkehr: Rudolf Streicher (SPÖ), Wissenschaft und Forschung: Erhard Busek (ÖVP), Frauenfragen: Johanna Dohnal (SPÖ), Gesundheit und Sport: Harald Ettl (SPÖ), Arbeit und Soziales: Josef Hesoun (SPÖ); Staatssekretär für Europa und Integration: Peter Jankowitsch (SPÖ), für Beamte: Peter Kostelka (SPÖ), für Finanzen: Günter Stummvoll (ÖVP), für Bauten und Tourismus: Maria Fekter (ÖVP).
20. Dezember Welturaufführung des Musikals »Freudiana« von Eric Woolfson, Brian Brolly und Linda Winiewicz im Theater an der Wien.
Ende Dezember Österreich hat 2 929 780 unselbstän-

dig Erwerbstätige (1 216 424 Frauen und 1 713 356 Männer), die Arbeitslosenrate ist 6,9% (Vorjahr 6,2%), die Zahl der arbeitslos Gemeldeten beträgt 216 480.
— Die Inflationsrate für 1990 beträgt 3,3% (Vorjahr 2,5%); das Wirtschaftswachstum 4,9%.
— In Österreich bestehen zur Zeit 9 989 Einzelhandelsgeschäfte, davon 2,4% Verbrauchermärkte (mit 25,6% des Gesamtumsatzes), 13,1% Supermärkte (29,1%), 13,2% große Geschäfte (17,7%), 13,9% mittlere Geschäfte (11,1%) und 57,4% kleine Geschäfte (16,5%).
— Für insgesamt 22 789 Asylwerber wurden 12 648 Verfahren beendet, 864 Asylwerbern wurde der Flüchtlingsstatus zuerkannt.
— An die Volksanwaltschaft wurden 5 675 Beschwerden oder Anliegen herangetragen.
— Österreichs Sportler errangen 1990 auf internationaler Ebene 17 Weltmeister- und 26 Europameister-Titel.
►**1991, 1. Januar** Österreich wird für zwei Jahre nicht-ständiges Mitglied des UN-Sicherheitsrates.
— Österreich übernimmt für das 1. Halbjahr den EFTA-Vorsitz.
3. Januar Der österreichische UNO-Botschafter wird zum Vorsitzenden des UNO-Sanktionsausschusses im »Golf-Konflikt« gewählt.
7. Januar Beim traditionellen »Dreikönigstreffen« der ÖVP in Maria Plain wird die Analyse der Partei durch das Managementzentrum St. Gallen besprochen: Die Stärke der ÖVP liegt in ihrer Vielfalt und den zahlreichen handelnden Personen, die Schwächen sind das Fehlen prägnanter Ziele, einer effizienten innerparteilichen Kommunikation und die zu geringe Innovationskraft; eine Neuorganisation wird in Angriff genommen.
10./14. Januar Bundespräsident Kurt Waldheim stattet Ägypten, dem Sultanat Oman und Jordanien Staatsbesuche ab; Hauptthema ist die Situation im Golf-Konflikt.
12. Januar Die erste Ausgabe des von den ehemaligen Redakteuren des Wirtschaftsmagazins »trend«, Günther Doujak und Reinhard Engel gegründeten Monatsmagazins »New Business« erscheint.
13. Januar In Österreich werden als Vorsorge für den Fall eines AKW-Unfalls Jodtabletten an die Bevölkerung verteilt.
17. Januar § 3 des Kriegsmaterialexportgesetzes und § 320 des Strafgesetzbuches werden geändert, um trotz der österreichischen Verpflichtung zur Neutralität, der Bundesregierung im Fall friedenserhaltender Aktionen einen gewissen Handlungsspielraum zu geben, wie z. B. die Erlaubnis zum Überfliegen österreichischen Staatsgebiets, oder auch Waffenlieferungen zuzulassen *(→ 5. Februar).*
18. Januar Auf einem außerordentlichen Parteitag der Wiener ÖVP wird Heinrich Wille mit 68,4% der Stimmen (bei zwei Gegenkandidaten) zum neuen Landesparteiobmann gewählt.
— Der Wiener Opernball wird wegen der Ereignisse im Golfkrieg abgesagt.
23./24. Januar Ministerkonferenz des Europarates in Wien zum Thema Europäische Wanderungsbewegungen und Flüchtlingsprobleme.
25. Januar Die Waffenfabrik »Noricum« wird an den Assmann-Konzern verkauft.
29. Januar Der Ministerrat beschließt, 135 Millionen Schilling für die Anrainerstaaten des »Golfkonflikts« zur Verfügung zu stellen.
— Bruno Marek stirbt in Wien; geb. am 23. Januar 1900 in Wien; SPÖ-Politiker, ab 1945 Abgeordneter zum Wiener Gemeinderat, 1949–1965 Erster Präsident des Wiener Landtags, 1965–1970 Bürgermeister von Wien.
30. Januar Die Verhandlungen von Verkehrsminister Rudolf Streicher mit dem zuständigen EG-Kommissar über einen Transitvertrag bringen keinerlei Übereinstimmung in den offenen Fragen der Geltungsdauer, der Einbeziehung von Routen, einer Gewichtsbeschränkung und umweltschonender Technologien.
1. Februar 14 der 18 im »Noricum«-Prozeß wegen illegaler Waffengeschäfte mit dem Iran angeklagten Manager werden zu Freiheitsstrafen zwischen sechs Monaten und zweieinhalb Jahren (bis auf zwei Ausnahmen) bedingt verurteilt.
3. Februar Bei den Alpinen Skiweltmeisterschaften erreicht Österreich mit fünf Gold- und je drei Silber- bzw. Bronzemedaillen Platz 1 in der Nationenwertung.
5. Februar Die Bundesregierung genehmigt (auf Basis der UNO-Resolution 678) die Durchfuhr von 103 amerikanischen Bergepanzern aus Deutschland nach Italien für den Einsatz im Golfkonflikt *(→ 17. Januar).*
— Nach mehrtägiger Suche wird im Indischen Ozean in 4 700 m Tiefe das Wrack der von Udo Proksch angeheuerten bzw. versenkten »Lucona« gefunden.
— Österreich wird mit fünf Gold-, drei Silber- und drei Bronzemedaillen erfolgreichste Nation bei der Ski-WM.
17. Februar Hans Thimig stirbt in Wien; geb. am 23. Juli 1900 in Wien; Kammerschauspieler und Regisseur, trat bereits im Alter von 16 Jahren am Wiener Volkstheater auf, 1918–1924 am Wiener Burgtheater, 1924–1933 und 1935–1943 am Theater in der Josefstadt (1939–1942 auch Schauspieldirektor), 1946 und 1959/60 Leiter des Reinhardt-Seminars, seit 1949 wieder am Wiener Burgtheater.
18./19. Februar Bundeskanzler Franz Vranitzky verhandelt mit EG-Kommissionspräsident Jacques Delors über den EWR und Österreichs Beitrittsansuchen zur EG; die EG legt den Entwurf für einen Transitvertrag vor.
22. Februar Henriette Naber aus dem Jugend- und Familienministerium wird als erste bundesweit tätige Kinder- und Jugendanwältin bestellt.
26. Februar Josef Schoiswohl stirbt in Wien; geb. am 3. Januar 1901 in Guntramsdorf (Niederösterreich); 1949 Apostol. Administrator für das Burgenland, 1951 Weihe zum Bischof, 1954–1968 Diözesanbischof von Graz-Seckau.
27. Februar Bundesministerin Marilies Flemming tritt zurück; Anlaß ist die Tatsache, daß sie ihre Beteiligung an der Filmproduktionsfirma ihres Ehemannes (die auch ORF-Aufträge erhielt) dem Unvereinbarkeitsausschuß des Parlaments nicht gemeldet hatte *(→ 5. März).*
März Die Tageszeitung »Volksstimme«, Zentralorgan der KPÖ, wird eingestellt. Als Nachfolgepublikation wird im April das Wochenmagazin »Salto« gegründet.
5. März Ruth Feldgrill-Zankel, Stadträtin in Graz, wird als neue Bundesministerin für Umwelt, Jugend und Familie angelobt *(→ 27. Februar).*
10. März Gemeinderatswahlen in Kärnten: Erstmals können Bürgermeister direkt gewählt werden; bereits

im ersten Wahlgang werden zwei Drittel der Bürgermeister gewählt und schneiden dabei zum Teil deutlich besser ab, als ihre Parteilisten.

11. März Österreich beteiligt sich an EG-Forschungsprogrammen im Bereich der Wirtschaftswissenschaften (SPES) und der Medizin.

— Udo Proksch wird im »Lucona«-Prozeß wegen sechsfachen Mordes, Mordversuchs, vorsätzlicher Gefährdung durch Sprengmittel und versuchten schweren Betrugs zu 20 Jahren Freiheitsentzug verurteilt.

13. März Im Wissenschaftsministerium wird ein Büro für europäische Bildungskooperation eröffnet, in dem die EG-Programme COMETT, SCIENCE, SPES und ERASMUS sowie EG-Austauschprogramme mit Mittel- und Osteuropa realisiert und betreut werden.

— Österreich hebt nach der Wiederherstellung der Souveränität, das (bis dahin auch für das vom Irak besetzte Kuwait geltende) Embargo Kuwaits auf.

— Architekt Laurids Ortner stellt der Öffentlichkeit seinen überarbeiteten Entwurf für das seit 1986 in Planung befindliche »Museumsquartier« im Wiener Messepalast (den ehemaligen kaiserlichen Hofstallungen) vor; der Entwurf sieht die Errichtung eines Museums moderner Kunst für die Stiftung Ludwig sowie die Sammlung Leopold vor, weiters eine Veranstaltungshalle und einen »Leseturm«; die Planungen stoßen auf geteiltes Echo.

14. März Am Grenzübergang Spielfeld werden nach einem anonymen Hinweis vom österreichischen Zoll in einem Sattelschlepper 12 Tonnen Haschisch im Wert von rund 1,5 Milliarden Schilling beschlagnahmt.

16. März Landesrat Wendelin Weingartner wird, als Nachfolger des nicht mehr kandidierenden Alois Partl, Landesparteiobmann der Tiroler ÖVP.

17. März Mit 83% votieren die steirischen Bauern für die Beibehaltung der Pflichtmitgliedschaft in der Landwirtschaftskammer.

18. März Außenminister Alois Mock eröffnet das Konfliktverhütungszentrum der KSZE in Wien.

— Susanne Sohn und Walter Silbermayer scheiden mit sofortiger Wirkung als Vorsitzende der KPÖ aus und legen auch ihre Mitgliedschaft zurück; 20 von 56 Mitgliedern verlassen gleichzeitig das Zentralkomitee.

22. März Der Nationalrat beschließt mit den Stimmen der Regierungsparteien das Budget 1991: Einnahmen von 537 Milliarden stehen Ausgaben von 600 Milliarden gegenüber; das Defizit entspricht 3,3% des BIP.

26. März Abschluß »Runder Tisch Europa II«: 22 Länder berieten auf Einladung von Vizekanzler und ÖVP-Bundesparteiobmann Josef Riegler Zukunftsaspekte von Minderheiten-, Nationalitäten- und Territorialfragen.

27. März SPÖ und ÖVP einigen sich auf einen vorerst auf zwei Jahre begrenzten Kompromiß beim Zivildienst: Abschaffung der Gewissensprüfung, Verlängerung von acht auf zehn Monate, mit Ausnahme des Dienstes unter erschwerten Bedingungen. (Per 31. Dezember 1990 betrug der Stand an Zivildienstpflichtigen 39 482 Mann, die in 392 dafür anerkannten Einrichtungen tätig sind.)

29. März Im »Lainzer Mordprozeß« werden zwei der angeklagten Krankenschwestern zu lebenslanger Haft, eine Schwester zu 20 und eine zu 15 Jahren Freiheitsentzug verurteilt.

1. April Die Ruhensbestimmungen für alle Pensionen fallen weg.

7. April Die Freiheitliche Partei Österreichs (FPÖ) feiert ihr 35jähriges Bestehen.

11. April Günther Greindl, Brigadier des österreichischen Bundesheeres, wird zum Kommandanten der im irakisch-kurdischen Grenzgebiet eingesetzten UNO-Truppen ernannt.

12. April Das Österreichische Rote Kreuz schickt einen ersten Kurden-Hilfskonvoi in das iranische Krisengebiet; weiters ist Österreich bereit, 200 kurdische Flüchtlinge aufzunehmen und stellt auch einige hundert Spitalbetten zur Verfügung.

15. April Ex-Bundeskanzler Fred Sinowatz wird im Berufungsverfahren wegen falscher Zeugenaussage zu einer Strafe von 360 000 Schilling rechtskräftig verurteilt (Sinowatz hatte bestritten, im Oktober 1985 in einer Sitzung des burgenländischen SPÖ-Landesparteivorstands von »der braunen Vergangenheit« Kurt Waldheims gesprochen zu haben); auch andere SPÖ-Politiker, die an der Sitzung teilgenommen und vor Gericht die Äußerungen behauptet hatten, solches nicht gehört zu haben, müssen nun mit Verfahren rechnen *(→ 11. September)*.

18. April Der Nationalrat beschließt mit einer Änderung des »Ökofonds«-Gesetzes, Umweltmaßnahmen in den östlichen Nachbarstaaten in der Höhe von 200 Millionen Schilling zu unterstützen.

22. April Mit den Stimmen der SPÖ und der FPÖ wird die vorzeitige Auflösung des burgenländischen Landtags beschlossen.

3. Mai In Moskau fällt die Entscheidung, daß von den beiden österreichischen Kandidaten für den russischen Weltraumflug der 30jährige Franz Viehböck ins Weltall starten wird; Clemens Lothaller wird der Reservemannschaft zugeteilt. Der Start soll am 2. Oktober erfolgen.

— Der Leichnam des 1975 im österreichischen Exil verstorbenen und in Mariazell (Steiermark) beigesetzten ungarischen Kardinals Jozsef Mindszenty, wird nach Esztergom, dem Sitz des Primás von Ungarn, überführt.

8. Mai In Linz findet eine Konferenz »Europa der Regionen« statt; Vertreter aus 37 Ländern, Regionen und autonomen Gemeinschaften fordern einen »föderalistisch geprägten Aufbau der EG von unten nach oben«.

15.–17. Mai Bei einer Volksbefragung (Wahlbeteiligung 44%) spricht sich die Wiener Bevölkerung mit einer Zweidrittelmehrheit gegen die Abhaltung der Weltausstellung EXPO 1995 in Wien aus.

15. Mai Stichtag der Volkszählung; danach leben in Österreich 7 796 000 Menschen *(→ Ende April 1993)*.

18. Mai Der erfolgreiche Skifahrer Rudolf Nierlich verunglückt tödlich bei einem Autounfall.

21. Mai Der Ministerrat beschließt, rückwirkend ab 1. Januar nichtberufstätige bzw. studierende Mütter, sowie Frauen, die nach dem Mutterschutz sofort ins Erwerbsleben zurückkehren, mit einem einmaligen Betrag von 12 000 Schilling zu unterstützen.

23. Mai Vizekanzler und ÖVP-Bundesparteiobmann Josef Riegler teilt mit, daß er beim kommenden Bundesparteitag nicht mehr als Obmann kandidieren werde; auch Generalsekretär Raimund Solonar wird zu diesem Zeitpunkt sein Amt zur Verfügung stellen *(→ 28. Juni)*.

26. Mai Kurz nach dem Start in Bangkok (Thailand) stürzt eine Boeing 767 (»Mozart«) der Lauda Air ab: alle 223 Passagiere, darunter auch der bekannte Innsbrucker Universitätsprofessor Clemens August Andreae sowie die 10 Besatzungsmitglieder kommen dabei ums

Leben; vermutliche Ursache für die Katastrophe war das unkontrollierte Einschalten der Schubumkehr eines Triebwerks *(→ Ende August 1993)*.

4. Juni Der zwei Jahre andauernde »Transitstreit« zwischen Österreich und Italien wird mit einem neuen Abkommen zum grenzüberschreitenden Verkehr beendet; das Kontingent mit 220 000 Fahrten bleibt zwar gleich, Leerfahrten werden jedoch künftig nicht angerechnet, für je zwei Lkws, die per Bahn über die »rollende Landstraße« transportiert werden, wird eine weitere Genehmigung zur Durchfahrt erteilt.

— Franz Schaffranek stirbt in Wien; geb. am 23. Juni 1930 in Wien; Schauspieler und Theaterdirektor, gründete 1963 gemeinsam mit seiner aus Amerika stammenden Frau Ruth Brinkmann »Vienna's English Theatre«, das erste fremdsprachige Theater in Wien.

11. Juni In der Wiener Innenstadt demonstrieren rund 16 000 Exekutivbeamte, um ihrer Forderung nach höherem Einkommen und verschiedenen Verbesserungen der Arbeitsbedingungen Nachdruck zu verleihen.

12. Juni Das Justizministerium stimmt einem Antrag der Staatsanwaltschaft zu, gegen die mittlerweile zur Präsidentin des Verwaltungsgerichtshofes ernannte Ingrid Petrik ein Strafverfahren wegen »falscher Beweisaussage« im parlamentarischen »Noricum«-Untersuchungsausschuß zu eröffnen *(→ 12. Dezember)*.

13.–25. Juni Während einer Sitzung des Kärntner Landtags spricht Landeshauptmann Jörg Haider von einer »ordentlichen Beschäftigungspolitik im Dritten Reich«, die vergleichsweise von der österreichischen Bundesregierung nicht zustandegebracht werde. Diese Äußerung löst österreichweit Empörung aus: Die Kärntner ÖVP beschließt am 17. Juni, die Weiterführung der Koalition mit der FPÖ wäre nur möglich, wenn Haider als Landeshauptmann zurücktritt, am 18. Juni verabschiedet der Ministerrat eine Erklärung, mit der Haider zum Rücktritt als Landeshauptmann aufgefordert wird. Am 19. Juni findet in Klagenfurt eine Solidaritätskundgebung für Haider statt, an der rund 10 000 Menschen teilnehmen. Am 21. Juni wird im Landtag ein Mißtrauensantrag gegen Haider als Landeshauptmann mit den Stimmen der SPÖ und ÖVP angenommen; am 25. Juni wird Christof Zernatto (ÖVP) mit den Stimmen der SPÖ zum neuen Landeshauptmann gewählt, Haider wird schließlich mit den Stimmen der FPÖ zum zweiten Landeshauptmann-Stellvertreter gewählt.

14./15. Juni Auf dem 32. ordentlichen Bundesparteitag der SPÖ in Linz wird beschlossen, den Namen der Partei von »Sozialistische Partei Österreichs« in »Sozialdemokratische Partei Österreichs« zu ändern.

20. Juni Rund 110 000 Lehrer an Pflichtschulen, berufsbildenden Mittelschulen und Berufsschulen treten in einen eintägigen Warnstreik, um ihre Forderung nach Wiederherstellung der Besoldungsgerechtigkeit zwischen Akademikern und Nichtakademikern durchzusetzen; von diesem Streik sind rund 450 000 Schüler betroffen.

21. Juni Bundespräsident Kurt Waldheim verzichtet auf die Kandidatur für eine zweite Amtsperiode.

23. Juni Landtagswahl im Burgenland: Die SPÖ kann ihre Mandate halten, die ÖVP verliert eines an die FPÖ, die Grünen verfehlen den Einzug in den Landtag *(→ Anhang)*. Die ÖVP erklärt, Hans Sipötz (SPÖ) nicht zum Landeshauptmann zu wählen, da er im Verdacht der falschen Zeugenaussage stehe *(→ 15. April, 18. Juli)*.

26. Juni Der Landesverteidigungsrat empfiehlt der Bundesregierung eine Reihe organisatorischer Veränderungen im Bundesheer, darunter eine Verkleinerung der Zentralstellen, Verkürzung der Kommunikations- und Entscheidungswege, Auflösung des Armeekommandos, und durch die Schaffung eines dritten Korps auch eine neue Regelung der Bereichseinteilung.

27. Juni Österreich setzt im Jugoslawien-Konflikt die erste Stufe des KSZE-Konfliktverhütungsverfahrens in Gang: Von der jugoslawischen Bundesregierung wird innerhalb von 48 Stunden eine Stellungnahme zu den dortigen militärischen Aktivitäten verlangt.

28. Juni Beim 29. ÖVP-Bundesparteitag wird Wissenschaftsminister Erhard Busek mit 56,4% der Stimmen gegen den ebenfalls kandidierenden Bernhard Görg zum neuen Bundesparteiobmann gewählt; Ingrid Korosec und Ferdinand Maier werden Generalsekretäre. Unter dem Eindruck der kriegsähnlichen Ereignisse in Jugoslawien wird der Parteitag vorzeitig abgebrochen.

— Nach mehrmaliger Verletzung des südlichen österreichischen Luftraums durch jugoslawische Kampfflugzeuge werden rund 5 000 Mann des Bundesheeres sowie Draken-Abfangjäger in die Grenzgebiete Kärntens, der Steiermark und des Burgenlandes verlegt *(→ 6. August)*.

29. Juni Österreich setzt im Jugoslawien-Konflikt im Einvernehmen mit den EG-Staaten die zweite Stufe des KSZE-Konfliktverhütungsverfahrens in Gang und beruft den Konsultativausschuß aller 35 KSZE-Staaten ein.

1. Juli Der Generalintendant der Wiener Vereinigten Bühnen, Peter Weck, gibt bekannt, daß er seinen Ende 1992 auslaufenden Vertrag nicht verlängern werde.

2. Juli Wissenschaftsminister und ÖVP-Bundesparteiobmann Erhard Busek wird als Vizekanzler angelobt.

8. Juli Bundeskanzler Franz Vranitzky erklärt vor dem Nationalrat ». . . Wir bekennen uns zu allen Daten unserer Geschichte und zu den Taten aller Teile unseres Volkes, zu den guten wie zu den bösen; und so wie wir die guten für uns in Anspruch nehmen, haben wir uns für die bösen zu entschuldigen – bei den Überlebenden und bei den Nachkommen der Toten . . .«.

10. Juli Der Nationalrat beschließt erweiterte Ladenöffnungszeiten, wonach an Werktagen bis 19.30 Uhr, einmal wöchentlich bis 21 Uhr offengehalten werden darf; insgesamt besteht dafür ein Rahmen von 60 Stunden.

12. Juli Der Wiener Weihbischof Kurt Krenn wird zum neuen Diözesanbischof von St. Pölten ernannt; zum neuen Weihbischof von Wien wird der Dominikanerpater Christoph Schönborn ernannt.

18. Juli Landesrat Karl Stix (SPÖ) wird mit den Stimmen von SPÖ und ÖVP neuer Landeshauptmann des Burgenlandes; am 27. Juni hatten sowohl der bisherige Landeshauptmann Hans Sipötz (SPÖ) als auch Franz Sauerzopf (ÖVP) auf eine Kandidatur als Landeshauptmann verzichtet *(→ 23. Juni)*.

31. Juli Die EG-Kommission veröffentlicht eine positive Stellungnahme (»Avis«) zum EG-Beitritt Österreichs, dem EG-Ministerrat wird damit empfohlen, die Beitrittsverhandlungen mit Österreich aufzunehmen.

6. August Nachdem die österreichischen Truppen an der slowenischen Grenze bereits Mitte Juli um die

Hälfte reduziert wurden, werden nun auch die restlichen militärischen Kräfte abgezogen *(→ 28. Juni).*

13. August Hans Weigel stirbt in Wien; geb. am 29. Mai 1908 in Wien; Schriftsteller, Kritiker und Übersetzer, emigrierte 1938–1945 in die Schweiz, förderte neben der eigenen, umfangreichen publizistischen Arbeit junge österreichische Autoren, übersetzte Molière und erwarb sich besondere Verdienste um das Werk Nestroys.

1. September Die bekannte TV-Sendung »Ein Fall für den Volksanwalt« wird wegen einem zwischen Volksanwalt Herbert Kohlmaier (ÖVP) und Moderator Hans-Paul Strobl schon längere Zeit schwelenden Konflikt von den Volksanwälten boykottiert *(→ 13. Oktober).*

— Der Visumzwang für polnische Staatsbürger wird aufgehoben.

8. September Bei der Architektur-Biennale in Venedig gewinnt der österreichische Kurator Hans Hollein mit seiner Präsentation österreichischer Architektur den Preis für den besten ausländischen Pavillon.

11. September Die Staatsanwaltschaft erhebt als Folge der Verurteilung von Ex-Bundeskanzler Fred Sinowatz wegen falscher Zeugenaussage *(→ 15. April),* nun auch Anklage gegen die früheren burgenländischen Landeshauptleute Theodor Kery und Hans Sipötz sowie gegen weitere vier SPÖ-Politiker.

13. September Beim Absturz einer »Saab 105 Ö« des Bundesheeres bei Kirchdorf (Oberösterreich) kommen zwei Piloten ums Leben.

15. September Unter dem Motto »Nachdenken über Tirol – Zukunftsperspektive Tirol in einem geeinten Europa« findet in Gries am Brenner eine Großveranstaltung statt, bei der sowohl der Tiroler als auch der Südtiroler Landtag in einer Resolution aufgefordert werden, entsprechende Schritte zur Schaffung einer »europäischen Region Tirol« einzuleiten.

19. September An der österreichisch-italienischen Grenze (92,56 m auf italienischer Seite) wird in 3 210 m Höhe, am Kreuzungspunkt des Ötztals mit dem Schnalstal, der »homo tirolensis« (»Mann vom Hauslabjoch«, »Ötzi«) gefunden. Der vermutlich im Alter von 25 bis 30 Jahren verstorbene Hirte oder Jäger hat späteren Untersuchungen zufolge zwischen 3350 und 3300 v. Chr. gelebt. Der mumifizierte Leichnam ist 1,59 m groß, trägt Tätowierungen und hatte dunkles, gekraustes Haar. In seiner Umgebung werden verschiedene Gegenstände, Kleidungsreste und Pflanzenpollen gefunden. Der bisher älteste im Eis gefundene Tote bedeutet eine wissenschaftliche Sensation. Der Leichnam wird an der Innsbrucker Universität aufbewahrt.

22. September Landtagswahlen in der Steiermark: Die FPÖ kann ihr Stimmenpotential verdreifachen, die ÖVP verliert die absolute Mehrheit, die Grünen sind nicht mehr im Landtag vertreten *(→ Anhang).*

26. September Auf den Hauptversammlungen der Zentralsparkasse und der Österreichischen Länderbank wird die Fusion der beiden Bankinstitute beschlossen; die neue Großbank mit einer Bilanzsumme von 510 Milliarden Schilling heißt Bank Austria AG und beschäftigt 9 500 Mitarbeiter.

26. September bis 8. Oktober Bei den Zeitschriften »trend« und »profil« wird gegen die Doppelfunktion von Peter Rabl (als neu ernannter Vorstand der Zeitschriften Beteiligungs AG und gleichzeitig wie bisher Herausgeber und Chefredakteur von »profil«) gestreikt; als Kompromiß wird vereinbart, daß Rabl seine Funktionen bei »profil« vorerst bis Jahresende nicht ausüben wird.

1. Oktober Die USA heben für österreichische Touristen und Geschäftsreisende, die bis zu 90 Tagen einreisen wollen, den Visumzwang auf.

2.–10. Oktober Nach zweijähriger Vorbereitungszeit für das Projekt »Austromir« fliegt der erste Österreicher ins Weltall: Gemeinsam mit zwei russischen Astronauten startet Franz Viehböck am 2. Oktober (6.59 Uhr MEZ) vom Kosmodrom Baikonur/Leninsk (im Beisein von Bundeskanzler Franz Vranitzky, Wissenschaftsminister Erhard Busek und Verteidigungsminister Werner Fasslabend) mit der Raumkapsel Sojus TM 12 zur Raumstation »Mir« und landet, nach Aufenthalt und Experimenten in der Raumstation, am 10. Oktober (5.12 Uhr MEZ) in der Steppe von Kasachstan.

3. Oktober Der Nationalrat beschließt ein »Sicherheitspolizeigesetz« mit umfangreichen Regelungen über Aufgaben und Befugnisse der Sicherheitsexekutive.

6. Oktober Landtagswahl in Oberösterreich: Die FPÖ verdreifacht ihr Stimmenpotential, die ÖVP verliert die absolute Mehrheit, die beiden Grün-Parteien sind nicht mehr im Landtag vertreten *(→ Anhang).*

7. Oktober Die Zentralsparkasse (gegründet 1907) und die Österreichische Länderbank fusionieren zu einer Großbank unter dem Namen »Bank Austria AG«. Die Bilanzsumme dieser nunmehr größten österreichischen Bank beträgt 570 Milliarden Schilling, in 340 Zweigstellen arbeiten rund 9 200 Mitarbeiter; der Konzern ist an rund 1 000 Unternehmen direkt oder indirekt beteiligt.

8. Oktober Ex-Finanzminister Hannes Androsch wird wegen Steuerhinterziehung zu 1,8 Millionen Geldstrafe verurteilt, er beruft.

9. Oktober Der Musikdirektor der Wiener Staatsoper, Claudio Abbado, wird aus gesundheitlichen Gründen seinen Vertrag vorzeitig beenden.

12. Oktober Karl Schnell wird als Nachfolger von Mathias Reichhold zweiter Generalsekretär der FPÖ.

13. Oktober Volksanwalt Herbert Kohlmaier (ÖVP) verläßt während der laufenden TV-Sendung »Ein Fall für den Volksanwalt« aus Protest gegen den Moderator Hans-Paul Strobl das Studio; viele Politiker, darunter auch die seiner eigenen Partei, äußern sich negativ. Am 16. Oktober tritt Kohlmaier nach 35 Jahren Mitgliedschaft aus der ÖVP aus, die Sendung wird vom ORF abgesetzt und soll künftig in neuer Form präsentiert werden.

22. Oktober Jürgen Weiss (ÖVP) wird als Nachfolger von Josef Riegler als Minister für Föderalismus und Verwaltungsreform, Johannes Dietz (ÖVP) als Nachfolger von Günter Stummvoll als Staatssekretär im Finanzministerium angelobt.

— Finanzminister Ferdinand Lacina legt dem Nationalrat das Budget 1992 vor: Einnahmen von 573,9 Milliarden Schilling stehen Ausgaben von 635,9 Milliarden gegenüber; das Defizit entspricht 3% des BIP.

25. Oktober Eine MIG-21 der jugoslawischen Bundesarmee landet mit einem kroatischen Piloten auf dem Flughafen Klagenfurt; Österreich lehnt eine Rückgabe des Flugzeugs wegen des Waffenembargos ab, der Pilot kann jederzeit ausreisen.

26. Oktober Im Wiener Palais Lobkowitz wird das

Theatermuseum neu eröffnet; die erste Neukonzeption eines Bundesmuseums seit dem Ende der Monarchie.

31. Oktober Die »Neue AZ« (ehemals »Arbeiter-Zeitung«) wird nach mehr als 100 Jahren des Erscheinens und mehreren Rettungsversuchen endgültig eingestellt *(→ 13. Juli 1989).*

2. November Heinrich Drimmel stirbt in Wien; geb. am 16. Januar 1912 in Wien; ÖVP-Politiker, 1954–1964 Unterrichtsminister, 1964–1969 Amtsführender Stadtrat und Vizebürgermeister, Autor mehrerer Sachbücher.

6./7. November Die Umweltminister der sieben Alpenländer unterzeichnen eine »Alpen-Charta«, wonach das alpine Gebiet als ökologisch sensibler Lebensraum besonderen Schutzes bedarf.

10. November Landtags- bzw. Gemeinderatswahl in Wien: Der Stimmenanteil der SPÖ sinkt auf 47,2%, trotzdem wird die Mandatsmehrheit gehalten, die FPÖ überrundet die ÖVP und wird zweitstärkste Partei, die Grünen ziehen erstmals in den Landtag ein *(→ Anhang).*

13. November Der Nationalrat beschließt das neue Arbeiterkammergesetz und eine Novelle zum Handelskammergesetz.

14. November Die Bank Austria AG verkauft um zweieinhalb Milliarden Schilling das Österreichische Creditinstitut (ÖCI) an die Girozentrale.

14./15. November Die SPÖ nominiert Bundesminister Rudolf Streicher und die ÖVP den Generalsekretär im Außenamt Thomas Klestil als Kandidaten für die Bundespräsidentenwahl; am 22. November nominiert die FPÖ die Dritte Nationalratspräsidentin Heide Schmidt, am 8. Dezember wird der Zukunftsforscher Robert Jungk von den Grünen nominiert.

20. November Ein Volksbegehren der Grün-Alternativen auf Volksabstimmung über den Beitritt zum EWR erzielt nur 127 043 Unterschriften (= 2,25%).

22. November SPÖ und ÖVP einigen sich auf eine Bundesheerreform: U. a. soll bis 1994 die Truppenstärke von 200 000 auf 120 000 Mann gesenkt werden.

— Ernest Dichter stirbt in Peekskill (New York); geb. am 14. August 1907 in Wien; Psychologe und Marktforscher, emigrierte 1938 nach USA und war seitdem in der internationalen Werbebranche als Berater tätig.

27. November Erstausgabetag der ersten 100-Schilling-Silbermünze (»König Rudolf I. von Habsburg«) einer Sonderserie zum österreichischen Millennium.

30. November Josef Taus legt sein Nationalratsmandat im Zusammenhang mit der öffentlichen Diskussion um die Sanierung der zu der von ihm kontrollierten Firmengruppe gehörende Zweiradproduktion KTM zurück.

— Die FPÖ wird in der Liberalen Internationale auf die Dauer von zwei Jahren auf ihr Stimmrecht verzichten; das holländische Mitglied hatte bereits früher einen Antrag auf Ausschluß der FPÖ gestellt.

Ende November Die Weinernte 1991 beträgt rund 3,1 Millionen hl, um rund 73 000 hl weniger als im Vorjahr.

3. Dezember Ein besonderes Jubiläum: Im Nationalrat wird bereits die 50. ASVG-Novelle beschlossen.

5. Dezember Der 200. Todestag von Wolfgang Amadeus Mozart bildet den Höhepunkt eines in der ganzen Welt gefeierten Gedenkjahres mit unzähligen, über das ganze Jahr verteilten musikalischen Veranstaltungen, Ausstellungen und Kongressen; in Salzburg wurde mit japanischer Hilfe das im Zweiten Weltkrieg großteils zerstörte Geburtshaus originalgetreu wiederaufgebaut.

9.–11. Dezember EG-Gipfel in Maastricht: Aus der bisherigen Wirtschaftsgemeinschaft wird damit eine politische Union (EU).

12. Dezember Die in der Zwischenzeit pensionierte Präsidentin des Verwaltungsgerichtshofes Ingrid Petrik wird wegen falscher Zeugenaussage vor dem »Noricum«-Untersuchungsausschuß zu einer Geldstrafe von 270 000 Schilling verurteilt, Berufung wird eingelegt.

22. Dezember Ernst Křenek stirbt in Palm Springs (Kalifornien/USA); geb. am 23. August 1900 in Wien; Komponist von Zwölfton-, Jazz- und elektronischer Musik. Křenek erhält ein Ehrengrab der Stadt Wien.

— Im Westen Österreichs führen katastrophale Regen- und Schneefälle zu Überflutungen und Lawinenabgängen, Teile der Wachau stehen unter Wasser.

Ende Dezember Österreich hat 2 977 600 unselbständig Erwerbstätige (1 254 000 Frauen und 1 723 600 Männer), die Arbeitslosenrate ist 7% (Vorjahr 6,1%), die Zahl der arbeitslos Gemeldeten beträgt 224 365.

— Die Inflationsrate für 1991 beträgt 3,3% (Vorjahr 3,3%).

— Österreich mußte 1991 erstmals mehr Strom importieren als exportiert werden konnte, der Importüberschuß betrug 760kWh.

— 3 324 Insolvenzen (+ 13,2% gegenüber dem Vorjahr) verursachen Passiva von 15 Milliarden Schilling.

— Österreich exportiert jährlich rund 3,3 Millionen Paar Ski und beherrscht damit den Weltmarkt zu 50%; die wichtigsten Abnehmer sind Japan (1 000 000), Deutschland (500 000) und Italien (400 000).

— 1991 war das bisher erfolgreichste Jahr in der Tourismusgeschichte Österreichs; die Deviseneinnahmen betrugen mehr als 160 Milliarden Schilling.

— Für insgesamt 27 306 Asylwerber wurden 19 686 Verfahren beendet, 2 469 Asylwerbern wurde der Flüchtlingsstatus zuerkannt.

▶ **1992, Anfang Januar** Politiker aller Parteien äußern sich mit unterschiedlichsten Stellungnahmen zur Entfernung der Symbole Hammer und Sichel aus dem Staatswappen nach dem Zusammenbruch des Kommunismus. (Die österreichische Nationalversammlung hatte am 8. Mai 1919 beschlossen, daß der Adler im Staatswappen ». . . im rechten Fange eine goldene Sichel mit einwärts gekehrter Schneide, im linken Fange einen goldenen Hammer« zu tragen habe, die Sichel stehe für den Bauernstand, der Hammer für das gewerbliche, überhaupt das wirtschaftlich tätige Volk.)

— Weitreichende Diskussionen über die Frage, ob Rußland für den Österreichischen Staatsvertrag als Nachfolgestaat der UdSSR aufzufassen sei *(→ 15. Mai 1955).*

1. Januar Der erste Teil der Privatisierung der Arbeitsmarktverwaltung tritt in Kraft: Die Vermittlung von Arbeitskräften mit einem Jahreseinkommen ab 450 000 Schillist ist nun privaten Vermittlern offiziell möglich; der zweite Teil – die generelle Zulassung Privater – soll ab Juli 1993 erfolgen.

— Die Erhöhung der Werbetarife um 28% soll dem ORF rund eine Milliarde Schilling Mehreinnahmen bringen; die Werbeeinnahmen (4,49 Milliarden Schilling) übersteigen damit erstmals die Teilnehmergebühren (3,66 Milliarden Schilling). Der Aufwand für die 3 267 Mitarbeiter beträgt rund 3,5 Milliarden Schilling.

— Erstmals tritt der »Führerschein auf Probe« in Kraft; demnach muß jeder, der innerhalb einer zweijährigen Probezeit einen schweren Verstoß gegen die Verkehrsvorschriften begeht, zur Nachschulung antreten.
— In Wien tritt eine Änderung des Prostitutionsgesetzes in Kraft, demzufolge im Umkreis von 150 Metern um »geschützte Objekte« (u. a. Schulen, Jugendheime, Spielplätze, Heil- und Pflegeanstalten, religiösen Zwekken gewidmete Gebäude) die Anbahnung und Ausübung der Prostitution verboten ist.

3. Januar Der im Vorjahr aus der ÖVP ausgetretene Volksanwalt Herbert Kohlmaier schlägt die Auflösung der Bünde und eine Neugründung der Partei vor.

5. Januar Max Zweig stirbt in Jerusalem; geb. am 22. Juni 1892 in Proßnitz (Mähren) – altösterreichischer Dramatiker jüdischer Herkunft, Vetter Stefan Zweigs.

7. Januar Der Rechtsradikale Gottfried Küssel wird in Wien verhaftet.

14. Januar Der niederösterreichische Landeshauptmann Siegfried Ludwig tritt als ÖVP-Landesparteiobmann zurück und kündigt für den Herbst seinen Rücktritt als Landeshauptmann an.
— Österreichische Buchverlage, die überwiegend kulturorientierte Programme bieten, erhalten unter bestimmten Voraussetzungen eine Verlagsförderung.

Mitte Januar Funde der umfangreichsten archäologischen Ausgrabungen Österreichs (seit 1980 im Raum nördlich von St. Pölten), werden in Nußdorf ob der Traisen (Niederösterreich) in einem neu eröffneten »Urzeitmuseum« ausgestellt; die Fundstätten stammen aus der Altsteinzeit bis zu den Kelten, in der Nähe der Ortschaft Franzhausen wurde mit 2 102 Hockergräbern der größte Bronzezeit-Friedhof Mitteleuropas freigelegt.
— In den letzten 35 Jahren ist die Zahl der Buschenschenken (»echte Heurige«) in Wien von 512 auf 187 zurückgegangen.

15. Januar Österreich anerkennt nach langer internationaler Diskussion gleichzeitig mit 25 anderen europäischen Staaten die nach der »Auflösung« Jugoslawiens neugebildeten Republiken Slowenien und Kroatien.
— Als Nachfolgestaaten der UdSSR werden die elf Republiken der Gemeinschaft Unabhängiger Staaten (GUS) völkerrechtlich anerkannt.

16. Januar Die Grün-Alternativen wählen eine neue Klubführung; nach dem Rücktritt des bisherigen Klubobmanns Johannes Voggenhuber wird Madeleine Petrovic einstimmig zur neuen Klubobfrau gewählt.
— Bis heute sind in Österreich 696 Menschen an Aids erkrankt, 386 davon sind inzwischen gestorben.
— Uraufführung des Schauspiels »Mein Hundemund« von Werner Schwab im Wiener Schauspielhaus.

17. Januar Der Wiener Polizei gelingt die Aushebung der schwerbewaffneten Neonazibande »Wehrsportgruppe Trenck«.
— Vier Rechtsradikale werfen Molotow-Cocktails auf ein Asylantenheim in Traunkirchen (Oberösterreich).

18. Januar Aus einem unbewachten Waffenlager des Bundesheeres in Kartitsch (Osttirol) werden von unbekannten Tätern Waffen gestohlen.
— Uraufführung des Schauspiels »Honigmond« von Gabriel Barylli im Wiener Akademietheater.

18./19. Januar Als erster Außenminister stattet der österreichische Außenminister Alois Mock den erst wenige Tage vorher anerkannten Republiken Kroatien und Slowenien einen offiziellen Besuch ab.

28. Januar Hans Lang stirbt in Wien; geb. am 5. Juli 1908 in Wien; erfolgreicher Komponist von rund tausend, zum Teil weltbekannten Melodien.
— Udo Proksch, früher Inhaber der Konditorei Demel, wird im »Lucona«-Berufungsverfahren zu lebenslanger Haft verurteilt. (Sowohl Staatsanwalt als auch Verteidigung legten gegen das Urteil erster Instanz Berufung ein, bei dem Proksch nur zu 20 Jahren verurteilt wurde.)

29. Januar Zu Beginn der ersten Sitzung des Nationalrats im neuen Jahr gibt Innenminister Franz Löschnak aus aktuellem Anlaß eine Erklärung über den in Österreich ab, Motto »Wehret den Anfängen«.
— Liftunglück auf dem Naßfeld (Kärnten) mit vier Toten und neun Verletzten; Ursache war ein Materialfehler.
— Mit Schuldspruch und einer Geldstrafe für den Zweiten Präsidenten des burgenländischen Landtags, Gerhard Frasz, endet der erste »Sinowatz-Folgeprozeß«; Frasz meldet Berufung an.

30. Januar Für Südtirol werden die letzten Autonomiebestimmungen erlassen; seitens Italiens ist damit das vereinbarte »Südtirolpaket« abgeschlossen, für Österreich ist die noch offene Frage der internationalen Absicherung ungeklärt.
— Der Staatspolizei gelingt die Verhaftung von drei Mitgliedern einer Terrorgruppe, die in der ersten Februarwoche einen Anschlag auf kuwaitische und möglicherweise auch andere arabische Einrichtungen in Wien geplant hatten.
— Erstausgabetag der zweiten 100-Schilling-Silbermünze (»Kaiser Maximilian I.«) der Sonderserie zum österreichischen Millennium.

3. Februar Im Innenministerium wird die neue »Wirtschaftspartei« (WIP) registriert. Diese Partei sei »keine Interessenslobby der Wirtschaft, sondern steht für mehr wirtschaftliches Denken, weniger Bürokratie und Staat«, erklären der Vorarlberger Unternehmer Martin Zumtobel und fünf weitere Proponenten.
— Verteidigungsminister Werner Fasslabend erklärt die Verwaltungsreform des Bundesheeres für abgeschlossen, wobei zehn Abteilungen eingespart, fünf neue geschaffen und 212 Planstellen (= 14%) gestrichen wurden.

4. Februar An der Verhandlung zum Genehmigungsverfahren für die Errichtung einer Rauchgasreinigungsanlage in der Wiener Müllverbrennungsanlage Flötzersteig nehmen im Austria Center Vienna rund 1 300 (mehr als 11 000 geladene) Personen; rund 300 schriftliche Einwendungen werden erhoben.

7. Februar Außenminister Alois Mock genehmigt ohne Rücksprache in der Bundesregierung unbewaffneten NATO-Aufklärungsflugzeugen das Überfliegen Österreichs; große Verärgerung bei der SPÖ.

9. Februar Welturaufführung des Musicals »Rainbow Girl« von Albran (= Werner *Al*ince [Text] und Peter *Bran*ka [Musik]) im Stadttheater St. Pölten.

14. Februar Die Äußerung von FPÖ-Bundesrat Andreas Mölzer über die »drohende Umvolkung der deutschen Volks- und Kulturgemeinschaft« löst allgemeine Entrüstung aus (»Der falsche Mann am falschen Ort«).
— Umweltministerin Ruth Feldgrill-Zankel kündigt die Entwicklung des »Nationalen Umweltprogramms«

(NUP) an; mit diesem Plan soll die Umweltpolitik im dritten Jahrtausend festgelegt werden.

15. Februar Der im Mai 1990 aufgrund von Interventionen vorzeitig aus der Strafhaft entlassene Jack Unterweger wird international gesucht; der auch durch seine schriftstellerische Tätigkeit bekanntgewordene Unterweger steht im Verdacht, mehrere Prostituierte ermordet zu haben *(→ 27. Februar 1992).*

20. Februar Der niederösterreichische Landtag beschließt ein neues Landtags-Wahlrecht; damit können auch Vorzugsstimmen abgegeben werden. Künftig wird es in Niederösterreich 21 Wahlkreise (politische Bezirke) geben.

— Die Raiffeisen-Gruppe erwirbt vom Industriellen Leopold Helbich für 350 Millionen die direkte bzw. indirekte Mehrheit an der Tageszeitung »Kurier«.

— Uraufführung »Wittgenstein, Bernhard und andere« von Gerald Szyskowitz in der Freien Bühne Wieden.

21. Februar Das Alter des »homo tirolensis« (»Ötzi«) wird durch zwei voneinander unabhängige Radiokarbonuntersuchungen (Zürich und Oxford) mit 56%iger Wahrscheinlichkeit auf 5 342 bis 5 292 Jahre festgelegt *(→ 19. September 1991).*

8.–22. Februar Olympische Winterspiele in Albertville (Frankreich): Mit 6 Gold-, 7 Silber- und 8 Bronzemedaillen waren dies die für Österreich bisher erfolgreichsten Spiele überhaupt (zum Vergleich: Sommerspiele Berlin 1936 (5, 7, 5) und Winterspiele Innsbruck 1964 (4, 5, 3).

23./24. Februar Unterrichtsminister Rudolf Scholten gibt bekannt, daß der Vertrag mit dem umstrittenen Burgtheaterdirektor Claus Peymann bis 1996 verlängert worden sei, jedoch einige Auflagen enthalte; die Bestellung führt zu Kritik aus fast allen Lagern; die Ensemblevertretung des Burgtheaters legt ihr Mandat zurück.

— Der Tiergarten Schönbrunn in Wien wird »hinsichtlich der Organisation privatisiert«; Helmut Pechlaner wird als neuer Direktor bestellt, um den Zoo zu revitalisieren. Das Defizit beträgt rund 30 Millionen Schilling.

24. Februar Al Fats Edwards stirbt in Wien; geb. am 26. Februar 1923 in Memphis/Tennesee (USA) – der farbige Jazzsänger lebte und arbeitete die letzten dreißig Jahre in Österreich.

25. Februar Volksanwalt Herbert Kohlmaier tritt wieder der ÖVP bei (*→ 13. Oktober 1991*).

— Der St. Pöltner Diözesanbischof Kurt Krenn rügt in einem Schreiben die einstimmige Resolution des Gemeinderates von Paudorf gegen eine Amtsenthebung des Benediktinerpaters und Pfarrers Udo Fischer als »Versuch politischer Einflußnahme auf die innere Ordnung der Kirche«; Pfarrer Fischer hatte Krenn öffentlich die Verschwendung von Kirchensteuermitteln vorgeworfen.

26. Februar Der Nationalrat beschließt eine Novelle des »NS-Verbotsgesetzes«, die im wesentlichen bei verschiedenen Delikten im Rahmen nationalsozialistischer Wiederbetätigung auch verringerte Strafausmaße vorsieht und damit eher Verurteilungen möglich macht.

— Die Vorstände der früheren Länderbank (nach der Fusion mit der Zentralsparkasse nunmehr Bank Austria AG) Manfred Drennig und Konrad Rumpold treten mit sofortiger Wirkung zurück; gemeinsam mit dem bereits Mitte 1991 ausgeschiedenen Vorstand Herbert Cordt sollen sie für die entstandenen Verluste in Großbritannien finanziell zur Verantwortung gezogen werden. (Von der Bank Austria wurde zwei Tage vorher für 1991 ein Verlust von rund 5 Milliarden bekanntgegeben.)

27. Februar Georg Mautner-Markhof tritt als stellvertretender FPÖ-Bundesparteiobmann zurück, behält jedoch sein Nationalratsmandat *(→ 4. März 1992).*

— Der wegen Mordes an mehreren Prostituierten international gesuchte Österreicher Jack Unterweger wird im US-Bundesstaat Florida verhaftet.

29. Februar Karl Dittrich, seit 9. November 1975 Präsident der Wiener Handelskammer, tritt aus gesundheitlichen Gründen zurück. Sein Nachfolger wird Walter Nettig, Miteigentümer der gleichnamigen Fotokette.

Ende Februar Stefan Karner aus Graz erhält als erster westlicher Wissenschaftler Zugang zu einem Moskauer Sonderarchiv; 27 000 von rund 150 000 vorhandenen Akten über das Schicksal österreichischer Kriegsgefangener wurden bereits ausgewertet.

März Die Wiener Verkehrsbetriebe (»Wiener Linien«) setzen erstmals einen mit Flüssiggas betriebenen Niederflurautobus ein, der zur Zeit einmalig auf der Welt ist.

3. März Der Klagenfurter Verleger Reinhard Eberhart präsentiert seine Neugründung »Die Beste Partei« unter dem Motto »Frieden, Freiheit, Fröhlichkeit«.

4. März Auf einer Sitzung der FPÖ-Bundesparteileitung wird beschlossen, daß Bundesparteiobmann Jörg Haider Nationalratsabgeordneter und Klubobmann im Parlament wird (vorher mußten 26 vor ihm gereihte Kandidaten auf ihr Mandat verzichten). Der bisherige Klubobmann Norbert Gugerbauer zieht sich aus der Politik zurück; Nachfolger Haiders als Stellvertretender Landeshauptmann in Kärnten wird Matthias Reichhold. Georg Mautner-Markhof legt mit Stichtag 6. April nun auch sein Nationalratsmandat zurück *(→ 27. Februar).*

5. März Diözesanbischof Kurt Krenn hatte dem Pfarrer von Paudorf (Niederösterreich), Pater Udo Fischer, im Zusammenhang mit dessen Vorwürfen der Verschwendung von Diözesangeldern, ein Ultimatum gestellt, das ohne die angekündigte Enthebung Fischers verstreicht.

7. März Rudolf Sallinger stirbt in Wien; geb. am 3. September 1916 in Lassee (Niederösterreich); Unternehmer, ÖVP-Politiker, 1964–1990 Präsident der Bundeswirtschaftskammer. Gilt mit dem früheren Gewerkschaftspräsidenten Anton Benya als Architekt der Sozialpartnerschaft.

— Einleitung eines Volksbegehrens in der Steiermark, das die Verankerung des Rechts auf einen Kindergartenplatz in der Landesverfassung zum Ziel hat.

11. März Bundeskanzler Franz Vranitzky stellt im Nationalrat klar, daß »die österreichische Neutralität kein Tauschobjekt in den Beitrittsverhandlungen mit der EG« sein wird.

12. März Bund und Länder unterzeichnen eine Vereinbarung hinsichtlich der Mitwirkungsrechte der Länder und Gemeinden in Angelegenheiten der europäischen Integration.

— Der größte jemals in Europa auf Schienen bewältigte Transport, ein 190 t schwerer, 8 Meter langer Trockenzylinder, erfolgt vom Wiener Hafen in die Papierfabrik Ortmann im Piestingtal (Niederösterreich).

— Strafanzeige gegen den Präsidenten der Bundesingenieurkammer Walter Lüftl wegen des Verdachts der Wiederbetätigung, da er in einem Sachverständigengutachten den Massenmord in Auschwitz als technisch und organisatorisch nicht möglich bezeichnet. Lüftl legt daraufhin sein Amt zurück.

12.–13. März Wissenschaftsminister Erhard Busek stattet Spanien anläßlich der Eröffnung der spanisch-österreichischen Doppelausstellung »Die katholischen Könige – Maximilian I.« einen offiziellen Besuch ab.

13. März Erwin Tautner (seit 1985 durch Adoption Erwin Thomas Marquez Acosta) stirbt bei einem Verkehrsunfall in Spanien. Bekannt wurde Tautner durch den »Klimatechnik-Skandal« (1981), dem mit rund 5 Milliarden und 1 824 Gläubigern größten Konkurs der Zweiten Republik. Er war kurz nach dem Konkurs geflüchtet, wurde im Mai 1982 in Spanien verhaftet und an Österreich ausgeliefert; noch vor Prozeßbeginn aus der U-Haft entlassen, setzte er sich erneut ins Ausland ab.

15. März Gemeinderatswahlen in Tirol: Erstmals in diesem Bundesland können die Bürgermeister direkt gewählt werden; in 237 der 278 Gemeinden (ohne Innsbruck) erreichen die Kandidaten bereits im 1. Wahlgang die absolute Mehrheit, 216 davon gehören der ÖVP an.

17. März Der Ministerrat genehmigt die Durchfuhr von Kriegsmaterialien im Falle von UNO-Einsätzen in Kroatien und Bosnien-Herzegovina.

18.–22. März Die Wiener Frühjahrsmesse, die erstmals im März 1922 stattfand, wird zum letzten Mal in ihrer traditionellen Form als Mehrbranchenmesse veranstaltet; die neue Konzeption sieht kleinere Fachmessen vor.

19. März Die Gemeinde Seibersdorf (Niederösterreich) erklärt sich bereit, für die nächsten zwanzig Jahre Zwischenlager von leicht- und mittelaktivem Atommüll zu bleiben.

— Petra Kronberger wird zum dritten Mal in ununterbrochener Folge Gesamtsiegerin des alpinen Ski-Weltcups.

23. März Friedrich August von Hayek stirbt in Freiburg/Breisgau; geb. am 8. Mai 1899 in Wien; Nationalökonom und Nobelpreisträger *(→ 9. Oktober 1974).* Lebte und arbeitete in Österreich (zuletzt 1970–1977 an der Salzburger Universität, die er »enttäuscht von Österreich« verließ), Großbritannien, USA und Deutschland.

25. März Konferenz der »Hexagonale« (früher Pentagonale) in Klagenfurt: Umbenennung in »Initiative Mitteleuropa«.

28. März Festakt im Großen Saal des Musikvereins anläßlich des 150jährigen Bestehens der Wiener Philharmoniker *(→ 28. März 1842).* Frauenministerin Johanna Dohnal erinnert daran, daß in dem Orchester nach wie vor Frauen als Musikerinnen ausgeschlossen seien.

29. März Eberhard Wächter stirbt in Wien; geb. 8. Juli 1929 in Wien; Kammersänger, Direktor der Volksoper (ab Herbst 1987) und der Staatsoper (seit Herbst 1991). Nachfolger als Operndirektor wird der seinerzeit gleichzeitig mit ihm bestellte Generaldirektor Ioan Holender.

1. April Der Nationalrat beschließt das Schönbrunner Schloß-Gesetz, wodurch eine privatwirtschaftlich orientierte Betriebsgesellschaft möglich wird, Schönbrunn bleibt jedoch weiterhin Eigentum der Republik.

2. April Der Nationalrat beschließt das Ozoninformationsgesetz (Sofortmaßnahmen in belasteten Gebieten).

3. April Regierungsumbildung anläßlich des Ausscheidens von Verkehrsminister Rudolf Streicher (SPÖ), der als Bundespräsident kandidiert. Neuer Verkehrsminister wird Viktor Klima; Michael Ausserwinkler löst Harald Ettl als Gesundheitsminister ab und Brigitte Ederer wird neue Staatssekretärin für europäische Integration.

4. April ÖVP-Landesparteitag in Niederösterreich: Erwin Pröll wird mit 94,5% der Stimmen Nachfolger von Siegfried Ludwig als neuer Landesparteiobmann.

— FPÖ Landesparteitage im Burgenland, in Oberösterreich (neuer Landesparteiobmann Hans Achatz) und in Vorarlberg (neuer Landesparteiobmann Hubert Gorbach, da dem bisherigen Landesparteiobmann Hans Dieter Grabher eine Wiederwahl mit 71,97% zu niedrig ist und er die Wahl daher nicht annimmt).

5. April »Täglich alles« – die erste durchgehend vierfarbige Tageszeitung Österreichs – erscheint erstmals, Eigentümer und Herausgeber ist der frühere Miteigentümer der »Kronen Zeitung«, Kurt Falk (»Die ganze Woche«).

— In der TV-Pressestunde wirft Jörg Haider dem Präsidentschaftskandidaten der Grünen, Robert Jungk, vor, dieser habe während des Zweiten Weltkriegs in einer Schweizer Zeitung »die volkswirtschaftlich sehr fortschrittliche Regierung des Dritten Reiches« gelobt – Jungk beschuldigt Haider daraufhin der »bewußten Lüge und Verleumdung« und kündigt eine Klage an.

6. April Hermann Franz (Herman Francis) Mark stirbt in Austin (Texas); geb. am 3. Mai 1895 in Wien; Chemiker, schuf als Pionier bei der Erforschung der Polymere die Voraussetzungen zur Herstellung von Plastik und Kunstfasern.

9. April Erik Werba stirbt in Hinterbrühl (Niederösterreich); geb. am 23. Mai 1918 in Baden bei Wien (Niederösterreich); Pianist, Komponist und Musikschriftsteller.

13.–15. April Zum dritten Mal findet in Wien der »Runde Tisch Europa« statt; Vertreter aus mehr als 50 Staaten nehmen daran teil.

26. April Der erste Wahlgang der Bundespräsidentenwahl bringt keine Entscheidung *(→ Anhang).*

30. April Österreich einigt sich mit der EG beim Transit auf 1 200 000 Fahrten; damit steht auch dem EWR-Vertrag nichts mehr im Weg.

— Leopold Ungar stirbt in Wien; geb. am 8. August 1912 in Wr. Neustadt (Niederösterreich); katholischer Geistlicher, 1950–1988 Präsident der Caritas.

1. Mai Österreichs Gastronomie und Hotellerie führt die Fünftagewoche ein.

— »Blue Danube Radio« (ORF) strahlt nun von 6.00 bis 1.00 Uhr früh ein englischsprachiges Programm aus.

2. Mai Unterzeichnung des Abkommens über den Europäischen Wirtschaftsraum (EWR) zwischen EG und EFTA; mit dem ab 1. Januar 1993 in Kraft tretenden Vertrag entsteht der größte Wirtschaftsraum der Welt; ein wichtiger Schritt zur »Integration Österreichs nach Europa«.

3. Mai Vilma Degischer stirbt in Wien; geb. am 17. November 1911 in Wien; Kammerschauspielerin, 1935–1939 am Volkstheater, seit 1939 am Theater in der Josefstadt.

Das Schicksal Südtirols

26. April 1915 Londoner Vertrag: Italien schließt mit der Entente ein Übereinkommen, daß Südtirol bis zum Brenner zu Italien käme, wenn Italien an der Seite der Entente gegen die Mittelmächte in den Krieg eintritt.
10. September 1919 Vertrag von St. Germain: Die Abtretung Südtirols und des Trentinos an Italien wird festgeschrieben.
1922 In Italien ergreifen die Faschisten unter Benito Mussolini die Macht; Italianisierung der Südtiroler.
22. Juni 1939 Hitler-Mussolini-Pakt: Die Südtiroler werden vor die Wahl gestellt, sich entweder als Italiener zu bekennen oder auszuwandern (»Option«).
5. September 1946 Pariser Gruber-De-Gasperi-Abkommen: Italien sichert Südtirol die Autonomie zu, Österreich wird Schutzmacht.
31. Januar 1948 Erstes Autonomiestatut, gleichzeitig aber auch Zusammenlegung der Provinzen Südtirol und Trentino, dadurch italienische Mehrheit.
17. November 1957 Großkundgebung der Südtiroler Volkspartei unter Silvius Magnago auf Schloß Sigmundskron: 35.000 Südtiroler fordern »Los von Trient«.
31. Oktober 1960 Außenminister Bruno Kreisky spricht vor der UNO; Österreich und Italien werden von der Vollversammlung aufgefordert, ihre Meinungsverschiedenheiten bezüglich des Pariser Abkommens zu bereinigen.
11./12. Juni 1961 Die Bombenanschläge erreichen in der »Herz-Jesu-Nacht« ihren Höhepunkt.
25. Mai 1964 Genfer Konferenz der Außenminister Kreisky und Saragat: Eine österreichisch-italienische Expertenkonferenz wird eingesetzt.
22. November 1969 Die Landesversammlung der Südtiroler Volkspartei unter Silvius Magnago nimmt die »Paketlösung« (137 Maßnahmen) an.
20. Januar 1972 Das Zweite Autonomiestatut tritt in Kraft. Die Erlassung der Durchführungsbestimmungen dauert 20 Jahre (Ital. Ministerrat am 30. Januar 1992).
30. Mai 1992 Die Landesversammlung der Südtiroler Volkspartei stimmt dem »Paketabschluß« unter der Voraussetzung internationaler Verankerung zu.

24. Mai Beim zweiten Wahlgang wird Thomas Klestil mit 56,89% der Stimmen zum Bundespräsidenten gewählt; die Angelobung erfolgt am 8. Juli *(→ Anhang)*.
28. Mai Jack Unterweger wird auf eigenen Wunsch von den USA an Österreich ausgeliefert *(→ 27. Februar)*.
30. Mai Die Südtiroler Volkspartei stimmt dem »Autonomiepaket« zu und macht damit den Weg frei für die formelle Streitbeilegung durch Österreich und Italien.
Ende Mai Der ORF, die Caritas und das Rote Kreuz rufen die Aktion »Nachbar in Not« ins Leben, um die Notstandsgebiete des ehemaligen Jugoslawien mit Hilfsgütern zu versorgen.
2. Juni Österreich schließt sich den UNO-Sanktionen gegen die »Bundesrepublik Jugoslawien« an.
10. Juni Österreich erklärt in einem Memorandum an die Mitgliedsstaaten der EG die Bereitschaft zur gemeinsamen Außen- und Sicherheitspolitik.
— Österreich und Italien tauschen ihre Ratifikationsurkunden zur internationalen Absicherung des »Südtirolpakets« aus; damit wird der 1960 von Österreich an die UNO herangetragene Auslegungsstreit über das Gruber-De Gasperi-Abkommen (1946) offiziell beigelegt.
12. Juni Der Generalrat der Nationalbank beschließt in Vorbereitung auf ein europäisches Zentralbankensystem eine grundlegende Reform und Gehaltsreduzierungen im Führungsstab; die Zahl der Abteilungen wird von 35 auf 29 reduziert, das stellvertretende Direktorium und die Stellen von 100 Mitarbeitern werden gestrichen.
15. Juni Jeder Nationalratsabgeordnete hat ab jetzt Anspruch auf einen vom Parlament bezahlten Mitarbeiter.
17. Juni Ehemalige FPÖ-Mitglieder gründen die Freie Demokratische Partei (FDP); als Parteisprecher fungiert Ex-Staatssekretär Mario Ferrari-Brunnenfeld.
25. Juni Der Vizepräsident des Rechnungshofes, Franz Fiedler, wird im Nationalrat mit den Stimmen von ÖVP und FPÖ zum Präsidenten gewählt; der erste Wahlgang muß wiederholt werden, da 32 Stimmzettel (entspricht der Stärke der FPÖ) mit einem »F« gekennzeichnet sind.
— Der Nationalrat beschließt das Bundesimmobiliengesetz: Europaweit erstmalig werden damit im Staatseigentum stehende Liegenschaften in eine privatrechtliche Verwaltung überführt.
26. Juni Der Nationalrat beschließt das Aufenthaltsgesetz, das die Bedingungen für den Zuzug von Ausländern regelt *(→ 1. Juli 1993)*.
— Außenminister Alois Mock besucht Albanien: Der erste Besuch eines österreichischen Ministers seit der Staatsgründung im Jahr 1912.
2. Juli Für Staatsbürger des ehemaligen Jugoslawien (mit Ausnahme der Kriegsflüchtlinge aus Bosnien-Herzegowina) wird die Visumpflicht eingeführt. Österreich hat bisher rund 40 000 Flüchtlinge aufgenommen.
8. Juli Die deutsche Lufthansa beteiligt sich mit 26,5% an der Lauda Air.
10. Juli ÖVP und SPÖ beschließen im Nationalrat ein neues Wahlrecht, das am 1. Mai 1993 in Kraft treten wird: Die Mandate werden in 43 Wahlkreisen und auf Landes- sowie auf Bundesebene vergeben. Erstmals wird eine bundesweite 4%-Klausel eingeführt.
15. Juli Erster Auslandsbesuch des Bundespräsidenten Thomas Klestil: Treffen mit Präsident Václav Havel in Nikolsburg.
16. Juli Österreich und Israel stellen wieder vollwertige diplomatische Beziehungen her.
— Rudi Klausnitzer wird als Nachfolger von Peter Weck als Intendant der Vereinigten Bühnen Wien (nur mehr Raimundtheater und Theater an der Wien) bekanntgegeben; das privatisierte und renovierte Ronacher wird Peter Schwenkow (Berlin) übernehmen.
21. Juli Die Aktion »Nachbar in Not« *(→ Ende Mai)*

hat bisher 1 000 Lkws mit Hilfsgütern im Wert von 300 Millionen Schilling zustandegebracht.
— 2 500 Kinder kommen im Rahmen der Aktion »Ferien in Frieden« aus den Krisenregionen Ex-Jugoslawiens nach Österreich.
31. Juli Der letzte Bauabschnitt des Rhein-Main-Donau-Kanals wird geflutet. Damit ist die 3 500 km lange Schiffahrtsstraße zwischen Nordsee und Schwarzem Meer fertiggestellt.
1. August Aufgrund einer Novelle des Weingesetzes darf der seit 1934 verbotene Uhudler-Wein wieder legal verkauft werden. Diese im Südburgenland und einigen wenigen Gebieten der Steiermark heimische »Direktträger«-Sorte durfte zwar gekeltert, aber wegen des hohen Gehalts an Methylalkohol nicht verkauft werden.
1. September Das Gesetz zur Kennzeichnung von Tropenholz tritt in Kraft.
— Erich Bielka stirbt in Bad Aussee; geb. am 12. Mai 1908 in Wien; Diplomat, Botschafter, 1974–1976 Außenminister.
3. September Uraufführung des Musicals »Elisabeth« von Michael Kunze (Text) und Sylvester Levay (Musik) im Theater an der Wien.
4. September »Österreichtag« bei der Weltausstellung in Sevilla (Spanien); Bundespräsident Thomas Klestil überläßt »aus Zeitgründen« die Eröffnung der Ausstellung des Malers Hermann Nitsch Unterrichtsminister Rudolf Scholten.
5. September Eröffnung der Kunsthalle auf dem Wiener Karlsplatz unter der Leitung von Toni Stooss; der sogenannte »Kunstcontainer« (Fläche 1 000 m^2) soll nur temporär an diesem Standort verbleiben.
8. September Friedrich Peter tritt wegen der Europapolitik von Jörg Haider sowie aus privaten Gründen aus der FPÖ aus; Peter war von 1958–1978 Bundesparteiobmann.
12. September Ludwig Rader, Dritter steirischer Landtagspräsident und ehemaliger FPÖ-Landesparteiobmann, wird wegen »wiederholtem parteischädigenden Verhalten« aus der FPÖ ausgeschlossen.
13. September Bernhard Görg wird auf dem 27. Wiener ÖVP-Landesparteitag mit 86,6% der Stimmen Nachfolger von Landesparteiobmann Heinrich Wille.
15. September Ex-Verkehrsminister und SPÖ-Kandidat für die Bundespräsidentenwahl Rudolf Streicher wird Generaldirektor der Steyr-Daimler-Puch AG.
22. September Im Nationalrat wird mit den Stimmen von ÖVP und SPÖ der EWR-Beitrittsvertrag ratifiziert.
26. September Norbert Burger stirbt in Kirchberg am Wechsel (Niederösterreich) im Alter von 63 Jahren; er war langjähriger Obmann der (verbotenen) rechtsextremen Nationaldemokratischen Partei (NDP) und kandidierte 1980 bei der Bundespräsidentenwahl.
4. Oktober Gemeinderatswahlen in Salzburg: Der Stimmenanteil der SPÖ reduziert sich von 49,3% auf 28%.
5. Oktober Leopold Gratz, ehemaliger Wiener Bürgermeister, Unterrichtsminister, Außenminister und Erster Präsident des Nationalrats, wird wegen falscher Beweisaussage in der »Lucona«-Voruntersuchung zu 450 000 Schilling Geldstrafe verurteilt und legt Berufung ein.
6. Oktober Der Ministerrat genehmigt das Fremdengesetz mit Neuregelungen für die Ein- und Ausreise, über die Abschiebung, Zurückweisung und den Transit; Jörg Haider bezeichnet das Gesetz als ungenügend und droht mit einem Volksbegehren, wenn nicht innerhalb von drei Wochen »zwölf Forderungen« erfüllt werden.
8. Oktober Bund und Länder unterzeichnen eine Willenserklärung zur Neuordnung des Bundesstaates.
9. Oktober Die erste Ausbaustufe des Marchfeldkanals (von der Donau bei Langenzersdorf bis Deutsch-Wagram) wird in Betrieb genommen.
14. Oktober Die Bundesregierung beschließt, ein von der UNO gewünschtes Kontingent von 750 »Blauhelmen« nicht nach Somalia zu entsenden.
15. Oktober Erstmals erscheint das neue Wochenmagazin »News«; Eigentümer sind zu je 50% die Fellner Medien AG und der deutsche Springer-Verlag.
17. Oktober Der Nationalrat beschließt einstimmig, Roma und Sinti als Volksgruppe anzuerkennen und unter den Schutz des Volksgruppengesetzes zu stellen.
18. Oktober Konstituierende Sitzungen der FDP (Freie Demokratische Partei – Die Liberalen) in Graz und Wien.
20. Oktober Aufsichtsrat von ÖIAG und AI (Austrian Industries) beschließen eine neue Struktur mit zwei Unternehmensgruppen (Öl/Gas/Chemie und Metall/Technologie).
22. Oktober Finanzminister Ferdinand Lacina legt dem Nationalrat das Budget 1993 vor: Einnahmen von 623 Milliarden Schilling stehen Ausgaben von 682,6 Milliarden gegenüber; die Staatsschuld steigt auf nunmehr 1 051,5 Milliarden Schilling.
— Erwin Pröll (ÖVP) wird vom niederösterreichischen Landtag mit den Stimmen der ÖVP und SPÖ zum neuen Landeshauptmann gewählt.
23. Oktober Wilfried Haslauer stirbt in Salzburg; geb. am 29. November 1926 in Salzburg; ÖVP-Politiker, 1977–1989 Landeshauptmann von Salzburg.
31. Oktober Unbekannte Täter schänden durch eine »Sprühaktion« den Jüdischen Friedhof in Eisenstadt.
11. November Die Bundesministerin für Umwelt, Jugend und Familie, Ruth Feldgrill-Zankel, tritt zurück, um nach dem am 28. Oktober plötzlich verstorbenen Erich Eidegger ÖVP-Spitzenkandidatin bei den Grazer Gemeinderatswahlen zu werden *(→ 25. November)*.
13. November Karin Brandauer stirbt in Wien; geb. am 14. Oktober 1945 in Altaussee (Steiermark); – Filmregisseurin, drehte etwa 40, zum Teil preisgekrönte Filme.
14. November Ernst Happel stirbt in Innsbruck; geb. am 29. November 1925 in Wien; Fußballer, 1947–1958 in der Nationalmannschaft, ab 1962 internationaler Trainer, seit 1991 Trainer der österreichischen Fußball-Nationalmannschaft.
21. November Die FPÖ beschließt die Einleitung eines Volksbegehrens »Österreich zuerst«.
23. November Die vier »Sozialpartner« (Bundeswirtschaftskammer, Bundeskammer für Arbeiter und Angestellte, Gewerkschaftsbund und Landwirtschaftskammer) unterzeichnen erstmals in der Geschichte ihrer informellen Zusammenarbeit einen »Sozialpartner-Pakt«.
25. November Maria Rauch-Kallat (ÖVP), bisher Wiener Landtags- und Gemeinderatsabgeordnete, wird als neue Bundesministerin für Umwelt, Jugend und Familie angelobt *(→ 11. November)*.
26./27. November Ein Großbrand zerstört die Redoutensäle und einen Teil des Dachstuhls der Wiener Hofburg; der Prunksaal der Nationalbibliothek ist ge-

fährdet, die Lipizzaner werden evakuiert und im Volksgarten untergebracht, die Winterreitschule wird durch Löschwasser für einige Zeit unbenützbar. Die Entstehung des Brandes ist zunächst unklar, der Schaden wird auf 500 bis 1 000 Millionen Schilling geschätzt – es besteht jedenfalls keine entsprechende Versicherung.
1. Dezember Der Nationalrat beschließt das »Gleichbehandlungspaket« sowie ein Verfassungsgesetz, in dem das unterschiedliche Pensionsalter für Frauen und Männer bis zum Jahr 2018 festgeschrieben ist.
2./3. Dezember Der israelische Außenminister Shimon Peres besucht Wien; es ist der erste Besuch eines israelischen Außenministers seit 19 Jahren und dient vor allem der Normalisierung der bilateralen Beziehungen.
3. Dezember Dem zur Residenz-Gruppe gehörenden Bankhaus Rössler wird vom Finanzministerium vorübergehend die Geschäftstätigkeit untersagt.
6. Dezember Otto Koenig stirbt in Klosterneuburg (Niederösterreich); geb. am 23. Oktober 1914 in Wien; Verhaltensforscher, 1945 Gründer der Biologischen Station Wilhelminenberg in Wien und bis 1984 deren Leiter, Autor zahlreicher populärer Bücher und Filme.
10. Dezember Gründung der Menschenrechts-Plattform »SOS Mitmensch – Anständigkeit zuerst«.
18. Dezember Der Nationalrat beschließt eine neue, deutlich liberalere Gewerbeordnung.
28. Dezember Paul Iby wird als Nachfolger von Stefan László zum Diözesanbischof von Eisenstadt ernannt.
29. Dezember Der oberösterreichische Kaufmann Helmut Flatzelsteiner gesteht, im Juli 1991 vom Friedhof Heiligenkreuz den Sarg mit den Gebeinen von Mary Vetsera (»Mayerling-Affäre«) gestohlen zu haben.
— Die erfolgreiche Skirennläuferin Petra Kronberger erklärt ihren Rückzug aus dem aktiven Sport.
Ende Dezember Die Zahl der Asylwerber ist um etwa 11 000 auf 16 238 Personen gesunken. Etwa 2 300 Personen wurden als Flüchtlinge gemäß der Genfer Konvention anerkannt. Derzeit werden in Österreich etwa 43 000 bosnische Kriegsflüchtlinge und 4 000 Asylwerber aus dem ehemaligen Jugoslawien betreut.
— Die Kriminalität in Österreich hat einen neuen Höchststand erreicht: 1992 wurden insgesamt 502 440 Delikte gezählt, rund 7,2% mehr als im Vorjahr. Bei Verbrechen gegen Leib und Leben betrug die Aufklärungsrate 92,6%.
— Die Altglassammlung brachte mit 171 500 t einen neuen Rekord (Durchschnitt 22 kg Altglas pro Österreicher). Die Steigerungsrate innerhalb von fünf Jahren beträgt mehr als 75%.
— Die Spareinlagen in Österreich betragen 1 362,5 Milliarden Schilling.
— In Österreich bestehen knapp 730 000 (Wien: 314 000, Kärnten: 12 000) Fernseh-Kabelanschlüsse (1990: 575 000); insgesamt sind in Österreich 259 Kabelbetreiber tätig.
— Österreich ist ein »Musik-Importland«: 1992 wurden für urheberrechtlich geschützte Musikwerke 178,5 Millionen Schilling an Tantiemen ins Ausland überwiesen, während »nur« 69,5 Millionen Schilling nach Österreich überwiesen wurden; insgesamt wurden in Österreich 759,6 Millionen Schilling an Tantiemen für Musikwerke bezahlt (11 Millionen davon für sogenannte E-Musik).
— Die österreichische 1 000-Schilling-Münze »Philharmoniker« war 1992 die meistverkaufte Goldmünze der Welt (30% Weltmarktanteil an Goldbullionmünzen).
— Die Finanzschuld des Bundes beträgt zum Jahresultimo 992 Milliarden Schilling (= +5,8%), das sind knapp 49% des Brutto-Inlandsprodukts.
— Von 1989 bis 1992 betrug die Zuwanderung (netto) 271 000 Menschen; dazu kommen noch 73 000 Kriegsflüchtlinge aus dem ehemaligen Jugoslawien; die Zahl der Ausländer in Österreich insgesamt beträgt 582 000.
— Der Österreichische Gewerkschaftsbund hat mit Stichtag Ende Dezember insgesamt 1 633 480 Mitglieder, davon 1 122 218 Männer und 511 262 Frauen.
— Die Volksanwaltschaft meldet für das abgelaufene Jahr die Bearbeitung von 3 882 Fällen (1991: 4 783).
►**1993, 1. Januar** Durch die Teilung der Tschechoslowakei in zwei voneinander unabhängige Staaten grenzt Österreich an zwei »neue« Nachbarn: die Tschechische und die Slowakische Republik.
— Die Bundesheerreform »GREIF« tritt in Kraft: Das Heer wird kleiner, aber flexibler und besser ausgerüstet, bis 1995 werden Kasernen und Liegenschaften aufgelassen.
— »Saubere« Autos, also Fahrzeuge mit Katalysator, die nach dem 1. Januar 1987 typengenehmigt sind, erhalten nun weiße, statt der bisher üblichen grünen »Pikerl«.
— Das neue Gewerberecht mit weniger Vorschriften und Normen tritt in Kraft und soll Erleichterungen für die Wirtschaft bringen: Künftig gibt es keine konzessionierten Gewerbe mehr, die Zahl der Gewerbe wird von bisher 226 auf 148 reduziert.
— Eine Pensionsreform tritt in Kraft und bestätigt das unterschiedliche Pensionsalter für Frauen und Männer bis zum Jahr 2018; in den Jahren 2019–2033 wird das Eintrittsalter der Frauen an das der Männer angeglichen.
13. Januar Die Bundesregierung gibt im Hinblick auf die unerfreulich hohe Zahl von Arbeitslosen ein Maßnahmenpaket bekannt (Im Dezember 1992 gibt es 251 157 Arbeitslose, die Zahl der unselbständig Beschäftigten hat erstmals die Dreimillionengrenze überschritten).
— Der SPÖ-Bundesparteivorstand veröffentlicht eine Erklärung gegen das von der FPÖ initiierte »Ausländer-Volksbegehren«, in der die Mitglieder ersucht werden, nicht zu unterschreiben.
— Staatsoperndirektor Ioan Holender spricht sich gegen die Abhaltung des Opernballs aus.
— Über das Vermögen von Udo Proksch wird auf Antrag der Republik ein Konkursverfahren eröffnet, um den Verkauf der Konditorei Demel anfechten zu können.
15. Januar Die aus der SPÖ ausgetretene Abgeordnete Gabrielle Traxler bezieht neben ihrem 80 000-Schilling-Entgelt für ihre Tätigkeit im Nationalrat 12 000 Schilling Arbeitslosenunterstützung.
18. Januar Uraufführung des musikalischen Spektakels »Gomorra oder Wie Ihr es verdient« von Heinz Karl Gruber in der Volksoper.
21. Januar Uraufführung von Herwig Kaisers »Die lange Nacht der Spekulanten« am Salzburger Landestheater; von einem der Beteiligten am Salzburger WEB-

Skandal wurde ohne Erfolg versucht, die Aufführung gerichtlich untersagen zu lassen.

22. Januar Der Wiener Gemeinderat beschließt unter Führung der SPÖ mit 60 : 36 Stimmen den Flächenwidmungs- und Bebauungsplan für das »Museumsquartier«.

23. Januar 250 000 Menschen demonstrieren abends in der Wiener Innenstadt gegen das »Ausländer-Volksbegehren« mit einem »Lichtermeer« gegen Ausländerhaß und Fremdenfeindlichkeit. Ähnliche Veranstaltungen fanden bereits in anderen österreichischen Städten statt.

26. Januar Der Ministerrat beschließt die 13 Punkte umfassenden Leitlinien für die EG-Beitrittsverhandlungen; es wird darüber hinaus festgestellt, daß Neutralität und EG miteinander vereinbar sind.

— Der Jerusalemer Bürgermeister Teddy Kollek besucht anläßlich der Gründung der »Jerusalem Foundation Österreich« seine Geburtsstadt Wien.

— Auf einem Parkplatz der Südautobahn werden die Leichen von fünf erstickten Singhalesen aus Sri Lanka gefunden, die von Schleppern illegal über die Grenze gebracht wurden.

27.–30. Januar Der italienische Staatspräsident Oscar Luigi Scalfaro besucht Österreich und ist damit das erste italienische Staatsoberhaupt, das Österreich einen Staatsbesuch abstattet.

31. Januar Kaiser-Enkel Karl Habsburg-Lothringen heiratet in Mariazell Francesca Thyssen-Bornemisza.

Ende Januar Der Nationalratsabgeordnete Wendelin Ettmayr (ÖVP) legt sein Mandat zurück. Er war wegen seiner Kontakte zu einer Prostituierten während einer Factfinding-Mission im Jahr 1990 in Rumänien kritisiert worden und hatte daraufhin Journalisten geklagt; im Dezember 1991 wurden jedoch die wesentlichen Tatsachen vom Gericht als erwiesen betrachtet.

— Derzeit werden rund 66 000 Kinder mit nichtdeutscher Muttersprache (d. s. etwa 10%) an Österreichs Pflichtschulen unterrichtet.

1. Februar In Brüssel werden im Beisein der Außenminister aller zwölf EG-Staaten offiziell die Beitrittsverhandlungen Österreichs, Schwedens und Finnlands mit der Europäischen Gemeinschaft (EG) eröffnet.

— Mit 417 278 Unterschriften (7,37% der Stimmberechtigten) bleibt das (Ausländer-)Volksbegehren »Österreich zuerst« weit unter den Erwartungen der FPÖ, deren Obmann Jörg Haider zu Beginn rund doppelt soviele angekündigt hatte und nun von »Psychoterror« spricht.

4. Februar Heide Schmidt, Dritte Nationalratspräsidentin und FPÖ-Parteiobmann-Stellvertreterin, gibt (gemeinsam mit den Nationalratsabgeordneten Thomas Barmüller, Friedhelm Frischenschlager, Klara Motter und Hans Helmut Moser) ihren Parteiaustritt bekannt; als Grund nennt sie, daß »sich die FPÖ ... in ganz entscheidenden Fragen von den Grundsätzen, für die sie steht, wegbewegt hat – das ist nicht mehr unsere politische Heimat«. Die fünf Abgeordneten wollen als »Liberales Forum« einen eigenen Klub im Nationalrat bilden, womit es erstmals in der Zweiten Republik fünf Fraktionen im Parlament geben wird *(→ 9. und 19. Februar)*.

— Das Boltzmann-Institut für Menschenrechte wird eröffnet; Leitung Felix Ermacora, Hannes Tretter und Manfred Nowak.

— Die Leiterin der ORF-Hauptabteilung Gesellschaft, Jugend und Familie, Burgl Czeitschner, stellt ihre Position mit sofortiger Wirkung zur Verfügung, nachdem sie von FPÖ-Obmann Jörg Haider wegen einer diskriminierenden Aktennotiz im Zusammenhang mit dem Volksbegehren in einer Fernsehsendung öffentlich angegriffen wird.

6. Februar Die Delegiertenversammlung der schweizerischen Migros-Genossenschaft beschließt ein Engagement in Österreich: Am 1. März werden von Martin Zumtobel 112 familia-Märkte übernommen und anschließend mit dem Konsum Österreich in einer Firmengruppe eine 50:50 Zusammenarbeit vereinbart.

8. Februar Das Land Niederösterreich entzieht Wien »wegen nicht gerechtfertigter volkswirtschaftlicher Nachteile für Niederösterreich« die Konzession, die 72 bisher durch die Wiener Stadtwerke mit Strom belieferten Gemeinden weiterhin zu versorgen.

— Georg Mautner-Markhof tritt aus der FPÖ aus.

9. Februar Hinterlegung der Satzungen im Innenministerium durch das »Liberale Forum«; einer Meinungsumfrage zufolge erhielte die neue Partei rund 7% der Stimmen *(→ 4. und 19. Februar)*.

— Karin Buder erringt in Morioka die WM-Goldmedaille im Slalom.

12. Februar Tunneldurchschlag für den Inntal-Tunnel; mit 12,7 km ist das der längste bisher in Österreich gebaute Eisenbahntunnel.

13. Februar Zusammenstoß eines Eilzuges mit einem Güterzug im Bahnhof Melk (Niederösterreich); drei Tote und 23 Verletzte. Grund: Menschliches Versagen eines Lokführers.

15. Februar Bei der alpinen Ski-WM in Marioka-Shizukuishi (Japan) errang Österreich acht Medaillen: Gold (für Karin Buder), dreimal Silber, viermal Bronze.

— Peter Rebernik, bisher Direktor des Technischen Museums in Wien, übernimmt die Leitung des »Hundertwasser-Museums« KunstHaus Wien.

— Hans Mayr stirbt in Wien; geb. am 12. März 1926 in Wels – seit 1975 Präsident der Gesellschaft bildender Künstler Österreichs.

16. Februar Wissenschaftsminister Erhard Busek gibt die reformierte Struktur für die neue »Universität Klagenfurt« bekannt: Das Studienangebot besteht ab 1. Oktober aus den Fakultäten »Kulturwissenschaft« und »Wirtschaftswissenschaften und Informatik«.

18. Februar Uraufführung von Peter Turrinis »Alpenglühen« am Wiener Burgtheater, Regie Claus Peymann.

— Zusammenstoß eines Regionalzuges mit einer S-Bahngarnitur beim Bahnhof Wien-Hütteldorf; drei Tote und 30 Verletzte. Grund: Menschliches Versagen eines Lokführers.

— Das Bankhaus Rössler öffnet wieder seine Schalter, nachdem ein aus mehreren Banken bestehendes Gläubigerkonsortium eine Treuhandgesellschaft gegründet hatte *(→ 3. Dezember 1992)*.

19. Februar Nach Einholen mehrerer, einander widersprechender Gutachten entscheidet Nationalratspräsident Heinz Fischer (SPÖ), daß das »Liberale Forum« im Parlament Klubstatus erhält; damit ist die Mitarbeit in 5 von 25 Ausschüssen verbunden und auch die Finanzierung gesichert *(→ 4. und 9. Februar)*.

23. Februar Mit Unterzeichnung der Verträge für die Überbauung der Donauuferbahn wird der Startschuß für den Bau der »Donau-City« gegeben; in zehn Jahren sollen 15 Milliarden investiert werden und bei der UNO-City ein neues, zweites Stadtzentrum entstehen.

24. Februar Claudio Abado übernimmt nach Georg Solti die Leitung der Salzburger Osterfestspiele.
1. März Der Schweizer Migros-Konzern kauft die österreichische »familia«-Kette.
3. März Der frühere FPÖ-Bundesparteiobmann Norbert Steger tritt aus der Partei aus.
10. März Guido Wieland stirbt in Wien; geb. am 18. November 1906 in Wien; Bühnen- und Filmschauspieler, seit 1950 vor allem am Theater in der Josefstadt.
11./12. März Rederekord im Parlament: Die Nationalratsabgeordnete Madeleine Petrovic (Grüne) spricht anläßlich der Tropenholz-Debatte aus Protest zehneinhalb Stunden nur zu einem Tagesordnungspunkt.
12. März Die DDSG-Cargo wird zu 49,9% an die deutsche Reederei Stinnes und die französische CFNR verkauft, das verlustbringende DDSG-Passagierschiff »Mozart« wird an den deutschen Reeder Deilmann verkauft.
15. März Die Hallein-Papier (Salzburg), eine Tochterfirma der deutschen PWA (Papierwerke Aschaffenburg), meldet mit einer Überschuldung von 217 Millionen Schilling den Ausgleich an.
17. März Das um rund 300 Millionen Schilling generalsanierte und teilweise umgebaute Museum für angewandte Kunst in Wien wird wieder eröffnet.
20. März In Schladming (Steiermark) und in Salzburg beginnen die »Special Olympics«; dieser vor 25 Jahren in den USA gegründete olympische Wettbewerb für Behinderte findet erstmals außerhalb Nordamerikas statt.
25. März Der Oberste Gerichtshof bestätigt das 1981 in erster Instanz gefällte Urteil gegen Ex-Finanzminister Hannes Androsch wegen Steuerhinterziehung in der Höhe von 6,1 Millionen Schilling.
28. März Die Skirennläuferin Anita Wachter gewinnt in Sölden (Ötztal/Tirol) den alpinen Gesamt-Ski-Weltcup der Damen.
31. März Insolvente Unternehmen der Firmengruppe Emmerich Assmann beantragen den Konkurs, die Überschuldung wird mit 720,6 Millionen Schilling beziffert.
Ende März Mit 1 025,1 Milliarden Schilling wird bei den Staatsschulden erstmals die Billionengrenze überschritten *(→ Anhang).*
— Vereinbarung zwischen Tirol, Kärnten, der Steiermark und dem Bund über den »Nationalpark Hohe Tauern«.
1. April Nach Sanierung des Ökofonds tritt als Nachfolgeinstrument das Umweltförderungsgesetz in Kraft. Es sieht eine Privatisierung der Abwicklung vor, die Richtlinienkompetenz verbleibt jedoch beim Ministerium.
— Viktor Matejka stirbt in Wien; geb. am 4. Dezember 1901 in Stockerau (Niederösterreich); Kulturpolitiker, 1945–1949 KPÖ-Kulturstadtrat in Wien, trat 1966 aus der KPÖ aus.
24. April Michael Häupl wird auf dem Wiener SPÖ-Landesparteitag zum Nachfolger von Hans Mayr als neuer Landesparteiobmann gewählt.
Ende April Strukturdaten der Volkszählung vom Mai 1991: Von den 7 796 000 Einwohnern Österreichs sind 518 000 (6,6%) Ausländer (+ 226 000 gegenüber 1981), der Kinderanteil beträgt 17,4%, der Anteil über 60 Jahre beträgt 20,1%, fast 80 000 Österreicher sprechen eine der Volksgruppensprachen, 78% bekennen sich zum katholischen Glauben, 5% sind evangelisch, 2% islamisch, 9% gehören keiner Religionsgemeinschaft an, die Zahl der Haushalte hat die Dreimillionengrenze überschritten.
— Austrian Airlines (AUA) verhandelt mit zwei Gruppen europäischer Fluglinien, einerseits mit Lufthansa und Air France und andererseits mit KLM, Swissair und SAS über einen Zusammenschluß.
1. Mai Ein neues Wahlrecht tritt in Kraft. Der Unterschied zur bisherigen Praxis: Die Mandate werden auf drei Ebenen vergeben, das Vorzugsstimmensystem wird ausgebaut, erstmals gibt es eine bundesweite Vierprozentklausel ohne Voraussetzung eines Grundmandats; die Einteilung erfolgt in 43 Regionalwahlkreise, künftig sind alle jene wahlberechtigt, die vor dem 1. Januar des Wahljahres das 18. Lebensjahr vollendet haben.
— Nach langen Diskussionen tritt ein neues Sicherheitspolizeigesetz in Kraft, das einen neuen Rechtsschutz für den Bürger garantiert.
— Die bisherige Form der Einhebung der KFZ-Steuer, das Kleben von Stempelmarken, wird durch eine »Versicherungssteuer II« ersetzt und direkt von den Versicherungen abgerechnet.
— Nach jahrelangen Umbauarbeiten wird in Wien das Museum für angewandte Kunst (MAK) wiedereröffnet.
3. Mai Nach dreimonatigen Verhandlungen findet eine der größten Fusionen in der österreichischen Industrie statt: In einer Holding »Veitscher-Radex« vereinigen sich die von Hellmut Longin geführte Radex-Heraklith und die von Karl Kahane mehrheitlich verkaufte Veitscher Magnesit; mit 9 Milliarden Schilling Umsatz beherrscht Veitscher-Radex 90% des Magnesit-Weltmarkts.
5. Mai Die Creditanstalt-Bankverein (CA) lehnt ein seit geraumer Zeit in der Öffentlichkeit diskutierte Übernahme- bzw. Fusionsangebot der Raiffeisen-Gruppe ab.
14. Mai Hugo Wiener stirbt in Wien; geb. am 16. Februar 1904 in Wien; Kabarettist und Librettist, nach seiner Rückkehr aus Kolumbien 1948–1974 Autor im »Simpl«, trat rund 15 000mal mit seiner Frau Cissy Kraner auf.
16. Mai Landtagswahlen in Niederösterreich: ÖVP und SPÖ haben die schlechtesten Ergebnisse seit 1945, die ÖVP verliert die absolute Mehrheit, erstmals sind im Landtag vier Parteien vertreten, das Liberale Forum erreicht auf Anhieb drei Mandate *(→ Anhang).*
19. Mai Das Bundesheer kauft um 1,1 Milliarden Schilling französische »Mistral«-Fliegerabwehrraketen.
21. Mai In der Nähe von Mistelbach (Niederösterreich) fordert das bisher schwerste Ballonunglück in Österreich vier Tote und vier Schwerverletzte.
4. Juni Bundeskanzler Franz Vranitzky wird mit 97% der Stimmen als SPÖ-Parteiobmann wiedergewählt.
8.–11. Juni Bundeskanzler Franz Vranitzky stattet als erster österreichischer Bundeskanzler Israel einen offiziellen Besuch ab.
11. Juni Uraufführung des Auftragswerkes »Alchimia« des Kärntners Andreas Staudinger durch die Studiobühne Villach als »Freiluft-Theater-Ereignis der Superlative« anläßlich des 500. Geburtstages von Paracelsus.
14.–25. Juni UNO-Menschenrechtskonferenz in Wien mit Teilnehmern aus 171 Staaten; dies ist erst die zweite

Der Weg in ein gemeinsames Europa

1947 Österreich nimmt am ERP (European Recovery Program – Europäisches Wiederaufbauprogramm) teil.
1957 Gründung der EWG (Europäische Wirtschaftsgemeinschaft).
1960 Österreich ist eines der sieben Gründungsmitglieder der EFTA (Europäische Freihandelsassoziation).
1965 Erste Verhandlungen Österreichs mit der EWG.
1967 Gründung der EG; unter dem Druck der Sowjetunion werden die österreichischen Verhandlungen mit der EG abgebrochen.
1970 Erste Verhandlungen zwischen EG und EFTA.
1973 Zwischen Österreich und der EG tritt ein Freihandelsabkommen in Kraft.
1977 Zwischen der EWG und Österreich fallen die Zollschranken für Industriegüter.
1979 Das EWS (Europäisches Währungssystem) und die europäische Währungseinheit ECU werden eingeführt.
1989 Österreich stellt einen Antrag für den Beitritt zur EG (Europäische Gemeinschaft).
1990/91 Österreich beteiligt sich an den Verhandlungen zwischen EG und EFTA zur Bildung eines gemeinsamen EWR (Europäischer Wirtschaftsraum).
1992 Die EG-Kommisssion befürwortet einen Beitritt Österreichs (»Positives Avis«).
1993 Beginn der Beitrittsverhandlungen zur EU (Europäische Union), der bisherigen EG.
1994 Der EWR tritt in Kraft; Anfang März werden die Beitrittsverhandlungen mit der EU abgeschlossen; am 12. Juni stimmt die österreichische Bevölkerung positiv über den Beitritt ab.

Konferenz seit Annahme der Allgemeinen Erklärung der Menschenrechte (1948); ein UNO-Hochkommissar für Menschenrechte wird gefordert.

18. Juni Beginn einer Unterschriftenaktion zur Abberufung des St. Pöltner Diözesanbischofs Kurt Krenn.

19./20. Juni Das österreichische Blitzortungssystem ALDIS registriert innerhalb von 24 Stunden 21 671 negative und 1 321 positive Blitzentladungen über Österreich – Hauptgebiet dieser Gewitteraktivitäten waren die Alpen; es handelt sich um die höchste Zahl, die für einen so kurzen Zeitraum jemals ermittelt wurde.

20. Juni In St. Pölten (Niederösterreich) demonstrieren rund 7 000 Menschen gegen den umstrittenen Diözesanbischof Kurt Krenn.

23. Juni Der Wiener Weihbischof Florian Kuntner warnt im Zusammenhang mit den Auseinandersetzungen um Bischof Kurt Krenn vor einer Kirchenspaltung; die evangelische Kirche sieht die Ökumene in Gefahr.

24. Juni Urteil im »Noricum«-Politikerprozeß: Fred Sinowatz, Karl Blecha und Leopold Gratz werden von den Hauptvorwürfen Amtsmißbrauch und Neutralitätsgefährdung freigesprochen.

25. Juni Karl Kahane stirbt in Venedig; geb. am 20. März in Wien; Industrieller, der ein Erbe von rund 24 Milliarden Schilling hinterläßt.

Juli Die Wiener Stadt- und Landesbibliothek erwirbt in Australien ein 107seitiges Autograph von Karl Kraus mit der Bearbeitung der Offenbach-Operette »Blaubart«.

— Mehrere Wochen verunsichert ein »Fleischskandal« die Bevölkerung und führt am Höhepunkt zur Aufforderung, Gesundheitsminister Michael Ausserwinkler möge zurücktreten. Bei der Überprüfung von verpackten Lebensmitteln in Supermärkten wurden – in Tirol, später auch in anderen Bundesländern – bis zu 50% der Proben (vor allem wegen der vor dem ursprünglichen Ablaufdatum neu verpackten Ware) beanstandet.

1. Juli Ein neues Aufenthaltsgesetz tritt in Kraft, das den Zuzug von Ausländern nach Österreich regelt: Der Aufenthalt von Fremden bedarf künftig einer Bewilligung, ausgenommen sind Touristen sowie die unter das Asylgesetz fallenden Flüchtlinge und Asylwerber; jährlich wird eine Höchstzahl an Bewilligungen festgelegt.

— Eine Novelle zum Mediengesetz tritt in Kraft: Durch die Veröffentlichung des Namens von Opfern und Tätern dürfen keine schutzwürdigen Interessen verletzt werden.

— Ein neues, siebenstufiges Pflegegeldgesetz tritt in Kraft; damit erhalten rund 380 000 pflegebedürftige Menschen monatlich zwischen 2 500,– und 20 000,– Schilling.

— Das Umweltinformationsgesetz tritt in Kraft; es räumt jedermann ohne Nachweis eines Rechtsanspruchs das Recht auf Zugang zu Umweltinformationen ein.

— Eine Bestimmung des Abfallwirtschaftsgesetzes verlangt, daß ab jetzt Betriebe mit mehr als 100 Mitarbeitern ein »Abfallwirtschaftskonzept« vorzulegen haben.

— Die gesamte Wiener Innenstadt wird Kurzparkzone.

4. Juli In der durch die konservative Haltung von Bischof Kurt Krenn mit innerkirchlichen Problemen belasteten Diözese St. Pölten wird Heinrich Fasching zum Auxiliarbischof geweiht.

4.–6. Juli In der Nacht schwere Unwetter im Großraum Innsbruck; Hagelschlag verursacht Schaden in der Höhe mehrerer Millionen, bei Zirl wird die Bundesstraße durch eine zwei Meter hohe Mure verschüttet.

5.–9. Juli Internationale Behindertenkonferenz unter dem Motto »Menschenliebe« in Wien; rund 500 behinderte und nicht behinderte Teilnehmer aus 50 Ländern.

6. Juli Das Liberale Forum *(→ 9. Februar)* erhält den Status eines assoziierten Mitglieds in der »Liberalen und Demokratischen Fraktion« (LDR) des Europaparlaments in Straßburg.

9. Juli In der letzten Sitzung des Nationalrats vor der Sommerpause fällt mit den Stimmen der Regierungsparteien das öffentlich-rechtliche Rundfunkmonopol in Österreich (»Ein medienpolitischer Meilenstein«).

10. Juli Die FPÖ tritt mit sofortiger Wirkung aus der LI (Liberale Internationale) aus und kommt damit dem bevorstehenden Ausschluß zuvor. Das »Liberale Forum« *(→ 9. Februar)* erhält vorerst Beobachterstatus.

— Der Nationalrat beschließt mit einer Novelle des Ausländerbeschäftigungsgesetzes die Senkung der Höchstgrenze für ausländische Arbeitskräfte von 10 auf 8%.

13. Juli Erste Testfahrt mit der neuen Ultra-Low-Floor-Straßenbahn in Wien; die im »Porsche-Design« gestalteten Wagen haben mit nur 15,2 cm das weltweit niedrigste Einstiegsniveau.
14. Juli Uraufführung der einaktigen Kammeroper »Paracelsus« von Hugo Käch im Kongreßhaus in Villach; es handelt sich dabei um die Vertonung nach dem 1899 am Wiener Burgtheater uraufgeführten gleichnamigen Versspiel von Arthur Schnitzler.
16. Juli Der Verfassungsgerichtshof erklärt die Bürgermeister-Direktwahl für verfassungswidrig.
18.–20. Juli Verheerende Unwetter über weiten Teilen Westösterreichs und Kärntens; Hagelschlag, orkanartige Windböen und Hochwasser verursachen Schäden in der Höhe von mehreren hundert Millionen Schilling.
19. Juli Fred Liewehr stirbt in Wien; geb. am 17. Juni 1909 in Neutitschein (Mähren); Schauspieler, seit 1933 am Wiener Burgtheater, verkörperte bei Theater, Musical, Film und Fernsehen 260 Rollen.
26. Juli Der Leichtathlet Andreas Berger gesteht in einer Live-Sendung des Fernsehens für sich und drei Kollegen die Anwendung von Dopingmitteln.
31. Juli Die Bundesparteileitung der ÖVP übersiedelt ihr, seit 1947 bestehendes »Hauptquartier« aus dem Palais Todesco (Kärntner Straße 51) in die Lichtenfelsgasse 7 in der Nähe des Wiener Rathauses.
6. August Der steirische Abgeordnete Paul Burgstaller (ÖVP) muß nach parteiübergreifenden Protesten wegen einer im Innenausschuß des Nationalrats gefallenen sexistischen Äußerung zurücktreten; Burgstaller hatte die Abgeordnete Terezija Stoisits (Grüne) aufgefordert, das Mikrophon in den Mund zu nehmen und daran zu lutschen.
9. August Reinhard Kamitz stirbt in Wien; geb. am 18. Juni 1907 in Halbstadt (Böhmen); ÖVP-Politiker, von 1952–1960 Finanzminister, 1960–1968 Präsident der Österreichischen Nationalbank, Begründer des legendären »Raab-Kamitz-Kurses«, der in den fünfziger Jahren das »Österreichische Wirtschaftswunder« einleitete.
13.–22. August Leichtathletik-WM in Stuttgart (BRD): Bronze für Sigrid Kirchmann im Hochsprung, die erste LA-Medaille Österreichs überhaupt.
Mitte August Deutsche Wissenschaftler identifizieren ein Anfang der siebziger Jahre in Seefeld (Tirol) gefundenes Fossil als 220 Millionen Jahre alten Flugsaurier.
— In Hallstatt werden die rund 2 500 Jahre alten Gräber einer schwangeren Frau und eines Mannes entdeckt.
— In der Pfarrkirche Mariabrunn (Wien-Hadersdorf) werden an einem Seitenaltar Wandmalereien aus der Zeit um 1650 entdeckt; besonders bedeutungsvoll erscheint, daß die Bilddarstellungen Fresken sind, der Stuck und die Dekorationsmalerei jedoch in Seccotechnik ausgeführt ist – eine für Europa einzigartige Kombination.
16. August Innenminister Franz Löschnak weist die allgemeine Kritik an dem am → *1. Juli* in Kraft getretenen Aufenthaltsgesetz zurück: Seit Inkrafttreten wurden insgesamt 60 000 Ansuchen gestellt, 12 000 wurden bisher erledigt, dabei gab es nur 60 Ablehnungen.
22./23. August Schwere Gewitter in Oberösterreich und im Bezirk Krems (Niederösterreich); Blitzschläge lösten Brände aus, im Bahnhof Altmünster (Oberösterreich) stürzte ein Kran auf die Geleise.
26. August Das zur Konsum-Gerngroßgruppe zählende Kaufhaus »Steffl« auf der Wiener Kärntner Straße wird nach vergeblichen Veräußerungsversuchen nach einer Generalrenovierung (150 Millionen Schilling) mit rund 6 000 m^2 Verkaufsfläche wiedereröffnet.
30. August Als Abschluß einer wochenlang diskutierten Affäre tritt der steirische Abgeordnete zum Nationalrat, Paul Burgstaller, aus der ÖVP aus, bleibt jedoch Abgeordneter; in einem Parlamentarischen Ausschuß war es zu »sexistischen Äußerungen« gegenüber der Abgeordneten Terezija Stoisits (Grüne) gekommen.
31. August Ex-Innenminister Karl Blecha wird von den Vorwürfen der Urkundenunterdrückung und der falschen Beweisaussage vor dem Parlamentarischen »Lucona«-Untersuchungsausschuß freigesprochen.
— Rund 20 Milliarden Schilling hat die seit dem Schuljahr 1972/73 durchgeführte »Gratisschulbuch-Aktion« bisher gekostet; pro Jahr werden an Österreichs Schüler rund zehn Millionen Schulbücher verteilt.
Ende August Im Abschlußbericht der thailändischen Behörden zu dem am 26. Mai 1991 bei Bangkok erfolgten Flugzeugabsturz einer Boing 767 der Lauda Air heißt es u. a.: Das auslösende Moment für das Unglück war, daß der Hebel für die Aktivierung des Bremsschubs in einem der Triebwerke der Boeing 767 ohne Absicht »in einem unglücklichen Moment« voll geöffnet worden sei – wie es zur Aktivierung des Bremsschubs im Steigflug kommen konnte, habe nicht geklärt werden können.
3. September Am Grenzübergang Nickelsdorf werden in einem türkischen Sattelschlepper vom österreichischen Zoll 50 kg Heroin im Wert von 150–200 Millionen Schilling beschlagnahmt.
4. September Eröffnung der zwei Kilometer langen U 3-Verlängerung unterhalb der Wiener Mariahilfer Straße vom Volkstheater zum Westbahnhof; das U-Bahn-Netz in Wien umfaßt nunmehr 46 Kilometer.
5. September Ruder-WM: Gold für den österreichischen Doppelvierer (Walter Rantasa, Gernot Faderbauer, Christoph Schmölzer und Wolfgang Sigl).
— In der Obersteiermark wird ein deutsches Sportflugzeug auf dem Flug von Klagenfurt nach Leipzig vermißt; das Wrack mit den vier toten Insassen wird am 13. September in 1 340 Meter Höhe auf dem Schoberpaß entdeckt.
8. September Gegen 21.10 Uhr gerät der AUA-Airbus »Paris« auf dem Flug von London nach Wien in 10 000 Meter Höhe über Linz in unvorhersehbare Turbulenzen, die rund 30 Sekunden andauern und die Maschine durchschütteln; insgesamt werden dabei 18 Personen, zum Teil schwer, verletzt.
10. September Nach jahrelangen Verhandlungen mit Ungarn wird der grenzüberschreitende Nationalpark Neusiedler See-Seewinkel Wirklichkeit; es handelt sich dabei um den einzigen Steppennationalpark Europas.
— In Österreich wird eine europaweit unter chinesisch-vietnamesischer Führung tätige Schlepperbande ausgehoben; in den letzten fünf Jahren sollen rund 7 500 Menschen durch Österreich geschleust und damit ein »Umsatz« von 1,2 Milliarden Schilling gemacht worden sein.
11. September Erich Leinsdorf stirbt in Zürich; geb. am 4. Februar 1912 in Wien – Dirigent, emigrierte 1937 in die USA, dirigierte an der Metropolitan Opera in New York, 1947–56 Musikdirektor des Rochester Phil-

harmonic Orchestra, 1958–62 musikalischer Berater und Dirigent an der Met, 1962–69 Chefdirigent des Boston Symphony Orchestra, danach Gastdirigent in USA und Europa.

— In der Linzer Kinderklinik stirbt ein Baby, dessen Eltern als Angehörige der Zeugen Jehovas eine Bluttransfusion verboten hatten.

12. September Weihe der neuen Pfarrkirche in Paudorf; der Weihe gingen monatelange Auseinandersetzungen zwischen dem zuständigen St. Pöltner Bischof Kurt Krenn und Pfarrer Udo Fischer voraus.

13. September Tagsatzung im Insolvenzverfahren der Wiener Konditorei Chr. Demel's Söhne; 270 Gläubiger melden 722 Millionen Schilling Forderungen an.

Mitte September Eine der letzten 1000jährigen Linden Europas steht in St. Georgen im Attergau (Oberösterreich); der Baum mit 15 Metern Stammesumfang ist innen größtenteils hohl und noch mit etwa 5 cm gesundem Holz umgeben – alte »Wunden« werden nun durch den Wiener Baumchirurgen Manfred Saller geheilt.

15. September Für den Nationalrat tritt eine neue Geschäftsordnung in Kraft; im Mittelpunkt stehen Bestimmungen, die das »Zeitmanagement« straffen.

— Der Kabarettist Gerhard Bronner kehrt nach fünf Jahren aus Florida nach Wien zurück; der Grund für sein freiwillig gewähltes Exil war ein Steuerverfahren.

16. September Uraufführung von Gabriel Baryllis »Abendwind« im Wiener Akademietheater.

— Der erste von mehr als 100 geplanten »Kartomaten« wird im »neuen« Ronacher aufgestellt; die Automaten ermöglichen rund um die Uhr einen von Öffnungszeiten unabhängigen Erwerb von Eintrittskarten für kulturelle, gesellschaftliche und sportliche Ereignisse.

17. September Fernseh-Programmintendant Ernst Wolfram Marboe, wird vom ORF-Kuratorium (nach Auszug der ÖVP-nahen Kuratoren) einstimmig und mit sofortiger Wirkung abberufen; die Abberufung steht im Zusammenhang mit der Aufzeichnung der »Lustigen Witwe« bei den Mörbischer Seefestspielen.

18. September Die Anzeige gegen den Linzer Möbelhändler Helmut Flatzelsteiner, der den Sarg mit den Gebeinen Mary Vetseras vom Friedhof Heiligenkreuz entfernt hatte, wird von der Staatsanwaltschaft zurückgelegt, es erfolgt keine Anklage.

20. September In Salzburg werden die in den zwanziger Jahren vom bekannten Heimatdichter Karl Heinrich Waggerl hergestellten Aktfotografien (auch von sich selbst und von seiner Ehefrau Edith) sowie Glasnegative erstmals ausgestellt; die Fotos (»ein künstlerisch brisantes Nebenwerk«) wurden im September 1991 entdeckt.

22. September Ein Trakt des Schlosses Neugebäude in Wien-Simmering wird durch Brand vernichtet; das im 16. Jahrhundert unter Maximilian II. errichtete und seit Jahrhunderten verfallende Gebäude gilt unter Experten als »Gesamtkunstwerk, in dem das Bedeutendste, was an Architektur, Malerei, Plastik und Kunsthandwerk der Renaissance in Wien geschaffen wurde, vereinigt war«.

23. September Der Nationalrat lehnt das von der FPÖ initiierte »Ausländer-Volksbegehren« ab.

24. September Der Tiroler Landtag wählt Wendelin Weingartner (ÖVP) zum Nachfolger des zurückgetretenen Landeshauptmanns Alois Partl (ÖVP); die knappe Wahl erfolgt nur mit den Stimmen der 19 ÖVP-Abgeordneten gegen 16 Nein-Stimmen und eine ungültige.

27. September Der ORF erhält ein vom englischen Designer Neville Brody erarbeitetes, neues Erscheinungsbild sowie ein geändertes Sendekonzept für die Nachrichtensendungen.

29. September Der Neo-Nazi Gottfried Küssel wird in Wien wegen Wiederbetätigung (§ 3a des NS-Verbotsgesetzes) zu zehn Jahren Haft verurteilt.

30. September Der Zinkabbau der Bleiberger Bergwerksunion (BBU) in Arnoldstein (Kärnten) wird nach nunmehr fünf Jahrhunderten Hüttenbetrieb endgültig geschlossen; noch vor zehn Jahren war die BBU mit über 2 000 Mitarbeitern der größte Arbeitgeber Kärntens.

Ende September In Oberstockstall bei Wagram (Niederösterreich) wird ein vermutlich aus der Zeit um 1800 v. Chr. stammender »Mann im Löß« entdeckt. (Die Grabungen fanden unter dem seit 1980 systematisch freigelegten Labor des mittelalterlichen Alchemisten Pfarrer Christoph von Trenbeck statt, das mit seinen rund 900 gefundenen Einrichtungsgegenständen das weltweit älteste, größte und besterhaltene Labor darstellt.)

— Mehrere Wochen lang beschäftigte eine »Grapsch-Affäre« die Öffentlichkeit (Hesoun soll vor etwa sechs Jahren der SPÖ-Nationalratsabgeordneten Waltraud Schütz »ins Dekolleté gegriffen haben«); dies führt bis zu einer Rücktrittsforderung von Frauenministerin Johanna Dohnal an Sozialminister Josef Hesoun (beide SPÖ).

1. Oktober Die Verpackungsverordnung tritt in Kraft; sie folgt der Philosophie der »Produktverantwortung«, die Hersteller und Anwender für eine Verpackung übernehmen. Von den Herstellern werden für die Entsorgung materialabhängige Lizenzgebühren verlangt, die Endverbraucher sammeln nach Materialien getrennt.

— Ein neues Modell des Grundwehrdienstes (»7 + 1«) tritt in Kraft: Erstmals leistet ein Teil der Wehrpflichtigen bereits im Anschluß an den Grundwehrdienst die erste Hälfte der zweimonatigen Milizübungen ab.

4. Oktober Der oberösterreichische Landeshauptmann Josef Ratzenböck kündigt im Zusammenhang mit dem geplanten Ausbau des grenznahen tschechischen Atomkraftwerks Temelín an, im Fall eines Super-GAU eine Schadenersatzforderung in der Höhe von 431 Milliarden Schilling gegen die mit der Ausführung beauftragte amerikanische Firma Westinghouse zu erheben.

8./9. Oktober Konferenz der Staats- und Regierungschefs der 32 Mitgliedsländer des Europarats in Wien; im Mittelpunkt der »Wiener Erklärung« stehen Aussagen zu vertrauensbildenden Maßnahmen sowie Hilfe und Unterstützung für nationale Minderheiten.

13. Oktober Das in Korneuburg gebaute Schulschiff »Bertha von Suttner«, Österreichs einzige schwimmende AHS (Allgemeinbildende Höhere Schule), legt in Wien bei der Floridsdorfer Brücke an; das 380 Millionen teure Schiff dient mit 9 000 m² Fläche in den nächsten Jahren für 36 Klassen als Ausweichquartier für Schulen.

14. Oktober Die Sanierung des in die Krise geratenen staatlichen Aluminiumkonzerns Austria Metallwerke AG Ranshofen (AMAG) kostet 15 Milliarden Schilling;

das Sanierungskonzept umfaßt auch eine Reduktion des Personals von rund 8 000 auf 2 400 Mitarbeiter.
— 24 österreichische Bluter, seit den achtziger Jahren durch Blutpräparate mit dem Aids auslösenden HIV-Virus infiziert, klagen die Firma Immuno in Millionenhöhe; insgesamt wurden seinerzeit rund 150 Bluter infiziert, die Hälfte ist in der Zwischenzeit verstorben.
15. Oktober Das vor einem Jahr gegründete Wochenmagazin »News« hat die österreichische Zeitschriftenlandschaft revolutioniert: Jede Woche werden bereits mehr als 200 000 Exemplare (davon 110 000 Abonnements) verkauft.
16. Oktober Festliche Eröffnung des um 170 Millionen Schilling renovierten traditionsreichen »Etablissement Ronacher« in Wien mit einem Benefizgalakonzert der Wiener Philharmoniker. Am 15. September 1872 war das von Architekt Ferdinand Fellner erbaute Haus als »Wiener Stadttheater« eröffnet worden und hatte seither eine wechselvolle, nicht immer erfolgreiche Geschichte.
17. Oktober Die Innsbrucker Bevölkerung lehnt in einer Abstimmung die Veranstaltung einer dritten Winter-Olympiade ab.
29. Oktober Nach nur zwölf Tagen Dauer platzt die Einigung zwischen den Grünen und dem VGÖ (Vereinte Grüne Österreichs); Grund sind informelle Kontakte der VGÖ mit der FPÖ.
29. Oktober bis 2. November Das fliegende Personal der AUA streikt im Zusammenhang mit Kooperationsverhandlungen mit anderen europäischen Fluglinien.
1. November Der Verkauf von verbleitem Superbenzin ist verboten; für Raffinerien war der Import von bleihaltigen Treibstoffen bereits seit 1. Februar verboten.
5. November Der Großindustrielle Emmerich Assmann wird im Zusammenhang mit dem Konkurs seiner Firmengruppe in Untersuchungshaft genommen.
12. November Die Austrian Industries (AI) werden aufgelöst, an ihre Stelle treten die im Vorjahr abgeschafften Branchenholdings Technologie und Stahl, oberstes Organ der Verstaatlichten Industrie bleibt die ÖIAG.
18. November Im Palais Eskeles in Wien wird das neue Jüdische Museum eröffnet (In Wien gab es bereits 1897–1938 ein Jüdisches Museum).
24. November Der Europäische Gerichtshof stellt fest, das österreichische Rundfunkmonopol widerspreche der Menschenrechtskonvention.
3.–6. Dezember Briefbombenterror in Österreich: Am 3. Dezember werden Pfarrer August Janisch in Hartberg (Steiermark) und in Wien die ORF-Moderatorin Silvana Meixner (Minderheitenredaktion) schwer verletzt; Briefbomben an andere Prominente können rechtzeitig abgefangen werden. Am 5. Dezember erfolgt ein Briefbomben-Attentat auf den Wiener Bürgermeister Helmut Zilk, der Teile seiner linken Hand verliert. Am 6. Dezember wird die Sekretärin einer Anwaltskanzlei bei einem Anschlag schwer verletzt. Wenig später werden die ersten Tatverdächtigen aus der rechtsradikalen Szene festgenommen, Spuren führen auch nach Deutschland.
12. Dezember Fritz Bock stirbt in Wien; geb. am 26. Februar 1911 in Wien; ÖVP-Politiker, 1945 Gründungsmitglied der ÖVP, bis 1947 deren Generalsekretär, 1949–1962 Abgeordneter zum Nationalrat, 1952–1956 Staatssekretär im Handels- bzw. Finanzministerium, 1956–1968 Handelsminister (ab 1966 auch Vizekanzler).
30. Dezember Axel Corti stirbt in Wien; geb. am 7. Mai 1933 in Paris; Schauspieler, Rundfunkkommentator und Filmregisseur.
31. Dezember ÖVP-Generalsekretär Ferdinand Maier scheidet, wie bereits Ende September angekündigt, aus seinem Amt; Nachfolger ist Wilhelm Molterer.
— Die Korneuburger Schiffswerft wird geschlossen, da der bisherige Hauptmarkt Rußland ausfällt.
Ende Dezember Beim Innenministerium sind insgesamt 86 608 Vereine registriert (19 783 Turn- und Sportvereine, 12 672 Sparvereine, 12 036 Kulturvereine, 5 447 Garten-, Siedlungs- und Tiervereine, 4 841 Wohltätigkeitsvereine und 425 Parteien (1983: 115).
— Die Republik ist Mitglied von rund 190 mehr oder weniger namhaften internationalen Vereinigungen und wendet dafür jährlich (1993) knapp zwei Milliarden Schilling an Mitgliedsbeiträgen auf.
— Durch die vom Österreichischen Roten Kreuz, der Caritas und dem ORF im Mai 1992 ins Leben gerufenen Aktion »Nachbar in Not« wurden bisher 220 Millionen Schilling aufgebracht; das bedeutet rund 2 600 Lkw-Ladungen mit Hilfsgütern für die Opfer des Bürgerkriegs im ehemaligen Jugoslawien.
— Die Verkehrsunfallstatistik weist für 1993 mit 1 269 Toten (–9,6% gegenüber dem Vorjahr) die niedrigste Zahl seit 1954 aus (die bisher höchste Zahl an Verkehrstoten gab es mit 2 948 Menschen im Jahr 1972).
— Auf den sechs österreichischen Flughäfen wurden 9,6 Millionen Passagiere (davon rund 7 Millionen in Wien-Schwechat) abgefertigt, die Anzahl der Starts und Landungen betrug insgesamt 181 312.
— Die Republik ist derzeit Mitglied von rund 190 mehr oder weniger namhaften internationalen Vereinigungen und wendet dafür jährlich (1993) knapp zwei Milliarden Schilling an Mitgliedsbeiträgen auf; darunter befinden sich ESA (Europäische Weltraumorganisation 402 Millionen), CERN (Europäisches Zentrum für Kernforschung 168 Millionen), UNO (Organisation der Vereinten Nationen 88,8 Millionen), EFTA (Europäische Freihandelsassoziation 64 Millionen), FAO (Wirtschaftskommission der UNO für Europa 32,6 Millionen), OECD (Organisation für wirtschaftliche Zusammenarbeit und Entwicklung 32 Millionen), WHO (Weltgesundheitsorganisation 29 Millionen), UNHCR (Hochkommissar der UNO für Flüchtlinge 27 Millionen), UNESCO (Organisation der UNO für Erziehung, Wissenschaft und Kultur 26 Millionen), IAEO (Internationale Atomenergie-Organisation 21,7 Millionen), UNIDO (Organisation der UNO für industrielle Entwicklung 8 Millionen), UNEP (Umweltprogramm der UNO 5 Millionen), aber auch von Vereinigungen, bei denen der Mitgliedsbeitrag nur wenige hundert Schilling beträgt wie beispielsweise der European Society for Rural Sociology (671 Schilling) oder der European Military Press (770 Schilling).
►**1994, 1. Januar** Der Europäische Wirtschaftsraum (EWR), in dem auch Österreich Mitglied ist, tritt in Kraft.
— Eine umfangreiche Steuerreform tritt in Kraft, ins-

gesamt stehen erwarteten 41 Milliarden Mindereinnahmen etwa 26,6 Milliarden Mehreinnahmen gegenüber; u. a. entfallen Vermögens- und Gewerbesteuer.
— Die Verstaatlichten-Holding Austrian Industries wird nur drei Jahre nach ihrer Gründung wieder aufgelöst.
— Die Post wird aus dem Budget ausgegliedert und eine eigene Rechtspersönlichkeit.
— Das »Regionalradiogesetz« tritt in Kraft.
— Das neue »Tabakgesetz« tritt in Kraft; es enthält u. a. gesundheitspolitische Bestimmungen über den Schutz von Nichtrauchern und die Begrenzung von Schadstoff-Höchstwerten sowie vor allem Werbebeschränkungen.
— Ein für Österreich neues Privatrechtsstiftungs-Gesetz tritt in Kraft; Stiftungen dürfen nun ohne den bisher notwendigen Nachweis der Gemeinnützig- und Mildtätigkeit geschaffen werden, Vermögen, die bisher außer Landes angelegt wurden, sollen in Österreich gehalten werden.
— Die steirische Leykam-Mürztaler Papier- und Zellstoffabrik AG und der holländische Konzern KNT BT legen ihre Papierproduktion in Österreich, Holland und Belgien zusammen; der Konzern beschäftigt 67 000 Mitarbeiter und setzt rund 83 Milliarden Schilling um.
— Werner Schwab stirbt in Graz; geb. am 4. Februar 1958 in Graz; Dramatiker.

4. Januar Die österreichische Skifabrik Atomic legt die Produktion in Frankreich still *(→ 15. September)*.

7. Januar Otto Mitterer stirbt in Kitzbühel (Tirol); geb. am 22. Oktober 1911 in Wien; ÖVP-Politiker, 1952–55 Abgeordneter zum Bundesrat, 1956–75 Abgeordneter zum Nationalrat, 1968–70 Handelsminister, 1970–75 Präsident der Wiener Handelskammer (»Greißlerpapst«).

11. Januar Zwischen den Regierungsparteien erfolgt eine Einigung über die Dauer des Zivildienstes: Ab 1. Januar 1994 dauert dieser 11 Monate und wird auf 12 Monate verlängert, wenn sich zwischen Mai und Oktober 1994 mehr als 3 000 Wehrpflichtige melden sollten; insgesamt umfaßt die Zivildienst-Novelle 16 Punkte.
— Mit einem »konstruktiven Gipfelgespräch« unter Vorsitz des Salzburger Landeshauptmanns Hans Katschthaler endet der bereits seit Mitte 1993 schwelende Streit zwischen dem künstlerischen Leiter der Salzburger Festspiele, Gérard Mortier, und dem Orchester der Wiener Philharmoniker; Mortier hatte den Philharmonikern unter anderem Unflexibilität vorgeworfen und darüber hinaus »zu teuer« zu sein, worauf das Orchester die Zusammenarbeit mit den Festspielen in Frage gestellt hatte.

12. Januar Bundeskanzler Franz Vranitzky teilt nach einer Klausurtagung der SPÖ-Regierungsmitglieder mit, diese hätten sich einstimmig für eine Durchforstung und Neuordnung des Sozialstaats ausgesprochen.

14. Januar Die steiermärkische Landesregierung beschließt einstimmig die Bewerbung um die Olympischen Winterspiele im Jahr 2002 mit dem Zentrum Graz.

Mitte Januar Seit der im Herbst 1993 begonnenen Integration von Behinderten in Volksschulen werden bundesweit in 145 Klassen Behinderte und Nichtbehinderte gemeinsam unterrichtet.
— Bundespräsident Thomas Klestil bestätigt in einem Interview »private Sorgen« und teilt offiziell mit, daß seine Frau zum Jahreswechsel aus der gemeinsam bewohnten Amtsvilla ausgezogen sei. Die in der Präsidentschaftskanzlei tätige und in die privaten Probleme involvierte Gesandte Margot Löffler ersucht um Versetzung.

19. Januar Der Nationalrat beschließt einstimmig die »Alpenkonvention« zur Zusammenarbeit der Alpenstaaten mit der EU zur Erhaltung des alpinen Lebensraums.

28. Januar Rosa Jochmann stirbt in Wien; geb. am 19. Juli 1901 in Wien; SPÖ-Politikerin; 1933–34 Mitglied des Parteivorstands, 1940–45 im Konzentrationslager, 1945–67 Abgeordnete zum Nationalrat.

29. Januar Die zweifache österreichische Super-G-Weltmeisterin Ulrike Maier stürzt bei der Damen-Weltcup-Abfahrt in Garmisch-Partenkirchen (Deutschland) und erliegt wenige Stunden später im Spital in Murnau ihren Verletzungen.

2. Februar Anläßlich eines Israel-Besuches eröffnet Wissenschaftsminister Erhard Busek an der Hebräischen Universität in Jerusalem einen »Franz-Kardinal-König-Lehrstuhl für Österreichstudien«.

8. Februar Der Vertrag des Staatsoperndirektors Ioan Holender wird bis 2002 verlängert.

12.–27. Februar Olympische Winterspiele in Lillehammer (Norwegen): Gold: Emese Hunyady (1 500 m Eisschnellauf), Thomas Stangassinger (Slalom); Silber: Markus Prock (Rodel-Einsitzer), Emese Hunyady (3 000 m Eisschnellauf), Elfriede Eder (Slalom); Bronze: Andrea Tagwerker (Rodel-Einsitzer), Christian Mayer (Riesentorlauf), Andreas Goldberger (Spezialspringen) sowie im Mannschaftsspringen.

11. Februar Paul Feyerabend stirbt in Zürich; geb. am 13. Januar in Wien; Philosoph, 1958–79 lehrte er an der Universität in Berkley (USA), seit 1979 in Zürich.

14. Februar Hertha Firnberg stirbt in Wien; geb. am 18. September 1909 in Wien; SPÖ-Politikerin, 1967–81 Vorsitzende des SPÖ-Bundesfrauenkomitees und stellvertretende Parteivorsitzende, 1970-83 Wissenschaftsministerin.

16. Februar Europa-Premiere des Holocaust-Epos »Schindlers Liste« in Anwesenheit des Hollywood-Regisseurs Steven Spielberg im Wiener Gartenbaukino.
— Erstausgabetag für die neue Scheidemünze zu 20 Schilling (»800 Jahre Münze Wien«).

18. Februar Die Austrian Airlines (AUA) beteiligt sich zu 42,85% an der Tyrolean Airways; 1993 beförderte die Tyrolean Airways mit 13 Flugzeugen 510 000 Passagiere.

20. Februar Franz Salesius Zauner stirbt in Linz; geb. am 11. Dezember 1904 in Grieskirchen (Oberösterreich); katholischer Geistlicher, 1949 Weihbischof, 1956–82 Diözesanbischof von Linz.

24. Februar Die in Konkurs befindliche Wiener Hofzuckerbäckerei Ch. Demel wird nach einer Versteigerung um 230 Millionen Schilling von der Raiffeisenbank Wien übernommen.

25. Februar Der steirische Großindustrielle Emmerich Assmann wird im Zusammenhang mit der nicht vertragsgemäß durchgeführten Entsorgung von 88 000 Minen aus schweizerischen Armeebeständen wegen schweren Betruges zu drei Jahren Haft (davon ein Jahr unbedingt) verurteilt *(→ 1993, 31. März und 5. November)*.

26. Februar Leopold Kohr stirbt in Großbritannien; geb. 1909 in Oberndorf (Salzburg); Nationalökonom und Philosoph, vertrat die Rückkehr zu kleinen, überschaubaren Einheiten, erhielt 1983 (als erster) den Alternativen Nobelpreis.

2. März Kurz nach 22 Uhr ist in Brüssel die letzte Phase der Beitrittsverhandlungen Österreichs mit der Europäischen Gemeinschaft (EU) mit viertägigen, kaum unterbrochenen Marathonverhandlungen unter der Delegationsleitung von Außenminister Alois Mock beendet; bis zuletzt wurde von Staatssekretärin Brigitte Ederer, den Ministern Ferdinand Lacina, Wolfgang Schüssel, Viktor Klima und Franz Fischler neben den sensiblen Regelungen für die Landwirtschaft (die Preise werden mit dem Beitritt auf EU-Niveau gesenkt) u. a. um den »Transitvertrag« gerungen, dessen Laufzeit schließlich von zehn auf de facto neun Jahre reduziert wurde. Damit der für 1. Januar 1995 geplante Beitritt Österreichs tatsächlich in Kraft treten kann, ist noch eine Abstimmung im Europäischen Parlament notwendig *(→ 4. Mai)*, im österreichischen Parlament ein Bundesverfassungsgesetz zu beschließen und danach eine Volksabstimmung durchzuführen *(→ 19. Juni)*, darüber hinaus ist die Ratifizierung durch die Parlamente der anderen Mitgliedsländer notwendig. Der »Netto-Beitrag« Österreichs zur EU wird im ersten Jahr 12 Milliarden Schilling betragen und in den nächsten Jahren bis auf 17 Milliarden jährlich ansteigen.

7. März Mit der Tiroler Rechtsanwältin Lisbeth Lass wird erstmals eine Frau zum Mitglied des Verfassungsgerichtshofes bestellt; da es sich nicht um die »Erstgereihte« handelte, erklärt SPÖ-Klubobmann Willi Fuhrmann, Bundespräsident Thomas Klestil »mißachte damit als erster Bundespräsident in der Geschichte einen Vorschlag des Nationalrats«.

10. März Trotz mehrmonatiger offizieller Interventionen von österreichischer Seite gewährt die amerikanische Export-Import-Bank zur Fertigstellung des tschechischen Atomkraftwerks Témelin eine Kreditgarantie in der Höhe von 3,8 Milliarden Schilling.

11. März Großbrand im Linzer Schlachthof mit einer Schadenssumme von rund 300 Millionen Schilling.

13. März Landtagswahl in Kärnten: Die SPÖ verliert Mandate an FPÖ und ÖVP und ihre absolute Mehrheit in der Landesregierung *(→ 7. Juni)*; SPÖ-Parteivorsitzender und Landeshauptmann-Stellvertreter Peter Ambrozy legt sämtliche Funktionen zurück, Nachfolger wird Gesundheitsminister Michael Ausserwinkler *(→ Anhang)*.

— Landtagswahl in Salzburg: ÖVP und SPÖ verlieren an die FPÖ, die ÖVP verliert ihre absolute Mehrheit in der Landesregierung *(→ Anhang)*.

— Landtagswahl in Tirol: Die ÖVP kann trotz leichter Stimmenverluste ihre absolute Mehrheit im Landtag und auch in der Landesregierung halten *(→ Anhang)*; wegen des schlechten Wahlergebnisses tritt am 15. März der SPÖ-Vorsitzende und Landeshauptmann-Stellvertreter Hans Tanzer zurück.

17. März Christa Krammer (SPÖ) wird als neue Gesundheitsministerin *(→ 13. März)*→ angelobt; Krammer war 1986–87 Abgeordnete zum Bundesrat und seit 1987 Mitglied der burgenländischen Landesregierung.

18. März Als erster Skispringer der Welt springt Andreas Goldberger bei der Skiflug-WM in Planica weiter als 200 Meter.

23. März 20 von 35 Kuratoriumsmitgliedern wählen den derzeitigen RTL2-Geschäftsführer Gerhard Zeiler zum provisorischen Generalintendanten des ORF; Zeiler wird seinen Posten als Nachfolger von Gerd Bacher am 11. Oktober antreten.

30. März Florian Kuntner stirbt in Wien; geb. am 22. März 1933 in Kirchberg am Wechsel (Niederösterreich); Weihbischof von Wien.

1. April Das Fernmeldegesetz 1993 tritt in Kraft; ab nun können alle Telekommunikationsdienste (mit Ausnahme des »Sprechtelefons«) auch von privaten Betreibern angeboten werden, Ende 1997 wird auch das bis dahin noch gültige Telefonmonopol beendet werden.

4. April Kurt Meisel stirbt in Wien; geb. am 18. August 1912 in Wien; Bühnen- und Filmschauspieler, Regisseur, 1966–70 Oberregisseur und stellvertretender Direktor des Wiener Burgtheaters, 1972–83 Intendant des Bayerischen Staatsschauspiels in München.

5. April Der traditionsreiche Wiener Fußballklub Rapid (29facher Meister, 13facher Cupsieger und Europacup Finalist 1985) meldet mit einer Überschuldung von 31 Millionen Schilling den Ausgleich an.

7. April Die Bank Austria AG übernimmt die Mehrheit der im Eigentum von 77 Bundesländer-Sparkassen stehenden GiroCredit, der drittgrößten Bank Österreichs.

20. April Im Wiener Dorotheum erzielt das Bild »Totentanz« von Albin Egger-Lienz die Rekordsumme von 5,8 Millionen Schilling.

— Erstmals wird in Österreich eine sogenannte »Kronjuwelenhochzeit« registriert: Das Ehepaar Elisabeth (geb. am 16. November 1899) und Johann Kwech (geb. am 14. Mai 1897) feiert in einem Pflegeheim in Bruck an der Leitha seinen 75. Hochzeitstag.

24. April Eröffnung des ersten international anerkannten Nationalparks Neusiedler See-Seewinkel; der einzige Steppennationalpark Mitteleuropas umfaßt eine Fläche von 14 000 ha, wovon 6 000 ha auf ungarischem Gebiet liegen.

28. April Die evangelische Pfarrerin von Weppersdorf (Burgenland), Gertraud Knoll, wird zur Superintendentin gewählt; damit steht nach der für September vorgesehenen Amtseinführung erstmals in Österreich eine Frau einer Diözese vor. Die evangelische Diözese Burgenland betreut rund 35 000 Gläubige.

29. April Der Bundesobmann der Vereinten Grünen (VGÖ), Josef Buchner, legt nach monatelangen Auseinandersetzungen alle Parteifunktionen zurück.

— Das Monatsmagazin »Basta« wird von der »Kurier«-Gruppe ZVB an den Metro-Verlag verkauft und mit dem Konkurrenzmagazin »Wiener« verschmolzen.

30. April Der Formel-I-Rennfahrer Roland Ratzenberger verunglückt tödlich beim Abschlußtraining in Imola (Italien).

Ende April Mit insgesamt 5 032 013 zugelassenen Straßenfahrzeugen (darunter 3,3 Millionen Pkws und Kombis, 400 000 Zugmaschinen, 387 418 Kleinmotorräder und 275 000 Lkws) ist ein neuer Rekord erreicht (+30% seit 1984).

3. Mai In Wien wird ein »Maturaskandal« bekannt: Seit etwa 1980 wurden in einer Maturaschule an einige hundert Externisten Maturafragen verkauft.

4. Mai Abstimmung über den Beitritt Österreichs zur EU im Europäischen Parlament in Straßburg; die (am 5. Mai korrigierten) Abstimmungsergebnisse lauten:

	Ja	*Nein*	*Enthaltung*
Sozialdemokraten	168	7	13
Volksparteien	134	6	9
Liberale	30	3	5
Grüne	8	1	17

Gaullisten	17	2	–
Regenbogenfraktion	5	–	7
Extreme Rechte	1	1	1
Kommunisten	–	1	5
Sonstige	15	3	3
Gesamt	378	24	60

Am selben Tag finden auch die Abstimmungen über den Beitritt Schwedens, Finnlands und Norwegens statt, die alle mit ähnlichen Ergebnissen verlaufen.

5. Mai Mit 140 Pro- und 35 Contrastimmen beschließt der Nationalrat das EU-Beitrittsgesetz.

11. Mai Der SV Salzburg verliert das UEFA-Cup-Endspiel gegen Inter Mailand 0:1; zum ersten Mal kam eine österreichische Mannschaft in die Endrunde.

12. Mai Der Formel-I-Rennfahrer Karl Wendlinger erleidet bei einem Trainingsunfall in Monaco lebensgefährliche Verletzungen und liegt 19 Tage im Koma.

14. Mai Hypo Niederösterreich wird zum fünften Mal Sieger im Europacup der Meister im Damenhandball.

16. Mai Der vom Iran »zum Tode verurteilte« Schriftsteller Salman Rushdie (»Satanische Verse«) nimmt – ein Jahr verspätet – in Wien unter entsprechenden Sicherheitsvorkehrungen den Österreichischen Staatspreis für Europäische Literatur 1992 entgegen.

— Die Deutsche Lufthansa erhöht ihre Beteiligung an der Lauda Air vorerst auf 39,7%, eine weitere Aufstokkung ist geplant.

20. Mai Der Viskoseerzeuger Glanzstoff Austria AG, ein Tochterunternehmen der Lenzing AG mit fast 600 Mitarbeitern, wird stillgelegt; die Überschuldung beträgt rund 600 Millionen Schilling.

28. Mai Der Inntal-Eisenbahntunnel, mit 12,7 km der längste Eisenbahntunnel Österreichs, wird in Betrieb genommen.

— Durch den Besuch des ugandischen Präsidenten Yoweri Kaguta Museveni wird bekannt, daß im Juni 1985 im Gasthof »Zum grünen Jäger« in Unterolbendorf (Bezirk Mistelbach, Niederösterreich) mit dem »Unterolbendorfer Programm« von ihm mit der damaligen Exilregierung die heute noch gültige, demokratische Verfassung Ugandas geschaffen wurde.

31. Mai Erstausgabetag der Jubiläumsmünze »800 Jahre Münze Wien« (Nennwert 1 000 Schilling, 50 000 Stück); erstmals besteht eine österreichische Münze aus Gold und Silber in ein und derselben Prägung.

7. Juni Christof Zernatto (ÖVP) wird 86 Tage nach der Landtagswahl und nach langwierigen Paktversuchen im nunmehr siebenten Anlauf (gegen die Stimmen der FPÖ) zum Kärntner Landeshauptmann wiedergewählt.

10. Juni Hans Lechner stirbt in Salzburg; geb. am 16. Juli 1913 in Salzburg – Landwirt, Jurist, ÖVP-Politiker, 1959-61 Landesrat, 1961-77 Landeshauptmann von Salzburg.

12. Juni Bei der Volksabstimmung über den Beitritt Österreich zur Europäischen Gemeinschaft (EU) stimmen 66,58% (bei einer Wahlbeteiligung von knapp 82%) für den Beitritt.

15. Juni Die Organisation erdölexportierender Länder (OPEC) entscheidet, ihren Sitz in Wien beizubehalten.

16. Juni Hans Strotzka stirbt (bei einem Brand) in Wien; geb. am 18. November 1917 in Wien; Tiefenpsychologe.

24. Juni Unterzeichnung des EU-Beitrittsvertrags in der St. Georgskirche auf der Insel Korfu (Griechenland); nach einigem Hin und Her hatten sich SPÖ und ÖVP am 14. Juni geeinigt, daß der Vertrag von Bundeskanzler Franz Vranitzky, Außenminister Alois Mock, Chefverhandler Manfred Scheich und Sektionsleiter Ulrich Stacher unterschrieben werde. Bereits Wochen vorher hatte jedoch Bundespräsident Thomas Klestil, gestützt auf das Gutachten eines Verfassungsjuristen, mehrfach seinen »Vertretungsanspruch nach außen« deponiert und auch angekündigt, persönlich an der ersten Sitzung des EU-Rats teilzunehmen; dem wird entgegengehalten, der Bundespräsident sei an die Vorschläge der Regierung gebunden und daher im EU-Rat »nicht handlungsfähig«; der »Kompromiß von Korfu« räumt dem Bundespräsidenten schließlich Redezeit ein.

27. Juni Der Vertrag von Burgtheaterdirektor Claus Peymann wird bis 1999 verlängert.

28. Juni Urteil im Prozeß gegen den wegen elffachen Mordes angeklagten Jack Unterweger: Lebenslange Haft, in neun Fällen erfolgt ein Schuldspruch. In den Morgenstunden des darauffolgenden Tages verübt Unterweger Selbstmord, das Urteil wird nicht rechtskräftig. (Unterweger war schon vorher einmal wegen Mordes lebenslang verurteilt worden, hatte sich in der Haft einen gewissen Namen in der Literaturszene gemacht und war im Mai 1990 auf Bewährung freigelassen worden.)

29. Juni Der dritte Noricum-Prozeß endet mit sieben Schuldsprüchen und einem Freispruch.

1. Juli Mit dem aus der Bundesverwaltung ausgegliederten »Arbeitsmarktservice (AMS-Fonds)« tritt eine neue Form der Arbeitsmarktverwaltung in Kraft.

1. Juli–29. August In Ossiach (Kärnten) findet zum 25. Mal der »Carinthische Sommer« statt.

7. Juli Der Grazer Gemeinderat faßt den Beschluß, sich um die Winter-Olympiade 2002 zu bewerben.

11. Juli Der Nationalrat beschließt das Ermächtigungsgesetz zum Ankauf der Sammlung Leopold; Rudolf Leopold erhält für seine Bilder insgesamt 2,2 Milliarden Schilling.

14. Juli Robert Jungk stirbt in Salzburg; geb. am 11. Mai 1913 in Berlin; Zukunftsforscher (1952: »Die Zukunft hat schon begonnen«), 1992 (von den Grünen unterstützter) überparteilicher Kandidat zur Bundespräsidentenwahl *(→ Anhang)*.

Mitte Juli In Hallstatt (Oberösterreich) wird im Bereich des weltbekannten Gräberfeldes ein vollständig erhaltenes »Brandschüttungsgrab« entdeckt, das wegen seiner Beigaben zu den bedeutendsten prähistorischen Funden aus dem 8. Jhdt. v. Chr. zählt.

18. Juli Anläßlich des früheren »Anderl von Rinn«-Festtags kommt es wieder zu einer Versammlung von Verehrern; der Innsbrucker Diözesanbischof Reinhold Stecher entscheidet per Dekret die Umbenennung der Kirche von »Judenstein« auf »Mariä Heimsuchung«.

28. Juli Erwin Ringel stirbt in Bad Kleinkirchheim (Kärnten); geb. am 27. April in Temesvár (Rumänien); Neurologe und Psychiater mit den Schwerpunkten Selbstmordverhütung, Psychosomatik, Neurosenlehre und Sozialpsychologie, großer Publikumserfolg mit dem Psychogramm der Alpenrepublik »Die österreichische Seele«.

3. August Den Höhepunkt der 800-Jahr-Feiern für Wr. Neustadt (Niederösterreich) bildet ein José-Carreras-Galakonzert auf dem Domplatz.

13. August Das openair-Konzert der »Zillertaler Schürzenjäger« in Finkenberg (Tirol) besuchen 70.000 Zuhörer.
14. August Elias Canetti stirbt in Zürich; geb. am 25. Juli 1905 in Rustschuk (Bulgarien); Schriftsteller, kam 1913 nach Wien und lernte hier, als seine vierte Sprache, Deutsch, das auch die Sprache seiner Dichtung blieb, erhielt 1981 den Nobelpreis für Literatur.
— Else Rambausek stirbt in Wien; geb. am 2. Dezember 1907 in Purkersdorf bei bei Wien; Volksschauspielerin und Operettensängerin.
17. August Der in der GiroCredit tätige Bankmanager Klaus Mair, im »Nebenberuf« auch Manager des FC Tirol wird wegen Veruntreuung von Kundengeldern in dreistelliger Millionenhöhe verhaftet.
18. August Fünf mutmaßliche Aktivisten der »Wehrsportgruppe Trenck« werden mangels Beweisen vom Vorwurf der »bewaffneten Verbindung« freigesprochen.
19. August Das Pink-Floyd-Konzert mit Pop-Oldies auf dem Flugfeld bei Wr. Neustdt besuchen 82 000 Fans.
22. August Bundespräsident Thomas Klestil trifft beim 50. Europäischen Forum Alpach (Tirol) die Präsidenten von acht Nachbarstaaten zu einem Miteleuropa-Gipfel.
24. August Vor der zweisprachigen Renner-Schule in Klagenfurt wird eine Rohrbombe entdeckt und explodiert während der Untersuchung im Gepäck-Röntgen am Klagenfurter Flughafen; dem Polizisten Theodor Kelz werden beide Hände weggerissen.
28. August Der Lucona-Aufdecker Hans Pretterebner gibt seine Nationalrats-Kandidatur für die FPÖ bekannt.
— Das zweimonatige Freiluft-Opernfestival auf dem Wiener Rathausplatz hörten insgesamt 350 000 Besucher.
1.–4. September Kongreß des »Weltbundes der Österreicher im Ausland« in Graz; derzeit leben rund 380 000 Österreicher im Ausland, 180 000 davon in Deutschland.
3. September In Wien wird die Verlängerung der U 3 vom Westbahnhof zur Johnstraße eröffnet.
4. September Hans Gabor stirbt in Biarritz; geb. am 5. Juli 1924 in Budapest; gründete 1948 zur Förderung junger Talente das »Wiener Opernstudio« und 1953 die Wiener Kammeroper, deren Leitung künftig Rudolf Berger übernehmen wird.
14. September Unbekannte Täter übermalen Gemälde des »Übermalers« Arnulf Rainer; der Schaden beträgt 20 Millionen Schilling.
15. September Die traditionsreiche Skifabrik Atomic geht auf Betreiben der Hausbank BAWAG mit 1,8 Milliarden Schilling in Konkurs; der Gründer und Inhaber Alois Rohrmoser hatte am 8. September durch Übertragung der Mehrheitsanteile an ein Treuhänder-Konsortium eine Rettung in letzter Minute versucht, am 16. September wird jedoch auch über sein Privatvermögen der Konkursantrag gestellt *(→ 15. November).*
16. September Karl Dönch stirbt in Wien; geb. am 8. Januar 1915 in Hagen (Westfalen); Baßbariton, seit 1947 an der Wiener Staatsoper, 1973–87 Direktor der Wiener Volksoper.
17. September Sir Karl Popper stirbt in Croydon bei London; geb. am 28. Juli 1902 in Wien; Philosoph, Begründer des sogenannten Kritischen Rationalismus, studierte in Wien, lehrte 1937–45 in Neuseeland, 1947–69 an der London School of Economics.
18. September Landtagswahl in Vorarlberg: Die ÖVP verteidigt mit 49,9% der Stimmen ihre absolute Mehrheit an Mandaten, die FPÖ überholt die SPÖ und wird zweitstärkste Partei *(→ Anhang).*
21. September In einer Fernseh-Konfrontation kritisiert FPÖ-Vorsitzender Jörg Haider gegenüber Bundeskanzler Franz Vranitzky die zu hohen Bezüge in der steirischen Arbeiterkammer; die Aktion löst in allen politischen Lagern eine wochenlange Debatte aus.
26. September Erstmals tritt der neue »Bundesseniorenbeirat« im Bundeskanzleramt zusammen; der 35köpfige Beirat wurde als Mitsprachegremium für die älteren Menschen geschaffen.
27. September Der Ökologe Bernd Lötsch wird Generaldirektor des Naturhistorischen Museums in Wien.
— Während des Küssel-Prozesses wird der Chef der »Kameradschaft Langenlois«, Hans-Jörg Schimanek jun., wegen falscher Beweisaussage verhaftet; ein Video zeigt ihn beim Trainieren diverser Tötungsarten.
2./3. Oktober Arbeiterkammerwahl (Wahlbeteiligung nur 26,6%): AK-Präsident Heinz Vogler spricht trotz schwerer Verluste von »einem großartigen Erfolg« für die FSG *(→ 13. Oktober).*
4. Oktober Beim Wieser-Verlag in Klagenfurt und bei einer Ausländer-Beratungsstelle in Dornbirn (Vorarlberg) tauchen Briefbomben auf, die allerdings nicht explodieren.
— Das Wiener Filmhaus wird am Spittelberg eröffnet.
6. Oktober Im Stift Wilten (Tirol), wo aus der Schubhaft entlassene Asylwerber untergebracht sind, wird eine weitere Briefbombe rechtzeitig entdeckt.
9. Oktober Nationalratswahl: Die ÖVP-SPÖ-Koalition verliert ihre Zwei-Drittel-Mehrheit, die FPÖ und die Grünen gewinnen Mandate, das Liberale Forum schafft den Einzug ins Parlament *(→ Anhang).* Bundeskanzler Franz Vranitzky und Vizekanzler Erhard Busek kündigen trotzdem eine Fortsetzung der Koalition an.
10. Oktober Bundeskanzler und SPÖ-Vorsitzender Franz Vranitzky bietet der SPÖ seinen Rücktritt an, das Präsidium bittet ihn jedoch weiter im Amt zu bleiben.
11. Oktober ORF-Generalintendant Gerd Bacher übergibt sein Amt seinem »provisorischen« Nachfolger Gerhard Zeiler *(→ 18. Oktober).*
13. Oktober AK-Präsident Heinz Vogler tritt unter dem Druck der SPÖ-Spitze zurück *(→ 1./2. Oktober);* zur Nachfolgerin wird am 17. Oktober Lore Hostasch gewählt.
14. Oktober Auf der Rampe vor der Wiener Universität an der Ringstraße stürzt eine Balustrade wegen Überlastung ein; die Studentin Barbara Lentsch stirbt.
17. Oktober Das ORF-Kuratorium wählt mit 31 von 35 Stimmen Gerhard Zeiler zum Generalintendanten; als neue Fernseh-Intendanten werden Kathrin Zechner (Programm) und Rudolf Nagiller (Information) gewählt, Hörfunkintendant wird Gerhard Weis.
19. Oktober Nach dem Auszählen der Wahlkarten der Nationalratswahl wandert ein Mandat von der SPÖ zum Liberalen Forum.
25. Oktober Die zwei Jahre lang verhandelte »Bundesstaatsreform« wird vom Ministerrat genehmigt.
— Die Bundesregierung nominiert Landwirtschafts-

minister Franz Fischler als EU-Kommissar für das Agrarressort; als Nachfolger wird ÖVP-Generalsekretär Wilhelm Molterer designiert.

— Ein Ministerialrat des Gesundheitsministeriums wird des illegalen Handels mit (wie sich später herausstellt 111 000) Rohypnol-Tabletten überführt, er versorgte »aus Geldmangel« die Drogenszene am Wiener Karlsplatz.

3. November Rudolf Eisenmenger stirbt in Wien-Rodaun; geb. am 7. August 1902 in Piskitelep (Siebenbürgen); Maler, studierte in Wien, war 1939–45 Präsident des Wiener Künstlerhauses, ab 1951 Professor an der Technischen Hochschule in Wien, schuf 13 Gobelins und den Eisernen Vorhang in der Wiener Staatsoper.

5. November Uraufführung des Schauspiels »Raststätte« von Elfriede Jelinek am Wiener Akademietheater; der angekündigte Skandal bleibt aus.

7. November Der Nationalrat tagt zu seiner konstituierenden Sitzung und wählt das neue Präsidium: Heinz Fischer (SPÖ), Heinrich Neisser (ÖVP) und Herbert Haupt (FPÖ).

— Der Wiener Bürgermeister Helmut Zilk tritt nach zehnjähriger Amtszeit zurück; zum Nachfolger wird der bisherige Umweltstadtrat Michael Häupl (SPÖ) gewählt.

8. November Eröffnung des »Museums im Schottenstift« auf der Freyung in Wien; 1848 war das Kunstkabinett des Klosters geschlossen worden; Prunkstück ist der spätgotische Flügelaltar des Wiener Schottenmeisters (1469), an dem 21 von den ursprünglich 24 Tafeln (mit der frühesten Darstellung der Stadt Wien) erhalten sind.

11. November Der Nationalrat stimmt mit 141 Ja-Stimmen den EU-Beitrittsvertrag zu. (Die Zustimmung des Bundesrats erfolgt am 20. Dezember mit 51 gegen 8 Stimmen.)

— Die österreichische Bischofskonferenz bekräftigt bei ihrer Herbsttagung das umstrittene Kommunionsverbot für wiederverheiratete Geschiedene.

— Helga Rabl-Stadler wird als Präsidentin der Salzburger Festspiele nominiert und erklärt gleichzeitig ihren Rücktritt von allen politischen Ämtern. (Die Wahl zur Festspielpräsidentin erfolgt am 19. Dezember.)

13.–15. November Bundespräsident Thomas Klestil besucht als erster österreichischer Präsident Israel und hält auch eine Rede vor dem israelischen Parlament.

15. November Die Skifabrik Atomic wird an die finnische Amer-Gruppe verkauft *(→ 15. September)*.

18. November Wilfried Gredler stirbt in Wien; geb. am 12. Dezember 1916 in Wien; FPÖ-Politiker; Mitbegründer des VdU, dem Vorläufer der FPÖ, 1953–63 Abgeordneter zum Nationalrat und 1956–63 Klubobmann der FPÖ, danach Botschafter in Straßburg, Bonn und Peking, 1980 Kandidat bei der Bundespräsidentenwahl.

— Béla Rabelbauer wird in Bangkok verhaftet.

21. November Die SPÖ- und ÖVP-Parteigremien genehmigen die Koalitionsverhandlungen; das dabei vereinbarte »Sparpaket« soll jedoch noch redigiert und präzisiert werden«; erhebliche Widerstände von Gewerkschaften, ÖAAB und anderen Interessensvertretungen.

22. November Bundespräsident Thomas Klestil und Bundeskanzler Franz Vranitzky unterzeichnen feierlich die EU-Ratifizierungsurkunde; sie wird am 24. November in Rom hinterlegt.

29. November Angelobung der neuen Bundesregierung (Vranitzky IV): Bundeskanzler Franz Vranitzky (SPÖ), Vizekanzler und Unterrichtsminister Erhard Busek (ÖVP), Finanzen: Ferdinand Lacina (SPÖ), Auswärtige Angelegenheiten: Alois Mock (ÖVP), Wirtschaft: Wolfgang Schüssel (ÖVP), Inneres: Franz Löschnak (SPÖ), Justiz: Nikolaus Michalek (parteiunabhängig), Landesverteidigung: Werner Fasslabend (ÖVP), Land- und Forstwirtschaft: Wilhelm Molterer (ÖVP), Umwelt: Maria Rauch-Kallat (ÖVP), Jugend und Familie: Sonja Moser (ÖVP), Gesundheit: Christa Krammer (SPÖ), Öffentliche Wirtschaft und Verkehr: Viktor Klima (SPÖ), Wissenschaft und Forschung: Rudolf Scholten (SPÖ), Frauenfragen: Johanna Dohnal (SPÖ), Arbeit und Soziales: Josef Hesoun (SPÖ); Staatssekretäre: für Europafragen: Brigitte Ederer (SPÖ), im Bundeskanzleramt: Caspar Einem (SPÖ) und Gerhard Schäffer (ÖVP), im Finanzministerium: Johannes Dietz (ÖVP), im Verkehrsministerium: Martin Bartenstein (ÖVP).

Dezember Die verschiedensten Interessensvertretungen üben weiter heftige Kritik am »Sparpaket« der neuen Bundesregierung.

— Neuerlich Differenzen über die Kompetenzverteilung zwischen dem Bundespräsidenten und der Bundesregierung hinsichtlich der »Vertretung nach außen«.

— Der neue Unterrichtsminister Erhard Busek schlägt »schlankere Lehrpläne« vor.

— Im Waldviertel werden in einer Scheune zwei illegal aus der Tschechischen Republik »importierte« Panzer entdeckt, wenige Tage später wird ein weiterer Panzer in Wien gefunden.

3. Dezember Europapremiere des Arnold Schwarzenegger-Films »Junior« im Wiener Gartenbau-Kino.

4. Dezember Die Erklärung Bundespräsident Thomas Klestils, Österreichs Weg in die EU mache auch eine Mitgliedschaft beim europäischen Sicherheitssystem WEU (Westeuropäische Union) notwendig, führt zu heftigen Debatten über die außenpolitische Kompetenz des Bundespräsidenten.

5. Dezember Öffentliche Diskussion in Österreich über einen offenen Brief des Bildhauers Alfred Hrdlicka im PDS-Organ »Neues Deutschland«, in welchem er dem deutschen Liedermacher Wolf Biermann die »Nürnberger Rassegesetze an den Hals« wünscht, nachdem dieser die deutschen PDS-Politiker Gysi und Heym beschimpft hatte.

10. Dezember Peter Hey stirbt in Wien; geb. am 8. November 1914 in Wien; Schauspieler und Kabarettist.

13. Dezember In einer Konferenz der Landeshauptleute wird die seit nunmehr zwei Jahren verhandelte »Bundesstaatsreform« abgelehnt.

14. Dezember Für den Ex-Landwirtschaftsminister Erich Schmidt wird ein internationaler Haftbefehl ausgestellt; er hatte sich nach seinem Ausscheiden aus der Politik mit den seinen Firmen gewährten dreistelligen Millionenkrediten in den ehemaligen COMECON-Ländern engagiert, war erfolglos geblieben und wird nun wegen Verdachts auf Betrug und fahrlässiger Krida gesucht, nachdem er wenige Stunden vorher ausgereist war.

— Nach fast sechsmonatiger Pause für grundlegende Renovierungsarbeiten beginnt in der Wiener Staatsoper mit »Elektra« von Richard Strauss wieder der reguläre Betrieb; die eigentliche Eröffnungspremiere findet am

15. Dezember mit »Fedora« von Umberto Giordano statt.

15. Dezember Im Nationalrat werden gegen die Stimmen der FPÖ die EU-Begleitgesetze verabschiedet.

— Der Nationalrat beschließt einstimmig ein Gesetz, mit dem sogenannte »Pumpguns« verboten werden; im Laufe des Jahres 1994 wurden 13 Opfer damit getötet.

19. Dezember Die AUA übernimmt den Reiseveranstalter Touropa.

22. Dezember Im Nationalrat werden jene 21 Abgeordneten gewählt, die Österreich im Europäischen Parlament vertreten sollen (8 SPÖ, 6 ÖVP, 5 FPÖ, 1 Grüne, 1 Liberales Forum).

— Der am Vortag für den EU-Rechnungshof vorgeschlagene SPÖ-Bundesgeschäftsführer Peter Marizzi zieht wegen öffentlicher Diskussionen um seine Berufung die Bewerbung zurück.

— Theodor Piffl-Perčević stirbt in Graz; geb. am 17. September 1911 in Meran; ÖVP-Politiker, Abgeordneter zum Nationalrat, 1964–69 Unterrichtsminister.

24. Dezember Elisabeth Neumann-Viertel stirbt in Wien; geb. am 5. April 1900 in Wien; Bühnen- und Filmschauspielerin; (Witwe des Regisseurs und Schriftstellers Berthold Viertel).

31. Dezember Der Fußballer Bruno Pezzey stirbt in Innsbruck; geb. am 3. Februar 1955 in Lauterach (Vorarlberg); der 84fache Internationale betreute zuletzt den Fußballnachwuchs.

►**1995, 1. Januar** Österreich wird Mitglied der Europäischen Union.

Anhang

Stammtafel der Babenberger

Heinrich

Berthold, Graf im Nordgau, † 980

Leopold I.
Markgraf von Österreich 976–994
∞ Richwara

Heinrich I.
Markgraf von Österreich
994–1018

Ernst
Herzog von Schwaben 1012–1015
∞ Gisela von Schwaben
(wiederverheiratet mit Kaiser Konrad II.)

Poppo, 1017–1047
Erzbischof von Trier

Elisabeth
∞ Markgraf Otakar II.
von Steier

Gerbirg, † 1142
∞ Boriwoj von Böhmen

Leopold III.
Markgraf von Österreich 1095–1136
∞ 2. Agnes (Tochter Kaiser Heinrich IV., Witwe Friedrichs von Staufen, Mutter Kaiser Konrads III.) † 1143

2. Heinrich II. (»Jasomirgott«)
Markgraf von Österreich 1141–1156,
Herzog von Bayern 1143–1146,
Herzog von Östereich 1156–1177
∞ 1. Gertrud (Tochter Kaiser Lothars III.)
∞ 2. Theodora Komnena

2. Leopold IV.
Markgraf von Österreich 1136–1141,
Herzog von Bayern 1139–1141

Bertha
∞ Heinrich III.
Burggraf von Regensburg

2. Agnes
∞ 1. König Stefan III. von Ungarn
∞ 2. Herzog Hermann von Kärnten

Leopold V.
Herzog von Österreich 1177–1194,
Herzog von Steiermark 1192–1194
∞ Helene (Tochter König Geisas II. von Ungarn)

Friedrich I.
Herzog von Österreich 1195–1198

Leopold VI.
Herzog von Steiermark 1195–1230,
Herzog von Österreich 1198–1230
∞ Theodora (Enkelin König Isaac Angelos II. von Byzanz)

Margarete, † 1266
∞ 1. König Heinrich VII.
∞ 2. König Przemysl Ottokar II. von Böhmen

Heinrich, † 1228
∞ Agnes (Tochter Landgraf Hermanns I. von Thüringen)

Gertrud, † 1288
∞ 1. Wladislaw von Mähren
∞ 2. Markgraf Hermann von Baden
∞ 3. Roman von Halicz

2. Friedrich, † 1268
»Herzog von Österreich und Steiermark«,
Markgraf von Verona

2. Agnes, † 1295
∞ 1. Herzog Ulrich von Kärnten
∞ 2. Ulrich von Heunburg

Die Namen der regierenden Markgrafen und Herzöge sind im Druck stärker hervorgehoben.
(Nach Karl Lechner, »Die Babenberger«, Wien 1976.)

Adalbert 990/92–1055
Markgraf von Österreich 1018–1055
∞ 2. Froiza Orseoli

Leopold, † 1043
Markgraf der Ungarnmark

Ernst 1025/28–1075
Markgraf von Österreich 1055–1075
∞ Adelheid (Tochter Markgraf Dedis II. von Meißen)

Leopold II 1055–1095
Markgraf von Österreich 1075–1095
∞ Itha

Sophie, † 1154
∞ 1. Herzog Heinrich von Kärnten
∞ 2. Sighard von Schala-Burghausen

Agnes
∞ Herzog Boleslaw von Polen

Otto
Abt von Morimond
Bischof von Freising
1138–1158

Konrad
Bischof von Passau,
Erzbischof von Salzburg
1164–1168

Elisabeth
∞ Hermann von Thüringen

Gertrud, † 1151
∞ König Wladislaw II. von Böhmen

Heinrich der Ältere, † 1223
Herzog von Mödling
∞ Richza (Tochter König Wladislaws II. von Böhmen)

Heinrich der Jüngere, † 1236
Herzog von Mödling

Friedrich II.
Herzog von Österreich und Steiermark
1230–1246
∞ 1. Sophie Laskaris von Byzanz
∞ 2. Agnes von Andechs-Meranien

Stammtafel der Habsburger

Die Stammtafel der Habsburger wurde im Hinblick auf die Bedeutung der einzelnen Familienmitglieder für die österreichische Geschichte erstellt. Daher wurden die Vorfahren Rudolfs I. nicht aufgenommen. Außerdem wurden alle Familienmitglieder, die nicht von entscheidender Bedeutung für die österreichische Geschichte sind, weggelassen, ebenso alle minderjährig verstorbenen Kinder. (Quelle: u. a. »Die Habsburger«. Ein genealogisches Lexikon, hrsg. von Brigitte Hamann.)

Rudolf IV.
(1218–1291)
als **Rudolf I.,** König 1273–1291
∞ 1. Gertrud von Hohenberg
∞ 2. Agnes von Burgund

Albrecht I.
(1255–1308)
Herzog seit 1282,
König seit 1298
∞ Elisabeth von Görz-Tirol

Mathilde
∞ Ludwig II. von Oberbayern

Hedwig
∞ Otto VI. von Brandenburg

Agnes
∞ Albert II. von Sachsen

Rudolf III.
(1281–1307)
Herzog 1298, König von Böhmen 1306–1307
∞ 1. Blanka von Frankreich
∞ 2. Elisabeth von Polen

Friedrich I. (III.)
(1289–1330)
Herzog 1308, deutscher König 1314
∞ Elisabeth von Aragon

Rudolf IV.
(1339–1365)
Herzog 1358
∞ Katharina von Luxemburg

Margarete
∞ 1. Meinhard von Tirol
∞ 2. Johann Heinrich von Mähren

Friedrich III.
(1347–1362)

Albrecht III.
(1349 oder 1350–1393)
Herzog 1365
∞ 1. Elisabeth von Luxemburg
∞ 2. Beatrix von Zollern

Albertinische Linie

2. Albrecht IV.
(1377–1404)
Herzog 1395
∞ Johanna Sophie von Bayern

Albrecht V. (II.)
(1397–1439)
Herzog 1404
König von Böhmen und Ungarn 1437,
deutscher König 1438
∞ Elisabeth von Luxemburg

Anna
(1432–1462)
∞ Wilhelm III. von Sachsen

Elisabeth
(1438–1505)
∞ Kasimir IV. von Polen

Ladislaus Postumus
(1440–1457)
König von Ungarn 1440,
König von Böhmen 1453

Hartmann

Katharina
∞ Otto III.
von Bayern

Guta
∞ Wenzel II.
von Böhmen

Klementia
∞ Karl Martell
von Ungarn
(Anjou-Neapel)

Rudolf II.
(1271–1290)
∞ Agnes von Böhmen

Johann (Parricida)
(1290–1313)

Leopold I.
(1290–1326)
∞ Katharina von Savoyen

Albrecht II.
(1298–1358)
Herzog 1330
∞ Johanna von Pfirt

Heinrich
(1298–1327)
∞ Elisabeth
von Virneburg

Otto
(1301–1339)
∞ 1. Elisabeth
von Bayern
∞ 2. Anna von Böhmen

1. Friedrich II.
(1327–1344)

1. Leopold II.
(1328–1344)

Leopold III.
(1351–1386)
Herzog 1370
∞ Viridis Visconti

Leopoldinische Linie

Wilhelm
(1370–1406)
Herzog 1386
∞ 1. Hedwig von Ungarn
∞ 2. Johanna von
Durazzo

Leopold IV.
(1371–1411)
Herzog 1395
∞ Katharina
von Burgund

Ernst (der Eiserne)
(1377–1424)
Herzog 1402
∞ 1. Margarete von Pommern
∞ 2. Cymburgis von Masowien

Friedrich IV.
(1383–1439)
Herzog 1406
∞ 1. Elisabeth von der Pfalz
∞ 2. Anna von Braunschweig

2. Siegmund
(1427–1496)
∞ 1. Eleonore von
Schottland
∞ 2. Katharina von Sachsen

2. **Friedrich V. (III.)**
(1415–1493)
König (IV.) 1440, Kaiser (III.) 1492
∞ Eleonore von Portugal

Maximilian I.
(1459–1519)
König 1486, Kaiser 1508
∞ 1. Maria von Burgund
∞ 2. Bianca Maria Sforza

Die spanische Linie ist nur mit ihren Verbindungen zur österreichischen Linie aufgenommen

1. Philipp I.
(1478–1506)
König von Kastilien 1504
∞ Johanna von Spanien

Spanische Linie

Eleonore
(1498–1558)
∞ 1. Manuel I. von Portugal
∞ 2. Franz I. von Frankreich

Karl V. (I.)
(1500–1558)
König von Spanien (I.) 1516–1556,
Kaiser (V.) 1519–1556
∞ Isabella von Portugal

Isabella
(1501–1525)
∞ Christian II. von Dänemark

Philipp II.
(1527–1598)
König von Spanien 1556,
König von Portugal 1580
∞ 1. Maria von Portugal
∞ 2. Mary Tudor
∞ 3. Isabella von Valois
∞ 4. Anna (Tochter Maximilians II.)

Maria
(1529–1603)
∞ Maximilian II.

Juana
(1535–1575)
∞ Johann von Portugal

1. Don Carlos
(1545–1568)

4. Philipp III.
(1578–1621)
König von Spanien
∞ Margarete
(Tochter Karls
von Innerösterreich)

Rudolf II.
(1552–1612)
König von Ungarn 1572,
König von Böhmen 1575,
Kaiser 1576

Ernst
(1553–1595)

Ernst (der Eiserne)

Albrecht VI.
(1418–1463)
∞ Mathilde von der Pfalz

Margarete
(1428–1486)
∞ Friedrich II. von Sachsen

Katherina
(1420–1493)
∞ Karl von Baden

Kunigunde
(1465–1520)
∞ Albrecht IV. von Bayern

Margarete
(1480–1530)
∞ 1. Johann von Aragon
∞ 2. Philipp II. von Savoyen

Österreichische Linie

Ferdinand I.
(1503–1564)
König von Böhmen und Ungarn 1526,
römischer König 1531
Kaiser 1556
∞ Anna von Böhmen und Ungarn

Maria
(1505–1558)
∞ König Ludwig II.
von Böhmen und Ungarn

Katharina
(1507–1578)
∞ Johann III. von Portugal

Maximilian II.
(1527–1576)
römischer König 1562,
Kaiser 1564
∞ Maria von Spanien

Ferdinand II. von Tirol
(1529–1595)
∞ 1. Philippine Welser
∞ 2. Anna Katharina Gonzaga

Karl II.
(1540–1590)
von Innerösterreich
∞ Maria Anna von Bayern

Matthias
(1557–1619)
König von Ungarn 1608,
König von Böhmen 1611,
Kaiser 1612
∞ Anna von Tirol

Maximilian
(1558–1618)
Hoch- und
Deutschmeister

Albrecht
(1559–1621)
∞ Isabella Klara
von Spanien

Philipp IV.
(1605–1665)
König von Spanien 1621
∞ 1. Isabella von Frankreich
∞ 2. Maria Anna
(Tochter Kaiser Ferdinands III.)

Maria Anna
∞ Kaiser Ferdinand III.
(1. Gemahlin)

Margarete
(1584–1611)
∞ Philipp III.
von Spanien

2. Karl II.
(1661–1700)
König von Spanien 1665
∞ 1. Marie Louise von Orléans
∞ 2. Maria Anna von Pfalz-Neuburg

Margarita Teresa
1. Gemahlin Kaiser Leopolds I.

1. Ferdinand IV.
(1633–1654)

Maria Anna
(1634–1696)
∞ Philipp IV. von Spanien

Leopold I.
(1640–1705)
König von Ungarn 1655,
König von Böhmen 1656,
Kaiser 1658
∞ 1. Margarita Teresa von Spanien
∞ 2. Claudia Felicitas von Tirol
∞ 3. Eleonore von Pfalz-Neuburg

Maria Antonia
(1669–1692)
∞ Maximilian II. Emanuel von Bayern

Josef I.
(1678–1711)
König von Ungarn 1687,
König von Böhmen 1705,
Kaiser 1705
∞ Amalia Wilhelmine von
Braunschweig-Lüneburg

Maria Josefa
(1699–1755)
∞ Friedrich August II.
von Sachsen-Polen

Maria Amalia
(1701–1756)
∞ Karl Albert von Bayern

Ferdinand II.
(1578–1637)
König von Böhmen 1617,
König von Ungarn 1618,
Kaiser 1619
∞ 1. Maria Anna von Bayern
∞ 2. Eleonore von Gonzaga

Leopold V. von Tirol
(1586–1632)
∞ Claudia von Medici

Ferdinand Karl
(1628–1662)
∞ Anna von Medici

Claudia Felicitas
(1653–1676)
(2. Gemahlin Kaiser Leopolds I.)

Isabella
(1629–1685)
∞ Karl III. von Gonzaga

Maria Leopoldine
(1632–1649)
∞ Ferdinand III.

Ferdinand III.
(1608–1657)
König von Ungarn 1625,
König von Böhmen 1627,
Kaiser 1637
∞ 1. Maria Anna von Spanien
∞ 2. Maria Leopoldine von Tirol
∞ 3. Eleonora von Gonzaga

Maria Anna
(1610–1665)
∞ Max I. von Bayern

Cäcilia Renata
(1610–1644)
∞ Wladislaw IV.
von Polen

Leopold Wilhelm
(1614–1662)
Bischof von Passau,
Hoch- und Deutschmeister

2. Karl Joseph
(1649–1664)
Hoch- und Deutschmeister

Eleonore
(1653–1697)
∞ 1. Michael von Polen
∞ 2. Karl IV.
von Lothringen

Maria Anna
(1654–1689)
∞ Johann Wilhelm von Pfalz-Neuburg

Maria Anna
(1683–1754)
∞ Johann V. von Portugal

Karl VI.
(1685–1740)
Kaiser 1711
∞ Elisabeth Christine von Braunschweig-Wolfenbüttel

Maria Theresia
(1717–1780)
Königin von Ungarn 1741,
Königin von Böhmen 1743,
∞ **Franz I.** (Franz Stephan)
(1708–1765)
Herzog von Lothringen (1729–1735,
Großherzog von Toskana 1737–1765,
Kaiser 1745

Maria Anna
(1718–1744)
∞ Karl von Lothringen

Habsburg-Lothringen

Joseph II.
(1741–1790)
römischer König 1764,
Kaiser 1765
∞ 1. Isabella von Bourbon-Parma
∞ 2. Maria Josepha von Bayern

Maria Christine
(1742–1798)
∞ Albert von Sachsen-Teschen, Statthalter der Niederlande 1781–1793

Elisabeth
(1743–1808)

Maria Amalia
(1746–1804)
∞ Ferdinand von Parma

Franz II. (I.)
(1768–1835)
Kaiser 1792, entsagt 1806,
Kaiser von Österreich (I.) 1804–1835
∞ 1. Elisabeth von Württemberg
∞ 2. Maria Theresia von Bourbon-Neapel
∞ 3. Maria Ludovica von Modena
∞ 4. Karoline Auguste von Bayern

Ferdinand III.
(1769–1824)
Großherzog von Toskana
∞ 1. Luise von Bourbon-Neapel
∞ 2. Maria von Sachsen

Linie Habsburg-Toskana

Karl
(1771–1847)
Herzog von Teschen
∞ Henriette von Nassau-Weilburg

Linie Karl

2. Maria Luise
(1791–1847)
∞ 1. Napoleon I.
∞ 2. Adam Graf Neipperg
∞ 3. Karl Graf Bombelles

1. Herzog von Reichstadt

2. Fürsten Montenuovo

Ferdinand I.
(1793–1875)
Kaiser 1835–1848
∞ Maria Anna von Savoyen

Leopoldine
(1797–1826)
∞ Pedro I. von Brasilien

Maria Klementina
(1798–1816)
∞ Leopold von Salerno

Franz Joseph I.
(1830–1916)
Kaiser ab 1848
∞ Elisabeth in Bayern

Gisela
(1856–1932)
∞ Leopold von Bayern

Rudolf
(1858–1889)
∞ Stephanie von Belgien

Elisabeth
∞ 1. Otto Windischgraetz
2. Leopold Petznek

Marie Valerie
(1868–1924)
∞ Franz Salvator von Toskana

Linie Habsburg-Toskana

Otto
(*1912)
∞ Regina von Sachsen-Meiningen

6 Kinder

Adelheid
(*1914)

Robert
(*1915)
∞ Margarete von Savoyen

3 Kinder

Felix
(*1916)
∞ Anna von Arenberg

4 Kinder

Habsburg-Lothringen

Leopold II.
(1747–1792)
Großherzog von Toskana 1765–1790, Kaiser 1790
∞ Maria Ludovica von Bourbon-Spanien

Maria Karoline
(1752–1814)
∞ Ferdinand von Bourbon-Neapel

Maria Theresia
(2. Gemahlin Kaiser Franz' II.)

Ferdinand
(1754–1806)
∞ Maria Beatrix von Modena-Este

Maria Ludovica
(3. Gemahlin Kaiser Franz' II.)

Maria Antoinette
(1755–1793)
∞ Ludwig XVI. von Frankreich

Maximilian Franz
(1756–1801)
Kurfürst von Köln

Joseph
(1776–1847)
Palatin von Ungarn
∞ 1. Alexandra Pawlowna
∞ 2. Hermine von Anhalt
∞ 3. Maria Dorothea von Württemberg

Linie Erzherzog Joseph

Anton Viktor
(1779–1835)
Hoch- und Deutschmeister

Johann
(1782–1859)
∞ Anna Plochl Gräfin von Meran

Grafen von Meran

Rainer
(1783–1853)
∞ Elisabeth von Savoyen

Linie Erzherzog Rainer

Ludwig
(1784–1864)

Rudolf
(1788–1831)
Kardinal

Karolina Ferdinanda
(1801–1832)
∞ Friedrich August von Sachsen

Franz Karl
(1802–1878)
∞ Sophie von Bayern

Maria Anna
(1804–1858)

Ferdinand Maximilian
(1832–1867)
Kaiser von Mexiko 1864–1867
∞ Charlotte von Belgien

Karl Ludwig
(1833–1869)
∞ 1. Margarete von Sachsen
∞ 2. Maria Annunziata von Neapel-Sizilien
∞ 3. Maria Theresia von Portugal

Ludwig Viktor
(1842–1919)

2. Franz Ferdinand
(1863–1914)
∞ Sophie Gräfin Chotek, Herzogin von Hohenberg

Herzöge von Hohenberg

Otto Franz Joseph
(1865–1906)
∞ Maria Josepha von Sachsen

Karl I.
(1887–1922)
Kaiser 1916–1918
∞ Zita von Bourbon-Parma

Maximilian Eugen
(1895–1952)
∞ Franziska von Hohenlohe-Waldenburg-Schillingfürst

Karl
(*1918)
∞ Jolanda de Ligne

4 Kinder

Rudolf
(*1919)
∞ Xenia Bezobrazová

3 Kinder

Charlotte
(*1921)
∞ Georg von Mecklenburg

Elisabeth
(*1922)
∞ Heinrich von Liechtenstein

Die Wahlsprüche der regierenden Habsburger

Rudolf I.
Utrum iubet – Wie's beliebt

Albrecht I.
Fugam victoria nescit – Der Sieg kennt keine Flucht
Quod optimum, idem iucundissimum – Das Beste ist das angenehmste

Friedrich III., der Schöne
Ad huc stat – Noch steht er

Albrecht II., der Weise oder der Lahme
Et hic virum agit – Auch das (Holzbein) bringt den Mann voran

Rudolf IV., der Stifter
(keiner überliefert)

Albrecht V. (II.)
Amicus optima vitae possessio – Ein Freund, das beste Besitztum des Lebens

Friedrich V. (III.)
Hic regit, ille tuetur – Dies (Weisheit) regiert, jenes (das Schwert) beschützt

Maximilian I.
Per tot discrimina rerum – Durch so viele Gefahren

Karl V.
Plus ultra – Immer weiter

Ferdinand I.
Fiat iustitia aut pereat mundus – Gerechtigkeit muß sein oder die Welt geht zugrunde

Maximilian II.
Providebit Deus – Gott wird schützen

Rudolf II.
Fulget Caesaris Astrum – Es leuchtet des Kaisers Gestirn

Matthias
Concordia lumine maior – Eintracht: stärker als Licht

Ferdinand II.
Legitime certantibus – Mit den ehrlich Kämpfenden

Ferdinand III.
Pietate et iustitia – Mit Frömmigkeit und Gerechtigkeit

Leopold I.
Consilio et industria – Klug und beharrlich

Joseph I.
Amore et timore – Durch Liebe und Furcht

Karl VI.
Constanter continet orbem – Fest hält er das Weltreich zusammen

Maria Theresia
Iustitia et clementia – Durch Gerechtigkeit und Milde

Joseph II.
Virtute et exemplo – Mit Tugend und Beispiel

Leopold II.
Pietate et concordia – Durch Frömmigkeit und Eintracht
Opes regum corda subditorum – Die Liebe der Untertanen ist der Schatz der Könige

Franz II. (I.)
Iustitia regnorum fundamentum – Gerechtigkeit, das Fundament der Königreiche
Lege et fide – Durch Gesetz und Glauben

Ferdinand I.
Recta tueri – Das Rechte schützen

Franz Joseph I.
Viribus unitits – Mit vereinten Kräften

Weltliche und geistliche Fürsten

Herrscher der Steiermark

Markgrafen:

Eppensteiner:	
vor 970 bis ca. 995	Markwart
ca. 995–1035	Adalbero I.
Wels-Lambacher:	
1035 bis ca. 1050	Arnold und sein Sohn Gottfried
Traungauer:	
ca. 1050 bis ca. 1065	Otakar I.
ca. 1065–1082	Adalbero II.
1082–1122	Otakar II.
1122–1129	Leopold I. (der Starke)
1129–1164	Otakar III.
1165–1192	Otakar IV.

Herzöge (ab1180):

Babenberger:	
1192–1194	Leopold II. (V.)
1195–1230	Leopold III.*)
1230–1246	Friedrich II.
Fremde Herrscher:	
1251–1254	Przemysl Ottokar von Böhmen
1254–1260	König Béla von Ungarn
1260–1276	König Przemysl Ottokar
Habsburger:	
1282–1283	Albrecht I. und Rudolf II.**)
1283–1298	Albrecht I.
1298–1306	Rudolf III.
1306–1330	Friedrich III., der Schöne
1330–1358	Albrecht II., der Weise
1358–1365	Rudolf IV., der Stifter
1365–1379	Albrecht III. und Leopold III.
1379–1386	Leopold III.
1386–1402	Wilhelm, Leopold IV., Ernst der Eiserne und Friedrich IV.
1402–1404	Wilhelm und Leopold IV.
1404–1406	Leopold IV.
1406–1424	Ernst der Eiserne
1424–1493	Friedrich V. (III.)
1493–1519	Maximilian I.
1519–1521	Karl I. (V.) und Ferdinand I.
1521–1564	Ferdinand I.
1564–1590	Karl II. von Innerösterreich
1590–1637	Ferdinand II.

Ab 1637 führen die Herrscher von Österreich den Titel Herzog von Steiermark.

*) Der Babenberger Friedrich I. wurde statt Leopold auch für die Steiermark gezählt. Es gibt also keinen Friedrich I., dafür aber zwei Leopold III.

**) Als Rudolf I. wird König Rudolf von Habsburg gezählt.

Herzöge von Kärnten

976–978	Heinrich I.	Luitpoldinger
978–983	Otto von Wormsfeld	Ottone
983–989	Heinrich I. (von Bayern der III. bis 985)	Luitpoldinger
989–995	Heinrich II. (von Bayern)	
995–1004	Otto von Wormsfeld	Ottonen
1004–1011	Konrad I.	
1012–1035	Adalbero	Eppensteiner
1036–1039	Konrad II.	Ottone
1039–1047	Unbesetzt vom 20. Juli 1039 bis 7. Juni 1047, daher König bzw. Kaiser Heinrich III.	
1047–1055	Welf (III.)	Welfe
1055–1056	Unbesetzt vom 13. Sept. 1055 bis 25. Dez. 1056, daher Kaiser Heinrich III.	
1056–1061	Konrad (Kuno) III.	Ezzonide
1061–1077	Berthold (I.)	Zähringer
1077–1090	Liutold	Eppensteiner
1090–1122	Heinrich III.	
1122–1123	Heinrich IV.	
1124–1135	Engelbert	
1135–1144	Ulrich I.	
1144–1161	Heinrich V.	Spanheimer
1161–1181	Hermann	
1181–1202	Ulrich II.	
1202–1256	Bernhard	
1256–1269	Ulrich III.	
1269–1275	König Przemysl Ottokar II.	Przemyslide
1275–1279	Pillipp	Spanheimer
1279–1286	König Rudolf I.	Habsburger

Grafen von Görz-Tirol

Herzöge von Kärnten 1286–1335

1253–1258	Meinhard I. (IV.)
1258–1295	Meinhard II.
ab 1286	Herzog von Kärnten
1295–1305	Ludwig
1295–1310	Otto
1295–1335	Heinrich (1306–1310 auch König von Böhmen)
1335–1363	Margarethe (∞ 1330–1341 mit Johann Heinrich von Böhmen) (∞ 1342–1361 mit Ludwig Markgraf von Brandenburg, Herzog von Bayern)
1361–1363	Meinhard III. Markgraf von Brandenburg, Herzog von Bayern)

Habsburgische Linien in Tirol und Vorarlberg

1363–1365	Rudolf IV., Albrecht III., Leopold III.
1365–1379	Albrecht III., Leopold III.
1379–1386	Leopold III.
1386–1395	Albrecht III.
1395–1406	Leopold IV.
1406–1439	Friedrich IV. (mit der leeren Tasche)
1439–1490	Sigmund (der Münzreiche)
1490–1519	Maximilian I.
1519–1521	Karl V. und Ferdinand I.
1521–1564	Ferdinand I.
1564–1595	Ferdinand II. (von Tirol)
1595–1602	Rudolf II.
1602–1618	Maximilian III. (der Deutschmeister)
1619–1632	Leopold V.
1632–1646	Claudia (von Medici, Witwe Leopolds V.)
1646–1662	Ferdinand Karl
1662–1663	Sigmund Franz

Bistum Salzburg (ab 798 Erzbistum)

Um 710	hl. Rupert
Um 720	hl. Vitalis
Um 730	Flogbrigis
739– 745	Johannes
745– 784	hl. Virgil (bis 757 Administrator)
785– 821	Arno

Das Bistum wird 798 zum Erzbistum erhoben.

821– 836	Adalram
836– 858	Liuphram
859– 873	Adalwin
873– 874	Adalbert I.
874– 907	Theotmar (Dietmar I.)
907– 923	Pilgrim I.
923– 935	Odalbert (Adalbert II.)
935– 939	Egilolf
939– 958	Herold
958– 991	Friedrich I.
991–1023	Hartwig
1024–1025	Gunther
1025–1041	Dietmar II.
1041–1060	Baldwin
1060–1088	Gebhard (1085–1105 Berthold von Moosburg)
1090–1101	Thiemo
1106–1147	Konrad I. von Abensberg
1147–1164	Eberhard I. von Hippoltstein und Biburg
1164–1168	Konrad II. von Österreich (Bruder Herzog Heinrichs II.)
1168–1177	Adalbert II. von Böhmen (1174–1177 Heinrich von Berchtesgaden)
1177–1183	Konrad III. von Wittelsbach (Kardinal, Erzbischof von Mainz)
1183–1200	Adalbert III. von Böhmen
1200–1246	Eberhard II. von Regensburg
1247	Burchard von Ziegenhain
1247–1256	Philipp von Spanheim, der Erwählte
1257–1265	Ulrich, Bischof von Seckau
1265–1270	Wladislaus von Schlesien
1270–1284	Friedrich II. von Walchen
1284–1290	Rudolf von Hohenegg
1291–1312	Konrad IV. von Praitenfurt
1312–1315	Weichard von Polheim
1315–1338	Friedrich III. von Leibnitz
1338–1343	Heinrich von Pirnbrunn
1343–1365	Ortolf von Weisseneck
1365–1396	Pilgrim II. von Puchheim
1396–1403	Gregor Schenk von Osterwitz
1403–1427	Eberhard III. von Neuhaus (1404–1406 Berthold von Wehningen, Bischof von Freising)
1427–1429	Eberhard IV. von Starhemberg
1429–1441	Johann II. von Reisberg
1441–1452	Friedrich IV., Truchseß von Emerberg

1452–1461 Sigmund I. von Volkersdorf
1461–1466 Burchard von Weißpriach (Kardinal)
1466–1482 Bernhard von Rohr
1482–1489 Johann III. Peckenschlager
1482–1487 Koadjutor und Administrator
1489–1494 Friedrich V. von Schaunberg
1494–1495 Sigmund II. von Holneck
1495–1519 Leonhard von Keutschach
1519–1540 Matthäus Lang von Wellenburg (Kardinal)
1514–1519 Koadjutor
1540–1554 Ernst von Bayern, Erwählter, Administrator
1554–1560 Michael von Kuenburg
1560–1586 Johann Jakob von Kuen-Belasy
1586–1587 Georg von Kuenburg
1580–1586 Koadjutor
1587–1612 Wolf Dietrich von Raitenau
1612–1619 Marcus Sitticus von Hohenems (auch Mark Sittich)
1619–1653 Paris von Lodron
1654–1668 Guidobald von Thun (Kardinal)
1668–1687 Max Gandolf von Kuenburg (Kardinal)
1687–1709 Johann Ernst von Thun
1709–1727 Franz Anton von Harrach
1705–1709 Koadjutor
1727–1744 Leopold Anton von Firmian
1745–1747 Jakob Ernst von Liechtenstein
1747–1753 Andreas Jakob von Dietrichstein
1753–1771 Sigismund von Schrattenbach
1772–1812 Hieronymus Franz von Colloredo
1812–1814 Sigmund Christoph von Zeil und Trauchburg (Administrator)
1816–1822 Leopold Maximilian von Firmian Administrator (gest. 1831 als Erzbischof von Wien)
1823–1835 Augustin Gruber
1835–1850 Friedrich von Schwarzenberg (Kardinal, gest. 1885 als Erzbischof von Prag)
1851–1876 Maximilian Joseph von Tarnoczy (Kardinal)
1876–1890 Franz Albert Eder
1890–1900 Johannes von Haller (Kardinal)
1900–1914 Johannes Katschthaler (Kardinal)
1914–1918 Balthasar Kaltner
1918–1934 Ignatius Rieder
1934–1941 Sigismund Waitz
1941–1943 Johannes Filzner (Weihbischof, Kapitelvikar in der Sedisvakanz)
1943–1969 Andreas Rohracher
1969–1972 Eduard Macheiner
1972–1988 Karl Berg
1988– Georg Eder

Bistum Gurk

1072–1090 Gunther
1090–1106 Berthold von Zeltschach
1106–1131 Hiltebold
1131–1167 Roman
1167–1174 Heinrich
1174–1179 Roman von Leibnitz
1179–1180 Hermann von Ortenburg
1179–1194 Dietrich von Albeck
1194–1195 Wernher
1195–1200 Ekkehard
1200–1213 Walter von Vatz
1214–1217 Heinrich von Pettau
1217–1220 Ulschalk
1221–1253 Ulrich von Ortenburg
1253–1278 Dietrich
1279–1281 Johann von Ennstal
1282–1283 Konrad
1283–1298 Hartnid von Liechtenstein
1299–1326 Heinrich von Helfenberg
1326–1333 Gerold von Friesach
1334–1337 Lorenz von Brunne
1337–1344 Konrad von Enslingen
1344–1351 Ulrich von Wildhaus
1351–1359 Paul von Jägerndorf
1359–1364 Johann von Lenzburg
1364–1376 Johann von Töckheim
1376–1402 Johann Mayrhofer
1402–1411 Konrad Hebenstreit
1411–1432 Ernst Auer von Herrenkirchen
1432–1436 Lorenz von Lichtenberg
1436–1453 Johann Schallermann
1453–1469 Ulrich von Sonnenberg
1470–1472 Sixtus von Tannberg
1472–1487 Lorenz von Freiberg
1491–1505 Raimund Peraudi (Kardinal)
1505–1522 Matthäus Lang von Wellenburg (Kardinal)
1523–1526 Hieronymus Balbus
1526–1551 Anton von Salamanca-Hoyos
1551–1555 Johann von Schönburg
1556–1573 Urban Sagstetter
1573–1603 Christoph Andreas von Spaur
1603–1630 Johann Jakob von Lamberg
1630–1643 Sebastian von Lodron
1643–1652 Franz von Lodron
1653–1665 Erzherzog Siegmund Franz
1665–1673 Wenzel von Thun
1673–1675 Polykarp von Kuenberg
1675–1696 Johann von Goes (Kardinal)
1697–1708 Otto de la Bourde
1709–1741 Jakob Maximilian von Thun-Hohenstein
1741–1761 Josef Maria von Thun-Hohenstein
1761–1772 Hieronymus von Colloredo
1772–1783 Josef Franz Anton von Auersperg
1783–1822 Franz von Salm-Reiffenscheidt (Kardinal)
1824–1827 Jakob Paulitsch
1827–1840 Petrus Georg Mayr
1841 Franz Anton Gindl (Bischof von Brünn)
1842–1858 Adalbert Lidmansky
1858–1880 Valentin Wierg
1881–1886 Peter Funder
1887–1910 Joseph Kahn
1910–1914 Balthasar Kaltner
1914–1939 Adam Hefter
1939–1945 Andreas Rohracher (Kapitelvikar)
1945–1981 Josef Köstner
1982– Egon Kapellari

Bistum Seckau

1218–1230 Karl
1231–1243 Heinrich
1244–1268 Ulrich
1268–1283 Wernhard von Marsbach
1283–1291 Leopold
1292–1297 Heinrich
1297–1308 Ulrich von Paldau
1308–1317 Friedrich von Mitterkirchen
1317–1334 Wocho
1334–1337 Heinrich von Burghausen
1337–1355 Rudmar Haider von Haideck
1355–1371 Ulrich von Weisseneck

1372–1380 Augustin Münzmeister
1380–1399 Johann von Neuberg
1399–1414 Friedrich von Pernegg
1415–1417 Sigmar von Holleneck
1417–1431 Ulrich von Albeck
1431–1443 Konrad von Reisberg
1443–1446 Georg Lembacher (auch Lembucher)
1446–1452 Friedrich Gren
1452–1477 Georg von Ueberacker
1477–1480 Christoph von Trautmannsdorf
1480–1481 Johann Serlinger
1481–1502 Matthias Scheit von Westerstetten
1502–1508 Christoph von Zach
1509–1536 Christoph von Rauber
1536–1541 Georg von Tessing
1542–1546 Christoph von Lamberg
1546–1550 Johann von Malenthein
1553–1572 Peter Persicus
1572–1584 Georg Agricola (gleichzeitig Bischof von Lavant)
1584 Siegmund von Arzt
1585–1615 Martin Brenner
1615–1633 Jakob Eberlein von Rottenbach
1633–1664 Johann Markus von Altringen
1665–1670 Max Gandolf von Kuenberg
1670–1679 Wenzel Wilhelm von Hofkirchen
1679–1687 Johann Ernst von Thun
1687–1702 Rudolf Josef von Thun
1702–1712 Franz Anton Adolf von Wagensberg
1712–1722 Josef Dominikus von Lamberg
1722–1724 Karl Josef von Kuenberg
1724–1727 Leopold Anton Eleutherius von Firmian
1728–1738 Jakob Ernst von Liechtenstein
1739–1763 Leopold Ernst von Firmian
1763–1779 Josef Philipp von Spaur
1780–1802 Josef Adam von Arco
1802–1812 Johann Friedrich von Waldstein-Wartenberg
1824–1848 Roman Franz X. Zängerle
1849–1853 Joseph Othmar R. von Rauscher
1853–1867 Ottokar Maria von Attems
1867–1893 Johann Baptist Zwerger
1893–1927 Leopold Schuster
1927–1954 Ferdinand Pawlikowski
1954–1969 Josef Schoiswohl
1969– Johann Weber

Bistum Lavant (1859 nach Marburg übertragen)

1226–1257 Ulrich (Pfarrer von Haus)
um 1267 Almerich Grafendorfer (Abt von Reun)
bis 1275 Herbord
1275–1285 Gerhard von Ennstal (Abt von St. Paul)
1285–1291 Konrad von Fohnsdorf und Praitenfurt
1291–1299 Heinrich von Helfenberg
1299–1304 Wulfing von Stubenberg
1304–1316 Werner
1317–1332 Dietrich von Wolfsau, Propst von Gurnitz
1332–1342 Heinrich, genannt Mer von Leis
1342–1356 Heinrich (Propst von Friesach)
1357–1363 Peter Kröll von Hall
1363–1387 Heinrich Krapff
1387–1391 Ortolf von Ovenstetten
1389–1391 Augustin (Bischof von Concordia)
1391–1397 Nilolaus von Unhorst
1397–1408 Konrad Torer von Törlein
1408–1411 Ulrich (Propst von Friesach)
1411–1421 Wolfhard von Ehrenfels
1421–1423 Friedrich Theis von Thesingen
1424–1432 Laurenz von Lichtenberg
1433–1436 Hermann von Gnas
1436–1446 Laurenz von Lichtenberg
1446–1463 Theobald Schweinpeck
1463–1468 Rudolf von Rüdesheim
1468–1482 Johann Roth von Wemding
1483–1486 Georg
1487–1508 Erhard Paumgartner
1508–1536 Leonhard Peurl
1536–1555 Philipp Renner
1556–1570 Markus Herkules Rettinger von Wispach
1570–1584 Georg Agricola (ab 1572 auch Bischof von Seckau)
1584–1618 Georg Stobäus von Palmberg
1619–1640 Leonhard Götz
1640–1654 Albert von Priamis
1654–1665 Max Gandolf von Kuenburg
1665–1673 Sebastian von Pötting
1673–1704 Franz Kaspar von Stadion
1704–1708 Johann Sigmund von Kuenburg
1708–1718 Philipp Karl von Fürstenberg
1718–1724 Leopold Anton von Firmian
1724–1744 Joseph Oswald von Attems
1744–1753 Virgil Augustin von Firmian
1754–1763 Johann von Thurn-Valsassina
1763–1772 Joseph Franz Anton von Auersperg
1773–1777 Franz X. von Breuner
1777–1790 Vinzenz Joseph von Schrattenbach
1790–1793 Gandolf Ernst von Kuenburg
1795–1800 Vinzenz Joseph von Schrattenbach
1800–1822 Leopld Maximilian von Firmian
1824–1843 Ignaz Franz Zimmermann
1843–1846 Franz X. Kuttnar
1846–1862 Anton Martin Slomschek

Bistum Wien (ab 1722 Erzbistum)

1471–1479 Leopold von Spaur
1480–1482 Johann Peckenschlager (Erzbischof von Gran, Administrator)
1484–1487 Bernhard von Rohr (Erzbischof von Salzburg, Administrator)
1488–1490 Urban von Döczy (Bischof von Erlau, Administrator)
1490–1493 Matthias Scheit (Bischof von Seckau, Administrator)
1493–1499 Johann Vitéz (Bischof von Veszprem, Administrator)
1500–1504 Bernhard von Pollheim (Administrator)
1504–1509 Franz Bakócz ab Erdőd (Bischof von Raab, Administrator)
1513–1522 Georg von Slatkonia (Bischof von Pedena)
1523 Petrus Bonomo (Bischof von Triest)
1523–1530 Johann von Revellis
1530–1541 Johann Fabri
1541–1552 Friedrich Nausea (1539 Koadjutor)
1552–1553 Christoph Wertwein (Bischof von Wr. Neustadt)
1554–1555 Petrus Canisius (Administrator)
1559–1561 Anton Brus von Mueglitz (1561 Erzbischof von Prag)
1563–1568 Urban Sagstetter, der Österreicher (Bischof von Gurk)
1574–1594 Kaspar von Neubeck
1598–1630 Melchior Klesl (Kardinal, Administrator von Wr. Neustadt)

1631–1639 Anton Wolfradt
1639–1669 Friedrich Phillipp von Breuner
1669–1680 Wilderich von Walderdorff
1680–1685 Emmerich Sinelli
1685–1702 Ernst von Trautson
1702–1705 Franz Anton von Harrach
1706–1716 Franz Ferdinand von Rummel
1716–1751 Sigismund von Kollonitsch (Kardinal)
1751–1757 Johann Joseph von Trautson (Kardinal)
1757–1803 Christoph Anton von Migazzi (Kardinal)
1803–1820 Sigismund Anton von Hohenwart
1822–1831 Leopold Maximilian von Firmian
1832–1853 Vinzenz Eduard Milde
1853–1875 Joseph Othmar von Rauscher (Kardinal)
1876–1881 Johann Rudolf Kutschker (Kardinal)
1881–1889 Cölestin Ganglbauer
1890–1911 Anton Joseph Gruscha (Kardinal)
1911–1913 Franz Xaver Nagl (Kardinal, 1909 Koadjutor)
1913–1932 Friedrich Gustav Piffl (Kardinal)
1932–1955 Theodor Innitzer (Kardinal)
1956–1985 Franz König (Kardinal)
1986– Hans Hermann Groer (Kardinal)

Bistum Wr. Neustadt

1476–1491 Petrus Engelprecht
1491–1495 Augustin Kiebinger
1521–1530 Theoderich Kammerer
1531–1548 Gregor Angerer
1549–1550 Heinrich Muelich
1550–1553 Christoph Wertwein
1555–1558 Franz Abstemius
1558–1559 Martin Durlacher
1560–1562 Caspar von Logau (1562 Bischof von Breslau)
1564–1571 Christian Napponäus
1572–1582 Lampert Gruter
1587–1588 Martin Radwiger
1588–1630 Melchior Klesl (Administrator)
1631–1639 Matthias Geißler
1639–1666 Johann Thuanus
1666–1669 Laurenz Aidinger
1670–1685 Leopold Karl von Kollonitsch
1687–1695 Christoph de Rojas y Spinola
1695–1718 Franz Anton von Puchheim
1719–1720 Ignaz von Lovina
1720–1721 Joseph Ignaz della Rovere
1722–1734 Johann Moritz von Manderscheid-Blankenheim
1734–1740 Franz Anton von Khevenhüller
1741–1773 Cyriakus Ferdinand von Hallweil
1773–1784 Johann Heinrich von Kerens

Der Bischofssitz wird nach St. Pölten verlegt.

Bistum St. Pölten

1785–1792 Johann Heinrich von Kerens
1794–1803 Sigismund Anton von Hohenwart (1803 Erzbischof von Wien)
1806–1815 Gottfried Joseph Crüts von Creits
1816–1823 Johann Nepomuk Ritter von Dankesreither
1823–1826 Joseph Chrysostomus Pauer
1827–1834 Jakob Frint
1834–1835 Michael Leonhard (resigniert)
1835–1842 Michael Johann Wagner
1842–1851 Anton Alois Buchmayer
1851–1863 Ignaz Feigerle
1864–1872 Joseph Feßler
1872–1893 Matthäus Josef Binder
1894–1927 Johannes Baptist Rößler
1927–1961 Michael Memelauer
1961–1991 Franz Žak
1991– Kurt Krenn

Bistum Linz

1785–1788 Ernst von Herberstein
1789–1807 Joseph Anton von Gall
1815–1825 Sigismund von Hohenwarth
1827–1852 Gregor Thomas Ziegler
1853–1884 Franz Joseph Rudigier
1885–1888 Ernst Maria Müller
1889–1908 Franz Maria Doppelbauer
1909–1915 Rudolf Hittmair
1915–1941 Johannes Maria Gföllner
1946–1955 Josef Cal. Fließer
1955–1981 Franz Sal. Zauner
1981– Maximilian Aichern

Bistum Eisenstadt (erst ab 1960, 1922–1960 Apostolische Administratur)

1922–1932 Friedrich Gustav Piffl (1913–1932 Erzbischof von Wien)
1932 Franz Kamprath (Administrator)
1932–1949 Theodor Innitzer (1932–1955 Erzbischof von Wien)
1949–1954 Joseph Schoiswohl (Administrator)
1954–1960 Stefan László (Administrator)
1960–1992 Stefan László
1993– Paul Iby

Generalvikariat Feldkirch

1820–1829 Bernhard Galura
1831–1834 Johann Nepomuk von Tschiderer
1836–1861 Georg Prünster
1862–1865 Joseph Feßler
1865–1882 Johann Nepomuk Amberg
1882–1884 Simon Aichner
1884–1907 Johann Zobl
1908–1912 Franz Egger
1913–1925 Sigismund Waitz

Apostolische Administratur Innsbruck-Feldkirch – 1964 Diözese Innsbruck

1925–1938 Sigismund Waitz (1934–1938 Erzbischof von Salzburg)
1938–1980 Paul Rusch (ab 1964 Diözesanbischof)
1981– Reinhold Stecher

Generalvikariat Vorarlberg – 1968 Diözese Feldkirch

1936–1954 Franz Tschan
1955–1989 Bruno Wecher (ab 1968 Diözesanbischof)
1989– Klaus Küng

Österreich ist in zwei (katholische) Kirchenprovinzen eingeteilt, die Wiener und die Salzburger. – Zur Wiener Kirchenprovinz gehören die Erzdiözese Wien und die Suffraganbistümer Linz, St. Pölten und Eisenstadt. – Zur Salzburger Kirchenprovinz gehören die Erzdiözese Salzburg und die Suffraganbistümer Seckau (Graz), Gurk (Klagenfurt), Innsbruck und Feldkirch.

Staatsoberhäupter seit 1918

Präsident des Staatsratsdirektoriums **Karl Seitz**
(4. 9. 1869–† 3. 2. 1950)*
30. 10. 1918–9. 12. 1920

Bundespräsident **Michael Hainisch**
(15. 8. 1858–† 26. 2. 1940)*
9. 12. 1920–9. 12. 1924
9. 12. 1924–10. 12. 1928

Bundespräsident **Wilhelm Miklas**
(15. 10. 1872–† 20. 3. 1956)*
10. 12. 1928–9. 10. 1931
9. 10. 1931–13. 3. 1938

Staatskanzler **Karl Renner**
(14. 12. 1870–† 31. 12. 1950)*
27. 4. 1945–20. 12. 1945

Bundespräsident **Karl Renner**
20. 12. 1945–31. 12. 1950

(Vom 31. 12. 1950–21. 6. 1951 übte die Funktion Bundeskanzler Leopold Figl aus.)

Bundespräsident **Theodor Körner**
(24. 4. 1873–† 4. 1. 1957)*
21. 6. 1951–4. 1. 1957

(Vom 4. 1. – 22. 5. 1957 übte die Funktion Bundeskanzler Julius Raab aus.)

Bundespräsident **Adolf Schärf**
(20. 4. 1890–† 28. 2. 1965)*
22. 5. 1957–28. 4. 1963
28. 4. 1963–28. 2. 1965

(Vom 28. 2. – 9. 6. 1965 übte die Funktion Bundeskanzler Josef Klaus aus.)

Bundespräsident **Franz Jonas**
(4. 10. 1899–† 24. 4. 1974)*
9. 6. 1965–25. 4. 1971
25. 4. 1971–24. 4. 1974

(Vom 24. 4. – 8. 7. 1974 übte die Funktion Bundeskanzler Bruno Kreisky aus.)

Bundespräsident **Rudolf Kirchschläger**
(20. 3. 1915)*
8. 7. 1974–18. 5. 1980
18. 5. 1980–8. 7. 1986

Bundespräsident **Kurt Waldheim**
(21. 12. 1918)*
8. 7. 1986–8. 7. 1992

Bundespräsident **Thomas Klestil**
(4. 11. 1932)*
seit 8. 7. 1992

Bundespräsidenten-Wahlen der Zweiten Republik

		Stimmen	%
6. 5. 1951	*Wahlberechtigte/-beteiligung*	*4,513.597*	*96,8*
	Heinrich Gleißner (ÖVP)	1,725.451	40,1
	Theodor Körner (SPÖ)	1,682.881	39,6
	Burghard Breitner (WdU)	662.501	15,4
	Gottlieb Fiala (Linksblock)	219.969	5,1
	Johannes Ude	5.413	0,13
	Ludovika Hainisch	2.132	0,05
27. 5. 1951 (2. Wahlgang)	*Wahlbeteiligung*		*96,9*
	Theodor Körner (SPÖ)	2,178.631	**52,1**
	Heinrich Gleißner (ÖVP)	2,006.332	47,9
5. 5. 1957	*Wahlberechtigte/-beteiligung*	*4,630.997*	*96,9*
	Adolf Schärf (SPÖ)	2,258.255	**51,1**
	Wolfgang Denk (ÖVP/FPÖ)	2,159.604	48,9
28. 4. 1963	*Wahlberechtigte/-beteiligung*	*4,869.603*	*95,6*
	Adolf Schärf (SPÖ)	2,473.349	**55,4**
	Julius Raab (ÖVP)	1,814.125	40,6
	Josef Kimmel (EFP)	176.646	4,0
23. 5. 1965	*Wahlberechtigte/-beteiligung*	*4,874.928*	*96,0*
	Franz Jonas (SPÖ)	2,342.436	**50,7**
	Alfons Gorbach (ÖVP)	2,260.888	47,2
25. 4. 1971	*Wahlberechtigte/-beteiligung*	*5,023.767*	*95,3*
	Franz Jonas (SPÖ)	2,487.239	**52,8**
	Kurt Waldheim (ÖVP)	2,224.809	47,2
23. 6. 1974	*Wahlberechtigte/-beteiligung*	*5,031.654*	*94,1*
	Rudolf Kirchschläger	2,392.151	**51,7**
	Alois Lugger (ÖVP)	2,238.680	48,3
18. 5. 1980	*Wahlberechtigte/-beteiligung*	*5,215.894*	*91,6*
	Rudolf Kirchschläger	3,533.748	**79,9**
	Wilfried Gredler (FPÖ)	751.399	17,0
	Norbert Burger (NDP)	140.741	3,1
4. 5. 1986	*Wahlberechtigte/-beteiligung*	*5.215.875*	*89,5*
	Kurt Waldheim (ÖVP)	2,343.463	49,6
	Kurt Steyrer (SPÖ)	2,061.104	43,7
	Freda Meissner-Blau (Grüne)	259.689	5,5
	Otto Scrinzi	55.724	1,2
8. 6. 1986 (2. Wahlgang)	*Wahlbeteiligung*		*87,3*
	Kurt Waldheim (ÖVP)	2,464.787	**53,9**
	Kurt Steyrer (SPÖ)	2,107.023	46,1
26. 4. 1992	*Wahlberechtigte/-beteiligung*	*5,676.903*	*84,4*
	Thomas Klestil (ÖVP)	1,888.599	40,7
	Rudolf Streicher (SPÖ)	1,728.234	37,2
	Heide Schmidt (FPÖ)	761.390	16,4
	Robert Jungk (Grüne)	256.954	5,7
24. 5. 1992 (2. Wahlgang)	*Wahlbeteiligung*		*80,9*
	Thomas Klestil (ÖVP)	2,528.008	**56,9**
	Rudolf Streicher (SPÖ)	1,915.380	43,1

Regierungsvorsitzende seit 1848

Eine den heutigen Vorstellungen entsprechende Teilung der vielfältigen Verwaltungsaufgaben gibt es erst seit 1848. Die grundsätzliche Trennung von Justiz und Verwaltung, sowie die Schaffung von einzelnen, von einander getrennten Verwaltungsbereichen begann jedoch bereits in der mariatheresianischen Ära.
Zwischen 1848 und 1867 waren die Regierungen für die gesamte Monarchie zuständig. Mit dem Ausgleich von 1867 gibt es k. u. k. (kaiserlich und königliche) Ministerien, die Außenpolitik, Finanzen und Heerwesen als gemeinsame Angelegenheiten für beide Reichshälften verwalten, darüber hinaus hatte jede Reichshälfte ihre eigene Regierung. In der nachfolgenden Übersicht ist nur der jeweilige österreichische Ministerpräsident zu finden.
Eine detaillierte Liste aller Kabinettsmitglieder seit 1918 ist dem Anhang des Österreichischen Amtskalenders zu entnehmen.

Franz Anton Graf **Kolowrat-Liebsteinsky**
20. März–5. April 1848

Karl Ludwig Graf **Ficquelmont**
19. April–4. Mai 1848

Franz Freiherr von **Pillersdorf**
19. Mai–8. Juli 1848

Anton Freiherr von **Doblhoff-Dier**
8.–18. Juli 1848

Johann Philipp Freiherr von **Wessenberg-Ampringen**
18. Juli–21. November 1848

Felix Fürst **Schwarzenberg**
21. November 1848–5. April 1852

Karl Ferdinand Graf **Buol-Schauenstein**
11. April 1852–21. Mai 1859

Johann Bernhard Graf **Rechberg** und Rothenlöwen
21. Mai 1859–15. Dezember 1860

Erzherzog Rainer von Österreich
4. Februar 1861–28. Juni 1865

Alexander Graf **Mensdorff-Pouilly**
28. Juni–27. Juli 1865

Richard Graf **Belcredi**
27. Juli 1865–7. Februar 1867

Friedrich Ferdinand Freiherr von **Beust**
7. Februar–21. Dezember 1867

Carl Fürst **Auersperg**
21. Dezember 1867–24. September 1868

Eduard Graf **Taaffe (I)**
24. September 1868–15. Januar 1870

Ignaz Edler von **Plener**
15.–31. Januar 1870

Leopold **Hasner** Ritter von Artha
1. Februar–4. April 1870

Alfred Graf **Potocki**
12. April 1870–4. Februar 1871

Karl Siegmund Graf **Hohenwart**
6. Februar–30. Oktober 1871

Ludwig Freiherr von **Holzgethan**
30. Oktober–25. November 1871

Adolf Fürst **Auersperg**
25. November 1871–15. Februar 1879

Karl Edler von **Stremayr**
15. Februar–12. August 1879

Eduard Graf **Taaffe (II)**
12. August 1879–11. November 1893

Alfred Fürst zu **Windisch-Grätz**
11. November 1893–19. Juni 1895

Erich Graf **Kielmansegg**
19. Juni–30. September 1895

Kasimir Felix Graf **Badeni**
30. September 1895–30. November 1897

Paul Freiherr von Frankenthurn **Gautsch (I)**
30. November 1897–5. März 1898

Franz Graf **Thun-Hohenstein**
5. März 1898–2. Oktober 1899

Manfred Graf **Clary-Aldringen**
2. Oktober–21. Dezember 1899

Heinrich Ritter von **Wittek**
21. Dezember 1899–18. Januar 1900

Ernest von **Koerber (I)**
19. Januar 1900–27. Dezember 1904

Paul Freiherr von Frankenthurn **Gautsch (II)**
1. Januar 1905–30. April 1906

Konrad Prinz zu **Hohenlohe-Waldenburg-Schillingsfürst**
2.–28. Mai 1906

Max Wladimir Freiherr von **Beck**
2. Juni 1906–7. November 1908

Richard Freiherr von **Bienerth-Schmerling (I)**
15. November 1908–9. Januar 1911

Richard Freiherr von **Bienerth-Schmerling (II)**
9. Januar–28. Juni 1911

Paul Freiherr von Frankenthurn **Gautsch (III)**
28. Juni–28. Oktober 1911

Karl Graf **Stürgkh**
3. November 1911–21. Oktober 1916

Ernest von **Koerber (II)**
31. Oktober–13. Dezember 1916

Heinrich Graf **Clam-Martinic**
20. Dezember 1916–23. Juni 1917

Ernst Ritter von Feuchtenegg **Seidler**
23. Juni 1917–25. Juli 1918

Max Freiherr von Heinlein **Hussarek**
27. Juli–27. Oktober 1918

Heinrich **Lammasch**
27. Oktober–11. November 1918

Karl **Renner (I)**
30. Oktober 1918–3. (15.) März 1919

Karl **Renner (II)**
15. März–17. Oktober 1919

Karl **Renner (III)**
17. Oktober 1919–11. Juni (7. Juli) 1920

Michael **Mayr (I)**
7. Juli–20. November 1920

Michael **Mayr (II)**
20. November 1920–1. (21.) Juni 1921

Johannes **Schober (I)**
21. Juni 1921–26. Januar 1922

Walter **Breisky**
26./27. Januar 1922

Johannes **Schober (II)**
27. Januar–24. (31.) Mai 1922

Ignaz **Seipel (I)**
31. Mai 1922–16. (17.) April 1923

Ignaz **Seipel (II)**
17. April–20. November 1923

Ignaz **Seipel (III)**
20. November 1923–8. (20.) November 1924

Rudolf **Ramek (I)**
20. November 1924–14. (15.) Januar 1926

Rudolf **Ramek (II)**
15. Januar–15. (20.) Oktober 1926

Ignaz **Seipel (IV)**
20. Oktober 1926–18. (19.) Mai 1927

Ignaz **Seipel (V)**
19. Mai 1927–3. April (4. Mai) 1929

Ernst Streer (Ritter von) **Streeruwitz**
4. Mai–25. (26.) September 1929

Johannes **Schober (III)**
26. September 1929–25. (30.) September 1930

Carl **Vaugoin**
30. September–29. November (4. Dezember) 1930

Otto **Ender**
4. Dezember 1930–16. (20.) Juni 1931

Karl **Buresch (I)**
20. Juni 1931–27. (29.) Januar 1932

Karl **Buresch (II)**
29. Januar–6. (20.) Mai 1932

Engelbert **Dollfuß (I)**
20. Mai 1932–21. September 1933

Engelbert **Dollfuß (II)**
21. September 1933–10. Juli 1934

Engelbert **Dollfuß (III)**
10.–25. (29.) Juli 1934

Kurt (von) **Schuschnigg (I)**
29. Juli 1934–14. Mai 1936

Kurt (von) **Schuschnigg (II)**
14. Mai–3. November 1936

Kurt (von) **Schuschnigg (III)**
3. November 1936–16. Februar 1938

Kurt (von) **Schuschnigg (IV)**
16. Februar–11. März 1938

Arthur **Seyss-Inquart**
12./13. März 1938

Karl **Renner (IV)**
27. April–20. Dezember 1945

Leopold **Figl (I)**
20. Dezember 1945–11. Oktober (8. November) 1949

Leopold **Figl (II)**
8. November 1949–28. Oktober 1952

Leopold **Figl (III)**
28. Oktober 1952–25. Februar (2. April) 1953

Julius **Raab (I)**
2. April 1953–14. Mai (29. Juni) 1956

Julius **Raab (II)**
29. Juni 1956–12. Mai (16. Juli) 1959

Julius **Raab (III)**
16. Juli 1959–3. November 1960

Julius **Raab (IV)**
3. November 1960–11. April 1961

Alfons **Gorbach (I)**
11. April 1961–20. November 1962 (27. März 1963)

Alfons **Gorbach (II)**
27. März 1963–2. April 1964

Josef **Klaus (I)**
2. April 1964–25. Oktober 1965 (19. April 1966)

Josef **Klaus (II)**
19. April 1966–3. März (21. April) 1970

Bruno **Kreisky (I)**
21. April 1970–19. Oktober (4. November) 1971

Bruno **Kreisky (II)**
4. November 1971–8. (28.) Oktober 1975

Bruno **Kreisky (III)**
28. Oktober 1975–9. Mai (5. Juni) 1979

Bruno **Kreisky (IV)**
5. Juni 1979–26. April (24. Mai) 1983

Fred **Sinowatz**
24. Mai 1983–16. Juni 1986

Franz **Vranitzky (I)**
16. Juni–25. November 1986 (21. Januar 1987)

Franz **Vranitzky (II)**
21. Januar 1987–9. Oktober (17. Dezember) 1990

Franz **Vranitzky (III)**
17. Dezember 1990–9. Oktober 1994 (29. November)

Franz **Vranitzky (IV)**
29. November 1994–

Landeshauptleute der österreichischen Bundesländer

Burgenland

(Landesverwalter 10. März 1921 bis 19. Juli 1922)

1921–1922	Robert Davy
1922	März bis Juli Alfred Rausnitz
1922–1923	Alfred Rausnitz
1923–1924	Alfred Walheim
1924–1928	Josef Rauhofer
1928–1929	Anton Schreiner
1929–1930	Johann Thullner
1930–1931	Anton Schreiner
1931–1934	Alfred Walheim
1934–1938	Ing. Hans Sylvester
1945–1946	Ludwig Leser
1946–1956	Lorenz Karall
1956–1961	Johann Wagner
1961–1964	Josef Lentsch
1964–1968	Hans Bögl
1968–1987	Theodor Kery
1987–1991	Johann Sipötz
1991–	Karl Stix

Kärnten

(Landesverweser 1918 bis 1921)

1918–1921	Arthur Lemisch
1921–1923	Florian Gröger
1923–1927	Ing. Vinzenz Schumy
1927–1930	Arthur Lemisch
1930–1934	Ferdinand Kernmaier
1934–1936	Ludwig Hülgerth
1936–1938	Arnold Sucher
1945–1947	Hans Piesch
1947–1965	Ferdinand Wedenig
1965–1974	Hans Sima
1974–1988	Leopold Wagner
1988–1989	Peter Ambrozy
1989–1991	Jörg Haider
1991–	Christof Zernatto

Niederösterreich

1918–1919	Leopold Steiner
1919–1920	Albert Sever
1920–1922	Johann Mayer
1922–1931	Karl Buresch
1931–1932	Josef Reither
1932–1933	Karl Buresch
1933–1934	Josef Reither
1934–1935	Eduard Baar-Baarenfels (geschäftsführender Landeshauptmann)
1935–1938	Josef Reither
1945	Mai bis Dezember Leopold Figl
1945–1949	Josef Reither
1949–1962	Johann Steinböck
1962–1965	Leopold Figl
1965–1966	Eduard Hartmann
1966–1981	Andres Maurer
1981–1992	Siegfried Ludwig
1992–	Erwin Pröll

Oberösterreich

1918–1931	Johann Nepomuk Hauser
1931–1934	Josef Schlegel
1934–1938	Heinrich Gleißner
1945	Mai bis Okt. Adolf Eigl
1945–1971	Heinrich Gleißner
1971–1977	Erwin Wenzl
1977–1995	Josef Ratzenböck
1995–	Josef Pühringer

Salzburg

1918–1919	Alois Winkler
1919–1922	Oskar Meyer
1922–1938	Franz Rehrl
1945	Mai bis November Adolf Schemel
1945–1947	Albert Hochleitner
1947–1949	Josef Rehrl
1949–1961	Josef Klaus
1961–1977	Hans Lechner
1977–1989	Wilfried Haslauer
1989–	Hans Katschthaler

Steiermark

1918–1919	Wilhelm Edler von Kaan
1919–1926	Anton Rintelen
1926	Juni bis Oktober Franz Prisching
1926–1927	Alfred Gürtler
1927–1928	Hans Paul
1928–1933	Anton Rintelen
1933–1934	Alois Dienstleder
1934–1938	Karl Maria Stepan
1938	3. bis 13. März Rolph Trummer
1945	Mai bis Dezember Reinhard Machold
1945–1948	Anton Pirchegger
1948–1971	Josef Krainer
1971–1980	Friedrich Niederl
1980–	Josef Krainer

Tirol

1918–1921	Josef Schraffl
1921–1935	Franz Stumpf
1935	Februar/März unbesetzt
1935–1938	Josef Schumacher
1945	Mai bis Oktober Karl Gruber
1945–1951	Alfons Weißgatterer
1951–1957	Alois Grauß
1957–1963	Hans Tschiggfrey
1963–1987	Eduard Wallnöfer
1987–1993	Alois Partl
1993–	Wendelin Weingartner

Vorarlberg

1918–1930	Otto Ender (1918 Landespräsident)
1930–1931	Ferdinand Redler
1931–1934	Otto Ender
1934–1938	Ernst Winsauer
1945–1964	Ulrich Ilg
1964–1987	Herbert Keßler
1987–	Martin Purtscher

Bürgermeister (Landeshauptleute) von Wien

Die Stadt Wien ist seit 1922 ein eigenes Bundesland, der Bürgermeister von Wien ist ab diesem Zeitpunkt gleichzeitig Landeshauptmann.

1282	Konrad Poll
1285	Heinrich Hansgraf
1287	Konrad von Eslarn
1288–1305	Konrad Poll
1305–1307	Heinrich Chrannest
1307	Dietrich von Kahlenberg
1308	Heinrich von der Neisse
1309	Niklas von Eslarn
1310	Heinrich von der Neisse
1310–1313	Niklas von Eslarn
1313–1315	Niklas Poll
1316	Hermann von St. Pölten
1316–1317	Niklas von Eslarn
1318	Hermann von St. Pölten
1319–1323	Otto Wülfleinstorfer
1324–1327	Niklas Poll
1327–1328	Stephan Chriegler
1329–1330	Heinrich Lang
1332–1333	Dietrich Urbetsch
1333–1334	Hermann Snaezl
1335–1337	Dietrich Urbetsch
1337–1338	Konrad von Eslarn
1338–1339	Berthold Poll
1340–1343	Konrad Wiltwerker
1344	Hagen von Spielberg
1345–1347	Reinprecht Zaunrüd
1348–1349	Friedrich von Tierna
1350–1351	Dietrich Flusthart
1352	Friedrich von Tierna
1353	Heinrich Würfel
1354	Dietrich Flusthart
1355	Leopold Polz
1356–1357	Heinrich Straicher
1357–1358	Haunold Schuchler der Ältere
1358–1359	Leopold Polz
1359–1360	Heinrich Straicher
1360–1361	Haunold Schuchler der Ältere
1362–1364	Hans von Tierna
1364	Friedrich Rüschl
1365–1366	Lukas Popfinger
1366–1367	Thomas Swaeml
1368–1370	Niklas Würfel
1370–1371	Thomas Swaeml
1372–1374	Ulrich Rößl
1374–1376	Jans am Kienmarkt
1376–1379	Paul Holzkäufl
1379–1381	Jans am Kienmarkt
1381–1386	Paul Holzkäufl
1386–1395	Michael Geukramer
1396	Paul Holzkäufl
1396–1397	Paul Würfel
1398	Jakob Dorn
1398–1399	Hans Rockh
1399–1400	Paul Holzkäufl
1401	Berthold Lang
1401–1402	Paul Würfel
1402–1403	Haunold Schuchler der Jüngere
1403–1404	Konrad Vorlauf
1404–1405	Paul Würfel

1405–1406	Rudolf Angerfelder
1406–1408	Konrad Vorlauf
1408–1409	Hans Feldsberger
1410	Paul Geyr
1410–1411	Albrecht Zetter
1411–1419	Rudolf Angerfelder
1420–1421	Hans Musterer
1422	Ulrich Gundloch
1423–1425	Konrad Holzer der Ältere
1425–1426	Hans Scharffenberger
1427	Paul Würfel der Jüngere
1428–1429	Niklas Undermhimmel
1430–1433	Konrad Holzer der Ältere
1434–1439	Hans Steger
1440–1441	Konrad Holzer der Jüngere
1442	Andre Hiltprant
1443	Hans Steger
1444–1446	Hans Haringseer
1447–1449	Hans Steger
1450–1451	Konrad Holzer der Jüngere
1452	Oswald Reicholf
1453	Niklas Teschler
1454	Oswald Reicholf
1455	Konrad Holzer der Jüngere
1456–1457	Niklas Teschler
1457	Thomas Schwarz
1457–1460	Jakob Starch
1461–1462	Christian Prenner
1462	Sebastian Ziegelhauser
1462–1463	Wolfgang Holzer
1463–1464	Friedrich Ebmer
1464–1466	Ulrich Metzleinstorffer
1467	Martin Enthainer
1467–1473	Andreas Schönbrucker
1473–1479	Hans Heml
1479–1484	Laurenz Haiden
1485–1486	Stephan Een
1487–1489	Leonhard Radauner
1489–1490	Laurenz Taschendorfer
1490	Stephan Een
1490–1493	Paul Keck
1494–1496	Friedrich Geldreich
1497–1499	Paul Keck
1500–1501	Wolfgang Rieder
1502	Leonhard Lackner
1503	Wolfgang Zauner
1504–1507	Paul Keck
1507	Sigmund Pernfuß
1508	Paul Keck
1509–1510	Wolfgang Rieder
1511–1512	Hans Süß
1512	Leonhard Pudmannsdorfer
1513	Hans Kuchler
1514–1515	Friedrich Piesch
1515	Johann Kaufmann
1516	Hans Süß
1516–1517	Hans Rinner
1518	Leonhard Pudmannsdorfer
1519–1520	Wolfgang Kirchhofer
1520	Hans Süß
1521	Martin Siebenbürger
1522–1524	Gabriel Guetrater
1524–1526	Hans Süß
1526	Roman Staudinger
1527	Sebastian Sulbeck

1528–1530	Wolfgang Treu
1531	Sebastian Eysler
1532–1533	Wolfgang Treu
1534–1535	Johann Pilhamer
1536–1537	Wolfgang Treu
1538–1539	Hermes Schallautzer
1540–1541	Paul Pernfuß
1542–1546	Stephan Tenck
1547–1548	Sebastian Schrantz
1549–1550	Sebastian Hutstocker
1551–1552	Christoph Hayden
1553–1555	Sebastian Hutstocker
1556–1557	Hans Übermann
1558–1559	Georg Prantstetter
1560–1561	Thomas Siebenbürger
1562–1563	Hermann Bayr
1564–1565	Matthias Brunnhofer
1566–1567	Hans Übermann
1568–1569	Georg Prantstetter
1570–1571	Hanns von Thau
1572–1573	Georg Prantstetter
1574–1575	Hanns von Thau
1576–1577	Christoph Hutstocker
1578–1579	Hanns von Thau
1580–1581	Bartholomäus Prantner
1582–1583	Hanns von Thau
1584–1585	Bartholomäus Prantner
1586–1587	Oswald Hüttendorfer
1588–1589	Hanns von Thau
1590–1591	Georg Fürst
1592–1595	Bartholomäus Prantner
1596–1597	Paul Steyrer
1598–1599	Oswald Hüttendorfer
1600–1601	Andreas Rieder
1602–1603	Georg Fürst
1604–1607	Augustin Haffner
1608–1609	Lukas Lausser
1610–1613	Daniel Moser
1614–1615	Veit Resch
1616–1622	Daniel Moser
1623–1625	Paul Wiedemann
1626–1637	Daniel Moser
1638–1639	Christoph Faßoldt
1640–1645	Konrad Pramber
1646–1648	Caspar Bernhardt
1648–1654	Johann Georg Dietmayr
1654–1655	Thomas Wolfgang Puechenegger
1656–1659	Johann Georg Dietmayr von Dietmannsdorf
1660–1663	Johann Christoph Holzner
1664–1667	Johann Georeg Dietmayr von Dietmannsdorf
1667–1669	Johann Christoph Holzner
1670–1673	Daniel Lazarus Springer
1674–1677	Peter Sebastian Fügenschuh
1678–1679	Daniel Lazarus Springer
16791683	Johann Andreas von Liebenberg
1683–1687	Simon Stephan Schuster
1688–1691	Daniel Fockhy
1692–1695	Johann Franz Peickhardt
1696–1699	Jakob Daniel Tepser
1700–1703	Johann Franz Peickhardt
1704–1707	Jakob Daniel Tepser
1708–1712	Johann Franz Wenighoffer
1713–1716	Johann Lorenz Trunck von Guttenberg
1717–1720	Josef Hartmann
1721–1724	Franz Josef Hauer
1725–1726	Josef Hartmann
1727–1728	Franz Josef Hauer
1729–1730	Johann Franz Purck
1731–1732	Franz Daniel Edler von Bartuska
1733–1736	Andreas Ludwig Leitgeb
1737–1740	Johann Adam von Zahlheim
1741–1744	Peter Joseph Kofler
1745–1751	Andreas Ludwig Leitgeb
1751–1764	Peter Joseph Edler von Kofler
1764–1767	Josef Anton Bellesini
1767–1773	Leopold Franz Gruber
1773–1804	Josef Georg Hörl
1804–1823	Stephan Edler von Wohlleben
1823–1834	Anton Lumpert
1834–1837	Anton Joseph Edler von Leeb
1838–1848	Ignaz Czapka (ab 1842 Freiherr von Winstetten)
1851–1861	Johann Kaspar Freiherr von Seiller
1861–1868	Andreas Zelinka
1868–1878	Cajetan Felder
1878–1882	Julius von Newald
1882–1889	Eduard Uhl
1889–1894	Johann Prix
1894–1895	Raimund Grübl
1895–1896	Hans von Friebeis
1896–1897	Josef Strobach
1897–1910	Karl Lueger
1910–1912	Josef Neumayer
1912–1919	Richard Weiskirchner
1919–1923	Jakob Reumann
1923–1934	Karl Seitz
1934–1938	Richard Schmitz
1938–1940	Hermann Neubacher
1940–1943	Philipp Wilhelm Jung
1943–1945	Hanns Blaschke
1945–1951	Theodor Körner
1951–1965	Franz Jonas
1965–1970	Bruno Marek
1970–1973	Felix Slavik
1973–1984	Leopold Gratz
1984–1994	Helmut Zilk
1994–	Michael Häupl

Präsidium der Provisorischen/Konstit. Nationalversammlung und des Nationalrats

Präsident	*Zweiter Präsident*	*Dritter Präsident*
	Provisorische Nationalversammlung	
Franz **Dinghofer** (DnP) 21. 10. 1918–16. 2. 1919 Jodok **Fink** (CSP) 21. 10. 1918–30. 10. 1918 Karl **Seitz** (SdP) 21. 10. 1918–16. 2. 1919 Johann Nepomuk **Hauser** (CSP) 30. 10. 1918–16. 2. 1919		
	Konstituierende Nationalversammlung	
Karl **Seitz** (SdP) 5. 3. 1919– 9. 11. 1920	Johann Nepomuk **Hauser** (CSP) 5. 3. 1919–9. 11. 1920	Franz **Dinghofer** (GdP) 12. 3. 1919– 9. 11. 1920
	Nationalrat	
Richard **Weiskirchner** (CSP) 10. 11. 1920–20. 11. 1923	Matthias **Eldersch** (SdP) 10. 11. 1920–14. 12. 1920	Franz **Dinghofer** (GdP) 10. 11. 1920–20. 10. 1926
Wilhelm **Miklas** (CSP) 20. 11. 1923– 6. 12. 1928	Karl **Seitz** (SdP) 15. 12. 1920–20. 11. 1923	
Alfred **Gürtler** (CSP) 13. 12. 1928– 1. 10. 1930	Matthias **Eldersch** (SdP) 20. 11. 1923– 1. 10. 1930	Leopold **Waber** (GdP) 27. 10. 1926– 1. 10. 1930
Matthias **Eldersch** (SdP) 4. 12. 1930–20. 4. 1931	Rudolf **Ramek** (CSP) 4. 12. 1930– 4. 3. 1933	Sepp **Straffner** (NWB) 4. 12. 1930–27. 10. 1931
Karl **Renner** (SdP) 29. 4. 1931– 4. 3. 1933		Stephan **Tauschitz** (LBd) 27. 10. 1931–20. 10. 1932
		Sepp **Straffner** (NWB) 21. 10. 1932– 4. 3. 1933
Leopold **Kunschak** (ÖVP) 19. 12. 1945–13. 3. 1953	Johann **Böhm** (SPÖ) 19. 12. 1945–13. 5. 1959	Alfons **Gorbach** (ÖVP) 19. 12. 1945–18. 3. 1953
Felix **Hurdes** (ÖVP) 18. 3. 1953– 9. 6. 1959		Karl **Hartleb** (WdU) 18. 3. 1953– 8. 6. 1956
Leopold **Figl** (ÖVP) 9. 6. 1959– 5. 2. 1962	Franz **Olah** (SPÖ) 9. 6. 1959–26. 10. 1961	Alfons **Gorbach** (ÖVP) 8. 6. 1956–11. 4. 1961
	Friedrich **Hillegeist** (SPÖ) 15. 11. 1961–14. 12. 1962	Alfred **Maleta** (ÖVP) 19. 4. 1961–14. 2. 1962
Alfred **Maleta** (ÖVP) 14. 2. 1962–31. 3. 1970	Karl **Waldbrunner** (SPÖ) 14. 12. 1962–31. 3. 1970	Josef **Wallner** (ÖVP) 14. 2. 1962–31. 3. 1970
Karl **Waldbrunner** (SPÖ) 31. 3. 1970–24. 6. 1970 20. 10. 1970– 4. 11. 1971	Alfred **Maleta** (ÖVP) 31. 3. 1970– 4. 11. 1975	Otto **Probst** (SPÖ) 31. 3. 1970–24. 6. 1970 20. 10. 1970–22. 12. 1978
Anton **Benya** (SPÖ) 4. 11. 1971–17. 12. 1986	Roland **Minkowitsch** (ÖVP) 4. 11. 1975–22. 1. 1986	Herbert **Pansi** (SPÖ) 24. 1. 1979– 4. 6. 1979
		Rudolf **Thalhammer** (SPÖ) 5. 6. 1979–18. 5. 1983
Leopold **Gratz** (SPÖ) 17. 12. 1986–23. 2. 1989	Marga **Hubinek** (ÖVP) 19. 2. 1986– 5. 11. 1990	Gerulf **Stix** (FPÖ) 19. 5. 1983–14. 3. 1990
Rudolf **Pöder** (SPÖ) 28. 2. 1989– 5. 11. 1990		Siegfried **Dillersberger** (FPÖ) 15. 3. 1990– 5. 11. 1990
Heinz **Fischer** (SPÖ) 5. 11. 1990– 6. 11. 1994	Robert **Lichal** (ÖVP) 5. 11. 1990– 6. 11. 1994	Heide **Schmidt** (FPÖ/LF) 5. 11. 1990– 6. 11. 1994
Heinz **Fischer** (SPÖ) 7. 11. 1994–	Heinrich **Neisser** (ÖVP) 7. 11. 1994–	Herbert **Haupt** (FPÖ) 7. 11. 1994–

Nationalratswahlen seit 1945

25. November 1945

Wahlberechtigte 3,449.605
Wahlbeteiligung 94,3%

	Stimmen	%	M
ÖVP	1,602.227	49,80	85
SPÖ	1,434.898	44,60	76
KPÖ	174.257	5,42	4
DPÖ[1]	5.972	0,18	–

9. Oktober 1949

Wahlberechtigte 4,391.815
Wahlbeteiligung 96,8%

	Stimmen	%	M
ÖVP	1,846.581	44,03	77
SPÖ	1,623.524	38,71	67
WdU[2]	489.273	11,67	16
KuLS[3]	213.066	5,08	5
DU[4]	12.059	0,29	–
VP(E)[5]	7.134	0,17	–
DFDI[6]	2.088	0,05	–
DPÖ	5	0,00	–
WHG[7]	3	0,00	–

22. Februar 1953

Wahlberechtigte 4,586.870
Wahlbeteiligung 95,8%

	Stimmen	%	M
ÖVP	1,781.777	41,26	74
SPÖ	1,818.517	42,11	73
WdU	472.866	10,95	14
KPÖ[8]	228.159	5,28	4
ÜEM[9]	5.809	0,13	–
CDP[10]	3.668	0,09	–
CSP[11]	3.029	0,07	–
FD[12]	2.573	0,06	–
BÖM[13]	1.210	0,03	–
ÖNR[14]	1.054	0,02	–
ÖPU[15]	26	0,00	–

13. Mai 1956

Wahlberechtigte 4,614.464
Wahlbeteiligung 96,0%

	Stimmen	%	M
ÖVP	1,999.986	45,96	82
SPÖ	1,873.295	43,04	74
FPÖ	283.749	6,52	6
KuLS	192.438	4,42	3
FAB[16]	1.812	0,04	–
PdV[17]	284	0,00	–
Erg[18]	321	0,00	–
ÖPU[15]	83	0,00	–
ÖMP[19]	23	0,00	–
VdW[20]	7	0,00	–

10. Mai 1959

Wahlberechtigte 4,696.603
Wahlbeteiligung 94,2%

	Stimmen	%	M
ÖVP	1,928.043	44,19	79
SPÖ	1,953.935	44,79	78
FPÖ	336.110	7,70	8
KPÖ	142.578	3,27	–
BdS[21]	2.190	0,05	–

18. November 1962

Wahlberechtigte 4,805.351
Wahlbeteiligung 93,8%

	Stimmen	%	M
ÖVP	2,024.501	45,43	81
SPÖ	1,960.685	44,00	76
FPÖ	313.895	7,05	8
KPÖ	135.520	3,04	–
EFP	21.530	0,48	–

6. März 1966

Wahlberechtigte 4,886.818
Wahlbeteiligung 93,8%

	Stimmen	%	M
ÖVP	2,191.109	48,30	85
SPÖ	1,928.985	42,60	74
FPÖ	242.570	5,40	6
DFP[22]	148.528	3,28	–
KPÖ	18.636	0,41	–
LP[23]	1.571	0,04	–
M-L[24]	486	0,01	–

1. März (+ 4. Oktober) 1970

Wahlberechtigte 5,045.840
Wahlbeteiligung 91,8%

	Stimmen	%	M
SPÖ	2,221.981	48,42	81
ÖVP	2,051.012	44,69	78
FPÖ	253.425	5,52	6
KPÖ	44.750	0,98	–
DFP	17.405	0,38	–
NDP	3.484	0,07	–
MRF	237	0,00	–

10. Oktober 1971

Wahlberechtigte 4,984.448
Wahlbeteiligung 92,4%

	Stimmen	%	M
SPÖ	2,280.168	50,04	93
ÖVP	1,964.935	43,11	80
FPÖ	248.473	5,45	10
KPÖ	61.762	1,36	–
OL[25]	1.874	0,04	–

Neues Wahlrecht in Kraft:
183 Mandate, statt bisher 165

5. Oktober 1975

Wahlberechtigte 5,019.277
Wahlbeteiligung 92,9%

	Stimmen	%	M
SPÖ	2,324.309	51,03	93
ÖVP	1,980.374	42,95	80
FPÖ	249.317	5,41	10
KPÖ	54.971	1,19	–
GRM[26]	1.024	0,02	–
LFS[27]	440	0,01	–

6. Mai 1979

Wahlberechtigte 5,186.735
Wahlbeteiligung 92,2%

	Stimmen	%	M
SPÖ	2,412.778	51,03	95
ÖVP	1,981.286	41,90	77
FPÖ	286.644	6,06	11
KPÖ	45.270	0,96	–
CSA[28]	2.261	0,05	–

24. April 1983

Wahlberechtigte 5,316.436
Wahlbeteiligung 92,6%

	Stimmen	%	M
SPÖ	2,312.529	47,60	90
ÖVP	2,097.808	43,20	81
FPÖ	241.789	4,98	12
VGÖ[29]	93.798	1,90	–
ALÖ[30]	65.816	1,40	–
KPÖ	31.912	0,66	–
ÖP[31]	5.851	0,12	–

23. November 1986				7. Oktober 1990				7. Oktober 1994			
Wahlberechtigte	5,461.291			Wahlberechtigte	5,628.912			Wahlberechtigte	5,772.413		
Wahlbeteiligung	90,46%			Wahlbeteiligung	86,0%			Wahlbeteiligung	78,7%		
	Stimmen	%	M		Stimmen	%	M		Stimmen	%	M
SPÖ	2,092.024	43,12	80	SPÖ	2,012.787	42,8	80	SPÖ	1,617.804	34,9	65
ÖVP	2,003.663	41,30	77	ÖVP	1,508.600	32,1	60	ÖVP	1,281.846	27,7	52
FPÖ	472.205	9,73	18	FPÖ	782.648	16,6	33	FPÖ	1,042.322	22,5	42
GAL[33]	234.028	4,82	8	Grüne	225.084	4,8	10	GAL	338.538	7,3	13
KPÖ	35.104	0,72	–	VGÖ	92.277	2,0	–	LF[42]	276.580	6,0	11
MIR[34]	8.100	0,17	–	VdS[37]	35.833	0,8	–				
GDL[35]	6.005	0,12	–	KPÖ	25.682	0,5	–				
KGr[36]	1.059	0,02	–	CWG[38]	9.263	0,2	–				
				CDP[39]	6.194	0,1	–				
				WGÖ[40]	3.996	0,1	–				
				LFG[41]	2.530	0,0	–				

[1] Demokratische Partei Österreichs (in Kärnten) – [2] Wahlpartei der Unabhängigen – [3] Kommunisten und Linkssozialisten (Linksblock) – [4] Demokratische Union – [5] Vierte Partei (Ergokraten) – [6] Demokrationa fronta delovnegna Ijudstva – [7] Wirtschaftspartei der Haus- und Grundbesitzer – [8] KPÖ/Volksopposition – [9] Überparteiliche Einigung der Mitte – [10] Christdemokratische Partei – [11] Christlichsoziale Partei – [12] Freie Demokraten – [13] Bund der österreichischen Monarchisten – [14] Österreichische Nationalrepublikaner – [15] Österreichische Patriotische Union – [16] Freie Arbeiterbewegung Österreichs – [17] Partei der Vernunft – [18] Ergokraten – [19] Österreichische Mittelstandspartei – [20] Vertretung der Wahlverhinderten – [21] Bund demokratischer Sozialisten (Kärnten) – [22] Demokratische Fortschrittliche Partei (Franz Olah) – [23] Liberale Partei – [24] Marxisten-Leninisten – [25] Offensive Links – [26] Gruppe Revolutionäre Marxisten – [27] Liste Franz Steinacher – [28] Christlich-Soziale Arbeitsgemeinschaft – [29] Vereinigte Grüne Österreichs – [30] Alternative Liste Österreichs – [31] Österreich-Partei (Franz Olah) – [32] Ausländer-Halt-Bewegung – [33] Grüne Alternative / Liste Meissner-Blau – [34] Aktionsliste „Mir reicht's" – [35] Grünalternative/Demokratische Liste – [36] Kärntner Grüne – [37] Verband der Sozialversicherten – [38] Christliche Wählergemeinschaft – [39] Christdemokratische Partei – [40] Wahlplattform der Grauen Österreichs – [41] Liste Fritz Georg – [42] Liberales Forum
(Quelle: Österreichisches Jahrbuch für Politik)

Gesetzgebungsperioden seit 1918

Provisorische Nationalversammlung
21. 10. 1918 bis 16. 2. 1919

Konstituierende Nationalversammlung
4. 3. 1919 bis 9. 11. 1920
(auf Grund der Wahl der Konstituierenden Nationalversammlung am 16. 2. 1919)

Nationalrat

		(auf Grund der Wahl am ...)			*(auf Grund der Wahl am ...)*
I.	10. 11. 1920 bis 20. 11. 1923	*(17. 10. 1920)*	XI.	30. 3. 1966 bis 31. 3. 1970	*(6. 3. 1966)*
II.	20. 11. 1923 bis 18. 5. 1927	*(21. 10. 1923)*	XII.	31. 3. 1970 bis 4. 11. 1971	*(1. 3. / 4. 10. 1970)*
III.	18. 5. 1927 bis 1. 10. 1930	*(24. 4. 1927)*	XIII.	4. 11. 1971 bis 4. 11. 1975	*(10. 10. 1971)*
IV.	2. 12. 1930 bis 2. 5. 1934	*(9. 11. 1930)*	XIV.	4. 11. 1975 bis 4. 6. 1979	*(5. 10. 1975)*
V.	19. 12. 1945 bis 8. 11. 1949	*(25. 11. 1945)*	XV.	5. 6. 1979 bis 18. 5. 1983	*(6. 5. 1979)*
VI.	8. 11. 1949 bis 18. 3. 1953	*(9. 10. 1949)*	XVI.	19. 5. 1983 bis 16. 12. 1986	*(24. 4. 1983)*
VII.	18. 3. 1953 bis 8. 6. 1956	*(22. 2. 1953)*	XVII.	17. 12. 1986 bis 4. 11. 1990	*(23. 11. 1986)*
VIII.	8. 6. 1956 bis 9. 6. 1959	*(13. 5. 1956)*	XVIII.	5. 11. 1990 bis 6. 11. 1994	*(7. 10. 1990)*
IX.	9. 6. 1959 bis 14. 12. 1962	*(10. 5. 1959)*	XIX.	7. 11. 1994 bis	*(7. 10. 1994)*
X.	14. 12. 1962 bis 30. 3. 1966	*(18. 11. 1962)*			

Mandatsverteilung in den gesetzgebenden Körperschaften

Nationalrat

Gesetzgebungsperiode/Wahltag	Sozialdemokratische Partei	Christlichsoziale Partei	Deutschnationale Parteien	Landbund für Österreich	Nationaler Wirtschaftsblock	Heimatblock	Sonstige Parteien
KN / 16. 2. 1919	72	69	27	–	–	–	2
I. / 17. 10. 1920	69	85	28	–	–	–	1
II. / 21. 10. 1923	68	82	10	5	–	–	–
III. / 24. 4. 1927	71	73	12	9	–	–	–
IV. / 9. 11. 1930	72	66	–	–	19	8	–
	SPÖ	ÖVP	WdU/FPÖ	KPÖ/Links	Grüne	Lib. Forum	
V. / 25. 11. 1945	76	85	–	4	–	–	
VI. / 9. 10. 1949	67	77	16	5	–	–	
VII. / 22. 2. 1953	73	74	14	4	–	–	
VIII. / 13. 5. 1956	74	82	6	3	–	–	
IX. / 10. 5. 1959	78	79	8	–	–	–	
X. / 18. 11. 1962	76	81	8	–	–	–	
XI. / 6. 3. 1966	74	85	6	–	–	–	
XII. / 1. 3. / 4. 10. 1970	81	78	6	–	–	–	
XIII. / 10. 10. 1971	93	80	10	–	–	–	
XIV. / 5. 10. 1975	93	80	10	–	–	–	
XV. / 6. 5. 1979	95	77	11	–	–	–	
XVI. / 24. 4. 1983	90	81	12	–	–	–	
XVII. / 23. 11. 1986	80	77	18	–	8	–	
XVIII. / 7. 10. 1990	80	60	33	–	10	–	
XIX. / 7. 11. 1994	65	52	42	–	13	11	

Der Nationalrat hatte von der II. bis zur XII. Gesetzgebungsperiode 165 Abgeordnete, seither (ebenso wie während der I. Gesetzgebungsperiode) wieder 183 Abgeordnete.

Bundesrat

ab	Sozialdemokratische Partei	Christlichsoziale Partei	Großdeutsche Volkspartei	Landbund für Österreich	Heimatblock	NSDAP	Parteilose
1920	22	21	3.	–	–	–	–
1921	22	22	2	–	–	–	–
1922	23	24	2	–	–	–	–
1923	24	23	2	1	–	–	–
1924	25	21	2	2	–	–	–
1925	26	20	1	3	–	–	–
1931	26 (25)	19	1	3	1	–	(1)
1932	23 (22)	20	1	2	1	3 (4)	–
1933	21	22	1	1	1	4	–
1934	20	23	1	1	1	–	–
	SPÖ	ÖVP	WdU/FPÖ	KPÖ/Links	Grüne		
Dezember 1945	27	23	–	–	–		
Dezember 1949	25	20	4	1	–		
April 1953	25	21	3	1	–		
Oktober 1954	25	22	2	1	–		
Dzember 1954	25	23	2	–	–		
November 1955	25	24	1	–	–		
März 1957	26	24	–	–	–		
Juli 1962	29	25	–	–	–		
Mai 1964	28	26	–	–	–		
November 1967	27	27	–	–	–		
November 1969	26	28	–	–	–		
März 1970	25	29	–	–	–		
Februar 1972	28	30	–	–	–		
November 1973	29	29	–	–	–		
März 1982	33	32	–	–	–		
März 1983	32	31	–	–	–		
November 1983	33	30	–	–	–		
Dezember 1987	32	30	1	–	–		
November 1988	31	30	2	–	–		
April 1989	30	29	4	–	–		
Mai 1989	30	28	5	–	–		
Oktober 1991	28	27	8	–	–		
Dezember 1991	27	26	10	–	–		
März 1993	25	27	12				

Volksbefragungen

1. Wiener Volksbefragung, 21.–26. Mai 1973
   Bebauung des Sternwarteparks
   174.294 (42,55%) Ja
   235.364 (57,45%) Nein
   (Kann im Sinne der derzeit gültigen Bestimmungen nicht als solche anerkannt werden).

2. Wiener Volksbefragung, 16.–18. März 1980
   a) Vorrang für den öffentlichen Verkehr
   255.828 (77,51%) Ja
   74.228 (22,49%) Nein
   b) Propagandaständer auch außerhalb von Wahlzeiten erlaubt
   112.212 (33,95%) Ja
   218.295 (66,05%) Nein
   c) Zweite Westeinfahrt über den Flötzersteig
   183.332 (56,61%) Ja
   140.495 (43,39%) Nein
   d) Umwandlung von Friedhöfen in Parkanlagen oder Erhaltung
   117.315 (36,87%) Ja
   200.901 (63,12%) Nein

3. Wiener Volksbefragung, 15.–17. November 1981
   a) Vorrang für Stadterneuerung
   169.666 (92,42%) Ja
   13.923 (7,58%) Nein
   b) Beteiligung der Stadt Wien am Konferenzzentrum
   164.190 (89,87%) Ja
   18.609 (10,13%) Nein

4. Wiener Volksbefragung, 9.–11. Dezember 1981
   a) Weiterhin sozialer Wohnbau
   206.044 (83,42%) Ja
   40.966 (16,58%) Nein
   b) Modernisierung von Altbauten
   209.078 (83,77%) Ja
   40.506 (16,23%) Nein
   c) Verstärkte Altstadtsanierung
   224.455 (89,80%) Ja
   25.504 (10,20%) Nein
   d) Steinhofgründe öffentlicher Grünraum
   128.755 (49,30%) Ja
   132.407 (50,70%) Nein
   e) Zur Erhaltung der Vollbeschäftigung zusätzliche Mittel für den Wohnbau
   212.742 (86,06%) Ja
   34.453 (13,94%) Nein
   f) Verbauung der Steinhofgründe
   122.209 (46,54%) Ja
   140.394 (53,46%) Nein

5. Wiener Volksbefragung, 22.–24. Februar 1990
   Bezirksweise variierende, umweltspezifische Fragen
   63.503 (92,37%) Ja
   5.242 (7,63%) Nein

6. Wiener Volksbefragung, 14.–16. Mai 1991
   a) Weltausstellung in Wien 1995
   170.807 (35,15%) Ja
   315.100 (64,85%) Nein
   b) Donaukraftwerk im Hafen Freudenau
   354.533 (72,64%) Ja
   133.530 (27,36%) Nein

Volksbegehren

1. »Rundfunkreform«, 5.–12. Oktober 1964
   4,818.301 Stimmberechtigte
   867.194 gültige Eintragungen und Unterstützungserklärungen

2. »40-Stunden-Woche«, 4.–11. Mai 1969
   5,014.978 Stimmberechtigte
   889.659 gültige Eintragungen und Unterstützungserklärungen

3. »Abschaffung der 13. Schulstufe« 12. Mai–19. Mai 1969
   5,014.978 Stimmberechtigte
   339.407 gültige Eintragungen

4. »Aktion Leben«, 24. November–1. Dezember 1975
   4,996.301 Stimmberechtigte
   895.665 gültige Eintragungen und Unterstützungserklärungen

5. »Pro-Zwentendorf«, 3.–10. November 1980
   5,241.384 Stimmberechtigte
   421.282 gültige Eintragungen und Unterstützungserklärungen

6. »Anti-Zwentendorf«, 3.–10. November 1980
   5,241.384 Stimmberechtigte
   147.016 gültige Eintragungen

7. »Konferenzzentrum«, 11.–17. Mai 1982
   5,290.398 Stimmberechtigte
   1,361.562 gültige Eintragungen

8. »Umwelt – Konrad Lorenz«, 4.–11. März 1985
   5,402.179 Stimmberechtigte
   353.906 gültige Eintragungen und Unterstützungserklärungen

9. »Zivildienst«, 22.–29. April 1985
   5,406.108 Stimmberechtigte
   196.376 gültige Eintragungen und Unterstützungserklärungen

10. »Abfangjäger«, 4.–14. November 1985
    5,425.639 Stimmberechtigte
    121.182 gültige Eintragungen und Unterstützungserklärungen

11. »Anti-Draken«, 3.–10. März 1986 (nur Stmk.)
    5,423.350 Stimmberechtigte
    244.254 gültige Eintragungen und Unterstützungserklärungen

12. »Anti-Privilegien«, 22.–29. Juni 1987
    5,487.436 Stimmberechtigte
    250.697 gültige Eintragungen

13. »Senkung Klassenschülerzahlen«, 29. Mai–5. Juni 1989
    5,570.780 Stimmberechtigte
    219.127 gültige Eintragungen und Unterstützungserklärungen

14. »Rundfunkfreiheit«, 27. Nov.–4. Dez. 1989
    5,587.367 Stimmberechtigte
    109.197 gültige Eintragungen

15. »Europäischer Wirtschaftsraum«, 11.–18. November 1991
    5,638.093 Stimmberechtigte
    126.834 gültige Eintragungen

16. »Österreich zuerst«, 25. Jänner–1. Februar 1993
    5,663.770 Stimmberechtigte
    416.531 gültige Eintragungen

Volksabstimmungen

1. Inbetriebnahme des Kernkraftwerkes Zwentendorf, 5. November 1978
   5,083.779 Stimmberechtigte
   1,576.709 (49,53%) Ja
   1,606.777 (50,47%) Nein

2. EWR (nur in Salzburg), 16. Mai 1993
   25.325 (7,5%) Beteiligung
   23.295 (92,2%) Ja
   1958 (7,8%) Nein

Mandatsverteilung in den Landtagen seit 1945

Burgenland

	Wahl am ...											
	25. 11. 1945	9. 10. 1949	22. 2. 1953	13. 5. 1956	10. 4. 1960	22. 3. 1964	24. 3. 1968	8. 10. 1972	2. 10. 1977	3. 10. 1982	4. 10. 1987	23. 6. 1991
ÖVP	17	18	16	16	16	15	15	15	16	16	16	15
SPÖ	14	13	14	15	15	16	17	16	20	20	17	17
VdU/WdV/FPÖ		1	1	1	1	1		1			3	4
KPÖ	1		1									

Kärnten

	Wahl am ...											
	25. 11. 1945	9. 10. 1949	22. 2. 1953	13. 5. 1956	6. 3. 1960	14. 3. 1965	22. 2. 1970	2. 3. 1975	7. 10. 1979	30. 9. 1984	12. 3. 1989	13. 3. 1994
SPÖ	18	15	18	18	18	18	20	20	20	20	17	14
ÖVP	14	12	11	12	12	12	12	12	12	11	8	9
VdU/WdU/FPÖ		8	6	5	5	5	4	4	4	5	11	13
KPÖ	1	1	1	1	1	1						
Demokr. Partei	3											

Niederösterreich

	Wahl am ...											
	25. 10. 1945	9. 10. 1949	17. 10. 1954	10. 5. 1959	25. 10. 1964	19. 10. 1969	9. 6. 1974	25. 3. 1979	16. 10. 1983	16. 10. 1988	16. 5. 1993	
ÖVP	32	31	30	31	31	30	31	29	32	29	26	
SPÖ	22	22	23	25	25	26	25	27	24	22	20	
VdU/WdU/FPÖ										5	7	
KPÖ	2	3	3									
LF											3	

Oberösterreich

	Wahl am ...											
	25. 11. 1945	9. 10. 1949	23. 10. 1955	22. 10. 1961	22. 10. 1967	21. 10. 1973	7. 10. 1979	6. 10. 1985	6. 10. 1991			
ÖVP	30	23	25	25	23	28	29	30	26			
SPÖ	18	15	19	19	23	24	23	23	19			
VdU/WdU/FPÖ		10	4	4	2	4	4	3	11			

Salzburg

	Wahl am ...											
	25. 11. 1945	9. 10. 1949	17. 10. 1954	10. 5. 1959	26. 4. 1964	23. 3. 1969	31. 3. 1974	25. 3. 1979	25. 3. 1984	12. 3. 1989	13. 3. 1994	
ÖVP	15	12	15	14	15	13	18	17	19	16	14	
SPÖ	10	9	13	13	13	13	13	14	13	12	11	
VdU/WdU/FPÖ		5	4	5	4	6		5	4	6	8	
Bürgerliste/Grüne										2	3	
KPÖ	1											

Steiermark

	Wahl am ...											
	28. 12. 1945	12. 11. 1949	15. 4. 1953	9. 4. 1957	11. 4. 1961	7. 4. 1965	6. 4. 1970	20. 10. 1974	8. 10. 1978	4. 10. 1981	21. 9. 1986	22. 9. 1991
ÖVP	26	22	21	24	24	29	28	31	30	30	30	26
SPÖ	20	18	20	21	20	24	26	23	23	24	22	21
VdU/WdU/FPÖ		1	6	3	3	2	2	2	3	2	2	9
VG/ALÖ											2	
KPÖ	2	1	1	3	1	1						

Tirol												
	Wahl am . . .											
	20. 10. 1945	25. 10. 1949	25. 10. 1953	12. 11. 1957	7. 11. 1961	2. 11. 1965	20. 10. 1970	8. 6. 1975	30. 9. 1979	17. 6. 1984	12. 3. 1989	13. 3. 1994
ÖVP	26	24	23	23	23	25	23	24	25	25	19	19
SPÖ	10	8	9	11	11	10	12	11	10	9	9	7
VdU/WdU/FPÖ		4	4	2	2	1	1	1	1	2	5	6
Grüne Alternative											3	4

Vorarlberg												
	Wahl am . . .											
	11. 12. 1945	14. 11. 1949	29. 10. 1954	29. 10. 1959	29. 10. 1964	19. 10. 1969	20. 10. 1974	21. 10. 1979	21. 10. 1984	8. 10. 1989	18. 9. 1994	
ÖVP	19	16	16	21	20	20	22	22	20	20	20	
SPÖ	7	4	7	10	10	9	10	10	9	8	6	
VdU/WdU/FPÖ		6	3	5	6	7	4	4	3	6	7	
AL/VGÖ/GA									4	2	3	

Wien												
	Wahl am . . .											
	25. 11. 1945	9. 10. 1949	17. 10. 1954	25. 10. 1959	29. 10. 1964	27. 4 1969	21. 10. 1973	8. 10. 1978	24. 4. 1983	8. 11. 1987	10. 11. 1991	
SPÖ	58	52	59	60	60	63	66	62	61	62	52	
ÖVP	36	35	35	33	35	30	31	35	37	30	18	
VdU/WdU/FPÖ		6		4	3	4	3	3	2	8	23	
Grüne Alternative											7	
KPÖ	6	7	6	3	2	3						

Österreichs Bevölkerung

	1900	1910	1923
Gesamt	6,003.089	6,648.555	6,534.625
	1934	1951	1991
Gesamt	6,760.233	. . . .	7,795.786
davon			
männlich	3,248.265	. . . .	3,753.989
weiblich	3,511.968	. . . .	4,041.797
Ausländer	289.305	322.598	517.690
ledig		3,127.017	2,892.089
verheiratet . . .		3,057.584	3,533.635
verw./gesch. . .		749.304	1,013.256
röm.-kath. . . .	6,112.658	6,170.084	6,081.454
evangelisch . . .	295.452	429.493	388.709
deutschspr. . . .	6,584.547	6,843.414	7,198.027
kroatischspr. . .	42.354	33.972	59.854
slowenischspr.	31.703	23.839	29.498
ungarischspr. .	18.076	11.176	33.459
serbo-kroatischspr. . .			157.886
türkischspr. . . .			120.101
Haushalte	1,841.004	. . . .	3,013.006

Finanzschulden des Bundes

Jahr	Summe in Mill. öS	Gesamtschuld in % des BIP
1973	56.251	10,35
1974	61.395	9,93
1975	100.367	15,30
1976	133.782	18,46
1977	164.581	20,67
1978	199.167	23,64
1979	230.899	25,14
1980	261.181	26,20
1981	295.278	27,89
1982	341.581	29,93
1983	416.192	34,65
1984	469.788	36,79
1985	525.615	38,98
1986	616.870	43,37
1987	697.526	47,09
1988	746.673	47,66
1989	800.168	47,87
1990	861.608	47,91
1991	937.745	48,97
1992	989.983	48,58
1993	1,055.558	49,18

Bundesstaatliche Auszeichnungen

»Ehrenzeichen für Verdienste um die Republik Österreich«, »Verdienstzeichen der Republik Österreich«, »Medaillen für Verdienste um die Republik Österreich«, Österreichisches Ehrenzeichen für Wissenschaft und Kunst« und »Österreichisches Ehrenkreuz für Wissenschaft und Kunst« verleiht der Bundespräsident; die Österreichische Präsidentschaftskanzlei führt ein Verzeichnis über die verliehenen Auszeichnungen; ausgezeichnete Personen werden als »Besitzer« bezeichnet. *(Die in Klammer gesetzte Zahl vor der Bezeichnung entspricht dem protokollarischen Rang.)*

Ehrenzeichen
*** für Verdienste um die Republik Österreich**

(1) Großstern des Ehrenzeichens *
(Hüftdekoration und Bruststern)
Mit dem Tag seiner Wahl wird jeder Bundespräsident auf Lebensdauer Besitzer dieser Sonderstufe; sie ist dem Bundespräsidenten und fremden Staatsoberhäuptern vorbehalten.
(2) Großes Goldenes Ehrenzeichen am Bande *
(Hüftdekoration und Bruststern)
(3) Großes Silbernes Ehrenzeichen am Bande *
(Hüftdekoration und Bruststern)
(4) Großes Goldenes Ehrenzeichen mit dem Stern *
(Hüftdekoration und Bruststern)
(5) Großes Silbernes Ehrenzeichen mit dem Stern *
(Halsdekoration und Bruststern)
(7) Großes Goldenes Ehrenzeichen *
(Halsdekoration)
(8) Großes Silbernes Ehrenzeichen *
(Halsdekoration)
(10) Großes Ehrenzeichen *
(Steckdekoration)
(12) Goldenes Ehrenzeichen *
(Brustdekoration am dreieckig gefalteten Band)
(13) Silbernes Ehrenzeichen *
(Brustdekoration am dreieckig gefalteten Band)

Verdienstzeichen
*** der Republik Österreich**

(15) Goldenes Verdienstzeichen *
(Brustdekoration am dreieckig gefalteten Band)
(16) Silbernes Verdienstzeichen *
(Brustdekoration am dreieckig gefalteten Band)

Medaillen
*** für Verdienste um die Republik Österreich**

(17) Goldene Medaille *
(Brustdekoration am dreieckig gefalteten Band)
(19) Silberne Medaille *
(Brustdekoration am dreieckig gefalteten Band)
(20) Bronzene Medaille *
(Brustdekoration am dreieckig gefalteten Band)
(18) Goldene Medaille * am Bande für Lebensrettung
(Brustdekoration am dreieckig gefalteten Band)

Ehrenzeichen und Ehrenkreuz
*** für Wissenschaft und Kunst**

(6) Österreichisches Ehrenzeichen *
(Halsdekoration)
(9) Österreichisches Ehrenkreuz * I. Klasse
(Steckdekoration)
(11) Österreichisches Ehrenkreuz *
(Brustdekoration am dreieckig gefalteten Band)

Weitere Auszeichnungen

(14) Ehrenzeichen für Verdienste um die Befreiung Österreichs
Verwundetenmedaille 1. Klasse
Verwundetenmedaille 2. Klasse
Wehrdienstzeichen 1. Klasse
Wehrdienstzeichen 2. Klasse
Wehrdienstzeichen 3. Klasse
Wehrdienst-Erinnerungsmedaille in Gold
Wehrdienst-Erinnerungsmedaille in Silber
Wehrdienst-Erinnerungsmedaille in Bronze
Österreichische Olympiamedaille
Grubenwehr-Ehrenzeichen
Goldenes Strahlenschutz-Verdienstzeichen
Silbernes Strahlenschutz-Verdienstzeichen

Religionsgemeinschaften in Österreich

Altkatholische Kirche
Armenisch-Apostolische Kirchengemeinde
Buddhistische Religionsgesellschaft
Bulgarisch-Orthodoxe Kirche
Evangelische Kirche AB
Evangelische Kirche HB
Griechisch-orientalische Kirche
Islamische Glaubensgemeinschaft
Katholische Kirche
Kirche Jesu Christi der Heiligen der Letzten Tage
Israelitische Kultusgemeinden
Methodistenkirche
Neuapostolische Kirche
Rumänisch-Orthodoxe Kirche
Russisch-Orthodoxe Kirche
Serbisch-Orthodoxe Kirche
Syrisch-Orthodoxe Kirche

Register

Kastenverzeichnis